Hintergründe und Infos

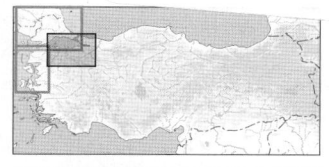

Thrakien
İstanbul
Die Marmararegion

Nord- und Südägäis

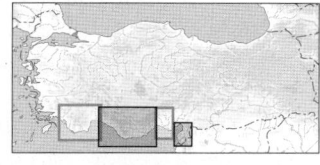

Lykische Küste
Türkische Riviera
Die Çukurova
Das Hatay

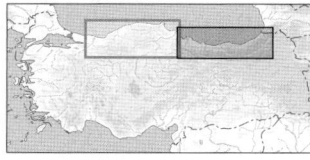

Westliche und Östliche
Schwarzmeerküste

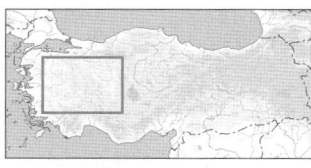

Westanatolisches
Binnenland

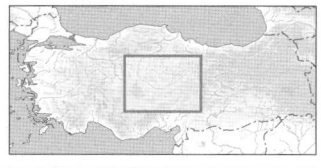

Zentralanatolien
mit Kappadokien

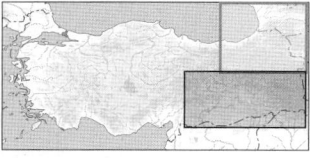

Nordost- und
Südostanatolien

UNTERWEGS MIT MICHAEL BUSSMANN UND GABRIELE TRÖGER

In der Türkei wird nicht lange gefackelt. In der Türkei wird angepackt. Setzen Sie sich in ein Restaurant: Ruckzuck haben Sie die Speisekarte, ruckzuck wird der Kebab serviert, und noch während des letzten Bissens verschwindet der Teller vor Ihnen auch schon wieder. Suchen Sie mal ein typisches Stadthotel auf: Noch bevor Sie eingecheckt haben, ist der Trolley schon auf Ihrem Zimmer. Oder nehmen Sie ein Taxi: Mit quietschenden Reifen kommen Sie ans Ziel. Fahren Sie aber selbst so schnell, dann hat sie ruckzuck die Polizei erwischt. Schauen Sie sich einmal ratlos am Busbahnhof um, schon hat man Sie in den nächsten Bus verfrachtet. Lust auf einen neuen Haarschnitt? Im Nu sind auch Hals massiert und Nasenhaare abgefackelt. Es donnert? Wie der Blitz stehen Regenschirmverkäufer parat. Genauso schnell können Türken aber auch ins Schneckentempo wechseln. *Yavaş yavaş* heißt dann die Devise – langsam, langsam. Für ein Gläschen Tee, das ruckzuck wie aus dem Nichts auftaucht, hat man immer Zeit. Auch für einen Schwatz über Fußball. Und für ein Mittagsschläfchen ohnehin – wie oft haben wir schon den Ticketverkäufer im Museum geweckt. Wir Europäer seien ja immer so hektisch, heißt es dann. Oft geht's in diesem Land zu schnell, manchmal zu langsam, Spaß macht es immer. Deshalb können wir nur empfehlen: Fackeln Sie nicht lange! Packen Sie's an und fahren Sie los. Sie werden begeistert sein.

Text und Recherche: Michael Bussmann, Gabriele Tröger **Lektorat:** Ralph-Raymond Braun, Dagmar Tränkle (Überarbeitung) **Redaktion und Layout:** Steffen Fietze, Mirko Graf **Karten:** Judit Ladik, Hans-Joachim Bode, Carlos Borrell, Gábor Sztrecska **Fotos s/w:** Michael Bussmann **Farbfotos:** Michael Bussmann (mb), Jochen Grashäuser (jg), Fremdenverkehrsamt Ani **Covergestaltung:** Karl Serwotka **Covermotive:** oben: die Sinterterrassen von Pamukkale; unten: am Ararat (beide Michael Bussmann) **Innentitel:** die Gregorkirche des Tigran Honentz in Ani (Michael Bussmann)

4. AKTUALISIERTE UND ÜBERARBEITETE AUFLAGE 2012

TÜRKEI

MICHAEL BUSSMANN | GABRIELE TRÖGER

Hoş geldiniz Türkiye'ye — 14

Anreise — 20

Mit dem Flugzeug	20	Mit dem Bus	25
Mit dem eigenen Fahrzeug	22	Mit der Bahn	25
Mit der Fähre	24		

Unterwegs in der Türkei — 26

Mit dem Auto oder Motorrad	26	Mit der Fähre	32
Mit dem Bus	29	Weitere Verkehrsmittel	33
Mit dem Dolmuş (Sammeltaxi)	30	Unter Segel	33
Mit der Bahn	30	Organisierte Ausflüge	34
Mit dem Flugzeug	32		

Übernachten — 35

Essen und Trinken — 39

Wo isst man?	39	Was trinkt man?	43
Was isst man?	40		

Wissenswertes von A bis Z — 45

Adressen	45	Kinder	60
Ärztliche Versorgung	45	Kleidung	61
Ausgrabungsstätten und Museen	46	Klima	61
		Kriminalität	64
Baden	47	Literatur	65
Behinderte	48	Medien	65
Diplomatische Vertretungen	48	Musik und Bauchtanz	67
Ein- und Ausfuhrbestimmungen	48	Notrufnummern	69
Einkaufen und Handeln	49	Öffnungszeiten	69
Einladungen	50	Polizei	69
Elektrizität	51	Post	70
Feste und Feiertage	51	Preise	70
Flora ...	51	Reisepapiere	70
... und Fauna	52	Schwule und Lesben	70
Frauen	53	Sicherheit	71
Geld und Geldwechsel	55	Sport	71
Haustiere	56	Telefonieren	73
Information	57	Toiletten	75
Internet	57	Verständigung	75
Islam	57	Wasserpfeife	75
Karten	60	Zeit	75

Geschichte im Abriss — 76

Thrakien   88

Edirne   89

Zwischen Marmarameer und Schwarzem Meer	97	Kilyos	99
Tekirdağ	98	Keşan	100
Kıyıköy	99	Erikli	100

Halbinsel Gallipoli   100

Gelibolu	102	Gökçeada (Insel)	103
Eceabat und Kilitbahir	102		

İstanbul   106

Sultanahmet	131	... in Taksim und Beyoğlu	168
Topkapı-Palast (Topkapı Sarayı)	143	... in Galata und Karaköy	174
Sehenswürdigkeiten in Palastnähe	152	... am Bosporus (europäische Seite)	176
Sehenswertes		... auf der asiatischen Seite	182
... im Basarviertel	154	Ausflug auf die Prinzeninseln (Kızıl Adalar)	185
... südlich des Goldenen Horns	163		

Die Marmararegion   187

Sapanca	188	İznik	191
Yalova und Termal	189		

Bursa   196

Mudanya	208	Erdek und die Kapıdağı-Halbinsel	211
Zwischen Mudanya und Gölyazı	209	Die Marmarainseln	213
Gölyazı	209	Lâpseki	213
Bandırma und Kuşcenneti-Nationalpark	209		

Nordägäis   214

Çanakkale   215

Troja (Truva, antike Stadt)	221	Bozcaada (Insel)	225
Die Troas	223		

Assos/Behramkale   228

Der Golf von Edremit	231	Edremit	234
Küçükkuyu	231	Ören	236
Akçay	233		

Ayvalık _____ 237

| Umgebung von Ayvalık | 242 | Dikili | 243 |

Pergamon/Bergama _____ 244

Bademli	254	Manisa	261
Çandarlı	255	Sardes (antike Stadt)	265
Foça	255		

İzmir _____ 268

Çeşme-Halbinsel _____ 280

Çeşme	280	Teos (antike Stadt)	290
Halbinsel Karaburun	287	Von Seferihisar bis Özdere	290
Zwischen Çeşme und Ephesus/Selçuk	289	Klaros und Notion (antike Stätten)	291
Sığacık	289		

Ephesus _____ 292

| Selçuk | 299 | Umgebung von Selçuk und Ephesus | 305 |

Südägäis _____ 308

Kuşadası _____ 308

| Dilek-Nationalpark (Dilek Milli Parkı) | 316 | | |

Zwischen Kuşadası und Milas _____ 317

Söke und Magnesia	317	Milas	330
Priene (antike Stadt)	317	Umgebung von Milas	332
Milet (antike Stadt)	321	Zwischen Milas und Bodrum	334
Didyma (antike Stätte)	325	Iasos (Kıyıkışlacık)	334
Bafa-See (Bafa Gölü)	327	Güllük	335
Zeustempel von Euromos	330		

Bodrum _____ 335

Die Bodrum-Halbinsel	346	Ören	353
Am Golf von Gökova (Nordseite)	351	Muğla	354
Die Buchten von Mazıköy	351	Akyaka	355
Çökertme	352	Weiter in Richtung Marmaris	356

Marmaris _____ 357

Umgebung von Marmaris	364	Amos (antike Stadt) und Kumlubükü-Bucht	366
İçmeler	364		
Turunç	365	Halbinsel Bozburun	367

Halbinsel Reşadiye — 369

Zwischen Marmaris und Datça	370	Umgebung von Datça	375
Datça	370	Knidos (antike Stadt)	377

Lykische Küste — 380

Köyceğiz	381	Bucht von Ekincik	385

Dalyan — 386

Dalaman Airport und Sarsala Koyu	391	**Göcek**	392
		Zwischen Göcek und Fethiye	393
Sarıgerme	392		

Fethiye — 394

Ölüdeniz (Hisarönü Köy, Ovacık und Belcekız)	402	Tlos (antike Stadt)	409
		Saklıkent-Schlucht	411
Südlich von Ölüdeniz	405	Pınara (antike Stadt)	412
Kayaköyü	406	Xanthos (antike Stadt)	414
Gemiler-Bucht	407	Letoon (antikes Heiligtum)	416
Kadyanda (antike Stadt)	408	**Patara**	417
Zwischen Fethiye und Patara	409	Patara – die Ruinenstadt	420

Kalkan — 422

Kaş — 427

Kekova/Simena	432	**Im Hinterland von Finike**	439
Demre (Kale) mit Myra und Andriake	434	Limyra (antike Stadt)	439
		Arykanda (antike Stadt)	441
Finike	437	Elmalı	442

Olympos-Nationalpark — 443

Çavuşköy/Adrasan	443	Weiter Richtung Antalya	448
Olympos (antike Stadt)	445	Phaselis (antike Stadt)	449
Çıralı	446	Auf den Tahtalı Dağı	450

Kemer-Region — 451

Türkische Riviera — 455

Antalya — 457

Im Hinterland von Antalya	470	Belek	483
Termessos (antike Stadt)	472	Aspendos (antike Stadt)	483
Zwischen Antalya und Side	478	Köprülü-Schlucht (Köprülü Kanyon)	485
Perge (antike Stadt)	478		
Sillyon (antike Stadt)	481	Selge (antike Stadt)	486

Side/Selimiye			487
Im Hinterland von Side	495	Zwischen Side und Alanya	498
Manavgat	496	Kızılot	498
Lyrbe/Seleukia (antike Stadt)	496	Alarahan und Alarakale	499
Oymapınar-Stausee (Oymapınar Barajı)	497	Zwischen Karaburun und Alanya	499

Alanya			500
Zwischen Alanya und Anamur	508	Iotape (antike Stadt)	510
Dimçayı-Tal	509	Gazipaşa	510
Syedra (antike Stadt)	509	Antiocheia ad Cragum (antike Stadt)	512
Sapadere-Schlucht (Sapadere Kanyonu)	509		

Anamur			513
Zwischen Anamur und Silifke	518	Diokaisarea/Olba (antike Stätten)	528
Bozyazı und Softa Kalesi	518		
Aydıncık	519	Zwischen Silifke und der Çukurova	529
Büyükeçeli/Ovacık	520		
Boğsak	520	Atakent	530
Taşucu	521	Narlıkuyu und Cennet ve Cehennem	530
Ayatekla	523		
Silifke	523	Kızkalesi	531
Im Hinterland von Silifke	527	Sehenswertes rund um Kızkalesi	532
Alahan Manastırı (antike Stätte)	527	Ayaş/Elaiussa-Sebaste	533
		Kanlıdivane (antike Stätte)	534

Die Çukurova			535
Mersin (İçel)	536	Anavarza (antike Stätte)	551
Tarsus	539	Toprakkale	553
Adana	542	Osmaniye und Karatepe-Nationalpark (Karatepe Milli Parkı)	553
Umgebung von Adana	548		
Yılan Kalesi und Ceyhan	549		
Yumurtalık	550		

Das Hatay			555
Epiphania/Issos (antike Stadt)	555	Harbiye	565
İskenderun	556	Simeon-Stylites-Kloster	565
Arsuz	558	Samandağ/Vakıflı	566
Belen	559	Çevlik	566
Antakya	560	Yesemek (antike Stätte)	567

Westliche Schwarzmeerküste 568

Şile 569

Akçakese und Umgebung	572	Zwischen Bolu und İznik/Sapanca	578
Ağva	573	Zwischen Akçakoca und Amasra	578
Karasu	574	Ereğli	579
Akçakoca	574	Zonguldak	580
Im Hinterland von Akçakoca	576	Bartın	581
Bolu und Umgebung	576		

Amasra 581

Safranbolu	584	Kumluca und Cide	590
Zwischen Amasra und İnebolu	589	İnebolu	591
Çakraz	589	Kastamonu	591
Kurucaşile, Kapısuyu und Gideros	590	Zwischen İnebolu und Sinop	595

Sinop 596

Zwischen Sinop und Samsun	602	Bafra	602
Gerze	602		

Östliche Schwarzmeerküste 604

Samsun 605

Zwischen Samsun und Ünye	610	Im Hinterland von Giresun	619
Ünye	610	Zwischen Giresun und Trabzon	620
Zwischen Ünye und Ordu	613	Tirebolu	620
Ordu	613	Akçaabat	620
Giresun	615	Düzköy und Çalköy-Höhle	621

Trabzon 621

Im Hinterland von Trabzon	630	Zwischen Rize und der georgischen Grenze	637
Kloster Sumela (Meryam Ana Manastırı)	631	Das Kaçkar-Gebirge (Kaçkar Dağları)	638
Zwischen Trabzon und Rize	633	Çamlıhemşin/Unteres Fırtına-Tal	640
Uzungöl	634	Oberes Fırtına-Tal	641
Rize	635	Ayder	642

Westanatolisches Binnenland 644

Eskişehir	645	Afyon (Afyonkarahisar)	654
Kütahya	650	Zwischen Afyon und Midas-Stadt	658
Aizanoi (antike Stadt)	653		

Midas-Stadt (Midas Şehri, antike Stadt)	660	Seyitgazi	662
		Gordion (antike Stadt)	663

Im Tal des Großen Mäander 665

Aydın	665	Aphrodisias (antike Stadt)	669
Nysa (antike Stadt)	668	Pamukkale/Hierapolis	673

Das Seengebiet 679

Salda-See (Salda Gölü)	679	Eğirdir	685
Kibyra (antike Stadt)	679	Ausflugsziele von Eğirdir	689
Burdur	679	Yalvaç und Antiochia in Pisidien (antike Stadt)	691
Isparta	681		
Davras Dağı	683	Akşehir	692
Sagalassos (antike Stadt)	683	Beyşehir	694

Konya 696

Umgebung von Konya	704	Karaman	705

Zentralanatolien 707

Ankara 708

Hattuşa (Ausgrabungsstätte)	722	Kangal und Balıklı Kaplıca	744
Amasya	728	Divriği	744
Zwischen Amasya und Tokat	734	Kayseri	745
Tokat	735	Niğde	754
Sulusaray/Sebastopolis (antike Stadt)	738	Aksaray	758
		Hacıbektaş	761
Sivas	739		

Kappadokien 763

Nevşehir	766	Ürgüp	791
Nördlich von Nevşehir	770	Devrent-Tal	795
Längs des Uzunyol	771	Pancarlık-Tal	796
Uçhisar	771	Gomeda Harabeleri	796
Göreme	775	Mustafapaşa	796
Zwischen Göreme und dem Open-Air-Museum	779	Von Mustafapaşa weiter gen Süden	798
Göreme Open-Air-Museum (Göreme Açık Hava Müzesi)	781	Soğanlı-Tal	799
		Derinkuyu	800
Çavuşin	783	Kaymaklı und Umgebung	802
Paşabağı-Tal	785	Güzelyurt	803
Zelve	785	Ihlara-Schlucht	805
Avanos	787	Durch die Schlucht – die interessantesten Kirchen	808
Ortahisar	789		

Nordostanatolien 810

Erzurum	811	Hamamlı	827
Yusufeli	819	Ardanuç und Yeni Rabat	827
Nördlich und westlich von Yusufeli	820	Porta	828
		Tbeti	828
Durch das Tal des Tortum Çayı – zwischen Yusufeli und Erzurum	823	Şavşat	828
		Ardahan	829
Durch das Tal des Oltu Çayı – zwischen Yusufeli und Göle	824	Çıldır, Çıldır-See und Şeytan Kalesi	829
Artvin	825	Kars	829
Zwischen Artvin und Kars	826		

Ani 835

Doğubayazıt	841		

İshak-Pascha-Palast 843

Ararat (Ağrı Dağı)	845	Weitere Ziele in der Umgebung	847

Südostanatolien 848

Kahramanmaraş	849	Harran	867
Gaziantep	851	Umgebung von Harran	686
Karkamış (Karkamisch, antike Stadt)	858	Adıyaman	870
		Kahta	871
Birecik und Umgebung	859	Zwischen Kahta und dem Nemrut Dağı	873
Şanlıurfa	859		
Göbekli Tepe	866		

Nemrut Dağı 875

Malatya	879	Kloster Mar Gabriel (Deir el-Omar)	903
Elazığ	883		
Diyarbakır	885	Hasankeyf	904
Mardin	895	Batman	906
Midyat	901	Bitlis	906

Rund um den Van-See 907

Tatvan	908	Van	912
Nemrut Dağı	909	Çavuştepe (antike Stätte)	918
Ahlat	910	Hoşap Kalesi (Burg)	919
Adilcevaz	911		

Akdamar 919

Kleiner Sprachführer 922

Register 935

Kartenverzeichnis

Türkei/Übersicht
Schienennetz von Istanbul

Adana	547
Afyon	655
Alanya	504/505
Amasya	730/731
Anamur	515
Anamurium	517
Ani	839
Ankara	714/715
Antakya	562
Antalya	460/461
Antalya – Altstadt	467
Antiochia in Pisidien	691
Aphrodisias	671
Arykanda	442
Asklepieion	253
Aspendos	484
Avanos	789
Ayvalık	241
Bergama	246
Bodrum	340/341
Bodrum-Halbinsel	347
Bodrum – Johanniterkastell St. Peter	345
Bozcaada	225
Bursa	198/199
Çanakkale	218
Çavuştepe	918
Çeşme	283
Çukurova	537
Dalyan	388
Datça	373
Diokaisarea	529
Diyarbakır	889
Doğubayazıt	843
Edirne	93
Eğirdir	689
Ephesus	295
Erzurum	814/815
Eskişehir	649
Fethiye	398/399
Foça	259

Umschlagklappen
hintere Umschlagklappe außen

Gaziantep	855
Giresun	617
Gökçeada	105
Göreme	777
Göreme Open-Air-Museum	783
Hatay	559
Hattuşa/Boğazkale	725
Historische Landschaften	79
Ihlara-Schlucht	807
Ishak-Pascha-Palast	844
Iskenderun	557
Istanbul – Basarviertel	156/157
Istanbul – Bosporus	179
Istanbul – Chora-Kirche	167
Istanbul – Galata und Karaköy	176/177
Istanbul – Großer Basar	161
Istanbul – Hagia Sophia	133
Istanbul – Kumkapı	142
Istanbul – Sultanahmet	141
Istanbul – Taksim und Beyoğlu	170/171
Istanbul – Topkapı-Palast	144/145
Istanbul – Zentrum	116/117
Izmir	275
Iznik	193
Kaçkar-Gebirge	640
Kahramanmaraş	850
Kahta	872
Kalkan	425
Kanlıdivane	534
Kappadokien	767
Kars	832/833
Kaş	428/429
Kastamonu	593
Kayseri	748/749
Kemer	453
Knidos	376/377
Konya	699
Kuşadası	313
Kuşadası Zentrum	315

Kütahya	652/653	Priene	319
Labranda	333	Safranbolu	587
Limyra	440	Sagalassos	683
Lykische Küste	382/383	Samsun	608
Mäandertal	666/667	Şanlıurfa	863
Malatya	881	Selçuk	301
Manisa	263	Selge	486
Mardin	896	Side/Selimiye	491
Marmararegion	188/189	Silifke	524/525
Marmaris	360/361	Sinop	599
Mersin	538/539	Sivas	741
Mevlana-Kloster	701	Soğanlı-Tal	799
Midas-Stadt	661	Südägäis	311
Milet	323	Südostanatolien	852/853
Nemrut Dağı	878	Termessos	475
Nemrut-Region	874	Thrakien	91
Nevşehir	769	Tlos	410
Niğde	755	Tokat	737
Nordägäis	217	Trabzon	624/625
Nordostanatolien	812/813	Türkische Riviera	456/457
Olympos	446	Ürgüp	793
Östliche Schwarzmeerküste	506/507	Van	915
Pamukkale/Hierapolis	675	Westl. Schwarzmeerküste	570/571
Patara	421	Westanatolisches Binnenland	646/647
Pergamon	249	Xanthos	415
Perge	480	Zelve	786
Phaselis	449	Zentralanatolien	710/711
Pınara	413		

> Mit dem Blatt haben unsere Autoren Betriebe hervorgehoben, die sich bemühen, regionalen und nachhaltig erzeugten Produkten den Vorzug zu geben.

Zeichenerklärung für die Karten und Pläne

═══	Autobahn	✹	Windmühle	🛈	Information
━━━	Hauptverkehrsstraße	⚲	Schloss/Burg	✉	Post
───	Nebenstraße	✝✝	Kloster/Kirche	Ⓜ	Museum
╌╌╌	Eisenbahn	☪	Moschee	Ⓟ	Parkplatz
- - -	Fähre	✈	Flughafen/-platz	✚	Ärztliche Versorgung
░░░	Grünanlage	★	Allg. Sehenswürdigkeit	✉	Reisebüro
▲	Berggipfel	••	Antike Sehenswürdigkeit	EC	Wechselstube
☼	Aussicht	⚲	Burg	BUS	Bushaltestelle
◐	Wasserfall	ⓂⒽⓈ	Haltestelle	TAXI	Taxistandplatz
∩	Höhle	Taksim		🚲	Fahrradverleih
Δ	Campingplatz	Ⓣ	Tankstelle	🚗	Autovermietung
≈	Strand	⚡	Leuchtturm		

Die Millionenmetropole İstanbul ...

Hoş geldiniz Türkiye'ye

Willkommen in der Türkei, in einem Land zwischen Orient und Okzident, das vielschichtiger, aufregender und widersprüchlicher kaum sein kann.

Das Gros aller Türkeiurlauber bekommt dies aber gar nicht mit. Es lernt nur einen kleinen Teil der über 8000 km langen Küste kennen, manche nur ihre gebuchte Clubanlage, den Traumstrand davor und das künstliche Shoppingdorf dahinter. Wer aber durch das Land reist, erfährt die Türkei als Verkleidungskünstlerin: Sandstrände werden zu zerlappten Steilküsten, fruchtbare Ebenen zu schroffen Berglandschaften, graubraune Steppen zu subtropischer Üppigkeit, Olivenhaine zu unendlichen Baumwollfeldern, moderne Metropolen zu armseligen Lehmdörfern und vom Wohlstand verwöhnte Großstädter zu bescheidenen Bauern. Im Sommer verglüht man in der Hitze Şanlıurfas bei über 40 °C im Schatten, in den eisigen Wintern Erzurums erstarrt man bei 40 °C unter Null zum Eismann. Je nach Jahreszeit können Sie mit dem Kajak über tosende Flüsse rasen, idyllische Bergalmen erwandern, von Drei- und Viertausendern im Tiefschnee zu Tale carven, durch versunkene Städte tauchen oder mit dem Gleitschirm von Vulkanen starten und die Wolken küssen.

So wie sich die Natur in allen Formen verewigt hat, so haben es auch die Menschen. Unzählige Zivilisationen blühten und vergingen, hinterließen ein Land voller Geschichte und Geschichten, einen Schmelztiegel der Kulturen und Völker – wieder aufgerichtete römische Säulenstraßen, verblasste Fresken byzantinischer Kirchen oder mystische seldschukische Gräberfelder erinnern z. B. daran. Durch antike Kassenrenner wie Pergamon oder Ephesus pilgern jährlich Millionen Besucher, anderswo spielen Kinder Fußball zwischen hellenistischen Trümmern.

Tipps und Informationen zur Reise können wir Ihnen liefern, nicht aber die Entschlüsselung des faszinierenden Rätsels Türkei, des bunten Mosaiks aus Antike und Gegenwart, aus westlich-modernem Denken und konservativer Frömmigkeit. Sie werden Menschen begegnen, die Ihnen den Eindruck vermitteln, dass das Land

... und am Strand von Patara

ganz klar den Fuß in der Tür nach Europa hat: gebildete Menschen mit der heißen Liebe nach Fortschritt und von ausschweifendem Frohsinn, weniger prüde als die Amerikaner des mittleren Westens.

Doch Sie werden auch auf Menschen treffen, die genau dieses liberale Leben ihrer Landsmänner und -frauen als dekadent, unmoralisch und bis auf die Knochen verderbt ansehen. Dazu brauchen Sie nicht einmal bis in den Südosten des Landes fahren, wo die Ideen Atatürks vielerorts auf dem Postweg hängen geblieben sind, wo Frauen verschleiert zum Markt huschen, während ihre Männer in der Moschee über die Vorzüge des Gottesstaates plaudern; wo verkaufte Bräute, Polygamie und Ehrenmord leider keine Klischees sind. Die türkische Gesellschaft ist so unterschiedlich wie die einzelnen Glaubensrichtungen des Islam. Gemein ist allen Türken allerdings eine unglaubliche Gastfreundschaft.

1644 km liegen zwischen İstanbul und dem Van-See ganz im Südosten des Landes, mehr als zwischen İstanbul und Wien. Die Türkei ist ein riesiges Land im Spagat zwischen Ost und West. Machen Sie sich bereit für eine wundervolle Zeit zwischen moderner Lebensfreude und trister Orthodoxie, zwischen Feudalismus und Demokratie, zwischen Kommerz und Koran, zwischen Minirock und Schleier. İyi eğlenceler, viel Spaß.

> **Routenvorschläge** geben wir bewusst nicht. Die Entfernungen im Land sind zu groß, die Interessen und die zur Verfügung stehende Urlaubszeit zu unterschiedlich, als dass man auch nur ansatzweise eine Rundtour empfehlen könnte. Im Reiseteil finden Sie am Anfang jedes Kapitels die Highlights der jeweiligen Region – so ist es nicht nötig, erst das ganze Buch zu lesen, um die schönsten Bademöglichkeiten, Landschaften oder Ausgrabungsstätten miteinander kombinieren zu können. Ein Tipp: Planen Sie Ihre Reise so, dass Sie vor Einbruch der Dunkelheit auf Quartiersuche gehen können. Achtung: Im Osten des Landes wird es sehr früh dunkel!

Der Aufseher der Kirche von İzbırak, einer der wenigen verbliebenen syrisch-orthodoxen Christen des Tur Abdin

Land und Leute unter dem Halbmond – die Türkei in Fakten und Zahlen

Offizieller Name: Türkiye Cumhuriyeti (Republik Türkei).

Nationalflagge: Weißer Halbmond und Stern auf rotem Grund.

Geografie: Mit einer Fläche von 779.452 km^2 ist die Türkei gut zweimal so groß wie Deutschland. 3 % der Fläche befinden sich auf dem europäischen Kontinent, der Rest – allgemein als Anatolien bezeichnet – gehört zu Asien. Die Fläche İstanbuls beträgt ca. 5220 km^2 – die Stadt am Bosporus ist damit mehr als doppelt so groß wie das Saarland. Die Türkei, in 81 Provinzen untergliedert, erstreckt sich zwischen dem 26. und 45. Grad östlicher Länge und dem 36. und 42. Grad nördlicher Breite. Die Nachbarländer sind Griechenland, Bulgarien, Georgien, Armenien, Aserbaidschan, Iran, Irak und Syrien. Die Türkei ist überaus reich an Bodenschätzen, darunter große Kupfer-, Chrom- und Manganvorkommen. Der höchste Berg ist der Ararat (5137 m ü. d. M.) ganz im Osten des Landes. Die Westküste der Türkei ist geprägt von Mittelgebirgszügen, Ausläufern des anatolischen Hochlandes, die zum Meer hin abfallen. Die bergige Landschaft ist von weiten Flusstälern mit Schwemmlandebenen durchsetzt. Diese Randzone ist geologisch mit den Ägäisinseln verbunden. Entlang der Südküste grenzt die Bergkette des Taurus (mit Höhen von über 3000 m) das anatolische Hochland von der Küste ab. Das Pendant dazu ist an der Schwarzmeerküste das Pontische Gebirge, ebenfalls mit Gipfeln bis über 3000 m. Dazwischen erstreckt sich das zentralanatolische Hochland auf 900–1100 m ü. d. M. Die Gebirge bilden zugleich eine Wetterscheide: Das Pontische Gebirge sorgt dafür, dass im Sommer nur wenige Regenwolken vom Schwarzen Meer Zentralanatolien erreichen, der Taurus verhindert bis in den Spätherbst das Vordringen kalter Luftmassen vom anatolischen Hochland an die Küste. Auf das zentralanatolische Hochland folgt weiter östlich das ostanatolische Hochland, aus dem sich einzelne, mächtige Vulkane erheben. Es ist zugleich das Gebiet der Türkei mit dem kontinentalsten Klima. Die Entstehung der Gebirge begann vor rund 60 Mio. Jahren durch das Aneinanderdriften der Eurasischen und der Arabischen Platte. Die tektonischen Aktivitäten mit Grabenbrüchen und Transversalverschiebungen brachten (und bringen noch immer) katastrophale Erdbeben und schufen ein breites Spektrum vulkanischer Aktivitäten.

Politisches System: Die Türkei ist eine parlamentarische Demokratie. Der Präsident, seit 2007 Abdullah Gül, wird für eine Amtszeit von fünf Jahren vom Volk gewählt. Die Nationalversammlung (Parlament) ist die Legislative und besteht aus 550 Sitzen. Die letzten Wahlen 2011 brachten der regierenden konservativen AKP eine Mehrheit von 326 Sitzen. Die beiden Oppositionsparteien sind die sozialdemokratische CHP (135 Abgeordnete) und die nationalistische MHP (53). Alle anderen Parteien scheiterten an der 10 %-Hürde. Ins Parlament zogen noch 36 unabhängige Kandidaten. Die Legislaturperiode beträgt vier Jahre. Ministerpräsident ist seit 2003 Recep Tayyip Erdoğan (AKP). Der Laizismus (Trennung von Religion und Staat) ist in der Verfassung verankert.

Nationalbewusstsein: Das Osmanische Reich war als ein Vielvölkerstaat ohne ethnisch-sprachliches Nationalbewusstsein konzipiert. Das Unternehmen Atatürks, den Türken das Selbstgefühl einer „Nation" zu geben, ist bis heute ein Leitmotiv der Innenpolitik des türkischen Staates. Unter anderem kommt das Nationalbewusstsein in den an allen Ecken und Enden gehissten Landesflaggen zum Ausdruck. Gleichzeitig ist der krude Nationalismus eine Geißel des Landes. Er schränkt Menschenrechte und Meinungsfreiheit ein und belastet das Zusammenleben mit den ethnischen und religiösen Minderheiten.

Wirtschaft: Die Türkei erlebt einen bereits jahrelang anhaltenden Wirtschaftsboom mit Wachstumsraten zwischen 5 und 10 %. Den Dämpfer durch die Weltwirtschaftskrise 2009 konterte man 2010 schon wieder mit einem Wirtschaftswachstum von über 8 %. Für 2012 lautet die OECD-Prognose 4,5 %, laut OECD belegt die Türkei den 17. Platz unter den größten Volkswirtschaften der Welt. Doch der Boom, so befürchten Experten, könnte mit einem bösen Knall enden, die türkische Wirtschaft gilt mehr und mehr als überhitzt. Das BIP pro Kopf liegt über dem, welches das EU-Mitglied Bulgarien aufweist. Den größten Anteil am BIP hat mit rund 60 % der Dienstleistungssektor. 30 % trägt die Industrie dazu bei. Fast 50 % der gewerblich-industriellen Arbeitskräfte verarbeiten agrarische Rohstoffe und schaffen über ein Drittel der türkischen Exportwerte, dabei allen voran die Textilindustrie. Weitere Hauptexportartikel sind Fertigwaren (darunter Pkws für den Vorderen Orient), industrielle Vorprodukte und Nahrungsmittel. Nahezu ein Drittel aller Erwerbstätigen findet in der Landwirtschaft ein Auskommen. Die Türkei ist eines der wenigen Länder der Welt, das sich selbst mit Lebensmitteln versorgen kann. Letztendlich trägt die Landwirtschaft aber nur 10 % zum BIP bei. Die Arbeitslosenquote wurde zuletzt mit 9,4 %, das durchschnittliche jährliche Pro-Kopf-Einkommen – je nach Quelle – mit 5000–12.000 € angegeben. Aufgrund der beträchtlichen Schattenwirtschaft sind solche Daten aber niemals exakt zu ermitteln. Zudem variiert das Pro-Kopf-Einkommen von Region zu Region extrem. Im Großraum İstanbul, dem führenden Wirtschaftszentrum der Türkei, wo sich zwei Fünftel aller gewerblichen Arbeitsplätze und rund 40 % aller türkischen Industriebetriebe konzentrieren, beträgt es in etwa das Doppelte des Durchschnittswertes, in den armen östlichen Provinzen dafür nur die Hälfte. Im zweiten Halbjahr 2011 mussten als monatlicher Bruttomindestlohn 837 YTL (ca. 335 €) gezahlt werden.

Tourismus: Über 31 Mio. ausländische Besucher wurden 2011 registriert. 2004 waren es noch 17,5 Mio. Der internationale Tourismus ist zugleich die wichtigste Devisenquelle des Landes, im Durchschnitt lässt ein Urlauber um die 500 € im Land. Die meisten Gäste kommen aus Deutschland (ca. 15 %), Russland (11 %) und England (8 %). Durch wachsenden Wohlstand in der Türkei wird auch die Zahl der einheimischen Urlauber immer größer. Beliebte Ziele sind neben den Küstenorten auch Kur- und Heilbäder, Bergalmen und diverse Pilgerorte.

Militär: Die Streitkräfte zählen 515.000 Mann und gehören damit zu den größten der Welt. Militärdienstverweigerern droht Gefängnis. Der Anteil der Militärausgaben am Bruttosozialprodukt beträgt rund 5 % (in Deutschland ca. 1,5 %). Gründe dafür sind der Krieg gegen kurdische Rebellen im Osten des Landes und war lange Zeit das Kräftemessen mit Griechenland.

Bevölkerungsstruktur: 2011 hatte die Türkei rund 74 Mio. Einwohner (1960: 28 Mio.), das Durchschnittsalter beträgt 29 Jahre (in Deutschland 42 Jahre). Die Bevölkerungsdichte ist sehr unterschiedlich. Der Verwaltungsbezirk İstanbul steht mit knapp 1330 Einwohnern je km^2 deutlich an der Spitze. Es herrscht ein reger Zuzug aus den östlichen Landesteilen in die Städte des Westens, der Anteil an „Fremdgeborenen" liegt hier vielerorts bei 20–40 %. Die geringste Bevölkerungsdichte haben die unterentwickelten Provinzen in Ostanatolien mit 16 Einwohnern pro km^2.

Bevölkerungsgruppen: 85,7 % Türken, 10,6 % Kurden, 1,6 % Araber, 2,1 % Griechen, Armenier, Lasen, Tscherkessen, Georgier und muslimische Bulgaren.

Gesundheit/Soziales: Auf 1000 Einwohner kommen 1,6 Ärzte (Deutschland 3,6). Die Lebenserwartung liegt für Frauen im Durchschnitt bei 75 Jahren, für Männer bei 70 Jahren. Da etwa die Hälfte der Arbeitnehmer einer informellen Beschäftigung nachgeht und nicht in die Sozialversicherungssysteme einzahlt, haben viele Türken keine Kranken- oder Arbeitslosenversicherung, nur rund 40 % der Türken über 65 Jahre beziehen Leistungen aus der Rentenversicherung. Für die Ärmsten der Armen gibt es die „Grüne Karte", die kostenfreien Zugang zu den staatlichen Krankenhäusern gewährt.

Bildung: Es existiert eine achtjährige Schulpflicht. Das Gymnasium dauert vier Jahre. Mehr als ein Drittel aller Schulabgänger beginnt ein Hochschulstudium. Es gibt 102 staatliche Universitäten und 62 staatlich anerkannte private Stiftungsuniversitäten. 2010 wurde zudem der Grundstein für eine deutsch-türkische Universität (DTU) in İstanbul gelegt. Die Analphabetenquote liegt bei ca. 8 %, davon sind ca. 85 % Frauen. Dabei zeigt sich ein starkes Ost-West-Gefälle: Im

Westen sind vorwiegend ältere Menschen betroffen, im Osten auch Kinder; Kinderarbeit ist dort noch gang und gäbe. Man schätzt, dass rund 600.000 schulpflichtige Mädchen keine Schule besuchen. Dennoch: Ein Drittel aller Studierenden sind Frauen (→ Frauen S. 53).

Religion: 99 % der türkischen Bevölkerung bekennen sich zum Islam. Den verbleibenden Rest stellen Juden sowie armenische, syrisch- und griechisch-orthodoxe Christen.

UNESCO-Welterbe: Auf der UNESCO-Welterbeliste stehen die historischen Viertel von İstanbul, der Nationalpark Göreme und die Felsendenkmäler von Kappadokien, die Selimiye-Moschee von Edirne, die Große Moschee von Divriği, die Ruinen von Hattuşa, die Monumentalgrabstätte auf dem Nemrut Dağı, die antike Stadt Xanthos mit dem Letoon-Heiligtum, die antike Stadt Hierapolis samt den Sinterterrassen von Pamukkale, die Altstadt von Safranbolu und die Ausgrabungsstätte Troja.

Nationalparks: In der Türkei gibt es 41 ausgewiesene Nationalparks *(Milli Parkı)*, die dem (angeblichen) Schutz von Flora und Fauna dienen, aber auch dem bedeutender Ausgrabungsstätten. Eine Bedeutung bei der Reiseplanung – wie z. B. in den USA – kommt türkischen Nationalparks nicht zu. Manche könnten gar zu einer Enttäuschung werden: keine touristische Infrastruktur, keine Wanderwege, keine Unterkünfte in der Umgebung. *Tabiat Parkı* sind übrigens Naturschutzgebiete.

Umweltschutz: Umweltprobleme, hervorgerufen durch die enorme Landflucht, herrschen insbesondere in den Ballungszentren, da die Stadtverwaltungen mit dem Ausbau der für die Entsorgung von Müll und Abwässern nötigen Infrastruktur nicht nachkommen. Müll wird oft noch auf dem freien Feld deponiert. Durch das rapide Wachstum vieler Städte befinden sich viele Müllhalden aber heute in den Städten. Durch Gasbildung in den Halden kam es schon zu Explosionen, ganze Häuserzeilen wurden dabei unter Müllbergen begraben. Nur ca. 10 % der Haushalte und Industriebetriebe sind an Kläranlagen angeschlossen, die Abwässer fließen weitestgehend unbehandelt in die Flüsse und Meere oder werden durch septische Gruben in den Untergrund geleitet. Anders die Situation in den internationalen Ferienzentren: Hier brachten vielerorts die Urlauber das nötige Geld für eine umweltfreundliche Abwasserentsorgung.

An der Luftverschmutzung haben der Verkehr (viele Autos fahren noch immer ohne Katalysator) und die vielen Kohlekraftwerke hohen Anteil. Da das Land unter Energiearmut leidet, ist bis 2020 der Bau von drei Atomkraftwerken geplant. Wegen der Erdbebengefahr im Land und einer fehlenden Sicherheitskultur sind die geplanten Reaktoren jedoch äußerst umstritten. Auch die vielen Staudammvorhaben zur Energiegewinnung, die einmal 40 % des gesamten nationalen Energiebedarfs decken sollen, sind umweltpolitisch umstritten. Nur zögerlich bemüht sich die Regierung, fehlende Gesetze zur Angleichung des Umweltschutzniveaus an EU-Standards zu verabschieden, zumal sie Einbußen für die Industrie befürchtet. In der Praxis – wo man mit Schmiergeldzahlungen nahezu jedes Umweltschutzgesetz außer Kraft setzen kann – zeigen diese Bemühungen bislang ohnehin wenig Wirkung. Aufgrund mangelnder Öffentlichkeitsarbeit ist zudem das Umweltbewusstsein der Bürger nicht sehr ausgeprägt. Die Coladose oder Plastikflasche aus dem Auto zu werfen, ist leider gang und gäbe.

Mit der Eisenbahn durch die Türkei – langsam aber unvergesslich

Anreise

Das Gros aller Türkeibesucher reist bequem mit dem Flugzeug an. Daneben besteht aber auch die Möglichkeit, mit dem eigenen Fahrzeug, dem Bus oder der Bahn ans Ziel der Träume zu gelangen – entweder über den Balkan oder über Italien via Fährpassage nach Griechenland. Welche Dokumente Sie für die Einreise in die Türkei benötigen, erfahren Sie unter „Wissenswertes von A bis Z/Reisepapiere" auf S. 70.

Mit dem Flugzeug

In ungefähr drei Stunden sind Büroalltag und die nervenden Nachbarn vergessen. Abflugmöglichkeiten bestehen von allen größeren deutschen Städten, gleiches gilt für die Schweiz und Österreich. Im Sommer ist das Angebot selbstverständlich größer als im Winter, wenn die meisten Airlines nicht nur Flüge an die Mittelmeerküste streichen, sondern auch gleich Zielflughäfen aus dem Programm nehmen.

> Informationen zu den **Flughäfen** in der Türkei finden Sie im Reiseteil. Alles über **Inlandsflüge** im Kapitel „Unterwegs in der Türkei" ab S. 32.

Aus dem deutschsprachigen Raum bestehen Nonstopflüge v. a. nach **İzmir** (ADB), **Antalya** (AYT), **Adana** (ADA), **Alanya-Gazipaşa** (GZP), **Ankara** (ESB), **Bodrum/Milas** (BYV), **Dalaman** (DLM), **Kayseri** (ASR), **Malatya** (MLX), **Gazian-**

tep (GZT), **Samsun** (SZF), **Elazığ** (EZS), **Erzurum** (ERZ), **Trabzon** (TZX), Sivas (VAS), **Diyabarkır** (DIY), **Van** (VAN) und zu den zwei Flughäfen **İstanbuls**, dem zentrumsnahen **Atatürk Havalimanı** (IST) auf der europäischen Seite und dem **Sabiha Gökçen Havalimanı** (SAW) auf der asiatischen Seite. Für alle anderen Zielflughäfen (→ Unterwegs in der Türkei) muss man i. d. R. in İstanbul oder Ankara umsteigen.

Airlines im Internet

Air-Berlin: www.airberlin.com, **Anadolu Jet**: www.anadolujet.com, **Atlasjet**: www.atlasjet.com, **Austrian Airlines**: www.austrian.com, **Borajet**: www.borajet.com.tr, **Condor**: www.condor.com, **Easyjet**: www.easyjet.com, **Edelweiss Air**: www.edelweissair.ch, **Germania Airline**: www.flygermania.de, **Germanwings**: www.germanwings.com, **Lauda Air**: www.laudaair.com, **Niki**: www.flyniki.com, **Öger**: www.flyoeger.com, **Onur Air**: www.onurair.com.tr, **Pegasus**: www.flypgs.com, **Sky Airlines**: www.germanskyairlines.com, **Sun Express**: www.sunexpress.com, **Swiss**: www.swiss.com, **THY**: www.turkishairlines.com, **TUIfly**: www.tuifly.com.

Auf www.atmosfair.de erfahren Sie die CO2-Effizienz Ihrer Fluggesellschaft und können einen Beitrag zum Klimaschutz leisten. Ein einfacher Flug von Berlin nach Istanbul entspricht laut dem *atmosfair*-Emissionsrechner der Klimawirkung von rund 450 kg CO2.

Nur-Flug-Angebote sind ideal für alle, die auf eigene Faust unterwegs sein wollen. Um nicht nur zu erfahren, was wann, wie und wo angeboten wird, sondern auch noch, was am preiswertesten ist, lohnt nicht nur ein Blick ins Internet, sondern auch ein Gang ins Reisebüro – denn nicht jedes Angebot, das Sie im Reisebüro finden, können Sie auch übers Internet buchen. Den umgekehrten Sachverhalt gibt es aber auch. Eine Überlegung wert ist stets ein Gabelflug (z. B. hin nach İstanbul und zurück von Van). Die meisten Kombinationsmöglichkeiten bietet diesbezüglich die Turkish Airlines (Türk Hava Yolları, kurz THY); man kann aber auch einen One-Way-Flug hin und einen zurück bei verschiedenen Airlines buchen, nicht selten die billigere Alternative.

Preise: Je nach Saison und Sondertarif müssen Sie bei den meisten Airlines mit Preisen zwischen 255 und 550 € für einen Hin- und Rückflug rechnen. Sie können natürlich auch viel mehr bezahlen (z. B. in der Business Class), aber auch viel weniger (z. B. mit Low-Cost-Airlines, die One-Way-Flüge nach Antalya, İzmir oder İstanbul zuweilen bereits ab 49 € anbieten). Last-Minute-Tickets bekommt man ab 60 € (one-way) inkl. aller Gebühren.

Pauschalangebote: Um im Dschungel der Saison- und Sonderarrangements die besonders günstigen zu erhaschen, sollte man sich ebenfalls möglichst vielseitig informieren – die Veranstalter haben für ein und dieselbe Leistung z. T. erheblich unterschiedliche Preise. Türkeispezialisten haben auch Wander-, Rad- und Studienreisen im Programm, zudem offerieren sie auch kleine, familiäre Hotels. Wenn Sie sich für ein Last-Minute-Pauschalarrangement entscheiden, lassen Sie sich am besten den Katalog mit dem regulären Angebot zeigen – einige findige Geschäftemacher bieten nämlich reguläre Reisen als „Last-Minute-Schnäppchen" an. Vorsicht zudem vor gewonnenen Reisen oder unglaublich günstigen „Specials"! Kein Veranstalter oder Hotelier hat etwas zu verschenken.

Transport von Gepäck und Sportgeräten: Die Freigepäckgrenze für Flüge in die Türkei liegt für gewöhnlich bei 20 kg für aufgegebenes Gepäck und bei 6–8 kg für Handgepäck, das i. d. R. die Maße von 20 x 40 x 50 cm (nicht bei allen Airlines gleich) nicht überschreiten darf. Wer jedoch Business anstatt Tourist Class fliegt, länger als 28 Tage vor Ort bleibt oder in Besitz einer Kundenkarte der Airline ist, darf meist 30 kg mitnehmen – erkundigen Sie sich diesbezüglich bei Ihrer Airline. Achtung aber bei Billigfliegern: So manche Billigflieger erlauben nur die kostenlose Mitnahme von Handgepäck. Für die Aufgabe von Gepäckstücken fallen oft schon Gebühren an, bei der Aufgabe von Sportgepäck werden die Billigflieger zuweilen ihrem Namen alles andere als gerecht. Die Gebühren und Freigewichtsgrenzen für Sportgeräte unterscheiden sich von Airline zu Airline z. T. erheblich. Bei der einen gehen Golf- oder Tauchausrüstung bis 15 kg umsonst mit, andere verlangen dafür Gebühren zwischen 30 und 150 €. Rechtzeitige Anmeldung und sachgerechte Verpackung sind obligatorisch.

Mit dem eigenen Fahrzeug

Überlegenswert ist diese Variante nur für Langzeiturlauber oder all jene, die die Anreise als Teil der Reise betrachten und Zwischenstopps in Venedig, Budapest oder wo auch immer einlegen wollen. Wer sich aber nur zwei Wochen erholen und dennoch im Reiseland mobil sein will, ist mit einem Mietwagen vor Ort besser bedient. Es stehen prinzipiell zwei Routen zur Auswahl: Die eine führt über den Balkan, die bequemere zweite über Italien mit Fährpassage nach Griechenland (s. u.).

Balkanroute: Von der Schweiz und aus dem Süden Deutschlands führt der Weg i. d. R. durch Österreich, Slowenien und Kroatien nach Serbien, aus dem Norden und Osten Deutschlands über Tschechien, die Slowakei und Ungarn nach Serbien. In Belgrad treffen alle Anfahrtsrouten zusammen. Von dort geht es dann über Niš nach Kalotina (Grenze zu Bulgarien) und von dort über Sofia und Plovdiv nach Edirne in den thrakischen Teil der Türkei. Für diese Route gibt es keine fehlerfreien Karten: Entweder sind schon Autobahnen eingezeichnet, die noch gar nicht gebaut wurden, oder Sie fahren auf nagelneuen Umgehungs- oder Schnellstraßen, die nicht vermerkt sind. Auch auf Navigationsgeräte mit aktuellem Kartenmaterial ist nicht immer Verlass. Tatsache ist, dass die Strecke immer besser ausgebaut wird und weitestgehend gut zu fahren ist.

Eine Alternative auf der Balkanroute ist der **Optima-Express**, ein Autoreisezug von Villach (Österreich) nach Edirne (Türkei, europäischer Teil). Dauer laut Optimatours: 34 Std., laut Leserzuschriften bis zu 40 Std. Einfach ab 136 €/ Pers., Auto ab 259 €, Motorrad ab 197 € (Stand 2012). Informationen in jedem türkischen Reisebüro oder direkt bei Optimatours, Karlsstr. 58, 80333 München, ✆ 089/548800111, www.optimatours.de.

Grundsätzlich gilt – und das insbesondere für Bulgarien und Serbien: Halten Sie jegliche, Ihnen auch noch so seltsam erscheinende Geschwindigkeitsbegrenzung ein! Übernachten Sie in Bulgarien und Serbien nicht auf einsamen Parkplätzen an der Autobahn. Stellen Sie sich entweder zu einem Konvoi türkischer Heimaturlauber oder suchen Sie entlang der Strecke ein Motel mit einem sicheren Parkplatz auf.

Mit dem eigenen Fahrzeug 23

	Ancona	Brindisi	İstanbul	Antalya
Frankfurt	1087 km	1660 km	2257 km	2959 km
Zürich	720 km	1286 km	2225 km	2928 km
Wien	952 km	1464 km	1595 km	2297 km

Die **Kilometerangaben** beziehen sich auf die schnellste und kürzeste Verbindung. Für die Strecken nach İstanbul und Antalya wurde von Frankfurt und Zürich aus der Weg über Zagreb, Belgrad und Sofia gewählt, von Wien aus über Budapest, Belgrad und Sofia.

Alles Wichtige zu den Transitländern – Verkehrshinweise, Maut bzw. Vignettenpflicht, Währung und besondere Hinweise

Allgemein: In mehreren Transitländern besteht bei Eis und Schnee auf der Fahrbahn Winterreifenpflicht. Zudem müssen Sie für mehrere Länder Warnwesten für Fahrer und alle Insassen dabei haben, die im Falle einer Panne oder eines Unfalls zu tragen sind! Überprüfen Sie vor der Reise alle folgenden Angaben mit denen Ihres Automobilclubs auf Stimmigkeit!

Tschechien: Es muss ganzjährig mit Licht gefahren werden. Tempolimits für Pkw und Wohnmobile (bis 3,5 t) innerorts 50 km/h, außerorts 90 km/h, auf Schnellstraßen und Autobahnen 130 km/h. 7-Tage-Vignette für Fahrzeuge bis 3,5 t ca. 12 €. Währung: Tschechische Krone (1 € = 25,6 CZK, Stand: Jan. 2012).

Slowakei: Es muss ganzjährig mit Licht gefahren werden. Tempolimits für Pkw und Wohnmobile (bis 3,5 t) innerorts 50 km/h, außerorts und auf Schnellstraßen und Autobahnen innerorts (!) 90 km/h, ansonsten auf Schnellstraßen und Autobahnen 130 km/h. 10-Tage-Vignette für Fahrzeuge bis 3,5 t 10 €. Währung: Euro.

Österreich: Tempolimits für Pkw und Wohnmobile (bis 3,5 t) innerorts 50 km/h, außerorts 100 km/h, auf Autobahnen 130 km/h. 10-Tage-Vignette für Pkw und Wohnmobile bis 3,5 t 8 €, hinzu kommen je nach Strecke Mautgebühren für diverse Tunnel oder den Brenner. Währung: Euro.

Schweiz: Tempolimits für Pkw und Wohnmobile (bis 3,5 t) innerorts 50 km/h, außerorts 80 km/h, Schnellstraßen 100 km/h, Autobahnen 120 km/h. Vignette für 1 Jahr für Fahrzeuge bis 3,5 t ca. 33 €. Währung: Schweizer Franken (1 € = 1,21 sfr, Stand: Jan. 2012).

Italien: Auf Autobahnen muss auch tagsüber mit Licht gefahren werden. Tempolimits für Pkw und Wohnmobile (bis 3,5 t) innerorts 50 km/h, außerorts 90 km/h, Schnellstraßen 110 km/h, Autobahnen 130 km/h. Die Autobahngebühren sind strecken- und fahrzeugabhängig, mehr dazu auf www.autostrada.it. Währung: Euro.

Slowenien: Das Licht muss auch tagsüber eingeschaltet sein. Tempolimits für Pkw und Wohnmobile (bis 3,5 t) innerorts 50 km/h, außerorts 90 km/h, Schnellstraßen 100 km/h, Autobahnen 130 km/h. 7-Tage-Vignette für Fahrzeuge bis 3,5 t 15 €. Währung: Euro.

Kroatien: Von Okt. bis März muss tagsüber mit Abblendlicht gefahren werden. Tempolimits für Pkw und Wohnmobile innerorts 50 km/h, außerorts 90 km/h, Schnellstraßen 110 km/h, Autobahnen 130 km/h. Pkw-Maut Bregana – Lipovac ca.15 €, für Wohnmobile über 1,90 m Höhe und bis 3,5 t ca. 23 €. Währung: Kuna (1 € = 7,55 HRK, Stand: Jan. 2012).

Weitere Informationen zu den Transitländern auf www.auswaertiges-amt.de, www.eda.admin.ch und www.bmaa.gv.at.

Ungarn: Tempolimits für Pkw und Wohnmobile (bis 3,5 t) innerorts 50 km/h, außerorts 90 km/h, Schnellstraßen 110 km/h, Autobahnen 130 km/h. 7-Tage-Vignette für Fahrzeuge bis 3,5 t ca. 10 €, für Motorräder die Hälfte. Achtung: besondere Zollvorschriften (→ Wissenswertes von A bis Z/Ein- und Ausreisebestimmungen). Währung: Forint (1 € = 309 HUF, Stand: Jan. 2012).

Serbien: Tempolimits für Pkw innerorts 50 km/h, außerorts 80 km/h, Schnellstraßen 100 km/h, Autobahnen 120 km/h (für Wohnmobile prinzipiell 50/80/80/80). Maut (abhängig von der Höhe des Fahrzeuges, gemessen an der Vorderachse, über 1,30 m der dreifache Preis) für Autos bis 1,30 m für die Strecke Horgos – Martica ca. 13 €, für die Strecke Lipovac – Martica 10 €. Währung: Dinar (1 € = 105 RSD, Stand: Jan. 2012). Achtung: Reisen Sie mit vollem Tank ein (jedoch leerem Reservekanister, ansonsten ist dieser zu verzollen)! An den Grenzen warten Sie oft mehrere Stunden, insbesondere in der Ferienzeit, wenn sich die Türken auf Heimaturlaub begeben.

Bulgarien: Von November bis März muss auch tagsüber mit Abblendlicht gefahren werden. Tempolimits für Pkw und Wohnmobile (bis 3,5 t) innerorts 50 km/h, außerorts 90 km/h, Autobahnen 130 km/h. 7-Tage-Vignette für Pkw oder Wohnmobil 5 €. Währung: Lew (1 € = 1,96 BGN, Stand: Jan. 2012). Auch an den Grenzen nach Bulgarien muss man mit extrem langen Wartezeiten rechnen.

Griechenland: Tempolimits für Pkw und Wohnmobile innerorts 50 km/h, außerorts 90–110 km/h, Autobahnen 120 km/h (kaum Tankstellen an der Autobahn). Maut Igoumenítsa – Ípsala für Pkw 5,60 €, für Wohnmobile 14 €, soll jedoch angehoben werden. Währung: Euro.

Reisepapiere Für die Einreise in die Türkei und eine Verweildauer des Fahrzeuges im Land von max. 6 Monaten benötigen Sie **Führerschein**, **Kfz-Schein** und **grüne Versicherungskarte**. Diese muss für die gesamte Türkei einschließlich des asiatischen Teils gültig sein! Lassen Sie sich zudem von Ihrer Versiche*rung schriftlich* bestätigen, dass Sie in der gesamten Türkei die gleiche Deckung haben wie zu Hause.

Obligatorisch ist für Fahrzeugbesitzer außerdem der **Reisepass**: Sie erhalten bei der Einreise in die Türkei einen Passvermerk, der dazu verpflichtet, das eingetragene Fahrzeug bei der Ausreise vorzuführen. Im Falle eines Totalschadens oder Diebstahls muss eine Löschung des Fahrzeugs im Reisepass beim zuständigen Zollamt, d. h. dort, wo der Schaden entstanden ist, veranlasst werden. Dabei ist der türkische Polizeibericht vorzulegen.

Weitere Hinweise Es ist ratsam, einen **Auslandsschutzbrief**, eine **Kurzvollkasko-**, eine **Verkehrsrechtsschutz-** sowie eine **Insassen-Unfallversicherung** abzuschließen, die ebenfalls für die gesamte Türkei gültig sind. Auch muss am Fahrzeug ein **Nationalitätskennzeichen** angebracht sein, unabhängig davon, ob Sie eine EU-Plakette haben.

Türkeitipps für **Motorradfahrer** und Erfahrungsberichte finden Sie auf www.bikerdream.de. Wer spezielle Fragen hat, kann sich an das Forum von www.freebiker-tr.eu wenden.

Mit der Fähre

Wer sich für die Italienroute mit Fährpassage nach Griechenland entscheidet, sollte für die Hauptferienzeit früh buchen, um noch an ein preiswertes Ticket zu kommen oder um noch einen Platz für „Camping on Bord" zu ergattern. Als Abfahrtshäfen in Italien stehen Venedig, Ancona, Brindisi und Bari zur Auswahl. Vom griechischen Zielhafen Igoumenítsa (Nordgriechenland) sind es noch rund 750 km beste Autobahn bis zur türkischen Grenze. Zig Fährgesellschaften machen sich Konkurrenz, die größten sind Anek Lines (www.anek.gr) und Minoan Lines (www.minoan.gr). Die Strecke Ancona – Igoumenítsa schaffen schnelle Fähren in rund 16 Std., langsame Fähren benötigen die gleiche Zeit für die Strecke Bari – Igoumenítsa. Eine Fährpassage von Venedig nach Igoumenítsa (das Gros der Fähren benötigt dafür rund 25 Std.) bekommt man in der NS für 2 Pers. inkl. Auto bis 6 m ab ca. 240 €, in der HS ab ca. 350 €, richtig teuer wird es mit Kabine. Preiswertere Verbindungen von den südlicheren Häfen Italiens (dort zuweilen für 2 Pers. inkl. Pkw ab 100 € in der NS).

Mit dem Bus

Die *Deutsche Touring GmbH/Eurolines* (www.touring.de) bietet ganzjährig Fahrten von verschiedenen deutschen Städten über Italien (weiter mit der Fähre) und Griechenland nach İstanbul (Dauer 50–60 Std.). *Varan* (www.varan.com.tr) fährt von Berlin (Dauer 38 Std.) und von verschiedenen Städten Österreichs (ab Wien 28 Std.) über den Balkan nach İstanbul. Einen Linienbusverkehr von der Schweiz in die Türkei gibt es nicht. Je nach Abfahrtsort bewegen sich die Preise für ein Retourticket zwischen 150 und 260 €. Endstation ist in İstanbul der *Büyük İstanbul Otogarı* (Großer İstanbuler Busbahnhof), von wo regelmäßige Busverbindungen in alle Landesteile bestehen.

Mit der Bahn

Auch wenn der glorreiche Orient-Express der Vergangenheit angehört – mit der guten alten Eisenbahn kann man noch immer in die Türkei fahren. Dafür muss man jedoch tief in die Tasche greifen, sofern man ein Ticket für die gesamte Strecke im Heimatland bucht – kalkulieren Sie mit dem Doppelten des Bustickets. Infos unter www.bahn.de, www.sbb.ch und www.oebb.at. Billiger wird es, wenn Sie in jedem Land das Ticket einzeln kaufen. Von Wien bis nach İstanbul sind Sie ca. 35 Std. unterwegs, von Zürich ca. 56 Std. Von Deutschland führen die Verbindungen i. d. R. über München (von da noch ca. 43 Std.) und Salzburg nach Wien und von dort weiter über Budapest, Belgrad und Sofia (zuweilen auch über Bukarest) zum İstanbuler Bahnhof Sirkeci auf der europäischen Seite. Auf der anderen Seite des Bosporus (Verbindung bislang Pendelfähren, Tunnel im Bau) starten vom Bahnhof Haydarpaşa die Züge nach West-, Zentral- und Ostanatolien (→ Unterwegs in der Türkei/Mit der Bahn). Mit einem InterRail-Ticket können Sie nicht nur an-, sondern auch durch die Türkei reisen.

InterRail: Ein InterRail Global-Pass (gilt für 30 Länder Europas, für alle Länder auf der Strecke in die Türkei und auch für die Türkei) kostet für 10 Tage (benutzbar innerhalb von 22 Tagen) 381 € für Erwachsene und 257 € für Jugendliche, für einen ganzen Monat (unbegrenztes Fahren an jedem Tag) 638 € bzw. 422 €.

Endstation Sirkeci – wohin der Orient-Express rollte

Der legendäre Orient-Express nahm seinen Dienst von Paris in Richtung İstanbul 1883 auf. Anfangs verlief die Route über Wien und Budapest nach Varna (Bulgarien) am Schwarzen Meer, von dort ging es per Schiff weiter. 1889 rollte der Zug erstmals im İstanbuler Bahnhof Sirkeci auf der Serailspitze ein. Berühmt wurde er durch diverse Filme und literarische Werke, insbesondere durch Agatha Christies *Mord im Orientexpress* und durch Graham Greenes *Stamboul Train*. Letzterem Werk sollte man aber nicht allzu großen Glauben schenken, Greene ging bereits in Köln das Geld aus, die restliche Strecke bis İstanbul entspringt seiner Fantasie. Die Fahrt durch die verschiedenen Königreiche des Balkans war in den ersten Jahren nicht ungefährlich. Mehrmals kam es zu Überfällen, denn der Luxuszug beförderte neben betuchten Passagieren auch wertvolle Waren: auf der Hinfahrt Schuhe, Parfüm, Wein und Stoffe, auf der Rückfahrt Leder, Gewürze und Baumwolle. Mitte des 20. Jh. war es mit dem Glanz und der Gloria des Zuges vorbei. 1977 setzte er sich zum letzten Mal in Bewegung.

Unterwegs im lykischen Hinterland

Unterwegs in der Türkei

Mit dem Auto oder Motorrad

Ein eigenes Fahrzeug – egal, ob geliehen oder mitgebracht – macht das Reisen durch die Türkei unkompliziert. Vorsicht ist jedoch geboten. Denn so kämpferisch und stolz wie die Türken einst auf ihren Steppenpferden bis nach Wien jagten, so selbstbewusst geben sich ihre Ur-Ur-Ur-Enkel heute im Straßenverkehr. Dabei wird der Kampfschrei durch die Hupe ersetzt. Doch trotz der leicht chaotischen Verhältnisse auf türkischen Straßen – mit etwas Selbstvertrauen werden Sie die Sache meistern. Die Straßen sind gut ausgebaut, besser als in den osteuropäischen Ländern der EU. Türkeineulingen empfehlen wir jedoch nicht, mit der motorisierten Zimmersuche in einem Großstadtzentrum zu beginnen. Nehmen Sie besser ein Taxi vom Flughafen und lassen Sie sich die Wagenschlüssel einen Tag später aushändigen.

Mietfahrzeuge: Pkws werden in den Touristenzentren fast an jeder Ecke verliehen, das Angebot an Mopeds, Motorrädern und Fahrrädern ist dagegen bescheiden. Wer ein Fahrzeug mieten will, muss seinen Führerschein und Pass oder Personalausweis vorlegen. Manche Anbieter setzen voraus, dass der Fahrer mindestens 21 oder 23 Jahre und jünger als 70 Jahre alt ist und seit mindestens einem Jahr den Führerschein besitzt. Da die Treibstoffpreise rund 20–30 % über denen in Deutschland liegen, können sich die Mehrausgaben für ein moderneres und sparsameres (am besten Diesel schluckendes) Fahrzeug schnell amortisieren.

Entfernungstabelle (Straßenkilometer)

	Adana	Ankara	Antalya	Denizli	Edirne (Pamukkale)	İstanbul	İzmir	Kahta (Nemrut Daği)	Konya	Nevşehir (Kappadokien)	Samsun	Trabzon	Van
Adana	•	489	553	766	1166	939	898	367	356	282	745	851	905
Ankara	489	•	544	476	681	454	582	790	258	276	417	763	1248
Antalya	553	544	•	238	950	724	469	921	355	579	961	1238	1458
Denizli	766	476	238	•	726	652	231	1133	415	631	893	1239	1666
Edirne	1166	681	950	726	•	227	539	1490	890	957	960	1306	1871
İstanbul	939	454	724	652	227	•	565	1244	663	730	733	1079	1644
İzmir	898	582	469	231	539	565	•	1265	548	763	999	1345	1798
Kahta	367	790	921	1133	1490	1244	1265	•	723	526	805	828	559
Konya	356	258	355	415	890	663	548	723	•	221	675	988	1256
Nevşehir	282	276	579	631	957	730	763	526	221	•	463	767	1035
Samsun	745	417	961	893	960	733	999	805	675	463	•	346	1051
Trabzon	851	763	1238	1239	1306	1079	1345	828	988	767	346	•	715
Van	905	1248	1458	1666	1871	1644	1798	559	1256	1035	1051	715	•

Preise für Mietfahrzeuge Die lokalen Verleiher sind i. d. R. erheblich billiger als die großen internationalen Ketten. Je nach Saison bezahlen Sie bei den Kleinanbietern 20–40 €/Tag. Den Preisvorteil erzielen die lokalen Verleiher durch einen älteren und meist weniger gepflegten Fuhrpark. Die Preise der renommierten Verleiher unterscheiden sich wenig, je nach Saison muss man mit 45–80 €/Tag für das günstigste Modell rechnen. Egal wo, i. d. R. sind alle Kilometer frei. Etwas preiswerter ist es, wenn man bereits von zu Hause aus wochenweise bucht, eventuell gleich in Verbindung mit dem Flugticket. Die Preise für Motorräder beginnen bei ca. 30 €/Tag und für Motorroller bei 20 €/Tag. Für Wohnmobile → Camping.

Kleingedrucktes Achten sollte man auf den vertraglich festgelegten **Versicherungsschutz**, insbesondere auf den Eigenanteil im Schadensfall. Auch bei Vollkasko sind meist Unterbodenschäden und Reifenpannen nicht mitversichert. Die großen, international operierenden Verleiher untersagen i. d. R. das Verlassen von asphaltierten Straßen, d. h. viele Buchten und Ausgrabungsstätten dürfen Sie theoretisch nicht ansteuern.

Ein empfehlenswerter Autoverleiher ist die **Agentur Say** mit Hauptsitz in Antalya (→ S. 462). 1a-Service (deutschsprachig und deutschsprachige Verträge), gepflegter Fuhrpark, sehr gute Versicherungsleistungen, Kindersitze, Übergabe des Fahrzeugs auch am Flughafen möglich oder kostenloser Flughafentransfer. Büro in der Altstadt von Antalya, Mescit Sok. 37, ✆ 0242/2430923 (24-Std.-Service unter ✆ 0532/2645054), www.say-autovermietung.de. Dazu Partneragenturen an der gesamten Südküste und in İstanbul. Auch Einwegmieten sind möglich. Buchungsmöglichkeit auch in Deutschland: Info und Reservierung in Nürnberg, ✆/℻ 0911/686266.

Besondere Hinweise

- Von **Nachtfahrten** sollte man absehen. Gefahr droht durch mangelhaft beleuchtete Lkw und Pkw, durch unvorhersehbare Schlaglöcher und nur mit Steinen abgesicherte Baustellen. Dazu kommen allzu sorglose Fußgänger.
- Stehen Sie an einer roten **Ampel** in der ersten Reihe, schauen Sie unbedingt nochmals nach rechts und links, wenn das Licht auf Grün springt. Nicht alle Verkehrsteilnehmer interessieren sich für das Farbenspiel.
- Drücken Sie auf die Hupe: vor dem Überholen (egal ob Fahrradfahrer oder Lkw – gehen Sie davon aus, dass der Vordermann nie in den Rückspiegel schaut), vor unübersichtlichen Kurven, wenn Kinder am Straßenrand spielen etc.! Mit der Hupe fordert man auch die Vorfahrt ein! Nur nicht schüchtern sein.
- Vorsicht vor **Rollsplitt** insbesondere auf Neubaustrecken. Tausende von Frontscheiben gehen dadurch jährlich zu Bruch. Halten Sie hier zu Lkw einen großen Abstand!
- Um die Raserei einzudämmen, werden häufig **Radarkontrollen** durchgeführt (Mindeststrafe für zu schnelles Fahren 55 €, man bekommt jedoch Rabatt, wenn man sofort zahlt), zudem gibt es an Ortseinfahrten und in Wohngebieten vielfach **Bodenwellen**. Für Ortsunkundige sind sie oft heimtückisch, denn i. d. R. macht weder ein Schild auf sie aufmerksam, noch sind sie farblich markiert.
- **Polizeikontrollen** sind grundsätzlich häufig, im Osten des Landes kommen **Militärchecks** hinzu. Polizisten winken Fahrzeuge mit ausländischem Nummernschild oder Mietwagen meist durch. Wenn nicht, dann will man i. d. R. nur Ihre Papiere sehen und sich etwas unterhalten, denn viel Abwechslung haben die Beamten nicht. Bei Militärkontrollen muss man hingegen fast immer anhalten, zudem wird häufig auch der Kofferraum kontrolliert. In der Regel handelt es sich um Routinekontrollen, bei denen Sie in 99,9 % aller Fälle zuvorkommend behandelt werden, insbesondere von den in Ostanatolien zum Dienst verdonnerten Wehrpflichtigen aus dem Westen der Türkei. Diese fühlen sich Ihnen näher als ihren ostanatolischen Landsmännern.
- Motorradfahrer sollten nur mit **Schutzkleidung** fahren, im Fall eines Sturzes kann der Split auf den Straßen sehr gefährlich werden.
- Verkehrshinweise und ihre Bedeutung: Bozuk satıh – schlechte Wegstrecke; **Dikkat** – Achtung bzw. Vorsicht; **Dur** – Stop; **Düşük banket** – unbefestigte Straße; **Kaygan yol** – glatte Fahrbahn; **Otopark** – Parkplatz; **Park yapılmaz** – Parken verboten; **Şehir merkezi** – Stadtmitte; **Tamirat** – Straßenarbeiten; **Taşıt gecemez** – Durchfahrt verboten; **Yavaş** – langsam fahren; **Yasak** – verboten.

Verkehrsvorschriften Höchstgeschwindigkeit in Ortschaften 50 km/h, außerhalb 90 km/h (mit Anhänger oder mit dem Motorrad 70 km/h, Minibusse 80 km/h). Auf mehrspurigen Überlandstraßen jedoch, die durch einen Grünstreifen oder Ähnliches getrennt sind, dürfen Pkw 110 km/h fahren, Minibusse 90 km/h. Auf Autobahnen gelten für Pkw 120 km/h (mit Anhänger oder mit dem Motorrad 80 km/h, Minibusse 100 km/h). Die Promillegrenze für Fahrer von Pkws ohne Anhänger liegt bei 0,5, ansonsten herrscht absolutes Alkoholverbot (auch für Motorradfahrer). **Mobiltelefone** dürfen offiziell – auch wenn sich keiner daran hält – während der Fahrt nur mit einer Freisprechanlage benutzt werden.

Autobahnen Sind gebührenpflichtig, seit 2011 kann jedoch nicht mehr bar bezahlt werden. Für die Zahlung der Maut bedarf es nun einer sog. *KGS Kart*, einer kreditkartenähnlichen Karte, die man mit einem gewünschten Guthaben aufladen kann. Beim Auffahren auf die Autobahn hält man die Karte an einen Automaten, der sie abliest, beim Verlassen der Autobahn ebenfalls, dabei wird dann auch die fällige Autobahngebühr abgezogen – wenn man alles richtig macht, piepst es 3-mal und das verbleibende Guthaben auf der Karte wird angezeigt. Die Karte bekommt man an vielen Autobahnauffahrten (dummerweise nicht an allen!), an den Grenzübergängen und bei jeder Bankfiliale der T.C. *Ziraat Bankası* in der Türkei (nach dem KGS-Schalter fragen o. eine Nummer für KGS ziehen). Auch die Ziraat-Bank-Filialen in Deutschland (wo die nächste ist, erfahren Sie unter www.ziraatbank.de) verkaufen KGS-Karten, hier jedoch nur Karten mit 50 TL Guthaben für überzogene 30 €. 100 km kosten etwa 1 €.

Tanken Die Farbkennzeichnung der Kraftstoffe an den Zapfsäulen entspricht der daheim. Bleifrei heißt *kurşunsuz* (auch *Süper*, 95 Oktan), Super *Süper plus* (98 Oktan), Diesel entweder *dizel* oder *motorin*. Das Tankstellennetz ist gut ausgebaut. Auch das LPG-Netz ist sehr gut, Sie benötigen in der Türkei den Dish-Anschluss. Nahe den Grenzen zum Iran und Irak wird an No-Name-Tankstellen und direkt von Lkws billiger, illegal importierter Diesel verkauft – er ist von minderer Qualität! Ansonsten liegen die Spritpreise in der Türkei rund 20–30 % über denen in Deutschland!

Unfall Sollten Sie in einen Unfall verwickelt werden, muss die Polizei gerufen werden, denn für die Schadensklärung ist ein Polizeiprotokoll *(kaza raporu)* erforderlich. Unterschreiben Sie keine Protokolle, die Sie nicht lesen können, oder vermerken Sie auf dem Protokoll, dass Sie es nicht lesen konnten. Melden Sie größere Karosserieschäden, die Sie vor Ort nicht beheben lassen wollen, ebenfalls der Polizei – ohne Protokoll kann es bei der Ausreise sonst zu erheblichen Schwierigkeiten kommen.

Pannenhilfe Keine Sorge, man lässt Sie nicht im Regen stehen, die Türken sind sehr hilfsbereit. Sollten Sie einen Abschleppwagen benötigen, teilen Sie dies Ihrer Versicherung (Notrufnummer steht auf dem Schutzbrief) oder – falls Sie Mitglied sind – dem ADAC (✆ 0212/2887190 in İstanbul) mit. Alles Weitere wird dann veranlasst.

Ersatzteile/Reparatur Sind für die gängigen Modelle von Fiat, Renault, VW, Ford und Mercedes leicht zu haben, bei anderen Automarken sieht es etwas schlechter aus. Falls Sie mit Ihrem Fahrzeug Probleme haben, fragen Sie nach dem **Oto Sanayi** (So geschl.), einer Ansammlung von Werkstätten, i. d. R. an den Ein- oder Ausfallstraßen der größeren Ortschaften. Handeln Sie stets den Preis im Voraus aus.

Mit dem Bus

Die Zahl der Busgesellschaften, die das im ganzen Land dichte Netz bedienen, ist nahezu unüberschaubar, die Preisunterschiede sind gering. Bei den meisten Gefährten handelt es sich um moderne Mercedes- oder Mitsubishibusse, die in der Türkei in Lizenz hergestellt werden. Zum Standard gehören Klimaanlage (Pulli mit in den Bus nehmen!), Video und getönte Scheiben. Bei renommierten Unternehmen wie z. B. *Metro* (www.metroturizm.com.tr), *Ulusoy* (www.ulusoy.com.tr), *Kamil Koç* (www.kamilkoc.com.tr) oder *Pamukkale* (www.pamukkaleturizm.com.tr) bekommen Sie für Ihr verstautes Gepäck einen Jeton, mit dem Sie es am Ende der Fahrt wieder einlösen können, im Ganzen eine recht zuverlässige Sache. Unterwegs betreut ein meist jugendlicher Steward oder eine Stewardess die Passagiere. Kostenlos verteilt werden Kekse und Getränke sowie eine türkische Kölnischwasser-Variante *(kolonya)* für verschwitzte und verklebte Handflächen. Rauchen ist in den Bussen verboten, im Abstand von ungefähr zwei Stunden wird jedoch eine Pinkelpause eingelegt. Die im Reiseteil angegebenen Fahrtzeiten dienen nur der groben Orientierung und beziehen sich auf die Angaben der größeren Busunternehmen. Kleinere, oft lokale Busgesellschaften, die einer Bummelbahn gleich in unzähligen Orten unterwegs halten, brauchen oft länger. Weitere Informationen zum Reisen mit dem Bus finden Sie unter „Verbindungen" bei den jeweiligen Städten.

Achtung Abfahrt: Gestartet wird pünktlich bis 5 Min. zu früh!

Preise Durchschnittlich werden pro Kilometer 4–5 Cent gezahlt, bei Nobelfirmen etwas mehr. Eine Fahrt von İstanbul nach Antalya kommt demnach auf 29–36 €. Mit der Buchung ist eine Platzreservierung verbunden, auf die Sie Einfluss nehmen können, indem Sie auf dem Plan den gewünschten Sitz bestimmen – die vorderen sind i. d. R. die besseren, jedoch auch meist dem Zigarettenrauch der Busfahrer (er ist der Einzige, der rauchen darf) ausgesetzt.

Busbahnhöfe Die türkischen Busbahnhöfe *(otogar, terminal* oder *garaj)* entsprechen in Funktion und Ausstattung unseren Zugbahnhöfen. Falls es keine offizielle Gepäckaufbewahrung gibt, können Sie Ihre Siebensachen i. d. R. am Schalter Ihrer Busgesellschaft abstellen. Meist liegen die Busbahnhöfe einige Kilometer außerhalb des Zentrums, sind jedoch gewöhnlich mit öffentlichen Stadtbussen oder Dolmuşen erreichbar. Renommierte und vor Ort ansässige Busgesellschaften bieten zudem oft einen Zubringerservice vom und ins Zentrum. Kleinere Orte verfügen häufig nur über eine Ansammlung von schlichten Büros im Zentrum. In diesen Fällen gehen die Busse von dort ab oder halten kurz an der Umgehungsstraße.

Hinweis An größeren Busbahnhöfen arbeiten Schlepper für diverse Busgesellschaften und werden versuchen, Sie mit irgendwelchen Argumenten an den einen oder anderen Schalter zu führen. Gehen Sie nicht darauf ein! Vergleichen Sie in Ruhe Abfahrtszeiten und Preise! Im Reiseteil wird auf diverse Busverbindungen hingewiesen, aus Platzgründen sind jedoch nicht alle aufgeführt.

Mit dem Dolmuş (Sammeltaxi)

Das Sammeltaxi zählt im innerstädtischen Verkehr, aber auch im Überlandverkehr (bis ca. 100 km) zu den wichtigsten Transportmitteln. *Dolmuş* heißt auf Deutsch so viel wie „voll besetzt" – und nennt das wesentliche Kennzeichen der Sammeltaxis, denn ein Dolmuş fährt in aller Regel erst dann ab, wenn alle Plätze belegt sind. Als Dolmuş verkehren Kleinbusse in der Größenordnung eines Ford Transit. Zu erkennen sind Dolmuşe an ihrem Schild auf dem Dach oder an einer Tafel hinter der Windschutzscheibe, die das Fahrtziel angibt. In Städten gibt es separate Dolmuş-Bahnhöfe für Verbindungen in die Region und Haltestellen auf bestimmten Routen. Auf dem Land, aber auch überall dort, wo es keine Haltestellen gibt, kann man ein Dolmuş auch per Handzeichen stoppen oder irgendwo unterwegs aussteigen.

Preise: Die Preise liegen im Stadtverkehr etwas höher als bei den Bussen, auf längeren Strecken etwas darunter. Bezahlt wird während der Fahrt. Sofern die Tarife nicht aushängen, ist es ratsam, sich an den Beträgen der Mitreisenden zu orientieren, wenn man keinen Touristenzuschlag zahlen will. Längere Routen sind in Teilstücke gegliedert. Sie zahlen nur den Abschnitt, den Sie mitgefahren sind.

Mit der Bahn

Im Vergleich Bus/Straße versus Bahn/Schiene ist das zweite Pärchen erheblich langsamer, unpünktlicher und weniger gut ausgebaut, dafür auch billiger. Entlang der Küsten ist Bahnfahren so gut wie unmöglich. Für alle, für die der Weg das Ziel ist, gibt es aber kaum eine schönere Art, das Land kennenzulernen. Große Abschnitte des Schienennetzes schufen übrigens deutsche Ingenieure: Durch den Bau der Bagdadbahn in der ersten Hälfte des 20. Jh. wollte die Deutsche Bank Kapital aus den Ölvorkommen am Persischen Golf schlagen. Die Türken beschränkten sich danach jahrzehntelang lediglich darauf, das vorhandene Netz halbwegs am Leben zu erhalten. Erst vor wenigen Jahren wurde mit dem Bau von Hochge-

Mit der Bahn 31

schwindigkeitstrassen (→ Kasten) begonnen. Bahnfahren wird seitdem wieder deutlich populärer.

Trotz aller bisherigen Verbesserungen bietet die Türkische Eisenbahn *Türkiye Cumhuriyeti Devlet Demiryolları* (kurz *TCDD*) nach wie vor vorrangig lange Fahrten für wenig Geld: Von İstanbul nach Kars nahe der armenischen Grenze, also einmal fast durchs ganze Land (1928 km), sind Sie rund 38 Stunden unterwegs und bezahlen im komfortablen Schlafwagen (*yataklı*, nur zwei Betten im Abteil) um die 40 €.

Reservierungen sind nicht nur ratsam, sondern in den meisten besseren Zügen ein Muss, insbesondere im Schlafwagen (am besten schon eine Woche vorher). Im Folgenden sind die wichtigsten Züge aufgelistet – falls sie denn auch fahren. Nicht selten sind weite Streckenabschnitte aufgrund von Gleisbauarbeiten monate-, selbst jahrelang gesperrt. Noch ein Hinweis: Auf den ausgehängten Fahrplänen sind manche Städte wie z. B. İstanbul nur mit den Namen ihrer Bahnhöfe aufgeführt. So steht Sirkeci für İstanbuls Bahnhof auf der europäischen Seite, Haydarpaşa für jenen im asiatischen Teil. Der englischsprachige Teil der Webseite der Türkischen Bahn www.tcdd.gov.tr (Preise, Verbindungen, Reservierungen) ist leider wenig hilfreich. Gute Infos zum Bahnfahren bietet jedoch die Seite www.turkeytravelplanner.com.

Von İstanbul nach Zentralanatolien Mit dem **Eskişehir Ekspresi**, dem **Cumhuriyet Ekspresi**, dem **Başkent Ekspresi** oder dem **Sakarya Ekspresi** geht es – sofern die Züge fahren (→ Kasten) – tagsüber nach Eskişehir, von dort weiter mit dem Schnellzug nach Ankara. Dauer bis Ankara auf den alten Gleisen ca. 5¾ Std., nach der Fertigstellung der Hochgeschwindigkeitsstrecke ca. 3 Std.

Anadolu Ekspresi, Fatih Ekspresi und **Ankara Ekspresi** sind – sofern wegen Gleisarbeiten nicht eingestellt – tägl. verkehrende Nachtzüge zwischen İstanbul und Ankara, Dauer 8–9 Std.

Von İstanbul/Ankara durch Zentralanatolien nach Ostanatolien Wegen Gleisarbeiten (s. o.) werden die folgenden Züge voraussichtlich bis 2014 in Ankara starten und enden:

Doğu Ekspresi, fährt tägl. von İstanbul über Ankara, Kayseri, Sivas und Erzurum nach Kars, Dauer ca. 38 Std.

Güney Ekspresi, verkehrt zwischen İstanbul und Diyarbakır über Ankara, Kayseri, Sivas und Malatya, 4-mal wöchentl., Dauer ca. 33 Std.

Van Gölü Ekspresi, verkehrt zwischen İstanbul und Tatvan über Ankara, Kayseri, Sivas, Malatya und Elazığ, 2-mal wöchentl., Dauer ca. 41 Std.

Von İstanbul nach Westanatolien **Meram Ekspresi**, Nachtzug über Kütahya und Afyon nach Konya, tägl., 13 Std.

Von İstanbul durch Westanatolien an die Südküste İç Anadolu Mavi Treni, verkehrt zwischen İstanbul und Adana über Afyon, Konya und Karaman, tägl., Dauer ca. 18½ Std. **Achtung:** Wegen Gleisbauarbei-

---

Schnellzüge – keine Züge

Bereits in Betrieb sind Hochgeschwindigkeitszüge von Ankara nach Konya (2 Std.) und von Ankara nach Eskişehir (1½ Std.). Im Bau bzw. in der Planung sind zudem Schnellzugtrassen von İstanbul nach Eskişehir, von Ankara über Afyon nach İzmir, von Ankara nach Bursa sowie von Ankara über Sivas und Erzurum nach Kars. Durch den Bau der Hochgeschwindigkeitsstrassen wird der Zugbetrieb auf manchen Strecken immer wieder für kürzere oder längere Zeit unterbrochen. **So wird der Zugbetrieb auf der Strecke von İstanbul nach Eskişehir ab Februar 2012 für ca. 24 Monate eingestellt.** Auch soll für die Schnellzüge in İstanbul ein neues Bahnhofsterminal in Söğütlüçeşme gebaut werden.

ten wird dieser Zug für längere Zeit nur bis bzw. ab Arifiye (ca. 100 km östlich von İstanbul) fahren.

Von Ankara an die Südküste Çukurova Mavi Treni, Nachtzug zwischen Ankara und Adana über Kayseri und Niğde, tägl., Dauer ca. 11½ Std.

Von Ankara nach Ostanatolien 4 Eylül Mavi Treni, verkehrt zwischen Ankara und Malatya über Kayseri und Sivas, tägl., Dauer 16 Std.

Von Ankara durch Westanatolien an die Ägäis İzmir Mavi Treni, Nachtzug zwischen Ankara und İzmir (Basmane) über Eskişehir, Kütahya und Manisa, tägl., Dauer ca. 13½ Std.

Karesi Ekspresi, fährt ebenfalls nachts von Ankara über Kütahya und Manisa nach İzmir, tägl., Dauer 14½ Std.

Zwischen Ägäis und Marmarameer 6 Eylül Ekspresi und 17 Eylül Ekspresi, fahren jeweils tägl. (außer Di beim 6 Eylül Ekspresi) von İzmir (Basmane) über Manisa nach Bandırma (von dort weiter mit der Fähre nach İstanbul), Dauer ca. 6 Std.

Von der Südküste nach Ostanatolien Fırat Ekspresi, verkehrt zwischen Adana und Elazığ über Osmaniye und Malatya, tägl., Dauer ca. 11 Std.

In den Nahen Osten 1-mal wöchentl. (2012 Di) geht es von Haydarpaşa über Ankara, Malatya und Van nach Teheran (66½ Std.), 1-mal wöchentl. (2012 Mo) von Van nach Teheran (23 Std.), 1-mal wöchentl. (2012 Mi) von Van nach Täbris (9 Std.), 1-mal wöchentl. (2012 Di) von Tatvan über Malatya und Aleppo nach Damaskus (30 Std.), 1-mal wöchentl. (2012 Fr) von Gaziantep nach Aleppo (4 Std.).

Mit dem Flugzeug

Die Drehkreuze im innertürkischen Flugverkehr sind İstanbul (europäische Seite IST, asiatische SAW) und Ankara (ESB), von wo aus sehr gute Verbindungen zu allen größeren Städten des Landes bestehen. Innertürkische Flüge, die nicht İstanbul oder Ankara als Ziel- oder Startflughafen bzw. Umsteigestation haben, gibt es auch. Von Jahr zu Jahr werden es mehr, insbesondere von und nach Antalya (AYT), İzmir (ADB), Samsun (SZF) oder Trabzon (TZX). Neben Turkish Airlines bieten Atlasjet, Anadolu Jet, Borajet, Pegasus und Onur Air Inlandsflüge an (→ Airlines im Internet, S. 21). Inlandsflüge sind recht günstig: Ein Flug von İstanbul nach Antalya ist bereits ab ca. 30 € inkl. aller Gebühren zu bekommen. Des Weiteren können Sie fliegen von und nach Adana (ADA), Adıyaman (ADF), Ağrı (AJI), Alanya-Gazipaşa (GZP), Batman (BAL), Bodrum/Milas (BJV), Bursa (YEI), Dalaman (DLM), Denizli (DNZ), Diyarbakır (DIY), Edremit (EDO), Elazığ (EZS), Erzincan (ERC), Erzurum (ERZ), Eskişehir (AOE), Gaziantep (GZT), Gökçeada (GKD), Hatay/Antakya (HTY), Isparta (ISE), Kahramanmaraş (KCM), Kars (KSY), Kayseri (ASR), Konya (KYA), Malatya (MLX), Mardin (MQM), Merzifon (MZH), Muş (MSR), Nevşehir (NAV), Siirt (SXZ), Sinop (SIC), Sivas (VAS), Şanlıurfa (GNY), Tokat (TJK), Uşak (USQ), Van (VAN) und Zonguldak (ONQ).

> Weitere Informationen (Transfer zu den Flughäfen, Adressen von Reisebüros vor Ort usw.) im Reiseteil unter den jeweiligen Städten.

Mit der Fähre

Die Fährverbindungen zu den vorgelagerten türkischen und griechischen Inseln, nach Nordzypern sowie die Fähren über das Marmarameer sind im Reiseteil aufgeführt. Keine Fährlinien entlang der Südküste, von İstanbul nach İzmir sowie entlang der Schwarzmeerküste.

Weitere Verkehrsmittel

Taxi: Ein *Taksi* findet man in den meisten Orten an jeder Ecke. In den Touristenzentren sind die Tarife oft in verschiedenen harten Währungen auf einer Tafel angeschrieben. Abseits davon nimmt man ein Taxi mit Taxameter und lässt sich den geschätzten Endtarif im Voraus sagen. In İstanbul betrug der Einstiegstarif 2011 – egal ob tagsüber oder nachts – 1,25 €, pro Kilometer kamen 0,70 € hinzu.

Achtung: In Städten, wo es Nachttarife gibt (nicht einheitlich!), muss tagsüber auf dem Display *gündüz* erscheinen (*gündüz* = tagsüber; *gece* = Nacht).

Fahrrad: Mit dem Rad entlang der Schwarzmeerküste oder durch Zentralanatolien gen Osten – die Türkei per Rad zu erkunden wird immer populärer! Wer größere Touren plant, bringt am besten sein eigenes Bike mit und dazu einen Helm. Unglaublich, aber wahr: Er ist Pflicht, auch wenn davon nicht einmal die Polizei weiß! Vor Ort gibt es nicht allzu oft Räder zu leihen, und wenn doch, dann meist in Kaufhausqualität. Empfehlenswert ist ein sog. *Dog Chaser*, der durch Hochfrequenztöne die Hunde der Hirten vom Leib hält. Wegen der bergigen Landschaft sollte man über eine gute Kondition verfügen. Bei Pannen helfen kombinierte Moped-Fahrradwerkstätten weiter (sofern keine exotischen Ersatzteile beigeschafft werden müssen).

> **Trampen** ist aufgrund der niedrigen Preise für öffentliche Verkehrsmittel nicht verbreitet, aber grundsätzlich überall möglich. Allein reisende Frauen sollten davon absehen.

Unter Segel

Die türkische Südägäis und die lykische Küste zählen zu den beliebtesten Segelrevieren des Mittelmeeres. Boote mit und ohne Skipper lassen sich vor Ort und von Deutschland aus chartern. Zentren des Jachttourismus sind Finike, Göcek, Marmaris, Fethiye, Bodrum und Kuşadası, aber auch fast alle anderen größeren Urlaubsorte verfügen über eine Marina. Zudem lässt es sich in vielen abgeschiedenen Häfen und Buchten herrlich ankern. Wer mit dem eigenen Schiff unterwegs ist oder ein Boot ohne Skipper chartert, dem seien die Segelhandbücher „Türkische

Zeitungslektüre auf der Fähre

Küste – Vom Bosporus bis Antalya" und „Türkische Küste/Ostgriechische Inseln" empfohlen, beide im Delius Klasing Verlag erschienen. Die beste Zeit für einen Törn ist von Mai bis September.

Blau reisen

Einen wahren Boom erleben an der lykischen und südägäischen Küste die sog. „Blauen Reisen". Dabei handelt es sich um eine Art All-inclusive-Urlaub auf einer *Gulet,* einer schönen, aus Holz gezimmerten, dickbauchigen Jacht. So gut wie immer gesetzt ist einzig das Schatten spendende Sonnensegel, gefahren wird meist unter Maschine. Die Schiffe sind im Unterschied zu reinen Segeljachten nicht nur praktisch, sondern i. d. R. sehr komfortabel ausgestattet, denn bei der „Blauen Reise" steht nicht das sportlich ambitionierte Segeln im Vordergrund, vielmehr das Genießen der Küste vom Boot aus, das Baden in einsamen Buchten und die Geselligkeit an Bord. Letztere ist der Risikofaktor eines solchen Törns. Denn den engen Raum mit Spießern oder Kiffern zu teilen, kann je nach Einstellung Freude ins Gegenteil kehren. Daher empfiehlt es sich, eine solche Reise gleich als Gruppe zu buchen und am besten ein ganzes Schiff zu chartern.

Namensgebend für derartige Törns waren übrigens die Schiffsreisen eines illustren Philosophenzirkels um den Journalisten und Bohemien Cevat Şakir Kabaağaçlı. Nachdem er wegen seiner antimilitaristischen Gesinnung nach Bodrum verbannt worden war, publizierte dieser türkische Jean-Paul Sartre ab 1925 unter dem Pseudonym „Der Fischer von Halikarnas". Die jungen Intellektuellen, die sich um ihn sammelten, schipperten auf Schwammtaucherbooten die Ägäisküste entlang, ernährten sich in erster Linie von Fisch und Rakı und nannten ihre Seelenreinigungstrips *Mavi Yolculuk,* „Blaue Reise". Blaue Reisen werden heute über alle größeren Türkei-Reiseveranstalter angeboten.

Organisierte Ausflüge

Per Helikopter nach Kappadokien, mit dem Jeep durchs Hinterland oder – wirklich empfehlenswert – mit dem Ausflugsboot in einsame Buchten: Zu Luft, zu Land und zu Wasser werden in den touristischen Zentren unzählige Halbtages-, Tages- und Zweitagestouren zu den Sehenswürdigkeiten der näheren und weiteren Umgebung angeboten. Für alle, die die Planung und Durchführung eines Ausflugs nicht selbst in die Hand nehmen wollen, eine bequeme Art, mehr von der Türkei kennen zu lernen. Preislich rechnen sich solche Touren insbesondere für allein Reisende. Zu zweit kann man für das gleiche Geld schon oft einen Mietwagen nehmen. Der große Haken vieler Bustouren oder Bootsausflüge: Die Routen der meisten Veranstalter sind annähernd identisch, und so erleben viele Buchten oder Sehenswürdigkeiten für ein paar Stunden am Tag einen herdenartigen Ansturm. Was wo angeboten wird, erfahren Sie im Reiseteil unter den Stichworten „Organisierte Touren" und „Bootsausflüge".

Preise: Große Preisunterschiede gibt es zwischen den meisten Veranstaltern nicht. Sollte jedoch eine Tour erheblich preiswerter angeboten werden als beim Gros der Veranstalter, sind unter Garantie weitaus mehr Shoppingpausen mit Teppichknüpfvorführungen im Programm als sonst. Bei allem, was Sie kaufen, verdienen die Tourenanbieter mit.

Eines von vielen schönen Hotels entlang der Küste: Hotel Hadrian in Kaş

Übernachten

Das Angebot an Übernachtungsmöglichkeiten ist vielseitig. Von Clubanlagen, bei denen im Whirlpool die Caipirinha gereicht wird, bis zu Absteigen, deren Toiletten man ohne Badeschuhe in seinem Leben nie betreten würde, ist alles vorhanden.

Die Hotelhochburgen befinden sich erwartungsgemäß da, wo es auch das Gros der Türkeireisenden hinzieht – an der Mittelmeerküste, in Kappadokien und in İstanbul. Doch auch im Rest des Landes wird man keine Schwierigkeiten haben, ein Quartier zu finden, allerdings beschränkt sich das Unterkunftsangebot dort oft auf die größeren Städte, was Sie bei der Routenplanung beachten sollten. Im Reiseteil erfahren Sie, was Sie wo erwartet.

Das Preis-Leistungs-Verhältnis variiert von Region zu Region, zuweilen auch von Stadt zu Stadt. Insgesamt ist es – sofern die Türkische Lira nicht wieder anzieht – akzeptabel bis gut und sehr gut an der Küste in der Nebensaison. In der Hochsaison aber werden in Orten, die bei der türkischen Oberschicht beliebt sind, überzogene Preise verlangt. Zur türkischen Ferienzeit im Juli und August (jedoch nicht während des Ramadan, → S. 60) ist v. a. an Wochenenden in Urlaubsorten, die auch Türken gerne aufsuchen, eine Reservierung empfehlenswert. Zu den von Türken bevorzugten Urlaubsgebieten gehören insbesondere das Marmarameer, die westliche Schwarzmeerküste, die Nordägäis, verschiedene Orte an der Südägäis und die Mittelmeerküste östlich von Gazipaşa. Dort schließen viele Unterkünfte bereits kurz nach den Ferien und öffnen nicht vor Juni.

> **Preise und Hinweis:** Die im Reiseteil angegebenen Übernachtungspreise beziehen sich auf die Hochsaison (= HS, Nebensaison = NS, Einzelzimmer = EZ, Doppelzimmer = DZ). Frühstück ist – wenn nicht anders angegeben – inbegriffen. Wenn nicht anders vermerkt, verfügen zudem alle Unterkünfte über Zimmer mit privaten Bädern. In Hotels der unteren Preisklasse und in vielen Pensionen müssen Sie sich darauf einstellen, dass es nicht immer heißes Wasser gibt oder die Armaturen nicht einwandfrei funktionieren. Handeln ist prinzipiell möglich, wird aber in kleinen Unterkünften gewöhnlich nicht gerne gesehen.

All-inclusive-Anlagen: Das Gros der All-inclusive-Anlagen befindet sich an der Südägäis, der lykischen Küste und der Türkischen Riviera. Meist liegen sie weit abseits der Städte, in Nachbarschaft zu weiteren Ressorthotels, die zusammen oft riesige künstliche Feriensiedlungen bilden. Die stilvollsten All-inclusive-Anlagen konzentrieren sich auf die Region westlich von Antalya bei Kemer, östlich von Antalya in und um Belek sowie bei Side. Die oft wie Hochsicherheitstrakte abgeriegelten Ferienanlagen, teils mit Kapazitäten von bis zu 2000 Betten, sind auf Individualreisende nicht eingestellt und daher vor Ort entweder gar nicht oder nur mit viel Aufwand zu buchen. Falls Sie kurzfristig in eine All-in-Anlage einchecken möchten, reservieren Sie ein Zimmer über eine Hotelreservierungsplattform im Internet, das ist billiger und unkomplizierter als an der Rezeption. Der Begriff „all inclusive" ist übrigens nicht eindeutig definiert, und so manches Hotel führt diese Bezeichnung, ohne sie eigentlich zu verdienen. Erkundigen Sie sich daher im Voraus, ob sämtliche gebotenen Aktivitäten im Preis inbegriffen sind. Auch das, was „inklusive" ist, bedeutet nicht immer das Gleiche: Wird der O-Saft frisch gepresst oder als Chemiebrause serviert? Die Geiz-ist-geil-Mentalität vieler Urlauber, die für wenig Geld viel wollen, lässt die Qualität mehr und mehr sinken.

Preise: Die Walk-in-rate liegt nicht selten weit über dem Doppelten des Preises, den man bezahlt, wenn man pauschal oder über Hotelreservierungsseiten wie www.booking.com oder www.hrs.de bucht. Je nach Ausstattung, Service, Umfang des Büfetts, Sportangebot und Anzahl der Animateure 75–300 €/Nacht und DZ.

Hotels: Wer seine Unterkunft nach der Anzahl der Sterne wählt, sollte bedenken, dass sich die Klassifizierung der Hotels durch das Ministerium für Fremdenverkehr an der Ausstattung der Unterkünfte (Minibar, Fernseher, Aufzug, Restaurant, Klimaanlage usw.) orientiert und Kriterien wie Lage, Architektur, Sauberkeit oder Freundlichkeit des Personals unberücksichtigt lässt. Hinzu kommt, dass die Kategorisierung bisweilen längst nicht mehr den aktuellen Verhältnissen entspricht. Viele türkische Hotels sind aufgrund ihrer billigen Bauweise und Ausstattung nämlich oft schneller abgewohnt und im Wert gemindert, als die Rückstufung bei der Kategorisierung erfolgt. Das gilt insbesondere für Drei-Sterne-Hotels. Boutique-Hotels (s. u.) werden nicht nach Sternen kategorisiert.

Die freundlichen Hotels der Küstenregion weichen im Landesinneren unpersönlichen Stadthotels, die – je nach Niveau – weniger von Touristen denn von Geschäftsleuten, Händlern, Lkw-Fahrern oder Bauern zum Wochenmarkt frequentiert werden. Je weiter Sie nach Osten fahren, umso ratsamer ist es, Sternehäusern den Vorzug zu geben (Achtung: Viele Hoteliers geben sich ihre Sterne selbst, die offiziell lizenzierten erkennt man an der goldenen Plakette am Eingang!). Die Billigherbergen dort sind nicht selten schmuddelige Absteigen mit haarigen Bettlaken und nach Schweiß riechenden Kopfkissen, von der Sauberkeit des Bades ganz zu schweigen. Low-Budget-Reisenden ist für Trips in den Osten ein Notfalllaken im Gepäck angeraten.

Preise: Erhebliche regionale Unterschiede. Gehobenere Hotels nehmen in der HS pro DZ ab ca. 70 € aufwärts, EZ (oft winzig o. minderwertiger ausgestattet) kosten 30–50 % weniger. In den touristischen Zentren werden in der Vorsaison (bis einschl. Juni) und in der Nachsaison (ab September) die Preise gesenkt, z. T. um 50 %! Kleine, einfache Hotels bieten DZ mit Du/WC ab ca. 40 €. Ein Zimmer in Billigabsteigen ohne Du/WC bekommt man ab 10 €/Pers. In İstanbul liegen die Hotelpreise weit über dem Landesdurchschnitt. Auch in Zentral- und Ostanatolien, wo die Preise allgemein unter dem Landesdurchschnitt liegen, kann es vorkommen, dass in der einen oder anderen Stadt ein Hotel plötzlich das Doppelte des gewöhnlichen bzw. gefühlt angemessenen Preises verlangt. In diesen Fällen nutzt es i. d. R. seine Monopolstellung schamlos aus.

Kalkan: Zimmer mit Aussicht

Boutiquehotels und -pensionen: Dabei handelt es sich um kleine stilvolle Unterkünfte, die nicht selten in alten, restaurierten Natursteinhäusern oder osmanischen Stadtvillen untergebracht sind. Teils besitzen sie eine gepflegte Poolanlage, teils nur ein lauschiges Gärtchen. Bei der Unterkunftsauswahl für dieses Buch wurde ein besonderes Augenmerk auf diese Kategorie gelegt. Die meisten Boutiquehotels und -pensionen findet man an der Mittelmeerküste und in Kappadokien. Aber Achtung: Nicht überall, wo „Butik" draufsteht, ist auch Boutique drin. Die große Nachfrage nach Boutiquehotels und -pensionen hat dazu geführt, dass sich mittlerweile auch sterile Stadthotels und einfache Familienpensionen mit dem Beinamen „Butik" schmücken. Einen Überblick über die schönsten Boutiquehotels und -pensionen finden Sie u. a. auch auf www.boutiquesmallhotels.com.

Preise: Die Preise hängen zum einen von der Ausstattung ab, zum anderen sind sie extrem saisonabhängig: DZ in der NS ab 40 €, in der HS ab 70 €, EZ 30–50 % weniger.

Pensionen: Im Vergleich zwischen einfacheren Hotels und kleinen Pensionen sind Letztere – v. a. für Frauen – meist die bessere Wahl, da sich ihre Betreiber i. d. R. mehr um das Wohl der Gäste kümmern. Auch gegenüber manch vornehmem Hotel macht die Freundlichkeit vieler Pensionsbesitzer den fehlenden, nicht selten überflüssigen Luxus wett. Sympathische Pensionen, die auch ein internationales Publikum anziehen, findet man v. a. entlang der lykischen Küste, der Südägäis und in Kappadokien. Nicht jedermanns Sache sind die sog. *Aile Pansiyonları* (Pensionen für Familien), die man vorrangig in den türkisch geprägten Ferienorten der Nordägäis, des Schwarzen Meeres oder ganz im Osten der Mittelmeerküste findet. Oft handelt es sich dabei um recht konservativ geführte, einfache Unterkünfte mit Ge-

meinschaftsküche, wo man an ausländischen, Bier trinkenden Travellern nicht sonderlich interessiert ist. In den größeren Städten muss man auf Pensionen meist verzichten – hier ersetzen billige Stadthotels die familiären Budgetunterkünfte. Wer keine ordentliche, preiswerte Unterkunft findet, kann auch nach einem Öğretmen Evi (gesprochen etwa: „Örettmänn Äwi", „Lehrerhaus") fragen. Solche Unterkünfte für Lehrer gibt es in allen größeren Orten und auch in vielen Urlaubsgebieten. Die Zimmer sind i. d. R. einfach (aber mit privatem Bad), sauber und preiswert. Türkische Sprachkenntnisse sind von Vorteil, oft ist etwas Geduld vonnöten (viele Lehrerhäuser haben keine ständig besetzte Rezeption). Meist recht schön gelegene Zimmer, z. T. in Bungalows, vermieten zudem manche Campingplätze (s. u.).
Preise: Es gibt erhebliche örtliche Preisunterschiede. Ein DZ mit Du/WC bekommt man in der HS ab 30 €, in der NS ab 20 €. Singles erhalten i. d. R. ein DZ zum ermäßigten Preis.

Aparthotels: Zur Grundausstattung gehören Küchenzeile oder kleine Küche, Salon mit Couch und TV und – je nach Größe – ein oder mehrere Schlafräume. Aparthotels findet man nahezu in allen Ferienorten, wo die türkische Mittelschicht Urlaub macht.
Preise: Die Preise der Aparthotels variieren naturgemäß nach Größe, Ausstattung und Ort erheblich. Ein Apartment für 4 Pers. bekommt man in der HS ab ca. 250 €/Woche. Auch hier fallen die Preise in der NS.

Jugendherbergen: In der Türkei gibt es nur sehr wenige Jugendherbergen, nicht zuletzt deswegen, weil viele private Pensionen ordentliche und preiswerte Zimmer anbieten. Hostelähnliche Travellerherbergen, wo man für ein paar Euro in einem Bett im Schlafsaal übernachten kann, existieren in İstanbul, in verschiedenen ägäischen Küstenstädten wie Kuşadası oder Çanakkale und im kappadokischen Göreme, wo sich Rucksackreisende aus aller Welt treffen.

Campingplätze: An den Küsten des Schwarzen Meeres und des Mittelmeeres wurden in den letzten Jahren viele Campingplätze aufgegeben, gewinnträchtigere Hotelanlagen nehmen heute deren Areale ein. Unter denen, die es aber noch gibt, befinden sich ein paar recht nette Anlagen. Im westanatolischen Binnenland, in Zentral-, Nordost- und Südostanatolien gibt es seit eh und je nur wenige Plätze, zuweilen bieten hier Restaurants und Pensionen Stellmöglichkeiten. Wer mit dem Wohnmobil unterwegs ist, kann in Tankstellen und Raststätten i. d. R. immer für eine Nacht stehen, fragen Sie vorher.

Die besseren Campingplätze besitzen warme Duschen, Stromanschlüsse und Restaurants, zuweilen auch Camperküchen. Manche Campingplätze vermieten auch **Bungalows**. Das können einfache Hütten ohne jeden Komfort sein, aber auch gepflegte Häuschen mit Du/WC.

Gecampt werden darf manchmal auch auf diversen, von der Forstverwaltung ausgewiesenen **Picknickplätzen**. Sie sind mit Abfallkörben, Toiletten und Tischen, häufig auch mit bescheidenen Grillmöglichkeiten ausgestattet. **Wildcampen** kann aufgrund von neugierigen Dörflern und Polizeikontrollen zu einem nervigen Unterfangen werden.

Preise Für 2 Pers. mit Wohnmobil oder Zelt je nach Ausstattung des Platzes 6–23 €.

Öffnungszeiten Die meisten Campingplätze haben nur von Mai–Okt. geöffnet, die einfacheren schließen oft schon mit dem Ende der türkischen Sommerferien Mitte Sept. Großer Andrang herrscht lediglich im Hochsommer.

Leihfahrzeuge Wer den Anfahrtsstress meiden will, aber im Reisegebiet gerne mit dem Camper unterwegs sein möchte, kann sich einen Campingbus oder ein Wohnmobil über **Casavan** mieten. Verleihstationen in İstanbul und Antalya. Billig ist das aber nicht: Bus 130 €/Tag, Wohnmobil 190 €/Tag für 2 Pers. Weitere Infos auf www.casavan.com.

Ausgehmeile Kordon in İzmir

Essen und Trinken

"Der Imam ist in Ohnmacht gefallen", als er "Frauenschenkel" und den "Nabel der Dame" probieren sollte. "Dem Herrscher hat's gefallen", als man ihm den "Finger des Wesirs" servierte. Mit den Namen türkischer Gerichte lassen sich ganze Dramen inszenieren.

"Leben kommt aus dem Magen", heißt ein türkisches Sprichwort, das deutlich macht, welchen Stellenwert das Essen in der türkischen Kultur und Gesellschaft einnimmt. Dementsprechend besitzt die türkische Küche ein Niveau, das sich mit den besten Cuisines der Welt messen kann – zur Verwunderung jener, die bislang nur den *Döner Kebab* mit der Türkei in Verbindung bringen können. Grundlage der Gerichte ist i. d. R. frisches Gemüse, darunter Sorten, die in Mitteleuropa eher unbekannt oder vergessen sind, z. B. Kichererbsen *(nohut)*, Okraschoten *(bamya)* oder Portulak *(semizotu)*. Anders bei den Kräutern und Gewürzen: Verwendet werden keinesfalls geheimnisvolle orientalische Exoten, sondern in erster Linie die uns vertrauten Klassiker wie Pfeffer, Paprika oder Petersilie. Auch Knoblauch kommt zum Zuge, aber bei Weitem nicht in dem Maß, wie es sich mancher vorstellt.

Wo isst man?

In den großen Touristenzentren gibt es vom Chinarestaurant bis zum bayerischen Biergarten alle erdenklichen Lokalitäten. Bei den türkischen Speiselokalen unterscheidet man in der Hauptsache zwischen *Lokanta* und *Restoran*. Egal wo – überall herrscht Rauchverbot (zumindest offiziell), lediglich auf Terrassen darf geraucht werden.

Lokanta: Hier isst man, um satt zu werden, nicht um seine Verlobte auszuführen. Lokantas sind – machen Sie nicht gerade in Kemer, Side oder Alanya Urlaub – an jeder Ecke zu finden, sie sind einfach, gut und günstig: Ab 4 € is(s)t man dabei. Die Innenausstattung gibt sich mit gekachelten Wänden und kaltem Neonlicht äußerst spartanisch. Das vorgekochte Essen *(sulu yemek)* wird in Vitrinen warm gehalten, Sie können wählen zwischen Fleisch- und Gemüsegerichten, Suppen und Eintöpfen. Je besser die Lokanta besucht ist, desto frischer sind i. d. R. die Speisen. Lokanta-Varianten gibt es viele: Je nachdem, worauf sich eine Lokanta spezialisiert hat, heißt sie auch *kebapçı*, *köfteci* oder *pideci*. Beim *işkembeci* bekommt man Kuttelflecksuppe und andere Innereien. Die meisten Lokantas haben keine Alkohollizenz.

Restoran/Restaurant: Restaurants haben i. d. R. die gediegenere Innenausstattung, den besseren Service und so auch die höheren Preise. Nur die Küche unterscheidet sich nicht immer von jener der einfachen Lokantas, das gilt insbesondere für Mittelklasserestaurants. Eine volle Mahlzeit mit einem Getränk beginnt dort bei ca. 8 €. Nach oben sind keine Grenzen gesetzt: Wer sein Candlelight-Dinner in einem eleganten Lokal am Meer genießt, bezahlt schnell 25 € und mehr pro Person (ohne Wein). Auch Fischlokale gehören zu den gehobeneren Restaurants, für ein komplettes Menü sollte man in İstanbul oder an der Mittelmeerküste mit 25 € aufwärts pro Person rechnen, an der Schwarzmeerküste mit mindestens 15 €. Auf sog. Ocakbaşı-Restaurants trifft man v. a. in İstanbul, in der Çukurova und in den südöstlichen Provinzen des Landes, wo die Küche extrem fleischlastig ist. *Ocakbaşı* heißt „am Herd" – treffender wäre jedoch „am Grill", denn Mittelpunkt dieser Lokale ist ein großer Holzkohlengrill, wo die Rostspezialitäten direkt vom Feuer serviert werden. Die meisten Restaurants besitzen eine Alkohollizenz, konservative Lokale, v. a. im Osten des Landes, schenken jedoch keinen Alkohol aus.

Leider sind in vielen Städten Zentral- und Ostanatoliens Umzüge besserer Lokale aus dem Zentrum in die neuen Malls oder in die künstlichen Einkaufsviertel am Stadtrand zu beobachten – ein Verlust für viele Innenstädte.

Tipping-Tipps: In einfachen Lokantas wird kein Trinkgeld erwartet, wohl aber in Restaurants. Ist der Service noch nicht in der Endsumme verrechnet, was in gehobeneren Restaurants und Touristenlokalen durchaus vorkommt, gibt man etwa 10 %. In Lokalen, die keine Speisekarten haben und in denen auch die Preise nicht aushängen, ist es ratsam, sich vor dem Bestellen nach den Preisen zu erkundigen – Schlitzohren unter den Kellnern gibt es einige.

Was isst man?

Frühstück: Zu einem traditionellen türkischen Frühstück *(kahvaltı)* werden Weißbrot, Marmelade, Ei (meist hartgekocht), Oliven, Gurken, Tomaten, Butter und Schafskäse gereicht. Letzteren genießen Türken zusammen mit Honig auf dem Brot. Dazu trinkt man Tee. Filterkaffee ist nicht üblich, wer will, kriegt Nescafé oder verwandte Surrogate. Türken essen als Brotaufstrich auch *pekmez* (eingedickter Traubensaft) mit *tahin* (Sesammus) zum Frühstück – sehr empfehlenswert! In den großen Hotels der Touristengebiete und in İstanbul erwartet Sie am Morgen auch ein europäisches Frühstück – je nach Hotelkategorie als üppiges

Was isst man? 41

Büfett oder in der Magervariante mit Kaffee, Konfitüre, Schmelzkäse und Ei. In den Städten bietet sich außerhalb der Hotels auch eine *pastane*, eine Art Konditorei, zum Frühstücken an. Hier bekommt man neben leckeren Kuchen und Torten auch herzhafte Snacks.

Vorspeisen: Wählen Sie zwischen pikanten Joghurtcremes *(haydari)*, würzigen Gemüsepürees *(ezme)*, kaltem Gemüse in Olivenöl *(zeytinyağlı)*, gefüllten Weinblättern *(yaprak dolması)*, Melone mit Schafskäse *(peynirli karpuz)* und ähnlichen Köstlichkeiten. *Meze* nennen die Türken solche Vorspeisen, die in Vitrinen zur Auswahl stehen. In besseren Restaurants bereichern auch Fisch und Meeresfrüchte wie *tarama* (rosafarbene Rogenpaste mit Zitrone) oder Krabben *(karides)* die Mezetabletts. Außerdem gibt es hier kalte Leckereien mit Fleisch wie z. B. Hühnchensalat *(tavuk salatası)*. Sie können auch auf den Hauptgang verzichten und nur Vorspeisen wählen; in vielen Restaurants ist das kein Problem. Dazu wird stets – wie zu allen Gerichten – frisches Weißbrot *(ekmek)* gereicht.

Suppen nehmen die Türken als Vorspeise außerhalb der eigenen vier Wände eher selten zu sich. Man isst sie als Frühstücksersatz, zwischendurch oder nach durchzechten Nächten. Viele Schnapsnasen schwören auf die Alka-Seltzer-Wirkung von Kuttelflecksuppe *(işkembe çorbası)* – nicht jedermanns Geschmack. Wer dennoch als Vorspeise eine warme Suppe vorzieht, sollte die herzhafte Linsensuppe *(merçimek çorbası)* probieren.

> **Hinweis:** Die regionale Vielfalt ist enorm. Jede Provinz hat ihre eigenen Spezialitäten, auf die wir im Reiseteil hinweisen. Je weiter Sie nach Südosten fahren, desto schärfer und arabisch beeinflusster wird die Küche. Wundern Sie sich also nicht, wenn man Ihnen den Salat im Hatay mit scharfem Paprikapulver serviert.

Fleischgerichte: Am beliebtesten sind *kebap* und *köfte*. *Kebap* ist der Oberbegriff für Fleischgerichte jeglicher Couleur. Diese können gegrillt, geschmort, gebraten oder gebacken sein und stammen vom Lamm *(kuzu)*, manchmal auch Kalb *(dana)* oder Geflügel, dann insbesondere vom Huhn *(tavuk)*. Zu *döner kebap* braucht wohl nichts mehr gesagt zu werden. Beim *şiş kebap* handelt es sich um einen zarten, auf Holzkohleglut gerösteten Fleischspieß, zu dem als Beilage gewöhnlich Reis oder Bulgur (Weizengrütze) gegessen wird. Beim *patlıcan kebap* wird der Spieß mit Hackfleisch und Auberginen bestückt. *Bursa Kebap* (oft auch *İskender Kebap* genannt) verdient seinen Namen nur dann, wenn Dönerfleisch zusammen mit Joghurt und Tomatensoße auf geröstetem Fladenbrot angerichtet wird. Beim *tandır kebap* werden durchwachsene Hammelstückchen im geschlossenen Topf geschmort. Kosten Sie auch den *Adana Kebap*, einen scharf gewürzten Hackfleischspieß, der in der Çukurova am besten schmeckt. Unbedingt probieren sollte man das vielerorts angebotene *güveç*, zartes Schmorfleisch mit Gemüse im Tontopf. Oder *saç kavurma*: Geschnetzeltes Fleisch wird in einer flachen Blechpfanne (türk. *saç* = Blech) zusammen mit Tomaten, Peperoni und Zwiebeln im eigenen Fett gebraten.

Unter die Bezeichnung *köfte* fallen frikadellenähnliche Hackfleischgerichte aus Hammel, Lamm oder Rind (gebraten oder gegrillt). Die leckeren „Frauenschenkel" *(kadınbudu)*, die mit Reis und Zimt verfeinert und anschließend paniert werden, haben ihren Namen übrigens von der Form der Frikadelle.

Stichwort „Bio"

Die Türkei ist europaweit einer der größten Exporteure von Bioprodukten, daher richtet sich die Bio-Gesetzgebung nach EU-Standards, auch das staatliche Bio-Siegel wurde an das EU-Logo angelehnt. Im Land selbst sind Bioprodukte v. a. unter der jungen reichen Oberschicht hip. Was die meisten Restaurantbesitzer an der Küste aber als „Bio" (türk. *organik*) verkaufen, ist nichts anderes als Gemüse aus dem eigenen Garten!

Türken lieben zudem Innereien wie z. B. gebratene Leber *(ciğer)* oder Nieren *(böbrek)*. Als Innereiensnack wird an vielen Straßenecken *kokoreç* angeboten: gegrillte Därme, die mit Zwiebel und Tomate ins Brot kommen (mancherorts auch *boklu sandviç*, „Sandwich mit Scheiße" genannt). Nebenbei haben Sie auch noch die Möglichkeit, eine Vielzahl anderer Kuriositäten zu probieren, z. B. gegrillte Schafshoden *(koç yumurtası)*, gedünstete Schafsköpfe *(kelle)* oder gekochte Hammelfüße *(paça)*.

Gemüsegerichte: Gemüse *(sebze)* ist weniger Beilage als vielmehr die Grundlage türkischer Gerichte. Die Auswahl an Schmortöpfen, Aufläufen und Eintöpfen ist riesig. Beliebt sind insbesondere die Dolma-Gerichte. Dabei handelt es sich um gefülltes Gemüse, z. B. mit Reis und Hackfleisch gefüllte Zucchini *(kabak dolması)* oder Paprikaschoten *(biber dolması)*. In der Regel wird dazu Joghurt gegessen. Ebenfalls schmackhaft sind diverse Eintöpfe wie *kıymalı ıspanak* (Spinat mit Hackfleisch). Ein Genuss sind aber auch Kichererbsen *(nohut)* oder Okraschoten *(bamya)* mit Lamm. Achtung: Vielfach schwimmt das Essen in Olivenöl – auf Mägen, die dergleichen nicht gewöhnt sind, kann dies die gleiche Wirkung wie eine gehörige Dosis Rizinusöl haben.

Fischbräter in İstanbul

Fischgerichte: An Meeresfischen werden häufig Seebarsch *(levrek)* und Goldbrasse *(çupra o. çipura)* angeboten – beide Fischsorten sind relativ preiswert, da sie i. d. R. aus der Zucht kommen. Vor allem als Wildfang und oft nach Gewicht berechnet, stehen Steinbutt *(kalkan)*, Mittelmeermakrele *(kolyos)*, Brauner Zackenbarsch *(orfoz)*, Weißer Zackenbarsch *(lagos)*, Gabelmakrele *(kuzu balığı)*, Makrele *(uskumru)* und fangfrische Sardinen *(sardalya)* auf der Karte. Auch Thunfisch *(palamut* oder *orkinos)* kann in verschiedenen Zubereitungsarten genossen werden. In İstanbul und am Schwarzen Meer führt an *hamsi*, Schwarzmeersardinen, kein Weg vorbei. Sie werden mit Haut und Gräten verzehrt. Oktopus *(ahtapot)* und Calamari *(kalamar)* finden auch in leckeren Vorspeisensalaten Verwendung. Unter den Süßwasserfischen ist insbesondere die Forelle *(alabalık)* sehr beliebt, im Hinterland gibt es viele auf Forellen spezialisierte Restaurants.

> ### Die Türkei für Vegetarier
>
> Ein müdes Lächeln ist alles, was der gewöhnliche Türke einem Vegetarier entgegenbringt: Denn wer freiwillig auf so leckere Dinge wie *şiş kebap, köfte* oder Kuttelflecksuppe verzichtet, muss krank sein – oder verrückt. Doch keine Sorge: Auch ohne Fleisch kann man in der Türkei Köstlichkeiten genießen. Das Gros der Vorspeisen ist rein vegetarisch, zudem warten schmackhafte Gemüseeintöpfe, sämige Suppen, Salate und gefüllte Teiggerichte auf ihre Entdeckung. Um keine bösen Überraschungen zu erleben, vergewissern Sie sich am besten mit „Etsiz mi?" („Ist das ohne Fleisch?", gesprochen: „Ätsis mi?") und bekräftigen Ihre Frage mit „Et yemiyorum" („Ich esse kein Fleisch", gesprochen: „Ät jämijorum").

Süßspeisen und Obst: Eine der beliebtesten Süßspeisen *(tatlı)* ist *baklava*, ein Gebäck aus mehreren Teigschichten, zwischen die Mandeln und Pistazien eingestreut sind. Die kleinen Rechtecke werden mit einem Sirup aus Zucker, Zitronensaft und Honig übergossen. Genauso süß und klebrig ist *helva*, eine Kalorienbombe aus Weizenmehl, Sesamöl, Honig und Zucker. Unserem Geschmack vertrauter sind Mandelpudding *(keşkül)* oder Milchreis *(sütlaç)*. Experimentierfreudige sollten einmal *aşure* probieren, eine gallertartige Süßspeise, die, in bester Qualität zubereitet, mehr als 40 Zutaten enthalten muss, darunter Rosenwasser, Nüsse, Zimt und sogar Bohnen. Der Legende nach wurde sie auf der Arche Noah kreiert – man schüttete alle Speisereste zusammen und kochte sie auf. Ähnlich seltsam liest sich die Zusammensetzung von *tavuk göğüsü*: Hier werden klein gehackte Hühnerbrust, Reismehl, Milch und Zucker verarbeitet. All das und noch viel mehr bietet der *muhallebici* an, eine Art Süßspeisenschnellimbiss.

Auch mit Obst *(meyve*, gründlich waschen!) schließt man gerne eine Mahlzeit ab. Je nach Jahreszeit werden Melonen, Feigen, Trauben, Pfirsiche, Kirschen, Erdbeeren, Granatäpfel oder Zitrusfrüchte serviert.

Snacks: Nahezu eine komplette Mahlzeit ersetzt *börek*, eine blätterteigähnliche Strudelspezialität, die mit Hackfleisch, Spinat oder Schafskäse gefüllt wird. Mit ähnlichen Zutaten belegt man die *pide*, ein knuspriges Teigschiffchen. Eine Kostprobe wert ist auch *lahmacun*, die türkische Pizza mit Hackfleisch und Kräutern. *Mantı* nennen sie die türkischen Ravioli. Man isst sie mit Knoblauchjoghurt, zerlassener Paprikabutter und Minze. Unübersehbar sind die *Simit*-Verkäufer: ihre Sesamkringel sind in der Früh am knuspersten. Oft sieht man zudem Frauen *gözleme* zubereiten, eine Art Pfannkuchen, der auf verschiedene Arten süß oder herzhaft gefüllt wird. Und: Kosten Sie *kumpir*, wenn sich die Möglichkeit ergibt. Die gefüllten Riesenkartoffeln stopfen für etliche Stunden.

Was trinkt man?

Softdrinks: Ob Pepsi oder Coke, überall werden die auch bei uns bekannten Marken angeboten. Zum Essen wird oft Wasser *(su)* auf den Tisch gestellt. Kommt es aus der Leitung, sollten Sie darauf verzichten. Empfehlenswert sind frisch gepresste Fruchtsäfte *(meyve suyu)*. *Ayran* ist ein erfrischendes Mixgetränk aus Joghurt, Salz und kaltem Wasser, das ein wenig an Buttermilch erinnert. *Şalgam*, einen sauren, roten Steckrübensaft, bekommt man v. a. im Südosten des Landes. Ihn gibt es auch in einer scharfen *(acılı)* Version. Er ist gewöhnungsbedürftig, hat aber viele Fans. Besonders gut passt er zu deftigen Kebabgerichten.

Heißgetränke: Das türkische Nationalgetränk ist der *çay*. Der gute schwarze Tee aus den Plantagen der Schwarzmeerküste wird zu jeder Gelegenheit getrunken. Ob beim Frühstück, bei Geschäftsbesprechungen, im Teppichladen oder beim Friseur – nirgends fehlen die kleinen bauchigen Gläser. Für Nachschub wird stets gesorgt. *Elma çayı* nennt sich der unter Touristen sehr beliebte Apfeltee. Ein populäres Wintergetränk ist *sahlep*. Aus den Knollen des Knabenkrauts gewinnt man einen Sud, der mit Milch aufgekocht wird und durch Zugabe von Zimt und Zucker zu einer dicken Kalorienbombe mutiert.

Türkischen Mokka *(Türk kahvesi)*, den man entweder süß *(şekerli)*, mittelsüß *(orta şekerli)* oder ohne Zucker *(sade)* bestellt, trinkt man für gewöhnlich nach einem üppigen Essen. Wer auf Krümel zwischen den Zähnen wenig Wert legt, bestellt *Neskafe*. In schickeren Cafés bekommen Sie auch Cappuccino, Espresso oder Latte Macchiato.

Alkohol: Der regierenden Partei ist Alkoholkonsum ein Dorn im Auge. Zum Glück gibt es noch ein paar trinkfreudige Verfassungsrichter, die dem Engagement der AKP Einhalt gebieten. Doch dort, wo die AKP die Bürgermeister stellt, sind vielerorts schon Alkoholverbote durchgesetzt worden. Nicht jedoch an der Küste, das würde die ausländischen Touristen vergraulen. Unter den liberalen Türken ist v. a. der *Rakı* beliebt, ein ca. 45%iger Anisschnaps, der geschmacklich dem griechischen Ouzo ähnelt. Die Türken trinken ihn mit Eis und Wasser verdünnt aus schmalen, hohen 0,2-Liter-Gläsern. Er erhält dann eine milchig-trübe Färbung und wird nicht zuletzt deswegen auch „Löwenmilch" genannt. Rakı gilt als Magenelixier und Heilmittelchen gegen alle möglichen Beschwerden – zum Wohl des Landes werden daher jährlich 70 Millionen Liter abgefüllt. Hochgeschätzt ist die Marke „Tekirdağ". Guter Rakı unterscheidet sich von minderwertigem dadurch, dass er am Glasrand einen Film zieht.

Neben Rakı wird auch gerne ein Bier *(bira)* zum Essen getrunken, am weitesten verbreitet ist das *Efes*. Daneben bekommt man auch das dänische – aber in der Türkei gebraute – *Tuborg*, das etwas herber als *Efes* schmeckt.

Vielen unbekannt ist türkischer Wein *(şarap)*. Die besseren Sorten können sich jedoch durchaus sehen lassen. Dazu gehören insbesondere Weine der Kellereien „Doluca" und „Kavaklıdere". Türkische Weine sind aufgrund ihres geringen Säuregehaltes ausgesprochen magenfreundlich. Türken trinken Wein insbesondere zu feierlichen Anlässen – bei einem Supermarkt-Flaschenpreis von 4 € aufwärts (ab ca. 7 € aufwärts kauft man genießbare Weine) auch kein Wunder. Die Toskana der Türkei ist übrigens Kappadokien.

Hinweis für Ostanatolienreisende mit Bierdurst: In den konservativen Städten Zentral- und Ostanatoliens sowie an der Schwarzmeerküste bekommen Sie Alkohol nur in großen Hotels oder an rar gesäten, speziellen Verkaufsständen (Tekel Bayii oder Tekel Büfe), auf die wir ggf. hinweisen.

Idylle auf der Halbinsel Bozburun

Wissenswertes von A bis Z

Adressen

Befindet Sich Ihr Hotel in der XY Cad. 1208 Sok. Atatürk Mah.? Nicht verzweifeln, türkische Adressen sind ein Kapitel für sich. Unter Cad. (= Cadde) verbirgt sich i. d. R. eine größere Straße (gelegentlich auch Bul. = Bulvarı genannt), von der kleinere Gassen (Sok. = Sokak) abgehen, die in vielen größeren Städten mangels Ideenreichtum der Stadtväter oft nur nummeriert sind. Das heißt, eine 5. Sokak gibt es mehrmals, nur die Zuordnung zur abgehenden Hauptstraße lässt auf ihre Lage schließen. Straßen und Gassen zusammen ergeben wiederum ein Mah. (Mahalle = Stadtviertel), die Untereinheit eines Stadtteils. Doch damit nicht genug: Suchen Sie eine Adresse mit der Bezeichnung XY Cad. 11 Sok. XY Apt. 22 D:5 K:2? Keine Sorge. Neben der Hausnummer (= 22) erhalten viele Apartmentblocks (= Apt.) zusätzliche Bezeichnungen. Ihre gesuchte Adresse befindet sich damit in Hausnr. 22 der 11 Sok., und zwar hinter der Wohnungstür 5 (D=Daire=Wohnung/Büro) im 2. Stock (K=Kat=Stockwerk).

Ärztliche Versorgung

Auch wenn zwischen Ihrem Land (Deutschland, Österreich oder Schweiz) und der Türkei ein Sozialversicherungsabkommen besteht, ist der Abschluss einer privaten **Auslandskrankenversicherung** dringend zu empfehlen. Zum einen haben Sie mit einer privaten Versicherung eine mehr oder weniger freie Arztwahl (die privaten Krankenhäuser sind oft besser ausgestattet als die staatlichen), zum anderen gewährleistet diese i. d. R. auch den Krankenrücktransport. Das vorgestreckte Geld für Behandlung und Medikamente wird in der Heimat nach Vorlage einer Quittung mit Stempel, Datum und Unterschrift des türkischen Arztes bzw. Apothekers erstattet.

Für leichtere Fälle reicht es oft aus, wenn Sie eine der zahlreichen Apotheken aufsuchen und dem Apotheker irgendwie Ihr Leid verdeutlichen. Dieser beherrscht zwar häufig keine Fremdsprache, die Mittelchen gegen die gängigsten Touristenleiden hat er aber schon unzählige Male über den Ladentisch gereicht. Bei Durchfall hilft oft auch schon, einen kleinen Löffel Teeblätter oder gesalzenen schwarzen Tee herunterzuwürgen.

Deutschsprachige Ärzte oder das jeweils nächstgelegene Krankenhaus *(hastane)* sind im Reiseteil unter „Adressen" aufgeführt. Auch die Konsulate und Botschaften des Heimatlandes erteilen Auskünfte über deutschsprachige Ärzte.

Apotheken *(eczane)*: In türkischen Apotheken gibt es kaum etwas, was es bei uns nicht gibt, vieles jedoch unter einem anderen Namen, zudem rezeptfrei und preiswerter. Arzneimittel, auf die Sie ständig angewiesen sind, sollten Sie trotzdem sicherheitshalber von zu Hause mitbringen. Im Schaufenster ist der nächstgelegene Notdienst *(nöbetçi)* vermerkt.

Schutzimpfungen sind nicht vorgeschrieben. Es wird jedoch geraten, die Standardimpfungen dem Impfkalender des Robert-Koch-Instituts (www.rki.de) entsprechend zu überprüfen und zu vervollständigen. Des Weiteren ist eine Impfung gegen Hepatitis A ratsam.

Ein „minimales Malariarisiko" besteht laut WHO nur für die südöstlichen Provinzen Şanlıurfa, Diyarbakır und Mardin, eine Prophylaxe wird nur Risikogruppen (Krankenpfleger, Förster usw.) empfohlen. Grundsätzlich gilt: Schützen Sie sich vor Mückenstichen und Zeckenbissen! Mücken übertragen im Süden und Südosten des Landes nämlich auch Kala Azar und Leishmaniose, Zecken v. a. an der Schwarzmeerküste zudem das sog. **Hämorrhagische Krim-Kongo-Fieber**. Gegen Moskitos und Zecken hilft z. B. *Nobite* (vor Ort nicht erhältlich) oder *Moustidose* (auch vor Ort erhältlich). Dem quälenden Juckreiz nach Insektenstichen rückt man am besten mit *Stilex* auf den Leib – das türkische Pendant zum *Fenistil*-Gel ist in jeder Apotheke zu bekommen.

Informationen über aktuelle Entwicklungen erhalten Sie auch bei den Tropeninstituten und im Internet unter www.fit-for-travel.de.

Falls Sie während Ihres Aufenthaltes ein Schnupfen plagt: Öffentliches Naseputzen gilt in der Türkei als sehr unfein!

Ausgrabungsstätten und Museen

Ephesus, Pergamon oder Troja sind antike Stätten von Weltrang. Über das ganze Land verteilt, liegt aber eine Vielzahl weiterer Ausgrabungen, braune Schilder machen auf sie aufmerksam. Die bedeutendsten und sehenswertesten sind im Reiseteil beschrieben.

Die Eintrittspreise für antike Stätten, Museen oder sonstige kulturhistorische Highlights werden jährlich neu festgelegt, Preissprünge von 30–50 % (nach oben oder unten) sind dabei keine Seltenheit, auch kommt es vor, dass für den Besuch einer Ausgrabungsstätte oder eines Museums in dem einen Jahr Eintritt verlangt wird, im anderen nicht. Grundsätzlich gilt: Je berühmter die Stätte, desto teurer. Ermäßigungen für ausländische Studenten mit einer ISIC-Karte *(öğrenci indirimi)* gab es 2011 nur noch selten – das kann sich jedoch wieder ändern, fragen Sie stets nach. Bei so manchen Ausgrabungsstätten, die frei und kostenlos zugänglich sind, versuchen nicht selten selbst ernannte Aufseher, dem Touristen ein paar Lira abzuknöpfen. Lassen Sie sich nicht übers Ohr hauen – wer von offizieller Seite dazu befugt ist, kann Ihnen eine Eintrittskarte aushändigen. Türkische Staatsbürger haben die Möglichkeit, eine sog. *Müze Kart* zu erwerben, die für umgerechnet 11 € für ein Jahr Zutritt zu den meisten Museen des Landes gewährt (Infos unter www.muzekart.com). Eine *Müze Kart* für Ausländer ist in Planung. In İstanbul wurde bereits ein Museumspass eingeführt (→ S. 134), andere Städte wollen dem Beispiel folgen. Für Öffnungszeiten → S. 69.

Ausgrabungsstätten – die wichtigsten Begriffe

Agora: Markt und Versammlungsplatz in der griechischen Antike; meist von einem Säulengang mit Geschäften umringt

Akropolis: Burgberg, auch Oberstadt

Andron: Männerhaus

Architrav: auf Säulen ruhender Hauptbalken (meist aus Stein)

Basilika: zentrale römische Halle, bei der die Seitenschiffe niedriger als das Hauptschiff liegen, erst später für Kirchen verwendet

Bouleuterion: Ratssaal des Senats in hellenistischer und römischer Zeit

Cavea: Zuschauerraum des antiken Theaters, in römischer Zeit meist halbkreisförmig, in griechischer meist darüber hinausgehend

Cella: Hauptraum eines Tempels, meist mit einer oder mehreren Kultstatuen

Gymnasion: Zentrum für athletisches Training, ursprünglich Teil einer Schule

Heroon: Kultbau zu Ehren eines Helden oder Würdenträgers

Kapitell: oberster Abschluss einer Säule

Nekropole: Gräberfeld

Nymphäum: Brunnenanlage

Odeion: theaterähnliches Gebäude für kleinere kulturelle Veranstaltungen

Orchestra: Spielfläche des Theaters

Pantheon: Tempel für alle Götter

Peristyl: Säulenhalle um einen Hof

Pronaos: Vorhalle eines Tempels

Propylon: Torbau

Stoa: Säulenhalle

Tambour: zylinderförmiges Architektursegment (meist mit Fenstern), auf dem die Kuppel eines Bauwerks aufsitzt

Baden

Exakt 8333 km beträgt die Küstenlänge der Türkei. Weite Sandstrände und idyllische Buchten mit einem türkisfarbenen Meer davor bietet die Mittelmeer- ebenso wie die Schwarzmeerküste. Dass 99 % aller Strandurlauber die Mittelmeerküste aufsuchen, und davon wiederum die meisten die Türkische Riviera, hat einfach mit der Sonnenschein-Garantie in dieser Region zu tun.

Durchschnittliche Wassertemperaturen in °C

Bucht von İzmir

Januar	Februar	März	April	Mai	Juni
15	13	14	15	18	21
Juli	*August*	*September*	*Oktober*	*November*	*Dezember*
23	23	22	20	17	16

Golf von Antalya

Januar	Februar	März	April	Mai	Juni
15	14	15	16	18	21
Juli	*August*	*September*	*Oktober*	*November*	*Dezember*
24	25	24	22	19	17

Golf von Trabzon

Januar	Februar	März	April	Mai	Juni
10	9	9	10	14	20
Juli	*August*	*September*	*Oktober*	*November*	*Dezember*
24	25	24	20	16	13

Die Wasserqualität ist – mit Ausnahme der Buchten rund um die industriellen Großstädte wie İzmir oder Mersin – fast überall sehr gut, viele Strände besitzen die blaue Flagge (Infos unter www.blueflag.org). An nur wenigen Stränden gibt es bislang jedoch Rettungsschwimmer.

Nacktbaden ist in der Türkei verboten. Oben ohne wird vor den Clubhotels der touristischen Zentren praktiziert, andernorts aber nur von schnauzbärtigen Spannern aus dem Hinterland gern gesehen.

Behinderte

Die vielerorts mangelhafte Infrastruktur für behinderte Urlauber wird durch die große Hilfsbereitschaft der Türken wettgemacht. Folgende Agenturen haben Türkeireisen für behinderte Reisende im Programm:

Grabo-Tours-Reisen, Rennweiler Str. 5, D-66903 Ohmbach, ✆ 06368/7744, www.grabo-tours.de.

Quertour, Wickratherstr. 105, D-41236 Mönchengladbach, ✆ 02166/940021, www.quertour.de.

Reiseagentur für Behindertenreisen Carsten Müller, Straße 6/116, D-13059 Berlin, ✆ 030/9244035, www.behindertenreisen-cm.de.

mare nostrum, Oudenarderstraße 7, D-13347 Berlin, ✆ 030/45026454, www.marenostrum.de.

Diplomatische Vertretungen

Die Botschaften von Deutschland, Österreich und der Schweiz befinden sich in Ankara (s. u.). Deutschland unterhält zusätzlich Generalkonsulate in İstanbul und İzmir, Honorarkonsulate in Adana, Bodrum, Bursa, Edirne, Erzurum, Gaziantep, Kayseri und Trabzon, in Antalya ist Deutschland durch eine Außenstelle des Generalkonsulats İzmir präsent. Ein Generalkonsulat der Schweiz befindet sich ebenfalls in İstanbul, Konsulate findet man in Antalya, Gaziantep und Mersin. Auch Österreich unterhält ein Generalkonsulat in İstanbul, Honorarkonsulate in Antakya, Antalya, Bodrum, Bursa, Edirne, Gaziantep, İzmir, Kayseri, Mersin und Samsun. Die Adressen der Konsulate finden Sie im Reiseteil. Als Anlaufstellen stehen die Konsulate aber nur in extremen Notfällen zur Verfügung.

Türkische Botschaften Deutschland, Rungestr. 9, 10179 Berlin (noch 2012 Umzug in die Tiergartenstr. 19–21, 10785 Berlin), ✆ 030/275850, http://berlin.be.mfa.gov.tr.

Österreich, Prinz-Eugen-Str. 40, 1040 Wien, ✆ 01/5057338, www.viyana.be.mfa.gov.tr.

Schweiz, Lombachweg 33, 3006 Bern, ✆ 031/3597070, www.bern.be.mfa.gov.tr.

Botschaften in der Türkei Deutsche Botschaft, Atatürk Bul. 114, 06690 Ankara, ✆ 0312/4555100, www.ankara.diplo.de.

Österreichische Botschaft, Atatürk Bul. 189, 06680 Ankara, ✆ 0312/4055190, www.aussenministerium.at/ankara.

Schweizer Botschaft, Atatürk Bul. 247, 06680 Ankara, ✆ 0312/4573100, www.eda.admin.ch/turkey.

Ein- und Ausfuhrbestimmungen

Zollfrei in die Türkei eingeführt werden dürfen neben Waren des persönlichen Bedarfs 200 g Tabak oder 400 Zigaretten (billiger in den Duty-free-Shops vor der Zollabfertigung auf türkischen Flughäfen), eine 1-l-Flasche oder zwei 0,75-l-Flaschen Spirituosen, max. zehn Zuchtfische sowie Geschenke im Wert bis 300 €.

Für die Ausfuhr antiker Gegenstände aus der Türkei benötigt man die schriftliche Genehmigung eines Museumsdirektors. Das gilt auch für alte Siegel, Orden, Teppiche usw. Bei Zuwiderhandlung drohen hohe Strafen. Die Mitnahme von Mineralien bedarf ebenfalls einer schriftlichen Bestätigung (zuständig dafür MTA in Ankara, ✆ 0312/2873430). Bei der Ausfuhr von Teppichen muss eine Quittung vorgelegt werden. Auf der Rückreise dürfen für den privaten Gebrauch gekaufte Waren (wie z. B. Kleidung) nach Deutschland und Österreich bis zu einem Wert von 430 € (300 € auf dem Landweg) zollfrei eingeführt werden, für Schweizer gilt die Obergrenze von 300 sfr. **Achtung**: Informieren Sie sich über die Zollbestimmungen der Transitländer, falls Sie den Landweg wählen! Nach Ungarn dürfen auf dem Landweg bei der Einreise aus einem Nicht-EU-Staat z. B. nur 40 Zigaretten pro Person eingeführt werden!

Einkaufen und Handeln

Vieles ist im westeuropäischen Vergleich preiswert, vieles aber auch von minderer Qualität. Lederwaren, Teppiche, Goldschmuck, Keramik, Tee, Gewürze, Onyxpro-

Hinweise zum Teppichkauf

Die Türkei ist bekannt als ein Land, in dem man preiswert Teppiche kaufen kann. Das setzt aber voraus, dass man sich mit der Materie auskennt und genau weiß, was man will. Nur dann wird der Teppich zum Schnäppchen. Das Gros der Urlauber jedoch, das sich spontan zu einem Kauf hat überreden lassen, bringt i. d. R. einen überteuerten und dazu noch einen viel zu großen oder viel zu kleinen Teppich mit nach Hause, der zudem oft farblich nicht einmal in die Wohnung passt.

Um einen guten Preis aushandeln zu können, sollten Sie in der Lage sein, Qualität von Billigware zu unterscheiden. Vergessen Sie den Ratschlag, ein Produkt um ein Drittel herunterzuhandeln, um einen guten Preis zu erzielen. Das gelingt jedem beim zehnten Tee. Auch die Händler kennen diesen Ratschlag, und wer sagt Ihnen, dass diese nicht bei einem hundertfach höheren Preis anfangen?

Daher unser Tipp für alle, die keine Ahnung von Teppichen haben: Kaufen Sie, wenn überhaupt, ein billiges Stück als Souvenir, das notfalls in einer Kiste auf dem Dachboden die Motten ernährt, oder gehen Sie zu Hause in ein Fachgeschäft. Dort dürfen Sie den Teppich gegen ein Pfand mitnehmen und können ihn einmal in Ihren vier Wänden zur Probe auslegen.

Wer dennoch als Ahnungsloser sein Glück versuchen will, sollte wenigstens den Eindruck eines Teppichexperten erwecken. Dazu gehört der fachmännische Blick auf die Dicke der Knoten sowie die Frage nach der Anzahl der Knoten je Quadratzentimeter. Hantieren Sie mit dem Stück unter freiem Himmel etwas herum, teilen Sie gar den Flor mit den Fingern, um die Farbechtheit zu testen. Passen Sie auf, beim berüchtigten Gewebetest mit dem Feuerzeug kein Loch in den Teppich zu brennen, sonst sind Sie unten durch. Fragen Sie zudem, ob der Teppich fliegen kann. Wenn nicht, drücken Sie sofort den Preis um 50 %. Beherzigen Sie die Ratschläge, dann weiß der Händler, dass Sie zumindest gewisse Grundkenntnisse besitzen. Und noch etwas: Lassen Sie sich niemals aus Bequemlichkeit auf das Angebot des Händlers ein, dass er Ihnen den Teppich mit der Post nach Hause schickt!

dukte und alle Dinge, die einen Hauch von Orient erwecken, zählen zu den beliebtesten Souvenirs. Dazu T-Shirts, Jacken und Hosen mit dem Schriftzug bekannter Designer – Imitate, die zumindest ihren Zweck erfüllen. Aber Achtung vor den täuschend echt verpackten Parfüms. Laut Leserzuschriften sollen die Optiker hervorragende Arbeit zu günstigen Preisen leisten – wir haben es nicht überprüft.

Am besten kauft man in Boutiquen und Einkaufszentren, wo die Waren mit Preisen versehen sind und sich so auch Preisvergleiche durchführen lassen. In den Shoppingmalls der größeren Städte bekommt man Markenklamotten z. T. 30 % billiger als daheim. Auf Märkten, wo es keine Festpreise gibt, müssen Sie handeln. Um aber gut handeln zu können, sollten Sie den Wert und die Echtheit einer Ware einschätzen können. Türkische Händler sind leider, ohne es böse zu meinen, fast durch die Bank Schlitzohren. Lassen Sie sich also kein Kunstleder als Nappa und keinen Teppich *made in China* als original Hereketeppich (die kostbaren Naturseideteppiche aus der Marmararegion genießen weltweite Berühmtheit) verkaufen und glauben Sie nur einen Bruchteil von dem, was Ihnen erzählt wird. Falls Sie schon vor der Abreise wissen, dass Sie sich für Goldschmuck oder einen Teppich interessieren, so machen Sie sich am besten bereits zu Hause mit den Produkten und deren Preisen vertraut.

Unter **pazar** verstehen die Türken übrigens einen Wochenmarkt mit Gemüse-, Käse-, Kleider- und Schuhständen. Feste Einrichtungen wie der Große Basar von İstanbul oder Marktviertel mit richtigen Läden nennt man in der Türkei hingegen **çarşı**.

Mehrwertsteuerrückerstattung: Wer in Geschäften mit dem Tax-free-Symbol am Schaufenster Waren im Wert von umgerechnet ca. 75 € und mehr einkauft, kann sich bei der Ausreise in sog. „Cash Refund Offices" (u. a. an allen größeren Flughäfen und Grenzübergängen) die Mehrwertsteuer (uneinheitlich, auf Textilien z. B. 8 %) zurückerstatten lassen. Dafür bedarf es eines vollständig ausgefüllten Tax-free-Schecks vom Verkäufer.

Einladungen

Die Türken sind überaus gastfreundlich. Wer sich unter die Leute mischt, mit dem Bus reist oder einfache Restaurants besucht, wird häufig spontan angesprochen oder sogar zum Tee eingeladen. Einladungen nach Hause werden dagegen viel seltener ausgesprochen, da die Familie einen nahezu sakralen Wert hat. Sollten Sie trotzdem in den Genuss kommen, können Sie dies als Zeichen besonderer Wertschätzung ansehen. Die folgenden Hinweise sollen Ihnen helfen, ein wenig auf die Sitten und Konventionen Ihrer Gastgeber einzugehen:

Gastgeschenke sind üblich. Nichts Aufwändiges, einfach eine Kleinigkeit, die Freude macht.

Am Wohnungseingang werden die Schuhe ausgezogen.

Hinweis: Kritisch begegnen sollten Sie grundlos übertriebener Freundlichkeit, Appellen an Ihre Hilfsbereitschaft (z. B. der Bitte um Mithilfe beim Schreiben eines Briefes an einen deutschen Freund) oder spontan ausgesprochenen Einladungen zum Essen. Das gilt insbesondere, wenn Sie alleine reisen und die Personen erst kurz kennen. Es gibt leider auch schwarze Schafe unter den vielen, vielen herzlichen Türken.

Zur herzlichen Begrüßung wird der traditionelle Doppelkuss ausgetauscht (Backe rechts, Backe links). Unter Männern ist er üblicher als zwischen den Geschlechtern. Wer sich nicht sicher ist: Die Hand zu geben, ist auf jeden Fall höflich.

In Gegenwart älterer Menschen gilt lautes Reden als rüpelhaft. Senioren werden sehr zuvorkommend behandelt. Erscheint in traditionellen Familien das Familienoberhaupt, ist es sogar üblich aufzustehen.

Etwas Angebotenes abzulehnen gilt als unhöflich. Die Gastgeber haben sich nämlich auf jeden Fall viel Mühe gemacht und eventuell Ausgaben weit über ihre Verhältnisse hinaus getätigt.

Elektrizität

Die Stromspannung beträgt 230 Volt. In der Regel benötigt man für mitgebrachte Geräte keine Adapter.

Feste und Feiertage

Von vielen Feiertagen bekommt man in den Touristenzentren an der Küste nur wenig mit.

1. Januar: Neujahr.

23. April: Unabhängigkeitstag – am 23.4.1920 versammelte sich das Parlament in Ankara zu seiner ersten Sitzung. Wird heute auch als „Tag der Kinder" gefeiert.

1. Mai: Frühlingsfest (inoffizieller Feiertag, Ersatz für den ehemaligen Tag der Arbeit).

19. Mai: Beginn des nationalen Befreiungskriegs (1919). Heute Tag der Jugend und des Sports.

29. Mai (nur in İstanbul): Eroberung İstanbuls (1453). Eine Woche Veranstaltungen überall in der Stadt.

30. August: Gedenktag anlässlich des Sieges über die Griechen im Jahr 1922.

15.8.2012, 4.8.2013, 23.7.2014: Nacht der Kraft *(Kadir Gecesi)*, → S. 59.

19.–21.8.2012, 8.–10.8.2013, 28.–30.7.2014: Zuckerfest *(Şeker Bayramı)*, → S. 60.

29. Oktober: Tag der Republik – am 29.10.1923 wurde die Türkische Republik ausgerufen. Aufmärsche begleiten das Fest.

10. November: Todestag Atatürks (1938) – quasi ein halbamtlicher Feiertag, aber nicht gesetzlich verankert. Ein Großteil der Bevölkerung gedenkt des Gründers der Türkischen Republik und bleibt der Arbeit fern.

25.–28.10.2012, 15.–18.10.2013, 4.–7.10.2014: Opferfest *(Kurban Bayramı)*, → S. 60.

> **Hinweis:** Wer während des Opfer- oder Zuckerfestes in der Türkei ist, sollte Zimmer und Tickets frühzeitig buchen – das halbe Land ist dann zur Verwandtschaft unterwegs oder nutzt die Tage für einen Kurzurlaub.

Flora ...

Pinien- und Zypressenwälder sowie gestrüppartige Macchia, bestehend aus Oleander, Stechpalme, Kermeseiche, Buchsbaum, Myrte, Lavendel, Johannisbrotbaum usw., prägen die türkische **Mittelmeerküste**. In höheren Lagen ist die Kiefer die vorherrschende Baumart, vereinzelt finden sich dort auch Tannen, Schwarzföhren und die Libanonzeder.

Weite Olivenhaine charakterisieren zudem die türkische **Ägäisküste**, eine der wasserreichsten und fruchtbarsten Landschaften der Türkei. Die Schwemmlandebene des Großen Mäander überziehen Baumwollfelder. Angebaut werden zudem Melonen, Tabak, Pfirsiche, Zitrusfrüchte, Weintrauben, Feigen, Tomaten usw.

An der **Südküste** schirmt das bis zu 3000 m hohe Taurusgebirge die Meeresregionen vom zentralanatolischen Hochland ab. Während der Taurus in Kilikien bis ans Meer reicht, zieht er sich weiter westlich (bei Antalya) und weiter östlich (bei Adana) z. T. bis 100 km weit von der Küstenlinie zurück. Zu seinen Füßen erstrecken sich fruchtbare Schwemmlandebenen mit Bananenhainen, Zitruspflanzungen, Erdnussplantagen, Gewächshäusern für den Gemüseanbau und – u. a. in der Çukurova – riesige Baumwollfelder. Den Holzreichtum des Taurus schätzte man schon in der Antike, bis nach Ägypten exportierte man Stämme für den Bootsbau.

Auf den Hochebenen **Inner- und Ostanatoliens** wächst nicht viel. So weit das Auge reicht, sieht man meist nichts anderes als Steppe, die sich durch Überweidung mehr und mehr in Halbwüsten verwandelt. Im Frühling zeigt sie sich für kurze Zeit im grünen Kleid, versinkt jedoch bald darauf in graubrauner Eintönigkeit. Wo der Boden gut genug ist, wird Weizen angebaut. Blühende Landschaften findet man nur entlang der Flussläufe oder in künstlich bewässerten Regionen (z. B. in der mesopotamischen Ebene oder bei Konya) sowie in Kappadokien. Hier gedeihen Melonen, Aprikosen und Weintrauben.

Das **Schwarze Meer** säumt ein grüner Gürtel mit vielen Pflanzen, die man auch von zu Hause kennt: Buchen, Linden, Ahornbäume, Eichen und in hohen Lagen auch Tannen. Im Unterholz treiben aber auch typisch mediterrane Gewächse ihre Blüten: Kirschlorbeer, Stechpalmen und Efeu. Aufgrund der milden Temperaturen und des Regenreichtums werden hier Tee, Tabak, Haselnüsse, Mandeln, Pistazien und verschiedene Obstsorten wie Mandarinen, Kirschen, Feigen und Pflaumen angebaut.

... und Fauna

Die Türkei war einst ein tierisches Einwanderungsland. Von allen Seiten (Europa, Afrika und Asien) kamen sie geflogen, gekrochen und gelaufen. Heute drängen unkontrollierte Jagd, der Bau von Straßen und die Erschließung immer neuen Ackerlands das Wild zurück. Dadurch dezimierten sich die Tierbestände in freier Natur in den letzten Jahrzehnten extrem. Die Löwen starben in der Türkei schon im 19. Jh. aus. In den Wäldern des lykischen und kilikischen Taurus, der Ägäis und v. a. der Schwarzmeerregion tummeln sich jedoch noch Rehe und Hirsche, Füchse, Wildschweine, Dachse, Iltisse, Baum- und Steinmarder, die vom Aussterben bedrohten Stachelschweine sowie Nagetiere wie das mit dem Murmeltier verwandte, putzige Ziesel. Braunbären kommen in Westanatolien nur in den abgeschiedensten Regionen vor (z. B. im Taurus oder im Beşparmak-Massiv), in den Gebirgen am Schwarzen Meer jedoch noch recht häufig. Größere Wolfspopulationen gibt es im Osten des Landes. In extrem langen Wintern wagen sich dort vor Hunger heulende Wölfe sogar bis an die Dörfer heran, um nach Nahrung zu suchen. Schakale sind weitestgehend vom Erdboden verschwunden, Leoparden wurden schon seit Ewigkeiten nicht mehr gesichtet.

Am Boden kriechen Eidechsen, Geckos und Schildkröten, Letztere gibt es zu Land und zu Wasser. Bei Wanderungen begegnet man gelegentlich auch Schlangen, von den 37 in der Türkei vorkommenden Arten gehören die meisten zu den Familien der Nattern, Vipern und Ottern, und sind größtenteils ungiftig (→ Sport/Wandern). Nicht selten sind ferner Chamäleons – allerdings fallen sie naturgemäß wenig auf.

Frauen 53

In der Luft faszinieren Störche, die in der Türkei nicht gejagt werden dürfen und die man gelegentlich gar in Schwärmen sieht – v. a. an der Ägäis, aber auch bei Silifke im Osten der Mittelmeerküste. Zudem gibt es viele Raubvögel wie Adler, Falken und Bussarde. Für Ornithologen ist die türkische Mittelmeerküste ein wahres Paradies. Am Flussdelta des Großen Mäander sieht man Stelzenläufer, Pelikane, Brachschwalben, Spornkiebitzen und im Winter sogar Flamingos. Am Bafa-See sind Blässhühner, Löffler und Sichler zu beobachten. Am Strand von Patara und im Dalyan-Delta kann man sich auf Grau- und Purpurreiher, Eisvögel, Weißstörche, Cistensänger und Nachtschwalben freuen. In den Deltas der großen Taurusflüsse Göksu, Seyhan und Ceyhan flattern u. a. Rosa- und Graukopfpelikane, Eisvögel und Kraniche. Auch der Kuşcenneti-Nationalpark in der Marmararegion ist ein Anlaufpunkt für Birder.

Zum Schluss noch ein Hinweis in Sachen „tierische Quälgeister": Moskitos, Flöhe und Kakerlaken sehen nicht nur die Wälder als ihre Heimat an!

Freiheit für Flipper!

An der türkischen Mittelmeerküste eröffnete bis 2010 ein Delfinarium nach dem nächsten. Viel Geld ließ sich damit verdienen, man sprach von bis zu 20.000 € Tagesumsatz. Die Tiere kamen häufig aus blutigen Treibjagden vor der japanischen Küste. Man schätzt, dass die Japaner rund 20.000 Delfine jährlich abschlachten. Die schönsten Exemplare lassen sie jedoch am Leben, denn der Verkauf der Meeressäuger (bis 150.000 € pro Exemplar) an Delfinarien macht die Treibjagd überhaupt erst lukrativ. In die Schlagzeilen der internationalen Medien kam das Thema durch den Dokumentarfilm *The Cove* (www.thecovemovie.com), daraufhin nahmen diverse Reiseveranstalter den Besuch von Delfinshows aus ihrem Programm. Zum Boykott von Delfinarien wollen auch wir aufrufen. Nicht nur aus dem Grund, damit die blutigen Treibjagden vor Japans Küsten enden, sondern auch, weil eine artgerechte Haltung von Delfinen in Gefangenschaft nicht möglich ist – und schon gar nicht in einem Land ohne jegliche Tierschutzkultur.

Frauen

Die Stellung der Frau in der modernen Türkei ist nicht mit der der Frauen in arabischen Ländern gleichzusetzen. Dies hängt zum einen mit Atatürks Reformen aus den Zwanzigerjahren des letzten Jahrhunderts zusammen, zum anderen mit dem 2005 in Kraft getretenen, neuen Strafgesetzbuch, mit dem Ankara Forderungen der EU erfüllt hat. Das Gesetzbuch stärkt die Rechte der Frauen enorm: Vergewaltigung in der Ehe ist nun Straftatbestand und sog. „Ehrenmördern", denen im Gerichtssaal vormals viel Milde zuteil wurde, drohen nun lebenslange Haftstrafen.

Zwischen den Rechten der Frauen und den von der männlichen Gesellschaft auferlegten Zwängen herrscht jedoch, je nachdem, wo man sich im Land aufhält, eine große Diskrepanz. Das Emanzipationsgefälle hat in der Türkei wesentlich mit der Ausbildung der Frauen zu tun. Während an der Mittelmeerküste und in den modernen Städten des Landes über 50 % der weiblichen Arbeitskräfte eine Ausbildung besitzen, die über das Grundschulniveau hinausgeht, sind es auf dem Lande gerade einmal 5 % – mehr als jede dritte Frau ist dort Analphabetin. Polygamie und verkaufte Bräute im minderjährigen Alter (obwohl das „Ehealter" gesetzlich auf 18 Jahre heraufgesetzt wurde) gehören in vielen unterentwickelten Regionen Zentral- und v. a. Südostanatoliens noch immer zum Alltag (→ Diyarbakır, S. 890). Andererseits haben in der Türkei weit mehr Frauen als in vielen anderen europäischen Ländern auch Führungspositionen inne. Allein ein Drittel der Ärzte, ein Viertel der Anwälte und ein Fünftel der Richter sind Frauen.

Alleinreisende Frauen Es ist grundsätzlich kein Problem, als Frau alleine die Türkei zu bereisen. Um Unannehmlichkeiten vorzubeugen gilt jedoch: Spricht man Sie an, bleiben Sie formell und höflich, aber vermeiden Sie Freundlichkeit und Augenkontakt. Beides wird gerne fehlinterpretiert. Dafür sind die türkische *Yellow Press* („Helga ist ganz scharf auf Türken") und die Erfolgsmeldungen der Strandgigolos aus den Ferienorten verantwortlich, die so manche Männer glauben lassen, westliche Frauen würden erotische Annäherungen erwarten. In touristischen Zentren oder westlich geprägten Großstädten, wo auch Türkinnen mit hohen Absätzen über die Gehwege flanieren, fällt die Anmache (wenn überhaupt) nicht anders aus als in Italien oder Spanien.

In konservativen Gegenden, insbesondere Zentral- und Ostanatoliens, ist es ratsam, dezente Kleidung zu tragen und dazu einen Ehering (auch wenn er aus dem Automaten ist). Zu einer ehrbaren, unantastbaren Frau werden Sie auch, wenn Sie Fotos von Ihrem Mann und Kind mitbringen. Falls Sie beides nicht haben, tut's auch ein Bild mit dem Schwager und dessen Kindern. Übernachten sollte man besser in kleinen Familienpensionen als in unpersönlichen Hotels. Setzen Sie sich bei Taxifahrten auf die Rücksitzbank und bei Busreisen stets neben eine Frau – Sie haben das Recht darauf! Wandernde Hände in überfüllten Bussen (passiert selten) kommentiert man lautstark – am besten mit dem Wörtchen „Ayıp!" (gesprochen etwa „Ajip"). Die wortwörtliche „Schande" für den Betroffenen wird groß und die Empörung der Umgebung offensichtlich sein.

Restaurants, Lokantas und Cafés stehen Frauen jederzeit offen. Männern vorbehalten sind die *kahvehaneler* (traditionelle Kaffee- bzw. Teehäuser) und die *birahaneler*, schmierige Bierkneipen. Manche Lokale verfügen über einen abgetrennten Familienbereich *(aile salonu)*, der Männergrüppchen versagt bleibt. In gehobenen Bars und Diskotheken brauchen Touristinnen

Beliebte Mitbringsel

ebenfalls keine Rüpeleien befürchten, dafür sorgen Türsteher und der Hinweis „Damsız girilmez" („Eintritt ohne weibliche Begleitung verboten"). Den nächtlichen Heimweg sollte man am besten in einem Taxi zurücklegen.

Geld und Geldwechsel

Gesetzliches Zahlungsmittel ist die Türkische Lira *(Türk Lirası,* kurz *TL;* in Finanzkreisen *Try).* Im Umlauf sind Banknoten im Wert von 5, 10, 20, 50, 100 und 200 TL, zudem Münzen zu 1 TL sowie zu 1, 5, 10, 25 und 50 *Kuruş (KR;* 100 KR = 1 TL). In den Ferienzentren der Riviera können Sie auch mit Euro bezahlen. Abseits davon bedarf es aber der Landeswährung, zudem wird der Euro von Museen und Ausgrabungsstätten nicht akzeptiert.

1 € entsprach im April 2012 umgerechnet 2,35 TL, 1 sfr entsprach 1,95 TL

Devisenvorschriften: Bargeldbeträge im Gegenwert von über 5000 US-Dollar müssen bei der Ausreise deklariert werden.

Geldwechsel: Banken (i. d. R. Mo–Fr 9–12 u. 13.30–17 Uhr geöffnet) und Wechselstuben (haben vielfach auch Sa/So geöffnet) gibt es en masse. Die Kursunterschiede sind insgesamt gering.

Bankomaten sind weit verbreitet. Der Kurs beim Abheben mit der Maestro-Karte ist besser als beim Barumtausch. Jedoch fressen die dafür anfallenden Gebühren (Infos dazu bei Ihrer Bank) den Kursvorteil beim Ziehen niedriger Summen wieder auf. Daher am besten in die Vollen gehen, je nach Bankomat sind max. 1000 TL pro Tag möglich, viele rücken jedoch nicht mehr als 600 oder 800 TL heraus.

Kreditkarten werden in allen besseren Restaurants, Hotels und Geschäften akzeptiert, aber nicht gerne gesehen. Bei ausgehandelten Preisnachlässen in Hotels z. B. muss oft bar gezahlt werden.

Bei Verlust der Kredit- oder Maestro-Karte wählen Deutsche die Servicenummer 0049-116116. Abhängig vom Ausstellungsland der Karte gelten zudem folgende Sperrnummern: Für **American Express:** ✆ 0049-69-97971000 (D/A), ✆ 0041-446-596333 (CH). **Diners Club:** ✆ 0049-180-5070704 (D), ✆ 0041-58-6661111 (CH), ✆ 0043-1-5013514 (A). **Visa:** ✆ 00800135350900 (Servicenr. in TR für D, A, CH). **Master:** ✆ 00800138870903 (Servicenr. in TR für D, A, CH). **Maestro-Karte:** ✆ 0049-1805021021 (D), ✆ 0043-1-2048800 (A), ✆ 0041-800800488 (Credit Suisse), ✆ 0041-888601 (UBS), 0041-442712230 (für alle weiteren Schweizer Maestro-Karten).

Reiseschecks: Nicht jede Bankfiliale ist dazu autorisiert, Schecks einzulösen. *American-Express-Cheques* können – sofern das Personal davon unterrichtet wurde – z. B. bei den Filialen der *Akbank* eingelöst werden (schlechter Kurs!).

Kein Geld mehr? Via Western Union kann man Geld innerhalb weniger Minuten in die Türkei transferieren. Eingezahlt werden kann in Deutschland z. B. bei den Postbanken und den Reisebanken, in Österreich z. B. bei den Raiffeisenbanken und in der Schweiz z. B. bei den Postämtern. Der Einzahler erhält eine Code-Nummer, die er dem Empfänger mitteilt. Dieser bekommt mit seinem Ausweis und der Codenummer das Geld ausbezahlt (u. a. bei Postämtern und der T.C. Ziraat Bankası). Nähere Infos unter www.westernunion.com.

Trinkgeld: In Restaurants (→ Tipping-Tipps, S. 40) gibt man i. d. R. 10 %, Masseuren, Zimmermädchen oder Friseuren rund einen Euro. Lediglich Taxifahrer gehen in der Türkei leer aus.

Ermäßigungen für Studenten → Ausgrabungsstätten, S. 46.

Preisschwankungen → Preise.

Griechen und Türken – eine schwierige Nachbarschaft

Noch zu Anfang des 20. Jh. waren Griechen die größte nichtmuslimische Minderheit im Osmanischen Reich. In İstanbul stellten sie rund ein Viertel der Einwohner, und auch viele Orte der Mittelmeer- und Schwarzmeerküste sowie Zentralanatoliens waren fest in griechischer Hand. Über Jahrhunderte hinweg hatten sie friedlich mit den Türken zusammengelebt. Spannungen waren die Ausnahme. Doch mit der Zerschlagung des Osmanischen Reiches nach dem Ersten Weltkrieg und dem Versuch Griechenlands, sich Kleinasiens zu bemächtigen (→ Geschichte, S. 85), änderte sich die Situation. Es folgte der türkische Befreiungskrieg, an dessen Ende ein „Bevölkerungsaustausch" – eine Vertreibung bzw. ethnische Säuberung – stand: Ca. 1,4 Mio. Griechen mussten die Türkei verlassen, in entgegengesetzter Richtung waren rund 350.000 Türken unterwegs. Dabei sprachen viele Griechen, die die Türkei verließen, gar kein Griechisch, und viele Türken, die kamen, kein Türkisch.

Lediglich die Griechen İstanbuls, ohne welche die Wirtschaft der Stadt von heute auf morgen zusammengebrochen wäre, und die Bewohner der Ägäisinseln Tenedos (heute Bozcaada) und Imbros (heute Gökçeada) durften bleiben. Doch auch sie kehrten in den folgenden Jahrzehnten der Türkei den Rücken: Die neue Republik belegte Nichtmuslime mit diskriminierenden Steuern – wer nicht zahlen wollte oder konnte, wurde in Arbeitslager verbannt. Ab den Fünfzigerjahren des letzten Jahrhunderts verschärfte zudem der Zypernkonflikt das Verhältnis zwischen Griechen und Türken auf eine Weise, die ein friedfertiges Miteinander kaum mehr zuließ, zumal die Regierungen beider Länder kaum um Entspannung bemüht waren. So kam es in İstanbul in der Nacht vom 6. auf den 7. September 1955 zur antigriechischen Pogromnacht – um den Mob zu mobilisieren, hatte der türkische Geheimdienst einen Bombenanschlag auf das Geburtshaus von Atatürk in Thessaloniki verüben lassen und die Tat den Griechen in die Schuhe geschoben. Wieder war Abwanderung die Folge. 1964 folgte auf ein Massaker an türkischen Zyprern schließlich erneut eine große Ausweisung von *Rumlar*, wie die Türkeigriechen im Gegensatz zu den Griechenlandgriechen *(Yunanlar)* genannt werden.

Viele Jahre betrachteten die NATO-Partner mit Besorgnis das Verhalten der beiden „verfeindeten" Verbündeten, noch bis in die 1990er kam es immer wieder zu militärischen Provokationen in der Ägäis. Verbesserung der bilateralen Beziehungen bahnte sich erst in jüngerer Zeit an, als die beiden Nationen bei schweren Erdbeben und Waldbränden wechselseitig Hilfe leisteten. Mittlerweile ist Griechenland gar ein Befürworter des türkischen EU-Beitritts.

Haustiere

Tierschützer warnen ausdrücklich vor der qualvollen Gefangenschaft in Transportboxen bei der Anreise mit dem Flugzeug. Um an der Grenze keinen Ärger zu bekommen, benötigen Hunde und Katzen den EU-Heimtierausweis bzw. das schweizerische Pendant, in welchem vermerkt ist, dass Katzen mindestens 15 Tage vor der Einreise gegen Tollwut, Hunde zusätzlich noch gegen Parvovirose, Distemper, Hepatitis und Leptospirose geimpft sind. Für viele Hotels gilt: Reisende mit Hunden oder Katzen müssen draußen bleiben.

Information

Vor Ort finden Sie in allen größeren Urlaubszentren Touristeninformationen (**Turizm Danışması**). Die ausländischen Filialen des **türkischen Fremdenverkehrsamtes** (www.goturkey.com) halten zudem diverses Informationsmaterial bereit, das auf Wunsch gern verschickt wird.

Deutschland Baseler Str. 37, D-60329 Frankfurt, ✆ 069/233081.
Tauentzienstr. 9–12, D-10789 Berlin, ✆ 030/2143752.

Österreich Singerstr. 2/8, A-1010 Wien, ✆ 01/5122128.
Schweiz Stockerstr. 55, CH-8001 Zürich, ✆ 044/2210810.

Internet

Sofern vorhanden bzw. mit Gewinn zu nutzen, sind die Internetadressen diverser Einrichtungen wie Hotels oder Fluggesellschaften im Buch angegeben. Die Internetseiten der Städte und Regionen im Reisegebiet sind, sofern vorhanden, unter der Rubrik „Information" aufgeführt. Aktuelle Informationen zu diesem Buch finden Sie im Internet auf den Seiten des Michael Müller Verlages unter der Adresse: **www.michael-mueller-verlag.de**.

Internetzugang: Das Gros aller Hotels und Pensionen bietet kostenlos WLAN, manche verfügen auch über einen oder mehrere Terminals mit Internetzugang. Zudem offerieren viele Bars und Cafés kostenlos WLAN. Die Zahl der Internet-Cafés nimmt stetig ab. Sie sind im Reiseteil nicht aufgeführt, da sich deren Adressen erfahrungsgemäß ständig ändern.

Islam

Der Islam (arab. = Unterwerfung, Hingabe), die jüngste der großen Weltreligionen, ist ebenso wie das Judentum und das Christentum eine streng monotheistische Religion, d. h. seine Anhänger glauben an den einen allmächtigen Gott. Nach islamischer Auffassung ist Allah Schöpfer und Bewahrer aller Dinge und allen Lebens. Er versorgt, führt und richtet die Menschen, wobei sich das Richten auf den Tag des Jüngsten Gerichts bezieht, an dem die „Geretteten" ins Paradies eingehen, während die „Verdammten" in die Hölle absteigen.

Religionsstifter war Mohammed (um 570–632), der als Waisenkind in ärmlichen Verhältnissen in Mekka aufwuchs. Sein religiöses und politisches Wirken begann um 610, nachdem ihm in einer Vision der Erzengel Gabriel erschienen war. In seiner Geburtsstadt stand man seinen öffentlichen Auftritten zunächst sehr skeptisch gegenüber. Erst in Medina, wohin er 622, dem Beginn der islamischen Zeitrechnung, abgewandert war, verschaffte sich Mohammed weltliche und geistliche Autorität und wurde als Gesetzgeber und Prophet allgemein akzeptiert. Einige der von ihm verbreiteten Botschaften hatten für die damalige Zeit geradezu revolutionäre Inhalte, z. B. die Verdammung der Sklaverei.

Die Rolle, die der islamische Glaube in der Türkei einnimmt, ist von Region zu Region, teils aber auch von Stadtviertel zu Stadtviertel verschieden. Mancherorts, wie in den unbeschwerten, westlich orientierten Küstenorten, scheint sie gar gegen Null zu tendieren. Doch schon ein paar Kilometer weiter im Landesinneren kann alles ganz anders aussehen, vom Osten des Landes ganz zu schweigen. Den laizistisch geprägten Regierungen der Vor-AKP-Zeit waren religiös-fundamentalistische Strömungen stets ein Dorn im Auge. So ernennt der Staat bis heute die Vorbeter (Imame) und schreibt vor, was gepredigt und in Korankursen gelehrt werden darf. Aus der strengen Kontrolle wurde jedoch mit der Machtübernahme der islamistischen AKP gegenseitiges Einverständnis. 2008 stand die AKP kurz vor dem Verbot wegen des Vorwurfs, die Türkei in einen islamischen Gottesstaat verwandeln zu wollen. Die Mehrheit der Verfassungsrichter stimmte zwar für das Verbot, doch die in diesem Fall vorgeschriebene Mehrheit von sieben der elf Stimmen wurde um eine verfehlt.

Koran und Sunna: Die beiden Schriften sind die grundlegenden Quellen der islamischen Glaubenslehre. Dabei wird der Koran, der aus 114 Suren (Kapiteln) besteht, als das authentische Wort Gottes verstanden, das Mohammed durch den Erzengel Gabriel übermittelt wurde. Daraus erklärt sich der Unfehlbarkeitsanspruch, der dem Koran zugeschrieben wird.
Grundlage der Sunna (arab. „Gewohnheit") hingegen bilden die Hadithe, die Überlieferungen der Aussagen und Taten Mohammeds. Die Sunna wird im Unterschied zum Koran nicht für unfehlbar gehalten.

Propheten: Da die Menschen moralisch schwach und fehlbar sind, schickt Gott ihnen Propheten, welche die göttliche Botschaft verbreiten, an der sich das Handeln der Menschen orientieren soll. Zu diesen Propheten zählen im Islam neben Abraham und Moses u. a. auch Jesus. Die christliche Auffassung, nach der es sich bei Jesus um den Sohn Gottes handelt, wird vom Islam nicht geteilt. Die Muslime glauben dagegen, dass sich das Prophetentum mit Mohammed vollendet hat und der Koran die letztgültige und vollkommenste Offenbarung Gottes ist.

Islamische Gruppierungen: Streitigkeiten um die Nachfolge des Propheten führten nach Mohammeds Tod zu einer Spaltung der Muslime in *Sunniten* und *Schiiten*. Über 70 % der Türken sind Sunniten. Sie sehen im Kalifen den rechtmäßigen Nachfolger Mohammeds und das Oberhaupt der muslimischen Welt. Für die Schiiten (ihr Name leitet sich vom arabischen Wort *Schia* für „Partei" ab) hingegen kann diesen Führungsanspruch nur ein Blutsverwandter des Propheten wahrnehmen. Da dieser aber keine überlebenden Söhne hinterlassen hatte, sehen die Schiiten in Ali, Vetter und Schwiegersohn Mohammeds, und seinen Nachkommen die legitimen Nachfolger.

Rund 25 % der Türken, darunter viele Kurden, sind *Aleviten,* die der *Schia* zugerechnet werden. Mit der Schia iranischer Prägung hat der Alevismus die Nachfolgeregel gemein, lehnt als libertäre Glaubensrichtung (z. B. Nichtakzeptanz der fünf Säulen des Islam; keine Moscheen, dafür Versammlungen, an denen auch Frauen teilnehmen) aber z. B. die *Scharia* ab. Dieses überlieferte, antiquierte islamische Rechtssystem beruht auf einer über 1000 Jahre alten, nahezu unveränderten Auslegungsvariante des Korans und der Sunna und beschreibt die Rechte und Pflichten des Einzelnen in der Gemeinschaft.

Die fünf Säulen des Islam: Die als die fünf Säulen des Islam bekannten Pflichten werden als zentrale Bestandteile im Leben eines jeden Moslem angesehen. Die erste

Islam

Pflicht ist das Glaubensbekenntnis *(kelimei şahadet: „Ich bezeuge, dass es keinen Gott gibt außer Allah, und Mohammed ist sein Prophet ...")*; die zweite sind die fünf täglichen Gebete *(namaz)* mit den vorgeschriebenen Waschungen; die dritte Pflicht beinhaltet die Almosengabe an Bedürftige *(zekat)*; die vierte das Einhalten des Fastenmonats Ramadan *(oruç)* und die fünfte die Pilgerfahrt nach Mekka *(hac)*. Bei einigen Geboten gibt es Spielraum. So braucht der Moslem seine Pilgerfahrt nur dann durchzuführen, wenn er gesund ist und es ihm (finanziell) möglich ist. Die Waschungen können notfalls ohne Wasser, d. h. als bloßes Ritual, ausgeführt werden, und schwangere Frauen können aus gegebenem Anlass die Fastenzeit verschieben.

Moschee: Moscheen (türk. *cami*) sind die islamischen Sakralbauten, in denen nicht nur gebetet wird, sondern auch Versammlungen und theologische Unterrichtsstunden abgehalten werden. Darüber hinaus dienen sie traditionell als Stätte der persönlichen Andacht und als temporäre Unterkunft für Pilger und Obdachlose. Für gewöhnlich betritt man eine Moschee über einen Vorhof *(avlu)*, wo am Reinigungsbrunnen *(şadırvan)* die rituellen Waschungen vor dem Gebet vorgenommen werden. Zur Grundausstattung des mit Teppichen ausgelegten Gebetssaals gehört eine Gebetsnische *(mihrab)*, die stets in Richtung Mekka weist, eine Kanzel für die Freitagspredigt *(minbar)* und ein Stuhl oder eine Art Thron *(kürsü)*, von dem der Vorbeter *(Imam)* Passagen aus dem Koran verliest. Männer und Frauen beten getrennt, stets jedoch Richtung Mekka. Indem man kniet und den Kopf zu Boden neigt, zeigt man Allah Demut und Respekt. Zum Gebet ruft fünfmal am Tag der Muezzin vom Minarett der Moschee. Die Minarette kamen übrigens erst im 8. Jh. auf, zuvor kletterten die Muezzins dazu aufs Dach. Heute ertönt der für Europäer so verheißungsvoll und orientalisch klingende Gebetsruf meist nur noch aus dem Lautsprecher.

Zu den großen Moscheenkomplexen *(külliye)* von einst, die oft auch karitative Zwecke erfüllten, gehörten meist eine Schule *(medrese)*, ein Hospital *(darüşşifa)*, eine Armenküche *(imaret)*, ein Bad *(hamam)* und eine Karawanserei *(kervansaray)* für Reisende. In den Moscheengärten ruhen in ornamentalen Mausoleen *(türbe)* die Stifter der Külliyen und osmanische Nobilitäten. Heute dienen die einzelnen Gebäude meist anderen Zwecken.

Hinweis: Türkische Moscheen können von Nichtmuslimen jederzeit besucht werden – nur zur Gebetszeit werden Touristen oft abgewiesen. Beachten Sie die Kleidervorschriften: Herrenbeine und -arme dürfen nicht entblößt sein, der Rock der Dame sollte mindestens knielang sein, ihr Kopf (Kopftuch!) und die Oberarme bedeckt. Vor dem Betreten der Moschee zieht man die Schuhe aus. Betende sollten nicht fotografiert werden.

Religiöse Feiertage: Die genaue Terminierung wird Jahr für Jahr nach dem islamischen Mondkalender neu bestimmt (→ Feste und Feiertage). Nach islamischer Konvention beginnt ein Feiertag jedoch bereits mit dem Sonnenuntergang am Vortag, bei großen religiösen Feiertagen sind dann sogar ab Mittag des Vortages alle Läden, Büros usw. geschlossen.

Kadir Gecesi (Nacht der Kraft): In der 27. Nacht des Fastenmonats Ramadan wird die Offenbarung des Koran gefeiert. Mohammed soll in dieser Nacht durch den Erzengel Gabriel zum Boten Gottes ernannt worden sein. Nach dem Volksglauben gehen Wünsche und Gebete, die in dieser Nacht ausgesprochen werden, in Erfüllung.

Şeker Bayramı (Zuckerfest): Es bildet den Abschluss des Fastenmonats Ramadan. Man besucht Verwandte, und die Kinder ziehen von Haus zu Haus und bitten um Süßigkeiten. Daher rührt auch der Name der dreitägigen Feierlichkeiten.

Kurban Bayramı (Opferfest): Das höchste Fest des Islam dauert vier Tage. Hintergrund des Opferfestes ist die (auch biblische) Geschichte von Abraham, der, um Gott seine Treue zu beweisen, seinen Sohn Isaak opfern will.

Der Ramazan

So nennen die Türken den islamischen Fastenmonat, der in den meisten anderen islamischen Ländern *Ramadan* heißt. 30 Tage lang darf der Gläubige zwischen Sonnenauf- und -untergang nicht essen, trinken, rauchen oder Geschlechtsverkehr haben. Mit dem Böllerschuss zum Sonnenuntergang wird jedoch alles ausgiebig nachgeholt. Vor Sonnenaufgang wiederum sorgen in den meisten Orten mächtig laute Ramadan-Trommler dafür, dass kein Gläubiger sein Frühstück versäumt. In konservativen Gegenden sind während der Fastenzeit tagsüber viele Lokale geschlossen, in erzkonservativen Gegenden alle. Dafür gibt es abendliche Ramadanmärkte mit Ständen, traditioneller Musik, Schattenspieltheater etc. – Christkindlesmarkt auf Türkisch. In den internationalen Ferienzentren an der Küste merkt man hingegen kaum einen Unterschied zu den restlichen Monaten. Dort aber, wo überwiegend Türken Urlaub machen, herrscht während des Ramadan Nebensaisonstimmung – viele Türken bleiben lieber daheim, als in den Ferien fasten zu müssen.

Ramadan-Daten: 20.7.–18.8.2012; 9.7.–7.8.2013; 28.6.–27.7.2014

Karten

Für die Mittelmeerküste ist das von den Touristeninformationen kostenlos verteilte Kartenmaterial ausreichend. Für diese Karten wie auch die meisten anderen Türkeikarten gilt jedoch: Keine stimmt hundertprozentig! Auch ist das Kartenmaterial sämtlicher Navigationsgeräte fehlerhaft. Überaus fehlerhaft und meist sehr undetailliert sind zudem sämtliche Stadtpläne. Auch auf die hier empfohlenen Karten ist nicht immer Verlass:

ADAC Länderkarte Türkei: Maßstab 1:800.000.

Adım Adım Türkiye Yol Atlası: Detaillierter geht es kaum. 336 Seiten umfassender Straßenatlas im Maßstab 1:400.000. Dazu Stadtpläne und viele Zusatzinfos zum Land (leider nur auf Türkisch). Mepmedya Yayınları, İstanbul 2010. Über www.landkarten schropp.de für 44,90 € zu bestellen. Deutlich günstiger in der Türkei.

> Für İstanbul-Stadtpläne → İstanbul/Adressen, S. 121.

Kinder

Die Türkei ist ein wahres Paradies für Reisende mit Kindern *(çocuklar)*: Ob Ihr Nachwuchs im Restaurant Tellersegeln spielt oder längere Zeit im Bus seinen Weltschmerz hinausschreit – niemand wird sich darüber aufregen, die Scherben werden lächelnd beseitigt, das Kind wird allseits getröstet und mit Bonbons versorgt. Egal, ob Sie sich für eine einfache Pension oder ein Luxushotel entscheiden – überall sind Sie herzlich willkommen. Erstere weisen eine oft unglaubliche Herzlichkeit auf, es kommt durchaus vor, dass der Hausherr die Kleinen auch einmal mit auf sein Boot zum Fischen nimmt. Letztere bieten oft sog. „Mini-Clubs" mit Animateuren, die ein buntes Kinderprogramm zusammenstellen. Die beste Windelmarke soll *Ultra Prima* sein, bei Babynahrung haben die Produkte von *Ülker* und *Milupa* einen guten Ruf – in Supermärkten und in Apotheken erhältlich.

Kleidung

Abseits der touristischen Orte wird in der Türkei großer Wert auf ein korrektes, sauberes und gesittetes Erscheinungsbild gelegt. Fürs Kofferpacken orientieren Sie sich am besten an der Klimatabelle. Für einen Badeurlaub an der Küste reicht leichte Kleidung, möglichst aus Baumwolle. Für kappadokische und ostanatolische Nächte sollte auch im Sommer ein Pulli im Gepäck sein. Für die Schwarzmeerregion ist Regenschutz ratsam. Für den Besuch von Moscheen → Wissenswertes von A bis Z/Islam.

Wer sich nicht rasiert, verliert

Buschig und prächtig oder eher spärlich und zierlich, immer jedoch gepflegt: Erst der Schnurrbart macht den Türken zum richtigen Mann – zumindest in der anatolischen Provinz und in konservativen Kreisen. Noch heute wachen in vielen Dörfern altgediente Schnurrbartträger darüber, dass keinem jungen Bengel vor dem „schnauzerwürdigen" Alter ein solches Exemplar wächst.
In vielen Orten der Südküste will man von solchen antiquierten Traditionen aber nichts mehr wissen. Die Jugend zeigt sich glatt rasiert oder im schicken Dreitagesbart. Die klassischen Schnauzerträger mit grauem Kaufhaus-Standard-Jackett haben dort den Status eines Dorftrottels aus Hinteranatolien. Als schmierige Anmacher, als *Röntgenci* („Glotzer mit Röntgenaugen"), sind sie unter jungen Frauen verpönt. In manchen trendigen Clubs sorgen gar Türsteher dafür, dass „Schnauzer" draußen bleiben. Auch viele Unternehmen, die ein modernes Image transportieren wollen, verbieten ihren Angestellten das Tragen eines Schnauzers, so die Busgesellschaft *Metro*, die vor wenigen Jahren ihre Angestellten vor die Wahl stellte: Schnurrbart ab oder Kündigung. 2011 machte die Atatürk-Universität im nordostanatolischen Erzurum diesbezüglich Schlagzeilen, da sie ihrem Sicherheitspersonal keinen Oberlippenbart mehr gönnen wollte. Draußen bleiben, zumindest aus öffentlichen Ämtern und Universitäten, müssen auch Vollbartträger. In der laizistischen Türkei wird der Vollbart als ein islamistisches Bekenntnis gewertet, ähnlich wie das Kopftuch bei Frauen.

Klima

An der **Schwarzmeerküste** herrscht immerfeuchtes und im Sommer schwüles Klima. Im **westanatolischen Binnenland** und an der **Mittelmeerküste** folgen auf heiße, trockene Sommer milde, verregnete Winter. Im Hochsommer können die Temperaturen in der Çukurova auf bis zu 45 °C ansteigen und selbst die Nächte sind

Wissenswertes von A bis Z

	İstanbul (33 m)				İzmir (25 m)		
	Ø Lufttemperatur (Min./Max. in °C)		Ø Niederschlag (in mm), Ø Tage mit Niederschlag >= 1 mm		Ø Lufttemperatur (Min./Max. in °C)		Ø Niederschlag (in mm), Ø Tage mit Niederschlag >= 1 mm
Jan.	2,9	8,8	99	12	5,6	12,2	132	9
Febr.	3,2	9,4	67	10	6,1	13,3	99	8
März	4,3	11,6	62	9	7,7	16,2	76	7
April	8,0	16,7	49	7	11,2	20,8	45	6
Mai	12,0	21,5	31	5	15,3	25,9	24	3
Juni	16,1	26,2	21	3	19,6	30,5	10	1
Juli	18,5	28,2	19	3	22,2	32,7	8	<1
Aug.	18,5	28,1	26	3	21,9	32,3	4	<1
Sept.	15,5	25,0	41	4	18,5	28,9	15	2
Okt.	11,8	19,8	71	7	14,3	23,5	40	4
Nov.	8,5	15,4	89	9	10,6	18,4	87	7
Dez.	5,4	11,2	122	12	7,6	14,1	153	11
Jahr	**10,4**	**18,5**	**697**	**84**	**13,4**	**22,4**	**692**	**60**

dann noch schweißtreibend. Im Hochland **Zentral- und Nordostanatoliens** sind die Sommer zwar warm bis sehr warm, die Nächte aber frisch, da man sich meist auf über 1000 m ü. d. M. bewegt. Im Winter schneit es hier und die Temperaturen

	Antalya (43 m)				Kayseri (1071 m)		
	Ø Lufttemperatur (Min./Max. in °C)		Ø Niederschlag (in mm), Ø Tage mit Niederschlag >= 1 mm		Ø Lufttemperatur (Min./Max. in °C)		Ø Niederschlag (in mm), Ø Tage mit Niederschlag >= 1 mm
Jan.	6,0	14,9	238	10	-8,0	3,8	33	7
Febr.	6,2	15,2	191	10	-5,4	6,4	31	6
März	8,0	17,9	102	7	-1,7	11,8	40	8
April	11,1	21,2	48	5	2,8	17,7	55	9
Mai	14,7	25,3	28	3	6,1	22,3	49	9
Juni	19,2	30,4	9	1	8,9	26,3	42	6
Juli	22,2	33,8	5	1	11,0	30,2	12	2
Aug.	22,0	33,6	2	<1	10,0	30,1	7	1
Sept.	19,0	30,9	13	1	6,1	26,4	15	3
Okt.	14,8	26,2	70	4	2,6	20,1	28	4
Nov.	10,6	20,9	150	6	-1,5	12,8	36	6
Dez.	7,5	16,5	223	10	-5,0	6,4	39	7
Jahr	**13,4**	**23,9**	**1078**	**58**	**2,2**	**17,9**	**387**	**68**

Klima

	Samsun (4 m)				Ankara (902 m)			
	Ø Lufttemperatur (Min./Max. in °C)		Ø Niederschlag (in mm), Ø Tage mit Niederschlag >= 1 mm		Ø Lufttemperatur (Min./Max. in °C)		Ø Niederschlag (in mm), Ø Tage mit Niederschlag >= 1 mm	
Jan.	4,0	10,7	61	8	-3,5	4,0	47	8
Febr.	4,2	11,2	50	8	-2,3	6,4	36	7
März	4,9	12,0	56	9	0,8	11,9	36	8
April	8,1	15,5	62	10	5,4	17,2	48	8
Mai	12,1	18,9	49	8	9,2	21,8	55	9
Juni	16,2	23,4	45	5	12,5	26,2	37	6
Juli	18,8	26,0	29	4	15,3	29,8	14	3
Aug.	19,1	26,2	34	4	15,1	29,8	12	2
Sept.	16,3	23,5	50	5	11,3	25,8	19	2
Okt.	12,6	19,7	85	8	6,8	19,6	27	5
Nov.	9,4	16,8	89	8	2,1	12,9	33	6
Dez.	6,3	13,0	82	9	-0,8	6,4	49	8
Jahr	11,0	18,1	692	86	6,0	17,7	415	72

erreichen dann zuweilen erbarmungslose 40 °C unter Null! Weite Gebiete **Südostanatoliens** liegen hingegen erheblich niedriger und ähneln bezüglich des Klimas mehr der türkischen Südküste. Hitze, eine hohe Luftfeuchtigkeit und viele Mücken

	Şanlıurfa (547 m)				Van (1661 m)			
	Ø Lufttemperatur (Min./Max. in °C)		Ø Niederschlag (in mm), Ø Tage mit Niederschlag >= 1 mm		Ø Lufttemperatur (Min./Max. in °C)		Ø Niederschlag (in mm), Ø Tage mit Niederschlag >= 1 mm	
Jan.	1,9	9,5	85	9	-7,9	1,6	32	6
Febr.	2,9	11,6	74	9	-7,8	2,2	33	6
März	5,9	16,2	71	9	-4,2	5,5	43	8
April	10,2	21,8	51	6	1,5	12,7	57	9
Mai	15,0	28,1	30	4	6,4	18,9	45	9
Juni	20,1	34,0	3	1	9,8	24,3	19	4
Juli	23,7	38,1	2	<1	13,8	28,7	5	1
Aug.	23,5	37,7	3	<1	13,7	29,1	3	1
Sept.	19,8	33,5	1	<1	9,9	25,0	14	1
Okt.	14,2	26,3	33	3	5,0	17,4	44	7
Nov.	8,2	18,3	43	6	0,4	10,6	46	7
Dez.	3,8	11,6	87	8	-5,4	4,0	33	6
Jahr	12,4	23,9	482	57	2,9	15,0	374	65

bestimmen die Sommermonate in İstanbul. Frühlingshafte Sonnentage sind für den İstanbuler Winter genauso charakteristisch wie Dauerregen und Kälteeinbrüche.

Reisezeit: An der **Ägäis** dauert die Badesaison von Mai bis Anfang Oktober, außerhalb dieser Zeit sind auch viele Hotels geschlossen. Rund um Antalya und an der **Türkischen Riviera** kann man an manchen Tagen selbst noch im Dezember baden; in den dortigen internationalen Ferienorten findet man auch das ganze Jahr über geöffnete Hotels. In allen Orten jedoch, wo vorrangig Türken Urlaub machen (insbesondere an der westlichen Schwarzmeerküste, der Nordägäis und der Mittelmeerküste östlich von Gazipaşa), geht die Saison nur von Juni bis September – an Hochsommerwochenenden ist es dort gerammelt voll! Die Monate April, Mai und Oktober sind für Kultur- und Wanderreisen in der Küstenregion am besten geeignet, zum Sightseeing in **İstanbul** sind es die Monate Mai, Juni, September und Oktober, die Tageshöchsttemperaturen übersteigen dann selten 30 °C.

Die beste Reisezeit für **Kappadokien** sind – sofern man keine Rundtour im klimatisierten Bus gebucht hat, sondern aktiv etwas unternehmen möchte – ebenfalls der Frühling (Achtung: Anfang April kann es jedoch noch schneien) und der Herbst (ab September wird es nachts sehr frisch). Aber auch in den Sommermonaten ist die Hitze erträglich, da das Klima insgesamt sehr trocken ist. Zwischen Dezember und Februar ist die Märchenlandschaft im Winterkleid zu sehen. Man findet auch in dieser Jahreszeit offene Hotels.

Die Badesaison an der **Schwarzmeerküste** reicht von Juni bis September, davor und danach sind Luft- und Wassertemperaturen zum Sprung ins Nass nicht mehr geeignet. Auch regnet es dann erheblich mehr.

Zentral- und Nordostanatolien sollten Sie zwischen Juni und September bereisen. Im Mai und Oktober kann es noch oder schon erheblich frisch sein. Wer Pech hat, muss dann sogar über verschneite Bergpässe fahren. Anders liegt der Sachverhalt in **Südostanatolien:** Hier sind die Hochsommertemperaturen kaum zu ertragen. Wer sich nicht mit der Hitze plagen will, bereist diese Region besser im Frühjahr oder Herbst.

Kriminalität

Delikte wie Diebstahl oder Raub treten in der Türkei verhältnismäßig selten auf. Korruption nennt sich das Übel des Landes, aber die tut dem Touristen nicht weh. In Großstädten und Touristenzentren müssen Urlauber jedoch wie überall auf der Welt damit rechnen, dass Betrüger und Trickdiebe die Reisekasse plündern wollen. Dennoch hat man wenig zu befürchten, wenn man sich an die üblichen Vorsichtsmaßnahmen hält. Dazu zählt v. a.: Achten Sie auf Ihre Wertsachen ganz besonders dort, wo Gedränge herrscht, und achten Sie beim Abheben mit der Bank- oder Kreditkarte darauf, dass niemand Ihren PIN-Code ausspäht. Falls Ihre Karte gestohlen werden sollte → **Geld und Geldwechsel**/Sperrnummern.

Achtung: Wenn Sie gebeten werden, ein Päckchen nach Deutschland mitzunehmen, schauen Sie sich den Inhalt sorgfältig an.

Literatur

Ob davor, danach oder mittendrin – hier ein paar Empfehlungen für Ihre Urlaubslektüre:

Zu İstanbul: *Freely, John u. Sumner-Boyd, Hilary: Istanbul, ein Führer.* Alles zur Kunst und Kulturgeschichte. Prestel-Verlag, München 1994. Ein Klassiker. Nur noch antiquarisch zu bekommen.

Kreiser, Klaus: Istanbul. Ein historischer Stadtführer. C.H. Beck Verlag, München 2009. Der Autor erarbeitet das alte Istanbul anhand zahlreicher (vorrangig türkischer) Quellen.

Levi, Mario: Istanbul war ein Märchen. Suhrkamp Verlag, Frankfurt/M. 2008. Geschichten von gelebten und ungelebten Träumen, von erfüllten und unerfüllten Hoffnungen aus jener Zeit, als İstanbul noch eine Stadt der unterschiedlichsten Kulturen war.

Shafak, Elif: Bonbonpalast. Eichborn, Frankfurt/M. 2008. Eine Liebeserklärung an das İstanbul der einfachen Leute.

Mağden, Perihan: Zwei Mädchen. Suhrkamp, Frankfurt/M. 2008. Eine wilde Geschichte vom rebellischen Mädchen in İstanbul. Verfilmt von Kutluğ Ataman.

Zur Mittelmeerküste: *de Bernières, Louis: Traum aus Stein und Federn.* Fischer TB, Frankfurt 2006. Epischer Monumentalroman (670 S.) über das türkisch-griechische Zusammenleben in einer westanatolischen Kleinstadt vor dem Bevölkerungsaustausch.

Kemal, Yaşar: Memed, mein Falke. Unionsverlag, Zürich 2005. In 40 Sprachen übersetzter Roman über den Kampf eines türkischen Robin Hood gegen Hass und Unterdrückung.

Werfel, Franz: Die vierzig Tage des Musa Dagh. Fischer Taschenbuchverlag, Frankfurt/Main 1990. In seinem 1000-seitigen Tatsachenroman (1933 erschienen) verarbeitet Werfel das Schicksal der Armenier unter den Jungtürken. Ein Muss für alle, die das Hatay besuchen wollen.

Zu Land und Leuten: *Gottschlich, Jürgen: Türkei. Ein Land jenseits der Klischees.* Christoph Links Verlag, Berlin 2008. Wie funktionieren Politik, Familie, Kultur oder Schulerziehung in einem Land zwischen Moderne und Tradition, zwischen Wohlstand und Rückständigkeit? Hintergrundinfos zu alltäglichen und weniger alltäglichen Themen.

Alanyalı, Iris: Gebrauchsanweisung für die Türkei. Piper Verlag, 5. Auflage, München 2009. Humorige Einblicke in den türkischen Alltag.

Kelek, Necla: Bittersüße Heimat. Bericht aus dem Inneren der Türkei. Goldmann Verlag, München 2009. Woher kommt und wohin geht die Türkei – die Hauptfrage der Frauenrechtlerin Necla Kelek in ihrem Werk über die politische und gesellschaftliche Stellung der Türkei.

Zu Ostanatolien: *Livaneli, Zülfü: Glückseligkeit.* Rowohlt Verlag, Reinbek 2010. Die herzzerreißende Geschichte einer jungen Ostanatolierin, der ein Ehrenmord bevorsteht. Spannend bis zur letzten Seite.

Eggers, Wilfried: Paragraf 301. GRAFIT Verlag, Dortmund 2008. Ein Politthriller aus deutscher Feder, der u. a. in der Provinz Tunceli spielt.

Hörbuch: *Greve Martin: Türkei hören.* Silberfuchs-Verlag, Tüschow 2008. In knapp 80 Min. bekommt man einen so unterhaltsamen wie fundierten Einstieg in die türkische Kulturgeschichte. Der Schwerpunkt liegt allerdings auf İstanbul.

Medien

Fremdsprachige Medien: Deutsche Zeitungen und Zeitschriften bekommt man überall, wo sich deutschsprachige Urlauber tummeln. Die *BILD* wird gar in Antalya gedruckt, die aktuelle Ausgabe der *SZ* oder der *FAZ* erhält man i. d. R. schon am Nachmittag des Erscheinungstages. Die englischsprachigen Tageszeitungen *Hürriyet Daily News & Economic Review* (www.hurriyetdailynews.com, zu *Hürriyet* gehörend, s. u.) und *Today's Zaman* (www.todayszaman.com, regierungsnah) bieten Aktuelles zu Politik, Wirtschaft, Sport und Kultur.

Orhan Pamuk – erster Nobelpreisträger der Türkei

Die Ernennung Orhan Pamuks zum Träger des Literaturnobelpreises 2006 spaltete die Nation. „Unser Stolz" titelte die liberale Tageszeitung *Radikal*. Als einen Mann, „der sein Volk verkauft hat" und „keiner von uns" sei, bezeichnete ihn das Boulevardblatt *Sabah*. Zu oft hatte der Literat Missstände in der Türkei angeprangert und damit die Nationalisten im Land gegen sich aufgebracht. In einem Interview mit dem Zürcher *Tages-Anzeiger* bedauerte er z. B., dass sich kaum jemand in seinem Land traue, die Verbrechen an den Armeniern und Kurden anzusprechen. Die Folgen für ihn: Gewaltandrohungen und ein Verfahren wegen „Verunglimpfung des Türkentums", das später jedoch eingestellt wurde.

Orhan Pamuk, Jahrgang 1952, entstammt der kosmopolitischen, westlich geprägten Oberschicht der Bosporusmetropole. Drei Jahre lebte er in New York, sonst kehrte er İstanbul nie länger den Rücken. Seine Romane handeln größtenteils von Identitätskonflikten zwischen der westlichen und östlichen Welt. Die meisten haben İstanbul als Schauplatz, oft schneit es. *Das schwarze Buch* (Fischer Taschenbuch Verlag 2007) erzählt von der verzweifelten Suche eines Mannes nach seiner Frau in den dunklen Gassen der Stadt. *Rot ist mein Name* (Fischer Taschenbuch Verlag 2008) ist eine faszinierende Mischung aus historischem Kriminalroman, orientalischem Märchen und Liebesgeschichte. Viel beachtet wurde auch *Schnee* (Fischer Taschenbuch Verlag 2011), ein politisches Lehrstück vor der Kulisse der tristen ostanatolischen Stadt Kars. Pamuks Kindheitserinnerungen sind Schwerpunkt von *İstanbul – Erinnerungen an eine Stadt* (Fischer Taschenbuch Verlag 2010). „Ein großartiger und trauriger Liebesroman", so die *Süddeutsche Zeitung*, ist Orhan Pamuks umfangreichstes Werk *Museum der Unschuld* (Fischer Taschenbuch Verlag 2011).

Türkische Medien: Die Medienlandschaft prägen eine Vielzahl staatlicher und privater Radio- und TV-Sender, dazu Tages- und Wochenzeitungen. Der größte Medienkonzern ist die Doğan-Gruppe. Zu ihr gehören u. a. das Massenblatt *Posta*, die national gesinnte, militärfreundliche Tageszeitung *Hürriyet* („Die Freiheit") und die liberale *Milliyet* („Die Nation") sowie die Privatsender Kanal D und CNN Türk. Die renommierteste Tageszeitung ist die gemäßigt links orientierte *Cumhuriyet* („Die Republik"). Zur meistzitierten Zeitung wurde innerhalb kurzer Zeit die erst 2007 gegründete *Taraf* („Meinung"), die auch vor Tabuthemen (wie z. B. Kritik am Militär) nicht zurückschreckt.

Pressefreiheit: Die Pressefreiheit ist zwar in der Verfassung verankert, doch in der türkischen Gesetzgebung finden sich Paragrafen, die sich nicht mit dem Recht auf freie Meinungsäußerung vertragen, so z. B. der Maulkorb-Paragraf 301 des Strafgesetzbuchs („Herabwürdigung der türkischen Nation"), der fast willkürlich gegen jede Kritik am Staat auslegbar ist. Auch Atatürk darf nicht beleidigt oder veräppelt werden (Paragraf 5816) – ein Grund, weswegen die Internetplattform *Youtube* in der Türkei immer wieder gesperrt wird. Ohnehin wird das Internet zensiert, rund 8000 Domains sind blockiert. Bei der letzten von den *Reportern ohne Grenzen* herausgegebenen Rangliste der Pressefreiheit landete die Türkei von 178 Ländern auf dem traurigen 138. Platz (gerade vor Äthiopien).

Der Weg ist das Ziel: Der türkische Film auf dem Vormarsch

Als seicht und drittklassig wurde das türkische Kino lange Zeit verspottet, bis Yılmaz Güneys *Yol – Der Weg* 1983 die Goldene Palme in Cannes erhielt. Der Film prangert soziale Ungerechtigkeit und Unterdrückung in der Türkei aufs Schärfste an. Erst 1999 durfte er in einer zensierten Fassung in den türkischen Kinos gezeigt werden. Güney, der seine Regieanweisungen auch schon mal aus dem Gefängnis gab, wurde mit seinem Werk zum liebsten Feind der Türken und mit ihm das türkische Kino mutiger. In den Neunzigerjahren folgten Produktionen wie *Hamam* von Ferzan Özpetek oder *Lola und Bilidikid* von Kutluğ Ataman – revolutionär setzten sich beide Filme mit dem Thema Homosexualität auseinander. Auch die *Reise zur Sonne* (*Güneşe Yolculuk*, 1999) von Yeşim Ustaoğlu, die Geschichte eines jungen Mannes, der die Provinz gegen das vermeintliche Glück in Istanbul eintauscht und an seinem kurdischen Aussehen scheitert, begeisterte Cineasten europaweit. In *Waiting for the Clouds* (*Bulutları beklerken*, 2005) beschäftigte sich die Regisseurin mit einem heiklen Thema: dem griechisch-türkischen „Bevölkerungsaustausch" in den 1920ern.

Große Erfolge feierte seit Jahren der Arthouse-Regisseur Nuri Bilge Ceylan: Für den melancholischen İstanbulstreifen *Uzak*, das mit Schuld und Sühne beladene Familiendrama *Three Monkeys* und den langsam-eindringlichen Krimi *Once upon a time in Anatolia* (*Bir zamanlar Anadolu'da*) räumte er in Cannes 2003, 2008 und 2011 ab. Mit Begeisterung nahm man im Ausland zudem *Hejar – Großer Mann, kleine Liebe* (*Büyük adam, küçük aşk*) von Handan İpekçi auf. Der Film wurde, obwohl von Ankara 2002 offiziell für den Oscar nominiert, zunächst im eigenen Land verboten – die paar Sätze Kurdisch darin stellten damals noch einen Tabubruch dar. Heute ist das anders: Vornehmlich kurdisch wird im Film *Min Dit* (2009) von Miraz Bezar gesprochen, einem bewegenden Drama über das Schicksal von Waisenkindern in der südostanatolischen Metropole Diyarbakır. Internationales Interesse erregte auch der deutschtürkische Regisseur Fatih Akın mit den Melodramen *Gegen die Wand* (Goldener Bär 2004) und *Auf der anderen Seite* (2007) sowie der Musikdokumentation *Crossing the Bridge* (2005), in der er in İstanbuler Clubs den neuen Bosporussounds nachspürte. Semih Kaplanoğlus Film *Bal – Honig*, der auf der Berlinale 2010 mit dem Goldenen Bären ausgezeichnet wurde, hat mit İstanbul hingegen nichts zu tun. Im Mittelpunkt steht das Leben eines kleinen Jungen im wildromantischen Kaçkar-Gebirge.

Musik und Bauchtanz

Seit *Crossing the Bridge* (s. o.) hält Europa immer mehr das Ohr zum Bosporus hin auf. Dort hat sich im letzten Jahrzehnt enorm viel getan – die neue Clubmusik hat sich vom sklavischen Nachahmen westlicher Vorbilder gelöst.

Volksmusik: Bei der traditionellen türkischen Volksmusik *(Halk müziği)*, die auch *Türkü* genannt wird, steht die *saz*, eine Laute mit meist drei Saiten, im Vordergrund. Alleinunterhalter oder kleine Combos besingen dabei Themen aus dem Leben des einfachen Volkes: Geburt, Tod, Liebe. Nach Jahrzehnten der Absenz ist auch kurdische Volksmusik wieder im Kommen. Volksmusik hört man vorrangig in gemütlich-orientalischen Kneipen, fragen Sie nach einer „Türkü-Bar".

Klassische Kunstmusik: Im Gegensatz zur Volksmusik wird die auch *Fasıl* genannte Kunstmusik in Restaurants oder *Meyhanes* präsentiert. Sie hat ihren Ursprung in der osmanischen Palastmusik, doch haben auch modernere Einflüsse Spuren hinterlassen. Meist begleiten Instrumente wie *kanun* (Zither), *darbuka* (Handtrommel), *tef* (Tamburin) oder *ud* (Laute) den Gesang. Eine der erfolgreichsten Interpretinnen dieser Musik ist **Bülent Ersoy** (geb. 1952). Die prallbusige, mit Nerzen und Glitterkleidung geschmückte Dame war bis 1979 ein Mann.

Popmusik: Türkpop vermischt traditionell-türkische Melodien mit modernen Einflüssen. Die Interpretenpalette reicht dabei von niveauvollen Songwriterinnen wie **Sezen Aksu** (die „Madonna vom Bosporus") über Hüftschwinger wie **Tarkan** (der „türkische Ricky Martin") bis hin zu Schnulziers wie **Mahsun Kırmızıgül** (jeder Vergleich wäre eine Beleidigung).

Arabeske Musik: Die arabeske Musik, die – wie der Name schon sagt – Einflüsse aus Arabien aufweist, hat die ausweglose Liebe zum Thema. Die singsangartigen, orientalisierenden Trauergesänge hört man für gewöhnlich im Fernsehkanal *TRTint* oder im Dolmuş. Als Idole gelten **İbrahim Tatlıses** (→ S. 865) und v. a. **Müslüm Gürses**, der aussieht wie „ein liebeskranker Dackel auf Entzug" (Wolfgang Koydl, Ex-*SZ*-Korrespondent in İstanbul). Seine Konzerte, bei denen das Publikum in kreischend-heulende Ekstase verfällt und sich dabei mit Rasierklingen Schnittwunden beibringt, sind berühmt-berüchtigt.

Bauchtanz: Der Bauchtanz gilt für viele Europäer als Inbegriff türkisch-orientalischer Sinneslust. Dabei hat diese Kunst in der Türkei bis heute etwas Anrüchiges, das man gerne anderen Kulturen in die Schuhe schiebt. So behaupten konservative Türken, die erotisierend-klimpernde Nabelschau stamme aus Ägypten, während die Araber davon überzeugt sind, die osmanischen Besatzer hätten den Tanz eingeschleppt. Zu sehen ist Bauchtanz heute in erster Linie als übertevertes Touristenspektakel.

Rock und Punk: Einprägsamen Gitarrensound liefern die Schrammlerin **Şebnem Ferah**, der Solist **Teoman** oder das Trio **Duman**. In die Grunge-Schublade kann man die Musik von **Mor ve Ötesi** einordnen, Psychedelisches hört man von **Baba Zula**. Die Punkrockband **Rashit** erinnert an die Ramones. Der Percussionist **Burhan Öçal** trommelte sich in den letzten Jahren in die internationale Worldmusicszene, und die Band **Orient Expressions** kombiniert anatolische Volkslieder mit Beats aus der Maschine. Für türkischen Ska steht schließlich **Athena**.

Elektronische Beats: Eine skurrile Mischung aus Ambient und traditioneller Sufi-Musik produziert der experimentierfreudige, in Montreal und in İstanbul lebende DJ **Arkın Allen**, der auch unter seinem Zweitnamen **Mercan Dede** bekannt ist. Hinter dem DJ-Pult bläst er nebenbei auch die *Ney*-Flöte oder lässt ein Roma-Kind singen. Gelegentlich tritt er zusammen mit der kurdischen Sängerin **Aynur** auf. Sie ist die erste Künstlerin, die je in einem türkischen Film ein kurdisches Volkslied gesungen hat. Auch mit dem Rapstar **Ceza** war Mercan Dede schon gemeinsam auf der Bühne zu sehen.

Was türkische Namen aussagen können

Stellen Sie sich vor, Ihr Metzger würde *Etyemez* („Er isst kein Fleisch") heißen oder der Getränkehändler ums Eck *Suiçmez* („Er trinkt kein Wasser"). In der Türkei kann das vorkommen. Die Fülle lustig-blumiger Familiennamen geht auf ein Gesetz von 1934 zurück. Im Zuge von Atatürks Reformen mussten sich nämlich die bis dato nachnamenlosen Türken einen solchen zulegen. Teils konnten sie den Namen selbst wählen, teils wurde ihnen einer zugewiesen. Manche trafen zum damaligen Zeitpunkt vielleicht eine passende Wahl, bedachten aber nicht, dass der Name an ihre Söhne und Töchter weitervererbt würde. Und so kann der Klavierspieler an der Hotelbar auch *Parmaksız* („Ohne Finger") heißen ...

Heute bleibt leider nur noch die Wahl der Vornamen übrig, aber auch diese stehen den Nachnamen an Einfallsreichtum kaum nach: Der Freude über die Geburt des ersten Kindes wird z. B. gerne mit Namen wie *Devletgeldi* („Das Glück ist gekommen") oder *Gündoğu* („Die Sonne ist aufgegangen") Ausdruck verliehen. Wem die Familie irgendwann aber zu groß ist, hofft, mit Namen wie *Yeter* („Es reicht") oder *Dursun* („Es soll aufhören") den Kindersegen stoppen zu können – relativ egal, ob gerade ein Männlein oder ein Weiblein das Licht der Welt erblickt hat.

Notrufnummern → Telefonieren, S. 73.

Öffnungszeiten

Der islamische Ruhetag ist der Freitag, der gesetzliche Ruhetag in der Türkei seit Atatürks Reformen jedoch der Sonntag.

Banken: → Geld und Geldwechsel, S. 55.

Behörden: Mo–Fr 8.30–12 und 13–17.30 Uhr, Sa/So geschl.

Geschäfte: Für den Einzelhandel gibt es keine einheitlichen Öffnungszeiten, die meisten Geschäfte sind jedoch Mo–Sa von 9–19 Uhr geöffnet. Kleinere Lebensmittelläden haben oft bis spät in die Nacht offen.

In den großen Shoppingmalls und Touristenzentren ist jeder Tag ein Verkaufstag.

Post: s. u.

Museen: In der Regel Mo geschl. Exakte Angaben im Reiseteil.

Restaurants: Generell tägl. ab 11 Uhr bis mind. 23 Uhr geöffnet. Kleine *Lokantas* schließen oft schon am frühen Abend.

Polizei

Die türkische Polizei ist überall präsent. So schlecht, wie sie bezahlt ist, so schlecht ist sie meist auch gelaunt. Gegenüber Touristen verhält sie sich jedoch i. d. R. nicht nur korrekt, sondern auch hilfsbereit und zuvorkommend. Falls Sie nach dem Weg fragen wollen, sprechen Sie ruhig eine Streife an. Ferner sorgt die **Jandarma**, eine militärische Einheit in grünen Uniformen, für Ordnung und Sicherheit. Notruf: 155.

Post

Postämter (*PTT* für „Posta, Telefon, Telegraf", i. d. R. Mo–Fr 8–12 und 13–17 Uhr; in größeren Städten und in manchen Touristenzentren auch Sa/So bis spät in die Nacht) sind in den Stadtplänen im Reiseteil verzeichnet. Bis eine Postkarte in der Heimat angekommen ist, vergeht ungefähr eine Woche. Briefe bis 20 g und Luftpostansichtskarten kosten nach Deutschland, Österreich und in die Schweiz einheitlich 0,80 €. Telefonieren →S. 73.

Preise

Im Vergleich zu Deutschland, Österreich und der Schweiz ist die Türkei immer noch ein günstiges Reiseland, auch wenn die Preise in den letzten Jahren kräftig angezogen haben und in den internationalen Ferienorten weit über dem Landesdurchschnitt liegen. Selbstverständlich korrelieren die Kosten einer Reise mit den Ansprüchen des Urlaubers, das breit gefächerte Angebot an touristischen Leistungen hält aber für fast jeden Geldbeutel etwas parat. Wer mit einem Minimum an Komfort zufrieden ist, benötigt pro Tag – Übernachtung inklusive – keine 40 €.

Preisschwankungen: Die im Buch angegebenen Preise entsprechen dem Stand der letzten Recherche. Diese können sich von den Preisen, die Sie vor Ort erfahren, erheblich unterscheiden. Das hängt zum einen mit extremen Wechselkursschwankungen zusammen (der Wechselkurs für einen Euro schwankte 2011 zwischen 2,04 und 2,59 TL), zum anderen auch damit, dass in der Türkei die Preise vielfach nicht linear zur Inflationsrate angepasst werden, sondern nach einer längeren stabilen Preisetappe um einen umso größeren Schritt.

> **Was kostet was?** Cola vom Kiosk ca. 0,75 €, Bier im Restaurant ab ca. 2 €, Päckchen Zigaretten 2–3,50 €, 1 l Benzin bleifrei ca. 1,95 €, Mittagessen ohne Getränk ab 4 €, Flasche Wein im Laden ab 4 €, Döner ab 1 € (Huhn) bzw. 2 € (Lamm), Glas Tee ab 0,30 €, Doppelzimmer ab 20 € (NS) bzw. 30 € (HS).

Reisepapiere

Für Deutsche und Schweizer genügt bei der Einreise auf dem Luftweg der Personalausweis bzw. die Identitätskarte. Empfehlenswert ist dennoch die Mitnahme des Reisepasses, da manche Beamte (z. B. bei Verkehrskontrollen) darüber nicht informiert sind. Österreicher brauchen einen Reisepass und ein Visum, das man an der Grenze bzw. am Flughafen zum Preis von ca. 15 € erhält. Türkische Staatsangehörige dürfen mit einem von deutschen, österreichischen oder Schweizer Behörden ausgestellten Reisedokument nicht einreisen. Alle, die länger als drei Mo<nate am Stück im Land verweilen möchten, benötigen in jedem Fall ein Visum. Führen Sie Ihren Ausweis stets bei sich!
Einreise mit Haustieren: → Haustiere, S. 56 – **Einreise mit dem Fahrzeug:** → S. 24.

Schwule und Lesben

Homosexualität ist in der Türkei verpönt, ein Outing führt zu gnadenloser Diskriminierung. Die türkische Familienministerin Selma Aliye Kavaf bezeichnete

Homosexualität Anfang 2010 noch als „eine Krankheit, die behandelt werden müsse". Homosexualität wird auch als einer der ganz wenigen Gründe akzeptiert, sich vom Militärdienst befreien zu lassen. Einer Umfrage nach haben schon 37 % der türkischen Homosexuellen Gewalt erfahren, 89 % der Transsexuellen! Ausweichen können türkische Schwule und Lesben lediglich in die Anonymität der Millionenstadt İstanbul. Dort findet sich eine Vielfalt an Clubs und Kneipen, die europaweit ihresgleichen suchen kann.

Über die türkische Schwulen- und Lesbenszene informiert u. a. www.kaosgl.org, die Seite der gleichnamigen, schwullesbischen Organisation aus Ankara (z. T. auch in Deutsch). Eine an Lesben gerichtete Agentur, die u. a. Reisen nach Antalya anbietet, ist www.lila-reisen.de. Auch die schwullesbische İstanbuler Reiseagentur **Pride Travel** (www.turkey-gay-travel.com) offeriert Trips an die Riviera und nach Kappadokien.

Sicherheit

In den letzten Jahren kam es immer wieder zu Bombenanschlägen in der Türkei, v. a. in Ankara und İstanbul, nicht verschont blieb auch die Mittelmeerküste. Dahinter steckten mal Terrorzellen, die Verbindungen zu Al-Qaida haben sollen, meist aber PKK-Terroristen bzw. deren Sympathisanten. Auch zukünftig sind Terroranschläge nicht auszuschließen. Im Südosten des Landes, im türkisch-irakischen Grenzgebiet und in der Provinz Tunceli kam es zuletzt ebenfalls immer wieder zu Kämpfen zwischen dem türkischen Militär und der PKK. Beachten Sie die Reise- und Sicherheitshinweise der Außenministerien (www.auswaertiges-amt.de, www.eda.admin.ch, www.bmaa.gv.at).

Sport

Bergsteigen: Die beliebtesten Gipfel sind der *Ararat* (5137 m, → Umgebung von Doğubayazıt), der *Süphan Dağı* (4058 m, → Adilcevaz), der *Erciyes Dağı* (3916 m, → Umgebung von Kayseri), der *Kaçkar Dağı* (3932 m, → Kaçkar-Gebirge und Yusufeli) und die über 3500 m ansteigenden Gipfel der Aladağlar. Für viele hochalpine Touren ist ein Bergführer (Ansprechpartner im Reiseteil) angeraten, für die Besteigung des Ararat Pflicht! Sämtliche Gipfelstürme lassen sich nur in den Sommermonaten unternehmen.

Golf: Spielt man in der Türkei nirgendwo besser als rund um Belek. Diverse Reiseveranstalter bieten in der NS (in Belek ist dies der Sommer) gute Packageangebote, bei denen man im Vergleich zu einer individuellen Buchung vor Ort viel Geld sparen kann. Weitere Informationen s. dort.

Kajak/Rafting: An der Türkischen Riviera haben diverse Tourenveranstalter das Paddelerlebnis im Programm. Entsprechende Möglichkeiten bieten der Köprü-Fluss zwischen Antalya und Side und der Alara-Fluss zwischen Side und Alanya. Das türkische Eldorado für Kanuten ist jedoch Yusufeli in Nordostanatolien. Weitere Informationen s. dort.

Paragliding: Zentren der Flieger sind der *Baba Dağı* (über 1900 m) über der Lagune von Ölüdeniz sowie der *Asaz Dağı* (ca. 1000 m) bei Kaş. Für weitere Informationen s. dort.

Radfahren: → Unterwegs in der Türkei/Weitere Verkehrsmittel, S. 33.

Reiten: In der Nähe großer Touristenzentren liegen oft Reiterhöfe, die Ausritte ins Hinterland anbieten; auch über Tourenveranstalter vor Ort buchbar.

Segeln: → Unterwegs in der Türkei/Unter Segel, S. 33. Anbieter → Reiseteil.

Skifahren: Die Türkei besitzt mehrere Skigebiete, doch des Wintersports wegen reist kaum ein Ausländer an. Die Skiressorts sind über das ganze Land verteilt, die bedeutendsten finden Sie am *Uludağ*

Eines der besten türkischen Surfreviere: Alaçatı-Bucht bei Çeşme

(2543 m, → Umgebung von Bursa), am *Köroğlu Dağı* (2400 m, → Umgebung von Bolu), am *Palandöken* (3176 m, → Umgebung von Erzurum) und am *Erciyes Dağı* (3916 m, → Umgebung von Kayseri). Des Weiteren können Sie Ski fahren am *Ilgaz Dağı* (2587 m, → Umgebung von Kastamonu), in *Sarıkamış* (2634 m, → Kars) und in *Saklıkent* (2547 m, → Umgebung von Antalya). Neue Skiresorts sollen in den Provinzen Hakkari und Tunceli entstehen.

Surfen: Cracks fahren an die Ägäis, z. B. auf die Çeşme-Halbinsel oder nach Bodrum. Für weitere Informationen s. dort.

Tauchen: Nahezu an allen Küstenabschnitten des Mittelmeers darf getaucht werden. Das Auflesen und die Mitnahme historischer bzw. antiker Gegenstände und die Unterwasserjagd sind strengstens verboten! Tagesausfahrt mit 2 Bootstauchgängen 50–80 €, PADI-Anfängerkurs rund 300 €.

Sonstiger Wassersport: In den internationalen Touristenorten an der Küste werden diverse Fun-Sportarten auf dem Wasser angeboten, z. B. Jet- o. Wasserski (15 Min. ca. 25–35 €), Bananaboat (15 Min. ca. 10 €), Parasailing (Gleitschirmfliegen übers Wasser, 10 Min. ca. 35 €) usw.

Tennis: Viele größere Hotelanlagen verfügen über Tennisplätze, auf denen auch Nichtgäste gegen ein Entgelt spielen können.

Trekking/Wandern: → Kasten. Wer die Mittelmeerküste per pedes erkunden will, ist in Lykien am besten aufgehoben, aber auch die Gegend rund um den Bafa-See mit bizarren Felsformationen lädt zu ausgedehnten Touren ein. Für die Mittelmeerküste und die Tufflandschaft Kappadokiens, die man schöner als zu Fuß gar nicht erkunden kann, gilt jedoch, dass Wanderungen temperaturbedingt nur im Frühjahr und Herbst zu empfehlen sind. Im Hochsommer hingegen laden im Hinterland der Schwarzmeerküste das Pontische und das Kaçkar-Gebirge zu Bergtouren ein (Tourentipps im Reiseteil). Für viele Touren ist jedoch ein Führer vonnöten, denn markierte Routen gibt es nur wenige, und exakte topografische Karten sind nicht erhältlich. Frauen sollten niemals alleine wandern. Vor Hunden brauchen Sie unterwegs keine Angst zu haben, wirklich gemeine Köter am Wegesrand sind selten – wohl aber gibt es Hütehunde mit ausgeprägtem Beschützerinstinkt. In diesen Fällen tut ein *Dog Chaser* (→ Fahrrad) gute Dienste. Auch die meisten Schlangen sind harmlos und flüchten, wenn sich ein Mensch nähert, es gibt aber auch Vipern und die Taurische Bergotter, deren Biss gefährlich werden kann. Im Unglücksfall sollten Sie die Schlange, falls Sie sie nicht identifizieren können, töten (leichter gesagt als getan) und zum Arzt mitnehmen. Skorpionstiche sind dagegen zwar schmerzhaft, aber i. d. R. nicht lebensgefährlich. Um Bienenkörbe sollte man stets einen großen Bogen machen. Schützen Sie sich ferner vor Zeckenbissen (→ Schutzimpfungen, S. 45).

Lycian Way und St Paul Trail – die bekanntesten Fernwanderwege der Türkei

Der 509 km lange Fernwanderweg *Lycian Way* (türk. *Likya Yolu*) führt von Fethiye (Ölüdeniz) entlang der Küste und durch das schroffe Taurusgebirge bis in die Nähe von Antalya. Die englische *Sunday Times* erklärte ihn zu einem der schönsten Wanderwege der Welt. Unterwegs passiert man etliche antike Stätten und herrliche Buchten. Rund fünf Wochen sollte man für die Tour als Ganze einplanen – und ein paar Monate Training davor. Damit aber nicht der komplette Jahresurlaub dafür in Anspruch genommen werden muss, können Sie auch einzelne Abschnitte des Weges gehen, z. B. von Kalkan nach Patara. Halten Sie für den Einstieg in den lykischen Wanderweg entlang der Küste einfach nach den gelben Wegweisern mit der Aufschrift „Likya Yolu" Ausschau. Der Wegverlauf ist durchgehend weiß-rot markiert, ein rotes Kreuz bedeutet „falscher Weg". Wer sich die gesamte Wandertour zum Ziel setzt, dem sei folgende Literatur empfohlen: *Kate Clow und Terry Richardson: Der lykische Pfad. Der erste Fernwanderweg der Türkei*, Upcountry 2005. Das gleiche Paar markierte auch den ebenfalls rund 500 km langen Fernwanderweg *St Paul Trail*. Er führt von Perge und Aspendos an der Türkischen Riviera auf zwei verschiedenen Routen nach Adada, einer kleineren antiken Stätte im Landesinneren, ca. 70 km hinter der Küste. Dort treffen sich beide Wege und verlaufen fortan gemeinsam über Eğirdir im westanatolischen Seengebiet zur Ruinenstätte Antiochia in Pisidien beim Landstädtchen Yalvaç. Die Trekkingtour ist ein landschaftlicher Traum, aber auch überaus anstrengend, da man nahezu auf Meereshöhe startet und den Taurus überwinden muss. Doch keine Sorge, der Apostel Paulus hat die Strecke auf seinen Missionsreisen schließlich auch geschafft. Am Stück dauert auch diese Tour rund fünf Wochen. Unterkünfte sind auf der Strecke rar, ein Zelt ist vonnöten. Beste Zeit ist das Frühjahr. Im Sommer ist es zu heiß, im Herbst sind viele Quellen versiegt und man muss zusätzlich literweise Wasser schleppen. Detaillierte Infos zur Route (in Englisch) liefert das von Kate Clow und Terry Richardson 2004 im Upcountry-Verlag erschienene Handbuch *St Paul Trail*.

Über die beiden Fernwanderwege informiert auch die Internetseite www.trekkinginturkey.com. Zugleich stellt die Seite neue und teils noch in der Entwicklungsphase befindliche (Fern-)Wanderwege vor. Dazu gehören der 2011 eröffnete **Hitit Yolu** (→ Hattuşa, S. 724); der **Phrygian Way** (400 km langer Wanderweg durch das Herzland Phrygiens; 2011 markiert; das Buch dazu soll bald erscheinen; → S. 658) oder der **Abraham Path**, der in Zukunft von Şanlıurfa nach Mekka führen soll.

Telefonieren

Internationale Vorwahlnummern: nach Deutschland ✆ 0049, nach Österreich ✆ 0043, in die Schweiz ✆ 0041. Danach wählt man die Ortskennzahl ohne die Null am Anfang, dann die Rufnummer.

Wer in die Türkei telefonieren möchte, wählt ✆ 0090 als Landesvorwahl und lässt die Null der Regionalvorwahlnummer weg.

Notrufnummern

Polizei: ✆ 155; Verkehrspolizei: ✆ 154; Ambulanz: ✆ 112; Feuerwehr: ✆ 110

Telefonkarten (telefon kartı) für öffentliche Kartentelefone gibt es in Postämtern, Geschäften und an Kiosken. Wer mit einer solchen ins Ausland telefonieren will, kauft am besten eine *Arakart* (100 Einheiten reichen z. B. für ein ca. 18-minütiges Gespräch nach Deutschland und kosten rund 3 €).

Mobiltelefon: Nahezu überall guter Empfang.

Prepaid SIM Card: Für Vieltelefonierer und Längerbleiber lohnt der Kauf einer *Prepaid SIM Card (hazır kart)* vor Ort (gibt es ab rund 10 € Gesprächsguthaben) und dazu eines türkischen Mobiltelefons (egal ob gebraucht oder neu, gibt es an jeder Ecke).

Wo Körper und Seele ein Bad nehmen – Erholung im Hamam

In den Hamams, so sagt man, sei die osmanische Vergangenheit noch lebendig. Wer eines der historischen Dampfbäder besucht, glaubt in eine andere Welt einzutauchen. Man spürt die Schwere der heißnassen Luft, atmet den Geruch von Seife, vernimmt das Geplätscher des Wassers und taucht ein in das geheimnisvolle Licht, das sich in den glänzend nackten Körpern spiegelt, die auf den marmornen Steinen liegen.

Ein Hamam ist in drei Bereiche gegliedert. Den *camekân*, den Eingangsbereich, schmückt meist ein ausladender Brunnen. Drum herum befinden sich die Rezeption und die Umkleidekabinen. *Soğukluk* heißt der Durchgang in den Schwitzbereich und Hauptteil des Hamams, den *hararet*. Die große, von unten erwärmte Marmorplattform in der Mitte nennt sich *göbek taşı*, Nabelstein. Auf ihn legt man sich zum Schwitzen und zur Massage. Davor werden Sie mit einem rauen Lappen kräftig abgerieben, *kese* heißt diese Prozedur. Bei den Frauen verrichten die Massage i. d. R. schwergewichtige Masseurinnen, bei den Männern drahtig-muskulöse Meister ihres Faches. Auch wenn Sie malträtiert werden wie ein Wiener Schnitzel vorm Panieren – hinterher fühlen Sie sich gut und entspannt.

Die meisten Hamams besitzen separate Abteilungen für Männer *(erkekler)* und Frauen *(kadınlar)*. Bei kleineren Bädern baden die Geschlechter zu unterschiedlichen Zeiten oder an unterschiedlichen Tagen. In touristischen Zentren ist meist auch ein gemeinsames Bad möglich. Männer tragen ein Tuch um die Lenden, Frauen baden nackt. Handtücher braucht man nirgendwo mitzubringen.

Leider ist die Hamamkultur in der Türkei im Niedergang begriffen. Die Zeiten, als die Hamams noch „Badeanstalten" für die breite Gesellschaft waren, sind passé. Viele junge Türken haben noch nie einen Hamam besucht. Wer noch ins traditionelle Badehaus geht, gehört nicht selten zu den sozial Schwachen. Lediglich in konservativen Gegenden dienen die Hamams noch als Treffpunkte der sonst fast ausschließlich ans Haus gebundenen Frauen. Anders der Sachverhalt in den berühmten Hamams İstanbuls oder der Ferienorte: Bei Touristen stehen Hamambesuche hoch im Kurs. Dort kostet der Eintritt i. d. R. zwar das Drei- bis Fünffache, dafür ist auch Geld für Pflege und Restaurierung vorhanden.

Dadurch entfallen die Kosten, die sonst entstehen, falls man angerufen wird. Türkische SIM-Karten funktionieren in Mobiltelefonen, die aus dem Ausland mitgebracht werden, nur für kurze Zeit. Theoretisch kann man zwar sein mitgebrachtes Handy bei Turkcell-Extra-Filialen frei schalten lassen, in der Praxis sieht der Sachverhalt jedoch anders aus.

Toiletten

Männer finden das stille Örtchen hinter Türen mit der Aufschrift *Bay*, **Frauen** achten auf *Bayan*. In Touristenzentren haben die Toiletten i. d. R. mitteleuropäischen Standard, abseits der Urlaubsorte ist das Stehklo noch weit verbreitet. Papier gibt es auf diesen stillen Örtchen nur selten; ein eigener kleiner Vorrat ist daher dringend angeraten. Steht in der Toilette ein kleiner Eimer, dann werfen Sie das Papier dort hinein und spülen es bitte nicht runter. Die zu dünnen Abwasserrohre verstopfen schnell, zudem verzögert das Toilettenpapier in den Sickergruben den Zersetzungsvorgang.

Hinweis: Wenn Sie das dringende Bedürfnis bei einer Stadtbesichtigung ereilt – Toiletten finden Sie immer bei einer Moschee.

Verständigung

In den Touristenzentren an der Küste kommt man mit Englisch oder Deutsch recht gut zurecht. Viele türkische Arbeiter haben im deutschsprachigen Ausland ihr Geld verdient, selbst in den entlegensten Ortschaften wohnt jemand, der im Notfall bei Verständigungsproblemen zu Hilfe gerufen werden kann.

Sprachschulen: Eine der renommiertesten des Landes ist TÖMER, das Sprachlehrinstitut der Universität Ankara mit Ablegern u. a. in İstanbul und İzmir, Infos unter www.tomer.ankara.edu.tr.

Wasserpfeife

Zu Beginn des 17. Jh. kam die Wasserpfeife *(nargile)* von Persien nach Kleinasien. Anfangs wurde sie von den Herrschenden jedoch nicht immer gern gesehen, Sultan Murat IV. (1623–1640) verhängte gar die Todesstrafe auf das Rauchvergnügen. Erst im späten 19. und frühen 20. Jh. wurde die Wasserpfeife zum Statussymbol der türkischen Highsociety und war vornehmlich bei Frauen beliebt. In republikanischer Zeit verlor sie wieder an Popularität, die Wasserpfeife galt in der Türkei Atatürks als Zeichen bäuerlicher Rückständigkeit. Ein Comeback erlebt sie seit einigen Jahren. Doch nur wenige Türken rauchen sie heute noch mit *tömbeki*, einem extrem starken Wasserpfeifentabak. Bevorzugt werden Apfelschalen, die durch ein Holzkohlestückchen am Glühen gehalten werden und die Luft mit jenem süßen Duft erfüllen, der so typisch für Nargile-Cafés ist.

Zeit

Gegenüber der Mitteleuropäischen Zeit (MEZ) besteht eine Stunde Unterschied; bei Ihrer Ankunft müssen Sie die Uhr eine Stunde vorstellen, egal ob im Sommer oder Winter (12 Uhr Frankfurt = 13 Uhr İzmir)! Da das gesamte Land mit einer Ost-West-Achse von 1570 km einer Zeitzone angehört, geht im Osten der Türkei die Sonne erheblich früher auf als im Westen, dort wird es aber auch viel früher dunkel.

Mosaik in der Chora-Kirche, İstanbul

Geschichte im Abriss

ab 150.000 v. Chr. Höhlenfunde wie z. B. aus der Karain-Höhle nahe Antalya bezeugen, dass nomadisierende Jäger und Sammler bereits im Paläolithikum die türkische Mittelmeerküste durchstreiften. Am Ende der Altsteinzeit werden die ersten Tempelanlagen (wie z. B. Göbekli Tepe nahe Şanlıurfa) erschaffen.

8000–5500 v. Chr. Während des Neolithikums entstehen im Landesinneren erste stadtähnliche Siedlungen. Für den Bau von Behausungen wird Lehm verwendet, damit einhergehend entwickelt sich die Töpferei. Da die Siedlungsstätten z. T. mehr als 1000 Jahre ohne Unterbrechung bestehen, türmen sich im Laufe der Zeit sog. *Hüyüks* (auch: *Höyüks*) auf: Kulturschutthügel aus mehreren Siedlungsschichten, da auf alten, eingestürzten Behausungen immer wieder neue errichtet wurden. Der berühmteste – da als einer der ersten erforscht – Kulturschutthügel ist Çatalhüyük in der Konya-Ebene. Hier fanden Archäologen u. a. Kleinplastiken wie schwerbrüstige Göttinnen als Symbole der Fruchtbarkeit. Zusammen mit dem noch älteren Çayönü (zwischen Elazığ und Diayrbakır) gehört Çatalhüyük zu den ältesten „Städten" der Welt. Mit der Sesshaftwerdung beginnen auch Ackerbau und Viehzucht.

5500–3200 v. Chr. Chalkolithikum (Kupfersteinzeit). Feiner gearbeitete Töpferwaren und einfache Werkzeuge aus Kupfer brachten z. B. die Ausgrabungen von Hacılar (→ Burdur) zutage.

Geschichte 77

3200–2000 v. Chr. Frühe Bronzezeit. Die Spinnerei und Weberei breitet sich aus, zudem wird Schmuck aus Bronze gearbeitet. Gleichzeitig treten Händler aus Assur (am Tigris im heutigen Nordirak) mit den Kulturen Zentral- und Ostanatoliens in Kontakt und bringen die Schrift nach Anatolien. Spuren erster fester Siedlungen lassen sich nun auch an der Westküste, z. B. in Troja oder Alt-Smyrna (İzmir), nachweisen.

2000–1200 v. Chr. Mit dem Vordringen der Hethiter über den Kaukasus wird Zentralanatolien Teil des Althethitischen Reiches, aus dem später das Großhethitische Reich hervorgeht. Hattuşa (ca. 170 km östlich von Ankara) wird das Zentrum ihres Reiches, das sich über Kappadokien bis an die Südküste erstreckt. Die Hethiter hinterlassen u. a. Felsreliefs und viele Schriftzeugnisse (auf Tontafeln, auf Bronzeplatten und in Stein gemeißelt). Gleichzeitig dehnen die Mykener (frühe Griechen) ihr Herrschaftsgebiet über die Ägäis hinweg bis zum minoischen Kreta aus. Troja entwickelt sich infolgedessen zu einer mächtigen Handelsstadt. Ganz im Osten und Südosten der heutigen Türkei leben die Churriter, die später Richtung Mesopotamien abwandern (→ Şanlıurfa/Geschichte). An sie erinnert außer ihrem Namen kaum etwas.

um 1200 v. Chr. Die sog. Seevölker, über die nur wenig bekannt ist, fallen von Norden her über Thrakien nach Kleinasien ein. Darunter sind auch die Phryger (→ S. 659), die einen wesentlichen Anteil an der Zerstörung Trojas haben sollen. Sie beenden auch die Vormachtstellung der Hethiter und Mykener.

1200–700 v. Chr. Nach dem Untergang Trojas ziehen griechische Stämme von der Westküste unter Führung der Seher Mopsos, Kalchas und Amphilochos durch Kleinasien nach Pamphylien und gründen dort Städte wie Perge und Sillyon. Ein Teil dieser Völkerwanderung erreicht auch Kilikien. So überliefern es antike Quellen, die in der Wissenschaft allerdings umstritten sind.
Tatsache ist, dass sich ab dem 11. Jh. v. Chr. vermehrt griechische Kolonisten (Äolier, Ionier und Dorer) an den Küsten Kleinasiens niederlassen. Sie treten in Konkurrenz zu den heimischen Stämmen der Leleger, Karer, Phryger, Lykier, Lydier u. a. Bereits im 9. Jh. sind aus vielen dieser griechischen Siedlungen ansehnliche Hafenstädte geworden. Zur politisch und kulturell bedeutendsten steigt Milet auf, von wo gar Kolonisten losziehen und den Grundstein für rund 80 Küstenstädte am Schwarzen Meer legen.
In West- und Zentralanatolien nehmen nun die Phryger eine führende Stellung ein. Im 8. Jh. gründen sie ein Großreich und machen Gordion (100 km südwestlich von Ankara) zu ihrer Hauptstadt. Die Hethiter hingegen weichen in den Süden Anatoliens aus, insbesondere nach Kilikien, dort entstehen späthethitische Kleinkönigreiche.
Die Rolle der Phryger übernehmen in Ostanatolien die Urartäer. Ihnen gelingt es bereits im 9. Jh. v. Chr., ein mächtiges Reich zu gründen (→ Van/Geschichte). Mit den Phrygern leben sie weitestgehend in Frieden, nicht jedoch mit den Assyrern.

Geschichte

um 700 v. Chr. Aus den eurasischen Steppengebieten fällt das Reitervolk der Kimmerier ein und bringt das Phrygische Reich zu Fall. Noch 100 Jahre verbreiten die Kimmerier Angst und Schrecken, verantworten schließlich auch den Untergang des Reiches von Urartu und verschwinden daraufhin für immer aus der Geschichte.

690–550 v. Chr. Im Westen Kleinasiens treten die Lydier das Erbe des Phrygischen Reiches an. Zu ihrer Hauptstadt machen sie Sardes (90 km östlich von İzmir). Unter ihre Herrschaft gelangen auch weite Teile der Südküste. Im Osten treten die Meder die Nachfolge der Urartäer an und unterwerfen 614 die Assyrer. In den griechischen Küstenstädten blühen Kunst, Kultur und Wissenschaft.

ab 545 v. Chr. Unter Kyros dem Großen dringen die Perser (Nachfolger der Meder) bis nach Westanatolien vor und zerstören das Lydierreich. Immer wieder kommt es zu Aufständen gegen die Perser, nicht jedoch unter den Pamphyliern, sie unterstützen die persischen Expansionsgelüste. Zur Verwaltung Kleinasiens setzen die Perser Satrapen (Provinzregenten) ein.

ab 479 v. Chr. Die Perser ziehen sich von der Ägäisküste zurück. Vorübergehend können sich Stadt- und Kleinstaaten bilden.

334/333 v. Chr. Alexander der Große erobert Kleinasien. Damit beginnt die sog. Hellenistische Zeit, die bis zur römischen Kaiserzeit andauert und gewaltige Kulturleistungen hervorbringt.

ab 323 v. Chr. Nach Alexanders Tod zerfällt das Makedonische Reich. Seine Heerführer teilen es unter sich auf. Zu den bedeutendsten dieser Diadochenreiche zählen das der Ptolemäer (in Ägypten), zu dem auch Lykien und weite Teile der Südküste gehören, das der Attaliden (Pergamenisches Reich in Westanatolien, → Pergamon) und das der Seleukiden (das von Babylon ausgehend den größten Teil des Alexanderreiches umfasst). Letztere machen das heutige Antakya zu ihrer Hauptstadt.

ab 302 v. Chr. Aus dem Seleukidenreich lösen sich mehrere Reiche, u. a. Kappadokien und östlich davon Kommagene. Zwischen dem Seleukidenreich und Pergamon kommt es zu kriegerischen Auseinandersetzungen um die Städte Pamphyliens. Im 3. Jh. v. Chr. entsteht an der Schwarzmeerküste das Pontische (→ Geschichte Amasya) und in der Marmararegion das Bithynische Königreich (→ Geschichte İznik). Die bithynischen Könige bitten die Tektosagen, einen Gallierstamm, zu Hilfe gegen die Seleukiden. Die Gallier dringen schließlich bis nach Zentralanatolien vor und bedrohen von Ankyra (→ Geschichte Ankara) aus die umliegenden hellenistischen Königreiche.

190 v. Chr. Die Attaliden schlagen mit Unterstützung Roms und Rhódos' die Seleukiden in der Schlacht von Magnesia, dem heutigen Manisa in Westanatolien. Damit geht fast das gesamte Seleukidenreich im mit Rom verbündeten Pergamenischen Reich auf. Lediglich Lykien, das noch kurz vor der Schlacht von Manisa von den Seleukiden erobert worden war, fällt für rund zwei Jahrzehnte an Rhódos.

Geschichte

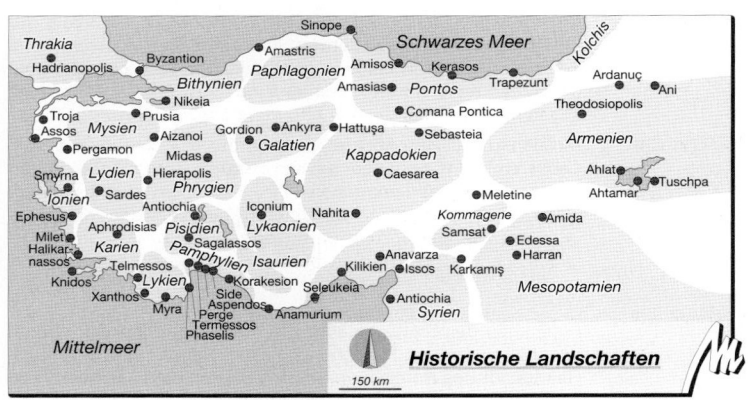

Historische Landschaften

ab 133 v. Chr.	Mit dem Tod Attalos' III. fällt Pergamon testamentarisch an Rom und wird erste Hauptstadt der Provinz „Asia". Mehrere Städte der Südküste interessieren sich für die Gesetze Roms jedoch wenig und frönen der Piraterie.
88–84 v. Chr.	Der pontische König Mithradates VI. Eupator mischt sich in römische Angelegenheiten ein (u. a. Anstiftung zur Revolte, → Ephesus), was zum Ersten Mithradatischen Krieg führt, dem noch zwei weitere folgen.
71 v. Chr.	Der römische Feldherr Lukullus verdrängt das Pontische Königreich von seinen Besitzungen an der Schwarzmeerküste.
67–63 v. Chr.	Der römische Feldherr Pompeius setzt der pamphylischen Piraterie ein Ende und gründet die römischen Provinzen Cilicia und Syria. An der Schwarzmeerküste erschafft er die römische Provinz Bithynia et Pontus.
47 v. Chr.	Das Ende des Pontischen Königreiches besiegelt Caesar mit einem berühmten Zitat (→ Zile).
42 v. Chr.	Mit der Ermordung Caesars (44 v. Chr.) steigt Mark Anton zum Imperator über den Osten des Römischen Reiches auf.
ab 31 v. Chr.	Mit dem Sieg Oktavians, des späteren Kaisers Augustus, über die Flotte Mark Antons in der Schlacht von Actium beginnt eine fast 250 Jahre währende Friedensepoche im Römischen Reich. Während der *Pax Romana* durchdringt die römische Kultur alle Städte Kleinasiens. Tempel, Prachtstraßen, Theater, Aquädukte usw. zeugen noch heute vom Glanz dieser Epoche.
18 n. Chr.	Unter Tiberius wird Cappadocia eine eigenständige Provinz im Römischen Reich.

Hintergrundinformationen zu den verschiedenen Völkern und Reichen finden Sie in speziellen Themenkästen oder in den Geschichtskapiteln zu den Städten und Ausgrabungsorten im Reiseteil.

Geschichte

38–72 n. Chr. Der römische Kaiser Caligula setzt Antiochus IV. als König der Kommagenen ein und überträgt ihm auch die Bewachung und Verwaltung eines kleinen Abschnitts der Südküste. Nach dem Kommagenischen Krieg wird Kommagene jedoch wieder Teil der römischen Provinz Syria.

45–60 n. Chr. Missionsreisen des Apostels Paulus, der u. a. in Tarsus und in Caesarea, dem heutigen Kayseri, Station macht. Die ersten Christengemeinden entstehen.

115–117 Das römische Imperium erreicht mit der Eingliederung Mesopotamiens seine größte Ausdehnung gen Osten.

um 290 In Patara wird ein Kind geboren, das später als der Hl. Nikolaus weltberühmt wird.

330 Konstantin der Große ernennt das ehemalige Byzantion (heute İstanbul) unter dem Namen *Nea Roma* (Neues Rom) zur neuen Hauptstadt des Römischen Reiches. Schon bald nach dem Tod des Kaisers setzt sich der Name Konstantinopel durch.

380 Das Christentum wird Staatsreligion, zehn Jahre später werden alle heidnischen Kulte verboten.

395 Endgültige Teilung des Imperiums in West- und Oströmisches Reich. Letzteres, später Byzantinisches Reich genannt, wird Kerngebiet des Christentums mit römischem Recht und griechischer Sprache.

527–565 Unter Kaiser Justinian I. erreicht das Oströmische Reich seine größte Ausdehnung und Blüte. Es erstreckt sich von Süditalien über die Balkanhalbinsel und ganz Kleinasien bis zum Rand des iranischen Hochlands. Jegliche Bautätigkeit konzentriert sich auf Konstantinopel. Die Küstenstädte spielen fortan eine untergeordnete Rolle.

622 Mit der *Hedschra*, Mohammeds Flucht nach Medina, beginnt das erste Jahr islamischer Zeitrechnung.

ab 636 Der Osten des Byzantinischen Reiches wird von den Arabern erobert. Angeleitet von syrischen Seeleuten wagen sich die Wüstensöhne aufs Meer und plündern mit ihren Flotten die byzantinischen Küstenstädte. Zum Schutz werden Festungen verstärkt oder neu errichtet – nicht selten muss dafür antikes Baumaterial herhalten.

726–843 Im Zuge des sog. Ikonoklasmus' („Bilderstreit") wird unter Leo III. (717–741) die bildliche Darstellung von Christus, den Aposteln und Heiligen als Sünde angesehen, und die Verehrung von Heiligenfiguren verboten. Alle Ikonen werden aus den Kirchen entfernt, unzählige Kunstwerke zerstört. Über 100 Jahre währt der Bilderstreit, der zu Spaltungen innerhalb der orthodoxen Kirche und zu einer Schwächung des Reiches durch innere Aufstände führt. Erst Mitte des 9. Jh. findet die kulturelle Stagnation ihr Ende, und die Kirchen werden neu ausgeschmückt.

855 Im Osten des Reiches entsteht unter Billigung des byzantinischen Kaisers und des Kalifen von Bagdad ein Armenisches Reich, es überdauert rund zwei Jahrhunderte.

Geschichte 81

1014	Eine der letzten großen erfolgreichen Schlachten des Byzantinischen Reiches führt Basileios II. (976–1025) gegen die Bulgaren. 15.000 Bulgaren nimmt er gefangen, und fast alle lässt er blenden. Nur jeder Hundertste behält sein Augenlicht – um die geschlagene Armee zurück ins Zarenreich führen zu können. Damit ist der Gipfel der Macht des Reiches überschritten und ein siechender Zerfall setzt ein.
ab 1045	Das Byzantinische Reich wird im Osten von den Seldschuken, einem Turkmenenstamm aus der kirgisischen Steppe, bedroht. Aus Angst vor ihnen flüchten viele Armenier nach Kilikien und gründen dort einen von Byzanz unabhängigen Herrschaftsbereich: Kleinarmenien.
1054	Bruch zwischen der römisch-katholischen und der griechisch-orthodoxen Kirche.
ab 1071	Die Seldschuken schlagen die Truppen von Byzanz in der Schlacht von Manzikert und dringen nach Zentralanatolien vor. Da sie in ehemals römisches Terrain einfallen, nennt man sie auch *Rumseldschuken*, „Römische Seldschuken" im Gegensatz zu den iranischen Großseldschuken. Sie bringen den Islam mit, machen Konya zu ihrer Hauptstadt und versetzen den noch verbliebenen Rest des Byzantinischen Reiches in Angst und Schrecken.
ab 1096	Hilfe für Byzanz kommt aus dem Abendland, das in der Folgezeit Kreuzzüge unternimmt, um die verlorenen heiligen Stätten von islamischer Herrschaft zu befreien. Beim dritten Kreuzzug ertrinkt der Stauferkaiser Friedrich I. Barbarossa 1190 im Göksu bei Silifke. Die Berichte und Aufzeichnungen der zurückkehrenden Kreuzfahrer haben Einfluss auf die gotische Baukunst, die seldschukische Elemente übernimmt (man denke nur an Kirchenportale).
ab 1204	Der 4. Kreuzzug richtet sich gegen Konstantinopel selbst, und zwar mit der Absicht, den römisch-katholischen Glauben wiederzubeleben. Nach der Einnahme der Stadt etablieren die Ritter dort das Lateinische (katholische) Kaiserreich. Die griechischen Byzantiner ziehen sich nach Nikaia (İznik) zurück. Die Söhne des letzten byzantinischen Kaisers fliehen nach Trapezunt (heute Trabzon). Von diesen ernennt sich Alexios I. Megas Komnenos zum Kaiser und begründet damit eine Dynastie, die für rund zwei Jahrhunderte über das Großkomnenische Reich (rund um Trabzon, → Geschichte Trabzon) regiert. Das Reich ist den Seldschuken, später den Mongolen und dann den Osmanen tributpflichtig.
1226	Die Seldschuken erobern weite Teile der Küstenregion. Venezianer und Genueser erhalten in der Folgezeit die Erlaubnis, Handelsniederlassungen zu errichten.
ab 1243	Das Seldschukenreich zerfällt unter dem Ansturm der Mongolen. An seine Stelle treten in Anatolien mehrere kleine Fürstentümer turkmenischer Dynastien, sog. *Beyliks*. Der letzte Seldschukenherrscher Alaeddin III. wird 1307 von den Mongolen in Konya getötet.

Gleichzeitig entwickelt sich Ägypten unter der Dynastie der Mameluken (ab 1249) zu einem der mächtigsten Staaten des Vorderen Orients. Die Mameluken erobern Syrien, zerstören 1268 Antiochia, das heutige Antakya, und dringen nach Südostanatolien und entlang der türkischen Südküste bis an die westliche Grenze Kilikiens vor. Später verlieren die Mameluken ihr Reich an die Osmanen.

1261 Von Nikaia aus, wo nun die oströmischen Schattenkaiser und Patriarchen residieren, gelingt es unter Michael VIII. Paläologos, die Lateiner wieder aus Konstantinopel zu vertreiben. Das Byzantinische Reich wird wieder hergestellt, allerdings in nun bescheidenen Ausmaßen, es umfasst nur mehr Teile Thrakiens, Makedonien und den Peloponnes.

ab 1309 Der Johanniterorden begründet auf Rhódos einen Ritterstaat, und lässt in den folgenden Jahren diverse Festungen in der Ägäis errichten, u. a. auch in Bodrum.

1326 Osman (1281–1326), Heerführer und Emir eines turkmenischen Stammes, erobert die westanatolische Stadt Bursa, die daher gerne als die Wiege des Osmanischen Reiches bezeichnet wird. Da der Osten von mongolischen Reiterheeren beherrscht wird, orientieren sich Osmans Nachfolger nach Norden und Westen.

ab 1354 Die Osmanen betreten erstmals europäischen Boden. Unter Beyazıt I. (1389–1402), der die Bulgaren und die Ungarn unterwirft und ein Kreuzritterheer bis in die Steiermark verfolgt, umschließt das Osmanische Reich schon Byzanz.

1368 Die Osmanen machen Edirne zur Hauptstadt ihres Reiches.

1402–1405 Timur Lenk (1336–1405), auch Tamerlan genannt, gibt ein kurzes und blutiges Gastspiel in Anatolien. Dem Aufstieg des Osmanischen Reiches tut dies aber keinen Abbruch.

1453 Die Osmanen erobern Konstantinopel und löschen damit das Byzantinische Reich von der Landkarte, das an seinem Ende aus nichts anderem mehr als seiner Hauptstadt bestanden hatte. Von nun an ist Konstantiniya Hauptstadt des Osmanischen Reiches, dessen Machtbereich in der Folgezeit beständig wächst. Keine 20 Jahre später ist die türkische Südküste eingenommen.

1517 Selim I. (1512–1520) erobert Syrien und Ägypten. Damit kommt das Kalifat an den Bosporus.

1520–1566 Süleyman I., genannt der Prächtige, erobert Bagdad, Belgrad, Rhódos, Ungarn, Georgien, Aserbaidschan und Gebiete Nordafrikas. 1529 wird Wien erstmals belagert. Er führt das Osmanische Reich an den Zenit seiner Macht – 75 Min. braucht nun die Sonne, um über dem Imperium unterzugehen. 72 Sprachen kennt das Vielvölkerreich.

ab 1683 Die Niederlage bei der zweiten Belagerung Wiens bedeutet das Ende der Expansion und läutet den allmählichen Niedergang des Reiches ein. Peu à peu schrumpft es in den nächsten Jahrhunderten zusammen, zudem flammen immer wieder innenpolitische Unruhen auf.

Das Sultanat der Frauen

Mit Süleyman dem Prächtigen (1520–1566) und seiner Hauptfrau Roxelane begann das sog. „Sultanat der Frauen", eine Umschreibung und Erklärung für den langsamen, über drei Jahrhunderte dauernden Niedergang des Osmanischen Reiches. Durch Intrigen und Anstiftung zum Mord brachte Roxelane ihren Sohn Selim II. (1566–1574) auf den Thron. Als „Selim der Säufer" ging er in die Geschichte ein. Noch bevor dieser beschwipst in der Badewanne ausrutschte und ertrank, verlor das Osmanische Reich seine Flotte. Fünf Söhne hatte Selim II., vier davon ließ seine Frau Nurbanu umbringen, damit ihr eigener Sprössling als Sultan Murat III. (1574–1595) den Thron besteigen konnte. Dieser zeigte sich, wie so viele Sultane, im Harem reger als in der Politik. Er brachte es auf über 100 Kinder, von denen allein seine Frau Safiye 19 ermorden ließ, damit ihr Sohn als Sultan Mehmet III. (1595–1603) den Thron ...

Die Geschichte der weiblichen Einflussnahme auf die Thronfolge könnte man ewig so weiterführen. Und die Tatsache, dass die angehenden Sultane verhätschelt und verwöhnt in der realitätsfernen Welt des Harems heranwuchsen, umschmeichelt von intriganten Höflingen, die nur ihre eigenen Interessen befriedigt sehen wollten, führte dazu, dass überwiegend unfähige Regenten nachkamen. Viele von ihnen waren nicht einmal stark genug, bis ans natürliche Ende ihres Lebens zu regieren. Schon vorher wurden sie erdrosselt, vergiftet oder wegen Geistesschwäche abgesetzt.

ab 1808	Unter Mahmut II. (1808–1839) erfolgen die ersten Versuche, das Reich schrittweise zu reformieren. Mit einem Massaker löst er z. B. die reformunwilligen Janitscharen (militärische Eliteeinheit) auf, die gegen alle fortschrittlichen Strömungen gekämpft hatten. Er verbietet auch den Turban und führt dafür den Fez ein.
ab 1829	Die Grenzen im Osten des Osmanischen Reiches wackeln, die Russen besetzen erstmals Erzurum.
ab 1839	Mit Abdül Mecit (1839–1861) und Abdül Aziz (1861–76) folgen weitere Reformen. Beide setzen ihre Hoffnungen auf die Wirtschaftskraft der nichtmuslimischen Minderheiten im Land, die sie fortan, zumindest auf dem Papier, gleichwertig an der osmanischen Gesellschaft partizipieren lassen. Diese Reformperiode nennt man *Tanzimat,* Neuordnung. Trotzdem geht es mit dem Osmanischen Reich wirtschaftlich weiter bergab – man spricht schon bald vom „Kranken Mann am Bosporus". Einer der Gründe dafür ist der verpasste Anschluss an die industrielle Revolution. Man wird abhängig von Importen und Waren, die man zuvor lange Zeit selbst gewinnträchtig exportiert hatte.
1853–1856	Krimkrieg. Das Osmanische Reich gewinnt mit Unterstützung der Westmächte (Großbritannien, Frankreich und Sardinien) weite Teile der von russischen Truppen besetzten Gebiete, darunter auch die Donaufürstentümer, zurück.
1875	Frankreich und England streichen die nach vielen kostspieligen Kriegen so notwendigen Kredite. Die Folge ist der Staatsbankrott.

Atatürk, Vater der Türken

Atatürks Konterfei grüßt in jedem Büro und Geschäft, schaut beim Essen im Restaurant zu, verabschiedet sich mit jeder Note beim Bezahlen – und legt den Einfallsreichtum der türkischen Bildhauer lahm, denn außer für Atatürk-Statuen werden nur selten öffentliche Aufträge vergeben. Kaum einem anderen Staatsmann wird posthum noch solch ein Personenkult zuteil. „Only one genious person grews up in every century, unfortunately in this century god gives this genious person to the Turks", musste selbst Winston Churchill zugeben.

Atatürk kam 1881 (genaues Datum unbekannt) im damals weltoffenen Saloniki (das heutige Thessaloniki) als Mustafa Kemal geheißener Sohn eines Zollbeamten und einer Bauersfrau zur Welt. Mit zwölf Jahren besuchte er die dortige Militärschule, mit 21 Jahren wechselte er auf die Militärakademie nach İstanbul. Nach seiner Ernennung zum Hauptmann im Generalstab (1905) schloss er sich den revolutionären „Jungtürken" an, einer nationalistischen, antifeudalistischen Gruppierung, die Sultan Abdül Hamit II. 1908 zum Abdanken zwang. Im Ersten Weltkrieg zeichnete sich Mustafa Kemal als entschlossener, mutiger Befehlshaber in den Dardanellen aus (→ Gallipoli). Nach dem verlorenen Krieg wurde er damit beauftragt, das Militär zu demobilisieren, aber genau das Gegenteil unternahm er: Mustafa Kemal organisierte den nationalen Befreiungskrieg und wurde 1923 zum ersten Präsidenten der Türkischen Republik gewählt. Er europäisierte den neuen Staat in einem gewaltigen Kraftakt und vertrat den Kurs einer strikten Trennung von Staat und Religion. Für den Staatsgründer war der Islam das größte Hindernis bei der Modernisierung des Landes („Der Politiker, der zum Regieren die Hilfe der Religion braucht, ist nichts anderes als ein Schwachkopf"). Für seine Verdienste verlieh ihm das Parlament 1934 den Namen Atatürk, „Vater der Türken".

So ruhmreich seine militärische und politische Laufbahn war, im privaten Leben sah es nicht so rosig aus. Das Glück der großen Liebe blieb ihm versagt. Nur kurz war er verheiratet, die Ehe ging in die Brüche – nicht zuletzt aufgrund seiner rastlosen Reisen durch das Land. Unglaublich, wie er dabei seine Siebensachen verlor: Die vielen liegen gebliebenen Hosenträger, Gamaschen oder Handtücher bilden heute den Fundus der unzähligen über das ganze Land verstreuten Atatürkmuseen. Um nicht kinderlos zu sein, adoptierte Atatürk mehrere bedürftige Mädchen, denen er zu einer Ausbildung verhalf. Seine berühmteste Tochter sollte Sabiha Gökçen werden, die erste türkische Pilotin, nach der auch İstanbuls zweiter Flughafen benannt ist. Halt im Leben fand Atatürk insbesondere beim Rakı, der aber seiner Leber nicht allzu gut bekam. Atatürk starb 1938 an Leberzirrhose in İstanbul: Sein letzter Wunsch waren frische Artischocken. Die Gebeine des „Vaters der Türken" ruhen heute im Atatürk-Mausoleum in Ankara.

ab 1877	Das *Tanzimat* endet mit einer neuen osmanischen Verfassung und der Schaffung eines Parlaments. Nur ein paar Monate tagt es, dann wird es von Abdül Hamit II. (1876–1909), einem Despoten, wieder aufgelöst. Er setzt antichristliche Ressentiments systematisch gegen die Armenier ein, es kommt zu mehreren Pogromen. Während der Regierungszeit von Abdül Hamit II. er-

Geschichte

	folgen aber auch der Anschluss İstanbuls an das Eisenbahnnetz Europas und der Bau der Bagdad-Bahn.
1908	Mit der Jungtürkischen Revolution erzwingen Offiziere die Abdankung von Sultan Abdül Hamit II. zugunsten seines Bruders. Die tatsächliche Macht liegt nun in den Händen des Militärs.
1912/13	In den Balkankriegen verliert das Osmanische Reich den größten Teil der ihm noch verbliebenen europäischen Gebiete.
1914–1918	Im Ersten Weltkrieg schlagen sich die Türken auf die Seite der Deutschen. Letztere schauen zum großen Teil zur Seite, als die jungtürkischen Nationalisten das Gros der armenischen Bevölkerung Anatoliens in die syrische Wüste schicken. Die Verfolgungen fordern geschätzte 1,5 Mio. Tote. Am Ende des verlorenen Krieges verteilen die Siegermächte die Beute: Griechische Truppen marschieren auf Ankara zu, Italien besetzt den Küstenstreifen um Antalya, Frankreich Kilikien, englische Truppen kontrollieren den Bosporus. Das Osmanische Reich besteht nur noch aus Inneranatolien.
1919/20	Der für das Osmanische Reich schikanöse Friedensvertrag von Sèvres wird zwar von İstanbul notgedrungen akzeptiert, nicht jedoch von den Nationalisten. In Ankara konstituiert sich die Große Nationalversammlung und setzt eine neue Regierung unter Mustafa Kemal (→ Kasten) ein. Dieser organisiert den militärischen Widerstand.
1921/22	Kemals Truppen schlagen die griechische Armee am Sakarya-Fluss, bald darauf am Dumlupınar-Pass (→ Afyon). Die Italiener und Franzosen ziehen freiwillig ab.
1923	Mit dem Vertrag von Lausanne erkennen die Alliierten die Unabhängigkeit und Souveränität der neuen Türkei an. In Ankara als neuer Hauptstadt proklamiert die Nationalversammlung die Republik und wählt Mustafa Kemal zum Staatspräsidenten. Noch im gleichen Jahr schlägt Völkerbundskommissar Fridtjof Nansen einen Bevölkerungsaustausch zwischen Griechen und Türken vor. Ankara stimmt sofort zu. Damit endet die dreitausendjährige Geschichte des kleinasiatischen Griechentums.
1924	Eine neue Verfassung tritt in Kraft, die u. a. die Trennung von Staat und Religion vorsieht. Das islamische Recht wird vom Schweizer Zivilrecht, italienischem Strafrecht und deutschem Handelsrecht abgelöst. Zu jener Zeit hatte die Türkei in etwa so viele Einwohner wie heute İstanbul.
1925–1938	Bis zu Atatürks Tod werden zahlreiche Reformen durchgeführt, um die Türkei zu europäisieren: Bildungs- und Schriftreform (Übergang zum lateinischen Alphabet), Einführung von Familiennamen, Umstellung des Ruhetags von Freitag auf Sonntag usw. Großen Anteil an der Reformpolitik hatten deutsche Wissenschaftler, die vor den Nazis geflohen waren (→ Kasten).
1945	Die Türkei erklärt Deutschland den Krieg. Im selben Jahr wird sie Gründungsmitglied der UNO.
1952	Die Türkei tritt der NATO bei.

Exilland Türkei

Während der Nazidiktatur suchten viele Juden in der Türkei Zuflucht, darunter Hunderte von Wissenschaftlern, die in Deutschland mit Arbeitsverboten belegt worden waren. Atatürk, der das Land nach westlichen Maßstäben reformieren wollte, waren sie willkommen. Unter den emigrierten Professoren befanden sich u. a. der Jurist Ernst Hirsch, der das türkische Handelsgesetzbuch und Urheberrecht verfasste (später Rektor der Freien Universität Berlin), der Soziologe Gerhard Kessler, der die erste Gewerkschaft des Landes ins Leben rief, Hans Wildbrandt, der das türkische Genossenschaftswesen aufbaute, Eduard Zuckmayer, der die Musikakademie von Ankara begründete, Carl Ebert, auf den die erste türkische Schauspiel- und Opernschule zurückgeht und und und ... An den Universitäten des Landes lehrten der Politiker und Städteplaner Ernst Reuter (späterer Bürgermeister von Berlin), der Ökonom Wilhelm Röbke, der Islamkundler Karl Süßheim, der Bildhauer Rudolf Belling, der Komponist Paul Hindemith, der Architekt Clemens Holzmeister und viele, viele mehr. Die türkischen Behörden stempelten das aus dem Deutschen entlehnte Wort „Haymatloz" in ihre Pässe. Heute ist im Gespräch, in İstanbul im ehemaligen Wohnhaus des Architekten Bruno Taut ein kleines Forschungszentrum einzurichten, das sich der deutschen Emigration in die Türkei widmen soll. Taut, der 1936 an die İstanbuler Akademie der Bildenden Künste berufen wurde, hatte zuvor in Berlin jene modernen Wohnblöcke geschaffen, die seit 2008 auf der UNESCO-Welterbeliste verzeichnet sind. In İstanbul entwarf er u. a. Universitätsgebäude, in Ankara sogar den Katafalk für Atatürk.

ab 1960	Mehrere Male greift das Militär korrigierend in die Politik des Landes ein. 1960 putschen kemalistische Offiziere und lassen den Ministerpräsidenten Adnan Menderes hinrichten. 1971 wird das Kabinett zum Rücktritt gezwungen. 1980 übernimmt abermals das Militär die Macht und löst das Parlament auf. Bis heute sieht sich das Militär als Hüter des Laizismus (Trennung von Religion und Staat) und als Verwalter von Atatürks geistigem Erbe. Es steht in klarer Gegnerschaft zu islamischen Fundamentalisten und linksradikalen Gruppierungen.
1974	Nach Jahren des Terrors griechischer Zyprer gegen die türkischen Inselbewohner und ihrem brutalen Kampf für einen Anschluss an Griechenland besetzen türkische Truppen den Norden Zyperns. Neun Jahre später wird die Türkische Republik Nordzypern ausgerufen.
ab 1984	In den südöstlichen Provinzen des Landes beginnen türkische Kurden gewaltsam einen eigenen Staat zu fordern. 15 Jahre lang kommt es immer wieder zu heftigen Kämpfen zwischen PKK-Rebellen und der türkischen Armee. 25.000–30.000 Menschen verlieren dabei ihr Leben. Mit der Verhaftung des PKK-Chefs Abdullah Öcalan 1999 entspannt sich die Lage. Ein Waffenstillstand wird vereinbart, den lediglich ein paar Scharmützel stören. 2004 kündigt die PKK den Waffenstillstand wieder auf. Seitdem meldet sie sich mit Terroranschlägen zurück. Die Stützpunkte der PKK-Kämpfer befinden sich im Nordirak. Bislang führte die türkische

	Armee dort nur kurze militärische Operationen durch, ein längerfristiger Einmarsch ist nicht ausgeschlossen.
ab 1995	Die islamistisch-fundamentalistische Wohlfahrtspartei Refah Partisi (RP) gewinnt die vorgezogenen Wahlen. Die Partei wird 1998 als verfassungsfeindlich verboten. Viele Mandatsträger wechseln in die neu gegründete Tugendpartei Fazilet Partisi (FP), die ihrerseits 2001 verboten wird. Als Auffangbecken dienen diesmal die Glückspartei Saadet Partisi (SP) und die heute regierende „Partei für Gerechtigkeit und Entwicklung" AKP.
1999	Am 17. August trifft ein schweres Erdbeben den Nordwesten der Türkei, mehr als 20.000 Menschen sterben.
ab 2002	Aus der Parlamentswahl geht die AKP als klarer Sieger hervor. Parteiführer Recep Tayyip Erdoğan, der schon die Moscheen als „unsere Kasernen", die Minarette als „unsere Bajonette" und die Demokratie als „nur einen Zug" bezeichnet hatte, „auf den wir aufsteigen, bis wir am Ziel sind", wird ein Jahr später Regierungschef. Zu Anfang lenkt Erdoğan den Zug gen Europa. Unter seiner Führung wird gegen den wirtschafts- und rechtspolitischen Reformstau vorgegangen. Gesetze werden im Akkord verabschiedet, um die Kopenhagener Kriterien zu erfüllen, welche die EU-Beitrittsverhandlungen ermöglichen.
ab 2005	Die EU-Beitrittsverhandlungen werden aufgenommen. Bis heute ist erst eines von 35 Verhandlungskapiteln abgeschlossen, acht sind noch gar nicht eröffnet. Ob die Türken bis zum Abschluss der Verhandlungen überhaupt noch in die EU wollen, ist eine andere Frage. Die Ihr-seid-doch-gar-nicht-willkommen-Haltung vieler EU-Länder führte immerhin schon dazu, dass 2011 nur noch 30 % der Bevölkerung den EU-Beitritt befürworteten (2004: 70 %). Für den Zeitraum von 2007 bis 2013 bekommt Ankara 4,837 Mrd. Euro aus Brüssel überwiesen. Das Geld soll v. a. in den Aufbau EU-wichtiger Institutionen fließen.
2011	Die AKP gewinnt die Parlamentswahlen erneut, damit wird Erdoğans dritte Amtszeit eingeläutet. Vor dem „Volkstribun von Anatolien" *(Spiegel)*, dem „Wolf im Schafpelz" *(Cicero)*, der die Türkei wie kein anderer seit Atatürk bewegte und voranbrachte, haben viele westlich orientierte Türken – und, wie *Wikileaks* enthüllte, auch US-Diplomaten – Angst. Sie fürchten die zunehmende Islamisierung des Landes.

Atatürk, Vater der Türken

Hirtenjunge auf Gökçeada

Thrakien

Thrakien prägen keine abenteuerlichen Landschaften, sondern weite Sonnenblumen- und Getreidefelder. Das einstige Kernland des Osmanischen Reiches bildet heute die türkische Peripherie. Die kleine Perle des Landstrichs ist Edirne.

Der europäische Teil der Türkei, der nur 3 % Anteil an der Gesamtfläche des Landes ausmacht, müsste richtig Ostthrakien heißen. Die historische Landschaft Thrakien, die vom Balkangebirge bis zum Marmarameer reichte, ist heute zwischen Bulgarien, Griechenland und der Türkei aufgeteilt. Türkisch-Thrakien hat vorrangig als Transitland Bedeutung. Durch Thrakien muss jeder, der von Europa kommend den Luftweg scheut: Türken auf Heimaturlaub, abenteuerlustige Langzeiturlauber oder Brummifahrer mit Generatoren für einen ostanatolischen Staudamm. Touristen begegnet man außer in der alten Osmanenhauptstadt Edirne oder auf der Halbinsel Gallipoli selten.

Thrakien – die Highlights
Edirne: Die thrakische Metropole ist eine moderne, offene Stadt mit einem sehenswerten osmanischen Erbe. Hier können Sie eine der schönsten Moscheen des Landes besuchen oder den Ölringkämpfern zujubeln.
Gökçeada: Malerische Pflastergassen in idyllischen Bergdörfern zeugen von der Zeit, als das Eiland noch griechisch war. Es gibt feine Strände und gemütliche Unterkünfte.

Edirne

ca. 136.100 Einwohner

Edirne liegt zwar auf europäischem Boden, präsentiert sich mit seinen osmanischen Holzhäusern, Karawansereien und Moscheen aber schon ganz im orientalischen Kleid. Berühmtestes Bauwerk ist die Selimiye-Moschee, eine der prächtigsten Gebetsstätten der Türkei und seit 2011 UNESCO-Welterbe.

Edirne ist eine angenehme, offene Stadt und für all jene, die über Griechenland oder den Balkan in die Türkei einreisen, ein schöner Einstieg in das Land, denn das typisch anatolische Großstadtchaos bleibt hier noch aus. Verhältnismäßig ruhig und gepflegt geht es in der einstigen Hauptstadt des Osmanischen Reiches zu, von der heute nur noch die nordwestlichste Provinz des Landes verwaltet wird. Einen besonderen Reiz verleiht der Stadt auch ihre Lage im Grünen. Das Zentrum Edirnes umrahmen die Flussauen der Tunca und des Meriç, teils führen noch alte Steinbrücken über die Flüsse.

Neben Besuchern aus den Nachbarländern, die in erster Linie zum Shoppen kommen, legen fast nur kulturhistorisch Interessierte einen Stopp in Edirne ein. All das ändert sich einmal im Jahr für eine Woche, wenn *Kırkpınar*, die populärsten Ringkämpfe der Türkei, auf dem Programm stehen (→ Kasten, S. 90). Dann platzt die Stadt aus allen Nähten.

Geschichte

Am Zusammenfluss von Meriç und Tunca ließ der römische Kaiser Hadrian 125 n. Chr. die nach ihm benannte Siedlung *Hadrianopolis* anlegen. Die Verbindung zum Meer (der Meriç war damals noch schiffbar), das fruchtbare Umland und die Lage an einer alten Handelsstraße in den Balkan ließen den Ort schnell zu einer bedeutenden Stadt anwachsen. Doch als Vorposten Byzanz' und später Konstantinopels geriet die Stadt häufig in kriegerische Auseinandersetzungen. 314 und 324 schlug hier Konstantin I. seinen oströmischen Gegenkaiser Licinius. 378 standen die Goten vor den Toren, 568 die Awaren, ein nomadisierendes Steppenvolk aus Zentralasien. Danach geriet Hadrianopel gleich mehrmals unter Beschuss der Bulgaren (814, 922 und 1002). Auch die Kreuzfahrer ließen 1101 und 1147 nicht die Gelegenheit aus, sengend und mordend durch Hadrianopel zu ziehen. 1361 fiel die Stadt in die Hände der Osmanen. Sieben Jahre später löste Edirne, wie Hadrianopel fortan hieß, Bursa als Hauptstadt des Osmanischen Reiches ab.

Damit setzte Edirnes Blütezeit ein, die eine mehrere Jahrhunderte andauernde Friedensperiode begleitete – dass mit der Einnahme Konstantinopels 1453 der Hauptstadttitel wieder abgegeben werden musste, änderte daran nur wenig. Die Sultane schätzten Edirne weiterhin, denn hier konnten sie sich abseits der Intrigen des Hofes erholen und rauschende Feste feiern. Bedeutung besaß Edirne auch als Garnisonsstadt der Janitscharen, mit denen die Sultane ihre Eroberungsfeldzüge auf dem Balkan führten. Ein Ausdruck von Edirnes besonderer Stellung war eine rege Bautätigkeit, an der sich u. a. der berühmteste osmanische Architekt, der geniale Sinan (→ Kasten, S. 136) beteiligte. In und um Edirne zählte man im 17. Jh. nach dem Chronist Evliya Çelebi (1611–1680) nicht weniger als 14 große und über 300 kleinere Moscheen, 53 Schulen, 16 Badehäuser, 24 Herbergen und 124 Quellbrunnen.

Kırkpınar – wo schmierige Männer attraktiv sein können

Die bekanntesten Ölringkämpfe der Türkei sind die *Kırkpınar Yağlıgüreşleri* von Edirne. Seit über sechs Jahrhunderten gehen sie alljährlich Ende Juni/Anfang Juli über die Bühne – heute zu einem Megaspektakel gereift. Legenden über den Ursprung des Festivals gibt es viele, am häufigsten erzählt man sich folgende: Mitte des 14. Jh. zog Feldherr Süleyman Paşa mit 40 Kriegern durch Thrakien. Am Ufer der Tunca schlugen sie ihr Nachtlager auf. Und da sie noch nicht müde waren, versuchten sie spaßeshalber im Ringkampf den Stärksten unter sich auszumachen. Zwei von ihnen jedoch kämpften so lange, bis sie an Erschöpfung starben. Jahre später, als die Krieger erneut jene Stelle passierten, an der sie ihre Freunde begraben hatten, sprudelten dort 40 Quellen (*kırk pınar* = 40 Quellen). In Erinnerung an dieses wundersame Ereignis ließ Süleyman Paşa auf der Wiese fortan alljährliche Ringkämpfe abhalten.

Heute kämpfen die Ringer *(pehlivan)* in elf Gewichtsklassen nach dem K.o.-System (i. d. R. Schulterniederlage). Sie tragen lediglich eine *kispet*, eine eng anliegende schwarze Hose aus Wasserbüffel- oder Kalbsleder. Um dem Gegner die Griffe zu erschweren, reiben sie sich mit Litern von Olivenöl ein. Ein wichtiger Mann in der Kampfbahn ist der *cazgır*, Zeremonienmeister und Stadionsprecher in einem. Er stellt die einzelnen Kämpfer dem Publikum in wohlgeformten Versen vor. Die Aufwärmzeremonie nennt sich *peşrev*. Trommeln und die schrillen Laute der *zurna*, eines oboenartigen Instruments, begleiten die rituellen Körperübungen der Kämpfer, die dabei u. a. Grashalme (!) essen. Während des Kampfes ist schließlich außer Beißen, Spucken und Kratzen fast alles erlaubt. Der Sieger *(başpehlivan)* wird mit einem goldenen Gürtel geehrt. Das Preisgeld ist zwar niedrig, doch wer es geschafft hat, den Titel des *Başpehlivan* zu tragen, ist in der Türkei ein gemachter Mann. Wer einen Blick auf Siegerfotografien der letzten 70 Jahre werfen will, kann das sog. **Kırkpınar Evi**, ein kleines, unspektakuläres Museum an der Maarif Caddesi, besuchen (dort neben der Polizei, tägl. 10–12 und 14–18 Uhr, Eintritt frei).

Das einwöchige Kırkpınar-Ringerfestival findet im Sarayiçi-Park (→ Sehenswertes) statt. Die ersten Tage hat es Volksfestcharakter, die Ringwettkämpfe selbst gehen an den letzten drei Tagen über die Bühne. Tickets kosten 17–25 € und sollten frühzeitig besorgt werden (z. B. online über www.biletix.com).

In der ersten Hälfte des 19. Jh. war es schließlich wieder vorbei mit dem Frieden. 1828/29 wurde die Stadt von russischen Truppen besetzt, 1854 von französischen. 1877 fielen erneut zaristische Truppen ein. Mit dem Verlust der Balkangebiete – bis auf das noch heute türkische Thrakien – rutschte Edirne zu einer unbedeutenden Stadt am Rande des geschrumpften Osmanischen Reiches ab. In den Balkankriegen 1912–1913 verloren die Jungtürken Edirne vorübergehend an die Bulgaren. Im Ersten Weltkrieg nahmen die Griechen Edirne ein, mussten sich aber auf Druck der Großmächte 1922 verpflichten, das okkupierte Ostthrakien zurückzugeben. Infolge all der Kriege und des Bevölkerungsaustausches 1923 (70.000 Edirner Griechen waren davon betroffen) ging die Einwohnerzahl Edirnes von rund 200.000 (1885) auf knapp 30.000 (1945) zurück. Erst nach dem Zweiten Weltkrieg setzte durch die Ansiedelung von Industrie (Textil, Leder und Parfüm), aber auch durch die Eröffnung der thrakischen Universität ein neuer wirtschaftlicher und kultureller Aufschwung ein. Nach dem Fall des Eisernen Vorhangs fanden in Edirne viele türkischstämmige Auswanderer aus Bulgarien eine neue Heimat. Trotz des heute entspannten Verhältnisses zu Bulgarien und Griechenland hat Edirne nichts von seiner Bedeutung als Garnisonsstadt verloren, rund 15.000 Soldaten sind in den hiesigen Kasernen stationiert.

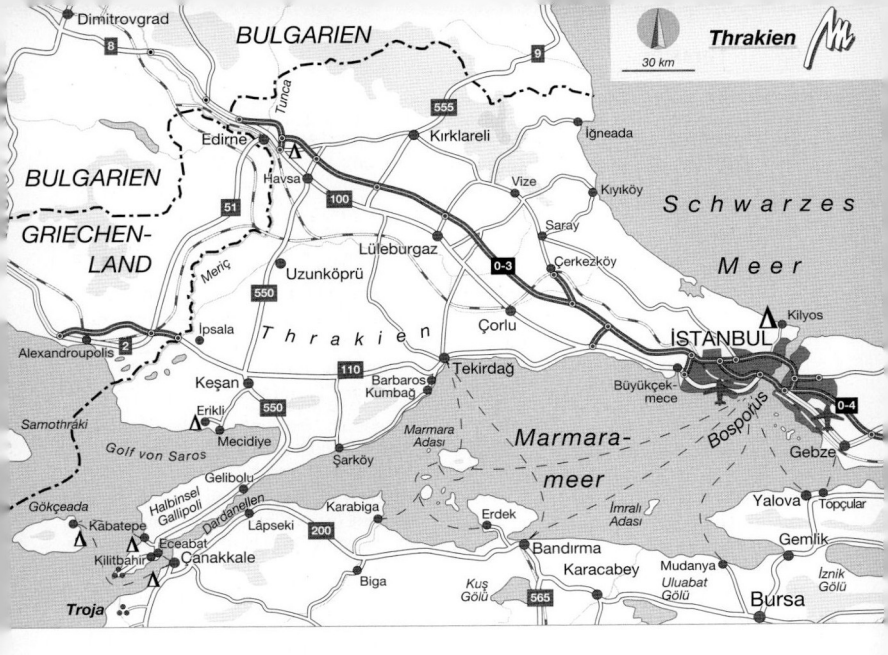

> **Orientierung:** Das Zentrum der Stadt erstreckt sich rund um den *Hürriyet Meydanı*, den „Platz der Freiheit". Östlich davon liegt die Alte Moschee und wiederum nordöstlich davon die *Selimiye-Moschee* – ihre vier hohen Minarette sind weithin sichtbar und weisen so den Weg ins Zentrum. Südwestlich des Platzes erstreckt sich das schachbrettartig angelegte historische Viertel *Kaleiçi*, gespickt mit schönen alten Erker- und Giebelhäusern, z. T. noch aus Holz. Sie werden liebevoll restauriert. Das Viertel ist weitestgehend verkehrsberuhigt und lädt zum Schlendern ein, insbesondere entlang der geschäftigen Fußgängerzone Saraçlar Cad. Das Gros aller Sehenswürdigkeiten ist bequem zu Fuß zu erreichen.

Information/Verbindungen/Parken

Telefonvorwahl 0284.

Information Tourist Information am Hürriyet Meydanı 27. Sehr hilfsbereit. Tägl. 8.30–17.30 Uhr. ✆ 2139208, www.edirnekulturturizm.gov.tr.

Verbindungen Bus/Dolmuş: Busbahnhof ca. 9 km südöstlich des Zentrums. Dahin gelangt man mit den Servicebussen von den Büros der Busgesellschaften im Zentrum (zentrale Abfahrtsstelle an der Mimar Sinan Cad.) und mit Dolmuşen (Zusteigemöglichkeit an der Talatpaşa Cad. westlich der Touristeninformation. Busse mind. alle 30 Min. nach İstanbul (2½ Std.), mind. 5-mal tägl. nach Çanakkale (4 Std.), regelmäßig nach Keşan (2½ Std.), Lüleburgaz (über Havsa) und Tekirdağ (2½ Std.).

Zug: 1-mal tägl. vom Stadtbahnhof *Edirne Şehir* nach İstanbul (5 Std.!). Die Züge von İstanbul nach Bukarest (1-mal tägl., dort Umsteigemöglichkeit nach Sofia und Belgrad) hielten 2011 nicht in Edirne, sondern im 11 km entfernten Grenzort Kapıkule (von dort bis Bukarest 16 Std.). Züge nach Thessaloniki nur von İstanbul und Uzunköprü (65 km südlich von Edirne).

Parken Gebührenpflichtiger Parkplatz bei der Selimiye-Moschee. Auch für Wohnmobile geeignet.

Adressen/Einkaufen

Ärztliche Versorgung Uniklinik T. Ü. Tıp Fakültesi außerhalb des Zentrums an der alten Straße nach İstanbul. ℡ 2357641.

Autoverleih Tourism Rent a Car, Talatpaşa Cad. 32. Günstigstes Fahrzeug 25 €. ℡ 2148478.

Diplomatische Vertretungen Deutsches Honorarkonsulat, Balıkpazarı Cad. Of Sitesi, C Blok D. 2, ℡ 2135563, edirne@hk-diplo.de.

Österreichisches Honorarkonsulat, Yetimler Çarşısı 9, ℡ 2122268, hsioragezen@hotmail.com.

Einkaufen Mo großer **Obst- und Gemüsemarkt** *(Ulus Pazarı)* nahe dem Bahnhof, Fr dort ein **Kleidermarkt**. Die **Basare** Edirnes (→ Sehenswertes) besitzen wenig Flair. Beliebtestes Souvenir ist kitschiges **Seifenobst**, die Tradition der Herstellung von Seife in Obstform geht in der Stadt bis in osmanische Zeit zurück.

Türkisches Bad (Hamam) Das **Sokullu Hamamı** (gegenüber der Üç Şerefeli Cami) wurde von Sinan erbaut. Separate Abteilungen für Männer und Frauen. Tägl. 9.30–18 Uhr. Eintritt mit *Kese* und Massage 12,50 €.

Zudem gibt es den restaurierten **Saray Hamamı** (15. Jh.) bei der Selimiye-Moschee. Ebenfalls getrennte Abteilungen für Männer (tägl. 10–21 Uhr) und Frauen (tägl. 9–20 Uhr). Eintritt mit *Kese* und Massage 18,50 €.

Übernachten/Camping

Selimiye Taşodalar ▣, in einem historischen Konak. 9 unterschiedlich große, im orientalisch-kitschigen Gusto eingerichtete, heimelige Zimmer, oft mit Himmelbetten. Komfortabel. Restaurant und Teegarten. EZ ab 65 €, DZ ab 80 €. Neben der Selimiye-Moschee, Selimiye Arkası Hamam Sok. 3, ℡ 2123529, www.tasodalar.com.tr.

** Efe Hotel ▣, macht auf Boutiquehotel. 22 Zimmer mit schwerem Mobiliar und modernen Bädern. Teilweise Stofftapeten in den Gängen. Freundlich, aber unperfekt: schräg hängende Bilder, welliger Teppichboden ... EZ 43 €, DZ 65 €. Maarif Cad. 13, ℡ 2136080, ✉ 2136081, www.efehotel.com.

Kervansaray Hotel ▣, in einer über 400 Jahre alten, von Sinan entworfenen Karawanserei. 75 kleine Zimmer mit einem Innenhof, im Sommer durch die kleinen Fensteröffnungen angenehm kühl. Leider recht lieblos ausgestattet, kleine Bäder, dicke Teppichböden. Nachlässiger Service. EZ 25 €, DZ 49 €. İki Kapılı Han Cad. 57, ℡ 2126119, ✉ 2148522, www.edinekervansarayhotel.com.

** Şaban Açıkgöz Hotel ▣, untere Mittelklasse, beliebt bei Geschäftsleuten. 34 kleine, aber ordentliche und saubere Zimmer ohne persönliche Note. Großer Parkplatz unmittelbar davor. EZ 33 €, DZ 49 €. Tahmis Meydanı 9, ℡ 2131404, ✉ 2134516, www.acikgoz.com.

Tuna Hotel ▣, 18 saubere, ordentliche Zimmer mit TV, Kühlschrank und Klimaanlage, z. T. jedoch etwas beengend. Innenhof zum Frühstücken. Gutes Preis-Leistungs-Verhältnis: EZ 26 €, DZ 36 €. Maarif Cad. 17, ℡ 2143340, ✉ 2143323, www.edirnetunahotel.com.

Kent Otel ▣, unter den preiswerten Häusern die beste Adresse. Zimmer ohne Charme, dafür mit fensterlosem Bad und TV. DZ 25 €, EZ die Hälfte, kein Frühstück. Saraçlar Cad. 194, ℡ 2251070, ✉ 2138585, www.edirnekentotel.com.

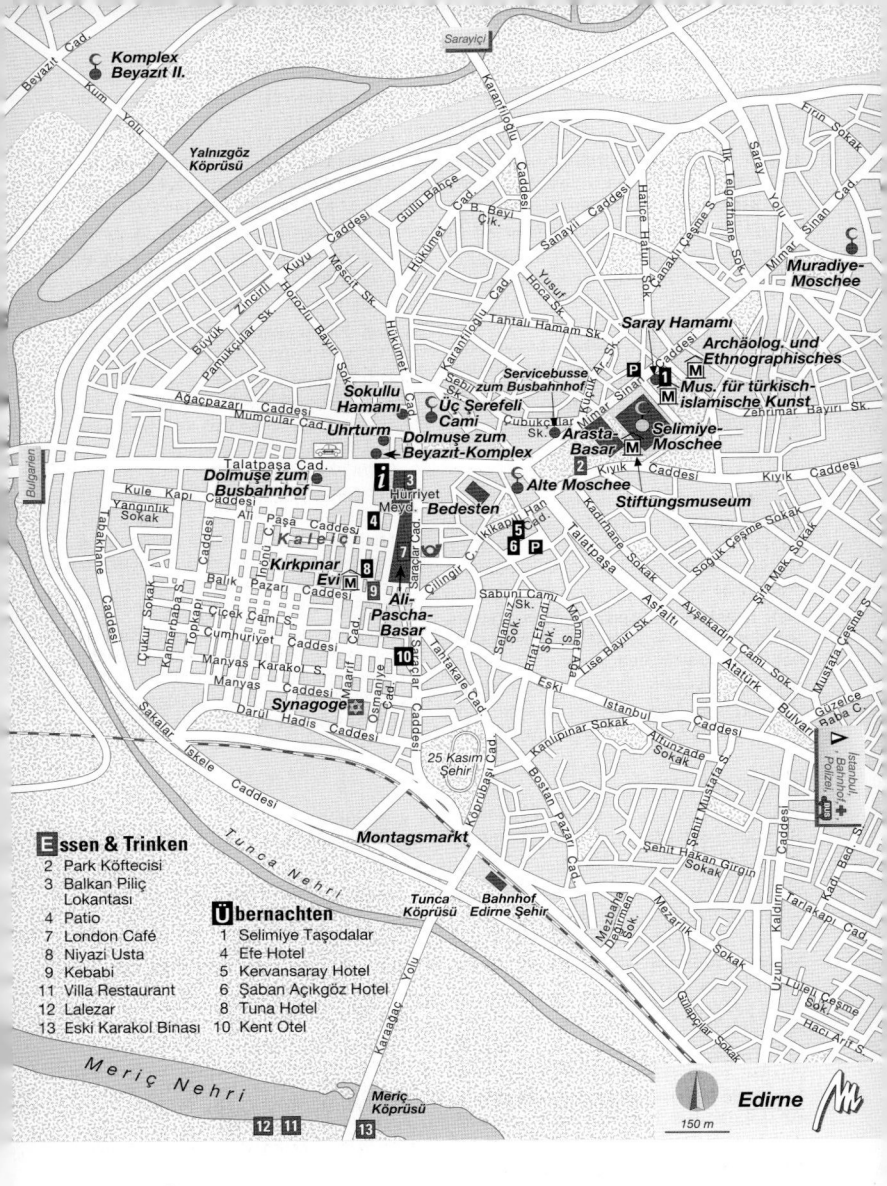

Essen & Trinken
2 Park Köftecisi
3 Balkan Piliç Lokantası
4 Patio
7 London Café
8 Niyazi Usta
9 Kebabi
11 Villa Restaurant
12 Lalezar
13 Eski Karakol Binası

Übernachten
1 Selimiye Taşodalar
4 Efe Hotel
5 Kervansaray Hotel
6 Şaban Açıkgöz Hotel
8 Tuna Hotel
10 Kent Otel

Edirne 150 m

Camping Ömür Camping, ca. 10 km vom Zentrum entfernt, an der Straße nach Kırklareli. Anlage mit einigem Schnickschnack (u. a. chemische Toilette). Unter deutschsprachiger Leitung. Kein Restaurant. 2 Pers. mit Wohnmobil 20 € inkl. Strom. Waschmaschine 5 € extra, Benutzung des schönen großen Pools 5 €. Von der Landstraße nach İstanbul ausgeschildert, ℘ 2260037, ℡ 2260158, omur_camping@hotmail.com.

Thrakien

Essen & Trinken (→ Karte S. 93)

Es gibt wenig gehobenere Restaurants, dafür viele einfache Lokantas, Cafés und nette Bierkneipen mit studentischem Publikum. Schön sitzt man in den gepflegten, schattigen Teegärten rund um den Hürriyet Meydanı und bei der Eski Cami. Berühmt ist Edirne für seine leckeren Köfte und für Leber *(ciğer)*.

Villa Restaurant 11, gediegenere Adresse, sehr zu empfehlen, allein wegen der gigantischen Terrasse. Gute Auswahl an Meze und Fleischgerichten zu fairen Preisen. ✆ 2234077. Südlich des Zentrums, jenseits der schönen, zwölfbogigen Meriç-Brücke aus dem 19. Jh. und direkt am Fluss – Ziel eines gemütlichen Spaziergangs. Ähnlich gut und in ähnlich schönem Ambiente tafelt man im **Lalezar** 12 ein paar Schritte weiter. Sa/So Frühstücksbüfett. ✆ 2230600.

Patio 4, stilvolles Caférestaurant mit netter Bar im begrünten Hinterhof des Efe Hotels (→ Übernachten). International angehauchte Küche (auch Tapas, viele Salate), dazu Meze und Fisch. Hg. 5–12 €. ✆ 2256767.

Park Köftecisi 2, auch Köfteci Osman genannt. Hier werden die allerbesten Köfte aus thrakischem Kalbfleisch gebraten. Derartig gut, dass man für einen Tisch schon auch mal Schlange steht. Kıyık Cad. 14.

Kebabi 9, gutes Kebab- und Pidelokal auf 2 Stockwerken. Hg. 4,50–10,60 €. Balık Pazarı Cad. 43, ✆ 2142401.

Balkan Piliç Lokantası 3, marmorverkachelte Lokanta mit leckeren Topfgerichten und Grillhähnchen. Empfehlenswert und sehr günstig. Am Beginn der Saraçlar Cad.

Niyazi Usta 8, eines von mehreren einfachen Lokalen in der gleichen Straße, die allesamt die Edirner Spezialität servieren: gebratene Leber (Portion 5 €). Alipaşa Ortakapı Cad. 5/2.

Cafés/Bars London Café 7, schmales, holzverkleidetes Haus an der Saraçlar Cad. gegenüber der Post. Mehr Pub als Café, liebevoll gestylt. Viel Hochprozentiges.

Die Studentenszene trifft sich u. a. in den Kneipen und Cafés am **Karaağaç Yolu** zwischen Tunca und Meriç im Süden der Stadt. Eine der schönsten Adressen dort ist das **Eski Karakol Binası** 13 mit Terrassengarten am Fluss, jedoch ohne Alkohol.

Sehenswertes

Selimiye-Moschee (Selimiye Camii): „Baue mir eine Moschee, die alle anderen in meinem Reich in den Schatten stellt. Erhaben soll sie auf der Kuppe dieses Hügels thronen und den Ungläubigen von der Größe Allahs künden!" Diesen Auftrag soll Sultan Selim II. an den damals bereits 80-jährigen Baumeister Sinan gerichtet haben. Sinan kam dem Auftrag nach, doch erst 1575, ein Jahr nach dem Tod des Sultans, waren die Arbeiten an dem Bauwerk abgeschlossen. Sinan bezeichnete die Moschee als sein „Meisterstück". Seine İstanbuler Süleymaniye-Moschee galt fortan nur noch als „Gesellenstück".

Zwar ist die Selimiye-Moschee kleiner als die Süleymaniye, dafür um einiges eleganter und seit 2011 auf der UNESCO-Welterbeliste. Man betritt sie am besten von der Mimar Sinan Caddesi. Durch einen hübschen, kleinen Garten gelangt man in den nicht sonderlich großen *Innenhof*. Ihn krönt ein 16-eckiger *Reinigungsbrunnen* mit schönen Ornamentverzierungen. Von allen Seiten umgeben ihn Spitzbogenarkaden, deren 16 Säulen im maurischen Stil (typisch dafür der Wechsel zwischen weißem und rotbraunem Stein) Stalaktitenkapitelle und 18 bemalte, ungleiche Kuppeln tragen. Den *Haupteingang* ziert ein prächtiges Stalaktitenportal. Dieses schmückte ursprünglich die Ulu Cami von Birgi (→ S. 307); auf Ochsenkarren wurde es Stein für Stein nach Edirne gekarrt.

Der 1620 m² große Gebetssaal offenbart eine unglaubliche optische Raumfülle. Die einzige Kuppel ist 31,5 m breit und 45 m hoch. Sie ruht spielerisch leicht, fast schwebend, auf acht relativ dünnen Pfeilern aus Granit, Porphyr und Marmor, von denen vier frei im Raum stehen. Fantastisch auch das Licht, das durch die vielen Kuppel- und Schildwandöffnungen einfällt. Nur die ausgewogene Statik erlaubte es, die Wände derart häufig mit Fenstern zu durchbrechen.

Sinan rückte die *Vorbetertribüne* mitten unter die Kuppel und betonte so die zentral ausgerichtete Symmetrie des Baus. Ungewöhnlich ist der *Springbrunnen* unter den Arkaden der Tribüne. Sinan nahm damit das Motiv des Reinigungsbrunnens *in der Moschee* auf, dessen Plätschern der verstärkten Konzentration und Meditation dienen sollte. Die *Sultansloge* in der Nordwestecke ist wohl die schönste ihrer Art. Aus 12 Marmorplatten zusammengesetzt, ruht sie auf 3 m hohen Brekziestelzen und ist mit kostbaren İznik-Fayencen überzogen. Der *Minbar* mit einer verkachelten Kegelkappe steht ihr in nichts nach. Seine außergewöhnliche Höhe soll die Nähe des Gottesdieners zu Allah unterstreichen.

Zum großartigen Gesamtbild tragen auch die überaus schlanken und eleganten *Minarette* mit rund 84 m Höhe bei, bis weit ins thrakische Land hinein ein Orientierungspunkt. Jedes Minarett ist – in Anklang an die Üç Şerefeli Cami (s. u.) – mit drei Galerien geschmückt, die von drei voneinander unabhängigen Treppen bestiegen werden. Zum Moscheenkomplex gehören u. a. eine *Medrese* (→ Museum für türkisch-islamische Kunst), der tiefer gelegene, überdachte *Arasta-Basar* und eine *Koranschule*, heute das *Selimiye Vakıf Müzesi*, das Kostbarkeiten aus dem Besitz der Moscheenstiftung zeigt und über den Baumeister Sinan informiert (tägl. außer Mo 9–17 Uhr, Eintritt frei).

> **Mehr von Sinan gefällig?** Ca. 30 km südöstlich von Edirne liegt *Havsa*, hier schuf der große Baumeister den *Sokullu-Kasım-Paşa-Moscheenkomplex*. Und nochmals 50 km weiter liegt *Lüleburgaz* mit einem weiteren Moscheenkomplex Sinans: der *Sokullu Mehmet Paşa Külliyesi*.

Museum für türkisch-islamische Kunst (Türk-İslam Eserleri Müzesi): Das Museum präsentiert ein aus dem ganzen Land zusammengetragenes, buntes Sammelsurium an Dingen, die sich – wie auch immer – mit dem Thema in Verbindung bringen lassen: handgeschriebene Korankopien, Bilder von öligen Ringkämpfern, Waffen, Glas, Stricksocken, Kücheninventar, Töpferwaren, Waffen usw.
Zu erreichen über die Mimar Sinan Cad. Zuletzt wegen Restaurierung geschl., Wiedereröffnung für 2012 geplant.

Archäologisches und Ethnografisches Museum (Edirne Müzesi): Die archäologische Abteilung besticht durch ihren reichhaltigen Münzschatz und ihre zahlreichen Büsten aus griechischer und römischer Zeit. Zu den Prunkstücken der ethnografischen Abteilung gehören thrakische und anatolische Kelims, Gördes-Teppiche und eine alte Kutsche. Im Garten stehen Stelen, Sarkophage und Dolmen, tischförmig gebaute Steingräber aus dem 2. Jt. v. Chr.
Mimar Sinan Cad. Tägl. (außer Mo) 9–17 Uhr. Eintritt 1,20 €. Zukünftig soll es ein Kombiticket geben, das den Besuch des Museums für türkisch-islamische Kunst mit einschließt.

Muradiye-Moschee (Muradiye Camii): Der Legende nach erschien der große Sufi-Meister Celaleddin Rumi (→ S. 702) Sultan Murat II. im Traum und bat ihn um den Bau einer *zaviye* (Hospiz eines Derwischklosters). Das gewünschte Gebäude wurde 1421 errichtet und schon 1436 in eine Moschee umgewandelt. Das

Innere ist z. T. mit İznik-Fayencen verziert. Das Minarett stammt aus den 1960ern, sein Vorgänger fiel einem Erdbeben zum Opfer. Auf dem Friedhof hinter der Moschee sind die Grabstelen der Derwischmönche an den hohen, steinernen Derwischmützen erkennbar.
Auf einem Hügel nordöstlich der Selimiye-Moschee, über die Mimar Sinan Cad. zu erreichen.

Alte Moschee (Eski Cami): Die älteste der bedeutenden Moscheen Edirnes entstand zwischen 1403 und 1414 unter Sultan Mehmet I. Ihr Baumeister war Genci Alaeddin aus Konya, der hier den Typus der Pfeilermoschee fortentwickelte, wie man ihn z. B. von der Ulu Cami in Bursa (→ S. 204) kennt. Ihm gelang es, die Anzahl der Kuppeln zu reduzieren, ihren Umfang aber zu vergrößern. Passiert man die später hinzugefügte, wenig reizvolle *Eingangshalle*, fällt im Innern eine etwas kitschige, bläuliche Ausschmückung auf, sie stammt aus der Tulpenperiode, dem türkischen Barock. Vier gedrungene Pfeiler stützen die Kuppeln, von denen die mittleren drei etwas höher gesetzt sind, um den Raumeindruck zu verstärken. Die Pfeiler selbst sind mit Ornamenten und Kalligrafien verziert. Die arabischen Inschriften verkünden größtenteils die Namen Allahs oder Mohammeds. Ein wohlbehütetes Kleinod ist der Stein am Fenster neben der Gebetsnische, angeblich ein Splitter der Kaaba in Mekka.
Talatpaşa Asfaltı/Ecke Muvakkithane Sok.

Bedesten: Der um 1420 errichtete Basar westlich der Alten Moschee ist der älteste Edirnes. 14 Kuppeln überdachen das 65 m lange und 32 m breite Gebäude. In der Glanzzeit Edirnes soll die hiesige, einst streng bewachte Juwelenabteilung den ägyptischen Staatsschatz um ein Mehrfaches aufgewogen haben. Alles andere als edel ist das, was heute über den Ladentisch gereicht wird: Feinrippunterhosen, Socken, Strickwolle ...

Üç Şerefeli Cami: Die „Drei-Galerien-Moschee" wurde um das Jahr 1440 unter Murat II. errichtet. Ihr Name verweist auf das südöstliche Minarett. Es war seinerzeit das höchste (68 m) und das erste mit drei Umgängen. An den drei anderen grundverschiedenen Minaretten scheint man mit Formen und Farben experimentiert zu haben. Der Bau eines *Hallenvorhofs* war bis dato noch ungewöhnlich und wurde durch die Üç Şerefeli Cami wegbereitend für alle späteren großen Sultansmoscheen. Auch hier wurde fleißig experimentiert; kaum eine der 21 Kuppeln über dem Umgang des Hofs ist gleich hoch oder breit. Der Gebetsraum wirkt durch die flach gewölbte Kuppel zwar etwas beengend, war jedoch ebenfalls revolutionär. Erstmals gelang hier die Überwindung des Pfeilertypus' hin zur Einkuppelmoschee – und das, bevor die Osmanen das große Vorbild der Hagia Sophia von innen betrachten konnten.
Hükümet Cad.

Saat Kulesi: Der „Uhrturm" ohne Uhr (auch „Makedonischer Turm" genannt) südwestlich der Üç Şerefeli Cami ist eines der wenigen Bauwerke Edirnes aus byzantinischer Zeit. Kaiser Johannes III. Dukas ließ ihn 1123 als Nordostbastion der Stadtmauer des alten Hadrianopolis erbauen. Bei Grabungsarbeiten neben dem Turm entdeckte man weitere Relikte aus byzantinischer Zeit: Reste der Stadtmauer, eines Friedhofs und einer Kirche.
Mumcular Cad. Tägl. 8–18 Uhr zugänglich. Eintritt frei.

Ali-Pascha-Basar (Ali Paşa Çarşısı): Die schmale, 300 m lange Markthalle ist ein weiteres Werk Sinans und wurde 1569 auf Anordnung des Großwesirs Ali Pascha erbaut. Sie erstreckt sich parallel zur Saraçlar Caddesi bis hinunter zur Balıkpazarı

Caddesi, dem ehemaligen Fischmarkt. Heute wird darin in 129 Läden vornehmlich Kleidung verkauft – ein steriler Abklatsch eines orientalischen Basars.

Sarayiçi: Die mit hohen, alten Bäumen bestandene Grünfläche zwischen zwei Armen der Tunca liegt rund 30 Gehminuten nördlich des Zentrums. Im Sommer ist die Insel Anziehungspunkt für Spaziergänger und picknickfreudige Familien sowie Schauplatz der Ölringkämpfe – rund 15.000 fanatische Türken pilgern dann in das hiesige Stadion. Vor dem Fall İstanbuls, als Edirne noch Hauptstadt des Osmanischen Reiches war, ließ Mehmet der Eroberer hier ein Serail errichten, dessen Mittelpunkt ein siebenstöckiger Palastturm mit umgehender Aussichtsterrasse war. 1877 sprengte die türkische Armee den Palast, um das anrückende russische Heer hier besser ins Visier nehmen zu können. Heute erinnern nur noch ein paar kümmerliche Palastruinen an das Serail, dazu der restaurierte *Turm der Gerechtigkeit (Adalet Kasrı),* den Süleyman der Prächtige im 16. Jh. erbauen ließ. Davor stehen zwei bedeutungsvolle Steinkonsolen: Auf die eine konnte man Bittschriften an den Sultan legen, deren Inhalt man sich in Anbetracht der anderen – darauf wurden die Köpfe der in Ungnade Gefallenen zur Schau gestellt – wohl gut überlegte.
Dolmuşe (Nr. 3) starten gegenüber der Touristeninformation an der Talatpaşa Cad.

Komplex Beyazıt II. (Beyazıt II. Külliyesi): Den größten Moscheenkomplex der Stadt, am Nordufer der Tunca ca. 1,5 km außerhalb des Zentrums, ließ Sultan Beyazıt II. in den Jahren 1484–1488 errichten. Herz der Külliye ist die gleichnamige Moschee, ein quadratischer Einkuppelbau mit einer steinernen *Sultansloge,* die auf Säulen aus Ephesus ruht. Zum Komplex gehörten u. a. eine *Medrese,* die der medizinischen Ausbildung diente, und ein *Spital (Darüşşifa).* Medrese und Spital bilden heute das sehenswerte *Gesundheitsmuseum (Sağlık Müzesi).* Der Rundgang führt durch die Schlaf- und Klassenräume der Studenten, in die kleine Bibliothek und in einen Saal mit einem plätschernden Brunnen in der Mitte, um den einst die Therapieräume angeordnet waren. Hier wurden psychisch Kranke u. a. mit Pflanzen- und Klangtherapien behandelt.
Ein gemütlicher **Spaziergang** führt vom Sokullu Hamamı über die Horozlu Bayırı Sok. und die Beyazıt-Brücke zum Komplex. **Dolmuşe** dahin (Nr. 3, Aufschrift „Sarayiçi") starten gegenüber der Touristeninformation. Tägl. 9–17.30 Uhr. Eintritt 2 €.

Zwischen Marmarameer und Schwarzem Meer

237 km trennen Edirne von İstanbul. Auf der gut ausgebauten Autobahn E 80 (*KGS Kart* erforderlich, → Unterwegs/Mit dem Auto) legt man diese Strecke in zwei Stunden zurück, hinzu kommt i. d. R. die gleiche Zeit für die letzten paar Kilometer ins Zentrum der Millionenmetropole. Rechts und links der Autobahn gibt es weder landschaftliche Highlights noch große kulturhistorische Sehenswürdigkeiten, dafür viel Industrie. Auch mangelt es an attraktiven Nebenrouten. Entlang der thrakischen Schwarzmeerküste existiert z. B. keine durchgehende Straße, lediglich Stichstraßen führen zum Meer – ein schönes Ziel ist dort Kıyıköy. Besser erschlossen ist die thrakische Marmarameerküste, nette Ferienorte wie am Mittelmeer sucht man hier jedoch vergebens. Insbesondere der Küstenabschnitt zwischen Tekirdağ und İstanbul ist mit Ferienhaussiedlungen und Apartmentanlagen weitestgehend verbaut.

Tekirdağ

ca. 142.000 Einwohner

Bei Tekirdağ denken nicht wenige Türken zunächst an Rakı, denn die lokale Löwenmilch gilt als eine der besten der Türkei. Dazu isst man *Tekirdağ Köfte*, fingerförmige Köfte aus Kalbfleisch – eine Spezialität. Tekirdağ ist eine freundliche, lebendige Hafen- und Provinzhauptstadt am Marmarameer, auch wenn sie zuweilen nicht gut riecht: Je nach Windrichtung zieht ein Lüftchen von den nahen Industriegebieten (Textil- und Lebensmittelindustrie, Metall verarbeitende Betriebe) übers Zentrum. Der Schaffung einer großen Freihandelszone ist es geschuldet, dass die Stadt in den letzten Jahren einen enormen Bevölkerungszuwachs erlebte.

Hinter der alten Hafenmole beim unübersehbaren Golden Yat Hotel steigen die Häuser steil den Hügel hinauf. Dazwischen streckt sich das einzige Minarett der 1553 unter Sinans Leitung errichteten **Rüstem-Pascha-Moschee** dem Himmel entgegen. Im Osten schließt der dazugehörige **gedeckte Basar** an. Etwas weiter oberhalb, nahe dem Rathaus *(Belediye)*, steht das **Namık Kemal Evi** (Namık-Kemal-Haus), das dem in Tekirdağ geborenen Literaten Namık Kemal (1840–1888) mit einer kleinen Ausstellung die Referenz erweist. Namık Kemal gilt als der bedeutendste Vertreter der bürgerlichen türkischen Literatur (Mo–Fr 9–17 Uhr, kein Eintritt).

Hält man sich hingegen vom alten Hafen für rund 400 m auf der Uferstraße gen Westen und steigt bei der unübersehbaren Namık Kemal İl Halk Kütüphanesi (Bibliothek) die Rakóczi Caddesi ein wenig bergauf, liegt linker Hand das in einem herrlichen Konak untergebrachte **Rakoczy-Museum** (tägl. außer Mo 9–12 und 13–17 Uhr, Eintritt frei). Es widmet sich dem ungarischen Fürstenrebell Ferenc II. Rakóczi (1676–1735). Der Aufstand gegen die Habsburger endete für ihn im Exil in Tekirdağ. Etwas weiter rechter Hand befindet sich ein ebenfalls schöner alter Konak und darin das **Archäologische und Ethnografische Museum**. Es zeigt Funde aus der Umgebung, Kostüme, Schmuck usw. (tägl. außer Mo 9–17 Uhr, Eintritt frei).

> Achtung bei einer eventuellen Weiterfahrt auf der Küstenstraße Richtung Şarköy! Die Straße ist streckenweise nicht asphaltiert und sehr holprig! Şarköy ist übrigens Zentrum des thrakischen Weinanbaus.

Information Tourist Information in einem Kiosk im Grünstreifen beim alten Hafen (nahe dem Golden Yat Hotel). Offiziell tägl. 9–17 Uhr (im Winter Sa/So geschl.), tatsächlich aber eher nach Lust und Laune. ✆ 0282/2611698, www.tekirdagkulturturizm.gov.tr.

Verbindungen Busbahnhof ca. 500 m östlich des Zentrums nahe dem Atatürk Bul., der Uferstraße. Regelmäßige Verbindungen nach İstanbul (2½ Std.), Edirne (2½ Std.) und Çanakkale (4 Std.).

Autofähren: Von der zentralen Hafenmole im Sommer 2-mal tägl. Autofähren nach Bandırma, 8 €/Pers., Auto 45 € (Stand 2011). Bis zu 5-mal tägl. zudem auf die Marmarainseln Avşa und Marmara (6 €/Pers., Auto 25 €). Die Fähren nach Erdek (6 €/Pers., Auto 45 €) fahren nicht tägl., erkundigen Sie sich unter ✆ 0541/9508822 (mobil) nach den Abfahrtszeiten. Im Winter generell weniger Fahrten. Achtung: Häufige Änderungen der Abfahrtszeiten und -orte!

Einkaufen Rakı! Die örtliche Fabrik an der Straße nach Keşan hat einen Fabrikverkauf.

Übernachten In der billigen Kategorie sieht es vor Ort miserabel aus.

*** **Golden Yat Hotel**, empfehlenswertes Haus in bester Lage. 54 klassisch-moderne, komfortable Zimmer mit roten Teppichböden. Die nach vorne besitzen großzügige Balkone mit tollem Hafenblick, in den dunklen Kammern nach hinten blickt man z. T. auf den Aufzugschacht. EZ je nach Zimmer 33–41 €, DZ 49–57 €. Yalı Cad. 42 (von der Uferstraße zu sehen), ☎ 0282/2611054, ℻ 2619166, www.goldenyat.com.

Rodosto Hotel, gepflegte, jedoch in die Jahre gekommene Mittelklasse, nur ein paar Schritte vom Golden Yat Hotel entfernt. Lassen Sie sich auch hier kein Zimmer nach hinten hinaus geben, zumindest nicht in den unteren Etagen. Im Gebäude ein nettes Köfte-Restaurant. EZ 35 €, DZ 49 €. İskele Cad. 34, ☎ 0282/2633701, ℻ 2633705, www.rodostohotel.com.tr.

Tan Otel, eine Kaschemme mit einfachsten Zimmern mit Etagenbad, in den obersten Etagen z. T. mit Meeresblick. Dachterrasse. DZ 21 €. Kızılay Cad. 16 (beim Rodosto Hotel für ca. 100 m links bergauf halten), ☎ 0282/2638385.

Essen & Trinken Überall in der Stadt gibt es gute Köfte-Lokale, die Portion für ca. 3,60 €. Alkohol schenkt das schlichte, freundliche **Mete Restaurant** (ohne nervige Schlepper vor der Tür) nahe dem Hotel Rodosto aus.

Einen guten Ruf besitzt auch das traditionsreiche, gepflegte **Özcanlar** an der Uferpromenade gegenüber der Touristeninformation.

Kıyıköy

ca. 7000 Einwohner

Kıyıköy, durch weite Wälder vom Rest Thrakiens abgeschirmt, ist ein einfaches, natürliches, ruhiges Fischerstädtchen – außer an Sommerwochenenden, wenn es von İstanbulern belagert wird und kaum noch ein Zimmer zu bekommen ist. Umringt von einer alten Festungsmauer, liegt es hoch über der felsigen Steilküste. Die Atmosphäre ist ursprünglich: Die Gassen teilen sich streunende Hunde und spielende Kinder. Und wenn der Bus aus Vize eintrifft, dann erschrecken alle. Treffpunkt ist der gemütliche Teegarten im zentralen Atatürk-Park, wo auch Bier ausgeschenkt wird. Strände findet man beim Hafen und nördlich des Ortes an der Flussmündung des Pabuç Deresi, dort wird auch provisorisch gecampt. Interessant ist ein Blick in das **Aya Nikola Manastırı**, ein zerfallenes byzantinisches Felsenkloster aus dem 6. Jh. 1 km außerhalb des Städtchens. Dazu verlässt man den Ort durch das Stadttor, zweigt nach ca. 150 m rechts ab (erste Möglichkeit) und hält sich dann stets links. Überall in der Gegend wird übrigens **Manda Yoğurtu**, leckerer Büffeljoghurt, verkauft.

Verbindungen Regelmäßige Busverbindungen von und nach Vize (38 km) und Saray (30 km), von dort Anschluss nach Edirne oder İstanbul.

Übernachten In Kıyıköy gibt es rund 15 überwiegend einfache Unterkünfte, im Zentrum einige simple Pensionen und Hotels, die DZ für 25–30 € anbieten. Auch in der HS findet man, abgesehen von den Wochenenden, i. d. R. ein Zimmer. 2 Empfehlungen:

Deniz Feneri Balık Restaurant, das nette Fischrestaurant vermietet 4 kleine Zimmer mit Bad. Einfach, aber okay, der Pluspunkt sind die kleinen Terrassen über der Küste mit schönem Blick. DZ 41 €. Durchs Stadttor fahren und auf das Meer zuhalten, ☎ 0288/3886073.

Hotel Endorfina, hoch über Kıyıköy. 20 schlichte, aber moderne Zimmer in 10 zweistöckigen „Reihenhäuschen" mit Panoramabalkonen, die Blick auf Meer und Strand bieten (zu Fuß dahin 15 Min.). Großer Garten. Pool. DZ 37 € (Fr u. Sa 45 €). Von Vize kommend noch vor dem Stadttor linker Hand (ausgeschildert), ☎ 0288/3886364, www.hotelendorfina.com.

Essen & Trinken Frischen Fisch bekommt man im **Liman Restaurant** (ausgeschildert), einfach, billig, tolle Terrasse mit Blick über den Hafen, ☎ 0288/3806094). Etwas gehobener und entsprechend teuer isst man im **Köşk Restaurant** (daneben, ebenfalls toller Blick, ☎ mobil 0536/4758169) und im **Deniz Feneri Balık Restaurant** (→ Übernachten).

Kilyos

Durch die Nähe zu İstanbul – die Bosporusmetropole liegt nur 38 km südlich – entwickelte sich Kilyos vom unscheinbaren Fischerdorf zum im Sommer stark frequentierten Badeort mit vielen Russen und wenig Charme. Die Strände um den Ort sind aber okay – schwimmen Sie jedoch nicht zu weit hinaus, es gibt tückische Strömungen! Eine aufgedrehte Partygemeinde zieht im Sommer der trendige *Solar Beach Club* an.

Verbindungen Kilyos ist nur von İstanbul aus zu erreichen. Dort von Taksim (Busbahnhof) mit **Bus** Nr. 25 T nach Sarıyer, dann weiter mit dem **Minibus**, Abfahrt der Minibusse in Sarıyer an der landeinwärts führenden Hauptgeschäftsstraße Şehit Mithat Yılmaz Cad. auf Höhe von Hnr. 82.

Mıstık Camping, 100 m hinter dem Strand von Kilyos. Kleiner, in Parzellen unterteilter Platz ohne besonderen Charme. Saubere Sanitäranlagen. Viele Dauercamper. Laut Betreiber ganzjähriger Betrieb, im Winter klingeln. 2 Pers. mit Wohnmobil und Strom 21 €. Turban Cad. 76 (auf dem Weg zum ausgeschilderten Solar Beach Club), ✆ 0212/2011077, ℻ 2508940, www.mistikcamping.com.

Keşan

54.300 Einwohner

Die einzigen Touristen, die in Keşan, 35 km östlich des türkisch-griechischen Grenzübergangs İpsala, halten, sind erschöpfte Reisende auf dem Weg von oder nach Griechenland auf der Suche nach einem Nachtquartier – es gibt auch keinen anderen Grund für einen Stopp. Die türkisch-griechische Grenze selbst ist vermint, jedes Jahr sterben hier Flüchtlinge auf dem Weg nach Europa. Dennoch schaffen es auch jeden Tag Hunderte über die Grenze, im Oktober 2011 waren es allein 9600. Um der illegalen Einwanderung Herr zu werden, plante die griechische Regierung zuletzt zudem die Errichtung eines Grenzzauns ähnlich jenem an der Grenze zwischen Mexiko und den USA.

Verbindungen Vom **Busbahnhof** in Keşan (an der Straße nach Gelibolu, Zubringerdolmuş ins Zentrum) gute Verbindungen durch Thrakien und nach İstanbul.

Übernachten 2 Adressen im kleinen Zentrum: **Çetin Otel**, das neueste Haus der Stadt. 37 gepflegte Zimmer mit dicken Teppichböden. Freundlicher Service. Eigene Patisserie. DZ 67 €. Borsa Sok 2, ✆ 0284/7152121, ℻ 7152112, www.butikcetinotel.com.

Ayhan Hotel, sauberes, ordentliches Billighotel mit 28 schlichten Zimmern, Heizung und Klimaanlage. Privater Parkplatz. DZ 22 €. Kurtuluş Cad. 8, ✆ 0284/7145467.

Erikli

Die weitläufige, ziemlich provisorisch wirkende Siedlung liegt am **Golf von Saros** (Saros Körfezi) rund 40 km südlich von Keşan. Hinter den langen Stränden gibt es unendlich viele Ferienhäuschen und -hütten, dazu einfache Campingplätze und einige wenige Restaurants – alles gut belegt zur türkischen Ferienzeit.

Verbindungen In der Saison regelmäßig **Dolmuşe** von und nach Keşan.

Übernachten ** **Erikli Hotel**, direkt am Strand. 33 helle Zimmer mit Klimaanlage, Minibar, TV und Internetanschluss, die nach vorne mit herrlichem Meeresblick. Eigener gepflegter Strandabschnitt, Beachbar. DZ mit Frühstück ab 74 €, mit HP 90 €. Erikli Sahili, ✆ 0284/7373565, www.eriklihotel.com.

Halbinsel Gallipoli (Gelibolu Yarımadası)

Pinienwälder und Sonnenblumenfelder prägen die unverbaute, sanfthügelige Halbinsel, dazu riesige, bedrückende Friedhöfe und Gedenkstätten. Die schmale, 60 km lange Landzunge war Schauplatz einer der fürchterlichsten Schlachten des Ersten Weltkriegs (→ Kasten). Aus diesem Grund wurde sie zu einem Historischen

Halbinsel Gallipoli

Nationalpark erklärt. Aus Respekt vor den Gefallenen ist mancherorts Schwimmen und Sonnenbaden untersagt. Schöne Strände, wo man baden darf, finden sich dennoch – z. B. an der Südspitze der Halbinsel und an deren Westseite.

Über die Halbinsel verstreuen sich diverse Museen und kleine Infozentren zum Stellungskrieg, die wichtigsten im Überblick: An der Abzweigung von Eceabat nach Kabatepe liegt das **Gelibolu Yarımadası Tarihi Milli Parkı Ana Tanıtım Merkezi**, das u. a. verdienten türkischen Offizieren die Ehre erweist (tägl. 7.30 Uhr bis spät am Abend, kein Eintritt). In Kabatepe im Westen der Halbinsel war zum Zeitpunkt der letzten Recherche ein neues **Informationszentrum** im Bau, ein Termin für dessen Eröffnung aber noch nicht bekannt gegeben. Die Museen und Ausstellungen in **Eceabat** und **Kilitbahir** (→ S. 102) präsentieren Exponate, die an die Schlacht erinnern.

Ganz im Süden der Halbinsel ragt das 42 m hohe, steinerne, tischähnliche **Çanakkale Şehitleri Abidesi** in den Himmel, das gigantischste Mahnmal Gallipolis. Es wurde zum Gedenken an alle Türken erbaut, die an der Schlacht teilnahmen.

Hinweis: Ohne eigenes Fahrzeug lassen sich die Gedenk-, Ex-Schlacht- und Mahnplätze der Halbinsel nur per geführter Tour von Çanakkale oder Eceabat aus erreichen.

„Gallipoli" und seine Folgen

Um das wilhelminische Deutschland schneller in die Knie zu zwingen, hielten hohe englische und französische Generäle im Kriegswinter 1914/15 eine zweite Angriffsfront von Südosten her für notwendig. Dafür bedurfte es des Zugangs zum Schwarzen Meer, den jedoch die mit den Deutschen verbündeten Osmanen kontrollierten. Mit einer Einnahme İstanbuls wären die Karten neu gemischt worden. Ein Plan, der scheiterte.

Der erste Versuch der Alliierten am 18. März 1915, die Dardanellen mit einer Schiffsattacke zu durchstoßen, wurde zum Desaster. Noch in der Nacht davor war es dem türkischen Minenleger *Nusrat* gelungen, eine unüberwindbare Barriere zu schaffen, auf die ein um das andere Schiff auflief. Was auf dem Seeweg nicht gelingen wollte, sollte die Invasion erreichen, an der sich neben französischen und englischen Einheiten auch die sog. ANZACS (= Australia and New Zealand Army Corps) beteiligten. Am 25. April 1915 landeten die Truppen auf der Halbinsel Gallipoli, um von dort über Land nach İstanbul vorzustoßen. Dies war der Beginn eines grauenvollen neunmonatigen Stellungskrieges. Rund eine Million Soldaten waren beteiligt, zwischen 150.000 und 250.000 fielen. Als Held ging Mustafa Kemal, der türkische Divisionskommandant und spätere Staatsgründer, aus der Schlacht hervor. „Ich befehle Euch, nicht anzugreifen! Ich befehle Euch zu sterben!" hieß seine viel zitierte Parole, um Stellungen zu halten, bis Verstärkung nachrücken konnte.

Im Januar 1916 gaben die Alliierten ihr Vorhaben auf und zogen sich zurück. Erst 1918, als der Weltkrieg vorbei war, kehrten einige von ihnen auf das Schlachtfeld zurück, um ihre gefallenen Kameraden auf insgesamt 31 Friedhöfen vor Ort zu bestatten. Nur noch ein Bruchteil konnte identifiziert werden. Auch wenn heute keine Kriegsveteranen mehr leben, kommen dennoch alljährlich am 25. April, dem sog. *Anzac Day*, tausende Australier und Neuseeländer zum Gedenken an ihre gefallenen Groß- oder Urgroßväter auf die Halbinsel. Die Türken hingegen feiern am 18. März jeden Jahres ihre erfolgreiche Verteidigung der Dardanellen.

Gelibolu – eine Stadt im Zeichen des Fisches

Gelibolu
ca. 29.000 Einwohner

Im Norden der gleichnamigen Halbinsel liegt das Fischerstädtchen Gelibolu, das schon mehrmals in seiner Geschichte Schauplatz bedeutender historischer Ereignisse war: Unter anderem schlug hier 405 v. Chr. die spartanische Flotte Athen und trug den Sieg im Peloponnesischen Krieg davon. 1357 wurde die Stadt als erste in Europa von den Türken erobert. An die abwechslungsreiche Vergangenheit des Städtchens erinnert z. B. der zentral an der Hafenbucht gelegene byzantinische **Festungsturm**, der auch schon als Gefängnis diente. Heute ist darin ein kleines **Museum** untergebracht, das dem osmanischen Admiral und Geografen Piri Reis aus dem 15. Jh. die Reverenz erweist (tägl. außer Do 8.30–12 und 13–17 Uhr, Eintritt frei). Auf der Landzunge nordöstlich des Zentrums kann man nahe dem Leuchtturm – ein netter Spaziergang am Ufer entlang – zudem den **Azebeler Namazgahı** entdecken, einen offenen Gebetsplatz mit Marmor-Mihrab aus dem frühen 15. Jh. Interessanter ist für viele aber ein Besuch des **Fischmarkts** nahe dem urigen Hafen mit seinen kleinen, hervorragenden Restaurants. Gelibolu ist bekannt für Sardinen *(sardalya)*, die es in bunten Konservendosen vor Ort eingelegt zu kaufen gibt. Ein Fest zu Ehren des kleinen Fischs wird alljährlich Ende Juli abgehalten. Unterkünfte sind vorhanden.

Information Ein Kiosk am Fährhafen verkauft Souvenirs und dient nebenbei als Touristeninformation. Unregelmäßig geöffnet.

Verbindungen Mind. stündl. Dolmuşe über Eceabat nach Kilitbahir. Halbstündl. bis stündl. rund um die Uhr **Fähren** von Gelibolu auf die asiatische Seite nach Lâpseki. 0,80 €/Pers., Auto 10,20 €.

Eceabat und Kilitbahir

Eceabat, der Fährhafen gegenüber von Çanakkale, ist ein charakterloses 5500-Einwohner-Städtchen, aber als Ausgangspunkt für die Erkundung der Gallipoli-Halbinsel geeignet. Am Hafen befindet sich der **Eceabat Tarihe Saygı Parkı**, eine kleine, etwas verwahrloste Grünfläche mit einem Modell der Halbinsel samt Gedenkstätten und Frontlinien. Am südlichen Ortsausgang kann man sich das **Camburnu-Museum** ansehen, das Gallipoli-Relikte beherbergt: Waffen, Munition, Knöpfe und

Gürtelschnallen, Briefe der Soldaten sowie einen von einer Kugel durchlöcherten Schädel (tägl. 8–12 u. 13–17 Uhr, Eintritt 1,20 €, erm. die Hälfte).

Rund 5 km südlich von Eceabat steht die osmanische Sperrfestung **Kilitbahir**, zu deren Füßen sich das gleichnamige, hübsche Dorf erstreckt. Das 1462 errichtete Bollwerk mit imposanten Rundtürmen ist das europäische Pendant zur Çimenlik Kalesi in Çanakkale (→ S. 220; tägl. außer Mo 8–19.30 Uhr, im Winter bis 17 Uhr, Eintritt 1,20 €).

Wiederum südlich schließt die sog. **Namazgah-Schanze** *(Namazgah Tabyası)* an. Die dreieckige Festungsanlage wurde bis 1960 vom türkischen Militär genutzt und ist seit 2007 der Öffentlichkeit zugänglich. Im Inneren informiert eine Ausstellung über die geschichtliche Bedeutung der Dardanellen. Im sog. **Gelben Turm** *(Sarı Kule)* auf der anderen Straßenseite ist eine kleine Ausstellung mit den üblichen, meist ziemlich rostigen Gallipoli-Relikten eingerichtet: Pferdegeschirr, Kanonenkugeln, Bajonette etc. (Mo–Fr 8–17 Uhr, Sa/So bis 18 Uhr, Eintritt für beide Ausstellungen 0,80 €).

Verbindungen Regelmäßige Dolmuşverbindungen zwischen Eceabat und Kilitbahir, von Eceabat zudem halbstündl. nach Kabatepe und Abide sowie mind. stündl. nach Gelibolu. Rund um die Uhr nahezu stündl. **Fähren** von Eceabat und Kilitbahir nach Çanakkale am gegenüber liegenden Dardanellenufer (Dauer ca. 30 Min.). 0,80 €/Pers., Auto 9,40 €.

Organisierte Touren Über die Halbinsel inkl. Badestopps bietet die Agentur **TJs**, zur gleichnamigen Unterkunft gehörend (s. u.). Dauer 5 Std., 21 €/Pers.

Übernachten/Camping *** **Grand Hotel Eceabat**, am zentralen Platz bei der Fährlegestelle und damit in bester Lage. Saniertes Mittelklassehaus. Großzügige, der Sternezahl entsprechend ausgestattete Zimmer mit neuem Mobiliar, viele mit Meeresblick, manche auch mit Balkon. Etwas steril, aber vollkommen okay. DZ 57 €, EZ die Hälfte. Cumhuriyet Meydanı, ✆ 0286/8142458, ✉ 8142460, www.eceabathotel.com.

TJs, Hotel und Hostel. Gut geführt, netter Service. Wurde im Winter 2011/12 neu gestaltet. Geplant waren Zimmer auf unterschiedlichem Niveau, vom Schlafsaal bis zum *Deluxe Room*. EZ ab 25 €, DZ ab 40 €, im Schlafsaal 10 €/Pers. Nahe der Fährlegestelle in Eceabat (schräg gegenüber der Polizei), ✆ 0286/8143121, ✉ 8143122, www.anzacgallipolitours.com.

** **Hotel & Camping Kum**, ca. 20 km südwestlich von Eceabat bzw. 5 km südlich von Kabatepe, an der Westküste der Halbinsel. Weites Gelände, ruhig. 72 ordentliche Zimmer (Fliesenböden und Terrasse oder Balkon), auf zweistöckige Gebäude verteilt. Schattiges Campergelände (Zelte nicht erlaubt!) mit sauberen Sanitäranlagen in zweiter Reihe, Pool, Strand mit Bar. März–Okt. 2 Pers. mit Wohnmobil 13 €, DZ mit HP 82 €. Von der Straße Kabatepe – Abide ausgeschildert, ✆ 0286/8141455, www.hotelkum.com.

Essen & Trinken Außergewöhnlich stilvoll für das Eck ist das Restaurant **Maydos** am südlichen Ortsende. Terrasse am Wasser, beliebt bei kleinen Reisegruppen. Grillgerichte 5–7 €, Fisch etwas teurer. ✆ 0286/8141454.

Für günstigen Fisch und Meeresfrüchte empfiehlt sich auch das einfachere **Liman Restaurant** an der Uferfront in Eceabat. Auch hier: Viele Reisegruppen garantieren Frische. Meze 1,60–2,40 €, Hg. 3,20–10,50 €. ✆ 0286/8142755.

Gökçeada (Insel)

Abgeschiedene Buchten, alte griechische Dörfer und ein wildromantisches Binnenland – die größte Insel der Türkei bietet alles für geruhsame Urlaubstage.

Die ehemals griechische Insel *Imbros* wurde 1923 durch den Lausanner Vertrag der Türkei zugesprochen – unter der Bedingung, dass die griechischen Einwohner vom Bevölkerungsaustausch verschont blieben. Im Lauf der Jahrzehnte wanderten sie dennoch ab. Von den 7100 Insulanern nennen gerade noch rund 220 (ältere) Griechen das Eiland ihre Heimat. Die meisten Bewohner arbeiten in Dienstleistungsberufen, nebenbei hat – wie seit Jahrhunderten – die Olivenölgewinnung noch eine große Bedeutung. Der Tourismus spielt bislang noch eine untergeordnete Rolle, ohnehin dauert die Saison wetterbedingt nur drei Monate. Doch Gökçeada ist eine Insel im Wandel: Als Wochenendausflugsziel begüterter İstanbuler wird das Eiland immer beliebter. Großhotels und der neue Flughafen deuten die zukünftige Entwicklung an.

Am besten also besucht man die rund 20 km lange und 13 km breite Insel so bald wie möglich. Abseits des unattraktiven Hauptortes **Gökçeada** (auch **Merkez** = Zentrum genannt) in der Inselmitte erwartet den Besucher immer noch pastorale Beschaulichkeit. Die meisten Urlauber zieht es nach **Kaleköy**, dem einzigen Küstendorf und „touristischen Zentrum" im Nordosten der Insel. Immerhin gibt es hier mehrere Restaurants mit netten Terrassen, Unterkünfte sowie eine 300 m lange Uferstraße, die allabendlich für den Verkehr gesperrt und zur Flaniermeile wird. Zudem soll aus dem Fischerhafen, den ein Kirchlein schmückt, in absehbarer Zeit eine Marina werden.

Einen Ausflug wert sind die malerischen, an Felsen klebenden Bergdörfer, die die griechische Bevölkerung zum Schutz vor Piraten gründete, allen voran **Tepeköy** und **Zeytinli**. In den beiden Dörfern kann man übrigens auch länger bleiben: Ein paar charmante Unterkünfte, nette Cafés und viel Ruhe laden dazu ein. **Dereköy** erwacht erst langsam aus dem Dornröschenschlaf – immerhin wurden bereits 50 Häuser der einst größten Ortschaft Gökçeadas wieder zum Leben erweckt, und auch die ersten Unterkünfte sind bereits entstanden. Das gebirgige Binnenland mit seinen oleanderbestandenen Tälern kann man zu ausgedehnten Wandertouren und idyllischen Picknicks nutzen. Der Westen der karg-windigen Insel ist nur wenig besiedelt, dort zeigt sie sich von ihrer wildromantischen Seite.

Badestrände findet man v. a. im Süden der Insel. **Aydıncık**, der schönste, liegt im Südosten zwischen Meer und einem Salzsee, dessen schlammiges Wasser Rheumatikern Linderung verschaffen soll (Sonnenschirmverleih und Bars). Der Strand ist fest in der Hand von campenden bulgarischen Wind- und Kite-Surfern, vor Ort gibt es mehrere Brettverleiher und Surfschulen.

Das Fährschiff legt übrigens in **Kuzu Limanı** im Nordosten der Insel an. Außer einem Anlegesteg gibt es dort nicht viel, es sei denn, die Fähre läuft ein: Dann stehen auch ein paar Taxis und Dolmuşe parat.

Telefonvorwahl 0286.

Information Tourist Information am zentralen Kreisverkehr in Merkez. In der Saison tägl. 10.30–20 Uhr. ✆ 8873005, www.gokceada.com.

Verbindungen Flugzeug, den kleinen Inselflughafen steuerte zuletzt nur *Borajet* von Istanbul aus an. Aktuelles dazu unter www.gokceada.dhmi.gov.tr.

Schiff, Autofähren von und nach Kabatepe auf der Halbinsel Gallipoli (Dauer 70–80 Min.), im Sommer bis zu 4-mal tägl., im Winter eingeschränkt. 0,80 €/Pers., 2 Pers. mit Auto 11 €.

Nur im Sommer zudem 4-mal wöchentl. „Seebusse" (*Deniz Otobüsü*, keine Mitnahme von Autos, Dauer 60 Min.) von Çanakkale auf die Insel. 4,10 €/Pers.

Dolmuş, halbwegs regelmäßige Dolmuşverbindungen nur zwischen Hafen und Merkez sowie zwischen Kaleköy und Merkez.

Adressen/Sonstiges

Ärztliche Versorgung Krankenhaus im Hauptort an der Straße nach Kaleköy. ✆ 8873003.

Auto- und Zweiradverleih Bieten Cemalettin Yılmaz (kein Büro, nur telefonisch zu erreichen unter ✆ 0543/972874, mobil, Autos ab 38 €, Räder ab 10 €) und **Imroz Rent a Car** (an der Atatürk Cad. 17, der Hauptstraße in Merkez Richtung Tepeköy, ähnliche Preise, ℡ 8874363, www.imrozrentacar.com).

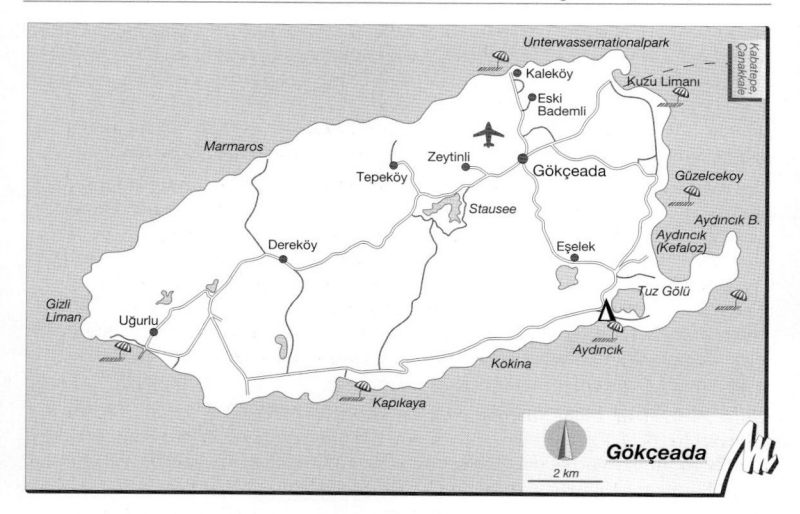

Einkaufen Lokaler Wein (Flasche ab rund 6 €)! Zudem kann man sich mit dem hiesigen **Olivenöl** (sehr gut!) eindecken.

Veranstaltungen Das feucht-fröhliche **griechische Festival** findet alljährlich am 15. August in Tepeköy statt.

Übernachten/Camping/Essen & Trinken

Auf der Insel gibt es viele Unterkünfte – wer irgendwo ein leer stehendes Zimmer hat, vermietet es. Die schönsten befinden sich in den Bergdörfern und in Kaleköy direkt am Meer. Die dortigen Lokale an der Uferfront bieten auch hervorragende Meze und Fischgerichte.

In Aydıncık Çelik Pansiyon, einstöckiges Haus, um das sich zu allen Seiten Zimmer gruppieren. Alle mit privatem Bad und kleiner Terrasse. Sehr einfach, aber okay. DZ 32 €. ℡ 8981011.

Simpelste Campingmöglichkeiten bieten die Strandlokale **Şen** und **Pusula** hinter dem Strand von Aydıncık. Viel bulgarisches Surferpublikum. Preise Verhandlungssache.

In Kaleköy Kale Motel, 25 ordentliche Zimmer ohne besondere Note, z. T. mit Meeresblick und Balkon, abends laut. Gutes Restaurant. DZ 40 €. An der Uferpromenade, ℡ 8874404, www.kalemotel.com.

Kalimerhaba Motel, ein paar Schritte weiter. 9 anständige, saubere Zimmer. Ebenfalls ein gutes Restaurant mit Terrasse unter Weinreben. Englischsprachig. DZ 37 €. ℡ 8873648.

Yakamoz Pansiyon, in toller Lage hoch über Kaleköy, von der Restaurantterrasse herrlicher Blick aufs Meer. 20 schlichte, aber ordentliche Zimmer. DZ 41 €. Yukarı Kaleköy, ℡ 8872057, www.gokceadayakamoz.com.

In Tepeköy Hier ist das gemütliche Terrassenlokal **Barba Yorgo** am Rand des beschaulichen Dorfes zu empfehlen. Abendessen mit Fisch (gute Garnelen) oder Fleisch und hausgekeltertem Wein 13–19 €/Pers. Zudem Zimmervermietung, DZ 33 €. ℡ 8873592, www.barbayorgo.com.

In Zeytinli Zeytindali Hotel, liebevoll restauriertes Natursteinhaus. Alte Fliesen, schwere Holztüren, geschmackvolles Mobiliar und 16 Zimmer, alle individuell und komfortabel ausgestattet. Dazu Dorfidylle pur. Hübsches Restaurant. DZ 103 €. Zeytinli 168, ℡ 8873707, ✆ 8873676, www.zeytindalihotel.com.

Abendstimmung am Bosporus

İstanbul

İstanbul liebt man oder İstanbul hasst man, dazwischen gibt es wenig. Ein unvergessliches Erlebnis ist die Metropole am Bosporus jedoch immer.

İstanbul ist für viele nicht nur eine der prächtigsten Städte Europas und eine der reizvollsten Asiens, sondern eine der faszinierendsten der Welt. Und teilt man die Meinung Alexander von Humboldts, dann ist İstanbul sogar die schönste Metropole überhaupt.

Als einzige Stadt auf unserem Globus erstreckt sie sich über zwei Kontinente. Ihre 13 bis 15 Mio. Einwohner – keiner weiß das so genau – machen sie zu einem brodelnden Irrwitz zwischen Orient und Okzident, zwischen Kommerz und Koran.

İstanbul ist der türkische Schmelztiegel an Innovation, moderner Lebensfreude und jugendlicher Aufmüpfigkeit. Am Bosporus boomt die Wirtschaft, herrscht reger Handel und Wandel und werden die neuesten Trends des Landes vorgegeben. Gleichzeitig pflegt man liebevoll sämtliche Klischees aus 1001 Nacht: mit illuminierten Kuppeln und Minaretten, orientalischen Basaren und glitzernd-rasselnden Bauchtänzerinnen.

İstanbul weckt nicht nur Träume bei ausländischen Reisenden, sondern auch bei den Türken selbst: Die sehnsüchtig nach Europa blickende, gebildete Jugend sieht in der Anonymität der Großstadt meist die einzige Möglichkeit, der starr-konservativen Provinz zu entkommen. Für viele verarmte und streng religiöse Dörfler aus Ostanatolien hingegen stellt das prosperierende İstanbul die oft letzte Chance auf Arbeit dar. Aber auch wer viel Geld hat und es stilgerecht ausgeben will, den zieht es nach İstanbul. Das offensichtliche Nebeneinander von Liberalismus und Traditionalismus, von Arm und Reich bringt Widersprüche mit sich, die die Stadt abstoßend und anziehend zugleich machen: Während die schön-schicke Highsociety in eleganten Gourmettempeln den Monatslohn des davor postierten Schuhputzers in wenigen Minuten verfuttert, Beatfreaks im Designerdrogenrausch in vernebelten Clubs bis zum Morgen feiern und junge Avantgardekünstler in Literaturcafés über die nächste Vernissage plaudern, stehen anderswo von Kopf bis Fuß in Schwarz gehüllte Frauen beim Brotverkauf an. Ihre bärtigen Männer mit bunten Wollmützen und grauen Jacketts spielen Tavla im Kaffeehaus und warten auf Arbeit und den nächsten Ruf des Muezzins. İstanbul hat viele Gesichter.

İstanbul – die Highlights

Gleich vorweg: Wer zum ersten Mal İstanbul besucht, sollte mindestens drei volle Tage einplanen.

Topkapı-Palast: 1001 Nacht auf 70 Hektar. Von allen Sultanspalästen İstanbuls ist der Topkapı Sarayı der mit Abstand beeindruckendste.

Hagia Sophia und Blaue Moschee: Sie zählen zu den imposantesten und berühmtesten Sakralbauten der Welt und liegen nahe dem Topkapı Sarayı.

Yerebatan-Zisterne: Der „Versunkene Palast", ein geheimnisvoller byzantinischer Wasserspeicher, lädt zu einem Ausflug in die Unterwelt ein.

Großer Basar: Gesellen Sie sich zu den rund 500.000 Kauflustigen, die hier alltäglich durch die überdachten Passagen wuseln. Ein farbenprächtiges Stück Orient mit über 3500 Geschäften.

Chora-Kirche: Die byzantinische Kirche liegt alles andere als zentral, ist aber die Anfahrt wert. Die vielfarbig glänzenden Mosaiken und Fresken darin gehören zu den weltweit bedeutendsten Zyklen sakraler Kunst.

Taksim und Beyoğlu: Die schrillsten Vergnügungsviertel İstanbuls – hier pulsiert das Leben.

Bosporusfahrt: Eine Fahrt mit dem Dampfer über die Meerenge gehört zum Pflichtprogramm für alle, die länger als drei Tage in der Stadt verweilen. Ohne Stress und Hektik lernen Sie die Perle am Bosporus von ihrer schönsten Seite kennen.

Prinzeninseln: Ein Ausflug auf die im Marmarameer gelegenen, autofreien Inseln ist ein Trip in die Beschaulichkeit.

Geschichte

Byzantion, Konstantinopel, İstanbul – eine Stadt, 2700 Jahre Geschichte. Sie wurde gegründet, als die Welt noch keine Kontinente kannte. Heute ist sie der bedeutendste Brückenkopf zwischen Asien und Europa. An ihre große Vergangenheit erinnern Kirchen und Paläste, Moscheen und Museen.

Aller Anfang ist griechisch

Funde aus dem Neolithikum geben Aufschluss darüber, dass entlang der Ufer des Bosporus schon vor rund 8000 Jahren Jäger und Sammler lebten. Der obligatorischen Stadtlegende nach beginnt die Stadtgeschichte jedoch erst vor rund 2700 Jahren. Demnach war es der sagenhafte Byzas aus dem griechischen Megara, der auf der heutigen Serailspitze (Sarayburnu) 667 v. Chr. eine Kolonie gründete, die nach ihm *Byzantion* (Byzanz) genannt wurde. Ausschlaggebend für die Ansiedlung war dabei nichts Geringeres als ein Spruch des Orakels von Delphi, der die Anweisung enthielt, gegenüber dem Gebiet der Blinden zu siedeln. Und für blind hielt Byzas die Siedler von Chalkedon (dem heutigen Kadıköy), die sich wenige Jahre zuvor auf der asiatischen Seite niedergelassen hatten, ohne die Vorteile einer Stadtgründung auf der Serailspitze zu erkennen. Von einer Girlande von Wasser umgeben, reichte hier eine verhältnismäßig kurze Stadtmauer aus, um sich vor Angreifern zu schützen. Außerdem ließ sich von der Serailspitze spielend die Meerenge kontrollieren.

Aufgrund der günstigen Lage am Bosporus entwickelte sich Byzantion schnell zu einem reichen Handelszentrum, das zu den vierzig wichtigsten Stadtstaaten der Antike zählte. Das aber machte Byzantion auch begehrenswert. Im Wechsel folgten Belagerungen und Eroberungen. Der persische Großkönig Dareios I. ließ 512 v. Chr. gar eine riesige, hölzerne Pontonbrücke über den Bosporus schlagen, um mit seinem Heer die Stadt einzunehmen. 340 v. Chr. erschien Philipp II. von Makedonien vor den Toren der Stadt, um sie ausdauernd, aber vergeblich zu belagern. Wohin dem Vater der Einlass verwehrt blieb, durfte der Sohn ohne Widerstand schreiten. Dem ruhmvollen Heer Alexanders des Großen, Sohn Philipps II., öffneten die Byzantiner vorauseilend die Tore. Mit dem Tod Alexanders, dem Zerfall seines Weltreichs und dem Erstarken der neuen Supermacht Rom geriet Byzantion jedoch erneut in den Strudel kriegerischer Auseinandersetzungen. Diese hielten bis in die Mitte des 2. Jh. v. Chr. an, bis Byzanz zur *civitas foederata*, zum Verbündeten Roms wurde. Es folgte eine fast drei Jahrhunderte andauernde Friedensepoche, in welcher die Stadt schließlich in die römische Provinz Bithynien eingegliedert wurde und in der sie sich erfolgreich der Mehrung ihres Reichtums widmen konnte.

Das neue Rom

196 n. Chr. fand das süße Leben infolge römischer Thronstreitigkeiten ein jähes Ende. Byzanz hatte sich bei den Kämpfen um die Kaisermacht auf die falsche, die Verliererseite gestellt. Der Sieger Septimius Severus belagerte die Stadt, ließ ihre Befestigungen schleifen und massakrierte die Soldaten und Beamten. Kurz darauf aber erinnerte sich derselbe Septimius Severus an die einzigartige taktische Bedeutung der Stadt und ließ sie samt neuen Mauern wieder aufbauen, größer und prächtiger als zuvor.

In der ersten Hälfte des 4. Jh. geriet Byzanz erneut in erbitterte Kämpfe um die Vorherrschaft im Römischen Reich. Einer der Kandidaten war Konstantin, der 306 vom Militär im Westen zum *Augustus* ausgerufen worden war. In der entscheidenden Schlacht bei Chrysopolis (dem heutigen Stadtteil Üsküdar auf der asiatischen Seite) ging er 324 gegen Licinus, den Kaiser des Ostens, als Sieger und Alleinherrscher hervor. Einen Tag später, am 18. September 324, zog Konstantin I. alias Konstantin der Große in Byzanz ein, dessen Pracht und Schönheit der einstigen Weltstadt Rom schon lange den Rang abgelaufen hatten.

Konstantin I. traf in den folgenden Jahren aus außenpolitischen und strategischen Gründen, aber auch aus persönlichen Imagegründen weitreichende Entscheidungen, die darin gipfelten, dass 330 das ehemalige Byzantion unter dem Namen *Nea Roma* (Neues Rom) als neue Hauptstadt des Römischen Reiches eingeweiht wurde. Der Kaiser hatte durch ambitionierte Bauvorhaben der neuen Kapitale seinen Stempel aufgedrückt und allein das Stadtgebiet um das Fünffache vergrößern lassen. Kein Wunder also, dass sich schon bald *Constantinopolis* (also Konstantinopel) als neuer Name durchsetzte. Um die kaiserlichen Anlagen auf dem Paladin in Rom zu übertrumpfen, wurde der sog. „Große Palast" gebaut, der sich von der heutigen Blauen Moschee bis zum Marmarameer erstreckte. Für Jahrhunderte sollte er der

Sitz der Kaiser werden. Heute liegen seine Reste größtenteils einige Meter unter der Stadtbebauung der osmanischen Epoche.

Die schönste Stadt der Welt

Mit dem neuen geografischen Schwerpunkt veränderte sich auch das religiöse und damit gesellschaftliche Gesicht des Römischen Reiches. Schon Konstantin hatte das Christentum toleriert und sich selbst, wenn auch erst auf dem Totenbett, taufen lassen. Unter Theodosius I. wurde das Christentum 381 zur Staatsreligion. Mit seinem Tod und der Aufteilung des Römischen Reichs unter seinen Söhnen kam es 395 endgültig zur Spaltung in eine westliche, lateinische und eine östliche, griechischsprachige Hälfte. Letztere sollte als Byzantinisches oder Oströmisches Reich in die Geschichte eingehen.

Während der weströmische Teil von Germanen und Hunnen überrannt wurde und der letzte weströmische Kaiser schließlich 476 abgesetzt wurde, boomte Konstantinopel. In der ersten Hälfte des 5. Jh. wurde es unter Theodosius II. notwendig, abermals eine neue Stadtmauer weiter westlich zu errichten; sie ist noch heute erhalten. Wie Rom erstreckte sich nun auch Konstantinopel über sieben Hügel.

Kaiser Justinian I. (527–565) führte Byzanz in ein goldenes Zeitalter. Siegreich zog er in den Kampf gegen Bulgaren, Perser und Goten. Unter ihm erreichte das Byzantinische Reich seine größte Ausdehnung, eine straffe zentrale Verwaltung sorgte zudem für inneren Frieden. Und so waren die Voraussetzungen gegeben, dass sich Konstantinopel zur prächtigsten Metropole der damals bekannten Welt entwickeln konnte. Man schätzt, dass am Ende der Regierungszeit Kaiser Justinians zwischen 600.000 und einer Million Menschen in Konstantinopel lebten. Die Stadt, durch Justinian mit der gewaltigen *Hagia Sophia* in ihrer Mitte gekrönt, war mittlerweile von einer Seemauer umgeben.

Die folgenden Kaiser taten sich schwer, das Erbe Justinians zu bewahren, zumal Reich und Stadt von außen immer wieder bedroht wurden. So lag der Schwerpunkt

Im Inneren der Hagia Sophia

jeglicher Bautätigkeit in Konstantinopel in der Verstärkung der Verteidigungsanlagen. Um auch die Einfahrt feindlicher Schiffe ins Goldene Horn zu verhindern, ließ man eine schwere Kette schmieden, die im Notfall über den Meeresarm gespannt werden konnte.

Von der Königin zur Bettlerin

Immer wieder standen in den folgenden Jahrhunderten v. a. die Bulgaren und die Araber vor den Toren der Stadt. Doch all den Angriffen geboten die sog. Theodosianischen Landmauern Einhalt. 716 tauchten die Araber gar mit 800 Schiffen auf. Nur ganze fünf kehrten zurück, der Rest verschwand auf dem Grund des Bosporus. Aber nicht nur Kriege hielten die Stadt in Atem, auch Erdbeben, Brände und Epidemien.

Im 11. Jh. begann das Byzantinische Reich schließlich sprichwörtlich an Boden zu verlieren, auch wenn es für ein Jahrhundert fast so aussah, als könnten die Kaiser der sog. Komnenen-Dynastie (1081–1204) das Ruder noch einmal herumreißen. Unter den Komnenen wurde Konstantinopel gar zur reichsten Stadt der Welt, denn die Herrscher liebten den Luxus, ließen Paläste und Klöster bauen und förderten eine liberale Wirtschaftspolitik. Zu den Handelspartnern zählte die Creme der damaligen Seerepubliken – Venedig, Amalfi, Pisa, Genua – sowie Russland. Nördlich des Goldenen Horns bildeten die Händler eigene kleine Kolonien.

Intrigen lösten gegen Ende des 12. Jh. eine Thronfolgekrise aus. 1195 entmachtete Alexios III. seinen Bruder Isaak II. und ließ ihn inhaftieren. Isaaks Sohn heuerte daraufhin das 4. Kreuzfahrerheer an, versprach diesem im Falle der Einnahme Konstantinopels und der Wiedereinsetzung seines Vaters die Rückkehr zur Katholischen Kirche und was noch wichtiger war, viel, viel Geld. Die Kreuzfahrer gingen auf das Geschäft ein, doch Alexios hatte sich mit den Reichsjuwelen aus dem Staub gemacht und die Rechnung konnte nicht beglichen werden. Die Folge waren mehrtägige Plünderungen. Was nicht niet- und nagelfest war, wurde mitgenommen, darunter Kunstschätze von unermesslichem Wert. Danach lag die Stadt in Trümmern. Die meisten Einwohner flüchteten.

Die Sieger etablierten das sog. Lateinische Kaiserreich (1204–1261). Patriarchen aus Venedig bezogen die Residenzen ihrer griechischen Vorgänger und ließen die Stadt vollends ausbluten. Alles, was aus Edelmetall bestand, wurde eingeschmolzen. Konstantinopel verkam zu einer Ansammlung verstreuter Siedlungen mit ca. 50.000 Einwohnern. Die geflohenen byzantinischen Familien sammelten Geld und gewannen schließlich Genua – die größte Rivalin Venedigs im Mittelmeerhandel – und ein bunt gemischtes Söldnerheer zur Rückeroberung Konstantinopels. 1261 konnte dieser Plan verwirklicht werden. Doch das einst so große Reich war nur noch ein Schatten seiner selbst.

Die osmanische Herrschaft

Zu Beginn des 15. Jh. bestand das Byzantinische Reich schließlich aus nicht viel mehr als seiner Hauptstadt selbst. Es war von den Osmanen umgeben, die am Bosporus Festungen errichteten, um Konstantinopel vom Schwarzen Meer und damit von möglichen Hilfstruppen abzuschneiden. Im April 1453 begann unter Mehmet II. die mehrwöchige Belagerung Konstantinopels. Die Stärke seiner Truppen wird auf 80.000–250.000 Mann geschätzt – die Zahlen in der Literatur schwanken erheblich. Um die Stadt von allen Seiten in die Zange zu nehmen, ließ Mehmet 70 Kriegsschiffe auf eingeseiften Brettern vom Bosporus über Land an Galata vorbei zum Goldenen Horn schleppen. So umging er die Sperrkette im Meeresarm. Gerade 5000–9000 wehrhafte Männer hatte Konstantinopel zur Verteidigung. Am 29. Mai 1453 (heute ein Feiertag) gab Mehmet II. den Befehl zur Erstürmung der Stadt. Der letzte byzantinische Herrscher Konstantin XI. starb heroisch im Kampf. Blut soll die Straßen hinab gelaufen sein wie Fluten nach einem Sturmregen. Die Zahl der Toten wird mit rund 50.000 angegeben.

Kalif, Kadi und Khedive – Titel, Gruppen und Institutionen des Osmanischen Reichs

Sultan: Politisches Oberhaupt des Reiches, ab 1517 (s. u.) auch religiöses. Der Titel wurde vererbt, nicht jedoch automatisch an den ältesten Sohn.

Diwan: Bezeichnung des osmanischen Reichsrats, benannt nach dem Ort seines Zusammentretens im Topkapı-Palast. War das höchste gesetzgeberische Staatsorgan, ihm oblag zudem die Exekutive.

Wesir: Bezeichnung eines Ministers. Die vier ältesten Wesire nahmen an den Kabinettssitzungen im Diwan teil. Ab dem 16. Jh. leitete ein Großwesir die Unterredungen.

Emir: Fürstentitel ab dem 10. Jh.

Bey: Gouverneur einer Provinz

Subaşı: Stadtvogt, eine Art Bürgermeister

Pascha: Ein auf Lebenszeit verliehener Titel für hoch verdiente Militärs oder lang gediente Beamte

Gazi: Titel für verdiente islamische Glaubenskämpfer

Khedive: Titel der Vizekönige von Ägypten, welche die Vormachtstellung des Osmanischen Reiches anerkannten

Janitscharen: Anfangs die Leibgarde des Sultans, ab dem 14. Jh. die Kern- und Elitetruppe des Osmanischen Reiches und verantwortlich für dessen militärische Erfolge. Rekrutiert wurde durch die berüchtigte „Knabenlese" *(devşirme)*, bei der alle paar Jahre die erstgeborenen Söhne der christlichen Bevölkerung aussortiert wurden. Die Knaben wurden am Hofe des Sultans, abgeschieden von ihren Eltern, zum Islam erzogen und später als Soldaten zum lebenslangen Dienst verpflichtet. Die Sultane verfügten damit über die ersten „Berufssoldaten" der Welt, anderswo in Europa rekrutierte man zu jener Zeit Bauern für militärische Aktionen. Nachdem die Janitscharen immer mächtiger geworden waren und sich zudem Reformen in den Weg gestellt hatten, wurden sie 1826 liquidiert.

Kalif: Bezeichnete das Oberhaupt der islamischen Welt. Nach der Eroberung Ägyptens 1517 und dem Tod des letzten abassidischen Kalifen Mütevekkil nahm der Sultan das Amt des Kalifen wahr. Zur Entlastung seiner Person schuf er jedoch das Amt des Şeyhülislam.

Şeyhülislam: Auch Großmufti genannt, Leiter der *Ulema*, einer religiösen Institution von Gelehrten, die für die Auslegung und Einhaltung des islamischen Gesetzes (Scharia) verantwortlich zeichnete.

Kadi: Richter, der mit der Auslegung und Anwendung des islamischen Rechts betraut war

Die überlebenden Einwohner wurden mit Ausnahme der Juden und Genuesen deportiert. Konstantinopel hieß von nun an *Kostantiniya* und Mehmet II. schmückte sich mit dem Beinamen *Fatih*, der Eroberer. Ein neues Kapitel in der Geschichte der Stadt brach an, eines im Zeichen des Islam. Unzählige Kirchen, wie die Hagia Sophia, wurden zu Moscheen umfunktioniert. Aber auch neue islamische Gebetsstätten entstanden und Minarette begannen die Silhouette der Stadt zu prägen. Mehmet selbst verewigte sich mit der *Fatih Camii*, der Eroberermoschee, gab aber auch den Bau des Topkapı Sarayıs in Auftrag. Schon bald durften die vertriebenen Griechen und Armenier zurückkehren. Mehmets Nachfolger, Beyazıt II. (1481–1512), nahm zudem vor der Inquisition geflüchtete spanische Juden auf. Mit den nichtmuslimischen Minderheiten begann der Handel der wieder aufstrebenden Metropole zu blühen.

Mit der Eroberung Ägyptens 1517 unter Selim I. (1512–1520) kam das Kalifat an den Bosporus. Kostantiniya entwickelte sich dadurch zum Zentrum zweier Religionen, da auch weiterhin das Orthodoxe Patriarchat hier seinen Sitz hatte. Die Eroberungszüge brachten neben Land auch viel Geld. Mit der Kriegsbeute ließ sich die Stadt weiter ausbauen und ausschmücken.

Unter Süleyman dem Prächtigen (1520–1566) wurde Kostantiniya wieder das, was es schon einmal war, Hauptstadt eines riesigen Reiches. Er führte das Osmanische Reich an den Zenit seiner Macht, 1529 standen seine Truppen gar vor Wien. Unter Süleyman, der wegen seiner Toleranz, Humanität, Intelligenz und Gerechtigkeit auch im Abendland überaus geschätzt war, entstanden unzählige Paläste und Moscheen, viele davon durch Sinan, den größten Baumeister seiner Zeit.

Südlich des Goldenen Horns entwickelte sich İstanbul zu einer orientalischen Stadt mit engen, verschlungenen Gassen zwischen imposanten Moscheen, nördlich davon begann sich Pera, der heutige Stadtteil Beyoğlu, zu formen. Vorwiegend ausländische Gesandte, Diplomaten und Kaufleute ließen sich dort nieder.

Zwar ging es im Laufe der Zeit infolge des „Sultanats der Frauen" (→ Geschichte, S. 83) mit dem Osmanischem Reich allmählich bergab, doch im Serail störten die Probleme im eigenen Land nicht allzu sehr. Hier schwelgte man im Luxus, ein Bedürfnis nach Veränderung war nicht vorhanden. In der Bevölkerung jedoch kam zu Beginn des 18. Jh. sozialer und politischer Unfrieden auf.

Ahmet III. (1703–1730) war der erste Sultan, dessen Herrschaft aufgrund einer Revolte beendet wurde. Für seine Regierungszeit – die Staatsgeschäfte hatte er seinem Großwesir übergeben – steht der Begriff *Lale Devri*, Tulpenzeit. In der Kunst war sie geprägt vom osmanischen Rokokostil, in der Politik von einer ersten Annäherung an Europa und im Alltag der Herrschenden von rauschenden, märchenhaften Festen und Empfängen, bei denen der Sultan Tulpen streuen ließ, während das einfache Volk hungerte. Zu jener Zeit begann sich auch der Name „İstanbul" (bzw. verwandte Formen) für die Hauptstadt des Osmanischen Reiches durchzusetzen. Woher er stammt, weiß niemand so genau. Manche Theorien sehen die Herkunft im osmanischen Wort *İslâmbol* („von Islam erfüllt"), andere in der Verstümmelung des griechischen *istin polin* („in der Stadt"). Die offizielle Umbenennung der Stadt in İstanbul erfolgte jedoch erst 1930.

Erste Versuche, das Reich schrittweise zu reformieren, unternahm Mahmut II. (1808–1839). Mit einem Massaker löschte er die Janitscharen aus, die gegen alle fortschrittlichen Strömungen erbittert gekämpft hatten (→ Kasten, S. 138). Weiter reichende Reformen folgten unter seinen Nachfolgern Abdül Mecit (1839–1861) und Abdül Aziz (1861–76). Sie brachten İstanbul westlich angehauchte Paläste wie den Dolmabahçe Sarayı, die ersten fahrplanmäßig verkehrenden Bosporusdampfer (1850), eine Telegrafenleitung nach Europa (1855), die erste pferdegezogene Straßenbahn (1872) usw. Sie brachten am Ende aber auch den Staatsbankrott (1875).

Unter dem Despot Abdül Hamit II. (1876–1909), der keine Sympathien beim Volk, dafür jedoch beim deutschen Kaiser Wilhelm II. genoss, erfolgte der Anschluss İstanbuls an das Eisenbahnnetz Europas und der Bau der Bagdad-Bahn.

İstanbul – keine Angst mehr vor dem großen Beben

Mit 60 % geben Wissenschaftler das Risiko für İstanbul an, innerhalb der nächsten 30 Jahre von einem Erdbeben mit der Mindeststärke von 7,0 auf der Richter-Skala getroffen zu werden. Grund für die extreme Erdbebengefahr im Raum İstanbul ist die prekäre Lage der Bosporusmetropole nahe einem Riss in der Erdkruste, der sich von Nordanatolien bis zum Marmarameer zieht. Zwei Erdplatten, die anatolische und die eurasische, stoßen hier aufeinander. Daher zittert İstanbul seit eh und je – mal mehr, mal weniger, mal alle drei Jahre, aber auch mal ein ganzes Jahrzehnt nicht. Eines der verheerendsten Beben in der Geschichte der Stadt ereignete sich 1509. Es löste eine gigantische Flutwelle aus, die über die einstigen Seemauern der Stadt einstürmte, über 100 Moscheen zerstörte und über 10.000 Menschen das Leben kostete. Ein solch schweres Beben in heutiger Zeit wäre ein Horrorszenario, Wissenschaftler prognostizieren für diesen Fall 50.000 bis 100.000 Tote. Gegen die angekündigte Katastrophe tut die Stadt nur wenig: Nicht einmal 10 % der Schulen oder Krankenhäuser, die in den letzten zehn Jahren gebaut wurden, sind erdbebensicher. Stattdessen wurden schon Orte für Massengräber ausgewiesen ...

Der Grad der Angst vor einem Beben spiegelt sich v. a. in der Höhe der jährlichen Investition in die Bosporusmetropole wider. Nach dem Erdbeben im August 1999 bei İzmit (→ Kasten, S. 190) verschwanden zig Projekte in den Schubladen. Vier, fünf Jahre herrschte Stillstand. Mittlerweile ist die Erdbebenpanik wieder passé. Es wird gebaut und restauriert wie nie zuvor. Mit den *Dubai Towers*, zwei Wolkenkratzern, die 300 m in den Himmel ragen werden, soll im Stadtteil Levent gar das vierthöchste Gebäude Europas entstehen. Scheichs aus Dubai wollen dafür 500 Mio. Euro locker machen – wenn sie wieder flüssig sind. Ein paar Blocks weiter kann man mit entsprechendem Kleingeld im *İstanbul Sapphire* residieren, einem 261 m hohen Wolkenkratzer mit schicken Apartments, einer Shoppingmall, einer Golfanlage in 163 m Höhe und vielem Schnickschnack mehr. Ein weiterer architektonischer Superlativ wird mit *Autopia* in Beylikdüzü entstehen. 2012 sollen dort die Arbeiten am größten Autohaus der Welt abgeschlossen sein – Showrooms für 2500 Fahrzeuge auf fünf Etagen, auf dem Dach eine eigene Rennstrecke.

Analysten bezeichnen İstanbul als eine der attraktivsten Städte Europas, was Investitionen in Industrie-, Logistik- und Wohnimmobilien betrifft.

Die heimliche Hauptstadt

Die über 16 Jahrhunderte währende politische Vormachtstellung İstanbuls endete 1923 mit der Ausrufung der Türkischen Republik und der Ernennung Ankaras zur neuen Hauptstadt. Wirtschaftlich und kulturell aber blieb die Stadt am Bosporus das Zentrum der neuen Republik. So verwundert es nicht, dass ab der Mitte des 20. Jh. ein Bevölkerungszuwachs einsetzte, der zu einer Verzehnfachung der Einwohnerzahl führte. Täglich erreichten Busladungen mit verarmten Bauern aus Ostanatolien, Kurden aus den Krisengebieten (insbesondere ab 1984) oder Glücksrittern aus der Provinz die Metropole. In sog. *Gecekondus* (über Nacht errichteten Hütten, → Kasten S. 719) ließen sie sich an den Stadträndern İstanbuls nieder. Wer im Laufe der Zeit ein wenig Gespartes zusammenhatte, bezog eine Wohnung in einem Apartmentblock, den meist eine Baumafia illegal und billigst auf Staatsland errichtet hatte. Bei Erdbeben sind sie die Wackelkandidaten Nummer eins. Das Buhlen um Wählerstimmen ließ die Kommunalpolitiker alle Augen zudrücken. Daran hat sich bis heute nichts geändert.

Mit der extremen Zunahme der Bevölkerung jedoch standen und stehen die Stadtväter vor immer neuen infrastrukturellen Herausforderungen. Gigantische Bauprojekte über und unter der Erde waren und sind noch immer die Folge. Der gegenwärtige Bau der Metrolinie, die Europa mit Asien am Grunde des Bosporus verbindet, ist dabei das spektakulärste Projekt.

Orientierung: Die Meerenge des Bosporus trennt İstanbul in eine europäische und eine asiatische Hälfte. Die europäische Hälfte wiederum teilt der Meeresarm des Goldenen Horns in zwei Bereiche. Südlich des Goldenen Horns, in der Altstadt bzw. den Stadtteilen Sultanahmet, Beyazıt und Eminönü, liegt das touristische Zentrum der Millionenmetropole mit den bedeutendsten Sehenswürdigkeiten. Nördlich des Goldenen Horns findet man überaus moderne Stadtteile wie das Bankenviertel Levent und die Trendkieze Beyoğlu, Taksim, Harbiye oder Şişli. Die Monstrosität İstanbuls erschließt sich letztendlich erst bei einer Dampferfahrt über den Bosporus oder auf die asiatische Seite. Grundsätzlich gilt übrigens noch immer das, was Erich Kästner schon vor über einem Vierteljahrhundert so treffend formulierte: „Man muß viel laufen in Stambul. Da man, was man nicht mit dem Kleingeld von Schritten bezahlt hat, nicht gesehen hat, ist diese Stadt schwierig."

Information/Verbindungen (überregional)

Telefonvorwahl 0212 für die europäische Seite, 0216 für die asiatische. Wer von der europäischen Seite auf die asiatische telefoniert, muss die Vorwahl folglich mitwählen.

Information In İstanbul (www.istanbulkulturturizm.gov.tr) gibt es etliche Informationsstellen, die offiziellen im Stadtzentrum im Überblick: **Sultanahmet**, am Sultanahmet Meydanı, ✆ 0212/5188754. Tägl. 9–17 Uhr. **Eminönü**, im Bahnhof Sirkeci, ✆ 0212/5115888. Tägl. 9–17 Uhr. **Karaköy** Yolcusalonu, im internationalen Terminal am Hafen von Karaköy, ✆ 0212/2495776, i. d. R. geöffnet zum Landgang der Kreuzfahrer. **İstanbul Hilton**, Cumhuriyet Cad., Harbiye, ✆ 0212/2330592. Tägl. (außer So) 9–17 Uhr.

Verbindungen İstanbul besitzt zwei internationale **Flughäfen**. Der **Atatürk Havalimanı** (www.ataturkairport.com) auf der europäischen Seite liegt 18 km westlich des Zentrums im Stadtteil Yeşilköy. Im Ankunftsbereich des internationalen Termi-

Information/Verbindungen

nals *(Dış hatlar)* finden Sie u. a. Banken mit Automaten, diverse international operierenden Autoverleiher, eine Gepäckaufbewahrung, Geldwechselmöglichkeiten und eine sporadisch geöffnete Touristeninformation. Nebenan befindet sich der Inlandsterminal *(İç hatlar)*. **Transfer ins Zentrum:** Zwischen 6 und 24 Uhr gelangen Sie bequem mit der **Metro** vom Flughafen nach Zeytinburnu und von dort mit der **Straßenbahn** weiter nach Sultanahmet (ca. 35–40 Min.) und somit ins touristische Zentrum. Umgekehrt kommen Sie ebenso schnell zum Flughafen. Unmittelbar vor dem Ausgang des internationalen Flughafenterminals starten zudem die **Busse** der Gesellschaft Havataş (www.havatas.com) zwischen 4 und 1 Uhr halbstündl. nach **Taksim** (4,10 €). In Taksim fahren die Busse vor dem Büro der Gesellschaft am Beginn der Cumhuriyet Cad. ab. Mit dem Taxi zahlt man für diese Strecke tagsüber ca. 20 €. Zum Atatürk-Flughafen bieten zudem mehrere Reisebüros am Divan Yolu in Sultanahmet **Flughafentransfers** mit Hotel-Pickups ab ca. 5 € an.

İstanbuls zweiter Flughafen ist der **Sabiha Gökçen Havalimanı** (www.sgairport.com) ca. 50 km vom Zentrum entfernt auf der asiatischen Seite. Im Terminal finden Sie eine Post, eine Touristeninformation und eine Bank mit Geldautomaten. **Transfer ins Zentrum:** Vom Flughafen fahren Busse der Gesellschaft Havataş (www.havatas.com) zwischen 4 und 1 Uhr im halbstündl. Rhythmus (5 €) nach Taksim. Fahrtdauer ca. 1½ Std. In Taksim starten die Busse vor dem Büro der Gesellschaft am Beginn der Cumhuriyet Cad. Wer nach Sultanahmet will, muss von Taksim mit dem Taxi oder öffentlichen Verkehrsmitteln weiter. Ein **Taxi** nach Taksim oder Sultanahmet kostet 40–50 €. **Flughafentransfers** (12–15 €) vermitteln zudem mehrere Hotels und Reisebüros in Sultanahmet.

Servicenummern der türkischen Airlines: Anadolu Jet: ✆ 4442538; Borajet: ✆ 0212/4442672; Atlasjet: ✆ 0850/2220000; Turkish Airlines/Türk Hava Yolları (THY): ✆ 4440849; Onur Air: ✆ 4446687; Öger Türk Tur: ✆ 0212/4440102; Pegasus: ✆ 0850/2500737.

Bus Vom **Büyük İstanbul Otogarı** („Großer İstanbuler Busbahnhof"), im Stadtteil Esenler auf der europäischen Seite ca. 8 km westlich des Zentrums, gute Verbindungen in alle Landesteile.

Vom Busbahnhof ins Zentrum: Wer nach Sultanahmet will, fährt mit der Metro bis Zeytinburnu und von dort mit der Straßenbahn weiter. Taksim (Busbahnhof) erreicht man mit ⓑ 83 0.

Harem, der zweite große Busbahnhof der Stadt, liegt auf der asiatischen Seite im gleichnamigen Stadtteil. Wer von der West- oder Südküste noch vor 22 Uhr hier ankommt, braucht nicht weiter bis zur Endstation Büyük İstanbul Otogarı fahren (dauert eine Ewigkeit), sondern steigt bereits in Harem aus. Mit der Autofähre gelangen Sie von Harem schnell und bequem auf die europäische Seite (Sirkeci/Eminönü), dann geht es mit der Straßenbahn weiter nach Sultanahmet.

Bustickets können Sie u. a. in den Reisebüros am Divan Yolu in Sultanahmet sowie in den Büros der Busgesellschaften an der İnönü Cad. nahe dem Taksim-Platz erstehen.

Zug Endstation der Züge aus Europa ist bislang der **Bahnhof Sirkeci** (✆ 0212/5270050), in Zukunft (das kann noch Jahre dauern) sollen die Züge aus Europa jedoch im Bahnhof Yenikapı enden (→ „Die Zukunft des öffentlichen Nahverkehrs", S. 119). Der Bahnhof Sirkeci liegt nahe der Schiffsanlegestelle in Eminönü. Von hier können Sie mit der Straßenbahn nach Sultanahmet fahren. Auf der anderen Seite der Galatabrücke gelangen sie mit der Tünel-Bahn nach Beyoğlu. 1-mal tägl. ein Zug nach Edirne, 1-mal nach Thessaloniki (zuletzt außer Betrieb) sowie 1-mal tägl. nach Bukarest (mit Umsteigemöglichkeit nach Sofia und Belgrad).

Haydarpaşa nennt sich İstanbuls Bahnhof auf der asiatischen Seite (✆ 0216/3362063). Er liegt zwischen den Stadtteilen Kadıköy und Üsküdar direkt am Bosporus. Züge aus Anatolien laufen hier ein (für Details → „Unterwegs in der Türkei/Mit der Bahn"). Wegen des Baus von Hochgeschwindigkeitsstrassen soll der Zugfernverkehr gen Anatolien aber ab Februar 2012 für ca. 24 Monate eingestellt werden. Für die Schnellzüge soll in Sögütlüçeşme (1,5 km östlich von Haydarpaşa) ein neues Bahnhofsterminal entstehen. Fähren verbinden Haydarpaşa mit Eminönü und Karaköy auf der europäischen Seite. Von Karaköy gelangt man mit der Tünel-Bahn nach Beyoğlu.

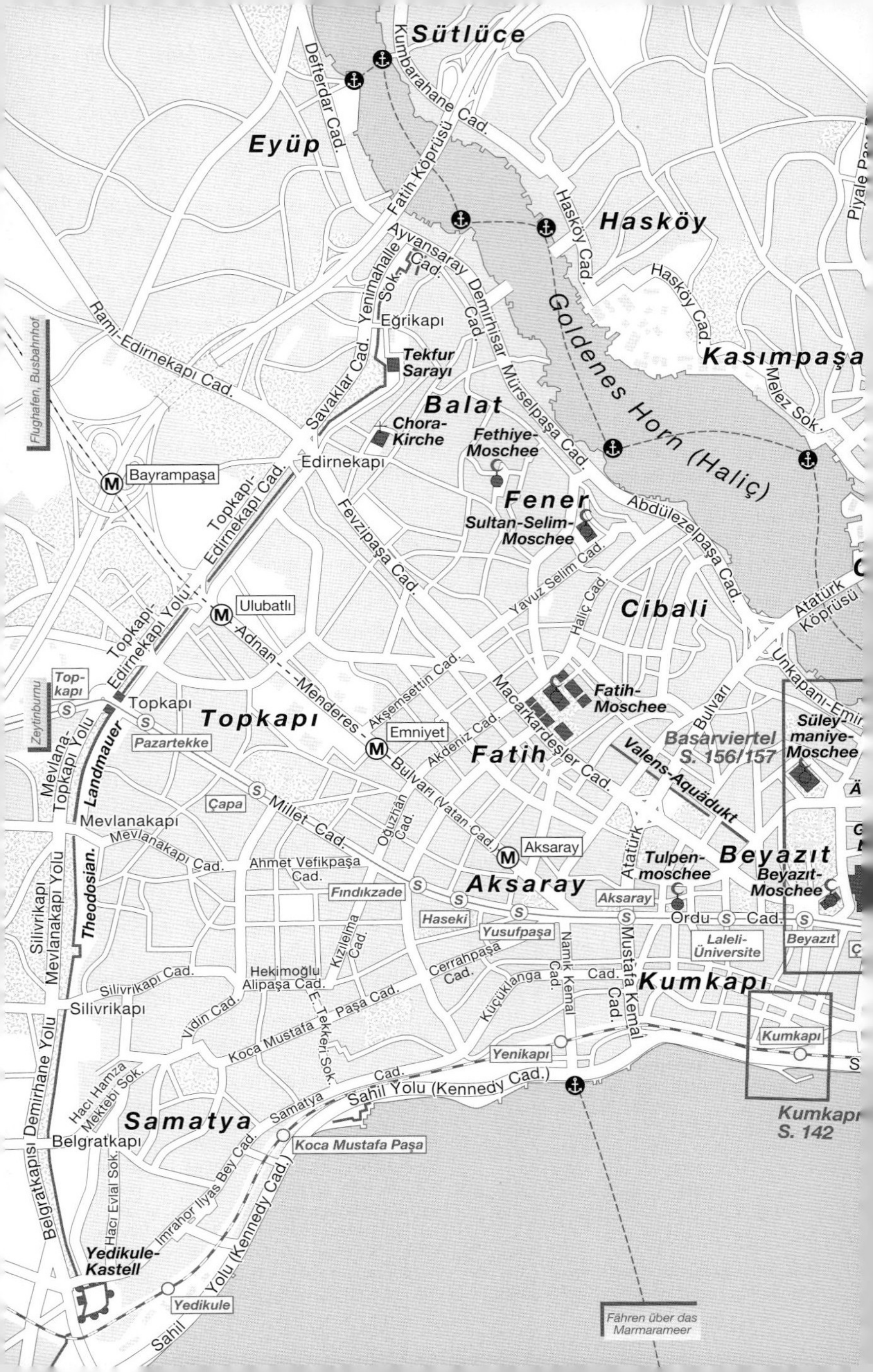
Sütlüce
Eyüp
Defterdar Cad.
Kumbarahane Cad.
Fatih Köprüsü
Hasköy
Hasköy Cad.
Piyale Paşa
Ayvansaray Cad.
Demirhisar Cad.
Yenimahalle Sok.
Eğrikapı
Tekfur Sarayı
Goldenes Horn (Haliç)
Kasımpaşa
Melez Sok.
Rami-Edirnekapı Cad.
Flughafen, Busbahnhof
Savaklar Cad.
Balat
Chora-Kirche
Fethiye-Moschee
Mürselpaşa Cad.
Bayrampaşa
Edirnekapı
Fener
Sultan-Selim-Moschee
Abdülezelpaşa Cad.
Topkapı-Edirnekapı Cad.
Fevzipaşa Cad.
Yavuz Selim Cad.
Haliç Cad.
Cibali
Atatürk Köprüsü
Ulubatlı
Adnan Menderes Bulvarı (Vatan Cad.)
Topkapı-Edirnekapı Yolu
Zeytinburnu
Topkapı
Akşemsettin Cad.
Macarkardeşler Cad.
Fatih-Moschee
Unkapanı-Emin
Bulvarı
Topkapı
Emniyet
Akdeniz Cad.
Fatih
Basarviertel S. 156/157
Süleymaniye-Moschee
Valens-Aquädukt
Mevlana-Topkapı Yolu
Landmauer
Pazartekke
Çapa
Millet Cad.
Oğuzhan Cad.
Mevlanakapı
Mevlanakapı Cad.
Theodosian.
Ahmet Vefikpaşa Cad.
Aksaray
Atatürk
Tulpenmoschee
Beyazıt
Beyazıt-Moschee
Fındıkzade
Aksaray
Aksaray
Haseki
Ordu Cad.
Yusufpaşa
Laleli-Üniversite
Beyazıt
Silivrikapı
Mevlanakapı Yolu
Kızılelma Cad.
Cerrahpaşa Cad.
Namık Kemal Cad.
Mustafa Kemal Cad.
Silivrikapı Cad.
Hekimoğlu Alipaşa Cad.
Küçüklanga Cad.
Kumkapı
Silivrikapı
Vidin Cad.
Koca Mustafa Paşa Cad.
E. Tekkeri Sok.
Kumkapı
Yenikapı
Samatya Cad.
Sahil Yolu (Kennedy Cad.)
Belgratkapısı Demirhane Yolu
Hacı Hamza Mektebi Sok.
Samatya
Kumkapı S. 142
Belgratkapı
Hacı Evlal Sok.
Koca Mustafa Paşa
İlyas Bey Cad.
İmrahor
Yedikule-Kastell
Yedikule
Sahil Yolu (Kennedy Cad.)
Fähren über das Marmarameer

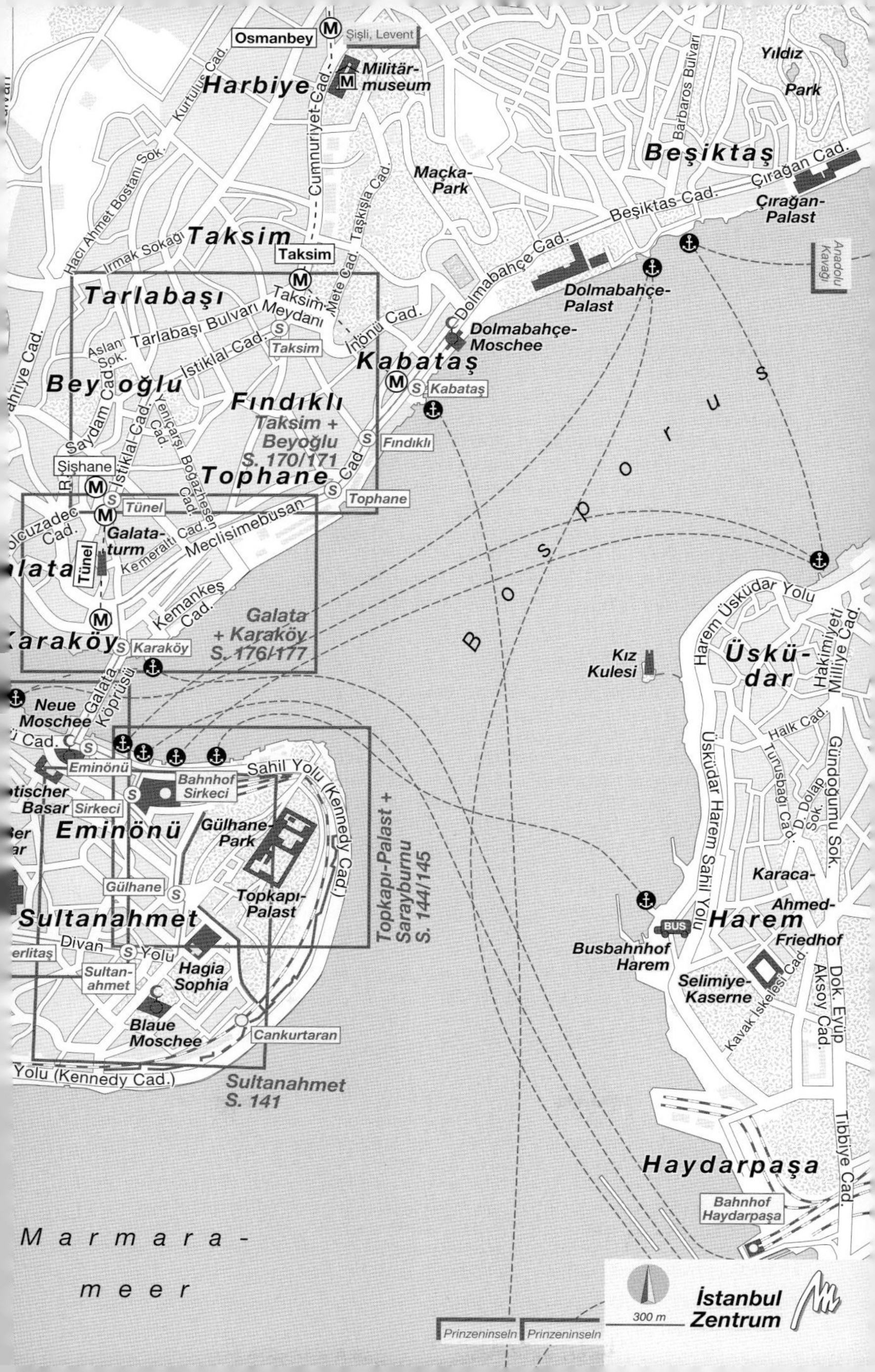

Osmanbey
Şişli, Levent
Harbiye
Militär-museum
Yıldız
Park
Beşiktaş
Maçka-Park
Çırağan-Palast
Taksim
Taksim
Tarlabaşı
Dolmabahçe-Palast
Dolmabahçe-Moschee
Anadolu Kavağı
Kabataş
Kabataş
Beyoğlu
Fındıklı
Taksim + Beyoğlu S. 170/171
Fındıklı
Şişhane
Tophane
Tophane
Tünel
Galataturm
Galata + Karaköy S. 176/177
Karaköy
Karaköy
Bosporus
Üsküdar
Kız Kulesi
Neue Moschee
Eminönü
Bahnhof Sirkeci
Sirkeci
Eminönü
Gülhane-Park
Topkapı-Palast + Sarayburnu S. 144/145
Gülhane
Topkapı-Palast
Sultanahmet
Hagia Sophia
Sultan-ahmet
Blaue Moschee
Cankurtaran
Sultanahmet S. 141
Karaca-Ahmed-Friedhof
Harem
Busbahnhof Harem
Selimiye-Kaserne
Haydarpaşa
Bahnhof Haydarpaşa
Marmara-meer
Prinzeninseln
Prinzeninseln
300 m
İstanbul Zentrum

Schiff Infos zu den Fährverbindungen von Yenikapı (südwestlich von Sultanahmet) nach Yalova, Mudanya und Bandırma sowie von Eskihisar (bei Gebze, ca. 70 km südöstlich von İstanbul) nach Topçular → „Die Marmararegion". Ticketverkauf und Information für die Schnellfähren und Deniz Otobüsleri auch unter ✆ 4444436, www.ido.com.tr.

Stadtverkehr/Organisierte Touren/Parken

Zwar erfolgt ein ständiger Ausbau des Metro- und Straßenbahnnetzes. Bislang aber besitzt İstanbul noch immer kein zusammenhängendes und zugleich überschaubares öffentliches Transportsystem wie z. B. Paris oder London. Das öffentliche Nahverkehrssystem der Stadt ist nicht darauf abgestimmt, die Wege der Touristen zwischen den zentralen Stadtteilen zu verkürzen, sondern die İstanbuler von den Vororten ins Zentrum zu befördern. Dafür stehen Fähren, Straßenbahnen, Metro, Busse und Sammeltaxis zur Verfügung. Einigermaßen flächendeckend funktioniert nur das Bussystem. Immerhin liegen die großen Sehenswürdigkeiten İstanbuls in Sultanahmet recht nah beieinander, auch lassen sich die gemütlichen Ecken Beyoğlus spielend zu Fuß erkunden. Zu Zielen abseits davon gelangt man jedoch häufig nicht mehr so einfach. Das öffentliche Nahverkehrssystem befördert Sie in deren Nähe, den Rest des Weges müssen sie zu Fuß zurücklegen. Dieser Rest ist aber oft nicht ganz einfach zu finden: Kein Stadtplan stimmt. Selbst auf den detailliertesten Plänen fehlen Gassen oder haben einen ganz anderen Namen als auf den Schildern vor Ort. Heben Sie sich also ein Lächeln für ein paar umsonst gegangene Meter auf.

> **Hinweis:** Bei den Stadtteilkapiteln finden Sie sämtliche wichtige Informationen zum Transport innerhalb eines Stadtteils und darüber, wie Sie diesen erreichen. Die Anfahrten werden von Beyoğlu/Taksim und/oder Eminönü/Sultanahmet angegeben, wo sich das Gros der Unterkünfte befindet. Ein wenig Selbsthilfe ist jedoch immer vonnöten. Doch keine Sorge – nach einer kurzen Anlaufzeit ist man i. d. R. grob mit den geografischen Gegebenheiten und dem öffentlichen Verkehrssystem der Stadt vertraut.

Bus Das Bussystem ist auf den ersten Blick etwas undurchsichtig organisiert, zumal es kaum Pläne gibt, auf denen die Linien und Haltestellen wirklich nachvollziehbar eingezeichnet sind. Es verkehren **städtische** *(Belediye otobüsü)* und **private Busse** *(Özel Halk otobüsü)*. Beide bedienen die gleichen Streckenabschnitte und haben Endstation sowie Busnummer hinter der Windschutzscheibe angebracht. Einzeltickets löst man in privaten Bussen vorne beim Kassierer. In den städtischen Bussen kann man hingegen nicht mehr cash bezahlen (für Tickets → Kasten). Das Gros der Busse verkehrt von 6 bis 23 Uhr.

> **Tickets:** An allen größeren Drehkreuzen des öffentlichen Nahverkehrs sind in Kiosken Strichcodekarten für die Benutzung von Bussen, Metro, Fähren und Straßenbahnen erhältlich (man bekommt sie in verschiedenen Stückelungen, eine 10er-Karte kostet z. B. 9,50 €). Besser aber legt man sich eine sog. *Istanbulkart* zu. Diese Chipkarte kann gegen eine Gebühr von umgerechnet ca. 4,10 € an Kiosken erstanden und mit jedem gewünschten Betrag aufgeladen werden. An den Automaten in den Verkehrsmitteln wird der Fahrpreis dann abgezogen. Nähere Infos unter www.belbim.com.tr. Zeitfahrkarten, die für alle Verkehrsmittel gelten, gibt es nicht.

Stadtverkehr/Organisierte Touren/Parken 119

„Hop On – Hop Off": Sightseeing im Doppeldeckerbus

Die offenen roten Doppeldeckerbusse von **Plan Tours** (www.city-sightseeing.com) fahren im Sommer stündl. von 10–18 Uhr, im Winter von 10–16 Uhr folgende Route: Von Sultanahmet (Plan-Tour-Kiosk gegenüber der Hagia Sophia) über die Galatabrücke nach Beşiktas (Dolmabahçe-Palast), von dort über Taksim (Plan-Tour-Kiosk am Busbahnhof, auch dort Beginn der Tour möglich) und die Atatürkbrücke nach Fener, Balat und Eyüp. Entlang der Stadtmauer geht es weiter zum Marmarameer und entlang diesem über Kumkapı zurück nach Sultanahmet. Unterwegs kann man an nur sechs Haltestellen aus- und einsteigen. Tagesticket (im Bus erhältlich) satte 20 €. Für alle, die nur wenig Zeit haben, dennoch eine überlegenswerte Alternative.

Dolmuşe Bedienen wie Linienbusse feste Routen, manche sogar rund um die Uhr. Die Endstation ist hinter der Windschutzscheibe angegeben. Die Abfahrtsstellen der Sammeltaxis sind häufig in Seitengassen versteckt. Grundsätzlich dürfte der Preis den einer Busfahrt nicht arg übersteigen, solange man keine Vororte ansteuert.

Straßenbahn/Vorortbahn/Metro Die wichtigsten Linien: Südlich des Goldenen Horns rattert die **Vorortbahn** *(Banliyö treni)* vom Bahnhof Sirkeci am Marmarameer entlang gen Westen. Die **Metrolinie M1** verbindet Aksaray mit dem Flughafen.

Nördlich des Goldenen Horns verkehrt seit 1875 die nur 614 m lange **Tünel-Bahn**, eine

Die Zukunft des öffentlichen Nahverkehrs

Von den über 13 Mio. Einwohnern İstanbuls hält sich gerade mal 1 Mio. in ihren vier Wänden auf, der Rest verirrt sich in der Stadt – so scheint es zumindest. Überall Gewusel auf den Straßen, Geschiebe in der Straßenbahn. Überall Autos und überall Busse. Um das Chaos zu bändigen, wird der öffentliche Nahverkehr ständig ausgebaut. Im Folgenden sind nur jene Projekte aufgeführt, die vermutlich in naher oder ferner Zukunft – wer weiß das in dieser Stadt schon so genau – abgeschlossen werden und/oder für Touristen von Interesse sind:

Größtes und bedeutendstes Projekt ist die neue **Metrolinie Marmaray**. Sie wird vom neuen Bahnhof Yenikapı (im Bau) nach Sirkeci und von dort in einem erdbebensicheren Tunnel (bereits fertig) unter dem Bosporus hindurch nach Üsküdar und weiter nach Haydarpaşa führen (Eröffnung nicht vor 2013). Ein weiteres Großprojekt ist die Verlängerung der **Metrolinie** *M2* (Darüşşafaka – Şişhane) nach Eminönü und weiter zum Fährhafen Yenikapı südwestlich von Sultanahmet. Dieses für die Stadt überaus wichtige Projekt sieht jedoch eine Überquerung des Goldenen Horns per Brücke vor, weshalb die UNESCO darüber debattiert, İstanbul von der Welterbeliste zu streichen und auf die Rote Liste des gefährdeten Welterbes zu setzen. Von **Yenikapı** ist zudem eine **Metrolinie nach Aksaray** im Bau, von wo Anschluss zur Metro *M1* zum Atatürk-Flughafen bestehen wird. Wieder ein anderes Großprojekt stellt die **Metrolinie von Kadıköy** entlang dem Marmarameer bis nach Kartal dar. Noch in der Planungsphase ist eine **Straßenbahnlinie von Beşiktaş** über den Barbaros Bulvarı hinauf nach Zincirlikuyu (Anschluss an Metro Levent – Şişhane bzw. Ayazağa –Yenikapı). Nur angedacht wurde bislang eine **Straßenbahnlinie entlang dem Goldenen Horn**. Geplant sind zudem zwei **Seilbahnen**: Eine soll von Rumeli Hisarı über den Bosporus (!) nach Anadolu Hisarı führen, die andere von Beykoz am asiatischen Bosporusufer hinauf zum Josua-Hügel.

U-Bahn in Miniformat. Sie führt vom Stadtteil Beyoğlu hinab nach Karaköy (Umsteigemöglichkeit zur Straßenbahn T1 Richtung Sultanahmet, s. o.). An der oberen Station der Tünel-Bahn beginnt die İstiklal Caddesi, die zum Taksim-Platz führt. Auf ihr fährt eine bimmelnde historische Straßenbahn. Unterirdisch bedient die gleiche Strecke die Metrolinie M2, die von Şişhane/Tünel im Süden Beyoğlus mit Halt unter dem Taksim-Platz in das nördlich davon gelegene Bankenviertel Levent und weiter bis nach Darüşşafaka führt (Ausbau bis Hacıosman geplant).

Vom Taksim-Platz hinab nach Kabataş (ebenfalls Umsteigemöglichkeit zur Straßenbahn T1 Richtung Sultanahmet) führt zudem die nur rund 600 m lange Metro Fünikuler.

Auf der asiatischen Seite kreist durch Kadıköy eine weitere historische Straßenbahn. Zudem fährt von Haydarpaşa eine Vorortbahn die Stadtteile am Marmarameer ab.

Schiff Es gibt keine gemütlichere Art, in İstanbul herumzukommen als mit den Fährschiffen. Die Hauptanlegestellen sind Sirkeci/Eminönü, Karaköy, Kabataş und Beşiktaş auf der europäischen sowie Üsküdar und Kadıköy auf der asiatischen Seite. Die meisten Fähren sind staatlich. Die Fahrzeiten sind in den Hafenstationen angeschlagen. Ergänzt wird das Angebot durch kleinere **private Fähren** und die etwas teureren **Deniz Otobüsleri** („Seebusse"), die im Komfort irgendwo zwischen Flugzeug und ICE liegen. Sie sind zwar klimatisiert und schnell, aber überhaupt nicht für eine unvergessliche Bosporusfahrt geeignet.

> Tipps zu einer **mehrstündigen Bosporusfahrt** auf S. 178.

Taxis Stehen an jeder Ecke bereit. Für Fahrten zu unbekannteren Sehenswürdigkeiten sollten Sie einen Stadtplan dabeihaben und dem Fahrer die Adresse geben können. Für ganztägige Touren empfiehlt es sich, vorher einen Pauschalpreis auszuhandeln (ca. 125 €).

Organisierte Touren Eine alteingesessene Adresse unter den unzähligen Anbietern ist **Plan Tours** mit Hauptsitz in der Cumhuriyet Cad. 83/1, Taksim (✆ 0212/2347777, www.plantours.com) und mit einem Stand gegenüber der Hagia Sophia. Aus dem Programm: Halbtagestour (Hagia Sophia, Blaue Moschee, Hippodrom, Großer Basar) 35 €, Bosporusschifffahrt bei Nacht inkl. Essen 100 €, Tagestour entlang dem Goldenen Horn mit Lunch 65 €.

Parken Eine Parkmöglichkeit zu finden ist in der Innenstadt oft mit einer langwierigen Suche verbunden. Es existieren nur wenige ausgeschilderte Parkhäuser. Parksünder werden gnadenlos abgeschleppt.

Sultanahmet: Rund um die Uhr bewachter Parkplatz nahe den großen Sehenswürdigkeiten in der Torun Sok. (neben dem Hotel Sultan Ahmet Sarayı), Pkw 15 €/Tag, Wohnmobil 20 €.

Taksim und Beyoğlu: 20 €/Tag kostet die Galatasaray Garajı (Parkhaus) in Beyoğlu an der Yeniçarşı Cad. 26. 10 €/Tag bezahlt man im Parkhaus im rückwärtigen Teil des Atatürk-Kulturzentrums am Taksim-Platz (Einfahrt von der Miralay Şefik Bey Sok.). Recht preiswert ist der Tepebaşı Katlı Otopark gegenüber dem Pera Müzesi: 8,50 €/Tag.

Eminönü: Parkhaus gegenüber den Fähranlegestellen an der Reşadiye Cad., 12,50 €/Tag.

Falls Ihr Auto abgeschleppt sein sollte: Jedes Viertel besitzt seinen eigenen Abholplatz für abgeschleppte Autos. Wenden Sie sich an die nächste Polizeidienststelle („En yakın polis nerede?", ausgesprochen etwa: „Än jackin polis närädä?") und nennen Sie dort die Straße, in der Ihr Auto stand.

Adressen/Einkaufen/Sonstiges

Ärztliche Versorgung Zwei vom deutschen Generalkonsulat empfohlene private Krankenhäuser mit englischsprachigen Ärzten sind:

Amerikan Hastanesi, Güzelbahçe Sok. 20, Nişantaşı, ✆ 0212/4443777.

Alman Hastanesi, Sıraselviler Cad. 71, Taksim, ✆ 0212/2932150. Bietet auch zahnärztliche Versorgung.

Autoverleih Die im Folgenden aufgeführten Autovermietungen (Autos ab 45 €) haben auch Zweigstellen an den Flughäfen. **Europcar:** Topçu Cad. 1, Taksim, ✆ 0212/

2547710, www.europcar.com.tr. **Hertz:** Yedikuyular Cad. 4, Taksim, ☎ 0212/2256404, www.hertz.com. **Avis:** Abdülhakhamit Cad. 72/A, Taksim, ☎ 0212/2979610, www.avis.com.tr.

Günstiger sind oft die lokalen Autovermietungen. Eine seit Jahren bewährte Empfehlung ist diesbezüglich **Say** mit Hauptsitz in Antalya, die mit Verleihern vor Ort zusammenarbeitet und für Einwegmieten Autos auch nach İstanbul bringt (für Details → S. 462).

Diplomatische Vertretungen Deutschland (Generalkonsulat), İnönü Cad. 10, Taksim, ☎ 0212/3346100, www.istanbul.diplo. de. **Österreich** (Generalkonsulat), Köybaşı Cad. 46, Yeniköy, ☎ 0212/3638410, www.aussenministerium.at/botschaft/istanbul. **Schweiz** (Generalkonsulat), Büyükdere Cad. 173, Levent, ☎ 0212/2831282, www.eda.admin.ch/istanbul.

Einkaufen İstanbul ist ein einziges riesiges Markttreiben und es gibt nichts, was es nicht gibt. „Die fremden Besucher der Stadt sollten als erstes die Basare von İstanbul besuchen", bemerkte schon der dänische Schriftsteller Hans Christian Andersen im 19. Jh. Noch heute sind die Märkte İstanbuls ein schrilles Potpourri aus Farben und Gerüchen, wo Augen und Nase Karussell fahren: orientalisch glitzernde Stoffe, duftende Gewürze, blank polierte Granatäpfel und funkelndes Gold an jeder Ecke. Aber nicht nur die Basare laden zum Bummeln ein. Entdecken Sie noble Einkaufsviertel mit exquisiten Designerläden, verstaubt-charmante Antiquariate und gläserne Shoppingtempel. Spezielle Einkaufstipps erhalten Sie unter den jeweiligen Stadtteilen. Im Folgenden drei empfehlenswerte Einkaufstempel, die außerhalb der touristisch interessanten Stadtteile liegen:

Kanyon Shopping Center, architektonisch überaus spannend und sehenswert. 160 eher noble Läden, Kinos, Wellness- und Fitnesscenter. Jeden Fr kleiner Biomarkt. Büyükdere Cad. 15, Levent. Am einfachsten zu erreichen mit der Metro von Taksim, Ausgang „Gültepe/Plazalar" wählen. Nur ein paar Schritte vom Kanyon entfernt liegt zudem das **Metrocity**. Es ist nicht ganz so elegant, dafür mit einem großen Supermarkt ausgestattet.

Außergewöhnliche Schnäppchen sind im **Outlet Center Olivium** in Zeytinburnu zu machen, wo u. a. Zweite-Wahl-Produkte von Kappa, Puma oder Levis verkauft werden. Am besten von Sirkeci mit der Vorortbahn (Station Kazlıçeşme) zu erreichen; vom Zug ist das Gebäude bereits zu sehen.

Polizei Wenden Sie sich am besten an die **Touristenpolizei** *(Turizm Polisi)*, Yerebatan Cad. 6, Sultanahmet, ☎ 0212/5274503. Rund um die Uhr besetzt, i. d. R. sind auch deutschsprachige Beamte anwesend.

Post Hauptpost *(Büyük Postane)* in Sirkeci westlich des Bahnhofs in der Büyük Postane Cad.

Reisebüros Die meisten Reisebüros haben ihren Sitz am Divan Yolu in Sultanahmet und an der Cumhuriyet Cad. nahe dem Taksim-Platz. Ein Studentenenreisebüro ist **Gençtur** (**15**/S. 170/171), İstiklal Cad. 108/5, Aznavur Pasajı, Beyoğlu, ☎ 0212/2446230, www.genctur.com.

Stadtpläne Es gibt keine ohne Fehler! Der detaillierteste „Plan" hat Buchformat: *İstanbul İlçe İlçe Kent Rehberi*. Mepmedya Yayınları, İstanbul 2007. Zwei Bände, die europäische Seite (Avrupa yakası) umfasst 660 Seiten, die asiatische (Anadolu yakası) 360 Seiten. In den Buchläden vor Ort erhältlich.

Waschsalons Beispielsweise **Active Laundry**, Waschen und Trocknen 3,50 €/kg. Dr. Eminpaşa Sok. 8 A, Sultanahmet.

Zeitungen und Zeitschriften in deutscher Sprache findet man an Kiosken und in Buchläden in Taksim, Beyoğlu und Sultanahmet.

Baden/Fußball

Fußball bestimmt das Leben. Davon einmal abgesehen, fällt das Sport- und Freizeitprogramm recht dürftig aus. Sorgen Sie sich aber nicht vor Bewegungsmangel – in kaum einer anderen Stadt der Welt muss man so viel laufen wie in İstanbul.

Baden Dank etlicher Projekte, die zur Reinhaltung des Bosporus angegangen wurden, verbessert sich die Wasserqualität von Jahr zu Jahr. Dennoch: Unbedenklich sind die Wasserwerte nicht. Gesünder badet man auf den Prinzeninseln (hohe

Strandgebühren für wenig Flair), in Kilyos (→ S. 99) und in Şile (→ S. 569). Ein paar Nobelhotels bieten zudem gepflegte Poolanlagen, jedoch sind die Gebühren für Nicht-Hotelgäste saftig: Im Hilton (Cumhuriyet Cad., Harbiye) werden z. B. unter der Woche 30 €, an Wochenenden 48 € verlangt.

Fußball Ein Besuch eines Spiels ist spannender als so manches Museum, ein Lokalderby gar ein unvergessliches Erlebnis. Ligaspiele finden von August bis Mai statt und – damit nahezu alle im Fernsehen übertragen werden können – zu unterschiedlichen Zeiten am Fr, Sa oder So. Tickets (10–140 € für Ligaspiele) kauft man am Stadion. **Beşiktaş** spielt im İnönü-Stadion von Beşiktaş, dem schönsten Stadion der Stadt. **Fenerbahçe** spielt im Şükrü-Saraçoğlu-Stadion im gleichnamigen Stadtteil (asiatische Seite, von Kadıköy erlaufbar). **Galatasaray** spielt in der nagelneuen, hochmodernen Türk Telekom Arena in Seyrantepe (bei der gleichnamigen Metrostation, mit der *M2* von Taksim zu erreichen).

Wo Himmel auf Hölle trifft – Fußball in İstanbul

Fußball ist in der Türkei nicht nur Leidenschaft, Liebe oder Passion – Fußball ist mehr, Fußball ist der wahre Sinn des Lebens. Die Treue zu einem Verein kommt einem Glaubensbekenntnis gleich. Den Himmel auf Erden verspürt der Türke im Stadion bei einem Sieg seiner Mannschaft. Die Hölle dagegen erfahren die unterlegenen Gegner. Wer ein Stadion in İstanbul besucht, weiß auch, warum: Rauchbomben vernebeln die Arenen, die Gesänge gleichen einem dröhnenden Wahnsinn – die Südtribüne des Dortmunder Westfalenstadions klingt dagegen wie ein kleinlauter Knabenchor.

Die bekanntesten İstanbuler Vereine sind Fenerbahçe, Galatasaray und Beşiktaş. Fenerbahçe (von der asiatischen Seite) ist der erfolgreichste Club des Landes und wird – ähnlich wie der FC Bayern München – entweder geliebt oder gehasst, dazwischen gibt es nichts. Beşiktaş hingegen rühmt sich, der älteste türkische Club zu sein, ein traditioneller Arbeiterverein, den auch viele Intellektuelle in ihr Herz geschlossen haben. Galatasaray ist der Club der gehobeneren Schichten. Im Jahr 2000 gewann er den UEFA-Cup. Nach solchen Siegen herrschen auf den İstanbuler Straßen bürgerkriegsähnliche Zustände. Riesige Menschenmassen versammeln sich am Taksim-Platz und feiern ihren Verein, viele besitzen ein Gewehr und feuern damit ziellos in den Himmel. Also besser im Gedränge mitmischen, als vom Balkon zusehen! Immer wieder kommt es so zu Todesfällen.

Türkisches Bad (Hamam) Die traditionsreichsten und schönsten Hamams sind mittlerweile fest in Touristenhand und für ihre Abzockermethoden bekannt. Das gilt insbesondere für den Galatasaray Hamamı in Beyoğlu (daher auch nicht aufgeführt), aber in Teilen leider auch für die ersten drei Bäder in der folgenden Auflistung. Alle angegebenen Preise beinhalten *Kese* und Massage. Alle Bäder besitzen separate Abteilungen für Männer und Frauen.

Cağaloğlu Hamamı, schon Kaiser Wilhelm, Franz Liszt, Florence Nightingale und Tony Curtis schwitzten in dem Bad aus dem 18. Jh. Männer baden von 8 bis 22 Uhr, Frauen bis 20 Uhr. 33 €. Prof. Kazim İsmail Gürkhan Cad. 34, Sultanahmet.

Çemberlitaş Hamamı, eine wahre Perle. Seit seiner Errichtung 1583 wird das Bad ohne Unterbrechung genutzt. Tägl. 6–24 Uhr. 27,50 €. Vezirhan Cad. 8, Çemberlitaş (Basarviertel).

Gedikpaşa Hamamı, das 1457 erbaute Bad ist zwar eines der ältesten İstanbuls, aber nicht ganz so prächtig wie die beiden erstgenannten. Tägl. bis 24 Uhr. 25 €. Emin Sinan Hamamı Sok., Gedikpaşa (Basarviertel).

Büyük Hamam, 1533 von Sinan erbaut. Jedoch geht es hier heute im Vergleich zu anderen Hamams etwas einfacher zu. Dennoch von Lesern hochgelobt. Frauen baden von 8.30 bis 19 Uhr, Männer 6–23 Uhr. 13 €. Im Stadtteil Kasımpaşa, Potinciler Sok. 22. Anfahrt: Von Eminönü Ⓑ EM 1 bis Station Ordu Evi nehmen. Der Straße zunächst kurz in Fahrtrichtung folgen, dann hinter der Kasımpaşa-Moschee links ab in die Potinciler Sok. und die Gasse bis zu ihrem Ende laufen.

Kultur

Auch wenn sich sehr viel tut: Mit Kulturmetropolen wie Berlin oder London kann Istanbul nicht mithalten. Opern- und Ballettaufführungen sowie klassische Konzerte werden fast ausschließlich von der intellektuellen Elite des Landes besucht. Unter Theater verstand man bis zur Republikgründung 1923 in der Türkei nichts anderes als Puppentheater und Schattenspiel (→ Kasten, S. 206). So besitzt das europäisch geprägte Theater in Istanbul keine große Tradition. Kritiker sahen darin lange Zeit auch das Manko der türkischen Bühnen, die mehr imitierten als vor Innovativität zu sprühen. Daran hat sich in den letzten zehn Jahren viel geändert. Allein Istanbul besitzt heute rund 100 Theater, darunter auch experimentelle, die neue und eigene Wege gehen. Einen Überblick über das aktuelle Kulturangebot gibt das monatlich erscheinende Magazin *Time Out Istanbul* in englischer Sprache. Wer des Türkischen mächtig ist, kann sich zudem im Monatsmagazin *Istanbul Life* informieren. Programme zu Konzerten, Festivals, Theaterstücken etc. liegen vielerorts aus. Achten Sie zudem auf Plakate. Einen Veranstaltungskalender finden Sie auf S. 130.

Veranstaltungs- und Konzertsäle **Atatürk Kültür Merkezi (Atatürk-Kulturzentrum)**, das Kulturzentrum mit seinen 5 Hallen war bis vor wenigen Jahren *der* Dreh- und Angelpunkt des Istanbuler Kulturlebens, zugleich die Heimat der Staatsoper und des Staatsballetts. Auch das staatliche Symphonieorchester trat hier regelmäßig auf. Es soll renoviert oder abgerissen und komplett neu gebaut werden. Unübersehbar am Taksim-Platz.

Cemal Reşit Rey Konser Salonu, Heimat des gleichnamigen Symphonieorchesters, das ebenfalls hin und wieder internationale Größen wie José Carreras begleitet. Zudem werden hier Opern, Operetten, Ballett, Jazz und (selten) klassisch-osmanische Musik aufgeführt. Großer Saal für 860 Zuschauer. Darülbedai Cad. 1, Harbiye, ✆ 0212/2329830, www.crrks.org. Von Taksim in 5 Fußminuten erreichbar.

Theater **Dot**, eines der innovativsten Theater der Stadt. Moderne Inszenierungen, oft auch mit englischen Untertiteln. Im Mısır Apartmanı (4. Stock), İstiklal Cad. 163, Beyoğlu, ✆ 0212/2514545, www.go-dot.org.

Kenter Tiyatrosu, 1968 von Yıldız Kenter, einer der großen türkischen Theaterschauspielerinnen, gegründet. Neben klassischen Stücken zwischen Shakespeare und Molière hin und wieder auch Modernes. Halaskargazi Cad. 35, Harbiye, ✆ 0212/2463589, www.kentertiyatrosu.org. Von Taksim in 5 Fußminuten zu erreichen.

Tickets Tickets für Oper, Ballett und klassische Konzerte bekommt man zuweilen schon ab 5 €, nach oben können die Preise bis ca. 60 € klettern. Ähnlich ist die Spanne bei Rock- und Jazzkonzerten. 5 € für eine kreischende Schülerband, bis zu 60 € für hochrangige Combos. Tickets bekommt man in den jeweiligen Häusern und bei der Ticketvorverkaufskette **Biletix** (www.biletix.com), z. B. im Buchladen **İstiklal Kitabevi**, İstiklal Cad. 55, Beyoğlu.

Nachtleben

Istanbul schläft nicht. Egal ob Sie Punkrock, Türkpop, Ethno, elektronische Beats oder orientalische Klänge bevorzugen, ob live oder vom Plattenteller, dem Clubbing steht am Bosporus nichts im Wege. Das Angebot ist gigantisch und stellt das vieler europäischer Metropolen in den Schatten: Die Palette reicht von schummrigen Pinten, wo graubärtige Alleinunterhalter melancholische Volksweisen trällern, bis zu exklusiven Open-Air-Clubs direkt am Bosporus mit Blick über die nächtliche Skyline der Stadt. Zentrum des Nachtlebens ist Beyoğlu, wo an Wochenenden Bars und Clubs restlos überfüllt sind. Wer zu Platzangst neigt, sollte nach Ortaköy an den Bosporus ausweichen; dort findet man gemütliche Kneipen und einige der exklusivsten Clubs der Stadt.

Livemusik-Clubs Babylon (32/S. 170/171), egal ob De-Phazz oder Stereolab, Haumichtots aus der internationalen Avantgarderock-Szene, Fusion-Jazzer, DJs aus allen Metropolen der Welt oder die lokale Rock- und Pop-Elite – alles tritt hier auf. Eine der besten Adressen der Stadt. Konzertbeginn wochentags 21.30 Uhr, Fr/Sa später. Tickets je nach Gig schon ab 8 €. www.babylon.com.tr. Şehbender Sok. 3, Beyoğlu.

Mojo (8/S. 170/171), an Zappa-, Supertramp- und Led-Zeppelin-Freunde gerichtet. Großer, dunkler Kellerclub mit täglicher Livemusik (Beginn meist erst um Mitternacht, dann oft so voll, dass man nicht mehr rein kommt). Di–So 22–4 Uhr. Eintritt je nach Tag und Band 5–13 €. www.mojomusic.org. Büyükparmakkapı Sok. 24, Beyoğlu.

Restaurant 360: Dinner mit Aussicht

Hayal Kahvesi (4/S. 170/171), Liverock-Kneipe mit American-Style-Bar. Einer der ältesten Musikpubs Beyoğlus. Konzertbeginn meist gegen 22.30 Uhr. Fr/Sa Eintritt (je nach Event), sonst frei. www.hayalkahvesi beyoglu.com. Büyükparmakkapı Sok. 11, Beyoğlu.

Peyote (6/S. 170/171), lustig-einfacher Nightspot auf 3 Etagen. Unten Tanzfläche (vorrangig elektronische Musik), in der Mitte ein Konzertraum (nur für die Konzerte zahlt man Eintritt), oben eine je nach Wetter halb- bis ganz offene Terrasse, auf der man eng an eng Flaschenbier trinkt, während der DJ sein Bestes gibt (Rock, Sixties-Sound, Grunge und Indie). Tägl. 11–5 Uhr. www.peyote.com.tr. Kameriye Sok. 4, Beyoğlu.

Danceclubs Sortie, der Elite-Nightspot der Stadt direkt am Bosporus. Wen die Türsteher durchlassen, der gehört zu İstanbuls Jetset oder hat Glück. Eher konventionelle türkische und internationale Dancemusic. Sehen und gesehen werden ist das, was zählt. Alles in allem ein riesiger Komplex mit verschiedenen Lokalitäten, topschicken Szeneleuten und bombastischen Preisen (eigener Bankomat im Haus). Tägl. 18–4 Uhr, nur im Sommer. Eintritt ca. 25 €. www.sortie.com.tr. Muallim Naci Cad. 54, Ortaköy (Richtung Kuruçeşme).

Reina, nur ein paar Schritte vom Sortie entfernt und diesem sehr ähnlich. Ähnliche Öffnungszeiten, ähnliche Musik, ähnlich hohe Preise und ebenfalls mit einer fantastischen Terrasse am Bosporus. www.reina.com.tr. Muallim Naci Cad. 44, Ortaköy.

Indigo (19/S. 170/171), überwiegend elektronische Acts, stets gut besucht, obwohl kaum Werbung gemacht wird. Hier trifft sich die DJ-Elite aus ganz Europa. Nur Mi/Fr/Sa 23–5 Uhr, im Sommer geschl. Eintritt je nach Event 15–20 €. www.livingindigo.com. Akarsu Sok. 1/B, Beyoğlu.

Jazz Nardis Jazz Club (4/S. 176/177), *die* Location der İstanbuler Jazz-Szene, unweit des Galata-Turms. Backsteinwände, klein und intim, spärlich dekoriert. Fast tägl. interessante Live-Gigs. Für einen guten Platz sollte man reservieren, ✆ 0212/2446327.

Die Konzerte starten unter der Woche um 21.30 Uhr, am Wochenende um 22.30 Uhr. www.nardisjazz.com. Eintritt 15–17 €. Galata Kulesi Sok. 8, Galata.

Traditionelle Musik Havar Türkü Evi (**10**/S. 170/171), in einer Straße mit mehreren Türkü-Bars. Hier tobt der Bär, es wird getanzt, selbst am Sonntag, wenn anderswo gähnende Leere herrscht. Außergewöhnlich viele Frauen im Publikum. Hasnun Galip Sok. 23, Beyoğlu.

Eylül Türkü Evi (**11**/S. 170/171), alteingesessene, einfache Türküpinte. Livemusik täglich ab 20 Uhr. Gazeteci Erol Dernek Sok. 2 C, Beyoğlu.

Bauchtanz Orient House (**7**/S. 156/157), die Bühnenshow gilt als die beste der Stadt. Saal mit „mittelalterlichem" Ambi-

ente, ca. 400 Plätze. Die Shows starten tägl. um 20.30 Uhr. Im Gebäude des Hotels President in der Tiyatro Cad. 25 A, Beyazıt. Reservierung unter ✆ 0212/5173488.

Schwules und lesbisches Nachtleben Lesbenkneipen gibt es nur wenige, Frauen sind in den Schwulentreffs aber stets willkommen. Zwei Adressen:

Tek Yön (**14**/S. 170/171), großer Club, tolle Terrasse mit Ausblick. Sehr populär. Wer hierherkommt, ist meist jung, schlank und hip. Di lustige Drag-Queen-Partys. Kein Eintritt. Tägl. 22–4 Uhr. Sıraselviler Cad. 63/1, Beyoğlu.

Sugar Club (**23**/S. 170/171), freundliches, lichtes Gaycafé und ein ruhiger Treffpunkt abseits des aufgetakelten Gayclublebens. Sakasalim Çıkmazı 7, Beyoğlu.

Essen & Trinken

Nirgendwo in der Türkei ist die Küche vielfältiger als in İstanbul. Die Stadt am Bosporus kennt die kunstvolle osmanische Palast-Cuisine, bei der Gemüse und Fleisch mit Soßen, Cremes, Reis und Früchten raffiniert kombiniert werden, genauso wie Gerichte aus dem einstigen multikulturellen Osmanischen Reich: vom Balkan, aus Persien und Arabien, aus Südostanatolien und vom Schwarzen Meer. İstanbuler Spezialitäten sind *hamsi*, Schwarzmeersardinen, die mit Haut und Gräten verzehrt werden, und *midye*, frittierte Miesmuscheln mit Knoblauchsoße, die auch im Sandwich angeboten werden. In İstanbul können Sie aber auch Borschtsch löffeln oder Sushi essen gehen – die Auswahl an schicken Restaurants ist enorm, kaum eine europäische Großstadt kann İstanbul in dieser Hinsicht das Wasser reichen. Wer sich dabei zu İstanbuls Oberschicht gesellt und sein Candle-Light-Dinner in einem eleganten Lokal mit Bosporusblick genießt, bezahlt schnell 40 € aufwärts pro Person (ohne Wein). Billiger (und wahrscheinlich auch lustiger) wird ein Abend in einer istanbultypischen *Meyhane*, einer großen Restaurantkneipe, in der man zu Rakı in erster Linie Vorspeisen isst. Dabei wird traditionelle türkische Livemusik dargeboten und es geht laut und ausgelassen zu.

> Empfehlenswerte Restaurants finden Sie unter den einzelnen Stadtteilen.

Übernachten/Camping

Als Standort bieten sich mehrere Stadtteile an: In **Sultanahmet**, dem touristischten Viertel İstanbuls, wohnt man nahe den großen Sehenswürdigkeiten. Hier gibt es Hotels, Pensionen und Hostels jeder Kategorie (für die Anfahrt zu den Unterkünften → Sultanahmet, S. 131). Auch vom Bahnhofsviertel **Sirkeci** sind die großen Sehenswürdigkeiten bequem zu Fuß zu erreichen. Mit dem Charme Sultanahmets kann Sirkeci nicht aufwarten, dafür ist der Stadtteil natürlicher und lebendiger (für die Anfahrt zu den Unterkünften → Sultanahmet, S. 131). In **Tak-**

sim wohnt die Geschäftswelt, viele internationale Hotelketten haben hier ihren Sitz. Der sich daran anschließende pulsierende Stadtteil **Beyoğlu** ist als Standort empfehlenswert für all jene, die nicht nur Moscheen und Museen besichtigen, sondern auch am Leben der Stadt teilhaben möchten. Neben unzähligen Bars, Kneipen und Restaurants findet man hier Hotels jeglicher Couleur. In manchen Billighotels sind zuweilen ein paar Etagen für das Geschäft mit der Liebe reserviert (für die Anfahrt zu den Unterkünften → Taksim und Beyoğlu, S. 169). Etwas ruhiger und dazu sehr charmant wohnt man in **Galata** (für die Anfahrt zu den Unterkünften → Galata und Karaköy, S. 174). Auch auf der asiatischen Seite findet man zahlreiche Unterkünfte – wer mit dem Zug oder Bus von der Küste anreist und in Haydarpaşa bzw. Harem aussteigt, kann im modernen, lebenslustigen Stadtteil **Kadıköy** auf Zimmersuche gehen. Fähren verbinden Kadıköy mit Eminönü auf der europäischen Seite. **Achtung Camper**: Direkt in İstanbul gibt es keinen Campingplatz, man kann aber z. B. nach Şile (→ S. 569) oder nach Kilyos (→ S. 100) ausweichen. Ein Lesertipp (von uns nicht überprüft, da er zu spät einging) ist der **Wohnmobilstellplatz** in Laufnähe zu den großen Sehenswürdigkeiten von Sultanahmet auf der Marmarameerseite der Kennedy Caddesi beim Hafen von Ahırkapı (zwischen Sultanahmet und Kumkapı).

> Die hier angegebenen **Preise** beziehen sich auf die HS, d. h. auf die Monate von April bis Oktober, die Tage zwischen Weihnachten und Neujahr sowie die nationalen Feiertage. Außerhalb dieser Zeiten, aber auch, wenn die Geschäfte schlecht gehen, werden großzügige Rabatte gewährt, in den teuren Hotels von bis zu 50 %. Übrigens sind die an der Rezeption aushängenden hohen offiziellen Tarife meist reine „Luftpreise". Unwillkommene Gäste will man damit abschrecken, Pauschalreisenden das Gefühl geben, ihr Veranstalter habe für sie ein teures, vornehmes Haus gebucht. Und bei Individualreisenden wiederum sollen sie den Eindruck erwecken, als würde man ihnen einen überaus großzügigen Rabatt einräumen. Startseiten für die Hotelsuche im Internet sind u. a. www.istanbulhotels.com, www.istanbul.hotelguide.net, www.hotel.de, www.booking.com, www.hrs.de und www.istanbul-reisefuehrer.de.

Sultanahmet (Karte S. 141) Four Seasons ◨, nahe der Hagia Sophia in einem ehemaligen Gefängnis. Keine Sorge, die Zimmer sind größer als 2 mal 2 m, es wurde viel umgebaut. Und so präsentiert sich das „Four Seasons" unter den großen internationalen Tophotels der Stadt als das kleinste mit dem größten Charme. Zu den Gästen zählten u. a. David Copperfield, Demi Moore und Michail Gorbatschow. Hervorragendes Restaurant mit italienischem Chefkoch. Luxus pur. DZ ab 430 €. Wer die Diamanten aus der Schatzkammer des Topkapı-Palasts mitgehen lässt, leistet sich am besten die Marmara Suite für 5000 €. Tevkifhane Sok. 1, ✆ 0212/4023000, 🖷 4023010, www.fourseasons.com.

Ayasofya Konakları ◨, nahe dem Topkapı-Palast. Beschaulicher kann man in Sultanahmet kaum wohnen. 63 Zimmer verteilen sich auf 9 alte, pastellfarben gestrichene Holzhäuser in einer ruhigen, pittoresken Gasse. Alle Räume mit Parkettböden, pseudoviktorianischem Mobiliar und Lüstern. Zum Komplex gehört zudem das Hotel Konukevi mit Dachterrasse und nettem Gartencafé in der gleichen Straße. Zu den Gästen zählten u. a. Bernardo Bertolucci und Roman Polanski. EZ (Frontseite) 140 €, DZ 200 €. Soğukçeşme Sok., ✆ 0212/5133660, 🖷 5133669, www.ayasofyakonaklari.com.

Armada ◨, 108 gepflegte Zimmer auf nur 2 Etagen. Teils mit hüfthoher, blumenbemalter hölzerner Umschalung. Große Lobby mit Brunnen. Freundlicher Service. Tolles Dachterrassenlokal. Von Lesern immer wieder gelobt. Etwas abseits des touristischen Trubels im Viertel Cankurtaran. DZ 140 €. Ahırkapı Sok. 24, ✆ 0212/4554455, 🖷 4554499, www.armadahotel.com.tr.

İstanbuls Grandhotels des Fin de Siècle

Mata Hari, Josephine Baker, Marlene Dietrich, Greta Garbo, Alfred Hitchcock, Kaiser Franz Joseph I., König Edward VIII., Jackie Kennedy – sie alle fielen in die prächtigen Betten des **Pera Palace**, eines der ersten Luxushotels am Bosporus. 1884 gebaut, war es İstanbuls erstes Hotel mit einem elektrischen Aufzug und konnte lange vor anderen Hotels der Stadt mit fließendem Wasser und dank eigenem Generator mit elektrischem Licht aufwarten. Marmor aus Carrara, handgeknüpfte seidene Teppiche und Gardinen – das Beste war gerade gut genug. Doch Glanz und Gloria gingen dahin. Nach einer Komplettrestaurierung für 23 Mio. Euro wurde das Pera Palace 2010 wieder in die Luxusklasse gehievt. Heute besitzt die glorreiche Orient-Express-Bar allerdings nichts mehr Nostalgisches. Ein paar Zimmer erinnern jedoch noch an die alte ruhmreiche Zeit. Zimmer 101 z. B., in dem mehrmals Staatsgründer Atatürk nächtigte, dient heute als Minimuseum für die Gäste des Hauses. Und Zimmer 411, in dem des Öfteren Agatha Christie abstieg und ihren weltberühmten Roman *Mord im Orient-Express* schrieb, ist nach der englischen Krimiautorin benannt und mit ein paar Reminiszenzen an die Schriftstellerin bestückt. 1926 verschwand die gute Dame übrigens für elf Tage spurlos aus dem Hotel. Bis heute sind die Gründe unklar, manch einer vermutet gar, dass die Autorin selbst ein Verbrechen verübte, um so authentischer schreiben zu können. Wer hier wohnen will, sollte ein Zimmer mit Blick auf das Goldene Horn wählen (DZ ab 240 €).

Unweit des Pera Palace steht das 1892 errichtete **Büyük Londra Oteli**, hier lässt es sich noch wohnen wie anno dazumal. Die Bar, an der schon Ernest Hemingway versumpfte, ist noch die gleiche. Die Prominenz ist zwar mittlerweile verschwunden und der Luxus verblasst, der Charme aber blieb. Manche Zimmer des Hauses in den oberen Etagen wurden zwar bereits plüschig restauriert und bieten teilweise eine grandiose Aussicht über das Goldene Horn (DZ 80–180 €). In den alten, darunter liegenden Zimmern, die teils sogar fensterlos sind, muffelt es manchmal jedoch noch so, als wären sie seit dem letzten Orient-Express 1977 nicht mehr gelüftet worden (DZ 50 €). Witzig: die sprechenden Papageien in der Lobby. Seitdem das Hotel übrigens in Fatih Akıns Film *Gegen die Wand* zu sehen war, ist es unglaublich populär – frühzeitig reservieren.

Pera Palace Hotel [26], **Karte S. 170/171**, Meşrutiyet Cad. 52, ✆ 0212/2228090, ✉ 2228179 , pera@perapalas.com.tr www.perapalace.com.

Büyük Londra Oteli [20], **Karte S. 170/171**, Meşrutiyet Cad. 53, ✆ 0212/2450670, ✉ 2450671, londra@londrahotel.net www.londrahotel.net.

Ararat [17], kleines, fast intimes Haus bei der Blauen Moschee. 11 schnickschnackarme, z. T. winzige und schon leicht abgewohnte, aber charmante Zimmer, alle farbenfro h und individuell vom griechischen Maler Nikos Papadakis gestaltet. Mini-Bäder! 2 Dachterrassen – Sie können zwischen Meeres- und Moscheenblick wählen. DZ 80–120 €, je nach Größe und wohin das Fenster geh. Torun Sok. 3, ✆ 0212/4582031, ✉ 5185241, www.ararathotel.com.

Tashkonak [23], von einer freundlichen Rückkehrerfamilie aus Deutschland geleitetes Hotel. Im Haupthaus, einem holzverkleideten alten Stadthaus, 30 schöne, wenn auch nicht allzu große Zimmer mit TV, Minibar und Klimaanlage, 3 davon mit Balkon. In

İstanbul

einem ebenfalls hübschen Gebäude nahebei 6 Suiten mit Kitchenette. Frühstücksbüfett auf der herrlichen Dachterrasse, netter Garten. Große saisonale Unterschiede bei den Preisen: DZ ab 110 €. Tomurcuk Sok. 5, ✆ 0212/5182882, ℡ 6388491, www. hoteltashkonak.com.

>>> Unser Tipp: **Kybele** 🖪, nahe der Yerebatan-Zisterne. Für den einen zu kitschigüberladen, für den anderen ein orientalischer Traum: Von den Decken der Gemeinschaftsräume baumeln ca. 4000 Lämpchen (darunter auch ein paar antike), die sanftes Licht spenden. Antiquitäten und Replika satt auch in den 16 komfortablen, farbenfrohen Zimmern, die mit Marmorbädern und Klimaanlagen ausgestattet sind. Romantische Innenhof-Terrasse und urgemütliche kleine Bibliothek. EZ 80 €, DZ 110–140 €. Yerebatan Cad. 23, ✆ 0212/5117766, ℡ 5134393, www.kybelehotel.com. ⋘

Nomade 🖪, ein Paradiesvogel unter den sonst so orientalisch gestalteten Hotels von Sultanahmet. Überschaubares, modern gestyltes Haus. 16 kleine, aber helle Zimmer mit Klimaanlage. Tolle Terrasse mit Topfpalmen. Gut für allein reisende Frauen. EZ 70 €, DZ 85–100 €. Ticarethane Sok. 15, ✆ 0212/5138172, ℡ 5132404, www.hotelnomade.com.

Moonlight 🖪, von Lesern entdeckt. Preisgünstige Alternative in der Gegend um die Blaue Moschee. Einfache, aber ordentliche Zimmer mit Bad und Aircondition, ein paar mit Meeresblick. Schöne Dachterrasse, auf der im Sommer das Frühstück serviert wird. EZ 40 €, DZ 55 €. Akbıyık Cad. 77, ✆ 0212/5175429, ℡ 5162480, www.themoonlighthotel.com.

Side Pension & Hotel 🖪, gepflegte, farbenfrohe Unterkunft mit Pensions- und Hotelzimmern. Sehr sauber, Dachterrasse, ganztags kostenloser Tee. Auch Vermietung von Apartments. Gutes Preis-Leistungs-Verhältnis. Pensions-DZ 40 € ohne Bad, mit Bad 50 €, Hotel-DZ (mit TV und Klimaanlage) 70 €. Utangaç Sok. 20, ✆ 0212/5172282, ℡ 5176590, www.sidehotel.com.

Orient 🖪, Traveller-Treff mit Internetecke, Cafeteria, Bar auf dem Dach, kleinem Book Exchange usw. Gelegentlich Bauchtanzveranstaltungen und feuchtfröhliche Feiern, die den Gästen der Nachbarhäuser auf den Geist gehen. Bett im Schlafsaal ab 9 €, Schuhschachtel-DZ mit Gemeinschaftsbad 40 €, DZ mit Bad ab 50 €. Akbıyık Cad. 13, ✆ 0212/5179493, ℡ 5183894, www.orienthostel.com.

Metropolis 🖪, kleineres Hostel mit gemütlicher Dachterrasse. Wer hier absteigt, erhält Rabatt im gleichnamigen Restaurant des Bruders. Die Zimmer sind wie in allen Hostels von Sultanahmet nichts Besonderes. DZ ohne Bad 48 €, mit Bad 66 €, Bett im Mehrbettzimmer ab 16 €. Terbıyık Cad. 24, ✆/℡ 0212/5181822, www.metropolishostel.com.

Sinbad 🖪, in fast dörflicher Idylle im Viertel Kadırga. Von außen eher pfui, von innen aber ganz okay, zumal es auch einige schlichte Zimmer mit privaten Bädern gibt. Internet, Laundry. Bett im Schlafsaal ab 10 €, DZ ohne Bad 35 €, mit Bad 40 €. Demirci Reşit Sok. 1, ✆ 0212/5182305, ℡ 5182321, www.sinbadhostel.com.

Weitere Hostels findet man in der Akbıyık Cad., der Kutlugün Sok. und der Terbıyık Sok. südlich der Blauen Moschee, der ersten Anlaufstelle für Budgetreisende.

Sirkeci (Karte S. 141) **** **Yaşmak Sultan** 🖪, etwas überladener Eingangsbereich. Die 84 Zimmer sind klassisch-modern eingerichtet und mit Marmorbädern versehen. Panoramarestaurant, Hamam, Fitnesscenter, Sauna. EZ 99 €, DZ 129 €. Ebusuut Cad. 18–20, ✆ 0212/5281343, ℡ 5119916, www.hotelyasmaksultan.com.

Taksim und Beyoğlu (Karte S. 170/171) **Lush Hotel** 🖪, schönes altes Stadthaus, mit viel Liebe zum Detail eingerichtet. Antiquitäten, ein bisschen Plüsch, dazu modernes Design, tolles Holzparkett oder Marmorböden. Jedes der komfortablen Zimmer sieht anders aus. Wellnessabteilung. Nachteile: Nach vorne etwas laut, nach hinten etwas dunkel. DZ ab 114 €. Sıraselviler Cad. 12, ✆ 0212/2439595, ℡ 2921566, www.lushhotel.com.

>>> Unser Tipp: **The House Hotel** 🖪, 2010 eröffnetes Hotel in einem wunderschönen alten Stadtpalast. Tolle Bodenfliesen, frische Blumen, edle Parkettböden. Die im zeitgemäßen Schick eingerichteten, komfortablen Zimmer sind teils recht geräumig. Teilweise befindet sich die Duschkabine direkt im Schlafzimmer! Sehr ruhige Lage im Viertel Çukurcuma. Freundliches junges Personal. DZ ab 135 €. Bostanbaşı Cad. 19, ✆ 0212/2443400, ℡ 2452307, www.thehousehotel.com. ⋘

Übernachten/Camping

Villa Zürich 27, in Cihangir. Keine schlechte Wahl, wenn auch noch lange keine Villa. Trendiges Café im EG, Panorama-Fischrestaurant im 7. Stock. 42 gepflegte, modern eingerichtete Zimmer, teils tolle Aussicht (jedoch mit Aufpreis). EZ ab 79 €, DZ ab 89 €. Akarsu Yokuşu Cad. 36, ℡ 0212/2930604, ℻ 2490232, www.hotelvillazurich.com.

Monopol 29, älteres Haus, das lange Zeit aufgrund seiner Lage – gegenüber befand sich bis vor wenigen Jahren die US-Botschaft – mit Schnäppchenpreisen gegen die Terrorangst der Touristen ankommen musste. Die Gefahr ist dahin, die Preise haben angezogen, sind aber immer noch okay. Leicht altbackene Zimmer, in den oberen Etagen mit Blick aufs Goldene Horn. DZ 70 €. Meşrutiyet Cad. 93, ℡ 0212/2517326, ℻ 2517333, www.hotelmonopol.net.

*** **Grand Hisar Otel** 2, mitten im Trubel rund um den Fischmarkt. Anständiges Mittelklassehotel für kleine Leute (sehr niedrige Lobby mit Bar!). 35 möchtegern-gediegene, etwas nostalgisch-kitschige, aber doch angenehme Zimmer, teils leider sehr klein. Freundlicher Service und gutes Preis-Leistungs-Verhältnis. Im EG ein beliebtes Restaurant. EZ 50 €, DZ 60 €. Kameriye Sok., ℡ 0212/2928052, ℻ 2928044, www.hisarhotel.com.

Devman 30, in seiner Preisklasse die beste Adresse der Gegend. Zimmer mit türkisfarbenem Furnierholzmobiliar, zudem TV, Kühlschrank und Klimaanlage. Sehr sauber. Zimmer nach vorne hinaus laut, nach hinten im Sommer aufgrund der angrenzenden Bargasse extrem laut! EZ 40 €, DZ 50 €. Asmalımescit Sok. 22, ℡ 0212/2456212, ℻ 2927250, www.devmanhotel.com.

Galata (Karte S. 176/177) Eklektik **Guesthouse** 1, eine der sympathischsten Adressen rund um Beyoğlu! Stilvolle Pension in einem restaurierten historischen Stadthaus. 8 Dielenbodenzimmer unterschiedlicher Größe (teils mit nachträglich integrierter Nasszelle, alle aber mit Klimaanlage und TV), mit Liebe zum Detail jung und stylish eingerichtet. Die freundlichen Betreiber kümmern sich engagiert um das Wohl ihrer Gäste. Das leckere Frühstück gibt es (auf Wunsch auch um 15 Uhr) am großen Tisch in der gemütlichen Küche. Nette kleine Dachterrasse. DZ je nach Zimmer 85–130 €. Kadribey Çıkmazı 4 (Seitengasse der Serdar-i Ekrem Cad., Galata), ℡ 0212/2437446, ℻ 2437445, www.eklektikgalata.com.

》》》 Unser Tipp: Manzara Istanbul 3, der deutsch-türkische Architekt Erdoğan Altındiş vermietet 38 Apartments, die meisten davon rund um den Galataturm, ein paar mittlerweile aber auch in Beyoğlu und Taksim. Viele Apartments mit traumhaftem Blick (Manzara = Aussicht) auf den Bosporus. Auf Anfrage Architekturführungen durch İstanbul. Gut informiertes, freundliches deutschsprachiges Personal. Von Lesern hochgelobt, Mindestaufenthalt 3 Nächte, frühzeitige Buchung unbedingt empfehlenswert. Je nach Größe und Ausstattung der Wohnung für 2 Pers. 60–190 €, für 4 Pers. 135–235 € zzgl. Endreinigung. Rezeption in der Serdar-i Ekrem Cad. 14 (Galata), ℡ 0212/2524660, ℻ 2490916, www.manzara-istanbul.com. 《《《

World House Hostel 2, ein Tipp in seiner Preisklasse. Viel freundlicher als die meisten Hostels in Sultanahmet! Einfache, saubere Zimmer mit farbenfroh gestrichenen Wänden. Alternativer Touch, ein Plus ist das hübsche angeschlossene Kneipchen. Im Schlafsaal 12–17 € je nach Größe der Zimmer, DZ mit Bad 50 €. Galipdede Cad. 85 B (Galata), ℡ 0212/2935520, www.worldhouseistanbul.com.

Kadıköy (asiatische Seite) Hotel Nova, einem historischen Gebäude nachempfundenes Hotel mit sauberen, kleinen Zimmern. Leichte Gebrauchsspuren, v. a. an den Teppichböden. EZ 35 €, DZ 60 €. Kırmızı Kuşak Sok. 12, ✆ 0216/5500351, 🖷 5500392, www.istanbulnovahotel.com.

Nahebei eine ganze Reihe billigerer Adressen.

İstanbul rund ums Jahr

April Internationales İstanbuler Filmfestival – einer der größten Events der Stadt. Gezeigt werden über 200 Filme aus aller Welt in diversen Kinos. Sehr schnell ausverkauft. Dauer: ca. zwei Wochen. www.iksv.org.

Orthodoxes Osterfest – die Ostermesse im Griechisch-Orthodoxen Patriarchat (→ S. 164), die übrigens eine Woche nach unserem Osterfest stattfindet, lässt auch den härtesten Atheisten weich werden. Unzählige Kerzen tauchen die Patriarchatskirche in ein samtenes Licht.

Tulpenfest in Emirgân (→ S. 181).

Mai Internationales Theaterfestival – das Festival, das nur in geraden Jahren stattfindet, verteilt sich auf verschiedene Theater der Stadt. Eine gute Möglichkeit, fremdsprachiges Theater in İstanbul zu sehen. Geht bis in den Juni. www.iksv.org.

Großer Preis der Türkei – willkommen zur Formel 1 (voraussichtlich aber nicht 2012)! Der Parcours – von Herman Tilke entworfen – liegt rund 50 km südöstlich des Zentrums nahe der Autobahnausfahrt Kurtköy. www.istanbulparkcircuit.com.

Juni Internationales İstanbuler Musikfestival – dauert oft bis in den Juli hinein und bietet über 20 klassische Konzerte. Ausgetragen wird das Festival z. T. an Orten, die der Öffentlichkeit sonst nie zugänglich sind, wie z. B. der Kirche Hagia Eirene. www.iksv.org.

Efes One Love Festival – 2-Tages-Open-Air im Zeichen des Rock und Pop; 2011 kamen u. a. die Manic Street Preachers. Wechselnde Veranstaltungsorte. www.efespilsenonelove.com.

Juli Sommerkonzerte in der Festung **Rumeli Hisarı** – regelmäßig Rock- und Popkonzerte (meist türkische Interpreten), den traumhaften Bosporusblick gibt es gratis dazu. Auch im August noch Veranstaltungen.

Internationales İstanbuler Jazzfestival – fast dreiwöchiges Festival, das nicht nur Jazz bietet. 2010 kam auch Paul Simon. Mehrere Veranstaltungsorte. www.iksv.org.

Rock'n Coke – zweitägiges Megafestival, das 2011 auf dem Hezarfen-Flughafen ganz im Westen İstanbuls stattfand. www.rockncoke.com.

September İstanbuler Kunstbiennale – alle ungeraden Jahre von Sept. bis Nov. Europäische Avantgardeszene trifft hier Kunst am Bosporus. Ausgestellt wird in der ganzen Stadt, oft an ungewöhnlichen Orten. www.iksv.org.

Oktober Akbank-Jazzfestival – dreiwöchiges Festival (startet meist schon im Sept.) mit vielen Konzerten und begleitenden Filmen überall in der Stadt. Viele Konzerte im Club Babylon und im Nardis Jazz Club. www.akbanksanat.com.

Eurasia-Marathon – die Teilnehmer laufen über die Bosporusbrücke, die sonst für Fußgänger gesperrt ist. In manchen Jahren auch erst im November. www.istanbulmarathon.org.

November İstanbuler Kunstmesse **Artist** – Kaufmesse mit rund 100 teilnehmenden Galerien. Weit außerhalb des Zentrums im Tüyap-Zentrum im Stadtteil Beylikdüzü. Kostenloser Shuttle-Service ab dem Taksim-Platz (Atatürk-Kulturzentrum). www.istanbulsanatfuari.com. Etwa zur gleichen Zeit findet dort auch die **İstanbuler Buchmesse** statt – fast alle türkischen Verlage sind vertreten; Diskussionen mit Schriftstellern und Journalisten. www.istanbulkitapfuari.com. Beide Messen gehen zuweilen auch schon im Okt. über die Bühne.

Efes Pilsen Blues Festival – über das ganze Land verteilt, davon zwei Bluesabende in İstanbul. Wechselnder Veranstaltungsort.

Dezember Silvester – auch in İstanbul steigt die Party, am meisten Trubel herrscht am Taksim-Platz. Allerdings wird der Jahreswechsel nicht so aufwendig gefeiert wie in Europa.

Sultanahmet

Sultanahmet, das Herz der historischen Altstadt, ist ein einzigartiges Freilichtmuseum. Auf wenigen Quadratkilometern konzentrieren sich die größten Sehenswürdigkeiten der Stadt, darunter die Hagia Sophia und die Blaue Moschee. Ihre Silhouetten prägen das İstanbul der Bildbände und Postkarten. Kunstliebhaber könnten ganze Wochen hier verbringen, ohne auch nur einen Schritt in einen anderen Stadtteil zu tun. Allein die Besichtigung des Topkapı Sarayı – wegen seiner Vielzahl an Sehenswürdigkeiten als eigenes Kapitel aufgeführt – kann zum Tagwerk ausarten. So wundert es auch nicht, dass Sultanahmet ganz im Zeichen des Tourismus steht: 2700 Jahre Geschichte treffen auf Millionen Besucher. Türken begegnet man hier vornehmlich als Kellner, Taxifahrer, Portiers und Schlepper. Letztere begrüßen Sie mit einem freundlichen „Hello my friend, where are you from?" und lassen Sie – wenn Sie nicht aufpassen – mit einem Teppich im Arm oder einem Zehnerpack falscher Krokodil-Socken zurück. Abseits der touristischen Highlights lässt sich aber auch in Sultanahmet das İstanbul der İstanbuler entdecken, so zum z. B. in den beschaulichen Vierteln Cankurtaran und Kadırga südlich der großen Sehenswürdigkeiten am Marmarameer. Besten (aber nicht billigen) Fisch und jede Menge Trubel bietet das Viertel Kumkapı (→ Kasten, S. 142).

> **Verbindungen:** Sultanahmet erreichen Sie vom Taksim-Platz, indem Sie mit der Fünikuler-Metro hinab nach Kabataş und weiter mit der Straßenbahn bis Sirkeci (Bahnhofsviertel), Gülhane (Zugang zum gleichnamigen Park) oder Sultanahmet (Hagia Sophia, Yerebatan-Zisterne, Topkapı-Palast, Blaue Moschee usw.) fahren. Eine andere Möglichkeit besteht darin, von Beyoğlu mit der Tünel-Bahn nach Karaköy zu fahren und von dort weiter mit der Straßenbahn (Richtung Zeytinburnu) nach Sultanahmet zu gelangen (Stationen s. o.). In die Viertel Cankurtaran und Kumkapı gelangt man, will man nicht laufen, mit der Vorortbahn von Sirkeci.

Yerebatan-Zisterne (Yerebatan Sarnıcı): Im 6. Jh. wurde die Zisterne, auch „Versunkener Palast" genannt, unter Kaiser Justinian gebaut. Sie fasste 80.000 Kubikmeter Wasser, das über Aquädukte aus dem Belgrader Wald kam. Ihr einstiger Grundriss war größer als der der Hagia Sophia. Zwei Drittel der Anlage können heute besichtigt werden, der Rest verschwand im 19. Jh. hinter Mauern. Laufstege führen durch das geheimnisvoll gurgelnde Halbdunkel, das bis 1987 nur mit Booten zugänglich war (James Bond ruderte noch in *Liebesgrüße aus Moskau* hindurch). 336 Säulen, 8 m hoch, viele mit ionischen oder korinthischen Kapitellen verfallener Tempel versehen, stützen die Zisterne. Einige wenige Sockel sind mit Medusenhäuptern verziert. Wasser tröpfelt von der Decke, und am Boden schimmert es silbern. Dezente klassische Musik verstärkt die reizvolle Atmosphäre. Auch für Kinder lohnenswert.
Yerebatan Cad. Tägl. 9–18 Uhr, im Sommer bis 20 Uhr. Eintritt 5 € (Türken zahlen 2,50 €!).

Hagia Sophia (Aya Sofya Müzesi): Erst Kirche, dann Moschee, heute Museum – aber zu allen Zeiten beeindruckend: die Hagia Sophia, die „Heilige Weisheit". Anfang April des Jahres 532 wurde unter Kaiser Justinian mit dem Bau der Kirche begonnen. Ende Februar desselben Jahres war ihr Vorgängerbau abgebrannt. Es wird vermutet, dass der Kaiser während des Nika-Aufstands (→ Kasten, S. 138) deren Inbrandsetzung angeordnet hatte, um sich mit dem Neubau ein Denkmal zu setzen. Denn es ist erstaunlich, dass Justinian bereits einen Monat später die Pläne für die Kirche bereithielt, die nach seinen Worten alle Bauten des Altertums in den Schatten stellen und zugleich die größte Kirche der Christenheit werden sollte. Das war sie dann auch für knapp 1000 Jahre, bis sie von der Peterskirche in Rom abgelöst wurde. Die Bauzeit betrug bescheidene fünf Jahre, über 100 Baumeister und mehr als 10.000 Arbeiter waren beteiligt.

20 Jahre nach der Einweihung stürzte die Hauptkuppel bei einem Erdbeben ein. Viele Legenden verlegen das Datum auf einen späteren Zeitpunkt, da der Einsturz eines vollendeten Bauwerks unter einem vollendeten Kaiser für unmöglich galt. Es sollte aber nicht das einzige Beben bleiben, das der Hagia Sophia großen Schaden zufügte. Mehrmals musste die Kirche wiederaufgebaut und dabei durch zusätzliche klobige Außenpfeiler und Verstärkungen gesichert werden. Ihnen verdankt sie ihre heutige gedrungene Erscheinung – in ihrer Jugend präsentierte sie sich rank und schlank.

Unmittelbar nach dem Fall Konstantinopels wurden die Kirchenbänke durch Gebetsteppiche ersetzt. Nach und nach kamen dann die vier Minarette hinzu, die zwei dickeren an den Westenden stammen vom berühmten Baumeister Sinan. Bis zum Bau der Blauen Moschee blieb die Ayasofya die Hauptmoschee der Osmanen. Vier Sultane ließen sich in ihrem Schatten beisetzen, darunter der legendäre Murat III. (1546–1595), der es auf die stattliche Zahl von 103 Kindern gebracht hatte. Auch Selim II. (1524–1574), Selim der Säufer genannt, ruht hier. Tragisch sein Tod: Betrunken rutschte er in der Badewanne aus. Die Türben, in welchen die Sultane mit ihren Lieblingsfrauen samt Anhang bestattet wurden, können besichtigt werden. Jene von Selim II., die der große Architekt Sinan entwarf (separater Zugang von der Babıhümayun Caddesi), ist dabei die schönste.

Atatürk wandelte die Hagia Sophia 1934 in ein Museum um. Er wollte damit verhindern, dass sie zum Zentrum reaktionärer islamischer Kreise wurde. Seitdem sind auch die Mosaiken wieder zu sehen, die im 18. Jh. unter Putz gekommen waren.

Für gewöhnlich betritt man die Hagia Sophia auf ihrer Westseite. Unmittelbar vor dem Eingang linker Hand brachten Grabungen Reste der im Jahre 415 geweihten „alten" Hagia Sophia zum Vorschein, u. a. ein Friesfragment, das Lämmer zieren.

Fünf Bronzetüren trennen den *Exonarthex* (äußere Vorhalle) vom *Narthex* (innere Vorhalle), der über 60 m lang, 11 m breit und mit Marmor ausgekleidet ist. Hier legte der Kaiser seine Krone ab, bevor er durch das sog. Kaiserportal (mittlere Tür) den Sakralraum betrat. Darüber befindet sich ein herrliches Mosaik, das Christus auf einem juwelengeschmückten Thron darstellt. Ihm zu Füßen kniet reumütig Kaiser Leo VI., der aufgrund seiner vier Eheschließungen gegen damaliges orthodoxes Recht verstoßen hatte. Rechter Hand (heute als Ausgang gekennzeichnet) liegt die *Vorhalle der Krieger* – in diesem Raum wartete die Garde auf den Kaiser, bis er aus dem Gottesdienst zurückkam. Den Durchgang ziert ebenfalls ein schönes Goldgrundmosaik mit der heiligen Maria im Zentrum. Das Gros der noch heute existierenden Mosaiken entstand übrigens zwischen 850 und 1000, alle älteren wurden zerstört.

Vom gegenüberliegenden Ende des Narthex führen Stufen zu den Galerien (s. u.). Aber zuerst dorthin, wohin lange Zeit nur Männer gehen durften: Das *Hauptschiff*, knapp 80 m lang und 56 m hoch, ist einer der gewaltigsten Räume, die je von Menschenhand geschaffen wurden. Gekrönt wird es von einer Kuppel, welche scheinbar jeglichen Gesetzen der Statik spottet. Sie hat einen Durchmesser von 33 m und schwebt förmlich im hellen Licht ihrer 40 Fenster, zumal sie sich über tiefer gelegene Halbkuppeln erhebt. Stellt man sich darunter, wird man die Absicht der Architekten erkennen: Gott ist groß, und der Mensch ist klein. 30 Jahre lang war der Anblick der

1. Theodosianische Hagia Sophia (Ausgrabungen)
2. Kaiserportal
3. Schwitzende Säule
4. Mosaik von Kaiser Alexandros
5. Omphalos
6. Vorbetertribüne
7. Sultansloge
8. Mihrab
9. Minbar
10. Deesis-Mosaik
11. Christus-Mosaik umringt v. Konstantin IV. und Zoë
12. Mosaik der Jungfrau Maria mit Johannes II. und Eirene
13. Altes Baptisterium (nicht zugänglich)
14. Vorhalle der Krieger

Hagia Sophia

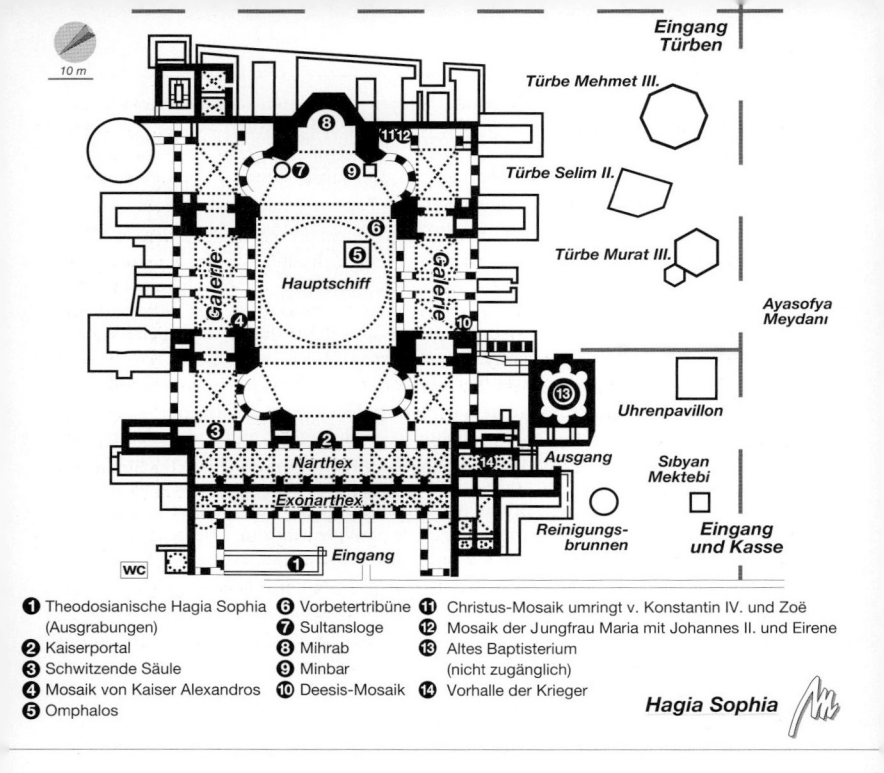

Kuppel durch ein Gerüst getrübt. Zum Kulturhauptstadtjahr verschwand es jedoch. Und zum Vorschein kam, was fast 700 Jahre lang niemand mehr hatte sehen dürfen: das Gesicht eines der vier Seraphime (Engel) in den Bögen direkt unter der Kuppel. Die drei anderen Gesichter sollen irgendwann auch noch freigelegt werden.

Es gibt viele Legenden über den Bau der Kirche und deren Kuppel. Eine erzählt, dass man, um ein Gerüst zu sparen, den Innenraum mit Erde auffüllte, in welche Goldstücke gemischt waren. So halfen nach Vollendigung des Baus die Bürger freiwillig mit, die Erde wieder wegzuschaffen, denn jeder, der ein Goldstück fand, durfte es behalten.

In Wirklichkeit wurde die Kuppel natürlich mit Gerüst gebaut. Als man dieses demontierte, flutete man die Kirche meterhoch, damit die herabstürzenden Balken das Bauwerk nicht erschütterten. Das Material für den Bau der Kirche wurde übrigens aus dem ganzen Reich zusammengetragen. So stammen z. B. die großen Hauptsäulen aus rotbrauner Brekzie aus einem Gymnasion von Ephesus.

In der Apsis befindet sich der nach Mekka ausgerichtete *Mihrab*, darüber ein Mosaik, das die Muttergottes mit dem Jesuskind zeigt. Links davon steht die hochbeinige Sultansloge, eine Arbeit der Gebrüder Fossati aus der Mitte des 19. Jh. Sie konkurriert mit dem prachtvollen *Minbar* rechts der Apsis, ein Geschenk Süleymans des Prächtigen. Das marmorne Podest etwas weiter war einst die *Vorbetertribüne*, von der der Koran gelesen wurde. Neben ihr fällt ein quadratisches Bodenmosaik aus farbigem Porphyr auf, der sog. *Omphalos*. Er symbolisierte im Byzantinischen Reich den „Nabel der Welt", und man vermutet, dass genau hier die Kaiserkrönungen vollzogen wurden.

> **Spartipp**: Eifrige Museumsgänger können sich für İstanbul den sog. **Museum Pass** zulegen. Er kostet 72 TL (ca. 30 €, Stand 2012) und ermöglicht innerhalb von 72 Std. den Zugang zu folgenden staatlichen Museen: Chora-Kirche, Archäologisches Museum, Hagia Sophia, Topkapı-Palast inkl. Harem, Museum für türkisch-islamische Kunst und Mosaikenmuseum. Mit dem Pass erhält man zudem Rabatte in diversen Museumsshops und Privatmuseen, außerdem erübrigt sich ein evtl. Schlangestehen an den Hotspots. Erhältlich ist der Pass an den Schaltern aller genannten Museen. Weitere Infos auf www.muze.gov.tr.

In der Nordecke „transpiriert" die *Schwitzende Säule*, über die es wundersame Geschichten gibt. Angeblich saugt sie aus einer tiefer gelegenen Zisterne – nach der verschiedene Grabungen erfolglos suchten – Feuchtigkeit auf und „schwitzt" sie wieder aus. So ist ihre Oberfläche stets feucht. Kaiser Justinian soll einst seine Stirn an die Säule gelehnt haben und so von heftigen Kopfschmerzen befreit worden sein. Das sprach sich herum. Blinde wurden zu ihr geführt und konnten wieder sehen, Gelähmte wieder laufen und so fort. Die Säule wurde zum „Heiligtum", an das Generationen von Christen und Moslems ihre Stirn legten. Irgendwann entstand gar ein Loch in ihr. Viele Besucher bohren heutzutage unwissend mit dem Zeigefinger darin herum – das hilft nichts.

Das große, vasenförmige Gefäß aus Marmor ein paar Schritte weiter – insgesamt befinden sich zwei davon in der Hagia Sophia – ließ Sultan Murat III. (1574–1595) aus Pergamon überführen. Es ist aus einem Stück gefertigt, fasst über 1200 Liter Wasser und diente rituellen Waschungen.

Die *Galerien*, welche die Längsseiten des Hauptschiffs flankieren, waren für die Frauen bestimmt, die in byzantinischer Zeit den Hauptraum der Hagia Sophia nicht betreten durften. Von allen Goldgrundmosaiken (die einstige Gesamtfläche betrug 16.000 m^2) sind hier die schönsten zu finden: In der Nordgalerie zählt dazu ein bestens erhaltenes Mosaik von Kaiser Alexander, welches er vermutlich selbst anbringen ließ. Es zeigt den Kaiser in seiner Kleidung, die er zur Prozession am Ostersonntag anlegte. Die vier Medaillons rings um ihn enthalten die Inschrift: „Gott, helfe deinem Diener, dem rechtgläubigen und getreuen Kaiser Alexander." Gott half ihm nicht: Seine Regentschaft dauerte nur 13 Monate, dann stürzte er bei einer Art Polospiel betrunken vom Pferd und starb.

In der Südgalerie findet man das berühmte *Deesis-Mosaik*, von dem jedoch nicht viel mehr als drei Köpfe übrig sind, diese aber in wundervoller Ausarbeitung: in der Mitte Jesus mit voller Haarpracht im Strahlenkranz, umgeben von Maria und Johannes dem Täufer. Gegenüber liegt das *Grabmal Henricus Dandolos*, eines Dogen, der 1204 die Kreuzfahrer maßgeblich zur Plünderung von Byzanz anstiftete.

Nahe der Apsis, an der Stirnwand der Südgalerie, fallen zudem zwei weitere prächtige *Mosaike* ins Auge: Das linke zeigt Christus mit dem Evangelium in der Mitte, links von ihm Konstantin IX. mit einem Geldsack, rechts von ihm Konstantins Gemahlin Zoë mit einer Schriftrolle. Die Heirat des Kaiserpaars fand 1042 statt, Zoë war zu diesem Zeitpunkt schon weit über 60 Jahre alt. Bis zu ihrem fünfzigsten Lebensjahr soll sie Jungfrau gewesen sein, dann verschliss sie Mann auf Mann, Konstantin IX. war Gemahl Nr. 3. Der Schriftzug über ihr meint dennoch: „Zoë, die allerfrömmste Augusta". Das Mosaik daneben wird von der Jungfrau Maria mit Kind in der Mitte dominiert, links von ihr sieht man Kaiser Johannes II., rechts von ihr dessen Gattin Eirene.

Nach Verlassen der Hagia Sophia passiert man noch den 1740 errichteten **Reinigungsbrunnen**, ein Paradebeispiel des türkischen Rokokos: fröhlich-bunt die Ornamentik, bemerkenswert die Liebe zum Detail.

Ayasofya Meydanı. Tägl. (außer Mo) 9–18 Uhr, im Sommer bis 19 Uhr, Galerien schließen eine Stunde früher. Eintritt 8 €. Türben: gleiche Öffnungszeiten, kein Eintritt.

Archäologischer Park (Sultanahmet Arkeolojik Parkı): Der Große Palast *(Palatium Magnum)*, der zwischen dem 4. und 11. Jh. entstand, war kein einzelnes Gebäude, sondern eine terrassierte Anlage mit mehreren Palästen, Kirchen, Wirtschaftsgebäuden, Bade- und Parkanlagen. Das Palastareal erstreckte sich vom heutigen Ayasofya Meydanı bis zum At Meydanı (Hippodrom) und von dort bergab bis zum Marmarameer. Zuvor gab es hier schon eine Bebauung aus römischer Zeit. Danach wurde unter den Osmanen an jener Stelle, die zukünftig als Archäologischer Park zugänglich sein soll, eine Hochschule erbaut, die 1933 abbrannte. 1997 begann man hier mit Grabungsarbeiten. Dabei kamen nicht nur Mauern aus römischer, byzantinischer und osmanischer Zeit ans Tageslicht, sondern auch Münzen, Tonwaren und vieles mehr aus den verschiedenen Epochen.

Ayasofya Meydanı. Das Areal war z. Z. d. letzten Recherche noch nicht der Öffentlichkeit zugänglich, sollte aber bis zu Ihrem Besuch die Pforten geöffnet haben.

Blaue Moschee (Sultanahmet Camii): Der offizielle Name der İstanbuler Hauptmoschee geht auf ihren Stifter Sultan Ahmet I. zurück, der in jungen Jahren den Thron bestieg. 1609 gab er den Auftrag zum Bau der Moschee, die gewaltiger als die Hagia Sophia werden und ihn unvergessen machen sollte. Mit dem ehrgeizigen Projekt beauftragte er den erfahrenen Baumeister Mehmet Ağa, einen Schüler Sinans (→ Kasten, S. 136). Sieben Jahre dauerten die Arbeiten. Wenige Wochen nach der Fertigstellung der Moschee starb der Sultan im Alter von 27 Jahren. Das Ziel, die Hagia Sophia zu übertreffen, wurde – zumindest was die Ausmaße angeht – nicht erreicht. Dennoch entstand mit der Sultanahmet-Moschee einer der schönsten und berühmtesten Sakralbauten der Welt.

Kein Gold, aber sechs Minarette

Die Blaue Moschee – ein Traum aus 1001 Nacht. Und wie ein orientalisches Märchen klingt auch die Geschichte ihrer sechs Minarette: Als Baumeister Mehmet Ağa dem Sultan seine ersten Entwürfe vorlegte, zeigte sich dieser begeistert. Nur forderte er anstelle von vier steinernen Minaretten vier goldene. Mehmet Ağa wusste, dass mit den vorhandenen finanziellen Mitteln der ehrgeizige Plan nicht verwirklichen ließ. Andererseits wollte er den Herrscher nicht vor den Kopf stoßen – um den eigenen zu schonen. Also verstand er seinen Bauherrn absichtlich falsch und baute sechs Minarette (türk. *altı* = sechs) statt vier goldene (türk. *altın* = golden). Als die Moschee fertig war und sechs Minarette weithin von der Größe Allahs und des edlen Spenders kündeten, vergaß der Sultan seine einstige Forderung. Doch der Bau einer Moschee mit sechs Minaretten wurde in der islamischen Welt als Anmaßung gegenüber der Harem-i-Şerif-Moschee in Mekka aufgefasst. So musste sich Sultan Ahmet I. verpflichten, der heiligsten islamischen Gebetsstätte ein siebtes zu spendieren, um deren exponierten Status zu dokumentieren.

> **Baumeister Sinan – ein bescheidenes Genie**
>
> Koca Mimar Sinan, der „altehrwürdige Baumeister Sinan", wie ihn die Türken nennen, kam um 1490 als Kind christlicher Eltern in einem zentralanatolischen Dorf nahe Kayseri zur Welt. Die *devşirme*, die Rekrutierung junger Christen zum Militärdienst, führte ihn in den Dienst des Sultans. Nachdem er in der Palastschule zum Muslim erzogen worden war, trat er den Janitscharen als Militäringenieur bei. Auf Feldzügen durchstreifte er das Osmanische Reich und studierte dessen Moscheen ebenso wie die Pyramiden von Gizeh und die Aquädukte des Balkans. Unterwegs hatte er in vielen Ländern Gelegenheit, großen Architekten über die Schulter zu blicken. Als er für einen persischen Feldzug jene Schiffe baute, welche das Heer über den Van-See in Ostanatolien bringen sollten, wurde Sultan Süleyman I. auf ihn aufmerksam.
>
> Sinan, schon über 50 Jahre alt, wurde sein Haus- und Hofarchitekt. All jene Pracht, die mit dem Sultan in Verbindung gebracht wird, fand erst durch Sinans geniale Architektur ihren Ausdruck. In den folgenden Jahrzehnten arbeitete er mit schier unglaublichem Fleiß. Zu seinen 477 (!) Bauwerken – u. a. auch Medresen, Mausoleen, Aquädukte und Hamams – gehören allein 42 Moscheen in İstanbul. Eines seiner Meisterwerke, die Selimiye-Moschee in Edirne, beendete er im Alter von 85 Jahren. Die Kuppelrestaurierung der allerheiligsten Moschee Harem-i Şerif in Mekka wurde übrigens auch unter seiner Leitung durchgeführt.
>
> Bis zu seinem Tod im Alter von 97 Jahren blieb der großartigste Architekt der osmanischen Periode ein bescheidener Mensch. In einer schlichten, von ihm selbst entworfenen Türbe nahe dem Süleymaniye-Komplex liegt er begraben – wohl wissend, dass sein Werk ihn um Jahrhunderte überleben und somit sein Name nie in Vergessenheit geraten würde.

Der Name Blaue Moschee ist im Türkischen unbekannt, für Ausländer jedoch der gebräuchlichere. Betritt man die Moschee, dann weiß man auch, warum. Bis zur Höhe der Fenster sind die Wände mit blau-grünen Fayencen aus der letzten Blütezeit der İznik-Kachelkunst (→ Kasten, S. 192) verkleidet. Sie tauchen alles in einen blauen Farbton. Früher, als dazu noch alle Fenster der Moschee buntes, insbesondere blaues Glas hatten, war das noch extremer. Der Blick hinauf zur mächtigen Hauptkuppel (Höhe 43 m, Durchmesser 22 m), umgeben von aufsteigenden Halbkuppeln, ist von großartiger Harmonie. Der marmorne *Mihrab* ist mit kostbaren Steinen, u. a. mit einem Stück der Kaaba in Mekka, geschmückt. Die fein gemeißelte weiße Marmorkanzel rechts davon, von welcher der Imam die Freitagspredigt hält, ist eine exakte Kopie des Minbar der Moschee von Mekka. Auch der elegante *Vorhof* der Anlage beeindruckt. Er besitzt in etwa dieselben Ausmaße wie die Moschee. Weit geschwungene Kolonnadengänge säumen ihn. In der Hofmitte erhebt sich der sechseckige *Reinigungsbrunnen*, heute ist er nur noch Schmuckwerk, die Fußwaschung findet außen an den Längsseiten des Vorhofs statt. Das Ritual befolgt jeder Moslem, leider kein christlicher Tourist: Die Blaue Moschee ist die einzige Moschee İstanbuls mit z. T. stechendem Fußgeruch.

Zur *Külliye* der Sultanahmet-Moschee gehörten einst auch ein Hospital und eine Karawanserei. Beide wurden abgerissen. Erhalten sind die *Armenküche* und die große *Türbe von Ahmet I.* Hier ruht der Stifter der Moschee – er starb vermutlich an Krebs – zusammen mit seiner Frau Kösem (von einem Eunuchen erdrosselt), seinem Sohn Osman II. (durch Zerquetschung seiner Hoden hingerichtet) und seinem Bruder Murat IV. (Todesursache ungewiss). Murat IV. lynchte übrigens noch vor seinem Tod seinen Bruder Beyazıt, der nun neben ihm liegt. Nicht schön, aber so geht man in die Geschichte und Literatur ein – das Schicksal Beyazıts wurde von Jean Racine in der gleichnamigen Tragödie aufgegriffen. Diese wiederum wurde Grundlage für Ruggiero Leoncavallos Oper *Bajazzo* (1892).

Sultanahmet Meydanı. Moschee tägl. 9–12.15, 13.45–16.15 und 17.00–18.15 Uhr (Fr jedoch 12–14.30 Uhr geschl.), Türbe tägl. 9.30–16.30 Uhr.

Ein Meisterwerk: die Blaue Moschee

Mosaikenmuseum (Büyüksaray Mozaikleri Müzesi): Highlight dieses kleinen, aber feinen Museums ist ein Bodenmosaik, das einst ein Gebäude des Großen Palastes (→ Archäologischer Park und Geschichte, S. 180) zierte und vermutlich aus dem 6. Jh. stammt. Bei Ausgrabungsarbeiten in den 50er-Jahren kam es zutage. Die Fundamente des alten Palais lagen einige Meter unter der Erde. 15 Jahre lang war ein österreichisch-türkisches Forscherteam damit beschäftigt, das Mosaik extern zu konservieren, bis es wieder an seinen ursprünglichen Fundort südöstlich der Blauen Moschee zurückgeführt werden konnte. Tierfabeln, Jagdbilder und Szenen aus dem Landleben und der Mythologie sind die Hauptmotive.

Arasta Bazaar, Kabasakal Cad. Tägl. (außer Mo) 9–16.30 Uhr, im Sommer bis 18 Uhr. Eintritt 3,20 €.

Ehem. Sergius-und-Bacchus-Kirche (Küçük Ayasofya Camii): Im Jahre 527, unter Kaiser Justinian, wurde die kleine Kirche den Heiligen Sergius und Bacchus geweiht, den Schutzpatronen der christlichen Soldaten in der römischen Armee. Anfang des 16. Jh. erfolgte die Umwandlung in eine Moschee. Die Türken nennen sie seither „Kleine Hagia Sophia" – über die Ähnlichkeit mit der großen Schwester kann man sich jedoch streiten.

Im Inneren überwiegen die Farben Blau, Grau und Weiß. Reiz verleiht dem Bauwerk auch sein konfuser Grundriss – ein möglicher Hinweis darauf, dass die Kirche einst zwischen anderen Gebäuden eingequetscht war. Die ausladende Mittelkuppe wird von einem unregelmäßigen Säulenachteck gestützt. An einigen Kapitellen sind noch Monogramme von Justinian und seiner Frau Theodora zu erkennen.

Küçük Ayasofya Cad.

Sokullu-Mehmed-Pascha-Moschee (Sokullu Mehmet Paşa Camii): Sokullu Mehmed Pascha – ein gebürtiger Serbe namens Bayo Sokolovitsch, der bis zu seinem 18. Lebensjahr Christ war – ließ die Moschee 1572 errichten. Er galt als einer der fähigsten Politiker seiner Zeit und war Großwesir unter Selim dem Säufer, bis er von einem irren Soldaten ermordet wurde. Die Moschee selbst zählt zu den

schönsten kleineren Gebetsstätten des Baumeisters Sinan und beherbergt grandiose türkisblaue İznik-Fayencen. Die kleinen schwarzen Steinchen an der Wand über dem Eingang, an Mihrab und Minbar entstammen dem Hadschra, dem heiligen Schwarzen Stein der Kaaba in Mekka. Angeblich sollen sich die Marmorsäulen nahe dem Mihrab schon bei der kleinsten Erschütterung drehen – falls es stimmt, ein geniales Erdbebenwarnsystem.
Şehit Çeşmesi Sok.

Pferdeplatz (At Meydanı)/ehem. Hippodrom: Auf dem länglichen, begrünten Platz erstreckte sich bis ins 15. Jh. das Hippodrom der Stadt, das dann die Osmanen dem Erdboden gleich machten. Nur zwei Obelisken und eine Säule, um welche die Pferde hetzten, sind übrig geblieben und erinnern nicht mal mehr vage an die einstigen Massenspektakel à la *Ben Hur*. Den Rennparcours der Pferdewagen, im Jahre 203 von Septimius Severus errichtet und rund 130 Jahre später von Konstantin ausgebaut, zeichnen die Straßen drum herum jedoch bis heute fast exakt nach.

Das südliche Ende des At Meydanı dominiert der *Obelisk Konstantins VII. Porphyrogennetos*. Er ist benannt nach dem Kaiser, der die 32 m hohe Kalkquadernadel unbestimmten Alters im 10. Jh. restaurieren und mit Bronze verkleiden ließ. Das schmucke Kleid wurde jedoch von den Kreuzrittern zwei Jahrhunderte später entfernt und eingeschmolzen. Etliche Amateurakrobaten, die über Jahrhunderte hinweg ihren Mut beweisen wollten, sind verantwortlich für den heute schlechten Zustand des Obelisken.

Blut und Spiele – das Hippodrom

So wie die Hagia Sophia in byzantinischer Zeit als Mittelpunkt des religiösen Lebens angesehen wurde, galt das Hippodrom als Zentrum profaner Aktivitäten. Bis zum 12. Jh. waren Wagenrennen das Massenspektakel schlechthin. Jeder vierte Einwohner suchte die gigantische Rennbahn auf, die 100.000 Menschen fasste und um einiges größer war als das riesige Giuseppe-Meazza-Fußballstadion in Mailand. Die Herrscherfamilie saß in der mächtigen Kaiserloge. Da das Hippodrom der einzige Ort war, an dem Volk und Herrscher zusammentrafen, kam es hier des Öfteren auch zu politischem Aufruhr. Am blutigsten war der sog. Nika-Aufstand im Jahre 523: Die zwei mächtigsten gesellschaftlichen Gruppierungen der Stadt waren nicht nur Rivalen um die politische Macht, sondern auch auf der Rennbahn. Es waren die „Blauen" und die „Grünen", benannt nach den Farben ihrer Wagenlenker im Hippodrom. Als Kaiser Justinian ein Verbot beider Parteien erwog, kam es zum Aufstand. Unter dem Schlachtruf „Nika, nika!" („Sieg, Sieg!") äscherten sie innerhalb weniger Tage die halbe Stadt ein. Nach Verhandlungen ließen sich die „Blauen" bestechen und räumten das Feld. 30.000 überraschte „Grüne" wurden im Hippodrom eingekesselt, niedergemetzelt und nach alter Tradition an Ort und Stelle begraben.

Auch nach dem Abriss des Hippodroms behielt der Platz seine Rolle als Schauplatz blutiger Auseinandersetzungen bei. 1826 ließ hier Sultan Mahmut II. im Zuge seiner „Militärreform" 30.000 Mitglieder des aufständischen Elitekorps der Janitscharen umbringen. Wer heute über das Gelände spaziert, läuft also über ein Massengrab.

Nur wenige Meter weiter steht die rund 2500 Jahre alte *Schlangensäule*, die sich einst vor dem Apollontempel von Delphi emporwand. Kaiser Konstantin ließ sie im 4. Jh. nach İstanbul bringen. Zahlreiche Legenden ranken sich um die fehlenden Köpfe der drei ineinander verschlungenen Tiere. Am häufigsten wird die Geschichte eines betrunkenen polnischen Gesandten erzählt, der die Köpfe in einer Aprilnacht des Jahres 1700 abgeschlagen haben soll. Der Oberkiefer eines Kopfes tauchte Mitte des 19. Jh. wieder auf und befindet sich heute im Archäologischen Museum.

Am At Meydanı

Der *Kaiser-Wilhelm-Brunnen* am nördlichen Ende des At Meydanı hat ganz und gar nichts mit dem antiken Hippodrom zu tun. Der mit Mosaiken geschmückte und von acht Säulen getragene Brunnen war ein deutsches Geschenk für Sultan Abdül Hamit II. Die meisten Teile wurden in Deutschland vorgefertigt und erst in İstanbul montiert.

İbrahim-Pascha-Palast (İbrahim Paşa Sarayı)/Museum für türkische und islamische Kunst: Der Bau auf der Westseite des At Meydanı gilt als einer der größten Paläste des Osmanischen Reiches. İbrahim Paşa, der Großwesir Süleymans des Prächtigen, ließ ihn 1524 errichten. Jahrelang genoss der Großwesir die Hochachtung Süleymans. Doch dann wurde er ihm zu mächtig. 1536, nach einer letzten gemeinsamen Mahlzeit, ließ ihn der Sultan im Schlaf ermorden. Später diente der Palast als Internat für Pagen, als Kaserne für unverheiratete Janitscharen, als Textilfabrik und Gefängnis.

Heute wird hier islamische Kunst aller Perioden präsentiert – über 40.000 Exponate aus dem 7.–20. Jh. (auch wenn das Museum kleiner wirkt). Zu sehen gibt es u. a. persische und türkische Miniaturen, Koranhandschriften, Glaslämpchen, Keramik-, Bronze-, Holz- und Steinarbeiten. Die Teppichsammlung zählt zu den größten und bedeutendsten weltweit, es sind jedoch nicht alle Stücke ausgestellt. Die ethnografische Abteilung dokumentiert u. a. das Leben der Yörüken, anatolischer Nomaden, z. B. zeigt man ein traditionelles schwarzes Ziegenhaarzelt. Nebenbei überraschen auch ein paar Kuriositäten wie Badeschlappen aus dem 18. und 19. Jh., die wie kubistische Designerstücke aussehen. Vom Balkon des Innenhofs genießt man einen schönen Rundblick auf den At Meydanı.

At Meydanı. Tägl. (außer Mo) 9–16.30 Uhr. Eintritt 4,10 €.

Konstantinssäule (Çemberlitaş): Die von Tauben bevölkerte Säule ragt – dem Mast eines untergehenden Schiffes gleich – am Divan Yolu traurig in die Höhe. Die İstanbuler nennen das von Eisenringen gestärkte Monument *Çemberlitaş* („Reifenstein"). In byzantinischer Zeit bildete die Säule den Mittelpunkt des Konstantinforums. Das Kapitell mit einem bronzenen Kaiserstandbild obenauf fiel vor rund 900 Jahren einem Erdbeben zum Opfer. In ihrem Inneren sollen sich allerhand Reliquien befinden, u. a. Nägel und Splitter vom Kreuze Christi, Brotreste von der Speisung der Zehntausend und die Axt, mit der Noah seine Arche baute.

Der Divan Yolu selbst ist übrigens eine der bekanntesten und ältesten Straßen İstanbuls. In osmanischer Zeit führte der *yol* (dt. „Weg") vom Diwan im Topkapı-

Palast zu den weiter westlich gelegenen Palästen der Minister. Zahlreiche Moscheen, Medresen, Bibliotheken und Sultans-Türben zeichnen noch immer ein eindrucksvolles Bild von der einstigen Prachtstraße. Heute gehört der Divan Yolu, der Trampelpfad zwischen Basarviertel und Hagia Sophia, den Touristen und der stets überfüllten Straßenbahn.

Essen & Trinken

Rami 16, kleines, gepflegtes Restaurant in einem osmanischen Haus bei der Blauen Moschee. Das Innere könnte als Kulisse für einen Film aus dem Beginn des letzten Jahrhunderts dienen. An den Wänden Bilder des aus Ankara stammenden Malers Rami Uluer, daher auch der Name. Zudem schöne Dachterrasse. Serviert wird eine kleine Auswahl an fein zubereiteten Klassikern der türkisch-osmanischen Küche. Hg. ab 15 € (kleines Bier 6,50 €). Utangaç Sok. 6, ℅ 0212/5176593.

Rumeli 4, Café-Restaurant in schönem Backsteingemäuer. Im Winter flackert ein Feuer im Kamin, im Sommer sitzt man draußen. Internationale Küche (Steaks, Pasta) überwiegt. Hg. zwischen 7 € (Pasta) und 27 € (Riesengarnelen). Ticarethane Sok. 8, ℅ 0212/5120008.

Magnaura Café & Restaurant 15, im touristischsten Eck Sultanahmets. Kleines beigefarbenes, zweistöckiges Haus mit Dachterrasse. Gute türkische und internationale Küche, dazu Pasta-Gerichte. Nette Straßenbestuhlung. Hg. 8–16 €. Akbıyık Cad. 23, ℅ 0212/5187622.

Ahırkapı Balıkçısı 24, trotz seiner unmittelbaren Nähe zu den großen Sehenswürdigkeiten ziemlich versteckt gelegen. Viele İstanbuler. Kleines, einfaches Lokal, ein paar Tische drinnen, ein paar draußen. Überschaubare Auswahl an Meze und frischestem Fisch, simpel, aber unglaublich lecker zubereitet. Meze 2,50–5 €, Fischgerichte (wenig Auswahl, nur das, was gerade frisch da ist) 6–20 €. Keresteci Hakkı Sok. 38 A, ℅ 0212/5184988.

Pudding Shop 8 – eine Legende überlebt sich

Schade, dass keiner der weißhemdigen Kellner des Restaurants Lale, so der offizielle Name des Pudding Shops, mehr von den turbulenten 60ern zu erzählen weiß. Von den langhaarigen Freaks und leicht beschürzten Mädchen, die sich mit dem Daumen im Wind gen Südosten aufmachten. Goa, Karatschi oder Kabul hießen ihre Ziele, der Pudding Shop war ihr Zwischenstopp. Hier, am Divan Yolu (Nr. 6) in Sultanahmet, gab es die besten und billigsten Puddings İstanbuls. Hier tauschte man Infos und Kontakte aus, hierher ließ man sich die Post von zu Hause schicken, und hier konnte man – davon will die Geschäftsleitung heute allerdings nichts mehr wissen – auch billigen Shit kaufen. Ein paar Zeitungsartikel und Fotos an den Wänden erinnern an die glorreiche Zeit des mittlerweile recht schick gewordenen Kultlokals. Heute speisen hier ältere japanische und amerikanische Herrschaften. Die Traveller essen ums Eck – mindestens genauso gut und um die Hälfte billiger.

Cankurtaran Öğretmenevi 20, eine nur selten von Touristen besuchte Oase im gleichnamigen Viertel. Das der türkischen Lehrerorganisation angeschlossene Haus (schlichtes Restaurant und Unterkunft) steht jedem offen und lädt im Sommer auf seine Terrasse mit Marmarameerblick. Zu essen gibt es Gegrilltes jeder Art (Fisch und Fleisch), dazu Frühstück. Für die Ecke überaus günstig: Hg. 4–6 €. Ahırkapı Sok. 7, ℅ 0212/5172411.

Sultanahmet Köftecı Selim Usta 7, das alteingesessene Original – nicht mit den namensähnlichen Kopien in der Nachbarschaft verwechseln! Berühmt für seine Hackfleischbällchen, die Portion Köfte gibt es für 5 €. Neben Touristen finden sich zur Mittagspause jede Menge İstanbuler ein – dann hat das Lokal eher etwas von einer Abfütterungsstelle. Divan Yolu 12.

Essen & Trinken
(S. 140, 142)

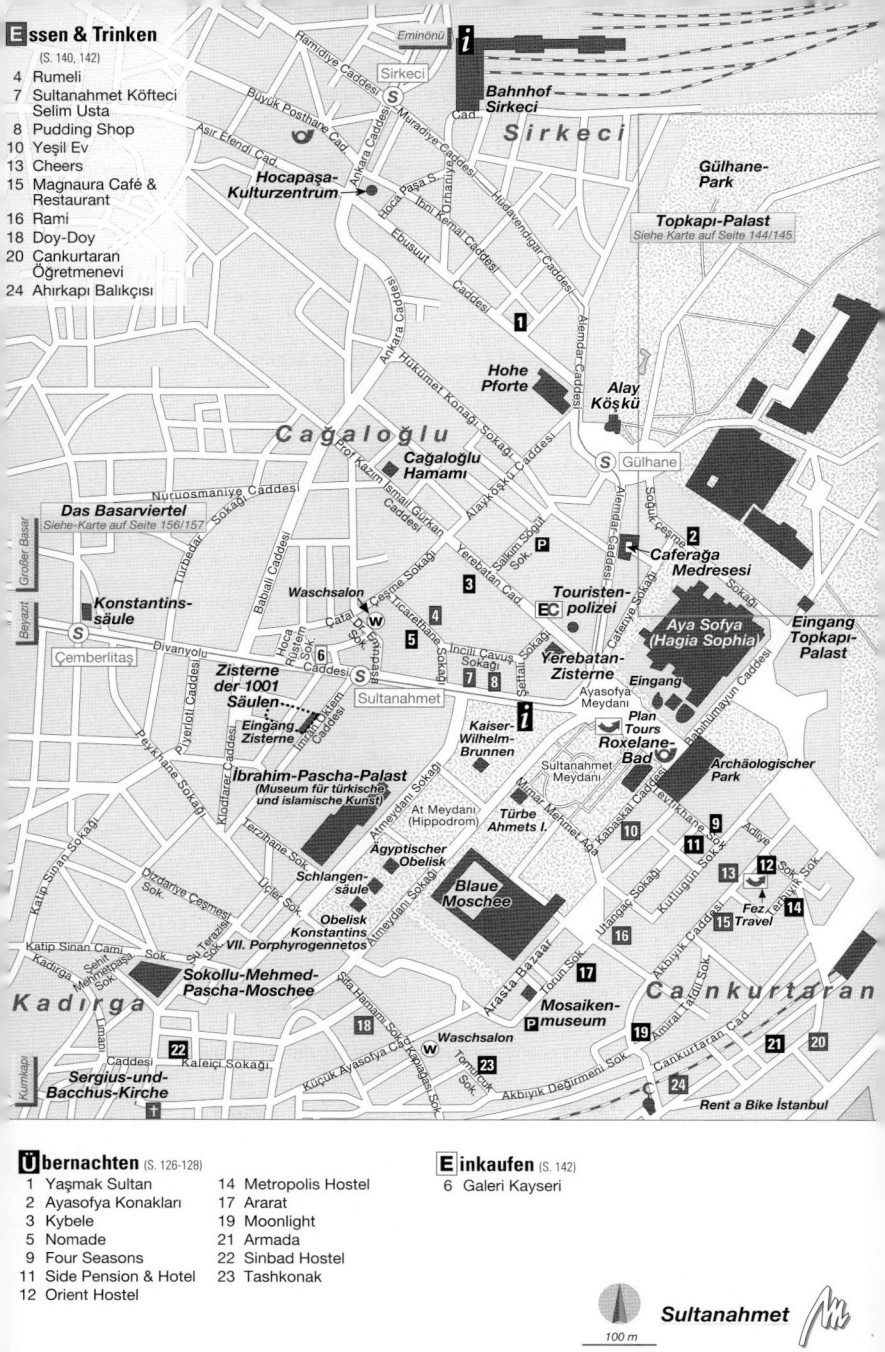

4 Rumeli
7 Sultanahmet Köfteci Selim Usta
8 Pudding Shop
10 Yeşil Ev
13 Cheers
15 Magnaura Café & Restaurant
16 Rami
18 Doy-Doy
20 Cankurtaran Öğretmenevi
24 Ahırkapı Balıkçısı

Übernachten (S. 126-128)

1 Yaşmak Sultan
2 Ayasofya Konakları
3 Kybele
5 Nomade
9 Four Seasons
11 Side Pension & Hotel
12 Orient Hostel
14 Metropolis Hostel
17 Ararat
19 Moonlight
21 Armada
22 Sinbad Hostel
23 Tashkonak

Einkaufen (S. 142)

6 Galeri Kayseri

Sultanahmet

100 m

Doy-Doy [18], ein netter Name: „Werde satt, werde satt!". In diesem mehrstöckigen Lokal mit schöner Dachterrasse brauchen Sie sich übers Sattwerden keine Sorgen zu machen. Kebabs, Pide, Topfgerichte zu 4,50–9 €. Şifa Hamamı Sok. 13.

Café/Bar Yeşil Ev [10], in dem schattigen, gemütlichen Garten des Hotels wird neben Tee und Kaffee auch Bier serviert. Leider liegen die Preise weit über denen eines fränkischen Biergartens. Man kann auch etwas essen. Kabasakal Cad.

Cheers [13], kleine Musikkneipe zwischen den Backpacker-Hostels an der Akbıyık Cad. (Nr. 20). Dementsprechend das Publikum – jung und international. Das Bier fließt in Strömen. Nebenan gibt's weitere Kneipen.

Kumkapı und Koca Mustafa Paşa – die Adressen für Fisch

Im Südwesten Sultanahmets liegt das einstige Fischerviertel Kumkapı, heute Heimat vieler in İstanbul verbliebener Armenier. Rund um den Kumkapı Meydanı und in den abzweigenden Gassen reiht sich Fischrestaurant an Fischrestaurant. Abends spielen hier zuweilen Roma-Combos auf. Gute Fasılmusik und leckere Meze vom Fisch bieten u. a. das **Akvaryum** [3], Çapari Sok. 39/A (✆ 0212/5173428), das alteingesessene **Çapari** [4] gegenüber (✆ 0212/5177530), das armenisch geführte **Kör Agop** [1], Ördekli Bakkal Sok. 5/A (✆ 0212/5172334), und das **Yelken** [2], gleiche Straße, nur ein paar Schritte weiter (✆ 0212/5172255). Auch das **Havuzbaşı** [5], Kennedy Cad. 29, am Hafen beim Fischmarkt ist sehr populär – hier sitzt man direkt am Marmarameer (✆ 0212/5173913).

Essen & Trinken
1 Kör Agop
2 Yelken
3 Akvaryum
4 Çapari
5 Havuzbaşı

Die Qualität und die Preise der Lokale unterscheiden sich kaum, Meze kosten 2,50–8 €, Fischgerichte 7,50–13 €, hinzu kommen die Getränke. Überprüfen Sie Ihre Rechnung! Deutlich weniger touristisch geht es in **Koca Mustafa Paşa** zu, einem noch recht ursprünglichen Viertel zwei Vorortbahnstationen weiter. Auch dort gibt es einen kleinen Platz (Samatya Meydanı) mit Fischlokalen. Schauen Sie sich einfach um, vergessen Sie aber auch hier nicht, die Preise, sofern nicht angegeben, vorher zu erfragen!

Einkaufen (→ Karte S. 141)

Galeri Kayseri [6], sehr gut sortierter Buchladen mit Schwerpunkt auf englischsprachiger Literatur. Egal ob Reiseführer, Übersetzungen türkischer Romane oder interessante Bildbände – hier finden Sie fast alles. Divan Yolu Cad. 52. Dazu eine Filiale schräg gegenüber ebenfalls am Divan Yolu.

Caferağa Medresesi, in den Zellen dieser ehemaligen Medrese aus dem 16. Jh. wird heute ein eigenartiger Zweiklang aus Kunsthandwerksschule und -verkauf betrieben. Geboten werden vorrangig Silberschmuck, Porzellan, Glas und Keramik. Im Innenhof ein nettes Café. Caferiye Sok. 5.

Topkapı-Palast (Topkapı Sarayı)

Sarayburnu, die Serailspitze, umgeben von den Wassern des Goldenen Horns, des Bosporus und des Marmarameers, war drei Jahrhunderte lang der Sitz der Osmanenherrscher. Sie hinterließen den Topkapı Sarayı, eine gewaltige Palaststadt, ein Traum wie aus 1001 Nacht. Wie die Peterskirche zu Rom oder die Akropolis über Athen ist auch İstanbuls Topkapı-Palast ein touristisches Muss. Wenige Jahre nach der osmanischen Eroberung Konstantinopels begann man mit dessen Bau auf jener Landspitze Sultanahmets, wo die alten byzantinischen Kaiserpaläste langsam verfielen. Anfangs beherbergte er die Reichsverwaltung und eine Eliteschule für angehende Beamte. Zum Sultanspalast wurde der Topkapı Sarayı 1540 mit dem Einzug Süleymans des Prächtigen. Unter ihm und seinen Nachfolgern wurde an- und umgebaut, jeder Herrscher drückte dem Palast seinen Stempel auf. Es entstand ein verschachtelter Komplex, eine 70 ha große Stadt in der Stadt und mit dem Harem eine Stadt in der Stadt in der Stadt, ein Sammelsurium aus Gebäuden der verschiedensten Epochen, die eines gemeinsam haben: alles vom Feinsten.

Mahmut II. (1808–1839) war der letzte Sultan, der den Topkapı Sarayı bewohnte. Seine Nachfolger kündigten diese Tradition auf und zogen in europäisch angehauchte Paläste nördlich des Goldenen Horns. Mit dem Bau des Bahnhofs Sirkeci, der Zuglinie dahin und der Uferstraße rund um die Serailspitze veränderte der Topkapı Sarayı im späten 19. Jh. sein Gesicht von der Seeseite. Es verschwand u. a. das von zwei Türmen flankierte Kanonentor (türk. *topkapı*) an der Spitze der Landzunge, das dem Palast seinen Namen gegeben hatte.

Als Museum ist der Palast heute jedermann zugänglich. Mehrere Tausend Exponate, verteilt auf verschiedene Sammlungen, machen einen Besuch zu einem unvergesslichen Kulturerlebnis. Ein zusätzliches Bonbon ist das inmitten der einstigen Palastgärten gelegene Archäologische Museum (→ Sehenswürdigkeiten in Palastnähe), eines der angesehensten seiner Art weltweit.

Das Haupttor zum Palast liegt östlich der Hagia Sophia. Vom Ayasofya Meydanı führt die Bab-ı Hümayun Caddesi darauf zu. Die Sehenswürdigkeiten sind so angeordnet, dass Sie diese in einem Rundgang abgehen können.

Brunnen Ahmets III. (Sultan Ahmet Çeşmesi): Noch bevor Sie den Palast betreten, steht rechter Hand vor dem Haupttor der Brunnen Ahmets III., der wohl schönste und stattlichste Straßenbrunnen İstanbuls. 1728 ließ ihn der Sultan im osmanischen Rokoko erbauen. Beeindruckend ist seine verspielte Eleganz, die Reliefs mit Blumenornamenten unter einem breiten, vorschwingenden Dach sind liebevoll heraus-

---

Tickets und Öffnungszeiten: Der gebührenpflichtige Teil des Topkapı Sarayı (ab dem 2. Hof) ist tägl. (außer Di) 9–19 Uhr geöffnet, im Winter bis 17 Uhr. Eintritt 8 €. Das Ticket berechtigt zur Besichtigung der meisten Ausstellungen und Palasttrakte. Ein zusätzliches Ticket muss jedoch für den Harem (6 €) gelöst werden. Die **Ticketschalter** befinden sich im ersten Hof rechter Hand vor dem Tor der Begrüßung. Verkauft werden hier nur Tickets für den Topkapı Sarayı als solchen. Tickets für den **Harem** (9–16.30 Uhr) kauft man am Eingang zum Harem. **Achtung:** Nicht immer sind alle Abteilungen und Sammlungen zugänglich. Zudem werden die Exponate von Zeit zu Zeit umgestellt, vertauscht oder vorübergehend an Museen weltweit verliehen.

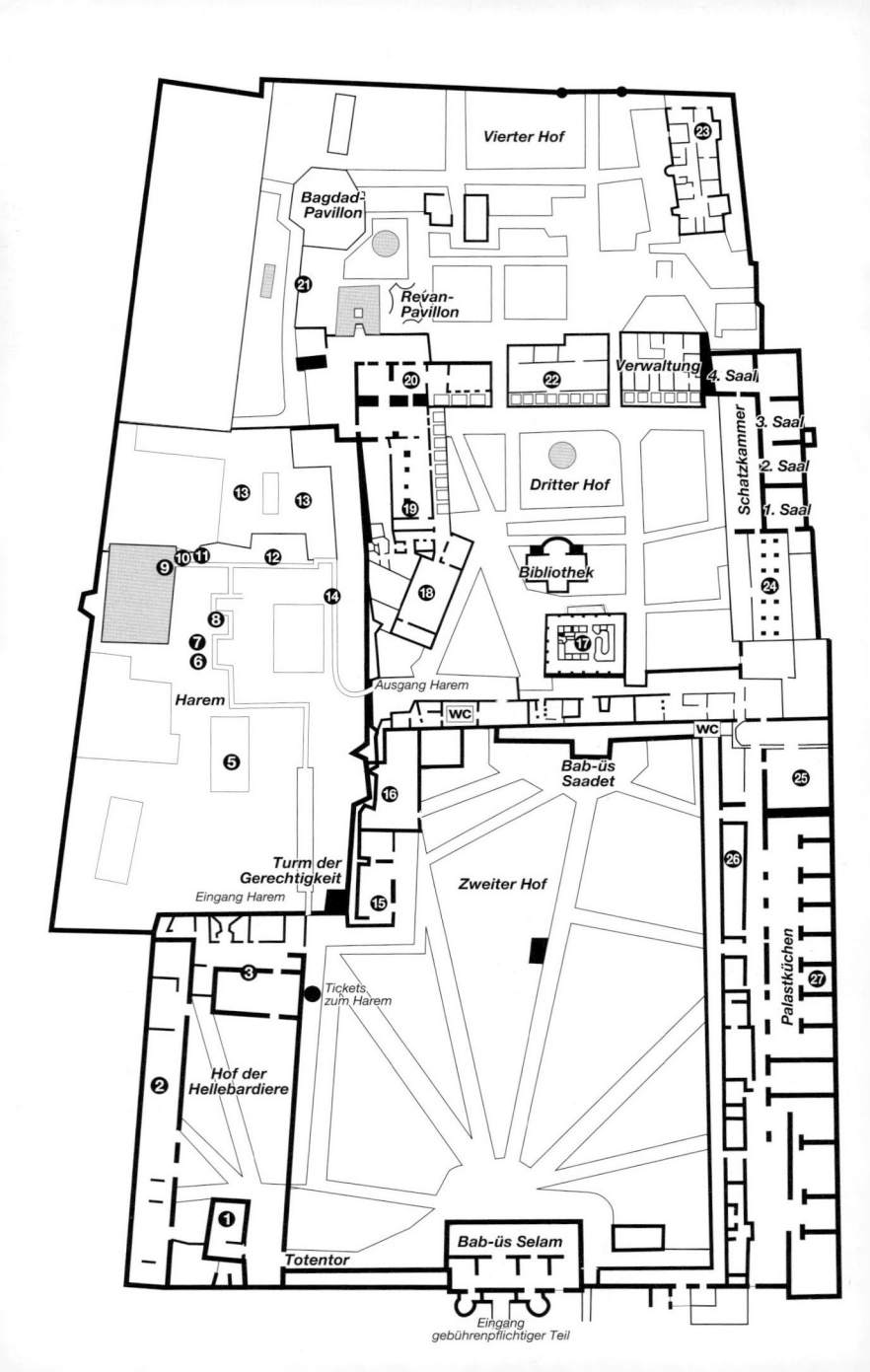

Topkapı Sarayı

- **Vierter Hof**
- **Bagdad-Pavillon**
- **Revan-Pavillon**
- **Verwaltung**
- **Dritter Hof**
- **Bibliothek**
- **Schatzkammer**
  - 4. Saal
  - 3. Saal
  - 2. Saal
  - 1. Saal
- **Harem**
- Ausgang Harem
- WC
- **Bab-üs Saadet**
- **Turm der Gerechtigkeit**
- Eingang Harem
- **Zweiter Hof**
- **Palastküchen**
- Tickets zum Harem
- **Hof der Hellebardiere**
- **Totentor**
- **Bab-üs Selam**
- Eingang gebührenpflichtiger Teil

Topkapı-Palast

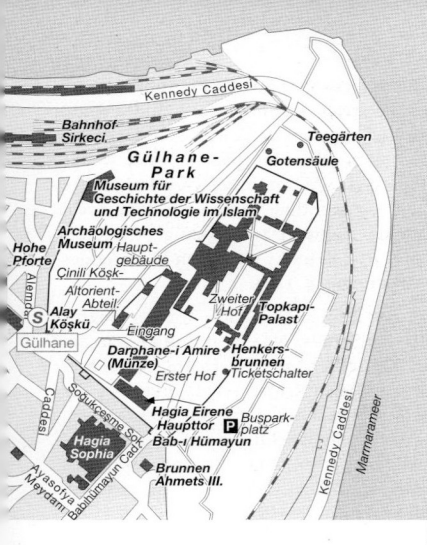

- ❶ Beşir-Ağa–Moschee
- ❷ Ehem. Stallungen
- ❸ Quartiere Hellebardiere
- ❹ Hof der schwarzen Eunuchen
- ❺ Innenhof der Sultansfrauen
- ❻ Gemächer der Sultansmutter
- ❼ Sultansbad
- ❽ Saal des Sultans
- ❾ Früchtezimmer
- ❿ Bibliothek Ahmets I.
- ⓫ Salon Murats III.
- ⓬ Doppelpavillon
- ⓭ Hof der Favoritinnen
- ⓮ Goldener Weg
- ⓯ Diwan
- ⓰ Sammlung Waffen und Rüstungen
- ⓱ Audienzsaal
- ⓲ Ağalar-Moschee
- ⓳ Porträtsammlung
- ⓴ Sammlung des Hl. Mantels des Propheten
- ㉑ Goldener Baldachin
- ㉒ Wechselnde Ausstellungen
- ㉓ Mecidiye-Pavillon
- ㉔ Sammlung der Sultansgewänder
- ㉕ Küchengeräte
- ㉖ Silber
- ㉗ Porzellan

gearbeitet. Ein goldfarbenes Schriftband auf blaugrünem Grund preist das Quellwasser. Die Inschrift in arabischen Lettern endet jedoch mit den Worten: „Des Sultans Mauer schloss hier Wasser ein – erstaunt lässt selbst die Flut ihr Strömen sein!" Wie wahr, die Quelle des Brunnens ist heute versiegt.

„Tor des vom Paradiesvogel beschatteten Kaisers" (Bab-ı Hümayun): Das Hauptor mit dem exotischen Namen wird von der Jandarma bewacht. In der Regierungszeit Selims II. (1566–74) muss der Weg durchs Tor grauenerregend gewesen sein, denn damals blickten die Besucher in die leeren Augen unliebsam gewordener Staatsbeamter, nachdem der Henker ihre Köpfe in Nischen des Tores platziert hatte.

Erster Hof: Der erste Hof, ein weites, parkähnliches Gelände, wird auch „Hof der Janitscharen" genannt, denn die Elitetruppe der Sultane hatte hier ihre Domäne. Einem feudalen Palastanwesen gleicht dieses Areal noch nicht. Hinter den Mauern rechter Hand lagen einst ein Spital, eine Bäckerei, Werkstätten und Unterkünfte für Wachen und Bedienstete. Das Gros der Gebäude war jedoch aus Holz errichtet und fiel Bränden zum Opfer. Linker Hand verbirgt sich schüchtern hinter Bäumen die Hagia Eirene, eine der ältesten christlichen Heiligtümer der Stadt.

Hagia Eirene (Aya İrini Kilisesi): Vermutlich wurde die „Kirche des himmlischen Friedens" kurz nach der Einnahme von Byzanz im Auftrag Kaiser Konstantins errichtet. Bis zum Bau der Hagia Sophia diente sie als Patriarchensitz. Mehrmals wurde die Kirche durch Brände, Aufstände und Erdbeben verwüstet, mehrmals musste sie wiederaufgebaut werden. Nach der Einnahme Konstantinopels durch die Osmanen wurde der Bau den Janitscharen als Arsenal übergeben.

Heute ist das Innere der dreischiffigen Basilika leer und bis auf ein großes Apsismosaik – ein Kreuz – kahl. Dennoch besitzt sie etwas Anmutiges und bildet einen würdevollen Rahmen für Konzerte und Ausstellungen. Seit Jahren soll darin ein Museum für Reliquien und Ikonen eingerichtet werden. Ein paar Schritte weiter schließt die alte *Münzprägeanstalt (Darphane-i Amire)* an, in welcher sich heute die Altertümerverwaltung İstanbuls befindet. Gelegentlich finden auf dem Areal auch temporäre Ausstellungen statt. Unmittelbar dahinter zweigt ein gepflasterter Weg ab. Er führt hinab zum *Archäologischen Museum* und weiter zum Eingang des *Gülhane-Parks* (→ Sehenswürdigkeiten in Palastnähe, S. 152).

„Tor der Begrüßung" (Bab-üs Selam): Das mit Zinnen bestückte Tor der Begrüßung führt in den gebührenpflichtigen Teil des Serails. Nur dem Sultan war der Durchritt erlaubt, alle anderen mussten von ihrem Pferd steigen. Heute finden hier Kontrollen wie auf einem Flughafen statt. In den Wachtürmen rechts und links des Tors befanden sich früher Warteräume für Gesandte, aber auch jene Kerkerzellen, in denen die letzten Stunden der zum Tode Verurteilten schlugen. Die Hinrichtungen erfolgten unmittelbar vor dem Tor. Der kleine, unauffällige Brunnen zwischen Ticketschalter und Tor wird daher auch *Henkersbrunnen (Cellat Çeşmesi)* genannt. Der Scharfrichter wusch sich hier nach getaner Arbeit die Hände.

Zweiter Hof: Anders als der erste Hof besitzt der zweite Hof wirklichen Palastcharakter. Ihn bestimmen Rasenflächen (so gepflegt wie auf Golfplätzen), die geradlinig von Wegen durchschnitten werden. Er ist durchsetzt von Zypressen und Platanen. Rechter Hand liegen die Palastküchen, die, wie so manch ein Historiker augenzwinkernd anmerkt, mit zum Untergang des Osmanischen Reiches beigetragen haben: Die Palast-Cuisine muss ein solcher Gaumenschmaus gewesen sein, dass sie die Sultane von der Erledigung ihrer Staatsgeschäfte abhielt. So ließ sich z. B. Sultan Mahmut I. (1730–54) gerne mehr als 70 Gänge auffahren. In Stoßzeiten rauchten 20 dicke Schornsteine zum Wohle der Palastbewohner, täglich wurden hier 100 Ochsen und 500 Schafe geschlachtet. An Festtagen standen bis zu 1200 Köche vor den Töpfen und kreierten Speisen für bis zu 15.000 Hungrige. Heute – bzw. nach Abschluss der Restaurierungsarbeiten (nicht vor Anfang 2011) wieder – dienen die Palastküchen als Ausstellungsräume diverser Sammlungen (Porzellan, Glas, Silberwaren und Küchengeräte).

Sammlungen in den Palastküchen (Mutfaklar): Die *Porzellansammlung* zählt zu den bedeutendsten der Welt. Der Fundus zählt mehrere Tausend Objekte! Der Schwerpunkt der ausgestellten Exponate liegt auf chinesischem Porzellan. Über die Seidenstraße gelangten die Stücke an den Bosporus. Bei Hof wurde chinesisches Porzellan aus Celadon (13.–15. Jh., Sung-Periode) bevorzugt, angeblich verdunkelt sich seine eigentümliche lindgrüne Farbe in Verbindung mit vergifteten Speisen. Gezeigt wird nur ein Bruchteil der Sammlung, die u. a. auch japanische und europäische Porzellanarbeiten umfasst, darunter Stücke von Manufakturen aus Meißen, Sèvres, Wien usw.

Die *Silbersammlung* ist reich an filigran gearbeiteten Stücken aus dem 16.–19. Jh. Sofern sie am Hofe hergestellt wurden, tragen sie das Monogramm des jeweiligen Sultans. Viele Stücke der Sammlung waren jedoch Geschenke ausländischer Gesandter. In der **Glassammlung** dominiert böhmisches Kristall, insbesondere Stücke aus der Karlsbader Manufaktur Moser, zu deren Kundschaft noch heute Königshäuser aus aller Welt gehören. Die *Sammlung alter Küchengeräte* zeigt Bronzekessel und andere Küchenutensilien, die hier einst Verwendung fanden. Weitere Räumlichkeiten sind wechselnden Ausstellungen vorbehalten.

Hof der Hellebardiere (Baltacılar Avlusu): Auf der den Palastküchen gegenüber liegenden Seite des Hofes führt linker Hand das *„Totentor" (Meyyit Kapısı),* durch das man früher die Leichname der im Palast Verstorbenen hinaustrug, in den tiefer gelegenen Hof der Hellebardiere. Der Gebäudekomplex an dessen Westseite beherbergte einst die *Stallungen* für die schnellsten und edelsten Pferde des Sultans. Passend dazu wurde hier lange Zeit eine Sammlung mit Kutschen, Zaumzeug und Pferdegeschirr präsentiert. Zum Zeitpunkt der letzten Recherche wurden die Räumlichkeiten jedoch für wechselnde Ausstellungen genutzt. Die Museumsverwaltung überlegt aber, hier künftig wieder die Equipagensammlung zu zeigen.

Quartiere der Hellebardiere (Baltacılar Koğuşu): Wieder im zweiten Hof, rechts des Kolonnadengangs im Schatten des sogenannten *„Turms der Gerechtigkeit" (Divan Kulesi),* liegt der Eingang zu den Quartieren der Hellebardiere. Die Hellebardiere waren die Garde des Palastes. Ihr Name leitete sich von der Waffe ab, die sie trugen: eine Art Lanze mit mehreren Eisenzacken. Da sie des Öfteren Feuerholz in den Harem zu schaffen hatten, hingen von ihren Hüten zwei Quasten herab, die ihre Sicht behindern sollten. Dieser Quasten wegen nannte man sie auch „Schmachtlock-Hellebardiere" (türk. *zülfülü baltacılar*). Ihre Quartiere sind nicht ganz so blumig wie ihr Name, vielleicht waren sie deshalb zuletzt für die Öffentlichkeit geschlossen.

Harem: Die Stadt in der Stadt in der Stadt – ein verwirrendes, immer wieder umgebautes und vergrößertes Labyrinth aus schmalen Gängen und Treppen, dunklen Korridoren und Höfen, aus über 300 verschachtelten Räumen, Hospitälern, Bibliotheken, Schulen, Bädern usw. Der auf mehrere Etagen verteilte Harem hatte eine Fläche von insgesamt 6700 m². 70 dunkelhäutige Eunuchen, meist Sklaven aus Afrika, schirmten den Komplex rund um die Uhr ab. Das Wort *harem* kommt aus dem Arabischen und heißt „unzugänglich". Die einzigen Männer, die ihn außer den Eunuchen betreten durften, waren der Sultan und seine Söhne. Erbaut wurde der Harem in der Mitte des 16. Jh. unter Süleyman I. Die letzte Frau verließ ihn 1909.

Heute ist der Harem seiner Teppiche und Tücher beraubt, seiner Kissen und Schleier, seiner Düfte und Musik, seines Zaubers und seiner Macht. Kein Funken mehr von Erotik oder Exotik. Touristengruppe folgt auf Touristengruppe, und die Litanei der Fremdenführer hallt von den Wänden wider.

Der Rundgang beginnt beim sog. Equipagentor, dem ehemaligen Liefereingang. Durch düstere, aber schön gekachelte Wachräume gelangt man in den schmalen *Hof der schwarzen Eunuchen.* Dass diese alle kastriert waren, ist übrigens nur ein gern erzähltes Gerücht. Linker Hand, hinter den Arkaden, lagen ihre Quartiere. Danach betritt man den Kernbereich des Harems. Durch den Konkubinengang gelangt man in den etwas größeren, ebenfalls länglichen *Innenhof der Sultansfrauen.* Gegenüber der dortigen Arkade wohnte die *Kâya kadın,* die rechte Hand der Sultansmutter. Ihre Privatgemächer sind nicht immer zugänglich.

Der Rundgang führt weiter in die *Gemächer der Sultansmutter.* Erstaunlicherweise verfügte die uneingeschränkte Herrscherin des Harems über relativ kleine Räumlichkeiten. Jedoch sind sie mit herrlichen Fayencen und goldverzierten Decken ausgeschmückt.

Nächste Station ist das ganz in Marmor gehaltene *Sultansbad* mit einem – heute würde man sagen – kubistisch angehauchten Dach. Es war der einzige Ort im ganzen Serail, in dem der Sultan alleine war. Um ihn auch hier vor Attentaten zu schützen, wurde das Bad mit Eisengittern gesichert.

Nachdem man des Herrschers Stehklo passiert hat, betritt man den *Saal des Sultans*, nicht nur der größte Raum des Harems, sondern auch einer der schönsten. Hier thronte der Sultan gemütlich unter einem Baldachin und folgte den tänzerischen Darbietungen seiner Haremsfrauen. Die musikalische Begleitung kam von einem Orchester auf der Empore. Die barocken Ausschmückungen im unteren Teil des Saales stammen aus der Zeit Osmans III. (1754–57). Der Kuppelbereich wurde im 19. Jh. mit Delfter Kacheln ausgestattet.

> ### Keine Entführung aus dem Serail – der Harem
>
> *Darüs Saadet,* „Ort der Glückseligkeit", wurde der Topkapı-Palast gerne genannt, nicht zuletzt aufgrund seines Harems. Aber nur für die Sultane sollte sich der Harem als ein solcher Ort erweisen, nicht für die Frauen darin. Für sie war der Harem ein Gefängnis, i. d. R. auf Lebenszeit. Die bekannte *Entführung aus dem Serail* war schlichtweg unmöglich.
>
> Die Frauen des Harems, bis zu 500 an der Zahl, waren Sklavinnen aus allen Teilen des Reiches, Geschenke an den Sultan. Dabei zählten sie gar nicht zu den teuersten Präsenten, die besten Frauen waren nicht wertvoller als fünf gute Pferde. Da man keine muslimischen Frauen versklaven durfte, handelte es sich i. d. R. um Christinnen oder Jüdinnen, die erst im Harem islamisiert wurden. Eine Augenweide waren die meisten Frauen nur bei ihrer Ankunft. Sie alterten im Nu, da sie selten an die frische Luft kamen, keinerlei Bewegung hatten und ihre Langeweile mit Essen vertrieben.
>
> Der Harem war hierarchisch aufgebaut: Die mächtigste Frau war die *Valide Sultan,* die Mutter des Sultans. Direkt unter ihr kam die *Kâya kadın,* die Verwalterin des Harems. *Kadınlar* nannten sich die vier Hauptfrauen des Sultans, die ihm das islamische Recht zugestand. Gefiel ihm eine nicht mehr, tauschte er sie gegen eine seiner Favoritinnen aus. Als *İkballar* bezeichnete man jene Frauen, mit denen der Sultan schon ein Abenteuer hatte. Die *Gözdeler* hingegen warteten noch darauf. Sie waren zugleich die Einzigen, die unter besonderen Umständen in die Freiheit entlassen wurden. Unter ihnen allen herrschte Neid. Wer sich zu großen Unmut zuzog, endete nicht selten in einem mit Steinen beschwerten Sack auf dem Grunde des Bosporus. Wer jedoch Favoritin des Sultans wurde und ihm einen Sohn gebar, hatte Chancen auf Heirat und konnte dafür später selbst *Valide Sultan* werden. Doch die Chancen waren gering. Murat III. (1574–1595) brachte es im Harem z. B. auf über 100 Kinder. Und um Thronstreitigkeiten auszuschließen, war man stets damit beschäftigt, die Kleinen zu erdrosseln – denn Sultansblut durfte nicht vergossen werden.

Nun betritt man ein kleines, verschwenderisch gekacheltes Vorzimmer. Linker Hand schließt der *Salon Murats III.* an, einer der beeindruckendsten Räumlichkeiten des Harems. Tiefblaue Fayencen mit Kalligrafien wechseln sich reizvoll mit roten Blumenmustern ab. Die Kuppel gilt als ein Meisterwerk Sinans. Das Plätschern des Brunnens verhinderte hier – wie im Diwan –, dass vertrauliche Gespräche belauscht werden konnten. Der dahinter liegende Raum war die Bibliothek Ahmets I. (1603–17); Bücher sieht man darin keine mehr, jedoch jede Menge kostbarer İznik-Fayencen. Daran grenzt das sog. *Früchtezimmer* aus dem 18. Jh., ein Paradebeispiel der Tulpenperiode. Die Wände sind über und über mit Obst- und Blumenmotiven dekoriert. Sultan Ahmet III. (1691–95) pflegte hier seine Speisen einzunehmen. Er war ein schwacher Esser, die Bilder sollten seinen Appetit anregen.

Von dem oben bereits erwähnten Vorzimmer führt rechter Hand ein Durchgang zum Hof der Favoritinnen. Dabei passiert man den Zugang zu einem Doppelpavillon, der häufig auch *Trakt der Kronprinzen* genannt wird. Anfangs vermutete man, dass hier die Brüder der jeweiligen Kronprinzen gefangen gehalten wurden. Aber es ist nicht anzunehmen, dass man diesen so feudal ausgestattete Räume zugestand. Immerhin zählt der farbenprächtige Fayencenschmuck zu den schönsten des gesamten Serails.

Der *Hof der Favoritinnen* ist einer der größten Höfe des Harems. Die Wohnungen der Favoritinnen lagen oberhalb der Arkadengänge. Die Sultane sollen hier gerne gesessen und dabei über ihre Stadt geblickt haben. Manchen Herrschern wurde der Hof aber auch zum Verhängnis, drei Sultansmorde sah der Ort.

Von hier führt der *Goldene Weg* zum Ausgang. Angeblich erfreuten die Sultane nach der Rückkehr aus Schlachten die hier auf sie wartenden Haremsfrauen mit Goldstücken, die sie auf den Weg streuten. Durch das sog. „Vogelhaus-Tor" verlässt man den Harem und gelangt in den dritten Palasthof (s. u.).

Diwan (Divan) mit Waffensammlung: Rechts des Eingangs zum Harem ragt ein von Arkaden umsäumter Komplex in den zweiten Hof, der Diwan. Im Eckraum tagten früher viermal wöchentlich die höchsten Würdenträger des Imperiums. Der Großwesir saß gegenüber der Tür. Oberhalb seines Platzes sieht man ein vergittertes Fenster. Dahinter lauschte der Sultan gelegentlich heimlich den Beratungen. In den angrenzenden Räumen im Stil des türkischen Rokoko befanden sich bis in die Mitte des 17. Jh. die Amtsräume des Großwesirs. Gleich nebenan war die Finanzverwaltung untergebracht. Die Steuern und Tribute aus allen Provinzen des Reiches flossen hier zusammen. Damit wurden vierteljährlich die Gehälter der Beamten und Janitscharen bezahlt. Was übrig blieb, sackte der Sultan selbst ein. Nach der Restaurierung der Räumlichkeiten soll darin wieder die *Waffensammlung* (Silâh ve Zırh) des Palastes zu sehen sein: Gezeigt werden Schwerter, Kettenhemden, Pistolen, Helme, Äxte, Lanzen und Ähnliches mehr. Sie stammen aus Palastbeständen, teils auch aus dem persönlichen Besitz der Sultane. Darunter sind auch Beutestücke und Geschenke aus Europa, Asien und Afrika. Wer sich für dergleichen interessiert, sollte auch das Militärmuseum in Harbiye besuchen (→ S. 169).

Dritter Hof: Wer den dritten Hof nicht über den Harem betritt, gelangt dahin durch das *„Tor der Glückseligkeit" (Bab-üs Saadet)*. Sein Rokokodekor erhielt es im 18. Jh. Unter dem ausladenden Baldachin saß einst der Sultan bei Krönungsfeiern und Ordensverleihungen. Alljährlich dient es nun während des Internationalen İstanbuler Musikfestivals als stimmungsvolle Kulisse. Des Öfteren wurde hier schon Mozarts Oper *Entführung aus dem Serail* inszeniert.

Gleich hinter dem Tor steht der private *Audienzsaal* (Arz Odası), ein intimes, kleines Gebäude mit einem weit ausladenden, schattenspendenden Dach. Falls geschlossen, kann man durch ein vergittertes Fenster hineinblicken. Unter einem Baldachin prunkt der Thron, der zu gegebenen Anlass mit smaragdbestickten Brokaten drapiert wurde. Hier schenkte der Sultan ausländischen Gesandten Gehör. Bis ins 19. Jh. war es dabei üblich, dass der Großwesir die Konversation führte, denn der Sultan sprach nicht mit Nichtmuslimen. Das Plätschern des Wandbrunnens sorgte dafür, dass die Gespräche vertraulich blieben.

Ungefähr in der Mitte des dritten Hofes befindet sich die *Bibliothek* (Kütüphane), die Ahmet III. 1719 errichten ließ. Einst beherbergte sie rund 13.000 griechische, arabische und türkische Handschriften – heute steht sie leer.

Die Gebäude rund um den Hof gehörten früher größtenteils zur Palastschule, in der junge Knaben auf den Dienst für den Sultan vorbereitet wurden. Heute beherbergen sie u. a. diverse Sammlungen. Im Uhrzeigersinn:

Miniaturensammlung (Minyatürler): Die Sammlung, die schon seit mehreren Jahren unter Verschluss ist, soll künftig in der Ağalar-Moschee (linker Hand, nach dem Ausgang des Harems) einen neuen Platz finden. Unter künstlerischen Gesichtspunkten zählt die Miniaturensammlung zu den wertvollsten des Palasts. Ihren Fundus bilden die rund 13.000 Manuskripte aus der Bibliothek Ahmets III., von denen ungefähr 600 mit winzigen Bildern verziert sind. Besonders faszinierend sind die fantasievoll-surrealen Szenen aus der Welt der Dämonen des Malers Mehmet Siyah Kalem (12. Jh.) und die leicht erotisch angehauchten Darstellungen von Tänzerinnen des Malers Levnî (18. Jh.).

Porträtsammlung der Sultane (Portreler): Sie schließt im nächsten Gebäude an. Von Mehmet dem Eroberer über Süleyman den Prächtigen bis zu den letzten Herrschern des Osmanischen Reiches sind alle vertreten. Außerdem werden deren Stammbäume und Porträts berühmter Feldherren gezeigt. Auch wenn viele der Exponate Kopien sind (die Originale befinden sich in großen europäischen Museen), zeigt die Sammlung einen recht interessanten Querschnitt der verschiedenen Modestile des Osmanischen Reiches – man beachte die Bartkunst, die Kopfbedeckungen, die Kaftans und die Uniformen.

Sammlung des Heiligen Mantels des Propheten (Hırka-i Saadet Dairesi): Sie folgt auf die Porträtsammlung und verteilt sich auf mehrere Kuppelsäle, ehemalige Privatgemächer Mehmets des Eroberers. Den ganzen Tag zitieren hier Geistliche Passagen aus dem Koran. Die Sammlung ist zugleich eine muslimische Pilgerstätte (bitte mit Respekt betreten), in der einige der heiligsten islamischen Reliquien aufbewahrt werden. Diese kamen nach der Einnahme Kairos 1517 unter Sultan Selim I. nach Konstantinopel. Kostbarstes Exponat ist der Mantel Mohammeds. Des Weiteren werden u. a. sein Handsiegel, seine zwei Schwerter, ein Fußabdruck, einer seiner Zähne und ein paar seiner Barthaare gezeigt. Zur Sammlung gehören ferner die Schwerter der vier ersten Kalifen und der legendenumwobene erste Koranband (aus Gazellenleder), in dem Osman, der Gründer des Osmanischen Reichs, gerade geblättert haben soll, als er ermordet wurde. Gleich im zweiten Raum überraschen zudem Reliquien (Arm und Schädel) von Johannes dem Täufer.

Schatzkammer (Hazine): Das bunte Sammelsurium an Kostbarkeiten ist einer der Höhepunkte des Palastrundgangs. Die Sultane horteten unermessliche Reichtümer. Ein kleiner, aber erlesener Teil ihrer Schätze – Beutegut, Geschenke ausländischer Regenten, Gaben des Volkes und käuflich erworbene Stücke – wird in vier Sälen präsentiert. Die wichtigsten Exponate im Überblick: Prunkstücke im *ersten Saal* sind der Baldachinthron Ahmets I. (reich verziert mit Edelsteinen, Elfenbein und Schildpatt) und der sog. İsmail-Thron (mit mehr als 20.000 Perlen geschmückt), den Selim I. 1514 als Kriegsbeute aus Persien mitbrachte. Im *zweiten Saal* dominieren u. a. Orden und Medaillen, aber keine einfachen Blechabzeichen, sondern eher funkelnden Riesenbroschen gleich, darunter welche aus Frankreich, Russland, Spanien, England, Österreich-Ungarn und selbst aus dem Vatikan. Highlights des *dritten Saals* sind zwei schulterhohe goldene Kerzenständer, die mit 6666 (!) Diamanten bestückt sind. Die prächtigsten Stücke gibt es jedoch im *vierten Saal* zu bewundern: Dort befindet sich der weltberühmte Star aus dem Film *Topkapi* (mit Peter Ustinov), der Topkapıdolch (18. Jh.). Knauf und Goldscheide sind über und über mit Smaragden und Diamanten besetzt. Die kunstvoll gearbeitete Waffe sollte ein Präsent für den Schah von Persien sein. Er bekam es jedoch nie, denn bevor der Sultan sein Geschenk überreichen konnte, wurde der Schah bei einem Aufstand umgebracht. Eine weitere Kostbarkeit ist der sagenumwobene Löffler-Diamant, 86 Karat schwer und angeblich der fünftgrößte geschliffene Diamant der Welt. Der arme Fischer, der den Riesenklunker in einem Müllhaufen fand, soll ihn gegen drei Löffel eingetauscht haben. Ein Hingucker ist ferner die Paraderüstung von Sultan Mustafa III.

Sammlung der Sultansgewänder (Seferli Odası): An die Schatzkammer schließt sich die Sammlung der Sultansgewänder an, die letzte Ausstellung des Palastes. Über 1300 Gewänder verstorbener Sultane lagern im Serail, aber nur ein paar sind ausgestellt. Die kostümgeschichtlich und textilkünstlerisch interessantesten Stücke sind die älteren Gewänder im Kaftanschnitt. Aus Satin, Seide oder Samtbrokat wurden sie in leuchtenden Farben und mit fantasievollen Mustern gewebt. Die ausgestellten Gewänder werden immer wieder gewechselt, an einigen klebt noch Blut – nicht wenige Herrscher starben eines gewaltsamen Todes.

Vierter Hof: Den vierten Hof erreicht man u. a. über die Passage nahe der Schatzkammer. Er ist streng genommen gar kein Hof, sondern mehr ein terrassenförmig angelegter Garten mit Pavillons. Im Türkischen heißen sie *köşkler* (Sing. *köşk*), woraus sich übrigens das deutsche Wort „Kiosk" ableitet. Der Garten wird auch Tulpengarten genannt, da hier zu Zeiten Ahmets III. (1703–1730) die berühmten Tulpenfeste stattfanden, die einer ganzen Epoche ihren Namen gaben (→ Geschichte, S. 112). Unter Mahmut II. (1808–39) verkam der vierte Hof zu einem Obst- und Gemüsegarten, in dem Himbeeren, Melonen und Gurken wuchsen. Letztere liebte der Sultan überaus. Als ihm eine davon gestohlen wurde und sich niemand zur Tat bekennen wollte, ließ er die Bäuche seiner Pagen der Reihe nach aufschlitzen, bis man beim siebten die vermeintlichen Gurkenreste im Magen fand.

Ganz im Osten des vierten Hofes liegt, mit Blick über den Bosporus, der *Mecidiye-Pavillon* (Mecidiye Köşkü) aus der ersten Hälfte des 19. Jh. Die Architektur dieses Baus zeigt mehr europäische Stilelemente als orientalische. Hier befindet sich heute das preisgekrönte Restaurant Konyalı. Die vornehmsten Räumlichkeiten werden 08/15-Besuchern nicht geöffnet, hier werden nur Staatsgäste aus aller Welt bedient. Für Touristen gibt es eine teurere Konyalı-Selfservice-Theke mit herrlicher Terrasse.

Auf der gegenüberliegenden Seite des Tulpengartens stehen die schönsten Pavillons des vierten Hofes, der *Revan-Pavillon* (Revan Köşkü) und der *Bagdad*-Pavillon (Bağdat Köşkü). Ersterer wurde von Murat IV. 1635 zur Erinnerung an die Eroberung Eriwans gebaut. Der zweite und größere entstand drei Jahre später nach der Einnahme Bagdads. Beide zeigen in ihrem Innern herrliche Fayencen. Dazwischen steht ein Baldachin, 1640 von Sultan İbrahim errichtet. Unter dem goldverkleideten Bronzedächlein speiste der verrückte Sultan (→ Kasten S. 152) im Ramadan nach dem langen Fastentag in der Abenddämmerung und verdaute mit Blick über das Goldene Horn.

Auf der gegenüberliegenden Seite des Tulpengartens stehen die schönsten Pavillons des vierten Hofes, der *Revan-Pavillon* und der *Bagdad-Pavillon*. Ersterer wurde von

Murat IV. 1635 zur Erinnerung an die Eroberung Eriwans gebaut. Der zweite und größere entstand drei Jahre später nach der Einnahme Bagdads. Beide zeigen in ihrem Innern herrliche Fayencen. Dazwischen steht ein Baldachin, 1640 von Sultan İbrahim errichtet. Unter dem goldverkleideten Bronzedächlein speiste der verrückte Sultan (→ Kasten) im Ramadan nach dem langen Fastentag in der Abenddämmerung und verdaute mit Blick über das Goldene Horn.

İbrahim „der Verrückte" (1640–1648)

Es bedarf keiner großen Fantasie, um zu erraten, weshalb Mehmet II. „der Eroberer" genannt wurde oder Selim II. „der Säufer". Auch Sultan İbrahims Beiname lässt Rückschlüsse auf seine Person zu, jedoch weniger auf sein Handeln. Verrückt nannte man ihn z. B. deshalb, weil er gerne mit der Armbrust vom Alay Köşkü wahllos auf Passanten schoss. Doch der Sultan hätte auch noch ganz andere Beinamen verdient: Aufgrund fehlender Manneskraft begab er sich kurz nach seiner Inthronisierung in die Obhut eines Mannes namens Cinci Hoca, der den Ruf eines „Wunderdoktors" hatte und diesem auch gerecht wurde. Schon bald erlebte der Harem einen wahren Kindersegen. Aber damit nicht genug. Als ob er nun als Kraftprotz der Sinneslust in die Geschichte eingehen wollte, soll İbrahim später damit begonnen haben, seine Potenz auch vor Zuschauern unter Beweis zu stellen. Ein legendärer Held ist er für viele Türken in vertrauten Männergesprächen auf jeden Fall noch immer. Der nicht nur verrückte, sondern auch jähzornige und ungerechte Sultan wurde nach achtjähriger Herrschaft von einer aufgebrachten Menge auf dem At Meydanı gelyncht.

Sehenswürdigkeiten in Palastnähe

Archäologisches Museum (Arkeoloji Müzesi): Das Archäologische Museum von İstanbul – nicht ein einzelnes Gebäude, sondern ein ganzer Komplex – zählt zu den angesehensten seiner Art weltweit. Mehrere Tage könnte man darin verbringen, um sich den Kulturen längst vergangener Zeiten zu nähern.

Gleich links hinter dem Eingangstor zum Museumskomplex flankieren zwei hethitische Löwen (14. Jh. v. Chr.) die Freitreppe zum Gebäude der einstigen Kunstakademie des Osmanischen Reiches. Darin ist heute die *Altorientalische Abteilung* (Eski Şark Eserleri Müzesi) untergebracht. Funde aus Hattuşa, der einstigen Hauptstadt des Hethiterreichs (→ S. 722), aus Ninive, der einstigen Hauptstadt des Assyrerreichs, aus Lagasch, einer altsumerischen Königsstadt, aus Nippur, einer einst bedeutenden Handelsstadt, aus Babylon und Assur (allesamt im heutigen Irak) sowie aus Ägypten und anderen Orten, die einst auf dem Boden des Osmanischen Reiches lagen, werden hier präsentiert. Darunter sind über 5000 Jahre alte Figuren und Töpferarbeiten. Zwar nicht unbedingt eindrucksvoll, aber kulturhistorisch von großer Bedeutung sind die Keilschrifttafeln aus Ton – über 75.000 Stück lagern hier in den Archiven. Die berühmteste Tafel ist der *Vertrag von Kadesch*, der erste bekannte schriftlich fixierte Friedensvertrag der Menschheit. Geschlossen wurde er zwischen den Ägyptern und den Hethitern im Jahr 1269 v. Chr. Dieser garantierte sogar politischen Flüchtlingen bei ihrer Heimkehr Amnestie.

Sehenswürdigkeiten in Palastnähe

Hinter dem Museumsgarten (mit nettem Café) steht das *Çinili Köşk* (Fayencenschlösschen), das in der zweiten Hälfte des 15. Jh. unter Mehmet dem Eroberer errichtet wurde. Von der luftigen, verspielten Vorhalle verfolgte der Sultan gewöhnlich das Treibballspiel *Cirit*, eine Art Polo. Das Spielfeld lag da, wo heute das neoklassizistische Hauptgebäude steht. Im Innern werden seldschukische und türkische Fayencen aus verschiedenen Epochen gezeigt. Zu den Glanzstücken gehören neben Vasen und Schalen aus der Blütezeit der İznik-Keramik (→ S. 192) der Mihrab aus der İbrahim-Bey-Moschee im westanatolischen Karaman (→ S. 705). Auch werden Keramikfunde aus dem Kubadabad-Palast am Beyşehir-See gezeigt (→ S. 695). Im Fayencenschlösschen selbst ist zudem noch der Pfauenbrunnen ein Blickfang.

Betritt man das *Hauptgebäude* durch den Eingang gegenüber dem Çinili Köşk, gelangt man zur Sarkophagsammlung des Museums. Der Sidon-Saal gleich linker Hand beherbergt eines der berühmtesten Exponate des Museums, den Alexandersarkophag vom Ende des 4. Jh. v. Chr. Der Name ist ein wenig verwirrend, denn der Leichnam Alexanders des Großen befand sich nie darin. Man vermutet, dass ein phönizischer Prinz in ihm beigesetzt wurde. Die faszinierenden Reliefs des Marmorsarkophags zeigen jedoch Alexander den Großen bei der Jagd und in der siegreichen Schlacht über die Perser. Beachtenswert ist auch der daneben stehende „Sarkophag der Klagefrauen" aus der Mitte des 4. Jh. v. Chr. Die Reliefs – sitzende und stehende Frauen, durch kleine Säulchen getrennt – sind ebenfalls überaus filigran herausgearbeitet. Beide Sarkophage wurden von Osman Hamdi Bey, dem Wegbereiter der türkischen Archäologie, 1887 in Sidon (im heutigen Libanon) eigenhändig ausgegraben – er selbst wird ebenfalls mit einer kleinen Ausstellung im Gebäude geehrt.

Die nördlich daran anschließenden Säle des Erdgeschosses widmen sich ebenfalls dem antiken Gräberkult und beherbergen neben Grabstelen weitere Sarkophage aus verschiedenen Gegenden Kleinasiens, darunter den ursprünglich zwei Mann hohen, marmornen Sidamariasarkophag (3. Jh.) aus der Nähe von Konya.

Die Säle der südlichen Hälfte des Hauptgebäudes beherbergen des Weiteren archaische und hellenistische Skulpturen, attische Grabstelen und Reliefs, Büsten von römischen Kaisern und und und ... Darunter sind viele Funde aus Pergamon, Ephesus und Smyrna (heute İzmir), aus Magnesia, Tralleis, Milet und Aphrodisias (alle im westanatolischen Mäandertal).

Genau zwischen Sarkophag- und Skulpturensammlung passiert man die grimmig grüßende Kolossalstatue des altägyptischen Halbgottes Bes, der eine enthauptete Löwin an den Hintertatzen hält. Zwischen seinen Lenden klafft ein Loch – einen Brunnen zierte bzw. füllte die Statue jedoch nie. Da der Halbgott zugleich Kraft und Fruchtbarkeit symbolisierte, ist anzunehmen, dass dort etwas anderes Großes steckte.

An das klassizistische Hauptgebäude schließt ein steriler *Neubau* an, in dessen *Erdgeschoss* eine eigens für Kinder eingerichtete Abteilung überrascht. Das Trojanische Pferd können diese hier von innen kennenlernen, und die Vitrinen haben eine Höhe, dass selbst der Familiendackel Freude an der Archäologie entwickeln könnte.

Des Weiteren ist im Erdgeschoss des Neubaus eine Ausstellung zu sehen, die Funde aus Thrakien und Bithynien präsentiert, jenen historischen Landschaften, die Byzanz umgaben (Bithynien bezeichnete den südöstlichen, asiatischen Bereich und Thrakien wie noch heute den nordwestlichen, europäischen). Ins Auge fällt hier das marmorne Relief des Tiberiusgrabmals (1. Jh. v. Chr.) mit nahezu lebensgroßen Kriegern. An diese Ausstellung schließt die Abteilung „Byzantinische Kunst" an, die durch hübsche Schmuckstücke und ein großes (5,87 x 3,45 m) Orpheusmosaik aus Jerusalem vom Ende des 5. Jh. besticht.

Das *erste Obergeschoss* des Neubaus beherbergt eine mit „İstanbul im Wandel der Zeit" betitelte Ausstellung. Gezeigt werden u. a. Skulpturen, Büsten, Münzen und Architekturfragmente aus dem Stadtgebiet, darunter der bronzene Kopf der Schlangensäule vom At Meydanı (→ S. 138) und Teile der Eisenketten, mit welchen die Byzantiner einst feindlichen Schiffen die Einfahrt ins Goldene Horn verwehrten.

Die Säle des *zweiten Obergeschosses* widmen sich der Geschichte Anatoliens von der Altsteinzeit bis zur Eisenzeit. Im Mittelpunkt steht Troja. Funde aus den verschiedenen Siedlungsepochen zieren die Vitrinen, darunter 4500 Jahre alter Goldschmuck. Auch aus Gordion, der einstigen Hauptstadt des Phrygischen Großreiches, sind Funde zu sehen, darunter ein rekonstruiertes königliches Grabmal.

Im *dritten Obergeschoss* erweist man den „Nachbarkulturen Anatoliens" die Reverenz. Gezeigt werden Grabungsfunde (Büsten, Votivfiguren, Statuetten, Glaswaren, Knochenwerkzeuge usw.) aus dem heutigen Syrien, Libanon, Israel, Palästina und von der Insel Zypern. Auch wurde ein Hypogäum (unterirdische Grabkammer) einer reichen Familie, das man in Palmyra (Syrien) entdeckte, nachgebaut und mit den vor Ort gefundenen Porträtbüsten der Verstorbenen versehen.

Osman Hamdi Bey Yokuşu, Topkapı Sarayı, vom ersten Hof aus beschildert. Im Sommer tägl. (außer Mo) 8.30–19 Uhr, im Winter bis 18 Uhr, letzter Einlass eine Stunde vor Schließung. Eintritt 4 €.

Gülhane Park (Gülhane Parkı)/Museum für die Geschichte der Wissenschaft und Technologie im Islam (İstanbul İslam Bilim ve Teknoloji Tarihi Müzesi): Einem breiten grünen Gürtel gleich erstreckt sich westlich und nördlich des Topkapı Sarayı der Gülhane-Park, einst Teil der Palastanlage, heute einer der beliebtesten Picknickplätze im Zentrum İstanbuls. Bei der sog. Gotensäule (3. Jh.) im Norden des Parks laden Teegärten auf eine Pause mit schönem Blick über den Bosporus ein. Die Säule, ein 15 m hoher Monolith aus Granit mit korinthischem Kapitell, erinnert an den Sieg Ostroms über die Goten und war bis zum Fall Konstantinopels eines der Wahrzeichen der Stadt. In einem ehemaligen Gestüt, das sich im Westen der Parkanlage an die einstige Serailmauer lehnt, ist das *Museum für die Geschichte der Wissenschaft und Technologie im Islam* untergebracht. Es informiert über wissenschaftliche und technologische Errungenschaften im islamischen Kulturkreis von den Anfängen bis in die jüngste Zeit.

Parkeingang bei der Straßenbahnhaltestelle Gülhane. **Museum für die Geschichte der Wissenschaft und Technologie im Islam**, tägl. 9–16 Uhr. Eintritt 2 €.

Sehenswertes im Basarviertel

Der Große Basar und die Märkte drum herum sind İstanbuls Epizentrum der Geschäftigkeit. Das Basarviertel erstreckt sich in einem breiten Streifen vom Beyazıt-Platz hinab nach Eminönü. Es ist ein quirliges Durcheinander, ein Tohuwabohu aus verwinkelten Gassen und orientierungslosen Menschen. Gleichzeitig zählt es zu den ältesten und malerischsten Ecken İstanbuls. Nirgendwo besser kann man in İstanbul die Gerüche orientalischer Geschäftigkeit schnuppern.

Sehenswertes im Basarviertel

Verbindungen: Falls Sie von Sultanahmet das Basarviertel erkunden wollen, gelangen Sie am einfachsten mit der Straßenbahn dahin (Haltestelle Beyazıt für die Sehenswürdigkeiten im Süden, Eminönü für die im Norden). Auch zu Fuß ist man von Sultanahmet zu keiner der hier angegebenen Sehenswürdigkeiten länger als 20 Min. unterwegs. Von Taksim gelangen Sie u. a. mit Ⓑ 54 nach Eminönü (Abfahrt von der Cumhuriyet Cad.) sowie mit Ⓑ 61 (nur alle 30–45 Min., Abfahrt vom Busbahnhof) zum Beyazıt Meydanı. Eine andere Möglichkeit besteht darin, von Beyoğlu mit der **Tünel-Bahn** nach Karaköy (bzw. vom Taksim-Platz mit der **Fünikuler-Metro** hinab nach Kabataş) zu fahren und von dort mit der Straßenbahn nach Eminönü oder Beyazıt weiterzufahren.

Beyazıt-Platz (Beyazıt Meydanı): Erst mit dem Bau der Beyazıt-Moschee im frühen 16. Jh. bekam der Platz sein heutiges Gesicht. Zu byzantinischen Zeiten erstreckte sich weit über den heutigen Beyazıt Meydanı hinaus das *Forum Tauri*, der „Platz des Stieres". In dessen Mitte stand ein kolossales stierförmiges Bronzegefäß, in dem Opfertiere und angeblich auch Verbrecher verbrannt wurden. Noch bis vor wenigen Jahren herrschte auf dem Beyazıt-Platz ein überaus buntes Treiben mit jeder Menge fliegender Händler, heute dämmt die Polizei den illegalen Straßenverkauf ein.

Pickende Schicksalsträger – die Tauben von Beyazıt

Auf dem Beyazıt-Platz sieht man oft mehr Tauben flattern als Menschen herumspazieren. Es sind so viele Vögel, dass die Beyazıt-Moschee auch „Güvercin Camii" (Taubenmoschee) genannt wird. Einer Legende nach stammen alle Tauben des Platzes von einem Taubenpaar ab, das Sultan Beyazıt II. einst einem armen Mann vor der Moschee abgekauft und selbstlos in die Freiheit entlassen hatte. Um alle Zeit an die gute Tat des Sultans zu erinnern, vermehrten sich die Tauben fortan über die Maßen.

Was in anderen Städten als Plage bezeichnet wird, genießt in İstanbul das Wohlwollen der Bevölkerung. Viele Menschen sind überzeugt, das Schicksal gütig stimmen zu können, wenn sie die Tauben mit Körnern oder Brotstücken füttern.

Der maurisch anmutende, monumentale Torbau auf der Nordseite des Platzes führt auf den Campus der *İstanbul Üniversitesi*, mit über 60.000 Studenten eine der größten Universitäten des Landes. Dort steht auch der *Beyazıt-Turm (Beyazıt Kulesi)*, eine markante Nadel in der İstanbuler Skyline (nicht zugänglich).

Beyazıt-Moschee (Beyazıdiye): Die älteste noch heute bestehende Sultansmoschee wurde 1506 für Beyazıt II. fertiggestellt. Das architektonische Vorbild war wie bei vielen Moscheen dieser Zeit die Hagia Sophia: Im Inneren umringen Halbkuppeln die ausladende Hauptkuppel. Bemerkenswert ist die Sultansloge aus Marmor. Gelungen ist der marmorgepflasterte quadratische Vorhof mit einem eleganten überkuppelten Reinigungsbrunnen in der Mitte. Die Säulen der ihn umgebenden Arkaden sind aus edelstem Gestein wie Verde Antico, rotem Porphyr oder Rosengranit aus Ägypten.

Anlegestellen für Autofähren nach Harem

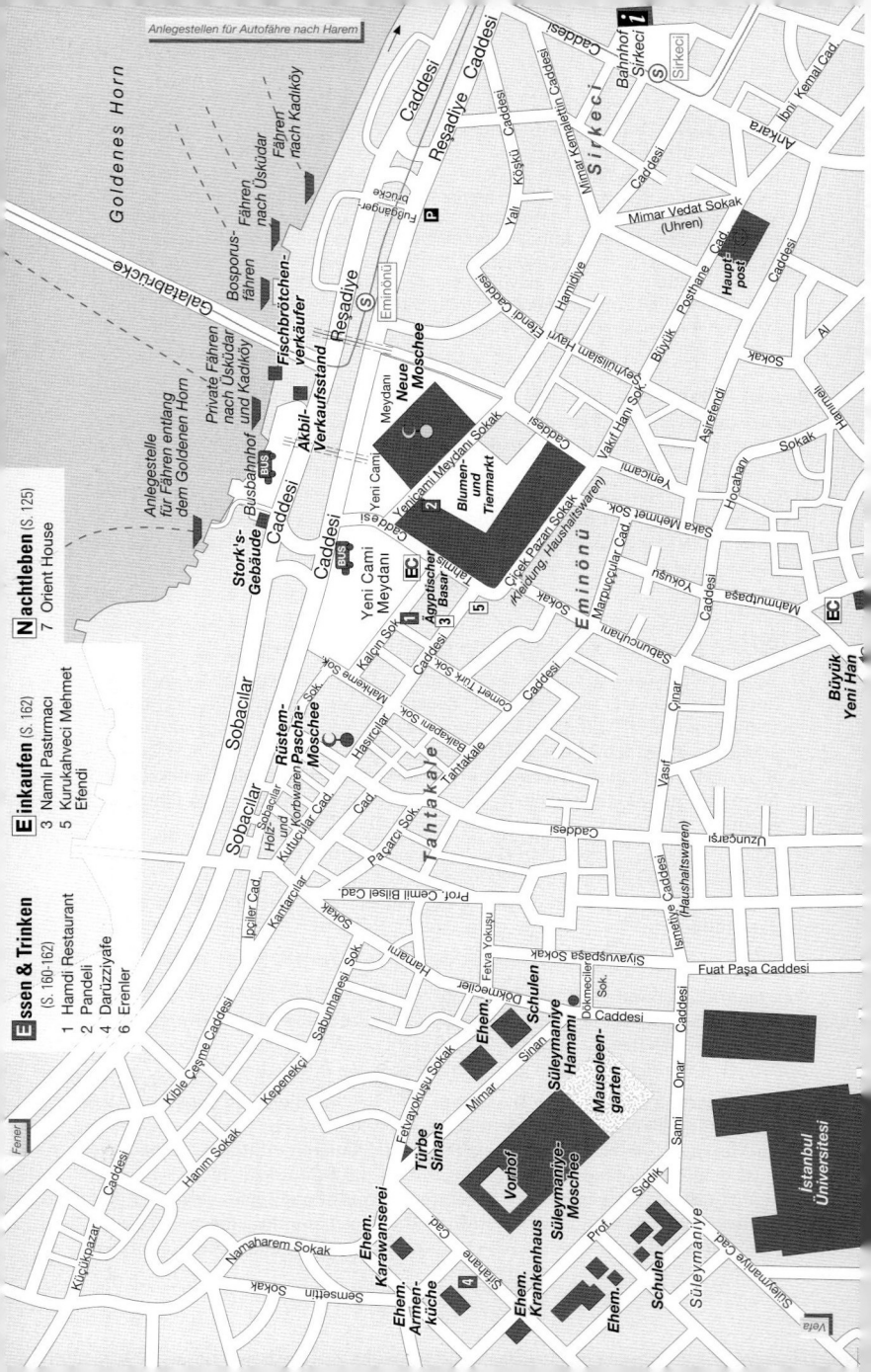

Essen & Trinken
(S. 160-162)
1 Hamdi Restaurant
2 Pandeli
4 Darüzziyafe
6 Erenler

Einkaufen (S. 162)
3 Namli Pastirmaci
5 Kurukahveci Mehmet Efendi

Nachtleben (S. 125)
7 Orient House

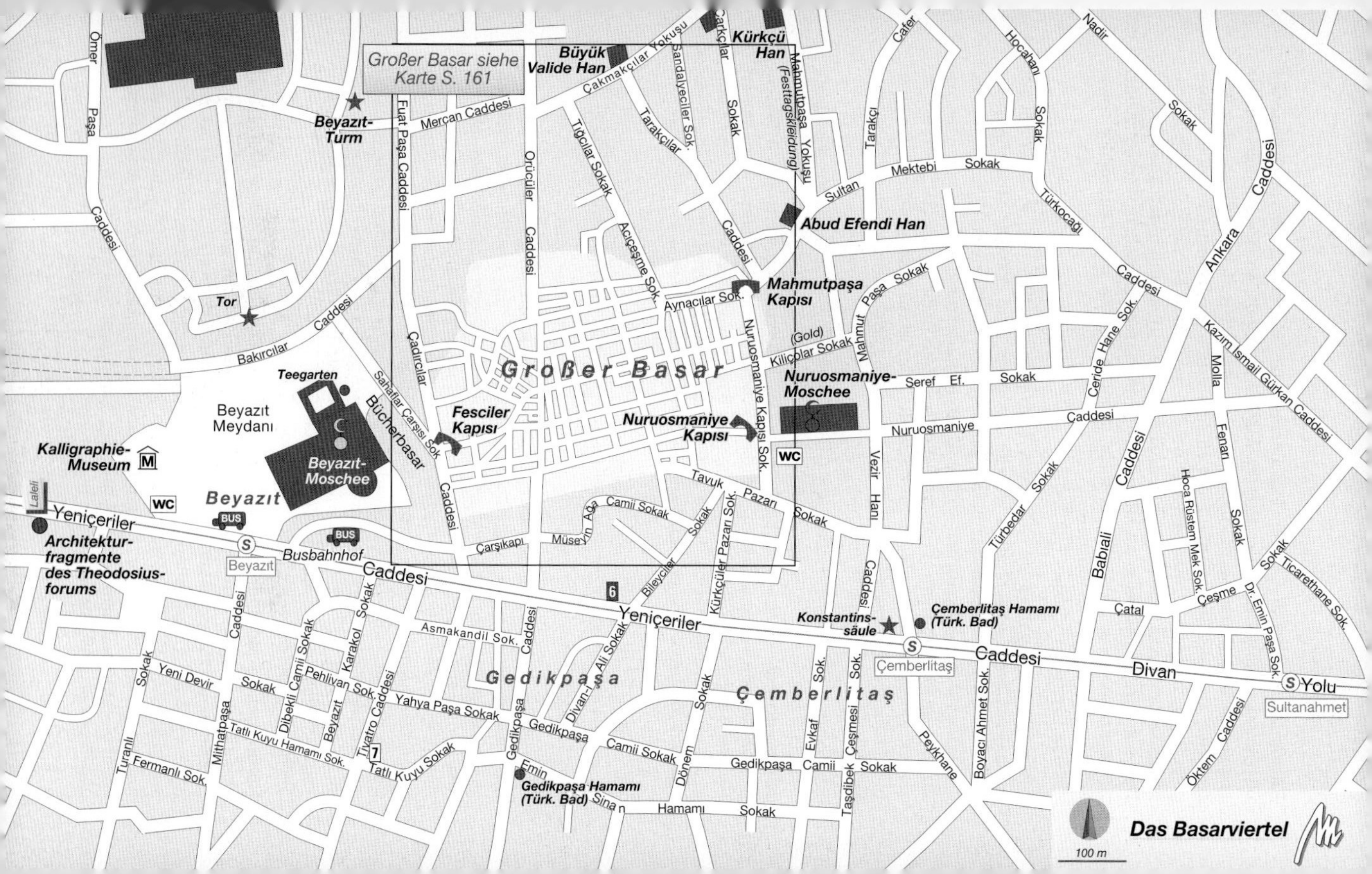
Das Basarviertel
100 m
Großer Basar siehe Karte S. 161
Großer Basar
Büyük Valide Han
Kürkçü Han
Abud Efendi Han
Mahmutpaşa Kapısı
Nuruosmaniye Kapısı
Fesciler Kapısı
Nuruosmaniye-Moschee
Beyazıt-Moschee
Beyazıt-Turm
Tor
Teegarten
Bücherbasar
Beyazıt Meydanı
Kalligraphie-Museum
Beyazıt
Busbahnhof
Architektur-fragmente des Theodosius-forums
Konstantins-säule
Çemberlitaş Hamamı (Türk. Bad)
Gedikpaşa Hamamı (Türk. Bad)
Gedikpaşa
Çemberlitaş
Sultanahmet
Laleli
Yeniçeriler Caddesi
Divan Yolu
Mahmutpaşa Yokuşu (Festtagskleidung)
Kiliçlar Sokak (Gold)
Ankara Caddesi
Babıali Caddesi
Kazım İsmail Gürkan Caddesi
Ömer Paşa Caddesi
Fuat Paşa Caddesi
Mercan Caddesi
Orücüler Caddesi
Çadırcılar Caddesi
Bakırcılar Caddesi
Sahaflar Çarşısı Sok.
Nuruosmaniye Caddesi
Nuruosmaniye Kapısı Sok.
Vezir Hanı Caddesi
Tavuk Pazarı Sokak
Kürkçüler Pazarı Sok.
Bileyciler Sokak
Türbedar Sokak
Mahmut Paşa Sokak
Şeref Ef. Sokak
Ceride Hane Sok.
Molla Fenarı Sokak
Hoca Rüstem Mek Sok.
Çatal Çeşme Sokak
Dr. Emin Paşa Sok.
Ticarethane Sok.
Tığcılar Sokak
Acıçeşme Sok.
Aynacılar Sok.
Sandalyeciler Sok.
Tarakçılar
Çarkçılar Sokak
Çakmakçılar Yokuşu
Sultan Mektebi Sokak
Tarakçı Cafer
Hocahanı Sokak
Türkocağı Caddesi
Nadir Sokak
Çarşıkapı
Müseyin Ağa Camii Sokak
Gedikpaşa Caddesi
Gedikpaşa Camii Sokak
Divan-ı Ali Sokak
Asmakandil Sok.
Yahya Paşa Sokak
Tiyatro Caddesi
Karakol Sokak
Beyazıt
Pehlivan Sok.
Dibekli Camii Sokak
Tatlı Kuyu Hamamı Sok.
Tatlı Kuyu Sokak
Mithatpaşa Caddesi
Yeni Devir Sokak
Fermanlı Sok.
Turanlı
Emin Sinan Hamamı Sokak
Dönem Sokak
Evkaf Sok.
Taşdibek Çeşmesi Sok.
Boyacı Ahmet Sok.
Peykhane
Öktem Caddesi
Çemberlitaş
Beyazıt
BUS
WC
M
6
7

Bücherbasar (Sahaflar Çarşısı): Der Bücherbasar in einem z. T. von Weinreben überrankten Hof ist einer der ältesten Märkte İstanbuls, auch wenn hier Bücher erst seit 1894 angeboten werden. Zuvor waren an gleicher Stelle Turbanmacher und Graveure ansässig. Bis zu Anfang des 18. Jh. durften im Osmanischen Reich übrigens lediglich Handschriften verkauft werden, gedruckte Bücher galten als sittenverderbende Werke von Ungläubigen. Heute erinnert inmitten des Marktes eine Büste an İbrahim Müteferrika, der um 1730 die ersten türkischen Werke druckte. Antiquarisches wird leider kaum mehr geboten, Kunst- und Lehrbücher sowie Softwareanleitungen dominieren.

Sahaflar Çarşısı Sok., Beyazıt. Tägl. 8–20 Uhr.

Großer Basar (Kapalı Çarşı): Durch das farbenprächtige, überdachte Labyrinth aus schmalen Gassen und Straßen wuseln tagtäglich rund 500.000 Menschen. Der Große Basar, auch „Gedeckter Basar" genannt, ist eine kleine Stadt für sich – ca. 3600 Geschäfte, in denen rund 25.000 Menschen arbeiten. Die Geschichte des osmanischen Shoppingcenters par excellence reicht bis in die zweite Hälfte des 15. Jh. zurück. Obwohl durch Erdbeben und Brände – der letzte 1954 – mehrmals schwer in Mitleidenschaft gezogen, blieb die ursprüngliche orientalische Struktur seit Jahrhunderten nahezu unverändert.

Im Zentrum steht der *Eski Bedesten* (auch *Cevahir Bedesten* genannt), der älteste Teil des Basars, ein von Ziegelsteinkuppeln bedeckter Bau. Da dieser separat abgeschlossen werden kann, beherbergt er die Geschäfte mit den wertvollsten Waren: Kunstschmiedearbeiten, Ikonen, Antikes, Schmuck und Edelsteine. Den *Sandal Bedesteni* aus dem 16. Jh. ganz im Osten des Basars, wo früher vorrangig Seide umgesetzt wurde, beherrschen heute Läden mit allerlei Touristenkram: T-Shirts mit İstanbul-Aufdrucken, glitzernde Pantöffelchen u. v. m.

> **Hinweis:** Sonntags haben der Große Basar und viele Geschäfte geschlossen!

Geschäfte mit ähnlichem Warenangebot sind wie so oft im Orient in denselben Gassen angesiedelt – ein kundenfreundliches System, das den besseren Preisvergleich ermöglicht. Auch die Benennung der Gassen erfolgte einst nach den dort ansässigen Berufsständen – bei manchen wäre es jedoch mal an der Zeit, die Namen zu ändern: In der Kalpakçılar Caddesi, der einstigen „Straße der Fellmützenverkäufer", setzen heute Juweliere jährlich 100 t Gold um. In der Yağlıkçılar Caddesi, der „Straße der Fett- und Ölbehälterverkäufer", gibt es von imitierten Levis-Jeans bis zu Teegläsern so ziemlich alles zu kaufen. Das Angebot ist überwältigend. Doch ist nicht alles Gold, was glänzt, auch wenn Ihnen gute Händler widersprechen mögen – und das auf bis zu 25 Sprachen nahezu fließend.

Östlich der Beyazıt-Moschee. Tägl. (außer So) 9–19 Uhr.

Nuruosmaniye-Moschee (Nuruosmaniye Camii): Die „Lichtmoschee des Hauses Osman", eine wuchtige Einkuppel-Moschee, wurde 1748 von Mahmut I. in Auftrag gegeben und 1756 unter seinem Bruder Osman III. fertiggestellt. Fünf Fensterreihen sorgen für ein lichtdurchflutetes Inneres. Als erste Moschee der Stadt war sie architektonisch am europäischen Barockstil orientiert. Sie besitzt einen hufeisenförmigen, von Platanen und Kastanienbäumen gesäumten Hof. Er ist einzigartig in İstanbul – ihm fehlt nämlich der klassische Reinigungsbrunnen.

Vezirhanı Cad., Çemberlitaş.

Hane – die Hostels der osmanischen Händler

Wie Perlen an einer Schnur reihten sich einst Hane rund um den Großen Basar. Über Jahrhunderte hinweg waren sie die Herbergen der Händler, die aus allen Teilen des Osmanischen Reiches über die Karawanenstraßen nach İstanbul kamen. Drei Tage durften sie darin nächtigen (i. d. R. umsonst, Mahlzeiten, Futter für die Kamele und die Kerze für die Nacht inklusive), ihre Waren lagern und verkaufen. Die meisten großen Hane waren um einen Innenhof mit einer kleinen Moschee in der Mitte angelegt. Manche waren auch direkt an einen Moscheenkomplex angegliedert und hießen dann *kervansaray* (Karawanserei). Heute kommen die anatolischen Teppich- und Gewürzhändler mit dem Bus oder Kleinlaster und übernachten in den Billighotels von Beyazıt. In die alten Hane sind kleine Läden und Handwerksbetriebe eingezogen. Viele davon verfallen zusehends. Der größte Han der Stadt war der *Büyük Valide Han* nördlich des Großen Basars an der Ecke Çakmakçılar Yokuşu/Tarakçılar Caddesi. Die Sultansmutter Valide Kösem ließ ihn kurz vor ihrer Ermordung im 17. Jh. errichten. Heute befinden sich darin vorrangig Herrenkonfektionsgeschäfte. Ältester Han der Stadt ist der orangefarben gestrichene *Kürkçü Han* am Mahmutpaşa Yokuşu 85 nordöstlich des Großen Basars. Er stammt aus dem 15. Jh. und war einst erste Adresse von Pelzhändlern. Heute verkauft man hier vornehmlich Miederwaren, Nachthemden und Handtücher.

Süleymaniye-Moschee (Süleymaniye Camii): Sultan Süleyman der Prächtige gab den nach ihm benannten Stiftungskomplex Mitte des 16. Jh. in Auftrag. Ausgeführt wurde er von Sinan in siebenjähriger Bauzeit; von allen İstanbuler Bauten des berühmten Architekten gilt die Moschee als sein Meisterwerk. Würdevoll überblickt sie das Goldene Horn. Ihre vier Minarette mit insgesamt zehn Balkonen rühmen Süleyman symbolisch als den vierten in İstanbul regierenden Sultan und den zehnten Herrscher des Osmanischen Reiches.

Von außerordentlicher Grandesse zeigt sich schon der Innenhof. Die dortigen Säulen aus rosafarbenem Granit und weißem Marmor entnahm man z. T. der ehemaligen Kaiserloge des byzantinischen Hippodroms. Das Innere der Moschee strahlt erhabene Weite aus: 3500 m^2 (!) groß ist der Gebetsraum, vier massive Säulen stützen die 27 m breite Hauptkuppel. Feinste İznik-Kacheln in Türkis, Dunkelblau und Tomatenrot zieren den marmornen Mihrab. 138 farbige Fenster sorgen für ein lichtdurchflutetes Inneres. Die meisten davon schuf „İbrahim der Betrunkene" – kein trinkfreudiger Sultan, sondern ein begnadeter Künstler. Von der Terrasse der Moschee kann man einen der schönsten Ausblicke über die Stadt genießen.

Im Mausoleengarten stehen die kunstvoll ausgeschmückten Türben von Süleyman und seiner Gemahlin Roxelane. Der große Architekt Sinan ruht etwas abseits des Komplexes an der nach ihm benannten Mimar Sinan Caddesi in einer schlichten Türbe. Zu dem großen Stiftungskomplex gehörten einst auch mehrere Schulen, ein Krankenhaus, eine Karawanserei und eine Armenküche, in der man rund 1000 Bedürftige am Tag mit Suppe versorgte – heute ein gepflegtes Touristenlokal (→ Essen & Trinken).

Prof. Sıddık Sami Onar Cad., Süleymaniye. Über die Prof. Cemil Bilsel Cad. von Eminönü in ca. 15 Min. zu Fuß zu erreichen. Süleyman-Türbe tägl. (außer Mo) 9–19 Uhr, im Winter verkürzt. Sinan-Türbe nur unregelmäßig geöffnet.

Rüstem-Pascha-Moschee (Rüstem Paşa Camii): Wie auf einem Hochsitz überblickt die Moschee das Markttreiben von Tahtakale. Auch sie, 1561 fertiggestellt, ist ein Werk Sinans. Auftraggeber war der Schwiegersohn Süleymans des Prächtigen, Rüstem Pascha, ein korrupter, intriganter und raffgieriger Großwesir. In ihrem Innern begeistert ein reicher Fayencenschmuck an Wänden, Säulen, Mihrab und Minbar – eine Augenweide auch für Laien. Ihr kuppelartiger Unterbau beherbergt kleine Läden.
Ecke Uzun Çarşı Cad./Kutucular Cad., Eminönü.

Ägyptischer Basar (Mısır Çarşısı): Mit Steuergeldern, die das Osmanische Reich aus Ägypten erhielt, wurde der Bau des Basars im 17. Jh. finanziert – so zumindest eine Erklärungsvariante für die Herkunft des Namens. Seine inoffizielle Bezeichnung „Gewürzbasar" bedarf keiner Erklärung, hat man auch nur einen Blick in das L-förmige Gebäude geworfen: Ein verführerisches Potpourri aus exotischen Gewürzen, Tee, orientalischem Naschwerk, Käse und Dörrfleisch wartet hier auf den Besucher. Achtung: Wer Safran kaufen will, muss explizit nach dem „echten" fragen. Das überall offerierte *Haspır* (dt. Saflor bzw. Färberdistel) sieht dem weitaus teureren Safran zwar täuschend ähnlich und färbt den Reis ebenfalls schön gelb, ist aber so gut wie geschmacksneutral! Kenner schwören auf den Kaviar aus Persien und Aserbaidschan. Aphrodisiaka werden ebenfalls angeboten – ein Relikt aus osmanischer Zeit, als hier noch vermehrt Heilkräuter, Elixiere und sonstige Arzneien zu erstehen waren. Als Stimulans gilt auch *Lokum*, eine süße, gummiartige Masse in Würfelform, die angeblich viagraähnliche Wirkung besitzt (man wirbt mit „Six times a night!"). Daneben gibt es etliche Souvenirläden und Tausende von Touristen.
Südwestlich der Neuen Moschee, Eminönü. Tägl. 8–19 Uhr.

Neue Moschee (Yeni Cami): Der Blickfang am Ufer Eminönüs stammt aus dem Jahre 1663. „Neu" wurde die Moschee genannt, weil sie eine ältere Brandruine ersetzte. Von ihren zwei schlanken Minaretten mit jeweils drei Balkonen erschallte früher der Gebetsruf von sechs Muezzins gleichzeitig. Heute hat man dafür, wie bei den meisten Moscheen, Tonbänder und Lautsprecher. Zwar bereichert die Moschee die Silhouette des Stadtteils, zu den architektonisch wertvollen zählt sie jedoch nicht, da Baumeister Davut Ağa, ein Schüler Sinans, mit der Yeni Cami lediglich Ideen seines Lehrers kopierte. Dennoch ist der quadratische Moscheenhof recht eindrucksvoll. Das Innere schmücken schöne İznik-Fayencen – alle Pfeiler sind bis in die Rundbögen hinein gekachelt.
Yeni Cami Meydanı, Eminönü.

Galatabrücke (Galata Köprüsü): Die Brücke ist eine deutsch-türkische Koproduktion aus dem Jahr 1992. Ihr Vorgänger, ein Werk von MAN, wurde in Gedichten gefeiert. Im Unterbau der Brücke dominieren Fischlokale, oben bevölkern Angler das Gelände.

Essen & Trinken (→ Karte S. 156/157)

Pandeli 2, Traditionsrestaurant, gegründet 1926, seit 1955 am Nordausgang des Ägyptischen Basars. V. a. wegen der herrlichen Ausstattung – İznik-Kacheln zieren die Räumlichkeiten – einen Besuch wert. Das überteuerte Essen ist leider nur Durchschnitt und die Kellner können zuweilen pampig sein. Fest in Touristenhand. Reservierung empfehlenswert, v. a., wenn man einen Tisch mit Panoramablick auf das Goldene Horn ergattern will. Mo–Sa 12–19 Uhr, So bis 18 Uhr. ✆ 0212/5273909.

E inkaufen (S. 162)
1 Muhlis Günbattı
2 Ethnicon

Großer Basar

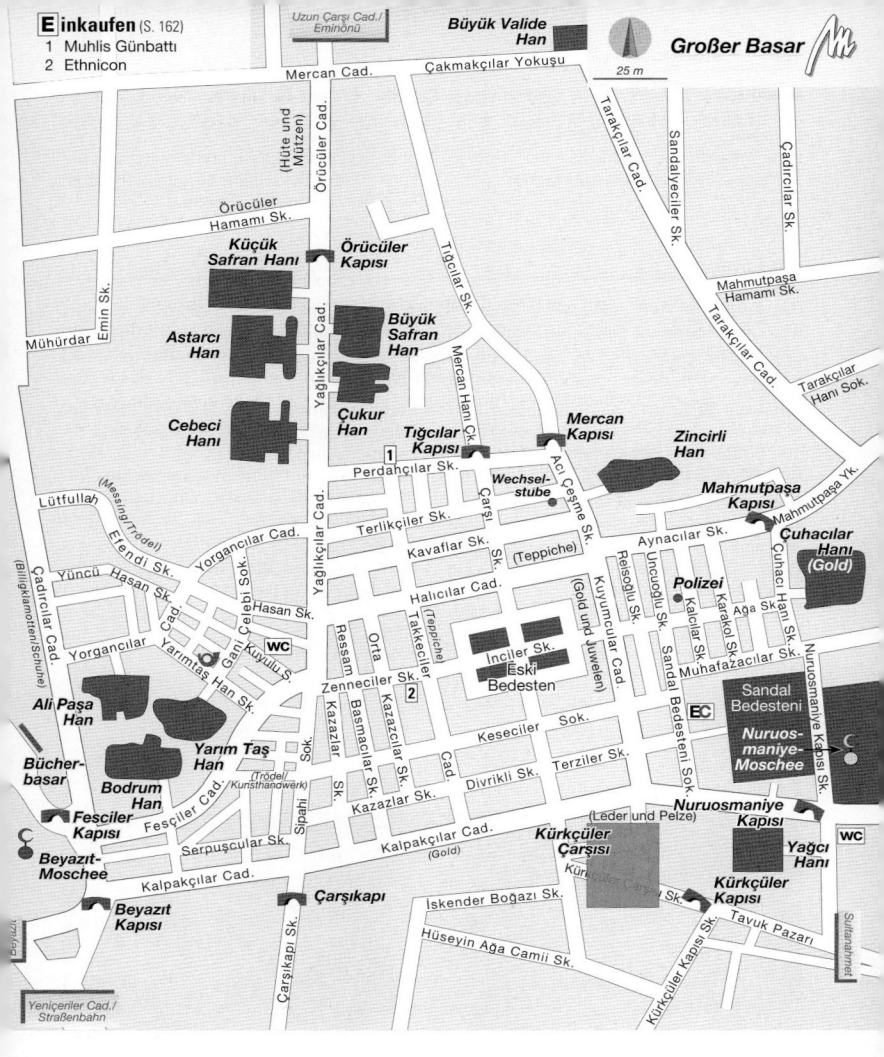

Hamdi Restaurant 1, beliebtes Lokal, das dank seiner fantastischen Terrasse mit dem Megablick über das Goldene Horn v. a. ein Tipp für den Sommer ist. Neben leckeren Meze (3–4 €) hervorragende Kebabs (7–12 €) aus Südostanatolien, z. B. *Patlıcan Kebap* (Auberginenkebab) oder *Fıstıklı Kebap* (Pistazienkebab). Unter „Hashish Kebap" versteht man hier übrigens Kebab mit Mohn! Lesermeinung: „Das beste Essen unserer Reise". Reservierung empfohlen. Kalçın Sok., Eminönü, ☏ 0212/5280390.

Darüzziyafe 4, in der einstigen Armenküche der Süleymaniye-Moschee. Gepflegtes Restaurant mit einem von Arkaden umgebenen Innenhof. Ausgefallene osmanische Küche (kosten Sie *Hünkar Beğendi*, Fleischwürfelchen auf Auberginenpüree, und danach *Aşure*!), die um die Mittagszeit auch Busgruppen anlockt. Kein Alkohol. Hg. 4,50–13 €. Aufmerksame Kellner, von Lesern immer wieder sehr gelobt., Şifahane Cad. 4, Süleymaniye, ☏ 0212/5118414.

İstanbul

Snacks Für zwischendurch bietet sich ein *Balık Ekmek* (2 €) von den kostümierten Brutzlern an, die die leckeren Fischbrötchen direkt von schaukelnden Booten westlich der Galatabrücke verkaufen.

Cafe Erenler 6, dieser ruhige Teegarten im schattigen Hof einer alten Medrese wird noch immer vornehmlich von Studenten und bejahrten Wasserpfeifenrauchern besucht. Ein Stück Orient zu günstigen Preisen. Yeniçeriler Cad, Beyazıt.

Einkaufen (→ Karten S. 156/157 und S. 161)

Wo anfangen, wo aufhören in İstanbuls größtem Marktbereich? Souvenirs kauft man am besten im Großen Basar, Gewürze im Ägyptischen, exquisite Knüpfwaren und Designer-Juwelen in der Nuruosmaniye Cad., einer kleinen, gepflegten Fußgängerzone nahe der gleichnamigen Moschee. Ein paar Extra-Tipps:

Ethnicon (2/S. 161), aus Überresten alter Kelims werden hier neue Patchwork-Teppiche in schönen Farben genäht. Takkeciler Cad. 49–51, Großer Basar.

Kurukahveci Mehmet Efendi (5/S. 156/157), der kleine Straßenverkaufsladen hat den Ruf, den besten Kaffee der Stadt zu rösten. Die nie enden wollende Schlange davor unterstreicht dies. In der Hasırcılar Cad. 1 beim Eingang zum Ägyptischen Basar – immer der Nase nach, und Sie werden den Laden nicht verfehlen.

Namlı Pastırmacı (3/S. 156/157), Feinkostladen, der einem das Wasser im Mund zusammenlaufen lässt. Es gibt das Dörrfleisch *Pastırma*, dazu hausgemachtes Tomatenmark, Schafskäse, eingelegtes Gemüse etc. Hasırcılar Cad. 14, nahe dem Ägyptischen Basar.

Muhlis Günbattı (1/S. 161), im Großen Basar. Neben Teppichen und Kelims auch kunstvoll bestickte oder gewebte Decken, Tücher, Wandbehänge und Überzüge aus Baumwolle und Seide. Seit über 50 Jahren im Geschäft. Sehr freundlich und deutschsprachig. Perdahçılar Cad. 48.

Ein glänzendes Geschäft im Großen Basar: Muhlis Günbattı

Weitere Sehenswürdigkeiten südlich des Goldenen Horns

Valens-Aquädukt (Bozdoğan Kemeri) und Prinzen-Moschee (Şehzade Camii): Das über den Atatürk Bulvarı verlaufende Postkartenmotiv ist nach dem gleichnamigen oströmischen Kaiser benannt. In der zweiten Hälfte des 4. Jh. wurde der imposante zweigeschossige Arkadenbau errichtet, um die Stadt mit Wasser aus dem Belgrader Wald zu versorgen. Einst war der Aquädukt über 1 km lang, rund 600 m sind noch erhalten. Durch seine unteren Torbögen fädelt sich heute der Verkehr.

Im Südosten des Aquädukts steht die Prinzen-Moschee, die Süleyman der Prächtige Mitte des 16. Jh. zu Ehren seines liebsten, jung verstorben Sohnes, des Prinzen Mehmet, stiftete. Als Architekten verpflichtete er den damals noch unbekannten Sinan. Mit dem Bau der Moschee – Sinan bezeichnete sie als sein „Lehrlingsstück" – gelangte er zu erstem Ruhm. Prinz Mehmet wurde in einer Türbe im Mausoleengarten (im Rücken der Moschee) beigesetzt. Über dem Eingangsportal des Grabmals geben persische Verse sein Todesdatum nach dem islamischen Kalender an. Das Innere zieren pastellfarbene Fayencen, über dem Grabmal prunkt ein Nussbaumbaldachin mit Elfenbeinschnitzereien.

Von Taksim (Busbahnhof) erreichen Sie den Valens-Aquädukt u. a. mit Ⓑ 83, 83 0 u. 87. Von Sultanahmet bringt Sie die Straßenbahn nach Laleli – von dort zu Fuß dem Atatürk Bul. gen Norden folgen.

Tulpenmoschee (Laleli Camii): Mustafa III. ließ das Meisterwerk des osmanischen Barock (auch *Lale Devri*, Tulpenzeit, genannt) zu Mitte des 18. Jh. errichten. 1765, zwei Jahre nach ihrer Fertigstellung, fiel die Moschee einem Erdbeben zum Opfer und musste wiederaufgebaut werden. Ihre Pracht entfaltet die Moschee im Innern: Über 100 längliche Ornamentglasfenster, teilweise mit Opalen und Smaragden geschmückt, werfen buntes Licht auf die Porphyrwände und offenbaren die künstlerische Annäherung an das damalige barocke Abendland. Architektonisch interessant ist zudem die „Unterwelt" der Moschee: eine pfeilergestützte Halle mit einem Springbrunnen in der Mitte, drum herum ein paar Ladenpassagen.

Zur Moschee gehörte einst der *Taş Hanı* zwei Straßenblöcke weiter nördlich. Heute befindet sich darin ein Basar. Von der Spitzenunterwäsche für heiße Abende bis zu Fellmützen für den sibirischen Winter ist hier alles zu bekommen. Wie im gesamten Viertel Laleli mit seinen unzähligen Bekleidungsgeschäften kaufen auch hier in erster Linie Russen, Bulgaren, Rumänen, Iraner, Iraker und Ukrainer ein – selten Einzelstücke, meist ganze Kollektionen für den heimischen Markt.

Ordu Cad., Laleli. Von Sultanahmet bringt Sie die Straßenbahn nach Laleli (Haltestelle Laleli–Üniversite).

Moschee Mehmets des Eroberers (Fatih Camii): Einst stand hier eine Apostelkirche, die den byzantinischen Kaisern als Begräbnisstätte diente. Mitte des 15. Jh. wurde sie abgerissen und durch einen Moscheenkomplex ersetzt, der an Pracht und Größe im gesamten Osmanischen Reich kaum seinesgleichen fand. Ihr Auftraggeber war Mehmet der Eroberer, ihr Architekt Atik Sinan. Beide liegen im Garten der Moschee begraben, Letzterer deswegen, weil Ersterer ihn hinrichten ließ. Der Grund: Sein Bauwerk erreichte nicht die Höhe der Hagia Sophia.

Ursprünglich erstreckte sich die Anlage über eine nahezu quadratische Fläche von über 90.000 m². Angegliedert waren u. a. eine Armenküche, ein Hospital, eine Karawanserei, eine Bibliothek und acht Medresen, in denen ca. 1000 Theologiestudenten wohnten. 1766 zerstörte ein Erdbeben weite Teile der Anlage. Im Geiste des türkischen Barock wurde die Moschee wiederaufgebaut. An ihre einstige Pracht konnte sie aber nicht mehr anknüpfen. Böse Zungen vergleichen ihren Kachelschmuck gar mit Fliesen öffentlicher Bedürfnisanstalten.

In den Straßen rund um die Moschee findet mittwochs ein großer Wochenmarkt statt, einer der lebendigsten und schönsten İstanbuls.

Macar Kardeşler Cad., Fatih. Nach Fatih gelangt man von Eminönü u. a. mit Ⓑ 32, 336 E, 36 KE, 37 E und 38 E, von Taksim (Busbahnhof) mit Ⓑ 87. Der Bus hält vor dem Moscheenkomplex, Haltestelle Fatih.

Haliç – das Goldene Horn

Das Goldene Horn ist keine Landmasse wie das Kap Hoorn, sondern ein 11 km langer und bis zu 400 m breiter Meeresarm, der die europäische Hälfte der Stadt durchschneidet. *Haliç* („Meerbusen") nennen ihn die Türken. Von Gold keine Rede. Nur in der westlichen Welt bezeichnet man ihn als Goldenes Horn, und nur eine Legende weiß, warum: Angeblich haben die Byzantiner kurz vor der Einnahme Konstantinopels ihr Vermögen in den Meeresarm geworfen, damit es nicht den osmanischen Eroberern in die Hände fiel. Golden habe das Meer danach geschimmert. Sollte etwas Wahres dran sein, so liegen die Schätze heute meterdick begraben unter all dem Müll und Dreck, der über Jahrhunderte hinweg mit den Abwässern der Stadt ins Horn gespült wurde und es zu einer stinkenden Kloake werden ließ. Erst in jüngster Zeit hat sich die Wasserqualität verbessert, selbst Seepferdchen sollen sich hier wieder tummeln. Dazu trugen der Bau von Kläranlagen, der Niedergang der hiesigen Werften und Fabrikanlagen sowie die neue Galatabrücke bei, die einen besseren Wasseraustausch ermöglicht. Seit ein paar Jahren bemüht sich die Stadt zudem, rund um das Goldene Horn einen Grünstreifen mit Teegärten anzulegen.

Sultan-Selim-Moschee (Selim I. Camii): Seit 1522 bereichert die Moschee, die im Volksmund auch Yavuz Selim Camii heißt, das Minarett- und Kuppelpanorama İstanbuls. Süleyman der Prächtige widmete sie seinem Vater Selim I., der den Beinamen „der Grausame" (= Yavuz) nicht zu Unrecht trug. Um auf den Thron zu kommen, ließ er all seine Brüder ermorden. Während seiner achtjährigen Regierungszeit eroberte er Ägypten und Syrien und ordnete nebenbei die Enthauptung acht seiner Großwesire an. Zum Ausgleich verfasste er Gedichte in Persisch. Heute ruht er in einer Türbe im Moscheengarten. Die Moschee selbst, ein einfacher Kuppelbau, ist verglichen mit ihrem Vorhof recht klein. Sie ist mit kunstvollen İznik-Kacheln ausgeschmückt. Die Teppiche sind farblich bestens darauf abgestimmt. Mihrab und Minbar aus fein behauenem Marmor setzen weitere gelungene Akzente.

Yavuz Selim Cad., Fener. Türbe tägl. (außer Mo/Di) 9.30–16.30 Uhr. Von Eminönü fahren Ⓑ 399 B/C/D, 99 und 99 A nach Fener. Für den Weg von Taksim nach Eminönü → Verbindungen Taksim.

Griechisch-Orthodoxes Patriarchat (Ortodox Patrikhanesi): Seit 1601 hat es seinen Sitz im Stadtteil Fener. Auch wenn sich das Patriarchat gerne als das geistige Zentrum aller Ostkirchen betrachtet, so erstreckt sich dessen irdische Verfügungs-

Südlich des Goldenen Horns

gewalt heute nur noch auf die griechische Gemeinde İstanbuls, einige anatolische Orte und die Inseln des Dodekanes. Die zum Patriarchat gehörende wunderschöne *Kirche Hagios Georgios* stammt aus der ersten Hälfte des 18. Jh. Die sehenswerten Ikonen, Madonnenbilder und Mosaiken in ihrem Inneren sind größtenteils erheblich älter. Dazu werden kostbare Reliquien verwahrt. Der Thron des Patriarchen rechts vom Mittelschiff soll übrigens der Sitz des hl. Johannes Chrysostomos (um 344–407), des einstigen Patriarchen von Konstantinopel, gewesen sein. Der heutige Patriarch Bartholomäus I. feierte hier 2006 mit Papst Benedikt XVI. einen gemeinsamen Gottesdienst, bei dem der Papst die Spaltung der Christenheit als „Skandal für die Welt" kritisierte.

Dem Patriarchat angegliedert ist auch eine Bibliothek, leider befinden sich große Teile ihres Bestands heute in den Athosklöstern. Zu den wertvollsten noch vorhandenen Manuskripten zählt eine Abschrift der *Methode zur Behandlung mechanischer Probleme* des Mathematikers und Physikers Archimedes aus dem 10. Jh.

Sadrazam Ali Paşa Cad. 35, Fener. Kirche tägl. 8–16.30 Uhr. Zugang zur Bibliothek nur nach Genehmigung des Patriarchats (Anfragen unter ✆ 0212/5319671, ✉ 5319014). Verbindungen → Sultan-Selim-Moschee.

Ehem. Marienkirche Pammakaristos (Fethiye Camii): Anlässlich der Eroberungen Georgiens und Aserbaidschans ließ Murat III. die „Marienkirche der vollkommen Glücklichen" 1591 in eine islamische Gebetsstätte umwandeln. Fortan wurde sie „Moschee der Eroberung" (türk. *Fethiye* = Eroberung) genannt. Die vermutlich im 10. Jh. errichtete Kirche gehörte anfangs zu einem Männer-, später zu einem Frauenkloster und war auch vorübergehend Sitz des Griechisch-Orthodoxen Patriarchats. Aufwendige Restaurierungsarbeiten brachten in der angrenzenden Grabkapelle für den General Michael Glabas (gest. 1304) und dessen Familie kostbare Mosaiken aus dem frühen 14. Jh. zu Tage. Die Kapelle ist heute als Museum zugänglich.

Fethiye Cad., Fener. Tägl. (außer Mi) 9–18 Uhr, im Winter bis 16.30 Uhr. Eintritt 2 €. Verbindungen → Sultan-Selim-Moschee.

Stadtmauer: Vom Goldenen Horn bis zum Marmarameer zieht sich die 6 km lange, größte mittelalterliche Stadtmauer Europas. Weite Abschnitte des noch heute imposanten Bollwerks entstanden in der ersten Hälfte des 5. Jh. unter der Herrschaft von Theodosius II. – aus diesem Grund wird die Befestigungsanlage auch „Theodosianische Landmauer" genannt. 1000 Jahre lang, bis zur Eroberung Konstantinopels durch die Osmanen, galt sie als unüberwindlich. Ein 20 m breiter Graben, der bei Gefahr geflutet werden konnte, bildete das erste Hindernis vor der äußeren Vormauer und der bis zu 5 m dicken inneren Hauptmauer. Beide waren mit jeweils 96 trutzigen Türmen von bis zu 20 m Höhe versehen. Heute präsentieren sich weite Abschnitte des Befestigungswerkes in einem ruinösen Zustand. Seit Jahrzehnten finden Rekonstruktionsarbeiten statt – jedoch nicht gerade liebevoll, meinen Kritiker.

> **Hinweis:** Ein längerer Spaziergang entlang der Stadtmauer ist zwar möglich (Abschnitte davon können direkt auf dem Befestigungswall zurückgelegt werden), mörderische Verkehrsschneisen und die stark befahrene Westtangente lassen im Ganzen jedoch wenig Freude aufkommen.

Das bekannteste Stadttor war das *Topkapı* (Kanonentor), nach dem heute der angrenzende Stadtteil benannt ist (nicht zu verwechseln mit dem Palast auf der Serailspitze). Den Namen erhielt es während der osmanischen Belagerung, als es mit der bis dahin größten Kanone der Welt gestürmt wurde: 50 Paar Ochsen und 700 Mann waren nötig, um sie in Bewegung zu setzen. Allein eine Kugel brachte ein Gewicht von zwölf Zentnern auf die Waage.

Verbindungen: Das südliche Mauerende (Yedikule-Kastell) erreicht man von Taksim (Busbahnhof) mit Ⓑ 80 T, von Sirkeci/Eminönü mit der Vorortbahn (Station Yedikule). Zum nördlichen Mauerende gelangen Sie am einfachsten mit dem Fährschiff von Eminönü, Station Ayvansaray (7.45–21 Uhr, So erst ab 10.45 Uhr, i. d. R. 15 Min. vor jeder vollen Std.). Ablegestelle in Eminönü etwas versteckt westl. der Galatabrücke, nahe dem Busbahnhof und dem auffälligen „Stork's"-Gebäude (vierstöckiges Gebäude mit Aufzug und „Rolex"-Werbung), Beschilderung „Eminönü Haliç İskelesi".

Yedikule-Kastell (Yedikule Müzesi): Ende des 4. Jh. ließ Theodosius I. hier einen Triumphbogen errichten, das sog. *Goldene Tor* (Altın Kapı), durch das die siegreichen Herrscher auf der Heimkehr von ihren Feldzügen in die Stadt ritten. Noch in byzantinischer Zeit wurde daraus eine Festung mit vier Türmen. Sultan Mehmet II. fügte der Anlage kurz nach der osmanischen Eroberung drei weitere Türme hinzu, und ihr Name war geboren: *Yedikule* – „Sieben Türme". Im 17. Jh. diente Yedikule schließlich als Gefängnis und Hinrichtungsort. Im Turm links des seit Jahrhunderten zugemauerten einstigen Goldenen Tors wurde 1622 der 17-jährige Sultan Osman II. grauenvoll hingerichtet – angeblich deswegen, weil er mit Pfeil und Bogen auf Pagen geschossen hatte. Gegenüber im Ostturm (beim Eingang) kerkerten die Osmanen ausländische Gesandte ein. Viele kritzelten ihre Leidensgeschichte auf die Wände oder schlugen Sie in Stein, weswegen der Turm auch „Inschriftenturm" (Yazılı Kule) genannt wird. Die jahrhundertealten „Graffiti" sind heute jedoch mehr schlecht als recht zu erkennen. Das Areal im Innern steht leer.

Yedikule Meydanı Sok., Yedikule. Tägl. 8.30–17.30 Uhr. Eintritt 2,50 €. Verbindungen → Stadtmauer.

Chora-Kirche (Kariye Camii): Erst Klosterkirche, dann Moschee, heute Museum. Der gegenwärtige Bau, von außen eher unscheinbar, stammt aus dem späten 11. Jh. Aber schon im 5. Jh. stand hier eine Kirche, die den Namen Chora trug, was so viel bedeutet wie „in den Feldern". Der Name der Kirche blieb bestehen, als Theodosius II. die Verteidigungsmauern nach Westen versetzte und die Kirche somit ins Stadtgebiet einschloss.

Äußerst sehenswert sind die vielfarbig glänzenden Mosaiken und Fresken im Stil der paläologischen Renaissance, die zu den bedeutendsten und schönsten Sakralzyklen weltweit zählen. Sie entstammen der Zeit zwischen 1315 und 1321. Der oder die Künstler sind unbekannt. Man weiß nur, dass der Theologe und Würdenträger Theodorus Metochites die Mosaiken in Auftrag gab. Er selbst sollte die letzten Jahre seines Lebens im Chora-Kloster verbringen, aber nicht freiwillig. Nach einer Revolte von all seinen Ämtern entmachtet, war er dahin verbannt worden. Nachdem die Kirche im frühen 16. Jh. in eine Moschee umgewandelt worden war, kamen die Mosaiken und Fresken unter Putz oder wurden übertüncht. In der Mitte des 20. Jh. wurden sie wieder freigelegt und restauriert.

Die Mosaiken zeigen Szenen der biblischen Geschichte von den Vorfahren Jesu bis zum Weltgericht. Die bedeutendsten darunter sind „Maria im Gebet mit dem Christuskind, flankiert von den Erzengeln Michael und Gabriel" (A), „Christus als Pantokrator" (B), „Christus als Pantokrator, in den Kannelüren drum herum seine Stammväter" (C), „Theodorus Metochites übergibt Christus die Kirche" (D), die „Deesis" (E; Darstellung von Christus und Maria, hier jedoch ohne Johannes den Täufer), der gesamte Zyklus aus dem Leben der gebenedeiten Jungfrau Maria (F) und „Josef und Maria bei der Volkszählung" (G). Die Fresken im Parekklesion (Grabkapelle) behandeln die Themen Tod und Auferstehung. Am eindrucksvollsten ist dabei der Zyklus zum „Jüngsten Gericht" (H).

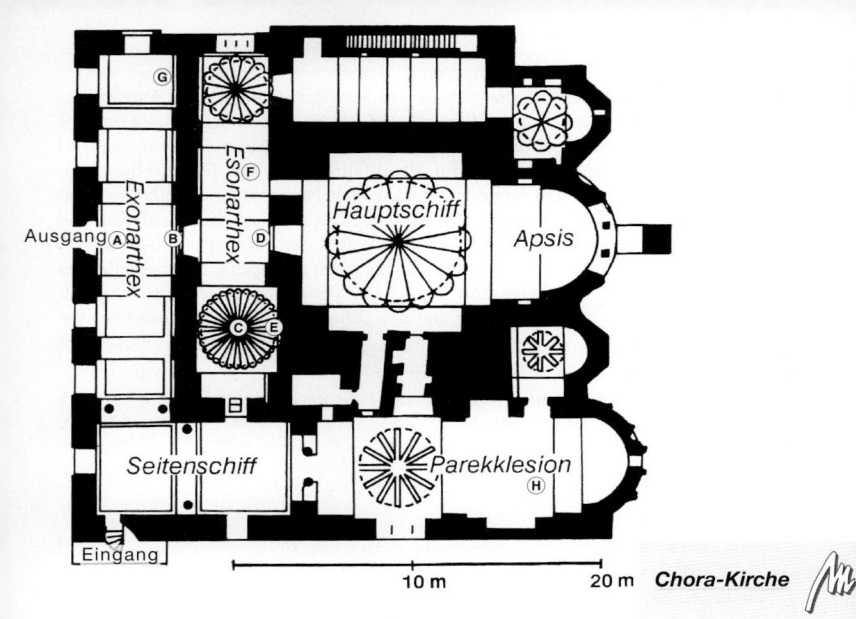

Verändern Sie übrigens beim Anblick der Mosaiken Ihre Position, verändert sich auch oft das Bild: Eine Hand wird größer, ein gestreckter Finger krumm, oder ein Ohr verschwindet gar vollständig. Dies hat mit Unebenheiten des Untergrunds und der leichten Schräglage vieler Steinchen zu tun.

Adresse/Verbindungen: Kariye Camii Sok., Edirnekapı. **Von Eminönu** u. a. mit Ⓑ 32, 336 E, 336 c, 37 E o. 91. **Von Taksim** (Busbahnhof) mit Ⓑ 87. Am besten setzt man sich in Fahrtrichtung rechts. Am westlichen Ende der Fevzi Paşa Cad. auf Höhe des in einer Senke gelegenen Vefa-Stadions (auch „Yurt Güvenliği Stadı" genannt, rechter Hand) aussteigen, Haltestelle Acı Çeşme. Dann in Fahrtrichtung noch ca. 70 m weitergehen, dann rechts ab, ausgeschildert mit „Kariye Müzesi". Tägl. (außer Mi) 9–18 Uhr. Eintritt 6 €.

Eyüp: Kunstvolle Mausoleen und prächtige Moscheen, dazu unzählige von Zypressen beschattete Gräber prägen Eyüp, das „heiligste" Viertel İstanbuls. Muslime aus aller Welt pilgern hierher. Der Stadtteil ist benannt nach Eyüp Ensari, dem sagenhaften Bannerträger des Propheten. Der Legende nach fiel Eyüp als Heerführer während der ersten arabischen Belagerung Konstantinopels (674–678). Nachdem Sultan Mehmet II. acht Jahrhunderte später die Stadt erobert hatte, fand er durch eine wundersame Eingebung den noch immer unversehrten Leichnam – genau an jener Stelle, wo heute die *Eyüp-Sultan-Moschee* samt dem Mausoleum des Bannerträgers steht (von der Fähranlegestelle einfach den Pilgern hinterher, tägl. 8–16.30 Uhr). Für viele Türken kommt ein Besuch dieser heiligen Stätte gleich hinter einer Pilgerreise nach Mekka und Medina. Eyüp wurde zudem zu einem Ort, wo sich fromme Muslime bevorzugt bestatten ließen: osmanische Würdenträger in aufwändigen Mausoleen nahe der heiligen Moschee, das Volk auf dem dahinter ansteigenden Hügel.

Nördlich der Eyüp-Sultan-Moschee führt die Karyağdı Sokak, ein schmaler, gepflasterter Fußweg, zum stilvollen *Pierre-Loti-Café (Piyer Loti Kahvesi)*. Der Weg ist ausgeschildert – ein herrlicher Spaziergang vorbei an Tausenden von Grabstelen. Fußfaule können mit einer Seilbahn hinauffahren. Von der Terrasse des Cafés (tägl. 8–23 Uhr) genießt man einen eindrucksvollen Panoramablick über das Goldene Horn. Das Café wurde benannt nach dem französischen Marineoffizier und Schriftsteller Pierre Loti (1850–1923), der in İstanbul mehrere Jahre seines Lebens verbrachte – viel Zeit davon angeblich genau hier. Der turkophile Franzose, der am liebsten mit Fes und Gebetskette auftrat, verfasste vorrangig in der Exotik angesiedelte Novellen. Er romantisierte Tahiti und den Senegal, schrieb aber auch über das Alltagsleben in İstanbul. Sein Liebesabenteuer mit der verheirateten Bosporus-Schönheit Aziyade verewigte er in dem gleichnamigen Roman.

Verbindungen: Nach Eyüp gelangt man am gemütlichsten mit den Fähren von Eminönü (7.45–21 Uhr, So erst ab 10.45 Uhr, i. d. R. 15 Min. vor jeder vollen Std.). Ablegestelle in Eminönü etwas versteckt westl. der Galatabrücke, nahe dem Busbahnhof und dem auffälligen „Stork's"-Gebäude (vierstöckiges Gebäude mit Aufzug und „Rolex"-Werbung), Beschilderung „Eminönü Haliç İskelesi".

Was Grabstelen erzählen

Zu Kopf und zu Füßen beerdigter Muslime stehen Grabstelen. Sie tragen verschiedene Symbole, anhand derer man Geschlecht und Stellung der Verstorbenen erkennen kann. Viele sind mit einem steinernen Turban gekrönt, der u. a. durch seine Größe darüber Aufschluss gibt, ob der Selige Großwesir, Pascha, Mönch, Eunuch oder Janitschar war. Ein zur Seite gedrehter Turban ist das Zeichen dafür, dass der Verstorbene enthauptet wurde. Die Scharfrichter hingegen bekamen meist einfache Steine ohne jegliche Verzierungen. Bei Frauen zieren nur selten Kopfbedeckungen den Abschluss einer Stele. Ihre Steine sind i. d. R. mit einem einfachen Schal oder Blumenmotiven verziert. Dabei gilt: je mehr Blumen, desto mehr Kinder! Aber keine Rosen – Rosen bekamen nur ledig Verstorbene.

Sehenswertes in Taksim und Beyoğlu

Taksim, ein nie zur Ruhe kommender Stadtteil, gilt als der Nabel des modernen İstanbul. Er besteht aus nicht viel mehr als dem gleichnamigen weiten Platz, dem Taksim Meydanı. Im Südwesten schließt sich Beyoğlu an. In den schluchtartigen Gassen und Straßen des Stadtteils verbergen sich die ausgefallensten Clubs und Restaurants, viele Kunstgalerien, die alles zwischen türkischer Landschaftsmalerei und surrealistischen Videoinstallationen präsentieren, Multiplexkinos, Theater und Einkaufspassagen mit einem Angebot zwischen internationalen Streetwear-Labels und schrägen Secondhand-Klamotten. Am pulsierendsten ist das Leben auf der İstiklal Caddesi, der „Straße der Unabhängigkeit", ein langer, enger Schlauch. Westliche Großstadtmoral bestimmt das Bild und die Menschen Beyoğlus.

Schon immer war die Atmosphäre hier freier als anderswo in İstanbul. Jahrhundertelang galt Pera, so der alte Name Beyoğlus, als der kosmopolitische Mittelpunkt des Osmanischen Reiches, als bevorzugtes Botschafts- und Wohnviertel der Euro-

An der Uferpromenade von Üsküdar, İstanbul (mb) ▲▲
Spontane Party in Beyoğlu, İstanbul (mb) ▲

▲▲ Und wo träumen Sie den Traum von 1001 Nacht?, İstanbul (mb)
▲ Rakıtafel, İstanbul (mb)

Die Blaue Moschee, İstanbul (mb) ▲▲
Goldmosaike der Chora-Kirche, İstanbul (mb) ▲

▲▲ Die Hagia Sophia, İstanbul (mb)
▲ Ewiger Trubel im Großen Basar, İstanbul (mb)

päer und nichtmuslimischen Minderheiten. Zurück blieben ihre grandiosen Gesandtschaften, die teils noch heute als Konsulate genutzt werden, ihre versteckt gelegenen Kirchen, ihre Art-nouveau-Bauten und der westliche Lebensstil.

> **Verbindungen:** Zum Taksim-Platz bzw. zum nordöstlichen Teil der İstiklal Caddesi gelangt man von Sultanahmet/Eminönü am einfachsten, indem man die Straßenbahn bis Kabataş nimmt und von dort mit der Fünikuler-Metro nach oben fährt. Das südliche Ende der İstiklal Caddesi erreicht man, wenn man von Sultanahmet oder Eminönü mit der Straßenbahn bis Karaköy fährt und dort die Tünel-Bahn (7.30–22.45 Uhr) nimmt. Eine Straßenbahn (7–22 Uhr alle 20 Min.) verbindet beide Enden der İstiklal Caddesi. Auch kann man diese Strecke mit der Metrolinie M2 zurücklegen.

Taksim-Platz (Taksim Meydanı): *Taksim* heißt „Verteiler". In Anbetracht seiner Funktion als Drehscheibe im Getümmel der Millionenmetropole ist der Name des Platzes heute genauso passend wie im 18. Jh., als auf dem Taksim Meydanı Wasser aus dem Belgrader Wald in einem Reservoir gestaut und nach Pera weiterverteilt wurde. Rund um den Platz ragen ein paar Luxushotels in den Himmel. An seiner Ostflanke steht das *Atatürk-Kulturzentrum* (*Atatürk Kültür Merkezi*, kurz AKM), ehemaliger Dreh- und Angelpunkt des İstanbuler Kulturlebens. Was aus dem hässlichen Bau der kemalistischen Moderne künftig werden soll (Abriss oder Restaurierung?), war zuletzt noch unklar. Atatürk selbst ist auch vertreten. Das *Denkmal der Republik (Cumhuriyet Anıtı)* inmitten einer kleinen, kreisrunden Grünfläche zeigt ihn in heroischer Pose mit seinen einstigen Weggefährten.

Militärmuseum (Askeri Müze): Das riesige Museum, in dem man sich verlaufen kann, zeigt in erster Linie Waffen aus verschiedenen Jahrhunderten: Krummschwerter, Pistolen, Gewehre, Lanzen, Dolche usw. Ganze Bataillone könnte man damit für historische Paraden ausrüsten. Aber auch alles andere, was die Osmanen einst für ihre Feldzüge benötigten oder dabei erbeuteten, ist zu sehen: Trommeln, Fahnen, Kettenhemden, Pferderüstungen, Feldherrenzelte usw. Dazu gibt es Gemälde vergangener Schlachten zu Land und zu See; interessant dabei die Abteilung über den verlustreichen Stellungskrieg von Gallipoli (→ Kasten, S. 101). Die Präsentation ist eher sachlich als kriegsverherrlichend.

Jeden Nachmittag finden zudem Mehter-Konzerte statt. Die Mehter-Kapelle zog einst mit dem Sultan in die Schlacht, als erste Militärkapelle der Welt. Ihre bombastische Musik, unterlegt mit heroischen Texten, hatte Einfluss auf europäische Komponisten wie Mozart (Türkischer Marsch) und Beethoven (Opus 13) und war ausschlaggebend dafür, dass die Kesselpauke (türk. *kös*) Eingang in westeuropäische Orchester fand. Die Musiker treten in den Uniformen der Elitetruppe des Osmanischen Reiches auf.
Vali Konağı Cad., Harbiye. Tägl. (außer Mo/Di) 9–17 Uhr, Mehter-Konzerte 15–16 Uhr. Eintritt 2 €. Vom Taksim-Platz der Cumhuriyet Cad. gen Norden folgen, das Museum befindet sich rechter Hand.

İstiklal Caddesi („Straße der Unabhängigkeit"): Eine nostalgisch herausgeputzte Straßenbahn fährt auf İstanbuls Promeniermeile hoch und runter. Vor allem am Abend, wenn die Straße zum Magneten der Flaneure wird, lohnt sich ein Spaziergang. Unzählige Bars, Cafés, Clubs und Restaurants bestimmen das Bild der Straße

Einkaufen (S. 173/174)

- 9 Adim
- 15 Aznavur Pasajı
- 16 Deform
- 22 Asrı Turşucu
- 34 Türkisch-Deutsche Buchhandlung

und ihrer Seitengassen. Die „Grand Rue de Péra", wie die İstiklal Caddesi früher hieß, war in osmanischer Zeit die Nobelmeile der vornehmen Europäer mit französischen Patisserien, Cabarets und zahlreichen Theatern. Nachdem die Ausländer Beyoğlu verlassen hatten, galten die Straße und ihre Nebengassen – noch bis in die 1980er – als unsicher und verrucht. Billige Lokantas, zwielichtige Räuberhöhlen und Pornokinos säumten sie. Der Ruf Beyoğlus wendete sich erst wieder in den 1990ern zum Guten, als man die İstiklal Caddesi für den Verkehr sperrte und Cafés und Galerien die schmierigen Amüsierbetriebe ablösten.

Übernachten (S.127-129)

- 2 Grand Hisar Otel
- 7 Lush Hotel
- 20 Büyük Londra Oteli
- 24 The House Hotel
- 26 Pera Palace Hotel
- 27 Villa Zürich
- 29 Monopol
- 30 Devman

Essen & Trinken (S. 172/173)

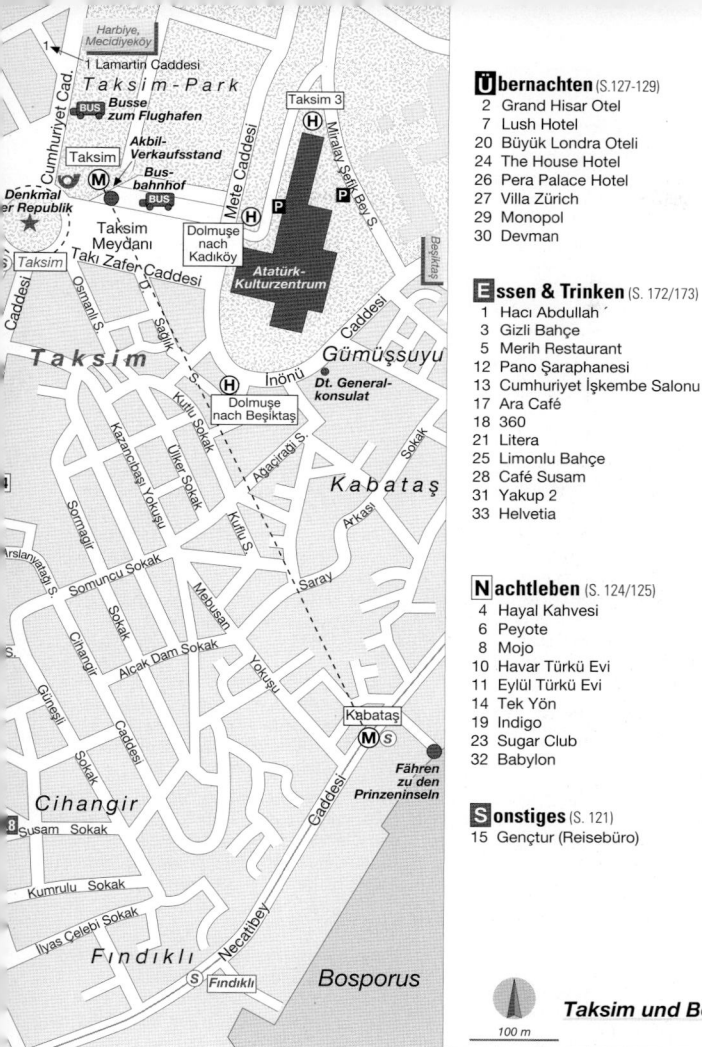

- 1 Hacı Abdullah
- 3 Gizli Bahçe
- 5 Merih Restaurant
- 12 Pano Şaraphanesi
- 13 Cumhuriyet İşkembe Salonu
- 17 Ara Café
- 18 360
- 21 Litera
- 25 Limonlu Bahçe
- 28 Café Susam
- 31 Yakup 2
- 33 Helvetia

Nachtleben (S. 124/125)

- 4 Hayal Kahvesi
- 6 Peyote
- 8 Mojo
- 10 Havar Türkü Evi
- 11 Eylül Türkü Evi
- 14 Tek Yön
- 19 Indigo
- 23 Sugar Club
- 32 Babylon

Sonstiges (S. 121)

- 15 Gençtur (Reisebüro)

Taksim und Beyoğlu

Fischmarkt und Blumenpassage: Der Fischmarkt (Balık Pazarı) von Beyoğlu ist ein schillerndes überdachtes Gässchen, in dem nicht ausschließlich Fisch, sondern auch allerlei Snacks und Souvenirs verkauft werden. Außerdem gibt es hier zahlreiche Fischrestaurants. Nicht versäumen sollte man einen Blick in die Seitenpassagen des Marktes, allen voran in die Blumenpassage (Çiçek Pasajı). Das Gebäude im Rokoko-Stil stammt aus dem Jahre 1876 und beherbergte einst neben vielen Blumenläden auch einen Schweinefleischmetzger und einen Wiener Bäcker. Heute servieren in dem herrlichen Ambiente gehobenere Restaurants zu überhöhten Preisen.
Sahne Sok., Galatasaray.

İstanbul

Essen & Trinken (→ Karte S. 170/171)

>>> Unser Tipp: 360 **18**, schon seit Jahren eines der angesagtesten Dachterrassenlokale – kein Wunder bei dem fast 360-Grad-Panorama-Blick über Stadt und Bosporus! Das schicke Bar-Restaurant bietet feine World Cuisine (Sushi und Pizza, herrliches Carpaccio von Schwertfisch, Oktopus, Ente oder Rind) und an Wochenenden regelmäßig Unterhaltung mit DJs oder Livebands. 2 Pers. sollten inkl. Getränken mit mindestens 90 € rechnen (allein ein großes *Evian*-Wasser kostet 9 €, aber es gibt auch Billigeres!). Nur mittags und abends, Reservierung empfohlen. İstiklal Cad. 163, ✆ 0212/2511042. «««

Hacı Abdullah **1**, Traditionslokal (seit 1888). Hier schmeckte es dem fundamentalistischen Politiker Necmettin Erbakan genauso wie dem Literaten Orhan Pamuk und der Popsängerin Sertab Erener. Feine türkisch-osmanische Küche. Eingelegtes ist in allen Variationen in kunterbunten Vitrinen zu bewundern. Gediegen-orientalische Einrichtung. Hg. 6–19 €. Kein Alkohol. Atıf Yılmaz Cad. 9 A, ✆ 0212/2938561.

Yakup 2 **31**, rakıgeschwängert ist die Luft dieser innerhalb der älteren linksalternativen Kunst- und Politszene hochgeschätzten, eher schlichten Meyhane. Fotos von alten Stammgästen aus Journalisten- und Literatenkreisen hängen an den Wänden. Hervorragende Meze – lassen Sie sich den Oktopussalat keinesfalls entgehen. Das Lokal diente schon Fatih Akın in *Auf der anderen Seite* als Kulisse. Die Preise sind für Nichtstammgäste aufgrund der Popularität mittlerweile aber alles andere als niedrig, auch fühlten sich hier Leser schon über den Tisch gezogen. Meze 4,50–10 €, Flasche Rakı (35 cl) 18 €. Asmalımescit Sok. 35, ✆ 0212/2492925.

Merih Restaurant **5**, einer unserer Favoriten in Beyoğlu, Mischung aus Lokanta und Restaurant. Einfaches großes, leicht rustikales Lokal, in dem stets der Fernseher läuft. Zu Meze, Fisch, Spießen und leckeren Topfgerichten rinnen Bier und Rakı in Strömen. Eigentlich eine Männerdomäne, doch Frauen sind ebenfalls willkommen. Schneller Service. Ein Abendessen mit Getränken ab 10 €. Kamer Hatun Cad. 5, ✆ 0212/2454325.

Helvetia **33**, alternative Lokanta der anderen Art. Hier bekochen junge Leute ihr vornehmlich studentisches Publikum mit bester türkischer Hausmannskost. Die Gerichte (viel Vegetarisches) sucht man sich an der Theke aus. Kein Alkohol, dafür kostenloses Trinkwasser, nett eingerichtet, Tische draußen. Günstig, ein Teller voller Köstlichkeiten ca. 5 €. General Yazgan Sok. 8/A, Tünel.

> In der Gasse landen: **Nevizade Sokak** nennt sich die populäre Restaurantgasse, die an die Rakı-Tafel ruft. Ideal für ein fröhliches, ungezwungenes Abendessen mit hervorragenden Meze (Portion ab 2,50 €). An Freitag- und Samstagabenden ist jedoch kaum ein Platz zu bekommen. Rechnung genau prüfen! Eine schöne Adresse für ein Essen oder auch nur ein Getränk ist zudem die **Cezayir Sokak** südlich des Galatasaray-Gymnasiums. Hier geht es deutlich weniger quirlig zu.

Cumhuriyet İşkembe Salonu **13**, im Fischbasar, kaum zu verfehlen. Innereien-Lokanta mit der besten Kuttelflecksuppe Beyoğlus. Auch Hirnsalat ist zu bekommen. Kein Alkohol. Duduodaları Sok. 15 B.

Bars Limonlu Bahçe **25**, ein herrliches Plätzchen und ein Tipp für den Sommer. Lauschiges Gärtchen mit gemütlichen Sitzecken unter Zitronenbäumen, dazu dezente Musik. Gute Cocktails und zeitgemäße Küche (Hg. 6,50–14 €), dazu Frühstück. Yeniçarşı Cad. 74.

Pano Şaraphanesi **12**, 1898 von einem Griechen gegründetes Weinlokal mit viel Charme. Im EG drängt man sich dicht an dicht an Stehtheken vor der Bar, hinter der sich die Weinflaschen nur so stapeln. Im Keller kann man an gemütlichen Tischen die gute Küche des Lokals kosten. Bis auf den sauren Hauswein (es gibt aber auch sehr gute Tropfen, Flasche ab 12,50 €) sehr zu empfehlen. Kalyoncu Kulluğu Cad. 12 B.

Gizli Bahçe **3**, „Versteckter Garten" – trödelig-gemütliche Kneipe auf 2 Etagen mit netter, kleiner Terrasse, knarrendem Holzfußboden und cooler Musik für ebensolche junge Leute. In der Restaurantgasse Nevizade Sokak (Nr. 15) im 2. Stock. Kein Schild.

Sonntagsständchen auf der İstiklal Caddesi

Cafés Café Susam 28, ein sehr beliebtes Café im Cihangir-Kiez. Mit Liebe und Geschmack zusammengewürfeltes Inventar. Kleiner Außenbereich, wo die kreative Szene philosophiert. Gute Frühstücksauswahl, man kann aber auch richtig essen (Hg. 5–19 €). Abends wird das Café zur netten Bar. Susam Sok. 11, Cihangir.

Litera 21, Caférestaurant auf dem Dach des Goethe-Instituts (6. Stock, im Winter verglast, im Sommer offen). Mediterrane Küche und gute Salate, happige Bierpreise (5 € für ein kleines Bier). Dafür gibt es aber auch einen sagenhaften Blick über Stadt und Bosporus hinweg. Yeni Çarşı Cad. 32.

Ara Café 17, das Café des berühmten Fotografen und İstanbul-Chronisten Ara Güler, dessen Bilder hier auch zu sehen sind. Schnuckelig eingerichtet, im Sommer Tische auf der Sackgasse davor. Man kann auch essen. Kein Alkohol. Tosbağa Sok. 2 (Zugang von der Yeniçarşı Cad.).

Einkaufen
(→ Karte S. 170/171)

Çukurcuma, in diesem Viertel südöstlich des Galatasaray Lisesi findet man Antiquitäten und Trödel (mittlerweile auch viel bunten Retrokram): Türrahmen, Leuchter, ausgediente Staubsauger, Schmuck, Kleinkram, Plakate usw. Etliche Trödler insbesondere in den Gassen Turnacıbaşı, Çukurcuma, Altı Patlar und Faik Paşa.

Adım 9, feine, von Öncel Kalkan handgemachte Herrenschuhe in den Größen 45–55 (ab 100 €). Zu seinen Kunden zählen u. a. die türkische Basketballmannschaft und diverse Persönlichkeiten aus Wirtschaft und Politik, aber auch schon Fußballstar Maradona ließ sich hier Schuhe fertigen. Halep Pasajı, Zugang über die İstiklal Cad. 62.

Alman-Türk Kitabevi (Türkisch-Deutsche Buchhandlung) 34, Herrn Mühlbauers Buchhandlung ist die beste Adresse für deutsche Literatur, darunter viel über İstanbul und die Türkei. Am Eingangsbereich gibt es eine Pinnwand, an der sich arbeitslose Deutschlehrer, Wohnungssuchende und dergleichen verewigen. Freundliches Personal. İstiklal Cad. 237.

Deform 16, kultiger Platten- und CD-Laden, geboten wird viel Türkisches, aber auch Sound aus dem Ausland. Turnacıbaşı Sok. 47.

Han Geçidi, hier können Sie klimpernde Paillettenaccessoires kaufen oder sich mit Federboas, Schmuck und originellen Taschen eindecken. Hausdurchgang an der İstiklal

Cad., von Taksim kommend kurz hinter dem Galatasaray Lisesi rechter Hand (Hausnr. 116).

Aznavur Pasajı **15**, fast in der Nachbarschaft (Hausnr. 108). Tücher, Souvenirs, Bauchtanzkostüme, dazu Schmuck, Keramik und kitschig-witziger Wohnmüll.

Asrı Turşucu **22**, 1938 gegründet. Hier ist alles eingelegt, von der Gurke über den Knoblauch und das Ei bis zur Roten Bete. Nicht jedermanns Geschmack, aber garantiert vitaminreich und eine Kostprobe wert ist ein Gläschen Gemüseessig. Ecke Altı Patlar Sok./Ağa Hamamı Sok.

Sehenswertes in Galata und Karaköy

Von Touristen wurden die beiden Stadtteile nördlich der Galatabrücke früher meist links liegen gelassen oder auf dem direktesten Weg nach Beyoğlu durchquert – zum Verweilen lud auch nicht viel ein. Das hat sich in den letzten Jahren geändert. Vor allem rund um den Galataturm und entlang der Galipdede Caddesi entstanden etliche Cafés, Restaurants und Geschäfte. Auch die einst recht düsteren Seitengässchen Galatas erwachen zu neuem Leben – junge Designer und Künstler zeigen hier, was sie auf dem Kasten haben. Trotz alledem ist der morbide Charme Galatas und Karaköys zum Glück noch nicht verschwunden. In verborgenen Winkeln verstecken sich nicht nur Moscheen, sondern auch Kirchen und Synagogen. Letztere sind eine Hinterlassenschaft der Ausländer und nichtmuslimischen Minderheiten, die beide Stadtteile über Jahrhunderte hinweg prägten. Insbesondere in Galata, das sich hinter Karaköy den Hügel nach Beyoğlu hinaufzieht, waren sie ansässig. In den Häusern und Hanen, unter denen heute die Tünel-Bahn schnaufend ihren Weg sucht, lebten und arbeiteten Genuesen, Araber und Juden, Griechen und Armenier.

> **Verbindungen:** Die hier aufgeführten Sehenswürdigkeiten sind in einem gemütlichen Spaziergang vom südlichen Ende der İstiklal Caddesi in Beyoğlu zu erreichen. Von Sultanahmet und Eminönü gelangt man mit der Straßenbahn nach Karaköy. Die Tünel-Bahn verbindet Karaköy (Tershane Cad.) mit der İstiklal Cad. in Beyoğlu (7–22.45 Uhr).

Mevlevi-Kloster (Galata Mevlevihane): 1492 gründete der Mevlana-Orden (→ Konya, S. 702) seinen ersten Konvent in İstanbul. 1925 wurde dieser wie alle Derwischklöster verboten und 1972 als Museum wieder eröffnet. Nach langjährigen Restaurierungsarbeiten ist das Gebäude seit Ende 2011 wieder zugänglich – man kann hier nun Kostbarkeiten des Klosterbesitzes bestaunen: Derwisch-Kleidung, antike Musikinstrumente, Gebetsketten und -teppiche wie auch Koran-Ausgaben. Zudem finden immer wieder Sufimusik-Konzerte mit Tanzvorführungen statt – erkundigen Sie sich vor Ort nach den Terminen.
Galipdede Cad. 9. Tägl. (außer Mo) 9.30–17 Uhr. Eintritt 2 €.

> **Derwischzeremonien** finden zudem regelmäßig im Hocapaşa-Kulturzentrum in Sirkeci statt (Hocapaşa Hamamı Sok. 3, → Karte S. 141). Eintritt 21 €, erm. 12,50 €. Buchbar in vielen Reisebüros in Sultanahmet, Infos zu den Zeiten auch unter www.istanbuldervish.com.

Galata-Turm (Galata Kulesi): Das 62 m hohe, imposante Befestigungswerk ist eine Dominante im hiesigen Stadtbild. 1348 entstand der massive Rundbau als höchster

Turm der genuesischen Festungsanlage. Einen Verteidigungszweck erfüllte er jedoch nie. Genutzt wurde der Turm als Gefängnis für Kriegsgefangene, astronomisches Observatorium, Unterkunft für die Mitglieder der osmanischen Militärkapelle und Absprungstelle für den angeblich ersten fliegenden Menschen der Welt: Der Abenteurer Hezarfen Ahmet Çelebi soll im frühen 17. Jh. mit angeschnallten Flügeln vom Galataturm bis auf die asiatische Seite gesegelt sein. Unter dem kegelförmigen Dach des Turms befinden sich heute ein teurer Nachtclub und eine Aussichtsplattform mit grandiosem Panoramablick.

Büyük Hendek Sok. Tägl. 9–20 Uhr. Eintritt Panoramabalkon 5 €.

İstanbul Modern – Mekka der Kunst

Museum der türkischen Juden (Türk Muzevileri Müzesi): Das sehenswerte Museum beschäftigt sich mit der Geschichte der jüdischen Bevölkerung auf dem Gebiet der heutigen Türkei von ihrer Flucht aus Spanien 1492 bis in die jüngste Vergangenheit. Es informiert über religiöse Riten und Bräuche, dabei insbesondere über Geburt, Beschneidung und Hochzeit, das türkisch-jüdische Pressewesen, aber auch über prominente Juden in der modernen türkischen Politik und Gesellschaft. Zudem werden deutsch-jüdische Universitätsprofessoren vorgestellt, die aus dem Dritten Reich an den Bosporus geflohen waren und starken Einfluss auf die Entwicklung des türkischen Bildungssystems nahmen (→ Kasten, S. 86).

Perçemli Sok. 1. Mo–Do 10–16 Uhr, Fr/So 10–14 Uhr, Sa geschl. Eintritt 4,10 €, erm. 1,20 €.

İstanbul Modern: Das Museum bietet auf 8000 m² Ausstellungsfläche überwiegend zeitgenössische, türkische Kunst. Basis der Dauerausstellung im ersten Stock bilden rund 1200 Werke aus der Privatsammlung des Museumsgründers Bülent Eczacıbaşı. Zudem offeriert das Museum interessante Wechselausstellungen, Galerien für Fotografie und Neue Medien, eine Bibliothek, ein Restaurant und tolle Aussichten auf den Bosporus.

Meclis-i Mebusan Cad. Liman İşletmeleri Sahası Antrepo No: 4. Tägl. (außer Mo) 10–18 Uhr, Do bis 20 Uhr. Eintritt 6 €, erm. 2,80 €, Do freier Eintritt.

Essen & Trinken/Einkaufen (→ Karte S. 176/177)

Essen & Trinken Galata Evi **5**, mehrere kleine Räume mit Wohnzimmeratmosphäre und Antiquitäten. Gemütlicher Innenhof. Spezialitäten der georgischen (z. B. *Baje*, Huhn mit Walnüssen und Safran) und russischen Küche (z. B. *Pilmeni*, eine Art Ravioli). Hg. 8,50–11,50 €. Abends Pianomusik. Mo Ruhetag. Galata Kulesi Sok. 15, ✆ 0212/2451861.

Karaköy Lokantası 6, nahe dem Kreuzfahrtschiffhafen. Familiengeführtes, mit farbenfrohen Kacheln geschmackvoll verziertes Lokal. Sehr gute, täglich wechselnde Küche mit bestem Olivenöl. Faire Preise. Nur mittags und abends. Mittags Hausmannskost, abends wird aus der Lokanta eine Meyhane mit Meze, Grillgerichten und: Alkohol! Sehr beliebt, am Wochenende reservieren. Kemankeş Cad. 37, ✆ 2924455.

Einkaufen Galipdede Caddesi, hier werden Musikinstrumente verkauft. Von der Flöte über die Saz bis zum Schlagzeug ist alles zu bekommen.

Sehenswertes am Bosporus (europäische Seite)

Der Bosporus, die Seele İstanbuls, trennt Asien von Europa und verbindet das Schwarze Meer mit dem Marmarameer. An seinem europäischen Ufer liegt der Stadtteil Beşiktaş mit dem Dolmabahçe-Palast und einem sehenswerten Marinemuseum, weiter nördlich reihen sich beschauliche Fischerstädtchen und vornehme Villenorte aneinander – bevorzugte Adressen der İstanbuler Highsociety.

Boğaz (= Schlund) nennen die İstanbuler ihre Meerenge etwas abwertend. Nicht viel besser ist die Bezeichnung „Kuh-Furt", die der Bosporus nach einer antiken Legende erhielt: Die jungfräuliche Priesterin Io zog sich den Hass der Göttergattin Hera zu, weil sie die Aufmerksamkeit des Zeus erregt hatte. Aus Eifersucht verwandelte Hera Io in eine Kuh. Dieser schickte sie eine Bremse hinterher, auf dass die Kuh immer in Bewegung bleiben und niemals ein ruhiges Stelldichein mit Zeus haben sollte. Auf ihrer Flucht vor dem Insekt durchschwamm die Kuh auch den Bosporus. Io soll damit die Erste gewesen sein, die über den Bosporus die Kontinente wechselte.

Heute tun das tagtäglich Millionen. Tag und Nacht ist die Meerenge voll mit Fähren, Frachtern, Öltankern, Kreuzfahrtsschiffen, Fischkuttern und Ausflugsbooten. Im Winter haben nicht wenige davon mit der tückischen Wasserstraße zu kämpfen, die an ihrer engsten Stelle gerade 660 m misst. Stürme peitschen dann die See auf und meterhohe Brecher sind keine Seltenheit. Lieblich hingegen zeigen sich die Ufer des Bosporus im Sommer. Wenn die Stadt unter der Hitze stöhnt, bleibt es hier angenehm frisch – beste Zeit für eine Dampferfahrt. Die Bosporusdörfer sind übrigens auch die empfehlenswertesten Adressen für frischen Fisch – für hohe Qualität ist stets gesorgt.

Dolmabahçe-Palast (Dolmabahçe Sarayı): In welch pompösem Luxus die osmanischen Herrscher lebten, demonstriert der Dolmabahçe-Palast am Bosporusufer besser als der Topkapı Sarayı. Seine Räumlichkeiten stehen nämlich nicht größtenteils leer oder beherbergen irgendwelche Sammlungen, sondern zeigen noch weitgehend ihr ursprüngliches Interieur. Darunter befinden sich über 280 Vasen, 4500 m² seidene Hereke-Teppiche, exakt 36 Kronleuchter, 58 Kristallkerzenständer und Ähnliches mehr.

In Auftrag gab den Palast Sultan Abdül Mecit I. Mitte des 19. Jh., da ihm der Topkapı Sarayı nicht mehr zeitgemäß erschien. Verantwortlich für den Bau waren der armenische Architekt Karabet Balyan und sein Sohn Nikoğos. Obwohl man das Osmanische Reich zu jener Zeit schon als „Kranken Mann am Bosporus" bezeichnete, schien Geld für den Bau des Palastes keine Rolle zu spielen: Mehr als 14 t Gold und 40 t Silber ließ der Sultan allein für die Palastdekoration verarbeiten. Kunsthistoriker finden trotz des Prunks wenig Gefallen an dem Bau. Für die meisten von ihnen ist der weiße Marmorpalast, ein Stilmix aus Neorenaissance und -klassizismus, ein geschmackloser, aufgeblasener Klotz.

Wer den Palast besichtigen möchte, muss sich einer Führung anschließen. Zwei Touren stehen zur Auswahl: Die spannendere führt durch den *Mabeyn-i Hümayun* (ca. 45 Min., wird als „Selamlık-Tour" bezeichnet), jenen Teil des Palastes, wo vorwiegend Gesandte empfangen wurden und zeremonielle Empfänge stattfanden. Der 40 x 45 m große Festsaal, ein majestätischer Kuppelsaal am Ende der Tour, bildet dabei den Höhepunkt. In ihm schwebt ein riesiger Lüster (4,5 t schwer, 750 Kerzen) über einem aufwendigen Parkettboden, unter dem sich eine flächendeckende Fußbodenheizung befindet. Aber auch die anderen Räume und Salons auf dieser Tour sind feudal ausgestattet. Den Roten Salon beispielsweise, den ersten Raum, den man betritt, zieren Deckenmalereien italienischer und französischer Künstler. Selbst das Sultansbad, verkleidet mit edelstem ägyptischem Marmor, ist sehenswert. Die Badewanne ist aus einem Stück Alabaster gehauen, und die Decke darüber weist kubistische Züge auf.

> **Tipps zur Bosporusfahrt:** Eine schöne Art, den Bosporus kennenzulernen, ist eine Fahrt mit dem **offiziellen Bosporusdampfer**, der ganzjährig um 10.35 Uhr (im Sommer zudem um 13.35 Uhr, Stand: 2011) ab Eminönü von der Anlegestelle mit der Aufschrift „Boğaz İskelesi" startet. Rechts und links davon bieten **private Schiffseigner** ebenfalls Bosporustouren an. Diese Schiffe starten i. d. R. erst dann, wenn genügend Personen an Bord sind. Die Touren sind kürzer (1–1½ Std., man fährt nur bis zur Mehmet-Fatih-Brücke), aber auch billiger (5 €). Das offizielle Schiff hingegen durchfährt fast den gesamten Bosporus und legt mehrmals an, nämlich in Beşiktaş, Kanlıca (asiatische Seite), Sarıyer, Rumeli Kavağı und Anadolu Kavağı (asiatische Seite). Wer auf der Backbordseite (in Fahrtrichtung links) sitzt, sieht mehr. In Anadolu Kavağı hat man mindestens 2 Std. Aufenthalt, bevor das Schiff zurückfährt. Gesamtdauer der Tour ca. 6 Std., das Ticket hin/zurück kostet 10,50 €. Man kann auch nur ein einfaches Ticket lösen (6 €) und die Rückfahrt per Bus mit Stopps in den Bosporusorten verbinden.

Die zweite Tour führt durch den *Harem* (ca. 30 Min.), vorbei an den Schlafgemächern der Sultansfrauen, deren Gemeinschaftsräumen und den Privatgemächern des Sultans. Die Böden hier sind größtenteils mit geflochtenen Strohmatten bedeckt – im Harem trug man keine Schuhe. Für viele Türken einer der Höhepunkte auf dieser Tour ist das Zimmer (eines von insgesamt knapp 300 Räumen!), in dem Atatürk im Alter von 57 Jahren verstarb. Unmittelbar nach seinem Tod am 10. November 1938 um 9.05 Uhr wurde die dortige Uhr angehalten und nie wieder aufgezogen. Heute steht die ganze Türkei jedes Jahr an diesem Tag und zu dieser Minute in Gedenken an ihn still.

Die Haremstour führt auch zum sog. *Kristallpavillon* (Camlı Köşk), einem Wintergarten mit Kristallbrunnen und herrlichem Doppelkamin, der durch einen zweistöckigen Gang mit dem Haupttrakt verbunden ist. Von hier nahm der Sultan die Paraden ab. Mit einem Extraticket kann man die *Uhrensammlung* (Saat Müzesi) besichtigen, die in der ehemaligen Schatzkammer untergebracht ist. Rund 60 Exemplare sind zu sehen.

Umgeben ist der Palast von einem gepflegten Garten. Ein elegant geschwungener Marmorgitterzaun, verschlossene Prunktore und steife Gardesoldaten schützen ihn vor ungebetenen Gästen. An der Zufahrtsstraße zum Eingang befindet sich ein hübscher barocker Uhrturm und etwas weiter die *Dolmabahçe-Moschee* (Dolmabahçe Camii) mit den schlanksten Minaretten İstanbuls.

Adresse/Öffnungszeiten: Palast an der Dolmabahçe Cad., Moschee an der Meclisi-i Mebusan Cad. (gleiche Straße, nur anderer Name). Im Sommer tägl. (außer Mo/Do) 9–16 Uhr, im Winter bis 15 Uhr. Selamlık-Tour 12,50 €, Harems-Tour 8,50 €, beide Touren zusammen 16,50 €. Türken zahlen die Hälfte! Die Uhrensammlung war z. Z. d. letzten Recherche wegen Restaurierungsarbeiten geschlossen.

Nach Beşiktaş gelangen Sie von Eminönü mit der Straßenbahn (bis Endstation Kabataş, dann zu Fuß weiter), von Taksim mit Sammeltaxis (Abfahrtsstelle an der İnönü Cad. nahe dem deutschen Konsulat). Es lohnt sich, früh zu kommen. Die Besucherzahl ist auf 3000 Pers./Tag begrenzt.

Marinemuseum (Deniz Müzesi): Nahezu alles, was mit der Seefahrt in Verbindung gebracht werden kann, wird hier ausgestellt: egal ob es ein Rosenthal-Service ist, das als Schiffsgeschirr Verwendung fand, oder ein paar rostige Metallreste, die von überallher stammen könnten, aber zu einem gesunkenen U-Boot gehören. Dennoch, das Museum ist sehenswert, sofern man sich für die Schifffahrt interessiert.

Die erste Abteilung ist mit „Geschichte der türkischen Seefahrt" überschrieben und beherbergt Schiffsglocken, Navigationsinstrumente, Geschütze, Taucherausrüstungen, Logbücher, Treibminen, Modellschiffe (mit bis zu 4 m Länge), Uniformen, alte Seekarten, darunter eine Kopie der legendären Amerika-Karte des Admirals Piri Reis von 1513, Gemälde vergangener Seeschlachten usw.

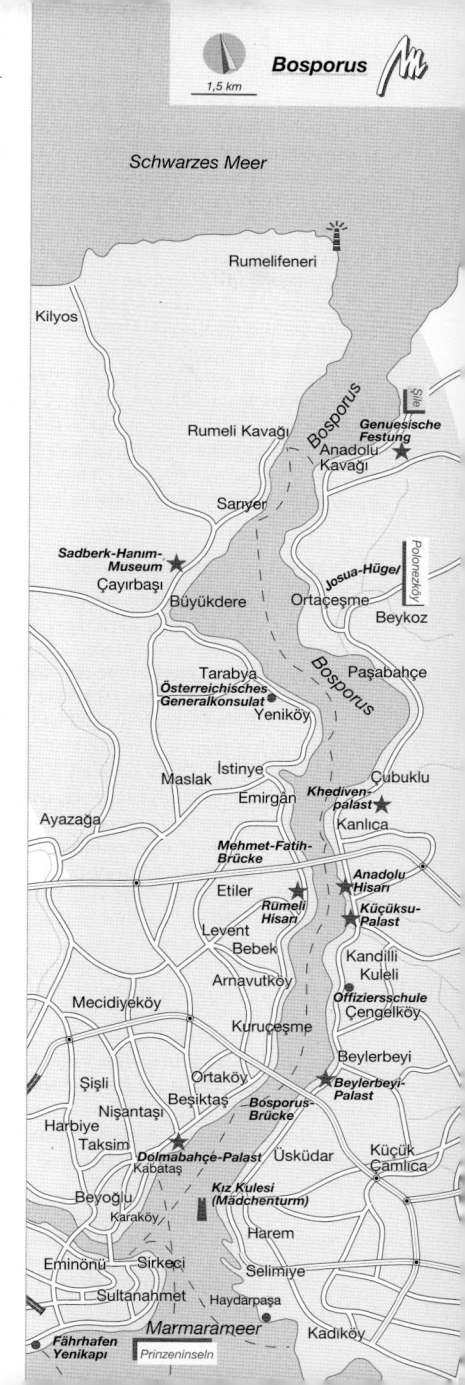

Die zweite Abteilung heißt „Barken der Sultane" und ist in einem separaten Gebäude untergebracht. Sie zeigt Kajiken, jene Prunkboote, mit denen sich die Sultane über das Goldene Horn oder auf dem Bosporus zu ihren Schlösschen rudern ließen. Prachtstück ist das riesige 40-Meter-Boot von Mehmet IV. (1648–1687), auf dem 144 Ruderer die Riemen strapazierten. 2012 sollen weitere Abteilungen hinzukommen. Nahe dem Fähranleger. Eingang von der Beşiktaş Cad., Beşiktaş. Mi–Fr 9–17 Uhr, Sa/So 11–19 Uhr. Eintritt 2 €, erm. 0,50 €. Verbindungen → Dolmabahçe-Palast.

Ortaköy: Das „Dorf der Mitte" duckt sich im Schatten der Bosporusbrücke – die Ufermoschee mit der Brücke darüber ist ein beliebtes Fotomotiv. Was mit dem Begriff „Mitte" im Ortsnamen gemeint war, wussten vielleicht noch die Griechen, Armenier und Juden, die einst hier wohnten, heute aber niemand mehr. Die geografische Mitte des Bosporus konnte es auf jeden Fall nicht sein, diese ist weit entfernt. Ortaköy ist ein lebenslustiger Stadtteil. Zahlreiche Kneipen und Galerien, einladende Restaurants und gemütliche Cafés findet man rund um die Piazza bei der barock anmutenden Moschee nahe der Fähranlegestelle. Der Platz ist einer der beliebtesten İstanbuler Sommer-Nightspots. Lohnenswert ein Ausflug nach Ortaköy nicht nur am Abend, sondern auch das ganze Wochenende über, wenn ein bunter Kunsthandwerksmarkt stattfindet. Dann ist hier jedoch die Hölle los.

> **Was Europa und Asien verbindet – die Bosporusbrücken**
> Zwei gewaltige Brücken überspannen den Bosporus. Die Atatürk-Brücke zwischen Ortaköy und Beylerbeyi wurde 1973 nach Plänen eines englischen Architekturbüros und unter der Leitung von *Hochtief* fertiggestellt und war zu jener Zeit die viertgrößte der Welt. Umgerechnet über 75 Mio. Euro kostete damals das Bauwerk. 55.000 m³ Stahlbeton, 7000 t Kabel und 17.000 t Stahl wurden für die sechsspurige, 1622 m lange Brücke verarbeitet. Heute befahren sie täglich rund 180.000 Fahrzeuge – Brückenzoll wird übrigens nur in Richtung Asien erhoben. Vier Jahre nach ihrer Einweihung hatte sich das Werk amortisiert, und auch die sechs Spuren reichten nicht mehr aus. An der engsten Stelle des Bosporus, zwischen Rumeli Hisarı und Anadolu Hisarı, wurde 1988 eine zweite Brücke, die Mehmet-Fatih-Hängebrücke, errichtet. Auch sie ist mittlerweile überlastet. Eine dritte Brücke an der Mündung des Bosporus ins Schwarze Meer ist daher in Planung. Glaubt man den ehrgeizigen Plänen des türkischen Verkehrsministers, wird sie bereits 2015 fertig sein. Doch mit dem Bau wurde noch nicht einmal begonnen, und die Proteste sind groß – Umweltschützer fürchten um Wälder und Wasserreservoirs, die dadurch zerstört würden.

Arnavutköy: Pastellfarbene Holzvillen im Zuckertortenstil säumen die Uferfront von Arnavutköy. Auf der Promenade davor wird flaniert und geangelt, auf der Straße dahinter gehupt. Das pittoreske kleinstädtische Zentrum besitzt ein paar hervorragende Fischlokale. Namenspatrone des Dorfes waren übrigens Albaner (türk. *Arnavut*), die Mehmet der Eroberer nach einem Feldzug im 15. Jh. hier ansiedelte.

> **Verbindungen:** Vom Fährhafen Kabataş (von Taksim mit der Fünikuler-Metro, von Sultanahmet/Eminönü mit der Straßenbahn zu erreichen) startet Ⓑ 25 E, der die Küste entlangfährt und in allen beschriebenen Orten hält.

Die Festung Rumeli Hısarı

Bebek: Wer hier wohnt, hat ein buntes Cabrio in der Garage, eine schnittige Jacht an der Mole und einen unfolgsamen Golden Retriever an der Leine. Bebek zählt zu den vornehmsten Adressen der Stadt. Der İstanbuler Jetset hat hier seine Domizile. Gepflegte Grünflächen verleihen Bebek gar etwas von einem Kurort, dementsprechend präsentieren sich auch die Restaurants und Cafés. Das Bosporusufer und die bewaldeten Hügel sind gespickt mit prächtigen Villen – fast alle mit grandioser Aussicht.

Europäische Festung (Rumeli Hısarı): Die trutzige Festung an der engsten Stelle des Bosporus ließ Mehmet der Eroberer 1452 innerhalb von nur vier Monaten bauen, um gemeinsam mit der Burg Anadolu Hısarı (→ S. 184) auf der asiatischen Seite die Wasserstraße für byzantinische Schiffe zu sperren. Nach dem Fall der Stadt hatte die Festung militärisch ausgedient. Der nördliche der drei imposanten Türme wurde fortan als Gefängnis für missliebige ausländische Gesandte genutzt. Heute gibt es innerhalb der Festung einen kleinen Park samt Freiluftbühne.
Tägl. (außer Mi) 9–16.30 Uhr. Eintritt 1,20 €.

Emirgân: Benannt ist der Ort nach Emir Khan, einem persischen Prinzen, der die Stadt Eriwan im frühen 17. Jh. kampflos an das Osmanische Reich abtrat und danach an den Bosporus geriet. Hier wurde er zum liebsten Trinkgenossen Murats IV. Der Sultan, der seinen Untertanen Alkohol, Tabak und sogar Kaffee strengstens verbot, hielt es mit seinen Gesetzen weniger genau.

An der Uferstraße, etwas nördlich des Fähranlegers, liegt in einem kleinen, gepflegten Parkgelände das *Sakıp-Sabancı-Museum (Sakıp Sabancı Müzesi)*. Es ist untergebracht in einer herrschaftlichen Villa aus der ersten Hälfte des 20. Jh., die lange Zeit die Sommerresidenz der schwerreichen Sabancı-Familie (→ Adana, S. 542) war. Zu sehen sind nicht nur prunkvoll eingerichtete Salons, sondern auch über 400 meisterliche Kalligrafien – Sakıp Sabancı war überaus kunstinteressiert und baute eine der weltweit größten Privatkollektionen osmanischer Kunst auf. Nördlich des Museums erstreckt sich der weitläufige, schattige *Emirgân-Park* mit herrlicher Aus-

sicht auf den Bosporus. Bekannt ist die Grünanlage für ihre Tulpengärten, in denen über 1000 verschiedene Sorten gezüchtet werden – eine Pracht im Frühjahr.
Park tägl. 8–23 Uhr. Sakıp-Sabancı-Museum (Bushaltestelle Çınaraltı) Di u. Do–So 10–18 Uhr, Mi bis 20 Uhr. Eintritt 4,10 €.

Yeniköy und Tarabya: Zwei noble Orte. Vor allem die Uferfront säumen feudale Yalıs (→ Kasten) – von See aus beeindruckend, von Land sieht man sie kaum, denn sie verstecken sich meist hinter hohen Mauern. Viele berühmte Persönlichkeiten des Landes verfügen hier über Sommerresidenzen. Auch die hohe Diplomatie ist ansässig: das Österreichische Konsulat z. B. in einem herrlichen Palast am nördlichen Ortsende Yeniköys, während es sich die deutschen Kollegen in den heißen Monaten in ihrem Sommersitz weiter nördlich kurz vor Tarabya gemütlich machen.

Das Wort *tarabya* ist übrigens griechischen Ursprungs und bedeutet „Therapie" – vielleicht eine Anspielung auf das angeblich sehr gesunde Klima des Ortes, das bis vor wenigen Jahren auch viele arabische Touristen anlockte. Sie bevölkerten das Grandhotel Tarabya, einen 13-stöckigen Bau, der die schöne Bucht des Ortes dominiert. Seit Ewigkeiten wird an dem Hotel nun schon um- und angebaut – vielleicht hat es bis zu Ihrem Besuch wieder geöffnet.

Yalıs – Bosporusvillen der Hautevolee

Im 17. Jh., als die hohen osmanischen Würdenträger die Ufer des Bosporus als Sommersitze entdeckten, entstanden die ersten Yalıs – prächtige Holzvillen, nahe oder direkt am Wasser gebaut, mit einem eigenen Kai oder Bootshaus ausgestattet, damit man per Barke sein Domizil ansteuern konnte. Später kamen Yalıs im Stil der verschiedensten Epochen hinzu. Insbesondere die Uferseiten der meist weiß- oder pastellfarben gestrichenen Palästchen sind besonders herausgeputzt. Yalıs dürfen übrigens nicht abgerissen werden, sie stehen unter Denkmalschutz.

Büyükdere: Im Norden des Villenortes liegt das *Sadberk-Hanım-Museum* (*Sadberk Hanım Müzesi*), dessen Fundus der Sammelleidenschaft Sadberk Hanıms, der Gattin des Unternehmers Vehbi Koç, zu verdanken ist. Viele Exponate erstand sie auf İstanbuler Märkten. Das Museum, das sich über zwei große Yalıs aus dem frühen 20. Jh. erstreckt, beherbergt im Hauptgebäude Silberarbeiten, Porzellan, Schmuck, Kleidung (darunter sexy Nachthemden), Teppiche usw. Spannender ist jedoch die archäologische Abteilung im Nebengebäude: Zu sehen gibt es anatolische Gebrauchskeramik aus dem Neolithikum und der Bronzezeit, umfangreiche Münzsammlungen aus Athen, Tarsus und Aspendos, Amphoren aus byzantinischer Zeit und Ähnliches mehr.
Tägl. (außer Mi) 10–17 Uhr. Eintritt 2,80 €. Bushaltestelle Adliye.

Sehenswertes auf der asiatischen Seite

Bis in die 70er Jahre des 20. Jh. lag das asiatische Bosporusufer – abgesehen von den Stadtteilen Kadıköy und Üsküdar – im vergessenen Abseits des Einzugsgebiets der Millionenmetropole. Mit dem Bau der Brücken von Europa nach Asien kam die Kehrtwende. Die ländlich geprägten Ortschaften wurden urbanisiert und wuchsen mehr oder weniger zusammen. Trotzdem ist rechts und links der verkehrsreichen Küstenstraße Beschaulichkeit noch immer Trumpf.

Am Bosporus (asiatische Seite)

Mehr zum Bosporus, Tipps zu einer Dampferfahrt entlang der Meerenge sowie Informationen zu den Anlegestellen auf der asiatischen Seite erfahren Sie auf S. 178.

Kadıköy: Kadıköy ist der pulsierendste Stadtteil auf der asiatischen Seite. Kleine bunte Gassen, lustige Studentenkneipen, farbenfrohe Marktzeilen und schicke Boutiquen zeichnen das Bild dieses modernen Stadtteils, der auf ein paar gemütliche Schlenderstunden einlädt. Kadıköy ist westlich geprägt – ganz im Gegensatz zum benachbarten konservativen Üsküdar, für das Moscheen und im wahrsten Sinne des Wortes zugeknöpfte Frauen charakteristisch sind. Wer hingegen in Kadıköy Moscheen sucht, wird Kirchen finden. Sie sind das Erbe der Armenier, heute die größte nichtmuslimische Minderheit İstanbuls. Im 18. Jh. ließen sie sich bevorzugt hier nieder.

Besiedelt war die Gegend um Kadıköy jedoch schon viel, viel früher, nämlich bereits im 7. Jh. v. Chr., also noch vor der Gründung Byzantions. Damals hieß es Chalkedon. Erst im 16. Jh. erhielt das Dorf seinen heutigen Namen: Süleyman der Prächtige übergab es seinem obersten Richter (türk. *kadı*) und so wurde aus dem „Land der Blinden" (→ Geschichte, S. 108) ein „Dorf des Richters".

Verbindungen: Von Eminönü mit der Fähre (7.30–21 Uhr alle 15–20 Min.). Von Taksim nimmt man ein Dolmuş bis Beşiktaş (rund um die Uhr, Abfahrt von der İnönü Cad. nahe dem deutschen Konsulat) und setzt dort mit der Fähre über (7.45–21.15 Uhr alle 30 Min.). Oder man fährt von Beyoğlu mit der Tünel-Bahn (7–22.45 Uhr) hinab nach Karaköy und setzt von dort mit der Fähre über (6.30–23 Uhr alle 20 Min.). Innerhalb Kadıköys verkehrt tagsüber ca. alle 20–30 Min. eine historische Straßenbahn im Ringverkehr (Zusteigemöglichkeit nahe den Fähranlegestellen) – nett für einen ersten Überblick über den Stadtteil.

Üsküdar: Der geografische Vorteil des Stadtteils, auf dem gleichen Kontinent zu liegen wie die sterblichen Überreste des Propheten, führte einst dazu, dass osmanische Würdenträger hier bevorzugt Moscheen stifteten. Deshalb weist Üsküdar eine der höchsten Moscheendichten İstanbuls auf. Genau aus dem gleichen Grund ließen und lassen sich hier noch heute viele Gläubige mit Vorliebe bestatten. So erstreckt sich in Üsküdar mit dem Karaca-Ahmed-Friedhof die größte muslimische Begräbnisstätte der Welt.

Üsküdar ist ein überaus konservativer Stadtteil und außer an Moscheen nicht gerade reich. Der Stadtteil ist zugleich Heimat vieler konservativer Übersiedler, die sich hier in den letzten Jahrzehnten niederließen. Zweckmäßigkeit prägt das Erscheinungsbild. Wer nach Üsküdar übersetzt, kann einen Blick in die malerisch am Bosporus gelegene *Şemsi-Pascha-Moschee* südwestlich (rechts) der Fähranlegestelle werfen. 1580 entwarf Sinan, bereits in hohem Alter, die zierliche Einkuppelmoschee aus hellem Marmor für den Wesir und Dichter Şemsi Ahmed Pascha. Die Uferpromenade davor ist ein beliebter Treffpunkt von Anglern. Imposanter ist die *Hafenmoschee* auf einer terrassenförmigen Anhöhe links der Fähranlegestelle mit einer weit ausladenden Vorhalle. Auch diese Moschee aus dem Jahre 1547 schuf Sinan, dieses Mal für Mihrimah, die Lieblingstochter Sultan Süleymans.

Von Eminönü mit der Fähre, Abfahrt östlich der Galatabrücke (6.30–23 Uhr alle 20 Min.). Von Taksim/Beyoğlu mit dem Dolmuş (Abfahrt an der İnönü Cad. nahe dem deutschen Konsulat) nach Beşiktaş und von dort weiter mit der Fähre (6.30–1 Uhr regelmäßig).

Kız Kulesi – ein Turm wie für Legenden geschaffen

Aus den dunklen Fluten des Bosporus ragt vor Üsküdar eines der lieblichsten Wahrzeichen İstanbuls hervor, der kleine, festungsartige Kız Kulesi („Mädchenturm"), wie die Türken ihn nennen. Einer Legende zufolge wurde einem König einst prophezeit, dass seine Tochter jung an einem Schlangenbiss sterben werde. Zu ihrer Sicherheit errichtete der König den Turm im Bosporus – fernab aller Schlangen. Umsonst: In einem Obstkorb, der dem Mädchen gesandt wurde, hatte sich eine Natter versteckt und die Prophezeiung wurde wahr. Die Legende hört man in der Türkei übrigens nahezu überall, wo es eine kleine küstennahe Insel mit einem Turm bzw. einer Burg darauf gibt (→ z. B. Kızkalesi, S. 531).

Auf eine andere Legende geht die überwiegend von Ausländern verwendete Bezeichnung „Leanderturm" zurück. Sie handelt von dem sagenumwobenen Liebespaar Hero und Leander, das sich nur nächtens sehen konnte, da die Liebe geheim gehalten werden musste. So durchschwamm Leander stets in der Dunkelheit das Meer, um zu Hero zu gelangen. Zur Orientierung stellte sie ihm eine Kerze in eines der Turmfenster. In einer stürmischen Winternacht ging die Kerze aus, Leander ertrank und Hero stürzte sich aus dem Fenster. Leider Humbug: Das traurige Schicksal von Hero und Leander, das u. a. Ovid (43 v. Chr. bis 17 n. Chr.) überlieferte, soll sich nicht am Bosporus, sondern an den Dardanellen zugetragen haben.

Seit jüngster Zeit könnte der Turm auch „Elektraturm" genannt werden, denn er ist um eine Geschichte reicher geworden. Diese handelt von der bösen Elektra, die ihn als Versteck nutzt – alles weitere im James-Bond-Film *The World is not enough*. Tatsache ist, dass das gegenwärtige Türmchen aus dem 18. Jh. stammt und u. a. als Leuchtturm und Zollstation diente. Heute beherbergt es ein Café und Restaurant.

Beylerbeyi-Palast (Beylerbeyi Sarayı): Bei dem gleichnamigen Städtchen, im Schatten der Bosporusbrücke, liegt dieses prächtige Palais. Sultan Abdül Aziz ließ es zwischen 1861 und 1865 als Sommerresidenz und Gästehaus errichten. Unter anderem nächtigten hier Kaiser Franz Joseph von Österreich, König Edward VIII. und Kaiserin Eugénie von Frankreich. Letzterer gefiel der Aufenthalt so gut, dass sie sich ein Fenster ihres Gästezimmers für den eigenen Palast in Paris kopieren ließ.

Heute führt eine rund 30-minütige Tour durch die Räumlichkeiten, vorbei an japanischen und chinesischen Vasen, böhmischen Lüstern, seidenen Teppichen, einer 60 kg schweren Uhr (ein Geschenk des Zaren Nikolaus II.) usw. Interessant sind die Lehnen der Polsterstühle und Sofas im Empfangsraum. Sie haben einen nahezu rechten Winkel, damit die Besucher in angemessen steifer Haltung vor dem Sultan zu sitzen kamen. Nach der Besichtigung laden gemütliche Fischrestaurants an der Fähranlegestelle von Beylerbeyi zum Verweilen ein.

Adresse/Verbindungen: Çayırbaşı Cad. (Bushaltestelle Çayırbaşı). Tägl. (außer Mo/Do) 9.30–17 Uhr. Nur mit Führung (auf Türkisch und Englisch). Eintritt 8,20 €, für Türken die Hälfte. Von Eminönü oder Taksim zuerst nach Üsküdar (s. o.), von dort weiter mit Ⓑ 15 (Abfahrt vor der Hafenmoschee an der Uferstraße).

Anatolische Festung (Anadolu Hisarı): Ähnlich wie Rumeli Hisarı auf der anderen Bosporusseite trägt auch dieses pittoreske Dorf den Namen seiner Festung. Die kleine, unspektakuläre Verteidigungsanlage wurde um 1390 von Sultan Beyazıt I. als Vorposten gegen Byzanz errichtet. Zu ihren Füßen findet man ein paar gemütliche Restaurants und Cafés.

Der Fluss Göksu nebenan und das weiter südlich gelegene, heute kanalisierte Flüsschen Küçüksu wurden einst als die „süßen Wasser Asiens" bezeichnet. Die Wiesen zwischen den beiden Wasserarmen waren beliebte Picknickplätze der osmanischen Oberschicht. Hier ließ sich Sultan Abdül Mecit im Jahre 1856 einen marmorverkleideten Sommerpalast, den *Küçüksu-Palast (Küçüksu Kasrı)*, errichten, der heute als Museum zu besichtigen ist. Eine geschwungene Doppeltreppe führt hinein, darin Luxus pur: Lüster aus Murano-Glas, erlesene Hereke-Teppiche, herrlich gemusterte Parkettböden, für die bis zu vier edle Holzsorten verwendet wurden, usw.

Öffnungszeiten/Verbindungen: Die Anatolische Festung ist frei zugänglich. Der **Palast** ist tägl. (außer Mo/Do) 9.30–17 Uhr zu besichtigen. Eintritt 2 €. Verbindungen → Beylerbeyi-Palast. Wer den Küçüksu-Palast besichtigen will, steigt an der Haltestelle Küçüksu aus, ansonsten fährt man weiter bis Anadolu Hisarı.

Anadolu Kavağı: Die letzte Station der Bosporusdampfer lebt vom Geschäft mit den Touristen. Frischer Fisch wird in unzähligen Lokalen angeboten, doch Achtung: „Viel Geld für wenig Fisch", meinen Leser. Obwohl im Sommer recht überlaufen, macht der Ort dennoch einen freundlichen Eindruck: Möwen kreischen, während die Katzen auf Abfälle warten. Restaurants und Cafés mit herrlichem Panoramablick auf die Mündung des Bosporus ins Schwarze Meer gibt es auch hoch über Anadolu Kavağı bei der *genuesischen Festung (Yoros Kalesi)* aus dem 14. Jh. 20 schweißtreibende Minuten sind es bis hinauf (zuletzt wegen Restaurierung geschlossen).

Verbindungen: Endstation fast aller Busse von Üsküdar (→ S. 183) ist Ortaçeşme (nördlich von Beykoz). Wer nach Anadolu Kavağı will, steigt am besten schon in Kanlıca auf Midibus 15 A (alle 25 Min.) um. Auf dem Rückweg von Anadolu Kavağı muss man ebenfalls dort umsteigen, da der Midibus hinter Kanlıca landeinwärts abbiegt.

Ausflug auf die Prinzeninseln (Kızıl Adalar)

Die Prinzeninseln sind das mit Abstand schönste und empfehlenswerteste Tagesausflugsziel in der Umgebung İstanbuls – Privatfahrzeuge sind dort nicht erlaubt, Pferdedroschken erledigen den Transport. Aufgrund ihres rötlichen Gesteins nennen die Türken die Inseln im Marmarameer Kızıl Adalar („Rote Inseln"). Der von Ausländern benutzte Begriff „Prinzeninseln" stammt aus byzantinischer Zeit, als Verschwörungen gang und gäbe waren und die neun abgeschiedenen Inseln Verbannungsorte für unliebsame Prinzen, Prinzessinnen und Patriarchen waren. Während des Osmanischen Reiches lebten hier v. a. Griechen, Armenier und Juden. So ist es kein Wunder, dass die Zahl der Kirchen, Klöster und Synagogen die der Moscheen bei Weitem übersteigt.

Im 19. Jh. entdeckte die İstanbuler Oberschicht die Inseln als Erholungsort, und von Abgeschiedenheit kann seither keine Rede mehr sein. Viele İstanbuler besitzen eine Zweitwohnung auf den Inseln und so wächst in den Sommermonaten die Einwohnerzahl sprunghaft an. Auf **Kınalıada** z. B., der ersten Insel, die das Kursschiff anläuft, leben im Winter gerade mal 1500 Menschen, im Sommer sind es 15.000. Die nächste Station ist der malerische Hafen von **Burgaz Ada**. Darüber erhebt sich die griechisch-orthodoxe Kirche, die von schönen alten Villen umgeben ist.

Danach steuert das Schiff **Heybeliada** an, eine Insel mit ausgedehnten Pinienwäldern. Wegen der guten klimatischen Verhältnisse wurde hier 1938 das erste Sanatorium der Türkei eröffnet, es existiert noch heute. Ein schöner Spaziergang führt zum Hagia-Triada-Kloster (Aya Trias Manastırı), das landschaftlich reizvoll auf einem Hügel im Norden der Insel liegt. Bis 1970 befand sich darin die Theologische Hochschule des Griechisch-Orthodoxen Patriarchats – eine Art Kaderschmiede für den Priesternachwuchs –, bis diese von der damaligen türkischen Regierung im Zuge des Verbotes privater Hochschulen geschlossen wurde. Man wollte keine freien theologischen Akademien, egal ob christlich oder muslimisch, zulassen. Verblieben sind einige wenige Mönche. Die Wiedereröffnung der Hochschule ist mittlerweile Thema der EU-Beitrittsverhandlungen. Beliebt ist Heybeliada u. a. wegen des einladenden, schattigen Picknickgeländes Değirmen Burnu, zu dem ein Strand gehört.

Als letzte Insel wird **Büyükada** angelaufen, die größte Insel der Gruppe. Wie keine andere lockt sie Tagesausflügler an. Wer hier wohnt (und nicht als Kutscher arbeitet), ist reich und liebt Diskretion, Ruhe und Sauberkeit. Büyük Ada besteht aus zwei von Kiefern- und Pinienhainen überzogenen Höhenrücken, die in der Mitte von einem breiten Tal durchschnitten werden. Auf der südlichen Erhebung, dem Yüce Tepe (202 m), steht das Sankt-Georg-Kloster (Ayayorgi Manastırı) mit traumhaften Ausblicken und einer kleinen, aber reich mit Ikonen ausgeschmückten Kirche. Auf dem nördlichen Hügel İsa Tepesi (163 m) befindet sich das Kloster der Verklärung Christi (Hristos Manastırı). In dessen Nähe liegt die auffällige Ruine des griechischen Waisenhauses (Eski Rum Yetimhanesi). Stumm bezeugt der noch immer gewaltige, zur vorletzten Jahrhundertwende errichtete Bau die Größe und den Niedergang der griechischen Gemeinde İstanbuls.

Für gewöhnlich besichtigt man Büyük Ada mit der Kutsche. Die Insel lässt sich aber auch herrlich zu Fuß oder mit dem Rad erkunden – leuchtend weiße Villen mit gepflegten Gärten lassen die verpasste Ausgabe von *Schöner Wohnen* vergessen. Für die wenig ansprechenden Strände bzw. Badestellen Büyükadas werden teils horrende Gebühren verlangt.

Von Büyükada lassen sich im Hochsommer (nur dann Fährverbindungen) Ausflüge zur östlich gelegenen **Sedef Adası** unternehmen – kein Muss.

Die restlichen Inseln sind in Privatbesitz, Militärgebiet oder unbewohnt und werden vom Kursschiff nicht angelaufen. Ein trauriges Ereignis spielte sich auf **Sivriada** ab, einem unbewohnten, knapp 90 m aus dem Meer aufsteigenden Felsriff: 1910 wurden alle herrenlosen Hunde İstanbuls hier ausgesetzt und gingen jämmerlich zugrunde.

Yassıada diente nach Militärputschen wiederholt als Internierungslager. Das große Gebäude darauf errichtete man 1960/61 eigens für den Schauprozess gegen Ministerpräsident Menderes und seine Gefolgsleute – in der Nacht vom 16. auf den 17. September 1961 wurden er und zwei Minister hier gehenkt.

Verbindungen Fährverbindungen ab Kabataş (vom Taksim-Platz mit der Füniküler-Metro, von Sultanahmet/Eminönü mit der Straßenbahn zu erreichen). Die privaten Fähren (2 €) fahren vom Üsküdar-Anleger (Üsküdar İskelesi) ab, die städtischen (1,75 €) vom Şehir-Hatları-Anleger. An Sommerwochenenden zuweilen Warteschlangen. Angesteuert werden die Inseln mit den städtischen Fähren in der bereits erwähnten Reihenfolge, bis zur ersten dauert es ca. 1 Std. Die privaten Fähren fahren nur Heybeliada und Büyükada an.

Transport vor Ort Wer die Inseln erkunden will, kann dies per pedes, mit dem Fahrrad (ab 2,50 €/Std., ab 7,50 €/Tag) oder mit der Kutsche tun: Auf Büyükada z. B. kostet die kleine Tour (45 Min.) für bis zu 4 Pers. 25 €, die große Tour (70 Min.) 30 €.

Gölyazı – wo die Marmararegion noch Idylle bietet

Die Marmararegion

So bedeutsam die Marmararegion für die türkische Wirtschaft ist, so uninteressant ist sie für den internationalen Tourismus. Die sehenswerten Städte kann man an einer Hand abzählen. Und auch in Bezug auf gute Bademöglichkeiten sieht es mau aus. Ein paar reizvolle Ecken bietet jedoch das Hinterland.

Das Marmarameer ist interkontinental und liegt doch in einem Land. Es trennt den europäischen Teil der Türkei vom asiatischen. Thrakien beansprucht die Nord- und Westküste, Westanatolien den Bereich von İstanbul bis zu den Dardanellen. Letzterer wird gemeinhin als Marmararegion bezeichnet. Hier erstreckte sich im Altertum die Landschaft *Bithynien*, ein stets schwer umkämpftes Gebiet. Heute zählt die Marmararegion zu den dichtbesiedeltsten Landstrichen der Türkei, u. a. eine Folge des Zuzugs muslimischer Flüchtlinge aus den verlorenen Provinzen des Osmanischen Reiches (Balkan, Kaukasus und Krim) im 19. Jh.

In der fruchtbaren Region gedeihen Wein, Tabak und Pfirsiche, Oliven- und Maulbeerbäume, deren Blätter den Seidenraupen munden. Durch die Nähe zu İstanbul profitiert die Region seit Jahrzehnten zudem von einer besonderen Förderung durch Handel und Industrie – das brachte Wohlstand, aber auch Umweltprobleme und wenig idyllische Landschaften. Die einst reizvolle Küste fiel vielerorts dem Bauboom und der Industrialisierung zum Opfer. Sie wird heute nur noch von stadtmüden İstanbulern und Bursalılar geschätzt, die schnell aufs Strandtuch wollen. Ausländische Reisende sparen die Region häufig aus, zumal die Wasserqualität des Marmarameeres vielerorts bedenkliche Werte aufweist und viele Städte durch das schwere Erdbeben von 1999 ihren Charme verloren haben.

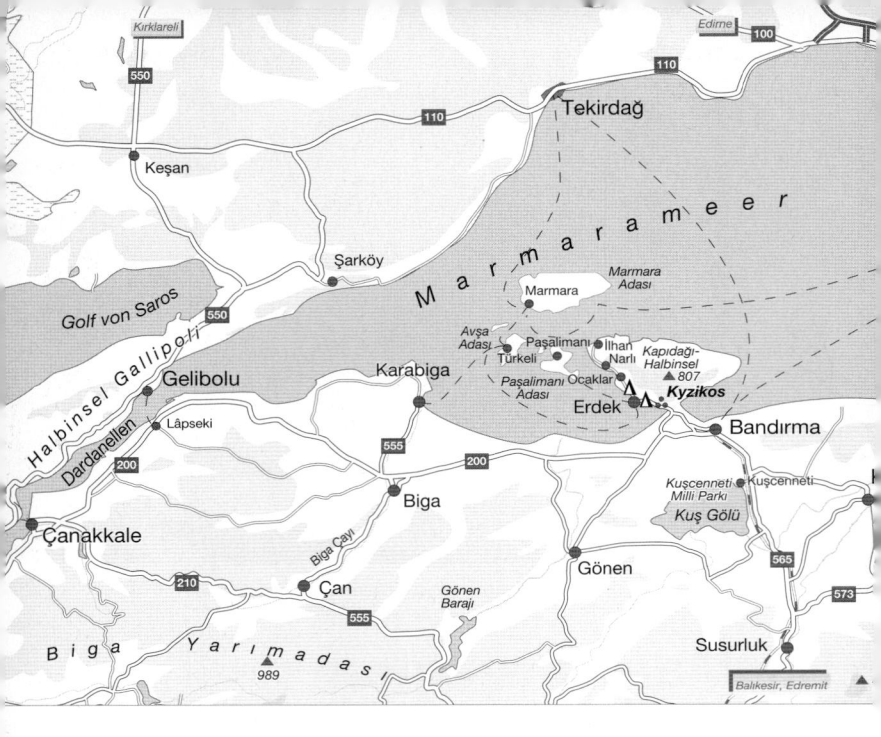

Sapanca

31.500 Einwohner

Die Autobahn und die Eisenbahnlinie von İstanbul nach Ankara passieren das Südufer des 16 km langen und 5 km breiten Sapanca-Sees. Er ist ein kleines Paradies für Wasservögel und -sportler, im Sommer über 20 °C warm. Die Landschaft drum herum erinnert ein wenig an den Bodensee, lediglich die Obstbäume vermisst man. Zu einem Kurzaufenthalt am See lädt insbesondere Sapanca-Stadt ein. Die gepflegte Uferfront säumen zahlreiche gemütliche Restaurants, hinter denen vorrangig schlichte Familienpensionen Unterkunft bieten.

> ### Marmararegion – die Highlights
> **İznik**: Einst machten Fayencenmanufakturen das Städtchen am gleichnamigen See berühmt. Heute erinnern Überreste der Römer, Byzantiner, Seldschuken und Osmanen an dessen vielfältige Geschichte.
> **Bursa**: Erliegen Sie einem einzigartigen Moscheenzauber, durchstreifen Sie den umtriebigen Basar, baden Sie in den Thermalquellen von Çekirge oder blicken Sie auf die erste osmanische Hauptstadt aus schwindelnder Höhe herab – bei einer Fahrt mit der Seilbahn auf den über 2500 m hohen *Uludağ*.
> **Gölyazı**: Das alte griechische Dorf ist ein Ort ohne ausgeschilderte Sehenswürdigkeiten und ohne Unterkünfte, dafür mit besonderem Flair. Malerisch liegt es auf einer Halbinsel im Uluabat-See.
> **Kuşcenneti-Nationalpark**: Das Vogelparadies bei Bandırma ist ein Tipp für Ornithologen – bis zu drei Millionen Vögel flattern hier durch die Lüfte.

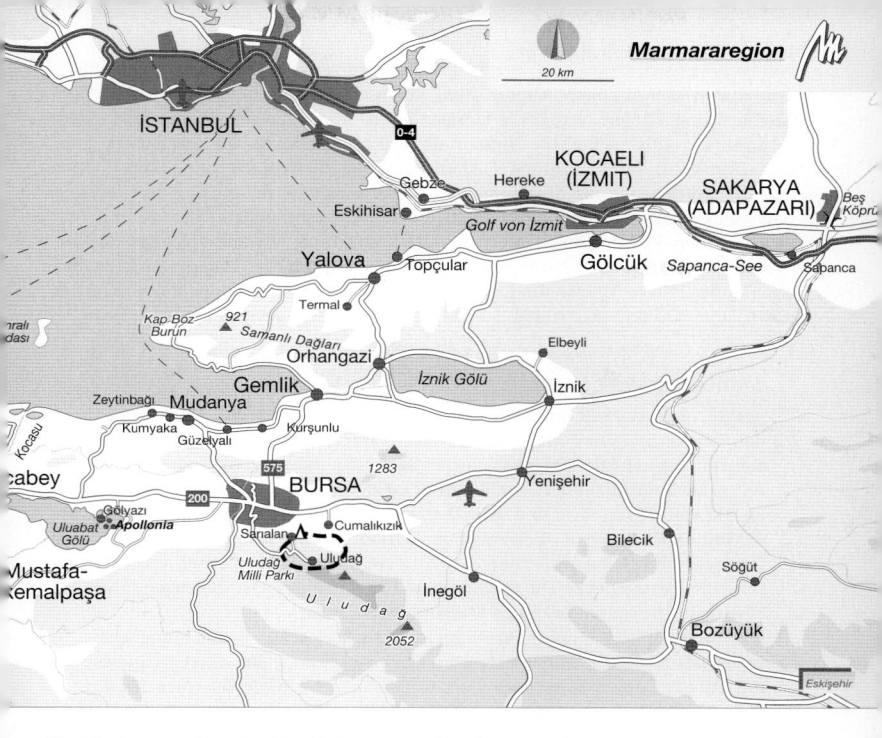

Verbindungen Regelmäßige **Dolmuş**verbindungen nach İzmit und Sakarya, stündl. **Zug**verbindungen nach İstanbul.

Übernachten Club Lale Otel, in einem 5000 m² großen, parkähnlichen Gelände direkt am See in Sapanca-Stadt – gepflegter Rasen bis zum Ufer. 26 helle, klassische Hotelzimmer mit Laminatböden und angenehmen Bädern, etwa die Hälfte mit schönem Seeblick. Diverse Wassersportmöglichkeiten, u. a. Segeln und Surfen. Einstiegsmöglichkeiten in den See von einem Steg aus. DZ 74 €, am Wochenende 103 €. Göl Kenarı, ✆ 0264/5828930, www.laleotel.com.

> Für weitere Ziele zwischen Istanbul und Ankara → „Im Hinterland von Akçakoca/Westliche Schwarzmeerküste".

Yalova und Termal

Kaum jemand bleibt länger in der 91.000-Einwohner-Stadt Yalova, die beim Erdbeben 1999 stark in Mitleidenschaft gezogen wurde. Sehenswürdigkeiten gibt es keine, und das Marmarameer vor Ort lädt nicht zum Baden ein. Westlich des zentralen Fährhafens kann man durch den Bad Godesberg Parkı spazieren und in einem der schattigen Teegärten die Partnergemeinde Yalovas erraten. Samstags lädt ein riesiger Markt hinter der Fähranlegestelle zum Schauen und Kaufen ein.

12 km südwestlich von Yalova liegt das gepflegte, mit Hortensienhecken bestückte **Kurzentrum** Termal (mit „Kaplıcalar" ausgeschildert, Eintritt für Selbstfahrer 1,20 €).

Es erstreckt sich in einem zauberhaften, von Wäldern umgebenen Tal. Bereits den Griechen und Römern waren die hiesigen eisen- und schwefelhaltigen Heilquellen bekannt. Zur Kur weilten hier byzantinische Kaiser genauso wie osmanische Sultane. Und selbst der Staatsgründer Atatürk ließ sich hier ein elegantes Haus errichten, das mittlerweile als Museum dient (2011 wegen Restaurierungsarbeiten geschlossen). Heute ist ein Kuraufenthalt in Termal insbesondere bei Arabern (im Sommer) und Russen (im Winter) populär. Das 61–65 °C warme Wasser, das für Trink- und Badekuren geeignet ist, soll so ziemlich gegen alles helfen, was zwischen wachsenden Nierensteinen und sinkender Potenz liegt. Die Innenbäder (Eintritt 6,50 €) und das Freibad (ebenfalls 6,50 €) sind allgemein zugänglich.

17. August 1999

Am 17. August 1999 um 3 Uhr nachts riss ein Erdbeben der Stärke 7,8 auf der Richterskala die Bewohner der Marmararegion aus dem Schlaf. Das Epizentrum lag nahe der Stadt Gölcük. 45 Sekunden dauerten die Erdstöße. Die schreckliche Bilanz: über 20.000 Tote, 23.000 Verletzte, 200.000 Obdachlose, 60.000 restlos zerstörte und 54.000 stark beschädigte Gebäude. Es traf eine der industrialisiertesten Gegenden der Türkei. In İzmit brannte die Erdölraffinerie Tüpraş tagelang – bis dato hatte sie mehr als ein Drittel des türkischen Bedarfs gedeckt. Die unmittelbaren Erdbebenschäden betrugen (ohne Wiederaufbaukosten!) rund 25 Milliarden US-Dollar.

Die Katastrophe war absehbar. Rund 80 % der türkischen Bevölkerung leben in erdbebengefährdeten Gebieten. Im Gegensatz zu vielen anderen Ländern mit hohem Erdbebenrisiko wird der Gefahr in der Türkei vielerorts nur auf dem Papier Rechnung getragen. Korrupte Bauunternehmer und Behörden missachten jegliche Sicherheitsvorschriften – nicht nur bei den ohnehin vielfach illegal entstandenen Apartmentblocks.

Verbindungen Bus/Dolmuş: Neuer Busbahnhof *(Yeni Terminal)* am Stadtrand von Yalova, Dolmuşverbindungen ins Zentrum. Busse regelmäßig nach Bursa (1 Std.) und İstanbul (1½–2 Std.), stündl. Minibusse nach İznik (75 Min.). Ständige Dolmuşverbindungen von der Fähranlegestelle und vom Busbahnhof nach Termal.

Zwischen Yalova und Gemlik: Der Gebirgszug der *Samanlı Dağları* trennt Yalova von Gemlik. Die schnellste Verbindung zwischen beiden Städten führt über die Nationalstraße 575. Alternativ dazu kann man das sich meist hoch über dem Meer dahinschlängelnde Küstensträßlein über das Kap *Boz Burun* wählen. Es bietet interessante Anblicke, u. a. auf die dem Kap vorgelagerte Gefängnisinsel *İmralı Adası*, auf welcher der ehemalige PKK-Chef Abdullah Öcalan 1999 Quartier bezog. Eine Haftanstalt, die nur einen einzigen Insassen hat, der darüber hinaus von 1000 Soldaten bewacht wird – das gibt es nur ein Mal auf der Welt. Sobald sich auf dieser Route jedoch Ortschaften ankündigen, verfliegt der Charme der Küste. In den 1980ern begannen wohlhabende İstanbuler, sich auf der Landzunge Apartments im Grünen zu bauen. Was einst ein Traum war, endete im Albtraum: Heute stehen in den einstigen Fischerdörfern so viele Apartmentblocks, dass sich die Sommerfrische nicht mehr arg anders erfahren lässt als in einem İstanbuler Vorort. Auch *Gemlik* (92.700 Einwohner) mutierte zu einer Stadt ohne Flair. Das Olivenöl der Umgebung besitzt jedoch noch immer einen sehr guten Ruf.

Schiff: Ca. 6-mal tägl. verkehren im Sommer Fähren nach İstanbul (Yenikapı) – entweder schnelle **Autofähren** *(Hızlı Feribot)* oder **„Seebusse"** *(Deniz Otobüsleri,* keine Mitnahme von Fahrzeugen). Dauer ca. 1¼ Std., je nach Schiff 2–6 €/Pers., Auto mit Fahrer 14,50–22,50 €.

Übernachten in Yalova Unterkünfte jeder Preisklasse nahe den Fähranlegestellen.

Übernachten in Termal Termal Otel, von den Kurhotels im Kurareal und drum herum die neueste Adresse, 2011 eröffnet. 64 für den arabischen Geschmack etwas protzig ausgestattete Zimmer, alle mit großen Balkonen. DZ 86 €. Termal, ✆ 0226/6757400, ✉ 6757408, www.yalovatermal.com.

> Der schnellste Weg für Selbstfahrer über das Marmameer Richtung İstanbul: Von Topçular (ca. 15 km östlich von Yalova) nach Eskihisar (bei Gebze an der Nordküste des Marmarmeers, von da noch ca. 70 km Autobahn bis İstanbul) dauert die Fährpassage gerade 30 Min. Ständige Überfahrten, 18,50 €/Auto.

İznik

22.700 Einwohner

Am Ostufer des İznik-Sees liegt das kleine Städtchen mit großer Geschichte, seit jeher treu von einer Stadtmauer umgeben – ein nettes Fleckchen Türkei in einer für hiesige Verhältnisse wenig besiedelten Gegend.

İznik unterscheidet sich von anderen verschlafenen und monoton erscheinenden Landstädtchen durch seine reizvolle Seelage und seine stimmungsvollen Überreste aus hellenistischer, römischer, byzantinischer, seldschukischer und osmanischer Zeit. An Sommerwochenenden ist das Städtchen ein beliebtes Ausflugsziel Erholungssuchender aus den Metropolen der Umgebung. Die Zahl der ausländischen Besucher hält sich hingegen in Grenzen. Dabei muss, wer İznik ins Programm nimmt, kein Kunsthistoriker sein. Am Südufer des Sees findet man Bademöglichkeiten, und an der Uferpromenade laden lauschige Teegärten zum Relaxen ein. Oder schauen Sie den Kunsthandwerkern über die Schulter, die seit einigen Jahren an die große Epoche der İzniker Fayencenkunst anzuknüpfen versuchen (→ Kasten, S. 192).

Noch ein Hinweis zur An- oder Weiterfahrt: Die Nordumfahrung des 303 km² großen Sees ist besser ausgebaut, die Strecke entlang dem Südufer jedoch schöner. An weiten Olivenhainen und schattigen Fischrestaurants kommen Sie auf beiden Routen vorbei.

Geschichte

Die Anfänge waren kompliziert: İznik wurde um 316 v. Chr. von Antigonos, dem vormaligen, einäugigen Feldherrn Alexanders des Großen, als *Antigoneia* gegründet. Schon damals bekam die Stadt ihren schachbrettartigen Grundriss. Bereits 11 Jahre später eroberte Antigonos' einstiger Weggefährte Lysimachos die Stadt und nannte sie nach seiner Frau *Nikaia*. Lysimachos, der von Pergamon aus ein neues Reich schaffen wollte, unterlag 281 v. Chr. Seleukos I. (ebenfalls ein einstiger General Alexanders). Daraufhin fiel die Stadt jedoch nicht an das Seleukidenreich, sondern an das kleine bithynische Königreich, das von *Nikomedeia* (dem heutigen İzmit) regiert wurde. 74 v. Chr. wurde Bithynien römische Provinz und im ganzen Reich bekannt für seine orgiastischen Partys zu Ehren des Weingottes Dionysos. Nach einem Goteneinfall im 3. Jh. umgaben die Römer Nikaia mit einer 5 km langen Stadtmauer. 325, als man den Wein schon gesitteter trank, wurde die Stadt Schauplatz des I. Ökumenischen Konzils. Dabei stand die These des alexandrinischen Theologen Arius zur Debatte, nach der Christus nicht wesensgleich mit

Die Marmararegion

Gott, sondern nur dessen vornehmstes Geschöpf sei – eine damals skandalöse Anmaßung, die Arius und seine Anhänger mit der Exkommunikation bezahlen mussten. 787 erlebte Nikaia das VII. Ökumenische Konzil. Diesmal kam es zur offiziellen Verurteilung der Bilderstürmer (→ „Kirchenkunst in Kappadokien", S. 780).

Nach turbulenten Jahrhunderten, in denen Nikaia bzw. İznik wechselweise in Händen der Seldschuken, der Byzantiner und der Kreuzritter war und vorübergehend auch als Residenz der vertriebenen byzantinischen Kaiser diente (1204–1261), wurde die Stadt 1331 von den Osmanen eingenommen. Danach machte die heutige Partnerstadt des Berliner Bezirks Spandau nur noch aufgrund seiner Fayencenmanufakturen Schlagzeilen.

Keramikträume werden wahr: İznik-Fayencen

Bunte Kacheln aus İznik zeichnen für die Pracht vieler osmanischer Bauwerke verantwortlich. Im ganzen Orient waren sie begehrt, selbst den Felsendom von Jerusalem schmücken sie. Die Blütezeit der İzniker Fayencenproduktion reichte vom 15. bis zum 17. Jh.; die Schlote von bis zu 300 Kachelbrennereien rauchten zu jener Zeit. Die ersten Fayencen besaßen schlichte kobaltblaue Muster auf weißem Untergrund (i. d. R. Blumen, geometrische Figuren und Kalligrafien), später kamen die Farben Gelb und Grün hinzu. Die schönsten und edelsten Produkte wurden im 16. Jh. gefertigt. Die Technik dazu brachten persische Kunsthandwerker mit, die nach den Feldzügen Sultan Selims I. (1512–20) nach İznik verschleppt worden waren. Ihre Fayencen wiesen ein kräftiges Tomatenrot auf, das vom armenischen Bolus, einer durch Eisenoxide gefärbten Tonerde, herrührte. Die verschwiegenen persischen Künstler nahmen ihr rotes Geheimnis jedoch mit ins Grab. Spätere Kopien lassen sich an ihrem schmutzig-bräunlichen Rotton leicht erkennen.

Der Bau der Blauen Moschee in İstanbul (1609–1616) markiert sowohl den letzten Höhepunkt als auch den Niedergang der İzniker Kachelkunst. Denn während der siebenjährigen Bauzeit durften die Kunsthandwerker nur Kacheln für die Blaue Moschee produzieren. Der Lohn dafür war gering, und andere Aufträge anzunehmen war ihnen verboten. Um nicht zu verhungern, packten viele von ihnen ihr Bündel und zogen von dannen – z. B. ins westanatolische Keramikstädtchen Kütahya. Damit kam es zum vollständigen Niedergang der Fayencenkunst in İznik. Erst seit ein paar Jahren versuchen lokale Kunsthandwerker die alte Tradition wiederzubeleben.

PS: Die Originalkacheln von einst gelten in der Türkei als Antiquitäten und dürfen nicht ausgeführt werden.

Information/Verbindungen/Sonstiges

Telefonvorwahl 0224.

Information Tourist Information in einem Kiosk neben der Hagia Sophia. Tägl. 9–18 Uhr, im Winter 8–17 Uhr. ✆ 0532/6650370 (mobil), www.iznik.gov.tr.

Verbindungen Vom Busbahnhof südlich des Zentrums nahe der Süleyman Paşa Sok. tagsüber ständig Minibusse nach Bursa (1½ Std.) sowie stündl. nach Yalova (75 Min.), mehrmals tägl. ein Bus nach İstanbul (3 Std.).

Ärztliche Versorgung Krankenhaus außerhalb der Altstadt an der Straße nach Yenişehir. ✆ 7577580.

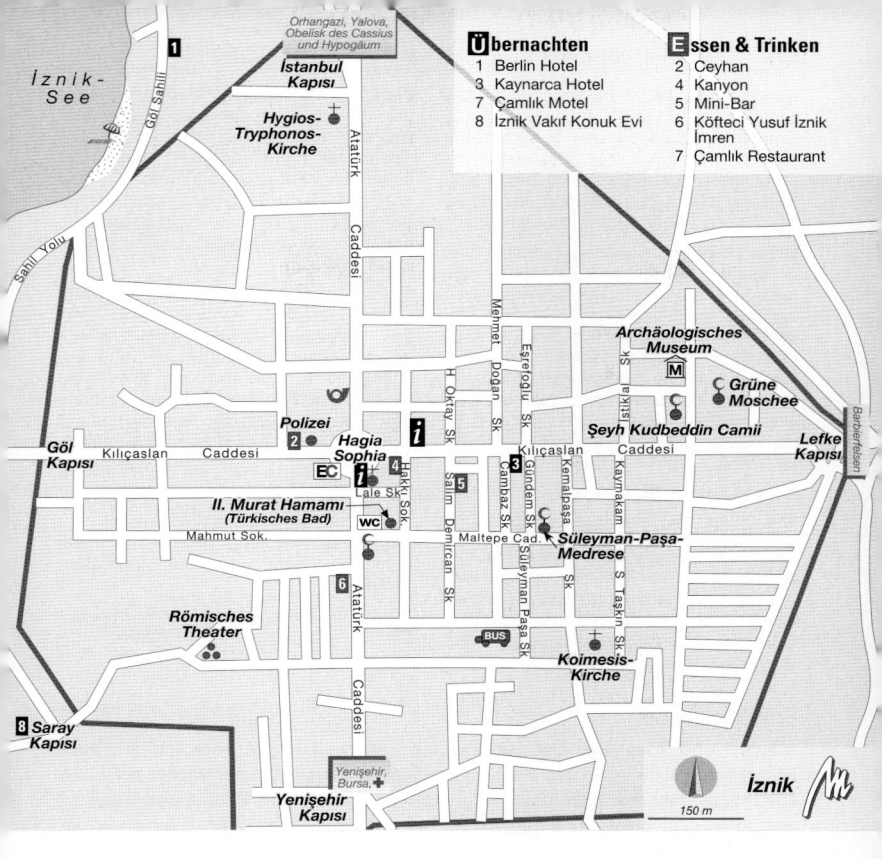

Ü bernachten
1 Berlin Hotel
3 Kaynarca Hotel
7 Çamlık Motel
8 İznik Vakıf Konuk Evi

E ssen & Trinken
2 Ceyhan
4 Kanyon
5 Mini-Bar
6 Köfteci Yusuf İznik İmren
7 Çamlık Restaurant

Baden Öffentlicher Sandkiesstrand mit Liegewiese unter schattenspendenden Bäumen im Norden von İznik – hört sich besser an, als es ist. Einsame Kiesstrände an der Südseite des Sees.

Einkaufen Überall in der Stadt werden Keramikprodukte, insbesondere handgearbeitete Fliesen verkauft, in besonders schönem Ambiente in der **Süleyman-Paşa-Medrese** aus dem 14. Jh. Sie war eine der ersten theologischen Schulen des Osmanischen Reiches. Den Kunsthandwerkern kann man bei der Arbeit zusehen, zudem ein Café. Gündem Sok.

Türkisches Bad (Hamam) Das schönste Bad der Stadt ist der **II. Murat Hamamı** aus der ersten Hälfte des 15. Jh. Nach Abschluss der Restaurierungsarbeiten voraussichtlich wieder tägl. 6–24 Uhr, Frauen baden Mo u. Do von 13 bis 17 Uhr.

Übernachten/Essen & Trinken

İznik besitzt einen netten Travellertreff und die typischen Kleinstadthotels der unteren Mittelklasse im Zentrum. Ruhig, allerdings in Gesellschaft von vielen Moskitos, wohnt man am Seeufer.

İznik Vakıf Konuk Evi 8, nahe dem Saray Kapısı. Das Fayencenatelier bietet neben Workshops auch 10 konventionelle Zimmer mit Klimaanlage. Hübscher Garten mit krähendem Hahn. DZ 57 €, EZ die Hälfte. Sahil Yolu Vakıf Sok. 13, ✆ 7576025, www.iznik.com.

Çamlık Motel 7, in bester Lage an der Uferpromenade (südlicher Abschnitt). 20 Zimmer, nichts Besonderes, aber okay, alle mit TV und Klimaanlage. Restaurant mit schönem Garten. DZ 32 €, mit Balkon und Seeblick 45 €. Göl Sahil Yolu, ✆ 7571362, ✆ 7571631, www.iznik-camlikmotel.com.

Berlin Hotel 1, vierstöckiges Haus mit 18 geräumigen, sauberen Zimmern, nicht mehr die frischesten, dafür viele mit Balkon zum See. Nasszellen teils nachträglich integriert. Renovierung geplant. Riesiges Restaurant, in dem auch Hochzeiten oder Beschneidungsfeste gefeiert werden. Die liebenswerte Besitzerin Sevim Yalın hat viele Jahre in Charlottenburg gelebt. DZ 33 €, EZ die Hälfte. Göl Sahil Yolu 54, ✆ 7571915, ✆ 7574333, www.berlinhotel.com.tr.

Kaynarca Hotel 3, internationaler Backpackertreff unter Leitung des kommunikativen, hilfsbereiten und englischsprachigen Ali Bulmuş. 10 sehr simple, saubere Zimmer, zum größten Teil mit eigenem Bad. Dachterrasse, Gemeinschaftsküche und ein Internetcafé nebenan. DZ mit Bad 29 €, Frühstück extra. Gündem Sok. 1, ✆ 7571753, www.kaynarca.s5.com.

Essen & Trinken/Nachtleben Entlang der Uferpromenade laden einige Gartenrestaurants zum Seefischessen ein, je nach Saison bekommt man *yayın* (Wels) oder *sazan* (Karpfen). Wir empfehlen u. a. das idyllische Gartenrestaurant des Motels **Çamlık** 7. Wo die Preise nicht angeschrieben sind, vorm Bestellen explizit danach erkundigen!

Köfteci Yusuf İznik İmren 6, für Fleischliebhaber die beste Adresse vor Ort. Luftiges, geräumiges Lokal mit freundlichem jungem Personal. Verschiedene Köfte, Geflügelgerichte und dazu die Knoblauchwurst *Sucuk*. Für Nachschub sorgt die angeschlossene Metzgerei. Terrasse und auf jedem Tisch ein Fläschchen Olivenöl. Atatürk Cad.

Ceyhan 2, an der Kılıçaslan Cad. Topf- und Grillgerichte, gute Fischsuppe.

Kanyon 4, moderne Lokanta mit preisgünstigen Schmorgerichten. Kılıçaslan Cad. 92.

Gut für ein Bier am Abend ist die **Mini-Bar** 5, eine winzige Kneipe auf 2 Etagen. Auch für Frauen okay. Salim Demircan Sok.

Sehenswertes

Mauern und Tore: Der fast 5000 m lange, abschnittsweise noch gut erhaltene Mauerring wurde unter den Römern angelegt und später immer wieder verstärkt. Die Innenmauer war über 10 m hoch und 6 m dick und mit Zinnen und 110 Türmen bestückt. Trotz der imposanten Wehrmauer fiel die Stadt häufig (→ Geschichte). Als den Kreuzrittern die Einnahme nicht gelingen wollte, zogen sie ihre Schiffe über Land in den İznik-See und eröffneten von dort eine neue Front.

Von den vier Haupttoren ist lediglich das *See-Tor (Göl Kapısı)* im Westen nicht mehr erhalten. Das östliche, triumphbogenartige *Lefke-Tor* ist mit 25 m Breite und 40 m Länge die mächtigste Toranlage. In seiner Nähe endet ein *Aquädukt*, das wahrscheinlich aus der Zeit Justinians (527–565) stammt. Das besser erhaltene *İstanbul-Tor* im Norden İzniks ähnelt dem Lefke-Tor, ist jedoch nicht ganz so groß. Die Atatürk Caddesi führt von dort quer durch die Stadt zum Yenişehir-Tor ganz im Süden İzniks. Etwa in der Mitte passiert man die Hagia Sophia.

Hagia Sophia (Aya Sofya): Drei Mal wurde die Hagia Sophia aufgebaut, und dennoch blieb nichts als eine Kirchenruine übrig. Das vermutlich im 4. Jh. errichtete Gotteshaus diente als Tagungsort des VII. Ökumenischen Konzils. 1065 fiel die Kirche einem Erdbeben zum Opfer. Der Wiederaufbau brachte eine große dreischiffige Basilika hervor. Unter den Osmanen wurde daraus die *Ulu Cami* und unter dem Sturm der Mongolen Anfang des 15. Jh. wieder eine Ruine. Im 16. Jh. besorgte Baumeister Sinan den Wiederaufbau. Seine Moschee wurde während der griechischen Besatzung in den 1920ern wieder in eine Kirche umgewandelt, bald darauf infolge der Befreiungskämpfe jedoch zerstört. Erst jüngst wurde die Ruine zwar aufwendig, aber wenig behutsam restauriert.

Von den anderen byzantinischen Kirchen İzniks, der *Koimesis-Kirche* nahe der Kaymakam S. Taşkın Sokak und der *Hygios-Tryphonos-Kirche* an der Atatürk Caddesi sind nur spärlichste Mauerreste erhalten.

Tägl. 9–18 Uhr, im Winter 8–17 Uhr. Eintritt für Ausländer (!) 2,80 €, für Türken 1,20 €.

Nilüfer-Hatun-Armenküche/Archäologisches Museum: Die Armenküche nahe der Grünen Moschee im Osten İzniks wurde 1388 von Murat I. zu Ehren seiner Mutter Nilüfer Hatun erbaut und diente noch bis Ende des 19. Jh. als Suppenausgabestelle. Heute beherbergt der aus groben Quadern zusammengesetzte Bau mit fünfbogiger Vorhalle das Archäologische Museum, das neben Funden der Umgebung eine kleine Auswahl der İzniker Keramikkunst, Schmuck, Waffen und Kalligrafie präsentiert. Im Garten werden Sarkophage und Kapitelle ausgestellt.

Tägl. (außer Mo) 8–12 und 13–17 Uhr. Eintritt 1,20 €.

Grüne Moschee (Yeşil Cami): Çandarlı Kara Halil Hayrettin Paşa, ein Großwesir Murats I., stiftete die Moschee Ende des 14. Jh. Das wuchtige Minarett ist fast vollständig mit Fayencen ausgekleidet, bei den namengebenden grünen Kacheln handelt es sich mittlerweile um Replikate. Beachtenswert sind das Portal und die mit Kalligrafien verzierten Fenster. Von der Kuppel grüßt hin und wieder ein Storch. Schräg gegenüber der Grünen Moschee steht die *Şeyh Kudbeddin Camii* aus dem 15. Jh. Sie wurde beim Rückzug der Griechen 1922 gesprengt und dämmerte anschließend jahrzehntelang als Ruine vor sich hin. Erst vor einigen Jahren wurde sie wieder komplett aufgebaut.

Römisches Theater: Das Theater aus der Wende vom 2. zum 1. Jh. v. Chr. befindet sich südwestlich der Hagia Sophia. Es besaß einst mächtige Unterbauten, da es nicht an einen Hang angelehnt war.

Umgebung von İznik

Barbierfelsen (Berber Kayası): Dabei handelt es sich um die Reste eines Sarkophagmonuments für den bithynischen König Prusias II. (185–149 v. Chr.). Angeblich wurde es einst aus einem einzigen Stück Fels gehauen und irgendwann Opfer eines Blitzeinschlages. Sehenswert ist es nicht. Von der Anhöhe genießt man jedoch einen schönen Panoramablick über İznik und den See.

Man verlässt İznik durch das Lefke-Tor und folgt für ca. 900 m der nach einer Weile bergauf führenden Straße – dann können Sie nach dem Sarkophag Ausschau halten.

Obelisk des Cassius (Dikiltaş) und Hypogäum (Yeraltı Mezarı): Etwa 6 km nordwestlich der Stadt steht nahe dem Dorf Elbeyli, einsam und verlassen inmitten eines Pfirsichhains, ein 12 m hoher Obelisk. Er gedenkt des römischen Würdeträgers Gaius Cassius Philiscus, der in der Nähe des Monuments begraben sein soll. Auf dem Weg dahin passiert man ein Hypogäum aus dem 4. Jh. mit frühchristlichen Fresken: bunte Blumenmotive, geometrische Figuren und als frühe Symbole des christlichen Glaubens zwei prächtige Pfauen.

Anfahrt: Beide Sehenswürdigkeiten sind an der Straße nach Orhangazi ausgeschildert. Das Hypogäum befindet sich rund 300 m abseits der Straße. Für dessen Besichtigung bedarf es einer Begleitperson vom Archäologischen Museum (am besten unter der Woche anfragen!). Die letzten 1,5 km zum Obelisken sind nicht mehr befestigt und ziemlich holprig.

> Von İznik weiter Richtung **Bolu** oder **Ankara** → S. 578.

Bursa

1.900.000 Einwohner

Bursa, die Wiege des Osmanischen Reiches, ist Kurbad, Universitätsstadt, Industriestandort, Verwaltungs- und Wirtschaftsmetropole, Sommerfrische und Wintersportzentrum in einem.

Bursa erstreckt sich in reizvoller Lage zwischen der fruchtbaren Schwemmlandebene des Nilüfer-Flusses und den bewaldeten Hängen des über 2500 m hohen Uludağ. Wächst die Stadt weiter wie bisher, wird sie noch vor Mitte dieses Jahrhunderts am Meer liegen. Das alte Zentrum der ersten osmanischen Hauptstadt ist gespickt mit Moscheen und Sultansgräbern. Daneben findet man orientalische Basaratmosphäre wie sonst nirgendwo in der Marmararegion, fast dörflich wirkende, an die Hänge gepresste Wohnviertel, restaurierte osmanische Villen und noble Flaniermeilen mit schicken Studentencafés – Tradition und Moderne sind sich einig in Bursa. Berühmt sind zudem die Heilquellen im Stadtteil Çekirge. Wo einst byzantinische Kaiser und osmanische Sultane kurten, erholen sich heute vorwiegend arabische Touristen. Und über all dem thront der bis ins Frühjahr hinein schneebedeckte Uludağ, Bursas Hausberg samt Nationalpark. Im Sommer lädt er zu ausgedehnten Wandertouren ein, im Winter bietet er eines der besterschlossenen und meistbesuchten Skigebiete der Türkei.

Sein fruchtbares Umland gab Bursa den Namen „Großstadt im Grünen". Doch das Grün drum herum ist am Abnehmen. Zwar gedeihen noch immer saftige Bursa-Pfirsiche, Quitten, Aprikosen, Kirschen und Pflaumen, genauso aber die Schlote immer neuer Industriekonglomerate. Auch der gute Ruf Bursas als Zentrum der Seidenproduktion schwindet: Die Maulbeerbaumkulturen – die Heimat der Seidenraupen – werden weniger, dafür steigt die Kunstfaserproduktion.

Geschichte

Grabbeigaben und andere Funde belegen, dass die Gegend um Bursa bereits während der Bronzezeit besiedelt war. Doch bis zur Gründung einer Stadt sollten noch viele Jahrhunderte ins Land ziehen. Ihr voraus ging der Bau einer Zitadelle. Für diese zeichnete der karthagische Feldherr Hannibal (278–183 v. Chr.) verantwortlich, der durch seine Alpenüberschreitung mit 38.000 Mann und 37 Elefanten in die Geschichte einging. Nach seinen vielen Schlachten gegen Rom fand er mit seinen Soldaten beim bithynischen König Prusias I. (232–192) Zuflucht. Aus Dank errichtete er diesem eine Festung, aus der die Stadt *Prusia* hervorging. 74 v. Chr. vermachte der letzte bithynische König Nikomedes III. sein Reich und damit auch Prusia testamentarisch an die Römer, die wie später die Byzantiner, die Thermalquellen der Stadt zu schätzen wussten. Kaiser Justinian (527–565) ließ einen ersten Palast mit Badehaus in Çekirge errichten und förderte zudem die Seidenraupenzucht in der klimatisch günstigen Umgebung. Ansonsten ist aus byzantinischer Zeit, in der die Stadt stets im Schatten von *Nikaia* (İznik) stand, wenig bekannt. Um 950 eroberten und zerstörten die Araber die Stadt, die nun *Brussa* hieß, später stritten sich Seldschuken und Kreuzritter um sie.

Brussas große Zeit begann, als der kaum mehr über Truppen verfügende byzantinische Kaiser Andronocius II. Palaeeologus (1282–1328) 1326 nach zehnjähriger Belagerung durch einen kleinen türkischen Stamm unter Osman Gazi die Kapitulation befahl. Damit wurde Bursa die erste Hauptstadt des neuen Osmanischen Reiches.

Bursa

Dass Bursa seinen Hauptstadttitel 1368 an Edirne abtreten musste und der Mongole Timur Lenk 1402 ein blutiges Gastspiel gab, tat der positiven Entwicklung keinen Abbruch. Bursa wurde und blieb in osmanischer Zeit ein bevorzugter Sommersitz der Sultane und ein bedeutendes Handels- und Kulturzentrum, das seine wohlhabende Bevölkerung durch den Verkauf immer größerer Mengen Seide ernährte.

Im 19. Jh. wurden die Stadt und ihre Einwohner durch Feuersbrünste und Erdbeben – das schwerste traf Bursa 1855 – stark in Mitleidenschaft gezogen. 1920 rückten griechische Truppen ein, zwei Jahre später eroberten Atatürks Einheiten Bursa zurück. Der wirtschaftliche Aufschwung, verbunden mit einem rapiden Bevölkerungsanstieg, erfolgte in der zweiten Hälfte des 20. Jh. (1970: 200.000 Einwohner). Heute zählt Bursa, renommierte Universitätsstadt und Industriestandort (Renault, Fiat, Bosch etc.), zu den größten und wohlhabendsten Städten der Türkei. Von 100 in der Türkei hergestellten Autos werden allein 85 in Bursa produziert.

Information/Verbindungen/Ausflüge/Parken

Telefonvorwahl 0224.

Information Zwischen Rathaus und Koza-Park, ausgeschildert. Hilfreich. Mo–Fr 8–12 u. 13–17 Uhr, Sa 9–12.30 u. 13.30–18 Uhr. Orhangazi Altgeçidi 1, ✆/℡ 2201848, www.bursa.gov.tr.

Verbindungen Gelbe Busse mit der Aufschrift „Terminal" (Nr. 38) verbinden das Zentrum (Abfahrt Atatürk Cad., gegenüber dem Koza Parkı) mit dem **Busbahnhof** (13 km nördlich an der Straße nach Gemlik). Halbstündl. nach Yalova (1 Std.), stündl. nach İstanbul (3 Std.), İznik (1½ Std.), İzmir (5½ Std.) und Ankara (6 Std.), zudem regelmäßig nach Afyon (5 Std.), Çanakkale (5 Std.) und zu diversen Städten der Südküste, West- und Zentralanatoliens.

Von der **Minibusstation** beim *Organize Sanayi* fahren Busse und Dolmuşe nach Mudanya ab, von der Station beim *Küçük Sanayi* die Busse nach Gölyazı. Beide Stationen liegen ganz im Westen der Stadt und sind vom Zentrum mit der Metro (s. u.) zu erreichen.

> **Orientierung**: Bursa erstreckt sich am Fuße des Uludağ – das alte Zentrum in schöner Hanglage, der moderne und industrielle Teil in der Schwemmlandebene des Nilüfer. Zentraler Hauptplatz ist der *Cumhuriyet Alanı* („Platz der Republik"), der aufgrund seiner großen Atatürk-Statue schlicht auch *Heykel* („Statue") genannt wird. An ihm führt die stark befahrene, chaotische Atatürk Cad. vorbei, die zentrale Ost-West-Achse, deren Überquerung Unterführungen erleichtern. Gen Osten bringt Sie die Atatürk Cad. in Richtung Grüne Moschee. Gen Westen führt sie vom *Heykel* vorbei an Basarviertel, Zitadellenhügel und Kulturpark zu den Thermalquellen von Çekirge. Unterwegs ändert die Straße mehrmals ihren Namen. Zwischen der Yıldırım-Beyazıt-Moschee ganz im Osten Bursas und Çekirge im Westen liegen ca. 7 km, Dolmuşe und Busse entlang der Atatürk Cad. kürzen die Wege ab.

Bursas **Flughafen** (www.yenisehir.dhmi.gov.tr) liegt rund 45 km außerhalb auf dem Weg nach Yenişehir. Taxi dahin rund 41 €. Infos zu Servicebussen (ca. 2,50 €) und Tickets aller Airlines bei **PM Tur**, Cemal Nadir Cad. 45, ✆ 2242690, www.pmtur.com.

Innerstädtisch: Die einzige **Metrolinie** *BursaRay* führt von der östlichen Endhaltestelle Araba Yatağı über das Zentrum (Station Şehreküstü an der Ecke Tanpınar Cad./Mantıol Cad.) und den Kültür Parkı in den Westen der Stadt. Auf dem Weg dorthin teilt sie sich auf, gen Norden geht es vorbei am Organize Sanayi zur Endstation Emek, gen Süden vorbei am Küçük Sanayi zur Üniversite.

Ü bernachten

- 2 Çelik Palas
- 5 Hotel Gold 1
- 8 Safran
- 11 Hotel Çeşmeli/Hotel Efehan
- 12 Kitap Evi Otel
- 16 Kent
- 18 Otel Güneş

E ssen & Trinken

- 3 Dârüzziyâfe
- 4 Hayva Ana Kurufasulyecisi
- 7 Balibey Han
- 9 Çiçek Izgara
- 10 Kebapçı İskender
- 13 Anadolu Evi
- 14 Lalezar Lokantası
- 15 Ömer Köftecisi

E inkaufen

- 1 Korupark
- 6 Shoppingcenter Zafer Plaza
- 17 Tahtakale Çarşısı

S onstiges

- 19 Caférestaurant Mahfel (S. 206)

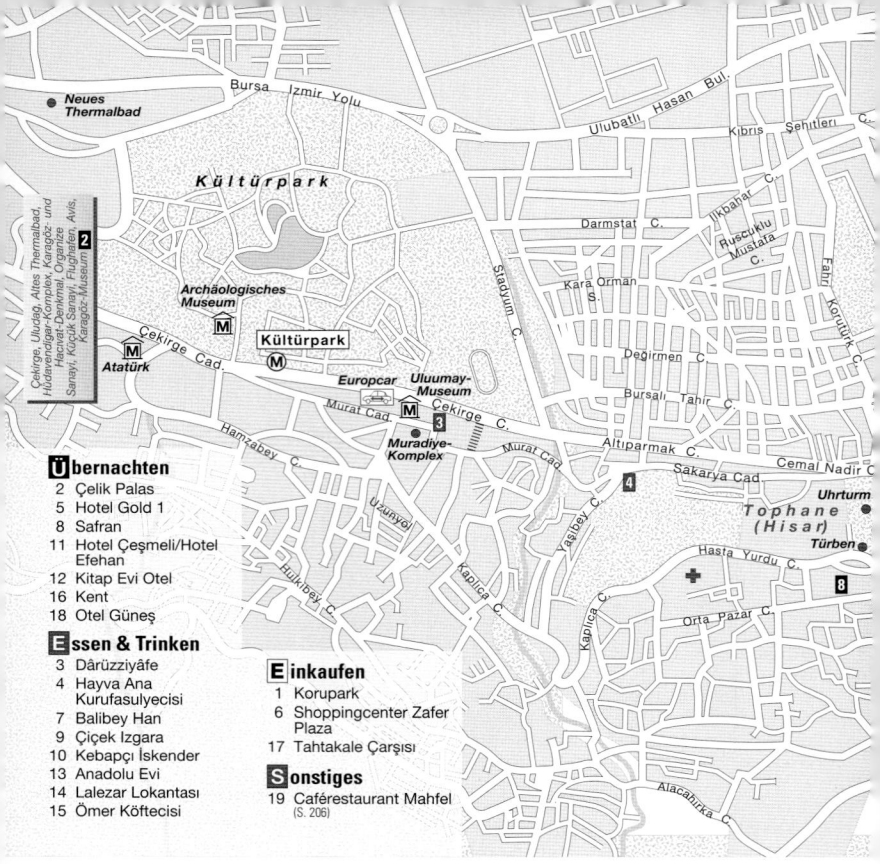

Tickets: Plant man mehrere Fahrten innerhalb der Stadt, kauft man sich für Bus und Metro am besten eine sog. BuKART. Diese Chipkarte (1,60 €) kann mit einem beliebigen Betrag aufgeladen werden und erspart so den ständigen Nachkauf von Einzelfahrscheinen. Die BuKART gibt es an den Busticketverkaufsstellen.

Die **Dolmuşe-** bzw. **Dolmuştaxis** starten an oder nahe der Atatürk-Statue *(Heykel)* am bzw. unter dem Cumhuriyet Alanı. Von hier fährt man nach Çekirge (via Kültür Parkı, Abfahrt vor der Ziraat Bankası), zum Teleferik (Abfahrt unterirdisch) und zum Muradiye-Komplex. Achten Sie auf die Schilder auf dem Dach oder hinter der Windschutzscheibe.

Organisierte Touren Karagöz Turizm Seyahat Acentası, im kleinen Basar namens Eski Aynalı Çarşısı, der an den Gedeckten Basar anschließt. Stadttouren und Tagestouren in die Umgebung, z. B. Wandertouren auf dem Uludağ. Wenn man sich keiner Gruppe anschließen kann oder will, wird es teuer: Touren für 2 Pers. ab 118 €. ✆ 2218727, www.karagoztravel.com.

Parken Im Zentrum sind Parkhäuser und bewachte Parkplätze ausgeschildert.

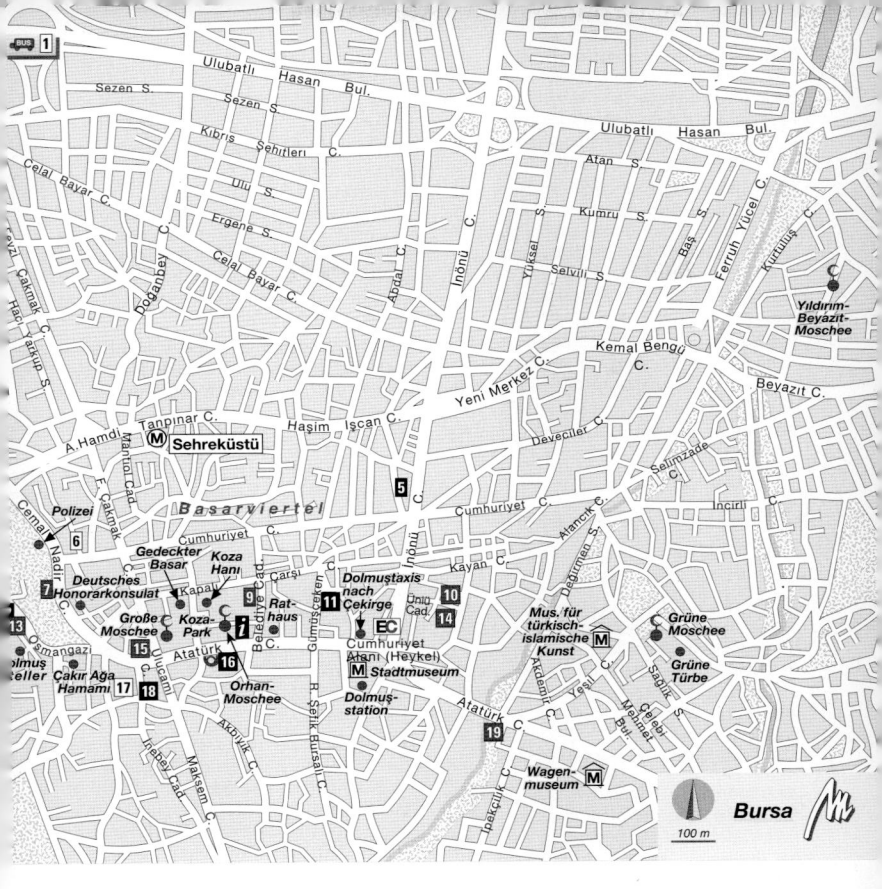

Adressen/Diverses

Ärztliche Versorgung Staatliches Krankenhaus Devlet Hastanesi in der Hastayurdu Cad. ✆ 2200020.

Autoverleih Viele nationale und internationale Verleiher an der Çekirge Cad. gegenüber dem Kültür Parkı. **Avis**, Çekirge Cad. 143, ✆ 2365133, www.avis.com.tr. **Europcar**, Çekirge Cad. 97, ✆ 2232321, www.europcar.com.tr. Billigste Fahrzeuge ab ca. 50 €, günstiger bei den lokalen Anbietern.

Diplomatische Vertretungen Deutsches Honorarkonsulat, Cemal Nadir Cad. 6/3, ✆ 2222097, bursa@hk-diplo.de.

Österreichisches Honorarkonsulat, Org. San. Böl. Ormanlar Cad. 3, ✆ 2421919, sedatdiniz@altametal.com.

Einkaufen Im Basarviertel (→ Sehenswertes) gibt es alles, was das Herz begehrt. Man kann sich mit flauschigen **Handtüchern** eindecken, die angeblich in Bursa erfunden worden sind, oder eine **Schattenspielfigur** (→ S. 206) als originelles Mitbringsel erstehen (Letztere am besten im **Eski Aynalı Çarşısı**, der über den Gedeckten Basar zu erreichen ist).

Seidenwaren jeglicher Art findet man im **Koza Hanı** (→ Sehenswertes).

Bauern aus dem Umland verkaufen ihre Erzeugnisse auf dem farbenfrohen **Tahtakale Çarşısı** 17 im gleichnamigen Viertel südlich der Atatürk Cad.

Markenkleidung kauft man im **Shoppingcenter Zafer Plaza** 6 an der Cemal Nadir Cad. unterhalb des Zitadellenhügels. 120 Läden zwischen *Tommy Hilfiger* und *Levis*. Noch größer und schicker ist die Mall **Korupark** 1 ca. 9 km außerhalb des Zentrums an der Straße nach Mudanya.

Fußball *Bursa Spor* spielt derzeit noch im Stadion im Kültürpark, ein neues Stadion wurde jedoch zuletzt an der Metrostation Acemler gebaut.

Polizei Im Zentrum z. B. an der Cemal Nadir Cad. 11. ℡ 155.

Post An der Atatürk Cad. gegenüber der Ulu Cami.

Türkisches Bad (Hamam) Den Badetag verbringt man am besten in Çekirge (→ S. 206). Simpler, dafür auch billiger, sind die Hamams im Zentrum von Bursa. Als schönster gilt der 1484 erbaute **Çakır Ağa Hamamı** an der Atatürk Cad./Ecke Kazım Baykal Cad. Getrennte Abteilungen für Männer und Frauen. Eintritt inkl. Massage 12,50 €. Tägl. 6–24 Uhr.

Veranstaltungen Internationales Bursa-Festival mit zahlreichen Folkloreveranstaltungen im Juni. **Schattenspielfestival** im November.

Übernachten (→ Karte S. 198/199)

Viele Hotels im Stadtzentrum und im Stadtteil Çekirge, in der mittleren und v. a. unteren Preisklasse sieht es jedoch schlecht aus.

Im Zentrum ***** **Çelik Palas** 2, das noch zu Atatürks Zeiten errichtete Hotel wurde 2010 umfassend modernisiert und ist seitdem das Sternezahl nach beste Haus der Stadt. Schicke Zimmer mit tollen Ausblicken nach vorne, schöner Spa-Bereich. DZ (Front) ab 140 €, Rückseite 120 €. Çekirge Cad. 79, ℡ 2333800, ℻ 2361910, www.celikpalas.com.

››› Unser Tipp: **Kitap Evi Otel** 12, charmantestes Haus der Stadt in einem uralten Konak, der einst als Buchladen diente, daher der Name: „Hotel Buchhandlung". 2010 eröffnet. 13 stilvoll und individuell eingerichtete Zimmer mit teils grandioser Aussicht über Bursa. Da die alte Bausubstanz nicht immer separate Bäder zuließ, wurden diese z. T. offen in den Raum integriert. Schöner Garten, kleines Restaurant. DZ ab 119 €. Burç Üstu 21 (auf dem Zitadellenhügel direkt hinter der Stadtmauer; am einfachsten zu finden, wenn man oberhalb des Balibey Han die Treppen bergauf nimmt), ℡ 2254160, www.kitapevi.com.tr. ‹‹‹

Safran 3, im Gegensatz zu den vielen unpersönlichen Stadthotels ebenfalls eine sehr sympathische Adresse. Kleines Hotel in einem schönen, alten Stadthaus in relativ ruhiger Lage am Zitadellenhügel. Nur 10 Zimmer. EZ 37 €, DZ 61 €. Arka Sok. 4, ℡ 2247216, ℻ 2247219, www.safranotel.com.

Hotel Gold 1 5, gut geführtes Mittelklassehaus mit 30 Zimmern, solide möbliert, mit TV und ordentlichen Bädern. Schauen Sie sich die Zimmer vorher an, ein paar wenige blicken direkt auf eine kaum 50 cm entfernte graue Mauer! EZ 33 €, DZ 57 €. İnönü Cad. 77, ℡ 2244924, ℻ 2207902, www.hotelgold.com.tr.

*** **Kent** 16, in zentraler Lage schräg gegenüber der Großen Moschee. Moderne Lobby. Zimmer okay und der Sternezahl entsprechend ausgestattet, jedoch alles in allem ziemlich bieder-ältlich. Die Zimmer zur Atatürk Cad. hin sind zwar nicht die ruhigsten, bieten aber eine schöne Aussicht über die Stadt. EZ 37 €, DZ 49 €. Atatürk Cad. 69, ℡ 2235420, ℻ 2244015, www.kentotel.com.tr.

Hotel Çesmeli 11, von Frauen geführtes 20-Zimmer-Nichtraucherhaus, älteren Datums, aber noch immer ganz gut in Schuss. Gut für allein reisende Frauen, wenn auch die „eisgekühlten Damen" (wie eine Leserin schrieb) recht unfreundlich sein können. Gutes Frühstücksbüfett. DZ 49 €. Heykel Gümüşçeken Cad. 6, ℡/℻ 2241511.

Hotel Efehan 11, ein Lesertipp in der Nachbarschaft. Recht heimelige Teppichbodenzimmer auf 3-Sterne-Niveau, Frühstück mit Panoramablick. Achtung: Da im Dachrestaurant am Wochenende auch gerne Partys gefeiert werden, fragt man dann besser nach einem Zimmer in den unteren Etagen. DZ 49 €. Gümüşçeken Cad. 34, ℡ 2252260, ℻ 2252259, www.efehan.com.tr.

Otel Güneş ⓘ, von einem herzigen älteren Ehepaar geführte Billigherberge in einem osmanischen Haus in bester Lage. Überaus einfach, aber eine gute Empfehlung in dieser Preisklasse. 8 saubere Zimmer mit bunten Wänden, Laminatböden und Etagenbad. Nichts für bierdurstige Partytraveller – die Atmosphäre ist eher traditionell-ländlich. EZ 12 €, DZ 20 €. İnebey Cad. 75, ✆ 2221404.

In Çekirge **** Termal Hotel Gönlüferah 1890, an der Straße zum Uludağ. Stilvolles, traditionsreiches Haus. 70 klassisch-moderne Zimmer. Eigener Spa- und Thermalbereich. Zuvorkommender Service. Lassen Sie sich ein Zimmer mit tollem Fernblick geben! DZ 150 €, billiger in der „Gönlüferah City"-Dependance nebenan: DZ 73 €. Murat Cad. 22, ✆ 2339210, 📠 2339218, www.gonluferah.com.

***** **Kervansaray Termal**, Kurhotel mit 430 Betten aus den 1980er-Jahren, 2010 umfassend renoviert. Freundliche, moderne Zimmer. Zum Hotelkomplex gehören auch das alte Thermalbad (→ Sehenswertes), ein Fitnessraum und 2 Outdoor-Pools. EZ 82 €, DZ 100 €. Çekirge Meydanı, ✆ 2339300, www.kervansarayhotels.com.

Hotel Atlas, nahe der Straße zum Uludağ – wenn sich die Straße für ein kurzes Stück in eine bergauf (Talseite) und eine bergab führende Einbahnstraße (Hangseite) gabelt, rechter Hand an der bergab führenden Seite. Gepflegtes rosafarbenes Haus, z. T. mit Holzverkleidung, die an die traditionelle Bursa-Architektur erinnern soll. 36 Mittelklassehotelzimmer, teils mit Balkon. 2 kleine Thermalbecken. DZ 49 €. Hamamlar Cad. 29, ✆ 2344100, 📠 2364605, www.atlasotel.com.tr.

Essen & Trinken/Nachtleben (→ Karte S. 198/199)

In Bursa führt kein Weg am *İskender kebap* vorbei. Der im 19. Jh. in Bursa erstmals kreierte Kebab (Dönerfleisch auf geröstetem Fladenbrot, darauf Tomatensoße, zerlassene Butter und Joghurt) wird zwar überall in der Türkei angeboten, schmeckt aber tatsächlich nirgendwo besser als hier. Weniger üppig sind *İnegöl köfte*, eine Hackfleischbällchenvariation aus dem rund 45 km südöstlich gelegenen gleichnamigen Städtchen. Als Nachspeise isst man in Bursa *kemalpaşa*, eine Art süße Schafskäsecreme, oder *kestane şekeri*, glacierte, zuckersüße Esskastanien. Schöne Grillrestaurants mit ebensolchen Ausblicken findet man auf dem Weg zum Uludağ.

Anadolu Evi ⓘ, Bar und Fasıl-Restaurant (regelmäßig Livemusik am Abend) in einem alten Konak auf dem Zitadellenhügel. Netter Garten. Meze, Fisch und gute osmanisch-türkische Küche, dazu fließt der Rakı in Strömen. Kavaklı Çıkmazı 13 (auf dem Zitadellenhügel direkt hinter der Stadtmauer; am einfachsten zu finden, wenn man oberhalb des Balibey Han die Treppen bergauf nimmt und sich dann links hält), ✆ 2214506.

Çiçek Izgara ⓘ, hinter dem Rathaus *(Belediye)* in einem osmanischen Stadthaus im 1. Stock. Modern-orientalisches Ambiente. Auf Fleischgerichte spezialisiertes Lokal mit den angeblich besten *İnegöl köfte* der Stadt. Nette Sommerterrasse. Viele Touristen, Preise besser vorab erfragen. Belediye Cad. 15, ✆ 2216526.

Dârüzziyâfe ⓘ, schräg gegenüber dem Eingang zu den Türben des Muradiye-Komplexes. Einst gehörte das Gebäude ebenfalls zur Külliye und beherbergte die Armenküche. Heute speist man in den schön renovierten Räumen alles andere als armselig. Traditionelle türkisch-osmanische Küche, und die ist nicht mal teuer: Hg. 5,50–8 €. Nette Terrasse. II. Murat Cad. 36, ✆ 2246439.

Kebapçı İskender ⓘ, Traditionslokal – seit 1867 und heute in der 4. Generation. Außen historisch angehauchte Holzfassade, auch innen recht nett mit nostalgischem Touch. Empfehlenswerteste Adresse für *İskender kebap* (Portion 7,70 €), nicht umsonst heißt ja das Lokal auch so. Ünlü Cad. 7, ✆ 2214615.

Lalezar Lokantası ⓘ, schräg gegenüber, eine Empfehlung für leckere Hausmannskost. Sehr saubere Lokanta mit vielen verschiedenen Topfgerichten. Ünlü Cad. 14/C.

Ömer Köftecisi ⓘ, einfache Hackfleischbällchen-Lokanta in einem schönen historischen Kuppelgebäude, das einst zur Ulu Cami gegenüber gehörte. Ulucami Cad. 7.

> **Sakarya Caddesi,** der Name einer Straße beim alten Fischmarkt südlich der Altıparmak Cad., auch **Arap Şükrü Sokak** genannt. Hier reiht sich Lokal an Lokal, und die Tische stehen auf der Straße. Beste Meze und Fischgerichte, dazu viel Rakı, Bier und gute Stimmung. Ein Lokal hervorzuheben, wäre schlicht gemein. Die Straße ist zugleich das Synonym für **Nachtleben** in Bursa. Viele Bars, Clubs und gemütliche Studentencafés für ruhigere Gemüter.

Hayva Ana Kurufasulyecisi 4, in der Sakarya Cad. abseits der Rakı-Locations. Einfache Lokanta, die die Bursalılar wegen ihres hervorragenden Bohneneintopfs *(kuru fasulye)* schätzen. Mittwochs gibt es zudem gefüllte Weinblätter. Sakarya Cad. 113.

Cafés Balibey Han 7, der am Fuße der Zitadelle über 4 Stockwerke an den Hang angelehnte Han aus dem 15. Jh. beherbergt ein sympathisches Café (preiswert, da unter städtischer Leitung). Dazu Ausstellungsräume, Souvenirläden usw. Cemal Nadir Cad.

Saklı Bahçe, gemütliches Gartencafé in Çekirge mit tollem Blick über die Stadt. Tagsüber sitzt man an Tischen im Schatten, abends auf Sitzkissen auf einer gepflegten Wiese. Wegbeschreibung: Wo sich die Straße zum Uludağ für ein kurzes Stück in eine bergauf (Talseite) und eine bergab führende Einbahnstraße (Hangseite) gabelt, rechter Hand am bergauf führenden Abschnitt Ausschau halten.

Sehenswertes östlich des Zentrums

Yıldırım-Beyazıt-Moschee (Yıldırım Beyazıt Camii): Den Moscheenkomplex stiftete Sultan Beyazıt I. Ende des 14. Jh. Er diente anfänglich auch als Unterkunft für Derwischmönche. Die Moschee besitzt noch einen überdachten Hof, erst später bevorzugte man den Bau von offenen Höfen. Auffallend sind ihr fünfjochiger *Portikus* und die ornamentverzierte *Vorhalle*. Das Innere der Moschee ist bis auf zwei blaue *Mosaikfenster* ziemlich kahl – ihr einst prächtiger, grüner Fayencenschmuck wurde 1855 infolge eines Erdbeben weitestgehend zerstört. Unterhalb der Moschee steht die *Türbe* Beyazıts I., der die Serben, Bulgaren und Ungarn unterwarf sowie ein Kreuzritterheer bis in die Steiermark verfolgte. Seinen großen Widersacher fand er im grausamen mongolischen Eroberer Timur Lenk. 1402 fiel Beyazıt in dessen Hände. Timur scheute sich nicht, ihn in einem goldenen Käfig durch die Straßen Bursas zu ziehen. Nach einjähriger Gefangenschaft beging Beyazıt 1403 Selbstmord.

Adresse: Yıldırım Cad., 2 km nordöstlich des Zentrums. Zu Fuß in ca. 20 Min. zu erreichen. Man folgt der İnönü Cad. und zweigt bei einer großen Kreuzung nach rechts in die Yeni Merkez Cad. ab, die in die Kemal Bengü Cad. übergeht. Nachdem man den Bachlauf *(Gökdere)* überquert hat, sind die Minarette der Moschee linker Hand auf einem Hügel zu sehen. Mit dem Taxi kostet die Strecke rund 3 €.

Grüne Moschee (Yeşil Cami): Die Moschee, an der Stelle einer byzantinischen Kirche errichtet, zählt zu den bedeutendsten osmanischen Bauwerken aus der Zeit vor der Eroberung Konstantinopels. Ihr prachtvolles Fayencendekor – im Innern noch erhalten, außen infolge von Erdbeben verloren gegangen – machte die İzniker Manufakturen berühmt und setzte Maßstäbe für viele spätere Bauten. Unter Mehmet I. (1412–1421) erfolgte die Grundsteinlegung, aber erst zwei Jahre nach seinem Tod war das Bauwerk vollendet. Man betritt die Moschee durch ein *Stalaktitenportal* an der hier schroff wirkenden Außenfassade. Ursprünglich war dem Portal noch eine marmorne Vorhalle angebaut, aber auch diese fiel einem Erdbeben zum Opfer. Über ein Vestibül gelangt man in den ersten der zwei quadratischen Haupträume. Hier steht ein marmorner *Reinigungsbrunnen,* der aus einem einzigen Stein geschaffen wurde. Die von hier abgehenden Räume waren für Koranschüler bestimmt. Über drei Stufen steigt man in den Gebetssaal auf, den u. a. ein wundervoller, z. T. vergoldeter *Mihrab*, farbenfrohe *Mosaikfenster* und ein rötlicher *Minbar* schmücken. Das untere Drittel der Seitenwände ist mit grünblauen İznik-Fayencen verziert, die der Moschee ihren Namen gaben. Die Kachelung war ursprünglich mit einem aufgebrannten, goldenen Sternenmuster geschmückt, das einen Vorgeschmack auf das Paradies geben sollte. Die gleiche Idee liegt der *Sultansloge* zugrunde: Die Decke ist übersät mit Sternen, die Wände mit Blumenmotiven.

Nicht ganz paradiesisch, aber äußerst gemütlich ist eine Teepause mit Weitblick auf einer der großen Terrassen hinter (östlich) der Moschee. Zudem findet man um die Grüne Moschee ein paar nette Touristenlokale und in der nahen, von der Yeşil Caddesi abgehenden Akdemir Caddesi eine ganze Reihe von Bars und Cafés.

Adresse: Yeşil Cad., 1 km östlich des Zentrums. Zu Fuß vom Rathaus in ca. 10 Min. zu erreichen. Folgen Sie zunächst der Atatürk Cad. gen Osten. Kurz nachdem man den begrünten Bachlauf *(Gökdere)* überquert hat, geht es bei einer Gabelung mit Baum in der Mitte links ab (Hinweisschild).

Grüne Türbe (Yeşil Türbe): Gegenüber der Grünen Moschee steht die 1421 vollendete, achteckige Türbe Mehmets I., mit deren Bau bereits zu dessen Lebzeiten begonnen wurde. Die einst glanzvollen İznik-Fayencen der Fassade wurden nach dem schweren Erdbeben 1855 größtenteils durch minderwertige Kacheln aus Kütahya ersetzt. Durch eine Zedernholztür mit Sternenmuster gelangt man ins Innere der Türbe. Der Sarkophag des Sultans ist mit erlesenen blauen Fayencen verziert, die von Goldkalligrafien durchzogen sind. Der weiße Turban zeigt den hohen Rang des Toten. In den sieben kleineren Särgen ruhen die Söhne des Sultans und seine Amme. Außergewöhnlich ist die vollständig mit Fayencen geschmückte Gebetsnische gegenüber dem Eingang.

Tägl. 8–17.30 Uhr. Um eine Spende wird gebeten. Wegbeschreibung → Grüne Moschee.

Museum für türkisch-islamische Kunst (Türk ve İslam Eserleri Müzesi): Es ist untergebracht in der ehemaligen Medrese der Grünen Moschee, die mehr in seldschukischer als klassisch-osmanischer Bautradition errichtet wurde. Den Innenhof umgeben auf drei Seiten Arkadengänge, hinter denen sich die Wohnräume der Koranschüler befanden. Auf der Südseite lag der überkuppelte *Lehrsaal*. Heute beherbergen die Räumlichkeiten ein buntes Sammelsurium an Exponaten aus dem 12.–20. Jh.: Keramik aus seldschukischer und osmanischer Zeit, holzstempelbedruckte Seidentücher, persische Beutewaffen, Utensilien zum stilvollen Tee-, Kaffeetrinken und Rauchen, eine goldene Kupferkaraffe von einem Meter Höhe, Kopfbedeckungen, Musikinstrumente, Kalligrafien, traditionelle Trachten der Region, Schattenspielpuppen etc.

Tägl. (außer Mo) 8–12 und 13–17 Uhr. Eintritt frei. Wegbeschreibung → Grüne Moschee.

Wagenmuseum (Tofaş Bursa Anadolu Arabaları Müzesi): Was bietet sich in einer Automobilstadt wie Bursa mehr an als ein Museum, das die Entwicklung des Transportwesens nachzeichnet? Ins Leben gerufen wurde es vom türkischen Automobilbauer Tofaş auf dem Gelände einer alten Seidenfabrik, heute ein begrünter Freizeitpark. Zu den Exponaten gehören nachgestellte Radmacher- und Sattlerwerkstätten genauso wie diverse Fahrzeuge aus allen möglichen Epochen: Kutschen, handbemalte Pferde- und Ochsenkarren, aber auch ein paar Tofaş- und Fiat-Modelle neueren Datums. Angeschlossen ist ein gemütliches Gartencafé.

Adresse/Öffnungszeiten: Kapıcı Cad., ca. 30 Fußmin. östlich des Zentrums. Man folgt zunächst der Wegbeschreibung zur Grünen Moschee (s. o.), biegt jedoch bei der Gabelung mit Baum nach rechts bergauf in die İpekçilik Cad. ab (steiler Anstieg!). An deren Ende geht es links ab, ab hier ausgeschildert. Tägl. (außer Mo) 10–17 Uhr. Eintritt frei.

Sehenswertes im Basarviertel

Für das gepflegte, schöne Marktviertel Bursas, das hochwertiges Kunsthandwerk zu bieten hat, sollte man sich Zeit nehmen – ein Muss im Sightseeingprogramm. Es erstreckt sich nördlich der Atatürk Caddesi zwischen der Großen Moschee und der İnönü Caddesi. Mit seinen alten Hanen, Moscheen und gemütlichen Innenhofcafés präsentiert es den Prototyp des orientalischen Basars. In seinen Ursprüngen stammt das Viertel aus dem 14. Jh. 1957 brannte es nieder und musste wieder aufgebaut werden. Das Markttreiben ist urtümlich wie eh und je.

Stadtmuseum (Bursa Kent Müzesi): Das modern konzipierte Museum wäre das mit Abstand interessanteste Stadtmuseum der Türkei, hätte man nicht schlicht die fremdsprachigen Erläuterungen vergessen. Auf drei Etagen widmet es sich u. a. traditionellen Handwerksberufen (vom Hufschmied bis zum Korbmacher) und verschiedenen wichtigen Persönlichkeiten der Stadt – von Osman Gazi bis zum schrillen, 1996 verstorbenen Sänger Zeki Müren (→ Bodrum, S. 345). Zudem kann man sich über den Fußballclub *Bursaspor* informieren (1. Liga) oder einen Waggon der Metro *BursaRay* besteigen.
Heykel. Tägl. (außer Mo) 9.30–17.30 Uhr. Eintritt 0,60 €.

Orhan-Moschee (Orhan Camii): Neben dem Backsteinrathaus im Stil eines Schweizer Chalets steht die älteste Moschee Bursas, ein klassisches Beispiel frühosmanischer Architektur. 1339 wurde sie unter Osmans Sohn und Nachfolger Orhan Gazi erbaut. Die Tendenz der Überkuppelung von Nebenräumen, die in der osmanischen Klassik mit der sog. Vielkuppelmoschee ihren Höhepunkt findet, zeichnet sich hier bereits ab.

Koza Hanı: Westlich der Orhan-Moschee erstreckt sich der *Koza Parkı* bis zur Großen Moschee. Das prächtige Gebäude zwischen den Moscheen ist der Koza Hanı. Beyazıt II. ließ ihn um 1491 errichten. Der quadratische Bau besitzt einen begrünten Innenhof mit schönen Arkadenumgängen, netten Cafés und einer kleinen Moschee *(Mescit)* in der Mitte, die man direkt auf den Reinigungsbrunnen setzte. Man kann hier Seidenwaren jeglicher Art erstehen. Bei Seide bestimmt übrigens die Stärke den Preis (einen Meter einfarbige Seide bekommt man ab rund 15 €). Der traditionelle Verkauf von Seidenraupenkokons (*koza* = Kokon), der im Koza Hanı früher stets im Juni und zur zweiten Ernte im September stattfand, ist leider so gut wie ausgestorben.

Große Moschee (Ulu Cami): Nach der gewonnenen Schlacht von Nikopolis (1396) hatte Sultan Beyazıt I. das Gelübde abgelegt, 20 Moscheen bauen zu lassen. Auf Anraten seines Großwesirs begnügte er sich vorerst mit einer, die dafür zwanzig Kuppeln hatte. Zwölf mächtige, rechteckige und durch Spitzbögen verbundene Pfeiler tragen diese und erinnern an das seldschukische Bauerbe. Kalligrafien schmücken die Wände. Unter der den zentralen Raum erhellenden Glaskuppel steht ein marmorner *Reinigungsbrunnen*. Die *Gebetsnische* besitzt eine Stalaktitenkapuze und ist mit İznik-Fayencen verziert. Zwei Sanduhren flankieren sie. Der *Minbar* aus Zedernholz ist der schönste in ganz Bursa. Die *Minarette* sind die einzigen der Stadt, die das Erdbeben von 1855 überstanden haben, jedoch verloren sie dabei ihr Fayencenkleid.

Gedeckter Basar (Kapalı Çarşı) und Bedesten: Nördlich der Ulu Cami liegt der Gedeckte Basar, der im 15. Jh. unter Mehmet I. errichtet wurde. Er hat die Form einer langen Halle und ist weitaus kleiner und etwas steriler, dafür auch untouristischer und mit weniger aufdringlichen Händlern besetzt als sein İstanbuler Pendant. Im sog. Bedesten (auf der nördlichen Seite der Kapalı Çarşı Cad.) sind vorrangig Juweliere ansässig. Die Markthalle aus dem 14. Jh. gehört zu den ältesten ihrer Art. In den umliegenden Gassen macht Einkaufen und Verlaufen Spaß.

Sehenswertes westlich des Zentrums

Tophane: Westlich des Geschäftsviertels, auf einem steil abfallenden Hügel, schließt Tophane an, der älteste Teil Bursas. Da hier einst eine mächtige Zitadelle stand, von der noch ein paar Festungsmauern erhalten sind und zwei Tore wieder aufgebaut wurden, nennt man ihn auch *Hisar* (= Festung). Das Viertel besitzt viele farbenfrohe Konaks.

Die bekanntesten Baudenkmäler des Stadtteils sind die *Türben von Osman und Orhan Gazi*. Sie stehen im kleinen, zypressenbestandenen *Tophane-Park*, der zu byzantinischer Zeit Teil eines Klosters war. Reichsgründer Osman (1257–1326) ruht auf den Fundamenten einer ehemaligen Taufkapelle. Seine Türbe besitzt eine einzigartige ornamentale Ausschmückung. Orhan (1281–1362) wurde in einem perlmuttbesetzten Sarkophag über dem Hauptschiff der Klosterkirche bestattet – vereinzelt sind noch Fußbodenmosaiken zu entdecken. 20 weitere Sarkophage leisten Osman Gesellschaft, darunter der seiner Frau Nilüfer. Ein paar Schritte davon entfernt ragt ein sechsstöckiger *Uhrturm* in den Himmel, eines der Wahrzeichen Bursas. Drum herum finden sich schattige Teegärten, die eine herrliche Aussicht über die Dächer Bursas bis weit in die fruchtbare Ebene des Vorlandes bieten. Nördlich, zu Füßen des Zitadellenhügels und rund um die Sakarya Caddesi (→ Essen & Trinken), erstreckte sich einst das *jüdische Viertel*. Ein paar meist verschlossene Synagogen zeugen von jener Zeit.

Türben tägl. (außer Mo und Do) 9–12 und 13–17 Uhr. Um eine Spende wird gebeten.

Muradiye-Komplex (Muradiye Külliyesi): Westlich von Tophane liegt das Stadtviertel Muradiye, das sich rund um den gleichnamigen Moscheenkomplex erstreckt. Murat II., der letzte Sultan, der von Bursa aus regierte, stiftete ihn 1425. Zum Komplex gehören eine *Medrese* (heute das Uluumay-Museum, s. u.), ein *Hamam*, eine *Moschee* (ausgeschmückt mit kostbaren İznik-Fayencen) und ein *Türbengarten* – eine malerisch-grüne Oase voller Palmen und Zypressen. Die Grabbauten stammen aus dem 15. und 16. Jh. In diesen sind Angehörige der Sultansfamilien beigesetzt. Viele von ihnen starben keines natürlichen Todes – es war nicht üblich, die Thronnachfolge der Natur zu überlassen. Ein Ausflug hierher lohnt besonders dienstags, wenn in den Gassen um die Moschee ein bunter Wochenmarkt abgehalten wird.

II. Murat Cad. Anfahrt mit dem **Dolmuş**, → Verbindungen. Türbengarten offiziell tägl. 8.30–12 und 13–17 Uhr, jedoch sind nicht immer alle Grabmäler zugänglich.

Uluumay-Museum (Uluumay Müzesi): Das liebevoll eingerichtete Museum in der ehemaligen Medrese des Muradiye-Komplexes trägt den Untertitel „Museum für osmanische Kostüme und Schmuck". Gezeigt wird die umfangreiche Sammlung des Bursaer Bürgers Esat Uluumay, die er in vielen Jahren in Anatolien und auf dem Balkan zusammengetragen hat: Trachten, Geldsäckchen, Kopfbedeckungen, glitzernde Geschmeide, Hamamaccessoires u. v. m.

II. Murat Cad. Tägl. (außer Mo) 9–19 Uhr Eintritt 2 €.

Archäologisches Museum (Arkeoloji Müzesi) und **Kulturpark (Kültür Parkı)**: Das äußerlich schmucklose Museum befindet sich im *Kulturpark*, einer weitläufigen Anlage mit Teegärten, ein paar Karussells, einem kleinen Zoo und einer großen

Freilichtbühne. Im Inneren birgt das Museum einige interessante Funde: prähistorische und hethitische Keramik, eine umfangreiche Münzsammlung, Statuen, Inschriften und Motivsteine aus archaischer, hellenistischer, römischer und byzantinischer Zeit, ferner Terrakotta- und Glasobjekte vom filigranen Parfümfläschchen bis zum stattlichen Weinkrug.

Tägl. (außer Mo) 8.30–12 und 13–17 Uhr. Wegen Restaurierungsarbeiten bleibt das Museum bis voraussichtlich Mitte 2013 geschlossen. Die **Dolmuşe** nach Çekirge passieren den Kulturpark (→ Verbindungen).

Karagöz, Hacivat und das türkische Schattenspiel

An der Straße nach Çekirge passiert man ein nicht zu übersehendes Denkmal zu Ehren der türkischen Nationalkomiker Karagöz und Hacivat. Beim Bau der Orhan-Gazi-Moschee im 14. Jh. hielten sie der Legende nach durch ihre Späße die Arbeiten auf, weswegen sie Orhan Gazi hinrichten ließ. Später bereute der Sultan seinen voreiligen Entschluss und ließ die beiden wenigstens in Witzen und Schauspielen weiterleben. Als das Schattentheater Anfang des 16. Jh. über Ägypten Einzug in türkische Kaffeehäuser hielt, stiegen sie zu dessen Hauptfiguren auf. Ein fingerfertiger Künstler dirigiert dabei farbenfrohe, aus Kamelhaut geschnittene, transparente Figuren hinter einer straff gespannten, erleuchteten Leinwand. Die Figur des Karagöz („Schwarzauge") stellt einen gutmütigen und pfiffigen Charakter dar, der in einen schalkhaften, aber stetigen Streit mit seinem Gegenpart Hacivat verwickelt ist. Letzterer verkörpert den gebildeten, Opium liebenden Osmanen. Mit Geschichten aus dem alltäglichen Leben begeisterten Karagöz und Hacivat das türkische Volk über Jahrhunderte hinweg. Erst mit dem Aufkommen moderner Medien verschwand diese alte Tradition. Heute ist sie am Aussterben, zumal keine neuen Generationen an „Karagöz-Meistern" mehr nachkommen. Wer sich detaillierter über das türkische Schattenspiel informieren will, hat im kleinen **Karagöz-Museum** (Bursa Büyükşehir Belediyesi Karagöz Müzesi) Gelegenheit dazu, das in einer stattlichen Villa an der Çekirge Caddesi 159 gegenüber dem Denkmal untergebracht ist (tägl. außer Mo 9.30–17.30 Uhr, Eintritt frei). Zuweilen finden hier auch Schattenspielaufführungen für Schulklassen statt, zu denen sich Touristen gesellen können. Allerdings sollte man dann etwas Türkisch verstehen. Gleiches gilt für die unregelmäßig stattfindenden Aufführungen im **Caférestaurant Mahfel** 19 bei der Brücke an der Atatürk Caddesi (→ Karte S. 198/199).

Sehenswertes in Çekirge

Der Stadtteil Çekirge liegt ca. 5 km westlich des Zentrums und ist per Dolmuş oder Bus bequem zu erreichen (→ Verbindungen). Er ist berühmt für seine 40–80 °C heißen Thermalquellen. Das Quellwasser wird z. T. direkt in die hiesigen Kurhotels geleitet, es lindert angeblich Rheuma- und Gelenkleiden, zudem hilft es bei Hauterkrankungen.

Die bedeutendsten Bäder: Das *Alte Thermalbad (Eski Kaplıca)* aus dem 14. Jh., ein frühosmanischer Prachtbau, ist die berühmteste Badeanlage Bursas. Das blubbernde Wasser ist stark eisenhaltig und hat eine Temperatur von 42 °C. Das Bad liegt im Zentrum von Çekirge und ist heute dem Kervansaray Termal Hotel (→ Übernachten) angeschlossen. Das *Neue Thermalbad (Yeni Kaplıca)* liegt östlich von Çekirge (Abzweigung von der Çekirge Cad. gegenüber dem Hotel Çelik Palas nehmen). Atatürk und die deutsche Fußballnationalmannschaft waren hier schon zu Gast. Der Name ist etwas irreführend: Die Anlage, 1555 unter Rüstem Pascha, einem Großwesir Süleymans des Prächtigen, erbaut, geht auf ein bereits zu Zeiten Justinians I. (482–565) genutztes Bad zurück.

Altes Bad, tägl. 7.30–22 Uhr. Eintritt 25 € inkl. Massage und *Kese*. Neues Bad tägl. 6–23.50 Uhr. Eintritt 20 € inkl. Massage und *Kese*.

Hüdavendigar-Komplex (Hüdavendigar Külliyesi): Folgt man auf Höhe des Kervansaray Hotels der 1. Murat Cad. (zugleich die Straße von Bursa/Zentrum über Çekirge zum Uludağ) für 200 m bergauf, erblickt man linker Hand den Hüdavendigar-Komplex. Er wurde 1385 im Auftrag Murats I. erbaut, der sich selbst den Beinamen *Hüdavendigar* („Schöpfer des Universums") gegeben hatte. Seine sterblichen Überreste ruhen in einer stattlichen *Türbe*, die wegen ihrer massiven Bauweise mehrere Erdbeben fast unbeschadet überstanden hat. Wände und Decke sind mit Marmor ausgekleidet, große Fenster und ein prächtiger Kristalllüster sorgen für Helligkeit und geben dem Raum ein feierliches Gepräge. In den sieben kleineren Sarkophagen sind u. a. Murats Sohn und sein Enkel beigesetzt. Einzigartig in der osmanischen Baukunst ist die *Hüdavendigar Camii*. Hier wurde der Versuch unternommen, Moschee (ebenerdig) und Medrese (darüber) in einem Bauwerk zu verschmelzen. Die zweistöckige Arkadenvorhalle des Gebäudes erinnert eher an eine oberitalienische Villa als an eine Moschee mit Koranschule.

Umgebung von Bursa

Uludağ-Nationalpark (Uludağ Milli Parkı): Der Nationalpark rund um den 2543 m hohen Uludağ, den man in der Antike *Bithynischer Olymp* nannte, ist mit kühlen Wäldern und Seen durchsetzt. Hier gibt es Bartgeier, Habichte, Schreiadler und Kolkraben, und in den Wäldern tummeln sich Schakale und Wildschweine. Für einen gemütlichen Tag in der Natur muss man gar nicht so hoch hinaus. Auf dem Weg zum Hotelzentrum *(Oteller)* liegen zahlreiche Picknickplätze, und in Sarıalan (→ Verbindungen) auf 1634 m ü. d. M. wird *Kendin pişir, kendin ye* („Koch selbst und iss selbst") angeboten: Hier bekommt man rohes mariniertes Fleisch und einen angeheizten Grill zum Selberbrutzeln. Auf den Plätzen treiben sich zuweilen leider auch langfingrige Kinderbanden herum!

Wer wandern will, sollte sich vorher in der Touristeninformation in Bursa den Flyer zu den unterschiedlichen Wanderstrecken im Nationalpark holen. Die Wege sind rot-weiß markiert. Aber Achtung: Der Uludağ ist für seine Wetterumschwünge berüchtigt! Den Gipfel erreicht man vom Retortendorf Oteller auf 1865 m Höhe in drei bis vier Stunden. Oteller ist zugleich das Wintersportzentrum am Uludağ. Das Skigebiet erstreckt sich von 1750 m Höhe bis zum Gipfel, die Saison dauert von Mitte Dezember bis Mitte März. 17 Lifte und 20 km Piste stehen zur Verfügung. Allzu anspruchsvoll ist das Skigebiet aber nicht. Wer regelmäßig in den Alpen fährt, wird enttäuscht sein.

Verbindungen/Anfahrt Von der Arka Sok. (Parallelgasse zur Osmangazi Cad.) nahe dem Festungstor in Tophane starten **Dolmuştaxis** nach Oteller. Den Nationalpark erreicht man auch mit der **Seilbahn** (*Teleferik*, auf dem Weg zur Grünen Moschee ausgeschildert), zur Talstation fahren Dolmuştaxis von Heykel. Die Seilbahn befördert Sie zum Dorf Sarıalan, im Sommer tägl. 8–22.20 Uhr, im Winter 8.30–20.30 Uhr, 4,10–6,10 € retour. Von dort bringt Sie ein Dolmuş ins 7 km entfernte Oteller.

Mit dem **eigenen Auto** erreicht man den Eingang zum Nationalpark von Çekirge nach ca. 21 kurvigen Kilometern (ausgeschildert, Einfahrt 3,20 €/Auto, Minibus 6,40 €). Wenn sich danach die Straße gabelt, geht es links zur Seilbahnstation Sarıalan, rechts nach Oteller.

Übernachten/Camping 15 Hotels in Oteller, das Gros hat nur Dez.–März geöffnet. DZ ab 100 € inkl. VP. Einfache Campingmöglichkeiten im Sommer in Sarıalan.

Skiverleih/Skipass Tagesticket (für alle Lifte) 25 €, für Hotelgäste die Hälfte. Ski/Stiefel/Stöcke ab 20 €/Tag.

Cumalıkızık: An den Ausläufern des Uludağ, rund 12 km östlich von Bursa, liegt das von Wiesen und Wäldern umgebene Cumalıkızık. Ein Ausflug in das denkmalgeschützte, von einem Bach durchflossene Dörfchen mit seinen alten, noch überwiegend unrestaurierten Stein- und Holzhäuschen und buckligen Pflastergassen ist eine Reise in die Vergangenheit. An Wochenenden ist der Ort bei Tagestouristen beliebt, und es herrscht fast Basarstimmung. Dörflerinnen verkaufen Souvenirs, leckere Himbeeren oder Brombeeren sowie Landbrot. Cumalıkızık besitzt bislang nur wenige einfache Unterkünfte und Lokale.

Anfahrt/Verbindungen Von Bursa auf der D 200 Richtung İnegöl, nach ca. 9 km rechts ab (braunes Hinweisschild), dann noch 4 km. Oder mit Ⓑ 22 von der Atatürk Cad. in Bursa zu erreichen.

Übernachten Mavi Boncuk Konuk Evi, einfach, aber überaus idyllisch. Simpel-niedliche Zimmer mit knarrenden Holzböden und privaten Bädern, traumhaftes Gärtchen zum Entspannen. Gute Küche mit Produkten aus dem eigenen Garten. DZ mit leckerem Frühstück 53 €. Saldede Sok., ✆ 0224/3730955, www.cumalikizik-maviboncuk.com.

Mudanya

52.400 Einwohner

Mudanya, 30 km nördlich von Bursa gelegen, ist ein stetig wachsendes, aber noch immer sympathisches Hafenstädtchen. Die Altstadt mit ihren farbenfrohen osmanischen Holzhäusern, stattlichen Villen und schmalen Gässchen ist ein Relikt aus jener Zeit, als der Ort noch überwiegend von Griechen bewohnt war (bis zum Bevölkerungsaustausch 1923). Ihre einstige Kirche dient mittlerweile als „Kulturzentrum", und das unter französischer Regie 1849 errichtete Bahnhofsgebäude lebt als vornehmes Hotelrestaurant fort. Ein kleines **Museum** (Mütareke Evi Müzesi, tägl. außer Mo 8–12 und 13–17 Uhr, Eintritt frei) gibt es auch. Es ist untergebracht in einer weiß-apricotfarbenen Altstadtvilla an der Uferfront und erinnert an die Unterzeichnung des Friedensvertrages zwischen der Türkei und den Alliierten, der 1922 das Ende des Unabhängigkeitskrieges markierte. Die nächstgelegenen Badestrände findet man entlang der Küstenstraße nach **Kurşunlu** östlich von Mudanya. Die Strecke ist recht reizvoll, das Retortenstädtchen **Güzelyalı** unterwegs leider überhaupt nicht.

Verbindungen Regelmäßig Dolmuşe und Busse nach Zeytinbağı und Kumyaka (von der Uferstraße) sowie nach Bursa und Güzelyalı (von der Parallelstraße zur Uferstraße).

Vom **Fährhafen** Bursa Büyükşehir Belediyesi Feribot İskelesi im 5 km östlich gelegenen Güzelyalı (dahin Busverbindungen von Mudanya und Bursa/Organize Sanayi) fahren im Sommer ca. 6-mal tägl. Fähren nach İstanbul (Yenikapı), entweder **schnelle Autoähren** *(Hızlı Feribot)* o. „Seebusse" *(Deniz Otobüsleri)*, keine Mitnahme von Fahrzeugen). Dauer ca. 1½ Std., je nach Schiff 4–10,50 €/Pers., Auto mit Fahrer 21–45 €. Eingeschränkte Fahrten im Winter. Infos unter www.ido.com.tr.

Übernachten Neben den hier aufgeführten Hotels gibt es auch im schönen Altstadtviertel westlich des Museums immer mehr hübsche Unterkünfte in alten Stadtvillen – schauen Sie sich um.

Hotel Montania, im alten französischen Bahnhof. Die meisten Zimmer (ausgestattet mit Replikaten aus der Zeit der Jahrhundertwende) und die Rezeption befinden sich jedoch in einem neueren Nachbargebäude. Pool. Gepflegtes Restaurant. DZ 90 €. ✆ 0224/5446000, 🖷 5446005, www.montaniahotel.com.

Hotel Ferah, kleineres Haus an der Uferpromenade. Freundliche, gepflegte Zimmer, die 6 zur Seeseite hin mit Balkon. Kebablokal im EG. DZ 48–55 €. Halitpaşa Cad. 75, ✆ 0224/5441031, 🖷 5446510, www.mudanyaferahhotel.com.

Koç Hotel, ebenfalls an der Uferstraße. Saubere, schlichte Zimmer, nach vorne mit Balkon und Blick auf den Fährhafen. Gutes Restaurant. Der Service könnte freundlicher sein. DZ 33 €, kein Frühstück. Halitpaşa Cad. 95, ✆ 0224/5441653, 🖷 5443642, www.kocrestaurant.com.

Zwischen Mudanya und Gölyazı

Ein windiges Sträßchen führt von Mudanya durch eine reizvolle, sanft gewellte Landschaft zum Uluabat-See. Nach rund 5 km passiert man das bis auf einige Feriendörfer drum herum noch unverschandelte Fischerdörfchen **Kumyaka**. Nach ca. 12 km führt das Sträßchen in das beschauliche, ehemals griechische Dorf **Triliye** (heute **Zeytinbağı**). Es ist von weiten Olivenhainen umgeben – neun von zehn Einwohnern leben hier von der Ölproduktion, die hiesigen Ölfrüchte genießen einen nahezu legendären Ruf.

Verbindungen nach Mudanya. Regelmäßig **Dolmuşe**.

Übernachten ** **Hotel Trilye**, teppichbodenlastiges Haus. Kleine Zimmer mit Klimaanlage und deutlichen Gebrauchsspuren, aber sauber und okay. EZ 33 €, DZ 41 €. Am Durchgangssträßlein, ✆ 0224/5632220, 🖷 5632219, yeter_nusret@hotmail.com.

Gölyazı

Auch Gölyazı ist ein romantisches, ehemals griechisches Fischerdorf, dieses Mal aber nicht am Meer, sondern auf einem Inselchen im Uluabat-See, das über eine Brücke zu erreichen ist. Es steht auf den Ruinen der antiken Stadt **Apollonia**. Ein Spaziergang durch die engen, von morbiden Fachwerkhäusern gesäumten Gassen macht Spaß: Immer wieder entdeckt man Reste antiker Bausubstanz, nicht selten in jüngere Baustruktur integriert. Ein Bad im See – übrigens ein Vogelparadies – ist wegen Verschilfung nicht möglich, dafür kann man in Gölyazı erstklassigen Süßwasserfisch wie Karpfen *(sazan)* oder Hecht *(turna)* essen – z. B. im Schatten der gigantischen, angeblich über 725 Jahre alten Weide im Garten des Restaurants „Ağlayan Çınar". Leider gibt es vor Ort keine Unterkünfte.

Verbindungen: 6 Busse tägl. von und nach Bursa/Organize Sanayii. Letzter Bus von Gölyazı gegen 18 Uhr.

Bandırma und Kuşcenneti-Nationalpark

Im wild wuchernden Bandırma (111.000 Einwohner) gibt es kaum einen Grund zum Verweilen. Einzige Sehenswürdigkeit ist das ausgeschilderte **Archäologische Museum** (Arkeoloji Müzesi, tägl. außer Mo 9–17 Uhr, Eintritt frei), das u. a. Funde aus Kyzikos (→ Erdek und Kapıdağı-Halbinsel) präsentiert. Mehr aber werden Reisende vom **Fährhafen** nach İstanbul angelockt.

Susurluk und Ergenekon – der tiefe Staat im Staat

Rund 55 km südlich von Bandırma liegt Susurluk, ein unbedeutendes Landstädtchen, dessen Name für einen der größten politischen Skandale der Türkei steht. Am 3. November 1996 raste hier ein Mercedes in einen Lastwagen. Drei Menschen, die sich zuvor zum Privatvergnügen getroffen hatten, starben: der Ex-Vizepolizeichef von İstanbul, der wegen mehrfachen Mordes gesuchte Mafiaboss Abdullah Çatlı und dessen Freundin. Einer überlebte: Sedat Bucak, Parlamentsabgeordneter der Partei Tansu Çillers. Im Auto fand man Waffen und falsche Papiere, die vom Innenminister ausgestellt worden waren. Susurluk gilt seitdem als Synonym für die Verstrickung von Staat und Mafia in der Türkei.

Susurluk steht in keinem Zusammenhang mit dem 2008 eröffneten sog. *Ergenekon*-Prozess. Aber auch da geht es um Verstrickungen von Ex-Militärs, ultranationalistischen Rechtsanwälten, Geschäftsleuten und Politikern – mehr als 200 Personen stehen mittlerweile vor Gericht, darunter Generäle, Admiräle und Offiziere. Ihr Untergrundnetzwerk (*Ergenekon* bezeichnet einem Mythos zufolge die geheimnisvolle Urheimat der Türken) soll u. a. hinter den Morden an dem italienischen Priester Andrea Santoro in Trabzon (2006) und an dem armenischen Journalisten Hrant Dink in İstanbul (2007) stecken. Bis die Zwickauer Terrorzelle entdeckt wurde, gab es gar Spekulationen, dass *Ergenekon* auch für die sog. Dönermorde in Deutschland verantwortlich ist. Auch soll das Netzwerk Pläne zum gewaltsamen Sturz der Regierung Erdoğan geschmiedet haben. Der Anklage aber werden ebenfalls Verschwörungstheorien vorgeworfen, darüber hinaus wird sie als Rache der AKP gewertet: Schließlich war es das Militär, das die Regierungspartei verbieten lassen wollte (→ „Wissenswertes von A-Z/Islam").

Vogelkundler zieht es zum 19 km südlich gelegenen **Kuşcenneti-Nationalpark** (an der Straße nach Balıkesir mit „Kuşcenneti Milli Park" ausgeschildert, Eintritt 1,30 €, tägl. außer Mo 9–18 Uhr). Seinen Namen (*kuş cenneti* = Vogelparadies) trägt das rund 64 ha große Terrain um den Kuş-See (auch: *Manyas Gölü*) zu Recht. Je nach Jahreszeit flattern hier zwei bis drei Millionen Vögel am Himmel. Von den ca. 255 vertretenen Vogelarten wie Pelikan, Kormoran, Reiher, Wildente, Nachtigall, Fasan usw. verbringt ein Drittel die Brutzeit vor Ort. Sie können von einem Observationsturm oder ganz bequem im Sessel vor den Monitoren des kleinen **Parkmuseums** beobachtet werden. Ideale Besuchszeit sind die Brutmonate April bis Juni. Bereits im Spätsommer fliegen zahlreiche gefiederte Einwohner in ihre afrikanischen Urlaubsorte. Der See selbst ist wegen seines Planktonreichtums überaus fischreich. Weniger gut geht es den Hühnern in den zahlreichen nahen Legebatterien: Millionen werden hier gezüchtet, um an den Dönerständen İstanbuls als *Chicken Kebap* zu enden.

Verbindungen Von Bandırma im Sommer ca. 6-mal tägl. **Fähren** nach İstanbul/Yenikapı, entweder schnelle Autofähren (*Hızlı Feribot*) oder „Seebusse" (*Deniz Otobüsleri*, keine Mitnahme von Fahrzeugen). Dauer ca. 2 Std. Je nach Schiff 6–14,50 €/Pers., Auto mit Fahrer 60 €, Wohnmobil mit 2 Pers. 68 €. Im Winter eingeschränkte Fahrten. Infos unter www.ido.com.tr.

Busbahnhof weit abseits der Fähranlegestelle am **Stadtrand** Richtung Bursa (Dolmuşzubringer). Regelmäßig Busse nach Çanakkale (3 Std.) und über Manisa nach İzmir (4 Std.). Auch die Minibusse/Busse nach Erdek und ins Dorf Kuşcenneti (von dort noch ca. 15 Fußmin. bis zum Parkeingang) starten vom Busbahnhof.

Am Hafen liegt auch der **Bahnhof** (✆ 0266/7153050). Bis zu 2-mal tägl. Züge nach İzmir (5½ Std.).

Erdek und die Kapıdağı-Halbinsel

Erdek (20.500 Einwohner) steht für einfachen türkischen Billigtourismus und ist gleichzeitig ein Ort, der seine besten Zeiten gesehen hat. Die Zahl der İstanbuler und Bursalılar, die den **Büyük Plaj**, den großen Strand (mehr lang als breit) im Norden des Städtchens, bevölkern, nimmt ab. Auch im Juli und August sind die 08/15-Hotelklötze und Apartmentblocks nicht mehr wirklich ausgelastet, vieles verkommt. Neben architektonischen Einfallslosigkeiten – alte Bausubstanz ist rar, dafür sorgten die Griechen bei ihrem Abzug 1922 – bietet Erdek jedoch auch einen hübschen Promenadenbereich.

Freundlicher präsentieren sich die Dörfer und Strände (darunter auch ein paar verwunschene Buchten) auf der gebirgigen, kaum bebauten Kapıdağı-Halbinsel. Deren Umrundung gehört zum Schönsten, was man in der Umgebung von Erdek unternehmen kann – doch Achtung, die Straße ist nur teilweise geteert. 7 km nördlich von Erdek passiert man das Dorf **Ocaklar** in einer schönen weiten Bucht samt Strand. Hinter dem noch recht ursprünglichen Dorf **Narlı**, das von ausgedehnten Olivenhainen umgeben ist und einige Villen aufweist, wird die Gegend immer einsamer.

Nur Fliegen ist schöner

Die Marmararegion

Im Altertum war die Halbinsel übrigens noch ein richtiges Eiland, das zwei Brücken mit dem Festland verbanden. Infolge von Sandanschwemmung über zwei Jahrtausende hinweg entstand jedoch eine schmale Landenge. In ihrer Nähe, rund 8 km südlich von Erdek, lag in der Antike eine von Milesern gegründete Siedlung namens **Kyzikos**. Die spärlichen Überreste sind von der Zufahrtsstraße nach Erdek ausgeschildert.

Information/Verbindungen/Sonstiges

Telefonvorwahl 0266.

Information Tourist Information, an der Uferpromenade nordwestlich des Hafens. In der Saison tägl. 6–22 Uhr. ✆ 8351169, www.erdek-bld.gov.tr.

Verbindungen Bus/Dolmuş: Busbahnhof von Bandırma kommend am Ortseingang. Mehrmals tägl. nach Çanakkale (3 Std.) und Bursa (2½ Std.). Stündl. Dolmuşe nach Bandırma (30 Min.) und entlang der Nordwestküste der Halbinsel nach Ocaklar und Narlı.

Schiff: Fähren (Anlegestelle mit „Feribot" ausgeschildert) im Sommer 3-mal tägl. zu den Inseln Avşa und Marmara (ca. 2 Std.). 2 €/Pers., Auto 10,20 €. Die Fähren nach Tekirdağ (6 €/Pers., Auto 45 €) fahren nicht tägl., erkundigen Sie sich unter ✆ 0541/9508822 (mobil) nach den Abfahrtszeiten. Stand: Sommer 2011.

Baden Nördlich und südlich von **Erdek** erstrecken sich schmale Sandstrände (im Süden allerdings oft von Erholungsheimen belegt). Einen feinen Sandstrand findet man auch in **Ocaklar**, zwischen Ocaklar und Narlı zudem den netten **Paradise Beach**. Die schönsten Badebuchten gibt es jedoch an der Nord- und Ostseite der Halbinsel. Im Südosten der Halbinsel ist die Wasserqualität nicht die beste, durch die Stilllegung alter Industriebetriebe rund um Bandırma verbessert sie sich jedoch langsam.

Bootsausflüge Rund um die Kapıdağı-Halbinsel im Sommer tägl., Infos über die Touristeninformation. 12,50 €/Pers. mit Essen.

Übernachten/Camping/Essen & Trinken

Erdek bietet in erster Linie einfache Pensionen und Hotels, insbesondere am Büyük Plaj nordwestlich des Zentrums – Ausgefallenes ist nicht darunter. Jede Menge Unterkünfte gibt es auch in Ocaklar und Narlı, wo es sich schöner wohnen lässt als in Erdek selbst. Die Saison dauert nur von Mitte Mai bis September, Hochsaison herrscht, wenn überhaupt, nur im Juli und August. Grundsätzlich übernachtet man auf der Halbinsel recht günstig.

Yasemin Hotel, Mittelklassehaus direkt am Strand von Ocaklar. Ordentliche Zimmer mit Klimaanlage, TV und Balkon. Terrassenlokal. Pool. DZ mit HP 54 €. Von der Uferstraße ausgeschildert, ✆ 8475238, ✆ 8475239, www.yaseminhotel.com.

Rüyam Motel, kleine, etwas enge Bungalowanlage (rund 20 Hütten, darunter alte und neue, Letztere sind besser) im Norden von Erdek hinter der Uferpromenade. Einfach ausgestattet, jedoch mit Bad, Fliesenböden und Klimaanlage, z. T. mit Terrasse. Warmwasser durch Solarenergie. Terrassenlokal. DZ 24 €. Halitpaşa Mah. Çuğra Mevkii, ✆ 8351200, ✆ 8355201, www.erdekruyammotel.com.

Mini Motel, ca. 8 km südlich von Erdek bei den Campingplätzen. Nette, einfache Anlage. 25 saubere Zimmer mit Fliesenböden und privaten Bädern. Freundlicher Strandabschnitt und eine idyllische Restaurantterrasse dahinter. Sehr gutes Preis-Leistungs-Verhältnis. DZ mit VP 41 €. Kamplar Yolu Düzler, ✆ 8557976.

Camping Einfache Plätze ca. 8 km südlich von Erdek an der Straße nach Bandırma (mit „Kamplar" ausgeschildert) sowie in Erdek und in Ocaklar. Eine gute Wahl ist z. B. **İkinci Bahar** direkt hinter der Uferpromenade ortsauswärts Richtung Ocaklar.

Restaurant, Picknicktische, saubere Sanitäranlagen, freundlich geführt. 2 Pers. mit Wohnmobil 8,50 €. ℡ 8456221.

Essen & Trinken Teegärten und Restaurants (Fisch) in Hülle und Fülle an der Uferpromenade.

Die Marmarainseln

Der Charme der kleinen Inselgruppe fiel dem Bauboom zum Opfer, das trifft v. a. auf die einst so idyllischen Badebuchten zu. Bereits in den 1970ern wurden die Marmarainseln von den İstanbulern als Sommerfrische abseits der Großstadthektik entdeckt. Heute in rund drei Stunden mit Schnellbooten von İstanbul aus zu erreichen, gehören sie eigentlich schon zum direkten Einzugsgebiet der Millionenmetropole. Wer als ausländischer Tourist wirklich charmante türkische Eilande kennenlernen will, sollte Gökçeada (→ S. 103) oder Bozcaada (→ S. 225) den Vorzug geben. Die bedeutendsten der sieben Marmarainseln sind Avşa und Marmara.

Das 21 km² große Eiland **Avşa** (nach dem Hauptort auch **Türkeli** genannt) besitzt die attraktivsten Sandstrände der Inselgruppe, dazu zig Unterkünfte jeder Kategorie (an Wochenenden alle ausgebucht!). Vom Fähranleger ist jeder Punkt der Insel in rund einer Stunde zu erreichen. Zu den beliebtesten Stränden gehört Mavikoy. Eine Kostprobe wert ist der kräftige Inselwein.

Marmara, die mit 118 km² größte Insel im Marmarameer, zeigt sich weniger verbaut. Der beste Badeplatz liegt bei Çınarlı, rund 6 km nordwestlich des Hauptortes Marmara. Ihren Namen erhielt das karg-bergige Felseiland von den schon in der Antike ausgebeuteten Marmorsteinbrüchen auf der Nordseite des 700 m hohen İlyas Dağı.

Fährverbindungen: Für Fähren nach Avşa und Marmara → Erdek/Verbindungen (S. 212) und Tekirdağ/Verbindungen (S. 98). Die schnellen *Deniz Otobüsleri* („Seebusse", keine Mitnahme von Fahrzeugen) von İstanbul/Yenikapı über Marmara nach Avşa (3 Std.) und zurück fahren im Sommer tägl. 1-mal (einfach 21 €).

Lâpseki

10.500 Einwohner

Wo das Marmarameer in die Dardanellen übergeht, liegt Lâpseki, in der Antike eine stattliche Hafenstadt und Zentrum der Priapos-Verehrung, heute ein verschlafen-bäuerliches 08/15-Städtchen. Um von Asien nach Europa überzusetzen, kommen noch immer viele Reisende, um Priapos einen Esel zu opfern, keiner mehr. Priapos, der Gott der Gärten, wurde der Mythologie nach bei Lâpseki von Aphrodite geboren. Er besaß einen missgestalteten kleinen Körper, an dem ein übermächtiger Phallus prangte. Insbesondere Bauern verehrten ihn. Seine rot bemalte Holzstatue stellten sie in Obst- und Weingärten als Vogelscheuche auf. Das Opfern von Eseln geht auf einen Streit zwischen Priapos und einem sprechenden Esel zurück. Die Diskussion der beiden drehte sich um die Größe ihrer Geschlechtsteile; Priapos zog den wortwörtlich Kürzeren und schlug das Tier tot.

Verbindungen: Häufige **Bus**verbindungen von und nach Çanakkale. Nahezu stündl. rund um die Uhr **Fähren** von Lâpseki nach Gelibolu (Preise → Gelibolu/Verbindungen, S. 102).

Alles zu **Çanakkale** ab S. 215. Wer nach **Thrakien** übersetzt, liest ab S. 100 weiter.

Abkühlung am Altınkum-Strand bei Çeşme

Nordägäis

Im Hinterland weite Olivenhaine und Kiefernwälder, in den Ebenen Tomaten- und Baumwollplantagen, die Küste gespickt mit Ferienanlagen, abseits davon griechisch geprägte Bilderbuchdörfer und einige der berühmtesten Ausgrabungsstätten der Türkei.

Die fruchtbare und landwirtschaftlich intensiv genutzte Region zwischen den Dardanellen und dem Tal des Großen Mäander ist ein uraltes Siedlungsgebiet. Davon zeugen die Ruinen der antiken Metropolen Troja, Pergamon und Ephesus, die alljährlich Millionen kulturbegeisterter Urlauber anlocken. Das Gebiet ist überaus buchtenreich, von weit vorspringenden Halbinseln und tiefen Meerbusen geprägt. Mit Çeşme besitzt die Nordägäis jedoch nur einen einzigen internationalen Ferienort, ansonsten machen hier vorrangig Türken Urlaub. Ihre riesigen uniformen Ferienhaussiedlungen verschandeln leider viele Buchten zwischen Çanakkale und İzmir. Doch keine Sorge – es gibt noch so manch idyllischen Badeort zu entdecken, und im Hinterland alte griechische Bergdörfer. Dort entstehen mehr und mehr kleine, stilvolle Unterkünfte – Toscana-Feeling trifft Orient-Flair. Im Hochsommer sind viele Orte an der Nordägäis übrigens schrecklich überlaufen. Im Herbst dagegen bekommen sie ihre Ursprünglichkeit schnell zurück. Von Oktober bis April haben viele Unterkünfte geschlossen.

… Nordägäis 215

Çanakkale

106.000 Einwohner

Die Provinzmetropole an der engsten Stelle der Dardanellen ist ein bedeutender Fährhafen zwischen Europa und Asien und zugleich ein guter Standort für Ausflüge zum 30 km entfernten Troja und auf die Halbinsel Gallipoli.

Nur 1244 m trennen Çanakkale von Thrakien, dem europäischen Teil der Türkei. Am Fährhafen, dem Herz der Stadt, spucken dickbauchige Schiffe im Stundentakt Blechlawinen aus und warten Autos, Busse und Lkws in langen Reihen aufs Einschiffen.

Sehenswürdigkeiten gibt es wenige, romantische alte Viertel ebenfalls, dafür sorgte ein Erdbeben im Jahre 1912. Man tut aber viel, um die junge und moderne Stadt zu verschönern, Straßen werden gepflastert, alte Konaks restauriert. Der Jachthafen nördlich der Fähranlegestelle gab Anlass zum Bau einer ausgedehnten Uferpromenade mit Cafés und Restaurants. Dort kann man auch das Originalpferd aus dem Film *Troja* (2004) mit Brad Pitt bewundern.

Zum Schlendern (nicht zum Fahren: chaotisches Einbahnstraßensystem) laden zudem die kleinen Gassen rund um den **Saat Kulesi Meydanı** ein, ein kleiner Platz südöstlich des Fährhafens. Er wird von einem **Uhrturm** aus dem frühen 20. Jh. beherrscht, dem Wahrzeichen der Stadt.

Çanakkale ist alles andere als ein Urlaubsort für mehrere Tage. Touristen gibt es dennoch viele. Es sind überwiegend Australier und Neuseeländer − Pilger auf den Spuren eines der traurigsten Kapitel ihrer Geschichte (→ Kasten, S. 101).

Nordägäis − die Highlights

Bozcaada: Die Reize Bozcaadas, neben Gökçeada die einzige türkische Ägäisinsel, haben sich unter ausländischen Besuchern noch kaum herumgesprochen. Der kleine, griechisch geprägte Geheimtipp bietet Beschaulichkeit, dazu hübsche Strände und ebensolche Unterkünfte.

Troas nennt sich der Landstrich zwischen Troja und Assos mit seiner überaus buchtenreichen Küste. Viele holprige Sträßlein und Feldwege enden an einsamen Stränden.

Assos: eine Empfehlung für alle, die neben antiken Trümmern auch westanatolisches Dorfleben kennenlernen wollen. Genießen Sie die superbe Aussicht vom Burgberg mit der Vorfreude auf ein leckeres Fischessen am Hafen.

Kaz Dağları: Die Kaz Dağları („Gänseberge"), ein waldreicher Höhenzug am Golf von Edremit, bieten herrliche Unterkünfte in alten, ursprünglich griechischen Bergdörfern. Tiefe Täler und Berge bis zu 1800 m laden zu ausgedehnten Streifzügen ein.

Pergamon: Hier erfahren Sie die Ursprünge des Pergaments und des Äskulapstabs, spazieren durch imposante Ruinen und bekommen mit Bergama noch ein reizendes, ursprüngliches Landstädtchen als Zugabe.

Ephesus: ein heißer Tipp und ein unvergessliches Erlebnis. Ephesus war schon Weltstadt, als Athen noch tiefste Provinz und Rom nicht einmal gegründet war.

Geschichte

Die Gegend rund um Çanakkale war seit eh und je ein bedeutender Brückenkopf zwischen Europa und Asien, zudem strategisch wichtig, um den Schiffsverkehr zwischen der Ägäis und dem Marmarameer zu kontrollieren. Um seine Heere über die Meerenge schicken zu können, ließ der persische König Xerxes 480 v. Chr. gar zwei riesige, schwimmende Brücken bauen. Alexander der Große hatte rund 150 Jahre später solchen Respekt vor der Meerenge, dass er Wein aus goldenen Bechern ins Meer kippen ließ, um Poseidon gütig zu stimmen.

Lange Zeit war die Gegend Zankapfel verschiedener Königreiche, zudem stets bedroht von Piraten. Die Siedlung an der Meerenge wurde aber auch regelmäßig von all jenen geplündert, die mit ihren Schiffen in feindlicher Absicht gen Byzanz und später Konstantinopel segelten. Erst als im 15. Jh. unter den Osmanen mächtige Festungen gebaut wurden, wurde das Leben an den Dardanellen sicherer; die Stadt begann sich zu entwickeln. Den Namen Çanakkale („Topfburg") erhielt der Ort wahrscheinlich aufgrund seiner Keramikproduktion, die heute nur noch ein winziges Standbein der lokalen Wirtschaft ist. Im Ersten Weltkrieg waren die Dardanellen Schauplatz blutigster Auseinandersetzungen, als die Alliierten den Durchstoß durch die Meerenge zu erzwingen suchten (→ Kasten, S. 101).

Heute lebt die Stadt – 85 % der Bevölkerung stammen übrigens von einstigen Flüchtlingen aus Griechenland und vom Balkan ab – vom Fährgeschäft und einer florierenden Lebensmittelindustrie, die Produkte des bäuerlichen Hinterlandes verarbeitet. Auch die auffallend vielen Kasernen des Militärs zur Sicherung der Meerenge tragen zum Wohlstand bei. Sonntags scheint die Bedrohung geringer – das Straßenbild Çanakkales wird dann von unzähligen Marinesoldaten geprägt, die ihren freien Tag in der Stadt verbringen.

Mythos Dardanellen

Die Meerenge zwischen dem europäischen und dem türkischen Teil der Türkei war von der Antike bis ins Mittelalter als *Hellespont* bekannt. Ihren heutigen Namen hat sie von Dardanos, einem Sohn des Zeus, der hier der Mythologie nach eine Stadt gegründet hatte. Die Türken nennen die Meerenge übrigens einfach *Çanakkale Boğazı*, „Schlund von Çanakkale".

Zahlreiche Legenden ranken sich um die angeblich Verderben bringende Meerenge. Wohl die bekannteste ist jene von Hero und Leander, die sich nur nächtens sehen konnten, da ihre Liebe geheim gehalten werden musste. So durchschwamm Leander von der asiatischen Seite stets in der Dunkelheit die Meerenge, um zu seiner Hero nach Europa zu gelangen. Zur Orientierung stellte sie ihm eine Kerze ans Fenster. In einer stürmischen Winternacht ging die Kerze aus, Leander ertrank und Hero stürzte sich aus dem Fenster. Das Thema des unglücklichen Paars wurde von Ovid und anderen Dichtern verewigt.

Von Leanders Tod bis 1807 galt das Durchschwimmen der Meerenge als unmöglich. Erst der englische Dichter Lord Byron, ein zu jener Zeit durch unorthodoxe Ansichten berühmt-berüchtigter Exzentriker, bewies das Gegenteil. Seitdem finden sich immer wieder Nachahmer.

Die Meerenge gehört übrigens zu den meistbefahrenen Wasserwegen der Welt. Bis zu 80.000 Schiffe passieren sie jährlich. Nach dem Vertrag von Montreux (1936) darf die Türkei nur fremden Kriegsschiffen die Durchfahrt verweigern.

Nordägäis und Hinterland

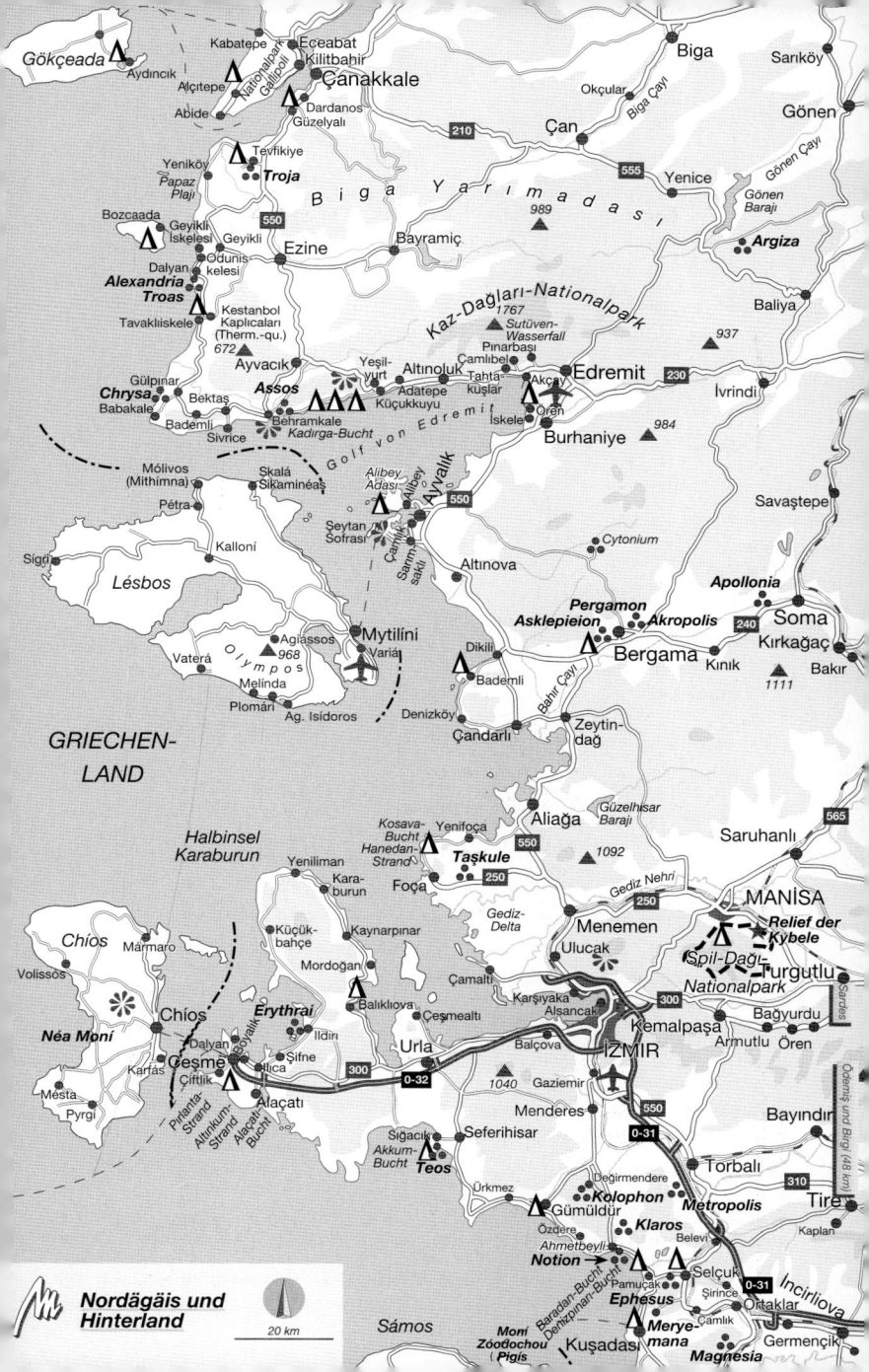

20 km

Ü bernachten

1. Hotel Akol
2. Otel Anafartalar
5. Hotel des Etrangers
7. Hotel Helen
10. Hotel Kervansaray und Efes Hotel
12. Grand Anzac Hotel
14. Yellow Rose Pension

E ssen & Trinken

3. Rıhtım Restaurant Çekiç
4. Köy Evi
6. Boğaziçi Lokantası
8. Yalova Restaurant
9. Babalık Peynir Helvası
13. Teelokale

N achtleben

6. Hayal Kahvesi
11. Yalı Hanı

E inkaufen

15. Aynalı Çarşı

Çanakkale

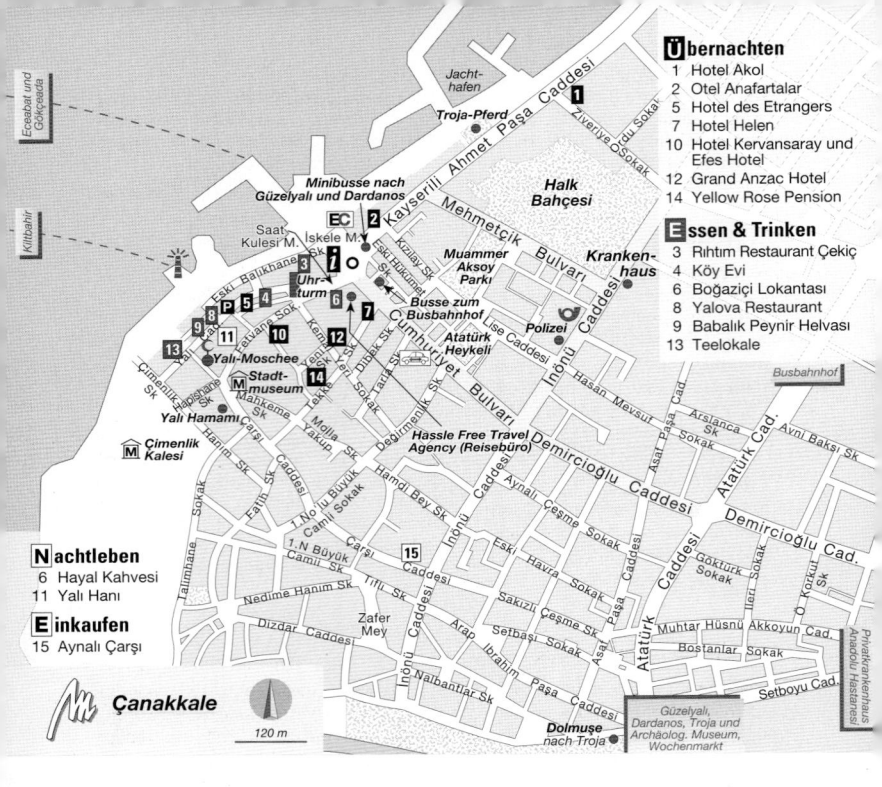

Über die Stadtgeschichte informiert das Stadtmuseum *(Kent Müzesi)* in der Altstadt (tägl. außer Mo 9–17 Uhr, Eintritt frei), aber leider nur auf Türkisch und alles andere als ausführlich.

Information/Verbindungen/Ausflüge

Telefonvorwahl 0286.

Information Tourist Information, je nach Schicht auch deutschsprachig. Im Sommer Mo–Fr 8.30–17.30 Uhr, Sa/So 9.30–12.30 u. 13.30–16.30 Uhr, im Winter verkürzt. Beim Fährhafen, İskele Meydanı 67, ℡/✆ 2171187, www.canakkalekulturturizm.gov.tr.

Verbindungen Bus: Busbahnhof weit außerhalb an der Straße nach Bursa. Regelmäßige Verbindungen nach Ayvalık (3½ Std.), İzmir (5 Std.), Ankara (10 Std.), Bandırma (3 Std.), Bursa (5 Std.), Edirne (4 Std.) und İstanbul (6 Std.). Zweigstellen mehrerer Busgesellschaften (mit Servicezubringer) am Platz beim Fähranleger. Die regulären Stadtbusse zum Busbahnhof starten vor dem Hotel Artur am Cumhuriyet Bul.

Dolmuş: Die Minibusse nach Güzelyalı und Dardanos starten beim İskele Meydanı, die nach Troja südöstlich des Zentrums an der Atatürk Cad. (unter der Brücke über den Sarı Çay).

Schiffsverbindungen Rund um die Uhr nahezu stündl. **Fähren nach Eceabat** am gegenüberliegenden Dardanellenufer (Dauer ca. 30 Min.). 0,80 €/Pers., Auto 9,40 €. **Fähren zur Festung Kilitbahir** einige Kilometer südlich von Eceabat ebenfalls tagsüber nahezu stündl., ähnliche Preise.

Deniz Otobüsleri („Seebusse", keine Mitnahme von Autos) im Sommer bis zu 4-mal wöchentl. nach Gökçeada und Bozcaada. Dauer jeweils ca. 1 Std., egal wohin 4 €/Pers. Infos auf www.gdu.com.tr.

Çanakkale 219

Organisierte Touren Bieten tägl. u. a. Hassle Free Travel Agency (im Anzac House Hostel, Cumhuriyet Meydanı 61, ℡ 2315969, www.anzachouse.com) und die Yellow Rose Pension (→ Übernachten). Ausflüge nach Troja (3 Std. mit Führung) ca. 30 €, Touren auf die Halbinsel Gallipoli (5–8 Std., mit und ohne Lunch, unterschiedliche Schwerpunkte) 30–40 €.

Adressen/Baden/Einkaufen/Sonstiges

Ärztliche Versorgung Privates Krankenhaus **Anadolu Hastanesi** an der Troya Cad. im Südosten der Stadt. ℡ 2182424. Zentrumsnäher liegt das staatliche **Devlet Hastanesi**. ℡ 2171098.

Autoverleih Beispielsweise **Abide Rent a Car** am Cumhuriyet Meydanı/Ecke Tarla Sok. 1 (1. OG). Preiswertester Wagen ab 44 €/Tag. ℡ 2124344 o. 0530/4033034 (mobil).

Baden Vor Ort schlechte Karten.

Einkaufen Fr Wochenmarkt am südlichen Ufer des Sarı Çay (östlich der Atatürk Cad.).

An der Çarşı Cad., der gepflegten Fußgängerzone, liegt der **Aynalı Çarşı** 15 aus dem 19. Jh., in dem Çanakkale-Souvenirs, Wasserpfeifen, Stoffe etc. verkauft werden.

Türkisches Bad (Hamam) Yalı Hamamı, im Zentrum. Auch gemischtes Bad möglich. Eintritt mit *Kese* und Massage 14,30 €. Tägl. 7–24 Uhr. Çarşı Cad.

Veranstaltungen Viel Tanz, Musik und kulturelle Veranstaltungen jeder Art bringt das einwöchige **Çanakkale Truva Festivalı** Mitte August. Zum Platzen voll und zu meiden ist die Stadt rund um den historischen **Anzac Day** (→ Kasten, S. 101) am 25. April, wo Nepper und Schlepper sich schlagartig vermehren und Hotelpreise astronomisch steigen.

Übernachten/Camping

In Çanakkale findet man Unterkünfte für jeden Geldbeutel, das Gros ist jedoch lediglich zweckmäßig. Für die Tage um den *Anzac Day* (25. April) ist eine Reservierung unumgänglich. Wer näher an Troja übernachten will, findet auch im 15 km südlich gelegenen, wenig attraktiven Ferienresort Güzelyalı Unterkünfte jeder Kategorie.

Hotel des Etrangers 5, schon im 19. Jh. diente das schöne Stadthaus als Hotel, Heinrich Schliemann soll hier übernachtet haben. 2010 als Boutiquehotel wiedereröffnet, wird das Haus heute wieder unter dem alten Namen geführt. Nur 8 nette, ausreichend große Zimmer mit komfortabler, nostalgisch-niedlicher Ausstattung und Laminatböden. Manche Zimmer mit Balkon und Meeresblick, alle mit aufwendig gearbeiteten Holzdecken. EZ 90 €, DZ 110 €. Yalı Cad. 25–27, ℡ 2142424, ℻ 2144242, www.yabancilaroteli.com.

**** Hotel Akol 1, das der Sternezahl nach beste Haus der Stadt, ein Kasten aus den frühen 1990ern nordöstlich des Hafens. Kühler Marmor in der klimatisierten Empfangshalle, Pool, Disco, Restaurant und Roofbar (7. Stock). 137 Zimmer mit dichen Teppichböden, viele mit Meeresblick. DZ 100 €. Kordonboyu, ℡ 2179456, ℻ 2172897, www.hotelakol.com.tr.

Hotel Kervansaray 10, in seiner Preisklasse ein sehr guter Anlaufpunkt, von Lesern sehr gelobt. 19 ansprechend restaurierte Zimmer in einem Stadthaus aus dem Jahr 1903. Klimaanlage, Minibar, freundlicher Innenhof. EZ 45 €, DZ 65 €. Fetvane Sok. 13, ℡ 2178192, ℻ 2172018, www.otelkervansaray.com.

*** Grand Anzac Hotel 12, ruhig gelegenes, 2011 eröffnetes Haus. Empfehlenswert. 37 angenehme, komfortabel und modern ausgestattete Zimmer mit Laminatböden und einem Tick Orientkitsch, das Gros besitzt französische Balkone. Alles blitzblank. EZ 40 €, DZ 60 €. Kemalyeri Sok. 11, ℡ 2160016, ℻ 2172018, www.grandanzachotel.com.

*** Otel Anafartalar 2, sechsstöckiges Hotel dicht am Hafen, von innen besser als die Fassade vermuten lässt. Zimmer dennoch nichts Besonderes, zur Seeseite jedoch mit tollem Blick auf die Meerenge. Restaurant auf dem Dach. EZ 31 €. DZ 51 €. İskele Meydanı, ℡ 2174455, ℻ 2174457, www.hotelanafartalar.com.

*** Hotel Helen 7, Haupthaus am Cumhuriyet Meydanı, nagelneue Dependance (nennt sich „Helen Park") mit modernen Zimmern ums Eck. Egal wo, alle Zimmer mit Klimaanlage, Heizung, Föhn etc. Sehr sauber und freundlich. EZ 27 €, DZ 49 € (identische Preise in beiden Häusern). Cumhuriyet Meydanı 57, ℅ 2121818, ✆ 2128686, www.helenhotel.com.

Efes Hotel 🔟, Billighotel einmal anders. Farbenfrohes Haus unter netter Leitung. Sehr ordentliche und saubere Zimmer mit Klimaanlage und Bad. Telefonische Reservierung empfehlenswert (nicht schriftlich, die Dame des Hauses sieht schlecht und hat deswegen Probleme mit dem Internet). EZ 16,50 €, DZ 29 €. Aralık Sok. 5, ℅ 2173256, ✆ 2121176, www.efeshotelcanakkale.com.

Yellow Rose Pension 🔢, 100 m vom Uhrturm entfernt. Treffpunkt junger Aussis und Kiwis. Bookexchange, Laundryservice, Infos über Gallipoli, Tischtennis usw. Ruhige Lage, nette Terrasse. Klitzekleine Zimmer mit und ohne Bad. DZ mit Bad 25 €, im Mehrbettzimmer 9 €/Pers. Aslan Abla Sok. 5, ℅ 2173343, www.yellowrose.4mg.com.

Camping → Eceabat, S. 103.

Essen & Trinken/Nachtleben (→ Karte S. 218)

Gute Fischrestaurants südlich des İskele Meydanı. Eine süße Spezialität Çanakkales ist das mit Käse angereicherte *Peynirli Helva*. Nett sitzt man in den gemütlichen, schattigen **Teelokalen 🔢** bei der Fähranlegestelle nach Kilitbahir und den Straßencafés südlich der Marina.

Yalova Restaurant 🔢, alteingesessenes Lokal (besteht seit 1940) in erster Reihe an der Uferpromenade. Leicht gediegen. Verglaste Terrasse, preislich in der Mittelklasse. Super Meze und guter Fisch. ℅ 2171045.

Rıhtım Restaurant Çekiç 🔢, trotz insgesamt wenig ansprechendem Ambiente (Schnellrestaurantflair) ein sehr beliebtes Fischlokal an der Uferfront südlich des İskele Meydanı. Zu empfehlen sind besonders die Shrimps, egal ob gebraten, gegrillt oder im Tontopf (um die 6,50 €). ℅ 2125367.

Boğaziçi Lokantası 🔢, beim Uhrturm. Lokanta mit jeder Menge leckerer Schmorgerichte. Auch abends hat man noch eine große Auswahl – 24 Std. geöffnet. Saat Kulesi Meydanı 4 A.

Köy Evi 🔢, Minilokal im dörflichen Stil. Beim Zubereiten von *Gözleme* kann man zusehen, zudem gibt es *Mantı*, gefülltes Gemüse oder *Börek*. Freundlich und günstig. Yalı Cad. 11.

Süßes Babalık Peynir Helvası 🔢, hier hat man die beste Möglichkeit, *Peynirli Helva* (s. o.) zu kosten – und das seit 1912. Yalı Cad. 34.

Nachtleben Dem Bierdurst australischer Traveller werden etliche Pubs und Bars gerecht. Aber auch die Einheimischen gehen gern aus – schauen Sie sich z. B. in der Fetvane Sok. um. Ein Treffpunkt der lokalen Alternativszene ist dort z. B. die Open-Air-Kneipe Yalı Hanı 🔢. Nicht weit davon entfernt, am Saat Kulesi Meydanı, bietet das **Hayal Kahvesi 🔢**, ein Ableger des populären İstanbuler Musicpubs (→ S. 124), oft Livemusik.

Sehenswertes

Çimenlik Kalesi ("Wiesenburg"): Die Festung mit ihren neun trutzigen, wehrhaften Türmen, die auch *Kale-i Sultaniye* (Sultansburg) genannt wird, ließ Mehmet der Eroberer 1454 errichten. Ihre über 10 m hohen Mauern haben eine Dicke von 5–7 m. Zusammen mit der gegenüberliegenden Festung *Kilitbahir* (→ S. 103) ermöglichte sie die Kontrolle des strategisch so wichtigen Tores vom Mittel- zum Marmarameer. Das Areal beherbergt heute ein *Marinemuseum (Deniz Müzesi)* des türkischen Militärs, das u. a. die hiesigen verlustreichen Kämpfe aus dem Ersten Weltkrieg nachzeichnet. In dem kleinen Park, der die Burg umgibt, steht zudem ein Nachbau des in der Dardanellenschlacht kriegsentscheidenden Minenlegers *Nusrat* (→ Kasten, S. 101).

Tägl. (außer Mo u. Do) 9–12 u. 13–17 Uhr. Eintritt 1,60 €, erm. 0,40 €.

Archäologisches Museum: Die trojanischen Exponate beschränken sich auf zusammengeflickte Schüsseln und Krüge. Am sehenswertesten sind die Grabbeigaben – überwiegend Goldschmuck – des 1959 unversehrt entdeckten sog. *Dardanos-Tumulus* (11 km südlich von Çanakkale), dessen Name sich auf den mythischen, gleichnamigen Stadtgründer bezieht. Daneben sind gut erhaltene Funde aus Bozcaada, Assos und Gülpınar ausgestellt sowie die obligate Münz- und Amphorensammlung.

2 km südöstlich des Zentrums an der 100. Yıl Cad., von der Straße nach Troja ausgeschildert. Die Dolmuşe nach Güzelyalı passieren es. Tägl. (außer Mo) 9–17 Uhr. Eintritt 2 €.

> Für die Halbinsel Gallipoli lesen Sie weiter im Thrakien-Kapitel ab S. 100, für die Insel Gökçeada ab S. 103, für Lâpseki nördlich von Çanakkale ab S. 213.

Troja

(Truva, antike Stadt)

Troja, die prominenteste der türkischen Ausgrabungsstätten, verdankt ihre Bekanntheit ihrem Mythos, nicht aber den Zeugnissen aus 5000 Jahren Geschichte, die heute vor Ort zu sehen sind.

Grund für die weltweite Berühmtheit Trojas ist Homers Epos *Ilias*. Dem gewaltigen Werk mit 16.000 Versen entsprang der Mythos des Trojanischen Krieges, der seit der Antike Einfluss auf Dichtung und bildende Kunst genommen hat. Ob es jedoch jemals einen Kampf um Troja gab, und wenn ja in welcher Form, ist nicht nachgewiesen. Genauso wenig weiß man, ob der gewaltige Achilles, der mächtige Agamemnon, der listenreiche Odysseus, der vor Gram gebeugte Priamos oder die schöne Helena jemals reale Personen waren. Selbst die Existenz Homers ist umstritten. Mehr als umstritten sind auch neueste Theorien, nach denen Troja in Kilikien (→ Karatepe-Nationalpark) und gar nicht an der Nordägäis zu suchen ist ... Die Frage dann: Zu welcher antiken Stadt gehören die hiesigen Ruinen, wenn nicht zu Troja?

Einer, der die *Ilias* las und an der Existenz des Kriegsschauplatzes Troja nahe den Dardanellen keine Zweifel hatte, war der deutsche Kaufmann und Abenteurer Heinrich Schliemann (1822–1890). Er vermutete unter dem Ruinenhügel Hisarlık den sagenhaften „Schatz des Priamos". Zu jener Zeit war das Interesse der Weltöffentlichkeit an der Archäologie gering, die Feldforschung steckte gar noch in den Kinderschuhen. Schatzsucher Schliemann sorgte dafür, dass sich das änderte, auch wenn er an wissenschaftlichen Grabungstechniken nicht interessiert war. 1870 begann er den Hügel mit Sondierungsgräben so gründlich zu zerpflügen, dass ganze Generationen nachfolgender Ausgräber entnervt Schippchen und Hacke ins Feld warfen.

Schliemann fand, was er suchte, bzw. was er dafür hielt – mit der Datierung und Einordnung von Funden nahm man es damals noch nicht so genau. Den Schatz brachte er illegal nach Berlin, wo sich ihn die Russen am Ende des Zweiten Weltkrieges schnappten. Vor einigen Jahren zog Schliemanns Schatz als erfolgreiche Wanderausstellung durch die großen Museen der Welt und nährte so weiter die Faszination am Mythos Troja. Traurig, aber wahr: Heute weht über dem Ruinengelände kein Hauch von Achilles mehr. Ein plumpes, 20 m hohes, für einen Fernsehfilm nachgebautes Holzpferd ist der einzige Blickfang. Vom ruhmreichen Troja Homers zeugen nur spärlichste Reste.

Und von allen anderen Trojas auch. Es gab nicht weniger als neun an der Zahl, alle übereinander, da auf den Trümmern der jeweils älteren Stadt immer wieder eine neue erbaut wurde. Archäologen versehen sie zur einfacheren Unterscheidung mit römischen Zahlen. **Troja I**, die unterste, eine von einer Wehrmauer umfasste Siedlung, datiert aus den Jahren 2920–2600 v. Chr. Darauf folgte **Troja II** (2600–2450 v. Chr.), mittlerweile ein Fürsten- oder Königssitz, der mehrmals durch Brände verwüstet wurde. In jener Siedlungsschicht entdeckte Schliemann seinen „Schatz des Priamos" – nur trennten Troja II noch über 1000 Jahre von dem angeblichen Troja des Priamos.

Denn zunächst kommen noch **Troja III–V** (2450–1700 v. Chr.), in deren Verlauf sich das Siedlungsgebiet auf 18.000 m² ausdehnte. Während **Troja VI** (1700–1250 v. Chr.) wurde daraus eine bedeutende Handelsstadt mit Palästen und hohen Befestigungsmauern, die jedoch ein Erdbeben zerstörte. Erst jetzt machte sich das glorreiche, sagenumwobene Troja breit, das mit Priamos und Homers Trojanischem Krieg enden sollte – **Troja VIIa** (1250–1150 v. Chr.), nachweislich immerhin durch einen Brand zerstört.

Was nach **Troja VIIb** (bis Anfang des 10. Jh. v. Chr.) passierte, weiß man nicht – es gibt Annahmen, dass die Stadt aufgegeben wurde. **Troja VIII** (700–85 v. Chr.) war vermutlich eine Neugründung der Äoler, die die Stadt nun *Illion* nannten. 547 v. Chr. verleibte sie der Perserkönig Kyros in sein Reich ein, danach Alexander der Große. Illion war berühmt für seinen Athenatempel, das Fundament existiert noch heute.

Troja – für den Laien eher eine Enttäuschung

Zuletzt garnierten die Römer den Hügel mit Prunkbauten, **Troja IX** nennt sich ihr Überguss. Troja profitierte zu jener Zeit von dem Ruf, die Vaterstadt des Romgründers Aeneas zu sein. Mäzenhaft wurde sie gefördert, 40.000 Menschen lebten vermutlich innerhalb der Stadtmauern. Der späten Blüte setzten die Goten 262 n. Chr. ein Ende. Zurück blieb ein gigantischer Schutthaufen, über den nur noch der Wind pfiff, bis Schliemann zu buddeln begann.

Und so steht in der brettflachen Küstenebene heute ein zerfledderter Grabungshügel aus neun Siedlungsschichten, in dem sich 5000 Jahre Geschichte verstecken, oder anders gesagt: aus dem all die Trojas lugen. Hier eine Mulde mit ein paar Quadern aus Troja VI, daneben eine kniehohe Mauer aus Troja II usw.

Hinweis: Die Überreste Trojas gleichen nicht im Ansatz denen von Ephesus oder Pergamon, wo man auch als Laie vieles erkennen kann. Je spärlicher die Reste, desto mehr Informationen bedarf es, um einen spannenden Rundgang zu erleben. Kaum ein Reiseführer kann diese aus Platzgründen liefern. Das Gelände ist hervorragend mit Schautafeln und Erläuterungen versehen. Wir möchten zudem ausdrücklich auf das Buch **Troja/Wilusa. Überblick und offizieller Rundgang** von Prof. Dr. Manfred O. Korfmann verweisen (2005, vor Ort erhältlich). Prof. Dr. Korfmann leitete zwischen 1988 und 2005 die Forschungsarbeiten, heute werden sie von Prof. Dr. Ernst Pernicka, beide von der Universität Tübingen, fortgeführt. Am Eingang zum Grabungsgelände wird über den aktuellen Stand der allsommerlich stattfindenden Grabungsarbeiten informiert. Vor Ort ist zudem ein großes Troja-Museum geplant (das schrieben wir schon in der letzten Auflage, aber angeblich sollen die Arbeiten 2012 nun tatsächlich beginnen). Es soll den Schatz des Priamos beherbergen, den die Türkei von Russland zurückfordert.

Anfahrt/Verbindungen Troja liegt beim Dorf Tevfikiye, von der Nationalstraße 550 ausgeschildert. Regelmäßige **Dolmuş**verbindungen von Çanakkale nach Tefvikiye. **Taxi** (schneller und teurer) ca. 55 € retour.

Öffnungszeiten Im Sommer tägl. 8.30–19 Uhr, im Winter 8–17 Uhr. Eintritt 6,10 €.

Organisierte Touren → Çanakkale/Organisierte Touren.

Übernachten/Camping Am besten übernachtet man in Çanakkale. Vor Ort nur wenige Möglichkeiten. Die folgenden beiden Unterkünfte liegen nahe dem Eingang zum Grabungsgelände:

Hisarlık Otel, ordentliche, einfache Zimmer mit ebensolchen Bädern, alle mit Dachveranda und Klimaanlage. Der Besitzer ist ein Troja-Guide. Angeschlossen ein Busgruppenrestaurant. EZ 28 €, DZ 40 €. Tevfikiye, ✆ 0286/2830026, www.thetroyguide.com.

Pension Troia, 4 schlichte, aber sehr saubere Zimmer mit Gemeinschaftsterrasse. Davor ein schattenloser Stellplatz für Wohnmobile (Chemietoilette vorhanden) und ein paar Quadratmeter Wiese zum Zelten. Alles gepflegt und ordentlich. DZ 40 €, 2 Pers. mit Wohnmobil 14,50 €. Tevfikiye, ✆ 0286/2830571, www.trojapension.com.

Die Troas

Troas nennt sich die fruchtbare, nur mit wenigen Kleinstädten und Dörfern durchsprenkelte Region zwischen Assos und Troja westlich der Fernstraße Çanakkale – İzmir. Das kaum frequentierte, enge Küstensträßlein führt vorbei an Tomatenplantagen und goldenen Weizenfeldern, Kiefernwälder säumen die Hügel, und Wiesen voller wilder Blumen machen einen Ausflug v. a. im Frühjahr erlebnisreich. Um die liebliche Landschaft zu genießen, ist ein eigenes Fahrzeug empfehlenswert, Dolmuşe fahren die Strecke nur äußerst selten ab.

Zwar hat der unkontrollierte Ferienhausbau mittlerweile auch die Troas erreicht, doch steht er hier noch in keinem Vergleich zu manch anderen türkischen Ägäisabschnitten. Dafür sorgte der Kalte Krieg – bis 1992 waren weite Abschnitte der Troas militärisches Sperrgebiet. Immer wieder führen Stichstraßen, oft nur holprige Feldwege, zu versteckten Buchten – gehen Sie fröhlich schaukelnd auf Entdeckungsfahrt. Schöne, leicht erreichbare Sandstrände findet man bei Tavakliskele, bei Yeniköy sowie zwischen Dalyan und Oduniskelesi. Wer hier unterkommen will, muss i. d. R. auf einen einfachen Campingplatz ausweichen. Mancherorts werden auch schlichte Zimmer vermietet. Neben Badefreuden bietet die Gegend das alte Piratennest Babakale und selbstverständlich diverse antike Ruinen.

Alexandria Troas (antike Stadt): Die antike Stadt wurde um das Jahr 310 v. Chr. vom Diadochen Antigonos gegründet. Ursprünglich hieß sie auch *Antigoneia*, wurde jedoch später zu Ehren Alexanders des Großen umbenannt. Die Ruinen der einst bedeutenden Hafenmetropole, in der Apostel Paulus auf seiner zweiten Missionsreise predigte und die Kaiser Konstantin im 4. Jh. gar zu seiner Hauptstadt machen wollte, liegen in einem weitläufigen Areal zwischen Feldern, Gestrüpp und Steineichen verstreut.

Viel der einstigen Bausubstanz wurde in byzantinischer und osmanischer Zeit abgetragen, angeblich sollen Steine aus Alexandria Troas auch beim Bau der Blauen Moschee in İstanbul verwendet worden sein. Seit 1993 widmet sich die Universität Münster der Erforschung Alexandria Troas'. Bei den alljährlichen Grabungskampagnen werden immer wieder neue Gebäude entdeckt. Zu den wichtigsten Ruinen gehören Teile der *Stadtmauer*, Teile des *Theaters* und Reste der *Thermen*, die einst zu den größten Anatoliens zählten. Vor Ort finden Sie einen Orientierungsplan, zudem Hinweisschilder auch mit deutschen Legenden. Einen Extratrip sind die Ruinen nicht wert, eine atmosphärische Pause in der Einsamkeit aber allemal.

Apropos Thermen: Rund 3 km südlich von Alexandria Troas befindet sich das kleine, etwas schmuddelige *Thermalbad Kestanbol Kaplıcaları* mit über 70 °C warmem Wasser. Es soll Rheuma, Frauen- und Nierenkrankheiten lindern.

Anfahrt Die Ruinen von Alexandria Troas liegen nahe dem Dörfchen Dalyan neben der Küstenstraße (die hier allerdings keine Küstenstraße ist, sondern im Landesinneren verläuft).

Übernachten/Camping Agora, kleine, gepflegte, terrassenartige Anlage an einem schönen, ruhigen Strandabschnitt. 6 saubere Zimmer (für 2–5 Pers.) in Holzhäuschen, zudem kann gecampt werden (allerdings nur sehr wenige Stellflächen). Restaurant, Sanitäranlagen okay. Ganzjährig. DZ mit HP 66 €, 2 Pers. mit Wohnmobil 8 €. In Tavakliısekele, ℅ 0286/6470037, ✉ 6470036, www.agoracamping.com.

Gülpınar: Das unspektakuläre Örtchen liegt an der Stelle des antiken *Chrysa*, das bekannt für seinen Apollonkult war. Am unteren Ortsrand (ausgeschildert) sind Reste des ionischen *Apollon-Smintheius-Tempels* aus dem 2. Jh. v. Chr. zu sehen – für den Laien insgesamt aber wenig spannend (tägl. 8–19 Uhr, Eintritt 2 €). Von Gülpınar führt ein 9 km langes Stichsträßlein zum gemütlichen Fischerdorf *Babakale* – eine (von den stetig wachsenden Feriensiedlungen einmal abgesehen) insgesamt schöne Strecke mit guten, manchmal nur zu Fuß zu erreichenden Bademöglichkeiten.

Babakale: Das Dorf mit seinem kleinen Fischerhafen liegt fotogen über dem Meer, garniert von den frisch restaurierten Mauern einer alten Festung, die einst den westlichsten Punkt der kleinasiatischen Küste sicherte. Erst im 17. Jh. konnte das Osmanische Reich das Piratennest erobern. Rund um den staubigen Dorfplatz herrscht die Stille eines vergessenen Fleckchens Erde, die sich am angenehmsten im Teegarten überm Hafen genießen lässt. Leider fehlen gute Bademöglichkeiten unmittelbar vor Ort.

Verbindungen Bis zu 3-mal tägl. Dolmuşe von Gülpınar nach Ayvacık, regelmäßige Verbindungen zwischen Gülpınar und Babakale.

Übernachten Denizhan Otel, freundlich geführtes, 2011 eröffnetes, sehr sauberes 12-Zimmer-Haus. Schlichte, aber nette Zimmer mit Laminatböden und Klimaanlage, unbedingt eines mit Balkon wählen (schöner Meeresblick). Dachterrassenlokal. DZ ab 41 €. Über dem Hafen von Babakale, ℅ 0286/7470102, www.denizhanbutikotel.com.

Günstiger, aber auch deutlich einfacher übernachtet man im **Motel Uran** ein paar Schritte weiter (DZ 33 €). Mit gutem Fischlokal. ℅ 0286/7470218.

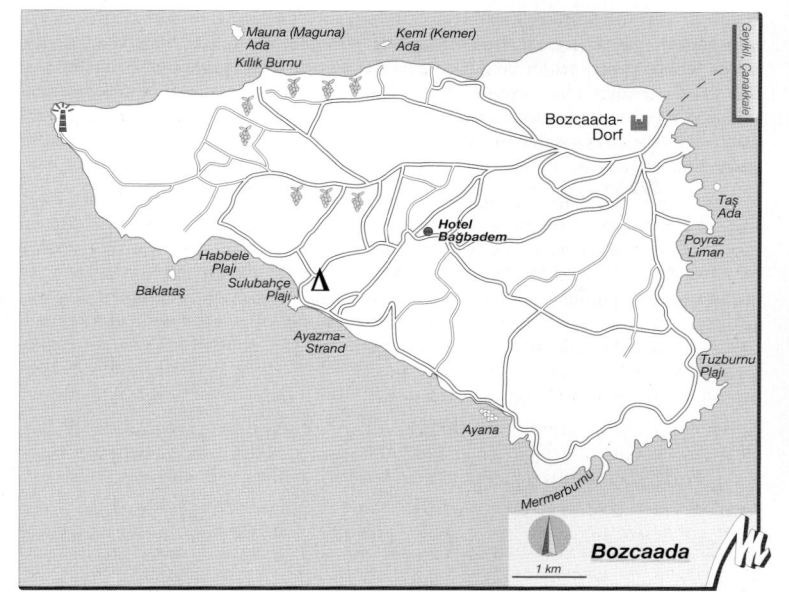

Bozcaada (Insel)

Eine felsig-struppige Insel, ein Städtchen, beide beschaulich und charmant.
Bozcaada ist wie geschaffen, um ein paar Tage die Seele baumeln zu lassen.

So etwas wie Hektik kennen die 2500 Einwohner auf ihrer nur 6 km langen Insel nicht, die das US-amerikanische Reisemagazin *Condé Nast Traveler* 2008 zum viertschönsten Eiland der Welt kürte (die Amis ...). Es geht geruhsam und überaus freundlich zu. Die Einwohner verwalten sich selbst, leben von dem, was das Meer und die Weinberge hergeben, und im Sommer ist der Tourismus ein willkommenes Zubrot. Das Gros der Einwohner stellen mehr und mehr Aussteiger aus den türkischen Großstädten, die viel gemeinsam haben: Geld, Bildung und Sinn für eine nachhaltige, bewusste Lebensweise. So wundert es nicht, dass Bozcaada seit 2011 der einzige plastiktütenfreie Ort der Türkei ist.

Auf der Insel leben auch noch rund 15 ältere Griechen, doch jedes Jahr werden es weniger. Wie die Insel Gökçeada wurde auch Bozcaada durch den Lausanner Vertrag 1923 der Türkei zugesprochen – unter der Bedingung, dass die griechischen Einwohner vom Bevölkerungsaustausch ausgenommen würden. Und noch immer ist das Erbe der Griechen unverkennbar. Im einzigen Ort Bozcaadas säumen schneeweiße Erkerhäuschen blumenprächtige Pflastergassen. Die Griechen lebten übrigens etwas landeinwärts rund um das kleine Kirchlein, die Türken näher am Hafen.

Ein Aufenthalt auf der Insel steht ganz im Zeichen der Erholung und des Strandurlaubs. Anzuschauen gibt es nicht viel: Die wuchtige **mittelalterliche Festung** am Hafen sieht aus, als wäre sie erst gestern errichtet worden. Auf dem Gelände kann man u. a. alte Werkstätten, Kasernen, das Lazarettgebäude und eine Moschee besichtigen (im Sommer tägl. 10–13 und 14–19 Uhr, Eintritt 1,20 €). Über die Inselgeschichte informiert das private **Tenedos-Museum** in einem schönen Altstadthaus. Der inselverliebte İstanbuler Hakan Gürüney sammelte so ziemlich alles, was irgendwie mit Bozcaada zusammenhängt: Gravuren aus dem 18. Jh., Werkzeug, vergilbte Postkarten sowie spannende Fotos, die vom einstigen friedlichen Zusammenleben der türkischen und griechischen Insulaner zeugen (Lale Sok. 7, vom Hafen zum Kirchturm hin orientieren; im Sommer tägl. 10–18 Uhr, Eintritt 2 €).

Verbindungen

Telefonvorwahl 0286.

Information Im Sommer ein kleiner Infokiosk am Hafen, www.bozcaadarehberi.com.

Verbindungen Fähren legen in Geyikli İskelesi ab, ca. 5 km westlich von Geyikli, mit „Bozcaada" ausgeschildert. Von Çanakkale/Busbahnhof fahren Busse nach Geyikli, in der HS gibt es zuweilen auch Direktbusse von İstanbul. Abfahrt der Fähren im Sommer: Hinfahrt alle 2 Std. von 9 bis 24 Uhr, Rückfahrt ebenfalls alle 2 Std. von 7.30 bis 23 Uhr, die jeweils letzten Fähren verkehren nur Sa/So. Retour 2 €/Pers., Auto (Fahrer inkl.) 18,50 € (Stand 2011).

Deniz Otobüsleri („Seebusse", keine Mitnahme von Autos), im Sommer bis zu 4-mal wöchentl. nach Çanakkale. Dauer ca. 1 Std., einfach 4 €/Pers. Infos auf www.gdu.com.tr.

Adressen/Einkaufen/Sonstiges

Ärztliche Versorgung Krankenstation etwas zurückversetzt vom Hafen an der 20 Eylül Cad. ✆ 6978051.

Auto- und Zweiradverleih Beispielsweise **Akyüz Rent a Car**, über die Bar Polente in Nachbarschaft der Polizei. Autos ab 41 €, Scooter ab 21 €, Fahrräder ab 12,50 €. ✆ 0545/5419514, www.akyuzrentacar.com.

Baden Die schönsten Sandstrände findet man an der Südküste. Sie heißen **Habbele**, **Ayana** und **Ayazma**. Letzterer (oft voll) besitzt Bars und ist alle 30 Min. mit dem Dolmuş vom Hauptplatz (Abfahrt vor der Polizei) zu erreichen.

Einkaufen Wein! Die Insel zählt 5 Winzereien, *Amadeus* (seit 2011, unter österreichischer Leitung), *Corvus*, *Ataol*, *Talay* und *Çamlıbağ*. Die Verkaufsstellen sind nicht zu verfehlen. Der Wein ist schlicht und okay, Flaschenpreis 5–18,50 €.

Veranstaltungen Ehemalige griechische Inselbewohner und ihre Nachkommen treffen sich alljährlich in der letzten Juliwoche beim **Ayazma-Fest**. Das **Weinlesefest Bağ Bozumu Festivalı** steigt Anfang Sept.

Übernachten/Essen & Trinken

Die meisten Unterkünfte befinden sich im Hauptort. Zimmeranbieter und Pensionsbesitzer machen schon bei Ankunft der Fähre auf sich aufmerksam. Das Angebot ist gut, dennoch kann es an Sommerwochenenden zu Engpässen kommen. Übernachten auf Bozcaada ist grundsätzlich nicht billig, angegeben sind wie immer die HS-Preise. Am günstigsten wohnt man in den sog. *ev pansiyonları*, schlichten, sauberen und freundlichen Pensionen mit Familienanschluss, Gemeinschaftsbad und -küche (ab 15 €/Pers.); man findet sie in den hinteren Reihen des Dorfes.

In Bozcaada-Dorf **Hotel Kaikias**, stilvolles, kleines Hotel im Gassenwirrwarr 100 m nordwestlich der Festung. Große, in warmen Farben gestrichene Räume, dunkler Dielenboden, z. T. Himmelbetten mit Moskitonetz und netten Details. 20 Zimmer, alle mit Aircondition. Ab 52 €/Pers. Kale Arkası, ✆ 6970250, 🖷 6970450, www.kaikas.com.

Otel Ege, in der alten Dorfschule. 36 gepflegte Zimmer (durch die Komplettrestaurierung leider kleiner als Klassenzimmer), die schönsten unterm Dach – zwar mit leichter Schräge, aber dafür mit kleiner Terrasse. Netter Außenbereich. DZ 78 €. Kala Arkası (nahe dem Kaikias), ✆ 6978189, www.otelege.8m.com.

»» Unser Tipp: **Rengigül Konakevi**, in einem romantisch-detailverliebt dekorierten, alten Stadthaus nordwestlich der Fähranlegestelle. Unter Leitung der freundlichen Özcan Germiyanoğlu, die lange Zeit in Hamburg gelebt hat. 8 einfache, aber liebevoll eingerichtete Zimmer, 5 davon teilen sich 2 Gemeinschaftsbäder, 3 mit privaten Bädern. Ein tolles Frühstück für alle wird am großen Tisch im herrlichen Gärtchen serviert, gelegentlich gemeinsame Kochabende. Jan.–März geschl. DZ 66–82 €. Emniyet Sok. 24 (kein Schild am Eingang, Erkennungszeichen sind trompetende Engel in einem gusseisernen Herzen), ✆ 6978171, www.rengigul.net. «««

Mavibeyaz Konukevi, direkt am Hafen. 4 schlicht-nette Zimmer in mediterranen Blautönen, 2 davon mit Balkon zum Hafen. Obenauf eine Cafébar mit tollen Ausblicken, auf der dortigen Terrasse wird auch das Frühstück serviert. DZ 62 €. Kurtuluş Cad. 7, ✆ 6978000, www.mavibeyazbozcaada.com.

Yılmaz Pansiyon, eine der einfacheren Adressen im Zentrum, beim Kaikas Hotel etwas landeinwärts halten. Freundliches, sehr sauberes Haus. 10 schlichte Zimmer mit Fliesenböden, privaten Bädern und Klimaanlage, von manchen schöne Aussicht auf Kastell und Meer. DZ 50 €. Merdivenli Sok., ✆ 6978311, www.yilmazpansiyon.com.

Außerhalb/Camping **Bağbadem**, traumhaft ruhige Unterkunft zwischen Reben ca. 4 km abseits des Hauptortes, geführt von einer jungen Istanbuler Familie. Freundliche Atmosphäre. 8 moderne Zimmer im Annex des Haupthauses, drum herum ein großer Garten. Transfer von und zum Fährhafen. Sensationelles Frühstück. Von Lesern sehr gelobt. Auf dem Weg zum Ayazma-Strand ausgeschildert, zu diesem noch 1,5 km. DZ 74 €. Alabey Mah., ✆ 0532/6083444 (mobil), www.bagbadem.com.

Ada Camping, gepflegte, aber schattenlose Bungalowanlage (niedlich eingerichtete Hüttchen auf Rädern, ohne Bad), auf der auch gecampt werden kann (Zelt- und Womo-Plätze unter Strohplanen). Cafeteria, Küche, Grill, ordentliche Sanitäranlagen. 2 Pers. mit Wohnmobil 14 €, Bungalow für 2 Pers. 30 €. Etwas landeinwärts des Sulubahçe-Strands, ✆ 6970442, www.campingbozcaada.com.

Essen & Trinken Der vor Ort gefangene Fisch gilt als einer der besten der Ägäis. Preise sorgfältig checken.

Yosun, von den Fischlokalen am Hafen unser Tipp. Süße Terrasse zum Meer hin. Für kältere Tage gemütlich-rustikale Taverne mit offenem Kamin im OG. Überschaubare Auswahl an guten Meze, leckerer Fisch, Inselwein zu fairen Preisen. ✆ 6978200.

Lodos Restaurant & Café, vom Fähranleger kommend in der Straße hinter der T.C. Ziraat Bankası. Schnuckeliges Lokal, von Insulanern hochgelobt. Zu den Spezialitäten gehören Fischsuppe, Reisgerichte und gefülltes Gemüse. Meze ab 2,50 €, Hg. 6–12 €. ✆ 6970545.

Ada Café, an der Hauptstraße nicht zu verfehlen. Alteingesessenes, geschmackvoll eingerichtetes Caférestaurant des hilfsbereiten, deutschsprachigen Melih Güney. In der Küche legt man Wert auf in der Türkei sonst kaum verwendete Kräuter und Gemüse wie Rosmarin, Fenchel oder Klatschmohn. Hg. 4,20–10 €.

Schöne Blicke: vorne Alibey, hinten Ayvalık

Şükrü Usta, gleich gegenüber. Einfache Lokanta mit grundehrlicher, günstiger Hausmannskost – auf der durchgentrifizierten Insel fast ein Unikat.

Lisa's, nettes, kleines Café in 2. Reihe hinter dem Hafen, viel Kunst an den Wänden. Guter Kaffee und ebensolche Kuchen.

Assos/Behramkale

Assos, gekrönt von einer mächtigen Akropolis, wurde bereits in der Antike gerühmt. Ein Ort zwischen Ruinen und kristallklarem Wasser.

Assos, der Name einer längst untergegangenen Stadt, steht noch immer für ein hübsches Dorf hoch über der Küste, das heute eigentlich Behramkale heißt. Es gehört zu den schönsten Standorten der nordägäischen Küste. Spektakulär ist die Aussicht vom Burgberg in luftiger Höhe über das hügelige Hinterland und über das tiefblaue Meer hinüber nach Lésbos. Von den verbliebenen Ruinen der antiken Stadt imponiert v. a. der noch heute gewaltige Stadtwall.

Assos steht aber auch für einen malerischen Hafen (İskele), durch ein 1,2 km langes, steiles Sträßlein mit Behramkale verbunden (gebührenpflichtiger Parkplatz ca. 500 m vor dem Hafen). Zahlreiche zu touristischen Zwecken umfunktionierte Natursteinhäuschen kleben dort wie Vogelnester an den Felsen. Im Sommer ist İskele eine bevorzugte Adresse türkischer Großstädter, denn hier macht Erholung Spaß: gepflegte Unterkünfte, gepflegtes Essen und türkisblaues Wasser vor der Haustür. Wem der Strand zu schmal ist, der kann zur Badebucht **Kadırga** 4 km weiter östlich ausweichen. Rund um Assos begeistern zudem noch ein paar im Abseits gelegene Unterkünfte.

Am Hafen von Assos

Geschichte

Bereits in der Bronzezeit war die Gegend rund um Assos besiedelt. Die Stadtgründung erfolgte jedoch erst zwischen dem 7. und 9. Jh. v. Chr., aus Lésbos verdrängte Äolier zeichneten dafür verantwortlich. Im 4. Jh. v. Chr. wurde Assos zu einem geistigen Zentrum. Fürst Hermias, ein Schüler Platons, ermutigte Aristoteles zur Gründung einer philosophischen Schule – der große Denker blieb drei Jahre und heiratete Hermias' Adoptivtochter. Doch im gleichen Maße wie das neu gegründete Alexandria Troas (→ S. 224) zur Metropole aufstieg, rutschte Assos in dessen Schatten ab. Der Besuch des Apostels Paulus im Jahre 58 bei seiner großen Missionsreise sollte das letzte erwähnenswerte Kapitel der Stadtchronik werden. Im Römischen Reich (ab dem 2. Jh.) konnte sich Assos noch behaupten, im Byzantinischen nicht mehr: Es verkam zum Dorf – was es bis heute blieb.

Verbindungen/Baden/Sonstiges

Telefonvorwahl 0286.

Verbindungen Im Sommer stündl. Dolmuşe nach Ayvacık und Küçükkuyu (dort Umsteigemöglichkeit in die Busse zwischen Edremit und Çanakkale), Verbindungen zudem zwischen Dorf und Hafen.

Baden Assos verfügt nur über einen kleinen Kiesstrand am Hafen, auf Holzstegen gelangt man ins Wasser. Beliebter ist die schöne, weit geschwungene **Kadırga**-Bucht (s. o.). Den Sand-Kies-Strand säumen Hotels und Campingplätze. Unregelmäßige Dolmuşverbindungen, jedoch auch zu Fuß von Assos-Hafen zu erreichen.

Einkaufen Viele Souvenirstände auf dem Weg zur Burg. U. a. wird *Macun* verkauft, ein klebriges Zuckergelee in verschiedenen Geschmackssorten. Es gilt als Glücks- und Energiebringer, zudem als Aphrodisiakum. Außerdem kann man Kräuter, Handarbeiten, Käse oder Olivenöl erstehen. Und: sehr viel Ramsch!

Übernachten/Essen & Trinken

Gehobenere Hotels und einige wenige Pensionen liegen unten am Hafen – Sa/So wird ein Zuschlag von rund 10 % verlangt, dann oft auch ausgebucht. Ruhiger wohnt man am Burgberg, meist in restaurierten Natursteinhäusern. Camper finden Stellplätze in der Bucht von Kadırga und an der Straße nach Küçükkuyu.

Am Hafen **Kervansaray Hotel**, komfortables Haus am Hafen. 42 unterschiedlich eingerichtete Zimmer, die schönsten im Annex direkt am Wasser. Innen- und Außenpool, Sauna etc. DZ mit HP 120 €. ✆ 7217093, ✉ 7217200, www.assoskervansaray.com.

Nazlıhan Hotel, eine herrliche Adresse. 37 sorgfältig dekorierte Zimmer, nicht die größten und nicht die hellsten, aber mit handbemalten Fliesen in den Bädern. Alle zudem mit Klimaanlage, Föhn, Minibar. Diverse Wassersportangebote und eigener Parkplatz. DZ mit HP 125 €. In 1. Reihe, ✆ 7217385, ✉ 7217387, www.assosedengroup.com.

Am Burgberg **Biber Evi**, Nobelpension in einem alten Natursteinhaus. Die 6 stilvollen Zimmer gruppieren sich um einen hübschen Innenhof. Sehr charmant. Freundlicher Service. DZ 123–140 €. Im Ort auf dem Weg zur Akropolis, ✆ 7217410, ✉ 7217242, www.biberevi.com.

»› Unser Tipp: **Assos Alarga**, eine wunderschöne kleine Unterkunft mit nur 3 Zimmern, elegant, stilvoll und sehr komfortabel, Panoramafenster mit herrlichen Ausblicken. Tolle Poolanlage. Die hilfsbereite Wirtin spricht sehr gut Englisch. „Ein wunderbares Ambiente", schwärmen Leser. DZ 100–130 €. Im ruhigen Abseits, von der Osten führenden Ausfallstraße ausgeschildert, ✆ 7217260, ✉ 7217267, www.assosalarga.com. ‹‹‹

Dolunay Pansiyon, im Ort auf dem Weg zur Akropolis nicht zu verfehlen. Einfache, saubere Zimmer mit Laminatböden und Klimaanlage rund um eine nette Terrasse. Herzliche Bewirtung. DZ 41 €. Behramkale, ℅ 7217172.

Tekin Pension, 8 Zimmer mit Bad, 4 mit Klimaanlage, alle mit kleiner Terrasse oder Balkon davor. Sehr sauber. Ganzjährig. EZ 26 €, DZ 36 €. Am Ortseingang von Behramkale, ℅ 7217099.

Außerhalb/Östlich von Assos Troas Motel, ca. 5 km östlich von Assos. Herrliches Plätzchen abseits des Trubels. Einziges Motel in einer stillen Kiesbucht. 17 nette, aber schlichte, weiß getünchte Zimmer in einem alten Natursteinhaus direkt am Meer, ordentliche Bäder. Schönes Terrassenrestaurant, eigener schmaler Strandabschnitt. DZ mit HP 74 €. Von der Straße Assos – Küçükkuyu ausgeschildert, ab der Abzweigung noch ca. 700 m auf einem Schotterweg, ℅ 7640279, ℅ 7640281, www.troasmotelassos.com.

Kanara Otel, Ayhan Kılınç war 23 Jahre lang Restaurantbesitzer in Hannover, dann ging er mit seiner Frau samt Koch und Gehilfe zurück in die Türkei und erfüllte sich einen Traum. Auf seiner 10.000 m² großen, sattgrünen Anlage am Meer gibt es, über mehrere kleine Gebäude verteilt, 22 teils recht rustikale Zimmer unterschiedlicher Kategorien. Dazu: Biogarten fürs Restaurant, Pony für die Kinder, Hängematten unter Olivenbäumen etc. DZ mit HP ab 103 €. Ca. 10 km östlich von Assos an der Straße nach Küçükkuyu, ℅ 7640228, ℅ 7640028, www.hotelkanara.com.

Calidus Hotel, nahebei. 2011 eröffnete, grüne Anlage mit direktem Strandzugang, von Lesern entdeckt und hochgelobt. 30 freundliche, farbenfrohe Zimmer in 3 Natursteingebäuden. Guter Service, exzellente Küche. DZ mit HP 148 €. Sazlı Köyü, ca. 10,5 km östlich von Assos an der Straße nach Küçükkuyu, ℅ 7640218, ℅ 7640217, www.calidushotel.com.

Außerhalb/Westlich von Assos Sivrice Kabile Motel, ca. 16 km westlich von Assos. Simple, aber idyllische Unterkunft.

Zimmer (mit Klimaanlage und privaten Bädern) auf mehrere Gebäude verteilt, viele mit Miniterrasse. Vorm Haupthaus kuscheliges, überdachtes Terrassenrestaurant mit einem schmalen Kiesstrand vor der Nase, zudem gibt es einen Badesteg. Inkl. VP 37 €/Pers. In der Häuseransammlung Sivrice direkt am Meer (im Dörfchen Bektaş ca. 10 km westlich von Assos der Beschilderung zum Hotel Berceste folgen und dieses passieren; die geteerte Straße führt bis zum Meer, dort rechts halten, die letzten Meter sind unbefestigt), ℅ 7234515, www.sivricekabilemotel.com.

İmbat Motel, 22 km westlich von Assos, mitten im Nirgendwo. Erholung pur. Herrliche Lage am Wasser, traumhafter Uferbereich mit Holzstegen ins Meer, Liegestühle. Schöne Terrasse mit Blick auf Lésbos. 20 geräumige, gefliese Zimmer, schlicht eingerichtet, aber mit Klimaanlage und Terrasse bzw. Balkon (herrlicher Meeresblick!). Gute Küche. April–Sept. DZ mit VP 123 €. Ca. 800 m westlich des Dorfes Bademli ist die Abzweigung zum Motel ausgeschildert; 5 km von dort auf einer steilen Schotterpiste hinab zum Meer, ℅ 7370101, ℅ 7370102, www.imbatmotel.com.

Essen & Trinken Achtung – v. a. in der HS vermieten die meisten Hotels am Hafen nur mit HP! Dort gibt es auch einige romantische, aber recht teure Fischlokale. Rustikaler und billiger isst man in Behramkale. In den dortigen Lokalen bekommt man ländliche Hausmannskost wie *Mantı*, gefülltes Gemüse oder Böreks. Noch ein außerhalb gelegener Tipp:

Tunç Balık Evi/Liman Konukevi, das am Hafen von Sokakağzı (ca. 18 km westlich von Assos) gelegene, einer Pension angeschlossene Lokal wird als bestes Fischrestaurant weit und breit gehandelt. Grandiose Fischmeze (4–8 €). Keine Karte, aufgefahren wird das, was gerade frisch vorrätig ist. Herzlicher Service. Anfahrt: Zunächst der Anfahrt zum Sivrice Kabile Motel (s. o.) folgen, dieses passieren und dem Sträßlein entlang der Küste für weitere ca. 2 km gen Westen folgen. ℅ 7234267.

Sehenswertes

Steigt man im Dorf Behramkale stets bergauf, erreicht man automatisch den Eingang zum Ausgrabungsgelände. Nahebei steht eine frühosmanische **Moschee**, die u. a. aus Steinquadern einer byzantinischen Basilika erbaut wurde (an der Oberschwelle des Eingangsportals ist z. B. ein Christusmonogramm zu erkennen). Etwas unterhalb dem höchsten Punkt der **Akropolis** (228 m) liegen die Ruinen des gegen 530 v. Chr. errichteten **Athenatempels**, des einstigen Haupttempels von Assos. Teile des reliefverzierten Architravs schlummern heute in Museen von İstanbul, Paris und Boston. Ein paar dorische Säulen (ursprünglich sechs auf der Breit- und zwölf auf der Längsseite) wurden wieder aufgerichtet. Sie sind ganz nett anzusehen. Grandios aber ist der Gesamtanblick der Tempelruine in dieser einmalig schönen Lage, den Burgberg dominierend und mit dem Meer im Hintergrund – ein herrlicher Ort für einen rotweingeschwängerten Sonnenuntergang.

Die antike Stadt Assos lag zu Füßen des Tempels, zur Seeseite hin. Wer bergab steigt, findet in dem Ruinenfeld die insgesamt spärlichen Reste einer **Agora**, eines **Gymnasions**, eines **Bouleuterions**, eines **Theaters** und von **Thermen**. Die dicken Mauern und Türme der hellenistischen **Befestigungsanlage** – ein einstmals ca. 3 km langer kreisförmiger Wall, der das 2,5 km² große Stadtareal umgab – haben die vielen Jahrhunderte am besten überstanden. Für die Grabungs- und Rekonstruktionsarbeiten in Assos ist die Universität von Çanakkale zuständig.

Im Sommer tägl. 8–19.30 Uhr, im Winter 8–16.30 Uhr. Eintritt 2 €. Neben dem Eingang auf der Akropolis gibt es noch einen zweiten an der Straße zum Hafen (nicht immer geöffnet). Ohne einen großen Höhenunterschied bewältigen zu müssen, besichtigt man von dort die Stadtgrabungen. Beim Theater (ebenfalls an der Straße zum Hafen) gibt es zudem noch einen Ausgang (kein Eingang!).

Der Golf von Edremit

Der Golf von Edremit, eine riesige Einbuchtung des Ägäischen Meeres, war in der Antike von Seeleuten wegen seiner wechselnden Winde gefürchtet. Der Wind hat sich gedreht: Heute ist der Golf von Edremit, der wegen seiner endlosen, silbriggrün schimmernden Olivenhaine auch gerne als „Olivenriviera" bezeichnet wird, überaus beliebt, insbesondere bei türkischen Urlaubern. So sind direkt an der Küste gigantische Ferienkonglomerate entstanden, die am Charme der einst herrlichen Landschaft kratzen. Schöne Ecken findet man jedoch noch abseits der Küste in den Kaz Dağları, dem antiken Idagebirge (→ Kasten, S. 235), das die Region von der kühleren Marmaragegend abschirmt. Hier erwarten Sie neben einer intakten Natur und sauerstoffreicher Luft – nicht umsonst gibt es dort auch ein Bergsanatorium für Asthmakranke – alte griechische Dörfer mit hübschen Unterkünften.

Küçükkuyu

Herrlich ist das Hinterland von Küçükkuyu, in der Umgebung warten romantische, ehemals griechische Bergdörfchen, die im letzten Jahrzehnt für den Fremdenverkehr aufbereitet wurden. Küçükkuyu selbst, von Apartment- und Ferienhäusern umzingelt und dazu noch direkt an der teils sechsspurig ausgebauten Fernstraße Çanakkale – İzmir gelegen, wirkt wenig einladend. Dennoch, der Kern des 6600-Seelen-Ortes rund um den herausgeputzten Hafen ist ganz nett. Hier schaukeln mehr Fischtrawler als Ausflugsboote. Auf der rund 400 m langen Promenade dahinter flaniert die urlaubende türkische Mittelschicht zwischen behördlich angelegten Blumenrabatten, Restaurants und Teegärten. Freitags findet in zweiter Reihe der große Wochenmarkt statt.

Auch ein kleines Museum besitzt das Städtchen, ein Museum im Zeichen der Olive: Im **Adatepe Zeytinyağı Müzesi** (an der Fernstraße, tägl. 8.30–18.30 Uhr, Eintritt frei) kann man alte Gerätschaften zur Gewinnung des grünen Öls bestaunen und darüber hinaus auch einkaufen: Olivenöl natürlich und alles, was man darin einlegen bzw. daraus produzieren kann. Badeplätze findet man entlang des schönen Küstensträßchens nach Assos, leider sind sie oft vermüllt. Der Hausstrand von Küçükkuyu ist recht felsig und ebenfalls wenig prickelnd.

Telefonvorwahl 0286.

Verbindungen Alle Dolmuşe und Busse halten an der Durchgangsstraße. Mehrmals tägl. Busverbindungen nach Çanakkale und İzmir. Ständig Dolmuşe die Küste entlang nach Edremit, mehrmals tägl. nach Assos.

Übernachten/Camping Vor Ort nur wenig ansprechende Unterkünfte. Stilvoll wohnt man in Adatepe und Yeşilyurt (→ Umgebung). Camper finden einfache, aber nette Plätze am Küstensträßchen Richtung Assos. Entscheiden Sie sich für eine Anlage, auf der noch ein Plätzchen direkt am Wasser zu haben ist.

Essen & Trinken An der Uferpromenade geben sich gute Fischlokale und einfache Snackbars die Hand, alle mit netten Terrassen und Hafenblick. Fischpreise im Voraus erfragen!

Umgebung von Küçükkuyu

Adatepe: Das malerische Bergdorf an den Ausläufern der *Kaz Dağları* liegt ca. 5 km nördlich von Küçükkuyu. Als alternativ-komfortable Ferienadresse ist Adatepe v. a. bei Intellektuellen aus İstanbul populär. Viele der alten, griechischen Häuser sind heute schick restauriert. Die ehemalige Dorfschule dient Sommerseminaren zu philosophischen, literarischen und kunsthistorischen Themen. Und wer den Pfeilen zum *Hüseyin Meral Zeytinyağı ve Sanat Evi* folgt, gelangt zu einer Mischung aus Café, Olivenölprodukteverkauf und Galerie mit schräger Kunst.

Am Dorfeingang macht zudem ein Schild auf den *Zeus Altarı* (Zeusaltar) aufmerksam, ein 10-minütiger Fußweg führt von dort zu einem sarkophagähnlichen Relikt aus römischer Zeit. Wie der Wolkensammler von hier bis nach Troja geblickt und den Kämpfen zugesehen haben soll, ist mehr als fraglich. Einen herrlichen Blick über den Golf von Edremit hatte der Göttervater in jedem Falle.

Verbindungen/Anfahrt Ein Ziel für Selbstfahrer. Man folgt von der Durchgangsstraße in Küçükkuyu (zwischen Shell- und Petrol-Ofisi-Tankstelle) der unscheinbaren Beschilderung nach Adatepe landeinwärts.

Übernachten Adatepe Pansiyonları, hübscher kleiner Komplex aus mehreren alten Natursteinhäusern. Darin gibt es 9 stilvoll eingerichtete Zimmer – schön das Zusammenspiel aus modernem Mobiliar und der alten Baustruktur. Tolle Holzböden und -decken. Ganzjährig, Zentralheizung. Es wird auch lecker gekocht. DZ 62 €. In der Dorfmitte, ✆ 0286/7526803, www.adatepe.net.

Yeşilyurt: Das Dörfchen ca. 3 km nordwestlich von Küçükkuyu ist mindestens so idyllisch wie Adatepe, dabei etwas größer und zum Bummeln besser geeignet. Auch Yeşilyurt, das sich rühmt, die sauerstoffreichste Luft der Welt zu haben, ist niveauvolles Rückzugsgebiet wohlhabender Großstädter. In den holprigen Pflastergassen gibt es ein paar stilvolle Cafés, Restaurants, gehobene Boutiquehotels, Lädchen mit Olivenölprodukten sowie jede Menge restaurierte Natursteinhäuser, von denen übrigens noch einige zu kaufen sind. Die einstige Dorfkirche ist heute eine Moschee.

Anfahrt/Verbindungen Ein Ziel für Selbstfahrer. Von Küçükkuyu der Straße nach Ayvacık folgen, dann ausgeschildert.

Übernachten Öngen Country Hotel, wie ein Adlernest sitzt diese komfortable Anlage am oberen Ortsende Yesilyurts. Herrliche Terrasse. 30 sehr angenehme Zimmer mit Holzböden und -decken und romantisch-folkloristischen Anklängen, z. T. mit Balkon. Ganzjährig. Pool und eigener Strandabschnitt am Meer. DZ mit HP 123 €. Im Ort ausgeschildert (holprige Anfahrt), ℡ 0286/7522434, 🖷 7522436, www.ongen country.com.

Kısık Konağı Otel, eine der „preiswerteren" Adressen vor Ort. Schönes altes Steinhaus, geführt von einem Architekten. Alles sehr gemütlich, Lounge mit offenem Kamin, hausgemachte Kräutertees, „Hot Cookies" am Nachmittag. Gute Küche mit Gemüse aus dem Ida-Gebirge. 9 stilvolle, modernkomfortable Zimmer, z. T. mit offenem Kamin. DZ 100 € mit HP. Auf dem Weg zum Öngen Hotel, ℡ 0286/7525675, www.kisik konagi.com.

Bauwahn am Meer: „Türkischer Traum" oder Alptraum?

Viele Buchten der türkischen Nordägäisküste erinnern an ein Monopoly-Spielbrett im späten Stadium – völlig zugebaut. Extrem betroffen ist der Küstenabschnitt zwischen Küçükkuyu und Akçay, v. a. rund um die Retortensiedlung Altınoluk. Mitauslöser für den Bauwahn war die galoppierende Inflation der 1990er. In einer Zeit, in der die Lira von Woche zu Woche weniger wert war, galt die Immobilie als verfallssichere Kapitalanlage. Zudem war und ist ein Ferienhaus am Meer in der Türkei nicht nur eine Investition, sondern auch ein Statussymbol. Jeder, der es sich irgendwie leisten kann, versucht sich den Traum vom Zweitwohnsitz an der Küste zu verwirklichen. So entstanden tausende kolonieartige Feriendörfer. Als Bauherren traten meist Kooperativen auf, in die man solange einzahlte, bis das Kapital für den Erwerb eines Grundstückes und für den Baubeginn zusammen war. Leider ging mancher Kooperative auch mal das Geld aus, wie viele traurige Rohbauruinen beweisen. Der eindeutige Gewinner des Ferienhausbooms war die Bauindustrie – verloren hat die türkische Küstenlandschaft.

Akçay

Für Lido-di-Jesolo-Atmosphäre, wie ihn der 10.500-Einwohner-Ort bietet, braucht man nicht bis in die Türkei zu fahren. Auch die hiesigen Strände, ein Kies-Sand-Stein-Gemisch, sind wenig attraktiv. Da hilft auch nicht, dass das Meer davor eine kleine Überraschung bietet: sprudelnde Süßwasserquellen! Ein altes Sprichwort besagt gar, dass der, der beim Trinken von Akçay-Wasser ein schönes Mädchen erblickt, für immer von ihr verzaubert sein wird.

Insbesondere Familien aus dem versmogten İstanbul und İzmir machen Akçay allsommerlich zu einem Hotspot. Sie genießen die hiesige Luft, die durch die bewaldeten Berghänge im Hinterland extrem sauerstoffhaltig ist. Zur türkischen Ferienzeit sind das Strandbad und die lang gezogene Uferpromenade mit ihren schattigen Teegärten hoffnungslos überlaufen. Die wenigen ausländischen Touristen fallen kaum auf.

Information/Verbindungen/Ausflüge

Telefonvorwahl 0266.

Information Kleines Büro am Barbaros Meydanı, dem zentralen Platz beim Bootsableger. Mit Fremdsprachen hapert's. Mo–Fr 8–12 u. 13–17 Uhr. ℡/🖷 3841113, www. akcay.bel.tr.

Verbindungen Busbahnhof ca. 2 km außerhalb des Zentrums nahe der Fernstraße Çanakkale – İzmir. Büros der Busgesellschaften, oft mit Zubringerservice, im Zentrum bei der Moschee. Gute Verbindungen nach İzmir und Çanakkale.

Dolmuşe nach Edremit und Zeytinli (Sutüven-Wasserfall) fahren im Zentrum ab, **Minibusse** nach Altınoluk und Küçükkuyu direkt an der Fernstraße.

Im Sommer vom Steg am Hauptplatz mehrmals tägl. **Boots**verbindungen nach Ören.

Es werden auch ganztägige Bootsfahrten in den Golf von Edremit offeriert, mit Lunch 14–16 €.

Organisierte Touren Mehrere Anbieter, z. B. **Demre Tour**. Sahnebonbon des Angebots ist eine Jeepsafari in die Kaz Dağları, bei der man auch in Berggebiete kommt, die auf eigene Faust nur schwer erreichbar sind. Zudem Ausflüge nach Lésbos, Bergama, Assos und Troja. Cumhuriyet Bul. (Straße vom Zentrum zur Fernstraße), ✆ 3848586, www.demretour.com.

Übernachten/Essen & Trinken

Zahlreiche Unterkünfte, insbesondere Hotels der unteren Mittelklasse, Apartments sowie Pensionen über Pensionen. Leider hebt sich so gut wie nichts aus der Masse ab.

Yavuz Otel, ca. 250 m östlich des Hauptplatzes. Einstöckiges Haus direkt am Meer, nur wenige der 16 Zimmer (mit Kühlschrank, Klimaanlage, Terrasse und etwas jugendlichem Pep aufgemöbelt) blicken allerdings tatsächlich in dessen Richtung. Dazu ein recht trendiges Caférestaurant. DZ 50 €. Leman Akpınar Cad. 3, ✆/@ 3843380, www.butikyavuzotel.com.

Sahra Motel, ca. 200 m östlich des Hauptplatzes, am Meer. 16 einfache Zimmer, 6 davon direkt am Strand. Sehr sauber, farbenfroh, mit Fliesenböden. EZ 24 €, DZ 40 €. Leman Akpınar Cad., ✆ 3847815 www.sahramotel.com.

Außerhalb Zeytinbağı Hotel, kleine stilvolle Anlage am Rand des Dörfchens Çamlıbel ca. 7 km nordwestlich von Akçay im Landesinneren. 8 Zimmer, z. T. in Häuschen (sehr charmant, tolle Kieselböden), andere im Haupthaus (mit kleiner Terrasse davor und Blick auf Olivenhaine). Sehr ruhig. Hervorragende Küche. DZ mit HP 119 €. Zwischen Akçay und Altınoluk ausgeschildert, ✆ 3873761, www.zeytinbagi.com.

Essen & Trinken Eine der besseren Adressen Akçays ist das **Dost Restaurant** östlich des Hauptplatzes nahe dem Sahra Motel. Schön am Meer gelegen, reichliche Vorspeisenauswahl, für das Gebotene zivile Preise (Hg. 4,50–9 €). Kleine Kuriositätensammlung. ✆ 3841229.

Edremit

Das 52.200-Einwohner-Städtchen inmitten einer fruchtbaren Schwemmlandebene ist das wirtschaftliche Zentrum des gleichnamigen Golfes. Außer Oliven werden hier v. a. Mais, Getreide und Feigen geerntet. Was sonst noch auf den Feldern gedeiht, erfährt man mittwochs auf dem großen Wochenmarkt im Zentrum. An allen anderen Tagen geht es im Städtchen recht geruhsam zu, wenn nicht gerade der Muezzin vom Minarett der **Kurşunlu Cami**, einer Seldschukenmoschee aus dem frühen 14. Jh., zum Gebet ruft. Sehenswertes gibt es sonst nur wenig. Wer will, kann am Rande des schönen Stadtparks noch das liebevoll eingerichtete **Ethnografische Museum** besichtigen: Trachten, ein paar Waffen aus dem Befreiungskrieg und natürlich Teppiche stellen die wesentlichen Exponate (tägl. außer Mo 9–12 und 13–17 Uhr, Eintritt 1,20 €). Meist sind Sie der einzige Besucher. Das Meer ist rund 10 km entfernt und das Gros der Urlauber kommt nur für einen kurzen Einkaufsbummel nach Edremit. Lediglich zum Olivenfestival im August sieht der Sachverhalt anders aus.

Verbindungen Busbahnhof 5 Fußmin. westlich des Zentrums (Straße nach Burhaniye). Edremit ist Verkehrsknotenpunkt, Verbindungen in alle Richtungen. **Dolmuşe**

nach Akçay (regelmäßig bis spät in die Nacht) und Zeytinli (Sutüven-Wasserfall) fahren nahe dem Busbahnhof ab, lassen Sie sich die Stelle zeigen.

Der kleine **Flughafen Balıkesir Körfez Havaalanı** (www.korfez.dhmi.gov.tr) südlich der Stadt wird im Sommer v. a. aus İstanbul und Ankara angeflogen. Der Ausbau zu einem internationalen Ferienflughafen ist jedoch bereits seit Längerem geplant.

Essen & Trinken Die traditionsreiche, günstige **Cumhuriyet Lokantası** in der İnönü Cad. 10 (die Straße geht vom Hauptplatz Cumhuriyet Meydanı ab) steht für beste Fleischberge. Jeder wird Ihnen den Weg weisen können. So geschl.

Nationalpark Kaz Dağları – Mythologie trifft Natur

Der über 21.000 ha große Nationalpark Kaz Dağları („Gänseberge") erstreckt sich im Norden des Golfes von Edremit. Seine höchste Erhebung ist der **Sarıkız Tepesi** („Berg des Blonden Mädchens") mit 1767 m. Die Namen von Gebirge und Gipfel sind eng mit einer Legende verknüpft: Demnach fand ein armer Bauer nach der Rückkehr von einer Pilgerreise seine blond gelockte Tochter im Techtelmechtel mit der Dorfjugend vor. Um sie von dieser fernzuhalten, brachte er sie in die Berge, wo sie Zeit ihres Lebens Gänse hütete und übernatürliche Fähigkeiten entwickelte. Eine Statue von ihr kann man an der Uferpromenade von Akçay bewundern.

Als „Idagebirge" war der Höhenzug in der Antike bekannt, und auch die Mythologie kennt eine Geschichte dazu. Sie erzählt von der ersten Misswahl aller Zeiten, die hier ausgetragen wurde. Den Wettbewerb inszenierte Paris, der schöne Sohn des trojanischen Königs Priamos. Als Siegerin ging die Göttin der Liebe hervor: Aphrodite.

Erst seit ein paar Jahren versuchen geschäftstüchtige Reiseveranstalter in den Küstenorten des Golfes, Profit aus ihrem grünen, gebirgigen Hinterland zu schlagen. Tiefe Täler und Canyons laden zu ausgiebigen Wandertouren ein. Hinzu kommen idyllisch gelegene Picknickplätze wie **Pınarbaşı** (ca. 6 km nordöstlich von Akçay, zwischen Akçay und Altınoluk ausgeschildert) oder das romantische Forellenlokal am kleinen **Sutüven-Wasserfall** (auch: Hasanboğuldu; von der Küstenstraße zwischen Akçay und Edremit ausgeschildert). Um das Leben der Bergbevölkerung zu dokumentieren, hat man im Dorf Tahtakuşlar ein **Ethnografisches Museum** eingerichtet (*Etnoğrafya Galerisi*, ebenfalls ausgeschildert).

Sorgen bereiten den Bewohnern der Kaz Dağları seit einigen Jahren die Goldfunde im Gebirge, auf die angeblich bereits die Vergabe von Schürfrechten folgte. Gegner sehen in den Projekten das Ende des Nationalparks Kaz Dağları und der regionalen Olivenwirtschaft. Beim Goldabbau wird hochgiftiges Zyanid eingesetzt, das früher oder später ins Grundwasser eindringt.

Touren/Wandern Die Besteigung des Sarı-Kız-Gipfels bzw. Touren dorthin sowie Wanderungen im Nationalpark können nur mit Führern der Parkverwaltung unternommen werden. Führer (27 € für 1½ Std.) bucht man über das **Visitor Centre** (*Kazdağları Tanıtım Merkezi*, ✆ 0532/4916733, mobil, Mo–Fr 8–19 Uhr) im Dörfchen Zeytinli, das von der Verbindungsstraße Edremit – Akçay ausgeschildert ist. Ein eigenes Fahrzeug, mit dem man den Guide mitnimmt, ist vonnöten. Alternativ bieten sich organisierte Touren an, die das Reisebüro Demre Tour in Akçay anbietet (→ S. 234).

Ören

Die gepflegte, mit Sommerhäusern durchsetzte Ferienkolonie besitzt einen herrlich langen und breiten Sandstrand, der zu den schönsten der nördlichen Ägäis gehört. Gepflegte Blumenbeete, schattige Teegärten und ein parkähnlicher Küstenbereich lassen vergessen, dass man sich in einem künstlich angelegten Ferienresort befindet. Einen alten Ortskern sucht man vergebens, auch irgendeine Form von orientalischem Flair. Dafür bietet sich ein Ausflug ins 5 km entfernte Landstädtchen **Burhaniye** an, insbesondere zum Wochenmarkt am Montag. Der 39.000-Einwohner-Ort ist Umschlagplatz eines bäuerlichen, wohlhabenden Einzugsgebiets. Nicht erschrecken – die Küste südlich und nördlich von Ören ist nahezu komplett verbaut.

Information/Verbindungen/Ausflüge/Einkaufen

Telefonvorwahl 0266.

Information Kleines Büro in Ören-Mitte. Mo–Fr 8–12 u. 13–17 Uhr. ✆ 4163500, ✉ 4165674.

Verbindungen Intercity-Busbahnhof in Burhaniye (Verbindungen z. B. nach İzmir oder Edremit). Von dort **Dolmuşe** nach Ören. In Ören starten die Dolmuşe nahe der Touristeninformation. **Fähren** tuckern von İskele (ca. 2 km südlich von Ören) im Sommer mehrmals tägl. nach Akçay.

Bootsausflüge In den Golf von Edremit ebenfalls von İskele, ca. 2 km südlich von Ören, mit Lunch 14–16 €.

Organisierte Touren Anbieter mit improvisierten Ständen am Hauptplatz. Preisbeispiele: Trekking in den Kaz Dağları 16 €, Çanakkale und Assos 18 €.

Einkaufen Olivenöl aus Burhaniye! Das Öl von **Katipoğlu** gehört zu den besten der Gegend. Die Katipoğlu-Verkaufsstelle liegt im Zentrum von Burhaniye, Atatürk Cad. 50, durchfragen.

Übernachten/Camping/Essen & Trinken

Das Gros der Urlauber wohnt in Apartmenthäusern. Einfache Pensionen, auf türkische Familien zugeschnitten, findet man in dritter und vierter Reihe rund um die Touristeninformation im „Zentrum". Wer ein Ferienhaus mieten will, achtet auf die Beschilderung „Kıralık yazlık".

Club Hotel Fiord, beim Hauptstrand. Kleiner Komplex mit 56 Zimmern, entweder mit Balkon und Meeresblick oder Terrasse und Gartenblick. Eigener Strandabschnitt mit Bar, Pool. Vorrangig junges türkisches Publikum. Im Sommer Animation und zweimal wöchentlich Livemusik. 48 €/Pers. inkl. HP. Ausgeschildert. ✆ 4165500, ✉ 4163879, www.hotelclubfiord.com.

Altın Camp/Park Motel, ein weites Gelände mit viel Schatten direkt am Meer. Tennis, Tischtennis, Restaurant (regionale hochwertige Produkte), Camperküche, Billardraum. Zufriedene Stammkundschaft (z. T. schon seit 25 Jahren). Das angeschlossene Park Motel bietet zudem 18 große, freundliche Zimmer mit Balkon oder Terrasse. Einziges Manko: Der einst so schöne Sandstrand davor war 2011, infolge des Abrisses eines Schutzwalls und dadurch veränderter Strömung, verschwunden. Der alte Zustand soll aber durch künstliche Aufschüttung schon 2012 wieder hergestellt sein. Mai–Okt. Deutschsprachig. DZ mit HP 60 €, 2 Pers. mit Wohnmobil 23 € inkl. Strom. Von der Straße Burhaniye – Ören beschildert, ✆ 4163732, ✉ 4163737, www.altincamp.com.

Köşem Motel, nahe dem Hauptplatz. Einfache, aber ordentliche und saubere Zimmer mit Laminatböden und TV, alle mit Balkon bzw. Terrasse zur ruhigen Straße hin. DZ 37 €. Ören Meydanı, ✆ 4163230.

Essen & Trinken **Selina Restaurant**, in erster Reihe oberhalb des Strandes. Gepflegtes Restaurant mit ebensolcher Terrasse, wo die Tische auf einer fein rasierten Wiese aufgestellt sind. Meze, Gegrilltes, Fisch und Pide. Hg. 4–10 €. Kein Alkohol. ✆ 4164169.

Kirche neben Moschee: Blick über Ayvalık

Ayvalık
ca. 36.000 Einwohner

Das Schönste liegt nicht selten im Verborgenen: Im Gegensatz zu manch anderem Ägäisort zeigt Ayvalık seine Reize nicht an der Uferfront, sondern im chaotischen Gassenwirrwarr dahinter. Wie vor 100 Jahren klappern dort zuweilen noch Pferdefuhrwerke über das Pflaster.

Ayvalık liegt an einer zergliederten Küstenlandschaft, eingerahmt von duftenden Pinienwäldern. Das hört sich schön an, doch fährt man in das Städtchen, wirkt es auf den ersten Blick ein wenig enttäuschend. Hektisch und nüchtern präsentiert sich die İnönü Caddesi (im Norden auch Atatürk Caddesi genannt), die Hauptdurchgangsstraße. Ayvalıks Charme versteckt sich abseits davon, wo es sich ziel- und orientierungslos herrlich bummeln lässt. Glauben Sie dabei nur keinem Stadtplan. Kreuz und quer kriechen die engen krummen Pflastergässchen wie Regenwürmer durch das alte Zentrum den Hang hinauf. Farbenfrohe klassizistische Stadtpalais mit leprösen Fassaden und hohen Portalen wechseln mit niederen einfachen Wohnhäusern und Werkstätten ab – stumme Zeugen der griechischen Vergangenheit.

Neben seiner pittoresken Altstadt bietet Ayvalık 23 vorgelagerte Inseln mit paradiesischen Buchten. Nur unmittelbar vor Ort fehlt es an Bademöglichkeiten. Kein Wunder also, dass Ayvalık für viele Urlauber – von den in Massen einfallenden Tagesgästen aus Griechenland einmal abgesehen – lediglich abendliches Ausflugsziel ist. Die touristischen Zentren findet man südlich des Städtchens, z. B. im 4 km entfernten Dorf **Çamlık**, das durch seine Vielzahl an Pensionen und Hotels heute mit Ayvalık fast zusammengewachsen ist. Noch 3 km weiter wurde am langen Strand von **Sarımsaklı** gar ein riesiges gesichtsloses Hotelkonglomerat aus dem Boden gestampft. Keine Angst – die zerklüftete Küste um Ayvalık bietet zum Glück auch noch Badeplätzchen für ruhige Naturen.

Geschichte

Das heutige Ayvalık liegt im Siedlungsgebiet des antiken *Kydonia*, von dem spärliche Reste auf der nahen Insel Alibey ausgegraben wurden. Kydonia machte keine großen Schlagzeilen in der Geschichte, Ayvalık tat es ihm nach. In dem durch und durch griechisch geprägten Küstenort lebte man Jahrhunderte lang vom Fischfang und der Olivenölproduktion, zudem vom Handel mit der Insel Lésbos. Das brachte Wohlstand aber auch Piraten – die vorgelagerten Inselchen boten genügend Verstecke. Durch einen *Ferman* (Sultanserlass) verfügte Ayvalık als einzige osmanische Stadt im 18. Jh. über eine Kommunalverfassung mit weitgehender Autonomie. Bereits Anfang des 19. Jh. besaß Ayvalık eine Akademie, eine Druckerei und florierende Industriebetriebe wie Gerbereien oder Raffinerien. Doch dann kam das Schicksalsjahr 1821: Eine aufgebrachte Menge – durch den griechischen Freiheitskampf emotionalisiert – kaperte vor der Küste zwei türkische Schiffe und setzte sie in Brand. Zur Strafe wurden die Bewohner fast vollständig ins anatolische Hochland verbannt.

Nach dem Ersten Weltkrieg mussten die letzten griechischen Einwohner im Rahmen des Bevölkerungsaustausches ihre Heimatstadt verlassen. Viele von ihnen siedelten nach Lésbos über, Türken aus Kreta übernahmen ihre Häuser. Auch wandelten sie christliche Gotteshäuser in islamische Gebetsstätten um. Daran erinnern im Gassendschungel beispielsweise die **Çınarlı Cami** (ehem. **Agios-Yorgis-Kirche**) und die sehenswerte **Saatli Cami** (ehem. **Agios-Yanis-Kirche**), die die „Uhrenmoschee". Lediglich die **Taxiyarchis-Kirche** aus dem 19. Jh. bekam nie ein Minarett aufgeklebt. 2011 wurde sie umfangreich restauriert, noch 2012 soll man die auf Fischhaut gemalten Bilder in ihrem Inneren wieder zu sehen bekommen.

Die ersten Jahrzehnte unter türkischer Regie waren von Armut geprägt, schleichend verfiel die alte griechische Bausubstanz. Heute wendet sich das Blatt langsam wieder. Ayvalık ist ein aufstrebender Küstenort, viele Ecken erstrahlen in neuem Glanz.

Information/Verbindungen/Ausflüge

Telefonvorwahl 0266.

Information Tourist Information, in einem Kiosk beim Tansaş-Supermarkt. Die freundliche Nurhan Fidancıoğlu spricht fließend Deutsch. Mo–Sa 9–12 u. 13–17 Uhr. Hauptbüro (weniger hilfreich) stadtauswärts Richtung Çamlık auf der linken Seite. ✆/☏ 3122122, www.ayvalik.gov.tr.

Achtung Anreise: Nicht alle Busse, die entlang der Küste unterwegs sind, steuern den Busbahnhof von Ayvalık an. Manche Gesellschaften lassen ihre Fahrgäste mehrere Kilometer landeinwärts an der Fernstraße İzmir – Çanakkale/Abzweigung Ayvalık aussteigen. Von dort gelangen Sie mit dem Dolmuş ins Zentrum.

Verbindungen Busbahnhof 1,5 km nördlich des Zentrums an der Durchgangsstraße. Alle 20 Min. über Burhaniye nach Edremit (1 Std.), stündl. nach İzmir (3 Std.) und Çanakkale (3½ Std.), mehrmals tägl. zudem Busse nach İstanbul, Bursa und Ankara.

Stadtbus/Dolmuştaxi/Dolmuş: Stadtbusse verbinden den Busbahnhof mit dem Zentrum und fahren bis nach Çamlık, zudem besteht eine Stadtbus- bzw. Dolmuştaxiverbindung vom Zentrum zur Alibey Adası (Abfahrt neben dem Kiosk der Touristeninformation). In die Minibusse nach Sarımsaklı (6–23 Uhr alle 20 Min.) und den Bus zur Şeytan Sofrası (für Zeiten s. dort) kann man an der Bushaltestelle schräg gegenüber dem Kiosk zusteigen. Auch die Minibusse nach Bergama und Dikili (stündl.), die am Busbahnhof starten, fahren dort vorbei.

Ayvalık 239

Schiffsverbindungen Boote zur Alibey Adası (ca. 30 Min.) starten tagsüber mind. jede volle Std. am Kai Cunda İskelesi nördlich des Fischmarktes.

Fähren nach Lésbos bieten Jale Lines ganzjährig tägl. (Stand 2011, Office beim Fährhafen ca. 1,2 km nördlich des Zentrums, Atatürk Cad. 294 B, ✆ 3313170, www.jaletur.com) und **Cunda Lines** (2011 im Sommer tägl., im Winter 1- bis 3-mal wöchentl., Office 2 Türen weiter, ✆ 3316700, www.cundalines.com). Abfahrt in Ayvalık meist spät nachmittags, zurück kommt man erst am nächsten Tag. 20 €/Pers. (retour 30 €), Auto 50–100 € (retour 20 % mehr). Dauer je nach Schiff 90–120 Min. Reservierung einen Tag im Voraus.

Bootsausflüge Zu den Stränden der vorgelagerten Inseln, mit Mittagessen ca. 10 €/Pers.

Parken Von der Durchgangsstraße sind mehrere Parkplätze mit „Otopark" ausgeschildert. Dennoch: ein Horror, viel Spaß beim Suchen! Die engen Nebengassen sind nichts für Wohnmobile!

Adressen/Einkaufen

Ärztliche Versorgung Krankenhaus auf Höhe der Marina an der Straße nach Çamlık. ✆ 3121744.

Autoverleih Europcar, über das Reisebüro Vizz, Atatürk Bul. 186, ✆ 3123446, www.europcar.com.tr. Avis, über Sezek Travel, Hauptbüro Talatpaşa Cad. 61/B, Filiale neben dem Fährterminal, ✆ 3122456, www.avis.com.tr. Inkl. Versicherungen ab 40 €/Tag. Günstiger die zahlreichen lokalen Anbieter entlang der Durchgangsstraße.

Einkaufen Probieren Sie das hiesige Olivenöl, die lokalen Hersteller haben Läden an der Durchgangsstraße. Großer Wochenmarkt Do am Marktgelände südlich der Çınarlı Cami im Zentrum.

Waschsalon Reinigung (Kuru Temizleme) in der Barbaros Cad. 1 Sok. Abgerechnet wird pro Stück.

Zeitungen Internationale Presse bekommt man im **White Knight Café**, → Nachtleben.

Übernachten/Camping (→ Karte S. 241)

Große sternengeschmückte Hotels gibt es in Ayvalık nicht, es überwiegen charmante kleine Hotels und Pensionen. Für weitere Unterkünfte in der Umgebung → Alibey Adası, S. 242.

Sızma Han **1**, in einer alten, umgebauten Olivenölfabrik direkt am Wasser. Nur 10 stilvolle Zimmer, z. T. jedoch mit recht kleinen Fenstern. Dafür tolle Terrasse. DZ 74 €. Gümrük Cad. 2 Sok. 49, ✆ 3127700, ✆ 3125111, www.butiksizmahan.com.

Günebakan Taliani Hotel **2**, hoch über Ayvalık, geführt von einer freundlichen pensionierten Lehrerin. Neubau mit 14 Zimmern und 2 Apartments, sehr unterschiedlicher Standard von einfach bis komfortabel, z. T. mit Balkon. Vom schönen Garten und der Dachterrasse herrlicher Blick auf die Stadt. Sehr gutes Frühstück, Abendessen auf Wunsch. DZ 41–90 €. Leicht anzusteuern: Vom Supermarkt Tansaş der Straße nach Bergama folgen, dann ausgeschildert. Ca. 20 Fußmin. ins Zentrum. 13 Nisan Cad. 163, ✆ 3128484, www.talianihotel.com.

Annette's House **11**, die charmante Bleibe wird von der gastfreundlichen Annette Steinhoff aus Bielefeld geführt. In 2 mit Liebe restaurierten, zusammenhängenden Konaks gibt es 8 schlicht-hübsche, helle Zimmer mit weißen Dielenböden und weiß getünchten Wänden, von denen sich immer 2 ein blitzsauberes Bad teilen. Fast alle Zimmer mit Balkon, alle mit Ventilator. Idyllisches Gärtchen. Kein Frühstück, dafür Kühlschränke und Küche für die Gäste. DZ 60 €. Neşe Sok. 12 (etwas versteckt, genaue Wegbeschreibung auf der Webseite). ✆ 0542/6633193 (mobil), www.annetteshouse.com.

Chez Beliz, Pension der liebenswerten ehemaligen Schauspielerin Beliz İslek und ihres freundlichen holländischen Mannes. 8 einfache Zimmer, 5 davon mit eigenem Bad.

Hübsche Terrassen, tolles Frühstücksbüfett. Waschservice. Nur Juni–Sept. DZ 50 €. Mareşal Çakmak Cad. 26, ℡ 3124897, ℡ 3122250, www.chezbeliz.com.tr.

Kaptan Otel **4**, älteres, kleines Hotel nahe der Post, von der Durchgangsstraße ausgeschildert. Etwas stillose Zimmer mit Laminatböden. Schöne Terrasse am Meer, die in der NS als Parkplatz missbraucht wird. DZ 40 €. Balıkhane Sok. 7, ℡ 3128834, ℡ 3121271, www.kaptanotelayvalik.com.

Kelebek Pansiyon **5**, von Lesern zigfach gelobt. 7 freundliche, saubere Zimmer mit Bad, z. T. mit Klimaanlage (sonst Ventilator) und Meeresblicken. Das reichhaltige Frühstück wird auf der Terrasse zur tollen Aussicht serviert. Der hilfsbereite türkische Besitzer ist in New York aufgewachsen. DZ ab 41 €. Maraşal Çakmak Cad. 108, ℡ 3123908, www.kelebek-pension.com.

Pansiyon Bonjour **2**, etwas versteckt in einem alten, ehemals feudalen Stadthaus. Eingangsbereich mit Antiquitäten, dort zieht man die Schuhe aus. 12 stilvolle, leicht folkloristische Zimmer, tolle Adresse für atmosphärisches Wohnen, allerdings haben nur 2 Zimmer private Bäder. Sehr sauber und gepflegt. Schöner Innenhof. Nov.–März geschl. DZ 41 €. Çeşme Sok. 5 (ab der Post beschildert), ℡ 3128085, ℡ 3128086, www.bonjourpansiyon.com.

Pansiyon Taksiyarhis **7**, schön restauriertes Haus, mit viel Liebe eingerichtet. 12 einfache, aber gemütliche Zimmer mit Klimaanlage, sehr saubere Gemeinschaftsbäder. Gärtchen, Terrasse mit Wahnsinnsblick, Laundry. 18,50 €/Pers., Frühstück extra. Maraşal Çakmak Cad. 71, ℡ 3121494, ℡ 3122661, www.taksiyarhispension.com.

Camping → Alibey Adası.

Essen & Trinken/Nachtleben

Ayvalık steht für besten Fisch – diverse Fischrestaurants nahe der Atatürk-Statue. Auch die vorzüglichen Fischlokale auf der Alibey Adası (→ Umgebung) sind zu empfehlen. Günstiger isst man in den Lokantas entlang der Durchgangsstraße und ihren Seitengassen. Ein populärer Snack ist der *Ayvalık Tost*, ein getoastetes Megasandwich, das man am besten *karışık* (gemischt) genießt.

Deniz Kestanesi **3**, beste Adresse für einen schönen Meze-und-Fisch-Abend. Gepflegtes Terrassenlokal direkt am Meer. Riesige Auswahl an Vorspeisen (2,80–6,30 €), dazu köstlicher Fisch (Preise nach Gewicht, ab ca. 8 €). Sehr freundliches, unaufdringliches Personal. Karantina Sok. 9, ℡ 3123922.

Paşa Çorba Salonu **10**, anders als der Name vermuten lässt: kein einfacher Suppenladen, sondern ein durchaus ansprechendes, nett eingerichtetes Lokal, das im Niveau zwischen Lokanta und Restaurant liegt. Neben guten Suppen leckere regionale Küche mit super Olivenöl. Preislich okay. Vural Pasajı Arkası, ℡ 3125018.

Hüsnü Baba'nın Yeri **6**, ein absolut uriger, einfacher Souterrainladen, in dem ältere Herrschaften zu günstigen Preisen Meze, Fisch, Köfte, Bier und Rakı servieren. Tische auch draußen auf dem Gehweg. Tenekeciler Sok. 16.

Günaydın Aile Lokantası **8**, einfache Lokanta mit einer Vielzahl an leckeren Topfgerichten. Preiswert und von Lesern hochgelobt. Eski PTT Sok./Ecke Belediye Sok. (bei den Fischlokalen am Hafen).

Nachtleben Mit Bodrum oder Kuşadası kann Ayvalıks Nightlife nicht mithalten, aber am Hafen ist am Abend immer etwas geboten. Ein beliebter Treffpunkt dort ist das **White Knight Café** **9** nahe der Atatürk-Statue.

Baden/Tauchen

Baden Am besten unternimmt man einen Bootsausflug zu den Badebuchten der vorgelagerten Inseln. Strände findet man ferner auf der **Alibey Adası** (→ Umgebung) und in **Çamlık**. Der Knoblauchstrand von **Sarımsaklı** (türk. *sarımsak* = Knoblauch) ist rund 7 km lang und bis zu 100 m breit, im Siedlungsbereich allerdings mit Sonnenschirmen und Liegestühlen vollgepflastert und teilweise von den anliegenden Hotels reserviert.

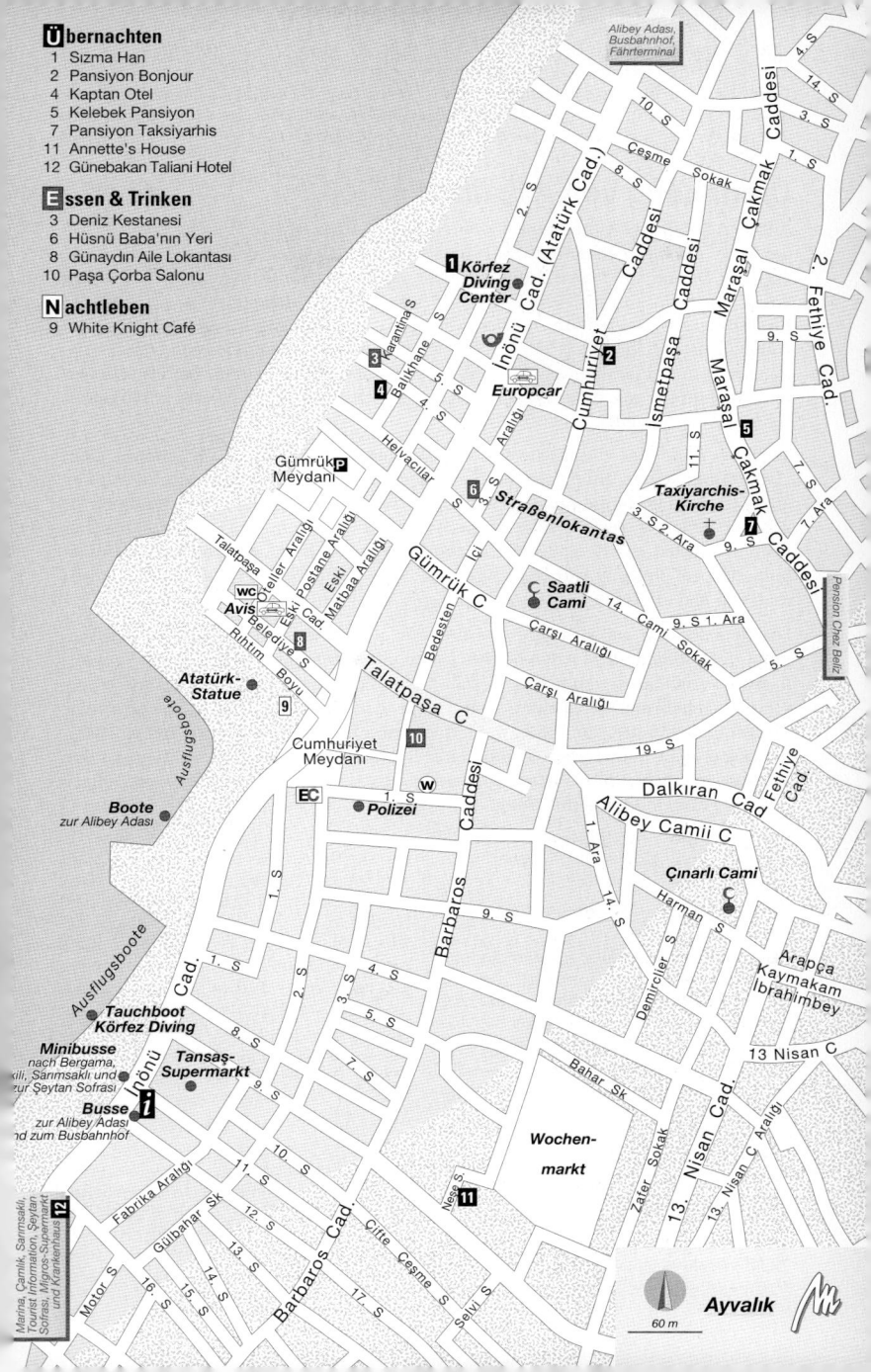

Übernachten
1. Sızma Han
2. Pansiyon Bonjour
4. Kaptan Otel
5. Kelebek Pansiyon
7. Pansiyon Taksiyarhis
11. Annette's House
12. Günebakan Taliani Hotel

Essen & Trinken
3. Deniz Kestanesi
6. Hüsnü Baba'nın Yeri
8. Günaydın Aile Lokantası
10. Paşa Çorba Salonu

Nachtleben
9. White Knight Café

Ayvalık
60 m

Tauchen Körfez Diving Center, Office Atatürk Cad. 61/A, Tauchboot zwischen den Ausflugsschiffen, ℡ 3124996, www.korfez diving.com. 2 Bootstauchgänge mit Equipment ca. 40 €. Meist mit deutschsprachigen Instrukteuren.

Umgebung von Ayvalık

Alibey Adası (Insel Alibey): Insel oder Halbinsel – der Status ist nicht ganz klar, da das auch „Cunda" genannte Eiland rund 8 km nordwestlich von Ayvalık über Brücke und Damm trockenen Fußes erreicht werden kann. Die früheren Bewohner, Griechen, nannten ihre Heimat „Insel des Duftes". Heute zieht v. a. der Duft der Fischbratereien des Hauptortes über die Insel, der mittlerweile wie die Insel selbst Alibey heißt. Allabendlich lädt die dortige Uferpromenade mit ihren vielen Fischlokalen zum Schlemmen ein. Die Mezevitrinen verfolgen einen noch im Traum und verführen zur Wiederkehr – ein Umstand, den die hiesigen Hoteliers schamlos ausnutzen!

Tagsüber wirkt der charmante Ort (im Winter 500 Einwohner, im Sommer über 20.000!) mit seinen alten griechischen Häusern wie ausgestorben. Mit Schlagseite legen am Vormittag die Ausflugsboote ab, erst am späten Nachmittag kommen sie von der Badetour zurück. Eine kleine Attraktion ist die im Verfall begriffene, nur noch als Skelett existierende *griechisch-orthodoxe Kirche*. Erste bauliche Maßnahmen zu ihrer Rettung wurden eingeleitet. Schöne Blicke über Alibey-Ort genießt man von den erhöht liegenden, restaurierten Windmühlen.

Der Reiz der Insel hat sich längst herumgesprochen. Alte Häuser werden herausgeputzt, neue gebaut, und jeden Sommer wird es ein wenig trubeliger. Auch von uniformen Ferienhaussiedlungen und selbst Betonklötzen ist Alibey Adası nicht verschont geblieben. Doch finden sich abseits des Hauptortes noch etliche ruhige Fleckchen und nette, von Pinienwäldern umrahmte Sandbuchten. Bei kleinen Wanderungen kann man zudem Ruinen alter Klöster entdecken. Tipp: Hinauf zu den Buchten im recht unberührten Norden der Insel! Dahin aber gelangt man nur zu Fuß oder mit einem Mietfahrzeug.

Verbindungen Regelmäßige Bus-, Taxidolmuş- und Bootsverbindungen nach Ayvalık (→ Ayvalık/Verbindungen).

Bootsausflüge Gleiches Angebot wie in Ayvalık.

Übernachten Nur in der NS sind die Preise einigermaßen okay, in der HS werden die simpelsten Pensionszimmer für 50 € vermietet.

Ortunç Club, rund 4 km von Alibey-Dorf entfernt. Wunderschöner, überaus komfortabler kleiner Club abseits jeglichen Trubels, ein 5-Sterne-Domizil im Kleinen. Sehr gepflegt, der Rasen hat Golfplatzniveau. Eigener Strand. 40 schicke, stilvolle Zimmer in einer zweistöckigen Gebäudezeile, darin alles vom Feinsten. Ganzjährig. EZ ab 133 €, DZ ab 164 €. Ganz im Westen der Insel, ausgeschildert (nicht mit öffentlichen Verkehrsmitteln zu erreichen), ℡ 3271120, ℡ 3272082, www.ortuncclub.com.

Moshos Otel, ein altes, liebevoll restauriertes Stadthaus etwa 200 m hinter der Mole von Alibey. 7 überaus charmante Zimmer, teils mit herrlichen alten Möbeln bestückt. Netter Garten. Von Lesern hochgelobt. DZ 100 €. 15 Eylül Cad. 4, ℡ 3273018, www.moshosotel.com.

Altay Pansiyon, im Zentrum von Alibey, ein paar Reihen hinter dem Meer. 8 blitzblanke, hübsch restaurierte, aber recht kleine Zimmer mit Fliesenböden, Kühlschrank, Klimaanlage und Föhn. Etwas hellhörig. Kleiner Hinterhof zum Frühstücken. DZ 74 €. Ayvalık Cad. 18, ℡ 3271024, ℡ 3271200, www.altaypansiyon.com.

Atün Pansiyon, das alte, rot-weiße Steinhaus gehört zu den billigsten Unterkünften auf der Halbinsel und ist daher oft ausgebucht. 10 einfache, kleine Zimmer mit Bad, z. T. mit Hafenblick. DZ 44 €, kein Frühstück. In 2. Reihe in Alibey nahe der Bootsanlegestelle, ✆ 3271554, www.cundaatun pansiyon.com.

Camping Ada Camping, großer Platz zwischen Olivenbäumen. Schicke Sanitäranlagen, Camperküche, Grillstelle. Eigener Kiesstrand in einer kristallklaren Bucht. Terrassenrestaurant (Bier 4 €!). Zudem 15 schlicht eingerichtete Bungalows mit Du/WC und Terrasse, die für das Gebotene – wie alles auf der Insel – überteuert sind. Ganzjährig. 2 Pers. mit Wohnmobil und Strom 25 €, im campingplatzeigenen Wohnwagen 29 €/Pers., im Bungalow 40 €. Rund 4 km westlich des Inselhauptortes, ausgeschildert (nicht mit öffentlichen Verkehrsmitteln zu erreichen), ✆ 3271211, www.ada camping.com.

Essen & Trinken Um die 20 gute Fischlokale am Hafen von Alibey, wo man angeblich aus 118 verschiedenen Fischgerichten (!) wählen kann. Wie auch beim Übernachten gilt: alles andere als günstig!

Unglaublich gute, außergewöhnliche Meze und tollen Fisch serviert dort u. a. das **Cunda Giritli Restaurant** (✆ 3271722).

Ayna Restaurant, ein sehr hübsches Restaurant im Bistrostil in zweiter Reihe. Stilsicher und gemütlich eingerichtet, könnte auch in jede Großstadt passen. Serviert wird eine kleine Auswahl an eleganten, türkisch-internationalen Gerichten, darunter Extravagantes wie Pilav mit Garnelen oder leckere Pasta. Außerdem: Cheesecake! Für das Gebotene faire Preise, Hg. 6,50–12,30 €. Çarşı Cad. 22 (hinter dem Taşkahve), ✆ 3272725.

Café Taşkahve, schönes altes Kaffeehaus an der Uferpromenade. Hoher lichtdurchfluteter Saal und darin gesetztere Herren überm Tavla-Brett.

Şeytan Sofrası: Der Beelzebub bittet zu Tisch. Şeytan Sofrası („Teufelstafel") nennt man eine tischförmige Gesteinsformation auf der Sarımsaklı-Halbinsel rund 10 km südwestlich von Ayvalık. Hier kann man den Teufel bestechen und eine Münze in einen Spalt am Tischrand werfen – jeder Wunsch geht so in Erfüllung, heißt es. Der Grund für die allabendlichen Massenversammlungen zum Sonnenuntergang ist jedoch weniger das Loch im Felsen als die traumhafte Aussicht über die zerklüftete Küstenlandschaft. Ein paar Lokale laden hier zum Sundowner der Extraklasse ein.

Auf dem Weg von Çamlık nach Sarımsaklı ausgeschildert. Am Abend (ca. 1 Std. vor Sonnenuntergang) fährt ein Bus (oft voll, retour 2 €) von Ayvalık zur Şeytan Sofrası und später zurück.

Dikili

In osmanischer Zeit war Dikili der Ausfuhrhafen von Bergama, heute machen hier in erster Linie kleinere Kreuzfahrtschiffe für den Landgang „Pergamon" fest. Ansonsten ist das 17.400-Einwohner-Städtchen fest in der Hand türkischer Urlauber. Dikili ist gepflegt, aber gesichtslos. Der Wenig aufsehenerregende Stadtstrand, der sich vom Hafen gen Westen zieht, ist im Sommer gnadenlos überfüllt. Auf der breiten Uferpromenade reiht sich Café an Café und in den schattigen Straßen dahinter ersteht man Luftmatratzen und Sonnenschirme. Eine Prise Orient vermag nicht einmal der dienstägliche Obst- und Gemüsemarkt zu verschaffen.

Verbindungen Busbahnhof ca. 1 km abseits des Zentrums an der Straße nach Bergama. Gute Verbindungen nach Ayvalık, Richtung İzmir und nach Bergama, zudem **Dolmuşe** bzw. **Busse** nach Çandarlı und Bademli.

Im Sommer bestehen in manchen Jahren **Fährverbindungen** nach Lésbos.

Übernachten Von der einfachen Pension bis zum 4-Sterne-Hotel ist alles vorhanden, Unterkünfte mit Flair sind kaum darunter.

** **Perla Hotel**, in erster Reihe. Nicht umwerfend, aber okay, etwas in die Jahre gekommen, soll aber restauriert werden. Teils große Zimmer mit Klimaanlage, Balkon und Meeresblick. DZ mit HP ab 66 €. An der Straße nach Bademli, ✆ 0232/6714145, www. dikiliperladikelyaotel.com.

Pergamon/Bergama

Alltägliches versus Prunk, Provinznest versus Weltstadt, Gegenwart versus Antike – alles vereinigt in Bergama, dem einstigen Pergamon.

Rund 59.000 Einwohner zählt Bergama, eine Provinzstadt mit einem netten Marktviertel. Sie liegt inmitten der fruchtbaren Ebene des Bakır Çayı auf den Ruinen des römischen Pergamon und zu Füßen jenes Berges, von dessen Akropolis die Attaliden zuvor ein Weltreich regierten. Die meisten Besucher sind Tagestouristen. Es gibt aber auch eine Reihe an Unterkünften für all jene, die länger bleiben wollen. Wer sämtliche Sehenswürdigkeiten auf eigene Faust entdecken will, braucht mindestens einen Tag. Pergamon ist kein kleines kompaktes Ausgrabungsgelände, die Highlights liegen kilometerweit verstreut.

Geschichte

Funde bezeugen, dass die Umgebung Pergamons bereits seit der Bronzezeit besiedelt ist. Erste Befestigungen auf dem Burgberg, übrigens ein alter Vulkanschlot, entstanden vermutlich im 7.–6. Jh. v. Chr. Geschichte begann Pergamon jedoch erst nach dem Tod Alexanders des Großen zu schreiben. Dessen bedeutendster Feldherr Lysimachos hatte sich in Thrakien und Kleinasien einen eigenen Herrschaftsbereich geschaffen und aus vielen Eroberungszügen ein Vermögen von rund 90 Talenten angeeignet. 1 Talent entsprach einem 20 kg schweren Silberbarren – Lysimachos saß also auf einem Berg Silber von rund 1800 kg! Bevor Lysimachos in die Schlacht gegen den Syrerkönig Seleukos zog, ließ er den Schatz nach Pergamon bringen und dort von seinem Eunuchen Philetairos bewachen. Lysimachos kam nie aus der Schlacht zurück – er fiel 281 v. Chr.

Der reich gewordene Philetairos schwang sich zum Herrscher von Pergamon auf – die Geburtsstunde eines neuen Reiches. Seinem Adoptivsohn Eumenes gelang es, durch die siegreiche Schlacht gegen die Syrer bei Sardes 262 v. Chr. den Herrschaftsbereich weiter auszudehnen. Dessen Nachfolger, sein Neffe Attalos, triumphierte über die Kelten in der Schlacht bei den Kaikos-Quellen 230 v. Chr. Daraufhin nahm er den Königstitel an und wurde als Attalos I. erster Regent des pergamenischen Königshauses. Pergamons Ruhm verbreitete sich daraufhin im ganzen hellenistischen Kulturraum. Es folgte der Bau der berühmten Bibliothek, des Athenatempels und etlicher Denkmäler.

Attalos I. schloss zudem eine Allianz mit Rom. Seinem Sohn Eumenes II. gelang mithilfe des mächtigen Verbündeten 190 v. Chr. in der Schlacht von Manisa (→ S. 261) ein weiterer Sieg gegen die Syrer. Nach dem Motto „Divide et impera!" („Teile und herrsche!") überließen ihm die Römer den größten Teil der neu gewonnenen Gebiete. Während seiner Regierungszeit avancierte Pergamon zur Weltstadt. Die Akropolis wurde mit einer Stadtmauer versehen, das Gymnasion gebaut, die Theaterterrasse, die Untere Agora und der berühmte Zeusaltar. Intellektuelle und Künstler aus der ganzen antiken Welt zog es auf den Burgberg.

133 v. Chr. starb Attalos III., der letzte König von Pergamon. Er soll ein sonderbarer Mann gewesen sein, der seinen Palast aus Verfolgungswahn selten verließ und sich vorrangig dem Studium von Giftpflanzen widmete, die er an Verbrechern testete. Der schnell aufeinanderfolgende Tod seiner Mutter und seiner Frau brach ihm schließlich

Pergamon/Bergama 245

das Herz. In seinem Testament zeigte er jedoch wie seine Vorgänger politische Weitsicht: Um einer stabilen Politik willen vermachte er sein Reich den Römern. So kam einer der menschenreichsten und wohlhabendsten Landstriche der damals bekannten Welt als *Provinz Asia* zu Rom, und aus dem Reich wurde ein Imperium. Die Stadt selbst profitierte davon und erlebte ihre größte Blüte. Vom Burgberg bis in die weite Ebene dehnte sie sich nun aus, die Einwohnerzahl stieg auf 150.000 an. Unter dem Arzt Galenos entwickelte sich das Asklepieion zu einer der berühmtesten Heilstätten der Antike. Zudem besaß Pergamon aufgrund seiner großen christlichen Gemeinde auch noch eine der sieben apokalyptischen Kirchen.

Nach dem Goteneinfall 262 n. Chr. begann Pergamons Stern zu sinken. In byzantinischer Zeit verlor die Stadt so an Bedeutung, dass sich die Einwohnerzahl auf 8000 reduzierte. Das Stadtgebiet verlagerte sich wieder auf den Burghügel, wo man sich besser gegen einfallende Turkstämme schützen konnte. Erst als die Osmanen im 14. Jh. den Landstrich eroberten, verließen die Bewohner den Burgberg wieder. Am Fuß des Hügels legten sie, über den Ruinen der römischen Blütezeit, den Grundstein zum heutigen Bergama.

1873 entdeckte der deutsche Ingenieur Carl Humann nahe Bergama im Stroh eines Ochsenkarrens eine mit Reliefs verzierte Marmorplatte. Er kaufte sie dem Bauern für einen Pfennigbetrag ab und schickte sie an jenes Museum in Berlin, das heute als *Pergamon-Museum* bekannt ist. Fünf Jahre danach begannen unter Humanns Leitung die Ausgrabungen der antiken Weltstadt Pergamon. Die wertvollsten Fundstücke verschwanden schnell in Berlin, so der einzigartige Fries des Zeustempels. Humann ließ sich nahe dem einstigen Zeustempel bestatten. Heute leitet das Deutsche Archäologische Institut İstanbul die Ausgrabungen vor Ort.

Orientierung: Wer von der Westküste nach Bergama fährt, gelangt über die İzmir Caddesi geradewegs ins Zentrum. Die Straße ist zugleich die Hauptachse des Städtchens, nahezu alle öffentlichen Einrichtungen liegen an ihr oder sind von ihr ausgeschildert. Sie ist mehrere Kilometer lang, das Zentrum beginnt auf Höhe des *Archäologischen Museums*. Etwas weiter nördlich ändert die İzmir Caddesi ihren Namen in Bankalar Caddesi. Sie endet in der geschäftigen Altstadt um die riesige Ruine der *Kızıl Avlu (Rote Halle)*. Hier schmiegen sich windschiefe Backsteinbauten und schöne alte Griechenhäuser eng aneinander, durch die verschlungenen Gassen passen oftmals nur noch Mopeds.
Die zwei größten Attraktionen Pergamons liegen außerhalb des Zentrums: das *Asklepieion* im Südwesten der Stadt (ca. 30 Gehmin. vom Archäologischen Museum, ausgeschildert) und die *Akropolis* in entgegengesetzter Richtung (mit der Seilbahn zu erreichen, → Kasten, S. 248). Mit dem Taxi zum Asklepieion ca. 5,50 €, eine 2- bis 3-stündige Tour zu beiden Sehenswürdigkeiten mit Wartezeiten ca. 27 €. Die Parkplätze an der Talstation der Seilbahn, auf der Akropolis und beim Asklepieion sind gebührenpflichtig (für Wohnmobile 5 €).

Information/Verbindungen

Telefonvorwahl 0232.

Information An der Durchgangsstraße, ausgeschildert. Mo–Fr 8.30–12 u. 13–17.30 Uhr. Yeni Hükümet Konağı, B Blok Zemin Kat, ✆/✆ 6312851, www.bergama.bel.tr.

Verbindungen Bus: Busbahnhof *(Yeni Garaj)* an der Abzweigung nach Ayvalık/İzmir ca. 8 km südwestlich des Zentrums.

Servicezubringer der Busgesellschaften ins Zentrum, zudem Dolmuşe. Direktverbindungen nach Dikili, Ayvalık (1¾ Std.), İzmir (2 Std.) und Bursa (4½ Std.), zudem Nachtbusse nach İstanbul (10 Std.).

Adressen/Einkaufen/Sonstiges

Ärztliche Versorgung Krankenhaus an der Straße nach Kınık/Soma (ca. 1 km östlich des Zentrums). ℘ 6312894.

Einkaufen Teppiche aus Bergama zählen zu den besten der Türkei. Hochwertige Stücke werden aber fast ausschließlich in İstanbul oder Europa verkauft.

Mo bunter **Wochenmarkt** an der Straße nach Kınık/Soma ca. 1 km östlich des Zentrums (20 Fußmin.).

Festival Bergama Festival, Mitte/Ende Juni. 7 Tage volles Programm mit türkischen Folkloregruppen und Schlagergrößen, dazu Paraden, archäologische Konferenzen etc.

Türkisches Bad (Hamam) Hacı Hekim Hamamı, schönes, altes (1513) und jüngst restauriertes Bad mit getrennten Abteilungen für Männer und Frauen. Laut Prospekt ist der Besuch „sehr Amiisant". Dazu heißt es: „In der fremde angeben ahnelt dem singen im HAMAM." Alles klar? Tägl. 6–23 Uhr. Eintritt mit *Kese* und Massage 17 €. Bankalar Cad. 42.

Übernachten

Hotel Hera 2, 2011 eröffnetes, sehr charmantes, kleines Hotel. 8 Zimmer, z. T. in einem aufwendig und schön restaurierten Stadthaus. Netter Hof, schöne Terrasse. DZ 80 €. Tabak Köprü Cad. 21 (ausgeschildert), ℘ 6310634, www.hotelhera.com.

Mansion 4, in einem alten Anwesen. 6 stilvoll restaurierte Zimmer (Bäder z. T. in Wandschränken) auf mehrere Gebäude verteilt. 2011 wurde ein Restaurantgarten angelegt. Zuvorkommender Service (der laut Leserinnenmeinung für alleinreisende Frauen belästigend werden kann). DZ 40–60 €. İmam Çıkmazı (von der Durchgangsstraße im Norden des Zentrums ausgeschildert, neben der Athena Pension), ℘ 6333420, ℘ 6313620, www.athenapension.com.

Akropolis Guesthouse 3, ca. 5 Fußmin. vom Zentrum entfernt, von der Straße nach Pergamon ausgeschildert. Kleine, freundliche, begrünte Anlage im Farmhausstil, sehr ruhig und ideal zum Entspannen nach dem Sightseeing. 12 Zimmer mit Klimaanlage um einen Pool, die einen sehr klein und schlicht, die anderen recht groß, die schönsten in der oberen Etage mit Holzdecken und großen Balkonen. Kleines Restaurant für die Gäste. Netter englischsprachiger Service. DZ je nach Zimmer 35–49 €. Kayalık Sok. 3, ✆ 6312621, ℡ 6315525, www.akropolisguesthouse.com.

Gobi Pension 15, nicht die attraktivste Lage an der Durchgangsstraße im Süden der Stadt (10 Gehmin. ins Zentrum, Restaurants in der Nachbarschaft), doch von Lesern immer wieder gelobt. 12 saubere Zimmer mit Steinböden und bunten Teppichen, mit und ohne Bad, mit und ohne Balkon. Nach vorne raus etwas laut, dafür ruhiger kleiner Garten fürs reichhaltige Frühstück. Hilfsbereiter englischsprachiger Inhaber. DZ mit Bad 31 €, ohne 27 €. İzmir Cad. 18, ✆ 6332518, www.gobipension.com.

Böblingen Pension 16, nach der Partnerstadt von Bergama benannt, an der Abzweigung zum Asklepieion. Einfache, saubere Zimmer, größtenteils mit Stein- oder Dielenböden. Frühstücksterrasse. Die nette Wirtsfamilie spricht Deutsch, der Sohn Englisch. Waschmaschine. DZ mit Bad und Klimaanlage 29 €, ohne beides 24 €. Asklepion Cad. 2, ✆ 6332153, ℡ 6315676, dincer_altin@hotmail.com.

≫ Unser Tipp: Odyssey Guest House 5, historisches Stadthaus in bester Lage. 9 schlichte, aber sehr hübsche und charmante Zimmer (Holzböden, ultrahohe Decken etc.), 6 davon mit klitzekleinen, nachträglich integrierten Bädern, 3 mit Bädern außerhalb. Ebenfalls freundlicher englischsprachiger Service. Reichhaltiges Frühstück, umfangreiche Bibliothek, kleine Dachterrasse mit Blick auf die Rote Halle. DZ mit Bad 33 €, ohne Bad 25 €. Abacıhan Sok. 13, ✆ 0505/6539189 (mobil), www.odysseyguesthouse.com. ≪

Citi Hostel 10, einfache, aber ordentliche Zimmer um einen kleinen Hof. Englischsprachig. DZ mit Bad 25 €, Bett im Schlafsaal 12 €. Bankalar Cad 10, ✆ 6335008.

Camping Bergama Caravan Camping 17, 3 km außerhalb des Zentrums an der Straße nach İzmir. Rasengelände, das mit jedem Jahr etwas schattiger wird, Pool. Ordentliche Sanitäranlagen – Warmwasserduschen, sauberer Waschraum, Waschmaschine. Restaurant für Busgruppen (ohne solche nicht in Betrieb). Ganzjährig. 2 Pers. mit Wohnmobil 14,50 €. İzmir Yolu, ✆ 6333902, ℡ 6331792, www.caravancamping.net.

Kurtuluş Otopark 6, alles andere als idyllisch, aber eine Alternative für alle, die im Zentrum stehen wollen (nichts für Zelte). Auf dem kleinen Parkplatz samt Waschanlage gegenüber der Roten Halle gibt es auch akzeptable Sanitäranlagen samt Dusche. 2 Pers. mit Wohnmobil und Strom 8 €. ✆ 0538/4926599 (mobil).

Essen & Trinken

Für die aufgeführten Lokantas gilt: Früh kommen, am Nachmittag ist die Auswahl schon gering und abends wird früh geschlossen.

Ticaret Odası Sosyal Tesisleri 1, das der Handelskammer angehörige Lokal galt zuletzt als das beste der Stadt. Untergebracht in einem historischen Gebäude hoch über dem Zentrum, mit Terrasse und herrlicher Aussicht. Kleine Karte (Meze und Grillgerichte), Hg. um die 4,50 €. Wegbeschreibung zu Fuß (kürzer als mit dem Auto): Man folgt vom Zentrum der Beschilderung nach Kozak und nimmt die zweite Brücke rechter Hand. Nach der Brücke nimmt man das bergauf führende Sträßlein links der dortigen Moschee. Das Restaurant ist von hier bereits zu sehen. Büyükalan Mevkii, ✆ 6329641.

Altın Kepçe Lokantası 12, neben dem Hamam. Nette Lokanta mit überaus leckeren Topfgerichten. Sehr gutes *Çığırtma*, eine lokale vegetarische Spezialität aus Auberginen, Tomaten und viel Olivenöl.

Dostlar Lokantası 11, gegenüber dem Hamam in einer schmalen Seitengasse. Hier essen die Basarhändler zu sehr günstigen Preisen. Auch hier gibt's *Çığırtma*, dazu Pide und *Bergama Köfte*. Peynir Pazarı Karşısı.

Onur Lokantası **13**, sehr saubere Lokanta mit großer Auswahl. Literweise Olivenöl wird hier tagtäglich verbraucht. Nahe der Post, Ahmet Kuduğ Çıkmazı 4/A.

Sarmaşık Lokantası **9**, und noch eine freundliche, einfache Lokanta, dieses Mal im oberen Ortsbereich an der Bankalar Cad. Gute Auswahl an leckeren Topfgerichten, auch für Vegetarier. Günstig.

Arzu **7**, hier serviert man die beste Pide der Stadt. Schräg gegenüber dem Sarmaşık.

Pala **8**, winziger Laden und zugleich die älteste Köftebräterei Bergamas. Zu den Fleischbällchen isst man *Piyaz* (Salat aus weißen Bohnen). Ums Eck vom Sarmaşık (beim orangefarbenen Haus, das *Tuborg* verkauft, in die Seitengasse rechts rein).

Zıkkım Birahanesi **14**, einer von mehreren Biergärten gegenüber dem Museum an der Hauptstraße. Schattige Terrasse, gut für das Feierabendbierchen, dazu gibt es auch kleine Gerichte.

Die Akropolis von Pergamon – Rundgang durch die Oberburg

Eine 6 km lange Straße windet sich in Serpentinen vom Zentrum Bergamas zur Akropolis. Dabei passiert man die Rote Halle (s. u.) und die Talstation der Seilbahn.

Vom Kassenhäuschen bei der Bergstation der Seilbahn führt ein Weg bergauf zum einstigen **Burgtor**, von dem nur noch spärliche Reste erhalten sind. Dabei passiert man das **Heroon** (linker Hand). Es war ein großer, um einen Säulenhof angelegter Kultbau zu Ehren der pergamenischen Könige. In römischer Zeit war das Innere des Gebäudes ganz mit weißem Marmor ausgekleidet, heute ist nicht mehr viel erhalten.

Hinter dem Burgtor lag linker Hand der **Heilige Bezirk der Athena**. Doch an den ältesten Tempel Pergamons, der der siegreichen Stadtgöttin geweiht war, erinnert nur noch das Fundament. Das Bauwerk war flankiert von je sechs Säulen an den Schmal- und je zehn an den Längsseiten. Reliefs und Statuen verherrlichten den siegreichen Kampf gegen die Gallier.

Hinweis: Der hier beschriebene Rundgang durch die Oberburg vorbei an den wichtigsten Ausgrabungen beginnt und endet dort. Er ist die Standardtour für alle, die mit dem eigenen Fahrzeug die Akropolis ansteuern. Wer die Seilbahn nimmt und gerne spazieren geht, kann durch die Unterstadt nach Bergama absteigen – lohnenswert. Am Ende der Tour durch die Unterstadt gibt es zwar einen Maschendrahtzaun, doch findet sich i. d. R. immer ein Loch zum Hindurchschlüpfen. Eine Besichtigung in entgegengesetzter Richtung ist zwar möglich, aber im Sommer überaus schweißtreibend. Denken Sie daran, viel Wasser mitzunehmen! Die Talstation der **Seilbahn** liegt ca. 10–15 Fußmin. nordöstlich des Zentrums (dem ausgeschilderten Weg zur Akropolis folgen). Im Sommer tägl. 8.30–19 Uhr, im Winter verkürzt. Retourticket 3,20 €, einfach die Hälfte.

Steigt man hinter dem Burgtor weiter bergauf, reihen sich zur Rechten die niederen Mauerreste mehrerer **Königspaläste** aneinander. Es waren recht bescheidene Gebäude mit einem Innenhof, der von einer Säulenreihe (Peristyl) umgeben war.

Wieder linker Hand lag die berühmte **Bibliothek** von Pergamon. Sie soll einen Bestand von 200.000 Bänden gehabt haben. Zum Schutz vor Feuchtigkeit waren die Räume mit kostbaren Hölzern getäfelt. Der große Lesesaal war über 5 m hoch und mit einer fast genauso hohen Athena-Statue geschmückt.

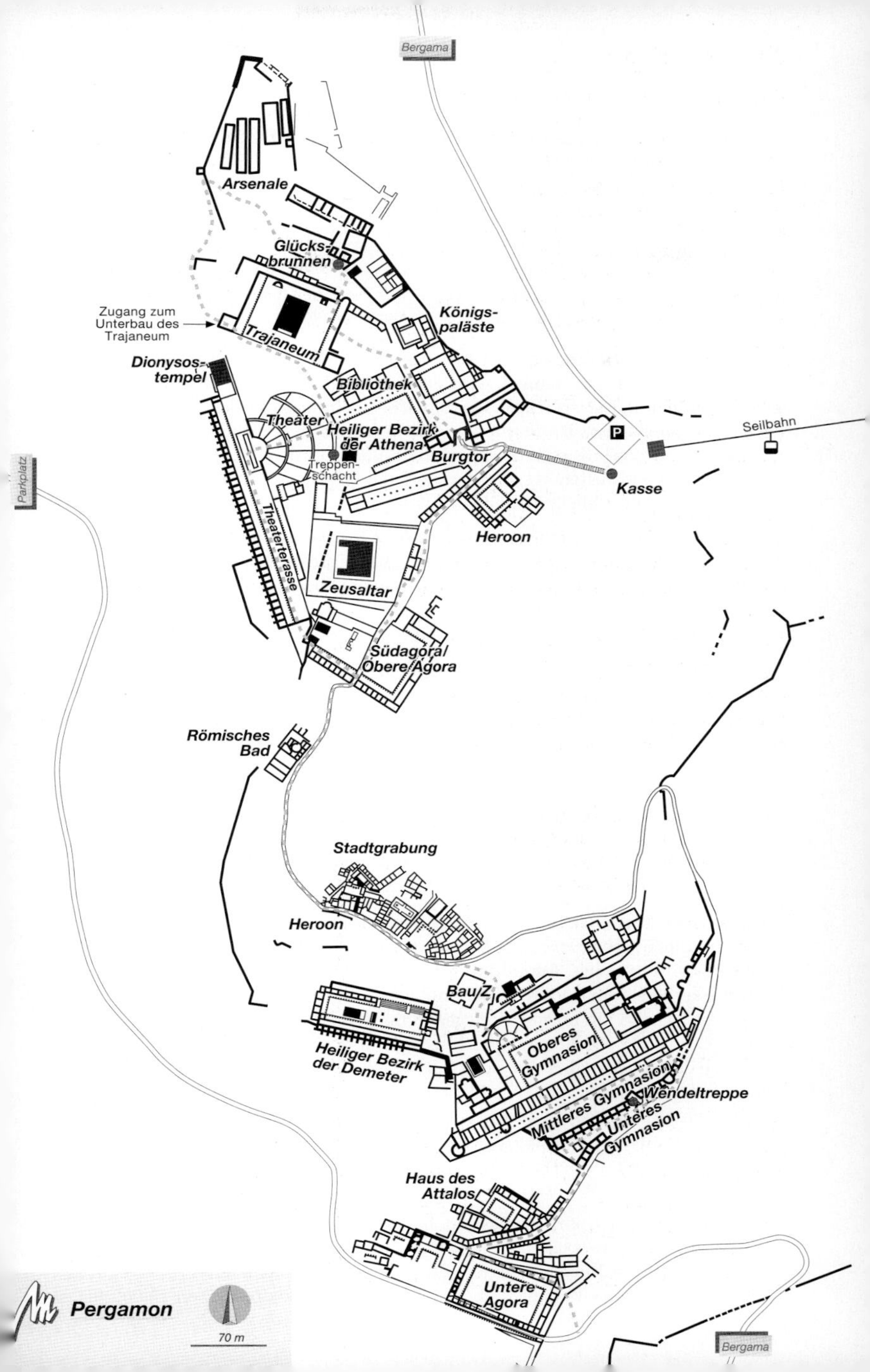

Bergama
Arsenale
Glücks-
brunnen
Zugang zum
Unterbau des
Trajaneum
Trajaneum
Königs-
paläste
Dionysos-
tempel
Bibliothek
Theater
Heiliger Bezirk
der Athena
Treppen-
schacht
Burgtor
Seilbahn
Kasse
Parkplatz
Theaterterasse
Heroon
Zeusaltar
Südagora/
Obere Agora
Römisches
Bad
Stadtgrabung
Heroon
Bau Z
Heiliger Bezirk
der Demeter
Oberes
Gymnasion
Mittleres Gymnasion
Wendeltreppe
Unteres
Gymnasion
Haus des
Attalos
Untere
Agora
Pergamon
70 m
Bergama

> **Aus der Not geboren – das Pergament und das Buch**
>
> Als die Bibliothek von Pergamon die von Alexandria zu überflügeln drohte, verboten die ägyptischen Könige kurzerhand die Ausfuhr von Papyrus. Die Einwohner von Pergamon (Pergament!) besannen sich daraufhin auf die alte ionische Kunst, Schreibmaterial aus dünn geschabten Tierhäuten herzustellen. Da sich diese jedoch nicht wie das Papyrus rollen ließen, schnitt man sie zu Seiten und band sie in einem ledernen Deckel zu einem Buch.

Schräg über der Bibliothek erhebt sich das **Trajaneum** – einst ein Triumph römischer Baufertigkeit. Der Tempel, ganz aus weißem Marmor errichtet, entstand für den vergöttlichten Kaiser Trajan. Zu römischer Zeit prägte er das Bild des Burgberges. Teile der Säulenhallen wurden wieder aufgerichtet, besonders aber zieht eine wieder erstellte, korinthische Giebelecke den Blick auf sich. Der Platz um den Tempel wurde gen Südwesten hin künstlich auf gewaltigen Stützmauern und Gewölben geschaffen. Von dort blickt man hinab auf das Theater (s. u.).

Verlässt man das Trajaneum an seiner Nordostecke bei einem Torso über eine Treppe, und steigt von da weiter zu einem auffälligen Neubau auf, gelangt man zu einer vollständig erhaltenen Zisterne, von einem Eisengeländer umringt. Sie gehörte zu einem der Königspaläste. Heute dient sie als **Glücksbrunnen**, der Wünsche in Erfüllung gehen lässt, sofern Sie in der Lage sind, hintereinander drei Münzen so auf die darin „versenkte Säule" zu werfen, dass sie oben liegen bleiben. Der Wunsch muss zuvor festgelegt werden.

Ein Pfad führt von hier durch einen recht verwilderten Abschnitt der Akropolis zu einem Mauerdurchbruch und weiter hinaus auf einen schmalen Vorsprung am Nordende der Burg. Dort liegen die überaus spärlichen Reste der **Arsenale**, fünf längliche Baracken, in denen 900 steinerne und bleierne Kugeln gefunden wurden, die einst von katapultartigen Schleudern auf nahende Feinde abgeschossen wurden. Eindrucksvoll ist hier auch der Blick auf die **Nordwestmauer**, die noch heute aus 32 Quaderschichten besteht. Sie stammt aus hellenistischer Zeit, war früher viel höher und wurde von Zinnen abgeschlossen.

Aber auch der Fernblick ist imposant. Im Tal wird der Flusslauf des Kestel Çayı gestaut, um die Wasserversorgung Bergamas sicher zu stellen. Dort lassen sich auch Reste eines römischen **Aquädukts** (2. Jh. n. Chr.) ausmachen. Eine künstliche Trinkwasserversorgung hatte Pergamon aber schon rund 400 Jahre früher. Dabei wurde von dem 45 km nördlich gelegenen Berg Madra Dağı Wasser über eine dreisträngige, aus 240.000 Einzelteilen gefertigte Tonrohrleitung in eine Kammer auf den Bergrücken gegenüber der Burg geleitet. Von dort gelangte es in einer unterirdisch verlegten Druckleitung aus Blei mit bis zu 20 atü auf den Burgberg. So wurde ein Höhenunterschied von über 200 m nur durch Eigendruck, ohne eine einzige Pumpe überwunden. Von den Arsenalen verläuft außerhalb der Burgmauern gen Süden ein Pfad auf die Terrasse des Trajaneum. Im Südwesten führen Stufen hinab zu dessen imposantem Unterbau – spannend.

Nachdem man den Unterbau passiert hat, steht man oberhalb des **Theaters**, auf dessen Ränge man über einen Treppenschacht gelangt. Das Theater war das kulturelle und gesellschaftliche Zentrum Pergamons. Über der ersten Querreihe lag, ganz aus Marmor, die königliche Loge. Die Sitzreihen der restlichen 10.000 Plätze aus vulkanischem Andesit wurden in den Hang gebaut. Die Bühne bestand ganz aus Holz und wurde nur zu den Festspielen aufgebaut. Die restliche Zeit sollte die Theaterterrasse frei bleiben, damit der kleine **Dionysostempel** direkt daneben auch optisch zur Geltung kam. Einige lange Säulentrommeln und schöne Kapitelle sind von ihm erhalten.

Die 250 m lange **Theaterterrasse** war – heute kaum mehr zu erahnen – Pergamons Einkaufszentrum und Flanierstraße. Die extreme Hanglage machte auf der Talseite die Errichtung einer bis zu 12 m hohen, dreistöckigen Stützmauer erforderlich, gekrönt von einer durchgehenden Säulenhalle. Auf beiden Seiten der Straße gab es Läden und fliegende Händler. Am Südende der Terrasse lag die **Obere Agora**, der mit Säulenhallen umgrenzte Marktplatz Pergamons. Viel erhalten blieb nicht.

Darüber markieren heute zwei prächtig gewachsene Pinien den Standort des riesigen **Zeusaltars** (34 x 34 m). Nur noch seine Fundamente sind vorhanden. Den Rest kann man als Nachbau mit den Originalfriesen im Berliner *Pergamon-Museum* bewundern. Ohne Zweifel wäre er hier schöner platziert – die Rückgabe wird gefordert. Steigt man nun weiter bergauf, gelangt man am Heroon vorbei wieder zur Bergstation der Seilbahn. Wer durch die Unterstadt nach Bergama absteigen möchte, geht einfach wieder ein paar Schritte zurück zur Oberen Agora.
Tägl. 8.30–18.30 Uhr, im Winter 8–17 Uhr. Eintritt 8 €.

Durch die Unterstadt nach Bergama

Von der Oberen Agora führt ein markierter Weg auf einer antiken Straße, deren Pflaster z. T. noch zu erkennen ist, an den Grundmauern eines **römischen Bades** (zugewuchert) vorbei zur sog. **Stadtgrabung**. Unter Leitung des deutschen Archäologen Wolfgang Radt versuchte man hier, Einblicke in die Lebensweise des einfachen Volkes zu erhalten. Man stieß u. a. auf eine kleine **Garküche** und einen **Verkaufsladen** für Wein und Öl. Neben schiefen, aus unbehauenen Steinen errichteten Wohnhäusern fand man auch Reste repräsentativer Bauten, die mit denen der Akropolis jedoch nicht konkurrieren können. Dazu gehört ein – am Schutzdach leicht zu erkennendes – **Heroon** für Diodoros Pasparos, einen Wohltäter der Stadt. Es bestand aus einem Kultsaal und einem Odeion mit gemeinsamer Vorhalle (beides durch ein Gitter einsehbar).

Etwas tiefer am Hang steht ein weiterer, sehr moderner Schutzbau, der sog. **Bau Z**. Auch darunter verbarg sich kein Wohnhaus, sondern ein öffentliches Gebäude, man vermutet das Prytaneion oder ein Gästehaus für ranghohe Besucher. Der Peristylbau mit eigener Badeanlage besitzt herausragende Mosaiken, deren Themen sich v. a. um den Weingott Dionysos ranken – absolut sehenswert. Man vermutet, dass sie um 100 n. Chr. entstanden.

Direkt unterhalb des Baus Z erstreckt sich linker Hand die obere Etage des Gymnasions, rechter Hand der **Heilige Bezirk der Demeter** (Hinweisschild „Demeter Kutsal Alanı"). Die 100 x 45 m große Terrassenanlage besteht aus Tempel, Altar, Säulenhallen, einem Opferschacht für den Hades und einer neunstufigen Tribüne. Bei nächtlichem Fackelschein feierten hier Priesterinnen Kultfeste zu Ehren der Göttin der Feldfrüchte, die zu Fruchtbarkeit und einem Leben nach dem Tode verhelfen sollten.

Der riesige Komplex des **Gymnasions**, die größte weltliche Anlage Pergamons, erstreckte sich über drei Terrassen. Der Gebäudekomplex der obersten Terrasse, der Jugendlichen über 16 Jahren vorbehalten war, war der schönste. Er besaß einen theaterförmigen Saal für Vorträge und Konzerte, einen Ehrensaal und eine Badeanlage. Die mittlere Terrasse gehörte den pubertierenden Epheben. Die unterste Terrasse schließlich war eine Art Spielplatz für Kinder.

Über eine noch vollständig erhaltene, überdachte Wendeltreppe gelangt man hinab zum **Haus des Attalos**, das rechts erhöht des Weges liegt. Das Gelände macht einen etwas verwahrlosten Eindruck: Die schönen Mosaiken des Peristylbaus mit noch erhaltenen Fresken werden zwar von oben durch ein Schutzdach gesichert, von unten jedoch von der Natur zurückerobert.

Es folgt die **untere Agora**, von der aber nur spärliche Reste neben neuzeitlichen Häusern, den Lagerräumen des Grabungsteams, erhalten sind. Einst waren hier Inschrifttafeln aufgestellt, die u. a. über Gesetze des öffentlichen Lebens informierten (z. B. zum Wege- und Hausbau oder zur Pflege der Zisternen). Der Weg endet an der Straße von Bergama nach Pergamon vor einem Maschendrahtzaun, der durch ein Loch passiert werden kann. Von dort läuft man noch ca. 15 Minuten ins Zentrum.

Asklepieion

Am westlichen Stadtrand von Bergama liegt, inmitten einer weitläufigen Kasernenstadt (z. T. Fotografierverbot!), das Ruinenfeld des Asklepieions, eine der berühmtesten Heilstätten der Antike. Im 4. Jh. v. Chr. wurde sie gegründet, in römischer Zeit erlebte sie unter dem Arzt Galenos (129–199) ihre größte Blüte, selbst Kaiser suchten die Heilstätte auf.

Zum Asklepieion gelangte man früher über die *via tecta*, eine knapp 1 km lange Basarstraße, beidseitig von Arkaden und Geschäften gesäumt. Noch heute führt auf ihr der Weg vom Ticketschalter zum Asklepieion, nur zieren die einstige Prachtkolonnade lediglich Säulenstümpfe. An ihrem Ende ging es über Stufen durch ein Tor hinab zum Propylon; hier wurden die Patienten feierlich empfangen.

Asklepios und die antiken Behandlungsmethoden

Asklepios, Sohn von Apollon und Koronis, war in der Antike der Gott der Heilkunst. Seinen Tod bewirkte Zeus, der ihn mit einem Donnerkeil erschlug, weil er es gewagt hatte, Tote lebendig zu machen. Schlangen waren dem Asklepios heilig, und man sagte, er habe sich in ihnen verkörpert. Auf Asklepios geht der Äskulapstab zurück. Mit einer um einen Stab gewickelten Schlange symbolisiert er den ärztlichen Stand.
Das Asklepieion von Pergamon war in der Antike nicht das einzige seiner Art, es gab mehr als 200 solcher Stätten. Sie waren keine reinen Kultorte, sondern eine Art Kurbad mit Tempel, Wohn- und Krankenkomplex, Theater, Bibliothek u. v. m. Die Heilsuchenden verbrachten hier im Schnitt mehrere Monate. Behandelt wurden Leib und Seele gleichermaßen. Grundlage der Diagnose war oft die Inkubation (Schlaf im Tempel) bzw. die darauf folgende Traumdeutung durch Priester und Ärzte. Dementsprechend empfahlen sie dann Diäten, Bäder-, Honig- oder Kräuterkuren, körperliche Übungen, das Trinken von verdünntem Schierlingssaft, Kreidebrei o. Ä. Vieles über die Behandlungsmethoden weiß man aus den Aufzeichnungen von Galenos, dem nach Hippokrates wohl berühmtesten Arzt der Antike. Noch heute sind von Galenos, der u. a. auch Leibarzt Mark Aurels war, rund 180 Schriften erhalten. Der gute Arzt erreichte übrigens für die damalige Zeit das hohe Alter von 70 Jahren.

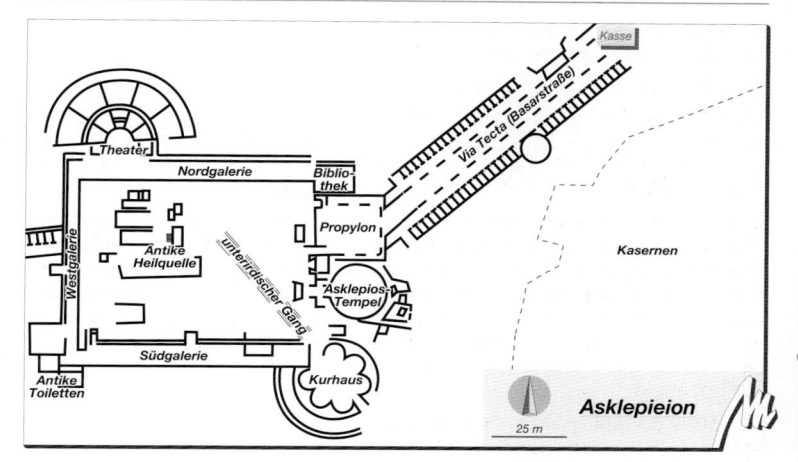

Etwas weiter macht rechter Hand ein Schild auf die **Bibliothek** aufmerksam – ohne dieses würde man die spärlichen Reste glatt übersehen. Von der Bibliothek führt die über 120 m lange **Nordgalerie**, einst eine Säulenhalle von fast 10 m Höhe, zum Theater. Wieder aufgerichtete Säulen lassen die einstige Pracht des Komplexes erahnen. Aufführungen in dem noch gut erhaltenen, teils rekonstruierten **Theater**, das annähernd 4000 Zuschauer fasste, sollten für Zerstreuung sorgen und neue Lebensgeister wecken. Noch heute wird es gelegentlich für Veranstaltungen genutzt.

Von der Westgalerie steht nicht mehr viel, und an die einst doppelstöckige Südgalerie erinnert auf den ersten Blick so gut wie nichts mehr – dabei ist noch recht viel erhalten, nur steht die Säulenreihe tiefer. In der Ecke, wo sich beide trafen, gab es, mit viel Fantasie noch zu erkennen, nach Geschlechtern getrennte Toiletten mit Wasserspülung.

Etwa in der Mitte des von den Galerien umrahmten Platzes plätschert bei einer großen Platane Wasser aus einem Metallrohr. Das angeblich einst heilwirksame Wässerchen hilft, so Untersuchungen aus neuerer Zeit, heute keiner Seele mehr. In der Nähe führen Stufen hinab in einen 80 m langen unterirdischen Gang, in den durch Luken gespenstisches Licht einfällt. Er endet beim **Kurhaus**, gleichzeitig ein Tempel, in dem Wasserbehandlungen vorgenommen wurden. Treppen führen ins Obergeschoss, in jenen Trakt, wo die Patienten sich zum Träumen niederlegten. Gleich daneben stand einst der Haupttempel des Bezirks, der **Asklepios-Tempel** – ohne ein Hinweisschild würde man auch dessen spärliche Reste kaum mehr ausmachen.

Von der İzmir Cad. im Süden des Zentrums ausgeschildert. Gleiche Öffnungszeiten wie die Akropolis. Eintritt 6,10 €.

Weitere Sehenswürdigkeiten in und um Bergama

Kızıl Avlu (Rote Halle): Der dachlose Monumentalbau (60 x 26 m, 19 m hoch) aus roten Ziegeln, unter Kaiser Hadrian im 2. Jh. errichtet, diente der Verehrung des ägyptischen Gottes Serapis. Er enthielt eine 12 m hohe Kolossalstatue Serapis' und war ursprünglich komplett mit farbigen Marmorplatten verkleidet. Teile der ursprünglich antiken Anlage wie Marmorfußboden, Wasserbassins und Podium für

Kultstatuen sind noch erhalten. In byzantinischer Zeit wurde die Halle in eine dreischiffige Johannesbasilika umgebaut und mit einer Apsis versehen – daher wird sie auch als „rote Basilika" bezeichnet. Zwei turmartige Rundbauten flankieren sie, in einem davon befindet sich heute eine Moschee. Im anderen, der sich bereits im gebührenpflichtigen Teil befindet und in osmanischer Zeit als Maschinenraum einer Olivenölfabrik genutzt wurde, werden Fundstücke aufbewahrt. Im Hof fanden 2011 Grabungs- und Rekonstruktionsarbeiten statt, die eigentliche Halle war nur von außen einsehbar.

An der Straße zur Akropolis, ausgeschildert. Im Sommer tägl. 8.30–18.30 Uhr, im Winter 8–16.30 Uhr. Eintritt 2 €.

Archäologisches Museum: Die Sammlung fällt im Vergleich zum Pergamon-Museum in Berlin ziemlich bescheiden aus, ist aber dennoch sehenswert. Und wer noch nie im Berliner Museum war, kann hier auch ein kleines, etwas plump ausgefallenes Modell des Zeusaltars besichtigen, dazu schöne Kleinfunde und Büsten. Auch gibt es eine ethnografische Abteilung mit Teppichen, Waffen und Kostümen. Zu den bedeutendsten Exponaten gehören eine Kolossalstatue Hadrians aus der Bibliothek des Asklepieions, ein prächtiges Bodenmosaik mit einem Medusenkopf aus hellenistischer Zeit und die 1,5 m große Statue einer Nymphe oder Aphrodites aus Allianoi, die bis zu ihrer Entdeckung im Jahr 2000 in 8 m Tiefe geschlummert hatte. Allianoi (18 km nordöstlich von Bergama) war eines der prächtigsten antiken Thermalbäder. Es erlebte seine Blüte im 2. Jh. n. Chr. Die Grabungen dort begannen erst 1998 – ein Wettlauf gegen die Zeit. 2011 ging die Grabungsstätte in den Fluten des Yortanlı-Stausees unter.

İzmir Cad. Im Sommer tägl. 8.30–12 und 13–19 Uhr, im Winter verkürzt. Eintritt 2 €.

Bademli

Bademli, ca. 10 km südwestlich von Dikili, ist ein urtümliches, hübsches Dorf mit niedrigen, weiß gekalkten Häusern wie es an der Nordägäis nur noch wenige gibt. Den Badetourismus nimmt man mit, ansonsten leben die rund 2000 Einwohner traditionell von ihren Olivenhainen, die die Gegend prägen. Im gemütlichen Zentrum rund um die Dorfmoschee geht alles seinen gemächlichen Gang, die Teehäuser gehören Tavla spielenden Altherrenrunden. Hauptanziehungspunkt ist im Sommer der rund 1 km entfernte Strand, Schilder wie „Plajlar" oder „Sahile gider" weisen den Weg. Der von simplen Campingplätzen gesäumte Strand gehört zwar nicht zu den allerschönsten und auch nicht zu den saubersten der Ägäis, Badefreunde schwören jedoch auf die angenehmen Wassertemperaturen. Idyllischere Bademöglichkeiten findet man in der Umgebung, v. a. auf der Halbinsel südwestlich von Bademli.

Verbindungen Regelmäßig **Dolmuşe** und **Busse** nach Dikili.

Übernachten/Camping In Bademli selbst gibt es nur wenige einfache Unterkünfte.

Kalem Island Oliviera Resort, komfortable Anlage auf einer kleinen, Bademli vorgelagerten Insel, ca. 450 m vom Festland entfernt. Ruhe pur und Meeresblick satt! 30 modern eingerichtete, auf mehrere Gebäude verteilte Zimmer, Pool, schöne Terrassen, Strand. Tauchschule. Eigener Bootsservice. DZ mit HP ab 300 €. Kalem Ada, ✆ 0232/6778023, ✉ 6778025, www.oliviera resort.com.

Çam Camp, idyllischer, aber sehr einfacher Platz (Open-Air-Kaltwasserdusche) unter schattigen Pinien. Terrassenförmig angelegt, nette Restaurantkneipe. Betreiber Hilmi Filiz führte lange Zeit ein Restaurant in Berlin. 2 Pers. mit Wohnmobil 12,50 €. Von der Küstenstraße führt 1 km nördlich von Bademli ein holpriger Schotterweg zum Platz (ebenfalls 1 km, nichts für allzu große Fahrzeuge), ✆ 0232/6778301.

Essen & Trinken Knapp 1 km südlich von Bademli an der Straße nach Çandarlı liegt das idyllische Fischrestaurant **Sunar**. Schöne Terrasse direkt am Meer mit Blick auf eine vorgelagerte Halbinsel. Grillengezirpe zum Dinner. Mittlere Preisklasse. ✆ 0232/ 6778201.

> Zwischen Bademli und Çandarlı findet man mehrere schöne Buchten, z. T. mit einfachen Campingmöglichkeiten, stets mit Blick auf die griechische Insel Lésbos. Wie lange es diese Buchten noch geben wird, ist angesichts des hiesigen alles zerstörenden Bauwahns fraglich.

Çandarlı

Das Zentrum Çandarlıs liegt auf einer schmalen Landzunge, beherrscht von einem fünftürmigen genuesischen Kastell aus der Zeit um 1300, das zuletzt aufwendig restauriert wurde. Zum behäbigen westanatolischen Alltag im Örtchen gesellt sich im Sommer der Badetrubel. Dann ist der schmale, kiesige Ortsstrand restlos überlaufen. Abends gehen parallel dazu die vorrangig türkischen Urlauber aus den umliegenden Feriendörfern ihrer Lieblingsbeschäftigung nach, dem Promenieren. Von der „Saklı Bahçe Bar", einer beliebten Kneipe an der Uferfront, hat man das Völkchen gut im Blick. Die Zukunft des Ortes sieht anders aus: Bei Çandarlı soll in den kommenden Jahren ein riesiger Hafen entstehen, der, so die Pläne, zu den zehn größten Containerhäfen der Welt gehören und 15.000 Arbeitsplätze schaffen soll.

Verbindungen Regelmäßige Busverbindungen nach İzmir, zudem **Dolmuşe** und Busse nach Dikili und Bergama. Busbahnhof am Ortseingang (von Aliağa kommend) nahe dem Oststrand.

Übernachten Verschiedene Unterkünfte in der unteren und mittleren Preisklasse.

> Zwischen Çandarlı und Foça: Ca. 30 km südlich von Çandarlı verschmutzt das Industriestädtchen *Aliağa* mit Chemie- und Stahlwerken sowie einer Ölraffinerie Landschaft und Meer. Zum Baden lädt erst wieder der buchtenreiche Küstenabschnitt ab *Yenifoça* ein (→ Umgebung Foça).

Foça

ca. 27.100 Einwohner

Das griechisch geprägte Foça ist ein herausgeputztes und charmantes Städtchen. Das Leben spielt sich entlang seiner zwei natürlichen Häfen ab. Einst wurden hier stolze phokäische Schiffe für die lange Fahrt getakelt, heute dümpeln Fischerboote, Jachten und Ausflugsschiffe einträchtig nebeneinander.

Foça, etwa 70 km nordwestlich von İzmir, lebt vom Fischfang und noch mehr vom Geschäft mit der schönsten Jahreszeit. Überwiegend Türken wissen das halbwegs ruhige Fleckchen abseits des Trubels der international etablierten ägäischen Badeorte zu schätzen. Darunter sind viele Wochenendausflügler aus İzmir, die ein Ferienhäuschen auf den Hügeln der Umgebung besitzen. Ausländische Touristen sind rar.

Foça zieht sich entlang einer weiten Bucht, die durch eine schmale Landzunge in zwei kleinere unterteilt wird. Die nördliche nennt sich **Küçükdeniz** (Kleines Meer). Sie ist die malerischere von beiden: Ankerplatz kleiner Fischer- und Ausflugsboote und gesäumt von einer Uferpromenade, die vorbei an etlichen Restaurants zum Flanieren einlädt. In dem bunten Gassengewirr dahinter liegt Foças kleines Basarviertel. Die südliche und größere Bucht heißt **Büyükdeniz** (Großes Meer). Auch hier findet man Restaurants und Hotels, aber ohne den repräsentativen Charakter von Küçükdeniz.

Geschichte

Das heutige Foça, auch *Eskifoça* („Altes Foça") genannt, liegt an der Stelle des antiken Phokäa, das im 8. Jh. v. Chr. gegründet wurde. Auf Anraten des Orakels von Delphi begannen die Phokäer im ausgehenden 7. Jh. v. Chr. mit ihren Schiffen das Mittelmeer zu erkunden und neue Siedlungen zu gründen. Eine davon wurde *Massilia*, heute bekannt unter dem Namen Marseille. Als Phokäa 540 v. Chr. nach erbittertem Widerstand der Bevölkerung persisch wurde, verließ das Gros der Bewohner die Stadt. In hellenistischer Zeit unterstand Phokäa erst den syrischen Seleukidenkönigen und später dem Königreich von Pergamon. Die Römer plünderten die Stadt und läuteten so deren Niedergang ein. Während der byzantinischen Epoche lagen die einst so stolzen Wälle von Phokäa schließlich in Schutt und Asche.

Im 11. Jh. gelangte Phokäa, zu jener Zeit nichts anderes mehr als ein heruntergekommenes Küstennest, in den Besitz Genuas, das hier eine Handelsniederlassung gründete. In großem Stil begannen die Genueser in der Umgebung Alaunsalz abzubauen, ein im Mittelalter in der Färberei und Medizin begehrter Stoff. Die Genueser gründeten auch Yenifoça („Neues Foça"), ca. 22 km nördlich der alten Stadt. 1455 eroberten die Osmanen den genuesischen Stützpunkt, fortan teilte er das Schicksal des großen Reiches. Nach dessen Untergang folgte 1923 die Zwangsumsiedlung der griechischen Einwohner, die bis dato die Mehrheit der Bevölkerung gestellt hatten. Neben Touristen bevölkern heute auch viele Soldaten die Straßen Foças. Das türkische Militär schult in der Gegend den Nachwuchs zu Wasser (Marine) und zu Land (Jandarma).

Information/Verbindungen/Ausflüge

Telefonvorwahl 0232.

Information Foça Tourist Information, nahe dem Busbahnhof zwischen Küçük- und Büyükdeniz. Freundlich und hilfsbereit. Im Sommer Mo–Fr 8.30–12 u. 13–17.30 Uhr, Sa 10–19 Uhr, im Winter 8–17 Uhr u. Sa geschl. ✆/≋ 8121222, www.foca.bel.tr.

Verbindungen Busbahnhof zwischen den beiden Buchten. Alle 30 Min. nach İzmir (*Yeni Otogar*, ca. 1¼ Std.). Wer weiter nach Norden, z. B. nach Bergama oder Ayvalık will, muss in Menemen umsteigen.

Minibusse (vom Busbahnhof) nach Yenifoça alle 1½ Std., zum Hanedan-Strand (→ Baden) regelmäßig bis Mitternacht alle 30 Min.

Fähre: Im Sommer gibt es eine Personenfährverbindung von Foça nach **Mordoğan** und **Karaburun** auf der Karaburun-Halbinsel (→ S. 287). 2011 fuhren die Fähren Di/Mi u. Fr–So 2-mal tägl.; Dauer bis Karaburun je nach Route 1–2 Std., einfach 3,20 €/Pers.

Bootsausflüge Es dominieren Fahrten zu den vorgelagerten Inseln, zur Badeinsel İncir Adası und/oder zu den Inseln der Sirenen. Inkl. Lunch 17 €/Pers.

> **Vom Flughafen İzmir direkt nach Foça**: Mit der neuen *İzban*, einer Art S-Bahn, gelangt man vom Adnan-Menderes-Flughafen in 1½ Std. direkt zur Station Hatundere (Richtung Aliağa einsteigen), wo schon ein Bus wartet, der die Passagiere direkt nach Foça bringt. So erspart man sich mehrmaliges Umsteigen oder teure Taxifahrten. Fahrpreis insgesamt 1,20 €. Die İzban fährt von 5.30 bis 23.30 Uhr alle 30 Min.

Foça 257

Adressen/Sonstiges

Ärztliche Versorgung Krankenhaus an der Kücük Deniz Sahil Cad. nördlich des Zentrums. ✆ 8121429.

Autoverleih MNB Rent a Car, billigste Fahrzeuge ab 35 €/Tag. Im Zentrum in der 123 Sok. 6, ✆ 8121987, www.mnbrentacar.com.

Türkisches Bad (Hamam) Belediye Hamamı, 115 Sok. 22. Auf Touristen eingestellt, bedient auch gemischte Gruppen. Tägl. 8–24 Uhr. Eintritt mit allem Drum und Dran 18 €.

Waschsalon Mondi Çamaşır Yıkama Evi, am Cumhuriyet Meydanı, dem Platz mit Atatürk-Statue zwischen Büyükdeniz- und Küçükdeniz-Bucht. 8 €/Maschine.

Zweiradverleih Fahrräder und Scooter verleiht **Göçmen** an der 119 Sok. 2 nahe dem Hamam. Viel Schrott, der erstaunlicherweise noch fährt – aber eine Reparaturwerkstätte ist glücklicherweise angeschlossen. Fahrräder 8 €/Tag, Scooter 25 €. ✆ 8123743.

Nordägäis, Karte S. 217

Auf dass die See nicht vor die Hunde geht ...

„Fok" heißt im Türkischen „Seehund", und in den Gewässern vor Foça tummelt er sich seit Urzeiten. Schon die Phokäer kannten ihn und räumten ihm einen Platz auf ihrem Stadtwappen ein. Biologisch genau genommen handelt es sich dabei um die Mittelmeerrobbe *(Monachus monachus)*, eine Unterart der Mönchsrobbe *(Monachinae)*, die wiederum zur Familie der Hundsrobben gehört, deren lateinischer Begriff – und hier haben wir wieder eine Verbindung zu den Phokäern – Phocidae ist.

Ihr Bestand wird heute auf gerade noch 600 Exemplare geschätzt, rund ein Fünftel aller Mittelmeerrobben schwimmt in der Ägäis. Die Säugetiere sind 2–3 m groß, vereinzelt werden sie bis zu 4 m lang. Ihr Gewicht liegt bei 200–300 kg. Nach ungefähr 5 Jahren sind sie geschlechtsreif, die Schwangerschaft dauert bis zu 11 Monate. Neugeborene haben eine Größe von 80–110 cm, ihr Gewicht beträgt rund 20 kg. Seehunde sind Raubtiere, sie ernähren sich von Fischen, insbesondere Tintenfischen und Krustentieren, und tauchen dafür bis zu 200 m tief. Viel mehr weiß man bislang nicht über sie, doch das soll sich ändern.

Um die Robbe zu schützen, zu beobachten und zu erforschen, wurde Anfang der 1990er das „Foça Pilot Projekt" (FPP) mit Beihilfe des WWF gegründet, einer der ersten Vereine dieser Art in der Türkei. Heute ist der Küstenabschnitt zwischen Foça und Yenifoça Naturschutzgebiet. Man ist stolz auf seine Robbe, wirbt gar mit ihr und setzt ihr Denkmäler.

Übernachten/Camping (→ Karte S. 259)

Der Standard der meisten Hotels und Pensionen im Zentrum ist recht hoch. An Sommerwochenenden ist ohne Reservierung kaum etwas zu machen, da sich dann zu den vielen Touristen auch noch Eltern gesellen, die ihre Söhne beim Militär besuchen. Angegeben sind die Preise für Juli und August, davor und danach werden teils über 50 % weniger verlangt.

Foçaantique Boutique Hotel 2, eine sehr stilvolle Unterkunft. In einem Natursteinhaus (zweite Reihe) aus dem 19. Jh. 12 liebevoll dekorierte Zimmer mit Klimaanlage, im Neubau (erste Reihe) die Rezeption und der Frühstückssalon. Kleiner Garten. „Jeden Cent wert", meinen Leser. DZ ab 103 €. Sahil Cad. 154, ganz im Norden der Küçükdeniz-Bucht, ✆ 8124313, ✆ 8127616, www.focantiquehotel.com.

258 Nordägäis

≫ Unser Tipp: Lola 38 🔳, eine wunderschöne Adresse in erster Reihe an der Küçükdeniz-Bucht. Nur 6 komfortable Zimmer in einem 120 Jahre alten Griechenhaus, liebevoll-kitschig (rosa und hellblau überwiegen) und sehr romantisch dekoriert – etwas für Flitterwöchner. Ruhiges Gärtchen nach hinten. DZ 82–144 €. Reha Midilli Cad. 140, ☎ 8123809, www.lola38.com. ⋘

Foça Kalyon Hotel 🔳, in der ruhigeren Büyükdeniz-Bucht. Individuell geführtes Haus, das ein paar Accessoires vom Trödler und alte Foça-Fotos auflockern. Zimmer mit farbenfrohen Bädern und Teppichböden, die nach vorne mit schönem Meeresblick. DZ 60 €. Büyük Deniz Sahil Cad. 75, ☎ 8121206, ✆ 8125400, www.focakalyon otel.com.

Hotel Villa Dedem 🔳, in erster Reihe an der Uferpromenade der Küçükdeniz-Bucht. Freundliche Zimmer mit Laminatböden. Klein, aber okay, Gleiches gilt für die Bäder. Unbedingt ein Zimmer nach vorne mit schönem Hafenblick und Balkon wählen. DZ 53 €. Sahil Cad. 66, ☎ 8121215, www.villa dedemhotel.com.

Sempatik Otel Güneş 🔳, in zweiter Reihe in der Küçükdeniz-Bucht. 16 kleine, größtenteils restaurierte Zimmer. Freundlicher Service, deutschsprachig. Ganzjährig. DZ 38 €. 163 Sok. 10, ☎/✆ 8121915, www.sempatik hotelgunes.com.

Huzur Pansiyon 🔳, gepflegter Familienbetrieb direkt am Meer. 8 nette Zimmer, leider ohne Klimaanlage, dafür viele mit Balkon und Meeresblick. Freundliche Bewirtung. DZ 33 €, Frühstück 4 €/Pers. extra. 139 Sok. 5 (die Gasse bei der Pansiyon Fokai nehmen), ☎ 8121203, www.huzurpansiyon.com.

İyon Pansiyon 🔳, sehr zu empfehlen. Einfache, aber sehr hübsche Zimmer (mit Moskitonetzen über dem Bett und neuen Bädern) rund um ein idyllisches Gärtchen mit Mandarinenbäumen. Lockere Atmosphäre und nettes Publikum. DZ mit Klimaanlage 33 €. 198 Sok. 8, ☎ 8121415, www. iyonpansiyon.com.

Camping Mehrere Plätze (z. T. jedoch lieblos geführt) zwischen Foça und Yenifoça, am besten fährt man die Strecke einmal ab und verschafft sich einen Überblick. Zu den „besten" gehören der **Acar Camping** ca. 10 km nördlich von Foça an einer netten Bucht samt Strandbar und der **Sazlıca Beach** in der gleichnamigen Bucht weitere 5 km nördlich. Letzterer bietet gar warme Duschen und ein Restaurant; Sandstrand 100 m weiter.

Essen & Trinken/Nachtleben

Rote und graue Meeräsche, Seebarsch und -brasse zählen zu den Spezialitäten Foças. Die Qualität ist fast durchgehend gut, checken Sie die Preise jedoch besser im Voraus und überprüfen Sie Ihre Rechnung!

Liman Restaurant 🔳, für manche das beste Fischrestaurant der Küçükdeniz-Bucht. In 1. Reihe am Meer. Feine Meze und super Fisch, dazu weißhemdige Kellner und ein Fläschchen Olivenöl auf jedem Tisch. Preislich in der gehobenen Mittelklasse. Aşıklar Cad. 11, ☎ 8122517.

Fokai Balık Restaurant 🔳, in 2. Reihe, daher geringfügig preiswerter. Ebenfalls 1a-Meze und gute Fischgerichte. Netter Terrassengarten. 121 Sok. 8 (hinter dem Anficafé), ☎ 8122186.

Menendi Café 🔳, an der Küçükdeniz-Bucht. Ein Loch in der Wand, ein paar Tische davor – populärer, feuchtfröhlicher Treff der Locals, selbst in der NS ist hier abends oft kaum ein Tisch zu bekommen. Zu günstigen Preisen gibt es nicht viel mehr als Köfte, Hühnchen und manchmal auch Fisch.

Emek Pide Salonu 🔳, in einer schmalen Gasse zwischen den beiden Buchten. Hier kommen die angeblich beste Pide und der beste Lahmacun Foças auf den Tisch, und das seit 1981. Faire Preise, von Efeu überdachte Terrasse.

Doyuran Evi 🔳, ums Eck. Saubere, korrekte Lokanta mit ein paar Tischen auf der Straße. Pide und jede Menge leckerer Kebabgerichte – kosten Sie den *Sarma Beyti*, Hackfleisch im weichen Teig mit Tomatensauce und Joghurt. Hg. 3,50–8,50 €. 24 Std. geöffnet. Küçük Sevgi Yolu 34.

Cafés Charme besitzt das terrassenförmig angelegte **Anficafé** 🔳 in der Büyükdeniz-Bucht.

Foçakarası 🔳, hübsches, kleines Café in der 187 Sok. 7 im Gassenwirrwarr hinter der

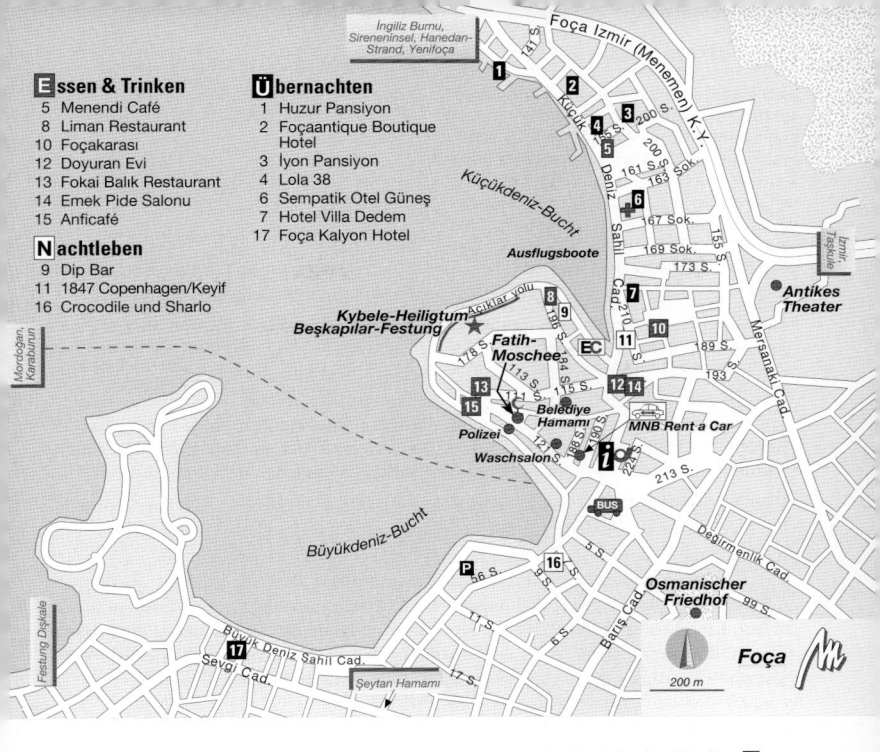

Essen & Trinken
- 5 Menendi Café
- 8 Liman Restaurant
- 10 Foçakarası
- 12 Doyuran Evi
- 13 Fokai Balık Restaurant
- 14 Emek Pide Salonu
- 15 Anficafé

Übernachten
- 1 Huzur Pansiyon
- 2 Foçaantique Boutique Hotel
- 3 Iyon Pansiyon
- 4 Lola 38
- 6 Sempatik Otel Güneş
- 7 Hotel Villa Dedem
- 17 Foça Kalyon Hotel

Nachtleben
- 9 Dip Bar
- 11 1847 Copenhagen/Keyif
- 16 Crocodile und Sharlo

Küçükdeniz-Bucht. Bunte Holzstühle im begrünten Außenbereich. Wein, Bier, Snacks, Zeitungen und Spiele.

Nachtleben Die Spots sind das **Crocodile** 16 in der Nähe des Busbahnhofs und das **Sharlo** 16 ein paar Schritte weiter, wo man Carlsberg trinkt. Auch in der **Dip Bar** 9 an der Küçükdeniz-Bucht kann man ganz gut feiern. Weitere angesagte Adressen sind die nahe beieinander liegenden Bars **1847 Copenhagen** 11 und **Keyif** 11 an der Küçükdeniz-Bucht.

Baden

Die Strände vor Ort sind nicht die tollsten – schmal, kiesig und besonders in der HS überlaufen. Schöner sind die Buchten der tief eingeschnittenen Küstenlandschaft nahe der Straße nach Yenifoça. Leider sind viele von Clubhotels oder Feriensiedlungen umrahmt, an manchen haben sich auch Campingplätze und Beachclubs angesiedelt. Bei den Letzteren darf man gegen eine Gebühr an den Strand, bei den Erstgenannten nicht immer. Es gibt auch noch ein paar „ganz einsame Buchten", nur hält dort auch niemand den Strand sauber. Die beliebtesten und schönsten Strände an diesem Küstenabschnitt sind mit dem Dolmuş zu erreichen.

Hanedan: 4 km nördlich von Foça gegenüber der Sireneninsel. Stets gut besucht, zumal Ferienanlagen und ein Resorthotel den feinen Kiesstrand säumen. Trotzdem selten überlaufen. Für das Eintrittsgeld bekommt man einen Sonnenschirm, dazu findet man Duschen und WCs.

Kosova-Bucht: Ca. 2 km weiter, kurz hinter dem Club Mackerel Holiday Village, kein Hinweisschild. Beliebtes Ziel von Ausflugsbooten, zuletzt belegt vom Beachclub People. Auch die darauf folgende **Garderesi-Bucht** ist einladend, von der Straße gelangt man auf schmalen Pfaden hinab.

Zur Badeinsel İncir Adası gelangt man entweder per Bootsausflug oder über die Landzunge *İngiliz Burnu* nordwestlich der Küçükdeniz-Bucht. Von dort müssen Sie zur Insel hinüber winken (grölen bringt nichts)! Sieht sie Ferdi, der Chef des Inselcafés, so holt er Sie gegen eine kleine Gebühr ab.

Sehenswertes

An die wechselvolle Geschichte der Stadt erinnert in Foça heute nur noch wenig, ein Stadtmuseum (in Planung) soll dem abhelfen. Ein paar Tipps für alle, die nach ein paar Strandtagen dennoch den Spuren der Phokäer oder Genueser folgen wollen:

Nahe der Ausfallstraße nach İzmir (Foça – İzmir Karayolu) findet man die kümmerlichen Überreste eines **antiken Theaters**. Es soll zwar zu den ältesten Anatoliens gehören, mehr als ein paar Sitzreihen wurden bislang jedoch nicht ausgegraben. Auf dem Hügel darüber erheben sich die Ruinen mehrerer **Windmühlen**, die restauriert und wieder funktionstüchtig gemacht werden sollen. Auch befinden sich dort die Reste eines **Heiligtums**, das, so nimmt man an, der Fruchtbarkeitsgöttin Kybele gewidmet war. In den Nischen standen vermutlich Öllämpchen und Statuen.

Ein ähnliches Heiligtum, das ebenfalls der Kybele zugeschrieben wird, liegt unmittelbar an der Uferpromenade auf der Landzunge. Die Landzunge zwischen Büyük- und Küçükdeniz ist der älteste Siedlungsraum Foças. Fotogen stehen hier die Reste einer mit Zinnen bestückten Festungsmauer samt zwei Türmen namens **Beşkapılar** ("Fünftore"). Die Mauer, von Römern, Byzantinern, Genuesern und Osmanen verstärkt, besteht aus Überresten der einst 5 km langen Stadtmauer des alten Phokäa. Einst erhob sich hier ein Athene-Tempel. Heute wird die Landzunge von der **Fatih-Moschee** gekrönt, der ältesten islamischen Gebetsstätte des Ortes (15. Jh.).

Wer brachte die Sirenen zum Heulen?

Unter Seeleuten gefürchtet waren einst Sirenen, vogelartige Frauen, die so süß sangen, dass ganze Schiffsbesatzungen, die ihre betörenden Stimmen vernahmen, an Land gingen und ewig – bis zum Tode – lauschten.
Nur zwei Schiffen gelang es, antiken Mythen zufolge, Kurs zu halten und den verführerischen Gesängen der Sirenen zu widerstehen. Das eine war jenes von Orpheus, der mit seiner Mannschaft selbst so lautstark zu singen begann, dass er die Sirenen übertönte. Zur Strafe mussten sich diese ins Meer stürzen, wo sie heulend ertranken. Das andere Schiff war das von Odysseus, der sich an den Mast binden und die Ohren seiner Besatzung mit Bienenwachs voll laufen ließ. Diese Sirenen ereilte die gleiche Strafe. Orpheus und Odysseus sollen ihre Abenteuer aber nicht an der Ägäisküste, sondern in der Straße von Messina bestanden haben.
Von den Sirenenfelsen *(Siren Kayalıkları)* vor der Küste Foças auf Höhe des Clubhotels Phokaia kehren heutige Bootsbesatzungen ohne irgendeinen Singsang in den Ohren zurück. Welche Heldengestalt die Sirenen von Foça heulend ins Verderben schickte, ist unbekannt.

Weitere Abschnitte der Festungsmauern wurden zwischen Busbahnhof und osmanischem Friedhof ausgegraben – leider nicht im Geringsten spannend. Weit außerhalb des Zentrums, auf einer Landspitze südwestlich der Stadt, ist die **genuesische Festung Dışkale** aus dem Jahre 1678 ganz nett anzusehen. Leider befindet sie sich heute in militärischem Sperrgebiet. Gleiches gilt derzeit für das sog. **Teufelsbad (Şeytan Hamamı)** im Süden der Büyükdeniz-Bucht, was sich jedoch wieder ändern kann. Mit einem Bad hat das Felsgrabmal aus dem 4. Jh. übrigens nichts zu tun. Es besteht aus einem 6 m langen Korridor und zwei Grabkammern.

Umgebung von Foça

Taşkule: Hinter diesem Namen (dt. Steinturm) verbirgt sich ein 6 m hohes Grabmonument, das aus einem Felsen gearbeitet wurde. Es wird auf das 4. Jh. v. Chr. datiert. Ein wenig verloren steht es nahe der Straße nach İzmir in der Gegend. Die Bauweise zeigt lykische und lydische Elemente, zudem persischen Einfluss. Wer darin beigesetzt wurde, ist unbekannt.

Ca. 7 km hinter dem Ortsschild von Foça von der Straße nach İzmir linker Hand zu sehen und mit „Pers Mezar Anıtı" ausgeschildert. Das Gelände ist umzäunt. Taxi zum Taşkule ca. 7 €.

Yenifoça: Auf der Küstenstraße nach Yenifoça (20 km nordöstlich von Foça) passiert man diverse Badebuchten – einladende genauso wie zugebaute –, einige Beachclubs und Ruinen vergessener Griechenhäuser. Auch der historische Kern Yenifoças mit seinen palmengesäumten Gassen und hübschen Natursteinhäusern erinnert an die griechische Vergangenheit des einst verträumten Küstendorfs. Doch dessen Charme verblasst mittlerweile unter den mehreren tausend Ferienhäusern drum herum. Yenifoça ist zum Billigableger Foças geworden. Aus den 4000 Einwohnern im Winter werden im Sommer bis zu 35.000, auch mehrere Hundert deutsche Residenten haben in Yenifoça ein neues Zuhause gefunden. Die meist künstlich angelegten Strandabschnitte sind wenig prickelnd. Hübsch ist aber das Eck um den Hafen mit seinen Fischlokalen, wo man günstiger als in Foça bewirtet wird. Unterkünfte – vom stilvollen Boutiquehotel bis zur einfachen Pension – sind vorhanden.

Ca. alle 1½ Std. ein **Dolmuş** nach Foça, regelmäßig nach İzmir.

Manisa
317.000 Einwohner

Prächtige osmanische Moscheen neben schnell hochgezogenen Apartmentblocks, das ist Manisa. Die Provinzhauptstadt liegt reizvoll am Fuße des über 1500 m hohen Spil Dağı.

Zwischen Manisa und İzmir liegen Welten, auch wenn nur 40 km und ein 675 m hoher Pass die beiden Städte trennen. Manisa, die „Stadt im Grünen", hat trotz einer sechsstelligen Einwohnerzahl nichts von der Quirligkeit der Küstenmetropole. Zu ihren Füßen schlängelt sich der Fluss Gediz durch eine weite und fruchtbare Ebene, in ihrem Nacken steigt der bewaldete Spil Dağı steil an. Antike Bauten sind nicht erhalten, dafür umso mehr osmanische Moscheen, die schönsten und größten Gebetshäuser der Ägäis. Moscheen sind aber nicht jedermanns Sache und so verirren sich nur wenige Touristen nach Manisa.

Geschichte

Dass schon Hethiter in der Gegend siedelten, bezeugt ein rund 4000 Jahre altes Felsrelief 7 km östlich von Manisa. Doch bis zur Gründung von *Magnesia am Sipylos* (vermutlich um 1100 v. Chr.) sollten noch Jahrhunderte verstreichen, und gar erst 190 v. Chr. machte die Stadt erste Schlagzeilen: Vor ihren Toren ereignete sich jene Epochenschlacht, bei der die Römer mit Unterstützung der Pergamener den syrischen König Antiochos III. besiegten. Unter Rom erlebte Magnesia seine erste kleine Blüte. Große Zeugnisse sind aus jener Zeit nicht erhalten, lediglich ein paar Kleinfunde können im Museum von Manisa besichtigt werden.

Nach den Römern tut sich ein tausendjähriges Loch in der Stadtchronik auf. Das ändert sich erst wieder im 13. Jh.: Der byzantinische Kaiser Johannes Dukas III. machte Magnesia vorübergehend zu seiner Residenz. 1313 nahmen Ziegen und Seldschuken die Stadt bei einem nächtlichen Angriff ein. Um ein größeres Heer vorzutäuschen, hatte Seldschukengeneral Saruhan eine gewaltige Ziegenherde gesammelt, auf den Hörnern der Tiere brennende Kerzen befestigt und sie gegen die Stadt getrieben. Angesichts der vermeintlichen Übermacht gaben die Verteidiger auf.

1390 hielten die Osmanen Einzug. Sultansfamilien förderten durch großzügige Stiftungen den Bau prächtiger Moscheen. Mit dem Schicksal des Osmanischen Reiches eng verknüpft, versank Manisa Ende des 19. Jh. jedoch wieder in die Bedeutungslosigkeit. Beim Rückzug der Griechen wurde die historische Substanz der Stadt 1922 weitgehend zerstört. Die alten Moscheen wurden restauriert. Drum herum dominiert heute monotoner Zweckbau.

Information/Verbindungen/Sonstiges

Telefonvorwahl 0236.

Information İl Kültür ve Turizm Müdürlüğü, etwas zurückversetzt von der İzmir Cad. in einem historischen Gebäude. Mo–Fr 8–17 Uhr. Ülkü Sok. 18, ℡ 2313685, www.manisakulturturizm.gov.tr.

Verbindungen Bus: Busbahnhof ca. 1 km nördlich des Zentrums an der Fernstraße İzmir – Bursa, Dolmuşverbindungen ins Zentrum. Häufige Verbindungen nach İzmir (45 Min.), Salihli (1½ Std.), Denizli (Pamukkale) und İstanbul.

Zug: Bahnhof (℡ 2341915) ca. 1 km nördlich des Zentrums. Bis zu 7-mal tägl. nach İzmir, bis zu 4-mal nach Kütahya, bis zu 2-mal nach Ankara, Eskişehir, Bandırma (von dort weiter mit der Fähre nach İstanbul) und Afyon.

Einkaufen Das Basarviertel erstreckt sich von der Muradiye-Moschee gen Osten zwischen Murat Cad. und Çarşı Bul. Hier bekommen Sie Mesir-Paste *(Mesir Macunu*, → Kasten S. 264), einen pappsüßen, nach Nelke schmeckenden Plombenzieher.

Schmuck und Kunsthandwerk werden im **Yenihan Alışveriş Merkezi** 5 verkauft, einem restaurierten alten Han an der Sadık Ahmet Cad. (auch: Kuyumcular Cad.); Eingang westlich der Hatuniye-Moschee.

Veranstaltung → Kasten „Sirup fürs Volk ...", S. 264.

Übernachten/Essen & Trinken

Es gibt wenig empfehlenswerte Unterkünfte im Zentrum, das Preis-Leistungs-Verhältnis ist dort alles andere als gut.

***** **Anemon Manisa** 1, bei Geschäftsleuten beliebtes Nobelhotel bei einer Tankstelle an der Straße nach İzmir, ca. 7 km außerhalb des Zentrums. 110 geräumige Zimmer mit jeglichem Schnickschnack, zuvorkommendes Personal, sehr gepflegt. Kleiner Innen- und riesiger Außenpool. DZ mit Glück ab 81 €, Frühstück 10 €/Pers. extra. Organize Sanayi Bölgesi Yanı, ℡ 2334141, 🖷 2334595, www.anemonhotels.com.

Arma Oteli 2, erste Adresse im Zentrum. 53 Standardzimmer mit Teppichböden, hellgrünen, furnierten Möbeln und einem Pflänzchen in jedem Zimmer. Sehr sauber und gepflegt. EZ 39 €, DZ 54 €. Doğu Cad., ℡ 2311980, 🖷 2324501, www.hotelarma.com.tr.

Manolya Otel 3, ein komplett überteuertes Billighotel – unbedingt handeln! Kleine Zimmer mit Klimaanlage, abgewetzten Teppichböden und einfachen Bädern. Manche Zimmer besitzen keine Außenfenster! Anderswo kosten Hotels dieser Kategorie die Hälfte. DZ freche 41 €. Sinemapark Cad. 25, ℡ 2311907, 🖷 2373360, manisa_manolya_otel@hotmail.com.

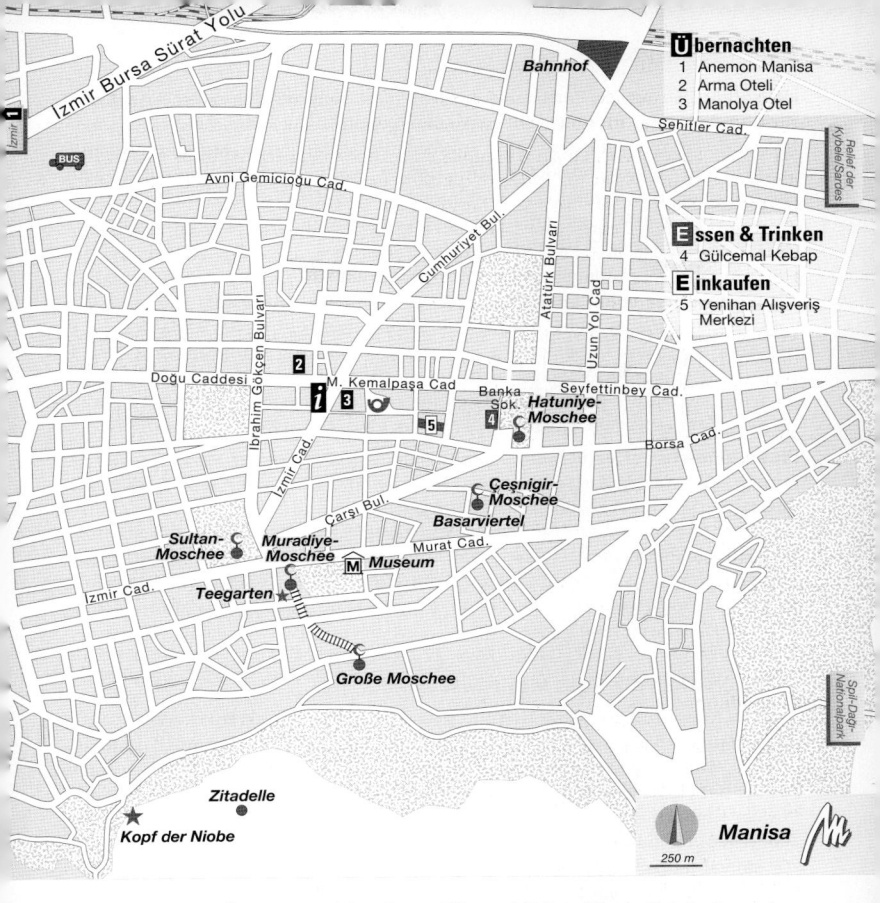

Übernachten
1 Anemon Manisa
2 Arma Oteli
3 Manolya Otel

Essen & Trinken
4 Gülcemal Kebap

Einkaufen
5 Yenihan Alışveriş Merkezi

Essen & Trinken Örtliche Spezialität ist der *Manisa Kebap*, ein mit viel zerlassener Butter angereicherter Fleischberg. Kosten kann man ihn in unzähligen Kebabsalons. Nette Cafés findet man im Yenihan. Bessere Lokale sind im Zentrum rar.

Gülcemal Kebap 4, ein Geheimtipp unter den Einheimischen. Beste Kebabs in einfachem Ambiente. Etwas versteckt in der Banka Sok. (kennt jeder).

Sehenswertes

Die im Folgenden beschriebenen Sehenswürdigkeiten lassen sich mit Ausnahme des Niobekopfes bequem nacheinander ablaufen.

Muradiye-Moschee: Die Moschee an der Murat Caddesi gilt als die schönste Gebetsstätte der Westküste. Der große osmanische Baumeister Sinan, damals schon über 90 Jahre alt, konnte die Moschee 1583 noch entwerfen, nicht aber vollenden. Ihr Inneres ist überaus sehenswert: Für den Ornamentschmuck wurden 12 kg Gold verwendet, für das farbenprächtige Fliesendekor zeichneten die Manufakturen von İznik verantwortlich. Beachtung verdienen zudem der reich verzierte *Mihrab* und die kostbaren und mit größter Sorgfalt gepflegten Teppiche.

Museum: Das örtliche Museum ist stilvoll in Nebengebäuden (einst Armenküche und Medrese) der Muradiye-Moschee untergebracht. Die überschaubare *archäologische Abteilung* zeigt interessante Funde der Umgebung, u. a. Mosaike aus Sardes, Statuen (die ältesten von 3000 v. Chr.), Gefäße, Schmuck und Grabsteine aus hethitischer, griechischer, römischer und byzantinischer Zeit. In der *ethnologischen Abteilung* sieht man u. a. gut erhaltene Teppiche aus dem 17. und 18. Jh., einen Webstuhl und eine kleine Waffensammlung.
Tägl. (außer Mo) 8.30–12.30 u. 13.30–16.30 Uhr. Eintritt 1,20 €.

Große Moschee (Ulu Cami): Der gedrungene seldschukische und alles andere als „große" Bau ganz im Süden der Altstadt ist die älteste Gebetsstätte Manisas (zu erreichen über einen Treppenweg vom Südwesteck der Muradiye-Moschee). Im Jahre 1366 wurde die Moschee nicht nur an der Stelle einer byzantinischen Kirche errichtet, sondern z. T. auch mit deren Bausubstanz, wie im Arkadenhof zu erkennen ist. Vom Teegarten nebenan genießt man einen tollen Blick über Manisa.

Sultan-Moschee: Der Stiftungskomplex schräg gegenüber der Muradiye-Moschee wurde 1522 im Auftrag von Ayşe Hafsa Sultan (→ Kasten) erbaut. Besonders gelungen sind die Vorhalle mit den fünf Spitzbögen und die Gebetsnische in ihrem Inneren. Zudem beherbergt die Moschee sog. „Drehsteine", die bei statischen Unruhen in Bewegung geraten – ein Erdbebenwarnsystem. Der schöne *Hamam* des Komplexes, zu dem auch Armenküche, Hospital und Koranschule gehörten, ist noch heute in Betrieb. Die Moschee ist Schauplatz des alljährlichen Mesir-Festes.

Sirup fürs Volk – das Mesir-Fest

Das Mesir-Fest hat seine Ursprünge im 16. Jh. Damals erkrankte Ayşe Hafsa Sultan, die Frau Sultan Selims I., so schwer, dass kein Arzt in Stambul ihr helfen konnte. Als letzte Hoffnung galt Merkez Efendi, der Spitalleiter des von ihr in Manisa gestifteten Moscheenkomplexes. Aus 41 Kräuterchen mixte er der Kranken einen Sirup, die sog. Mesir-Paste, und siehe da, sie erholte sich wieder. Nach ihrer Genesung ordnete Ayşe Hafsa Sultan an, die Wunderpaste einmal jährlich gratis an das Volk zu verteilen. Diese Tradition besteht bis heute und lockt alljährlich in der zweiten Märzhälfte Scharen von Besuchern an. Vor der Sultan-Moschee wirft dann der Hoca eine zähe Süßigkeit unters Volk. Wer eines dieser Bonbons erwischt und isst, so heißt es, bleibt ein ganzes Jahr lang von Krankheiten, Insekten- und Schlangenbissen verschont.

Kopf der Niobe: Die Felsformation erinnert mit Fantasie an einen Frauenkopf in Trauerstellung, angeblich die zu Stein gewordene Niobe. Die Legende dazu – tausendmal interessanter als der Fels selbst – lautet so: Niobe war die Tochter des Königs Tantalos von Phrygien (dessen Qualen jedem Lateinschüler ein Begriff sind) und stolze zwölffache Mutter. Hochmütig verspottete sie die Göttin Leto, die nur zwei Kinder geboren hatte, immerhin jedoch die Zwillinge Apollon und Artemis. Im Namen ihrer beleidigten Mutter übten die olympischen Geschwister grausame Rache und töteten alle Kinder der Niobe. Aus Verzweiflung verwandelte sich Niobe in Stein, untrennbar verbunden mit zumindest einem ihrer Kinder: Der hinter dem Felsblock aufsteigende Berg wurde nach Niobes Sohn *Sipylos* benannt.
Vom Stadtzentrum ausgeschildert. Der Felsen liegt auf dem Weg zum Spil-Dağı-Nationalpark (s. u.).

Abendstimmung in Gümüşlük ▲▲
auf der Bodrum-Halbinsel (mb)

Der Trajanstempel in Pergamon (jg) ▲▲

▲▲ Vor der Bibliothek in Ephesus (mb)

Seglermekka Marmaris (mb) ▲▲

▲▲ Nie vollendet aber wunderschön: Apollon-Tempel von Didyma (mb)
▲ Strandidylle am Bafa-See (mb)

Umgebung von Manisa

Spil-Dağı-Nationalpark (Milli Parkı): Der Nationalpark mit ausgedehnten Wäldern, kühlen, grünen Täler und einem See erstreckt sich rund um den gleichnamigen, 1517 m hohen Berg, den die alten Griechen *Sipylos* nannten. Die schönsten Tulpen der İstanbuler Sultansgärten, die sog. *Spil-Tulpen*, wurden von hier importiert. Am Berg fleuchen und kreuchen u. a. Falken, Adler, Geier und Schakale. Auf der herrlichen Panoramastraße nach oben (man überwindet fast 1200 Höhenmeter) passiert man mehrere Aussichtspunkte – an klaren Tagen ein Erlebnis.

Anfahrt Der Eingang zum Nationalpark (ausgeschildert) liegt 24 km südlich von Manisa. Keine Verbindung mit öffentlichen Verkehrsmitteln. Eintritt pro Auto 2,80 €.

Übernachten/Camping Die Parkverwaltung vermietet einfache Holzhütten für 4–8 Pers. Für 4 Pers. unter der Woche je nach Jahreszeit und Wochentag 25–35 €/Hütte. Reservierung nötig! ℡ 0236/2371065. Zudem gibt es im Nationalpark schlichte Campingmöglichkeiten. Denken Sie an warme Kleidung, auch in den Sommermonaten!

Sardes (antike Stadt)

Sardes besitzt eine Geschichte voller Geschichten: Hier wurde das Geld erfunden, hier verwandelte sich alles, was König Midas berührte, zu Gold, und hier ging König Krösus dem Orakel von Delphi auf den Leim.

Die Ruinen der antiken Metropole liegen rund um das Landstädtchen Sart. Umgeben von Feldern, Wäldern und schroffen Felsspitzen sind sie auch nach über 2000 Jahren noch außerordentlich reizvoll – nicht zuletzt deswegen, weil man hier im Gegensatz zu Pergamon oder Ephesus meist allein ist. Die nächstgrößere Stadt, **Salihli** mit 96.600 Einwohnern, liegt 8 km östlich. In dem zu groß geratenen Provinznest findet man mehrere Hotels und gute Restaurants; mittwochs findet zudem ein großer Wochenmarkt beim Busbahnhof statt.

Geschichte

Die Historie von Sardes steckt voller Legenden. Die erste berichtet von König Gyges (680–652 v. Chr.), der Sardes zu einer aufstrebenden Hauptstadt des Lydischen Reiches machte. Auf den Thron kam er durch die Ermordung seines Vorgängers Kandaulus. Aber nicht Machtstreben hatte ihn zu dieser Tat veranlasst. Heimlich hatte er Kandaulus' bezaubernde Frau bei der Abendtoilette beobachtet. Als sie dies bemerkte, stellte sie ihn vor die Wahl, entweder ihren Mann umzubringen und sie zur Frau zu nehmen oder selbst zu sterben – was mit Sicherheit der Fall gewesen wäre, hätte Kandaulus von dem Vorfall erfahren.

Gyges' Nachfolger bauten Macht und Stadt konsequent aus, wobei ihnen insbesondere die immensen Goldvorkommen im Fluss Paktolos (Sart Çayı) zugute kamen. Den Grund für das viele Gold im Paktolos erklärt eine andere Legende: Demnach hatte der phrygische König Midas einst von den Göttern die Gabe erbeten, dass alles, was er berühre, zu Gold würde. Der Olymp nahm ihn beim Wort. Auf die große Freude folgte Entsetzen, denn selbst jedes Stück Brot verwandelte sich in Midas' Fingern zu Gold. Schließlich erhörten die Götter die Klagen des Hungernden, und Midas durfte sich durch ein Bad im Paktolos von dem Fluch rein waschen – was dem Fluss neben Wasser pures Gold verlieh. Bei soviel Gold wundert es nicht, dass man in Sardes schon früh mit der Prägung von Münzen begann, die sogar erstmals „staatlich" gestempelt wurden.

Auf dem Höhepunkt des Lydischen Reiches bestieg König Croisos (Krösus) den Thron in Sardes, jener Herrscher, der noch heute in einem Atemzug mit Reichtum genannt wird. 546 v. Chr. befragte er das Orakel von Delphi nach den Chancen eines Feldzugs gegen die Perser. „Wenn Du die Grenze überschreitest, wirst Du ein großes Reich zerstören!" lautete die Antwort. Krösus zog los und zerstörte tatsächlich ein großes Reich – sein eigenes. Der Angriff auf das benachbarte Persien schlug fehl, im Gegenzug eroberte der persische König Kyros II. (der Große) Sardes. Und auch dazu gibt es eine Legende: Nach der Einnahme der Stadt wollte der persische König den Krösus auf dem Scheiterhaufen verbrennen. Doch kaum loderten die Flammen, hatten die Götter Einsehen und schickten einen Platzregen.

Lydien war von der Weltbühne abgetreten, doch die Ex-Königsstadt Sardes, nun Sitz eines persischen Satrapen, florierte. Sie wurde Endpunkt der berühmten persischen Königstraße, einer 2500 km langen befestigten Ader aus dem Herz des Reiches. Bis 334 v. Chr. konnten die Perser Sardes halten, dann zog Alexander der Große ein. Seine Nachfolger verloren die Stadt 188 v. Chr. an Pergamon. 17 n. Chr. wurde Sardes, nun römisch, durch ein mächtiges Erdbeben zerstört.

In byzantinischer Zeit entwickelte sich hier eine der ersten christlichen Gemeinden Kleinasiens. Nach mehreren Brandschatzungen im frühen Mittelalter verödete Sardes. Amerikanische Archäologen entdeckten 1910 den Artemistempel. Seit 1958 graben und restaurieren Teams der Harvard und der Cornell University. Zuletzt fand man Relikte einer lydischen Festungsanlage und Reste von lydischen und römischen Häusern gegenüber dem Bad-Gymnasion. In Letzteren, die an die Hanghäuser von Ephesus erinnern, wurden Rohrleitungen und farbenfrohe Wandbemalungen entdeckt.

Die schönsten Funde (darunter ein Schatz kostbarer Gold- und Silberarbeiten) sind im Archäologischen Museum von Uşak zu bewundern (tägl. außer Mo 8.30–17 Uhr, Eintritt frei; ca. 140 km östlich von Sardes, mit Bussen von Salihli zu erreichen).

Das Bad-Gymnasion von Sardes

Anfahrt/Verbindungen Sardes liegt nahe der Hauptverbindungsstraße İzmir–Afyon. Der Weg zum Artemisheiligtum ist ausgeschildert. Um zum Bad-Gymnasion zu gelangen, folgt man (von İzmir kommend) der Beschilderung „Sardıs" und fährt in Sart an der Kreuzung bei der Moschee geradeaus weiter. Der Eingang liegt 100 m weiter linker Hand.

Um Sardes per Bus anzusteuern, wählt man einen, der die Strecke Salihli – İzmir fährt und steigt unterwegs in Sart aus. I. d. R. verlässt man den Bus an der Abzweigung von der Schnellstraße, von dort noch gut 15 Min. bis ins Dorf. Die Zugverbindungen von Manisa und İzmir aus sind mäßig.

Öffnungszeiten Tägl. 9–18 Uhr, im Winter 8–17 Uhr. Eintritt für Artemistempel und Bad-Gymnasion zusammen 2 €.

Übernachten/Essen & Trinken in Salihli Es gibt 2 ordentliche, zentral gelegene, fast benachbarte Mittelklassehäuser:

*** **La Bella Hotel**, nahe dem Wochenmarktgelände, neben dem auch der Busbahnhof liegt. Beste Adresse vor Ort. Angenehme Zimmer mit z. T. hohen Fenstern, moderne Innenausstattung. Kaffee und Tee gibt es rund um die Uhr. Großes Frühstücksbüfett. DZ 41 €. Belediye Cad. 63, ✆ 0236/7147070, www.hotellabella.com.

** **Berrak Otel**, nur ein paar Schritte weiter. Solide, saubere Zimmer mit Minibar und Klimaanlage, Bäder z. T. mit Sitzbadewanne. DZ 41 €. Belediye Cad. 59, ✆ 0236/7131452, 🖷 7131457, www.berrakotel.com.tr.

Mit der **Mithatpaşa Cad.** im Zentrum nahe dem Busbahnhof verfügt Salihli über eine ausgesprochen gute „Fressgasse". Spezialität sind *Odun Köfte*, lecker zubereitete Hackfleischbällchen.

Sehenswertes

Das griechische Sardes mit dem Artemistempel liegt getrennt vom römischen Sardes, repräsentiert von Gymnasion und Synagoge (→ Anfahrt/Verbindungen). Wer mehr als die hier beschriebenen Sehenswürdigkeiten entdecken möchte, findet an der alten Straße nach Salihli noch Reste eines römischen Stadions, einer Agora, einer Basilika und eines Theaters.

Artemistempel: Man vermutet, dass mit dem Bau des imposanten Tempels kurz nach der Eroberung von Sardes durch Alexander den Großen begonnen wurde. Die Pläne sahen vor, dass er den monumentalen Tempeln von Ephesus und Didyma in nichts nachstehen sollte. Mit seinen fußballplatzgroßen Maßen (100 x 48 m, der Parthenon auf der Akropolis von Athen 31 x 70 m) reiht er sich noch heute unter die sieben größten aller griechischen Tempel. Die dort erhaltene Säulenreihe an seiner Ostseite – zwei Säulen stehen in voller Höhe (17,3 m) – lässt seine einstige Größe noch immer erahnen. Doch wie die Anlage von Didyma wurde auch dieser Tempel, der anfangs neben dem Artemiskult vermutlich auch der Zeusverehrung diente, nie vollendet.

Im 4. Jh. n. Chr., als der Tempel schon im Verfall begriffen war, errichtete man an seiner südwestlichen Ecke eine kleine byzantinische Kirche. Im 9. Jh. verschwand der Tempel unter den Schlamm- und Gesteinsmassen eines riesigen Erdrutsches, der sich von der weiter östlich gelegenen Anhöhe löste. Auf dieser befand sich einst auch die Akropolis. Der Burghügel war dreifach ummauert und galt als uneinnehmbar – aber nicht als unvergänglich. Die paar Reste, die es noch gibt, lohnen nicht einmal der Konservierung.

Bad-Gymnasion und Synagoge: Das Bad-Gymnasion war ein Prachtexemplar antiker Körper- und Ertüchtigungsanstalten, ein typischer Prunkbau der späten römischen Kaiserzeit, vollendet 211 n. Chr. Rekonstruiert ist der 36 m breite Marmorhof, die sog. *Kaiserhalle*. Man betritt sie für gewöhnlich durch eine korinthische Säulenreihe und verlässt sie durch ein 8 m hohes Tor in der wieder aufgerichteten, etwa 25 m hohen Monumentalfassade. Dahinter lag der Kaltbaderaum, dessen Bassin noch samt den hineinführenden Stufen erhalten ist.

Rund um das Bad-Gymnasion befanden sich einst kleine Geschäfte, die ehemalige *Palästra* (Übungsplatz der Ringkämpfer) und eine *Synagoge*, sehenswert wegen ihrer feinen Ausgestaltung. Die Mosaiken sind zwar nur Kopien (Originale in Manisa), aber das tut der Sache keinen Abbruch. Das quadratische Peristyl ist mit einem krugartigen Brunnen in der Mitte und einer umlaufenden Säulenreihe geschmückt. Die Synagoge wurde übrigens nie als solche gebaut, sondern entstand zusammen mit dem Bad-Gymnasion und war für andere Zwecke bestimmt. Irgendwann übernahm die jüdische Gemeinde von Sardes die Räumlichkeiten und gestaltete diese neu.

İzmir
ca. 3,5–4 Mio. Einwohner

Die Boomtown İzmir ist modern und geschichtsträchtig. An die „Perle der Levante", wie man die Stadt noch zu Beginn des 20. Jh. nannte, erinnert jedoch wenig.

İzmir, nach İstanbul und Ankara die drittgrößte Stadt der Türkei, wuchert wild am *İzmir Körfezi*, dem 54 km langen und bis zu 24 km breiten Golf. Auf eine Ausdehnung von über 30 km hat es die Stadt bereits gebracht. Allein im letzten Jahrhundert hat sich die Einwohnerzahl weit mehr als verzehnfacht. Wie viele Menschen heute in İzmir leben, weiß keiner so genau.

İzmir ist Sitz des NATO-Hauptquartiers Südost. Metall und Textil verarbeitende Werke, Raffinerien und chemische Kombinate sowie einer der umschlagstärksten Häfen der Türkei machen die Stadt zu einem bedeutenden Wirtschaftsstandort. Die wichtigste Industriemesse des Landes geht hier alljährlich über die Bühne. Boomtown İzmir verdankt ihren Aufschwung nicht zuletzt den vielen billigen Arbeitskräften, insbesondere Zuzüglern aus Inner- und Ostanatolien. Sie leben draußen in den Armutsgürteln der Stadt, ihre Tageseinnahmen entsprechen oft nur dem Betrag, mit dem andere in den mondänen Restaurants an der Uferpromenade die Rechnung aufrunden.

İzmir, das alte *Smyrna*, ist seit jeher auch ein bedeutendes Handelszentrum. Doch an die Geburtsstadt von Homer und Aristoteles Onassis erinnert nicht mehr viel. Kriege und Brände haben ihre historische Substanz größtenteils zerstört. İzmir ist heute eine durch und durch moderne, türkische Großstadt mit Smogglocke, Verkehrslärm, Pressluftgehämmer und pausenlosem Sirenengeheul. Dennoch gibt es auch adrette Ecken im Gewirr der Straßen, Plätze und Boulevards, und von Jahr zu Jahr werden es mehr. Die Stadtverwaltung tut viel – da werden von Palmen gesäumte Fußgängerzonen angelegt, dort wird die noch erhaltene alte Bausubstanz restauriert. Und um den Verkehr zu entlasten, soll die Metro, das jüngste Prestigeobjekt der Stadt, ausgebaut werden. Ein Ausflug in die Millionenmetropole verheißt ein abwechslungsreiches Erlebnis: Hier lässt sich türkischer Großstadtalltag erfahren – egal ob beim Shoppen auf dem Basar oder bei einem kalten Getränk in einer der gemütlichen Bars an der Uferpromenade.

Geschichte
Keramikfunde im Stadtteil Bayraklı, ca. 7 km nordöstlich des Zentrums, lassen darauf schließen, dass die Bucht von İzmir bereits im 3. Jt. v. Chr. besiedelt war.

Aber erst im 11. Jh. v. Chr. erfolgte an jener Stelle die Gründung *Smyrnas* durch äolische Siedler. Drei Jahrhunderte später wurde diese von ionischen Griechen erobert. Smyrna stieg zu einer wohlhabenden Stadt auf. Irgendwann zwischen 750 und 650 v. Chr. soll sie auch die Heimat Homers, des ersten epischen Dichters des Abendlandes gewesen sein. Ihm schreibt man die Epen *Ilias* und *Odyssee* zu.

575 v. Chr. nahmen die Lydier Smyrna ein und zerstörten es. Erst 334 v. Chr. ließ Alexander der Große die Stadt auf dem Pagusberg neu aufbauen. Aus jener Zeit stammt die *Kadifekale*, die „Samtburg" auf der Spitze des İzmirer Hausbergs. Unter griechischer und römischer Herrschaft entwickelte sich Smyrna zu einem wichtigen Handelszentrum, im 2. Jh. zählte es bereits über 100.000 Einwohner. Mit der Verlandung des Hafens von Ephesus gewann Smyrna zudem an Bedeutung. Im 7. Jh., unter Byzanz, trotzte die Stadt noch erfolgreich den Arabereinfällen, danach aber wurde sie zum Zankapfel zwischen Seldschuken und Kreuzfahrern.

Orientierung: Das Zentrum der Metropole bilden die Stadtteile Konak, Basmane und Alsancak samt den dazwischen liegenden Vierteln.

Das Herz von **Konak** ist der gleichnamige Platz, der *Konak Meydanı*, benannt nach dem *Hükümet Konağı*, dem Gebäude der Provinzregierung. Der Platz ist einer der Dreh- und Angelpunkte İzmirs. Blickfang ist der *Saat Kulesi*, ein verspielter Rokoko-Uhrturm. Er wurde 1901 für Sultan Abdül Hamit II. anlässlich seines 25-jährigen Thronjubiläums errichtet – mit Geldern von dessen Amigo Kaiser Wilhelm II. In der Nähe des Turms erblickt man die hübsche, aber winzige Konak-Moschee (→ Sehenswertes). Des Weiteren findet man rund um den Platz das *Kaufhaus YKM*, das *Rathaus (Belediye)* und das *Atatürk-Kulturzentrum (Atatürk Kültür Merkezi)*, ein gewagter Zweckbau mit einem Dach, das an ein kieloben schwimmendes Schiff erinnert. Durch eine Fußgängerbrücke und eine Parkanlage ist der Platz mit der Schiffsanlegestation *Konak İskelesi* verbunden.

Vom *Konak Meydanı* verläuft die Atatürk Caddesi, auch *Kordon* genannt, in nördliche Richtung zum *Cumhuriyet Meydanı* („Platz der Republik"), dem Renommierplatz İzmirs. Als großes Reiterstandbild blickt Atatürk hier auf die Büros der internationalen Fluggesellschaften und einige der teuersten Hotels der Stadt.

Vom Cumhuriyet Meydanı führt der *Kordon* als abends für den Verkehr gesperrte Ufermeile weiter gen Norden in den Stadtteil **Alsancak**, ein nobles, modernes Eck mit teuren Boutiquen, Bars und Restaurants. Die Hauptstraßen Alsancaks sind neben dem Kordon der *Cumhuriyet Bulvarı* und die *Kıbrıs Şehitler Caddesi*. Von Letzterer gehen einige Bilderbuchgassen mit alten Holzerkerhäuschen ab.

Schwenkt man vom *Konak Meydanı* landeinwärts, gelangt man entlang der Anafartalar Caddesi in das **Basarviertel (Kemeraltı)**, das sich bis nach Basmane erstreckt. Ein Bummel durch das Labyrinth der kleinen Läden gerät zum bilderreichen Streifzug durch die quirlige Welt orientalischen Verkaufsalltags. Im Basarviertel befindet sich auch die restaurierte *Kızlarağası-Karawanserei* aus dem 18. Jh. Einst diente sie Kaufleuten als Herberge und Warenlager, heute wird darin allerlei Orientkitsch feilgeboten.

Das Zentrum von **Basmane** bildet der gleichnamige Bahnhof. Rund um ihn findet man preiswerte Hotels und Restaurants. Vor düsteren Bierkneipen stehen allabendlich Prostituierte Spalier. Nördlich davon schließt der *Kulturpark* (→ Sehenswertes) an.

1426 gelang es den Osmanen, die Stadt in ihr Reich einzugliedern. Aus Smyrna wurde İzmir, die Bevölkerung aber blieb größtenteils griechisch. Kaum ein Jahrhundert sollte vergehen, ohne dass sie unter Erdbeben, der Pest oder Feuersbrünsten zu leiden hatte. Dennoch erfuhr die Stadt nach jeder Katastrophe einen umso größeren Aufschwung; İzmir entwickelte sich zum wichtigsten Handelstor gen Westen. 1915 schrieb der Völkerkundler Ewald Banse über İzmir: „Hier herrscht der Grieche mit dem Europäer, und von den rund 250.000 Einwohnern glaubt die Hälfte orthodox, betet nur der vierte Teil in den Formeln des Koran, und in den Rest teilen sich Spaniolen und Armenier, Levantiner und Europäer." Die Sitten waren in etwa so streng wie in Paris oder im Berlin der goldenen Zwanzigerjahre.

Das Gesicht der Stadt änderte sich bald darauf grundlegend. Mit der Zerschlagung des Osmanischen Reiches 1918 wurde İzmir von griechischen Truppen besetzt. Die türkische Befreiungsarmee unter Atatürk eroberte die Stadt 1922 zurück: Weit über 100.000 Griechen und Armenier verließen in Panik ihre Häuser und versuchten auf Schiffen zu entkommen. Ganze Stadtviertel wurden in diesen schrecklichen Tagen ein Raub der Flammen. Nach den Weltkriegen erlebte İzmir einen wirtschaftlichen Aufschwung wie nur wenige Städte des Landes. Heute vollzieht İzmir den Wandel vom Moloch an einer stinkenden Bucht hin zu einer lebenswerten, schicken Mittelmeermetropole.

Information/Verbindungen/Ausflüge/Parken

Telefonvorwahl 0232.

Information Im Kültür ve Turizm Müdürlüğü Binasi südlich des Pasaport-Fähranlegers, 1344 Sok. 2, ℡ 4836216, www.izmir. gen.tr. Auskünfte auf Englisch und Deutsch. Mo–Fr 8.30–17.30 Uhr.

Verbindungen İzmirs **Flughafen** Adnan Menderes (www.adnanmenderesairport. com) liegt ca. 20 km südlich der Stadt. Im internationalen Terminal, 200 m vom nationalen entfernt, finden Sie im Ankunftsbereich Geldwechselmöglichkeiten, Bankomaten, Zweigstellen diverser Autoverleiher, eine Post und eine Tourist Information (℡ 2472214, tägl. 9–17 Uhr).

Transfer vom und zum Flughafen: Teuerste und unkomplizierteste Variante ist das **Taxi** – ins Zentrum ca. 20–25 €, bis zur nächsten Bushaltestelle 5 €. Bequem gelangt man für 4 € auch mit dem **Havaş-Bussen** ins Zentrum (Dauer 1 Std.). Sie fahren von 3.30–23.30 Uhr stündl. (Stand 2011). Wer vom Zentrum auf diese Weise zum Flughafen möchte, steigt am Gazi Osmanpaşa Bul. vor dem Swissôtel Grand Efes zu. Infos unter ℡ 2742276, www.havas.com.tr oder im THY-Büro (→ Reisebüros).

Billiger wird die Fahrt mit den **öffentlichen Bussen** Ⓑ **204** (direkt zum Busbahnhof, tagsüber stündl., nachts alle 2 Std.) und Ⓑ **202** (zum zentralen Cumhuriyet Meydan, ähnliche Verkehrszeiten).

Zudem besteht die Möglichkeit, mit dem **Zug** vom Zentrum (Basmane) zum Flughafen (Bahnsteig auf dem Flughafengelände, Name der Haltestelle Adnan Menderes) bzw. andersrum zu gelangen. 2011 wurde die Strecke tagsüber von 8–20 Uhr 6-mal bedient, Dauer 20 Min.

Wer nach Alsancak will, kann vom Flughafen in die neue *İzban* steigen, eine Art S-Bahn. Sie fährt von 5.30 bis 23.30 Uhr alle 10–30 Min. Dauer 30 Min., Richtung Aliağa zusteigen.

> Flucht vor der Großstadt: Man kann auch mit dem Zug vom Flughafen direkt nach Selçuk nahe Ephesus (→ S. 299) oder mit der *İzban* nach Foça nördlich von İzmir (→ S. 255) fahren.

Bus/Dolmuş: Bus/Dolmuş: İzmir hat mehrere Busbahnhöfe, der bedeutendste ist der Yeni Otogar. Dieser befindet sich ca. 12 km nordwestlich des Zentrums. Von dort gute bis sehr gute Verbindungen in alle größeren Städte der Türkei (Bodrum 3½ Std., Bursa 5 Std., Kuşadası 1¼ Std.,

İzmir

Bergama 2 Std., Çanakkale 6 Std., İstanbul, Konya oder Ankara 8–9 Std., Antalya 8 Std.). Buchungsbüros der Busgesellschaften auch beim Basmane-Bahnhof, rund um den Cumhuriyet Meydanı und am Gazi Osmanpaşa Bul.

Vom Yeni Otogar gelangt man am einfachsten mit einem Dolmuştaxi ins Zentrum (Dauer ca. 15 Min., im Busbahnhof der Beschilderung „Dolmuş" folgen und dann nach Taxis mit der Aufschrift „Otogar-Basmane" Ausschau halten). Etwas langwieriger ist die Fahrt mit dem Bus (Dauer ca. 45 Min.). Abfahrtsstelle der Stadtbusse zum Otogar im Zentrum am Halit Ziya Bul. (z. B. Ⓑ 60). Zudem fährt Ⓑ 54 von Konak über Basmane zum Otogar. Wer mit größeren Busgesellschaften an- oder abreist, gelangt mit deren Servicezubringern ins Zentrum bzw. zum Busbahnhof.

Busse nach Çeşme und auf die Karaburun-Halbinsel fahren vom Busbahnhof am F. Altay Meydanı im Stadtteil Üçkuyular 4 km westlich von Konak ab. Dorthin gelangt man mit Ⓑ 169 von Alsancak (Zusteigemöglichkeiten am Talatpaşa Bul., Cumhuriyet Bul., Cumhuriyet Meydanı und am Konak-Platz).

Dolmuşe nach Gümüldür oder Özdere (regelmäßig bis 21 Uhr) vom Busbahnhof Gaziemir einige Kilometer südöstlich des Zentrums. Von Konak fährt Bus Ⓑ 152 nach Gaziemir.

Zug: Wer mit dem Zug ankommt, steigt für gewöhnlich am Basmane-Bahnhof (✆ 4848638) aus. Auf türkischen Fahrplänen und an den Bahnsteigen wird Basmane stellvertretend für İzmir angegeben. Bis zu 7-mal tägl. nach Manisa, 6-mal über den Flughafen nach Selçuk, nach Tire und Ödemiş, bis zu 5-mal nach Kütahya, Aydın und Nazilli, 3-mal nach Denizli, 2-mal nach Afyon, Söke, Eskişehir, Ankara und Bandırma (von dort weiter mit der Fähre nach İstanbul).

Fähre: ⫸ Unser Tipp: Ein Ausflug mit der Fähre in den modernen Stadtteil Karşıyaka auf der anderen Seite der weiten Bucht von İzmir! Dabei genießt man die Skyline der Stadt vom Meer aus. Am Fährhafen von Karşıyaka beginnt die beliebte Einkaufsstraße Kemalpaşa Cad. Die Fähren legen von Konak, vom Cumhuriyet Meydanı (Pasaport İskelesi) und von Alsancak ab. Sie verkehren von 7–22 Uhr, Dauer ca. 20–30 Min., einfach 1,50 €. ⫷

Stadtverkehr Das innerstädtische Bussystem funktioniert gut. Busfahrkarten mit Magnetstreifen kauft man an Kiosken oder beim Fahrer. Es gibt keine Einzelfahrscheine. 3 Fahrten (kleinste Karte, die man kaufen kann, auch in der Metro gültig) kosten 2,80 €.

Die **Metro** fährt von 6–24 Uhr. Die einzige Linie (wird ausgebaut, u. a. Richtung Flughafen, Karşıyaka und F. Altay Meydanı) führt bislang vom Kazım Karabekir Meydanı (Üçyol) südlich des Zentrums über den Konak-Platz sowie die Stadtteile Çankaya und Basmane nach Bornova.

> Die schnellste Verbindung **zwischen Konak und Alsancak** stellen Taxidolmuşe her. Abfahrt in Alsancak am Talatpaşa Bul.

Parken Wer mit dem Auto ins Zentrum fahren möchte, folgt der Beschilderung in einen der zentralen Stadtteile. Die sonst in der Türkei übliche „Şehir Merkezi"-Beschilderung (= Zentrum) ist eher selten. Großes städtisches Parkhaus u. a. hinter dem YKM beim Konak-Platz (Zufahrt über die Milli Kütüphane Cad.) und an der Ecke Eşrefpaşa Cad./Anafartalar Cad. In beiden Parkhäusern bezahlt man für 12 Std. 2,30 €.

Adressen (→ Karte S. 275)

Ärztliche Versorgung Ege Sağlık Hastanesi, privates Krankenhaus in Alsancak. 1399 Sok. 25. ✆ 4637700.

Autoverleiher In großer Anzahl in den vom Cumhuriyet Meydanı abgehenden Straßen. **Avis**, Şair Eşref Bul. 18/D, ✆ 4414417, am Flughafen ✆ 2740010, www.avis.com.tr. **Sixt**, Cumhuriyet Bul. 141/A, ✆ 4638999, am Flughafen ✆ 2746622, www.sixt.com.tr. **National/Alamo**, Şehit Nevres Bey Bul. 11/A, ✆ 4227107, am Flughafen ✆ 2746265, www.yesnational.com. Preiswerteste Fahrzeuge der internationalen Verleiher ab ca. 60 €, die der lokalen Anbieter rund 20 % darunter.

Diplomatische Vertretungen Deutschland (Generalkonsulat), Havuzbaşı Sok. 1, Balçova, ✆ 4888888, www.izmir.diplo.de. Anfahrt: Der Mithatpaşa Cad. stets stadtauswärts folgen, irgendwann verläuft die

272 Nordägäis

Autobahn parallel dazu. Ein paar hundert Meter hinter dem Einkaufszentrum Kipa bei der Kreuzung mit BP-Tankstelle und Atatürk-Standbild links ab, nach weiteren 500 m rechter Hand. Von Alsancak über Konak fährt Ⓑ 169 nach Balçova.

Österreich (Honorarkonsulat), Plevne Bul. 1, D:9, Alsancak, ✆ 4640630, austria.hk.izm@gmail.com.

Polizei Beispielsweise am Konakplatz. ✆ 155.

Post Hauptpost am Cumhuriyet Meydanı.

Reisebüro Etliche Reisebüros am Gazi Osman Paşa Bul., z. B. **Holiday Center** für Tickets verschiedener Airlines (Hnr. 8/A, ✆ 4441590, www.holiday-center.net). **THY-Hauptbüro** am Halit Ziya Bul. 65, Çankaya, ✆ 4841220, www.thy.com.

Zeitungen In deutscher Sprache sowie viel Literatur zur Türkei (v. a. in Englisch) im **Artı Kitabevi** 15, Cumhuriyet Bul./Ecke 1378 Sok.

⌒ Einkaufen (→ Karte S. 275)

Die großen Malls der Stadt liegen außerhalb des Zentrums. Im Stadtteil Balçova an der Straße nach Çeşme gibt es z. B. **Agora, Palmiye, Migros** und **Kipa**, zu erreichen mit Ⓑ 311 von Konak.

Basarviertel Der **Kemeraltı** genannte İzmirer Basar rund um die Anafartaler Cad. ist einer der schönsten Basare der Türkei. Es gibt Gassen, in denen nur Klamotten verkauft werden, Gassen, in denen Handwerker die Wahl zwischen 1001 Schrauben haben, Gassen, in denen Lebensmittel (viel frischer Fisch) Appetit machen usw. Verlaufen macht hier Spaß. Wer Glück hat, findet eine der mittlerweile 3 Filialen von **İlhan Nargile**, der berühmtesten Wasserpfeifenmanufaktur der Westküste (u. a. in der Kızlarağası-Karawanserei). Die hier angebotenen Nargiles dienen nicht nur der Dekoration, es gibt auch wirklich hochwertige mit Lammleder- anstelle von Kunststoffschläuchen. Für Goldschmuck sucht man im Basarviertel den **Eski Çarşı** 30, den „Alten Basar" nahe der Anafartalar Cad. auf. So sind die Geschäfte geschlossen.

Sevgi Yolu Ein gepflegtes, kopfsteingepflastertes und mit Palmen bestücktes Marktsträßchen nahe dem Hilton. Nachmittags werden hier Schmuck, Bücher, Raubkopien auf CD (unterm Ladentisch, fragen) und Alternativ-Accessoires verkauft.

Alsancak Die Einkaufsstraße schlechthin ist hier die Kıbrıs Şehitleri Cad. Tolle Boutiquen und außergewöhnliche Geschäfte zudem im Dreieck Cumhuriyet Bul./Pilevne Cad./Talatpaşa Bul.

Konak Konak Pier 26, edles, wenn auch nicht riesiges Shoppingcenter direkt am Ufer, untergebracht in einem alten, liebevoll restaurierten Fähranlegegebäude. *Nautica, Hilfiger, Rolex* & Co., dazu Cafés direkt am Wasser.

⌒ Baden/Kultur

Baden/Seilbahn Für einen Sprung ins Meer weicht man am besten an die Sandstrände der **Çeşme-Halbinsel** oder nach **Gümüldür** aus.

Das 30–60 °C warme Quellwasser der **Agamemnon-Thermen** (Agamemnun Kaplıcası) im Stadtteil Balçova ca. 8 km südwestlich des Zentrums (mit „Teleferik/Agamemnon" ausgeschildert, Ⓑ 169 von Konak und Alsancak) soll gegen rheumatische und neurologische Beschwerden helfen. Baden kann man dort im Balçova Termal Hotel, einem Komplex mit mehreren Innen- und Außenpools. In der Nachbarschaft ein Aquapark.

Nach dem Bad bietet sich – wegen Restaurierungsarbeiten voraussichtlich erst wieder ab Mitte 2012 – die Möglichkeit, mit der Seilbahn (*teleferik*, ca. 1 km vom Bad entfernt) auf den Berg **Dededağ** zu gondeln. Oben findet man Teegärten und Picknickrestaurants (hier gilt man selber).

Türkisches Bad (Hamam) Als bester Hamam der Stadt gilt der **Karataş Hamamı** in der 360 Çıkmaz Sok., einer Seitengasse der Mithatpaşa Cad. nahe dem Asansör (→ Sehenswertes). Ca. 1,5 km bzw. 10 Fußmin. südwestlich des Konak-Platzes, von Konak der Mithat Paşa Cad. gen Süden folgen, dann linker Hand. Eintritt mit Massage 15 €. Frauen tägl. 11–17 Uhr, Männer 7–11 u. 17–24 Uhr.

İzmir 273

Kultur Das Atatürk-Kulturzentrum, unübersehbar an der Mithatpaşa Cad. südlich des Konak-Platzes, ist eines der Dreh- und Angelpunkte des städtischen Kulturlebens. Breite Palette an Veranstaltungen, Infos in der Tourist Information.

Staatsoper (İzmir Devlet Opera) an der Milli Kütüphane Cad. hinter dem Kaufhaus YKM am Konak-Platz. Kartenvorverkauf für Oper, Ballett, Theater, Jazzkonzerte usw. im Haus, ✆ 4846445, www.izdob.gov.tr. Das schöne Gebäude, ein ehemaliges Kino, stammt aus dem Jahr 1926.

Veranstaltungen Das Internationale İzmir-Festival im Juni u. Juli präsentiert Theater, Konzerte usw. Schauplatz sind neben dem Open-Air-Theater im Kulturpark auch die Ruinenstätten von Ephesus und Pergamon sowie die Burg von Çeşme. Die **Industriemesse** Ende Aug./Anfang Sept. wird von kulturellen Rahmenveranstaltungen begleitet.

Übernachten (→ Karte S. 275)

Viele Hotels auf hohem Niveau für Geschäftsleute und viele Absteigen auf niedrigem Niveau für Arbeiter und Händler, dazwischen ein paar anständige Mittelklassehäuser. Nette Pensionen wie in den Ferienorten an der Küste fehlen, vor allem die wenigsten Touristen bleiben länger in der Stadt. Hotelschwerpunkte sind der Gazi Osmanpaşa Bul., der obere Teil des Fevzipaşa Bul. (Richtung Bahnhof) und die Anafartalar Cad. mit ihren Seitengassen. Preiswerte Hotels ohne jegliche persönliche Note findet man insbesondere in Basmane, leider sind nicht alle sauber, zudem ist die Gegend nur bedingt etwas für allein reisende Frauen (→ Orientierungskasten).

***** **Swissôtel Grand Efes** 18, schickes Luxushotel. Die geräumigen Zimmer (402 an der Zahl) lassen keine Wünsche offen, viele mit tollem Meeresblick. Spa-Abteilung, großer Pool mit schöner Bar. Mehrere Restaurants, die Attraktion ist dabei das „Aquarium" mit Bullaugen, die einen Blick in den Pool erlauben. „Eine hundertprozentige Empfehlung", meinen Leser. DZ mit Meeresblick 230 €, ohne Meeresblick 160 €. Gazi Osmanpaşa Bul. 1, ✆ 4140000, ✎ 4141010, www.izmir.swissotel.com.

**** **Ege Palas** 7, gepflegtes, mit viel Marmor ausgestattetes Haus im Herzen des modernen İzmir (nette Kneipen ums Eck). Von Lesern gelobt. 109 Zimmer und 3 Suiten mit viel Komfort. Zur Seeseite mit Balkon und z. T. tollen Ausblicken. Nichtraucheretagen, österreichische Patisserie, Fitnesscenter. Lediglich der Eingangsbereich wirkt billig. Eigene Parkplätze. DZ ab 120 €. Cumhuriyet Bul. 210 (Alsancak), ✆ 4639090, ✎ 4638100, www.egepalas.com.tr.

*** **İzmir Palas Oteli** 14, in bester Lage am Kordon. Besteht seit 1927, wird gut in Schuss gehalten. 148 angenehme Zimmer in Rottönen, die meisten mit Balkon. Nach hinten hinaus laut, nach vorne hinaus relativ ruhig und dazu toller Meeresblick. Lobby mit viel Marmor, dicke Teppiche in den Gängen. Könnte ruhig einen Stern mehr haben. DZ mit Meeresblick 105 €, ohne 95 €. Atatürk Bul. (Alsancak), ✆ 4650030, ✎ 4226870, www.izmirpalas.com.tr.

**** **Otel Marla** 19, unter den 4-Sterne-Häusern eines der preiswertesten. Zentrale Lage (und nicht unmittelbar an einer der verkehrsreichen Straßen). Nette Straßenlokale in der Nachbarschaft. 68 Zimmer im Billigschick-Stil, gut in Schuss. Freundlicher Service. EZ 70 €, DZ 85 €. Kazım Dirik Cad. 7 (Pasaport), ✆ 4414000, ✎ 4411150, www.otelmarla.com.

*** **Otel Kaya** 23, neunstöckiges Haus der gehobenen Mittelklasse in lauter Lage. Alles etwas überladen dekoriert, aber anständig, sauber und gepflegt. Am besten sind die Zimmer in der obersten Etage: Balkon und weniger Lärm. Sehr freundlicher Service, auch deutschsprachig. Klimaanlage. EZ 55 €, DZ 65 €. Gaziosmanpaşa Bul. 45 (Çankaya), ✆ 4839771, ✎ 4839773, www.otelkaya.com.

*** **Alican Otel** 25, in unmittelbarer Nähe zum Bahnhof Basmane, leider an einer lauten Straße gelegen, daher am besten ein Zimmer in den oberen Etagen wählen. Anständiges Haus trotz einiger Alterserscheinungen. Saubere Zimmer mit TV, Minibar und Klimaanlage, Bäder mit Duschkabinen. EZ offiziell 49 €, DZ 62 €, i. d. R. aber günstiger zu bekommen. Fevzipaşa Bul. 157, ✆ 4842768, ✎ 4842279, www.alicanotel.com.

Nordägäis, Karte S. 217

Otel Antik Han 🛑, am Rande des Basargetümmels nahe der Agora. Osmanischer Bau aus der Mitte des 19. Jh. Idyllischer Innenhofbereich. 30 Zimmer unterschiedlicher Größe, ohne besondere Note und etwas in die Jahre gekommen. Bäder okay. Freundlicher Service. Gutes Frühstück. DZ 71 €. Anafartalar Cad. 600 (Çankaya), ☏ 4892750, ✆ 4835925, www.otelantikhan.com.

** Konak Saray Hotel 🛑, nicht weit vom Otel Antik Han entfernt, eine Leserempfehlung. 27 kleine Teppichbodenzimmer mit Standardausstattung. Stilloses Restaurant auf dem Dach. Sehr gutes Frühstück, zuvorkommender Service, kostenloser Parkplatz. EZ 35 €, DZ 50 €. Anafartalar Cad. 635 (Çankaya), ☏ 4837755, ✆ 4837710, www.konaksarayhotel.com.

** Avşar Otel 🛑, saubere Zimmer mit ordentlichen Bädern (Duschkabine) in einer relativ ruhigen Seitengasse. Die Teppichböden sind wellig, ansonsten ganz okay. Der Service ist nicht immer der freundlichste. EZ 22,50 €, DZ 35 €. 1364 Sok. 8 (Basmane), ☏/✆ 4419552.

Hotel Gordon 🛑, kleines Stadthotel mit nur 17 stillosen Teppichbodenzimmern, z. T. recht klein und dunkel, manche könnte man zudem auch besser lüften. Bezüglich Lage (viele nette Kneipen drum herum, trotzdem ruhige Gasse) jedoch gut. DZ 30 €. 1478 Sok. 1 (Alsancak), ☏ 4214556, ✆ 4214419.

Otel Çağla Pınar 🛑, in der Nachbarschaft des Gordon. Kleine, dunkle Zimmer mit weißen Laminatböden, Klimaanlage und TV. Die Bäder könnten etwas besser geputzt sein, ansonsten für den Preis okay. DZ 25 €. 1478 Sok. 3, ☏ 4639223, ✆ 4632181.

Çoruh Oteli 🛑, hier nächtigen Sie in einem alten, morbiden Stadtpalais unter 5 m hohen Decken (von denen z. T. die Farbe blättert). Uralte Bodenfliesen, Stuck. Mit Abstand die außergewöhnlichste Billigabsteige der Stadt. Nur 14 Zimmer (oder Löcher?), teilweise mit Nasszellen, stets Etagentoilette. Sehr charmant, leider aber nur sehr mäßig sauber. DZ 15 €, kein Frühstück. Fevzipaşa Bul. 77 (Basmane), ☏ 484106.

Camping In İzmir selbst keine Möglichkeit, → Karaburun-Halbinsel (S. 289) oder Gümüldür (S. 291).

Essen & Trinken

Gute und preiswerte Lokantas, Döner- und Pidesalons rund um den Bahnhof Basmane und in der Kıbrıs Şehitler Cad. in Alsancak. Eine Vielzahl gehobener Fischlokale an der Uferpromenade von Alsancak – am Abend sehr gemütlich, wenn der Kordon für den Verkehr gesperrt ist. Je nach Lokal sollten Sie hier mindestens 50 € für ein Abendessen für 2 Pers. inkl. Getränke einplanen. Preiswerter und legerer geht es in den Restaurants und Kneipen südlich des Pasaport-Fähranlegers zu – entweder direkt am Wasser oder auf der anderen Straßenseite. Zu den Spezialitäten der Stadt gehören *Çipura* (Goldbrasse) und *İzmir Köfte* (Hackfleischbällchen in Tomatensoße).

Asansör 🛑, grandioses Terrassenlokal mit herrlicher Aussicht über der gleichnamigen Sehenswürdigkeit (→ Sehenswertes). Hier werden bei Geschäftsessen Millionen verschoben, hier hält man aber auch um die Hand der Verlobten an. Gehobene Preisklasse. Von Lesern gelobt. Dario Moreno Sok. (Asansör), ☏ 2612626. Das Café daneben lädt zum gemütlichen Sundowner ein.

Deniz Restaurant 🛑, das etablierte Lokal gilt als eines der besten Fischrestaurants der Stadt. Gediegenes Ambiente, unaufdringlicher, erstklassiger Service. Terrasse direkt am Kordon. Nicht ganz billig, aber das Geld wert: Fröhliche Tafelrunden sitzen hier allabendlich zusammen, und der Rakı fließt in Strömen. Atatürk Cad. 188/B (Alsancak), ☏ 4644499.

La Sera 🛑, in der Nachbarschaft. Großräumiges Barrestaurant mit gigantischer Außenbestuhlung. Hin und wieder Livemusik. Internationale Karte, man kann auch frühstücken. Atatürk Cad. 190/A, ☏ 4642595.

Veli Usta Balık Pışırıcısı 🛑, und noch eine Adresse am Kordon. Einer von mehreren Fischbrätern in der gleichen Reihe. Besteht seit 1970. Für die Lage in erster Reihe vergleichsweise bescheidene Innenausstattung im Stil einer gehobenen Lokanta. Terrasse. Super Fisch und ein paar Meze zu gemäßigten Preisen. Atatürk Cad. 212/A, ☏ 4642705.

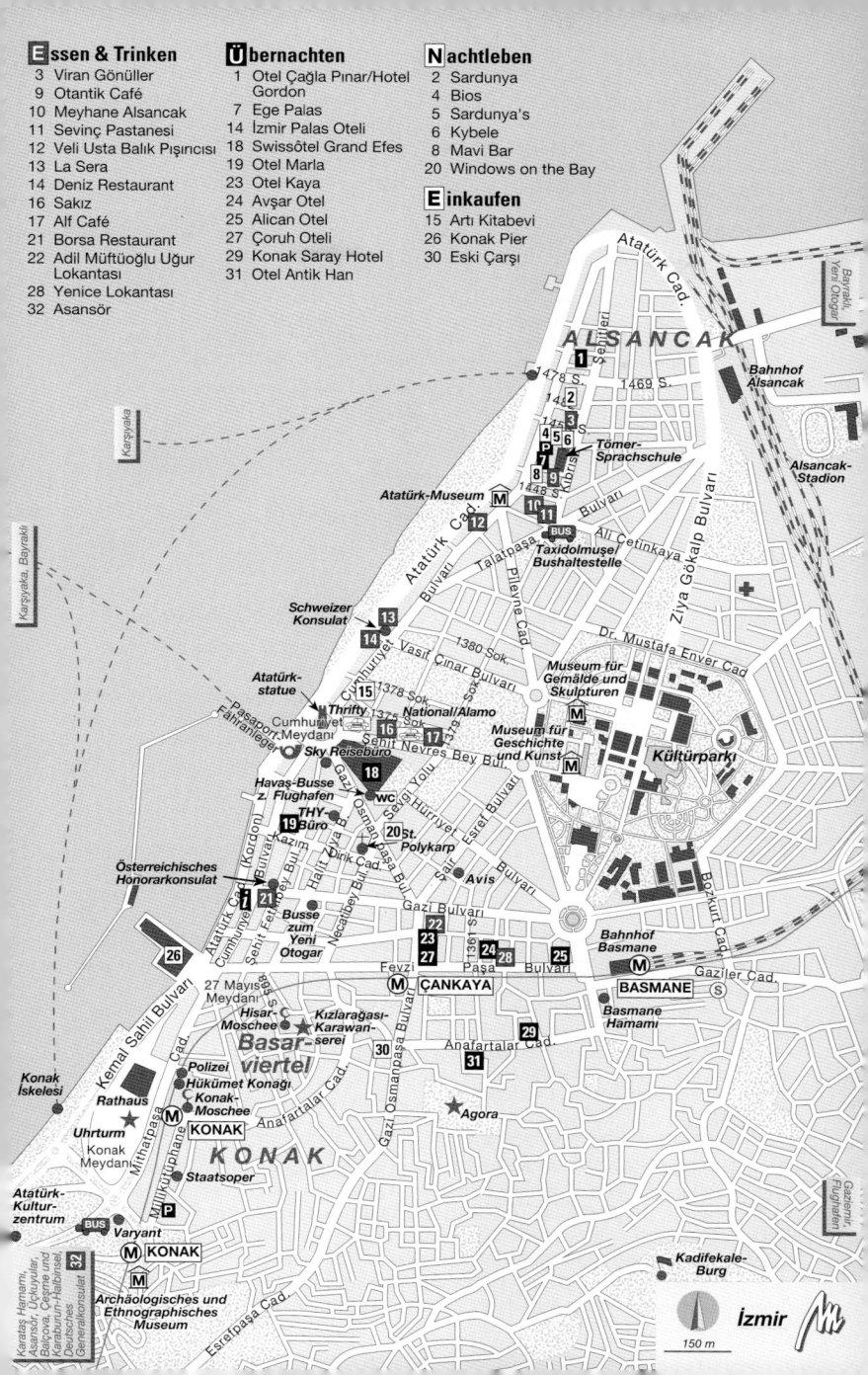

Essen & Trinken
- 3 Viran Gönüller
- 9 Otantik Café
- 10 Meyhane Alsancak
- 11 Sevinç Pastanesi
- 12 Veli Usta Balık Pışırıcısı
- 13 La Sera
- 14 Deniz Restaurant
- 16 Sakız
- 17 Alf Café
- 21 Borsa Restaurant
- 22 Adil Müftüoğlu Uğur Lokantası
- 28 Yenice Lokantası
- 32 Asansör

Übernachten
- 1 Otel Çağla Pınar/Hotel Gordon
- 7 Ege Palas
- 14 İzmir Palas Oteli
- 18 Swissôtel Grand Efes
- 19 Otel Marla
- 23 Otel Kaya
- 24 Avşar Otel
- 25 Alican Otel
- 27 Çoruh Oteli
- 29 Konak Saray Hotel
- 31 Otel Antik Han

Nachtleben
- 2 Sardunya
- 4 Bios
- 5 Sardunya's
- 6 Kybele
- 8 Mavi Bar
- 20 Windows on the Bay

Einkaufen
- 15 Artı Kitabevi
- 26 Konak Pier
- 30 Eski Çarşı

İzmir

150 m

Meyhane Alsancak 🔟, netter Ort für ein gemütliches Dinner bei türkischer Livemusik. Hier geht jeden Abend die Post ab, und das zu fairen Preisen: Fix-Menüs mit lokalen Getränken ab 18 €. 1448 Sok. 18/B (Alsancak), ✆ 4220531.

Borsa Restaurant 21, im Börsengebäude gegenüber der Touristeninformation, Cumhuriyet Bul./Ecke Gazi Bul. (Pasaport). Interessante Atmosphäre im hohen Speisesaal, Kellner in weißen Hemden. Mittags Topfgerichte, abends Meze und Grillgerichte, Fix-Menüs mit Getränken 18 €. 3-mal wöchentl. Livemusik. ✆ 4411888.

Sakız 16, freundliches Restaurant unter türkisch-schottischer Leitung. Sehr herzlicher Empfang. Türkisch-internationale Küche, viele vegetarische Gerichte. Tolles Mittagsbüfett, nicht umsonst ein beliebter Lunchstopp. Rustikal-nettes Interieur mit rot-weiß karierten Tischdecken. Terrasse. Hg. 6–12 €. Şehit Nevres Bey Bul. 9/A (Alsancak), ✆ 4641103.

》》》 Unser Tipp: In der **1444 Sokak**, einer hübschen Nebengasse der Kıbrıs Şehitler Cad. in Alsancak, gibt es einige Fischlokale. Hier speisen Sie um einiges billiger als in den Fischrestaurants am Kordon. 《《《

Yenice Lokantası 28, gepflegte, helle Lokanta, die auf außergewöhnliche Fleischgerichte aus dem ganzen Land spezialisiert ist. Dazu Pide und Suppen. Adrette Kellner. Hg. 5–10 €. Fevzi Paşa Bul. 110 (Basmane).

Adil Müftüoğlu Uğur Lokantası 22, eine Institution. Gehobenere Lokanta in Basmane. Megaauswahl an außergewöhnlichen Topfgerichten, viele regionale Spezialitäten. Schließt früh am Abend. 1369 Sok. 11 (Basmane).

Snacks/Cafés Alf Café 17, eine von mehreren kleinen Lokantas in der 1379 Sok. (Alsancak), die auf *Kumpir*, lecker gefüllte Riesenkartoffeln, spezialisiert sind. Eine davon kann ein komplettes Essen ersetzen. Zudem frisch gepresste Fruchtsäfte.

Restaurant auf dem Asansör

Otantik Café 9, mehrstöckige Cafébar mit alternativer Einrichtung. Musik. Nett auch für den Winter. 1448 Sok. (Alsancak).

Viran Gönüller 3, das etablierte Café „der gebrochenen Herzen" ist ein gemütlicher Studententreff. Versuchen Sie, einen Platz am Erkerfenster mit Blick auf die trubelige Fußgängerzone unter Ihnen zu ergattern. Kıbrıs Şehitler Cad./Ecke 1453 Sok., im 1. Stock (Eingang leicht zu übersehen; Alsancak).

Sevinç Pastanesi 11, eine weit über die Grenzen İzmirs hinaus bekannte und beliebte Konditorei mit besten Kuchen und Torten, leckerem Eis und süßen Teilchen jeder Art. Talatpaşa Bul./Ecke Kıbrıs Şehitler Cad. (Alsancak).

Nachtleben (→ Karte S. 275)

Das Nachtleben spielt sich in den Clubs und Kneipen in Alsancak ab, genauer gesagt in den Seitengassen der Kıbrıs Şehitler Cad. – schauen Sie sich z. B. einmal in der 1448 Sok., der 1453 Sok. (auch: Gazi Kadınlar Sok.) oder der 1482 Sok. (auch: Muzaffer İzgü Sok.) um, wo sich eine Location nach der nächsten auftut. Lebendig und vielseitig ist das Nightlife im Winter, beschaulich im Sommer, da viele In-Clubs und ihre Stammgäste dann auf die Çeşme-Halbinsel, nach Kuşadası oder Bodrum umziehen. Was gerade angesagt ist, erfährt man am besten von der Szene selbst,

İzmir

in den unten aufgeführten Adressen werden Sie schlauer. Abzuraten ist von den schmierigen, halbseidenen Amüsierbetrieben rund um den Basmane-Bahnhof.

Windows on the Bay 20, der Tipp für den spektakulärsten Sundowner İzmirs. Bar im 31. Stock des Hilton Hotels, mit tollem Blick über das abendliche Lichtermeer. Auch Nichtgästen zugänglich. Ab 19 Uhr. Gazi Osmanpaşa Bul. 7 (Çankaya).

Mavi Bar 8, gemütliche Rockbar in einem schmucken Stadthaus mit blau umrahmten Fenstern. Eine Institution im alternativen İzmirer Nachtleben, besteht seit 1986. Regelmäßig Livemusik. Cumhuriyet Bul. 206 (neben dem Hotel Ege Palas, Alsancak).

Kybele 6, efeubewachsenes Haus in einer gemütlichen Pflastergasse. Livemusik, Außenbestuhlung – idealer Platz zum People-watching. 1453 Sok. (Alsancak).

Bios 4, angesagter Treffpunkt nur ein paar Häuser weiter an der 1453 Sok. Regelmäßig Livemusik, der Schwerpunkt liegt auf schräg-alternativen Events. www.biosbar.com.

Sardunya 2, nette Bierkneipe, die sich an ein eher alternatives Publikum richtet. Oft ebenfalls Livemusik. 1482 Sok. 11. Das **Sardunya's** 5 ums Eck in der 1453 Sok. gehört dazu, dort kann man zudem essen.

Sehenswertes

Von den Museen der Stadt sind nur die bedeutendsten erwähnt – eine bei der Tourist Information erhältliche Broschüre gibt Auskunft über den Rest. Außerdem können ein Bummel durch den Basar, eine Fahrt mit dem Linienschiff nach Karşıyaka oder mit der Seilbahn über die Dächer von Balçova zu schönen Erlebnissen werden.

Kadifekale („Samtburg"): Sie erhebt sich auf dem Pagusberg im Süden der Stadt und wurde im 4. Jh. v. Chr. unter Lysimachos, einem Feldherrn Alexanders des Großen, erbaut. Die Mauerreste der Burg sind wenig spektakulär, die Aussicht von ihr aber ist beeindruckend – insbesondere zum Sonnenuntergang, wenn die Millionen Lichter der Stadt zu flackern beginnen. Sofern der Smog es zulässt, überblicken Sie die gesamte Bucht von İzmir. Zwei Teegärten und ein Bierlokal mit tollem Stadtblick haben sich beim Eingang zur Burg angesiedelt. Nach Sonnenuntergang sollte man von einem Spaziergang auf dem etwas vermüllten Gelände absehen, die Viertel drum herum zählen nicht zu den besten.

Anfahrt/Öffnungszeiten: Ⓑ 33 (Abfahrt von der Bushaltestelle Varyant südlich des Konak-Platzes) bringt Sie zur Kadifekale. Fragen Sie den Busfahrer, wo Sie aussteigen müssen. Die Burg ist rund um die Uhr frei zugänglich. Taxi vom Zentrum retour mit Wartezeit ca. 10 €.

Agora: Im ärmlichen Stadtteil Namazgah nahe dem Basar liegt die mächtige Agora (ca. 120 x 180 m), in der Antike der Markt- und Versammlungsplatz. Die Überreste stammen aus römischer Zeit; Mark Aurel ließ die Markthalle 178 n. Chr. nach einem Erdbeben neu errichten. Sie war als zwei- bis dreistöckiger Bau angelegt und von einer Stoa umgeben. 13 korinthische Säulen wurden wieder aufgestellt. Die Untergeschosse existieren noch, hier wurden Waren gelagert. Im Norden wurde die Stoa später in eine Basilika umgewandelt. Die Marmorfiguren des Poseidon und der Demeter, die die Agora einst schmückten, befinden sich heute im Museum für Geschichte und Kunst (s. u.). Rund um die Agora wurden in den letzten Jahren Wohn- und Geschäftshäuser abgerissen, um das Grabungsgelände zu erweitern. Die Arbeiten leitet die İzmirer *Dokuz Eylül Üniversitesi*.

Ab dem Beginn der Anafartalar Cad. am Konak-Platz ausgeschildert. Tägl. (außer Mo) 8.30–18.30 Uhr, im Winter 8–17.30 Uhr. Eintritt 1,20 €.

Archäologische Museen: İzmir besitzt zwei. Das Neuere ist das 2004 eröffnete und mit dem etwas irreführenden Namen versehene *Museum für Geschichte und Kunst (İzmir Tarih ve Sanat Müzesi)*. Dessen z. T. sensationelle Exponate sind auf drei

Gebäude im Kulturpark (s. u.) verteilt. Nur die Highlights aufzuführen, ergäbe fast ein eigenes kleines Büchlein! Prunkstück der sog. Skulpturenhalle ist die Statue des liegenden Flussgottes Kaystros aus Ephesus. Zudem sieht man Überbleibsel aus Smyrna wie Demeter und Poseidon von der Agora (s. o.), zwei geflügelte Löwen vom Belevi-Mausoleum, Mosaiken aus Pergamon, den Fries des Dionysos-Tempels von Teos und vieles, vieles mehr. In der Keramikhalle stößt man auf Figuren aus Phokäa, dazu auf Amphoren, Vasen, Öllämpchen und kunstvoll bemalte Töpferware aus allen möglichen Epochen und Ausgrabungen. Die sog. Precious Artefacts Hall widmet sich besonders wertvollen Fundstücken aus den verschiedensten Ländern und Zeiten: Münzen, Goldschmuck, Bronzefiguren etc.

Der Bau des Museums für Geschichte und Kunst war nötig geworden, da man nicht mehr wusste, wohin mit dem grandiosen, stetig wachsenden Fundus des alten *Archäologischen Museums (Arkeoloji Müzesi)* nahe dem Konak-Platz. Im Erdgeschoss werden dort vornehmlich kopflose Statuen und Köpfe ohne Körper aus Ephesus, Milet, Magnesia, Sardes, Nysa, Klaros und Didyma ausgestellt. Das Schmuckstück ist ein mannshoher, bronzener Athlet, der im Hafen der antiken Stadt Kyme (beim heutigen Aliağa nördlich von İzmir) gefunden wurde. Außerdem gibt es eine Metropolis-Abteilung. Der größte Teil der Ruinen der antiken Handelsstadt 40 km südöstlich von İzmir bei Torbalı (von dort ausgeschildert, kein Eintritt) schlummert noch unter einem Olivenhain. Seit 1989 gräbt man hier, seit 2007 werden die Ausgrabungen von der Trakya-Universität Edirne geleitet. Das Theater wurde bereits rekonstruiert, zudem wurden Teile der Stoa, der Akropolis und des Badgymnasions sowie diverse Bodenmosaike freigelegt. Trotzdem ist Metropolis bislang nur für Spezialisten sehenswert.

Schwerpunkte des Obergeschosses sind schöne Gefäße aus Ton und Terrakotta, darunter Exponate aus dem 3. Jt. v. Chr., Statuetten, Sarkophage und diverse byzantinische Teller. Das Untergeschoss, das einst u. a. Mosaiken beherbergte, ist seit Jahren geschlossen.
İzmir Tarih ve Sanat Müzesi, Kültür Parkı, dort ausgeschildert. Tägl. (außer Mo) 8.30–18.30 Uhr. Eintritt 1,20 €. **Arkeoloji Müzesi**, Birleşmiş Milletler Yokuşu (Serpentinenstraße oberhalb des Konak-Platzes), gleiche Öffnungszeiten. Eintritt 3,20 €.

Ethnografisches Museum (Etnoğrafya Müzesi): Es ist in der einstigen Quarantänestation für Pestkranke untergebracht. Die Präsentation erinnert an Museen aus sozialistischer Zeit, ein Besuch ist dennoch interessant. Traditionelle, z. T. ausgestorbene Handwerksberufe (Töpfer, Sattler, Fellmacher etc.) werden anschaulich vorgestellt, so z. B. die Produktion von *Boncuk*, den blauen Glasperlen, die vor dem „Bösen Blick" schützen sollen. Zudem erhält man Einblicke in großbürgerliches Familienleben osmanischer Zeit. Zu bewundern sind u. a. auch ein Nachbau der ersten türkischen Apotheke, das Modell eines Kamels in traditioneller Kampftracht und eine Waffensammlung.
Birleşmiş Milletler Yokuşu, neben dem archäologischen Bruder. Tägl. (außer Mo) 8–12 u. 13–18.30 Uhr. Eintritt frei.

Kulturpark (Kültür Parkı): Zwischen den Stadtteilen Basmane und Alsancak erstreckt sich der Kulturpark, der nach 1922 auf den Trümmern des abgebrannten griechischen Viertels angelegt wurde. Er umfasst 335.000 m² Grünfläche und beherbergt u. a. das *Museum für Geschichte und Kunst* (s. o.), einen Aussichtsturm, einen Rosengarten, einen See zum Tretbootfahren, Sportplätze sowie mehrere Teegärten und Restaurants. Im Westteil des Parks befinden sich die Ausstellungshallen des Messebezirks. Die größte Messe der Stadt, die Industriemesse, zählt jährlich mehrere hunderttausend Besucher.
Tägl. 7–24 Uhr.

Moscheen und Kirchen: Unter den vielen Moscheen der Stadt ist keine, deren Besuch zum Pflichtprogramm gehört. Am schönsten sind noch die 1598 erbaute *Hisar-Moschee (Hisar Camii)* im Basarviertel und die 1754 vollendete und mit Fayencen aus Kütahya geschmückte kleine *Konak-Moschee (Konak Camii)* am gleichnamigen Platz. Für die wenigen verbliebenen Kirchen der Stadt gilt das Gleiche. Von historischer Bedeutung ist jedoch die *Kirche St. Polycarp* (etwas versteckt an der Ecke Vali Kazim Dirik Cad./1354 Sok.). Sie gehört zu jenen sieben Kirchen, die in der Apokalypse des Evangelisten Johannes erwähnt wurden. Benannt ist sie nach dem ersten Bischof İzmirs, der im Jahre 155 als Märtyrer starb. Der heutige Bau stammt jedoch weitestgehend aus den 30er Jahren des 20. Jh. Die Kirche ist leider meist verschlossen.

Asansör: Dieser Stadtteil ca. 1,5 km südwestlich von Konak bildete einst das jüdische Viertel. Die *Bet-Israel-Synagoge* an der Mithatpaşa Cad. 261 und ein paar pittoreske, z. T. jedoch restaurierungsbedürftige Gassen erinnern noch daran. Die bekannteste ist die *Dario Moreno Sokağı*, benannt nach ihrem berühmtesten Bewohner, dem jüdischen Schauspieler, Sänger und Gitarristen Dario Moreno (gebürtiger Name Dario Arugete, 1921–1968). Einen seiner größten Erfolge feierte er im Film *Lohn der Angst* (1953) von Henri-Georges Clouzot, der Maßstäbe für das spätere Actionkino setzte. Am Ende der Gasse befindet sich der *Asansör*, ein im Jahr 1907 gebauter Aufzug (frz. Ascenseur), der dem Stadtteil seinen Namen gab. Wie der Elevador Santa Justa in Lissabon zählt er zu den Wahrzeichen der Stadt. Er verbindet zwei übereinander liegende Straßen, der Höhenunterschied beträgt 51 m. Auf der Terrasse am höchsten Punkt befinden sich ein hervorragendes Restaurant und ein schickes Café mit herrlichen Ausblicken (→ Essen & Trinken).

Mit Ⓑ 169 von Konak zu erreichen. Zu Fuß läuft man von Konak jedoch keine 15 Min., einfach der Mithatpaşa Cad. gen Süden folgen. Der Asansör ist tägl. von 10–22 Uhr in Betrieb, gelegentlich wird ein kleiner Obolus verlangt.

Der Uhrturm, ein Wahrzeichen von İzmir

Çeşme-Halbinsel

Westlich von İzmir erstreckt sich die Halbinsel Çeşme. Der gleichnamige Hauptort markiert den Beginn der gen Süden verlaufenden Kette der großen Ferienorte an der Mittelmeerküste. Aus der einst dünn besiedelten, kargen Çeşme-Halbinsel wurde in den letzten Jahrzehnten ein Urlaubsziel aus der Retorte mit riesigen Hotelanlagen und vielen Feriendörfern. Mit Zahlen lässt sich das am einfachsten belegen. Wo im Winter gerade 30.000 Menschen leben, treten sich im Sommer zuweilen bis zu 350.000 Erholungssuchende auf die Füße. Das Gros der Urlauber stellen Städter aus İzmir, Bursa und Manisa, aber auch aus Ankara und İstanbul, die sich auf der Halbinsel ein Ferienhaus geleistet haben. Und damit diese in Windeseile ins Wochenende gelangen können, führt eine 90 km lange Autobahn von İzmir nach Çeşme am westlichsten Punkt der Halbinsel. Abseits der trubeligen Ferienresorts kann man zum Glück noch ein paar ruhige Plätzchen finden. Attraktive Ziele sind z. B. die beschauliche Altstadt von Alaçatı oder Karaburun, die „Halbinsel der Halbinsel".

Çeşme
ca. 22.000 Einwohner

Das ehemalige Fischer- und Handelsstädtchen gehört heute zu den großen Ferienorten der türkischen Ägäis. Neben seiner schönen Lage an der Spitze einer Halbinsel locken v. a. die feinsandigen Strände der Umgebung.

Çeşme thront am zweitwestlichsten Punkt Kleinasiens, nur 10 km trennen es von der griechischen Insel Chíos. Wahrzeichen des Städtchens ist die wuchtige, genuesisch-osmanische Festung am Hafen. Nördlich davon versprühen ein paar pittoreske Gässchen alten Charme. Südlich erstreckt sich die neue Marina mit rund 400 Liegeplätzen, dahinter eine schicke Uferzeile mit Cafés, Restaurants und Boutiquen. Das Treiben spielt sich entlang der Uferpromenade und in der autofreien Shoppingmeile İnkılap Caddesi ab. Hier geben sich türkische Familien und Pauschaltouristen aus den Bettenburgen der Umgebung ein allabendliches Stelldichein.

Zu viel erwarten sollte man nicht – Çeşme ist ganz ansehnlich, aber bei Weitem kein Schmuckkästchen. Schöne Sandstrände fehlen vor der Haustür. Damit aber ist die gleichnamige Halbinsel gesegnet.

Geschichte

Als Hafen der ionischen Stadt *Erythrai* auf der Karaburun-Halbinsel (→ S. 287) wurde Çeşme als *Cyssus* etwa 1000 v. Chr. gegründet. Schon unter der Herrschaft Roms (ab 190 v. Chr.) kamen die ersten Touristen – nicht zum Baden im Meer, sondern in den Thermalquellen der Umgebung. Im 14. Jh. ließen die Genueser zur Sicherung ihrer wirtschaftlichen Interessen an der Levanteküste, wozu der Schutz der Meerenge zwischen dem Festland und der Insel Chíos gehörte, die noch heute imposante Festung am Hafen errichten.

1770 wurden die Bewohner Çeşmes Augenzeugen einer historischen Seeschlacht: Vor der Halbinsel versenkte die russische Kriegsmarine fast vollständig die osmanische Flotte. Den Befehlshaber über die türkischen Schiffe, Cezayirli Gazi Hasan Paşa, ehrt man trotz seiner Niederlage noch heute: Ein Denkmal vor dem Eingang zur Burg zeigt ihn in Pluderhosen und Turban zusammen mit einem Löwen, der seinen wilden Charakter symbolisieren soll.

Çeşme

Bis zu Beginn des 20. Jh. lebten in Çeşme vorrangig Griechen, die rund 88 % der Einwohner ausmachten. Ihr Auskommen fanden sie in den traditionellen Erwerbszweigen wie Oliven- und Traubenanbau, Fischfang und Mastixgewinnung (→ Kasten S. 284). Nach dem Bevölkerungsaustausch 1923 war Çeşme nicht nur weitestgehend menschenleer, sondern verlor zudem seine Bedeutung als Handelshafen für Chíos. Das griechische Erbe, darunter eine Basilika (→ Sehenswertes), verfiel.

Erst als sich in den 1960ern und 70ern wohlhabende Familien aus İzmir hier Ferienvillen bauten, wendete sich das Blatt wieder. Heute wuchern die Ferienkomplexe hinter den feinsandigen Stränden der Umgebung ungezügelt. Mit dem 6 km entfernten Retortenort Ilıca ist Çeşme mittlerweile fast zusammengewachsen.

Information/Verbindungen/Ausflüge

Telefonvorwahl 0232.

Information Bei der Festung am Hafen. Je nach Schicht auch Auskünfte in Deutsch. Im Winter Mo–Fr 8.30–17.30 Uhr, im Sommer auch Sa/So 9–17 Uhr. Mittagspause. İskele Meydanı 8, ℡/☎ 7126653.

Verbindungen Busbahnhof 10 Gehmin. südlich des Zentrums nahe dem Turgut Özal Bul. (Büros der Busgesellschaften an der Beyazıt Cad.). Im Juli u. Aug. Direktverbindungen in diverse größere Städte des Landes, ansonsten muss man in İzmir umsteigen. Nach İzmir (halbstündl. von 6–22.30 Uhr, Dauer 1 ¼ Std., 5 €, → İzmir/Verbindungen) kann man auch am oberen Ende der Hauptstraße İnkılap Cad. zusteigen. Für Ausflüge auf die Halbinsel Karaburun nimmt man einen Bus nach Urla (zuletzt 3-mal/Tag um 7, 11.30 und 16 Uhr; ebenfalls von der İnkılap Cad.) und steigt dort um.

Dolmuşe über Çiftlik zum Pırlanta- und Altınkum-Strand, nach Ilıca, Boyalık und Alaçatı starten vom Busbahnhof. Nach Ilıca, Boyalık und Alaçatı kann man auch am oberen Ende der Hauptstraße İnkılap Cad. zusteigen. Dolmuşe nach Dalyan vom Busbahnhof und der Dalyan Cad. nahe der İnkılap Cad.

Taxis stehen u. a. am Cumhuriyet Meydanı bereit. Zum Flughafen İzmir 75 €.

Schiffsverbindungen Fähren nach Chíos: Im Winter Mo–Fr um 17 Uhr, Sa zusätzlich um 9.30 Uhr, von Chíos geht es um 8.30 Uhr bzw. Sa um 16 Uhr zurück. Im Sommer häufigere Fahrten (Stand 2011). Dauer ca. 1 Std. Einfach 25 €/Pers., retour 30 €. Auto einfach 70–100 €. Infos bei Ertürk gegenüber der Tourist Information (→ Reisebüros).

Bootsausflüge Angesteuert werden u. a. die nördlich von Çeşme gelegene, unter Naturschutz stehende „Eselsinsel" (Eşek Ada; mit wild blühenden Narzissen und freilaufenden Eseln) und die Schwarze Insel daneben (Karaada, ein Schnorchelparadies). Auch der Strand von Ilıca mit seinen Thermalquellen ist ein beliebtes Ziel. 15–20 €/Pers. mit Lunch.

Organisierte Touren Da in Çeşme selbst überwiegend Türken Urlaub machen, die über ein eigenes Auto verfügen, ist das Angebot an organisierten Ausflugsreisen mehr als bescheiden.

Adressen/Einkaufen/Sonstiges (→ Karte S. 283)

Ärztliche Versorgung Krankenhaus nahe der Straße nach İzmir ca. 2,5 km östlich des Zentrums. ℡ 7120077. **Erste-Hilfe-Station** am oberen Ende der İnkılap Cad.

Autoverleih Mehrere lokale Anbieter, z. B. **Sultan Rent a Car**, İnkılap Cad. 68, ℡ 7127395. Ab 50 €/Tag inkl. Vollkasko.

Einkaufen Çeşme ist kein Einkaufsparadies, besser nach İzmir ausweichen! Ein bunter Markt wird 2-mal wöchentl. (So groß, Kleinausgabe am Mi) in der Kiste Cad. nahe der İnkılap Cad. abgehalten.

In der **Rumeli Pastanesi** [7], einem kleinen Laden an der İnkılap Cad. 46, kann man sich seit 1945 mit Harzkonfitüre (→ Kasten S. 284) eindecken. Außerdem Mastix-Eis und viele weitere ausgefallene Konfitürevariationen, z. B. aus Feigen, Orangen und Pistazien.

Nordägäis

İlhan Nargile **9**, eine Filiale aus İzmir (→ S. 272). Wasserpfeifen von guter Qualität, auch Backgammon-Spiele und der übliche Touristenkram. İnkılap Cad. 31 (gegenüber der Kirche).

Reisebüro Ertürk, gegenüber der Tourist Information. Für Schiffsverbindungen nach Italien und Chíos, dazu Flüge mit THY, Onur Air, Atlasjet usw. ✆ 7126768, www.erturk.com.tr.

Türkisches Bad (Hamam) Der Çeşme Belediye Hamamı, ein historischer Hamam in der Beyazıt Cad., war 2011 geschl. Er soll jedoch restauriert und wiedereröffnet werden.

Waschsalon Gerçek/Kardelen Çamaşırhane, hinter der Kirche bzw. neben Fatih Pide Pizza Salonu. 10 €/Maschine.

Zeitungen In deutscher Sprache während der Sommermonate in einigen Kiosken im Zentrum.

Zweiradverleih Bei Sultan Rent a Car (→ Autoverleih). Scooter 20 €/Tag.

Übernachten/Camping

Im Zentrum findet man kleine Hotels und Pensionen, nahe dem Hafen und hoch über dem Ort an der Straße nach İzmir gesichtslose Mittelklassehäuser. Für Resort- und Spa-Hotels der Luxusklasse muss man nach Ilıca ausweichen. An Wochenenden wird z. T. ein Aufschlag von 30 % erhoben, hinzu kommen Preisunterschiede von bis zu 50 % zwischen HS (Ende Juni bis Mitte Sept.) und NS. Angegeben sind die HS-Preise unter der Woche.

Kanuni Kervansaray Hotel **17**, 2010 eröffnetes Haus in einer Karawanserei aus dem 16. Jh. 29 komfortable Zimmer (Minibar, Safe, jedoch oft nur kleine Fenster zum Innenhof) und Suiten (im kitschig-osmanischen Stil ausgestattet und teils mit herrlichen Terrassen). Pool. Restaurant. Standard-DZ 125 €. Kale Yanı 5, ✆ 7120630, ☏ 7123011, www.cesmekervansaray.com.tr.

** Hera Hotel **4**, kleines Mittelklassehotel mit nur 12 Zimmern in 1. Reihe im Norden der Bucht. Falls Ihre Plombe im türkischen Honig kleben blieb – der Besitzer ist Zahnarzt, seine Frau spricht Deutsch. Freundlicher Service. Nur Mai bis Mitte Sept. DZ mit Klimaanlage und Meeresblick 90 €. 3264 Sok. 4, ✆ 7126177, ☏ 7129198.

** Kerman Otel **2**, ebenfalls im Norden der Bucht, ebenfalls in 1. Reihe, nur ein paar Schritte zum kleinen Strand. Anständiges, aber eher profilloses Haus mit kleinen, ordentlichen Teppichbodenzimmern, viele mit Balkon und Meeresblick. Das reichhaltige Frühstück (Büfett) wird im Partnerhotel Pasifik **2** (www.pasifikotel.com) nebenan eingenommen. Dieses wird von Lesern ebenfalls sehr gelobt: 3-Sterne-Standard (jedoch ohne Fahrstuhl), Balkone etwas größer, dafür auch 25 % teurer. DZ im Kerman 70 €. 3264 Sok. 16, ✆ 7127112, ☏ 7127728, www.kermanotel.com.

Sahil Pension **1**, gut geführt (vornehmlich von Frauen, daher auch ein guter Tipp für alleinreisende Frauen) und gepflegt. 12 ordentliche Zimmer mit TV und Klimaanlage sowie 3 Apartments, fast alle mit Balkon, von vielen schöner Meeresblick. DZ 70 €. 3265 Sok. 3, ✆ 7126934.

Pension Barınak **3**, in der Nachbarschaft und ebenfalls empfehlenswert. 8 blitzsaubere Zimmer von ausreichender Größe mit privaten Bädern, dazu 2 Apartments mit Küche. Entscheiden Sie sich für eines der teureren Zimmer im OG – davor eine Dachterrasse mit Wahnsinnsblick über die Bucht! Im Sommer oft ausgebucht. DZ je nach Lage 40–50 €. 3052 Sok. 58, ✆ 712667, www.barinakpansiyon.com.

Yalçın Hotel **16**, im Gassengewirr oberhalb der Karawanserei. Familienbetrieb, sehr freundlich und hilfsbereit und von Lesern sehr gelobt. Von der Frühstücksterrasse schöner Blick über den Hafen wie auch von der Dachterrasse. Englischsprachig. 18 z. T. sehr kleine, jedoch ordentliche Zimmer mit sauberen Bädern und Klimaanlage. EZ 30 €, DZ 45 €. 1002 Sok. 10 (der 1001 Sok. rechts der Burg bergauf folgen, dann ausgeschildert, ✆ 7126981, ☏ 7120623, www.yalcinotel.com.

Camping Sun Tree **18**, großes Areal 10 km südwestlich von Çeşme im Nirgendwo (zum Meer 5–10 Min. zu Fuß). Leider kaum Schatten. Einfache Sanitäranlagen. Restaurant, Bar. Freundliche junge Betreiber. Übernachtungsmöglichkeit auch in Zim-

Übernachten
1. Sahil Pension
2. Kerman Otel und Pasifik
3. Pension Barınak
4. Hera Hotel
16. Yalçın Hotel
17. Kanuni Kervansaray Hotel
18. Sun Tree

Einkaufen
7. Rumeli Pastanesi
9. İlhan Nargile

Essen & Trinken
5. Rıhtım
6. Deniz
10. Fatih Pide Pizza Salonu
13. Özsüt
14. İmren Lokantası
15. Kale Lokantası
19. Monk by Babylon

Nachtleben
8. Club Escape
11. Barcode
12. NYKS

Çeşme
200 m

mern und „steinernen Zelten". Ganzjährig (zumindest so angekündigt). Anfahrt: Der Wegbeschreibung Richtung Altınkum-Strand folgen (→ Baden), ab Çiftlik dann ausgeschildert, von dort noch 2 km. 2 Pers. mit Zelt o. Wohnmobil 10 €, DZ 35 €. Hinter dem östlichen Bereich des Altınkum-Strandes, ✆ 7222010, www.suntreemotel.com.

Essen & Trinken

Fischlokale findet man an der Uferpromenade (viele werben mit günstigen Menüs), jede Menge billige Lokantas und Dönerbuden an der İnkılap Cad. und ihren Nebengassen. Für ein stilvolles Abendessen lohnt zudem die Anfahrt nach Dalyan oder Alaçatı. Nett sitzt man auch in den Teegärten (manche mit Bierausschank) am Hafen vor dem Kastell.

Monk by Babylon 19, 2010 eröffnetes niveauvolles Lokal an der Marina – tolle große Terrasse! Ausgefallene international-mediterrane Küche, feine Desserts, Hg. 11–20 €. Dazu im Sommer fast jeden Abend Livemusik. ✆ 7129331.

Deniz 6 (℡ 7129142) und Rıhtım 5 (℡ 7127433) sind zwei alteingesessene, sehr beliebte benachbarte Fischlokale in erster Reihe an der Uferpromenade im Norden der Bucht. Von beiden Terrassen blickt man direkt auf die schaukelnden Fischerboote. Küche bis spät in die Nacht. Beide Lokale haben ähnliche Preise: Meze ab 2,70 €, Hg. 6–11 €.

İmren Lokantası 14, sehr populäres Lokal. Große Auswahl an Meze (ca. 3 €), diverse leckere Topfgerichte (ca. 4,50 €) und saftige Spieße (ab 4,50 €). Kleine Terrasse hinten hinaus. 1-a-Qualität. İnkılap Cad. 6 A (nahe dem Cumhuriyet Meydanı), ℡ 7127620.

Fatih Pide Pizza Salonu 10, hinter der Ayios-Haralambos-Kirche. Knusprige Pide und Pizza zu günstigen Preisen. Netter Außenbereich.

Kale Lokantası 15, auch: Tokmak Hasan'ın Yeri. Hier verbringen die Einheimischen ihre Mittagspause. Einfache Lokanta mit schmackhaften Topfgerichten. Eine der besten Adressen in der unteren Preisklasse. Etwas versteckt in der Beyazıt Cad. gegenüber der Tourist Information.

Süßes Özsüt 13, landesweit bekannt für gute Süßspeisen, Milchpuddings etc. Mit Terrasse. Zentral am Cumhuriyet Meydanı.

Mastix – Harz für den Harem

Wie auf Chíos gedeiht auch rund um Çeşme der immergrüne Mastixstrauch (Pistacia Lentiscus), der jenes Harz abgibt, das seit dem Altertum geschätzt wird: In Ägypten verbrannte man es als Weihrauch, Ärzte der Antike behandelten damit Entzündungen und Schlangenbisse, und Sultane verabreichten es den Haremsdamen zum Kauen – Mastix wird eine aphrodisierende Wirkung nachgesagt. Ob das stimmt, können Sie selbst testen. Örtliche Spezialität ist das *sakızlı dondurma*, Eis mit Mastixharz. Wer will, kann sich zudem noch mit *sakızlı reçel*, nämlich Mastixkonfitüre eindecken (→ Einkaufen). Im Geschmack ähnelt Mastix der harzigen Note des griechischen Retsinas.

Nachtleben (→ Karte S. 283)

Das Nachtleben auf der Çeşme-Halbinsel ist nicht auf trinkfreudige Pauschalurlauber aus Deutschland, England oder Russland zugeschnitten. Die Klientel ist anspruchsvoller und entstammt der vergnügungssüchtigen Oberschicht aus İstanbul, İzmir und Ankara.

Rund um die Halbinsel verteilen sich mehrere Beachclubs, die heiße Partynächte am Meer versprechen. Zu den angesagtesten zählten 2011 **Shayna** und **Babylon Aya Yorgi** (beide in der Aya-Yorgi-Bucht auf dem Weg nach Dalyan) sowie **Indaba** (ebenfalls nahe Dalyan). Bis zu Ihrem Besuch mögen die Clubs schon wieder anders heißen – achten Sie auf Plakate!

Eintritt bis zu 25 € inkl. einem Freigetränk. Am besten fährt man mit dem Taxi an.

Im Zentrum von Çeşme ist der **Club Escape** 8 an der İnkılap Cad. (Eingang in einer Nebengasse) eine populäre Adresse. Nicht vor Mitternacht kommen! Viel Livemusik. Etwas schicker sind die beiden gegenüberliegenden Locations **Barcode** 11 und **NYKS** 12. Ebenfalls oft Livemusik.

Baden/Surfen

Çeşme selbst verfügt nur über einen Ministrand ganz im Norden der Bucht. Er gehört zum **Grand Beach Club** und kostet Eintritt. Die besseren Bademöglichkeiten setzen eine kleine Anfahrt (gute Dolmuşverbindungen zu allen Stränden) voraus. Einsamkeit darf man jedoch nirgendwo auf der Çeşme-Halbinsel erwarten. Aufgrund der kühlen Strömung (Schwarzmeerwasser fließt über die Dardanellen hierher) ist das Meer um die Halbinsel übrigens recht frisch. Die Thermalquellen vor der Küste erwärmen es nur unwesentlich.

Altınkum-Strand: Der „Goldsand"-Strand, einer der schönsten der Halbinsel ca. 10 km südwestlich von Çeşme, ist mittlerweile in fester Hand von etlichen gebührenpflichtigen Beachclubs. Das Gros der durch Felsen unterteilten Sandbuchten ist so eng bestuhlt, dass vielerorts kaum mehr Platz für das mitgebrachte Handtuch bleibt.

Auf dem Weg dahin passiert man die Abzweigung zum **Pırlanta-Strand**. Der breite, unverbaute, nicht überlaufene Kiessandstrand ist ca. 600 m lang. Volleyballfeld, Surfbrettverleih und mehrere Bars. Der Strand hat den Vorteil, dass das Wasser in der kleinen Bucht meist etwas wärmer ist, den Nachteil, dass es oft Wellen gibt. Anfahrt zu beiden Stränden: Von Çeşme die breite Straße am Fährterminal vorbei Richtung Çiftlik nehmen, dort nicht ins Zentrum abzweigen, sondern den Ort auf der landeinwärts verlaufenden Straße passieren. Achten Sie auf den Kilometeranzeiger, sobald Sie wieder auf die Küstenstraße treffen: 300 m weiter geht es rechts ab zum Pırlanta-Strand. Hält man sich hingegen links, kommt man zum Altınkum-Strand.

Weitere Bademöglichkeiten bestehen an den kinderfreundlichen Stränden von Boyalık und Ilıca, in Dalyan und auf der Karaburun-Halbinsel.

Surfen Die Halbinsel von Çeşme ist ein Eldorado für Windsurfer (→ Alaçatı).

Sehenswertes

Die wenigen Sehenswürdigkeiten Çeşmes, allen voran das den Hafen beherrschende Kastell (s. u.), sind schnell abgelaufen. Die daneben gelegene, in der Blütezeit des Osmanischen Reichs errichtete **Karawanserei** aus dem 16. Jh. wurde jüngst restauriert und beherbergt heute ein Hotel. Bei einem Spaziergang durch die Stadt fallen zudem die vielen osmanischen **Brunnen** auf, nach denen Çeşme (dt. Brunnen) seinen Namen erhielt. Sie wurden von lokalen Würdenträgern gestiftet und werden größtenteils noch heute genutzt. Allerdings muss man seit einigen Jahren mit Tankwagen aushelfen, um den immens gestiegenen Wasserverbrauch der eigentlich wasserreichen Halbinsel zu gewährleisten.

Kastell: Die Festung in Hanglage wurde im 14. Jh. von den Genuesern erbaut, Anfang des 16. Jh. unter Sultan Beyazıt II. vergrößert, dazu mit neuen Türmen versehen und mit einer kleinen Burgmoschee ausgestattet. Das Museum darin besitzt eine archäologische Sammlung mit Funden aus Erythrai, im Freigelände werden Grabsteine, -platten und -stelen und etliche Amphoren aus hellenistischer, römischer und byzantinischer Zeit präsentiert. Zudem ist eine Ausstellung über die Seeschlacht von 1770 (→ Geschichte) mit heroischen Gemälden des deutschen Malers Jacob Philipp Hackert (1737–1807) zu sehen. Als Dreingabe bekommt man eine schöne Aussicht über die Bucht. Den oberen Teil der Festungsanlage belegt eine Freilichtbühne, Schauplatz diverser kultureller Events im Sommer.
Im Winter tägl. (außer Mo) 8.30–12 u. 13–17.30 Uhr, im Sommer tägl. (außer Mo) 9–19 Uhr. Eintritt 1,20 €.

Ayios-Haralambos-Kirche: Jahrzehntelang stand die einzige Erinnerung an die griechische Bevölkerung von Çeşme leer und verfiel. Heute ist die Kirche aus dem 19. Jh. an der İnkılap Cad. notdürftig geflickt. Der kahle Innenraum – ein trauriger Anblick – wird als Kunsthandwerksbasar, für Ausstellungen und Veranstaltungen genutzt. Restaurierungsarbeiten sind in Planung.

Umgebung von Çeşme

Boyalık, Ilıca und Şifne: Wellness-Wochen am Meer bieten Boyalık, Ilıca und Şifne an der Nordküste der Halbinsel. Hier wohnen die meisten Urlauber, die aus dem Katalog gebucht haben. Die Orte sind bekannt für ihre Spa-Hotels und ihre feinsandigen, flach ins türkisblaue Meer verlaufenden Sandstrände. 40–60 °C warme, schwefelhaltige **Quellen** sprudeln hier zu Tage, es gibt auch unterseeische Quellen. Die einzige frei zugängliche, halbwegs gefasste Quelle im Meer findet man im Westen von Ilıca beim Hafen (beim nördlichsten Wellenbrecher auf der Südseite); ein betonierter Weg führt dorthin. Die großen Hotels besitzen Thermalpools, die auch Nichtgästen gegen Gebühr zugänglich sind. Die Heilkräfte des Wassers wussten schon die alten Römer zu schätzen; heute kommen Deutsche genauso wie Araber und immer mehr Russen. Das Wasser soll gegen Rheuma, Leber-, Nieren- und Hauterkrankungen helfen. Die Strände der drei Touristenzentren werden durch Landzungen getrennt. Boyalık, Ilıca und Şifne gehen nahezu fließend ineinander über, denn die weiten Buchten sind mit Hotelanlagen, Villenvierteln und Feriensiedlungen komplett verbaut. Das klingt schlimmer, als es ist: Der gepflegte Uferbereich ist nett aufgeputzt, dahinter gibt es noch recht viel Grün.
Regelmäßige **Dolmuş**verbindungen von und nach Çeşme.

Dalyan: Auch rund um dieses ehemalige Fischerdorf, 5 km nördlich von Çeşme, entstanden unzählige Apartment- und Ferienhäuser. Der Strand ist recht klein, die Beachclubs sind aber okay. Schön ist der Hafenbereich mit der Marina, die von Turgut Reis, dem großen osmanischen Seefahrer aus dem 16. Jh., überblickt wird. Direkt am Wasser reiht sich Fischlokal an Fischlokal, v. a. Türken lassen es sich hier schmecken. Großer Beliebtheit erfreut sich u. a. das „Dalyan Restaurant Cevat'ın Yeri" – bester Fisch der gehobenen Preisklasse (✆ 0232/7247045).
Regelmäßige **Dolmuş**verbindungen von und nach Çeşme.

Am Strand von Ilıca

Alaçatı: Das ehemalige Griechenstädtchen liegt 11 km südöstlich von Çeşme im Landesinneren. Kopfsteingepflasterte, grün überrankte Gässchen zwischen traditionellen Erkerhäusern laden zum Schlendern durch das ab mittags für den Verkehr gesperrte Zentrum ein. Drum herum wird gebaut und gebaut – zum Glück jedoch vornehmlich im traditionellen Stil.

Alaçatı ist beispielhaft für den schnellen Wandel an der türkischen Mittelmeerküste. Noch in der vorvorletzten Auflage schrieben wir von Tavla spielenden Altherrenrunden in den Teehäusern und vom gemütlichen Feilschen auf dem urigen Gemüsemarkt. Das ist passé. Aus den Teehäusern sind schicke Cafés und teuere Restaurants geworden, aus den maroden Natursteinhäusern elegante Boutiquehotels. Das Idyll wirkt ein wenig gekünstelt, einladend ist es dennoch. Zudem besinnt man sich auf eine alte Tradition: Es wird wieder Wein gekeltert.

3 km südlich von Alaçatı liegt die gleichnamige Flachwasserbucht (mit „Liman" ausgeschildert), das Windsurfermekka der Türkei. Vormittags gehört sie den Anfängern, das Lüftchen weht zu dieser Tageszeit meist mit nur 1–3 Beaufort, nachmittags kommen die Cracks, dann bläst es mit Windstärken von 4–6 Beaufort. Zum Baden treibt es die wenigsten hierher – der Strand mit einem Hotelklotz, einer neuen Marina und einer schicken Gebäudezeile dahinter gehört nicht zu den schönsten der Halbinsel.

Verbindungen/Anfahrt Direktdolmuşe von Çeşme nur bis Alaçatı-Zentrum, für den Strand dort umsteigen. Halbstündl. **Busse** nach İzmir (Üçkuyular und Busbahnhof). Alaçatı ist von der alten Straße nach İzmir und von der Autobahn ausgeschildert.

Einkaufen Wochenmarkt am Sa.

Übernachten Wer aufs Geld schauen muss, hat in Alaçatı keine Chance. Alle aufgeführten Unterkünfte befinden sich an der für den Verkehr gesperrten Hauptgasse.

O Ev, Hotel in einem herrlich restaurierten alten Gebäude. 17 stilvolle Zimmer, z. T. mit offenem Kamin. DZ ab 163 €. Kemalpaşa Cad. 76 A, ✆/℡ 0232/7166090, www.o-ev.com.

Taş Otel, im hinteren Bereich der Hauptstraße. 8 sehr romantisch eingerichtete, ausreichend große Zimmer. Pool, netter Garten. EZ 121 €, DZ ab 160 €. Kemalpaşa Cad. 132, ✆ 0232/7167772, ℡ 7168517, www.tasotel.com.

Sakızlı Han, alte griechische Bausubstanz, stilvoll restauriert und weiß getüncht, selbst vor den Antiquitäten machten die Maler nicht halt. Einzige nichtweiße Ausnahme: die modernen Bäder. Nur 7 Zimmer, schöner Garten. DZ 123–205 €. Kemalpaşa Cad. 114, ✆ 0232/7166108, ℡ 7166109, www.sakizlihan.com.

Essen & Trinken Die schön dekorierten Restaurants sind durch die Bank von hohem Niveau, Gleiches gilt für die Cafés. Innovative international-mediterrane Küche überwiegt.

Surfen Mehrere Surfschulen in der Alaçatı-Bucht. Ein renommierter Surfclub ist **aspc**. Surfbrettverleih (40–60 €/Tag, 135–210 €/Woche), zudem offizielle VDWS-Schule, Anfängerkurse (3 Tage) 180 €. Bar, Shop. März–Mitte Nov. Deutschsprachig, freundliche Atmosphäre. ✆ 7166611, www.alacati.info.

Halbinsel Karaburun

Die Halbinsel der Halbinsel trennt den Golf von İzmir ab. Zu entdecken gibt es gemütliche Buchten und, als Schmankerl, die Ruinen des antiken Erythrai.

50 km lang und bis zu 20 km breit ist die Halbinsel Karaburun, die von der Çeşme-Halbinsel gen Norden ragt. Bis 1922 war sie überwiegend von Griechen besiedelt. Viele ihrer Dörfer sind heute verfallen, die Häuser oft Skelette – teils erobert die Natur die Ruinen zurück, teils geben sie ein traurig-abstruses Bild in der kargen

Berglandschaft ab. Im Süden der Halbinsel, besonders an der Ostküste, begegnet man hingegen überwiegend den typisch türkischen, uniformen Feriensiedlungen. Doch das soll niemanden abhalten, das gebirgige „Schwarze Kap" (türk. *kara burun*) zu umrunden.

Als Einstieg bietet sich **Ildırı** im Südwesten der Halbinsel an. Oberhalb des ursprünglich griechischen Dörfchens liegen die Ruinen des antiken **Erythrai**, einst eine der zwölf Städte des Ionischen Bundes. Erythrai erlebte seine Blüte im 7. Jh. v. Chr. Aber noch im Neuen Testament wurde Erythrai als lebendige, moderne Stadt erwähnt. Ihren Reichtum verdankte sie dem Sklavenhandel, dem Weinanbau und dem Export von Mühlsteinen. 5 km lang soll einst die Stadtmauer zum Schutz ihrer 30.000 Einwohner gewesen sein. Von all dem ist recht wenig erhalten bzw. ausgegraben. Dazu haben Häuslebauer aus dem Steinarsenal der antiken Stadt geschöpft. So zieren in Ildırı klassische Säulen schlichte Hauseingänge oder antike Reliefs die Fassade eines Ziegenstalls. Das, was übrig blieb, schlummert unaufgeräumt in der Hitze, und auf der Agora wachsen Tomaten, Melonen und Sesam. Zu sehen sind noch Relikte des Theaters, Teile der alten Stadtmauer und auf dem höchsten Punkt der Akropolis die Überbleibsel eines Tempels (stets zugänglich, Eintritt frei).

Von Ildırı führt entlang der Westseite der Halbinsel eine schmale geteerte Straße gen Norden Richtung **Küçükbahçe**, einem ebenfalls ursprünglich griechischen Dorf in malerischer Hanglage. Unterwegs passiert man mehrere schöne Buchten mit kristallklarem Wasser. Hinter manchen sind Feriendörfer entstanden, andere liegen einsam da, wieder andere dienen als Fischzuchtstation.

Hinter Küçükbahçe wird die Berglandschaft immer karger, imposante An- und Ausblicke tun sich auf. Bizarr-gespenstisch wirken so manche verlassene oder fast verlassene Dörfer. Auch auf dieser Strecke kommt man an idyllischen Badebuchten vorbei. Beim Dorf Sarpıncık tut sich schließlich ein toller Blick auf Lésbos auf. Für die gesamte Strecke von Ildırı bis Karaburun (ca. 70 km) sollten Sie mit rund 1½–2 Fahrstunden rechnen.

Karaburun ist mit rund 3000 Einwohnern der größte Ort der gleichnamigen Halbinsel. Sein altes Zentrum liegt abseits der Küste am Berghang. Mittwochs wird hier ein farbenprächtiger Gemüsemarkt abgehalten – beste Zeit für einen Besuch mit abschließendem Getränk im gemütlichen Aussichtscafé am zentralen Platz. Rund um die winzigen Sand- und Kiesbuchten unten am Meer findet man neben Feriensiedlungen auch einige Hotels und Pensionen, dazu wird fleißig gebaut.

Die Ostküste präsentiert sich viel grüner als ihr westliches Pendant. Schönstes Örtchen ist dort **Kaynarpınar**. Das intakte, urige Dorf besitzt nur eine einzige Pension, ein paar Cafés und einen handtuchbreiten Strand, der für die paar Gäste jedoch allemal ausreichend ist.

Weiter südlich liegt das alte Dorf **Mordoğan Köyü** wie Karaburun etwas abseits der Küste. Dessen wenig charmanter Ableger am Strand entstand in den letzten zwei Jahrzehnten. Unterkünfte sind vorhanden. Spartanische Campingplätze und einladende Badebuchten, zu denen man z. T. noch ein Stück laufen muss, weisen den Weg nach **Balıklıova**. Ein schmales Sträßlein führt von dort quer über die Insel zurück nach Ildırı.

Verbindungen Dolmuşverbindungen (stündl., in den Sommerferien öfters) von Çeşme lediglich nach Ildırı. Die Ostseite der Halbinsel steuern stündl. Dolmuşe nur von İzmir aus an. Diese fahren über Mordoğan nach Karaburun-Stadt.

Für **Fährverbindungen** nach Foça → Foça, S. 256.

> **Hinweis für Selbstfahrer**: Die Orte auf der Halbinsel sind schlecht ausgeschildert. Planen Sie für eine Rundfahrt mit Badestopps mindestens 5–6 Std., besser einen ganzen Tag ein.

Übernachten Lipsos Otel Ata'nın Yeri, beim Fischerdorf Yeniliman, ca. 9 km nordwestlich von Karaburun. Freistehendes Haus mit Traumterrasse in einsamer Lage an einem Kies-Sand-Strand (nahe dem Hafen). 8 schlichte, aber sehr charmante, liebevoll dekorierte Zimmer, 6 davon mit privatem Bad, 2 teilen sich ein Bad. Niedliche Wohnküche für alle. Freundliche Betreiber. Ein Tipp für absolut Ruhebedürftige. Wegbeschreibung mit dem Auto: Von Karaburun kommend in Yeniliman am Hafen vorbei geradeaus weiterfahren. Bei einem Metallstrommast ca. 100 m hinter dem Hafen links ab, weitere ca. 100 m weiter nach rechts über das Brückchen fahren. Hinter dem Brückchen links halten, nach knapp 100 m wieder rechts, dann ausgeschildert. 2- bis 3-mal tägl. Dolmuşe von Karaburun nach Yeniliman. DZ mit HP (viel selbst gefangener Fisch) 99 €. Yeniliman, ✆ 0232/7354364, 🕿 7354339, www.lipsosataninyeri.blogspot.com.

Pansiyon Ergin, in Karaburun nahe dem Hotel Astoria direkt an einem schmalen Strandabschnitt; ausgeschildert. 15 saubere Zimmer mit neuem Mobiliar, Klimaanlage und TV, manche mit Balkon bzw. Terrasse und schönem Meeresblick. Schnuckelige, gute und günstige Fischtaverne angeschlossen. Unter freundlicher deutsch-türkischer Leitung. Ganzjährig (Heizung für den Winter). „Wir würden immer wieder buchen", meinen Leser. DZ 45 €. Bodrum Mah. 25, ✆ 0232/7313078, www.erginpension.de.

Merina Pansiyon, in der idyllischen Bucht von Kaynarpınar. 15 Zimmer mit bunt gestrichenen Wänden und Fliesenböden, teils mit Balkon und Meeresblick. Machte bei unserem letzten Check leider einen etwas heruntergewirtschafteten Eindruck – vielleicht kommt ja ein neuer Pächter. DZ teure 45 €. Kaynarpınar, ✆ 0232/7381010.

Camping Mehrere äußerst spartanische Plätze zwischen Mordoğan und Balıklıova, u. a. **Yakamoz Camping** an einer ganz netten Bucht. Meist ziemlich konservatives türkisches Publikum.

Essen & Trinken Für ein opulentes Fischmahl abseits der Touristenströme eignen sich Balıklıova (etliche einfache Fischlokale) und Ildırı. Eine empfehlenswerte Adresse in Ildırı ist das **Ildırı Balık Restaurant**, von Çeşme kommend am Ortsbeginn. Gepflegtes Lokal, in dem großer Wert auf guten Fisch gelegt wird. Dazu 1-a-Meze. Die Tische stehen direkt am Meer. ✆ 0232/2342247.

Zwischen Çeşme und Ephesus/Selçuk

Die Südseite der Çeşme-Halbinsel ist mit Ausnahme weniger Buchten, wie z. B. der von Alaçatı, nicht erschlossen (→ Umgebung von Çeşme). Über Urla, ca. 50 km östlich von Çeşme, und das südlicher gelegene Seferihisar bietet sich jedoch ein Abstecher in das Fischerdörfchen Sığacık und zu den Ruinen von Teos an. Noch weiter südlich, auf der Höhe von Ürkmez, beginnt ein Küstenabschnitt, am dem die türkische Mittelschicht dem schwäbischen Häuslebauer zeigt, was sie kann. Reizvoll wird die Strecke erst wieder zwischen Ahmetbeyli und Pamucak: Entlang einer gut ausgebauten und aussichtsreichen Küstenstraße liegen dort einige schöne Badebuchten (→ Selçuk/Baden).

Sığacık

Der alte Kern des verschlafenen, charmanten Fischerdorfes liegt zusammengedrängt hinter den Mauern einer genuesischen Festungsanlage. Rund um die beschauliche Hafenfront an einer tiefen Bucht gibt es ein paar Fischlokale und Pensionen. Zuletzt entstand eine neue Marina. Sığacık wurde vom großen Ansturm stets verschont, denn an guten Bademöglichkeiten mangelt es unmittelbar vor Ort.

Der nächste Strand, die schöne gebührenpflichtige Bucht von **Akkum**, liegt 2 km südwestlich von Sığacık. Vorbei an Olivenhainen, Kneipen, Cafés und Souvenirständen gelangt man dorthin. Das Areal direkt hinter dem Beach nimmt das Club Resort Atlantis ein, vorrangig Franzosen buchen es. An Sommerwochenenden, wenn sich Tagesausflügler aus İzmir zu ihnen gesellen, ist in Akkum die Hölle los. In der Nebensaison geht es hingegen recht beschaulich zu. Gleiches gilt für den **Ekmeksiz Plajı** nochmals 2 km weiter (der Beschilderung nach Teos folgen, s. u., dann ausgeschildert). Am kleinen, ca. 50 m breiten Strand gibt es ein nettes Lokal. Camper sind willkommen (2 Pers. mit Wohnmobil und Strom 10,50 €, www.ekmeksizplaji.com).

Verbindungen Häufig Dolmuşe ins 9 km entfernte Landstädtchen Seferihisar. Dort umsteigen nach İzmir, Selçuk oder Kuşadası. Keine Direktverbindungen nach Çeşme (über İzmir). Zudem Dolmuşverbindungen zwischen Sığacık und Akkum, keine zum Ekmeksiz Plajı.

Anfahrt nach Akkum Von Sığacık der Straße nach Teos folgen. Wenn man die Anhöhe überwunden hat und die geteerte Straße nach links abschwenkt, muss man nach rechts auf die Pflasterstraße abzweigen (Beschilderung "Club Resort Atlantis").

Übernachten Teos Pansiyon, im Norden von Sığacık zwischen Festungsmauer und Uferpromenade. Gepflegt. Die einzige Pension (es gibt mehrere), die von Lesern nicht wegen mangelnder Sauberkeit kritisiert wurde. 6 freundliche, klimatisierte Zimmer mit Holzböden (einige davon mit suitenartiger Größe), z. T. mit Meeresblick. Restaurant mit Terrasse. DZ 50 €. 126 Sok. 14, ✆ 0232/7457463, www.teospension.com.

Essen & Trinken Tekne Restaurant, neben all den mehr oder minder gleichartigen Fischlokalen rund um den Hafen von Sığacık ein abwechslungsreicher Tipp. Gemütliche Lokanta um einen alten Brunnen. Suppen, *Saç Kavurma* oder Köfte. Günstig. Nahe der Pansiyon Burg am Hafen, hat immer wieder einen anderen Namen.

Teos (antike Stadt)

Die ionische Gründung aus dem 1. Jt. v. Chr. stand immer im Schatten Smyrnas. Lediglich nach dessen Zerstörung (6. Jh. v. Chr.) erlebte Teos eine kurze Blüte. Die damalige Hafenstadt war Geburtsort des Lyrikers Anakreon (ca. 580–495 v. Chr.), der u. a. den Wein und die gleichgeschlechtliche Liebe besang. Passend dazu war Teos berühmt-berüchtigt für seinen Dionysoskult, den hier eine Gilde von Schauspielern und Musikern zu Ehren ihres Schutzgottes feierte.

Die Ruinen der aufgegebenen Stadt wurden als Steinbruch benutzt, sodass vieles verloren ging. Am eindrucksvollsten ist die Ruine des **Dionysostempels** – der größte je gebaute Tempel für den Gott des Weins – mit einigen wieder aufgerichteten Säulenstümpfen. Wer auf dem idyllischen Gelände weiter herumstreift, findet auf dem flachen Hügel nördlich der Anlage, der einst die Akropolis trug, u. a. Reste eines **Theaters**. Die Aussicht von dort über Olivenhaine hinweg auf die Überreste der Stadt und auf die Küste, verliert durch den Bau monotoner Feriensiedlungen leider mehr und mehr an Charme.

Von Sığacık (s. o.) ausgeschildert. Das Gelände ist frei zugänglich und kostet keinen Eintritt.

Von Seferihisar bis Özdere

Über viele Kilometer ziehen sich zwischen Seferihisar und Özdere eintönige Retortensiedlungen die Küste entlang, dazwischen liegen ein paar Mandarinenhaine.

Totenstill ist es hier in den kalten Monaten, restlos überlaufen zur türkischen Ferienzeit. Ürkmez, Gümüldür und Özdere, mittlerweile so gut wie zusammengewachsen, sind wie die Ceşme-Halbinsel die Sommerfrischen der İzmirer Mittelschicht. Durch den Bau neuer Hotels leisten ihr zunehmend auch Ausländer Gesellschaft. Die stark befahrene Küstenstraße bietet keine Abwechslung – wo man hinschaut, ein Apartment- und Ferienhäusermeer. Poseidons Reich davor ist jedoch sauber und wird von langen Sandstränden flankiert.

Verbindungen In der Saison regelmäßige Dolmuşverbindungen nach İzmir und Selçuk.

Übernachten/Camping **** Denizatı, sehr gepflegte, komfortable Ferienanlage in einem schattigen Pinienhain mit eigenem Strand am östlichen Ortsausgang von Gümüldür. Angenehme Bungalows mit Klimaanlage, TV und Terrasse. Restaurant, Pool, Kinderspielplatz, Disco, Animation usw. Es kann auch gecampt werden, gute Sanitäranlagen. DZ-Bungalow mit VP 127 €, Campen 7 €/Pers., Zelt 5 €, Wohnmobil 7,50 €. Meryemana Cad. 19, ☎ 0232/7989191, ℡ 7899190, www.denizati-hv.com.

Taç Motel, in Özdere in erster Reihe am Meer. 13 schlichte Zimmer mit Klimaanlage, Balkon (seitlicher Meeresblick) und Laminatböden. In die Jahre gekommen (v. a. die Bäder), für die Lage ist der Preis jedoch okay. Anfahrt: Von der Durchgangsstraße ungefähr auf Höhe des gelb-grünen Supermarkts Pehlivanoğlu zum Meer hin abbiegen. DZ 30 €. 23 Sok. 41, ☎ 0232/7975992, www.tacmotel.com.

Klaros und Notion (antike Stätten)

Das antike Klaros war wie Didyma ein Apollonheiligtum. Gegründet wurde es bereits im 7. Jh. v. Chr., zerstört erst in christlicher Zeit durch ein Erdbeben. Heute liegen Säulentrommeln, Kapitelle und andere Architekturfragmente des einstigen Tempels kreuz und quer. Wer aufmerksam durchs Gelände streift, entdeckt vielleicht den marmornen Fuß oder Arm der gigantischen, einst ca. 8 m hohen, sitzenden Kultfigur des Apollon. Grabungs- und Restaurierungsarbeiten leitet seit mehreren Jahren die Ege-Universität İzmir, ein paar Säulen stehen schon wieder.

Aus Inschriften weiß man, dass Pilger aus dem gesamten Mittelmeerraum das Orakel aufsuchten. Dabei stellten sie angeblich keine Fragen, sondern teilten den Priestern nur ihre Namen mit. Diese zogen sich daraufhin zur "Heiligen Quelle" zurück, nahmen einen inspirierenden Schluck und kamen fröhlich orakelnd wieder zurück. Das Wasser war aber vermutlich nicht gesund, denn die meisten Priester starben jung. Die unterirdischen Orakelkammern können – sofern sie nicht unter Wasser stehen (was meist der Fall ist) – besichtigt werden, von der einstigen Vorhalle sind sie über Treppen zu erreichen.

Die Pilger liefen für gewöhnlich mit dem Schiff den Hafen von Notion an, um von dort auf einer heiligen Straße zum Orakel zu wandeln. Die heute spärlichen Überreste der antiken Stadt Notion liegen auf einem Hügel am östlichen Buchtende von Ahmetbeyli verstreut, u. a. das Fundament eines Athenatempels, einer Agora und eines Theaters. Ihre Erkundung versüßt ein Bad am schönen Strand von Ahmetbeyli, ein beliebter Stopp von Ausflugsbooten aus Kuşadası.

Anfahrt/Verbindungen nach Klaros In Ahmetbeyli (zwischen Pamucak und Özdere) der landeinwärts führenden Straße nach Menderes folgen, nach ca. 1,3 km rechts ab (ausgeschildert), dann noch knapp 1 km. Mit dem Dolmuş am einfachsten von Selçuk (auf die Aufschrift "Gümüldür" achten) zu erreichen. Erst in Ahmetbeyli ausstiegen (nicht am Strand Denizpinarı/Klaros!). Von da aus zu Fuß der Anfahrt folgen.

Öffnungszeiten Tagsüber stets zugänglich, kein Eintritt.

Für Bade- und Übernachtungsmöglichkeiten am nahen Strand von Pamucak
→ Selçuk, ab S. 302.

Ephesus (Efes, antike Stadt)

Ephesus war schon eine Weltstadt, als Athen noch tiefste Provinz und Rom noch nicht einmal gegründet war. In ihren besten Zeiten zählte die antike Metropole eine viertel Million Einwohner, für damalige Verhältnisse eine schier unvorstellbare Zahl.

Ephesus war die reichste Stadt Kleinasiens und wurde auch als „Bank Asiens" bezeichnet. Der große Hafen war das Tor zu den Schätzen Anatoliens und Persiens. Aber nicht nur auf Geldgeschäfte verstanden sich die Epheser: Ihre Stadt galt als das Zentrum der Artemisverehrung und damit als Wallfahrtsort ersten Ranges. Das Artemision, der riesige Artemistempel, wurde zu den sieben Weltwundern gezählt.

Doch Ruhm und Reichtum sind vergänglich. Der Hafen versandete, und die Stadt ging unter. Erst Ausgrabungen zwischen 1866 und 1922 brachten Ephesus zurück ans Tageslicht. Auch wenn vieles in Trümmern liegt – an nur wenigen Orten der Welt konnte eine derart intakte Stadtanlage ausgegraben werden. Heute gehört Ephesus zu den großen Attraktionen der Türkei. Die antike Stadt wird in Spitzenzeiten von bis zu 15.000 Touristen täglich besucht. Die schönsten Grabungsfunde aus Ephesus kann man – sofern sie nicht außer Landes gebracht wurden – im Archäologischen Museum des nahen Selçuk bewundern. Wer länger bleibt, übernachtet in der Regel dort.

Geschichte

Die Besiedlung der Gegend geht bis in das 2. Jt. v. Chr. zurück. Damals ließen sich Leleger und Karer auf dem Zitadellenhügel von Selçuk nieder, wo auch ein Heiligtum für die Fruchtbarkeitsgöttin Kybele stand.

Den Grundstein der Stadt Ephesus legten ionische Siedler im 11. Jh. v. Chr. Ihr Anführer war Androklos, der zuvor das Orakel von Delphi befragt hatte, wo die neue Stadt zu gründen sei. Die Antwort hatte gelautet: „Ein Fisch und ein Keiler werden dir den Ort anzeigen." Mit dieser Weisung ausgestattet, zogen die Siedler los. Als sie eines Tages einen noch zappelnden Fisch über dem Feuer grillen wollten, sprang dieser vom Rost und setzte durch die mitgerissene Kohle einen Busch in Brand, aus dem ein Keiler sprang. Dieser machte sich auf und davon und kam erst an der Mündung des heute verlandeten *Kaystro-Flusses* zum Stehen. Hier errichteten die Siedler ihre Stadt – so zumindest die Legende.

Ephesus entwickelte sich dank seines Hafens und seiner günstigen Lage schnell zu einer ansehnlichen Stadt. Der griechische Artemiskult verschmolz mit der archaischen Verehrung der Kybele zur eigentümlichen ephesianischen Variante der Artemisverehrung, die ihren sichtbaren Ausdruck in einem riesigen Artemistempel finden sollte, mit dessen Bau im 6. Jh. v. Chr. begonnen wurde. Bis zu seiner Fertigstellung vergingen allerdings mehr als 200 Jahre.

Ephesus (antike Stadt)

Um 550 v. Chr. wurde die Stadt vom Lydierkönig Krösus angriffen. Die Bewohner wussten sich nicht anders zu helfen, als Tempel und Stadt mit einem Tau zu umspannen, um sich so symbolisch unter göttlichen Schutz zu begeben. Krösus zeigte sich daraufhin milde. Er schonte den noch nicht fertiggestellten Tempel und plünderte nur die Stadt. Knapp 200 Jahre später wurde der Tempel dann aber doch zerstört. 356 v. Chr. zündete Herostratos das gerade vollendete Bauwerk an, um seinen Namen unsterblich zu machen – was ihm damit auch gelang. Als Alexander der Große 334 v. Chr. sämtliche Baukosten für den Wiederaufbau des riesigen Tempels übernehmen wollte, lehnten die stolzen Epheser das Anerbieten ab. Sie finanzierten den prunkvollen Neuaufbau aus eigenen Mitteln und erweiterten den Bereich des Tempelasyls, in dem Gewaltanwendung verboten war. So amortisieren sich die Tempelkosten bald – manch reicher Geächteter rettete sich hierher und dankte der Göttin mit großzügigen Spenden.

Vermutlich ab 294 v. Chr. ließ Lysimachos, einer der Feldherren Alexanders des Großen und Herrscher von Pergamon, das Stadtgebiet, das sich bis dahin rund um den Artemistempel erstreckte, an den heutigen Standort verlegen. Außerdem wurde auf sein Betreiben ein neuer Hafen ausgehoben und die Stadt mit einer Schutzmauer von 9 km Länge umgeben.

133 v. Chr. fiel Ephesus an die Römer und wurde bald darauf Hauptstadt der Provinz Asia. Lange Zeit aber war Rom aufgrund hoher Steuerabgaben für viele Einwohner mehr Feind als Freund. 88 v. Chr. kam es im Zuge der Revolte des Mithriadates von Pontus gegen die römische Herrschaft auch in Ephesus zum Aufstand: Bei der sog. Ephesischen Vesper wurden in ganz Kleinasien rund 80.000 Kaufleute, Steuereintreiber und andere römische Bürger getötet. Dennoch, unter Rom entwickelte sich die Stadt zu einer blühenden Metropole mit mehr als 250.000 Einwohnern. Die meisten ausgegrabenen Sehenswürdigkeiten stammen aus dieser Zeit.

In die Zeit der römischen Herrschaft fällt auch der Besuch des Apostels Paulus, der auf seiner zweiten Missionsreise 55–58 hier weilte. Paulus' Predigten hatte einen solchen Zulauf, dass die alteingesessenen Devotionalienhändler kaum noch eine Artemis an den Mann brachten. Ein Silberschmied namens Demetrios mobilisierte daraufhin den Mob gegen die Christen – im Theater skandierten sie den viel zitierten Spruch: „Groß ist die Artemis der Epheser!" Nach den ersten Tumulten verließ Paulus die Stadt. Als weiterer Apostel soll der Evangelist Johannes in Ephesus gewirkt haben (→ Selçuk, S. 304).

262 n. Chr. verwüsteten die Goten Stadt und Tempel – der Wiederaufbau erfolgte in bescheidenem Rahmen. Der Hafen versandete, andere Handelsplätze liefen Ephesus den Rang ab. Im 7. Jh. wurde die Siedlung in der Ebene aufgegeben. Man zog sich auf den nahe gelegenen Zitadellenhügel (von Selçuk) zurück, in dessen Schutz das Christenstädtchen *Hagios Theologos* einige Jahrhunderte überdauerte, während die einstige Weltstadt nebenan langsam in Vergessenheit geriet. In der Mitte des 13. Jh. eroberten die Seldschuken Hagios Theogolos. Unter dem neuen Namen *Ayasoluk* erlebte die Zitadellenstadt im 14. Jh. als Handelsplatz und Residenz der Aydınoğulları noch einmal eine kurze Blütezeit, die mit der osmanischen Eroberung 1423 endete.

1866 entdeckte der Engländer J. T. Wood das *Artemision* und begann zu graben. Seit 1896 werden die Arbeiten unter der Regie des Österreichischen Archäologischen Instituts durchgeführt. *Ayasoluk* wurde 1914 in *Selçuk* umbenannt.

Verbindungen → Selçuk, S. 300.

Öffnungszeiten Im Sommer tägl. 8–18.30 Uhr, im Winter bis 16 Uhr. Eintritt 8 €, Hanghäuser weitere 6 € (Tickets im Grabungsgelände am Eingang zu den Häusern). Parken für Autos 2,50 €, für Wohnmobile je nach Größe bis zu 15 €.

> **Hinweis:** Das kostenpflichtige Grabungsgelände besitzt 2 Eingänge, einen unteren, von Selçuk zu erreichen über die Straße nach Pamucak/Kuşadası, und einen oberen, zu erreichen von der Straße nach Meryemana. Der obere Eingang wird zuweilen als Haupteingang bezeichnet, da viele Busgruppen ihre Tour durch Ephesus dort starten und am unteren Eingang wieder eingesammelt werden. Auch bevorzugen die Taxifahrer von Selçuk den oberen Eingang – dieser ist weiter entfernt und lässt sich mehr verdienen (die Fahrt zum unteren Eingang ist erheblich billiger!). Die von uns beschriebene Tour durch das Ausgrabungsgelände beginnt beim unteren Eingang, da dieser ohne eigenes Fahrzeug einfacher zu erreichen ist – die Dolmuşe von Selçuk steuern ihn an, zudem gelangt man von Selçuk vorbei am Artemistempel zu Fuß dahin (3 km, → S. 300). Auch bietet er die besseren Parkmöglichkeiten.
>
> Am unteren Eingang werden Individualtouristen häufig angesprochen, ob sie nicht vom oberen Ausgang kostenlos abgeholt werden wollen, sodass sie sich den Weg zurück durchs Ausgrabungsgelände sparen können (ohne Krücken dauert dieser gerade mal 15 Min.). Oder ob sie nicht kostenlos zum Haupteingang gefahren werden wollen, da man sonst nicht alles in der richtigen Reihenfolge sieht. Das ist Quatsch! Willigen Sie in den „Free Shuttle" ein, landen Sie garantiert bei einem Bruder oder sonstigen Anverwandten des vermeintlichen Wohltäters, der zufällig einen Teppichhandel betreibt …

Rundgang durch das (kostenpflichtige) Grabungsgelände

Im Abseits, etwas versteckt, stehen die Ruinen der **Marienkirche**, einer einst dreischiffigen Basilika. Man vermutet, dass sie im 4. Jh. aus einer Markthalle entstand. 431 fand darin das III. Ökumenische Konzil statt. Außer ein paar Mauerresten, Säulen und einem Taufbecken ist nicht mehr viel zu sehen. Wer sich davon überzeugen will, zweigt hinter dem Kassenhäuschen (aber noch vor den Toiletten) nach rechts auf einen Weg ab.

Ansonsten folgt man der schattigen Allee, die vom Eingang direkt zur Arkadiane und zum Großen Theater führt. Rechts der Allee lag einst der **Verulansplatz**, ein 200 x 240 m großer, von Arkadengängen umgebener Hof, auf dem Athleten trainierten – heute sieht man davon aber so gut wie keine Spur mehr. Linker Hand tauchen nach wenigen Metern die Reste des **Theatergymnasions** auf.

Arkadiane: Die mehr als 500 m lange Prunkstraße führte vom Theater zum Hafen, heute endet sie im Dickicht. Unter Kaiser Arcadius wurde sie 400 n. Chr. renoviert und war dann auf ihrer ganzen Länge beidseitig von Säulen und Arkadenhallen umgeben, mit Marmor ausgelegt und als erste Straße der Welt nachts beleuchtet. Der Belag wurde rekonstruiert, viele Säulen wurden wieder aufgestellt. Um sie vor den Massen zu schützen, darf auf der Arkadiane allerdings nicht mehr gelustwandelt werden.

Großes Theater: Effektvoll an den Hang gebaut, bot das Theater 24.000 Zuschauern Platz. Die Grundmauern stammen aus hellenistischer Zeit (um 270 v. Chr.), sein heutiges Aussehen verdankt es den Umbaumaßnahmen unter den römischen

Ephesus (antike Stadt) 295

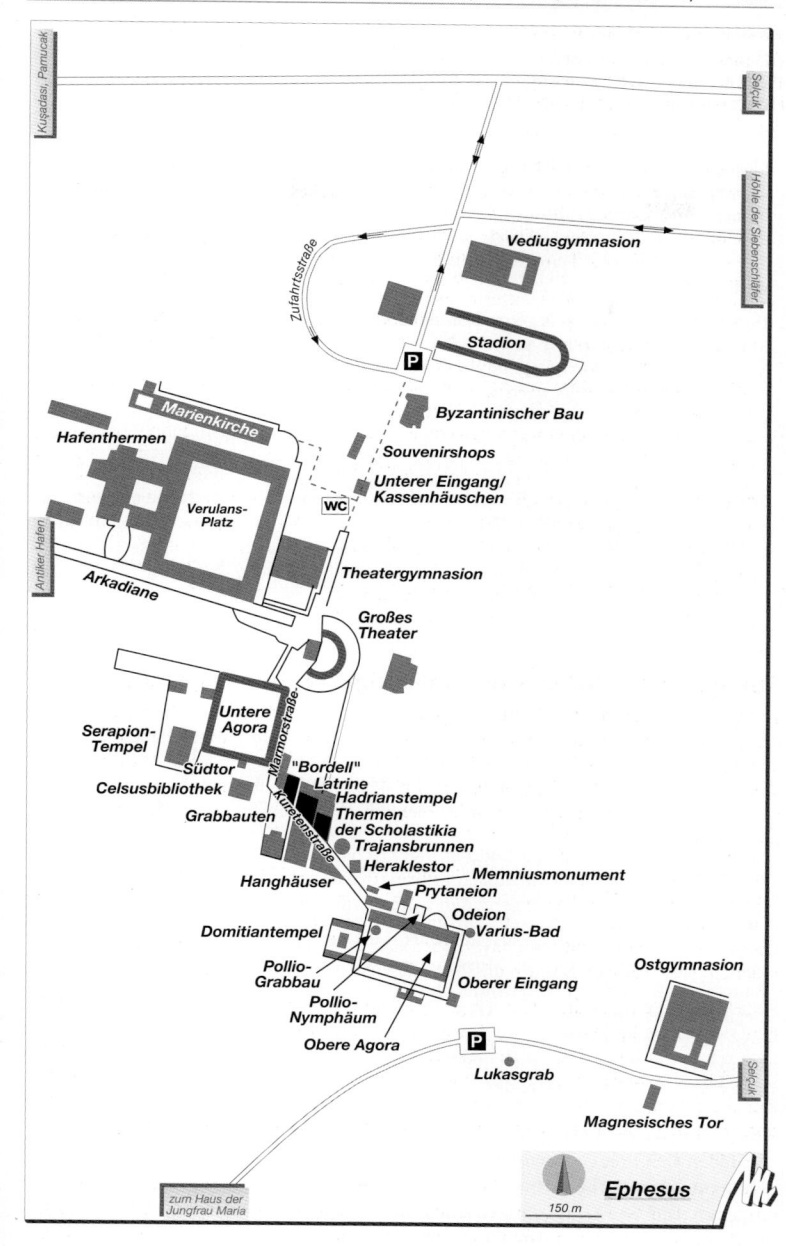

Nordägäis, Karte S. 217

Kaisern Claudius und Trajan. Der Durchmesser des Theaters beträgt 130 m, seine Höhe 38 m, die 66 Sitzreihen sind in drei Ränge unterteilt. Vom einst dreistöckigen Bühnengebäude (18 m) stehen noch die Mauern des ersten Stockwerks, davor der Säulenwald der Orchestra. Besonders beeindruckend sind die Akustik und der Blick auf die Arkadiane bis zum verlandeten Hafen.

Marmorstraße: Die einstige Arkadenallee (ähnlich wie die Arkadiane) verläuft vom Theater an einem Brunnenhaus vorbei bis zur Celsusbibliothek (s. u.). Ihren Namen verdankt sie dem Belag aus schweren Marmorplatten, darunter ein mannshohes Kanalisationssystem. Gleich zu Beginn der Marmorstraße gelangt man durch ein Bogentor rechter Hand auf eine Terrasse, die einen Blick auf die Untere Agora ermöglicht.

Untere Agora: Der allseitig von Kolonnaden umgebene Marktplatz liegt rechts der Marmorstraße und misst 110 x 110 m. Die Agora war z. Z. der letzten Recherche nicht zugänglich. Hervorragend erhalten ist das *Südtor* der Agora (neben der Celsusbibliothek, s. u.), das nach seinen Stiftern, zwei dankbaren freigelassenen Sklaven, auch *Mazeus- und Mithridatestor* genannt wird. Wen diese mochten und wen nicht, erfährt man aus der zweisprachigen Stiftungsinschrift: In der lateinischen Version erwähnen sie die römischen Herren, in der griechischen sparen sie diese aus.

Serapeion: Die spärlichen Tempelreste liegen, von der Marmorstraße aus gesehen, hinter der Agora und der Celsusbibliothek und waren zuletzt ebenfalls nicht zugänglich. Der Tempel aus dem 2. Jh. n. Chr. muss gewaltige Ausmaße gehabt haben. Über eine Freitreppe kam man in eine Säulenvorhalle, die von acht 14 m hohen korinthischen Säulen getragen wurde. Jede einzelne Säule war aus einem Stück und wog mehrere Tonnen. Das eiserne Tor zur Cella war so schwer, dass es auf Rollen lief. Die Becken und großen Nischen in der Cella dienten rituellen Waschungen.

Celsusbibliothek: Sie wurde 135 n. Chr. am Ende der Marmorstraße von einem gewissen C. Aquila zum Gedenken an seinen Vater Celsus, einst Statthalter der Provinz Asia, erbaut. Die zweistöckige Bibliothek hatte in der oberen Etage eine umlaufende Galerie, von der aus man in den unteren Lesesaal sehen konnte. Da die österreichischen Archäologen nicht weniger als 850 Originalbausteine fanden, gelang ihnen ab 1970 in acht Jahren Bauzeit eine vollständige Rekonstruktion der Fassade; sogar die Statuen stehen wieder an ihren ursprünglichen Plätzen. Sie verkörpern von links nach rechts Bildung, Rechtschaffenheit, Tugend und Weisheit. Im Inneren der Bibliothek finden sich informative Schautafeln. Schriften gibt es übrigens nicht mehr: Sie wurden von den Goten zum Heizen der Thermen verwendet.

Kuretenstraße: Von der Celsusbibliothek führt die Kuretenstraße zur oberen Agora (s. u.). Arkaden säumten sie, Mosaike glänzten vor den angrenzenden öffentlichen Bauten. Unter der Straße befand sich ebenfalls ein Kanalisationssystem. Gleich zu Beginn linker Hand glaubten Archäologen lange Zeit, ein *Bordell* entdeckt zu haben, da hier eine Figur des Gottes Priapos (ausgestattet mit einem Penis, den sich so mancher Mann und manche Frau wünschen würden) sowie das Bild einer abgetakelten Matrone gefunden wurden. Daran schloss eine öffentliche Latrine an: in der Mitte ein von Säulen geschmückter Brunnen, drum herum an den Wänden die Toilettensitze. Gegenüber der Latrine, auf der anderen Seite der Kuretenstraße, befinden sich drei *Grabbauten,* das sog. *Oktogon* zieren Inschriften. Dahinter markiert ein futuristisches Schutzdach die sog. Hanghäuser.

Hanghäuser: Die Hanghäuser wurden in einer mehrjährigen Grabungskampagne freigelegt, in deren Verlauf erstaunlich gut erhaltene Fresken und Mosaikböden ge-

24.000 Zuschauern bot das Theater in Ephesus Platz

funden wurden. Noch immer sind Restauratoren am Werk. Ein Besuch schlägt extra zu Buche, ist aber spektakulär. Und da die Hanghäuser von den meisten Reisegruppen ausgespart werden, kann man sich in aller Ruhe umsehen. Der Rundgang vermittelt hautnah, wie sich in der Antike die Oberen Zehntausend ihre Anwesen einrichteten, Fußbodenheizung, Thermalbad und fließendes Wasser inklusive. Ein Muss!

Hadrianstempel und Thermen der Scholastikia (auch: Variusthermen): Weiter entlang der Kuretenstraße folgt linker Hand der imposante, weitgehend rekonstruierte Hadrianstempel (130 n. Chr.). Den Schlussstein des Architravs ziert die Göttin Tyche, sie stand für das Glück der Stadt. Ein Fries stellt die Legende von der Gründung der Stadt dar. Daneben befinden sich die Ruinen einer mehrgeschossigen Badeanlage, die zu Beginn des 2. Jh. von Varius Valens errichtet und 200 Jahre später auf Kosten der Christin Scholastikia renoviert wurde. Die Thermen boten bis zu 1000 Besuchern Platz, es gab auch eine Bibliothek und Vergnügungsräume. Die Statue der Mäzenin ist bis auf den Kopf erhalten. Von den Thermen konnte man durch Glasfenster das Treiben auf der Straße beobachten. Auf der gegenüberliegenden Straßenseite befanden sich noble „Boutiquen", die sich vor ihrem Eingangsbereich prächtige Mosaike legen ließen.

Trajansbrunnen und Heraklestor: Ein paar Schritte weiter, ebenfalls linker Hand an der Kuretenstraße, steht der skelettartige wiedererrichtete Trajansbrunnen, ein einst prächtiges Nymphäum, das 114 n. Chr. Kaiser Trajan gewidmet wurde. In den Nischen standen zwölf Statuen und eine große des Kaisers darüber, ein Fuß erinnert noch an ihn. 50 m weiter bergauf passierte man früher einen Triumphbogen. Da Herakles dessen Seitenpfeiler ziert, wird er auch „Heraklestor" genannt. Heute fehlen allerdings die oberen horizontalen Abschlusssteine.

Memmiusmonument (auch: Hydreion): Wieder ein paar Schritte weiter bergauf steht linker Hand das Memmiusmonument, das später in einen Springbrunnen verwandelt wurde. Es war Gaius Memmius gewidmet, einem Enkel des römischen Feldherrn und Diktators Sulla, der die Stadt 84 v. Chr. zur Strafe für die Ephesische Vesper gebrandschatzt hatte.

Domitiantempel: Vorbei am *Pollio-Grabbau* (Sextilius Pollio war ein weiterer Mäzen der Stadt) und dem *Domitian-Nymphäum*, das einst wie der Trajansbrunnen reich mit Statuen geschmückt war, gelangt man zum mächtigen Unterbau des Domitiantempels. In ihm fanden Archäologen das Haupt einer Monumentalstatue des im Jahre 96 ermordeten Kaisers Domitian (heute im Museum von Selçuk zu sehen). In die Geschichte ging er als Christenhasser ein. Er war es übrigens auch, der den Limes anlegen ließ. Im Unterbau ist eine Inschriftensammlung aufbewahrt, in welcher dem lateinischen Originaltext jeder gefundenen Steinplatte die englische Übersetzung gegenübergestellt wird. Seit Jahren jedoch ist die Sammlung der Öffentlichkeit nicht mehr zugänglich.

Obere Agora, Prytaneion und „Odeion": Der 160 x 58 m große Platz war der politische Mittelpunkt der Stadt. Etwas nördlich davon stand das Prytaneion, ein Versammlungshaus. Hier brannte das ewige Feuer der Stadt, von Kureten (Priestern) und Vestalinnen (priesterliche Jungfrauen) gehütet. In diesem Gebäude fand man die überlebensgroße Artemisstatue, die heute im Archäologischen Museum von Selçuk steht. Durch einen Bogengang geht es hinüber zu einem Bau, der vermutlich das Bouleuterion beherbergte, das Rathaus. Seiner Form nach wird es „Odeion" genannt. Die Sitzreihen sind ausgezeichnet erhalten, auf 27 Rängen konnten etwa 1400 Zuschauer die Ratsversammlungen verfolgen. Zwischen Rathaus und Oberer Agora stehen die Säulenstümpfe der 160 m langen, nach ihren eigenartigen Kapitellen benannten *Stierkopfhalle*.

Außerhalb des (kostenpflichtigen) Grabungsgeländes

Was rund um Ephesus keinen Eintritt kostet, lohnt auch nicht unbedingt den Besuch. Hinter dem oberen Ausgang des Grabungsgeländes liegt rechter Hand der Straße (hinter einem Parkplatz) das sog. *Lukasgrab*, das Rundmausoleum eines unbekannten Toten aus dem 1. Jh., das in christlicher Zeit zu einer Kirche umfunktioniert wurde. Eine Zeit lang glaubte man, der Evangelist Lukas sei hier bestattet worden. Etwas weiter steht das *Magnesische Tor*, das einstige Haupttor der Stadt und zuletzt eines jener Bauwerke, das im Zentrum der wissenschaftlichen Arbeit der österreichischen Archäologen stand. Nordwestlich davon die spärlichen Überreste des *Ostgymnasions*, das nach den hier gefundenen Mädchenstatuen auch Mädchengymnasion genannt wird.

Nahe dem Parkplatz vor dem unteren Eingang stehen die Ruinen eines *byzantinischen Baus*, vermutlich ein Palast oder eine Bäderanlage, insgesamt wenig spannend. Etwas weiter an der Straße nach Selçuk lag zudem das unter Kaiser Nero erbaute *Stadion* mit der klassischen Länge von 192 m. Erhalten ist nicht viel mehr als ein monumentales *Eingangstor*. Alle Steintribünen wurden abgetragen und zum Bau des Kastells auf dem Zitadellenhügel verwendet. 50 m weiter befinden sich zudem die von einem Zaun umgebenen Trümmer des *Vediusgymnasions*, gestiftet von Publius Vedius Antonius, einem reichen Bürger der Stadt. Es besaß u. a. ein Bad mit Fußbodenheizung.

Von den Zufahrtsstraßen zum oberen und unteren Eingang ist ferner die *Höhle der Siebenschläfer* mit „Grotto of the Seven Sleepers" oder „Yedi Uyuyanlar (Seven Sleepers)" ausgeschildert. Während der Christenverfolgungen sollen sich sieben

Jünglinge in diese Höhlen geflüchtet haben. Römische Soldaten, die dies bemerkten, vermauerten den Eingang. Darauf versanken die Flüchtlinge in einen 200 Jahre währenden Schlaf. Als sie durch ein Erdbeben erwachten und die Mauer einstürzte, war das Christentum längst Staatsreligion geworden, die Verfolgungen Vergangenheit. Kaiser Theodosius II. ließ an dieser Stelle später eine Wallfahrtskirche errichten, in welcher angeblich die Leichname der Jünglinge begraben liegen. Das (schmucklose) Kirchenschiff ist noch deutlich zu erkennen, auch sind Gräber auszumachen. Das Gelände ist umzäunt, aber einsehbar.

Artemision: Antipatros notiert in seiner Abhandlung über die sieben Weltwunder der Antike hingerissen: „Doch als ich dann endlich den Tempel der Artemis erblickte, der in die Wolken sich hebt, verblasste das andere. Ich sagte: Hat Helios' Auge außer dem hohen Olymp je etwas Gleiches gesehen?" Heute sieht Helios, der Sonnengott, zwar immer noch den Olymp, aber anstatt auf das Artemision blickt er nur noch auf eine kümmerliche Ruine. Von den einstigen 127 Säulen des ehemals fußballplatzgroßen Tempels ragt nur noch eine einzige aus dem sumpfigen Morast einsam in den Himmel. Wer sie besichtigen will, hält auf halbem Weg an der Straße von Selçuk nach Ephesus (unterer Eingang, also Richtung Kuşadası/Pamucak) rechter Hand Ausschau.

Das Gelände ist tagsüber frei zugänglich. Kein Eintritt.

Selçuk

27.900 Einwohner

3 km östlich von Ephesus liegt die Nachfolgesiedlung der antiken Weltstadt. Nach einem jahrhundertelangen Dornröschenschlaf zehrt sie heute von der Vergangenheit.

Von seiner Zerstörung im 15. Jh. (→ Ephesus/Geschichte) bis ins 20. Jh. war Selçuk ein kümmerliches Dorf. Erst der Bau der Eisenbahn und das Interesse an der Antike erweckten es zu neuem Leben. Heute ist Selçuk ein freundliches Landstädtchen, gekrönt von einer byzantinischen Zitadelle. Neben einem herausragenden Museum mit Funden aus Ephesus besitzt Selçuk auch einige sehenswerte Hinterlassenschaften seiner christlichen und seldschukischen Vergangenheit. Der Ort ist ein angenehmer Stützpunkt für nichtorganisierte Ephesusbesucher. Die Kulturreisenden kommen aus aller Herren Länder. Manche bleiben ein paar Tage, denn zu Ausflügen lädt nicht nur das hügelige Hinterland ein, auch İzmir lässt sich von Selçuk aus spielend per Zug erkunden. Der Pamucak-Strand in der Nähe leistet ebenfalls seinen Teil, um eilige Tageskundschaft zu einem längeren Aufenthalt zu verführen.

Nordägäis, Karte S. 217

Orientierung: Das Zentrum Selçuks erstreckt sich zwischen Busbahnhof und Bahnhof. Das Leben spielt sich abends rund um den kleinen Platz am Ende der Namık Kemal Cad. ab. Die Reste des dortigen Aquädukts, auf denen hin und wieder Störche nisten, stammen aus byzantinischer Zeit.

Information/Verbindungen/Ausflüge/Parken

Telefonvorwahl 0232.
Information Gegenüber dem Museum.

Auskünfte in Englisch und Deutsch. Tägl. 8.30–12 und 13-17.30 Uhr. Efes Müzesi Karşısı 23, ✆ 8926328, www.selcuk.gov.tr.

Verbindungen Bus: Busbahnhof zentral an der Atatürk Cad. Gute Verbindungen entlang der Küste, egal ob gen Norden (z. B. nach İzmir, 1¼ Std.) oder Süden (z. B. Bodrum, 2½ Std.), aber auch nach Aydın (1 Std.), Denizli/Pamukkale (3½ Std.) oder nach İstanbul (10½ Std.).

Zug: Bahnhof (✆ 8926006) im Zentrum. 6-mal tägl. über den Flughafen İzmir nach İzmir (Basmane), 5-mal nach Aydın und Nazilli, bis zu 3-mal nach Söke und Denizli.

Dolmuş: Alle Dolmuşe starten am Busbahnhof. Minibusse nach Kuşadası etwa halbstündl., nach Şirince etwa stündl., zudem regelmäßig nach Tire und zu den Stränden der Umgebung (im Sommer). Vom Busbahnhof werden im Sommer zuweilen auch Tagesausflüge mit dem Minibus nach Priene, Milet und Didyma inkl. Badestopp angeboten.

Organisierte Touren Mehrere Agenturen. Ziele und Preise ähnlich wie in Kuşadası (s. dort).

Von und nach Ephesus: 3 km oder 40 Gehmin. trennen Selçuk von Ephesus' unterem Eingang. Dafür folgt man von der Kreuzung beim Busbahnhof, an welcher auch die Touristeninformation liegt, dem Dr. Sabri Yayla Bul., der parallel dazu verläuft ein schattiger Gehweg. Nach 2 km geht es links ab, nach weiteren 350 m einfach geradeaus entgegen der Einbahnstraße weiter (kürzer!). Etwa halbstündl. verkehren auch **Minibusse** vom zentralen Busbahnhof zum unteren Eingang. **Taxi** zum oberen Eingang einfach ca. 7,50 € (zum unteren Eingang 4 €). Die meisten Unterkünfte bieten einen kostenlosen **Transferservice** nach Ephesus an.

Adressen/Einkaufen/Veranstaltungen

Ärztliche Versorgung Staatliches Krankenhaus Devlet Hastanesi an der Straße nach Ephesus gegenüber der Touristeninformation. ✆ 8927036.

Auto-/Zweiradverleih Autos werden ab 35 €/Tag z. B. von **Helios Travel Agency** (✆ 8926717, www.helios-travel.com) nahe dem Museum verliehen. Räder verleihen viele Unterkünfte.

Einkaufen Beliebt ist Wein aus Şirince (→ Umgebung), den es überall zu kaufen gibt. Jeden Sa großer **Wochenmarkt** nahe dem Busbahnhof.

Türkisches Bad (Hamam) Selçuk Hamamı in der 1006 Sok., ausgeschildert. Auch gemischtes Bad möglich. Eintritt 12,50 € mit Massage und Kese. Tägl. 7–23 Uhr.

Veranstaltungen Mitte Jan. die berühmten **Kamelkämpfe** von Selçuk mit Volksfestcharakter. Die Tiere sind dabei kunstvoll geschmückt. Die Kämpfe gleichen einem Ringkampf, bei dem das stärkere Tier das schwächere zu Boden drückt. Um die Bullen überhaupt in Kampfeslaune zu bringen, muss ein brunftig duftendes weibliches Tier in der Nähe sein. Kamelkämpfe gehen ohne Blutvergießen über die Bühne: Den kostbaren Tieren (erfolgreiche Kamele erzielen Preise von bis zu 70.000 €) werden die Mäuler zugebunden, damit sie sich nicht gegenseitig beißen können. Die Tradition der Kamelkämpfe reicht bis in die Zeit zurück, als Kamele noch als Lasttiere für Karawanen dienten.

Im Rahmen des **Internationalen İzmir-Festivals** (überwiegend Pop- und Klassikkonzerte, oft mit Starbesetzung) im Juni und Juli finden auch Aufführungen vor der Celsiusbibliothek von Ephesus statt. Infos unter www.iksev.org.

Waschsalon Pamukkale Laundry, in der 1005 Sok. Waschen und Trocknen 10 €/ Trommel. So geschl.

Übernachten/Camping

Am Busbahnhof ein kleines Unterkunftsvermittlungsbüro (unregelmäßig geöffnet, oft hält der Zuständige ein Nickerchen). Wer weiß, wohin er will, sollte am besten

Übernachten

1. Kale Han
3. Hotel Akay
5. Hotel Nilya
6. Hotel Bella
7. Pension Homeros
14. Barım Pension
15. Vardar Pension

Essen & Trinken

2. Karameşe
4. Café Carpouza
8. Amazon
9. Eski Ev
10. Okumuş Mercan Restaurant und Ayasuluk Restaurant
11. Ekselans Beer House
12. Pink Bistro Café
13. St. John Café Shop
16. Selçuk Köftecisi

Selçuk

150 m

reservieren oder vom Busbahnhof aus anrufen: Fast alle Pensionen betreiben einen kostenlosen Abholservice. Ländlich-idyllisch wohnt man im nahe gelegenen Şirince (→ Umgebung).

** Hotel Kale Han 1, gehobene Unterkunft etwas außerhalb des Zentrums an der Straße nach İzmir. Altes, mit Geschmack restauriertes Haus. 43 gemütliche, individuell und liebevoll eingerichtete Zimmer, dunkles Holz kombiniert mit weißen Wänden. Teils jedoch ziemlich klein. Gutes Restaurant, Bar, Sonnenterrasse, Pool. Nach hinten hinaus ruhig, die Zimmer zur Straße hin besitzen Doppelglas-Fenster. EZ 61 €, DZ 76 €. Atatürk Cad. 49 (neben einer Shell-Tankstelle), ✆ 8926154, ✉ 8922169, www.kalehan.com.

Hotel Nilya 5, 11 liebevoll ausgestattete Zimmer um einen begrünten, schattigen Innenhof. Von der Veranda der 2. Etage schöner Blick – reservieren Sie ein Zimmer oben! Familiäre Atmosphäre, sehr freundlich. Etwas versteckt gelegen, von der Johannesbasilika ausgeschildert. DZ 75 €. 1051 Sok. 7, ✆ 8929081, ✉ 8929080, www.nilya.com.

Hotel Akay 3, gepflegtes Haus bei der İsa-Bey-Moschee. 24 Zimmer auf 2 Gebäude verteilt, 16 davon um einen kleinen Innenhof gruppiert, darüber ein gutes Dachrestaurant (preisliche Mittelklasse). Die anderen 8 Zimmer in einem auf alt gemachten Neubau sind stilvoller. Pool, von Lesern hochgelobt. Die hilfsbereiten Besitzer Bekir und Yılmaz Akay sprechen Deutsch. DZ 40–70 €. Serin Sok. 3, ✆/✉ 8923009, www.hotelakay.com.

302 Nordägäis

Hotel Bella 6, nahe der Johannesbasilika. Gut geführt. Hübsch dekorierte, recht komfortable und sehr gepflegte Zimmer, einige mit Balkon. Tolle Dachterrasse. Englischsprachig. DZ 40 €, mit Balkon 50 €. Auch HP möglich (gute Küche). St. John Cad. 7, ℡ 8923944, ℻ 8920344, www.hotelbella.com.

Pension Homeros 7, im recht ruhigen Viertel oberhalb des Museums. Auf 2 Gebäude verteilen sich 12 schnuckelig-kitschige Zimmer mit so viel Nippes, dass man zuweilen gar nicht mehr weiß, wohin mit den eigenen Sachen. Mit Teppichen ausgelegte Dachterrasse – wunderschöner Blick zum Sonnenuntergang, zu dem ein Gläschen „homemade" Wein serviert wird. Auf Wunsch gibt es danach auch ein leckeres Abendessen für 7,50 €. Gutes Frühstück. Nicht alle Zimmer mit eigenem Bad. 15–20 €/Pers. 1048 Sok. 3, ℡ 8923995, ℻ 8928393, www.homerospension.com.

Vardar Pension 15, sehr zentral und in unmittelbarer Nähe zum Busbahnhof gelegen. Mehrstöckiges Haus, geführt von einer türkisch-holländischen Familie. 14 blitzsaubere Zimmer, alle mit Balkon, nicht alle jedoch mit privatem Bad und teils sehr winzig – mehr als ein Bett passt dann kaum hinein. Dachterrasse fürs Frühstück. Viele japanische Gäste. DZ 32 €, billiger ohne Bad. Şahabettin Dede Cad. 9, ℡ 8924967, ℻ 8920099, www.vardar-pension.com.

Barım Pension 14, in Museumsnähe, ein Haus aus dem 18. Jh., auf dem Schornstein nistet ein Storch. Sauberer Familienbetrieb, diskret und englischsprachig. 12 einfache, aber freundliche Zimmer (im Winter beheizt) gruppieren sich um den reich bepflanzten Innenhof. Entspannte internationale Atmosphäre. DZ 30 €. Turgutreis Sok. 34, ℡ 892692, www.barimpension.com.

Camping Garden Camping, ca. 600 m abseits des Trubels gelegenes, nettes, schattiges Plätzchen in ruhiger Lage. Gepflegt, Pool, Sanitäranlagen okay, Küche, Waschmaschine, Restaurant. Es werden auch ordentliche Zimmer (allerdings zu überzogenen Preisen) vermietet. 2 Pers. mit Zelt oder Wohnmobil 21 €, DZ 75 € (!). Kale Altı Mevkii 4 (von der İsa-Bey-Moschee ausgeschildert), ℡ 8926165, ℻ 8922997, info@gardencamping.com.

Dereli Motel Camping, direkt am Meer in Pamucak, ca. 8 km von Selçuk entfernt. Der große Platz unter deutscher Leitung bietet nahezu alles, was das Herz begehrt: blitzsaubere Duschen und Toiletten, kleiner Laden, gutes Restaurant in wunderschöner Lage, gepflegter Strandabschnitt (Palmen à la Südostasien), fotogener Sonnenuntergang über dem Meer. Lediglich Schatten gab es zuletzt nicht mehr, ein Sturm hat das „Camperwäldchen" verwüstet. Vermietet werden auch in Reihe direkt am Strand gebaute, sehr saubere Zimmer mit kleiner Veranda. Nov.–Feb. geschl. Regelmäßig Direktdolmuşe vom Campingplatz nach Selçuk. DZ 55 €, Campen 9 €/Pers. Pamucak, ℡ 8931205, ℻ 8931203, www.dereli-ephesus.com.

Essen & Trinken/Nachtleben (→ Karte S. 301)

Die Restaurants von Selçuk bieten ein hervorragendes Preis-Leistungs-Verhältnis. Spezialität der Gegend ist *Çöp Şiş* („Abfallspieß") – keine Sorge, das Gericht kommt nicht frisch aus der Mülltonne, sondern besteht aus zarten kleinen Lammstückchen. Über ein sehr gutes Restaurant verfügt auch das Hotel **Kale Han**.

Amazon 8, europäisch-türkische Küche (v. a. Rindfleisch- und Hühnchengerichte) in modernem Ambiente. Auch ein paar Tische im Garten auf der anderen Straßenseite mit Blick auf die einzige verbliebene Säule des Artemision. Hg. 5–10 €. Anton Kallinger Sok. 22, ℡ 8923879.

Okumuş Mercan Restaurant 10, bei der Post. Achten Sie auf das „Mercan" im Namen, denn „Okumuş" nennen sich viele Restaurants. Einfaches Lokal. Terrasse mit plätscherndem Brunnen, superfreundlich und sehr günstig. Reichhaltige Auswahl an Meze (2–3 €) und Kebabs (4–7,50 €). ℡ 8926196.

Eski Ev 9, das „Alte Haus" ist ein kleines Lokal mit gemütlichem Innenhof in der 1005 Sok. 1/A., einer Seitenstraße der Cengiz Topel Cad. Meze, Fisch, Gegrilltes, auch Frühstück. Hg. 4–7,50 €. ℡ 8929357.

Ayasuluk Restaurant 10, kleiner Familienbetrieb mit dem üblichen Angebot (Döner, Grillgerichte, Spaghetti). Lesermeinung: „Alle Gerichte extrem lecker gewürzt, zartestes Fleisch, supernette, unaufdringliche

Selçuk

Bedienung." Der Besitzer hat lange Jahre in Bayreuth gelebt. Hg. 3,50–5 €. ✆ 8924241.

Selçuk Köftecisi 16, nahe dem Busbahnhof. Einfache Lokanta mit Außenterrasse, die auch gerne von Einheimischen besucht wird. Kleine Auswahl an leckeren Grillgerichten wie *Köfte* (4 €) oder *Çöp Şiş* (grandios! Portion 5 €). Guter Salat und fantastisches *Cacık* (Zaziki). Şahabettin Dede Cad.

Karameşe 2, lauschiges Gartenlokal bei der İsa-Bey-Moschee. Traditionelle anatolische Dorfküche zu gemäßigten Touristenpreisen.

Café Carpouza 4, nahe dem Hamam in der 1006 Sok. Gepflegtes Caférestaurant mit schattiger Terrasse, davor ein Rasen von Golfplatzqualität. Gute Frühstücksadresse. Zudem Salate, Pizzen, Pasta und gute Süßspeisen.

St. John Café Shop 13, Mischung aus nettem Café und Lädchen (Olivenöl, Olivenölseifen) unter freundlicher türkisch-schweizerischer Leitung. Ordentlicher Kaffee, selbst gebackener Kuchen, Müsli und Röschti. Uğur Mumcu Sevgi Yolu 4/C.

Nachtleben Bierselig! Mehrere Bierkneipen, oft rustikal eingerichtet und voller trinkfreudiger Traveller, finden Sie v. a. in der Siegburg Cad. Dort garantieren u. a. das **Ekselans Beer House** 11 und das **Pink Bistro Café** 12 einen feucht-fröhlichen Abend.

Baden

Nächste Badegelegenheit am Strand von **Pamucak** ca. 8 km westlich von Selçuk. Im Süden des weiten Sandstrandes (ca. 7 km lang) haben sich einige Clubhotels angesiedelt. Je weiter man gen Norden geht, desto schöner und leerer wird er.

Auch an der von Pamucak gen Norden führenden Küstenstraße nach **Özdere/Menderes** findet man Badebuchten, teils von Feriendörfern belegt, teils noch recht unverbaut. Man erreicht sie mit Dolmuşen mit der Aufschrift „Gümüldür". Recht idyllisch und gepflegt, an Wochenenden jedoch oft von picknickenden Familien überlaufen, ist z. B. die gebührenpflichtige Bucht von **Denizpınarı (Klaros)**. Sie liegt ca. 11 km nördlich des Pamucak-Strandes bzw. der großen Kreuzung, an der es nach Kuşadası, Özdere/Menderes und Selçuk abgeht.

Einladend ist auch die schnuckelige **Baradan-Bucht**, die ein beliebtes Ziel von Ausflugsbooten ist. Sie liegt ca. 700 m nördlich der Klaros-Bucht (kein Hinweisschild). Von Süden kommend hinter einer landeinwärts führenden Rechtskurve und vor der ca. 100 m darauf folgenden Linkskurve, rechter Hand neben der Straße parken. Linker Hand nach dem Feldweg in die Bucht Ausschau halten (nicht vom Auto aus zu sehen).

Sehenswertes

Alle hier aufgeführten Sehenswürdigkeiten lassen sich gemütlich zu Fuß erreichen. Bislang noch nicht zugänglich ist die mächtige Zitadelle auf dem geschichtsträchtigen Ayasoluk-Hügel, die im 6. Jh. unter den Byzantinern errichtet wurde. Sie war lange Zeit militärisches Sperrgebiet. Zuletzt wurde sie restauriert, auch fanden im Burgareal archäologische Grabungen statt.

Archäologisches Museum: Es zählt zu den angesehensten Museen seiner Art in der Türkei. In themenbezogenen Sälen wird eine Auswahl der schönsten Funde aus Ephesus aufbewahrt. Erster Höhepunkt ist der *Saal der Funde aus den Hanghäusern* (erster Raum links), in dem ein buntes Sammelsurium an Kostbarkeiten, die einst römische Edelvillen zierten, präsentiert wird: eine ägyptische Priesterstatuette aus dem 7. Jh. v. Chr., ein Marmorfresko des Sokrates, Büsten von Tiberius und Mark Aurel, eine kleine Bes-Figur mit mächtigem Glied, ein hübscher Elfenbeinfries, Goldschmuck, medizinisches Besteck und Einrichtungsgegenstände wie eine Badewanne, Kerzenständer, Klappstühle oder Tischgestelle.

Der folgende *Saal der Monumentalbrunnen* zeigt diverse Figurengruppen, u. a. die des Pollio-Nymphäums, welches Odysseus bei der Vorbereitung der Blendung Polyphems darstellt. Der daran anschließende Raum ist Eros gewidmet: Er verzückt den Betrachter u. a. in Bronze auf einem Delphin reitend, ist aber auch zusammen mit Aphrodite oder Psyche zu sehen. Im *Garten* stehen ein paar Kapitelle und Sarkophage, dazwischen werden Andenken verkauft. Auch eine antike Sonnenuhr ist hier zu finden.

Vorbei am *Saal der Grabobjekte,* der sich der antiken Sterbekultur und Grabbeigaben widmet, erreicht man den schönsten und beeindruckendsten Saal des Museums, den *Artemissaal:* Neben einer Artemisstatue ohne Kopf werden stimmungsvoll zwei römische Marmorkopien des uralten Artemiskultbildes präsentiert. Die größere Kopie ist 3,20 m hoch, das Original muss aus Holz gewesen sein. Das Brustgehänge der Artemis wird als Fruchtbarkeitssymbol gedeutet, wobei sich die Experten nicht einig sind, ob es Stierhoden, Brüste oder Eier darstellen soll. Ein Modell des Artemisions verdeutlicht zudem, warum es einst zu den sieben Weltwundern gehörte.

Die Artemis von Ephesus, zu sehen im Museum von Selçuk

Im nächsten Saal ist man umringt von römischen Kaisern. Imposant präsentiert sich die Büste der einstigen Kolossalstatue des Kaisers Domitian (Regierungszeit 81–96) aus dem Domitiantempel von Ephesus. Allein sein Unterarm daneben misst gut 1,5 m. Weitere Räumlichkeiten werden für wechselnde Ausstellungen genutzt.

Schräg gegenüber der Touristeninformation. Zuletzt tägl. 8.30–18.30 Uhr (in manchen Jahren im Winter kürzer und Mo geschl.). Eintritt 2 €.

Johannesbasilika: Kaiser Justinian ließ die Kreuzkuppelbasilika auf dem Ayasoluk-Hügel im 6. Jh. über dem angeblichen Grab des Apostels Johannes errichten. Das Artemision diente dafür als Steinbruch. Sie gehörte mit 130 m Länge und 40 m Breite zu den größten byzantinischen Kirchen. Um 1330 wurde die Basilika in eine Moschee umgewandelt, später in eine Markthalle, schließlich fiel sie einem Erdbeben zum Opfer. Bei einer Teilrenovierung wurden einige Säulen und ein Abschnitt der südlichen Langhausarkade wieder aufgerichtet.

Man betritt die Basilika durch ein wehrhaftes Tor, das wegen eines Reliefs über dem Torbogen (es zeigt den Achilleskampf) auch *Tor der Verfolgung* genannt wird. Im ehemaligen Innern sind insbesondere das *Sanktuarium* und die *Taufkapelle* sehenswert.

Im Sommer tägl. 8–19 Uhr, im Winter bis 17.30 Uhr. Eintritt 2 €. Mit „St. Jean" ausgeschildert.

İsa-Bey-Moschee: Unter Emir İsa Bey wurde die Moschee 1375 zu Füßen der Johannesbasilika errichtet. Auch für diesen Bau wurden Steine des Artemisions verwendet. Geschickt ergänzte der syrische Baumeister den Moscheentypus seiner Heimat um ein wunderbares *Stalaktitenportal* im Seldschukenstil und zwei osmanische Kuppeln, die innen mit türkisfarbenen und blauen Fayencen geschmückt sind. Bemerkenswert sind auch die kuppeltragenden *Granitsäulen* (aus den Hafenthermen von Ephesus) und der marmorne *Minbar*. Von den ursprünglich zwei Minaretten ist nur noch eines erhalten, auf welchem ein Storch thront.

Umgebung von Selçuk und Ephesus

Wohn- und Sterbehaus der Jungfrau Maria (Meryemana)

Über das Leben der Maria nach Jesu Geburt ist wenig bekannt, und so ist auch ihr Sterbeort unklar. War es der Berg Zion in Jerusalem oder der Berg Aladağ bei Ephesus? Für Letzteres spricht folgende Geschichte: Auf einer Vision beruhend, fertigte die deutsche Nonne Katharina Emmerich (1774–1824), die nie ihre Heimat verlassen hatte, Aufzeichnungen über die Lage und das Aussehen des Wohn- und Sterbehauses Marias an. Anhand dieser Aufzeichnung entdeckten 1891 Lazaristen-Mönche aus İzmir auf dem 9 km südlich von Selçuk gelegenen, 425 m hohen Aladağ ein ihren Beschreibungen entsprechendes Gebäude, das daraufhin zur Pilgerstätte wurde. Es handelt sich um einen kuppelbedeckten Steinbau mitten im Wald. Durch ein Vestibül gelangt man in den Hauptraum, in dessen Apsis ein Altar mit schwarzem Marienbild steht. Der Raum seitlich soll das Schlafzimmer der Maria gewesen sein. Direkt unter dem Haus entspringt eine Quelle, die hangabwärts zu Tage tritt und in einem Becken aufgefangen wird. Hier entnehmen Gläubige das Wasser, dem besondere Kräfte innewohnen sollen. Zu Mariä Himmelfahrt kommen Pilger scharenweise.

Anfahrt Vom Ortszentrum von Selçuk die Straße nach Aydın nehmen, nach etwa 2 km rechts ab (mit „Meryemana" ausgeschildert), von dort noch ca. 7 km. Tolle Panoramastraße! Keine Dolmuşverbindungen, Taxi ca. 25 € hin/zurück.

Öffnungszeiten Tägl 8–19 Uhr. Eintrittsgebühr (!) für den „Meryemana-Kulturpark" 6,30 €/Pers., Parken 2,50 € extra.

Şirince

In dem ursprünglich griechischen Bergdorf lebten vor 100 Jahren noch rund 9000 Menschen. Damals wurde Şirince von den türkischen Nachbarn, wohl aus Neid, „Çirkince" (= hässlich) genannt. Als die griechischen Einwohner im Rahmen des Bevölkerungsaustausches den Ort 1923 verlassen mussten, tauften zugezogene Türken ihre neue Bleibe in den passenderen Namen „Şirince" (= niedlich) um. Heute zählt Şirince noch rund 570 feste Bewohner, die in den Sommermonaten von Touristen überrannt werden. Das Gros sind Tagesgäste, für die sich die urigen Gassen im Zentrum zu Basarmeilen verwandelt haben. Neben Gesticktem und Gehäkeltem wird v. a. lokaler Wein angeboten. Wer will, kann hier auch übernachten – recht reizvoll, sofern man tagsüber Ausflüge unternimmt.

Das kleine Örtchen mit seiner griechischen Architektur besitzt auch zwei Kirchen: die ansatzweise restaurierte **Johanneskirche** und die **St.-Demetrius-Kirche**, die bislang noch in einem beklagenswerten Zustand ist.

Anfahrt/Verbindungen Rund 9 km von Selçuk entfernt, ausgeschildert. **Dolmuşe** mind. stündl. ab dem Busbahnhof.

Einkaufen Wein! Fast jeder zweite Familienclan produziert seinen eigenen und die Qualität der Rot-, Weiß- und Roséweine (ab 5 €/Flasche) schwankt von „gerade noch trinkbar" bis „anständig". Auch sind diverse Fruchtweine im Angebot. Daneben werden Marmeladen, Olivenöl, Olivenölseifen, Tomatenmark u. Ä. angeboten.

Übernachten Ist in Şirince grundsätzlich nicht billig. Man nächtigt meist in gehobenstilvollem Ambiente.

Şirince Terrace Houses, eine Leserentdeckung. Das englisch-türkische Paar Charlotte und Ömer vermietet 3 aufwendig restaurierte und liebevoll dekorierte alte Natursteinhäuser für 2–6 Pers. Bestens ausgestattete Küchen, toller Blick ins Tal. Nur nach Vorreservierung. Für 2 Pers. je nach Haus 150–170 €, jede weitere Pers. 20 €. Şirince, 0532/2637942, www.ephesus housessirince.com.

Kırkınca Boutique Hotel, 5 Zimmer im eigenen Haus, 5 im nahe gelegenen Erdem Konağı, dazu im Ort 2 Häuser für bis zu 6 Pers. sowie 3 Holzhäuser mit Pool 800 m außerhalb von Şirince. Alle Zimmer und Häuser sind unterschiedlich und traditionell-stilvoll eingerichtet, manche sogar mit eigenem Hamam! Einen guten Überblick über die verschiedenen Zimmer/Häuser bietet die Webseite. DZ mit tollem Frühstück je nach Zimmer 62–123 €, Haus für 2 Pers. ab 82 €. Am Ortseingang ausgeschildert, 0232/8983133, 0232/8983140, www.kirkinca.com.

Dionysos Pension, ebenfalls nahe dem Kırkınca. 8 Zimmer und eine Suite auf 2 Häuser verteilt, teils etwas verwinkelt-beengend. Einfach, aber mit viel Charme, teils besitzen die Zimmer eigene Kamine. Tolle Terrasse. Freundlicher Service, jedoch ohne Fremdsprachenkenntnisse. Leser, die hier das üppigste Frühstück ihrer gesamten Reise genossen, meinen: „Mehr individuelles Wohnen ist kaum möglich." DZ 60 €. 0232/8983130, www.dionysospension.com.

Essen & Trinken Artemis Restaurant, in der alten restaurierten Schule am Ortseingang. Lauschiger Garten und wunderschöner Blick über Şirince. Viele Gruppen, deswegen ist das Essen aber auch immer frisch. Gute Auswahl an ländlicher Ägäisküche mit vielen Kräutern und Olivenöl, leckere Nachspeisen. Hg. 5–14 €. 0232/8983240.

Belevi-Mausoleum

Das Mausoleum, oder was davon übrig blieb, befindet sich nahe dem gleichnamigen Dorf rund 11 km nordöstlich von Selçuk. Es gehört zwar zu den bedeutendsten Grabmonumenten aus hellenistischer Zeit, zuviel erwarten sollte man aber dennoch nicht. Auf einem 12 m hohen Felsen, der einst marmorverkleidet war, erhob sich eine Stufenpyramide, die vermutlich von einer Quadriga gekrönt war. Über 30 m hoch soll der Bau gewesen sein. Archäologen der Österreichischen Akademie der Wissenschaften und des Österreichischen Archäologischen Instituts, die die Grabungsarbeiten leiten, nehmen an, dass es die letzte Ruhestätte des Seleukidenherrschers Antiochos II. war. Der aus dem Felssockel geborgene Sarkophag befindet sich heute im Museum von Selçuk, andere Funde gingen ins Museum für Geschichte und Kunst nach Izmir.

Anfahrt/Verbindungen: Das Monument befindet sich 3 km östlich von Belevi direkt neben der Autobahn, im Ort und von der Schnellstraße Selçuk – İzmir ausgeschildert. Die Tire-Dolmuşe von Selçuk kommen 200 m entfernt daran vorbei, sagen Sie dem Fahrer Bescheid. Das Gelände ist umzäunt und nicht immer zugänglich. Zuweilen führt einen ein Wärter herum. Kein Eintritt.

Tire

Tire (ca. 51.500 Einwohner), rund 40 km nordöstlich von Selçuk, ist ein sympathisches Provinzstädtchen zwischen Heute und Gestern. Während sich der moderne Teil der Stadt im Tal des Küçük Menderes (Kleiner Mäander) ausbreitet, steigen die Gassen des alten Zentrums an den Hängen der Aydın-Berge steil an. Ein Bummel hindurch macht Freude: Die Türen der bunt gestrichenen Häuser stehen oft offen, man sieht die Oma auf dem Kanapee schlafen und den Opa nebenan im Teehaus Wasserpfeife rauchen. So etwas wie Hektik kennt man nur zum Markt am Dienstag. Mittelpunkt ist dann das Basarviertel mit seinen über 100 Läden und Kleinhandwerksbetrieben sowie den beiden **Karawansereien Kapan** und **Kutu** aus dem 15. Jh. Als kunsthistorisch wichtigster Bau gilt die 1442 errichtete **Yahşi Bey Camii**. Ihr Minarett, in das blaue Kacheln eingearbeitet wurden, kam später hinzu und ist einzigartig in der Region. Es gibt auch ein kleines **Museum** (von Selçuk/Landstraße kommend an der Straße ins Zentrum linker Hand, tägl. 8.30–19 Uhr, Eintritt frei) mit einer ethnografischen und einer archäologischen Abteilung, in der Funde aus der Umgebung gezeigt werden. Die schönsten Objekte sind fünf Grabreliefs aus römischer Zeit, darunter ein Hekate-Relief.

Von Selçuk ist der Weg von der Straße nach İzmir ausgeschildert. Die Straße nach Aydın ist ein elendes Bergsträßlein. Regelmäßige **Dolmuş**verbindungen ab Selçuk.

Vier steile Kilometer weiter liegt das **Bergdorf Kaplan** (ausgeschildert). Dort serviert das nett-rustikale **Kaplan Dağ Restaurant** zu grandiosen Ausblicken lokale Spezialitäten und geniale Meze (✆ 0232/5126652, Mo geschl.). Die Küche Tires hat einen legendären Ruf. Bis aus İzmir kommen die Gäste für den Ziegenkäse mit Maulbeeren, das Wassermelonen-Scherbett oder den *Tire Kebap* – am Spieß gegrillte Hackfleischröllchen werden nochmals in Butter gebraten und anschließend mit Tomatensoße serviert.

Birgi

Rund 45 km nordöstlich von Tire liegt der sehenswerte 2600-Seelen-Ort Birgi. Die Ansammlung so vieler osmanischer Natursteinhäuser hat Seltenheitswert. Sie ziehen sich links und rechts eines meist ausgetrockneten Bachbetts den Hang hinauf. Viele Bauten haben hübsche Erker, viele verfallen aber auch. Das größte Gebäude vor Ort, der **Çakıraǧa Konağı**, wurde restauriert, die holzgetäfelten Wohnräume mit Wandmalereien im Stil des türkischen Rokoko können besichtigt werden (ausgeschildert, tägl. außer Mo 8.30–12 und 13–18 Uhr, Eintritt 1,20 €). Nebenan lädt das schöne Café Konak auf eine Pause ein. Besuchenswert ist auch die **Ulu Cami**, von deren Backsteinminarett der Muezzin seit 1312 zum Gebet ruft. Die frühseldschukische Moschee gehört zu den ältesten der Ägäis. Prunkstück des Gebetsraumes ist der meisterlich geschnitzte Minbar.

Anfahrt/Verbindungen Birgi liegt 9 km östlich des Provinzstädtchens Ödemiş. **Bus** von Selçuk nach Ödemiş, ab Ödemiş Minibusverbindung.

Übernachten Çınaraltı Pansiyon, eine sehr freundliche, familiäre Adresse. Von Lesern gelobt. 8 Zimmer, nett dekoriert, mit Holzböden und Bad, eines mit Balkon. Sehr sauber, hübsches Gärtchen. Auf Wunsch wird am Abend lecker gekocht. Nicht fremdsprachig. DZ 29 €. Nahe der Ulu Cami, gut ausgeschildert, ✆ 0232/5315358, aytacpoyaraz@hotmail.com.

Tipp: Wer noch weiter zurück in die Geschichte reisen will, fährt von Birgi über die **Boz Dağlar** zur Ausgrabungsstätte **Sardes** (→ S. 265). Die Straße über den Gebirgszug ist gut ausgebaut und bietet herrliche Ausblicke.

Bucht zwischen Mesudiye und Palamutbükü

Südägäis

Eine Küste „mit einer unerhörten Intensität, voller Sehnsucht, Schönheit und Schrecken" – so bezeichnete der Literat Cevat Şakir Kabaağaçlı die Südägäis in den 1930ern. Eine Aussage, die bis heute nichts an Wahrheit eingebüßt hat.

Zwischen Kuşadası und Marmaris winken an der Küste etliche gemütliche Badeplätze und im Hinterland – in der abgeschiedenen karischen Bergwelt und inmitten silbriger Olivenhaine – die stummen steinernen Zeugen mehrerer Jahrtausende. Anders als die nordägäische Küste, die vorrangig vom Binnentourismus profitiert, zieht die Südägäis internationales Publikum an, und das in Massen. Die Hotspots sind Kuşadası, Bodrum und Marmaris – Städte, die ihre Einwohnerzahl in den Sommermonaten zuweilen verzehnfachen und von unschönen Betongürteln umgeben sind. Auch manch gemütliche Fischerörtchen haben ihr ursprüngliches Gesicht verloren und sind zu austauschbaren Hotelkonglomeraten geworden.

Doch zum Glück ist die südägäische Küste oft schwer oder gar nicht zugänglich, und so gibt es noch etliche Buchten, die unberührt sind und es aufgrund der mangelnden Infrastruktur auch erst einmal bleiben werden – ein Paradies für Segler. Wer seinen Badeurlaub mit ein paar Besichtigungstouren würzen will, hat die Qual der Wahl.

Kuşadası
ca. 61.700 Einwohner

Kuşadası ist der größte Urlaubsort der türkischen Ägäis und jedem Kreuzfahrer ein Begriff – das stete Kommen und Gehen der Luxusliner sorgt dafür. Rund 560.000 Kreuzfahrttouristen kommen jährlich, Tendenz steigend.

In der Hochsaison bevölkern in Spitzenzeiten rund 800.000 Menschen Kuşadası samt den angrenzenden Badebuchten und machen aus dem Küstenstädtchen eine

Urlaubsmetropole. Hotelkomplexe, Feriendörfer und Clubanlagen wuchern wild, und ein Ende ist nicht abzusehen. Um eine perfekte Infrastruktur zu gewähren, baut man die „Häuser in der Nähe von den Straßen und haben Höfe beim Hintern", so die Stadtbroschüre.

Kuşadası bietet seinen Gästen aus aller Herren Länder zudem eine passable Altstadt mit ein paar malerischen Gassen voller Kneipen und Läden, Strände zum Sehen und Gesehen werden sowie ein turbulentes Nachtleben. Auch gibt der Hafen mit seinen Ausflugsschiffen und Luxusjachten ein schönes Bild ab. Die Hauptattraktionen, wahre kulturhistorische Sahnebonbons, serviert die Umgebung: Die beeindruckende Ruinenanlage von Ephesus ist nur einen Katzensprung entfernt, die Ausgrabungsstätten Priene, Milet und Didyma sind in einem Tagesausflug zu erkunden.

Kuşadası selbst hat hingegen nur wenige kulturhistorische Sehenswürdigkeiten aufzuweisen. Zentrale Landmarke ist die **Karawanserei** am Hafen, im 17. Jh. von Großwesir Öküz Mehmet Pascha erbaut. Heute befindet sich darin ein Hotel, das allabendlich zu orientalischen Nächten mit Bauchtanzshows einlädt. Die vor der Küste liegende **Taubeninsel** *(Güvercin Ada)*, von der Kuşadası (dt. „Vogelinsel") seinen Namen erhielt, ist über einen Damm zu Fuß zu erreichen. In und auf den Überresten der dortigen genuesisch-osmanischen Burg befinden sich ein paar Cafés – nette, wenn auch nicht ganz billige Plätzchen für einen gemütlichen Sundowner. In den Burgturm auf der Insel soll einmal ein Stadtmuseum einziehen – eine Ankündigung, die schon mehrere Auflagen dieses Buches überdauert hat.

Südägäis – die Highlights

Dilek-Nationalpark: Im Nationalpark bei Kuşadası tummeln sich Schakale, Luchse und Wildpferde. An der Küste findet man vier Kies-Sand-Strände zwischen Kiefernwäldern und glasklarem Wasser.

Didyma, Milet und Priene liegen im Mäanderdelta, nur einen Katzensprung auseinander. Die imposanteste Lage besitzt Priene, die spannendste Geschichte Milet, die eindrucksvollsten Ruinen Didyma.

Bafa-See: Das Gebiet um den gleichnamigen See ist noch immer ein Geheimtipp unter Südägäisurlaubern. Im Latmosgebirge finden Sie neben einer zauberhaften Landschaft jede Menge Ruinen, ursprüngliches Bauernleben und nette Pensionen.

Gümüşlük ist der idyllischste Fleck auf der Bodrum-Halbinsel. Wer will, kann sich hier einmieten und allabendlich einen der schönsten Sonnenuntergänge der Ägäis betrachten.

Die Buchten von Mazıköy: zwei Traumbuchten östlich von Bodrum am Golf von Gökova, einem der berauschendsten Abschnitte der türkischen Küste. In der Vor- und Nachsaison schauen Ihnen vielleicht Kühe beim Baden zu.

Halbinsel Reşadiye: Die schön-schroffe Halbinsel westlich von Marmaris bietet aufgeschlossene, lebenslustige Bewohner, tolle Buchten und mit Datça ein gemütliches Hafenstädtchen.

Geschichte

Vom antiken *Phygela*, das an der Stelle des heutigen Kuşadası lag, ist nichts erhalten und nur wenig bekannt. Anders aber verhält es sich mit der Siedlung namens *Scala Nova* („Neuer Hafen"), die hier im 13. Jh. von genuesischen und veneziani-

Südägäis

schen Kaufleuten gegründet wurde, nachdem der verlandete Hafen von Ephesus unbrauchbar geworden war. Es existieren noch Reste der einstigen Stadtmauer, auch das geradlinige Straßennetz der Altstadt geht auf jene Zeit zurück. Im 15. Jh. eroberten die Osmanen den Ort und gaben ihm seinen heutigen Namen. Kuşadası entwickelte sich in der Folgezeit zu einem munteren Hafenstädtchen, das über Jahrhunderte hinweg enge und florierende Beziehungen zu Sámos unterhielt. Doch nach der Vertreibung seiner griechischen Einwohner 1923 rutschte es zu einem unbedeutenden Fischernest ab. Das änderte sich in den 1970ern, als die ersten Kreuzfahrtschiffe zum Ephesuslandgang anlegten. Einige Billighotels und Lokantas begannen zudem, abenteuerlustigen Reisenden für ein paar Lira Essen und Unterkunft zu bieten. Mitte der 1980er entdeckten schließlich britische Reiseveranstalter den Ort und bauten ihn zu einem Urlaubszentrum aus. An ihre „Pionierarbeit" erinnert noch die *Pub Lane*, ein fast schon historisches Sträßchen, an das sich Kneipen im englischen Stil reihen. Heute kommen Reisende aus aller Welt, zudem ist Kuşadası neben Çeşme *das* Wochenendausflugsziel für den Großraum İzmir. Die Hafenstadt wächst mittlerweile in den Himmel, in den Vororten entstehen teils bis zu 20-stöckige Hochhäuser.

Information/Verbindungen/Ausflüge

Telefonvorwahl 0256.

Information Am İskele Meydanı, Auskünfte auf Englisch und Deutsch. In der HS tägl. 8–17.30 Uhr, in der NS Mo–Fr 8–12 u. 13–17.30 Uhr. ✆ 6141103, www.aydinkultur turizm.gov.tr.

Verbindungen Bus: Busbahnhof ca. 2 km außerhalb an der Straße nach Söke, Dolmuşverbindungen ins Zentrum. Tagsüber alle 30 Min. nach İzmir (1¼ Std.), mehrmals tägl. nach İstanbul (11 Std.), Ankara (11 Std.), Bodrum (2½ Std.) und Denizli/Pamukkale (4 Std.), 2-mal tägl. nach Marmaris (5 Std.) und Fethiye (6 Std.). Busgesellschaften entlang der İsmet İnönü Cad.

Dolmuş: Dolmuşe nach Pamucak, Selçuk und Ephesus starten vom Şevki Hasırcı Meydanı nördlich des Zentrums; die nach Söke, Güzelçamlı und zum Dilek-Nationalpark vom Candan Tarhan Bul. In die Dolmuşe zum Kadınlar Plajı kann man vor der Tourist Information zusteigen, in die zum Kuştur-Strand entlang dem Atatürk Bul.

Schiff: Fähren nach Sámos (Vathí) April–Okt. tägl. gegen 8.30 Uhr, zurück gegen 17 Uhr, Fahrtzeit 1½–2 Std. Tickets kauft man am Vortag bei einer Reiseagentur oder direkt bei den Vertretungen der Fährgesellschaften (**Azim Tours**, Güvercin Ada Cad., ✆ 6141553, www.azimtours.com oder Meander Travel, İskele Meydanı, ✆ 6130801, www.meandertravel.com). Inkl. Hafensteuern einfach 30 €/Pers., retour am selben Tag 35 €, offenes Rückfahrticket 50 €. Keine Mitnahme von Fahrzeugen mehr möglich!

Bootsausflüge Touren zu den nördlich oder südlich gelegenen Buchten werden am Hafen angeboten. Ab 12,50 €/Pers. inkl. Lunch.

Organisierte Touren Für eine Besichtigung von Priene, Milet und Didyma empfiehlt sich für Alleinreisende der Anschluss an eine organisierte Tour (ca. 30 €/Pers.), da die Anfahrt zu allen drei Zielen mit Dolmuşen kompliziert und zeitraubend ist. Die meisten Fahrten dorthin starten am Mi, dem Markttag in Söke, wo ein Zwischenstopp eingelegt wird. Diverse Veranstalter im Zentrum. Weitere Preisbeispiele: Ephesus (halber Tag) 30 €, Pamukkale 40 €, Jeepsafari 30 €, Bafa-See 40 €, „Village-Trip" 20 €.

Adressen/Einkaufen/Veranstaltung (→ Karte S. 315)

Ärztliche Versorgung Das Ärztezentrum Saydam Tıp Merkezi ist auch an Ausländer gewöhnt. Ecke Rıza Savaç Cad./Candan Tarhan Bul. ✆ 6143040.

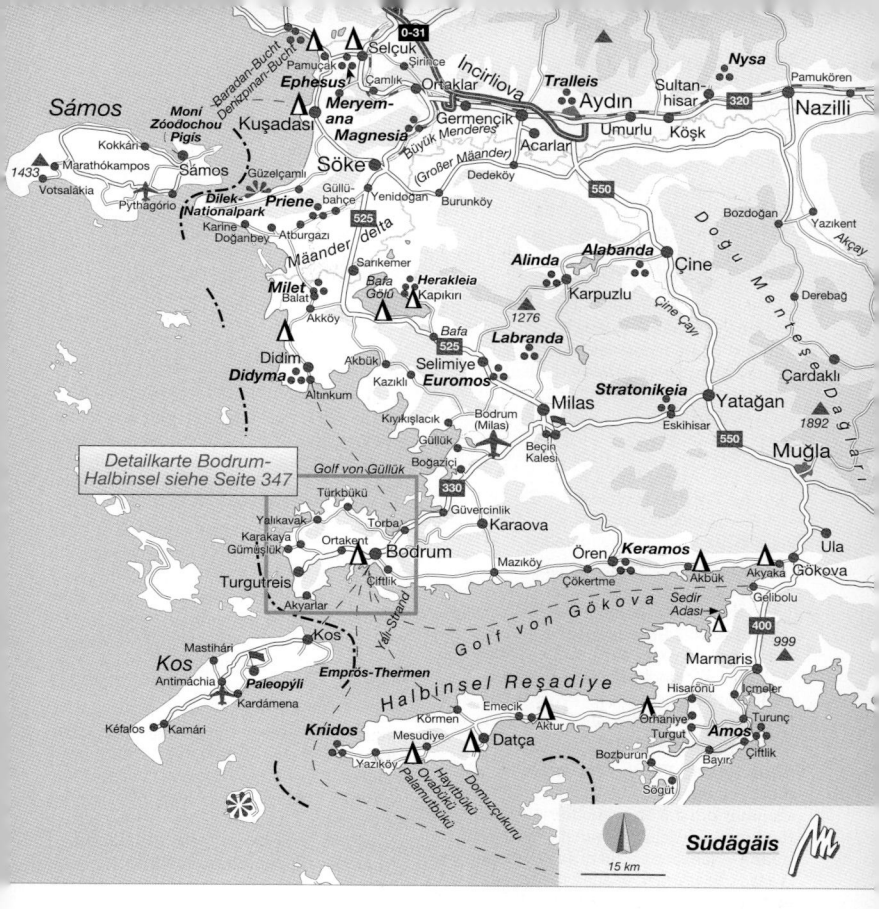

Autoverleih Internationale Verleiher u. a. am Atatürk Bul., z. B. **Avis** (Hnr. 24/A, ✆ 6141475, www.avis.com.tr) oder **Europcar** (Hnr. 68/B, ✆ 6146770, www.europcar.com.tr). Billigstes Auto ca. 50 €/Tag. Bei den lokalen Anbietern bezahlt man 30–40 €/Tag.

Einkaufen Eine der Lieblingsbeschäftigungen der Kuşadası-Gäste. Fast die ganze Innenstadt besteht aus Shoppingpassagen. Geboten wird viel überteuerter Plunder. Wer seine Lacoste-Hemden oder Diesel-Hosen im Original erstehen will, sucht die schicke kleine Shoppingmall **Ege Ports Scala Nuova** 15 auf.

Freitagsmarkt am Candan Tarhan Bul. westlich der Dolmuşstation. **Mittwochsmarkt** in den Straßen südlich des Candan Tarhan Bul. Die Zukunft beider Märkte dort ist ungewiss, eine Verlegung geplant.

Türkisches Bad (Hamam) Der Belediye Hamamı (1495) ist der angeblich älteste Hamam der Westtürkei. Tägl. 9–19 Uhr. Yıldırım Cad. 2. Ein weiteres historisches Bad ist der Kaleiçi Hamamı neben der gleichnamigen Moschee. Tägl. 8–21 Uhr. Ecke Tuna Sok./7 Eylül Sok. In beiden Hamams baden Männer und Frauen (fast ausnahmslos Touristen) i. d. R. gemeinsam. Eintritt mit Massage in beiden Bädern 15 €.

Waschsalon Can Laundry, waschen und trocknen 7,50 €/Maschine. Beyazgül Sok. 6.

Zweiradverleih Großes Angebot. Motorbikes der verschiedensten Klassen 15–70 €/Tag.

Südägäis

Übernachten (→ Karten S. 313 und S. 315)

Mehr-Sterne-Clubanlagen findet man vorrangig an den Stränden südlich und nördlich von Kuşadası. Die Mittelklasse liegt zentral in erster Reihe, Pensionen sind oft unauffällig in den Gassen der Innenstadt versteckt. Preiswert übernachtet man zudem in den Bungalows der Campingplätze (s. u.). Grundsätzlich ist überall mit Lärmbelästigung zu rechnen, egal ob durch Straßen oder Kneipen.

**** Hotel Kismet [5], auf einer Landzunge nördlich des Zentrums. 1966 als eines der ersten gehobenen Hotels Kuşadasıs eröffnet, bis heute eines der besten Häuser der Stadt. 80 geräumige Zimmer, gepflegt und charmant, viele mit Terrasse oder Balkon und Meeresblick. Drum herum ein schöner Park. Ruhige Lage. Pool, Restaurant. Hier wohnten schon Joan Baez bis Queen Elizabeth. Lesermeinung: „Die Lage ist einmalig, der Service fantastisch." EZ 108 €, DZ 139 €. Gazibeğendi Bul. 1, ☎ 6181290, ✆ 6181295, www.kismet.com.tr.

Club Caravanserail [21], in der Karawanserei von Kuşadası. Orientalische Atmosphäre, nicht nur die Architektur betreffend: nahezu jeden Abend Bauchtanzvorführungen. Die Zimmer sind recht klein und teilweise dunkel, aber komfortabel. Viele Gruppen. Mehmet Paşa Kervansarayı, EZ 65 €, DZ 85 €. Öküz, ☎ 6144115, ✆ 6142423, www.kusadasihotels.com/caravanserail.

Villa Konak [8], untergebracht in einem nachgebauten osmanischen Stadthaus. 17 Zimmer um 2 Höfe, darunter 11 geräumige und stilvolle Deluxe-Zimmer. Pool. Gemütlicher Garten, in dem zum 5-Uhr-Tee geladen wird. Kinder unter 10 Jahren sind nicht willkommen. Im Herzen der Stadt. DZ 50 € (Standard) bzw. 70 € (Deluxe). Yıldırım Cad. 55, ☎ 6146318, ✆ 6131524, www.villakonakhotel.com.

Liman Hotel [10], überschaubares Haus mit geräumigen Zimmern mit Fliesenböden, Klimaanlage und Balkon, manche mit schönem Hafenblick. Gemütliche Dachterrasse, auf der das Frühstück serviert wird. Gutes Preis-Leistungs-Verhältnis. EZ 33 €, DZ 40 €. Buyral Sok. 4, ☎ 6147770, ✆ 6146913, www.limanhotel.com.

Boutique Pension Captain Zula [4], hübsche Pension in einer Seitenstraße zur Uferstraße. Schöne, mit Blümchen bemalte Zimmer mit weißen Laminatböden, spärlich, aber einwandfrei möbliert. 3 Zimmer mit großzügigen Balkonen und seitlichem Meeresblick. Nach hinten hinaus eine nette Cafébar. DZ je nach Zimmer 30–40 €. İstiklal Cad., ☎ 0533/7661811 (mobil).

Cennet Pension [9], kleine, sympathische und deutschsprachige Pension am Altstadtberg. Nur 6 sehr saubere Zimmer mit Massivholzmöbeln, 4 davon mit privatem Bad, die anderen beiden teilen sich eines. Blumenbepflanzter Hof, Dachterrasse mit Blick über Stadt und Hafen. Auf Wunsch wird lecker gekocht. EZ 35 €, DZ 40 €. Yıldırım Cad. 69, ☎ 614489, www.cennetpension.com.

Sezgin Hotel [24], Mischung aus Guesthouse für internationale Backpacker und Hotel. Ordentliche Zimmer mit Laminatböden und z. T. mit Kochnische, aber ohne besondere Note. Alle mit Klimaanlage, fast alle mit Balkon. Pool und Gärtchen. Waschservice, Bookexchange. EZ 25 €, DZ 35 €. Arslanlar Cad. 68, ☎ 6144225, ✆ 6143806, www.sezginhotel.com.

Anzac Golden Bed Pension [25], im Gassengewirr auf dem Altstadthügel. 12 Zimmer, einfach, aber okay, 4 mit grandiosem Meeresblick. Geführt von einer hilfsbereiten Australierin. Urgemütliche Aussichtsterrasse mit Topfpflanzen, auf der Haushund Takoz jaulend den Muezzin begleitet. Freier Transport nach Ephesus. DZ mit Meeresblick 35 €, ohne 25 €. Arslanlar Cad. Uğurlu 1. Çıkmazı 4, ☎ 614870, www.anzacgoldenbed.com.

Camping Yat Camping [1], gegenüber dem Jachthafen. An sich gepflegter Platz mit nettem Poolbereich und relativ viel Komfort. Gute Sanitäranlagen. In der Regel ganzjährig. Es werden auch Zimmer (älteren Datums) und neue Bungalows (mit TV und Laminatböden) vermietet, jeweils mit Terrasse und Bad. Die Putzfrau könnte man jedoch austauschen. 2 Pers. mit Wohnmobil und Strom 11,50 €, mit Zelt 8,50 €, DZ mit Klimaanlage 30 €, ohne 25 €. Atatürk Bul. 90, ☎ 6181516, ✆ 6181560, www.campingturkey.com.

Önder Camping [2], gleich neben dem Yat und ebenfalls empfehlenswert, wenn auch mit dem kleineren Pool. Gestufter Platz mit

Übernachten

1 Yat Camping
2 Önder Camping
4 Boutique Pension Captain Zula
5 Hotel Kismet
8 Villa Konak
9 Cennet Pension
10 Liman Hotel

Essen & Trinken

3 Ayhan Usta
6 Bizde Ye
7 Bül Bül I
11 Ferah Restaurant

Nachtleben

12 Jade
13 Soho

Basarviertel

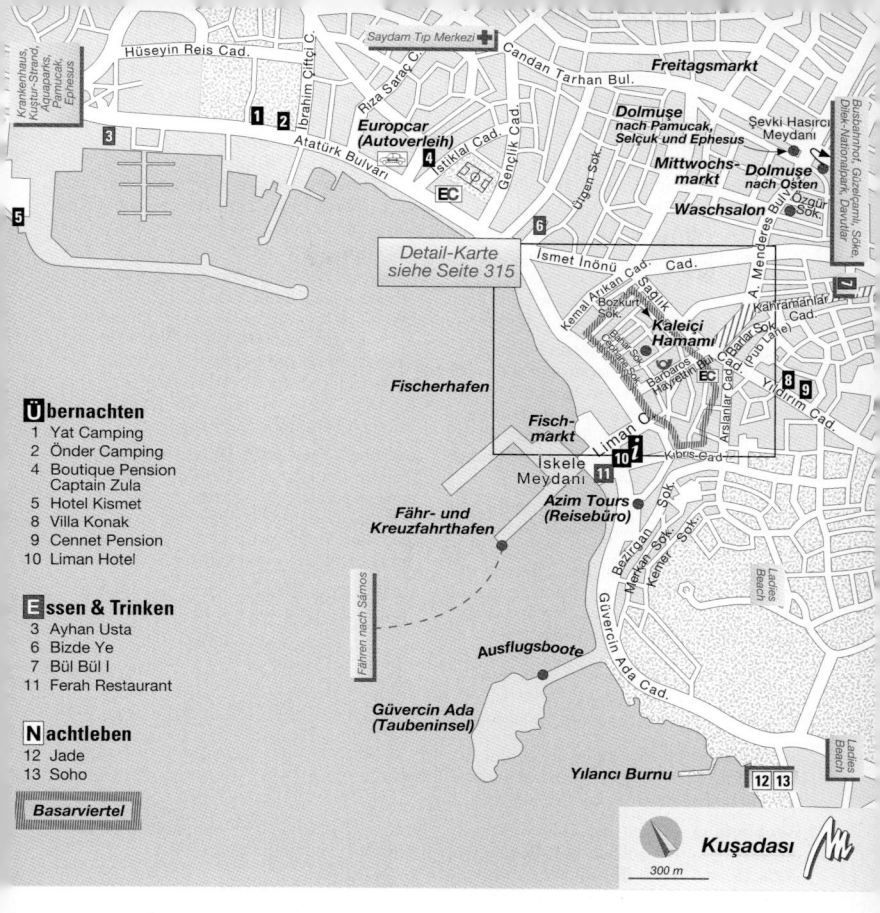

Bäumen. Internationales Publikum. Tennisplatz, Snackbar, Schatten, saubere Sanitäranlagen. Ebenfalls Zimmervermietung. 2 Pers. mit Wohnmobil und Strom 10 €, DZ mit Klimaanlage und Bad 30 €, kein Frühstück. Atatürk Bul. 72, ✆ 6181518, ✉ 6181517, www.ondercamping.com.

Essen & Trinken (→ Karten S. 313 und S. 315)

Die schicksten Restaurants liegen an der Uferpromenade – beliebte Rendezvous-Adressen wohlhabender Türken. Ausländer trifft man eher bei Kebab, Schnitzel und Spaghetti in den Lokalen der zweiten Reihe. In der Cephane Sok. in der Altstadt gibt es eine Reihe von guten Restaurants, die Kebabs und Topfgerichte bieten. Günstige, einfache Lokantas findet man v. a. stadtauswärts.

Ali Baba Restaurant 17, alteingesessenes Restaurant mit schöner Terrasse am Fischerhafen. Große Auswahl an Fisch und Meeresfrüchten, köstlich zubereitet, tadellos serviert und im behaglichen Ambiente verzehrt. Meze ca. 2,50 €, Hg. 5,50–11 €, Fisch nach Gewicht. Balıkçı Limanı, ✆ 6141551.

Ferah Restaurant 11, nahe dem Kreuzfahrtschiffhafen, versteckt hinter dem Park. 1-a-Meze (ab 2,50 €, teurer die Fisch-Meze), ebenfalls hervorragender frischer Fisch (Preis nach Gewicht, Portion ab ca. 8 €). Aufmerksamer Service. Innen etwas bieder, die Terrasse ist aber herrlich, man sitzt direkt am Meer. Von Lesern hochgelobt. Liman Cad. 10, ✆ 6141281.

Ayhan Usta 3, gepflegtes Lokal mit schöner Terrasse und Blick auf die Marina. Neben den üblichen Touristensteaks auch gute, außergewöhnliche Fleischgerichte, aber auch Fisch. Hg. 6–16 €. Atatürk Bul., ✆ 6180459.

Yuvam 22, versteckt gelegenes Lokal an der 7 Eylük Sok., vorrangig von Einheimischen besucht. Leckere Topfgerichte im täglichen Wechsel, Aufläufe und Suppen – kosten Sie die örtliche Spezialität *Kulaklı Çorba* („Ohrensuppe") – Tomatensuppe mit Teigtäschchen. Günstig.

Bül Bül I 7, beliebtes, großes und einfaches Restaurant. Nur kleine Karte: *Saç Kavurma*, Döner, Pide und *Güveç*. Fest in türkischer Hand. Alkoholfrei. Terrasse mit Friedhofsblick. Hg. faire 3–5,50 €. Kahramanlar Cad. (einfach der Fußgängerzone stadtauswärts folgen), ✆ 6130095.

Bizde Ye 6, gepflegte, kleine, zentral und doch versteckt gelegene Lokanta mit einem originellen Namen: „Iss bei uns!". Das empfehlen auch wir, denn die aus irdenen Gefäßen angebotene Hausmannskost ist sehr lecker, vielfältig und preisgünstig. Dazu sehr freundliches Personal. İnönü Bul. Ülgen Sok.

Balıkçılar Aile Çay Bahçesi 14, einfaches Terrassenlokal über dem Fischmarkt. Machen die Nachbarlokale marktschreierisch auf sich aufmerksam, muss man hier erst einmal den Eingang finden – halten Sie nach einer Treppe Ausschau. *Gözleme*, Grillfisch, Bier und Tee. Viele lederhäutige Fischer im Publikum. Günstig.

Snacks Park Büfe 16, ein Low-Budget-Tipp an der Kemal Arıkan Cad. Kleiner Verschlag mit ein paar Holztischen draußen im Park. Zum günstigen Bier isst man einen gegrillten Fisch im Brot (nur 1,25 €), es gibt aber auch Burger und Kebabs.

Café Özsüt 18, Süßspeisen jeder Art. Mit Terrasse. Kemal Arıkan Cad.

Nachtleben (→ Karten S. 313 und S. 315)

Im Sommer ziehen viele Clubs und Kneipen aus İzmir nach Kuşadası um, und mit ihnen die Partypeople. Die besseren Clubs verlangen 7–15 € Eintritt, oft besorgt ein Türsteher die Auswahl des Publikums.

Beachclubs Party am Strand! Absolut angesagt waren zuletzt die Beachclubs Jade 12 und Soho 15 auf der Landzunge Yılancıburnu im Südosten von Kuşadası. Nachts wird bei House- oder Livemusik ausgelassen gefeiert, am Nachmittag gemütlich relaxt.

Bar Street Die Barlar Sokağı, die „Pub Lane" bzw. „Bar Street", ist eine brodelnde Amüsiermeile, bestehend aus Pubs (wie z. B. Jimmy's Irish Bar, The Shamrock, Paddy's Irish Bar oder Kitty O'Shea), Clubs und Discobars (wie. z. B. Authentic, Kale Megdan, Kuşadası V.I.P. Club oder Emperor), in denen Musik querbeet aufgelegt wird. Das Treiben ist bunt und billig.

Weitere Danceclubs In der Tuna Sok. in der Altstadt gibt es Nachtleben für jeden Geschmack, egal ob Elektro, türkische Volksweisen oder Karaoke. Sehr populär war dort zuletzt der **Ex Club** 23 in Hnr. 13, ein in Weiß gehaltener Danceclub. Ums Eck in der Sakarya Sok. befindet sich die **Another Bar** 20, die alles zwischen vergessenem Underground und der neuesten Chartmusik präsentiert. Der lila-rosa gestrichene, winzige **Tattoo Club** 19 in der gleichen Straße ist ein netter kleiner Gayclub.

Baden/Tauchen

Baden Die Strände vor Ort sind wenig prickelnd, relativ schmal und voller Liegestühle. Wer ruhigere Buchten sucht, muss ein ganzes Stück fahren. Ein Überblick:

Südlich von Kuşadası: Der bekannteste Strand rund um Kuşadası ist der **Kadınlar Plajı** bzw. **Ladies Beach** (z. T. auch mit „Kadınlar Denizi" ausgeschildert) 2,5 km

Essen & Trinken
14 Balıkçılar Aile Çay Bahçesi
16 Park Büfe
17 Ali Baba Restaurant
18 Özsüt
22 Yuvam Restaurant

Übernachten
21 Club Caravanserail
24 Sezgin Hotel
25 Anzac Golden Bed Pension

Nachtleben
19 Tattoo Club
20 Another Bar
23 Ex Club

Einkaufen
15 Ege Ports Scala Nuova

Kuşadası Zentrum

südlich von Kuşadası. Er ist ebenfalls recht schmal, mit Liegestühlen zugepflastert und dahinter verbaut. Vom Surfbrettverleih bis zur Strandkneipe ist alles vorhanden, was der Kuşadası-Urlauber wünscht. Südlich des Ladies Beach schließen sich die Sandkastenstrände **Green Beach** und **Sunrise Beach** an. Und noch etwas weiter südlich folgt ein kilometerlanger Sandstrand bis **Güzelçamlı**, der ebenfalls komplett verbaut ist: Stellenweise staffeln sich die Ferienhäuser in mehr als 50 Reihen! Damit jeder weiß, wo er ist, hat man diesen Strand in Abschnitte mit so klangvollen Namen wie „Love Beach" oder „Paradise Beach" unterteilt. Am besten fährt man durch bis zum **Dilek-Nationalpark** (s. u.): Die 4 traumhaften Strände rund 28 km südlich von Kuşadası sind mit Abstand das Beste, was die Gegend fürs Badevergnügen zu bieten hat.

Nördlich von Kuşadası: Beim 5 km nördlich von Kuşadası gelegenen Feriendorf Kuştur findet man den gepflegten, sandigen **Pygale Beach** (nach dem unübersehbaren Hotel dort auch **Tusan-Strand** genannt, auch falsch mit „Pygela" ausgeschildert). Die Sonnenschirmreihen sind mit außerordentlicher Geradlinigkeit gezogen. Dahinter ein paar Kneipen.

Herrlich ist der ausgedehnte, recht leere (aber nicht an Wochenenden!) Sandstrand von **Pamucak** ca. 12 km nördlich von Kuşadası. Im Süden gibt es zwei Aquaparks hinter dem Strand, das **Aqua Fantasy** und das **Adaland**. Für weitere Strände gen Norden → Selçuk/Baden, S. 303.

Tauchen Einen guten Ruf besitzt die Tauchbasis **Active Blue** im Ephesus Princess Hotel, 7 km nördlich von Kuşadası am Pamucak-Strand. ✆ 0532/7074909 (mobil), www.activeblue.com.

Dilek-Nationalpark

(Dilek Milli Parkı)

Der 1966 auf der Dilek-Halbinsel erschlossene Nationalpark rund um den 1237 m hohen Samsun Dağı ist ein Lichtblick in der verbrauchten und verbauten Natur rund um Kuşadası. Zum Nationalpark mit einer Gesamtgröße von 28.000 ha gehören auch weite Teile des Büyük-Menderes-Deltas. Kiefernwälder bedecken ein Drittel des Parkareals und machen Wanderungen und Mountainbiketouren auch in der Sommerhitze erträglich. Wer leise ist, kann zahlreiche Vogelarten (über 250 soll es geben, darunter Kormorane und Pelikane), Wildschweine (die bis an die Strände kommen), Schakale, Luchse und Wildpferde zu Gesicht bekommen. Selbst der anatolische Panther soll sich hier noch tummeln – nur ward dieser seit 1974 nicht mehr gesehen.

Die herrlichen, bestens ausgeschilderten Strände des Nationalparks verfügen über Restaurants (nur in der Saison) und Picknickbänke. Da die Strände größtenteils flach ins Meer abfallen, sind sie zudem sehr kinderfreundlich. Das Wasser ist glasklar. Als Erstes kommt die Sandkiesbucht İçmeler, darauf folgt Aydınlık (Kies), dann der größte und frequentierteste Beach Kavaklıburun (auch Kalamaki genannt, Kies/Sand) und zum Schluss der Karasu-Strand (Kies). Kleiner Wermutstropfen: An Wochenenden sind die Strände gnadenlos überlaufen. Die Westspitze der Halbinsel ist militärisches Sperrgebiet – Sámos ist keine 2 km entfernt, und die Soldaten möchten sich beim gegenseitigen Belauern nicht stören lassen.

Den Eingang zum Nationalpark erreicht man über **Güzelçamlı**, retortig an der Küste, kleinstädtisch-provinziell im dahinter liegenden Zentrum. 100 m vorm Eingang zum Park weisen Schilder zur „Zeus Mağarası", einer **Grotte** mit Bademöglichkeit. Das Wasser leuchtet je nach Lichteinfall in Grün- oder Blautönen. Um die Grotte ranken sich allerlei Legenden, u. a. soll hier die Jungfrau Maria gebadet haben; seitdem soll der Sprung ins kühle Nass Schönheit verleihen.

Buchtenzauber im Dilek-Nationalpark

Verbindungen/Anfahrt Regelmäßig **Dolmuşe** ab Kuşadası und Söke. Sie fahren im Park nur den Kavaklıburnu-Strand direkt an, zu den anderen Stränden muss man von der Durchgangsstraße noch ein paar Minuten laufen. Der Park ist von der Straße Kuşadası – Söke mit „Milli Park/Davutlar" ausgeschildert.

Öffnungszeiten Tägl. 8–19 Uhr (17 Uhr im Winter). Eintritt 2 €, Auto 5 €, Wohnmobil 16,50 € (!). Grillen und Übernachten verboten.

Wandern Es ist möglich, den Nationalpark von Nord nach Süd über den Gebirgszug des Samsun Dağı bis ins idyllische, ehemals griechische Dorf Eski Doğanbey zu durchwandern (Dauer je nach Kondition 4½–6½ Std.). Herrliche Aussichten sind garantiert. Der Einstieg in den markierten Wanderweg ist zwischen der Aydınlık- und der Kavaklıburun-Bucht mit „Kanyon" ausgeschildert, dort auch eine Orientierungstafel.

Zwischen Kuşadası und Milas

Rund 100 km trennen Kuşadası von Milas. Die Strecke ist – obwohl die Nationalstraße 525 weit abseits der Küste verläuft – landschaftlich reizvoll und abwechslungsreich. Über Söke gelangt man in die weite Schwemmlandebene des Großen Mäander, danach führt der Weg weiter durch das wilde karische Bergland. Zwischen Kuşadası und Milas liegt eine Vielzahl antiker Stätten, darunter so hochkarätige wie Priene, Milet und Didyma (von Kuşadası kommend allesamt über Söke zu erreichen). Ebenfalls hochkarätig – im Hinblick auf landschaftliche Schönheit – ist die wildromantische Bergwelt am Bafa-See.

Söke und Magnesia

Söke (ca. 77.000 Einwohner) bietet nicht viel mehr als einen lebendigen Mittwochsmarkt, zu dem die Landbevölkerung pilgert und wohin organisierte Ausflüge von Kuşadası angeboten werden. Außerdem hat Söke als Knotenpunkt im Busverkehr Bedeutung.

Rund 15 km nördlich von Söke, rechts und links der Straße nach Ortaklar, liegt das antike Magnesia (im Sommer tägl. 8.30–17 Uhr, Eintritt 1,50 €). Viele Ruinen schlummern noch unter der Erde, die Universität Ankara bringt sie peu à peu ans Tageslicht. Bedeutendstes Bauwerk der Stadt war der Artemistempel, von dem aber nicht mehr allzu viel erhalten ist. Er zählte zu den größten Tempelanlagen (41 x 67 m) Kleinasiens. Teile des Tempelfrieses befinden sich heute in İstanbul, Paris und Berlin. Vom Propylon wurden ein paar Säulen wieder aufgestellt. Zuletzt wurden Latrinen entdeckt.

Die Straßenlokantas von Ortaklar 4 km weiter sind übrigens landesweit bekannt für ihre leckeren *Çöpşiş* (Minispieße) – ein empfehlenswerter Lunchstopp, auch wenn das Städtchen selbst sehr trostlos ist.

Dolmuşe von Söke über Magnesia nach Ortaklar, Priene, Milet und Didyma, zudem nach Kuşadası und Milas. Busverbindungen in alle größeren Städte der Westtürkei. Gestartet wird stets am Busbahnhof (*Otogar*, ausgeschildert).

Priene (antike Stadt)

Hoch über der Schwemmlandebene des Büyük Menderes thront das antike Priene. Die Lage der Ausgrabungsstätte ist grandios, die Ruinen selbst sind es weniger, auch wenn Archäologen dem für gewöhnlich widersprechen: Denn in Priene dominiert – eine Seltenheit in der Ägäis – überwiegend unverfälschte griechische Bausubstanz, da die Stadt bereits in römischer Zeit nahezu bedeutungslos geworden war.

Das heute ausgegrabene Priene wurde zu Mitte des 4. Jh. v. Chr. neu gegründet. Die Reste der Vorgängerstadt, welche einst direkt am Latmischen Meerbusen lag und wegen Verlandung ihres Hafens aufgegeben wurde, ruhen irgendwo metertief unter der Schwemmlandebene. Die neue Stadt wurde terrassenförmig im Schachbrettmuster nach dem hippodamischen System (→ Milet/Geschichte, S. 321) angelegt. Sie war durch Längs- und Querstraßen in etwa 80 Parzellen von 35 x 47 m unterteilt. Auf jeder Parzelle hatten ca. vier Privathäuser Platz. Die befestigte Akropolis, von der nur noch spärliche Mauerreste erhalten sind, wurde nördlich der Stadt auf einem knapp 250 m hohen Felsblock errichtet.

Als das Stadtsäckel leer war, kam 334 v. Chr. zum Glück Alexander der Große vorbei: Er übernahm die Baukosten des Athenatempels. Eine kurze Blütezeit brach an. Doch schon 277 v. Chr. zerstörten die Galater die Stadt. Nach dem erneuten Wiederaufbau geriet Priene in die Diadochenkämpfe und nahm durch Brände und Plünderungen großen Schaden. Unter römischer Regentschaft (ab 133 v. Chr.) herrschte zwar Friede, doch mit der zunehmenden Verlandung des Golfes und dem Verlust seines Hafens sank Priene mehr und mehr in die Bedeutungslosigkeit ab. Byzanz schenkte der Stadt zwar noch einen Bischofssitz, doch Prienes Untergang tat dies keinen Abbruch. Im 14. Jh. verließen sie die letzten Bewohner.

Erste Ausgrabungen erfolgten 1868 durch ein britisches Team. Zwischen 1895 und 1899 legte der Pergamon-Entdecker Carl Humann mit seinem Kollegen Theodor Wiegand die Stadt systematisch frei. Die bedeutendsten Skulpturen und Bauteile wanderten nach İstanbul, ins Britische Museum und ins Berliner Pergamon-Museum.

Verbindungen/Anfahrt Von Söke ca. halbstündl. **Minibusse**. Von Kuşadası und Selçuk organisierte Tagestouren nach Priene, Milet und Didyma. Priene ist von der Straße Söke – Milas ausgeschildert. Die Ruinenstadt liegt oberhalb des Dorfes Güllübahçe und ist auf einem schmalen Sträßchen bequem zu erreichen.

Öffnungszeiten Tägl. 8.30–19 Uhr, im Winter bis 17 Uhr, außerhalb der Öffnungszeiten frei zugänglich. Eintritt 1,50 €.

Übernachten/Camping/Essen & Trinken In Güllübahçe gibt es einige Restaurants und die **Priene Pension**, ausgeschildert. 16 ordentliche, geräumige Zimmer mit (gefülltem!) Kühlschrank, die sich um ein Mandarinengärtchen gruppieren. Keine Klimaanlage. Im Aug. manchmal vom Grabungsteam belegt. Nebenan kräht der Hahn mit dem Muezzin um die Wette. Campingmöglichkeiten. Pool, Restaurant. Monopolpreise (handeln!): EZ 30 €, DZ 50 €. Turunçlar Mah, ✆ 0256/5471725, ✆ 0256/5471565.

Sehenswertes

Leider erleichtert der schachbrettartige Grundriss der Stadt keinesfalls die Orientierung: Wo einst geradlinige, gepflasterte Straßen waren, winden sich heute Feldwege und Pfade hinauf und hinab. Verwirrend ist zudem, dass die Stadt nicht nur in Hanglage, sondern zugleich noch rund um einen Hügelrücken errichtet wurde. Zum Glück aber sind alle bedeutenden Bauwerke auch mit deutsch beschrifteten Schautafeln versehen. Der Parkplatz samt Kassenhäuschen befindet sich nahe dem Osttor sehr unterhalb der meisten Sehenswürdigkeiten. Nach Betreten des Ruinenfeldes steigt man zum Zentralbereich der Stadt auf. Die interessantesten Monumente im Überblick:

Theater: Verhältnismäßig klein, fasste es mit seinen 50 Sitzreihen knapp 6500 Zuschauer. Unmittelbar vor der Orchestra stehen fünf marmorne *Ehrensessel* für hohe Würdenträger, auf der Hauptachse befindet sich der *Dionysos-Altar*. Vom Bühnengebäude, in römischer Zeit renoviert, steht noch das Erdgeschoss, ebenso die gut erhaltene Säulenreihe der Vorhalle. Man nimmt an, dass zwischen die Säulen verzierte Holztafeln gesetzt wurden, die als Kulisse dienten. Zu Füßen des Theaters, unter Kiefern hinter dem Bühnengebäude, liegen die Reste einer *byzantinischen Basilika*. Von hier verläuft die Theaterstraße zum weiter westlich gelegenen Athenatempel. Ein kleiner Abstecher führt davor zum Demeterheiligtum.

Demeterheiligtum: Versteckt im Pinienwald oberhalb des Theaters liegen die spärlichen Reste des stark zerstörten, der Göttin der Feldfrucht geweihten Heiligtums. Ein Trampelpfad führt hin, den Einstieg findet man am obersten Theaterrang. Der Grundriss des ummauerten, heiligen Bezirks ist noch deutlich zu erkennen. Einst betrat man die Anlage zwischen einem Wasserreservoir und einer Wohneinheit von Osten aus. Gegenüber stand der Tempel, davor eine Säulenhalle. Hier fand man die Marmorstatue der Oberpriesterin Nikesso; in Priene einst hoch geschätzt, verblasst sie heute im Berliner Pergamon-Museum.

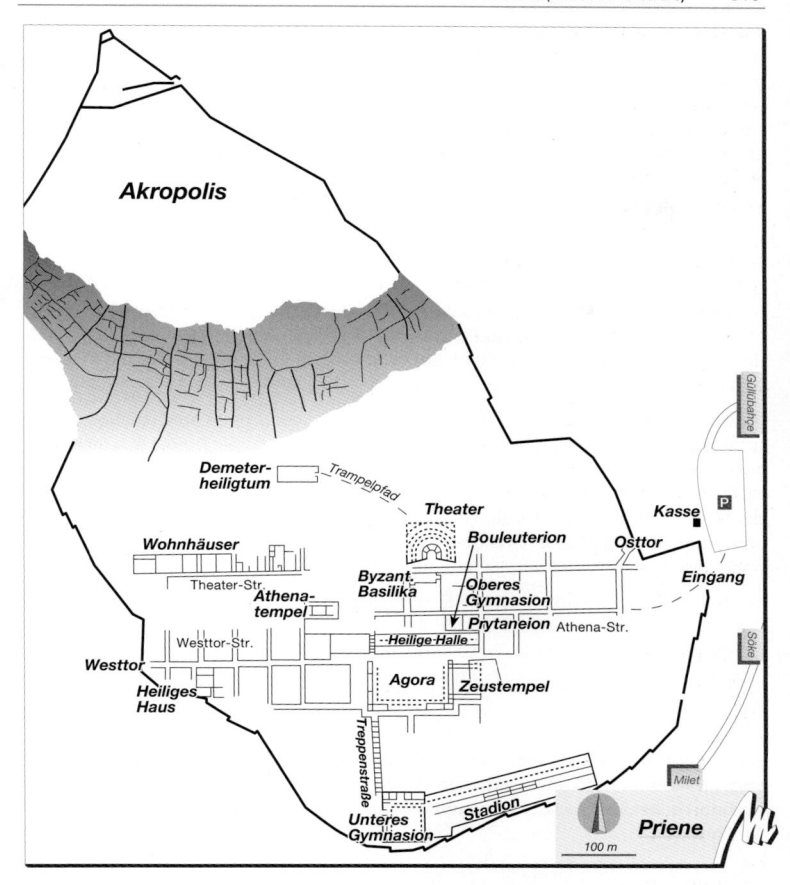

Athenatempel: Der Architekt Pytheos (4. Jh. v. Chr.), der mit dem Mausoleum von Halikarnassos (→ Bodrum) eines der sieben antiken Weltwunder entwarf, gab auch in Priene sein Bestes. Hier schuf er den Athenatempel, das Haupttheiligtum der Stadt. Heute ist leider nur noch dessen Fundament erhalten, von dem fünf wieder aufgerichtete, ionische Säulen samt Kapitellen imposant in den Himmel ragen. Bevor der Tempel einem Erdbeben zum Opfer fiel, war er von einer Säulenreihe umgeben. Die Kultstatue der Athene darin war um die 6,5 m hoch. Ihr Abbild zierte u. a. römische Münzen. Der Anblick des Tempels hoch über dem Golf von Latmos, vor der Kulisse einer schroffen, senkrecht aufsteigenden Felswand, muss beeindruckend gewesen sein.

Agora und Heilige Halle: Eine Treppenflucht führt vom Tempel hinab zu einem Brunnen. Ein paar Schritte zur Linken stößt man auf die stattliche Agora (75 x 46 m), die einst das wirtschaftliche Herz der Stadt war. Auf dem Platz erkennt man noch die Sockel, auf denen die Statuen wohlverdienter Bürger standen. Zur Mäanderebene hin grenzt die Agora an eine Säulenhalle, auf der Ostseite finden sich die spärlichen Reste eines *Asklepios-Heiligtums,* früher fälschlicherweise als Zeustempel bezeichnet. Auf das Heiligtum wurde später ein byzantinischer Wehrturm gebaut.

Direkt dahinter, zur Hangseite hin, liegen etwas erhöht die Ruinen der sog. *Heiligen Halle* (12,5 m tief, 116 m lang), ein zweischiffiges Gebäude mit einer äußeren Doppelreihe von 49 dorischen und einer Mittelreihe von 24 ionischen Säulen. Die rückwärtigen Kammern (an der Nordwand) dienten überwiegend als Archive. In der 9. (vom Westen gezählt) wurde zudem Kaiser Augustus verehrt. Hier fand man auch diverse Inschriften zur Stadtgeschichte, u. a. über die Einführung des Julianischen Kalenders 9 v. Chr.

Wohnhäuser am Westtor: Die Hauptstraße zwischen Agora und Heiliger Halle führt gen Westen zu den privaten Wohnhäusern der Stadt. Sie bestanden meist aus einem rechteckigen Innenhof, um den sich eine Vorhalle sowie Schlaf- und Essgemächer gruppierten. An der Straße liegt auch das *Heilige Haus,* in dem Alexander der Große gewohnt haben soll. Hier entdeckte man ein Kieselmosaik (heute nicht mehr zu sehen) und zwei Podien zur Götterverehrung. In anderen Häusern sind noch Reste von Ausschmückungen und Wasserbecken zu entdecken.

Bouleuterion: Nordöstlich der Heiligen Halle liegt das noch gut erhaltene Bouleuterion. Hier versammelte sich der Rat der Stadt. Es war ein verhältnismäßig kleines, quadratisches und fensterloses Gebäude mit Holzdach, das jedoch ungefähr 650 Personen, rund einem Zehntel der Bevölkerung, Platz bot. Licht kam durch die offene Südseite hinein. Auf dem etwa 1 m hohen Altar vor der Tribüne wurde vor jeder Sitzung den Göttern ein Opfer gebracht.

Prytaneion: In dem Gebäude direkt neben dem Bouleuterion residierte der Magistrat. Erhalten sind ein Wasserbassin im Hof sowie Reste eines Herdes und eines Marmortisches in einem Nebenraum, vermutlich der Standort des Heiligen Feuers der Stadt.

Unteres Gymnasion: Hangaufwärts des Prytaneions lag das *Obere Gymnasion,* dessen verbliebene Quader wenig sehenswert sind. Anders das Untere Gymnasion, das über eine Treppenstraße von der Agora zu erreichen ist. Der quadratische Innenhof war auf allen Seiten von dorischen Hallen gesäumt. Deutlich erkennt man noch den Baderaum mit Becken, in die Wasser aus einer umlaufenden Rinne mit putzigen Löwenkopfspeiern lief. Daneben lag der Ephebensaal, der den jüngeren Schülern als Unterrichtsraum diente. Diese waren auch nicht besser als heutige Schulpflichtige: Die marmornen Wände sind über und über mit Schülersprüchen, Namen und Kritzeleien bedeckt.

Stadion: Das Stadion, 191 m lang und 20 m breit, schließt östlich an das Gymnasion an. Im Westen sind – durch Pfeiler abgetrennt – die Startschwellen der Läufer gut erhalten. Gestartet wurde hinter einer Schranke, die vor allen Startboxen gleichzeitig hochschnellte – ähnlich der heutigen Startanlage bei Pferderennen. Die Hanglage ließ nur Zuschauerränge auf der Nordseite (= Hangseite) zu. Die *Steintribüne* im Mittelteil und der dahinter liegende *Porticus* sind gut erhalten.

Die Schwemmlandebene des Mäanderdeltas

Wo 494 v. Chr. in einer großen Seeschlacht die Mileter den Persern unterlagen, erstreckt sich heute eine weite Ebene von mehreren Hundert Quadratkilometern. Die größten Baumwollplantagen der Ägäis sind hier zu finden (mehr zur Baumwolle → S. 549). Die Schwemmlandebene schuf der Büyük Menderes, der die Küstenlinie durch seine starke Sedimentation im Laufe der Jahrhunderte so weit vorschob (im Schnitt 9 m pro Jahr), dass die antiken Hafenstädte Priene und Milet heute kilometerweit im Landesinnern liegen. Zwar führte die Verlandung letztendlich zum Untergang der Städte, war aber aufgrund des fruchtbaren Bodens anfangs auch ausschlaggebend für deren Aufstieg.

Im Mündungsgebiet des Großen Mäanders erstreckt sich heute eine schilfgesäumte Lagunenlandschaft, Brut- und Überwinterungsgebiet vieler Vögel – ein Paradies für Ornithologen. Pfeif- und Krickenten, Brachschwalben, Stelzenläufer, Pelikane, Spornkiebitze und sogar Flamingos können hier beobachtet werden.

Milet (antike Stadt)

80.000 Einwohner und vier Häfen zählte Milet. Doch wo einst Handelsschiffe in See stachen, liegen heute weite Baumwollfelder. Und zwischen den Ruinen vergessener Monumentalbauten grasen Schafe.

Wie Ephesus war auch Milet durch Verlandung seiner Häfen dem Untergang geweiht. Die Ruinen liegen heute rund 10 km abseits der Küste und lassen kaum mehr erahnen, dass die Stadt eine der bedeutendsten Hafenstädte der griechischen Antike war. Wie keine andere gründete sie Kolonien und trieb einen lebhaften Seehandel. Und gäbe es heute noch einen Bürgermeister, würde er bei jeder Festrede auf die berühmten Söhne der Stadt verweisen: Da war zum einen Thales (625–547 v. Chr.), der erste abendländische Philosoph, der heute jedoch v. a. als Mathematiker bekannt ist – wer bei den Dreiecken in der Schule aufgepasst hat, der kennt ihn. Sein Schüler Anaximander erfand vermutlich die Sonnenuhr und erkannte als erster, dass die Erde frei im Weltraum schwebt. Dessen Schüler Anaximenes wiederum unterschied Planeten von Fixsternen und sah bereits das Mondlicht als Reflex des Sonnenlichtes an. Hippodamos von Milet war der einflussreichste Stadtplaner der Antike. In Milet wurde zudem das von den Phöniziern übernommene Alphabet vervollständigt. Und auch viel früher als anderswo hatte man hier begonnen, Münzen zu prägen und Gewichte festzulegen.

Geschichte

Man nimmt an, dass Milet im 16. Jh. v. Chr. durch kretische Siedler gegründet wurde. Nach dem Geschichtsschreiber Herodot eroberten im 11. Jh. v. Chr. Ionier die Stadt und töteten alle Männer. Deren Frauen machten sie zu ihren eigenen – angeblich sollen diese aus Hass nie mit ihnen gesprochen haben. Wie dem auch war, die Stadt entwickelte sich unaufhaltsam und miletische Kolonisten gründeten schon ab dem 8. Jh. v. Chr. am Mittelmeer und am Schwarzen Meer mehr als 90 Tochterstädte, von denen Constanza (Rumänien), Sinop, Samsun und Trabzon (Türkei) die bekanntesten sind. Unter dem Tyrannen Thrasybulos erreichte Milet im 6. Jh. v. Chr. seinen Zenit, wurde geistiges Zentrum, bevorzugter Hafen und Handelsplatz Ioniens. In jener Zeit begann man mit dem Bau des Tempels von Didyma.

Nach einem gescheiterten Aufstand gegen die persische Großmacht wurde Milet 494 v. Chr. geplündert, zerstört und ein großer Teil der Bevölkerung verschleppt. Doch schon 479 v. Chr. begann man mit dem Wiederaufbau der Stadt, diesmal nach dem sog. hippodamischen System, an dem sich fortan alle planmäßigen Stadtgründungen der griechischen Klassik und des Hellenismus orientierten: Nicht mehr in engen, verwachsenen Gassen sollten die Menschen leben, sondern in Rasterstädten mit Schachbrettmuster (→ Priene).

Auferstanden aus Ruinen erlebte die neue Stadt bald wieder wirtschaftlichen Wohlstand – Kleider und Mobiliar „made in Milet" waren im Mittelmeerraum sehr begehrt. Eine politische Führungsrolle kam den als prunksüchtig geltenden Miletern aber nicht mehr zu, vielmehr wurde die Stadt in den nächsten beiden Jahrhunderten zum Spielball verschiedener Mächte. Ruhe kehrte erst wieder unter der Herrschaft Pergamons ein. In jene Zeit fallen auch die *Milesischen Geschichten*, erotische, novellenartige Erzählungen von Aristides von Milet. Unter Rom (ab 133 v. Chr.) erlebte die Stadt ihre letzte Blüte, Cäsar, Antonius und der Apostel Paulus statteten ihr einen Besuch ab.

In byzantinischer Zeit war es bereits still um Milet, obwohl die Stadt noch zu einem Bischofssitz erhoben wurde. Fortan pflegte sie ein Schattendasein in der Weltgeschichte. Im 14. Jh. erhielt sie als Hafenstadt des Menteşe-Emirats (→ Geschichte Milas) einen neuen Namen: Balat (Palatia). Irgendwann im 17. Jh. gab man die Versuche auf, gegen die Verlandung des Hafens anzukämpfen und die ehemals so mächtige Hafenstadt verwandelte sich nun endgültig in ein langweiliges Provinznest. 1955 wurde Balat nach einem Erdbeben aufgegeben und ein paar Kilometer weiter südlich in typisch türkischer Dorfmanier wieder aufgebaut. Erste archäologische Untersuchungen unternahm 1899 Theodor Wiegand vom Berliner Museum. Noch heute erforscht das Deutsche Archäologische Institut die antike Stadt, die Ausgrabungen dauern an.

Verbindungen Organisierte Tagesausflüge, meist in Verbindung mit dem Besuch von Priene und Didyma, werden von Bodrum, Kuşadası und Selçuk angeboten. Theoretisch bietet sich von Söke eine Anfahrt mit dem **Dolmuş** an (ca. 3-mal tägl., nur am Vormittag). Da die Dolmuşe meist aber umgehend zurückkehren, läuft man Gefahr, dass man für den Rückweg 5 km bis ins Dorf Akköy spazieren muss, wo die Dolmuşe auf der Strecke Söke – Altınkum vorbeikommen. Vor Ort großer gebührenpflichtiger Parkplatz und mehrere kleine Restaurants.

Öffnungszeiten Tägl. 8.30–19 Uhr (im Winter 8–17 Uhr). Eintritt für Ausgrabungsstätte und Museum jeweils 1,20 €.

Sehenswertes

Ein Besuch des Ausgrabungsgeländes gewinnt an Faszination, wenn man sich vorzustellen vermag, dass sich das antike Milet auf einer rund 2,5 km langen Halbinsel erstreckte. So lag z. B. zu Füßen des Theaters der sog. **Theaterhafen**, in dem einst Handels- und Kriegsschiffe dümpelten und heute das Kassenhäuschen und ein paar Snackbars stehen. Die wichtigsten Bauwerke, das Gros stammt übrigens aus römischer Zeit, lassen sich in einem Rundgang besichtigen. Wer alle zu Fuß abklappern

Milet (antike Stadt) 323

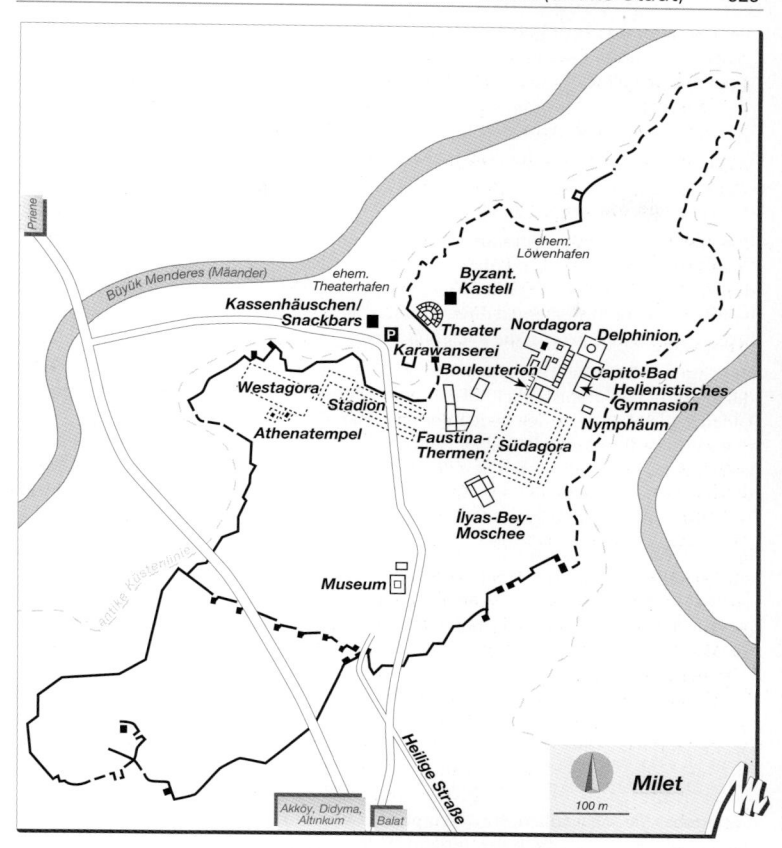

will, sollte mindestens einen halben Tag einkalkulieren, nach stärkeren Regenfällen sind Gummistiefel keine schlechte Idee. Genießer sollten sich das Theater – diesem gegenüber verblassen die anderen Ruinen – als Highlight für den Schluss aufheben.

Theater: Das eindrucksvolle Theater, eines der größten Kleinasiens, wurde unter Kaiser Trajan (97–117 n. Chr.) auf den Fundamenten eines hellenistischen Theaters errichtet. Die Vorderfront misst 140 m, der obere Umgang ist 500 m lang. Über 30 m ragt der imposante Bau aus der Ebene auf. Das gewaltige Theaterhalbrund fasste zwischen 15.000 und 25.000 Zuschauer – die Quellen sind sich uneins. Ausgezeichnet erhalten sind die 18 unteren Sitzreihen. Die beiden Säulen dort trugen einst einen Baldachin, unter dem der Kaiser Platz zu nehmen pflegte. Das Bühnengebäude war reich verziert mit Pilasterkapitellen, Statuen und Reliefs, es lohnt, sich die verstreut liegenden Architekturfragmente näher anzuschauen. Auf der Hügelkuppe über dem Theater thront – gewissermaßen als Zugabe – ein zerfallenes *byzantinisches Kastell* aus dem 8. Jh. Von ihm genießt man eine ausgezeichnete Aussicht über das weitläufige Ruinengelände inmitten der Mäanderebene.

Löwenbucht: Nördlich des Theaters lag der sog. Löwenhafen, dessen Einfahrt zwei große marmorne Löwenfiguren flankierten. An der inneren Spitze des Hafens stand das *Trophäum*, ein Hafenmonument, von dem noch der vierstufige Sockel (Durchmesser 11 m) mit einem Tritonenfries erhalten ist. Anfangs ehrte es wahrscheinlich Pompeius, der 63 v. Chr. das östliche Mittelmeer vorübergehend von der Piratenplage erlöste, später Kaiser Augustus für dessen ruhmreiche Taten in der Seeschlacht von Actium. Vom Trophäum führte eine 30 m breite Prachtstraße, die rechter Hand von einer *Kolonnadenhalle* gesäumt wurde, zum Delphinion.

Delphinion: Der Freilichttempel, von dem nur noch das pflanzenüberwachsene Fundament zu sehen ist, diente der Verehrung des Apollon Delphinios, des Gottes der Seeleute, Häfen und Schiffe. Der Komplex besaß einen von Säulenhallen umgebenen Innenhof mit einem kleinen Rundpavillon aus Marmor. Vor dem Delphinion begann die *Heilige Straße*, die nach Süden zum Didymaion (→ S. 325) führte.

Nordagora: Rechter Hand der Heiligen Straße lag das nördliche Marktviertel (90 x 43 m), das ursprünglich allseits von Säulen umgeben war. Mit mehr als 200 Läden bildete es eines der bedeutendsten Handelszentren der Stadt. Heute ist der Platz von Tamarisken und Algen überwuchert, ein kleiner Teil der *Stoa* wurde rekonstruiert. Auf der anderen Seite der Heiligen Straße sieht man Reste einer römischen Thermenanlage, des sog. *Capito-Bades*, und daran anschließend Reste eines *hellenistischen Gymnasions*.

Bouleuterion: Um 170 v. Chr. wurde zwischen der Nord- und der noch größeren Südagora der Ratssaal der Stadt errichtet. Man betrat die Anlage durch einen Torbau an der Ostseite und gelangte in einen von Säulenreihen umgebenen Innenhof, in dem ein dem Kaiser Augustus geweihter Altar stand. Der Sitzungssaal dahinter bot, einem Theater gleich, auf 18 gut erhaltenen Sitzreihen etwa 1200 Ratsmitgliedern Platz.

Nymphäum: Gegenüber dem Bouleuterion stand das einst prachtvolle Brunnenhaus mit einer dreigeschossigen Prunkfassade, gestiftet von Trajans Vater. In den Nischen der Hauptfassade waren 27 Götterfiguren aufgestellt, die z. T. auch als Wasserspeier dienten. Das Bauwerk enthielt zudem öffentliche Toiletten und zwei Wasserreservoirs. Das unterste Stockwerk konnte weitgehend rekonstruiert werden.

Südagora: Sie lag südlich von Nymphäum und Bouleuterion und war mit rund 33.000 m² eine der größten der antiken Welt. Das imposante Nordtor wurde wieder aufgebaut – im Berliner Pergamon-Museum.

İlyas-Bey-Moschee: Noch weiter südlich steht die Ruine einer 1404 von Emir İlyas von Menteşe errichteten Moschee mit einem Storchennest darauf. Da zu jener Zeit schon viele Bauten der Stadt funktionslos waren, klaute man von diesen die Steine dazu. Nach dem Erdbeben von 1955 wurde sie zwar notdürftig renoviert, innen aber ausgeräumt. Zuletzt wurde das Gebäude umfangreich restauriert – nahebei befinden sich Reste einer *Medrese* und eines *Hamams*.

Faustina-Thermen: Auf dem Weg wieder zurück zum einstigen Theaterhafen, stößt man auf die Reste einer großen Thermenanlage, die im Jahre 164 n. Chr. von Faustina II., der Gattin Mark Aurels, gestiftet wurde. Es gab Kalt-, Warm- und Heißwasserbecken sowie einstige Schwitzräume, die allesamt überreich mit Marmor ausgekleidet waren. Dahin ist dahin. Gut erhalten ist aber noch das *Frigidarium*, der Abkühlungsraum mit der intakten Skulptur des Flussgottes Mäander und jener eines Löwen.

Weiter westlich liegen in einer Grube die Fundamente eines **Stadions** und noch weiter westlich die spärlichen Reste der **Westagora**, an die sich südlich die Grabungsstelle des **Athenatempels** anschließt. Funde davon – heute in den Museen von İzmir und İstanbul – lassen vermuten, dass dieser Ort zugleich zu den ältesten Siedlungsstätten Milets gehört. Vorbei an ein paar Souvenirgeschäften und Restaurants gelangt man zurück zum Parkplatz. Dabei fällt der Blick auf eine schön restaurierte **Karawanserei** aus dem 15. Jh., dem wohl letzten großen Bauwerk Milets. Noch bis vor wenigen Jahren wurden in ihr Teppiche verkauft, zum Zeitpunkt der letzten Recherche stand sie leer. Das neue, 2011 eröffnete **Museum** an der Straße nach Balat zeigt neben Funden aus Milet auch solche aus Priene und Didyma.

Didyma
(antike Stätte)

Das Didymaion, die größte antike Tempelanlage der Türkei, beherbergte die bedeutendste Orakelstätte Kleinasiens. Im Ansehen rangierte diese unmittelbar hinter dem Orakel von Delphi.

In der Antike war Didyma im Unterschied zu Milet oder Priene nie eine Stadt, sondern diente einzig dem Kult des Gottes Apollon. Verwaltet wurde der Tempelbezirk von Milet aus, mit dem er durch eine 16 km lange, statuengeschmückte *Heilige Straße* verbunden war. Damals umgab ein Hain den kolossalen Tempel, heute steht er inmitten des ehemals griechischen Dorfes Didim. Dessen Kirche wurde in der ersten Hälfte des 20. Jh. in eine Moschee umgewandelt, die alten Natursteinhäuser beherbergen heute Restaurants, Läden und Teppichverkäufer. Das neue Didim etwas weiter, ein stetig expandierendes Konglomerat einheitlicher Apartmentblocks, ist mit Altınkum (s. u.) mittlerweile so gut wie zusammengewachsen.

Geschichte

Grabungsfunde lassen darauf schließen, dass es hier bereits im 11. Jh. v. Chr. ein Heiligtum gab, in dem die Erdmutter Gaia verehrt wurde. Zu jener Zeit bestand der heilige Ort aus nicht viel mehr als einem kleinen Kulttempel mit einer Quelle. Man nimmt an, dass die Mileter diesen Kult im 8. Jh. v. Chr. auf die Zwillinge Apollon und Artemis übertrugen. Sie glaubten, Didyma sei der Ort ihrer Zeugung gewesen.

Schon bald darauf leuchtete Didymas Stern hell am Orakelhimmel. Vom lydischen König Krösus bis zum ägyptischen Pharao Necho – jeder Pilger und Ratsuchende stiftete kostbare Gaben. Und so hatte das Priestergeschlecht der Branchiden, die das Heiligtum hüteten, schnell die Mittel zusammen, um dem Kult einen würdigen Rahmen zu verleihen. Ein monumentaler Tempel wurde gebaut. Doch 494 v. Chr., noch vor seiner Vollendung, plünderten die Perser das Heiligtum und brannten es nieder.

Nach der Vertreibung der Perser in der zweiten Hälfte des 4. Jh. v. Chr. plante man den Wiederaufbau der Kultstätte. Noch gigantischer sollte sie diesmal werden, die größte Kleinasiens. Dass auch dieser Tempel nie vollendet wurde, lag nicht zuletzt an den unermesslichen Kosten des Projekts: Aus Inschriften weiß man, dass allein eine der 20 m hohen Tempelsäulen rund 20.000 Arbeitstage erforderte – und der Plan sah einen Wald von 122 Säulen vor! Hinzu kam, dass die Arbeiten aufgrund kriegerischer Auseinandersetzungen immer wieder für Jahrzehnte ruhten.

Als das Christentum Staatsreligion wurde, stellte man die Arbeiten am Tempel nach über 600 Jahren Bauzeit endgültig ein. Die Ruine diente als Festung, das Adyton als Kirche, bis beide Ende des 15. Jh. nach einem Erdbeben aufgegeben wurden. Die Reste der antiken Bauruine sind jedoch noch immer überaus imposant. Erste Ausgrabungen fanden unter französischer Leitung 1872 statt. Zwischen

1905 und 1914 wurde der Tempel vollständig freigelegt. Heute leitet das Deutsche Archäologische Institut die Forschungsarbeiten vor Ort.

Verbindungen Dolmuşe auf der Strecke Söke – Altınkum passieren Didim, zum Tempel von der Haltestelle ca. 300 m. Organisierte Tagesausflüge nach Didyma, meist in Verbindung mit dem Besuch von Priene und Milet, werden von Bodrum, Kuşadası und Selçuk aus angeboten.

Öffnungszeiten Tägl. 9–19.30 Uhr, im Winter 9–17.30 Uhr. Eintritt 1,20 €.

Übernachten Etliche 08/15-Unterkünfte von 5-Sterne-Häusern bis zu einfachen Pensionen in **Altınkum** (s. u.). Beim Tempel beschränkt sich die Auswahl auf folgende Unterkünfte:

Medusa House, in dem alten griechischen Natursteinhaus gleich neben der Tempelanlage werden 5 auf den ersten Blick recht charmante Zimmer vermietet. Netter Hof. Alles könnte aber ein wenig gepflegter sein. EZ 40 €, DZ 70 €. ✆ 0256/8110063, ✆ 8111596, www.medusahouse.com.

Oracle Pension, urgemütliche Terrasse mit toller Aussicht auf die Ruinen. 5 sehr einfache Zimmer mit und ohne Bad, z. T. mit Balkon. Für den einen niedlich und okay, für den anderen eine heruntergekommene Kaschemme. DZ 30 €. Direkt neben dem Tempel, ✆ 0256/811027.

Camping Campingmöglichkeiten auf dem Picknickgelände **Tavşan Burnu** ca. 6 km nördlich von Didyma zwischen Straße und dem gepflegten, aber schmalen Sandstrand. Großer Platz unter Kiefern. Restaurant, Markt (beide nicht immer geöffnet). Etwas dürftige Sanitäranlagen, aber insgesamt okay. Viele türkische Gäste mit Hauszelten und viele Tagesgäste, die nur zum Baden kommen. Zelten für 2 Pers. 5,50 €, egal ob mit Zelt oder Wohnmobil. ✆ 0256/8256504.

Besichtigung der Tempelanlage

Der riesige Tempel (51 x 110 m) kann auf seiner Ostseite über eine 13-stufige Freitreppe betreten werden – beeindruckend sind hier die gigantischen Säulenstümpfe mit einem Durchmesser von 2 m. Teils schmücken schöne Reliefs ihre Basen. Die ionischen Kapitelle zierten einst Stierköpfe und Gottheiten, der Fries des Architravs zeigte liegende Löwen, Akanthusranken und Medusenköpfe, darunter der heute wohl meistfotografierte **Medusenkopf** der Welt, der nun gleich hinter dem Eingang zum Ausgrabungsareal aufgebahrt ist. Achtung: Der Blick der Medusa soll alle töten, die schlechte Absichten hegen!

Rund um die Tempelmauer war eine doppelte Säulenreihe geplant. Drei der 20 m hohen Säulen stehen noch bzw. wieder in ihrer vollen Pracht. Auf der Nordseite ist die doppelte Säulenreihe deutlich auszumachen, auf der Südseite blieb es vielfach bei deren Planung. Zwar finden sich hier Werkspuren, doch keine Säulenstümpfe. Auf der Westseite (Rückseite) bietet sich der Anblick einer umgestürzten, in einzelne Trommeln zerfallenen Säule.

An den **Pronasos**, die Tempelvorhalle, die einst auf weiteren zwölf Säulen ruhte, schließt die höher gelegene **Orakelhalle** an. Diese war nur den Priestern zugänglich, und wurde vom Innenhof des Tempels betreten. Durch ein monumentales „Fenster" (6,63 x 14 m) leiteten die Priester hier die Orakelsprüche des Apollon an das Volk weiter. Die Marmorquader zu beiden Seiten des Fensters wiegen je 70 t.

Rechts und links davon befinden sich die zwei tunnelartigen Gewölbegänge zum **Adyton** (dt. „unzugänglich"), dem 54 x 25 m messenden Innenhof des Didymaions, den nur Priester betreten durften. Er war mit Lorbeerbäumen bepflanzt und von einer 26 m hohen Mauer umgeben, die noch bis zu einer Höhe von etwa 10 m erhalten ist. Hier stand auch der Naiskos, ein kleiner Tempel, in dem sich die bronzene Kultstatue des nackten Apollon befand. Eine gewaltige Freitreppe führt zudem vom

Innenhof hinauf in die Orakelhalle. Je nach Lichteinfall kann man dort Architekturzeichnungen an den Wänden erkennen, zudem Inschriften, die über den Bau des Tempels Auskunft geben.

Altınkum

Der 5 km südlich von Didyma gelegene Badeort ist eine niveaulose, wild wuchernde Ansammlung von Apartmentblocks, Hotels und Pensionen. Überall prangen Schilder von Immobilienmaklern, ab rund 20.000 £ gehen hier Ferienwohnungen über den Tisch. Die meisten Kunden sind Briten, auf die auch die Speisekarten der hiesigen Restaurants zugeschnitten sind: *Full English Breakfast* mit *Pork Sausage* und *Fish 'n' Chips* zu Preisen, die das Doppelte des Landesdurchschnitts überschreiten. Etliche Discobars und Open-Air-Kneipen am südwestlichen Ende der Bucht sorgen für ein unterhaltsames Nachtleben – wer Einschlafprobleme hat, sucht sich besser woanders eine Unterkunft. Das große Plus des Orts ist der lange, gepflegte, sanft ins Meer abfallende Sandstrand, der – außerhalb der Saison – seinem Namen (*altın kum* = goldener Sand) alle Ehre macht. Im Hochsommer ist von seiner goldenen Pracht aber nichts zu sehen, denn damit er nicht ausbleicht, wird er täglich mit tausenden von Sonnenschirmen und Handtüchern abgedeckt.

Verbindungen: Regelmäßige **Dolmuş**verbindung von Altınkum über Didyma nach Söke. Von dort gelangt man mit Bussen in den Rest der Türkei.

Im Sommer **Fährverbindungen** zur Bodrum-Halbinsel (Torba, von dort mit dem Bus nach Bodrum), in manchen Jahren tägl., in manchen nur 2-mal wöchentl. – Abfahrt meist um 9 Uhr nach Bodrum, zurück um 17 Uhr (somit sind Tagesausflüge von Bodrum nach Didyma nicht möglich). 10 €/Pers. hin und zurück.

Bafa-See (Bafa Gölü)

Türkisgrünes Wasser, drum herum Natur pur und ein romantischer Ruinenort in bizarrer Landschaft: Der traumhaft gelegene Bafa-See lohnt mehr als nur einen Tagesausflug.

Vor 2000 Jahren gab es den Bafa Gölü noch gar nicht. Damals war hier eine Meeresbucht, der Latmische Meerbusen, in welchen der Große Mäander (→ Kasten, S. 321) mündete. Doch infolge der Abholzung der anatolischen Wälder und der damit verbundenen Erosion führte der Fluss immer mehr Schwebstoffe mit sich, die er im Mündungsgebiet ablagerte. So entstand die große Mäanderebene, die einen Teil des Golfes, den heutigen Bafa Gölü, vom neuen Küstenverlauf abtrennte. Heute ist der 15 km lange und 5 km breite See, dessen helle Quarzsandstrände zum Baden einladen, samt seiner Umgebung ein Naturreservat. 256 Vogelarten sind hier geben, darunter auch Stein- und Schlangenadler. Das Südufer prägen weite Olivenhaine, an seiner Nord- und Ostseite türmt sich das wild zerklüftete Beşparmak-Massiv auf (1375 m, nach seinem

Straßenverkauf am Bafa-See

höchsten Gipfel auch Latmosgebirge genannt). Es ist eine bezaubernde Felslandschaft, durchspickt von gewaltigen Gneisbrocken – herrlich zum Wandern. Am Nordostufer – inmitten der Ruinen des antiken **Herakleia** – liegt zudem das idyllische 325-Seelen-Dorf **Kapıkırı** mit mehreren Pensionen, in denen sich ruhige Naturen auch gerne längere Zeit einnisten. Das Gros der Einwohner besteht aus Bauern, die allabendlich ihre Kühe zurück ins Dorf treiben. Ihre Frauen versuchen derweil, Touristen selbst gebastelten Schmuck anzudrehen.

Die Stadt Herakleia wurde noch am Latmischen Meerbusen gegründet. Sie war von einer 6,5 km langen Stadtmauer umgeben, die Häuser kletterten von der Küste die dahinter liegenden Hänge bis auf 500 m hinauf. Die größte Blüte erlebte Herakleia in hellenistischer Zeit. Das Schicksal der Stadt wurde durch die Verlandung des Latmischen Golfs besiegelt.

Verbindungen/Sonstiges

Telefonvorwahl 0252.

Verbindungen Die **Dolmuşe** zwischen Söke und Milas (Abfahrt in Milas von der Tabakhane Garajı) passieren die Südseite des Sees und damit den Ort Bafa. Von Bafa ist man auf ein Taxi nach Kapıkırı angewiesen (5–7,50 €) oder man legt die restlichen 9 km per Anhalter zurück.

Eintritt Sofern das Kassenhäuschen besetzt ist, zahlt man am Ortseingang von Kapıkırı für die Besichtigung von Herakleia 1,20 €.

Bootsausflüge Werden von nahezu allen Unterkünften angeboten. 2-stündiger Trip mit Strandaufenthalt für 2 Pers. ca. 20 €.

Baden Wo der Einstieg steinig ist, kann es glitschig sein. Sandstrände findet man beim Dorf Kapıkırı, mehrere Kiesstrände zudem am Südufer. Einsame Badebuchten liegen an dem Weg zur Zwillingsinsel (→ Wandern).

Wandern Das Beşparmak-Massiv ist ein ideales Gebiet für halbwegs konditionsstarke und trittsichere Wanderer. Als Ziele locken Felsenklöster und Eremitagen. Die beliebte Wanderung zum **Stylos-Kloster** (einfach 4–5 Std.) sollte nur in Begleitung eines Führers (Infos in jeder Pension) unternommen werden. Wir empfehlen den deutschsprachigen Guide **Emin Aydın** von der Karia Pension (→ Übernachten). Er hat unterschiedliche Touren im Programm, auch mehrtägige. 4- bis 6-stündige Wanderung bei einer Gruppe von mind. 4 Pers. 15 €/Pers. mit Picknick, 2 Pers. zahlen zusammen 45 €. Kaum verlaufen kann man sich hingegen bei einer kleinen Wanderung (hin/zurück ca. 3 Std.) von Kapıkırı zur byzantinischen Festung auf der **Zwillingsinsel** *(İkizada)* – einfach dem Nordufer des Sees gen Westen folgen und den letzten Abschnitt hinüber waten.

Einkaufen Hochwertiges **Olivenöl** *(Zeytinyağı)* gibt's bei den Bauern in Kapıkırı oder direkt bei den Olivenölfabriken in Bafa am Südostufer des Sees.

> **Achtung:** Am besten stattet man dem See im Frühjahr einen Besuch ab. Ab August neigt er wegen Überdüngung zur Algenwucherung – dann kann es bisweilen gehörig muffeln, und ein Bad im See macht wenig Freude.

Übernachten/Essen & Trinken

Als Standorte bieten sich in erster Linie die Pensionen in Kapıkırı an. Fast allen sind Restaurants angeschlossen, in denen neben schmackhafter türkischer Landküche auch Aal, Zander oder Weißfische frisch aus dem See auf den Teller kommen.

Agora Pansiyon, populärste und eine der ältesten Pensionen Kapıkırıs. Von Lesern hochgelobt. Viel ausländisches Publikum, auch Gruppen. 13 freundliche, aber teils etwas dunkle Zimmer, z. T. in kleinen Holzbungalows, alle mit Bad und Aircondition. Führungen ins Gebirge, zudem Bootstouren. Hamam, Heizung für den Winter. Gemütliche Terrasse, leider ohne Seeblick. DZ mit HP (sehr gutes Essen) 90 €. Mitten im Dorf, ℡ 5435445, ℻ 5435567, www.herakleia.com.

Karia Pension, von Lesern ebenfalls sehr gelobt. 4 hübsche, kleine und sehr saubere Zimmer für 2–3 Pers. mit Klimaanlage, dazu eine Terrasse mit super Seeblick – ein Traum zum Sonnenuntergang. Der freundliche Besitzer Emin Aydın spricht Deutsch und ist Wanderführer. Emins Frau Cennet kocht einfach wunderbar, unschlagbares Frühstück, dazu gibt es jeden Nachmittag Kaffee und selbst gebackenen Kuchen. Schöner Garten. Hinter dem Haus ist Platz für 10 Zelte (Dusche und Toilette vorhanden). DZ mit HP 70 €, Campen 4 €/Pers. Am Ortseingang von Kapıkırı rechter Hand, ℡/℻ 5435490, www.kariapension.com.

Selene's Pension, 10 nette, unterschiedlich ausgestattete Zimmer mit Klimaanlage, auf mehrere Gebäude in einem weitläufigen Areal verteilt. Kleiner Pool (leider nicht immer der sauberste), dazu eine orientalische Ecke im Garten. DZ mit HP je nach Lage 60–90 €. In Kapıkırı in Seenähe, ℡ 5435221, ℻ 5435646, www.bafalake.com.

Pension Pelikan, wird von Lesern immer wieder gelobt. Familiäres Haus mit guter Küche, tolle Restaurantterrasse mit Seeblick. 10 kleine, saubere Zimmer. DZ mit HP 60 €. Am Ortseingang, ℡ 5435158, www.pelikanpansiyon.com.

Camping Über ein paar schöne Stellplätze direkt am Wasser verfügt die **Zeybek Pension** in Kapıkırı. Funktionierende Sanitäranlagen mit Warmwasser. Herrliches Terrassenlokal mit guter Küche. Campen mit Wohnmobil für 2 Pers. 10 €, mit Zelt die Hälfte. ℡ 5435441.

Sehenswertes

Die Ruinen der antiken Stadt Herakleia in und um das Dorf Kapıkırı sind bestens ausgeschildert. Weithin sichtbar ist der alles überblickende **Athenatempel**, dem nur das Dach und die Vorhalle fehlen. Auf der **Agora** steht heute ein Schulgebäude, das **Theater** ist nicht viel mehr als eine Mulde im Hang. Einen eindrucksvollen Einblick in hellenistische Militärarchitektur gibt die **Stadtmauer**, die sich zwischen Häusern und Gärten hindurch zieht. Auf dem Weg von der Ortsmitte Kapıkırıs zum See lässt das **Endymion-Felsheiligtum** jeden gemächlich vorbeitrabenden Esel von einer Mütze Schlaf des begehrtesten Langschläfers der Menschheit (→ Kasten) träumen. Am Ufer entdeckt man noch Reste der alten **Nekropole** – viele Sarkophage stehen heute unter Wasser. Die Ruine auf der Halbinsel im See war einst ein befestigter, byzantinischer Bischofssitz.

In den schwer zugänglichen Bergen finden sich weitere christliche Relikte – der Latmos war ab dem 7. Jh. Refugium für Eremiten und kleine Mönchsgemeinschaften (→ Wandern). Ungestört von gottlosen Piraten und moslemischen Glaubenskämpfern führten sie in ihren versteckten **Klöstern** – 13 Stück sollen sich im Latmosgebirge verbergen – ein zurückgezogenes Leben.

Endymion

Irgendwo in einer Höhle im Latmos-Gebirge schläft der schöne Jüngling Endymion seinen ewigen Schlaf. Um die mythologische Figur, vermutlich ein Enkel des Göttervaters Zeus, ranken sich viele Legenden. Die schönste erzählt von der Mondgöttin Selene, die sich in Endymion verliebte und ihn, aus Angst, ihn zu verlieren, in ewigen Schlaf versenkte. Nacht für Nacht suchte sie ihn daraufhin auf, versüßte seine Träume und gebar ihm insgesamt 50 Töchter. Das Thema wurde in der Literatur und Malerei vielfach behandelt. Über Jahrhunderte hinweg war Herakleia für seinen Endymionkult bekannt. In welcher Form er begangen wurde, ist heute jedoch vergessen.

Zeustempel von Euromos

Der römische Tempel aus dem 2. Jh. gehört zu den besterhaltenen antiken Bauten der Türkei. Von den ursprünglich 32 korinthischen Säulen steht noch die Hälfte. Der Tempel ist zugleich ein schönes Beispiel für das in der Antike beliebte Bau-Sponsoring: Noch heute, nach über 1800 Jahren, erinnern Inschrifttafeln an den Säulen an die Namen der großzügigen Finanziers. Die dazugehörige Siedlung Euromos, einst eine mit Mylasa eng verbundene Stadt, ist nur ansatzweise ausgegraben und bislang wenig sensationell. Kümmerliche Reste der Stadtmauer, der Agora und des Theaters findet man in der Nähe des Tempels.

Verbindungen/Anfahrt Der Tempel liegt 12 km nordwestlich von Milas ca. 200 m rechts der Straße nach Söke (ausgeschildert) und ist mit den Dolmuşen auf dieser Strecke gut erreichbar.

Öffnungszeiten Offiziell tägl. 8–18.30 Uhr (jedoch nicht umzäunt). Eintritt 3,20 €.

Milas
ca. 50.100 Einwohner

Milas ist das florierende Zentrum einer landwirtschaftlich geprägten Umgebung, in dem auch die Hoteliers und Gastronomen von der Küste ihre Großeinkäufe tätigen. Besuchenswert ist das Basarviertel der Altstadt mit seinen engen, von osmanischen Häuschen gesäumten Gassen. Wer hindurch spaziert, kann Kleinhandwerkern bei der Arbeit zusehen, Dosenmachern, Schneidern oder Radioreparateuren. Ihre Beschaulichkeit verliert die Altstadt dienstags zum Wochenmarkt, einem der schönsten der Ägäis. Dann kommen auch Zaungäste aus Bodrum zu einer Stippvisite. Rund um die Altstadt finden sich ein paar herrschaftlich restaurierte Villen aus dem 19. Jh., hauptsächlich aber umgibt sie ein Gürtel mehrstöckiger Apartmenthäuser und überbreiter Straßen im typisch türkischen Provinzrenommierstil.

Geschichte

Heute erinnert nur noch wenig daran, dass *Mylasa* über Jahrhunderte hinweg eine bedeutende Rolle als Zentrum der antiken Landschaft Karien spielte. Als sich das persische Großreich im 6. Jh. v. Chr. Kleinasien einverleibte, setzte der persische König für Karien Regenten ein, sog. Satrapen, die in Mylasa residierten, bis der berühmte Mausolos (→ Bodrum/Geschichte) im 4. Jh. v. Chr. den Regierungssitz nach Halikarnassos, dem heutigen Bodrum verlegte. Dennoch blieb Mylasa bis in die römische Zeit eine der führenden karischen Städte. In der Spätantike wurde sie Bischofssitz, ab dem 13. Jh. Hauptstadt des Emirats der Menteşe, einer turkmenischen Dynastie, die der Stadt einige schöne Moscheen hinterließ, darunter die Ulu Cami (→ Sehenswertes). 1391 wurde Milas ein erstes Mal von den Osmanen erobert. Deren Niederlage gegen Timur Lenk brachte die Menteşeoğulları nochmals auf den Thron, bis sie 1424 erneut von den Osmanen vertrieben wurden – seitdem macht die Geschichte einen großen Bogen um Milas.

Orientierung: Von Bodrum kommend, gelangt man für gewöhnlich über den Atatürk Bulvarı, die Hauptachse des Städtchens, ins Zentrum. Sie mündet beim Belediye Parkı (Stadtpark) in einen Kreisverkehr. Von hier sind das Museum und der Grabbau Gümüşkesen (der zugleich als Miniaturnachbau den Kreisverkehr ziert) ausgeschildert. Die Altstadt samt Rathaus (Belediye) erstreckt sich auf einem Hügel nordwestlich des Kreisverkehrs.

Milas 331

Information/Verbindungen/Einkaufen

Telefonvorwahl 0252.

Information Tourist Information im Regierungsgebäude Hükümet Konağı (aus Richtung Bodrum auf dem Atatürk Bul. ins Zentrum fahrend noch vor dem zentralen Kreisverkehr bei einer Atatürkstatue rechter Hand), ausgeschildert. Mo–Fr 8–12 und 13–17 Uhr. ✆/℻ 5124949.

Verbindungen Der internationale Flughafen DHMI Milas-Bodrum Hava Limanı (→ Bodrum/Verbindungen, S. 336) liegt mit einer Entfernung von 18 km näher an Milas als an Bodrum. Taxi zum Flughafen ca. 25 €.

Bus: Busbahnhof an der Straße nach Söke ca. 1 km außerhalb des Zentrums. Häufige Verbindungen nach İzmir (3 Std.), Aydın (2 Std.), Bodrum (45 Min.) und Muğla (1 ¼ Std). Dolmuşe fahren vom Busbahnhof ins Stadtzentrum.

Dolmuş: Dolmuşe nach Bodrum, Söke Iasos, Güllük, Boğaziçi, Çökertme und Ören starten von der **Tabakhane Dolmuş Garajı** im Zentrum nahe dem Museum.

Übernachten/Essen & Trinken

Übernachten *** **Milashan Otel**, bestes Haus der Stadt. Knapp 100 Zimmer. Zum Übernachten komfortabel, zu mehr nicht zu gebrauchen. Ca. 2,5 km außerhalb des Zentrums, an der Abzweigung von der Verbindungsstraße Muğla – Bodrum ins Zentrum. EZ 40 €, DZ 75 €. Halilbey Bul., ✆ 5137901, ℻ 5137904, www.milashan otel.com.

** **Otel Sürücü**, an der Ausfallstraße nach Bodrum (ca. 200 m vom zentralen Kreisverkehr entfernt). Komplett in die Jahre gekommen und mit leicht sozialistischem Touch, trotzdem okay – ansonsten schläft man fürs gleiche Geld entweder schlechter oder für weniger Geld in schmutzigen Laken. 22 Standardzimmer mit Teppichböden, TV, Klimaanlage und Balkon. Atriumartige Lobby, Restaurant. EZ 25 €, DZ 40 €. Atatürk Bul. 34, ✆/℻ 5123227.

Essen & Trinken Keine feinen Restaurants, dafür zahlreiche gute Lokantas zum Sattwerden. Berühmt ist Milas für seine gebratenen Leberstückchen (*ciğer*). Man kann sie z. B. in den kleinen Lokalen im Basarviertel unterhalb des Rathauses (Belediye) kosten.

Für einen gemütlichen Nachmittagskaffee bietet sich der schattige Teegarten im **Belediye Parkı** beim zentralen Kreisverkehr an.

Sehenswertes

Museum: Das kleine Archäologische Museum von Milas zeigt Funde aus der Umgebung, u. a. aus Labranda, Euromos, Iasos und Stratonikeia: Keramikstücke, Marmorstatuen, Säulenkapitelle, Öllämpchen. Hin und wieder fällt der Strom aus, und dann bleibt der einzige Saal geschlossen ...
Şair Ülvi Akgün Cad., schräg gegenüber der Ulu Cami (vom zentralen Kreisverkehr ausgeschildert). Tägl. 8–17 Uhr. Eintritt frei.

Moscheen: Zu den interessantesten Gebetsstätten von Milas zählt die *Ulu Cami* („Große Moschee") an der Şair Ülvi Akgün Cad. schräg gegenüber vom Museum. Sie wurde noch ganz in der Tradition des byzantinischen Kirchentypus 1378 unter den Menteşe-Fürsten errichtet. Unter anderem musste antike Bausubstanz dafür herhalten. Das eigenartige Minarett kam später hinzu.

Die im Norden der Altstadt gelegene (durchfragen!), mit kunstvollen Ornamenten verzierte *Firuz-Bey-Moschee* aus dem Jahr 1397, also aus der Zeit nach der osmanischen Eroberung, ist schon durch den osmanischen Stil geprägt, wie er in Bursa gepflegt wurde. Wegen ihrer bleigedeckten Kuppeln wird die Moschee auch *Kurşunlu Cami* („Bleierne Moschee") genannt.

Gümüşkesen: Der zweistöckige marmorne Grabbau aus dem 2. Jh. war eine mehr als abgespeckte Kopie des Mausoleums von Halikarnassos (→ Bodrum). Immerhin blieb von diesem mehr erhalten. Auf der von Säulen umrahmten oberen Etage befindet sich ein Loch, durch das angeblich Wein auf die in der Grabkammer darunter liegenden Toten gekippt wurde, damit diese auch noch im Tod ihre Freuden hatten.

Adresse/Öffnungszeiten: Gümüşkesen Cad., ca. 1 km westlich des Zentrums. Frei zugänglich, Eintritt frei. Anfahrt: Vom Kreisverkehr der Beschilderung „Gümüşkesen" folgen, am Ende der Straße rechts ab, nach ca. 300 m links in die Gümüşkesen Cad., dann nach ca. 700 m rechter Hand. Nicht am Markttag mit dem Auto ansteuern!

Umgebung von Milas

Beçin-Burg (Beçin Kalesi): Im 14. Jh. verlegten die Menteşeoğulları ihre Residenz auf ein 200 m hohes Karstplateau 5 km südlich der Stadt. Die neue Festung wurde auf den Überresten eines antiken Tempels errichtet und war noch im 17. Jh. von offenbar vermögenden Burgherren bewohnt – vor ein paar Jahren barg man einen 30 kg schweren Schatz aus 60.000 weitgehend osmanischen Münzen; der bislang größte Münzfund auf dem Gebiet der Türkei. Die Reste der Festung sind nicht allzu spektakulär, doch der Ausblick von oben über die weite Ebene ist herrlich.

Die Festung befindet sich an der Straße nach Ören (ausgeschildert). Ören-Dolmuşe passieren den gleichnamigen Vorort, von dort heißt es laufen und schwitzen. Tägl. (außer Mo) 8.30–17.30 Uhr. Eintritt frei.

Zeusheiligtum von Labranda: In der wildromantischen Bergwelt 14 km nördlich von Milas beeindrucken die archaischen Ruinen Labrandas, einst der bedeutendste Kultort Kariens. Der Name rührt daher, dass Göttervater Zeus hier mit einer Doppelaxt (= *labrys*) dargestellt wurde.

Früher führte von Mylasa (Milas) ein gepflasterter Prozessionsweg zum Bergheiligtum, heute ist die einsame Ruinenstätte auf 700 m Höhe über ein holpriges, schmales Sträßlein zu erreichen. Auf vier künstlichen Terrassen erstreckt sich die Anlage. Archäologen der schwedischen Universität Uppsala, unter deren Leitung immer wieder Ausgrabungen stattfanden, vermuten, dass die ältesten Fundamente bis in das 7. Jh. v. Chr. zurückreichen. Die bedeutendsten Bauwerke stammen aus dem 4. Jh. v. Chr. und entstanden im Auftrag von Mausolos (→ Bodrum/Geschichte) und dessen Bruder Idrieus. Mausolos, der in Labranda ein Attentat überlebt hatte, wollte damit den Göttern seinen Dank bezeugen. In römischer Zeit wurde die Anlage erweitert und umgebaut, nach einer schweren Brandkatastrophe im 4. Jh. gab man die Kultstätte auf.

Die wichtigsten Bauwerke sind mit Hinweistafeln versehen. Vom kleinen Parkplatz an der Straße steigt man für gewöhnlich zuerst zum *Propyläenbereich* im Südosten des Heiligen Bezirks auf. In der Antike betrat man hier durch mächtige, mit Säulenhallen geschmückte Torbauten den Tempelbezirk. Die wenigen Reste des Ost- und Südpropylons lassen den alten Glanz kaum mehr erahnen.

Eine 12 m breite Freitreppe führt weiter in den westlichen Teil des Heiligen Bezirks, wo u. a. die *Androines* („Männergemächer") des Heiligtums lagen – Gebäude, in denen religiöse Zeremonien zu Ehren Zeus' stattfanden. *Das Andron des Idrieus* (Andron A) ist zugleich das besterhaltene Gebäude der gesamten Grabungsstätte. Das sog. *Oikoi* daneben diente als Archiv und gelegentlich auch für kultische Gelage.

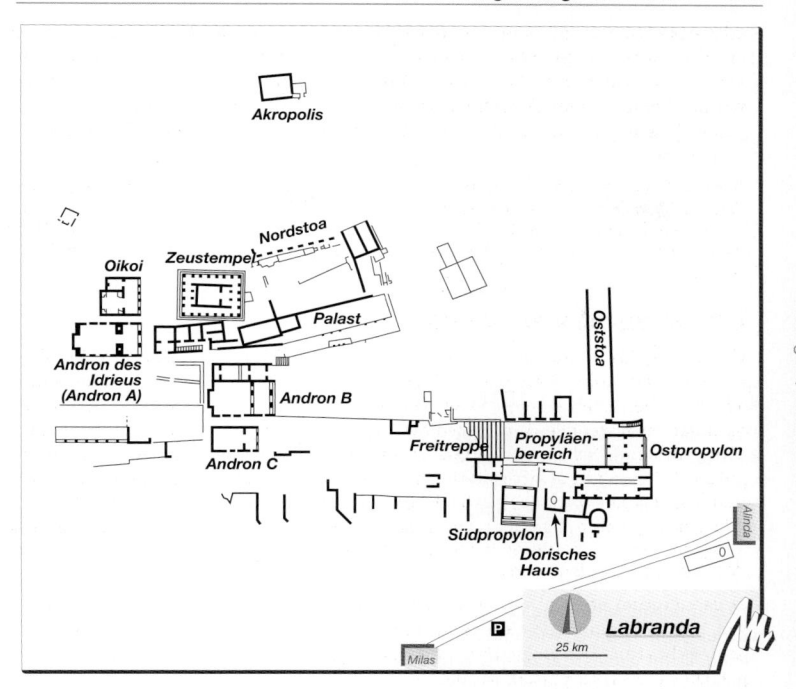

Auf der obersten Terrasse stehen und liegen die Reste des *Zeustempels*, der dem Athenatempel in Priene ähnelte und daher dem gleichen Architekten zugeschrieben wird. Die Aussicht von hier begeistert nicht nur Trümmerfreaks.

Anfahrt Die Anfahrt ist nur mit dem eigenen Fahrzeug oder mit dem Taxi (retour ca. 35 €) möglich. Die Straße nach Labranda ist im Norden von Milas ausgeschildert. Wer von Labranda weitere 18 km durch die Einsamkeit holpert (die Straße war zuletzt allerdings eine einzige Katastrophe; fragen Sie Taxifahrer nach dem Zustand der Straße, bevor Sie starten), gelangt zur Ausgrabungsstätte Alinda (→ Umgebung Aydın).

Öffnungszeiten Niedrig umzäunt, stets zugänglich. Eintritt 3,20 €.

Eskihisar mit Stratonikeia: Die Überreste der antiken Stadt Stratonikeia aus dem 3. Jh. v. Chr. liegen in und um das Geisterdorf Eskihisar verstreut, einer weitestgehend aufgegebenen, ehemals türkisch-griechischen Siedlung rund 35 km nordwestlich von Muğla nahe der Straße nach Milas. Das Gros der Einwohner kehrte dem Ort in den 1980ern den Rücken, als die riesigen Abraumhalden der angrenzenden Braunkohlemine bedrohlich nahe rückten. Ein paar Kilometer weiter baute man mit staatlicher Unterstützung ein neues Eskihisar auf. Lediglich fünf Familien leben heute noch im alten pittoresken Dorf. Ein Spaziergang führt vorbei an leer stehenden, unkrautumrankten Häusern, der schönen restaurierten Moschee und dem ehemaligen Teehaus, das heute wieder als Café mit Tischen unter einem alten Kastanienbaum zum Leben erweckt ist. Dazwischen die antiken Ruinen Stratonikeias, das für seine Gladiatorenschule bekannt war. Zu sehen sind hier Teile der

Stadtmauer (ganz im Norden), des Gymnasions (im Westen), des Zeustempels und des Theaters (im Süden). Reste Stratonikeias überdauerten aber auch als Bausubstanz in den Häusern Alt-Eskihisars – es lohnt der Blick aufs Detail. Regelmäßig gräbt die Pamukkale-Universität aus Denizli in Stratonikeia.

Verbindungen/Anfahrt: Von Milas mit dem Dolmuş Richtung Muğla und an der Abzweigung nach Stratonikeia aussteigen. Die Ruinen befinden sich ca. 800 m abseits der Straße. Stets zugänglich, Eintritt frei. Alles ist bestens ausgeschildert. Lediglich das Schild „Müze" weist (bislang) nicht zum Museum, sondern zum Depot des türkischen Grabungsteams.

Falls Sie von Milas über Eskihisar nach *Muğla* fahren, lesen Sie weiter ab S. 354.

Zwischen Milas und Bodrum

Von Milas führt die gut ausgebaute Nationalstraße 330 vorbei am Flughafen nach Bodrum. Viel gibt es auf dieser Strecke nicht zu entdecken. Wenn die Straße das Meer küsst, wechseln große Hotelanlagen mit Apartmentsiedlungen ab. Unterwegs bietet sich ein Abstecher an den Golf von Güllük an, an dem nicht nur das gleichnamige Städtchen liegt, sondern auch Iasos, eine beliebte Station „Blauer Reisen".

Iasos (Kıyıkışlacık)

Jahrzehnte lang schien die für die türkische Ägäisküste so typische touristische Entwicklung mit all ihren Vor- und Nachteilen an Kıyıkışlacık nahezu spurlos vorbeizuziehen. Dafür gab es v. a. zwei Gründe: Der nächste Strand, der dazu noch künstlich aufgeschüttet wurde, befindet sich im 7 km entfernten Zeytinlikuyu. Zudem liegt Kıyıkışlacık in der Einflugschneise des Flughafens Milas-Bodrum. An diesen Mankos scheint man sich heute nicht mehr zu stören: Feriensiedlungen wachsen die Hänge hinauf, selbst ganze „Ferienstädte" entstehen an den Ortsrändern. Schade, denn durch planloses Bauen schwindet der Charme des alten malerischen Kıyıkışlacık zunehmend dahin. Beschaulichkeit besitzt der Ort aber noch immer, insbesondere an der Hafenbucht, wo man den Fischern beim Ausbessern der Netze zuschauen kann.

Bekannter als unter seinem Zungenbrechernamen ist Kıyıkışlacık als *Iasos*, so genannt nach der Altsiedlung auf der dem Hafen gegenüber liegenden Halbinsel. Italienische Archäologen, die jeden Sommer drei Monate aktiv sind, haben hier die **Ruinen** einer einst wohlhabenden karischen Stadt ausgegraben. Iasos, vermutlich im 9. Jh. v. Chr. gegründet, war von einer wehrhaften Mauer geschützt; eine Akropolis krönte die Halbinsel. Wer heute zwischen Olivenbäumen durch das Ausgrabungsgelände schlendert, stößt u. a. auf Reste eines Zeustempels, einer Agora, eines Gymnasions, eines Bouleuterions und einer byzantinischen Basilika. Aus dem Wasser ragen zudem die Reste eines byzantinischen Turms, der einst die Einfahrt zum Hafen schützte. Das Gelände ist stets zugänglich und kostet keinen Eintritt.

Am eindrucksvollsten ist das restaurierte römische Heroon (außerhalb des Grabungsgeländes, mit „Balıkpazarı Açıkhava Müzesi" ausgeschildert). Bis vor nicht allzu langer Zeit nutzten die Einwohner den monumentalen Grabbau als Fischmarkt. Heute dient er als atmosphärisches **Freilichtmuseum** für Funde aus Iasos, insbesondere Torsi und Fragmente (unregelmäßig geöffnet, aber stets einsehbar, Eintritt ebenfalls frei).

Verbindungen/Anfahrt Im Sommer regelmäßig **Dolmuşe** nach Milas. **Bootsausflüge** werden nach Güllük angeboten. Von der Straße Milas – Bodrum und von der Straße Milas – Söke ausgeschildert.

Zum Strand Zeytinlikuyu folgt man der Beschilderung zur Zürih Pension (→ Übernachten), ignoriert jedoch oben auf dem Berg die Linksabzweigung zur Pension und bleibt stets auf dem geteerten Sträßlein.

Bei der Gabelung nach 6 km (Telefonmast in der Mitte) rechts halten.

Übernachten Mehrere Pensionen vor Ort.

Zürih Pansiyon, hoch oben am Hang gelegen. 18 einfache, aber saubere Zimmer mit Klimaanlage. Viele mit Balkon und Meeresblick (dabei trübt der Rohbau einer Hotelruine den Ausblick). DZ 25 €. Kıyıkışlacık, ℡ 0544/3849410 (mobil).

Güllük

Das Städtchen, das dem Golf seinen Namen gibt, liegt 18 km südwestlich von Milas. Güllük erstreckt sich über mehrere Buchten. Noch bis vor ein paar wenigen Jahren wurde die Hauptbucht von einer Werft samt großer Mole in Anspruch genommen. Rostige Frachter machten hier fest, um im Hinterland abgebautes Bauxit aufzunehmen. Mittlerweile ist ein paar Kilometer nördlich ein neuer Hafen entstanden, in die alten zentralen Hafendepots zogen ein paar nette Lokale ein. Auch sonst verändert sich das Gesicht des Städtchens von Jahr zu Jahr: Es wird gebaut und gebaut. Doch wer möchte hier wirklich Urlaub machen? Die Strände sind mickrig und im Sommer komplett überrannt. Noch der akzeptabelste befindet sich in der nördlichsten Bucht.

Verbindungen/Bootsausflüge Häufige **Dolmuşe** nach Milas, im Sommer mehrmals tägl. auch nach Bodrum. **Bootsausflüge** werden u. a. nach Iasos und Didyma angeboten, mit Mittagessen ab 15 €/Pers.

Übernachten Mehrere Unterkünfte, vorrangig der unteren und mittleren Preisklasse.

Bodrum
ca. 40.000 Einwohner, im Sommer ca. 250.000

„St. Tropez" und „Ibiza", Noblesse und Nightlife – Bodrum bietet alles. Das weiße Zuckerwürfelstädtchen mit seinem großen Jachthafen zählt zu den beliebtesten Fotomotiven der Ägäis. Wahrzeichen der Stadt ist die Johanniterburg auf einer Halbinsel inmitten der malerischen Zwillingsbucht.

Bodrum ist die Perle der Südägäis und viel besser als sein Ruf. Das weitgehend intakte und gepflegte Zentrum mit seinen weiß getünchten kubischen Häusern und palmengesäumten Promenaden macht den Reiz des Ortes aus. Verschlungene Gässchen mit blumenbewachsenen Villen und verwunschenen Gärten erinnern an die Zeit, als Bodrum noch griechisch war. Zum Glück hat man hier rechtzeitig erkannt, dass mit dem Bau klotziger Hotelburgen Image und Attraktivität Schaden nehmen.

Ansatzweise beschaulich ist das Städtchen jedoch nur noch in der Vor- und Nachsaison. Zwischen Juni und September herrscht in Bodrum rund um die Uhr Highlife. Touristen aus aller Herren Länder, darunter viele Holländer und Engländer, feiern hier mit der türkischen Jeunesse dorée die heißesten Partys des Jahres. Selbst die vom Nachtleben verwöhnten İstanbuler schwärmen in den Sommermonaten auf die Bodrum-Halbinsel. Lebenslustiger, freizügiger und ausgeflippter geht es in der Türkei kaum irgendwo zu.

Die Beliebtheit Bodrums als Urlaubsort und Zweitwohnsitz hat zufolge, dass sich die Stadt mehr und mehr ausdehnt – mittlerweile ist sie mit den Nachbarorten İçmeler im Süden und Gümbet im Westen zusammengewachsen. Gümbet bietet übrigens das, was Bodrum leider (oder zum Glück?) fehlt: einen langen Sandstrand. So ist die Stadt weniger Standort denn Ausflugsziel der Pauschaltouristen aus den Resorts der Umgebung. Aber auch Tagestouristen von der griechischen Insel Kos kommen gerne.

Geschichte

Man nimmt an, dass das antike Halikarnassos in der heutigen Bucht von Bodrum auf eine dorische Gründung aus dem 11. Jh. v. Chr. zurückgeht. Die erste berühmte Persönlichkeit der Stadt war Artemisia I. von Halikarnassos, die 480 v. Chr. so tapfer und mutig auf Seiten des persischen Königs Xerxes kämpfte, dass dieser den bekannten Ausspruch tat: „Die Männer sind mir zu Weibern und die Weiber zu Männern geworden." Auch ihr Enkel Herodot (vermutlich 485–425 v. Chr.), der als „Vater der Geschichtsschreibung" gilt, schmückt die Stadtannalen. Zu einer der angesehensten und blühendsten Städte der Region entwickelte sich Halikarnassos im 4. Jh. v. Chr., als der persische Satrap Mausolos (376–353 v. Chr.) seinen Regierungssitz von Milas nach Halikarnassos verlegte. Dessen monumentaler Grabbau machte auch seinen Namen unsterblich (→ Sehenswertes).

334 v. Chr. traf Alexander der Große bei der Eroberung der Stadt auf heftigen Widerstand. Die erste Hälfte des hellenistischen Zeitalters bescherte mehrere kurzfristige Fremdherrschaften, unter denen sich Halikarnassos aber stets als bedeutendes Zentrum behaupten konnte. Erst als Rom 190 v. Chr. die Herrschaft über Karien gewann, begann der Stern der Stadt zu sinken. Und als Verres, der Statthalter von Kilikien, auch noch alle Kunstwerke der Stadt raubte, rutschte Halikarnassos in die Bedeutungslosigkeit ab.

Das änderte sich erst wieder 1402, als die Osmanen gerade mit Timur Lenk beschäftigt waren und der Johanniterorden so ungestört Bodrum zu einer Festung ausbauen konnte. Rund 120 Jahre währte die Regentschaft der Ritter, dann eroberten die Osmanen Bodrum, und das Städtchen verschwand wieder aus den Geschichtsbüchern. Anfang des 20. Jh. brachten aus Kreta vertriebene Muslime den Bootsbau und die Schwammtaucherei nach Bodrum. 1923 mussten die mehrheitlich griechischen Einwohner im Rahmen des Bevölkerungsaustausches ihre Heimatstadt verlassen, eine zweite Welle aus Griechenland vertriebener Muslime übernahm ihre frei gewordenen Häuser.

Bescheiden lebte man weiterhin von den traditionellen Erwerbszweigen. Zu Besuch kamen lediglich unliebsam gewordene Künstler und Journalisten, die hierher verbannt wurden. Das änderte sich in den 1980ern. Der Tourismus entdeckte Bodrum und die dazugehörige Halbinsel. Innerhalb weniger Jahre wurde aus dem einfachen Fischerdorf der exklusivste Ferienort der Türkei.

Information/Verbindungen/Ausflüge

Telefonvorwahl 0252.

Information Am Hafen vor dem Kastell. In der HS tägl. 8–12 und 13–19 Uhr, ansonsten verkürzt und Sa/So geschl. ✆ 3161091, www.bodrum-guide.org. Ein weiterer Infokiosk am Busbahnhof (bei der Abfahrtsstelle der Dolmuşe).

Verbindungen Flughafen DHMI Milas-Bodrum Hava Limanı (www.bodrum-airport.com) ca. 35 km nordöstlich von Bodrum an der Straße nach Milas. Im Ankunftsbereich des internationalen Terminals finden Sie Bankomaten, eine Post, eine Tourist Information (✆ 5230066, ✉ 5230288, offiziell Mai–Ende Okt. tägl. 8–20 Uhr, tatsächlich

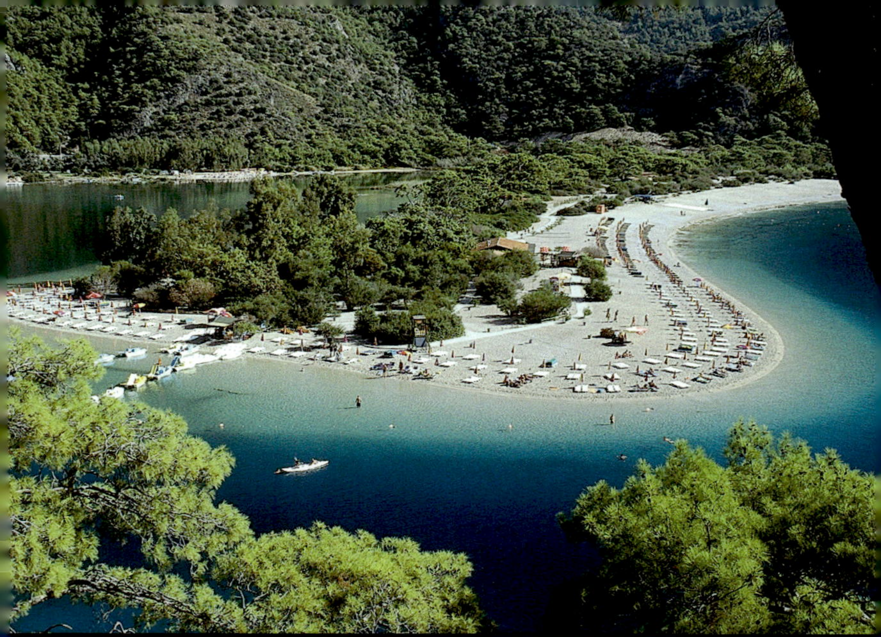

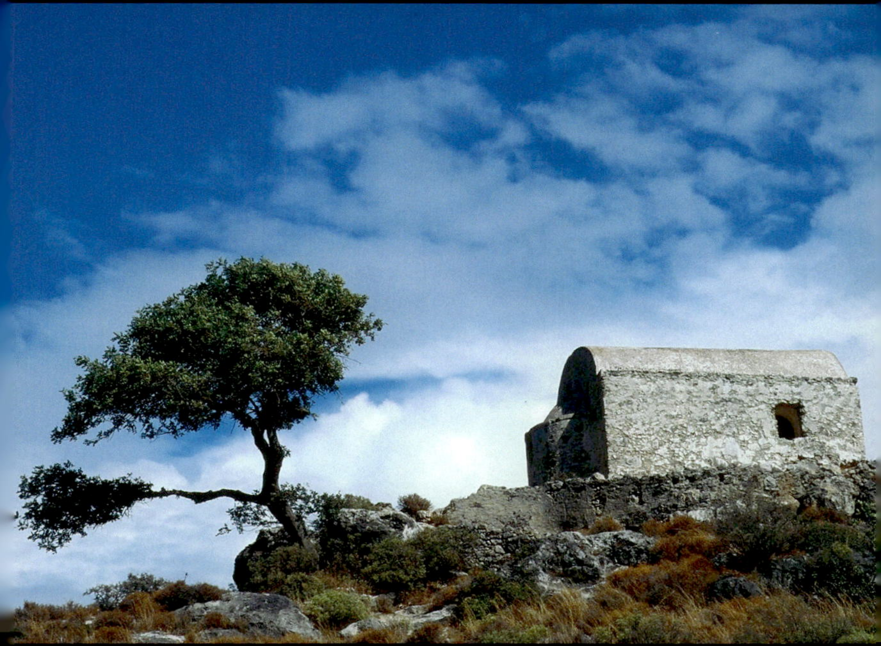

▲▲ Am Hafen von Kaş (mb)
▲ Konyaaltı, Antalyas Hausstrand (mb)
▲ Die Felsengräber der See-Nekropole des antiken Myra (mb)

Nahe Finike: Çağıllı Plajı (mb) ▲▲

▲▲ Strand von Çıralı (mb)
▲ Arsuz, ein Fischerörtchen am Golf von İskenderun (mb)

▲ Düne am Strand von Patara (mb)

Bodrum

aber eher nach Lust und Laune) und Autoverleiher.

Transfer von und zum Flughafen besorgen 8- bis 15-mal tägl. sog. **Havaş-Busse** (sehr gute Verbindungen zwischen 7 und 19 Uhr; 7,50 €). Abfahrt in Bodrum vom Busbahnhof, Infos unter ✆ 5230040, www.havas.com.tr, beim THY-Hauptbüro (→ Reisebüros) oder in den zahlreichen Reisebüros im Zentrum. **Taxi** nach Bodrum 45 €. Vom Flughafen bis zur dolmuşbefahrenen Verbindungsstraße Milas – Bodrum sind es je nach Terminal ca. 1,5–2,5 km.

Bus/Dolmuş: Busbahnhof an der Cevat Şakir Cad., nur wenige Gehminuten vom Zentrum entfernt. Gute Verbindungen: mehrmals tägl. nach Kuşadası (mit Umsteigen in Söke, 2½ Std.), Ankara (12½ Std.), İzmir (3½ Std.), İstanbul (13–14 Std.), Pamukkale (4½ Std.), Fethiye (4½ Std.), Antalya (8 Std.) und Konya (12 Std.). Vom Busbahnhof auch gute Dolmuşverbindungen zu allen Orten der Bodrum-Halbinsel und nach Milas (45 Min.).

Schiffverbindungen Ganzjährig legen **Fähren nach Kos** ab. Von Mitte Mai–Mitte Okt. tägl., Abfahrt gegen 9.30 Uhr, zurück gegen 15.30 Uhr, Dauer 50 Min. (einfach oder hin/zurück am gleichen Tag 28 €, offenes Ticket 56 €, Motorräder einfach 40 €, Autos 100 €, Minibusse 150 €). Im Winter verkehrt die Fähre nur Mo/Mi/Fr/Sa (Stand 2011).

Des Weiteren bestehen im Hochsommer 2-mal tägl. (in der NS nur 3-mal wöchentl.) **Fährverbindungen nach Datça** (→ Datça/Verbindungen, S. 370; nicht als Tagesausflug zu empfehlen).

Nach **Rhódos** fährt ein Hydrofoilboot von Juni–Sept. Fr und Mo, Fahrtzeit ca. 2½ Std., einfach o. hin/zurück am gleichen Tag 60 €, offenes Ticket das Doppelte.

Für Fähren nach **Altınkum/Didim** → Altınkum/Verbindungen, S. 327.

Tickets und Infos für Fähren nach Kos und Rhódos bei **Bodrum Express Lines** (✆ 3161087, www.bodrumexpresslines.com) am Fährableger bei der Burg, für Datça und Kos eine Tür weiter bei der **Bodrum Ferryboat Association** (✆ 3160882, www.bodrumferryboat.com). An gleicher Stelle startet bislang auch das Hydrofoilboot nach Rhódos (eine Verlegung der Abfahrtsstelle an den Cruise Ship Port am südöstlichen Ende der Kumbahçe-Bucht ist jedoch im Gespräch).

Die kleinen Autofähren nach Datça und Kos legen nahe dem Jachthafen ab.

Bootsausflüge Die Boote (verschiedene Tagesfahrten im Programm) legen in der Salmakis-Bucht westlich der Burg i. d. R. gegen 11 Uhr ab, Rückkehr gegen 17 Uhr. Mit Mittagessen 15 €/Pers.

Organisierte Touren Dutzende Veranstalter. Angebote und Preise differieren nur wenig: Tagesausflug nach Pamukkale oder Ephesus inkl. Mittagessen ca. 30 €. 2-Tages-Tour nach Ephesus und Pamukkale mit Übernachtung 60 €, zum Markt (Di) nach Milas 10 €, Jeepsafari entlang dem Golf von Gökova rund 25 €.

Blaue Reisen Die Küstengewässer um Bodrum sind ein Paradies für mehrtägige Törns, dementsprechend gutes Charterangebot. Verhandeln Sie direkt mit den Kapitänen am Hafen oder wenden Sie sich dort an eine Agentur, z. B. **Aegean Yacht**, in der Marina (✆ 3138631, www.aegeanyacht.com). 50–100 €/Pers. und Tag muss man einkalkulieren.

Adressen/Einkaufen/Veranstaltungen (→ Karte S. 340/341)

Ärztliche Versorgung Deutschsprachige Betreuung i. d. R. im **Universal Hospital Bodrum** an der Kavaklı Sarnıç Cad. weit oberhalb der Gümbet-Bucht. ✆ 3191515.

Autoverleih Etliche Anbieter. Billigstes Fahrzeug bei den international operierenden Verleihern in der HS ca. 62 €/Tag, etwas billiger bei den lokalen. **Avis**, über das Reisebüro Elele Turizm (→ Reisebüros), Neyzen Tevfik Cad. 66/A, ✆ 3165632, www.avis.com.tr. Europcar, Hamam Sok. 1, ✆ 3130885, www.europcar.com.tr.

Diplomatische Vertretung Österreichisches Honorarkonsulat, Atatürk Cad. 113 A, ✆ 3577688, neyirsan@netscape.net.

Deutsches Honorarkonsulat, Bodrum Kanuni Sultan Süleyman Cad. 15, Bitez, ✆ 3639285, bodrum@hk-diplo.de.

Einkaufen Bei wem nicht nur Münzen in der Tasche klimpern, der findet Schickes (*Tommy Hilfiger, Diesel, Paul & Shark Yachting* etc.) in dem noblen kleinen Open-Air-Shoppingcenter bei der Marina.

Ein weiteres modernes Shoppingcenter ist das **Oasis** an der Kıbrıs Şehitleri Cad., der Umgehungsstraße nördlich des Zentrums. Neben vielen guten Klamottenläden auch gute Restaurants.

Großer **Migros-Supermarkt** 🖻 stadtauswärts zwischen Turgutreis Cad. und Myndos Cad.

Märkte finden Di (Kleidung) und Fr (Lebensmittel) beim Busbahnhof statt.

> Bekannt ist Bodrum für seine handgefertigten **Ledersandalen**. Mehrere Schuster haben sich darauf spezialisiert. Der bekannteste war der 2010 verstorbene Ali Güven, der u. a. Mick Jagger belieferte. Eine gute Auswahl hat der Laden **Arkadaş Sandalet** 🖻 von Mehmet und Türker Dikan, Uslu Sok. 4 (nahe der Moonlight Bar).

Reisebüros Elele Turizm, Flugtickets für *Atlasjet, Onur Air* etc. Neyzen Tevfik Cad. 66/A, ✆ 3165632, ✉ 3165880. THY-Hauptbüro im Shoppingcenter Oasis (→ Einkaufen), ✆ 3171203, www.turkisairlines.com.

Türkisches Bad (Hamam) Das über 250 Jahre alte (aber jüngst restaurierte) **Bardakçı Hamamı** liegt an der Omurca Dere Sok. in der Kumbahçe-Bucht östlich der Burg. Gemischtes Bad möglich. Eintritt mit Massage 20 €. Tägl. 7–24 Uhr. Das **Bodrum Hamamı** (neueren Datums, ähnliche Preise und Öffnungszeiten) befindet sich an der Cevat Şakir Cad. gegenüber dem Busbahnhof. Separate Abteilungen für Männer und Frauen.

Veranstaltungen Im Sommer diverse Events im antiken Theater (darunter **Ballettfestivals** sowie **Popkonzerte**) und im Freilichttheater bei der Burg. Im Jan. finden in Bodrum und in den Orten auf der Bodrum-Halbinsel **Kamelkämpfe** statt – die unblutigen Spektakel haben an der Ägäis eine lange Tradition, mehr dazu auf S. 300.

Waschsalon Beispielsweise **Nesli Laundry** an der Türkkuyusu Cad. 27. Eine Maschine waschen und trocknen ca. 2,50 €.

Zweiradverleih Diverse Anbieter beim Busbahnhof. Scooter (50 ccm über die 15 €/Tag, 125 ccm 23 €/Tag) und Enduros (250 ccm ca. 30 €/Tag). Fahrräder werden kaum vermietet, den Verleihern bringen sie mehr Ärger als Umsatz.

Übernachten/Camping (→ Karte S. 340/341)

Geboten werden Unterkünfte in allen Kategorien. Wer sich fürs Zentrum entscheidet, sollte auch am Nachtleben teilhaben wollen – Ruhe gibt es wenig. Für Juli bis Ende August ist eine Reservierung empfehlenswert, selbst die schäbigsten Rumpelkammern werden dann für teures Geld vermietet. In der Vor- und Nachsaison purzeln die Preise hingegen erheblich. Etliche günstige Pensionen findet man in den Seitengassen der Atatürk Cad.

**** Marina Vista Hotel 🖻, beim Jachthafen. 84 Zimmer auf verschiedene Häuser um einen Pool verteilt. Klassisch-moderne Einrichtung, der Sterneanzahl angemessen, leider nur recht kleine Fenster. Schicke, helle Lobby. Fitnessraum, Sauna. „Kopfkissen-Menü"! Öger-Tours-Vertragshotel. Nur die Rezeptionisten könnten etwas freundlicher sein. EZ 120 €, DZ 150 €. Neyzen Tevfik Cad. 226. ✆ 3130356, ✉ 3162347, www.hotelmarinavista.com.

Antik Tiyatro Oteli 🖻, über mehrere begrünte Terrassen verteilen sich 19 komfortable Zimmer und eine Suite – alle mit superber Aussicht über die Stadt! Pool. Erstklassiges Restaurant. Ein Wermutstropfen ist die Lage an der stark befahrenen Umgehungsstraße, doch liegen alle Zimmer an der straßenabgewandten Seite. DZ ab 120 €. Kıbrıs Şehitleri Cad. 243, ✆ 3166053, ✉ 3160825, www.antiquetheatrehotel.com.

>>> Unser Tipp: Su Hotel 🖻, das bunte 25-Zimmer-Haus vereint Komfort mit witzigem Design und liegt dazu absolut idyllisch-ruhig und doch nur einen Katzensprung zum Zentrum. Etwas verschachtelte Anlage um einen kleinen Pool, umwachsen von Bougainvilleen. Mit Liebe zum Detail dekorierte Zimmer. Lesermeinung: „Einfach entzückend!". EZ ab 65 €, DZ 85–100 €. Turgutreis Cad. 1201 Sok., ✆ 3166906, ✉ 3167391, www.suhotel.net. «««

Gözen Hotel 🖻, in erster Reihe an der Kumbahçe-Bucht. 10 frisch renovierte Zimmer, nach vorne topp, nach hinten nichts

Bodrum

Besonderes. Dachterrasse zum Frühstücken. DZ mit Meeresblick 85 €, nach hinten billiger. Cumhuriyet Cad. 18 (keine Anfahrt mit dem Fahrzeug möglich), ℡ 3162079, ✆ 3161227, www.gozenbutikhotel.com.

Hotel Güleç 15, sauberes, kleines Hotel, etwas zurückversetzt von der Kumbahçe-Bucht. 18 solide eingerichtete Zimmer mit Klimaanlage, größtenteils neuen Bädern und Fliesenböden, nicht alle mit Balkon. Das Frühstück gibt es im lauschigen Gärtchen unter Orangenbäumen mit zwitschernden Vögeln. DZ 49 €. Üçkuyular Cad. 22, ℡ 3165222, www.hotelgulec.com.

Gurup Otel 18, zentraler geht's kaum, in der ersten Reihe, über einem Klamottenladen. 12 kleine, schlicht möblierte Teppichbodenzimmer. Dafür aber mit Balkon (schmal), von dem sich das Treiben der Flaneure am Hafen hautnah verfolgen lässt. EZ 30 €, DZ 44 €. Karantina Cad. 3, ℡ 3161140, www.gurupotel.com.

Sevin Otel/Pension 12, gemütliche Unterkunft in Promenadennähe. Internationales Publikum. 38 Zimmer in drei Versionen: „Standard" (beengend, einfache Bäder), „Lüx" (etwas größer, Bäder mit Duschkabinen) und „Süper" (noch etwas größer, aber noch lange nicht riesig, neueres Mobiliar), alle mit Klimaanlage und Fliesenböden. Restaurant, Innenhof mit Hängematten, freundliches Personal. Preis-Leistungs-Verhältnis okay. DZ je nach Ausstattung 40–50 €. Türkkuyusu Cad. 5, ℡ 3167682, ✆ 3134919, www.sevinpension.com.

Yenilmez Pansiyon 5, 9 schlichte, saubere Zimmer unterschiedlicher Größe (auch größere Familienzimmer), alle mit privatem Bad, einige mit Balkon. Freundliche, zurückhaltende Wirtsfamilie. Großer Vorteil: eigene Parkplätze. DZ 35 €. Menekşe Çıkmazı 30, ℡ 3162520.

Şenlik Pansiyon 4, eine angenehme, zentrale Adresse. 20 einfache, saubere Zimmer mit Fliesenböden (etliche für bis zu 4 Pers.), netter Balkon, Dachterrasse. Heizung. DZ 30 €. Türkkuyusu Cad. 1045 Sok., ℡ 3166382, www.senlikpansiyon.com.

Bodrum Backpacker 17, die Backpacker-Adresse vor Ort. Ausreichend große Zimmer mit dunklen Möbeln, Bäder mit Duschkabinen. Dazu auch Schlafsäle. Nichts Besonderes, aber okay für junge Leute – Reiseinfos, Bookexchange usw. Angeschlossen ein Pub im englischen Stil. Bett im Schlafsaal 10,50 €, DZ mit Bad 30 €. Atatürk Cad. 31 B, ℡ 3132762, www.bodrumbackpacker.com.

Camping Der nächste Platz befindet sich in Gümbet, einen weiteren Platz finden Sie am Yahşi-Strand.

Essen & Trinken (→ Karte S. 340/341)

Hunger haben kann in Bodrum teuer sein! Bodrums Ufermeile wandelt sich im Sommer allabendlich zum Präsentierteller der Schönen und Reichen. Nobelitaliener, chinesische Restaurants, exquisite Fischrestaurants und und und ... – mit Ausnahme İstanbuls oder Ankaras ist nirgends in der Türkei die gastronomische Palette breiter und sind die Preise für ein gemütliches Abendessen höher. Besonders snobby geht es in den Restaurants direkt an der Marina zu, wo man sehr schön, oft direkt am Wasser, sitzen kann. Reisende mit weniger dickem Geldbeutel weichen am besten in die einfachen Lokantas stadtauswärts aus (z. B. entlang der Artemis oder Atatürk Cad.). Tipp: Probieren Sie auch mal die Restaurants der Halbinsel aus.

Antik Tiyatro Oteli 1, ein Dinner im gleichnamigen Hotel (→ Übernachten) kann zu einem unvergesslichen Bodrum-Erlebnis werden. Fantastische türkisch-internationale Küche, auch 1-a-Steaks, ebenso fantastische Ausblicke und hervorragender Service. Nur abends! Gehobenere Preise.

Kocadon Restaurant 8, etabliert und ebenfalls ein Highlight am Bodrumer Gastronomiehimmel, zudem überaus beliebt bei in der Stadt lebenden Ausländern. Idyllischer, dezent beleuchteter Garten. Zuvorkommender Service. Gute Seezunge, ohnehin ist man auf raffinierte Fisch- und Meeresfrüchtegerichte spezialisiert. Hg. 10–17,50 €. Saray Sok. 1, ℡ 3163705.

Liman Köftecisi 11, die Adresse für alle, die etwas aufs Geld schauen müssen, aber trotzdem an der Uferpromenade sitzen wollen. Meze und Köfte in diversen Variationen. Besonders lecker die Spezialität *Liman Köfte*: Hackfleischbällchen mit Joghurt, Tomaten-

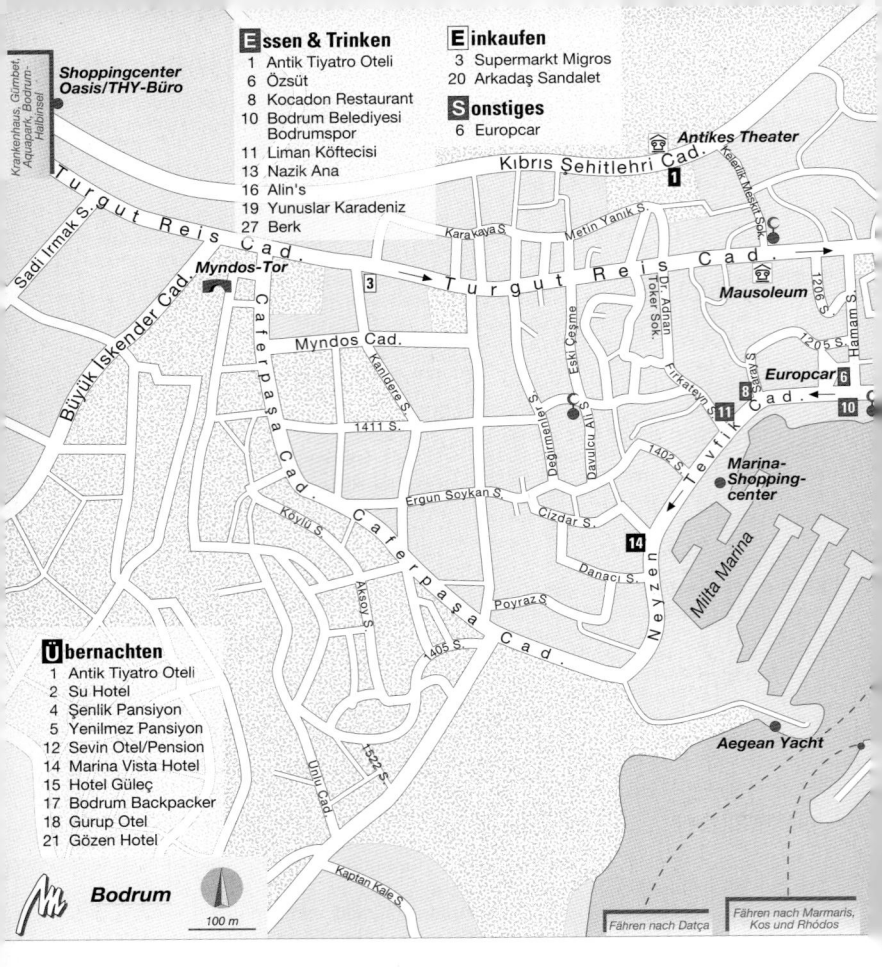

E ssen & Trinken
- 1 Antik Tiyatro Oteli
- 6 Özsüt
- 8 Kocadon Restaurant
- 10 Bodrum Belediyesi Bodrumspor
- 11 Liman Köftecisi
- 13 Nazik Ana
- 16 Alin's
- 19 Yunuslar Karadeniz
- 27 Berk

E inkaufen
- 3 Supermarkt Migros
- 20 Arkadaş Sandalet

S onstiges
- 6 Europcar

Ü bernachten
- 1 Antik Tiyatro Oteli
- 2 Su Hotel
- 4 Şenlik Pansiyon
- 5 Yenilmez Pansiyon
- 12 Sevin Otel/Pension
- 14 Marina Vista Hotel
- 15 Hotel Güleç
- 17 Bodrum Backpacker
- 18 Gurup Otel
- 21 Gözen Hotel

Bodrum

100 m

soße und Butter auf Pidebrot. Weiß-blaue Bestuhlung mit Griechenlandflair. Hg. 3.50–7,70 €. Neyzen Tevfik Cad. 172, ☎ 3165060.

Balıkçılar Çarşısı (Fischmarkt), in der trubeligen Gasse westlich der Cevat Şakir Cad. gibt es heute zwar nicht mehr viele Fischhändler, dafür umso mehr Restaurants: Meze, Fisch, manchmal Live-Musik und stets gute Stimmung. Schauen Sie sich einfach um.

Alin's 16, am Belediye Meydanı. Gepflegtes Schnellrestaurant auf hohem Niveau, einer Kette zugehörig. Alles sehr lecker. Terrasse.

»» Unser Tipp: **Nazik Ana** 13, unser Low-Budget-Tipp für Bodrum. Große Self-Service-Lokanta mit bester türkischer Hausmannskost im täglichen Wechsel. Mit Bedacht eingerichtet, junges Personal, dezente Musik, garantiert kein Beschiss. Nicht teuer, zudem günstige Mittagsmenüs zu 3,50 €. Eski Hükümet Sok., eine schmale Seitengasse zwischen Türkkuyusu Cad. und Cevat Şakir Cad. «««

Berk 27, obwohl es sich in erster Reihe nahe den Touristenlokalen mit ihren Aufreißern befindet, wird dieses einfache Fischlokal von ausländischen Besuchern nur selten frequentiert. Unten ein paar Plastiktische, im OG eine nette, mit Fischernetzen geschmückte Terrasse. Faire Preise: Meze 3 €, Fisch ab 7,50 €. Cumhuriyet Cad. 167, ☎ 3136878.

Nachtleben

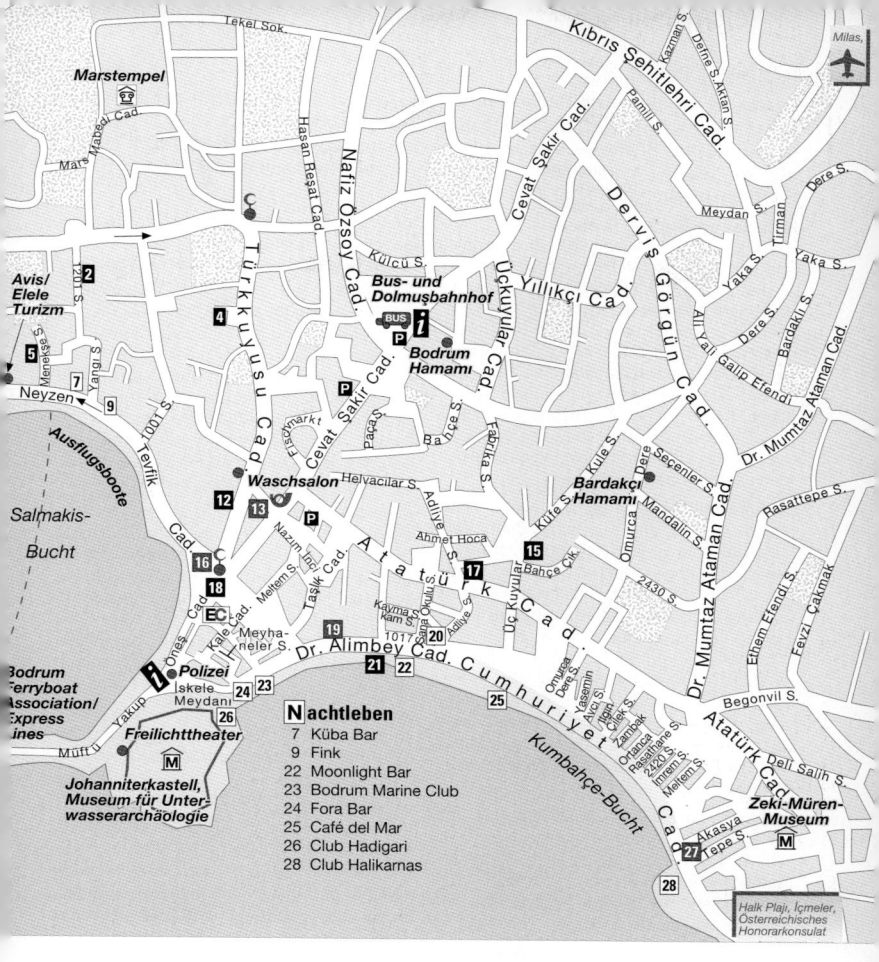

- 7 Küba Bar
- 9 Fink
- 22 Moonlight Bar
- 23 Bodrum Marine Club
- 24 Fora Bar
- 25 Café del Mar
- 26 Club Hadigari
- 28 Club Halikarnas

Café Bodrum Belediyesi Bodrumspor 10, das überdachte Terrassencafé des städtischen Sportvereins. Fast nur einheimisches Publikum. Frühstück, Snacks, Filterkaffee (!) und günstige Preise. Kein Alkohol! An der Hafenpromenade bei der Moschee.

Süßes Özsüt 6, landesweite Kette, die sich aufgrund ihrer Vielfalt an leckeren Torten, Puddings, Milchreisvariationen etc. höchster Beliebtheit erfreut. Mit Terrasse. Neyzen Tevfik Cad.

Yunuslar Karadeniz 19, eine der besten Bäckereien/Konditoreien der Stadt. Leckerer Obstkuchen, Hefezopf, Muffins, aber auch deftige Snacks. Neben Verkauf ein kleiner Stehbereich. Cumhuriyet Cad. 13.

Nachtleben

Bodrumer Nächte sind lang. Denken Sie an ein dickes Make-up und an einen ebensolchen Geldbeutel und los kann es gehen – vor ein Uhr nachts herrscht in den Danceclubs allerdings tote Hose. Die Zeit bis dahin vertreibt man sich am besten in den schicken Szenebars an der Neyzen Tevfik Cad. in der Salmakis-Bucht oder in den diversen Locations an der Cumhuriyet und Dr. Alim Bey Cad. in der Kumbahçe-Bucht – Cafés und Bars im kunterbunten Wechsel. Am trinkfreudigsten geht es in den lauten Bierpinten in der Meyhaneler Sok. (auch: Banka Sok., einer Seitengasse der Kale Cad.) zu.

Kumbahçe-Bucht Halikarnas 28, Open-Air-Tanztempel für über 5000 Partypeople, und das seit über 20 Jahren. Man zählt ihn zu den größten und (Eigenwerbung) gar zu den besten Discos der Welt. Auf jeden Fall kann er so manch europäische Großstadtdisco in die Tasche stecken. Bühne, Tribüne, Videoleinwände, Lasershows, Schaumpartys, Dachterrasse und riesige Tanzfläche. Musik zwischen Techno und Türkpop. Geöffnet bis zum Morgengrauen. Eintritt je nach Tag 17–25 € inkl. einem Freigetränk. Kumbahçe-Bucht.

Bodrum Marine Club 28, auf einem Katamaran, der in der Kumbahçe-Bucht am Fuße der Burg vertäut ist. Neben dem Halikarnas der angesagteste Club der Stadt. Bietet Platz für 1700 Nachtschwärmer. Große Tanzfläche (Glasboden!), mehrere Bars. Eintritt 15 € unter der Woche, 20 € Fr/Sa, stets inkl. einem Freigetränk. Auch hier werden Türkpop, House und die Charts hoch und runter gespielt. Themenpartys. Viele Touristengruppen! Bei Ausfahrten Bootsservice für alle, die früher nach Hause wollen. Dresscode! Ebenfalls bis zum Morgengrauen geöffnet.

Club Hadigari 26, Platz für 2000 Leute. Einer der Wegbereiter der hiesigen Clubszene, seit 1974 im Geschäft. Meist Standardmusik, manchmal Liveperformances. VIP-Lounge direkt am Wasser. Neben der Burg. Etwas billiger als die anderen.

Fora Bar 24, kleine Location, nur ein paar Schritte vom Bodrum Marine Club entfernt. Auch hier legen DJs auf (Musik quer durch den türkischen Garten) und hier wird auch schon zu früherer Stunde ein wenig getanzt. Gemütliche Terrasse. Dr. Alim Bey Cad.

Moonlight Bar 22, für alle, die es ein wenig romantischer mögen. Schöne Sonnenuntergangsadresse. Ein paar Tische direkt am Strand, Meeresrauschen und Blick auf die vor Anker liegenden Boote in der Bucht und die beleuchtete Burg. Plastikstühle und karierte Tischdecken statt Szenemobiliar – eine der einfacheren Adressen. Etwas versteckt an der Cumhuriyet Cad. 60.

Café del Mar 25, ca. 200 m weiter. Ebenfalls ein paar Tische am Strand, dazu Loungemusik und neben wirklich gutem Kaffee auch allerlei Drinks. Richtig voll und lustig wird es hier weniger zum Sonnenuntergang als zum Sonnenaufgang, denn das Café del Mar ist zugleich eine gemütliche Afterhour-Bar – 24 Std. geöffnet. Cumhuriyet Cad.

Salmakis-Bucht An der Neyzen Tevfik Cad., welche die Salmakis-Bucht säumt, liegen mehrere noble Open-Air-Lounges und -Clubs, wo man sich in lauschigen Gärten vor alten griechischen Häusern vergnügt.

Die zweifelsohne schickste ist das **Fink** 9. Musik zwischen Jazz und Elektro (je nach Stunde und Saison), dazu viele schöne Männer und Frauen. Ohne die richtige Kleidung (nur welche ist das?) hat man hier kaum eine Chance, sich dazuzugesellen.

Ebenso schönes Ambiente bietet die **Küba Bar** 7 etwas weiter.

Baden/Sport

Baden Bodrums Hausstrand, der kleine Kiesstrand **Halk plajı** ganz im Süden der Kumbahçe-Bucht, ist nicht allzu reizvoll. Ein Erlebnis für Kinder ist der **Aquapark Dedeman** an der Straße nach Ortakent.

Zum Baden im Meer weicht man besser an die herrlichen Buchten am Golf von Gökova oder auf die Strände der Bodrum-Halbinsel aus – unser Favorit: Gümüşlük. Zudem bietet sich ein Bootsausflug mit Badestopps an.

Reiten Ausritte können über die **Turgutreis Countryranch** in der Nähe von İslamhaneleri zwischen Gürece und Bağla gebucht werden. ✆ 3825654, www.countryranch.com.

Tauchen Mehrere Anbieter. Eine etablierte Adresse ist **The Aegean Pro Dive Centre** in Bitez.

Sehenswertes

Gleich vorweg: An das antike Halikarnassos erinnert nicht mehr viel, und das, was erhalten blieb, ist unspektakulär und liegt über die ganze Stadt verstreut. Wer es nicht glauben will, kann z. B. an der Mars Mabedi Caddesi oberhalb der Salmakis-Bucht die mehr als spärlichen Reste eines **Marstempels** suchen oder nahe der Büyük İskender Caddesi auf dem Weg nach Gümbet die des teilrestaurierten **Myndos-Tores**, einst Bestandteil der 7 km langen Stadtbefestigung. Auch das **Theater** (Antik Tiyatro) aus dem 3. Jh. v. Chr. an der viel befahrenen Kıbrıs Şehitleri Caddesi hoch über der Stadt ist nichts Außergewöhnliches. Es wird jedoch bis heute als Veranstaltungsort genutzt (im Sommer tägl. 8–19 Uhr, im Winter bis 17 Uhr, Eintritt frei). Die jedenfalls größte Attraktion des antiken Halikarnassos ist das Mausoleum.

Mausoleum: Das Mausoleum von Halikarnassos, ein monumentaler Grabbau, galt als eines der sieben Weltwunder der Antike und wurde namensgebend für Grabstätten dieser Art. Der pausbäckige Fürst Mausolos (eine Statue von ihm steht vor der Burg am Hafen) ließ sein Grabmal aus weißem Marmor bereits zu Lebzeiten von dem Architekten Pytheos (4. Jh. v. Chr.) entwerfen, nach seinem Tod wurde es unter Artemisia II., Schwester und Gattin in einer Person, fertiggestellt. Es erhob sich auf einer 105 x 242 m großen Terrasse und soll über 50 m hoch gewesen sein. Den Dachabschluss bildete eine Stufenpyramide, deren Spitze die Statuen von Mausolos und Artemisia mit einem Viergespann krönten. An der Ausschmückung des Grabbaus beteiligten sich die besten Künstler und Handwerker jener Zeit. Erdbeben und rücksichtsloser Steinraub beim Bau des Kastells führten dazu, dass heute nur noch Grundmauern vorhanden sind. Zum Glück helfen ein paar Schautafeln vor Ort dem geistigen Auge auf die Sprünge. Erste Ausgrabungen am Mausoleum unternahm im 19. Jh. der Brite Charles Newton. Kostbare Funde wie Reliefs und Standbilder schenkte er dem Britischen Museum in London – für den Besucher von heute bleiben somit nur ein paar Säulentrommeln übrig.

Turgutreis Cad. Im Sommer tägl. (außer Mo) 8–19 Uhr, im Winter bis 17 Uhr. Eintritt 3,20 €.

Johanniterkastell St. Peter/Museum der Unterwasserarchäologie: Das mächtige Kastell errichtete der Johanniterorden in der ersten Hälfte des 15. Jh. auf den Fundamenten einer alten byzantinischen Festung. Zu jener Zeit besaß der Orden, der auf Rhódos einen souveränen Ritterstaat begründet hatte, eine gewaltige Flotte, mit der er islamische Handelsschiffe plünderte. Der Orden war in verschiedene Landsmannschaften unterteilt, aufgrund der unterschiedlichen Sprachen auch „Zungen" genannt. Jede Zunge hatte ihre eigene Herberge und im Falle eines Angriffs einen Abschnitt der Festung zu verteidigen. Die Nationalitätenbezeichnungen der Türme stammen aus jener Zeit. 1523 wurden die Ritter aus der Ägäis vertrieben, ein paar Jahre später ließen sie sich auf Malta nieder. Während der osmanischen Zeit verlor das Kastell an Bedeutung, Ende des 19. Jh. wurde es in ein Gefängnis verwandelt. Unter Beschuss stand es das letzte Mal im Ersten Weltkrieg, als das französische Kriegsschiff Dubleix in die Bucht von Bodrum einlief. Heute beherbergt das Kastell ein Museum für Unterwasserarchäologie, das weltweit größte seiner Art – bringen Sie Interesse für Amphoren mit.

Der **Zugang** zum Kastell liegt an der Salmakis-Bucht. Hinter dem Kassenhäuschen passiert man einen kleinen Hof mit einem schattigen Café. Von dort gelangt man über Rampen entlang der Außenbastionen in den Kern der Festung zu einem Hof mit einem Maulbeerbaum in der Mitte. Rechter Hand steht dort eine kleine **Kapelle**, 1406 errichtet und 1523 von den Osmanen mit einem Minarett versehen. Sie beherbergt heute den nachgebauten Bug eines byzantinischen Schiffes, das im Jahre 626 vor der

Bodrum-Halbinsel sank. Im Hof linker Hand befindet sich eine **Amphorenausstellung**, das älteste Stück des Museums stammt aus dem 14. Jh. v. Chr.

Neben der Kapelle führen Stufen in einen höher gelegenen Hof. Dabei passiert man die sog. **Glashalle**. Darin gibt es Väschen, Gläschen, Schälchen und Glasperlen (diese wurden als Gewichte verwendet) zu bestaunen, die zwischen dem 14. Jh. v. Chr. und dem 11. Jh. n. Chr. auf dem Meeresboden versanken. Schräg gegenüber der Glashalle liegt der Eingang zur sog. **Glass Shipwreck Hall** (separater Eintrittspreis, Ausgang im tiefer gelegenen Hof). Hier wird das Skelett eines Handelsschiffes gezeigt, das im Jahre 1025 nahe Turunç sank. Ausgestellt sind zudem Funde der Ladung und persönliche Gegenstände der Besatzung.

Der obere Hof gleicht einer kleinen begrünten Parkanlage mit Brunnen und frei umherlaufendem Federvieh, darunter auch ein paar Pfauen. Hinter dem Tor zum Hof steht linker Hand der **Spanische Turm**, an dem der Rundgang später noch vorbeiführt. Wir folgen den Stufen rechter Hand weiter empor, den höchstgelegenen Türmen entgegen. Bei diesen handelt es sich um den **Italienischen Turm** (rechts) und den **Französischen Turm** (links). In dem Trakt dazwischen und im Französischen Turm erwartet Sie eine kleine Ausstellung über die Bergungsarbeiten an einem griechischen Handelsschiff, das im 5. Jh. v. Chr. am Tektaş-Kap südlich von Çeşme sank und 1996 entdeckt wurde. Rund 5000 Tauchgänge führten die Archäologen zur Vermessung des Rumpfes und zur Bergung durch.

Von der Terrasse dahinter erfolgt der Zugang zur sog. **Carian Princess Hall** (ebenfalls separater Eintrittspreis). In ihr liegen die Gebeine der karischen „Prinzessin" Ada aus dem 4. Jh. v. Chr. Ihr Sarkophag wurde 1989 bei Bauarbeiten nahe Bodrum gefunden. Zu sehen sind Grabbeigaben (u. a. goldene Armreife, eine Kette und ein Lorbeerkranz) und – der Stolz des Museums – ein lebensgroßes Modell der Dame. Entworfen wurde es nach den pathologischen Erkenntnissen der Universität Manchester. Schade nur, dass die Wissenschaft nicht zugunsten der Schönheit schummelt.

Steigt man neben der Carian Princess Hall die Treppe hinauf, gelangt man zu einer **Terrasse zwischen dem Italienischen und dem Französischen Turm**. Eine herrliche Aussicht über Bodrum tut sich hier auf. Von dieser Terrasse gelangt man auch zu den Ausstellungen in den Obergeschossen der beiden Türme. Der eine beherbergt eine kleine Münz- und Schmucksammlung, der andere mittelalterliche Waffen (beide zuletzt jedoch nicht zugänglich).

Grüne Pfeile weisen den Weg zum **Englischen Turm**, der das südöstliche Eck des Kastells markiert. In ihm erinnern ein paar Exponate an die Johanniter, darunter Rüstungen, Fahnen, Wappen und zwei Schiffsmodelle.

Spaziert man an der äußeren östlichen Festungsmauer weiter, passiert man ein niederes Gebäude, in dem das sog. Uluburun-Schiff aus der späten Bronzezeit – etwas kitschig als Modell im Querschnitt in Szene gesetzt – zu sehen ist. Das Schiff sank vor rund 3400 Jahren am gleichnamigen Kap vor Kaş und gilt als das älteste Schiffswrack der Welt. Es blieben nur rund 3 % des Rumpfes erhalten, dafür mehr von der Ladung: Amphoren, Keramik, Schmuck, Werkzeuge, Waffen usw. In einem Nebenraum wird ein Film über die Bergungsarbeiten der Archäologen gezeigt – 22.000 Tauchgänge wurden durchgeführt.

Wieder ein paar Schritte weiter fragt ein verblasstes Schild der Museumsverwaltung: „Do you have a strong heart to walk into the dungeon?" Die Frage bezieht sich wohl auf die vielen Stufen hinab zum **Kerker** (Sackgasse), denn Schockierendes erwartet einen nicht: Zu sehen ist ein etwas düsteres Rot und zu hören ein etwas undeutliches Stöhnen (vom Band).

Lässt man den Kerker aus und wendet sich nach links, steht man gleich vor ein paar Toiletten aus osmanischer Zeit. In dem Ausstellungsraum gegenüber liegen Skelette von Sklaven, die auf den Galeeren zum Rudern verdammt waren. Ihre Gebeine, an denen noch Eisenketten hängen, wurden erst 1993 beim Englischen Turm entdeckt.

15 m weiter erhebt sich der **Deutsche Turm**, dessen Ausstellungsräume (unten Amphoren, darüber Mobiliar im Stil der deutschen Renaissance) zuletzt geschlossen waren. Der nächste Turm, rund 30 m weiter, ist der **Spanische Turm**, auch **Schlangenturm** genannt, da links des unteren Eingangs das Relief einer Schlange in den Stein gehauen ist. Betritt man den Turm an dieser Stelle, bekommt man einige Amphoren zu sehen. Betritt man ihn durch seinen oberen Eingang, gelangt man

Johanniterkastell St. Peter

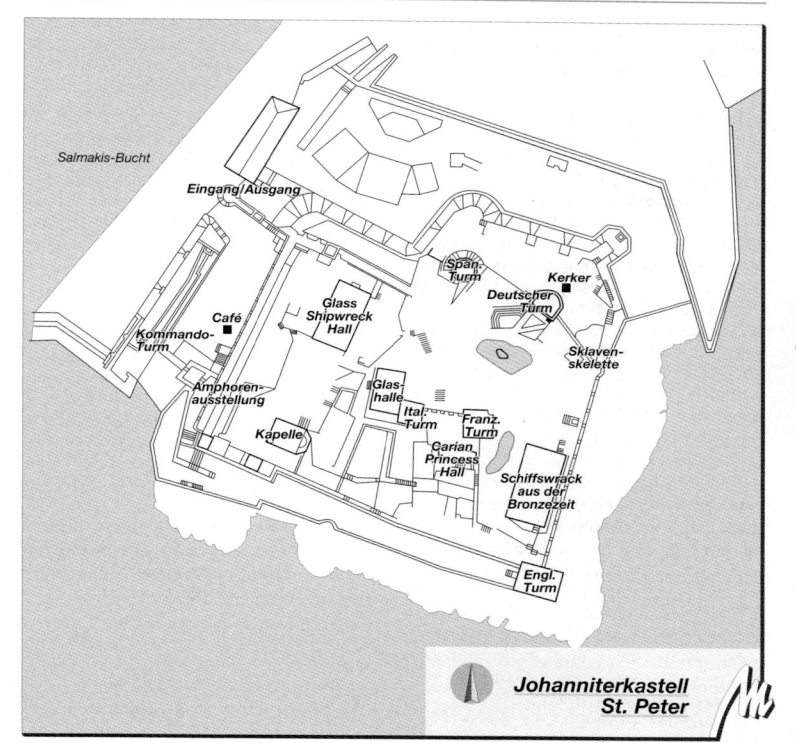

Map labels: Salmakis-Bucht, Eingang/Ausgang, Span. Turm, Kerker, Deutscher Turm, Glass Shipwreck Hall, Café, Kommando-Turm, Sklavenskelette, Amphorenausstellung, Glashalle, Ital. Turm, Franz. Turm, Kapelle, Carian Princess Hall, Schiffswrack aus der Bronzezeit, Engl. Turm

zu einer kleinen Ausstellung zum Thema „Geburt, Leben und Tod" – u. a. werden hier medizinisches Besteck, Statuetten, phallusartige Mörserstößel sowie Grab- und Votivsteine präsentiert.

Links des Schlangenturms hat man durch ein Tor wieder Zutritt zur äußeren Befestigungsanlage. Begleitet von schönen Hafenblicken kann man noch zum **Kommando-Turm** spazieren. In diesem befindet sich eine kleine Ausstellung über den Beschuss des Kastells und Bodrums durch das französische Kriegsschiff Dubleix (zuletzt ebenfalls geschlossen).

Öffnungszeiten Tägl. 8.30–18.30 Uhr (im Winter bis 16.30 Uhr). Eintritt 3,20 €. Carian Princess Hall und Glass Shipwreck Hall (nur Di–Fr 10–12 und 14–16 Uhr) jeweils 2 € extra.

Zeki-Müren-Museum: Zeki Müren kennt außerhalb der Türkei kaum ein Mensch, im Land aber besitzt er durch unzählige Filme und Evergreens einen Kultstatus, den nur Atatürk überbietet. Der Aufstieg des charismatischen Schnulzensängers begann in den 1950ern, sein zuweilen hermaphroditisches Auftreten – Müren war homosexuell – tat seiner Karriere keinen Abbruch. 1955 erhielt er die erste Goldene Schallplatte der Türkei. Bis er 1996 bei Dreharbeiten verstarb, hatte er Millionen zum Heulen gebracht. Beigesetzt wurde er in seiner Heimatstadt Bursa. Mürens Haus in Bodrum dient heute als illustres kleines Museum. Zu sehen sind Fanbriefe, Schallplatten und fantasievolle Kostüme. In einem verglasten Anbau wird Mürens amerikanischer Straßenkreuzer ausgestellt.

Zeki Müren Cad. Tägl. (außer Mo) 9–12 und 13–17 Uhr. Eintritt 1,20 €.

Die Bodrum-Halbinsel

Das Idyll einer unberührten Natur existiert auf der Bodrum-Halbinsel längst nicht mehr. Feriendörfer und Clubanlagen beherrschen die meisten Buchten, und im Legostil wird kräftig weiter gebaut – zwar keine hohen Apartmenthäuser, dafür wie geklont wirkende Ferienhaussiedlungen, die dem Auge fast genauso wehtun. Es scheint nur noch eine Frage der Zeit zu sein, bis die Küste von einem geschlossenen Häuserwald gesäumt wird. Viele einst romantische Plätzchen haben dadurch stark an Reiz verloren – nicht jedoch in den Augen der Wohlhabenderen des Landes. Für sie ist die Bodrum-Halbinsel noch immer *das* Sommerdomizil schlechthin. Dementsprechend gepflegt und teuer präsentieren sich viele Orte.

> **Hinweis:** Die Dolmuşverbindungen zwischen Bodrum und den Orten auf der Halbinsel sind sehr gut, nicht aber die Verbindung zwischen den Orten. Für eine Umrundung der Halbinsel ist deshalb ein eigenes Fahrzeug ratsam.

Ein Genuss sind zum Sonnenuntergang die Ausblicke vom bergigen Inland über die buchtenreichen Küsten, für zusätzliche Reize sorgen die Silhouetten der vorgelagerten Inseln. In den Dörfern fallen oft alte Windmühlen und gedrungene Zisternen auf. Das im Winter darin gespeicherte Regenwasser half bis noch vor einigen Jahrzehnten durstigen Vieh und trockenen Feldern über den Sommer. Heute sind die Zisternen i. d. R. funktionslos. Die Halbinsel im Uhrzeigersinn:

Gümbet: Die weite Bucht 5 km westlich von Bodrum ist fest in der Hand von Pauschalurlaubern, vorrangig aus England. Der recht schmale Strand wird im Frühjahr mit einigen LKW-Ladungen Sand aufgemotzt. In der Hochsaison lässt sich im Liegestuhl gemütlich die *Sun* in der Hand des Nachbarn lesen. Es gibt aber auch ein paar relaxte Beachclubs. Gleich hinter dem Strand reihen sich Bars (selbst eine eigene „Barstreet" gibt es), Restaurants, Souvenirläden und gepflegte Clubanlagen aneinander.

Übernachten/Camping Für Individualtouristen sieht es – Camper ausgenommen – recht trübe aus.

Zetaş Camping, in zweiter Reihe, davor ein Beachclub mit Musikbeschallung und mehrere Restaurants. Viel Schatten, Sanitäranlagen (veraltet, aber okay) in großer Zahl, Camperküche. Wohnwagenfreundlich. April bis Ende Nov. 6,50 €/Pers., Zelt 2,50 €, Wohnmobil 6 € inkl. Strom. Gümbet, ✆ 0252/319223.

Bitez: Eine Bucht weiter liegt Bitez, die ruhigere Fortsetzung von Gümbet. Der Andrang am schmalen Strand (z. T. mehr Kies als Sand) mit einer Moschee direkt am Meer hält sich noch einigermaßen in Grenzen, das Wassersportangebot ist ähnlich gut. Oberhalb des Strandes, in der alten Ortschaft Bitez, findet jeden Sonntag ein großer Flohmarkt statt – fragen Sie nach dem *Bit Pazarı* (gesprochen etwa „Bitt Passare").

Übernachten Die meisten Unterkünfte liegen direkt am Strand, darunter – anders als in Gümbet – auch ein paar einfachere Häuser.

Çömez Motel, angenehme Herberge direkt neben dem Yalı Han, leicht vom Strand zurückversetzt. 14 sehr saubere, gepflegte Zimmer mit dunklem Mobiliar, Klimaanlage, Fliesenböden, Kühlschrank, Flatscreen-TV und guten Bädern, 3 davon mit Balkon. Zudem 2 Apartments für bis zu 4 Pers. Der Hit ist die Terrasse mit Blick über die ganze Bucht, auf der auch das Frühstück serviert wird. Freundlicher Familienbetrieb. DZ 60 €. Bitez Yalısı, ℅ 0252/3638181.

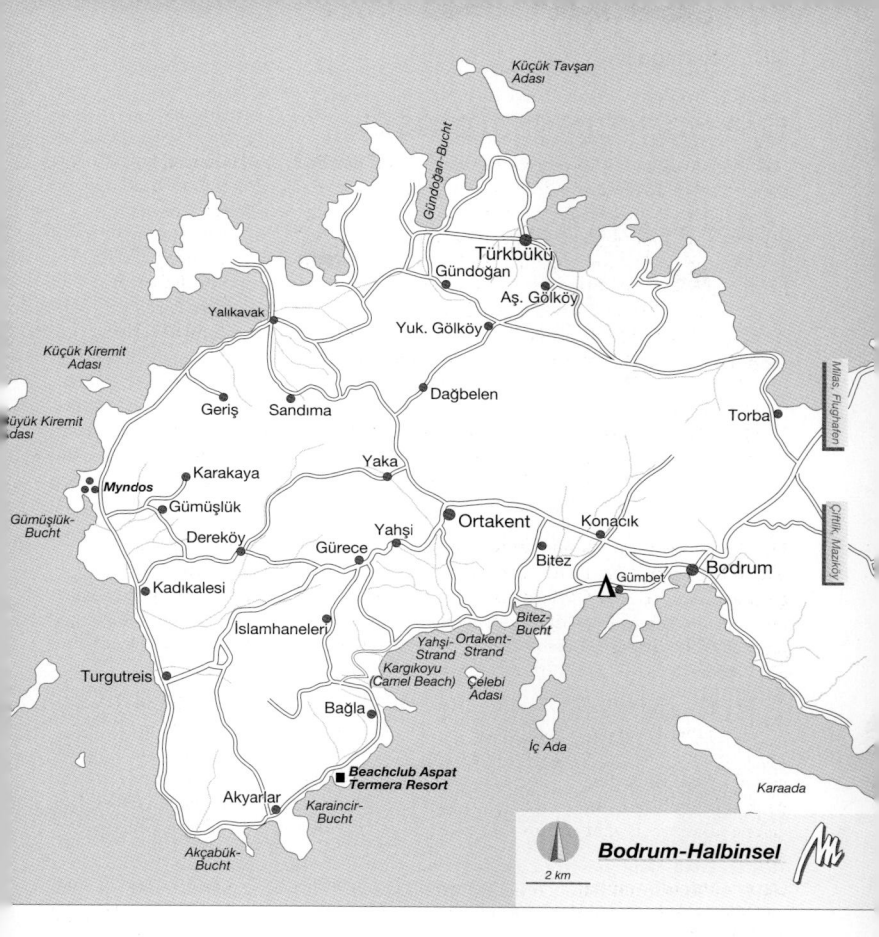

Tauchen The Aegean Pro Dive Centre in Bitez, etablierte Tauchschule auf P.A.D.I.- und CMAS-Basis mit deutschsprachigen Lehrern. Tagesausfahrt mit 2 Tauchgängen inkl. Mittagessen 38 €, mit geliehener Ausrüstung 47 €. Anfängerkurs P.A.D.I.-Open-Water (4 Tage) 270 €. Kavaklısarnıç Sok. Asarlık Sitesi 30, ℅ 0252/3160737, www.aegeanprodive.com.

Ortakent und Yahşi: Die Dörfer Ortakent und Yahşi liegen im Halbinselinneren. Vorbei an Zitrusbäumen, weißgetünchten Häuschen und schmucken Villen mit gepflegten Gärten führt von ihnen der Weg an die Küste. Dort erstrecken sich die beiden nach den Ortschaften benannten Strände, die ein kleiner Hafen voneinander trennt. Unmittelbar dahinter findet man eine Ansammlung von Hotels, Pensionen und Feriensiedlungen, die vorrangig von Türken belegt werden. So ist das weit verstreute Stranddorf während der türkischen Schulferien überaus gut besucht, davor und danach aber gespenstisch leer. Am meisten geboten wird am Yahşi-Beach, dem westlichen Strand.

Essen & Trinken Palavra Balık Restaurant, am Ortakent-Strand, ausgeschildert. Eines der besten Restaurants der Halbinsel. Tische direkt am Strand, gute Auswahl an türkischen Weinen. Frischester Fisch, außergewöhnliche Meze (viel Fisch und Meeresfrüchte). Mittlere bis gehobenere Preisklasse. Zuvorkommender Service. ✆ 0252/3586290.

Kargıkoyu/Kargı Plajı ("Camel Beach"): Tagaus, tagein schaukeln am hiesigen schönen Sandstrand Touristen auf Kamelen umher, daher der Spitzname der Bucht, die ein beliebtes Ziel von Bootsausflügen ist. Die Clubanlagen verstecken sich dezent hinter dem grünen Wäldchen des unverbauten Uferbereichs, die Hänge drum herum nehmen Feriensiedlungen in Beschlag.

Akyarlar: Die ehemalige Fischer- und Schwammtauchersiedlung gehört zu den beschaulicheren Spots der Bodrum-Halbinsel. Der schmale Strand berauscht nicht, hat aber Flair: Ihn säumen ein paar alte griechische Häuser. Die gemütlichen Fischlokale des Ortes gehören zu den preiswerteren der Halbinsel. Den Osten und Westen der Bucht begrenzen große Clubanlagen, die den Panoramablick vom Strand aus trüben. Die Strände auf dem Weg weiter in Richtung Turgutreis haben durch die Schaffung monotoner Feriensiedlungen ihren Reiz komplett verloren.

Übernachten Babadan Motel, direkt am Strand. 20 restaurierte Zimmer mit weißen Möbeln und Kühlschrank, leider nur 3 zur Meerseite hin. Freundlicher Service. Restaurant mit Terrasse am Meer. DZ 55 €. ✆ 0252/3936002, 📠 0252/3937987.

Motel Kilavuz, nur ein paar Schritte weiter hinter der Restaurantzeile. 27 einfache Zimmer, z. T. mit privaten Terrassen. Eigene Parkplätze. Der Betreiber Erden Eren hat in Köln studiert. DZ 50 €. Juni bis Mitte Okt. ✆ 0252/3936006, www.kilavuzmotel.com.

Turgutreis: Noch vor gar nicht allzu langer Zeit war das Städtchen, benannt nach dem berühmten osmanischen Seefahrer Turgut Reis (16. Jh.), nichts anderes als ein verschlafenes Fischerdorf. Mittlerweile ist Turgutreis mit 18.500 Einwohnern (im Sommer bis zu 300.000!) der nach Bodrum zweitgrößte Ort der Halbinsel. Und wie Bodrum ist Turgutreis ganz auf Tourismus eingestellt, nur besitzt Turgutreis nicht den Charme von Bodrum. Kaum mehr ein Fischerboot dümpelt im Hafen, dafür größere und kleinere Jachten in der neu gebauten Marina, die von einer schicken kleinen Mall samt besseren Restaurants gesäumt wird. Abgesehen davon wirkt vieles in Turgutreis ziemlich lieblos-provisorisch. Am langen Sandstrand bräunen sich überwiegend Urlauber von den britischen Inseln. Die lokale Geschäftswelt hat sich auf sie eingestellt – kaum ein Restaurant, in dem man nicht „Bacon on Eggs" zum Frühstück serviert bekommt.

Verbindungen Turgutreis besitzt einen eigenen Busbahnhof an der Straße nach Gümüşlük, im Sommer recht gute Verbindungen in alle größeren westanatolischen Städte. Zudem regelmäßige Dolmuşverbindungen nach Akyarlar und Gümüşlük.

Bootsausflüge Bootsausflüge nach Kos starten im Sommer Mo/Mi/Fr/Sa/So gegen 9.30 Uhr, Rückfahrt gegen 17.30 Uhr. Fahrtdauer einfach 45 Min. Bei Rückkehr am gleichen Tag 28 €, ansonsten das Doppelte! Keine Autos (nur ab Bodrum). Infos beim Ableger der **Bodrum Ferryboat Association** nahe der Marina, ✆ 0252/3829441, www.bodrumferryboat.com.

Einkaufen Sa großer **Wochenmarkt** im Zentrum.

Übernachten Unterkünfte in jeder Preisklasse, von der einfachen Pension im Zentrum über Aparthotels bis hin zu Clubanlagen. Eine einfache Adresse:

Kumsal Motel, vom Hauptplatz ca. 200 m am Strand entlang nach Norden laufen, dann rechter Hand. 14 saubere Zimmer, teils recht beengend. 2 Terrassen, die eine auf dem Dach, die andere ebenerdig und mit gemütlichen orientalischen Sitzecken versehen. DZ 40 €. Sahil 2 Sok. 16, ✆ 0252/3822854, 📠 3824848.

Die Bodrum-Halbinsel

Essen & Trinken/Nachtleben Günstige Lokale, wo auch noch Türken essen, findet man zwischen Migros und Hafen. Nachts geht es ruhiger zu als in Bodrum. Es wird eher gepichelt als getanzt.

Gümüşlük: Gümüşlük ist das mit Abstand beschaulichste Örtchen der Bodrum-Halbinsel! Idyllisch reihen sich zahlreiche Restaurants an der Kaimauer aneinander – eine opulente Fischmahlzeit in Gümüşlük gehört für Bodrumkenner zum Programm. Aus arg viel mehr als den Restaurants und ein paar Pensionen hinter dem schmalen, überwiegend kiesigen Strand besteht der Ort auch nicht. Bleibt zu hoffen, dass sich an diesem Zustand nichts ändert, denn der bislang verhängte Baustopp ist umstritten. Auf der vorgelagerten kleinen Insel *Tavşan Adası* (durch das seichte Wasser kann man hinüberwaten) tummeln sich Kaninchen zwischen den spärlichen Überresten des antiken Myndos, das der Halbinsel von Bodrum ihren früheren Namen gab. Seit 2004 wird hier regelmäßig gegraben. Zuletzt entdeckte man die Ruinen einer Kirche samt Mosaikboden sowie nahebei Gräber samt Skeletten. Das meiste von Myndos liegt um Gümüşlük heute jedoch unter Wasser. Über Wasser bietet die Bucht von Gümüşlük im Frühjahr und Spätsommer allabendlich einen der schönsten Sonnenuntergänge der gesamten Westküste – ein Tipp für Romantiker.

Information Tourist Information, zentral bei den Fischlokalen. In der HS tägl. 8–4 Uhr, im Winter verkürzt. ✆ 0252/3944487.

Übernachten/Camping Vorrangig schlichte Pensionen oder Aparthotels. Im Sommer ist eine Reservierung empfehlenswert.

Liman Motel, 5 kleine, weiß möblierte Zimmer mit schönem Blick über Bucht und Hafen, jedoch nur mit französischem Balkon. Dazu 2 Suiten mit Kochnische nach hinten hinaus. Große Dachterrasse, auf der das Frühstück serviert wird. Über dem Liman Restaurant (fragen Sie zwecks Zimmer jedoch nach Faik im rückseitigen Kaffeehaus), DZ 80 €, Suiten 110 €. Zentral, in erster Reihe bei den Fischlokalen, ✆ 0252/3943302, ⌂ 3943747, www.limanmotelrestaurant.com.

Arriba Apart Otel, hinterm Strand. 4 große, einfache, aber saubere Apartments mit Meeresblickbalkon oder -terrasse (für bis zu 4 Pers.). Zudem 5 gepflegte Holzhäuschen im Garten dahinter mit Kühlschrank, Klimaanlage und Terrasse. Freundlicher Service. Restaurant, Garten mit Hängematte. Apartments 75 € (ohne Frühstück), DZ 60 €. ✆ 0252/3943654, www.arribaapart.com.

Sysyphos Pansiyon, alteingesessene Pension. Schönes altes Steinhaus, Restaurant mit Terrasse direkt am Meer, idyllisches Innenhofgärtchen. Sehr gemütlich. 20 schlichte, saubere Zimmer mit Bad, alle mit Balkon oder Terrasse, 8 Zimmer mit Meeresblick. Dazu 2 Apartments für max. 4 Pers. Von Lesern sehr gelobt, obwohl der Service manchmal träge ist. DZ 40 €, Apartment (ohne Frühstück) 60 €. Am Südende der Bucht, ✆ 0252/3943016, ⌂ 3943656.

Essen & Trinken In allen Fischlokalen sitzt man schön und es wird frische Ware serviert. Die Mezevitrinen übertreffen sich gegenseitig. Komplettes Essen mit Wein ab ca. 18 €/Pers. – Handeln möglich. **Achtung:** Der letzte Dolmuş zurück nach Bodrum fährt im Sommer gegen Mitternacht – trotzdem besser vorher bei der Tourist Information nachfragen.

Yalıkavak: Die ehemalige Schwammtaucher-Hochburg ist heute ein schüchtern-gediegener Urlaubsort, dessen Zentrum sich mit geselligen Altherrenrunden noch immer recht ursprünglich präsentiert. Die kleine Basarmeile ist strohgedeckt, Anmache oder Gedränge kennt man nicht. In den Fischtavernen ein paar Schritte weiter lässt es sich fürstlich dinieren – für eine Klientel mit locker sitzenden Geldbörsen sorgt die Marina für 450 Jachten. Der schmale Strand ist zwar zugegebenermaßen nicht der spektakulärste, aber dennoch ganz okay. Keine großen Hotelklötze verschandeln ihn. Passend zum Ort besitzen auch die einzigen zwei Attraktionen nichts Aufreißerisches: Im Zentrum werden in einer Zisterne aus dem späten 19. Jh. wechselnde Kunstausstellungen gezeigt (sporadisch geöffnet, kein Eintritt), am Hafen bespannt man zuweilen die Flügel einer alten restaurierten Windmühle.

Einkaufen Do großer Wochenmarkt.

Übernachten Lavanta Hotel, luxuriöse Herberge. Diesmal hoch am Hang mit traumhafter Aussicht über Yalıkavak. Komfortabelst ausgestattete, individuell eingerichtete Räumlichkeiten (z. T. mit Antiquitäten, wertvollen Teppichen, Holzböden usw.). Superb der Poolbereich. Gelegentliche Dinnerabende. Von der Straße nach Gündoğan/Türkbükü ausgeschildert. DZ ab 130 €. Papatya Sok. 32, ☏ 0252/3852167, ℻ 3852290, www.lavanta.com.

⋙ Unser Tipp: **4reasons Hotel**, ca. 3 km außerhalb des Zentrums. Note 1 mit Stern! Sehr schöner Komplex mit 20 überaus modernen und doch gemütlichen Zimmern, der Komfort versteht sich von selbst. Unter türkisch-kanadischer Leitung. Exzellenter Service, Restaurant mit hervorragender Crossover-Küche. Feiner Poolbereich. „Eines der besten Hotels, in denen wir in der Türkei übernachtet haben", meinen Leser. Anfahrt: Vom Zentrum (Dolmuşstation) der Straße Richtung Bodrum folgen, bei der T-Kreuzung 300 m später links ab, dann ausgeschildert. Frühzeitige Reservierung empfehlenswert. Ganzjährig. DZ ab 149 €. Bakan Cad. 2, ☏ 0252/3853212, ℻ 3853229, www.4reasonshotel.com. ⋘

Cüneydi Pansiyon, saubere, gepflegte Familienpension mit 15 einfachen Zimmern, alle mit Steinböden und Bad. Nettes Gärtchen. DZ 50 €. Plaj Cad. 14 (Strandpromenade Richtung Landenge), ☏ 0252/3854077, ℻ 3854824, www.pansion.cuneydi.com.

Essen & Trinken An der Hafenpromenade fällt das schicke **Cumbalı** aus der Reihe. Untergebracht in einem restaurierten Natursteinhaus, einladende Terrasse davor. Meze 2–5 €, Hg. 4,50–13 €. ☏ 0252/3854996.

Im kleinen Zentrum (gegenüber der Moschee bei der Zisterne) ist das **Gülten Abla** mit grundehrlicher türkischer Hausmannskost (gefülltes Gemüse, Köfte, Suppen) zu empfehlen. Hg. 4,20–6 €. Man sitzt urgemütlich unter Schatten spendenden Bäumen.

Gündoğan: Im Ersten Weltkrieg versetzten die Bewohner ihren Ort von der Küste einige hundert Meter landeinwärts, um englischen Kriegsschiffen kein Angriffsziel zu bieten. Mittlerweile bildet der alte, noch recht ursprüngliche Ortskern mit der Neubebauung an der U-förmigen weiten Bucht jedoch fast eine Einheit. Am groben Sandstrand sorgen ausländische wie inländische Beachboys und -girls für einen Lärmpegel, der das Meeresrauschen übertrumpft. Das Wasser ist jedoch kristallklar und das Wassersportangebot groß. Auch kann man Bootsausflüge zur nahen Apostol-Insel mit der Ruine einer byzantinischen Kirche unternehmen.

Das Preis-Leistungs-Verhältnis der relativ wenigen Unterkünfte (meist Strandhotels der Mittelklasse) ist miserabel.

Türkbükü und Gölköy: Türkbükü, im Norden der Halbinsel über eine Stichstraße zu erreichen, war noch vor 30 Jahren ein Fischernest. Heute zählt der Ort zu den elitärsten Adressen des Landes. Charme besitzt er dennoch nicht, dafür sorgen stetige Baustellen und holprige, staubige Straßen zwischen Villen und exklusiven Miniclubanlagen. Die kleine Uferzeile mit ihren schicken Lokalen und Boutiquen präsentiert sich als Flaniermeile der Berühmten und Reichen. Stets begegnet man in Türkbükü irgendeinem Promi beim Sonnenbaden, so heißt es. Da der schmale Sandstreifen selbst weniger dazu geeignet ist, bräunt man sich mitsamt Rottweiler oder Golden Retriever auf Holzstegen über dem Meer. Übrigens keine Sorge, falls Ihnen beim Sehen und Gesehen werden schnell das Geld ausgeht – Bankautomaten direkt am Strand sorgen für Nachschub.

Gölköy, das man von Bodrum kommend auf dem Weg nach Türkbükü passiert, ist die einfachere Variante. Auch hier ist der örtliche Strand alles andere als der Renner, auch hier behilft man sich mit Stegen. Nur sonnen sich in Gölköy eben auch Ali und Otto Normalverbraucher. Vor den unausweichlichen türkischen Feriensiedlungen ist auch diese Bucht nicht verschont geblieben.

Die Buchten von Mazıköy

Anfahrt Türkbükü und Gölköy sind von der Straße Gündoğan – Torba etwas verwirrend mit „Göltürkbükü" ausgeschildert.

Übernachten in Türkbükü Wenn schon, denn schon – die neue Einbauküche kann warten. Die 3 schönsten Adressen vor Ort (allesamt ausgeschildert):

Ada Hotel, das Haus, eine kleine Festung, zählt zu den besten Hotels Europas. Dass Luxus und Service in jeder erdenklichen Weise stilvoll sind, kann man sich wohl denken. Nur 8 Zimmer und 6 Suiten mit kleinen privaten Terrassen (Paparazzi haben keinen Einblick), eleganter hauseigener Hamam, 2 Pools, lauschige Gärtchen, ein Theater, private Jachten usw. Hoch über der Bucht. DZ je nach Zimmer 676–1346 €. Tepecik Cad., ℡ 0252/3775915, ℻ 3775379, www.adahotel.com.

Maki Hotel, auch hier steigen Stars und Sternchen ab. Am nördlichen Ende der Bucht ohne direkten Strandanschluss. Minimalistisch-funktional durchgestyltes Haus. Alle Zimmer mit Balkon. Pool und Restaurant mit Terrasse überm Meer. Eine private Jacht schippert die Gäste zu verschiedenen Buchten. DZ je nach Zimmer 220–700 €. Keleşharımı Mevkii, ℡ 0252/3776105, ℻ 3776056, www.makihotel.com.tr.

Kaktüs Çiceği Hotel, unter französisch-türkischer Leitung. 18 modern eingerichtete, nicht allzu große Zimmer mit hübschen Wandtapeten. Gutes Restaurant. DZ für Türkbükü faire 120 €. Direkt am Strand, ℡ 0252/3775254, ℻ 3775248, www.kaktuscicegi.com.tr.

Übernachten in Gölköy Auch Gölköy ist nicht billig. Ein DZ in einer einfachen Familienpension in x-ter Reihe ist in der HS nur mit Glück für 50–60 € zu bekommen.

Am Golf von Gökova (Nordseite)

Der touristisch kaum erschlossene Golf von Gökova ist noch immer einer der schönsten Küstenabschnitte der Türkei. Das gilt für seine Nord- wie für seine Südseite. Letztere grenzt die Reşadiye-Halbinsel ab (→ Akyaka/Weiter in Richtung Marmaris ab S. 355 und Halbinsel Reşadiye ab S. 369).

Auf der Nordseite des Golfs von Gökova zeigt sich die Landschaft, je weiter man sich von der „Metropole" Bodrum entfernt, immer unversehrter: Hügelige, bewaldete Gegenden und Olivenhaine wechseln ab mit grünen Weiden samt Kühen im Frühjahr oder goldenen Stoppelfeldern im Hochsommer. Die Ausschilderung wird zwar immer besser, heben Sie sich dennoch ein Lächeln auf: für ein paar Kilometer in die falsche Richtung und für den Bauern am Wegesrand, der Ihnen weiterhilft. Ein paar traumhafte Buchten sind auch durch Stichstraßen erreichbar.

> **Hinweis:** Wechseln Sie Ihr Geld im Voraus! Die meisten Pensionen in den Buchten am Golf von Gökova haben nur von Juni bis September geöffnet.

Die Buchten von Mazıköy

Wer von Çiftlik auf einsamen Landstraßchen ca. 35 km gen Osten kurvt, erreicht Mazıköy (hoffentlich nicht entnervt – die Straße war zuletzt in einem katastrophalen Zustand). Unterhalb des verschlafenen Dorfes befinden sich ein paar türkisfarbene Traumbuchten, die keine monotonen Liegestuhlreihen kennen. Selbst Ausflugsboote und Jeep-Konvois können die Idylle kaum trüben. Die grobkiesigen Strände sind nahezu unverbaut und selbst in der Hochsaison nicht überlaufen, gelegentlich verirrt sich auch einmal eine Kuh dorthin. Dabei ist es ganz egal, ob

Sie sich für den schmalen Kiesstrand der **Hurma-Bucht** im Osten entscheiden oder für die Doppelbucht im Westen (eigene Zufahrtsstraße). Letztere ist wiederum durch eine Anhöhe unterteilt in die Kiesbucht **Taşlıyalı** (die westliche) und die Sandkiesbucht **İnceyalı** (die östliche).

Telefonvorwahl 0252.

Verbindungen Bis zu 5-mal tägl. Dolmuşe von Bodrum/Busbahnhof (der erste gegen 10 Uhr). Sagen Sie dem Fahrer, an welchen Strand Sie wollen. Die Dolmuşe brauchen ca. 1½ Std. und nehmen die besser befahrbare Inlandroute.

Übernachten/Essen & Trinken Einige Unterkünfte machten zuletzt einen etwas ungepflegten Eindruck. Eine frühzeitige Reservierung ist in der HS ratsam. In der Regel wird nur mit HP oder VP vermietet.

In der Hurma-Bucht Sahil Pension, vom Bett zum Meer sind es nur ein paar Meter. 14 saubere Zimmer unterschiedlicher Größe mit Kiefernholzmöbeln. Gespeist wird auf der schönen Terrasse am Strand (Leser bemängelten aber schon die Qualität der Küche), den Nachtisch klaut man sich aus dem hauseigenen Mandarinengarten. Mit VP 35 €/Pers. Hurma Sahili, ✆ 339213, www.mazisahilpansiyon.com.

Das leicht rustikale Mazı Restaurant mit großer Terrasse (✆ 3392121) und das ähnlich einem Adlernest am Hang gebaute Kayabaşı Restaurant (✆ 3392050) servieren in schöner Lage erstklassigen Fisch.

In der Taşlıyalı-Bucht Eray Pansiyon, 5 einfache Zimmer mit Klimaanlage, davor Gemüsebeete und das Meer. Ganzjährig. Kein Schild am Eingang. Taşlıyalı. DZ mit VP 60 € (viel Fisch, der Inhaber ist Fischer). ✆ 0536/2830251 (mobil).

Çökertme

Auch östlich von Mazıköy präsentiert sich die Küstenlandschaft überaus reizvoll. Zu Çökertme, einem Bauerndorf ca. 12 km östlich von Mazıköy, gehört eine kleine Hafensiedlung. Diese besteht aus nicht viel mehr als zwei Häuserzeilen an einem schmalen Strand. Beliebt ist die kleine Bucht mehr bei Seglern auf der „Blauen Reise" denn bei Sonnenanbetern – zuweilen belagern so viele Jachten die Bucht, dass zum Baden gar kein Platz mehr bleibt! Dennoch: Schöne Urlaubstage lassen sich auch hier verbringen, sofern man keine großen Ansprüche hat.

Verbindungen/Anfahrt Dolmuşe in der HS tägl. bis zu 5-mal nach Milas (Tabakhane Garajı), 2-mal nach Bodrum (Busbahnhof). Außerhalb der Saison weniger Fahrten.

Mit dem eigenen Fahrzeug ist Çökertme am einfachsten von Milas zu erreichen: Kurz vor Ören bei einem unübersehbaren Kraftwerk rechts ab, dann noch ca. 12 km. Die Strecke ist sehr schön, unterwegs passiert man hübsche Kiesbuchten (dahinter wird zuweilen leider auch viel gebaut). Von Bodrum stets gen Ören halten, dann ausgeschildert.

Übernachten/Essen & Trinken Nur einige wenige einfache Pensionen. Im Juli und Aug. hat man ohne Reservierung schlechte Karten.

Çökertme Motel/Hotel, zum gleichnamigen Strandrestaurant gehörend (tolle Terrasse, orientalisches Eck zum Wasserpfeiferauchen, Holzsteg zum Bräunen, leider überzogene Preise). 24 saubere Zimmer, darunter ältere im Motel in zweiter Reihe, neuere in einem separaten Gebäude direkt hinter dem Restaurant. Freundliche, ungezwungene Atmosphäre. Ganzjährig. DZ mit HP 55 €. Çökertme, ✆ 0252/5310156, ✆ 5310157, www.cokertmehotel.com.

Orhan Pension, buchbar über das gleichnamige Restaurant in erster Reihe. Die 9 schlichten, sauberen Zimmer mit Klimaanlage befinden sich jedoch in einem Gebäude in zweiter Reihe. Familiäre Atmosphäre. Çökertme. DZ mit VP 60 €. ✆ 0252/5310096, www.orhanpansiyon.blogspot.com.

Das beste und international en Seglerpublikum beliebteste Restaurant ist das Captan İbrahim (✆ 0252/5310012) – stets frische Meze und 1-a-Fisch. Bodrumpreise.

Ören

4500 Einwohner, im Sommer bis zu 30.000

Ören, rund 12 km östlich von Çökertme, liegt im Osten einer kleinen Schwemmlandebene zu Füßen des 640 m hohen Kocadağ. Über der herrlichen weiten Bucht davor kreisen zuweilen Paraglider. Noch verschandelt kein Mega-Hotelklotz den schönen langen Sand-Kies-Strand, hinter dem sich Pensionen und Feriensiedlungen eher dezent verstecken. Doch Bürgermeister Kazım Turan hat Großes vor, er will sein Städtchen zu einem der „wichtigsten touristischen Zentren der Welt" ausbauen. Seinem Ziel steht 4 km westlich von Ören jedoch ein Kohlekraftwerk im Weg. Dessen Errichtung in den 1990ern ist dafür verantwortlich, dass so manch internationaler Hotelkonzern seinen bereits erworbenen Bauplatz hinter dem Strand brachliegen lässt.

Das eigentliche dörfliche Zentrum Örens liegt rund 1,5 km hinter der Küste. Hier findet man eine Post, einen Barbier, ein paar Läden und mittwochs einen farbenfrohen Wochenmarkt. Strand und Dorf verbindet in den Sommermonaten eine Bummelbahn. Hinter dem Strand verläuft eine für Autos gesperrte, mit jungen Palmen bestückte Uferpromenade.

Ören wurde auf dem Gebiet des antiken Keramos errichtet, das im 6. Jh. v. Chr. erstmals erwähnt und nach dem gleichnamigen Sohn des Weingottes Dionysos benannt wurde. Er galt als Begründer der Töpferkunst (Keramik!). Wenig spektakuläre Überreste der antiken Stadt liegen in und um Ören verstreut.

Verbindungen/Sonstiges

Verbindungen Dolmuşe in der HS 2-mal tägl. nach Bodrum, tagsüber regelmäßig nach Milas (Tabakhane Garajı), 6-mal nach Muğla, 4-mal über Akbük nach Akyaka. Im Sommer fahren die Dolmuşe bis zum Strand von Ören, im Winter nur ins Zentrum.

Übernachten Da die meisten türkischen Gäste in ihren eigene Ferienhäusern urlauben, ist die Auswahl an Unterkünften nicht allzu groß. Schlichte Aparthotels, Motels und Pensionen findet man landeinwärts. In der Regel bekommt man auch in der HS immer ein Zimmer.

Club Pomalin, direkt hinter dem Strand und der Uferpromenade. Bestes Haus Örens. Kein Megaclub, sondern ein überschaubares Haus mit nur 25 geschmackvoll ausgestatteten Zimmern. Freundliches Personal. DZ 70 €, mit HP 85 €. Ören, ✆ 0252/5322065, ✉ 5322035, www.clubpomalin.com.

Haluk Otel, 100 m hinter dem Strand nahe dem neuen Rathausgebäude (Belediye). Älteres, aber neu restauriertes Haus mit 19 ordentlichen Zimmern unterschiedlicher Größe, alle mit Balkon und Meeresblick (z. T. jedoch eingeschränkt). Schöne Dachterrasse zum Frühstücken. DZ mit HP 60 €. Ören, ✆ 0252/5322896, www.halukotel.com.

Essen & Trinken Nette Fischlokale und einfache Kneipen im bunten Wechsel an der Promenade. Das Preis-Leistungs-Verhältnis ist in Ören sehr gut.

Eine tolle Strecke führt von Ören gen Osten nach Akyaka: Dazu folgt man von Ören zunächst der Straße nach Muğla. Sie beginnt in Ören/Dorf auf der südlichen Flussseite (Beschilderung „Muğla/Alatepe") noch vor der Brücke. Nach ca. 21 km passiert man Akbük, eine traumhaft ruhige Bucht mit einem schmalen, schneeweißen Kiesstrand (der leider nicht immer der allersauberste ist). Vor Ort findet man einen einfachen, aber wildromantischen Campingplatz und das Altas Restaurant, das auch simple Zimmer vermietet (DZ 40 €, ✆ 0252/5291146, www.altasrestaurantakbuk.com) – viel mehr gibt es nicht.

Muğla

ca. 61.550 Einwohner

Muğla ist eine der reichsten Provinzen des Landes, umfasst sie doch die gesamte Küste von Fethiye bis Bodrum und profitiert so wie kaum eine andere Provinz vom Tourismus. Im Gegensatz dazu zeigt sich die gleichnamige nette, kleine Provinzhauptstadt fast bescheiden. Sie liegt weit abseits der Küste auf erfrischenden 680 m ü. d. M. Über 20.000 Studenten verleihen ihr eine überaus junge und lebendige Atmosphäre. Unterm Strich ist Muğla als Städtetrip von der Küste aus eher als Milas oder Aydın empfehlenswert, zumal die charmante Altstadt ein echtes Schmuckstück ist. Dort ziehen sich von weißen Häuschen gesäumte Gassen den Hang hinauf, einst gerade breit genug für ein Pferdefuhrwerk. Die Altstadt, überragt von roten Ziegeldächern und hohen Schornsteinen, präsentiert ein Stück unversehrte osmanische Stadtarchitektur, bei deren Restaurierung man sich Mühe gibt. Mittelpunkt des Alltagslebens ist das Basarviertel, das jeden Donnerstag zum Schauplatz tausendfacher Geschäftsverhandlungen wird. Von alters her ist der Markttag der wöchentliche Höhepunkt der Stadt.

Zu den Sehenswürdigkeiten Muğlas gehören die **Kurşunlu Camii** aus dem 15. Jh., die nahe stehende **Ulu Cami** aus dem 14. Jh. und das kleine, liebevoll eingerichtete **Museum** (mit „Müze" ausgeschildert, tägl. außer Mo 9–12 und 13–17 Uhr, Eintritt 1,20 €). Im Innenhof präsentiert es archäologische Funde aus Stratonikeia (→ S. 333) und der näheren Umgebung – die Geschichte Muğlas reicht über 3000 Jahre zurück. Zudem besitzt es eine Abteilung mit Fossilien und eine ethnografische Sammlung mit Schaufensterpuppen in traditionellen Gewändern. Des Weiteren bietet sich der Besuch des **Vakıflar Hamamı** aus dem 14. Jh. nahe dem Museum an der General Mustafa Muğlalı Caddesi an (tägl. 7–23 Uhr, Eintritt mit Massage 20 €, separate Eingänge für Männer und Frauen).

> Orientierung: Vom Cumhuriyet Meydanı, dem zentralen Platz mit Kreisverkehr und Atatürk-Statue in der Mitte, sind alle Sehenswürdigkeiten ausgeschildert. Man stößt automatisch auf ihn, wenn man der Beschilderung ins Zentrum folgt.

Information Turizm İl Müdürlüğü, an der Cumhuriyet Cad. 24/1. Vom zentralen Kreisverkehr der Beschilderung zum Dalaman-Flughafen folgen, nach ca. 300 m rechter Hand. Mo–Fr 8–17 Uhr. ✆ 0252/2124675, www.mugla-turizm.gov.tr. **Infokiosk** zudem nahe dem zentralen Kreisverkehr an der Recai Güreli Cad. Falls besetzt, kann man sich auch hier mit einem Stadtplan versorgen.

Verbindungen Dolmuşe nach Marmaris, Milas, Ören, Akyaka und in die Umgebung fahren rund um den Busbahnhof (die meisten neben dem dortigen Uhrturm) ab, lassen Sie sich die genaue Stelle zeigen. Busbahnhof ca. 10 Fußmin. südlich des Zentrums. Um ins Zentrum zu gelangen, folgt man vom Uhrturm dem begrünten Boulevard leicht bergauf.

Übernachten Die Auswahl an guten Hotels ist ziemlich mager, das Preis-Leistungs-Verhältnis nicht immer das beste.

Mavi Konak, schön restaurierte Altstadtvilla aus dem 19. Jh. Unter deutscher Leitung. 5 farbenfroh und individuell gestaltete Zimmer, nur eines davon mit privatem Bad. 2 Innengärten und 2 Veranden, dazu eine gut ausgestattete Küche für alle. Parken vor der Tür nicht möglich. Wegbeschreibung: Am besten lässt man sich den Weg zur zentralen Moschee Pazar Camii (gesprochen etwa: Pasar Dschami) erklären und von dort nochmals den Weg zum Konak (kennt jeder). April–Okt. DZ ohne Bad 48 €, mit Bad 53 €. Balıbeys Mah. Kusular Çıkmazı 13, ✆ 0252/2147007, www.mavi-konak.eu.

Hotel Moğla Yalçın, ca. 100 m unterhalb des Cumhuriyet Meydanı. Von innen besser als von außen. Bis auf die dicken alten Teppiche, die man mal austauschen könnte, gepflegt und ordentlich. 48 Zimmer mit TV, Klimaanlage, guten Bädern und Balkon. Darunter eine beliebte Bierkneipe mit Musikbeschallung – wer Einschlafprobleme hat, wählt besser ein Zimmer zur anderen Seite. EZ 32,50 €, DZ 47,50 €. Özer Türk Cad. 7/A, ✆ 0252/2141599, ✉ 2141050, www.mogla yalcinhotel.com.

Otel Saray, beim Marktgelände. 51 etwas abgewirtschaftete, aber saubere Zimmer mit Laminatböden und TV, z. T. mit renovierten Bädern. Eine Etage ist für die Liebe reserviert … EZ 20 €, DZ 30 €. Açık Pazar Yeri 11, ✆ 0252/2141594, ✉ 2141950, www. muglasaray.com.

Essen & Trinken Spezialitäten sind *Muğla Köfte* (ganz kleine Köfte) und *Muğla Kebabı* (gekochtes Fleisch, das als eine Art Suppe auf den Tisch kommt).

Konak Kuzine, gegenüber der Kurşunlu-Moschee im Marktviertel. Schöner alter Konak (innen jedoch etwas bieder) mit netter Terrasse. Gute Kebabs und gute Hausmannskost. ✆ 0252/2131000.

Falls Sie von Muğla nach Milas fahren, passieren Sie das antike Stratonikeia (→ S. 333).

Akyaka

Am Fuße der Kıran-Berge und zugleich am östlichen Ende des Golfs von Gökova liegt der kleine Ferienort, für dessen sympathischen Charakter ein Mann verantwortlich zeichnet: Nail Çakırhan (1910–2008), preisgekrönter Architekt aus dem nahe gelegenen 5200-Einwohner-Städtchen Ula, der hier die traditionell-ägäische Bauweise mit viel Holz und Erkern wiederbelebte. Akyaka ist im Vergleich zu Bodrum oder Marmaris noch eine beschauliche Oase, angenehm auch, dass hier stets eine leichte Brise weht. Da in Akyaka überwiegend Türken Urlaub machen – der internationale Tourismus hält nur langsam Einzug – herrscht Hochbetrieb lediglich während der türkischen Ferienzeit. Schon kurz danach schließen die ersten Restaurants am schmalen, von Palmen gesäumten Sandstrand, und es wird sehr ruhig und deutlich preiswerter. Akyaka gilt übrigens auch als Geheimtipp unter Ornithologen: Im Feuchtgebiet südlich des Flusses Kadın Azmağı treiben sich Stockenten, Bienenfresser, Flussregenpfeifer und etliche Vögel mehr herum.

Verlässt man Akyaka Richtung Ören (44 km), passiert man nach den letzten Häusern von Akyaka den **Çınar Plajı**, eine idyllische kleine, wenn auch etwas eng bestuhlte Kiesbucht mit Strandbar, wo man es sich zwischen Oleanderbüschen gemütlich machen kann (zu Fuß vom Westende Akyakas ca. 1 km vorbei am İskele Motel, mit dem Auto entlang der neuen Küstenstraße ca. 2,5 km).

Telefonvorwahl 0252.

Verbindungen Im Sommer 2-mal tägl. mit dem **Dolmuş** nach Marmaris, bis zu 4-mal tägl. über Akbük nach Ören, ansonsten Dolmuşverbindungen jede halbe Std. nach Muğla (Abfahrt dort vom Busbahnhof) und Gökova, dort Umsteigemöglichkeit in Busse entlang der Küste. Die Dolmuşe starten beim Belediye Parkı etwas oberhalb des Zentrums (sie drehen jedoch auch eine Runde durchs Zentrum, Zusteigestation u. a. am großen Parkplatz nahe dem Hafen).

Übernachten Gutes Angebot an Apartments und Hotels der Mittelklasse. Einfache Pensionszimmer sind jedoch Mangelware.

**** **Yücelen Hotel**, nettes Feriendorf direkt hinter dem Strand. Zweistöckige Häuser im Stil der traditionellen Ägäis-Architektur, Pool, Restaurant am Strand, alles sehr gepflegt. TUI-Vertragshotel. DZ 110 € (155 € all-inclusive). Kötekli Mevkii, ✆ 2435108, ℡ 2435435, www.yucelen.com.tr.

Hotel Erdem, eine Häuserzeile vom Strand entfernt. Kleine, gepflegte, zweistöckige Anlage mit Pool; 21 Zimmer, 4 Apartments, alle mit Terrasse oder Balkon. DZ 75 €. Zambak Sok. 8, ✆ 2435849, ℡ 2434326, www.erdemotel.com.tr.

Engin Hotel, im Südosten des Ortes nahe dem Freilichtkino *(Açıkhava Sineması)*. Kleines Hotel mit ziemlich beengenden, aber sehr netten Zimmern mit Holzdecken und Massivholzmobiliar, die meisten mit Balkon, von den obersten erblickt man das Meer. Restaurant, Pool. DZ 45 €. Vom Hafen aus entlang dem Flusslauf landeinwärts halten. Sefa Sok. 13, ✆ 2435727, www.enginotel.com.

Camping Gökova Park, dem Yücelen Hotel angehörend. Schön angelegter Platz in einem Pinienwald (Schatten!), eigener Strand. Einfache Sanitäranlagen. Vermietet werden zudem Bungalows, nicht die klassischen Holzschachteln, sondern richtige kleine Häuschen mit Bad und Terrasse. Idyllisch gelegenes Restaurant. Ganzjährig. Viele Tagesgäste, die nur den Strand aufsuchen. Fußgängereingang beim Yücelen Hotel direkt hinter dem Hauptstrand, mit dem Auto fährt man durch Akyaka hindurch und dann weiter Richtung Ören (auch mit „Apple Beach" ausgeschildert). Campen für 2 Pers. mit Wohnmobil 10 €, mit Zelt 8 €, Bungalows für 2 Pers. ab 50 €. Akyaka, ✆ 2434055, ℡ 2435435, www.yucelen.com.tr.

Essen & Trinken Einfache Restaurants sowohl am Strand als auch im Ort. Sehr gute und im Vergleich zu Marmaris sehr günstige Restaurants liegen am idyllischen Kadın Azmağı, dem Flusslauf am südöstlichen Ortsende von Akyaka.

Weiter in Richtung Marmaris

Insel Sedir: Die Insel im Osten des Golfs von Gökova ist auch als *Kleopatra-Insel* bekannt. Denn einer liebenswürdigen Legende nach ließ Mark Anton für seine geliebte Kleopatra eine Bucht mit Kalksand aus Ägypten aufschütten. Schade nur, dass es ihm kein Sultan für seinen Harem gleichtat, denn dann wäre der Strand größer ausgefallen. So ist er heute leider von Ausflugsgästen gnadenlos überlaufen. Auf der Insel befinden sich zudem die Reste der antiken Stadt *Kedreia* mit den Ruinen eines Theaters, Apollontempels, einer Agora, Nekropole usw. Die Bewohner sollen laut Xenophon halbe Barbaren gewesen und allesamt 405 v. Chr. von den Spartanern versklavt worden sein. Bis vor wenigen Jahren war die Insel noch größtenteils in Privatbesitz, heute ist sie dem Ministerium für Tourismus unterstellt.

Verbindungen/Anfahrt Die Insel ist am einfachsten mit einer organisierten Tour von Marmaris aus zu erreichen, am preiswertesten mit dem **Dolmuş** (in der Saison bis zu 10-mal tägl., → Marmaris/Verbindungen, S. 358). Überfahrt 4 €/Pers., „Inseleintritt" zusätzliche 4 €. Von der D 400 Marmaris – Gökova ist die Abzweigung zur Fährstelle beim Dorf Çamlı mit „Sedir Adası" ausgeschildert.

> Hinweis: Man darf keinen Sand von der Insel als Souvenir mitnehmen!

Essen & Trinken Auf der **Sedir-Insel** ein einfaches *Büfe*.

An der Straße zur Fährstation passiert man das Restaurant **Çınar**, ein liebevoll angelegtes Gartenlokal, das von alten Karrenrädern geziert wird. Enten quaken am plätschernden Bach, während man im Schatten unter Bäumen sitzt. Frischer Fisch, für das Gebotene faire Preise. Sehr beliebt, manchmal sogar überfüllt (v. a. Sa/So zur Brunchzeit). Hotel mit netten Zimmern angeschlossen (DZ 50 €). ✆ 0252/4958080, ℡ 4958466, www.basoglancinar.com.tr.

Camping Boncuk Camping, traumhaft-idyllisch gelegener Platz in einer palmenbestandenen Bucht mit schmalem Kiesstrand. Durchschnittliche sanitäre Anlagen, Vermietung von schlichten Zimmern mit Bad. 15 €/Wohnwagen oder Wohnmobil, DZ 30 €, kein Frühstück. 24 km von Marmaris entfernt; die Straße vorbei an der Anlegestelle zur Sedir-Insel noch ca. 7 km weiterfahren (der letzte Kilometer ist unbefestigt), ✆ 0252/4958116.

Blick auf Marmaris

Marmaris

ca. 31.000 Einwohner

Klasse trifft Masse: Marmaris ist ein Zentrum des Jachttourismus, aber auch des britischen Pauschaltourismus.

In dem Städtchen mit der Sonnenscheingarantie herrschen andere Sitten, keine türkischen, sondern die freizügigen des Massentourismus. Auf der gepflegten Uferpromenade, die rund um den alten Stadtteil bei der Burg verläuft, geben sich Maler, Gaukler und Musikanten ein Stelldichein. Zur See hin liegt Luxusjacht an Ausflugsboot vertäut, gegenüber stehen die Aufreißer der Restaurants Spalier und laden zum Candle-Light-Dinner auf ihre gepflegten Terrassen ein. Dazwischen trägt man offen seinen sonnenverbrannten Bauch spazieren, tagsüber Schatten spendend über den noch weißen Füßen. Nur wer kein Tattoo hat, lässt das Shirt an! Die Stadt selbst präsentiert sich rund um die Burg um ein Vielfaches schicker als ihr durstiges Publikum. Allabendlich fällt es von der Hotelvorstadt ins Zentrum ein, v. a. dann, wenn die *Big Screens* der dortigen Bars schwarz bleiben, da keine Spiele der *Premiers League* auf dem Programm stehen. Dann wird auch der moderne, alles andere als orientalische Basar durchstreift. Alles, auf das sich der Schriftzug bekannter Designer drucken lässt, wird hier an jeder Ecke und auf jedem Meter angeboten.

Ansonsten steht Marmaris ganz und gar im Zeichen des Segelsports. Weit über 1500 Liegeplätze bietet die Bucht. In der größten und schicksten Marina, der *Netsel Marina* östlich der Burg, trifft sich auch die Schickeria des Landes. Ins Zentrum spaziert sie selten: Die nationalen Promis wollen mit den internationalen „Prollis" nichts zu tun haben.

Geschichte

Marmaris, als *Phiscus* um 1000 v. Chr. von dorischen Einwanderern gegründet, war einst Handelshafen und Tor Kleinasiens nach Rhódos und Ägypten. Im 6. Jh. v. Chr. geriet die Ansiedlung unter die Herrschaft Lydiens. Im 5. Jh. v. Chr. bezeichnete sie Herodot schon als Marmarissos – man nimmt an, dass sich der Name von den Marmorvorkommen in der Umgebung ableitete. Vom 4. bis zum 2. Jh. v. Chr. dominierte Rhódos den Hafen. Danach war Marmaris ständig wechselnden Machtverhältnissen ausgesetzt, bis schließlich die Osmanen 1408 die ganze Gegend besetzten; seitdem ist Marmaris türkisch. Die Bucht von Marmaris spielte für Strategen seit jeher eine wichtige Rolle: Wo einst Süleyman der Prächtige seine Expedition nach Rhódos startete und Lord Nelson seine Flotte zum Angriff auf die Franzosen bei Abukir klarmachte, befindet sich heute ein NATO-Stützpunkt (die Aksaz-Bucht östlich von Marmaris ist militärisches Sperrgebiet).

Die größten Veränderungen in der Geschichte von Marmaris brachten jedoch weder Römer noch NATO-Militärstrategen, sondern Touristen. Übernachteten noch Anfang der 1980er lediglich ein paar Globetrotter in der Bucht, so sinken heute jede Sommernacht annähernd 100.000 Urlauber aus aller Herren Länder in ihre Gästebetten. Das einst verschlafene Fischernest ist einer der größten internationalen Rummelorte der Türkei geworden. Sämtliche Baulücken an der Küste sind verschwunden, auch in zweiter, dritter und gar in neunter oder zehnter Reihe ist kein grüner Fleck zu sehen. Die Roh- und Neubauten ziehen sich immer weiter ins Hinterland und zeugen von einer ungebrochen optimistischen Zukunftssicht – dass die Wälder um Marmaris den Status eines Nationalparks besitzen, stört dabei nicht.

Orientierung: Das alte Zentrum mit dem Basar, den Restaurants und den Bars liegt rund um die Burg. Gen Westen, Richtung İçmeler, erstreckt sich rechts und links des K. Seyfettin Elgin Bulvarı, der fließend in den Kenan Evren Bulvarı übergeht, die Hotelvorstadt Siteler. Von dort erreicht man das Zentrum per Dolmuş rund um die Uhr. Steigt man an der Atatürk-Statue am Beginn der Kordon Caddesi aus, kann man rund um die Burg zum Jachthafen schlendern.

Information/Verbindungen/Ausflüge

Telefonvorwahl 0252.

Information Tourist Information an der Uferpromenade Richtung Burg. Im Sommer tägl. 9–17 Uhr, im Winter Mo–Fr 8–17 Uhr. İskele Meydanı, ✆/℻ 4121035.

Verbindungen Busse mehrmals tägl. nach Denizli/Pamukkale (4 Std.), Datça (1½ Std.), Selçuk (Ephesus, mit Umsteigen in Aydın, bis Aydın 3 Std.), Fethiye (3 Std.), İstanbul (13 Std.), İzmir (4½ Std.) und Antalya (6½ Std.), Kaş (4 Std.) und Antalya (6½ Std.). Busbahnhof etwas außerhalb des Zentrums am Mustafa Münir Elgin Bul. Zweigstellen der Busgesellschaften (mit Shuttle-Service zum Busbahnhof) im Zentrum.

Vom Busbahnhof starten auch die Minibusse nach Muğla sowie 5- bis 7-mal tägl. die **Havaş**-Busse zum Airport Dalaman. Die genauen Zeiten erfahren Sie in den Reisebüros oder unter www.havas.com.tr. 12,50 €/Pers.

Dolmuş: Die Dolmuşe nach İçmeler und zum Uzunyalı-Strand (ständig) starten an der Ulusal Egemenlik Cad. (zusteigen in Fahrtrichtung zum Meer), halten aber auch entlang der Atatürk Cad. Die Dolmuşe zur Cennet Adası und zum Busbahnhof halten ebenfalls an der Ulusal Egemenlik Cad. (da-

Marmaris

für aber in entgegengesetzter Richtung zusteigen). Die Dolmuşe nach Turunç, zu den Dörfern der Bozburun-Halbinsel und zur Sedir Adası starten vom Dolmuşbahnhof etwas weiter nördlich an der gleichen Straße (→ Stadtplan).

Bootsdolmuşe bzw. **Taxiboote** zu den Stränden rund um Marmaris legen von mehreren Stellen an der Uferpromenade ab, z. B. alle 30 Min. nach İçmeler und jede Std. nach Turunç (einfach jeweils 3,75 €).

Fährverbindung nach Rhódos: In ca. 60 Min. mit dem **Katamaran** von Mitte April bis Ende Okt. tägl. um 9 Uhr hin und um 16.30 Uhr zurück. Von Mai bis Okt. verkehrt zudem Di/Fr/So eine **Autofähre**. Eingeschränkte Fahrten im Winter. Egal ob Katamaran oder Autofähre, die Schiffe legen vom Fährterminal östlich der Netsel-Marina ab und kosten einfach oder hin/zurück am gleichen Tag 45 €/Pers. Auto einfach 120 €. Infos z. B. bei Yeşil Marmaris, Barbaros Cad. 13 (Uferpromenade), ✆ 4122290, www.yesilmarmaris.com.

Bootsausflüge Unzählige Schiffe an der Mole. Die Schiffe legen i. d. R. um 10 Uhr ab und kehren zwischen 17 und 19 Uhr zurück. Bootsausflug inkl. Lunch ab 12,50 €/Pers.

Organisierte Ausflüge Diverse Agenturen. Fahrt nach Dalyan/Kaunos ca. 20 €, nach Ephesus oder nach Pamukkale 35 €, 2-Tages-Trip nach Ephesus und Pamukkale 70 €, „Village Trip" (sprich: ein Trip in ein Dorf, das zufällig ein Teppichknüpfzentrum ist) 15 €.

Blaue Reisen Reichlich Angebote in den Büros direkt am Jachthafen und bei den Kapitänen und Bootsbesitzern. Bei **Eser Yachting** kann man zuweilen eine einwöchige Tour als Last-Minute-Angebot buchen, dann mit VP (ohne Getränke) rund 300 €/Pers. 35 Sok. 21, ✆ 4123527, www.eseryachting.com.

Jachtcharter Segelboote ohne Skipper bietet z. B. **Sun Charter** (www.suncharter.de, Büro in der Netsel-Marina, in Deutschland unter ✆ 08171/29905 zu erreichen).

Südägäis, Karte S. 311

Adressen (→ Karte S. 360/361)

Ärztliche Versorgung In der Privatklinik **Ahu Hetman** in der 167 Sok. wird ein wenig Deutsch, im jeden Fall aber Englisch gesprochen. ✆ 4177777.
Dr. Hülya Elmas, die Deutsch sprechende **Zahnärztin** bohrt an der Mustafa Muğlalı Cad. 8 (Efe Apt.). ✆ 4126342.

Autoverleih Zahllose Agenturen, darunter nationale (ab ca. 40 €/Tag inkl. Versicherung) und internationale Verleiher (ca. 67 €). **Avis** (über Setur), Atatürk Cad. 8/E, ✆ 4122771, www.avis.com.tr. **Europcar**, Yunus Nadi Cad. 126 (Stadtteil Armutalan), ✆ 4174588, www.europcar.com.tr.

Einkaufen/Souvenirs Die Gassen des alten Ortskerns, von einer modernen Glas-Stahl-Konstruktion überdacht, sind ein einziger riesiger und etwas steriler **Basar**, aufgelockert durch türkische Fast-Food-Lokale und einige Cafés.

Ein stilloses Shoppingcenter mit einer Reihe namhafter Markenshops und einem Supermarkt ist das **Point Center** [14] hinter dem Uzunyalı-Strand. Mehrere edlere Boutiquen findet man in der **Netsel Marina**.

Ein beliebtes Mitbringsel aus der Region ist **Tannenhonig** *(Çam Balı).* Man bekommt ihn z. B. beim **Bayırtat Bal Honey Market** [1] an der Ulusal Egemenlik Cad. 7.

Hervorragendes Olivenöl (auch „bio") kauft man bei **Sabuncu Dede** [3], 33 Sok. 25 A. Dazu ca. 50 verschiedene Olivenseifen.

Außerdem jeden Do **Markt** in einer festen Markthalle östlich der Hasan Işık Cad.

Reisebüro Avalon Turizm, zuständig für alle wichtigen Airlines aus dem deutschsprachigen Raum. 99 Sok. 21 (etwas zurückversetzt von der Atatürk Cad.), ✆ 4122629, www.avalonturizm.com.

Türkisches Bad (Hamam) Namenloses historisches Bad in der Altstadt hinter der Moschee. Eintritt mit Massage 20 €.

Waschsalon Es gibt mehrere, z. B. die **Çağdaş Laundry** an der 33 Sok. (in der Nähe des Jachthafens). Eine Trommel waschen 8,50 €.

Zweiradverleih Z. B. bei **Best motorcycle rental**, 158 Sok., ✆ 4129436, www.bestmotortr.com. Mountainbike 10 €/Tag, Scooter (100 ccm) 25 €, Motorräder von 40 € (z. B. Honda XLR 125) bis 130 € (Harley Davidson Sportster 1200).

360 Südägäis

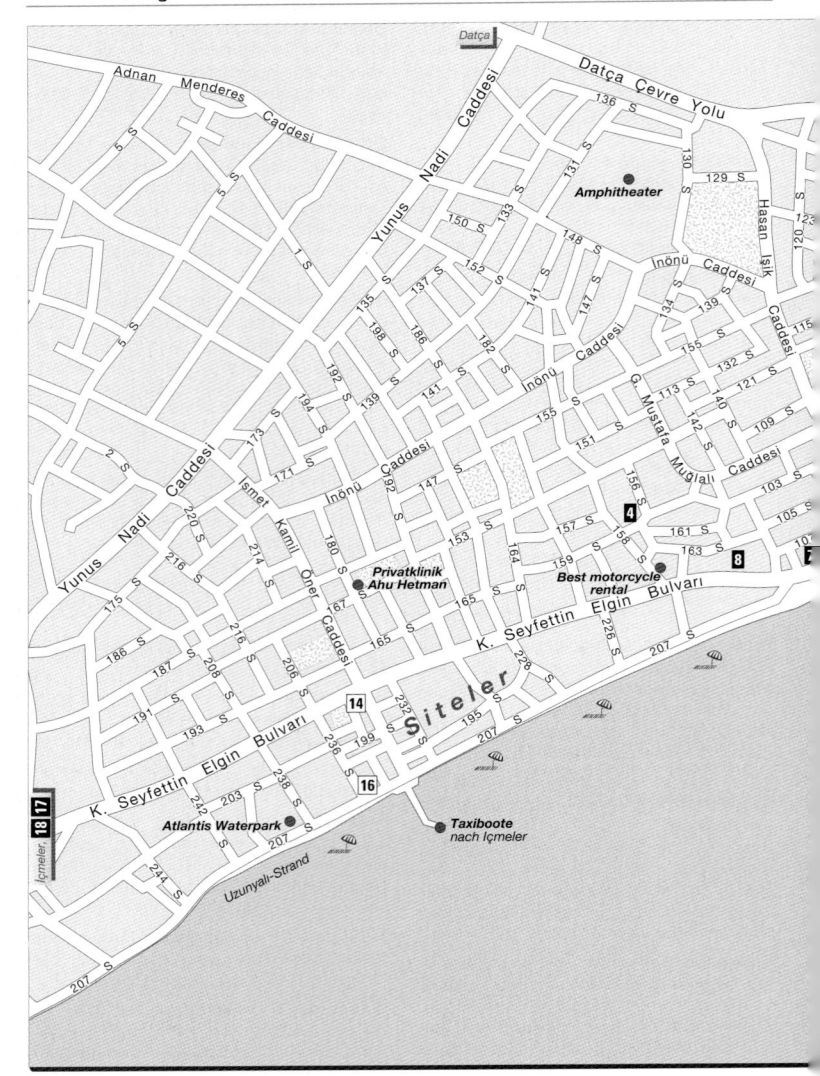

Übernachten/Camping

Das Gros der Unterkünfte, das in den letzten Jahrzehnten entstand, wurde für den billigen Massentourismus geschaffen. Freundliche Pensionen und kleine Hotels mit Stil gibt es mittlerweile so gut wie keine mehr. Für wen auch – Individualreisende machen um Marmaris einen großen Bogen. Die meisten Hotels findet man westlich der Altstadt hinter der Atatürk Cad. und noch weiter westlich, rund um den

Marmaris 361

Übernachten
- 4 Öktem Motel
- 5 Royal Maris Hotel
- 7 Candan Otel
- 8 Gülşah Pansiyon
- 10 Fa Beach Club
- 11 Pupa Yacht Hotel
- 17 Manolya Otel & Apart
- 18 Maritim Hotel Grand Azur

Nachtleben
- 16 Talk of the Town

Essen & Trinken
- 2 Ali Baba
- 6 Azmak Başı
- 7 Karen Patisserie
- 9 Drunken Crab
- 12 Pineapple
- 13 Fiskos Restaurant
- 15 Fellini

Einkaufen
- 1 Bayırtat Bal Honey Market
- 3 Sabuncu Dede
- 14 Point Center

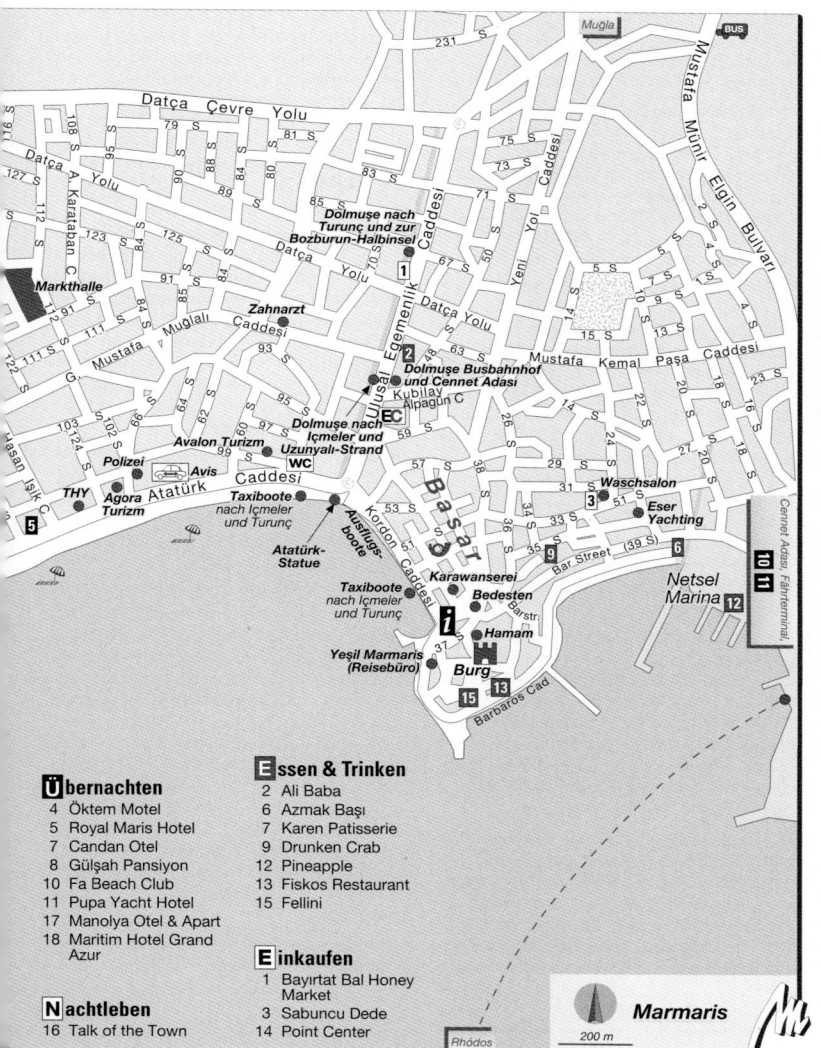

Seyfettin Elgin Cad. im Hotelviertel Siteler, hier ist die Unterkunftsdichte am höchsten. Empfehlenswerte Ausweichorte sind Akyaka, Turunç und die Ortschaften auf der Halbinsel Bozburun. Vor Ort haben Sie die Wahl zwischen rund 800 Quartieren.

Hotels/Pension ***** Maritim Hotel Grand Azur 18, an der Straße nach İçmeler linker Hand. Extravagante Herberge, von außen fast futuristisch. Herrlicher Eingangsbereich mit Marmorsäulen und elegant-minimalistischer Einrichtung. 288 komfortable Zimmer und Suiten, jedes mit Balkon. Großer Pool, Hallenbad und eigener Strandabschnitt, Tennisplätze. DZ 240 €. Kenan Evren Bul. 17, ☎ 4174050, 📠 4174060, www.grandazur.com.tr.

**** Royal Maris Hotel 5, zentrumsnah am Uferboulevard. 71 Zimmer. Nach vorne mit Palmen- und Meeresblick, jedoch laut. Nach hinten ruhig, dafür blickt man aufs triste Nachbarhotel. Modern ausgestattet. Dachterrasse mit Pool und Bar. EZ 60 €, DZ 75 €. Atatürk Cad. 34, ☎ 4128383, 📠 4124112, www.royalmarishotel.com.

** Pupa Yacht Hotel 11, ca. 6 km außerhalb des Zentrums in schöner, ruhiger Lage. Gut geführtes Haus direkt am Meer. 19 kleine Zimmer mit türkisfarbenem Mobiliar, alle mit herrlicher Aussicht. Etwas ältlich, aber okay. Garten mit Hängematten und idyllischer Bar, kleiner Privatstrand. Für Selbstfahrer leicht zu finden, zudem weitaus empfehlenswerter als die meisten zentralen Hotels der gleichen Preisklasse. Anfahrt: das Zentrum über die Ulusal Egemenlik Cad. verlassen, Richtung Otogar/Günlüce fahren, stets der Küstenstraße folgen, dann rechter Hand. DZ 80 €. Adaağazı Mevkii Yalancı Boğaz, ☎ 4133566, 📠 4138487, www.pupa.com.tr.

Candan Otel 7, 38 klassisch-moderne, angenehme Zimmer auf 3- bis 4-Sterne-Niveau. Gepflegt und komfortabel. Freundlicher Eingangsbereich, weniger freundlich die teils ziemlich aufgeblasenen Rezeptionisten. Nach vorne schöne Aussicht, nach hinten trostlos, aber ruhig. Gutes Preis-Leistungs-Verhältnis: EZ 35 €, DZ 50 €. Atatürk Cad. 44, ☎ 4129302, 📠 4125359.

Manolya Otel & Apart 17, als das Hotel 1983 entstand, gab es hier weit und breit kein anderes Haus. Heute befindet es sich mitten im Hotelviertel Siteler, trotzdem jedoch in ruhiger Lage (2 km zum Zentrum, 150 m zum Strand). Unter deutsch-türkischer Leitung. Der freundliche Betreiber İlyas Bublis macht sich für den Umweltschutz stark, alle 18 Zimmer sind mit Biofarben gestrichen. Dazu 12 Apartments. Auf Wunsch wird gut und gesund gekocht. Poolanlage. Mitte Juni bis Okt. Anfahrt: der Atatürk Cad. und ihrer Verlängerung Richtung İçmeler folgen, auf Höhe des Maritim Hotels Grand Azur nach rechts in die 138 Sok. abbiegen. Für 2 Pers. 50 €. Manolya Sok. 9, ☎ 4174022, 📠 4174014, www.manolya-hotel.com.

Gülşah Pansiyon 8, eine der wenigen in Marmaris verbliebenen Familienpensionen in zentraler Lage. Etwas zurückversetzt von der Atatürk Cad., daher auch etwas ruhiger. 20 etwas abgewetzte, aber ordentliche Zimmer für 2–4 Pers. mit Laminat- oder Teppichboden und Balkon, lockere Betreiber. Tee und Kaffee stets kostenlos. DZ 40 €. Atatürk Cad. 52, ☎ 4126642, 📠 4126641, www.gulsahpansiyon.com.

Öktem Motel 4, keine 10 Min. von Strand und Zentrum entfernt. Sauberes Haus mit 14 kleinen, rustikal ausgestatteten Zimmern samt Fliesenböden und Klimaanlage. Bäder etwas veraltet, aber okay. Pool. DZ 35 €. 156 Sok. 10, ☎ 4125383.

Camping Fa Beach Club 10, 7 km östlich der Stadt, 5 km ab dem Busbahnhof. Der frühere Pekuz Camping, heute in erster Linie ein weitläufiges Terrassenrestaurant mit Garten hinter dem Privatstrand, bot zuletzt nur noch parkplatzähnliche Stellflächen für Wohnmobile – Zeltler wurden nicht mehr aufgenommen! Mäßige sanitäre Einrichtungen. Zudem 7 Bungalows mit Klimaanlage, TV und kleiner Veranda mit Meeresblick. 2 Pers. mit Wohnmobil 17,50 €, DZ 60 € ohne Frühstück. Das Zentrum über die Ulusal Egemenlik Cad. verlassen, dann Richtung Otogar/Günlüce fahren und weiter bis ausgeschildert, ☎ 4128216, 📠 4125563.

Schönere Plätze auf dem Weg nach Datça (→ S. 370) und nahe der Sedir-Insel (→ S. 356).

Essen & Trinken (→ Karte S. 360/361)

Die Auswahl ist riesig: türkische, englische, französische, italienische, deutsche, asiatische Küche, alles ist vorhanden, selbst die international operierenden Fast-Food-Restaurants sind vertreten. Für jeden Geldbeutel ist etwas dabei. Am teuersten speist man an der Uferpromenade rund um die Burg, wo die Cola dreimal so viel kostet wie anderswo, dafür manche Speisekarte sogar ins Finnische übersetzt ist. Das Bier ist hingegen meist überall recht billig.

An und hinter der Uferpromenade Von der Tourist Information Richtung Jachthafen reiht sich ein gehobeneres Terassenrestaurant ans andere. Fast alle servieren internationale Gerichte und Fisch – außerhalb der Saison jedoch nicht immer frisch. Eine etablierte Adresse darunter ist das **Restaurant Fellini** 15. Äußerlich hebt es sich durch gelbe Stühle ab. Hg. 10–25 €. ✆ 4130826.

Das einfachste Lokal direkt an der Uferpromenade ist das **Fiskos Restaurant** 13. Den freundlichen Familienbetrieb gibt es schon länger als ein Vierteljahrhundert. Hausmannskost wie leckeres *Güveç*, dazu Fisch und Grillgerichte. Hg. ab 4 €. ✆ 4131258.

Drunken Crab 9, unprätentiöser, liebevoll eingerichteter Familienbetrieb mit nur 5 Tischen – besser reservieren. Kleine Auswahl an Meze, Fisch und Meeresfrüchten. Auch Paella ist auf der Karte zu finden, dazu die Hausspezialität „Drunken Crab Soup". Hg. 6,50–15 €. Mo Ruhetag. Bar Street 53 a, ✆ 4123970.

Am östlichen Ende der Bar Street (auf der Uferpromenade gen Netsel Marina, vor der Brücke links ab) liegt das Restaurant **Azmak Başı** 6. Klein, ein paar Tische davor, viel türkisches Publikum. Günstige Fischgerichte, Portion *Levrek* oder *Çupra* mit Salat 6,50 €. ✆ 4131206.

An der Netsel Marina Die Lokale hier sind eher gediegen und richten sich an ein betuchteres Seglerpublikum. Zu empfehlen ist das **Pineapple** 12 mit Blick auf die Boote. Schöne Dachterrasse. Exzellente Appetizer (1,50–8,50 €) und internationale Küche zu 7,50–15 €. Im Sommer auch Döner – der als einer der besten der Südägäis gilt. ✆ 4130431.

Im Geschäftszentrum Gut und preiswert isst man in den einfachen Lokantas an der Ulusal Egemenlik Cad. Das dortige **Ali Baba** 2 ist für eine Lokanta sogar ganz nett eingerichtet und bietet Spieße, Döner, grandiosen *İskender Kebap* und Topfgerichte. Freundlicher Service, günstig. Einziger Haken: Es liegt recht laut an der Straße!

Süßes Karen Patisserie 7, an der Atatürk Cad. neben dem Candan Hotel. Moderne Konditorei, leckere Kuchen, Torten, Süßspeisen und Frühstück.

Nachtleben (→ Karte S. 360/361)

Es gibt zwei Zentren, zunächst einmal am Strand von **Uzunyalı** (parallel zur Seyfettin Elgin Cad.): In unzähligen austauschbaren Bars (gleiche Musik, manchmal sogar gleiche Bestuhlung) vergnügt sich hier Abend für Abend eine feuchtfröhliche englische Gemeinde. Der beliebteste Spot dort ist das **Talk of the Town** 16, wo abgefahrene Transvestitenpartys stattfinden. Daneben gibt es für die englischen Fußballfans auch Clubkneipen mit Namen wie **Red Devil of Manchester Bar, Everton Bar** usw.

Der zweite Nightspot ist die **Bar Street**, die parallel zur Uferpromenade Richtung Netsel Marina verläuft (ausgeschildert) und unzählige Bars und Discobars aufweist. Insgesamt recht niveauvoll, auch vergnügen sich hier viele besser situierte türkische Partypeople. Die meisten Clubs verlangen keinen Eintritt, von größeren Events abgesehen.

Baden/Tauchen

Baden Der Stadtstrand von Marmaris, eingeklemmt zwischen Meer und Hotelklötzen, ist in der Saison mit Liegestühlen so vollgepflastert, dass nicht einmal Platz zum Sandburgenbau bleibt. Kinder können sich jedoch über den **Atlantis Waterpark** am Uzunyalı-Strand nahe dem Point Shopping Mall freuen. Besser bricht man mit dem Dolmuş oder dem Ausflugsboot zu einem der schönen Badeplätze in der Umgebung auf. Beispielsweise nach **Çiftlik**, am bequemsten mit dem Boot zu erreichen. Langwieriger ist dagegen die Anfahrt mit dem Auto (→ Halbinsel Bozburun). Oder zur **Sedir-Insel** im Golf von Gökova, am einfachsten per organisierter Ausflugstour zu erreichen (→ Akyaka/Weiter in Richtung Marmaris).

Tauchen Angeboten werden Wrack-, Höhlen- und Rifftauchgänge. Die Schiffe der Tauchbasen liegen zwischen denen der Ausflugsboote vertäut. Kaum Preisunterschiede. 2 Bootstauchgänge inkl. Mittagessen ca. 50 €. Eine Tauchbasis (bzw. ein Tauchboot) mit deutschsprachigen Instrukteuren ist das **Paradise Diving Centre** (✆ 0542/4133916, mobil, www.paradise diving.net). Hinweis: Erkundigen Sie sich nach der Teilnehmerzahl bei Bootstauchgängen. Von manchen Booten springen bis zu 50 Taucher gleichzeitig ins Wasser.

Sehenswertes

An kulturhistorischen Sehenswürdigkeiten hat Marmaris so gut wie nichts zu bieten. Vom antiken *Phiskus* sind lediglich noch ein paar spärliche Mauerreste auf einem Hügel im Norden der Stadt erhalten. Einen Besuch lohnt schon eher das **Marmaris Kalesi**, das ursprünglich mittelalterliche Kastell, das Süleyman der Prächtige 1522 ausbauen ließ. Arg viel mehr als einen schönen Blick über Altstadt und Hafen genießt man von ihm aber nicht. Im Inneren des kleinen Gevierts ist ein Museum eingerichtet: Öltiegelchen, Töpfchen, Väschen, Näpfchen und Amphörchen. Obwohl alles liebevoll hergerichtet ist, insgesamt wenig aufregend (tägl. außer Mo 8–12 u. 13–17 Uhr, Eintritt 1,20 €). Der Burg zu Füßen (nahe der Tourist Information) ließ Süleyman der Prächtige 1545 eine **Karawanserei** errichten. Deren Gewölbe belegen heute ein paar Kneipen. Etwas weiter steht eine alte **Markthalle** *(Bedesten)*, in die Souvenirshops eingezogen sind, ihr Hof dient als Café.

Umgebung von Marmaris

Landschaftlich ist die Gegend rund um Marmaris äußerst reizvoll. Insbesondere die sich südwestlich erstreckende Halbinsel Bozburun lädt zu ausgedehnten Ausflügen oder Aufenthalten ein. Durch Wälder und Täler mit Bächen, in denen Forellen tanzen, gelangt man zu abgeschiedenen Buchten und Dörfern. Auch nördlich von Marmaris, am Golf von Gökova, findet man idyllische Plätze (→ Akyaka, S. 355, und weiter in Richtung Marmaris, S. 356). Als Grundregel gilt: Je weiter man sich von Marmaris entfernt, desto ruhiger und gemütlicher wird es.

İçmeler
ca. 7000 Einwohner, im Sommer 25.000

„Früher gab es angeblich Heilwasser in İçmeler, aber suchen Sie nicht danach, begnügen Sie sich mit abgefülltem Mineralwasser." (Zentrale für Tourismus, Muğla) Früher war İçmeler auch noch ein völlig unbedeutendes Dörfchen am westlichen Rand der Marmaris-Bucht. Aber suchen Sie nicht danach, heute gehört İçmeler zum unmittelbaren Einzugsgebiet der Urlaubshochburg. Damals war der Strand von İçmeler auch ein weites unberührtes Paradies, aber suchen Sie nicht danach, heute finden Sie sich in einem Sonnenschirmwald wieder, in dem für ein mitgebrachtes Badetuch gar kein Platz bleibt. İçmeler ist fest in der Hand von britischen und holländischen Pauschaltouristen. Viele, die sich in der gesichtslosen, aber gepflegten Hotelzone einquartiert haben, schaffen es kaum weiter als bis zum Strand mit seinem großen Wassersportangebot und zu den Cafés im Grünstreifen dahinter. Wer mehr sehen will, findet zur Not auch diverse Zweigstellen von Tourenveranstaltern, Auto- und Zweiradverleihern aus Marmaris.

Telefonvorwahl 0252.

Verbindungen Dolmuş, im 10-Min.-Takt von 7–1.30 Uhr nach Marmaris. Start und Endstation im Südosten der Bucht. Schöner ist die Fahrt mit dem **Taxi**- bzw. **Dolmuşboot** nach Marmaris (ca. alle 30 Min., einfach 4 €, die Boote legen u. a. ebenfalls im Südosten der Bucht ab). Des Weiteren Taxibootverbindungen nach Turunç (im Sommer stündl., in der NS nur wenige Fahrten) und um 10 Uhr nach Amos, Kumlubükü und Çiftlik (zurück gegen 16.30 Uhr).

Markt Mi großer **Markt** am Çevre Yolu (der Straße nach Turunç und Datça).

Übernachten Die Anzahl der Hotels ist gigantisch, die Anzahl empfehlenswerter Häuser für Individualtouristen jedoch gering, nicht zuletzt deshalb, da viele Unterkünfte nur im Rahmen eines Pauschalarrangements vom Ausland aus zu buchen sind.

Die Bucht von İçmeler

Essen & Trinken Im Ortskern viel Austauschbares.

>>> Unser Tipp: **Mona Titti**, abseits vom Schuss (von der Straße nach Turunç ausgeschildert). Gemütliche Terrasse, Tische rund um einen kleinen Pool, dazu duftender Jasmin. Drinnen ein abgefahren dekorierter Speiseraum. Serviert werden so verführerische Gerichte wie *Spagetitti, Chicken Titts* oder *Moby's Dick* – lassen Sie sich überraschen. Das alles betört die Sinne: Weit über 50 Heiratsanträge wurden hier schon ausgesprochen (und keiner abgelehnt). Reservierung erforderlich, ✆ 0252/4554046. Geöffnet ab 19 Uhr, Abholservice vom Hotel. Hg. 12–22 €. Ach ja: Vergessen Sie nicht, zum Aperitif die „Geschichte der Mona Titti" zu lesen. Der angeschlossene Souvenirladen hält schräg-kitschige Mona-Titti-Andenken bereit. <<<

Turunç

2500 Einwohner

Turunç ist der türkische Name für eine bittere Orangensorte, aber im Vergleich zu Marmaris oder İçmeler ist das gepflegte Ex-Fischerdörfchen noch immer ganz süß. Doch wie lange noch: Der Ort holt in (massen-)touristischer Hinsicht auf wie kein anderer der Gegend. Turunç, an einer langen, teilweise feinsandigen Bucht südlich von İçmeler gelegen, ist nicht mehr nur ein beliebtes Ausflugsziel, sondern mittlerweile auch Anlaufpunkt v. a. englischer und osteuropäischer Pauschaltouristen. Rechts, links und über der Bucht haben sich einige Clubhotels angesiedelt, die keine Wünsche offen lassen. Die Anzahl einfacher, freundlicher Unterkünfte nimmt hingegen von Jahr zu Jahr ab. Die Cumhuriyet Caddesi, die Hauptstraße hinter dem Strand, wird allabendlich zu einer für den Verkehr gesperrten Fußgängerzone. Immobilienmakler und Teppichhändler, Karaoke-Bars und Restaurants mit immer den gleichen Speisekarten säumen sie.

Telefonvorwahl 0252.

Verbindungen Alle 30 Min. mit dem **Dolmuş** nach Marmaris. Im Sommer stündl.

Taxiboote nach Marmaris und İçmeler, 1-mal tägl. nach Amos, Kumlubükü und Çiftlik (Abfahrt meist gegen 10.30 Uhr, zurück gegen 16.30 Uhr).

Übernachten **Internationale Akademie Marmaris**, eine Adresse für Kreative nahe der Hotelanlage Loryma Resort (Zubringerservice mit deren Traktor-Shuttle) oberhalb von Turunç. Kunst- und Kulturzentrum, in dem neben Workshops auch Übernachtungsmöglichkeiten geboten werden. Die Anlage wurde von türkischen Künstlern gestaltet und besitzt Ateliers und ein Amphitheater. Zum Frühstück am Pool lauscht man zuweilen klassischer Musik. 22 sehr freundliche Zimmer mit Bad, größtenteils mit Balkon. Da der Kommerz nicht im Vordergrund steht, verhältnismäßig preiswert. EZ mit HP 39 €, DZ 60 €. ✆ 4767818 o. über die deutsche Mobiltelefonnummer 0173/2768170, www.akademionline.net.

Barbaros Beach Hotel, älteres, aber gepflegtes, vierstöckiges Haus (dennoch kein Kasten) abseits des Trubels in ruhiger Lage. Nur durch den eigenen kleinen Pool vom Meer getrennt. 31 große, helle Zimmer, knapp die Hälfte davon mit Meeresblick. DZ 37 €. Ganz im Norden der Bucht, ✆ 4767040, ✉ 4767008, www.barbarosbeachhotel.com.

Motel Han, direkt hinter dem Strand. 15 schlichte, aber ordentliche und saubere Zimmer mit Massivholzmöbeln und Klimaanlage – nach vorne mit traumhaftem Meeresblick. Gemütliches Restaurant ebenfalls zum Strand hin. Freundlicher Service. DZ 45 €. Turunç, ✆ 4767006, www.turunchanmotel.com.

Şule Pansiyon, ebenfalls in erster Reihe direkt hinter dem Strand (jedoch etwas versteckt, bei der Post Ausschau halten). Ein Wunder, dass dieses Haus noch keinem teureren Hotel gewichen ist. 9 spartanische, aber saubere Zimmer mit Bad, unten mit kleinem Balkon samt Kochzeile zum Meer hin, oben mit herrlicher Terrasse und Gemeinschaftsküche. Hoffentlich bleibt dieses „Pensionsfossil" noch länger erhalten. DZ ohne Frühstück 30 €. ✆ 4767314 o. 0555/6521120 (mobil). Falls niemand da ist, beim Burak Aparthotel 100 m landeinwärts fragen.

Essen & Trinken Fast nur noch Austauschbares: Full English Breakfast, Pizza, Burger, Chicken Wings. Der Billigtourismus ließ so manches gute Restaurant verschwinden oder zum 08/15-Lokal verkommen. Zum Essen lohnen Ausflüge in die Amos- oder in die Kumlubük-Bucht (s. u.), zudem auf die Bozburun-Halbinsel. Unser Tipp vor Ort: **Yakamoz Restaurant**, nahe dem Barbaros Beach Hotel ganz im Norden der Bucht. Idyllisches Gartenrestaurant unter alten Bäumen, darunter der Strand. Nur wenige Gerichte, stets aber Fisch und *Köfte*. Preiswert. Freundlicher Service.

Amos (antike Stadt) und Kumlubükü-Bucht

Von Turunç führt eine Stichstraße hoch über der Küste gen Süden. Nach ein paar Kilometern zweigt ein schmales Sträßlein nach links steil hinab in die kleine, schöne Amos-Bucht. Den ca. 100 m langen Sandkiesstrand mit Liegestuhl- und Sonnenschirmverleih sowie mit dem guten Amos Beach Restaurant erreicht man vorbei an den Ferienhäuschen des Lehrkörpers der Universitäten *Marmara* und *Anadolu* (Schild „Profesörler Sitesi").

Lässt man die Abzweigung außer Acht, passiert man bald darauf den Asarcık-Hügel, auf dem die steinernen Überreste des **antiken Amos** liegen und der die Amos-Bucht von der Kumlubükü-Bucht trennt. Umgeben von beeindruckenden Mauerresten der Stadtumwallung sind u. a. ein schlecht erhaltener Tempel und ein gut erhaltenes Theater zu besichtigen. Apollon, der in dieser Gegend *Samnaios* genannt wurde, war der Schutzgott der Stadt.

In der weiten, ruhigen Kumlubükü-Bucht fällt eine riesige, großzügig ummauerte Villa ins Auge. Sie gehört dem Vorsitzenden der *Garanti Bankası*. Ansonsten gibt die Bucht nicht viel her, der Kiesstrand zählt auch nicht zu den schönsten der Gegend. Man findet weit auseinander liegende Restaurants und Unterkünfte. Die Buchten sind auch mit **Taxibooten** von Turunç und İçmeler zu erreichen (→ Verbindungen dort).

Küstenlandschaft zwischen Turunç und İçmeler

Halbinsel Bozburun

Südwestlich von Marmaris erstreckt sich die landschaftlich reizvolle Halbinsel Bozburun mit traumhaften Küstenszenerien, aber nur wenigen Stränden. Daher bleiben die Massen fern. Es gibt jedoch ein paar schöne kleine Unterkünfte direkt am Meer und beste Ägäisküche – ideal zum Relaxen.

Das verschlafene Städtchen **Bozburun**, nach dem die Halbinsel benannt ist, liegt 54 km von Marmaris entfernt und ist ein traditionelles Zentrum des Bootsbaus. In den letzten Jahren hat sich der Ort ein wenig herausgeputzt, um am einträglichen Geschäft mit dem Tourismus teilhaben zu können. Dabei setzte Bozburun ganz und gar auf den Jachttourismus und ließ eine Marina bauen, verzichtete aber auf Hotelklötze. Das verleiht dem noch immer beschaulichen Ort mit der gemütlichen, aber kurzen Uferpromenade Charme und Natürlichkeit.

Die restlichen Orte der kargen Halbinsel sind überwiegend Bauern- oder Fischerdörfer oder beides zusammen – wie **Söğüt**. Die eine Hälfte des Ortes liegt hoch am Hang mit tollen Ausblicken über die Küste und bis nach Sými, die restlichen Häuser der Ortschaft verteilen sich auf die beiden Buchten **Kızılyer** (im Norden) und **Saranda** (im Süden).

Im Süden der Halbinsel, wo Ödnis die Pinienwälder abgelöst hat, träumt das vergessene Dorf **Taşlıca** mit seiner spacigen Moschee vor sich hin. Schon die Fahrt von Söğüt nach Taşlıca ist ein Erlebnis – man blickt auf die vorgelagerten Inselchen und das griechische Eiland Sými. Kurz vor Taşlıca weist ein Schild zum **Serçe Limanı** (von der Abzweigung noch 9 km), einem kleinen, auch bei Seglern beliebten Fischerhafen mit Restaurant. Wer mag, kann sich von hier zu den Ruinen des antiken **Loryma** schippern lassen. Erhalten blieben u. a. Mauern einer Festung zum Schutz der **Bozukkale-Bucht**.

Das einst verschlafene Dorf **Bayır** ist mittlerweile ein beliebter Zwischenstopp von Ausflugsgruppen. Aus den charmanten Teehäusern rund um eine alte Platane wurden inzwischen 08/15-Touristencafés. Angeblich ist die Platane über 2000 Jahre alt. Zu ihrer Unterhaltung – viel Abwechslung gab es lange Zeit ja nicht – bastelten die alten Herren des Dorfes ein Schild an den Baum, das darauf hinweist, dass jedem, der die Platane umrundet, ein glückliches Leben beschert wird. Anfangs wurde noch geschmunzelt, wenn Touristen ihre Runden zogen, mittlerweile schenkt man dem aber keine Beachtung mehr.

Über Bayır gelangt man in die reizvolle **Çiftlik-Bucht**, deren Strand zum Besten gehört, was die Gegend rund um Marmaris zu bieten hat. Weil zu viele das Idyll aufsuchen wollten, ist es heute allerdings keines mehr. Täglich macht sich von Marmaris eine Armada von Ausflugsbooten mit mehreren Tausend Gästen zur Einnahme der Bucht auf den Weg und verschreckt die russischen Urlauber, die das Clubhotel hinter dem Strand belegen.

Wie das Dorf Bayır ist auch die Ortschaft **Turgut** Programmpunkt der Jeepsafaris und jener Ausflugsfahrten, die für gewöhnlich mit dem Label „Visit Turkey Tour" versehen werden. Verbunden wird diese Tour i. d. R. noch mit einem Stopp bei einem nahe gelegenen **Wasserfall** (mit „Şelale" ausgeschildert). Auch hiervon sollte man nicht allzu viel erwarten. Im Sommer rauscht's kaum mehr als die heimische Klospülung. Das Wasser sammelt sich dafür in mehreren kleinen Becken, in denen man auch baden kann (Eintritt 0,75 €). Am Bachlauf findet man Forellenrestaurants.

Landschaftlich schön gelegen präsentiert sich die **Selimiye-Bucht**, die von den Ruinen eines alten Kastells überragt wird. Die Bucht ist jedoch im Ganzen eher etwas fürs Auge, Badestrände sind Mangelware. Einladend sind dafür die dort unmittelbar am Meer gelegenen Restaurants. In den letzten Jahren entstanden hier auch einige Hotels, nicht jedoch Klötze, sondern kleine, charmante Häuser.

Ein paar einfache Unterkünfte und gute Restaurants findet man auch in der fjordartigen **Orhaniye-Bucht**. An deren Eingang liegt eine Marina. Kapitäne, die mit ihrem Boot noch weiter in die Bucht einlaufen wollen, müssen aufpassen: Knapp unter der Wasseroberfläche erstreckt sich eine Sandbank.

Einen langen, aber schmalen und z. T. auch ungepflegten Strand besitzt die weite **Bucht von Hisarönü**. Dahinter liegen verstreut ein paar Pensionen und Hotels.

Anfahrt/Verbindungen Die beschriebenen Buchten und Ortschaften der Halbinsel sind im Sommer bis zu 6-mal tägl. von Marmaris mit dem **Minibus** zu erreichen, im Winter und an Wochenenden jedoch weniger bzw. kaum Fahrten (→ Marmaris/Verbindungen).

Übernachten/Essen & Trinken in Bozburun Die Qualität der **Restaurants** ist durchwegs gut, die Preise sind im Vergleich zu Marmaris günstig. Entlang der Uferpromenade findet man einfache, freundliche Pensionen und Hotels.

Sabrinas Haus, eine Traumadresse für alle, die es sich leisten können. Villa direkt am Wasser. 15 großzügige, sehr schick und sehr liebevoll eingerichtete Zimmer und Suiten mit herrlichstem Meeresblick. Badewannen vor dem Panoramafenster, Himmelbetten, teils private Terrassen. Wunderbarer Garten mit Palmen, hölzerner Liegesteg am Wasser. Restaurant mit internationaler und türkischer Küche. Der deutsche Name erinnert noch an die Vorbesitzer. Mindestaufenthalt 3 Tage. Nicht mit dem Fahrzeug zu erreichen, Abholservice. DZ mit HP ab 355 €. Koru Mevkii (südlich von Bozburun), ✆ 0252/4562045, ✉ 4562145, www.sabrinashaus.com.

Aphrodite Hotel, eine sehr nette Adresse, aber eher Pension als Hotel. Von Lesern sehr gelobt. 15 schlichte, angenehme Zimmer, alle mit Balkon und Meeresblick. Gutes Restaurant, große Bücherecke, kleiner Privatstrand, Hängematten. Der freundliche

Betreiber Ramazan spricht gut Deutsch. April–Okt. Nur zu Fuß oder mit dem Boot zu erreichen (Abholservice). Wegbeschreibung: Südlich von Bozburun, in Nachbarschaft von Sabrinas Haus. Man wählt den Pfad links des ausgeschilderten Hotels Mete bergauf und folgt diesem für ca. 7 Min. entlang der Küste. Mit HP 50 €/Pers. ✆ 0252/4562268, ℻ 4562645, www.hotel aphrodite.net.

Yılmaz Pansion, freundliche Familienpension. Neu ausgestattete Zimmer mit ordentlichen Bädern. Man teilt sich Küche und die Terrasse mit Meeresblick. Frühstück extra. An der Uferstraße an Bozburuns östlicher Buchtseite (falls voll, gibt es hier noch mehrere andere Pensionen). DZ 35 €. ✆ 0538/3730993 (mobil), www.yilmaz pansion.com.

Übernachten/Essen & Trinken in Söğüt Octopus Aşkın Pension, unmittelbar am Bootssteg von Kızılyer, ausgeschildert. Ruhiger und beschaulicher kann man es kaum haben. Außer ein paar Jachten, die sich hierher verirren, wenig Betrieb. 12 freundliche, gepflegte Zimmer, z. T. mit kleinem Garten davor. Keine 20 m vom Meer entfernt, leider nur winziger Strandabschnitt mit ein paar Liegestühlen. Sehr gutes, idyllisches Fischlokal unmittelbar am Wasser angeschlossen. DZ 70 €. Söğüt, Kızılyer, ✆ 0252/4965093, ℻ 4965451, www. askinmotel.com.

Denizkızı Pansiyon, Zimmer mit Laminatböden und Kiefernholzmöbeln. Restaurant in toller Lage, Badeplattform, Terrasse zum Sonnen. Saranda-Bucht. DZ 60 €. Söğüt, ✆ 0252/4965032, ℻ 4965804, www.sogut denizkizi.com.

Halbinsel Reşadiye 369

Übernachten/Essen & Trinken in Selimiye Sardunya, erstklassiges Fischlokal mit romantischer Terrasse unmittelbar am Meer. Fantastische Ägäisküche mit bestem Olivenöl. Guter Service. Steg zum Sonnen. Von Lesern gelobt. Gehobeneres Preisniveau. Zudem werden gepflegte Zimmer und Bungalows (DZ 75 €) vermietet. ✆ 0252/ 4464003, www.sardunya.info.

»» Unser Tipp: **Les Terrasses de Selimiye**, wunderschöne Adresse hoch über Selimiye. Geführt von der liebenswerten jungen Französin Solenne Moal (englischsprachig), die sich damit einen Traum erfüllt hat. Terrassenförmige Anlage mit 10 hübschen Zimmern (ohne unwichtigen Schnickschnack wie Fernseher, dafür jedes mit großzügigem Balkon oder Terrasse). Die Poolanlage mit Blick auf die Bucht von Selimiye ist zum Abheben schön! Auf Wunsch wird man mit leckerer türkisch-französischer Küche bekocht. Sehr gutes Preis-Leistungs-Verhältnis. DZ 69 €. Vor Ort ausgeschildert, ✆ 0252/4464367, ℻ 4464362, www.selimiyepension.com. «««

Außerdem gibt es noch eine Reihe von netten einfacheren Unterkünften vor Ort.

Übernachten/Essen & Trinken in Hisarönü Club Rena, in herrlicher Lage direkt am Strand. Clubanlage in Miniformat – 5 geräumige, schlichte Bungalows mit Fliesenböden und großer Glasfront. Davor ein Pool mit gemütlichen Kissenecken, ein Restaurant (in der Saison 1-a-Küche zu fairen Preisen), Palmen und das Meer. Ungezwungene Atmosphäre. DZ 41 €. Hisarönü, ✆ 0537/2640415 (mobil), www.clubrena. piczo.com.

Halbinsel Reşadiye

Westlich von Marmaris reckt sich die dünn besiedelte Halbinsel Reşadiye lang und schmal ins Meer. Ihren würdigen Abschluss findet sie in den Ruinen der antiken Stadt Knidos. Auf dem Weg dorthin stößt man auf so manche fast unberührte Bucht. Noch bis vor wenigen Jahren verlangten die unzähligen Serpentinen auf der bergigen Strecke nach Datça, dem Hauptort der Halbinsel, von Fahrer und Wagen das Äußerste. Mittlerweile wurde die Straße ausgebaut – nur noch Geduld ist erforderlich. Unterwegs wird man mit immer neuen Ausblicken auf wilde Schluchten, türkisblaue Buchten und schroffe, kahle Felshänge belohnt. Der Golf von Gökova zeigt sich hier von seiner Schokoladenseite. Viele Ortschaften abseits der Straße sind noch eine Welt für sich, natürlich und ursprünglich – insbesondere im

Vergleich zu Marmaris. Selbst der Hauptort Datça ist alles in allem noch ein gemütliches Städtchen. Die Abgeschiedenheit der Halbinsel ging lange Zeit auch mit einer touristischen Rückständigkeit einher. Ob dem Ausbau der Straße nun ein großer touristischer Umbau folgt, bleibt abzuwarten.

Zwischen Marmaris und Datça

Fährt man von Marmaris gen Westen, kommt bis auf ein paar Abzweigungen zu abgelegenen Buchten und Campingplätzen lange Zeit nichts. Die komfortabelsten Möglichkeiten für Camper bietet das **Ferienzentrum Aktur** nach ca. 50 km, dessen schönen Strand man von der Straße aus sieht. 12 km weiter beginnt der kilometerlange, weitestgehend unverbaute **Gebekum-Sandstrand**, dessen schönster und gepflegtester Abschnitt der östliche ist. Von hier aus liegen noch rund 14 km bis Datça vor Ihnen.

Camping zwischen Marmaris und Emecik Çubucak Mesire Yeri, riesiges Gelände, sehr schön im Pinienwald und gleichzeitig direkt an einem ansprechenden Kiesstrand gelegen. Stellplätze teils aber sehr nahe an der Straße. Wohnmobil je nach Lage 13–18 €, Zelte 11–15 € (für jeweils bis zu 4 Pers.). An der Verbindungsstraße Marmaris – Datça (ca. 21 km westlich von Marmaris), ℡ 0252/4670221, ℡ 4670043, www.cubucakcamping.net.

Aktur Tatil Sitesi, weitläufige Anlage hinter einem Traumstrand inmitten eines Pinienwaldes. Fast ein Ort für sich: Bank, Restaurants, Supermarkt, Ambulanz und 3-mal wöchentlich türkischer Basar. Großes Freizeitangebot: Tennis, diverse Wassersportmöglichkeiten, Ausflüge zu Land und zu Wasser, Radverleih (nützlich zur Überwindung der Distanzen im Feriencamp) etc. Das Campinggelände (ordentliche sanitäre Einrichtungen, Kochgelegenheiten) liegt von einer Bungalowsiedlung getrennt, wo man von einfachen Hütten ohne Komfort über komfortable Bungalows bis zur eigenen Ferienvilla so ziemlich alles mieten kann, was das Herz begehrt. Campen für 2 Pers. mit Wohnmobil 24 €, DZ mit HP ab 65 €. Ausgeschildert, ℡/℡ 0252/7246836, www.datcaaktur.com.

Clubanlage Club Amazon, von Marmaris kommend nach ca. 16 km rechts ab (Beschilderung „Bördübet Amazon"), von der Abzweigung nochmals 16 km, die letzten 4 km sind ungeteert. Nur für Selbstfahrer interessant. Abgelegene, relaxte Anlage am Golf von Gökova, jedoch nicht direkt am Meer, sondern an einem Flussarm. Zum paradiesischen hauseigenen Strand fährt man mit dem Kanu. Familiär und freundlich geführt. Gutes Restaurant, großer Planschpool. Vermietet werden winzige, aber nette Bungalows mit privatem, außerhalb gelegenem Bad, die wie steinerne Hauszelte aussehen, zudem komfortablere Hütten mit Bad, die an Planwagen erinnern. Mit VP ab 50 €/Pers. Bördübet, ℡ 0252/4369111, ℡ 4369160, www.klupamazon.com.

Datça
ca. 14.800 Einwohner

Datça, der Hauptort der Halbinsel Reşadiye, ist ein kleines, freundliches Küstenstädtchen, das mit den großen Nachbarorten des Massentourismus – im Norden Bodrum und im Osten Marmaris – noch wenig gemein hat.

Beliebt ist Datça, 76 km westlich von Marmaris, v. a. unter Seglern. Der kleine Jachthafen ist immer gut belegt, und rundherum hat sich ein durchaus charmantes Ensemble aus Bars, Restaurants und Souvenirläden angesammelt. In den Außenbezirken sieht das anders aus. Dort zieht man fleißig Hotels hoch und vermittelt den Eindruck, als wolle man den Urlaubsmetropolen Marmaris oder Bodrum nacheifern. Wenn Datça nicht aufpasst, wird es mit seiner übertriebenen Bautätigkeit all jene vergraulen, die dem Ort bislang gerade wegen seiner Überschaubarkeit und

Die beschauliche Hayıtbükü-Bucht

Freundlichkeit den Vorzug geben. Noch ist Datça aber nur ein schüchterner Ableger der großen Touristenzentren. Symptomatisch dafür ist auch die zurückhaltende Art der Aufreißer vor den Restaurants – sofern es überhaupt welche gibt. Den Mangel an kulturhistorischen Sehenswürdigkeiten will man mit dem Bau eines Museums beheben, das Funde aus Knidos beherbergen wird. An der Spitze der Landzunge beim Amphitheater soll es entstehen – seit mehreren Auflagen dieses Buches ist es aus dem Planungsstadium aber noch nicht herausgekommen.

Nur wenige Urlauber verirren sich bislang nach **Eski Datça** („Altes Datça"), ein verträumtes Dörfchen mit engen gepflasterten Gassen, das liebevoll restauriert wird und von dem der später hinzugekommene Küstenort überhaupt erst seinen Namen erhielt. Das Dorf, rund 2 km vor Datça im Landesinneren gelegen, lohnt eine Stippvisite. Es gibt nette Unterkunftsmöglichkeiten, auch öffnet ein Café nach dem anderen.

Information/Verbindungen/Ausflüge

Telefonvorwahl 0252.

Information Tourist Information im Landratsamt (*Kaymakamlık*) nahe der Atatürk Cad. (nicht beschildert). Mo–Fr 8–17 Uhr. ✆/📠 7123546, www.datca.gov.tr.

Verbindungen 7–21 Uhr regelmäßig **Busse** nach Marmaris (Dauer 1½ Std.). Für alle weiteren Ziele an der Südküste muss man in Marmaris oder Muğla umsteigen. Busbahnhof etwas außerhalb des Zentrums an der Straße nach Marmaris. Die meisten Busgesellschaften haben jedoch Zweigstellen im Zentrum.

Dolmuş: Nach Palamutbükü und Mesudiye (Hayıtbükü und Ovabükü) im Sommer bis zu 8-mal tägl., im Winter bis zu 3-mal tägl. Achtung: Am So nur sehr wenige Verbindungen, im Winter geht So gar nichts! Für Knidos s. dort. Dolmuşstation zentral, genaue Stelle zeigen lassen.

Taxi: Nach Knidos mit 2 Std. Aufenthalt 63 €. Mesudiye einfach 30 €, Palamutbükü 35 €.

Schiffsverbindung nach Bodrum Von Mitte April bis Mitte Juni und von Mitte Sept. bis Ende Okt. verkehrt Mo/Mi/Fr 1-mal tägl. um 9.30 Uhr eine kleine Autofähre von Körmen Limanı (9 km nördlich von Datça, an der Straße nach Mesudiye mit „Bodrum Feribot İskelesi" ausgeschildert) nach Bodrum. Von Bodrum in die entgegengesetzte Richtung Di/Do/Sa zur gleichen Zeit. Im Sommer 2-mal tägl., um

Südägäis

9.30 Uhr und um 17.30 Uhr. Die Überfahrt dauert 2 Std. Zu den Abfahrtszeiten verkehrt ein Bus von Datça nach Körmen Limanı (im Preis inbegriffen). Ticket 11 €/Pers. einfach inkl. Bus nach Körmen, Pkw mit Fahrer einfach 35 € (Reservierung empfehlenswert), jede weitere Pers. 6,50 €. Tickets im **Ferry Boat Office Datça** in einer Seitengasse der İskele Cad. nahe der Moschee. ✆ 7122143, www.bodrumferryboat.com.

Schiffsverbindungen nach Sými und Rhódos In manchen Jahren besteht ein fahrplanmäßiger Service, in manchen Jahren weiß keiner so recht Bescheid, wann ein Schiff fährt. Grundsätzlich gilt: Im Juli und Aug. häufige Verbindungen nach Sými (mal tägl., mal alle 2 Tage), zuweilen fährt das Schiff weiter nach Rhódos. Im Juni und Sept. seltene oder gar keine Verbindungen. Nach Sými einfach 25 €/Pers., hin und zurück 50 €. Infos bei Seher Tour (s. u.)

Bootsausflüge Der Ausflug nach Knidos gehört zum Pflichtprogramm. Zudem werden in der HS Tagesausfahrten zu verschiedenen Buchten rund um die Halbinsel Reşadiye angeboten, inkl. Mittagessen je nach Tour 16–20 €/Pers. Ein umfangreiches Angebot hält **Seher Tour** bereit (am Hafen, ✆ 7122473, www.sehertour.com).

Adressen

Ärztliche Versorgung Dr. Taner Karaman praktiziert im städtischen Krankenhaus, sehr freundlich. ✆ 7123082 o. 0532/6950942 (mobil).

Autoverleih Die lokalen Anbieter (z. B. Seher Tour, → Bootsausflüge) verlangen für die billigste Kategorie 40–45 €/Tag.

Einkaufen Verglichen mit anderen Urlaubsmetropolen ist das Angebot bescheiden. Datça-Thymianhonig und etliche andere Honigsorten gibt es bei **Uğurlu Balları** **7** an der İskele Cad. nahe der Ziraat Bankası. Ein schöner Laden mit Naturprodukten aus Datça (Seifen, Olivenöl, Honig oder Salbeitee) ist **Natural Active** **6** an der İskele Cad. 43/B. Freitagabend Obst- und Gemüsemarkt, Sa großer Markt (beide nahe der Post). Eine kleine, aber feine Auswahl an deutschsprachigen Büchern hält **Civan** **2** an der Dr. Turgut Dündar Cad. 12 bereit. Hier gibt es auch das Müller-Reisehandbuch, falls Sie es verloren haben. Großer Migros-Supermarkt **1** nahe dem Busbahnhof.

Blaue Reisen Einer der größten Vercharterer vor Ort ist **Knidos Turizm** am Hafen (✆ 7129464, www.peri-tr.com). Auch Seher (s. o.) bietet Mitfahrmöglichkeiten auf Gulets an. Sofern Plätze frei sind, auch Last Minute ab 50 €/Pers. und Tag.

Türkisches Bad (Hamam) Belediye Hamamı, schlichtes neues Bad etwas zurückversetzt von der Ambarcı Cad. Tägl. 8–22 Uhr. Eintritt mit Komplettbehandlung 30 €.

Wäsche Laundry bei den WCs am Jachthafen, nur am Abend besetzt. 6 €/Maschine.

Zeitungen In deutscher Sprache (leider jedoch meist vom Vortag und oft nur die Bild) im **Çağlar Market** **3** an der Atatürk Cad. nahe der Dolmuşstation.

Zweiradverleih Eriman, Atatürk Cad. Hat Scooter ab 20 €/Tag im Angebot. ✆ 7123206.

Übernachten/Camping

Zwar gibt es etliche einfache Pensionen im Zentrum, die meisten sind jedoch eher lieblos geführt. Für die Unterkünfte im Neubauviertel auf dem Weg zur Kargı-Bucht ist ein eigenes Auto von Vorteil.

Villa Aşina **19**, wirkt von außen wie ein Kitschpalast, ist aber innen sehr schön und sehr detailverliebt eingerichtet – keine Ecke, wo es nichts zu gucken gibt! 17 komfortable Zimmer, alle mit eigener Terrasse und Meeresblick. Auch von der Poolanlage genießt man Wahnsinnsausblicke. DZ ab 95 € inkl. Frühstück und Nachmittagstee. Auf dem Weg zur Kargı-Bucht ausgeschildert, ✆ 7122444, www.villaasina.com.tr.

Villa Tokur **19**, sehr empfehlenswertes Haus, von der Straße zur Kargı-Bucht ausgeschildert. Unter deutsch-türkischer Leitung. 13 angenehme Zimmer mit gusseisernen Betten sowie 2 Apartments für max. 4 Pers., alle mit Balkon, Klimaanlage und

Datça 373

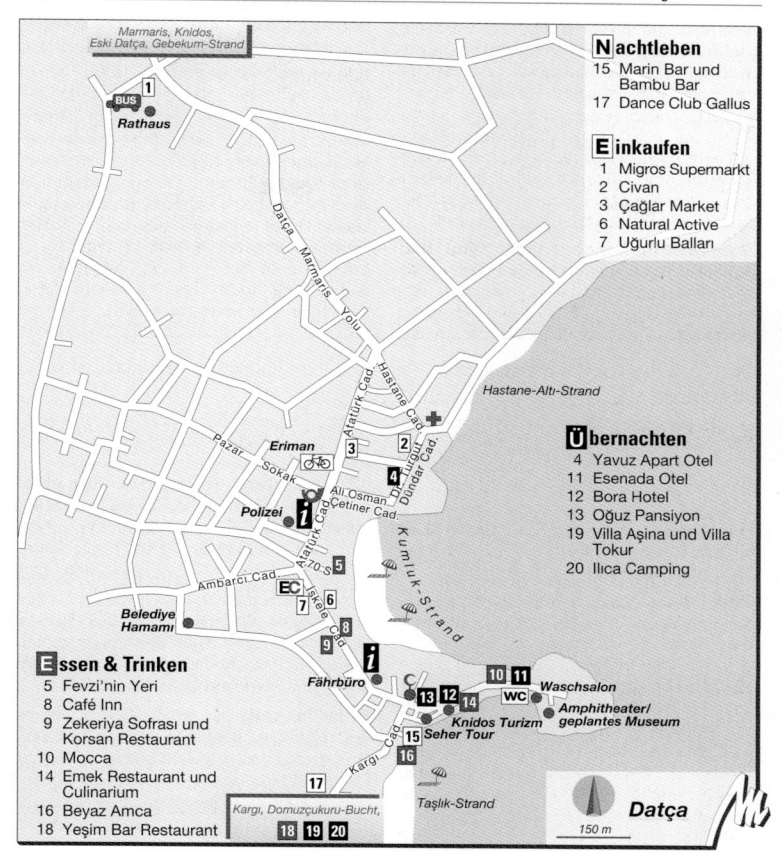

Nachtleben
15 Marin Bar und Bambu Bar
17 Dance Club Gallus

Einkaufen
1 Migros Supermarkt
2 Civan
3 Çağlar Market
6 Natural Active
7 Uğurlu Balları

Übernachten
4 Yavuz Apart Otel
11 Esenada Otel
12 Bora Hotel
13 Oğuz Pansiyon
19 Villa Aşina und Villa Tokur
20 Ilıca Camping

Essen & Trinken
5 Fevzi'nin Yeri
8 Café Inn
9 Zekeriya Sofrası und Korsan Restaurant
10 Mocca
14 Emek Restaurant und Culinarium
16 Beyaz Amca
18 Yeşim Bar Restaurant

Zentralheizung. Freundlicher Poolbereich. Von Lesern immer wieder hochgelobt. DZ 70 €, Apartment 100 €. Koru Mevkii, ✆ 7128728, www.hoteltokur.com.

Bora Hotel 12, ordentliche Mittelklasse im Zentrum, sehr sauber. Freundliche Lobby mit Wohnzimmertouch. 18 Zimmer mit Kühlschrank, von den oberen tolle Ausblicke. DZ 60 €. İskele Mah., ✆ 7122040, www.borahotel.com.tr.

Oğuz Pansiyon 13, saubere, ordentliche Stadtpension. 11 gepflegte Zimmer mit kleinen, aber neuen Bädern, einige mit Balkon und schönen Blicken. Den Weckruf besorgt der Muezzin. DZ 33 €. İskele Mah., ✆ 7123800, www.datcaoguzotel.com.

Yavuz Apart Otel 4, sympathische, gut geführte Unterkunft zwischen Dolmuşstation und Meer. Liebevoll dekoriert, lustig bemalte Wände. 2 ordentliche DZ und 8 geräumige, sehr saubere Apartments, alle mit Klimaanlage, guten Bädern und Balkon, die Hälfte mit Meeresblick. Freundliche, familiäre Atmosphäre. DZ 30 € (kein Frühstück), Apartments für bis zu 5 Pers. ab 60 €. İskele Mah., ✆ 7122333, www.yavuzapart.com.

Esenada Otel 11, das erste Hotel Datças, mittlerweile über 60 Jahre alt – viel hat sich seit der Ersteröffnung nicht verändert. Eine irgendwie liebenswert-urige Bruchbude mit simpelsten Zimmern. Bäder und Klos teilt man sich. Terrassen und ein Hof zum Sitzen. Geführt von 2 freundlichen Schwestern, ideal für alleinreisende Frauen ohne Komfortansprüche. Falls niemand da ist, im Stoffladen nebenan fragen. 7,50 €/Pers. Nahe dem Amphitheater, ℡ 7123014.

Camping Ilıca Camping **20**, schönes Gelände direkt am Südende des Taşlık-Strandes (Kies). Neue Sanitäranlagen. Vermietet werden zudem große Bungalows mit Bad sowie Hundehütten ohne Bad, nur durch einen gepflegten Rasen vom Meer getrennt. Nette Bar. 2 Pers. mit Wohnmobil 18 €, Bungalow für 2 Pers. mit Bad 60 €, ohne Bad 40 €. İskele Mah., ℡ 7123400, www.ilicacamping.com.

Außerhalb Dede Garden Hotel, in der dörflichen Idylle Eski Datças. 6 äußerst liebevoll und sehr individuell eingerichtete, farbenfrohe Suiten, jede davon ist nach einer Blume benannt und entsprechend gestaltet. Kleiner Pool mit Palmen, Cafébar, alles sehr gepflegt. DZ 82 €. An der Straße nach Datça ausgeschildert, ℡ 7123951, www.dedegardenotel.com.

Essen & Trinken/Nachtleben (→ Karte S. 373)

Das Gros der Lokale in Datça, darunter viele kleine, günstige Lokantas, ist empfehlenswert.

Emek Restaurant 14, am Hafen. Eine gute Adresse für Gegrilltes und fangfrischen Fisch. Zudem Berge von delikaten Meze, die die Wahl schwer machen. Schöne Terrasse, auf der man all das genießen kann. Faire Preise: Meze ab 2 €, Hg. 6–12 €. ℡ 7123375.

Culinarium 14, in der Nachbarschaft des Emek. Unter deutsch-türkischer Leitung. Geboten wird eine kleine, aber feine Auswahl türkisch-mediterraner Crossoverküche, jedes Gericht wird frisch zubereitet und bringt Abwechslung zu Kebab und Grillfisch. Gute Steaks. Mit Feingefühl gestaltete Räumlichkeiten, tolle Dachterrasse mit einem Hauch Schiffsdeckambiente. Hg. 12,50–17,50 €. ℡ 7129770.

Yeşim Bar Restaurant 18, idyllisches Strandrestaurant in der Kargı-Bucht (→ Baden). Gepflegte Terrasse, schöner Garten. Gute Meze – ein netter Platz für ein Abendessen mit Meeresrauschen. Tolles Frühstück. Mittlere Preisklasse. ℡ 7128399.

Beyaz Amca 16, der „Weiße Onkel" am Hafen. Schönes Interieur, nette Terrasse. Große Auswahl an außergewöhnlichen Fischgerichten mit extravaganten Soßen. Lecker auch die Meeresfrüchte-Pasta. Hg. 6,50–15 €. ℡ 7122258.

Fevzi'nin Yeri 5, witzige populäre Taverne. Außen hübsche Terrasse mit blauen Stühlen, an den Fenstern Lobpreisungen verschiedener Reiseführer, innen Fischernetze. Kleine Auswahl an Meze, guter Fisch. Mittlere Preisklasse. 70. Sok., ℡ 0535/9595419 (mobil).

Mocca 10, gemütliches Bistro mit Terrasse am Hafen, unter deutsch-türkischer Leitung. Beliebter Treffpunkt von Einheimischen wie von Touristen. Gabriele backt beste Kuchen, Erdinç ist für Pizza und leckere Pastagerichte zuständig. Und Haushund Sultan ist einfach nur faul.

Zekeriya Sofrası 9, Lokanta an der İskele Cad. Ein paar Tische draußen auf der Straße, ein paar drinnen, Töpfe zum Reingucken und Auswählen auf dem Herd. Auch

Pool des Hotels Chalet Mesudiye auf der Halbinsel Reşadiye

leckere Köfte. Preiswert und äußerst beliebt. Im **Korsan Restaurant** 9 nebenan ähnliches Angebot.

Café Inn 8, kleines Café im urbanen europäischen Stil. *Lavazza*-Kaffee – eine Wohltat nach so viel Nescafé! Nette Terrasse zum Meer hin. İskele Cad., gegenüber der Zekeriya Sofrası.

Nachtleben Findet konzentriert auf dem kleinen Areal beim Jachthafen statt, wo es einige nette Bars gibt. Angesagt sind u. a. die blau-weiß gehaltene **Marin Bar** 15 und die **Bambu Bar** 15, wo man ganz gemütlich unter Bäumen sitzen und gute Cocktails schlürfen kann. Wer tanzen will, besucht den **Dance Club Gallus** 17 nahe dem Jachthafen an der Straße zur Kargı-Bucht.

Baden/Sport

Baden Datça verfügt über drei öffentliche Strände: den kinderfreundlichen **Kumluk Beach** nördlich des Hafens, den **Taşlık Beach** südlich des Hafens und den **Hastane Altı** genannten Strand unterhalb des Krankenhauses.

Der schönste Strand, der von Datça aus noch mühelos zu Fuß (der Beschilderung „Kargı Koyu" bzw. „Yeşim Bar Restaurant" folgen), aber auch mit dem Dolmuş bis zu 10-mal tägl. (Abfahrt von der Post) zu erreichen ist, befindet sich in der südlich gelegenen **Kargı-Bucht**. Zwar schmal und grober Kies, dafür sehr gepflegt.

Tauchen Datça Diving, deutschsprachige Tauchbasis. Tagesfahrt mit 2 Tauchgängen, Equipment und Mittagessen 50 €. Infos direkt auf dem Tauchboot im Hafen oder unter ☎ 0539/6598907 (mobil), www.datcadiving.net.

Umgebung von Datça

Hayıtbükü- und Ovabükü-Bucht: Die beiden Buchten liegen unterhalb der weit verstreuten Siedlung *Mesudiye*, 13 km westlich von Datça Richtung Knidos. Die weite Ovabükü-Bucht im Westen säumt ein herrlicher Strand, dahinter finden sich ein paar einfache Pensionen. Die beschauliche Hayıtbükü-Bucht im Osten von Mesudiye erinnert ein wenig an die idyllischen Buchten griechischer Inseln und wird unter Seglern jedes Jahr populärer. Ein kleiner Strand, an dem es im Hochsommer gut voll werden kann, lädt auch hier zum Baden ein. Doch Achtung: Wer hier auch nur einen Tag einplant, verlässt die Bucht oft erst nach einer Woche. Beide Buchten sind durch ein Sträßlein miteinander verbunden.

Verbindungen → Datça/Verbindungen.

Übernachten Ada Pansiyon, 11 sehr saubere, ordentlich möblierte Zimmer, 9 mit Balkon, teilweise schöner Meeresblick. Im Restaurant gibt es auf Wunsch ein leckeres Abendessen. Herzliche, familiäre Atmosphäre. Terrasse direkt hinterm Strand. DZ 65 €. Hinter dem Ufersträßlein im Westen der Ovabükü-Bucht in erster Reihe, ☎ 0252/7280102, www.adapansiyondatca.com.

»» Unser Tipp: Chalet Mesudiye, ein einsam gelegenes Anwesen, einem Schlösschen gleich, hoch über Mesudiye, 10 Automin. zur Ovabükü-Bucht, Traumausblicke auf Bucht und Meer. Familiär geführt von den freundlichen Hamburgern Sabine und Torsten Fahning. 4 schöne, komfortable Zimmer und Suiten mit viel Platz, hübschen Bädern und Balkon bzw. Terrasse. Toller in die Naturlandschaft integrierter Pool, an dem man seinen ganzen Urlaub verbringen könnte. Gelegentliche Barbecue-Abende. Zur Familie gehören auch 2 freundliche Pferde und 2 ebensolche Hunde. Mietwagen empfehlenswert, Reservierung erwünscht. Anfahrt: Von Datça Richtung Knidos fahren, 3 km hinter der Abzweigung nach Mesudiye (die man ignoriert) links ab auf einen gut befahrenen Schotterweg, von dort noch 1 km. DZ ab 70 €. Mesudiye, ☎ 0252/7280085, www.chaletmesudiye.de. «««

Hoppala Pansiyon, alteingesessener Familienbetrieb. Freundliche Zimmer mit 1-a-Bädern und Klimaanlage, gemütlicher Garten. Man spricht Deutsch und weiß, dass das türkische „Hoppala" – ein Kinderspiel – dem deutschen „Hoppla" klanglich entspricht. Von Lesern vielfach empfohlen. Im

Restaurant direkt hinterm Strand gibt es türkische Hausmannskost mit Gemüse aus dem eigenen Garten und selbst gebackenem Brot, die Pension selbst liegt ca. 100 m hinterm Strand. Ganzjährig. DZ 60 €. Ovabükü, ℅ 0252/7280148, 🖷 7280259, www.hoppala.com.tr.

»» Unser Tipp: Pansiyon & Restaurant Ortam, direkt hinter dem Strand in 2 über 100 Jahre alten griechischen Häusern. Im Hauptgebäude mit Restaurant 3 kleine, schlichte Zimmer (2 mit privatem Bad, eines mit Bad im Flur). Im Nebengebäude 3 geräumige, nette Einheiten für bis zu 5 Pers., mit Kühlschrank, zudem werden etwas weiter entfernt 3 Holzhäuser für ebenfalls 5 Pers. vermietet (keine Küchen). Für alle: 2 schöne Terrassen zum Träumen und hervorragendes Essen (Spezialität: Oktopus in allen Varianten). Die Betreiber Süleyman und Mahmut kümmern sich rührend um ihre Gäste. Ganzjährig; von Juni bis Sept. sollte man reservieren – stets bestens gebucht! DZ ohne Bad 45 €, mit Bad 58 €, 5-Pers.-Einheit 103 €. Hayıtbükü, ℅ 0252/7280228, 🖷 7280091, www.ortamdatca.com. **««**

Palamutbükü: Die weite Bucht von Palamutbükü liegt 24 km westlich von Datça an der Südküste der Halbinsel Reşadiye. An deren westlichem Ende findet man einen kleinen Fischerhafen, in dem meist auch ein paar Jachten vor Anker liegen. Die Uferstraße säumen Restaurants und Pensionen. Der davor liegende Strand wird von West nach Ost immer feiner und geht von Kies in Sand über. Die Siedlung wirkt etwas provisorisch, was jedoch nicht unangenehm ins Auge fällt. Da man in der Bucht vorrangig von türkischen Touristen lebt, ist während der Ferienzeit zwischen Ende Juni und Anfang September die Hölle los, davor und danach hingegen tote Hose (und entsprechend fallen dann die Preise). Gen Osten führt von Palamutbükü ein Teersträßlein in die Ovabükü-Bucht. Unterwegs stößt man auf schöne, oft menschenleere Sand- und Kiesbuchten.

❶ Hafenmauer
❷ Kirche E
❸ Stadtmauer
❹ Athenatempel und Altar
❺ Apollonheiligtum
❻ Dorischer Tempel
❼ Propylon
❽ Bouleuterion
❾ Ost-West-Straße
❿ Korinthischer Tempel
⓫ Sonnenuhr
⓬ Dorische Stoa
⓭ Kirche B
⓮ Kirche D
⓯ Stoa
⓰ Dionysostempel
⓱ Römisches Theater
⓲ Hellenistisches Haus
⓳ Odeion
⓴ Großes Theater

Verbindungen → Datça/Verbindungen.

Übernachten Otel Mavi Beyaz, die schönste und komfortabelste Unterkunft vor Ort. 2010 eröffnetes Boutiquehotel. Alles in weiß-blau gehalten – Griechenlandflair. 16 Zimmer (schlicht, aber hübsch eingerichtet, Bäder mit schönem Kachelschmuck), manche davon mit Balkon und tollem Meeresblick. Davor eine Wiese mit Polstern zum Chillen. Restaurant und Bar. DZ ab 156 €. Ganz im Osten der Bucht, ℅ 0252/7255555, www.otelmavibeyaz.com.

Bük Pansiyon, 34 ordentliche Zimmer, 4 davon in einem neuen Holzhaus neben dem Haupthaus – geräumig, gute Bäder, großzügige Balkone, Kühlschrank. Restaurant mit Terrasse direkt hinterm Strand, auf der man eine ganze Woche verbringen könnte. DZ 50–60 €. In Nachbarschaft des Otel Mavi Beyaz, ℅ 0546/2452786 (mobil).

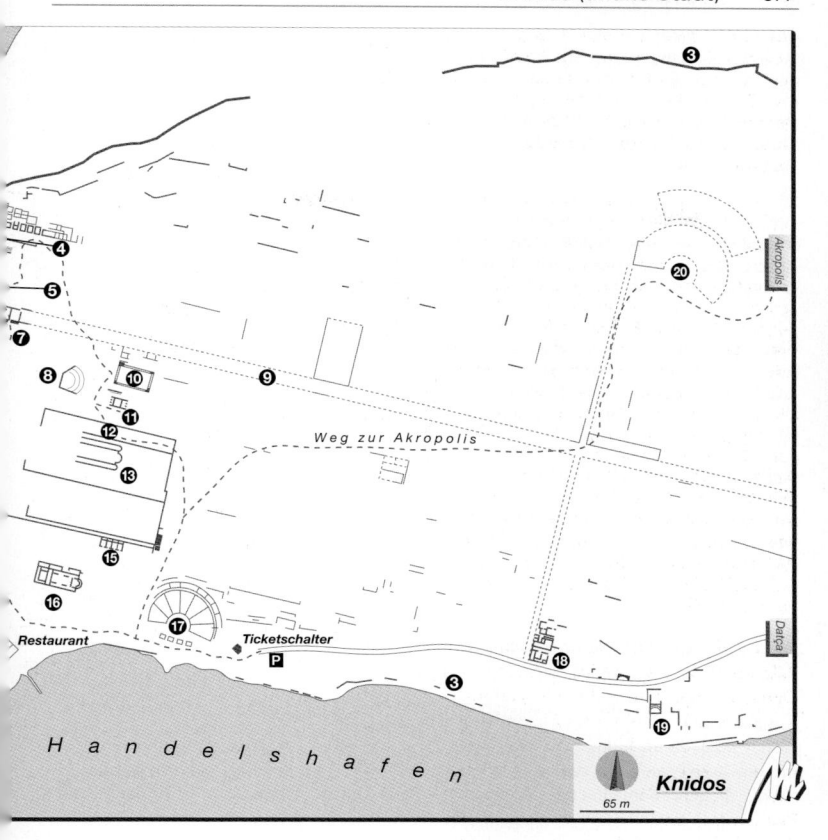

Essen & Trinken Gut und preiswert ist das **Dostlar Restaurant** an der Uferfront. Die Terrasse ist hier der Strand, wo man idyllisch unter Schatten spendenden Bäumen Meze oder gegrillten Oktopus verzehrt. Von Lesern hochgelobt. ✆ 0252/7255092.

Knidos (antike Stadt)

Zwei Jahrtausende waren die beiden Häfen von Knidos verwaist. Im Kriegshafen ist – gottlob – weiterhin nichts los, doch im Handelshafen herrscht wieder rege Betriebsamkeit. Ausflugsboote und Segeljachten erfüllen ihn mit neuem Leben.

Knidos, die verfallene und nur z. T. ausgegrabene Stadt an der unwegsamen Spitze der Halbinsel Reşadiye 35 km westlich von Datça, zieht viele Urlauber in ihren Bann. Dabei sind die Ruinen überhaupt nicht spektakulär, aber die Kombination aus steinernen Überresten antiker Kultur und wildzerklüfteter Landschaft lässt das

Herz höherschlagen. Auch die Blicke hinüber zu den griechischen Inseln Tílos und Níssiros sind herrlich. Die Ruinenstadt ist ein schönes Ausflugsziel, das glasklare Wasser am kleinen Strand lockt zum erfrischenden Bad.

Geschichte: Ein erster Ort namens Knidos (auf dem Boden der heutigen Gemeinde Datça gelegen) wurde erstmals im 7. Jh. v. Chr. erwähnt. Aufgrund der zunehmenden Bevölkerung baute man im 4. Jh. v. Chr. eine neue gleichnamige Stadt an der Westspitze der Halbinsel. Diese entstand nach dem hippodamischen Plan, der ein rechtwinkliges Straßennetz vorsah. Umgeben war die Stadt landeinwärts von einem 4 km langen Wall. Um sich noch besser vor Agressoren von Land her zu schützen, plante man übrigens mehrmals, die Reşadiye-Halbinsel an ihrer engsten Stelle (ca. 30 km westlich von Marmaris misst sie nur 800 m) zu durchstechen.

Zu ihrer Blütezeit zählte die Hafenstadt rund 70.000 Einwohner. Innerhalb ihrer Stadtmauern stand das Apollonheiligtum, Zentrum des Dorischen Städtebundes und – im Vierjahresrhythmus – Schauplatz der Dorischen Festspiele. Bekannt war Knidos auch für seine Ärzteschule – das Asklepieion gehörte neben denen von Pergamon, Kos und Epidauros zu den angesehensten und berühmtesten Heilorten der antiken Welt. Zugleich war Knidos ein Hort der Wissenschaft: Der Ingenieur Sostrates entwarf hier den Leuchtturm von Alexandria, eines der sieben Weltwunder. Auch die Kunst blühte in der wohlhabenden Stadt. Die meisten ihrer Werke gingen im Laufe der Jahrhunderte jedoch verloren. Andere befinden sich in ausländischen Museen, die berühmte Demeterstatue zum Beispiel im Pariser Louvre. Mit dem Beginn der hellenistischen Epoche wurde es ruhig um Knidos. Auf seiner Reise nach Rom machte der Apostel Paulus in der Stadt Halt, worauf sich hier sehr früh eine christliche Gemeinde entwickelte.

Zu Anfang des 19. Jh. erforschten erstmals englische Archäologen Knidos, die letzten Grabungen (bis 2006) führte die Universität Konya-Selçuk durch.

Anfahrt/Verbindungen Ausflugsboote starten im Sommer jeden Morgen in Datça gegen 10 Uhr. Unterwegs wird immer wieder zum Baden gestoppt. Preis ca. 20 € mit Essen, in der NS Verhandlungssache.

Taxi von Datça 63 € inkl. 2 Std. Aufenthalt.

Wesentlich billiger ist die Fahrt mit dem **Dolmuş**. Direktdolmuşe von Datça gab es zuletzt nur während der türkischen Ferienzeit (ca. Mitte Juni bis Anfang Sept.), und zwar 2-mal tägl. (Abfahrt von Datça um 10.30 u. 12 Uhr, zurück von Knidos um 14 u. 17 Uhr). Ansonsten nimmt man ein Dolmuş nach Yazıköy (3-mal tägl. um 12, 15 und 17 Uhr), muss den Rest des Weges jedoch laufen bzw. trampen (von Yazıköy noch 8 km).

Öffnungszeiten Im Sommer tägl. 8– 19.30 Uhr, im Winter bis 17 Uhr. Eintritt 3,20 €.

Essen & Trinken Restaurant am Handelshafen.

Kleiner Rundgang (Dauer ca. 1½ Std.): Vom Parkplatz am Ende der Straße nach Knidos folgt man dem Weg hinab zur Bucht, dem einstigen *Handelshafen* – bei Nordwind liefen Schiffe aus der Ägäis ein, bei Südwind jene aus dem östlichen Mittelmeer. Von hier aus hat man eine wunderbare Aussicht auf die *Halbinsel Triopion* – der Name der Halbinsel rührt daher, weil man auf ihr das Triopionheiligtum vermutete, das jedoch bei Ausgrabungen nahe Emecik zum Vorschein kam. Es geht vorbei am noch gut erhaltenen *Kleinen Theater,* auch Römisches Theater genannt, das etwa 5000 Besuchern Platz bot. Wenige Meter weiter westlich stand ein *Dionysostempel*, der später, wie nahezu alle Tempel der Stadt in eine Kirche umgewandelt wurde – nur das Fundament blieb erhalten. Der Blickfang dahinter, ein paar wieder aufgerichtete Säulen, war Teil einer Stoa. In der gegenüber liegenden Jandarma-Station sind zwei Beamte stationiert, die darauf achten, dass keine Steine verschwinden. Auf dem Weg zum *Kriegshafen,* der durch einen Kanal mit dem Handelshafen verbunden war und in Zeiten der Bedrohung mit einer Eisenkette gesperrt werden konnte, stößt man auf die *Kirche D,* deren mittlere Apsis einst mit Bodenmosaiken in der Opus-sectile-Technik zweifarbig geometrisch ausgelegt war. Folgt man dem Weg weiter entlang der Bucht, erscheint wenig später die *Kirche E,* die ebenfalls mit reichen Bodenmosaiken geschmückt war.

Steigt man nun entlang der Küste bergauf, kommt man an den Fundamenten eines *dorischen Tempels* vorbei, dessen Unterbau aus hellem, rosafarbenem Kalkstein errichtet wurde. Weiter östlich lag das *Propylon,* das zugleich die Eingangshalle zum höher gelegenen *Apollonheiligtum* bildete. Nördlich des dortigen Altars mit einem Sockel aus graublauem Marmor lassen sich noch Sitzstufen für die Zuschauer erkennen, die bei den Riten anwesend waren.

Knidos: der Athenatempel

Steigt man noch eine Terrasse weiter bergauf, erreicht man den imposanten Rundsockel des *Athenatempels*. Lange Zeit vermutete man, dass dieser Tempel der Aphrodite geweiht war und mit der *Aphrodite des Praxiteles* (350 v. Chr.) eine der berühmtesten Skulpturen des Altertums beherbergte. Praxiteles hatte den Mut, die Göttin der Liebe erstmals unverhüllt zu modellieren. Ursprünglich sollte dieser Entwurf in Kos aufgestellt werden. Doch auf der konservativen Insel wollte man die Statue nicht, und so kam die Aphrodite nach Knidos, wo man sie als Schutzgöttin der Seefahrt verehrte. Man sagt, dass das Asklepieion von Knidos wegen der nackten Aphrodite in der Folgezeit mehr Besucher anzog als das von Kos. Wo der Tempel der Göttin stand, ist bis heute umstritten.

Von hier führt der Pfad leicht bergab von der Küste weg. Kurz bevor man die einstige Hauptstraße passiert, weist ein Schild den Weg zum *Demeterheiligtum* und zur *Akropolis* – wer den mühseligen Anstieg in Kauf nimmt, wird mit einem grandiosen Weitblick und auch dem unspektakulären Anblick des *Großen Theaters* belohnt. Folgt man jedoch dem Weg weiter bergab, gelangt man zum Trümmerhaufen eines *korinthischen Tempels* aus dem 2. Jh., hinter dem (zur Seeseite) eine Sonnenuhr aus hellenistischer Zeit steht. Besäße sie noch den Gnonom, den Bronzestab, würde sie funktionieren. Westlich des Tempels befand sich das *Bouleuterion.* Weiter bergab liegen die Reste der *dorischen Stoa,* die ehemals 113,8 m lang war, und die der *Kirche B* mit drei Apsiden und figürlichen Bodenmosaiken. Vorbei am kleinen Theater gelangt man wieder zum Handelshafen.

Beachtenswert sind schließlich noch die Reste des *Odeions,* das etwas abseits am Handelshafen nahe der Küste liegt (unterhalb der Zufahrtsstraße, ca. 300 m nachdem man die Stadtmauer passiert hat). Es entstand im 3. Jh. v. Chr. und war kleineren Darbietungen vorbehalten.

Demre: In den kleinen Terrassenlokalen sitzen Sie in der ersten Reihe

Lykische Küste

Duftende Pinien- und Kiefernwälder säumen die Küste, dahinter erheben sich die viele Monate lang schneebedeckten Gipfel des Taurus. Lykien verzaubert durch paradiesische Strände und geheimnisvolle antike Ausgrabungsorte.

Von der Region zwischen Köyceğiz und Antalya schwärmte schon Homer, der sich in der *Ilias* für die rauschenden Fluten des Xanthos-Flusses begeisterte. Und Staatsgründer Atatürk bezeichnete die wilde, zerklüftete Küste gar als die schönste der Türkei. Dichter und Politiker wissen bekanntlich, wovon sie reden.

Trotz aller Lobeshymnen blieb der dünn besiedelte Küstenstreifen lange Zeit vom Tourismus unbeachtet und diente wegen seiner Abgeschiedenheit vorübergehend sogar als Verbannungsort. Wo einst unliebsame Regimekritiker zwangsweise interniert wurden, geben sich heute jährlich Millionen von Urlaubern freiwillig ein fröhliches Stelldichein. Mit dem Bau der internationalen Flughäfen Antalya und Dalaman wurde die dafür notwendige Infrastruktur geschaffen. Bucht für Bucht wird heute erschlossen – aber zum Glück stehen den Planierraupen mehrere hundert Kilometer Küste gegenüber, sodass wohl noch Jahrzehnte vergehen werden, bis die letzten idyllischen Plätze verbaut sind.

Wenig weiß man über das historische Lykien, die Heimat eines rätselhaften Volkes, das hauptsächlich Gräber hinterlassen hat: 200.000 Menschen lebten in 23 Städten, die Hauptgötter waren Leto und Apollon, das lykische Alphabet hatte 29 Buchstaben, und einige Wissenschaftler sind der Ansicht, es könnte hier eine Art Matriarchat geherrscht haben. Von der einstigen Bedeutung des Landstrichs erzählen zahlreiche Ruinenstätten, die schönsten lykischen Felsnekropolen finden sich in Fethiye und Myra.

Lykische Küste – die Highlights

Dalyan-Delta: ein Naturparadies zwischen dem Köyceğiz-See und dem offenen Meer mit einem herrlichen Strand – Eiablageplatz der Caretta-caretta-Meeresschildkröte. Das Delta ist zudem Heimat vieler Vögel, ein Paradies für Ornithologen.

Ölüdeniz: die Traumlagune mit Südseeflair nahe Fethiye. Jeder kennt sie, zumindest aus bunten Urlaubsprospekten. Fairerweise muss aber hinzugefügt werden, dass man im Frühjahr oder Herbst anreisen sollte, wenn man die Lagune so erleben will, wie es die Prospekte verheißen – andernfalls droht ein überfülltes Paradies.

Patara: westlich von Kalkan, einer der längsten Sandstrände der Türkei, unverbaut und mit einer faszinierenden Dünenlandschaft. In der gleichnamigen antiken Stadt dahinter wurde 290 Nikolaus geboren.

Insel Kekova: eine grandiose Inselwelt. Das Meer zwischen Simena und der Insel Kekova gleicht einem Binnensee mit unzähligen kleinen Inselchen dazwischen. Ein besonderes Erlebnis sind die versunkenen Städte.

Olympos-Nationalpark: Rund um den mächtigen Tahtalı Dağı (2366 m) bezaubern grüne Almen, gluckernde Bäche und stille Wälder. Berühmt ist der Nationalpark u. a. wegen der „Ewigen Flammen" in der Nähe von Çıralı. Diese Flammenfelder, dem Mythos nach Wohnsitz der Chimäre, lockten bereits in der Antike zahllose Besucher an. An den Stränden von Çıralı und Olympos sind Badefreunde mit Faible fürs Grüne bestens aufgehoben.

Köyceğiz

ca. 8600 Einwohner

Tagsüber döst das Städtchen vor sich hin, abends sind die Stühle der Uferpromenade traurig verwaist. In Köyceğiz am gleichnamigen See herrscht alles andere als reges Treiben – die Touristen tummeln sich in Dalyan und sparen Köyceğiz aus.

Auf den ersten Blick macht das Städtchen einen freundlichen Eindruck: Eine palmengesäumte Eingangsallee führt ins Zentrum. Doch angesichts der freien Sitzplätze an der breiten Uferpromenade und der Ständer mit den verblichenen Postkarten überfällt den Besucher schnell die Melancholie. Köyceğiz ist einer der wenigen Orte an der hiesigen Küste, dem die Teilnahme am großen, profitablen Geschäft mit dem Tourismus verwehrt bleiben will. Lediglich ein paar türkische Familien belegen zur Ferienzeit die Hotels, was das Seestädtchen für „Rummelflüchtige" auch wieder attraktiv macht. Es besticht noch durch seine Natürlichkeit. Manche Einwohner des Ortes wünschen sich, dass sich am gegenwärtigen Zustand nie etwas ändert – Dalyan ist für sie ein abschreckendes Beispiel. Andere dagegen blicken neidvoll das Seeufer hinab.

Zu den wenigen Attraktionen des Ortes zählt der große Markt, der allwöchentlich montags stattfindet.

Information/Verbindungen/Sonstiges

Telefonvorwahl 0252.
Information Tourist Information, beim Hauptplatz. Mo–Fr 8.30–17.30 Uhr. Atatürk Kordonu, ✆ 2624703.

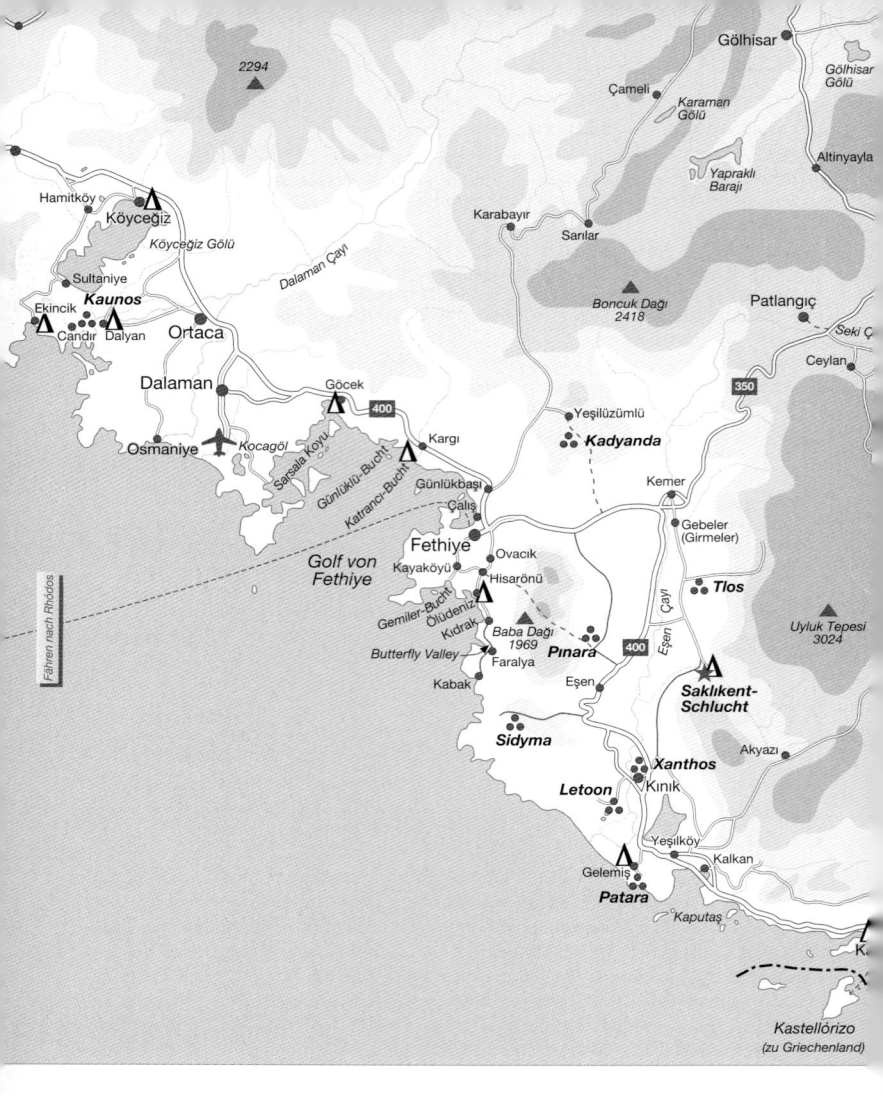

Verbindungen Busbahnhof weit außerhalb des Zentrums nahe der Küstenstraße (ins Zentrum Dolmuşverbindungen, Taxi 5 €). Mehrmals tägl. **Busse** nach Marmaris und Antalya, stündl. nach Fethiye und halbstündl. nach Muğla. Büros der Busgesellschaften u. a. an der Eingangsallee (mit Shuttleservice zum Busbahnhof). Vom Zentrum fast alle 15 Min. Dolmuşverbindungen nach Ortaca (dort umsteigen nach Dalyan), nur wenige Direktdolmuşe nach Dalyan.

Baden In Köyceğiz selbst lockt nur der Delta Plajı, ein kleiner Strand mit Snackbar 1,5 km westlich des Zentrums. Leicht salziges Süßwasser, nichts Umwerfendes, dafür meist wellenlos.

Bootsausflüge Werden am kleinen Hafen und an der Promenade am Paşa Parkı angeboten. Die Standard-Tagestour führt

Lykische Küste und Umgebung

10 km

zum İztuzu-Strand, nach Kaunos, zu den Thermen von Sultaniye und zum Schlammbad (7,50 €/Pers.).

Einkaufen Am besten auf dem **Montagsmarkt**, einem der größten und schönsten Märkte der Region.

Übernachten/Camping/Essen & Trinken

Übernachten Hotel Alila, an der Seepromenade. Besseres, aber leicht in die Jahre gekommenes Haus mit 20 Zimmern (die unterm Dach haben ein Facelifting erhalten), alle mit Aircondition. Bis auf 2 haben alle Seeblick. Restaurant. Kleiner Pool. Ganzjährig. DZ 33 €. Emeksiz Cad., ℡ 2621150, www.hotelalila.com.

Flora Hotel, im Westen der Stadt direkt an der Uferstraße (Eingangsallee bis zu ihrem Ende durchfahren, dann rechts ab). Überwiegend hellgrün gestrichene Zimmer mit Furnierholzmöbeln und Balkonen. Dazu 4 orangefarbene Apartments. Freundlicher Service, der Besitzer spricht Deutsch. Gesellige Bar davor. Von Lesern gelobt. DZ 35 €, Apartment (ohne Frühstück) 40 €. Kordon Boyu 98, ℡ 2624976, ℻ 2623809.

Oba Pension, etwas im Abseits. Einfache Familienpension mit 10 Zimmern, alle mit Balkon. Ganzjährig. DZ 20 €. Gümüşlü Cad. 10 (von der Eingangsallee bei der T. C. Ziraat-Bank links ab, am Ende der Straße rechts und gleich wieder links), ℡ 2624181, ℻ 2624972.

Tango Pension, Pension und Hostel in der Parallelstraße zur Uferstraße (Eingangsallee bis zu ihrem Ende durchfahren, dann rechts ab, dann ausgeschildert). Beliebter Travellertreff. Saubere Zimmer mit Bad und Betten im Schlafsaal. Gemütliche, feuchtfröhliche Gartenbar davor. Organisiert werden auch Ausflüge in die Umgebung. Fremdsprachig. DZ 25 €, Bett im Schlafsaal 10 €. Alihsan Kalmaz Cad., ℡ 2622501, ℻ 2624345, www.tangopension.com.

Camping Delta Camping, eine ruhige Oase 1,5 km westlich des Zentrums gegenüber dem Delta Plajı (Eingangsallee bis zu ihrem Ende durchfahren, dann rechts ab und immer geradeaus). Viel Schatten unter hohen Bäumen. Sanitäranlagen mäßig, aber noch okay, dafür Tennisplatz und Minizoo. Billig: 2 Pers. mit Zelt oder Wohnmobil 5 €. ℡ 2625502.

Essen & Trinken Mehrere einfache und gute Lokantas im Zentrum. Frischen Fisch aus dem See, der bis zu seiner Zubereitung in einem Aquarium auf der Terrasse schwimmt, bekommt man im **Thera Restaurant**. Innen etwas nüchtern. Große Terrasse, nur durch die Uferstraße und einen Grünstreifen vom See getrennt. Fisch ab 6 €, Meze ab 2 €. ℡ 05418336154 (mobil).

Das **Mona Lisa** direkt am See serviert neben „Schipigel Eiye" gute Snacks. Von Lesern empfohlen.

Der Köyceğiz-See

Der 65 km² große und durch einen schmalen Fluss mit dem Meer verbundene Köyceğiz-See ist eine verlandete Meeresbucht. Einen Zufluss hat der See nicht, er wird aus teilweise warmen Quellen gespeist. Da die meisten Uferbereiche schilfbestanden und unzugänglich sind, ist es mit dem Schwimmen im See aufgrund schlechter Einstiegsmöglichkeiten weniger gut bestellt.

Neben einer fast unberührten Natur und einer einzigartigen Fauna bietet der Köyceğiz-See auch eine biologisch-kulinarische Besonderheit: Steigt das Meer, fließt Salzwasser in den See und bringt Meeräschen *(kefal)* und Seebarsche *(levrek)* mit, die in dem ruhigen Gewässer laichen. Den Weg zurück ins offene Meer finden aber die wenigsten. Nach getaner Arbeit werden sie im schmalen Fluss gefangen, schmackhaft zubereitet und verzehrt.

Eine botanische Rarität in den sumpfigen Gebieten rund um den See sind Auwälder mit Amberbäumen, die zur Gattung der Zaubernussgewächse gehören. Sie werden anderenorts bis zu 45 m hoch, erreichen hier jedoch selten die halbe Größe und haben Blätter ähnlich denen des Ahorns. Diese seltenen Bäume liefern durch Anritzen ein Harz, das im Altertum für medizinische Zwecke genutzt wurde. Das Amberharz sollte nicht mit dem Amberöl verwechselt werden, einer wachsartigen grauen Masse, die bis in die Mitte des letzten Jahrhunderts aus dem Darm des Pottwals gewonnen wurde und als wohlriechend (!) und appetitanregend (!) galt.

Umgebung von Köyceğiz

Thermen von Sultaniye: 10 km von Köyceğiz am Südwestufer des Sees speist eine 39 °C warme, schwefelhaltige und leicht radioaktive Quelle den See. Die Thermen sind eine ursprünglich römische Anlage, die von den ebenfalls hier kurenden Osmanen architektonisch verändert wurde. Für die Touristen von heute kamen noch zwei Außenbecken, ein Schlammbad und eine Cafeteria hinzu. Das Wasser hilft gegen Depressionen, Gallenleiden, Darmerkrankungen u. Ä. mehr (ohne Gewähr). Als Kurbad ist Sultaniye eine ziemlich konservative Angelegenheit, als Spaßbad im Rahmen eines Tagesausflugs aber okay.

Nur im Rahmen eines Bootsausflugs oder mit einem Privatfahrzeug erreichbar. Von der Zufahrtsstraße zur Ekinicik-Bucht aus beschildert. Kein Dolmuş. Für Bäder und Schlammbad jeweils 2 € Eintritt.

Bucht von Ekincik

Die extrem ruhige, von hohen Bergen umrahmte Bucht liegt etwa 40 km südwestlich von Köyceğiz. Ein Ausflug lohnt nicht nur wegen des sichelförmig geschwungenen, rotbraunen Kiesstrandes – allein die Anfahrt entlang dem Köyceğiz-See ist ein Erlebnis. Die Bucht ist traditioneller Anlaufpunkt für Segeljachten und Ausflugsboote aus Marmaris, deren Passagiere auf dem Weg ins Dalyan-Delta hier in kleinere Boote umsteigen. Hintern Strand und an der Straße zu diesem findet man ein paar nette Pensionen und Hotels sowie mehrere einfache Campingplätze, dazu die etwas triste Ruine einer nie fertiggestellten Clubanlage. Ansonsten steckt die touristische Infrastruktur noch in den Kinderschuhen – für Erholungsuchende, denen ein schöner Strand und ein gutes Buch reichen, sehr angenehm. Das gleichnamige Dörfchen Ekincik liegt übrigens ein paar Kilometer hinter der Uferfront.

Anfahrt/Verbindungen In Köyceğiz der Uferstraße (vorbei am Delta Plaji) gen Westen folgen. So gelangt man (vorbei an Obstplantagen) zum Dörfchen Hamitköy. Am Ortsende von Hamitköy links ab (Hinweisschild – falls dieses mal wieder über den Haufen gefahren ist, auf Pensionsschilder achten), etwa 2 km hinter dem Ort beginnt eine gut ausgebaute Straße nach Ekincik. Bislang lediglich Mitte Juni–Mitte Sept. 1-mal tägl. ein **Dolmuş** von Köyceğiz in die Ekincik-Bucht gegen 9.30 Uhr, zurück um 17.30 Uhr.

Bootsausflüge Am kleinen Hafen im Westen der Bucht bietet die lokale Bootskooperative Ausflüge ins Dalyan-Delta an. ✆ 0252/2660192.

Übernachten Ekincik Hotel, in der ersten Reihe am Strand. Überschaubare Anlage mit 27 klimatisierten Zimmern. Lassen Sie sich eines mit Meeresblick geben. Zimmer zeitgemäß-modern eingerichtet, sehr nette Bäder mit Regenduschen. Mit HP 57,50 €/Pers. Ekincik, ✆ 0252/2660203, ✉ 2660205, www.hotelekincik.com.

Pension Ekincik, 5 Fußmin. vom Strand entfernt. 16 sehr saubere Zimmer und ein Apartment, die meisten mit Balkon oder Terrasse. Nette Innenhofterrasse. Liebenswerte Inhaber. Sehr leckeres Essen. DZ 60 € mit HP. Ekincik, ✆ 0252/2660179, ✉ 2660003, www.ekincikpansiyon.com.

Hotel Akdeniz, ebenfalls 5 Fußmin. vom Strand entfernt. Große, helle und gepflegte Zimmer mit Balkon und Aircondition. Super Dachterrasse. Sehr freundlich und sehr sauber – man spricht mit schwyzerdütschem Einschlag. Exzellente Küche. Ganzjährig. DZ mit HP 55 €. Ekincik, ✆ 0252/2660255, www.akdenizotel.com.

Camping Mehrere einfache Campingplätze, die von Mai–Okt. geöffnet haben. In puncto Ausstattung und Schatten war zuletzt der Ship Ahoy direkt hinterm Strand (Campingbereich jedoch hinterm Restaurant) der beste. Ausgeschildert, neben dem Hotel Ekincik. Für 2 Pers. mit Wohnmobil inkl. Strom 10 €. ✆ 0542/4750833, erdenerrkam@yahoo.com.

Dalyan

ca. 5000 Einwohner

Das überschaubare Städtchen liegt nicht direkt am Meer, sondern am östlichen Ufer des flussartigen Zulaufs, welcher den Köyceğiz-See mit dem Dalyan-Delta verbindet. Am gegenüberliegenden Ufer prangen weit sichtbar lykische Felsengräber in einer senkrecht abfallenden Felswand. Etwas weiter entfernt ruhen die Reste der antiken Stadt Kaunos.

Dalyan besitzt trotz fehlender Küstenromantik Flair. Aber obwohl das Städtchen 10 km abseits der Küste liegt, dürfen Sie keine vom Tourismus unberührte Oase erwarten. Tagsüber herrscht reges Kommen und Gehen bei den Ausflugsbooten am Kai, abends bummeln die Gäste, insbesondere Briten, Deutsche und Holländer, gemütlich von Bar zu Bar.

Es ist gar nicht allzu lange her, da zählte Dalyan keine 1000 Einwohner, die vom Fischfang und dem Anbau von Sesam, Baumwolle und Granatäpfeln lebten. Doch dann geriet der Name des Ortes in die Schlagzeilen. Ende der 1980er sollte am İztuzu-Strand, der das Dalyan-Delta vom Meer abschirmt, ein 2000-Betten-Clubhotel entstehen. Da den wunderschönen Strand auch die Caretta-caretta-Meeresschildkröte (→ S. 418) zur Eiablage aufsucht, liefen Naturschutzverbände aus aller Welt Sturm gegen die Pläne. Mit Erfolg, das Projekt wurde abgeblasen. Der Traumstrand aber war fortan in aller Munde und der Garant für Dalyans kometenhaften Aufstieg zum Urlaubsort abseits der Küste. In großem Stil wurde neu gebaut, angebaut, aufgestockt, und einem Wunder gleich blieb die Zahl der architektonischen Sündenfälle bescheiden. Binnen weniger Jahre entstanden über hundert Unterkünfte im Grünen, zudem zahlreiche Restaurants, Souvenirläden und Bars. Den Urheber des rasanten Aufschwungs hat man dabei nicht vergessen: Auf einem kleinen Platz vor dem Kai grüßt heute eine fröhliche, in Erz gegossene Schildkrötenfamilie.

Die einstigen Fischer haben allesamt zum Bootstouranbieter umgelernt. In der Saison schleusen sie Tausende von Tagesgästen auf dem Weg zum berühmten Strand durch das Dalyan-Delta, einem außergewöhnlichen Naturparadies mit rund 150 Vogelarten, darunter Adler, Eisvogel, Kormoran und Pelikan. Mit der Folge, dass heute die tägliche Armada von Ausflugsbooten das ökologische Gleichgewicht des Deltas gefährdet.

Information/Verbindungen/Ausflüge

Telefonvorwahl 0252.

Information Touristeninformation, in einem Pavillon am zentralen Platz. Im Winter nur Mo–Fr 8.30–17 Uhr, im Sommer tägl. (mit Ausnahme des einen oder anderen Wochenendes) 8–19 Uhr. ✆/📠 2844235, www.dalyan.bel.tr.

Verbindungen Dolmuş: Mind. 1-mal tägl. nach Fethiye (1½ Std.) und Marmaris (2 Std.), selten zudem nach Köyceğiz, häufig jedoch nach Ortaca; von Ortacas Busbahnhof gelangt man in nahezu alle Orte der Südwestküste. Zum İztuzu-Strand mind. stündl. ein Dolmuş. Die Sammeltaxis fahren wenige Meter vom Kai mit den Ausflugsbooten ab.

Dolmuşboot: Zum İztuzu-Strand (über Kaunos) 4 € (hin/zurück). Diese 12-Mann-Boote legen bei Vollbesetzung ab, auf dem Rückweg nach Dalyan genauso.

Taxi: Dalyans Taxifahrer arbeiten nach festen Tarifen. İztuzu-Strand 20 €, Köyceğiz 42 € und Marmaris 100 €.

Dalyan

Zum anderen Ufer: Eine Brücke soll gebaut werden – wann, steht jedoch in den Sternen. Bis dahin kann man vom kleinen Steg auf Höhe des Caria Hotels mit einem Ruderboot übersetzen (1,75 €/Pers. hin/zurück). Bis nach Kaunos sind es dann noch ca. 20 Fußminuten.

Bootsausflüge Vielfältiges, fast verwirrendes Angebot, doch bei der **Bootskooperative** (Infostand am Kai, ✆ 2842094) wird dem Fremden geduldig alles auseinanderklamüsert. Es gibt Boote zum Schlammbad (hin/zurück 10 €) und nach Kaunos (10 €), zum Montagsmarkt von Köyceğiz (5 €) und Boote, die alles miteinander verbinden (12,50 €). Ein Tipp ist der Nachtausflug samt Barbecue (17,50 €/Pers.). Außerdem gibt es Bird- und Turtlewatching-Ausfahrten (12,50 €).

Organisierte Touren Touren per Bus werden überall angeboten. Preisbeispiele: Saklıkent 22 €, Fethiye/Markt und Ölüdeniz 22 €, 2-Tages-Trip Pamukkale/Ephesus 85 €, Jeepsafari 30 €, Dalyan-Tour mit İztuzu-Strand und Schlammbad 13 €.

Adressen (→ Karte S. 388)

Ärztliche Versorgung Örtliche Krankenstation an der Sağlık Sok. beim Fluss. ✆ 2842033.

Autoverleih Im Angebot diverser Reisebüros. Bei **Europcar**, durch Kaunos Tours (s. u.) vertreten, gibt es das billigste Gefährt ab etwa 40 €/Tag.

Einkaufen Souvenirs jeder Art ersteht man am gemütlichsten am Abend, wenn die Maraş Cad. für den Verkehr gesperrt ist und sich zur Fußgängerzone und Shoppingmeile verwandelt. Markt **2** jeden Sa gegenüber der Dolmuşstation.

Türkisches Bad (Hamam) Moderner, zum **Kiparis Park Hotel** gehörender Touristenhamam an der Belediye Sok. 30 Min. mit Massage 13,50 €, 45 Min. mit Aromatherapiemassage 20 €, 45 Min. mit Schokoladenmassage (!) ebenfalls 20 €.

Zeitungen Die *Bild* bekommt man in einem namenlosen Markt **11** an der Ecke Maraş Cad. 40 A/Yalı Sok.

Zweiradverleih Bei **Kaunos Tours** zahlt man für ein Mountainbike 10–12 €/Tag. ✆ 2842816, www.kaunostours.com. Scooter hat immer irgendjemand im Angebot.

Übernachten/Camping (→ Karte S. 388)

Jede Menge Pensionen und etliche Hotels bieten Zimmer für jeden Geldbeutel – immerhin gibt es knapp 7800 Gästebetten. Die schönsten Unterkünfte liegen ganz im Süden am Fluss, doch je mehr von diesem entfernt, desto moskitofreier die Nächte. Im Zentrum geht es nachts recht lebhaft zu.

Happy Caretta 14, schöne Anlage mit herrlichem Palmen- und Zypressengarten im Süden des Städtchens direkt am Wasser, kleiner Boots- und Liegesteg. Auch das Frühstück gibt's mit Flussblick. Deutschsprachig. Am Abend türkische Küche auf Wunsch. Kleine DZ, dazu größere Zimmer für bis zu 4 Pers., allesamt gepflegt, aber leider ohne Balkon. Freundlicher Service. EZ 50 €, DZ 75 €. Ada Sok., ✆/✆ 2842109, www.happycaretta.com.

Dalyan Garden Pension 13, ca. 20 Fußmin. außerhalb des Zentrums in grüner Lage. Lesertipp. Von einem freundlichen türkisch-englischen Ehepaar geführt. 10 große, gepflegte Zimmer, lauschiger Garten mit Palmen, Bananenstauden, großer und kleiner Pool wie auch Bar. Radverleih. DZ ab 50 €. Auf dem Weg zum İztuzu-Strand ausgeschildert, ✆ 2843196, www.dalyangardenpension.co.uk.

Mandal-inn 10, etwa 300 m vom Fluss entfernt. Kleine, sehr gepflegte Hotelanlage mit 22 Zimmern, die neueren im OG. 3 Zimmer mit Jacuzzi, eines davon mit Jacuzzi auf dem privaten Balkon! Alle sehr groß, sehr sauber, hell und angenehm kühl (z. T. mit Marmorboden). Pool mit kleiner Bar. DZ je nach Ausstattung 47–65 €. 11 Sok. 1, ✆ 2842286, ✆ 2842049, www.mandalinnhotel.com.

Lykische Küste, Karte S. 382/383

Lykische Küste

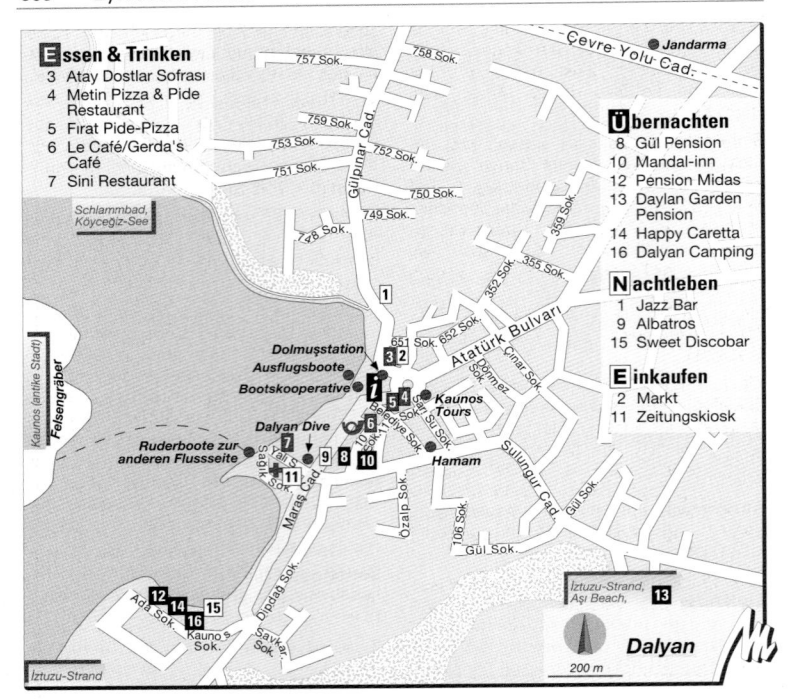

Essen & Trinken
- 3 Atay Dostlar Sofrası
- 4 Metin Pizza & Pide Restaurant
- 5 Fırat Pide-Pizza
- 6 Le Café/Gerda's Café
- 7 Sini Restaurant

Übernachten
- 8 Gül Pension
- 10 Mandal-inn
- 12 Pension Midas
- 13 Daylan Garden Pension
- 14 Happy Caretta
- 16 Dalyan Camping

Nachtleben
- 1 Jazz Bar
- 9 Albatros
- 15 Sweet Discobar

Einkaufen
- 2 Markt
- 11 Zeitungskiosk

Pension Midas 12, gemütliche Terrasse direkt am Fluss, Garten mit Hängematten. 10 einfache, aber nette Zimmer, alle mit Aircondition. Man spricht Deutsch. DZ 40 €. Maraş Mah. Kaunos Sok. 30, ✆ 2842195, ✉ 2843154, www.midasdalyan.com.

Gül Pension 8, in einer Parallelstraße zur Einkaufsmeile. Sehr gut in Schuss, diskrete Atmosphäre, hilfsbereite Betreiber. Leckeres Frühstück mit Honig aus der eigenen Imkerei. Von der Dachterrasse Blick auf die Felsengräber. Angenehme Zimmer mit Bad und kleinen Balkonen, für Familien gibt's 3-Bett-Zimmer. Von Lesern gelobt. DZ mit Aircondition 35 €. 10 Sok., ✆ 2842467, ✉ 2844803, www.dalyangulpansiyon.com.

Camping Dalyan Camping 16, recht kleiner, beengender Platz im Süden Dalyans bei der Sweet Discobar (die ist zu hören!), schöne Lage direkt am Wasser. Vermietet werden zudem 8 schlichte Bungalows, 3 davon mit Bad, alle mit Veranda. Restaurant, herrliche Terrasse mit Flussblick, moderne Sanitäranlagen, Waschmaschine. Campen für 2 Pers. mit Wohnmobil 15 €, mit Zelt 10 €, Bungalows mit Bad für 2 Pers. 34 €, ohne Bad 24 €, Frühstück extra. Maraş Cad., ✆ 2845316, ✉ 2845316, www.dalyancamping.net.

Essen & Trinken/Nachtleben

Dutzende Restaurants am Kai, in der langen Parallelstraße dahinter und um den Dolmuşbahnhof bieten türkische und internationale Gerichte in allen Preisklassen. Spezialität ist Fisch aus dem See – am idyllischsten in einem der lauschigen Restaurants am Fluss.

Restaurant Gel Gör, direkt am Fluss, ca. 15 Fußmin. südlich des Zentrums (beim Hotel Portakal). Schönes Ambiente – schlicht, aber stilvoll. Neben Fisch leckere Meze und gute Weine. Service und Qualität werden von Lesern in den höchsten Tönen gelobt. Unter holländisch-türkischer Leitung. Für das Gebotene faire Preise. Maraş Mah. Dalko Karşısı, ✆ 2845009.

Sini Restaurant ◼7, auch dieses nette Gartenlokal wird von Lesern immer wieder sehr gelobt („Zum Fingerablecken!"). Auf den Tisch kommen anatolische Spezialitäten wie *Çöp Şiş* (Spieß mit ganz kleinen Lammfleischstückchen), *Testi Kebap* (Kebab aus dem Tontopf) oder *Hünkar Beğendi* („Dem Herrscher hat's gefallen" – Fleischstücke mit Auberginenpüree). Hg. 7,50–13,50 €. Geçit Sok. (Yalı Sok.) 12, ✆ 2845033.

Metin Pizza & Pide Restaurant ◼4, mit Pideofen, winzig und recht simpel, die Terrasse auf der anderen Straßenseite ist jedoch recht nett hergerichtet. Gute Steaks, Meze, Kebabs und Pide zu fairen Preisen. Unaufdringlicher Service, der aber in Stoßzeiten etwas überfordert sein kann. Sehr beliebt. Hg. 4,50–11 €. Sarı Su Sok., ✆ 2842877.

Fırat Pide-Pizza ◼5, in einer Seitengasse der Maraş Cad. versteckt (die Gasse zwischen Post und Le Café nehmen). Ähnliches Angebot und ähnliche Preise wie Metin, besonders lecker das *Güveç*. ✆ 2844585.

Atay Dostlar Sofrası ◼3, schräg gegenüber der Dolmuşstation. Sehr zu empfehlen. Gegrilltes, leckere Meze, Eintöpfe und *Mantı*. Viele Gerichte auch für Vegetarier geeignet. Günstig. ✆ 2842156.

Le Café (◼6, auch **Gerda's Café**), neben dem Rathaus. Nettes Gartencafé unter deutscher Leitung. Im Angebot sind stets ein paar hausgemachte Kuchen.

Nachtleben Abends ist mehr los im Städtchen, als man am Tage glaubt. Die meisten Bars gibt es in der Maraş Cad. Ein Klassiker, aber alles andere als innovativ, ist dort das **Albatros** ◼9 mit Hippiesound und Straßentheke. Auch die **Jazz Bar** ◼1 an der Gülpınar Cad. nördlich des Hauptplatzes gehört zu den alteingesessenen Adressen. Diese kleine rustikale Bar mit offenem Kamin und Terrasse davor bietet häufig Livemusik, im Sommer fast tägl.

Die Diskothek vor Ort ist die **Sweet Discobar** ◼15 am südlichen Ortsende (direkt am Fluss): sehr gemütlich, wenn die Musik passt.

Baden/Tauchen

Baden Der 4 km lange İztuzu plajı (oft auch als *Turtle Beach* bezeichnet) trennt das Delta vom Meer. Es handelt sich um einen Sandstrand vom Feinsten, das Meer davor ist meist wellenlos und ausgesprochen kinderfreundlich. Es geht sehr flach ins Wasser. Außerdem sind immer Plätze zu finden, an denen man nicht den Sonnenölgeruch des Nachbarn in der Nase hat. Sonnenschirm- und Liegestuhlverleih. Lifeguards. Über den Landweg (10 km, Dolmuşverbindungen) gelangt man an das Westende des Strandes. Wer mit dem eigenen Auto kommt, zahlt Parkgebühren. Die Bootsfahrt (→ Bootsausflüge) ab Dalyan führt zur Ostseite und dauert etwa 45 Min. Für die Schildkröten wurde übrigens eine badefreie Zone reserviert: Von 20–8 Uhr ist der Strand geschlossen.

Aşı Koyu (Aşı Beach): Einst ein sehr idyllischer Fleck mit einer gemütlichen Taverne an einer von Felsen umrahmten Bucht. Zuletzt war die Taverne jedoch zur Ruine verkommen und der graue Kiesstrand davor total vermüllt. Das kann sich wieder ändern, erkundigen Sie sich auf jeden Fall nach dem Stand der Dinge, bevor Sie die lange Anfahrt unternehmen (nur für Selbstfahrer). Um zum Aşı Beach zu gelangen, folgt man von Dalyan zunächst der Straße zum İztuzu-Strand. Nach ca. 7 km links abbiegen (ausgeschildert), nach weiteren 700 m die zwei Linksabzweigungen ignorieren, also rechts halten. Wieder 300 m weiter folgt man nicht der ausgeschilderten Rechtsabzweigung zur Aşı Koyu (diese Strecke war zuletzt auf rund 9 km ungeteert, sehr holprig und nicht durchgehend beschildert), sondern fährt geradeaus. 3,7 km später (400 m hinter einer Brücke) rechts abbiegen. Nach 2,5 km verliert die Straße ihre Teerschicht. Nach weiteren 2,5 km, bei der Gabelung mit Brunnen, links halten. Nun noch 3 holprige Kilometer.

Tauchen Dalyan Dive, an der Maraş Cad. 2 Bootstauchgänge mit Equipment und Lunch 70 €. PADI Open-Water-Anfängerkurs (3–4 Tage) teure 600 €. Deutschsprachig. ✆ 2842332, www.dalyandive.com.

Bootsfahrt durch das Dalyan-Delta

Umgebung von Dalyan

Felsengräber: An der steilen Felswand auf der Dalyan gegenüberliegenden Flussseite sind sie eindrucksvoll in den Stein geschlagen: lykische Königsgräber, griechischen Tempeln ähnlich. Sie entstanden im 4. Jh. v. Chr. Manche hatten einst kolossale Drehtüren. Beim Bau der Gräber arbeiteten sich die Steinmetze i. d. R. von oben nach unten vor, d. h., sie fingen mit dem Giebel an. Das mächtigste Grab der Felswand ist unvollendet, es besitzt lediglich Säulenansätze unterhalb der Kapitelle. In den Grabkammern selbst wurden, obgleich ursprünglich nicht vorgesehen, im Laufe der Jahrhunderte mehrere Persönlichkeiten bestattet.

Kaunos (antike Stadt): Vor gar nicht allzu langer Zeit war Kaunos noch eine nahezu unbeachtete Ruinenstadt mit wenigen weit verstreuten Überresten der antiken Kultur. Die Ruinen sind immer noch mittelmäßig, aber alle Welt macht sich plötzlich auf, um sie zu bewundern. Der Grund ist einfach: In Ermangelung anderer kultureller Attraktionen in der nahen Umgebung wurde die Trümmerstätte im letzten Jahrzehnt vom Tourismusmanagement (insbesondere in Marmaris) derart hochgepuscht, dass der Ausflug nach Kaunos mittlerweile zum obligatorischen Programmpunkt geworden ist. Die Schiffsanfahrt durch das Dalyan-Delta ist dabei noch der interessanteste Teil des Ausflugs.

Oben am Burgberg liegt die *Akropolis*. Wer sich der Mühe des Aufstiegs unterzieht, wird immerhin mit einem schönen Rundumblick belohnt. Noch relativ gut erhalten sind das *römische Theater* und das allerdings völlig schmucklose *Nymphäum*. Von der *Agora* ist nichts weiter übrig geblieben als ein hübscher antiker Kreis im verbrannten Gras. Die spätrömische *Therme* gehörte zu den monumentalsten Badeanlagen Kleinasiens. Daneben stehen die Reste einer frühchristlichen *Basilika*, im Innern liegen Säulentrommeln, verzierte Kapitelle und Architekturfragmente mit griechischen Inschriften.

In der Geschichte spielte Kaunos, ein bescheidenes Landstädtchen an der Grenze zwischen Karien und Lykien, nie eine bedeutende Rolle. Man lebte vom Schiffbau und vom Export von Salz, Sklaven und dem Harz des Amberbaumes. Es gab zwei Grundübel, die die Bewohner über Jahrhunderte plagten und an denen die Stadt letztlich auch zugrunde ging: die Malariafliege und die fortschreitende Verschlammung des Hafens, die ihn am Ende verlanden ließ.

Öffnungszeiten Im Sommer tägl. 9–20 Uhr, im Winter 10–17 Uhr. Eintritt 3,20 €.

Anfahrt Kaunos liegt schräg gegenüber von Dalyan auf der anderen Seite des Flusses. Man kann sich mit einem Ruderboot übersetzen lassen (vom Hafen 200 m flussabwärts) und 20–25 Min. zu Fuß bis zum Eingang der Ausgrabungsstätte laufen. Alternativ lässt man sich mit einem Ausflugsboot hinbringen. Diese fahren meist einen Sightseeing-Umweg durchs Delta.

Mudbaths: Die „Schlammbäder" – ein kleines und ein größeres – liegen links des Flusses auf dem Weg zum See und werden im Rahmen der Bootsausflüge angelaufen. Den Ausflüglern macht es sichtlich Spaß, sich im Schlamm zu suhlen, doch der angepriesene Verjüngungseffekt tritt mit Sicherheit nicht ein. Seit Jahren wird der Schlamm zum Bad wegen des großen Besucherandrangs von auswärts angefahren. In der Hochsaison springen bis zu 1000 Menschen täglich in die Becken. Achtung: Wer's mit dem Herzen hat, sollte von einem Bad absehen!
Tägl. 8–19 Uhr. Eintritt 2 €.

Dalaman Airport und Sarsala Koyu

Der Flughafen (www.atmairport.aero) liegt im Nichts, rund 7 km südlich von Dalaman, einer wenig reizvollen Stadt mit 23.000 Einwohnern. Im Ankunftsbereich des internationalen Terminals finden Sie eine Touristeninformation, Geldwechselmöglichkeiten und Mietwagenverleiher. Von der Straße zum Flughafen, 3 km hinter der Abzweigung nach Sarıgerme, ist die Linksabzweigung zur Sarsala Koyu (zunächst mit Kapıkargın) ausgeschildert, einer herrlichen Bucht mit Traumstrand und Taverne. Auch die Anfahrt vorbei an einem tiefgrünen See ist schön. Von der Abzweigung sind es noch rund 13 km, die Straße ist nur zu zwei Dritteln geteert, aber gut befahrbar.

Bahnhof ohne Bahn

Dalaman ist die wohl einzige Stadt der Welt, die trotz fehlenden Eisenbahnanschlusses ein Bahnhofsgebäude besitzt. Der Grund liegt im Versehen eines Pariser Architekturbüros, das zu Anfang des 20. Jh. zwei von Ägyptens Herrscher Abbas Hilmi II. bestellte Entwürfe verwechselte. So wurde das für Dalaman geplante Jagdschlösschen als Stationsgebäude an der Privatbahn des Khediven in Ägypten gebaut und der Bahnhof als Jagdschloss auf seinem türkischen Gut. Abbas Hilmi, gleichermaßen begeisterter Jäger wie Eisenbahnfan, fügte sich schließlich in die Verwechslung.

Verbindungen Keine öffentlichen Verkehrsmittel von Dalaman zum Airport. Havaş-Busse fahren nach Fethiye und Marmaris (→ Verbindungen dort). Taxi nach Göcek ca. 38 €, Fethiye ca. 60 €. Am preiswertesten ist es, ein Taxi zum recht zentral gelegenen Busbahnhof von Dalaman zu nehmen (ca. 17,50 €) und dort auf einen **Bus** oder ein **Dolmuş** umzusteigen. Die Dolmuşe fahren nur bis 20 Uhr, die großen Busse auf der Strecke Izmir – Antalya dagegen auch nachts.

Übernachten Am Airport selbst gibt es keine Möglichkeit.

Hotel Burç, an der Straße von Dalaman zum Flughafen. 26 geräumige, saubere Zimmer, zehn davon wurden kürzlich auf den neuesten Stand gebracht (samt Lärmschutzfenstern) und sind recht komfortabel, die anderen (bislang noch mit einfachen Bädern und altem Mobiliar) sollen in den kommenden Jahren restauriert werden. Gepflegter Pool. Restaurant im sterilen Kantinenambiente. DZ 40 €. Kenan Evren Bul. 129, ca. 2,5 km vom Airport entfernt, ☎ 0252/6922935, 📧 6922020, www.burchotel.com.

Sarıgerme

Die kleine, weit verstreute Ortschaft liegt 12 km südwestlich von Dalaman – nicht an der Küste, sondern im Landesinnern in der Nähe einiger Teiche, die als Brutstätten von Moskitos bekannt sind. Sarıgerme verwandelte sich in den vergangenen Jahren von einem verschlafenen Bauerndorf in das geschäftige Zentrum einer kleinen Ferienregion. Neben den Touristen spaziert zuweilen aber auch noch ein gackerndes Huhn durch die Straßen. Dort gibt es Ladenzeilen, aber kaum Restaurants – ein Tribut an die vielen All-inclusive-Hotels nahebei, jedes Jahr werden es mehr. Die Urlauber, darunter viele Deutsche und immer mehr Engländer, kommen wegen des herrlichen breiten und flach ins Meer verlaufenden **Sandstrands** einen Kilometer hinter Sarıgerme (für Otto Normalverbraucher gebührenpflichtig). Diesem vorgelagert ist ein kleines Inselchen. In einem Hain ist ein kleiner, gepflegter Park mit Kinderspielplatz, Tiergehegen, Picknickbänken und einer Bar angelegt.

Mit dem **Dolmuş** über Ortaca zu erreichen. Sarıgerme ist auf dem Weg zum Flughafen Dalaman ausgeschildert.

Göcek

4500 Einwohner, im Sommer bis zu 7000

Wer den Palstek nicht vom Schotstek unterscheiden kann, fährt in der Regel nicht nach Göcek – unmittelbar vor Ort fehlt es nämlich an guten Stränden. So kommen hierher vorrangig die Segler, die für jeden Knoten einen Namen haben.

Das freundliche Göcek, knapp 30 km nordwestlich von Fethiye, hat sich ganz dem Jachttourismus verschrieben – immerhin sechs Marinas gibt es. Diverse Agenturen und Servicecenter kümmern sich um deren Belange. Auf der breiten, mit Palmen gesäumten Uferpromenade lässt es sich gemütlich an Booten aus dem gesamten Mittelmeerraum vorbeischlendern, dahinter laden Cafés und Bars auf ein Getränk ein. Alles ist ein wenig schmucker und niveauvoller, hier bedient man Segler und keine „einfachen Pauschaltouristen". Im Zentrum verlocken ein paar schicke Boutiquen zum Geldausgeben, an den Ortsrändern stehen noble Villen.

Per Boot lassen sich etliche Traumstrände in der weiten Bucht von Göcek ansteuern, dazu gehören auch jene Badeplätze, die von Fethiye aus im Rahmen der beliebten Zwölf-Insel-Bootstour abgeklappert werden (die Inseln liegen fast vor der Haustür).

Verbindungen/Ausflüge/Sonstiges

Telefonvorwahl 0252.

Verbindungen Stündl. **Dolmuşe** nach Fethiye, Haltestelle im Zentrum. Bustickets verkaufen diverse Geschäfte im Zentrum.

Die meisten Busse halten an der Schnellstraße gegenüber der Petrol-Ofisi-Tankstelle, von dort sind es 5–10 Fußmin. ins Zentrum.

Bootsausflüge Nahezu identisches Angebot wie in Fethiye, an erster Stelle steht die **12-Insel-Tour**.

Einkaufen Am So ist Markt.

Waschsalon Mehrere vor Ort, z. B. **Dolphin Laundry** an der Parallelstraße zur Uferpromenade. Eine Maschine (5 kg) waschen 7,50 €.

Jachtcharter Ist z. B. über **E.G.G.** Yachting (Eignergemeinschaft Göcek) möglich. An der Uferpromenade neben dem Liman Restaurant, ℡ 6451786, www.eggyachting.com. Billigste Jacht in der HS für 4 Pers. 1800 €/Woche ohne Skipper.

Übernachten/Essen & Trinken

Die Preise für Übernachten und Essen liegen in Göcek ca. 30 % über denen in Fethiye oder Dalyan. An der Parallelstraße zur Uferpromenade befinden sich einige einfache Pensionen, außerhalb des Zentrums viele Aparthotels.

Übernachten A & B Home Hotel, kleines, gepflegtes Hotel mit zehn Zimmern, von außen wie von innen gelb gehalten. Viel schmiedeeisernes Mobiliar. Kleine Poolanlage mit einer Harley-Davidson (Bj. 47) zwischen den Liegestühlen. DZ 70 €. Turgut Özal Cad. (Parallelstraße zur Uferpromenade), ℡ 6451820, ℻ 6451843, www.abhomehotel.com.

Hotel Villa DanLín, freundliches Hotel mit 13 netten Zimmern (mit und ohne Balkon), auf 2 kleine Gebäude verteilt, dazwischen ein Pool. Ebenfalls an der Parallelstraße zur Uferpromenade. DZ 70 €. ℡ 6451521, ℻ 6452686, www.villadanlin.com.

Tufan Pansiyon, an der Uferpromenade (Pensionsschild an der Rückseite, also an der Parallelstraße zur Uferpromenade). Einfache, schlichte Zimmer, 4 mit Meeresblick, dazu ein Apartment mit Dachterrasse. Freundlicher Betreiber. Falls die Zimmer mit Meeresblick belegt sind, einfach nebenan in der Pınar Pension fragen, ähnliche Preise. DZ 30 €. ℡ 6451334.

Star Pension, kleine Pension an der Uferpromenade im westlichen Ortsbereich. Simple, fast spartanische Zimmer mit Fliesenböden. Versuchen Sie, eines der beiden Zimmer mit Balkon und Aussicht auf den Hafen zu bekommen – super! Restaurant. Der freundliche deutschsprachige Besitzer hat in München gelebt. DZ 30 €. Cumhuriyet Mah. 59 , ℡ 6451189.

Camping Einfache Campingmöglichkeiten auf einer umzäunten Wiese hinter der Uferpromenade im westlichen Ortsteil.

Essen & Trinken Can Restaurant, schattiges Terrassenlokal an der Uferpromenade, dazu Tische direkt am Wasser. Eine der besten Adressen der Stadt für frischen Fisch und gute türkische Küche. Gigantische Mezeauswahl. Faire Preise, Meze um die 3 €, Hg. 7,50–12 €. ℡ 0532/2021976 (mobil).

Antep Sofrası, auch „Kebab Hospital" genannt. Beim Kebabkönig Göceks gibt's über zehn Sorten Kebab (5–10 €), die vor der Nase zubereitet werden, dazu diverse andere Fleischspezialitäten. Wer keine Fleischberge mag, wählt Pide oder Lahmacun. An der Parallelstraße zur Uferpromenade, aber auch Terrasse zur Uferpromenade, ℡ 6451873.

Gut und günstig isst man auch im **Mercan** gegenüber. Einfache, kleine Lokanta. Es gibt Pizza, *Mantı*, Grillgerichte und täglich ein leckeres Mittagsmenü für wenig Geld. Nette Straßenbestuhlung.

Zwischen Göcek und Fethiye

Südlich von Göcek erstrecken sich mehrere herrliche Buchten, die über den Landweg i. d. R. kaum zu erreichen sind. Zu den Ausnahmen gehört die **Bucht von Günlüklü** ca. 12 km südlich von Göcek. Sie besitzt ein paar Palmen am Strand und einen Picknickplatz. Leider wird der größte Teil des Strandes mittlerweile von den Liegestühlen der Bungalowanlage dahinter besetzt. Diese werden übrigens zuweilen auch von partyfreudigen Russen gebucht. Auch die **Bilderbuchbucht von Kat-**

ranci, die man nach weiteren 3 km Richtung Fethiye über eine Stichstraße erreicht, verfügt über einen schönen Picknickplatz, zudem kann gecampt werden (s. u.). Beide Buchten sind gebührenpflichtig, außerhalb der türkischen Ferienzeit kaum frequentiert, während der Saison aber überlaufen und auch stets etwas vermüllt.

Camping Katrancı Camping, schattiger Platz hinter der gleichnamigen Bucht. Viel konservatives türkisches Publikum. Grill an Grill und Kopftuch an Kopftuch. Einfachste Sanitäranlagen mit Kaltwasserduschen. Kleines Restaurant. Für das Gebotene reichlich teuer. In der HS komplett überlaufen. 2 Pers. mit Wohnmobil 13 €, mit Zelt 11 €. Katrancı, ✆ 0252/6336406.

Fethiye
ca. 77.200 Einwohner

Fethiye ist einer der Zaubernamen der türkischen Küste. Doch die Stadt selbst trägt dazu weniger bei, auch wenn sie ganz nette Ecken hat und dazu einen lebendigen Fischmarkt. Es sind vielmehr die Strände der Umgebung, die für den großen Zulauf sorgen: Wer von der Traumlagune Ölüdeniz noch nie etwas gehört hat, kennt sie zumindest von Bildern.

Das heutige Fethiye erstreckt sich auf dem Grund des antiken *Telmessos*, von dem bis auf 20 Felsengräber in einer Steilwand nicht viel erhalten geblieben ist. Deren Besuch ist allerdings ein Muss, nicht zuletzt wegen der herrlichen Aussicht über die Stadt und die Bucht von Fethiye mit ihren vielen Inseln und den Bergen am Horizont. Die übrige antike Bausubstanz wurde durch die beiden schweren Erdbeben von 1856 und 1957 weitgehend zerstört. Diese Beben sind auch für die heutigen, überwiegend recht nüchtern wirkenden Straßenzüge mit verantwortlich. Hie und da lockern aber Palmen das Ensemble auf.

Das Zentrum Fethiyes steht ganz im Zeichen des Tourismus. Jeden Abend lockt es braungebrannte Urlauberscharen aus den umliegenden Badeorten an. Die meisten Gäste sind Briten, gefolgt von den Deutschen. Zuerst flaniert man an den Ausflugsbooten am Kai vorbei. Weiter geht es durch die Gassen der ansehnlich restaurierten Altstadt mit ihren unzähligen Teppichläden, Juweliergeschäften, Lederboutiquen und Souvenirshops. Danach sucht man ein Restaurant oder eine Bar auf. Die Reihenfolge hält jeder ein, als gebe es Strafen bei Zuwiderhandlung.

Der berühmteste Badeort der Umgebung ist die **Strandlagune Ölüdeniz** (→ S. 402) 15 km südlich von Fethiye. Doch die Zeiten des Alleinseins mit sich und der Natur gehören dort schon lange der Vergangenheit an. Weniger attraktiv ist der Strand von **Çalış**, rund 4 km nördlich des Stadtzentrums und mit diesem durch eine neue Uferpromenade verbunden. Dahinter erstreckt sich eine weite Hotelzone für Pauschaltouristen mit allem, was dazugehört.

Geschichte

Telmessos wurde erstmals im 5. Jh. v. Chr. als Mitglied des attisch-delischen Seebundes erwähnt. Im 4. Jh. v. Chr. geriet die Stadt unter lykische Herrschaft, danach wurde sie von General Nearchos für das Weltreich Alexanders des Großen erobert. Nach dessen Tod geriet sie in den Machtbereich der Ptolemäer. Berühmt war Telmessos zu jener Zeit durch seine Seherschule – der Ruf der sog. Schlangenmänner ging weit über den kleinasiatischen Raum hinaus. Viele Herrscher suchten hier um Rat nach, u. a. auch König Krösus.

Die malerische Bucht von Fethiye

Nach der Niederlage des Syrerkönigs Antiochos bei Manisa (190 v. Chr.) wurde Telmessos Teil des Königreiches Pergamon, 57 Jahre später fiel die Stadt an Rom. Allerdings wurde sie von den Römern lediglich als eines von vielen Seeräubernestern an der zerklüfteten lykischen Küste betrachtet. Entsprechend gering war das Interesse, das die neuen Machthaber Telmessos entgegenbrachten. Im 6. und 7. Jh. verwüsteten Araber auf ihren Raubzügen die Stadt, in osmanischer Zeit führte sie ein Schattendasein. Ab dem Mittelalter hieß die Stadt *Makri*, später *Meğri*. Der Johanniterorden von Rhódos errichtete im 15. Jh. eine Burg als Stützpunkt, die später auch die Genuesen nutzen.

Das Telmessische Pferd

Nearchos, der Flottenbefehlshaber Alexanders des Großen, kannte die Geschichte vom Trojanischen Pferd und wandte bei der Eroberung von Telmessos einen ähnlichen Trick an. Er bat Antipatrides, den Herrscher von Telmessos, um die Erlaubnis, mit einem seiner Schiffe in den Hafen einlaufen zu dürfen. Er wolle gefangene Sklaven und Musikanten in die Stadt zurückkehren lassen. Antipatrides willigte nach einer flüchtigen Inspektion der Besatzung ein. So ruderten die Krieger Alexanders, verkleidet wie die Sarottimohren, unbehelligt mitten ins Herz der Stadt. Auf der Akropolis zogen sie ungerührt ihre Dolche aus den Flötenbehältern, holten Schilde aus Trommeln und Körben hervor und nahmen gelassen die Kapitulation der überrumpelten Telmesser entgegen.

1914 wurde Meğri in „Fethiye" umbenannt – zu Ehren des türkischen Kampfpiloten Fethi Bey, der seinerzeit nahe Damaskus abgestürzt war. 1922 musste die überwiegend griechische Bevölkerung auswandern. Nach dem Zweiten Weltkrieg erlebte Fethiye durch die Verschiffung des im Hinterland abgebauten Chromerzes einen industriellen Aufschwung. Doch 1957 schwang die Erde mit, ein Erdbeben zerstörte die Stadt fast vollständig. Dass dabei nur wenige Menschen ums Leben kamen, verdankten die Einwohner ihrem Bürgermeister. Kurz vor der Katastrophe hatte dieser, einer wunderbaren Eingebung bzw. seines inneren Seismografen folgend, über Lautsprecher die Bewohner zum Verlassen der Häuser aufgerufen und so Schlimmeres verhindert. Daraufhin wurde die Stadt in eher zweckdienlichem Stil wieder aufgebaut. Fethiyes heutige Blüte ist, wie für einen hiesigen Küstenort typisch, aufs Engste mit dem Tourismus verknüpft. Dieser schafft Wohlstand und Arbeit. Dementsprechend steigt im Sommer die Einwohnerzahl um das Dreifache an. Man schätzt, dass mittlerweile auch rund 7000 Engländer und 500 Deutsche in und um Fethiye leben. Um den Tourismus weiter zu fördern, ist der Bau eines Kreuzfahrthafens geplant – ein unter Umwelt- und Tierschützern sehr umstrittenes Projekt.

Information/Verbindungen/Ausflüge

Telefonvorwahl 0252.

Information Tourist Information, neben dem Hotel Dedeoğlu (vor dem Jachthafen). Im Winter Mo–Fr 8–17 Uhr, im Sommer Mo–Fr 8–19 Uhr, Sa/So nur 10–17 Uhr. İskele Karşısı, ✆ 6141527, ✆ 6121975.

Verbindungen Busbahnhof einige Kilometer östlich des Zentrums an der Straßenkreuzung Muğla – Antalya/Ölüdeniz. Von dort Dolmuşe (Aufschrift „Taşyaka/Karagözler") ins Zentrum (bis zum westlichen Ende der Fevzi Çakmak Cad.). Nahezu rund um die Uhr gute Verbindungen nach Antalya (Inlandsstrecke 3½ Std.) und İzmir (6 Std.), zudem gute Verbindungen nach Pamukkale (4½ Std.) und İstanbul (13 Std.).

Zum Flughafen Dalaman (→ S. 391), 50 km nordwestlich von Fethiye, fahren vom Busbahnhof Busse der Gesellschaft *Havaş*. Abfahrt 2½ Std. vor allen Inlandsflügen, 10 €/Pers. www.havas.com.tr.

Dolmuş: Der Dolmuşbahnhof liegt ca. 2 km östlich des Zentrums nahe der Çarşı Cad. Auf die Dolmuşe nach Çalış, Ölüdeniz, Yeşilüzümlü, Kayaköyü, Saklıkent (zuweilen über Tlos), Göcek und Kabak kann man aber auch an der Dolmuşhaltestelle bei der Moschee an der Ecke Atatürk Cad./Gaffar Okan Cad. zusteigen. Die Dolmuşe nach Ölüdeniz fahren am Busbahnhof vorbei, man steigt dort vor dem Carrefour-Supermarkt zu.

Per Schiff nach Rhódos: Mitte April bis Okt. 3- bis 4-mal wöchentl. um 9 Uhr (zurück um 16.30 Uhr), Dauer 95 Min. Hin und zurück am gleichen Tag 65 €, wer länger bleibt, zahlt 95 €. Tickets kann man z. B. über die **Lama Shipping Travel Agency** in der Altstadt buchen, Hamam Sok. 3/A, ✆ 6149985, www.lamatur.com.

Schiffsdolmuş: Im Sommer alle 30 Min. nach Çalış.

Bootsausflüge Dutzende von Ausflugsbooten werben um Kundschaft. Fast ein Muss, so scheint es, ist die ganztägige **12-Insel-Tour** (→ Baden), bei der die Inseln vor der zerklüfteten Küste bei Göcek angelaufen werden (mit Lunch ca. 20 €). In der der HS passiert es jedoch häufig, dass die einsamen Strände der Inseln von 10 Booten oder mehr gleichzeitig angelaufen werden und es in den Buchten zugeht wie in einem Freibad voller kreischender Teenies.

Organisierte Touren Bieten diverse Veranstalter an, u. a. **V-Go Yachting & Travel**, vom gleichnamigen Guesthouse, mit einem Office neben der Tourist Information am Hafen, ✆ 6122113, www.boatcruise turkey.com. Zweitagestouren nach Ephesus und Pamukkale 60 €, Tagestouren per Jeep nach Dalyan und Kaunos inkl. Essen 23 €, nach Tlos, Saklıkent und Patara ebenfalls 23 €.

Blaue Reisen Eine seriöse Charteradresse ist **Alesta Yachting** am Jachthafen, Telegraf Apt. 9–10, ✆ 6141861, www.alesta yachting.com. Etliche Angebote rund ums Verleihgeschäft von kleinen und großen Ketschen sowie Gulets. Jachten für 6 Pers. inkl. Crew ab 670 €/Tag (ohne Verpflegung).

Fethiye

Die Touren stellt man mit dem Kapitän nach eigenen Wünschen zusammen.

V-Go Yachting & Travel (→ Organisierte Touren) bietet Blaue Reisen nach Olympos an. Die Viertages-Tour kostet 165 €/Pers. inkl. Verpflegung, jedoch ohne Getränke (Bier 2,50 €).

Adressen (→ Karte S. 398/399)

Ärztliche Versorgung Privates Esnaf Hastanesi in Çalış an der Küstenstraße gegenüber dem Restaurant Yakamoz. ℡ 6126400.

Autoverleih Diverse lokale Autoverleiher (Autos ab 35 €) gegenüber der Einfahrt zur Marina. Dort finden Sie auch **Avis** (Hnr. 21/B, ℡ 0532/3440300 mobil, www.avis.com.tr.). **Europcar** (über *Real Tour*) sitzt an der Atatürk Cad. 40, ℡ 6144995, www.realtour.com.tr. Bei den international operierenden Gesellschaften kostet das billigste Fahrzeug rund 60 €/Tag.

Einkaufen/Souvenirs Souvenirs über Souvenirs gibt es in der **Altstadt**, die nichts anderes als ein großer Basar ist. Ein paar zusätzliche Tipps:

Balcı Cevdet **2**, einer von mehreren guten Honigläden in Fethiye. Pinienhonig und *Pekmez* (eingedickter Traubensaft), alles auch in größeren Portionen. 42. Sok.

Eko Şifa **10**, Bioladen mit Schwerpunkt auf türkischen Produkten. Dazu leckere Marmeladen, Olivenölseifen und viele Mitbringsel mehr. 504 Sok. 10/A.

Ansonsten lohnt das **Marktgelände** nördlich der Çarşı Cad. einen Besuch (tägl. außer So). Rund um einen Innenhof befinden sich zudem etliche Fischlokale (→ Essen & Trinken).

Großer **Markt** jeden Di (kleinere Ausgabe am Fr) im Marktviertel nahe dem Dolmuşbahnhof. Ein Erlebnis!

Ein gut sortierter **Migros-Supermarkt** **8** liegt außerhalb des Zentrums am Mustafa Kemal Bul., kleinere **Carrefours** (**9** und **14**) zentral an der Atatürk Cad. und am Busbahnhof.

Reisebüro Lama Shipping Travel Agency (für THY, Atlasjet usw.), Verbindungen.

Türkisches Bad (Hamam) Der historische Hamam von Fethiye (16. Jh.) liegt in der Altstadt. Separate sowie gemischte Abteilungen für Männer und Frauen. Tägl. 7–24 Uhr. Eintritt 15 €, sämtliche Behandlungen kosten extra.

Waschsalon Murat Laundry, am Jachthafen zwischen Yacht Hotel und Hotel Doruk (Seeseite). Eine Trommel Waschen und Trocknen 7,50 €.

Zeitungen Deutschsprachige Tages- und Wochenblätter z.B. im **Büfemiz Mini Market** **4** an der Atatürk Cad.

Zweiradverleih Abalı Rent, Office beim Amphitheater vor dem Hafen. Scooter ab 15 €, 600-ccm-Cross-Maschinen ab 35 €. ℡ 6128812.

Übernachten/Camping (→ Karte S. 398/399)

Zwar gibt es rund um Fethiye über 42.000 Betten, das Angebot in der Stadt selbst ist aber bescheiden. Unterkünfte verschiedener Kategorien findet man am Jachthafen, am Hang darüber und noch etwas weiter westlich entlang der Fevzi Çakmak Cad. bzw. am Hügel über der Jandarma (gute Dolmuşverbindungen vom und ins Zentrum, auf die Aufschrift „Taşyaka" achten). Wer nur baden möchte, sollte sich in Ölüdeniz und Umgebung (→ S. 402) nach einem Quartier umschauen. Camper finden in Fethiye selbst nur einfache Möglichkeiten auf der Oyuktepe-Halbinsel, umso mehr Plätze gibt es dafür in Ölüdeniz.

Ece Saray **13**, noble Hotelanlage an der gleichnamigen Marina. Das Gebäude ist einem Sultanspalast am Bosporus nachempfunden. Gediegenes Restaurant, Wellnesscenter. Herrliche Terrasse direkt am Wasser. EZ 125 €, DZ 185 €. 1. Karagözler Mevkii, ℡ 6125005, 6147205, www.ecesaray.net.

Yacht Classic Hotel **20**, oberhalb des Jachthafens. Schon älteres, aber schick restauriertes Hotel. 35 meist recht geräu-

Lykische Küste

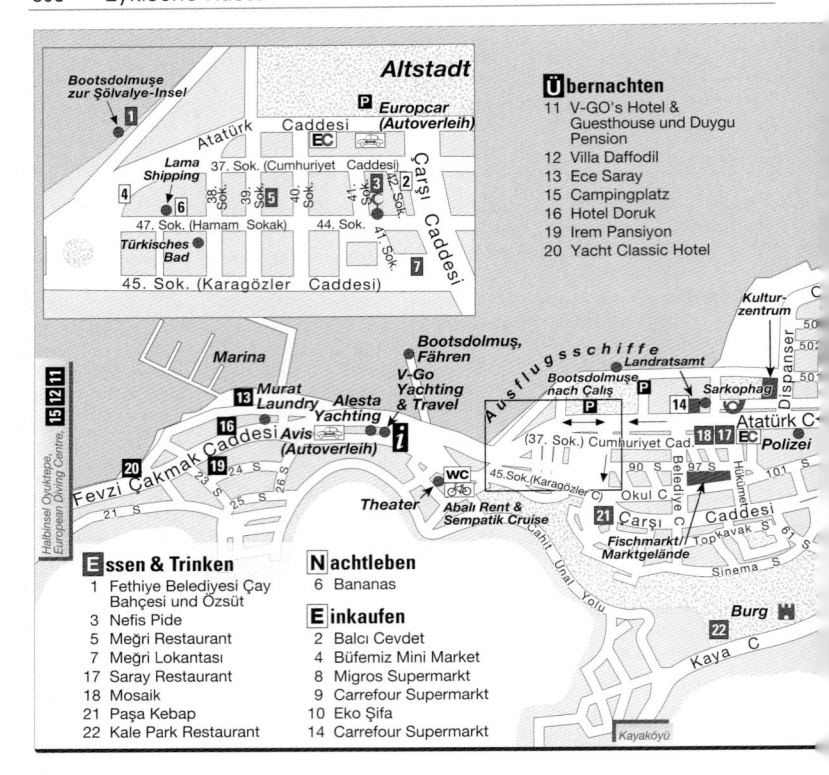

Übernachten
- 11 V-GO's Hotel & Guesthouse und Duygu Pension
- 12 Villa Daffodil
- 13 Ece Saray
- 15 Campingplatz
- 16 Hotel Doruk
- 19 Irem Pansiyon
- 20 Yacht Classic Hotel

Essen & Trinken
- 1 Fethiye Belediyesi Çay Bahçesi und Özsüt
- 3 Nefis Pide
- 5 Meğri Restaurant
- 7 Meğri Lokantası
- 17 Saray Restaurant
- 18 Mosaik
- 21 Paşa Kebap
- 22 Kale Park Restaurant

Nachtleben
- 6 Bananas

Einkaufen
- 2 Balcı Cevdet
- 4 Büfemiz Mini Market
- 8 Migros Supermarkt
- 9 Carrefour Supermarkt
- 10 Eko Şifa
- 14 Carrefour Supermarkt

mige, lichte Zimmer mit hellen Laminatböden, alle mit Balkon, etliche mit tollen Meeresblicken. Schöne Bäder mit Regenduschen. Hübsche Poolanlage. Aufgrund teils billiger Materialien und liederlicher Handwerksarbeit eines jener Hotels, die erfahrungsgemäß schnell altern. EZ ab 60 €, DZ ab 100 €. Fevzi Çakmak Cad., ✆ 6125067, www.yachtclassichotel.com.

Hotel Doruk 16, oberhalb des Jachthafens. Vielversprechende Fassade, Zimmer jedoch mit etwas billig wirkendem Furnierholzmobiliar ausgestattet. Insgesamt aber okay bzw. sogar traumhaft, falls man ein Zimmer mit Balkon zur Marina bezieht. Pool. Zimmer zur Marina 60 €, zur Seite mit eingeschränktem Meeresblick 55 €. Yat Limanı, ✆ 6149860, ✆ 6123001, www.hoteldoruk.com.

Villa Daffodil 12, freundliches Haus mit 28 kleinen, aber hübschen Zimmern etwas außerhalb des Zentrums. Pool, nette Terrasse, viel Holz. Öger-Tours-Vertragshotel. EZ 45 €, DZ 60 €. Fevzi Çakmak Cad. 115, ✆ 6149595, ✆ 6122223, www.villadaffodil.com.

V-GO's Hotel & Guesthouse 11, beliebte Backpackeradresse, die allerdings gerne umzieht. Zuletzt pachtete man eine freundliche Anlage mit nettem Poolbereich und gemütlicher Terrasse. 26 zweckmäßige Zimmer. Hilfsbereites Personal. Besser frühzeitig buchen. EZ 28,50 €, DZ 40 €, im 6-Bett-Dormitory 12 €/Pers. Fevzi Çakmak Cad., ✆ 6144004, ✆ 6122109, www.v-gohotel.com.

Duygu Pension 11, populäre Pension mit internationalem Publikum. Nett dekorierte Zimmer, absolut sauber. Gepflegter Pool, Dachterrasse. Gute Betreuung, zufriedene Gäste. Der Fevzi Çakmak Cad. stadtauswärts folgen, bei der Jandarma links ab und die erste Straße wieder rechts nehmen, dann rechter Hand. DZ 35 €. Ordu Cad. 54 (auch: 16. Sok), ✆ 6143563, www.duygupension.com.

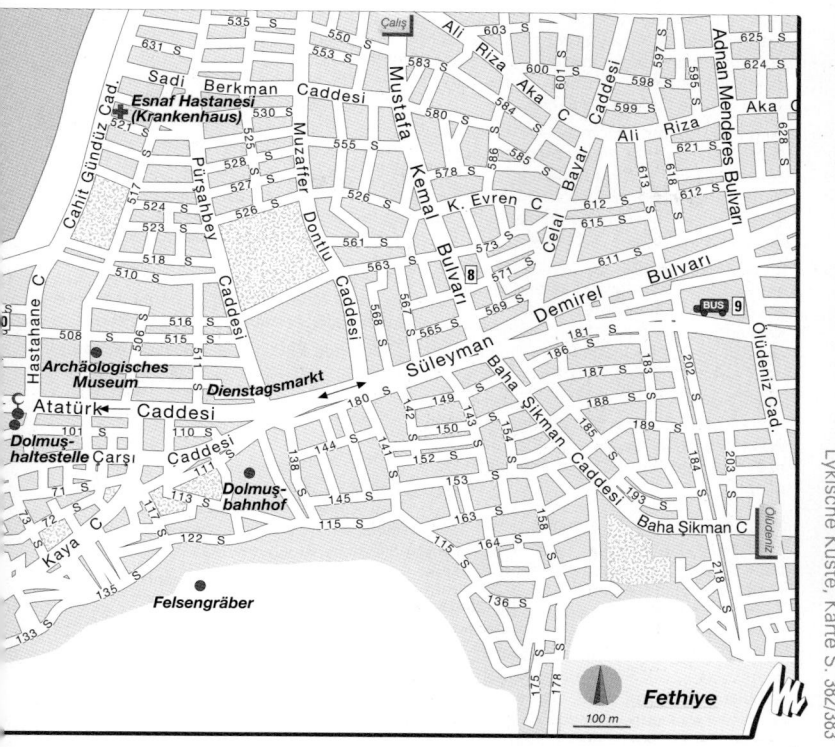

Irem Pansiyon 19, zentrumsnahe Familienpension mit 22 sauberen, ordentlichen Zimmern, 13 mit Balkon und 4 mit Meeresblick. An sich freundliche Frühstücksterrasse, jedoch leider etwas laut. EZ 17,50 €, DZ ab 30 €. Fevzi Çakmak Cad. 45, ✆ 6143985, ✉ 6145875, www.irempansiyon.com.

Camping Einfache Möglichkeiten für Wohnmobile (zelten nicht möglich, da keine Wiese) hinter dem netten Strand **Aksazlar 15** auf der Oyuktepe-Halbinsel (→ Baden). Schattiger Pinienhain, simpelste Sanitäranlagen, Restaurant. 2,50 €/Nacht. Der Beschilderung zum „Letoonia Club & Hotel" folgen, dann erster Strand.

Essen & Trinken/Nachtleben

Die meisten gehobeneren Restaurants befinden sich in der Altstadt und an der Uferpromenade. Ebenso gut, aber preiswerter (sofern man nicht abgezockt wird) sind die einfachen Lokantas an der Çarşı Cad., der Dispanser Cad. und beim Busbahnhof.

Kale Park Restaurant 22, über der Stadt neben der Burg von Fethiye (→ Sehenswertes). Gepflegter Speisesaal mit rustikalem Touch, tolle Aussichtsterrasse. Gute Auswahl: Vorspeisen, Kebabs, Steaks, aber auch Pasta und Salate. Hg. 7–15 €. Ca. 20

Lykische Küste

Fußmin. vom Zentrum, ein netter Spazierweg. Mit dem Auto zunächst der Beschreibung zu den Gräbern folgen (s. u.), dann den Schildern zum Einstieg in den *Likya Yolu* (= Kaya Cad.). ✆ 6129119.

Meğri Restaurant 5, großes Freiluftrestaurant im Marktviertel. Hervorzuheben wegen der unglaublich guten Auswahl an leckeren Vorspeisen, hinterher Fisch oder Grillgerichte. Viele Touristen, entsprechend die Preise. Likya Sok. 8–9, ✆ 6144046.

Meğri Lokantası 7, der „einfache" Bruder an der Çarşı Cad. Bei Türken und Touristen gleichermaßen beliebtes Lokal. Anderes Konzept: riesige Auswahl an Topfgerichten, viele sind auch an Vegetarier gerichtet. Zudem Kebabs, Steaks und Fisch. Korrekter Service, Hg. 5–15 €. ✆ 6144047.

Nur ein paar Schritte weiter kann man bei **Paşa Kebap** 21 Fleischberge, Pide und Lahmacun vernichten. Einfach, aber doch gepflegt.

>>> Unser Tipp: **Fischmarkt**, auf dem Fischmarkt nördlich der Çarşı Cad. kauft man seinen Fisch direkt von den Händlern – das Kilo Goldbrasse *(Çipura*, wild, keine Zucht!*)* kostet z. B. 15 €, das Kilo Riesengarnelen 20 € – und lässt ihn anschließend in den Lokalen drum herum zubereiten. Das kostet ca. 2,50 €/Pers. und Portion inkl. Knoblauchbrot und Salat. Vorspeisen und Getränke schlagen extra zu Buche. Fest in Touristenhand, aber dennoch ein Erlebnis: Musikanten spielen zuweilen auf und die Stimmung ist ausgelassen. «««

Mosaik 18, hübsches, mit orientalischen Lämpchen dekoriertes Gartenlokal an der 90 Sok. 2/A. Freundliche junge Betreiber aus der Provinz Hatay, die hier süd- und südostanatolische Spezialitäten kredenzen, darunter köstliche Vorspeisen, scharfe Kebabs und *Antiochia Pasta* – lassen Sie sich überraschen! Hg. 5–7,50 €, günstiges Bier. An der Atatürk Cad. die Gasse direkt gegenüber dem Eingang des Landratsamtes *(Fethiye Kaymakamlığı)* wählen, dann steht man schon vor dem Lokal. ✆ 6144653.

Saray Restaurant 17, ebenfalls etwas abseits des großen Geschehens an der Ecke Atatürk Cad./Hükümet Cad. Vielfältige Küche, außer den gängigen Spießen und Steaks auch Topfgerichte, Kebabvariationen und Pide aus dem Holzofen. Mehr Lokanta denn Restaurant. Recht günstig.

Nefis Pide 3, simples Lokal mit Außenbestuhlung neben der Altstadtmoschee (41. Sok.). Pide, Lahmacun oder *İskender Kebap*, gute Qualität zu reellen Preisen. Der „Wermutstropfen": kein Bier, kein Wein, kein Schnaps.

Fethiye Belediyesi Çay Bahçesi 1, von den Lokalen an der Uferpromenade das einfachste und billigste. Wird von der Stadtverwaltung unterhalten. Nur Snacks.

Özsüt 1, in der Nachbarschaft. Türkeiweite Kette, die für ihre leckeren Süßspeisen und Kuchen bekannt ist. Innen wie außen recht nett.

Nachtleben Die Diskothek der Stadt ist das **Bananas** 6 gegenüber dem Hamam in der Altstadt. Viel House und was sonst noch gefällt. Auch tagsüber eine recht nette Adresse: Man sitzt draußen und raucht Wasserpfeife.

Unmittelbar hinter dem Hamam, in der **45. Sok**, haben sich etliche Kneipen angesiedelt: Discobars, Livemusikbars, Wasserpfeifencafés – für jeden ist etwas dabei.

Baden & Sport

Baden Unmittelbar vor Ort bietet sich nur das **Hafenbecken** an. Die nächstgelegenen, ansprechenden Bademöglichkeiten findet man auf der **Halbinsel Oyuktepe** im Westen Fethiyes. Folgen Sie dazu die Fevzi Çakmak Cad. vorbei am Jachthafen bis zum Ende der Bucht, dann der Beschilderung zum „Letoonia Club & Hotel" und anschließend stets der Küste. Für die Umrundung der Halbinsel braucht man zu Fuß ca. 3½ Std. Auch mit dem Auto machbar.

Alternativ dazu kann man auch eine **Boots**tour unternehmen. Die bekannteste ist die **12-Insel-Tour** (→ Bootsausflüge), bei der mehrmals Anker geworfen wird.

Auch Richtung Ölüdeniz laufen Boote zu diversen Badebuchten und Inseln an. U. a. wird hier vor der *Gemiler Adası* (St.-Nikolaus-Insel, → S. 407) gestoppt.

Auch per Dolmuş oder Leihfahrzeug lassen sich gute Badeplätze in der Umgebung von Fethiye aufsuchen: Im Süden der populäre **Strand von Ölüdeniz**, nördlich von Fethiye die **Buchten von Katrancı** und **Günlüklü**.

Der lange, graue Kiesstrand von Çalış (4 km nördlich des Zentrums) wird in erster Linie von den Gästen der dahinter liegenden Pauschalhotels in Beschlag genommen.

Paragliding → Ölüdeniz. Die meisten Veranstalter in Fethiye kassieren lediglich eine Provision und reichen Sie an einen Anbieter in Ölüdeniz weiter.

Reiten Desperado-Ranch in Yanıklar, ca. 12 km nordwestlich von Fethiye, von der D 400 Richtung Dalyan ausgeschildert. Unter deutsch-türkischer Leitung. Mit Übernachtungsmöglichkeit. Pferde für jeden Anspruch. Unterricht, aber auch Touren verschiedener Länge. Kinderfreundlich. ✆ 0536/3518540 (mobil), www.desperado-ranch.de.

Tauchen Vor der Küste diverse Höhlen und Riffe. Größter Anbieter ist **European Diving Centre**, auf dem Weg zur Oyuktepe-Halbinsel, Karagözler Mah. 133, ✆ 6149771, www.europeandivingcentre.com. Unter britischer Leitung, aber auch deutschsprachige Lehrer. Unterhält zudem Ableger in den umliegenden Orten. Getaucht wird leider recht häufig in großen Schwärmen. Vielfältige Angebote. Preisbeispiele: Tagesausfahrt mit 3 Tauchgängen, Transfer vom Hotel und Lunch 59 €, Schnuppertauchen (Leihausrüstung, 2 Tauchgänge) 54 €, P.A.D.I.-Open-Water-Kurs (3 Tage) 297 €.

Sehenswertes

Lykische Felsengräber: Die größte Attraktion Fethiyes sind die Gräber in der Felswand im Osten über der Stadt. Ins Auge sticht das repräsentative *Grab des Amyntas*. Das Tempelgrab im ionischen Stil wurde vermutlich im 4. Jh. v. Chr. für den Sohn eines Lokalfürsten aus dem Fels gemeißelt. Hinter den beiden Säulen, die einen schmucken Architrav tragen, befindet sich eine reich verzierte steinerne Scheintür, die die Grabkammer verbirgt. Um dieses Grabmal herum sind mehrere kleinere Felsengräber angeordnet, einige davon stammen aus dem 6. Jh. v. Chr. Der Zweck einer Nekropole ist in Fethiye besonders offensichtlich: Den Toten (die es sich leisten konnten) wurde eine ganze Stadt gebaut, in der sie, quasi in vertrauter Umgebung hoch über Telmessos, nach ihrem irdischen Dasein weiterleben konnten.

Öffnungszeiten Grab des Amyntas, tägl. 8.30–19.30 Uhr, im Winter bis 17 Uhr. Eintritt 3,20 €.

Anfahrt Von der stadtauswärts führenden Einbahnstraße, der Çarşı Cad., mit „Kaya mezarları (Rock Tombs)" ausgeschildert.

Lykische Steinsarkophage: Wer wachen Auges durch die Straßen geht, kann mehrere auf Sockeln stehende, reliefgeschmückte Steinsarkophage entdecken, die einst verstorbene Lykier der Oberschicht beherbergten. Wegen ihrer spitzbogigen Dächer, deren Firste an gekenterte Schiffe erinnern, nennt man sie auch Schiffskielsarkophage. Das schönste dieser kleinen „Kompakthäuschen" befindet sich neben dem Landratsamt *(Fethiye Kaymakamlığı)*, ganz in der Nähe der Post. Noch bis in die Mitte des 20. Jh. stand dieser Sarkophag im Wasser, da die Küste hier im Laufe der Jahrtausende abgesunken war (→ Kekova, S. 432). Das änderte sich erst infolge von Erdaufschüttungen Ende der 1950er, die zugleich die hiesige Küstenlinie seewärts verschoben.

Theater: Das während der späthellenistischen Periode gebaute und später unter den Römern erweiterte Theater liegt im Südwesten der Stadt, ganz in der Nähe der Tourist Information. Es hatte einst 28 Sitzreihen und fasste 6000 Zuschauer. Bis vor wenigen Jahren wurde es im Sommer noch gelegentlich für Aufführungen genutzt. Heute ist es nichts mehr anderes als ein Trümmerhaufen.

Kreuzritterburg: Von der zentral auf einem Hügel über der Stadt errichteten Burg der Johanniter aus dem 15. Jh. sind nur wenige Mauerreste erhalten; ein Besuch lohnt sich daher nur für speziell Interessierte.

Museum: Das Museum Fethiyes zeigt archäologische Funde der Umgebung, u. a. aus Tlos und Kaunos. Man sieht Statuen und Büsten von Herrschern und Gottheiten, Keramik, Glas und Metallobjekte, Stelen und Kleinstelen, Amphoren und Münzen sowie ein Grab mit schön gearbeiteten Reliefs. Niedlich wirkt die Öllämpchensammlung aus hellenistischer bis byzantinischer Zeit, Gruselstück ist ein Terrakottasarg mit einigen Knochen.

Tägl. (außer Mo) 8–17 Uhr. Eintritt 1,20 €. Stadtauswärts in einer Seitenstraße der Atatürk Cad. (beschildert).

Ölüdeniz (Hisarönü Köy, Ovacık und Belcekız)

Wer bei der Traumlagune Ölüdeniz an die Südsee denkt, liegt richtig: türkisfarbenes Wasser, menschenleerer, fast schneeweißer Strand vor einer zerklüfteten Felskulisse und eine prächtige Jacht vor Anker. Aber nur im Winter hält der bekannteste Strand der Türkei das, was er in Katalogen und auf Postern verspricht.

Ölü Deniz – „Totes Meer", von wegen! Hier wuselt es von April bis Ende Oktober, und im Hochsommer drängen sich jeden Tag Tausende von Menschen in die Bucht mit ihrem Superstrand und dem – außerhalb der Saison – kristallklaren Wasser. Auch im biologischen Sinne ist die Lagune nicht tot, es herrscht hier nur kein Wellenschlag. Der fotogene Strand, der die Lagune bildet, heißt im Türkischen übrigens *Kumburnu*, „Sandnase". Dieser Teil ist auch gebührenpflichtig (2 €, Einfahrt mit dem Auto 7 €). Den spektakulärsten Blick auf die Lagune hat man bei einem Gleitschirmflug – Ölüdeniz ist das türkische Mekka der Paraglider und ein Tandemflug beinahe ein Muss.

Hinter der südlichen Hälfte des insgesamt rund 3 km langen Strandes entstand in den letzten drei Jahrzehnten **Belcekız**, eine gepflegte Feriensiedlung im Schachbrettmuster. Zuvor gab es hier nur ein paar Campingplätze. Schön ist Belcekız nicht, aber auch nicht hässlich, eher etwas steril. Immerhin gibt es keine zehnstöckigen Hotelanlagen. Da der Platz an der Lagune und in Belcekız naturgemäß begrenzt ist, zieht sich die Tourismusmeile auch einige Kilometer landeinwärts: An der Straße ins 15 km entfernte Fethiye liegen die zwei Retortenstädtchen **Hisarönü Köy** und **Ovacık**, die inzwischen das Gros an Unterkunftsmöglichkeiten stellen. In diesen Orten wird 08/15-Urlaub an ein vorrangig englisches Massenpublikum verkauft.

Information/Verbindungen/Ausflüge/Sonstiges

Telefonvorwahl 0252.

Das Gros aller Restaurants, Souvenirgeschäfte etc. finden Sie an der Strandpromenade und in der davon abgehenden Çarşı Cad.

Information Die Ölüdeniz Tourism Cooperative nahe der Dolmuş-Endstation in Belcekız (von Fethiye kommend auf dem Weg zur Lagune) hilft in erster Linie bei der Zimmersuche weiter und vermittelt nur die ihr angeschlossenen Unterkünfte.

Verbindungen Im Sommer verkehrt zwischen Fethiye und Ölüdeniz (Endhaltestelle am Strand von Belcekız) von 7 Uhr morgens bis 1 Uhr nachts alle 5 Min. (außerhalb der Saison ca. alle 15 Min. von 7–22 Uhr) ein Dolmuş. Zusteigemöglichkeiten in Ovacık und Hisarönü Köy – wenn nicht gerade Rushhour in eine Richtung ist.

Ölüdeniz

Bootsausflüge Im Rahmen einer Tagestour werden die Gemiler-Insel (→ S. 407) und ein paar Grotten und Strände der Umgebung angefahren. Günstige 10 € inkl. Essen, Start meist gegen 11 Uhr. Auch stehen Touren zum **Butterfly Valley** (→ S. 409) auf dem Programm (hin/zurück 6,50 €; die offiziellen Serviceboote heißen „Kelebekler Vadisi" bzw. „Kelebekler Vadisi 1").

Ärztliche Versorgung Das private **Esnaf Hastanesi** mit Sitz in Fethiye (→ dort) unterhält eine Zweigstelle in Belcekız an der Çarşı Cad. (neben der Shadow's Bar, auf die Aufschrift „24 hours, english speaking" achten) und in Hisarönü nahe der Abzweigung nach Ölüdeniz. In beiden Fällen unter ✆ 6166513 zu erreichen.

> **Achtung:** In der HS kann das Wasser in der Bucht von Ölüdeniz je nach Strömung ziemlich schmutzig sein!

Autoverleih Diverse Tourenveranstalter vermitteln Fahrzeuge ab rund 40 €/Tag.

Übernachten/Camping

Hinter dem Strand von Belcekız findet man überwiegend Mittelklassehotels und gehobenere Clubanlagen. Direkt an der Lagune gibt es vorrangig Campingplätze, die ihre Stellflächen zugunsten der lukrativeren Bungalow- und Wohnwagenvermietung mehr und mehr einschränken. Das Gros der britischen Pauschaltouristen wohnt in den gesichtslosen Retortenstädtchen Hisarönü Köy und Ovacık. Die Saison der meisten Hotels und Pensionen reicht nur von April bis Mitte Oktober. Vor und nach der HS (Juni–Aug.) z. T. erhebliche Rabatte. Achtung: Das hier urlaubende Völkchen ist partyfreudig, kaum irgendwo sind die Nächte wirklich leise!

Unmittelbar an der Lagune Hier ist der Sandstrand recht schmal und mit Liegestühlen zugepflastert, das Meer dafür immer ein paar Grad wärmer. Entlang der Stichstraße (Beschilderung „Hotel Meri" folgen) gibt es mehrere Campingplätze und Anlagen, darunter diese beiden:

Sugar Beach Club, Treffpunkt einer jungen internationalen Travellergemeinde. Gemütliche Strandlounge (lauter Barbetrieb bis Mitternacht). Laden und gutes Restaurant. Kinderspielplatz. 35 ganz unterschiedliche Bungalows von *basic* bis *luxury*, alle jedoch mit Klimaanlage und Bad. Gecampt wird auf dem angrenzenden schattigen Areal. Gute Sanitäranlagen. Bungalows für 2 Pers. je nach Kategorie 32–70 €, 2 Pers. mit Wohnmobil und Strom 10 €. Ölüdeniz Cad. 20, ✆ 6170048, ✉ 6710752, www.thesugarbeachclub.com.

Front Lagoon Beach Motel, 13 zweckmäßige Zimmer mit Terrasse oder Veranda – alle nur durch ein hübsches Gärtchen vom Meer getrennt. Bar. DZ mit Klimaanlage 40 €, ohne 35 €. Ölüdeniz, ✆ 6170383, www.frontlagoonbeachmotel.com.

In Belcekız Mit Ausnahme des White Dolphin erreichen Sie alle hier aufgeführten Hotels, wenn Sie, von Fethiye kommend, hinter dem Ata Lagoon Hotel links abbiegen (226 Sok.) und dann die erste Straße rechts nehmen (224 Sok.).

Beyaz Yunus (White Dolphin), kleines Luxushotel auf einem Hügel zwischen Belcekız und der Kıdrak-Bucht. Nur sieben geräumige Zimmer mit herrlichen Terrassen, alle überaus geschmackvoll und komfortabel eingerichtet. Pool mit gigantischer Aussicht! Ein Traumhotel. Leider oft ausgebucht, Reservierung empfohlen. DZ 150 €. Kıdrak Yolu Cad 1 (auf dem Weg von Ölüdeniz nach Kabak, 500 m nach dem Ölü Deniz Resort in der Kıdrak-Bucht rechter Hand, hellblaue Holztüren an einer Natursteinmauer), ✆ 6170244, ✉ 6170068.

Oyster Residences Ölüdeniz, eine Topadresse fast in erster Reihe. 16 Zimmer auf 2 Gebäude (viel Naturstein) verteilt. Komfortabel und stilvoll-individuell eingerichtet, Holzböden. Schöne Poolanlage. DZ 150 €. Belcekız Sok. 1, ✆ 6170765, ✉ 6170764, www.oysterresidences.com.

Jade Residence, gleich daneben. Ebenfalls ein Tipp, ebenfalls sehr stilvoll. Man kann sich streiten, welches der beiden die feinere Poolanlage hat. Auf jeden Fall hat das Jade die schönere Frühstücksterrasse – mit Meeresblick. Ähnliche Preise. Belcekız, ✆ 6170690, ✉ 6170692, www.jaderesidence.com.

Oba Motel, kleines Bungalowdorf ca. 1½ Gehmin. vom Strand von Belcekız entfernt. Obwohl die hölzernen Hütten und Häuschen (so rustikal wie in Kanada) recht eng beieinanderstehen, viel Grün. Die Ausstattung der Bungalows reicht von spartanisch (aber mit privatem Sanitärbereich) bis hin zu äußerst komfortabel: mit Sitzecke, abgetrenntem Schlafbereich unterm Dach, guten Bädern, Klimaanlage, Kühlschrank und Veranda. Gutes Restaurant angegliedert. Bungalow für 2 Pers. je nach Ausstattung 42–95 €. Belcekız, ✆ 6170470, ✉ 6170522, www.obamotel.com.tr.

Essen & Trinken/Nachtleben

Für das leibliche Wohl sorgen in Belcekız Steakhäuser, Pizzerien und Chinarestaurants. Nachts schwärmt man in Bars mit offenem Kamin und gediegener Pianomusik oder in Discopubs, wo zu heißen Rhythmen getanzt wird. Die Auswahl ist riesig. In Hisarönü Köy gibt es in erster Linie Pubrestaurants, die vormittags *English Breakfast* mit Schweinswürstel offerieren und abends fleischlastige „All-you-can-eat"-Büfetts mit *MTV* oder *Sky Sports* als Zugabe. Billig ist dort einzig und allein das Bier.

Essen in Belcekız und bei der Lagune
Oyster Residences, geschmackvoll gestaltetes Terrassenlokal des gleichnamigen Hotels (→ Übernachten). Auch wohlhabende Türken zieht es hierher. Außergewöhnliche, stets wechselnde, aber kleine Karte. Zu den Spezialitäten gehört der Schwertfisch-Kebab. Hg. 10–20 €. ✆ 6170764.

Buffalo's Steak House, unter holländischer Leitung, zum Hotel Flying Dutchman gehörend. Großes Freiluftsteakhaus (grandiose Fleischlappen und Burger) im amerikanischen Stil, kleine Karte im „Cowboyhut-Format", häufig Livemusik (Folk oder Latino). Hg. 9–17 €. Çarşı Cad. 6, ✆ 6170441.

Oba Restaurant, zum gleichnamigen Motel (→ Übernachten) gehörend. Gartenrestaurant. Zusammen mit dem Kumsal (s. u.) eines der wenigen Lokale, die noch türkische Küche servieren. Sehr leckere *Köfte* und *Güveç*-Variationen. Hg. 7,50–16 €.

Kumsal Restaurant, eine der ältesten Adressen von Belcekız. Einst ein einfaches Strandlokal, seit der letzten Renovierung mit pseudoschickem Ambiente. An der Qualität und den fairen Preisen hat sich aber nichts geändert: Fisch, Steaks, Pide aus dem Holzofen und Kebabs. Hg. 4–12 €.

Am südlichen Ende des Belcekız-Strandes, ✆ 6170058.

Gut und verhältnismäßig preiswert ist auch das Restaurant des **Sugar Beach Clubs** (→ Übernachten). Man sitzt herrlich an der Lagune, dazu Easy-Listening-Musik.

Nachtleben in Belcekız Buzz Beach Bar, gemütliche Terrassenbar (schöne Aussicht). Gute Küche, die auch im Restaurant darunter serviert wird. Stets fröhlich gelauntes Publikum, Loungemusik. Sehr beliebt. An der Uferpromenade.

Help Beach Lounge, gleich neben der Buzz Beach Bar und ebenfalls ein angesagter Spot. Lustig-bunt gestaltete Terrassenkneipe mit viel Holz. Etliche Sorten Bier und Kaffee, internationales Essen zwischen Burger und Pasta. Happy Hour von 18–20 Uhr.

Crusoes, ebenfalls an der Uferpromenade und als Open-Air-Tanztempel recht populär.

Nachtleben in Hisarönü Köy Etliche Bars und Pubs, selbst aus Fethiye kommt man abends nach Hisarönü Köy. Zuletzt waren das **Talk of the Town** und das **Grand Boozey** am angesagtesten – Karaokefans kommen auf ihre Kosten.

Sport

Paragliding Anfang der 1990er entdeckten Gleitschirmfreaks den *Baba Dağı* (1900 m) hoch über der Lagune von Ölüdeniz als Startplatz. Kurze Zeit später gehörte der Tandemflug (mit einem professionellen Piloten im Huckepackverfahren) zum Aktivprogramm der hiesigen Veranstalter. Mittlerweile hat sich der Baba Dağı mit rund 35.000 Flügen im Jahr zu einem Mekka der Paraglider entwickelt. In der zweiten Oktoberhälfte finden die **Air Games** statt, 5 Tage im Zeichen des Gleitschirmfliegens, sozusagen Zirkus in der Luft. Die Flugbedingungen am Baba Dağı sind jedoch nichts für Anfänger. Immer wieder werden die hiesigen Windverhältnisse unterschätzt, regelmäßig kommt es zu Unfällen, zuweilen auch tödlichen.

Für Tandemflüge gibt es über 10 Anbieter. Einer der renommiertesten ist **Sky Sports**. Ein Tandemflug kostet ca. 90 €. April–Nov. Büro in der Fußgängerzone Çarşı Cad. in Belcekız, ℡ 6170511, www.skysports-turkey.com. Flugzeit mind. 30 Min. (Cracks schaffen bis zu 2 Std. und schrauben sich bei günstiger Thermik auf 2500 m Höhe). Landeplatz ist der Strand oder die Strandpromenade von Belcekız. Hier sieht man auch, welche Tandempiloten etwas draufhaben! Schweben sie elegant vom Himmel und setzen zart auf oder plumpsen sie eher in die Hecken herab? Tipp: Schauen Sie sich die Landungen an und suchen Sie sich den Piloten für Ihren Flug aus.

Tauchen Das **European Diving Centre** aus Fethiye (→ Fethiye/Sport, S. 400) unterhält Zweigstellen in Hisarönü Köy (an der Hauptflaniermeile) und in Belcekız (an der Fußgängerzone nahe der Uferpromenade).

Wandern Von der Lagune führt ein markierter Wanderweg nach Kayaköyü (s. u.). Um den Einstieg zu finden, folgt man der Straße an der Lagune vorbei zum Hotel Meri (ausgeschildert) und weiter zum Sun City Beach Club. Vor dem Beach Club nimmt man den Schotterweg, der rechts des Eingangs bergauf führt. Nach ca. 150 m markiert eine Steinpyramide rechter Hand den Einstieg in den Pfad nach Kayaköyü. Nur wenige Meter später trifft man auf die ersten gelb-roten Markierungen. Dauer ca. 2½ Std. (einfach). Von Kayaköyü Dolmuşverbindungen nach Hisarönü, wo man auf ein Dolmuş nach Fethiye umsteigen kann.

Südlich von Ölüdeniz

Von Belcekız windet sich eine 14 km lange Straße entlang einer grandiosen Küstenlandschaft mit tollen Ausblicken gen Süden. Die letzten 1,7 km waren zuletzt ungeteert, es sah aber ganz danach aus, als würde auch dieser Abschnitt geteert werden. Um den Einstieg in die Straße zu finden, folgt man in Belcekız der Beschilderung zum Club „Lykia World". Nach rund 2 km passiert man die **Kıdrak-Bucht** mit einem wunderbaren (aber kostenpflichtigen) Strand.

Nach weiteren rund 6 km erreicht man die Häuseransammlung **Faralya** (auch: **Uzunyurt**) hoch über dem **Butterfly Valley** *(Kelebek Vadisi)*. Der Blick hinab auf die kleine, von steilen Berghängen umrahmte Talebene mit einem Traumstrand davor ist superb. Das Tal ist ein Naturschutzgebiet, in dem sich unzählige Schmetterlinge tummeln. Man kann hinabsteigen bzw. -klettern (Wegbeginn beim „George House", Dauer 30–45 Min.). Für den Rückweg bedarf es einer Bombenkondition. Absolute Schwindelfreiheit und festes Schuhwerk sind Voraussetzung. Gehen Sie zudem nicht nach Regen und mit schwerem Gepäck – es kam schon zu tödlichen Unfällen! Wer es bequemer mag, nimmt ein Boot (→ Ölüdeniz). Am Strand gibt es zwei Barrestaurants. Auch werden superschlichte, urig-alternative Bungalows mit gemeinschaftlichen Sanitäranlagen vermietet, zudem kann gezeltet werden (Bungalow mit HP 28 €/Pers., ℡ mobil 0555/6320237, www.kelebeklervadisi.org). Übernachtungsmöglichkeiten bestehen zudem in Faralya, von der einfachen Pension bis zum Boutiquehotel ist alles dabei.

Endstation für Dolmuşe und Autos ist rund 6 km weiter beim Last Stop Café bzw. kurz hinter Mama's Pension. Gebastelte Holzschilder weisen dort den Weg hinab zu den im Grünen gelegenen Treehouse-Campings in der **Bucht von Kabak**. 20 Min. dauert der Weg hinab zum idyllischen kleinen Kiessandstrand, 30 Min. hinauf. (Die Schotterstraße in die Bucht darf von fußfaulen Touristen nicht befahren werden!) Noch vor einigen Jahren tummelten sich in Kabak überwiegend naturverbundene Freaks mit Robinsonambitionen, denen ein kaltes Bier als einziger Luxus genügte. Mittlerweile setzen manche „Camps", wie sich die zusammengezimmerten Hüttensiedlungen in der Bucht nennen, nicht mehr nur auf Yoga, Thaimassage und *Organic Food*, sondern auch auf mehr und mehr Komfort. Die ersten Klimaanlagen wurden bereits installiert, und nicht wenige Nachwuchs-Robinsons surfen am Strand auf ihren *MacBooks* im Internet. Wie lange die Idylle erhalten bleibt, ist fraglich, denn obwohl die Bucht von Kabak unter Naturschutz steht, wird fleißig gebaut.

Verbindungen Im Sommer 8-mal tägl. (zuletzt um 7, 9, 11, 13, 15, 16, 18 u. 19 Uhr) ein **Dolmuş** von Fethiye über Ölüdeniz und Faralya nach Kabak (zurück stets 1½ Std. später). Im Winter nur 3-mal tägl. morgens, mittags und abends. **Taxi** von Ölüdeniz nach Kabak ca. 30 €.

Übernachten in Faralya Wassermühle, von Ölüdeniz kommend, geht es unmittelbar vor der Gül Pension links bergauf. Eine der schönsten Unterkünfte im Reisegebiet, ein plätscherndes Paradies unter deutsch-türkischer Leitung: 7geschmackvolle Suiten und 2 DZ mit z. T. herrlichen Balkonen und tollen Ausblicken. Weitläufiges Gartengelände mit (chlorfreiem) Pool. Restaurant (Vollwertküche). Frühzeitige Buchung empfehlenswert. Mindestmietdauer offiziell 1 Woche, wer Glück hat, kommt spontan auch kurzfristig unter. Im Winter geschl. Wermutstropfen: Das Meer zwar in Blickweite, der Sprung hinein setzt aber einen weiteren Weg voraus. Mit HP ab 55,50 €/Pers. Hisar Mah. 4, ✆ 0252/6421245, ✆ 6421179, www.natur-reisen.de.

Übernachten in der Kabak-Bucht Eine Reservierung ist in der HS empfehlenswert. Jeep- bzw. Traktortransfers hinab in die Bucht werden auf Anfrage organisiert. Das Gros der Camps – von nahezu allen hat man schöne Ausblicke auf Meer und/oder Berge – hämmert, nagelt und pinselt sich von Jahr zu Jahr schöner. Die Idylle lässt man sich gut bezahlen. Alle Preise inkl. Frühstück und Abendessen, Gemüse steht im Vordergrund.

Kabak Natural Life, die komfortabelste Anlage vor Ort, Strandnähe. Sehr gepflegt. 10 hübsche, winzige Bungalows mit Glasfronten (teils super Aussicht), Balkon, Bad und Klimaanlage. Dazu windschiefe Einfachshütten mit gemeinschaftlichen Sanitäranlagen. Die Anlage ist wildromantisch über mehrere Terrassen in die Natur integriert. Lauschige Sitzecken, 2 Restaurants, netter kleiner Pool. Je nach Zimmer 35–75 €/Pers. Kabak, ✆ 0252/6421185, www.kabaknaturallife.com.

Turan Camping, schnuckelige terrassierte Anlage mit Pool fürs Fußbad und urgemütlichem Restaurant. Open-Air-Bibliothek. Bungalows mit und ohne Bad, mit und ohne Balkon. Dazu Zelte. Für 2 Pers. je nach Kategorie 45–102 €. ✆ 0252/6421227, www.turanhilllounge.com.

Reflections Camp, das spartanischste Camp in der Bucht, aber sehr nette Atmosphäre. 8 zusammengeschusterte, schnuckelige Hüttchen mit Moskitonetzen, Gardinen ersetzen das Fensterglas. Dazu 2 obersimple, lediglich von Bambusmatten ummantelte Schlafstätten. Drum herum Bananenbäume. Gemeinschaftliche Freiluftsanitäranlagen mit Aussicht – besser als jede Zeitung! Nette Sitzecke mit tollem Meeresblick. Im Bungalow 20–36 €/Pers., im eigenen Zelt 14 €/Pers. Kabak, ✆ 0252/6421020, www.reflectionscamp.com.

Kayaköyü

Zwischen Ölüdeniz und Fethiye liegt die alte griechische Siedlung *Livissi* in einem Tal etwas abseits der Hauptstraße. Im Rahmen des Bevölkerungsaustausches nach dem türkischen Befreiungskrieg 1922 wurden die hier lebenden Griechen auf den Peloponnes umgesiedelt. Der Ort wurde aufgegeben und verwandelte sich in eine Geisterstadt, dem das verheerende Erdbeben von 1957 den Rest gab. In grauen Reihen drängen sich heute die Hüllen der Häuser der einst stattlichen Kleinstadt die Hänge empor. Dazwischen rascheln Salamander und Eidechsen durchs Unkraut, im Schatten der Steine dösen Skorpione. Was um die 90 Jahre unbeachtet verfiel,

Ruinen von Kayaköyü

verfällt zwar größtenteils noch immer weiter, wurde aber als Touristenattraktion entdeckt und zum kostenpflichtigen Museumsgebiet erklärt. Dementsprechend werden von allen umliegenden Ferienzentren organisierte Ausflüge nach Kayaköyü angeboten, auf Wunsch können Sie auch in der Gruppe hin reiten.

Aber nicht nur Tagesausflügler wecken hier heute die Geister, auch siedeln wieder Menschen. Unterhalb der Ruinen hat sich mittlerweile eine richtige Ortschaft samt Moschee entwickelt. Bars und Cafés, kleine Pensionen und Boutiquehotels eröffneten bereits – alle ringen um Gäste.

Anfahrt/Verbindungen In Fethiye von der stadtauswärts führenden Einbahnstraße, der Çarşı Cad., ausgeschildert. Im Sommer von 7.15–22 Uhr alle 30–60 Min. **Dolmuşe** von Fethiye, im Winter nur bis 19 Uhr. Keine Direktverbindungen nach Ölüdeniz, umsteigen in Hisarönü.

Öffnungszeiten Rund um die Uhr geöffnet. Tagsüber 2 € Eintritt.

Wandern → Ölüdeniz/Sport.

Gemiler-Bucht

Rund 7 km südwestlich von Kayaköyü liegt die Gemiler-Bucht, ihr vorgelagert die gleichnamige Insel. Zwischen Bucht und Insel ankern stets ein paar Jachten, dazu laufen regelmäßig Ausflugsboote ein. Der herrliche Sandkiesstrand, noch vor wenigen Jahren ein Geheimtipp in der Idylle, ist heute recht populär, zudem Ziel von Jeep- und Quadsafaris. Türken grillen im Schatten Lammkoteletts, Engländer in der Sonne sich selbst. Wer die Betreiber der Strandrestaurants um Erlaubnis fragt, kann im Olivenhain dahinter campen. Auf der **Gemiler-Insel** (Gemiler Adası), auch als *St.-Nikolaus-Insel* bekannt, stehen die Ruinen von zwei Kirchen, die einst ein unterirdischer Kreuzweg miteinander verband. Mehrere Abschnitte des rund

500 m langen Tunnels sind heute eingestürzt. In einer der Kirchen kann man stellenweise noch Fresken ausmachen.

Anfahrt/Verbindungen: Die Gemiler-Bucht ist von Kayaköyü mit „Gemiler Adası" ausgeschildert. **Dolmuşe** von und nach Fethiye in der Saison von 9.30–18.30 Uhr bis zu 8-mal. Buchteintritt 1,25 €/Pers. Für 15–20 € retour (Personenzahl egal, handeln!) kann man sich zur Insel hinüberrudern lassen, hinzu kommt jedoch noch der „Inseleintritt" von 3,20 €. Bucht und Insel werden von Fethiye und Ölüdeniz im Rahmen von **Bootsausflügen** angesteuert.

Kadyanda (antike Stadt)

Ein Ausflug in das stimmungsvolle Kadyanda, 27 km nordöstlich von Fethiye und 1000 m höher gelegen, ist allein wegen des herrlichen Blicks über die Bucht von Fethiye ein Erlebnis. Der Bergwald des Lykischen Taurus hat sich diese vergessene Stadt zurückerobert, Bäume und Unterholz wuchern in und über den Ruinen, abgefallene Nadeln bedecken umgestürzte Säulen und Wurzeln schlingen sich über Reliefsplitter.

Man weiß so gut wie nichts über Kadyanda, das in keiner Chronik erwähnt wird. Aus einigen Inschriften ist lediglich bekannt, dass ein Herrscher aus Karien einst einigen lykischen Städten, darunter Kadyanda, stattliche Zahlungen zukommen ließ. Klein war Kadyanda jedenfalls nicht, das wird deutlich, wenn man in die längst untergegangene Welt eintaucht, die von wenigen Touristen und gelegentlich auch von Ruinenplünderern heimgesucht wird. Durch die antike Stadt führt ein Rundweg, auf dem man auch bleiben sollte, insbesondere wenn man alleine ist, um nicht in irgendeiner unterirdischen Zisterne zu verschwinden. Steigt man vom Parkplatz gleich rechter Hand bergauf, gelangt man zu einer imposanten **Polygonalmauer**, die Stützmauer des darüber liegenden Theaters und Stadtmauer in einem war. Das **Theater** selbst, in einen abschüssigen Hang eingebettet, ist bis auf die Orchestra recht gut erhalten. Es stammt aus römischer Zeit. In der obersten Reihe saßen die Ehrenbürger der Stadt auf Bänken mit Lehnen, heute wachsen auf so manchen Rängen Kiefern. Rund 200 m weiter stößt man auf eine sehr lange, aber schmale und relativ ebene Fläche, die zuerst vermuten lässt, dass hier einst eine Straße war. In Wirklichkeit war es das **Stadion**. Rechter Hand darüber befindet sich ein Platz mit großen unterirdischen Zisternen – vielleicht ein Marktplatz. Etwas weiter, ebenfalls rechter Hand, liegen die Reste eines **hellenistischen Tempels**. Gegenüber stehen die besterhaltenen Ruinen Kadyandas, die **Thermen** aus dem 1. Jh. Etwas tiefer lag einst die Agora – ein einziges Trümmerfeld. Der Weg zurück zum Parkplatz bietet ein umwerfendes Küstenpanorama und führt an diversen Gräbern vorbei. Stellenweise lassen sich unter der Piniennadeldecke noch bemerkenswerte Architekturfragmente entdecken.

Öffnungszeiten Das Gelände ist stets zugänglich. Wenn der Wärter da ist, zahlt man 3,20 € Eintritt.

Anfahrt/Verbindungen Kadyanda (u. a. auch mit „Cadianda" ausgeschildert) erreicht man über das gemütliche Bergstädtchen Yeşilüzümlü 20 km nordöstlich von Fethiye. Yeşilüzümlü wiederum liegt an der Hauptverbindungsstraße nach Denizli und ist vom Küstenhighway D 400 ausgeschildert. Bis Yeşilüzümlü fährt auch der **Dolmuş** (stündl. ab Fethiye), ohne eigenes Fahrzeug muss man von da ab jedoch laufen. Der **Fußweg** zu den Ruinen ist im Zentrum mit „Kadianda Yürüyüş Yolu" ausgeschildert und bestens rot-weiß markiert. Anstrengend, aber schön, 400 Höhenmeter sind zu überwinden, Dauer je nach Kondition 1–1½ Std.!

Selbstfahrer folgen der 7 km langen Straße von Yeşilüzümlü nach Kadyanda, die letzten 3 km sind unbefestigt.

Zwischen Fethiye und Patara

Die Hauptverbindungsstraße zwischen Fethiye und Patara, die D 400, verläuft weit abseits der Küste durch eine landwirtschaftlich geprägte, weite Ebene vorbei an vergessenen Bauerndörfern. Im Westen wird die Ebene vom Bergrücken des Elmacık Dağı begrenzt, im Osten vom Ak Dağı und vom Yumru Dağı. Bis in den April zeigen sich deren Gipfel schneebedeckt. Dieser Streckenabschnitt bietet jedoch mehr als nur landschaftliche Reize. Rechts und links der Straße liegen antike Ausgrabungsstätten wie Tlos, Pınara, Xanthos und Letoon. Und dazwischen, etwa auf halber Strecke zwischen Patara und Fethiye, lohnt ein Abstecher in die imposante Saklıkent-Schlucht.

Tlos (antike Stadt)

Die Ruinenstadt liegt rund 65 km nördlich von Kalkan und 42 km südöstlich von Fethiye. Funde wie die eines Bronzebeils lassen vermuten, dass ihre Ursprünge bis ins 2. Jt. v. Chr. zurückreichen. Laut hethitischen Quellen gab es hier eine Ansiedlung namens *Dalawa*. In lykischer Zeit wurde daraus Tlava, wie Münzfunde belegen. Tlava war eine der mächtigsten Städte der lykischen Küste, im Rat der Städte besaß sie dreifaches Stimmrecht. Von einem Hügel aus, der heute von den Umfassungsmauern einer byzantinischen Burg gekrönt ist, kontrollierten die Stadtbewohner in strategisch bester Lage das gesamte Xanthos-Tal.

In der römischen Kaiserzeit (ab dem 2. Jh.) erhielt Tlos den Titel „glänzendste Metropolis der lykischen Nation". Im Byzantinischen Reich war die Stadt immerhin noch Bischofssitz, aber dann ging es rapide bergab, viele Einwohner verließen Tlos. Nur die Burg blieb noch besiedelt. Bis ins 19. Jh. residierte hier ein Geschlecht türkischer Feudalherren, deren Stammbaum auch einen gefürchteten Räuber führte.

Tlos – Burgberg mit Felsnekropolen

Lykische Küste

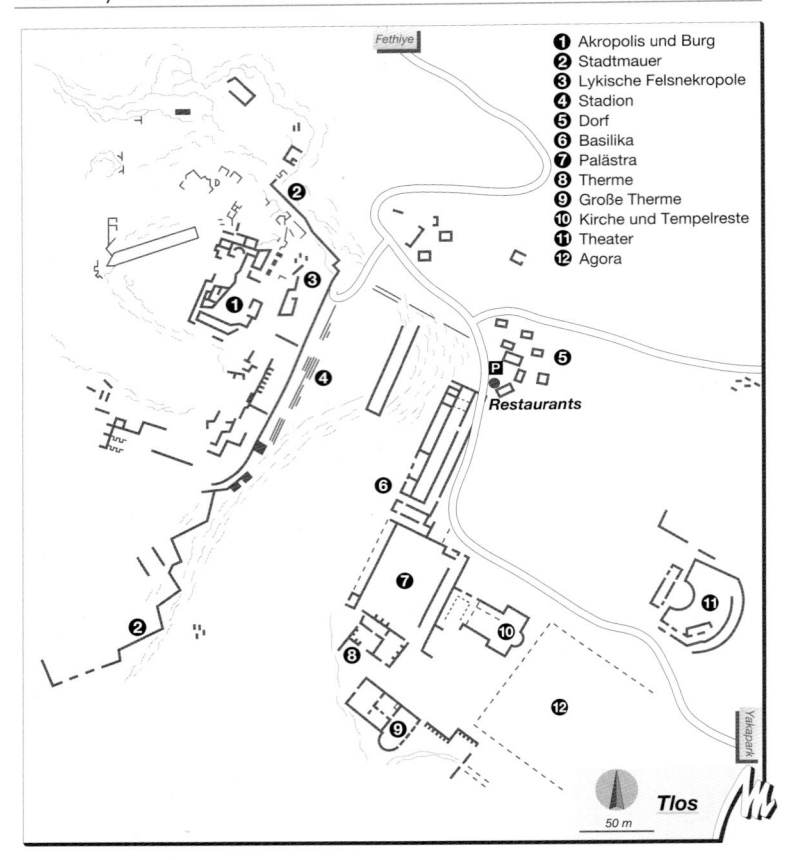

Karte: Tlos

1. Akropolis und Burg
2. Stadtmauer
3. Lykische Felsnekropole
4. Stadion
5. Dorf
6. Basilika
7. Palästra
8. Therme
9. Große Therme
10. Kirche und Tempelreste
11. Theater
12. Agora

Kanlı Ali Ağa, der „Blutige Ali", drangsalierte das gesamte Xanthos-Tal mit seinen Gewalttaten und Beutezügen. Baumaßnahmen unter seiner Regie veränderten auch einschneidend das Gesicht der Burg.

Sehenswertes: Die Ruinen von Tlos stammen aus lykischer, römischer und byzantinischer Zeit und sind bestens ausgeschildert. Unübersehbar ist die Akropolis mit den Ruinen der *byzantinischen Festung,* die sich auf den Fundamenten einer lykischen Burg erhebt. Die noch hohen Mauerreste auf der Ostseite gehörten einst zum Wohnpalast des Blutigen Ali.

In der steil abfallenden Felswand darunter sticht eine *lykische Felsnekropole* ins Auge. Die Totenstadt ist – man ahnt es schon beim ersten Blick – trotz der etwas mühsamen Kletterei der Höhepunkt des Ausgrabungsareals (am schönsten im Morgenlicht, Vorsicht nach Regen: glitschig!). Hinter den Fassaden der Gräber stößt man vielfach auf Vorhallen, die z. T. mit Kriegerreliefs und Inschriften verziert sind. Das berühmteste Grab ist das sog. *Bellerophongrab* – von außen an seiner Tempelfassade mit Giebel und zwei unvollendeten Pfeilern zu erkennen. Die Grabreliefs zeigen hier selbstverständlich u. a. Motive aus dem Bellerophon-Epos (→ Kasten, S. 477).

Die Relikte der Römer, die im flachen Talgrund im Osten des Hügels siedelten, sind überwiegend in jämmerlichem Zustand. Gleich unterhalb der Akropolis liegt das *Stadion,* von dem nur einige steinerne Sitzstufen erhalten sind. Parallel dazu befindet sich eine 160 m lange dreischiffige *Basilika,* die einst wohl zweistöckig war. Südlich davon sieht man zwei *römische Thermen,* von deren Tonnengewölben noch einige efeubewachsene Bögen stehen. Spenden reicher Mäzene gestatteten diese Prunkbauten. Die große *Therme,* die aus drei monumentalen, parallelen Räumen bestand, besaß im Westen sechs schaufenstergroße Glasfenster, durch die man einen herrlichen Blick auf die Xanthosebene genoss. In der Therme wurden bei Grabungsarbeiten der *Akdeniz Üniversitesi* aus Antalya zuletzt Marmorstatuen entdeckt, die ins Museum von Fethiye wanderten. 100 m östlich der Therme (an der Straße) liegt das *Theater.* Mit seiner halbkreisförmigen Cavea und den gut erhaltenen 34 Sitzreihen entspricht es dem Idealtypus eines römischen Theaters. Erstaunlich, dass es mitten in ein topfebenes Plateau gestellt und nicht an den vorhandenen Hang gebaut wurde. Die Bauzeit von 150 Jahren verwundert so nicht.

Öffnungszeiten Tägl. offiziell 8 Uhr bis Sonnenuntergang, das Gelände ist jedoch nicht umzäunt. Eintritt 2 €.

Verbindungen/Anfahrt Die Dolmuşe von Fethiye zur Saklıkent-Schlucht passieren die Abzweigung nach Tlos (→ Saklıkent-Schlucht/Verbindungen, von da noch 4 km zu Fuß bergauf), nur wenige zweigen dahin aber auch ab. Tlos steht zudem fest auf dem Programm sämtlicher Tourenveranstalter von Kalkan bis Fethiye. Wer mit dem Pkw unterwegs ist, findet Tlos aus Richtung Patara kommend von der Hauptverbindungsstraße nach Fethiye ausgeschildert. Von Fethiye kommend, fährt man zunächst auf der D 400 Richtung Osten und zweigt dann auf die D 350 Richtung Korkuteli/Antalya ab. Kurz danach weist ein braunes Hinweisschild den Weg nach Tlos.

Übernachten Mountain Lodge, abseits des Trubels der Küste. Ruhige, gemütliche Unterkunft. Komfortable Zimmer mit Teppichböden und schwer-rustikalem Mobiliar, die sich auf verschiedene Häuser im netten Garten verteilen. Pool, vorrangig englisches Publikum. Die Inhaberin Mel ist sehr um ihre Gäste bemüht, das Essen nach Lesermeinung „fantastisch". Ab 24 €/Pers., mit HP ab 37 €. Von Patara oder Fethiye kommend, an der Straße nach Tlos, ✆ 0252/ 6382515, ✉ 6382220, www.tlosmountainlodge.com.

Essen & Trinken Yakapark nennt sich ein Gelände mit mehreren Forellenlokalen etwa 2 km oberhalb von Tlos (ausgeschildert). Man sitzt unter alten Ahornbäumen, drum herum rauschen kalte Gebirgsbäche.

Saklıkent-Schlucht

Der imposante Cañon, der den Status eines Nationalparks hat, liegt auf halber Strecke zwischen Patara und Fethiye am Fuße des Lykischen Taurus. Senkrecht abstürzende, bis zu 300 m hohe Felswände flankieren einen tobenden Fluss. An einer der Felswände führt ein gesicherter Holzsteg einige Meter über der Wasseroberfläche in die Schlucht hinein. Nach ca. 200 m ist die Engstelle passiert, hier teilt sich das Tal, der Fluss strömt nun ruhig dahin. Wer noch weiter möchte, kann die Schuhe ausziehen und durchs Wasser waten – das erste Stück der insgesamt 13 km langen Schlucht ist problemlos begehbar und sehr eindrucksvoll. Ach ja: Der Schlamm des Flussbetts gilt als heilsam. In entgegengesetzter Richtung, also flussabwärts zur Küste hin, werden Raftingtouren angeboten (→ Übernachten/Camping). Nahe dem Eingang befinden sich zahlreiche Forellenlokale mit Holzplattformen direkt über dem Wasser.

Verbindungen/Anfahrt Saklıkent steht fest auf dem Programm sämtlicher Tourenveranstalter von Kalkan bis Fethiye. Per Dolmuş gelangt man im Sommer vom Dolmuşbahnhof in Fethiye nahezu alle 30 Min. nach Saklıkent, Fahrtzeit 1 Std. Von Patara oder Kalkan nimmt man einen Bus Richtung Fethiye, lässt sich an der Kreuzung bei Kemer absetzen und steigt dort auf das Dolmuş von Fethiye zur Schlucht auf.

Für Selbstfahrer ist die Anfahrt von der Hauptverbindungsstraße zwischen Kalkan und Fethiye ausgeschildert.

Öffnungszeiten Tägl. 8–20 Uhr, im Winter 8–17 Uhr. Eintritt 2 €, erm. 1 €.

Übernachten/Camping Gorge Club, betreibt nicht nur ein nettes Forellenrestaurant, sondern auch einen simplen, billigen Campingplatz und vermietet zudem 12 einfache, aber geräumige Baumhäuser. Dazwischen ein netter Poolbereich. Organisiert werden auch Raftingfahrten (40 Min. 15 €, 2½ Std. 30 €). 2 Pers. mit Wohnmobil 5 €, Baumhäuser mit HP 20 €/Pers. Am Ausgang der Schlucht, ℡ 0252/6590074, ℻ 6590331, www.gorgeclub.com.

Lykische Felsengräber – Wahrzeichen eines rätselhaften Volkes

Zwischen dem Köyceğiz-See und der Bucht von Antalya beeindrucken eigenartige Grabanlagen – Pfeiler-, Sarkophag- und insbesondere Felsengräber, die in ihrer Form außerhalb Kleinasiens nirgendwo sonst entdeckt wurden. Viele der steinernen Grabhäuser imitieren Fachwerkkonstruktionen mit Quer- und Längsbalken, wie sie einst auch für den Bau von Speichern verwendet wurde. Sie entstanden zwischen dem 6. und 4. Jh. v. Chr. und sind die Hinterlassenschaft der Lykier.

Für die Wissenschaft sind die Lykier noch immer ein Volk voller Rätsel. Man weiß weder Verlässliches über ihre ethnische Identität noch hat man gesicherte Daten über ihre Herkunft. Gewiss ist lediglich, dass es zunächst die Bewohner des Xanthos-Tals waren, die als Lykier bezeichnet wurden. Das geht aus attischen Tributlisten hervor, in denen sie unter diesem Namen geführt wurden. Die Lykier selbst scherten sich allerdings wenig darum und bezeichneten sich noch bis ins 4. Jh. v. Chr. auf Grabinschriften und Münzen als Termilen. Tatsache ist auch, dass die Lykier infolge ihrer Abgeschiedenheit durch die hohen Berge des Taurus in vorrömischer Zeit nur wenig Austausch mit anderen Kulturen hatten. So konnte hier eine geschlossene Kulturlandschaft mit eigener Schrift (das lykische Alphabet kannte 19 griechische und zehn eigene Buchstaben) und eigener Sprache entstehen.

Gänzlich unbeantwortet ist bis heute die Frage, worauf sich die Jenseitsvorstellung der Lykier gründete, die sie zum Bau der eigenartigen Grabanlagen in luftiger Höhe anregte. Zwar werden die Kenntnisse über die Lykier ab der Zeit der Hellenisierung etwas fundierter, doch das Wissen hilft nicht viel weiter, denn die eigenartige lykische Grabbaukunst endete zu Beginn der hellenistischen Epoche.

Pınara (antike Stadt)

Einst zählte Pınara wie Tlos zu den sechs bedeutendsten lykischen Städten, heute liegt es im touristischen Abseits. Zu Unrecht. Zwar sind die steinernen Überreste der antiken Stadt mit Ausnahme der Nekropolen und des Theaters eher bescheiden, ihre atemberaubende Lage in einer unberührten Landschaft mit Blick auf die hohen Taurusberge lässt jedoch einen Besuch zum Erlebnis werden.

Pınara (antike Stadt) 413

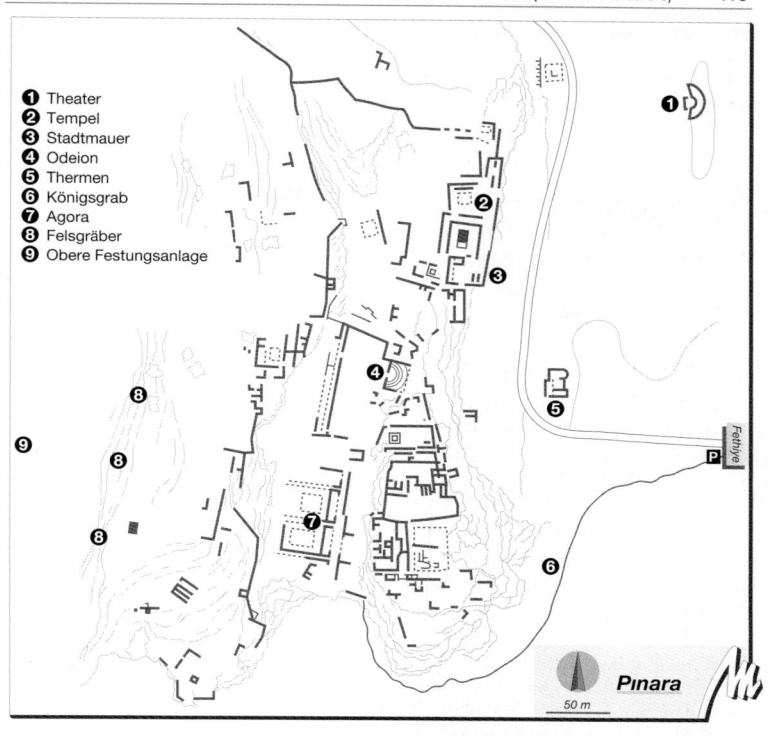

❶ Theater
❷ Tempel
❸ Stadtmauer
❹ Odeion
❺ Thermen
❻ Königsgrab
❼ Agora
❽ Felsgräber
❾ Obere Festungsanlage

Über die Geschichte Pınaras ist nur wenig bekannt. Laut antiken Quellen wurde die Stadt als Ableger des im 4. Jh. überbevölkerten Xanthos gegründet. Weitere Quellen berichten davon, dass sich die Stadt als eine der wenigen Lykiens kampflos Alexander dem Großen unterwarf. Was sich in Pınara in der römischen Kaiserzeit ereignete, ist relativ unbekannt. Das Gleiche gilt für die byzantinische Zeit, in der Pınara Bischofssitz wurde. Man nimmt an, dass die Stadt im Mittelalter nach einem Erdbeben aufgegeben wurde und die Bewohner die nahe gelegene Ortschaft Minare Köy gründeten. Viele Häuser wurden dort mit antiker Bausubstanz errichtet.

Das antike Pınara erstreckte sich auf mehreren Ebenen. Auf der untersten, wo man heute auch parkt, liegt das **Theater** mit 27 Sitzreihen. Von seiner Orchestra sind nur noch die Fundamente erhalten. Vom Parkplatz führt ein Pfad zum großen **Königsgrab** (Kral Mezarı), lassen Sie sich die Richtung vom Wärter zeigen. Die Kassetten der Fassade sind schwer in Mitleidenschaft gezogen. Türsturz und Vorhalle sind mit Reliefs verziert, in der Vorhalle zeigen sie befestigte Städte. Von dort führt der Weg weiter bergauf durch ein urwüchsiges, schmales Bachtal voller Schmetterlinge zu einer Felsterrasse. Auf ihr liegen die fast völlig zerstörte **Agora** und das **Odeion**, das vermutlich zugleich als Bouleuterion diente. Dahinter steigt eine 450 m hohe Felswand senkrecht auf, die wabenartig von mehr als 900 Felsengräbern durchsetzt ist. Zum Bau dieser Gräber wurden Strickleitern und Hängegerüste herabgelassen. Oberhalb der Felswand lag einst die **Akropolis**, die vorwiegend als Fluchtburg diente.

Öffnungszeiten Tägl. 9–19 Uhr, im Winter 8–17 Uhr, das Gelände ist jedoch nicht umzäunt. Eintritt 3,20 €.

Anfahrt/Verbindungen Pınara liegt ca. 40 km nördlich von Kalkan und 48 km südlich von Fethiye. Von der Hauptverbindungsstraße ist die Abzweigung ausgeschildert. Die letzten 2 km zur Ausgrabungsstätte sind allerdings in einem schlechten Zustand. Keine Dolmuşanbindung.

Xanthos (antike Stadt)

Das Welterbe erstreckt sich auf einem Felsen hoch über dem Flusslauf des Eşen Çayı. Seine Berühmtheit verdankt das Ruinengelände vorrangig einigen Grabmonumenten. Die Orchestra des Theaters liegt hingegen voller Trümmer, und auch viele andere Bauten verfallen im unwegsamen Gelände.

Xanthos war eine der mächtigsten lykischen Städte und stand in späthellenistischer und römischer Zeit dem Lykischen Bund vor. Dieser bestand aus 20 Städten und wurde von einer Volksvertretung und einer Art Präsidenten regiert – die Lykier schufen damit die erste „Republik" der Welt. Das Ausgrabungsgelände beherbergt Ruinen aus lykischer, hellenistischer, römischer und byzantinischer Zeit. Bei den verlustreichen Eroberungen der Stadt im Laufe der Jahrtausende ist es fast ein Wunder, dass noch so viel erhalten ist.

Gründer der Stadt waren laut Herodot kretische Kolonisten. Überliefert ist die Furcht der Xanthier, unterworfen zu werden. Herodot vermeldet den „heldenhaften" Kampf gegen die anrückenden Perser (545 v. Chr.), der mit dem Tod nahezu aller Bewohner endete: *„Von den jetzigen Xanthiern sind die meisten, außer achtzig Familien, Zugewanderte: Diese achtzig Familien aber waren damals (bei der Belagerung durch die Perser) gerade abwesend und blieben nur deshalb am Leben."* Die anwesenden Männer hingegen hatten beim Anrücken des weit überlegenen persischen Heeres ihre Familien in die Akropolis gebracht und die Burg in Brand gesetzt. Sie selbst ließen sich im Verlauf des aussichtslosen Kampfes niedermetzeln.

Die Überlebenden und die Zugezogenen bauten Xanthos wieder auf, doch von langer Dauer währte ihre Arbeit nicht, im 5. Jh. machte ein Großfeuer die Stadt zunichte. Die folgenden Generationen sollten für rund drei Jahrhunderte mehr Glück haben. Geschickte Diplomatie sicherte den Xanthiern immer wieder autonome Phasen, dazu Frieden und Wohlstand. Das änderte sich 42 v. Chr.: Der von Oktavian gejagte Cäsarmörder Brutus belagerte die Stadt. Und bei der Einnahme von Xanthos spielten sich schließlich ähnlich schreckliche Szenen ab wie 500 Jahre zuvor. Die Männer brachten ihre Frauen und Kinder um und begingen anschließend kollektiven Selbstmord. Brutus setzte daraufhin gar eine Belohnung für jeden geretteten (!) Xanthier aus und bewahrte so 150 Bürger vor dem Tod. In der Kaiserzeit wurde Xanthos Provinzhauptstadt, unter Byzanz Bischofssitz. Die Angriffe der Araber im 8. Jh. läuteten das Ende der Stadtgeschichte ein. Wiederentdeckt wurde Xanthos wie Tlos und Pınara in den 1840ern von dem Engländer Sir Charles Fellows. 1988 wurde Xanthos zusammen mit Letoon von der UNESCO zum Welterbe erhoben.

Öffnungszeiten Mai–Okt. tägl. 9–19.30 Uhr, Nov.–April 8–17 Uhr. Eintritt 2 €.

Anfahrt/Verbindungen Von der Hauptverbindungsstraße Kalkan – Fethiye aus beschildert. Wer ohne eigenes Fahrzeug unterwegs ist, nimmt am besten an einer der zahlreichen organisierten Touren teil.

Xanthos (antike Stadt) 415

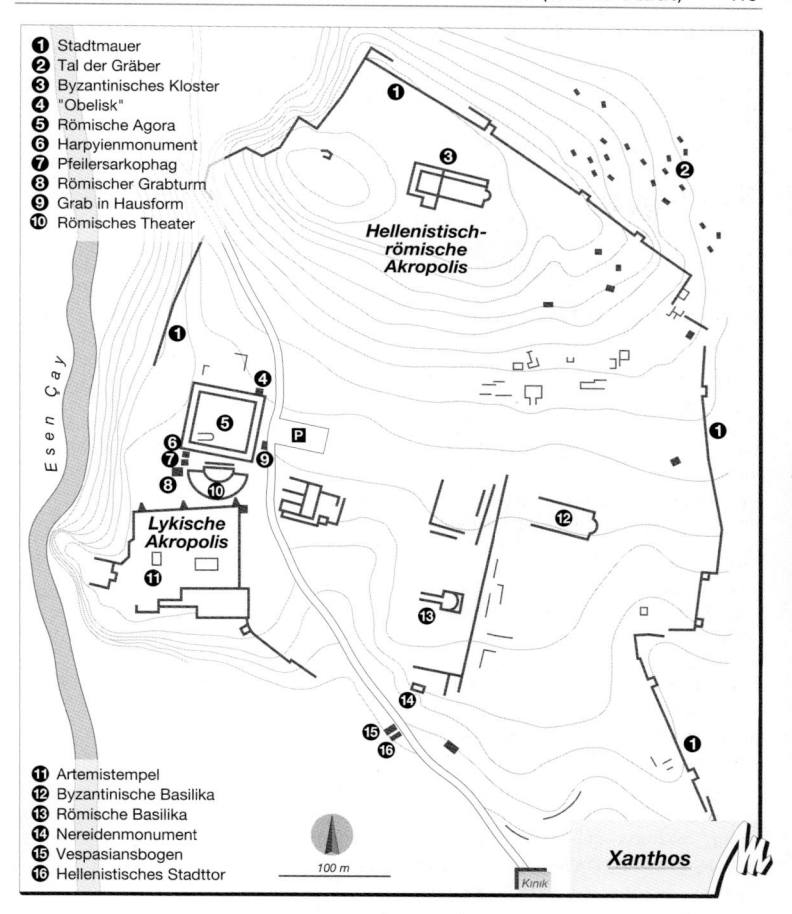

1. Stadtmauer
2. Tal der Gräber
3. Byzantinisches Kloster
4. "Obelisk"
5. Römische Agora
6. Harpyienmonument
7. Pfeilersarkophag
8. Römischer Grabturm
9. Grab in Hausform
10. Römisches Theater

Hellenistisch-römische Akropolis

Lykische Akropolis

11. Artemistempel
12. Byzantinische Basilika
13. Römische Basilika
14. Nereidenmonument
15. Vespasiansbogen
16. Hellenistisches Stadttor

Xanthos

Sehenswertes: Vom Parkplatz sind es nur wenige Schritte zum *Theater*, das aus dem 2. Jh. v. Chr. stammt. Während die Sitzreihen relativ gut erhalten sind, steht vom ursprünglich zweistöckigen Bühnenhaus nicht mehr viel. Vermutlich war es einst überaus prunkvoll, da für dessen Ausschmückung Opramoas, ein reicher Mäzen, rund 1200 Aureen stiftete, was rund 10 kg Gold entsprach. Von der Orchestra konnte lediglich der östliche Zugang genutzt werden, der westliche war eine Attrappe.

Dahinter erheben sich das *Harpyienmonument* und ein *Pfeilersarkophag*. Das viereckige Harpyienmonument besteht aus einem 5,4 m hohen Monolithpfeiler, der oben, unter einem Flachdach, mit den Reliefs sitzender Gestalten geschmückt ist, die Fruchtbarkeitssymbole (Hahn, Ei, Granatapfel) entgegennehmen. Dazu sieht man Harpyien – Sagengestalten, halb Frau, halb Vogel –, die dem Monument ihren Namen gaben. Diese Reliefs – Kopien, die Originale befinden sich in London –

gelten als eine Besonderheit lykischer Bildhauerkunst. Warum man die Toten in dieser luftigen Höhe beisetzte, ist ein ungelöstes Rätsel.

Der Pfeilersarkophag daneben ist ein Doppelgrabmal. Aus hellenistischer Zeit stammt der pfeilerförmige Sockel, der in der Mitte hohl und für die Aufnahme eines Sarges bestimmt ist. Auf diesen wurde Jahrhunderte später ein zweiter Steinsarkophag mit Spitzbogendeckel gestellt. Ganz in der Nähe befindet sich außerdem ein *lykisches Grab in Hausform.*

Vor dem ehemaligen Bühnengebäude des Theaters lag einst die *Agora,* die von einer Säulenhalle umgeben war. Erhalten blieb der sog. *Obelisk* an der Nordostecke. Die Bezeichnung ist allerdings irreführend, denn es handelt sich um eine Grabkammer, die an der Außenseite mit Inschriften verziert ist. Der 250 Zeilen lange Text, die längste bekannte Inschrift Lykiens, listet die Heldentaten des Kherei auf. Kherei, der Sohn des persischen Feldherrn Harpagos, besiegte 429 v. Chr. die attische Flotte. Wer des Lykischen nicht mächtig ist, dafür aber etwas Griechisch kann, liest die zwölfzeilige, griechische Zusammenfassung am Ende. Wer beide Sprachen nicht beherrscht, besitzt das gleiche Bildungsdefizit wie die Autoren.

Einer seiner größten Attraktionen wurde Xanthos jedoch Mitte des 19. Jh. durch Sir Charles Fellows beraubt: Das *Nereidenmonument,* einer der bedeutendsten Grabbauten der Südwesttürkei, steht heute im *British Museum* von London. Lediglich den Unterbau ließ man zurück. Fürs geistige Auge: Das Monument besitzt einen typisch lykischen, rechteckigen Sockel mit umlaufendem Marmorfries, darüber erhebt sich ein ionischer Tempel. Vermutet wird, dass es Pate für den Grabbau des Mausolos in Halikarnassos (heute Bodrum) stand, von dem sich der Begriff Mausoleum ableitet (→ S. 343).

Letoon (antikes Heiligtum)

Das nur 4 km von Xanthos entfernt gelegene Letoon war das Haupttheiligtum des Lykischen Bundes, wo man sich alljährlich zu Kultfeiern und Wettkämpfen versammelte. Heute ist es ein kleines Ruinenfeld. Als erstes fällt das **Theater** ins Auge, das trotz der recht gut erhaltenen Zuschauerreihen wenig spektakulär ist. Ein paar Schritte hinter dem Kassenhäuschen ragen die Säulenstümpfe eines **Portikus** aus einem Teich hervor – einst ein Prachttor, das den heiligen Bezirk gen Norden abschloss. Einige schön bearbeitete Steine verlieren sich im flachen Wasser.

Dahinter standen die drei **Haupttempel** Letoons eng nebeneinander. Man vermutet aufgrund einer Widmung in einem Opferstein, dass der westliche Tempel (zur Straße hin) mit den Ausmaßen von 30 x 15 m der Göttin Leto geweiht war. Dieser wird peu à peu wieder aufgebaut – bis zu sechs Steinlagen hatte man zuletzt schon aufgeschichtet, weitere sollen folgen. Auch drei Säulen ragen wieder in die Höhe. Von dem kleinen Artemis-Tempel daneben, bei dem die nach vorne gezogenen Seitenwände eine Vorhalle bildeten, ist außer dem Fundament wenig erhalten geblieben. Auch vom dritten Tempel der Gruppe, dem östlichen, der dem Apollon geweiht war, ist nicht viel erhalten. Südlich der Haupttempel liegen die Trümmer einer im 7. Jh. zerstörten **byzantinischen Kirche,** westlich davon Reste eines gigantischen Brunnentempels, des **Nymphäums.**

Ganz nebenbei: Der bedeutendste Fund von Letoon befindet sich heute im Museum von Fethiye. Es handelt sich um eine 1973 nahe der Tempelanlage entdeckte Stele. Deren Inschriften in Aramäisch, Griechisch und Lykisch trugen zur Entzifferung der lykischen Sprache bei.

Öffnungszeiten → Xanthos. Eintritt 2 €.
Anfahrt/Verbindungen Von der Hauptverbindungsstraße zwischen Kalkan und Fethiye ausgeschildert. Nichtmotorisierte nehmen am besten an einer der zahlreichen organisierten Touren teil.

Leto und Lykien

Leto, die Geliebte des Zeus und von diesem schwanger, wurde von dessen Gattin Hera eifersüchtig verfolgt. Kein Land der Welt wagte es, die Flüchtende aufzunehmen. Auf der im Meer treibenden Insel Delos gebar sie schließlich die Götterzwillinge Artemis und Apollon. Als sie danach weiter mit ihren Kindern rastlos durch die Länder zog, kam sie an den Xanthos-Fluss. Hier wollte sie ihre Säuglinge waschen, aber Hirten hinderten sie daran. Zu ihrer Überraschung erschienen ein paar Wölfe, die die Hirten vertrieben. Zum Dank nannte Leto das Land Lykien. Auch wenn die Bezeichnung Lykien nach neueren Erkenntnissen etymologisch nicht von *Lykos* (Wolf) herzuleiten ist, bleibt die Geschichte allemal schön und wird von vielen Führern gern erzählt.

Patara

Patara ist zunächst einer der schönsten Strände der Türkei, kilometerlang und unverbaut. Patara, das ist zudem eine antike Ruinenstadt in den Dünen hinter dem Strand, einst einer der Haupthäfen Lykiens. Und Patara ist nicht zuletzt der geläufige Name für eine weit verstreute Siedlung aus Pensionen und kleinen Hotels noch weiter hinter dem Strand, die offiziell Gelemiş heißt.

Der Strand von Patara – 2010 von der Internet-Community www.strandbewertung.de zum viertschönsten Strand der Welt (!) gekürt – ist über 12 km lang und bis zu 400 m breit, der Sand fast weiß und im Sommer glühend heiß. Wer das Bedürfnis nach absoluter Ruhe verspürt, wird sie hier finden (selbst im August, wenn die Italiener einfallen). In einem beruhigendem Rhythmus rauscht die Brandung, das Wasser ist kristallklar und das Baden eine Lust! Da den Strand auch Meeresschildkröten zur Eiablage schätzen und die Dünenlandschaft dahinter Schutzgebiet seltener Vögel ist, herrscht hier Bauverbot. Immerhin ist die Schildkrötenart laut aushängenden Plakaten 95 Mio. Jahre alt und soll noch älter werden. Aus diesem Grund darf sich der erdgeschichtlich blutjunge Homo sapiens nur tagsüber und nur in Wassernähe am Strand aufhalten.

Da die Küste also tabu ist, spielt sich der Tourismus 2 km hinter dem Strand in Gelemiş ab, einer bunt und weit verstreuten Ansammlung von kleinen Hotels, Pensionen, Restaurants und Bars. Als Zentrum könnte man den Mini-Atatürk-Park mit Kinderspielplatz bezeichnen.

Die hiesige Infrastruktur hinkt hinterher. Verantwortlich ist nicht die Schildkröte, sondern das antike Patara. Denn auch auf dem Boden von Gelemiş findet man noch Reste antiker Bausubstanz, teils sieht man sie, teils liegt sie noch vergraben. Aus diesem Grund herrschte lange Zeit offiziell Bauverbot. Dennoch wurde investiert – da man aber stets mit Abriss oder Baustopp (daher auch so manche Bauruine) rechnen musste, nur mit den bescheidensten Mitteln. Heute schreibt ein

Caretta caretta

Die bis zu zwei Zentner schwere und bis zu einem Meter lange „Unechte Karettschildkröte" *(Caretta caretta)* verbringt wie alle Meeresschildkröten ihr gesamtes Leben im Wasser. Lediglich zur Eiablage kommen die weiblichen Tiere an Land. Dabei suchen sie – wie Touristen auch – insbesondere von Mitte Juni bis Mitte August feinsandige Strände auf. Während die Touristen jedoch tagsüber kommen, erscheinen die Schildkröten nachts. Werden die Schildkröten auf dem Weg zur Eiablage durch Geräusche, Lichtquellen oder auch Hindernisse wie Sonnenliegen gestört, kehren sie unverrichteter Dinge ins Meer zurück und verlieren dort unter Umständen ihre Eier. Für die Eiablage selbst graben die Schildkröten ein Nest. Nach getaner Arbeit bedecken sie die tischtennisballgroßen Eier mit Sand. Nach ca. 60 Tagen ist das Gelege von der Sommersonne ausgebrütet und die Schlüpflinge graben sich einen Weg ins Freie. Das geschieht meist nachts. Um dann den Weg ins Meer zu finden, orientieren sich die winzigen Kröten an der hellsten Fläche – i. d. R. dem im Mondlicht glänzenden Wasser. Diesen Weg prägen sich die weiblichen Tiere für ihr ganzes Leben ein: Nach 20 bis 30 Jahren und Tausenden geschwommenen Kilometern kehren sie genau an diese Stelle zurück, um ihrerseits Eier abzulegen. Das bedeutet, dass die wenigen, noch heute von Schildkröten aufgesuchten Strände in ihrer natürlichen Form erhalten bleiben müssen, will man nicht das Aussterben der noch verbliebenen Population verantworten. Verhaltensmaßnahmen zum Artenschutz:

- Meiden Sie Niststrände zwischen Sonnenuntergang und -aufgang.
- Schaffen Sie keine künstlichen Lichtquellen hinter dem Strand (Lagerfeuer, Autoscheinwerfer etc.) – die Jungtiere krabbeln sonst in die falsche Richtung und vertrocknen am Folgetag qualvoll in der Sonne!
- Halten Sie sich beim Sonnenbad möglichst nicht weiter als 5 m von der Uferlinie auf. Im meernassen Bereich vergraben die Schildkröten keine Eier. Hier können Kinder bedenkenlos im Sand buddeln und Sie einen Sonnenschirm hineinstecken, ohne Gefahr zu laufen, ein Gelege zu zerstören oder den Brutvorgang durch künstlichen Schatten zu verlängern.
- Berühren Sie auf keinen Fall frisch geschlüpfte Jungtiere.

Bebauungsplan für Gelemiş vor, wo und wie überhaupt noch gebaut werden darf. Dieser Bebauungsplan schiebt zugleich großen Hotelprojekten einen Riegel vor, denn die Fläche eines Neubaus darf nicht größer als 150 m² sein, während das zu bebauende Grundstück mindestens 600 m² haben muss. Und dass Schmiergeldzahlungen nicht fruchten, darüber wachen die paar hiesigen, miteinander verwandten Familienclans, in deren Händen nahezu alle bestehenden Pensionen und Hotels liegen – sie befürchten, dass große Clubhotels ihre Kundschaft vergraulen würden. Gelemiş setzt weiterhin auf den Individualtourismus. Um das Niveau zu steigern, brachte eine kürzliche Beauty-Kur gepflasterte Straßen. Folgen sollen ein Freilichttheater und ein Museum mit Funden aus Patara. Auch sind ein Parkplatz für die Gäste von außerhalb, eine „Straßenbahn" zum Strand und neue Zufahrtsstraßen nach Gelemiş in Planung. Wann jedoch aus den Planungen Realität wird, bleibt abzuwarten. Immerhin dauerte der Bau des neuen Küstenhighways von Kalkan gen Gelemiş allein vom ersten Spatenstich bis zur Vollendung ganze 15 Jahre ... So ist anzunehmen, dass Gelemiş weiterhin ein zwar nicht ganz perfektes, aber gemütliches Refugium für Erholungssuchende ohne große Ansprüche bleiben wird – mit althergebracht-türkischer Herbergstradition, Familienanschluss inklusive.

Verbindungen/Sonstiges

Telefonvorwahl 0242.

Verbindungen Bus: Die großen Überlandbusse halten meist an der Abzweigung zum Ort. Mehrere Gesellschaften haben jedoch in der Saison eine Zweigstelle in Patara und bieten einen Zubringerservice. **Dolmuş:** Regelmäßige Verbindungen von Kalkan und Kaş.

Organisierte Touren Mehrere Anbieter vor Ort, z. B. Kırca Travel Agency Patara, ansässig im Hotel Mehmet (→ Übernachten). Saklıkent-Schlucht, Tlos und Xanthos mit Führung und Mittagessen 23 €/Pers., Kanufahrt auf dem Xanthos-Fluss 20 €, Tour in das Bergstädtchen Elmalı 30 €, Pamukkale 70 €, 2 Tage Ephesus 150 €. Angeboten werden ferner verschiedene „Blaue Reisen", inkl. Essen und Übernachtung 50 €/Pers. und Tag, Tagestrips auf einer Gulet 25 €. Zudem Flughafentransfers nach Dalaman (für bis zu 4 Pers. 70 €) und Antalya (für bis zu 4 Pers. 120 €). ℡ 8435298, www.kircatravel.com.

Auto- und Zweiradverleih Bei Kırca Travel Agency Patara (s. o.). Pkw ab 35 €/Tag, Jeeps ab 50 €, Scooter ab 20 €.

Übernachten/Camping/Essen & Trinken

Es gibt rund 1500 Betten. Das Gros aller Pensionen und Hotels ist zu empfehlen – viele haben jedoch nicht ganzjährig geöffnet, sondern nur von Mai bis Mitte Oktober. Das Preis-Leistungs-Verhältnis ist überall sehr gut.

Patara View Point, der Tipp unter den gehobeneren Unterkünften. Gepflegtes, familiäres Hotel unter türkisch-englischer Leitung (viel englisches Publikum) mit 27 freundlich-rustikalen Zimmern, alle mit Balkon und Aircondition. Pool, gemütliche Terrasse mit Ottomanen und offenem Kamin. Ab und zu Grillabende. Von Lesern empfohlen. EZ 36 €, DZ 48 €. Am Ortsbeginn von Gelemiş links bergauf (ausgeschildert), ℡ 8435184, ℻ 8435022, www.pataraviewpoint.com.

Hotel Mehmet, familiäres Haus hoch über Gelemiş. Ruhige Lage. Restaurant, Bar, Pool, teppichausgelegte Plauderecke mit Kamin. 6 aubere, schlichte Zimmer mit Aircondition und Balkon oder Terrasse. Dazu 4 Apartments. Der agile Mehmet spricht Englisch und gut Deutsch. Meist ganzjährig. DZ 42 €, Apartments für 2 Pers. ab 56 €. Am Ortsanfang links hoch, ℡ 8435032, www.kircatravel.com.

Flower Pension, bewährte, von Lesern hochgelobte Adresse mit langjähriger Stammkundschaft. Das hilfsbereite Ehepaar Mustafa und Ayşe Kırca spricht Englisch und betreibt abends noch ein sehr empfehlenswertes familiäres Restaurant mit türkischer Hausmannskost. 9 nette DZ mit guten Bädern (Duschkabinen), Balkon oder Terrasse, Klimaanlage und Moskitonetz. Zudem vermietet die Familie noch 2 Studioapartments mit Teeküche und Kühlschrank (nur eines davon mit Balkon) für bis zu 3 Pers. und 2 farbenfroh-rustikale Apartments für 4–6 Pers. Palmenbestücker, gemütlicher Hof. Tee und Kaffee werden stets serviert, die Waschmaschine kann umsonst benutzt werden. Pool in Planung – bis zur Realisierung kann der Pool des Partnerhotels Mehmet mitbenutzt werden. EZ 23 €, DZ 28 €, Apartments 37–70 €. Am Ortseingang rechter Hand, ℡ 8435164, ℻ 8435279, www.pataraflowerpension.com.

Akay Pension, freundlicher junger Familienbetrieb. Nette, ausreichend große Zimmer mit Balkon; Terrasse zum Frühstücken. Es wird sehr lecker gekocht. Lesermeinung: „Man wird bestens umsorgt. Es fällt schwer, die Familie zu verlassen". EZ 18 €, DZ 25 €. Am Ortseingang rechter Hand, ℡ 8435055, www.pataraakaypension.com.

Hotel Sema, von Lesern zigfach empfohlen: „Hanife und Ali sind die besten Gastgeber der Welt." Äußerst freundlich-hilfsbereite und familiäre Atmosphäre. 16 saubere Zimmer und 4 gut ausgestattete Apartments für bis zu 5 Pers. Die Zimmer zur Hangseite haben Balkon mit schönem Blick über Gelemiş. Leckeres Abendessen für 6,50 €. EZ 12,50 €, DZ 20 €. Am Ortseingang links bergauf, ✆/≋ 8435114, www.semahotel.com.

Rose Pension, auch hier fühlen sich Leser immer wieder sehr wohl. Etwas weitläufigere Anlage. 12 einfache, aber sehr freundliche Zimmer mit Moskitonetz über dem Bett, Klimaanlage, neu renovierten Bädern und Balkon. Nette überdachte Terrasse. Dachterrasse in Planung. Englischsprachig. DZ 20 €. Am Ortsanfang rechts bei der Flower Pansiyon ab (nicht von dem Haus mit dem Schriftzug abschrecken lassen, da wohnt man nicht), ✆ 8435165, www.rosepensionpatara.com.

Camping Medusa Camping, geboten wird eine kleine Wiese und eine überdachte Zeile für die Zelte der Lycian-Way-Wanderer. Ansonsten recht lieblos und spartanisch. Dafür gemütliche Bar angeschlossen. 3,50 €/Pers. Im Zentrum gegenüber der Dolmuşstation, ✆ 8435193, www.medusabarcamping.com.

Essen & Trinken Authentisch-türkische Küche (allerdings ohne Bier, Wein oder Rakı) wird im **Restaurant Tlos** im Zentrum serviert. Hochgelobt wird zudem die **Lokanta Durak** in der Dorfmitte mit hervorragender Hausmannskost, liebenswertem Service und zufriedener Stammkundschaft.

Baden/Reiten

Baden Der kilometerlange Strand ist nur über wenige Zufahrtsmöglichkeiten zu erreichen. Die südlichste, an Gelemiş und dem Ruinenfeld Pataras vorbei, führt zu jenem Abschnitt, der als Patara-Strand bezeichnet wird. Er ist der schönste, aber gebührenpflichtig. Ein paar Kilometer nördlich davon liegt der Strandabschnitt namens Çay Ağzı und noch weiter nordwestlich der Kumluova Plajı.

Patara-Strand: Im Sommer tägl. 8–19.30 Uhr, im Winter 8–17.30 Uhr. Patrouillen sorgen für die Einhaltung der Zeiten. Eintritt zum Strand und zum Ausgrabungsort (s. u.) – die Straße führt hindurch – 2 €. Seitdem die strohgedeckte Strandbar von der Kommune geleitet wird, ist das Bier dort so billig wie fast nirgendwo! Liegestuhl und Sonnenschirmverleih. Lifeguards. Zubringerservice mit einer von einem Traktor gezogenen Bummelbahn.

Wer von Gelemiş aus kostenlos an den Strand möchte und zudem noch die imposantesten Dünen sehen will, dem sei folgende Route empfohlen (zu Fuß oder mit dem Fahrzeug): In Gelemiş zweigt man, von der D 400 kommend, bei der Golden Pension rechts ab, beim Minikreisverkehr 150 m weiter links, dann stets auf der Straße bergauf bleiben. Man passiert u. a. die Pension Zeybek 2 und weiter oben am Hang eine Ferienhaussiedlung mit Reihenhäuschen. Ca. 250 m hinter den Reihenhäuschen (am höchsten Punkt), wenn die Straße nach rechts abschwenkt, den Schotterweg nach links nehmen. Dieser führt durch einen Pinienwald zu den großen Dünen. Von dort bis zum Meer noch ca. 10 Min., vom Zentrum insgesamt ca. 3,5 km – ein schöner längerer Spaziergang.

Wer zur Abwechslung einer kleinen gemütlichen Bucht den Vorzug gibt, kann einen Ausflug in die **Bucht von Kaputaş** (→ S. 426) machen.

Reiten Pferdeausritte können über Kırca Travel Agency gebucht werden (→ Organisierte Touren). 40 € für 2½ Std.

Patara – die Ruinenstadt

Patara, vermutlich seit dem 7. Jh. v. Chr. besiedelt, gehörte zu den führenden Städten des lykischen Bundes. Die Stadt besaß wie Tlos, Pınara und Xanthos das dreifache Stimmrecht und verwaltete auch das Archiv des Bundes. Zugleich konnte Patara einen der Haupthäfen des Landes aufweisen. Da alle herrschenden Mächte in der Geschichte der Stadt diesen Hafen für ihre Flotten nutzten, war Patara weit über die Antike hinaus ein blühender Ort. In römischer Kaiserzeit wurde Patara zum Sitz des Statthalters von Lykien und Pamphylien und überflügelte gar Xanthos. Damit verbunden war eine rege Bautätigkeit, aus jener Zeit stammen auch die

Patara – die Ruinenstadt 421

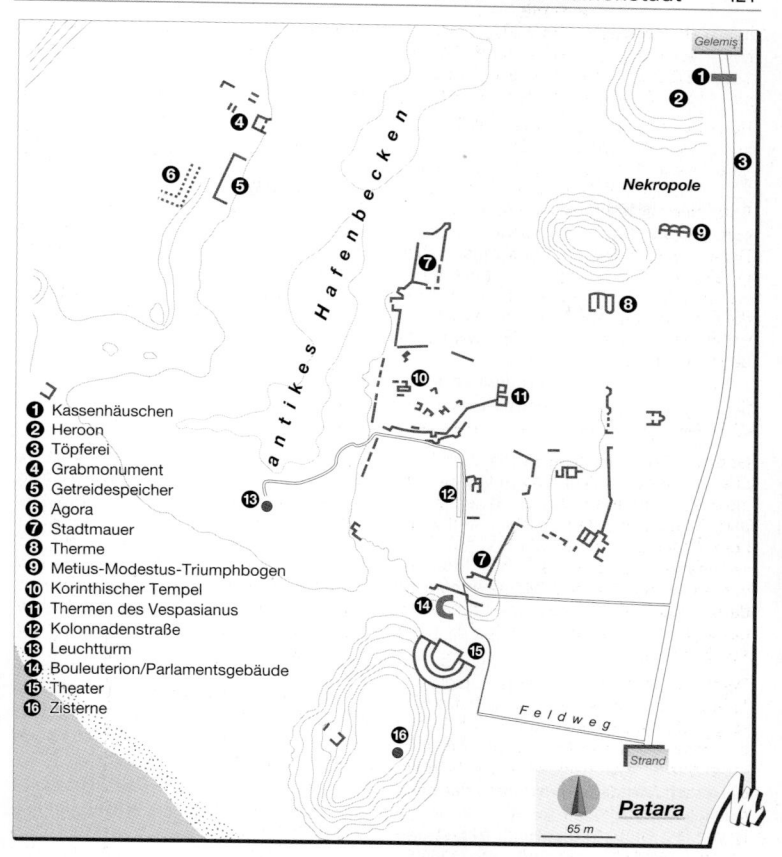

- ❶ Kassenhäuschen
- ❷ Heroon
- ❸ Töpferei
- ❹ Grabmonument
- ❺ Getreidespeicher
- ❻ Agora
- ❼ Stadtmauer
- ❽ Therme
- ❾ Metius-Modestus-Triumphbogen
- ❿ Korinthischer Tempel
- ⓫ Thermen des Vespasianus
- ⓬ Kolonnadenstraße
- ⓭ Leuchtturm
- ⓮ Bouleuterion/Parlamentsgebäude
- ⓯ Theater
- ⓰ Zisterne

meisten heute noch erhaltenen Ruinen. Die Apostelgeschichte erwähnt Patara als Station auf der dritten Missionsreise des Paulus. Um 290 wurde hier der berühmte Weihnachtsmann geboren, der Nikolaus (→ S. 436).

Von alters her kämpfte die Stadt gegen den Sand an, den ein heute verlandeter Seitenarm des Xanthos-Flusses anschwemmte und der ständig die Hafeneinfahrt zu blockieren drohte. Als der Hafen schließlich nicht mehr zu retten war, folgte Pataras Niedergang. Vor rund 800 Jahren wurde Patara aufgegeben.

Seit 2004 werden unter Leitung der *Akdeniz Üniversitesi* in Antalya umfangreiche Grabungen durchgeführt. Dabei stieß man mit der Entdeckung verrußter Steine auf den „wirklichen" Leuchtturm des antiken Pataras – bis dato hielt man einen anderen Steinhaufen dafür –, was zur Folge hatte, dass die Patara-Pläne sämtlicher Reiseführer neu gezeichnet werden mussten. Für die Ausgrabung des Leuchtturms transportierte man rund 5000 Lkw-Ladungen Sand ab. Der Leuchtturm wurde unter Nero um 60 n. Chr. errichtet und gilt damit als der älteste erhaltene Leuchtturm der Welt. Für den Einsturz des Turms macht man einen Tsunami verantwortlich. Denn anhand der Lage der ausgegrabenen Steine – es sind nahezu alle vorhanden – weiß man, dass der Turm seitwärts wegkippte und nicht, wie beispielsweise infolge eines Erdbebens, in sich zusammenstürzte. Der Leuchtturm mit einer Gesamthöhe von 20 m soll wieder aufgebaut werden, mit dem Unterbau ist man schon fertig. Auch andernorts auf dem Gelände ist die Akdeniz-Universität überaus aktiv, es werden Säulen wieder aufgestellt und Mauerquader aufgeschichtet. Leider sind die Ruinen bislang nicht beschildert, was die Orientierung etwas erschwert.

Sehenswertes: Antike Schriften berichten von einer Orakelstätte des *Apollon Patareus*, von dem in Patara bis heute aber keine Spuren gefunden wurden. Vielleicht war damit das Apollonheiligtum in der nahe gelegenen Tempelstadt Letoon gemeint. Aber auch ohne Apollonorakel lohnt eine Besichtigung des Ruinengeländes, es dösen genügend andere Bauwerke einsam in der Hitze. Der prächtige *Triumphbogen des Metius Modestus* (100 n. Chr.) direkt am Weg zum Strand zählt beispielsweise zu den besterhaltenen römischen Bauwerken der Türkei. Von den drei Bögen und den sie tragenden dicken Pfeilern fehlt kaum ein Stein – nur die Büsten vermisst man.

Das *Theater* Pataras (von der Zufahrtsstraße zum Strand über eine Staubpiste zu erreichen) wird als eines der schönsten Lykiens gehandelt. Im Innern war es noch bis vor wenigen Jahren von Flugsand verschüttet, mittlerweile ist es freigeschaufelt. In Nachbarschaft des Theaters befindet sich das einstige *Bouleuterion* mit 1455 Sitzen. Hier tagte der Lykische Bund, das erste demokratische Parlament der Welt (→ Xanthos, S. 414). Auf das *Bouleuterion* konzentrierten sich die Grabungs- und Rekonstruktionsarbeiten zuletzt. Stück für Stück wurde es wieder aufgebaut.

Vom *Bouleuterion* ist es nicht weit zur *Kolonnadenstraße* – jedes Jahr geben ihr die Archäologen etwas von der alten Pracht zurück. Weiter nördlich liegen die Ruinen einer *Therme* und eines *korinthischen Tempels*. Vom bereits angesprochenen *Leuchtturmfundament* kann man sich einen Weg durch das antike, heute versandete Hafenbecken zur einstigen *Agora* suchen, deren Ruinen aber noch weitestgehend unter Sand begraben sind. Nahebei steht ein Kornspeicher aus der römischen Kaiserzeit, das sog. *Granarium*, dem lediglich das Dach fehlt. Zu sehen gibt es darüber hinaus noch Reste weiterer *Thermen*, die *Stadtmauer*, die *Nekropole* etc. Doch es sind nicht allein die Ruinen, die den Reiz der Stätte ausmachen. Was fasziniert, ist die einzigartige Kombination aus wildem, ungebändigtem Steppenland und unbeschreiblich schönem Strand am türkisblauen Meer. Paul Klee und August Macke wären nie bis Tunis gekommen, wenn ihre Anreise durch Patara geführt hätte ...

Wie für den Strand (s. o.). Die Karte berechtigt auch zur Strandbenutzung.

Kalkan

3200 Einwohner

Kalkan ist die kleinere Ausgabe von Kaş, aber die exquisitere. In mehreren Terrassen fällt das ehemalige Fischerstädtchen zum Meer ab. Um den kleinen Hafen gruppieren sich Restaurants, darüber schmiegen sich weiß getünchte, von Bougainvilleen umrankte Häuschen eng an den Hang. Drumherum wird gebaut, was geht.

Kenner nannten Kalkan lange Zeit das „Portofino der Türkei". Heute hinkt der Vergleich ein wenig, Torquay oder St. Ives wären wohl passender. Denn Kalkan, bis

1922 ausschließlich von Griechen bewohnt, ist zu einer britischen Enklave geworden. Mittlerweile haben sich hier so viele Senioren von der Insel eine Sommerresidenz geleistet, dass man schon munkelt, Kalkan werde das erste türkische Städtchen mit einem britischen Bürgermeister. Mit dieser Entwicklung gingen auch eine enorme Steigerung der Grundstückspreise – eine Villa, die 2002 noch für 70.000 £ zu bekommen war, kostet heute fast das Dreifache – und ein gewaltiger Bauboom einher. So entstand eine Bucht westlich des alten Kalkan, die Villen- und Apartmentsiedlung Kalamar, das Pendant dazu in der anderen Richtung heißt Kışla. Doch Kalkan wächst nicht nur in die Breite, sondern auch die Hänge hinauf. Und so machen sich die Makler zunehmend Sorgen darüber, dass die Preise wieder in den Keller gehen – nicht nur wegen des Überangebots an Feriendomizilen, sondern auch wegen des Attraktivitätsverlusts.

In den Gassen von Kalkan

Für den alten Ortskern in der Mitte aber, der rund um den Hafen ansteigt, gilt noch immer: Beschaulichkeit ist Trumpf. Daran ändert auch die Tatsache nichts, dass dieser ganz und gar auf Tourismus eingestellt ist und über eine große Zahl von Pensionen und Hotels verfügt. Kalkan lädt zum gemütlichen Schlendern ein, vorbei an erkergeschmückten Häusern hinab zum Hafen: Zur Linken fällt dort der Blick auf die gut belegten Tische der Restaurants und Cafés, zur Rechten auf die der Segler beim Abendessen an Deck. Hektiker und Vergnügungssüchtige kommen in Kalkan kaum auf ihre Kosten, für ruhigere Naturen ist der Urlaubsort dagegen ein empfehlenswerter Standort für Ausflüge zum Strand von Patara, nach Kaş oder zu den Ruinen von Xanthos und Letoon.

Information/Verbindungen/Ausflüge

Telefonvorwahl 0242.

Verbindungen Alle Busse zwischen Antalya und Fethiye, die entlang der Küste fahren, machen in Kalkan Halt. Busbahnhof ca. 800 m oberhalb des Zentrums.

Dolmuş: Regelmäßig nach Kaş, zum Patara-Strand und zur Bucht von Kaputaş. Die Dolmuşe fahren ebenfalls am Busbahnhof ab, lassen zuweilen jedoch auch am Kreisverkehr beim Eingang zum Zentrum aus- und zusteigen.

Bootsausflüge Die beliebtesten Bootsfahrten führen zu diversen Stränden und Buchten der näheren Umgebung und nach Kekova (z. T. kombiniert mit einer Busfahrt nach Kaş). Eintägige Bootstouren 20 €/Pers. inkl. Lunch.

Organisierte Touren Diverse Anbieter, z. B. **Brave Tours** am Kreisverkehr am Eingang zum Zentrum. Tagestouren in die Saklıkent-Schlucht, nach Xanthos und Patara (inkl. Lunch 30 €), nach Myra und Kekova (inkl. Lunch 43 €) oder Raftingtouren (inkl. Lunch 43 €). Şehitler Cad. 47, ✆ 8441166, www.bravetours.com.

Auch die **Dolmuş-Kooperative** bietet Ausflugsfahrten: z. B. Saklıkent und Xanthos (10 €) oder am Di zum Markt nach Fethiye und nach Ölüdeniz (11 €). Die Mindestteilnehmerzahl liegt bei 6 Pers.

Adressen

Ärztliche Versorgung Privatklinik Medical Center Tuana oberhalb der Taxistation. ✆ 8442244.

Auto- und Zweiradverleih Mehrere Anbieter, z. B. über **Adda Tours** an der Mustafa Kocakaya Cad. Autos ab 43 €/Tag. ✆ 8443610, www.addatours.com. Zweiradverleiher z. B. am Ortseingang beim Kreisverkehr. 20 €/Tag.

Einkaufen Jeden Do großer **Markt** ca. 300 m nordwestlich des Kreisverkehrs bei der Moschee.

Waschsalon Beim Jachtclub am Hafen. Eine 4-kg-Trommel waschen und trocknen ca. 5 €.

Zeitung Deutschsprachiges z. B. im **Karaca Market** [5] nahe der Post.

Übernachten

Es gibt rund 4500 Gästebetten rund um Kalkan. Die günstigeren Unterkünfte liegen im alten Ortskern, die besseren und neueren außerhalb. Je näher Sie am Hafen einchecken, desto mehr müssen Sie mit Stechmücken der übelsten Sorte rechnen. Wer sich für eine Unterkunft im Neubauviertel Kışla entscheidet, sollte entweder ein Haus wählen, das einen Transfer nach Kalkan anbietet, oder über ein Fahrzeug verfügen, ansonsten sitzen Sie am „A..." der Welt. In Kışla gibt es bislang keine Kneipen, nicht einmal einen ordentlichen Laden.

Villa Mahal [1], in Kışla, von der Straße nach Kaş ausgeschildert. Hier hinkt die Prospektidylle nicht der Realität hinterher. Eine der besten Anlagen vor Ort, herrlich an einen Steilhang über dem Meer gebaut. 14 edel und geschmackvoll ausgestattete Zimmer mit zig Traumterrassen. Nachteil: viele Treppen! Eigener Bootsservice nach Kalkan, privater Felsstrand. DZ ab 220 €! Kışla, ✆ 8443268, ✉ 8442122, www.villamahal.com.

KuluBe [2], gepflegte Anlage mit 44 Zimmern, verteilt auf das Haupthaus (weniger prickelnd) und kleine, z. T. in Reihe gebaute, zweistöckige Häuschen, in denen man unter dem Dach schläft (unten eine Art Wohnzimmer mit Terrasse davor). Netter Pool, eigener Beachclub. Von Lesern sehr gelobt. DZ 91–98 €. In Kalamar, dort ausgeschildert, ✆ 8443823, ✉ 8442502, www.kulubehotel.com.

Pension White House [14], unter türkisch-englischer Leitung. Sehr freundlich. Zehn gepflegte Zimmer unterschiedlicher Größe und Bettenzahl, alle mit Fliesenboden und Aircondition, vier mit Balkon. Gigantisch ist die Dachterrasse, wo man beim reichhaltigen Frühstück gerne mal länger sitzen bleibt. Relativ ruhige Lage. Von Lesern hochgelobt. EZ 34 €, DZ 49–55 €. Im alten Kern, ✆ 8443738, www.kalkanwhitehouse.co.uk.

Hotel Zinbad [8], freundliches Haus mit mehreren Bars im Nacken. Frühstücksterrasse mit exzellentem Blick auf Moschee und Hafen. Große Zimmer mit individuellem Touch, Aircondition und z. T. mit Balkon. Bar und Restaurant. Ganzjährig. DZ 50 €. Yalıboyu Mah. 18, ✆ 8443475, ✉ 8443943, www.zinbadhotel.com.

Pension Türk Evi [3], charmante 9-Zimmer-Pension, man spricht Deutsch. Zimmer (grundsätzlich mit Holzboden) unterschiedlicher Größe und Farbe, individuell eingerichtet, u. a. mit geschmackvollen Antiquitäten, 4 davon mit Balkon. Klimaanlage. Auf Wunsch lecker zubereitetes Abendessen. Eigene Parkplätze. EZ 35 €, DZ je nach Ausstattung 45–50 €. Von Kaş kommend, kurz nach der Abzweigung vom Küstenhighway linker Hand, ✆ 8443129, ✉ 8443492, www.kalkanturkevi.com.

Hotel/Pansiyon Öz [3], hilfsbereite Inhaber und tolle Dachterrasse. 11 schlichte, saubere Zimmer mit Klimaanlage und älteren Teppichböden, in der oberen Etage mit

Kalkan 425

Übernachten
1 Villa Mahal
2 KuluBe
3 Pension Türk Evi und Pansiyon Öz
4 Pension Gül
8 Hotel Zinbad
11 Pension Öz Kalamaki
14 Pension White House

Nachtleben
7 Moonlight Bar
10 Yalı
13 Yachtpoint Bar und Marina Bar
18 Fener Café

Einkaufen
5 Karaca Market

Essen & Trinken
6 Ali Baba und Odak
9 Merkez Café
12 Belgin's Kitchen
15 Aubergine
16 La Terrazza
17 Korsan und Deniz Restaurant Palanın Yeri

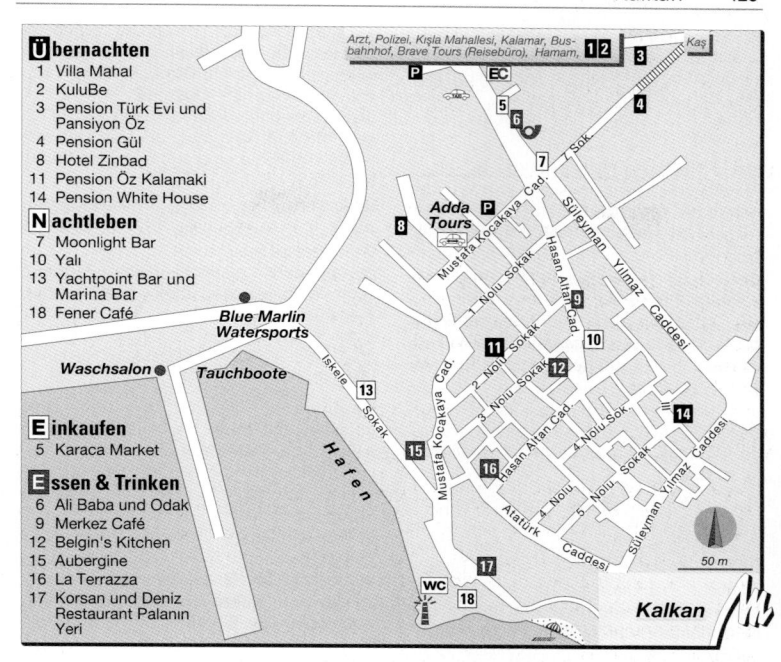

Meeresblick. EZ 25 €, DZ 35 €. Von Kaş kommend, kurz nach der Abzweigung vom Küstenhighway linker Hand, ✆ 8443444, ✉ 8442222, www.hotelozkalkan.com.

Pension Öz Kalamaki 11, Familienpension mitten im Zentrum. Schönes altes Griechenhaus, freundlicher Service. Gemütliche, einladende Terrasse. Zehn helle, angenehme Zimmer mit Kachelböden, fast alle mit Balkon. DZ 30 €. 2. Nolu Sok., ✆ 8443066, ✉ 8443433, www.oldkalamaki.com.

Pension Gül 4, von Lesern vielfach hochgelobt, insbesondere aufgrund der zuvorkommenden Vermieter, der herrlichen Aussicht von der Dachterrasse und des leckeren Essens (tolles Frühstück, Abendessen auf Wunsch). Einfache, blitzblanke Zimmer mit Balkon, Aircondition, Fliesen- oder Teppichböden und Fliegengittern an den Fenstern. EZ 23 €, DZ 30 €, Apartment (altbacken ausgestattet) je nach Größe 40–70 €. Yalıboyu Mah., ✆ 0533/2168487 (mobil), www.kalkangulpansiyon.com.

Essen & Trinken/Nachtleben

Das Niveau der Restaurants ist im Großen und Ganzen reziprok zur Terrassenlage: Ganz oben am Eingang zum Zentrum finden sich die wenigen verbliebenen einfachen Lokantas Kalkans. Je weiter man in den Ort hinabsteigt, desto gediegener werden die Lokale. Die Krönung bilden schließlich die Fischrestaurants am Hafen. Wirklich billig ist in Kalkan nichts mehr. Achtung: Manche Preise sind nicht in türkischer Lira angegeben, sondern im britischen Pfund!

La Terrazza 16, innen nostalgisch-modern eingerichtet, oben eine tolle Terrasse. Interessante türkisch-italienisch-internationale Küche. Antipasti statt Meze; Pizza, Pasta und feine Filetsteaks, zum Nachtisch Baklava und Tiramisu. Hg. 5–17,50 €. Hasan Altan Cad., ✆ 8442613.

Korsan 17, raffiniert zubereitete türkische Gerichte und leckerer Fisch zu 9–17 € (auch Kinderportionen). Ganz in blau-weiß gehalten, ein wenig Griechenlandflair. Zwischen Hafen und Strand, von Lesern gelobt. ✆ 8443622.

Deniz Restaurant Palanın Yeri 17, gleich nebenan. Frischester Fisch – kein Wunder, gehört das Lokal doch dem örtlichen Fischhändler. Seit über 45 Jahren im Geschäft. Noch relativ schlichtes Ambiente, durch das sich das Restaurant im stylishen Kalkan wieder abhebt. Hg. 7,50–15 €. ✆ 8443047.

Wer es ausgefallener mag: Das **Aubergine** 15 ein paar Tische weiter serviert sehr außergewöhnliche türkisch-internationale Küche, z. B. Wildschwein (!) mit Aprikosen und Feigen oder Entenbrustfilet mit Maulbeersoße. Schöne, weiß bestuhlte Terrasse, überaus adrette Kellner. Hg. 10–20 €. ✆ 8443332.

Belgin's Kitchen 12, die Kirgisin Belgin Akçı kocht beste türkische Hausmannskost, die in Kalkan sonst nur schwer zu bekommen ist, z. B. *Mantı, Güveç* oder frische Böreks. Herrliche Dachterrasse mit witziger Ausstattung, Riesenstoffesel zum Reiten und Nomadenzelt. Hg. 7,50–15 €. Yalıboyu Mah., ✆ 8443614.

Ali Baba 6, am Eingang zum Zentrum. Die einfache Lokanta bietet grundehrliche Topfgerichte ohne Schnickschnack. Hungrige Einheimische und neugierige Touristen im bunten Mischmasch. Große Portionen. Hg. 4,50–6 €. Auch im **Odak** 6, im 1. Stock gleich über dem Ali Baba, kann man gut essen: Meze, Pide, Kebabs, *Güveç*. Gehobeneres Ambiente und gehobenere Küche. Hg. 6–15 €.

Merkez Café 9, Mischung aus Café und Restaurant, sehr beliebt und für Kalkaner Verhältnisse liebenswert unschick. Neben der geregelten Alkoholaufnahme wird hier auch die Zufuhr von Süßem gewährleistet. Frühstück (natürlich auch „Full English"), süße Stückchen und Puddings, man kann aber auch richtig essen. Günstig. Hasan Altan Cad.

Nachtleben Angesagt ist in erster Linie gemütliches Picheln. Bei allen Altersstufen beliebt ist das Café **Yalı** 10 mit Bar und Terrasse in der Hasan Altan Cad., wo man sich schon nach dem zweiten Besuch wie ein Stammgast fühlt. Fußballübertragungen. Im oberen Ortsteil (Ecke Kocakaya Cad./Süleyman Yılmaz Cad.) befindet sich die **Moonlight Bar** 7 mit gemütlicher Atmosphäre und großer Getränkekarte. In der **Yachtpoint Bar** 13 am Hafen tauchen die Diver nachts ab, Gleiches gilt für die **Marina Bar** 13 nebenan. Ruhigere Naturen zieht es ins **Fener Café** 18 beim Leuchtturm.

Baden/Tauchen

Baden In Kalkan südlich des Hafens ein schmaler, jedoch rund 150 m langer und gepflegter Kiesstrand, das Wasser ist glasklar. Lohnenswerter ist es aber, die Badeplätze der Umgebung anzusteuern, allen voran natürlich **Patara** (→ Patara/Baden, S. 420). Traumhaft ist ebenfalls die Bucht von **Kaputaş** (s. u.).

Tauchen Dolphin Scuba Team, älteste Tauchbasis von Kalkan, seit bald 20 Jahren im Geschäft. Deutschsprachig. Tagesausfahrt mit 2 Bootstauchgängen inkl. Leihausrüstung 52 €, Tauchkurse (z. B. P.A.D.I.-Open-Water) 345 €. April–Okt. Weitere Infos auf dem Tauchboot im Hafen. ✆ 8442242, www.dolphinscubateam.com.

Umgebung von Kalkan

Bucht von Kaputaş: An der Steilküste tief unterhalb der Küstenstraße von Kalkan nach Kaş breitet sich diese Bilderbuch-Bucht mit einem Sandkiesstrand aus, das Meer wirkt wie aus dem Malkasten gesprungen und leuchtet in strahlendstem Türkisblau, Smaragdgrün und Aquamarin. Weil's so schön ist, kommen allerdings auch massenweise Touristen hierher (per Ausflugsboot oder Dolmuş), was dem kleinen Strand im Hochsommer etwas die Idylle raubt.

Regelmäßig per **Dolmuş** von Kalkan und Kaş.

Kaş

8100 Einwohner, im Sommer ca. 16.000

In einer reizvollen, von zwei Halbinseln umrahmten Bucht gleißen die weißen Fassaden der griechischen Häuser im Sonnenlicht. Funkelnde Souvenirs glitzern mit ihnen um die Wette, und Teppiche leuchten farbenfroh in der Sonne.

Noch bis Anfang der 1990er galt Kaş als Geheimtipp unter Travellern. Heute gehört der Ort zu den etablierten Ferienadressen der Lykischen Küste, wo an lockere Kundschaft mit lockeren Geldbörsen gepflegter Tourismus verkauft wird. Am Tag sind Bootsfahrten zu den umliegenden Stränden und Inseln beliebt, abends zeigt man, was man kann: Den Gästen bis spät in die Nacht eine sorgenfreie Zeit bescheren.

Das Gros der Besucher stellen Deutsche und Briten, darunter etliche Taucher – das Revier vor der Tür zählt zu den besten der Region. Es kommen aber auch viele Individualtouristen, vom Segler bis zum Rucksackreisenden. Auf den Geldbeutel Ersterer hat sich zwar mittlerweile das Preisniveau der meisten Restaurants eingestellt, aber es gibt noch immer ein paar billigere Lokantas und gute Unterkünfte für relativ wenig Geld. Den „Hauptsache-Sonne-saufen-und-beides-möglichst-billig"-Urlauber lockt das Städtchen zum Glück weniger an: In den Prospekten der großen Reiseveranstalter nimmt Kaş eine Randnotiz ein, denn es fehlt an weiten Stränden und damit an großen Mittelklassehotels unmittelbar vor Ort.

Kaş liegt auf dem Gebiet des antiken *Antiphellos*, von wo aus in römischer Zeit Schwämme und Holz exportiert wurden. Während der byzantinischen Herrschaft war Antiphellos Bischofssitz, dann blühte der Stadt das gleiche Schicksal wie zahlreichen anderen Orten an der Küste: Wiederholte Überfälle der Araber ließen Antiphellos zum bedeutungslosen Fischerort verkümmern, das bis 1923 (inzwischen unter dem Namen Kaş) Heimat einer griechischen Bevölkerungsmehrheit war. Die Bausubstanz aus jener Zeit prägt noch heute das charmante Zentrum um den Hafen.

Dank des günstigen Klimas gedeihen in Kaş aber nicht nur Zitrusfrüchte, Gummibäume und Palmen, sondern auch Nobelvillen und Hotels. Das Städtchen wächst und wächst. Und da der Platz in der Bucht naturgemäß beschränkt ist, wächst Kaş einfach dahinter den Hang hoch in den Himmel. Die Realität spricht der einst offiziell ausgegebenen Devise Hohn, nach der die Bucht nicht zubetoniert werden dürfe und ihr ökologisches Gleichgewicht gewahrt bleiben müsse. Selbst der offizielle Baustopp zwischen Mitte Mai und Ende Oktober wird nicht eingehalten. Auch die südwestlich ins Meer ragende Çukurbağ-Halbinsel, wo bis vor nicht allzu langer Zeit nur eine Handvoll Häuser stand, entwickelt sich langsam zu einer eigenen Postadresse. Trotz alledem präsentiert sich Kaş – verglichen mit Marmaris, Fethiye oder Kemer – immer noch als gemütlicher, überschaubarer Urlaubsort mit Charme.

Informationen/Verbindungen/Ausflüge

Telefonvorwahl 0242.

Information Tourist Information direkt am zentralen Platz. Kompetent und hilfsbereit. In der Saison tägl. 8–12 u. 13–17.30 Uhr, Okt.–Mai Mo–Fr 8–12 u. 13–17 Uhr. Cumhuriyet Meydanı 5, ✆ 8361238, kasturizm danismaburosu@hotmail.com.

Verbindungen Nahezu jede halbe Std. **Busse** nach Antalya (4 Std.) und Fethiye (2 Std.). Außerdem Verbindungen nach İstanbul (15 Std.), Pamukkale (mit Umsteigen, 8 Std.) und Selçuk (mit Umsteigen, 6 Std.).

428 Lykische Küste

Nach Marmaris in Gökova umsteigen (4 Std.). Busbahnhof 700 m landeinwärts.

Dolmuş: In der Saison vom **Busbahnhof** ca. stündl. nach Kalkan, Kaputaş und Patara, außerdem tägl. gegen 10 Uhr nach Saklıkent sowie nach Myra und Kekova. Vom hafennahen Kreisverkehr vor dem Rathaus *(Kaş Belediyesi)* starten die Dolmuşe zur Çukurbağ-Halbinsel (in der Saison jede halbe Std.) und zum Big Pebble Beach (in der Saison alle 2 Std.).

Schiffsdolmuş: April–Okt. zu den vorgelagerten Inselchen und zur Limanağzı-Bucht (hin/zurück o. einfach 5 €). Mai–Okt. mehr oder weniger fahrplanmäßige Verbindung nach Kastellórizo/Meis (s. u.).

Blaue Reisen Diverse Anbieter. Eine Woche mit Crew und Verpflegung (keine Getränke) kostet bei **Kahramanlar** (s. u.) auf der 23-m-Gulet 400 €/Pers., für 3 Tage 250 €. Zuweilen auch Last-Minute-Angebote.

Per Boot nach Kastellórizo: Tagesausflüge zur nahe gelegenen griechischen Insel bedürfen von griechischer Seite aus keiner Zollformalitäten, nur von türkischer (Pass muss einen Tag vor Abreise oder am Tag der Abfahrt vor 8.30 Uhr beim Veranstalter abgegeben werden). Start der *Meis Express* um 10 Uhr (im Sommer tägl., außerhalb der Saison unregelmäßig). Dauer der Überfahrt 15 Min., hin und zurück 20 €/Pers. Buchungen in den Reisebüros oder am Hafen bei **Kahramanlar** (s. u.).

Bootsausflüge Egal wo man bucht, sämtliche Ausfahrten kosten ca. 20 €. Fahrten u. a. zur Bucht von Kaputaş (→ Umgebung Kalkan) und zu nahe gelegenen Grotten oder ins unvermeidliche Blaue. Die Muss-Tour führt nach Kekova.

Organisierte Touren Einen guten Ruf haben **Bougainville Travel Tours** (Çukurbağlı Cad. 10, ✆ 8363737, www.bt-turkey.com) und **Xanthos Adventure** (İbrahim

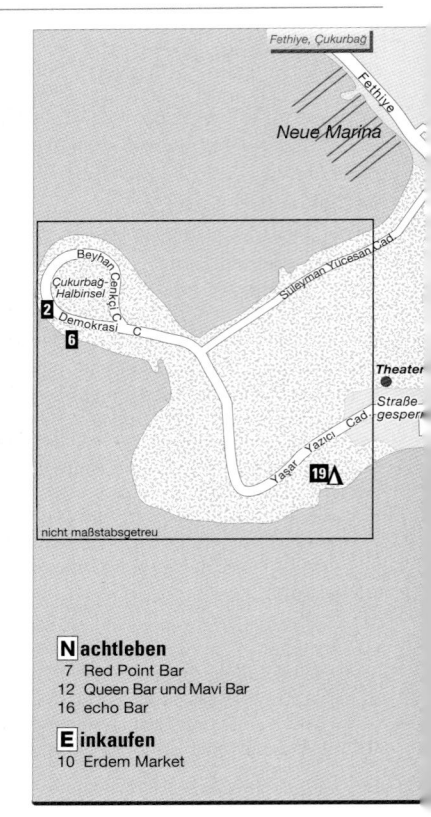

Fethiye, Çukurbağ

Nachtleben
7 Red Point Bar
12 Queen Bar und Mavi Bar
16 echo Bar

Einkaufen
10 Erdem Market

Serin Sok. 5, ✆ 8363292, www.xanthostravel.com). Beide sind auf Aktivurlaub spezialisiert, z. B. Mountainbiketouren (35 €), Canyoning (50 €), Kajakfahrten bei Kekova (30 €), Trekkingtouren (30 €) usw. Bougainville Travel Tours bieten zudem Flughafentransfers.

Kahramanlar, am Hafen, hat ebenfalls einen guten Ruf und bietet eher die klassischen Sightseeingtouren an, z. B. Bustrips nach Xanthos und Saklıkent (25 €) oder nach Myra und Arykanda (30 €). ✆ 8361062, kahramanlary@tnn.net.

Adressen

Ärztliche Versorgung Eine Englisch und auch ein wenig Deutsch sprechende Ärztin ist **Dr. Munise Ozan** beim Hafen gegenüber dem Taxistand, İskele Sok. 10,

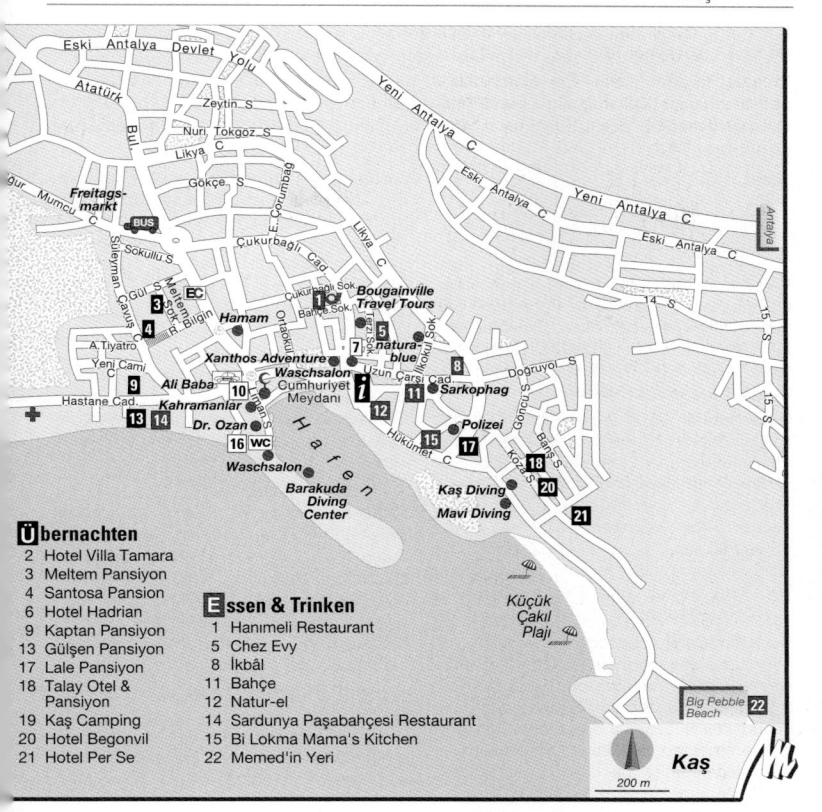

Übernachten
- 2 Hotel Villa Tamara
- 3 Meltem Pansiyon
- 4 Santosa Pansion
- 6 Hotel Hadrian
- 9 Kaptan Pansiyon
- 13 Gülşen Pansiyon
- 17 Lale Pansiyon
- 18 Talay Otel & Pansiyon
- 19 Kaş Camping
- 20 Hotel Begonvil
- 21 Hotel Per Se

Essen & Trinken
- 1 Hanımeli Restaurant
- 5 Chez Evy
- 8 İkbâl
- 11 Bahçe
- 12 Natur-el
- 14 Sardunya Paşabahçesi Restaurant
- 15 Bi Lokma Mama's Kitchen
- 22 Memed'in Yeri

✆ 8364141 o. 0532/5822054 (mobil). Das kleine staatliche Krankenhaus **Devlet Hastanesi** befindet sich in der Hastane Cad., der Straße zur Çukurbağ-Halbinsel. ✆ 8361185.

Autoverleih Über Reisebüros oder lokale Verleiher, z. B. bei **Ali Baba Rent a car**, nahe der Moschee. Pkw ab 35 €, Jeeps ab 55 €. ✆ 8362501, www.kasalibaba.com.

Bei **Kahramanlar** (→ Organisierte Touren) gibt es die billigsten Autos bereits ab 30 €.

Einkaufen Jeden Fr großer **Obst- und Gemüsemarkt** hinter der Busstation.

Waschsalon Express Laundry, am Hafen bei den Duschen für die Segler. Eine Trommel waschen und trocknen 7,50 €.

Zeitungen Deutschsprachiges bekommt man u. a. im **Erdem Market** 10 am Mini-Palmen-Kreisverkehr auf dem Weg zum Hafen.

Zweiradverleih Scooter hat Ali Baba Rent a car (→ Autoverleih) ab 20 €/Tag im Angebot.

Übernachten/Camping

Es stehen insgesamt rund 6000 Betten zur Auswahl. Oberhalb des Küçük Çakıl Plajı, wo sich Hotel an Pension und Pension an Hotel reiht, dominiert die Mittelklasse, preiswertere Unterkünfte mischen sich ab der 2. Reihe darunter. Fast alle der dortigen Häuser besitzen eine Dachterrasse mit herrlicher Aussicht. Machen Sie Ihre Wahl insbesondere davon abhängig, ob noch ein Zimmer mit Meeresblick frei ist. Die günstigsten Pensionen (DZ ab ca. 25 €) findet man in den Seitengassen östlich des Atatürk Bul. Viele kleine, schicke Clubhotels sind in den letzten Jahren auf der westlich des Zentrums gelegenen Çukurbağ-Halbinsel entstanden (Taxi dorthin ca. 7 €).

Hotel Villa Tamara 2, auf der Çukurbağ-Halbinsel. Natursteinverzierte Anlage mit 19 großen Zimmern und 11 Suiten (alle individuell und mit Geschmack eingerichtet), die über einen Atriumhof zu erreichen sind. Restaurant und Bar. Der Hit ist jedoch die wunderschöne, gemütliche Poolanlage mit traumhaften Meeresblicken. Sehr beliebt bei Flitterwöchnern. DZ 120 €, Suiten ab 180 €. Çukurbağ Yarımadası, ✆ 8363273, ✉ 8362112, www.hoteltamara.com.tr.

Hotel Hadrian 6, kleine komfortable Clubanlage auf der Çukurbağ-Halbinsel, unter deutsch-türkischer Leitung. 14 hübsche Zimmer mit Balkon und größtenteils tollem Meeresblick. Viele Blumen, großer einladender Meerwasserpool. Vorrangig deutsches Publikum. EZ ab 85 €, DZ mit HP ab 125 €. Doğan Kaşaroğlu Sok. 10, ✆ 8362856 (in Deutschland 07262/6445), ✉ 8361387, www.hotel-hadrian.de.

Hotel Per Se 21, oberhalb des Küçük Çakıl Plajı. Eines der charmantesten zentrumsnahen Häuser. Nur 9 Suiten, luftig und stilvoll eingerichtet. Drucke von Matisse dominieren. Kleiner Pool hinter dem Haus. Dachterrasse mit Bar. Für 2 Pers. je nach Stockwerk 100–120 €. Koza Sok. 23, ✆ 8364256, ✉ 8364258, www.hotelperse.com.tr.

Lale Pansiyon 17, etablierte kleine Pension nahe dem Küçük Çakıl Plajı. Die freundliche Betreiberin Saniye hat in der Schweiz gelebt und spricht gut Deutsch. 15 helle Zimmer mit gekachelten Böden, von manchen Meeresblick. Gutes Frühstück. Es werden auch Touren angeboten. EZ 42 €, DZ 60 €. Küçük Çakıl Mah., ✆/✉ 8361575, www.lalepension.com.

Hotel Begonvil 20, über dem Küçük Çakıl Plajı in zweiter Reihe. Von freundlichen türkischstämmigen Schweizern geführtes Haus mit 16 sehr sauberen und geschmackvollen Zimmern mit Fliesenböden. Von Lesern hochgelobt. Gute Auswahl an internationalen Zeitschriften und Romanen. EZ 45 €, DZ 60 €. Koza Sok. 13, ✆ 8363079, ✉ 8363188, www.hotelbegonvil.com.

Gülşen Pansiyon 13, in unmittelbarer Nähe zum Meer. Familienpension mit 15 kleinen, solide ausgestatteten, neu möblierten Zimmern mit gekachelten Böden, etliche davon mit Balkon und herrlichen Meeresblicken. Garten und eigene Badeplattform. Die Klimaanlage kostet extra. DZ 47,50 €. Hastane Cad. 23, ✆ 8361171, ✉ 8362508.

Talay Otel & Pansiyon 18, eine Leserempfehlung in zweiter Reihe über dem Küçük Çakıl Plajı, nur ein paar Schritte vom Begonvil (s. o.) entfernt. Etwas größeres Haus mit 22 Zimmern, 12 davon mit Meeresblick. Gepflegt und sauber. Freundlicher Service. Tolle Dachterrasse, auf der das Frühstück serviert wird. DZ 40 €. Koza Sok., ✆ 8361101, ✉ 8361182, www.talayotel.com.

Meltem Pansiyon 3, eine von mehreren Unterkünften in der gleichen Ecke. Kleinere und größere Zimmer mit und ohne Balkon, die schöneren im 2. Stock. Darüber eine nette Dachterrasse mit Hängematten. Achtung – häufiger Pächterwechsel! DZ 40 €. Meltem Sok., ✆ 8361855, www.kasmeltempansion.com.

Kaptan Pansiyon 9, Leser loben die Herzlichkeit der Familie, das gute Frühstück und die wunderbare Dachterrasse mit Meeresblick, auf der die Hausherr abends manchmal Fisch grillt. 14 einfache, aber blitzsaubere Zimmer mit Fliesenböden, davon mehrere mit Meeresblick. DZ 35 €. Hastane Cad. 68, ✆ 8361269, www.kaptanpansion.com.

Santosa Pansion 4, von Lesern sehr gelobte Pension. Einfache, aber ebenfalls sehr saubere Zimmer, hier mit blümchenbemalten Wänden, die meisten mit Balkon. Terrasse mit schöner Aussicht. DZ 35 €. Vom Zentrum über die R. Bilgin Sok. zu erreichen, ✆ 8361714, www.antalyakaspansiyon.com.

Camping Kaş Camping 19, relativ kleiner, aber hübscher Platz in einem Olivenhain in Laufnähe zum Zentrum. Terrassen am Hang, Felsküste mit künstlichem Einstieg und Plattform, gutes kleines Restaurant mit herrlichem Blick. 8 saubere Bungalows, entweder im Hundehüttenformat ohne Bad oder als geschmackvolle „Luxusvariante" mit Bad und Aircondition. Tauchbasis angeschlossen. Im Bungalow für 2 Pers. je nach Ausstattung 27,50–70 €, 2 Pers. mit Wohnmobil 17,50 €. Anfahrt mit dem Auto nur über die Süleyman Yücesan Cad. möglich. Hinter dem Theater, ☎ 8361050, ✉ 8363679, www.kaskamping.com.

Essen & Trinken (→ Karte S. 428/429)

Das Preisniveau der Restaurants ist in Kaş – ähnlich wie in Kalkan – etwas höher. Günstige Pide- und Kebablokale findet man am Atatürk Bul. stadtauswärts. Mehrere nette Cafés laden bei der Post an der Bahçe Sok. zum Frühstücken ein. Ein zusätzlicher Tipp ist das Restaurant des **Kaş Campings** (→ Übernachten).

Chez Evy 🟦, unter französischer Leitung. Im lauschigen Gärtchen und im extrem verspielt eingerichteten Inneren kommt internationale Küche mit stark französischem Einschlag auf den Tisch. So gibt es *Salade Niçoise*, Käsecrêpes und sogar Wildschweingerichte. Hg. 14–20 €. Terzi Sok. 2, ☎ 8361253.

Bahçe 🟦, im schattigen Gärtchen mit Korbmöbeln gibt es gute Vorspeisen. Wer davon nicht satt wird: Ein deftiger Adana- oder Urfakebab ist auch zu haben. Meze ca. 3 €, Hg. 5–13 €. Anıt Mezar Karşısı 31, ☎ 8362370.

İkbâl 🟦, nettes kleines Terrassenlokal. Die Küche besitzt zypriotischen Einfluss, der Chef kommt aus Zypern. Preislich in der oberen Mittelklasse. Süleyman Sandıkçı Sok. 6, ☎ 8363193.

🪶 **Natur-el** 🟦, „sehr freundliche Bedienung und wirklich gutes Essen", meinen Leser. In Nachbarschaft der Queen Bar (hafenabgewandte Seite). Außenbestuhlung in der Gasse. Zu den Spezialitäten gehören zig verschiedene *Mantı* (5–7 €), die türkischen Ravioli, und die klebrig-süße Nachspeise *Aşure*. Angeblich wird Biogemüse verwendet. Hg. 7–14 €, *Mantı* 5–7 €. Gürsoy Sok. 6, ☎ 8362834. ∎

Sardunya Paşabahçesi Restaurant 🟦, lauschiges Gartenrestaurant mit Meeresblick. Gute Meze, zu den Spezialitäten gehören *Saç Kavurma* (hier „Feuertopf" genannt, 10 €) und verschiedene *Güveç*-Varianten, dazu wird mehrmals wöchentlich geräucherte Dorade angeboten. Hastane Cad., ☎ 8363180.

Bi Lokma Mama's Kitchen 🟦, ein weiteres Gartenlokal, hier jedoch mit tollem Hafenblick. Auf den Tisch kommt verfeinerte Hausmannskost. Familiär-freundliche Atmosphäre, nur weibliches Personal. Grünweiße Holzstühle unter Jasmin, Griechenlandflair. Für Kaş und die Lage günstig (Hg. 5–8 €). Hükümet Cad. 2, ☎ 8363942.

Hanımeli Restaurant 🟦, hier werden die Gäste liebevoll vom Ehepaar Şahin verwöhnt. Das Menü stellt man sich in der offenen Küche selbst zusammen. Netter Innenbereich, einfache Außenbestuhlung, manchmal spielt Celal Şahin abends Gitarre. Korrekter Service, faire Preise, Meze 2–2,50 €, Hg. 4–6 €. 1. Çukurbağlı Sok. 3, ☎ 8361634.

Memed'in Yeri 🟦, am Büyük Çakıl Plajı (→ Baden). Einfaches kleines Bar-Restaurant mit Bollerofen für kalte Tage und Kino- und Konzertplakaten an den Wänden. Viel lokales Publikum, Hausmannskost.

Nachtleben (→ Karte S. 428/429)

Sehr beliebt ist z. B. die **Queen Bar** 🟦: Im 1. Stock die Tanzfläche, oben vergnügt man sich auf der Dachterrasse. DJs, Musik querbeet.

Die **Mavi Bar** 🟦 gleich in der Nähe gilt v. a. bei Tauchern als *der* Treffpunkt schlechthin. Auf wackeligen Holzstühlen trinkt man teures Bier, sieht den Leuten beim Flanieren zu und hört laute Musik zwischen Nirvana und Bob Marley.

Ein weiterer Tauchertreff ist die **Red Point Bar** 🟦 in der Süleyman Topçu Cad. Hübsches Interieur, nette Musik, Tische auf der schmalen Gasse davor. Nur abends geöffnet.

Regelmäßig türkische Livemusik bietet die **echo Bar** 🟦 am Hafen nahe dem Taxistand. Gemütliches Interieur, draußen Terrasse.

Baden/Sport & Freizeit

Baden Vor Ort bietet sich der **Küçük Çakıl Plajı** an, eine Minikiesbucht östlich des Hafens. Drum herum gepflegte terrassenförmige Lidos mit Bar und Sonnenschirmverleih – auch am Abend gern besucht. Westlich des Hafens unterhalb der Hastane Cad. offerieren Beach Clubs Liegestühle zum Sonnen auf Betonplattformen, über Felsen geht es ins Meer.

Gute Badestrände findet man außerhalb, z. B. den grobkiesigen **Büyük Çakıl Plajı**, auch bekannt als **Big Pebble Beach**, etwa 20 schweißtreibende Fußmin. in östlicher Richtung (oder in der Saison alle 2 Std. mit dem Dolmuş ab dem hafennahen Kreisverkehr vor dem Rathaus). Außerdem die **Limanağzı**, eine Doppelbucht mit vier schmalen Kies-Felsstränden. Am einfachsten, allerdings unregelmäßig zu erreichen per Schiffsdolmuş (Dauer 20 Min.). Der mit Abstand schönste Strand ist jedoch der **Kaputaş Plajı** zwischen Kaş und Kalkan (→ S. 426).

Paragliding Gestartet wird vom Asaz Dağı, je nach Wetterlage von rund 650 m oder 1000 m Höhe. Dauer der Tandemflüge je nach Thermik 20–40 Min., Kostenpunkt 90 €. Erfahrene Anbieter sind: **naturablue** (Likya Cad. 1, ✆ 8362580, www.naturablue.com) und **Bougainville Travel Tours** (→ Organisierte Touren).

Tauchen Kaş ist ein ideales Tauchrevier. Das Wasser ist warm und klar, der Fischbestand groß. 2 Unterwasserhöhlen, Riffe, Amphoren von gesunken Schiffen, ein Flugzeugwrack aus dem Zweiten Weltkrieg und ein versenkter Nachbau des Uluburun-Wracks (ging vor 3300 Jahren unter, das gehobene Original ist im Museum der Unterwasserarchäologie in Bodrum zu besichtigen) sorgen für genügend Abwechslung. Für die Zukunft ist zudem die Einrichtung eines archäologischen Unterwasserparks geplant. Ein Bootstauchgang mit Leihausrüstung kostet im Schnitt 25–30 €, 10 Bootstauchgänge mit eigenem Equipment ca. 200 €, Anfängerkurs 280–310 €. Es gibt in Kaş insgesamt 16 Tauchsportanbieter, unsere Empfehlungen:

Barakuda Diving Center, Office an der Liman Sok. (nahe dem Asmaaltı Café), Infos auch auf dem Tauchboot. Renommierte Tauchschule mit deutschem Personal. Von Lesern gelobt. ✆/📠 8362996, www.barakuda-kas.de.

Mavi Diving, Office in einem Kiosk oberhalb vom Küçük Çakıl Plajı (auf Höhe des Hotels Gardenia). Deutsche Tauchlehrer. ✆ 8363141, www.mavidiving.com.

Kaş Diving, ein paar Schritte weiter im Gebäude des Hotels Ferah, ebenfalls deutschsprachig. ✆ 8364045, www.kas-diving.com.

Hinweis: Kekova und die Unterwasserruinen dürfen nicht betaucht werden, auch Schnorcheln und Baden ist dort verboten.

Sehenswertes: Über den gesamten Ort verstreut stehen *Sarkophage*, die meisten sind allerdings stark zerstört. Den schönsten altlykischen Grabbau (über 4 m hoch) im typischen Holzspeicherstil mit Spitzbogendeckel und einer Inschrift kann man in der Stadtmitte bewundern (Uzun Çarşı Cad.). Einige kümmerliche *Stadtmauerreste* sind am Hafen übrig geblieben. Das antike *Theater* von Antiphellos aus dem 1. Jh. v. Chr., mit 25 Sitzreihen eher klein, ist ausgezeichnet erhalten und lohnt einen Besuch nicht zuletzt wegen der schönen Aussicht auf die Bucht, das Meer und die vorgelagerte Insel Kastellórizo – kein Bühnenhaus verstellt das Panorama.

Kekova/Simena

Das Meer zwischen der Insel Kekova und dem Festland gleicht einem Binnensee, der von unzähligen kleinen Inseln durchsetzt ist. Unter dem Wasser die versunkene Stadt Sualtı Şehir – wie aus einem Märchen.

Berühmt ist die Inselwelt von Kekova für ihre Unterwasserruinen, lautstark als „Sunken City" angepriesen. Mit dem Boot tuckert man gemütlich über die Grundmauern etlicher Gebäude, die sich im kristallklaren Wasser ausmachen lassen. Hier und dort ragt ein Sarkophag aus dem Wasser. Über den antiken Hafenkais von Simena tanzen kleine Fischchen. Ein Blickfang ist auch die Ruine einer byzantinischen Kirche direkt an der Bucht von Tersane – nur die Apsis ragt am Strand empor. Der Grund für das Versinken der Städte liegt darin, dass sich die Küste langsam absenkt, nämlich in einem Zeitraum von 100 Jahren um ca. 15 cm.

Die direkt gegenüber von Kekova gelegene Bilderbuchortschaft **Simena** (auch **Kaleköy** = Burgdorf genannt) erinnert wie wenige andere türkische Orte an alte griechische Fischerdörfer in der Ägäis. Malerisch ziehen sich die Häuser einen Hang hinauf, der von einer mittelalterlichen **Burg** gekrönt wird. Der Burgberg war bereits in der Antike besiedelt. Innerhalb der Burgmauern (Eintritt 3,20 €) sieht man noch heute die Reste eines aus dem Fels gehauenen, kleinen Theaters (ohne Bühne), das einst 300 Personen Platz bot. Der Burg zu Füßen stehen die für diese Gegend typischen Steinsarkophage.

Da man Simena nie an das öffentliche Straßennetz angeschlossen hat, konnte sich die 200-Einwohner-Ortschaft einen besonderen Charme bewahren. Sie präsentiert sich als einer der letzten idyllischen Flecken an der türkischen Südküste, die ihr Gesicht durch den Massentourismus noch nicht verloren hat – zumindest vor 13 Uhr und nach 15 Uhr, bevor die Ausflugsboote eintreffen und nachdem sie wieder ablegen.

Die meisten Touristen kommen im Rahmen eines organisierten Tagesausflugs, der in Andriake oder Kaş startet. Unterwegs genießt man dabei eine einmalige Aussicht über die bizarre Küstenlandschaft. Man kann aber auch nach **Üçağız** (500 Einwohner) fahren, dem Simena nächstgelegenen und noch mit dem Fahrzeug zu erreichenden Ort, und von dort ein Boot nehmen. Üçağız, das antike *Teimiussa*, ist heute eine Ansammlung von Restaurants und kleinen Pensionen mit einer Moschee neben der Anlegestelle. Wie auch in Simena bestimmen die Ausflugsboote und -busse den Rhythmus des Ortes. An Teimiussa erinnern noch ein paar Grabbauten v. a. östlich des Dorfes.

Anfahrt/Verbindungen 1-mal am Tag um 14.15 Uhr ein **Dolmuş** von Antalya (Busbahnhof) über Demre nach Üçağız und andersrum um 8 Uhr morgens von Üçağız über Demre nach Antalya. Die meisten Pensionen bieten Gästen, die länger als vier Tage bleiben, einen kostenlosen Pickupservice von und nach Demre an. **Taxi** von Kaş 20–25 €, von Demre 16–20 €. Von Üçağız mit dem **Boot** nach Simena ca. 10 €, 2 Std. private Bootsrundtour 30–35 € (je nach Größe des Bootes, jedoch für mind. 3–4 Pers.). Wer sich einer Bootstour anschließen kann, bezahlt rund 5 €. Bei Bootsausflügen hilft Hassan weiter (→ Essen & Trinken).

Ansonsten per **Bootsausflug** von Andriake (Demre), Kaş oder Kalkan (s. dort). Von Fethiye und vielen anderen Küstenorten sind Ausflugsfahrten meist eine Kombination aus einer Busfahrt bis Üçağız und anschließender Bootstour durch die Inselwelt von Kekova und nach Simena.

Übernachten in Üçağız Onur Pension, unmittelbar am Meer, eigener Bootssteg. Einfache, freundliche Pension. Schöne Terrasse nur für Gäste, darunter das Restaurant. DZ 45 €. Üçağız, ✆ 0242/8742071, ✆ 8742266, www.onurpension.com.

Kekova Pansiyon, im Westen der Bucht, direkt am Meer. 8 hübsche, geräumige Zimmer mit Aircondition und Holzböden. Gemeinschaftsbalkon im 1. Stock mit tollem Meeresblick. Von Lesern hochgelobt. DZ 35–45 €. Üçağız, ✆/✆ 0242/8742259, www. kekovapansiyon.com.

Ekin Hotel, 13 Zimmer, 5 mit eigener kleiner Terrasse, andere mit Balkon und Blick über die Bucht. Über dem Restaurant eine Dachterrasse mit Hollywoodschaukel. Die sympathisch-unaufdringlichen Brüder Ali und Yusuf Pehlivan beraten gut und fair bei der Planung von Wanderungen und Bootstouren: Man kann niemanden auf die hauseigene Jacht schleppen, da keine vorhanden. Ganzjährig. Von Lesern gelobt. DZ 35–

40 €, auch HP möglich. Auf dem Weg zur Kekova Pension, ✆ 0242/8742064, www.ekinpension.com.

Übernachten in Simena Hier übernachtet man deutlich teurer.

Kale Pension, direkt am Meer mit herrlicher Terrasse auf einem Steg samt Liegestühlen und Hängematten. 10 einfachgemütliche DZ mit Klimaanlage, Balkon/Terrasse und traumhaftem Meeresblick. Sehr freundlich. DZ 75 €. ✆ 0242/8742111, 🖷 8742110, www.kalepansiyon.com.

Mehtap Pension, etwas höher gelegen. 10 schlichte Zimmer mit Klimaanlage, 4 davon mit Meeresblick. Super Terrasse, Hängematten zum Relaxen. DZ 65 €. ✆ 0242/8742146, 🖷 8742261, www.mehtappansiyon.com.

Essen & Trinken In Üçağız und Simena mehrere Restaurants mit Terrasse am Meer – fast alle profitieren von organisierten Bootstouren. Welches das beste ist, ist schwer zu sagen. Das mit Abstand bekannteste und eines der alteingesessenen ist in Üçağız das von **Hassan**, dem „besten Koch vom Mittelmeer". Den Ehrentitel haben ihm Segler verliehen; kein Küstenhandbuch, das ihn nicht würdigt. Eine echte Marke! Hassan ist sehr hilfsbereit (deutschsprachig) und erteilt Rat in Bezug auf Zimmersuche, Bootsausfahrten usw. Fantastische Fischküche (Fischeintopf und Hummer müssen vorbestellt werden), geniale Garnelenspieße und Calamares. ✆ 0532/5130208 (mobil).

Baden Sandstrände sind unmittelbar vor Ort Fehlanzeige, es gibt nur einfache Steinbuchten. Über den versunkenen Ruinen ist Baden verboten.

Kleine Wanderung nach Simena

Wer sich das Geld für den Bootstransfer sparen will, folgt vom großen Parkplatz in Üçağız dem anfangs gepflasterten Weg links am natursteinummauerten WC-Häuschen vorbei. Dieser schwenkt nach ca. 60 m rechts ab. Sie bleiben stets auf dem (nur für Anlieger) befahrbaren Weg. Keine 15 Min. später sieht man schon die Burg von Simena, der Weg dorthin verläuft jedoch noch in einem weiten „U" um die Meeresbucht. Dauer einfach ca. 50 Min.

Demre (Kale) mit Myra und Andriake ca. 15.600 Einwohner

Demre ist eine wenig reizvolle Kreisstadt zwischen Finike und Kaş. Am nördlichen Stadtrand liegt jedoch das antike Myra mit seinen eindrucksvollen Felsengräbern. Myra war zudem die Wirkungsstätte des rauschebärtigen Nikolaus. Vom im Westen von Demre gelegenen Andriake legen Ausflugsboote nach Kekova ab.

Dem nüchternen Verwaltungssitz Demre (auch Kale genannt) ist nicht mehr anzusehen, dass es einst bedeutende Bischofsstadt und ab dem 5. Jh. die Hauptstadt Lykiens war. Heute ist der Ort in erster Linie als Zentrum des Tomatenanbaus bekannt. In der weiten Schwemmlandebene steht Treibhaus an Treibhaus, drei Ernten jährlich sind die Regel.

Das antike Myra gehört zum Pflichtprogramm für Lykien-Touristen. Die Besucher kommen überwiegend mit dem Bus und bleiben selten länger als ein paar Stunden, dann sind die imposanten **Felsengräber** und die **byzantinische Kirche**, die lange Zeit der letzte Ruheort des Bischofs Nikolaus von Myra war, besichtigt. Den alten Hafen **Andriake** schaut sich so gut wie niemand an, es sei denn, man hat noch Zeit, bis das Ausflugsboot nach Kekova ablegt.

Demre (Kale)

In touristischer Hinsicht ist Demre also lediglich das Ziel von Tagesausflüglern. Dementsprechend findet man nur wenige Hotels und Pensionen. Immerhin erstreckt sich vor Demre ein kilometerlanger Kiesstrand, der an der Beymelek-Lagune endet, einem weiten, von Schilf gesäumten See aus Brackwasser. Der See ist zugleich Nistplatz geschützter Vogelarten.

Telefonvorwahl 0242.

Verbindungen Die Busse auf der Küstenstrecke Antalya – Fethiye halten alle in Demre. Per **Dolmuş** kommt man u. a. nach Finike und Kaş.

> Weihnachtsstimmung auf Türkisch! **Santa-Claus-Festival** jedes Jahr vom 6. bis 8. Dezember. Mit Weihnachtsmännern aus aller Welt, Rentierschau, Wettschenken u. v. m.

Bootsausflüge Am Hafen, etwa 5 km außerhalb bei den Ruinen von Andriake, legen kleine und größere Ausflugsboote ab, die Touristengruppen zu den diversen „versunkenen Städten" befördern, natürlich inkl. Kekova. Wer mitfahren will, sollte sich beim Handeln Zeit lassen. Mehr als 15–20 € sollte die Tour nicht kosten.

Übernachten Besser als im Zentrum von Demre übernachtet man in Kaş oder Üçağız – oder man wählt unseren abseits gelegenen Tipp.

»› Unser Tipp: Hoyran Werde, eine Traumadresse für Ruhesuchende. Ca. 19 km westlich von Demre im stillen Dorf Hoyran weit oberhalb der Küste. Auf einer Fläche von 14.000 m² verstreuen sich diverse Natursteinhäuser- und häuschen zwischen Oliven-, Mandel- und Feigenbäumen. Das Hauptgebäude ist ein altes Dorfhaus, alle anderen wurden im gleichen Stil nachgebaut. Komfortable, stilsichere Zimmer und Suiten mit schönen Antiquitäten. Viele Terrassen mit herrlichem Blick über die Küste. Die in die Naturlandschaft integrierte Poolanlage gehört zu den schönsten der Türkei. Die freundliche Betreiberin hat 5 Jahre in Mühlheim an der Ruhr gelebt und spricht gut Deutsch. Anfahrt: Von Demre auf der D 400 kommend, nach ca. 16 km kurz hinter dem Ortseingangsschild von Davrazlar links ab (Holzschild „Hoyran"), dann nach rund 3 km linker Hand. DZ 100 €, Suiten ab 120 €, HP auf Wunsch (aufgrund mangelnder Alternativen vor Ort empfehlenswert). Horan Köyü, ✆ 8751125, www.hoyran.com. «‹

Essen & Trinken Mehrere einfache Lokantas im Zentrum. Zu empfehlen ist zudem das Restaurant **Yüzer Köşk**, ca. 10 km außerhalb von Kale (an der Straße nach Finike an der Beymelek-Lagune). Geboten werden leckere Fischgerichte, frisch gefangene Krebse und Krabben auf einer simplen, jedoch herrlichen Terrasse direkt am Wasser. ✆ 0532/5986930 (mobil).

Baden Schöner grauer, wenn auch nicht besonders gepflegter Sandstrand am antiken Hafen **Andriake**. An der Straße nach Finike mehrere Buchten, deren Idylle durch die Küstenstraße jedoch arg getrübt wird.

Sehenswertes

Kirche des Hl. Nikolaus: Die mit „Noel Baba Müzesi" ausgeschilderte dreischiffige Basilika, in deren Vorläuferbau der Bischof gewirkt hat, war im Mittelalter ein beliebtes Pilgerziel, da sich hier mehrfach Wunderheilungen ereignet haben sollen. Ihr heutiges Aussehen ist das Ergebnis mehrfacher Um- und Anbauten im Lauf der Jahrhunderte, die letzten umfassenden ließ der russische Zar Nikolaus I. durchführen. Ursprünglich stand die Kirche nicht in einer leichten Mulde, sondern sozusagen „ebenerdig". Das unterschiedliche Höhenniveau ist auf die Sedimentanschwemmungen des Demre Çayı bei Hochwasser zurückzuführen. Im Inneren sieht man einige verblasste Freskenreste sowie Mosaike und Sarkophage aus frühchristlicher Zeit. Keiner der Sarkophage ist nachweislich jedoch der des Kirchenpatrons. Dessen Sarkophag soll samt Gebeinen 1087 von italienischen Kaufleuten nach Bari entführt worden sein. Allerdings halten sich immer noch Vermutungen, dass die

Grabräuber den falschen Sarkophag entwendet haben. Wie dem auch sei – fest steht, dass sich die sterblichen Überreste des Hl. Nikolaus nicht mehr hier befinden. Ob die im Archäologischen Museum von Antalya ausgestellten Reliquien (u. a. Teile des Kieferknochens) tatsächlich vom Heiligen stammen, muss ebenso angezweifelt werden. Die Kirche ist heute v. a. Wallfahrtsort und Ausflugsziel russischer Touristen, die nach dem Besuch gerne Ikonen *(made in China)* erstehen und auf Kamelen reiten.

Mai–Okt. tägl. 9–19 Uhr, Nov.–April 8–17 Uhr. Eintritt 4 €.

Myra (antike Stadt): Das antike Myra, bereits im 5. Jh. v. Chr. gegründet, war stets eine der führenden Städte des Lykischen Bundes. Faszinierend sind die Felsengräber der sog. *Seenekropole* aus dem 4. Jh. v. Chr. Inmitten einer steilen, senkrecht abfallenden Felswand befinden sich Dutzende einfacher Grabhöhlen, -zellen und -häuser sowie regelrechte Grabtempel, versehen mit aufwändigen Fassaden und Scheintüren – nicht wenige dieser Gräber, die mit ihren Balkonen und Giebeldä-

Die Ahnentafel von Santa Claus

Zu Lebzeiten von Bischof Nikolaus (etwa 290–350) soll ein bettelarmer Mann in Myra gelebt haben. Dieser hatte drei Töchter, aber keine Mitgift für sie. Da wollte der wohlhabende Bischof helfen. Er schlich sich nachts heimlich zum Haus des unglücklichen Vaters, fand aber Fenster und Türen verschlossen. So kletterte er fluchend auf das Dach und warf ein Goldsäckchen durch den Kamin hinab. Wie das Leben so spielt, hatten die Mädchen ihre Strümpfe zum Trocknen über das Feuer gehängt, und die Gabe landete weich in der Wolle! Seitdem werden im christlichen Kulturkreis in der Nacht auf den 6. Dezember – dem angeblichen Todestag des Bischofs – Strümpfe bzw. Schuhe im Kamin oder, falls nicht vorhanden, vor der Tür deponiert, in der Hoffnung, sie am nächsten Morgen gefüllt wiederzufinden.

Der gute Bischof Nikolaus aus Myra ist jedoch nicht der einzige seiner Art. Ein Mitarbeiter des Staatlichen Französischen Forschungszentrums CNRS hat sich die Mühe gemacht, die Ahnentafel dieses merkwürdigen Alten mit Kutte, Kapuze, Bart, Stiefel und Sack zu erstellen. Es konnte nachgewiesen werden, dass der Nikolaus an die 30 Vorfahren hat. Der älteste unter ihnen ist Gargan, Sohn eines keltischen Gottes, der – bereits in die rote Kutte gehüllt – mit seinen Geschenken die Kinder beglückte und erschreckte.

Santa Claus in seiner heutigen, v. a. in Amerika populären Form ist ein Produkt des Schriftstellers Clement Clarck Moore (1779–1863). Auf ihn geht auch das uns bekannte Nikolausgefährt, der Rentierschlitten, zurück.

Bevor der Nikolaus übrigens als Weihnachtsmann Karriere machte, stieg er in der Ostkirche zunächst zum Schutzpatron der Seefahrer und Reisenden auf, da er einst an der Rettung von Schiffsbrüchigen beteiligt gewesen sein soll. Aus Mangel an eigenen Heiligen hielten sich später auch andere Berufsstände an ihm schadlos, wie Brückenbauer, Bäcker und Apotheker. Zu diesem Thema recherchierte u. a. Wolfgang Koydl, ehemaliger SZ-Korrespondent in İstanbul, und stellte fest, dass sich auch Kriminelle auf den Schutzpatron aus Myra beriefen. In einem Kölner Gefängnis ist der Fall eines Häftlings von 1933 dokumentiert, auf dessen Oberarm die Worte eintätowiert waren: „Heiliger Nikolaus, schütz uns vor Polizei und Arbeitshaus."

chern aus dem Fels ragen, haben etwas von Bonsai-Villen mit Seeblick. Die schönsten Grabtempel sind mit meisterhaften farbigen Reliefs geschmückt: Krieger, die sich zum Kampf rüsten oder in Kampfhandlungen verwickelt sind, aber auch Motive aus dem Leben zeitgenössischer Berühmtheiten. Leider sind die Felsengräber nicht mehr zugänglich.

Während der römischen Kaiserzeit war Myra überaus wohlhabend. Daran erinnert noch das teilweise in Fels gehauene, stattliche *Theater*, dessen Ränge über ein mächtiges Tonnengewölbe zu erreichen sind. Die Einlasslöcher auf den Rängen dienten übrigens zur Aufnahme von Holzpfosten, an denen man Jalousien befestigte, damit die Zuschauer im Schatten sitzen konnten. Im und um das Theater liegen unzählige Architekturfragmente, viele davon mit sehenswerten Maskenreliefs des Theaterfrieses. Außer dem Theater blieb vom römischen Myra kaum etwas erhalten, dafür sorgten Arabereinfälle zu Beginn des 9. Jh. und danach die Schlamm- und Geröllmassen des Demre Çayı. Die Reste der *Akropolis* oberhalb des Theaters sind spärlich.

Ausgrabungsgelände: Mai–Okt. tägl. 9–19 Uhr, Nov.–April 8–17 Uhr. Eintritt 4 €. Das antike Myra mit Seenekropole und Theater liegt am Nordrand Demres und ist ca. 2 km vom Zentrum entfernt.

Andriake (antike Stadt): Der alte Hafen Myras (ausgeschildert) liegt 5 km westlich von Demre und wird heute auch als *Bucht von Çayağzı* bezeichnet. Im Jahr 59 wechselte dort der Apostel Paulus das Schiff auf seiner Reise nach Rom. Die Bucht konnte zu dieser Zeit noch durch eine starke Kette gesperrt werden.

Insgesamt sind die spärlichen Ruinen der Hafenstadt wenig beeindruckend. Einzige Ausnahme ist das noch relativ gut erhaltene *Granarium* mit Lagerhäusern (von Demre kommend links der Zufahrtsstraße), ein aus acht Räumen bestehender Getreidespeicher, der 6000 m^3 Korn fassen konnte und im Jahr 129 – wie an der Fassade eine auffällige Inschrift zwischen Erd- und Obergeschoss offenbart – im Auftrag von Kaiser Hadrian gebaut wurde. Heute legen von Andriake Ausflugsboote nach Kekova ab. Keine Dolmuşverbindungen von und nach Demre.

Finike

ca. 11.200 Einwohner

Das Hafenstädtchen, bereits in der Antike unter dem Namen Phoinikos besiedelt, ist eine Kleinstadt, die groß aussieht und an Sehenswürdigkeiten nichts zu bieten hat. Auch wenn viele neue Hotels entstanden sind: Das Geschäft mit dem Tourismus ist noch immer Nebensache – eine angenehme Tatsache.

Finikes Wohlstand fußt, wie der von Kumluca, auf den reichen Erträgen der fruchtbaren Schwemmlandebene, an der beide Städte liegen. Im Hinterland, noch bevor die Dreitausender des Taurus imposant aufsteigen, erstrecken sich weite Orangenhaine. Trotz des unübersehbaren Wachstums der letzten Jahre drängt sich das Zentrum noch immer auf engem Raum zu Füßen eines Bergausläufers. Viel Flair besitzt es nicht, Zweckmäßigkeit ist Trumpf – aber es gibt alles, was ein Städtchen braucht. Und anstelle des nervenden Teppichhändlers begegnet man hier dem gut gelaunten Barbier, der dem Kunden überlässt, wie viel ihm die Rasur wert ist. Die wenigen internationalen Touristen, die kommen, steuern i. d. R. mit ihren Booten den modernen Jachthafen an. Der Uferbereich dahinter wurde in den letzten Jahren neu angelegt. Anregungen zur Stadtverschönerung bekommt der Bürger-

Hafen von Finike, im Hintergrund der Lykische Taurus

meister u. a. aus seiner badischen Partnergemeinde Mosbach. Ansonsten machen in Finike überwiegend Türken Urlaub, viele von ihnen in ihren eigenen vier Wänden. Unzählige Apartmentblocks, dazwischen auch etliche Pensionen und Hotels, sind im neuen Ortsteil Sahilkent hinter dem vierspurigen Küstenhighway entstanden. Der kilometerlange Strand davor ist nicht überall sauber. Dafür schimmert das Meer in allen Grün- und Blautönen.

Verbindungen/Übernachten/Essen & Trinken

Telefonvorwahl 0242.

Verbindungen Bus/Dolmuş, kleiner Busbahnhof zentrumsnah an der Straße nach Elmalı. Auf der Fahrt nach Antalya (2½ Std.) oder Fethiye (4 Std.) halten die Busse hier stündl. Ebenfalls stündl. fährt ein Kleinbus nach Elmalı. Die umliegenden Strände und Orte wie Turunçova (Limyra), Demre (Kale) und Kumluca sind allesamt per Dolmuş vom Busbahnhof zu erreichen.

Einkaufen Großer Markt jeden Sa.

Übernachten Hotel Grand Finike, an der Durchgangsstraße (laut) nahe dem Hafen. Großes und steriles Standardhotel, billigschick gemacht. 56 Zimmer mit Klimaanlage und TV. Vorteil: fast alle Zimmer mit Balkon, viele mit schönem Blick auf den Hafen. Pool. EZ 25 €, DZ 45 €. Serbetçi Bul., ✆ 8555805, www.hotelgrandfinike.com.tr.

Finike 2000, freundliches Haus westlich des Jachthafens. Von Lesern gelobt. Nur 20 Zimmer, fast alle recht groß, etwas altbacken ausgestattet, aber sehr sauber. Lediglich 4 Zimmer ohne tollen Blick über die Bucht von Finike. Zuvorkommender, auch deutschsprachiger Service. Der Hotelbesitzer ist der geistige Vater der Städtepartnerschaft Finike-Mosbach. Gutes Preis-Leistungs-Verhältnis. DZ 30 €. Limanüstü (vom Zentrum der Straße nach Kaş folgen, dann rechter Hand ausgeschildert), ✆ 8554927, ✉ 8555076, www.hotelfinike2000.com.

Engin Otel, günstiges Hotel. Balkonzimmer mit Klimaanlage, TV, schlecht verlegten Teppichböden und schlecht funktionierenden Armaturen, jedoch sauber und okay für den Preis. Am Hauptplatz hinter der Uferstraße (etwas laut), nahe der Abzweigung nach Elmalı. DZ 25 €. Şerbetçi Bul., ✆ 8553040, ✉ 8553041.

Essen & Trinken Im Zentrum kann man das **Deniz Restaurant** an der Cumhuriyet Cad. (nahe dem Hotel Sedir) probieren.

Günstige und leckere Meze, Topf- und Grillgerichte in Kantinenambiente. Etwas gediegener ist der Ableger **Deniz 2** an der Durchgangsstraße nahe der Abzweigung zum Hafen. Große Auswahl an Vorspeisen. Terrasse. Vorspeisen 2–2,50 €, Hg. 4–6,50 €.

Von Lesern gelobt. ✆ 8552282.

Ein empfehlenswertes Terrassenlokal am Hafen ist das **Petek Restaurant**. Seglertreff. Blick auf die Schiffsmasten. Faire Preise, Meze 2 €, Hg. 4–10 €. ✆ 8555029.

Im Hinterland von Finike

Limyra (antike Stadt)

2 km östlich des Städtchens Turunçova – beim Dorf Zengerler – liegen die Ruinen der antiken Stadt Limyra, die die Lykier *Zemuri* nannten und deren Ursprung bis ins 5. Jh. v. Chr. zurückreicht. Aufgrund antiker Aufzeichnungen und diverser Münzfunde weiß man heute, dass in Zemuri an erster Stelle der Wolkensammler und Blitze schleudernde Zeus verehrt wurde und nicht etwa Apoll oder Artemis, die Hauptgötter Lykiens.

Die kleinen, glucksenden Wasserläufe, die sich im Limyros-Tal sammeln und ins Meer fließen, waren Heimat des bekannten Quellorakels von Limyra. Forellen (!) sagten die Zukunft voraus. Stürzten sie sich auf das eingestreute Fischfutter, blickte man optimistisch auf, umrundeten sie es skeptisch, machten alle Anwesenden düstere Mienen.

Wie bei allen lykischen Städten wechselten immer wieder die Herrschaftsverhältnisse. Einer der rührigsten Herrscher der Stadt, der als persischer Satrap sogar ganz Lykien regierte, war ein gewisser Perikles, der so viel Selbstbewusstsein hatte, dass er als zweiter Mensch der Welt sein Antlitz auf Münzen prägen ließ – bis 412 v. Chr. waren nur Götterköpfe im Umlauf. In hellenistischer Zeit gehörte die Stadt zu Ägypten, bis sie die Syrer kurzfristig eroberten, gleich darauf herrschte Pergamon und schließlich Rom. Dass Gaius Cäsar, der blutjunge Enkel des Augustus, im Jahr 4 n. Chr. nach einer Verwundung beim Partherfeldzug hier starb, war für Limyra ein Glücksfall. In den Sterbeort des Kaisersprosses ließ Rom reichlich Geld fließen, sei es, um Erdbebenschäden zu beseitigen oder um einen Tempel besser auszustatten. In byzantinischer Zeit war Limyra ein ruhiger Bischofssitz. Arabereinfälle und die Verlandung des Limyros-Flusses brachten die Bewohner dazu, sich in *Phoinikos* (Finike), dem Hafen von Limyra, anzusiedeln.

Sehenswertes: Am Fuß des alten Siedlungshügels verstreuen sich die Ruinen der römisch-byzantinischen Stadt, inmitten deren heute Kühe und Schafe weiden. Wenn man aus Turunçova kommt, fallen zuerst Reste der einst wirkungsvollen *Stadtmauer* auf. Aus der Zeit nach Christi Geburt sind noch Sitzreihen des *Theaters* (141 n. Chr.), der *byzantinischen Kirche,* der *Thermen* und des *Bischofspalasts* zu bewundern. Interessant ist auch der *Kenotaph für Gaius Cäsar,* auch wenn von dem einst 18 m hohen Denkmal nur das massive Innengerüst übrig geblieben ist (Kenotaph heißt übersetzt „leeres Grab" und ist ein Grabmal für einen Verstorbenen, der an anderer Stelle beigesetzt wurde).

Insgesamt beeindruckender sind allerdings die Spuren der vorchristlichen Vergangenheit, v. a. die aufwändig in den Fels des Burghügels gehauenen *Nekropolen.* Besonders die Westnekropole ist bezüglich Lage, Ausstattung und Anzahl der Gräber vielen lykischen Totenstädten überlegen. Herausragend sind das Grab des Tebursseli (im unteren Teil am Hang) und das Grab des Teberenimi (weiter oben),

Lykische Küste

① Akropolis
② Byzantinische Basilika
③ Ehem. Heroon des Perikles
④ Nekropolen
⑤ Westnekropole
⑥ Theater
⑦ Stadtmauer
⑧ Gaius Cäsars Kenotaph
⑨ Byzantinische Kirche
⑩ Bischofspalast
⑪ Thermen

Kumluca, Ostnekropole

Turunçova

Limyra

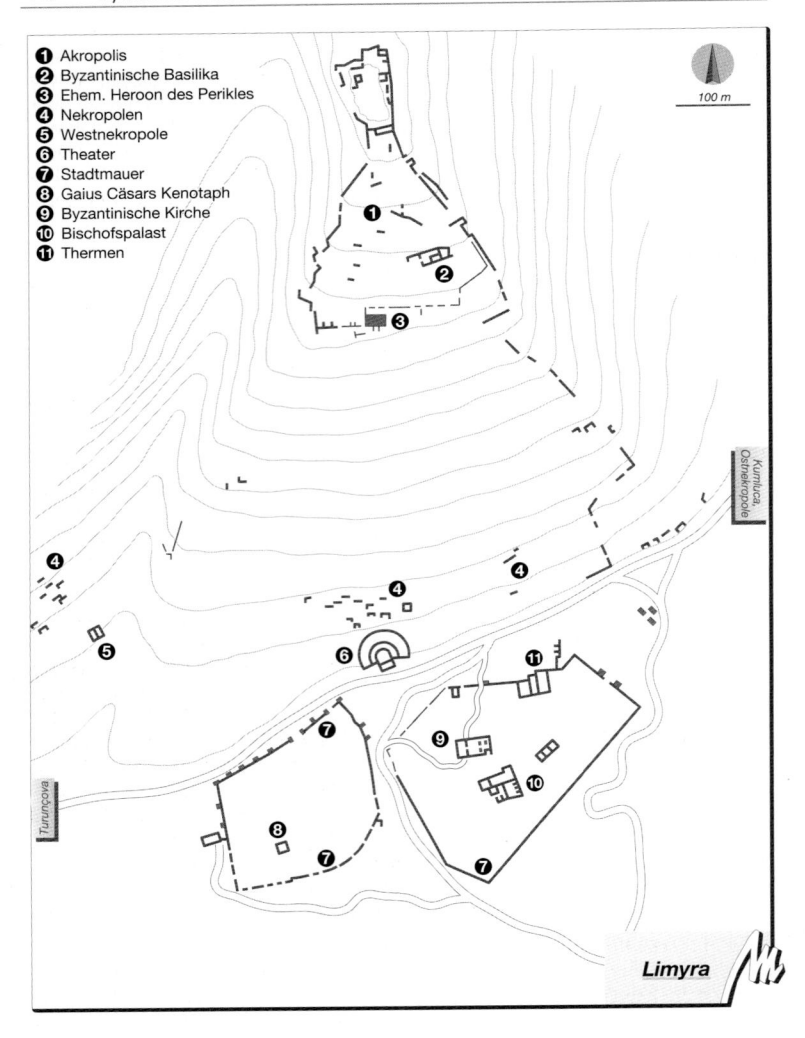

beide aus dem 4. Jh. v. Chr. Bevor Sie aber loskraxeln, um deren sehenswerte Kampfreliefs zu entdecken, versuchen Sie zunächst am besten, die Gräber per Fernglas zu lokalisieren. Leichter zugänglich ist die Ostnekropole mit allen Untertypen lykischer Grabbauten – einfach am Theater vorbei noch ca. 2 km Richtung Kumluca fahren.

Rund 45 Minuten (ohne Pause) dauert der Aufstieg vom Theater zur 300 m höher gelegenen *Akropolis*, heute ein wüster Trümmerhaufen. Die Aussicht von dort ist

Arykanda (antike Stadt)

jedoch grandios. In der Unterburg der einst stark befestigten Anlage fallen die Reste einer *byzantinischen Basilika* ins Auge. Dieser zu Füßen, in exponierter Lage, stand auf einer 330 m² großen, künstlich angelegten Terrasse das Heldengrab des Herrschers Perikles. Dieses *Heroon* aus dem 5. Jh. v. Chr. bestand aus einer unteren Grabkammer, über der sich ein Tempel erhob, der statt von schlichten Säulen von Karyatiden getragen wurde, aus Stein gemeißelten Frauengestalten. Von alledem findet sich jedoch keine Spur mehr. Im Museum von Antalya sind die z. T. erhaltenen Reliefbilder an den Friesen der Cella (innerer Kultraum), die zu den Meisterwerken lykischer Bildhauerkunst zählen, aufbewahrt.

Anfahrt/Verbindungen Von Finike aus 6 km Richtung Elmalı, in Turunçova rechts ab (beschildert, noch ca. 3,5 km). Mit dem Dolmuş von Finike nach Turunçova, von dort 3,5 km zu Fuß weiter.

Öffnungszeiten Zuletzt frei zugänglich und kostenlos, was sich jedoch wieder ändern kann.

Arykanda (antike Stadt)

Selbst wer prinzipiell an Ausgrabungen wenig Gefallen findet, sollte im Falle von Arykanda eine Ausnahme machen. Die im 6. Jh. v. Chr. gegründete Stadt liegt inmitten der atemberaubenden Bergwelt des Lykischen Taurus, und zwar auf kleinen Plateaus direkt an einem Steilhang, hinter dem das Massiv des Şahinkaya aufragt. Wegen dieser landschaftlich außerordentlich schönen Lage wurde die Stadt bereits in der Antike gerühmt. Und noch heute, weit über 2000 Jahre später, hat das Ambiente nichts von seinem Reiz eingebüßt.

Die Bewohner Arykandas hatten in der Antike einen schlechten Ruf, verschwenderisch und vergnügungssüchtig sollen sie gewesen sein, dazu alle hoch verschuldet. Dass sie etwa Antiochus III. im Jahre 197 v. Chr. im Kampf gegen die Ptolemäer unterstützten, hatte weniger mit machtpolitischen Gründen zu tun, sondern war vielmehr eine Strategie, um ihre Gläubiger vom Hals zu bekommen. Die geschichtlichen Eckdaten unterscheiden sich ansonsten kaum von denen anderer lykischer Städte. Aufgrund von Münzfunden weiß man, dass Arykanda bereits im 5. Jh. ein Prägerecht besaß. Ab dem 2. Jh. v. Chr. war die Stadt Mitglied des lykischen Bundes, ab dem Jahre 43 gehörte sie zur römischen Provinz *Lycia et Pamphilia* – aus jener Zeit stammt auch das Gros der heute noch erhaltenen Bausubstanz. Schon früh breitete sich das Christentum in Arykanda aus, und im Byzantinischen Reich wurde die Stadt sogar Bischofssitz. Nachgewiesen ist eine Besiedlung Arykandas bis ins 11. Jh. Warum die Stadt aufgegeben wurde, bleibt ein Rätsel.

Sehenswertes: Seit den 1970ern finden immer wieder Grabungen durch die Universität Ankara statt, die den einstigen Aufbau der Stadt gut erkennen lassen. Die städtischen Repräsentationsbauten lagen übereinander auf mehreren Terrassen. Die zweistöckigen *Thermen* beim *Gymnasion* wirken noch immer mächtig, dahinter befindet sich die *Ostnekropole* mit ihren auffälligen Tempelgräbern. Auch die *Agora* ist auf ihrem Plateau noch immer deutlich auszumachen. Bei der Ausgrabung des *Odeions* und einer daneben gelegenen, einst 75 m langen Säulenhalle kamen Mosaike zum Vorschein. Im z. T. verschütteten *Stadion*, das sich idyllisch an den Hang schmiegt, saßen die Zuschauer an der Bergseite. Das *Theater*, das schönste Bauwerk der Stadt, wurde völlig ausgegraben: Klein und schnörkellos bot es für die damaligen Zuschauer ein intimes Erlebnis, da die Sitzreihen direkt in die Orchestra übergehen.

442　Lykische Küste

- ❶ Bouleuterion (Rathaus)
- ❷ Bad
- ❸ Nymphäum
- ❹ Stoa
- ❺ Agora
- ❻ Odeion
- ❼ Theater
- ❽ Stadion
- ❾ Heroon
- ❿ Haus mit Inschriften
- ⓫ Gymnasion
- ⓬ Thermenanlage
- ⓭ Ostnekropole

Arykanda

Anfahrt Beim Dorf Arif, etwa 32 km hinter Finike an der Straße nach Elmalı, zweigt bei den letzten Häusern ein Sträßlein rechts ab (ausgeschildert). Von da aus noch etwa 1 km.

Öffnungszeiten Das Ausgrabungsgelände ist nicht umzäunt, offiziell tägl. 9–19.30 Uhr, im Winter verkürzt. Eintritt 1,20 €.

Elmalı
ca. 18.000 Einwohner

Vor dem Hintergrund eines mächtigen Bergmassivs steigen die Minarette der 600 Jahre alten Hauptmoschee **Ömerpaşa Camii** in den Himmel. Wenn der Muezzin ruft, lassen die Männer ihren Tee stehen und schlendern in die Moschee zum Gebet. Elmalı ist ein besuchenswertes Städtchen am Rande einer Hochebene 1155 m über dem Meer und 67 km von Finike entfernt. Die hiesige Sommerfrische genießen auch viele Städter von der Küste, in den heißen Monaten steigt die Einwohnerzahl auf bis zu 30.000 an. *Elma* heißt übrigens „Apfel", und tatsächlich werden im Umland in großem Stil Obst und Getreide angebaut.

Die lange, schnurgerade Hauptstraße führt hinauf zum alten Zentrum (mit „Şehir Merkezi" ausgeschildert), wo sich Osmanenhäuschen im Fachwerkstil den Hang hochziehen. Dort liegt auch das Marktviertel, wo man kunstvoll gearbeitete Kupferwaren erstehen kann, für welche die Stadt bekannt ist. Lohnenswert ist auch ein Besuch des alten türkischen Bads **Bey Hamam** bei der Hauptmoschee (tägl. 8–22 Uhr, Sa 10–18 Uhr Frauentag, für Touristengrüppchen auch gemischtes Baden möglich), wo man für 12,50 € rund zwei Stunden durchgeschrubbt und eingeseift wird. Ebenfalls bei der Hauptmoschee findet stets montags ein farbenfroher Wochenmarkt statt. Wer bleiben will, kann nur zwischen wenigen einfachen Hotels wählen, denn auf Tourismus ist Elmalı nicht eingestellt.

Sensationell war ein Münzfund nördlich von Elmalı im Jahre 1984. Mit einem selbst zusammengeschraubten Metalldetektor entdeckten Bauern keine 20 cm unter der Erde eine Amphore mit rund 1900 griechischen und lykischen Münzen aus dem 5. Jh. v. Chr. Unter der Hand wurde der Schatz ins Ausland und von dort weiter an den internationalen Kunsthandel verschoben. Einzelne Münzen erzielten bei Versteigerungen Preise von 300.000 US-Dollar. Über 1600 Münzen (einige gelten bis heute als verschollen) konnten aufgrund von Interventionen Ankaras 1999 aus den USA in die Türkei zurückgeholt werden, wo sie über ein Jahrzehnt im Ankaraner Museum für anatolische Zivilisationen ausgestellt wurden. Bis zu Ihrem Besuch sollen die Münzen im neu eröffneten Museum von Elmalı zu sehen sein.

Verbindungen Mit dem Bus hat man recht gute Anschlüsse über Korkuteli nach Antalya, ebenso nach Finike oder direkt nach Kaş.

Übernachten Otel Arzu, an der Hauptstraße 100 m oberhalb der Ömerpaşa-Moschee. 24 kleine, etwas abgewetzte Teppichbodenzimmer, nichts Besonderes, aber okay. EZ 17,50 €, DZ 30 €. Hanönü Cad. 27, ✆ 0242/6186604, ✉ 6186605, www.arzuotel.net.

Olympos-Nationalpark (Olimpos Beydağları)

Geografischer Mittelpunkt des Nationalparks ist das mächtige Massiv des Tahtalı Dağı (2365 m). Wie einige seiner Kollegen trug es in der Antike den etwas einfallslosen Namen „Olympos" – „Berg". Auf seinen Gipfel führt eine Seilbahn. Zu seinen Füßen findet man in Pinienwäldern versteckte antike Ruinen und malerische Buchten mit einem türkisfarbenen Meer davor.

Der rund 700 ha große, lang gezogene Olympos-Nationalpark erstreckt sich zwischen Antalya und Kumluca. Lediglich der Küstenstreifen der Kemer-Region gehört nicht dazu – mit einschlägigen Folgen. Die Hauptattraktionen des Nationalparks sind neben einigen tollen Stränden die Ruinenstädte Phaselis und Olympos sowie die Ewigen Flammen bei Çıralı. Im Hinterland bezaubern einsame Almen, gluckernde Bäche und stille Wälder – ein Paradies für Wanderer. Der Gipfel des Tahtalı Dağı ist bis ins Frühjahr von einer weißen Haube überzogen. Da die Schutzbestimmungen rund um den Tahtalı Dağı wesentlich legerer sind als in anderen Nationalparks des Landes, ist es übrigens problemlos möglich, sich in der Idylle einzumieten, egal ob an den Stränden oder inmitten der Bergwelt.

Çavuşköy/Adrasan

Çavuşköy ist ein kleines Nest südlich von Olympos Richtung Kumluca – ein paar Bauernhäuser, ein Teehaus, mehrere Läden, die Feuerwehr, ein Krankenhäuschen, eine Schule, eine Apotheke und eine selten funktionierende Ampelanlage am Dorfplatz mit seinen schlafenden Hunden. Die Einwohner betreiben Obst-, Baumwoll- und Gemüseanbau; das Gemüse gedeiht überwiegend in Gewächshäusern. Deswegen aber kommt niemand hierher. Anziehungspunkt ist vielmehr die 5 km entfernt gelegene, von Felsen eingerahmte **Bucht Adrasan** (in Çavuşköy mit „Sahil" ausgeschildert) mit ihrem weiten Sandstrand, Lebensader der Hotels und Pensionen gleich dahinter. Wie Çıralı besitzt auch Adrasan noch den Charme des Einfachen, Unperfekten. Nur gibt Çıralı ein harmonisches Gesamtbild ab, während Adrasan eher einem etwas vernachlässigten Provisorium gleicht. Dennoch: Adrasan hat seinen Reiz und deswegen auch viele Fans. Vom Fluss im Norden der Bucht führen Fußwege in benachbarte Badebuchten.

Verbindungen/Sonstiges

Telefonvorwahl 0242.

Achtung: Keine EC-Automaten und Banken in Adrasan und Çavuşköy!

Verbindungen 3-mal tägl. (im Winter nur 1-mal) fährt ein **Dolmuş** direkt nach Antalya. Am Fr um 7.30 Uhr geht es mit dem Dolmuş zum Markt nach Kumluca. **Taxifahrer** nutzen das spärliche Angebot aus und verlangen für die 20 km zur Hauptstraße ca. 20 €.

Tauchen Diving Center Adrasan, neben dem Hotel Atıcı II. Unter Leitung von Holger und Mediha Pollmann. Freundliche deutschsprachige Tauchbasis, von Lesern zigfach in den Himmel gelobt. Anfängerkurse (P.A.D.I., CMAS, DTSA) 290 €, Tagesausfahrt mit zwei Tauchgängen (mit eigener Ausrüstung) zu schönen Steilwänden und Höhlen 50 €. ☎ 0532/3412943 (mobil), www.diving-adrasan.com.

Übernachten/Essen & Trinken

Alles in allem an die 40 Quartiere, teilweise in den Obstplantagen, die sich zwischen Ort und Bucht erstrecken, z. T. an der Straße dorthin, die meisten direkt in der Bucht. Das Gros der Unterkünfte verpflegt seine Gäste im eigenen Lokal. Ansonsten sind die Restaurants am Bachbett im Norden der Bucht eine angenehme Abwechslung. Viele Pensionen haben nur von Mitte Mai bis Mitte Oktober geöffnet.

An der Bucht Ford Hotel, Club-Ambiente in Miniformat – schöne Anlage mit Pool und Palmen. 21 gepflegte, aber schlichte Zimmer mit Klimaanlage. Nehmen Sie nur ein Zimmer mit Meeresblick. DZ satte 100 €. Letztes Haus im Süden der Bucht, ☎ 8831066, 📠 8831026, www.fordhotel.net.

Hotel Atıcı II, kleines Wiesengrundstück mit einigen Bäumchen hinter dem Strand. Restaurant. 12 Zimmer mit neu restaurierten Bädern, dahinter ordentlich eingerichtete 3-Bett-Bungalows mit kleiner Terrasse. Einfach, aber sauber. Nette Atmosphäre, viele Taucher. DZ mit Klimaanlage 40 €, Bungalows für 2–3 Pers. 55 €. Adrasan, ☎ 8831097, www.atici2hotel.com.

Street Café der kleine, lustig gestaltete Verschlag, wo es hausgemachten Kuchen und den besten Cappuccino Adrasans gibt, ist ein beliebter Treffpunkt hinter dem Strand. Zudem vermieten die Betreiber Birgit und „Rambo" Kaplan 5 gut ausgestattete Bungalows (darunter große für Familien und kleine für max. 3 Pers.). Freundliche, ungezwungene Atmosphäre. Deutschsprachig. Bungalow für 1 Pers. 28 €, für 2 Pers. 40 €. Adrasan, ☎/📠 8831354, www.streetcafe-adrasan.de.

Am Fluss River Hotel, ca. 150 m landeinwärts gelegen, eine von mehreren idyllischen Unterkünften am nördlichen Buchtende. Ottomanen und Tischchen direkt am Wasser. Hängematten im Garten. Sehr gemütlich. Die Zimmer sind einfach, aber okay und sauber. Freundlicher deutschsprachiger Service. DZ 45 €. Adrasan, ☎ 8831325, www.riveradrasan.com.

Olympos (antike Stadt)

Olympos (antike Stadt)

Für das Gros der Touristen ist der herrliche, weitläufige Sandkiesstrand vor der Haustür der antiken Stadt am interessantesten. Ins Meer mündet zudem ein Fluss mit kristallklarem Wasser, der die Dusche ersetzt. Ein Hauch von Südsee!

Natürlich sind Sie nicht der Erste, der sich nach Olympos aufmacht. Die an der Zufahrtsstraße zum Strand und zur **antiken Stadt** gelegenen **Treehouse-Siedlungen** genießen in der internationalen Backpackerszene mittlerweile einen Kultstatus à la Zipolite (Mexiko) oder Hat Rin (Thailand). Olympos, mehr Camp als Ort im eigentlichen Sinne, stieg dadurch zu einem kleinen Zentrum des alternativen Massentourismus auf, in das Buslandung auf Busladung junger Traveller zur großen Party reist. Auch junge Türken mit schmalem Budget kommen gerne. Am improvisierten Parkplatz fünf Minuten vom Meer reihen sich dagegen die Suzuki-Jeeps der Tagesausflügler aneinander, und in der Bucht ankern überladene Ausflugsboote mit Schlagseite.

Im Altertum gehörte Olympos, dessen Ursprünge bis ins 2. Jh. v. Chr. zurückreichen, zu den sechs bedeutendsten Städten Lykiens und war Zentrum des Hephaistos-Kultes (→ Chimaira). Zu Beginn des 1. Jh. v. Chr. geriet Olympos unter die Kontrolle kilikischer Korsaren. Ihr Anführer war ein Mann namens Zenicetes, der hier seinen Hauptstützpunkt wählte. Er führte den aus Persien stammenden Mithras-Kult ein, ein ausschließlich von Männern gepflegter Kult, bei dem das Opfern von Stieren zur Förderung des Lebens wie der Erlösung diente. Der Piraterie setzten 78 v. Chr. die Römer ein Ende und zerstörten die Stadt. Von diesem Schlag erholte sich Olympos nie mehr. Die römischen Soldaten nahmen jedoch den Mithras-Kult mit, der sich daraufhin im gesamten Römischen Reich ausbreitete. In vielen Garnisonstädten entstanden Mithräen, Heiligtümer, in denen der stiertötende Gott verehrt wurde.

Grabungsarbeiten wurden zuletzt zwischen 2000 und 2005 von der *Anadolu Üniversitesi* Eskişehir durchgeführt – seitdem sind die malerisch gelegenen Ruinen bestens beschildert. Ein Streifzug durch die Anlage lohnt sich, obwohl die Überbleibsel von Olympos eher spärlich sind: Reste einer **byzantinischen Kirche** am Kanal, ein **Brückenpfeiler** am Fluss, der seit der Antike seinen Lauf nicht geändert hat, im Gebüsch versteckt ein **Theater** – bis auf den Eingangsbogen allerdings in traurigem Zustand – und ein interessantes **Tempeltor**, 5 m hoch, im ionischen Stil, mit einem schönen Sturz und einer Weiheinschrift für Kaiser Mark Aurel. Der etwas beschwerliche Weg hinauf zur **Akropolis** lohnt u. a. wegen der herrlichen Aussicht über die Bucht von Olympos. Zu den sehenswertesten Überresten gehören jedoch die Grabanlagen: der **Alketis-Sarkophag** auf der Südseite des Flusses, das große **Doppelgrab** im Dschungel auf der Nordseite des Flusses und die drei **Steinsarkophage** in zwei Felsnischen auf dem Weg zum Strand. Über den Strand von Olympos erreicht man Çıralı zu Fuß in rund zehn Minuten.

Anfahrt/Verbindungen Am unkompliziertesten mit dem eigenen Fahrzeug. Von der Küstenstraße Antalya – Finike geht ca. 30 km südlich von Kemer (hinter dem Ort Ulupınar und hinter der Abzweigung nach Çıralı) die Straße nach Olympos ab (beschildert). Alle **Busse und Dolmuşe** auf der Strecke Antalya – Finike halten auf Wunsch an der Abzweigung. Von dort verkehrt im Sommer jede Std. ein **Dolmuş** nach Olympos (im Winter alle 2 Std.).

Lykische Küste

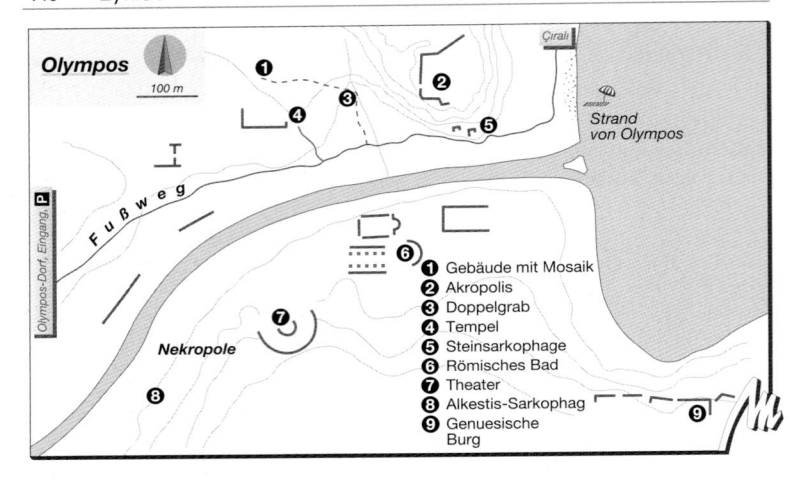

Olympos — 100 m

- ❶ Gebäude mit Mosaik
- ❷ Akropolis
- ❸ Doppelgrab
- ❹ Tempel
- ❺ Steinsarkophage
- ❻ Römisches Bad
- ❼ Theater
- ❽ Alkestis-Sarkophag
- ❾ Genuesische Burg

Nekropole, *Strand von Olympos*, *Çıralı*, *Olympos-Dorf, Eingang, P.*

Übernachten/Essen & Trinken Auf dem Weg zum Strand liegen etliche **Treehouses** (Baumhaussiedlungen) mit angeschlossenen Restaurants. Die Unterkünfte richten sich fast ausschließlich an junge Traveller, wirklich komfortable Unterkünfte gibt es nicht.

Kadirs Yörük Top Tree House, die älteste Baumhaussiedlung von Olympos und eine der beliebtesten. Es ist fast eine kleine, wackelige Stadt für sich, überaus originell gestaltet, aber auch umtriebig, freakig und laut. Vermietet wird nur gegen HP, dafür finden sich an den Tischen nette Essensgemeinschaften zusammen, abends gibt's große Lagerfeuer und dröhnende Musik. In der Saison zudem mit Tauchbasis, ganzjährig werden Klettermöglichkeiten und Meereskajaktouren geboten. In der Dormitory-Hütte ab 12,50 €/Pers., in der DZ-Hütte mit privatem Bad ab 21 € und im Bungalow mit Airconditon ab 27 €. Olympos, ✆ 8921250, ✉ 8921110, www.kadirstreehouses.com.

Şaban, eine gute Adresse. 10 Treehouses und 40 Bungalows mit Bad/WC. Die Küche der Pension gilt als die beste von Olympos. Auch Nicht-Gäste können abends mitessen. Freundlicher deutschsprachiger Service. Treehouses mit HP 14,50 €/Pers., Bungalows mit HP 20 €/Pers. Olympos, ✆ 8921265, ✉ 8921397, www.sabanpansion.com.

Bayram's, auch hier kann man sich ganz einfach in Treehouses oder etwas komfortabler in ordentlichen Bungalows mit eigenem Bad und Aircondition (klein, aber niedlich und blitzsauber) einmieten. Sehr gemütliche Terrasse. Bar, Laundry, Book Exchange. Bungalow für 2 Pers. mit HP (Abendessen als Büfett) 44 €, Treehouse 32 €. Olympos, ✆ 8921243, ✉ 8921399, www.bayrams.com.

> **Achtung**: Kein EC-Automat und keine Bank in Olympos!

Ausgrabungsgelände/Öffnungszeiten Offiziell war das Ruinengelände zuletzt nur von 9–19 Uhr geöffnet, die Zugänge blieben aber auch davor und danach geöffnet (sollte sich das ändern, so wäre um 19 Uhr Zapfenstreich am Strand). Eintritt während der offiziellen Zeiten 1,20 €.

Baden Von den Unterkünften ist der Strand von Olympos nur über das Ausgrabungsgelände zu erreichen, d. h., man muss Eintritt entrichten, und zwar täglich.

Çıralı

Die längste Zeit seiner Existenz war Çıralı nichts anderes als eine kleine, unbekannte Siedlung am Ostende der Olympos-Bucht. Heute ist der Ort zur Heimat einer großen, bunt gemischten Urlauberschar mit einem Faible fürs Wohnen im Grünen aufgestiegen. Inmitten der üppigen Pflanzenwelt gedeiht eine Pension nach der anderen, mittlerweile ist deren Zahl auf rund 80 angestiegen. Dabei dürfte es eigentlich kein einziges Haus geben. Angeblich ist alles, was in Çıralı steht, illegal gebaut, selbst die Moschee. Die Pensionen liegen weit verstreut (einen wirklichen Dorfkern gibt es nicht), das Gros aber in sicherem Abstand zur Küste. Denn der herrliche Kiesstrand vor der Haustür ist wie der von Patara oder Dalyan eine Brutstätte der Unechten Karettschildkröte (→ S. 418). Damit das so bleibt, engagiert sich vor Ort der World Wildlife Fund (WWF) mit seiner türkischen Partnerorganisation *Doğal Hayatı Koruma Derneği* (DHKD) und unterstützt den hiesigen Öko-Tourismus. Von Çıralı erreichen Sie den Strand von Olympos zu Fuß in ca. 10 Minuten. Übrigens bleiben nicht wenige, die für Çıralı nur drei Badetage einkalkulieren, den Rest ihres Urlaubes dort!

Telefonvorwahl 0242.

Verbindungen/Anfahrt Die Busse und Dolmuşe, die die Küste entlangfahren, halten an der Straßenkreuzung 7 km oberhalb von Çıralı. Von dort ist der Weg nach Çıralı und zu den Ewigen Flammen (Chimaira/Yanartaş) ausgeschildert und in der HS mit **Dolmuş** (von 9–19 Uhr 7-mal, zudem bei einer Mindestzahl von 5 Pers.) oder **Taxi** zu erreichen. In die andere Richtung, von Çıralı zum Küstenhighway, fährt ebenfalls 7-mal tägl. ein Dolmuş. Einen Transfer vom Küstenhighway nach Çıralı bzw. andersrum bieten auch viele Pensionen nach vorheriger Reservierung an. Absprache. Zudem tägl. ein Dolmuş um 21 Uhr zu den Ewigen Flammen, am Montagvormittag nach Kemer und am Freitagvormittag zum Markt nach Kumluca.

Zwischen Çıralı und Olympos gibt es keine direkte Straßenverbindung.

Achtung: Kein EC-Automat und keine Bank in Çıralı!

Übernachten/Essen & Trinken Die Unterkünfte versorgen ihre Gäste i. d. R. selbst (beste Hausmannskost), die Zahl der Restaurants hält sich deshalb in Grenzen. Im Winter haben die meisten Unterkünfte geschlossen.

Arcadia, im idyllisch grünen Garten hinter dem Strand verstecken sich 5 komfortable, stilvoll ausgestatte, knapp 60 m² große Holzbungalows, nach griechischen Göttern benannt. Gefrühstückt wird mit Meeresblick – traumhaft. Des Weiteren 5 feine Bungalows etwas landeinwärts. Für 2 Pers. 100–125 €. Im Norden der Bucht, von der Strandstraße ausgeschildert, ✆ 8257340, www.arcadiaholiday.com.

Azur Hotel, relativ weit zurückversetzt vom Strand. Recht großes Areal mit 8 komfortabel ausgestatteten Zimmern im Reihenbungalowstil, dazu 20 neue Bungalows aus Zedernholz mit modernen Bädern. Unter deutsch-türkischer Leitung. Leser schwärmen: „Großer Garten mit Hängematte, viel Ruhe, Hühner zum Beobachten und Kaninchen zum Streicheln." Pool. Es werden auch Jeeptouren und Wanderungen angeboten. DZ 90 €. An der Straße zu den Ewigen Flammen (Yanartaş), ✆ 8257072, ✆ 8257076, www.azurhotelcirali.com.

Anatolia Resort, ebenfalls etwas zurückversetzt vom Strand. Bezüglich des Standards eher Hotel als Pension. 7 Zimmer mit schmiedeeisernem Mobiliar im Haupthaus, dazu 5 Steinbungalows. Gepflegter Garten, schöne Dachterrasse. Freundlich und deutschsprachig. Abendessen auf Wunsch. Für das Gebotene faire Preise. EZ 55 €, DZ 65 €. Im Norden der Bucht, von der Straße zu den Ewigen Flammen (Yanartaş) ausgeschildert, ✆ 8257131, www.anatoliaresort.com.

Olympos Yavuz Pension, zweistöckiges Haus in einem großen Garten, etwas zurückversetzt vom Strand. Einfache, aber ordentliche weißgetünchte Zimmer mit Klimaanlage und Heizung. DZ 50 €. In der südlichen Buchthälfte, ✆ 8257045, www.olymposyavuzhotel.com.

Blue Paradise Pension, 9 Zimmer, vor denen die Zitronen von den Bäumen fallen. Von Lesern sehr gelobt, gutes Frühstück. Lauschiger Garten mit Tischtennisplatte, Hängematte und Liegestühlen. Deutschsprachig. Abendessen auf Wunsch. Radverleih. DZ mit Aircondition 40 €. In erster

Reihe im Norden der Bucht, von der Strandstraße ausgeschildert, ☎ 8257013, 📠 8257214, www.blueparadisecirali.com.

Sima Peace Pension, etwas zurückversetzt vom Strand. Eine der günstigeren Pensionen vor Ort. Viele zufriedene Stammgäste. Gut für Alleinreisende, hier findet man immer Anschluss. Schlichte Zimmer und kleine, in die Jahre gekommene Holzbungalows (Renovierung geplant!) mit Klimaanlage. Dazwischen eine Terrasse, auf der es zuweilen recht fröhlich zugeht und Papagei Koko für zusätzliche Stimmung sorgt. Die lustige, gastfreundliche Inhaberin Aynur Kurt (deutsch- und englischsprachig) kocht gutes Essen. Transfer zur Bushaltestelle an der Straße Antalya – Fethiye. EZ 25 € (mit HP 35 €), DZ 35 € (mit HP 60 €). Im Norden der Bucht, von der Straße zu den Ewigen Flammen (Yanartaş) ausgeschildert, ☎ 8257245, 📠 8257181, www.simapeace.com.

Camping Mehrere Pensionen bieten Stellplätze, so z. B. die **Engin Pansiyon** am nördlichen Ende der Bucht. 2 Toiletten, 2 Duschen, Strom. 11 € für 2 Pers. mit Wohnmobil. ☎ 8257026.

Chimaira (Ewige Flamme)/Yanartaş: Das beliebte, leicht zu erreichende Ausflugsziel liegt an einem 250 m hohen Bergkamm. Eigentlich sind es viele ewige Flammen, die – erdgasgespeist – durch kleine Spalten aus dem Fels züngeln. Sie brennen seit dem Altertum, seit dem letzten Jahrhundert jedoch merklich schwächer. Früher muss man sie bis weit hinaus aufs Meer gesehen haben, denn angeblich dienten sie einst den Seeleuten zur Orientierung. Hier war die sagenhafte *Chimäre* zu Hause, ein Ungeheuer mit Löwenkopf, Ziegenkörper und einer Schlange als Schwanz, bis sie von Bellerophon (→ Kasten, S. 477) mit Unterstützung des geflügelten Wunderpferdes Pegasos getötet wurde. An ihrem Feuer spuckenden Wohnsitz verehrten die Griechen den olympischen Schmied und Feuergott Hephaistos, die Römer seinen Nachfolger Vulcanus. Die Türken gaben dem mythischen Ort den eher nüchternen Namen *Yanartaş* – „brennender Stein". Es gibt zwei Feuerfelder, das erste liegt oberhalb der Ruinen des dazugehörigen Heiligtums (Hephaestum), das andere, kleinere etwa 30 Fußminuten weiter bergauf. Den nachhaltigsten Eindruck hinterlässt der Besuch von Chimaira nach Einbruch der Dunkelheit.

Von Çıralı der Beschilderung „Chimaera/Yanartaş" folgen. Nach ca. 5 km erreicht man den Parkplatz mit Kiosk, zugleich das Kassenhäuschen (Eintritt 1,75 €). Von da noch 15–25 Fußmin. (je nach Kondition) steil bergauf bis zum ersten Flammenfeld.

Weiter Richtung Antalya

Ulupınar: Der Weiler liegt 1 km unterhalb der Hauptverbindungsstraße zwischen Antalya und Finike. Er besteht aus ein paar Wohnhäusern, einer Moschee und einem Dutzend guter Gartenrestaurants, die weit über die Grenzen des Nationalparks bekannt sind. Man sitzt ganz idyllisch entweder in, über oder neben plätschernden Wasserläufen. Auf der Karte steht ganz groß Forelle – in allen Varianten. Welches Lokal aber die besten brutzelt oder grillt, darüber scheiden sich die Geister. Jeder hat seine Lieblingsadresse. Zu empfehlen sind auf jeden Fall das *Havuzbaşı* und das *Çağlayan*.

Beycik: Hier muhen die Kühe, bellen die Hunde, blöken die Schafe und krähen die Hähne, Beycik ist ein gemütliches, verschlafenes 250-Seelen-Bergdorf auf 800–1000 m Höhe. Die Landschaft ist herrlich, die Luft sauerstoffreich (angeblich werden hier selbst starke Raucher 100 Jahre alt ...) und das Klima angenehm. Im Sommer ein ideales Ausflugsziel, um der drückenden Hitze an der Küste zu entgehen. Beycik ist Ausgangspunkt für Wanderungen auf den Tahtalı Dağı (s. u.).

Anfahrt Von der Hauptverbindungsstraße Antalya – Finike ist die Abzweigung nach Beycik beschildert. Von dort sind es noch 6 km bis zum Dorf. Keine Dolmuşverbindung.

Übernachten Villa il Castello, stilvolles, kleines Berghotel in traumhafter Lage 1000 m ü. d. M. Gut geführt von Deutschlandrückkehrer Asım Şahin. 9 komfortable, großzügige Suiten (nur Nichtraucherzimmer), alle mit TV (deutsche Kanäle), Zentralheizung und Balkon mit Berg- und Meeresblick. Schöne kleine Poolanlage. 30 €/Pers. mit Frühstück, 50 € mit HP. Beycik, ✆/📠 0242/8161013, www.villa-castello.de.

Phaselis (antike Stadt)

Die antike Handelsstadt ist ein attraktives Ausflugsziel. Herrlich lässt es sich durch Ruinen im duftenden Pinienwald schlendern und fröhlich im Kriegshafen planschen.

Bei den Ausgrabungen ging man behutsam vor, schlug nicht gleich die ganze Gegend kahl und hinterließ auch kein archäologisches Trümmerfeld. Gegründet

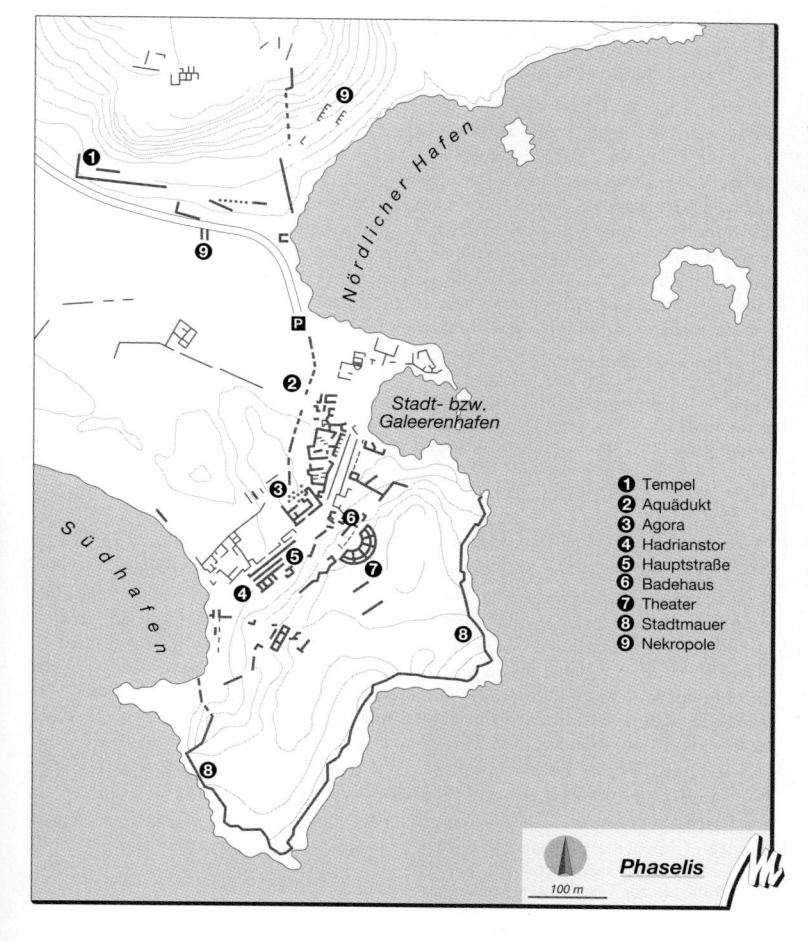

❶ Tempel
❷ Aquädukt
❸ Agora
❹ Hadrianstor
❺ Hauptstraße
❻ Badehaus
❼ Theater
❽ Stadtmauer
❾ Nekropole

wurde Phaselis um 690 v. Chr. Innerhalb kurzer Zeit wuchs die Stadt heran und wurde zum Haupthafen an der lykischen Ostküste. Um 400 v. Chr. wurde in Phaselis der Dichter Theodektes geboren. Er schrieb Reden für berühmte Zeitgenossen und verfasste Theaterstücke – die Stadt ehrte ihn mit einem Standbild auf der Agora. Den Winter 334/333 v. Chr. verbrachte Alexander der Große in Phaselis. Es ist überliefert, dass er den lokalen Wein schätzte und an mehreren Trinkgelagen teilnahm. Nach seinem Tod fiel Phaselis an die Ptolemäer, später an Syrien, dann an Rhódos. Im 2. Jh. v. Chr. kam in Phaselis der Philosoph Critolaus zur Welt, der in der Tradition der Stoiker jeglichen leiblichen Genuss verdammte. Mit seinem Credo, dass die Tugenden der Seele wertvoller als die Freuden des Fleisches seien, machte er sich vermutlich nicht viele Freunde. Ob das der Grund war, dass es mit Phaselis im 1. Jh. bergab ging, bleibe dahingestellt. Wie Olympos wurde Phaselis Schlupfwinkel von Piraten und daraufhin in den römischen Seeräuberkriegen zerstört. Zwar ließen die Römer die Stadt wieder aufbauen, 400 Jahre später teilte sie jedoch das Schicksal des Imperiums: Mit Rom ging auch Phaselis unter. Danach übten die Bewohner Antalyas Raubbau an der Antike und nutzten die Bausubstanz von Phaselis zum Aufbau ihrer eigenen Stadt.

Deutlich erkennbar sind noch die drei Häfen, der **Nordhafen**, an dem der Aquädukt vorbeiführte, der große **Südhafen** und der zentrale, stark verlandete **Stadthafen**. Vom Stadt- zum Südhafen führte eine 24 m breite, gut erhaltene **Prachtstraße**, flankiert von pompösen Bauten, an die heute nur noch ein paar Mauerreste erinnern. Das **Theater** aus dem 2. Jh. v. Chr. bot 1500 Besuchern Platz. Sehenswert ist das **Badehaus**, dessen einst mächtiges Tonnengewölbe von zierlichen, noch erhaltenen Rundbögen getragen wurde. Interessant ist auch der **Aquädukt**, der von einer Quellgrotte das Wasser am Nordhafen vorbei Richtung Süden bis zu einer Zisterne in der Stadtmitte leitete, von wo es in die Häuser verteilt wurde. Er soll einer der längsten Aquädukte des Römischen Reiches gewesen sein.

Anfahrt/Verbindungen Die Abzweigung nach Phaselis liegt ca. 10 km südlich von Kemer, von dort 2 km bis zum archäologischen Gelände. Von Kemer mit den Tekirova-Dolmuşen zu erreichen, die Phaselis passieren. Mit etwas Glück fährt einen der Fahrer bis zum Eingang (vorher Bescheid geben!), wer Pech hat, muss von der D 400 noch 2 km bis zum Eingang laufen.

Öffnungszeiten Im Sommer tägl. 8.30–19 Uhr, im Winter 8–17 Uhr. Eintritt 3,20 €.

Auf den Tahtalı Dağı

„From the Sea to the Sky": Mit diesem Slogan wirbt man für die **Seilbahn** auf den 2365 m hohen Tahtalı Dağı. Die Seilbahn mit zwei 80-Personen-Kabinen ist eine moderne Schweizer Konstruktion. Zehn Minuten dauert die Fahrt von der Talstation auf 726 m Höhe hinauf zum Gipfel – ein Erlebnis. Die Ausblicke auf die Kemer-Region, über die Bucht von Olympos hinweg bis hin zur Ebene von Kumluca und Finike sowie auf die im Hinterland ansteigenden Taurusberge sind superb. An der Gipfelstation gibt es mehrere Lokale mit Aussichtsterrassen. Vom Gipfel des Tahtalı Dağı kann man auf dem *Lykischen Weg* übrigens in vier Stunden bis Beycik wandern, der Weg ist bestens markiert, lassen Sie sich den Einstieg zeigen. Gutes Schuhwerk und Wanderstöcke sind Voraussetzung (→ Beycik, S. 448).

Anfahrt/Öffnungszeiten: Von der D 400 zwischen Çamyuva und Phaselis mit „Teleferik Tahtalı Dağı" ausgeschildert, von da noch 6 km bis zur Talstation. Keine Verbindung mit öffentlichen Verkehrsmitteln. Die Seilbahn fährt im Sommer tägl. von 9–18 Uhr halbstündl., im Winter von 10–16 Uhr stündl. Hin/zurück 25 €.

Kemer-Region

In Kemer gibt es Şiş Kebap, man wird von Türken bedient und kann sich einen Fes oder Teppich kaufen, doch mehr hat Kemer mit der Türkei nicht zu tun. Das Gleiche gilt für die umliegenden Badeorte, die allesamt zur Kemer-Region zählen: Überall trifft man auf gigantische Hotelkonglomerate, die nichts Landestypisches zu bieten haben.

Anfang der 1990er begann man den rund 45 km langen Küstenstreifen zwischen Beldibi und Tekirova mit Kemer im Zentrum für den Massentourismus zu erschließen. „Kemer 2000" nannte sich das Projekt, das mit Milliardenkrediten der Weltbank gefördert wurde und den Küstenabschnitt in eine gigantische Freizeitanlage mit bayerischen Biergärten, Gokartbahnen, großen Einkaufszentren und Non-Stop-Markets verwandelte. Von den einstigen Fischerdörfern ist außer dem Namen nichts geblieben. Aus ihnen wurden gesichtslose Retortenstädte mit Shoppingmeilen vom Reißbrett. Die Strände der Region werden jährlich von Millionen von Urlaubern heimgesucht, die meisten angelockt von preiswerten Pauschalarrangements. Eine Woche Flug und Hotel ist hier nicht selten billiger als der Nur-Flug-Tarif in so manch andere Touristenregion! Deutsche und v. a. auch Russen nehmen die Angebote am häufigsten wahr. Das Projekt ist bis heute nicht abgeschlossen.

Wenn Sie sich für die Region entscheiden, machen Sie Ihre Wahl weniger vom Ort abhängig, orientieren Sie sich besser an der Lage des Hotels bzw. Ihres Zimmers. Denn wer nicht unmittelbar in erster Reihe mit Meeresblick eincheckt, bekommt von seinem Balkon oft nichts anderes als tropfende Klimaanlagen oder die hohen Mauern zu sehen, die die riesigen Resortanlagen am Strand wie Hochsicherheitstrakte umgeben. Manche haben Kapazitäten für mehr als 2000 Gäste, neue Gesichter am abendlichen Büfett sind also garantiert. Innerhalb dieser Mauern findet man eine mal mehr, mal weniger perfekt arrangierte, künstliche Idylle. Außerhalb liegt der Sachverhalt häufig anders: In **Beldibi**, **Çamyuva** und **Kiriş**, wo die Erschließungspläne noch nicht vollständig umgesetzt sind, macht vieles noch einen lieblosprovisorischen oder zumindest sterilen Eindruck.

Am perfektesten präsentieren sich bislang **Tekirova**, **Göynük** und **Kemer** selbst. Kemer (20.100 Einwohner) ist zugleich das einzige „richtige" Städtchen der Region mit dementsprechender Infrastruktur. Die Hauptgeschäfts- und Flanierstraße Kemers ist die Liman Caddesi, die zur gepflegten Marina führt. Südöstlich von dieser liegt der *Moonlight Park,* ein schön angelegter Park mit gemütlichen Open-Air-Kneipen direkt hinter dem Ayışığı-Strand. Nördlich des Moonlight Parks erstreckt sich auf einer Landzunge der *Yörük Park,* eine Art ethnografisches Freilichtmuseum, das an das Leben der heute sesshaft gewordenen Taurusnomaden *(yörükler)* erinnert (Eintritt 1 €).

Information/Verbindungen/Ausflüge

Telefonvorwahl 0242.

Information Tourist Information in Kemer im Gebäude der Gemeindeverwaltung nahe dem Jachthafen (ausgeschildert). Professioneller Service. Tägl. 8.30–17.30 Uhr, im Winter 8–17 Uhr und Sa/So geschl. Liman Cad. 159, ✆ 8141112, kemerturizm@hotmail.com.

Lykische Küste

Verbindungen Etwa im 20-Min.-Takt verbinden **Dolmuşe** Kemer mit Antalya und den umliegenden Hotelkonglomeraten. Abfahrt vorm Uhrturm am Cumhuriyet Meydanı. Auch der Dolmuş Antalya – Tekirova, der Phaselis passiert, fährt dort ab. Busbahnhof 2 km abseits des Zentrums an der D 400. Dort fahren die Überlandbusse ab. Regelmäßige **Bus**verbindungen u. a. nach Fethiye (7 Std.) und Denizli/Pamukkale (6 Std.). Der Busbahnhof wird von den Dolmuşen nach Kuzdere passiert, Abfahrt ebenfalls am Uhrturm.

Bootsausflüge/Organisierte Touren Egal, ob in Kemer, Tekirova, Beldibi oder den Orten dazwischen – das Angebot ist im Großen und Ganzen gleich, die Preise sind nahezu identisch. Bootsausfahrten ca. 20 €, Jeepsafaris auf überwiegend staubfreien Straßen 20 €, Rafting in der Köprülü-Schlucht inkl. Transfer 20 €, Eintagestouren nach Pamukkale 37 €, Eintagestouren nach Kekova und Myra 26 €.

Adressen/Sonstiges

Ärztliche Versorgung Deutsch- oder englischsprachige Ärzte im privaten Krankenhaus **Kemer Yaşam Hastanesi** an der Akdeniz Cad. 26. ✆ 8145500.

Auto- und Zweiradverleih Viele internationale Verleiher haben Zweigstellen vor Ort (Autos ab 65 €/Tag), **Europcar** z. B. im Hotel Amara Wing Resort, Atatürk Bul. 34, ✆ 8141140, www.europcar.com.tr. Bei den lokalen Anbietern beginnen die Mietpreise für Pkws im Schnitt je nach Saison bei 40 €/Tag. Für Scooter muss man mit 20 €/Tag rechnen. Kaufhaus-Mountainbikes bekommt man für 10 €/Tag, z. B. bei **Imo Car Rental** schräg gegenüber der Tourist Information, ✆ 8145275, www.imocarrental.com.

Baden Der schönste öffentliche Strand vor Kemer ist der **Ayışığı** („Mondlicht") beim Moonlight Park: grobsandig und gepflegt, aber oft sehr voll. Für die Strände der rund 35 km langen Kemer-Küste gilt: im Norden mehr Kies, im Süden mehr Sand. Einen Ausflug wert ist auf jeden Fall der Strand von Çıralı/Olympos (→ S. 445). Zwischen Beldibi und Antalya findet man zudem mehrere Badebuchten. Der Ausbau des Küstenhighways hat deren Charme jedoch leider verschwinden lassen.

Einkaufen Großer Markt in Kemer jeden Mo an der Dörtyol Cad. westlich des Cumhuriyet Meydanı. Fr Markt in Göynük.

Waschsalon Yeni Böwe Kuru Temizleme, Akdeniz Cad. 22. Eine Trommel waschen 7,50 €.

Übernachten/Camping

99 % aller Urlauber der Kemer-Region buchen ihre Hotelanlage aus dem Prospekt. Aus diesen erfährt man, wie es um den Hotelpool mit Palmeninselchen aussieht, ob Gartenschach, Kreativateliers, Spätaufsteherfrühstück oder Mitternachtsimbiss, Jacuzzi oder Aperitivspiele angeboten werden, oder ob gar ein kostenloser Haarschnitt im Frühbucherrabatt enthalten ist. Individualreisende, die ihre Unterkunft vor Ort buchen, gibt es nur wenige. Viele Clubhotels sind auf diese Klientel auch gar nicht eingestellt, und so mancher Rezeptionist ist, wenn Sie ohne Voucher einchecken wollen, erst einmal sprach- und ratlos. Theoretisch zumindest haben Sie die Qual der Wahl unter mehr als 76.000 Betten.

Erendiz Hotel 4, abseits des Zentrums von Kemer in Aslanbucak, einer Wohngegend westlich der D 400. Gepflegte 34-Zimmer-Anlage mit Pool und gemütlichem Garten in der Mitte. Unter deutscher Leitung und sehr beliebt bei deutschsprachigen Aktivurlaubern. Anfahrt: Von Antalya auf der D 400 kommend, bei Kemer die Rechtsabzweigung nach Kuzdere nehmen (Schild), dann nach ca. 200 m ausgeschildert. Inkl. HP 39 €/Pers. 236. Sok., ✆ 8142504, @ 8143742, www.erendiz.de.

Sundance Nature Village, Camping und Bungalowanlage in der Bucht gegenüber den Ruinen von Phaselis. Schöne Lage in freier Natur, weitläufig, alter Baumbestand, dazwischen Hütten und herumlaufende Pferde. Allerdings auch sehr einfach (die Ausstattung vieler Bungalows hat sozialistischen Touch). Daneben ein größerer, nicht

Kemer-Region

Nachtleben
1 Inferno
2 Aura
11 RAI

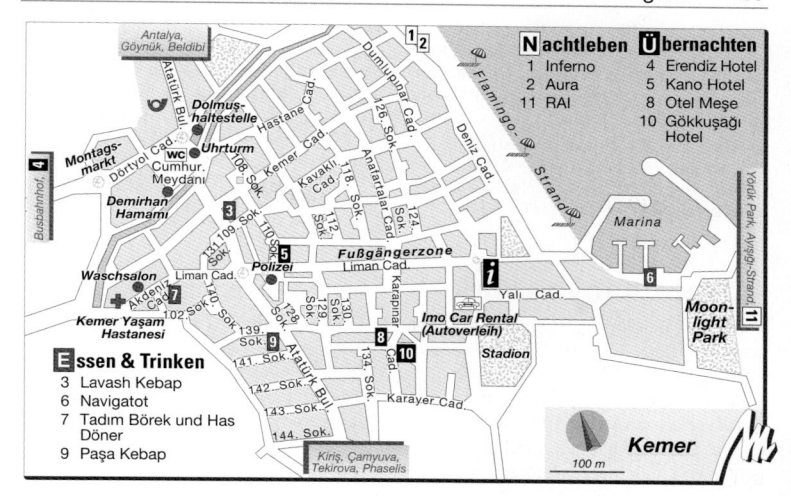

Übernachten
4 Erendiz Hotel
5 Kano Hotel
8 Otel Meşe
10 Gökkuşağı Hotel

Essen & Trinken
3 Lavash Kebap
6 Navigatot
7 Tadım Börek und Has Döner
9 Paşa Kebap

überlaufener Strand. Ganzjährig. Schnuckeliges Restaurant im idyllischen Garten. Geboten werden auch Reitstunden (20 €) und Ausritte (auch für Nichtgäste). Zu den Ruinen von Phaselis kann man von hier aus laufen oder schwimmen. Anfahrt: Vom Küstenhighway die Abfahrt nach Tekirova nehmen, nach 700 m links ab, dann ausgeschildert. Baumhäusern mit Moskitonetzen, aber ohne Bad 40 € für 2 Pers., Campen für 2 Pers. 24 €, 2-Pers.-Bungalow mit privatem Bad ab 54 €. Tekirova, ✆ 8214165, www.sundance.web.tr.

Kano Hotel 5, freundliches, familiäres Hotel in Kemer. Mal was anderes, was Architektur und Zimmerdekoration betrifft (viele Skulpturen und Gemälde, bunte Überdecken). Steinfußböden, viele Zimmer mit Balkon. Kleiner Pool. DZ 30 €. 110 Sok. 19, eine ruhige Seitengasse der Liman Cad., ✆/@ 8145217.

Otel Meşe 8, kleines 20-Zimmer-Hotel mit großem Pool. Saubere, eher schlichte Zimmer ohne persönliche Note. Hat schon bessere Zeiten gesehen, ist für den Preis aber okay. EZ 25 €, DZ 30 €. Karapınar Cad. 10, Kemer, ✆ 8142119, @ 8144857.

Ein ähnliches Haus mit ähnlichen Preisen ist das **Gökkusağı Hotel** 10 schräg gegenüber dem Meşe (✆ 8147176).

Essen & Trinken/Nachtleben

Da das Gros der Urlauber *all in* bucht, ist die Zahl der guten hotelunabhängigen Restaurants verhältnismäßig bescheiden. Trotzdem ist das Angebot vielfältig und die deutsche Küche ist nur durch Einbaugeräte vertreten. Die besten Restaurants findet man an der Marina und im Moonlight Park. Leider liegen die Preise (oft in Euro angegeben) nicht selten mehr als 100 % über dem Landesdurchschnitt.

Navigatot 6, an der Marina. Gepflegte und gemütliche Terrasse vor den schaukelnden Booten. Große Auswahl an kalten und warmen Meze (darunter auch Meeresfrüchte, 4–17 €), dazu Steaks und Fisch vom Grill (12–30 €). Wer will, kann auch Lobster ordern, ca. 60 €/kg. Kemer, Liman Cad., ✆ 8141490.

Lavash Kebab 3, auch unter Einheimischen sehr populäres Lokal. Neben einer großen Auswahl an Kebabs auch Pizza, Pide und Gerichte im Tontopf *(Kiremit)*. Hg. 5–17 €. Dazu wird *Lavaş* gereicht, ein hauchdünnes Fladenbrot frisch aus dem Ofen. Kemer, Kemer Cad. 2, ✆ 8145520.

Paşa Kebap 9, eine Alternative zum Lavash – also auch nichts für Vegetarier. Gepflegte Korbmöbelbestuhlung. Kebabs, Pide oder *Güveç* zu 5–10 €. Kemer, Atatürk Bul., ℅ 8142913.

Tadım Börek 7, einfache Lokanta mit fairen Preisen. Suppen, *Börek*, Kebabs und Döner. Ähnlich ist die Lokanta **Has Döner** 7 nebenan. Kemer, Akdeniz Cad. 5.

Nachtleben Zum Sundowner in Kemer sind die Bars am Ayışığı-Strand bzw. im **Moonlight Park** sehr beliebt. Dort befindet sich auch der **RAI Club** 11, ein Ableger des gleichnamigen Moskauer Megaclubs: DJ-Größen, Go-go-Girls, Mottopartys, Livekonzerte. Angesagt sind zudem die benachbarten Danceclubs **Inferno** 1 und **Aura** 2. Beide befinden sich in Kemer an der Deniz Cad. etwas stadtauswärts.

Göynük Kanyon Parkı (Göynük-Cañon)

Zwischen Beldibi und Göynük mündet der Göynük-Fluss ins Meer. Parallel zum Flusslauf führt ein Sträßlein landeinwärts zum Göynük-Cañon. Der einst ruhige und abgeschiedene Cañon wurde jüngst für die Massen erschlossen, **Eco Fun Adventure Park** nennt sich der laute Abenteuerspielplatz mit Waldseilgarten, Quadverleih und einer über 400 m langen Zip-Wire-Strecke, entlang der man, an einem Stahlseil hängend, bergab jagt. Von dort führt ein Weg (45 Min.) zum eigentlichen Göynük-Cañon mit seinen bizarren ausgewaschenen Felsformationen und einem 6 m hohen Wasserfall.

Verbindung Die **Dolmuşe** auf der Strecke Kemer – Antalya überqueren nahe der Küste den Göynük-Fluss auf der Göynük-Brücke (Göynük Çay Köprüsü, gesprochen etwa „Göynük Tschai Köpprüssü"), sagen Sie dem Fahrer, dass Sie dort aussteigen wollen. Von hier bis zum Parkeingang noch 4 km (zu Fuß bis zum Wasserfall hin/zurück ca. 3¾ Std.).

Öffnungszeiten Von Sonnenauf- bis Sonnenuntergang. Eintritt 2,50 €.

Die Marina von Kemer

Mädchenburg Kızkalesi

Türkische Riviera

An der Türkischen Riviera erwarten Sie die exklusivsten Clubanlagen, die längsten Strände und die heißesten Sommer der Türkei.

Auch wenn die Kette der langen, feinsandigen Strände bis Mersin reicht, lernen die meisten Besucher der türkischen Südküste nur den Abschnitt zwischen Antalya und Anamur kennen, den findige Tourismusmanager „Türkische Riviera" tauften. Den Vergleich mit dem italienischen Pendant braucht er nicht zu scheuen: Die Türkische Riviera bietet goldene Sandstrände vor türkisgrünem Meer und dazu mit über 300 Sonnentagen einen fast ewigen Sommer. Leider werden heute weite Abschnitte von Hotelkonglomeraten im Costa-Brava-Stil gesäumt. Garanten für gelungene Ferienwochen sind hier für viele Urlauber die wie Hochsicherheitstrakte abgeriegelten All-inclusive-Anlagen, teils so groß, dass eine Kleinstadt in sie hineinpassen könnte. Infolge des Ansturms der sonnenhungrigen Massen mutierten Fischerdörfer wie Side zu umtriebigen Basar- und Vergnügungsmeilen. Und Alanya ist mittlerweile ein perfektes Beispiel dafür, dass Ballermann-Stimmung auch in der Türkei zu finden ist.

Wer einfach nur preiswerte Erholung sucht, ist an der Riviera bestens aufgehoben. Wer die Türkei kennen lernen will, eher nicht. Doch auf ursprünglich-ländliches Anatolien trifft man schnell, wenn man seinen Liegestuhl zusammenklappt und losmarschiert. Im Hinterland, in der wilden Bergwelt des Taurus, dessen bis zu 3000 m hohe Gipfel oft noch bis in den Mai schneebedeckt sind, laden einsam gelegene Ausgrabungsorte, etliche Burgen und grandiose Schluchtenlandschaften zur Erkundung ein.

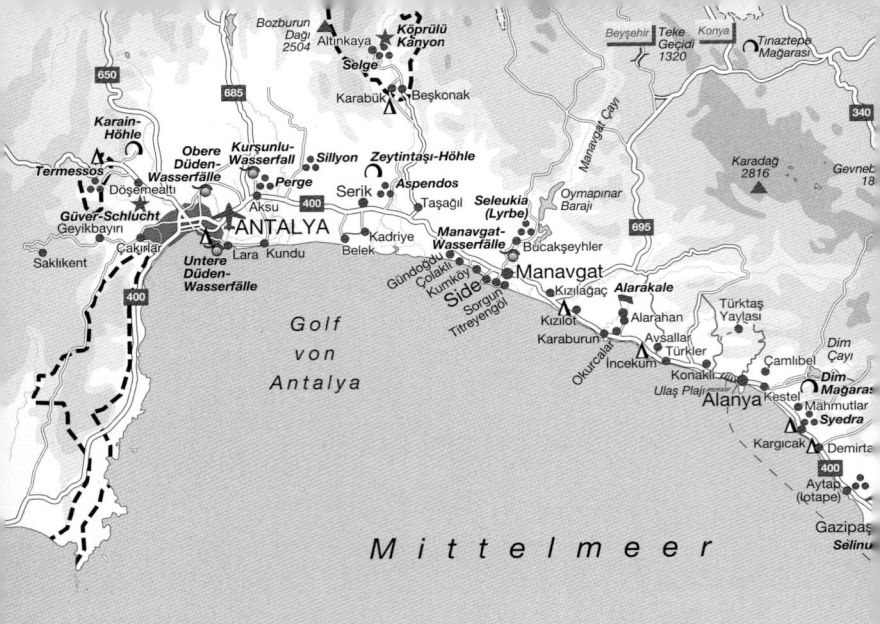

Türkische Riviera – die Highlights

Termessos ist Ruinenstätte und Nationalpark zugleich. Das grandios gelegene Theater lohnt allein wegen seiner atemberaubenden Aussicht einen Besuch. Zu den Überresten der schwer zugänglichen Stadt kämpft man sich heute durch Dornen und Gestrüpp – ein nachhaltiger Eindruck von Vergänglichkeit.

Aspendos war eine der bedeutendsten Städte Pamphyliens. Das besterhaltene römische Theater Kleinasiens ist bis heute mit Leben erfüllt – regelmäßig finden hier Festspielaufführungen statt.

Köprülü-Kanyon-Nationalpark: Die gleichnamige Schlucht ist eine Herausforderung für Rafter, die einsame Bergwelt für Wanderer.

Das Raue Kilikien: Zwischen Gazipaşa und Anamur erstreckt sich einer der schönsten Abschnitte der türkischen Küste, mit etlichen verschwiegenen Buchten, die man sich jedoch erst verdienen muss – denken Sie an festes Schuhwerk!

Mamure Kalesi: Die Bilderbuchburg von Anamur stammt aus der Zeit, als Männer noch Ritter waren. Sie ist die größte mittelalterliche Festungsanlage der türkischen Küste – auch für Kinder ein Traum.

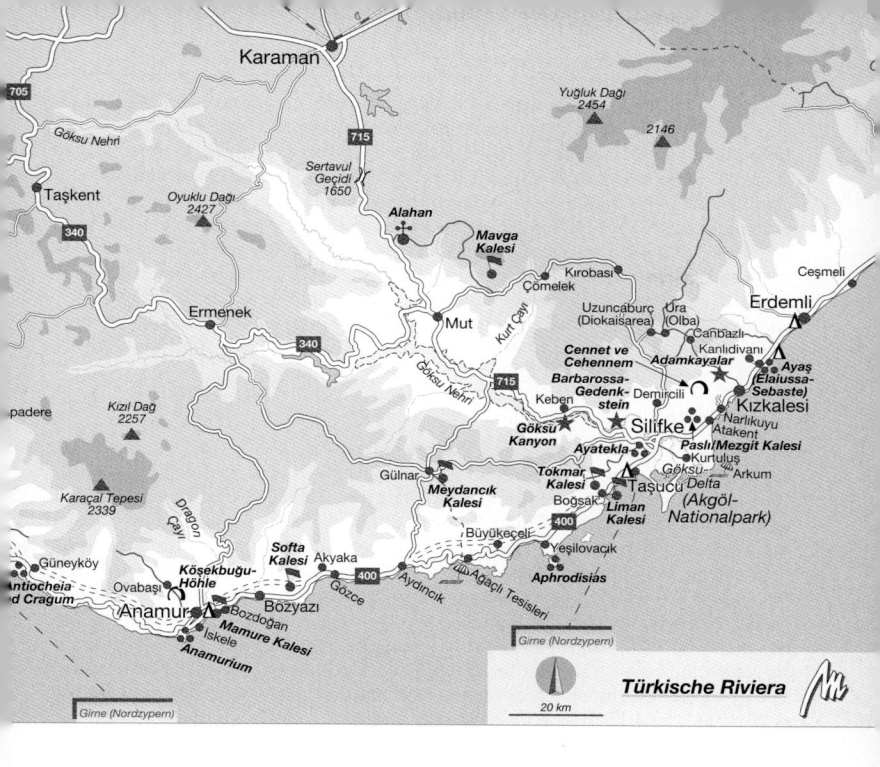

Antalya

ca. 1–1,5 Mio. Einwohner

Umrahmt von den mächtigen, bis zu 3000 m ansteigenden Gipfeln des Taurusgebirges, erstreckt sich die Millionenmetropole über einer schroffen Steilküste. Die Altstadt Antalyas wird wegen ihrer Schönheit in der Literatur mit Lorbeeren und in der Realität mit Touristen überschüttet.

Kaum ein Reisebüro, das nicht mit einem Sonderarrangement nach Antalya, dem türkischen Ferienflughafen Nummer eins, wirbt. Wer aber aus dem Katalog bucht, steigt i. d. R. irgendwo an den Stränden östlich oder westlich der Metropole ab. Antalya selbst ist für das Gros der Reisenden lediglich Ziel eines Tagesausflugs. Dabei besucht man die charmante Altstadt mit ihren engen, schattigen Gassen und osmanischen Holzhäusern, deren hübsche Erker, schindelgedeckte Dächer und Gärtchen mit Orangenbäumen und Hibiskus ins Auge fallen. Oder man bummelt auf palmengesäumten Boulevards durch das angrenzende moderne Stadtzentrum, wo schicke Boutiquen und große Einkaufszentren zum Shopping einladen. Es sind vorrangig Individualreisende, die in Antalya auch nächtigen. Die Altstadt bietet ein großes Angebot an Unterkünften jeglicher Couleur.

Türkische Riviera

Ist die Provinz Antalya, die sich bis Alanya erstreckt, die meistbesuchte Ferienregion des Landes, so ist die Stadt selbst eine pulsierende Wirtschaftsmetropole. Boomtown Antalya profitiert aber nicht nur vom Tourismus, genauso haben Industrie und Handel für den regen Aufschwung gesorgt. Eisenchrombetriebe und Textilfabriken verschiffen ihre Güter erfolgreich in alle Welt, und zwar vom neuen, großzügig angelegten Hafen, der eigens zu diesem Zweck wenige Kilometer westlich der Stadt gebaut wurde. Auch die Obstplantagen der Gegend werfen reiche Erträge ab und tragen zum Wohlstand der Stadt bei. Im Umland werden zudem Gemüse, Baumwolle, Erdnüsse und Sesam angebaut. Damit es weiterhin bergauf geht, wurde ein modernes Kongresszentrum errichtet, das pyramidenförmige, gläserne *Sabancı Congress Centre* am 100. Yıl (Yüzüncü Yıl) Bulvarı. Es soll Geschäftswelt und Wissenschaft an die Stadt binden.

Geschichte

Antalya ist eine für türkische Verhältnisse junge Stadt. 158 v. Chr. wurde sie von König Attalos II. von Pergamon (159–138 v. Chr.) als *Attaleia* gegründet, nachdem er vergebens versucht hatte, Side zu erobern. Im Jahr 36 v. Chr. geriet die Stadt unter römische Herrschaft. Unter Kaiser Hadrian (117–138 n. Chr.) erhielt sie den Status einer selbstständigen Provinz mit einem Senator als Statthalter. Einen Namen machte sich die Stadt im römischen Imperium wegen ihrer auserlesenen Weine – ob es die edlen Tropfen waren, die in den folgenden Jahrhunderten immer wieder Piraten anlockten, sei dahin gestellt. In byzantinischer Zeit wurde *Adalia*, wie man nun sagte, zum Bischofssitz. Im 12. Jh. diente die Stadt den Kreuzfahrern als Nachschubhafen, 1207 wurde sie von den Seldschuken erobert, 100 Jahre später fiel sie in den Machtbereich der Emire von Eğirdir. Unter Sultan Murat I. wurde *Adalia* 1387 schließlich dem Osmanischen Reich einverleibt. Mit der Autorität des Korans ging die Tradition des Weinanbaus verloren, stattdessen wurde nun die Rosenzucht gefördert. Rosenöl, der Grundstoff kostbarer Parfüms, sollte für die nächsten Jahrhunderte eine der Haupteinnahmen sein. Auch die Seidenraupenzucht wurde fortan gepflegt.

1918 wurde der hiesige Küstenstreifen von italienischen Truppen besetzt, 1921 räumten sie das Feld wieder. Zwei Jahre später mussten die griechischen Einwohner der nun Antalya genannten Stadt infolge des Bevölkerungsaustauschs ihre Häuser verlassen. In den 1970ern setzte die Entwicklung des verschlafenen 40.000-Einwohner-Städtchen zu einer modernen Wirtschaftsmetropole ein. Damit einher

Orientierung: Vom kleinen Hafen steigt die verwinkelte Altstadt (*Kaleiçi*, z. T. mit „Kale Kapısı" ausgeschildert) mit ihren Pensionen und Souvenirgeschäften in einem Halbrund steil an. Landeinwärts wird sie weitestgehend von einer ursprünglich hellenistischen Stadtmauer umgeben. Entlang dem zinnenbewehrten Wall, der von den Seldschuken und Osmanen immer wieder umgebaut wurde, verläuft die Atatürk Caddesi gen Süden. Den Norden der Altstadt grenzt die Cumhuriyet Caddesi ab, die gen Westen zum Archäologischen Museum und zum Konyaaltı-Strand führt. Entlang dieser beiden Straßen holpert auch eine betagte Straßenbahn. Eine moderne Linie führt vom Zentrum gen Norden zum Busbahnhof. Für die Fahrt in die Altstadt mit dem eigenen Fahrzeug → S. 462. Rings um die Altstadt erstreckt sich das geschäftige, moderne Antalya. Je weiter man sich vom Meer entfernt, desto mehr verschwinden die Renommierfassaden.

ging ein rapider Bevölkerungsanstieg, denn die Stadt zog massenweise Glücksritter aus Ostanatolien an: Anfang der 1990er zählte Boomtown Antalya schon 450.000 Einwohner, Mitte der 90er bereits 800.000. Wie viele Menschen heute in Antalya leben, weiß keiner so genau. Schätzungen gehen von 1–1,5 Mio. Einwohnern aus. Darunter befinden sich angeblich über 2000 Euro-Millionäre (!) und um die 7000 Deutsche, die sich einen Platz an der Sonne geleistet haben. Um dem Bevölkerungsanstieg und dem damit einhergehenden wachsenden Verkehrsaufkommen gerecht zu werden, wird eine Umgehungsstraße nach der nächsten gebaut – doch ist es nur eine Frage der Zeit, bis diese wieder zu Stadtautobahnen werden, zumal man für das Jahr 2030 um die 10 Mio. Einwohner prognostiziert.

Information/Verbindungen/Ausflüge

Telefonvorwahl 0242.

Information Tourist Information, ab vom touristischen Schuss an der Güllük Cad. 31 (auch: Anafartalar Cad.). Im Sommer tägl. 8.30–18.30 Uhr, im Winter 8–17 Uhr. ℅ 2411747, www.antalyakulturturizm.gov.tr. Infos auch auf www.antalyaguide.org.

Verbindungen Der internationale **Flughafen Antalya** (www.aytport.com) liegt ca. 15 km östlich von Antalya. Er besitzt 3 Terminals, 2 internationale (Terminal 1 und Terminal 2) sowie einen nationalen *(İç hatları)*. Terminal 1 liegt in Laufnähe zum nationalen Terminal, Terminal 2 ca. 2 km von den anderen entfernt. Es bestehen keine Shuttlebusverbindungen zwischen den Terminals! Im Ankunftsbereich der internationalen Terminals finden Sie Wechselstuben (schlechte Kurse) und Bankomaten. Autoverleiher haben vorrangig im nationalen Terminal und im Terminal 2 ihren Sitz.

Transfer von und zum Flughafen: Am einfachsten mit dem **Taxi**, ca. 17 € vom Taxi ins Zentrum. Es gibt auch Busse ins Zentrum, was die Taxifahrer am Flughafen jedoch verneinen!

Vom nationalen (!) Terminal (Terminal 1 in Laufnähe, nach dem Ausgang rechts halten; keine Abfahrt vom Terminal 2!) fahren von 6–22 Uhr nahezu stündl. Busse der Gesellschaft **Havaş** ins Zentrum (4 €/Pers., Fahrtdauer 30–45 Min.). Man steigt am besten an der Station *Eski Otogar* („Alter Busbahnhof") ca. 10 Fußmin. von bzw. zwei Straßenbahnstationen nördlich der Altstadt aus (sagen Sie dem Fahrer Bescheid). Danach passieren die Havaşbusse auch die Minibusstation am Akdeniz Bul. beim Shoppingcenter Migros, wo die Dolmuşe Richtung Kemer, Çıralı und Kumluca starten.

Endstation ist der Busbahnhof *(Otogar)*. Wer mit dem Havasbus **vom Zentrum zum Flughafen** (ebenfalls nur nationaler Terminal) will, steigt an der Konyaaltı Cad. beim Yavuz Özcan Parkı nahe der Hauptpost zu. www.havas.com.tr.

Billiger, aber auch zeitaufwendiger ist die Fahrt mit dem **städtischen Bus 600**, der vom Flughafen vorbei am Zentrum zum Busbahnhof *(Otogar)* fährt. Der Bus verkehrt von 6 bis 22 Uhr alle 30 Min. Am Flughafen startet der Bus vor dem nationalen Terminal und vor Terminal 2. Am besten steigt man an der Haltestelle Meydan aus (Fahrer Bescheid geben) und legt den restlichen Weg ins Zentrum mit der Straßenbahn zurück (mehr zur Straßenbahn s. u.). Am Busbahnhof fährt der Bus vor dem *İlçeler Terminal* ab, achten Sie auf die Aufschrift „Havaalanı" für „Flughafen".

Bus: Der Busterminal (*Otogar*) liegt etwa 8 km vom Zentrum entfernt an der Ausfallstraße nach Burdur. Anbindung ins Zentrum mit der Straßenbahn *ANTRay* (hier unterirdisch, auf die Beschilderung „Tramvay" achten). Die Zu- und Aussteigestation im Zentrum heißt „İsmetpaşa". Steigen Sie am Busbahnhof in Fahrtrichtung Meydan ein. Taxi vom Busbahnhof ins Zentrum oder andersrum ca. 10 €.

Vom Busbahnhof bestehen hervorragende Verbindungen entlang der Küste, in alle größeren Städte des Landes und zu den kleineren Orten in der Umgebung. Fahrtzeiten: Alanya und Eğirdir 2½ Std., Adana 12 Std., Bodrum 11 Std., Ankara 7½ Std., Kappadokien/Göreme 10 Std., Pamukkale o. Konya ca. 5 Std., İstanbul 12 Std., Fethiye ca. 4 Std. (Inland) bzw. 7–8 Std. (entlang der Küste vorbei an Finike, Kaş und Kalkan).

Türkische Riviera

E inkaufen
1 Özdilek Park
2 Kunsthandwerksläden

Ü bernachten
4 Uygulama Oteli
9 Bambus

E ssen & Trinken
3 Parlak Restaurant
5 Zeynep'in Mutfağı
6 Salman
7 Paşa Bey Kebapçısı
8 Lara Balık Evi

Ⓢ *Straßenbahnhaltestelle*

Antalya 461

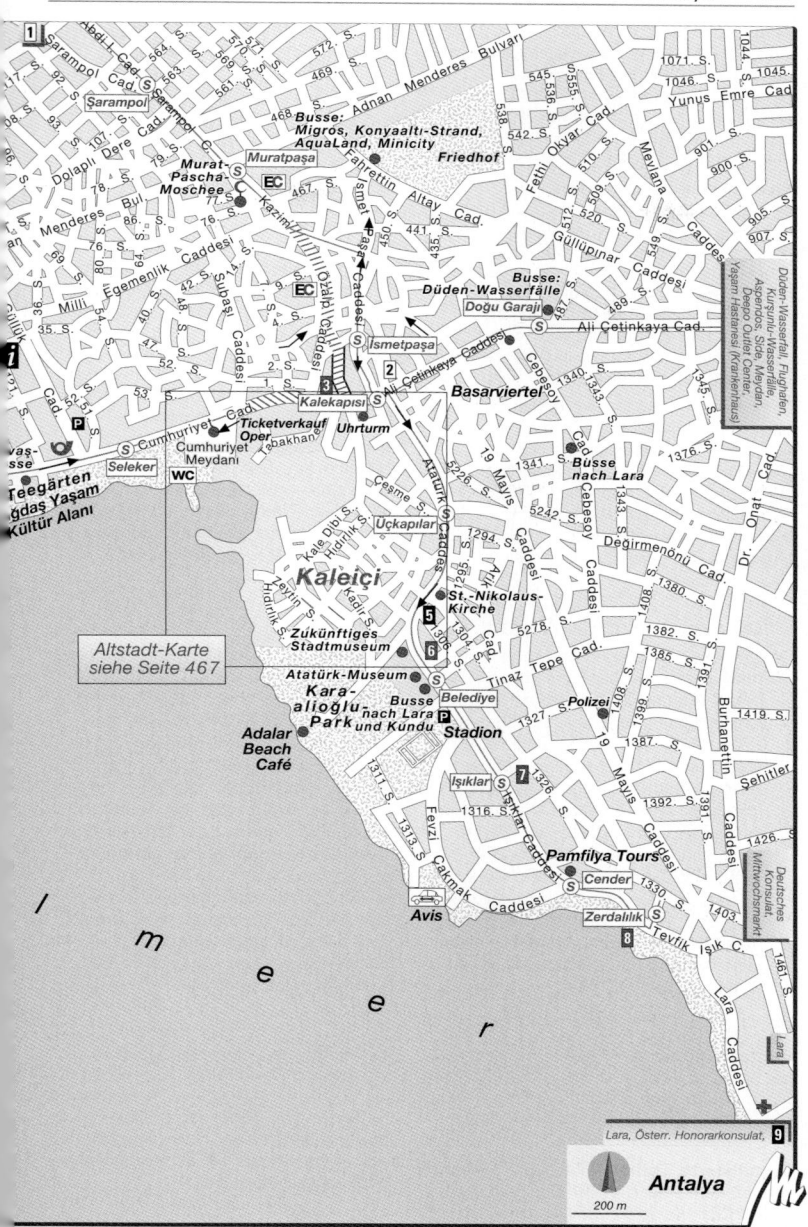

Dolmuş/Minibus: Richtung Kemer, Çıralı, Olympos und Kumluca steigt man entweder am Busbahnhof oder am Akdeniz Bul. zwischen Migros Shoppingcenter und AquaLand zu (zu erreichen mit Ⓑ KL08 von der Fahrettin Altay Cad.; Haltestelle vor dem Friedhof).

Straßenbahn: Es gibt bislang zwei Linien, eine alte und eine neue. Die alte Straßenbahnlinie, übrigens ein Geschenk der Partnerstadt Nürnberg, führt vom Archäologischen Museum über die Konyaaltı Cad. (die parallel zur Küste verläuft und in die Cumhuriyet Cad. übergeht) mitten ins Herz der Stadt und auf der Atatürk Cad. gen Süden bis zum Ende der Işıklar Cad. Sie fährt von 7 bis 21 Uhr jede halbe Std.

Die zweite Straßenbahnlinie, die *AntRay*, führt vom Busbahnhof *(Otogar)* über die Abdi İpekçi Cad. und die Şarampol Cad. zur İsmet Paşa Cad. (hier aussteigen für die Altstadt) und weiter über die Ali Çetinkaya Cad. wie auch den Aspendos Bul. zum Meydan. Den Ausbau Richtung Flughafen torpediert die Taximafia. Es sollen in den nächsten Jahren zudem Straßenbahnlinien zum Westhafen und gen Lara folgen.

> **Tickets:** Für Stadtbusse und Straßenbahnen kauft man sich Chipkarten (3 Fahrten z. B. 2 €/5 TL, Stand 2011), die es an vielen Kiosken und Straßenbahnhaltestellen zu kaufen gibt. Einzelfahrscheine gibt es nicht mehr. Die für Touristen interessanten Buslinien samt Abfahrtsstellen sind in den Kapiteln zu den jeweiligen Sehenswürdigkeiten und Orten aufgelistet.

Schiff: Eine Fährverbindung nach Nordzypern ist seit Jahren in Planung.

Parken: Gebührenpflichtige, bewachte Parkplätze am Jachthafen in der Altstadt (2,50 €, egal wie lange) sowie neben dem Stadion (nahe der Altstadt; 2,50 €/Tag). Zudem ein Parkhaus gegenüber der Post an der Güllük Cad. (3 €/Tag, 1,50 €/2 Std.).

Mit dem Auto in die Altstadt – ein Chaos!

Um das Verkehrsaufkommen in den engen Gassen der Altstadt einzudämmen, gelten für die Fahrt in die Altstadt besondere Regelungen. Die Einfahrt in die Altstadt ist kostenlos, sofern man diese innerhalb von 2 Std. mit dem Fahrzeug wieder verlässt. Bei einer Verweildauer von 2–6 Std. bezahlt man 2,50 €, für 6–8 Std. 5 €, für 8–10 Std. 12,50 €, für 10–12 Std. 25 € und für über 12 Std. satte 50 €. Manche Autoverleiher aus der Altstadt haben für ihre Fahrzeuge Altstadtlizenzen erworben, die unbegrenztes Parken ermöglichen. Hoteliers müssen die Fahrzeuge der Gäste unmittelbar nach der Einfahrt anmelden, damit diese die Altstadt am nächsten Morgen wieder kostenfrei verlassen können. Die Ein- und Ausfahrten sind getrennt. Einfahrten befinden sich beim Uhrturm (zu erreichen, indem man über die İsmet Paşa Cad. auf die Altstadt zusteuert und sich kurz davor bei den Straßenbahngleisen rechts hält) und an der Kocatepe Sok. beim Restaurant Patio. Hinausfahren kann man über die Mescit und die Yenikapı Sok. Ein- und Ausfahrten sind durch ein verwirrendes Einbahnstraßensystem miteinander verbunden – wer sich den Stress sparen will, parkt am besten außerhalb (z. B. beim Stadion).

Bootsausflüge Geschippert wird entweder Richtung Westen entlang der lykischen Küste (6-Std.-Tour mit Lunch 35 €). Oder gen Osten, z. B. zu den unteren Düden-Wasserfällen, Dauer ca. 2 Std., 10 €.

Organisierte Touren Büros von Tourenveranstaltern an der Atatürk Cad., der Cumhuriyet Cad. und in den Gassen der Altstadt – insgesamt aber nur wenige Anbieter. Tagestouren z. B. nach Perge, Aspendos und zu den Kurşunlu-Wasserfällen, nach Kekova und Myra (mit Bootstour) oder nach Termessos und zu den Düden-Wasserfällen ab ca. 30 € – Stopps bei Schmuckfabriken und Ledergeschäften inkl.

Antalya

Adressen

Ärztliche Versorgung Einen sehr guten Ruf besitzt das private **Özel Antalya Yaşam Hastanesi** nahe dem Dedeman Hotel in Lara. Şirinyalı Mah. 1487 Sok. 4, ✆ 3108080. Englischsprachige Ärzte und deutschsprachige Dolmetscher.

Autoverleih Eine seit Jahren bewährte und von vielen Lesern empfohlene Autovermietung ist **Say**, Barbaros Mah. Mescit Sok. 37, ✆ 2430923, www.say-autovermietung.de (→ Unterwegs, S. 26). 24-Std.-Service unter ✆ 0532/2645054 (mobil). 2011 lag das billigste Modell bei 25 €. Wer bei unseriösen Anbietern weniger bezahlen will oder bei seriösen mehr, spaziert die Fevzi Çakmak Cad. entlang, an der mehrere Autoverleiher vertreten sind, z. B. **Avis** (Hnr. 30, im Talya Oteli, ✆ 2481772, am Flughafen ✆ 3303008, www.avis.com.tr).

Diplomatische Vertretungen Deutschland (Außenstelle des Generalkonsulats İzmir), Yeşilbahçe Mah., 1447 Sok., B. Gürkanlar Apt., Kat. 5/14, ✆ 3141101, www.antalya.diplo.de.

Österreich (Honorarkonsulat), Tesisler Cad. 170 (Barut Hotel), Lara, ✆ 3522200, antalyafahrikonsolosluk@baruthotels.com.

Schweiz → Reisebüro, s. u.

Polizei Für die Altstadt ist die Polizeistation an der 19 Mayıs Cad. zuständig. ✆ 155.

Post Hauptpost in der Güllük Cad.

Reisebüro Pamfilya Tours für Flugtickets (*THY*, *Pegasus*, *Onur Air* u. a.), Fährpassagen u. Ä., zugleich Konsulat der Schweiz. Işıklar Cad 57, ✆ 2431500, www.pamfilya.com.tr.

Waschsalon Sempatik Laundry, in der Altstadt in Nachbarschaft zum Kesik-Minarett bzw. gegenüber der Pension Villa Verde. Eine Trommel waschen 7,50 €.

Zweiradverleih Etliche Verleiher in der Altstadt und an der Fevzi Çakmak Cad. Angeboten wird alles zwischen 125-ccm-Yamaha-Scooter (ab rund 17 €/Tag) und Honda Enduro mit 600 ccm (ca. 100 €). Fahrräder nur bei wenigen Verleihern (ca. 10 €/Tag).

Einkaufen/Veranstaltungen (→ Karte S. 460/461)

Einkaufen im Zentrum Etliche Leder- und Modegeschäfte im Basar um die Ali Çetinkaya Cad. Besser aber kauft man in den Shoppingmalls ein (s. u.) oder in den Läden und Boutiquen an der Atatürk Cad., der Işıklar Cad. und Cumhuriyet Cad. (viel trendige Klamotten).

Silber- und Goldschmuck findet man in den zahlreichen kleinen Juwelierläden im Norden der Atatürk Cad.

Eine Ansammlung von **Kunsthandwerksläden** **2** mit Schwerpunkt auf Metallarbeiten (schöne Mitbringsel aus Kupfer oder Messing) findet man zwischen Ali Çetinkaya Cad. und İsmetpaşa Cad. Teils kann man bei der Produktion zusehen.

Märkte Mittwochsmarkt am Portakal Çiçeği Bul. (nahe dem deutschen Generalkonsulat) südöstlich der Altstadt: Obst, Gemüse, Lebensmittel, Kleidung, Haushaltswaren, keine Souvenirs. Um dorthin zu gelangen, folgt man der Işıklar Cad. und all ihren Verlängerungen.

Großer **Freitagsmarkt** bei der Murat-Pascha-Moschee.

Shoppingmalls Migros Alışveriş Merkezi, moderne Shoppingmall mit über 100 Läden, von *adidas* über *Tommy Hilfiger* bis hin zu *Zara*. Stressfreies Bummeln, zudem bei den meisten Geschäften Tax-free-Einkauf möglich. 100. Yıl Bul., zu erreichen mit Ⓑ KL08 von der Fahrettin Altay Cad. (Haltestelle vor dem Friedhof).

Özdilek Park 1, neuestes Shoppingcenter der Stadt, nördl. des Zentrums auf dem Weg zum Busbahnhof. Rund 110 Geschäfte, gute Foodmeile. Vom Zentrum (İsmetpaşa) mit der Straßenbahn *AntRay* zu erreichen, Station Dokuma aussteigen.

Deepo Outlet Center, das größte Outlet-Einkaufszentrum der Mittelmeerküste (rund 90 Läden). Viele Restposten, dazu viel Ware vom Vorjahr. An der Straße nach Alanya in Flughafennähe. Busse (Ⓑ AC03) von der Burhanettin Ornat Cad.; zur Bushaltestelle gelangt man mit der Straßenbahn von der zentralen Station İsmetpaşa (2 Stationen).

Türkisches Bad (Hamam) In der Altstadt gibt es das etwas versteckt in der Kocatepe Sok. gelegene **Sefa Hamamı** (gemischtes Bad, tägl. 9.30–22 Uhr, Eintritt 12 € inkl. Massage und *Kese*) und das Balıkpazarı *Hamamı* an der Ecke Balıkpazarı Sok./Paşa Cami Sok. (restauriertes osmanisches Bad, groß und schön, getrennte Abteilungen für Frauen und Männer, tägl. 8–23 Uhr, Komplettbehandlung 17,50 €).

Veranstaltungen Anfang Okt. gehen im *Antalya Kültür Merkezi* (am 100. Yıl Bul. zwischen Sheraton und Glaspyramide) die traditionellen **Filmfestspiele von Antalya** über die Bühne, bei denen der beste Streifen mit der „Goldenen Orange" (*Altın Portakal*) ausgezeichnet wird. Im Mittelpunkt stehen türkische Filme.

Sehens- und hörenswert sind auch die im Rahmen des **Aspendos-Festivals** (i. d. R. Juni/Juli) stattfindenden Opern- und Ballettaufführungen im Freilichttheater von Aspendos. 2011 kosteten die Tickets um die 25 €, man bekommt sie u. a. am Kiosk der Staatsoper (s. o.) oder im Archäologischen Museum. Meist gibt es auch einen Transportservice. Weitere Infos auf www.aspendosfestival.gov.tr.

Übernachten/Camping (→ Karten S. 460/461 und S. 467)

In der Altstadt gibt es rund 80 Pensionen und kleine Hotels: Vom Vorhang mit Goldkante bis zum Laken mit Schmutzrand reicht dort das Angebot. Über eine Klimaanlage verfügen fast alle Zimmer, auch die der einfachen Pensionen. Grundsätzlich gilt aber: Je näher Sie am Hafen wohnen, desto lauter die nächtlichen Beats des Clubs Ally! Ganz im Westen Antalyas, hinter dem Strand Konyaaltı und dem vierspurigen Küstenboulevard findet man einige Mittelklasse-Hotels, dazu einige wenige Clubhotels und Pensionen.

In der Altstadt Otel Tuvana 12, stilvolle Unterkunft. 45 schöne, z. T. jedoch etwas kleine und dunkle Zimmer, auf vier historische Gebäude verteilt: Holzdecken, geschmackvoll platzierte Antiquitäten und Replikate alter Möbelstücke. Netter Garten mit Orangenbäumen und Pool. DZ ab 130 €. Etwas versteckt in der Karanlık Sok. 18, ☎ 2476015, 📠 2411981, www.tuvanahotel.com.

Hotel Alp Paşa 19, zu einer sehr gepflegten Herberge umgebautes osmanisches Haus. Unterschiedliche Zimmer, aber alle komfortabel-elegant im altürkischen Stil eingerichtet und nach osmanischen Paschas benannt. Jedoch „etwas zu plüschig-dunkel", meint ein Leser. Kleiner Poolbereich, an dem am Abend zu Tisch gebeten wird. DZ mit HP 90 €. Hesapçı Sok. 30, ☎ 2475676, 📠 2485074, www.alppasa.com.

Doğan Hotel 20, ebenfalls eine einladende Adresse und ebenfalls im osmanischen Stil eingerichtet. 41 komfortable Zimmer, manche mit toller Aussicht. Schöner Garten, Pool. Gediegenes Restaurant. EZ 50 €, DZ 75 €. Mermerli Banyo Sok. 5, ☎ 2474654, 📠 2474006, www.doganhotel.com.

Villa Tulipan 24, unter holländischer Leitung. 5 Zimmer, 1 Suite und 2 Apartments. Alle liebevoll und unterschiedlich eingerichtet. Teilweise mit großen Balkonen und grandiosen Ausblicken. Wer ein Zimmer ohne Aussicht hat, kann auf die fantastische Dachterrasse ausweichen. DZ ab 40 €, Apartment 65 €. Kaledibi Sok. 6, ☎ 2449258, www.villatulipan.com.

Pension Villa Verde 25, sympathische, von Lesern entdeckte, gepflegte Komfortpension neueren Datums. Freundlich eingerichtete, ausreichend große Zimmer mit schönen Holzböden, gute Bäder. Ruhig gelegen, viel Grün, nette Außenbereiche. Bemühter Service, Frühstück mit Blick auf das Kesik-Minarett. EZ 40 €, DZ 55–60 €. Seferoğlu Sok., ☎ 2482559, 📠 2484231, www.pensionvillaverde.com.

Atelya Art Hotel 16, gut geführtes Hotel mit 30 ganz unterschiedlichen Zimmern, die auf mehrere historische Stadthäuser verteilt sind. Ultrahohe Decken, knarrende Holzböden, orientalisch dekoriert. Schlicht, aber sehr charmant, manche Zimmer mit Balkon. Der Hit ist jedoch der idyllische, von Jasminduft erfüllte Innenhof. DZ 50 €. Civelek Sok. 21, ☎ 2416416, 📠 2412848, www.atelyahotel.com.

Secret Palace Pansion 26, der „Geheime Palast" war die erste Gaypension Antalyas. Mittlerweile hat der Besitzer gewechselt, vom alten Image lebt man aber noch immer. Kleine charmante Anlage mit gepflegten Zimmern und freundlichem Hof samt gemütlichem, kleinem Poolbereich.

Antalya

EZ 40 €, DZ 50 €. Fırın Sok. 10, ℡ 2441060, ℻ 2412062, www.secretpalacepansion.com.

Ninova Pension [14], familiäre kleine Pension. Sehr gut in Schuss, sehr sauber. 19 farbenfrohe Zimmer (größtenteils mit Holzböden) verteilen sich auf zwei 200 Jahre alte Konaks. Liebevoll eingerichtet, hübscher Garten. Recht ruhige Lage. Gutes Preis-Leistungs-Verhältnis. DZ 40 €. Hamit Efendi Sok. 9, ℡ 2486114, ℻ 2489684.

Kaleiçi Otel [27], sehr ordentliches Haus, geführt vom hilfsbereiten Servet Henden, der in Köln gelebt hat und ein großer Fan des 1. FC ist. 11 recht komfortable, solide möblierte Zimmer mit Steinböden, Kühlschrank und Föhn, Bäder mit Duschkabinen. Im Hinterhof ein kleiner Pool. Von Lesern gelobt. EZ 30 €, DZ 40 €. Sakarya Sok. 11, ℡ 2447146, ℻ 2448053, www.kaleiciotel.net.

Sibel Pansiyon [29], ein Lesertipp in einer ruhigen Gasse. Unter Leitung der freundlichen Französin Sylvie, die mit ihrem türkischen Mann in Berlin gelebt hat und deswegen auch Deutsch kann. 9 sehr gepflegte und sehr saubere Zimmer mit Marmorböden, teilweise recht geräumig. Netter schattiger Innenhof. Familiäre Atmosphäre. DZ mit leckerem Frühstück 33 €. Fırın Sok. 30, ℡ 2411316, ℻ 2413656, www.sibelpansiyon.com.

Sabah Pension [28], nahe dem Zitadellenturm an der Flaniermeile durch die Altstadt. 24 Zimmer (es gibt große und sehr kleine, vorher zeigen lassen!), verteilt auf einen renovierten Altbau und einen stilgerechten Anbau, alle mit Aircondition. Im Sommer freundliche Innenhofterrasse. Bei Backpackern sehr beliebt. Es werden auch Autos vermietet und Touren in die Umgebung angeboten, dazu kocht die Mutter gut – doch all das wird man Ihnen leider nicht nur ein Mal sagen. Nahebei vermietet die Pension auch ganze Häuser für bis zu 6 Pers., dort gibt es auch einen Pool für die Gäste. EZ 30 €, DZ 35 €. Hesapçı Sok. 60, ℡ 2475345, ℻ 2475347, www.sabahpansiyon.com.

Özmen Pansiyon [30], nahe dem Hıdırlık Kulesi. Größeres Haus mit 25 blitzsauberen Zimmern, acht davon mit Balkon. Tolle Dachterrasse mit Blick über die halbe Stadt und das Meer – zugleich der gemütliche Treffpunkt am Abend. Vielfach von Lesern hochgelobt. Wer dieses Buch zeigt, bezahlt für ein EZ 22 € (sonst 24 €) und für ein DZ mit Aircondition 32 € (sonst 34 €). Zeytin Çıkmazı 1, ℡ 2416505, ℻ 2481534, www.ozmenpension.com.

Hinter dem Konyaaltı-Strand Uygulama Oteli [4], der steril-ältliche, achtstöckige Zweckbau dient Hotelfachschülern zur Einführung in die Berufspraxis. Günstig, da der perfekte Service ja erst gelernt wird. 94 sehr saubere, großzügige Zimmer mit altbackenkitschiger Ausstattung auf 3-Sterne-Niveau, alle mit Balkon, z. T. mit herrlichen Ausblicken auf den Strand. Pool. Zwar unattraktive Lage, aber ideal für Selbstfahrer, die sich die Fahrt in die Altstadt ersparen wollen (großer Parkplatz). EZ 22,50 €, DZ 40 €. 100. Yıl Bul. Müze Arkası (gegenüber dem Falez Hotel), ℡ 2385130, ℻ 2385135.

Camping Keine Plätze im eigentlichen Sinne vor Ort. Sein Wohnmobil kann man jedoch auf den lieblosen, gepflasterten, aber schattigen (Park-)Platz oberhalb des **Restaurants Bambus** [9] (auch: South Shield Bistro & Bar) südöstlich des Zentrums stellen. Zum Restaurant gehört eine Badeplattform. Ganzjährig. 2 Pers. mit Wohnmobil 15 €. Eski Lara Yolu 1, ℡ 3111401. Anfahrt: Von der Atatürk Cad. Richtung Lara entlang der Küste halten, nach ca. 3 km auf der rechten Seite oberhalb des Meeres.

Einen Campingplatz gibt es zudem in der Nähe von Termessos, → S. 473.

Essen & Trinken

(→ Karten S. 460/461 und S. 467)

Rund um den alten Hafen und darüber an der Steilküste findet man viele romantische Restaurants mit herrlicher Aussicht, wo man wortwörtlich gerne über den Tellerrand blickt. Das Gros davon ist qualitativ gut, die Preise sind der touristischen Lage entsprechend. Versteckt in den engen Gassen der Altstadt liegen weitere gute Restaurants, z. T. in lauschigen Pensions- und Hotelgärten. Gute und günstige Schnellrestaurants findet man östlich des Hadrianstors in den Gassen jenseits der Atatürk Cad. Die trendigsten und gehobensten Lokale liegen am Konyaaltı-Strand (→ Nachtleben u. Baden) und oberhalb der Küste auf dem Weg nach Lara, wo die High Society von Antalya residiert.

Club Arma 15, Restaurant und Open-Air-Danceclub am Jachthafen, Treffpunkt der jungen Oberschicht. Innen ein rustikal-gepflegter Saal mit schmiedeeisernen Leuchtern und offenem Kamin, außen herrliche Terrasse. Serviert werden Fisch und Internationales. Nichts für den schmalen Geldbeutel, aber sehr empfehlenswert. ✆ 2449710.

Lara Balık Evi 8, bestes zentrumsnahes Fischrestaurant. Direkt über der Steilküste – Traumterrasse! Große Vitrine, aus der man seinen Fisch wählt (Kilopreise). 2 Pers. sollten inkl. Getränken mit ca. 70 € rechnen. Mit der alten Straßenbahn gen Süden fahren, kurz vor der Endstation rechter Hand. ✆ 2298015.

Restaurant Hasanağa 11, in einem alten, renovierten Stadthaus an der Mescit Sok. 15 in der Altstadt. Schöner Innenhof mit Orangenbäumen, zuvorkommender Service, fast tägl. Folklore. Spezialität des Hauses: den *Osmanlı Tabağı* (Osmanischer Teller), ein brodelnder Steintopf mit zartem Fleisch in würziger, sämiger Soße (9,50 €). ✆ 2428105.

Gülrestoran 22, hübsches Restaurant, gepflegt und leger zugleich. Meeresfrüchte, Steaks und Meze. Mit Garten. Hg. 6,10–10,20 €. Kocatepe Sok. 1/1, ✆ 2432284.

Parlak Restaurant 3, etwas versteckt am Beginn der Kazım Özalp Cad. Seit rund 50 Jahren im Geschäft. Große Auswahl an türkischen Gerichten, leckere gegrillte Hähnchen. Überdachter Terrassenbereich. Mittlere Preisklasse. Kazım Özalp Cad. 7, ✆ 2419160.

Paşa Bey Kebapçısı 7, in Laufnähe zur Altstadt. Gepflegtes Kebablokal mit Terrasse und Garten. Ohne Aufpreis bekommt man südostanatolische Vorspeisen, u. a. *Ayran Çorbası* (Ayran-Suppe mit Weizen), *Ezme* (scharfe Paprikasoße) und *Çiğ Köfte* (Köfte aus rohem Fleisch und Weizengrütze). Danach gibt's Pide und überaus leckere Fleischgerichte mit frischem Fladenbrot aus dem Steinofen. Zuvorkommender Service. Hg. 4–8 € und damit für das Gebotene sehr günstig. Kein Alkohol. Işıklar Cad. 1319 Sok. 4, ✆ 2449690. Wegbeschreibung: Von der Altstadt der Işıklar Cad. gen Süden folgen. Wenn linker Hand das Büro der Busgesellschaft Kâmil Koç auftaucht, links ab, dann rechter Hand in der Seitengasse.

Zeynep'in Mutfağı 5, kleines, einfaches Lokal, davor ein paar Tische. Serviert wird beste Hausmannskost. Ein Essen mit *Cacık* und Suppe 4 €, ohne Suppe 3 €. Nur tagsüber. Man findet das Lokal, indem man vom Hadrianstor der Atatürk. Cad. (Straßenbahnseite) gen Süden folgt, bis es nach links in die 1304 Sok. abgeht. Nach nur wenigen Schritten rechter Hand.

Außerhalb Arkadaş, im Norden Antalyas nahe den Düden-Wasserfällen (→ Im Hinterland von Antalya). Das überaus beliebte Forellenlokal liegt idyllisch in einem wildromantischen Tal an einem rauschenden Fluss. Die leckeren Fische kommen aus der hauseigenen Zucht. Faire Preise (Forelle 4,50 €). An der Straße zu den Wasserfällen großes Arkadaş-Werbeschild, unmittelbar davor geht es rechts ab. Auch mit dem Bus zu erreichen. Vom Restaurantparkplatz noch ca. 5 Min. zu Fuß: Treppe runter und flussaufwärts halten, ✆ 3610165.

Cafés/Bars Bahçe Kafe 10, beim Yivli-Minarett. Ein beschauliches, schattiges Fleckchen abseits des Touristenstroms. Einheimisches Publikum, kein Alkohol.

Kale Bar 18, Cafébar des C & H-Hotels (ehemals „Tütav Türk Evi Otelleri"). Die Traumterrasse bietet einen der schönsten Ausblicke auf den Hafen. Man kann auch essen. Vergleichsweise teuer, ohne Beschiss.

Café-Bar Jem-Lik 23, eine von Lesern entdeckte Altstadtoase. Idyllisches, schattiges Gartencafé mit Mandarinenbäumen und bunten Blumenrabatten. Liebevoll dekoriert. Gemäßigte Preise. Kleine Gerichte. Hesapçı Sok.

Salman 6, Konditorei mit angegliedertem modernen Café. Süßigkeiten, Gebäck, Torten und *Börek*. Gute Frühstücksadresse. Fevzi Çakmak Cad. 7.

Bäckerei Tarihi Balık Pazarı Fırını 17, kleine alteingesessene Bäckerei an der Ecke Mescit Sok./Balıkpazarı Sok. Von Lesern hochgelobt. Brot und süße Leckereien.

Nachtleben

Am Konyaaltı-Strand In dem gepflegten Grünstreifen unmittelbar hinter dem Konyaaltı-Strand (Anfahrt → Baden) reihen sich Restaurants, Open-Air-Kneipen, Disco-

Essen & Trinken
10 Bahçe Kafe
11 Restaurant Hasanağa
15 Club Arma
17 Tarihi Balık Pazarı Fırını
18 Kale Bar
22 Gülrestoran
23 Café-Bar Jem-Lik

Übernachten
12 Otel Tuvana
14 Ninova Pension
16 Atelya Art Hotel
19 Hotel Alp Paşa
20 Doğan Hotel
24 Villa Tulipan
25 Pension Villa Verde
26 Secret Palace Pansion
27 Kaleiçi Otel
28 Sabah Pension
29 Sibel Pansiyon
30 Özmen Pansiyon

Nachtleben
13 Ally
15 Club Arma
21 Mr. Blues Pub

Antalya Altstadt (Kaleiçi)

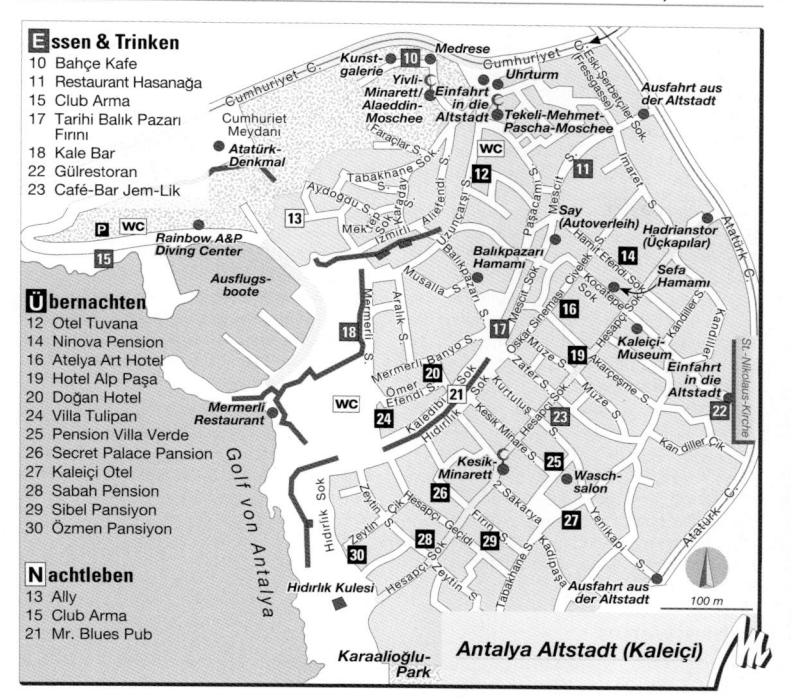

bars und Clubs aneinander. Das gesamte Eck ist Antalyas Nightspot Nr. 1. Hier kann man auf weichen Polstern und gemütlichen Sofas einen relaxten Sundowner bei dezenter Musik genießen, danach unterm Sternenhimmel am Strand mit DJs aus İstanbul und dem Ausland feiern oder in romantischen Garten-Openair-Bars türkischer Livemusik lauschen. Für jeden Geschmack ist etwas dabei.

In der Altstadt Hier ist die Fluktuation enorm, manche Kneipen schließen schon nach wenigen Monaten wieder. Sollte nichts Neues aufmachen, herrscht am Abend relativ tote Hose. Ein paar wenige Clubs schaffen es aber dennoch, Beats bis spät in die Nacht in die Pensionszimmer zu schicken. Dazu gehören das **Ally** 13, eine Art Vergnügungspark für Gaumen und Ohr: mehrere Restaurants mit Gerichten aus aller Welt, viel Musik, alles auf höherem Preisniveau (nur im Sommer geöffnet), und der **Club Arma** 15 beim alten Hafen (→ Essen & Trinken) mit heftigen Getränkepreisen.

Wer einfach nur ein Bier trinken will, kann in den **Mr. Blues Pub** 21 gehen, eine kleine Bar ganz im Zeichen des Blues und Jazz. Nach dem zweiten Besuch wird man vom Wirt schon wie ein alter Stammgast begrüßt. Dieser plante zuletzt, seinen Gästen künftig auch Steaks zu brutzeln. Hıdırlık Sok.

Baden/Tauchen

Attalos plante bei der Gründung der Stadt keine schwimmbegeisterten Touristen ein und platzierte Antalya direkt auf einem Fels über dem Meer. Folglich liegen die Strände außerhalb der Altstadt. Einzige Ausnahmen für einen Sprung ins Meer sind der gebührenpflichtige Sandfleck keine 100 m südlich des alten Hafens (Zugang vom Restaurant **Mermerli**) und das zentrumsnahe **Adalar Beach Café** (Zugang über den Karaalioğlu-Park nahe dem Restaurant Deniz), eine mit Liegestühlen bestückte Holzplattform zwischen Felsen über dem Meer. Die nächstgelegenen Strände sind:

Baden Konyaaltı (auch: Antalya Beach Park): Ein langer Sand-Kies-Strand, der etwa 2 km westlich des Zentrums beginnt. Mit der alten Straßenbahn zu erreichen: Bis zur Endstation beim archäologischen Museum fahren und von dort noch ca. 5 Min. bergab. Taxi einfach ca. 7,50 €. Die Bars und Beachclubs (→ Nachtleben) organisieren den Liegestuhlverleih, bieten Umkleideräume und Duschen. Rettungsschwimmer, Wassersportmöglichkeiten. Ganz im Westen, etwas zurückversetzt, gibt es zudem den **Aquapark Aqualand**.

Lara: 12 km südöstlich der Stadt, mit ⓑKL08 von der Işıklar Cad. zu erreichen. Am besten bis zum Club-Hotel Sera fahren, östlich der Clubanlage beginnt ein 5 km langer Strand, erst feiner Kies, dann Sand. Je weiter Sie nach Osten tingeln, desto ruhigere Plätzchen finden Sie, Abgeschiedenheit jedoch nie. Hinter dem Strand ist noch Platz für den Bau von rund 20 Clubanlagen. Bis zu ihrer Entstehung gibt es eine Reihe gebührenpflichtiger Beachclubs. Lara-Ort ist übrigens nichts anderes als eine gesichtslose Hotelbettenburg und Apartmentsiedlung, über welche die Flugzeuge zum Airport Antalya donnern. Im Osten geht Lara in **Kundu** über, ein aus dem Boden gestampfter weitläufiger Ferienort ohne Zentrum. In den kolossalen 5-Sterne-Themenhotels im Disneyland-Stil – vom Topkapı-Palast bis zum Kreml sind es hier nur ein paar Minuten – nächtigen v. a. Russen.

Tauchen Rainbow A & P Diving Center, Tauchbasis am alten Hafen nahe dem Parkplatz, deutschsprachige Instruktoren. Bootstauchgänge zu einem vorgelagerten Wrack (35 €), ferner Schnuppertauchen für 50 € und diverse Tauchkurse ab 300 €. ✆ 0532/7641409 (mobil), www.apdivers.de.

Sehenswertes

Die meisten Sehenswürdigkeiten Antalyas liegen in oder nahe der Altstadt *(Kaleiçi)*. Man kann sie spielend zu Fuß abklappern, sie sind aber im verwinkeltverwirrenden, engen und abschüssigen Gassensystem nicht immer leicht bzw. auf Anhieb zu finden. Kein Stadtplan wird dem Gassenchaos gerecht, das z. T. ein Erbe der Griechen ist. Auf diese folgten in den 1920ern mehrheitlich Sinti-Familien. Viele von ihnen wanderten im Laufe der Zeit wieder ab. Die, die blieben, zählen heute zu den sozial schwachen Altstadtbewohnern. In manchen Gassen kontrastieren ihre ruinösen Wohnhäuser mit den restaurierten Anwesen der Pensionsbetreiber, doch jedes Jahr werden es weniger. Die Stadtväter tun viel, um Kaleiçi in eine Bilderbuchaltstadt zu verwandeln – leider auch auf Kosten ihres vormaligen morbiden Charmes. Zuletzt wurde das Viertel in weiten Teilen verkehrsberuhigt, wobei man die Hesapçı Sokak, die vom Hadrianstor zum Hıdırlık Kulesi führt, in eine mit Marmor gepflasterte Flaniermeile umgestaltete.

Yivli-Minarett/Alaeddin-Moschee: Das seldschukische Minarett der Alaeddin-Moschee aus dem frühen 13. Jh. ist das Wahrzeichen Antalyas. Die Dominante in der Altstadtskyline ragt etwas unterhalb der Cumhuriyet Caddesi in den Himmel. Der Ziegelturm hat die Form eines Rundstabbündels und diente Seefahrern Jahrhunderte lang als Orientierungspunkt. Die dazugehörige Moschee wurde auf dem Fundament einer byzantinischen Kirche errichtet. Ihre zwölf Säulen, die heute die sechs Ziegelkuppeln tragen, stammen noch aus dem Vorgängerbau und so manche Säulenbase wurde als Kapitell verwendet. Sultan Alaeddin Keykobat I., einer der bedeutendsten Seldschukenherrscher, gab Moschee samt Minarett in Auftrag. Gegenüber dem Minarett sieht man die Ruinen der *Medrese*. Die Mauerreste der einstigen seldschukischen Koranschule sind von einer Stahl- und Glaskonstruktion überdacht, heute werden darin Gewürze und Kunsthandwerk verkauft. Etwas weiter liegt der ehemalige *Konvent der Mevlana-Derwische*, heute die *Güzel Sanatlar Galerisi* (Kunstgalerie), in der wechselnde Ausstellungen stattfinden. Das Gebäude wurde zuletzt umfassend restauriert.

Uhrturm/Murat-Paşa-Moschee: Der Uhrturm, dessen Fundament noch Teil der alten Stadtbefestigung ist, steht unübersehbar am Eingang zur Altstadt, an der hier verkehrsberuhigten Cumhuriyet Caddesi. Gleich daneben befindet sich die *Tekeli-Mehmet-Pascha-Moschee*, deren Silhouette zwar die Altstadt bereichert, die architektonisch jedoch uninteressant ist. Folgt man vom Uhrturm der Kazim Özalp Caddesi (eine lebendige Einkaufsstraße der Neustadt), gelangt man zur Murat Paşa Camii in einem kleinen Park. Diese Moschee aus der zweiten Hälfte des 16. Jh. lohnt einen Besuch, ihr Inneres ist reich mit Fayencen verziert.

Hafen: Im 2. Jh. v. Chr. liefen hier die ersten Schiffe ein, die mächtigen Landmauern stammen aus römischer Zeit. Über 2000 Jahre lang war er das Tor Antalyas zur Welt, bis er vom neuen Hafen westlich der Stadt abgelöst wurde. Heute legen hier nur noch Ausflugsschiffe, ein paar Jachten und Fischerboote an.

Kesik-Minarett: Einst stand hier ein Rundtempel, der dem ptolemäischen Gott Serapis geweiht war. Auf diesen folgte an gleicher Stelle im 5. Jh. die byzantinische *Panaghia-Kirche,* die wiederum 800 Jahre später in eine Moschee umgewandelt wurde. Im Jahre 1851 ging diese bei einem Großbrand in der Altstadt in Flammen auf. Zurück blieb eine Ruine. Seit diesem Zeitpunkt spricht man auch vom Kesik-Minarett – dem „abgeschnittenen Minarett". Zwischen den umzäunten Mauerresten an der gleichnamigen Gasse wächst heute Unkraut.

Suna ve İnan Kıraş Kaleiçi-Museum: Es ist untergebracht in einem osmanischen Herrenhaus. Zu sehen gibt es ein paar alte Fotografien der Stadt, zudem werden in drei extrem klimatisierten Räumen mit lebensgroßen Puppen Szenen aus dem vorletzten Jahrhundert nachgestellt, wie z. B. das Servieren von Kaffee, das Rasieren des Bräutigams oder der Henna-Abend vor dem Hochzeitsfest. Das klingt nicht gerade spannend, und so ist es auch. Zum Museumskomplex gehört auch eine *griechisch-orthodoxe Kirche* aus der zweiten Hälfte des 19. Jh., die wechselnden Ausstellungen dient, gelegentlich finden darin auch Konzerte statt.
Kocatepe Sok. 25. Tägl. (außer Mi) 9–12 u. 13–18 Uhr. Eintritt 1 €, erm. die Hälfte.

Hadrianstor: Der prunkvolle, im Türkischen *Üçkapılar* („Drei Tore") genannte Triumphbogen aus Marmor mit seinen beiden wuchtigen Türmen wurde 130 n. Chr. für Kaiser Hadrian errichtet, als dieser der Stadt einen Besuch abstattete. Heute ist das Tor auch für Nichtkaiser ein hübscher Eingang von der Atatürk Caddesi in die Altstadt. Die Kerben in den Bodenplatten unter der schicken neuen Fußgängerbrücke sollen Spurrillen römischer Wagen sein. Deutlicher erkennt man, dass das Höhenniveau der alten römischen Stadt ein paar Meter unter dem heutigen lag. Welche Ruinen unter der Altstadt noch schlummern, ist unbekannt.

Hıdırlık Kulesi/Karaalioğlu-Park: Der 17 m hohe Turm ganz im Süden der Altstadt stammt aus römischer Zeit. Ob er als Mausoleum oder Teil einer alten Zitadelle gebaut wurde, weiß man nicht – die Forschung tappt hier noch im Dunkeln. Genutzt wurde er später u. a. als Leuchtturm und Kanonenplattform zur Sicherung des Hafens. Weiter südlich schließt sich der Karaalioğlu-Park an: Blumenmeer trifft hier Mittelmeer. Teegärten und Restaurants laden zum Verweilen ein. Ein kleiner Abenteuerspielplatz mit Hängebrücke und Rutschen erfreut Kinderherzen. Tipp: Schauen Sie sich hier den Sonnenuntergang an.

Archäologisches Museum: Es gehört zu den führenden Museen seiner Art in der Türkei und ein Besuch ist absolut lohnenswert. Gezeigt werden Funde aus Lykien und Pamphylien in chronologischer Anordnung. So manche der Funde sind spektakulärer als der Anblick der Ausgrabungsstätten heute. Der Rundgang beginnt mit der prähistorischen Sammlung und schließt mit einer ethnografischen Abteilung ab. Seinen besonderen Ruf verdankt das Museum den übergroßen Götter- und Kaiserstatuen von Perge, darunter Hadrian, Trajan, Zeus usw. Auch die reich verzierten, sehenswerten Sarkophage stammen überwiegend aus Perge. Halten Sie nach jenem Ausschau, dessen Marmorfries die Heldentaten des Herkules zeigt – eine grandiose Steinmetzarbeit. Dabei wurden solche Sarkophage im 2. u. 3. Jh., als die Sarkophagproduktion ihren Höhepunkt erreichte, wie Katalogware hergestellt. Ferner kann man Goldschmuck aus Patara bestaunen, kleine Metallfiguren aus Arykanda, Mosaike aus Seleukeia und eine umfangreiche Münzsammlung. Auch so manche Überraschung ist zu entdecken: Neben den byzantinischen Ikonen beispielsweise liegt ein Schächtelchen, eingeschlagen in rotem Samt, drinnen einige Knochensplitter und ein Teil eines Kiefers. Begleittext: der Heilige Sankt Nikolaus.
Ganz im Westen der Stadt, kurz bevor die Straße zum Strand von Konyaaltı hinabführt auf der rechten Seite. Am einfachsten mit der alten Straßenbahn zu erreichen (bis zur Endstation fahren). Im Sommer tägl. (außer Mo) 9–19 Uhr, im Winter 8–17 Uhr. Eintritt 6 €.

Im Hinterland von Antalya

Als Highlight des Hinterlands präsentiert sich das antike Termessos im gleichnamigen Nationalpark – allein schon die Lage der Ruinenstadt in einer wildromantischen Bergwelt begeistert. Auf dem Weg dahin lohnt ein Abstecher zur Güver-Schlucht eher als zur Karain-Höhle, die nur eingefleischte Archäologiefreaks faszinieren wird. Die Düden- und Kurşunlu-Wasserfälle sind beliebte Ausflugsziele im Grünen – spektakulär sind sie jedoch nicht. In der Bergwelt rund um Saklıkent kann man im Winter Ski fahren gehen.

Düden-Wasserfälle: Die *oberen Wasserfälle* liegen in einem kleinen Park *(Düdenbaşı Piknik Alanı)* im Nordosten Antalyas – noch vor einem Jahrzehnt im Nirgendwo weit außerhalb, in naher Zukunft von Hochhäusern eingekeilt. An Sonntagen dient der Park Familien als Picknickplatz und Tanzterrain, Teegärten und Restaurants (→ Antalya/Essen & Trinken, S. 466) sorgen für Speis und Trank. Aus einer Felskaverne kann man den Wasserfall auch von hinten sehen. Im Sommer kann das Rauschen allerdings ausfallen, denn dann ist der Fluss Düden bisweilen ziemlich ausgetrocknet. Die *unteren Wasserfälle* liegen ca. 10 km östlich des Zentrums von Antalya vor Lara (s. u.) am Meer und sind das Ziel vieler Bootsausflüge und Touristenbusse. Durch die Ablagerung von Quellkalk hat der Düden hier Gesteinsformationen entstehen lassen, die sich im Laufe der Jahrtausende immer weiter ins Meer vorschoben.

Anfahrt/Öffnungszeiten: Die oberen Wasserfälle sind von der West-Ost-Tangente, dem Gazi Bul., mit „Düden Şelalesi" ausgeschildert. Busse (z. B. Ⓑ VC56) von der Doğu Garajı (Haltestelle neben der Straßenbahnhaltestelle). Im Sommer 8–20 Uhr, im Winter 8–17.30 Uhr. Eintritt 1,25 €.

Zu den unteren Wasserfällen gelangt man, indem man von Antalya gen Lara immer der Straße folgt, die der Küste am nächsten gen Süden verläuft. Die Fälle befinden sich genau dort, wo die Küstenstraße einen Knick nach links (landeinwärts) macht. Die Busse Ⓑ KL08 (ab der Işıklar Cad.) fahren nahe an den Fällen vorbei. Sagen Sie dem Fahrer Bescheid, dass Sie am „Düden Parkı" aussteigen wollen und folgen Sie von der Haltestelle der zum Meer führenden Straße an der Feuerwehr *(Itfaiye)* vorbei. Das Gelände ist stets zugänglich und kostet keinen Eintritt.

Blick auf die Altstadt von Antalya

Kurşunlu-Wasserfälle: Sie sind unwesentlich größer als die Düden-Wasserfälle und wurden 1991 zum Naturschutzgebiet erklärt. Man sollte sich nicht zu viel erwarten, es stürzt auch hier kein imposanter Strom zu Tale. Andrang herrscht nur vor dem türkisfarbenen Becken des Hauptfalls; auf den kleinen Pfaden des reich bewachsenen Geländes verlieren sich die Spaziergänger dann aber zusehends. Wer dem Fluss folgt, gelangt zu einem kleinen See zwischen Felsen, Büschen und Bäumen. Es gibt eine Reihe von Restaurants.

Anfahrt/Öffnungszeiten: Antalya Richtung Osten (Alanya) verlassen, nach etwa 10 km weist ein Hinweisschild („Kurşunlu Şelalesi") den Weg zu den noch 8 km entfernten Fällen. Die Wasserfälle sind von Antalya (Meydan, östliche Endhaltestelle der neuen Straßenbahnlinie) mit Bussen zu erreichen. Tägl. 7–20 Uhr, im Winter verkürzt. Eintritt 1,25 €.

Saklıkent: Rund 50 km westlich von Antalya, auf 1800 m Höhe im Landesinnern, liegt Saklıkent – kein idyllisches Bergdorf, sondern eine etwas verstaubt wirkende Ferienhaussiedlung. Bekannt ist der Ort wegen seines Skigebiets (1890–2400 m), genauer gesagt: wegen zweier Lifte, die mehrere Abfahrtsmöglichkeiten erschließen (Infos unter www.saklikent.com.tr). Leider ist die Region nicht allzu schneesicher. Vormittags Ski fahren und am Nachmittag am Strand liegen – das geht leider nur selten. Dennoch lohnt der Weg ins karge Bergland, denn schon die Anfahrt ist ein landschaftlicher Traum. Tipp: Picknick mitnehmen und auf einer der Bergwiesen unterhalb des Ortes verspeisen.

Vom Zentrum Antalyas orientiert man sich erst Richtung Kemer und folgt dann der Straße nach Burdur. Von dort ist der Weg ausgeschildert.

Güver-Schlucht: Der 115 m hohe und eine Mio. Jahre alte „Grand Canyon der Südküste" liegt im Naturpark *Güver Kanyon Tabiat Parkı* nahe der Straße nach Termessos. Das Areal kann erwandert, aber auch mit dem eigenen Fahrzeug problemlos befahren werden: Vom Eingang sind es rund 2 km, bis man die Schlucht erreicht, und weitere 2 km, bis diese mit einem anderen Cañon zusammentrifft. Unterwegs passiert man zwei wenig Vertrauen erweckende Aussichtsplattformen. Nicht nur der Anblick der Schlucht ist imposant, auch kann man bei schönem Wetter den Blick in die Ferne schweifen lassen, bis nach Antalya und dem Mittelmeer am Horizont. Der Park verfügt zudem über Wildgehege und lädt zum Picknicken ein – meiden sollte man jedoch die Sommerwochenenden, wenn halb Antalya hier unterwegs ist.

Anfahrt/Öffnungszeiten: Vom Zentrum Antalyas orientiert man sich erst Richtung Kemer und folgt dann der Straße nach Burdur. Ca. 10 km später geht es links ab Richtung Denizli/Korkuteli. 7 km weiter, kurz hinter dem Ortsende von Döşemealtı und damit dem „Stadtende" von Antalya (Ortsausgangsschild Antalya) liegt der Parkeingang linker Hand. Um zum Eingang zu gelangen, musste man 2011 jedoch hinter der Brücke nach dem Ortsausgangsschild einen U-Turn absolvieren. Durch Straßenbauarbeiten kann sich die Anfahrt verändern! Ohne eigenes Fahrzeug nimmt man von Antalya (Busbahnhof) einen der stündl. Busse nach Korkuteli und steigt unterwegs aus (Fahrer Bescheid geben). Tägl. 8–21 Uhr, im Winter verkürzt. Eintritt 1 €, Auto (mit Passagieren) 2,50 €.

Karain-Höhle: Für die Wissenschaft war die Höhle einst eine interessante Entdeckung, für den Touristen von heute ist sie nicht viel mehr als ein schattiger Platz. Viel Außergewöhnliches gibt es nicht zu erspähen. Umso sehenswerter ist das 300 m tiefer gelegene, kleine Museum. Dort sind Höhlenfunde ausgestellt, insbesondere Pfeilspitzen und archaische Werkzeuge, deren Alter bis ca. 150.000 v. Chr. zurückreicht.

Anfahrt Vom Zentrum Antalyas orientiert man sich erst Richtung Kemer und folgt dann der Straße nach Burdur. Ca. 12 km weiter geht es links ab Richtung Yeniköy/Karain. Ab hier durchgehend ausgeschildert, noch 19 km. Man kann aber auch von Termessos (s. u.) zur Höhle gelangen: An der Straße von Termessos zurück nach Antalya ist die Abzweigung nach Karain ausgeschildert, von dort noch 12 km.

Öffnungszeiten/Museum Mai–Okt. tägl. 7.30–18 Uhr, Nov.–April 8–17 Uhr. Eintritt 1,20 €.

Termessos (antike Stadt)

Wenn Ruinen atemberaubend sein können, dann die von Termessos. Schwer zugänglich liegen sie auf rund 1000 m Höhe.

Eine Besichtigung der Ruinen von Termessos gehört zum touristischen Pflichtprogramm der Südküste. Aber nicht nur die Ruinen sind eindrucksvoll, das Gleiche gilt für die artenreiche Tierwelt des Gebiets rund um den *Güllük Dağı* („Rosenberg"), das 1970 zum **Nationalpark Güllük Dağı** erklärt wurde. Neben Adler, Falken und Habichte kann man Wildziegen und mit etwas Glück auch Rot- und Damwild beobachten. Bisweilen stößt man sogar auf den *Capra aegagrus*, einen Verwandten des Steinbocks mit besonders schönen Hörnern. Selbst Bären sollen in den letzten Jahren wieder zugezogen sein, und noch im 19. Jh. berichtete der britische Reisende Charles Texier von einer großen Leopardenpopulation – die letzten Exemplare wurden 1938 erlegt. Die Flora ähnelt der alpiner Gebiete mit dichtem Niederbaumbestand. Eine Besonderheit ist die *Lady's-Slipper-Orchidee* (kann jeder selbst übersetzen), die im April/Mai ihre blassen, rosafarbenen Blüten treibt.

Am Eingang zum Park befindet sich ein kleines Museum. Geboten wird nichts Spektakuläres, lediglich ein paar verblichene Landschaftsfotos, eine Reihe ausgestopfter Tiere und ein paar Kleinfunde aus der Ruinenstadt.

Termessos (antike Stadt) 473

Geschichte

Die Geschichte von Termessos reicht vermutlich bis ins 2. Jt. v. Chr. zurück. Die Stadt entwickelte sich aus einer uneinnehmbaren psidischen Bergfestung am Fuß des *Güllük Dağı*, der in der Antike noch den Namen *Solymos* trug. Schenkt man Homers Epos *Ilias* Glauben, so waren die Solymer überaus kriegerisch und tapfer. Weder Alexander der Große noch andere potenzielle Usurpatoren konnten die Stadt jemals einnehmen. Was dem Menschen vorenthalten blieb, gelang der mythologischen Gestalt des Bellerophon und der Natur – der Erstere vernichtete sie, die Letztere eroberte sie zurück.

Seine Blütezeit erlebte Termessos vom 1. Jh. v. Chr. bis zum 2. Jh. n. Chr., insbesondere nachdem es sich mit Rom gegen den pontischen König Mithradates verbündet hatte. Die siegreiche Weltmacht wusste dies durchaus zu würdigen, wie aus einem noch in Teilen existierenden Vertragswerk hervorgeht. So weiß man, dass Termessos zahlreiche Vergünstigungen und rechtliche Freiräume eingeräumt wurden, die den Wohlstand der Stadt begründeten. Aus dieser Zeit stammen auch die meisten Bauwerke, die heute als Ruinen zu besichtigen sind. Wie eng die Verbindung zu Rom gewesen sein muss, wird auch daraus deutlich, dass die Termessioten das Jahr der Vertragsschließung zum Beginn einer neuen Zeitrechnung machten.

Während der oströmischen Herrschaft verlor die Stadt allmählich an Bedeutung und wurde vermutlich Ende des 4., Anfang des 5. Jh. durch ein Erdbeben zerstört und aufgegeben. Wiederentdeckt wurde Termessos 1842 von englischen Archäologen. Eine systematische Erforschung und Vermessung begann jedoch erst rund 40 Jahre später. Verantwortlich war ein Team unter der Leitung des Wiener Grafen Karol Lanckoronski (1848–1933). Deren Arbeit erweist sich noch heute von besonderem Wert, da viele der seit dem letzten Jahrhundert eingestürzten Gebäude bzw. Gebäudereste nur auf der Grundlage der von Lanckoronski und seinen Mitarbeitern angefertigten Skizzen und Fotografien rekonstruiert werden konnten.

Hinweis: Für die Besichtigung der weitläufigen antiken Stadt sollten Sie mindestens 2 Std. einplanen. Die Besichtigung ist kein Spaziergang, eher eine kleine Bergwanderung, tragen Sie feste Schuhe. Und bringen Sie ausreichend Getränke mit, nicht immer sind fliegende Händler vor Ort. Sie können auch gleich einen Picknickkorb mitnehmen, das Theater ist ein herrlicher Platz, um ihn auszupacken.

Anfahrt Termessos, etwa 35 km nordwestlich von Antalya, erreicht man mit dem Korkuteli-Bus (vom Busbahnhof Antalyas). Auf Höhe des Yenice-Passes beim Wegweiser „Termessos" aussteigen. Von dort sind es noch 9 km, die Straße ist gut ausgebaut, aber stark ansteigend (fast 700 Höhenmeter müssen überwunden werden). Zu Fuß mind. 2 Std. – im Sommer nur per Autostopp möglich. Am besten beim Parkeingang Kontakte knüpfen. Im Sommer warten auch Taxis an der Abzweigung.

Selbstfahrer orientieren sich vom Zentrum Antalyas erst Richtung Kemer und folgen dann der Straße nach Burdur. Ca. 10 km später geht es links ab auf die Nationalstraße 350 Richtung Denizli/Korkuteli. Von dieser aus beschildert (noch 23 km).

Öffnungszeiten Im Sommer tägl. 8–17 Uhr, im Winter 8–16 Uhr. Eintritt 2 €.

Übernachten/Camping Yeşil Vadi, Restaurant, Pension und Campingplatz. Harter Boden, mit dem Wohnmobil jedoch durchaus okay. Einfache Bungalows mit Klimaanlage – diese werden oft aber auch von Pärchen aus Antalya stundenweise gemietet … Die nahe vierspurige Straße ist zu hören. Anfahrt: Bei der Kreuzung zum Termessos der Straße zur Karain-Höhle folgen, nach 200 m linker Hand. DZ 30 €, 2 Pers. mit Wohnmobil 10 €. Çığlık Kasabası Aydınlar Mah., ✆ 0242/4237555, ✉ 4237516, www.yesil-vadi.com.

Sehenswertes

Die hier beschriebenen Ruinen lassen sich der Reihenfolge nach abgehen, Schilder erleichtern die Orientierung. Noch vor dem Rundgang durch das Ausgrabungsgelände passiert man an der Straße vom Parkeingang hinauf zur antiken Stadt nach ca. 5 km in einer Rechtskurve einige Mauerreste und kurz darauf die Grundmauern eines **Befestigungsturms**. Vermutlich stand hier einst eine große Toranlage, eine Art Mautstelle für die Karawanen über den Yenice-Pass. Anschließend folgt die asphaltierte Straße in vielen Abschnitten der antiken **Königsstraße**, die vom Tor bergauf zur Stadt führte. Die Straße endet an einem Parkplatz, nahebei ein antiker **Soldatenfriedhof** mit einigen schönen Sarkophagen – herumkraxeln macht hier Spaß! Vom Parkplatz führt zudem ein Pfad zum Hadrianpropylon, der ersten hier beschriebenen Sehenswürdigkeit.

Tor des Hadrian: Die gut leserliche Inschrift im Abschlussstein des 4 m hohen und fast 2 m breiten marmornen Torbaus gibt Auskunft darüber, dass dahinter einst ein dem Kaiser Hadrian geweihter Tempel stand. Außer ein paar verstreut liegenden Architekturfragmenten ist von ihm jedoch nichts mehr erhalten. Man nimmt an, dass der Tempel bis zu 8 m hohe korinthische Säulen besaß.

Vom Hadrianpropylon führt ein Fußweg vorbei an einer Nekropole mit geplünderten Steinsarkophagen und gut erhaltenen Felsengräbern ins Zentrum der Stadt. Wählen Sie diesen Weg als Rückweg. Denn leichter bergauf ist der Weg vom Parkplatz über die z. T. sehr gut erhaltene, ehemalige Königsstraße (mit „Giriş Yolu Ruins" ausgeschildert) zur Stadtmauer und zum Stadttor.

Stadtmauer und Stadttor: Schon König Attalos II., der Gründer von Antalya, ritt auf der Königsstraße ins Zentrum der Stadt. Linker Hand tauchen bald Reste der unteren Stadtmauer auf, die noch die Trutzigkeit der ehemals 6 m hohen Befestigungsanlage erahnen lassen. Vom Stadttor ist kaum mehr etwas zu sehen, auch nicht von dem einstigen *Würfelorakel,* das daran angrenzte. Man übte es mit sieben Würfeln aus. Diese ermöglichten 120 Antworten, die in eine Tafel eingraviert waren. Etwas weiter stehen noch die Reste eines quadratischen *Beobachtungsturms*. Die aufeinandergeschichteten Quader sind noch über zehn Lagen hoch.

Gymnasion und Oberer Wall: Der Weg führt nun an den Ruinen des einst 91 m langen, aber nur 14 m breiten Gymnasions vorbei. Dichtes Gestrüpp erschwert leider den Zugang. Die Südwestfront ist der besterhaltene Teil der Anlage, deren Bade- und Schulräume sich um den etwa 50 m langen Innenhof gruppierten. Zu beachten sind insbesondere die großen Nischen und Tore in der Fassade und das intakte Eingangstor. Den Abschluss (östlichen Teil) des Gymnasions bildet ein später angefügtes römisches Bad. Erkennbar ist es an den beiden noch stehenden Säulentoren und dem eingestürzten Wasserkanal. Das Gymnasion liegt zu Fuße des oberen Walls, zugleich der inneren Befestigungsmauer.

Kolonnadenstraße: Hat man die nächsthöhere Terrasse erreicht, passiert man auf dem Weg zum Theater u. a. die Kolonnadenstraße, eine ehemalige Prachtstraße, die beidseitig von 47 Säulen und etlichen Statuen flankiert war. Dahinter lagen Läden, Säulenhallen und kleinere Gebäude, von denen jedoch nur noch überwucherte Grundrisse erhalten sind. Zum Flanieren taugt die Kolonnadenstraße heute nicht mehr, nur noch zum Kraxeln.

Osbaros-Stoa: Etwas weiter bergauf gelangt man zum einstigen Marktkomplex der Stadt. An dessen Nordseite kann man die Fundamente der Osbaros-Stoa ausma-

Termessos (antike Stadt)

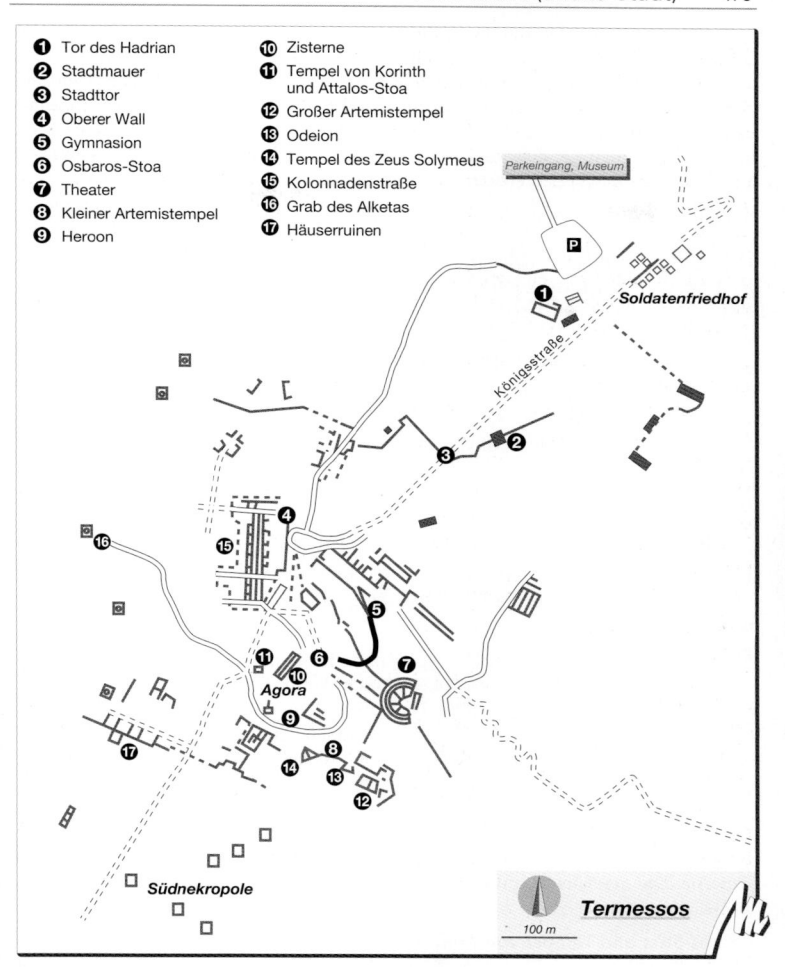

- ❶ Tor des Hadrian
- ❷ Stadtmauer
- ❸ Stadttor
- ❹ Oberer Wall
- ❺ Gymnasion
- ❻ Osbaros-Stoa
- ❼ Theater
- ❽ Kleiner Artemistempel
- ❾ Heroon
- ❿ Zisterne
- ⓫ Tempel von Korinth und Attalos-Stoa
- ⓬ Großer Artemistempel
- ⓭ Odeion
- ⓮ Tempel des Zeus Solymeus
- ⓯ Kolonnadenstraße
- ⓰ Grab des Alketas
- ⓱ Häuserruinen

chen (benannt nach einem ehemaligen Stadtoberhaupt). Der 100 m lange und 11 m breite Bau war in der Mitte durch eine Mauer längs geteilt.

Theater: Die schönste und imposanteste Ruine von Termessos. Teile der Zuschauerreihen und des Bühnengebäudes (darunter zwei Tore) sind noch erhalten. Die einzigartige, grandiose Lage des Theaters ist allenfalls noch mit der des Theaters von Taormina in Sizilien vergleichbar. Der Blick schweift ungehindert zwischen den Bergen hindurch bis ins Tal, nach Antalya und an die Gestade des Mittelmeers. Wegen der Form (die Zuschauerränge gehen über den für römische Theater typischen Halbkreis hinaus) muss auf ursprünglich griechische Erbauer geschlossen werden. Das Theater war relativ klein und fasste lediglich 4200 Zuschauer. Sein Radius betrug 33 m, die Höhe von der Orchestra bis zu den letzten Rängen knapp 13 m, die in 26 Sitzreihen überwunden wurden. Interessant ist die Zweiteilung des Zuschauerraums in acht obere und 18 untere Sitzreihen. Während die oberen (billigeren) von der Seite aus betreten werden mussten, waren die unteren durch einen mittlerweile eingestürzten Tunnel zugänglich. In der Kaiserzeit standen hier auch Gladiatorenkämpfe auf dem Spielplan. Dabei wurde gewettet: Der Sieg des einen bedeutete den Tod des anderen.

Odeion: Weiter südlich ist die mächtige, fast 23 m breite und 10 m hohe Rückwand des einst gewaltigen, vom Grundriss her quadratischen Odeion zu sehen. Es war überdacht und diente zugleich als Rathaus. Zwischen den Pilastern wurden die heute nur noch schwer zu erkennenden Namen erfolgreicher Athleten eingemeißelt. Über den benachbarten kleinen Artemis-Tempel (s. u.) gelangt man ins Innere des Odeion, wo Architekturfragmente im Gestrüpp verstreut liegen.

Artemis-Tempel: In der Nachbarschaft des Odeion standen einst zwei Artemistempel. Der größere liegt vollständig in Trümmern. Der kleinere und jüngere stammt vermutlich aus dem 3. Jh. v. Chr. Vollständig erhalten sind die schönen Portalwände, deren Inschriften verraten, dass eine gewisse Aurelia Amasta den Tempel gestiftet hat.

Tempel des Zeus-Solymeus: Hinter dem Odeion umschließen noch immer 4 m hohe Außenwände einen Raum von 6 x 7 m Fläche. Dieser kleine Tempel diente der Verehrung des lokalen Gottes Zeus-Solymeus. Der Zeuskult war von den griechischen Nachbarn übernommen worden, verschmolz hier aber mit der Verehrung lokaler Gottheiten. Zahlreiche in Termessos gefundene Statuen zeugen von seiner Bedeutung.

Agora, Heroon und Zisterne: Der Marktplatz im Zentrum des antiken Termessos ist heute fast völlig überwuchert. Man braucht viel Fantasie, um sich vorzustellen, dass hier das Herz der Stadt schlug. Gekauft und getauscht wurden v. a. Obst und Getreide sowie Pferde und Rinder – die Wirtschaftsgrundlagen des antiken Termessos. Um den Abschluss des Geschäfts zu besiegeln, wurde in der Antike häufig ein Opfer gebracht. In Termessos tat man dies direkt auf dem Gelände der Agora. Der Opferplatz war ein auf einem großen Felsen ruhendes Heroon (Grabmal). Es ist allerdings nicht bekannt, wem die außerordentliche Ehre zuteil wurde, hier beigesetzt zu werden. Unter der Agora befindet sich auch eine fünfteilige, 10 m tiefe Zisterne. Die Stadt hatte immer wieder an Wassermangel zu leiden, insbesondere im Belagerungsfall.

Attalos-Stoa und Tempel von Korinth: Von der Zisterne führt ein Pfad hinab zur Attalos-Stoa, die ein Geschenk König Attalos II. von Pergamon war. Gleich daneben stand der größte Tempel von Termessos. Seine Innenhalle maß ca. 10 x 10 m, die Wände waren über einen Meter dick. Seinen Namen erhielt der Tempel wegen der korinthischen Kapitelle an den Außensäulen; man weiß bis heute nicht, wem er einst geweiht war. Von dort ein paar Schritte weiter südlich ist der Weg zum Grab des Alketas und zur südlichen Nekropole ausgeschildert.

Grab des Alketas: Das prominenteste Grab von Termessos hat folgende Vorgeschichte: Nach dem griechischen Geschichtsschreiber Diodor (1. Jh. v. Chr.) fand Feldherr Alketas während der Diadochenkriege in Termessos Zuflucht vor seinem Gegenspieler Antigonos – Alketas war wegen Mordes an dem Makedonen Meleager für vogelfrei erklärt worden. Antigonos wartete mit einem Heer vor der Stadt und verlangte die Auslieferung des Alketes. Um einen bewaffneten Konflikt zu vermeiden, wollten die älteren Bürger dem Gesuch nachkommen, die jüngeren hingegen waren zum Kampf bereit. Durch eine List lockte man die Jungspunde schließlich aus der Stadt, um Antigonos freien Zugang zu verschaffen. Als Alketas den Verrat bemerkte, beging er Selbstmord. Der von Antigonos geschändete Leichnam wurde von den Heimkehrenden später ehrenvoll im Fels begraben.

> ### Bellerophon – ein Held, der vom Himmel fiel
>
> Bellerophon, Sohn des Königs von Korinth, zählt wie Herakles, Jason oder Theseus zu den großen Heroen der Mythologie. Ihm gelang es, das unsterbliche, geflügelte Pferd Pegasos zu zähmen, doch ihm gelang es auch, versehentlich seinen Bruder Deliades zu töten. Daraufhin musste er Korinth verlassen. In Argos, bei König Proitos, suchte er Zuflucht. Dort war Bellerophon mehr als nur willkommen – Proitos' Gemahlin verliebte sich in ihn. Da Bellerophon sie jedoch verschmähte, bezichtigte sie ihn der Vergewaltigung. Proitos verhängte daraufhin das Todesurteil über seinen Gast, nur selber ausführen wollte er es nicht. Er schickte Bellerophon zu seinem Schwiegervater König Iobates von Lykien. Mit auf den Weg gab er ihm einen versiegelten Brief, der die Aufforderung enthielt, den Überbringer zu töten, Aber auch Iobates hatte Skrupel, die Tat auszuführen und stellte Bellerophon vor drei Prüfungen, die dieser nicht überleben sollte. Zunächst hatte er die Chimäre zu töten, doch Bellerophon erstach das feuerspeiende Ungetüm. Dann sollte er die Feinde Lykiens, die Solymer vernichten. Auch das gelang ihm. Zuletzt musste er gegen die Amazonen in den Kampf ziehen, jene kriegerische Frauen, die sich die rechte Brust abnahmen (amazon = brustlos), damit sie den Bogen besser halten konnten. Und auch von dieser Aufgabe kehrte Bellerophon lebend zurück. Daraufhin gab sich Iobates geschlagen, machte Bellerophon zu seinem Verbündeten, verheiratete ihn mit seiner Tochter Philonoë und schenkte beiden sein halbes Reich. Iobates zeigte dem mutigen Heroen auch jenen Brief, der einst seinen Tod bedeuten sollte. Bellerophon schwor Rache an Proitos' Gemahlin, ritt zu ihr, umschmeichelte sie und schlug ihr vor, gemeinsam zu fliehen. Sie willigte ein. Von seinem geflügelten Pferd stieß er sie aus großer Höhe ins Meer, wo sie ertrank. Ein ähnliches Schicksal sollte später auch Bellerophon erfahren. Er versuchte sich mit den Göttern und wollte auf Pegasos in den Himmel reiten. Zeus war darüber so erbost, dass er eine Fliege schickte, die Pegasos in den Hintern stach. Das Pferd warf seinen Reiter ab. Bellerophon überlebte den Sturz, war jedoch für immer gelähmt. Euripides verewigte das Leben des traurigen Helden in seinem Bellerophon-Epos.

Von der Fassade des Grabes blieb nichts erhalten, an der Rückwand sieht man jedoch noch das Relief eines berittenen Kriegers und über dem Totenlager das eines Adlers mit einer Schlange im Schnabel, eigentlich das Symbol eines Königs. Die beiden Nischen links und rechts des Grabes dienten der Aufnahme von Grabbeigaben (u. a. Wein und Getreide).

Südliche Nekropolis: Der Anstieg von der oberen Terrasse zur südlichen Totenstadt ist beschwerlich, lohnt aber – es erwartet Sie eine der besterhaltenen antiken Nekropolen überhaupt. Meist erkundet man die Totenstadt ganz alleine – nur wenige Besucher verirren sich hierher. Unter den Hunderten von Sarkophagen gibt es etliche reich verzierte, daneben auch herrliche Tempelgräber mit korinthischen Säulen. Folgt man dem Hauptpfad bis zum höchsten Punkt, gelangt man zu einem Feuerausguck der Forstverwaltung, von wo sich eine tolle Aussicht auf die Nekropole und die gesamte Bergszenerie auftut.

Zwischen Antalya und Side

Die gut ausgebaute Nationalstraße 400 führt von Antalya in weitem Abstand zur Küste nach Side. Die Strecke ist landschaftlich wenig reizvoll, auf ewige Felder folgen monotone Siedlungen. Statt verträumter Fischerdörfer findet man künstliche Ferienanlagen, die exklusivsten bei Belek. Ihre Schmankerl versteckt die Region im Hinterland, allen voran die publikumsträchtigen Ausgrabungsstätten Perge und Aspendos. Im Vergleich zu diesen sind die Ruinen der antiken Stadt Selge nur zweitklassig, dafür ist die Anfahrt nach Selge durch den Köprülü Kanyon und weiter durch die einsame, raue Bergwelt des Taurus ein Traum.

Perge (antike Stadt)

Perge ist ein weites schattenloses Trümmerfeld: 1000 Steine, aber keiner erinnert mehr an den berühmten Artemistempel der antiken Stadt. Dafür macht Perge noch immer mit einem der größten Stadien Kleinasiens auf sich aufmerksam.

Schenkt man alten Reiseberichten Glauben, so befanden sich die Ruinen von Perge bis zum Anfang des 20. Jh. in einem außerordentlich guten Zustand. In den 1920ern restaurierten und vergrößerten jedoch die Bewohner des nahen Murtuna ihr Dorf mit der historischen Bausubstanz Perges – ein irreparabler Raubbau an der Antike. Unter türkischer Leitung durchgeführte Ausgrabungen begannen 1946,

Die Rundtürme der hellenistischen Toranlage von Perge

Perge (antike Stadt) 479

sie dauern bis heute an und bringen immer wieder beeindruckende steinerne Zeugnisse aus hellenistischer, römischer und byzantinischer Zeit ans Tageslicht.

Geschichte: Gegründet wurde Perge ca. 1000 v. Chr., der Legende nach von den trojanischen Sehern Kalchas und Mopsos, vermutlich aber ganz banal von siedlungsfreudigen Lakedämoniern. Die ersten Jahrhunderte der Stadtgeschichte unterscheiden sich nicht wesentlich von denen anderer Städte am Golf von Antalya: Im 7. Jh. v. Chr. wurde Perge lydisch, später persisch. Einen eigenen Weg schlug Perge erst 333 v. Chr. ein: Die Stadt unterwarf sich kampflos Alexander dem Großen und stellte ihm wegen ihrer schlechten Beziehungen zu den Nachbarstädten Aspendos und Side gar „Pfadfinder" zur Verfügung, die seine Truppen schnell und sicher durch den unwegsamen Taurus führten. Nach dem Tod Alexanders des Großen wurde die Stadt dem Seleukidenreich einverleibt. 188 v. Chr. eroberten die Römer Perge und vertrauten es Eumenes II. von Pergamon an. Zusammen mit dem pergamesischen Königreich fiel die Stadt nach dem Tod des Herrschers zurück an Rom. In römischer Kaiserzeit war Perge berühmt für seinen Artemiskult (→ Kasten).

48 n. Chr. traf Apostel Paulus mit Begleiter Barnabas in Perge ein. Die Missionare waren herzlich willkommen – was v. a. damit zusammenhing, dass man sie für die Götter Zeus und Hermes höchstpersönlich hielt. Perge besaß bald darauf eine der ersten Christengemeinden Kleinasiens, die aber noch für ein paar Jahrhunderte ein Schattendasein neben der lokalen Artemisverehrung führte. Das änderte sich endgültig unter byzantinischer Herrschaft. Mit dem Aufstieg Perges zur Bischofsstadt baute man drei Basiliken und zerstörte den berühmten Tempel samt dem Kultbild der Artemis Pergaia. Während der Sarazenenüberfälle im 7. Jh. gaben die Einwohner ihre Stadt zugunsten des besser geschützten Attaleia (Antalya) auf. Bereits zur Seldschukenzeit fegte nur noch der Wind durch die leeren Straßen. Heute gräbt hier alljährlich die İstanbul Üniversitesi.

Anfahrt In Aksu (auch: Çalkaya, mittlerweile ein Ortsteil von Antalya; 16 km östlich von Antalya) von der Nationalstraße 400 ausgeschildert, von dort noch 2 km. Wer mit dem **Bus** von Antalya aus (Ⓑ AC03 ab der Burhanettin Onat Cad.; die Abfahrtsstelle befindet sich 2 Straßenbahnstationen östlich des Zentrums/İsmetpaşa Cad.) unterwegs ist, muss in Aksu aussteigen und den Rest (ca. 20 Min.) laufen.

Öffnungszeiten Mai–Okt. tägl. 9–19.30 Uhr, Nov.–April verkürzt. Eintritt 6 €.

Muttergöttin und Jungfrau Maria – die Artemis von Perge

Wie in Ephesus wurde auch in Perge der Artemiskult gepflegt. Der Tempel der Artemis, der Göttin der Jagd und des Bogenschießens, der Fruchtbarkeitsspenderin, der Beschützerin wilder Tiere, Kinder und alles Schwachen, lag außerhalb der Stadt, war ein berühmter Wallfahrtsort und bot Verfolgten Asyl. Die Artemis von Perge war auch von Anfang das beherrschende Motiv auf pergamenischen Münzen. Auf den ältesten Münzen heißt sie noch *Vanassa Preiia*, „Königin von Perge", und wird als viereckiger Steinblock mit einer menschlichen Büste dargestellt. Genau genommen handelt es sich dabei um eine altanatolische Muttergöttin, die ein griechisches Namensmäntelchen umgehängt bekam. Auch unter den Frühchristen lebte der Artemiskult fort: Die Jungfrau Maria hielt man, bevor sie sich als Gottesmutter voll durchsetzen konnte, in Perge anfangs nur für eine weitere Inkarnation der uralten Muttergottheit.

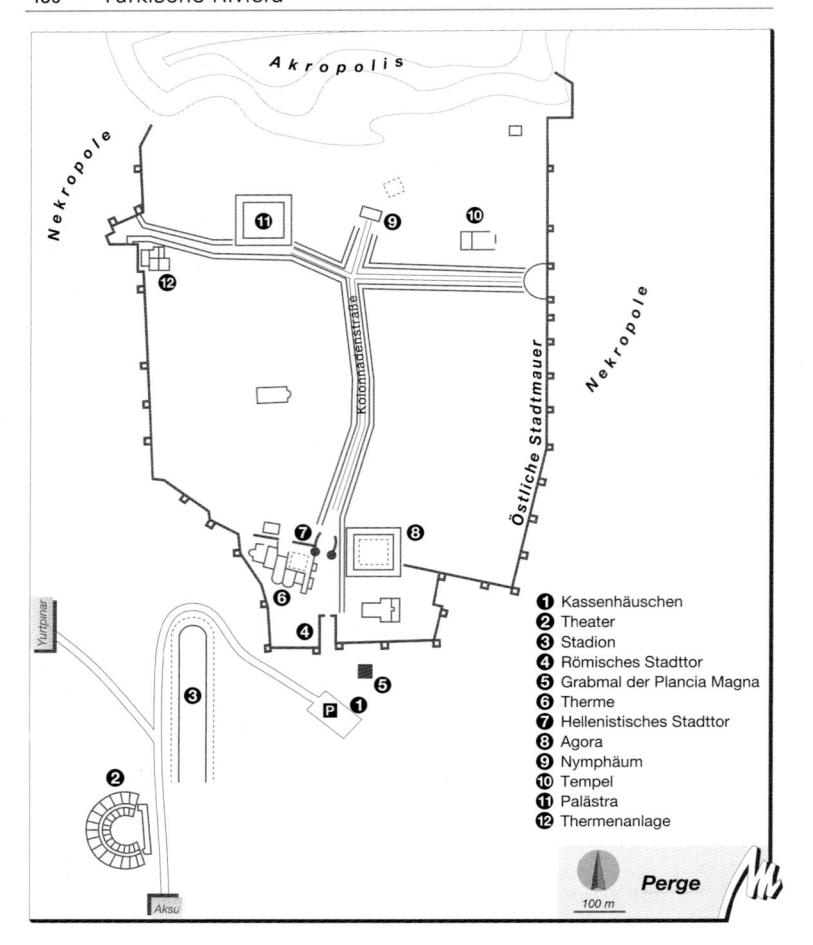

Sehenswertes

Theater: Bereits auf der Zufahrtsstraße zum gebührenpflichtigen Teil des Ausgrabungsgeländes passiert man das Theater (nicht immer zugänglich). Der ursprünglich griechische Bau wurde im 2. Jh. n. Chr. von den Römern erweitert und mit einem dreigeschossigen Bühnenhaus und einem dekorativen *Nymphäum* versehen. Angelegt an einem Hügel vor der Stadt, bot es 14.000 eng gedrängten Zuschauern Platz. Nicht wenige besaßen „Dauerkarten" – an manchen Plätzen sind Namen eingraviert.

Stadion: Kurz darauf erstreckt sich rechts der Zufahrtsstraße das Stadion mit einer Länge von 234 m – eines der größten Kleinasiens. Es diente sportlichen Wett- und blutigen Gladiatorenkämpfen. Da es in einer Ebene angelegt war, mussten für die

12.000 Zuschauer gewaltige Unterbauten geschaffen werden, welche die noch heute hervorragend erhaltenen Sitzreihen stützten. In den miteinander verbundenen, massiven Gewölben dieser Unterbauten befanden sich einst Läden. Vorbei an der Nordkurve des Stadions gelangt man zum Parkplatz von Perge.

Spätrömisches und hellenistisches Stadttor: Nachdem man den Eingang zum Ausgrabungsgelände passiert hat, fällt sogleich der Blick auf ein *spätrömisches Stadttor*. Die zangenförmige Anlage war einst mit Marmorsäulen verkleidet und wurde vermutlich im frühen 4. Jh. erbaut, als das Stadtareal nach Süden erweitert wurde. Den Platz dahinter schlossen linker Hand einst ein *Nymphäum* und eine *Therme* ab. Badebecken und Bodenmosaiken lassen sich noch ausmachen.

Das durch sein Quadermauerwerk monumental wirkende *hellenistische Stadttor* mit seinen zwei mächtigen Rundtürmen besaß einen hufeisenförmigen Hof. In den Nischenreihen der Innenmauern standen Statuen auf beschrifteten Sockeln, unten von Göttern, oben u. a. von den legendären trojanischen Stadtgründern. Gestiftet wurden die Statuen im Jahre 120 von Plancia Magna, einer reichen Mäzenin Perges (ihr Grabbau befindet sich beim Parkplatz), die fast ihr gesamtes Vermögen für städtische Bauten bereit stellte. Zum Dank wurde ihre Person mit Statuen an verschieden Plätzen der Stadt gewürdigt.

Agora: Rechts des hellenistischen Stadttors lag die Agora, das einstige Zentrum des gesellschaftlichen Lebens. In der Mitte stand ein Rundtempel der Glücksgöttin Tyche. Im Nordosteck der Agora lässt sich zudem ein „Spielstein" entdecken, mit dem sich die Alten die Zeit vertrieben und auf das Glück Tyches hofften.

Kolonnadenstraße: Vom hellenistischen Stadttor führte eine 20 m breite Kolonnadenstraße, deren Säulen z. T. wieder aufgerichtet wurden, gen Norden zu einem *Nymphäum* am Fuße des Akropolishügels, das eine Statue des Flussgottes Kestros krönte. In der Straßenmitte verlief in Kaskaden ein 2 m breiter Kanal. Rechts und links davon zeigt das Pflaster noch Wagenspuren. Hinter der Säulenreihe wandelte das Volk auf Mosaiken entlang einer Ladenzeile. Die Straße war zugleich die Hauptachse der Stadt, die sich zu beiden Seiten ausbreitete und noch weitestgehend unausgegraben ist.

Weitere Sehenswürdigkeiten: Folgt man der Prachtstraße zum Nymphäum (an vier Säulen rechter Hand können Sie die Reliefs von Apollon, Artemis, Kalchas und Tyche entdecken), gelangt man zu einer Kreuzung, die einst ein Triumphbogen zierte. Hält man sich hier links, kommt man an den Resten der *Palästra* und einer weiteren *Thermenanlage* vorbei zur *Westnekropole*, die außerhalb der Stadtmauer lag. Die schönsten Sarkophage von hier stehen heute im Archäologischen Museum von Antalya.

Sillyon <small>(antike Stadt)</small>

Auf einem schroffen Bilderbuchtafelberg inmitten der flachen Küstenebene – mit Sichtkontakt zum Meer und zum nahen Perge – wurde die Stadt von griechischen Kolonisten um 1000 v. Chr. gegründet, also zur gleichen Zeit wie Aspendos und Perge. Zwar war Sillyon in hellenistischer und römischer Zeit ein wichtiges Handelszentrum und wurde später unter byzantinischer Herrschaft Bischofssitz, doch Schlagzeilen der Geschichte schrieb die Stadt nie. Heute ist Sillyon ein ruhiges Ruinenstädtchen, nur teilweise ausgegraben und von Touristen wenig frequentiert.

Wer es besucht, wird von seiner Lage beeindruckt sein, nicht aber von seinen baulichen Überresten.

Sehenswertes: Vom Parkplatz im Weiler Asar, am Fuße des Tafelberges, sind es nur ein paar wenige Schritte bergauf zum einstigen *Stadion*, dessen Grundriss sich noch erkennen lässt. Darüber erhebt sich die Ruine eines *Gymnasions* und auf gleicher Höhe rechts davon die des *Unteren Stadttores* mit Rundtürmen und einem hufeisenförmigen Hof. Etwas weiter liegen die Reste eines *Wehrturms*, von welchem eine 5 m breite, früher gedeckte Rampe zum *Oberen Stadttor* der Akropolis führt. Auf dem Plateau lassen sich noch gut die Ruinen einer *Palästra*, hellenistischer Gebäude sowie die einiger *Tempel* ausmachen. Aus der Zeit der Seldschukenherrschaft stammt eine kleine *Moschee*, aus der byzantinischen Epoche eine dreischiffige *Kirche*. Letztere besitzt einen Türpfosten mit einer Inschrift in griechischen Buchstaben. Dabei handelt es sich um einen bislang nicht entzifferten Text und zugleich den lang gesuchten Beweis dafür, dass Pamphylien eine eigene Sprache besaß. Am imposantesten ist jedoch das *Theater* am Südostrand des Plateaus. 1969 verlor es infolge eines Erdbebens sein Bühnenhaus. Würde man dies nicht wissen, könnte man meinen, es sei einzig und allein für den Sonnenaufgang gebaut worden – der Anblick ist spektakulär. Das Odeion nebenan verschwand nach dem Beben ganz.

Anfahrt Von Antalya auf der Nationalstraße 400 kommend zwischen Aksu und Serik ausgeschildert, von da noch 12 km. Eine zweite Abzweigung befindet sich auf der D 400 5 km westlich von Serik (gegenüber der Abzweigung zum „Belek Turizm Merkezi"), von dort noch 9 km. Man parkt beim (überteuerten) Sillyon Café, wo der Pfad auf den Burgberg beginnt. Sillyon ist nicht mit dem Dolmuş zu erreichen.

Öffnungszeiten Sillyon ist rund um die Uhr zugänglich und offiziell kostenlos – was einige selbst ernannte Wärter oder Führer jedoch nicht davon abhält, gelegentlich Eintritt zu kassieren. Achten Sie auf versteckte Löcher im Boden (Zisternen!). Gutes Schuhwerk ist ratsam.

Pamphylien – vom „Land aller Stämme" zur „Türkischen Riviera"

Zwischen Antalya und Gazipaşa, zwischen lykischem und kilikischem Taurus, weichen die Berge z. T. weit ins Hinterland zurück. Eine ausgedehnte Flachlandschaft prägt die Küstenregion – das antike Pamphylien. Es war das „Land aller Stämme", die sich hier einer Legende zufolge nach dem Untergang Trojas Ende des 2. Jt. v. Chr. ansiedelten. Auf dem Boden des antiken Pamphylien gediehen fünf große Städte (Attaleia, Perge, Sillyon, Aspendos und Side) und, damals wie heute, alles, was man säte. Nicht nur der fruchtbare Boden zeichnet dafür verantwortlich, sondern auch ein Klima, das eine fast subtropische Vegetation zulässt. Die hohe Tauruskette schützt die Küstenebenen vor kalten Nordwinden. Für ausreichend Wasser sorgen die in den Bergen entspringenden Flüsse samt ihren Nebenarmen. Pamphylien ist somit heute wie damals ein Garten Eden: Baumwolle, Melonen und Tomaten werden geerntet, man sieht Bananenstauden, Maulbeer- und Feigenbäume, Orangen- und Zitronenhaine. Vor den Hotels stehen Palmen, es blühen Bougainvilleen, Hibiskus und Oleander. Und noch immer ist Pamphylien das Land aller Stämme – an den langen und feinen Sandstränden der heute „Türkische Riviera" genannten Küste begegnet man Urlaubern aus aller Herren Länder.

Belek

Ca. 35 km östlich von Antalya beginnt ein herrlicher, 12 km langer, mal fein- und mal grobsandiger, mit Kieseln durchsetzter Strandabschnitt. Die Küste wird von Pinien-, Eukalyptus- und Kiefernwäldern gesäumt. In ihnen verstecken sich rund 50, teils riesige All-inclusive-Anlagen, darunter die gepflegtesten des Landes. Wer in Belek urlaubt, den erinnern lediglich das abendliche Efes-Bier oder die dazugehörige Folkloreveranstaltung daran, dass er in der Türkei ist. Saison herrscht in der weitläufigen Feriensiedlung nahezu das ganze Jahr. Im Sommer steht der Badeurlaub im Vordergrund; alle nur erdenklichen Wassersport- und Freizeitspäße werden angeboten. Zwischen November und März ist Belek als mildes Winterquartier beliebt. Fußballmannschaften aus den höchsten europäischen Ligen absolvieren hier ihr Trainingslager. Dazu schlagen sich viele Golfer bei meist frühlingshaften Temperaturen die Bälle um die Ohren. Belek ist das Golfzentrum der Türkei – zur Auswahl stehen mittlerweile 16 Plätze.

Die nächstgelegenen Orte hinter den Ressortanlagen am Meer sind im westlichen Küstenabschnitt **Kadriye** und im östlichen Abschnitt **Belek**. Beide sind nicht viel mehr als zu rein touristischen Zwecken errichtete, um sich wuchernde Kunstdörfer mit Autoverleihern, stillosen Basarmeilen, ein paar Bars und Restaurants. Für Individualreisende ist ein Abstecher nach Belek uninteressant. Das Gros der Clubanlagen ist nur über heimische Reiseveranstalter zu buchen, und auf den dazugehörigen Stränden sind Fremde nicht willkommen.

Verbindungen Regelmäßig bis 1 Uhr nachts **Dolmuşe** von den Hotels nach Belek bzw. Serik. Vom Busbahnhof von Serik (am Küstenhighway an der Abzweigung nach Belek) gute Verbindungen mit allen Städten zwischen Antalya und Alanya.

Golf Wer keine preiswerten Pauschalpakete gebucht hat, muss für ein Greenfee je nach Saison (am teuersten im Winter) und Lochanzahl 45–120 € berappen. Ermäßigte Greenfees, dazu eine ausführliche Beschreibung aller Plätze vor Ort bekommt man auf www.bilyanagolf.com (auch in deutscher Sprache).

Aspendos (antike Stadt)

Aspendos birgt einige Superlative: Das Theater der Stadt gilt als das besterhaltene römische Baudenkmal Kleinasiens, ihr Aquädukt wird als der schönste Anatoliens gepriesen.

An die glorreiche Vergangenheit der Stadt, die neben Side das bedeutendste Zentrum Pamphyliens war, erinnert v. a. das großartige Theater. Im Rahmen der allsommerlich stattfindenden Aspendos-Festspiele (→ Antalya/Veranstaltungen) ist ein Besuch am eindrucksvollsten – die Atmosphäre bei den Aufführungen ist ergreifender als in Verona. Wer zum Staunen keine künstlerische Darbietung braucht, kommt am besten frühmorgens, bevor die Busladungen aus den Küstenorten eintreffen.

Geschichte: Aspendos' geschichtliche Eckdaten unterscheiden sich kaum von denen der Nachbarstädte. Aspendos aber war im Vergleich zu diesen überaus reich. Das verdeutlicht z. B. die Tatsache, dass die Aspendier das anrückende Heer Alexanders des Großen durch die Bezahlung von 100 Talenten in Gold (ein Talent entsprach etwa einem 20-Kilo-Barren) von der Zerstörung ihrer Stadt abhalten konnten. Ihren Wohlstand verdankten die Aspendier insbesondere der Salzgewinnung

150 m

① Theater
② Stadion
③ Osttor
④ Bogenbau
⑤ Aquädukt
⑥ Nordtor
⑦ Agora
⑧ Bouleuterion
⑨ Markthalle
⑩ Exedra
⑪ Markthalle
⑫ Nymphäum
⑬ Südtor
⑭ Thermen
⑮ Gymnasion

Aspendos

Belkis

Serik, Antalya, Alanya

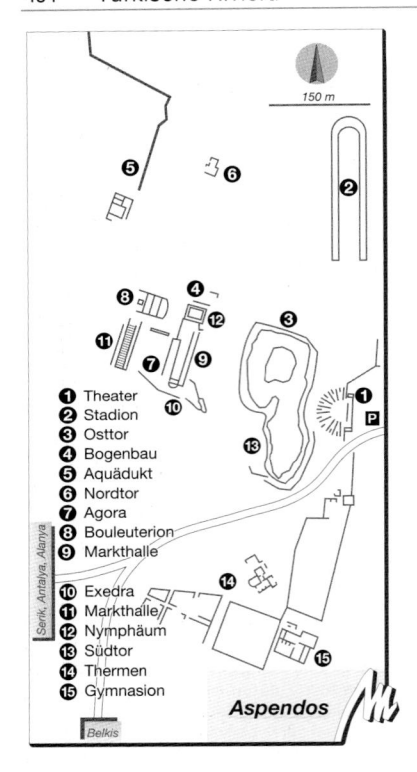

aus dem nahe gelegenen, heute verschwundenen Kapriasee. Aber auch der Handel mit Pferden florierte, Aspendos war berühmt für seine Zucht. Einen guten Namen hatte zudem der Wein der Stadt. Zu größter Blüte gelangte Aspendos in römischer Zeit, die meisten noch heute erhaltenen Baureste stammen aus jener Epoche. Die Verlandung des Hafens am Eurymedon in der byzantinischen Periode läutete den Niedergang ein. In seldschukischer Zeit war Aspendos noch ein kleines Fürstentum, das Theater diente als Karawanserei. Den Seldschuken ist es zu verdanken, dass das Theater bis heute so gut erhalten ist – sie behoben Schäden aus früherer Zeit.

Anfahrt Ca. 3 km östlich von Serik an der Nationalstraße 400 Antalya – Alanya ausgeschildert. Je nach Saison besteht alle 1–2 Std. eine Verbindung mit dem **Dolmuş** (Aufschrift „Belkis Aspendos Baraj") vom Zentrum Seriks (Abfahrt gegenüber der Jandarma) nach Aspendos. Serik selbst erreicht man mit fast jedem **Bus**, der von Antalya (Busbahnhof) Richtung Osten fährt. Wer an der Nationalstraße aussteigt und von dort laufen will, hat noch 4 km vor sich.

Öffnungszeiten Mai–Okt. tägl. 9–19.30 Uhr, Nov.–April 8–17 Uhr. Eintritt 6 €.

Sehenswertes

Theater: Das im 2. Jh. n. Chr. erbaute Theater direkt am Parkplatz ist zweifellos das beeindruckendste Bauwerk von Aspendos. Eine Inschrift über den beiden äußeren Bühneneingängen berichtet, dass es den spendablen Brüdern Curtius, den Göttern des Landes und dem Kaiserhaus gewidmet, sowie vom Architekten Zenoi zu deren Zufriedenheit ausgeführt wurde. Das Theater, das etwa 20.000 Zuschauern Platz bot, ist eine nach außen völlig geschlossene Anlage, bei der Bühnenhaus und Ränge die gleiche Höhe haben. Auf den oberen Sitzreihen findet man wie in Perge reservierte Plätze mit den eingravierten Namen der „Abo-Besitzer". Lassen Sie den Blick von dort über das Theater schweifen. Die Fassade des noch 30 m hoch erhaltenen Bühnenhauses war mit Marmor verkleidet und mit 40 Säulen, Statuen und Reliefs geschmückt. Ein Dionysosrelief blieb im Mittelgiebel erhalten. Die meisten Busgruppen beschränken sich auf die Besichtigung dieses Bauwerks und sparen sich den Weg in die dazugehörende antike Stadt – ein Fehler.

Antike Stadt: Aspendos erstreckte sich oberhalb des Theaters auf dem heute mit Büschen überwachsenen Burgbergplateau. Das Ruinenfeld ist vorrangig Tummelplatz hitzebeständiger Grillen und etlicher Kleintiere mehr, die kaum in ihrer Ruhe gestört werden. Nördlich des Theaters führt der Weg hinauf zur wenig besuchten

Agora. Ihre Westseite säumte eine 70 m lange, zweistöckige *Markthalle.* Teile der Quaderwände stehen noch. Die Nordseite dominierte ein *Nymphäum,* dessen Nischenfassade reich mit Statuen bestückt war. An die Ostseite grenzte ebenfalls eine Markthalle jener Bauform, aus der sich später die christliche *Basilika* entwickelte. Von der nördlichen Vorhalle sind noch bis zu 15 m hohe Mauerreste erhalten.

Aquädukt: Vom Nordrand des Hügels sieht man in der landwirtschaftlich intensiv genutzten Ebene die Reste eines römischen Aquäduktes, das z. T. noch in der ursprünglichen Höhe von 30 m dasteht. (Wer mit dem eigenen Fahrzeug unterwegs ist, gelangt zum Aquädukt, wenn er die Straße am Theater vorbei einfach weiterfährt). Die Wasserleitung war einst über 15 km lang, die letzten 3 km durch die Ebene verliefen über Arkaden. Das Wasser floss durch Tonrohre. Die Türme an den Stellen, wo der Aquädukt abknickt, dienten zur Entlüftung der Rohre und verhinderten ein Absinken des hydrostatischen Drucks.

Köprülü-Schlucht (Köprülü Kanyon)

360 km² misst der Köprülü-Kanyon-Nationalpark *(Köprülü Kanyon Milli Parkı)* etwa 60 km nordwestlich von Side. Die hiesigen Berge erreichen Höhen bis zu 2500 m, im Frühjahr sind ihre Gipfel überzuckert. Die Landschaft ist geprägt von Kiefern-, Zedern- und Zypressenwäldern. Angeblich soll es hier noch Bären geben.

Berühmt ist der Nationalpark für seine Raftingmöglichkeiten auf dem *Köprü Çayı,* dem antiken *Eurymedon.* Türkisgrün schlängelt sich der Fluss durch eine imposante, teils über 100 m tiefe Schlucht, die er im Laufe der Jahrmillionen selbst in die Karstlandschaft des Taurusgebirges geschnitten hat. Die ganzjährig stattfindenden Raftingtouren (Level 3) durch den Canon führen über eine Strecke von bis zu 12 km. Weil es einfach schön und abenteuerlich ist, kommen Tausende, und so zählt der Fluss zu den meistbefahrenen der Welt. Teils stauen sich sogar die Boote darauf – in Spitzenzeiten jagen täglich bis zu 4000 Urlauber den Fluss hinab.

Wo man den Flusslauf einfach erreicht, gibt es Fischrestaurants, Teegärten und einfache Campingmöglichkeiten. Vom Baden wird wegen gefährlicher Strömungen abgeraten. Man kann auch Kajaks mieten – in diesem Fall sollte man aber Erfahrung mitbringen. Insbesondere während der Schneeschmelze in den Bergen ist der Fluss gefährlich, es kam schon zu Todesfällen. Den schönsten Blick auf den Canon hat man übrigens von der alten römischen Brücke auf dem Weg nach Selge (s. u.). Aber auch wenn Sie die Straße westlich der römischen Brücke noch für ein kurzes Stück gen Norden (bergauf) fahren, tun sich tolle Ausblicke auf.

Anfahrt Am einfachsten mit dem **Auto** oder per **organisierter Tour.** Von der Nationalstraße 400 Antalya – Alanya zwischen Serik und Manavgat bei Taşağıl landeinwärts abbiegen (ausgeschildert). Ca 28 km hinter Taşağıl gabelt sich die Straße. Ca. 10 km weiter treffen beide Straßen wieder zusammen (mit größeren Fahrzeugen wählt man besser die Straße rechts des Flusslaufes). Die Anfahrt mit dem Dolmuş von Taşağıl (per Bus von Antalya und Manavgat) ist nicht zu empfehlen: Zu wenige Fahrten, zudem bleiben einem so die schönsten Ecken verborgen.

Rafting Raftingausflüge werden von unzähligen Tourenveranstaltern in allen Urlaubsorten zwischen Antalya und Alanya angeboten bzw. vermittelt (15–20 €/Pers., bucht man aber an der Hotelrezeption, kann sich der Preis schnell verdoppeln!). Wer gut handelt, kann vor Ort auch für 10 € ins Boot steigen – früh kommen!

Übernachten/Camping/Essen & Trinken Mehrere einfache Campingmöglichkeiten entlang des Flusses. Unter Raftern ist folgende Pension recht beliebt:

EKO Motel, in idyllischer Lage direkt am Köprü-Fluss (in der Häuseransammlung Karabük auf der linken Flussseite, auf dem Weg nach Selge ausgeschildert). Schlichte Zimmer mit Fliesenböden, Bad und Klimaanlage. Angeschlossen ein Gartenrestaurant, wo leckere, mit Knoblauch und Lorbeer gefüllte Forellen serviert werden. DZ 33 €. Karabük, ✆ 0242/7653201, ✉ 7653202, www.ekomotel.com.

Selge (antike Stadt)

In der wildromantischen Berglandschaft des Köprülü-Kanyon-Nationalparks, auf 1050 m Höhe, liegen die Ruinen des antiken Selge. Allein wegen der Anfahrt lohnt der Besuch: Die Straße führt entlang der bizarren Köprülü-Schlucht (s. o.) und überquert diese auf einer schmalen, 35 m hohen **Römerbrücke** einige Kilometer hinter Beşkonak. Die Brücke bekam übrigens erst vor wenigen Jahren ein Geländer. Danach führt die Straße in Serpentinen weiter bergauf durch eine bizarre Felsszenerie in die Abgeschiedenheit des Taurus – grandiose Ausblicke sind garantiert. Irgendwann erreicht man schließlich das Bergdorf **Altınkaya Köyü** – ehemalige Halbnomaden wohnen hier in weit auseinander liegenden Gehöften. Rund um den Ort verstreuen sich die Ruinen des antiken, wenig erforschten Selge, dessen geschichtliche Eckdaten denen von Aspendos und Perge ähneln. Zu Selges Blütezeit (3./4. Jh.) zählte die Stadt rund 20.000 Einwohner. Zu Wohlstand verhalf ihr u. a. die Weihrauchgewinnung aus dem Harz der Styraxbäume.

Die Reste der Stadt sind nicht so spektakulär wie ihre Lage. Das beeindruckendste Monument am Rand der antiken Unterstadt ist das Theater, das mit 45 Sitzreihen ca. 10.000 Zuschauern Platz bot. Nahebei lagen einst das antike Stadion (heute dreht hier nur noch ein Pflug seine Runden) und die untere Agora (auf ihr weiden Kühe). Am schönsten ist der Weg hinauf auf den Haupthügel der Stadt, den sog. *Kesbedion*. Unterwegs können Sie zwischen steinernen Überresten Kapern und Wildblumen pflücken. Auf dem Hügel standen einst zwei große Tempel – einer vermutlich dem Zeus, der andere der Artemis geweiht. Die Aussicht von hier ist herrlich.

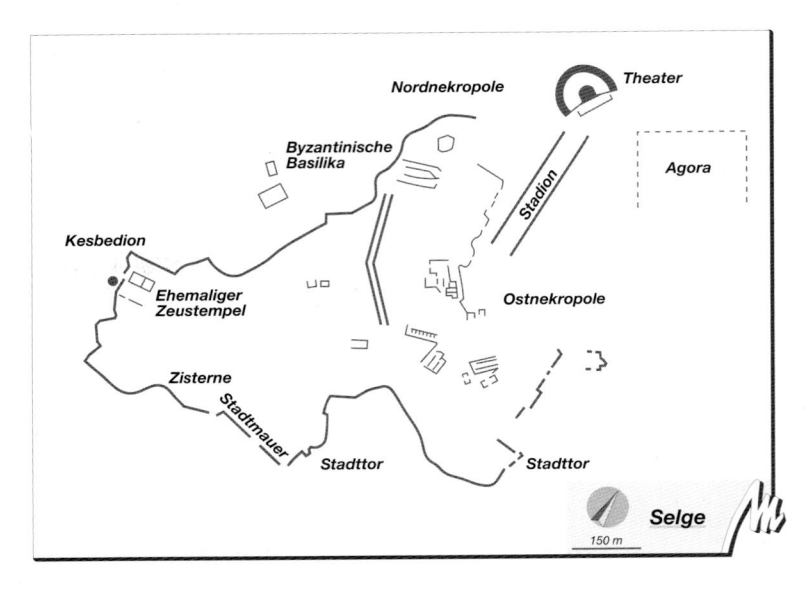

Anfahrt/Eintritt Organisierte Ausflüge werden in Side angeboten. Die Dolmuşverbindungen sind für den Touristen uninteressant, da ein Dolmuş die Dorfbewohner von Altınkaya Köyü lediglich frühmorgens nach Serik bringt und abends zurück. Mit dem **eigenen Fahrzeug**: von der Straße Alanya – Antalya bei Taşağıl nach Beşkonak/Selge abbiegen, ausgeschildert. Im Dorf Altınkaya folgt man der Straße so lange, bis man linker Hand auf das Theater blickt und rote Pfeile bzw. ein Schwarm Handarbeiten verkaufender Frauen den Weg dahin weisen. Stets zugänglich. Eintritt frei, was sich jedoch wieder ändern kann (zahlen Sie dann aber nur gegen Vorlage eines Tickets).

Wandern Von der Römerbrücke führt ein rot-weiß markierter Wanderweg nach Selge, der Abschnitt (10 km, Dauer ca. 5¼ Std., zurück am besten trampen) ist Teil des St Paul Trails. Wer der Markierung für ca. 1 Std. folgt, gelangt zum Beginn des Köprülü Kanyon mit Bademöglichkeit.

Side/Selimiye

ca. 10.100 Einwohner

Durch die Ruinen der einstigen Weltstadt bummeln alljährlich fast eine Million Urlauber – Side ist einer der großen Magneten der türkischen Riviera. Die weiten Sandstrände rund um den Ort sind der Grund dafür.

Auf einer breiten Landzunge, die fast einen Kilometer ins Meer ragt, verstreuen sich die Überreste der antiken Weltstadt Side. Dazwischen liegt ein kleines Örtchen, das eigentlich Selimiye heißt, das aber jeder Tourist „Side" nennt – geht auch leichter über die Lippen. Bis in die 1980er-Jahre war Selimiye ein Fischerdorf. Heute gibt es hier kein Haus mehr, das nichts mit dem Tourismus zu tun hat: Im Zentrum reiht sich Leder- an Juweliergeschäft, zum Meer hin Restaurant an Pension bzw. Hotel. Die Händler und Speisekartenwedler sind aufdringlich bis unverschämt (Frauen werden auch schon mal mit „Schlampe" verabschiedet, wenn Sie auf kein Angebot eingehen), die Allerweltsrestaurants übertreuert, die meist familiär geführten, gemütlichen Unterkünfte im Zentrum jedoch größtenteils zu empfehlen. Viele der Häuser sind zu klein, als dass sie von den großen Reiseveranstaltern gebucht werden. So ist Side bzw. Selimiye, diese einzigartige Mischung aus Freilichtmuseum und Basarmeile, für das Gros der Urlauber mehr Ausflugsziel bzw. Abendprogramm als Standort: Tagein, tagaus herrscht ein bierseliges, sonnenverbranntes Stelldichein, es wird geshoppt, flaniert, gegessen und gefeiert. Und damit die Touristenmassen überhaupt in die Gassen passen, ist Selimiye für den Verkehr gesperrt.

Side-Gäste, die aus dem Katalog gebucht haben (Russen und Deutsche halten sich dabei mittlerweile die Waage), schlafen i. d. R. in den Feriensiedlungen an den weiten Sandstränden rund um Side. **Titreyengöl-Sorgun**, ca. 10 km östlich von Side, ist die stilvollste. Sie kann mit etlichen gut bewachten, luxuriösen Clubanlagen, viel Grün, einem kleinen Binnensee und – falls aus den Planungen zum Schrecken aller Naturschützer Realität wird – irgendwann mit einem Golfplatz aufwarten. Noch weiter östlich liegt **Kızılağaç**, dessen Strand ebenfalls etliche Fünf-Sterne-Resortanlagen säumen. **Kumköy** nennt sich die „Prolovariante" rund 4 km westlich von Side. Hier wirbt man mit günstigen Einkaufsmöglichkeiten („Billiger als bei Aldi"), für bewusste Ernährung („Döner macht schöner"), und hier weiß man, dass Fußball für etliche Gäste der wahre Sinn des Lebens ist (vielerorts Großbildschirme). Um die Infrastruktur dieses Retortendorfes perfekt zu machen, gibt es zudem noch die Kneipe „Schluckspecht" im Zentrum, die das alltägliche Treiben auf den Punkt bringt. Noch weiter westlich liegen **Evrenseki**, **Çolaklı** und **Gündoğdu** – allesamt gesichtslose Hotel- und Ferienhausansammlungen an einem Strand, der einem goldenen Traum gleicht. Das Wassersportangebot ist überall gut.

Geschichte

Side gehört zu den ältesten Städten der türkischen Südküste, vermutlich gab es hier schon zu Mitte des 2. Jt. v. Chr. eine Siedlung. Der Name der antiken Stadt entspringt der altanatolischen Sprache der pamphylischen Urbevölkerung und bedeutet „Granatapfel", ein damaliges Fruchtbarkeitssymbol. Im 7. Jh. v. Chr. gesellten sich griechische Siedler hinzu, ab dem 5. Jh. wurden die ersten, selbstverständlich mit Granatäpfeln verzierten Münzen geprägt. In hellenistischer Zeit stieg Side durch den Ausbau des Hafens zu einer der bedeutendsten und wohlhabendsten Handelsstädte der Südküste mit rund 40.000 Einwohnern auf. Dabei machte man sich auch der Piraterie wissentlich mitschuldig. Im Hafen der Stadt wurden die Schiffe kilikischer Seeräuber gewartet, auf den Märkten ihre Gefangenen versklavt. An den Gewinnen waren die Sider beteiligt. 20 Goldstücke zahlte man angeblich für einen kräftigen Mann, 15 für ein schönes Mädchen. Diese Einnahmequelle ging verloren, nachdem Pompeius 67 v. Chr. der Piraterie ein Ende gesetzt hatte. Und um nicht des Römers Zorn zu spüren, setzte man ihm schnell ein riesiges Denkmal und investierte fortan in den legalen Warenhandel.

Als das Römische Reich zerfiel, erlebte auch Side seinen Niedergang. Ausschlaggebend war insbesondere die Versandung des Hafens – damals ahnte noch keiner, dass der Sand irgendwann auch einmal Sides Glück bedeuten würde. Antalya und Alanya liefen Side in der Folgezeit peu à peu den Rang ab. Daran änderte auch nichts, dass Side in byzantinischer Zeit zu einem Bischofssitz erhoben wurde. Während der im 7. Jh. einsetzenden Araberüberfälle wanderten viele Bewohner nach Antalya ab. Nachdem im 9. Jh. auch noch ein Brand weite Teile der Stadt zerstörte, wurde es still um Side, lediglich als Piratennest machte man sich im 11. Jh. noch einmal einen Namen. Danach legten sich Sanddünen über die Geisterstadt.

Anfang des 20. Jh. ließen sich türkische Flüchtlinge aus Kreta zwischen den Ruinen nieder. Ausgrabungsarbeiten in der dörflichen Idylle begannen 1947. Die Versuche der Archäologen, das Dorf umzusiedeln, scheiterten am Widerstand der Einwohner. In den 1970ern entdeckten die ersten Touristen die Sandstrände vor der Tür, in der zweiten Hälfte der 1980er setzte der Wandel zum massentouristischen Zentrum ein.

Orientierung: Selimiye, auf dem antiken Boden Sides, liegt rund 4 km abseits der Nationalstraße 400, die von Antalya entlang der Küste nach Alanya führt. Auf der Stichstraße zur Stadt passieren Sie die versteckt gelegene Touristeninformation und bald darauf das ehemalige Stadttor. Danach führt die Straße, gesäumt von antiken Säulen (daher auch als „Säulenstraße" bezeichnet) und abends effektvoll angestrahlten Ruinen, zum Theater. Dahinter erstreckt sich das Zentrum von Selimiye, eine Schranke sperrt es für den Verkehr. Unmittelbar vor der Schranke befindet sich rechter Hand ein teurer Parkplatz. Hält man sich jedoch vor der Schranke (gleich hinter dem Theater) links, gelangt man zu einem deutlich günstigeren Parkplatz. Die Schranke öffnet sich nur für Anlieger, die über eine spezielle Passierkarte verfügen, nicht jedoch für Otto Normaltourist auf der motorisierten Hotelsuche.

Information/Verbindungen/Ausflüge

Telefonvorwahl 0242.

Information Hauptbüro abseits des Zentrums, damit auch nie jemand vorbeischaut. Wenig hilfreich. Mo–Fr 8–12 u. 13.30–17 Uhr.

Side/Selimiye

✆ 7531265, www.side.bel.tr. Zudem ein Infokiosk an der Schranke zum Zentrum.

Verbindungen Busbahnhof und Dolmuşstation in den Dünen nordöstlich von Selimiye, ca. 800 m vom Zentrum entfernt. Den Zubringer besorgt ein Pendelbus (0,45 €). Busfahrten können Sie hier in nahezu alle Winkel der Türkei buchen, oft (v. a. außerhalb der Saison) ist jedoch ein Umsteigen in Manavgat oder Antalya nötig (Fahrtzeiten: Antalya oder Alanya 1½ Std., Konya ca. 5 Std.). Dolmuşe fahren von früh morgens bis 1 Uhr nachts alle 10 Min. nach Manavgat.

Bootsausflüge Werden am Hafen angeboten. Tägl. z. B. zum Manavgat-Wasserfall; ab dem kleinen Wasserfall mit dem Bus zum großen weiter. Der Trip (Dauer ca. 5 Std.; Mo länger, da auch ein Stopp auf dem Wochenmarkt von Manavgat eingelegt wird) kostet 15 €, Essen und Wein inkl. Zudem diverse Tagesausflüge, wie z. B. nach Alanya mit Badestopps für 25 € inkl. Essen an Bord.

Organisierte Touren Etliche Agenturen im Ort. Preisbeispiele: Tagesausflug nach Pamukkale mit HP ab 35 €, Rafting ab 20 €, Kappadokien 2 Tage mit HP ab 60 €.

Adressen/Einkaufen/Sport

Ärztliche Versorgung Privatklinik Akdeniz Hastanesi, Richtung Manavgat am Sorgun Yolu. ✆ 7460013.

Autoverleih Es gibt zahlreiche lokale Anbieter an der Zufahrtsstraße nach Side, Preisvergleiche lohnen sich. Die **Agentur Say in Antalya** (→ S. 463) bringt Ihnen Ihr Auto auf Wunsch auch an ihr Hotel vor Ort. Teurer sind die internationalen Verleiher wie **Avis** (Atatürk Bul. 110 A, ✆ 7531348, www.avis.com.tr) und **Europcar** (Turgut Özal Cad. 15, ✆ 7535354, www.europcar.com.tr).

Einkaufen Die Liman Cad., die vom Theater zum Hafen führt, ist ein einziger Basar mit Juwelier-, Leder- und Teppichgeschäften sowie Souvenirläden mit buntem Türkentand.

Sa findet ein kleiner **Wochenmarkt** nahe der großen Moschee im Norden von Side statt, ansonsten fährt man zum **Montagsmarkt** nach Manavgat (Do kleinere Ausgabe).

Reiten Mehrere Veranstalter rund um Side, Ausritte können u. a. über die Tourenanbieter in Side gebucht werden, i. d. R. ist ein Hotel-Pick-up im Preis enthalten. Einen guten Ruf hat die **Moonlight Farm** in Sorgun. Ausritte 20 €/Std. inkl. Hoteltransfer. ✆ 0532/4118283 (mobil, Chef Şerif spricht Deutsch). Anfahrt: Vom großen Kreisverkehr bei der Touristeninformation dem Adnan Menderes Bul. stadtauswärts Richtung Sorgun folgen, nach 2,5 km bei einem weiteren Kreisverkehr linker Hand (nicht mit der Pegasos Farm verwechseln!).

Waschsalon Fehlanzeige. Eine öfters mal den Namen wechselnde **Reinigung** befindet sich in der Hanımeli Sok. Abgerechnet wird nach Stück.

Zweiradverleih Scooter (ab 15 €/Tag), Yamaha 600 (35 €) oder Honda Shadow 1300 ccm (80 €) gibt es z. B. bei **Donetello Rent a Car** an der Ausfallstraße nach Manavgat. ✆ 7532837.

Übernachten/Camping (→ Karte S. 491)

Ca. 100.000 Hotelbetten stehen rund um Side zur Verfügung, und jährlich werden es mehr. All-inclusive-Anlagen dominieren die umliegenden Ferienzentren, jedoch sind viele direkt vor Ort nicht oder nur umständlich buchbar. Falls Sie sich kurzfristig für eine solche Anlage entscheiden möchten, buchen Sie diese am einfachsten und z. T. recht preiswert über ein Hotelbuchungsportal im Internet. In Selimiye gibt es zahlreiche kleine, nette Hotels und Pensionen mit gutem Preis-Leistungs-Verhältnis.

Yalı Hotel 18, in dominierender Lage auf einem vom Meer umspülten Felsen im Osten Selimiyes. Schon älteres, aber gepflegtes Haus mit sehr freundlichem Service. 18 helle Zimmer mit Klimaanlage und Minibar, alle mit Balkon und Meeresblick. Die Zimmer mit den schönsten Ausblicken werden i. d. R. nicht an Pauschalbucher vergeben, sondern an Individualreisende – fragen Sie explizit nach den Zimmernummern 208/209 bzw. 308/309. Pool, Restaurant, Bar. Eigener Felsstrand. DZ 65 €. Barbaros Cad. 50, ✆ 7531011, www.yalihotel.com.

Hotel Lale Park 10, gepflegter Komplex im historischen Baustil um einen Hof mit Pool und gemütlichen Sitzecken. Karg, aber nett möblierte Zimmer mit Kühlschrank, Klimaanlage und Balkon. Ebenfalls freundlicher Service. Auf Wunsch wird lecker gekocht. DZ 58 €. In zweiter Reihe hinter dem Küçük Plaj, Lale Sok. 7, ✆ 7531131, ✆ 7535058, www.hotellalepark.com.

Beach House Hotel 13, 20 Zimmer, alle mit Balkon, grandios (aber auch nicht leise) die nach vorne mit Meeresblick, 5 davon mit Klimaanlage (Aufpreis 4 €/Tag), der Rest mit Ventilatoren. Auch familienfreundliche Mehrbettzimmer. Gemütlicher Garten. Nov.–April geschl. DZ 45 €. In erster Reihe am Küçük Plaj im Osten Selimiyes, ✆ 7531607, www.beachhouse-hotel.com.

Doğa Pansiyon 8, nahe dem Küçük Plaj. In einem alten Steinhaus mit dicken Mauern, die Kühle versprechen (dennoch Klimaanlage vorhanden). Schön-schattige Terrasse. Nur 8 kleine, hübsch dekorierte Zimmer mit winzigen Bädern. Viel junges türkisches Publikum, nette Atmosphäre. Restaurant. DZ 37 €. Lale Sok. 8, ✆/✆ 7536246, www.sidedoga.com.

Pansiyon Begonville 9, grün umwuchertes Holz-Naturstein-Haus im Herzen Selimiyes, leider kein Meeresblick, dafür netter Innenhof. 16 ordentliche Zimmer mit Steinboden. Junges Publikum. EZ 16 €, DZ 32 €. Yasemin Sok. 33, ✆ 7532661.

Pension Kassiopeia 3, von Lesern gelobt und zugleich ein Tipp für alleinreisende Frauen mit Faible fürs Alternative. 9 gemütliche Zimmer, alle mit Balkon und Klimaanlage. Schattiges Gärtchen, Organisation von Ausflügen. Viele Katzen. Freundlich geführt von Jutta Höfling und ihrer Mutter Margarete aus Hessen. Nicht in Selimiye direkt, sondern bei der großen Moschee im Norden Sides – leicht mit dem Auto anzusteuern. DZ mit gutem Frühstück 35 €. Cami arkası 2, ✆/✆ 7534445, www.pensionkassiopeia.de.

Nar Apart Hotel 1, ebenfalls etwas außerhalb von Selimiye (in einem ruhigen Neubaugebiet), ebenfalls leicht mit dem Auto zu erreichen. Und ebenfalls von Lesern immer wieder gelobt. Unter deutsch-türkischer Leitung. L-förmiges Apartmenthaus um einen Pool. 17 Einheiten, alle mit Küchenzeile, Balkon, Klimaanlage und Safe. Restaurant. Ca. 600 m zum Meer, 15 Fußmin. in die Stadt. Für 2 Pers. ohne Frühstück 35 €, für 4 Pers. 45 €. Yalı Mah., Celal Bayar Bul. 1097 Cad. 10, ✆ 7533152, ✆ 7533068, www.naraparts.com.

Pension Nar 16, 8 saubere Zimmer mit Klimaanlage und ordentlichen Bädern, lauschige Terrasse, über der im Spätherbst die Granatäpfel (= nar) baumeln. Unter deutsch-türkischer Leitung. Ganzjährig. Auch dieses Haus wird von Lesern immer wieder gelobt. DZ 30 €. Nergiz Sok. 12, ✆/✆ 7531201, www.naraparts.de.

Camping Die schönste Möglichkeit rund um Side findet man in Kızılot ca. 15 km östlich von Manavgat (→ S. 499). Eine näher gelegene Alternative:

Boğaz Hotel/Camping 4, ganz im Westen von Titreyengöl, zu weit, um zu Fuß nach Side zu gelangen (8 km). Gepflegtes, weitläufiges, schattiges Areal mit Parzellen für Wohnmobile und Zelte (4 €/Pers.), jedoch ohne Meeresblick und unschön durch einen Zaun vom Strand getrennt. Dazu 16 Zimmer mit Furnierholzmöbeln. Pool. DZ mit HP 40 € (was man für den Preis wohl zu essen bekommt?). An der Mündung des Manavgat-Flusses. In Titreyengöl ausgeschildert, ✆ 7569690.

Essen & Trinken

Das Gros der Restaurants bedient den Geschmack des Massentourismus und bietet wenig Türkisches, eher Spaghetti Bolognese oder Wiener Schnitzel. Die Preise liegen über dem Landesdurchschnitt, zudem gibt es zuweilen unterschiedliche Karten für Ausländer und Türken! Gehobenere und stilvollere Restaurants findet man am Hafen und oberhalb des Küçük Plaj, wo man bei Meeresrauschen und Kerzenlicht leider kaum sieht, was man isst.

Übernachten

1. Nar Apart Hotel
3. Pension Kassiopeia
4. Boğaz Hotel/Camping
8. Doğa Pansiyon
9. Pansiyon Begonville
10. Hotel Lale Park
13. Beach House Hotel
16. Pension Nar
18. Yalı Hotel

Essen & Trinken

2. Umut Pide & Kebap Salonu
5. Alaturka
6. Steakhouse bei Holger
7. Erol Restaurant
11. Aphrodite Restaurant
13. Göreme Motel Biergarten
14. Emir Restaurant
17. Emir Bistro

Nachtleben

11. Royal Castle Pub
12. Lighthouse
15. Harbour und Apollonik

Side/Selimiye

100 m

Aphrodite Restaurant 🔟, am Hafen, von der Hauptstraße leicht zurückversetzt. „Grandios", meinen Leser. Leckere, variantenreiche Seafoodküche der gehobenen Preisklasse, zuvorkommende Bedienung. İskele Cad., ✆ 7531171.

Steakhouse bei Holger 6⃣, unter deutschen Urlaubern eine der beliebtesten Lokalitäten. Karte wie daheim: T-Bone-Steak, Zigeunerschnitzel, Käsespätzle, Spaghetti Bolognese, selbst die „Spezialitäten vom Schwein" wie Leberkäse mit Spiegelei, Bock- oder Currywurst fehlen nicht. Hg. 6,50–19,50 €. Yasemin Sok. 12, ✆ 7531580.

Emir Restaurant 1⃣4⃣, freundliche Bedienung und leckere türkische Küche sind das Erfolgsrezept dieses Lokals, das v. a. bei englischen Urlaubern sehr gut ankommt. Der Hit sind die vielfältigen Vorspeisen – ein gemischter Teller erspart manchem das Hauptgericht (z. B. frische Meeresfrüchte oder Fisch). Hg. 6,10–12,30 €. Cami Sok., ✆ 7532224.

Emir Bistro 1⃣7⃣, nicht mit dem gleichnamigen Restaurant verwechseln! Schräg gegenüber dem Sevil Hotel. Einfaches Terrassenlokal, in dem eine freundliche Familie gute Hausmannskost serviert, beim Brutzeln kann man zusehen. Portion Fisch 11,50 €, ein großes Bier 2 €. Fragen Sie nach den Tagesangeboten! Leylak Sok. 4/A, ✆ 7534859.

Alaturka 5⃣, ein Lokal, das wirklich aus der Reihe fällt. Hier serviert man beste vegetarierfreundliche Hausmannskost wie *Mücver* (Zucchinipuffer), Auberginen in Joghurt, frittiertes Gemüse u. v. m., man wählt aus einer Vitrine aus. Dazu aber auch Fleisch- und Fischgerichte. Mittlere Preisklasse. Yasemin Sok. 66 (Uferpromenade gen Norden), ✆ 7534981.

Erol Restaurant 7⃣, einfache Adresse für türkische Hausmannskost. Täglich wechselnde Topfgerichte (preiswert), die sich die Händler Selimiyes per Moped bringen lassen. Sümbül Sok. (neben dem gleichnamigen Supermarkt).

Umut Pide & Kebap Salonu 2⃣, außerhalb Selimiyes, an der Straße nach Kumköy gegenüber dem Prenses Oteli. Freundlich, sauber, offene Küche, lecker und günstig. Neben guten Kebabs auch „Hähnchen Bombay" oder Pizza Hawaii. Hg. 3–11 €. ✆ 7534549.

Göreme Motel Biergarten 1⃣3⃣, der versteckte „Biergarten" (heißt wirklich so!), ein zugewachsenes, schattiges Gärtchen, bietet „Ruhe vor den Side-Massen", wie Leser schreiben. Günstiges Bier, Säfte und Mokka. In zweiter Reihe hinter dem Küçük Plaj bzw. direkt hinter dem Beachhouse Hotel.

Nachtleben (→ Karte S. 491)

Es gibt eine ganze Reihe von Clubs und Bars, die man am besten nur betrunken aufsucht. Doch Achtung: Trinken ist in vielen Locations nicht billig: Ein kleines Bier kostet zuweilen um die 4 €. Zum Glück bieten viele Bars zwischen 20 und 23 Uhr eine Happy Hour. Im Folgenden ein paar Adressen:

Bars Die Bar-Street Sides (keine 100 m lang) nennt sich **The Zone**, populär dort v. a. der **Royal Castle Pub** 🔟 mit fast tägl. Livemusik. Weitere Anlaufstellen einer Kneipentour am Hafen sind das **Harbour** 1⃣5⃣ und das gemütliche **Apollonik** 1⃣6⃣. Letzteres ist auch im Winter geöffnet und dann ein beliebter Treffpunkt der Side-Deutschen.

Danceclub Lighthouse 1⃣2⃣, recht schicker Open-Air-Club beim Hafen, von Wellen umspült. Angegliedert ein italienisches Restaurant. Kein Eintritt, dafür satte Preise.

Baden/Tauchen

Baden Westlicher Strand: Über mehrere Kilometer erstreckt sich der kinderfreundliche Beach bis zum Ferienort Kumköy. Zum Teil sehr gepflegt, ab und zu spenden ein paar Bäume Schatten, vielerorts aber überlaufen. Hinter dem Strand liegen große Hotels und Clubanlagen. Es gibt Strandcafés, Sonnenschirm- und Liegestuhlverleih.

Östlicher Strand (auch „Büyük Plaj", „Großer Strand"): Zu Füßen das Meer, im Nacken antike Ruinen. Am Strandbeginn werden in der Saison so viele Liegestühle ver-

Der Apollontempel von Side

liehen, dass oft kein Platz für ein herangeschlepptes Badetuch bleibt. Je weiter man aber gen Osten tingelt, desto weniger bevölkert ist der Strand.

Küçük Plaj: Der Name passt. Der „kleine Strand" ist eine kleine Sandfläche in einer ebensolchen Bucht im Osten Selimiyes. Sonnenschirm- und Liegestuhlverleih, Strandkneipe.

Strände in der Umgebung: Die ewigen Strände bei **Titreyengöl** sind zwar sehr schön, doch blockieren die Clubanlagen dahinter vielerorts den Zugang. Wo das nicht der Fall ist, sind die Strände leider oft vermüllt.

Ein sehr weitläufiger, empfehlenswerter Strand ist zudem der von Kızılot, ca. 15 km östlich von Manavgat (→ Zwischen Side und Alanya), dort die Abzweigung zum „Nostalgie Camping" wählen.

Tauchen Viele der umliegenden großen Clubanlagen verfügen über eigene Tauchbasen, jene, die bevorzugt von deutschen Gästen gebucht werden, haben auch deutschsprachige Instrukteure. Vor Ort selbst bietet die **Side Diving School** Bootstauchgänge an (2 Tauchgänge inkl. Essen 50 €). Infos vom Tauchschiff am Hafen, ✆ 0507/4313800 (mobil).

Sehenswertes

Das antike Side inmitten einer pittoresken Landschaft aus Buschwerk, Dünen und Fels gehört mit Pergamon und Ephesus zu den meistbesuchten Ausgrabungsstätten der Türkei. Bereits auf der Fahrt von Manavgat nach Side sieht man die ersten Ruinen zwischen Feldern und verwilderten Abschnitten abseits der Straße: Aquäduktreste einer einst 30 km langen Wasserleitung von der Quelle des *Manavgat Çayı* in die antike Stadt, die selbst keine einzige Quelle besaß. Viele Angreifer wussten dies und zerstörten zuerst das **Aquädukt**.

> Die Sehenswürdigkeiten sind so aufgelistet, dass sich ein Rundgang ergibt. Das Gros der Ruinen ist frei zugänglich, Hinweisschilder erleichtern die Orientierung. Übrigens sind die Ausgrabungsarbeiten im antiken Side bis heute nicht abgeschlossen; sie werden von der Anadolu-Universität Eskişehir geleitet.

Nymphäum: Es heißt, dass die monumentale Brunnenanlage – nur noch in halber Höhe erhalten – die schönste und größte Kleinasiens gewesen sei. Für das geistige Auge: Die Fassade war 52 m lang, 20 m hoch und über 4 m dick, marmorverkleidet und mit dreistöckiger Säulenarchitektur. Davor ein gepflasterter Hof, von Bänken und Steinstufen umgeben. Das reliefgeschmückte Bassin fasste 500 Kubikmeter Wasser, das aus Bleirohren in das Becken floss. Etliche Statuen schmückten diesen Tempel der Nymphen.

Stadttor/Haupttor: Die gegenüber liegenden Reste des einst prunkvollen Haupttors, das von zwei klobigen, viereckigen Türmen flankiert war, sind leicht zu übersehen. Seit der Jahrtausendwende ist der angrenzende *Torplatz* partiell freigelegt. Das Tor war Teil der kilometerlangen, heute stark abgebröckelten *Stadtmauer*. Die Mauer ist ein gutes Beispiel für eine wehrhafte antike Befestigungsanlage aus hellenistischer Zeit. Am Haupttor begannen zwei *Kolonnadenstraßen*. Eine verlief vorbei an den Peristyl-Villen (s. u.) zur Agora – sie ist mehr oder weniger mit der heutigen Zufahrtsstraße nach Selimiye identisch; die andere, deren Säulen ebenfalls teilweise wieder aufgestellt wurden, verlief gen Südosten Richtung Bischofskirche (Beschreibung s. u.).

Peristyl-Villen: Die ca. 250 m lange Kolonnadenstraße, die zur Agora führt, wird auch *Säulenstraße* genannt. Einst wurde sie von Geschäften gesäumt. Noch bevor man die Agora erreicht, liegen linker Hand die Domizile der Nobilität, die Peristyl-Villen (auch „Konsolenhäuser" genannt). Die Räume gruppierten sich um offene Innenhöfe, wie es den Wohnverhältnissen der antiken High Society entsprach.

Agora: Von der Grundfläche quadratisch, war sie auf allen Seiten von Hallen mit exakt 100 Säulen umgeben, im Nordwesten und Nordosten zusätzlich von Läden. Hier spielte sich in den Morgenstunden das Leben der Stadt ab, und hier versteigerten die Seeräuber ihre Gefangenen. Man betrat die Agora von der Säulenstraße durch ein monumentales Tor (nur noch Grundmauern erhalten). In der Nordwestecke der Agora, an das Theater angelehnt, ist ein halbrunder Bau zu erkennen. Er bot als *öffentliche Latrine* Platz für 24 Personen.

Museum: Das sehenswerte archäologische Museum gegenüber der Agora ist in spätrömischen Thermen aus dem 5. Jh. untergebracht, die einst weitestgehend mit Marmor verkleidet waren. Umkleide-, Schwitz- und Kaltbaderaum lassen sich noch deutlich ausmachen. Später, in frühchristlicher Zeit, wurden die Thermen als Grabhaus genutzt. Zwei Skelette mit fast vollständigen Gebissen – die Gruselattraktion – erinnern noch daran. Im Garten sind witterungsbeständige Sarkophage und Architekturfragmente ausgestellt. Im Inneren sieht man u. a. weitere schöne Sarkophage, Kleinfunde (u. a. Glaswaren, Schmuck und Statuetten), Zierplatten und Osteotheken (sarkophagartige kleine Schreine für Gebeine und Asche). Zudem gibt es viele Statuen zu bewundern, darunter römische Kopien griechischer Statuen, die einst den Kaisersaal der Staatsagora (s. u.) schmückten, die Statuen der Siegesgöttin Nike, des Herakles und des Gottes Hermes sowie – als Prunkstück des Museums – die Statuengruppe der *Drei Grazien*.
Tägl. (außer Mo) 9–18.45 Uhr, im Winter 8–17 Uhr. Eintritt 4 €.

Bogentor: Gleich hinter dem Museum führt die Straße durch ein Bogentor, auch „Siegesbogen" genannt, heute ein Nadelöhr auf dem Weg ins Zentrum, Autos quetschen sich hindurch. Eine kaiserliche Quadriga (vierspänniger Streitwagen) aus Bronze krönte einst das Tor. Links des Bogentors wurde das *Vespasiandenkmal* wieder aufgebaut, ein elegantes Brunnen- bzw. Quellhäuschen, in dessen Hauptnische eine Statue des Kaisers Vespasian stand.

Theater: Das Wahrzeichen Sides überragt alle Gebäude der Stadt. Einst bot es bis zu 20.000 Zuschauern Platz. Da Side nicht auf einem Hügel erbaut wurde, konnte das Theater nicht wie üblich am Hang angelegt werden. So musste notgedrungen – eine Seltenheit in Kleinasien – ein gewaltiger Unterbau geschaffen werden. Die Steine dazu lieferte die Seemauer, die in den Friedenszeiten des Römischen Imperiums überflüssig geworden war. Neben der Aufführung von Schauspielen diente der Bau Volksversammlungen, Gladiatorenkämpfen und später auch als Freilichtkirche. Die Orchestra besaß vermutlich ein Wasserbecken, in dem Bootswettkämpfe stattfanden. Bei einem Erdbeben wurde der obere Teil des Theaters zerstört und das Bühnenhaus fiel in die Orchestra, die unter einem wüsten Trümmerhaufen begraben liegt.

Tägl. 9–18.45 Uhr, im Winter verkürzt. Eintritt 4 €.

Hafen: Seine Gesamtlänge betrug einst 450 m. Trotz aller Anstrengungen versandete das seichte Hafenbecken vom Schlamm des Manavgat-Flusses immer wieder – die antike Redewendung „Das ist wie der Hafen von Side" war nicht umsonst die blumige Umschreibung einer vergeblichen Arbeit. Schließlich ließ man sich eine besondere Finanzstrategie einfallen, um das regelmäßige Ausbaggern des lebenswichtigen Hafens zu garantieren: Vermögende Bürger des antiken Side trugen die Kosten der Arbeiten und wurden dafür mit Inschriften geehrt.

Athene- und Apollontempel: Die beiden nebeneinander liegenden Tempel aus dem 2. Jh. v. Chr. befinden sich an der Südspitze der Halbinsel. Der kleinere war dem Apollon geweiht, der größere der Athene – diesem stand auch ein Asylrecht zu. Bei einem Erdbeben wurden die Tempel stark beschädigt. Sechs Säulen des Apollontempels wurden wieder aufgestellt und sind nun nächtens effektvoll angestrahlt – ein Traumplatz bei Sonnenuntergang. Auf und um die Tempel errichteten die Byzantiner später eine *Basilika,* ein paar Wände stehen noch.

Staatsagora: Sie liegt östlich des Theaters nahe dem Weg zum Oststrand und diente vorrangig politischen Besprechungen. Der monumentale Bau war 88,5 m lang und 69 m breit. An der stadtabgewandten Seite stand eine große *Bibliothek* mit drei Sälen. Vom mittleren, dem sog. *Kaisersaal,* ist noch eine Wand erhalten. Von den einst zahlreichen Statuen, die ihre Nischen schmückten, sind heute ein paar im Museum von Side zu finden, andere gingen verloren, zuletzt der kopflose Torso von Nemesis, der Göttin der ausgleichenden Gerechtigkeit.

Bischofskirche und **Hospital:** Spaziert man nun auf einem Pfad landeinwärts auf das einstige Stadttor (s. o.) zu, gelangt man zu der bereits angesprochenen zweiten Säulenstraße. An ihrem Beginn wurde in byzantinischer Zeit eine *Bischofskirche* samt Palast erbaut. Deren Grundmauern schlummern noch weitestgehend unter der Erde, ganz im Gegensatz zum nahen zweistöckigen *Hospital,* das man auf dem Weg dorthin passiert.

Im Hinterland von Side

Das Hinterland von Side bietet abwechslungsreiche Alternativen zum Sonnenbad an der Küste. Weitere lohnenswerte Ziele im Hinterland finden Sie auch im Kapitel „Zwischen Antalya und Side".

Manavgat

ca. 89.300 Einwohner

5 km nördlich von Side, am Flusslauf des *Manavgat Çayı*, liegt die gleichnamige Provinzstadt – Ziel vieler Touristen auf der Suche nach der „ursprünglichen Türkei". Der Besuch des montäglichen Wochenmarktes (Kleinausgabe am Donnerstag) gehört zum Unterhaltungsprogramm von Side. Dabei suggerieren Schmuck- und Teppichgeschäfte günstigere Preise als in Side, was nur sehr bedingt zutrifft.

Das Gros der Urlauber verbindet einen Shoppingausflug nach Manavgat mit einem Besuch der nahe gelegenen **Wasserfälle** (vom Zentrum mit „Şelale" ausgeschildert). Der kleine Wasserfall **Küçük Şelale** liegt ca. 4 km nördlich des Zentrums, der große Wasserfall **Büyük Şelale** weitere 2 km landeinwärts (von Sonnenauf- bis Sonnenuntergang geöffnet, Eintritt 1,20 €). Während Letzterer wirklich etwas mit einem Wasserfall zu tun hat, handelt es sich bei dem kleinen eher um ein paar Stromschnellen. Trotz des Megaansturms (am Wochenende auch viele türkische Familien) haben die Restaurants und Picknickplätze an den Wasserfällen etwas Idyllisches – man sitzt gemütlich unter schattigen Platanen, während die Forellen vom Fluss direkt auf den Teller springen.

Verbindungen Nahezu alle Busse entlang der Südküste halten in Manavgat – buchen Sie, wohin Sie wollen. Der Busbahnhof liegt nahe der D 400, von dort bestehen Dolmuşverbindungen ins Zentrum. Zudem regelmäßige **Dolmuş**verbindungen vom Zentrum nach Side und zum großen Wasserfall, stündl. Verbindungen Richtung Lyrbe (Seleukia) und Oymapınar-Stausee (der Dolmuş fährt jedoch nur bis Oymapınar-Dorf und nicht bis zum großen Stausee!).

Bootstouren Werden nahe der zentralen Stahlbrücke offeriert: 80-minütige Touren zum kleinen Wasserfall (10 €) oder Trips zur Mündung des Manavgat-Flusses mit Badestopp und Lunch (5–6 Std., 20 €).

Essen & Trinken Diverse schön gelegene Restaurants der Stahlbrücke am südwestlichen Flussufer. Gute Topfgerichte (Preise vorher erfragen!) bekommt man nahebei im **Tadım Lokantası Çorbacı Hasan** rund 80 m westlich der Brücke.

Lyrbe/Seleukia

(antike Stadt)

Die in einem schattigen Pinienwald gelegenen Ruinen hielt man einst für die antike Stadt *Seleukia*, nach jüngeren Forschungen sind die steinernen Überreste jedoch der antiken Kleinstadt *Lyrbe* zuzurechnen. Diese erlebte im 1. und 2. Jh. ihre Blüte und wurde wahrscheinlich im 7. Jh. aufgegeben. Verhältnismäßig wenige Besucher treibt es bislang an den äußerst stimmungsvollen Ort auf einem Tafelberg rund 13 km nördlich von Manavgat.

Neben vielen unidentifizierten, kleineren Ruinen gibt es auch ein paar Schmankerl. Auf dem vom Parkplatz bergauf führenden Waldweg gelangt man automatisch zur **Agora**, die zu den besterhaltenen Kleinasiens zählt. Aufgrund ihrer Hanglage waren gewaltige Unterbauten nötig. Die Kellerräume dienten zum Lagern von Waren. Eine dorische Säulenhalle umgab die Agora ursprünglich, ein paar Säulen wurden wieder aufgerichtet. An ihrer Ostseite ist noch ein einst dreigeschossiges **Marktgebäude** auszumachen, das im Südosteck an das **Odeion** grenzte. Vom **Podiumstempel** nördlich der Agora blieb die Cella bis auf ihr Dach unversehrt. Am Steilhang im Nordwesten ragt zudem ein 9 m hoher Bau zwischen den Bäumen hervor – die imposanten Reste einer **Therme**, die über einer noch heute sprudelnden Quelle errichtet wurde.

Grabungsarbeiten auf dem Gelände sind für die Zukunft wieder geplant, die letzten fanden in den 1970ern statt. Einige Funde sind im Archäologischen Museum von Antalya ausgestellt.

Anfahrt Die Ausgrabungsstätte liegt nahe dem Dorf Bucakşeyhler. Die Straße zu den Manavgat-Wasserfällen nehmen, 4,5 km hinter dem Großen Wasserfall *(Manavgat Şelalesi)* links ab, mit „Lyrbe (Seleukia)" ausgeschildert (zuletzt nur in entgegengesetzter Richtung, aufpassen). Von dort noch weitere 4,5 km, die letzten 3 km sind nicht mehr geteert und sehr holprig. Wenn der Weg ca. 4 km hinter der Abzweigung im Wald steil anzusteigen beginnt, parkt man am besten und läuft den Rest.

Dolmuşe fahren die Straße Richtung Seleukia von Manavgat 1-mal stündl., aber nur bis zur Abzweigung beim Hinweisschild. Die letzten 4,5 km heißt es also laufen – im Sommer nach Aussagen von Lesern eine Qual. Mit dem **Taxi** von Side retour ca. 48 €.

Öffnungszeiten Stets zugänglich. Zuletzt Eintritt frei, was sich jedoch wieder ändern kann.

Oymapınar-Stausee

(Oymapınar Barajı)

Inmitten der reizvollen Bergwelt des Taurus, rund 30 km nördlich von Manavgat, liegt der durch die Stauung des *Manavgat Çayı* entstandene, smaragdgrüne Oymapınar-See. Tourenanbieter zwischen Side und Alanya vermarkten ihn als „Green Canyon". Fluss und See werden von 25 Quellen gespeist, deren Schüttungsmengen zu den ergiebigsten der Welt zählen. Geschaffen wurde der Stausee u. a., um Trinkwasser über eine Unterwasserpipeline via Nordzypern nach Israel zu exportieren. Doch das Geschäft kam nie zustande, die Pipeline wurde nie gebaut. Später, noch unter Gaddafi, hatte Libyen Interesse an dem kostbaren Nass angemeldet. Wie die neue libysche Regierung darüber denkt, wird sich zeigen. Unabhängig davon ist der Stausee ein attraktives Ausflugsziel. Bei einem Bootstrip tuckert man u. a. in einen 7 km langen Cañon. Bei dessen Flutung ging die weitverzweigte Dumanlı-Höhle unter und damit eines – der nächste Superlativ – der größten Höhlensysteme Europas.

Auf dem Weg zum Stausee bietet sich ein Abstecher zum **Adventure Park** an, einem weitläufigen Kletterwald mit vier Parcours, darunter eine 140 m lange Zip-

Oymapınar-Stausee im Hinterland von Side

line übers Wasser. Mit Blick auf den Kleinen (unteren) Oymapınar-Stausee gibt es hier auch hausgemachten Kuchen, Übernachtungsmöglichkeiten sollen folgen (s. u.). Zudem kann gecampt, gebadet und gewandert werden.

Anfahrt/Verbindungen Von Manavgat der Straße zu den Wasserfällen folgen, dann immer geradeaus weiter entlang des Flusses und am kleinen Oymapınar-Stausee vorbei. An der Schranke beim Wasserkraftwerk zahlt man 0,40 €/Pers. Zufahrtsgebühr. Von dort sind es noch 7 km bis zum Greencanyon Restaurant, die letzten 2 km sind ungeteert. Der See ist ein Ziel für Selbstfahrer.

Adventure Park Unter deutsch-türkischer Leitung, vom deutschen TÜV geprüft. 2½ Std. Nervenkitzel bietet die Tour durch den **Hochseilgarten**, davor gibt's ein Briefing. Erw. 15 €, Kinder 13 € (ab 8 Jahren). www.adventure-park.com.tr. Zu Lesern gelobt werden zudem die **Wandertouren** ins Hinterland mit Ömer Arslan vom Adventure Park (deutschsprachig). Dauer je nach Strecke 2–8 Std., ab 25 €/Pers. Keine Mindestteilnehmerzahl. Kontakt über ✆ 0545/2324141 (mobil), www.tuerkeiwandern.net. Für 2012 sind auf dem Gelände zudem 3 **Lehmbungalows** für jeweils 4 Pers. geplant, alle mit Bad, Kochgelegenheit und Seeblick. 25–30 €/Pers., Frühstück extra, Campen 8 €/Fahrzeug. ✆ 0242/7722222.

Essen & Trinken/Bootstouren Greencanyon Restaurant, am Großen (oberen) Stausee, bestens ausgeschildert. Schön gelegen, aber oft voll mit Tourengruppen. Über das Restaurant werden auch dreieinhalbstündige Bootstrips mit Mittagessen (25 €) angeboten, Abfahrt tägl. um 10 Uhr. Um zur Abfahrtsstelle der Boote zu gelangen, hält man sich auf dem Weg zum See kurz nach dem Tunnel links. ✆ 0242/7423135, www.greencanyon.com.tr.

> Noch weiter ins bergige Hinterland? Ein Tipp ist die Tropfsteinhöhle *Tinaztepe Mağarası*, → S. 696.

Zwischen Side und Alanya

Nahezu endlose Strände prägen die Region zwischen Side und Alanya. Die Küste ist größtenteils verbaut, lediglich um Kızılot gibt es noch Brachland. Ansonsten reihen sich Clubanlagen und künstliche Feriensiedlungen aneinander. Die einzelnen Hotelanlagen zeigen sich meist gepflegt, drum herum sieht es jedoch zuweilen etwas trostlos aus – ein übergreifendes Erschließungskonzept vermisst man vielerorts. So sind hinter den Hotels künstliche Dörfer oder improvisierte Hüttensiedlungen entstanden, die außer Charme i. d. R. alles bieten, was sich das hiesige Urlauberherz wünscht: Bierkneipen, Einkaufsmöglichkeiten und Autoverleiher. Wer nur diese Ecke der Südküste kennenlernt, kommt zwar braungebrannt, aber mit einem recht verschrobenen Türkeibild nach Hause. Im Hinterland lassen sich ein paar Karawansereien aus seldschukischer und eine alte Burganlage aus byzantinischer Zeit entdecken.

Kızılot

Die weit verstreute 3000-Seelen-Gemeinde liegt rund 15 km östlich von Manavgat an der Straße nach Alanya. Außer dem Sonntagsmarkt bei der Moschee hat der Ort nicht viel zu bieten. Schön ist jedoch der hiesige, rund 7 km lange Küstenabschnitt: ein herrlicher, z. T. recht unverbauter und wenig frequentierter Sandstrand, den auch die Unechte Karettschildkröte als Eiablageplatz (→ S. 418) zu schätzen weiß.

Übernachten/Camping/Essen & Trinken
Beide Unterkünfte sind, von Side kommend, ca. 2 km hinter der Abzweigung nach Konya ausgeschildert; erst kommt das Hotel Grün, dann die Pension Nostalgie. Gute Dolmuşverbindungen von und nach Side und Alanya; sagen Sie dem Fahrer, dass Sie am Hotel Bremen (Nostalgie oder Grün kennen viele nicht) aussteigen wollen.

>>> Unser Tipp: **Nostalgie**, Pension und Campingplatz in toller Lage leicht erhöht über dem Strand, geführt von der freundlichen Schweizerin Verena. Familiär-beschauliche Atmosphäre, von Lesern immer wieder gelobt. 8 schlichte, saubere Zimmer auf 2 Etagen, 5 davon mit Klimaanlage, alle mit Balkon und Meeresblick. Gemütliches Terrassenrestaurant. Ganzjährig. Mit Frühstück je nach Zimmer (mit oder ohne Klimaanlage) 25–30 €/Pers., mit HP 30–35 €, 2 Pers. mit Wohnmobil u. Strom 15 €. Kızılot, ✆ 0242/7482199, www.nostalgie beach.com. «««

Hotel Grün, freistehendes dreistöckiges Gebäude mit 18 Zimmern, nur durch den eigenen Pool vom Strand getrennt. Einfach und preiswert, ebenfalls von Lesern gelobt. Freundliche Wirtsfamilie, Chef Erkan spricht Deutsch. 24 €/Pers. mit HP (es wird sehr gut gekocht), 17 € mit Frühstück. ✆ 0242/7482198, www.hotel pensiongruen.com.

Alarahan und Alarakale

Seldschukenführer Alaeddin Keykobat, laut Inschrift über dem Portal „Herrscher über die Nacken der Völker", gab 1231 den Auftrag zum Bau der **Karawanenherberge** Alarahan. Hier suchten Händler mit ihren Lasttieren bei Einbruch der Dunkelheit Schutz. Im Abstand von rund 30 km, das entsprach ungefähr der Tagesetappe einer Karawane, gab es auf der Strecke von Alanya in die Seldschukenhauptstadt Konya mehrere solche Herbergen. Von außen zeigt sich der Alarahan als simpler, abweisender Steinwürfel. In den Gewölben rund um den kleinen, offenen Innenhof hatten einst rund 200 Kamele samt ihren Treibern Platz. Die mitreisenden Frauen nächtigten im abgeschlossenen Harem. Später diente der Han als Derwischherberge. Heute finden darin immer wieder touristische Folkloreveranstaltungen statt (keine regelmäßigen Öffnungszeiten).

Die **Burg** Alarakale, deren wehrhafte Mauern sich um einen kahlen Felskegel ca. 1 km nördlich der Karawanserei hinaufwinden, entstand vermutlich in byzantinischer Zeit. Der Aufstieg ist mühsam (Dauer ca. 40 Min.) und nichts für Angsthasen, aber empfehlenswert. Vom Alara Cennet Piknik Restaurant (→ Essen & Trinken) führt ein schmaler Pfad den Fels hinauf bis zu einem alten, rund 100 m langen, im Verfall begriffenen Treppentunnel. Durch diesen gelangt man in den mittleren Teil der Burganlage. Eine Taschenlampe ist vonnöten! Die Ruinen selbst geben nicht allzu viel her, die Aussicht über das Tal des Alara-Flusses ist jedoch einmalig. Den Fluss selbst haben Rafter und Kanuten für sich entdeckt, der Wasserspaß ist jedoch nur im April und Mai möglich.

Anfahrt/Essen & Trinken: Von der D 400 ist die Abzweigung bei Okurcalar ausgeschildert, von da noch etwa 9 km ins Landesinnere. Der Han steht direkt an der Straße. In der Umgebung warten einige Restaurants auf Kundschaft. Nett ist das **Alara Cennet Piknik Restaurant** ca. 200 m hinter dem Han. Forelle und supergemütliche Plätze am Fluss. Dort bekommt man auch Tipps zur Besteigung der Burg und eine Taschenlampe. ✆ 0544/2605520 (mobil).

Zwischen Karaburun und Alanya

Der rund 50 km lange Küstenabschnitt hat sich ganz dem Pauschaltourismus verschrieben. Die schönen hiesigen Strände und halbrunden Buchten trumpfen mit feinem Sand auf, können am Übergang ins Meer aber zuweilen etwas felsig sein. Wer sich für einen Urlaub in den künstlichen Ferienresorts **Karaburun, Okurcalar, İncekum, Avsallar, Türkler, Payallar** oder **Konaklı** entscheidet, sollte v. a. darauf achten, dass sich sein Hotel in erster Reihe am Strand befindet und nicht *hinter* der autobahnähnlichen Nationalstraße 400. Deren Überquerung macht wenig Spaß, und nur die besseren Anlagen verfügen über Unter- oder Überführungen! Wem das Programm der Animateure in den Ferienclubs nicht zusagt, gelangt mit dem Dolmuş schnell nach Alanya.

Verbindungen Alle beschriebenen Orte sind von Side und Alanya bequem mit Dolmuşen zu erreichen.

Camping İncekum Camping, nicht vom Namen verwirren lassen – der Platz liegt noch in Avsallar und nicht in İncekum! Weitläufiges, bewaldetes Areal mit viel Schatten. Auch werden neue, recht nette 4-Pers.-Bungalows mit Bad, Klimaanlage und Kühlschrank vermietet. Schöner Strand. Viele picknickende Tagesgäste. Market, einfache Sanitäranlagen. Im Sommer überlaufen. April–Sept. 2 Pers. mit Wohnmobil teure 18,50 €, mit Zelt 9,50 €, Bungalow für 4 Pers. mit Frühstück 103 €. Avsallar, ✆ 0242/5171704, ✆ 5172441, www.incekumcamping.com.

Alanya
ca. 99.000 Einwohner

Alanya ist der touristische Hotspot der Türkischen Riviera. Noch bis vor wenigen Jahren kam das Gros der Urlauber aus Deutschland und erfreute sich an Jägerschnitzel und Rinderbraten. Heute fallen auch Russen und Skandinavier in Massen ein, und die Speisekarten haben sich geändert.

Alanya erstreckt sich über zwei weite, sanft geschwungene Buchten, die von einem 250 m hohen, vorspringenden Burgfelsen getrennt werden. Gekrönt wird dieser von einer imposanten seldschukischen Burg. An die Hänge des Burgbergs (die Altbzw. Oberstadt) klammern sich osmanische Häuser, zu seinen Füßen liegt ein pittoresker Hafen für Ausflugsboote und Jachten. Direkt daran schließt Alanyas phonstarke Flanier- und Partymeile an. Diese geht fließend in das große geschäftige Zentrum Alanyas über: Etliche Juwelier- und Ledergeschäfte sowie Stände mit imitierter Markenware prägen es. Zusammen mit den schönen, langen Sandstränden zu beiden Seiten des Burgbergs sind dies die Tummelplätze der Massen und deren Garant für abwechslungsreiche Urlaubstage.

Der Rest der Stadt ist – abgesehen von ein paar verstreut liegenden alten Villen – ein gesichtsloses Häusermeer im Großstadtformat. Die ockerfarbenen 08/15-Fassaden der Apartmenthäuser und Hotels (entworfen von Architekten, die wohl allesamt Praktikanten an der Costa Brava waren) ziehen sich hinter einem renntauglichen, stark befahrenen Strandboulevard kilometerweit die Buchten entlang und klettern dahinter die Berghänge hoch, dem 2647 m hohen *Ak-Dağ-Massiv* entgegen.

Geschichte

Früheste Berichte über das antike *Korakesion*, aus dem später Alanya hervorging, stammen aus der Mitte des 2. Jh. v. Chr. und zollen der damals hier neu gegründeten Festung wenig Wohlwollen. Sie schildern es als ein übles Piratennest unter Führung von Diodotos „Tryphon" („dem Wollüstigen"), der von hier seine Galeeren in See stechen ließ, um Küstenstädte und Handelsschiffe zu plündern. Dem Schrecken machte der römische Feldherr Pompeius 67 v. Chr. in der berühmten See-

Alanya 501

schlacht vor Korakesion ein für allemal ein Ende – 10.000 Mann kostete sie das Leben. Zwei Jahrzehnte später schenkte Mark Anton die Stadt samt Umgebung seiner geliebten Kleopatra (→ Kasten S. 541). Diese ließ von Korakesion Holz für den Flottenbau nach Alexandria verschiffen, besaß nebenher aber noch genügend Zeit, mit dem römischen Aristokraten zu turteln. Vom Burgberg ließ sie angeblich eigens dafür einen Stollen durch das Bergmassiv zu einer klitzekleinen intimen Bucht anlegen, dem heutigen „Kleopatra Pool". Korakesion selbst erreichte in römischer Zeit jedoch niemals die Bedeutung des westlich gelegenen Side.

In byzantinischer Zeit wie auch unter der nachfolgenden armenischen Herrschaft hieß die Stadt *Kalonoros* („Schöner Berg"). Der Seldschukensultan Alaeddin Keykobat verliebte sich in Kalonoros und versuchte die Stadt vergebens zu erobern. Was militärisch scheiterte, gelang schließlich mit Diplomatie: Der armenische Fürst Kyr Vart tauschte Kalonoros samt seiner Tochter Huand Mahperi 1221 gegen einen Alterssitz bei Aksaray ein. Der Sultan, der in Konya residierte, nannte die Stadt nun *Ala'iye* und machte sie zu seinem Sommersitz und zum Kriegshafen. Die Stadt erlebte dadurch einen mächtigen Aufschwung. Aus dieser Zeit stammen ihre heute noch erhaltenen, bedeutendsten Sehenswürdigkeiten. Mit dem Ende der Seldschukenherrschaft geriet Alanya jedoch in Vergessenheit.

Der einsetzende Tourismus in der zweiten Hälfte des 20. Jh. beendete Alanyas Dornröschenschlaf. Bereits 1965 buchten die ersten deutschen Pauschalurlauber Alanya. Seitdem dehnt sich die Stadt, die ursprünglich nur auf dem Burghügel angelegt war, rasend aus. So manchen einst kleinen Nachbarort (wie Kestel oder Mahmutlar im Osten) hat sie schon verschlungen. Den früher überwiegend deutschen Strandurlaubern haben mittlerweile Russen, Osteuropäer und Skandinavier den Rang abgelaufen. Immerhin nennen aber rund 6000 deutsche Rentner Alanya ihre zweite Heimat.

Information/Verbindungen

Telefonvorwahl 0242.

Information An der Kalearkası Cad. Tägl. 8–12.30 u. 13.30–17 Uhr. ✆ 5131240, www.alanya.bel.tr o. www.alanya.gov.tr.

Verbindungen Bus: Busbahnhof im Westen der Stadt, mit dem Stadtbus von der Atatürk Cad. oder in ca. 20 Fußmin. zu erreichen. Im Sommer gute Verbindungen in alle Landesteile, insbesondere entlang der Küste (Adana ca. 9 Std., Antalya ca. 2½ Std.). Zudem mehrmals tägl. über Konya (5 Std.) nach Kappadokien (10 Std.). Buchungsbüros im Zentrum rund um den *Heykel*, rechtzeitige Reservierung ratsam.

Stadtverkehr/Dolmuş: Die sog. „Stadtbusse" und „Citybuses" (so steht's drauf) verbinden das Zentrum mit den Hotels am West- und Oststrand und fahren auch zur Burg. Minibusse zu den Küstenorten westlich (bis Manavgat) und östlich (bis Gazipaşa) von Alanya sowie zur Dimçay-Höhle und zum Dimçay-Tal starten vom Minibusbahnhof nördlich der Atatürk Cad. beim Basar.

Schiff: Fährverbindung nach Zypern (Girne/Kyrenia) im Sommer 2-mal wöchentl. (2011 Mo u. Fr, Rückfahrt Do u. So), Dauer 3½ Std. Einfache Fahrt 38 €, retour 74 € inkl. Hafengebühr. Keine Mitnahme von Fahrzeugen. Schnellere und häufigere Verbindungen ab Taşucu bei Silifke. Infos bei **Fergün Shipping** an der İskele Cad. neben dem Seaport Hotel, ✆ 5115358, www.fergun.net.

Bootsausflüge Werden von Reisebüros und der Kooperative am Hafen nahe dem Roten Turm angeboten. Ganztägige Picknickfahrten mit mehreren Badestopps um die 15 € inkl. Essen.

Organisierte Touren Gibt es z. B. nach Perge, Aspendos und Side oder in den Köprülü Kanyon zum Rafting 25 €/Pers. Größere Touren, z. B. nach Kappadokien oder Pamukkale, kosten je nach Dauer (1–3 Tage) und Anzahl der Shoppingpausen 50–75 €. Zudem Fahrten nach Anamur, Ausflüge in den Taurus, „Piratentage" auf den Spuren der Seeräuber usw. Ein breites Angebot offeriert z. B. **Fam Tour**, Damlataş Cad. 21, ☏ 5139597, www.famtours.com.

Adressen/Einkaufen

Ärztliche Versorgung Staatliches Devlet Hastanesi nahe der Umgehungsstraße an der Hastane Sok. ☏ 5134841.

Autoverleiher Bei den international operierenden Anbietern bekommen Sie Fahrzeuge ab ca. 45 €/Tag, z. B. bei **Avis**, Damlataş Cad. 3/A, ☏ 5133513, www.avis.com.tr. Ein zuverlässiger deutscher Verleiher ist **Martin Türkay** (→ Zweiradverleih), Autos ab 35 €. Vorsicht vor allzu billigen Angeboten (spätestens im Schadensfall wissen Sie, warum!).

Einkaufen Die ganze Stadt ist ein einziger Basar, alles ist zu haben, doch Ramschprodukte überwiegen.

Fr großer **Wochenmarkt** zwischen Atatürk Cad. und Minibusbahnhof. Über weitere, weiter außerhalb gelegene Märkte gibt die Touristeninformation Auskunft.

Reisebüro Flüge aller Airlines und Flughafentransfers (ab 11 €) kann man über **Southtours** buchen, Atatürk Cad. 35 (1. OG), ☏ 5127950.

Türkisches Bad (Hamam) Es gibt mehrere, jedoch keine historischen Bäder.

Beyler Hamamı, Bostancıpınarı Cad. Di 9–17 Uhr Frauentag, sonst tägl. 6–24 Uhr gemischt. Eintritt mit *Kese* und Massage 23 €.

Çemberlitaş Hamamı, neben dem Damlataş Aqua Centre (→ Baden/Tauchen). Nach Geschlechtern getrennte Bereiche. Tägl. 6–24 Uhr. Eintritt mit *Kese* und Massage 20 €.

Waschsalon Etliche im Zentrum verstreut, z. B. **Başkent** im Saray Mah. an der Hoca Ahmet Sok. 8/A. 10 €/Trommel.

Zweiradverleih Etliche Verleiher im Zentrum. Wir empfehlen den deutschsprachigen Anbieter **Martin Türkay**, Atatürk Cad. Neslihan Sok. 5/A, ☏ 5135666, www.martin-tuerkay.com. Dahinter steckt der freundliche Martin Bernhart, der seit 1992 in Alanya lebt und seinen Kunden auf Wunsch auch bei der Routenplanung zur Seite steht (gutes Kartenmaterial). Mountainbikes je nach Qualität 10–15 €/Tag, Scooter ab 18 €, Motorräder ab 25 €.

Übernachten/Camping (→ Karte S. 504/505)

Alanya weist mit rund 135.000 Gästebetten eine weitaus höhere Bettenzahl auf als das über 10-mal größere Antalya. Das Gros der Hotels richtet sich an anspruchslose Massen. Die meisten Unterkünfte (insbesondere in der unteren und mittleren Preisklasse) sind lieblos geführt, nicht wenige stark abgewohnt. Gebucht werden die Zimmer i. d. R. im Pauschalpaket – nur dann ist das Preis-Leistungs-Verhältnis auch einigermaßen zufriedenstellend. Direkt an den Rezeptionen werden hingegen oft Mondpreise verlangt – Zimmer gleichen Niveaus bekommt man anderswo an der Küste oft für die Hälfte. Ohrenstöpsel sind ratsam, Lärmbelästigungen bei vielen Häusern vorprogrammiert: entweder durch den Verkehr oder durch laute Discobars in der Nachbarschaft. Wer auf den Euro schauen muss, sieht sich am besten in den hinteren Reihen um.

Zentrum **** **Seaport Hotel** 20, Lobby mit Putten bemalt. 65 komfortable Zimmer, die Hälfte davon mit tollem Hafenblick – wenn man jedoch lieber mit offener Balkontür anstatt mit Klimaanlage schläft, wird es nachts extrem laut! Restaurant, Bar, eigene Parkplätze. Manchmal muffeliger Service. DZ mit HP teils schon ab 82 € und damit recht gutes Preis-Leistungs-Verhältnis, auch nur mit Frühstück möglich. İskele Cad. 82, ☏ 5136487, ✉ 5134320, www.hotelseaport.com.

*** **Hotel Sunny Hill** 14, verhältnismäßig ruhige Anlage, 5 Fußmin. von Zentrum und Kleopatra-Strand entfernt. Gepflegte Zimmer mit dem üblichen 3-Sterne-Schnickschnack versehen. 2 Pools, einer mit Unterwasserfenster. Lassen Sie sich unbedingt ein Zimmer mit Blick über die Stadt und aufs Meer geben! 60 €/Pers. all-incl. Sultan Alaaddin Cad. 3, ✆ 5111211, ✉ 5123893, www.sunnyhillhotel.com.

Östlicher Strand Güneş Beach Hotel **7**, direkt am Meer. Gehört seit seiner kürzlichen Komplettrestaurierung zu den empfehlenswertesten Hotels der Stadt. Nur 20 sehr schicke, komfortable Zimmer mit Laminatböden, alle mit Meeresblick. Ebenso schickes Restaurant direkt am eigenen Strand. DZ 111 €. Keykubat Cad. 40, ✆ 5134242, ✉ 5119594, www.guneshotels.com.

**** Panorama Hotel **9**, besteht aus 2 durch die Küstenstraße getrennten Komplexen. Nett ist jener am Strand: gepflegte niedrige Anlage mit ordentlichen Zimmern, die vordersten sind keine 20 m vom Wasser entfernt (hinten raus leider Straßenlärm). Diverse Extras wie Tennis, Fitness, Pool, Animation usw. DZ mit HP 110 €, all-incl. 148 €. Keykubat Cad. 30, ✆ 5131181, ✉ 5131028, www.panoramahotel.com.tr.

Sun Hotel **10**, einfaches Haus, eingeklemmt zwischen Küstenstraße und Strand. Helle Zimmer mit angeeckten Möbeln und sehr simplen Bädern. Unbedingt ein Zimmer mit Strandblick wählen, sonst ist dieses Hotel sein Geld nicht wert. Restaurant. DZ 62 €, nach hinten 49 €. Keykubat Cad., ✆ 5131914, ✉ 5131848.

Westlicher Strand Sultan Sipahi Resort **2**, in erster Reihe: der große Vorteil dieses Vertragshotels diverser deutscher Reiseveranstalter. 215 gehobenere Zimmer für die Massen – unbedingt eines mit Meeresblick nehmen! Pool. DZ 100 € all-incl. Güzelyalı Cad. 30, ✆ 5191972, ✉ 5131348, www.sultansipahiresort.com.

Aysev **4**, Billighotel (mit vielen Jahren auf dem Buckel) in erster Reihe – wählen Sie ein Zimmer mit Balkon zum Kleopatra-Strand. 18 €/Pers., Klimaanlage 5 € extra. Güzelyalı Cad., ✆ 5137358, ✉ 5120225, aysevhotel@hotmail.com.

Carina **4**, direkt hinter dem Aysev. Fest in der Hand von jungen skandinavischen Pauschalurlaubern mit wenig Geld. Als Billighotel aber dennoch okay – 41 saubere und z. T. sehr geräumige Zimmer mit Balkon. Die Ausstattung ist bis auf die Klimaanlage und die Bäder allerdings veraltet. Mickriger Pool. DZ 40 €. Nergis Sok. 4, ✆ 5131897, ✉ 5123906, www.carinaotel.com.

Camping Perle Camping, direkt hinter dem Strand von Kargıcak ca. 15 km östlich von Alanya. Eigentlich (mittlerweile) nicht mehr viel mehr als ein abgetrennter Teil des Parkplatzes eines Fischlokals (hervorragend, → Essen & Trinken), dennoch für kurze Aufenthalte okay. Schatten, ordentliche Sanitäranlagen, Pfauen, Enten und Hühner. Vorne raus Meeresrauschen, hinten raus Straßenlärm. An dem Friedhof daneben braucht man sich nicht zu stören. Ganzjährig. 2 Pers. mit Wohnmobil 12,50 €. Kargıcak, ✆ 5262066, ✉ 5262037.

Sedre Camping, ca. 20 km östlich von Alanya an der Straße nach Gazipaşa, eingezwängt zwischen Meer und Küstenhighway (laut). Zuletzt eher Picknickareal und nichts für längere Aufenthalte. Doch die neue holländische Leitung hat viel vor – mal sehen, was daraus wird. Davor ein gepflegter Sandstrand, zum Wasser hin felsig. Fischlokal angeschlossen. 2 Pers. mit Wohnmobil 8 €. Demirtaş, ✆ 5161111, ✉ 5161722, www.sedrecamping.com.

Essen & Trinken (→ Karte S. 504/505)

Die meisten Lokale in Strandnähe servieren fast alles, was man von zu Hause kennt, zudem die internationalen Standards: Pizza, Pommes und Steaks zu für türkische Verhältnisse hohen Preisen. Einige schöne Cafés mit spektakulären Aussichtsterrassen liegen auf dem Weg zur Burg. Ein paar Lokalitäten, die sich aus der Masse abheben:

Mahperi Sultan **16**, eines der zahlreichen Lokale mit schöner Terrasse zum Hafen. Alteingesessen, seit 1947 im Geschäft, gehoben. Sehen und gesehen werden heißt hier die Devise. Gute Fischküche, dazu die Klassiker der internationalen Urlauberküche, aber auch Hummer oder Chateaubriand. Hg. 12–19 €. Rıhtım Cad., ✆ 5125491.

Lokantasu **12**, eines der stilvollsten Lokale im touristischen Zentrum. Osmanisches

Haus aus der Wende vom 19. zum 20. Jh., davor eine schöne palmenbestückte Terrasse. Geschmackvolles Mobiliar, aufmerksame Kellner. Internationale Küche mit Schwerpunkt auf der italienischen (Bruschetta, Pizza, Pasta, Caprese ...). Gute Weine. Hg. 10–18,50 €. Damlataş Cad. 14/A, ✆ 5121500.

Filika Garden **5**, schöne Lage direkt hinterm Kleopatra-Strand. Große Mezeauswahl (3–8,50 €), frischer Fisch (ab 11 €), aber auch Hamburger, Toasts, Omelettes, Pasta und die üblichen Grillgerichte. ✆ 5193727.

Ottoman House **11**, gemütliches Plätzchen mitten im Zentrum. Bestuhlung unter alten, Schatten spendenden Bäumen vor einem osmanischen Stadthaus, das im 19. Jh. als erstes Hotel Alanyas eröffnet wurde. Serviert werden die guten alten Standards der türkischen Küche, u. a. *Güveç* und viel Gegrilltes. Hin und wieder „Fischnächte". Hg. 8,20–16 €. Damlataş Cad. 31, ✆ 5111421.

Red Tower Brewery Restaurant **19**, mehrstöckiger Komplex an der İskele Cad. 82. Das Brewery Restaurant mit selbstgebrautem Märzen und Pilsner (großes Bier bis 17 Uhr 2 €, danach 3 €) belegt dabei das EG und die herrliche Terrasse mit Hafenblick auf der anderen Straßenseite. Dazu gibt es internationale Küche zwischen Pasta, Burgern und großen Salaten. Im Kale Yolu Et Lokantası eine Etage darüber kommt ausgefallene türkische Küche auf den Teller. Ganz oben befindet sich schließlich die Sky Bar mit Sushibar, Livemusik am Abend und gesalzenen Preisen. ✆ 5136664.

Ravza Restaurant **13**, ein Tipp, wenn auch längst nicht mehr geheim. Bei Ausländern wie Einheimischen gleichermaßen beliebtes, alteingesessenes Lokal (seit 1955) – so populär, dass man schon kräftig erweitert hat. Kleine Auswahl an Meze, hinterher beste Kebabs, Gerichte im Tontopf oder Pide – große Portionen, liebevoll dekoriert und mit einem breiten Lächeln serviert. Der Ayran fließt in Strömen – leider kein Alkohol. Hg. 3,20–9 €. Yeni Çarşı Zambak Sok., ✆ 5133983.

My Balıkçım Balık Lokantası **1**, nette, einfache Fischlokanta mitten im *Halk Pazarı*, einer unspektakulären Markthalle, in der Gemüse und Fisch verkauft werden. Hervorragender Fisch zu sehr günstigen Preisen (Gerichte ab 4 €), dazu auch Fischsuppe oder Fischköfte! Ca. 10–15 Fußmin. vom Zentrum entfernt. Wegbeschreibung: Der Yunus Emre Cad. (→ Stadtplan) gen Nordwesten bis zu ihrem Ende folgen, dann nachfragen. ✆ 5220273.

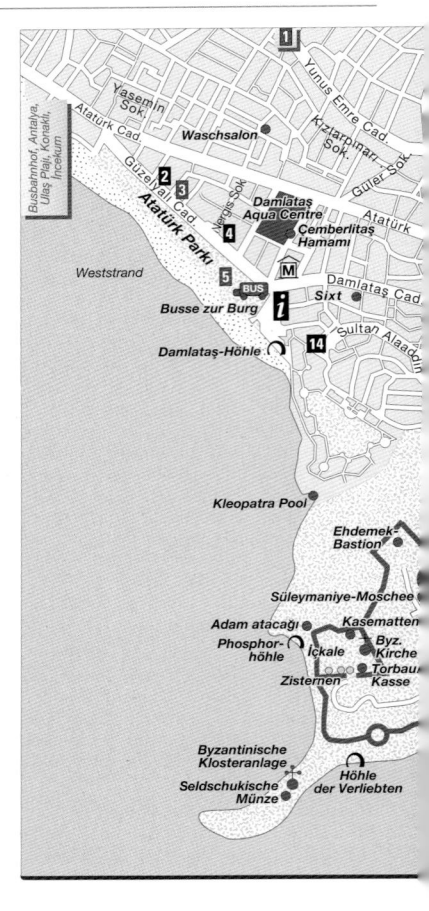

Coco Beach Willi's Kneipe **3**, Schweinebraten mit Rotkohl, Leberkäse mit Spiegelei, Currywurst, Bratkartoffeln, Eisbein mit Sauerkraut und Nürnberger Bratwürste. Für alle, die auch im Urlaub nicht auf Gewohntes verzichten können. Hg. um die 8 €. Güzelyalı Cad. 30 (gegenüber dem Fußballplatz), ✆ 5122579.

Güven Lokantası **6**, das kleine Lokal ist weder schick noch ausgefallen und wird vielleicht deswegen von Touristen gerne übersehen. Dabei ist die Küche preiswert

Alanya

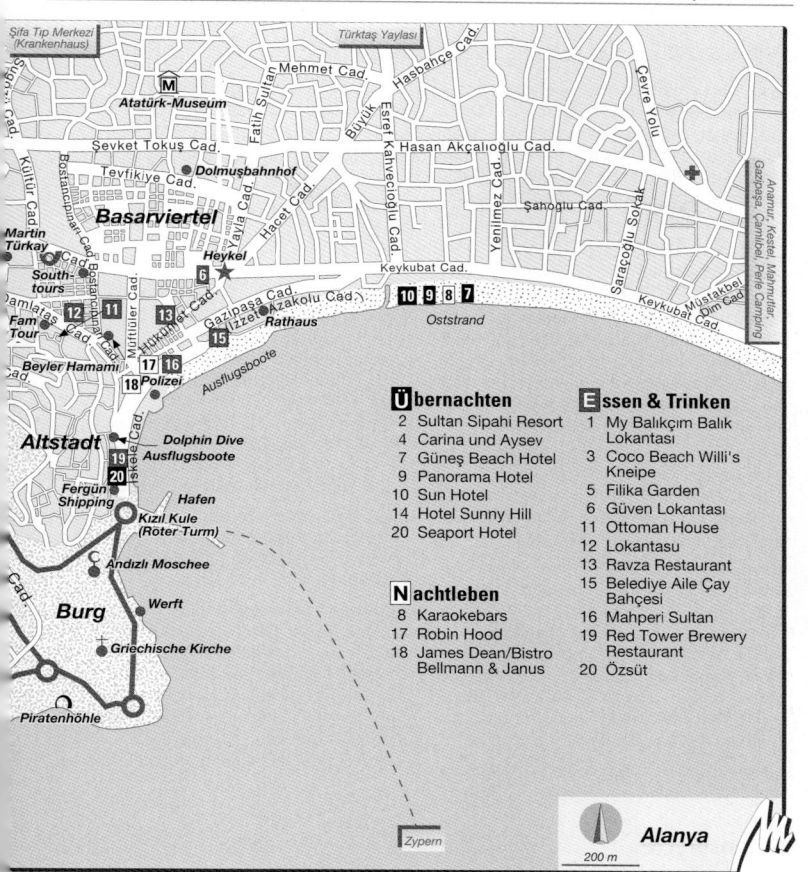

Übernachten
- 2 Sultan Sipahi Resort
- 4 Carina und Aysev
- 7 Güneş Beach Hotel
- 9 Panorama Hotel
- 10 Sun Hotel
- 14 Hotel Sunny Hill
- 20 Seaport Hotel

Nachtleben
- 8 Karaokebars
- 17 Robin Hood
- 18 James Dean/Bistro Bellmann & Janus

Essen & Trinken
- 1 My Balıkçım Balık Lokantası
- 3 Coco Beach Willi's Kneipe
- 5 Filika Garden
- 6 Güven Lokantası
- 11 Ottoman House
- 12 Lokantasu
- 13 Ravza Restaurant
- 15 Belediye Aile Çay Bahçesi
- 16 Mahperi Sultan
- 19 Red Tower Brewery Restaurant
- 20 Özsüt

und fantastisch – leckerste Topfgerichte. Selbst der Bürgermeister lädt hier gerne ein. In zentraler Lage, Atatürk Cad. 3.

Außerhalb Perle Restaurant, direkt am bzw. hinterm Strand von Kargıcak, ca. 15 km östlich von Alanya (→ Camping). Frischeste Auswahl an Seefisch (Kilopreis um die 30 €, dafür ist auch kein minderwertiger Zuchtfisch dabei), der mit leckeren Soßen serviert wird. Auch sonst wird viel Wert auf Frische und Qualität gelegt, und das zu für das Gebotene fairen Preisen. Vornehmlich türkisches Publikum, Ambiente leger-unkompliziert (Plastikbestuhlung, Kellner in kurzen Hosen). Neben Fisch auch Fleisch, Pide oder Spaghetti. ✆ 5262066.

Cafés Özsüt 20, die Konditoreikette genießt nationale Berühmtheit, in Alanya gibt es eine schicke Variante auf 2 Etagen. Leckerste Torten, Kuchen und Süßspeisen (nicht billig!). Zugleich eine gute Frühstücksadresse.

Belediye Aile Çay Bahçesi 15, Teegarten am östlichen Ende der Promenade. Er ist zu türkisch und zu schlicht, um auf der Beliebtheitsskala der Alanyatouristen einen Platz weit oben zu bekommen. Hier kann man ebenfalls frühstücken oder Burger essen.

Türkische Riviera

Nachtleben (→ Karte S. 504/505)

Beim Hafen gibt es mehrere Locations – z. T. Mischungen aus Bar, Open-Air-Disco und Restaurant, dazu allesamt nicht billig. Seit Jahren im Rennen sind dort das **James Dean** 13, das **Bistro Bellman** 13 und das **Robin Hood** 17, ein origineller Vergnügungstempel auf 4 Etagen mit super Dachterrasse. Neueren Datums ist der recht schicke Club **Janus** 18 nur ein paar Schritte weiter.

Eine Reihe von **Karaokebars** 8 findet man in der Keykubat Cad. nahe dem Güneş Beach Hotel.

Baden/Tauchen

Baden Der Burgfels unterteilt die Strände Alanyas in einen östlichen und einen westlichen Strand, beide sind mit der „Blauen Flagge" ausgezeichnet. Je weiter man sich vom Zentrum entfernt, desto größer werden die Abstände zwischen den Liegestühlen.

Weststrand: Der Weststrand, auch **Kleopatra-Strand** genannt, ist der schönere von beiden. Beim Schnorcheln an den Felsen des Burgbergs sind kleine Höhlen zu entdecken. Sonnenschirmverleih, Cafés.

Oststrand: Dieser Strand, auch **Keykobat-Strand** genannt, erstreckt sich über ca. 15 km. Eine mehrspurige Schnellstraße trennt ihn von den dahinter liegenden Hotels. Er ist ebenfalls gut mit Bars bestückt, bietet zudem die besseren Wassersportmöglichkeiten (Jetski, Wasserski, Parasailing, Bananariding etc.) und ist nicht gar so überlaufen wie der Kleopatra-Strand.

Weitere Bademöglichkeiten: **Ulaş Plajı**, rund 5 km westlich von Alanya. Unter dem Parkplatz erstrecken sich 2 goldene Sandstrände, der erste ist recht groß, der Meeressaum jedoch felsig. Der andere Strand ist sehr schmal, weitestgehend felsfrei, jedoch bei leichtem Seegang überflutet. Treppen führen über die terrassenförmig befestigte Steilküste zum Strand hinab. Achtung: An diese Strände gelangen Sie nur in Fahrtrichtung Antalya – Alanya.

Die schönsten Bademöglichkeiten der Umgebung liegen bei **Iotape**, ca. 35 km östlich von Alanya (→ Zwischen Alanya und Anamur).

Tauchen Leser empfehlen **Dolphin Dive** an der İskele Cad. 56, ✆ 5123030, www.dolphin-dive.com. 2 Bootstauchgänge inkl. Mittagessen und Ausrüstung 62 € (auch als Schnuppertauchgang möglich). Tipp: Südlich des Burgfelsens lässt sich ein Wrack entdecken. 4 Tage P.A.D.I.-Open-Water 375 €. Deutschsprachiges Personal.

Sehenswertes

Burgberg: Hoch über dem Meer erhebt sich die mittelalterliche Festungsanlage – mit 6500 m Mauerlänge und 140 Türmen das Wahrzeichen der Stadt. Aus der Ferne wirkt sie nachts – da effektvoll beleuchtet – imposanter als tagsüber. Für so manche Türkeiurlauber ist sie der einzige Grund, Alanya einen Besuch abzustatten. Die Burg besteht aus drei Mauerringen. Der innerste, höchstgelegene Teil der Festung nennt sich *İçkale*. Außer einer wirklich grandiosen Aussicht gibt er jedoch nicht viel her. Ihn betritt man am Ende der Straße zur Burg durch einen Torbau. Die wenigen Ruinen dahinter – eine byzantinische *Kirche*, ein paar *Zisternen* und die *Kasematten* – sind durch Holzstege miteinander verbunden. Die Attraktion für gruselfreudige Touristen ist der *Adam atacağı*, der „Platz, an dem Menschen hinabgestürzt werden". Er befindet sich bei der nordwestlichsten Zisterne hoch über der fast senkrecht zum Meer hin abfallenden Küste. Angeblich gab der Sultan den zum Tode Verurteilten zuweilen eine letzte Chance, indem er sie Flügel bauen ließ, die sie vor dem Tod auf den scharfen Klippen bewahren sollten. Diesen und ähnlichen Humbug tischen Reiseleiter hier ihren Gruppen gerne auf. Vom westlichsten Punkt der İçkale blickt man auf eine schmale felsige Landzunge. Auf dieser

Kızıl Kule, der Rote Turm

stehen die Ruinen einer byzantinischen *Klosteranlage* und einer seldschukischen *Münze*. Zur nördlichen *Bastion Ehmedek* (ausgeschildert) gelangt man vom Parkplatz vor der Burg auf einem idyllischen Pflasterweg. Dabei geht es vorbei an der *Süleymaniye-Moschee* mit einem zwölfeckigen Minarett. Zurück ins Zentrum kann man ebenfalls problemlos spazieren. Der Weg ist schön und die Aussicht herrlich. Am Burgberg wirkt Alanya mit seinen osmanischen Häuschen in den krummen Gassen fast dörflich.

Anfahrt/Öffnungszeiten: Halbstündl. bis stündl. verkehrt ein **Stadtbus** von der Haltestelle gegenüber der Touristeninformation zum Burgtor hinauf (0,75 €). **Taxi** hin/zurück 8 €. Wer zur Burg hinauflaufen will, findet den Einstieg in den **Fußweg** beim Kızıl Kule. Tägl. 9–19.30 Uhr, im Winter bis 17 Uhr. Burgeintritt (innerer Ring) 4 €, inbegriffen ist die Besichtigung der Ehmedek-Bastion.

Kızıl Kule (Roter Turm): Der mächtige achteckige, aus dunkelroten Ziegeln erbaute Turm am Hafen wurde 1225 zum Schutz dessen und der nahe gelegenen Werft (s. u.) errichtet. Im Angriffsfall kippte man von den Zinnen Pech und kochend heißes Wasser auf die Feinde. In Friedenszeiten diente der 33 m hohe, fünfstöckige Turm u. a. als Zisterne und Lager. Sein bemerkenswert gutes Aussehen verdankt er einer Renovierung Anfang der 1950er-Jahre. Im Inneren finden heute wechselnde Ausstellungen statt, gekrönt wird der Besuch mit einem Rundumblick vom Dach. Tägl. 9–19 Uhr. Eintritt 1,20 €.

Tershane (Werft): Die Anlage südlich des Roten Turms – die einzige seldschukische Werft, die sich bis heute erhalten hat – ist über 50 m lang. Erbauen ließ sie Sultan Alaeddin Keykobat, einer Inschrift nach der „Herrscher über beider Meere", damit waren das Mittelmeer und die Ägäis gemeint. Von See aus lassen sich ihre fünf spitzbogigen Schiffseinfahrten ausmachen. Die Galerien zum Bau und Warten der Schiffe wurden bis zu 42 m tief in den Fels gehauen. Vom Roten Turm führt ein Weg über Treppen und Stege entlang der restaurierten Seemauer zur Werft.

Archäologisches und Ethnografisches Museum: Die antiken Funde der *archäologischen Abteilung* (Bildhauerarbeiten aus römischer Zeit, eine Amphorensammlung, Mosaike etc.) stammen u. a. aus Alanya, Antiochia ad Cragem, Selinus und Syedra. Prunkstück ist das Bodenmosaik *Entführung des Hylas durch die Meerjungfrauen*. Außerdem sieht man eine Bronzestatue des Herakles, in dessen leeren Augenhöhlen einst wahrscheinlich Augäpfel aus Glas oder farbigem Stein eingesetzt waren. Im *Museumsgarten*, einem alten osmanischen Friedhof, werden Säulenkapitelle, Kleinstsarkophage und weitere Mosaike gezeigt. Die *ethnografische Abteilung* präsentiert u. a. prächtige Koranausgaben und filigrane Einlegearbeiten aus der Zeit der Seldschukenherrschaft. Zudem kann man ein „Alanya-Zimmer" aus dem 19. Jh. bewundern, das im Museum originalgetreu aufgebaut wurde.
Damlataş Cad., nahe der Touristeninformation. Wegen Restaurierungsarbeiten voraussichtlich bis Mai 2012 geschl., dann wieder tägl. (außer Mo) 8.30–12 und 13–17 Uhr. Eintritt 1,20 €.

Damlataş-Tropfsteinhöhle: Der Eingang der rund 15.000 Jahre alten, kleinen Höhle befindet sich direkt am Weststrand am Fuße des Burghügels. Ihr Besuch ist eher eine Enttäuschung – wer bleibende Eindrücke von einem Höhlenbesuch mit nach Hause nehmen will, fährt besser zur Dim-Höhle (→ „Zwischen Alanya und Anamur"). Der angeblich stets gleichen Höhlentemperatur von 23 °C und der kohlensäurehaltigen Luft wird eine heilende Wirkung bei Asthma zugeschrieben, allerdings sollte man dann vier Stunden täglich in der Höhle verbringen, und das drei Wochen lang. Herzkranke sollten von einem Besuch hingegen absehen – die Luftfeuchtigkeit beträgt 96 %. Entdeckt wurde die Höhle 1948 zufällig bei Steinbrucharbeiten.

Öffnungszeiten: Am Eingang der Höhle wird man dreisprachig darüber informiert, dass der Ingenieur Herr Ahmet Tokuş eine abschließbare Tür baute und den Schlüssel Herrn Galip Dere übergab (?). Wer den Schlüssel nun hat, war nicht zu ermitteln, aber die Tür ist tagsüber ab ca. 10 Uhr geöffnet. Eintritt 1,80 €.

Zwischen Alanya und Anamur

Hinter Alanya tangiert die Küstenstraße zunächst von Hotels gesäumte und teils von Felsen durchsetzte, lange Sandstrände. Unterwegs bieten sich Ausflüge ins Hinterland an, z. B. ins Dimçayı-Tal oder zu den einsamen Ruinen von Syedra. Weiter gen Osten wird die Küstenlandschaft langsam schroffer, doch immer noch tun sich diverse Bademöglichkeiten auf. Vorbei an den Überresten der antiken Stadt Iotape gelangt man nach Gazipaşa, einem aufstrebenden Badeort. Entlang des Wegs grüßen Sie Honig- und im Herbst noch viel mehr Bananenverkäufer. Die süßen Zwergbananen kanarischen Typs sind das landwirtschaftliche Hauptprodukt der Region, eine Kostprobe sollte man sich nicht entgehen lassen.

Hinter Gazipaşa beginnt das „Raue Kilikien" (→ Kasten S. 510), einer der schönsten Abschnitte der Südküste. Die Straße – wo noch nicht vierspurig ausgebaut wie z. B. zwischen Güneyköy und Uçarı – schlängelt sich in schwindelerregenden Kurven, die keine Karte dokumentieren kann, die Küste entlang und bietet wunderbare Aussichten – Fensterplätze bei einer Busfahrt sind Gold wert! Mancherorts aber verläuft der neue Küstenhighway weiter landeinwärts und reißt böse Narben in die Landschaft. Einige Ruinenstätten, u. a. Antiocheia ad Cragum, erinnern daran, dass die Region einst wesentlich dichter besiedelt war. Bis Anamur sorgen etliche Buchten und ein paar nette Lokale für gemütliche Pausen.

Dimçayı-Tal

Im engen **Flusstal** des Dim ca. 15 km nordöstlich von Alanya reiht sich Lokal an Lokal. Serviert wird in erster Linie Forelle aus eigener Zucht, die man neben kleinen Wasserfällen, unter Brückchen, auf Holzterrassen im rauschenden Flussbett oder an Tischen direkt am Wasser verspeist. Flussaufwärts, nur ein paar Meter hinter dem letzten Lokal, wurde in den letzten Jahren eine mächtige Staumauer errichtet. Der grüne Stausee dahinter, der der Wasserversorgung Alanyas und der Energiegewinnung dienen soll, war 2011 bereits zu drei Vierteln gefüllt. In naher Zukunft soll er touristisch erschlossen werden.

Ein Ausflug in dieses Eck lohnt allein schon wegen der nahen, überaus imposanten **Dim Mağarası**, der zweitgrößten, zugänglichen Tropfsteinhöhle der Türkei. Die 360 m lange Höhle besitzt vier Säle (tägl. 9–19 Uhr, im Winter bis 17 Uhr, Eintritt 4 €). Zu dezenter klassischer Musik staunt man hier über bizarre Tropfsteinformationen wie *Mutter mit Kind*, *Wasserfall* oder *Burg*.

Anfahrt: Tal und Höhle sind von Alanyas östlichem Vorort Kestel von der Küstenstraße mit „Dim Mağarası bzw. Dimçay" ausgeschildert. Zum Staudamm führen 2 Straßen, eine rechts (östlich) und eine links (westlich) des Flusses. Die meisten Restaurants liegen an der linken Zufahrtsstraße.

Zur Höhle und zum Tal fährt in der Saison – genügend Passagiere vorausgesetzt – ca. stündl. ein **Bus** vom Minibusbahnhof in Alanya. Zudem verkehrt in der Saison 1-mal tägl. am späten Vormittag ein kostenloser **Servicebus** ins Tal, Abfahrt vom Rathaus, nähere Auskunft über die Touristeninformation.

Syedra

(antike Stadt)

Die Ruinenstätte ca. 20 km östlich von Alanya bietet den Reiz einer verlassenen Stadt in der Einsamkeit und grandiose Ausblicke über Bananenhaine hinweg auf die Küste. Sie ist bislang kaum erforscht, auch über die Geschichte Syedras ist wenig bekannt. Vermutlich erlebte die Stadt im oströmischen Reich, als sie ein Münzrecht besaß, ihre Blüte. Die teils gut erhaltenen Überreste verteilen sich auf mehrere Terrassen und sind überaus sehenswert – v. a. deswegen, weil das alte Stadtbild noch gut nachzuvollziehen ist. Im zentralen Stadtgebiet kann man die Reste einer **Zisternenanlage**, einer **Therme**, eines **Gymnasions** und einer **Säulenstraße** entdecken, dazu ein bis zu 10 m hohes, palastähnliches Gebäude – vermutlich eine christliche **Basilika**.

Anfahrt/Öffnungszeiten: Von der Küstenstraße zwischen Alanya und Gazipaşa ausgeschildert. 1,4 km nach der Abzweigung links ab auf ein anfangs noch geteertes Sträßchen, das kurz darauf zu einem Schotterweg wird und in Serpentinen bergauf führt. Diesem folgt man bis zu seinem Ende, gut befahrbar (Strecke ab der Abzweigung insgesamt ca. 3 km). Stets zugänglich, kein Eintritt.

Sapadere-Schlucht

(Sapadere Kanyonu)

Durch den ca. 45 km von Alanya entfernten, bis zu 100 m hohen Sapadere-Cañon führt ein Weg auf Holzplanken. Einstiegsmöglichkeiten ins eiskalte Wasser im Flussbett sind vorhanden, außerdem gibt es mehrere kleine Wasserfälle – allzu spektakulär ist das Ganze aber nicht. Das gleichnamige, weit verstreute 1000-Seelen-Kaff unterhalb der Schlucht präsentiert sich als eine Art Vorzeigebergdorf, wo man eine alte Wassermühle besichtigen, Börek essen oder die Seidenherstellung verfolgen kann – noch bis vor gar nicht allzu langer Zeit war die Seidenraupenzucht eine der Haupterwerbsquellen im Dorf. Die Straße zur Schlucht, ein beliebtes Ziel von Jeepsafaris, führt durch eine bezaubernde Berglandschaft. Am Eingang zum Cañon wartet ein großes Restaurant auf Kundschaft.

Von der Küstenstraße Richtung Gazipaşa ca. 20 km südöstlich von Alanya links nach Demirtaş abbiegen, ab hier noch 23 km, komplett mit „Sapadere Kanyonu" ausgeschildert und geteert. Tägl. ab 8 Uhr bis spät in den Abend geöffnet. Eintritt 1,60 €.

Iotape (antike Stadt)

Rund 35 km südöstlich von Alanya liegen rechts und links der Küstenstraße die Ruinen von Iotape (türk. Aytap). Die Hafenstadt wurde von dem Kommagenekönig Antiochus IV. (38–72 n. Chr.) gegründet und nach dessen Frau benannt. Aus Inschriften weiß man, dass sie für ihre spendablen Bürger und erfolgreichen Athleten bekannt war. Viel blieb von Iotape nicht übrig: Reste der **Akropolis** auf einer Felsnase am Meer, etwas nördlich die Überbleibsel von **Thermen** und eine verfallene **Kapelle**, auf der anderen Straßenseite eine **Nekropole**. Auch wenn die Ruinen als solche wenig spektakulär sind, bilden sie dennoch ein bizarres Panorama für ein Badevergnügen. Zwischen den Felsen glitzern kleine Sandbuchten, einen schönen Strand mit Sonnenschirmen findet man u. a. beim „Kale Restaurant".

An den Ruinen düst man schnell vorbei. Halten Sie, von Alanya kommend, 2 km hinter dem „Aydap Restaurant" auf der Meerseite nach dem Kale Restaurant Ausschau, die Ruinen liegen nur wenige Schritte weiter.

Cilicia aspera, das „Raue Kilikien"

Östlich von Gazipaşa, wo der Taurus das Meer küsst, beginnt Kilikien. Die antike Landschaft erstreckt sich von hier bis zur syrischen Grenze. Der westliche, bergige Abschnitt bis Silifke wird seit jeher „Raues Kilikien" genannt: Felsige Halbinseln, eine wild zerklüftete Küste mit etlichen, oft schwer erreichbaren Sandbuchten, wildromantische Berghöhen und duftende Pinienwälder prägen die kaum besiedelte Region. Jahrhundertelang war das Raue Kilikien nur von See aus erreichbar und ein berühmt-berüchtigter Hort von Piraten. Der Tourismus spielte bislang nur eine untergeordnete Rolle, hinter den Stränden mancher Orte stehen in erster Linie Bananenhaine, Unterkünfte gibt es nur wenige. Doch das soll sich ändern: Mit der Inbetriebnahme des internationalen Flughafens Alanya-Gazipaşa und dem vierspurigen Ausbau des Küstenhighways werden einst abgeschiedene Ecken in kürzester Zeit erreichbar sein. Die Preise für Grund und Boden schießen in die Höhe, und in ein paar Jahren werden die Türkeiprospekte der Reiseveranstalter um ein Kapitel reicher sein.

Gazipaşa (22.000 Einwohner)

Das Zentrum des prosperierenden Städtchens mit vielen deutschen Residenten liegt rund 2 km abseits der Küste. Die Bauern der Umgebung gehen hier ihren Geschäften nach. Touristen begegnet man bislang nur wenigen – aber wie lange noch? Die Grundvoraussetzung, um am Geschäft mit der schönsten Jahreszeit teilzuha-

Badefreuden bei den Ruinen von Iotape

ben, ist gegeben: Vor Gazipaşa erstreckt sich ein attraktiver, 2 km langer **Strand**. Am schönsten ist der Abschnitt ganz im Norden (mit netter Bar). Das Südende des Strandes markiert der neue Hafen, der mal eine Marina werden soll, aber aus dem Stadium eines Fischerhafens noch immer nicht hinausgekommen ist. Die hiesigen Fischer fangen im Frühjahr und Herbst übrigens große Mengen an Thunfisch, der dann – ausgenommen und eingefroren – nach Japan verschifft wird.

Hinterm Strand errichtete man in den letzten Jahren mehrere Apartmenthäuser, eingestreut die Betonskelette einiger gestoppter Schwarzbauten. Dazwischen aber tun sich noch immer weite Brachflächen auf – feudale Ferienresorts sollen hier entstehen. Dass sie noch nicht gebaut wurden, hat mit dem nahen Flughafen zu tun. Schon vor Jahren sollte er eröffnen, doch die Landebahn war zu kurz geraten, und es gab keine Genehmigung für den internationalen Flugverkehr. Jetzt aber – nachdem die Landebahn verlängert wurde, 2011 die erste Maschine aus Holland aufsetzte und 2012 gar *Öger Tours* hier landen will – wollen die Investoren handeln. Eine neue Ära ist eingeläutet. Wie es bei Ihrem Besuch hinterm Strand aussehen wird, können wir nicht vorhersagen.

Aus einer längst vergessenen Ära stammen die antiken Zeugnisse Gazipaşas. Sie erinnern an jene Zeit, als die Stadt **Selinus** hieß, vorübergehend auch **Trajanopolis**, da hier der römische Kaiser Trajan im Jahre 117 nach einem Feldzug schwer verwundet verstarb. Bereits auf der Zufahrtsstraße zum Hafen schneidet man ein mehrere hundert Meter langes Aquädukt, das einst das antike Selinus mit Wasser versorgte. Die Stadt lag an der Mündung des Gazipaşa-Flusses, gleich südlich des Hafens. Den Bergrücken dahinter krönte die Zitadelle. Die Überreste der Stadt (Kolonnadenplatz, Therme, Agora, Odeion und eine Kirche) sind bescheiden, aber für Entdeckungsfreudige eine Abwechslung im Strandprogramm.

Verbindungen Flughafen Alanya-Gazipaşa (www.gzpairport.com) 4 km westlich von Gazipaşa im Vorort Kahyalar. 2011 gab es am Flughafen nur eine Snackbar und einen Duty-free-Shop, noch keine Bank, keinen Geldautomat (das kann sich aber schnell ändern) und keinen Autoverleiher (auch das kann sich schnell ändern, nach Reservierung war schon 2011 eine Fahrzeugübergabe am Flughafen möglich). Taxi zum Busbahnhof von Gazipaşa 4 €. Zum Küstenhighway, auf dem die Alanya-Dolmuşe fahren, muss man 1 km laufen.

Dolmuşe nach Alanya starten von Gazipaşa regelmäßig, Fahrtdauer ca. 45 Min.

Busbahnhof an der Hauptstraße. Vom Zentrum zum Strand während der türkischen Ferienzeit (Anfang Juli–Mitte Sept.) Dolmuşverbindungen. Außerhalb der Saison muss man laufen.

Übernachten Das Angebot ist bescheiden, neue Hotels sollen jedoch entstehen.

Delfin Hotel, 10 Zimmer mit türkisfarbenem Mobiliar, Fliesenböden, Klimaanlage und Balkon (z. T. mit Meeresblick, solange drum herum nicht alles bebaut wird). Restaurant. Englischsprachig. DZ 50 €. Ca. 200 m vom Meer im westlichen Abschnitt der Bucht, von der Zufahrtsstraße zum Strand ausgeschildert, ✆ 0242/5724986, www.gazipasadelfinhotel.com.

Selinus Otel, 45 Standardzimmer mit Klimaanlage und Minibar, als Ausweichadresse aufgeführt. Gut belegt mit russischen Pauschalurlaubern und anderen Vieltrinkern: Der niedrige All-inclusive-Preis umfasst auch alkoholische Getränke. Auf gute Küche wird kein Wert gelegt. 35 €/Pers. all-incl. Direkt an der Uferstraße, ✆ 0242/5721147, ✆ 5724436, www.selinushotel.com.tr.

Belediye Deniz Tesisleri, das von der Stadtverwaltung gemanagte Erholungsareal bietet 32 kleine, sehr schlichte Bungalows, vom Strand nur durch eine Wiese mit Palmen und 3 Pools getrennt – und das alles ohne Zaun! Alle Zimmer mit Steinböden, Terrasse, Bad und Küchenzeile. Zuletzt leider recht schlampig geführt. In der HS ist ohne Reservierung dennoch kaum etwas zu machen. Für 2 Pers. 21 €, kein Frühstück. Gazipaşa, ✆ 0242/5721631.

Außerhalb Pension Melody, ein Traum für extrem Ruhebedürftige ca. 20 km östlich von Gazipaşa in spektakulärer, einsamster Lage. 9 schlichte, saubere, weiß gekalkte Häuschen am üppig bewachsenen, von Bananenstauden umgebenen Steilhang, keine Klimaanlage, dafür kleine Terrassen. Zur privaten, traumhaften Sand-Kies-Bucht darunter führt eine Treppe. Die wildromantische Anlage auf dem 18.000 m² großen Grundstück wird von einem deutsch-türkischen Team geführt, Zukunft zuletzt jedoch ungewiss, unbedingt vorher anrufen, zumal eine Anmeldung angesichts der abseitigen Lage gern gesehen ist. Auch Langzeitaufenthalte und Zelten möglich. Ganzjährig. Mit HP 40 €/Pers. Von Gazipaşa kommend hinter dem Dorf Güneyköy ausgeschildert. Von dort auf einer steilen Piste – machbar, aber langsam fahren! – noch ca. 1,5 km Richtung Meer. Vielleicht ist dieser Abschnitt, wie angekündigt, bis zu Ihrem Besuch auch schon geteert. ✆/✆ 0242/5971009 o. 5971105, www.antalya-melody.com.

Antiocheia ad Cragum (antike Stadt)

Ein lohnenswertes Ziel. Wie Iotape wurde auch diese Stadt von dem Kommagenekönig Antiochus IV. gegründet. Sie macht ihrem Beinamen „ad Cragum" („an der Klippe") alle Ehre. Überaus imposant thront die **Zitadelle** der antiken Stadt auf einem steilen Felsen hoch über dem Meer – eine beeindruckende Symbiose von Natur und Kultur. Ihre Erkundung gestaltet sich jedoch aufgrund des starken Wildwuchses recht schwierig. Das Gleiche gilt für die östlich der Zitadelle und auf der anderen Seite des ehemaligen Hafens gelegene **Nekropole**. Die restlichen Relikte des alten Stadtgebiets liegen weit verstreut. Reste eines **Tempels** und ein 4 m hohes **Stadttor** am Eingang zu einer **Kolonnadenstraße**, deren umgestürzten Säulen teils schon halb im Boden versunken sind, passiert man bei der Anfahrt. Nahebei befinden sich eine **Therme** und eine **Kirche** – Umherstreifen macht Spaß! Zuweilen gräbt hier übrigens die *Clark University* aus Nebraska.

Ca. 18 km östlich von Gazipaşa von der Küstenstraße ausgeschildert, nach der Abzweigung immer auf der asphaltierten Straße bleiben. Nach ca. 3 km erreicht man die Tempelruinen, 200 m weiter die der Kolonnadenstraße und des Stadttores. Von dort noch ca. 2 km bis zur Zitadelle. Stets zugänglich. Kein Eintritt.

Anamur

ca. 35.800 Einwohner

Anamur ist ein an sich eher blasses Landstädtchen 4 km abseits der Küste. Der Touristenrummel spielt sich weiter südlich ab, im Ortsteil İskele mit weiten Sandstränden. Kulturhistorische Bonbons der Umgebung sind das antike Anamurium und die Bilderbuchburg Mamure Kalesi.

Zu Füßen der Kilikischen Berge in einer landwirtschaftlich intensiv genutzten Region erstreckt sich Anamur, ein zwar windiges (griech. *anamur* = windiger Ort), aber für türkische Verhältnisse stilles Städtchen mit nüchternen, schnurgeraden Straßen. Sehenswürdigkeiten bietet es keine, dafür alle wichtigen sozialen Einrichtungen. Das Zentrum findet man oberhalb der Nationalstraße 400 rund um die Bankalar Caddesi.

Lebendiger als in Anamur geht es im Sommer in der weitläufigen, jedoch ziemlich monotonen und abgewetzten Feriensiedlung **İskele** zu, v. a. zur türkischen Urlaubszeit. Der internationale Tourismus hält sich in Grenzen. Viele Städter, v. a. aus Konya und Ankara, besitzen hier Ferienapartments. Auch dem Militär gehört in İskele eine weitläufige Erholungsanlage. Außerhalb der Saison wirkt der Ort geisterhaft, für das fast immer besucherfreie **Museum** nahe dem Fähranleger gilt dies das ganze Jahr. Es besitzt eine archäologische Abteilung mit wenig spektakulären Funden aus Anamurium und eine ethnografische mit vielen Teppichen. Dazwischen kann man allerhand anderen Krimskrams wie eine Seekarte des britischen Captain Francis Beaufort aus dem Jahre 1812 entdecken (tägl. außer Mo 8–17 Uhr, Eintritt frei).

Die Strände vor Ort sind kilometerlang und reichen gen Westen bis zu den Ruinen der antiken Stadt **Anamurium**, gen Osten bis zur Burg **Mamure Kalesi**. Sie sind Eiablagegebiet der Unechten Karettschildkröte (→ Kasten, S. 418). Im Hinterland lädt eine **Höhle** zur Erkundung ein.

Was *Cap Anamur* mit dem Kap Anamur zu tun hat

Das Kap Anamur ist der südlichste Punkt der türkischen Küste. Nach dem Kap war jenes Schiff benannt, mit dem ab 1979 über 10.000 vietnamesische Bootsflüchtlinge im südchinesischen Meer vor dem Ertrinken gerettet wurden. Das Schiff gibt es nicht mehr, die nach dem Schiff benannte Hilfsorganisation *Cap Anamur* ist aber noch heute weltweit aktiv.

Information/Verbindungen/Ausflüge/Adressen/Baden

Telefonvorwahl 0324.

Information Am Busbahnhof/Ecke Atatürk Bul., Mo–Fr 8–12 und 13–17 Uhr. ✆/≋ 8144058, www.anamur.bel.tr.

Verbindungen Bus: Busbahnhof direkt an der Nationalstraße 400. Ins Stadtzentrum sind es ca. 500 m bergauf. Mehrmals tägl. nach Alanya (3 Std.) und Antalya (5 Std.) sowie über Aydıncık nach Silifke (3 Std.).

Stadtbus/Dolmuş: Regelmäßig **Stadtbusse** nach İskele, Abfahrt hinter dem Busbahnhof, in die Busse nach Ören (Anamurium) steigt man vor dem Hotel Dedehan neben dem Busbahnhof zu. Die **Dolmuşe**

514 Türkische Riviera

nach Bozyazı und Mamure Kalesi starten von der Akdeniz Cad. vor der *Ticaret Sanayi Odası* (Industrie- und Handelskammer), genaue Abfahrtsstelle zeigen lassen. Achtung: So nur seltene Fahrten!

Taxi: Von Anamur nach İskele 6,50 €, nach Anamurium (hin/zurück mit Wartezeit) 16,50 €.

Bootsausflüge Werden während der HS von İskele angeboten. Die meisten Boote tuckern zwischen Ören/Anamurium und der Mamure Kalesi hin und her.

Ärztliche Versorgung Privates **Anamed Hastanesi** an der Straße von Anamur nach İskele. ✆ 8144144.

Einkaufen Sa **Wochenmarkt** in Anamur, Do (nur im Sommer) in İskele.

Baden Rund um Anamur finden Sie kilometerlange Strände, häufig Sand, z. T. aber grobkörnig oder kiesig und nicht immer gepflegt. Die Strände sind an vielen Stellen kinderfreundlich – wenig Wellen und einige Sandbänke. Auch in der allerhöchsten Hochsaison verläuft sich die Menge am weiten Gestade.

Strandspaziergang: Von İskele können Sie 3 km am Strand entlang gen Osten bis zur Burg Mamure Kalesi spazieren. Unterwegs überquert man den Dragon-Fluss auf einer Fußgängerbrücke.

Übernachten

Im Zentrum von Anamur gibt es nur wenige Unterkünfte, darunter keine Empfehlung. In İskele findet man vorrangig Häuser der unteren Mittelklasse, das Niveau ist im Vergleich zu anderen türkischen Ferienorten bescheiden.

** Hotel Hermes [7], bezeichnet sich als „Grand Hotel" und ist dennoch nichts Besonderes. 70 Zimmer mit Balkon, vorne raus mit schönem Blick. Kleiner Pool hinterm Haus. Viel konservatives Publikum. Lesern gefiel's hier. DZ 74 € mit HP. An der Uferstraße, ✆ 8167021, www.grandhermes.com.

Hotel Ünlüselek [11], kleine dreistöckige Anlage, nur durch einen gepflegten Grünstreifen mit Bar vom Strand getrennt. 38 komfortable, große Laminatboden-Zimmer, mit leichtem Hang zum Kitsch eingerichtet, alle mit Balkon. Ganzjährig. EZ 29 €, DZ 45 €, auch HP möglich. Fahri Görgülü Cad. (bestens ausgeschildert), ✆ 8141973, ✆ 8143973, www.unluselekhotel.com.

** Luna Piena [5], mehr Stadt- als Strandhotel, wäre da nicht der Blick auf Strand und Meer von vielen Zimmern (alle mit Balkon, ordentlich, aber ohne besondere Note). DZ 41 €. Sahil Yolu, ✆ 8149045, www.hotellunapiena.com.

Hotel Dolphine [6], an der Uferstraße. Älteren Datums, Generalüberholung dringend nötig. Kleine Zimmer mit Balkon – wegen der Aussicht unbedingt eines in den oberen Stockwerken wählen! Gutes, lauschiges Gartenrestaurant. DZ 29 €. İnönü Cad. 17, ✆ 8143435, ✆ 8141575.

Pension Eser [3], in zweiter Reihe nahe dem Hotel Dolphine. Englischsprachig und an ausländische Touristen gewöhnt. Kochmöglichkeit für Gäste, Dachterrasse. 10 Zimmer mit Bad, dazu 3 Apartments. Achtung: In der NS ist eine Reservierung ratsam, da man andernfalls vor verschlossener Tür steht. DZ 29 €, Apartment für bis zu 5 Pers. ab 37 € (ohne Frühstück). İnönü Cad. 6, ✆ 8141161, www.eserpansiyon.com.

Akasya Pansiyon [6], ebenfalls nahe dem Hotel Dolphine. Pension für den kleinen Geldbeutel. 12 einfache, aber saubere Zimmer mit Klimaanlage und Balkon. Von der Dachterrasse (Vorschlag: begrünen!) Blick aufs Meer. DZ 20 €, kein Frühstück, dafür Gemeinschaftsküche. Yasemin Sok. 3, ✆ 8145272.

Camping

Dragon Motel [2], 5 km in Richtung Silifke, bei der Kreuzritterburg direkt am Strand. Super Stellplätze mit Meeresblick, schattig. Internationales Publikum, nette Atmosphäre. Einfache sanitäre Anlagen (Open-Air-Duschen), freundliches Restaurant (faire

Anamur 515

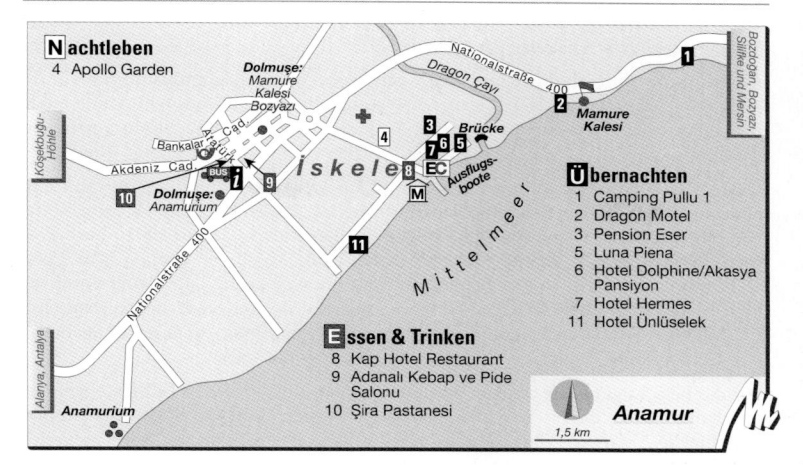

Nachtleben
4 Apollo Garden

Übernachten
1 Camping Pullu 1
2 Dragon Motel
3 Pension Eser
5 Luna Piena
6 Hotel Dolphine/Akasya Pansiyon
7 Hotel Hermes
11 Hotel Ünlüselek

Essen & Trinken
8 Kap Hotel Restaurant
9 Adanalı Kebap ve Pide Salonu
10 Şira Pastanesi

Preise). Ganzjährig. Zudem werden 10 Zimmer mit Bad und Klimaanlage in einer Bungalowreihe vermietet (die neuen sind geräumig und recht komfortabel). 2 Pers. mit Wohnmobil 12,50 €, DZ 30–40 €. Bozdoğan, ✆ 8271355, ≋ 8271684, www.anamurdragon motel.com.

Camping Pullu 1 1, terrassenförmig in einem Kiefernwald angelegt, der relativ steil zu einem schmalen Strand abfällt. Restaurant, Kiosk. Sanitäranlagen einfach, aber noch akzeptabel. Hauptsächlich türkische Gäste, darunter viele picknickende Tagesgäste, an Wochenenden sind Platz und Strand überlaufen. 2 Pers. mit Wohnmobil 9 €. Etwa 2 km nach der Kreuzritterburg (Richtung Silifke, am östlichen Ortsausgang von Bozdoğan), ✆ 8271151, www.pullu camping.com.

2012, so die Planungen, soll unter gleicher Leitung weiter östlich kurz vor Bozyazı ein neuer, ähnlich angelegter Platz namens **Pullu 2** eröffnen.

Essen & Trinken/Nachtleben

Im Zentrum von Anamur gibt es vornehmlich einfache Lokantas. In İskele ist die Auswahl an besseren Restaurants ebenfalls bescheiden – viele der türkischen Urlauber buchen mit HP oder sind Selbstversorger. Gut isst man im Garten des **Hotels Dolphine** – Meze, Gegrilltes und Fisch, dazu recht günstiges Bier (→ Übernachten). In den Teegärten am Strand werden Snacks angeboten. Zusätzliche Empfehlungen:

Kap Hotel Restaurant 8, unter dem gleichnamigen Hotel nahe dem Bootsanleger von İskele. Innen recht karg, netter draußen. In der Saison beste Fischadresse vor Ort (außerhalb der Saison nicht alles frisch), serviert werden aber auch die üblichen Grillstandards. Preislich in der Mittelklasse. ✆ 8142374.

Adanalı Kebap ve Pide Salonu 9, im Zentrum von Anamur. Nettes, fast schickes Lokal, manche Kebabs werden hier mit leckeren Soßen aufgepeppt. Hg. 3,60–6,10 €. Atatürk Bul., ✆ 8147100.

Şira Pastanesi 10, gleich gegenüber. Gute Frühstücksadresse – übliches Programm an dicken Torten, süßen und herzhaften Teilchen.

Nachtleben Mehrere Bars zum Biertrinken im Nordosten der Uferpromenade von İskele – um Mitternacht ist Schluss. Danach wechselt man in die Diskothek **Apollo Garden** 4 im Karawansereilook an der Straße von İskele nach Anamur.

Sehenswertes rund um Anamur

Anamurium: Kulturhunger und Badespaß lassen sich in Anamurium ideal miteinander kombinieren. Wer die reizvolle Ausgrabungsstätte besucht, sollte auch Bikini bzw. Badehose nicht vergessen: Zu Füßen der Ruinen lockt ein herrlicher Kiesstrand.

Das antike Anamurium, vermutlich eine phönizische Gründung, war in römisch-byzantinischer Zeit das bedeutendste Zentrum des „Rauen Kilikiens". Es profitierte von der fruchtbaren Umgebung und seiner Stellung als wichtiger Hafen nach Zypern. Bereits im 1. Jh. erhielt die Stadt das Münzrecht, ab der zweiten Hälfte des 4. Jh. war sie Standort einer Legion. Nachdem die Araber im 7. Jh. Zypern erobert und Anamurium mehrfach verwüstet hatten, wurde die Stadt aufgegeben. Im 12. Jh. ließen sich aus Ostanatolien geflüchtete Armenier in Anamurium für mehrere Generationen nieder.

Für die Besichtigung der antiken Stätte empfehlen sich auf jeden Fall feste Schuhe und lange Hosen, da der Weg zu vielen Ruinen durch Gestrüpp führt. Das gilt bereits für die *Nekropole,* die sich oberhalb des Parkplatzes befindet. Wer sie durchstreift, kann Gräber mit Malerei- und Mosaikresten, u. a. mit Vogel-, Götter- und Medusenmotiven, entdecken.

Folgt man dem Hauptweg, passiert man die *Thermen* und die *Agora* (beide linker Hand). Letztere besitzt ebenfalls herrliche spätantike Mosaiken. Sie liegen zum Schutz unter einer dünnen Kiesschicht verborgen. Weitere Mosaiken findet man vor dem *Odeion* und in den byzantinischen *Kirchen.* Die Mosaiken sind es übrigens auch, die Anamurium in der archäologischen Fachwelt einen Namen verschafft haben.

Schräg gegenüber der Agora liegt das *Theater,* dessen Sitzreihen fehlen. Darüber verläuft ein *Aquädukt.* Etwas weiter steht die imposanteste Ruine der antiken Stadt, die *Große Therme,* ein zweistöckiger Bau, der früher mit Marmor verkleidet war. Auch in diesem lassen sich Mosaiken finden.

Die *Zitadelle* an der südlichsten Stelle der türkischen Küste diente vorrangig als Fluchtburg. Der Weg ist etwas mühsam, allerdings hat man von hier an klaren Tagen eine grandiose Aussicht bis nach Zypern. Vom Strand darunter ist der Blick aber ähnlich gut.

Anfahrt/Öffnungszeiten: Von der Nationalstraße 400 Richtung Alanya ausgeschildert. Von İskele kann man in der HS auch per **Bootsausflug** (→ Ausflüge) nach Anamurium gelangen. Ansonsten nimmt man von Anamur den **Ören**-Dolmuş und steigt an der Abzweigung nach Anamurium aus, von da noch 1,5 km zu Fuß. Tägl. 8–19 Uhr, im Winter bis 17 Uhr. Eintritt 1,20 €.

Burg Anamur (Mamure Kalesi): Ein Kindertraum! Die zinnenbewehrte und mit 36 Türmen versehene Bilderbuchburg 5 km östlich von Anamur ist die größte mittelalterliche Burg der türkischen Küste. Die weitläufige, heute leergeräumte Anlage ist insgesamt einfach gehalten, da sie immer nur strategischen Zwecken und nie als Herrscherpalast diente. Das Burggelände ist in drei große Höfe unterteilt, die durch starke Wehrmauern voneinander getrennt sind. Die *Moschee* nebst *Bad* und *Brunnenhaus* im mittleren Burghof ist neueren Datums und bildet einen morgenländischen Kontrast zur Ritterromantik ringsum. Zur Landseite wird die Burg von einem Wassergraben geschützt (heute eine Schildkrötensuppe), zur Seeseite findet man einladende Strände.

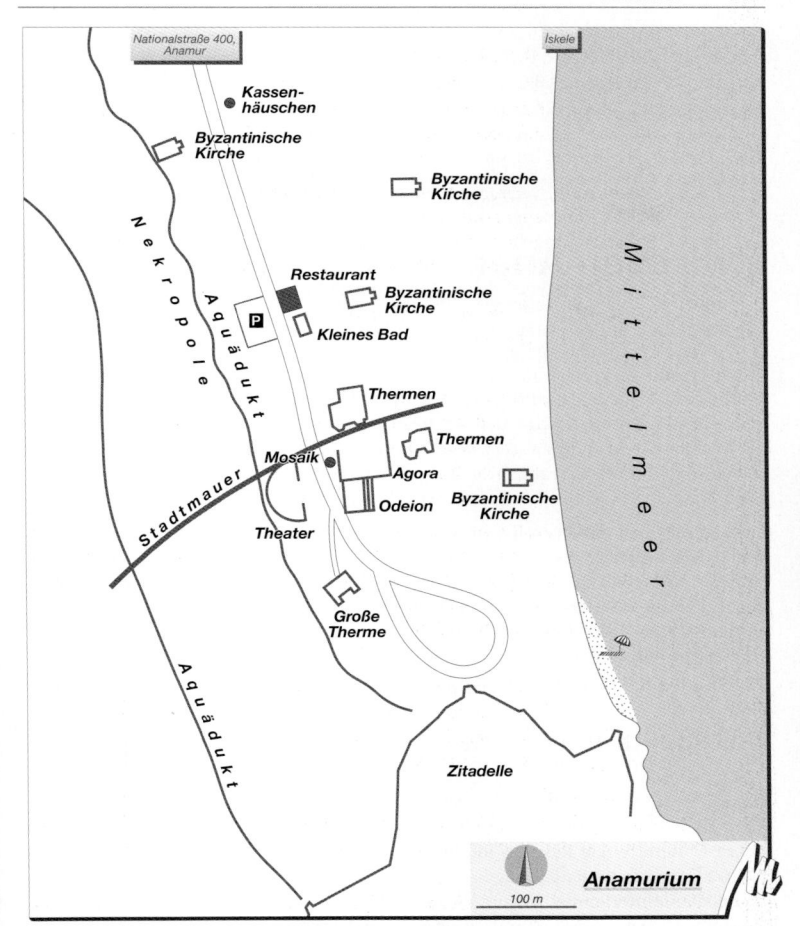

Die Geschichte der Burg reicht bis in die byzantinische Zeit zurück. Für ihr heutiges Aussehen zeichnen jedoch in erster Linie kleinarmenische Fürsten verantwortlich, die sie zur Sicherung der Küste vor Piraten ausbauen ließen. Sie diente auch den Kreuzfahrern als Quartier und Nachschublager. Im 14. Jh. fiel die Burg an das Herrschergeschlecht der Karamanoğulları. Ab der zweiten Hälfte des 15. Jh. gehörte die Festung den Osmanen, die sie zuletzt im 19. Jh. renovierten.

Die Burg passiert man auf der Nationalstraße 400 Richtung Silifke. Von Anamur mit dem Bozyazı-**Dolmuş** alle 10 Min. zu erreichen, jedoch nicht sonntags! Von İskele zu Fuß immer den Strand entlang. Tägl. 8–19 Uhr, im Winter bis 17 Uhr. Eintritt 1,20 €.

Köşekbuğu-Höhle: Im Hinterland von Anamur, in den karstigen Ausläufern des Taurus, finden sich mehrere Höhlen. Die bekannteste ist die etwa 225 Mio. Jahre alte, in einem verschwiegenen Wald versteckte *Köşekbuğu Mağarası*. 500 m² ist sie groß, die Luftfeuchtigkeit beträgt 80 %, der Aufenthalt hilft angeblich gegen Asthma, Bronchialleiden und Unfruchtbarkeit. Innen ist es glitschig und kühl. Wenn der Strom nicht gerade ausfällt, werden die Tropfsteine angeleuchtet.

Anfahrt/Öffnungszeiten: Vom Busbahnhof in Anamur dem bergauf führenden Atatürk Bul. ins Zentrum folgen, an der zweiten Ampel links in die Akdeniz Cad., dann ausgeschildert. Bis zum Höhleneingang geteert, insgesamt ca. 17 km. Keine **Dolmuş**anbindung. **Taxi** retour mit Wartezeit ca. 21 €. Erkundigen Sie sich vor der Anfahrt in der Touristeninformation in Anamur, ob die Höhle geöffnet ist. Eintritt 1,60 €.

Zwischen Anamur und Silifke

144 noch (!) idyllische Kilometer und etwa drei Stunden Fahrzeit liegen zwischen Anamur und Silifke, dazu mehrere Millionen Bananenstauden, Tausende von Treib- und Ferienhäusern, ein paar Burgen und unzählige Kurven. Der Ausbau der Küstenstraße reißt aber auch hier Wunden in die Natur: Schneisen werden durch Anhöhen geschlagen, Tunnels gebohrt, Wälder gerodet. Wie sich die Region durch den etappenweisen Ausbau der Küstenstraße verändern wird, bleibt abzuwarten. So manche Orte, und das steht jetzt schon fest, werden aber auf jeden Fall zu den Gewinnern des Megastraßenprojekts gehören, einfach deshalb, weil der Transitverkehr nicht mehr durchs Zentrum führt.

Bislang hält sich der Verkehr auf dieser Route aber ohnehin noch in Grenzen. Immer wieder klettert die Straße über die pinienbewachsenen Ausläufer des Taurus und gibt den Blick auf die Küstenlandschaft frei. Man findet ein paar schöne Strände und einige Hotelanlagen – insgesamt aber sind Unterkünfte rar gesät. Die Dörfer und Städtchen entlang der Strecke haben weitaus mehr mit Auberginen und Tomaten am Hut als mit Touristen aus dem Ausland. Gut so – Badeurlaub in einer ländlich-ursprünglichen Umgebung ist dort noch immer möglich.

Bozyazı und Softa Kalesi

16 km östlich von Anamur liegt das ehemalige Fischerstädtchen Bozyazı. Der natürliche alte, heute ziemlich verwaiste Kern an einer Flussmündung ist recht klein und besitzt keinerlei Urlaubsortqualität – lediglich eine auffällige Moschee, deren Minarette wie Raketen in den Himmel schießen. Rund um den Ort erstrecken sich weite Ferienhaussiedlungen, die sich mehr und mehr in die Bananenhaine des Hinterlandes fressen. An der Küste rufen kleine Buchten nach einer Badepause, so z. B. der Strand bei der „Denizhan Kafeterya" ca. 5 km östlich von Bozyazı-Zentrum (von der Küstenstraße ausgeschildert). Auf dem Weg dahin passiert man die von Weitem auszumachende, auf einem spitz zulaufenden Hügel thronende Festung **Softa Kalesi** mit zinnenbewehrten Mauern und wuchtigen Türmen. Der mühselige Weg hinauf lohnt nur wegen der Aussicht auf glitzernde Treibhausdächer (Pfadeinstieg zeigen lassen). Bei näherem Hinsehen gibt die byzantinisch-armenische Burganlage wenig her. Kinder bieten sich zuweilen als Führer an (stets zugänglich, kein Eintritt).

Verbindungen Von Bozyazı nach Anamur bestehen regelmäßige **Dolmuş**verbindungen. Wer zur Burg oder noch weiter nach Osten will, muss von Anamur einen **Bus** nach Silifke nehmen und unterwegs aussteigen.

Übernachten Am westlichen Ortsende von Bozyazı stehen 2 große sternengeschmückte Hotelanlagen. Eine Alternative dazu:

Alınko Hotel, einfache Anlage ca. 5,5 km östlich von Bozyazı-Zentrum. Teil einer

Beachboy bei Bozyazı

Ferienhaussiedlung in einem exotischen, parkähnlichen Gelände von 50.000 m² Größe. Es gibt Bananenstauden, Orangenbäume, ein Restaurant und eine gemütliche Sand-Kies-Bucht direkt vor der Nase. So üppig die Umgebung, so schlicht die renovierungsbedürftigen Zimmer mit Balkon oder Terrasse. Der Putzfrau könnte man zuweilen die rote Karte zeigen. DZ 33 €. Kaledibi Mah., ✆ 0324/8513998, 🖷 8513995, www.alinkohotel.com.

Aydıncık

Etwa 50 km östlich von Anamur liegt das knapp 8000 Einwohner zählende Straßendorf Aydıncık. Man lebt hier vorrangig von den Tomaten, Auberginen, Paprikas und Peperoni aus den vielen Treibhäusern der Umgebung. Aydıncık besitzt einen kleinen Hafen und ein paar unspektakuläre Bademöglichkeiten. Die touristische Infrastruktur steckt noch in den Kinderschuhen.

Im August und September wird fleißig gebuddelt: Aydıncık wurde auf den Überresten der **antiken Siedlung Kelenderis** erbaut, einer der ältesten kilikischen Städte. Jedes Jahr kommen unter Federführung der Selçuk-Universität aus Konya neue Mauerreste zutage, in den letzten Jahren entdeckte man u. a. das Theater und tolle Mosaike. Auf dem großen, umzäunten Grabungsareal beim Hafen steht auch eine Kirche aus dem 18. Jh. Leider war sie wie das gesamte Areal zuletzt nicht zugänglich, was sich aber ändern soll.

Östlich von Aydıncık lassen sich mehrere Grotten erkunden, u. a. die riesige **Aynalı Göl Mağarası** (auch: Gilindere Mağarası) mit zauberhaften Stalaktiten- und Stalagmitenformationen samt einem See und einer großen Fledermauspopulation. Die Piste dorthin ist für normale Pkws unbezwingbar, man kann jedoch mit einem Fischerboot hintuckern – verhandeln Sie am Hafen.

Verbindungen Aydıncık ist mit den Anamur-Silifke-Bussen zu erreichen.

Übernachten/Camping Aytur Motel, im Osten des Städtchens. Nicht idyllisch, aber für eine Nacht okay. Neue Anlage mit 30 Zimmern (nicht ganz so gepflegt wie der Rasen drum herum), auf mehrere einstöckige Gebäude verteilt. Alle mit Balkon. Ein Campingareal soll folgen. Strand in Laufnähe. DZ 33 €. Aydıncık, ✆ 0324/84131339, www.aytur-camping.com.

> **Zwischen Aydıncık und Büyükeçeli:** Knapp 30 km trennen Aydıncık von Büyükeçeli. Auf den ersten Kilometern war der neue vierspurige Küstenhighway 2011 schon fertiggestellt. Wo die Straße aufs Meer trifft, findet man einladende, z. T. jedoch von Ferienhaussiedlungen gesäumte Buchten. Eine schöne Bucht samt Sanddünen und -blumen liegt z. B. etwa auf halber Strecke direkt hinter der Raststätte Ağaçlı Tesisleri. Dort kann man übrigens ausgesprochen gut essen – wenn auch die Preise die eines herkömmlichen Selbstbedienungsrestaurants übersteigen.

Büyükeçeli/Ovacık

Büyükeçeli ist ein absolut verschlafenes Nest – keine Polizeistation, keine Pension, keine Kneipe, nur Tomaten- und Gurkenplantagen im fruchtbaren Hinterland. Doch die Ruhe ist trügerisch, immer wieder kommt es hier zu Protesten. 4 km südlich nämlich wird das Atomkraftwerk Akkuyu gebaut – wie Fukushima direkt am Meer. Die Verträge dafür wurden 2010 mit der russischen Firma *Rosatom* unterzeichnet. Spätestens 2019 soll der Meiler mit vier 1200-Megawatt-Reaktoren ans Netz gehen, ungeachtet der Tatsache, dass die Türkei ein Land ohne jegliche Sicherheitskultur ist und dazu noch 25 km von Büyükeçeli entfernt der sog. Ecemis-Graben verläuft, eine aktive Bruchlinie, an der die Erdplatten immer wieder erzittern. Der Energiehunger Anatoliens ist größer als die Angst der Politiker vor einer Erdbebenkatastrophe: „Keine Investition ohne Risiko", so Ministerpräsident Erdoğan. Die Investitionssumme wird auf 13 Mrd. Euro geschätzt.

Bis zur Fertigstellung des Kraftwerks lassen sich in der Gegend aber noch sorgenfreie Tage verbringen, so z. B. im Hayat Motel (→ Übernachten) in der Bucht von **Ovacık** rund 2 km östlich von Büyükeçeli. Der Sandstrand vor der Nase ist ganz nett. Dass dahinter die wachsende Zahl an Ferienhäusern am Charme der Bucht kratzt, stört auf der Terrasse nicht …

Verbindungen Büyükeçeli ist mit den Anamur-Silifke-Bussen zu erreichen.

Übernachten »› Unser Tipp: Hayat Motel, ein netter Platz in der Ovacık-Bucht, geführt von dem liebenswerten Muammer Öztütüncü. Fremdsprachen sind kein Problem. Schattiges Restaurant direkt am kinderfreundlichen Strand. 14 ordentliche Zimmer in einem grünen Gärtchen dahinter (Fliesenböden, Balkon, Klimaanlage, TV, Bäder mit Duschkabinen). Von Lesern immer wieder gelobt. Campingmöglichkeiten. DZ 41 €, 2 Pers. mit Wohnmobil 12,50 €. Ovacık, ℡ 0324/7532206, www.hayatmotel.com. «‹

Boğsak

Boğsak ist eine 370-Seelen-Häuseransammlung an einer Bucht mit einem weiß glänzenden, wenig verbauten Strand und einigen netten Fischlokalen. In touristischer Hinsicht profitierte Boğsak vom Ausbau der hiesigen Küstenstraße, denn diese führt um den Ort herum und lässt ihn in beschaulicher Ruhe zurück. Während der türkischen Schulferien ist der Strand gut belegt, davor und danach kann man die Handtücher an einer Hand abzählen. Die vorgelagerte Insel **Boğsak Adası** ist kraulend oder mit einem Fischerboot zu erreichen. Sie ist übersät mit den Überresten des **antiken Nesulion**: aufgebrochene Sarkophage, umgestürzte Grabdenkmäler, spätrömische Häuserruinen, Grundmauern einer Basilika und einer Kreuz-

Sommer in Boğsak

kuppelkirche aus dem 5. Jh. Boğsak Adası ist zugleich ein beliebtes Ziel von Bootsausflüglern aus Taşucu.

Rund 15 km östlich von Boğsak erheben sich auf einer flachen Halbinsel die noch gut erhaltenen Überreste der achteckigen Festung **Liman Kalesi**. Im 17. Jh. war sie ein Piratennest. Aus jener Zeit stammen auch die Breschen – ein halbes Dutzend christlicher Kanonenschiffe versuchte damals, gefangen gehaltene Glaubensbrüder zu befreien. Heute liegt die Burg inmitten eines militärischen Sperrgebietes und ist nicht zugänglich. Der NATO-Militärhafen nebenan wurde für den Irakkrieg gebaut.

Verbindungen Boğsak ist mit den Anamur-Silifke-**Bussen** zu erreichen, zudem mit **Dolmuşen** von Silifke.

Übernachten/Camping Vor Ort ein ungepflegter Campingplatz und eine Handvoll einfacher Pensionen, in denen vorrangig türkische Familien Urlaub machen. Unsere Empfehlung:

Intermot Hotel, eine etwas in die Jahre gekommene Anlage, aber immer noch ein super Ort zum Entspannen – das meinen auch Leser. 64 riesige Zimmer mit Balkon, Klimaanlage und Steinböden, nur durch einen Park mit Palmen und Nadelbäumen vom Meer getrennt. Schöner, gepflegter Strandbereich. DZ mit HP 86 €. Boğsak, ℡ 0324/7436161, ℻ 7436004, www.intermot.com.tr.

Taşucu

ca. 10.000 Einwohner

Das Städtchen ist seit eh und je eng mit der Schifffahrt verbunden: In der Antike befand sich hier der Hafen des rund 10 km westlich gelegenen *Seleukia* (→ Silifke/Geschichte), später galt Taşucu als ein gefürchtetes Seeräubernest. Heute steht der Name des Ortes für den bedeutendsten türkischen Fährhafen nach Nordzypern, auch in den Libanon kann man von hier übersetzen. Die ankommenden und ablegenden Fähren sorgen für steten Trubel im kleinen, gepflegten Zentrum. Bei den Fährbüros gibt es auch ein kleines **Amphorenmuseum** (nur Fr–Mo 8.30–12 und 13–17 Uhr, Eintritt 0,80 €). Die meisten der rund 300 Amphoren stammen aus gesunkenen Schiffen. Ihre Form, v. a. die der mit Wein gefüllten, ließ übrigens auf deren Herkunftsort schließen – ganz ähnlich den Etiketten heutiger Weinflaschen.

Auch wenn wenig alte Bausubstanz vorhanden ist: Taşucu ist das freundlichste Städtchen am hiesigen Küstenabschnitt, nicht zuletzt durch so manche von der deutschen Partnerstadt Bergkamen gesponserte Grünanlage. Zudem besitzt Taşucu einen schmalen Strand mit einer niedrigen Ferienhaussiedlung dahinter – Letztere trägt im Sommer dazu bei, dass die Einwohnerzahl auf 15.000 ansteigt. Ein wenig getrübt wird die nette Atmosphäre von der Silhouette der nahe gelegenen, zum Glück stillgelegten SEKA-Papierfabrik, das Gelände wird langsam von der Natur zurückerobert. Südöstlich des dortigen Hafens beginnt ein kilometerlanger Strand, der anfangs noch von Ferienhäusern gesäumt, dann immer unberührter wird und schließlich als Sandnase im Mittelmeer endet.

Verbindungen

Vorwahl 0324.

Verbindungen Bus/Dolmuş: Busbahnhof ca. 1,5 km östlich der Stadt an der Straße nach Silifke. Hier halten nahezu alle Busse, die entlang der Küste unterwegs sind. Ins Zentrum besteht ein Zubringerservice. Vom Hauptplatz regelmäßige **Dolmuş**verbindungen nach Silifke.

Schiff ins nordzyprische Girne: Mit der **Autofähre** (im Sommer tägl. außer Mo u. Mi, im Winter nur Di, Do u. So) dauert die Überfahrt 7–8 Std., mit dem **Expressboot** (tägl., kein Autotransport) 2½ Std. Die meisten Autofähren legen mittlerweile nicht mehr vom Stadthafen, sondern vom östlich des Zentrums ausgeschilderten SEKA-Hafen (Seka Limanı) ab, Zubringerservice der Fährgesellschaften. Die beiden alteingesessenen Reedereien **Fergün** (℡ 7412323, ℻ 7412802) und **Akgünler** (℡ 7414033, www.akgunler.com.tr) haben fusioniert, besitzen aber immer noch getrennte Büros im Zentrum an der Uferstraße. Mit dem Schnellboot 29 €/Pers., mit der Fähre 25 €, Auto 62 € (inkl. Fahrer), Wohnmobil je nach Größe ab 70 €.

Schiff in den Libanon: Montags mit Fergün (s. o.) nach Beirut. 88 €/Pers., Auto 110 €. Dauer 10 Std. (Stand: 2011).

Übernachten/Camping/Essen & Trinken

Motel Lades, am westlichen Ende des Stadthafens. So altbacken, dass es schon wieder cool ist. Aber egal! Geräumige, sehr saubere Zimmer mit Steinböden und deutlichen Gebrauchsspuren, aber gepflegt und alle mit Balkon und Wahnsinnsblick. Großer Pool zum Meer hin, Restaurant. DZ 49 €. İnönü Cad. 45, ℡ 7414008, ℻ 7414258, www.ladesmotel.com.

Meltem Pansiyon, saubere Familienpension direkt hinterm Strand, in der sich Leser immer wieder wohlfühlen. Alle 20 Zimmer schlicht, aber mit Fliesenböden, Bad, Kühlschrank und TV, teilweise auch mit Kochgelegenheit. Mit Glück erwischen Sie eines der Zimmer nach vorne raus – herrlichster Meeresblick! DZ 33 €, Frühstück extra. Sahil Cad. 75, ℡ 7414391, www.meltempansiyon.net.

Holmi Pansiyon, direkt hinter der Grünanlage bei den Ausflugsschiffen. 9 einfache, aber ordentliche Zimmer mit Klimaanlage und Kühlschrank (bis auf eines alle mit Balkon). Dachterrasse mit Küche, die jeder benutzen darf. In den Sommermonaten, wenn Arif aus Nürnberg da ist, deutschsprachig. DZ 32 €. Sahil Cad. 23, ℡ 0537/8326445 (mobil).

Fatih Hotel, zentral an der Durchgangsstraße. 15 einfache, aber sehr saubere Zimmer mit Bad, TV und Klimaanlage. Zur Straße hin laut, zum Hafen hin jedoch mit Balkon und schönem Blick. DZ 29 €, Frühstück 3,20 € extra. Atatürk Bul. 29, ℡ 7414125, ℻ 7414248, www.hotelfatih.net.

Camping Akçakıl Camping, schönes Gelände mit gepflegtem privatem Kiesstrand. Wenige, aber gut funktionierende Sanitäranlagen. Gemütliches, nicht billiges Fischrestaurant angeschlossen. Zudem werden 10 Zimmer mit Klimaanlage und Bad (auf 5 Bungalows verteilt) vermietet. Eigene kleine Terrassen – nur einen Katzensprung vom kühlen Nass entfernt. Angenehme Atmosphäre, deutschsprachig. Ganzjährig. Im Rücken des Platzes verläuft die vierspurige Küstenstraße, der Verkehrslärm hält sich jedoch in Grenzen. Campen für 2 Pers. mit Wohnmobil 15 €, Bungalow für 2 Pers. 50 €. 4 km westlich von Taşucu, ✆ 7414451, ✆ 7414900, www.akcakilcamping.com.

Essen & Trinken Gute und günstige Lokale an der Uferfront, empfehlenswert ist zudem das Restaurant des **Akçakıl Campings** (s. o.).

Baba Café Restaurant, am Westende des Stadthafens. Nettes, lichtes Ambiente mit moderner Kunst an den Wänden, Traumterrasse direkt über dem Meer. Grillgerichte, aber auch Hühnchen mit Pilzen oder Pizza mit Garnelen. Die Gerichte sind auf einer Tafel angeschrieben. Hg. 4,40–7 €. ✆ 7415991.

Denizkızı Restaurant, am Hauptplatz nahe dem Fähranleger. Die „Meerjungfrau" ist ein nett eingerichtetes Lokal mit toller Dachterrasse. Gute Fischauswahl, die Portion ab 6,50 €. ✆ 7414194.

Ayatekla

Ayatekla, einer der bedeutendsten frühchristlichen Wallfahrtsorte, war mit dem antiken *Seleukeia*, dem heutigen Silifke, durch einen Treppenweg verbunden. Einer Legende nach befand sich hier in einer Höhle der Wohn- und Sterbeort der Heiligen Thekla (*Aya Tekla*). Sie war eine Schülerin des Apostels Paulus und mit ihm, als Jüngling verkleidet, durch die Lande gereist. Bereits im 2. Jh. wurde ihre Höhle in eine **Grottenkirche** umgewandelt. Sie ist zu besichtigen, auch finden darin immer wieder Gottesdienste statt. Das Grab darin soll das der Heiligen sein. Im 4. Jh. entstand darüber eine dreischiffige, 90 m lange Basilika, von der noch Teile der Apsis stehen. Im 5. Jh. kam unter Kaiser Zenon (474–491) eine weitere, nach ihm benannte Basilika hinzu. Sie lag etwas weiter nördlich, die Grundmauern sind noch erhalten. Erhalten blieben auch die mächtigen Tonnengewölbe einer dreischiffigen **Zisterne** beim Wärterhäuschen. Der heilige Bezirk umfasste noch weitere Zisternen, Kirchen und eine Therme, an die jedoch kaum ein Stein mehr erinnert.

Von der Nationalstraße 400 Richtung Westen kurz hinter Silifke bei einer Exen-Gas-Tankstelle ausgeschildert. Von dort noch rund 1,5 km landeinwärts. Die **Dolmuşe** zwischen Taşucu und Silifke passieren die Abzweigung. Tägl. 8–20 Uhr, im Winter bis 17 Uhr. Eintritt 1,20 €.

Silifke
ca. 53.000 Einwohner

Silifke ist ein ruhiges Provinzstädtchen im Schatten einer mächtigen Zitadelle. Der nächste Strand liegt rund 15 km entfernt – Touristen verirren sich hierher meist nur zu einem Tagesausflug.

Das grüne Wasser des *Göksu* teilt Silifke in zwei Hälften. Grünstreifen und Teegärten säumen den Flusslauf, der im Sommer wie eine Klimaanlage wirkt – in seiner unmittelbaren Nähe ist es stets angenehm frisch. Im wenig schmucken Zentrum herrscht gelassene Betriebsamkeit. Hier gibt es alles zu kaufen, was die Restaurantbesitzer, Hoteliers und Bauern der Umgebung für gewöhnlich benötigen. Mit dem Anbau von Nüssen, Sesam, Erdbeeren, Zitrusfrüchten und sogar Reis verdienen Letztere ihre Brötchen. Ansonsten ist nicht viel los, es gibt keine Clubs, keine schicken Restaurants oder unterhaltsamen Bars.

Geschichte

Um 300 v. Chr. wurde die Stadt von Seleukos I. Nikator, einem einstigen Feldherrn Alexanders des Großen, gegründet und nach ihm *Seleukeia* benannt. Aufgrund ihrer Lage an einer wichtigen Handelsstraße von der Küste nach Inneranatolien stieg sie zu einer der bedeutendsten Städte des „Rauen Kilikien" (→ Kasten S. 510) auf. 72 v. Chr. wurde sie römisch und erlebte in der frühen Kaiserzeit ihre Blüte. An das antike Seleukeia erinnern heute noch die mächtige steinerne **Brücke** über den Göksu-Fluss und eine wiederaufgerichtete korinthische Säule vom **Jupitertempel** am İnönü Bulvarı – ein Storch nistet dankend darauf. Das antike Erbe wurde vielfach überbaut, z. T. aber ging die antike Bausubstanz auch in Neubauten unter. Antike Kapitele wurden z. B. in der **Reşadiye-Moschee** aus dem Jahr 1912 (Fevzi Çakmak Caddesi) als Säulenbasen zweckentfremdet.

In byzantinischer Zeit entwickelte sich Seleukeia aufgrund des nahe gelegenen Wallfahrtsortes der Hl. Thekla (s. o.) zu einem Pilgerzentrum. Im 7. Jh. begannen die Byzantiner zum Schutz vor maurischen Piraten und arabischen Invasoren mit dem Bau der Zitadelle. 1098 geriet sie für kurze Zeit in die Hand der deutschen Kreuzfahrer. Im 13. Jahrhundert ging sie an die Ritter des Johanniterordens über, die sie zu ihrer heutigen Größe ausbauten. Danach gehörte die Zitadelle abwechselnd den Armeniern, den Emiren von Karaman und ab dem 15. Jh. den Osmanen. Unter Letzteren wurde aus Seleukeia Silifke, eine Provinzhauptstadt. Die Türken degradierten sie zur Provinzstadt.

Übernachten
2 Göksu Otel
4 Arısan Otel
6 Ayatekla Otel

Essen & Trinken
1 Ali Usta'nın Yeri
3 Restaurant Gözde
5 Kale Restaurant

Information/Verbindungen/Sonstiges

Telefonvorwahl 0324.

Information In der V. Gürten Bozbey Cad. 6. Hilfsbereit. Mo–Fr 8–12 Uhr und 13–17 Uhr. ✆ 7141151, www.silifke.gov.tr.

Verbindungen Busbahnhof nahe dem İnönü Bul. südöstlich des Zentrums. Gute Verbindungen über Mut nach Karaman und Konya (12-mal tägl., 4½ Std.), Anamur (3 Std.), über Kızkalesi, Erdemli und Mersin nach Adana (2½ Std.). **Dolmuşe** nach Atakent starten nahe der römischen Brücke am Atatürk Bul., **Dolmuşe** nach Taşucu und Boğsak an der Cavit Erden Cad. **Minibusse** nach Kırobası (Uzuncaburç, Diokaisarea/Olba) fahren nahe der Touristeninformation ab.

Ärztliche Versorgung Im staatlichen Krankenhaus **Devlet Hastanesi** am Atatürk Bul. ✆ 7141159.

Autoverleih Selçuk Rent a Car, im Zentrum im Gebäude des Zeyma Hotels (Eingang neben der Şekerbank nehmen). Billigstes Auto ca. 30 €/Tag. ✆ 7147883, www.selcukrentacar.com.

Einkaufen Großer **Wochenmarkt** am Fr nahe der Touristeninformation in der Celal Bayar Cad.

Veranstaltungen Besuchenswert ist das jährlich vom 20.–26. Mai stattfindende **Musik- und Folklorefestival**. Man sieht herrliche Kostüme, überdimensionierte Masken und tolle Tänze – bei einem davon balancieren Frauen Flaschen auf den Köpfen!

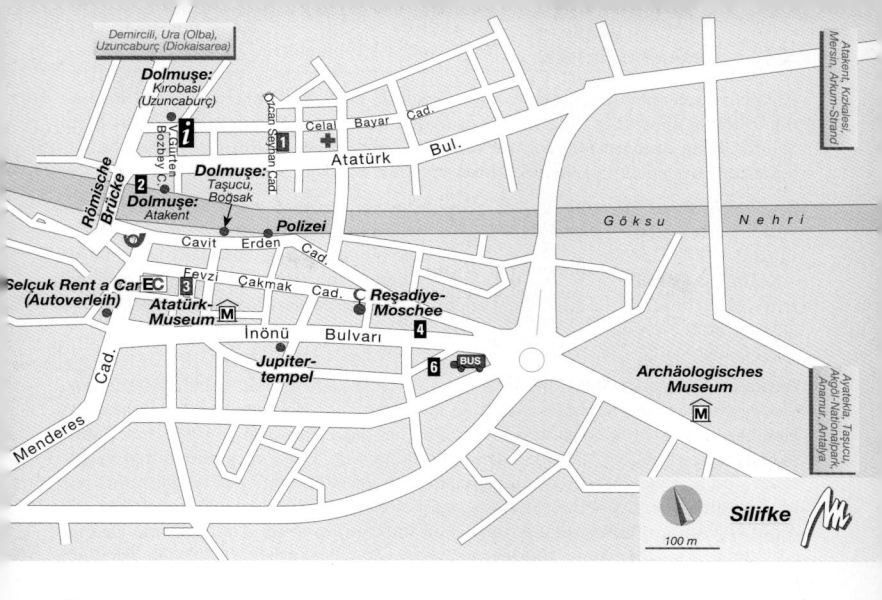

Übernachten/Camping/Essen & Trinken

Woran es auch immer liegen mag – die Putzfrauen von Silifke könnten besser arbeiten ...

Übernachten ** Göksu Otel **2**, nahe der Touristeninformation. In die Jahre gekommen, aber gepflegt und von Lesern immer wieder gelobt. 25 geräumige Zimmer. Terrasse zum Frühstücken mit Blick auf den Göksu. Freundliches Personal. EZ 23 €, DZ 40 €. Atatürk Bul. 20, ✆ 7121021, ✉ 7121024.

Ayatekla Otel **6, in unschöner Lage nahe dem Busbahnhof. Innen besser als von außen. Dennoch nicht zu viel erwarten. Abgewohnte Teppichbodenzimmer mit sauberen Bädern und Klimaanlage, viele mit Balkon. EZ 16 €, DZ 28 €. Saray Mah., ✆ 7151081, ✉ 7151083.

Arısan Otel **4, 27 Zimmer mit Steinböden, Kiefernholzmobiliar und Balkon – insgesamt aber etwas für Leute mit wenig Anspruch. DZ mit Klimaanlage und Bad 20 €, ohne Klimaanlage 16 €, Frühstück auf Wunsch extra. İnönü Cad. 81, ✆/✉ 7143331.

Camping → Taşucu.

Essen & Trinken Kale Restaurant **5**, hoch über der Stadt bei der Burg. Traumterrasse (die Einrichtung innen eine Katastrophe). Grandiose Ausblicke über Silifke und die Schwemmlandebene, herrlich am Abend. Kleine Auswahl an Meze, dazu Gegrilltes und Bier. Hg. 3,50–6,50 €. ✆ 7148292.

Restaurant Gözde **3, nahe der Post. Außenbestuhlung in der Gasse davor. Grillgerichte, frischer Fisch, zudem Topfgerichte. Einfach, gut und günstig. Balıkçılar Sok. 7, ✆ 7142764.

Ali Usta'nın Yeri **1, Lokanta mit Schwerpunkt auf *İskender Kebap*, Hühnchengerichten und Döner, populär und preiswert. Özcan Seyhan Cad. (Seitengasse des Atatürk Bul.).

Sehenswertes

Burg (Kale): Die mächtige Burg über der Stadt zeugt von der Zeit, als Männer noch Ritter sein durften. Die wehrhafte Festung besitzt zwei Mauerringe und insgesamt 13 Türme, eine Besichtigung kostet nichts. Von der Menderes Caddesi sind es 15 schweißtreibende Minuten zu Fuß hinauf. Oben erwartet Sie neben einer schönen

Aussicht auch ein gutes Restaurant (→ Essen & Trinken). Unterwegs kann man einen Blick in eine 12 m tiefe *Zisterne* werfen, in die eine Wendeltreppe führt (dem Schild „Tekin Ambarı" folgen). Wer mit dem Auto unterwegs ist, findet die Abzweigung zur Burg an der Straße nach Mut, von dort noch 1 km bergauf.

Archäologisches Museum: Das eher zweitklassige Museum etwas außerhalb an der Straße nach Anamur zeigt Funde aus der Umgebung, die ältesten stammen aus hethitischer Zeit. Im Eingangsbereich grüßt Sie ein steinerner Löwe aus Diokaisarea (→ „Im Hinterland von Silifke"). Außerdem gibt es römische Statuen und einen Teil jenes Münzfundes zu sehen, der bei der Meydancık Kalesi (ca. 10 km südlich von Günar) entdeckt wurde.
Tägl. (außer Mo) 8–17.30 Uhr. Eintritt frei.

Akgöl-Nationalpark: Das 14.500 ha große Göksu-Delta mit schilfumstandenen Süßwasserseen und Salzwasserlagunen zwischen ausgedehnten Sanddünen besitzt eine bemerkenswerte Flora und Fauna. Ein Teil des Deltas wurde 1990 zum Nationalpark erklärt. Allein 331 der insgesamt 450 in der Türkei vorkommenden Vogelarten sind hier vertreten, darunter das Halsbandfrankolin und der Purpurhuhn, das in der Antike wegen seines Fleisches beliebt war und heute vom Aussterben bedroht ist. Am größten ist die Artenvielfalt im Winter, wenn das Delta zur Heimat oder zum Zwischenstopp nordeuropäischer Zugvögel wird. Das Delta ist auch Brutplatz zweier Meeresschildkrötenarten, der *Chelonia midas* und der *Caretta caretta*, sowie winterliche Heimat von Mittelmeerrobben. Zudem gedeihen hier 441 verschiedene Pflanzenarten, darunter acht endemische.

Anfahrt Das Vogelschutzgebiet bzw. den Beobachtungsturm erreicht man am einfachsten über Taşucu: dort die Abzweigung zum Hafen SEKA Limanı nehmen, 100 m hinter diesem über die Brücke fahren, 450 m weiter rechts ab, durch die Feriensiedlung und dahinter entlang der Küste weiter.

Hinweis Vermeiden Sie Störungen zur Brutzeit der Vögel zwischen April und Juni und halten Sie sich während der Eiablage der Schildkröten zwischen Mai und Sept. von den Sandstränden im westlichen Teil des Deltas fern.

Cañon im Hinterland von Silifke

Im Hinterland von Silifke

Ein Ausflug ins Hinterland, in die schroffe Bergwelt des Taurus mit seinen Ruinenstädten, ist mehr als nur empfehlenswert – es ist ein Erlebnis.

Barbarossas letztes Bad

Am 11. Mai des Jahres 1189 begann der Dritte Kreuzzug. An jenem Tag brach in Regensburg ein 15.000 Mann starkes, deutsches Kreuzfahrerheer mit dem Ziel auf, die heilige Stadt Jerusalem den Muselmanen zu entreißen. An der Spitze des Heeres stand der Stauferkaiser Friedrich I., später wegen seines rötlichen Vollbarts „Barbarossa" genannt. Der Weg führte über das Königreich Ungarn und das serbische Zarenreich an den Bosporus. Von dort wollte man über Konya den langen Weg weiter nach Palästina antreten. Doch der zuvor friedlich vereinbarte Durchmarsch durch das Lehensreich des Seldschukensultans Kılıçaslan II. endete in einem blutigen Gemetzel. Als das Kreuzfahrerheer Konya erreichte, waren die Karten neu gemischt, Kılıçaslan II. bereits abgetreten und seine kaiserfeindlich gesinnten Söhne an der Macht. Es kam zu einer Schlacht, bei der die Kreuzfahrer siegten und anschließend angeblich nahezu alle Einwohner Konyas enthaupteten.
Von Konya zog der Dritte Kreuzzug weiter gen Süden über den Taurus. Am 10. Juni 1190 fand er jedoch mit dem Tode Barbarossas sein Ende. Der Kaiser kam nicht heroisch hoch zu Pferde im Schlachtengetümmel ums Leben und wurde auch nicht aus dem Hinterhalt ermordet: Er ertrank ganz banal im Göksu, 9 km nördlich des heutigen Silifke. Ob er dabei in schwerer Rüstung vom Pferd fiel oder das kühle Bad im Fluss ein Herzversagen auslöste, ist ungewiss.
Nach dem Tod desCed Kaisers trat das Gros des Heeres entmutigt die Heimreise an. Ein kleiner Trupp von rund 1500 Mann kämpfte sich weiter voran gen Palästina – mit den Gebeinen des Kaisers im Gepäck, um ihn im heiligen Land zu bestatten. Der Verbleib der sterblichen Überreste Barbarossas ist bis heute unbekannt, denn das bereits dezimierte Heer schrumpfte (mehr durch Krankheiten als durch Kämpfe) zunehmend und löste sich schließlich auf. Heute lebt der wohl volkstümlichste deutsche Kaiser in der Kyffhäusersage fort und wartet im gleichnamigen Berg in Thüringen auf seine Wiederkehr.

Alahan Manastırı (antike Stätte)

Imposanter können Ruinen nicht liegen. Weltfern, auf 1200 m Höhe an der schroffen Südseite eines Bergmassivs, stehen die Reste einer byzantinischen Klosteranlage aus dem 5. Jh. Die Aussicht mit dem weiten Tal des Göksu zu Füßen ist vom Feinsten.

Vom Parkplatz steigt man zur einst dreischiffigen **Evangelistenbasilika** auf. Beeindruckend ist ihr mit reicher Ornamentik verziertes, aus drei Quadern bestehendes Portal. Oben in der Mitte ist ein Christusmedaillon zu sehen, das von zwei Engeln umrahmt wird. Die Innenseite der Türpfeiler zeigen Reliefs des Erzengels Gabriel (über einem Stier) und auf der anderen Seite Michaels (über barbusigen Frauen), welche den Sieg des Christentums über heidnische Kulte darstellen. Etwas weiter östlich steht das **Baptisterium** mit einem Taufbecken in Form eines Kreuzes. Danach folgen **Felsgräber**, zu sehen ist hier der Sarkophag des Bischofs Tarasis, des Gründers des Klosters, der hier 462 verstarb. Am eindrucksvollsten aber ist die **Hauptkirche** ganz im Osten der Terrasse. Ihre Grundmauern sind weitestgehend erhalten, es fehlt lediglich das Dach. Drei mit Akanthusreliefs geschmückte Portale führen ins Innere.

Anfahrt/Öffnungszeiten: Die Abzweigung zum Kloster ist von der Nationalstraße 715 Mut – Karaman mit „Alahan Kilisesi" ausgeschildert. Wer mit dem Karaman-**Bus** aus Silifke anreist und an der Abzweigung aussteigt, muss sich im Sommer auf den längsten und heißesten Zwei-Kilometer-Marsch seines Lebens gefasst machen – in Serpentinen geht es steil bergauf. Decken Sie sich auf jeden Fall mit Getränken ein (gibt es an der Abzweigung zu kaufen). Über dem Parkplatz laden Picknickbänke zu einer Pause ein. Im Sommer tägl. 8–19 Uhr, im Winter bis 17 Uhr. Eintritt 1,20 €.

Alahan – Ruinen der Hauptkirche

Über **Karaman** lesen Sie weiter ab S. 705.

Diokaisarea/Olba (antike Stätten)

Auf knapp 1200 m Höhe liegt das Dorf Uzuncaburç inmitten der Ruinen des antiken Diokaisareas, einem einst heiligen Ort, in dessen Zentrum der Tempel des Zeus Olbios stand. Verwaltet wurde der heilige Bezirk von dem 4 km östlich bei dem heutigen Dörfchen Ura gelegenen Olba. Bis zu dessen Integration in die römische Provinz Cilicia im Jahre 72 herrschte Olbas Priesterdynastie der Teukriden, deren Name auf den Wettergott Tarku zurück geht, auch über Teile der kilikischen Küste.

Zweigt man ca. 25 km nördlich von Silifke von der Straße in Richtung Kırobası nach Uzuncaburç ab, fällt nach kurzer Zeit das **Anıt Mezarı** in der rauen Berglandschaft ins Auge, ein 16 m hoher Grabturm der Teukriden (über einen Fußweg zu erreichen). 2 km weiter erreicht man Uzuncaburç. Dort parkt man vor fünf imposanten Säulen mit dekorativem Gebälk, die Reste eines **Prunktores** sind. Von hier führte eine Kolonnadenstraße zum **Tempel**, der der Stadtgöttin Tyche geweiht war und von dem ebenfalls noch fünf Granitsäulen stehen. Rechter Hand der Kolonnadenstraße lag das **Nymphäum**, linker Hand der vermutlich im 3. Jh. v. Chr. errichtete **Zeus-Olbios-Tempel**. Die Monumentalität dieser Kultstätte lassen die 30 noch heute in den Himmel ragenden Säulen erahnen. Auf dem Gelände des antiken Diokaisarea warten zudem noch ein **Theater**, das rund 3000 Zuschauern Platz bot (südöstlich des Parkplatzes), und ein fünfstöckiger, über 20 m hoher **Wachturm** der nördlichen Stadtmauer auf ihre Entdeckung. Letzterer diente auch zur Aufbewahrung des Tempelschatzes und als Fluchtturm, und war schließlich Namensgeber der heutigen Siedlung (*uzunca burç* = langer Turm). Rund um die Stadt liegen mehrere **Nekropolen**. Im Altertum war es schick, sich nahe einem heiligen Ort bestatten zu lassen.

Von Uzuncaburç ist der Weg nach Ura bzw. zu den Ruinen der antiken Stadt Olba ausgeschildert. Dazu gehören u. a. die Reste eines **Nymphäums**, eines **Theaters**, einer **Klosteranlage** und mehrere **Felsnekropolen**. Am besten erhalten ist das **Aquädukt**, das ein Tal überbrückt und von der Straße zu sehen ist.

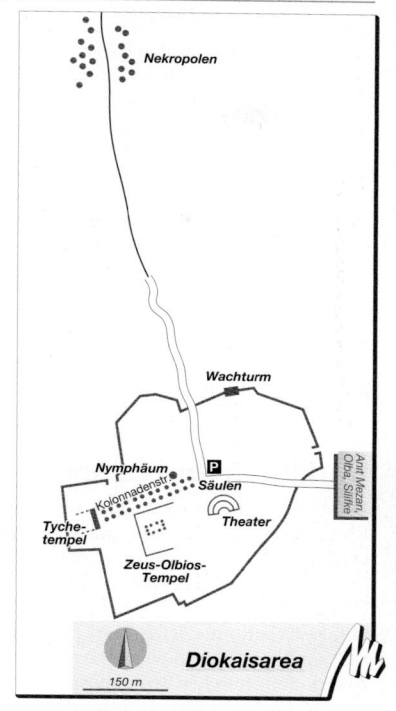

Die Straße an den Ruinen vorbei führt übrigens ins 9 km entfernte Dorf **Canbazlı**. Dort kann man neben mehreren **Grabtempeln** auch die **Alakilise** besichtigen, eine bis auf das Dach und den Narthex erhaltene dreischiffige Basilika aus dem 6. Jh. Olba und Canbazlı sind Ziele für Entdecker – es macht viel Spaß, auf die Suche nach den verstreut gelegenen Ruinen zu gehen. Von Canbazlı führt ein schmales beschildertes Sträßlein vorbei an den Adamkayalar (→ S. 533) nach Kızkalesi.

Von Silifke ist Uzuncaburç 6-mal tägl. mit **Minibussen** (an Wochenenden nur 3-mal tägl.) zu erreichen. Die angesprochenen Ausgrabungsstätten sind stets zugänglich.

Diokaisarea kostet 1,20 € Eintritt, die Ruinen von Olba und Canbazlı können kostenlos besichtigt werden.

Zwischen Silifke und der Çukurova

Nachdem man das Göksu-Delta hinter sich gelassen hat und die Nationalstraße 400 wieder parallel zum Meer verläuft, wechseln Badeorte mit antiken Ausgrabungsstätten ab. Die Kette der internationalen Ferienzentren an der Südküste endet mit Kızkalesi. Der verlockende Dreiklang „Sonne, Strand und Meer" bietet von dort bis zur syrischen Grenze nicht mehr viel Überzeugendes – insbesondere die Strände lassen oft zu wünschen übrig. Je mehr der Taurus sich ins Hinterland verlagert und die kilikische Ebene sich auftut, desto verbauter wird die Küste. Erste Vorboten des türkischen Traums vom Apartment am Meer tauchen zwischen Atakent und Kumkuyu auf. Ab Erdemli erleben Sie, wie sich eine Küste verändern kann, wenn Millionen den gleichen Traum verwirklicht haben. Die nächsten 20 km bis Mersin wird das Ufer von einer geschlossenen Häuserfront gesäumt. Es dominieren zehnstöckige Apartmentbauten, die paar antiken Ruinen dazwischen sind nicht der Rede wert.

Atakent

Rund 16 km östlich von Silifke liegt das aus mehreren Ortsteilen bestehende, gesichtslose Retortenkonglomerat Atakent, eine beliebte Sommeradresse von Familien aus Konya, Karaman, Mersin und Adana. Die Küstenstraße trennt ihre Apartmentblocks von einem gepflegten Sandstrand. Ein wechselwarmes Bad verspricht ein Sprung in die direkt östlich an den Ortsteil Susanoğlu grenzende Bucht **Yapraklı Koy**: zuoberst eine erfrischende, ca. 8 °C kühle Süßwasserschicht, darunter das im Sommer bis zu 28 °C warme Meerwasser. In der Gegend findet man noch weitere Buchten, wo süßes Quellwasser auf salziges Seewasser trifft.

Regelmäßige **Dolmuş**verbindungen von und nach Silifke.

Narlıkuyu und Cennet ve Cehennem

Rund 20 km östlich von Silifke, unterhalb der Nationalstraße 400, liegt die schöne Bucht Narlıkuyu. Sie wird von einer ganzen Reihe überaus gemütlicher **Fischrestaurants** gesäumt. Wen man auch fragt, jeder hat einen anderen Favoriten. Empfehlenswert sind auf jeden Fall das „Lagos" (✆ 7233282) und das „Kerim" (✆ 7233295), wo Sie – wie überall – für ein gutes Abendessen inklusive Meze, Wein und Fisch mit mindestens 25 € pro Person rechnen sollten. Zur Verdauung bietet sich ein Besuch des in der Nähe gelegenen kleinen **Museums** an. Das einzige Exponat ist ein römisches Bodenmosaik aus dem 4. Jh., das sich in einem hervorragenden Zustand befindet. Es zeigt die unverhüllten Grazien Aglaia und Euphrosyne sowie die Muse Thalia. Das Mosaik ist der einzige erhalten gebliebene Überrest einer Bäderanlage, die in der Antike in der Bucht betrieben wurde. (Wer es besichtigen will, muss in den Restaurants nach dem Museumswärter fragen; Eintritt frei).

Nördlich der Küstenstraße (ausgeschildert) befinden sich die seit der Antike bekannten Grotten **Cennet ve Cehennem** („Himmel und Hölle"). Erdmutter Gaia brachte hier Typhon zur Welt, ein hundertköpfiges, feuerspeiendes Ungeheuer, das einen langwierigen Kampf gegen Wolkensammler Zeus antrat. Schließlich jagte der Göttervater das Ungetüm ins Meer vor Italien, packte eine Insel und beerdigte es lebend darunter. Die Insel wurde später als Sizilien bekannt und das Feueratem des unsterblichen Typhon zum Ätna. Geologisch handelt es sich bei den „korykischen Grotten" um zwei Einsturzdolinen (*Obruks*). Ihre Entstehung erklärt sich durch einen unterirdischen Fluss, der im Karst ein Höhlensystem bildete, und dessen Decke irgendwann einstürzte.

Unmittelbar nördlich des Parkplatzes liegt der **Himmel** („Cennet Çöküğü"). Er ist begehbar. 290 Stufen führen in die 200 m lange Doline mit paradiesischem Baumbewuchs hinab. Ganz unten am Kesselrand steht eine vermutlich aus dem 5. Jh. stammende Kapelle. Sie markiert zugleich den Eingang ins Innere der Erde. In die Höhle, die sich dort auftut, führen weitere rund 150 glitschige Stufen. Dann können Sie mit ein wenig Glück den unterirdischen Fluss rauschen hören. In trockenen Sommern allerdings herrscht Wassermangel – im Himmel wie auf Erden.

Die 128 m tiefe **Hölle** („Cehennem Çukuru") liegt keine 100 m weiter nördlich des Himmels; sie ist über einen Pfad vom Parkplatz zu erreichen. In der Antike galt das mehr oder weniger runde Loch von 50 m Durchmesser als der Eingang zum Hades. Der Abstieg in die Hölle ist hier selbst für den größten Sünder unmöglich – die senkrecht abfallenden Felswände lassen höchstens einen Sprung zu ...

Südlich des Parkplatzes sind noch die Reste eines **Zeusheiligtums** aus dem 3. Jh. v. Chr. zu sehen, das im 5. Jh. in eine Basilika umgebaut wurde. Vom Parkplatz ist zudem die 300 m weiter gelegene **Astım Mağarası** („Asthmahöhle") ausgeschildert. Die sehenswerte Tropfsteinhöhle besitzt neben ästhetischen Qualitäten angeblich auch therapeutische. Achtung – sie ist schlecht ausgeleuchtet, und die Wege sind glitschig. Wir empfehlen feste Schuhe und eine Taschenlampe.

Die **Busse** von Silifke nach Kızkalesi passieren die Abzweigung nach Narlıkuyu bzw. Cennet ve Cehennem. Zu den Dolinen sind es von dort noch ca. 2 km zu Fuß. Tägl. 8–20 Uhr, im Winter bis 17 Uhr. Eintritt Cennet ve Cehennem 1,20 €, Asthmahöhle 1,20 € extra.

Kızkalesi

Alles in einem: Landburg, Sandburg, Hotelhochburg und benannt nach der Seeburg Kızkalesi, der „Mädchenburg". Die malerische Inselfestung – weiße Mauern im blauen Wasser – liegt nur 100 m vom Strand entfernt.

Kızkalesi, neben den Ruinen des antiken *Korykos* (→ Sehenswertes) errichtet, ist eine Hochburg des Badetourismus. Es ist keine Stadt, mehr eine Ansammlung von Hotels, Pensionen und Apartmenthäusern, eine Art improvisiertes Klein-Rimini, in dem mehr geklotzt als gekleckert wurde. Flair besitzt Kızkalesi nur in der ersten Reihe – wer ein Zimmer mit Blick auf den feinen, sandburgfreundlichen Strand, das Meer und die malerische Seeburg hat, kann sich glücklich schätzen. Alle anderen beißen die Hunde: Der architektonische Sündenfall hinter dem im Sommer proppevollen Strand ist nur über-, aber kaum anschaubar. Das war noch anders, als 1983 der damalige Bundespräsident Richard von Weizsäcker in Kızkalesi drei Tage Urlaub machte – worauf man übrigens bis heute stolz ist.

Verbindungen/Ausflüge/Sonstiges

Telefonvorwahl 0324.

Verbindungen Kızkalesi ist mit Bussen und Dolmuşen von Silifke und Mersin problemlos mind. alle 20 Min. zu erreichen, gehalten wird an der Durchgangsstraße.

Organisierte Touren/Autovermietung Können auch nach Aufgabe der Villa Nur (→ Übernachten) über **Peter und Nurten Zandonella** gebucht werden. Angeboten werden u. a. Tagestouren in die Umgebung und Bootstrips zu den umliegenden Buchten; die Preise richten sich nach der Teilnehmerzahl. Zudem Autoverleih, billigstes Fahrzeug ab 30 €. ✆ 5232128, www.kizkalesi.de.

Tauchen/Wassersport Tauchmöglichkeiten bestehen über das **Clubhotel Barbarossa** (→ Übernachten), jedoch nur für erfahrene Taucher und nur am Wochenende. Jetski, Parasailing und Bananaboot am Strand.

Übernachten/Camping/Essen & Trinken

Alle hier aufgeführten Unterkünfte besitzen Zimmer mit Meeresblick bzw. auf die nachts malerisch beleuchtete Mädchenburg – Disneyland lässt grüßen. Wer billi-

Türkische Riviera

ger wohnen muss, kann in den hinteren Reihen nach einem Zimmer Ausschau halten, wo es ebenfalls Unterkünfte en masse gibt. Überall ist mit nächtlicher Lärmbelästigung durch Diskotheken und Bars zu rechnen, insbesondere an Hochsommerwochenenden. Im Sommer ist ein Zimmer mit Klimaanlage fast ein Muss. Ab Mitte September werden großzügige Rabatte gewährt (angegeben sind wie immer die HS-Preise).

**** Clubhotel Barbarossa, im Westen des Hauptstrandes. Neu restauriertes Haus, helle Zimmer mit Laminatböden – fast alle Balkone blicken zur großen Poolanlage mit dem Meer dahinter. DZ mit HP 100 €. Çetin Özyaran Cad., ✆ 5232364, ℻ 5232090, www.barbarossahotel.com.

Villa Nur, im ehemaligen Sommerhaus einer reichen Mersiner Familie. Empfehlenswerte Adresse unter deutsch-türkischer Leitung – leider gibt das nette Ehepaar Zandonella die Unterkunft nach der Saison 2012 (evtl. 2013) auf. Familiäre Atmosphäre. Nur 3 Zimmer mit Steinböden, Meeresblick und Klimaanlage. Sehr sauber. Große Sonnenterrasse, tolles Frühstück und gutes Restaurant. Von Lesern immer wieder gelobt. Inkl. Frühstück 35 €/Pers., mit HP 45 €. Gegenüber der Mädchenburg, ✆ 5232128, www.kizkalesi.de.

Hotel Hantur, 20 geräumige, saubere, einfachere Zimmer, alle mit Fliesenböden, Klimaanlage und Balkon. Eine verlässliche Adresse seit rund 20 Jahren. Freundlicher Wirt. Auch im Winter geöffnet. DZ 45 €. Neben der Villa Nur, ✆ 5232367, ℻ 5232006, www.hotelhantur.com.

Hotel Angel Saadet, sympathische 12-Zimmer-Adresse neben dem Hotel Hantur, eine Leserentdeckung. Zwar nicht in erster Reihe, aber trotzdem viele Zimmer mit Meeresblick, alle mit Balkon. Komfortabel, ausreichend groß, sehr sauber und freundlich, mit Hang zum liebenswerten Kitsch ausgestattet: Die Lobby ist z. B. mit vielen Porzellanfiguren dekoriert. DZ 41 €. Ahmet Erol Cad. 38, ✆ 5232173, www.hotel-saadet.com.

Camping → Ayaş, S. 534.

Essen & Trinken Arif Balık Restaurant, 100 m hinter dem westlichen Ende des Strandes. Eine nette Fischadresse mit Tischen direkt am Wasser. Fischgerichte 6,50–10,50 €, dazu am besten den leckeren Rucolasalat bestellen. Preise vorher klarmachen. ✆ 5232247.

Nur Café Bar, das Restaurant der Villa Nur (→ Übernachten, leider Aufgabe geplant). Lauschiges Gärtchen unter Palmen direkt hinter dem Strand. Sehr gute türkische und internationale Küche – es gibt alles zwischen Spaghetti mit Tomatensoße, Hühnchenschnitzel und türkischer Hausmannskost, auf Wunsch auch Fisch. Hg. 5–14 €.

Hataylı Paşa Restaurant, im Zentrum (kennt jeder). Seit Jahren ein Renner. Das Brot kommt so lang wie der Tisch auf den Tisch, bei türkischen Familien sind zwei Meter locker möglich. Internationales Publikum, viele Deutsche. Fisch- und Fleischküche, gute Meze, tagsüber auch ein paar Topfgerichte. Gute Stimmung und faire Preise: Hg. 3,80–6,50 €. ✆ 5232604.

Kemal's Platz, der Treffpunkt der Deutschen zum Morgen-, Mittags- und Abendbier, schräg gegenüber dem Arif (s. o.). Fisch ab 7,50 €, Grillspieß ab 3,20 €. ✆ 5232530.

》》 Unser Tipp: Zum Fischessen nach Narlıkuyu (S. 530). Taxi ab Kızkalesi ca. 7 €. 《《《

Sehenswertes rund um Kızkalesi

Korykos: Über das antike Korykos ist wenig bekannt, zumal es kaum erforscht und ausgegraben ist. Gegründet wurde die Stadt laut Herodot von einem gleichnamigen zyprischen Prinzen. Anderen Theorien zufolge leitet sich der Name des Ortes von dem einstigen Hauptanbauprodukt der Gegend, dem Safran (griech. *krokos*), ab. Auf jeden Fall war Korykos von der hellenistischen bis weit über die byzantinische Zeit hinaus eine der bedeutendsten Städte des östlichen Kilikiens.

Die meisten Überreste der antiken Stadt schließen sich im Osten an Kızkalesi an. Unübersehbar, direkt am Meer, steht dort die *Landburg,* die früher landeinwärts von einem Wassergraben umgeben war und den heute verlandeten Hafen schützte (tägl. 8–20 Uhr, im Winter bis 17 Uhr, Eintritt 1,20 €). Im 11. und 13. Jh. wurden ihre Mauern verstärkt, insbesondere mit der antiken Bausubstanz von Korykos. So lassen sich in der Nordwand beispielsweise Altarsteine und Säulentrommeln finden. Im Inneren der Burg sind lediglich Reste von Zisternen und dreier Kapellen zu entdecken.

Gegenüber liegt die sagenumwobene *Seeburg*, die sog. *Mädchenburg*, früher trockenen Fußes über eine Mole von der Landburg zu erreichen. Heute müssen Sie hinüberschwimmen (an der engsten Stelle 300 m), ein Tretboot mieten oder sich für einen Obolus übersetzen lassen. Die achttürmige Festung diente ebenfalls zum Schutz des Hafens. Ihre Entstehungslegende geht so: Einem Sultan wurde prophezeit, dass seine Tochter jung an einem Schlangenbiss sterben werde. Aus Sorge errichtete er die Burg auf einem Felsen im Meer, wo sein Kind fernab aller Schlangen aufwachsen sollte. Doch Pustekuchen – eine in einem Obstkorb auf die Insel geschickte Natter erfüllte die Weissagung. Die Legende hört man übrigens in der Türkei fast überall, wo es eine kleine Insel mit einem Turm bzw. einer Burg darauf gibt.

Die Ruinen des Stadtgebiets erstrecken sich östlich der Landburg, im Gestrüpp rechts und links der Ausfallstraße nach Mersin. Auf das weitläufige Gelände verirrt sich selten jemand. Am beeindruckendsten ist die große *Nekropole* mit Sarkophagen und Felsengräbern, dazwischen findet man byzantinische *Kirchenreste*.

Adamkayalar: Rund 7 km nördlich von Kızkalesi liegen die „Menschenfelsen" – hervorragend erhaltene, römische Felsreliefs aus dem 1. Jh. in einer fast senkrechten Felswand am Rande des reizvollen *Şeytan Deresi* („Teufelstal"). Sie stellen Frauen und Männer dar, teilweise als Krieger – keine Szene gleicht der anderen. Die Reliefdarstellungen zeigen sich am Vormittag in ihrem schönsten Licht. Für den lohnenswerten und abenteuerlichen Ausflug sollten Sie absolut trittsicher und schwindelfrei sein, in jedem Fall sollten Sie nicht alleine oder mit Kindern gehen.

Anfahrt: Der Weg nach **Adamkayalar** ist von der Nationalstraße 400 in Kızkalesi (bei der einzigen Moschee) ausgeschildert. Dabei folgt man der Straße nach Hüseyinler. Nach ca. 5 km geht es links ab (Hinweisschild). Nach weiteren 700 m (Schotterweg, aber machbar) erreicht man antike Ruinen, dort endet der Schotterweg. Von dort führt ein rot markierter Pfad den Felshang hinab. Bis zu den Reliefs noch ca. 20 Min. Von den Adamkayalar-Felsen können Sie auf Schleichwegen durchs Hinterland über Canbazlı nach Uzuncaburç/Diokaisarea (→ S. 528) gelangen.

Ayaş/Elaiussa-Sebaste

Rund 5 km trennen Kızkalesi von Ayaş. Auf dem Weg dahin passiert man zahlreiche Grabbauten, daher wird dieser Abschnitt der Küstenstraße auch *Via Sacra*, „Heilige Straße", genannt. Ayaş selbst präsentiert sich als eine weit verstreute Apartmentblock-Feriensiedlung mit mehreren kleinen Stränden direkt neben der Küstenstraße. Die Siedlung erstreckt sich auch auf dem Boden der antiken Stadt Elaiussa-Sebaste. Vor rund 2000 Jahren, als der hiesige Küstenverlauf noch anders aussah, lagen mehrere Bauten der antiken Stadt auf einer Insel 100 m vor der Küste – heute mit dem Festland verbunden. Viele Ruinen sind noch immer unter Sanddünen begraben, die römische *Università La Sapienza* ist bemüht, dies zu ändern. Auf dem weitläufigen Trümmerfeld im Westen von Ayaş (gut von der Straße zu sehen und toll zum Durchstreifen) kamen u. a. bereits ein **Theater**, mehrere **Tempelanlagen**, **Stadtmauerteile**, Überreste eines **Aquädukts**, **Nekropolen** und eine byzantinische **Basilika** ans Tageslicht. Ein Infoplan am Straßenrand erklärt, was Sie wo entdecken können. Die zwischen Wohnhäusern verstreuten, teils recht imposanten Ruinen sind stets zugänglich und kosten keinen Eintritt.

Verbindungen Alle Busse auf der Strecke Kızkalesi – Mersin passieren Ayaş.

Camping Davut Camping, in Ayaş direkt am Meer, ausgeschildert. Kleiner, einem Hotel angeschlossener, gepflegter Platz für Wohnmobile und Zelte (saftige Wiese). Nettes Restaurant, Plattform zum Sonnen am Meer, leider kein Sandstrand direkt vor der Nase. Dusche und Toilette in einem Hotelzimmer. Ganzjährig. 2 Pers. mit Wohnmobil 12,50 €. Yemişkumu Mah., ✆/≋ 0324/5222149.

Auch auf dem Ayaş Belediyesi Merdivenli Kuyu Plajı 2 (von Kızkalesi kommend in der Bucht direkt vor den Ruinen am Meer) kann man campen. Mäßige Sanitäranlagen. Fahrzeug 4 €, in der NS kostenlos.

Im 16 km östlich gelegenen Küstenort Erdemli gibt es zudem Campingmöglichkeiten auf dem Picknickplatz **Talat Göktepe Çamlığı**. Langer, schmaler, schattiger Streifen zwischen Küstenstraße und Meer. In der NS okay, im Sommer von türkischen Campern und Picknickern überlaufen. 2 Pers. mit Wohnmobil 9 €. ✆ 0324/5160030.

Kanlıdivane (antike Stätte)

Von Ayaş zweigt eine 3 km lange, z. T. von Sarkophagen gesäumte Straße landeinwärts nach Kanlıdivane ab, dem antiken *Kanytelleis*. Die wildromantische Ruinenstätte mit überwucherten Mauerresten gruppiert sich um eine 60 m tiefe, fußballplatzgroße Doline. Im 2. Jh. gehörte der Ort zum Priesterstaat Olba-Diokaisareia (→ S. 528), im 11. Jh. wurde er vermutlich aufgegeben. Der Parkplatz liegt vor einem noch 17 m hohen, einst dreistöckigen **Wehr- und Wohnturm** mit polygonalem Mauerwerk. Weiter westlich stehen die Reste einer **Basilika**, ein Zwillingsfenster ziert die Apsis. Spaziert man am Rand der Doline weiter, kann man auf der Südseite ihrer Abbruchkante ein Felsrelief mit sechs Personen erkennen. Es stellt die Familie Armaronxas dar – welche Stellung diese je besaß, weiß man allerdings nicht. Auf der Nordseite der Doline fallen die imposanten Reste einer einst dreischiffigen **Basilika** ins Auge – nur die Südwand, das Dach und ein Teil des Narthex sind eingestürzt. Sie ist die jüngste der Basiliken von Kanytelleis, die alle im 5. oder 6. Jh. erbaut wurden. Nach ihrem Stifter (von dem eine Inschrift am Hauptor berichtet) wird sie auch **Papylos-Kirche** genannt. Von ihr führte einst ein Tunnel ins Innere der Doline. Rund um den Ort lassen sich zudem mehrere **Nekropolen** erkunden.

Ohne eigenes Fahrzeug muss man die 3 km von Ayaş zu Fuß zurücklegen. Tägl. 8–20 Uhr, im Winter bis 17 Uhr. Eintritt 1,20 €.

Klassenfoto vor der Kurtkulağı-Karawanserei

Die Çukurova

Auf den ersten Blick hat die in der Hitze brütende Schwemmlandebene wenig zu bieten. Wer auf der Durchreise ist, kann in der Çukurova jedoch ein bisschen Großstadtluft schnuppern oder für einen Nachmittag Burgherr spielen.

Die Çukurova, auch „Kilikische Ebene" genannt, erstreckt sich von Mersin bis Osmaniye. Auf der Autobahn (*KGS Kart* nötig → „Unterwegs in der Türkei/Mit dem Auto") hat man sie in weniger als zwei Stunden durchquert. Die fruchtbare Schwemmlandebene wird geprägt von weiten Obst- und Baumwollfeldern, aber noch viel mehr von boomenden Industriestädten – sollte die Entwicklung der letzten Jahre anhalten, bilden Mersin, Tarsus und Adana irgendwann ein einziges Häusermeer. Es ist noch kein Jahrhundert her, da war die Gegend dünn besiedelt und in erster Linie Überwinterungsplatz von Nomaden, die die Sommermonate in den Bergen des Taurus verbrachten. Denn bis in jüngere Zeit war die Çukurova Brutstätte der Malariafliege. Erst mit der Trockenlegung der Sümpfe änderte sich dies, die Bewässerungskanäle durch die Baumwoll- und Obstplantagen werden überwacht. Von der Malariarisiko-Karte der Weltgesundheitsorganisation ist die Çukurova verschwunden.

Abseits der großen Städte kann man zu Burgen hinaufklettern und antike Ruinenstätten entdecken. Gute Bademöglichkeiten findet man bei Yumurtalık. In manchen Dörfern der Çukurova wird übrigens noch Arabisch gesprochen. Ihre Einwohner stammen von den im 18. Jh. aus Nordsyrien eingewanderten Fellachen ab und gehören der alawitischen Glaubensrichtung an.

> **Çukurova – die Highlights**
>
> **Anavarza:** Pflücken Sie Sonnenblumen vor der Traumkulisse dieser armenischen Zitadelle oder steigen Sie auf den Burgberg – er verspricht tolle Aussichten.
>
> **Karatepe-Nationalpark:** Das beliebte Naherholungsgebiet nordöstlich der Çukurova wird von Kiefern- und Eichenwäldern beherrscht. Hier kann man nicht nur spazieren gehen und picknicken, sondern auch eine hethitische Burganlage besichtigen.

Mersin (İçel)

825.000 Einwohner

Mersin ist die wohlhabende Hauptstadt der Provinz İçel. Sie besitzt schnurgerade Straßen und den zweitgrößten Hafen des Landes.

Mersin ist eine junge Großstadt, noch 1890 zählte man lediglich 9000 Einwohner. Der rapide Aufstieg ging mit dem Ausbau des Hafens einher. Dieser wurde seit dem Beginn des 20. Jh. mehrmals erweitert, anfangs um die landwirtschaftlichen Produkte der Umgebung und des Hinterlandes (v. a. Zitrusfrüchte, Bananen und Baumwolle), später um auch industrielle Güter verschiffen zu können. In der zweiten Hälfte der 1980er erklärte man den Hafen zudem zur größten Freihandelszone der Türkei. Die Boomtown Mersin bekam dadurch ihren letzten Kick. In rasantem Tempo wird seitdem gebaut, die Stadt wuchert nach allen Seiten, an der Straße Richtung Silifke schießen moderne Vorstädte wie Pilze aus dem Boden. Und weit hinter der Küste entstehen unter Regie der staatlichen Wohnungsbaubehörde *TOKI* riesige, gleichförmige Blöcke für all jene, die sich eine anständige Wohnung bisher nicht leisten konnten. Hier leben zugewanderte Arbeiter, vornehmlich Kurden, die in den Raffinerien, Textil- und Düngemittelfabriken ihr Auskommen suchen.

Ein Zwischenstopp in der Metropole Mersin bringt einem die Türkei aber näher als jeder Badeort der Südküste. Das Zentrum ist sympathisch, lebendig und modern, auch wenn es mehr vor architektonischer Ein- als Vielfalt sprüht. Überragt wird es von einem 46-stöckigen Tower mit Hotel und Büros, die Dominante in der Silhouette der Stadt. Weitere Wahrzeichen sind die **Muğdat Camii** mit sechs (!) Minaretten im Osten der Stadt und das Kongresszentrum im golfplatzmäßig begrünten **Atatürk Parkı** an der Uferfront. Dazwischen laden palmengesäumte Fußgängerzonen mit vielen schicken Geschäften und Lokalen zum Bummeln ein.

Alte Bausubstanz hingegen ist rar, nur wenige schöne Stadthäuser aus dem 19. Jh. wurden vor dem Abriss bewahrt. So hat Mersin wenig Kulturhistorisches zu bieten, auch wenn die Gegend, wie Grabungen am 3 km westlich gelegenen Hügel **Yümüktepe** bewiesen, seit 8000 Jahren besiedelt ist. An die Antike erinnern ein paar Säulen des griechischen *Soloi*. Sie liegen in dem zur Trabantenstadt mutierten **Viranşehir** 10 km südwestlich und lohnen – wie Yümüktepe – nicht den Weg. Auch die zwei Museen an der Atatürk Caddesi, das **Atatürk Evi** und das einen Steinwurf entfernte **Archäologische Museum**, beherbergen keine Sensationen. Ersteres zeigt wie alle Atatürk-Museen der Türkei ein paar Erinnerungsstücke an den Staatsgründer, Letzteres Funde aus der Umgebung, insbesondere aus römischer Zeit. Beide Museen sind täglich (außer montags) zwischen 9 und 16.30 Uhr geöffnet und kosten keinen Eintritt.

Information/Verbindungen/Parken

Telefonvorwahl 0324.

Information Am Hafen (İsmet İnönü Bul. 5/1), etwas ab vom Schuss in einem großen ockerfarbenen Gebäude. Mo–Fr 8–12 und 13–17 Uhr. ✆ 2371900, www.mersinkulturturizm.gov.tr.

Verbindungen Bus/Dolmuş: Busbahnhof 15 Fußmin. östlich des Zentrums. Von dort Verbindungen in alle Landesteile. Stadtbusverbindungen zwischen Busbahnhof und Bahnhof sowie zwischen Busbahnhof und Zentrum. Die Dolmuşe nach Tarsus starten am Busbahnhof. Zum Flughafen Adana → Reisebüro.

Zug: Vom Sackbahnhof (✆ 2311267) nördlich der Touristeninformation regelmäßig über Tarsus nach Adana, 1-mal tägl. nach İskenderun sowie Osmaniye.

Schiff: 4-mal wöchentl. (im Sommer 2011 Di–Do u. So) Autofähren nach Zypern (Famagusta), Ablegestelle nahe der Touristeninformation. Einfache Fahrt 25 €/Pers., Auto 62 €. Dauer ca. 10 Std. Bessere Verbindungen ab Taşucu (→ S. 521). Tickets und Infos bei **Ner-Pa Tur** (→ Reisebüro).

Parken Tiefgarage *(Kapalı Otopark)* unter dem Uluçarşı-Platz bei der unübersehbaren Ulu Cami am Uferboulevard, Einfahrt vom İsmet İnönü Bul.

Adressen/Baden

Ärztliche Versorgung Privates **Doğuş Hastanesi** zentrumsnah im Kiremithane Mah. ✆ 2384949.

Autoverleih Mehrere lokale Autoverleiher am İsmet İnönü Bul. gegenüber dem Kongresszentrum, z. B. **Hitit Rent a Car**, ✆ 2377468. Billigstes Auto ab 29 €.

Baden Durch Hafen und Industrie ist das Wasser rund um Mersin belastet. Mehrere Pools, diverse Sportangebote sowie Restaurants, Bars und einen gemütlichen Bier- und Teegarten bietet der **Club Mer Ada** nahe dem Hilton westlich des Zentrums.

538 Die Çukurova

Diplomatische Vertretungen Schweizerisches Honorarkonsulat, Hanri Atat Sok. 8, Kat 3 (Atako International Transport, Shipping and Trading Co. Ltd.), ℡ 2386830, mersin@honorarvertretung.ch.

Österreichisches Honorarkonsulat, Atatürk Cad. 4302 Sok. Toroğlu Apt. Kat 1/1, ℡ 2313606, mersin@avusturyakonsoloslugu.org.

Einkaufen Die größte Shoppingmall der Stadt nennt sich **Forum Mersin**. Sie liegt im südwestlichen Stadtteil Yenişehir (Dolmuşverbindungen vom Zentrum). Auf 65.000 m² gibt es alle bekannten türkischen und viele internationale Modemarken, Kinos, Restaurants und Supermärkte.

Reisebüro Ner-Pa Tur, für Flüge und Auskünfte zu den Abfahrtszeiten der Servicebusse zum Flughafen Adana. İsmet İnönü Bul. 78/C, ℡ 2382881, eylem_nerpaturzm@hotmail.com.

Übernachten/Camping

Mersin ist ein relativ teures Pflaster. Meist nächtigen hier türkische Spesenritter, hinzu kommen wohlhabende Araber.

Hepkon Tower Hotel ❶, untergebracht im Wahrzeichen der Stadt. Das Hotel belegt die 32. bis 45. Etage des Hochhauses, so hat man von allen (schicken) Zimmern eine tolle Aussicht. Man macht auf 5 Sterne. Viel Luxus, wenn auch nicht ganz so viel wie im **Hilton** ❿, das jedoch etwas außerhalb des Zentrums im Westen der Stadt liegt. EZ 91 €, DZ 103 €. Kuvayi Milliye Cad. 107, ℡ 3361010, ℻ 3360722.

**** Mersin Oteli ❼, in erster Reihe – alle Zimmer mit Balkon, viele mit Meeresblick! Einige Etagen wurden bereits restauriert (in etwas protzig-elegantem Stil), andere hatten 2011 noch ordentlich Falten und Flecken. Auch die Rezeption könnte ein Facelifting vertragen. Ansonsten aber für den Preis durchaus okay. EZ 41 €, DZ 62 €.

Übernachten
1 Hepkon Tower Hotel
3 Nobel Oteli
6 Hotel Savran
7 Mersin Oteli
10 Hilton

Essen & Trinken
2 Sabah Lokantası
4 Balıkçı Yaşar
5 Taş Han Antik Gallery
6 Özkan Tantuni Salonu
8 324
9 Mavi Yelken

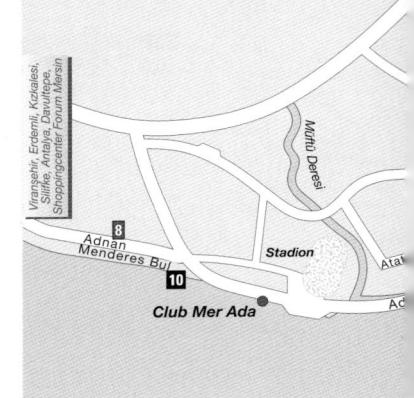

İsmet İnönü Bul. 62, ℡ 2381040, ℻ 2312625, www.mersinoteli.com.tr.

*** Nobel Oteli ❸, nicht ganz so nobel, wie der Name verspricht, dennoch sehr ordentlich. Alteingesessenes Haus mit neu restaurierten Zimmern, die der Sternezahl voll und ganz entsprechen. Nette Lokanta angegliedert. EZ 37 €, DZ 54 €. İstiklal Cad. 73, ℡ 2377700, ℻ 2313023, www.nobeloteli.com.

Hotel Savran ❻, akzeptable Billigadresse. 28 Zimmer mit Klimaanlage und Kühlschrank, einfache Bäder. Teilrestauriert. EZ 16,50 €, DZ 29 €. Soğuksu Cad. 14, ℡ 2324472, ℻ 2324417.

Camping Nächste akzeptable Möglichkeit 40 km südwestlich im Küstenort Erdemli (→ Ayaş/Elaiussa-Sebaste, S. 533).

Essen & Trinken/Nachtleben

Lokale Spezialitäten sind *Cezerye*, eine süße, um geschälte Walnüsse gewickelte, feste Möhrenmasse, *Biberli Ekmek*, eine Art Minipizza mit scharfer Paprikasoße, und *Tantuni*, gebratenes Hackfleisch mit Kräutern im Fladenbrot – ein leckerer Snack.

324 ❽, trendiges Lokal. Serviert werden türkische Klassiker und Fisch auf hohem Niveau. Alkohol! Auch höheres Preisniveau. Adnan Menderes Bul. 16/C, ℡ 3250680.

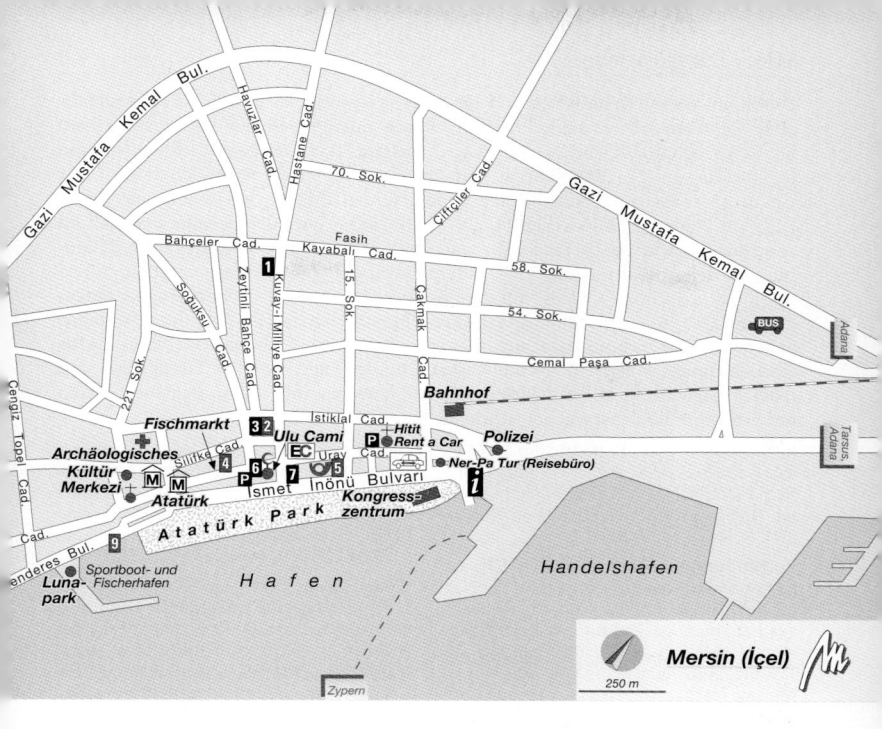

Sabah Lokantası **2**, große, sehr empfehlenswerte und gepflegte Lokanta mit bester Auswahl: leckere Topfgerichte, Spieße, Lahmacun. 24 Std. geöffnet. İstiklal Cad. 55.

Özkan Tantuni Salonu **6**, in dieser einfachen Lokanta schmeckt *Tantuni* besonders lecker. Auch gute Suppen. Direkt hinter der großen Moschee an der Uferstraße.

Balıkçı Yaşar **4**, eine der simplen Fischlokantas im Fischmarkt mit Tischen auf dem Gehweg. Portion Fisch mit Salat ab 5 €.

Leckerer Grillfisch wird auch auf den schaukelnden Restaurantbooten am Fischerhafen etwas westlich des Zentrums serviert.

Faire Preise (Fisch im Brot 1,50 €, Portion *Hamsi* 3 €, *Levrek* 6 €), bei manchen gibt es auch Alkohol. Schöne Atmosphäre am Abend – zugleich ein kleines Mersin-Erlebnis. Wir empfehlen das **Mavi Yelken** **9** mit sehr freundlichem Service.

Nachtleben Ein Treffpunkt am Abend ist die **Taş Han Antik Gallery** **5**. Die alte Karawanserei beherbergt Kneipen und Cafés auf 2 Etagen. Viele Studenten. Oft Livemusik. Wer auch noch Hunger bekommt: Das **Piknik Balık Restorant** im Innenhof des Hans serviert frischen Fisch der mittleren Preisklasse. Nahe der Post in der 13. Sok. 23.

Tarsus
238.300 Einwohner

Tarsus ist Ziel von christlichen Glaubenstouristen aus aller Welt und fest mit dem Namen des Apostels Paulus verbunden, der hier das Licht der Welt erblickt haben soll. Weniger Fromme zeigen sich von den hiesigen Sehenswürdigkeiten jedoch meist enttäuscht.

Die rege, recht gepflegte Industriestadt Tarsus, 27 km östlich von Mersin, präsentiert sich – ungeachtet ihrer Einwohnerzahl – kleinstädtisch-hinterwäldlerisch.

540 Die Çukurova

Durch ein weites Delta ist sie von der Küste getrennt. Im ziemlich unübersichtlichen Zentrum gibt es einige hübsche Ecken mit historischer Bausubstanz, von biblischer Schönheit sind sie jedoch weit entfernt. Das Gleiche gilt für die wenigen Relikte, die an die 3000-jährige Vergangenheit der einst wichtigsten Stadt der Çukurova erinnern. Tarsus, das nie seinen Namen änderte, besaß aufgrund seiner Lage am Fuße der „Kilikischen Pforte" (→ S. 758) – der 1050 m hohe Pass galt im Altertum als wichtigste Taurusüberquerung – eine immense strategische Bedeutung. In der Antike war die Stadt zudem durch den damals noch schiffbaren Tarsus-Fluss (der antike *Kydnos*) mit dem Meer verbunden. Die Geburt jenes Mannes, der vom Christenhasser zum Apostel aufstieg, soll sich im Jahre 10 hier zugetragen haben. Fünf Jahrzehnte zuvor nahm eine weltberühmte Liebesgeschichte in Tarsus ihren Anfang (→ Kasten). Durch Verlandung des Hafens verlor Tarsus nach und nach an Bedeutung, bis es in jüngster Zeit von Mersin und Adana als neue Zentren der Schwemmlandebene abgelöst wurde.

Information Tourist Information in einem Kiosk vor der „Antik Şehir" (→ Sehenswertes). Hält einen brauchbaren Stadtplan parat. Geöffnet nach Lust und Laune. ✆ 0324/6141044, www.tarsus.bel.tr.

Verbindungen Busbahnhof TAŞTI, ca. 3,5 km östlich des Zentrums nahe der Verbindungsstraße Mersin–Adana, Minibusverbindungen ins Zentrum. Mit dem **Dolmuş** bestehen vom Busbahnhof alle 10–15 Min. Verbindungen nach Adana und Mersin. Nach Mersin kann man auch am zentraler gelegenen Kleopatra-Tor zusteigen, nach Adana am Adana Bul. Zugverbindungen ebenfalls nach Adana und Mersin.

Übernachten Konak Efsus, schön restaurierter, alter Konak, 2010 eröffnet. 9 stilvolle Zimmer, viele mit Holzböden und -decken, moderne Bäder. Nettes Terrassenlokal. Achtung: zuweilen von kleineren Gruppen komplett belegt. DZ 62 €. 2721 Sok. 3 (keine 100 m vom St.-Paul-Brunnen entfernt), ✆ 0324/6140807, www.konakefsus.com.

Cihan Palas Oteli, im Zentrum an der Durchgangsstraße (von Mersin kommend ca. 200 m hinter dem Kleopatra-Tor rechter Hand). Einfach, für eine Nacht okay, wenn man keine großen Ansprüche hat. Düstere Gänge, Zimmer mit Metallbetten, abgewetzten Laminatböden und Klimaanlage. EZ 12,50 €, DZ 21 €. Mersin Cad. 21, ✆ 0324/6241623, ✉ 6247334.

Essen & Trinken Gemütliche **Fischlokale** findet man am Wasserfall (s. u.).

Sehenswertes

Museum: Das etwas außerhalb des Zentrums gelegene Museum ist türkeitypisch in eine *archäologische* und eine *ethnografische Abteilung* gegliedert. Während Letztere vorrangig mit den üblichen Kelims aufwartet, ist die archäologische Abteilung recht interessant. Präsentiert werden Funde aus der Umgebung wie z. B. Terrakottasarkophage aus dem 4. Jh. v. Chr., Münzen, Büsten und Torsi aus dem 3. bis 1. Jh. v. Chr. sowie osmanische Grabstelen. Zudem informiert das Museum über Grabungsarbeiten in Tarsus und Umgebung.

Das Museum befindet sich im Kulturzentrum *(Kültür Merkezi)* an der Muvaffak Uygur Cad. Das Zentrum Richtung Mersin verlassen, beim ersten Kreisverkehr nach dem Kleopatra-Tor rechts ab, nach ca. 500 m linker Hand. Tägl. (außer Mo) 9–12 und 13–16.30 Uhr. Eintritt frei.

St.-Paul-Brunnen (Senpol Kuyusu): So wenig das Kleopatrator mit Kleopatra zu tun hat, so wenig hat vermutlich auch dieser antike Ziehbrunnen mit dem Hl. Paulus zu tun. Ob daneben jemals sein Geburtshaus stand, lässt sich heute nicht mehr nachvollziehen. Und ob Paulus jemals aus dem Brunnen trank, auch nicht. Wer jedoch noch nie in seinem Leben einen Brunnen gesehen haben sollte, hat hier auf jeden Fall beste Gelegenheit dazu, einen Klassiker zu bestaunen: An einer Eisenkette hängt ein Eimer, den man durch Drehen an einem Kutschrad aus einem Wasser-

Kleopatra und Mark Anton

„Sie kam den Kydnos herauf in einer Galeere mit vergoldetem Heck. Die Ruderstangen bewegten sich zum Klang von Flöten, Pfeifen und Harfen. Die Königin, nach Art der Aphrodite sich kleidend und gehabend, lag hingestreckt auf einer mit Goldbrokat überzogenen Liege wie auf einem Bild, und rings um sie standen als Amoren aufgemachte hübsche Knaben und fächelten ihr zu. Wolken duftender Essenzen trieben vom Schiff her aufs Land, wo am Ufer sich Tausende von Schaulustigen versammelt hatten." So beschrieb Plutarch (46–125) über ein Jahrhundert später die Ankunft der ptolemäischen Königin Kleopatra im Jahr 41 v. Chr. In Tarsus soll sie erstmals auf den römischen Imperator Mark Anton getroffen sein – der Auftakt einer Liebe, auf den vier Jahre später die Heirat folgte. Doch das Liebesglück sollte nicht lange währen. Mark Antons politischer Widersacher Oktavian, der spätere Kaiser Augustus, trieb das Paar mit der Einnahme Alexandrias am 3. August des Jahres 30 v. Chr. in den Freitod. Ganz nebenbei: Münzbilder mit dem Porträt Kleopatras zeigen, dass diese gar keine besonders schöne Frau gewesen war. Ihr Ruhm begründete sich außer durch ihren Charme und Geist v. a. durch ihr vorheriges Verhältnis mit Cäsar. An Kleopatras Tarsusvisite soll heute das *Kleopatra Kapısı* erinnern, ein 8 m hohes Tor, das man (von Westen kommend) auf dem Weg ins Zentrum passiert. Kleopatra durchschritt es jedoch niemals, es entstand erst Jahrhunderte später.

loch zieht. Das Wasser im Brunnenloch soll Wunder wirken. Drum herum stehen ein paar schön restaurierte, osmanische Häuser.

Von der Hauptstraße mit „Senpol Kuyusu" ausgeschildert. Tägl. 8–19 Uhr. Eintritt 1,20 €.

Antik Şehir: Die „Antike Stadt" – etwas hochgegriffen – bezieht sich auf das ausgeschilderte Ausgrabungsgelände am zentralen Cumhuriyet Meydanı. Hier entdeckte man Reste einer römischen Straße. Das Gelände ist umzäunt und war zum Zeitpunkt der letzten Recherche wegen fortlaufender Grabungsarbeiten nur von außen zu besichtigen.

Eski Cami und Ulu Cami mit Umgebung: Die Gebetsstätten sind bei einem Spaziergang durchs Zentrum kaum zu verfehlen und zudem ausgeschildert. Bei beiden handelt es sich um ursprünglich armenische Gotteshäuser, die nach dem Eroberungszug der muslimischen Mameluken (1359) in Moscheen umgewandelt wurden. Die *Eski Cami (Alte Moschee)* erfuhr in islamischer Zeit nur sehr geringe Umbauten. In Kunstgeschichtlerkreisen gilt sie als einzige noch vollständig erhaltene dreischiffige Kirche des Kleinarmenischen Reiches.

Die *Ulu Cami (Große Moschee)* weist syrischen Einfluss auf und wurde im 19. Jh. mit einem atypischen Uhrturm versehen. Gleich nebenan findet man den sog. *Vierziglöffel-Markt (Kırkkaşık Bedesteni)*, der 1579 als Medrese entstand und dann als Armenküche diente, bis er zur Basarhalle wurde. Heute werden darin Kunsthandwerk und Souvenirs verkauft. Ebenfalls in unmittelbarer Nachbarschaft zur Ulu Cami liegt der *Yeni Hamam*, der gar nicht so „neu" ist wie der Name vermuten lässt (erbaut 1785). Frauen baden Do–So 12–17 Uhr, sonst ist der Hamam den Männern vorbehalten (Eintritt mit *Kese* und Massage 10,50 €).

St.-Paul-Kirche (Senpol Kilisesi): Nur fünf Fußminuten sind es von der *Ulu Cami* bis zur ebenfalls ausgeschilderten *St.-Paul-Kirche*. Ihre heutige Gestalt erhielt sie Mitte des 19. Jh., allerdings soll es bereits ab dem 5. Jh. an gleicher Stelle Vorgängerkirchen gegeben haben. Seit ihrer letzten Restaurierung ist sie als „St.-Paul-Museum" zugänglich – allerdings ohne ein einziges Exponat darin. Die Umwandlung von religiösen Stätten in Museen ist ein beliebtes Mittel des türkischen Staates, um den Einfluss der Religionen in Schach zu halten. Nur nach Anmeldung dürfen Pilgermessen in der Kirche stattfinden. Grotesk dabei: Gottesdienstbesuchern wird vor der Messe der fällige Eintrittspreis abgeknöpft (tägl. außer Mo 8–20 Uhr, Eintritt 1,20 €).

Wasserfall (Şelale): Im Nordosten der Stadt laden schattige Restaurants und Parkanlagen am *Tarsus Çayı* zu einer Pause oder einem faulen Nachmittag ein. In mehreren Katarakten rauscht das Wasser hernieder, sonderlich spektakulär ist der Fall dennoch nicht. Alexander der Große holte sich übrigens 333 v. Chr. nach einem Bad im Fluss ein heimtückisches Fieber, das ihn zwei Monate ans Bett fesselte.
Ca. 1 km nördlich des Zentrums, ausgeschildert. **Dolmuşe** von der Durchgangsstraße.

Tarsusdelta: In der Antike lag Tarsus rund 3 km vom Meer entfernt, heute sind es 15 km. Der Tarsus-Fluss sorgte für die weite Schwemmlandebene und dafür, dass große Teile der antiken Stadt heute einige Meter unter der Erde liegen. Das ursprüngliche Sumpfgebiet wurde durch die Kanalisation des Flusses und die Bepflanzung mit Eukalyptusbäumen, die dem Boden viel Feuchtigkeit entziehen, trockengelegt. So verwandelte man das einst malariaverseuchte Delta in ein Naherholungsgebiet. Von den hindurchführenden Wegen lassen sich im Frühjahr und Herbst rastende Zugvögel beobachten. Mit der Ruhe wird es allerdings bald vorbei sein: Hinter den Stränden im Westen des Deltas waren 2011 riesige Hotelprojekte im Bau, noble Unterkünfte für bis zu 8000 Gäste sollen dort entstehen.

> Informationen zur Strecke von Tarsus über Pozantı nach Niğde finden Sie im Kasten „Über die kilikische Pforte an die Südküste" auf S. 758.

Adana

1.564.300 Einwohner

Touristen sieht man wenige an dem prosperierenden Wirtschafts- und Industriestandort – was nicht nur den erbarmungslosen 45 °C im Sommer geschuldet ist.

So unattraktiv viele Touristen das laute, schwüle und stickige Adana finden, so anziehend ist die Stadt am Seyhan-Fluss für viele Türken, insbesondere aus dem Osten des Landes: Hier gibt es Arbeitsplätze. Die bedeutendsten Industriezweige sind das Textilgewerbe, entstanden vor dem Hintergrund der riesigen Baumwollplantagen der Umgebung, und die Petrochemie – bei Yumurtalık (→ S. 550) enden Erdölpipelines aus Aserbaidschan und dem Irak. Viele ansässige Betriebe gehören einer Frau: Güler Sabancı. Sie trat 2004 die Nachfolge ihres mit 71 Jahren verstorbenen Onkels Sakıp Sabancı an, der bis zu seinem Tod Konzernchef der gleichnamigen Holding und reichster Mann der Türkei war. Dass man den amerikanischen Traum

Adana 543

auch in der Türkei träumen kann, erzählt die Familienlegende: Der Vater Sakıps begann als einfacher Baumwollpflücker, bevor er der lukrativeren Tätigkeit des „Importierens" von Tagelöhnern aus dem armen Osten nachging und dann ganz groß in den Baumwollhandel einstieg. Sakıp Sabancı hat sich in der Stadt vielfach verewigt, z. B. als Stifter von Kulturzentren und einer überdimensionierten Moschee (→ Sehenswertes).

Vorwiegend austauschbare Architektur und auf die Schultern tropfende Klimaanlagen an jedem zweiten Fenster prägen das Bild der vor sich hin schwitzenden Großstadt. Mehrstöckige Apartmenthäuser und überbreite Boulevards ersticken unaufhaltsam die Reste ihrer morgenländischen Vergangenheit. Die meisten Touristen passieren den Verkehrsknotenpunkt Adana lediglich auf der Durchreise – viel mehr als ein paar Museen gibt es auch nicht zu sehen. Urlauber, die in Adana landen oder abfliegen, müssen hier jedoch oft eine Nacht verbringen.

Geschichte

Die Geschichte Adanas ist bis zu Beginn des 20. Jh. schnell erzählt. Der Name der Stadt geht auf *Adanija* zurück, eine späthethitische Siedlung – dies bekunden Keilschrifttexte aus dem 8./9. Jh. v. Chr. Bezüglich ihrer politischen Machtverhältnisse teilte Adanija von da an über Jahrhunderte hinweg das Schicksal anderer Städte der Region. Nur stand Adanija stets in deren Schatten: Wer wollte schon abseits jeglichen Windzugs in einem malariaverseuchten Gebiet leben? Die Römer verbannten hierher gar kilikische Seeräuber. Erst im 11. Jh. setzte ein größerer Zuzug nach Adanija ein, es waren vorwiegend Armenier, die die Seldschuken aus Zentralanatolien verdrängt hatten. Doch als die Stadt durch den Bau der Bagdadbahn (ab 1903) endlich zu blühen begann, endete das armenische Leben in Adana: Bei einem Massaker im Jahr 1909 wurden unter Beteiligung von Regierungstruppen binnen zwei Tage 15.000–20.000 Armenier niedergemetzelt (→ Kasten S. 836/837).

Mit der Trockenlegung der Sümpfe in den 1950ern verwandelte sich die Çukurova in ein riesiges Baumwollfeld. Das neu geschaffene, textilverarbeitende Gewerbe legte den Grundstein für eine moderne Industriestadt, was eine Bevölkerungsexplosion auslöste. Seit Mitte der 1960er hat sich die Einwohnerzahl mehr als verzehnfacht. Heute ist Adana die fünftgrößte Stadt der Türkei, Hauptstadt der Provinz Seyhan und Heimat von rund 35.000 Studenten. Türkeiweit sind die Adaner (die „Alteingesessenen", die sich als die „echten Adaner" verstehen und die konservativen Zuzügler z. T. verwünschen!) bekannt für ihre Liberalität und Lebensfreude. Allerdings werden sie, so heißt es, auch nicht sehr alt – dem vielen Bier und Kebab im heißen Klima geschuldet ...

Orientierung: Die Nationalstraße 400 von Tarsus nach Osmaniye führt direkt durchs Zentrum. Dort trägt sie den Namen *Turan Cemal Beriker Bul.*, ist tiefergelegt und z. T. überdacht. Der verkehrsreiche Boulevard trennt die Stadt nicht nur geografisch, sondern auch mental. Nördlich davon liegen die modernen Wohn- und Ausgehviertel der „echten" Adaner: gepflegte, palmengesäumte Boulevards mit vielen guten Restaurants, Bars, Cafés und besseren Geschäften. Gen Süden hingegen gelangt man in die älteren und ärmeren Viertel. Sie sind heute vornehmlich von Zuzüglern aus Ostanatolien bewohnt.

Die Çukurova

Information/Verbindungen

Telefonvorwahl 0322.

Information Zentral an der Atatürk Cad. 13. Mo–Fr 8–12 und 13–17 Uhr. ✆ 3631448, www.adanakultur.gov.tr. Eine weitere Touristeninformation befindet sich am Flughafen (s. u.).

Verbindungen Der kleine **Flughafen Şakirpaşa** (www.adanahavaalani.com) liegt ca. 5 km westlich des Zentrums (aufgrund der expandierenden Stadt schon nahezu im Zentrum). Im Ankunftsbereich des internationalen Terminals befinden sich eine Touristeninformation (✆/ 4369214, i. d. R. nur zu den Ankunftszeiten der Flugzeuge besetzt) und mehrere Autoverleiher (darunter *Avis*, *Hertz* und *National*, s. u.). Ins Zentrum gelangt man am schnellsten und einfachsten mit dem Taxi (ca. 5 €). Flüge aller Airlines bucht z. B. **Nextur**, Ziyapaşa Bul. 15/C, ✆ 4573771, www.nextour.com.tr.

Bus: Busbahnhof 7 km außerhalb an der Nationalstraße 400 Richtung Tarsus. Von dort gute Verbindungen in alle Landesteile, insbesondere entlang der Küste: Alanya 10 Std., Antakya 3½ Std., Inlandroute nach Antalya 11 Std. Regelmäßig zudem nach Konya (5 Std.) und Ankara (7½ Std.); mehrmals tägl. nach Diyarbakır (8 Std.), Gaziantep (3½ Std.), Kayseri (5 Std.), Şanlıurfa (5½ Std.), Niğde (3 Std.) und Kappadokien (5 Std.).

Büros der Busgesellschaften im Zentrum an der Ecke Atatürk Cad./Turhan Cemal Beriker Bul., von dort Zubringerbusse zum Busbahnhof.

Dolmuş: Dolmuşe nach Karataş fahren von der Karataş Cad. südlich des Hilton ab, Dolmuşe nach Yakapınar, Yumurtalık und Ceyhan vom *Yüreğir Otogar*. Dieser zweite, kleinere Busbahnhof Adanas liegt im Osten der Stadt, Dolmuşe dahin starten im Zentrum z. B. an der İnönü Cad. schräg gegenüber dem Gümüş Hotel.

Metro: Die neue „Metro" (sie ist nur in kleinen Teilen unterirdisch) führt in die Vororte und ist für Touristen uninteressant.

Zug: Der schöne, nachts illuminierte alte Bahnhof (✆ 4533172) liegt ca. 15 Gehmin. nördlich des Zentrums. Regelmäßig über Tarsus nach Mersin, 1-mal tägl. nach İskenderun, nach Ankara, über Pozantı nach Karaman und Konya, über Afyon und Kütahya nach İstanbul sowie über Osmaniye und Malatya nach Elazığ, 2-mal tägl. (ebenfalls über Pozantı) nach Kayseri.

Parken Gebührenpflichtige Parkplätze im Zentrum, auf die Beschilderung „Otopark" achten.

Mit der Bahn von Adana über den Taurus nach Pozantı: Auf dieser schönen, knapp zweistündigen Fahrt passieren Sie Burgruinen und kleine Dörfer, zu denen kaum eine Teerstraße führt, die aber Bahnhöfe im deutschen Stil besitzen. Der Streckenabschnitt ist Teil der legendären, von İstanbul über Konya führenden Bagdadbahn, an deren Bau zu Beginn des 20. Jh. viele deutsche Ingenieure und Unternehmen (Philipp Holzmann AG, Friedrich Krupp AG, Hanomag, Henschel u. a.) beteiligt waren. Daran erinnert auch die imposante *Alman Köprüsü*, die „Deutsche Brücke", auf welcher der Zug bei Hacıkırı eine wilde Schlucht überquert. Bald darauf folgt Tunnel auf Tunnel, 20 km lang, darunter Galerietunnel, die in eine senkrechte Felswand geschlagen sind und immer wieder atemberaubende Ausblicke bieten. Am Ende der Tunnelstrecke liegt die Ortschaft Belemedik. Hier wohnten die deutschen Ingenieure während des Baus dieses Streckenabschnitts. Nicht wenige ließen dabei ihr Leben.

Adressen/Baden/Einkaufen (→ Karte S. 547)

Ärztliche Versorgung Das neue private Krankenhaus **Alman Hastanesi** etwas zurückversetzt von der Gazipaşa Cad. sollte bis zu Ihrem Besuch geöffnet haben. Die

Adana 545

Telefonnummer war z. Z. der Drucklegung noch nicht bekannt.

Autoverleih Ab ca. 45 €/Tag z. B. bei National/Alamo, Ziyapaşa Bul. 48, ✆ 4530987 (am Flughafen ✆ 4322743), www.yesnatio nal.com. Avis (✆ 4314606, www.avis.com.tr) und Hertz (✆ 4320074, www.hertz.com.tr) befinden sich nur am Flughafen.

Baden Aqualand mit etlichen Pools und Rutschen östlich des Seyhan-Flusses nahe dem Orhan Kemal Bul. Wer ins Meer springen will, fährt nach Karataş (50 km, → S. 548).

Diplomatische Vertretung Deutsches Honorarkonsulat am Karataş Yolu 184, ✆ 3114353, adana@hk-diplo.de.

Einkaufen Schicke Klamotten- und Schuhläden gibt es in der Ramazanoğlu Cad., im nördlichen Bereich des Ziyapaşa Bul. und an der Valiyolu Cad. Das alte Basarviertel liegt südlich des modernen Geschäftszentrums beim Uhrturm aus dem 19. Jh. Ein netter Spaziergang führt vorbei an Hanen und überdachten Gässchen. Adana gilt übrigens als „Stadt des Goldes". Vor allem Araber sind hier als Goldschmiede tätig. Die **Goldhändler** haben ihre Geschäfte beim S. Ocak Meydanı **17**.

Ein großes Outlet-Shoppingcenter ist das **Optimum 9** am Girne Bul. nahe dem Fluss.

Post Unter anderem schräg gegenüber dem Bahnhof und an der Postane Cad.

Polizei Hauptdienststelle an der Bakımyurdu Cad. südwestl. des Zentrums. ✆ 155.

Türkisches Bad (Hamam) Mestan Hamamı, osmanisches Bad mit 300-jähriger Geschichte. Nur für Männer! Tägl. 6–23 Uhr. Eintritt mit *Kese* (zuletzt keine Massage) 8 €. Pazarlar Cad. 3 (am großen Platz am Südende der Çakmak Cad.).

Erst 1945 wurde das **Çarşı Hamamı** erbaut, hier können auch Frauen ein Bad nehmen (tägl. 9–15 Uhr, danach sind die Männer dran). Ulucami Cad. (beim Uhrturm). Eintritt mit *Kese* und Massage 7,50 €.

Übernachten (→ Karte S. 547)

Adana weist viele gepflegte 4- und 5-Sterne-Hotels auf, dazu viele abgewirtschaftete 2- und 3-Sterne-Häuser – es herrscht ein Mangel an empfehlenswerten Mittelklassehotels. Prüfen Sie, ob die Klimaanlage funktioniert – ohne diese schmelzen Sie im sommerlichen Adana wie Schokolade! Die ausgehängten Tarife der meisten Hotels gelten nur bei großen Kongressen in der Stadt, ansonsten liegen die Preise weit darunter.

***** **Adana Hilton SA 14**, bestes Haus der Stadt. Viel Schnickschnack und jeglicher Luxus. DZ ab ca. 130 €. Am östlichen Zentrumsrand (nahe der Abzweigung nach Karataş), ✆ 3555000, www.hilton.com.

Auf ebenfalls hohem Niveau, aber preiswerter und zentraler nächtigt man in folgenden 4- und 5-Sterne- Hotels: ***** **Otel Seyhan 8**, mit Pool. DZ 100 €. Turhan Cemal Beriker Bul. 18, ✆ 4553030, www.otelseyhan.com.tr. **** **Çukurova Park Hotel 12**, DZ 62 €. İnönü Cad. 99, ✆ 3633777, www.cukurovaparkotel.com.tr. **** **Hotel Mavi Sürmeli 12**, eine Tür weiter. DZ 73 €. İnönü Cad. 109, ✆ 3633437, www.mavi surmeli.com.tr.

Hotel Bosnalı 15, das Hotel in einem historischen Stadthaus ist eine der atmosphärischsten Adressen Adanas. Nur 12 Zimmer; freundlich und komfortabel. Toll die Dachterrasse mit Restaurant. Die Straße davor ist etwas laut, aber weniger laut als manch andere Straße Adanas. EZ 53 €, DZ 66 €. Seyhan Cad. 29, ✆ 3598000, ℻ 3596059, www.hotelbosnali.com.

**** **Otel İnci 10**, älteres 4-Sterne-Haus mit restaurierten und unrestaurierten Zimmern. DZ bereits ab 45 €. Kurtuluş Cad., ✆ 4358234, ℻ 4358368, www.otelinci.com.

Villa Otel 11, neueres türkisfarbenes Gebäude mit winzigen Teppichbodenzimmern auf 2-Sterne-Niveau. DZ 37 €. İnönü Cad. 34, ✆ 3632920, ℻ 3632922, www.otel villa.com.

Hosta Hotel 13, älteres, abgewohntes und etwas düsteres, aber sauberes Haus der unteren Mittelklasse. Zum Teil recht große Zimmer mit der Einrichtung von vorvorgestern, aber das Wichtigste ist vorhanden: eine funktionierende Klimaanlage, Lärmschutzfenster, saubere Laken und fließen-

Die Çukurova, Karte S. 537

des Wasser. Freundlicher Service. DZ mit schlechtem Frühstück 33 €. Bakımyurdu Cad. 11, ℡ 3525241, ℡ 3523700.

Außerhalb Green Club, eine der nettesten und originellsten Adressen der Stadt, dazu ideal für Durchreisende mit Auto, die sich die Innenstadt von Adana nicht antun wollen. Üppig grüne, fast tropische Anlage mit mehreren Gebäuden, die teils über Stege miteinander verbunden sind. Darin verteilen sich 83 schicke Zimmer verschiedener Kategorien. Die nahe Straße ist zu hören, der Straßenlärm hält sich jedoch v. a. im hinteren Bereich in Grenzen. Restaurant, Pool. Zuvorkommender Service. DZ je nach Kategorie 45–78 €. Girne Bul. 144/A (an der 400 Richtung Ceyhan, ca. 2 km östlich der Abzweigung nach Karataş). ℡ 3215060, ℡ 3212775, www.cetinel tesisleri.com.

İncirlik – Amerika in Adana

Rund 10 km östlich von Adana liegt İncirlik, der einzige US-Luftwaffenstützpunkt in der Türkei. Er diente zuletzt als Drehscheibe für Versorgungsflüge und in den Irak und nach Afghanistan. Im Kalten Krieg starteten von hier Spionageflugzeuge in die Sowjetunion, seit jener Zeit lagern auf dem Stützpunkt auch Atomsprengköpfe. Für Angriffsflüge im 3. Golfkrieg durfte der Stützpunkt nicht genutzt werden. Die US-Militärplaner zogen daraufhin verärgert das Gros ihrer Truppen ab, nur 1500 Mann blieben. Mit dem Abzug der Soldaten endete auch İncirliks Ära als wildeste Partymeile zwischen Antalya und Gaziantep. Bars und Läden (es gab mal über 450) schlossen – so mancher türkische Händler und Kneipier folgte den Soldaten in den Irak und verkauft dort nun Bermudashorts oder *Efes* in Dosen (in kein anderes Land der Welt exportiert die Türkei mehr Bier als in den Irak!). Die wenigen noch verbliebenen Kneipen mit Namen wie „Turkish Turtle" oder „Bunker Bar" sind mittlerweile meist leer, da sich die Soldaten aus Angst vor Anschlägen kaum mehr aus ihrer Kaserne trauen. Wie lange die Militärbasis noch Bestand haben wird, ist fraglich. Immer wieder droht Ankara, den Amerikanern die Lizenz für İncirlik zu entziehen.

Essen & Trinken/Nachtleben

Etliche schicke Cafés und Fast-Food-Läden befinden sich im nördlichen Bereich des Ziyapaşa Bul., einfache, ordentliche Lokantas in den Vierteln südlich des Turan Cemal Beriker Bul. Die Küche Adanas ist wesentlich schärfer als in der Türkei sonst üblich, der arabische Einfluss schlägt sich nieder. Berühmteste Spezialität der Stadt ist der *Adana Kebap*: Das Hackfleisch wird dünn um einen flachen Metallspieß geknetet, über Holzkohle gegrillt (ohnehin wird viel gegrillt in Adana!) und anschließend abgezogen. Bekannt ist die Gegend um Adana auch für den *Tereyağlı Ayran*, eine mit Butter versehene Variante des türkischen Joghurtgetränks.

≫ Unser Tipp: **Kazancılar Tarihi İstanbul Kebap ve Lahmacun Salonu** 18, ein Grund, um eine Nacht in Adana zu verbringen! Eine halbe Gasse voller Tische. Meze, die aus großen Blechgefäßen geschöpft werden. Ein mächtiger, stets rauchender Grill und hin und wieder Livemusik. Der Tipp für ein fröhliches Abendessen mit viel Rakı oder Bier in einfachem Ambiente. Nicht teuer. Sarıyakup Mah. 6. Sok. 53 (im Wirrwarr des Basarviertels nicht ganz einfach zu finden – kennt aber jeder, durchfragen), ℡ 3513512. ≪

Yüzevler 3, von 8 (!) Brüdern betriebenes, äußerst gepflegtes Kebablokal – die Anlaufstelle für den allerbesten *Adana Kebap*. Dafür kommen Berühmtheiten aus der ganzen Türkei, die Fotos an den Wänden erzählen nichts anderes. Es gibt auch Al-

Übernachten

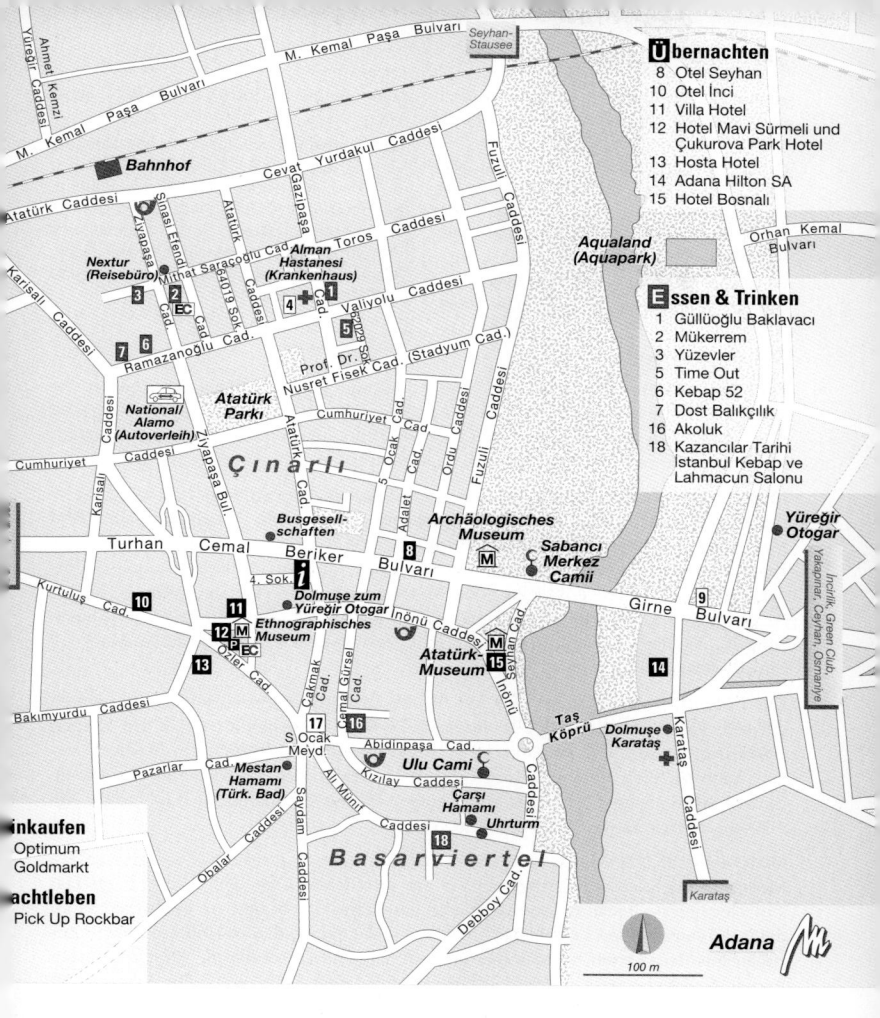

- 8 Otel Seyhan
- 10 Otel İnci
- 11 Villa Hotel
- 12 Hotel Mavi Sürmeli und Çukurova Park Hotel
- 13 Hosta Hotel
- 14 Adana Hilton SA
- 15 Hotel Bosnalı

Essen & Trinken

- 1 Güllüoğlu Baklavacı
- 2 Mükerrem
- 3 Yüzevler
- 5 Time Out
- 6 Kebap 52
- 7 Dost Balıkçılık
- 16 Akoluk
- 18 Kazancılar Tarihi İstanbul Kebap ve Lahmacun Salonu

---

kohol. Mittlere Preisklasse. Ziyapaşa Bul. Yüzevler Apt. Zemin Kat 25/A, ✆ 4547513.

Kebap 52 6, noch mal Kebab, alle möglichen leckeren Sorten, dazu Meze. Sehr sauber. Von Lesern sehr gelobt. Mittlere Preisklasse. Ramazanoğlu Cad., ✆ 4586452.

Dost Balıkçılık 7, gleich nebenan. Seit Jahrzehnten sorgt dieses (mittlerweile recht moderne) große Fischlokal für besten Fisch und beste Meeresfrüchte. So beliebt, dass am Abend ohne Reservierung kaum etwas zu machen ist (für Touristen findet man jedoch noch den einen oder anderen Katzentisch). Es wird fleißig gepichelt. Gehobenes Preisniveau. Ramazanoğlu Cad., ✆ 4537179.

Akoluk 16, gemütlicher, einfacher Fischimbiss auf 2 Etagen. Riesenportion Fisch im Brot 3 €. Cemal Gürsel Cad. 27001 Sok. 10/B (Seitengasse gegenüber dem UY-Kaufhaus).

Mükerrem 2, wer in der Ecke unterwegs ist und Lust auf einen leckeren Snack hat, kann in diese recht schlichte Burgerbraterei einkehren, eine Adaner Institution. Frische Zutaten, sehr aromatisch (Minze!) – das einmal andere Burgererlebnis. Fein auch das Sandwich mit Huhn und Käse. Şinasi Efendi Cad. 25.

Güllüoğlu Baklavacı ∎, lichtes Café. Hier serviert man mit die beste Baklava des Landes in zig Variationen. Dazu die lokale Leckerei *Künefe*. Ecke Gazipaşa Bul./Valiyolu Cad.

Time Out ∎, nettes, fast europäisch wirkendes Café in einer ruhigen Seitengasse. Außenbereiche. Gute Kuchen, dazu Sandwichs. 62029 Sok.

Nachtleben Etliche Bars in den Straßenzügen nördlich des Turan Cemal Beriker Bul. Wer auch noch laute Musik braucht, geht in die **Pick Up Rockbar** ∎ in der Valiyolu Cad. Originelle Deko, wechselndes Programm zwischen Alternative Rock, Metal oder türkischen Oldies, mal live und mal vom Plattenteller.

Sehenswertes

An Überbleibseln aus der Antike kann Adana nur noch eine robuste **Steinbrücke** aus der Zeit Kaiser Hadrians (2. Jh. n. Chr.) vorweisen: Die 14-bogige *Taş Köprü* ist 319 m lang und überspannt östlich des Zentrums den Seyhan, einen im Altertum schiffbaren Fluss. Passieren dürfen sie heute nur noch Fußgänger.

Museen: Das *Archäologische Museum (Adana Bölge Müzesi)* an der Fuzuli Caddesi präsentiert beachtliche Funde der Umgebung, vorrangig aus hethitischer und römischer Zeit. Prunkstück ist ein Bronzestandbild im ersten Stock (aufgrund der Kleidung vermutlich ein römischer Senator), das ein Taucher bei Karataş (→ Umgebung) in 15 m Tiefe entdeckte. Des Weiteren sieht man eine Steintafel (5. Jh.) aus Anavarza (→ S. 551) mit Steuerangaben für Wein, Salz oder Safran, ein Orpheus-Mosaik, antiken Goldschmuck, hethitische Statuetten u. v. m. (tägl. außer Mo 8–12 und 13–16.30 Uhr, Eintritt 2 €).

Das *Ethnografische Museum (Etnoğrafya Müzesi)* am Ziyapaşa Bulvarı unterscheidet sich kaum von den 1001 anderen türkischen Museen dieser Art. Im kleinen Garten stehen ein paar osmanische Grabstelen und Schrifttafeln, im Inneren werden hauptsächlich Teppiche und osmanische Gebrauchsgegenstände ausgestellt. Einzige Abwechslung: ein vollständig eingerichtetes Nomadenzelt (tägl. außer Mo 8.30–12 und 13.30–17.30 Uhr, Eintritt frei).

Moscheen: 25.000 Menschen passen in die *Sabancı Merkez Camii*, die größte Moschee der Stadt, die unübersehbar am westlichen Ufer des Seyhan liegt. Das 1998 fertiggestellte, überdimensionierte Bauwerk – es besitzt 6 (!) Minarette und die mit 56 m höchste Kuppel des Landes – stiftete die Sabancı-Holding für die Zuzügler aus dem Osten, wie Spötter meinen. Die *Ulu Cami (Große Moschee)* in der Kızılay Caddesi macht seitdem ihrem Namen keine Ehre mehr. Die Fassade des etwas gedrungenen Baus aus dem 16. Jh. schmücken schwarzweiße, horizontale Muster, ähnlich den Moscheen Nordsyriens. Sehenswert ist der Fliesendekor im Inneren – verwendet wurden feine Fayencen aus İznik und Kütahya. Die Anlage ist von einer hohen Mauer umgeben und beherbergt auch eine Medrese.

Umgebung von Adana

Karataş: Adanas nächstgelegener Badeort (50 km südlich), übrigens eine Partnerstadt von Memmingen im Allgäu, ist ein unspektakuläres und ziemlich ungepflegtes, wild wucherndes 8500-Einwohner-Städtchen. Karataş besitzt einen Hafen und rechts und links davon annehmbare Bademöglichkeiten. Hinter den Stränden entstanden in den letzten Jahren die typisch türkischen Feriendörfer. So viele Häuschen wurden gebaut, dass sich die Einwohnerzahl an Sommerwochenenden ver-

> **Weißes Gold für harte Arbeit – Baumwollernte in der Çukurova**
>
> Die Çukurova ist noch immer eines der größten Baumwollanbaugebiete der Türkei, die Türkei selbst der siebtgrößte Baumwollproduzent der Welt (ca. 500.000 t/Jahr) und nach Indien der führende Hersteller von Baumwolle aus ökologischem Anbau. Zwischen August und Oktober wird das weiche weiße Gold geerntet – teils maschinell, teils aber noch wie von alters her per Hand. Entlang der Plantagen fallen dann zuweilen Zeltstädte ins Auge – vorübergehende Behausungen kurdischer Baumwollpflücker (insbesondere Frauen) aus Ostanatolien. Sie arbeiten für einen Hungerlohn (ca. 10 €/Tag) und müssen oft noch einen Teil ihres Soldes an die Dorfältesten daheim abtreten, welche die Arbeitskontrakte für sie unterzeichnet haben. Während in der Çukurova die Baumwollproduktion seit Jahren rückläufig ist, steigt sie an der Ägäisküste und in der GAP-Region (Südostanatolien).

vierfacht. Das Angebot an Unterkünften ist insgesamt bescheiden und das Gros der Pensionen vorrangig auf türkische Familien eingestellt. Ausländer sind dennoch gern gesehene, aber seltene Gäste.

Westlich von Karataş mündet der Seyhan ins Meer, östlich der Ceyhan, die Hauptflüsse der Çukurova. Die Strände nahe den Mündungen sind bevorzugte Brutplätze von Schildkröten. Das Gebiet ist zudem ein Vogelparadies: Ornithologen können westlich von Karataş rund um den *Akyatan-See* z. B. der Graunachtigall nachspüren. Vor dem See lockt ein über 20 km langer Strand, der durch passierbare Flussmündungen unterbrochen wird. Er ist bis auf den ersten Bereich komplett unverbaut, aber leider oft nicht von Müll befreit (Anfahrt: von Adana kommend beim ersten Kreisverkehr hinter der Petrol-Ofisi-Tankstelle rechts ab, exakt 1 km weiter wieder rechts und dann stets der geteerten Straße gen Westen folgen). Für Vogelbeobachtungen in östlicher Richtung → Yumurtalık.

Verbindungen/Anfahrt Regelmäßig **Dolmuşe** von und nach Adana. Karataş ist in Adana auf Höhe des Hotels Hilton ausgeschildert.

Übernachten Keine wirklichen Empfehlungen, probieren Sie Ihr Glück bei folgenden beiden Adressen:

Öyküm Butik Otel, nur nicht vom Namen täuschen lassen! Größere Anlage mit Zimmern und Apartments, dazu ein Garten und ein großer Pool mit Rutsche. Billigst und recht stillos ausgestattet. Zimmer – obwohl erst 2008 eröffnet – mit kräftigen Gebrauchsspuren. DZ 60 €. Am Oststrand, dort ausgeschildert, ✆ 0322/6812508, 🖷 6812578, www.oykumbutikotel.com.

Rıhtım Pension, beliebteste Pension vor Ort. 19 simple, aber restaurierte 3-Bett-Zimmer, alle mit Bad, Balkon, Kühlschrank und Klimaanlage, viele mit Meeresblick. Freundliche Bewirtung. Großes Fischrestaurant über dem Meer. DZ 25 € ohne Frühstück. Am Oststrand, dort ausgeschildert, ✆ 0322/6814253.

Essen & Trinken **Mavi Kum Restaurant**, zentral gelegenes, gepflegtes Fischrestaurant direkt am Meer mit schöner Terrasse. Mittlere Preisklasse. ✆ 0322/6812137. Weitere gute Fischlokale sind das **Salim'in Yeri** und das **Yelken Restaurant** ca. 5 km abseits des Zentrums gen Osten, von der Straße nach Adana ausgeschildert.

Yılan Kalesi und Ceyhan

Die kleinarmenische Festung Yılan Kalesi auf einem felsigen Bergplateau wurde Anfang des 13. Jh. errichtet. Seit hunderten von Jahren beherrscht sie die Ebene drum herum, doch wird sie heute von der Nationalstraße 400 und der Autobahn Adana – Gaziantep unschön umringt. Worauf ihr Name „Schlangenburg" zurückgeht, weiß man nicht. Legenden gibt es viele, von Schlangenplagen bis zu sagenhaften Schlangenkönigen, die hier herrschten. Zumindest sollen einmal Schlangenreliefs den Burgeingang und diverse Räumlichkeiten geziert haben. Der 20-minütige Anstieg bringt Ihnen hoffentlich keinen Schlangenbiss ... (stets zugänglich, Eintritt frei). Das rund 6 km nordöstlich der Burg gelegen **Ceyhan** (105.600 Einwohner) hat für Touristen nur als Minibus-Umsteigestation nach Yumurtalık oder Anavarza Bedeutung.

Anfahrt Die Burg ist von der Landstraße Yakapınar – Ceyhan bereits zu sehen und ausgeschildert.

Verbindungen Von Ceyhan bestehen regelmäßige **Minibus**verbindungen nach Adana, Yumurtalık und Kozan (Richtung Anavarza). Alle Minibusse fahren vom Busbahnhof am östlichen Stadtrand ab.

Yumurtalık

5100 Einwohner

Das Städtchen mit dem seltsamen Namen „Eierbecher" ist eine Mischung aus Fischer- und Badeort und das mit Abstand sympathischste und geruhsamste Fleckchen der Çukurova. Lediglich an Sommerwochenenden ändert sich dieser Sachverhalt, wenn Tausende von Adanalılar die schattigen Teegärten und Restaurants rund um den Fischerhafen sowie den gepflegten Ortsstrand und die dahinterliegenden Apartmentblocks belagern. Ganzjährig kommen Vogelbeobachter – gute Plätze für Birder sind die Lagunen vor Deveciuşağı (ca. 20 km südwestlich).

In und um Yumurtalık bereichern armenische Ruinen aus dem 12. bis 14. Jh. die Badekulisse. Damals hieß das Städtchen noch *Ayas*, besaß den wichtigsten Hafen der Çukurova und war ein bedeutender Handelsstützpunkt der Genuesen und Venezianer. Selbst Marco Polo (1254–1324) kam zweimal vorbei. Wie in Kızkalesi (→ S. 531) standen sich auch in Ayas eine Land- und eine Seeburg gegenüber. Zu den Ruinen der vorgelagerten Inselfestung kann man hinausschwimmen, von der Landburg sind noch vier Türme und angefressene Mauerteile erhalten. Weitere

Fischerstädtchen Yumurtalık

Ruinen dämmern im Ort vor sich hin, findet man als schmückende Säulen in Gärten oder in neuzeitliche Gebäude integriert. Die Bewohner machten sich die alten Brocken zunutze, bevor die ersten Archäologen und Historiker aufkreuzten.

Östlich von Yumurtalık wird das Öl der hier endenden Pipelines aus dem irakischen Kirkuk (900 km) und der aserbaidschanischen Hauptstadt Baku (1760 km) in alle Welt verschifft. Die sog. Baku-Ceyhan-Pipeline gilt als eine der teuersten und technisch aufwendigsten Pipelines der Welt und befördert rund 1 Mio. Barrel pro Jahr.

Verbindungen Regelmäßige Dolmuşverbindungen nach Ceyhan und Adana (Yüreğir Otogar).

Auf dem Weg von Ceyhan nach Yumurtalık – 35 km durch Felder und über sanfte Hügel – weist ein Schild zur **Kurtkulağı Kervansarayı** (4 km) im gleichnamigen Ort. In osmanischer Zeit war die Karawanserei ein wichtiger Stopp an der Handelsstraße nach Aleppo, heute führt sie ein recht unbeachtetes Dasein und ist meist verschlossen.

Übernachten Es gibt recht wenige Unterkünfte für den hochsommerlichen Andrang – reservieren Sie an Wochenenden besser im Voraus!

BTC Hotel, neuestes Haus vor Ort. 46 pseudoschicke Zimmer, die nach vorne mit Balkon und Blick auf den Strand. DZ 50 € (Seite) bzw. 57 € (Meeresblick). Atatürk Cad. 33 (Ufer- bzw. Durchgangsstraße direkt hinterm Strand), ✆ 0322/6712277, www.grandbtchotel.com.

Hotel Öztm, älteres, abgewohntes Hotel nur ein paar Häuser weiter. Zweckmäßige Zimmer mit Balkon und Klimaanlage, die nach vorne werden als geräumige Suiten mit Meeresblick verkauft, die zur Seite sind kleiner. DZ ab 28 €. Atatürk Cad., ✆ 0322/6712167.

Küçük Aile Pansiyon, im westlichen Ortsteil. Ordentliche Familienpension mit vielen deutschen Gästen. 16 schlichte Zimmer mit Bad, Klimaanlage, TV (deutsche Programme) und Kühlschrank, alle mit Balkon, viele mit schönem Meeresblick. Die Gäste teilen sich 4 saubere Küchen und die Gartenterrasse. Auf Wunsch wird gekocht oder Fisch gegrillt – Herr Küçük ist Fischer. Ganzjährig. DZ 29 €, Familienzimmer für 4 Pers. 40 €. Alparslan Türkeş Cad. 25, ✆ 0322/6712215, @ 6713215, www.kucukailepansiyonu.com.

Essen & Trinken Baba'nın Yeri, freundlich-bescheidenes Fischlokal direkt am Hafen. Die rege Fischfangflotte Yumurtalıks sorgt stets für Nachschub. ✆ 0535/5689568 (mobil).

Anavarza (antike Stätte)

Die Festungsanlage Anavarza bzw. *Anazarbus* stellt alle anderen Sehenswürdigkeiten der Çukurova in den Schatten. Auf einem 200 m hohen Felsplateau gelegen, dominiert die Burg die weite fruchtbare Ebene, in der im Sommer Abertausende von Sonnenblumen blühen. Yaşar Kemal (→ Kasten S. 552), der die Gegend um Anavarza als Heimat des *Ince Memed* literarisch verewigte, gab übrigens einmal lachend zu, niemals auch nur einen Fuß auf den Felsen gesetzt zu haben – er hat etwas verpasst. Schöner liegen Ruinen nur selten.

Zu Fuße des Burgbergs, rund um das stille Nachfolgedörfchen Dilekkaya, ruhen weit verstreut die Relikte einer im 1. Jh. v. Chr. gegründeten Stadt. Die meisten stammen aus römischer Zeit – das begehrte Anavarza war später wechselweise auch unter persischer, byzantinischer, arabischer und mamelukischer Herrschaft. Bei der Einfahrt ins Dorf fällt zunächst die **Stadtmauer** mit ihrem schmucklosen **Westtor** auf. Wer sich von hier gen Norden hält, gelangt zu einem noch recht gut erhaltenen **Aquädukt**. In entgegengesetzter Richtung liegt ein kleines aber feines **Museum**, das mit zwei schönen Mosaiken vom Boden eines Badebeckens aus dem 3. Jh. n. Chr. angeben kann – vor Besuchern wird gerne ein Eimer Wasser über die

Mosaike gekippt, damit die Farben besser zur Geltung kommen. Wer vom Museum durch das Dorf weiter nach Südosten läuft, sieht vielleicht ein paar Kühe zwischen den Resten des **Stadions**, des triumphbogenartigen **Südtors** und des **Theaters** grasen.

Yaşar Kemal, Persona non grata aus der Çukurova

Yaşar Kemal, einer der bedeutendsten zeitgenössischen Schriftsteller der Türkei, machte die Çukurova zum Schauplatz der Weltliteratur. Sie ist zugleich seine Heimat. Als Kind zugezogener kurdischer Eltern wurde er 1923 in einem kleinen Dorf in der Schwemmlandebene geboren. Mit fünf Jahren musste er mit ansehen, wie sein Vater bei einem Familienstreit in der Moschee erstochen wurde. Später verlor er ein Auge, als seinem Onkel beim Hammelopfer das Messer ausrutschte. Als Hirte und Tagelöhner schlug er sich durch, bevor er zum Journalisten und literarischen Anwalt der Armen und Unterdrückten avancierte. Das Gros seiner Romane ist in der Çukurova angesiedelt, darunter auch sein erfolgreichstes, 1955 erstmals erschienenes und heute in über 40 Sprachen übersetztes Werk *İnce Memed* („Memed mein Falke"). Wer den poetischen Kampf eines anatolischen Robin Hoods gegen erbarmungslose Großgrundbesitzer im Reisegepäck hat, wird die Çukurova mit anderen Augen sehen.

Während Yaşar Kemal in seinen Erzählungen den täglichen Überlebenskampf der Landlosen und ihrer Heimat beraubten Nomaden mit viel Metaphorik beschrieb, übte der bekennende Sozialist im realen Leben offene Kritik an seinem Land und dessen Menschenrechtspolitik. Was ihm im Ausland viele Preise einbrachte (1997 beispielsweise den Friedenspreis des deutschen Buchhandels), bescherte ihm im eigenen Land Gefängnisaufenthalte und Verachtung. Die frühere Ministerpräsidentin Tansu Çiller nannte ihn einen „Strolch", und Burhan Özfatura, Ex-Bürgermeister von İzmir, einen „Halunken, der krumme Bücher schreibt". Erst im Zuge der türkischen EU-Ambitionen änderte sich diese Haltung. 2008 wurde Yaşar Kemal erster Träger des neuen „Kulturpreises des Staatspräsidenten". Den Preis nannte er „ein Zeichen, dass der Weg zum sozialen Frieden geöffnet ist."

Nördlich des Südtores, bei den letzten Häusern Dilekkayas, beginnt der Aufstieg zur alles überragenden **Zitadelle** (Hinweisschild). Denken Sie an feste Schuhe und genügend Wasser; Trittsicherheit und Schwindelfreiheit sind Voraussetzung! Im Hochsommer kann der halbstündige Aufstieg schnell zur Tortur werden, belohnt aber mit grandiosen Aussichten. Die Ruinen auf dem Burgberg, darunter eine Kirche aus dem frühen 12. Jh., zeugen vorrangig von der Herrschaftsepoche der armenischen Rubeniden, die Anavarza zu ihrer Sommerresidenz wählten. Mit der Eroberung der Stadt durch die ägyptischen Mameluken 1375 fiel hier die letzte Bastion des kleinarmenischen Reiches (→ Kasten S. 836/837).

Anfahrt/Verbindungen Von Ceyhan führt die Nationalstraße 817 Richtung Kozan. Nach ca. 20 km im Dorf Ayşehoca rechts ab (ausgeschildert), nach weiteren 5 km ist man am Ziel. Mit dem **Dolmuş** von Ceyhan Richtung Kozan, an der Abzweigung nach Anavarza aussteigen und ca. 1 Std. etwas für die Beinmuskulatur tun – zusammen mit der Besichtigung der Zitadelle eine schöne, mehrstündige Wanderung.

Öffnungszeiten Ruinen und Museum sind tagsüber stets zugänglich. Eintritt frei.

Tipps für eine Tour, die auch den Karatepe-Nationalpark beinhaltet: → S. 554.

Toprakkale

Die „Lehmburg", ursprünglich von Byzantinern auf einem 60 m hohen Basaltfelsen errichtet, liegt weithin sichtbar mitten im Dreieck der Fernstraßen nach Adana, İskenderun und Gaziantep. Sie hatte aufgrund ihrer exponierten Lage nicht nur Blickkontakt zu den Festungen Yılan Kalesi und Anavarza, sondern auch eine ähnliche Geschichte. Als Burgherren wechselten sich Byzantiner, Araber, Kreuzritter, Armenier, Mameluken und Osmanen ab. Der größte Teil der recht gut erhaltenen Anlage mit einigen unterirdischen Gängen stammt aus kleinarmenischer Zeit.

Stets zugänglich. Ein selbst ernannter Burgwächter verlangt zuweilen einen kleinen Obolus für seine Führung. Gut ausgeschildert, den braunen Schildern „Toprakkale" folgen, alle anderen führen ins gleichnamige Städtchen. Ohne eigenes Fahrzeug erreicht man die Burg, indem man ein Osmaniye-İskenderun-**Dolmuş** nimmt und unterwegs aussteigt – sagen Sie dem Fahrer Bescheid.

Osmaniye und Karatepe-Nationalpark (Karatepe Milli Parkı)

Osmaniye, eine recht unansehnliche Provinzhauptstadt mit 199.000 Einwohnern, ist Ausgangspunkt für Fahrten in den 34 km nördlich gelegenen Karatepe-Nationalpark, ein 77 km² großes Naherholungsgebiet. Es liegt am **Aslantaş Barajı**, einer künstlichen Stauung des Ceyhan-Flusses. Weite Kiefern- und Eichenwälder prägen den Park, der zugleich Heimat von Wölfen, Schakalen und Wildschweinen ist. Hoch über dem See lassen sich die Ruinen der hethitischen Burganlage **Karatepe-Aslantaş** besichtigen. Vor einigen Jahren geriet die Burganlage in einen wissenschaftlichen Disput, der selbst die Feuilletons der Tageszeitungen weltweit füllte. Grund: Der österreichische Komparatist Raoul Schrott hatte die These aufgestellt, dass Homer ein assyrischer Hofdichter war und Troja nicht an der Ägäis, sondern hier zu suchen sei.

Entdeckt wurde Karatepe-Aslantaş 1946 von dem in İstanbul lehrenden deutschen Archäologen Hellmuth Bossert. Zusammen mit seiner Kollegin Halet Çambel – ganz nebenbei die erste Türkin, die je an Olympischen Spielen teilnahm (1936 in Berlin) – legte er die Ruinen frei. Ihr spektakulärster Fund waren Steinplatten mit zweisprachigen Inschriften, welche eine Gegenüberstellung der bereits bekannten phönizischen Schrift mit hethitischen Hieroglyphen erlaubte. Letztere konnten so erstmals entziffert werden.

Die Festung war vermutlich vom 12. bis zum 8. Jh. v. Chr. bewohnt, zuletzt diente sie als Sommerresidenz des Hethiterkönigs Asitawanda. (Laut Schrott jedoch ereigneten sich hier um 700 v. Chr. die aus der *Ilias* bekannten Geschehnisse). Vom ehemaligen Palast ist kaum mehr etwas erhalten. Sehenswert sind jedoch zwei mittels Dachkonstruktionen geschützte Toranlagen, die von Löwen (*aslantaş* = Löwenstein) und Sphinxen bewacht werden. Beide besitzen fein gearbeitete Reliefs – sie sind einmalig in der hethitischen Welt, da sie keine „langweiligen" Darstellungen des höfischen Lebens, sondern humoristische Szenerien zeigen. Am Südtor ist ein molliger Fürst zu erkennen, dem gerade Essen aufgetragen wird; unter dem Tisch hockt ein Äffchen. Am besser erhaltenen Nordtor – Jahrhunderte lang lag es ge-

Die Çukurova

schützt unter der Erde – ist die Darstellung einer stillenden Mutter auszumachen, dazu sieht man Flöten- und Harfenspieler sowie Tänzer. Als Wächter des Ganzen fungiert Sturmgott Baal (auch: Tarhunzas), die rund 3 m große Statue ist recht imposant. Zum Schluss besichtigt man das kleine Museum mit seinen interessanten Funden aus der Hethiterzeit, die meisten stammen jedoch aus der nahen Hethiterfestung **Domuztepe**.

Karatepe-Aslantaş ist nicht die einzige Ruinenstätte, die Sie bei einem Ausflug in den Nationalpark besichtigen können. Auf halbem Weg zwischen Osmaniye und dem Nationalpark passiert man das antike **Hierapolis Kastabala**. Es liegt inmitten von Feldern zu Fuße eines Hügels, den die mittelalterliche Burg **Bodrum Kalesi** krönt. In der Antike war Hierapolis, dessen Name im 2. Jh. v. Chr. erstmals auf Münzen auftauchte, bekannt für den hier gepflegten Artemiskult. Der Geograf Strabo (63 v. Chr. bis 23 n. Chr.) berichtet von Zeremonien der Priesterinnen, die nach ausgiebigen Tänzen in Trance fielen und anschließend über glühende Kohlen laufen konnten. Auf dem Ruinengelände geht es heute weit weniger mystisch zu. An Hierapolis, die „Stadt der Tempel", erinnern nur noch spärliche Ruinen. Zu sehen sind u. a. eine 300 m lange Kolonnadenstraße mit 78 Säulen, die teils noch über schöne korinthische Kapitele verfügen, ein Theater, zudem die Ruinen eines Stadions, zweier Bäder und zweier Kirchen aus dem 5. oder 6. Jh. Das Gelände ist stets zugänglich und kostet keinen Eintritt.

Öffnungszeiten Die Ruinen von Karatepe-Aslantaş sind tägl. 8–17 Uhr zugänglich. Eintritt 1,20 €.

Anfahrt Der Weg zum Nationalpark ist von der Hauptdurchgangsstraße in Osmaniye ausgeschildert. Er führt zunächst Richtung Kadirli, nach ca. 10 km geht es in Çevdetiye rechts ab.

Hinweis: Vom Nationalpark bietet sich die Weiterfahrt Richtung Norden über die Kleinstadt Kadirli und die Ausgrabungsstätte Anavarza (s. o.) nach Ceyhan an. Eine landschaftlich reizvolle, gut ausgeschilderte Tour.

Verbindungen Es fahren keine Busse oder Dolmuşe in den Nationalpark. Taxi von Osmaniye retour je nach Wartezeit ab 40 €. Neuer Busbahnhof von Osmaniye ca. 3 km nördlich des Zentrums an der Straße nach Kadirli/Karatepe-Nationalpark, Dolmuşe ins Zentrum. Die **Minibusse** nach Adana und İskenderun verkehren hingegen vom alten Busbahnhof direkt an der Durchgangsstraße im Zentrum.

Übernachten Die Übernachtungssituation ist nicht die beste.

**** Büyük Osmaniye Oteli, neuestes und bestes Haus der Stadt in unattraktiver Lage ca. 5 km westlich des Zentrums an der Straße nach Adana. Der Kasten bietet 100 angestylte Zimmer und Suiten auf der Sternezahl entsprechendem Niveau. Dachrestaurant, Sauna, Hamam, Außenpool. EZ 40 €, DZ 60 €. Toprakkale yolu üzeri, ✆ 0328/7770000, www.buyukosmaniyeoteli.com.

Şahin Otel, Mittelklasse im Zentrum. 67 Zimmer mit ordentlichen Bädern, leicht abgeschrammt, aber okay (sofern Sie eines mit Fenster nach außen bekommen!). EZ 25 €, DZ 37 €. Dr. Ahmet Kalkan Cad. 27 (nahe der Durchgangsstraße bzw. dem unübersehbaren Devlet Bahçeli Meydanı, einem Kreisverkehr mit Brunnen), ✆ 0328/8124444, ✉ 8138484.

Ansonsten bleiben leider nur Absteigen wie das **Çınar Otel** (im Zentrum gegenüber dem Migros-Supermarkt).

Weiter nach Südostanatolien? Über Gaziantep lesen Sie bitte weiter ab S. 851, zu Kahramanmaraş ab S. 849.

Beim Barbier in Antakya

Das Hatay

Die südlichste Provinz der Türkei liegt abseits der großen Touristenströme. Abwechslungsreiche Landschaften und die arabisch geprägte Provinzmetropole Antakya sprechen für einen Abstecher.

Blickt man auf die Landkarte, so sitzt es wie ein Dorn zwischen Syrien und dem Mittelmeer. Nach dem Zusammenbruch des Osmanischen Reiches war das Hatay wie Syrien französisches Protektorat. Erst 1939 fiel es nach einer Volksabstimmung an die Türkei. Bis heute erkennen viele syrische Politiker diese Abstimmung nicht an. Auf manchen arabischen Landkarten verläuft deswegen die syrisch-türkische Grenze zuweilen noch immer nördlich von İskenderun.

Die Landschaft des Hatay ist reizvoll und vielfältig. Schluchtenreiche Gebirgszüge wechseln ab mit fruchtbaren, üppig grünen Talsenken, in denen es im Sommer schwülheiß wird. Abkühlung versprechen die *Yaylas*, Bergalmen im Landesinneren. Klima und Bodenbeschaffenheit erlauben intensiven Ackerbau, diesbezüglich gehört das Hatay zu den reichsten Gebieten der Türkei. Hauptprodukte sind hochwertige Baumwolle, Getreide und vielerlei Sorten von Gemüse. Alawitische Araber und syrisch-orthodoxe Christen machen das Hatay zudem zu einer Multikultiregion. Wer nicht auf einen Badeurlaub aus ist – die Hataykküste gehört leider zu den schmutzigsten Küsten der Türkei –, kann hier viel entdecken: Klöster, Burgen, antike Stätten und mit Antakya eine sympathische Provinzmetropole.

Epiphania/Issos (antike Stadt)

Drei drei drei – bei Issos Keilerei. Die Eselsbrücke aus dem Geschichtsunterricht verweist auf die legendäre Schlacht von 333 v. Chr., bei der *Alexander der Große*

> **Hatay – das Highlight**
> **Antakya:** Die Hauptstadt des einstigen Seleukidenreiches besitzt zwei Pilgerziele: für Christen die „erste Kathedrale der Welt" und für Archäologen ein sehenswertes Mosaikenmuseum. Als Dreingabe gibt es ein sympathisches Multi-Kulti-Städtchen, wo Türken und Araber, Muslime und Christen in friedlicher Nachbarschaft leben.

am Golf von İskenderun dem persischen Großkönig *Dareios III.* eine vernichtende Niederlage bescherte. Ein Heer aus „nur" 40.000 abendländischen Soldaten kam dabei gegen 500.000 Perser an, so zumindest steht es in den Geschichtsbüchern. Der angebliche Schauplatz der Keilerei ist von der Nationalstraße 817 Osmaniye –Dörtyol (nahe der Autobahn) an einem Kreisverkehr mit „Issos Harabeleri" ausgeschildert – eine gewollte oder ungewollte Irreführung. Wer hier abzweigt, gelangt über Bahngleise und dahinter auf einem Schotterweg zu einem Orangenhain. In diesem liegen ein paar unspektakuläre Ruinen, darunter ein Aquädukt. Sie sind jedoch keine Überreste des geschichtsträchtigen Issos, sondern die einer antiken Stadt namens Epiphania, über die man kaum etwas weiß. Das Schlachtfeld von Issos lag einige Kilometer südlich von Epiphania.

İskenderun

ca. 202.000 Einwohner

İskenderun steht für Stahlwerke und Ölraffinerien. Das klingt schlimmer als es ist, zumal man davon im Zentrum nichts mitbekommt. Dort präsentiert sich İskenderun als eine offene, lebenslustige Stadt mit adretten Straßenzügen hinter einem palmengesäumten Uferboulevard.

Das ehemalige *Alexandrette* wurde von Alexander dem Großen (türk. *Büyük İskender*) nach der Schlacht von Issos gegründet. Irgendwelche Schlagzeilen in der Geschichte machte die Stadt allerdings nie. Antike Überbleibsel sind Fehlanzeige, ausgeschilderte Sehenswürdigkeiten und Museen ebenso. Einzig und allein ein paar armenisch-katholische und orthodoxe Kirchen können besichtigt werden (sie werden noch genutzt, einfach klingeln). Vielleicht liegt es am einstigen christlichen Einfluss, dass die Stadt so durch und durch westlich wirkt. Kopftücher sieht man selten, dafür Minikleidchen und Trägertops. Das Zentrum zeigt sich modern und adrett, nett und gemütlich, ohne die typisch türkische Hektik. Beim sommerlichen Einkaufsbummel muss man aufs Windowshopping allerdings verzichten: Damit die Ware nicht ausbleicht, sind die Jalousien der Ladenfronten oft bis auf Kniehöhe hinabgezogen – die stickig-schweißtreibende Stadt zählt zu den heißesten der Türkei. Im Winter, bei stets frühlingshaften Temperaturen, lässt es sich in İskenderun dagegen gut aushalten.

Vom Uferboulevard blickt man auf ein paar Werften in der Ferne, die Bucht von İskenderun ist zudem Heimat bedeutender türkischer Militärhäfen. Drum herum rauchen die Schlote der Stahlindustrie und zahlreicher Ölraffinerien. Baden ist aufgrund fehlender Strände und zweifelhafter Wasserqualität vor Ort unmöglich. Auch die Kiesstrände auf dem Weg nach Arsuz (s. u.) lohnen seit der Verbreiterung der Küstenstraße keinen Stopp mehr.

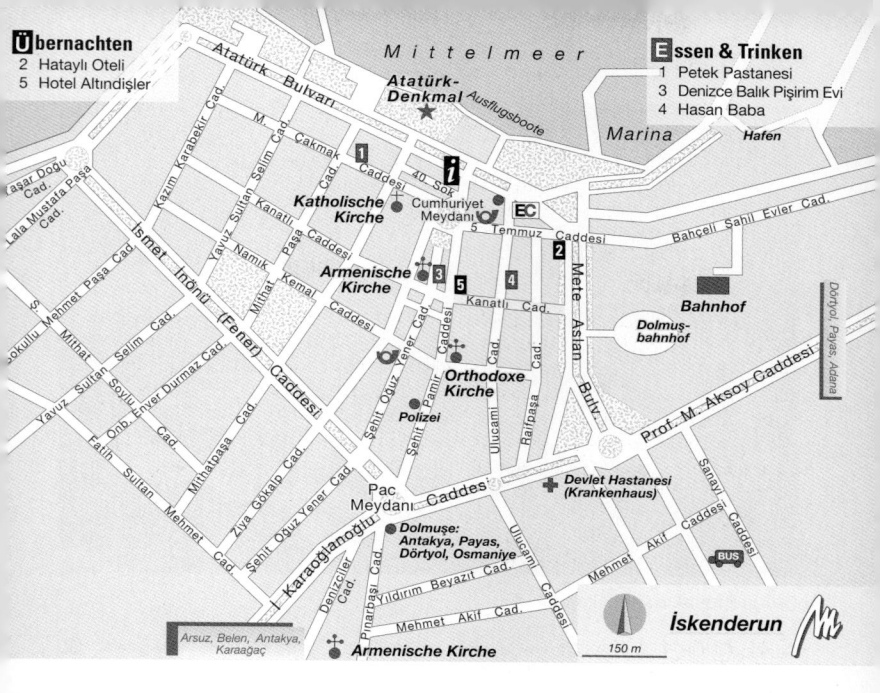

Übernachten
2 Hataylı Oteli
5 Hotel Altındişler

Essen & Trinken
1 Petek Pastanesi
3 Denizce Balık Pişirim Evi
4 Hasan Baba

Information/Verbindungen

Telefonvorwahl 0326.

Information Etwas versteckt in einer Gasse hinter dem Uferboulevard, 40. Sok. 6/2. Freundlich und kompetent. Mo–Fr 8–12 und 13–17 Uhr. ✆ 6141620, www.iskenderun.bel.tr.

Verbindungen Bus/Dolmuş: Busbahnhof in Laufnähe südöstlich des Zentrums nahe der Sanayi Cad. Gute Verbindungen nach Antakya (1½ Std., über Belen) und Adana (2½ Std.). Die Dolmuşe nach Arsuz und Belen starten vom Dolmuşbahnhof nahe dem Mete Aslan Bul., in die Minibusse nach Antakya, Payas und Osmaniye steigt man am Pac Meydanı nahe dem Hotel Ontur zu.

Zug: Bahnhof (✆ 6140049) ebenfalls in Laufnähe östlich des Zentrums. 1-mal tägl. Züge über Adana nach Mersin.

Übernachten/Essen & Trinken

Die hiesigen Hotels bieten ein recht schlechtes Preis-Leistungs-Verhältnis. Prüfen Sie vorm Einchecken, ob die Klimaanlage funktioniert.

Übernachten ★★★ **Hataylı Oteli** 2, gepflegte Mittelklasse nahe der Uferpromenade. 60 komfortable Zimmer mit Klimaanlage, z. T. mit einem Druck von Miró über dem Bett. Dachterrasse. EZ 41 €, DZ 62 €. Mete Aslan Bul. 2, ✆ 6141590, ✆ 6178751, www.hatayliotel.com.

Hotel Altındişler 5, ordentliche untere Mittelklasse ohne Sterne. 35 Zimmer mit Laminatböden, funktionalen Bädern, TV und Klimaanlage, 2 davon mit Balkon. Kein Aufzug. DZ 35 €. Şehit Pamir Cad. 11, ✆ 6171011, www.altindislerotel.com.

Essen & Trinken Hasan Baba 4, sehr gutes Restaurant mit großer, schattiger Terrasse (hinten raus). Kleine Auswahl an Meze, 1a-Salatteller, köstliche Grillspieße. Ulucami Cad. 35, ✆ 6176420.

Uferpromenade von İskenderun

Denizce Balık Pişirim Evi ❸, kleine, einfache Fischlokanta, von Lesern entdeckt und gelobt. 52. Sok. 23.

>>> Unser Tipp: Petek Pastanesi ❶, Hochglanzkonditorei mit angeschlossenem Café imKaffeehausstil. Tolle Torten, etliche Sorten Baklava, dazu hausgemachtes Eis. Mareşal Çakmak Cad. 16. «««

Arsuz

Das einstige Fischerstädtchen 33 km südlich von İskenderun lebt vom nationalen und syrischen Tourismus. Mittlerweile ist es ziemlich verbaut und besteht fast ausschließlich aus Ferienhäusern, zu denen sich etliche Pensionen und Aparthotels gesellen. An Sommerwochenenden avanciert Arsuz zum beliebten Ziel der in der Hitze brütenden Bewohner İskenderuns. Dann ist der Ort restlos überlaufen und dann wird bis spät in den Abend in den hervorragenden Fischrestaurants am Fluss getafelt (Mückenschutz nicht vergessen!). Ziemlich mäßig, dazu recht klein und mit Liegestühlen nur so vollgestellt ist der örtliche Strand *(Halk Plajı)*. Besser weicht man an die Strände aus, die ca. 1 km nordöstlich des Zentrums beginnen.

Von Arsuz führt ein 44 km langes Sträßlein, das bislang jedoch nur zu drei Vierteln geteert ist, weiter nach Çevlik (→ S. 557). Die Strecke ist wildromantisch – mal fährt man hoch über der Küste, mal direkt am Meer entlang –, die verschmutzten Strände unterwegs laden jedoch kaum zu einem Stopp ein.

Verbindungen Regelmäßige Dolmuşverbindungen von und nach İskenderun. Die Dolmuşe fahren weiter nach Konacık (Camping).

Übernachten Empfehlenswert sind auch die Bungalows des Orient Campings (s. u.).

*** **Arsuz Otel**, gehobeneres, freundliches Hotel (zwar älteren Datums, aber gepflegt) mit eigenem kleinem Strandabschnitt. Alle Zimmer mit Balkon. Zum Meer hin überdachtes Terrassenrestaurant. Wie die meisten Unterkünfte nur Mai–Okt. geöffnet. Von Lesern gelobt. EZ 53 €, DZ 74 €. Im Zentrum, ☏ 0326/6432444, 🖷 6432448, www.arsuz otel.com.

Hotel Yunus, im Zentrum von Arsuz neben der Moschee. Einfachere Mittelklasse, neu möblierte Zimmer, alle mit Terrasse oder Balkon, von den oberen Meeresblick. Eigene Parkplätze. DZ 31 €. Dz. K. K. Özel Eğt. Mrkz. Bitişiği, ☏ 0326/6432088, 🖷 6433767, www.arsuzyunusotel.com.

Camping Camping Orient, ca. 9 km südlich von Arsuz in der Siedlung Konacık, von Arsuz der Küstenstraße nach Süden folgen, dann bestens ausgeschildert. Liebevoll angelegter, künstlerisch gestalteter Platz. Der freundliche Besitzer Fergini, ein Allroundtalent, hat 19 Jahre in Holland gelebt und spricht gut Deutsch. Üppig grün, Obstbäume en masse, lauschige Sitzecken, Open-Air-Küche etc. Gute Sanitäranlagen. Fergini bastelte zuletzt auch an originellen Bungalows mit und ohne Bad, bis 2012 sind 12 Stück geplant. Zudem soll hier ein Paragliderzentrum entstehen. Leider nicht am Meer gelegen, dafür tolle Berglandschaft drum herum. Zum Strand und zu den nächsten Restaurants ca. 1 km. 2 Pers. mit Wohnmobil 10,50 €, Bungalow für 2 Pers. je nach Größe und Komfort 16,50–62 €. Konacık 64, ☏ 0326/66757670, www.orient camping.com.

Essen & Trinken ⟫⟫ Unser Tipp: **Derya Restaurant**, großes Restaurant mit weißer Bestuhlung am Fluss und unser Favorit – selten haben wir in der Türkei besser gegessen! Fantastische Meze mit Hatay-Einschlag. Dann in Butter gebratene Garnelen – einfach himmlisch! Mittlere Preisklasse. Kein Schild, es handelt sich um das Terrassenlokal neben dem Çardak Restaurant. ☏ 0326/6432094. ⟪⟪⟪

Belen

21.800 Einwohner

Den 750 m hohen Belen-Pass und das gleichnamige, am Berg klebende Städtchen 13 km südöstlich von İskenderun passiert man auf dem Weg nach Antakya. Als *Porta Syriae* war der Pass schon im Altertum ein wichtiger Punkt auf der Route von Anatolien nach Syrien. Außer ein paar guten Restaurants (ein Tipp das preiswerte „Kurtoğlu" mit vorzüglicher Mezeauswahl direkt an der Durchgangsstraße, ☏ 0326/4412114) bietet der Ort aber nicht viel. Nachdem man den Pass überquert hat, ca. 4 km nach der Abzweigung nach Aleppo (Halep/Syrien), weist ein Schild zur **Bakras Kalesi**. Man erreicht sie nach weiteren 4 km und 20 Fußminuten im Anschluss. Die byzantinische Festung aus dem 10. Jh. wurde zur Sicherung des Passes auf einem Felskegel errichtet. In ihrem Inneren befindet sich eine Kirchenruine. Eintritt frei.

Regelmäßige **Dolmuş**verbindungen nach İskenderun und Antakya.

Antakya

213.600 Einwohner

Französischer Kolonialcharme trifft 1001 Nacht. Das geschichtsträchtige Antakya lädt zu einem Besuch seiner pittoresken Altstadt und seines bedeutenden Mosaikenmuseums ein.

Die abgelegene Provinzstadt im fruchtbaren Schwemmland des Hatay ist identisch mit *Antiochia,* das im Altertum eine Weltmetropole war. Von der antiken Bebauung blieb jedoch nichts übrig. Dafür entschädigen arabische Architektur, prächtige osmanische Konaks und selbst Jugendstilfassaden in der enggassigen Altstadt – vieles ist jedoch heute in einem leprösen Zustand. Im orientalisch pulsierenden Labyrinth des Basarviertels macht Umherirren Spaß, herauskommen wird man immer. Ganz anders hingegen das moderne Antakya. Der wenig romantische, fast kloakenhafte Flusslauf des Asi, des antiken Orontes, trennt diesen Teil vom historischen Kern. Hier wechseln türkische Renommierpaläste und die typisch-türkischen Apartmentblocks einander ab.

In Antakya wird neben Türkisch auch Arabisch gesprochen. Der arabischsprachige Teil der Bevölkerung zählt überwiegend zur Minderheit der Alawiten, einer schiitischen Glaubensrichtung, nicht zu verwechseln mit den Aleviten (→ Islam, S. 57). Den französischen Herren von einst ist es wahrscheinlich zu verdanken, dass sich Antakya eine relative Freizügigkeit und Weltoffenheit bewahrt hat. Kein Wunder also, dass Antakya ein beliebtes Ausflugsziel von Touristen aus den sittenstrengeren arabischen Nachbarländern ist, insbesondere aus Syrien.

Geschichte

Im Jahre 307 v. Chr. gründete hier Antigonos, einer der Feldherren Alexanders des Großen, eine Siedlung namens *Antigoneia.* Nur sieben Jahre später fiel diese in die Hände seines einstigen Weggefährten, des Seleukidenkönigs Seleukos I. Nikator. Dieser machte Antigonos zur Hauptstadt seines Reiches. Die Stadt avancierte in kürzester Zeit zu einem wohlhabenden Handelszentrum, dem die sinnenfrohen Bewohner den Ruf eines Sündenbabels anhefteten. Daran änderte sich nichts, als Antiochia, wie die Stadt nun hieß, 64 v. Chr. Hauptstadt der römischen Provinz Syrien wurde. Eine halbe Million Einwohner zählte man zu jener Zeit, darunter 200.000 Sklaven. Damit war Antiochia nach Rom und Alexandria die drittgrößte Stadt des Imperiums. Nach der Zerstörung Jerusalems 70 n. Chr. stieg sie zudem zum bedeutendsten Zentrum des frühen Christentums auf. Hier nämlich hatten Paulus und Barnabas verweilt, hatte Matthäus sein Evangelium geschrieben und Petrus zu missionieren begonnen. Gott strafte die Stadt dennoch mit mehreren Erdbeben. Das schwerste brach 526 über Antiochia herein, es soll mehr als 250.000 Opfer in der Provinz gefordert haben.

Trotzdem, Antiochia war begehrt. Jahrhundertelang stritten sich Römer, Perser, Byzantiner, Araber und schließlich auch noch die Kreuzfahrer um die Stadt. Erst nachdem die ägyptischen Mamelukken Antiochia 1268 vollständig zerstört hatten, wurde die Stadt uninteressant. In osmanischer Zeit duckten sich auf dem Trümmerhaufen der einstigen Weltmetropole nur noch ein paar hundert ärmliche Steinhütten. Nach dem Ersten Weltkrieg schlugen die Siegermächte Antakya dem französischen Protektorat Syrien zu, dann es nach einer Volksabstimmung 1939 in die Türkei entlassen wurde. Partnergemeinde der lebenslustigen Provinzhauptstadt ist heute übrigens das exakt 3310 km entfernte Aalen in Baden-Württemberg.

Antakya

Information/Verbindungen

Telefonvorwahl 0326.

Information Eine Touristeninformation im Herzen der Stadt gab es zuletzt nicht mehr. Mit etwas Infomaterial kann man sich im **Tourismusdirektorat** *(Il Turizm Müdürlüğü)* im Kulturzentrum an der Ecke Adnan Menderes Bul./Şehit Mustafa Sevgi Cad. eindecken. Mo–Fr 8–12 und 13.30–17 Uhr. ✆ 2149217, www.hataykulturturizm.gov.tr.

Verbindungen Flugzeug: Hatay **Havaalanı** (www.hatay.dhmi.gov.tr) ca. 25 km nördlich von Antakya, von der Straße nach İskenderun ausgeschildert. Transfer mit Bussen der Gesellschaft *Havaş* (bis zu 10-mal tägl., Dauer 30 Min., 3,60 €, Infos auf www.havas.com.tr). Start in Antakya vor dem Büro von **Antakya Turizm**, Atatürk Cad. (neben dem Büyük Antakya Oteli), ✆/@ 2157300, www.antakyaturizm.com. Dort auch Infos zu den Abfahrtszeiten und Tickets.

Busbahnhof ca. 5 km nördlich des Zentrums nahe der Straße nach İskenderun, Busse dahin vom Zentrum (s. u.). Gute Verbindungen in alle großen Städte der Türkei. Zudem tägl. mehrmals nach Syrien (Aleppo/Halep ca. 3 Std., Damaskus ca. 7 Std.).

Bedenken Sie, dass Grenzformalitäten die Reise deutlich verlängern können. Städtische Busse zum Busbahnhof fahren von verschiedenen Stellen im Zentrum ab, u. a. vom Kreisverkehr beim Mosaikenmuseum.

Dolmuş: Die Dolmuşe nach İskenderun (über Belen), Samandağ und Yayladağı (Grenze zu Syrien) passieren die Yavuz Sultan Selim Cad. im Norden des Zentrums. Die Dolmuşe nach Reyhanlı und Altınözü (Burg) starten nahebei vom Minibusbahnhof etwas nördlich der Yavuz Sultan Selim Cad., lassen Sie sich die Stelle zeigen. In die Dolmuşe nach Harbiye kann man u. a. entlang der Kurtuluş Cad. zusteigen.

> **Weiterreise nach Syrien**: Informieren Sie sich vor Antritt der Reise in Ihrem Heimatland über die politische Lage im Land und die Einreiseformalitäten (Visumspflicht). Reise- und Sicherheitshinweise für Syrien unter www.auswaertiges-amt.de, www.bmeia.gv.at bzw. www.eda.admin.ch.

Adressen/Einkaufen

Ärztliche Versorgung Privates **Antakya Akademi Hastanesi** ca. 4 km stadtauswärts an der Straße nach İskenderun. ✆ 2292929.

Autoverleih Gülturizm, schräg gegenüber dem Hotel Güney. Billigstes Fahrzeug 36 € inkl. Versicherungen. Auch am Flughafen vertreten. Ada Çarşısı 1, ✆ 2134150, www.gulturizm.com.

Einkaufen Die in der Türkei berühmte **Daphne-Seife** *(defne sabunu)* wird ausschließlich aus Lorbeeröl hergestellt, das im Hatay gewonnen wird. Die Naturseife ist hautschonend und soll gegen piesackende Insekten helfen. U. a. in den engen Gässchen des **Basars** zwischen İstiklal und Kurtuluş Cad. erhältlich. Klamottenläden findet man entlang der Atatürk Cad.

Türkisches Bad (Hamam) Im historischen **Meydan Hamamı** baden nur Männer. Eintritt inkl. *Kese* u. Massage 8 €. Bis spät in den Abend geöffnet. Im Basarviertel hinter dem Hotel Onur.

Übernachten (→ Karte S. 562)

Savon Hotel 8, niveauvolle Unterkunft in einer stilvoll umgebauten Seifenfabrik aus dem 19. Jh. 43 klassisch-moderne Zimmer und Apartments mit Hang zum Kitschig-Protzigen. Restaurant, Bar mit Kamin. Netter Hof. EZ 60 €, DZ 90 €. Kurtuluş Cad. 192, ✆ 2146155, @ 2146356, www.savonhotel.com.tr.

The Liwan 14, eine charmante Adresse in einem Stadthaus aus den 1920ern. 24 gepflegte Zimmer mit größtenteils schönen alten Fliesenböden; moderne Bäder. Netter Frühstückshof. Bar, Restaurant. DZ 66 €. Silhalı Kuvvetler Cad. 5, ✆ 2157777, www.theliwanhotel.com.

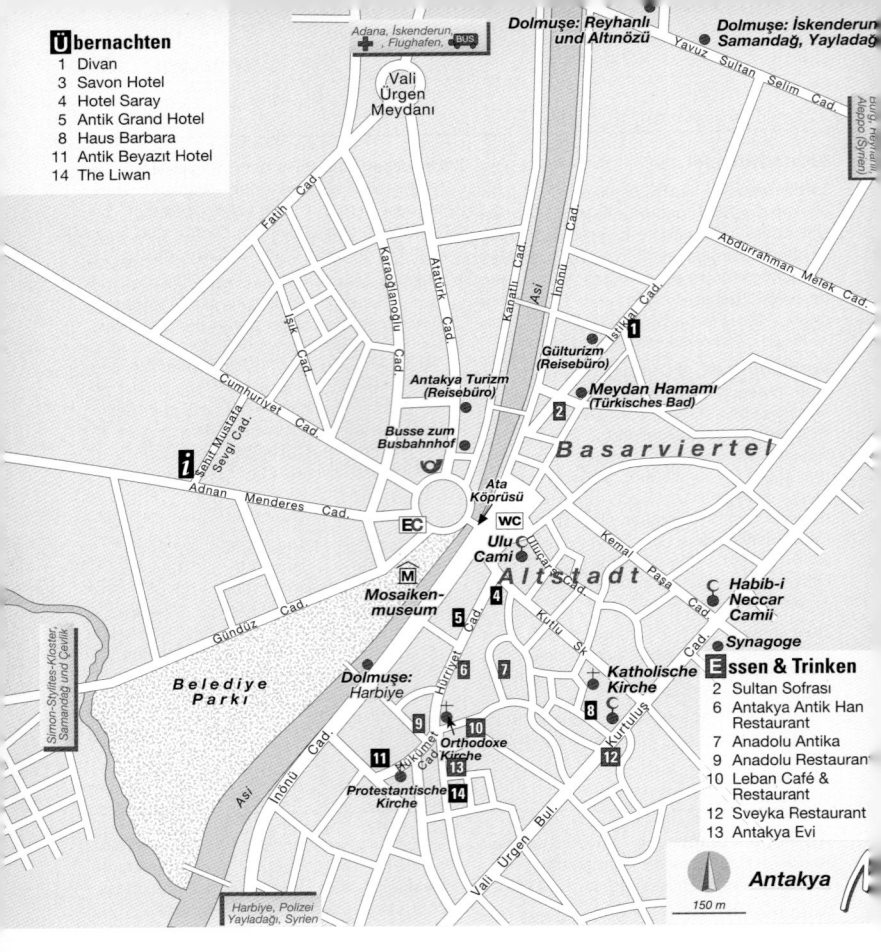

Übernachten
1. Divan
3. Savon Hotel
4. Hotel Saray
5. Antik Grand Hotel
8. Haus Barbara
11. Antik Beyazıt Hotel
14. The Liwan

Essen & Trinken
2. Sultan Sofrası
6. Antakya Antik Han Restaurant
7. Anadolu Antika
9. Anadolu Restaurant
10. Leban Café & Restaurant
12. Sveyka Restaurant
13. Antakya Evi

Antik Beyazıt Hotel 11, familiäres, gut geführtes Hotel in einem über 100 Jahre alten Stadthaus mit Bougainvilleen davor. 27 leicht rustikale Zimmer mit ebenfalls tollen alten Fliesenböden und Klimaanlage. DZ 62 €. Hükümet Cad. 4, ☎ 2162900, ✆ 2143089, www.antikbeyazitoteli.com.

Antik Grand Hotel 5, eine gute Wahl in dieser Preisklasse. 27 komfortable, geräumige Zimmer. Von Lesern hochgelobt. DZ ab 48 €. Hürriyet Cad. 10, ☎ 2157575, ✆ 2156067, www.antikgrand.com.

Divan 1, frisch restaurierte Zimmer mit Balkon, die besser geputzt sein könnten. Vorteil: leicht anzusteuern. DZ 40 €. İstiklal Cad. 96, ☎ 2140880, ✆ 2140902.

Hotel Saray 4, älteres Stadthotel, nicht perfekt, doch recht sauber. Einfache Zimmer, ein paar wenige mit Balkon. EZ 17 €, DZ 28 €. Hürriyet Cad. 3, ☎/✆ 2149002.

Haus Barbara 8, das Begegnungszentrum der Kirche vermietet einfache Zimmer (mit Stockbetten), die sich auf 2 historische Gebäude verteilen. Saubere Gemeinschaftssanitäranlagen, Küche. Nette Innenhöfe. Von Lesern gelobt. 12,50 €/Pers. Gazi Cad. 49 (bei der katholischen Kirche; am einfachsten dort nach Schwester Barbara fragen, die deutsche Franziskanerin kennt jeder in der Ecke), ☎ 2142196, barbara.antakya@gmx.net.

Antakya

Essen & Trinken

Die hervorragende, meist scharf gewürzte Hatay-Küche weist starke arabische Einflüsse auf. Statt dem herkömmlichen Weißbrot kommt hier dünnes Fladenbrot auf den Tisch. *Humus*, ein sämiges Kichererbsen-Sesammus, ist eine beliebte Vorspeise. Zu den Spezialitäten Antakyas zählen zudem *Kağıt Kebap* („Papierkebab"), auf hauchdünnem Teig verteiltes Fleisch, *Peynirli Künefe*, eine mit Käse versetzte, zuckersüße Nachspeise, sowie *Kadayıf*, ein Dessert aus Fadennudeln. Ausgezeichnet isst man übrigens auch in Harbiye (s. u.) – die dortigen Restaurants sind bekannt für ihre hervorragenden Meze.

Antakya Evi 13, gediegenere Lokalität im ersten Stock eines alten Kolonialgebäudes mit z. T. herrlichen Fliesenböden. Große Auswahl an leckeren Meze und Kebabspezialitäten, dazu kaltes Efes. Für das Gebotene preislich okay. So geschl. Silahlı Kuvvetler Cad. 3, ✆ 2141350.

Anadolu Restaurant 9, ebenfalls eine der ersten Adressen der Stadt. In einem Konak aus dem frühen 20. Jh. mit palmenbestandenem Hof. Rund 30 verschiedene Meze, dazu köstliche Fleisch- und Fischgerichte. Gehobeneres Preisniveau. Hürriyet Cad. 30/A, ✆ 2153335.

Sveyka Restaurant 12, gepflegtes Ambiente mit weißen Tischdecken im OG eines alten Stadthauses. Neben hervorragender regionaler Küche werden hier auch Gerichte aus dem nahen Aleppo kredenzt. Kurtuluş Cad. 58, ✆ 2133947.

Leban Café & Restaurant 10, das „Joghurt" (wie *Leban* im Arabischen heißt) geht über mehrere Etagen, am schönsten sitzt man oben auf der Terrasse mit Blick auf die syrisch-orthodoxe Kirche nebenan. Wie viele Lokale in Hatay spezialisiert auf feine Meze, im Humus könnte man baden. Dazu auch gutes Frühstück und Fasılabende. Gazipaşa Cad. 5, ✆ 2134255.

Sultan Sofrası 2, gepflegte Lokanta und ebenfalls eine gute Adresse, um lokale Spezialitäten wie *Kağıt Kebap* und *Künefe* zu testen. Bestens besucht, sodass man zur Mittagszeit zuweilen auf einen Tisch warten muss. Faire Preise. İstiklal Cad. 20/A, ✆ 2138759.

Antakya Antik Han Restaurant 6, alteingesessenes Restaurant. Schöne Terrasse und netter Innenhof. Vielfältige Küche: Meze, regionale Hausmannskost, Kebabs, Döner etc. Kein Alkohol. Hürriyet Cad. 19, ✆ 2146833.

Anadolu Antika 7, nettes Hofcafé mit Antiquitäten und Replikaten. Souvenirverkauf (kein Touritsch!). Etwas versteckt, beim Restaurant Leban, von dort ausgeschildert. Kahraman Sok 37.

Sehenswertes

Mosaikenmuseum: Die Sammlung von Antakya ist weltberühmt und sehenswert, wenn auch nicht mehr die erste Wahl in der Türkei, seitdem das Mosaikenmuseum im südostanatolischen Gaziantep dem hiesigen den Rang abgelaufen hat. In fünf Sälen werden Mosaiken aus dem 2. bis 5. Jh. präsentiert, die einst die Villen reicher Bürger in Antakya und Umgebung zierten. Die Mosaiken, z. T. aus farbigen Flusskieseln entstanden, sind auf hohem künstlerischen Niveau, kaum verblasst und z. T. mehrere Quadratmeter groß. Sie zeigen Szenen aus der Mythologie, aber auch Alltägliches. Dionysos taucht gleich mehrmals auf, und dies stets betrunken. Herkules sieht man als mopsigen Helden mit den Schlangen kämpfen. Auf dem bekannten *Yakto-Mosaik* schlagen sich die mythologischen Heroen mit Löwen, Tigern und Bären herum. Viel Beachtung wird dem *Glücklichen Buckligen* gezollt, dessen Glück an Hüfthöhe zu erkennen ist ... Neben all den Mosaiken wirken die übrigen archäologischen Exponate zweitklassig.

Gündüz Cad. Im Sommer tägl. (außer Mo) 9–18.30 Uhr, im Winter bis 17 Uhr. Eintritt 3,20 €.

Habib-i Neccar Camii: Antakyas älteste Gebetsstätte an der Kurtuluş Caddesi ist eine ehemals byzantinische Kirche, die wiederum auf antiken Tempelfundamenten

Morbider Kolonialcharme in der Altstadt von Antakya

entstand. Von den Mameluken wurde sie im 13. Jh. in eine Moschee umgewandelt, das Minarett kam im 17. Jh. hinzu – ein hübsches Beispiel für den türkischen Barock. Seinen Namen erhielt die Moschee von einem Lokalheiligen, der nahe Antakya in einer Höhle lebte.

Kirchen in der Altstadt: Aus kunsthistorischer Sicht sind die Kirchen in Antakyas Altstadt wenig spannend, dafür werden sie noch heute für Gottesdienste genutzt, wie z. B. die *Orthodoxe Kirche* (19. Jh.) im Gassenwirrwarr nahe der Hürriyet Caddesi. Sie ist das Zentrum einer 1500-köpfigen, arabischsprachigen Gemeinde. In ihrem Inneren überraschen ein paar Ikonen aus Russland (i. d. R. immer zugänglich). Nur noch 75 Mitglieder zählt die Gemeinde der *katholischen Kirche* nahe der Kurtuluş Caddesi (von der Prof. Ataman Demir Sok. ausgeschildert). Sie wurde erst in den 1970ern den Aposteln Petrus und Paulus geweiht, zuvor diente das Gebäude anderen Zwecken (12–15 Uhr geschlossen). Die Katholiken feiern seit 1988 übrigens ihr Osterfest am gleichen Tag wie die orthodoxen Christen, um beim Eiersuchen nicht ganz alleine zu sein. Wer aufmerksam umherspaziert, wird noch weitere Kirchen entdecken.

Apostelkirche (Petrus-Grotte): Dass Petrus in Antiochia missionierte, gilt als gesichert. Ob er jedoch gerade hier die erste christliche Gemeinde gegründet hat, ist eher eine Glaubensfrage. Papst Johannes Paul II. sprach die „erste Kathedrale der Welt" 1983 auf jeden Fall heilig. Dabei handelt es sich um eine Grotte, deren Inneres aus nicht viel mehr als nacktem Fels sowie einem Altar und einem Bischofssitz aus Stein besteht. Der Tunnel links des Altars diente den Christen als Fluchtweg bei nahender Gefahr. Die vor der Grotte errichtete Kirchenfassade mit drei großen Bögen ist ein Werk der Kreuzfahrer aus dem ausgehenden 11. Jh. Jährlich am 29. Juni, dem Todestag des Petrus, wird in der Kirche ein Festgottesdienst gehalten, hin und wieder finden hier auch klassische Konzerte statt.

Etwa 200 m nördlich der Apostelkirche lässt sich zudem ein etwa 5 m hohes *Felsrelief* aus hellenistischer Zeit besichtigen, der Trampelpfad dorthin ist ausgeschildert. Unklar ist, ob das Relief den Totenschiffer Charon aus dem Hades oder Stadtgründer Seleukos Nikator darstellen soll. Ganz sicher aber ist es *nicht* die Muttergottes, wie einem minderjährige Führer zuweilen auftischen wollen ...

Die Kirche befindet sich ca. 2 km abseits des Zentrums. Von der Straße nach Reyhanlı mit „St. Pierre Kilisesi" bzw. „St. Peter Church" ausgeschildert. Mit den Reyhanlı-Dolmuşen vom Zentrum zu erreichen. Im Sommer tägl. (außer Mo) 8–12 und 13.30–18.30 Uhr geöffnet. Eintritt 3,20 €.

Burg (Antakya Kalesi): Um zu der Zitadelle auf einem steil abfallenden Bergrücken im Süden der Stadt zu gelangen, muss man bislang einen 14 km langen Umweg auf sich nehmen. In Planung ist jedoch eine Seilbahn, die Stadt und Burg verbinden soll. Allzu viel ist von der ursprünglich hellenistischen Burganlage, die die Römer und Byzantiner erweiterten, nicht mehr übrig. Ein Ausflug lohnt jedoch wegen des fantastischen Panoramas. Antakya liegt Ihnen hier zu Füßen, nachts als funkelndes Häusermeer und im Morgengrauen in seinem besten Licht – ein Leckerbissen für jeden Fotografen!

Mit dem Altınözü-**Dolmuş** bis zur beschilderten Abzweigung zur Burg und die letzten 1,5 km zu Fuß gehen. Mit dem **eigenen Fahrzeug** von Antakya zunächst Richtung Reyhanlı, am Ortsende von Antakya Richtung Altınözü abzweigen, nach 7 km erneut (Schild), ab da noch 2 km.

Harbiye

„Komm, lass uns nach Harbiye gehen!" lautet für viele Bewohner des Hatay die Aufforderung zu einem ganz irdischen Saufgelage im ehemals heiligen „Hain der Daphne". Man setzt dabei eine lange Tradition der Ausschweifung fort: Im Hain jagte der Gott Apollon so liebestoll der Nymphe Daphne hinterher, dass sie sich sicherheitshalber in einen Lorbeerbaum verwandelte (griech. *daphne* = türk. *defne* = Lorbeer). Später feierten die Antiochier hier rauschende Feste zu Ehren diverser Gottheiten. 37 v. Chr. war der Hain schließlich Schauplatz der glamourösen Hochzeitsfeier von Kleopatra und Mark Anton (→ Kasten S. 541). Heute ist die mit Terrassenlokalen bestückte Grünanlage ein lauschiges Ausflugsziel, wenn auch manchmal ein wenig überfüllt. Ein Quellwasser bildet zahlreiche kleine Wasserfälle und Rinnsale in einem Zypressen- und Lorbeerwald, der stufenweise ins Tal abfällt. Der Hain liegt 9 km südlich des Zentrums von Antakya. Antakya und Harbiye sind mittlerweile fast zusammengewachsen.

Anfahrt/Verbindungen Von der Straße nach Yayladağı mit „Şelale" ausgeschildert. Regelmäßige **Dolmuş**verbindungen von und nach Antakya.

Essen & Trinken/Übernachten Die allesamt empfehlenswerten Restaurants an der Straße oberhalb des Hains und im Hain selbst bieten regionale Schmankerln mit besten Meze auf weinumrankten Gartenterrassen. Mittlere Preisklasse. Wo kein Essen serviert wird, darf man sich hinsetzen, das Getränk bestellen und Mitgebrachtes auspacken.

Simeon-Stylites-Kloster

Der Wunderheiler Simeon der Jüngere (521–592) war ein Säulenheiliger, ein sog. Stylit (griech. *stylos* = Säule) – nach dem Vorbild des Säulenheiligen Simeon des Älteren, der eine Kultstätte im heutigen Nordsyrien besaß. Fast sein ganzes Leben verbrachte der Extremasket auf einer rund 12 m hohen Säule. Der Verkehr mit der Außenwelt – und auch die sagenumwobenen Heilungen durch Handauflegen – erfolgten über eine Leiter, die man an die Säule legte. Das teilweise aus dem Felsen gehauene Kloster Simeons des Jüngeren auf einem Bergrücken zwischen Antakya und Samandağ wurde 541 eingeweiht. Bis zum 13. Jh. war es ein Pilgerziel der Massen. Heute liegen die kläglichen Ruinen in der gebirgig-windigen Einsamkeit des Hatay. Von der berühmten Säule Simeons, dem einstigen Mittelpunkt des Klosters, sind noch 4–5 m der Basis erhalten. Zudem stehen noch die Überreste dreier Kirchen im Osten der Anlage. Die Aussicht von dort ist herrlich.

Anfahrt Von Antakya in Richtung Samandağ, nach ca. 15 km in der Ortschaft Uzunbağ links abzweigen (ca. 400 m hinter dem Hinweisschild „Samandağ 10 km"). Von dort noch 6 km auf einem mit Schlaglöchern gespickten Sträßlein (komplett ausgeschildert). Achtung: 2011 waren an der Straße Antakya – Samandağ umfangreiche Bauarbeiten im Gange, aufgrund derer sich die Anfahrt evtl. ändern kann (z. B. Abzweigemöglichkeit nur noch in Fahrtrichtung Samandağ – Antakya).

Öffnungszeiten/Eintritt Stets zugänglich. Offiziell kostenlos, allerdings werden Ihnen möglicherweise selbst ernannte Aufseher etwas abknöpfen wollen.

Samandağ/Vakıflı

Samandağ, 26 km südwestlich von Antakya, ist ein schäbiges Kaff mit 42.000 Einwohnern. Es bietet nichts außer langen, aber ungepflegten Sandstränden – Wochenendziele der Antakyalılar. Interessant hingegen ist ein Ausflug in die nördlich von Samandağ gelegenen Bergdörfer rund um den 1281 m hohen *Musa Dağı* (Mosesberg). Leicht zu erreichen ist Vakıflı, das einzige verbliebene, rein armenische Dorf der Türkei. Traurige Berühmtheit erlangte es durch Franz Werfels 1000-seitigen Tatsachenroman *Die 40 Tage des Musa Dagh*. Die Einwohner von Vakıflı (armenisch *Wakef*) gehörten zu jenen rund 5000 Armeniern der sieben christlichen Mosesbergdörfer, die 1915 vor ihrer Deportation in die syrische Wüste (→ Kasten S. 836/837) auf den Musa Dağı flüchteten und nach 40 Tagen von französischen Schiffen gerettet wurden. Nach Kriegsende kehrten die meisten von ihnen nach Vakıflı zurück. Heute leben in Vakıflı noch rund 130 meist ältere Armenier. Pittoreske Natursteinidylle darf man jedoch nicht erwarten – das herausgeputzte Dorf mit Friedhof und Kirche wirkt sehr modern. An die anderen armenischen Dörfer erinnern in der Einsamkeit der Gegend nur noch wenige traurige Reste.

Regelmäßige Dolmuşverbindungen zwischen Samandağ und Antakya. Vakıflı ist von Samandağ (von der Straße nach Çevlik) ausgeschildert, von dort noch ca. 4 km.

Çevlik

Der schäbig-provisorische Low-Budget-Badeort Çevlik ist mit Samandağ mittlerweile fast zusammengewachsen. Viele Syrier und Jordanier machen hier Urlaub. Der Alkohol fließt in Strömen, zum Abendessen wird bisweilen eine Flasche Whiskey geköpft. Tagsüber vertreibt man sich die Zeit am feinen, grauen, aber leider alles andere als gepflegten Sandstrand.

In der Antike lag hier **Seleukeia Pieria**, die Hafenstadt Antiochias mit rund 30.000 Einwohnern und erste Station der Missionsreise des Paulus. Reste der Stadt- und Hafenmauern sowie einige Felsengräber („Kaya Mezarları") sind noch erhalten. Zu besichtigen ist auch ein mit „Titus Tüneli" ausgeschilderter 1300 m langer, in den Fels geschlagener, schluchtartiger **Tunnel**, eine der gewaltigsten Tiefbauarbeiten der Antike. Er entstand unter dem römischen Kaiser Titus im 1. Jh. zur Umleitung eines Wildbaches, der die Stadt immer wieder überschwemmte. Eine Taschenlampe ist empfehlenswert (Eintritt 1,20 € für alle Sehenswürdigkeiten).

Von Çevlik führt eine wildromantische, allerdings nur zu drei Vierteln geteerte Straße nach Arsuz (→ S. 588). Zunächst fährt man direkt am Meer entlang (die Strände unterwegs werden leider nicht vom angeschwemmten Müll befreit), später hoch über der Küste.

Verbindungen Dolmuşverbindungen von und nach Samandağ.

Übernachten/Essen & Trinken Etliche einfache, z. T. kakerlakenlastige Pensionen. In den Terrassenlokalen grillt man Fisch, Harbiye Kebabı (leckeren Hackfleischspieß mit Tomaten und Zwiebeln) und manchmal auch Wachteln (bıldırcın). Letztere werden auf Wunsch direkt vor den Augen des Gastes geschlachtet!

Yesemek
(antike Stätte)

Das „Yesemek Open Air Museum" mitten im Nirgendwo zwischen dem Hatay und Südostanatolien, zwischen Antakya und Gaziantep, ist keine antike Stätte im herkömmlichen Sinne. Zu sehen sind die Überbleibsel einer hethitischen Bildhauerschule mit Basaltsteinbruch, die zwischen dem 14. und dem 8. Jh. v. Chr. in Betrieb war. Entdeckt wurde das rund 900 m² große Areal 1890 vom österreichischen Anthropologen Felix von Luschan. 300 mehr oder weniger behauene Stelen (rund 1000 weitere sollen dort noch begraben liegen!) ragen hier aus einem Hang über dem Kurdendörfchen Yesemek. Je nach dem, wie weit die Steine schon bearbeitet waren, zeigen sie Sphingen, Löwen oder Götter. Eigentlich sollten die Stelen einmal Stadttore, Paläste und Kultstätten schmücken. Mit dem Untergang des spätethitischen Reiches ging es jedoch auch mit der Bildhauerwerkstatt bergab. Wahrscheinlich wurde sie von heute auf morgen aufgegeben.

Von der Nationalstraße 410 Akbez–Kilis ca. 12 km östlich von Akbez ausgeschildert. Von dort noch ca. 10 km. Die landschaftlich sehr reizvolle Strecke führt vorbei an einem Stausee. Mit Dolmuşen nur schwerlich zu erreichen. Tägl. 7.30–17.30 Uhr. Eintritt frei.

Hethitische Bildhauerschule Yesemek

Akçakoca: Strand im Schatten der Burg

Westliche Schwarzmeerküste

Die üppig grüne Schwarzmeerküste verhält sich zum türkeitypischen West-Ost-Gefälle konträr. Eher arm und unterentwickelt präsentiert sich der wild zerklüftete Abschnitt zwischen Şile und Samsun vielerorts, landschaftlich ist er jedoch um einiges reizvoller als sein östlicher Gegenpart.

Das Klischee von der heißen und trockenen Türkei wird an der Schwarzmeerküste nicht selten ad absurdum geführt. Eine Sonnenscheingarantie gibt es nicht, selbst im Juli oder August kann es passieren, dass man durch dichte Nebelschwaden stapft. Denn gleich hinter der Küste steigt das dicht bewaldete Pontische Gebirge *(Pontos Dağları)* mit Höhen von weit über 2000 m an, an dem oft Regenwolken vom Schwarzen Meer hängen bleiben. Kein Wunder also, dass die internationalen, sonnenhungrigen Massen ausbleiben. Dabei ist die Küste ausgesprochen reizvoll, der Küstenabschnitt von Amasra bis Cide mit idyllischen Buchten und vergessenen Ortschaften gar einer der schönsten der Türkei. Zu den wenigen Ferienzentren der westlichen Schwarzmeerküste gehören Şile, Ağva und Akçakoca (die Wochenendziele der İstanbuler) sowie Amasra und Sinop (die Sommerfrischen der Ankaraner). Die Strände sind oft wahre Augenweiden, wenig frequentierte Abschnitte sollte man jedoch meiden, da sie nicht selten von angeschwemmtem Müll verunreinigt sind. Bei Ereğli und Zonguldak streift man den türkischen Kohlepott – auch hier verliert die Landschaft nichts von ihrem Reiz, nur die Städte sind weniger attraktiv.

In der Antike war die Küste Paphlagoniens, wie man die westliche Pontuslandschaft nannte, im vergessenes, unwegsames Terrain, das aufgrund mangelnder natürlicher Häfen auch über See nicht erschlossen werden konnte. Die Bewohner galten als rau und weltfremd, die hellenistischen Kolonisten nannten sie *Paphlasier*, „Menschen mit barbarischen Zügen". Noch heute hinkt die Infrastruktur hier vielerorts hinterher, doch das wird sich ändern: Der Bau einer vierspurigen Schnellstraße im Hinterland der westlichen Schwarzmeerküste ist im Gange.

Westliche Schwarzmeerküste – die Highlights

Amasra: Das angenehme Städtchen erstreckt sich auf einer schmalen, weit ins Meer reichenden Halbinsel. Das pittoreske Zitadellenviertel lädt zum Schlendern ein, die buchtenreiche Küste zum Baden.

Safranbolu ist die mit Abstand malerischste Ortschaft im Hinterland der Schwarzmeerküste. **Göynük** nennt sich ihre wenig touristische Kleinausgabe.

Zwischen Amasra und İnebolu: Ewige Kurverei durch eine einsame Traumlandschaft. Der beste Ort für entspannte Badetage: **Çakraz**.

Şile

12.700 Einwohner

Şile ist das westlichste Städtchen der anatolischen Schwarzmeerküste, nur 72 km von İstanbul entfernt. So zieht der Ort mit seinen schönen weiten Sandstränden jedes Sommerwochenende ganze Scharen von Erholungssuchenden aus der Millionenmetropole an.

Als Sommerfrische hat Şile eine lange Tradition. Der kupferhaltige Sand des Kumbaba-Strandes im Westen der Stadt soll bei Rheuma, Ischias und Gicht Linderung verschaffen, angeblich ließen sich hier bereits die byzantinischen Kaiser Theodosius und Justinian einbuddeln. In den heißen Monaten tun das heute Unzählige – insbesondere an Sommerwochenenden, wenn bis zu 150.000 İstanbuler zum Sonnenbad nach Şile strömen. Abends bevölkern sie die Fischrestaurants unten am Hafen. Davor oder danach flanieren sie die verkehrsberuhigte Üsküdar Caddesi im höher gelegenen Zentrum, auf und ab.

Trotz des regen Zuspruchs ist aus Şile, dem antiken *Kalpe*, nie ein stilvolles Seebad geworden. Und an all die Völker (Hethiter, Phryger, Römer, Byzantiner, Genuesen und Osmanen), die den Ort seit seiner Gründung im 7. Jh. v. Chr. beherrschten, erinnern lediglich ein paar nachts angestrahlte, eulenähnliche **Burgreste** auf einem vorgelagerten Halbinselchen. Der gestreifte **Leuchtturm**, ein Wahrzeichen Şiles, stammt aus dem Jahr 1858.

Von Oktober bis Mai sind übrigens viele Hotels und Restaurants geschlossen, lediglich Hundebanden strolchen dann noch durch die Gassen.

Verbindungen/Sonstiges

Telefonvorwahl 0216.

Verbindungen Halbstündl. bis stündl. Busse (Nr. 139) vom İstanbuler Stadtteil Harem nach Şile (1½–2 Std.), regelmäßig auch Busse nach Ağva. Abfahrt in Harem schräg gegenüber der Petrol-Ofisi-Tankstelle südlich des Busbahnhofs. Harem erreicht man von der europäischen Seite am einfachsten mit der Autofähre von Eminönü.

Baden Die Strände rund um Şile sind allesamt empfehlenswert. Westlich des Hafens erstreckt sich der lange, mit Bars bestückte **Kumbaba-Strand** (in der HS z. T. gebührenpflichtig). Schön ist auch der östlich des Zentrums gelegene **Ağlayankaya-Strand**. Weitere Strände und Buchten schließen sich an beide an, Entdecken macht Spaß. Im Sommer Dolmuşverbindung zwischen Zentrum und Stränden.

Westliche Schwarzmeerküste

20 km

Einkaufen Şile Bezi ist ein leichter, dünn gewebter Baumwollstoff, der zu hübschen bestickten Hängekleidchen oder -blüschen weiterverarbeitet wird. Produziert wird heute jedoch vorrangig im İstanbuler Stadtteil Üsküdar.

Veranstaltungen Ende Juli/Anfang Aug. einwöchiges Şile Bezi Şenliği, ein Kulturfestival im Zeichen des Baumwollstoffs. Während des Festivals ist in Şile die Hölle los.

Übernachten/Camping

Über die Sommerwochenenden (ab Freitagmittag) ist ohne Reservierung kaum ein Zimmer zu bekommen. Dann steigen auch die Preise kräftig an (20–60 % Zuschlag), und Hotels vermieten oft nur noch im Mehrtagespaket. Angegeben sind die Wochentagpreise. Empfehlenswerte Mittelklassehotels sind rar.

Şile Çınar Otel, nahe der Durchgangsstraße, ca. 100 m, bevor sie verkehrsberuhigt wird. Neueres freundliches Haus mit ungezwungener Atmosphäre. Nette Zimmer mit Laminatböden und hellem Mobiliar, etliche davon mit schönem Meeresblick – leider ohne Balkon. DZ 82 €. Üsküdar Cad. 180, ✆ 7121110, ✆ 7103431, www.silecinarotel.com.

*** Şile Resort Hotel, größeres Strandhotel. 52 Zimmer, der Sterneanzahl entsprechend ausgestattet, Balkon. Innen- und Außenpool. Schöner Strand direkt vor der Tür. DZ 74 €. Ağlayan Kaya Cad., ca. 3 km östlich des Zentrums, ausgeschildert, ✆ 7113627, ✆ 7114003, www.sileresorthotel.com.

Fener Motel, empfehlenswert. Nette Anlage mit neu restaurierten, angenehmen Bungalows, gutes Restaurant, Pool. Garten. Keine 100 m von einem schönen Strand entfernt. DZ mit HP 57 €. Ca. 1,5 km östlich von Şile (vom Zentrum stets entlang der Küste halten), ✆ 7112824, www.fenermotel.com.

Motel Şile, akzeptables Billigquartier, von der freundlichen, leider nicht fremdsprachigen Familie Demircikaya geführt, sauber. Nette Terrasse (Alkoholverbot!). Die meisten der 19 einfach-angeschrammten Zimmer mit Bad, Balkon bzw. Terrasse. DZ 33 €. Kiremitlik Sok. 4 (von der Türk İş Bankası an der Üsküdar Cad. die Treppe hinab nehmen), ✆ 7115040.

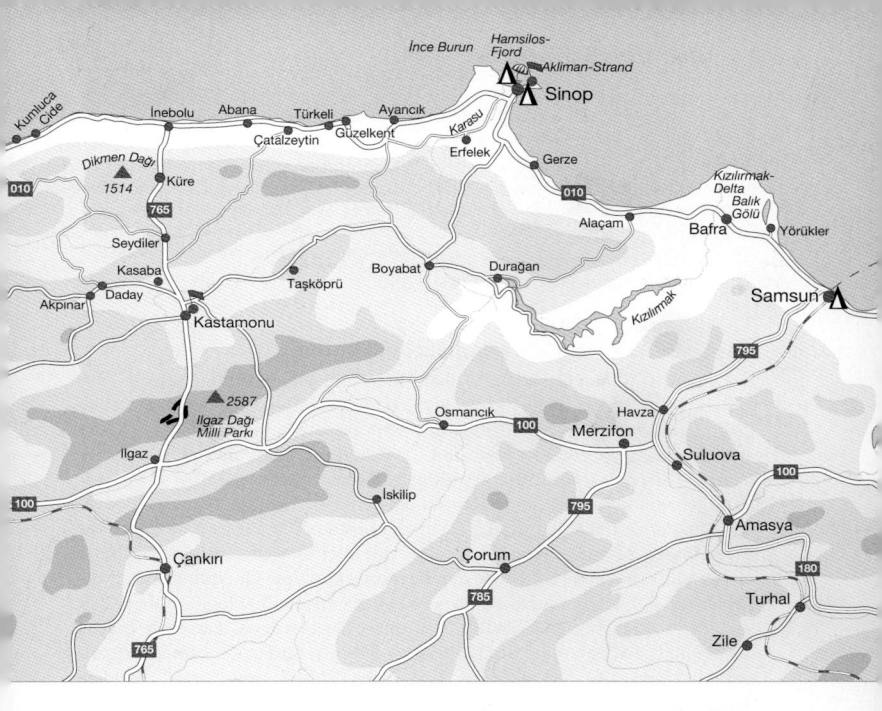

Emek Pension, am kleinen zentralen Platz mit Atatürk-Statue, eine der ältesten Pensionen Şiles. 8 Zimmer, 4 davon teilen sich stets ein Bad und eine Küche. Einfach! Die obersten 2 Zimmer (reservieren!) teilen sich zudem eine Terrasse mit Blick über die Stadt und auf das Meer. DZ 25 € ohne Frühstück. Belediye Meydanı 2, ✆ 7115268, außerhalb der Saison ✆ 0532/4165434 (mobil).

Camping Kar-Yad Camping, terrassiertes Gelände über der Steilküste, sehr simpel, eigentlich nicht viel mehr als ein begraster Parkplatz, der leider, wie die gesamte Anlage, nicht allzu gepflegt ist. Dafür tolle Meeresblicke und schöne Strände in Laufnähe. Freundlicher Inhaber. Snackbar, die nicht immer in Betrieb ist. Auch Zimmervermietung. Campen für 2 Pers. mit Wohnmobil 8,20 €, DZ ohne Frühstück 21 €. Anfahrt: Von İstanbul kommend der Beschilderung zum Kumbaba-Strand folgen und dann immer geradeaus. Bis zur Bushaltestelle nach İstanbul 2,5 km, bis ins Zentrum von Şile 5 km. Meşrutiyet Köyü Rokethane Mevkii, ✆ 0535/3883388 (mobil).

Nehir Camping, ca. 1,5 km vom Zentrum entfernt, zurückversetzt vom Kumbaba-Strand (kein Meeresblick). Recht große Wiese, die wenigen Sanitäranlagen sind sehr simpel, vornehmlich junges türkisches Publikum. Restaurant. 2 Pers. mit Wohnmobil 10,20 €. Von İstanbul kommend an der Zufahrtsstraße nach Şile, ✆ 7115092.

Essen & Trinken/Nachtleben

Auf den Teller kommt selbstverständlich viel frischer Fisch. Leser loben diesbezüglich auch die an der Westbucht vertäuten Restaurantschiffe. Einfache Lokantas am Busbahnhof.

Marina, gutes und etabliertes Fischlokal am Ende der Üsküdar Cad. Nette Terrasse. Fischgerichte ab 4,50 €, Meze ca. 2 €. ☏ 7115360.

Sunset, nur ein paar Häuser weiter. Tolle Terrasse, freundliches Personal, ähnliches Angebot, ähnliche Preise. ☏ 7120809.

Café Herrlich und umgeben vom Meer sitzt man im **Café İyot** auf der kleinen felsigen Halbinsel nahe der Burgruine. Ein paar Sonnenschirme und Snacks, davor ein kleiner Strand.

Nachtleben Einer der Treffpunkte ist das Open-Air-Caférestaurant **Dubara** über dem Hafen. Das **Monumentum** am Ende der Üsküdar Cad. ist eine Mischung aus Café, Bar und Club. Phänomenale Terrasse.

Das Schwarze Meer – Schauplatz der Sintflut?

Die amerikanischen Geologen William Ryan und Walter Pitman wiesen 1997 anhand von seismischen Profilen und Sedimenten die Existenz einer gefluteten Landschaft am Grunde des Schwarzen Meeres nach. Ihrer These zufolge war das Gewässer vor rund 7500 Jahren ein Binnensee, an dessen Ufern Menschen lebten. Die gewaltigen Wassermassen, die über ihre Siedlungsgebiete hereinbrachen und schließlich das heutige Schwarze Meer bildeten, kamen aus dem Marmara- bzw. Mittelmeer. Dieses war durch die letzte Eiszeit so angeschwollen, dass es mit aller Gewalt dort eine Spalte in die Landmassen riss, wo heute der Bosporus verläuft. Unterstützt wird die Behauptung u. a. vom amerikanischen Unterwasserarchäologen Robert Ballard, der zur Jahrtausendwende 170 m unter der heutigen Wasseroberfläche die ehemalige Küstenlinie des Schwarzen Meeres entdeckte – und dazu angeblich Überreste steinzeitlicher Siedlungen. „Noah war Türke", meldete daraufhin die Tageszeitung *Hürriyet*. In der Tat erfreut sich die These auch in der Theologie großer Beliebtheit, da das Naturereignis den historischen Kern der großen Flut darstellen könnte, die im Alten Testament, aber auch in der antiken Mythologie aufgezeichnet ist. Hinzu kommt, dass der Berg Ararat, an dem die Arche Noah nach der Flut gestrandet sein soll, gar nicht so weit vom Schwarzen Meer entfernt ist.

Trotz einer eventuellen Verwandtschaft mit dem „Weißen Meer" (türk. *Akdeniz*, Mittelmeer) weist der schwarze Bruder eine vollkommen andere Wasserstruktur auf. Der starke Zustrom von Süßwasser durch Donau, Don, Dnjepr und Wolga verringert den Salzgehalt des Schwarzen Meeres auf knapp 2 %. Während die Oberfläche zwischen 6 und 30 °C warm ist, herrschen am Meeresboden konstante 9 °C. Diese Temperaturverhältnisse verhindern eine Umschichtung des Wassers und führen ab einer Tiefe von 200 m zu Sauerstoffmangel und einem hohen Schwefelwasserstoffgehalt. Während die oberen Wasserschichten relativ fischreich sind, existiert in größerer Tiefe kaum mehr Leben.

Akçakese und Umgebung

16 km östlich von Şile liegt Akçakese, ein unspektakuläres Dorf. Nördlich von diesem erstreckt sich jedoch eine beidseitig von Felsen umrahmte Traumbucht. Den Reiz des hiesigen Strandes haben leider schon andere vor Ihnen entdeckt, einige Feriensiedlungen sind bereits entstanden. Trotzdem ist die Bucht von Akçakese

(gebührenpflichtig und zugänglich über die beiden angrenzenden Campingplätze) noch immer ideal für alle, die den Tag einfach mit Baden verbringen wollen. Auch die Umgebung von Akçakese weist schöne Strände auf. Westlich von Akçakese lohnt der Strand von **Kabakoz** einen Abstecher (mit „Sahil" ausgeschildert), östlich die Bucht **İmrenli** (Selbstfahrer folgen einfach der Küstenstraße weiter nach Ağva) mit zwei besseren Hotels und einfachen Campingmöglichkeiten.

Anfahrt/Verbindungen Zur Bucht von Akçakese gelangen Sie von der Küstenstraße zwischen Şile und Ağva über ein schmales Sträßlein (Beschilderung „Woodyville Camping Akkaya", zu Fuß ca. 30 Min.). In der HS tägl. bis zu 10 Busse von Şile über den *Sahil Yolu* nach Ağva.

Übernachten/Camping in Akçakese
Woodyville Camping Akkaya, recht originelle Anlage auf einem 80.000 m² großen Areal. Darauf 75 ganz unterschiedliche Bungalows (alle mit Bad) – von windschiefen Hütten über Baumhäuser bis hin zu komfortablen Villen mit Traumterrassen und offenem Kamin. Pool. Für Camper gibt es eine Küche. Hunde erlaubt. Mehrere Restaurants und Kneipen. Ganzjährig. Bungalow für 2 Pers. mit HP (Büfett) ab 91 €, Camping (egal ob mit Wohnmobil oder Zelt) teure 10–17 €/ Pers. je nach Lage. Akçakese-Bucht, ✆ 0216/7277010, www.woody-ville.net.

Erheblich billiger, aber auch erheblich einfacher (Parkplatzambiente) campt man auf dem **Yeşim Camp** in der Nachbarschaft.

Übernachten/Camping in Kabakoz
The Cozz, direkt am Strand. In Reihe gebaute, geräumige, jedoch eher spartanisch eingerichtete Zimmer, teilweise mit Kühlschrank. Die nach vorne mit Terrasse direkt am Strand – einfach super. Nach hinten zudem ein Camperareal – eine dürre, umzäunte Wiese ohne Schatten. Restaurant. Am Wochenende Musikbeschallung am Strand. DZ mit HP unter der Woche 74 €, am Wochenende 90 €, 2 Pers. mit Wohnmobil 14,50 €. Vom Dorf Kabakoz ausgeschildert, ✆ 0216/7278036.

Ağva
2500 Einwohner

24 km östlich von Akçakese liegt das von zwei Flussmündungen eingerahmte Ağva. Das Zentrum befindet sich am östlichen Flusslauf, wo Frösche im Technobeat quaken. Zugpferd des etwas unübersichtlichen Städtchens ist sein langer, heller **Sandstrand**. Etliche stadtmüde İstanbuler mit Geld und Stil ließen sich im vergangenen Jahrzehnt in Ağva nieder und errichteten ein paar paradiesische Unterkünfte, die nun im Sommer für einen steten Strom kreativer Besserverdiener aus der Bosporusmetropole sorgen. Ansonsten jedoch gehört Ağva eher der Mittelklasse. Wer am Wochenende, wenn man für die Zimmer ohnehin einen saftigen Aufschlag zahlt, ohne Reservierung antanzt, muss im Auto, Park oder am Strand schlafen. Dann nämlich ist die Bucht, die schon die Byzantiner mit einer Burg schützten, restlos überlaufen. Erheblich ruhiger geht es unter der Woche zu.

》》》 Unser Tipp: Östlich von Ağva liegt die Bucht von **Kilimli** mit wildromantischen Felsformationen. Luftlinie ist sie nur 1,5 km vom Zentrum entfernt, mit dem Auto muss man sie jedoch in einem weiten Bogen anfahren. **《《《**

Verbindungen Im Sommer regelmäßig Busse von und nach İstanbul/Harem (Abfahrtsstelle → Şile/Verbindungen).

Übernachten Angegeben sind die Wochentagspreise, am Wochenende wird es deutlich teurer (bis zu 80 %). Vor Ort auch primitive Campingmöglichkeiten.

Paradise Otel, am westlichen Flusslauf. Nomen est omen: Die idyllische Unterkunft ist nur mit der hauseigenen „Seilbahn" über den Fluss zu erreichen. Angenehme Bungalows mit Klimaanlage, herrliche Terrassen. Pool. Mit HP 41 €/Pers. Göksu Deresi Kenarı, ✆ 0216/7218577, ✆ 7217317, www.agvaparadisemotel.com.

Acqua Verde Otel, eine weitere Traumunterkunft, nicht weit vom Paradise. 22 geschmackvolle, klimatisierte Zimmer, Outdoor- und Indoorpool, dazu ein wunderschönes Gärtchen am Fluss. Fährdienst über den Fluss. DZ mit HP 82 €. Kurfallı

Köyü, ☏ 0216/7217143, www.acquaverde.com.tr.

Greenline Guesthouse, ebenfalls direkt am westlichen Flusslauf, jedoch weiter landeinwärts. Urgemütlicher Uferbereich zum Relaxen. Das backsteinummantelte Haus dahinter ist zwar ein kleiner Klotz, bietet dafür traumhafte helle Zimmer, z. T. mit Himmelbetten und Flussblick. Restaurant. DZ mit HP 94 €. Yakuplu Sapağı, ☏ 0216/7218491, ℻ 7217439, www.agvagreenline.com.

Liman Motel, hellgrünes, holzverkleidetes Haus mit holzverschalten Zimmern (in Naturfarben), vorne raus klein, dafür mit Balkon und Strandblick, hinten raus größer. DZ 29 €. Am östlichen Strandende, ☏ 0216/7217297, ℻ 7217473, www.limanmotel.net.

Saygın Pansiyon, im Zentrum. Spartanische, aber sehr saubere Zimmer mit metallenen Krankenhausbetten, Bad und Balkon, die zur Flussseite hin mit schöner Aussicht. Nur Dreibettzimmer. Gemeinschaftsküche. 12,50 €/Pers., kein Frühstück. İskele Cad. 9, ☏ 0216/7218506, www.agvasaygin pansiyon.com.

Essen & Trinken Im Zentrum vorrangig einfache Lokantas, gehobenere Restaurants gibt es kaum, zumal die besseren Unterkünfte (v. a. in der HS) nur inklusive HP vermieten.

> **Von Ağva nach Osten:** Für die Strecke entlang der Küste über Kefken nach Karasu – unterwegs bieten sich immer wieder Abstecher zu netten Buchten an – benötigt man Stunden und etwas Pfadfindergespür! Die Straße soll jedoch ausgebaut werden. Bis dahin nimmt man besser die Straße über Kandıra Richtung Adapazarı/Sakarya und biegt bei Kaynarca nach Karasu ab.

Karasu
ca. 28.800 Einwohner

Das etwas landeinwärts gelegene Städtchen Karasu ist kaum der Rede wert. Am kilometerlangen, nicht immer gepflegten Strand davor, zugeklotzt mit sterilen Apartmentblocks, spielt sich im Sommer ein reger türkischer Einfachtourismus ab. Auch die Strände östlich von Karasu sind mit Feriensiedlungen weitestgehend verbaut. Gemütlich sitzt man jedoch in den simplen, lauschigen Fischlokalen ca. 4 km westlich des Ortes, direkt an der Mündung des Sakarya-Flusses. Dieser ist übrigens mit über 820 km einer der längsten Flüsse der Türkei.

Auf der Weiterfahrt nach Akçakoca passiert man das idyllische (nicht an Wochenenden!) Paarhäuserdorf **Karaburun** mit einigen schlichten Unterkünften an einem schönen Strand, der aber ebenfalls sauberer sein könnte.

Regelmäßige Dolmuşverbindungen nach Akçakoca.

Akçakoca
24.500 Einwohner

Akçakoca ist keine Perle, doch eine kleine lebendige Stadt mit ein paar einladenden Stränden drum herum.

Das Zentrum Akçakocas, ein gewachsener Ortskern, erstreckt sich rund um den Hafen und hat im Gegensatz zu Karasu durchaus Flair. Eine neue Umgehungsstraße sorgt zudem dafür, dass das Wort „Hektik" im Zentrum der Vergangenheit angehört. Östlich und westlich des alten Kerns schießen aber auch hier Apartmenthäuser wie Pilze aus dem Boden.

Die Einwohner Akçakocas leben in erster Linie von den Haselnussplantagen der Umgebung. Ungefähr 10.000 t Nüsse werden alljährlich geerntet – diese machen

Akçakoca

u. a. *Hanuta* und *Ferrero Rocher* so knackig (das Kerngebiet des Haselnussanbaus an der Schwarzmeerküste liegt jedoch weiter östlich bei Ordu). Lediglich im Hochsommer wird aus Akçakoca ein kleines, an Wochenenden rege besuchtes Seebad. Die schönen Strände westlich und östlich des Städtchens wirken wie Magneten auf die Einwohner von Ereğli, Zonguldak und sogar Ankara. Zur abendlichen Unterhaltung sucht man nicht Bars oder Diskotheken auf, sondern kauft Eis, Pistazien und Sonnenblumenkerne. Knabbernd und kauend geht es dann die Uferpromenade hoch und wieder hinunter.

Zu den Attraktionen von Akçakoca gehören die bescheidene Ruine einer **Genueserburg** westlich des Ortes, die überaus futuristische Moschee im Zentrum und die **Tropfsteinhöhle von Fakıllı**. Letztere ist vom Zentrum mit „Fakıllı Mağarası" ausgeschildert und frei zugänglich. Taschenlampe nicht vergessen!

Information/Verbindungen/Baden/Veranstaltungen

Telefonvorwahl 0380.

Information Turizm Enformasyon Bürosu, in einem Holzkiosk neben der unübersehbaren Moschee an der Durchgangsstraße. Unregelmäßig geöffnet, kein Telefon.

Verbindungen Busbahnhof ca. 5 km östlich des Zentrums an der Kreuzung nach Düzce, Zubringerservice von den Büros der Busgesellschaften bei der Moschee. Gute Verbindungen entlang der Schwarzmeerküste, aber auch Busse an die Mittelmeerküste. Vom Zentrum **Dolmuşe** nach Ereğli und Karasu, Dolmuşstation hinter der Moschee.

Baden Der schönste Strand ist der in manchen Jahren gebührenpflichtige **Kale Plajı** unterhalb der genuesischen Burgruine ca. 2 km westlich des Zentrums (vom Zentrum kommend ausgeschildert, im Sommer stündl. mit dem Stadtbus zu erreichen, Aufschrift „Kale"). Auf dem Weg zur Burg liegt rechter Hand zudem der einladende, von Felsen flankierte **Kadınlar Plajı**.

Am **östlichen Ortsende** erstreckt sich der große Stadtstrand.

Veranstaltungen Haselnussfestival Ende Juli.

Übernachten/Camping

Enorme Preisnachlässe in der NS! Insgesamt gibt es recht wenige Unterkünfte.

**** Akçakoca, sechsstöckiges Strandhotel im Osten der Stadt. 2011 nach einer Komplettrestaurierung wiedereröffnet. Eigener gepflegter Strandabschnitt davor. Innen- und Außenpool, Hamam, Fitnessraum. 75 Zimmer, viele mit Meeresblick. EZ mit HP (obligatorisch) 78 €, DZ 103 €. Ereğli Cad. 35, ✆ 6114525, ℻ 6114440, www.otelakcakoca.com.tr.

**** Diapolis Otel, 66 Standardzimmer und -suiten mit der Sterneanzahl entsprechendem Komfort, vorne raus toll (Balkon und Meeresblick). Outdoor- und Indoorpool, schönes Terrassenlokal, Sauna, Fitnesscenter, Friseur. DZ unter der Woche 65 €, am Wochenende 105 €. İnönü Cad. 34 (über dem Hafen, Westseite), ✆ 6113741, ℻ 6113790, www.diapolishotel.com.

Hotel Sezgin, recht einfaches, aber gut geführtes Haus an der Promenade, kaum zu verfehlen. 18 Zimmer, z. T. recht groß, mit Bad und TV, unbedingt eines mit Balkon und Meeresblick nehmen. Sauber. Super Dachterrasse. EZ 22 €, DZ 29 €. Atatürk Cad., ✆ 6114162, www.sezginotel.com.

Mutlu Pansiyon, in der Nachbarschaft des Sezgin. Einfache, solide möblierte und saubere Zimmer mit Bad, nach vorne mit Balkon und Meeresblick. DZ mit Meeresblick 21 €, kein Frühstück. Atatürk Cad., ✆ 6116655.

Hotel und Camping Tezel, im Westen des Städtchens. Schöner und gepflegter, über der Steilküste (hier keine Bademöglichkeit!) terrassenartig angelegter Platz mit wenigen, aber sehr sauberen Sanitäranlagen

Westliche Schwarzmeerküste Karte S. 570/571

(die Zahl der Camper hält sich meist in Grenzen). Im Hotel 8 ordentliche, farbenfrohe Zimmer (4 davon mit Meeresblick). Angeschlossen ein gutes Fischrestaurant mit herrlicher Terrasse (bis auf das Bier gar nicht teuer). DZ 49 €, Campen für 2 Pers. mit Wohnmobil 14,50 €. İstanbul Cad., ✆ 6114115, 🖷 6119555, www.tezelcamping.com.tr.

Essen & Trinken

Eine regionale Spezialität ist die Haselnusspaste *fındık ezmesi*, die in Akçakoca mit Honig und Obst angereichert auf den Tisch kommt. Die Ersatzdroge für Nutellasüchtige gibt es auch als pappsüßes Fertigprodukt in Supermärkten zu kaufen.

Kamelya, schon allein wegen der herrlichen Terrasse direkt am Meer zu empfehlen. Doch auch die Küche ist großartig – fantastisches *karides güveci* (Krabben im Tontopf), leckerer Fisch und gute Meze. Sehr zuvorkommender Service. Fischgerichte 4,30–17,50 €. Nahe der modernen Moschee, ✆ 6113033.

Restaurant Tezel, → Übernachten.

Bolu Kardeşler Lokantası, etwas zurückversetzt vom Hafen am Kreisverkehr beim Stadtpark. Einfache, ordentliche Hausmannskost, stets gut besucht. Eine weitere empfehlenswerte Lokanta ist die **Hülyam Lokantası** mit lokalen Spezialitäten. Im Zentrum neben der Post.

Picknicken Auf der Burg *(Kale)* hat die Stadt einen idyllischen, fast tropisch anmutenden Picknickplatz eingerichtet (Badeklamotten- und Alkoholverbot). Wer den Picknickkorb vergessen hat, findet Getränke und eine kleine Auswahl an Grillgerichten im Lokal auf dem Gelände.

> Wer seine Reise an der **Schwarzmeerküste gen Osten** fortsetzt, liest weiter ab S. 578.

Im Hinterland von Akçakoca

Das Hinterland von Akçakoca prägen die **Akçakoca Dağları**, ein waldreicher Mittelgebirgszug mit schön gelegenen Bergalmen. Die Nationalstraße nach Bolu führt vorbei an ein paar Wasserfällen und durch **Konuralp**, das antike *Prusias ad Hypium*. Hier kann man ein römisches Theater aus dem 1. Jh. n. Chr. und im örtlichen Museum ein paar Sarkophage aus jener Zeit besichtigen. Düzce ist hingegen wenig reizvoll, die Stadt wurde bei einem Erdbeben 1999 stark in Mitleidenschaft gezogen.

Bolu und Umgebung
126.000 Einwohner

Das charakterlose Zentrum der Provinzhauptstadt gibt wenig her. An die große Vergangenheit der Stadt – Bolu wurde als *Bithynion* im 2. Jh. n. Chr. gegründet – erinnert heute so gut wie nichts mehr. Ursache dafür sind mehrere Erdbeben (das verheerendste 1668), welche die alte Bausubstanz nahezu vollständig zerstörten. Aber auch beim letzten Beben 1999 erlitt die Stadt schwere Schäden. Davon betroffen war auch die **Große Moschee** (Büyük Cami) oberhalb des Hauptplatzes, die dort mit Unterbrechungen seit 1382 steht. Immerhin musste sie nach dem letzten großen Beben nicht – wie 100 Jahre zuvor, als sie in Flammen aufging – nahezu komplett wieder aufgebaut werden. Die Moschee ist zugleich das mächtigste Gebäude der terrassenartig angelegten **Altstadt** mit Basarviertel und etlichen guten Lokantas. Aus der Provinz Bolu, so weiß der Volksmund, kommen die besten Köche des Landes. Das örtliche **Museum** ist untergebracht im Gebäude des Kultur- und Tourismusdirektorats (→ Information). In der archäologischen Abteilung dominiert die römische Epoche, u. a. wurde ein Grab aus jener Zeit nachgestellt. Des Weiteren gibt es eine ethnografische Abteilung (Waffen, Schmuck, Kleidung) und einige Sarkophage im Garten (tägl. außer Mo 8–12 und 13–17 Uhr, Eintritt frei).

> Orientierung: Bolu liegt nur wenige Kilometer von der Autobahn İstanbul – Ankara entfernt. Am nördlichen Stadtrand entlang führt die Nationalstraße 100. Südlich davon erstreckt sich das Zentrum rund um den Hauptplatz *Belediye Meydanı*. Dort finden Sie die beschriebenen Hotels und alle wichtigen Einrichtungen. Östlich davon thront, unübersehbar, die Große Moschee.

Information İl Turizm ve Kültür Bakanlığı, oberhalb des Hotels Köroğlu am Hauptplatz, dort nach einem großen, rosafarbenen Gebäude Ausschau halten. Stadyum Cad., ✆ 0374/2122254, www.bolukulturturizm.gov.tr. Mo–Fr 8–12 und 13.30–17 Uhr.

Verbindungen Busbahnhof nordwestlich des Zentrums an der D 100, ansässige Unternehmen bieten Transfers vom Zentrum. Sehr gute Verbindungen in alle Landesteile.

Einkaufen Mo ist Markt.

Übernachten Um den Belediye Meydanı Hotels verschiedener Kategorien.

*** **Kaşmir Otel**, kleineres Haus mit 20 typisch türkischen 3-Sterne-Stadthotelzimmern, sprich: mit TV, Minibar und Föhn. Sonst kaum Charme und dazu, obwohl gar nicht allzu alt, schon leicht in die Jahre gekommen. EZ 30, DZ 49 €. İzzet Baysal Cad. 104, ✆ 0374/2158614, ⊛ 2132799, www.otelkasmir.com.

Günstiger wohnt man im **Menekşe Otel** nebenan, das 2011 jedoch wegen Restaurierung geschlossen war.

Veranstaltungen Das Veranstaltungshighlight steigt außerhalb: Im rund 56 km nordöstlich von Bolu gelegenen Örtchen **Mengen** zeigen im Juni die örtlichen Küchenchefs, was sie auf dem Kasten haben.

Köroğlu Dağı: Die mit 2400 m höchste Erhebung des gleichnamigen Gebirgszugs, der sich vom Marmarameer bis weit nach Zentralanatolien hinein erstreckt, liegt rund 50 km südöstlich von Bolu. Am Berg befindet sich das *Skizentrum Kartalkaya* mit 19 Liften (darunter auch österreichische Doppelmayr-Lifte) und 23 Pisten. Übernachten kann man in großen Hotelanlagen. Die Brettlsaison dauert von Ende Dezember bis Ende März. Benannt wurde der Gebirgszug nach dem türkischen Volkshelden Köroğlu („Sohn des Blinden"), der im 16. Jh. gelebt haben soll. Als „edler Räuber" ging er – ähnlich wie Robin Hood – in die Volksliteratur ein. Den alten Stoff verarbeitete u. a. Yaşar Kemal.
Nur mit dem eigenen Fahrzeug möglich. Von Bolu auf der Nationalstraße 100 Richtung Ankara, dann ausgeschildert.

Nationalpark Yedigöller (Yedigöller Milli Parkı): Sieben fischreiche Seen (*yedi göl* = sieben Seen) auf einer Höhe zwischen 700 und 1600 m bietet der rund 550 ha große Nationalpark 42 km nordöstlich von Bolu. Wer durch die Wälder des Parks wandern will, sollte keine Angst vor Wildschweinen, Wölfen und Bären haben. Einfache Übernachtungs- und Campingmöglichkeiten sind vorhanden.
Nur mit dem eigenen Fahrzeug möglich. Von Bolu gen Norden Richtung Yığılca, nach ca. 13 km ausgeschildert.

Abant Gölü: Der See, der durch Bergstürze und damit verbundene Talverschüttungen entstand, liegt auf fast 1500 m Höhe 34 km südwestlich von Bolu – eine idyllische Waldstrecke, vorbei an gepflegten Forellenrestaurants. Er ist fischreich und als Sommerfrische bei Arabern überaus populär. Pferdekutschen laden zur Umrundung des Sees ein, dessen Ufer in Zukunft komplett autofrei werden sollen. Unterkommen kann man nur in zwei Fünf-Sterne-Hotels.

Der See ist sowohl von der Autobahn Richtung İstanbul als auch von der D 100 ausgeschildert. 5-mal tägl. **Minibusse** vom Zentrum Bolus.

Zwischen Bolu und İznik/Sapanca – südlich der Autobahn

Mudurnu: Die Hähnchenstadt Mudurnu (4900 Einwohner) – die Fast-Food-Kette *Mudurnu Chicken* ist der ganzen Türkei ein Begriff – liegt rund 54 km südwestlich von Bolu bzw. 25 km südwestlich des Abant Gölü. Das ehemalige Griechenstädtchen galt wegen seiner vielen Messerschmieden im 16. und 17. Jh. als das „Solingen der Türkei". An die einstigen Bewohner erinnern noch zahlreiche Konaks im pontischen Stil, manche von ihnen dienen heute als atmosphärische Unterkünfte. Dem Charme Göynüks kann Mudurnu jedoch nicht das Wasser reichen.

Mehrmals tägl. **Busse** von und nach Bolu.

Göynük: Göynük ist ein Schmankerl unter den pontischen Kleinstädten – fast so attraktiv wie Safranbolu, aber nahezu unentdeckt und einen Ausflug wert. Das 4300-Einwohner-Kleinod breitet sich in einem schönen Tal aus, drum herum lädt die seenreiche Berglandschaft zu Streifzügen ein. Viele der prächtigen alten Stadthäuser wurden restauriert, neuzeitliche Bausünden fehlen. Am besten kommt man zum bunten Montagsmarkt, wenn die in Trachten gehüllten Dörflerinnen auf Traktoren zum Shoppen kommen. Der Basar spielt sich rund um die *Gazi Süleyman Paşa Camii* (1331–1335) ab. Gesellschaft leisten der Moschee ein *Hamam* und die *Türbe Akşemseddins,* des ersten Hocas der Hagia Sophia nach der Eroberung İstanbuls 1453. Reichtum bescherte dem heute im Abseits liegenden Städtchen einst übrigens seine glückliche Lage an der Seidenstraße.

Verbindungen Busse 1-mal tägl. nach İstanbul sowie über Mudurnu nach Bolu.

Übernachten * Otel Göynük, ein alter Konak, nur ansatzweise restauriert. Einfache, saubere Zimmer mit Bad und Teppichböden, manche mit ultrahohen Wänden und schönen alten Holzdecken. Wer es komfortabler mag: Der freundliche Betreiber bietet auch schöne, osmanisch-authentische Zimmer in einem weiteren Konak in zentraler Lage an. DZ mit HP 66 €. An der Durchgangsstraße, ✆ 0374/4516278, www.goynukotel.net.

Weiter abseits der Autobahn Richtung İstanbul? Für Sapanca und İznik → Marmararegion, S. 187. Weiter abseits der Autobahn Richtung Ankara? Für Beypazarı → Zentralanatolien, S. 722.

Zwischen Akçakoca und Amasra – durch den türkischen Kohlepott

So schön die Küstenstraße von Akçakoca nach Alaplı ist, so schmucklos präsentiert sich das 17.900-Einwohner-Städtchen Alaplı selbst – kein Grund zum Bleiben. An ein paar zweitklassigen Bademöglichkeiten vorbei gelangt man in die Industrie- und Hafenstadt Ereğli, von wo die Nationalstraße 010 ins Landesinnere abschwenkt. Die Aussicht auf üppig grüne Wiesen und kleine Dörfchen mit dem

Meer im Hintergrund lässt vergessen, dass man das größte Kohlerevier der Türkei passiert. Rund 52.000 Menschen sind in der Region im Bergbau beschäftigt, die meisten davon rund um Zonguldak. Von Zonguldak wählt man am besten die Straßen D 750 und D 010 durch das grüne Hinterland nach Bartın und Amasra; das schmale Küstensträßchen Richtung Çatalağzı (→ S. 581) ist für die Weiterfahrt weniger zu empfehlen. Von Bartın aus besteht die Möglichkeit, einen Abstecher nach Safranbolu (→ S. 584) zu unternehmen.

Ereğli
100.000 Einwohner

Auf den ersten Blick macht Ereğli, fährt man von Akçakoca kommend in die Stadt, keinen sympathischen Eindruck: große Werften, Stahlwerke und monotone Apartmentblocks. Ganz adrett hingegen präsentiert sich die östliche Stadthälfte mit ihrer Uferpromenade.

Als *Herakleia Pontike* wurde Ereğli im 6. Jh. v. Chr. von griechischen Siedlern gegründet. Im 1. Jh. v. Chr. schloss sich die Stadt dem pontischen König Mithradates VI. in seinem Krieg gegen die Römer an. Nach dessen Niederlage wurde Herakleia Stützpunkt einer römischen Garnison. Spärliche Ruinen der antiken Stadt sind überall in Ereğli verstreut. An die byzantinische Zeit erinnert eine verfallene **Festung** auf einem Hügel über der Stadt, heute in Militärbesitz. Über die Geschichte Ereğlis und über alles, was die Gegend archäologisch und ethnografisch hergibt, erteilt ein **Museum** in einem schönen alten Bürgerhaus über der Promenade im Osten der Stadt Auskunft (tägl. außer Mo 8.30–12.30 und 13.30–17.30 Uhr, Eintritt frei).

Besuchen kann man ferner die ebenfalls im Osten der Stadt gelegenen **Höhlen des Herakles**, allzu viel sollte man von den zwei benachbarten Höhlen allerdings nicht erwarten. Jene, die man über schmale Stufen betritt, welche in einen weiten Saal

> ### Hades & Co. – in der Unterwelt der alten Griechen
> Der Begriff „Hades" bezeichnet in der antiken Mythologie sowohl das geheimnisvolle Totenreich als auch dessen Herrscher, den Totengott *Hades*. Im Hades wohnten die Schatten der Verstorbenen und ergingen sich – meist ihres Denkvermögens beraubt – in mechanischen Tätigkeiten. Umströmt war das Reich von dem Hassfluss *Styx*, auf dem der Seelenfährmann *Charon* die Toten in die letzte Heimat schipperte, während der dreiköpfige Höllenhund *Kerberos* darüber wachte, dass kein Toter zurück in die Oberwelt fliehen konnte. Im untersten Geschoss der Unterwelt befand sich der *Tartaros*. Hier mussten Missetäter ihre im Leben verbrochene Schuld in ewiger Finsternis abarbeiten. Zu den prominentesten Bewohnern des Tartaros gehörten Tantalos und Sisyphos. Als Tore zur Unterwelt galten verschiedene Vulkane und Höhlen. Nur wenige Sterbliche haben der Mythologie nach den Hades je gesehen. Zu ihnen gehörte z. B. Orpheus, der um die Freigabe seiner geliebten Eurydike bat. Auch Herakles betrat den Hades, um die letzte seiner zwölf sinnlosen Aufgaben zu erfüllen, die ihm Eurystheus, König über Argolis, erteilt hatte. Sie bestand darin, den Höllenhund Kerberos ans Tageslicht zu befördern – was er schaffte. Nur soll sich die Geschichte im südlichen Peloponnes zugetragen haben und nicht in Ereğli am Schwarzen Meer.

mit einem Teich führen, war angeblich der Eingang zum Hades. Am Fels sind mannigfach Spuren archaischer Bearbeitung auszumachen. In der anderen Höhle sollen sich in byzantinischer Zeit Christen zu Kultversammlungen getroffen haben. Säulenreste und Mosaike mit christlichen Motiven blieben erhalten. Heute finden in der ersten Juliwoche im Rahmen des hiesigen Erdbeerfestivals bei und in den Höhlen Konzerte statt – die roten Früchtchen Ereğlis gelten als die besten der Türkei. Die Höhlen sind mit „Cehennemağzı Mağaraları" bestens ausgeschildert (tägl. außer Mo 9–19.30 Uhr, Eintritt 1,20 €).

Verbindungen Busbahnhof im Zentrum nahe der Promenade, Umzug angedacht. Zum Museum von dort ca. 10 Fußmin., zu den Höhlen ca. 20 Min. Regelmäßige Verbindungen nach Zonguldak, Ankara und İstanbul.

Übernachten Einige einfache Mittelklasse- und Billighotels verstreut im Zentrum.

Essen & Trinken Berühmt ist Ereğli für seine knusprige Pide. Am allerbesten schmecken sie in der urigen Traditionslokanta Meşhur Pideci Hasan in der Erdemir Cad. 10 B (hoch über dem Zentrum, etwa 5 Fußmin. vom Busbahnhof, durchfragen). Bestellen Sie eine „Geschlossene mit Hackfleisch" *(kıymalı kapalı)*.

Zonguldak

109.100 Einwohner

Zonguldak, das sind Schaufelbagger, Förderbänder und Kohleberge vor schroffen Felsen. Die Hauptstadt der gleichnamigen Provinz verdankt dem dunklen Brennstoff, den man hier im 19. Jh. entdeckte, ihr Leben. Doch die zur Verhüttung von Eisenerz notwendige Steinkohle wird langsam weniger. Früher mühelos im Tagebau gewonnen, wird sie nunmehr mit wesentlich höherem Aufwand unter Tage gefördert. Die Bergwerke der Region zählen aufgrund mangelnder Sicherheitsvorkehrungen zu den gefährlichsten Europas, immer wieder ereignen sich schwere Unglücke. Der Lohn der Bergarbeiter ist mickrig, mehr als umgerechnet 400 € nimmt kaum einer im Monat mit nach Hause. Zur Ferienzeit Nordrhein-Westfalens fährt übrigens fast jedes dritte Auto in Zonguldak ein Kennzeichen aus dem Ruhrpott spazieren – rund 200.000 Kumpels aus der Region suchten einst als Gastarbeiter in deutschen Bergwerken ihr Glück.

Für den Touristen ist das eigentlich schön an der Steilküste gelegene Zonguldak in erster Linie wegen seiner guten Bus- und Zuganbindungen interessant. Die Stadt besitzt keine Sehenswürdigkeiten. Werkssiedlungen und Arbeiterheime bestimmen die Ostränder, wilde Bebauung die Hügel drum herum. Das netteste Eck der Stadt ist der Hafen mit seinen Fischlokalen.

Verbindungen Der internationale Flughafen Zonguldak (ca. 50 km östlich nahe Çaycuma) wird im Sommer zuweilen aus Istanbul angeflogen, in manchen Jahren gibt es auch Chartermaschinen aus Düsseldorf oder Dortmund, mehr dazu unter www.zonguldakhavaalani.com.

Bus/Zug: Busbahnhof 2 km westlich des Zentrums, Dolmuşe vom Zentrum. Häufige Verbindungen nach Ankara (4½ Std.), İstanbul (6 Std.), Karasu (2½ Std.) und Ereğli (1 Std.). Vom zentrumsnahen Bahnhof (✆ 0372/2511514) bis zu 7-mal tägl. Züge nach Karabük (ca. 3 Std., von dort Dolmuşe nach Safranbolu).

Übernachten **** **Hotel Emirgan**, eines der besten Häuser vor Ort, 2 km östlich des Zentrums hoch über dem Meer, ausgeschildert. 57 große, gepflegte Zimmer, knapp die Hälfte mit Meeresblick und windgeschützten Balkonen. Die zur Straße hin sind laut. Kaum Konkurrenz, daher nicht das beste Preis-Leistungs-Verhältnis. EZ 82 €, DZ 131 €. Kapuz Cad. 39, ✆ 0372/2531401, ✉ 2512433, www.emirganhotel.com.

** **Hotel Konak**, zentral in einer Reihe von Hotels im Zentrum. Düsteres Haus mit 45 teils großzügigen Zimmern. Uraltes Mobiliar, aber für eine Nacht okay. EZ 21 €, DZ 37 €. Zübeyde Hanım Cad. 8, ✆ 0372/2537250, ✉ 2539604.

Von Zonguldak führt ein schmales, holpriges Küstensträßchen vorbei an hässlichen Bergbauorten und ein paar schönen Stränden gen Osten nach Filyos, wo zu Füßen und im Schutz eines mächtigen Walls die Ruinen der antiken Stadt **Tieon** liegen (32 km ab Zonguldak). Seit 2006 finden hier regelmäßig Grabungsarbeiten statt, u. a. wurden ein römischer Tempel und eine byzantinische Basilika entdeckt (leider nicht zugänglich).

Bartın

51.600 Einwohner

Das rege Provinzhauptstädtchen mit viel alter Bausubstanz lohnt v. a. dienstags einen Zwischenstopp, wenn der traditionelle **„Frauenmarkt"** vonstatten geht – kein Brautbasar, sondern ein bunter Wochenmarkt, bei dem Frauen aus Bartın und den umliegenden Dörfern Erzeugnisse aus den eigenen Gärten verkaufen. Besuchenswert ist auch der alte **Hamam**. Zu besichtigen gibt es ansonsten nur noch die spärlichen Überreste einer **römischen Pflasterstraße**. Einen hellen, langen Strand finden Sie im 10 km nordwestlich gelegenen **İnkumu** an der Mündung des Ayas-Flusses (zunächst auch mit „Bartın Limanı" ausgeschildert). Dahinter erstreckt sich eine gesichtslose Zeile mit Pensionen und Restaurants. Trotzdem ist die zwischen grünen, steil ansteigenden Bergrücken eingezwängte Bucht noch immer schön und zudem für Schwarzmeerverhältnisse recht sauber.

Verbindungen Busbahnhof ca. 8 km südlich des Zentrums an der Straße nach Zonguldak, Zubringerdolmuşe. Stündl. nach Zonguldak (2 Std.), alle 2 Std. nach Safranbolu (2 Std.), mehrmals tägl. nach Ankara (4½ Std.) und İstanbul (7½ Std.) sowie mindestens 1-mal tägl. nach İzmir (12 Std.). Die

Dolmuşe nach İnkumu und Amasra starten im Zentrum, lassen Sie sich die Stelle zeigen.

Übernachten Einige einfache Hotels im Zentrum. Besser nach Amasra oder İnkumu ausweichen (Familienpensionen und eine simple Campingmöglichkeit).

Ins rund 70 km südlich gelegene **Safranbolu** (→ S. 584) führt von Bartın eine schöne Strecke entlang grüner Täler und Berge.

Amasra

ca. 6500 Einwohner, im Sommer bis zu 20.000

Links eine Bucht, rechts eine Bucht, dazwischen Amasra, das zweifelsohne schönste Städtchen der Schwarzmeerküste.

Bislang schätzen vorrangig Türken Amasra als Urlaubsdomizil, doch auch Ausländer kommen mehr und mehr, sodass es im Sommer recht voll werden kann. Die touristische Infrastruktur steckt, verglichen mit den Urlaubsorten der Mittelmeerküste, noch in den Kinderschuhen, aber peu à peu holt man auf.

Amasra besitzt Flair, allein schon aufgrund seiner Lage. Das kleine, auf einer Halbinsel gelegene Zentrum wird im Osten vom **Büyük Liman** („Großer Hafen") begrenzt, im Westen vom **Küçük Liman** („Kleiner Hafen"). Auf der gerade einmal 200 m breiten Landzunge stehen die wuchtigen Wehrmauern eines byzantinischgenuesischen **Seekastells**. Hinter dessen gut erhaltenen Toren verbergen sich ein beschauliches Wohnviertel und zwei ehemals byzantinische Kirchen. In der einen, nun **Fethiye-Moschee** genannt, wird heute zu Allah gebetet. Die andere, die **Kilise Mescidi**, wurde in ein Kulturzentrum umgewandelt. Einst diente sie als Privatkapelle der christlichen Festungskommandanten, ein paar Fresken sind noch erhalten. Der Zitadellenhalbinsel vorgelagert ist ein kleines Inselchen, auf das man über eine **römische Brücke** gelangt.

Die Stadterkundung schließen viele Besucher mit einem Fischessen in einem der Lokale an der Westbucht ab – besonders romantisch zum Sonnenuntergang. Dort befindet sich auch das schöne örtliche **Museum**, untergebracht im stattlichen Gebäude einer Schule aus dem 19. Jh. Man kann darin archäologische Funde aus Amasra und Umgebung besichtigen, darunter die Statuen eines römischen Senators und eines Generals. Angegliedert ist eine umfangreiche ethnografische Abteilung (tägl. 8.30–17.30 Uhr, Eintritt 1,20 €).

Landeinwärts entstanden in den letzten Jahren ein paar unschöne Neubauten – einfach ignorieren. Ein lohnenswertes Ausflugsziel im Hinterland ist das rund 90 km entfernte Safranbolu (s. u.).

Geschichte

Milesische Siedler (→ S. 321) gründeten die Stadt im 6. Jh. v. Chr. und nannten sie *Sesamos*. Ab dem 4. Jh. v. Chr. trug sie den Namen der persischen Prinzessin *Amastris*. Die Prinzessin, Gemahlin des Fürsten Dionysios von *Herakleia* (dem heutigen Ereğli), wollte die Stadt – ähnlich wie Semiramis in Babylon – mit hängenden Gärten verschönern, leider nur war sie weniger erfolgreich. Im 1. Jh. v. Chr. verbündete sich Amastris mit den pontischen Königen gegen Rom, ebenfalls wenig erfolgreich – der römische Feldherr Lukullus (der mit den opulenten Mahlzeiten) eroberte die Stadt. In byzantinischer Zeit wurde Amastris Bischofssitz. Im 14. Jh. gründeten Genuesen hier einen Handelsstützpunkt. Infolgedessen wurden auch die

In Amasra zeigt sich die Schwarzmeerküste von ihrer besonders charmanten Seite

Wehranlagen ausgebaut. 1460 fiel die Stadt unblutig an die Osmanen. Seitdem schleicht die Geschichte an Amasra vorbei. Nur die Zitadelle machte noch einmal als Internierungsort von sich reden: Infolge der Besetzung des osmanischen Ägyptens durch Napoleon (1798) wurden fast alle französischen Händler Anatoliens fünf Jahre lang in der Festung gefangen gehalten.

Information/Verbindungen/Ausflüge

Telefonvorwahl 0378.

Information Kleiner Kiosk in der Ostbucht. Unregelmäßig geöffnet. ℡ 3151516, www.amasrakultur.com.

Verbindungen Dolmuşe fahren im Zentrum nahe der Post ab. Regelmäßig nach Bartın, ca. stündl. nach Çakraz (über Bozköy), 1-mal tägl. direkt von Amasra nach Cide (öfters von Bartın; von Cide Anschluss nach İnebolu). Achtung: Es existiert keine Direktverbindung nach Sinop – eine Fahrt dorthin ist mit mehrmaligem Umsteigen verbunden und an einem Tag wegen der schlechten Anschlüsse kaum zu schaffen.

Amasra besitzt keinen Busbahnhof, der nächste befindet sich in Bartın. Mehrere Busgesellschaften unterhalten einen Zubringerservice nach Bartın. Zudem halten die Busse von *Metro* und *Kamil Koç* (z. B. nach Ankara und İstanbul) zum Ein- und Aussteigen in Amasra.

Bootsfahrten U. a. zu den Buchten von Çakraz und Bozköy werden im Osthafen angeboten. Inkl. Essen 14 €.

Adressen/Einkaufen/Baden

Ärztliche Versorgung Kleine Krankenstation *(Sağlık Ocağı)* an der Straße nach Sinop. 20 m hinter der Post, über die Notrufnummer 112 zu erreichen.

Baden Obwohl Amasra auf 3 Seiten von Wasser umgeben ist, sind die Strände vor Ort eher bescheiden. Schönere Strände in İnkumu (→ S. 581) oder Çakraz (→ S. 589).

Eine herrliche gebührenpflichtige Sandbucht gibt es zudem bei **Bozköy**, rund 13 km östlich von Amasra. Wer Letztere aufsuchen will, zweigt ca. 500 m hinter dem Ortsende von Bozköy auf ein Sträßlein nach links zum Strand *(Bozköy Plajı)* ab. Taverne.

Einkaufen Wochenmarkt am Di.

Übernachten

Neben den hier erwähnten Unterkünften gibt es viele einfache Familienpensionen (ab 12 €/Pers.).

Işıkaltın Otel, eines der besten Hotels vor Ort. Fünfstöckiges Haus mit gepflegten Zimmern ohne besondere Note, aber mit Balkon (die meisten jedoch zur Seite mit eingeschränktem Meeresblick). Luftiger Frühstückssalon. DZ 49 €. In der Westbucht, Küçük Liman Cad., ℡ 3153951, ℻ 3152600, www.isikaltinotel.com.

Büyük Liman Otel, 36-Zimmer-Ferienhotel in der Ostbucht unmittelbar hinter dem Strand. Zimmer nichts Besonderes (Furnierholzmöbel), aber okay, das Gros mit Balkon und Meeresblick. Restaurant in der obersten Etage. DZ 45 €. Turgut Işık Cad., ℡ 3153900, ℻ 3153902, www.buyukliman otel.com.

Sahil Otel, in 1. Reihe in der Ostbucht. 13 saubere, zweckmäßige, leicht angewetzte Zimmer im Jugendzimmer-Stil. Buchen Sie eines mit Meeresblick! DZ 41 €. Turgut Işık Cad. 82, ℡ 3152211.

Kuşna Pansiyon, nur 8 Zimmer, nahe dem Wasser, mit einem Gärtchen davor. Einfach, aber gepflegt und ruhig. Der Hausherr war 13 Jahre in Neuss tätig. DZ 32 €. Kurşuna Sok. 36 (durch die Stadttore an der Westbucht gehen, dann ausgeschildert), ℡ 3151033, www.amasra.net.

Belvü Palas, klingt nach großer Welt, ist aber türkischer Provinzstandard. 15 saubere Zimmer unterschiedlicher Größe mit Bad,

TV und z. T. mit Kühlschrank. Super die Balkone zur Meerseite, den schönsten Blick hat man vom obersten Stock. Ungezwungene Atmosphäre, freundliches junges Personal, gut für allein reisende Frauen. Aufgrund der gegenüberliegenden Kneipen nicht das leiseste Haus. Im Norden der Westbucht am Eingang zum Zitadellenviertel. DZ je nach Zimmer 33–41 €, ohne Frühstück billiger. Çamlık Sok. 9, ✆/℡ 3153055, sabirebasaran@hotmail.com.

Essen & Trinken/Nachtleben

Stimmungsvolle Sonnenuntergänge lassen sich von den Restaurantterrassen und Teegärten an der Westbucht erleben. Einfache Lokantas liegen verstreut in den Zentrumsgässchen. Besonders lecker: die variantenreichen Salate Amasras.

Canlı Balık Mustafa Amcan'nin Yeri Restaurant, etabliertes Fischrestaurant (seit 1945) in der Westbucht. Gebäude mit dem Charakter eines Einfamilienhauses im Schwarzwald. Schöne Terrasse, ein paar Tische direkt am schmalen Kiesstrand. Zuweilen steht man für einen Tisch an. Eine Portion Fisch ab 5 €, Meze ab 1,60 €. 10 % Service Charge. ✆ 3152606.

Balıkçının Yeri, der simple „Platz des Fischers" war 2011 das mit Abstand beliebteste Fischlokal in der Ostbucht. Sehr lecker und sehr freundlich. Fischgerichte 4–8,50 €. ✆ 3152683.

İkinci Bahar Lokantası, auf dem Weg vom Rathausplatz zur Ostbucht. Tische auf der Straße. Pide, Topfgerichte, Kebabs (Leser schwören auf den *İskender Kebap*), Fisch etc. Günstig und freundlich.

Café/Teegarten Arma Café & Patisserie, direkt neben der İkinci Bahar Lokantası. Ordentlicher Kaffee, süße Teilchen und alles, was sonst zum Frühstück noch schmecken kann.

Ağlayan Ağaç, einer der originellsten „Teegärten" der Schwarzmeerküste! In spektakulärer Lage an der Spitze der vorgelagerten Insel. Ein paar Plastikstühle und ein paar Bänke. Gute Fischbrötchen.

Nachtleben Es wird viel Bier getrunken, aber wenig getanzt. Eine beliebte Adresse mit regelmäßig Livemusik ist die **Han Bar** an der Küçük Liman Cad. 17 nahe dem Hotel Belvü Palas (Westbucht). Nur ein paar Schritte weiter liegt der **Kupa Pub** (viele Sorten Bier, Fußball, ganzjährig).

Safranbolu

ca. 49.000 Einwohner

Safranbolu, rund 90 km von der Schwarzmeerküste entfernt, ist die Perle der pontischen Kleinstädte und nicht umsonst UNESCO-Welterbe. Ein Spaziergang durch die holprigen Pflastergassen kommt einer Reise in eine längst vergangene Zeit nahe.

An einer einst bedeutenden Handelsroute von Zentralanatolien zum Schwarzen Meer – heute einfach in einem grünen Tal – liegt das im traditionellen, unverwässerten Osmanenstil erhaltene Vorzeigestädtchen. Auch wenn im Hinterland der Schwarzmeerküste noch mehr solcher Orte mit schönen alten Fachwerkhäusern aus dem 18. und 19. Jh. existieren – nirgendwo sind diese so gut erhalten bzw. so feinfühlig restauriert wie in Safranbolu. Zu verdanken ist diese Entwicklung engagierten Intellektuellen aus den türkischen Großstädten, die in den 1970ern begannen, alte Herrenhäuser nach und nach zu sanieren. Die vielen prächtigen Villen sind Zeugen des einstigen Wohlstands des Ortes, der noch Anfang des letzten Jahrhunderts von riesigen Safranfeldern umgeben war. Dem wertvollen Gewürz verdankt die Stadt auch ihren Namen. Den Niedergang des Ortes läutete die Vertreibung der griechischen Bevölkerung 1923 ein, die rund ein Viertel der Einwohner gestellt hatte.

Safranbolu

Dass Safranbolu kein Insidertipp mehr ist, versteht sich von selbst. Man hat sich perfekt auf sanften Tourismus eingestellt, doch kommen die Besucher eher aus Ankara und aus İstanbul denn aus Köln oder Berlin. Die Idylle trübt einzig und allein ein zuweilen etwas unangenehmer Geruch, der im 12 km südlich gelegenen **Karabük** (119.300 Einwohner) seinen Ursprung hat. Dort nämlich befindet sich das älteste Stahlwerk der Türkei (seit 1938).

Orientierung: Safranbolu besteht aus drei Teilen. Das historische Safranbolu der Plakate und Postkarten ist *Eski Safranbolu (Alt-Safranbolu)*, auch *Çarşı* genannt. Da dieser Teil der kleinste ist, fällt hier auch die Orientierung leicht. Nordwestlich davon erstreckt sich *Kıranköy*, der moderne Teil Safranbolus mit allen wichtigen Einrichtungen. Wer die Türkei mit dem Bus bereist, muss hier zu- bzw. aussteigen. Weiter nordwestlich liegt schließlich *Bağlar* (dt. „Weingärten"), die ehemalige Sommerfrische der Bewohner von Eski Safranbolu. Auch hier gibt es viel alte Bausubstanz.

Information/Verbindungen

Telefonvorwahl 0370.

Information In Alt-Safranbolu ausgeschildert. Engagiertes, hilfsbereites Personal, Businfos. Tägl. 9–17.30 Uhr. ✆/≋ 7123863, www.safranbolu.gov.tr.

Verbindungen Intercity-Bus: Von Kıranköy mehrmals tägl. Busse nach Ankara (3 Std.), İstanbul (7 Std.), Kastamonu (2 Std.) und Bartın (2 Std., mit Anschluss nach Amasra) sowie 1-mal tägl. nach Trabzon (14½ Std.). Büros der Gesellschaften in Kıranköy, ca. 200 m vom zentralen Kreisverkehr entfernt (in der Nähe halten auch die Dolmuşe von Alt-Safranbolu). Von den Büros Servicebusse zum Busbahnhof (ca. 1,5 km abseits des Zentrums an der Straße nach Karabük). Taxi nach Kıranköy ca. 3 €. Etwas bessere Anschlüsse von Karabük.

Innerorts: Dolmuşe und Stadtbusse verkehren zwischen Alt-Safranbolu und Kıranköy ca. alle 30 Min. (Abfahrtsstelle in Alt-Safranbolu vom zentralen Platz, in Kıranköy nahe dem zentralen Kreisverkehr, Stelle zeigen lassen!). Keine Dolmuşe nach Yörük Köy!

Zug: Vom Bahnhof in Karabük (✆ 4241549) kann man bis zu 7-mal tägl. nach Zonguldak fahren (ca. 3 Std.).

Parken Parkplatz an der Hükümet Sok. und an der Hilmi Bayramgil Cad. 2 €/Tag.

Adressen/Einkaufen (→ Karte S. 587)

Ärztliche Versorgung Kleine Krankenstation in Alt-Safranbolu, Devlet Hastanesi (staatliches Krankenhaus) in Kıranköy. ✆ 7121187.

Einkaufen Im Arasta, dem ruhigen, aber auch sehr touristischen Basarviertel in Alt-Safranbolu, findet man Souvenirs über Souvenirs: Stickereien, Eingelegtes, Silberschmuck, Kupferware etc. Auch gibt es hier die pappige lokale Süßigkeit *Yaprak Helvası* („Blätterhelva", eine aus pergamentartigen Teigschichten bestehende Leckerei mit dazwischengestreuten Walnüssen), z. B. bei **SafranTat** 🔢 in der M. Hidayet Derman Sok.

Kleiner **Wochenmarkt** Sa beim Cinci Han.

Organisierte Touren Bietet die Agentur Batuta mit Sitz im Unterbau der Moschee am Hauptplatz. Tagestouren in die Umgebung 16 €. Auch Stadtführungen. ✆ 7254533, www.batuta.com.tr.

Türkisches Bad (Hamam) Cinci Hamamı, separate Abteilungen für Männer und Frauen. Eintritt mit *Kese* und Massage 12,50 €. Männer tägl. 6–24 Uhr, Frauen 9–22 Uhr.

Westliche Schwarzmeerküste

Übernachten

Neben ein paar Privatzimmern mit Familienanschluss (ab 13 €/Pers.) und einfachen Pensionen verfügt Alt-Safranbolu in erster Linie über gehobene Unterkünfte, das Gros selbstverständlich in schönen alten Konaks – es lohnt sich, einmal etwas mehr auszugeben. An Wochenenden steigt der Preis in vielen Hotels um 15–30 % (angegeben sind die Werktagspreise), auch ist dann eine Reservierung dringend angeraten. Übrigens wohnt man in Safranbolu traditionell-türkisch – und dazu gehört meist Schuhe ausziehen vor der Haustür.

Gülevi 6, die mit Abstand ungewöhnlichste Unterkunft Safranbolus – traditionelles Konakambiente trifft urbanes Flair. Der Besitzer, ein erfolgreicher Architekt, integrierte in die alte Bausubstanz feinfühlig zeitgemäße Details. 10 Zimmer zum Wohlfühlen, sehr schicke Bäder. Garten. Von außen unscheinbar. DZ 100–120 €. Hükümet Sok. 46, ✆ 7254645, 🖷 7125051, www.canbulat.com.tr.

Havuzlu Asmazlar Konağı 1, Anlage aus einem Konak samt Nebengebäude und einem parkähnlichen Garten. 23 sehr komfortable Zimmer mit traditionell-authentischem Touch (die zur Straße hin etwas laut). Stolz ist man auf einen atmosphärischen Raum mit einem großen Wasserbecken – auch wirklich toll. DZ 65 €. Beybağı Sok. 18, ✆ 7252883, 🖷 7123824, www.safranbolukonak.com.

Selvili Köşk 3, in einem 120 Jahre alten Konak. 7 geräumige Zimmer. Knarrende Holzböden unter ausgelegten Teppichen. Alle Zimmer mit privaten Sanitäranlagen, z. T. sehr originell integriert: 2 Zimmer haben ihre Duschen im begehbaren Wandschrank! Garten. Sehr ruhig, außer wenn der Muezzin aktiv wird. Etwas weiter am Hang 2 neuere Dependancen. DZ 53 €. Mescit Sok. 23, ✆ 7128646, 🖷 7252294, www.selvilikosk.com.

Otel Paşa Konağı 9, altes restauriertes 10-Zimmer-Haus, von einem Pascha 1808 erbaut. Herrliche Räumlichkeiten, sehr gepflegt. Einladender Garten zum Frühstücken und Relaxen. Sehr ruhig. Von Lesern gelobt. DZ 50 €. Kalealtı Sok. 1–7, ✆ 7253572, 🖷 7253153, www.safranbolu.com.tr.

Çeşmeli Konak 5, familiäre Unterkunft im Herzen Safranbolus. Der nette Besitzer wurde im gleichen Gebäude geboren und begrüßt seine Gäste persönlich. Gemütliche blitzblanke Zimmer mit viel Holz. TV, Föhn. DZ 41 €. Mescit Sok. 1, ✆ 7254455, 🖷 7252505, www.cesmelikonak.com.tr.

Mehveş Hanım Konağı 2, liebenswert geführte Familienpension in einem hübschen Konak. 7 Zimmer mit schönen Holzdecken. Frühstück auf der Gartenterrasse oder im kühlen Keller. Von Lesern gelobt. DZ mit Bad 41 €, ohne 32 € (sehr sauberes Gemeinschaftsbad). Mescit Sok. 30, ✆ 7128787, 🖷 7127862, www.mehveshanimkonagi.com.

Bastoncu Pansiyon 13, einfach-authentische, familiäre Pension in einem kleineren Konak und ein Renner bei japanischen Travellern – man spricht Japanisch. Auf Wunsch leckeres Essen. Nichtraucher. EZ 25 €, DZ 37 €. Kaymakamlar Müzesi Yanı 4, ✆ 7123411, 🖷 7126910, www.bastoncupension.com.

Çarsı Pansiyon 7, Low-Budget-Adresse für eher Anspruchslose. Einfach-abgeschabte Zimmer mit Bad, sauber. DZ 29 €. Bozkurt Sok. 1, ✆ 0583/5918175 (mobil).

Camping Caravan Parking 4, Stellplatzmöglichkeit auf dem öffentlichen Parkplatz an der Hilmi Bayramgil Cad. – wenig Idylle. Wohnmobil mit Strom 10,20 €. Wer die Duschen und Toiletten des angrenzenden Hotels benutzen will, zahlt einen Aufpreis.

Essen & Trinken

Cinci Han Restaurant 12, dem gleichnamigen Hotel angeschlossen. Ruhige Lokalität mit Tischen rund um einen plätschernden Brunnen (im Sommer), im Winter weniger spannend. Regionale Spezialitäten wie *Tirit* (Hackfleisch und Brot mit Joghurt-Tomaten-Sauce), dazu Pide, Kebabs usw. Alkoholausschank. Für das Gebotene (kostenlose Vorspeisen) nicht teuer: Hg. 5–11 €.

Übernachten

1. Havuzlu Asmazlar Konağı
2. Mehveş Hanım Konağı
3. Selvili Köşk
4. Caravan Parking
5. Çeşmeli Konak
6. Gülevi
7. Çarşı Pansiyon
9. Otel Paşa Konağı
13. Bastoncu Pansiyon

Essen & Trinken

8. Kadıoğlu Şehzade Sofrası
10. Merkez Lokantası
12. Cinci Han Restaurant

Einkaufen

11. SafranTat

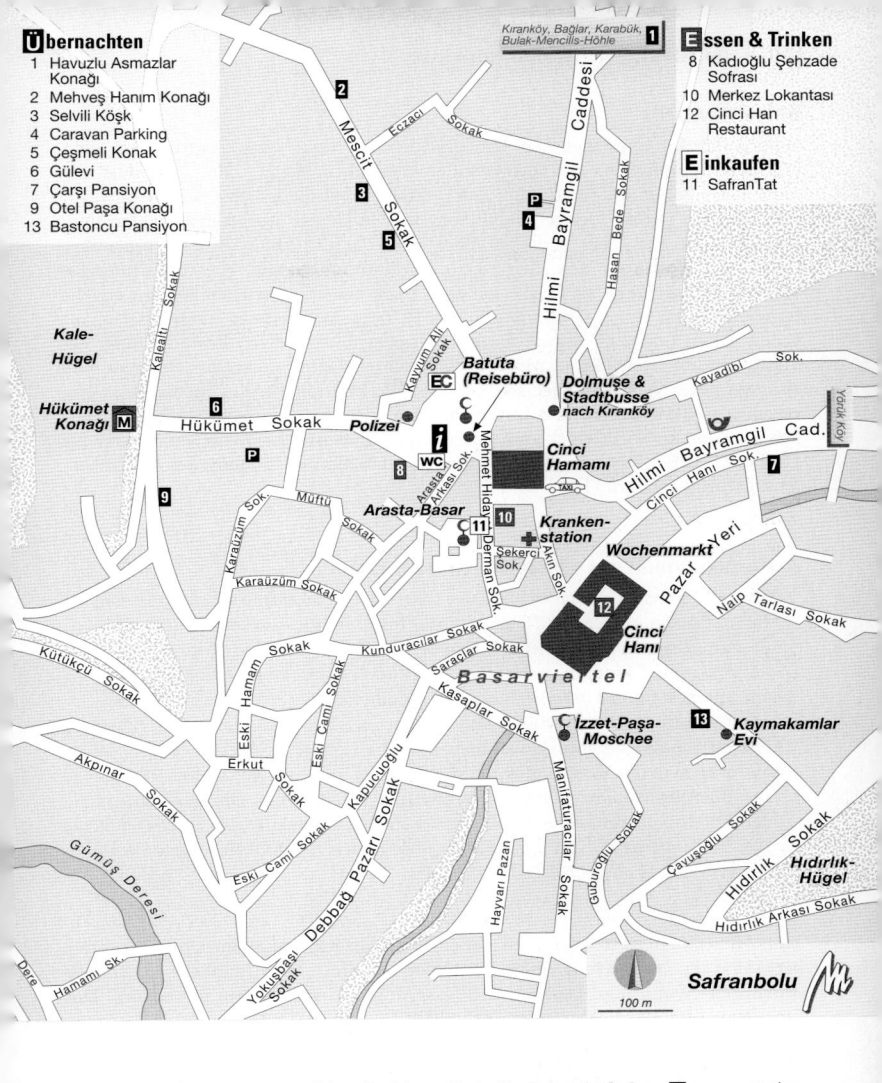

Çevrikköprü Restaurant, ca. 8 km östlich von Safranbolu an der Straße nach Yörük Köy. Gemütliches Gartenrestaurant am Flusslauf, mittendrin plätschern Springbrunnen. Saftiger Lammkebab *(Kuyu Kebap)*, dazu Pide und Gegrilltes zu fairen Preisen. ☏ 7372119. Von den Ablegern im Zentrum von Safranbolu waren wir zuletzt weniger begeistert.

Kadıoğlu Şehzade Sofrası 8, am zentralen Platz in Alt-Safranbolu. Innen Natursteinegemäuer, außen schattiger, rebenüberrankter Innenhof. Pide und türkische Standards zu 4–9,40 €. ☏ 7125091.

Merkez Lokantası 10, einfache, kleine Lokanta an der Mehmet Hidayet Derman Sok. Kleine Auswahl guter Topfgerichte, die man sich in der Küche aussucht, dazu Döner. Nur tagsüber.

Sehenswertes

Safranbolu lädt zum ziellosen Umherschlendern ein – das Zentrum ist klein (Verlaufen unmöglich) und gleicht einem Freilichtmuseum. Zum Abschluss des Spaziergang lohnt der Aufstieg auf den **Hıdırlık-Hügel** südöstlich des Zentrums, auf dem mehrere Türben hiesiger Nobilitäten und ein kleiner Teegarten zu finden sind. Von dort hat man den schönsten Blick über das Örtchen. Auf dem gegenüber liegenden **Kale-Hügel** steht der prächtige **Hükümet Konağı**, ein Verwaltungsgebäude aus dem frühen 20. Jh., das auf den Fundamenten einer alten Festung errichtet wurde. Nach einem Großbrand in den 1970ern dämmerte es jahrzehntelang als Ruine dahin. Erst 2006 wurde darin, nach einer aufwendigen Restaurierung, ein **Stadtmuseum** (Kent Tarihi Müzesi) eingerichtet. Unter anderem sieht man eine alte Apotheke, Nachstellungen traditioneller Werkstätten und des ehemaligen Gouverneursbüros, Trachten und historische Fotografien. Die griechische Vergangenheit Safranbolus wird leider ausgespart (tägl. außer Mo 9–19 Uhr, im Winter bis 17 Uhr, Eintritt 1,20 €). Im Eintrittspreis ist auch die Besichtigung des benachbarten **Uhrturms** inbegriffen.

Konaks, Villen der osmanischen Hautevolee

Konaks, osmanische Stadthäuser der Oberschicht, sind freistehende, oft von einem Garten umgebene Villen mit zwei bis drei Stockwerken. Je nach Größe hatten sie sechs bis zwölf Zimmer. Üblich war die Aufteilung in einen *selamlık*, einen Empfangsraum für Gäste, und einen *haremlik*, Räumlichkeiten, die nur Frauen bzw. männlichen Familienangehörigen zugänglich waren. Größere Häuser besaßen einen poolartigen Brunnen, der zur Kühlung und als Schmuck diente. Je wohlhabender die Familie, desto kunstvoller fiel die ornamentale Ausschmückung der Decken oder der vertafelten Wände aus. Spartanisch war jedoch die Ausstattung mit Möbeln; einziges Stück in den Aufenthaltsräumen war nicht selten ein *sedir*, eine niedrige Polsterbank. Das Essen wurde auf Tabletts gereicht. Die matratzenähnlichen Betten wurden erst nachts ausgerollt.

Zum Hıdırlık-Hügel gelangt man, indem man am **Kaymakamlar Evi** vorbei stets bergauf läuft. Das Kaymakamlar Evi bietet für einen Euro Einblicke in einstige osmanische Wohn- und Lebensverhältnisse, angeschlossen ist ein nettes Café. Der **Cinci Hanı**, die alte Karawanserei des Ortes (1645), ist heute ein Hotel (→ Essen und Trinken), kann aber gegen eine Gebühr von 0,40 € von jedermann besichtigt werden. Errichtet wurde der Han von Sultan İbrahim dem Verrückten als Dank an seinen in Safranbolu geborenen Wunderheiler Cinci Hoca (→ İstanbul, S. 152).

Umgebung von Safranbolu

Bulak Mencilis Mağarası: Die insgesamt 6,5 km lange Tropfsteinhöhle 10 km nordwestlich von Safranbolu wurde erst vor wenigen Jahren der Öffentlichkeit zugänglich gemacht. Begehbar sind rund 400 m. Achtung, es kann glitschig werden! Ab dem Nordende von Çarşı ausgeschildert, die letzten 5 km sind holprig. Im Sommer tägl. 9–19 Uhr, im Winter 9–16 Uhr. Eintritt 1 €.

Yörük Köy: Das stille Dörfchen liegt rund 11 km östlich von Safranbolu an der Straße nach Kastamonu. Yörük Köy ist so etwas wie die kleinere Ausgabe von Safranbolu ohne romantische Lage im Tal. Besucher kommen bislang nur wenige und wenn doch, meist im Pulk mit dem Bus für ein paar Stunden. Auch hier erinnern feudale Konaks an den einstigen Wohlstand der Dorfbewohner. Nur wurden bislang wenige davon restauriert und die Gassen sind noch überaus holprig. Ein paar Cafés servieren Börek und Gözleme, zudem werden Marmeladen, Tee, Tomatenmark und Kräuter verkauft.

Verbindungen Keine Dolmuşverbindung. **Taxi** von Safranbolu retour ca. 13 €.

Übernachten Yörük Pansiyon, schöner alter Konak, in dem die freundliche Familie Erdem 5 schlichte Zimmer mit prächtigen Holzdecken vermietet. Die Einrichtung besteht teils nur aus Polsterbänken an den Wänden, nachts werden Betten ausgerollt. Sauberes Etagenbad, orientalische Lümmelecken. Schönes Gärtchen. 17 €/Pers. Im Dorf ausgeschildert, ✆ 0370/7372153, www.yorukpansiyon.tr.gg.

Wildromantisch: die westliche Schwarzmeerküste

Zwischen Amasra und İnebolu

Rund 170 km trennen Amasra von İnebolu. Die Strecke ist eine der schönsten der türkischen Küste – aber auch extrem kurvig. Lediglich auf den ersten Kilometern bis Bozköy kommt man zügig voran, denn bis Bozköy führt schon die neue Küstenstraße. Anderswo waren 2011 aber noch nicht einmal die Schneisen für den neuen Highway in die Wälder des Hinterlandes geschlagen. Solange die Route noch entlang der zerklüfteten grünen Küste mit dem tiefblauen, nicht selten aufbrausenden Meer davor verläuft, ist sie überaus empfehlenswert. Bei Sonnenschein rufen paradiesische, manchmal nur schwer erreichbare Buchten (v. a. bei Flussmündungen) nach einer Badepause. Bei Regen grüßen Sie vor Nässe triefende Esel und Kühe am Straßenrand. Übernachtungsmöglichkeiten sind rar gesät, was man bei der Reiseplanung beachten sollte. So märchenhaft sich übrigens die Landschaft und die Dörfchen darin zeigen – Cide und İnebolu, die beiden größeren Orte auf der Route, sind eher ernüchternd.

Çakraz

Das kleine Çakraz, rund 15 km östlich von Amasra, ist noch immer ein charmanter Badeort zum länger Bleiben, auch wenn die Pensionen aufgestockt haben und einige Neubauten hinzugekommen sind (die unschönen auf einem Hügel im Osten übrigens illegal). Ein heller, z. T. von rötlichen Klippen umsäumter Strand lädt zum Baden ein, abends auch zum gemütlichen Schlemmen, denn dann stellen die Kneipiers ihre Tische direkt am Wasser auf. Selbst in der Hochsaison ist es hier nicht überlaufen – viel zu tun gibt es allerdings nicht.

Verbindungen Dolmuşhaltestelle an der Straße Cide – Amasra. In der Saison nahezu stündl. Dolmuşe von und nach Amasra, seltener Richtung Cide.

Übernachten/Camping Unterkünfte vom Pensionszimmer bis zum Aparthotel direkt am Strand. Wählen Sie am besten ein Haus, wo noch ein Zimmer mit Meeresblick (DZ ab 26 €) zu bekommen ist.

Sahil Motel, eines von 10 Hotels in erster Reihe. Einfache, aber gepflegte und saubere Zimmer mit Balkon und Meeresblick. Am Strand werden Liegestühle und Sonnenschirme bereitgestellt. DZ 33 €. Çakraz, ℡ 0378/3356700, ℻ 3356150, www.yesilcakraz.com.

Camping Dolunay, kleiner Wiesenplatz im Osten der Bucht hinter dem Strand. Einfache Sanitäranlagen, wie die gesamte Anlage leider nicht sehr sauber. 2 Pers. mit Wohnmobil 8 €. Çakraz, ℡ 0378/3356535.

Kurucaşile, Kapısuyu und Gideros

Rund 30 km östlich von Çakraz liegt Kurucaşile, ein 1800-Einwohner-Städtchen mit Bootsbautradition und einem kleinen unspektakulären Strand am Hafen. Auch in Kapısuyu eine Bucht weiter werden Fischerboote gezimmert. Hier findet man einen besseren, wenn auch nicht immer gepflegten Strand ganz für sich alleine und dazu eine (leider schäbige) Unterkunft. Weitere 10 km östlich passiert man die fast kreisrunde Bucht von Gideros – mit einem weiten Strand wäre sie wohl die schönste der gesamten Küste. Die idyllischen Terrassen der beiden Fischlokale an der Bucht entschädigen jedoch über alle Maßen. Wer mag, kann sich hier auch einmieten.

Verbindungen Nach Kurucaşile, Kapısuyu und Gideros mehrmals tägl. **Dolmuşe** von Bartın und Cide.

Übernachten Gündoğu Pansiyon, 5 sehr schlichte, aber saubere Zimmer mit privatem Bad. Idyllische Terrasse direkt am Meer, reichhaltiges Frühstück, auf Wunsch leckere Fischgerichte. Freundliche Wirtsfamilie. Aufgrund der einsamen Lage Erholung gewiss. DZ 33 €. An der Bucht von Gideros, ℡ 0366/8718305.

Kumluca und Cide

Noch vor dem Dorf Kumluca rund 63 km östlich von Amasra verläuft parallel zur Küstenstraße ein kilometerlanger, mal breiter und mal schmaler Sand-Kies-Strand, der insgesamt wenig einladend ist. Sein Ende markiert das sensationslose 5600-Seelen-Städtchen Cide, dessen Zentrum 2 km abseits der Küste liegt.

Verbindungen **Dolmuşe** mehrmals tägl. nach Bartın, nur 1-mal tägl. nach Amasra und İnebolu (3 Std.). Zudem 3-mal tägl. **Busse** nach Kastamonu, bis zu 2-mal nach İstanbul. Keine Direktverbindungen nach Sinop! Busbahnhof etwas landeinwärts an der Hauptstraße.

Übernachten Kumluca Pansiyon, gute Adresse für einen Zwischenstopp. 5 leicht rustikal eingerichtete Zimmer mit Bad, die oberen beiden teilen sich eine Küche und eine Terrasse, die unteren 3 eine Küche und ein großes Wohnzimmer. Frühstückspavillon im Garten. Sehr gepflegt, deutschsprachig (mit kölschem Einschlag). Nur Ende Mai bis Ende Sept. Von Lesern empfohlen. DZ 33 €. In Kumluca direkt an der Durchgangsstraße, ℡ 0366/8718114, kumlucapansiyon@gmail.com.

> Achtung: Zwischen Cide und İnebolu gibt es keine Unterkunftsmöglichkeiten!

İnebolu

9200 Einwohner

In der landeinwärts gelegenen, engen Altstadt überraschen schöne pontische Wohnhäuser, am Meer jedoch präsentiert sich İnebolu wenig attraktiv. Es nutzen keine langen Kiesstrände vor Ort, wenn das Stadtbild von einem großen Erzhafen (im Osten) geprägt wird. So sind die Unterkünfte selbst in der Hochsaison alles andere als rege frequentiert. Vorrangig als Verkehrsknotenpunkt ist der Ort für Reisende interessant – v. a. dann, wenn man von der Küste einen Ausflug nach Kastamonu unternehmen will. Wer übrigens im Osten der Stadt beim Hafen der Beschilderung „**Geriş Tepesi/Manastır**" folgt, gelangt nach rund 6 km zu den Ruinen eines alten Klosters auf einer Bergkuppe, die an sich nicht der Rede wert sind. Die Ausblicke auf İnebolu und das grüne Hinterland sind jedoch genial.

Verbindungen Jede halbe Std. Minibusse nach Kastamonu, zudem ca. 1-mal tägl. Busse nach Cide, İstanbul und Ankara. Nach Sinop nur 1-mal tägl. ein direkter Minibus, sonst ist Sinop durch Umsteigen in Abana und Ayancık zu erreichen.

Übernachten/Essen & Trinken Yakamoz Tatil Köyü, große, gepflegte Anlage direkt am Meer, die beste Adresse vor Ort. Zimmer mit Holzböden und Balkon (hinten raus die Küstenstraße), Holzbungalows und Apartments. Pool, gutes Restaurant (Fisch, Regionales, Alkohol). DZ 37 €, Bungalow für 2 Pers. 29 €. Im Westen des Ortes, ✆ 0366/ 8113100, www.yakamoztatilkoyu.com.

Kristal Et Lokantası, im kleinen Zentrum an der Hacı Numan Cad. 2 – kennt jeder. Gepflegte Lokanta auf 2 Etagen. Neben Pide und diversen Kebabs wird auch *Sucuk* (Knoblauchsalami) mit Ei im Pfännchen serviert. Hg. 3,60–6,10 €.

> Für **Sinop** lesen Sie weiter ab S. 596. Nach **Kastamonu** führt eine kurvenreiche Passstraße über den Gebirgszug des *Dikmen Dağı*. Auf der Route liegt *Küre*, bekannt für den Abbau von Kupfererz, das über Drahtseilbahnen hinunter nach İnebolu transportiert wird.

Kastamonu

91.100 Einwohner

Kastamonu, 92 km von der Schwarzmeerküste entfernt, ist eine ansehnliche, gepflegte Stadt mit einigen Kleinjuwelen aus osmanischer und seldschukischer Zeit – allzeit gut für eine Kurzvisite.

Eine mächtige Zitadelle krönt die konservative Provinzhauptstadt auf frischen 800 m Höhe ü. d. M. – ihre Lage in der nordanatolischen Einsamkeit sorgt nicht unbedingt für Besucherströme. Das freundliche Erscheinungsbild verdankt Kastamonu seiner wohlhabenden Vergangenheit. Die Altstadt ist ruhig und intakt und bietet einige Sehenswürdigkeiten, die von großen Sensationen jedoch weit entfernt sind: erhabene Moscheen, prächtige Konaks, verwinkelte Hane und reich geschmückte Türben. Als Zugabe gibt es in der Umgebung eine der schönsten türkischen Holzmoscheen.

Geschichte

Archäologen vermuten, dass die erste Siedlung am Flusslauf des Karaçakmak vor rund 4000 Jahren entstand. Irgendwann wurde daraus ein kleines Städtchen, das Anfang des 12. Jh. Bedeutung erlangte. Die byzantinischen Kaiser aus dem Geschlecht der Komnenen (ab dem 11. Jh.) beschlossen, es zu ihrem Stammsitz, zur *Castra Comneni* (Festung der Komnenen) auszubauen. Bereits Ende des 12. Jh. ging die Stadt – sprachlich bereits zu Kastamonu abgeschliffen – in die Hände des Emirs von Sinop über. 1392 eroberten sie die Osmanen unter Beyazıt I. Zehn Jahre später machte der Mongolenherrscher Timur Lenk Kastamonu weitestgehend dem Erdboden gleich. Der Wiederaufbau erfolgte unter den *İsfendiyaroğulları*, einem Fürstengeschlecht aus Sinop, das Kastamonu zu seiner Residenzstadt machte. Mehmet der Eroberer verleibte die Stadt 1459 erneut dem Osmanischen Reich ein. Einziges herausragendes Ereignis war seitdem die Verkündung der sog. „Hutreform" durch Staatsgründer Atatürk im Jahr 1925. Der traditionelle Fes in der Türkei war damit abgeschafft. Heute tut man viel, um mehr Touristen in die Stadt zu locken: Alte Stadthäuser werden nach und nach restauriert und zu charmanten Restaurants, Hotels und kleinen Museen umgewandelt.

> **Orientierung:** Die Nord-Süd-Achsen der Stadt und zugleich die Hauptdurchgangsstraßen sind die *Cumhuriyet Cad.* und die *Atatürk Cad.*, die rechts und links des gefassten Karaçakmak-Flusses verlaufen. Die Atatürk Cad. passiert den *Cumhuriyet Meydanı*, einen der beiden Plätze, die das Zentrum Kastamonus markieren. An ihm liegen die Post und das Gouverneursamt *(Valilik)*. Auf der anderen Seite des Flusses befindet sich der *Nasrullah Meydanı* mit gleichnamiger Moschee. Die meisten Sehenswürdigkeiten sind von der Durchgangsstraße ausgeschildert.

Information/Verbindungen/Sonstiges

Telefonvorwahl 0366.

Information Tourist Information, in der Sakarya Cad. neben dem Ethnografischen Museum. Tägl. (außer Mo) 9–18 Uhr. ✆ 2125809, www.kastamonukulturturizm.gov.tr.

Verbindungen Busbahnhof ca. 5 km nördlich der Stadt an der Straße nach İnebolu. **Dolmuşe** dorthin starten am Cumhuriyet Meydanı vor der Post. Mehrmals tägl. Verbindungen nach Ankara (4 Std.), Samsun (5 Std.), İstanbul (8 Std.) sowie direkt nach Safranbolu (2 Std.). Nur 2-mal tägl. direkt nach Sinop, ansonsten muss man in Boyabat umsteigen. Auch die **Minibusse** nach İnebolu (2 Std.), Cide und Daday (Kasaba) fahren vom Busbahnhof ab.

Einkaufen Sehenswerter **Markt** Mi und Sa nahe dem Araba Pazarı Hamamı.

Münire El Sanatları Çarşısı, kleiner Kunsthandwerksbasar mit gemütlichem Café. Mehmet Feyzi Efendi Cad. (in Nachbarschaft der Nasrullah-Moschee).

Türkisches Bad (Hamam) Araba Pazarı Hamamı, schöner, restaurierter historischer Hamam. Separate Abteilungen. Frauen tägl. 9–23 Uhr, Männer 6–24 Uhr. Eintritt mit *Kese* und Massage 10 €.

Übernachten/Essen & Trinken

Kurşunluhan ■4, in der gleichnamigen Karawanserei aus dem 15. Jh. schräg gegenüber der Nasrullah-Moschee. Stilvolle, modern ausgestattete Zimmer – dass man einen Buckel machen muss, um hineinzukommen, ist der alten Bausubstanz geschuldet. Im Innenhof ein Restaurant mit Alkoholausschank. DZ 58 €. Nasrullah Camii Karşısı, ✆ 2142737, 🖷 2143761, www.kursunluhanotel.com.

Toprakçılar Konakları ■1, 10 stilvoll möblierte, großzügige Zimmer in einem historischen Häuserkomplex. Teils mit schönen Holzböden und alten Teppichen, z. T. mit

Übernachten
1. Toprakçılar Konakları
2. İdrisoğlu Otel
3. Osmanlı Sarayı
4. Kurşunluhan
7. Otel Mütevelli

Essen & Trinken
5. Münire Sultan Sofrası
6. Namenlose Lokanta
8. Eflanili Konağı

Kastamonu

100 m

İnebolu, Kasaba, Busbahnhof

İsmailbey

Taşçeşme Sk
Aşağı İmaret Sk
Tenekeci Sk
Kışla Cd
Yalçın Cd
Polizei
Mağara Sk
Uygar Sk
Uygar Sk

Honsalar

Tefsir Sk
Karanuk Cami Sk
Cengeller Cd
Tufan Sk
Kale Kapısı
İzbeli Sk
Honsalar Cd
Pire Sk
Çınar Sk
Topçuoğlu
Kuyumcular
Vali Enis Paşa Sk
Cumhuriyet Cd
Plevne Cd
Şht. Cemal Tepeli Sk
Yakamlacan Cd
Wochenmarkt
Araba Pazarı Hamamı
Belediye Cd
Banka Ar.
Akmescit
Arabapazarı Cd
Cem Sultan Bedesten
Kurşunlu Han
Nasrullah Meydanı
Simsar Sk
Kırçeşme Cd
Uzun Sk
Çatlakkapı Sk
Markemealti Sk
İplik Çarşısı
Nasrullah Camii
Atatürk Cd
Yukarı Pazar Sk
Yeni Sk
Münire El Sanatları Çarşısı
BUS Şube Cd
Kunst- und Fotografiemuseum
Yakup Ağa Külliyesi
Çifte Hamam
Adalet Cd
Cumhuriyet Meydanı
Stadtmuseum
YS
Kınan Sk
Alamesçit Sk
Eflanili Sok
Küpü Cigez
Hükümet Cd
Gouverneursamt
Atabeygazi
Atabey Sk
İnönü Cd
Hepkebirker
10. Aralık Cd
Atabey Camii
Sakarya Cd
Ethnographisches Museum
Zitadelle
Toklu Durak Sk
İ. Neccar Sk
İ. Vli Cumhuriyet Sk
Korkut Sk
Akdeli Sk
Yavuzselim
Archäologisches Museum
Uhrturm
Samilioğlu Sk
Sinanbey Sk
Avar Sk
Şeyh Şaban-ı Veli Cd
Sanat Okulu Cd
Sinanbey Camii
İlgaz Dağı Milli Parkı
Karaçakmak Çayı
Cumhuriyet Cd
Atatürk Cad.

Jacuzzi und eigenem Hamam. Innenhof zum Frühstücken, nettes Gärtchen, empfehlenswertes Restaurant mit Alkoholausschank. Guter Service, faire Preise. DZ 49 €. Alemdar Sok. 2 (von İnebolu kommend von der Durchgangsstraße ausgeschildert), ✆ 2121812, ℻ 2128212, www.kastamonu konaklari.com.

Osmanlı Sarayı ▣, im alten Rathaus. 18 meist sehr großzügige Zimmer mit ultrahohen Decken und knarrenden Holzböden. Bäder nachträglich integriert, Kühlschrank. Sehr charmant. Restaurant, Parkplätze. EZ 22 €, DZ 41 €. Belediye Cad. 81, ✆ 2148408, ℻ 2148410, http://ottomanpalace.award space.com.

*** **Otel Mütevelli** ▣, bis vor Kurzem noch ein 2-Sterne-Haus, bis zu Ihrem Besuch aller Voraussicht nach ein 3-Sterne-Haus. Beste Lage. Achtung: Die Zimmer nach vorne sind etwas lauter, die nach hinten blicken jedoch häufig nur in den Aufzugsschacht. DZ ca. 45 €. Cumhuriyet Cad. 10, ✆ 2122018, ℻ 2122017, www.mutevelli.com.tr.

İdrisoğlu Otel ▣, blitzblankes Haus. Kleine, gepflegte Zimmer mit TV und Kühlschrank, Bäder mit Wannen, insgesamt ordentlicher 2-Sterne-Standard. Gutes Frühstück mit Aussicht. DZ offiziell 37 €, schnell jedoch für 29 € zu bekommen. Cumhuriyet Cad. 18, ✆ 2141757, ℻ 2147966, www.idrisogluotel.com.

Essen & Trinken Alkohol gibt es nur in manchen Hotelrestaurants (s. o.). Zu den Spezialitäten Kastamonus gehören *Etli Ekmek*, knusprige, mit Hackfleisch gefüllte Teigfladen.

Eflanili Konağı ▣, nette Adresse für regionale Küche. Folkloristisch eingerichteter Konak südlich des Nasrullah Meydanı, von der Durchgangsstraße ausgeschildert. *Etli Ekmek*, *Mantı*, Suppen oder Frühstück zu fairen Preisen. Innenhofgarten. ✆ 2141118.

Münire Sultan Sofrası ▣, beim gleichnamigen Kunsthandwerksbasar. Kleines Lokal mit größerer Terrasse, das regionale Küche und dazu leckere Süßspeisen serviert. Hg. 3–5,50 €. ✆ 2149666.

Eine namenlose, supersimple **Lokanta** ▣ an der Mutaflar Çarşısı Sok. 26 (nahe der Nasrullah-Moschee) serviert nichts anderes als *Tirit*, eine äußerst leckere lokale Spezialität mit Hackfleisch und Knoblauchjoghurt. Portion 3,60 €.

Sehr schön sitzt man beim **Saat Kulesi** (Uhrturm) südöstlich des Zentrums über den Dächern der Stadt. Das dortige Café bietet neben grandiosen Aussichten Softdrinks und Snacks. Ca. 10 Fußmin. vom Zentrum.

Sehenswertes

Nasrullah Camii: Am gleichnamigen Platz liegt diese auffällige Moschee mit ihrem frei stehenden Minarett, eine Stiftung des Richters Nasrullah Bey. 1506 wurde sie errichtet, seitdem erlebte sie zahlreiche Umbauarbeiten. Nicht alle trugen – wie z. B. der Vorbau aus Glas – zu ihrer Verschönerung bei. Das Innere des Kuppelbaus jedoch, ein quadratischer Betsaal, blieb weitestgehend unverfälscht.

Cem Sultan Bedesten: Die an sich schöne Markthalle oberhalb des Nasrullah Meydanı (direkt hinter dem daran angrenzenden *Kurşunlu Han*, → Übernachten) wurde im 15. Jh. errichtet. Das Innere wirkt bislang aber eher trist: Es wird Wolle und etwas Kunsthandwerk verkauft, viele Läden stehen leer. Nett ist jedoch das Café im Obergeschoss. Ein uriges Handwerkerviertel erstreckt sich nördlich des Bedesten; dort kann man z. B. die Entstehung von Bolleröfen verfolgen.

Yakub Ağa Külliyesi und Umgebung: Vom Yakup-Ağa-Komplex auf halbem Weg zwischen Nasrullah Meydanı und der Zitadelle ist leider nur die große Moschee mit ihrem reich geschmückten Portal erhalten. Die zwölfzellige Medrese, das Armenhaus und die Küche sind verfallen. Ihre Entstehung verdankte die Külliye Yakub Ağa, dem spendablen Küchenmeister Süleymans des Prächtigen, der sie 1547 stiftete. Die *Atabey Camii*, etwas oberhalb der Yakup Ağa Külliyesi, stammt aus dem Jahr 1273. Die Decke der Moschee wird von 40 Holzsäulen getragen.

Zitadelle: Die trutzige Burg hoch über der Stadt wurde im 12. Jh. unter den Komnenen erbaut, doch die heute zu sehenden Ruinen stammen vorrangig aus seldschukischer und osmanischer Zeit. Die Anlage, die einst 155 m lang und mit 14 Wehrtürmen versehen war, wurde teilweise restauriert. Der Weg zur Burg ist im Süden des Zentrums ausgeschildert – als Belohnung winkt der Blick auf den Ziegeldachteppich Kastamonus.

Museen: Im *Archäologischen Museum* an der Cumhuriyet Caddesi 68 sind Kleinfunde aus der Umgebung sowie der Schwarzmeerregion von Bartın bis Samsun zu sehen, vorrangig aus römischer und byzantinischer Zeit. Da Atatürk auf der Museumsterrasse jene unvergessene Rede zur Hutreform (→ Geschichte) hielt und gar eine ganze Woche im Haus verweilte, gibt es natürlich auch ein Atatürkzimmer.

Das nett konzipierte *Ethnografische Museum* ist im *Livapaşa Konağı* untergebracht, einem alten Stadthaus etwas nördlich des Archäologischen Museums an der Sakarya Caddesi. In Überziehpantoffeln schlappt man durch die Räumlichkeiten, die über traditionelle Handwerksberufe (Kupfermacher, Sattler, Weber usw.) informieren. Zu sehen sind ferner Stadtaufnahmen aus den 20er und 30er Jahren des letzten Jahrhunderts sowie die Tür der Holzmoschee von Kasaba (s. u.).

Des Weiteren gibt es noch ein *Stadtmuseum (Kastamonu Kent Tarihi Müzesi)* im Souterrain des Gouverneursamts und ein *Kunst- und Fotografiemuseum (Resim ve Fotoğraf Müzesi)* zwei Häuser weiter. Der lobenswerte Ansatz der Stadtväter, Kunst und Kultur zu fördern, ist zumindest durch die Bereitstellung von Räumlichkeiten zum Ausdruck gekommen. An sehenswerten Exponaten mangelt es bislang jedoch noch in beiden Museen.

Archäologisches Museum, tägl. (außer Mo) 8–12.30 u. 13.30–17 Uhr. Eintritt 1,20 €. **Ethnografisches Museum**, tägl. (außer Mo) 8.30–17 Uhr. Eintritt 1,20 €. **Fotografiemuseum**, tägl. (außer Mo/Di) 8.30–12.30 u. 13.30–17.30 Uhr. Eintritt frei. **Stadtmuseum**, Mo–Fr 8–12 und 13–17 Uhr. Eintritt frei.

Umgebung von Kastamonu

Kasaba: Attraktion des rund 18 km nordwestlich von Kastamonu gelegenen Dorfes ist die *Mahmut Bey Camii* aus dem Jahre 1366, eine der schönsten Holzmoscheen der Türkei – die Bezeichnung bezieht sich jedoch auf das Interieur, die Außenwände bestehen aus Bruchstein. Der Betraum ist in gedämpfte Rottöne getaucht, Blickfänge sind das bunt bemalte, reich verzierte Balkenwerk und eine zweigeschossige Holzempore. Falls Sie auf verschlossene Türen stoßen – der nette Imam wohnt gleich gegenüber.

Von Kastamonu Richtung Daday, nach etwa 13 km beim Dorf Göçen rechts ab (beschildert), von da noch 3 km. Ohne eigenes Fahrzeug nimmt man den Daday-**Dolmuş** vom Busbahnhof in Kastamonu, steigt unterwegs aus und läuft den Rest zu Fuß.

İlgaz Dağı Milli Parkı: Der Nationalpark mit Gipfeln von über 2500 m liegt rund 40 km südlich von Kastamonu. Im Sommer ist die Berglandschaft ein schönes Wandergebiet mit Picknickplätzen und Bächen voller Forellen. Im Winter kann man Ski fahren. Das Gebiet ist nur für Selbstfahrer interessant.

Zwischen İnebolu und Sinop

Annähernd 150 km liegen zwischen İnebolu und Sinop. Im Vergleich zur Strecke zwischen Cide und İnebolu wird die Küstenstraße nun etwas besser und erfreut hin und wieder auch mit einigen geraden Passagen. Die Landschaft ist nicht mehr so imposant, wenn auch noch immer schön – schade nur, dass das Gros der Dörfer und Städtchen nicht unbedingt zum Verweilen einlädt. Vor allem bei Regen machen so manche Orte einen überaus düsteren Eindruck.

Abana ist mit 2900 Einwohnern die erste größere Ansiedlung nach İnebolu. Lediglich ein paar Hinterländler belegen die Hand voll Billigquartiere vor Ort und die langen Sand-Kies-Strände rechts und links des Kleinststädtchens. Ähnlich liegt der Sachverhalt im 2500-Seelen-Ort **Çatalzeytin** rund 23 km weiter östlich. Der dortigen Tristesse können selbst die jung gepflanzten Palmen an der Uferstraße nichts anhaben. Ein paar Kiesbuchten direkt an der Straße weisen den Weg nach **Türkeli**, einer 5200-Einwohner-Kleinstadt mit einem lebhaften Zentrum und einem Sandstrand am östlichen Ortsrand. Nach 4 km folgt **Güzelkent**. Der an sich nette, aber oft leider auch ziemlich vermüllte Strand ist zur deutschen Ferienzeit von türkischen Heimaturlaubern, interessanterweise vornehmlich aus dem Raum Höxter und Kassel, in Beschlag genommen.

Sinop
37.700, im Sommer über 100.000 Einwohner

Sinop ist eine jugendliche Stadt mit altem Erbe, deren Attraktivität jedoch mehr und mehr verloren geht.

Die stetig wachsende Provinzhauptstadt liegt auf einer weit vorspringenden Landzunge mit schönen Stränden in der Umgebung. Diese ziehen in den hier nicht ganz so heißen Sommermonaten vorwiegend türkische Urlauber an. Zu ihnen gesellen sich ein paar wenige ausländische Individualtouristen, denen die Südküste zu voll und zu laut geworden ist. Wie lange Letztere noch kommen, ist fraglich, denn Sinop ist auf dem besten Wege, ein zugeklotztes Schwarzmeer-Alanya zu werden. Tausende Familien aus Samsun, Bafra, Kastamonu oder Ankara haben sich schon Ferienwohnungen an den Außenrändern geleistet, und jährlich werden es mehr.

Das Zentrum Sinops, das um den geschützten Fischerhafen im Schatten wuchtiger Befestigungsanlagen liegt, ist aber noch immer beschaulich. Es versprüht den Charme eines türkischen Mittelmeerhafens der 1970er. Die Einwohner Sinops sind extrem offen und den Umgang mit Fremden gewöhnt. Viele sprechen Englisch – die exponierte Lage am nördlichsten Punkt der türkischen Schwarzmeerküste bescherte Sinop während des Kalten Krieges einen amerikanischen Horchposten, der den Funkverkehr im Reich des Bösen abhörte.

Geschichte

Die Halbinsel von Sinop ist seit der Bronzezeit besiedelt. Auch die Hethiter und Phryger wussten sie zu schätzen, da sie den sichersten Naturhafen der türkischen Schwarzmeerküste besitzt. Im 8. Jh. waren es schließlich milesische Kolonisten (→ S. 321), die die Stadt *Sinope* als ersten griechischen Handelsstützpunkt am Schwarzen Meer anlegten. Ihr Name geht auf die Tochter des Flussgottes Asopus zurück, einer mythologischen Gestalt. Einer Legende nach verliebte sich Göttervater Zeus in sie und umgarnte sie mit der Erfüllung ihres größten Wunsches. Sinope, die sich von Zeus belästigt fühlte, wünschte sich die ewige Jungfernschaft. Zeus musste nachgeben, und Sinope lebte allein, aber glücklich bis ans Ende ihrer Tage am Kap İnce Burun (→ Umgebung). In den folgenden Jahrhunderten – egal ob unter Persern, Römern, Byzantinern oder den pontischen Königen – entwickelte sich Sinope zu einer wichtigen und blühenden Handelsstadt, in der zwei bekannte Männer der Antike geboren wurden: 413 v. Chr. kam hier der Holztonnen-Philosoph Diogenes auf die Welt, 132 v. Chr. der pontische König Mithradates VI. Nach Zwischenspielen der Seldschuken, der Emire von Kastamonu und der Genuesen fiel die Hafenstadt 1458 an Mehmet den Eroberer. Unter den Osmanen verlor Sinop seine privilegierte Stellung im Schwarzmeerhandel – die Sultane bevorzugten Samsun, später auch Trabzon. Die Metropole entwickelte sich zur beschaulichen Kleinstadt zurück. 1853 wurde Sinop von der russischen Flotte arg in Mitleidenschaft gezogen: Der Angriff auf Sinop markierte den Beginn des dreijährigen Krimkrieges.

Seit 1924 ist Sinop Hauptstadt der gleichnamigen Provinz. Noch 1968 zählte man gerade mal 10.000 Einwohner. In den 1980ern entwickelte sich der Binnentourismus zu einem wirtschaftlichen Standbein des Städtchens. Heute erinnert die mit Apartmentblöcken nahezu komplett verbaute Landzunge an einen İstanbuler Vorort.

Am nahen Kap İnceburun soll das nach Akkuyu (→ S. 520) zweite Atomkraftwerk des Landes entstehen. Einen Tag nach der Katastrophe von Fukushima unterzeichnete die türkische Atombehörde mit dem südkoreanischen Energieversorger *KEPCO* ein Grundsatzprotokoll über den Bau des Kraftwerks, genauere Details wurden aber nicht bekannt gegeben.

Orientierung: Es gibt nur eine Hauptstraße in die Stadt. Sie führt durch die südwestlichen Befestigungsanlagen. Halten Sie sich dahinter rechts, gelangen Sie zum Hafen. Im Zentrum von Sinop gehört Verlaufen zum Programm, zum Glück ist es nicht allzu groß. Auch unser Stadtplan gibt nur eine grobe Orientierung des Gassenwirrwarrs auf der Landzunge wieder.

Information/Verbindungen/Ausflüge

Telefonvorwahl 0368.

Information Zugleich der Ticketverkauf des Gefängnismuseums. Im Sommer tägl. 9–18 Uhr, im Winter 8–17 Uhr. ✆ 2604820, www.sinopkulturizm.gov.tr.

Verbindungen Bus/Dolmuş: Busbahnhof ca. 8 km südwestlich des Zentrums nahe der Straße nach İnebolu. Die Dolmuşe dorthin (Aufschrift „Otogar") passieren den Uğur Mumcu Meydanı und die Atatürk Cad. Gute Verbindungen nach Ankara (7½ Std.) und Samsun (3 Std., z. T. weiter nach Trabzon, 10 Std.). Die Busse nach İstanbul (11½ Std.) starten i. d. R. am Abend und fahren z. T. über Kastamonu und Karabük (Safranbolu). Regelmäßig Dolmuşe nach Gerze vom Zentrum (Abfahrt gegenüber dem Gefängnismuseum). Zum Karakum-Strand (regelmäßig) steigt man beim Hotel Melia Kasım zu, zum Akliman-Strand (halbstündl.) schräg gegenüber am Uğur Mumcu Meydanı.

Achtung: Es existiert keine Direktverbindung **nach Amasra** – eine Fahrt dorthin ist stets mit mehrmaligem Umsteigen verbunden und wegen schlechter Anschlüsse kaum an einem Tag zu schaffen. Nach İnebolu gibt es einen direkten Minibus gegen 8 Uhr morgens, danach muss man noch mind. 1-mal umsteigen.

Flugzeug: Flughafen (www.sinop.dhmi.gov.tr) ca. 8 km westlich der Stadt (Taxi ca. 8 €). Tickets für THY-Flüge nach İstanbul (bislang einzige Destination, 1-mal tägl.) u. a. bei **Sinope Tours**, Atatürk Cad. 2/J, ✆ 2617900, www.sinopetours.com.

Bootsausflüge Einstündige Bootstrips werden von verschiedenen Anbietern am Hafen angeboten, 2 €/Pers.

Westliche Schwarzmeerküste

Adressen/Baden/Einkaufen

Ärztliche Versorgung Staatliches Krankenhaus **Devlet Hastanesi** ca. 10 km südwestlich des Zentrums nahe der Straße nach İnebolu. ℅ 2714464.

Baden Der schönste Sandstrand in der Umgebung ist der unverbaute, kilometerlange **Akliman-Strand** rund 8 km westlich der Stadt (von der stadtauswärts führenden Hauptstraße ausgeschildert, Dolmuşverbindungen s. o.).

> An allen Stränden rings um Sinop gilt: Vorsicht vor gefährlichen Ripp-Strömungen!

Auf der südlichen Seite der Landzunge findet man eine Aneinanderreihung kleiner Sandbuchten, oft mit Campingmöglichkeiten wie z. B. am schattigen Picknickplatz **Gazi Mesire Yeri** (nur Zelte): Der Straße gen Samsun folgen, bis es nach links zum „Kumsal Otel" abgeht, dann sofort wieder links ab.

Im Nordosten Sinops (30 Min. Fußweg, regelmäßig Dolmuşverbindungen) liegt schließlich der kleine, dunkle, wenig spektakuläre **Karakum-Strand**. Gehobene Infrastruktur (Kabinen, Duschen, Snackbars), sauber, gebührenpflichtig.

Einkaufen Beliebtes Mitbringsel sind Holzmodelle von Schiffen. **Ayhan Kotra** 6 fertigt diese seit 1954, großer Laden unübersehbar etwas landeinwärts von der İskele Cad.

Märkte Mo und Do nahe dem Archäologischen Museum.

Türkisches Bad (Hamam) Der Turgutlar Hamamı, etwas zurückversetzt vom Hafen in der Tuzcular Cad., ist rund 800 Jahre alt. Eintritt mit Massage ca. 13 €. Tägl. 5–23 Uhr, Di 12–23 Uhr Frauentag.

Waschsalon Z. B. **Furkan Laundry** nahe dem Turgutlar Hamamı. 2 €/kg.

Übernachten/Camping

Die Hotels nahe dem Hafen werden leider etwas von den Bars und Restaurants am Wasser beschallt, dafür bieten sie ein sehr gutes Preis-Leistungs-Verhältnis.

Zinos Country Hotel 4, nahe dem Karakum-Strand, ca. 3 km abseits des Zentrums. Gepflegtes Gebäude im Landhausstil. Bisher 14 Zimmer mit Holzböden und schweren Möbeln. Nebenan wurde 2011 mit einem Anbau samt Pool begonnen. Schöne Restaurantterrasse. Ruhige Lage, leider ein paar unschöne Neubauten drum herum. Privater Beachclub mit Badeplattformen. EZ 49 €, DZ 66 €. Enver Bahadır Yolu 75, ℅ 2605600, ℡ 2605603, www.zinoshotel.com.

*** Otel Mola 7, neueres, gepflegtes Haus. 24 große Zimmer mit Minibar, die nach vorne raus mit Balkon, zudem mit dem besten Hafen- und Meeresblick aller Hotels in dieser Straße. Kleiner Hinterhofgarten fürs Frühstück. DZ 57 € mit Meeresblick, 49 € ohne. Balıkçı Barınağı Karşısı 34, ℅ 2618585, www.sinopmolaotel.com.tr.

Ayışığı 13, kleine schattige Anlage südwestlich des Zentrums. 8 große und kleine Apartments, alle mit Kochnische und Balkon. Sehr freundlicher, englischsprachiger Service. Terrasse am Meer. 2 Pers. mit Frühstück 50 €, ohne 41 €. Der Straße gen Samsun folgen, dann nach links zum „Kumsal Otel" abzweigen, dann nach 600 m linker Hand, ℅ 0544/2613832 (mobil), cagin kaya57@hotmail.com.

Sinopark Otel 5, 2011 eröffnetes, schickes Mittelklassehotel. Lichte, moderne und komfortable Zimmer, viele sind aber recht klein. Nach hinten ruhiger, in den oberen Etagen mit Meeresblick, leider nur französische Balkone. EZ 37 €, DZ 49 €. Kurtuluş Cad. 9, ℅ 2613257, ℡ 2619660, www.sinoparkotel.com.

Otel 57 8, recht großzügige Zimmer mit Klimaanlage, Duschkabine und Föhn in den Bädern, die Zimmer zur Seeseite mit verglastem Balkon, in den oberen Etagen mit Meeresblick. Der Besitzer hat in München gelebt. Von Lesern gelobt. DZ 37 €. Kurtuluş Cad. 29, ℅ 2615462, ℡ 2616086, www.otel57.com.

Übernachten
3 Otel 57
4 Zinos Country Hotel
5 Denizci Otel/Sinopark Otel
7 Otel Mola
13 Ayışığı

Essen & Trinken
1 Sinop Organik Sofrası
2 Şen Pastanesi
8 Kardelen
10 Teyze'nin Yeri
11 Saray

Einkaufen
6 Ayhan Kotra

Nachtleben
9 Arma
11 Kıyı Bar
12 Burç

Denizci Otel 5, geschmackvoll-gemütlich eingerichtete Lobby mit vielen Pflanzen. 22 saubere Zimmer mit dunklen Holzmöbeln, Parkettböden und kleinen Erkern aus Holz. Sehr faire Preise. EZ 23 €, DZ 33 €. Kurtuluş Cad. 13, ☎ 2605934, ✉ 2605936, www.denizci otel.com.

Außerhalb/Camping Motel CD, in einsamer Lage ca. 10 km außerhalb am Akliman-Strand. Für Badefreunde und ruhigere Naturen die schönste Adresse weit und breit. Große, helle Zimmer mit Balkon. Campingmöglichkeiten auf einem kleinen Wiesengrundstück (für größere Mobile jedoch nicht geeignet). Gepflegte Sanitäranlagen. Zum Strand ein paar Meter über die kaum befahrene Straße. Viel Grün. Aktuelle Preise können wir jedoch nicht angeben: Der nette deutschsprachige Besitzer Çetin Ökten war weder während unserer Recherche vor Ort noch danach telefonisch zu erreichen. Akliman Mevkii, ☎ 2876137, ✉ 2618368.

Martı Camping, in schöner Lage am Akliman-Strand (→ Baden), ca. 10 km abseits des Zentrums. Nettes Wiesengelände mit Picknick- und Grillmöglichkeiten, Hängematten, Heißwasserduschen (wenn sie denn funktionieren) und Waschmaschine. Saubere Toiletten (meist Hockklos). Das „Restaurant" ist nicht mehr als eine Terrasse mit Bierverkauf. Internationales Publikum. 2 Pers. mit Wohnmobil 12,50 €. Von der Straße nach İnebolu ausgeschildert, ☎ 2876214.

Essen & Trinken/Nachtleben (→ Karte S. 599)

Die meisten Restaurants und Cafés findet man im Hafenviertel. Sofern keine Karte ausliegt, erkundigen Sie sich besser im Voraus nach den Preisen, charmante Touristenabzocke gehört in Sinops Lokalen zuweilen dazu. Fischspezialität der Gegend ist *İskorpit* (Großer Drachenkopf), der wie Calamares zubereitet und mit einer speziellen Soße serviert wird.

Saray [11], von den Fischrestaurants am Hafen eines der besten. Kleine Auswahl guter Meze (Portion ca. 2,40 €), leckere Fisch- und Fleischgerichte (Portion Fisch ab 4,10 €). Kellner in weißen Hemden. Service Charge! İskele Cad., ✆ 2611729.

Kardelen [3], günstige Adresse für Fisch in einfachem, männerlastigem Ambiente. Zu Hamsi (Portion 3,20 €) fließt das Bier in Strömen. Etwas zurückversetzt von der Uferseite gegenüber Ayhan Kotra.

Teyze'nin Yeri [10], unsere Lokantaempfehlung. Einfaches Souterrainlokal, das sensationelle *Mantı* serviert. Nehmen Sie am besten die „Gemischten" *(karışık)* – mit Joghurt, zerlassenen Butter und zerstoßenen Walnüssen. Riesenportion 3,60 €. Gazi Cad. 39.

Sinop Organik Sofrası [1], in dieser einfachen Lokanta in der Süleyman Pervane Medresesi ist (angeblich) alles bio, selbst der Fruchtsaft. Gute und günstige Hausmannskost, auf Sonderwünsche wird Rücksicht genommen. Görgün Sok. 16.

Şen Pastanesi [2], schicke Konditorei, seit 1925 im Geschäft. Kıbrıs Cad. 28.

Nachtleben Für eine Schwarzmeerstadt ist in Sinop recht viel geboten. Im Sommer 2011 waren die nette Open-Air-Bar **Arma** [9] mit regelmäßig Livemusik in Nachbarschaft der Sinop Kalesi und die **Kıyı Bar** [11] neben dem Saray Restaurant beliebte Anlaufplätze.

Burç [12], am Hafen auf einem Turm der Stadtmauer. Die Bierbar für stimmungsvolle Sonnenuntergänge. Oft Livemusik. Die Lage zahlt man natürlich mit.

Sehenswertes in und um Sinop

Befestigungsanlagen: Der syrische Baumeister Abu Ali, der für Sultan Keykobat schon die Festungsanlagen von Alanya ausbaute, sicherte im 13. Jh. auch den wichtigen Hafen von Sinop. Für das geistige Auge: Der Wall um die Stadt war 25 bis 30 m hoch, die Mauern 3 m dick und insgesamt knapp 2000 m lang. Etliche Türme ragten in regelmäßigen Abständen empor, sieben Tore führten in die Stadt.

Die besterhaltenen Teile der Stadtmauer sind am Hafen zu finden. Für den Bau der dortigen Türme wurde u. a. auf antikes Baumaterial zurückgegriffen. Auf der sog. *Sinop Kalesi* befindet sich die Bar Burç. Auf dem Festungsturm Saat Kulesi („Uhrturm") wurde später eine Uhr angebracht, daher der Name. Von den Toren der Stadt hat das *Kumkapı* („Sandtor") die Zeiten überdauert. In der Nähe steht die ebenfalls noch recht gut erhaltene, mächtige *Zitadelle*, ursprünglich eine pontische Burganlage aus dem 1. Jh. v. Chr. 1877 richteten die Osmanen darin ein düsteres Gefängnis (s. u.) ein, das bis in jüngste Zeit genutzt wurde. Heute ist es als schauriges Museum der Öffentlichkeit zugänglich.

Gefängnismuseum: *Midnight Express* lässt grüßen! Das Museum erschüttert durch seine Authentizität, da an dem Gefängnis seit seiner Aufgabe 1999 so gut wie nichts geändert wurde. Die verzweifelten Wandkritzeleien und verschmutzten Stehklos in den matratzengroßen Zellen sind noch erhalten. Im Hof steht der verrostete, zusammengebrochene Gefängniswagen. *Disiplin hücreleri*, „Disziplinzellen", nennen sich die fensterlosen Kerker, die speziell für kriminelle Jugendliche konzipiert waren.
Cumhuriyet Cad. Tägl. 9–18 Uhr, im Winter 8–17 Uhr. Eintritt 1,20 €.

UNESCO-Welterbe Safranbolu (mb) ▲▲

▲▲ Kloster Sumela (mb)

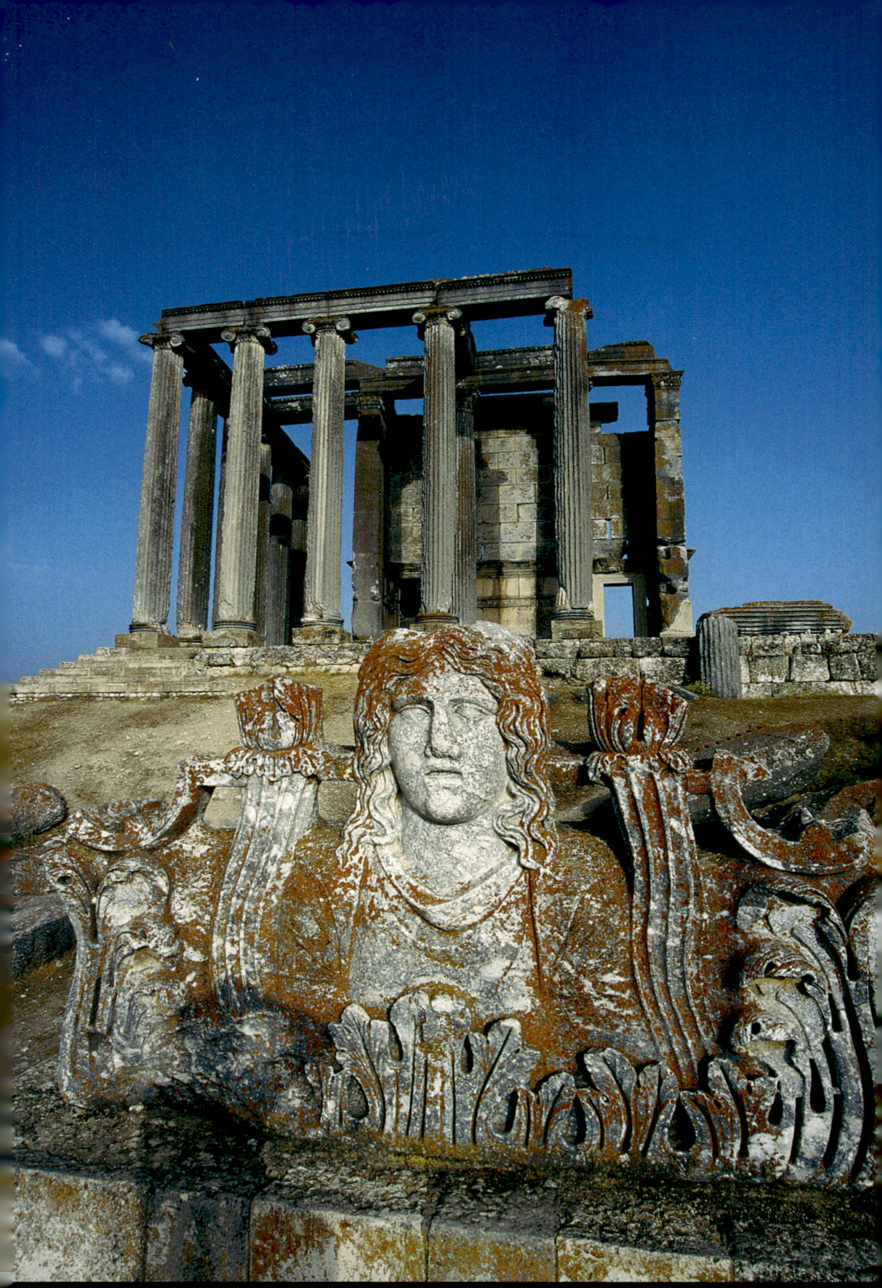

▲▲ Gläubige am Grab von Celaleddin Rumi, Konya (mb)
▲ Die Sinterterrassen von Pamukkale (mb)

Sinop: immer frischer Fisch

Alaeddin Camii: Die auch *Büyük Cami* („Große Moschee") genannte, bedeutendste Gebetsstätte von Sinop wurde um 1270 während der Regierungszeit des Seldschukensultans Alaeddin Keykobat erbaut. Sie besitzt einen wunderbaren Innenhof. Gegenüber ihrem Nordportal liegt die *Süleyman Pervane Medresesi* aus dem Jahr 1262, wo heute lokales Kunsthandwerk verkauft wird.
Sakarya Cad.

Museum/Serapis-Tempel: Im kleinen, aber feinen Museum von Sinop sieht man schöne Mosaike, Statuen und Statuetten (wie die von Dionysos und Herakles aus römischer Zeit), Keramikfunde aus der Umgebung, Sarkophage und Grabstelen, Amphoren, einen rekonstruierten Amphorenofen und die für türkische Museen typische klassische Münzsammlung. Highlights aber sind die Ikonen aus der Balatlar-Kirche (s. u.), die z. T. in Russland, z. T. von hiesigen Künstlern überwiegend auf Haselnussholz gemalt wurden. Im hübschen Museumsgarten sind die freigelegten Fundamente eines Tempels aus dem 2. Jh. v. Chr. zu sehen. Der antike Kultbau war einer der zahlreichen hellenistischen Tempel zur Verehrung des als Retter und Heiler bekannten Gottes Serapis, den die Griechen aus Ägypten „importiert" hatten, wo er Osiris-Apis hieß.
Okullar Cad., im Zentrum ausgeschildert. Tägl. (außer Mo) 9–12 und 13–17 Uhr. Eintritt 1,20 €.

Ethnografisches Museum: Das ebenfalls sehenswerte Museum ist untergebracht im *Arslan Torun Bey Konağı*, einem dreistöckigen osmanischen Konak. Die Räumlichkeiten mit ihrem kunstvoll bemalten Wanddekor und herrlichen Kronleuchtern geben Einblicke in die Wohnverhältnisse der osmanischen Hautevolee des 19. Jh. Dazu sieht man Schmuck und Waffen.
Kemalettin Sami Paşa Cad. Tägl. (außer Mo) 9–12 und 13–17 Uhr. Eintritt 1,20 €.

Balatlar-Kirche: Die von Gräsern und Bäumen überwucherte Kirchenruine steht auf den Fundamenten eines römischen Tempels und war Teil eines byzantinischen Palastes. Man datiert sie auf das 6. oder 7. Jh. Im Innern sind noch Spuren von Fresken zu entdecken.
Sehr versteckt südlich der Kemalettin Sami Paşa Cad. (vom Ethnografischen Museum spärlich ausgeschildert).

İnce Burun: Das Kap auf der Spitze der Halbinsel 25 km nordwestlich von Sinop ist der nördlichste Punkt Anatoliens. Ein Leuchtturm aus dem Jahr 1863 sorgt an der hier ziemlich rauen Küste dafür, dass kein Schiff an der Türkei anstößt. Auf der Westseite der Halbinsel befindet sich der *Sarıkum-See,* der nur durch ein schmales Landstück vom Meer getrennt ist. Hier kann man zuweilen noch wilde Pferde beobachten – sagt man zumindest. Der *Hamsilos-Fjord,* eine flache, weit ins Land reichende Meeresbucht, versteckt sich auf der Ostseite der Halbinsel. Das Gebiet drum herum steht unter Naturschutz – ist also bestens geeignet für den Bau eines Atomkraftwerks (→ Sinop/Geschichte).

Wegbeschreibung: Das Kap İnce Burun ist ein Ziel für Selbstfahrer (am Ortsausgang von Sinop ausgeschildert, bis zum Fjord 9 km, bis zum Kap 18 km). Den Hamsilos-Fjord kann man vom Akliman-Strand in einem rund zweistündigen Spaziergang erreichen – einfach immer die Küste entlang gen Nordwesten. Den Fjord nicht mit der ersten kleineren Bucht verwechseln!

Zwischen Sinop und Samsun

168 km trennen Sinop von Samsun. Die anfängliche Strecke bis Gerze ist recht unspektakulär, erst danach folgt ein wieder reizvollerer Küstenabschnitt. Aber schon vor Gerze kündigt sich an, was an der östlichen Schwarzmeerküste vielerorts passiert ist: Strände wurden zugunsten des neuen Küstenhighways aufgeschüttet und verschwanden. Das Gebiet zwischen Bafra und Samsun steht ganz im Zeichen des Tabakanbaus: Wer es zur Ernte im August bereist, sieht die vielerorts zum Trocknen aufgehängten Blätter.

Gerze
11.700 Einwohner

Das Städtchen 40 km östlich von Sinop ist abgesehen von einigen schnell hochgezogenen Apartmentblocks ein netter Ort. Freitags wird hier ein farbenfroher Wochenmarkt abgehalten. Viel mehr als Einkaufen oder Kaffeetrinken in einem der gemütlichen Teegärten ist jedoch nicht drin – der einst recht schöne Strand von Gerze fiel der Hafenerweiterung zum Opfer. Zum Baden bietet sich der Küstenabschnitt Richtung Samsun an, die schönsten Stellen erreicht man jedoch nur zu Fuß. Unterkünfte sind vorhanden.
Dolmuşverbindungen von und nach Sinop.

Bafra
83.700 Einwohner

Dort, wo heute Bafra liegt, gründeten milesische Kolonisten in der Antike eine Hafenstadt. Süßwasser lieferte zu jener Zeit der Fluss *Halys* (heute: Kızılırmak), der hier ins Schwarze Meer mündete. Dass sich Bafra nun inmitten einer fruchtbaren Schwemmlandebene 20 km vom Meer entfernt befindet, ist der starken Sedimentation des Flusses zu verdanken, der die Küstenlinie im Laufe der Jahrtausende landauswärts verschob. Schön ist die Stadt nicht. Im tristen Häusermeer sucht man

antike Relikte vergebens, und die wenigen Sehenswürdigkeiten, ein Hamam (13. Jh.) und ein Moscheenkomplex (15. Jh.), gehen lieblos darin unter. Bekannt ist die Stadt für ihre Thermalquellen, ihren Kaviar und ihre Tabakindustrie. Die einzigen ausländischen Gäste, die über Nacht bleiben, sind Reisende mit Autopanne oder Ornithologen, die das Kızılırmak-Delta (s. u.) aufsuchen.
Häufige **Dolmuş**verbindungen nach Samsun und Sinop.

Der Niedergang des Orienttabaks

Die Türkei war einst der fünftgrößte Tabakproduzent der Welt, doch diese Zeiten sind vorbei. 1997 wurden noch über 300.000 t Tabak im Jahr produziert, mittlerweile sind es weniger als 80.000 t. Noch im Jahr 2000 gab es 580.000 Tabakfarmer, heute sind es keine 180.000 mehr. Den Niedergang des türkischen Tabakanbaus und der Tabakproduktion läutete die Privatisierung der einst hoch subventionierten Tabakindustrie im Jahr 2009 ein. Die staatlichen *Tekel*-Tabakfabriken wurden an *British American Tobacco (BAT)* verkauft. Betriebe, die der Staat nicht verkaufen konnte, wurden geschlossen. Damit einhergehend kam für die Tabakbauern das Ende der staatlich festgesetzten Abnahmepreise, die weit über den internationalen Marktpreisen lagen. Besonders betroffen von der Entwicklung sind die Tabakanbaugebiete um Bafra an der Schwarzmeerküste.

Tabak ist ein Nachtschattengewächs, die Pflanzen erreichen eine Höhe von 2 bis 3 m, die Blätter können bis zu 50 cm lang werden. Bei der Ernte werden die lanzettförmigen Blätter abgebrochen, an einer festen Schnur oder einem Draht aufgereiht und zum Trocknen im Freien aufgehängt – im August überall am Straßenrand zu sehen. Es folgt die Gärung des Tabaks mithilfe von Bakterien und daraufhin die Aufbereitung der fermentierten Blätter mit Aroma gebenden Stoffen (diesen Vorgang nennt man „Soßieren"). Abschließend wird der Tabak bei ca. 80 °C geröstet, ehe er „verschnitten", d. h. mit anderen Sorten gemischt wird.

Kızılırmak-Delta: Dieses mit 56.000 ha größte Flussdelta der türkischen Schwarzmeerküste wird landwirtschaftlich intensiv genutzt, insbesondere für den Tabakanbau. Es ist von mehreren Seen durchsetzt, einer davon ist der versumpfte und mit Schilf bestandene *Balık Gölü* („Fischsee"), der nur durch einen schmalen Kanal mit dem Meer in Verbindung steht. Er ist Heimat mehrerer Schildkrötenarten, darunter der Kaspischen Wasserschildkröte und der Europäischen Sumpfschildkröte. An seinem Südufer, beim Dorf *Yörükler*, findet man u. a. geflutete Auenwälder. Der Name des Dorfes leitet sich von den Yörüken ab, Halbnomaden, die hier in der ersten Hälfte des 20. Jh. sesshaft wurden. Dabei entließen sie ihre Dromedare in die Freiheit, weshalb es angeblich noch heute im Delta wilde Dromedare geben soll. Die weiten Schilffelder des Deltas sind zudem die wichtigsten Zugvögelrastplätze der türkischen Schwarzmeerküste und auch als Winterquartier beliebt. Rund 320 Vogelarten wurden bereits registriert, darunter auch Arten, die in den letzten 20 Jahren nur noch hier gesichtet wurden. Ornithologen können sich auf Rohrdommeln, Seidenreiher, Seeadler, Schwarzstörche, Pelikane usw. freuen. Wer das Delta erkunden will, muss über ein eigenes Fahrzeug verfügen.

Uzungöl – Alpenromantik mit Minarett

Östliche Schwarzmeerküste

Prosperierende, aber touristisch oft uninteressante Städte an weniger reizvollen Küstenabschnitten prägen die östliche Schwarzmeerküste. Die Naturschönheiten der Region liegen in den Bergen des Hinterlandes mit Gipfeln zwischen 3000 und 4000 m Höhe.

Zwischen Samsun und der georgischen Grenze können Nebel und Nässe noch mehr als an der westlichen Schwarzmeerküste Ihre treuen Begleiter sein. Das feuchte subtropische Klima des trunkenen Landes lässt den großflächigen Anbau von Haselnüssen, Tabak und Tee zu, was der Region zu Arbeit und einem gewissen Wohlstand verholfen hat. So ist die östliche Schwarzmeerküste auch relativ dicht besiedelt, Wirtschaftszentren sind Samsun, Trabzon, Ordu und Rize. Ein neuer, z. T. noch im Bau befindlicher, mehrspuriger Küstenhighway sorgt für eine schnelle Verbindung zwischen den Städten. Durch die oft unmittelbar an der Küste verlaufende Straße hat die Region an Reiz und Bademöglichkeiten verloren, gewonnen haben aber so manch kleine Orte und Städte, die durch Umgehungsstraßen vom Schwerverkehr befreit worden sind. Doch die meisten Reisenden geben ohnehin

> ### Östliche Schwarzmeerküste – die Highlights
> **Kloster Sumela:** Das wie ein Adlernest am Fels klebende Kloster ist das imposanteste kulturhistorische Highlight der Schwarzmeerküste. Zeugen des byzantinischen Christentums findet man in und um Trabzon noch mehr.
> **Uzungöl:** Ein See und ein Dorf mit Alpenflair. Das Postkartenmotiv des Schwarzen Meeres lockt mit guten Unterkünften und fantastischem Bergkäse.
> **Kaçkar-Gebirge:** Das Hochgebirge mit Gipfeln von bis zu 3900 m ist ein Bergwander-Eldorado. Wer nicht im Nebel stecken bleibt, kann hier Nepal in Anatolien entdecken.

den menschenarmen Höhen des ostpontischen Küstengebirges oder dessen Verlängerung, dem Kaçkar-Gebirge, den Vorzug. Verträumte Bergdörfer lassen sich dort entdecken und hochalpine Touren unternehmen.

Samsun
565.000 Einwohner

Die größte Stadt der türkischen Schwarzmeerküste ist ein Industrie- und Handelszentrum mit trauriger Geschichte: Im Laufe der Jahrtausende wurde sie so oft zerstört, dass ihr heute niemand das schmucklos-funktionale Erscheinungsbild verübeln kann.

Die Stadtgeschichte beginnt im 8. Jh. v. Chr., als milesische Kolonisten 3 km nordwestlich des heutigen Zentrums eine Siedlung namens *Amisos* gründeten. Auf den Amisos-Hügel führt heute eine Seilbahn (*teleferik*, „Talstation" nahe der Uferstraße), oben wurden uralte Grabanlagen freigelegt, zudem befindet sich dort ein Caférestaurant.

Im pontischen Königreich stieg Amisos zu einem ansehnlichen Hafen- und Handelsstädtchen auf. Mithradates VI. (120–63 v. Chr.) erhob Amisos gar zur Hauptstadt seines Reiches (→ Amasya/Geschichte). Doch an all dies erinnert so gut wie nichts mehr, 71 v. Chr. eroberte der römische Feldherr Lukullus die Stadt und legte sie in Schutt und Asche. In bescheidenerem Umfang wurde die Stadt wieder aufgebaut, für ein Jahrtausend aber war sie nur noch ein Schatten ihrer selbst. Das änderte sich erst unter der Seldschukendynastie der *İsfendiyaroğulları*. Diese verpachteten die Stadt an die Genuesen, die den Ort zu einem blühenden Handelszentrum ausbauten. Doch 1425 begann ein 35 Jahre währender Kampf um die Stadt, an dessen Ende die Osmanen ein komplett zerstörtes Samsun einnahmen. Der nächste Schlag erfolgte 1806, als Samsun nach einer aussichtslosen Revolte gegen den Sultan nahezu dem Erdboden gleichgemacht wurde. Nur 53 Jahre später ereignete sich wieder eine Katastrophe, eine Feuersbrunst verwüstete die Stadt. Der anschließende Wiederaufbau mit der Schaffung breiter Boulevards prägt das Stadtbild bis heute. Mit dem Anschluss an das Eisenbahnnetz Ende des 19. Jh. begann Samsuns Aufstieg zur größten Wirtschafts- und Industriemetropole am Schwarzen Meer. Was im fruchtbaren Umland geerntet und abgebaut wird – Getreide, Haselnüsse, Mais, Tabak, Mohn oder Kupfer –, wird in Samsun verarbeitet und über den modernen Hafen, einer der größten des Landes, weitertransportiert.

Am 19. Mai 1919 legte Atatürk im Hafen der Stadt an und forderte das türkische Volk zum bewaffneten Widerstand gegen die Besatzungsmächte auf. Als „Tag der Jugend" wird der Beginn des nationalen Befreiungskriegs bis heute überall im Land gefeiert. In Samsun errichtete man dem „Vater der Türken" das größte Denkmal des Landes. Das monumentale Reiterstandbild steht unübersehbar im Stadtpark an der Cumhuriyet Caddesi. Ein weiteres „monumentales", aber nicht zu sehendes „Bauwerk" wurde 2005 eingeweiht – eine der tiefsten Unterseepipelines der Welt (sie verläuft bis zu 2000 m unter der Wasseroberfläche). Über die „Blue Stream"-Pipeline wird die Türkei heute mit Gas aus Russland versorgt. Eine Rohölpipeline von Samsun nach Ceyhan am Mittelmeer soll folgen und so den Tankerverkehr durch den Bosporus reduzieren.

Für Reisende ist die Provinzhauptstadt nur als Verkehrsdrehscheibe interessant, die Verbindungen in die Resttürkei sind die besten der gesamten Küste. Strände,

Östliche Schwarzmeerküste

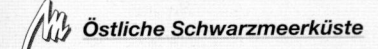

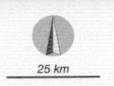

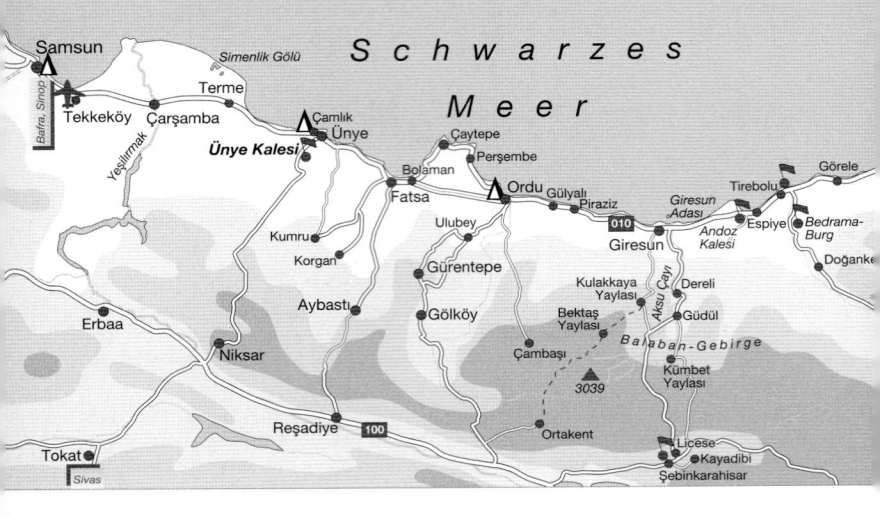

25 km

Kulturdenkmäler und Naturschönheiten – alles, was man für gewöhnlich mit der Türkei verbindet – sucht man in Samsun nahezu vergebens. Lediglich ein Spaziergang auf der gepflegten Uferpromenade sowie ein paar Moscheen und Museen inmitten viel Betons können die Wartezeit auf den nächsten Bus verkürzen.

Information/Verbindungen/Parken

Telefonvorwahl 0362.

Information Im Atatürk Kültür Merkezi (Kulturzentrum) am Atatürk Bul. Im Sommer tägl. 9–17 Uhr, im Winter Sa/So geschl. ✆ 4311228, www.samsunkulturveturizm.gov.tr.

Verbindungen Flughafen (www.carsamba.dhmi.gov.tr) ca. 20 km östlich der Stadt. Zu den Flügen verkehren **Havaş-Busse** vom und ins Zentrum. Abfahrt vom Parkplatz neben dem Atatürk-Kulturzentrum. Dauer 30 Min., 3,20 €. Taxi zum Flughafen ca. 15 €. Tickets aller Airlines beim Reisebüro **Yavuztur**, 19 Mayıs Bul. 35, ✆ 4325454, www.yavuztur.com.tr.

Bus: Busbahnhof weitab des Zentrums nahe der Straße nach İstanbul/Ankara. Büros der Gesellschaften auch am Cumhuriyet Meydanı. Von dort Zubringerbusse. Gute Verbindungen u. a. nach İstanbul (11½ Std.), Sinop (3 Std.), Sivas (6 Std.), Amasya (2 Std.), Kayseri (7½ Std.) und Trabzon (6 Std.).

Zug: Trister Sackbahnhof (✆ 2335002) in Laufnähe nordöstlich des Zentrums zwischen Atatürk Bul. und Meer. 1-mal tägl. nach Amasya (3 Std.) und Sivas (9 Std.).

Parken Gebührenpflichtige Parkplätze (leider zu wenig) in diversen Baulücken, ausgeschildert.

Adressen/Baden/Einkaufen (→ Karte S. 608)

Ärztliche Versorgung Privates **Büyük Anadolu Hastanesi** an der İstiklal Cad. 48. ✆ 4352700.

Autoverleih Beispielsweise bei **Avis**, Ümraniye Cad. 2/C, ✆ 2316750, www.avis.com.tr. Auch am Flughafen. Billigste Fahrzeuge ab 55 €/Tag. In der gleichen Straße noch günstigere lokale Verleiher.

Diplomatische Vertretungen Österreichisches Honorarkonsulat, Samsun Ticaret ve Sanayi Odası, Hancerli Mah. Abbasağa Sok. 8, ✆ 4312234, ogumus@samsuntso.org.tr.

Baden Im Osten Samsuns gibt es den **Bandırma Plajı** (→ Camping), eine Art Freizeitgelände mit künstlichen Stränden im Hafenbecken und Wasserskiverleih.

Einkaufen Ein großes Einkaufs- und Vergnügungszentrum namens **Bulvar 6** entstand 2011 am Cumhuriyet Meydanı.

Lokales Kunsthandwerk bietet das Basarviertel nordwestl. des Cumhuriyet Meydanı. Im riesigen „**Ausländerbasar**" (*Yabancı Pazarı*, **5**) hinter dem Archäologischen Museum verkauft man vorrangig Billigramsch.

Polizei Z. B. an der Cumhuriyet Cad. ✆ 155.

Post Hauptpost an der Kazımpaşa Cad.

Türkisches Bad (Hamam) Şifa Hamamı, beim Uhrturm. Eintritt mit Massage und *Kese* 10 €. Tägl. 5–23 Uhr. Leider nur für Männer.

Orientierung: Ins Zentrum gelangt man über den breiten Atatürk Bul., der entlang der Küste verläuft und von einigen repräsentativen Bauten gesäumt wird. An diesen grenzt der *Cumhuriyet Meydanı* („Platz der Republik"). Er ist das Herz der Stadt mit viel Leben, aber wenig Flair. Mehrstöckige Geschäftshäuser säumen ihn. Nordwestlich davon erstreckt sich das geschäftige Basarviertel. Straßenzüge mit kleinen Lebensmittelläden und Lokantas findet man rund um den Uhrturm am *Saathane Meydanı*. Die modernen Geschäfts- und Flaniermeilen der Stadt sind die Gazi Cad. und die İstiklal Cad.

Übernachten/Camping (→ Karte S. 608)

Es dominieren unpersönliche Stadthotels inkl. des damit verbundenen Geräuschpegels. Günstige Häuser (reiche Auswahl) rund um den Uhrturm und in den Seitengassen der Cumhuriyet Cad.

Übernachten
- 2 Büyük Samsun Oteli
- 3 Gloria Tibi
- 4 North Point Hotel
- 7 Samsun Park Otel
- 11 Karavan Parkı

Einkaufen
- 5 Yabancı Pazarı
- 6 Bulvar

Essen & Trinken
- 1 Lezzet Lokantası
- 8 Kademoğlu Balık Lokantası
- 9 İtimat
- 10 Derya Balık
- 12 Çiftlik Fırını
- 13 Et Lokantası

***** **Büyük Samsun Oteli** 2, schnöder Kasten zwischen Atatürk Bul. und Meer. 112 eher gewöhnliche Zimmer, die Hälfte davon aber mit Meeresblick. Schnickschnack wie Pool, Hamam usw. EZ 90 €, DZ 111 €. Atatürk Bul. 169, ℅ 4324999, ℅ 4310740, www.buyuksamsunoteli.com.tr.

North Point Hotel 4, ebenfalls leicht anzusteuerndes, gehobeneres Geschäftshotel. Die 64 Zimmer sind nichts Besonderes, dafür ist die Lobby recht stylish. DZ 80 €. Atatürk Bul. 594, ℅ 4359595, ℅ 4357035, www.northpointhotel.com.

*** **Gloria Tibi** 3, empfehlenswert. 2011 eröffnetes Haus. 34 Zimmer, etwas kitschig-schick, aber dafür funkelt noch alles, selbst die Lüster. DZ 50 €. Bankalar Cad. Ferah Sok. 16, ℅ 4357777, www.gloriatibi.com.

Samsun Park Otel 7, eine gute Wahl in dieser Preisklasse. Von Deutschlandrückkehrern geführtes Haus mit beige-lindgrüner Fassade. Recht kleine, aber ordentliche Zimmer mit Laminatböden, Bäder mit Duschkabinen, sehr sauber. Von Lesern gelobt. EZ 25 €, DZ 33 €. Cumhuriyet Cad. 38, ℅ 4350095, ℅ 4352572, www.samsunparkotel.com.

Camping Karavan Parkı 11, zum Freizeitgelände Bandırma Plajı gehörend (→ Baden). Parkplatzähnliche, recht sterile Stellplätze, es kann auch gezeltet werden.

Duschen und Toiletten vorhanden, Cafés. 2 Pers. mit Wohnmobil 6,10 €. Ca. 4 km abseits des Zentrums an der Straße nach Trabzon, ausgeschildert, kein Telefon.

Essen & Trinken

In der İstiklal Cad. findet man eine ganze Reihe guter Konditoreien und Döner-Imbisse. Viele gute Lokale gibt es zudem an der Cumhuriyet Cad. (vorrangig Fisch) und rund um den Uhrturm (abends geschlossen).

İtimat **9**, gehobenes Fischlokal, dessen unmittelbare Nachbarschaft zum Fischmarkt frische Ware verheißt. Trotz feiner Eindeckung ein Hauch von Nightclub-Ambiente. Nicht ganz billig. Cumhuriyet Cad. 66, ✆ 4200524.

Einfacher und günstiger, aber keinesfalls schlechter ist das von Lesern immer wieder gelobte **Kademoğlu Balık Lokantası** **8** gleich gegenüber. Im 1. Stock, darunter der gleichnamige Fischladen, der für frischen Nachschub sorgt. ✆ 4321432.

Derya Balık **10**, das dritte gute Fischlokal in der gleichen Straße. Ebenfalls eigener Fischverkauf. Spezialität: gedünsteter Fisch (Buğulama). Cumhuriyet Cad. 82, ✆ 2304010.

Lezzet Lokantası **1**, alteingesessene Lokanta (seit 1925) beim Uhrturm. Der Döner gilt als bester weit und breit – ist aber um 15 Uhr schon aufgegessen, also nicht zu spät kommen. Saathane Meydanı.

Et Lokantası **13**, auf den Tisch kommt (seit 1933) deftige Kost, die ebenfalls nichts für Vegetarier ist (Et heißt „Fleisch"). Gepflegtes Ambiente. Vor der Tür wartet der Koch mit weißer Mütze auf Sie. Mittlere Preisklasse. İstiklal Cad. 123, ✆ 2332864

Café Çiftlik Fırını **12**, im EG eine Bäckerei mit leckeren süßen Teilchen, darüber ein nettes Café, dessen Fensterfront im Sommer zur Straße hin offen ist. İstiklal Cad. 119.

Sehenswertes

Museen: An die ereignisreiche Vergangenheit Samsuns erinnert nicht nur im Stadtbild äußerst wenig, sondern auch im kleinen *Samsun Müzesi*, einer Mischung aus archäologischem und ethnografischem Museum am 19 Mayıs Bulvarı. Prunkstück ist ein Bodenmosaik aus Amisos, das von römischen Künstlern geschaffen, in byzantinischer Zeit von griechischen Restauratoren geflickt und noch später von arabischen Glaubenskriegern etwas malträtiert wurde (tägl. außer Mo 8–18 Uhr, Eintritt 1,20 €). Atatürk gedenkt man im *Gazi-Museum* an der Gazi Caddesi. Es befindet sich im ehemaligen Mıntıka Palas Oteli, das den Staatsgründer 1919 beherbergte. Türkische Besucher pilgern mit dem Schauder der Ehrfurcht durch die Räume, für Ausländer ist das Museum alles andere als sensationell (tägl. außer Mo 8–12 und 13–18 Uhr, Eintritt frei). Im sog. *Schiffsmuseum (Bandırma Gemi Müzesi)* ganz im Osten der Stadt (an der Straße nach Trabzon ausgeschildert) kann man den originalgetreuen Nachbau des Schiffes *Bandırma*, das Atatürk 1919 nach Samsun brachte, besichtigen (tägl. außer Mo 8–18.30 Uhr, Eintritt 0,40 €).

Die bedeutendsten Moscheen: Nahe dem Uhrturm in der Pazar Camii Sokak steht die kleine *Pazar Camii*. Die Moschee ist das älteste Bauwerk Samsuns, unter mongolischer Herrschaft wurde sie 1380 errichtet. Auffälliger, wenn auch recht schmucklos, ist die *Büyük Cami* (Große Moschee) aus dem 19. Jh. am Saathane Meydanı (Uhrturm).

Von Samsun nach Zentralanatolien? Für Amasya lesen Sie weiter ab S. 728.

Zwischen Samsun und Ünye

Auf der Nationalstraße 010 gen Ünye, die weitestgehend zu einer vier- bis sechsspurigen Schnellstraße ausgebaut ist, passiert man nach rund 34 km **Çarşamba**, das Zentrum der fruchtbaren Schwemmlandebene des Yeşilırmak, und nach weiteren 17 km die „Reishochburg" **Terme**, dessen antike Vorgängersiedlung *Themiskyra* eine sagenumwobene Geschichte besitzt (→ Kasten). Beide Städte lohnen dennoch keine Pause. Selbstfahrer können aber einen Ausflug zum **Simenlik Gölü**, einer Lagune nordwestlich von Terme, unternehmen. Die flache, amphibische Landschaft mit ihren Kanälen, verstreuten Höfen und dem pfeifenden Wind erinnert ein wenig an die Camargue. In der Lagune wimmelt es von schmackhaften Meeräschen. Und auf den hiesigen Feldern gedeiht, was man sät, angeblich werden auch bis zu 3 kg schwere Auberginen (!) geerntet. Die östlich von Terme gelegenen Bade- und Picknickplätze büßen aufgrund ihrer Nähe zur Küstenstraße und/oder mangelnder Sauberkeit stark an Attraktivität ein.

Amazonen, die brustlosen Emanzen der Antike

Themiskyra galt in der griechischen Sagenwelt als Heimat der Amazonen. Dieses kriegerische Frauenvolk verehrte Ares als Gott des Krieges und Artemis als Göttin der weiblichen Kraft. Für Männer hatten die Amazonen wenig übrig, lediglich zu Fortpflanzungszwecken raubten sie welche von benachbarten Stämmen. Den männlichen Nachwuchs versklavten oder töteten sie auf der Stelle. Ihren Töchtern schnitten sie die rechte Brust ab, damit diese später den Bogen besser halten konnten. Wer das Volk der Amazonen vernichtete, weiß man nicht genau. Der Mythologie nach war es entweder Herakles oder Bellerophon, beide waren in den Kampf gegen die Amazonen gezogen.

Ünye

76.000 Einwohner

Mit Ünye beginnt das Kerngebiet des türkischen Haselnussanbaus an der Schwarzmeerküste. Die lang gezogene Hafenstadt mit Badeort-Ambitionen ist eine Mischung aus bäuerlichem Marktflecken und prosperierendem Handels- und Dienstleistungszentrum.

Die Stadt, in der Yunus Emre, der große türkische Volksdichter aus dem frühen 14. Jh., das Licht der Welt erblickt haben soll, war in der Antike, als sie noch *Onea* hieß, bekannt für ihren überaus süffigen Wein. Doch dort, wo einst Reben standen, erstrecken sich heute weite Haselnussplantagen. Auch erinnern so gut wie keine steinernen Zeugnisse mehr an das alte Onea. Dafür bereichern das Zentrum noch ein paar alte pontische Stadthäuser, die schönsten stehen am **Kadılar Yokuşu** nordwestlich des Cumhuriyet Meydanı.

Ünye weist eine kleine touristische Infrastruktur auf, zumal in der Umgebung der Stadt recht gute Badegelegenheiten zu finden sind. Vor allem türkische Familien wissen diese zu schätzen. Wenn Ünyes großes Manko, die vom Schwerverkehr

Ünye

stark belastete Durchgangsstraße, durch eine neue Umgehungsstraße beruhigt ist (Fertigstellung voraussichtlich 2012), hofft man, mehr Touristen anlocken zu können. Bis zu Ihrem Besuch soll auch das neue **Stadtmuseum** *(Kent Müzesi)* in einem alten Kapitänshaus eröffnet haben. Folgen Sie dafür vom Hauptplatz der Straße zwischen Rathaus *(Belediye)* und Moschee bergauf, das Museum befindet sich nach ca. 230 m rechter Hand.

Schönstes Ausflugsziel in der Umgebung ist die **Ünye Kalesi**. Die Burg auf einem spitz und einsam aufragenden Hügel in der pontischen Berglandschaft wurde von den Byzantinern errichtet, um einen alten Handelsweg von Amasya zur Küste zu sichern. Die grandiose Aussicht über die weiß leuchtenden Häuserwürfel von Ünye hinweg aufs Meer und die Haselnussplantagen ist zugegebenermaßen imposanter als die verfallene Burg selbst. Die 8 km entfernte Festung (von der Straße nach Niksar komplett ausgeschildert) kann mit Dolmuşen (von der Abzweigung zur Burg noch ca. 20 Gehmin. steil bergauf) oder einem Taxi (inkl. Wartezeit ca. 15 €) erreicht werden.

Eine weitere kulturhistorische Attraktion (aber nur laut Stadtprospekt) in der Umgebung sind die **Tozkoparan-Felsengräber** – hellenistische Felsengräber, von denen man nicht weiß, wessen letzte Ruhestätte sie waren. Die Gräber sind mit „Tozkoparan Kaya Mezarı" am südöstlichen Ende von Ünye ausgeschildert (vor der Petrol-Ofisi-Tankstelle rechts ab, dann nach ca. 1 km rechts Ausschau halten, Taxi retour ca. 8 €).

> **Orientierung:** Das kleine Zentrum Ünyes erstreckt sich rund um den Cumhuriyet Meydanı. Drum herum findet man alle wichtigen Einrichtungen wie Polizei, Post, das Rathaus und die Touristeninformation. Die Infostelle hält einen groben Übersichtsplan bereit.

Information/Verbindungen/Sonstiges

Telefonvorwahl 0452.

Information Im rosafarbenen Gebäude des Landratsamtes *(kaymakamlık)*. Je nach Besetzung auch deutschsprachig. Mo–Fr 8–12 und 13–17 Uhr, Sa/So unregelmäßig. ✆/≋ 3234952, www.unye.bel.tr.

Verbindungen Kein Busbahnhof, die Busse halten im Zentrum vor den Büros der Busgesellschaften. Gute Verbindungen entlang der Küste. **Dolmuşe** jede halbe Std. nach Fatsa und Ordu (z. T. über Bolaman und Perşembe, Abfahrt an der Küstenstraße nahe der Abzweigung nach Niksar/Tokat) sowie über Terme und Çarşamba nach Samsun (Abfahrt von der Küstenstraße nahe dem Hauptplatz), außerdem entlang der Uferstraße zu den Unterkünften im Nordwesten der Stadt. Die Dolmuşe nach Tekkiraz bzw. Akkuş (Ünye Kalesi) fahren etwas landeinwärts von der Minibusstation an der Niksar Cad. ab.

Baden Der Stadtstrand ist wenig einladend. Besser sind die langen Sandstrände und von Felsen flankierten Buchten ein paar Kilometer nordwestlich des Zentrums, z. B. der **Uzunkum**-Strand.

Einkaufen Wie überall in der Haselnussregion gibt es *fındık ezmesi* zu kaufen, eine Haselnusspaste, die als Brotaufstrich und für Saucen benutzt wird. Mi findet nahe der Minibusstation an der Niksar Cad. ein schöner **Wochenmarkt** statt, zu dem die Frauen des Umlands z. T. in ihren Trachten kommen.

Türkisches Bad (Hamam) Eski Hamam, in einer ehemaligen Kirche nahe der Touristeninformation. Frauen baden Di/Fr/Sa von 11 bis 17 Uhr, Männer den Rest der Woche von 5 bis 24 Uhr. Eintritt mit *Kese* und Massage 11 €.

Übernachten/Camping

Neben den alteingesessenen, günstigen und einfachen Stadthotels gibt es einige „bessere" Häuser und auf türkische Familien zugeschnittene Pensionen. Für jene an der Straße nach Çarşamba gilt bis zur Einweihung der Umgehungsstraße: Zimmer zum Meer schön, hinten raus zur Küstenstraße extrem laut! Die Hotels in Ünye haben oft mit Feuchtigkeit zu kämpfen (Schimmel oder muffige Luft).

Sebile Hanım Konağı, liebevoll restaurierter Konak aus dem 19. Jh. 14 stilvolle Zimmer, z. T. mit Sitzecke in den Erkern. Leicht rustikaler Frühstückssalon im EG, nette Terrasse. DZ 49–63 €. Keine 5 Fußmin. vom Zentrum: Çubukçu Arif Sok. 10 (vom Hauptplatz die Gasse links der *Jandarma* bergauf nehmen, dann ausgeschildert), ✆ 3237474, www.sebilehanimkonagi.com.

** Kumsal, kleines Haus direkt am Meer. 14 unterschiedlich zugeschnittene, angenehme Zimmer. Vorne raus herrlich hell, mit Meeresblick und Balkon, hinten raus (bislang) mit Straßenlärm. Gemütlicher Garten, leider weniger ansprechender Strandabschnitt. DZ 49 €, EZ die Hälfte. Ca. 5 km nordwestlich des Zentrums an der Straße nach Samsun, Sahil Yolu Gölevi Mevkii, ✆/📠 3234490, www.kumsalotel.com.tr.

** Otel Yalıhan, 2010 eröffnetes, recht schickes Haus zentral an der Uferstraße. Angenehme, komfortable Zimmer mit zeitgemäßem Mobiliar, die nach vorne mit französischen Balkonen und Meeresblick – nach Fertigstellung der Uferstraße fällt der Verkehrslärm weg. Die ruhigen, aber auch dunkleren Zimmer nach hinten werden i. d. R. als EZ vergeben. DZ mit Meeresblick 49 €. Terme Cad. 443, ✆ 3242470, 📠 3242471, www.yalihanariotel.com.

Otel Güney, kleiner Familienbetrieb, der Sohn des Hauses spricht Deutsch. 16 einfache, kleine Zimmer mit Laminatböden, z. T. mit Klimaanlage, 12 davon mit schönem Meeresblick. Den fehlenden Balkon ersetzt die Dachterrasse, auf der auch gefrühstückt wird. DZ 29 €, EZ die Hälfte. Belediye Cad. 14 (Parallelstraße zur Uferstraße), ✆ 3238406.

Camping Mehrere einfache Plätze 3–6 km nordwestlich von Ünye Richtung Samsun am Meer.

Gülen Camping, ca. 3 km nordwestlich der Stadt am Uzunkum-Strand. Kleiner, unspektakulärer und wegen der Straße dahinter ziemlich lauter Platz. Eigentlich mehr Bungalowvermietung (mit Balkon und schönem Meeresblick). Nur ein Stellplatz am Wasser, ansonsten campt man hinter den Bungalows (für eine Nacht okay). Eine Kaltwasserdusche und ein Klo pro Geschlecht. Cafeteria. Bungalow für 4 Pers. 54 €, Campen für 2 Pers. 13 €. Uzunkum Mevkii, ✆ 3246686.

Essen & Trinken

Beliebt sind, wie an der gesamten Küste, die Schwarzmeersardinen *(hamsi)* sowie Meeräsche *(kefal)*, die in einem Sud mit Zwiebeln, reichlich Knoblauch und Zitrone gegart wird.

İskele Restaurant, eher gediegenes Lokal in Zentrumsnähe direkt über dem Stadtstrand (schöne Terrasse). Fisch, Fleisch und Pide der mittleren Preisklasse. Wurde z. Z. d. letzten Recherche komplett restauriert – lassen Sie sich überraschen. Angeschlossen ein netter Teegarten unter schattigen Bäumen. ✆ 3233053.

Sofra, zentral in der Belediye Cad. 25 (Parallelstraße zur Uferstraße). Gepflegte Lokanta in einem schönen, auffälligen Natursteinhaus. Pide und verschiedene Kebabs (Hg. 4,10–8,20 €), zudem Frühstückssuppen. Adrette Kellner, die Terrasse zur Uferstraße ist leider recht laut.

Çakırtepe, auf dem gleichnamigen Hügel im Norden der Stadt befinden sich 3 Restaurants mit herrlichen Ausblicken, wir empfehlen insbesondere das **Pelit Park**. Traditionell-türkische Speisen und Pide, dazu super Milchreis *(fırında sütlaç)*. Günstig, kein Alkohol. Auch das **Atakale** hat einen guten Ruf und dazu einen Kinderspielplatz. Wer nicht laufen will (ca. 20–30 Min. zu Fuß), erreicht den Hügel auch mit dem Dolmuş (Abfahrtsstelle vom Cumhuriyet Meydanı beim Supermarkt Çınar).

> **Von Ünye nach Zentralanatolien?** Über Niksar lesen Sie weiter ab S. 738, über Tokat ab S. 735. Tolle Strecke!

Zwischen Ünye und Ordu

Der in weiten Abschnitten neu ausgebaute Küstenhighway verläuft von Ünye nah und flach am Meer nach **Fatsa**. Außer einer recht adretten Uferpromenade hat die 67.000-Einwohner-Stadt leider recht wenig zu bieten. Ca. 10 km weiter, kurz vor dem Örtchen **Bolaman**, teilt sich die Straße. Durch das Hinterland führt die neue Schnellstraße nach Ordu, am Meer entlang die alte Küstenstraße *(Sahil Yolu)*. Der Ortsstrand von Bolaman – eine beschauliche, wenn auch wenig gepflegte Bucht mit Restaurants und Tischen direkt am Wasser – wird von einer Moschee überblickt. Nahebei steht auf den Fundamenten einer mittelalterlichen Burg ein hölzerner Herrensitz. Mehrere Jahrhunderte residierte darin der Haznedaroğlu-Clan, der in der Region noch heute Einfluss hat. Mitte des 20. Jh. wurde das einst feudale Gebäude zwischen zwei Erben geteilt. Der eine riss seinen Teil ab und ersetzte ihn durch eine Villa. Der andere Teil wurde jüngst aufwendig restauriert und beherbergt heute ein Restaurant.

Sehr schön, aber auch kurvenreich, ist die weitere Strecke von Bolaman entlang der Küste nach **Perşembe** (ca. 30 km, 9300 Einwohner). Man passiert einfache, ursprüngliche Dörfer (leider ohne nennenswerte Unterkünfte), herrliche Buchten mit hellen Sandstränden (z. B. in **Çaka**) und Terrassenlokale, die zu einer Pause einladen. Beim Dorf **Çaytepe** zwischen Bolaman und Perşembe kann man der restaurierten **Jason Kilisesi** einen Besuch abstatten (ausgeschildert). Die dreischiffige Kirche aus dem Jahr 1869 steht auf einer Landzunge samt Leuchtturm (tagsüber zugänglich, Eintritt frei).

Verbindungen → Verbindungen/Ünye.

Übernachten Hotel Dedeevi, beste Unterkunft in Perşembe. Gut in Schuss. 33 Zimmer mit Klimaanlage, Föhn und Kühlschrank, viele mit Erkerbalkönchen zur Meerseite. Ganz oben eine Suite mit großem Balkon. EZ 33 €, DZ (mangels Konkurrenz teure) 49 € – handeln! An der Durchgangsstraße, ✆ 0452/5173802, ✎ 5174064.

Ordu

141.000 Einwohner

Die geschäftige Provinzhauptstadt ist das wohlhabende Zentrum der Haselnussküste. Charme wird Ordu vielleicht einmal haben, wenn die neue Umgehungsstraße fertiggestellt ist – das kann aber noch dauern.

Ordu, am Fuß des 600 m hohen Boztepe, ist eine verhältnismäßig junge Stadt, obwohl die Gegend laut eigenem Stadtprospekt bereits vor 17.000 Jahren (!) besiedelt war. Nachgewiesen ist, dass milesische Kolonisten um 700 v. Chr. einige Kilometer nordwestlich des heutigen Zentrums eine Handelsniederlassung namens *Kotyora* gründeten. Deren Bewohner zogen im 14. Jh. nach Bayramlı um, dem heutigen Dorf Eskipazar rund 5 km südlich von Ordu. Beim zweiten Großumzug im 18. Jh. kehrte die Bevölkerung versammelt – warum auch immer – an den Fuß des Boztepe zurück. Ordu entwickelte sich fortan zum regen Zentrum eines bäuerlich geprägten Umlandes, und das ist es bis heute.

Das Stadtbild ist modern und im Zentrum schachbrettartig angelegt. Nur vereinzelt sind ein paar osmanische Fachwerkhäuser zu entdecken. In der parallel zur gepflegten Uferpromenade verlaufenden Fußgängerzone Sırrıpaşa Caddesi wird wenig Traditionelles angeboten, es überwiegen Gold- und Klamottenläden. Unter die Flaneure mischen sich Urlauber aus Georgien.

Besuchenswert ist das **Ethnografische Museum** (im Zentrum mit „Müze" bestens ausgeschildert, tägl. außer Mo 8–17 Uhr, Eintritt 1,20 €), das im stilvollen, restaurierten Ex-Wohnsitz eines reichen Kaukasus-Emigranten aus dem 19. Jh. untergebracht ist. Das Interieur, u. a. elegante Wohn- und Schlafzimmereinrichtungen, stammt noch aus jener Zeit.

Oberhalb der Küstenstraße, im Nordwesten der Stadt (Richtung Samsun), thront eine 1856 errichtete **griechische Kirche**. Nachdem die griechischen Einwohner Ordu im Rahmen des Bevölkerungsaustausches 1923 verlassen hatten, wurde sie als Gefängnis zweckentfremdet. Heute dient sie, restauriert, als Kulturzentrum der hiesigen Universität.

Von Ordu lassen sich reizvolle Ausflüge ins Pontische Gebirge unternehmen, so z. B. ins Städtchen **Gölköy** und auf die Bergalm **Çambaşı** auf 1250 m Höhe. Beide liegen rund 60 km von Ordu entfernt und bieten einfach-rustikale Übernachtungsmöglichkeiten. Auf der Çambaşı-Alm soll in den nächsten Jahren ein kleines Skizentrum entstehen.

Information/Verbindungen/Baden/Veranstaltungen

Telefonvorwahl 0452.

Information Zuletzt am Hauptplatz nahe dem Rathaus (Belediye), zieht jedoch häufig um. Unter der Leitung von Gürcan Çorbacı, der gut Englisch spricht und gerne weiterhilft. Mo–Fr 8.30–17.30 Uhr, zuweilen auch Sa/So. ✆ 2231608, www.ordu.gov.tr.

Verbindungen 2011 wurde beim 15 km östlich gelegenen Gülyalı der Grundstein für den **Flughafen** Ordu-Giresun gelegt. Das Besondere: Er wird mitten ins Meer gebaut. Die Fertigstellung ist für 2014 angesetzt.

Busbahnhof: Ca. 1 km östlich des Zentrums an der Straße nach Giresun, ins Zentrum fahren Minibusse (Linie 2). Sehr gute Verbindungen entlang der Küste, ausreichend gute in die meisten größeren Städte des Landes.

Dolmuşe nach Gölköy ebenfalls vom Busbahnhof, die Dolmuşe nach Çambaşı fahren etwas landeinwärts nahe dem Stadion (Stadyum, nachfragen) ab. In die Dolmuşe nach Ünye und Samsun steigt man am Atatürk Bul. westlich des großen Kreisverkehrs zu, die Dolmuşe nach Giresun starten vorm Rathaus am Atatürk Bul.

Baden Die Bademöglichkeiten vor Ort und auch in der Umgebung sind nicht sehr einladend.

Veranstaltungen Im Juni und Juli traditionelle **Sommerfeste auf den Almen** im Hinterland – die Touristeninformation erteilt Auskünfte und veranstaltet auch Fahrten dorthin.

Übernachten/Camping/Essen & Trinken/Nachtleben

Karlıbel Atlıhan Hotel, im Zentrum hinter dem Rathaus (Belediye). 39 klassische Hotelzimmer mit Hang zur kitschigen Pseudoeleganz. Bäder mit Badewannen, dicke Teppichböden. Gepflegtes Restaurant mit schöner Terrasse unter dem Dach. EZ 29 €, DZ 49 €. K. Karabekir Cad. 7, ✆ 2120565, ✆ 2120567, www.karlibelhotel.com.

Karlıbel İkizevler Hotel, stilvollste Unterkunft der Stadt, im Nordwesten der Bucht (Richtung Samsun) neben der alten Kirche. Mit Geschmack möblierte Zimmer mit Holzböden in zwei 200 Jahre alten, miteinander verbundenen Konaks. Zum Meer hin schöne Aussicht, aber auch etwas laut. Gediegenes Restaurant mit herrlicher Terrasse. Faire Preise. EZ 33 €, DZ 49 €. Sıtkıcan Cad. 54, ✆ 2250081, 📠 2232483, www.karlibelhotel.com.

Kervanseray, 30 z. T. recht kleine, aber ordentliche und saubere Zimmer mit TV, einige mit Meeresblick und Balkon. Moderne Lokanta mit guter regionaler Küche und großer Auswahl im EG. EZ 16,50 €, DZ 33 €. K. Karabekir Cad. 1, ✆ 2141330.

** **Turist Otel**, an der Uferstraße 3 Fußmin. vom Hauptplatz (Richtung Trabzon) entfernt. 63 teilrestaurierte Zimmer (neue Bäder, alte Teppiche), fast die Hälfte mit Balkon und Meeresblick. Sauber. Restaurant mit Bierausschank. Von Lesern gelobt. DZ 32 €. Atatürk Bul. 134, ✆ 2149115, 📠 2141950, turisthotel@msn.com.

Camping Ein Einfachsplatz an der Straße nach Perşembe ganz im Westen der Stadt.

Essen & Trinken Grand Mıdı Restaurant, gehobenes Fischlokal auf einem Steg über dem Meer. Außergewöhnliche Meze und regionale Küche – kosten Sie *Pancar Çorbası* (Rübensuppe). Preislich etwas höher angesiedelt. ✆ 2140340.

Fatsalı Hünkar Restoran, neben dem Turist Otel. Moderne Lokanta mit breiter Glasfront auf 2 Etagen. Terrasse. 1a-Topfgerichte, stets bestens besucht. Faire Preise. Atatürk Bul.

Boztepe Turistik Tesisleri, Teegarten und gutes Restaurant mit schöner Terrasse am Boztepe-Hügel – grandiose Aussicht über Stadt und Meer. Im Restaurant isst man Pide oder Akçaabat-Köfte, dazu trinkt man Bier oder Rakı. Das Besondere ist auch die Anfahrt mit der Seilbahn quer übers Zentrum (tägl. 10–24 Uhr, retour je nach Tag 1,60–2,40 €).

Nachtleben Nordwestlich des Hauptplatzes mit Atatürk-Statue (Richtung Samsun) reiht sich ein Café an das andere – nette Treffpunkte. In der Bar Kumsal (auf der anderen Straßenseite am Meer) wird immer wieder Livemusik geboten.

Giresun

95.000 Einwohner

Giresun liegt auf einer felsigen Landzunge zu Füßen eines schroffen Burgbergs. Zentrum und Altstadt sind beschaulich, gute Bademöglichkeiten Fehlanzeige. So setzt man ganz auf den Almtourismus im Hinterland.

Die Provinzhauptstadt wirkt auf den ersten Blick wenig einladend. Unmittelbar neben der Küstenstraße steigen die typisch-türkischen Apartmenthäuser die Hänge hinauf. Giresun entpuppt seine Reize erst im kleinen, zusammengedrängten Zentrum. Geschäftsader dort ist die Gazi Caddesi, die vom zentralen Atapark westlich des Burghügels bergauf führt. Auf ihr schlendern georgische Touristen auf und ab, aber auch Bäuerinnen von den Almen des Hinterlandes erledigen hier ihren Einkauf. In *peştamals,* schwarz-weiß-rote Baumwolltücher gehüllt, sind sie bunte Tupfer im Straßenbild. Typische Schwarzmeerhäuser prägen das beschauliche Altstadtviertel **Zeytinlik Mahallesi** südöstlich des Burgbergs. Dieses idyllische Eck mit seinen engen Pflastergassen, überwucherten Gärten und verfallenen Villen war bis Anfang des 20. Jh. in erster Linie von Griechen und Armeniern bewohnt. In der einstigen Kirche des Viertels, einem neogotischen Gebäude, ist heute eine Kinderbibliothek untergebracht.

Auch Giresun ist ein guter Standort für Ausflüge zu den Hochplateaus des waldreichen, gebirgigen Hinterlands. Zu einem unvergesslichen Erlebnis kann der Besuch eines Almfestes werden.

Geschichte

Wie *Kotyora* (Ordu) wurde auch das antike *Kerasos* (Giresun) im 7. Jh. v. Chr. von milesischen Kolonisten gegründet. 187 v. Chr. besetzte der pontische König Pharnakes, ein Enkel Mithradates' des Großen, den Ort, worauf er vorübergehend *Pharnakeia* hieß. Als der römische Feldherr Lukullus die Stadt im 1. Jh. v. Chr. einnahm, nannte man sie schon wieder – ähnlich wie vorher – *Cerasus*. Lukullus fiel bei seiner Belagerung ein kleines, rotes Baumobst auf – die bis dato im antiken Europa noch unbekannte Kirsche. Er nahm sich einen Kirschbaum mit nach Hause und benannte die süßen Früchte nach ihrem Herkunftsort: Vom lateinischen Wort *cerasium* ist die englische *cherry*, die deutsche *Kirsche* und selbst die türkische *kiraz* abgeleitet.

Weitere nette Anekdoten sind in der Geschichte Giresuns leider unbekannt. Die Stadt wurde byzantinisch, bis sie Alexios, der erste Kaiser des Großkomnenenreichs von Trapezunt, seinem kleinen Herrschaftsgebiet einverleibte. 1461 fiel sie dem Osmanischen Reich zu. Heute ist Giresun ein bedeutender Exporthafen, von wo die Agrarprodukte der Region verschifft werden: Haselnüsse, Walnüsse, Mais und selbstverständlich Kirschen, die bis heute überregional einen guten Ruf besitzen.

Aksu-Fest – wo das Glück nur einen Steinwurf entfernt ist

Zu den Feierlichkeiten um den 20. Mai setzt sich aus Giresun und dem ganzen Umland ein Pilgermarsch in Gang, Tausende von Menschen versammeln sich dann an der Mündung des Aksu-Flusses. Einem alten Ritual folgend werden sieben Mal jeweils zwei Kieselsteine in den Fluss geworfen und zuletzt ein einzelner, mit dem ein großer Wunsch in Erfüllung gehen soll. Begleitet wird das Aksu-Fest von zahlreichen folkloristischen Rahmenveranstaltungen.

Über den Ursprung dieses traditionsreichen Festes weiß man wenig, außer, dass es wahrscheinlich mit *Hıdırellez*, dem Sommeranfang (nach einem alten Bauernkalender am 5./6. Mai) zu tun hat. Der Name setzt sich aus dem heiligen Frühlingsboten Hızır und dem Propheten İlyas (dt. Elias) zusammen. Die Hıdırellez-Nacht steht in der Türkei mit vielen Legenden und Mythen in Verbindung. Eine davon verarbeitete z. B. Yaşar Kemal in seinem *Lied der Tausend Stiere: „In dieser Nacht treffen sich Hızır und Ilias. Und im gleichen Augenblick gehen am Himmel zwei Sterne auf. (...) Sie vereinen sich, verschmelzen, leuchten weit, tauchen alles in Licht, versprühen Blitze über die Erde und fallen als Feuerregen herab. Und in diesem Augenblick hält alles inne und stirbt. Das Blut in den Adern der Menschen stockt. Die Winde hören auf zu wehen, die Wasser erstarren, die Blätter rauschen nicht mehr, die Flügel der Vögel und Insekten stehen still. (...) Und wenn in diesem Augenblick ein Mensch die Begegnung der Sterne am Himmel sieht, wenn er sieht, wie sie ihr Licht über die Erde gießen, wie die Gewässer erstarren, dann, ja dann wird ihm jeder Wunsch erfüllt. (...) Und wenn die zwei Heiligen sich getroffen haben, alles erstarrt ist, so erwacht schon im nächsten Augenblick wieder alles zu neuem Leben und sprießt neu hervor, mächtiger und kraftvoller denn je zuvor."*

Information/Verbindungen

Telefonvorwahl 0454.
Information Leicht zu übersehender Kiosk (eigentlich ein Souvenirverkauf) im Atapark. Die freundliche Serpil Demir ist sehr hilfs-

Übernachten
1. Hotel Başar
2. Otel Kaan
3. Otel Çarıkçı
5. Otel Ormancılar

Essen & Trinken
4. Meydan Sofrası
6. Deniz Lokantası
7. Ellez und Tibor Restaurant

Einkaufen
8. Fındıkevi

---

bereit, spricht aber nur Türkisch. Im Winter tägl. (außer So) 9–17 Uhr, im Sommer bis 20.30 Uhr. ℡ 2164707, www.giresunkulturturizm.gov.tr.

Verbindungen Busbahnhof ca. 4 km westlich des Zentrums. Büros der Gesellschaften rund um den zentralen Atapark, Zubringerservice. Gute Verbindungen entlang der Küste. Tägl. zudem nach Ankara, İzmir, Bursa und İstanbul.

Dolmuşe nach Ordu (1 Std.) fahren westlich der Touristeninformation an der Uferstraße ab, von der Moschee im Zentrum zudem regelmäßige Dolmuşverbindungen über Tirebolu nach Trabzon (2½ Std.).

Adressen/Sonstiges

Ärztliche Versorgung Staatliches *Devlet Hastanesi* nahe dem Busbahnhof. ℡ 2161031.

Autoverleih Manche Busgesellschaften verleihen auch Autos, so z. B. *Ulusoy* am Atapark. Billigstes Fahrzeug 25 €. ℡ 2164444.

Baden Die stadtnahen Strände sind durch den Ausbau der Küstenstraße verschwunden.

Einkaufen In manchen Lebensmittelgeschäften an der Laçin Sok. bekommt man *Deri Peynir*, eine regionale Käsespezialität von den Almen des Hinterlandes – ein Genuss!

Diverse Haselnusscremes von scharf bis pappsüß, dazu superleckere Haselnussschokolade verkauft *Fındıkevi* **8**. Mehrere Filialen, u. a. am Atapark.

Märkte Fr/Mo/Sa an verschiedenen Stellen der Stadt, die Touristeninformation gibt Auskunft.

Veranstaltungen → Kasten. Im Juli finden im Hinterland **Almfeste** statt – Auskünfte erteilt die Touristeninformation.

Übernachten

*** **Hotel Başar** **1**, am Hafen. Atriumähnliche Empfangshalle mit verglastem Aufzug. 54 Zimmer mit guten Bädern und Klimaanlage, die meisten mit Meeresblick. Dachrestaurant. Parkplätze vorm Haus. EZ 41 €, DZ 74 €. Atatürk Bul. Liman

Mevkii, ✆ 2129920, 📠 2129929, www.hotel basar.com.tr.

** **Otel Çarıkçı** 3, gepflegtes Haus. Ordentliche Zimmer mit kleinen Bädern, schlecht verlegten Laminatböden und Klimaanlage. Nach vorne etwas laut. Frühstücksbüfett ohne jegliche Einwegverpackungen. DZ 37 €. Osmanağa Cad. 6, ✆ 2161026, 📠 2164578.

** **Otel Ormancılar** 5, freundliches Haus mit 30 recht kleinen, jedoch gepflegten, klimatisierten Zimmern. Bäder mit Duschkabinen. Tolle Frühstücksterrasse. Besser und günstiger als das Hotel Kit-Tur (3 Sterne) in der Nachbarschaft! EZ 22 €, DZ 31 €. Gazi Cad. 37, ✆ 2124391, 📠 2127105, www.otel ormancilar.com.

* **Otel Kaan** 2, für ein Ein-Sterne-Haus empfehlenswert und außergewöhnlich sauber. Zimmer unterschiedlicher Größe, mit Klimaanlage und Laminatböden. DZ 25 €. Çapulacılar Sok. 8, ✆ 2126514, 📠 2167762, www.otelkaan.com.

Essen & Trinken (→ Karte S. 617)

Die Gegend ist bekannt für deftiges, öliges Essen und natürlich guten Fisch. Auch Gerichte mit Pilzen aus dem grünen Hinterland und mit Kirschen, die wie Gemüse zubereitet werden, kommen auf den Tisch. Neben den hier empfohlenen Lokalitäten findet man auch auf der Burg nette Terrassenlokale.

Tibor Restaurant 7, Lokal auf der Dachterrasse der *Ticaret Borsası* (Handelsbörse) mit Burgblick. Einfacheres Ambiente. Meze und Fisch, dazu Rakı und Bier. Leicht gehobene, aber faire Preise. Im Zentrum, Incedayı Sok. (Nebengasse der Fatih Cad., nicht einfach zu finden, kennt aber jeder). ✆ 2122878.

Ellez 7, gemütliches Pidelokal auf 3 Etagen. Unten wird gebacken, darüber gegessen. Liebevoll und mit viel Holz eingerichtet. Viele Paare und Frauen. Pizza, Pide und Lahmacun, günstig. Fatih Cad. 9, ✆ 2161491.

Deniz Lokantası 6, am Atapark. Angenehm klimatisierte, alteingesessene, aber neu restaurierte Lokanta (seit 1953). Gepflegtes Ambiente. Neben einer großen Auswahl von Topfgerichten (viele mit stark regionalem Einschlag) gute Suppen. Sehr empfehlenswert.

Meydan Sofrası 4, ähnlich gepflegte Lokanta. Topfgerichte, Pide und Kebabs. Kosten Sie den *Beyti Kebap* – eine riesige Portion Hackfleisch in weichem Teig, mit Käse überbacken und mit Joghurt und Bulgur serviert. Köprülühan Sok. 1/E (Nebengasse der Gazi Cad.).

Sehenswertes

Burg: Der mühsame Weg auf den Burgberg lohnt weniger wegen der moosüberwucherten Reste der byzantinischen Festung und ein paar rostiger Kanonen. Vielmehr laden dort ein Teegarten und ein Restaurant mit herrlichen Aussichtsterrassen zu einer Pause ein. Für den Abstieg vom Burgberg wählt man am besten die Gassen durch das beschauliche Viertel Zeytinlik Mahallesi zum Museum.
Vom Atapark die bergauf führende Gazi Cad. nehmen, dann ausgeschildert.

Museum: Das örtliche Museum ist in der bis 1924 genutzten armenischen Kuppelkirche *Gogora Kilisesi* aus dem 18. Jh. am Ostfuß des Burgfelsens untergebracht. Das schöne Gebäude ist spannender als die Ausstellung selbst: Kleinfunde wie Parfümfläschchen aus römischer Zeit sowie Silberschmuck, Waffen, Teppiche und Kleidung aus der osmanischen Epoche.
Tägl. (außer Mo) 8.30–17.30 Uhr. Eintritt 1,20 €.

Giresun Adası: Das kleine Eiland mit den Resten eines byzantinischen Klosters aus dem 10. Jh. liegt rund 4 km nordöstlich von Giresun. Nach der griechischen Mythologie lebten auch hier die kampfeslustigen Amazonen (→ Kasten, S. 610) und ebensolche Tiere: Als der thessalische Heros Jason mit seinen Argonauten auf der

Suche nach dem Goldenen Vlies einen Zwischenstopp auf der Insel einlegen wollte, schossen zornige Vögel mit Bronzespitzen versehene Federpfeile auf sie. 2011 war der Teegarten auf der Insel geschlossen und der Bootsverkehr dorthin eingestellt.

Im Hinterland von Giresun

Balaban-Gebirge: Im Hinterland von Giresun steigt das Balaban-Gebirge, Teil des Ostpontischen Gebirges, auf Höhen von bis zu 3000 m an. Hier wurden mehrere malerische Bergalmen für den Tourismus erschlossen – weniger bekannt als die Almen bei Trabzon, aber nicht minder attraktiv. Unterkünfte und Campingmöglichkeiten, schöne Picknickplätze und Führer für Wanderungen in die Bergwelt findet man z. B. auf der *Bektaş Yaylası* (ca. 56 km südwestlich von Giresun), auf der *Kulakkaya Yaylası* (ca. 45 km südlich von Giresun) und auf der *Kümbet Yaylası* (ca. 60 km südöstlich von Giresun). Die Kümbet-Alm ist am leichtesten zu erreichen und weist zudem die beste Infrastruktur auf. Das Informationsbüro in Giresun erteilt detaillierte Auskünfte.

Zur Kümbet Yaylası fahren im Hochsommer regelmäßig **Dolmuşe** vom zentralen Dolmuşbahnhof bei der Fußgängerbrücke über die Uferstraße, den Rest des Jahres eingeschränkt. Zu den anderen Almen gelangt man weniger leicht.

Şebinkarahisar: Rund 115 km südlich von Giresun liegt das 11.900-Einwohner-Städtchen Şebinkarahisar am Fuße eines imposanten Felsmassivs, auf dem eine byzantinische Burg thront. Hier verschanzte sich 1915 die armenische Gemeinde Şebinkarahisars, um sich der Deportation zu entziehen. In der Umgebung von Şebinkarahisar können Selbstfahrer ein paar Dörfer mit alten Kirchen entdecken – zusammen mit der landschaftlich überaus reizvollen Anfahrt (über den Eğribel-Pass, 2200 m ü. d. M.) ist ein Abstecher in das baumfreie Hochland ein lohnenswerter Tagesausflug von Giresun aus.

11 km nördlich von Şebinkarahisar träumt z. B. die *Licese-Kirche* aus der zweiten Hälfte des 19. Jh. in einem grünen Tal vor sich hin. Ihr Dach ist eingestürzt, das Innere überwuchert und mit Brennholz der Bauern gefüllt. Doch das mächtige Gotteshaus inmitten des ärmlichen Dorfes bezeugt noch immer die Größe der hier einst ansässigen christlichen Gemeinden. Das Dorf Kayadibi 13 km östlich von Şebinkarahisar kann mit einem Kloster inmitten einer Nische in einer Felswand *(Meryemana Manastırı)* aufwarten. Das Kloster hält zwar einen Vergleich mit Sumela nicht stand und ist auch nicht so leicht zugänglich (Pfadeinstieg im Dorf zeigen lassen, aber Vorsicht, der letzte Wegabschnitt ist durch einen Hangrutsch versperrt, gefährlich!), dafür ist die Aussicht von dort auf die Berglandschaft und die Burg von Şebinkarahisar fantastisch.

Verbindungen/Anfahrten: Von Giresun regelmäßig **Dolmuşe** nach Şebinkarahisar, Abfahrt vom Dolmuşbahnhof. **Anfahrt Licese-Kirche**, von der Straße Giresun – Şebinkarahisar ausgeschildert, von der Abzweigung noch 2 km auf einem gut befahrbaren Schotterweg. **Anfahrt Kloster**, von Şebinkarahisar der Straße nach Giresun folgen, dann ausgeschildert. Falls ein Hinweisschild fehlt, auf das Felsmassiv voraus zuhalten. Im Massiv ist das Kloster schon bald zu erkennen.

Von Şebinkarahisar nach Zentralanatolien? Für Sivas lesen Sie weiter ab S. 739.

Zwischen Giresun und Trabzon

135 km trennen Giresun von Trabzon. Die vierspurige Nationalstraße 010 verläuft nahe der Küste. Unterwegs grüßen ein paar Burgen, so beispielsweise die **Andoz Kalesi** auf einem Hügel bei Espiye, eine genuesische Festung bei Tirebolu oder die Reste einer byzantinischen Burganlage auf einer Halbinsel bei **Akçakale**. Leider sind durch den Ausbau der Küstenstraße viele Strände verschwunden. Auch das Gros der Städtchen, die man auf dieser Route passiert, lädt nicht zu einem längeren Aufenthalt ein. Dafür machen immer wieder braune Hinweisschilder auf idyllisch gelegene Bergalmen im Hinterland aufmerksam, die über enge, kurvige Passstraßen zu erreichen sind. Viele davon sind erst im späten Frühjahr schneefrei – bereits 20 km hinter der Küste erreicht das Pontische Gebirge Höhen von über 2000 m. Alle aufgeführten Küstenstädtchen sind von Giresun und Trabzon mit Dolmuşen zu erreichen.

Tirebolu   13.700 Einwohner

45 km östlich von Giresun passiert man Tirebolu – die neue Küstenstraße führt hier durch einen Tunnel und lässt den Ort links liegen, die alte führt an der Uferfront des Städtchens entlang. Dabei fällt der Blick auf eine fotogene, grün überwucherte **Festung** auf einer vorgelagerten Halbinsel. Genuesische Handelsleute ließen die Burganlage zum Schutz des Hafens verstärken, von wo einst im Hinterland abgebautes, silberhaltiges Blei und Kupfererz verschifft wurden. Die Häuser des Städtchens steigen gleich hinter der Küstenstraße in mehreren Terrassen steil an. Ganz oben liegt das verschlafene Zentrum mit einer großen Moschee. Doch so wunderschön wie das vielleicht klingen mag, ist es nicht. Nur wenig alte Bausubstanz hat die Zeiten überdauert, die alten pontischen Stadthäuser wurden größtenteils durch 08/15-Wohnblocks ersetzt. An den Ortsenden findet man **Badestrände**, gepflegter ist der westliche mit Duschen. Leider gibt es keine nennenswerten Unterkünfte.

Essen & Trinken: Guten Fisch bekommt man im Restaurant **Yusuf'un Yeri** am Fuße der Burg. Einfach, gemütlich und alkoholfrei. Nette Terrasse. ✆ 0454/4113658.

Ganz schön pfiffig: In der Berglandschaft südlich von Tirebolu verständigte man sich bis vor gar nicht allzu langer Zeit mittels einer hochentwickelten „Pfeifsprache" über die tiefen Taleinschnitte hinweg. Grammatik und Basisvokabular, aus keiner anderen Sprache bekannt, sind sogar Gegenstand linguistischer Forschungen. Das Mobiltelefon läutete das Ende der Pfeifsprache ein, die Jugend beherrscht sie nicht mehr. Heute ist sie ein Stück Folklore, die von den Alten zu Dorffesten wiederbelebt wird.

Akçaabat   37.500 Einwohner

Entlang der Küstenstraße prägen graue Apartmentblocks das Gesicht von Akçaabat, dem antiken *Hermonassos* und heutigen Vorort Trabzons. Türkeiweite Berühmtheit besitzt Akçaabat wegen seiner Köfte – genialen, mit Knoblauch versetzten Hackfleischbällchen. Probieren kann man sie z. B. bei **Nihat Usta**. Das alteingesessene, unübersehbare Lokal lockt Busgruppen wie Individualreisende an. Zu den Köfte gibt es hauseigenen Ayran und leckeres Schwarzmeerbrot. Schöne Terrasse mit Tischen direkt am Wasser (✆ 0462/2280050).

Düzköy und Çalköy-Höhle

Oberhalb des Bergdorfs Düzköy (1784 m) ist die **Kadırga-Hochebene** alljährlich in der dritten Juliwoche Schauplatz eines der größten Volksfeste der Schwarzmeerregion (bei schlechtem Wetter wird das Festival allerdings auch gerne mal verschoben). Bis zu 10.000 Menschen kommen dann zusammen, um drei Tage miteinander zu feiern. Selbst Emigranten, die in İstanbul oder Berlin leben, lassen sich die Gelegenheit nicht entgehen, hier alte Bekannte zu treffen und den *Horon* (→ Kasten) zu tanzen. Die Touristeninformation in Trabzon gibt Auskunft über das genaue Datum des Festes und organisierte Fahrten zur Hochebene.

In der Nähe von Düzköy befindet sich die Çal-Höhle *(Çal Mağarası)*, die mit einem unterirdischen Fluss und sogar einem Wasserfall aufwartet. Die Höhle ist bislang auf einer Länge von über 500 m begehbar, ihr Ende wurde noch nicht entdeckt (tägl. 8–17 Uhr, Eintritt 2 €).

Anfahrt/Verbindungen: Östlich des Zentrums von Akçaabat zweigt ein 30 km langes Sträßlein durch eine äußerst reizvolle Berglandschaft nach Düzköy ab. Zur Çal-Höhle führt von Düzköy ein 5 km langes Sträßlein, das jedoch in Abschnitten nicht im besten Zustand ist. Taxi von Trabzon retour mit Wartezeit ca. 62 €.

> ### Horon, der Pogo der Schwarzmeerbevölkerung
>
> Der auf den Schwarzmeeralmen getanzte Horon gehört zu den bekanntesten und originellsten Volkstänzen der Türkei. Vorgeführt wird er i. d. R. von Männern, die sich für diesen Anlass mit schwarzen, silberbesetzten Kostümen ausstaffieren. Die Tänzer haken sich unter und schütteln Oberkörper und Schultern in einer wahnsinnigen Geschwindigkeit – headbangende Metalfans und pogotanzende Punks würden vor Neid erblassen. Begleitet wird der Tanz von den überaus gewöhnungsbedürftigen Tönen der *kemençe*, einer kurzhalsigen Fiedel mit kastenförmigem Korpus, und der oboenartigen *zurna*, die wegen ihrer schrillen Laute nur im Freien gespielt wird.

Trabzon
230.400 Einwohner

Trabzon ist zwar kein Ort zum Verlieben, immerhin aber die kulturhistorisch interessanteste Stadt der Schwarzmeerküste. Kirchen und Klöster zeugen von der Zeit, als Trapezunt Hauptstadt eines kleinen christlichen Reiches war.

Die bedeutendste Hafenstadt der östlichen Schwarzmeerküste ist auf den ersten Blick unübersichtlich und nicht besonders attraktiv. Nimmt man aber von der Küste die bergauf führenden Straßen und Gassen ins Zentrum, dann ändert sich der erste Eindruck: Trabzon überrascht dort mit Vierteln von fast ländlicher Idylle über orientalische Enge bis zu moderner Ausgelassenheit. Eingestreut findet man die Reste des alten *Trapezunt*, der Hauptstadt des gleichnamigen christlichen Kaiserreichs: alte Kirchen, oft verfallen oder als Moscheen genutzt, dazu die Mauerreste der einst mächtigen Zitadelle.

Die Atmosphäre in Trabzon ist weltoffen, zumal rund 45.000 Studenten für frischen Wind sorgen. Zu ihnen gesellen sich kaukasische und georgische Händler, russische Touristen sowie ein kleiner, aber steter Strom an ausländischen Gästen. Kulturhistorisches Highlight der oft verregneten, wolkenverhangenen Stadt ist die byzantinische Kirche Hagia Sophia – nicht so pompös wie ihr İstanbuler Pendant, auf jeden Fall aber sehenswert. Und nur eine Autostunde entfernt liegt Sumela, das meistbesuchte und -fotografierte Kloster der Schwarzmeerküste.

Nataschas

Nataşalar, Nataschas, nennt man in der Türkei pauschal Prostituierte aus den ehemaligen Ostblockstaaten, insbesondere aber aus den Ländern der ehemaligen Sowjetunion. Nach dem Fall des Eisernen Vorhangs kamen sie in Scharen in die Türkei, und Städte wie Trabzon oder Hopa entwickelten sich zu riesigen Bordellen. Kaum ein Hotel war noch nataschafrei, nicht wenige Ehen zerbrachen an den freizügigen Blondinen. Viele Prostituierte sind mittlerweile wieder in die Heimat zurückgekehrt. Die Jungen und Hübschen zieht es heute nach İstanbul oder an die Südküste, wo erheblich mehr Geld zu verdienen ist. In Trabzon trifft man nur noch auf die „zweite Wahl". Prostitution ist in der Türkei nichts Neues, doch wurde das Geschäft mit der Liebe früher ausschließlich im *genelev* ausgehandelt, einem staatlich kontrollierten Bordell mit obligatorischen Gesundheitschecks der Frauen. Übrigens können in Trabzon so manche Blindgänger bis heute ausländische Touristinnen nicht von georgischen oder russischen Prostituierten unterscheiden – stehen Sie einfach drüber.

Geschichte

Milesische Kolonisten, die von *Sinope* (→ S. 596) weitergezogen waren, gründeten zwischen dem 8. und 6. Jh. v. Chr. *Trapezos;* der Name rührt von der Form des Burghügels her (griech. *trapeza* = Tisch). Aus der Siedlung wurde bald eine bedeutende Hafen- und Handelsstadt, die von Karawanen aus Persien angesteuert wurde, welche hier ihre Waren für den Weitertransport in die Mittelmeerregion verschifften. Diesen Weg nahm 401 v. Chr. auch der Schriftsteller Xenophon, ein Schüler des Sokrates. Er hatte sich am Feldzug des Persers Kyros des Jüngeren gegen dessen Bruder Artaxeres II. beteiligt und führte das Söldnerheer – die legendären 10.000 Griechen – nach Kyros' Tod zurück in die Heimat. Im 1. Jh. v. Chr., als der römische Feldherr Lukullus das Pontische Königreich von seinen Besitzungen an der Küste verdrängte und viele Städte dem Erdboden gleichmachte, verhielt sich Trapezos neutral und blieb so von Zerstörungen verschont. Im 2. Jh. entdeckte Kaiser Hadrian seine Liebe zu Trabzon. Er ließ die Befestigungen der Stadt ausbauen, dank derer man sich für die nächsten Jahrhunderte, unter Byzanz, stets erfolgreich verteidigen konnte.

1204 nahmen die Kreuzritter Konstantinopel ein, und die byzantinische Herrscherfamilie flüchtete nach Anatolien. Alexios I. Megas Komnenos gründete in *Trapezunt,* wie die Stadt nun hieß, ein eigenes Reich. Das kleine „Großkomnenische Kai-

Trabzon

serreich von Trapezunt" überdauerte rund 250 Jahre und war für die Schönheit seiner Prinzessinnen, die Pracht seiner Hofhaltung und die Kunstfertigkeit seiner Handwerker in ganz Europa bekannt. Selbst berühmte Reisende zog es an: 1295 machte sich Marco Polo von Trapezunt auf seinen angeblichen Weg nach China.

1462, neun Jahre nach dem Fall Konstantinopels, eroberte Mehmet II. Trapezunt. Er ließ den letzten Komnenenherrscher David und seine Familie erdrosseln, das reiche Bürgertum nach Konstantinopel übersiedeln und das arme Volk versklaven – ein Schlag für die Stadt, von der sie sich nicht mehr erholen sollte. Trabzon verlor zunehmend an Bedeutung, auch als Endstation der Karawanen von der Seidenstraße: Da die Handelswege über Land nun sicherer waren, wählten viele den längeren, aber leichteren Weg in den Hafen von Samsun.

Im Ersten Weltkrieg wurde Trabzon von russischen Truppen besetzt und gehörte danach für zwei Jahre zur kurzlebigen Demokratischen Republik Armenien. 1923 wurden die Besitzverhältnisse wieder neu gemischt und zugunsten der Türkei geklärt. Infolge der Vertreibung der Griechen und Armenier brachen Handel und Wirtschaft zusammen. Nach vielen mageren Jahrzehnten setzte durch die Anbindung an den Luftverkehr, den Ausbau des Hafens und der Verkehrswege ins Hinterland, und v. a. durch den Fall des Eisernen Vorhangs, wieder eine Aufwärtsentwicklung ein. Trabzon ist heute neben İstanbul wichtigstes türkisches Handelszentrum mit den Ländern der ehemaligen Sowjetunion. Containerweise werden Textilien, Lederwaren und Agrarprodukte verschifft.

In die internationalen Schlagzeilen geriet die Stadt zuletzt 2006. Der traurige Grund: Ein 16-Jähriger erschoss den in Trabzon tätigen italienischen Priester Andrea Santoro, als Hintermänner der Tat werden Ultranationalisten vermutet (→ Kasten „Susurluk und Ergenekon", S. 210). Aus Trabzon stammen übrigens auch die Mörder des 2007 erschossenen türkisch-armenischen Journalisten Hrant Dink.

Orientierung: Trabzon zieht sich über mehrere Kilometer die Küste entlang. Das Zentrum (mit „Şehir Merkezi" ausgeschildert), das sich auf einer Anhöhe westlich des Hafens erstreckt, ist jedoch recht klein. Mittelpunkt ist der *Atatürk Alanı* (auch „Meydan" oder schlicht „Park" genannt), ein verkehrsberuhigtes, gepflastertes Geviert mit Teegarten, Springbrunnen und Schatten spendenden Bäumen. Das ursprüngliche *Basarviertel* liegt westlich des Atatürk Alanı und nordwestlich der Hauptpost. Die Uzun Sok. führt gen Westen nach *Ortahisar*, in das alte Zitadellenviertel.

Information/Verbindungen/Organisierte Touren/Parken

Telefonvorwahl 0462.

Information In der Ali Naki Efendi Sok. nahe dem Atatürk Alanı (ausgeschildert). Kompetent und freundlich. Im Sommer Mo–Fr 8–12 u. 13–17 Uhr, Sa/So 9–12 u. 13–16 Uhr, im Winter Sa/So geschl. ✆ 3264760, www.trabzonkulturturizm.gov.tr.

Verbindungen Flughafen (www.trabzon.dhmi.gov.tr) ca. 6 km östlich des Zentrums direkt am Meer. Dolmuşe dorthin starten an der Sümer Sok. nördlich des Atatürk Alanı. Die Dolmuşe vom Flughafen fahren nicht direkt am Terminal ab, sondern von der Küstenstraße. Taxi zum Flughafen ca. 8,20 €. Fluginfos und Tickets über **Ustatour** (dem gleichnamigen Hotel angeschlossen). İskenderpaşa Mah. 3, ✆ 3261870, www.ustaparkhotel.com.

Östliche Schwarzmeerküste Karte S. 606/607

Bus: Busbahnhof bislang 3 km außerhalb des Zentrums an der Straße nach Rize, man plant jedoch in den nächsten Jahren einen Umzug ins ca. 6 km westlich gelegene Akyazı (an der Straße nach Samsun). Abfahrt der Dolmuşzubringer oberhalb des Atatürk Alanı bzw. unter der Schnellstraßenbrücke. Buchungsbüros rund um den Atatürk Alanı. Verbindungen nach Georgien und Aserbaidschan, zudem in alle Ecken der Türkei, z. B. nach Antalya (21 Std.), Artvin (5½ Std.), Samsun (7 Std.), Kars (12 Std.), Bursa/İstanbul (18 Std.) und Erzurum (5 Std.). Auch verkehren vom Busbahnhof im Sommer ca. halbstündl. Minibusse nach Pazar, wo man nach Ayder umsteigen kann. Die Busgesellschaften *Ulusoy* (nicht immer, auch wenn man damit wirbt) und *Metro* (im Sommer tägl.) fahren direkt von Atatürk Alanı zum Sumela-Kloster (hin gegen 10 Uhr, Rückkunft gegen 15 Uhr, ca. 10 €) und nach Uzungöl (hin gegen 10 Uhr, Rückkunft gegen 17 Uhr, ca. 13 €).

Für Ausflüge nach Sumela, Uzungöl und Ayder s. auch „Organisierte Touren".

Dolmuş/Minibus: Dolmuşbahnhof „Çömlekçi" für Fahrten nach Sürmene, Of, Rize und Uzungöl (im Sommer halbstündl. 8–17 Uhr) an der Küstenstraße im Osten der Stadt, zu Fuß erreichbar.

Die Minibusse nach Westen (Akçaabat, Tirebolu und Giresun) starten an der Küstenstraße im Stadtteil Pazarkapı (nahe der Petrol-Ofisi-Tankstelle, unter „Moloz" jedem bekannt). In die Stadtbusse zur Atatürk-Villa (Aufschrift „Köşk", Nr. 4) steigen man an der Kahramanmaraş Cad. neben der Post, die Minibusse zur Hagia Sophia und zum Boztepe starten oberhalb des Atatürk Alanı bzw. unter der Schnellstraßenbrücke.

> Für die Einreise nach Russland benötigt man ein **Visum**, das bei den russischen Konsularabteilungen im Heimatland beantragt werden muss (Stand: Jan. 2012; www.russisches-konsulat.de, www.consulrussia.ch, www.rusemb.at). Für die Einreise nach Georgien → S. 637.

Schiff: Mehrmals wöchentl. Fähren über das Schwarze Meer ins russische Sotschi (12 Std., mit Hydrofoilbooten 4½ Std.). In manchen Jahren auch Fährverbindungen nach Batumi (Georgien) und Suchumi (Abchasien/Georgien). Buchungsbüros an der İskele Cad.

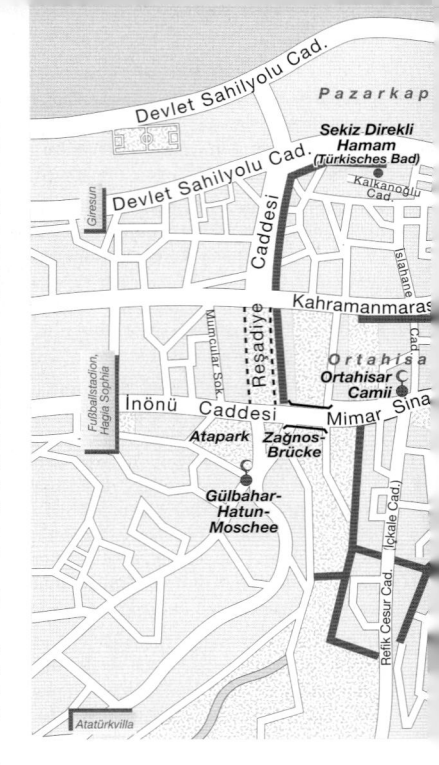

Organisierte Touren Eyce Tours, bietet tägl. Touren nach Uzungöl (13 €) und Sumela (10 €). Leser kritisierten bezüglich der Sumela-Tour, dass Restaurant- und Shoppingpausen länger seien als der eigentliche Aufenthalt am Kloster! Ausflüge nach Ayder nur Di/Do/Sa (17 €). Nach Absprache ist eine Rückfahrt auch an einem anderen Tag möglich. Gelegentlich werden auch Trekkingtouren angeboten. Taksim İşhanı Sok. 11/1, ✆ 3267174, www.eycetours.com.

Ulutour, bietet Tagesausflüge nach Batumi (2011 stets Sa, sofern mind. 10 Pers. zusammenkommen, 29 €). Buchbar z. B. über Ulusoy oder Ustatour (s. o.).

Parken Ist im Zentrum in Baulücken und in Tiefgaragen möglich. Mehrere Plätze versteckt (aber ausgeschildert) rund um den Atatürk Alanı.

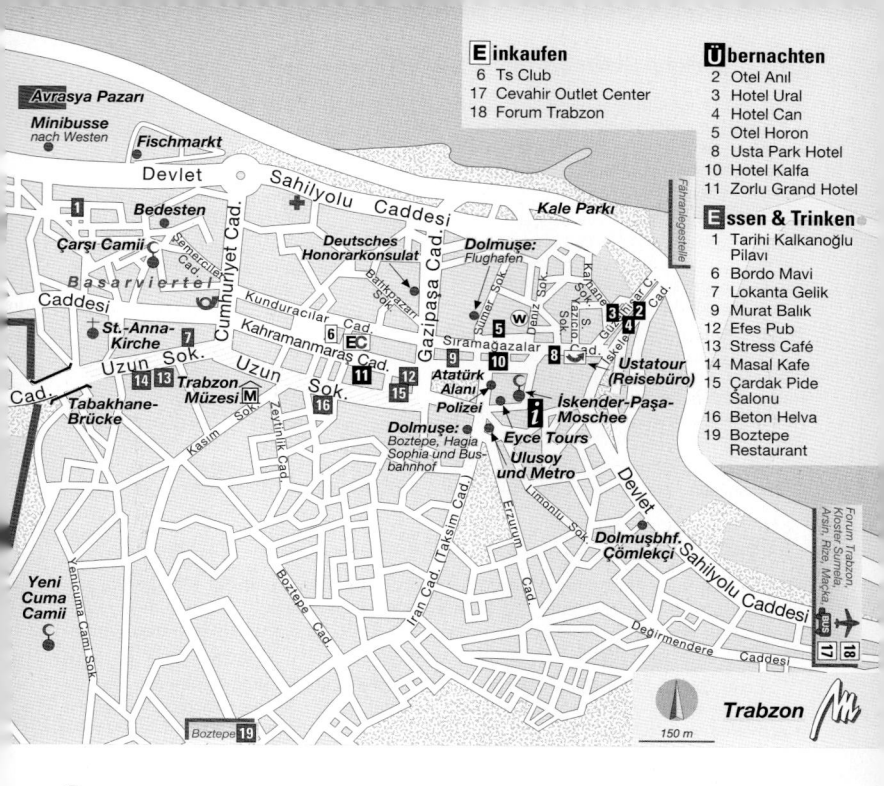

E inkaufen
- 6 Ts Club
- 17 Cevahir Outlet Center
- 18 Forum Trabzon

Ü bernachten
- 2 Otel Anıl
- 3 Hotel Ural
- 4 Hotel Can
- 5 Otel Horon
- 8 Usta Park Hotel
- 10 Hotel Kalfa
- 11 Zorlu Grand Hotel

E ssen & Trinken
- 1 Tarihi Kalkanoğlu Pilavı
- 6 Bordo Mavi
- 7 Lokanta Gelik
- 9 Murat Balık
- 12 Efes Pub
- 13 Stress Café
- 14 Masal Kafe
- 15 Çardak Pide Salonu
- 16 Beton Helva
- 19 Boztepe Restaurant

Trabzon

150 m

Adressen/Veranstaltungen

Ärztliche Versorgung Privates Imperial Hastanesi am Küstenboulevard. ✆ 4444461.

Autoverleih Mehrere lokale Anbieter an der Gazipaşa Cad. Autos ab 30 €/Tag. Teurer wird es bei den internationalen Anbietern wie **Avis** (am Flughafen, ✆ 3255583, www.avis.com.tr) oder **Europcar** (Kunduracılar Cad. Çıkmaz Sok., ✆ 3267421, www.europcar.com.tr).

Diplomatische Vertretungen Deutsches Honorarkonsulat, Gazipaşa Cad. Saruhan İşhanı, ✆ 3230824, trabzon@hk-diplo.de.

Polizei Unter anderem am Atatürk Alanı. ✆ 155.

Post Hauptpost an der Kahramanmaraş Cad.

Türkisches Bad (Hamam) Schönstes Bad der Stadt ist der **Sekiz Direkli Hamam** an der Kalkanoğlu Cad. westlich des Zentrums. Tägl. 6.30–23 Uhr, Do 8–17 Uhr Frauentag. Eintritt mit *Kese* und Massage 10,20 €.

Veranstaltungen Viele Almfeste im Hinterland im Juli und Aug., erkundigen Sie sich bei der Touristeninformation.

Waschsalon Atlas Laundry, Deniz Sok. 6,80 €/Maschine.

Baden/Einkaufen/Sport

Baden Durch die Küstenautobahn sind die meisten Strände der Umgebung verschwunden.

Einkaufen Das Basarviertel mit alten Hanen und Moscheen ist einen Einkaufsbummel wert. Der **Bedesten**, eine Markthalle aus dem 14. Jh. nordöstlich der barocken Çarşı Camii, ist restauriert und beherbergt zahlreiche Kunsthandwerksgeschäfte – Trabzon ist berühmt für seine Silberwaren. Schicke Bekleidungsgeschäfte in der Fußgängerzone Uzun Sok., Goldläden an der Kunduracılar Sok.

Die Souvenirläden vor der Hagia Sophia sind eine ganz gute Adresse für peştamals, die bunten Überwürfe und Hüfttücher der Schwarzmeerfrauen. Billiger aber bekommt man diese auf dem Basar.

Forum Trabzon 🔟, große, moderne Shoppingmall an der Straße nach Rize bzw. nahe der Abzweigung nach Maçka. Dolmuşe dorthin fahren etwas oberhalb des Atatürk Alanı bzw. unter der Schnellstraßenbrücke ab.

Cevahir Outlet Center 🔟, riesiges Outlet-Shoppingcenter neben dem Küstenhighway in Yomra, ca. 10 km östlich von Trabzon.

Avrasya Pazarı, ein großer, in einer Halle untergebrachter Ramschbasar von und für Georgier (viele Händlerinnen stammen aus Georgien). Bad-taste-Souvenirs, Handys, Werkzeug, DVDs und Klamotten.

Fußball Trabzonspor, einer der wenigen erfolgreichen türkischen Clubs außerhalb Istanbuls mit einer fanatischen Anhängerschar. Spiele finden im Hüseyin Avni Aker Stadyumu im Westen Trabzons statt (zu erreichen mit dem Hagia-Sophia-Minibus), Stadionneubau im ca. 6 km westlich gelegenen Akyazı geplant.

Trikots und Fanartikel im **Ts Club** 🔟 an der Halkevi Sok. 14, das zugleich ein Museum zur Erfolgsgeschichte des Vereins *(Trabzonspor Müzesi)* beherbergt.

Übernachten (→ Karte S. 624/625)

Die Häuser der gehobeneren Kategorien sind überteuert und die Billigherbergen oft schmutzige Bordelle. Zum Glück entstanden in den letzten Jahren einige neue, anständige Häuser in der Kategorie dazwischen. Folgende Häuser waren zumindest 2011 eine gute Wahl:

***** Zorlu Grand Hotel 🔟, die Nobelherberge der Stadt. Interessante Mischung aus moderner Architektur und dem Baustil altorientalischer Karawansereien. Helles Ambiente, angenehme Atmosphäre, aber schon einige Gebrauchsspuren. 160 Zimmer mit viel Schnickschnack, darunter deutsches Fernsehen. Tiefgarage. Leider äußerst mäßiger Service. EZ ab 115 €, DZ ab 145 €. Kahramanmaraş Cad. 9, ☎ 3268400, ✉ 3268458, www.zorlugrand.com.

**** Usta Park Hotel 🔟, abgerundeter Hotelturm am Nordostende des Atatürk Alanı. Großzügige Empfangshalle. Zimmerausstattung nichts Besonderes, z. T. aber Zimmer mit Blick auf den Hafen. Das Internetzimmer mit 2 Terminals nennt sich „Business Center". Zuvorkommender Service. Viele Reisegruppen. DZ 74 €. İskenderpaşa Mah. 3, ☎ 3265700, ✉ 3233793, www. ustaparkhotel.com.

*** Otel Horon 🔟, eines der wenigen Hotels des Landes, in dem die Zimmer (neu restauriert, der Sterneanzahl entsprechend ausgestattet, z. T. jedoch recht klein) mehr hermachen als die Lobby. Restaurant, Bar, Parkplätze. Frühstücksraum mit tollem Blick über die Stadt. EZ 37 €, DZ 49 €. Sıramağazalar Cad. 125, ☎ 3266455, ✉ 3216628, www.hotelhoron.com.

** Hotel Kalfa 🔟, 2011 eröffnetes Haus in bester Lage. 24 freundliche Zimmer, in denen (noch!) alles glänzt und funkelt. DZ 41 €. Atatürk Alanı 10, ☎ 3232354, www. kalfahotel.com.

Hotel Ural 🔟, untere Mittelklasse. Neueres Haus, trotzdem schon leicht abgewohnt. 26 zweckmäßige, saubere Zimmer mit TV und Teppichböden. DZ 33 €. Güzelhisar Cad. 1, ☎ 3211414, ✉ 3211097.

Otel Anıl 🔟, nahe dem Atatürk Alanı an einer lebendigen, doch wenig befahrenen Straße. Solide, professionell geführte Adresse. Einfache, saubere Zimmer mit Klimaanlage, ultraharten Matratzen und Laminatböden. Wahlweise Blick auf das Straßentreiben oder das Meer (durch die nahen Kneipen etwas laut). EZ 17 €, DZ 29 €. Güzelhisar Cad. 10, ☎/✉ 3267282.

Hotel Can 🔟, von außen überhaupt nicht ansprechend, von innen eine der saubersten Billigabsteigen der Schwarzmeerküste – hoffentlich bleibt es so. 16 ausreichend große Zimmer mit TV, blitzblank geschrubbten Bädern und WLAN. Von Lesern gelobt. EZ 14 €, DZ 21 €. Güzelhisar Cad. 2, ☎ 3268281.

Camping → Kloster Sumela, S. 632.

Trabzon 627

Essen & Trinken/Nachtleben (→ Karte S. 624/625)

Dem Klischee nach ernähren sich die Trabzoner fast ausschließlich von *Hamsi*, einem kleinen sprottenähnlichen Fisch, der jedoch überwiegend im Winterhalbjahr gefischt wird. Viele Restaurantköche hauen ihn lieblos in die Pfanne. Im Straßenverkauf bekommt man ihn manchmal auch als *Hamsili Ekmek* (mit Kräutern verfeinert im Fladenbrot) oder *Hamsi Böreği* (als Börek). Ein paar einfache, aber gemütliche Fischbrätereien findet man im „Kemeraltı" genannten Viertel beim Fischmarkt. Kosten Sie auch – sofern Sie die Möglichkeit haben – *Kara Lahana*, den dunkelgrünen Kohl, der als Suppe oder Dolma auf den Tisch kommt. Dazu gibt es meist *Trabzon Ekmeği*, das hervorragende regionale Brot mit dicker Kruste. Viele gute Fast-Food-Lokale liegen an der Uzun Sok.

Boztepe Restaurant 19, → Sehenswertes/Boztepe. Das Restaurant gehört zu den besten (aber nicht zu den billigsten) der Stadt und schenkt auch Alkohol zu leckeren Meze und Grillgerichten aus. ✆ 3214536.

Lokanta Gelik 7, gehobene Lokanta in gepflegtem Ambiente. Döner und eine große Auswahl an Topfgerichten, darunter auch Regionales wie *lahana dolması* und mit Käse überbackene Leckereien. Uzun Sok. 64 B.

Murat Balık 9, einfacher, aber guter Fischimbiss auf der Nordseite des Atatürk Alanı. Die Hamsi-Portionen sind riesig, gebraten werden aber auch Makrele oder Forelle.

Tarihi Kalkanoğlu Pilavı 1, freundliche, leicht folkloristisch eingerichtete Lokanta im Basarviertel. Es gibt nur 3 Töpfe: einen mit leckerem Reis mit viel Butter, einen mit *kavurma* (eine Art Geschnetzeltes) und einen mit Bohnen in Tomatensauce. Das alles kommt zusammen als Riesenportion auf den Tisch und schmeckt köstlich. Tophane Hamam Sok. 2.

Çardak Pide Salonu 15, Lokanta ohne Neonlichtambiente – serviert wird im überdachten Innenhof. Knusprige Pide. Preiswert. Uzun Sok.

Bordo Mavi 6, zeitgemäßes Caférestaurant mit schattiger Terrasse. Schicke Bar und echter Cappuccino! *Şinitsel*, Pizza, Pasta und andere internationale Gerichte, dazu läuft bei Trabzonspielen der Fernseher – das Lokal befindet sich unmittelbar hinter dem Trabzon-Fanshop ... Halkevi Sok.

Café/Süßes Stress Café **13**, Studentencafé auf mehreren Etagen. Netter Außenbereich. Man kann auch Wasserpfeife rauchen, abends gibt es meist Livemusik. Uzun Sok. Nur ein paar Türen weiter liegt das ebenfalls recht populäre **Masal Kafe 14**.

Beton Helva 16, ganz so hart wie der Name ist die Zuckerspezialität nicht, die hier verkauft wird. Bei der Zubereitung kann zugeschaut werden. Uzun Sok. 15 B.

Nachtleben Lesern gefällt es in den stimmungsvollen **Bierlokalen am Hafen**, wo am Abend meist Live-Horon-Musik läuft. Zudem kann man auch mal im zentralen **Efes Pub 12** vorbeischauen – nette Dachterrasse. Kahramanmaraş Cad. 5, nahe dem Atatürk Alanı.

Sehenswertes

Am Atatürk Alanı beginnend, kann man alle hier aufgelisteten Sehenswürdigkeiten bis zur Gülbahar-Hatun-Moschee in einem gemütlichen Spaziergang ablaufen. Die nach der Gülbahar-Hatun-Moschee aufgeführten Sehenswürdigkeiten liegen außerhalb des Stadtzentrums.

Trabzon Müzesi: Das Museum hat seinen Sitz im prächtigen Konak des einstigen Trabzoner Bankiers Kostaki Teophylaktos. 1917 ging er Pleite, danach diente das Gebäude u. a. vorübergehend als Unterkunft Atatürks. Spannender als die Sammlungen darin ist der Konak selbst, der in manchen Räumen herrliche Deckenmalereien aufweist. Die *ethnografische Abteilung* beherbergt u. a. Kostüme und Waffen, die *archäologische* im kühlen Keller Funde aus der Umgebung, u. a. Amphoren, Öllämpchen und Ikonen aus Klöstern.

Kasım Sok. Tägl. (außer Mo) 9–12 und 13–18 Uhr. Eintritt 1,20 €.

St.-Anna-Kirche (Küçük Ayvasıl Kilise): Die armenische Kirche wirkt in der Wohngegend zwischen Kahramanmaraş Caddesi und Uzun Sokak irgendwie fehl am Platz. Sie wurde um das Jahr 884 errichtet und ist somit das älteste Bauwerk Trabzons. Über dem Eingang ist ein verwittertes Relief in die Mauer eingelassen, das Kunsthistorikern bis heute Rätsel aufgibt und vielleicht noch vorchristlichen Ursprungs ist. Leider ist die Kirche i. d. R. nicht zugänglich.

Yeni Cuma Camii: Die Moschee wurde als *Eugenioskirche* im 13. Jh. errichtet. Ihren Namen erhielt sie von dem frühchristlichen, als Märtyrer verstorbenen Schutzheiligen Eugenios, dessen Schrumpfkopf in der Kirche einst als Reliquie aufbewahrt wurde. Nach der osmanischen Eroberung wurde die Kirche in die „Neue Freitagsmoschee" umgewandelt, da Sultan Mehmet II. in deren Nähe sein angeblich erstes Freitagsgebet auf Trabzoner Boden verrichtet hatte. Die christlichen Wandmalereien der ehemaligen Kreuzkuppelkirche wurden entfernt und der eigentliche Eingang im Westen wurde zugemauert.

Wegbeschreibung: Nicht ganz so einfach zu finden. Folgen Sie der Uzun Sok. gen Westen bis zur Tabakhane-Brücke. Linker Hand führt noch vor der Brücke die Sarrafoğlu Sok. bergauf. Folgen Sie stets dieser Straße (über einen Kreisverkehr hinweg), und fragen Sie hinter dem Kreisverkehr nochmals nach der „Yeni Dschumah Dschami".

Zitadellenstadt: Das byzantinische Trapezunt bestand aus drei Stadtteilen, die durch Mauern getrennt und nur durch ein paar wenige Brücken und Tore miteinander verbunden waren. Die *Tabakhane-Brücke* führte von der Unterstadt (*Aşağıhisar*) in die Mittelstadt *(Ortahisar)*. Diese beherbergte den *Festungsbezirk* mit dem *Kaiserpalast*. Tiefe, natürliche Gräben – einst ein zusätzlicher Schutz – umgeben die Mittelstadt auf zwei Seiten. Mauerreste sind noch sichtbar. Die einst recht ärmlichen Behausungen in den Gräben wurden in den letzten Jahren größtenteils abgerissen und wichen gepflegten Parkanlagen. Auch in anderer Hinsicht hat sich Ortahisar sehr gemacht, viele der schönen, alten Konaks im Viertel wurden restauriert. Ein unscheinbares Fassadenstück des Kaiserpalastes, der im 17. Jh. einer Brandstiftung zum Opfer fiel, findet man an der İçkale Caddesi (auch: Refik Cesur Caddesi).

Ortahisar Camii: Auch in dieser Moschee an der Zağnos Caddesi wurden einmal christliche Gottesdienste abgehalten. Als Kirche hieß sie *Panaghia Chrysokephalos*, „Kirche der goldköpfigen Jungfrau", und tatsächlich soll ihr Kupferdach vergoldet gewesen sein. Sie wurde im 11. Jh. als Basilika erbaut und im 13. Jh. in eine Kreuzkuppelkirche verwandelt. Seit 1468 ist die Kirche eine Moschee, und der Glockenturm wich einem Minarett.

Gülbahar-Hatun-Moschee: Diese Moschee erreicht man über die schmale *Zağnos-Brücke*. Selim I. ließ sie 1507 für seine Mutter bauen, damit war sie zugleich die erste Moschee Trabzons, die nach der osmanischen Eroberung entstand. Das schlichte Mausoleum der Sultansmutter findet man neben der Moschee. Im *Atapark*, einer schönen Anlage nördlich der Moschee, lädt ein gemütlicher Teegarten auf ein Getränk ein.

Hagia Sophia (Aya Sofya): Die Kirche des „Klosters der göttlichen Weisheit" liegt rund 3 km westlich des Zentrums hoch über dem Meer. Ihr reliefverziertes und mit antiken Säulen versehenes Kirchenschiff sowie die bunt leuchtenden Fresken machen sie zu einer der bedeutendsten byzantinischen Kirchen der Türkei. Ihr Vorgängerbau aus den Gründerjahren des Kaiserreichs wurde Mitte des 13. Jh. zur heutigen Kreuzkuppelkirche umgebaut. Der etwas abseits stehende Glockenturm –

der einzige verbliebene byzantinische Glockenturm auf türkischem Boden – kam erst 1427 hinzu. Kirche und Turm sind zugleich die einzigen Überbleibsel der einstigen Klosteranlage. Vom Schicksal der Umwandlung in eine Moschee blieb auch die Hagia Sophia nicht verschont. Erst während der russischen Besetzung im Ersten Weltkrieg legten russische Restauratoren die übertünchten Fresken wieder frei. Von 1957 bis 1962 erfolgte eine umfangreiche Restaurierung, seitdem dient die Kirche als Museum.

Das Reliefband auf dem säulengestützten Giebel der südlichen Vorhalle zeigt Szenen der Schöpfungsgeschichte, Skulpturen schmücken die Außenwände der Kirche. Ein Mosaik aus 19 verschiedenfarbigen Marmorstücken bildet den Mittelpunkt des Bodens im Hauptraum, doch all diese Einzelheiten verblassen gegenüber den Fresken, die den Narthex, das Hauptschiff und dessen Kuppel zieren. Die wichtigsten Fresken sind beschildert und illustrieren Szenen aus dem Leben Christi, insbesondere seine Wunder. Sie sind Zeugnisse einer Übergangskunst: Die belebten Architekturkompositionen, die scharfen, geknickten Falten, die voller Bewegung erfassten Personen sind Zeichen einer neuen Dynamik, die in früheren Werken der byzantinischen Kunst (z. B. in der İstanbuler Hagia Sophia oder in der kappadokischen Kirchenkunst) noch nicht anzutreffen sind. Auf dem Gelände befindet sich ein nettes, von Lesern gelobtes Teelokal, in dem man auch günstig essen kann.
Anfahrt mit dem Dolmuş → Verbindungen. Im Sommer tägl. 8–18 Uhr, im Winter 9–17 Uhr. Eintritt 1,20 €.

Boztepe: Der 225 m hohe Hausberg Trabzons ist Aussichtspunkt, Picknickplatz und Domizil mehrerer Lokalitäten (→ Essen & Trinken). Schon in der Antike galt der Berg – warum auch immer – als heilig, und über die Jahrhunderte hinweg wechselten sich darauf Tempel, Kirchen und Moscheen ab. Ein christlicher Sakralbau, der die Zeiten als imposante Ruine ohne Dach überdauert hat, ist das *Panaghia-Theokephastos-Kloster (Kızlar Manastırı)* unterhalb des Gipfels weit sichtbar am Hang (zuletzt leider geschlossen). Übrigens führt der erste Gang der frisch getrauten Trabzoner Paare stets auf den Boztepe – der Berg soll eine zeugungs- und empfängnisfördernde Wirkung ausüben.

Verbindungen/Wegbeschreibung: Anfahrt mit dem Dolmuş → Verbindungen. Zu Fuß ca. 45 Min. Wer nur das Kloster besichtigen will, folgt vom Atatürk Alanı der Iran Cad., bis es bei einer Moschee links zum Boztepe abgeht (ausgeschildert). Wenig später ist auch das Kloster ausgeschildert, insgesamt schweißtreibende 15 Min.

Kloster Kaymaklı: Südlich des Boztepe stehen auf einer luftigen Terrasse die Ruinen eines armenischen Klosters aus dem 15. Jh., das 1923 die letzten Mönche verließen. Heute bewohnt das Klosterareal die freundliche Familie Kantekin. Vom einstigen Hauptgebäude sind noch das Erdgeschoss und ein Teil des Obergeschosses erhalten. Die Kapelle diente lange Zeit als Hühnerstall und aus der freskengeschmückten Klosterkirche wurde die Scheune. Insgesamt lohnt der Weg aber nur für speziell Interessierte.

Wegbeschreibung: Nehmen Sie vom Dolmuşbahnhof nördlich des Atatürk Alanı bzw. unter der Schnellstraßenbrücke ein Dolmuş Richtung Boztepe/Çukurçayır und bitten Sie den Fahrer, Sie an der richtigen Stelle aussteigen zu lassen. Von der Dolmuşhaltestelle ausgeschildert, von dort noch ca. 15 Fußmin. An den beiden Weggabelungen unterwegs jeweils rechts halten. Mit dem **Taxi** ca. 12,50 € retour.

Atatürkvilla (Atatürk Köşkü): Das stilvolle Anwesen aus der Wende vom 19. zum 20. Jh. liegt hoch über Trabzon, 5 km südwestlich des Atatürk Alanı, in einem

Nadelwald. Atatürk übernachtete hier 1921 exakt drei Mal, dann bekam er es von der Stadt geschenkt. Nach seinem Tod richtete man ein Museum darin ein. Die Exponate – überwiegend Fotografien des Staatsgründers – sind einschläfernd. Faszinierend ist jedoch das Gebäude selbst – die erlesene Innenausstattung, die großzügige Raumaufteilung und der gepflegte Garten entschädigen für die verpasste „Schöner Wohnen"-Ausgabe.
Anfahrt mit dem Dolmuş → Verbindungen. Im Sommer tägl. 8–19 Uhr, im Winter bis 17 Uhr. Eintritt 1,20 €.

Im Hinterland von Trabzon

Das Pontische Gebirge lässt nur wenige, ganzjährig befahrbare Verbindungen vom üppig grünen Schwarzen Meer ins karge und weite Inneranatolien zu. Die Straße von Trabzon über Torul und Gümüşhane nach Bayburt ist identisch mit der antiken Handelsroute, die von Persien ans Schwarze Meer führte. Die Strecke ist – wie nahezu alle Routen über das Pontische Gebirge – ein landschaftlicher Traum. Nahe der Straße verstecken sich einige Klöster, oft zerstört und schwer erreichbar. Das sehenswerteste und berühmteste ist Sumela.

Peristera-Kloster (Kuştul Manastırı): Das ca. 27 km südlich von Trabzon gelegene Kloster St. Georg in Peristera, heute eine Ruine in der Bergeinsamkeit, wurde unter Kaiser Justinian im 6. Jh. gegründet. Wie viele andere Klöster des Trabzoner Hinterlandes konnte auch dieses mittels eines Signalturmes Nachrichten von plündernden Barbarenstämmen und anderen nahenden Feinden schnell weiterleiten. Das Kloster fiel 1906 einem Brand zum Opfer, der auch eine wertvolle Manuskriptsammlung vernichtete.

Anfahrt: Durch den Bau eines Staudamms hat sich die Anfahrt geändert und ist ohne Allradfahrzeug nicht mehr zu empfehlen. Wir mussten das letzte Mal abbrechen! Die Route im Einzelnen: Im Osten Trabzons zweigt die E 97 landeinwärts nach Maçka ab. Nach ca. 16 km biegt man am Ortsbeginn von Esiroğlu (unmittelbar hinter der Brücke und der Moschee) nach links ab, fährt hinter der Moschee entlang und dann bergauf. Das Sträßlein führt hoch über bzw. auf der linken Seite eines Tals samt Staudamm entlang bis zum Dorf Temelli (bis hierhin 6 km). Ab Temelli ist der Weg (weitere 8 km liegen vor Ihnen) ungeteert und extremst holprig – auch ohne Regen für einen normalen Pkw nur schwer machbar.

Kloster St. Johannes von Vazelon: Auch das Kloster für Johannes den Täufer, ca. 40 km südwestlich von Trabzon mitten im Wald gelegen, war schon einmal besser zu erreichen – eine gepflasterte Kaiserstraße verband Trapezunt mit dem nach Sumela zweitwichtigsten Kloster im pontischen Gebiet. Vom Hauptgebäude des am Felsen klebenden Klosters sind noch mehrere Etagen erhalten, die Zwischengeschosse fehlen jedoch und das Dach ist eingestürzt. Die Fresken in der Kapelle sind stark beschädigt. In Verbindung mit einer kleinen Wanderung und einem Picknick ist das Kloster aber ein nettes Ziel.

Anfahrt/Verbindungen: Im Osten Trabzons der E 97 für rund 30 km landeinwärts folgen. Ca. 8 km hinter Maçka geht es rechts ab, zuletzt gab es hier nur die Beschilderung „Restaurant Camping". Nach weiteren 1,4 km verliert das Sträßlein seinen Teerbelag und gabelt sich kurz darauf, links halten. Dann noch ca. 1,8 km steil bergauf – machbar. Vom Parkplatz noch ca. 40 Fußmin. bergauf, bei der Weggabelung nach ca. 15 Min. rechts halten. **Taxi** von Trabzon hin und zurück mit Wartezeit 62 €. Der ausgeschilderte Campingplatz samt Restaurant war 2011 noch im Aufbau.

Wer über die 32.800-Einwohner-Stadt **Bayburt** (riesige, ursprünglich byzantinische Festungsruine) weiter nach **Erzurum** (→ S. 811) fährt, überquert den 2302 m hohen *Kop Geçidi*. Beim Kampf um den Pass mussten während des Unabhängigkeitskrieges viele Soldaten ihr Leben lassen.

Kloster Sumela (Meryam Ana Manastırı)

Einem Adlerhorst gleich schmiegt sich die Fassade des vierstöckigen Klosters wie angegossen in die Nische einer schwindlig-steil abfallenden Felswand. Sumela war ein für seine Wunder bekanntes Zentrum der Marienverehrung.

Das Kloster Sumela ist neben dem İshak-Paşa-Palast bei Doğubayazıt und der armenischen Ruinenstadt Ani *die* Attraktion im östlichen Anatolien – fast nirgendwo sonst sieht man so viele ausländische Touristen. Das Kloster liegt in der wildromantischen Bergwelt des **Altındere Vadisi Milli Parkı**, einem Nationalpark auf rund 1200 m Höhe. Für manche Besucher ist der Anblick des Klosters aus der Ferne beeindruckender als die eigentliche Besichtigung. Die mutwilligen Zerstörungen aus dem letzten Jahrhundert im Inneren des Klosters konnten selbst aufwendige Restaurierungsarbeiten nicht beheben. Die Ruinen strahlen die vergewaltigte Schönheit einer vergangenen Epoche christlich-orthodoxer Prachtentfaltung aus. Das schönste Licht zum Fotografieren hat man übrigens früh am Morgen.

Geschichte

Etliche Legenden ranken sich um die Gründung des Klosters, gemein aber haben alle ein Marienbildnis, das der Evangelist Lukas geschaffen haben soll. Dieses brachten Engel aus einem unbeachteten Kirchlein in Athen in eine abgeschiedene Felsspalte im Pontischen Gebirge. In einer Vision erfuhren zwei Mönche, Barnabas und Sophronios, den Aufenthaltsort der Ikone und machten sich auf die Suche. In einer Höhle über dem Tal des Altındere („Goldbachs") wurden sie fündig. Doch anstatt die Ikone nach Athen zu bringen, bauten sie einen Schrein um das Marienbild, verehrten dieses als *Hagia Maria tou Melas* („Heilige Maria vom Schwarzen Berg", kurz: *Panagia Sumela*) und verbrachten dort als Einsiedler den Rest ihres Lebens.

Das Kloster wurde wahrscheinlich um das Jahr 385 gegründet (in der Literatur werden noch rund 20 andere Jahreszahlen genannt). Bereits im 5. Jh. gehörte es zu den großen Zentren des östlichen Mönchtums. 640 brannte es nieder, wurde aber wieder aufgebaut. Im 12. Jh. verwüsteten die Turkmenen die Klosteranlage. Das Marienbild versuchten sie durch Axtschläge zu zertrümmern, laut Klosterchronik jedoch vergeblich.

Unter den Komnenenkaisern begann im 14. Jh. die Glanzzeit des Klosters, Alexios III. (1349–1390), der seine Rettung aus Seenot der *Heiligen Maria vom Schwarzen Berg* zuschrieb, ließ sich hier sogar krönen. 1366 brannte das Kloster zwar nochmals ab, im raschen Wiederaufbau war man aber mittlerweile geübt. Bis ins 19. Jh. blieb der Ort ein bedeutendes Pilgerziel, denn auch unter osmanischer Herrschaft lief der Klosterbetrieb weiter. Nicht nur Christen sondern auch

Moslems verehrten die Marienikone: Schließlich hatte die Maria auch Sultan Selim I. gesunden lassen und das Land von Heuschrecken befreit, worauf sie der anatolische Volksmund „Heuschreckenmadonna" nannte.

Die allzu große Verehrung bekam der Ikone aber nicht gut: Der österreichische Historiker Jakob Philipp Fallmerayer, der Sumela 1840 besuchte, beschrieb sie als „byzantinisches Farbengekleckse im gewöhnlichen Mönchsstil, durch die unzähligen Huldigungen der Andächtigen fast bis zur Unkenntlichkeit entstellt". Der letzte Eintrag ins Besucherbuch erfolgte am 24. Juni 1921, kurz darauf wurde die Klosteranlage während türkisch-russischer Gefechtshandlungen vermutlich willentlich – keiner will's gewesen sein – in Brand gesetzt. Die letzten Mönche hausten noch fünf Jahre in den Ruinen, verließen die Türkei dann und bauten auf dem Berg Vermion (95 km südwestlich von Thessaloniki) ein neues Kloster. Dort befindet sich heute auch die Madonna. 84 Jahre gingen ins Land, bis im Sumela-Kloster wieder ein Gottesdienst stattfinden durfte. Im Sommer 2010 hielt hier der İstanbuler Patriarch Bartholomäus I. eine Messe vor 500 Gläubigen. Weitere 1000 verfolgten den Gottesdienst auf Großbildschirmen im Tal.

Anfahrt/Verbindungen Im Osten Trabzons zweigt die E 97 landeinwärts nach Maçka (27 km) ab, von dort sind die letzen 17 km die Berge hinauf (vorbei an mehreren Forellenlokalen) ausgeschildert. Entwader stellen Sie Ihr Auto beim Restaurant am Fuße des Klosterbergs ab und überwinden dann zu Fuß noch 250 Höhenmeter (ca. 40 Min., anstrengend, aber schön), oder fahren noch 3 km weiter (extrem steil, für Busse gesperrt, für größere Wohnmobile nicht empfehlenswert), von wo es nur noch 5–10 Fußmin. zum Kloster sind. Für die Anfahrt mit öffentlichen Transportmitteln → Trabzon/Verbindungen, S. 624.

Öffnungszeiten Im Sommer tägl. 8.30–18 Uhr, im Winter bis 16 Uhr. Eintritt 3,20 €. Pkw-Einfahrt in den Nationalpark zusätzliche 4,10 €, Wohnmobil je nach Größe ab 8,20 € (!).

Übernachten In Maçka, u. a. das **** Hotel Büyük Sümela (DZ 78 €, ✆ 0462/5123541, www.sumelahotel.com) und das ziemlich lieblos geführte **Maçkam Otel** (DZ 49 €, Zimmer für den Preis dennoch okay, ✆ 0462/5123641, ✆ 5123626, www.mackamotel.com).

Çoşandere, ca. 5 km hinter Maçka. Großes Forellenlokal, wo man auch nett-rustikal übernachten und Ausflugstouren in die Bergwelt buchen kann. DZ 41 €. Sumela Yolu, ✆ 0462/5311190, ✆ 5311024, www.cosandere.com.

Kayalar Aile Pansiyonu, ein paar Kilometer weiter bergauf. Familienpension mit alkoholfreiem Terrassenrestaurant. 10 schlichte, saubere, mit Kelims ausgelegte Zimmer, oft in „Familiengröße", z. T. mit offenem Kamin für kältere Tage, die meisten mit eigenem Bad. Von den Balkonen toller Blick auf die Bergwelt. DZ 41 €. Sumela Yolu, ✆ 0462/5311057, www.kayalarpansiyon.com.

Sümela Sosyal Tesisleri, das Restaurant vermietet 7 Bungalows mit 1 oder 2 Schlafzimmern, Wohnzimmer und Heizung. Nett eingerichtet, aber ständiger Touristenrummel drum herum. Infos auch über das Hotel Büyük Sümela in Maçka. 66 €/Bungalow. Direkt unterhalb des Klosters, ✆ 0462/5311212.

Camping Einige Plätze in der Berglandschaft zwischen Maçka und dem Kloster. Komfort oder Gesellschaft sollte man nicht erwarten. Ganz okay ist der dem unübersehbaren **Sümer Restaurant** angeschlossene Platz ca. 3 km hinter Maçka. Man bekommt eine warme Dusche und gutes Essen zu fairen Preisen (bis aufs Bier). Campen für 2 Pers. 10,20 €. Maçka Sumela Yolu, ✆ 0462/5121581, ✆ 5313649, www.sumerrestaurant.com.

Besichtigung

Dem Himmel nah, hoch über dem Tal des Altındere, verbrachten die Mönche auf engstem Raum ihr gottgefälliges Leben. Oben angekommen, führt von der Pforte eine Treppe in das schmale, mehrstufig terrassierte Klosterareal. Rechter Hand

Atemberaubende Lage: Kloster Sumela

(zur Abgrundseite) lag die **Bibliothek**, etwas weiter ein 1860 angefügter Trakt mit 75 **Mönchszellen** und **Speisesaal**, noch etwas weiter ein **Gästehaus** mit Pergola. Linker Hand (auf der Felswandseite) befanden sich die **Küchen**, ein **Brunnen** mit wundertätigem Wasser, die **Grottenkirche** mit gemauertem Chor und schließlich ältere **Mönchszellen** und eine **Kapelle**.

Hauptattraktion ist die Grottenkirche, die über und über mit farbenprächtigen Fresken bedeckt ist, wobei die Werke im Innern (an der Südwand) die ältesten (14. Jh.) und künstlerisch wertvollsten des Klosters sind. Dem Gesamteindruck abträglich sind die Lücken und Kratzer – mutwillige Zerstörungen, die viele der biblischen Themen auch für Fachleute unkenntlich machen. Die Apsiskapelle unmittelbar vor der Grottenkirche kam erst 1710 hinzu, ihre Fresken sind die jüngsten des Klosters und entstanden 1740.

Zwischen Trabzon und Rize

Zwischen Trabzon und Rize reichen die pontischen Berge teilweise so nahe an das Meer heran, dass für die neue Autobahn stellenweise extra Land aufgeschüttet werden musste. Trotz so manch schöner Holzvilla an den Hängen über dem Küstensaum wirkt das Gros der Orte grau und provisorisch. Umso schöner sind Ausflüge ins Hinterland, beispielsweise zum Uzungöl.

Uzungöl

ca. 2000 Einwohner

Uzungöl, das ist Alpenromantik pur am Schwarzen Meer – auch wenn hier Minarettspitzen anstelle des Zwiebelturms in den Himmel ragen. Der malerische See mit dem gleichnamigen Dorf zählt zu den beliebtesten Fotomotiven der Region.

48 km und 1200 m Höhenunterschied trennen die Schwarzmeerküste von der sattgrünen Landschaft rund um den Uzungöl, einem stillen, blaugrünen Gebirgssee. An seinem Ufer stehen adrette Holzhäuser vor der Kulisse steil aufragender Berge und rauschender Wälder. Bei schönem Wetter ist Uzungöl ein idealer Ausgangspunkt für Wanderungen: Über 3000 m hohe Gipfel kann man erstürmen und unterwegs an glitzernden Gletscherseen Rast einlegen. Wegen seiner guten Unterkünfte ist Uzungöl ein Stern am Himmel des türkischen Gebirgstourismus. An Sommerwochenenden wird es hier ziemlich voll, auch wenn viele Einwohner dann nicht zugegen sind – diese verbringen die warmen Monate auf ihren höher gelegenen Almhütten.

Doch Achtung: Wenn man Pech hat, erlebt man Uzungöl auch im Hochsommer unter einer tief hängenden, jederzeit zu einem Nieselregen bereiten Wolkenschicht. Und dann gibt es im Örtchen außer Tavla spielen nicht viel zu tun. Der alles andere als lange See (*uzun* = lang) dient lediglich zum Fischen und ist selbst im August eiskalt. Und auch an abendliche Partys ist nicht zu denken – der ohrenbetäubende Gebetsruf der Muezzine erinnert in Uzungöl fünf Mal am Tag daran, dass Allah groß und Alkohol Sünde ist. So ist es kein Wunder, dass der Ort v. a. bei arabischen und iranischen Touristen hoch im Kurs steht. Zu deren Unterhaltung genehmigte man kürzlich zwei lärmende Gokart-Bahnen inmitten des stillen Dorfes. Mit sanftem Tourismus hat auch die geplante 14 km (!) lange Seilbahn, die den See mit der Garester-Alm verbinden soll, wenig zu tun. Das Projekt wird von Umweltschützern stark kritisiert.

> **Orientierung:** Das Dorf Uzungöl ist zweigeteilt. Von Çaykara kommend erreicht man zuerst das kleine Ortszentrum mit den allerwichtigsten Einrichtungen. Mit dem Südende des Sees, wo sich das Gros der Unterkünfte befindet, ist es durch ein entlang dem See führendes Fahrsträßchen verbunden.

Verbindungen/Sonstiges

Telefonvorwahl 0462.

Verbindungen Minibusse von und nach Trabzon (Abfahrt am Busbahnhof Çömlekçi) ca. halbstündl. (letzte Fahrt in beide Richtungen um ca. 17 Uhr). Auch diverse Busgesellschaften bedienen die Strecke (→ Trabzon/Verbindungen, S. 624).

Wandern/Ausflüge Wer nicht auf eigene Faust losziehen will, bekommt in jeder Unterkunft Bergführer vermittelt. Ausflugstouren zu den Almen der Umgebung bietet hin und wieder auch die Buskooperative Çaykara am Dorfeingang.

Einkaufen Anzer-Honig, von der gleichnamigen Alm – unglaublich gut und angeblich heilwirksam, aber sündhaft teuer. Auch der Bergkäse ist eine Delikatesse.

Radverleih Einen Mountainbikeverleih gab es zuletzt beim Sezgin Motel, dem ersten größeren Haus hinterm See rechter Hand.

Übernachten/Essen & Trinken

Mittlerweile gibt es über 30 Unterkünfte in Holzhäusern oder -hütten am See, trotzdem kann es an Wochenenden im Juli und August zu Engpässen kommen. Dann sind auch die Preise komplett überzogen, während der NS und im ruhigen Ramadan ist das Preis-Leistungs-Verhältnis hingegen ganz okay (angegeben sind wie immer die HS-Preise, in der NS rund 30 % billiger). Der Standard der Unterkünfte ist recht hoch und unterscheidet sich kaum: Sie schlafen i. d. R. in ordentlichen, rustikal-holzverkleideten Zimmern. Nach günstigen Familienpensionen mit geteilter Küche und oft geteilten Bädern kann man sich südlich des Sees umschauen. Alkohol ist kaum aufzutreiben, 2011 schenkte lediglich das Solaklı Motel südlich des Sees (auf dem Weg zum Çiftlik-Restaurant) welchen aus.

İnan Kardeşler, die Anlage der Brüder İnan ist eine der ältesten und komfortabelsten vor Ort. Nette Bungalows und gepflegte Hotelzimmer. Das angeschlossene Forellenrestaurant ist leider eine lieblose Gruppenabfertigung. DZ 57 €. Hinter dem See (Südseite), ✆ 6566222, ✆ 6566232, www.inankardesler.com.tr.

Aygün Motel, gepflegte Anlage mit 18 Zimmern, verteilt auf mehrere Gebäude und Bungalows – vom familiengerechten Bungalow bis zum klitzekleinen DZ, in das nicht mehr als ein Bett hineinpasst, ist alles dabei. Seeblick, Kinderspielplatz, Garten. DZ 58 €. Auf der Ostseite des Sees beim rauschenden Wasserfall, ✆ 6566042, ✆ 6566523, www.uzungolaygunmotel.com.

Önal Motel, mit Restaurant im Dorfzentrum. 18 Zimmer, okay, aber nichts Besonderes, 11 davon jedoch mit Balkon und Seeblick. DZ 49 €. Gegenüber der Moschee, ✆ 6566423.

Essen & Trinken Kosten sollte man das regionale muhlama, eine Art Bergkäsefondue mit Maismehl und viel Butter aus der Pfanne. Zudem gibt es überall frische Forellen.

Çiftlik Restaurant, die außergewöhnlichste Adresse rund um Uzungöl. Ca. 3 km südlich des Sees – holprige Anfahrt, aber auch bei einem Spaziergang entlang des Bachs, der hier mehrmals gestaut wird, zu erreichen (folgen Sie vom Südende des Sees einfach dem einzigen dorfauswärts führenden Sträßlein). Lokale Spezialitäten und Forelle zu fairen Preisen. Idyllische Terrasse am rauschenden Bach. ✆ 6566298.

Rize

99.400 Einwohner

Außer Tee, der auch nicht besser schmeckt als anderswo in der Türkei, hat die Provinzhauptstadt nicht viel zu bieten.

Rize, das Zentrum des noch jungen türkischen Teeanbaus (→ Kasten S. 637), liegt zu Füßen der grünen Ausläufer des Kaçkar-Gebirges. Gleich hinter der Stadt steigen die Teeplantagen an, der Teestrauch wird an den terrassierten Hängen bis auf eine Höhe von 500 m angebaut. Die Stadt selbst präsentiert sich als eine nüchterne Ansammlung von hohen Apartmentblocks an einem badeunfreundlichen Küstenabschnitt. Rund um das Zentrum qualmen die Schlote der Teefabriken. Sie tragen zu einem relativen Wohlstand bei, der sich in frisch asphaltierten Straßen und neu bepflanzten Plätzen widerspiegelt. Liebevoll restauriert wurde auch das **Ethnografische Museum** in einem alten Konak am zentralen Atatürk Meydanı (tägl. außer Mo 9–12 und 13–16 Uhr, Eintritt frei). Es zeigt lebensgroße Puppen in traditionellen Kostümen, osmanische Waffen, Münzen usw. Nebenan kann man im **Teemuseum** (Çaykur Çay Müzesi, tägl. 8.30–16.30 Uhr, Eintritt frei) ein paar alte Gerätschaften zur Teeherstellung begutachten.

Aber von Tee noch nicht genug. Folgt man vom Atatürk Meydanı der steilen Zihni Derin Caddesi ca. 700 m bergauf (überaus schweißtreibend, Dolmuşe hinauf starten vor der Touristeninformation), gelangt man zum örtlichen **Teeinstitut** (Ziraat Çaykur Çay ve Botanik Bahçesi). Dem Forschungsinstitut des mit über 25.000 Angestellten größten türkischen Teeproduzenten *Çaykur* sind ein hübscher Teegarten mit schönen Ausblicken und ein Fabrikverkauf angeschlossen. Einen weiteren schönen Teegarten findet man bei den Ruinen der **genuesischen Festung**. Folgen Sie dazu vom Atatürk Meydanı der Atatürk Caddesi gen Nordwesten, bis linker Hand die Kale Sokak auftaucht, die direkt zur Burg führt.

Orientierung: Die beiden Hotspots des relativ kleinen Zentrums von Rize (mit „Şehir Merkezi" ausgeschildert) sind der *Belediye Parkı* mit gemütlichen Teegärten und Orientierungsplan sowie – westlich des Parks – der Hauptplatz *Atatürk Meydanı* mit Post, Museum und Touristeninformation.

Information/Verbindungen/Einkaufen/Veranstaltungen

Telefonvorwahl 0464.

Information Tourist Information, am Atatürk Meydanı, ausgeschildert. Geöffnet nach Lust und Laune. ✆ 2130408, www.rizekultur.gov.tr.

Verbindungen Bus/Dolmuş: Busbahnhof ca. 1 km westlich des Zentrums nahe der Küstenstraße. Stündl. nach Artvin (4½ Std.), 2-mal tägl. nach Erzurum (6 Std.). Ticketbüros mit Zubringerservice im Zentrum. Dolmuşe fahren nahe dem Atatürk Meydanı von der alten Uferstraße (nicht vom Küstenhighway) ab, regelmäßig über Pazar nach Hopa sowie über Of nach Trabzon. Zudem im Sommer 1-mal tägl. am Morgen nach Ayder (genaue Zeiten weiß die Touristeninformation).

Einkaufen Planen Sie **Tee** als Mitbringsel, so bedenken Sie, dass Sie damit passionierte Darjeeling- oder Assam-Trinker in Verlegenheit bringen. Am besten kauft man beim staatlichen Produzenten Çaykur (s. o.) ein, der Tee ist aber auch überall in der Stadt zu bekommen. 500-Gramm-Päckchen ab 2 €, hochwertig ist der *Hediyelik Çayı* (500 g 4,10 €), zudem gibt es seit 2010 Biotee (*organik*, 400-Gramm-Geschenkpackung 6,50 €). ∎

Außerdem gibt's überall **Käse** von den Almen des Hinterlandes – sehr lecker.

Veranstaltungen Von Juni–Aug. Almfeste im Hinterland – die Touristeninformation gibt Auskunft.

Übernachten/Essen & Trinken

** Hotel Okutur, etwas östlich des Zentrums, in erster Reihe zur Uferstraße und dem davorgesetzten Küstenhighway (also zur Straße hin laut). Eines der besseren Häuser im Zentrum, könnte ruhig einen Stern mehr vertragen. Große, gepflegte Zimmer. EZ 29 €, DZ 53 €. Adnan Menderes Bul. 233, ✆ 2141150, ✉ 2141251.

** Milano Hotel, kleine, aber sehr saubere Zimmer mit Fliesenböden und Klimaanlage. Vom Atatürk Meydanı der Cumhuriyet Cad. gen Osten folgen, nach ca. 150 m linker Hand. DZ 32 €. Cumhuriyet Cad. 169, ✆ 2130028, ✉ 2132683, www.hotelmilanorize.com.

Essen & Trinken Evvel Zaman, in einem schönen Konak am zentralen Atatürk Meydanı untergebracht. Nette Terrasse. Auf den Tisch kommt regionale Küche wie *Hamsili pilavı*, Krautwickel oder *muhlama*, faire Preise. ✆ 2122188.

Nationalgetränk Tee

Der Teeanbau in der Türkei besitzt keine lange Tradition. Erst nachdem das Osmanische Reich seine arabischen Kaffeeanbaugebiete verloren hatte, führte man Teepflanzen aus dem benachbarten Transkaukasien ein. Der Teeanbau um Rize begann in den 1930er Jahren und die erste türkische Teefabrik wurde 1946 gegründet. Heute konsumieren die Türken pro Kopf und Jahr knapp zwei Kilo Tee (in Deutschland im Vergleich rund 250 g). Fast der gesamte Ernteertrag von rund 200.000 t Trockentee wird im eigenen Land aufgegossen, nur ein Bruchteil nach Deutschland und in andere Turkländer exportiert. Über zwei Drittel davon kommt aus der Provinz Rize, auf knapp 80.000 ha wird hier Tee kultiviert. Die immergrünen subtropischen Gebiete der östlichen Schwarzmeerküste mit gemäßigten Temperaturen, hohen Niederschlagswerten und einer extremen Luftfeuchtigkeit sind ideal für den Teestrauch *(Camellia sinensis)*. Der Anbau und die Weiterverarbeitung sind größtenteils staatlich organisiert, Pflücktechnik, Pflege und Düngung der Pflanzen für die Erzeugerbetriebe werden vorgeschrieben. Geerntet wird von Mai bis Oktober – eine mühsame Tätigkeit, die oft von georgischen Schwarzarbeitern verrichtet wird; auch die Türkei hat ihre Gastarbeiter. Die gepflückten Blätter müssen am gleichen Tag weiterverarbeitet werden. Aus rund 50 kg frischen Blättern werden nach Fermentierung und Trocknung etwa 11 kg Trockentee.

Zwischen Rize und der georgischen Grenze

Etwas über 100 km liegen zwischen Rize und der georgischen Grenze, außerdem schöne Küstenlandschaften und Städte ohne Charme. Dazu gehören **Pazar**, für Reisende ohne eigenes Fahrzeug eine wichtige Umsteigestation ins **Kaçkar-Gebirge** (s. u.), und **Hopa**. Hopa ist die mit knapp 17.400 Einwohnern und vielen georgischen Grenztouristen letzte größere Ortschaft, bevor es über **Kemalpaşa** und **Sarp** ans Ende der türkischen Welt geht.

Wer nicht die georgische Hafenstadt Batumi als Ziel hat, schwenkt in Hopa für gewöhnlich auf die Nationalstraße 950 und damit ins gebirgige Landesinnere ab. Bis **Borçka** sieht man neben der Straße immer wieder abenteuerliche Hängebrücken über rauschenden Bächen. Borçka selbst ist ein Zentrum des Kupferabbaus. Ein riesiger, erst kürzlich fertiggestellter **Staudamm** zwang viele Einwohner zum Umzug, sodass die heutige Stadt überwiegend aus Neubauten besteht. Die weitere Strecke bis Artvin (→ S. 825) ist grandios. Sie führt am gestauten Çoruh-Fluss entlang, zweimal überquert man den schmalen grünen Stausee auf Brücken.

Die Einreise nach Georgien ist für EU-Bürger und Schweizer bis zu einem Aufenthalt von 360 Tagen visumsfrei (Stand: Jan. 2012).

Verbindungen Regelmäßige **Dolmuş**verbindung zwischen Hopa und Rize (via Pazar), zwischen Hopa und Sarp (via Kemalpaşa) sowie zwischen Hopa und Artvin.

Übernachten in Hopa Diverse Hotels von 0 bis 3 Sternen – nicht, weil es hier so viele Touristen gibt, sondern Prostituierte.

„Nataschafreie" Hotels sind kaum darunter, ganz okay ist folgendes:

Cihan Otel, an der Durchgangsstraße neben einer Tankstelle, leicht zu finden. Sauberes Hotel auf Mittelklasseniveau. Zimmer mit Meeresblick, Kühlschrank, TV, Laminatböden und – der letzte Schrei in der Türkei – Telefon auf dem Klo. Gutes Frühstück. DZ 29 €. Turgay Ciner Cad. 5, ✆ 3512333, ✉ 3514898.

Lasen, die Ostfriesen der Türkei

Entlang der Küste zwischen Rize und Batumi (Georgien) erstreckt sich die historische Landschaft Lasistan, benannt nach den Lasen, einem kaukasischen Stamm. Im 6. Jh. wurden die Lasen von Byzanz aus christianisiert, und bis ins 10. Jh. waren sie in einem Königreich geeint. Nach der Eroberung durch Mehmet II. (1461) konvertierten sie zum Islam. Bis ins 19. Jh. war Lasistan eine unabhängige Provinz im Osmanischen Reich. Heute zählen die Lasen zu den ethnischen Minderheiten der Türkei. Von den geschätzten 250.000 Lasen in der Türkei sind infolge starker Assimilation gerade noch 130.000–150.000 Personen des Lasischen (bzw. *Lazuri*) mächtig, eine dem Georgischen verwandte Sprache. Äußerlich unterscheiden sich die Lasen durch ihre rotblonden Haare, blauen Augen und langen Nasen noch immer von ihren türkisch-stämmigen Landsleuten. In türkischen Witzen nehmen die Lasen nicht selten die Position der Ostfriesen ein. Die Lasen sind jedoch nicht nur stets für eine Pointe gut, sondern besitzen auch das nötige Selbstbewusstsein, darüber lachen zu können – nur den Basken sagt man einen vergleichbaren Humor nach.

Das Kaçkar-Gebirge (Kaçkar Dağları)

3932 m ü. d. M. erhebt sich der stets schneebedeckte Gipfel des Kaçkar Dağı. Er ist das mächtigste Massiv des gleichnamigen Gebirges, das auch als „Kleiner Kaukasus" bekannt ist – ein Eldorado für Alpinisten.

Der Hochgebirgszug mit einer Länge von rund 100 km, seit 1994 ein Nationalpark, erstreckt sich zwischen den Provinzen Rize, Artvin und Erzurum. Unmittelbar hinter der Küstenlinie steigt er steil an, die ersten Dreitausender sind keine 20 km vom Schwarzen Meer entfernt.

Grün leuchtende Almen mit dickbohligen Holzhütten, verwunschene Wälder, in denen sich vereinzelt noch Braunbären tummeln, und weiß blühende Blumenwiesen mit kaukasischen Alpenrosen begrüßen den Besucher in den unteren Lagen. Die üppige Vegetation (Orientbuche, sommergrüne Eiche, gelber und purpurvioletter Rhododendron, Nordmanntanne, Waldkiefer, kaukasische Fichte) kommt nicht von ungefähr: Eine Reise ins Kaçkar-Gebirge ist oft eine Reise in den Regen, der laut Statistik an 250 Tagen herabfällt und Niederschlagswerte aufweist, die sonst nur in den Monsungebieten Ostasiens erreicht werden. Die dem Schwarzen Meer zugewandte Seite des Gebirges ist, anders als die Südseite (→ Yusufeli, S. 819), meist in dichte Wolken gehüllt. Erst in den kahlen Gipfelregionen ab einer Höhe von 2800 m steht man meist über den Wolken. Dort sorgen über 100 Karstseen, ein paar Kaukasusgemsen, Bartgeier und Wildhühner für Abwechslung. Auf den nur im Sommer bewohnten Bergalmen lebt man insbesondere von der Viehwirtschaft,

Das Kaçkar-Gebirge im Überblick

Reisezeit: Die Trekkingsaison dauert aufgrund der extrem wechselhaften Witterungsverhältnisse nur von Juni bis Mitte Sept. Starker Nebel kann aber auch während der Saison Touren unmöglich machen. Auf der trockenen, vegetationsarmen Südseite des Gebirges (→ Yusufeli, S. 819) ist Trekken noch bis in den Okt. möglich. Allerdings sind dann die meisten Almen bereits wieder verlassen. Viele Unterkünfte schließen Mitte Sept. und öffnen nicht vor Mitte Mai. Außerhalb der Saison verkehren nur sporadisch Dolmuşe in die Bergwelt.

Verbindungen (im Sommer): Von **Pazar** (Zentrum) bestehen stündl. bis 17 Uhr **Dolmuş**verbindungen über Çamlıhemşin nach Ayder. Etwas komplizierter ist der teils abenteuerliche Transport zu den höher gelegenen Yaylas: Die wichtigsten Almen (z. B. Çat, Elevit oder Palovit) werden von Pazar über Çamlıhemşin offiziell 1-mal tägl. (i. d. R. frühmorgens) per Dolmuş angefahren – erfahrungsgemäß kann dieser aber auch einmal ausbleiben. Gegen 15 oder 17 Uhr geht es dann zurück. Von Ayder startet i. d. R. 1-mal tägl. morgens um 8.30 Uhr ein Dolmuş zur Avusor-Alm, bis 12 Uhr mittags geht es mehrmals (je nach Anzahl der Passagiere) nach Yukarı Kavron (dorthin auch private Anbieter, die i. d. R. in Hotels und Restaurants auf sich aufmerksam machen). Von **Rize** (Küstenstraße) gelangt man mit Dolmuşen 1-mal tägl. nach Ayder. Fernbusverbindungen nur ab Pazar. An Hochsommerwochenenden empfiehlt sich für alle Verkehrsmittel eine Reservierung.

Übernachten: Übernachtungsschwerpunkt mit zahlreichen Hotels und Pensionen ist Ayder. Einfache Unterkünfte findet man zudem in Şenyuva, Sal, Avusor, Pokut, Çat, Yukarı Kavron, Amlakit und Elevit, auf der Südseite zudem in Parhal, Olgunlar und Yaylalar. An Hochsommerwochenenden ist eine Reservierung empfohlen, manche Almpensionen nehmen grundsätzlich keine unangemeldeten Gäste auf.

Trekking: Das Kaçkar-Gebirge ist alpinistisch nicht besonders anspruchsvoll. Etliche 3000er-Gipfel können ohne große Kletterei bezwungen werden. Es gibt jedoch bislang nur wenige Wegmarkierungen. Wetterfeste Kleidung und gute Schuhe sind unerlässlich, die Mitnahme von Zelt, Schlafsack, Kocher und Vorräten ist von der jeweiligen Tour abhängig. Tagestrips sind machbar, genauso wie die mehrtägige Überquerung des Gebirges nach Yusufeli. Hochalpine Touren können, sofern man jeder Bergerfahrung, ein GPS-Gerät und Kate Clows Kaçkar-Wanderführer (→ Literaturtipp) verfügt, auf eigene Faust unternommen werden, andernfalls nur mit einem Bergführer, der auch bei plötzlichem Wetterumschwung (Nebel!) noch den Weg findet. Bergführer vermittelt jede Pension, viele Pensionsinhaber sind zugleich Bergführer. Wer kleine Tagestouren mit oder ohne Führer plant, lässt sich am besten in seiner Pension individuell beraten. Tagestouren kosten um die 33 €, 7-Tagestouren inkl. Maultieren, Essen, Zelt usw. ab 350 €. Ein kompetenter, englischsprachiger Führer ist z. B. **Mehmet Demirci**, der bei Çamlıhemşin die Pension Ekodanitap (→ Çamlıhemşin/Übernachten) und die Reiseagentur **Türkü Turizm** (mobil 0533/3413430, www.turkutour.com) betreibt. Ein weiterer empfehlenswerter Trekkingveranstalter im Kaçkar-Gebirge ist **Sobek Travel** (→ S. 757). Auch diverse Türkeispezialisten unter den Reiseveranstalter in Deutschland haben Trekkingtouren im Kaçkar-Gebirge im Programm. Ein paar Routenvorschläge finden Sie unter „Oberes Fırtına-Tal", „Ayder", „Barhal" und „Yaylalar" (für die beiden letzten Orte → „Nördlich und westlich von Yusufeli" ab S. 820).

Skifahren: Keine Lifte, Ayder und Yaylalar (Südseite) sind jedoch Heli-Skiing-Zentren.

Rafting: Rafting auf dem Fırtına-Bach wird in Çamlıhemşin bzw. auf dem Weg dorthin angeboten, je nach Tourlänge 15–25 €/Pers. Infos unter www.firtinarafting.com oder www.dagraft.com.tr.

Literaturtipp/Karten: Kate Clow und Terry Richardson, die schon den *Lykischen Weg* und den *St Paul Trail* ins Leben gerufen haben (→ S. 73), veröffentlichten 2008 auch einen Wanderführer zum Kaçkar-Gebirge mit dem Titel *The Kaçkar* (Upcountry-Verlag). Der englischsprachige Guide ist die Bibel für Kaçkar-Wanderer: 32 detaillierte Routenbeschreibungen mit GPS-Daten, dazu ein eine brauchbare Karte. Mehr Infos unter www.trekkinginturkey.com.

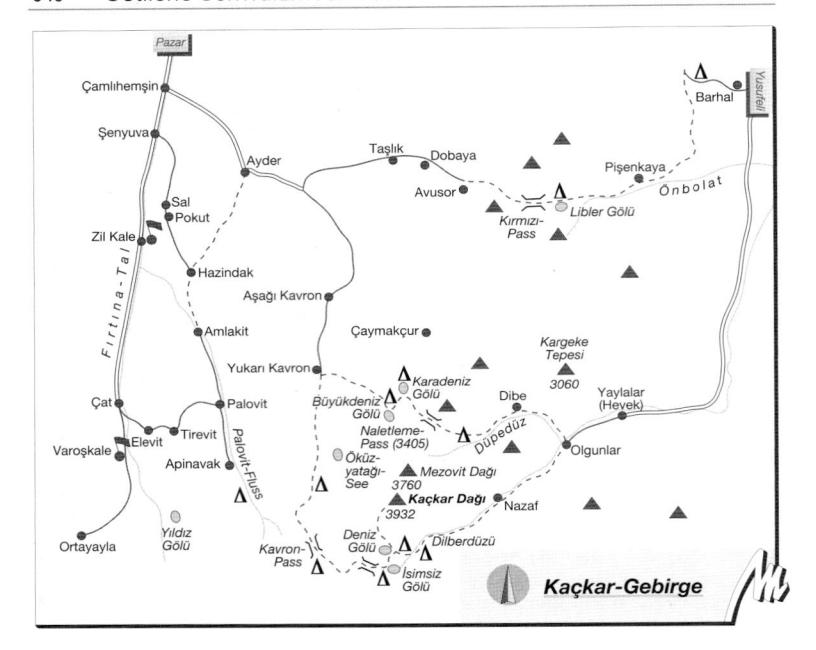

der Honiggewinnung und dem Tourismus. Die einsame Bergwelt des Kaçkargebirges ist unter türkischen wie ausländischen Trekkern noch immer ein Geheimtipp – in „Klein-Nepal" vor der Haustür Europas kann man schließlich noch ohne Permits und andere Auflagen herumkraxeln.

Çamlıhemşin/Unteres Fırtına-Tal

Çamlıhemşin, 25 km landeinwärts der Fırtına-Mündung, liegt auf 300 m Höhe und damit noch zu niedrig, um schon einen Eindruck von den Naturschönheiten der imposanten Bergwelt zu bekommen. 1400 Seelen zählt der Ort, der auch als „Hauptstadt" der Hemşinli (→ Kasten) bezeichnet wird, aber alles andere als eine Augenweide ist. An der ins enge Fırtına-Tal gequetschten Durchgangsstraße reihen sich graue Fassaden aneinander. Immerhin findet man hier alle wichtigen Einrichtungen, die man vor der Einsamkeit in den Bergen brauchen kann: eine Bank mit Geldautomat (keine Bank in Ayder), Post, Supermarkt und eine Apotheke, in der es Pflaster für die kommenden Blasen gibt.

Übernachten Ekodanitap Natural Life, nahe Çamlıhemşin, eine Unterkunft für Selbstfahrer. Überaus ruhig inmitten der Natur über dem Fırtına-Tal gelegen. 4 recht komfortable Holzhütten für bis zu 4 Pers., dazu 5 kleinere, originelle Baumhäuser. Nettes Restaurant. Der Besitzer Mehmet Demirci ist ein kompetenter Bergführer. DZ mit HP 74 €. Aşağı Çamlıca Mah. (von der Küste kommend geht es kurz vor dem Ortsschild von Çamlıhemşin rechts ab, ausgeschildert), ℡ 0464/6517787, ℡ 6517570, www.turkutour.com.

Mòyy, überaus charmantes, kleines Haus mit nur 6 liebevoll eingerichteten Zimmern (davon 3 zum Fluss hin). Im EG ein schnuckeliges Café mit hausgemachten Kuchen. DZ 65 €. Im Zentrum an der Durchgangsstraße, İnönü Cad. 35, 0464/6517497, www.moyyminiotel.com.

Essen & Trinken Aus der Reihe der einfachen Lokantas fällt das **Restaurant Yeşil Vadi** am Ortsausgang Richtung Çat am Fluss. Schöne verglaste Terrasse über dem Fluss. Regionale Küche. 0464/6517282.

Oberes Fırtına-Tal

Oberhalb von Çamlıhemşin entfaltet das Fırtına-Tal seine ganze Pracht. Immer wieder sieht man Streusiedlungen hoch an den Hängen kleben, zu denen Lasten mit primitiven, oft handbetriebenen Seilwinden transportiert werden. Den mal tosenden, mal zügig dahinströmenden Gebirgsbach überspannen fotogene Bogenbrücken aus Naturstein, manche 300 Jahre alt. Doch die natürliche Idylle ist in Gefahr: Der Fırtına soll zur Energiegewinnung gestaut werden, ein umstrittenes Projekt, dessen Realisierung bislang auf Eis liegt. Gute Standorte und Ausgangspunkte für Wanderungen sind die Dörfchen **Şenyuva** (4 km südlich von Çamlıhemşin) und **Çat** (28 km). Zwischen beiden Orten fällt die Burgruine **Zilkale** aus dem 13. Jh. ins Auge, die zum Schutz des Komnenischen Kaiserreichs erbaut wurde.

Anfahrt/Verbindungen Von Çamlıhemşin führt ein teils geteertes, teils betoniertes Sträßlein nach Şenyuva, Ausbau der Straße bis Çat geplant. Keine regelmäßige Dolmuşanbindung.

Übernachten Pansiyon Fırtına, in der ehemaligen Dorfschule von Şenyuva. Sehr freundliche Adresse. 6 Zimmer und 2 Bungalows mit Gemeinschaftsbädern, niedlich eingerichtet, allerdings teils auch klitzeklein, was Leser schon bemängelten. Blitzsauber, schöner Gemeinschaftsraum. Trekkingtouren und Tipps für kleinere Wanderungen. Mit HP (in der Einsamkeit zwangsläufig) 29 €/Pers. Unübersehbar am Ortseingang, 0464/6533111, www.firtinavadisi.com.

Einfache Pensionen (nur im Hochsommer in Betrieb) auch in Çat, **Pokut** und **Elevit**.

Fast wie in Österreich: Alm im Kaçkar-Gebirge

Östliche Schwarzmeerküste

Routenvorschläge Wer von Çat dem Weg, den er gekommen ist, weiter gen Süden folgt, gelangt zur **Ortayayla** (2400 m), der Weg gen Osten führt nach **Elevit** (1400 m, Übernachtungsmöglichkeit in der Kartal Pension, kein Tel.) und **Tirevit** (2300 m). Wer will, kann gar bis **Palovit** (2600 m) oder zur **Apivanak Yaylası** (2600 m) weiterwandern.

Die Volksgruppe der Hemşinli

Ähnlich den Lasen (→ Kasten, S. 638) ist auch die im Kaçkar-Gebirge sowie im Hinterland von Hopa beheimatete Volksgruppe der Hemşinli kaukasischer Abstammung und erst spät vom Christentum zum Islam (15.–17. Jh.) übergetreten. Kurze Zeit nach dem Glaubensübertritt gaben die Kaçkar-Hemşinli ihre mit dem Armenischen verwandte Sprache auf, heute erinnern nur noch Ortsnamen an sie: Das Suffix *-vit* bedeutet z. B. „Alm". Von den geschätzten 25.000 Hemşinli, die sich noch zu der Volksgruppe bekennen (achten Sie auf farbenfroh gekleidete Frauen mit paillettengeschmückten Kopftüchern), lebt heute gerade noch die Hälfte in den Provinzen Artvin und Rize. Der Rest verstreut sich über das ganze Land. Die Hemşinli sind für ihre Backkunst bekannt, die angesehensten Konditoreien des Landes sind in ihren Händen. An Sommerwochenenden treffen sich Hemşinli aus dem In- und Ausland zu ausgelassenen, folkloristischen Familienfeiern in Ayder. Zu Dudelsackmusik wird dann schon morgens ausgiebig auf den Wiesen und Straßen getanzt – ein Erlebnis für Zaungäste.

Ayder

450 Einwohner

Die auf 1300–1500 m Höhe gelegene Almsiedlung Ayder wird von Jahr zu Jahr populärer. Früher kurierten im schlichten **Thermalbad** mit seinem 55 °C heißen Wasser (Achtung, nicht verbrühen!) lediglich ein paar Teepflückerinnen ihre berufsbedingten Leiden aus. Heute ist das Bad zu einem Thermalkomplex angewachsen, für den Kurtaxe erhoben wird (4,10 €/Auto, zu entrichten an der Straße nach Ayder). Zudem ist der Ort aufgrund seiner guten Infrastruktur ein beliebter Ausgangspunkt für Trekkingtouren in die Umgebung und für Überquerungen der Kaçkar Dağları. So trifft sich hier allsommerlich eine bunte Schar Touristen – Türken genauso wie Araber auf der Suche nach Kühle und Trekker aus aller Herren Länder. Der Boom wirkt sich leider auch auf das Ortsbild aus. Es wird gebaut und gebaut – zum Glück muss heute zumindest im traditionellen Stil ummantelt werden. Die Bergwelt drum herum ist auf jeden Fall überwältigend.

Baden/Routenvorschläge/Sonstiges

Thermalbad Zentral gelegen, tägl. 10–20 Uhr, gebadet wird nach Geschlechtern getrennt. Badezeug nicht vergessen, eigene Seife, Badeschlappen und Handtücher sind von Vorteil. Eintritt 3,20 €, Kabine mit privatem Badebecken 10,20 €.

Routenvorschläge Ein Megatagestrip (11–12 Std.) ist die **Überquerung des Kaçkar-Gebirges nach Barhal**. Die Route führt über die Avusor-Alm, den Kırmızı-Pass und die Pişenkaya-Alm. Wer mit dem Dolmuş bis zur Avusor-Alm (Übernachtungsmöglichkeit in der Ismail's Pension, kein Tel.) fährt, spart ungefähr 3 Std. Wegstrecke.

Ayder 643

Eine schöne Zwei-Tage-Tour führt hinauf zur **Hazindak-Alm** (Wegeinstieg im unteren Bereich von Ayder ausgeschildert) und weiter über **Pokut** (Nachtquartier in der Demirci Pension, ✆ 0464/6517495) und **Sal** nach Şenyuva (s. o.).

Für den **Aufstieg zum Gipfel des Kaçkar Dağı** wählen die meisten Trekker den Weg von Yaylalar oder Olgunlar (Südseite → S. 822), man kann aber auch von Ayder starten. Viele reizvolle geführte Tagesrouten haben **Gletscherseen** zum Ziel, Ausgangspunkt dafür ist meist Yukarı Kavron, wohin man per Dolmuş gelangt.

> Achtung: In Ayder gibt es weder eine Bank noch einen Geldautomaten!

Übernachten/Essen & Trinken

Achtung: Wer am Hang wohnt, muss sein Gepäck i. d. R. über steile Treppenwege und teils über Wiesen zur Unterkunft schleppen, und das kann anstrengend werden!

Otel Villa de Petit, sehr gepflegtes Haus neueren Datums. 15 – wie fast überall – holzverschalte Zimmer, hier jedoch z. T. recht groß und mit guten Bädern versehen. Gemütliches Aussichtsrestaurant. Mit HP 45 €/Pers. Beim Koru Hotel linker Hand höher am Hang, ✆ 0464/4221416, ✉ 6572111.

Kuşpuni, das „Vogelnest". Sehr empfehlenswerte Unterkunft unter freundlicher Leitung. 16 kleine, nette und blitzsaubere Zimmer. DZ 56 €. Etwas oberhalb des „Zentrums", ✆ 0464/6572052, ✉ 6572205, www.ayderkuspuniotel.com.

Otel Yeşilvadi, beliebter Treffpunkt eines internationalen Publikums. Größeres Haus mit 35 Zimmern (darunter große und kleine). Sehr sauber. DZ 49 €. Im Zentrum, ✆ 0464/6572050, ✉ 6572051, www.ayderyesilvadi.com.

Köksal Pansiyon, eine von Lesern empfohlene, einfachere Familienpension. Simple, heimelig-holzige Zimmer, Terrassen mit schönen Bergblicken. DZ 25 €. Recht weit oben im Ort, auf Höhe des Koru Otels linker Hand am Hang, ✆/✉ 0464/6572167, www.koksalpansiyon.com.

Zirve Ahşap Pansiyon, 14 behagliche Zimmer mit Bad, darunter klitzekleine DZ und größere Familienzimmer. Die freundliche Wirtin spricht etwas Englisch. DZ 25 €. Am Ortseingang links am Hang, ✆ 0464/6572177, www.ayderzirve.com.

Camping Einen einfachen Zeltplatz namens **Ihlamur Altı** findet man ganz oben im Ort. Günstig, nebenan ein nettes Lokal mit Bierausschank. Nur Zelte, keine Stellplätze für Wohnmobile.

Essen & Trinken Man isst vorrangig Forelle, *muhlama* (Brei aus Käse, Maismehl und Butter) und Krautgerichte. Eine beliebte Adresse ist das **Nazlı Çiçek** über der Post – Familienrestaurant mit freundlichem Service und gegrillten Hähnchen. Kein Alkohol. ✆ 6572130.

Ein Bier zum Essen (ähnliches Angebot wie im Nazlı Çiçek) bekommt man eine Tür weiter im nett-rustikalen **Çise Restaurant**. ✆ 6572171. Ein **Kiosk** am zentralen Platz verkauft zudem Bier.

Hoşdere Kalegon Dağevi & Tesisleri, abseits des Trubels rund 1 km oberhalb des Orts. Großes Restaurant am Waldrand mit Picknickareal und Kinderspielplatz. Dazu baumhausähnliche Sitzecken im Freien. Bestes vom Grill. ✆ 0464/6572122.

Östliche Schwarzmeerküste Karte S. 606/607

Das Tetrapylon von Aphrodisias

Westanatolisches Binnenland

Grüne, kultivierte Täler und Ebenen, dazu graubraune Hochlandsteppen und türkisfarbene Seen. Das westanatolische Binnenland hat viele Gesichter und sah auch selbst viele – Phryger, Römer und Seldschuken hinterließen die bedeutendsten kulturgeschichtlichen Zeugnisse.

Das westanatolische Binnenland ist nicht viel mehr als ein Kunstbegriff zur Umschreibung des westlichen Teils Zentralanatoliens. Die Region erstreckt sich grob von Eskişehir im Norden bis auf die Höhe von Burdur im Süden und von Aydın im Westen bis nach Karaman im Osten. Damit nimmt das westanatolische Binnenland eine Fläche ein, die ungefähr halb so groß ist wie Deutschland. Die Landschaft ist überaus vielseitig: Knatschrote Mohnfelder erwarten Sie bei Afyon, verführerisch duftende Rosenplantagen bei Isparta, goldgelbe Weizenfelder um Konya. Dazwischen liegen weite Seen in kargen Hochebenen, die man hie und da aufzuforsten versucht.

Die meisten Reisenden steuern geradewegs die berühmten Sinterterrassen von Pamukkale an, nur wenige die großen Hinterlassenschaften der Phryger, Römer und Seldschuken. Abseits der touristischen Hotspots folgt das bäuerliche Leben einem der Natur angepassten Gang. Im Gegensatz zur Küste ist die Bevölkerung hier wie ihr Klima etwas rauer. Regen fällt spärlich, im Sommer steigen die Temperaturen oft auf 40 °C, und im Winter wird es in den Hochebenen eisig kalt.

Westanatolisches Binnenland – die Highlights

Aizanoi: Der Zeustempel der antiken Stadt gehört zu den besterhaltenen und zugleich am wenigsten besuchten Kultstätten auf anatolischem Boden.

Gordion und **Midas Şehri:** Erkunden Sie die phrygische Vergangenheit. Eile ist nicht angesagt, Sie kommen ohnehin 3000 Jahre zu spät.

Aphrodisias stand in der Antike ganz im Zeichen des Aphroditekults. Und wer genau „hinfühlt", verspürt immer noch den Geist der Göttin der Liebe, der Schönheit und der Verführung …

Pamukkale: Das Wunder der weißen Terrassen. Ein Bad darin gehört zwar der Vergangenheit an, ihr Anblick ist aber noch immer etwas Besonderes.

Eğirdir am gleichnamigen See ist ein gemütliches Städtchen mit einer guten touristischen Infrastruktur, schönen Stränden und Ausflugszielen in der Umgebung.

Sagalassos: Die imposante Ruinenlandschaft in wilder Bergwelt ist auf dem besten Wege, eine der spektakulärsten Ausgrabungsstätten der Türkei zu werden – kaum irgendwo anders im Land wird mehr geforscht und mehr entdeckt.

Konya: Die konservative, ehemalige Seldschukenhauptstadt ist ein Tipp für Moscheenliebhaber ohne Bierdurst. Hier liegt Mevlana, der Begründer des gleichnamigen Ordens begraben.

Binbirkilise: Ein Ausflug in die Einsamkeit. Nördlich von Karamaran schlummern die Ruinen byzantinischer Kirchen und Klöster.

Eskişehir

ca. 632.000 Einwohner

Eskişehir, die „alte Stadt", ist in Wirklichkeit eine junge Metropole. Erst im letzten halben Jahrhundert entwickelte sie sich zu dem, was sie heute ist: eine wohlhabende Industrie-, Universitäts- und Provinzhauptstadt mit einer großen Militärbasis. Das Bild Eskişehirs ist modern, sehr liberal und lebendig, jedoch nicht umwerfend attraktiv. Die Stadtväter bemühen sich aber, dies zu ändern. So gibt es eine neue Straßenbahn, die den Verkehr im Zentrum entlastet, Radwege und selbst überbreite Wege für Rollstuhlfahrer. Auch wurden Fußgängerzonen angelegt. Eine davon ist die **Hamamyolu Caddesi**, unter der eine Thermalquelle sprudelt. Das heiße Wasser fließt von dort direkt in die nahen Bäder und Thermalhotels. Als gelungen kann man auch die Ufererneuerung des Porsuk-Flusses bezeichnen. Wo einst nur Müll lag, gibt es heute Uferpromenaden mit gemütlichen Cafés und Kneipen. Deren Tische sind stets bestens belegt, zumal Eskişehir rund 50.000 Studenten zählt. Eskişehir ist zudem ein Zentrum der Meerschaumverarbeitung. Die Vorkommen im Osten der Stadt gehören zu den größten der Welt. Ein Museum zum Thema wurde im aufwendig restaurierten **Altstadtviertel Odunpazarı** (→ Sehenswertes) eingerichtet.

Orientierung: Die Stadt ist auf den ersten Blick etwas unübersichtlich – man kann aber alles problemlos zu Fuß erkunden. Wer mit dem Auto anreist und der Beschilderung „Şehir Merkezi" (Zentrum) folgt, gelangt in den modernen Teil der Stadt um den Porsuk-Fluss. Das Altstadtviertel Odunpazarı liegt im Süden des Zentrums. Rund um den ehemaligen Busbahnhof an der Yunus Emre Cad. (Ecke 1. Sivrihisar Cad.) gibt es Hotels in allen Preisklassen. Zwischen der İki Eylül Cad. und der Yunus Emre Cad. erstreckt sich das Basarviertel.

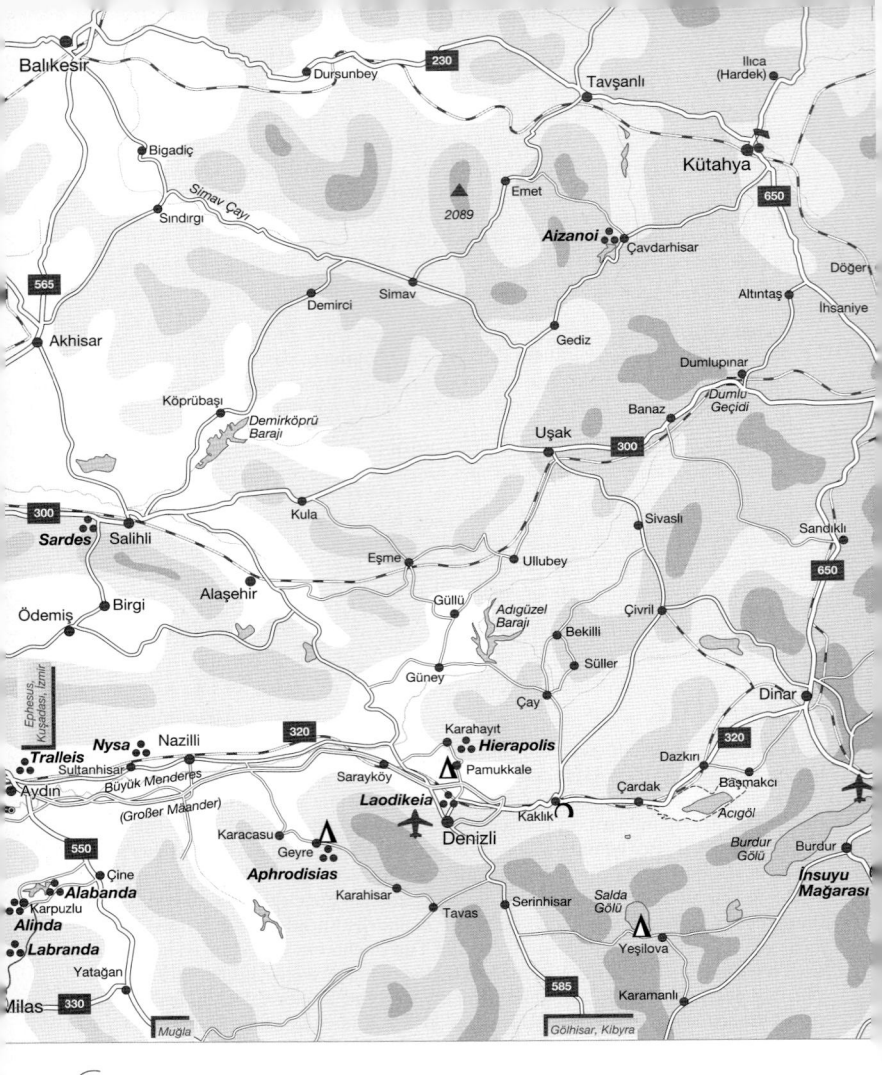

Information/Verbindungen/Sonstiges

Telefonvorwahl 0222.

Information Im *Valilik* (Gouverneursamt) an der İki Eylül Cad. 175. Mo–Fr 8–12 u. 13–17 Uhr. ✆ 2306653 o. 2301368, www.eskisehir kulturturizm.gov.tr. Kleines Infobüro zudem in Odunpazarı an der Kurşunlu Camii Sok.

Verbindungen Busbahnhof ca. 4 km östlich des Zentrums an der Straße nach Ankara. Verbindung ins Zentrum (İki Eylül Cad.) mit der Straßenbahn (an der Haltestelle „Çarşı" aussteigen, vom Zentrum zum Busbahnhof auf die Aufschrift „Otogar" achten). Zudem verbinden **Dolmuşe** den Busbahnhof mit dem Hotelviertel beim alten Busbahnhof *(Eski Otogar)*. Stündl. Verbindungen nach İstanbul (4½ Std.), Ankara (3½ Std.), Bursa (3 Std.), Kütahya (1 Std. 15 Min.) und Afyon (2½ Std., via Seyitgazi), mehrmals tägl. nach Konya (4½ Std.).

Zug: Hauptbahnhof (✆ 2255555) nordwestlich des Zentrums in Laufnähe. Regelmäßig Züge nach Ankara (davon 10 Schnellzüge, Dauer 1½ Std.), bis zu 9-mal nach İstanbul, 7-mal nach Kütahya, bis zu 3-mal nach Afyon, Manisa, İzmir, Kayseri und Sivas, 1-mal nach Erzurum und Kars, mehrmals wöchentl. nach Malatya, Elazığ, Tatvan, Diyarbakır und Batman. **Achtung**: Die Züge nach Konya (2-mal tägl.) und Adana (1-mal tägl.) starten vom Bahnhof Enveriye ca. 4 km südwestlich des Zentrums.

Flugzeug: Flughafen ca. 10 km nördl. des Zentrums, Taxi ca. 8 €. Infos zu Servicebussen und Flugtickets bei **NBS Turizm**, Cengiz Topel Cad. 84/D, ✆ 2318634, www.nbsturizm.com.

Einkaufen Meerschaum! Am besten sucht man den **Atlıhan Çarşısı** in der Pazaroğlu Sok. auf, einen neu gebauten Han im traditionellen Stil. Hier sind alle Meerschaumverarbeiter Eskişehirs versammelt. Pfeife 7–41 €.

Westanatolisches Binnenland

Veranstaltungen Yunus-Emre-Festival Anfang Mai; jährliches Kultur- und Kunstfestival zu Ehren des berühmten Derwischs und Volksdichters aus dem 13./14. Jh., dessen Grabmal (eines von mehreren in der Türkei …) bei Mihalıççık 90 km östlich von Eskişehir steht.

Übernachten/Essen & Trinken/Nachtleben

Mit Lärmbelästigung ist überall zu rechnen, egal ob durch Flugzeuge, viel befahrene Straßen oder Kneipenmusik. Für ein nettes Abendessen lohnt sich immer auch der Gang nach Odunpazarı, wo es verschiedene ansprechende Lokalitäten gibt.

Abacı Boutique Otel 8, im Altstadtviertel Odunpazarı. 65 Zimmer und Suiten verteilen sich auf 11 nachgebaute Konaks. Sie sind nett und komfortabel, aber mit wenig Liebe fürs Detail auf Boutiquehotelstil getrimmt. Buchen Sie ein Zimmer nach hinten hinaus, nach vorne kann es laut werden. Gehobenes Restaurant samt Sommerterrasse. DZ 78 €. Türkmen Hoca Sok. 29, ✆ 2337888, ✉ 23340000, www.abaciotel.com.

*** **Soyiç Hotel 4**, gepflegtes, sauberes Haus mit 60 neu restaurierten Zimmern und Suiten (bislang noch schicker als die Lobby). Für das Gebotene faires Preis-Leistungs-Verhältnis. DZ 46 €. Yunus Emre Cad. 95, ✆ 2307190, ✉ 2305120, www.soyicotel.com.

** **Uysal Otel 7**, interessante Innenarchitektur, Eingangsbereich mit Fayencen verziert, eine Rundtreppe steigt über der Lobby an. Die Zimmer sind nichts Besonderes (z. T. stark abgewetzt), die Bäder aber haben große, teils marmorne Sitzwannen für 2 Pers., in die Thermalwasser fließt. Hamam. EZ 26 €, DZ 40 €. Asarcıklı Cad. 7 (Fußgängerzone), ✆ 2214353, ✉ 2346013, www.uysalotel.com.tr.

* **Sultan Otel 6**, älteres Haus, zentral. Simple Zimmer mit PVC-Boden und TV. Saubere Laken und in Plastik eingeschweißte Handtücher. EZ 21 €, DZ 29 €. Hamamyolu Cad. 1, ✆ 2318371, ✉ 2333055, www.eskisehirsultanotel.com.

Essen & Trinken/Nachtleben 222park **2**, kleiner, stilvoller und zugleich sehr gemütlicher Komplex mit mehreren schicken Bars und dem hervorragenden, aber auch teuren **Sish Restaurant** (1a-Meze und Fleischgerichte). İsmet İnönü Cad. 103 (vom Zentrum der 1. Sivrihisar Cad. entlang den Straßenbahnschienen gen Westen folgen, dann linker Hand), ✆ 3201111.

Urfa Kebap 3, überaus populäres, alkoholfreies Restaurant mit südostanatolischen Spezialitäten. Zur Auswahl stehen eine Theke mit Topfgerichten, eine mit Fleischbergen und eine mit Meze. Lassen Sie sich nicht übers Ohr hauen, es gibt eine Preisliste (günstig)! Yunus Emre Cad. 105, ✆ 2335171.

Papağani Çiğ Börek 5, *Çiğ Börek*, knusprig frittierte Teigtaschen, gehören zu den Snackspezialitäten Eskişehirs. Angeblich wurden sie von zugezogenen Krimtataren eingeführt. Im Papağani schmecken sie besonders gut. Einfaches Ambiente. Yalbı Sok./Ecke Tekiz Sok.

Haller Gençlik Merkezi 1, der Covent Garden Eskişehirs! In der schön restaurierten, ehemaligen Markthalle haben sich mehrere kleine Bars und Snackbars niedergelassen. Etwas für kältere Tage. Gençlik Merkezi Cad. (vom Zentrum der Cengiz Topel Cad. gen Nordwesten folgen, nach ca. 800 m linker Hand).

Sehenswertes

Odunpazarı: Die in den letzten Jahren wie Phönix aus der Asche auferstandene Vorzeigealtstadt ist ein beliebtes Ziel von Tagesausflüglern aus İstanbul und Ankara – dementsprechend viele Souvenirstände gibt's an Wochenenden. Odunpazarı ist nett zum Schlendern, aber leider auch etwas steril, kulissenartig und wenig authentisch. Bei der Sanierung des Viertels wurde oft geschummelt, alte Konaks wurden einfach abgerissen und im historischen Stil rekonstruiert. Dazu gehören auch die *Eski Odunpazarı Evleri* am breiten Atatürk Bulvarı, wo man ein kleines *Glasdesignmuseum* be-

Übernachten

4 Soyiç Hotel
6 Sultan Otel
7 Uysal Otel
8 Abacı Boutique Otel

Essen & Trinken

1 Haller Gençlik Merkezi
2 222park
3 Urfa Kebap
5 Papağani Çiğ Börek

suchen kann (Çağdaş Cam Sanatları Müzesi, tägl. außer Mo 10–19 Uhr, Eintritt frei). Ein weiteres Museum im Altstadtviertel ist das *Meerschaummuseum* (Lületaş Müzesi, tägl. außer Mo 9–17 Uhr, Eintritt frei), das im Moscheenkomplex der *Kurşunlu Camii* (1492), der bedeutendsten Moschee Eskişehirs, untergebracht ist. Es zeigt kunstvolle Pfeifen und Zigarettenspitzen und bietet allerlei Schnickschnack aus Meerschaum zum Verkauf (toller Schmuck!). Details über das weiche, knollenartige Mineral aus wasserhaltigem Magnesiumsilikat erfährt man jedoch nicht.

Archäologisches Museum: 2011 in einem Neubau wiedereröffnet und dennoch zu klein geraten: Nur ein Zehntel des Bestands aus über 20.000 Exponaten wird gezeigt. Dabei überwiegen Kleinfunde wie Götterstatuetten und Grabbeigaben, vornehmlich solche aus römischer Zeit. Die spannendsten Stücke der leider ziemlich klein geratenen phrygischen Abteilung sind neben Schmuck und Gürteln sog. *fibulae*, die Vorgänger unserer Sicherheitsnadeln.
Atatürk Bul. Tägl. (außer Mo) 8–19 Uhr. Eintritt 2 €.

Kütahya
236.000 Einwohner

Auf knapp 1000 m ü. d. M. sonnt sich die von einer mächtigen Zitadelle gekrönte Provinzhauptstadt im Glanz ihrer Fayencenkunst – Kacheln an allen Ecken und Enden.

An den Zufahrtsstraßen stehen Keramik- und Porzellanfabriken, und im Zentrum sind nicht nur Prestigegebäude wie der **Eski Hükümet Konağı**, der alte Regierungspalast (heute das Gericht), mit Fayencen verziert, sondern auch einfache Kioske und Brunnen. Doch wegen den leuchtend bunten Kacheln, dem Aushängeschild Kütahyas, reisen die wenigsten Touristen an. Kütahya ist Ausgangspunkt für Fahrten zum Zeustempel von Aizanoi.

Davor oder danach lohnt ein Bummel durch das quirlige, ursprüngliche Basarviertel oder durch die **Germiyan Sokak**, eine denkmalgeschützte Gasse mit teils restaurierten und teils noch maroden osmanischen Konaks (vom Adnan Menderes Bul. ausgeschildert, sonst nur schwer zu finden). Sehenswert ist auch die **Große Moschee** (Ulu Cami) in der dörflich wirkenden, pittoresken Altstadt. Um 1410 wurde sie errichtet, damals noch mit massiven Eichensäulen, die später – vielleicht sogar unter Leitung des großen Baumeisters Sinan – durch antike Marmorsäulen aus dem nahen Aizanoi ersetzt wurden. Daran schließt die **Vacidiye Medresesi** an, eine ehemalige Lehranstalt für Mathematik und Naturwissenschaften aus dem frühen 14. Jh. Heute beherbergt sie das **Archäologische Museum**. Es zeigt Funde aus der gesamten Provinz, darunter einen römischen Sarkophag aus Aizanoi, den kämpfende Amazonen zieren. Nur ein paar Schritte weiter befindet sich das **Fayencenmuseum**, dessen älteste Exponate bis ins 14. Jh. zurückreichen (beide Museen sind tägl. außer Mo von 8.15–12 und 13–17 Uhr geöffnet, Eintritt Archäologisches Museum 1,20 €, Fayencenmuseum frei).

Vom Fayencenmuseum ist das etwas versteckt an der Macar Sokak gelegene **Kossuth Konağı**, auch **Macar Evi** („Ungarisches Haus") genannt, ausgeschildert. In dem sorgsam restaurierten Gebäude aus dem 18. Jh. wohnte 1850/51 der ungarische Freiheitskämpfer Lajos Kossuth, der zwei Jahre zuvor erfolgreich das Ausscheren Ungarns aus der Donaumonarchie betrieben hatte. Nach der Wiederherstellung der alten Habsburger Ordnung entzog er sich dem österreichischen Strafgericht durch Flucht in die Türkei. Die Räumlichkeiten gewähren einen Einblick in die Wohnverhältnisse jener Zeit (Öffnungszeiten wie bei den anderen Museen, Eintritt frei).

Schön ist schließlich noch ein Spaziergang hinauf zur **Zitadelle** (Fußweg zeigen lassen!), deren mächtige Rundtürme von unten ein wesentlich imposanteres Bild abgeben als von oben. Der Aufstieg lohnt wegen des dortigen Aussichtsrestaurants (→ Essen & Trinken).

Kütahya 651

Geschichte

Man nimmt an, dass Kütahya eine phrygische Gründung ist. Der Name leitet sich aus *Kotyaion* ab und verweist auf die Fruchtbarkeitsgöttin Cotys, bekannter als Kybele. Für die historischen Eckdaten sorgten bis ins 13. Jh. die üblichen Verdächtigen: Perser, Alexander der Große, Römer, Byzantiner (unter denen die Zitadelle gebaut wurde) und Seldschuken (unter denen sie verstärkt wurde). 1258 erhoben die Fürsten aus dem Geschlecht der Germiyanoğulları den Ort zur Hauptstadt eines kleinen Emirats. Aus ihrer Herrschaftszeit sind noch einige Bauwerke erhalten.

1402 wählte der Mongole Timur Lenk Kütahya zu seinem Hauptquartier. Von hier aus unternahm er seine zerstörerischen Raubzüge in die Umgebung. Unter Mehmet II. (1444–46 und 1451–81) wurde die Stadt dem aufstrebenden Osmanischen Reich angegliedert. Selim I. ließ hier wie in İznik (→ S. 192) im 16. Jh. persische Fayencenkünstler ansiedeln. Damit begann Kütahyas Aufstieg zu einem Zentrum der Keramikproduktion. Über Jahrhunderte hinweg konkurrierten die örtlichen Manufakturen mit denen İzniks, allerdings ohne jemals deren hohen Qualitätsstandard zu erreichen. Einen immensen Einbruch erlebte die hiesige Fayencenkunst nach dem Ersten Weltkrieg infolge der Aussiedlung griechischer und armenischer Kunsthandwerker. Lediglich eine Keramikmanufaktur blieb bestehen, heute existieren wieder um die 60, eine der größten ist *Kütahya Porselen*. Da es aber weder Sultanspaläste noch Moscheen mehr auszuschmücken gibt, produziert man nun in erster Linie Badkeramik und Tischporzellan. Nur ein paar kleine Kunsthandwerksbetriebe versuchen, an die alte Tradition anzuknüpfen. Ganz nebenbei: Die türkische Keramikindustrie produziert nicht nur für den heimischen Markt, sondern exportiert auch in den gesamten vorderasiatischen Raum. Durch Akquisitionen im Ausland ist sie gar ein Global Player: Zur *Eczacibaşı*-Gruppe z. B., einem Mischkonzern mit Hauptsitz in İstanbul, gehören heute Marken wie *engers*, *burgbad*, *VitrA* und die Fliesensparte von *Villeroy & Boch*.

Information/Verbindungen/Sonstiges

Telefonvorwahl 0274.

Information Falls der kleine Kiosk am Belediye Meydanı geschlossen ist (oft der Fall), hilft das İl Kültür ve Turizm Müdürlüğü im Bürogebäude Menderes İşhanı weiter (versteckte Lage, nüchternes Gebäude mit Arkaden), an der Nizam Sok. Mo–Fr 8–17.30 Uhr. ✆ 2236213, www.kutahyakulturturizm.gov.tr.

Verbindungen Busbahnhof ca. 3,5 km nordöstlich des Zentrums an der Straße nach Eskişehir. Regelmäßige Verbindungen nach Afyon (1½ Std.), Eskişehir (1¼ Std.), İstanbul (6 Std.), İzmir (6 Std.), Ankara (5 Std.), Bursa (3 Std.), Konya (5 Std.) und Antalya (8 Std.). **Dolmuşe** nach Çavdarhisar (Aizanoi, 1 Std.) ebenfalls vom Busbahnhof, aber auch von einer zentraleren Stelle am Atatürk Bul. (→ Stadtplan).

Zug: Vom Bahnhof (ca. 1 km östlich des Belediye Meydanı, ✆ 2236121) bis zu 4-mal tägl. nach Eskişehir, bis zu 2-mal nach Manisa, İzmir, Ankara, İstanbul, Afyon und Konya, 1-mal nach Adana.

Ärztliche Versorgung Staatliches Krankenhaus **Devlet Hastanesi** am Fatih Sultan Mehmet Bul. südöstlich des Belediye Meydanı. ✆ 2236053.

Einkaufen Keramik und Porzellan in Hülle und Fülle, vom Eierbecher bis zur Blumenvase (viel Kitsch!), findet man nahezu überall in der Stadt, Fabrikverkäufe auch an der Ausfallstraße Richtung Eskişehir. Schön zum Bummeln ist das **Basarviertel** am nördlichen Ende der Hürriyet Cad. Großer **Obst- und Gemüsemarkt** jeden Sa am südlichen Ende der Lise Cad.

Waschsalon Karadeniz Çamaşır Yıkama an der Iki Bülbül Sok. (geht vom Adnan Menderes Bul. ab), 1,50 €/kg.

Westanatolisches Binnenland Karte S. 646/647

Westanatolisches Binnenland

> **Orientierung**: Zentrum Kütahyas ist der Kreisverkehr am *Belediye Meydanı*. Hier befinden sich das Rathaus und das Gouverneursamt. Vom Belediye Meydanı führt die Cumhuriyet Cad., eine der Hauptgeschäftsstraßen (in großen Teilen verkehrsberuhigt), zur *Ulu Cami* in der Altstadt – zu Fuß in 10 Min. zu erreichen. Um von der Ulu Cami hinauf zur *Zitadelle* zu gelangen, fährt man mit dem Auto einen weiten Bogen (Beschilderung „Karavan Döner Gazino") oder nimmt zu Fuß einen der direkten Pfade hinauf.

Übernachten/Essen & Trinken/Nachtleben

Eine Reihe von netten Restaurants findet man auch in der Vorzeigegasse Germiyan Sokak.

**** Hilton Garden Inn 2, 2010 eröffnet. 121 gepflegte und moderne Zimmer. Im schicken Sumac Grill Restaurant gibt es jeden So einen Megabrunch (20 €). DZ 65 €. Atatürk Bul. 21, ℡ 2295555, ℻ 2166000, www.hilton.com.tr.

Ispartalılar Konağı 1, restaurierter historischer Konak. Kleine Zimmer mit dunklen Massivholzmöbeln, in den Wandschränken versteckte Klos und Duschen (winzig!), schöne Holzdecken. Dicke, nicht sonderlich gut verlegte Teppichböden – auch sonst hätte das Haus etwas mehr Liebe bei der Einrichtung verdient. Restaurant mit Garten. Eigene Parkplätze. DZ 49 €. Germiyan Cad. 58 (am einfachsten vom Adnan Menderes Bul. anzusteuern), ℡ 2161975, ℻ 2161976, www.ispartalilarkonagi.com.tr.

* Hotel Gül Palas 7, älteres, aber sehr gepflegtes und in Schuss gehaltenes, mit Kacheln verziertes Haus. Kitschiger Brunnen in der Lobby. 27 Zimmer und 3 Suiten mit Laminatböden. EZ 28 €, DZ 37 €. Zafer Meydanı, ℡ 2162325, ℻ 2162135.

** Hotaş Hotel 3, „Von innen viel besser als von außen" schrieben wir noch in der letzten Auflage. Mittlerweile hat sich das etwas geändert: Fassade restauriert, Zimmer (recht groß) und Bäder etwas abgenutzt, Laminatböden intakt. Parkplatz gegenüber. DZ 41 €. Menderes Bul. 5, ℡ 2248990, ℻ 2242024, www.hotashotel.com.tr.

Hotel Yüksel 5, Billigherberge mit dafür recht freundlicher Atmosphäre. Saubere Zimmer mit akzeptablen Bädern. DZ 20 €, kein Frühstück. Fatih Sultan Mehmet Bul. 2, ℡ 2120111.

Essen & Trinken Karavan Döner Gazino 6, auf dem Burgberg, ausgeschildert. Das spannendste Lokal vor Ort, in 45 Min. dreht es sich einmal um die eigene Achse – für abwechslungsreiche Ausblicke beim Essen ist also gesorgt. Suppe, *Mantı* oder Köfte, dazu gute Süßspeisen. Günstig. Ein beliebtes Familienausflugsziel. ℡ 2262607.

Hammam-ı Ziyafe 9, hier isst man im wunderbaren Ambiente eines aufgegebenen historischen Hamams. Hübsch deko-

Übernachten
1 Ispartalılar Konağı
2 Hilton Garden Inn
3 Hotaş Hotel
5 Hotel Yüksel
7 Hotel Gül Palas

Nachtleben
4 Pubuç

Essen & Trinken
6 Karavan Döner Gazino
8 Çınar Köfte
9 Hammam-ı Ziyafe
10 Kütahya Konağı

Aizanoi (antike Stadt) 653

riert. Verschiedene Sorten Gözleme, Köfte, Kebabs, auch Frühstück. Günstig. Cumhuriyet Cad., ✆ 2260625.

Kütahya Konağı 10, ebenfalls sehr atmosphärisch. Gute Anlaufstelle für regionale Spezialitäten. Vom Fayencenmuseum erst der Beschilderung zum „Kossuth Konağı" folgen, dann ausgeschildert. Kurşunlu Sok. 13, ✆ 2238844.

Leckere Köfte, dazu hausgemachtes Eingelegtes gibt es bei **Çınar Köfte 8** in der Lise Cad. 7.

Nachtleben In den letzten Jahren entstand in Kütahya tatsächlich so etwas wie ein kleines Nachtleben. Entlang dem Atatürk Bul. gibt es ein paar feuchtfröhliche Studentenkneipen, dazu die Diskothek **Pubuç 4**, vor der am Wochenende Türsteher für die Auswahl sorgen.

Aizanoi
(antike Stadt)

Die Überreste der antiken Stadt Aizanoi liegen 60 km südwestlich von Kütahya in der anatolischen Prärie – weit verstreut im und um das 2400-Einwohner-Örtchen Çavdarhisar. Highlight ist der filmkulissenreife, ionische **Zeustempel** auf einem siebenstufigen Sockel am westlichen Ortsende, der zu den besterhaltenen römischen Kultstätten auf anatolischem Boden gehört. Er besaß die eindrucksvolle Größe von 53 x 35 m und an den Stirnseiten acht, an den Längsseiten 15 Säulen, von denen noch viele stehen. Mit dem Bau des Marmortempels wurde im 1. Jh. begonnen, Mörtel wurde keiner verwendet. Finanziert wurde das Heiligtum durch Verpachtung von Ländereien, wie aus Inschriften in der vorderen Galerie des Tempels hervorgeht. Der bestens erhaltene, unterirdische Kultraum, über ein Treppenhaus begehbar, diente für Weissagungen und als Lager. Lange Zeit vermutete man, dass hier neben Wolkensammler Zeus auch der Fruchtbarkeitsgöttin Kybele gehuldigt wurde.

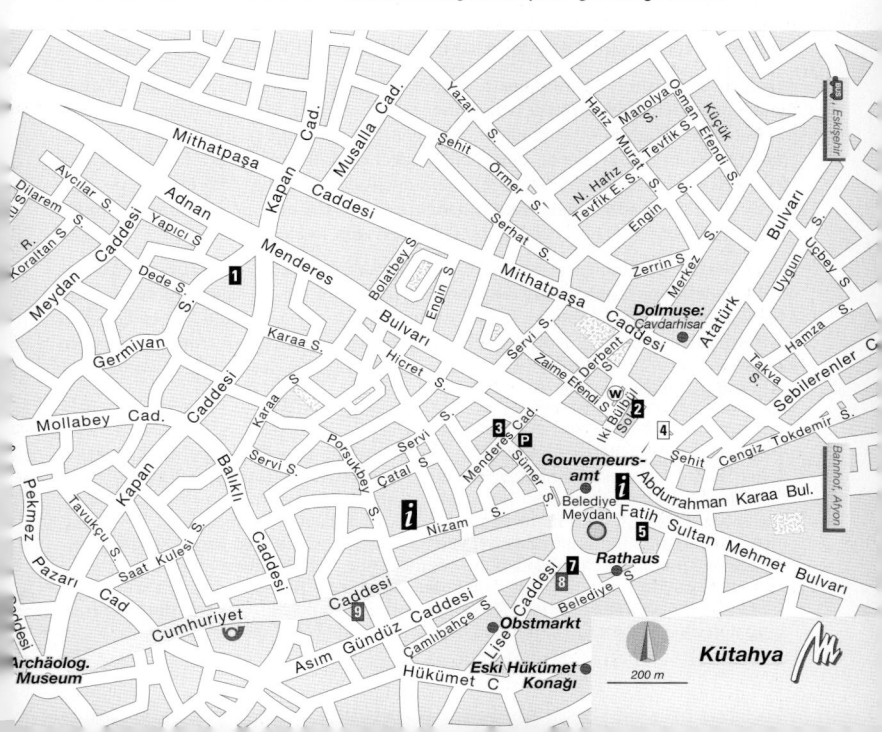

Über die Geschichte Aizanois ist bislang wenig bekannt. Der Tempel steht auf einem prähistorischen Siedlungshügel aus der 1. Hälfte des 3. Jt. v. Chr. In hellenistischer Zeit engagierten sich die pergamenischen Könige im phrygischen Grenzland und förderten den Aufstieg der Stadt. 133 v. Chr. geriet sie unter römische Herrschaft. Korn- und Weinanbau sowie Schafzucht brachten fortan Wohlstand. Zu Zeiten Byzanz' war Aizanoi Bischofssitz. Unter den Seldschuken wurde die Tempelebene in eine Festung umgebaut.

In den Feldern auf der gegenüberliegenden Straßenseite und in Çavdarhisar selbst verstecken sich weitere Überreste der antiken Stadt – entdecken Sie z. B. die **Agora**, einen **Badekomplex**, eine **Säulenstraße** oder **Nekropolen**. Seit 2011 gräbt in Aizanoi die Pamukkale-Universität aus Denizli, zuvor unterstand das Grabungsareal dem Deutschen Archäologischen Institut. Zuletzt legte man die Tribünen des **Theaterstadions** frei – die Kombination ist angeblich einmalig.

Verbindungen/Öffnungszeiten Etwa stündl. Minibusse von Kütahya. Tempel tägl. 8–17 Uhr, der Rest ist stets frei zugänglich. Eintritt frei.

Übernachten Anemon Hotel, 2010 eröffnetes, stilvolles, zweistöckiges Haus – ein Hotel, das man hier im Abseits gar nicht vermuten würde. Gepflegte Zimmer, tolle Lobby, Indoorpool. Man bekommt hier auch einen Aizanoi-Übersichtsplan. DZ 65 €. Başaran Ulusoy Cad. 22, ✆ 0274/3512288, www.anemonhotels.com.

Afyon (Afyonkarahisar) 174.000 Einwohner

Die Provinzhauptstadt auf 1021 m Höhe ist ein guter Standort für Ausflüge zu den phrygischen Hinterlassenschaften in der Umgebung. Im Schatten der weithin sichtbaren Zitadelle breitet sich eine Bilderbuchaltstadt aus.

Afyon, an einer alten Karawanenstraße gelegen, die einst von der Ägäis nach Konya führte, heißt seit 2005 offiziell (wie früher schon einmal) Afyonkarahisar, doch keiner nennt die Stadt bei ihrem neuen Namen. Das Zentrum erstreckt sich am Fuße eines imposanten Burgbergs, der allen möglichen Völkern Schutz bot – von den Hethitern bis zu den Osmanen. Große Geschichte schrieb die Stadt jedoch nie. Erst im türkischen Unabhängigkeitskrieg tauchte ihr Name auf, als am nahen Dumlupınar-Pass kemalistische Truppen die Griechen zum Rückzug zwangen.

Heute besitzt das konservative Afyon als Verkehrsknoten- und Luftwaffenstützpunkt Bedeutung. Zugleich ist die Stadt das Zentrum des hiesigen Opiuman- und Marmorabbaus. Des Weiteren lockt Afyon wegen der umliegenden Heilquellen auch Kurgäste und „Wellnesser" an. Jugendlichen Pep sucht man trotz der hiesigen Kocatepe-Universität jedoch vergebens – die 26.000 (!) Studenten müssen ohne nette Kneipen auskommen.

Orientierung: Das Zentrum ist klein und schnell zu überschauen. Mittelpunkt der Stadt ist der *Hükümet Meydanı*, auf dem ein großes Denkmal *(Zafer Anıtı)* an den Sieg der Türken über die Griechen erinnert. Egal, von wo man kommt, alle wichtigen Straßen führen darauf zu. Südlich davon erstreckt sich die *Altstadt*, eine der stimmungsvollsten Westanatoliens, mit engen verschlungenen Gassen, maroden Holz- und bunt gestrichenen Steinhäusern, die nach und nach restauriert werden. Am Fuße des Burgbergs ist auch das *Markt- und Handwerkerviertel* zu finden. Das moderne Geschäftszentrum mit den wichtigsten öffentlichen Einrichtungen liegt entlang der Milli Egemenlik Cad.

E inkaufen
1 Afium

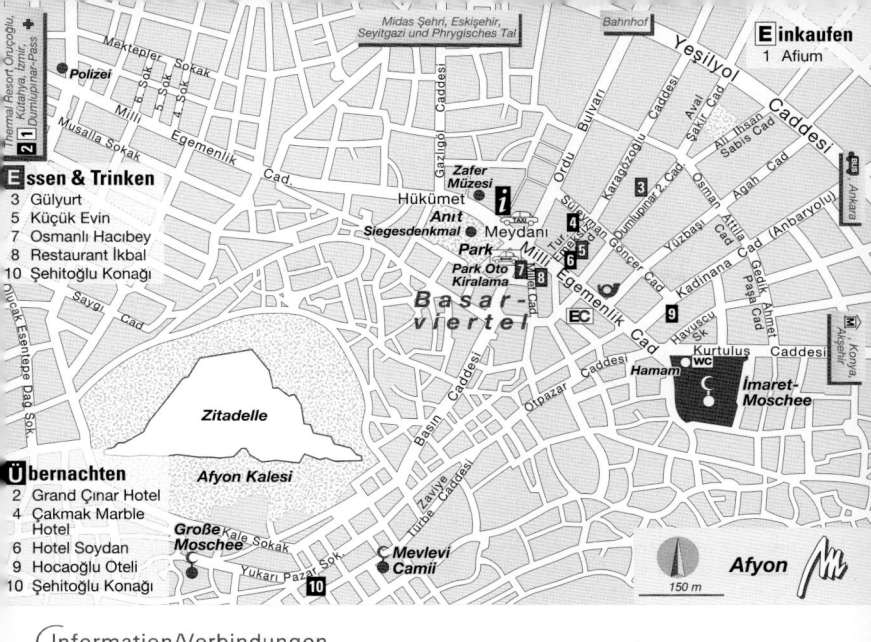

E ssen & Trinken
3 Gülyurt
5 Küçük Evin
7 Osmanlı Hacıbey
8 Restaurant İkbal
10 Şehitoğlu Konağı

Ü bernachten
2 Grand Çınar Hotel
4 Çakmak Marble Hotel
6 Hotel Soydan
9 Hocaoğlu Oteli
10 Şehitoğlu Konağı

Afyon

Information/Verbindungen

Telefonvorwahl 0272.

Information Tourist Information, in einem Pavillon an der Milli Egemenlik Cad. Mo–Fr 8–12 und 13.30–17.30 Uhr. ☎ 2135447, www.afyonkultur.gov.tr.

Verbindungen Busbahnhof im Norden der Stadt nahe der Verbindungsstraße İzmir–Konya. Nahezu stündl. nach Ankara (3½ Std.), Eskişehir (über Gazlıgöl und Seyitgazi, 2½ Std.), İstanbul (7½ Std.), İzmir (5 Std.), Kütahya (1½ Std.) und Antalya (5 Std.), regelmäßig auch nach İsparta (3 Std.), Konya (3 Std.) und Denizli/Pamukkale (3½ Std.). Busbahnhof und Bahnhof besitzen Dolmuşverbindungen ins Zentrum.

Zug: Bahnhof (☎ 2136053) ca. 2 km nördlich des Zentrums. Züge bis zu 2-mal tägl. nach Konya, Kütahya und İstanbul, 1-mal nach Eskişehir und über Karaman nach Adana.

Adressen/Baden/Einkaufen

Ärztliche Versorgung Privates Krankenhaus Park Hastanesi ca. 3,5 km außerhalb des Zentrums an der Straße nach İzmir/Kütahya. ☎ 2138787.

Autoverleih Park Oto Kiralama, gegenüber der Touristeninformation in einer Seitengasse der Milli Birlik Cad. Autos ab 33 €. Enstitü Cad. 3, ☎ 2144757.

Baden İmaret Hamamı, bei der gleichnamigen Moschee. Getrennte Bereiche für Männer und Frauen. Tägl. 5–22 Uhr, Eintritt mit Massage 8,20 €.

Zudem sprudeln in der Umgebung Afyons bis zu 70 °C warme Heilquellen, die gegen spastische Anfälle, Rheuma, Haarausfall und alle möglichen Zipperlein helfen sollen. Ganz angenehm sind die gepflegten Thermalbäder (Ömer Kaplıcaları) des Resorts Oruçoğlu 14 km nordwestlich der Stadt (→ Übernachten). Ein aufstrebender Badeort ist zudem Gazlıgöl (21 km nördlich von Afyon an der Straße nach Seyitgazi/Eskişehir), wo zuletzt ein Thermalhotel nach dem anderen entstand.

Einkaufen Afium **1**, die 2010 eröffnete Shoppingmall 9 km außerhalb des Zentrums an der Straße nach Kütahya/İzmir gehört zu den nettesten der Westtürkei – mal kein Klotz, sondern eine einem Altstadtviertel nachempfundene Anlage. Vom Zentrum mit dem Dolmuş zu erreichen.

Westanatolisches Binnenland

Übernachten (→ Karte S. 655)

Im Zentrum ist die Auswahl gering. Außerhalb, an der Straße nach İzmir/Kütahya, entstanden jedoch etliche neue, gehobene Thermalhotels.

》》Unser Tipp: Şehitoğlu Konağı 10, in ruhig-romantischer Altstadtlage in unmittelbarer Nähe zur Mevlevi Camii. Die schönste Unterkunft vor Ort. Kleines Boutiquehotel in einem historischen Gebäude. Nur 8 Zimmer, komfortabel, stilvoll (tolle Holzdecken) und originell: klitzekleine Bäder im Wandschrank. Leckeres Frühstück mit regionalen Köstlichkeiten, gutes Restaurant. DZ 74 €. Kuyulu Sok. 2–6, ℅ 2141313, ℮ 2153687, www.sehitoglukonagi.com. 《《

**** Çakmak Marble Hotel 4, außen kitschpalastartig, innen betont geschmacklos. 104 etwas abgewohnte Zimmer. Thermalbecken im Keller, Hamam, gutes Restaurant mit schöner Dachterrasse und Alkoholausschank (!). EZ 36 €, DZ 59 €. Süleyman Gönçer Cad. 1, ℅ 2143300, ℮ 2143309, www.cakmakmarblehotel.com.

*** Grand Çınar Hotel 2, luftige Lobby. 55 ältere Standardzimmer mit Teppichboden und Furnierholzmöbeln, fast alle mit Balkon. EZ 22 €, DZ 40 €. Milli Birlik Cad. 4 (ca. 1 km außerhalb des Zentrums an der Straße nach İzmir), ℅ 2123535, ℮ 2122566, www.grandcinarhotel.com.

Hotel Soydan 6, ziemlich protzige Rezeption, die Zimmer (untere Mittelklasse, Bäder mit Duschkabinen, z. T. mit Balkon) sind akzeptabel, aber alles andere als etwas Besonderes. Gutes Frühstück. DZ 33 €. Karagözoğlu Sok. 2, ℅ 2156070, ℮ 2122111.

Hocaoğlu Oteli 9, 16 Zimmer mit Pressspanmöbeln, ausgefransten Teppichböden, alten Bädern und lauwarmem Wasser – der Fernseher im Zimmer macht da nichts mehr wett, eher noch die Terrasse. Saubere Laken. EZ 16 €, DZ 25 €. Ambaryolu 12, ℅ 2138182, ℮ 2130188.

Außerhalb **** Thermal Resort Oruçoğlu, ca. 14 km nördlich von Afyon an der Straße nach Kütahya. Großer Komplex mit 330 Zimmern. Wellness und Kurbehandlungen: Thermalschwimmbäder, Außenpool, Sauna, Schlammbäder, Aromatherapie etc. Freundliches englischsprachiges Personal. DZ mit HP ab 123 €. Kütahya Yolu, ℅ 2515050, ℮ 2515060, www.orucoglu.com.tr.

Essen & Trinken (→ Karte S. 655)

Afyons Spezialität ist die *sucuk*, die türkische Knoblauchwurst. Unzählige Metzger verkaufen sie in der Stadt, gegrillt oder als Döner servieren sie die meisten Restaurants. Zudem ist Afyon berühmt für eine dicke, mascarponeartige Sahne *(kaymak)*, die zu verschiedenen Desserts *(kaymak tatlısı)* verarbeitet wird – die Milch der hiesigen Kühe, die u. a. mit Mohnabfall gefüttert werden, ist von äußerst hoher Qualität. Wer Alkohol zum Essen will, dem bleibt nicht viel mehr als das Restaurant des Çakmak Marble Hotels (→ Übernachten).

Şehitoğlu Konağı 10, das nette Restaurant des gleichnamigen Hotels (→ Übernachten) offeriert neben den gegrillten Standards auch *Mantı* (Mi) oder den lokalen *Afyon Kebabı* (tägl.). Hg. 4,10–7,50 €.

İkbal 6, in einer Seitengasse der Milli Egemenlik Cad. nahe dem Hotel Soydan. Alteingesessenes Restaurant mit gutem Ruf. Ausgefallene Lokalküche in gehobenem Ambiente. Auch die Preise liegen über dem Durchschnitt (vorher erfragen!). ℅ 2151205.

Küçük Evin 5, hübsch und gepflegt. Neben Grillgerichten international Angehauchtes wie Pasta, Omeletts oder große Salate, dazu feine wechselnde Olivenölgerichte. Auch Frühstück. Hg. 3,60–5,50 €. Karagözoğlu Sok. 8, ℅ 2146777.

Osmanlı Hacıbey 7, moderne Lokanta mit großer Auswahl. Neben guten Suppen Pide und diverse Kebabs. Günstig. Basın Cad. 9.

Gülyurt 3, gibt's seit 1962. Café mit Terrasse und guten süßen Stückchen (die mit den Nüssen probieren!). Auch Eis und Snacks. 2. Dumlupınar 2. Cad. 27.

Afyon fürs Volk

Rund um Afyon (dt. „Opium") erstrecken sich ausgedehnte Schlafmohnkulturen. Der Opiumanbau besitzt im Orient eine lange Tradition. Vermutlich brachten die Assyrer das Wissen über die Opiumgewinnung nach Kleinasien. Sumerische Inschriften priesen Schlafmohn bereits vor 6000 Jahren als „Pflanze der Freude", die alten Ägypter und Griechen nutzten ihn als Heilmittel. Für die weite Verbreitung des Schlafmohns sorgten schließlich die Araber. Sie schätzten Opium und Haschisch nicht zuletzt deswegen, weil ihnen der Alkoholkonsum verboten war. Im ausgehenden Osmanischen Reich war Opium sehr populär, z. T. wurde Arbeitern sogar der Wochenlohn in Drogenform ausbezahlt.

In der Türkei werden heute zwischen 15.000 und 20.000 t Schlafmohn jährlich geerntet. Im Frühsommer geben die knallroten Blüten ein im wahrsten Sinne des Wortes berauschendes Farbenspiel ab. Um illegale Weiterverarbeitung zu verhindern, erfolgt der Schlafmohnanbau unter strenger staatlicher Regie und Kontrolle. Zu Beginn des Jahres errechnen Inspektoren die vorhersehbare Erntemenge eines Bauern. Weicht die gelieferte Menge von der Kalkulation ab, wird umgehend eine Untersuchung eingeleitet. In den 1960ern war das noch anders. Damals galt die westanatolische Hochebene als ein Drogeneldorado, das freakige Traveller und professionelle Geschäftemacher aus der ganzen Welt anzog.

Sehenswertes

Mevlevi Camii und Große Moschee (Ulu Cami): Die beiden Moscheen liegen etwas versteckt südlich des Zitadellenhügels. Ein Spaziergang dorthin führt durch die schöne Altstadt von Afyon, die peu à peu restauriert wird. Folgen Sie vom Kreisverkehr beim Siegesdenkmal der bergauf führenden Basın Caddesi, die gegenüber der Touristeninformation (links der *Türkiye Finans Katılım Bankası*) beginnt, für rund 400 m und zweigen Sie, wenn sich rechter Hand das Minarett der kleinen Adeyze-Moschee erhebt, links ab. Nach weiteren ca. 80 m, am Ende dieser Straße, rechts halten – die Mevlevi-Moschee befindet sich nach wenigen Metern linker Hand. Sie wurde 1908 auf den Fundamenten eines abgebrannten Derwischkonvents errichtet. Im 13. Jh. war Afyon nach Konya das zweitwichtigste Zentrum des Mevlana-Ordens (→ S. 702). Im teilweise rekonstruierten Konvent – man sieht nicht viel mehr als Nachbauten der Küche und Wohnzellen – wurde eine kleine Ausstellung eingerichtet, die in den Alltag der Derwische einführt (tägl. 9.30–17.30 Uhr, Eintritt frei).

Die 1272–77 errichtete Große Moschee keine fünf Gehminuten weiter ist die bedeutendste Sehenswürdigkeit Afyons und ein herausragendes Beispiel seldschukischer Architektur. Das hölzerne Dach des neunschiffigen Betsaals tragen 40 reich verzierte Holzsäulen mit geschnitzten Stalaktitenkapitellen – Moscheen dieses Typs werden auch als „Waldmoscheen" bezeichnet.

Zitadelle: Um auf den schroffen, 226 m hohen Burgberg zu gelangen, folgt man von der Ulu Cami der Beschilderung „Kale" bzw. „Karahisar Kalesi". Die Grundmauern der Festung reichen vermutlich bis in die Zeit der Hethiter im 2. Jt. v. Chr. zurück.

658 Westanatolisches Binnenland

Die Ruinen, die heute noch zu sehen sind, stammen jedoch vornehmlich aus der Zeit des Seldschukensultans Alaeddin Keykobat. Viel ist es nicht (u. a. Mauerreste von Zisternen, einer Moschee und den Wällen), doch der Ausblick von oben ist herrlich.

İmaret-Moschee: Die Moschee an der Kurtuluş Caddesi ist Teil eines Komplexes, den Gedik Ahmet Pascha, ein Wesir Mehmet des Eroberers, 1472 stiftete. Das namengebende *İmaret*, die einst dazugehörige Armenküche, gibt es längst nicht mehr. Erhalten sind neben der Moschee nur noch das *Hamam* (→ Baden) und die *Medrese*. Beachtenswert ist das fast futuristisch anmutende, mit blauen Kacheln verzierte Spiralminarett.

Archäologisches Museum: Die Funde dieses sehenswerten und relativ großen Museums spiegeln sämtliche Siedlungsepochen der Stadt und der Umgebung bis zurück in die Bronzezeit wider. Vor allem die schönen Bildhauerarbeiten verdienen Aufmerksamkeit. Im Garten wird zudem eine beachtliche Sammlung an Kapitellen und Stelen sowie an Mosaiken aus der hellenistischen und römischen Epoche präsentiert.

Kurtuluş Cad. (ca. 2 km östlich des Zentrums). Wer nicht laufen will, kann unterwegs auf ein Dolmuş aufspringen. Achtung: Das Museum soll in ein neues, größeres Gebäude an die Straßenkreuzung İzmir/Kütahya ca. 9 km westlich des Zentrums umziehen. 2012 soll jedoch erst mit dessen Bau begonnen werden. Tägl. (außer Mo) 8–12 u. 13.30–17.30 Uhr. Eintritt frei.

Über **Sardes** lesen Sie weiter ab S. 265, über **Akşehir** ab S. 692, über das **Seengebiet** ab S. 679 und zu **Kütahya** ab S. 650.

Zwischen Afyon und Midas-Stadt

Rechts und links der Landstraße von Afyon nach Midas Şehri (Midas-Stadt) erinnert die Szenerie ein wenig an Kappadokien. Tuffsteinformationen, weite Mohnfelder, einsam gelegene Dörfer sowie phrygische Gräber und Felsdenkmäler aus dem 7. Jh. v. Chr. kennzeichnen das im Frühjahr sattgrüne, im Sommer staubig-windige Dreieck zwischen Afyon, Kütahya und Eskişehir. Die Fremdenverkehrsämter der drei Provinzhauptstädte bemühten sich in den letzten Jahren, das Gebiet unter dem Namen **Frig Vadisi** („Phrygisches Tal") touristisch zu vermarkten. Es wurden Broschüren gedruckt (in den Touristeninformationen erhältlich, falls nicht gerade wieder vergriffen) und vielerorts Hinweisschilder aufgestellt – sie führen teils jedoch ins Nichts. Jüngst wurde zudem ein Wanderweg erschlossen, → „Wissenswertes von A-Z/Sport", S. 71. Wer Geduld, Abenteuerlust und ein eigenes Fahrzeug mitbringt (Autoverleih in Afyon), wird viel entdecken. Taxifahrer nehmen für eine Tagestour ab 120 €. Wir beschränken uns auf die wichtigsten Sehenswürdigkeiten auf dem Weg von Afyon nach Midas-Stadt.

Döger und Umgebung: Die alte *Karawanserei* von Döger (Schlüssel im Rathaus) passieren mehr Gänse als Menschen. In der Nähe der Ortschaft befinden sich drei phrygische Kultstätten. Die imposanteste ist der sog. *Aslankaya (Löwenfels)*, eine Kultfassade mit geometrischen Mustern und einem nachgebildeten Giebel in einem freistehenden Tuffstein. In einer Nische flankieren zwei Löwen Kybele (nur noch ansatzweise zu erkennen), die von den Phrygern als wichtigste Gottheit verehrt wurde. Die beiden anderen Kybelekultstätten *Büyük Kapıkaya (Großer Türfels,* auch *Kapıkaya I* genannt) und *Küçük Kapıkaya (Kleiner Türfels,* auch *Kapıkaya II* genannt) sind nicht allzu spannend.

Anfahrt Aslankaya: Von der Straße Afyon–Eskişehir zweigt man bei Gazlıgöl auf die gen Nordwesten führende Straße nach İhsaniye (12 km) ab und fährt durch bis Döğer (weitere 12 km ab İhsaniye). Die Abzweigung „Turizm Kuşağı Yolu" unterwegs führt in das von imposanten Tuffsteinkegeln durchsetzte Dorf **Üçlerkayası**, ein netter Abstecher. Im Zentrum von Döğer hält man sich vor der Karawanserei rechts, kurz darauf folgt man dem Hinweisschild „Kapıkaya". Sobald man die geteerte Straße verlassen hat, sind es noch 2,8 km bis zum Aslankaya (rechter Hand). Die beiden anderen Felsen liegen etwas weiter – viel Spaß beim Suchen! Wer 200 m hinter dem Aslankaya linker Hand über den Hügel späht, erblickt den idyllisch gelegenen **Emre-See**.

Die Phryger

Im östlichen Mittelmeerraum kam es um 1200 v. Chr. zu Bevölkerungsverschiebungen. Von Makedonien und Thrakien aus machten sich die Phryger, eines der sog. Seevölker, auf den Weg nach Kleinasien. Sie wirkten entscheidend am Untergang Trojas und des Hethiterreiches mit und besaßen eine eigenständige indogermanische Sprache, deren Schrift dem griechischen Alphabet entlehnt war. Leider hinterließen sie nur wenige Texte, die ihre Geschichte und Religion zum Inhalt hatten, weswegen das Wissen über sie bescheiden ist. Im 8. Jh. v. Chr. gründeten sie ein Großreich, das sich im Dreieck der heutigen Städte Afyon, Ankara und Eskişehir erstreckte und die antike Landschaft Phrygien kennzeichnet. Zu ihrer Hauptstadt machten sie Gordion (→ S. 663). Im Westen unterhielten sie gute Beziehungen zu den Griechen und im Osten zu den Urartäern. Aus der Blütezeit ihres Reiches sind u. a. Bogenfibeln, Kieselmosaike, Keramiken und Felsfassaden mit geometrischen Mustern erhalten, zudem sollen die Phryger die Doppelflöte und andere Musikinstrumente erfunden haben. Die Könige hießen abwechselnd Gordios und Midas, und da sie sich nicht durchnummerierten, fällt es den Archäologen schwer, die einzelnen „Midase" und „Gordiose" auseinander zu halten. Dem berühmtesten König mit dem Namen Midas erfüllten die Götter der Legende nach den Wunsch, dass alles, was er berühre, zu Gold werde (→ Sardes, S. 265). Das phrygische Großreich ging Anfang des 7. Jh. v. Chr. unter, und aus seinen Trümmern das Reich der Lyder mit der Hauptstadt Sardes hervor. Unter den Römern lebte Phrygien noch als Provinz gleichen Namens fort. Noch heute ist in aller Welt die Parabel vom Gordischen Knoten bekannt (→ S. 663).

Ayazini: Noch bevor man das malerisch gelegene Dorf Ayazini, das in byzantinischer Zeit Metropolis genannt wurde, erreicht, sieht man links des Zufahrtssträßleins durchlöcherte Tufffelsen. In ihnen findet man Wohnungen, Felsengräber aus phrygischer und römischer Zeit und – wie in Kappadokien – Überreste des byzantinischen Christentums. Da man den vielen Tuffsteinhöhlen von außen nicht immer ansieht, was sie im Innern verbergen, ist es ratsam, sich von Dorfbuben die interessantesten Orte zeigen zu lassen – Bezahlung am besten im Voraus aushandeln. Sehenswert ist eine von den Einheimischen „Hamam" genannte *Kreuzkuppelkirche*, vollständig aus dem Tuffmaterial herausgearbeitet; beachten Sie die Imitation der Ziegelrippen auf der Kuppelabdachung. Auf der anderen Bachseite liegt etwas versteckt die größte Wohnanlage der Gegend, vielleicht auch eine Art Schutzburg: Über zwei Zwischengeschosse gelangt man in einen 13 x 6 m großen Zentralraum.

Die Abzweigung nach Ayazini ist von der Straße Afyon – Eskişehir am nördlichen Ortsende von Kayıhan (7 km nördlich von Gazlıgöl) ausgeschildert. Um die Kirche zu finden, hält man sich 3,8 km nach der Abzweigung bei der Straßengabelung mit Bushaltestelle links. 400 m weiter sieht man linker Hand die Apsis der Kirche in der Felswand.

Göynüş-Tal (Göynüş Vadisi): Zwei 10 m hohe Reliefs brüllender Löwen bewachen den Eingang der phrygischen Grabkammer *Aslantaş (Löwenstein)* an der Flanke des Göynüş-Tales – halten Sie bei der Durchfahrt linker Hand danach Ausschau. Gleich daneben liegen die Bruchstücke eines weiteren Löwenreliefs, das herabgestürzt ist. Die jetzt offene Grabkammer hängt noch im Berg. Nach den Pranken des Löwen, die die Bauern fälschlich für Schlangen hielten, heißt dieses Relief *Yılantaş (Schlangenstein)*. 500 m talabwärts steht – halb in der weichen Erde versunken – der sog. *Maltaş*, eine Art Open-Air-Tempel für Kybele.

Das Tal ist von der Straße Afyon – Eskişehir knapp 5 km nördlich von der Abzweigung nach Ayazini ausgeschildert. Es liegt 2 km westlich der Straße, ein geteertes Sträßlein führt hinein.

Kümbet: *Kümbet* heißt „Kuppelgrab" und ein solches ist in Form einer seldschukischen Türbe in unübersehbarer Lage über dem gleichnamigen einfachen Dörfchen und neben einem uralten Friedhof zu finden. Für den Bau wurden u. a. antike Säulen und byzantinische Reliefs verwendet. Direkt hinter dem Kuppelgrab findet man ein mächtiges, gut erhaltenes, phrygisches *Giebelgrabmal (Arslanlı Mabet)* mit eingemeißelten Löwen.

Kümbet, das 2 km abseits der Straße Afyon – Eskişehir liegt, passiert man auf der Strecke von Afyon nach Midas Şehri (→ Midas Şehri/Anfahrt). Auf die Beschilderung „Arslanlı Mabet" achten.

Midas-Stadt (Midas Şehri, antike Stadt)

Die Ruinen von Midas-Stadt erstrecken sich auf und um einen Tafelberg auf 1100 m ü. d. M. Sie sind neben Gordion die größte Fundstätte aus der phrygischen Vergangenheit.

Man vermutet, dass Midas-Stadt 1000 v. Chr. gegründet und im 3. Jh. n. Chr. zerstört wurde. Midas-Stadt war religiöses Zentrum des Phrygerreiches, hier verehrte man die Fruchtbarkeitsgöttin Kybele. Zur Blütezeit der Stadt im 8. Jh. v. Chr. war die Landschaft im Quellgebiet des Sakarya-Flusses dicht besiedelt und dicht bewaldet. Heute liegt Midas-Stadt im Nirgendwo der anatolischen Abgeschiedenheit – drum herum gibt es lediglich ein paar Dörfer; das nächstgelegene ist **Yazılıkaya** („Inschriftenfels"). Vermutlich würde keine Seele mehr hier wohnen, hätten sich nicht Ende des 19. Jh., als der Kaukasus ans Zarenreich fiel, ausgewanderte Tscherkessen hier angesiedelt. Ihre Kultur und Sprache haben sie z. T. bis heute bewahrt.

Erste Ausgrabungen in Midas-Stadt wurden bereits 1836 getätigt, in den 1960er und 70er Jahren waren türkische Archäologenteams zugange, später noch ein paar Franzosen. Seit Jahren gräbt keiner mehr. 2011 wurde das Midas-Monument jedoch aufwendig restauriert, auch wurden neue Treppen und Schilder angebracht. Die meisten Bodenfunde sind im Museum von Afyon, aber auch in İstanbul und Ankara zu bewundern, kaum etwas leider in Eskişehir.

Midas-Stadt (antike Stadt)

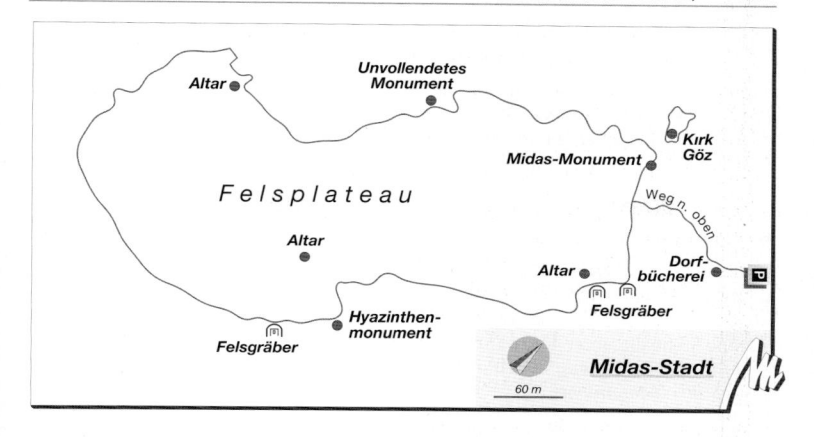

Von Afyon kommend auf der Straße nach Seyitgazi nach ca. 50 km rechts ab (beschildert), durch Kümbet hindurch, dann noch 17 km bis Yazılıkaya. Aus der anderen Richtung kommend zweigt man von der Straße nach Afyon ca. 2,5 km nach dem Ortsende von Seyitgazi links ab (beschildert), bis Yazılıkaya durchgängig geteert. Nicht mit öffentlichen Bussen zu erreichen. Das Gelände ist stets zugänglich. Eintritt frei.

Sehenswertes

Für die Besichtigung des Midas-Monuments reicht eine Viertelstunde, vom Parkplatz vor der Bibliothek steigt man in rund drei Minuten auf. Reizvoll ist ein Spaziergang über und um den 200 x 600 m großen Burgfelsen (Dauer etwa zwei Stunden). Ein äußerst freundlicher, nicht aufdringlicher und sachkundiger Führer ist Veysel Karani, der Wächter der Anlage, der auch bei verschiedenen Ausgrabungen mitgearbeitet hat. Er ist allerdings gleichzeitig Dorfvorsteher, hat oft andere Dinge zu tun und ist deswegen nicht immer vor Ort.

Midas-Monument: In der Nische der 17 m hohen, 16 m breiten und mit geometrischem Dekor verzierten Felsfassade wurde lange Zeit das Grab des phrygischen Königs Midas, des Sohnes des Dynastiegründers Gordios vermutet, da eine altphrygische Inschrift den Namen *Mida* erwähnt. Doch der Name steht für die Fruchtbarkeitsgöttin Kybele, der hier ein Kultheiligtum errichtet wurde. Die Statue der Göttin stand in der Zentralnische. Wie viele phrygische Felsendenkmäler ist das Midas-Monument nach Osten zur aufgehenden Sonne hin ausgerichtet. Im Morgenlicht leuchtet es in warmem Braun, gegen Mittag, wenn die Sonne in schrägem Winkel einstrahlt, treten die Konturen des Reliefs besonders hervor. Aufgrund eines Felsbruchs durchzieht die Fassade heute ein bedrohlicher Riss. Links neben der Fassade ist eine mit Inschriften geschmückte Nische aus dem Fels geschlagen, davor die Basen dreier Säulen: Offensichtlich gab es im rechten Winkel zur Fassade einst einen Säulengang.

Kırk Göz: Rechts des Midas-Monuments erblickt man einen frei stehenden, ausgehöhlten Tufffelsen, der aufgrund seiner zahlreichen Löcher *Kırk Göz* („Vierzig Augen") genannt wird. Die Gräber darin, darunter ein monumentales *Kammergrab*, stammen nicht aus phrygischer, sondern aus hellenistischer Zeit. Im Laufe der

Jahrhunderte wurde aus dem Grabhaus eine mehrstöckige Wohnanlage. Noch um 1980 bewohnte eine alte Dame den Felsen und verweigerte allen neugierigen Forschern den Zutritt.

Auf dem Plateau: Allzu viel gibt es hier nicht zu sehen, Ausgrabungen brachten in erster Linie Tonscherben ans Tageslicht. Dabei war der Burgberg einst ummauert und mit Wohnhäusern und öffentlichen Bauten versehen. Auffälligstes Monument auf dem Hügelrücken ist eine Art *Altar* für Kulthandlungen, auf den zwei übergroße Stufen führen – heute ein schöner Ort fürs Picknick. Einen zweiten, schlichteren Altar findet man auf dem Plateau 50 m westlich der Kante mit dem Midas-Monument.

Entlang der *Prozessionsrampe*, die am Hang zum Hauptaltar hinaufführt, sind bei günstigem Licht noch die Reliefs menschlicher Figuren zu erkennen. Deutlicher sind die von den Karren in den Boden gefrästen Spurrillen. Am Fels unterhalb der Rampe steht die einer Kultwand vorgesetzte Monumentaltreppe des sog. *Stufenmonuments* und, etwas östlich, die Kultnische des nach seinem Dekor benannten *Hyazinthen-Monuments*.

Unvollendetes Monument und Königsgrab: Passiert man vom Midas-Monument den teilweise unterkellerten Stadtfelsen auf seiner Nordwestseite (entgegen dem Uhrzeigersinn), gelangt man zum *Küçük Yazılı Kaya* („Kleiner Inschriftenfels"), einem kleineren Kultort. Auch hier schmückt ein Flachrelief mit streng geometrischem Muster die aus dem Tuffstein gehauene Fassade – die Arbeiten daran wurden jedoch nie vollendet. Etwa zehn Fußminuten südwestlich des unvollendeten Monuments liegt – gut zugänglich – das sog. Königsgrab. Im Felsen vor dem Eingang sind Karrenspuren zu entdecken. Das Innere der Kammer (Schlüssel beim Wächter), die wahrscheinlich ebenfalls für Kulthandlungen genutzt wurde, erinnert an ein winziges Häuschen. Auf den im Norden des Grabes aus dem Fels geschlagenen Terrassen, die wieder zu einem „Altar" hinaufführen, wurde Kybele in hellenistischer Zeit als Göttin *Agdistis* verehrt.

> **Hinweis:** An der Straße von Yazılıkaya nach Seyitgazi gibt es – Augen auf! – weitere Monumente aus phrygischer und hellenistischer Zeit zu entdecken: kleinere Kultorte, Giebelgräber und Festungsanlagen. Die meisten Monumente sind ausgeschildert und bereits von der Straße auszumachen.

Seyitgazi

ca. 3200 Einwohner

Zwischen Midas-Stadt und Eskişehir liegt Seyitgazi, ein kleines, verschlafenes Landstädtchen. Über dem Ort ragen die zahlreichen Kuppeln und Türmchen eines Derwischkonvents empor, der direkt aus Tausendundeiner Nacht entsprungen zu sein scheint. Hier ruhen in einem über 4 m großen Sarg die sterblichen Überreste Seyit Battal Gazis, des angeblich riesengroßen Sarazenen, der mit seinen Gefolgsleuten raubend durch Anatolien gezogen war. 740 fiel er im Kampf gegen die Byzantiner. Neben dem Glaubenskämpfer liegt – Ironie der Geschichte – eine byzantinische Prinzessin begraben, die aus Liebe zu ihm mit in den Tod ging. Die Mutter des Seldschukensultans Alaeddin Keykobat soll an der Romanze derart Gefallen gefunden haben, dass sie den Bau einer Türbe für Seyit Battal Gazi in Auftrag gab. Haci Bektaş Veli, der Begründer des Bektaşi-Ordens (→ Hacıbektaş, S. 761), ließ um 1250 einen Konvent hinzufügen und machte diesen zu einem wichtigen Zentrum seiner Lehre. Anfang des 16. Jh. wurde die Anlage noch um eine Armenküche und eine Medrese erweitert. Der Bektaşi-Orden wurde 1925 von Atatürk verboten, der Prachtbau ist als Museum und Pilgerstätte erhalten geblieben.

Seyitgazi ist mit den Afyon-Eskişehir-**Bussen** zu erreichen. Der Konvent ist vor Ort mit „Seyitgazi Türbesi" bzw. „Seyitgazi Müzesi" ausgeschildert. Tägl. 9–17.30 Uhr. Eintritt frei.

Gordion (antike Stadt)

Die vielen Tumuli rund um die einstige Hauptstadt des Phrygischen Reiches verleihen der Gegend etwas Mystisches. Die Ausgrabungsstätte selbst ist eher eine Enttäuschung.

Die weit verstreuten Ruinen von Gordion liegen 100 km südwestlich von Ankara beim Dorf Yassıhöyük. Die Hauptattraktionen sind die Akropolis im Osten des Dorfes und der Midas-Tumulus im Westen. Südöstlich von Gordion, auf der Strecke nach Polatlı, fallen zahlreiche weitere Grabhügel in der staubig-monotonen Steppenlandschaft auf. Bis heute sind von den rund 90 Tumuli der Gegend, die je einen Toten beherbergten, 35 ausgegraben, der Midas-Tumulus ist der größte.

Der Gordische Knoten

Gordios, dem sagenhaften Gründer des Phrygischen Reiches, verhalf ein Orakelspruch zum Aufstieg vom Bauern zum König. Als Erinnerung an seine Vergangenheit verband er Deichsel und Joch seines fortan überflüssigen Ochsenkarrens mit einem Knoten, der ebenso kunstvoll wie kompliziert war und als unauflösbar galt. Und schon bald ging die Weissagung um, dass demjenigen die Weltherrschaft zufiele, dem es gelänge, den berühmten Knoten zu lösen. Fast 500 Jahre gingen ins Land, bis Alexander der Große in Gordion auftauchte und das kunstvoll verschlungene Problem kurzerhand auf eine überaus unfeine Art mit einem einzigen Schwerthieb löste. Seitdem steht der gordische Knoten für eine verfahrene Situation, die man nicht durch ein langes Abwägen aller Lösungsmöglichkeiten bereinigt, sondern durch entschiedenes, schnelles Handeln.

Systematische Grabungsarbeiten in Gordion erfolgten ab 1950 unter Rodney Stuart Young von der Universität Pennsylvania und sind bis heute nicht abgeschlossen. Von den vorgefundenen Siedlungsschichten – diese reichen bis in die Bronzezeit zurück – ist die phrygische (800–690 v. Chr.) die interessanteste, zumal zu jener Zeit am meisten gebaut wurde. Davor, unter den Hethitern, und danach, unter den Lydern, Persern, Galatern oder Römern, besaß Gordion kaum noch Bedeutung. Nach dem Untergang des phrygischen Reiches und der Zerstörung Gordions durch die Kimmerier zeigte keiner der nachfolgenden Eroberer Interesse, Gordion zu alter Blüte zu verhelfen.

Akropolis: Das Ausgrabungsgelände der Akropolis (300 m lang und 200 m breit, mit „Gordion Harabeleri" ausgeschildert) ist mit Stacheldraht umzäunt und nicht begehbar, sondern lediglich einsehbar. Eine Tafel weist auf die wichtigsten Ruinen hin. Dabei handelt es sich um Teile der *Stadtmauer* und Grundmauern der *Megara*, den Vorhallen des Königspalastes in der Mitte des Geländes. Es gibt Vermutungen, dass in der Akropolis nur die Königsfamilie samt Bediensteten und Wachhabenden lebte. Am auffälligsten ist das *phrygische Tor* im Südosten des Geländes, ein monumentales Mauerwerk von 9 m Höhe.

Midas-Tumulus: Von allen Grabhügeln der Gegend ist er als einziger begehbar. Ursprünglich 75 m hoch und mit einem Durchmesser von 250 m, schrumpfte er im Laufe der Jahrhunderte auf 52 Höhenmeter zusammen – und ging dafür in die Breite. Die Archäologen der Universität von Pennsylvania schlugen eine Schneise von 70 m Länge in den Hügel, die in einen 4 m hohen Stollengang von weiteren 70 m Länge übergeht. Er führt zu einer Grabkammer mit massiven Holzwänden, die durch dahinter liegende Steinmauern verstärkt sind. Rodney Stuart Young, der die Grabesruhe nach über 2600 Jahren gestört hatte, beschrieb den spektakulären Fund mit der Genauigkeit eines Wissenschaftlers: *„Im Innern ist die Grabkammer 6,20 m lang und 5,15 m breit. Das Mobiliar: ein großes Bett, auf dem das Skelett des Toten ruht (ein Mann von über 60 Jahren und von kleiner Statur, seine Körperlänge beträgt nur 1,59 m), neun Tische und an der Ostmauer zwei Wandschirme aus Holz. An der Südmauer drei große, auf kreisförmigen Eisengestellen ruhende Bronzekessel. Diese waren gefüllt mit schwarz glasierten Gefäßen, die Lebensmittel enthielten. Kleine Bronzegefäße, insgesamt 166 Stück, standen früher auf den Tischen oder waren mit Eisennägeln an die Mauer gehängt. Im Lauf der Jahrhunderte brachen die Tische auseinander, die Eisennägel rosteten, so dass die Bronzestücke in der Position gefunden wurden, wie sie auf den Boden fielen. Am Kopfende des Bettes auf einem Tisch befanden sich die Schmuckstücke des Königs: 145 Bronze-Fibeln, die verstreut am Boden lagen."* Sämtliche Grabbeigaben sind in Museen gewandert, auch das Skelett des Königs, von dem bis heute unklar ist, ob es sich um den goldreichen Midas (→ Sardes, S. 265) handelt.

So spannend das alles klingen mag, so ernüchternd ist die Besichtigung des Tumulus heute: Am Eingang sieht man einige Fotos der Grabungsarbeiten und der Grabbeigaben. Und am Ende des gruseligen, kühlen Gangs landet man vor einem Gitter, durch das man in die leer geräumte Grabkammer schaut.

Museum: Gegenüber dem Tumulus liegt das Gordion-Museum – recht unspektakulär, da sich die schönsten Funde im Museum für anatolische Zivilisationen in Ankara befinden. So sieht man keine Grabbeigaben, sondern vorrangig Kleinfunde von der Akropolis: Keramik, Bronzewerkzeuge und kleine Steinskulpturen wie die eines traurig dreinblickenden, seltsamen Hundes. Zudem werden Beerdigungstechniken nachgestellt. Prunkstück ist ein farbiges, geometrisches Fußbodenmosaik, das im Megaron II (→ Akropolis) gefunden wurde und im Garten zu besichtigen ist. Es gilt als eines der ältesten Steinmosaike der Menschheitsgeschichte.

Anfahrt/Verbindungen Von der Straße Eskişehir – Ankara ausgeschildert. Nächstgelegene Stadt ist Polatlı, 13 km entfernt und gut mit **Bussen** von Eskişehir und Ankara zu erreichen. Taxi von Polatlı retour ca. 25 €.

Öffnungszeiten Museum und Midas-Tumulus tägl. 8.30–17.30 Uhr. Der **Akropolis**hügel, ca. 2 km vom Midas-Tumulus entfernt, ist stets zugänglich, allerdings nur bis zur Umzäunung. Eintritt für alle Sehenswürdigkeiten 1,20 €, das Museum wird vor dem Tumulus besichtigt.

Sie setzen Ihre Reise gen Osten fort? Über Ankara lesen Sie weiter ab S. 708.

Im Tal des Großen Mäander

Vor über 2000 Jahren blühten rund um das Tal des Büyük Menderes, wie der Fluss im Türkischen heißt, Wissenschaft und Kultur. Nicht umsonst wird es auch „Tal der Zivilisationen" genannt. An der Mündung des Büyük Menderes lagen in der Antike so bedeutende Städte wie Milet oder Priene (ab S. 317), flussaufwärts unzählige mehr, wie z. B. Tralleis, Nysa und als herausragendstes Beispiel Aphrodisias. Das Gros der Reisenden, das sich heute von der Küste durch das Tal des Großen Mäander aufmacht, hat aber nicht eine der großen antiken Stätten zum Ziel, es steuert geradewegs Pamukkale an, das Wunder der weißen Sinterterrassen ca. 200 km westlich von Aydın. Unterwegs passiert man weite Plantagen, auf denen die besten Feigen des Landes herangezogen werden. Im Oktober sieht man überquellende Laster, die Baumwolle zu den weiter verarbeitenden Betrieben bringen. Zudem werden in der fruchtbaren Talebene Granatäpfel, Zitrusfrüchte, Pfirsiche, Tabak, Oliven, Äpfel und Melonen angebaut.

Aydın
ca. 201.000 Einwohner

Die Provinzhauptstadt am nördlichen Rand der Mäanderebene präsentiert sich lebhaft, modern und sauber. Alten Charme besitzt sie jedoch nicht. Dafür haben mehrere schwere Erdbeben gesorgt, zudem brannten die griechischen Besatzer die Stadt 1919 komplett nieder. Die antiken Stätten der Umgebung sind es, die Fremde hier zuweilen Station machen lassen. Funde aus dem nahen Tralleis, aber auch aus Milet, Nysa, Magnesia, Alinda und Alabanda zeigt das kleine, modern konzipierte **Museum**, darunter Stelen, Büsten, Schmuck, Glasware, Statuen und Statuetten.

Die Ruinen des antiken **Tralleis** selbst liegen inmitten von Olivenhainen auf einer Anhöhe im Norden Aydıns verstreut. Noch vor nicht allzu langer Zeit beschränkten sie sich auf nicht viel mehr als die drei gewaltigen Bögen des einst 25.000 m² großen *Bad-Gymnasions*. Dank eines engagierten Teams der hiesigen Adnan-Menderes-Universität, die seit 1996 die Grabungsarbeiten leitet, lässt Tralleis heute tiefer blicken. Man stieß u. a. auf ein zweistöckiges unterirdisches *Arsenal*, entdeckte das *Theater*, legte *Latrinen* und *Wohnhäuser* frei. Wie viel jedoch vom antiken Tralleis, das im 5. Jh. v. Chr. erstmals erwähnt wurde und eine recht große und wohlhabende Stadt gewesen sein soll, überhaupt noch ausgegraben werden kann, ist fraglich, da die Bauern der Gegend die antike Bausubstanz lange Zeit zur Kalkherstellung nutzten. Vor Ort sind alle Sehenswürdigkeiten ausgeschildert, leider sind viele nicht zugänglich.

Alte Bäuerin aus der Umgebung Aydıns

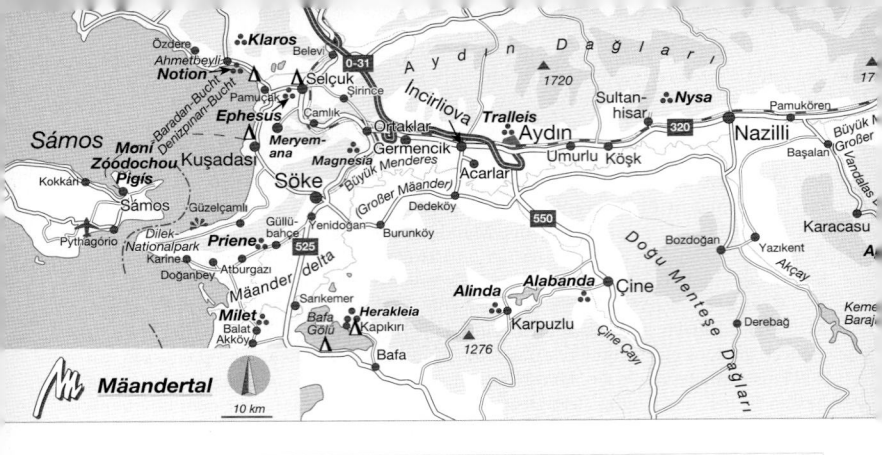

Orientierung: Die Nationalstraße 320, zugleich die Fernstraße nach Denizli, passiert die südlichen Stadtviertel Aydıns. Von ihr ist die Abzweigung ins Zentrum bei einem großen Kreisverkehr mit „Şehir Merkezi" ausgeschildert. Über den Adnan Menderes Bul., die Hauptgeschäftsstraße mit mehreren Hotels, gelangen Sie zum Atatürk Meydanı. Der sterile, weite Platz, der auch 9 Eylül Meydanı genannt wird, ist das Herz der Stadt. Unter dem Platz befindet sich ein Parkhaus. Etwas weiter nördlich liegt, links des Hükümet Bul., eine Fußgängerzone mit Restaurants.

Information/Verbindungen/Sonstiges

Telefonvorwahl 0256.

Information Beim großen Kreisverkehr (mit McDonald's-Werbung) an der D 320. Mo–Fr 8.30–12 u. 13.30–17 Uhr. Yeni Dörtyol Mevkii, ✆ 2112842.

Verbindungen Bus: Busbahnhof nahe der Touristeninformation an der D 320 südlich des Zentrums. Gute Verbindungen in alle größeren Städte des Landes.

Zug: 5-mal tägl. über Selçuk nach İzmir sowie nach Nazilli, 3-mal nach Denizli. Bahnhof im Stadtzentrum westlich des Atatürk Meydanı. ✆ 2251824.

Dolmuş: Dolmuşe nach Çine, Sultanhisar (Nysa) und (selten) nach Karpuzlu (Alinda) vom Busbahnhof. In die Busse und Dolmuşe nach Nazilli und Sultanhisar kann man auch nahe der Touristeninformation zusteigen.

Anfahrt/Öffnungszeiten Museum, Kızılay Cad., vom Atatürk Meydanı mit „Müze" ausgeschildert. Tägl. (außer Mo) 8–12 und 13.30–17 Uhr. Eintritt frei.

Tralleis, ca. 3 km abseits des Zentrums (ausgeschildert), keine Dolmuşanbindung. Tägl. 8–17 Uhr frei zugänglich, Eintritt frei. Fotografieren wegen des benachbarten Militärgeländes verboten.

Einkaufen Di ist Markt.

Übernachten/Essen & Trinken

Aydın besitzt nur wenige Hotels, und die sind größtenteils nicht zu empfehlen. Die im Folgenden beschriebenen Hotels haben lediglich den Nachteil „zur Straße hin laut".

**** Anemon Hotel, ca. 3 km südlich von Aydın an der Straße nach Muğla. Bestes Haus der Stadt. Lichte Lobby mit viel Marmor. 80 gepflegte Zimmer, leicht in die

Jahre gekommen, aber noch immer okay. Unbedingt eines nach hinten mit Blick auf Pool und/oder Palmengärtchen wählen! Tennisplatz, Fitnessraum. EZ ab 51 €, DZ ab 66 €, Frühstück extra. Aydın – Muğla Karayolu, ✆ 2260033, ✆ 2260039, www.anemon hotels.com.

Otel Özlü, südlich des Zentrums nahe der Touristeninformation. 30 Zimmer (altbackene Möbel treffen auf trendige Accessoires) mit Klimaanlage und z. T. mit neuen Bädern. EZ 35 €, DZ 53 €. Adnan Menderes Bul. 77, ✆ 2253371, ✆ 2132988, www.hotel ozlu.com.

Otel Ünlü, sehr zentrumsnah. Etwas verwohnt-abgewetzte Teppichbodenzimmer, teils aber recht geräumig und insgesamt okay und sauber. Einige Zimmer besitzen Balkon, Stuck an der Decke und sogar einen offenen Kamin. EZ 25 €, DZ 40 €. Adnan Menderes Bul. 13, ✆/✆ 2126833, www.otel unlu.com.tr.

Essen & Trinken **Beyli Kebap**, am Adnan Menderes Bul. beim Kreisverkehr gegenüber der Touristeninformation. Gepflegtes Lokal mit Terrasse (leider laut). Gute Suppen und etliche Sorten Pide, diverse Kebabs und in Tonpfannen zubereitete Fleischköstlichkeiten. Günstig, korrekter Service. ✆ 2139595.

Adnan Menderes – Verbrecher oder Held?

Adnan-Menderes-Boulevard, Adnan-Menderes-Universität, Adnan-Menderes-Stadion, Adnan-Menderes-Grundschule ... Was Goethe für Weimar oder Kafka für Prag, ist Adnan Menderes für Aydın. Hier wurde er geboren, der Mitbegründer der Demokratischen Partei (DP) und spätere Ministerpräsident (1950–60). Die ersten Jahre seiner Amtszeit trug ihn eine Welle der Zustimmung. Doch die kippte, als Menderes immer autokratischer regierte. Hinzu kamen wirtschaftliche und soziale Probleme im Land. Menderes versuchte, die sich verstärkende Opposition durch Unterdrückung der Meinungsfreiheit auszuschalten: Während seiner Regierungszeit wurden über 1000 Journalisten strafrechtlich verfolgt, an die 300 zu Gefängnisstrafen verurteilt. Durch einen Militärputsch wurde Adnan Menderes 1960 gestürzt und wegen Verfassungsbruch zum Tode verurteilt. Er starb am 17. September 1961 durch den Strang.

In Aydın huldigt man ihm weiterhin. Warum, das weiß keiner so genau. Vielleicht ist man einfach nur stolz darauf, neben dem gleichnamigen Fluss vor der Haustür einen zweiten Büyük (= Großer) Menderes sein Eigen zu nennen ...

Umgebung von Aydın

Alinda: Die Reste der karischen Stadt präsentieren sich in eindrucksvoller Hanglage oberhalb des gemütlichen 2200-Einwohner-Landstädtchens Karpuzlu. Ausgräber waren hier noch nicht zugange, und auch der Massentourismus zieht an der Idylle vorbei. Bekannt wurde die Stadt einzig im Zusammenhang mit Ada, einer Schwester und Nachfolgerin des Mausolos (→ Bodrum/Geschichte, S. 336). Von ihrem jüngeren Bruder Pixodaros entmachtet, hatte sie hier Zuflucht gefunden. Als Alexander der Große 334 v. Chr. gegen die Perser und deren Statthalter Pixodaros aufmarschierte, offerierte die Dame dem Makedonier die Adoptivmutterschaft. Dieser nahm an, siegte glorreich über die Perser und übertrug seiner zur Königin gekrönten „Mutter" die Verwaltung des eroberten Karien. Hauptattraktion Alindas sind die bis auf eine Höhe von 15 m erhaltene, einst dreigeschossige *Agora* (sehr imposant!) und das *Theater*. Weiter entdeckt man Fragmente eines *Aquädukts* und Reste der *Stadtmauer* – insgesamt eine Ruinenlandschaft von seltenem Reiz. Teils wurden die antiken Steine auch in die darunter liegenden Wohnhäuser integriert.

Anfahrt/Verbindungen Die Dolmuşe von Aydın nach Karpuzlu verkehren sehr unregelmäßig. Zügiger geht es nach Çine, von dort regelmäßige Minibusverbindungen nach Karpuzlu. Mit dem Auto fährt man Richtung Muğla und biegt nach ca. 30 km rechts ab (ausgeschildert), nach weiteren 26 km ist man am Ziel. Vom Marktplatz der Alinda Cad. folgen.

Öffnungszeiten Frei zugänglich. Eintritt frei.

Tipps zur Weiterfahrt Von Alinda aus bietet sich ein Abstecher zum antiken **Alabanda** an (u. a. ein mächtiges Theater mit einem Durchmesser von 85 m), dafür fährt man erst ein Stückchen Richtung Milas und zweigt bei der Jandarma am Ortsende von Karpuzlu links ab (ausgeschildert, noch 9 km). Will man hingegen ins rund 18 km entfernte **Labranda** (→ S. 332), folgt man der Straße nach Milas. Erkundigen Sie sich jedoch zuvor, ob die Straße repariert wurde. Zuletzt befand sie sich in einem katastrophalen Zustand.

Nysa
(antike Stadt)

Oberhalb des Städtchens Sultanhisar, hoch über dem Mäandertal, stehen inmitten von Olivenhainen malerisch die vergessenen Ruinen des antiken Nysa. Strabo (63 v. Chr. bis ca. 23 n. Chr.), dessen mehrbändige *Geographika* ein großartiges Zeugnis des Kenntnisstandes der Antike ist, verbrachte hier seine Studienjahre. Die meisten Überreste stammen aus römischer Zeit, als Nysa (gegründet im 3. Jh. v. Chr.) zum wohlhabenden Wissenschaftszentrum avancierte.

Den wenigen Besuchern imponieren v. a. das **Theater**, das 12.000 Zuschauern Platz bot, die Überreste des **Stadions**, in das 30.000 Leute passten, und ein gut erhaltenes **Bouleuterion**. Beeindruckend ist zudem ein ca. 110 m langer **Tunnel** (östlich des Theaters), er stammt aus dem 2. Jh. v. Chr. und diente als Wasserleitung. Von der einst dreistöckigen **Bibliothek** stehen in Ansätzen noch zwei Stockwerke. Ausgrabungen finden unter Leitung der Universität Ankara statt.

14 km östlich von Sultanhisar liegt **Nazilli** (111.000 Einwohner), keine Stadt, die man gesehen haben muss. Immerhin bietet sie Übernachtungsmöglichkeiten und gute Busverbindungen.

Anfahrt/Verbindungen Regelmäßige **Dolmuşe** nach Sultanhisar von Aydın und Nazilli. Von Sultanhisar bis zur Ausgrabungsstätte sind es allerdings noch ca. 3 km den Berg hoch. Nysa ist von der Verbindungsstraße Denizli – Aydın ausgeschildert.

Öffnungszeiten Im Sommer tägl. 8.30–18 Uhr, im Winter 8–17 Uhr. Eintritt 1,20 €. Die Sehenswürdigkeiten sind bestens ausgeschildert. Für die weit verstreuten Ruinen sollte man sich mehrere Stunden Zeit nehmen.

Übernachten **** Hotel Nysa, die einzige Übernachtungsmöglichkeit in Sultanhisar. Große Anlage hoch über dem Ort mit Blick über die gesamte Ebene. 56 komfortable, angenehme und geräumige Zimmer mit Balkonen, die auf bunte Häuser verteilt sind. Leichte Gebrauchsspuren. Tempelähnliches Restaurant mit Platz für 600 (!)

Pers., Wahnsinnsterrasse mit Barbetrieb; Pool, Hamam, Disco (!) und Tennisplätze. DZ 65 €. Auf dem Weg zur Ausgrabungsstätte ausgeschildert, ℡ 0256/3512222, ℡ 3513344, www.nysahotel.com.

** **Hotel Metya**, in Nazilli. Anständiges, aber mittlerweile etwas verwohntes Stadthotel. Zimmer mit Teppichböden, Balkon und Klimaanlage. Sehr gutes Frühstück! DZ offiziell 45 €, ohne großes Handeln bekommt man es auch für 35 €. Direkt am Busbahnhof (von der Durchgangsstraße mit „Otogar" ausgeschildert), ℡ 0256/3128888, ℡ 3128891.

Aphrodisias (antike Stadt)

„Stellen Sie sich vor, Sie kommen in eine Stadt, die so reich an archäologischen Schätzen ist, dass Ihnen Skulpturen vor die Füße rollen, Marmorköpfe aus Wänden fallen oder dicht an dicht in Bewässerungsgräben liegen!"

So enthusiastisch äußerte sich der 1990 verstorbene türkische Archäologe Kenan T. Erim, der die Erforschung von Aphrodisias zu seinem Lebenswerk gemacht hatte, im Magazin *National Geographic*. Und ein andermal soll er auf die Frage, warum er nie geheiratet habe, geantwortet haben: „Heiraten? Ich? Ich bin doch verheiratet. Wie soll ich eine bessere Frau finden als Aphrodite?"

Aphrodisias war eine der Hauptstätten des Aphroditekults. Die Göttin der Liebe, der Schönheit und der Verführung drückte der Stadt ihren Stempel auf. Der Kult und die ihn begleitenden, z. T. ausschweifenden Festlichkeiten bescherten Aphrodisias Besucher aus der gesamten antiken Welt. Schließlich wurde die Göttin vom Christengott vertrieben, und die Stadt verfiel. Das heutige Ausgrabungsgelände weist zwar im Vergleich mit Ephesus die weniger spektakulären Ruinen auf, dafür kann man sie ohne Gedränge genießen. Zudem ist die Lage von Aphrodisias inmitten einer Hochebene reizvoller. Im Frühling, wenn zwischen den antiken Monumenten Blumen blühen und die umliegenden Berggipfel noch schneebedeckt sind, ist ein Besuch am schönsten.

Geschichte

Der nahe Fluss Mäander und sein fruchtbares Tal zogen schon in grauer Vorzeit Menschen an. Erste Spuren einer dauerhaften Ansiedlung auf dem Boden von Aphrodisias stammen aus dem 7. Jh. v. Chr. Der Ort war damals ein assyrisches Städtchen namens *Ninoe*. Im 2. Jh. v. Chr. wurde Ninoe durch einen Verwaltungsakt des Römischen Reichs in Aphrodisias umbenannt. Angeblich erhielt der römische Diktator Sulla vom Orakel in Delphi den Rat, der griechischen Göttin der Liebe zu huldigen, die die Römer als Venus verehrten. Von nun an ging es mit Aphrodisias bergauf, zwischen dem 1. Jh. v. Chr. und dem 3. Jh. n. Chr. erlebte die Stadt ihre Blütezeit. Aphrodisias erhielt viele Privilegien, war unabhängig und so heilig, dass es bis ins 4. Jh. n. Chr. keine Stadtmauer benötigte. Doch nicht nur der Aphroditekult machte die Stadt in der späten Antike berühmt. Auch das literarische und wissenschaftliche Leben brachte bedeutende Ergebnisse hervor, zudem verbreitete sich der Ruhm der lokalen Bildhauerschule im ganzen Imperium. Das Rohmaterial, Marmor feinster Güte aus einem nahe gelegenen Steinbruch, wurde in der Stadt meisterhaft bearbeitet und überallhin verschickt. Skulpturen aus Aphrodisias wurden im griechischen Olympia wie im afrikanischen Leptis Magna aufgestellt, auch viele Plätze Roms waren mit ihnen geschmückt. Die aphrodisischen Künstler waren so erfolgreich mit dem guten Ruf der Stadt, indem sie ihrem jeweiligen Vornamen den Künstlernamen „Aphrodisieus" anfügten.

> **Zu den Ausgrabungen**: Die Ruinen liegen innerhalb und in der nächsten Umgebung des alten Dorfes Geyre, dessen Bewohner in den 1960ern umgesiedelt wurden, weil sie den Ausgrabungen im Wege waren. Erste Ausgrabungen, besser: Plünderungen, unternahm 1904 der französische Eisenbahningenieur und Hobbyarchäologe Paul Gaudin. Die dabei geborgenen Funde sind teils im Museum von İstanbul ausgestellt, teils auf verschlungenen Wegen in die Museen von Boston, Brüssel, Berlin und in andere Winkel der Welt gelangt. 1937 wurden Ausgrabungen unter italienischer Leitung durchgeführt. Stücke des prächtigsten Fundes – der mit geradezu lebensechten Gesichtern verzierte Fries des Tiberius-Portikus – befinden sich sowohl im Museumsgarten von Aphrodisias als auch im Hof des Archäologischen Museums von İzmir. Ab 1961 wurde Aphrodisias systematisch von einem türkisch-amerikanischen Team unter Kenan T. Erim erforscht, das jedes Jahr ein paar Säulen aufrichtete und herabgestürzte Kapitelle wieder in ihre alte Position hievte. Das Grab des berühmten Archäologen liegt gleich beim wiedererrichteten Tetrapylon. Die Grabungen werden heute von der New York University mit einem internationalen Team fortgesetzt.

Die Spaltung des Römischen Reiches leitete den Niedergang von Aphrodisias ein. Unter der Herrschaft von Byzanz wurde die Stadt Bischofssitz. Im 7. Jh. versuchten die Christen, die heidnische Vergangenheit zu übertünchen und tauften die Stadt in *Stauropolis* („Stadt des Kreuzes") um. Später hieß sie *Karia,* dann *Geyre.* Mit den Eroberungsfeldzügen der Seldschuken im 11. und 13. Jh. sank das bereits vorher von Erdbeben in Mitleidenschaft gezogene Städtchen zur Bedeutungslosigkeit herab.

Telefonvorwahl 0256.

Anfahrt/Verbindungen Organisierte **Touren** nach Aphrodisias sind oft gekoppelt mit der Besichtigung von Pamukkale. Außerdem bieten Reisebüros von Pamukkale Tagesausflüge nach Aphrodisias an.

Mit dem eigenen **Pkw** zweigt man (von Aydın kommend) ca. 16 km hinter Nazilli nach Karacasu ab. Ab hier ausgeschildert (noch ca. 38 km).

Gute **Bus**verbindungen u. a. von Selçuk (2 Std.), Pamukkale (1½ Std.), Konya (8½ Std.), Ankara (8½ Std.), İzmir (2½ Std.), Antalya (6 Std.), Bodrum (4 Std.), İstanbul (12 Std.) und Kuşadası (2½ Std.) nach Nazilli, von dort weiter per **Dolmuş** nach Karacasu. Nur selten Direktbusse von Aydın über Nazilli nach Karacasu. Von Karacasu im Sommer stündl. Dolmuşe nach Aphrodisias, im Winter weniger.

Öffnungszeiten Ausgrabungsgelände und Museum im Sommer tägl. 8.30–19 Uhr, im Winter 8–17.30 Uhr. Eintritt 3,20 €.

Übernachten/Essen & Trinken Besser in Pamukkale oder bei Nysa (s. o.) übernachten. Eine Adresse für Gestrandete:

Aphrodisias Hotel, das noch beste Haus vor Ort, was aber rein gar nichts zu bedeuten hat. 25 spartanische, in die Jahre gekommene Zimmer, gruselige Atmosphäre. Restaurant, im Sommer im Garten, im Winter unterm Dach. Campingmöglichkeiten. DZ 50 € mit HP. Bei Geyre an der Hauptstraße, ✆ 4488132, ✉ 4488422.

Rundgang

Vom Eingang führt der Weg, vorbei an Sarkophagen, automatisch zum Museum, das für gewöhnlich als Letztes besichtigt wird. Rund um den Platz vor dem Museum, in dessen Mitte eine Löwenstatue steht, sind weitere Sarkophage verteilt, zudem sind Tempelfriese zu sehen. Der übliche Rundgang folgt entgegen dem Uhr-

Aphrodisias (antike Stadt) 671

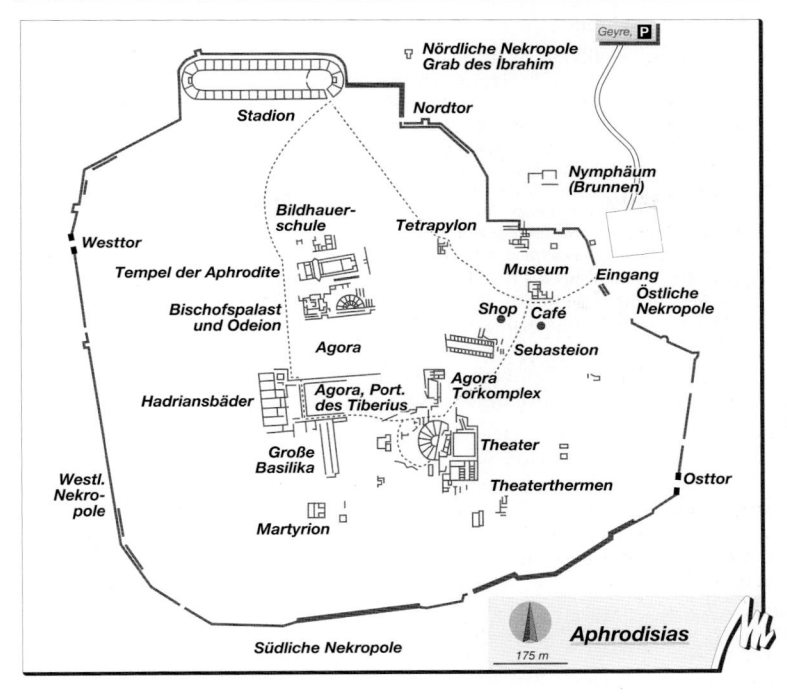

zeigersinn, dafür hält man sich hinter dem Museum rechts. Die Besucher sind gehalten, sich nur auf den angelegten Pfaden zu bewegen.

Tetrapylon: Es handelt sich vermutlich um einen Teil eines großen, von vier Seiten zugänglichen Zeremonientores aus dem 2. Jh. Insgesamt bestand das Tor aus vier Viererreihen von Säulen, die – soweit möglich – samt Gebälk wieder aufgerichtet wurden. Besondere Aufmerksamkeit verdient die kunstvolle Spiralkannelierung der Säulen, eine Meisterarbeit der örtlichen Steinmetze. Vielleicht war das Tor der Eingang zum heiligen Hain rund um den Aphroditetempel, dessen Säulen links im Hintergrund zu sehen sind.

Stadion: Es gilt als das besterhaltene antike Stadion im Mittelmeerraum und ist zugleich das eindrucksvollste Monument von Aphrodisias. Mit einem Fassungsvermögen von 30.000 Menschen kann es mit Bundesligastadien konkurrieren. Die 262 m lange und 59 m breite Anlage schließt an den Enden halbkreisförmig, sodass alle Zuschauer einen guten Blick hatten. Hier liegen auch die völlig intakten Eingangstunnel, durch die die Sportler ins Stadion einliefen. In der Mitte der nördlichen Seite pflegte der Kaiser in seiner Loge Platz zu nehmen. Die Löcher in den Sitzreihen dienten als Halterungen für Sonnendächer. Ursprünglich überragte eine umlaufende Säulenreihe den oberen Teil des Stadions. In der Arena fanden hauptsächlich athletische Spiele, Gladiatorenkämpfe sowie Ring- und Boxkämpfe statt.

Tempel der Aphrodite: Vom berühmten Aphroditetempel (mit „Tapınak" ausgeschildert) stehen noch 14 Säulen und eine Stirnwand der Cellamauer. Ursprünglich war die Cella von je 13 Säulen an den Längs- und je acht an den Schmalseiten umgeben. In byzantinischer Zeit riss man jedoch das Bauwerk nieder, baute an seiner Stelle eine christliche Kirche und ließ nur die umliegende Säulenhalle stehen. Grabungen brachten zudem Funde ans Tageslicht, die auf ein erstes Heiligtum aus archaischer Zeit schließen lassen. Nördlich des Tempels liegen die Trümmer der antiken Bildhauerschule.

Bischofspalast und Odeion: Südwestlich des Aphroditetempels finden sich die Reste eines als Bischofspalast bezeichneten, stattlichen Wohnhauses mit bemerkenswerten Säulen aus bläulichem Marmor. Über das Südostende des Bischofspalastes wurde im 2. Jh. n. Chr. das gut erhaltene Odeion gebaut. Überdauert haben von dem ursprünglich überdachten Gebäude die untersten neun *Sitzreihen* (die oberen waren aus Holz) mit Löwenfüßen als Symbol der Macht, die *Orchestra* und die schmale *Bühne*. Die Marmorverkleidung, der Mosaikboden und die vielen Skulpturen des Odeions wurden ins Museum gebracht.

Nord-Agora: Südlich des Odeions und des Bischofspalastes erstreckte sich die Doppelagora der Stadt, zwei mit Säulenarkaden umgebene Plätze, die das Verwaltungs- und Handelszentrum von Aphrodisias bildeten. Die 202 x 72 m große nördliche Agora ist bisher nur ansatzweise ausgegraben, zuletzt stießen die Archäologen hier auf einen Brunnen und das Fundament eines möglichen Altars. Münzfunde belegen zudem, dass hier bis ins 7. Jh. gehandelt wurde.

Hadriansbäder: Die Thermen sind eine typische römische Badeanlage mit großem Kaltwasserbad, Warm- und Heißwasserräumen sowie Sauna. Bemerkenswert die beiden Marmorbecken des *Caldariums* (Heißwasserbad).

Süd-Agora: Der Platz misst 212 x 69 m. Nach dem ihn umgebenden Säulengang, dem *Portikus des Tiberius,* trägt er auch den Namen Tiberiusagora. An seiner Westseite wurde das bekannte *Preisedikt Diokletians* gefunden. Mit überall im Reich öffentlich angeschlagenen Festpreisen versuchte der Kaiser, letztlich erfolglos, die schon damals galoppierende Inflation in den Griff zu bekommen. Das *Agorator* wurde nach einem Erdbeben im 4. Jh. in ein *Nymphäum* umgebaut, das dann zum Ärger der Bürger immer wieder die Agora flutete.

Theater: Der Hügel, an den sich das Theater schmiegt, ist ein *Höyük,* eine riesige Schutthalde aus Trümmern uralter, bis 5800 v. Chr. zurückreichender Siedlungen. Vom Theater (1. Jh. v. Chr.) sind die *Sitzreihen* fast vollständig erhalten, das *Bühnenhaus* ist in einem weniger guten Zustand. Von seiner Anlage her hellenistisch, wurde das Theater in römischer Zeit mehrmals umgebaut. Der *Zuschauerraum* mit Marmorsitzen wurde größtenteils in den Hang gegraben. Die halbrunde *Orchestra* wurde unter Mark Aurel vertieft und die unteren Sitzreihen abgerissen, um auch Gladiatoren- und Tierkämpfe aufführen zu können, ohne die Zuschauer zu gefährden. Durch einen Wassergraben konnte die Orchestra nach solchen Kämpfen zur Reinigung geflutet werden. Vor der Bühne errichtete man ein tunnelartiges Gewölbe, in dem Jäger und Gejagte auf ihren Auftritt warteten. Vom Bühnenhaus wurde nur der untere Teil und eine Halbsäulenreihe wieder aufgerichtet.

Tetrastoon und Theaterthermen: Nachdem sich die Aphrodisianer seit dem Beben im 4. Jh. auf ihrer Agora beständig nasse Füße geholt hatten, legten sie vor dem Theater einen neuen Marktplatz an, der auf allen vier Seiten mit einem Säulengang

(Tetrastoon) umgeben war und im Süden mit einer älteren, basilikaähnlichen Halle verbunden wurde. An deren Westseite grenzen die bis in byzantinische Zeit benutzten Theaterthermen, deren Mittelpunkt ein bis heute erhaltener, fast 10 m hoher Rundbau war – ein *Caldarium*, der Schwitzraum des Bades.

Sebasteion: Es stand am Ostende der nördlichen Agora, heute liegt es versteckt hinter dem Grabungsgebäude auf dem Weg zum Museum. Der Komplex diente der Huldigung der vergöttlichten Kaiser der julianisch-claudischen Dynastie von Augustus (griech. Sebastos) bis Nero. Die Architektur des Sebasteions wurde von 80 m langen, dreistöckigen Portiken an den beiden Längsseiten bestimmt, dazwischen befand sich eine Prozessionsstraße, die zum Tempel (nur noch spärliche Reste erhalten) führte. Zum Zeitpunkt der letzten Recherche wurden die Portiken rekonstruiert. Im Mittel- und Obergeschoss des Südportikus' befanden sich einst Reliefs zwischen den Säulen – bei der Rekonstruktion werden dafür Kopien verwendet. Die sensationellen Originale werden später im Museum zu sehen sein. Im Mittelgeschoss sind auf den Reliefs vorrangig mythologische Motive dargestellt, im Obergeschoss auch die Kaiser. Vom Nordportikus blieben nur wenige Reliefs erhalten, vom Mittelgeschoss u. a. solche von unterworfenen Völkern, die im Obergeschoss zeigen kosmische Wesen. Im 4. Jh., als das Christentum die Oberhand gewann, wurde aus der offenen Kulthalle ein Marktplatz.

Museum: Ein Besuch macht deutlich, dass der Ruhm von Aphrodisias nicht zuletzt auf seiner Bildhauerschule gründete. Das Museum besteht aus zwei Trakten, dem alten bzw. vorderen Trakt und dem neuen hinteren, der *Sebasteion Hall*. Im vorderen Trakt dominieren Büsten und Statuen diverser Kaiser, Prinzen, Philosophen, Musen und Götter, dazu die von reichen Persönlichkeiten und von Gouverneuren. In einem Gang steht ein Relief aus dem 1. Jh. v. Chr., das Zoilos ehrt, der vom Gefangenen zum Wohltäter der Stadt aufstieg und u. a. das Bühnenhaus des Theaters stiftete. Die Sebasteion Hall zeigt die grandiosen Originalreliefs des Sebasteion. Rund 80 Reliefs wurden insgesamt gefunden und aufwendig restauriert. Das einzige Objekt, das hier nicht aus dem Sebasteion stammt, ist die Marmorskulptur eines galoppierenden Pferdes – ein einzigartiger antiker Fund.

Pamukkale/Hierapolis

Eines vorweg: Wer sich nach Pamukkale aufmacht und in den Sinterterrassen Badende erwartet, wird enttäuscht sein. Baden ist längst verboten, und über den Publikumsmagneten wandert man heute im Gänsemarsch auf einem vorgegeben Pfad. Zur Entschädigung gibt es die oberhalb der Terrassen gelegene antike Stätte Hierapolis zu besichtigen.

Die Entstehung der außergewöhnlichen weißen Kalksinterterrassen ist einer einfachen chemischen Reaktion zu verdanken: Eine warme Quelle (53 °C) enthält große Mengen an gelöstem Kalziumbikarbonat, das sich beim Abkühlen an der Oberfläche in Wasser, Kohlendioxyd und Kalziumkarbonat (Kalk) umwandelt. Das Kohlendioxyd entweicht, der Sinterkalk lagert sich ab und verstopft die Abflusskanäle des Wassers, das überquillt und sich fächerartig über die Abhänge ausbreitet und so die weißen Sinterterrassen formt: riesige, übereinander gestaffelte Bassins wie überdimensionale Badewannen. Von unten ähnelt der über 100 m hohe Abhang einem großen vereisten Wasserfall.

> **Es war einmal ein Weiß ...**
> Pamukkale wird gerne, aber nicht unbedingt richtig mit „Baumwollschloss"
> übersetzt. Da Baumwolle („pamuk") hier aber als unterstreichendes Synonym für „weiß" zu verstehen ist (wie etwa „Schnee" bei schneeweiß), übersetzt man Pamukkale („kale" = Schloss) sinngemäß am besten mit „baumwollweißes Schloss". Doch das herrliche Pamukkaleweiß, das in so manchen Produktkatalogen wie selbstverständlich neben Bordeauxrot in der Farbpalette auftaucht, sucht man an vielen Stellen der Terrassen heute vergebens. Die Quittung für eine jahrzehntelange, rücksichtslose Vermarktung des Naturphänomens. Abermillionen Besucher karrte man mit Bussen heran, baute für diese gar eine Straße mitten hindurch (heute durch zwei neue Auffahrten ersetzt) und ließ sie mit Schuhen über die weiße Pracht laufen. Noch verheerender aber wirkte sich der Bau luxuriöser Hotelanlagen auf dem Plateau unmittelbar über den Terrassen aus. Diese speisten ihre Pools mit dem heißen Quellwasser. Zu viel kostbares Nass wurde auf diese Weise abgeleitet, das in den Pools abkühlte und danach auf den Terrassen keinen Kalk mehr ablagerte. Erst als die Sehenswürdigkeit zur „Sehensunwürdigkeit" verkommen war und schmutziges Grau das strahlende Weiß ersetzt hatte, erst als Waschkörbe empörter Protestbriefe eingingen und man dem Druck internationaler Umweltschutzorganisationen nicht mehr standhalten konnte, begann man zu handeln. Im Jahr 2000 wurde das letzte Hotel oberhalb der Terrassen dem Erdboden gleichgemacht – und so mischen sich dort heute ein paar Fundamente der Neuzeit unter die der Antike. Das gesamte Gebiet rund um die Sinterterrassen ist zum UNESCO-Welterbe erklärt worden. Der Zustand der Sinterterrassen hat sich seitdem erheblich gebessert. Ob ein Besuch aber schon wieder lohnt, darüber gehen die Meinungen weit auseinander.

Direkt unterhalb der Sinterterrassen liegt **Pamukkale Köy**, eine Siedlung aus Pensionen, Hotels, Restaurants und Bars. Hier übernachten in erster Linie Individualreisende. In **Karahayıt**, rund 6 km nördlich der Terrassen, wohnen Busgruppen in großen Hotelanlagen und konservative Kurgäste mit Rauschebart und Kopftuch in Einfachspensionen. Die nächstgrößere Stadt ist **Denizli** mit rund 500.000 Einwohnern, eine lebhafte, meist smogverhangene Provinzstadt 18 km südlich von Pamukkale. Für Touristen ist sie eher uninteressant, die historische Bausubstanz wurde durch mehrere Erdbeben zerstört.

Geschichte

Seit Jahrtausenden kennen und schätzen die umliegenden Einwohner die Heilkraft der Quellen. Hethiter und Phryger errichteten hier Altäre, doch erst der pergamenische König Eumenes II. gründete an der Quelle die Stadt Hierapolis als Gegengewicht zum nahe gelegenen makedonischen Laodikeia (→ S. 678). Die Rivalität der beiden Städte, deren Reichtum in der Wollverarbeitung gründete, war so groß, dass sie sich gegenseitig in ihrer Entwicklung behinderten. Erst mit der Eingliederung in die römische Provinz Asia erlangte Hierapolis größerer Bedeutung. 60 n. Chr. wurde die Stadt durch ein Erdbeben zerstört, aber kurz darauf wieder aufgebaut. Schon früh hatte sie eine starke christliche Gemeinde, und in byzantinischer Zeit wurde

Pamukkale/Hierapolis

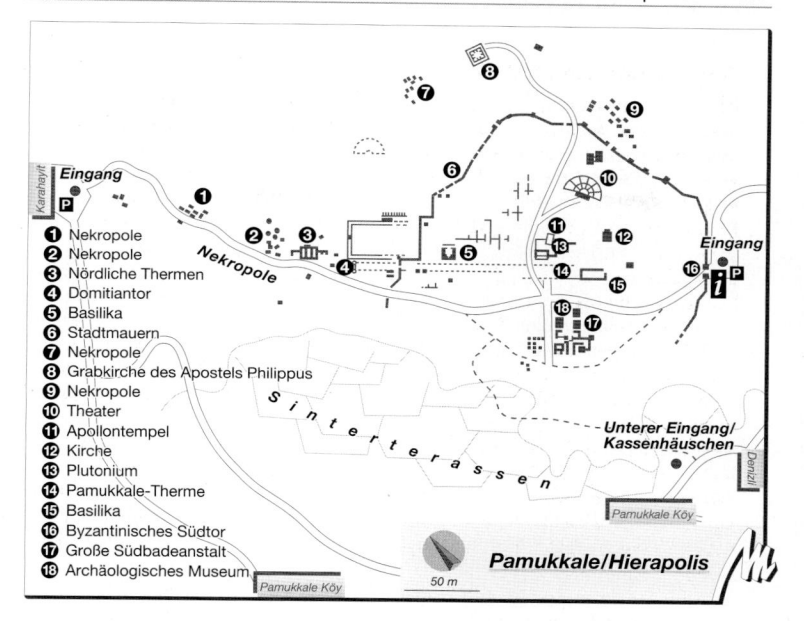

Karte: Pamukkale/Hierapolis

1. Nekropole
2. Nekropole
3. Nördliche Thermen
4. Domitiantor
5. Basilika
6. Stadtmauern
7. Nekropole
8. Grabkirche des Apostels Philippus
9. Nekropole
10. Theater
11. Apollontempel
12. Kirche
13. Plutonium
14. Pamukkale-Therme
15. Basilika
16. Byzantinisches Südtor
17. Große Südbadeanstalt
18. Archäologisches Museum

sie sogar Bischofssitz. Mit dem Eindringen der Seldschuken verödete die Stadt. Erste Grabungen unternahm 1887 der Pergamon-Entdecker Carl Humann, systematische Arbeiten führen seit 1957 insbesondere italienische Archäologen durch.

Information/Verbindungen/Öffnungszeiten

Telefonvorwahl 0258.

Information Tourist Information, am Südeingang. Im Sommer tägl. 8.30–12 u. 13.30–17.30 Uhr, im Winter 8–12 u. 13–17 Uhr. ✆ 2722077, www.pamukkale.gov.tr.

Anfahrt/Verbindungen Dolmuş/Bus: Direktbusse von und nach Pamukkale Köy gibt es nur wenige. Die Überlandbusse halten i. d. R. am Busbahnhof von Denizli. Von dort starten Dolmuşe nach Pamukkale Köy von 7–19 Uhr alle 20 Min., danach bis 22 Uhr stündl. Diverse größere Busgesellschaften (u. a. *Metro, Kamil Koç* und *Pamukkale* mit Buchungsbüros in Pamukkale Köy) bieten zudem einen Transfer nach Pamukkale an.

Von Denizli bestehen gute Busverbindungen zu allen größeren Touristenorten der Mittelmeerküste, z. B. nach Antalya, Bodrum oder Fethiye (jeweils 4 Std.), Selçuk und Marmaris (3½ Std.) sowie nach Çanakkale (9 Std.). Zudem nach Nevşehir (10 Std.), İstanbul (11 Std.), İzmir (3½ Std.), Konya (7 Std.), Ankara (7 Std.), Bursa (9 Std.) und Isparta (2½ Std.).

Zug: Bahnhof (✆ 2682831) in Denizli an der Hauptdurchgangsstraße in Laufnähe zum Busbahnhof. Nur 3-mal tägl. über Nazilli, Aydın und Selçuk nach İzmir.

Flughafen (www.cardak.dhmi.gov.tr) rund 67 km östlich von Denizli nahe Çardak. Zu den THY-Flügen fahren Servicebusse von und nach Denizli (Infos unter www.ismail baytur.com).

Öffnungszeiten/Eintritt Die Sinterterrassen sind rund um die Uhr zugänglich, das Museum von Hierapolis ist im Sommer tägl. (außer Mo) 9–19 Uhr geöffnet, im Winter 8–17 Uhr. Eintritt für Sinterterrassen und Ausgrabungsgelände 8 €, Museum 1,20 € extra.

Zugänge zu den Sinterterrassen und nach Hierapolis: Das Areal hat drei Eingänge. Einer befindet sich zu Füßen der Sinterterrassen neben dem kleinen Parkareal von Pamukkale Köy. Von hier steigt man zu Fuß über die Terrassen hinauf auf das Plateau, auf dem sich das antike Hierapolis erstreckt. Der Weg folgt dabei der Straße, die man einst durch die Terrassen schlug, künstliche Becken, in denen man ausnahmsweise planschen darf, säumen ihn. Man kann aber auch hinauffahren. Oben gibt es zwei Eingänge: den Südeingang, der sich ca. 250 m von den Terrassen entfernt befindet, und den Nordeingang nahe der Straße nach Karahayıt – er ist rund 1200 m von den Terrassen entfernt. Auf dem Weg vom Nordeingang zu den Terrassen passiert man die sehenswerte Nekropole. Vom Nordeingang besteht ein kostenloser Pendelservice zu den Terrassen, für den kurzen Transfer vom Südeingang zahlt man hingegen 1 €. Parkgebühr, egal wo: 2 €. Von Pamukkale Köy fahren von 8–19 Uhr alle 15 Min. Dolmuşe zum Nordeingang.

Übernachten/Camping/Essen & Trinken

Im vornehmlich auf Individualreisende eingestellten **Pamukkale Köy** gab es einst über 100 Unterkünfte, doch der Niedergang der Sinterterrassen bedeutete auch den Niedergang vieler Pensionen. Auch wenn sich der Zustand der Sinterterrassen wieder verbessert hat, kämpfen noch immer viele Quartiere ums Überleben. Geld für teils dringend nötige Renovierungen fehlt vielen. Mit den im Folgenden beschriebenen Unterkünften treffen Sie eine gute Wahl, doch es ist schwierig, bis zu einer von diesen zu gelangen – das Schleppertum ist so ausgeprägt wie nirgendwo sonst in der Türkei. Übrigens leitet fast jede Pension das Wasser durch irgendeinen Kanal in den eigenen Pool. Die allesamt leicht in die Jahre gekommenen Mehr-Sterne-Anlagen am Ortsrand von **Karahayıt**, auf der Nordseite des Ruinenfeldes von Hierapolis, bieten zuweilen großzügige Rabatte.

In Karahayıt ***** Spa Hotel Colossae, 231 der Sternezahl entsprechend ausgestattete klassische Hotelzimmer mit Balkon. Viel Schnickschnack: Wellnesszentrum, Thermalabteilung, mehrere Restaurants, großes Sportangebot. EZ 128 €, DZ 160 € mit HP. Karahayıt, ℅ 2714156, ℡ 2714250, www.colossaehotel.com.

In Pamukkale Köy Venüs Hotel, 14 gepflegte, niveauvolle Zimmer mit Flachbild-TV und Klimaanlage, z. T. mit Balkon und Fliesenböden. Restaurant, nette orientalische Sitzecken in der Lobby, Pool. Von Lesern immer wieder gelobt. EZ 33 €, DZ 40 €. Pamukkale Köy, ℅ 2722152, www.venushotel.net.

Pansiyon Beyaz Kale, die „Weiße Burg". 11 blitzsaubere Zimmer mit in Schuss gehaltenen Bädern, Klimaanlage und farbenfrohen Wänden rund um eine kleine, gemütliche Poolanlage. Leser loben seit Jahren die gute Küche und die Warmherzigkeit der Wirtsleute Hacer und Ömer Yiğen. EZ 17,50 €, DZ 30 €. Pamukkale Köy, ℅ 2722064, ℡ 2722568.

Hotel Pamukkale, ordentliche, saubere Teppichbodenzimmer mit Klimaanlage. Pool, nette Dachterrasse mit eigenem Restaurant (gute, reichhaltige Küche). Familiäre Atmosphäre. Die Betreiber sprechen ein wenig Deutsch. Campingmöglichkeiten. DZ 30 €, Campen für 2 Pers. 15 €. Pamukkale Köy, ℅ 2722090, www.hotelpamukkale.net.

Dört Mevsim Hotel, kleines Hotel mit nettem Poolbereich im Garten. Einfache, aber saubere Zimmer. Freundliche Atmosphäre. Campingmöglichkeiten. EZ 13 €, DZ 23 €. Hasan Tahsin Cad. 25, ℅ 2722009, www.hoteldortmevsim.com.

Camping Bei vielen Pensionen sind auch Camper willkommen. Noch 2 Extraadressen:

Seyir Camping, an der Durchgangsstraße von Pamukkale Köy (am Ortsausgang Richtung Karahayıt). Einer riesigen Abfütterungsstelle für Bustouristen angeschlossen. Saftige grüne Wiese vor einer Poolanlage, leider kein Schatten. Zwar nicht idyllisch, aber gepflegt und okay. Ganzjährig. 2 Pers. mit Wohnmobil 15 €. M. Akif Ersoy Bul., ☎ 2722471, 📠 2722155.

Tepe Camping, ca. 7 km von Pamukkale Köy entfernt, auf einem Hügel mit toller Fernsicht über die Mäanderebene. Zelte werden auf der Wiese vor dem Pool aufgestellt, der Stellplatz für Wohnmobile befindet sich eine Terrasse höher am Hang darüber. Die Sanitäranlagen sind okay (2 Duschen und Klos), insgesamt könnte der Platz jedoch etwas gepflegter sein. Es werden auch muffelnde Zimmer vermietet. 2 Pers. mit Wohnmobil 10 €. Auf dem Weg zum Südeingang ausgeschildert, ☎ 2653973, www.tepecamping.com.

Essen & Trinken Dass die meisten Gäste nur einmal in ihrem Leben nach Pamukkale kommen und das per Bus in der Gruppe für 2–3 Std., ist der Qualität der Gastronomie nicht förderlich. Lästige Türsteher, schleppender Service, kleine Portionen, hohe Preise und auf die Schnelle mit wenig Aufwand zubereitete Gerichte bestimmen das Bild. Am besten isst man in den Pensionen und Hotels.

Sehenswertes

Sinterterrassen: Die Sehenswürdigkeit schlechthin. Der total versinterte Abhang ist über 100 m hoch und mehr als 2 km breit. Die Quelle sprudelt nach wie vor kräftig, und ein eigens angestellter Wassermeister reguliert durch Schieber den Wasserlauf in den breiten Kanälen, um die zentralen Terrassen auf diese Weise langsam wieder weiß zu bekommen. Angeblich wird im Sommer jede Terrasse einmal wöchentlich geflutet, im Winter alle 20 Tage. Das Wasser wird unterhalb des Hangs gefasst, dann den Pensionen und danach den Feldern in der Ebene zugeführt. Einige Becken sind nachts beleuchtet. Ob tagsüber oder nachts, vor dem Spaziergang über die Terrassen gilt: Schuhe ausziehen! In die (künstlich angelegten) Becken entlang dem Hauptpfad darf man seine Füße halten.

Pamukkale-Therme: Da es mit dem Bad in den Sinterterrassen vorbei ist, bietet sich als Entschädigung ein Bad in der Pamukkale-Therme an. Die heutige Hauptquelle liegt im offenen Innenhof des einstigen Pamukkale-Motels. Sie speist einen zwischen Palmen wunderschön angelegten Quellteich, in dem antike Säulen liegen – daher auch „Antique Pool" genannt. Angeblich hilft ein Bad gegen Magengeschwüre, Bronchitis, Herz-Kreislauf-Beschwerden, Darmträgheit u. v. m. In jedem Fall ist das Planschen im 35 °C warmen Wasser eine wahre Lust – sofern keine kreischenden Busgruppen mitbaden, was leider meist der Fall ist.
Tägl. 8–19 Uhr, im Winter bis 17 Uhr. Eintritt satte 12,50 €, Kinder 5 €.

Hierapolis: Die Sehenswürdigkeiten der Antike liegen weit verstreut auf dem Plateau oberhalb der Sinterterrassen. Unübersehbar an der Straße zur Pamukkale-Therme stehen die Ruinen der *Großen Therme* von Hierapolis, deren wuchtige Gewölbe einst mit Marmor ausgelegt waren. Sie beherbergt heute das kleine, aber schöne und interessante *Archäologische Museum* mit Funden aus Hierapolis und Laodikeia, insbesondere reich verzierte Sarkophage, Statuen und Reliefs. Besuchenswert sind zudem:

Apollontempel und Plutonium: An den Apollontempel erinnert noch ein 2,5 m hohes Podest mit einer kleinen Freitreppe, dazu einige Kapitellteile, die verstreut an Ort und Stelle liegen. Die fast imposanter wirkende Ruine davor, einst aus großen Quadern errichtet, war einmal eine monumentale Brunnenanlage. Ein paar Schritte weiter befand sich das Plutonium, eine Grotte, die Pluto, dem Gott der Unterwelt, geweiht war. Hier sprudelte ursprünglich die Quelle. In der großen Vorhalle verpesteten giftige Gase die Luft – unbefugte Eindringlinge, Vögel und selbst Ochsen starben. Nur die Priester konnten unbeschadet passieren: Sie krochen am Boden entlang und hielten die Luft an. Die Grotte ist weitgehend verschüttet, ihr Eingang (zu erkennen an dem überwölbten Türbogen) zugemauert, denn noch immer strömen Schwefelgase aus.

Theater: Gut erhalten ist das nahezu vollständig ausgegrabene Theater (2. Jh. v. Chr.) mit über 100 m Seitenlänge, 20 Sitzreihen im ersten und 25 Sitzreihen im zweiten Rang. Acht Treppen führen nach oben. An die 10.000 Zuschauer fanden hier Platz. Marmorfriese und Statuen am behutsam restaurierten Bühnenhaus vermitteln einen Eindruck von der einstigen Pracht.

Grabkirche des Apostels Philippus: Das Mausoleum des Philippus liegt 600 m nördlich des Theaters. Ob aber Philippus, der nach dem Tod Jesu in Westanatolien missionierte und in Hierapolis der Legende nach den Märtyrertod fand, in der Kirche je beigesetzt wurde, war lange Zeit ungeklärt. Vielleicht bringen die neuen Entdeckungen neue Erkenntnisse (→ Kasten). Das höchst ungewöhnliche Gebäude wurde Anfang des 5. Jh. errichtet und kaum 100 Jahre später durch ein Erdbeben zerstört. Die Wälle sind teilweise noch mannshoch, deutlich ist der quadratische Grundriss auszumachen. An den Außenseiten liegen jeweils acht von außen zugängliche, rechteckige Kammern, die als Herberge für Pilger gedeutet werden. Einen Altar sucht man vergebens, doch die halbrunde Sitzreihe für den Bischof und die Gemeindeältesten ist noch zu erkennen.

Nekropole: Man durchquert das imposante Gräberfeld automatisch, wenn man sich den Sinterterrassen von Norden her nähert. Spaziert man hingegen von der Pamukkale-Therme die antike Hauptstraße von Hierapolis entlang, passiert man als erstes die Grundmauern einer *Basilika*, dann das *byzantinische Stadttor* und danach einer *Säulenstraße* das unter der Herrschaft Domitians aufgestellte und diesem gewidmete *Domitiantor*. Die sich anschließenden *nördlichen Thermen*, im 5. Jh. zu einer gewaltigen *Basilika* umgebaut, liegen schon auf dem Gelände der Nekropole. Mehr als tausend Gräber aus verschiedenen Epochen sind hier zu finden: Grabtempelchen, kreisrunde Tumulusgräber, die einst von phallusähnlichen Steinen gekrönt wurden, Steinsarkophage etc.

> **Die Sensationsmeldung im Juli 2011:** Italienische Archäologen verkündeten, das Grabmal des Apostels Philippus, eines der zwölf Jünger Jesu, lokalisiert zu haben. Ob der Apostel wirklich dort liegt, wird die anstehende Öffnung des Grabes zeigen. Aber schon jetzt träumen die hiesigen Hoteliers von Pilgerströmen nach Hierapolis, wie es sie nach Santiago de Compostela gibt, wo die Reliquien des Apostels Jakobus verehrt werden.

Sehenswertes in der Umgebung von Pamukkale

Rote Quelle (Kırmızı Su): Die Rote Quelle sprudelt inmitten von Karahayıt, ca. 5 km nördlich von Pamukkale Köy. Ihr stark eisenhaltiges Wasser überzieht die Felsen mit dunkelroten Ablagerungen.

Regelmäßige **Dolmuş**verbindungen von und nach Pamukkale Köy.

Laodikeia (antike Stadt): Der im 3. Jh. v. Chr. gegründete Ort entwickelte sich schnell zu einer der reichsten Städte der Region. Mit der Eingliederung ins Römische Reich wurde die Feindschaft mit dem benachbarten Hierapolis beigelegt. Im 6. Jh. n. Chr. wurde der Ort durch ein Erdbeben zerstört. Erst 2002 begann man mit Ausgrabungsarbeiten, die von der nahe gelegenen Pamukkale-Universität Denizli durchgeführt werden. Das Team gräbt und rekonstruiert das ganze Jahr über, dementsprechend kommt ständig Neues, ja Sensationelles ans Tageslicht. Wo sich noch vor nicht allzu langer Zeit lediglich Grassteppe ausbreitete, gibt es jetzt wieder eine *Kolonnadenstraße*. Auch wurden die Ruinen des *Bad-Gymnasions* und die eines *Nymphäums* freigelegt. Zuletzt entdeckte man eine gigantische Therme und eine der ältesten Kirchen der Welt. Das Bauwerk mit 2000 m² Grundfläche samt makellosen Mosaiken und einem beeindruckenden Taufbecken wird auf die Jahre zwischen 313 und 320 datiert und ist somit um Jahrzehnte älter als die İstanbuler Hagia Sophia. Die Grabungsleitung schwärmt bereits von einem „neuen Ephesus".

Von der Straße Denizli – Pamukkale ausgeschildert. Tägl. 8.30–17 Uhr. Eintritt 4 €.

Das Seengebiet (Göller Bölgesi)

Das Seengebiet erstreckt sich zwischen Denizli im Westen und Konya im Osten, zwischen Afyon im Norden und dem Taurusgebirge im Süden. Es umfasst einige der größten Süßwasserreservate der Türkei – fraglich, wie lange noch, denn Seen wie dem Akşehir und dem Burdur Gölü droht die Austrocknung. In touristischer Hinsicht führt das Seengebiet mit Ausnahme von Eğirdir ein eher stiefmütterliches Dasein, weshalb die Region andererseits auch ihre Ursprünglichkeit bewahrt hat. Die Landschaft ist ausgesprochen abwechslungsreich. Zwischen verschlafenen Marktflecken, der kargen Bergwelt des westanatolischen Hochlands – es regnet im Sommer so gut wie nie – und den türkisgrünen Seen erstrecken sich künstlich bewässerte Rosenfelder und weite Apfelplantagen. Sie werfen der Region zur Blütezeit im Frühjahr ein buntes Kleid über. Dazwischen locken die Ausgrabungsstätten Pisidiens, wie die Region im Altertum hieß. Die Pisider, ein mit den Hethitern verwandter indogermanischer Stamm mit eigener Sprache, galten als überaus kriegerisch. Sie siedelten bevorzugt in den schwer zugänglichen Gebirgslandschaften und blieben so lange von äußeren Einflüssen unberührt. Weder den Persern noch Alexander dem Großen gelang es, die Pisider zu bezwingen.

Salda-See (Salda Gölü)

Der 41 km² große Salda Gölü im Westen des Seengebiets ist ein beliebtes Ausflugsziel der Bewohner von Burdur und Denizli. Mit 185 m Tiefe ist er der tiefste See der Region, zugleich einer der saubersten des Landes. 4 km östlich des Sees liegt das 4700-Einwohner-Städtchen **Yeşilova**, wo man sich mit allem Nötigen für ein schönes Picknick eindecken kann. Übernachtungs- und spartanische Campingmöglichkeiten gibt es, wenn auch nicht in großer Anzahl. Sie sollten übrigens nur dort baden, wo auch andere Leute planschen – im See gibt es Wasserschlangen.
Dolmuşverbindungen zwischen Yeşilova und Burdur. Im Sommer mehrmals tägl. **Stadtbusse** von Yeşilova zum See.

Kibyra (antike Stadt)

Die Überreste der antiken Handelsstadt Kibyra, die vom 1. bis zum 3. Jh. n. Chr. ihre große Blüte erlebte, verstreuen sich in der Bergeinsamkeit hoch über dem Landstädtchen Gölhisar ca. 60 km südlich des Salda-Sees. Erst 2006 wurde hier mit den Grabungsarbeiten begonnen. Zuletzt wurde das **Stadion**, das bis zu 13.000 Personen fasste, rekonstruiert. Zum Stadion führt eine **antike Straße**, die beidseitig von Gräbern gesäumt war. Etwas höher liegt das von Gestrüpp gesäuberte **Theater**. Zudem kann man auf die Suche nach der **Agora** und dem **Bouleuterion** gehen. Die schönsten Funde aus Kibyra sind im Museum von Burdur (s. u.) ausgestellt.
Kibyra, ein Ziel für Selbstfahrer, ist in Gölhisar ausgeschildert, von Gölhisar noch ca. 3 km bis zu den ersten Ruinen. Frei zugänglich. Eintritt frei.

Burdur 78.400 Einwohner

Die Gegend rund um Burdur gehört zu den ältesten Siedlungsgebieten der Welt: In Hacılar, 25 km südwestlich der Provinzhauptstadt, wurden Töpferwaren und kleine Götterstatuen gefunden, die auf das 6. Jt. v. Chr. datiert werden. Ein paar davon sind im äußerst sehenswerten **Archäologischen Museum** zu bewundern (tägl. außer Mo 9–12 und 13.30–18 Uhr, Eintritt 2 €). Noch spannender aber ist die darin präsentierte große Sagalassos-Ausstellung – wer sich zur Ausgrabungsstätte (→ S. 683) aufmacht, sollte vor- oder nachher unbedingt in Burdur vorbeischauen. Das Museum beherbergt u. a. den Originalfries der tanzenden Mädchen vom Heroon, Funde aus der Nekropolis und riesige, meist kopflose Statuen aus dem Nymphäum wie die der Hera, Nike oder Nemesis, gefertigt im 2. Jh. von Künstlern aus Aphrodisias. Die Ausgrabungsstätte Kibyra (s. o.) ist u. a. mit einem bestens erhaltenen Gladiatorenfries vertreten.

Ansonsten hat Burdur, Verwaltungszentrum und Umschlagplatz der Agrarerzeugnisse der Umgebung (insbesondere von Rosenöl und Mohn), außer einer einschläfernden Gemächlichkeit nicht viel zu bieten. Selbst im Basarviertel rund um die **Ulu Cami** aus der Wende vom 13. ins 14. Jh. kommt niemals Hektik auf. Pflastergassen und oft arg heruntergekommene osmanische Häuser prägen dort das Bild. Mittlerweile ist die Stadtverwaltung aber bemüht, ihr architektonisches Erbe zu erhalten.

Ornithologen zieht es an den 146 km² großen **Burdur-See (Burdur Gölü)** im Nordwesten der Stadt. Der salz- und sodahaltige, abflusslose Steppensee ist ein Vogelparadies. Im Winterhalbjahr bevölkern 70 % der Gesamtpopulation der vom Aussterben bedrohten Weißkopfruderenten seine Gestade. Fischen bekommt die chemische Zusammensetzung des Wassers schlecht, nur der kleine, auffällig quergestreifte *Aphanius burduricus* hat sich angepasst, gilt aber als ungenießbar. Umweltschützer machen sich jedoch große Sorgen um den mehr und mehr austrocknenden See: In den letzten 20 Jahren verlor er ein Viertel seiner Wassermenge. Die alten Strandbäder können schon lange nicht mehr genutzt werden.

Orientierung: An der von Osten nach Westen verlaufenden Hauptstraße Burdurs, der Gazi Cad., liegen alle wichtigen Einrichtungen, das Gouverneursamt *(Valilik)* und einige Hotels. In einer Seitengasse, nahe dem unübersehbaren *Burger King*, befindet sich das *Archäologische Museum*. Das *Basarviertel* liegt südlich der Gazi Cad. Die Touristeninformation findet man, wenn man vom Zentrum der M. Akif Ersoy Cad., der Straße nach Antalya, folgt.

Information/Verbindungen/Einkaufen

Telefonvorwahl 0248.

Information İl Kültür ve Turizm Müdürlüğü an der M. Akif Ersoy Cad. Mo–Fr 8–18 Uhr. ✆ 2322210, www.burdurkulturturizm.gov.tr. Die Angestellten haben übrigens den Schlüssel für den **Bakibey Konağı** nebenan, einen prächtigen Herrensitz mit wertvollem Schnitzwerk!

Verbindungen Busbahnhof ca. 3 km abseits des Zentrums nahe der Fernstraße Antalya – Denizli, Verbindungen ins Zentrum. Busse u. a. nach İzmir (6 Std.), Antalya (1½ Std.), Ankara (6 Std.) und İstanbul (10½ Std.). Auch die **Dolmuşe** nach Isparta, Yeşilova und Ağlasun (Sagalassos) starten vom Busbahnhof.

Einkaufen Großer **Dienstagsmarkt** im Zentrum nördlich der Gazi Cad. Kleinerer Markt zudem Fr bei der Ulu Cami. **Rosenöl** gibt es u. a. im Basarviertel.

Übernachten/Essen & Trinken

**** Grand Özeren Otel & Spa, etwas protzig-kitschig ausgestattetes Haus neueren Datums. 66 komfortable Zimmer. Hamam, winziger Innenpool und Sauna machen das

"Spa" im Namen aus. Restaurant mit Seeblick. DZ 90 €. Cumhuriyet Meydanı 5, ✆ 2337753, www.grandozerenotel.com.

Hotel Özeren 2, südlich des Cumhuriyet Meydanı. Untere Mittelklasse. Viele Zimmer neu restauriert und mit Balkon. Außergewöhnlich reichhaltiges Frühstücksbüfett für ein Hotel dieser Preisklasse. DZ 33 €. İstasyon Cad. 24, ✆ 2337723.

Hotel Özeren 1, und nochmals ein Haus *der Özeren-Gruppe* (wir kriegen kein Geld dafür!). Die einfachere, etwas ältliche, aber zentralere Variante direkt an der Durchgangsstraße – deswegen aber auch etwas laut. Für den Preis okay. EZ 20 €, DZ 29 €. Gazi Cad. 51/C, ✆ 2341600, ✆ 2339607.

Essen & Trinken Gut und günstig isst man in der Lokanta **Özsarı** gegenüber dem Gouverneursamt *(Valilik)*. Kosten Sie den *Burdur Şiş*, magere Kalbshackfleischröllchen.

An der İstasyon Cad. südlich des Cumhuriyet Meydanı gibt es ein paar nette Studentenkneipen.

> **Mit dem Auto zu den Hotels:** Von Osten ins Zentrum fahrend, liegt entlang der Gazi Cad. rechter Hand zunächst das Hotel Özeren 1. Wenn die Gazi Cad. zur Einbahnstraße wird, muss man rechts abbiegen. Folgt man nun der Vorfahrtsstraße, erreicht man das Grand Özeren Otel & Spa. Biegt man 100 m vor diesem rechts ab in die İstasyon Cad., taucht bald rechter Hand das Hotel Özeren 2 auf.

> Auf der Weiterfahrt nach **Antalya** passiert man nach ca. 10 km die bestens ausgeschilderte **İnsuyu Mağarası**, eine ansehnliche Tropfsteinhöhle (tägl. 8 Uhr bis Sonnenuntergang, Eintritt 1,20 €). In der Höhle befinden sich neun Seen, begehbar sind 330 m. Falls Ihr Weg gen Norden führt – über **Afyon** lesen Sie weiter ab S. 654.

Isparta

223.000 Einwohner

Die Provinzhauptstadt auf 1035 m ü. d. M. ist jugendlich und aufgeschlossen, dafür sorgen 40.000 Studenten und unzählige Rekruten – Isparta ist eine der größten Garnisonsstädte der Türkei. Zugleich ist Isparta die Nummer Eins in der türkischen Apfelverarbeitung (550.000 t pro Jahr). Durch die lokale Rosenölgewinnung besitzt die Stadt auch international einen gut duftenden Namen – Isparta kennt in der französischen Parfümmetropole Grasse jeder. Ohne die edlen Essenzen aus Isparta würden die Produkte von *Chanel* nur halb so gut riechen, wären dafür aber auch nur halb so teuer. Zehn Kilo Rosenblätter benötigt man für zwei bis drei Gramm Öl! Die Türkei ist einer der größten Rosenölproduzenten der Welt (darunter auch Biorosenöl für *Weleda*) – und wer die Gegend um Isparta zur Hauptblütezeit von Mitte Mai bis Mitte Juni aufsucht, wird daran keinen Zweifel haben.

Historische Monumente sind in Isparta rar. 1889 zerstörte ein gewaltiges Erdbeben das Gros der alten Bausubstanz. Viel war das auch vorher nicht, da weder das antike *Baris* noch das seldschukische Isparta je große Bedeutung besaßen. Zu den wenigen Sehenswürdigkeiten gehören die **Kutlubey-Moschee** (15. Jh.) und die **Firdevsbey-Moschee** (auch **Ulu Cami** genannt, 16. Jh.) samt **Markthalle (Bedesten)**, die manche dem großen Baumeister Sinan zuschreiben. Und wie jede Provinzhauptstadt besitzt auch Isparta ein **Müze** mit einer archäologischen und einer ethnografischen Abteilung (tägl. außer Mo 9–17 Uhr, Eintritt frei). Prunkstück ist die Eurymedon-Statue, die einst vor der Zından-Höhle (→ S. 689) stand.

Westanatolisches Binnenland

Orientierung: Der breite Süleyman Demirel Bul. durchzieht die Stadt von Nord nach Süd. Er ist zugleich die Hauptgeschäftsader mit Banken und Hotels. Der obere (südliche) Abschnitt des Boulevards nennt sich auch Mimar Sinan Cad. Ganz im Süden mündet die Straße in den *Kaymakkapı Meydanı*, den zentralen Hauptplatz, der von einer Statue Süleyman Demirels beherrscht wird (Demirel, in Isparta geboren, war 1993–2000 türkischer Staatspräsident). Drum herum findet man die bedeutendsten Moscheen und das Gouverneursgebäude. Zum Museum gelangt man, wenn man vom Rathaus, einem gelb-grünen Gebäude am Süleyman Demirel Bul., für rund 500 m der Hacı İbrahim Parlar Cad. bergab folgt.

Information/Verbindungen/Sonstiges

Telefonvorwahl 0246.

Information İl Kültür ve Turizm Müdürlüğü, an der 6 Mart Atatürk Cad. Vom Hauptplatz am Gouverneursamt vorbei der İstasyon Cad. bergab folgen, hinter dem Atatürk-Park rechts halten, dann gleich linker Hand. Mo–Fr 8–17 Uhr. ✆ 2325771, www.ispartakulturturizm.gov.tr.

Verbindungen Flugzeug: Flughafen (www.suleymandemirel.dhmi.gov.tr) 28 km nordwestlich der Stadt. Informationen zu Flügen und Servicezubringern bei *Azine Turizm* an der 6 Mart Atatürk Cad. 3/A (beim Rathaus, *Belediye*), ✆ 2237579.

Bus/Dolmuş: Busbahnhof ca. 1,5 km nördlich des Zentrums an der Straße nach Afyon. Regelmäßig nach Antalya (2 Std.), Konya (4½ Std.), Afyon (2½ Std.) und Denizli/Pamukkale (3 Std.), mehrmals tägl. nach İzmir (7 Std.). Auch die stündl. Dolmuşe nach Burdur (45 Min.) starten vom Busbahnhof. Alle Busgesellschaften haben Büros mit Zubringerservice am Süleyman Demirel Bul. Zudem verkehren Stadtbusse zum Busbahnhof.

Die Busse nach Ağlasun (Sagalassos) und Eğirdir (30 Min.) sowie die Dolmuşe nach Çandır starten von der *Köy Garajı* ca. 500 m westlich des Zentrums (vom Hauptplatz der Hastane Cad. folgen, nach ca. 400 m hinter einer Bushaltestelle rechts abbiegen, dann noch ca. 100 m). Stadtbusverbindungen zwischen Busbahnhof und Köy Garajı.

Autoverleih Beispielsweise **Class Rent a Car**, in Nachbarschaft des Hotels Bolat. Autos bereits ab 21 € (beachten Sie den Hinweis zum Autoverleih unter Eğirdir). Mimar Sinan Cad., ✆ 2325895, demirayaktamer@hotmail.com.

Einkaufen Kleines **Basarviertel** am oberen Ende des Süleyman Demirel Bul. Mi bunter **Bauernmarkt** an der Köy Garajı.

Rosenöl und Rosenprodukte werden in zahlreichen Geschäften im Zentrum angeboten. Einen guten Ruf hat *Gülbirlik* mit mehreren Filialen. Reines Rosenöl wird grammweise verkauft, 5-Gramm-Fläschchen ca. 35 €.

Übernachten/Essen & Trinken

Zahlreiche Hotels von der Billigabsteige bis zum 3-Sterne-Haus am Süleyman Demirel Bul. und seinen Seitengassen. Die Zimmer nach vorne sind recht laut, die nach hinten meist extrem düster. 2 Empfehlungen der mittleren Preisklasse:

Hotel Basmacıoğlu, angenehmes, nicht kategorisiertes Haus. 60 gepflegte Zimmer in unterschiedlichen Kategorien, von der kleinen Standardversion bis zur großen Suite für Familien. Hang zum Orientkitsch. Gehobenes Geschäftsmann-Publikum. Zuvorkommendes, englischsprachiges Personal. DZ 49–61 €. Süleyman Demirel Bul. 81, ✆ 2237900, ✉ 2328242, www.basmacioglu.com.tr.

*** Otel Bolat, älteres, aber ordentliches Stadthotel mit 64 stillosen Zimmern, z. T. recht geräumig, z. T. mit Balkon. DZ 33 €. Süleyman Demirel Bul. 67, ✆ 2239001, ✉ 2185506, www.otelbolat.com.

Essen & Trinken Einige alteingesessene

Kebabsalons am Hauptplatz nahe der Ulu Cami. Einer davon ist der **Kebapçı Kadır** (nicht zu übersehen), der seit 1851 günstige und leckere Kebabs (3,70–5,50 €) brät, grillt und kocht.

Zwei Türen weiter besteht seit 1833 der **Benlioğlu Kebap Salonu**, wo nach dem Kebab auf Wunsch hausgemachte *Helva* gereicht wird.

Davras Dağı

Der 2637 m hohe Berg zwischen Isparta und Eğirdir (26 km östlich von Isparta) bietet im Sommer schöne Picknickplätze und Wandermöglichkeiten, im Winter ein kleines Skigebiet mit drei Kinderliften, einem Schlepplift und zwei Sesselliften. Ein Ausflug ist mit einem grandiosen Ausblick auf den Eğirdir-See verbunden. Unterkünfte sind vorhanden.

Mit „Davras Kayak Merkezi" von der Straße nach Antalya ausgeschildert. An Winterwochenenden **Stadtbus**verbindungen von Isparta (Abfahrt Hauptplatz).

Sagalassos (antike Stadt)

Sagalassos war eine der mächtigsten Städte Pisidiens. Ihre Ruinen liegen heute weit verstreut in einer karg-felsigen Berglandschaft auf 1400 bis 1575 m ü. d. M.

Die Zeit der Gründung von Sagalassos und die Geschichte der Stadt bis zur Eingliederung ins Römische Reich 25 v. Chr. liegt weitestgehend im Dunkeln. Man weiß nur, dass Sagalassos in der damals wie heute isolierten, früher jedoch mit Eichen, Kiefern und Zedern dicht bewaldeten Berglandschaft lange Zeit seine Unabhängigkeit bewahren konnte. Unter den Römern stieg Sagalassos schnell zu einer der bedeutendsten Städte Pisidiens auf, obwohl die Stadt nicht mehr als vermutlich 5000–

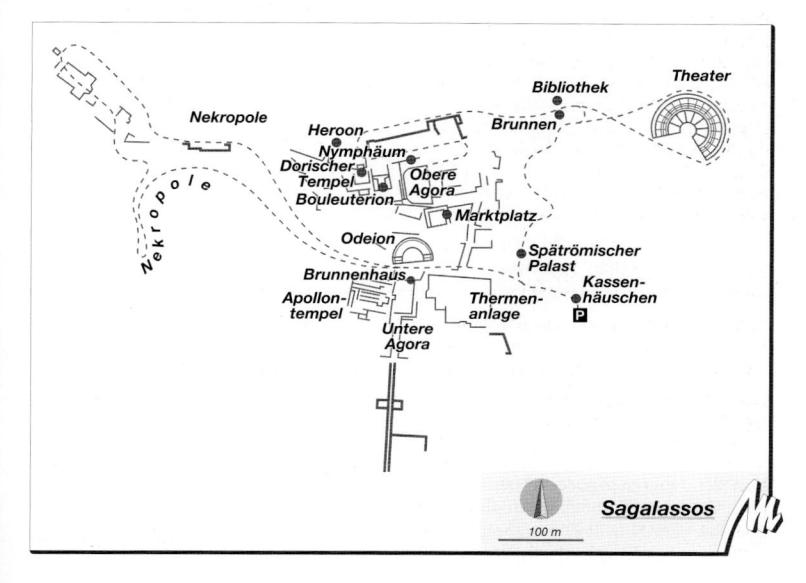

7000 Einwohner zählte und damit recht klein war. Wohlstand brachte insbesondere die Herstellung von Keramik (der Handel erfolgte über Perge). Im ausgehenden 2. Jh. war das Stadtgebiet mit Palästen, Heiligtümern, Brunnenhäusern, einer Bibliothek, einem Theater und Thermenanlagen bereits komplett bebaut. Im 5. Jh. wurden viele Tempel zu Kirchen umgewandelt und schon bald darauf, so nimmt man an, stieg Sagalassos zu einem bedeutenden christlichen Pilgerziel auf. 518 wurde die Stadt durch ein Erdbeben schwer in Mitleidenschaft gezogen, ebenso Mitte des 7. Jh., als die Verwüstungen so groß waren, dass die Bewohner die Stadt aufgaben. Die spätere Zerstörung der Wälder infolge von Wild- und Ziegenfraß – heute liegt das Stadtgebiet oberhalb der Baumgrenze – führte dazu, dass Hänge abrutschten und das Stadtgebiet unter sich begruben. Aufgrund der abseitigen Lage der aufgegebenen Stadt herrschte nie Interesse, sie als Steinbruch zu missbrauchen. So ist das antike Baumaterial noch weitestgehend erhalten.

Heute führt die Katholische Universität Leuven (Belgien) hier alljährlich im Juli und August erstklassige Grabungs- und Renovierungsarbeiten durch – Experten sprechen vom größten Grabungsprojekt des östlichen Mittelmeerraumes. Rund 300 Wissenschaftler und Arbeiter – Ausländer wie Türken – waren allein im Jahr 2011 daran beteiligt. Wer zu dieser Zeit Sagalassos besucht, bekommt von Studenten ausführliche und kostenlose Führungen, die auch spannende Einblicke in die Grabungs- und Rekonstruktionstechniken der Archäologen geben. Irgendwann einmal, das ist jetzt schon abzusehen, wird Sagalassos in einem Zuge mit Ausgrabungsstätten wie Ephesus, Pergamon oder Aphrodisias genannt werden. Viele Funde aus Sagalassos, darunter überlebensgroße Statuen, sind im ebenfalls besuchenswerten Museum von Burdur (→ S. 680) ausgestellt.

Anfahrt/Verbindungen Schon die Anfahrt in die einsame Bergwelt ist ein Erlebnis. Von Isparta ca. 20 km Richtung Antalya, dann rechts ab nach Ağlasun, von Burdur ca. 15 km in Richtung Antalya und dann links ab nach Ağlasun (4100 Einwohner). Von dort noch 7 km in Serpentinen hinauf zur Ausgrabungsstätte. Von der *Köy Garajı* in Isparta stündl. **Dolmuşe** nach Ağlasun, von Burdur weniger Fahrten, keine zur Ausgrabungsstätte.

Öffnungszeiten Tägl. 9–19.30 Uhr, im Winter ab 8 Uhr bis Sonnenuntergang. Eintritt 2 €.

Sehenswertes: Am Parkplatz vor dem Ausgrabungsgelände finden Sie einen Übersichtsplan, die wichtigsten Bauten sind zudem mit Hinweistafeln versehen.

Auf dem Weg vom Parkplatz zur *Unteren Agora* passiert man auf halber Strecke Reste einer imposanten *Thermenanlage* (*Kleine Thermen* genannt) mit schönen, unter Kieselsand versteckten Mosaiken. Hier entdeckte man bis zu 5 m hohe Kolossalstatuen der römischen Kaiserfamilie mit Büsten von Kaiser Hadrian, Faustina der Älteren und Mark Aurel. Im untersten Stockwerk befanden sich die *Toiletten*.

Westlich der Unteren Agora schließt das Fundament eines *Apollontempels* an, auf dem später eine Kirche errichtet wurde. Nördlich der Unteren Agora lag das *Brunnenhaus,* darüber befand sich das *Odeion,* das zum größten Teil ausgegraben wurde. Weiter hangaufwärts, auf dem Weg zur *Oberen Agora,* bietet sich ein Abstecher zu einem kleinen *Marktplatz* an, auf dem rund um eine Rotunde Obst, Gemüse und Fleisch verkauft wurden.

Von der Oberen Agora führte ein Geheimtunnel unter der Stadtmauer hindurch nach draußen. Er bot die Möglichkeit, im Angriffsfalle die Belagerer rücklings zu überraschen. Nördlich (oberhalb) der Agora lagen *Läden* und ein *Nymphäum* aus der Zeit um 160–180 n. Chr. – das Highlight von Sagalassos schlechthin. Da 90 %

der Originalsteine ausgegraben wurden, konnte die Brunnenanlage nahezu komplett rekonstruiert werden, seit 2010 sprudelt hier wieder Wasser. Die Statuen sind jedoch Kopien, die Originale befinden sich im Museum von Burdur.

Westlich der Oberen Agora stand das *Bouleuterion*, das später in eine Kirche umgebaut wurde, und noch etwas weiter westlich ein *dorischer Tempel*, der vermutlich Zeus geweiht war. Darüber erhebt sich das 14 m hohe *Heroon*, das ebenfalls nahezu komplett wieder aufgebaut wurde und mit tanzenden Mädchen verziert ist (auch hier Kopien). Auf dem Weg zum Theater passiert man einen ebenfalls wieder plätschernden Brunnen und einen Schutzbau. Er steht an der Stelle der einstigen *Bibliothek*, von der noch ein großes Bodenmosaik erhalten ist (einsehbar, aber nicht zugänglich). Das *Theater* selbst, das rund 9000 Zuschauern Platz bot, beeindruckt durch seine Lage hoch über der Stadt. Über das einstöckige Bühnengebäude konnten die Besucher den Blick in die Ferne schweifen lassen. Auf dem Weg zurück zum Parkplatz kommt man noch an einem *spätrömischen Palast* vorbei, der mehr als 60 Zimmer hatte.

Zu **Antalya** lesen Sie weiter ab S. 457.

Eğirdir

19.500 Einwohner

Das Städtchen am gleichnamigen See ist das schönste im Seengebiet – ein idealer Zwischenstopp auf dem Weg von der Küste nach Inneranatolien oder andersrum. Die spektakuläre Berglandschaft der Umgebung lädt zu abwechslungsreichen Ausflügen ein.

Der Eğirdir-See, der viertgrößte See der Türkei (ähnlich groß wie der Bodensee), ist rundum von Bergen eingerahmt. Das Gewässer ist leicht seifig – Achtung beim Einstieg, glitschige Steine! Im Südwesten des Sees, zu Fuße des 2637 m hohen Davras Dağı (s. o.), liegt das fotogene Städtchen Eğirdir. Es ist durch einen langen Damm mit der *Yeşilada*, der „Grünen Insel" im türkis schimmernden Wasser verbunden.

Die Zeiten, als das Örtchen noch ein Geheimtipp war, sind längst vorbei. Mit rund 78.000 Übernachtungsgästen jährlich, die auf 900 m ü. d. M. Badefreuden mit Sommerfrische verbinden, zählt es zu den meistbesuchten Zielen des westanatolischen Binnenlandes. Auf die Füße tritt sich in Eğirdir dennoch auch in der Hochsaison niemand. Das liegt daran, dass viele Besucher tagsüber Ausflüge in die nahezu unberührte Bergwelt unternehmen. Dazu muss man lediglich die Stadtränder von Eğirdir passieren, eine große Militärbasis und ein paar hässliche Apartmentblocks – sie gehören zur türkeitypischen, stets erfolgreichen Vergewaltigung einer historisch gewachsenen Stadt.

Geschichte

Die Hethiter und Phryger hatten ihr Gastspiel in der Region schon gegeben, als im 6. Jh. der lydische König Krösus hier, im ehemals griechischen *Akrotori*, eine Festung bauen ließ. Unter den Persern entstand drum herum ein Städtchen, das am sog. Königsweg lag, der von Babylon am Eğirdir-See vorbei nach Sardes führte. Von den Römern wurde Eğirdir *Prostanna* genannt (Ruinen beim Dorf Akpınar, → Ausflugsziele in der Umgebung), *Akroterion* von den Byzantinern. In seldschukischer Zeit war die Stadt Hauptsitz des Turkstammes der *Hamidoğulları*, die ab dem 13. Jh. ein kleines Fürstentum zwischen Burdur- und Eğirdir-See errichteten. Im frühen 15. Jh. fiel die Stadt an die Osmanen, die Bevölkerung blieb aber weiterhin, bis zum Bevölkerungsaustausch 1923, vornehmlich griechisch. 1889 zerstörte ein Erdbeben viel der alten Baustruktur. Eğirdir heißt die Stadt übrigens erst seit den 1980ern. Zuvor nannte man sie noch *Eğridir*, was soviel bedeutet wie „Es ist krumm".

> **Orientierung**: Das Zentrum Eğirdirs ist klein und überschaubar. Egal, ob Sie von Norden oder Süden in die Stadt einfahren, Sie passieren automatisch die Hızır-Bey-Moschee und den gegenüber liegenden Busbahnhof. Um über den Damm auf die Halbinsel Yeşilada zu gelangen, wählt man die Straße am Busbahnhof vorbei.

Information/Verbindungen/Ausflüge

Telefonvorwahl 0246.

Information Am Kuzey Sahil Yolu, der Straße nach İsparta. Freundlich und kompetent. Mo–Fr 8–12 und 13–17 Uhr. ✆ 3114388, www.egirdir.gov.tr.

Verbindungen Bus, tagsüber mindestens alle 30 Min. nach Isparta (30 Min.), stündl. nach Antalya (3 Std.) und Beyşehir (2½ Std.), mehrmals tägl. nach Nevşehir (Kappadokien, 8 Std.), Ankara (7 Std.), Konya (4 Std.), İzmir (7½ Std.), Yalvaç (1½ Std.) und İstanbul (11 Std.).

Die **Dolmuşe** zum Altınkum-Strand und zum Pınar Pazarı starten gegenüber dem Busbahnhof vor der Moschee, die Busse nach Sütçüler (bis zu 10-mal tägl.) sowohl vom Busbahnhof als auch von gegenüber.

Bootsausflüge Bieten oder vermitteln viele Pensionsbesitzer. Preise sind Verhandlungssache.

Adressen/Sonstiges

Adventure/Touren Eğirdir Outdoor Center, an der Uferstraße Richtung Yeşilada. Mischung aus Café und Zentrum für alternativen Tourismus, zur Lale Pension (s. u.) gehörend und, wenn İbrahim da ist, englischsprachig. Verleiht Mountainbikes (10 €/Tag), Kanus und Surfbretter (jeweils 10 €/Std.), auch gibt es Wanderequipment (Schlafsäcke, Zelte, Gaskocher und Kartuschen) zu mieten oder zu kaufen. Dazu Bookexchange und Tipps zur Routenplanung. Ab 3 Pers. Sagalassos-Touren. ✆ 3116688.

Ärztliche Versorgung Erste-Hilfe-Station (Aile Sağlığı Merkezi) im Süden der Stadt an der Straße nach Konya. ✆ 3114855.

Autoverleih Özer Rent a Car, gleichzeitig ein Turkcell-Laden gegenüber der Dündar-Bey-Medrese. Autos ab 51 €/Tag. ✆ 0246/3114191, ozer_mustafa_28@hotmail.com. Achtung: Am Wochenende gibt es im Seengebiet ohne Reservierung keine Autos zu leihen, die Soldaten sind damit auf Familienbesuch unterwegs.

> **Trekker aufgepasst!**
> Die Gegend um Eğirdir ist bei Wanderern beliebt. Grund ist der hier vorbeilaufende **St Paul Trail** (→ S. 73). Wer mag, kann auch nur kürzere Abschnitte davon gehen: Gen Norden führt er über Bedre nach Barla, gen Süden vorbei am Davras Dağı, an Adada und Sütçüler in den Yazılı Kanyon (→ Ausflugsziele von Eğirdir).

Baden Zwischen Mai und Sept. möglich, davor und danach kann der Sprung ins Nass ganz schön frostig werden. Der kos-

Eğirdir

tenlose **Yazla Plajı** (Kiesstrand, mit „Halk Plajı" ausgeschildert) mit Umkleideräumen, WCs und Duschen liegt ca. 1,5 km nordwestlich des Stadtzentrums (nahe der Touristeninformation). Strände findet man zudem an der Straße Richtung Barla: Ca. 1,5 km nach dem Yazla Plajı, hinter einem Militärgelände, taucht der sandige, schöne, **Altınkum-Strand** mit Tretbootverleih und guter Infrastruktur auf. Nach weiteren 7 km erreicht man den baumbestandenen **Bedre-Strand** (keine Dolmuşanbindung) mit Restaurant, Tretbootverleih, Schirmen und Sonnenliegen. Auch **weiter nördlich** trifft man immer wieder auf schöne (leider oft ungepflegte) Strände.

Bescheiden hingegen sind die Bademöglichkeiten auf der **Yeşilada**.

Einkaufen Wochenmarkt jeden Do nahe dem Busbahnhof bzw. Rathaus. Seit 600 Jahren (!) findet zudem ab dem 1. Augustwochenende bis Ende Okt. jeden So der große Bauernmarkt **Pınar Pazarı** 7 km südöstlich der Stadt an der Straße nach Sütçüler statt. Ein blutiges Spektakel: Schafe und Ziegen werden vor Ihren und deren Augen geschlachtet, Eimer voller Köpfe, Füße und Eingeweide abtransportiert. Das Fleisch gibt es ein paar Meter weiter frisch gegrillt zum Kosten – appétissant!

Türkisches Bad (Hamam) Etwas versteckt hinter der Post, für Männlein und Weiblein (getrennt), tägl. 7.30–23 Uhr. Mit Massage 14 €.

Veranstaltungen Bergsteigerfestival (wechselnde Veranstaltungsorte) in der zweiten Maihälfte.

Übernachten/Camping (→ Karte S. 689)

Es gibt rund 900 Gästebetten. Im Zentrum dominieren anonyme Stadthotels der Billigabsteige bis zum 2-Sterne-Haus. Auf der Halbinsel Yeşilada (Taxi vom Zentrum 3,50 €, man kann auch laufen, zuweilen Stadtbusse) liegen etliche Pensionen, die ihrer internationalen Klientel einfache, saubere Zimmer mit privaten Sanitäranlagen, familiäre Atmosphäre und gute Hausmannskost bieten. Viele haben nur von April/Mai bis Anfang/Ende Oktober geöffnet. Wählen Sie ein Haus, wo noch ein Zimmer mit Seeblick zu bekommen ist.

Im Zentrum Otel Altıngöl **7**, 2011 nach einer Komplettsanierung neu eröffnetes Haus, das 2 Sterne bekommen soll, aber 3–4 Sterne verdient hätte. 55 Zimmer, die DZ in Rottönen, die EZ in Gelbtönen, die nach vorne mit herrlichem Seeblick. Sahil Yolu 2 (Straße nach Isparta). EZ 38 €, DZ 54 €. ✆ 3113961, www.altingolotel.com.

Lale Pension 6, 6 freundliche, frisch restaurierte Zimmer mit Aircondition und modernen Bädern, darunter größere und kleinere. Dachterrasse, auf der das Frühstück serviert wird. Der Service wird von Lesern in den Himmel gelobt. DZ 34 € (etwas billiger im schönen Lale Hostel, dort auch Betten im Schlafsaal für 10 €). 5. Sok. 2 (auf dem Weg zur Halbinsel, kurz hinter der Burg), ✆ 3112406, ✉ 3114984, www.lalehostel.com.

Charly's Pension 5, über 200 Jahre altes Haus am Seeufer. 4 Zimmer haben Seeblick und sind überaus charmant. Dazu ein Restaurant mit netter Terrasse. Nebenan können Wanderer ihr Zelt aufstellen. Unter Leitung von İbrahim, dem auch die Lale Pension samt Hostel und das Eğirdir Outdoor Center gehören. DZ 34 €. Kale Mah. 4 Nolu Sok. (ebenfalls hinter der Burg), ✆ 3114611, ✉ 3113807.

Otel Apostel 9, untere Mittelklasse an der Straße zur Halbinsel. 27 abgewohnte, aber sehr saubere Standardzimmer mit TV, die Hälfte der Zimmer mit Balkon und traumhaftem Seeblick. Kein eigenes Restaurant, kein eigenes Boot und damit auch keine beleidigten Gesichter wie in vielen Pensionen, wo man es nicht gern sieht, wenn die Gäste auswärts essen oder ihre Bootstour nicht bei ihnen buchen. Frühstück im obersten Stockwerk mit ebenfalls schönen Ausblicken. DZ 29 €. Ata Yolu 7 (nahe dem Busbahnhof), ✆ 3115451, ✉ 3113533.

Auf der Yeşilada Göl Pension **3**, eine der besten Pensionen der Halbinsel (Südseite), geführt von 3 freundlichen Schwestern, von Lesern immer wieder gelobt. In erster Reihe, schöne Dachterrasse. Sehr sauber, 6 z. T. recht große, helle Zimmer mit Balkon und Fliesenböden. Kein Restaurant. Üppiges Frühstück. DZ je nach Größe und Ausstattung 33–41 €. Yeşilada Mah., ✆ 3112370, ✉ 3112594, ahmetdavras@hotmail.com.

Westanatolisches Binnenland Karte S. 646/647

Westanatolisches Binnenland

Ali's Pension 1, geführt von einer aus der Schwarzmeerregion eingewanderten Fischerfamilie, die Hausherrin spricht etwas Deutsch. Bademöglichkeit wenige Schritte vom Haus. 9 Zimmer unterschiedlicher Niveaus, z. T. mit Seeblick, z. T. mit Blick aufs Haus nebenan, die schönsten ganz oben mit Gemeinschaftsterrasse. Sehr sauber. Ausflüge in die Umgebung. DZ 34 €. Im Osten der Yeşilada, ✆ 3112547, www.alispension.com.

Camping Altınkum Camping, in schöner Lage am gleichnamigen Strand ca. 4 km abseits des Zentrums. In der NS ganz idyllisch, in der HS, v. a. am Wochenende, gestopft voll. Für Camper gibt es ein eigenes Klo und eine eigene Dusche – allerdings findet sich selten jemand, der auch die Schlüssel dafür auftreiben kann (!), und so bleiben nur die mäßigen Sanitäranlagen des Strandbades. Man kann sich auch eine Art „steinernes Zelt" mieten. Mai–Sept. 2 Pers. mit Wohnmobil 8,50 €. Altınkum, ✆ 3114857.

Einfachste Campingmöglichkeiten auch am **Bedre-Strand** (→ Baden).

Essen & Trinken

Die traurige Tatsache, dass der Eğirdir-See jahrzehntelang unbarmherzig überfischt wurde, spiegelt sich mittlerweile auch in den Vitrinen der Restaurants wider, in denen mehr Meeresfische und Forellen ausliegen als Karpfen *(sazan)* oder Seelangusten *(kerevit* bzw. *ıstakoz)* – schade, denn Letztere genießen wegen ihres zarten und saftigen Fleisches einen nahezu legendären Ruf. Mehrere schöne Restaurants gibt es am Seeufer, billiger sind selbstverständlich die kleinen Lokantas im Stadtzentrum. Erfragen Sie die Preise stets im Voraus!

Im Zentrum Kemer Lokantası 3, einfache Lokanta im Zentrum. Gute Topfgerichte, günstig. Gegenüber der Moschee.

Auf der Yeşilada Big Apple Restaurant 2, stets bestens besuchtes Terrassenrestaurant. Leckere Meze, Fisch. Freundliches Personal. Meze 2 €, Fischgerichte 4–9 €. ✆ 3114555.

Melodi Restaurant 4, im Osten der Insel. Ebenfalls mit schöner Terrasse am Wasser, ebenfalls sehr beliebt. Ähnliche Preise. ✆ 3114816.

Sehenswertes

Hızır-Bey-Moschee und **Dündar-Bey-Medrese**: Die Moschee im Zentrum war ursprünglich eine Lagerhalle, 1237 von den Seldschuken erbaut. Ein Jahrhundert später wurde diese unter Hızır Bey, einem Emir der *Hamidoğulları*, in eine Moschee umgewandelt. Aus Platzmangel setzte man das Minarett auf einen Torbogen.

Die Medrese gegenüber ging aus einer um 1220 erbauten Karawanserei hervor. Beachtenswert sind die Steinmetzarbeiten am Eingangsportal. Rund um den renovierten Innenhof mit umlaufenden Säulenarkadengängen machen sich heute allerlei Ramschläden breit.

Burg (Kale): Die ursprünglich lydische Festungsanlage wurde im Laufe der Jahrtausende unzählige Male umgebaut. Die heute noch stehenden, mächtigen Wälle ließ Seldschukensultan Alaeddin Keykobat Anfang des 13. Jh. verstärken. Die Anlage ist stets zugänglich und kostet keinen Eintritt. Im Schatten der Burg steht das *Eski Eğirdir Evi* (ausgeschildert), ein altes, im traditionellen Stil eingerichtetes Holzhaus (während der Saison unregelmäßig geöffnet).

Ayios-Stefanos-Kirche: Die nach dem Abzug der Griechen dem Verfall preisgegebene byzantinische Kirche im Nordosten der Yeşilada wurde in den vergangenen Jahren von Grund auf restauriert. Heute steht sie leer und ist in der Saison gelegentlich geöffnet.

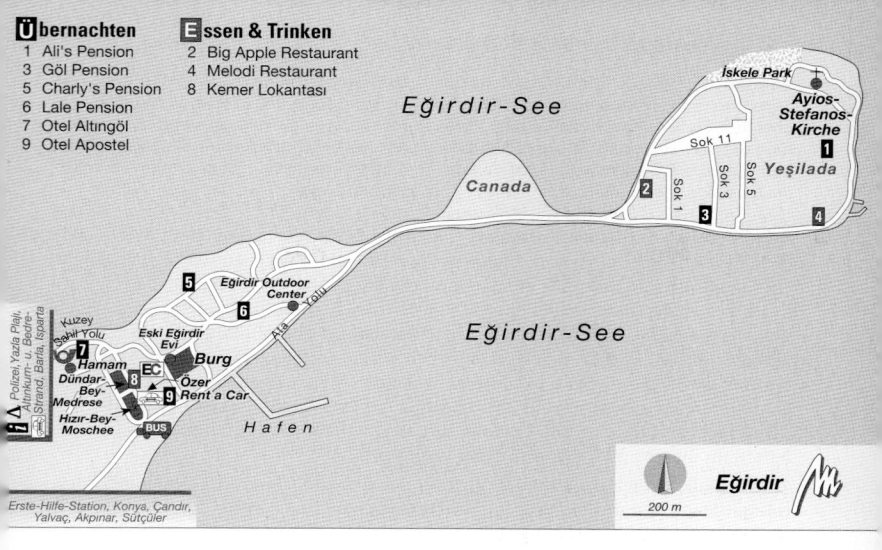

Übernachten
1 Ali's Pension
3 Göl Pension
5 Charly's Pension
6 Lale Pension
7 Otel Altıngöl
9 Otel Apostel

Essen & Trinken
2 Big Apple Restaurant
4 Melodi Restaurant
8 Kemer Lokantası

Ausflugsziele von Eğirdir

Akpınar: Das Dorf hoch über Eğirdir bietet grandiose Ausblicke über die Halbinsel Yeşilada hinweg auf den See. Es gibt ein nettes, einfaches Terrassencafé (Seyir Terası), wo man gute Gözleme bekommt. In der Nähe befinden sich ein paar wenig spektakuläre Mauerreste der römischen Stadt *Prostanna*.

Südlich von Eğirdir an der Straße nach Konya mit „Prostanna" ausgeschildert. Zu Fuß von Eğirdir ca. 2 Std., **Taxi** mit Wartezeit ca. 15 €.

Barla: Barla liegt rund 35 km nordwestlich von Eğirdir und 2 km abseits der an der Westseite des Sees verlaufenden Straße am Fuße des imposanten Kalksteinmassivs des Barla Dağı (2263 m). Mit öffentlichen Verkehrsmitteln ist das Dorf mit seinem wunderbaren Blick über den See nicht erreichbar, es kann aber Ziel einer ausgedehnten Radtour sein – eine landschaftlich überaus reizvolle Route. Schöne alte Steinhäuser zeugen von der Zeit, als Griechen und Türken in Barla noch in trauter Eintracht lebten. Über dem Ort liegen die spärlichen Überreste der *Ayios-Georgios-Kirche* aus dem 19. Jh. Leider gibt es weder ein Restaurant noch eine ansprechende Unterkunft.

Aksu mit Zından-Höhle: 27 km südöstlich von Eğirdir liegt der 1900-Einwohner-Ort Aksu, von wo der Fahrweg zur 2 km entfernten Zından-Höhle ausgeschildert ist. Vor der Höhle, die in der Antike ein Heiligtum des Flussgottes Eurymedon war, befinden sich eine römische Brücke und die Fundamente eines einst terrassenförmig angelegten Tempels. Die Eurymedon-Statue an dessen Eingang ruht sich heute im Museum von Isparta aus. Ein beleuchteter, aber dennoch gruseliger Gang führt 785 m ins Innere des Berges zu einem von den Einheimischen „Hamam" geheißenen Raum, von dessen Decke das Wasser wie aus der Dusche herunterkommt. Immer wieder trifft man auf Stalagmiten, Stalaktiten, bizarre Kalkformationen und Fledermäuse. In kleinen Wasserbecken hat sich der Kalk zu Mosaikböden abgelagert. Danach weiß man eine Rast im (hoffentlich geöffneten) Restaurant der Forellenfarm in Aksu zu schätzen.

Anfahrt Von Eğirdir kommend, am Südende des Sees, gleich hinter der Brücke über den Kovada-Kanal nach rechts Richtung Sütçüler abbiegen, ab hier ausgeschildert. Keine empfehlenswerten Dolmuşverbindungen.

Öffnungszeiten Tägl. (außer Mo) 9–18 Uhr. Eintritt 0,80 €. Man wird mit einem Helm und einer Taschenlampe für den Notfall ausgestattet. Denken Sie an Ersatzklamotten, danach kann man ziemlich schmutzig sein.

Adada (antike Stadt) und Sütçüler: Die antike Stadt Adada liegt rund 60 km südöstlich von Eğirdir einsam in einem weiten Hochtal. Zwischen den frei zugänglichen, teils bis zu 8 m hohen Ruinen aus sorgfältig behauenen Steinquadern – darunter Reste des *Theaters* und eines *Tempels* – wachsen uralte knorrige Steineichen und weiden Kühe. Im Frühjahr überzieht ein Teppich aus Wildblumen die Erde, im Sommer warten Pflaumen und Maulbeeren darauf, gepflückt zu werden. Von Adada, eine der kleineren Städte Pisidiens, haben die Archäologen gerade zur Kenntnis genommen, dass es einmal existierte, umfangreiche Grabungsarbeiten fanden bis heute nicht statt. Das große Gelände lädt zu spannenden Streifzügen ein – traumhaft. Kein Eintritt. Picknickkorb nicht vergessen!

10 km südlich von Adada schläft Sütçüler vor sich hin, ein an den Hang gebautes, ruhiges Städtchen mit ein paar einfachen Unterkünften. Aufgrund des hier vorbeilaufenden *St Paul Trails* (→ Eğirdir und S. 73) ist es ein guter Ausgangspunkt für Wanderungen. Selbstfahrer können über Sütçüler – auch wenn die Straße in manchen Karten fehlt – nach Çandır (s. u.) und von dort vorbei am Kovada Gölü Milli Parkı (s. u.) zurück nach Eğirdir fahren – eine schöne Tagesrundtour.

Anfahrt: Von Eğirdir kommend, am Südende des Sees, gleich hinter der Brücke über den Kovada-Kanal nach rechts Richtung Sütçüler abbiegen, ab hier ausgeschildert.

Taxitour nach Adada plus Zından-Höhle hin und zurück ca. 50 €. Bis zu 10-mal tägl. **Busse** von Eğirdir nach Sütçüler, die auch Adada passieren.

Kovada Gölü Milli Parkı: Der kleine Nationalpark (40 km²) rund um den gleichnamigen See liegt 30 km südlich von Eğirdir, nahe der Straße zum Yazılı Kanyon. Auf dem Weg dahin fährt man vorbei an riesigen Apfelbaumplantagen. Der nur 7 m tiefe Bergsee ist rundherum von Eichen- und Kiefernwäldern umgeben. Am ausgeschilderten Picknickareal beginnt ein 3 km langer, markierter Wanderweg. Wer Glück hat, kann Wildziegen und -schweine wie auch Rotwild, in jedem Fall aber Vögel beobachten. Auch Wölfe und Bären sollen sich in den teils sumpfigen und undurchdringlichen Wäldern herumtreiben.

Çandır und Yazılı Kanyon: Die Anfahrt zum rund 66 km südlich von Eğirdir gelegen, wildromantischen Yazılı Kanyon führt durch die einsame, reizvolle Bergwelt des Taurus. Bei niedrigen Geschwindigkeiten bleibt viel Zeit zum Schauen. 2 km vor der Schlucht erreicht man das verschlafene 1000-Einwohner-Nest Çandır am Nordostufer des *Karacaören-Stausees*. Hier findet man ein paar Läden und Teehäuser, in denen man sich nach Führern für längere Wandertouren in die Umgebung erkundigen kann. Am Beginn des Yazılı Kanyon, an einem rauschenden Wildbach, liegt eine einfache, alkoholfreie Open-Air-Kneipe, wo man gegrillte Forellen bekommt. Nebenan kann gecampt werden (angeblich ganzjährig, einfachste Sanitäranlagen. Mietzelte auf Holzkonstruktionen über dem Wasser; für 2 Pers. 4 €). Von dem Lokal führt ein Pfad an kleinen Badeplätzen (eiskaltes Wasser!) vorbei in den 7 km langen Yazılı Kanyon – ein Erlebnis. Seinen Namen (*Yazılı Kanyon* = „Inschriften-Cañon") erhielt er von mehreren Felsenschriften, die den heute wegen Brückeneinstürzen nicht mehr begehbaren antiken Weg durch die Schlucht nach Adada markierten (der Wanderweg *St Paul Trail* führt deswegen entlang einer anderen Route). Die erste Inschriftentafel findet man nach ca. 600 m vom Parkplatz flussaufwärts, nachdem man den Wildbach auf einer Brücke überquert hat.

Anfahrt Von İsparta *(Köy Garajı)* fährt 3-mal tägl. ein **Dolmuş** nach Çandır. Von Eğirdir ist Çandır am besten mit dem **Taxi** (retour inkl. Stopp im Kovada-Nationalpark ca. 62 €) oder dem **eigenen Fahrzeug** (einfache Wegstrecke ca. 1½–2 Std.) zu erreichen. Vom Südende des Eğirdir-Sees (an der Straße nach Konya) ist die komplette Strecke bis zum Cañon mit „Yazılı Kanyon" ausgeschildert und asphaltiert. Verlassen Sie sich auf die Beschilderung und nicht auf Ihre Straßenkarte – bis heute ist die einsame Gegend nicht korrekt kartografiert. Die Schlucht ist auch von der Nationalstraße 685 Isparta – Antalya gut ausgeschildert. Zudem kann sie von Adada und Sütçüler angefahren werden.

Eintritt April–Nov. wird für die Schlucht Eintritt erhoben (2,40 €/Auto, 1,10 €/Pers. ohne Auto).

Nach **Antalya**? Lesen Sie weiter ab S. 685.

Yalvaç und Antiochia in Pisidien (antike Stadt)

Im Nordosten des beschaulichen 20.300-Einwohner-Landstädtchens Yalvaç liegen weit verstreut die Ruinen Antiochias. Man nimmt an, dass die antike Stadt, wie viele andere auch, vom Seleukidenkönig Antiochos I. (280–261 v. Chr.) gegründet wurde. Zur leichteren Unterscheidung hängte man ihr später den Beinamen *Pisidiae* („Pisidiens" bzw. „in Pisidien") an. Schon bald war Antiochia berühmt-berüchtigt wegen seiner gewalttätig-ausschweifenden Kultfeiern zu Ehren des Mondgottes Men-Askaenos, der Paradies und Unterwelt beherrschte. 25 v. Chr. fiel die Stadt an Rom. Sie wurde fortan *Colonia Caesarea Antiocheia* genannt. Als Hauptstadt der römischen Provinz Pisidien erlebte sie ihre Blüte, manche Quellen beziffern die Einwohnerzahl im 3. Jh. auf rund 100.000. Sehr früh entwickelte sich die Stadt auch zu einem christlichen Zentrum, nicht zuletzt deshalb, weil Paulus und Barnabas im Jahre 46 auf ihrer Missionsreise vorbeischauten. Den Niedergang der Stadt läuteten die Arabereinfälle zu Beginn des 8. Jh. ein, die letzten größeren Bautätigkeiten reichten bis ins 10. Jh.

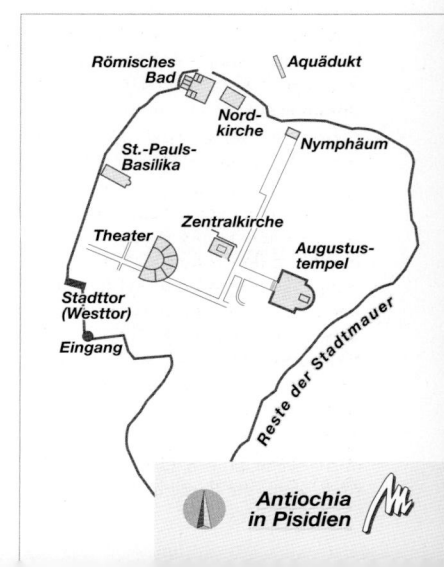

Die bislang freigelegten Ruinen Antiochias, das einst von einem 3 km langen Wall umgeben war, sind größtenteils recht unspektakulär. Die Süleyman-Demirel-Universität Isparta gräbt aber fleißig, damit sich dies ändert. Eines der beeindruckendsten Relikte ist der **Augustustempel** auf einem künstlichen Plateau an der höchsten Stelle der Stadt, halbseitig umrahmt von einer von Menschenhand abgerundeten Felswand. Er löste im 1. Jh. an jenem Ort eine Men-Kultstätte ab und wurde im 5. Jh. in eine Kirche umgewandelt. Das besterhaltene Monument ist das **römische Bad** ganz im Nordwesten des Ausgrabungsgeländes. 200 m südwestlich davon liegen die spärlichen Reste der **St.-Pauls-Basilika**, der einst größten der sieben Kirchen Antiochias und ehemals ein Pilgerziel. Sie soll an der Stelle jener Synagoge errichtet worden sein, in der Paulus predigte. Ansonsten verteilen sich über das weite Gelände u. a. noch die Ruinen weiterer **Kirchen**, eines **Nymphäums**, eines **Stadttores** und eines **Theaters** für 15.000 Zuschauer. Etwas außerhalb des Ausgrabungsgeländes sind die Bögen eines gewaltigen **Aquädukts** erhalten. Es führte einst frisches Quellwasser vom östlich der Stadt gelegenen Sultan-Gebirge über eine Länge von 10 km herbei.

Diverse Funde aus Antiochia zeigt das schmucke **Museum** von Yalvaç an der Straße zur Ausgrabungsstätte (hier ist auch eine kleine Broschüre zum Ort inkl. Antiochia-Plan erhältlich). Zu sehen gibt es ferner acht Millionen Jahre alte Fossilien, Töpferwaren aus der frühen Bronzezeit und in der ethnografischen Abteilung u. a. ein Kettenhemd aus dem 16. oder 17. Jh.

Fischlokal am Eğirdir-See

Verbindungen/Wegbeschreibung Mehrmals tägl. ein Bus von und nach Eğirdir, von Akşehir mind. alle 2 Std. **Dolmuş**verbindungen. Die Ausgrabungsstätte ist vom Zentrum Yalvaçs (ausgeschildert) in ca. 15 Fußmin. zu erreichen.

Wandern An der Ausgrabungsstätte endet der in Aspendos bzw. Perge beginnende Fernwanderweg St Paul Trail (→ S. 73).

Öffnungszeiten Ausgrabungsgelände tägl. 8–18.30 Uhr, im Winter bis 17 Uhr. Eintritt 1,20 €. Museum tägl. (außer Mo) 8–12 u. 13–17 Uhr. Eintritt frei.

Übernachten *** Hotel Psidia, bestes Haus der Stadt, 2010 eröffnet. 46 gepflegte Zimmer mit großen Fenstern. Im EG das beliebte Restaurant Sultan Sofrası. DZ 41 €. Yeşil Çınar Sok. 77, ✆ 0246/4412532, ✉ 4412533, www.psidiahotel.com.

Essen & Trinken Selin Kebap, im Zentrum im Gebäude des Rathauses. Sauber und freundlich. Diverse Kebabs, zudem die Spezialität *Keşkek*, ein Weizengericht mit Dörrfleisch. ✆ 0246/4412697.

Über **Beyşehir** lesen Sie weiter ab S. 694.

Akşehir
61.600 Einwohner

Das Spannendste an Akşehir ist die Anfahrt von Süden. Dabei überquert man das Sultan-Gebirge auf einem 1660 m hohen Pass, von dem sich ein grandioser Blick auf die weite Ebene auftut, in der die Stadt und der gleichnamige, im Hochsommer mittlerweile nahezu ausgetrocknete See liegen – bildbandreif in der Abenddämmerung, wenn die Berge in zartes Rot getaucht sind. Akşehir selbst ist ein gepflegtes,

Akşehir 693

extrem verschlafenes Landstädtchen, das bis auf die **Türbe Nasreddin Hocas** (→ Kasten) allerdings kaum Erwähnenswertes zu bieten hat. Das vom Zentrum mit „Nasreddin Hoca Müzesi" ausgeschilderte und in einem schönen alten Konak in der Altstadt untergebrachte **Museum** hat mit dem türkischen Nationalhelden kaum etwas zu tun. Stattdessen: archäologische Kleinfunde der Umgebung, Kupferwaren, Waffen und nachgestellte osmanische Zimmer (tägl. außer Mo 8.30–17.30 Uhr, Eintritt frei). Nahe dem Belediye Parkı steht die schöne **Taş Medrese**, eine Hochschule samt Moschee aus dem 13. Jh. Sie war zuletzt geschlossen und wurde restauriert. Künftig soll sie ein Museum für Steinmetzkunst *(Taş Eserler Müzesi)* beherbergen. Am besten stattet man dem Städtchen donnerstags einen Besuch ab, wenn der bunte Wochenmarkt abgehalten wird.

Zwischen Bauernschläue und Sufi-Mystik: Nasreddin Hoca

Mehrere hundert Anekdoten mit lebensphilosophischem Inhalt ranken sich um die Person Nasreddin Hocas, jenes kleinen Mannes mit Esel, überdimensionalem Turban und schlohweißem Bart, der in Akşehir an fast jeder Straßenecke grüßt. Auch wenn es heute umstritten ist, ob der Hoca je lebte oder eine fiktive Gestalt ist, ist man sich in Akşehir sicher, das Grabmal des türkischen Nationalhelden zu beherbergen. Vor seiner Türbe hält man auch gleich die Lebensdaten parat: 1208–1284. Komisch nur, dass Nasreddin Hoca in vielen Anekdoten neben dem Mongolenherrscher Timur Lenk auftaucht, der Anfang des 15. Jh. in Anatolien sein Unwesen trieb. Wie dem auch sei, in mündlich überlieferten Anekdoten (erste Niederschrift 1571) wurde Nasreddin Hoca zur Inkarnation des schlitzohrigen anatolischen Bauern, und später zum Helden eines der bekanntesten türkischen Volksbücher – auch Goethe soll es gelesen haben.

Im literarischen Charakter Nasreddin Hocas vereinen sich, ähnlich wie in den europäischen Figuren Till Eulenspiegel, Simplicissimus oder Don Quijote, Bauernschläue, Narrheit und Idealismus. In den derben Schwänken des Hocas stecken oft bittere Satire und Kritik an politischen Missständen. Darüber hinaus sind zahlreiche Nasreddin-Hoca-Geschichten vom Sufismus geprägt, jener orientalischen Denkweise, die – ähnlich dem jüdischen Witz – die aristotelische Logik Purzelbäume schlagen lässt. Eine Frage wird dabei am liebsten mit einer Gegenfrage beantwortet. So streiten sich z. B. zwei Frauen um die Gunst des Hocas. Fragt die Hübschere: „Wenn wir beide in einen Fluss fallen würden, welche von uns würdest du retten?" Daraufhin wendet sich Hoca an die Reichere, aber weniger Attraktive: „Kannst du schwimmen, Liebling?"

Die Nasreddin-Hoca-Türbe, ein kleines Pilgerziel, steht auf einem Friedhof im Zentrum Akşehirs (ausgeschildert, tägl. 7–20 Uhr, Eintritt frei). Und als hätte der Hoca bei seinem eigenen Grabbau Pate gestanden, fehlt auch hier nicht sein tiefgründiger Witz: Eine Eisengittertür mit schwerem Vorhängeschloss versperrt nur scheinbar den Zugang zum sonst rundum zugänglichen Sarkophag. Neben dem Grab ist im Boden eine kleine Metallplatte eingelassen, die die Inschrift *Dünyanın ortası burasıdır – Nasreddin Hoca* („Hier ist die Mitte der Welt – N.H.") trägt. Vom 5. bis 10. Juli wird in Akşehir ein Fest zu Ehren des Hocas veranstaltet.

Westanatolisches Binnenland

> Orientierung: Akşehirs Hauptstraße mit allen wichtigen Einrichtungen ist der 24 Ağostos Bul., parallel dazu verläuft die Fußgängerzone Dr. Aziz Perkün Cad. An den zentralen Platz, den *Cumhuriyet Meydanı*, schließt das *Basarviertel* an.

Verbindungen Busbahnhof ca. 2,5 km außerhalb des Zentrums an der Fernstraße Konya – Afyon, Dolmuşe ins Zentrum. Problemlos nach Konya und Afyon. Mind. alle 2 Std. Dolmuşe nach Yalvaç. Die Dolmuşe zum Busbahnhof und nach Yalvaç starten von verschiedenen Stellen im Zentrum nahe der Türbe, Stellen zeigen lassen.

Übernachten Özpark, 2011 eröffnetes Haus, das 4 Sterne beantragt hat. 85 Zimmer, alles funkelt und glänzt noch. Sehr gutes Preis-Leistungs-Verhältnis. DZ 49 €. İnönü Cad. 96 A, ✆ 0332/8000010, ✉ 8000033, www.ozparkhotel.com.

Otel Yaşar, einfache Mittelklasse ohne Sterne in einem pastellgrünen, unübersehbaren Gebäude im Zentrum. In seiner Preisklasse eines der empfehlenswertesten Häuser des Landes. 28 saubere, anständige Zimmer. EZ 16,50 €, DZ 25 €. İnönü Cad. 24/5, ✆ 0332/8132687, ✉ 8139974.

Essen & Trinken Hıdarlık, Sammelbegriff für die schön gelegenen Picknickplätze und Restaurants am Berghang über der Stadt – unsere Empfehlung für ein gemütliches, alkoholfreies Essen. Vom Zentrum ausgeschildert.

Akşehir Evi, in einem schönen, alten Konak mit Garten. Regionale Küche und Folklore. Probieren Sie *Mantı* oder *Peynir Baklavası*, eine mit Käse angereicherte Baklavavariation. Günstig. Doğancı Sok., ✆ 0332/8124400. Im Süden der Stadt, von der Nasreddin-Hoca-Türbe dem Bachlauf bergauf folgen, bis man das Restaurant rechter Hand (etwas versteckt) entdeckt.

> Über **Afyon** lesen Sie weiter ab S. 654, über **Konya** ab S. 696.

Beyşehir

33.900 Einwohner

Das konservative Beyşehir liegt auf 1116 m ü. d. M. am Südostufer des gleichnamigen, mit 656 km² drittgrößten Sees der Türkei. Ausländische Touristen bekommt das verschlafene Landstädtchen wenige zu Gesicht, meist handelt es sich um kleine Busgruppen, die einen Stopp an der Eşrefoğlu-Moschee (→ Sehenswertes) einlegen, Karpfen essen und danach wieder verschwinden. Gelegentlich sieht man dienstags noch ein paar Individualreisende über den Wochenmarkt schlendern, oder am kleinen Hafen beim Wasserregulator – ein Bootsausflug über den See ist ein nettes Erlebnis. Leider sinkt der Pegel des an sich fisch- und inselreichen, aber zuflussarmen Beyşehir-Sees in den letzten Jahren zusehends. In der Region fällt wenig Regen, und zu viel des Wassers wird zum Bewässern der Felder aus dem See gepumpt. Die noch besten Bademöglichkeiten findet man am Südostufer an der Straße nach Akseki.

Verbindungen Busbahnhof ca. 1,5 km nördlich des Zentrums, Dolmuşe ins Zentrum. Mehrmals tägl. nach Konya (1½ Std.), Eğirdir (2 Std.), Akşehir (2 Std.), Antalya (4 Std.) und Ankara (5 Std.).

Bootsausflüge Werden beim Regulator von verschiedenen Anbietern offeriert. In der HS regelmäßig, sonst auf Anfrage und bei genügend Teilnehmern. 1½-stündige Touren um die 2 €.

Übernachten/Camping/Essen *** Ali Bilir Otel, im kleinen Zentrum nicht zu verfehlen. 2010 eröffnet. 37 anständige, komfortable, z. T. sehr große Zimmer, 10 davon mit Balkon, manche mit Seeblick. Obenauf ein Restaurant mit Terrasse und Alkoholausschank. Freundlicher Service. DZ 45 €. Atatürk Cad. Bilir Sok. 1, ✆ 0332/5120455, ✉ 5120457, www.alibilirotel.com.

Göker Hotel, in schöner Lage direkt am See. Der Besitzer lebt in Berlin und ist deswegen nur sporadisch vor Ort. 8 Zimmer mit Holzböden und Ventilator. Gepflegter Garten, gutes Terrassenrestaurant, das auch für größere Feiern genutzt wird. Der Platz für die Camper (Sanitäranlagen vorhanden) befindet sich leider hinter der Uferstraße. DZ 25–33 €, Campen 8,50 €/Pers. Rund 2 km südlich des Zentrums an der Straße nach Akseki, ✆ 0332/5122522.

Beyaz Park Motel, zentral, direkt unterhalb des Regulators. Nette Terrasse, innen ganz schön abgewetzt. Gute Mezeauswahl, Seefisch wie Karpfen *(sazan)* oder Seebarsch *(levrek)* und Alkohol zu fairen Preisen. Wer hier übernachten will (DZ 25 €), bringt am besten seinen eigenen Wischmop mit. Atatürk Cad. 1, ✆/✉ 0332/5123865.

Sehenswertes in und um Beyşehir

Eşrefoğlu-Moschee: Die mit einem herrlichen Stalaktitenportal versehene Holzsäulenmoschee, errichtet zwischen 1297 und 1299, ist die größte ihrer Art in der Türkei und zugleich ein überwältigendes Zeugnis seldschukischer Kunstfertigkeit. 46 Säulen mit geschnitzten Kapitellen tragen den siebenschiffigen Steinbau. Die *Kanzel* aus Walnussholz ist ein Meisterwerk feinster Holzbearbeitung. In der *Türbe* östlich der Moschee ist ihr Stifter Eşrefoğlu Süleyman Bey beigesetzt. Vor dem beliebten Busgruppenstopp verkaufen Frauen gestrickte Handschuhe und Socken. Der *Bedesten* (Markthalle) nebenan ist in Privatbesitz und nicht zugänglich.

Die Moschee befindet sich ca. 500 m abseits des Zentrums (ausgeschildert). Hält man sich am Seeufer gen Norden, erblickt man sie recht schnell. Eine Spende wird erwartet.

Eflatun Pınarı: Rund 20 km nördlich von Beyşehir, inmitten einer öden Steppenlandschaft, liegt dieses hethitische Quellheiligtum. Es ist aus großen Steinquadern zusammengesetzt, 7 m lang und 4 m hoch und stammt vermutlich aus der Zeit des großhethitischen Reiches (1460–1180 v. Chr.). Die dem Quellteich zugekehrte Fassade zeigt zwei Götter sowie mehrere Mischwesen, die die sog. Flügelsonne tragen. Da die Deutung des Heiligtums von der Allgemeinheit vergessen und von der Wissenschaft nicht geklärt ist, nutzt man den Teich davor heute ganz profan: Frauen waschen darin ihre bunten Stoffe und breiten sie ringsum zum Trocknen aus. Alles in allem ein Special-Interest-Ausflug.

Von Beyşehir Richtung Şarkıkaraağaç. Nach 13 km rechts ab, ab hier ausgeschildert. Keine Dolmuşanbindung.

Kubadabad Sarayı: Rund 60 km von Beyşehir entfernt, nahe dem Dorf Gölkaya am Westufer des Sees, liegen die lange Zeit unbeachteten Ruinen der einstigen Sommerresidenz des Seldschukensultans Alaeddin Keykobat (1219–1236). Erst 1949 wurde die Palastanlage entdeckt. Die zahlreichen Fliesenfragmente, die hier gefunden wurden, sind heute die Prunkstücke des Karatay-Museums von Konya (→ S. 703). Die Relikte vor Ort sind spärlich, auch wenn die Universität Çanakkale fleißig gräbt, um daran etwas zu ändern. Bis zum unbestimmten Abschluss der Grabungsarbeiten ist das Gelände offiziell nicht zugänglich, ein Wärter führt Touristen jedoch auf Wunsch herum. Damit der Sultan übrigens zu seinen Frauen gelangte, musste er erst ins Boot steigen: Der *Harem* der Anlage befand sich auf der 3 km nordöstlich des Palastes im See gelegenen Insel Kızkalesi. Das Ruineneiland ist heute Tummelplatz von rund 200 verschiedenen Vogelarten.

Ab Gölkaya beschildert. Unregelmäßig **Minibusse** zwischen Gölkaya und Beyşehir (Abfahrt dort südlich der Brücke an der Straße nach Antalya). Einfacher und schöner ist die Anfahrt per Boot (→ Beyşehir).

> Von Beyşehir an die Küste: Die gut ausgebaute D 695 führt durch die reizvolle Bergwelt des Taurus an die Küste nach **Manavgat**. Dabei passiert man 25 km südlich von Seydişehir die **Tınaztepe Mağarası**, die 1970 von einem Team um den französischen Meeresforscher Jacques Cousteau und den Bergsteiger Reinhold Messner erforscht wurde. Begehbar ist sie auf einer Länge von 1,5 km. Auf dem weiteren Weg gen Süden kann man sich auf ein lauschiges Mittagessen in der „Wassermühle (Değirmen)" beim Dorf **Murtiçi** freuen.

Konya
1.037.000 Einwohner

In Konya tanzen nur die Derwische, ein ausschweifendes Nachtleben gibt es nicht. Dafür bietet die überaus konservative Sittenwächterin des Landes den sehenswerten Nachlass der Seldschuken.

Boomtown Konya, auf 1000 m ü. d. M. inmitten der anatolischen Steppe gelegen, besitzt als alte Hauptstadt der Seldschuken ein reiches kulturelles Erbe an sakralen Baudenkmälern jener Epoche – Moscheenfans kommen auf ihre Kosten. Und Mevlana sei Dank strömen rund 2 Mio. Pilger und Touristen jährlich nach Konya: Der hier begrabene Ordensgründer sorgt aber auch für extreme Frömmigkeit. Konya gilt als Islamisten-Hochburg mit über 70 % AKP-Wählern. Es gibt kaum ein Lokal mit Alkoholausschank und selbst die Muezzine rufen hier aggressiver zum Gebet als anderswo in Westanatolien. Touristen sollten der in Konya extrem praktizierten Religiosität Respekt zollen und sich zurückhaltend kleiden und benehmen. Trotz aller oder gerade wegen der strengen Sitten zeigt sich die männliche Bevölkerung überaus interessiert an allein reisenden, westlichen Touristinnen.

Geschichte

Die Umgebung Konyas gehört zu den ältesten Siedlungsgebieten auf anatolischem Boden (→ Çatalhüyük, S. 704), und die Stadt selbst zu den ältesten der Türkei. Der Burghügel der Stadt ist ein *Hüyük*, ein Schutthügel, der sich infolge der rund fünftausendjährigen Siedlungstätigkeit anhäufte. Die Hethiter nannten ihn *Kuwanna*, die Phryger *Kowania* und die Römer – mittlerweile hatte sich schon eine Stadt drum herum gebildet – *Iconium*. Letztere suchten auch Paulus und Barnabas im Rahmen ihrer Missionsreise auf. Hier lauschte die Heilige Thekla den Worten des Paulus und entschied sich daraufhin, ihre Verlobung aufzulösen und den Missionaren als Junge verkleidet zu folgen (→ Ayatekla, S. 523). 1000 Jahre später, unter der Herrschaft der Seldschuken, folgte Konyas große Blüte, als die Stadt 1097 zu deren Hauptstadt aufstieg. Zur größten Prachtentfaltung kam es unter dem Sultanat Alaeddin Keykobats (1219–1236). Er machte seinen Hof zu einem Zentrum der Kunst und Wissenschaft, lud Gelehrte und Philosophen ein, darunter auch den Theologen Celaleddin Rumi (→ Kasten, S. 702). Es herrschte eine rege Bautätigkeit, noch heute profitiert das Stadtbild von jener Zeit. Und auch die Wirtschaft florierte, es bestanden Handelsbeziehungen nach Genua und Venedig, zudem wurde zu jener Zeit in Konya die erste Teppichmanufaktur der Welt eröffnet. 1243 wurde das Seldschukenreich von den Mongolen unterworfen, um 1320 verleibten die mächtig gewordenen Nachbarn von Karaman (→ S. 705) Konya in ihr kleines Fürstentum ein. 1466 folgte die Eingliederung Konyas ins Osmanische Reich. In der Türkischen Republik wurde Konya Provinzhauptstadt, Handels- und Dienstleistungszentrum für die Dörfer des Umlandes – im Umkreis von 100 bis 150 km befinden sich keine größeren Städte. Noch Anfang der 1960er zählte Konya etwas über 100.000 Einwohner. Doch dann verwandelten moderne Bewässerungsanlagen die Böden um Konya in fruchtbares Ackerland, und in Konya siedelte sich eine florierende Lebensmittelindustrie an. Schon 1980 zählte man über 300.000, 1990 über 500.000 Einwohner. Die Förderung der Industrie erfolgte auch durch islamisch geprägte Holdings, finanziert von Gläubigen durch den Erwerb von Anteilsscheinen (Konya-Modell), darunter viele Auslandstürken. Heute sind in den großen Industrieparks rund um die Stadt auch die Chemie- und Textilindustrie, der Maschinenbau und die Automobilzulieferbranche ansässig. Zudem ist Konya eine bedeutende Messestadt.

> **Orientierung**: Als das moderne Zentrum Konyas werden gemeinhin die Stadtteile westlich (entlang der Promeniermeile Kazım Karabekir Cad.) und nordwestlich des *Alaaddin Tepesi*, des Burghügels (ohne Burg), bezeichnet. Nach Osten führt die Mevlana Cad. zum Mevlana-Kloster (Gehzeit ca. 15 Min.). Ungefähr auf halber Strecke passiert man den *Hükümet Alanı* mit dem Gouverneursamt *(Konya Valiliği)*. Südlich davon befindet sich der *Basar*.

Information/Verbindungen/Ausflüge

Telefonvorwahl 0332.

Information An der Aslanlıkışla Cad. 8 (hinter dem Mevlana-Museum). Englischsprachig. Im Sommer Mo–Sa 8.30–17.30 Uhr, im Winter verkürzt und Sa geschl. ✆ 3534020, www.konyakulturturizm.gov.tr.

Verbindungen Flughafen (www.konya.dhmi.gov.tr) ca. 10 km nördlich von Konya. Vom Flughafen fahren **Havaş-Busse** über den Busbahnhof ins Zentrum, Dauer ca. 30 Min., 3,60 €. Start im Zentrum (bis zu 7-mal tägl., Details auf www.havas.com.tr) von der Ferit Paşa Cad. vor dem THY-Büro. Taxi ca. 12,50 €. Tickets aller Airlines u. a. bei **Metro** am Alaaddin Bul./Fuar Kapı, ✆ 3537170, www.metroturizm.com.tr.

Bus: Busbahnhof ca. 10 km nördlich des Zentrums. Die Straßenbahn (*tramvay*, Abfahrtsstelle ca. 300 m abseits des Busbahnhofs) mit der Aufschrift „Alaaddin" bringt Sie in ca. 30 Min. zum Burghügel. Außerdem verkehren Minibusse von der zentralen Busstation (bei der Şerafettin-Moschee) zum Busbahnhof. Büros der Busgesellschaften geballt im Westen des Alaaddin Bul. Regelmäßig nach Adana (5 Std.), Aksaray (2 Std.), Ankara (4 Std.) und İstanbul (10 Std.). Mehrmals tägl. nach İzmir (7½ Std.), Antalya (4–6 Std.), Denizli (6½ Std.) und Nevşehir (3 Std.).

Zug: Bahnhof (✆ 3223670) ab vom Schuss im Südwesten der Stadt, in die Dolmuşe dorthin (Aufschrift „İstasyon") kann man nahe dem Mevlana-Museum zusteigen, Stelle zeigen lassen. 2-mal tägl. ein Zug nach İstanbul (via Afyon und Kütahya), 7-mal tägl. Schnellzüge (1¾ Std.) nach Ankara, 5-mal tägl. nach Karaman, 1-mal nach Adana.

Organisierte Touren Selene Tour, Ayanbey Sok. 22/B (hinter der Touristeninformation), ✆ 3536745, www.selenetour.com. Verkauf von Tickets für Derwischaufführungen, dazu Stadttouren und Touren in die Umgebung wie nach Çatalhüyük und Sille oder nach Beyşehir. Auch wird eine spezielle „Sufi-Tour" angeboten.

Adressen/Einkaufen/Veranstaltungen (→ Karte S. 699)

Alkohol Um böse Blicke zu vermeiden, tragen Sie ihr Bier unauffällig (nicht in den schwarzen Tüten) ins Hotel! Bier bekommt man bei **Deniz Tekel Bayii** 3 in einer schmalen Seitengasse in unmittelbarer Nähe zum Otel Selçuk (nachfragen) oder bei **Öz & Er** 13 an der Naci Fikret Sok 5 B.

698 Westanatolisches Binnenland

Ärztliche Versorgung Mehrere Krankenhäuser an der Hastane Cad. nördlich des Burghügels, u. a. das **Numune Hastanesi**. ℡ 2354500.

Autoverleih Diverse internationale Verleiher im nördlichen Stadtteil Selçuklu (Straßenbahnhaltestelle Emniyet), z. B. **Europcar**, Nalçacı Cad. Eğitimciler Sitesi N, ℡ 2384949, www.europcar.com.tr.

Einkaufen Sehenswertes **Basarviertel** zwischen İstanbul Cad. und Tefvikiye Cad. Auf dem **Kadınlar Pazarı** (**17**, Ecke İstanbul Cad./Selimiye Cad.), einer farbenfrohen Markthalle, gibt es Lebensmittel in Hülle und Fülle, darunter Käse aus allen Ecken des Landes.

Wer auf der Suche nach *Goldschmuck* ist, kann sich im **unterirdischen Basar** (*Altının Kalbı* **9**) unter dem Hükümet Alanı umsehen.

Kule Site 1, großes Shoppingcenter im 42-stöckigen (!) Glasturm Kule Plaza im Stadtteil Selçuklu nördlich des Zentrums (Straßenbahnhaltestelle Emniyet). Im Turm außerdem jede Menge Cafés und Restaurants, z. T. mit Panoramablicken.

Polizei U. a. direkt hinter der Şeraffetin-Moschee. ℡ 155.

Post Etwas zurückversetzt von der Mevlana Cad. nahe der İplikçi-Moschee.

Türkisches Bad (Hamam) Mahkeme Hamamı, neben der Şerafettin-Moschee. Schönes altes Bad, getrennte Abteilungen für Männer (6–24 Uhr) und Frauen (9–18 Uhr). Bad mit Massage 12,50 €.

Şifa Sultan Hamamı, ein restaurierter, rund 800 Jahre alter Hamam an der Uzun Harmanlar Cad. Ebenfalls getrennte Bereiche für Männer (tägl. 6–23 Uhr) und Frauen (8.30–19 Uhr). Eintritt mit *Kese* und Massage 10 €.

Veranstaltungen → Kasten, S. 702.

Übernachten/Camping

Das Preis-Leistungs-Verhältnis ist in Konya miserabel. Die günstigeren Häuser sind oft schmutzig und voller Prostituierter, die besseren oft von Busgruppen belegt. Billigabsteigen von mäßiger Sauberkeit findet man nördlich des Mevlana-Klosters und rund um die Aziziye Cad., laut sind die Häuser an der Mevlana Cad. Luxus-Hotels weit außerhalb des Zentrums.

**** Otel Selçuk 4, nahe dem Burghügel. 83 der Sterneanzahl entsprechend eingerichtete Zimmer mit alkoholfreier Minibar, Föhn und Klimaanlage. Sauna und Fitnessraum. Vornehmlich Busgruppen. EZ 60 €, DZ 100 €. Babalık Sok. 4, ℡ 3532525, ✉ 3532529, www.otelselcuk.com.tr.

**** Hotel Balıkçılar 15, älteres Haus, von innen besser als von außen. 51 Zimmer, etliche mit Balkon und Minibar (Bier!). Wer eines mit Blick auf die Selimiye-Moschee nimmt, genießt zwar eine schöne Aussicht, bekommt es am Morgen aber mit dem Muezzin zu tun. Restaurant auf dem Dach. Viele japanische Reisegruppen. EZ 65 €, DZ 90 €. Mevlana Karşısı 2, ℡ 3509470, ✉ 3513259, www.balikcilar.com.

Hotel Rumi 6, gepflegtes Haus mit blauer Fassade. 30 klassische, recht kleine Stadthotelzimmer. Gefrühstückt wird auf der Dachterrasse mit Blick auf das Mevlana-Kloster. Von Lesern gelobt. Parkplätze. DZ 80 €. Durakfakıh Sok. 5, ℡ 3531121, ✉ 3535366, www.rumihotel.com.

Paşapark Hotel 2, stylishes, 2010 eröffnetes Haus mit 53 Zimmern. Sehr freundlicher Service. DZ 70–90 €. Sultan Veled Cad. 3, ℡ 3050000, www.pasapark.com.tr.

*** Hotel Bera Mevlana 7, von außen unscheinbar, innen jedoch ganz okay. Atriumartiger Innenhof, drum herum 55 leicht in die Jahre gekommene Zimmer, auf der Sterneanzahl entsprechendem Niveau. Von Lesern gelobt. Viele Gruppen. DZ 46 €. Mevlana Cad. 6, ℡ 3504242, ✉ 3535959, www.bera.com.tr.

** Sema Otel 3, älteres Haus, jedoch umfangreich restauriert. Zimmer mit Laminatböden und Klimaanlage. Restaurant mit Bierausschank auf dem Dach. DZ 41 €. Mevlana Cad. 67, ℡ 3504623, ✉ 3523521, www.semaotel.com.

Hotel Derya 5, in dieser Preisklasse sehr empfehlenswert. Zimmer in Braun-Rot-Tönen auf 2-Sterne-Niveau. Minibar (ohne Bier) und Klimaanlage. Parkplätze nahebei. EZ 23 €, DZ 37 €. Ayanbey Cad. 18, ℡ 3520154, ✉ 3520156, www.otelderya.com.

Otel Mevlana 10, kleineres Haus, billig, einfach und zentral. Saubere Zimmer in ausrei-

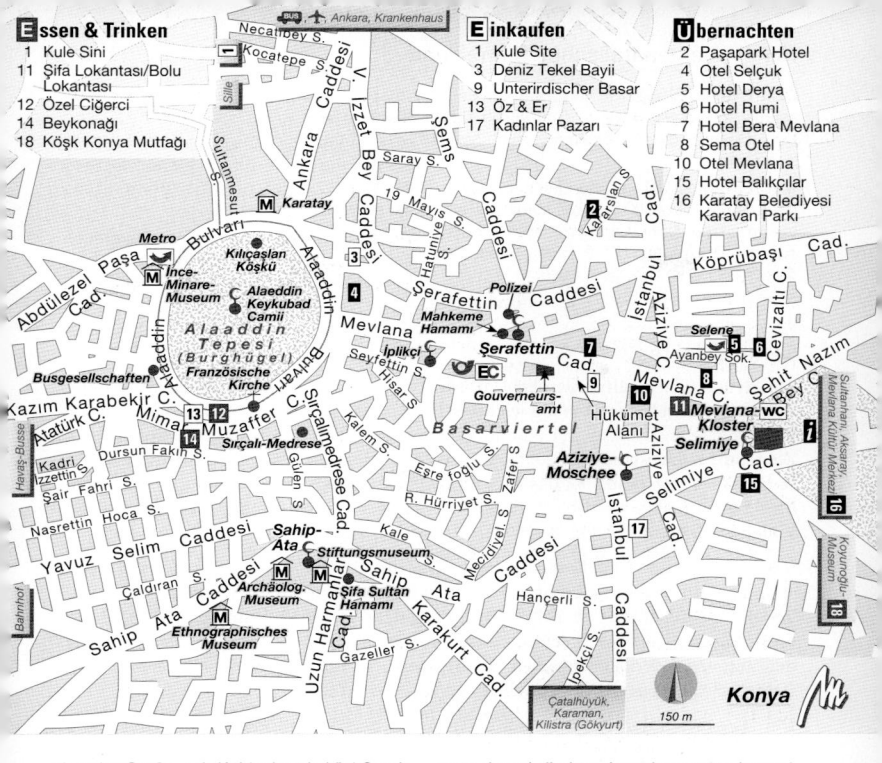

Essen & Trinken
1 Kule Sini
11 Şifa Lokantası/Bolu Lokantası
12 Özel Ciğerci
14 Beykonağı
18 Köşk Konya Mutfağı

Einkaufen
1 Kule Site
3 Deniz Tekel Bayii
9 Unterirdischer Basar
13 Öz & Er
17 Kadınlar Pazarı

Übernachten
2 Paşapark Hotel
4 Otel Selçuk
5 Hotel Derya
6 Hotel Rumi
7 Hotel Bera Mevlana
8 Sema Otel
10 Otel Mevlana
15 Hotel Balıkçılar
16 Karatay Belediyesi Karavan Parkı

chender Größe, mit Kühlschrank. Viel Stuck und viel Plastik. Freundlicher Service. DZ 33 €. Cengaver Sok 2, ✆ 3520029, www.otelmevlana.com.

Camping Karatay Belediyesi Karavan Parkı 16, von der Stadtverwaltung eingerichteter Parkplatz für Wohnmobile (für Zelte ungeeignet) direkt neben der extrem lauten, 6-spurigen Ausfallstraße nach Adana. Strom und Toiletten gibt es, aber keine Duschen! Dafür kostenlos. Anfahrt: Vom Mevlana-Kloster der Selimiye-Cad. stadtauswärts folgen, nach ca. 5 km linker Hand (vom Mevlana-Museum ausgeschildert).

Essen & Trinken

Örtliche Spezialitäten sind *Etli Ekmek* (eine Art Pide, meterlang und mit Hackfleisch belegt) und *Fırın Kebap*, ein herzhaft-fettiger Kebab aus dem Ofen – v. a. bei drohendem Darmverschluss zu empfehlen. Auf dem Burghügel gibt es zahlreiche schön-schattige Teegärten. Etliche schicke Cafés und Fast-Food-Läden an der verkehrsberuhigten Kazım Karabekir Cad. Rund um das Mevlana-Kloster dominieren liebloses Essen und nachlässiger Service. Alkohol servieren nur die besseren Hotels, und davon auch nicht alle.

Kule Sini 1, recht schickes Caférestaurant im 42. Stock des Shoppingcenters Kule Site (→ Einkaufen), eine großartige Aussicht ist also garantiert. Neben anatolischen Spezialitäten auch Pasta, Steaks und Fischgerichte. Frühstück. Preise etwas gehobener. ✆ 2375853.

Konak Konya Mutfağı (auch: **Köşk Konya Mutfağı** 18), eine sehr gute Adresse für regionale Küche, kosten Sie die saftigen Böreks. Dazu die üblichen Grillspieße. Sehr gepflegt. Innen Orientflair, dazu großer, netter, begrünter Außenbereich. Teuerstes Hg. 7 €. Piriesat Cad. 5, ✆ 3528547.

Özel Ciğerci ⓬, Spieße vom offenen Grill, selbst gebackene Fladen, Spezialität: Leber. Recht beliebt. Alaaddin Bul. 57/A, ✆ 3535868.

Şifa Lokantası ⓫, große, helle Lokanta, tagsüber bei Locals beliebt, abends auch bei Touristen. Neben herkömmlichen Grills, Topfgerichten und Döner kann man *Etli Ekmek* oder *Fırın Kebap* kosten. Von Lesern gelobt, trotzdem unser Tipp: Preise vorab erfragen und Rechnung überprüfen. Mevlana Cad.

Bolu Lokantası ⓫, die einfache Lokanta hat den Ruf, das beste *Etli Ekmek* der Stadt zu backen. Zudem gibt's Börek, sonst kaum etwas. Aziziye Cad.

Café Beykonağı ⓮, nettes Wasserpfeifencafé in einem alten, maroden Konak. Fevzi Çakmak Sok./Ecke Mimar Muzaffer Cad.

Sehenswertes

Von dem reichen kulturellen Erbe an Moscheen und Medresen aus seldschukischer Zeit werden im Folgenden die wichtigsten vorgestellt. Die Sehenswürdigkeiten sind so angeordnet, dass sie bei einem Spaziergang vom Osten in den Südwesten des Zentrums nacheinander abgeklappert werden können (Ausnahme: Koyunoğlu-Museum). Ausgangspunkt ist das Mevlana-Kloster. Neben diesem steht die **Selimiye-Moschee**, eine klassisch-osmanische Kuppelmoschee mit offener Vorhalle und zwei schlanken Minaretten (1566–1574).

Mevlana-Kloster (Mevlana Tekkesi): Die im 13. Jh. gegründete Klosteranlage stammt in ihrer heutigen Form weitestgehend aus dem 16. Jh. Lediglich das auffällige türkise Kegeldach über dem Sarkophag des Celaleddin Rumi, das Wahrzeichen Konyas, entspringt noch seldschukischer Zeit. Die Anlage betritt man heute über den angrenzenden Rosengarten. Früher gelangte man durch das *Dervişan Kapısı* (Derwischtor) gegenüber der Selimiye-Moschee auf das Gelände.

Der Weg durch den Rosengarten führt in den begrünten Innenhof des Klosters. In dessen Mitte steht ein überdachter marmorner *Brunnen*, dessen heiliges Wasser Gläubige trinken. Rechts und links des Derwischtores lagen die Klosterzellen der Brüder. In dem vorspringenden Gebäudetrakt, der daran anschließt, befanden sich der *Speisesaal* und die *Klosterküche*, heute mit Puppen in Derwischkleidung versehen, die einen Einblick in das asketische Klosterleben von einst geben sollen. Direkt gegenüber dem Derwischtor betritt man das Hauptgebäude des Klosters (Galoschen überziehen!), über einen Vorraum gelangt man zu *Mevlanas Sarkophag*. Der Sarkophag ist bedeckt mit einem wertvollen Brokattuch, das Sultan Abdül Hamit (1876–1909) stiftete. Der 1273 verstorbene Mystiker wird bis heute als Volksheiliger verehrt, Gläubige sehen ihn als Vermittler Allahs und Helfer in der Not. Neben Celaleddin Rumi ruhen sein Vater, der Glaubenslehrer Bahreddin Veled, und sein Sohn Veled, der Klostergründer. Die andere Seite des Hauptgebäudes nehmen zwei Kuppelsäle ein, der vordere war der *Betsaal*, der hintere der *Tanzsaal (semahane)*. Hier werden persönliche Gegenstände Mevlanas ausgestellt – Mütze, Turban und Mantel sowie verschiedene seiner in persischer Sprache abgefassten Schriften (darunter die *Mathnawi*, seine berühmten mystischen Gedanken in Versform). Zudem werden Musikinstrumente der Derwische, Koranschriften, Miniaturen, Silberarbeiten und wertvolle Gebetsteppiche präsentiert.

Mevlana Cad. Im Sommer tägl. 9–17.30 Uhr (letzter Zugang 17 Uhr). Achtung: Die Öffnungszeiten ändern sich häufig, künftig ist das Kloster evtl. Mo geschl. Eintritt 2 €. Audioguide (70 Min.) ebenfalls 2 €. Achten Sie auf angemessene Bekleidung.

Koyunoğlu-Museum: Es präsentiert die kunterbunte Privatsammlung des 1974 verstorbenen İzzet Koyunoğlu, eines einst angesehenen Bürgers der Stadt: Kalligrafien,

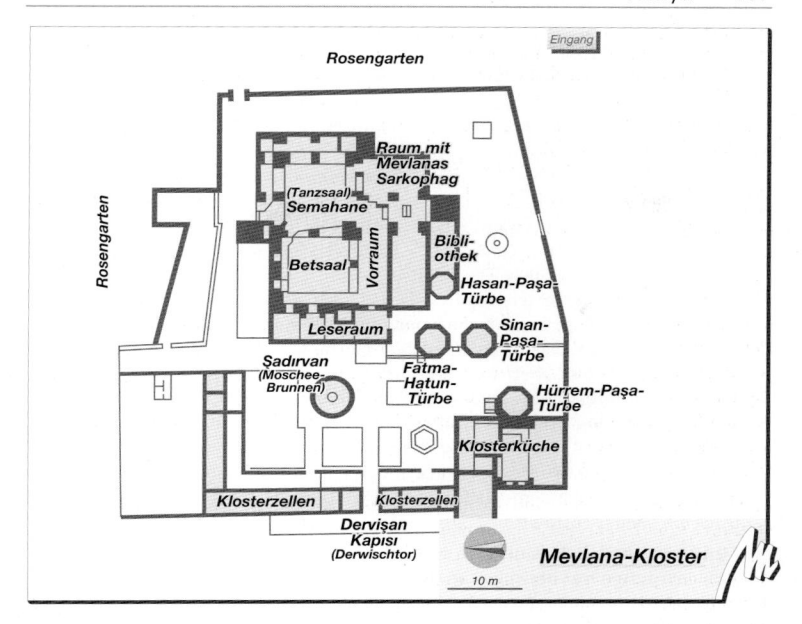

Konya

Mevlana-Kloster (Plan):
- Rosengarten
- Eingang
- Raum mit Mevlanas Sarkophag
- (Tanzsaal) Semahane
- Vorraum
- Bibliothek
- Betsaal
- Hasan-Paşa-Türbe
- Leseraum
- Sinan-Paşa-Türbe
- Şadırvan (Moschee-Brunnen)
- Fatma-Hatun-Türbe
- Hürrem-Paşa-Türbe
- Klosterküche
- Klosterzellen
- Klosterzellen
- Dervişan Kapısı (Derwischtor)

Teppiche, Kaffee-Sets, Musikinstrumente, Kostüme, Keramik, Fossilien, Mammutknochen, ausgestopftes Federvieh, Schmuckarbeiten aus dem Neolithikum, sämtliche türkische Banknoten seit Bestehen der Republik (der erste Zehn-Lira-Schein hatte fast DIN-A4-Format!), eine Bibliothek mit wertvollen Handschriften und, und und ... Die Exponate verteilen sich auf zwei Gebäude: auf einen etwas tristen Neubau und auf Koyunoğlus osmanisches Bürgerhaus aus dem 19. Jh. mit bezauberndem Inventar (nur zugänglich, wenn genügend Personal anwesend ist).

Ca. 800 m südöstlich des Mevlana-Klosters in der Kerimler Cad., ausgeschildert. Tägl. 8.30–17.30 Uhr. Eintritt frei.

Aziziye-Moschee: Die auffällige, verschnörkelt wirkende Moschee befindet sich im Basarviertel an der İstanbul Caddesi. Sie wurde 1671–76 errichtet, fiel aber im 19. Jh. einem Brand zum Opfer und wurde anschließend im Rokokostil wieder aufgebaut. Bemerkenswert ist die *Rokoko-Gebetsnische*.

Şerafettin-Moschee und İplikçi-Moschee: Die Şerafettin-Moschee an der Mevlana Caddesi ist eine osmanische Kuppelmoschee klassischen Zuschnitts aus der Mitte des 16. Jh. Sie besitzt eine offene Vorhalle, die von sechs Säulen getragen wird, zwei davon zieren Kapitelle in Stalaktitenform, eine Seltenheit. Auch manche Fenster besitzen ein Stalaktitengewölbe und erinnern an ihren Vorgängerbau aus dem 13. Jh., den Şerefeddin Mesud errichten ließ. Auf der anderen Straßenseite, etwas weiter Richtung Burghügel, steht die İplikçi-Moschee, deren Bau 1202 vollendet wurde und die somit zu den ältesten Bauwerken Konyas zählt. Sie erinnert in ihrer wuchtigen Bauweise ein wenig an eine Karawanserei. In der zugehörigen Medrese sollen Mevlanas Vater und der Meister selbst gelehrt haben. Seit der jüngsten Generalsanierung sieht der Bau aus wie gestern errichtet, insbesondere das Backsteinminarett.

Mevlana und der Orden der Tanzenden Derwische

Die „Bruderschaft der Tanzenden Derwische" geht zurück auf den in Nordafghanistan geborenen Mystiker Celaleddin Rumi (um 1200–1273), der von seinen Anhängern *Mevlana*, „unser Meister" genannt wurde. Er wirkte als Theologe am Hofe Sultan Keykobats. Dort lernte er den persischen Wandermönch Şemsi Tebrizi kennen, der Rumis Leben und Wirken hin zum Sufismus beeinflusste. Diese islamische Mystik strebt über die Auslöschung des Ich die Vereinigung mit Gott an – z. B. durch geistige Versenkung, asketische Übungen und rituelle Tänze. Über 650 Jahre hatte der Orden enormen Einfluss auf alle Schichten der Gesellschaft. Bedeutende osmanische Künstler entstammten der Bruderschaft, und auch Sultane wie Mehmet der Eroberer waren Mevlana-Anhänger. Über Jahrhunderte hinweg wurden die neuen Sultane vom Oberhaupt des Ordens mit dem Schwerte Osmans gegürtet – ein Zeremoniell, dessen Symbolik vergleichbar ist mit der mittelalterlichen Krönung deutscher Könige durch die Erzbischöfe von Mainz oder Köln. Da sich der Orden den säkularen Reformen der neuen türkischen Republik widersetzte, wurde er wie alle anderen Sufi-Bruderschaften 1925 verboten. Ein Jahr nach dem Verbot wurde das Mevlana-Kloster von Konya als Museum wieder eröffnet.

Den Derwischtänzen kann man in Konya regelmäßig beiwohnen – manche Besucher reisen nur deswegen an. Der ekstatische, „Sema" genannte Wirbelreigen wird von einem Orchester – bestehend aus kleinen Trommeln, *rebap* (zweisaitiges Streichinstrument), *kemençe* (kurzhalsige Fiedel mit kastenförmigem Korpus) und *ney* (Schilfrohrflöte) – und einem Männerchor begleitet. Dabei drehen sich die Tänzer in ihrer wallenden Tracht (die Gewänder symbolisieren ihre Leichentücher, die zylinderartigen Hüte Grabsteine) in entgegengesetzter Richtung des Vortänzers um die eigene Achse, sodass ein bewegtes „Sternbild" entsteht.

Derwischtänze werden von Juni bis September im Rosengarten des Mevlana-Klosters von Folkloretänzern präsentiert (genaue Termine über die Touristeninformation, Tickets ca. 8 €). Zudem finden jeden Samstag um 21 Uhr (im Winter um 20 Uhr) kostenlose Aufführungen im *Mevlana Kültür Merkezi* 15 Fußmin. östlich des Mevlana-Museums statt (an seinem Pyramidendach leicht zu erkennen). Die eindrucksvollsten Zeremonien gibt es dort jedoch während der Mevlana-Gedenkfeierlichkeiten vom 10. bis 17. Dezember zu sehen, insbesondere am 17. Dezember, dem Todestag Mevlanas. Tickets (Infos bei der Touristeninformation) sollten hierfür früh gekauft und Hotelzimmer früh gebucht werden. Wo ansonsten evtl. Aufführungen über die Bühne gehen, weiß das Reisebüro Selene (→ Organisierte Touren).

Alaaddin Tepesi (auch: **Alaettin Tepesi**)/**Burghügel**: Der alte Zitadellenhügel wurde Mitte des 20. Jh. in einen Stadtpark mit Teegärten verwandelt. Auf ihm steht die schöne *Alaaddin Keykubad Camii*, die nach knapp hundertjähriger Bauzeit um das Jahr 1221 vollendet wurde. Eine Inschrift erwähnt Mohammed ben Khaulān aus Damaskus als Architekten. So verwundert es nicht, dass die Moschee im syrisch-arabischen Stil als Pfeilerhallenmoschee gebaut wurde. 42 Marmorsäulen mit byzantinischen Kapitellen stützen die flache Holzdecke. Sehenswert sind der hölzerne Minbar und der Mihrab aus Marmor und Stuck. Nördlich der Moschee (gegenüber dem Karatay-Museum) lag einst der *Palast des Seldschukensultans Kılıçaslan II. (Kılıçaslan Köşkü)*. Von dem Prachtgebäude aus dem 12. Jh. sind nur noch ein paar Mauerreste erhalten, die zum Schutz überdacht wurden. Drum herum fanden 2011 archäologische Ausgrabungsarbeiten statt. Von der alten Stadtmauer, die einst 108 Türme besessen haben soll, ist überhaupt nichts mehr auszumachen – sie wurde Anfang des 20. Jh. im Rahmen einer Stadtmodernisierung beseitigt. Ein paar Steinreliefs der Mauer befinden sich heute im İnce-Minare-Museum (s. u.).

Karatay-Museum (Kachelmuseum): Das bedeutendste Museum seldschukischer Fayencenkunst ist nördlich des Burghügels in einer Medrese aus dem Jahre 1251 untergebracht. Ihr Stifter war der seldschukische Emir Celaleddin Karatay, der hier auch bestattet ist. Die theologische Schule betritt man durch ein prächtiges Marmortor. Die Kuppel über dem Hauptraum ist mit blauen und goldenen Kacheln versehen, die den Himmel symbolisieren sollen. Der Brunnen in der Mitte sorgte für Kühle, sein Plätschern sollte die Konzentration der Studenten stärken. Kernstück der Kachelsammlung sind die Unterglasur-Malerei-Fayencen aus dem Kubadabad-Palast am Beyşehir-See (→ S. 695). Die geometrischen Formen – kreuzartige Fliesen mit Ornamenten und achtzackige Sternfliesen mit figürlichen Darstellungen – fügen sich wunderbar zusammen. Die Darstellungen selber (Drachen, Löwen, Adler, Schlangen, Fische) verraten persische, zentral- und ostasiatische Einflüsse.
Tägl. (außer Mo) 9–17 Uhr. Eintritt 1,20 €.

İnce-Minare-Museum (Museum für seldschukische Bildhauerei und Schnitzkunst): Das Museum am Alaaddin Bulvarı westlich des Burghügels ist in einer ehemaligen Moschee samt Medrese untergebracht. Sahip Ata Fahrettin Ali stiftete diesen Komplex in der zweiten Hälfte des 13. Jh. Überragt wurde dieser einst von einem prächtigen, mit Fayencen geschmückten Ziegelminarett (*ince minare* = schlankes Minarett), dessen oberer Teil 1901 nach einem Blitzschlag wegbrach. Über dem Portal ziehen ineinander verschlungene Inschriftenfriese mit Koransprüchen den Blick auf sich. Im Innern offenbart sich eine außerordentliche Sammlung an Holz- und Steinreliefs. Letztere stammen vielfach von den Wällen der Zitadelle. Sie stellen Menschen und Tiere dar und belegen wie die Fliesen im Karatay-Museum, dass die Seldschuken es mit dem islamischen Abbildungsverbot von Lebewesen nicht so genau nahmen.
Tägl. (außer Mo) 8.30–12.30 und 13.30–17 Uhr. Eintritt 1,20 €.

Sırçalı-Medrese: In der Koranschule aus dem Jahr 1242 befand sich früher ein Grabsteinmuseum, heute ist sie geräumt. Ein Blick in den noch teilweise mit türkisen Kacheln geschmückten Sommerhof ist nett, aber auch nicht sehr aufregend.
Sırçalımedrese Cad. Mo–Fr 8.30–12.30 und 13.30–17.30 Uhr. Eintritt frei.

Sahip-Ata-Komplex: Der Komplex des Emir Sahip Ata Fahrettin Ali mit Moschee, Türbe, Hamam und Derwischkloster entstand zwischen 1269 und 1283. An den einstigen Prunk der Anlage an der gleichnamigen Straße südlich des Burghügels erinnert heute wenig. Beachtenswert ist das Stalaktitenportal, das einst von zwei sehr schönen Minaretten gesäumt war, von denen nur noch eines steht. Die Moschee selbst ist neueren Datums, ansehnlich ist der mit blauen Fayencen geschmückte Mihrab. Im ehemaligen Derwischkloster ist das sog. *Stiftungsmuseum (Sahipata Vakıf Müzesi)* untergebracht. Im schönen Inneren werden wertvolle Kelims, alte Koranausgaben, Uhren, Kerzenständer und vieles mehr aus hiesigen Moscheen gezeigt. In einem Kuppelsaal befinden sich die Türben von Sahip Ata und einigen seiner Verwandten.
Stiftungsmuseum, tägl. (außer Mo) 9–12 u. 13–17 Uhr. Eintritt frei.

Archäologisches Museum und Ethnografisches Museum: Das sehenswerte Archäologische Museum neben der Sahip-Ata-Moschee beherbergt u. a. Schmuck- und Gebrauchsgegenstände, die im Siedlungshügel Karahüyük (7 km südlich des Zentrums, nicht besuchenswert) entdeckt wurden, dazu viele interessante Funde aus Çatalhüyük (s. u.) wie phrygische Keramik und assyrische Stempel. Zu den imposantesten Exponaten zählen jedoch fünf römische, kunstvoll verzierte Sarkophage – der schönste mit einem Relief der zwölf Taten des Herkules. Im Garten sieht man weitere Sarkophage, dazu Säulenstümpfe, Torsi und Architekturfragmente.

Ca. 200 m weiter westlich liegt das unspektakuläre, außen wie innen sozialistisch anmutende Ethnografische Museum – wetten, Sie sind der einzige Besucher? Lieblos und altbacken werden hier u. a. Stricksocken, Kleider, Schmuck, Gebetsketten und Waffen präsentiert.

Beide Museen tägl. (außer Mo) 9–12.30 und 13.30–17 Uhr. Eintritt für das Archäologische Museum 1,20 €, Ethnografisches Museum kostenlos.

Umgebung von Konya

Sille: Das nette, ehemals griechisch-türkische Dorf Sille 7 km westlich von Konya ist auf dem besten Wege, ein Vorzeigeort zu werden. An allen Ecken und Enden wird restauriert, es eröffnen Terrassenlokale für Tagesgäste. Zuletzt widmeten sich die Restauratoren der *St.-Helena-Kirche (Aya Elena Kilisesi)*, die nach ihrer Instandsetzung als Museum der Öffentlichkeit zugänglich gemacht werden soll. Eine Kirche gab es hier bereits seit 327. Angeblich ging sie auf Helena zurück, die Mutter Konstantins des Großen, die das Gotteshaus auf ihrer Wallfahrt nach Jerusalem errichten ließ. Das heutige Kirchengebäude (tolles Kuppelfresko!) stammt jedoch aus dem Jahr 1833. In der Umgebung von Sille lassen sich zudem einige *Höhlenkirchen* entdecken.

Sille ist alle 30 Min. mit Bussen von der Bushaltestelle an der Mevlana Cad. (bei der Şerafettin-Moschee, Nr. 64) zu erreichen. Die St.-Helena-Kirche liegt, von Konya kommend, am Ortsende.

Gökyurt (Kilistra): Gökyurt liegt rund 50 km südwestlich von Konya. Ähnlich wie in Kappadokien findet man rund um das einsame, schön in einer Tufflandschaft gelegene Dorf uralte Höhlenwohnungen und Felskapellen. Gökyurt breitet sich an der Stelle des antiken *Kilistra* aus, das vom 2. Jh. v. Chr. bis zum 13. Jh. besiedelt war – auch der Apostel Paulus soll hier Halt gemacht haben. Wer sich auf die stille Suche nach Relikten des einstigen Christendorfes machen will, sollte über ein eigenes Fahrzeug verfügen und einen Picknickkorb mitbringen. Am besten beginnt man beim Begrüßungsschild „Gökyurt'a (Kilistra) Hoşgeldiniz", folgt von dort dem alten Pflasterweg bergauf und läuft nach dessen Ende noch für ca. 150 m parallel zur Felsplateauwand. Geht man bei einem ummauerten Haus nach links zur Plateauwand und hält ein wenig Ausschau, entdeckt man die erste Kapelle: Sie steht frei und wurde vollständig, vom Sockel bis zum Dach, aus dem Fels geschlagen.

Von Konya der Landstraße nach Hatunsaray/Akören folgen, in Hatunsaray rechts ab (ausgeschildert), von dort noch 15 km.

Çatalhüyük (Ausgrabungsstätte): 1958 entdeckte der britische Archäologe James Mellaart auf einem 18 m hohen und 12 ha großen Hügel 40 km südöstlich von Konya eine der ältesten Siedlungsstätten der Menschheit. Zwischen 6250 und 5400 v. Chr. lebten hier durchschnittlich um die 5000 Menschen, die i. d. R. nicht älter als 35 Jahre alt, die Männer nicht größer als 170 cm und die Frauen nicht größer als 150 cm wurden. Die mit Wandmalereien geschmückten Wohnhäuser, von denen eines auf dem Gelände nachgestellt wurde, waren eng aneinandergepresst. Der Einstieg erfolgte durch ein Loch im Dach, durch welches auch der Rauch abzog und das wenige Licht einfiel. Straßen gab es nicht, man spazierte über die Dächer. Die Toten wurden unter den Behausungen begraben.

Seit 1961 wird in regelmäßigen Abständen gegraben, seit 1993 unter Federführung von Ian Hodder (Universität Cambridge und Stanford) in Zusammenarbeit mit internationalen Teams. Am besten stattet man dem Gelände im Sommer einen Besuch ab, wenn die Archäologen am Werk sind. Eine erste Vorstellung von Çatalhüyük kann man sich anhand von Fotos bereits im Archäologischen Museum von Konya verschaffen. Dort gibt es auch viele Funde zu sehen. Das kleine Museum vor Ort, das über den aktuellen Grabungsstand informiert, präsentiert hingegen nur Kopien. Die kostbarsten Funde überhaupt wurden ins Museum für Anatolische Zivilisationen nach Ankara geschafft. Darunter waren tönerne Hirsche, schwerbrüstige Göttinnen, Stierschädel und -hörner. Letztere gaben dem Hügel seinen Namen: *Çatalhüyük*, „Geweihhügel". In der Umgebung liegen weitere Hüyüks – Arbeit für Generationen nachfolgender Archäologen.

Von der Verbindungsstraße Konya – Karaman ab İçeriçumra bestens ausgeschildert. Keine empfehlenswerte Verbindung mit öffentlichen Verkehrsmitteln. Tägl. 8–17 Uhr. Eintritt frei.

Über **Aksaray**, das man vorbei an der Karawanserei **Sultanhanı** (→ S. 760) erreicht, lesen Sie weiter ab S. 758. Wer **Richtung Tarsus** (→ S. 539) fährt, passiert nach ca. 100 km die Stadt *Karapınar* und dahinter ein weites *Vulkanfeld*. Die Mondlandschaft ist bizarr, in so manchen Vulkantrichtern befinden sich kleine Seen mit schwefelhaltigem Wasser. Spektakulär ist die Landschaft um den **Meke Gölü** (ca. 6 km hinter *Karapınar* ausgeschildert, von der Abzweigung noch 2 km).

Karaman

136.000 Einwohner

Die ruhige Provinzhauptstadt auf 1000 m ü. d. M. ist ein guter Ausgangspunkt für die Erkundung der **Binbirkilise** (s. u.). Die eigenen Sehenswürdigkeiten gehören jedoch allesamt nicht zu der Kategorie, die mit dem Marker angestrichen werden müssen. Das Gros davon stammt aus der Zeit nach dem Zerfall des Seldschukenreiches, als Karaman (vormals *Laranda*) Herrschaftssitz des Fürstengeschlechts der *Karamanoğulları* war, bis es 1466 ins Osmanische Reich eingegliedert wurde. Mit Ausnahme der **Burganlage**, deren Grundmauern bis in die hethitische Zeit zurückreichen, findet man nahezu alle Sehenswürdigkeiten an oder nahe der İsmetpaşa Caddesi, der Hauptachse der Stadt. Dazu zählt die **Yunus Emre Camii** aus dem Jahr 1356. In die Anlage integriert ist die angebliche Türbe des gleichnamigen, um 1320 verstorbenen Mystikers und Dichters, dessen sterbliche Überreste aber auch anderswo in der Türkei noch vermutet werden (→ Eskişehir/Veranstaltungen, S. 648). Eine weitere bedeutende Moschee ist die **İbrahim Bey Camii** (auch: **İmaret Camii**) aus dem Jahr 1423 – halten Sie an der Kreuzung beim Mehmet Bey Parkı nach ihr Ausschau. Der zweistöckige Kuppelbau mit überdachtem Hof besitzt ein schönes kachelgeschmücktes Minarett, auf dem ab und zu ein Storch nistet. Ihres kostbaren Mihrabs wurde sie aber beraubt: Dieser steht heute im Archäologischen Museum von İstanbul.

Die **Hatuniye Medresesi** galt als eine der angesehensten Hochschulen des späten 14. Jh., heute ist in ihrem überdachten Innenhof ein nettes Lokal untergebracht (→ Essen & Trinken). Gleich daneben zeigt das örtliche **Museum** archäologische Funde aus der Umgebung, darunter eine kopflose Mumie aus dem 7. oder 8. Jh. (tägl. außer Mo 8–17.30 Uhr, Eintritt frei).

Westanatolisches Binnenland

Verbindungen Busbahnhof außerhalb des Zentrums nahe der Straße nach Konya, Dolmuşe dorthin vom Zentrum. Regelmäßig nach Konya und Silifke (je 2 Std.). Bahnhof (im Stil eines deutschen Bahnhofs, ✆ 2133360) ca. 1 km außerhalb, die Dolmuşe zum Busbahnhof passieren ihn. Züge 1-mal tägl. nach Adana sowie über Afyon und Kütahya nach İstanbul, bis zu 5-mal nach Konya.

> **Tipp für Selbstfahrer:** Folgen Sie der Beschilderung zum Museum *(Müze)* und parken Sie beim Uhrturm. Von dort erreichen Sie die aufgeführten Hotels auch zu Fuß. Haben Sie die Hotels erst einmal lokalisiert, fällt es leichter, sich einen Weg durch das Einbahnstraßensystem zu suchen.

Übernachten Dilkent Otel, etwas zurückversetzt von der Hauptstraße neben dem Nas (s. u.). Neueres Haus. 20 helle Zimmer auf 2-Sterne-Niveau. Freundlicher Service. EZ 22 €, DZ 32 €. 31. Sok. 21, ✆ 0338/2133900, ✉ 2139415.

** Nas Otel, etabliertes, von Grund auf restauriertes Haus, ebenfalls eine gute Wahl. 44 Zimmer mit TV, Minibar und Klimaanlage, z. T. recht geräumig. Der Muezzin ruft nebenan. Gleiche Preise. İsmetpaşa Cad. 30, ✆ 0338/2138200, ✉ 2129240, www.nasotel.com.

Das schwer in die Jahre gekommene Saray Otel (✆ 2126565) an der İsmetpaşa Cad. 27 ist nur billig (DZ mit Bad 20 €), ansonsten nicht empfehlenswert.

Essen & Trinken Hatuniye Karaman Sofrası, in der alten Medrese (s. o.). Kredenzt wird lokale, etwas aus der Reihe fallende Küche. Eher etwas für den Abend. Hg. 5–6,50 €. ✆ 0338/2146562.

Akdeniz Dostlar, in der schmalen Gasse gegenüber dem Saray Otel. Innen wie außen Korbmöbelbestuhlung, dazu auch gemütliche orientalische Bereiche. Riesige Auswahl: Eintöpfe, verschiedene Gerichte in der Tonpfanne *(Kiremit)*, Saç Kavurma, Kebabs etc. Teuerstes Hg. 6 €. ✆ 0388/2128753.

Binbirkilise: Fernab größerer Siedlungen, mitten im Nirgendwo an den kargen Randhöhen des 2288 m hohen Vulkans Karadağ rund 40 km nördlich von Karaman liegen die Binbirkilise, die „1001 Kirchen". Die heute fast gänzlich verlassene Gegend war im 3. bis 8. Jh. ein kulturelles Zentrum byzantinischer Christen. Zwar ist die Zahl von 1001 Kirche märchenhaft übertrieben, es erwarten Sie dennoch rund 50 Kirchenruinen, dazu Klöster und Befestigungsanlagen. Sämtliche dieser christlichen Zeugnisse sind in einem erbärmlichen Zustand, zumal die Dörfler der Umgebung die alten Kirchen als Steinbruch für den Bau ihrer Häuser verwendeten. Abenteuerlustige mit einem Picknickkorb und genügend Wasser im Rucksack können hier dennoch einen ganzen Tag auf Entdeckungstour gehen, denn allein die Landschaft ist berauschend. Die erste Kirchenruine ragt unübersehbar im Dorf *Madenşehri* in die Höhe. Von Madenşehri führt ein Asphaltsträßchen zum fast aufgegebenen Weiler *Üçkuyu* mit nur noch vier bewohnten Häusern. Dennoch findet sich fast immer jemand, der Sie über das benachbarte Ruinenfeld führt und Sie auf weitere Kirchenreste auf den Hügeln der Umgebung hinweist.

Anfahrt: Von Karaman Richtung Karapınar. Im Örtchen Dinek, ca. 25 km nördlich von Karaman, sind die Binbirkilise bereits ausgeschildert – und zwar gleich doppelt in unterschiedliche Richtungen. Wer sich links hält und dem gelben alten Schild „Binbirkilise" folgt, gelangt auf einem schmalen asphaltierten Sträßchen nach ca. 10 km ins Dorf Madenşehri, von dort bis Üçkuyu (ausgeschildert) weitere 8 km. **Taxi** von Karaman retour ca. 50 €.

> Von Karaman führt die Nationalstraße 715 durch eine reizvolle Berglandschaft und über den 1650 m hohen *Sertavul-Pass* nach **Mut**. Unterwegs lohnt ein Stopp am **Alahan Manastırı** (→ S. 527), den Ruinen einer byzantinischen Klosteranlage.

Amasya: Bilderbuchstadt zwischen dem
Schwarzen Meer und Zentralanatolien

Zentralanatolien

Zentralanatolien ist das Herzland der Türkei. Hier ließen sich im 10. Jh. die ersten turkmenischen Stämme nieder und hier liegt heute die Hauptstadt der Republik. Zentralanatolien ist aber auch eine trockene weite Eintönigkeit – Abwechslung im Landschaftsbild ist rar, doch tritt sie ein, dann umso schöner.

Das zentralanatolische Hochland wird vom Mittelmeer durch das zerklüftete Taurusgebirge abgegrenzt, vom Schwarzen Meer durch das grün bewaldete Pontische Gebirge. Diese Höhenzüge sorgen dafür, dass Inneranatolien extrem niederschlagsarm ist. Im Winter friert die baumlose Trockensteppe unter einer dünnen Schneedecke, im Sommer trocknet sie braungebrannt dahin. Die Landschaft, eine gigantische, nur dünn besiedelte und zuweilen von Gebirgsrücken unterbrochene Ebene auf 800 bis 1200 Höhenmetern, fasziniert durch ihre Weite. Auf den Feldern gedeiht vornehmlich anspruchsloser Weizen, nur entlang von Flussläufen oder in künstlich bewässerten Oasen kann Obst- und Gemüseanbau betrieben werden. Auf den schnurgeraden, endlos wirkenden Nationalstraßen passiert man kleine Dörfer mit hingeduckten Häuschen. In der Ferne ragen die Gipfel erloschener Vulkane in den Himmel. Das Leben in Zentralanatolien ist hart und staubig, das färbt auf die Bevölkerung ab.

Die meisten Reisenden steuern geradewegs Kappadokien an, das Wunderland aus Tuff, das der Übersichtlichkeit wegen in einem Extrakapitel behandelt wird. Kappadokien ist jedoch nur ein winziger Teil Zentralanatoliens und nicht im geringsten repräsentativ.

708 Zentralanatolien

> ### Zentralanatolien – die Highlights
> **Ankara** ist gewiss kein Highlight, wohl aber sein Museum für Anatolische Zivilisationen – eines der weltweit bedeutendsten archäologischen Museen.
> **Hattuşa**: Hattuşa stieg vor rund vier Jahrtausenden zur Hauptstadt des mächtigen Hethiterreiches auf. Was übrig blieb, beeindruckt als UNESCO-Welterbe noch heute.
> **Divriği**: Ein weiteres UNESCO-Welterbe. Auf der Liste steht die prächtige Moschee des netten Ortes.
> **Amasya**: Viele türkische Provinzhauptstädte ähneln einander, Amasya ist anders. Die Perle im Norden Zentralanatoliens kann mit einer osmanischen Altstadt, haushohen Felsengräbern und seldschukischen Kleinjuwelen angeben.
> **Gümüşler Manastırı**: Das besterhaltene Kloster des kappadokischen Christentums liegt außerhalb der zentralen Tufflandschaft und damit auch abseits der ausgetretenen Touristenpfade.
> **Sultanhanı**: Sie ist die schönste aller seldschukischen Karawansereien, die den Weg der Seide nachzeichnen.

Ankara
4.432.000 Einwohner

In den jungen Jahren der Republik sollte das Bild der neuen Hauptstadt zugleich den unbeugsamen Reformwillen der ersten Regierung des Landes wiederspiegeln. Heute ist das Bild der wild wuchernden Stadt eher ein Symbol für die politischen und wirtschaftlichen Wirren der Türkei.

Dem alten İstanbul sollte das neue Ankara den Rang ablaufen, doch zu einem stolzen Schwan stieg die Stadt nie auf, sie ist bis heute das hässliche Entlein geblieben. Nicht wenige spotten, dass das Schönste an Ankara die Autobahn nach İstanbul sei. Die auf dem Reißbrett geplante Kapitale ist eine Stadt ohne Ausstrahlung, kalt und technokratisch, eine der nüchternsten der Türkei. Lange, breite Boulevards und sterile Verwaltungsblocks zwischen Prestigebauten der 1930er prägen das Zentrum. Drum herum erstrecken sich endlose Apartmentblöcke.

All jenen, die sich in Ankara gezwungenermaßen wohlfühlen müssen – Botschaftsangehörigen, Studenten, Beamten –, wird einiges geboten: liebevoll angelegte Grünflächen, schicke Lokale und Einkaufsstraßen sowie ein verhältnismäßig großes Kulturangebot. Auch Touristen kommen hier für einen oder zwei Tage auf ihre Kosten – neben dem monumentalen Atatürk-Mausoleum und einem hübschen Altstadtviertel unterhalb der Burg verfügt Ankara mit dem Museum für Anatolische Zivilisationen über eines der angesehensten archäologischen Museen der Welt.

Geschichte

Bereits in hethitischer Zeit soll das heutige Stadtgebiet Ankaras besiedelt gewesen sein. Unter den Phrygern wurde daraus ein kleines Bergstädtchen mit dem überlieferten Namen *Ankyra*. Unter den Lydern und Persern entwickelte sich *Ankyra* zu einer Karawanenstation an der alten Kaiserstraße von Susa nach Sardes. Im 3. Jh. v. Chr., während der turbulenten Zeiten der Diadochenkriege, drangen die Tektosagen, ein kriegerischer Stamm der keltischen Galater, über die Dardanellen nach

Kleinasien vor. Wegen ihrer Raubzüge waren sie in den hellenistischen Königreichen gefürchtet, als Söldnertrupp kämpften sie für verschiedene Herrscher. Zum Zentrum ihrer Macht wählten sie Ankyra. Die Angst vor den Galatern beendeten erst die Römer. Im Jahre 25 v. Chr. erhoben sie Ankyra zur Hauptstadt ihrer Provinz *Galatia*, der antiken Landschaft Galatien. 200.000 Einwohner zählte die prosperierende Stadt damals, doch nur wenige Überreste erinnern heute noch an den Glanz jener Tage.

> **Orientierung:** Der Atatürk Bulvarı, die dröhnende Hauptverkehrsader der Stadt, durchzieht das Zentrum als kilometerlange Nord-Süd-Achse. Ein Seitenwechsel ist für Fußgänger nur an wenigen Ampeln und Überführungen möglich. Der Atatürk Bulvarı beginnt im Norden des Zentrums am **Ulus Meydanı** im gleichnamigen Stadtteil. Den Platz beherrscht ein großes Atatürk-Reiterdenkmal, drum herum liegt das alte Geschäftsviertel mit Bankpalästen und Basarstraßen. Östlich davon zieht sich die ursprüngliche **Altstadt** den **Burghügel** hinauf.
>
> Vorbei am alten Regierungsviertel führt der Atatürk Bulvarı gen Süden in das moderne, von schicken Einkaufszeilen geprägte Ankara, auch **Yenişehir** (Neustadt) genannt. Zentren sind der **Sıhhiye Meydanı** mit einem Monument im Stil der Hethiterkunst und der **Kızılay Meydanı** mit einem Denkmal, das an die drei nationalen Tugenden erinnert: Vaterlandsliebe, Schaffensfreude und Friedenswille. Am Kızılay Meydanı schneidet zudem der Atatürk Bulvarı den Gazi Mustafa Kemal Bulvarı, die bedeutendste West-Ost-Achse Ankaras. Auch treffen sich hier die zwei Metrolinien der Stadt. Weiter gen Süden erhebt sich, östlich auf einem Hügel, die *Kocatepe-Moschee,* eine der größten Moscheen der Welt (1987). Noch weiter südlich erreicht man über den Atatürk Bulvarı den Stadtteil **Kavaklıdere** mit Nobellokalen und luxuriösen Apartmenthäusern, dazwischen Botschaften, die oft in hübschen Palästchen untergebracht sind. Viel Trubel mit jeder Menge Kneipen, Cafés und Shoppingcentern findet man an der Tunalı Hilmi Cad. Noch eine Spur edler und teurer wird es schließlich in **Çankaya**, wo weitere Botschaften und die Präsidentenvilla liegen.

Die Stadt wurde früh christianisiert. Petrus hatte sie bereits zehn Jahre nach Christi Tod besucht, Paulus im Jahre 51; später schrieb er den berühmten Galaterbrief an die hiesigen Christen. Als Sitz eines Metropoliten wurde Ankyra Tagungsort zweier Konzilien (314 und 358).

In den nächsten Jahrhunderten stritten sich Byzantiner, Araber, Seldschuken und Kreuzfahrer wechselweise um Ankyra, bis die Stadt als *Engüriye* (bzw. *Angora*) 1360 dem Osmanischen Reich einverleibt wurde. 1402 nahm Timur Lenk Angora auf seinem Zug nach Westen kurzfristig ein. Laut Geschichtsschreibung versteckte er sein Heer in den weiten Kiefernwäldern um die Stadt, was heute angesichts der baumlosen Steppe nur schwer vorstellbar ist. In osmanischer Zeit stieg Angora zu einem unbedeutenden Provinzstädtchen ab. Lediglich als Umschlagsplatz für die Wolle der hiesigen Ziegen (Angora!) machte sich die Stadt einen Namen. Anfang des 20. Jh. war die Einwohnerzahl auf 30.000 gefallen. 1915 zerstörte ein Großbrand die Stadt, zwei von drei Häusern wurden Opfer der Flammen.

Nachdem 1920 griechische Truppen nach Westanatolien einmarschiert waren, machte Atatürk Ankara zum Sitz einer provisorischen Nationalregierung und organisierte von hier den Widerstand. Noch bevor die Türkische Republik ausgerufen wurde, erhob er Ankara am 13. Oktober 1923 zu deren neuer Hauptstadt. Denn

710 Zentralanatolien

Ankara lag zentral, war aufgrund des Großbrandes einfach neu zu planen und – anders als İstanbul – frei von historischen Ereignissen oder Baudenkmälern, die an die Größe des Byzantinischen oder Osmanischen Reiches erinnern konnten. Als Alternative war übrigens auch Kayseri im Gespräch gewesen. Jahrelang feilte Atatürk am Aufbau seiner Hauptstadt, unterstützt von dem deutschen Städteplaner Hermann Jansen und Architekten wie Bruno Taut oder Clemens Holzmeister.

Der Aufbau der Stadt ist bis heute nicht abgeschlossen, dafür sorgen u. a. die jährlich bis zu 100.000 Zuwanderer. Jedes Jahr entstehen neue sechsspurige Straßen, Tunnels und Unterführungen. Da werden Parks angelegt, dort wird aufgeforstet. Ein Shoppingcenter nach dem anderen eröffnet. Ankara ist auf dem nie endenden Weg zu einer modernen Metropole.

Information/Verbindungen/Parken

Telefonvorwahl 0312.

Information Im Gençlik Parkı nahe dem Ausgang der Metrostation Ulus. Hilfsbereit. Mo–Fr 9–17 Uhr. ✆ 3240101, www.ankarakulturturizm.gov.tr. Weitere Infostellen am Flughafen und am Zugbahnhof.

Verbindungen Flughafen Esenboğa (www.esenbogaairport.com) 35 km nördlich des Zentrums. Im Terminal finden Sie alle großen Autoverleiher, Bankomaten und eine Touristeninformation (s. o).

Transfer vom und zum Flughafen: Von 3 bis 21.30 Uhr fahren ca. alle 30 Min. bequeme **Havaş-Busse** (4 €, Dauer ca. 45 Min.) vom Busbahnhof A.Ş.T.I. über die Kazım Karabekir Cad. (Havaş-Terminal) zum Flughafen und zurück. Mit wenig Gepäck kann man auch den günstigeren **EGO Otobüs Nr. 442** vom Flughafen (Abfahrt vor dem nationalen Ankunftsbereich) über Ulus (hält dort u. a. vor der Post) und Kızılay zum Busbahnhof nehmen, von 6 bis 23.15 Uhr halbstündl., Dauer ca. 1 Std. **Taxi** vom Flughafen ins Zentrum ca. 35 €, in die andere Richtung ca. 25 €.

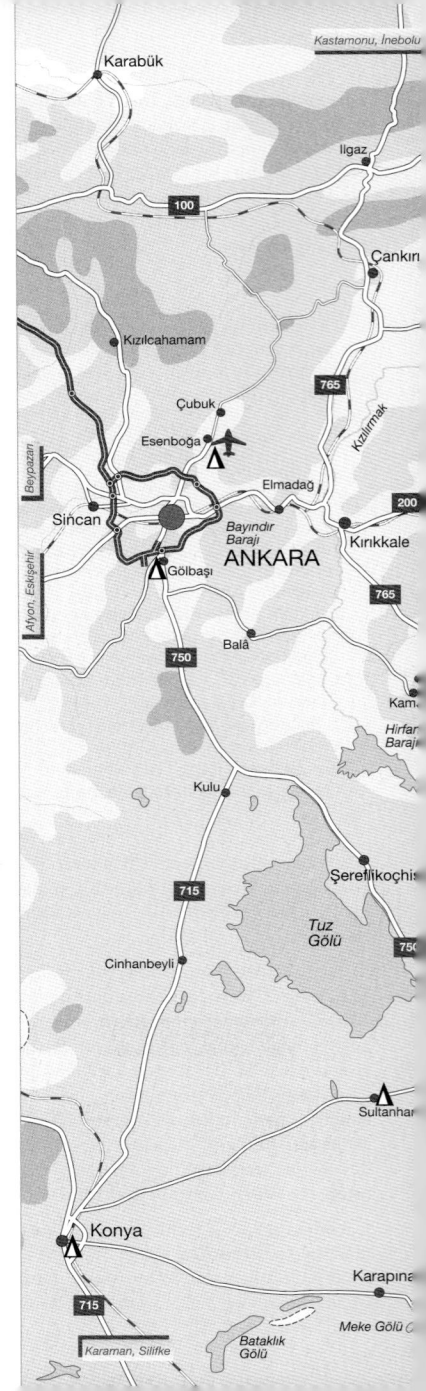

Zentralanatolien

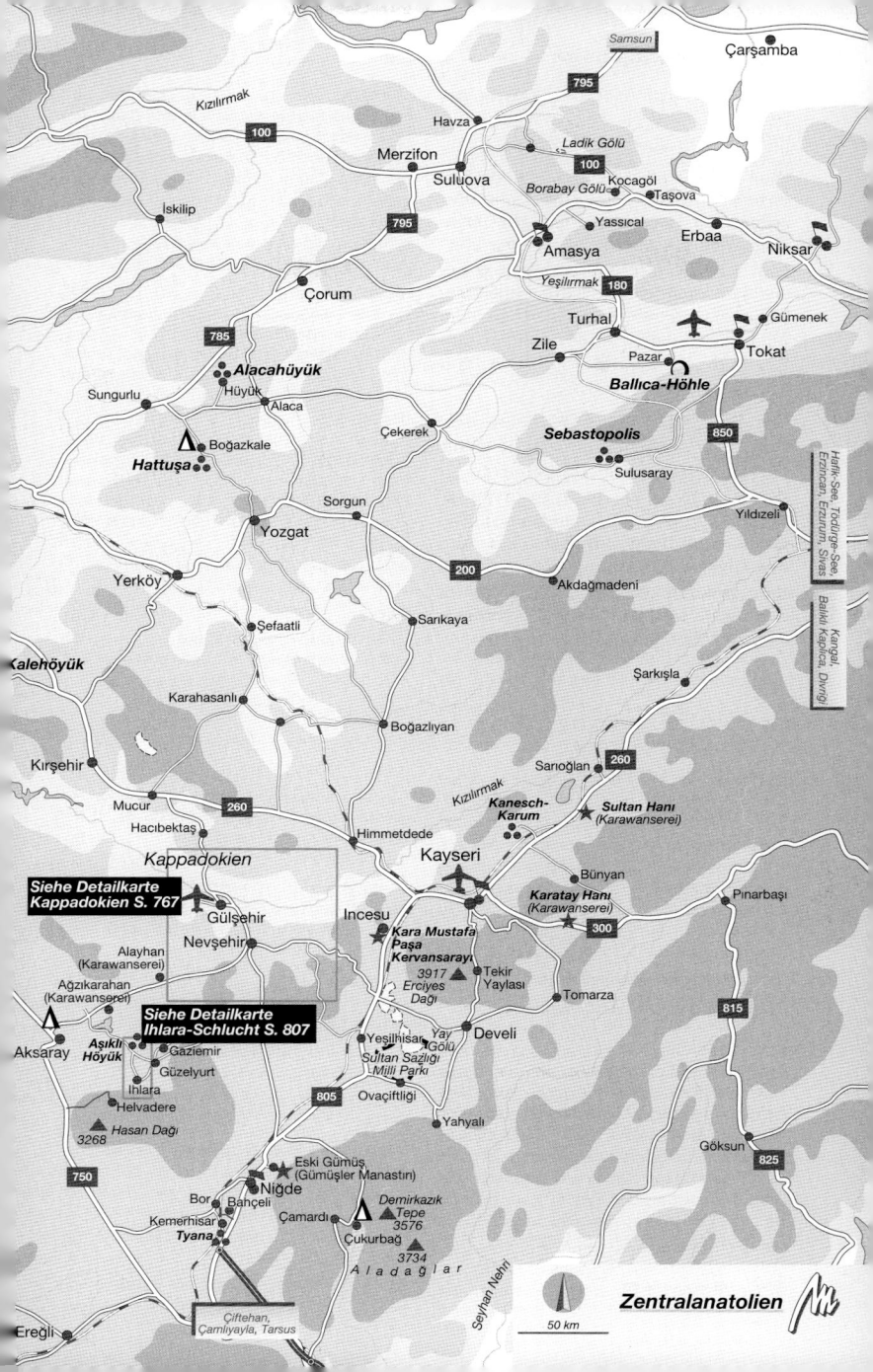

Zentralanatolien

Bus: Busbahnhof A.Ş.T.I. im Westen der Stadt, weit außerhalb des Zentrums, beste Verbindungen in alle Landesteile. Verbindung ins Zentrum (Kızılay) mit der Ankaray-Metro. Büros der wichtigsten Busgesellschaften (mit Zubringerservice zum Busbahnhof) im Stadtzentrum u. a. am G.M.K. Bul. und am Kızılay-Platz.

Zug: Bahnhof (✆ 3110620) südwestlich des Stadtteils Ulus, von der gleichnamigen Metrostation ca. 10 Gehmin. entfernt. Bis zu 11-mal tägl. über Eskişehir nach Istanbul (z. T. mit Schnellzügen, diese fahren jedoch bislang nur nach Eskişehir, wo man umsteigen muss; bis Eskişehir 1½ Std.), 7-mal tägl. Schnellzüge nach Konya (1¾ Std.), bis zu 6-mal tägl. Züge nach Kayseri und Sivas, 2-mal nach Kütahya, Manisa und İzmir, 1-mal nach Niğde, Adana, Erzurum und Kars, mehrmals wöchentl. nach Malatya, Elazığ, Tatvan und Diyarbakır. Schnellzugverbindungen nach İzmir (über Afyon) und nach Sivas im Bau.

Stadtverkehr Busse von EGO (Elektrik Gaz Otobüsleri) und Özel Halk Otobüsleri teilen sich den innerstädtischen Nahverkehr. Wer in einen EGO-Bus zusteigt, muss bereits im Besitz einer Fahrkarte in Form einer Chipkarte sein (gibt es an Kiosken und Metrostationen, je nach Preis sind darauf unterschiedlich viele Fahrten geladen, mindestens jedoch 2), die man in einen Automaten beim Fahrer schiebt. Diese Chipkarten gelten auch in der Metro und erlauben das Umsteigen. Bei den Özel Halk Otobüsleri hingegen, die oft die gleichen Linien fahren, zahlt man stets im Bus, pro Fahrt ca. 0,80 €.

Metro: Es gibt bislang 2 Linien. Die *Ankaray-Linie* verläuft vom A.Ş.T.I.-Busbahnhof im Süden der Stadt quer durch Ankara-Zentrum. Wichtigste Stationen sind Tandoğan (Atatürk-Mausoleum) und Kızılay (Zentrum). Die zweite Linie beginnt an der Station Kızılay und heißt schlicht *Metro*. Sie führt in den Westen der Stadt, die wichtigste Station ist Ulus. Keine Einzeltickets, man benötigt eine EGO-Karte (→ Busse), Fahrpreis 0,80 €. Neue Linien werden das Zentrum künftig mit dem Norden und Südwesten der Stadt verbinden, zudem wird die *Metro*-Linie weiter gen Westen ausgebaut.

Parken Nehmen Sie den nächsten Otopark (es gibt viele), wenn Sie nicht in kurzer Zeit graue Haare bekommen wollen. 24 Std. 7–13 €.

Adressen/Einkaufen/Kultur (→ Karte S. 714/715)

Ärztliche Versorgung Privatklinik Çankaya Hastanesi in Kavaklıdere, Bülten Sok. 44. ✆ 4261450.

Autoverleih Budget, Tunus Cad. 68, Kavaklıdere, ✆ 4460336, www.budget.com.tr. Avis nebenan, ✆ 4672313, www.avis.com.tr. Europcar schräg gegenüber, ✆ 4264606, www.europcar.com.tr. Alle sind auch am Flughafen vertreten. Billigste Autos ab 55 €.

Diplomatische Vertretungen Von D, CH und A allesamt in Kavaklıdere. Adressen → Wissenswertes von A bis Z/Diplomatische Vertretungen.

Einkaufen Lebensmittel werden in der Fußgängerzone Sakarya Cad. in Kızılay und ihren Nebengassen angeboten: Fisch, so frisch wie er in Ankara sein kann, Wurst, Käse, Gemüse und und und … Schön ist auch ein Spaziergang durch den farbenfrohen **Gemüsemarkt** an der Susam Cad. in Ulus. Drum herum ein Haushaltswarenbasar.

Die interessantesten **Shoppingcenter** liegen außerhalb des Zentrums. Am größten ist die **ANKAmall** **1**, dort gibt es auch ein IMAX-Kino. Von Kızılay, Sıhhıye oder Ulus mit der *Metro*-Linie zu erreichen, Station Akköprü. Etwas kleiner ist **Armada** **17** an der Straße nach Eskişehir, Ⓑ 517 ab Metrostation Kızılay.

Shops à la *Benetton* und *Marks & Spencer* auch an der Tunalı Hilmi Cad. in Kavaklıdere und in der Fußgängerzone um die Yüksel Cad. in Kızılay.

Goethe-Institut Alman Kültür Merkezi, Atatürk Bul. 131, Kızılay. Deutsche Zeitungen und Bücher in der Bibliothek.

Polizei Im Emniyet Sarayı am Turgut Özal Bul. nordwestlich des Zentrums. ✆ 155.

Post Hauptpost am Atatürk Bul. im Stadtteil Ulus.

Türkisches Bad (Hamam) Das Karacabey Hamamı aus dem 15 Jh. gilt als bester Hamam der Stadt. Männer tägl. 6–24 Uhr, Frauen nur bis 19 Uhr. Eintritt mit *Kese* und Massage 11 €. Talatpaşa Bul. 101/Ecke Hamam Sok., Hamamönü.

Kultur Theater, Oper und Ballett bietet

Ankara

das **Büyük Tiyatro**, das Große Theater am Atatürk Bul. 50 (Ulus), das Mitte des 20. Jh. von Paul Bonatz erbaut wurde. Faire Preise. Saison Okt.–Mai.

Zeitungen Deutsche Zeitungen und Zeitschriften sowie eine kleine Auswahl an deutschsprachigen Büchern hält **Turhan Kitabevi** 15 in der Yüksel Cad. 8/32 bereit.

Übernachten (→ Karte S. 714/715)

Das Angebot an Luxushotels ist einer Hauptstadt würdig, viele 5-Sterne-Häuser gibt es in Kavaklıdere – bucht man über Hotelreservierungsseiten im Internet, ist das Preis-Leistungs-Verhältnis oft sehr gut. In Kavaklıdere und Kızılay findet man auch eine große Anzahl gediegener Mittelklassehäuser. Die größte Auswahl an Unterkünften der unteren Preisklasse hat man in Ulus, allerdings ist das Eck (v. a. nachts) nicht das feinste: So manche Hotels werden von Prostituierten und schmierigen Freiern bevölkert. Prüfen Sie Bettwäsche und Bad, bevor Sie dort einchecken. Sämtliche Hotels am Atatürk Bul. und an der Çankırı Cad. leiden unter mörderischem Verkehrslärm!

In Ulus ** **Olimpiyat Hotel** 2, im Hoteleck rund um die Rüzgarlı Eşdost Sok., dort mit das beste Haus, obwohl älteren Baujahrs. Sehr gut in Schuss, gepflegt und recht sauber. Von Lesern gelobt. DZ 29 €. Rüzgarlı Eşdost Sok. 18, ℡ 3243331, ℡ 3243088.

** **Hotel Spor** 3, nahe dem Olympiyat. Ebenfalls ein älteres Haus und eine akzeptable Alternative, falls Ersteres voll ist – besser als so manches 3-Sterne-Haus im Eck. Kleine Zimmer, fürchterlich stillos. DZ 36 €. Rüzgarlı Eşdost Sok. 6, ℡ 3242165, ℡ 3122153, www.hotelspor.com.

Bei der Burg **Divan Çukurhan** 11, eine Topadresse im gleichnamigen Han aus dem 17. Jh. Nach umfangreichen Umbauten 2010 eröffnet. Nur 19 Zimmer, die keine Wünsche offen lassen. Grandiose Suiten. Eigene Bibliothek. DZ 150–1000 €. Depo Sok. 3, ℡ 3066400, ℡ 3066429, www.divan.com.tr.

»› Unser Tipp: **Angora House** 8, das schönste kleine Hotel der Stadt. Lediglich 6 Zimmer in einem osmanischen Haus. Sehr gepflegt, stilvoll mit Antiquitäten eingerichtet. Von Lesern gelobt. DZ 65 €. Kalekapısı Sok. 16, ℡ 3098380, ℡ 3098381, www.angorahouse.com.tr. «‹

** **Hitit Otel** 7, älteres, kleines Mittelklassehaus in recht ruhiger Lage auf dem Weg zur Burg. Zwar schon angeschrammt, aber insgesamt gepflegt und sehr sauber. Einige Zimmer mit Balkon. Gegenüber ein Parkplatz. DZ 36 €. Hisarparkı Cad. 12, ℡ 3108617.

And 4, charmante Unterkunft mit 6 Zimmern, auf 2 historische Gebäude verteilt. Teils tolle Decken, teils Naturstein, nette Terrassen. Super Preis-Leistungs-Verhältnis: Es würde nicht wundern, wenn in ein paar Jahren das Doppelte verlangt würde. DZ 33 €. İstek Sok. 2, ℡ 3102304, ℡ 3102307, hoteland@scamv.com.

In Kızılay *** **Hotel Starton** 14, konventionelles, sauberes Stadthotel, nicht mehr ganz frisch, aber durchaus okay. Geräumige Teppichbodenzimmer, der Sternenzahl entsprechend ausgestattet. Zentral und in Laufnähe zum Trubel, selbst aber in einer ruhigen Seitengasse gelegen. Der Aufzug hat seine Macken. EZ 33 €, DZ 41 €. Dr. Mediha Eldem Sok. 37, ℡ 4356520, ℡ 4354510, starton@ttmail.com.

In Maltepe **** **Hotel İçkale** 12, nahe der Ankaray-Station Maltepe. Gehobenes Haus mit protzig-kitschiger Fassade und einer feudalen Lobby. Leicht plüschiges Ambiente. Sieht von außen viel kleiner aus, als es ist: 122 Zimmer. Hamam, Sauna, Fitnessraum, Pool. Nichtraucheretage. Freundlicher englischsprachiger Service. EZ 75 €, DZ 100 €. G.M.K. Bul. 89, ℡ 2317710, ℡ 2306133, www.hotelickale.com.

In Kavaklıdere **Divan Hotel Moment Ankara** 27, Designhotel in ruhiger Lage. 83 sehr angenehme Zimmer, licht und schick. Diverse Extras. DZ ab 169 €. Güniz Sok. 42, ℡ 4574000, ℡ 4574040, www.divan.com.tr.

Gordion Hotel 20, Luxus ohne Sterne, doch manchen First-Class-Häusern der Stadt läuft man schnell den Rang ab. Stilvolles Haus mit 44 eleganten Zimmern, viel Schnickschnack. Freundliches Personal. Tolle verglaste Dachterrasse, Indoor-Pool, Sauna, Restaurant etc. Oft super Rabatte: EZ ab 90 €, DZ ab 100 €. Büklüm Sok. 59, ℡ 4278080, ℡ 4278085, www.gordionhotel.com.

Zentralanatolien, Karte S. 710/711

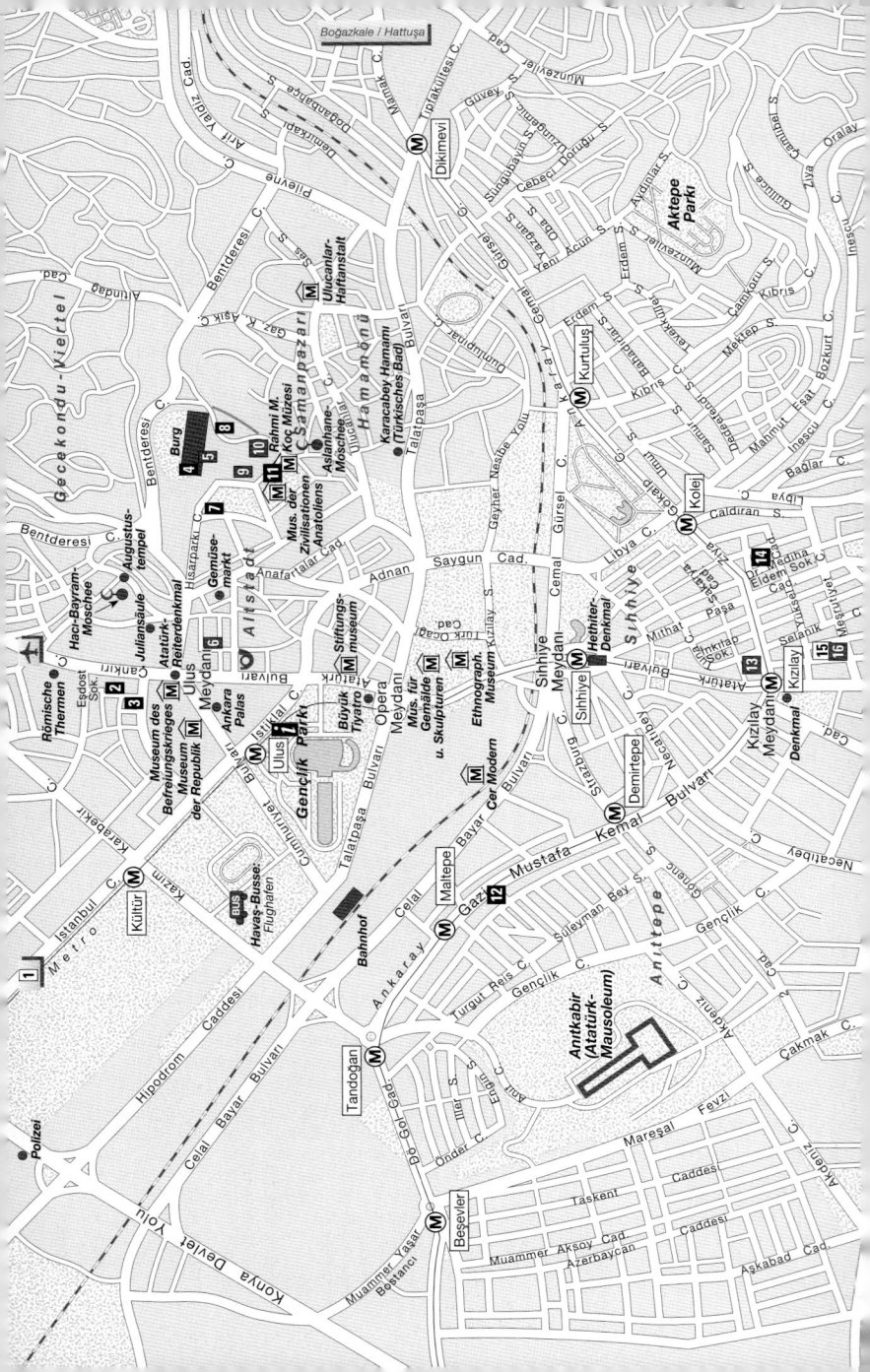

Ankara

Boğazkale / Hattuşa

Gecekondu-Viertel

- Römische Thermen
- Hacı-Bayram-Moschee
- Augustustempel
- Julianssäule
- Atatürk-Reiterdenkmal
- Museum des Befreiungskrieges
- Museum der Republik
- Ankara Palas
- Ulus Meydanı (M)
- Burg
- Rahmi M. Koç Müzesi
- Aslanhane-Moschee
- Mus. der Zivilisationen Anatoliens
- Karacabey Hamamı (Türkisches Bad)
- Ulucanlar-Haftanstalt
- **Hamamönü**
- **Altstadt**
- Gemüsemarkt
- Büyük Tiyatro
- Opera Meydanı
- Mus. für Gemälde u. Skulpturen
- Stiftungsmuseum
- Ethnograph. Museum
- Cer Modern
- Bahnhof
- Havaş-Busse: Flughafen
- Kültür (M)
- Tandoğan (M)
- Maltepe (M)
- Demirtepe (M)
- Sıhhiye Meydanı (M)
- Hethiter-Denkmal
- Kızılay Meydanı / Denkmal (M)
- **Anıttepe**
- **Anıtkabir (Atatürk-Mausoleum)**
- Beşevler (M)
- Kurtuluş (M)
- Kolej (M)
- Aktepe Parkı
- Dikimevi (M)
- Polizei

Konya Devlet Yolu

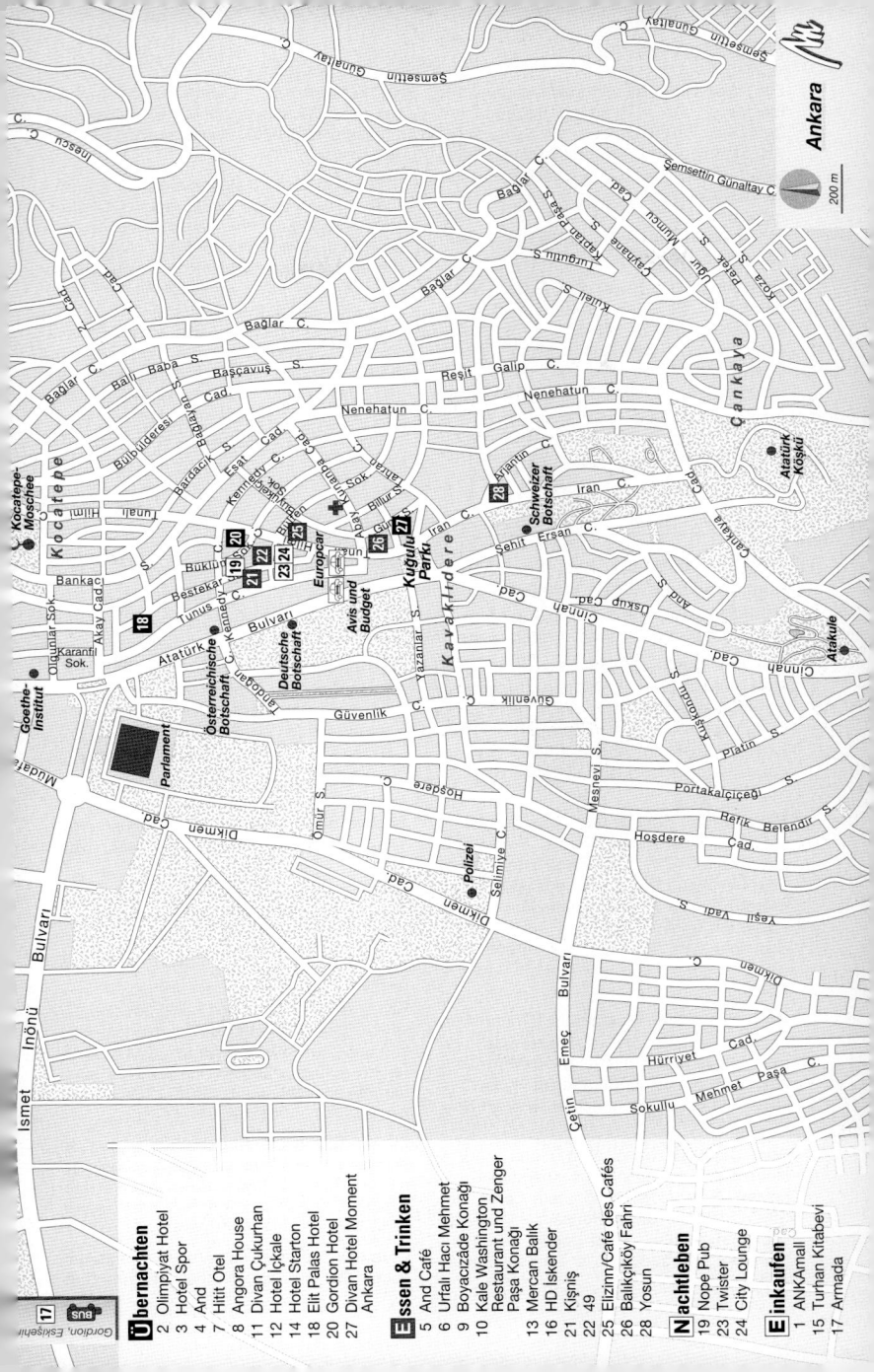

Ankara

200 m

Übernachten
- 2 Olimpiyat Hotel
- 3 Hotel Spor
- 4 And
- 7 Hitit Otel
- 8 Angora House
- 11 Divan Çukurhan
- 12 Hotel İçkale
- 14 Hotel Starton
- 18 Elit Palas Hotel
- 20 Gordion Hotel
- 27 Divan Hotel Moment Ankara

Essen & Trinken
- 5 And Café
- 6 Urfalı Hacı Mehmet
- 9 Boyacızâde Konağı
- 10 Kale Washington Restaurant und Zenger Paşa Konağı
- 13 Mercan Balık
- 16 HD İskender
- 21 Kişniş
- 22 49
- 25 Elizinn/Café des Cafés
- 26 Balıkçıköy Fahri
- 28 Yosun

Nachtleben
- 19 Nope Pub
- 23 Twister
- 24 City Lounge

Einkaufen
- 1 ANKAmall
- 15 Turhan Kitabevi
- 17 Armada

17 Gordion, Eskişehir
BUS

716 Zentralanatolien

Elit Palas Hotel 18, eine sehr angenehme Herberge, die in Richtung Boutiquehotel geht. Kein Palast, sondern ein holzverschaltes Stadthaus mit lavendelfarbenen Fensterläden. Drinnen 35 hübsch-heimelige, komfortable Zimmer und Suiten mit Laminatböden, Minibar und Safe. EZ 55 €, DZ 80 €. Bestekar Sok. 26, ℡ 4240571, ℻ 4240570, www.elitpalas.com.tr.

Camping ***** **Esenboğa Airport Hotel**, dem Hotel, ca. 18 km nördlich der Stadt, ist eine große grüne Wiese für Wohnmobile angegliedert. Gute Sanitäranlagen. Großer Pool. Anfahrt: Von Ulus stets der Beschilderung zum „Havalimanı" bzw. „Havaalanı" folgen. Ca. 7,5 km hinter dem Autobahnring linker Hand Ausschau halten. Gute Verbindungen mit öffentlichen Verkehrsmitteln ins Zentrum. Pro Campereinheit (unbegrenzte Personenzahl) 19 €. Sarayköy Keçiören, ℡ 3994700, www.esenbogaairport otel.com.tr.

**** **Ulaşan Hotel & Caravaning**, ca. 20 km südlich von Ankara direkt an der Straße nach Konya. Einfache Wiese mit Blick auf den Mogan-See. Sanitäranlagen okay. Pool. Allerdings etwas schlechte Anbindung ans Zentrum (man muss zunächst mit dem Taxi nach Gölbaşı-Zentrum fahren und von dort weiter mit Dolmuş oder Bus, Gesamtdauer ca. 1 Std.). Anfahrt: von der Ringautobahn die Abzweigung Gölbaşı-Konya-Adana nehmen, dann für ca. 10 km weiter gen Süden, nach dem Ort Gölbaşı rechter Hand Ausschau halten, ℡ 4845858, ℻ 4844101, www. ulasanhotel.com.

Essen & Trinken/Nachtleben (→ Karte S. 714/715)

Am schönsten, aber natürlich auch am touristischsten sind die liebevoll in alten Konaks eingerichteten Lokale im Burgbereich. Die besten und gepflegtesten Restaurants, dazu viele Kneipen und Cafés, gibt es in Kavaklıdere. In Ulus dominieren einfache, austauschbare Kebablokale und Lokantas.

Bei der Burg **Zenger Paşa Konağı** 10, halb Museum, halb Erlebnisgastronomie in einem feudalen Konak. Sehr beliebt bei Busgruppen. Tolle Terrasse. Fr/Sa Zigeunermusik am Abend. Das Essen wird dabei zur Nebensache. Doyran Sok. 13, ℡ 3117070.

Boyacızâde Konağı 9, ebenfalls sehr schön in einem alten Konak. Große Mezeauswahl (3–6 €), dazu Fisch oder Fleisch (Hg. 4–9 €) und Bier (teuer) oder Rakı (noch teurer). Gemütliche schattige Innenhofterrasse mit Weinfässern und Topfpflanzen. Tagsüber viele Touristen, am Abend auch einheimisches Publikum. Berrak Sok. 7/9, ℡ 3101515.

Kale Washington Restaurant 10, ebenfalls sehr gepflegt, ebenfalls 1a-Meze, Fisch und Rakı, etwas teurer als im Boyacızâde. Dafür aber auch mit einer Traumterrasse über Ankara. Von Lesern hochgelobt. Doyran Sok. 5, ℡ 3114344.

And Café 5, nahe dem Hotel Angora House, im Durchgang zur innersten Burganlage. Eines der schönsten Cafés der Stadt, ideal für die Kaffeepause im Sightseeingprogramm. Gediegener Saal mit herrlicher Holzdecke, tolle Terrasse. İçkale Kapısı.

In Kavaklıdere **Yosun** 28, gehobenes, sehr gepflegtes, großes Fischlokal. Rustikaler Touch. Sehr gute Qualität, aber auch nicht billig. İran Cad. 27, ℡ 44675464.

Balıkçıköy Fahri 26, liebevoll gestylte Terrasse, die beinahe Mittelmeerfeeling verströmt. Ausgefallene Fischküche, z. B. Fisch-Köfte oder Fisch im Tontopf. Hg. 5,50–10 €. Abay Kunanbay Cad. 4/1, ℡ 4660450.

49 22, das populäre Kebablokal besteht bereits seit 1949. Scharfe Hühnchenköfte, Köfte aus dem Ofen oder Pide mit Spinat und Ei zu 3,50–6,50 €. Bülten Sok. 5, ℡ 4674949.

Kişniş 21, wer keine Zeit hat, Südostanatolien zu bereisen, kann hier zumindest dessen gute Küche kennenlernen. Mutige greifen zu gefüllten Kutteln, es gibt aber auch harmlosere Leckereien. Hg. 5–7,70 €. Bestekar Sok. 74/1, ℡ 4663909.

Elizinn 25, riesige Nobelkonditorei mit einem ebensolchen Angebot an Kuchen, Torten und Eis. Man kann aber auch Herzhaftes wie Wraps oder große Salate essen. Ecke Tunalı Hilmi Cad./Bülten Sok.

Café des Cafés 25, süßes Café im europäischen Stil, ein paar Tische auf dem Gehweg. Guter Kaffee für alle, denen der ewige *Neskafe* zum Hals raushängt. Tunalı Hilmi Cad. 83.

In Kızılay HD İskender 16, gepflegtes Kebablokal mit wie geleckt aussehenden Kellnern und Terrasse. Günstig. Super *İskender Kebap* (3,60 €, doppelte Portion 5,30 €), dazu leckere Pide. Meşrutiyet Cad. 7, ✆ 4193950.

İnkılap und Bayındır Sokakları, nahe der Sakarya Cad. Die Gassen stehen für eine der besten Kombinationen aus Essen und Unterhaltung, die man in Ankara haben kann. Hier reiht sich ein einfaches Restaurant ans andere. Fast in jeder Kneipe gibt es Meze und Gegrilltes (viel Fisch) sowie Livemusik am Abend. Das Bier läuft in Strömen. Nicht teuer. Fest in Männerhand.

Selanik Caddesi, in dieser Straße gibt es eine einfache Lokanta neben der anderen. Fast Food, Kebab, Fisch – für jeden ist etwas dabei. Leser empfehlen **Mercan Balık** 13, eine alkoholfreie Fischlokanta. Große Portionen zu günstigen Preisen.

In Ulus Der neu gestaltete **Gençlik Parkı** beherbergt etliche Teegärten und Lokale – Fluchtpunkte vor der Großstadthektik. Vom Riesenrad im Lunapark kann man sich die Stadt von oben angucken.

Urfalı Hacı Mehmet 6, seit 1972 kommen hier südostanatolische Kebabspezialitäten auf den Teller, dazu Pide. Von Lesern gelobt. Hg. 4–7 €. Sanayi Cad./Kızılbey Sok. 3, ✆ 3119242.

Nachtleben Findet in den Clubs von Kavaklıdere, Çankaya und Gaziosmanpaşa statt. Welche Läden gerade angesagt sind, erfahren Sie u. a. auf www.tunalicaddesi.com, direkt in der gleichnamigen Straße oder in der **Bestekar Sokak** in Kavaklıdere – Kneipe an Kneipe, dazwischen Restaurants mit internationaler Küche. Wer's gerne rockig mag, geht ins **Twister** (23, Hnr. 82 a). Gegenüber gibt es gleich ein ganzes Haus voller Kneipen – wir empfehlen die **City Lounge** (24, Hnr. 59) mit Schwerpunkt auf elektronischer Musik. Im **Nope Pub** (19, Hnr. 49 a) finden häufig alternative Konzerte, aber auch DJ-Partys statt.

Sehenswertes

Ankara ist trotz seiner 4000-jährigen Geschichte arm an kulturhistorischen Monumenten, und die, die es gibt, sind nicht allzu spektakulär. Ankara ist hingegen reich an Museen, aufgeführt sind nur die bedeutendsten. Die hier im Folgenden beschriebenen Sehenswürdigkeiten sind grob von Nord (Stadtteil Ulus) nach Süd (Stadtteil Çankaya) gegliedert.

Römische Thermen: 1926 wurde die Thermenanlage aus dem 3. Jh. bei Ausschachtungen für einen Neubau entdeckt. Arg viel ist nicht erhalten. Die Grundrisse der Bade- und Umkleideräume sowie des Schwimmbeckens sind noch zu erkennen. Da die oberirdischen Bauglieder weitgehend zerstört sind, ist der Blick freigegeben auf die einstige Wasserversorgung und die Fußbodenheizung.
Çankırı Cad., Ulus. Tägl. (außer Mo) 8.30–17.30 Uhr. Eintritt 1,20 €.

Augustustempel und Umgebung: Die Ruinen des Augustustempels aus dem 1. Jh. liegen direkt neben der Hacı-Bayram-Moschee (15. Jh.) auf einer Anhöhe im Stadtteil Ulus. Die Kultstätte zu Ehren des römischen Kaisers ist berühmt wegen des sog. *Monumentum Ancyranum*, einer Kopie des in Rom verschwundenen Rechenschaftsberichts des Augustus. In ihm wird auch die Volkszählung zur Zeit Christi Geburt erwähnt. Der Bericht ist zweisprachig abgefasst, im Pronaos die lateinische Version, auf der nördlichen Außenfront der Cella die griechische Fassung (jedoch nicht zugänglich). Im Zuge der Christianisierung wurde der Tempel in eine Kirche umgewandelt. An die Moschee grenzt zudem die Hacı-Bayram-Veli-Türbe, ein beliebtes Pilgerziel. In ihr ruht der 1430 verstorbene Hacı Bayram Veli, der Begründer des Derwischordens der Bayramiye. Rund um Moschee, Türbe und Tempel wurden jüngst ein Aussichtspunkt, Wasserspiele und ein Minipark angelegt. Achtung: In der Ecke verläuft man sich gern – besser hin und wieder nachfragen.

Museum des Befreiungskrieges (Kurtuluş Savaşı Müzesi) und **Museum der Republik (Cumhuriyet Müzesi):** Das Museum des Befreiungskrieges am Ulus Meydanı ist in jenem Gebäude untergebracht, in welchem die provisorische Nationalregierung Anfang der 1920er die heutige unabhängige Türkei ins Auge fasste. Das Originalinventar ist noch weitestgehend erhalten: Bei den ersten Parlamentsversammlungen saßen die Volksvertreter auf Holzbänken wie einst in der Schule. Filme, Fotos, Bilder und Waffen dokumentieren die Zeit bis zur Ausrufung der Republik. 1924 zog die Nationalversammlung 200 m weiter in ein Gebäude am Cumhuriyet Bulvarı, das heute das Museum der Republik beherbergt. Auch dieses Gebäude hat sich seit Atatürks Zeiten kaum verändert. Hier tagten die Parlamentarier schon auf gepolsterten Bänken. Die Ausstellung darin widmet sich besonders dem Reformwerk Atatürks. Ein letztes Mal zog die Nationalversammlung übrigens 1960 um – ihr gigantischer Sitz liegt heute südlich des Kızılay-Platzes in Yenişehir.

Museum des Befreiungskrieges, tägl. (außer Mo) 9–17 Uhr. Eintritt 0,40 €. Museum der Republik, tägl. (außer Mo) 8.45–12.30 u. 13.30–17 Uhr. Eintritt ebenfalls 0,40 €. Der Haken in beiden Häusern: Erläuterungen nur auf Türkisch.

Museum für Anatolische Zivilisationen (Anadolu Medeniyetleri Müzesi): Das unterhalb der Burg gelegene Museum ist in einem alten Basar mit angeschlossener Karawanserei aus dem 15. Jh. untergebracht. Wo einst die berühmte Angorawolle gehandelt wurde, wird heute eine der weltweit größten und schönsten archäologischen Sammlungen mit Exponaten verschiedener Kulturen vom Paläolithikum bis zur Klassik präsentiert. Auf zehn Abteilungen sind die Schätze verteilt. Im zentralen Saal werden späthethitische Funde gezeigt, darunter imposante Großplastiken und Steinreliefs. In den Räumen drum herum ist die Sammlung chronologisch gegliedert, den Anfang macht die Altsteinzeit (rechts des Eingangs), darunter Zeugnisse aus der Karain-Höhle bei Antalya. Es folgen weibliche Statuetten aus Çatalhüyük, bronzene Tierstandarte aus Alacahüyük, assyrische Handelsurkunden aus Kültepe, hethitische Trankopfergefäße aus Hattuşa, Grabbeigaben aus dem Midas-Tumulus von Gordion, urartäische Kostbarkeiten wie ein aus Elfenbein gearbeiteter Löwe und und und ... Dazwischen führen Stufen ins Untergeschoss, wo Funde aus dem Großraum Ankara an die verschiedenen Epochen der Stadt erinnern. Die Sammlung ist faszinierend und all das, was Sie erwartet, im Rahmen eines Reiseführers gar nicht erfassbar. Vor Ort ist jedoch ein ausführliches Museumsheft erhältlich.

Gözcü Sok. 2, im Burggebiet. Tägl. 8.30–17 Uhr, im Winter bis 16 Uhr. Eintritt 6 €. 2011 fanden im Untergeschoss Umbauarbeiten statt. Zudem soll in den nächsten Jahren ein Anbau errichtet werden, was eine Umgestaltung des Museums mit sich bringen wird.

Burg (Hisar): Die Ruinen der Burg, die man vom Ulus Meydanı über die Hisarparkı Caddesi erreicht, stammen größtenteils aus byzantinischer Zeit (7.–9. Jh.). Die Festungswälle wurden mit viel antikem Baumaterial errichtet, hier und dort sieht man Kapitelle hervorlugen, Quader mit Inschriften und Friesteine alter Tempel. Die aus groben Felsbrocken geschichteten Grundmauern gehen vermutlich auf die Galater zurück. Der untere Mauerring besaß eine Länge von 1,5 km und war mit 18 Türmen bestückt.

Im Innern der Burganlage steht die *Alaeddin-Moschee* aus dem 12. Jh. mit einem kunstvollen Minbar aus Walnussholz. Im Norden der Anlage, am höchsten Punkt, befindet sich die *Ak Kale* (Weiße Festung), ein i. d. R. verschlossener Turm. Von einem nahe gelegenen Aussichtspunkt kann man einen Blick auf die umliegenden Gecekondu-Siedlungen (→ Kasten) werfen. Im Viertel direkt unterhalb der Burg, wo die Gassen von osmanischen Fachwerkhäusern gesäumt sind, fühlt man sich wie in einer anatolischen Kleinstadt.

Vom Gecekondu in die TOKI-Wohnung

Noch zu Anfang des neuen Jahrtausends lebten rund 60 % der Einwohner Ankaras in Gecekondu-Vierteln. *Gecekondu* heißt „über Nacht gebaut", i. d. R. auf öffentlichem Land, ohne Baugenehmigung und nach modernen Gesetzen illegal. Nicht jedoch nach einem alten islamischen Gewohnheitsrecht, nach dem es verboten ist, jemandem sein über Nacht erbautes Dach über dem Kopf wieder wegzunehmen. So verbot lange Zeit zum einen die Tradition, zum anderen aber auch das Buhlen der Lokalpolitiker um Wählerstimmen den Abriss dieser Viertel. Eine Amnestie folgte auf die andere. Und so wurden im Laufe der Zeit aus den einstigen slumartigen Wellblechsiedlungen Viertel mit richtigen Häusern samt Strom- und Wasseranschluss sowie einer Infrastruktur mit Moschee, Schule, Läden und Teehäusern. 1984 wurde gar erlaubt, dass die illegalen Bauten mehrere Stockwerke haben (!). Seitdem profitieren auch die Immobiliengesellschaften von den Amnestiegesetzen. Denn es ist nur eine Frage der Zeit, bis der illegal hochgezogene Apartmentblock legalisiert wird. Auch in İstanbul sind rund 65–70 % aller Gebäude illegal entstanden (darunter übrigens auch das neue US-Konsulat).

Aber die Zeiten haben sich geändert und mit ihnen die Gesetze. Die alten Gecekondu-Viertel, die einst am Stadtrand hochgezogen wurden, befinden sich heute (insbesondere in Ankara und İstanbul) in zentralster Lage – auf Grund und Boden, der für den Bau von schicken Büros und Lofts bestens geeignet ist und hohe Gewinne verspricht. Neue Gesetze im Rahmen der „Städtischen Transformation" machen nun einen Abriss der alten Viertel möglich. Die Bewohner werden in weit außerhalb gelegene, uniforme Apartmentblöcke umgesiedelt, in die Satellitenstädte der Wohnungsbaubehörde *TOKI*. Die Schaffung von preiswertem Wohnraum für die unteren Einkommensschichten verkauft die AKP als Erfolgsgeschichte. Für die Betroffenen jedoch bedeutet die Zwangsumsiedlung den Verlust des sozialen Umfelds im dörflich strukturierten Milieu der Gecekondular.

Rahmi M. Koç Müzesi: Das Technikmuseum ist im Çengelhan, einem Pferdebasar aus dem 16. Jh., untergebracht. Hinter dem Projekt steht die ultrareiche Unternehmerfamilie Koç. Zu sehen gibt es 600 Objekte in 32 Räumen zu Themen wie Transport (Autos, Motorräder, Fahrräder und Sänften), Medizin (ein Operationstisch aus der Tschechoslowakei), Seefahrt (nautische Instrumente) oder Kommunikation (Radio, Plattenspieler, Fernseher). Kindern, die sich u. a. an alten Modelleisenbahnen erfreuen können, wird ein Gang durchs Museum vielleicht mehr Spaß machen als den Eltern. Alle, die größer als 1,55 m sind, müssen sich aufgrund der niedrigen Durchgänge des alten Hauses nämlich ständig bücken …

Depo Sok. 1 (vor dem südlichen Eingang zur Burg, nur ein paar Schritte vom Zivilisationsmuseum entfernt). Di–Fr 10–17 Uhr, Sa/So 10–19 Uhr. Eintritt 2,40 €.

100 m weiter, an der Gözcü Sokak neben dem Çukurhan (heute ein Hotel, → Übernachten), will die **Yüksel Erimtan Art & Culture Foundation** ein neues Archäologisches Museum als Ergänzung zum etwas tiefer gelegenen Museum für Anatolische Zivilisationen (s. o.) bauen.

Samanpazarı und **Ahi Şerafettin Camii** (auch: **Aslanhane Camii**): Unterhalb der Burg (Süden) bzw. des Rahmi M. Koç Müzesi (nehmen Sie die Gasse links davon bergab) erstreckt sich bis zur Ulucanlar Caddesi ein nettes Eck mit niedrigen Häuschen und Basarstraßen, die zum Stöbern einladen. Neben Souvenirs, Schmuck und Schmiedearbeiten werden auch Antiquitäten angeboten, die man leider nicht ausführen darf. Das Eck ist Teil des Viertels Samanpazarı, in dem auch die Ahi Şerafettin Camii steht (Weg dahin zeigen lassen!). Sie wurde 1289 als Stiftung erbaut. Ihren Namen erhielt sie von einer antiken Löwenplastik (*aslan* = Löwe), die einst den Vorhof schmückte. Im Mauerwerk entdeckt man römische und byzantinische Spolien. Im Innern des fünfschiffigen Baus erklärt sich jedem von selbst, warum Moscheen solchen Typs auch als „Waldmoscheen" bezeichnet werden: Die Holzdecke tragen 24 eng beieinander stehende Holzsäulen mit römischen Kapitellen, eine Meisterleistung seldschukischer Handwerkskunst.

Ulucanlar-Haftanstalt (Ulucanlar Cezaevi): Folgt man der Ulucanlar Caddesi gen Osten, gelangt man zum einstigen Zentralgefängnis aus der Anfangszeit der Republik. Erst 2006 wurde es geschlossen, dann restauriert und 2011 als Museum der Öffentlichkeit zugänglich gemacht. Unter den Insassen des Folter- und Hinrichtungsgefängnisses befand sich das Who's who der intellektuellen Elite des Landes: Bülent Ecevit, Yaşar Kemal, Nazım Hikmet, Yılmaz Güney, Ahmed Arif ... Auf der Tafel neben dem Galgen beim Ausgang stehen 18 Namen.
Ulucanlar Cad. Tägl. (außer Mo) 10–11.30 u. 13–16 Uhr. Eintritt 2 €.

Stiftungsmuseum (Vakıf Eserleri Müzesi): Das Museum in der einstigen Hochschule für angehende Justiziare beherbergt eine umfangreiche Sammlung an kostbaren Kulturgütern (überwiegend Teppiche, Kelims und religiöse Schriften) aus den verschiedensten Moscheen des Landes.
Atatürk Bul. 23.Tägl. (außer Mo) 9–17 Uhr. Eintritt frei.

Museum für Gemälde und Skulpturen (Resim ve Heykel Müzesi) und **Ethnografisches Museum (Etnoğrafya Müzesi):** Die Museen befinden sich in zwei benachbarten prächtigen Palais. Ersteres wurde schon unter Atatürk als Kunst- und Kulturzentrum errichtet. Zu sehen sind Werke der bedeutendsten türkischen Maler des 19. und 20. Jh. (u. a. von Fikret Mualla und Arif Kaptan), dazu Kalligrafien, Miniaturen, Büsten und Skulpturen. Eine Galerie im Souterrain zeigt zudem zeitgenössische Malerei.

Das Ethnografische Museum präsentiert allerhand Kunsthandwerk aus osmanischer Zeit: Schmuck, Fayencen, Eisen- und Kupferwaren, Waffen, kunstvoll geschnitzte Türen und Kostüme aus verschiedenen Landesteilen. Leider funktionieren die für die Beleuchtung zuständigen Bewegungsmelder nicht immer, und so bleibt ein Teil der Exponate im Dunkeln.

Zugang zu beiden Museen vom Talatpaşa Bul./Ecke Türk Ocağı Cad. etwas oberhalb des Opera Meydanı. **Museum für Gemälde und Skulpturen,** tägl. (außer Mo) 9–12 u. 13–17 Uhr. Eintritt frei. **Ethnografisches Museum,** tägl. (außer Mo) 8.30–12.30 u. 13.30–17.30 Uhr. Eintritt 1,20 €.

Cer Modern: Mit dem 2010 eröffneten Cer Modern besitzt Ankara nun endlich einen einer Hauptstadt gebührenden Tempel für moderne Kunst. In der ehemaligen Reparaturhalle für Eisenbahnwaggons zeigt man auf 4500 m² vier Ausstellungen pro Jahr.
Altınsoy Cad. 3. Bei Ausstellungen (Infos auf www.cermodern.org) tägl. (außer Mo) 10–18 Uhr, Do bis 20 Uhr. Eintritt frei.

Atatürk-Mausoleum (Anıtkabir): Dem Vater der Türken schuf man zwischen 1944 und 1953 ein gigantisches Mausoleum. Bei dessen Anblick kann man sich des Ein-

Sagalassos: einsame Ruinen in einsamer Landschaft (mb) ▲▲
Akşehir Gölü, ein See mit spektakulärer Kulisse (mb) ▲

▲▲ Alacahüyük (mb)

Ohne Aufzug: der Burgfels von Ortahisar (mb) ▲▲
Göreme – ein Treffpunkt von Rucksacktouristen (mb) ▲

▲▲ Hauptstadt Ankara (mb)
▲ Portal der Ulu Cami in Divriği (mb)

Anıtkabir, das Atatürk-Mausoleum

drucks nicht erwehren, dass dem türkischen Architekten Emil Onat Albert Speer Pate stand. Über eine *Freitreppe* aus kappadokischem Tuffstein gelangt man auf eine 250 m lange und 30 m breite *Prunkstraße*, die von Steinlöwen im hethitischen Stil gesäumt wird. Diese führt in den *Ehrenhof*, an dessen Nordflanke das *Mausoleum* steht. Der Kolonnadengang um den Ehrenhof verbindet kleinere Ausstellungshallen miteinander. Unter anderem sieht man hier Atatürks Cadillac (Baujahr '36). Im Süden des Ehrenhofes, gegenüber dem Mausoleum, ist İsmet İnönü, einer der engsten Gefährten Atatürks und zweiter Präsident des Landes (1884–1973), beigesetzt.

Beim Betreten des Mausoleums achten Wächter darauf, dass Mützen und Hüte abgenommen werden. Der 40 t schwere Marmorsarkophag ist ein Scheingrab, Atatürk ruht in einer Rotunde darunter. Unter der Säulenhalle befinden sich weitere Ausstellungsräume. Dokumentiert werden u. a. die Schlacht von Gallipoli, der Befreiungskrieg sowie die Anfangsjahre der Republik, die von Atatürks Reformwerk geprägt waren. Zudem sieht man persönliche Gegenstände Atatürks wie sein Rudergerät und sogar seinen ausgestopften Hund Fox. In Atatürks Bibliothek überraschen deutschsprachige Werke wie der *Sexualwissenschaftliche Bilderatlas zur Geschlechtskunde* von Dr. Magnus Hirsch ...

Anıttepe, ca. 2,5 km südwestlich des Ulus Meydanı. Mit der *Ankaray*-Linie bis zur Station Tandoğan, dann die breite Straße leicht bergauf. Im Sommer tägl. 9–17 Uhr, im Winter 9–16 Uhr. Eintritt frei.

Atatürk Köşkü und Atakule: Das Wohnhaus Atatürks lag früher im Grünen außerhalb der Stadt. Heute steht es am südlichen Ende des Atatürk Bulvarı im Stadtteil Çankaya auf dem Gelände der Präsidentenvilla. Es bietet den ursprünglichen Dekor der 1930er und zeigt u. a. Fotografien des Staatsgründers (nur So und feiertags 13.30–17 Uhr, Voranmeldung unter ✆ 4702485 nötig, Eintritt frei, Ausweis nicht vergessen). Gleich in der Nähe, an der Çankaya Caddesi, erhebt sich der 125 m hohe Atakule, eine Art Fernsehturm in Stabmixerform. Auf 104 m befindet sich eine Aussichtsgalerie (Eintritt 1,20 €), darunter und darüber ein Café und zwei Restaurants. Zu erreichen mit allen Bussen entlang des Atatürk Bulvarı, die die Aufschrift „Atakule" tragen.

Umgebung von Ankara

Beypazarı: Im sanftwelligen, von Flusstälern durchzogenen Hochland 90 km nordwestlich von Ankara liegt das ländlich-konservative Städtchen Beypazarı (34.500 Einwohner). Dass der Ort einmal ein wohlhabendes Handelsstädtchen an der Seidenstraße war, ist ihm noch heute anzusehen. Das Zentrum kokettiert mit schönen osmanischen Konaks, die sich die Hänge hinaufziehen, mit buckligen Pflastergassen und einem pittoresken Basar. Lokale Spezialität: das zuckersüße, gummiartige Karotten-Lokum. Rund 60 % aller in der Türkei geernteten Möhren stammen aus Beypazarı. Diverse Übernachtungsmöglichkeiten sind vorhanden, Beypazarı lohnt sich jedoch auch als Tagesausflug von Ankara aus.

Die halbstündl. Minibusse nach Beypazarı fahren in Ankara vor dem Supermarkt Migros an der Metrostation Akköprü ab (2 Stationen ab Ulus).

Archäologisches Museum Kaman Kalehöyük: Das 2010 eröffnete, sehenswerte Museum beim 22.000-Einwohner-Städtchen Kaman ca. 100 km südöstlich von Ankara zeigt Funde aus einem nahe gelegenen Siedlungshügel *(Höyük)*, dessen unterste Schicht bis 2300 v. Chr. (frühe Bronzezeit) zurückreicht: Töpferwaren, Stempelchen, Münzen usw. Zuständig für die Grabungen, die 1986 begannen und bis heute andauern, ist das *Japanese Institute of Anatolian Archeology*.

Das Museum (ein Ziel für Selbstfahrer) liegt 9 km östlich von Kaman und ist von der Straße nach Kırşehir mit „Kalehöyük/Arkeoloji Müzesi" ausgeschildert. Direkt an der Abzweigung befindet sich auch der 16 m hohe Höyük, der jedoch nicht zugänglich ist. Tägl. (außer Mo) 8–17 Uhr. Eintritt frei.

Tuz Gölü – See in Not

Wer von Ankara nach Aksaray fährt, passiert nach rund 100 km inmitten baumloser Getreidesteppen den Tuz Gölü, einst der zweitgrößte See der Türkei. 1915 war er noch 2165 km² groß. Doch er schrumpft zunehmend dahin, denn zuviel Quellwasser wird für die Landwirtschaft abgezweigt. Zuletzt betrug seine Fläche nur noch 326 km². In den Sommermonaten ist der nur 2 m tiefe See durch Verdunstung fast vollständig ausgetrocknet. Sein Boden bedeckt eine bis zu 30 cm dicke Salzschicht, ein Viertel des türkischen Kochsalzes wird hier gewonnen.

Hattuşa (Ausgrabungsstätte)

Die Hethiter stellten vor Jahrtausenden die erste Hochkultur auf anatolischem Boden. Ihre Hauptstadt war Hattuşa. Heute ist sie als Kulturdenkmal in der Welterbeliste der UNESCO vermerkt.

Die Ruinen der berühmten Ausgrabungsstätte liegen auf 1125 m ü. d. M. beim Dorf **Boğazkale** (1500 Einwohner), wo Pensionen und Hotels Übernachtungsmöglichkeiten bieten. Rund um das Örtchen verstecken sich weitere Hinterlassenschaften der Hethiter, sehenswert wegen der Vielzahl an Götterreliefs ist v. a. Yazılıkaya.

Geschichte: Als die Gegend rund um Hattuşa im 6. Jt. v. Chr. besiedelt wurde, herrschte hier noch ein anderes Klima vor als heute: Im Winter war es weniger kalt, im Sommer weniger heiß und das ganze Jahr über feuchter. Die Bedingungen

Hattuşa (Ausgrabungsstätte) 723

für Ackerbau und Viehzucht waren damit wesentlich günstiger, zudem tummelten sich in den damals dichten umliegenden Wäldern Wildtiere zur Jagd. In der frühen Bronzezeit (3. Jt. v. Chr.) entwickelten sich hier größere Siedlungszonen, die untereinander in regem Kontakt standen. In Alacahüyük (→ Umgebung) entdeckten Archäologen hattische Fürstengräber aus der Zeit um 2400–2200 v. Chr. mit kunstvoll gearbeiteten Grabbeigaben: Waffen, Schmuck, Gefäße aus Gold und Silber usw. Im 19. Jh. v. Chr. pflegten die Hattier, die Ureinwohner Zentralanatoliens, schon einen regen Handel mit Kaufleuten aus Assur (am Tigris im Nordirak). Diese brachten per Eselskarawanen Zinn, Stoffe und Kleidung, und luden für den Rückweg Kupfer, Silber und Gold. Mit den assyrischen Händlern kam auch die Schrift nach Anatolien, denn es galt schon damals Verträge zu fixieren, z. B. beim Kreditkauf. Dabei wurden mit Griffeln aus Holz oder Metall Keilschriftzeichen in feuchte Tontafeln gepresst. Auf solchen Tafeln tauchte erstmals eine Stadt namens *Hattusch* auf. Auf die Hattier gehen die Grundmauern der *Büyükkale* (s. u.) zurück.

Parallel dazu kam es in den ersten Jahrhunderten des 2. Jt. in Zentralanatolien immer wieder zu kriegerischen Auseinandersetzungen zwischen den Hattiern und den Hethitern, die vom Osten her über den Kaukasus eingewandert waren. Um 1700 v. Chr. zerstörten die Hethiter das Hattusch der Hattier. Ungefähr ein halbes Jahrhundert später erhob der erste hethitische Großkönig Hattusch zu seiner Residenz und nahm den Namen Hattuschili („Der von Hattuscha") an. Zugleich sorgte er für den Ausbau des Reiches („Altes Hethiterreich", bis 1400/1350 v. Chr.). Unter seinem Nachfolger Muschili zog das hethitische Heer gar bis nach Babylon. Doch das Reich verlor schnell wieder an Boden, im Osten insbesondere an die Churriter. Zudem wurde die Hauptstadt, die bereits auf eine Fläche von 0,9 x 1,2 km angewachsen war, Ende des 15. Jh. v. Chr. von den Kaschkäern, einem Bergstamm aus dem Norden Zentralanatoliens, immer wieder bedroht.

Zu neuer Größe stieg das Reich in der ersten Hälfte des 14. Jh. auf („Hethitisches Großreich", bis 1180 v. Chr.). Es gelang die Macht der Churriter zu brechen, in Syrien grenzte das Großreich nun direkt an das ägyptische Pharaonenreich. 1274 v. Chr. kam es zur berühmten *Schlacht bei Kadesch* (im heutigen Syrien), wo die hethitischen Heere des Großkönigs Muwattalli II. denen des Pharao Ramses II. gegenüberstanden. Nach der für beide Seiten sieglosen Auseinandersetzung schloss man einen Friedensvertrag, der auf einer Tontafel erhalten ist. Eine Kopie davon befindet sich, als Beispiel für einen der ältesten fixierten Friedensverträge der Menschheit, im New Yorker UNO-Gebäude, das Original ist im Archäologischen Museum von İstanbul zu sehen.

Mitte des 13. Jh. v. Chr. begann ein monumentaler Aus- und Umbau Hattuşas, infolgedessen sich das Stadtgebiet auf das doppelte Ausmaß vergrößerte. Die meisten erhaltenen Baureste stammen aus jener Zeit. Hattuşa stieg zugleich zum Kultzentrum des ganzen Landes auf, zur *Stadt der tausend Götter*. Doch die Blüte währte nicht lange. Thronstreitigkeiten schwächten den Staat. Hinzu kam eine extreme Bedrohung durch die Seevölker, weswegen die Stadt zwischen 1200 und 1180 v. Chr. nach und nach aufgegeben wurde. Ihre Bewohner brachten nicht nur ihr Hab und Gut, sondern auch sämtliche Schätze der Stadt an einen anderen, bis heute unbekannten Ort. Zurück ließen sie nur ihr wertlos gewordenes, umfangreiches Keilschriftarchiv (rund 25.000 Tontafeln wurden ausgegraben) und schwer transportable Dinge. Wer die evakuierte Stadt schließlich in Brand setzte, weiß man nicht. Die von den Archäologen ausgegrabenen Brandruinen waren völlig fundleer. Nach einer rund 300-jährigen Pause wurde Hattuşa unter den Phrygern neu besiedelt. Doch Hattuşa blieb fortan – egal ob unter den Galatern, Römern, Byzantinern usw. – ein unbedeutendes Städtchen.

1834 wurde das Ruinenfeld von Hattuşa entdeckt, damals glaubte man aber noch, die medische Stadt *Pteria* gefunden zu haben. Erst die Grabungen von Hugo Winkler 1906, bei denen mehrere tausend Keilschriftfragmente gefunden wurden, brachten die Wissenschaftler auf Hattuşa. Die Entschlüsselung der hethitischen Sprache gelang 1915 dem Tschechen Bedřich Hrozný. Heute gräbt hier das Deutsche Archäologische Institut unter der Leitung von Andreas Schachner. Sein Vorgänger Jürgen Seeher hat einen informativen Führer zu Hattuşa herausgegeben, vor Ort nahezu überall erhältlich.

Verbindungen

Nach Boğazkale bestehen tagsüber nahezu stündl. bis 17 Uhr **Dolmuş**verbindungen aus dem 31 km entfernten Landstädtchen **Sungurlu** (Abfahrt dort im Zentrum, fragen Sie nach dem „Park"); Sa/So sehr eingeschränkter Betrieb, Taxi ca. 30 €. Nach Sungurlu (Busbahnhof, Servicebusse ins Zentrum) gelangt man mit **Bussen** von Ankara aus (z. B. mit den Gesellschaften *Ses, Hattuşas, Mis Amasya* oder *Lider*, 3½ Std.), auch die Busse von Amasya oder Samsun nach Ankara fahren über Sungurlu.

Zwischen Yozgat und Boğazkale bestehen keine Dolmuşverbindungen, Taxi ca. 37 €. Wer weiter Richtung Osten will, hat von Yozgat jedoch erheblich bessere Möglichkeiten.

Hitit Yolu – Wandern und Radeln auf den Spuren der Hethiter
2011 wurde der *Hitit Yolu* eröffnet, eine 406 km lange, markierte Wander- und Radwanderstrecke auf alten Karawanenstraßen rund um die hethitischen Sehenswürdigkeiten. Infobroschüren erhält man vor Ort, auch ist ein Buch mit genaueren Infos und GPS-Daten in Planung, das auch auf Deutsch erscheinen soll. Weitere Infos auf www.hitityolu.com (bislang nur auf Türkisch) und www.trekkinginturkey.com.

Übernachten/Camping

** Hotel Aşıkoğlu 🔳, gepflegte Anlage mit 35 Zimmern auf 2 Gebäude verteilt (im Haupthaus größer, im sog. Hittite House auf der anderen Straßenseite kleiner und neuer). Viele Gruppen. Nettes, aber überteuertes Restaurant mit offenem Kamin. Campingmöglichkeiten im grünen Garten. DZ 29–37 €, 2 Pers. mit Wohnmobil 8 €. Nahe dem Museum, von Sungurlu kommend am Ortseingang, ✆ 0364/4522004, ✉ 4522171, www.hattusas.com.

Başkent 🔳, Hotel und Campingplatz, Hattuşa und Yazılıkaya sind zu Fuß zu erreichen (gute Kondition aber vonnöten). Angenehm ruhig. Im Neubau 48 geräumige Zimmer von komfortabler (Badewannen), aber ziemlich provinziell-biederer Ausstattung. Die 8 Zimmer im Altbau sind deutlich kleiner und einfacher, aber auch billiger. Camper haben die Wahl zwischen einem schattigen Wiesenstück und einem großen, schattenlosen, parkplatzähnlichen Gelände, beide mit Aussicht auf Hattuşa. Männlein und Weiblein teilen sich die wenigen Duschen und Klos. Restaurant. DZ im Neubau 33 €, im Altbau 21 €, Campen für 2 Pers. mit Wohnmobil 6,50 €. An der Straße nach Yazılıkaya, ✆ 0364/4522037, ✉ 4522567, www.baskenthattusa.com.

Kale Hotel 🔳, sauber, aber ein wenig einfacher. Gecampt wird auf dem Parkplatz. Restaurant. DZ je nach Größe 25–33 €, Campen 8,20 €. An der Straße nach Yazılıkaya (kurz hinter dem Motel Başkent), ✆ 0364/4523126, ✉ 4522189, www.bogazkoyhattusa.com.

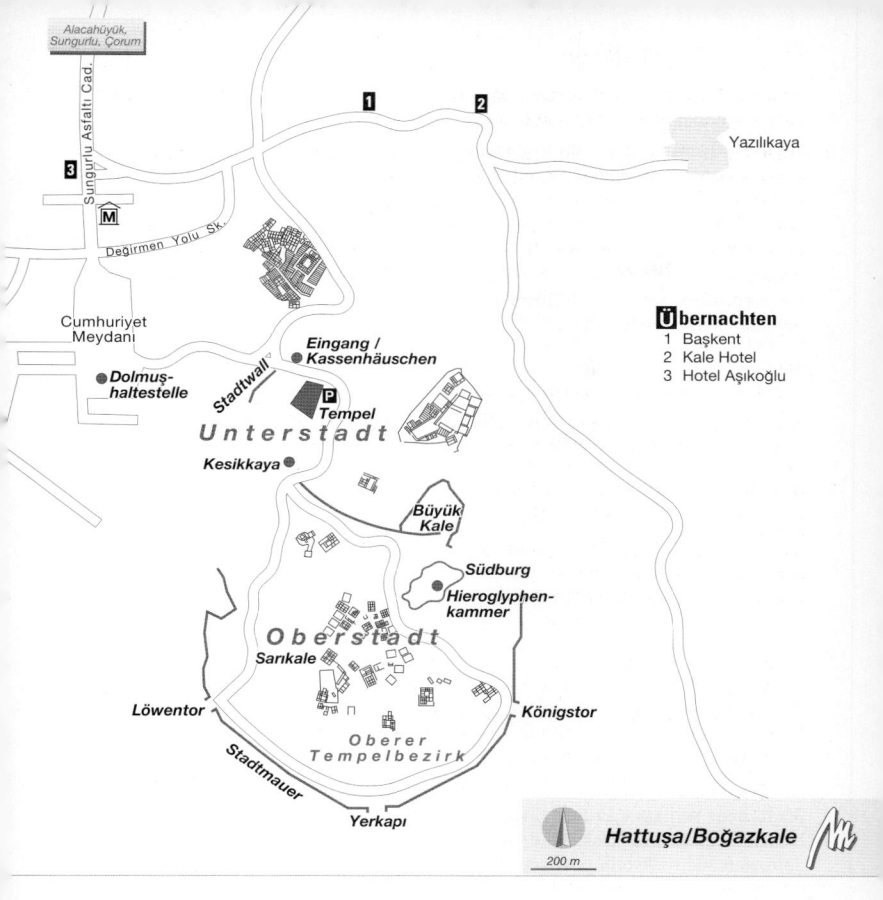

Besichtigung

Wer die Größe der untergegangenen Hauptstadt zu Fuß ermessen will, muss mindestens vier bis fünf Stunden einplanen – bequemer ist es, mit dem Taxi (Tagestour einschließlich Yazılıkaya und Alacahüyük 60 €) oder dem eigenen Fahrzeug durch das Gelände spazieren zu fahren. Alle Sehenswürdigkeiten sind bestens ausgeschildert. Auf die Dienste der sich Ihnen anbietenden, selbst ernannten Führer können Sie guten Gewissens verzichten.

Gegenüber dem Kassenhäuschen wurde ein 60 m langes Teilstück des **Stadtwalls** einschließlich zweier Türme wieder aufgebaut. Wie zu hethitischer Zeit fertigte man die Steine dazu aus Lehm, Stroh und Wasser von Hand. Dennoch hat das Teilstück Plastikburgcharakter. Dahinter erstreckt sich rechter Hand die **Unterstadt**, deren Zentrum ein großer **Tempel** war. Der Zugang erfolgt ein paar hundert Meter weiter. Gleich hinter dem Parkplatz dort steht das sog. **Löwenbecken**, als Becken aber nur noch ansatzweise zu erkennen, da es später in Blöcke zerlegt wurde. Ursprünglich zierten kauernde Löwen seine vier Ecken. Etwas weiter gelangt man durch ein Tor in den Tempelbereich. Kurz darauf entdeckt man linker Hand in einem ehemaligen Magazinraum einen würfelförmigen, grünlichen **Quader** aus nephritartigem Gestein. Seine Bedeutung ist unbekannt. Da sich der Stein unterhalb einer nahe liegenden Türschwelle befindet, geht man davon aus, dass er einst an einem anderen Platz stand. Etwas weiter ist rechts der Grundriss des Tempelbaus anhand seiner Sockelmauern aus dunkelgrauem Gabbro noch klar zu erkennen. Die Wände darüber waren aus einem lehmgefüllten Holzfachwerk, dessen Balken in den auf der Oberseite der Steine ausgebohrten Löchern verdübelt waren. Auch die Löcher für die Türstöcke sind noch deutlich zu erkennen. In den Kulträumen nordöstlich des Innenhofs wurden vermutlich die höchsten Götter, der Wettergott Hatti und die Sonnengöttin Arinna, verehrt. Westlich des Tempels liegen die Grundmauern der **Tempelmagazine**. Ins Auge springen große Tongefäße. Einige haben ein Fassungsvermögen von bis zu 2000 Litern, in manche sind Zeichen eingeritzt, die über den einstigen Inhalt und Eigentümer Auskunft geben. Weiter nördlich lagen die **Wohnhäuser** der Unterstadt, die aus luftgetrockneten Lehmziegeln errichtet waren. Sie besaßen Flachdächer, z. T. auch Sitzbadewannen (eine ist im Museum von Boğazkale zu sehen).

Folgt man der Straße hinauf in die **Oberstadt**, fällt rechter Hand ein großer Felsen mit einer Schneise auf, der **Kesikkaya** („Geschnittener Fels"). Er diente als Steinbruch. Kurz darauf gabelt sich der Weg, halten Sie sich rechts. Nach rund 1 km erreicht man so wieder die **Stadtmauer**, die als sog. Kastenmauer konzipiert ist: Die massiven Außen- und Innenmauern sind durch Quermauern miteinander verbunden, deren Hohlräume mit Erde aufgeschüttet.

Das erste Tor auf der Strecke ist das **Löwentor**. Die es zierenden steinernen Löwen, die Übel von der Stadt fernhalten sollten, stehen an der Außenseite. Einem fehlt der Kopf, dem anderen fehlen die Eckzähne. Das von einst zwei Türmen flankierte Tor wurde über Nacht geschlossen.

Die Stadtmauer führt auf einem künstlichen Wall weiter zum höchsten Punkt der Stadt, dem **Yerkapı** („Erdtor"). Von hier aus lässt sich die ehemalige Stadtanlage am besten überblicken. Links und rechts des Tores waren zur Stadtseite zwei große Sphingen aus Kalkstein postiert. Die eine wanderte nach İstanbul, die andere stand bis vor Kurzem im Berliner Pergamon-Museum. 1915 war sie für Restaurierungsarbeiten nach Berlin gekommen, danach aber nicht zurückgegeben worden. Erst 2011, nach erheblichem Druck von Seiten der Türkei, kehrte die Sphinx nach Boğazkale zurück. Heute schmückt sie das hiesige Museum. Von den Sphingen an der Außenseite des Tores ist noch eine erhalten, ihr Zustand ist allerdings alles andere als berauschend. Der leicht abschüssige Tunnel zwischen der Innen- und Außenseite des Tores ist rund 70 m lang. Man beachte dessen Konstruktion: Die Hethiter kannten den Rundbogen noch nicht und arbeiteten mit der Kragsteintechnik. Der künstliche Wall, durch den er führt, diente weniger Verteidigungszwecken, vielmehr als repräsentatives Bauwerk – er war mit Türmen bestückt und weithin sichtbar.

Der Weg führt weiter entlang der Stadtmauer. Linker Hand lag der **obere Tempelbezirk**, in dem bislang 30 Tempel lokalisiert wurden, in welchen unzählige Götter verehrt wurden. Das nächste Tor ist das sog. **Königstor**, das seinen Namen der Missinterpretation eines halbplastischen Reliefs am Toreingang verdankt (Original im Museum für Anatolische Zivilisationen in Ankara). Bei der 2,25 m großen Figur handelt es sich nicht um einen König, sondern um einen Krieger, vielleicht auch um eine Gottheit, da die Hörner am Helm als göttliche Attribute interpretiert werden können.

Am Königstor trennt sich der Weg von der Stadtmauer und führt hinab zur **Südburg**. Hier befindet sich eine rekonstruierte **Hieroglyphenkammer**, die lange Zeit als ein Königsgrab interpretiert wurde. Die Reliefs zeigen Könige, Götter, Krieger usw., dazu entdeckt man Inschriften mit Hieroglyphen. Vermutlich diente der Ort als Kultstätte.

Etwas weiter gelangt man zur **Büyükkale** („Große Burg"), dem ehemaligen Sitz der hethitischen und zuvor der hattischen Herrscher. Früher erreichte man ihn über ein Viadukt, heute über eine Steintreppe. Die Burg ist rundum von einer starken Mauer umgeben, die im Osten geschickt dem Verlauf des Felshangs angepasst ist. Das Burginnere bestand aus zahlreichen Einzelbauten mit weiträumigen Höfen dazwischen – die Grundmauern sind noch zu erkennen. Neben Kulträumen und einer großen Audienzhalle fand man hier auch das hethitische Staatsarchiv mit tausenden von Keilschrifttexten, darunter den berühmten Friedensvertrag zwischen den Hethitern und den Ägyptern.

Im Anschluss an die Besichtigung des Ausgrabungsgeländes bietet sich ein Besuch des **Museums** in Boğazkale an (tägl. außer Mo 9–17 Uhr, Eintritt 1,60 € extra). Noch mehr Funde aus Hattuşa hält das Archäologische Museum von Çorum (ca. 90 km nordöstlich) parat.

Tägl. 8–19 Uhr, im Winter bis 17 Uhr, bei Schnee geschl. Die Tickets (2 €) gelten auch für Yazılıkaya.

Umgebung von Hattuşa

Felsheiligtum von Yazılıkaya: Das Felsheiligtum liegt rund 1,5 km nordöstlich der Unterstadt Hattuşas. Dabei handelt es sich um zwei Kulträume (Kammern) unter freiem Himmel, eingerahmt von bis zu 12 m hohen, natürlichen Felswänden, in die faszinierende Götterreliefs eingemeißelt sind. Von ihnen erhielt der Ort auch seinen Namen: *Yazılıkaya*, „Inschriftenfels". Man geht davon aus, dass die Reliefs einst farbenfroh bemalt waren.

In hethitischer Zeit war den Kulträumen eine Tempelanlage vorgelagert. Heute kann man die Kammern einfach so betreten. In der größeren, rund 30 m langen *Kammer A* (links) zeigen die linken, fortlaufenden Götterbänder nur männliche, meist bewaffnete Gottheiten. Die Gottheiten auf der gegenüber liegenden Wand sind allesamt weiblich und tragen lange Faltenröcke. Alle Götter und Göttinnen orientieren sich auf die Hauptszene an der Rückwand der Kammer zu, wo sich die beiden höchsten Gottheiten, der Wettergott Teschub und die Sonnengöttin Hebat begegnen. Im hethitischen Glauben, so nimmt man an, vereinigten sich alle Götter zum Neujahrs- und Frühlingsfest. Bei vielen Figuren der Götterprozession ist der Name vor dem Kopf durch Hieroglyphenzeichen angegeben, nicht alle sind bislang jedoch entziffert.

Den Eingang zur *Kammer B* (rechts) bewachen zwei geflügelte, löwenköpfige Dämonen. Diese Kammer gleicht mehr einer Schneise. Man nimmt an, dass sie eine Gedenkstätte für Großkönig Tudhaliya IV. war. Der Sockelstein mit Fußansatz steht noch, die dazugehörige Königsstatue fehlt. Die sich hier tummelnden Götterparaden sind besser erhalten, z. B. das Reliefband mit den zwölf Unterweltgöttern an der Wand rechts des Eingangs. Gegenüber kann man ein Relief entdecken, auf dem Gott Scharrumma den Großkönig Tudhaliya IV. umarmt, der hier als einziger Mensch unter den Göttern dargestellt wird.

Von Boğazkale der Straße nach Yozgat folgen, dann ausgeschildert. Taxi retour 20 €. Öffnungszeiten/Eintritt → Hattuşa.

Alacahüyük: Diese Ausgrabungsstätte (→ Geschichte Hattuşa) ist wesentlich kleiner als Hattuşa. Es handelt sich um einen 330 m breiten *Hüyük*, bestehend aus 14 Siedlungsschichten. Der Rundgang durch das Gelände ist beschildert. Der Höhepunkt kommt gleich zu Beginn: Hier steht das imposante *Sphinxtor*. Die reliefgeschmückten Orthostaten sind Kopien, die Originale befinden sich im Museum für Anatolische Zivilisationen in Ankara. Dahinter liegen zwei kleinere *Vorhöfe* und eine *Kolonnadenstraße* mit Kanalisation. Die 13 Fürstengräber der Hattier, in welchen die kostbaren Grabbeigaben entdeckt wurden, die Alacahüyük berühmt machen, können ebenfalls besichtigt werden. Ihr Anblick ist aber nicht allzu spannend, die Funde befinden sich ebenfalls im Museum für Anatolische Zivilisationen. Das *Museum* gleich am Eingang zur Ausgrabungsstätte zeigt auch ein paar Grabungsfunde (viel Keramik).

Alacahüyük, ca. 30 km nordöstlich von Boğazkale, ist bestens ausgeschildert. Keine Verbindung mit öffentlichen Verkehrsmitteln. **Taxi** von Boğazkale retour mit Wartezeit ca. 40 €. Gleiche Öffnungszeiten wie Hattuşa. Eintritt 1,60 €.

Über **Kappadokien** lesen Sie weiter ab S. 763.

Amasya

99.900 Einwohner

Amasya, im engen Tal des Yeşilırmak-Flusses gelegen, ist eine Stadt wie aus dem Bilderbuch – zweifelsohne die schönste Zentralanatoliens.

Schulter an Schulter rahmen gepflegte Erkerhäuser das Ufer des Yeşilırmak, viele der osmanischen Konaks dienen heute als charmante Unterkünfte. Darüber thront, auf einem 300 m hohen Fels, die Zitadelle. Und aus dem steil aufragenden Fels selbst, in schwindliger Höhe, blicken haushohe Felsengräber, ehemals Ruhestätten der pontischen Könige. Das ruhige Zentrum der zauberhaft gelegenen Stadt ist an allen Ecken und Enden durchsetzt mit architektonischen Juwelen aus seldschukischer und osmanischer Zeit. Wenige Orte der Türkei haben ihr historisches Stadtbild so konservieren können wie Amasya.

Geschichte

Bereits in hethitischer Zeit gab es am Flusslauf des Yeşilırmak eine kleine Siedlung, vielleicht legten auch schon die Hethiter den Grundstein für den Bau der Zitadelle. Doch die Geschichte *Amasias* liegt bis zur Eroberung Kleinasiens durch Alexander den Großen weitestgehend im Dunkeln. Dessen Zerschlagung des persischen Reiches führte dazu, dass zu Beginn des 3. Jh. v. Chr. ein Mann namens Mithradates, Neffe eines persischen Satrapen, mit ein paar Kriegern hierher floh und die Burg Amasias eroberte. Er verlieh sich selbst den Königstitel und begründete die Dynastie der pontischen Könige, die von Amasia über weite Küstengebiete des Schwarzen Meeres herrschten. Mithradates VI. Eupator (120–63 v. Chr.) hieß der berühmteste pontische König. Er verlegte den Herrschaftssitz von Amasia nach *Amisos* (heute Samsun) und schreckte selbst vor den Römern nicht zurück. Mit drei Mithradatischen Kriegen bereicherte er die Geschichtsbücher, der letzte führte 63 v. Chr. zu seinem Tod. Bis 47 v. Chr. konnten seine Nachfolger das Pontische Reich noch aufrecht erhalten, dann besorgte Julius Caesar dessen Ende (→ Zile, S. 734). In jenen Jahren wuchs der berühmteste Sohn der Stadt heran: der Geograf und Historiker

Amasya

Strabo (63 v. Chr. bis ca. 23 n. Chr.), der die ganze damals bekannte Welt bereisen und nicht weniger als 47 geschichtliche und 17 geografische Werke verfassen sollte.

An die römische und die byzantinische Zeit, in der Amasya Bischofssitz wurde, erinnert im Stadtbild heute so gut wie nichts mehr. Hingegen beherbergt Amasya ein reiches Erbe an Bauten aus der Epoche der seldschukischen Herrschaft (ab 1071). Ab 1243 gaben die Mongolen in Amasya ein Gastspiel, das die Osmanen 1392 beendeten. Amasya stieg daraufhin zu einer so reichen und blühenden Stadt auf, dass es mit Bagdad verglichen wurde. Zugleich wurde es ein wichtiges religiöses Zentrum mit 18 Medresen und an die 2000 Theologiestudenten. Junge Prinzen wurden hier auf ihre Sultansrolle vorbereitet, um 1470 erblickte Sultan Selim I. in Amasya das Licht der Welt.

Das letzte Jahrhundert war von Schicksalsschlägen geprägt. 1915 verwüstete ein Feuer weite Teile der Südstadt, in den folgenden Jahrzehnten erlitt Amasya große Schäden durch mehrere Erdbeben. Amasya präsentiert sich heute als quicklebendige Provinzhauptstadt, deren gute *Misket-Äpfel* türkeiweite Berühmtheit besitzen.

Orientierung: Die Stadt erstreckt sich sichelförmig um den Burgberg. Der Yeşilırmak, der „Grüne Fluss", teilt das Zentrum in zwei Hälften. Der nördliche Teil, direkt am Fuß des Burgbergs mit seinen mächtigen pontischen Felsengräbern, nennt sich *Hatuniye Mahallesi*. Eine fast dörflich-stille Atmosphäre strahlt dieses Viertel mit seinen engen Gassen und osmanischen Häuschen aus. Südlich des Flusses liegt das Geschäftsviertel. Von den beschaulichen Ecken an der Uferpromenade ist es ein Katzensprung zur belebten Einkaufsader Mustafa Kemal Paşa Cad. (auch: Atatürk Cad.).

Information/Verbindungen

Telefonvorwahl 0358.

Information Zwei Informationsbüros verteilen Stadtpläne, das eine befindet sich in einem Kiosk an der Brücke beim Uhrturm, das andere neben dem Prinzenmuseum. Unregelmäßige Öffnungszeiten. www.amasyakulturturizm.gov.tr.

Verbindungen Bus/Dolmuş: Busbahnhof 2 km nordöstlich des Zentrums Richtung Niksar, Dolmuşverbindungen dahin von der Mustafa Kemal Paşa Cad. Gute Verbindungen nach Ankara (5 Std.), Çorum (1 Std.), Samsun (2 Std.), Tokat (1½ Std.), Kayseri (8 Std.), Malatya (7 Std.), Sivas (3 Std.), İstanbul (10 Std.) und Trabzon (7½ Std.), 1-mal tägl. nach Nevşehir (Kappadokien, 8 Std.). Dolmuşe nach Yassıcal fahren nahe dem Supermarkt Kiler bzw. dem Darüşşifa-Bimarhane ab.

Zug: Bahnhof (℡ 2181239) westlich des Zentrums. 2-mal tägl. nach Samsun, 1-mal nach Sivas.

Adressen/Einkaufen

Ärztliche Versorgung Staatliches Devlet Hastanesi an der Ausfallstraße nach Niksar. ℡ 2184000.

Einkaufen Sa und Mi **Markt** beim Bahnhof. Zudem Sonntagsmarkt im Norden der Stadt direkt am Fluss.

Türkisches Bad (Hamam) Kumacık Hamamı (erbaut 1495) im Nordosten der Stadt am Fluss. Tägl. 5–24 Uhr. Keine getrennten Bereiche für Männer und Frauen, Baden nach Absprache. Eintritt mit Massage 6,50 €. Zentraler liegt der **Mustafa Bey Hamamı** ebenfalls aus dem 15. Jh. Frauen baden von 10 bis 19 Uhr, Männer davor und danach. Sa/So ist das Bad nur Männern vorbehalten. Eintritt mit Massage 8,20 €.

Zentralanatolien

Übernachten

Die Unterkünfte – oft ansprechende Pensionen und Hotels in schönen Konaks – sind auf recht hohem Niveau. In der unteren Preisklasse gibt es leider nur wenige gute Adressen.

**** **Apple Palace** 14, leicht in die Jahre gekommenes Haus. 58 etwas altbacken ausgestattete Zimmer mit Klimaanlage, 23 davon mit Megapanoramablick vom Balkon über die Stadt, auf die Burg und die Gräber. Schöner großer Pool. Viele Gruppen. DZ 73 €, oft aber erheblich billiger zu bekommen. In einsamer Lage hoch über Amasya, von der Mustafa Kemal Paşa Cad. ausgeschildert, ✆ 2190019, ✆ 2190015, www.theapplepalace.com.tr.

Grand Pasha Otel 5, am nördlichen Flussufer, mit gutem Restaurant. Im Haupthaus 8 sehr freundliche Zimmer im osmanischen Stil – beim nachträglichen Einbau der Sanitäranlagen zeigte man sich sehr kreativ und versteckte diese z. T. im Schrank. Zudem 8 weitere, neue Zimmer in der nahen Dependance, komfortabler (mit Klimaanlage), aber kleiner und deutlich weniger charmant. EZ 31 €, DZ 53 €. Tevfik Hafız Çıkmazı 5, ✆ 2124158, ✆ 2186269, www.grandpashahotel.com.

Ezgi Pansiyon 7, sehr zu empfehlen, in einem Konak direkt am Fluss. 2 sehr schnuckelig-charmante Zimmer mit Bädern im Wandschrank. Im schattigen Garten mit Brunnen werden lokale Gerichte serviert. Dazu eine Dependance 100 m weiter hinter den Bahngleisen mit 8 nagelneu restaurierten, komfortablen Zimmern. Von Lesern hochgelobt, lediglich der nachlässige Umgang mit Reservierungen wurde bemängelt. DZ 53 €. Yalı Boyu Sok. 28, ✆ 2187300, ✆ 2130477, www.ezgikonaklari.com.

Melis Hotel 12, verspielt eingerichtetes Haus. 12 blitzblanke, bunt gestrichene Zimmer mit Bädern samt Duschkabinen und biergefüllter Minibar. Waschservice, herrliche Frühstücksterrasse. Der freundliche Inhaber Levent Aslan spricht gut Deutsch. EZ 27 €, DZ 45 €. Südlich des Flusslaufes, Yeniyol Cad. 135, ✆ 2123650, ✆ 2182082, www.melishotel.net.

Şükrübey Konağı 9, charmantes Konak-Hotel. 8 nett eingerichtete Zimmer, lediglich bei den Bädern zeigte man nicht viel Geschmack. Kleiner Innenhof. Herzlich-unkomplizierte Atmosphäre. DZ 41 €. Hazeranlar Sok. 55, ✆ 2126285, www.sukrubeykonagi.com.tr.

Eylül Buğusu 6, 5 liebevoll gestaltete, teils recht große Zimmer in einem Stadthaus aus dem 19. Jh. Nettes Terrassencafé um einen Brunnen (Alkoholausschank). DZ 41 €. Figani Sok. 1, ✆ 2121405, www.eylulbugusu.net.

Ilk Pension 3, in einer Seitengasse nahe dem Kiler-Supermarkt, versteckt hinter einer hohen Mauer. Originell renoviertes Haus aus dem 19. Jh. 6 individuell und traditionell eingerichtete Zimmer mit z. T. herrlichen Holzdecken und bodennahen Betten. An der Haustür werden die Schuhe ausgezogen. Frühstück im schönen Innenhof.

Essen & Trinken
1 Ömür Dürüm
2 Belediye Çay Bahçesi
4 Şehir Kulübü Restaurant
5 Pasha Restaurant
8 Yayla Pizza
11 Bahçeli Ocakbaşı
13 Ali Kaya Restaurant

Übernachten
3 Ilk Pension
5 Grand Pasha Otel
6 Eylül Buğusu
7 Ezgi Pansiyon
9 Şükrübey Konağı
10 Otel Kahvecioğlu Konağı
12 Melis Hotel
14 Apple Palace

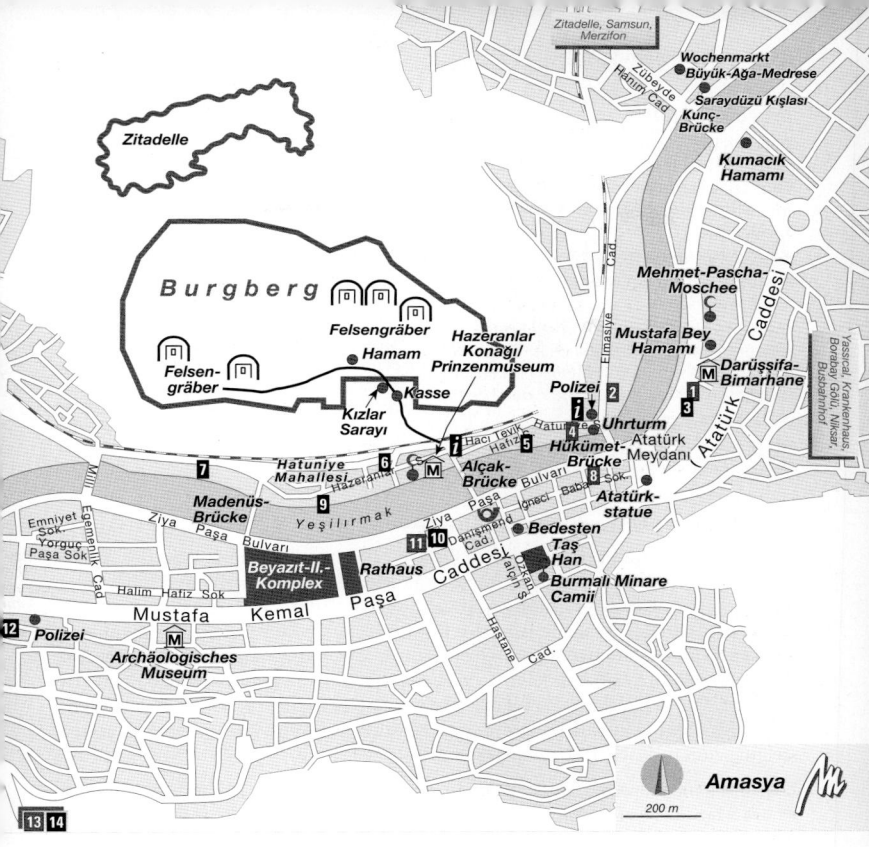

Freundliche Atmosphäre. DZ je nach Größe und Ausstattung 33–53 €. Hitit Sok. 1, ✆ 2181689, ✆ 2186277, www.ilkpansiyon.com.

Otel Kahvecioğlu Konağı 10, Budgetunterkunft in einem alten Konak. 8 einfache, kleine Zimmer mit Holzböden, z. T. schmiedeeisernen Betten und Bad. DZ 33 €. Ziya Paşa Bul. 35, ✆/✆ 2184503, kahvecioglu05@hotmail.com.

Essen & Trinken

Örtliche Spezialitäten sind u. a. *bakla dolması*, mit Saubohnen und Hackfleisch gefüllte Weinblätter, Okra-Gerichte und *keşkek*, eine Weizen-Fleisch-Mischung.

Ali Kaya Restaurant 13, hoch über der Stadt. Wegen der Wahnsinnsterrasse fast ein Muss. Spezialität ist *Tokat Kebap* (→ Tokat/Essen & Trinken), dazu andere gute Grillgerichte und leckere Meze. Für die Lage faire Preise, Hg. 3,20–10,20 €. Den Köchen kann man bei der Arbeit zusehen. Zu Fuß geht es mehr als 1 km steil bergauf, allerdings gibt es auf Anfrage einen Abholservice (✆ 2181505). Selbstfahrer folgen der Beschilderung von der Mustafa Kemal Paşa Cad.

Pasha Restaurant 5, am Nordufer des Flusses, dem Grand Pasha Otel angeschlossen (→ Übernachten). Gemütliches Innenhofrestaurant mit Korbstühlen. Grillspezialitäten, gute Meze und jede Menge Rakı.

Şehir Kulübü Restaurant 4, das Interieur geht in Richtung Geschmacksverirrung, dafür tolle Terrasse am Fluss, gute Kebabs und Meze. Hg. 3,60–11 €. Vilayet karşısı, ✆ 2181013.

Bahçeli Ocakbaşı 11, Grillgerichte in allen Variationen. Große Terrasse unter schattigen Platanen. Ziya Paşa Bul.

Yayla Pizza 8, gepflegte Lokanta auf mehreren Etagen. Topfgerichte, Pide und Kebabs. Günstig und freundlich. Leckere Vorspeisen gibt es gratis. İğneci Baba Sok.

Ömür Dürüm 1, der kleine Verschlag bietet superleckere Grills im Fladenbrot (*Adana, Urfa*, Hühnchen und Leber). Sensationelle Preise: 1,20 €/Portion! Mehmetpaşa Cad. 28.

Belediye Çay Bahçesi 2, schöner Teegarten direkt am Fluss nahe dem Grand Pasha Hotel. Man kann auch günstig essen und hinterher eine Wasserpfeife rauchen.

Außerhalb Im Bergdorf Yassıcal, ca. 13 km östlich von Amasya (spektakuläre Anfahrt, bei der man in unendlichen Serpentinen 600 Höhenmeter überwindet), kann man in den Yaylagöl Dinlenme Tesisleri in Pavillons rund um einen Fischteich überaus gemütlich und günstig dinieren. Dolmuşverbindungen. Mit dem eigenen Fahrzeug wählt man die Straße nach Niksar, das Dorf ist 4,5 km nach dem Ortsausgangsschild von Amasya ausgeschildert, dann noch 7 km bergauf.

Sehenswertes nördlich des Flusses

Büyük-Ağa-Medrese und Saraydüzü Kışlası: 1488 stiftete Hüseyin Ağa, der „Chefeunuch" Sultan Beyazıts II., die Büyük-Ağa-Medrese. Sie war die angeblich erste mit einem oktogonalen Grundriss, üblich war bis dahin das Rechteck. Seiner Bestimmung wird das Gebäude nahe der Kunç-Brücke im Nordosten der Stadt heute noch gerecht: In Korankursen lassen sich junge Muslime zu sog. *hafızlar* („Wer den Koran auswendig rezitieren kann") ausbilden. Ein Blick in die Unterrichtsräume ist gestattet. Die restaurierte Saraydüzü Kışlası, eine ehemalige Kaserne in der Nachbarschaft, dient heute als Kongress- und Kulturzentrum und beherbergt eine Ausstellung zum türkischen Befreiungskampf.

Zitadelle: Ursprünglich stand hier ein Heiligtum, das dem persischen Lichtgott Ahura Mazda geweiht war. Die pontischen Könige legten den Grundstein für eine Festung, an der alle weiteren Herrscher herumbastelten. Zuletzt wurde die Burganlage aufwendig restauriert, bei Grabungsarbeiten wurde zudem der *Cilanbolu Tüneli* entdeckt, ein unterirdischer Gang, der hinab zum Fluss führt. Ein Aussichtsrestaurant ist schon länger in Planung. Der Blick von der Burg ist zwar schön, aber bei Weitem nicht so imposant wie vom Ali Kaya Restaurant (→ Essen & Trinken).

Vom Kızlar Sarayı (s. u.) kann man auf schmalen Pfaden hinaufsteigen – gute Kondition und ebensolches Schuhwerk vorausgesetzt. Für Selbstfahrer ist die Burg von der Straße nach Samsun mit „Kale" ausgeschildert.

Kızlar Sarayı („Mädchenpalast"): Die spärlichen Relikte des Kızlar Sarayı (u. a. teilrestaurierte Fundamentmauern und die Überreste zweier Hamams) passiert man auf dem Weg zu den Felsengräbern hinter dem Kassenhäuschen. Der Sitz der einstigen pontischen Könige diente – nach etlichen baulichen Veränderungen – den Seldschuken und Osmanen u. a. als Waffenarsenal. Heute befindet sich auf dem Gelände ein Café.

Felsengräber: Die insgesamt 14 Gräber in der Felswand unterhalb der Burg – fünf davon heben sich imposant und weithin sichtbar aus der Ferne ab – stammen aus hellenistischer Zeit, vornehmlich aus dem 3. und 2. Jh. v. Chr. Nachts kitschig angestrahlt, geben die bis zu 12 m hohen Grabhäuser ein besonders schönes Bild ab. Sie waren die letzten Ruhestätten der pontischen Könige und sind z. T. durch

schmale, offene Treppengänge, ebenfalls in den Fels gemeißelt, verbunden. Ihre Fassaden waren mit Marmor verkleidet, und im Innern türmten sich neben den königlichen Leichnamen kostbare Grabbeigaben – von alledem ist heute keine Spur mehr zu entdecken. Das westlichste, unvollendete Grab, das für Pharnakes I. (185–159 v. Chr.) bestimmt war, wurde in byzantinischer Zeit als Kapelle genutzt.
Der Aufstieg erfolgt auf Höhe der Alçak-Brücke. Im Sommer tägl. 8.30–19.30 Uhr, im Winter verkürzt. Eintritt 1,20 €.

Hazeranlar Konağı und Şehzadeler Müzesi (Prinzenmuseum): Der Hazeranlar Konağı wurde 1865 von Hasan Talat Efendi errichtet, dem in Ungnade gefallenen Hofchemiker des Sultans, der in Amasya einen Neuanfang wagte. Heute museal restauriert, bietet das schöne Stadthaus Einblicke in die osmanischen Lebensverhältnisse des 19. Jh. Im Keller befindet sich eine kleine Kunstgalerie. Nahebei, im Prinzenmuseum, begegnet man – in der Wachsfigurenversion – den osmanischen Prinzen des 14.–16. Jh., die einst in Amasya auf das Sultansdasein vorbereitet wurden.
Hazeranlar Konağı, tägl. (außer Mo) 8.30–12 und 13–19 Uhr. Eintritt 1,20 €. Prinzenmuseum, tägl. (außer Mo) 9–19 Uhr, im Winter 8–17 Uhr. Eintritt 0,80 €.

Sehenswertes südlich des Flusses

Darüşşifa-Bimarhane: An die Zeit der mongolischen Herrschaft über Amasya erinnern nur noch wenige Bauten, darunter der Darüşşifa-Bimarhane. 1309 entstand dieser Bau als Nervenheilanstalt und medizinisches Forschungszentrum. Im Originalzustand befinden sich nur noch die Außenwände der Anlage. Besonders schön ist die kunstvolle Steinmetzarbeit des Portals. Ins Innere zog 2011 ein *Medizinhistorisches Museum (Tıp ve Cerrahi Tarihi Müzesi)*. Hier bekommt man ein nachgestelltes Behandlungszimmer zu sehen wie auch Musikinstrumente, die bei Therapien Verwendung fanden, und – am interessantesten – Replikate von chirurgischen Instrumenten wie jene einer Beschneidungsschere und von Gerätschaften zum Entfernen von Hämorrhoiden.
Tägl. 8–18.30 Uhr. Eintritt frei.

Taş Han und Umgebung: Zum Zeitpunkt der letzten Recherche wurde die Karawanserei aus dem späten 17. Jh. restauriert. Genauso der *Bedesten*, ein gedeckter Basar aus dem Jahre 1483, auf der anderen Straßenseite der Mustafa Kemal Paşa Cad. Oberhalb, direkt hinter dem Taş Han, steht die seldschukische *Burmalı Minare Camii* aus den Jahren 1237–47. Während umfangreicher Umbauarbeiten im 17. Jh. wurde das Minarett schraubenförmig gestaltet, wovon sich ihr heutiger Name ableitet: „Moschee mit gewundenem Minarett".
Mustafa Kemal Paşa Cad.

Beyazıt-II.-Komplex: Beyazıt II., langjähriger Statthalter von Amasya, stiftete nach seiner Ernennung zum Sultan diese repräsentative, 1486 vollendete Külliye mit *Medrese*, *Armenküche* und *Bibliothek*. In Letzterer lagern ca. 20.000 wertvolle Handschriften und Bücher. Die prachtvolle Gebetsstätte ist heute die Hauptmoschee der Stadt. Blickfänge sind neben den hohen, verschiedenartig verzierten Minaretten die beiden *Reinigungsbrunnen* im hübschen schattigen Park der Anlage. In der Külliye befindet sich auch das *Minyatür Amasya Müzesi* mit einem 12 x 8 m großen Modell der Stadt von 1914. Wenn das Licht ausgeht, nicht erschrecken – dann gibt es „Amasya by night".
Neben dem Rathaus. Miniaturenmuseum, tägl. (außer Mo) 9–12 u. 13–19 Uhr (im Winter bis 17 Uhr). Eintritt 0,80 €.

Archäologisches Museum: Aus nahezu sämtlichen Epochen, die Amasya prägten, sind Exponate vertreten. Ein Höhepunkt ist die filigran ausgearbeitete hethitische *Statuette von Amasya* mit Mandelaugen und kegelförmigem Hut, die in einem nahen Tumulus entdeckt wurde. Außerdem kann man badewannenähnliche Sarkophage, Amphoren und Goldschmuck aus römischer Zeit besichtigen. Die ethnografische Abteilung im OG beherbergt die üblichen Verdächtigen aus Fiberglas (Sattelmacher, Weberinnen etc.), dazu Portale aus hiesigen Moscheen wie das der Gök Medrese Camii (s. u.) und den Mumiensaal mit sieben Mumien aus dem 14. Jh., die bei Grabungsarbeiten nahe der Burmalı-Minare-Moschee entdeckt wurden.

Mustafa Kemal Paşa Cad. Im Sommer tägl. (außer Mo) 9–12 und 13–19.30 Uhr, im Winter bis 17 Uhr. Eintritt 1,20 €.

Gök Medrese Camii: Die „Moschee der blauen Koranschule" wurde zwischen 1266 und 1267 unter Statthalter Seyfeddin Torumtay errichtet. Die *Türbe* des Stifters steht direkt vor der Moschee. Den Namen erhielt sie wegen ihres einst blau leuchtenden Fayencenkleids, das sich aber weitestgehend abgelöst hat. Hinein führt ein herrliches *Stalaktitenportal*. Der Eingangsbereich in Form eines sog. *Iwans*, einer gewölbten Halle, ist charakteristisch für die persische Palastarchitektur, aber selten in Anatolien. Im Inneren des dreischiffigen Gebäudes stehen einige *Sarkophage*.

An der Ausfallstraße nach Tokat. Tagsüber stets zugänglich.

Für **Samsun** lesen Sie weiter auf S. 605. Wer über Merzifon und Osmancık Richtung **Kastamonu** (→ S. 591) fährt, passiert nach der kargen Steppe üppiggrüne Reisfelder in einem von bizarren Bergformationen umrahmten Tal – eine überaus reizvolle Strecke.

Zwischen Amasya und Tokat

Turhal und Zile: Auf dem Weg von Amasya nach Tokat passiert man nach rund 70 km Turhal (64.100 Einwohner), ein austauschbares, zentralanatolisches Landstädtchen mit einer netten Altstadt, aber nicht viel mehr. 22 km südwestlich davon liegt die alte Festungsstadt *Zela*, heute Zile. 47 v. Chr. war sie Schauplatz einer bedeutenden Schlacht. In nur fünf Stunden schlugen Caesars Truppen die des pontischen Königs Pharnakes II., was zugleich das Ende des pontischen Königreiches bedeutete. Caesars markiger Kurzbericht an den römischen Senat ging in die Geschichte ein: *Veni, vidi, vici* – „Ich kam, sah, siegte!"

Ballıca-Höhle (Ballıca Mağarası): Ungefähr auf halber Strecke zwischen Turhal und Tokat liegt südlich der Nationalstraße 180 das Örtchen Pazar und wiederum 8 km südlich die Ballıca-Höhle. Sie misst 680 m, besitzt acht Säle und zählt aufgrund der Farb- und Formenvielfalt ihrer Stalagmiten und Stalaktiten zu den schönsten Tropfsteinhöhlen der Türkei. Ihre Entstehungszeit liegt 14 bis 15 Mio. Jahre zurück. Viele Treppen und schlecht ausgeleuchtet!

Ein Ziel für Selbstfahrer, von der Verbindungsstraße Turhal – Tokat bestens ausgeschildert. Tägl. 8–17 Uhr. Eintritt 2 €.

Tokat

128.000 Einwohner

Wie Amasya wird auch Tokat von einer Burgruine auf einem zerklüfteten Felsmassiv gekrönt. Doch den Charme der schönen Nachbarin versprüht Tokat nicht – auch wenn die bröckelnde Altstadt derzeit so richtig aufgemöbelt wird.

362 qualvolle Stufen führen vom Zentrum auf den sich nordwestlich anschließenden Burgberg. Von der byzantinischen Festungsanlage genießt man einen herrlichen Ausblick auf das Tokat der Seldschuken und Osmanen mit etlichen Moscheen, Karawanenherbergen, Medresen, Bädern und Brunnen. Leider kommt aus der Vogelperspektive auch das Tokat der türkischen Moderne nicht zu kurz: Mehr und mehr bedrängen mehrstöckige, gesichtslose Apartmentsiedlungen die kunsthistorischen Juwelen. Noch vor rund einem Jahrtausend lag das Zentrum der Stadt übrigens bis zu 5 m tiefer. Erdrutsche, Erdbeben, Überschwemmungen und durch Erosion angeschwemmtes Erdreich hoben das Niveau an. Der Eingang zur Gök Medrese (→ Sehenswertes) war nach Fertigstellung des Bauwerks beispielsweise ebenerdig, heute führen Stufen hinab.

Geschichte

Die Geschichte Tokats reicht bis in die frühe Bronzezeit zurück, das beweisen Siedlungsspuren am Burgberg, der zu Zeiten der persischen Herrschaft (6.–4. Jh. v. Chr.) eine Post- und Wachstation an der 2500 km langen Königsstraße nach Sardes war. Die dazugehörige Stadt *Comana Pontica* lag 8 km weiter östlich beim heutigen Dörfchen Gümenek – ein paar kümmerliche Reste erinnern an sie. Unter den Byzantinern verlor *Comana Pontica* an Bedeutung, stattdessen entwickelte sich Tokat (damals noch unter dem Namen *Dazimon*) am Zusammenfluss des Yeşilırmak und Tokat Suyu zu einer ansehnlichen Stadt. Unter den Seldschuken wuchs sie gar zur sechstgrößten Anatoliens heran. Tokat galt zu jener Zeit als ein wohlhabendes Handelszentrum und als bedeutende Karawanenstation an der Seidenstraße. Die Blüte der Stadt setzte sich im Osmanischen Reich (ab 1392) fort, im 15. Jh. zählte man in Tokat über 20 Karawansereien. An der Prosperität der Stadt hatten nichtmuslimische Minderheiten, vorrangig Armenier und Juden, großen Anteil. Erst zu Beginn des 20. Jh., mit der Vertreibung der Armenier (1915) und dem Niedergang des Karawanenhandels, begann Tokats Abstieg. Heute schaffen Nahrungsmittel- (Tomatenmark, Wein, Fruchtsaft) und Tabakindustrie Arbeitsplätze. Der Tourismus trägt zum städtischen Bruttosozialprodukt so gut wie nichts bei – Besucher sind selten, trotz markiger PR-Sprüche wie *Tokat – geldim, gördüm, sevdim* („Tokat – ich kam, sah, liebte").

Orientierung: Der Gazi Osman Paşa Bul. durchzieht die Stadt als lange Nord-Süd-Achse, alle wichtigen Einrichtungen liegen an ihm bzw. in seiner Nähe. Der Boulevard passiert im Süden den kahlen *Cumhuriyet Meydanı*, den Hauptplatz Tokats mit Post, Rathaus, Provinzverwaltung *(Vilayet)* und unterirdischem Kaufhaus. Etwas weiter nördlich am Boulevard liegen der *Taş Han* und die *Gök Medrese,* westlich davon erstrecken sich das Basarviertel und die zum Burghügel hin ansteigende Altstadt.

Information/Verbindungen/Sonstiges

Telefonvorwahl 0356.

Information Tourist Information im Taş Han. Tägl. 8–17 Uhr. Nicht fremdsprachig. ✆ 2148252, www.tokatkulturturizm.gov.tr.

Verbindungen Busbahnhof am nördlichen Stadtende an der Straße nach Niksar, Dolmuşe ins Zentrum, zu Fuß ca. 15 Min. Stündl. nach Sivas (1½ Std.), regelmäßig nach Amasya (2 Std.), Ankara (6 Std.) und Samsun (4½ Std.), mehrmals tägl. nach Erzurum (7½ Std.), İstanbul (11½ Std.) und Trabzon (10½ Std.).

Der **Dolmuşbahnhof**, von dem aus Pazar und Turhal angefahren werden, liegt östlich des Gazi Osman Paşa Bul. auf Höhe der Touristeninformation.

Flughafen (www.tokat.dhmi.gov.tr) ca. 20 km westlich von Tokat an der Straße nach Turhal, auf der auch die Tokat-Turhal-Dolmuşe verkehren (vom Terminal bis zur Straße 600 m).

Einkaufen Quirliger **Wochenmarkt** am So, ruhiger geht es unter der Woche im **Basarviertel** (→ Sehenswertes) zu. Wein der lokalen Winzerei Diren verkaufen die Tekel Büfes der Stadt.

Türkisches Bad (Hamam) Ali Paşa Hamamı, wunderschöner alter Hamam (1572) nahe dem Cumhuriyet Meydanı. Separate Abteilungen für Männer und Frauen. Für Männer tägl. 5–23 Uhr, für Frauen 9–19 Uhr. Eintritt mit *Kese* und Massage 10 €. Übrigens kommen die angeblich besten türkischen Masseure aus Tokat.

Übernachten/Essen & Trinken

Die Mittelklassehotels im Zentrum bieten gute Qualität für relativ wenig Geld. Wer es komfortabler mag, kann auch in den weit außerhalb im Norden der Stadt gelegenen 4-Sterne-Hotels **Büyük Tokat** (**1**, ✆ 2291700, www.buyuktokatoteli.com.tr) oder **Grand Ballıca** (**2**, ✆ 2320808, www.grandballica.com.tr) unterkommen. Örtliche Spezialität ist der *Tokat Kebap*, ein leckerer Grillspieß mit Auberginen, Kartoffeln und Lammfleisch, serviert mit fruchtiger Tomatensoße und einer ganzen Knolle Knoblauch.

** **Yeni Çınar Otel 3**, einige der Zimmer besitzen Suitengröße und terrassenartige Balkone zur ruhigen Rückseite. Sehr sauber. Betten teils gut durchgelegen. Freundliches Personal. Gutes, wenn auch absolut hässliches Restaurant (alkoholfrei). Super Frühstücksbüfett. EZ 25 €, DZ 41 €. Gazi Osman Paşa Bul. 167, ✆ 2140066, ✉ 2131927, www.yenicinar.com.

Çamlıca Residence 4, frisch restauriertes Haus mit 30 eher kleinen Zimmern, neuer Rezeption und nagelneuen Bädern. Lediglich das Mobiliar wurde nicht komplett ersetzt. DZ 33 €.. Gazi Osman Paşa Bul. 179, ✆ 2141269, www.camlicaotel.com.

*** **İşeri Otel 6**, 40 z. T. recht kleine, aber ordentliche Zimmer in einem Haus mit Geranien vor den Fenstern, die einen Hauch von Berghotel versprühen. Netter Service, kostenlose Minibar (nicht viel drin), Restaurant. DZ 33 €. Mithat Paşa Cad. 3 (Cumhuriyet Meydanı), ✆ 2148000, ✉ 2149955, www.iseriotel.com.

** **Hotel Burçu 9**, 24 ebenfalls kleine, saubere und ordentliche Standardzimmer, Bäder oft mit Duschkabinen. Hoteleigener Parkplatz. EZ 21 €, DZ 33 €. Im Süden der Stadt, Gazi Osman Paşa Bul. 217, ✆ 2127570, ✉ 2122327.

Essen & Trinken Yeni Huzur Restaurant **9**, eine der wenigen Möglichkeiten, seinen *Tokat Kebap* (7 €) mit einem Bier (2,50 €) hinunterzuspülen. Abends hin und wieder Livemusik und Tänzerinnen (!) – leicht schmierig-männerlastig. Gazi Osman Paşa Bul. (1. Stock), ✆ 2142685.

Tokat Sofrası 5, schnuckeliges Restaurant gegenüber dem Hamam. In folkloristischem Ambiente wird außergewöhnliche Regionalküche (mit Pflaumen gefülltes Gemüse, Forelle mit Walnüssen usw.) zu gemäßigten Preisen serviert. Ein Plus ist das hübsche Gärtchen. Freundliches Personal. ✆ 2133818.

Mis Kebap Salonu 8, am Cumhuriyet Meydanı. Spezialisiert auf leckere Grillgerichte, auch *Tokat Kebap*. Stilvoll-schickes Ambiente, sehr freundliches Personal. Hg. 3,20–9 €.

Nett sitzt man zudem im **Teegarten 7** hinter dem Rathaus am Cumhuriyet Meydanı.

Sehenswertes

Gök Medrese/Museum: Die „Blaue Medrese" stammt aus der zweiten Hälfte des 13. Jh. Als ein Zentrum der Wohlfahrt widmete sie sich bis 1811 der Pflege und Versorgung Kranker. Ihre namengebenden Fayencen sind größtenteils abgefallen. Ihr reich verziertes Stalaktitenportal ist hingegen noch immer ein Triumph seldschukischer Steinmetzkunst. Zum Zeitpunkt der letzten Recherche beherbergte die Medrese noch das sehenswerte örtliche Museum (2012 soll es jedoch in den Bedesten an der Sulu Sokak umziehen, s. u.) mit Exponaten aus den verschiedensten Epochen der Stadt: hethitische Fundstücke, Relikte aus *Comana Pontica*, Ikonen, Waffen und Kostüme aus osmanischer Zeit sowie – in einem gläsernen Schrein – die liebreizende Wachsfigur der *Christinae*. Es handelt sich dabei um eine frühchristliche Märtyrerin, die zu Zeiten Diokletians (284–305) gelebt haben soll. Nach Auszug des Museums sollen in der Medrese Ämter untergebracht werden.

Gazi Osman Paşa Bul. Tägl. (außer Mo) 8.30–12 und 13–17 Uhr. Eintritt 1,20 €.

Taş Han und Umgebung: Ein paar Schritte südlich der Medrese liegt der Taş Han aus der ersten Hälfte des 17. Jh. An seiner Außenfront finden sich kleine Geschäfte. Der Innenhof beherbergt ein gemütliches Café, drum herum wird Kunsthandwerk verkauft. Westlich des Hans erstreckt sich das *Basarviertel*, ebenfalls reich an lokalem Kunsthandwerk. Neben Kupferwaren ist Tokat bekannt für die Technik des *yazma*, den farbenfrohen Stoffdruck mit Holzstempeln. Afghanische Flüchtlinge, die sich in Tokat nach der russischen Invasion in den 1980er Jahren niederließen, verkaufen Woll- und Seidenteppiche mit Motiven aus der Heimat.

Gegenüber dem Taş Han, auf der anderen Seite des Gazi Osman Paşa Bulvarı, steht die *Hatuniye*, ein Stiftungskomplex aus dem Jahr 1485. Beyazıt II. ließ ihn für seine Mutter errichten. Antike Säulen aus *Comana* tragen die Vorhalle der Kuppelmoschee. Hinter der Moschee befindet sich der *Sedirhan*, die ehemalige Armenküche des Komplexes. Das schöne historische Gemäuer beherbergt heute ein stilvolles Teelokal.

Sulu Sokak: Spaziert man vom Taş Han den Gazi Osman Paşa Bulvarı Richtung Cumhuriyet Meydanı, zweigt rechter Hand die Sulu Sokak ab. In seldschuki-

Übernachten
1 Büyük Tokat
2 Grand Ballıca
3 Yeni Çınar Otel
4 Çamlıca Residence
6 İşeri Otel
9 Hotel Burçu

Essen & Trinken
5 Tokat Sofrası
7 Teegarten
8 Mis Kebap Salonu
9 Yeni Huzur Restaurant

scher und osmanischer Zeit war die Straße die Pracht- und Hauptstraße Tokats. An ihr und in den abgehenden Gassen finden sich ein paar Schmankerl: osmanische Karawansereien, seldschukische Türben, Medresen, Brunnen und Bäder. Vor wenigen Jahren befanden sich noch fast alle in einem bedauernswerten Zustand, heute erwachen sie zu neuem Glanz – es wird fleißig restauriert. In den *Bedesten*, die alte Markthalle, soll noch 2012 das Museum (s. o.) einziehen.

Latifoğlu Konağı: Das Stadthaus aus dem 19. Jh. liegt am Gazi Osman Paşa Bulvarı im Süden der Stadt. Seine großzügig ausgestatteten Räumlichkeiten – die schönsten befinden sich im ersten Stock – bieten einen guten Einblick in die einstigen Wohnverhältnisse der osmanischen Hautevolee. Angeschlossen ist ein nettes Café (tägl. außer Mo 8–12 u. 13–17 Uhr, Eintritt frei). Etwas weiter südlich, am Flusslauf des Tokat Suyu, steht der *Uhrturm (Saat Kulesi),* den ein recht ursprüngliches Viertel umgibt.

Die Çifte Minare Medrese von Sivas

Mevlevihane Vakıf Müzesi: Schräg gegenüber dem Uhrturm, auf der anderen Flussseite, steht ein Derwischkonvent im traditionellen Baustil des 19. Jh. In ihm (man beachte auch die alten Holzdecken) werden seldschukische und osmanische Keramik und Silberarbeiten, alte Koranausgaben sowie Teppiche präsentiert. Selbstverständlich informiert man auch über den Mevlanaorden, im Tanzsaal im ersten Stock ist eine Sema-Zeremonie nachgestellt
Bey Sok. Di–Fr 8–18 Uhr, Sa/So 9–18 Uhr. Eintritt frei.

Die Strecke von Tokat nach Ünye an der **Schwarzmeerküste** ist traumhaft, um einiges schöner als die Strecke von Amasya nach Samsun. Unterwegs passiert man das an einem Talrand gelegene *Niksar* (33.500 Einwohner) mit einer mächtigen Burgruine auf einem Felsvorsprung. Die Dynastie der Danischmendiden, die hier zwischen der byzantinischen und seldschukischen Epoche ein kurzes Gastspiel gab, baute die Festung Ende des 11. Jh. zu ihrer Residenz aus. In der Burg saß um 1100 der Kreuzritter Bohemund gefangen.

Sulusaray/Sebastopolis (antike Stadt)

68 km südwestlich von Tokat liegt der 3400-Einwohner-Ort Sulusaray auf den Überresten des antiken Sebastopolis, einer von der hellenistischen bis zur byzantinischen Zeit bedeutenden Stadt. Aus fast jedem älteren Gebäude Sulusarays ragt antikes Baumaterial, manche Häuser werden gar von römischen Säulen getragen. Seit 2010 finden hier wieder archäologische Grabungsarbeiten statt, in einem Freilichtmuseum werden die

schönsten Funde ausgestellt: Säulenteile, Friese, Statuen und Grabstelen. Im Osten des Ortes sind zudem die spärlichen Überreste eines Bades zu sehen, im Norden die eines Tempels. Auch Mauerteile des einst bis zu 17 m hohen Stadtwalls sind noch erhalten.
Folgen Sie von Tokat der Nationalstraße 850 nach Sivas, nach ca. 18 km geht es rechts ab (ausgeschildert). Keine Verbindung mit öffentlichen Verkehrsmitteln. Tägl. 9–17 Uhr. Eintritt frei.

Sivas
318.000 Einwohner

Dar ulala, „Erhabene Stadt", lautete der glorreiche Beiname Sivas' zur Zeit der Seldschuken. Doch Ruhm und Herrlichkeit sind vergänglich, zu schnell jagte die Moderne in Sivas dem Orient hinterher.

Die Provinzhauptstadt auf 1285 m ü. d. M. ist Verwaltungs-, Dienstleistungs- und Handelszentrum mit einem großen ländlichen Einzugsgebiet – auf viele Kilometer im Umkreis ist Sivas die einzige Stadt weit und breit. Als landwirtschaftliches Gut wird insbesondere Weizen aus der fruchtbaren Schwemmlandebene des Kızılırmak-Flusses umgeschlagen. Die Industrie spielt nur eine untergeordnete Rolle, eine größere die Universität – die rund 15.000 Studenten bringen etwas Leben ins Zentrum. Die Innenstadt ist gepflegt und gespickt mit architektonischen Perlen der Seldschukenzeit, trotzdem wirkt sie in weiten Teilen steril – wer eine pittoreske Altstadt erwartet, sucht vergeblich. Die prächtigen Medresen und Moscheen mit ihren imposanten Portalen und Ziegelsteinminaretten liegen verstreut an nüchternen Plätzen und versteckt zwischen Apartmentblocks.

Geschichte

Grabungsfunde beweisen, dass das heutige Stadtgebiet seit dem 3. Jt. v. Chr. besiedelt ist. Doch aus der frühen Geschichte der Stadt ist wenig bekannt. Die Römer nannten sie *Sebasteia* und umgaben sie mit einer Stadtmauer. Erhalten blieb davon jedoch nichts. Negative Berühmtheit erlangte Sebasteia während der Christenverfolgungen zu Beginn des 4. Jh.: 40 Christen, nur mit einem Lendentuch bekleidet auf einem zugefrorenen Teich vor Kälte bibbernd, hatten die Wahl zwischen dem Martyrium und einem wärmenden Badehaus, das jenen offen stand, die dem Glauben abschworen. Nur einer erlag der Versuchung, doch prompt nahm ein Soldat der Wachmannschaften dessen Platz auf dem Eis ein. Jeweils am 10. März gedenken die Orthodoxen der „40 Märtyrer von Sebasteia". In byzantinischer Zeit war Sebasteia Bischofssitz. 1021 tauschte Kaiser Basileios II. (976–1025) die Provinz um Sebasteia gegen das armenische Reich des Königs Senekerim Hovhannes am Van-See (→ Van/Geschichte). Dieser zog mitsamt seinem 40.000-köpfigen Volk nach Sebasteia. Nur fünf Jahrzehnte konnte sich das kleine Reich halten, dann kamen die Seldschuken. Als aufblühende Karawanenstadt an der Seidenstraße wurde Sivas neben Konya und Kayseri die dritte prunkvolle Metropole des seldschukischen Reiches. Aus jener Zeit stammen auch die meisten Sehenswürdigkeiten der Stadt. Es wären mehr, wäre nicht um 1400 Timur Lenk vor den Toren der Stadt erschienen. Nach einer 18-tägigen Belagerung nahm er Sivas ein, 4000 Menschen (vorrangig Christen) ließ er lebendig begraben, den Rest der Bevölkerung versklavte er. Als der Mongolen-Spuk vorüber war, stand kaum mehr ein Stein auf dem anderen.

Von dem Schock erholte sich Sivas jahrhundertelang nicht. Erst 1919 tauchte der Name der Stadt wieder in den Schlagzeilen auf: Auf dem Nationalkongress von Sivas vom 4. bis zum 11. September wurden die Beschlüsse von Erzurum (→ S. 812) offiziell bestätigt, die den Aufruf zum nationalen Widerstand gegen die Besatzungsmächte zum Inhalt hatten. Der damals dem Kongress vorsitzende Atatürk hätte sich angesichts der Ereignisse von 1993 wohl im Grabe umgedreht: Ultrareligiöse Sunniten demonstrierten vor dem damaligen Hotel Madımak (Eski Belediye Sok. 2, heute ein Kulturzentrum mit Gedenkwand im Eingangsbereich), in dem ein alewitischer Künstlerkongress tagte. Unter den Teilnehmern war auch Aziz Nesin (1915–1995), linksliberaler Literat und Herausgeber der türkischen Übersetzung der *Satanischen Verse*. Der Mob steckte das Hotel in Brand, 37 Menschen starben. Nesin konnte sich über eine Feuerleiter vor den Flammen retten. Gegen das Vergessen demonstrieren seither alljährlich am 2. Juli Alewiten in Sivas.

> **Orientierung:** Zentraler Platz ist der *Hükümet Meydanı* mit Gouverneursamt *(Vilayet)*. Hier beginnen die zwei Hauptgeschäftsadern: die gen Südosten führende Atatürk Cad. und die gen Südwesten führende İstasyon Cad. Letztere passiert den schattenlosen Platz Kent Meydanı (vor der jüngsten Restaurierung ein grüner Park) mit den bedeutendsten Sehenswürdigkeiten.

Information/Verbindungen/Adressen/Einkaufen

Telefonvorwahl 0346.

Information Tourist Information (oft nicht fremdsprachig), im Gebäude des Tourismusdirektorats *(İl Turizm Müdürlüğü)* in einer Seitengasse der İstasyon Cad. (gegenüber dem Devlet Hastanesi). Mo–Fr 8–17 Uhr. ✆ 2235908, www.sivaskulturturizm.gov.tr.

Verbindungen Flughafen (www.sivas.dhmi.gov.tr) 15 km nordwestlich der Stadt. Infos zu Servicebussen (Taxi ca. 20 €) und Tickets bei **Sivas Seyahat**, hinter dem Büyük Sivas Oteli, ✆ 2211147, www.sivasturizm.com.tr.

Bus/Dolmuş: Busbahnhof 2,5 km südl. des Hükümet Meydanı, Dolmuşverbindungen vom und ins Zentrum. Gute Verbindungen nach Ankara (6½ Std.), Kayseri (3½ Std.), Tokat (1½ Std.) und Yozgat (3¾ Std.). Mehrmals tägl. nach Amasya (3 Std.), Diyarbakır (8 Std.), Erzurum (7 Std.), İstanbul (13 Std.), Malatya (4 Std.) und Samsun (6½ Std.). Büros der Busgesellschaften auch rund um die Hauptpost (Atatürk Cad.). Die Dolmuşe nach Divriği (regelmäßig bis ca. 19 Uhr) und Kangal fahren von der *Köy Garajı* nahe dem Busbahnhof ab.

Zug: Bahnhof (✆ 2217000) ca. 2 km südwestlich des Hükümet Meydanı (Dolmuşverbindung ins Zentrum. Bis zu 4-mal tägl. Züge nach Kayseri und Adana, 3-mal über Eskişehir nach İstanbul, bis zu 2-mal nach Divriği, 1-mal nach Erzurum, Kars und über Amasya nach Samsun, mehrmals wöchentl. nach Malatya, Elazığ, Tatvan, Diyarbakır und Batman. Hochgeschwindigkeitsstrecke nach Ankara im Bau.

Ärztliche Versorgung Privates Özel Anadolu Hastanesi im Südosten der Stadt an der Şehit Fethi Akyüz Cad., ✆ 2150555.

Einkaufen Die bekanntesten Erzeugnisse der Stadt sind **Kelims** und **Teppiche**.

Auch in Sachen **Silberschmuck** hat Sivas einen Namen – Silbergeschäfte z. B. gegenüber dem Taş Han im Unterbau der Paşa-Moschee an der Atatürk Cad. Der **Taş Han** selbst, eine Karawanserei aus dem Jahr 1573, wurde wie so viele historische Bauwerke der Stadt z. Z. d. letzten Recherche restauriert.

Ein bunter **Bauernmarkt** wird tägl. östlich der Paşa-Moschee abgehalten.

Türkisches Bad (Hamam) Der historische **Kurşunlu Hamam** (16. Jh.) an der gleichnamigen Straße ist Männern und Frauen zugänglich (separate Abteilungen). Eintritt 10,50 € inkl. Massage und *Kese*. Tägl. 8.30–19 Uhr, Sa/So länger.

Übernachten

1 Sultan Otel
3 Köşk Hotel
7 Otel Fatih
8 Otel Çakır
10 Büyük Sivas Oteli

Essen & Trinken

2 Lezzetçi
4 Büyük Merkez Lokantası
5 Sema Hanım'ın Yeri
6 Kılıçoğlu
9 Captain Crown

Sivas

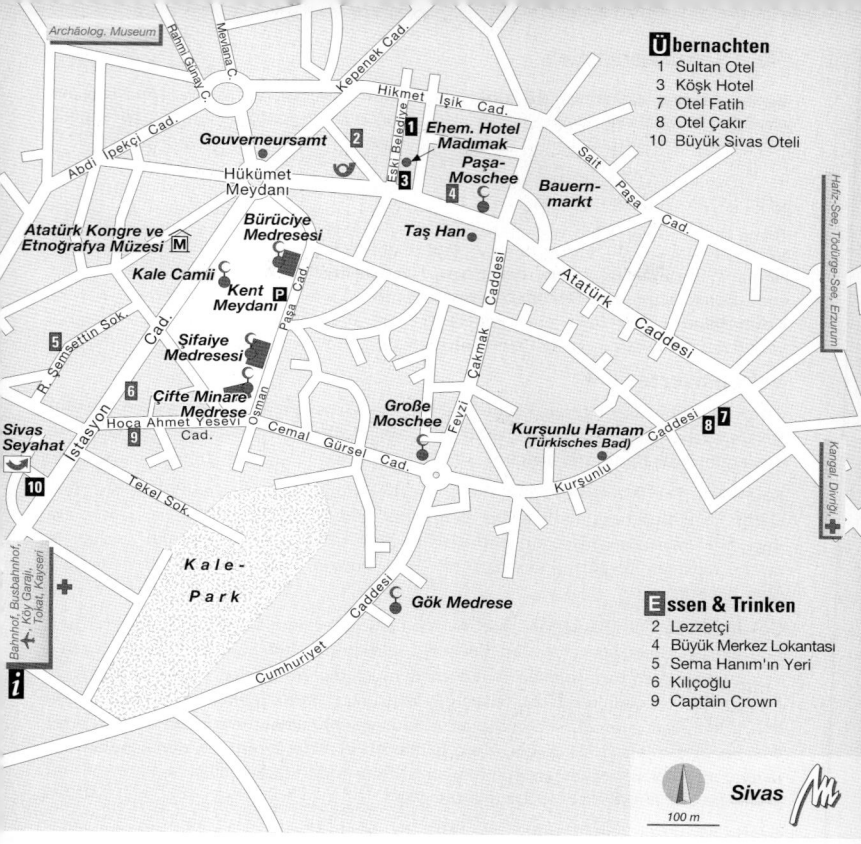

100 m

Übernachten/Essen & Trinken

Übernachten Nur unpersönliche Stadthotels:

**** Büyük Sivas Oteli 10, das vornehmste Haus der Stadt. Gediegene Hotelzimmer (aber ohne Klimaanlage). Sauna, Hamam, Fitnesscenter und 2 Restaurants. EZ 68 €, DZ 106 €. İstasyon Cad. 114, ✆ 2254763, ✉ 2254769, www.sivasbuyukotel.com.

*** Sultan Otel 1, typisches Stadthotel, Zimmer mit ausfransenden Teppichböden. Freundlicher Service, unterm Dach eine Bar mit Bierausschank und zuweilen Livemusik. DZ 62 €. Eski Belediye Sok. 18, ✆ 2212986, ✉ 2252100, www.sultanotel.com.

*** Köşk Hotel 3, will ein Designhotel sein. 65 Zimmer mit Laminatböden, funkelnden Bädern und roten Sesseln vor Flachbild-TVs. Restaurant. DZ 53 €. Atatürk Cad. 7, ✆ 2251724, ✉ 2239350, www.koskotel.com.

Otel Fatih 7, unter den Billighotels der Gegend eines der besseren. 39 renovierte Zimmer mit der einen oder anderen Geschmacksverirrung. Sauber und okay. EZ 18 €, DZ 29 €. Kurşunlu Cad. 22, ✆ 2234313, ✉ 2250438, www.fatihoteli.com.

Otel Çakır 8, nur ein paar Türen weiter. Ebenfalls okay. 35 Zimmer mit Parkett-PVC, TV und z. T. mit Balkon. DZ 25 €. Kurşunlu Cad., ✆ 2224526, ✉ 2218940.

Essen & Trinken Lezzetçi 2, gepflegte, gehobene Lokanta. Super Topf-, Grill- (geniale Köfte) und Ofengerichte. Hg. 3,60–8 €. Hinter der Post, PTT Arkası 27.

Büyük Merkez Lokantası 4, ebenfalls gepflegte Lokanta mit hohen Wänden und aufmerksamem Personal samt Fliege. Vielfältiges Angebot (Pide, Spieße, Kebabs, Topfgerichte). Von Lesern hochgelobt. Atatürk Cad. (nahe dem Hotel Köşk).

Sema Hanım'ın Yeri 5, in diesem freundlichen Lokal, das schon fast in Richtung Café geht, bereiten Frauen gute Hausmannskost, *Börek*, *Mantı* und *Gözleme*. R. Şemsettin Sok. 7.

Café Kılıçoğlu 6, schicke Mischung aus Patisserie, Konditorei und Restaurant. Ideale Frühstücksadresse. Terrasse nach hinten. İstasyon Cad. 15.

Bar Ein Bier am Abend bekommt man im Barrestaurant **Captain Crown** 9 an der Hoca Ahmet Yesevi Cad. (hinter der Patisserie Kılıçoğlu). Wirklich schön ist es hier aber nicht.

Sehenswertes

Zum Zeitpunkt der letzten Recherche war das Gros der Medresen wegen Restaurierungsarbeiten geschlossen. Noch 2012 sollen die ersten wieder eröffnen, 2013 die letzten (die Betonung liegt auf „sollen").

Kale-Park: Der Mongole Timur Lenk sorgte dafür, dass an die Zitadelle auf dem ehemaligen Burgberg südlich des Zentrums kein Stein mehr erinnert. Unter der Erde fand man Zeugnisse aus hethitischer Zeit. Über der Erde können Sie hier in zwei schattigen Teegärten ausspannen – einer davon besitzt eine schöne Aussicht über die Stadt.

Gök Medrese: Die „Blaue Medrese" wurde 1271 unter dem Wesir Sahip Ata errichtet und gilt als eines der schönsten Beispiele seldschukischer Baukunst. Ihren Namen verdankt sie dem türkisblauen Fayencenschmuck der Minarette. Kunstvoll verzierte Rundpfeiler betonen die Längsseiten des Baus. Das *Stalaktitenportal* mit arabischen Schriftbändern, geometrischen Mustern und verschlungenen Ornamenten erscheint wie ein Traum aus 1001 Nacht. Zwei Minarette flankieren es. Um den schönen *Innenhof* mit Wasserbecken gruppierten sich Wohn- und Studierzellen.
Nahe der Cumhuriyet Cad. östlich des Kale-Parks.

Große Moschee (Ulu Cami): Um 1197, in der Frühzeit des Seldschukenreiches, wurde diese Hofmoschee errichtet, die damit das älteste Gebäude von Sivas ist. Ihr inzwischen schiefes, mitgenommenes Ziegelsteinminarett kam im 13. Jh. hinzu. Der von Pfeilern durchsetzte Innenraum ist feierlicher, als das Äußere vermuten lässt. Über einen Arkadengang gelangt man in den Betsaal.
Cemal Gürsel Cad.

Çifte Minare Medrese und Şifaiye Medresesi: An die 1271 errichtete Çifte Minare Medrese erinnert nur noch die schöne, reich verzierte Fassade der Ostfront. Zwei Minarette (*çifte minare* = Doppelminarett) krönen das erhaltene pompöse Hauptportal. Gegenüber steht die Şifaiye Medresesi aus dem Jahre 1217/18, eine Stiftung des Seldschukensultans İzzettin Kaykavuş I. Das Gebäude diente aber nie als theologische Bildungsstätte, sondern als Hospital. Nervenleiden wurden hier u. a. mit Hypnose und Musiktherapien behandelt. In der Türbe an der Südseite des Innenhofs ruht ihr Stifter. 2011 fanden rund um die Medrese umfangreiche Grabungsarbeiten statt.
Kent Meydanı.

Bürüciye Medresesi und Kale-Moschee: Den Bau der Bürüciye Medresesi im Jahre 1271 finanzierte der Mongole Muzaffer Bürücerdi (Stiftungsinschrift über dem Eingang). Seine sterblichen Überreste ruhen in einem Raum links hinter dem mit filigranen Steinmetzarbeiten verzierten Hauptportal. Ein paar Schritte weiter steht

die Kale Camii, die nach dem einstigen Statthalter von Sivas und Großwesir Sultan Murats III. auch *Mehmet-Pascha-Moschee* genannt wird. Sie gilt als die schönste osmanische Kuppelmoschee der Stadt und stammt aus dem Jahr 1580.
Kent Meydanı.

Sivas – Stadt der Medresen

Das Wort Medrese leitet sich vom arabischen *darasa* (dt. studieren) ab. In seldschukischer und osmanischer Zeit wurden in Medresen neben Lesen, Rechnen, Schreiben und Theologie auch islamisches Recht, Logik, Metaphysik, Astronomie oder Medizin gelehrt. Zur Rekrutierung einer geistlichen Elite wurden die theologischen Hochschulen von den Sultanen gefördert. Ein erfolgreicher Absolvent durfte sich zur Gruppe der islamischen Gelehrten *(ulema)* zählen, er arbeitete als Richter *(kadi)*, Prediger *(hatip)* oder bekleidete ein hohes öffentliches Amt. In der klassischen Medrese gruppierten sich Schlafzellen und Unterrichtsräume um einen Innenhof. Meist verfügte eine Medrese auch über eine kleine Moschee oder zumindest einen Betraum. In der Regel ließ sich ihr Stifter innerhalb oder vor der Medrese in einer Türbe beisetzen.

Atatürk Kongre ve Etnografya Müzesi: Das klassizistische Gebäude südlich des Hükümet Meydanı, eine einstige Schule, war 1919 Tagungsort des Nationalkongresses (→ Geschichte). Das Erdgeschoss beherbergt heute eine ethnografische Sammlung. Das Gros der Exponate – Stricksocken, Waffen und Kleidung aus osmanischer Zeit, zerfressene Teppiche usw. – kann man sich schenken. Wahre Schmuckstücke sind jedoch der Minbar sowie die Tür- und Fensterflügel aus der Ulu Cami in Divriği (s. u.). Im Obergeschoss sind der einstige Kongresssaal (mit Bildern der Teilnehmer auf ihren jeweiligen Bänken) und Atatürks Schlafzimmer zu besichtigen.
Tägl. (außer Mo) 8–12 und 13–17 Uhr. Eintritt 1,20 €.

Archäologisches Museum: In der einstigen Kunsthandwerksschule zeigt man – leider im eher konventionell-provinziellen Ambiente – Funde der Umgebung. Vertreten sind fast alle Epochen, die Highlights stammen jedoch aus der Hethiterzeit, darunter eine Badewanne (!) und Gefäße zur Bierproduktion. Die Hethiter waren leidenschaftliche Biertrinker und opferten auch ihren rund 1000 Göttern mit Freuden Bier.

Rahmi Günay Cad. Man folgt vom Hükümet Meydanı der Straße links am Gouverneursamt vorbei und wählt kurz darauf bei dem Kreisverkehr die bergauf führende Rahmi Günay Cad. (Parkanlage linker Hand), von hier noch ca. 400 m. Tägl. (außer Mo) 8–12 u. 13–17 Uhr. Eintritt 1,20 €.

Weiterfahrt: Zu **Kayseri** lesen Sie weiter ab S. 745, über **Elazığ** ab S. 883. Richtung Osten führt die Nationalstraße 200 über mehrere Pässe und ein Stück entlang dem Flusslauf des *Kızılırmak*, dem „Roten Fluss". Die Färbung des Flusswassers ist die Folge des erodierenden roten Sandsteins. Rund 40 km östlich von Sivas laden Restaurants am *Hafik-See* (auch: *Büyük Göl*, nahe der gleichnamigen Ortschaft) zu einer Pause ein. Auch lassen sich hier Bootsausflüge unternehmen. Das Gleiche erwartet Sie 25 km weiter am *Tödürge-See*.

Kangal und Balıklı Kaplıca

90 km südöstlich von Sivas liegt Kangal, ein langweiliger 10.300-Einwohner-Marktflecken, der an sich nicht der Rede wert wäre, würden hier nicht die berühmten Kangal-Hunde *(Kangal köpekleri)* gezüchtet. Die großen, intelligenten Vierbeiner mit sandfarbenem Fell, schwarzer Schnauze und schwarzen Ohren haben einen extremen Beschützerinstinkt und werden deswegen vorrangig als Hirtenhunde eingesetzt. Als lebendige Modeaccessoires sind die Tiere mittlerweile im In- und Ausland so populär, dass die Züchter von Kangal mit der enormen Nachfrage kaum mehr Schritt halten können.

13 km nordöstlich von Kangal liegt die Balıklı Kaplıca („Quelle mit Fisch"), eine von vielen Thermalquellen der Gegend, jedoch die mit dem außergewöhnlichsten Kurbad. In den nach Geschlechtern getrennten Becken mit 36 °C warmem Wasser schwimmen bis zu 10 cm große Fische, die Schuppenflechte heilen sollen. Sie können angeblich gesunde von kranker Haut unterscheiden und knabbern die befallenen Stellen weg. Eine dauerhafte Besserung wird jedoch nur erzielt, wenn man fünf Stunden pro Tag im Wasser verbringt – und das drei Wochen lang. Übernachten kann man nur im einzigen Thermalhotel vor Ort (ordentlich, aber nichts Besonderes; DZ völlig überzogene 96 €; ✆ 0346/4691151, www.balikli.com). Für „Nichtkurer" ist ein Besuch des Thermalbads zwar möglich (Tageskarte 2 €), jedoch nicht allzu spannend.

Dolmuşverbindungen zwischen Sivas und Kangal. Wer zur Quelle will, muss in Kangal umsteigen.

Divriği

ca. 10.800 Einwohner

Divriği liegt rund 85 km östlich von Kangal am grünen Ufer des Çaltı Çayı auf 1250 m ü. d. M. Schon die Anfahrt – je nach Richtung – über diverse Pässe ist ein Erlebnis. Divriği ist ein verschlafenes Städtchen, in dessen Umgebung Eisenerz

UNESCO-Welterbe: die Ulu Cami von Divriği

abgebaut wird. Im 9. Jh. war die damals *Tephrike* genannte Stadt Zentrum der sog. Paulikaner, einer armenischen Sekte, die sich auf den Apostel Paulus berief, die Sakramente und das Kreuzessymbol jedoch ablehnte. Nach der Niederlage der Byzantiner in der Schlacht von Manzikert (1071) kam Tephrike in den Besitz der *Mengücekoğulları*, die hier als Vasallen der Seldschuken knapp 200 Jahre residierten. Aus jener Zeit stammt das bedeutendste Bauwerk der Stadt, das es bis auf die Welterbeliste der UNESCO geschafft hat: die **Ulu Cami** (1228/1229). Man findet sie im Osten Divriğis oberhalb der Stadt und am Fuße der verfallenen Burg. Das seldschukische Meisterwerk wurde in Form einer fünfschiffigen Basilika errichtet, jedes Schiff besitzt eine andere Gewölbeform. Der Mihrab überzeugt durch einen überaus plastischen Dekor, der Gebetsstuhl ist einer der prächtigsten Anatoliens. An die Moschee angebaut ist ein Hospital, in dem versucht wurde, Kranke u. a. mit Vogelstimmen, Wasserrauschen und Musik zu heilen. Der Komplex besitzt drei reich geschmückte Portale, von denen das schönste das von Säulen flankierte Haupttor (Nordseite) ist. Über dem Eingang beeindruckt eine kunstvoll-überladene Ornamentwand von fast barocker Üppigkeit. Über dem mittleren Portal hebt sich je nach Lichteinfall der Schatten eines lesenden Mannes ab. Wer die Moschee aufsucht, bekommt als Zugabe eine unverdorbene Altstadt mit Lehmziegelhäusern und krummen Buckelgassen.

Verbindungen Tägl. mehrere **Minibusse** nach Sivas (3 Std.), zudem **Fernbusse** nach İstanbul und Ankara über Sivas. 1-mal tägl. ein **Zug** (Bahnhof ca. 2 km außerhalb des Zentrums, ✆ 0346/4181914) nach Erzurum, Kars, Kayseri, Ankara und İstanbul, 2-mal nach Sivas (mind. 3¾ Std.).

Übernachten Ein 3-Sterne-Hotel war 2011 im Entstehen. Bis zu dessen Eröffnung ist folgendes Haus das beste der Stadt:

Divhan Otel, 18 Zimmer und Apartments mit Klimaanlage und Bad, sehr sauber. DZ 33 €. Ca. 3 km Richtung İliç fahren, dann (hinter der kleinen Universität) rechts ab und bei einem Vakit-Bankomaten Ausschau halten, ✆/≡ 0346/4191319, www.divhanotel.com.

Kayseri

951.000 Einwohner

Kayseri erstreckt sich vor der prächtigen Kulisse des 3917 m hohen, meist schneebedeckten Erciyes Dağı. Das Zentrum, gespickt mit den Hinterlassenschaften der Seldschuken, wird von Jahr zu Jahr attraktiver.

Die angehende Millionenmetropole liegt auf 1000 m ü. d. M. – um 2014 soll die Millionenmarke geknackt sein. Ein breiter Gürtel aus eintönigen Apartmentblocks, Gewerbe- und Industrieparks umgibt das Zentrum. Letzteres prägen überbreite Boulevards und moderne Zweckbauten, aber auch seldschukische Mausoleen und Medresen, eine wuchtige Zitadelle und ein enggassiges Basarviertel. Von all der Hektik, die die konservative Stadt tagsüber versprüht, ist abends nichts mehr zu spüren. Ab 21 Uhr gehören die Straßen und Gassen vornehmlich den Männern – so manche von ihnen auf dem verstohlenen Rückweg von einem der rar gesäten Bierstände. Anstand und Frömmigkeit steht bei der Obrigkeit Kayseris hoch im Kurs – fast nirgendwo im Land erhält die AKP mehr Stimmen als in Kayseri. Auch Staatspräsident Abdullah Gül stammt von hier, weswegen viel Geld in die Stadt fließt. Das ist augenscheinlich – keine andere Stadt Zentralanatoliens hat in den letzten Jahren so an Attraktivität und Wohlstand gewonnen wie Kayseri, ein „anatolischer Tiger". Es gibt ein neues futuristisches Stadion und mittlerweile fünf Universitäten. Fußgängerzonen und Radwege werden angelegt, die Mülltrennung wurde eingeführt, eine Straßenbahnlinie eingerichtet ...

Rund um die Stadt liegen sehenswerte Karawansereien, ein Skigebiet und mit Kanesch-Karum eine zumindest dem Namen nach bedeutende Ausgrabungsstätte. Kappadokien ist von Kayseri ca. 60 km entfernt.

Geschichte

Über die Entstehungsgeschichte Kayseris liegt vieles im Dunkeln. Der Aufstieg der Stadt folgte auf jeden Fall auf den langsamen Niedergang von *Kanesch* (→ Umgebung) im 3. und 2. Jh. v. Chr. Anfangs hieß Kayseri *Mazaca*. Unter Ariarathes III. wurde daraus *Eusebeia*. Er machte Eusebeia zur Hauptstadt des Kappadokischen Königreiches, das sich bereits 302 v. Chr. aus dem Seleukidenreich abgesplittert hatte. An jene Zeit erinnert heute nichts mehr. Auch nicht an die Zeit der Römer, die Eusebeia 18 n. Chr. eroberten und unter dem Namen *Caesarea* zur Hauptstadt ihrer Provinz Cappadocia erhoben. Im Jahre 333 wurde hier der Kirchenvater Basilius (→ Kappadokien/Siedlungsgeschichte, S. 764) geboren. Die Byzantiner umgaben die Stadt im 6. Jh. erstmals mit einer Mauer. In seldschukischer Zeit – die heute schönsten Bauten der Stadt stammen aus jener Epoche – diente Kayseri neben Konya als zeitweilige Residenz der Sultane – Alaeddin Keykobat starb hier 1236 an einer Fleischvergiftung. 1515 wurde Kayseri, nach Gastspielen von Mongolen, Mameluken, Kreuzrittern usw., dem Osmanischen Reich einverleibt. In den 20er-Jahren des 20. Jh. wäre Kayseri schier wieder Hauptstadt geworden, doch Ankara holte letztendlich die meisten Punkte bei der Wahl um den Hauptstadttitel. Heute muss sich Kayseri mit dem Status einer Provinzhauptstadt zufriedengeben.

> **Orientierung:** Die Altstadt umgibt ein Ring breiter Boulevards, im Norden die Park Cad., im Osten die Seyyid Burhaneddin Cad., im Südosten die Yoğunburç Cad. und im Südwesten der İnönü Bul. Diese zeichnen zugleich den Verlauf der alten Stadtwälle nach – teils sind sie noch erhalten. Wer ins Zentrum fährt – egal von wo –, trifft früher oder später auf diesen Altstadtring und gelangt so automatisch zum *Cumhuriyet Meydanı*, dem bedeutendsten Platz der Stadt vor der *Zitadelle*. Südwestlich davon liegt das *Basarviertel*.

Information/Verbindungen/Parken

Telefonvorwahl 0352.

Information Etwas versteckt am Cumhuriyet Meydanı. Beste Touristeninformation des Landes, unter der Leitung des hilfsbereiten deutschsprachigen Mustafa Olgun. Mo–Fr 8–17 Uhr, Sa im Sommer mit Praktikanten besetzt. ℡ 2223903, www.kayserikulturturizm.gov.tr.

Eine weitere, nur im Sommer besetzte Infostelle befindet sich am Flughafen.

Verbindungen Flughafen (www.kayseri.dhmi.gov.tr), 4 km nördlich des Zentrums, zu erreichen mit den Bussen 100, 101, 270 u. 271 (u. a. von der Hunat-Hatun-Medrese), Taxi ca. 8 €. Im Terminal Bankomaten und Schalter mehrerer Autoverleiher (→ Autoverleih). Taxi vom Flughafen zum Busbahnhof ca. 10 €, nach Kappadokien ca. 55 €. Für Transfers nach Kappadokien s. auch S. 765. Flugtickets z. B. bei Pınar Turizm, Tekin Sok. Hukuk Plaza 6/B, ℡ 2220352 www.pinarturizm.com.tr.

Bus/Dolmuş: Busbahnhof ca. 5 km westlich des Zentrums an der Straße nach Kappadokien. Busse dorthin (Nr. 530, 142 u. 143) starten im Zentrum vor der Mimar-Sinan-Moschee. Kayseri ist ein Verkehrsknotenpunkt mit sehr guten Verbindungen in alle Landesteile. Regelmäßig nach Ankara (4½ Std.), Nevşehir (1½ Std.), Sivas (3 Std.), mehrmals tägl. nach Adana (4 Std.), Gaziantep (6 Std.), Malatya (5 Std.), İstanbul

Kayseri

(11½ Std.) und Van (14 Std.), Nachtbusse nach Antalya (10 Std.). Vom Busbahnhof starten auch die Minibusse/Busse nach Ürgüp (bis zu 9-mal tägl.) und Avanos.

Abfahrt der Busse nach İncesu im Zentrum vor der Mimar-Sinan-Moschee (Nr. 530). Die Dolmuşe nach Develi (Erciyes-Berg) fahren stündl. auf Höhe der Han-Moschee (andere Straßenseite, etwas versteckt) nahe dem Seyyid Burhaneddin Bul. ab.

Zug: Bahnhof (✆ 2311313) 1 km nordwestlich des Zentrums, Dolmuşverbindungen ins Zentrum. Tägl. bis zu 6-mal nach Ankara (Schnellzugstrecke im Bau), bis zu 4-mal nach Sivas, bis zu 2-mal nach Niğde, Adana, İstanbul und Malatya, 1-mal nach Erzurum und Kars, mehrmals wöchentl. nach Diyarbakır, Elazığ und Tatvan.

Straßenbahn: Die neue Straßenbahnlinie durchschneidet die Stadt von West nach Ost. Grobe Route: Osman Kavuncu Cad. – Park Cad. – Cumhuriyet Meydanı – Sivas Cad. – Doğu Terminali. Eine Ausweitung gen Westen zum Busbahnhof ist geplant.

Parken Viele Parkplätze sind nur tagsüber bewacht, sicher über Nacht steht das Auto in der Tiefgarage *(Katlı Otopark)* an der Yoğunburç Cad. und schräg gegenüber im Parkhaus Tacettin Katlı Otopark.

Adressen/Einkaufen (→ Karte S. 748/749)

Ärztliche Versorgung Privates Krankenhaus **Tekden Hastanesi**, etwas zurückversetzt vom Atatürk Bul. ✆ 2323333.

Autoverleih Budget, İstasyon Cad. 51/C, ✆ 2317633, www.budget.com.tr. In der gleichen Straße viele lokale Anbieter. Hertz, am Flughafen (✆ 3373815, www.hertz.com.tr), ebenso Avis (✆ 3380594, www.avis.com.tr) und Sixt (✆ 4440076, www.sixt.com.tr). Europcar, M. K. Paşa Bul. Güven Apt., ✆ 3380508, www.europcar.com.tr. Autos bereits ab 35 €.

Einkaufen → Sehenswertes/Basarviertel und Ulu Cami. Für die hiesigen Spezialitäten *Sucuk* und *Pastırma* → Essen & Trinken.

Beste Shoppingmall ist der etwas außerhalb gelegene **Kayseri Park** 4, Eşref Bitlis Bul. 10 (mit der Straßenbahn zu erreichen, Station Tuna). An der zentralen Sivas Cad. war zuletzt das **Forum Kayseri** 5 im Entstehen, das deutlich größer werden soll.

Diplomatische Vertretungen Deutsches Honorarkonsulat, Organize Sanayi Bölgesi, 23 Cad. 32, ✆ 3213474, kayseri@hk-diplo.de. Österreichisches Honorarkonsulat, Sahabiye Mah., Ahmetpaşa Adalet İş Merkezi, ✆ 2319222, avusturyafahrikonsolos@hotmail.com.

Polizei Beispielsweise an der Osman Kavuncu Cad. ✆ 155.

Post Beispielsweise zwischen Hunat-Hatun-Komplex und Touristeninformation.

Türkisches Bad (Hamam) → Sehenswertes/Hunat-Hatun-Komplex.

Übernachten (→ Karte S. 748/749)

Fast überall ist mit Lärmbelästigung zu rechnen. Allein reisende Frauen müssen bei der Unterkunftssuche damit rechnen, unhöflich behandelt oder schmierig angemacht zu werden.

***** **Kayseri Hilton** 3, das feudalste Haus der Stadt. Futuristischer, halbrunder Bau. Pool und Bar. Sehr variable Zimmerpreise, DZ zuweilen ab 115 €. Cumhuriyet Meydanı 1, ✆ 2075000, ✉ 2075050, www.hilton.com.

**** **Grand Eras Hotel** 19, möchtegernschickes (man beachte die Brunnenanlage in der Lobby) 4-Sterne-Haus mit 100 gut ausgestatteten, größtenteils frisch restaurierten Zimmern. Restaurant, Fitnessraum, Sauna. Freundlicher Service. DZ manchmal schon ab 49 € (dann sehr gutes Preis-Leistungs-Verhältnis). Şehit Miralay Nazım Bey Cad. 6, ✆ 3305111, www.granderashotel.com.

*** **Bent Hotel** 6, 40 kleine, aber sehr gepflegte und saubere Zimmer. Nach hinten mit teils netten Aussichten. EZ 37 €, DZ 57 €. Atatürk Bul. 40, ✆ 2212400, ✉ 2212405, www.benthotel.com.

La Casa Hotel 10, freundliches, 2010 eröffnetes Haus mit verspiegeltem Aufzug. 45 mo-

Zentralanatolien

derne Zimmer mit den wohl neuesten Duschen, die es auf dem türkischen Markt gibt. Eigene Parkplätze. DZ 49 €. Atatürk Bul. 5, ✆ 3200184, www.lacasahotel.com.tr.

*** **Hotel Çapari** 8, recht ruhig gelegen. Mittlerweile etwas ältliches und leicht restaurierungsbedürftiges, aber noch immer sehr gut geführtes Haus, das von Lesern immer wieder gelobt wird. 44 Zimmer mit Klimaanlage, Minibar, TV und knallroten Teppichböden. Aquarium mit 5 ausgewachsenen Piranhas in der Lobby. EZ 25 €, DZ 37 €. Donanma Cad. 12, ✆ 2225278, ✆ 2225282, www.hotelcapari.com.

** **Hotel Klas** 2, sehr zentral, jedoch in einer ruhigen Nebengasse gelegen. 30 saubere Zimmer mit Fliesenböden. „Empfehlenswert", meinen Leser. DZ 41 €, EZ die Hälfte. Mete Cad. 6, ✆ 2222400, ✆ 2222404, www.otelklas.com.tr.

Hotel Kadıoğlu 17, eine gute Wahl. Recht moderne Lobby und restaurierte Zimmer mit Laminatböden, zwar klein, aber ordentlich, z. T. mit Balkon. Frühstück mit Blick auf den Erciyes. Von Lesern gelobt. DZ 32 €. İnönü Bul. 59, ✆ 2316320, ✆ 2228296, www.hotelkadioglu.com.

Murat Butik Pansiyon ve Otel 11, 2011 eröffnetes Haus. Alles noch neu und glänzend. Es gibt DZ mit Gemeinschaftsbad (= Pansiyon) für 25 €, und ganz oben mit privatem Bad (= Otel) für 29 €. Bozaltı Sok. 2 (am nahe gelegenen Osman Kavuncu Bul. noch viele weitere preiswerte Adressen), ✆ 3365068.

Ü bernachten
- 2 Hotel Klas
- 3 Kayseri Hilton
- 6 Bent Hotel
- 8 Hotel Çapari
- 10 La Casa Hotel
- 11 Murat Butik Pansiyon ve Otel
- 17 Hotel Kadıoğlu
- 19 Grand Eras Hotel

E ssen & Trinken
- 1 Harman Café & Pub
- 7 Dalyan Balıkevi
- 9 Sultan Sofrası
- 12 Divan Pastanesi
- 13 Elmacıoğlu İskender
- 14 Beyazsaray
- 15 Kebapçı Şakir
- 16 Mangalcı
- 18 Çağlı Tekel
- 20 Beştepeler Döner Restaurant

E inkaufen
- 4 Kayseri Park
- 5 Forum Kayseri

Essen & Trinken

Türkeiweite Berühmtheit haben Kayseris *Sucuk*, eine Knoblauchwurst, und *Pastırma*, ein würziges, paprikafarbenes und knoblauchlastiges Dörrfleisch. In hauchdünne Scheiben geschnitten, kommt es z. B. als Vorspeise auf den Tisch. Nach beiden Spezialitäten kann man sich u. a. in der Kaleönü Cad., der Straße entlang der Zitadelle, umschauen. Eine andere Köstlichkeit sind die hiesigen *Mantı*. Alkohol ist in Kayseri kaum zu bekommen, auch nicht in den hier beschriebenen Restaurants. Das Abendbier genießt man entweder zu gehobenen Preisen in den Hotels Hilton, Grand Eras oder Bent, zu weniger gehobenen in unserer empfohlenen Kneipe (s. u.), oder man holt es sich an einem Alkoholverkaufsstand, z. B. bei **Çağlı Tekel** 18 an der Tennuri Sok./Ecke İnönü Bul.

Beştepeler Döner Restaurant 20, auf einem Hügel in einer Art Freizeitgelände weit außerhalb des Zentrums im Südwesten der Stadt, mit „Beştepeler Mehmet Çalık Mesire Alanı" ausgeschildert. Gute Fleisch- und Fischgerichte zu 5–8 €, dazu stets neue Ausblicke: Das Restaurant dreht sich innerhalb von 5 Std. einmal um die eigene Achse! Am besten mit dem Taxi anfahren (einfach ca. 5 €). ✆ 3471818.

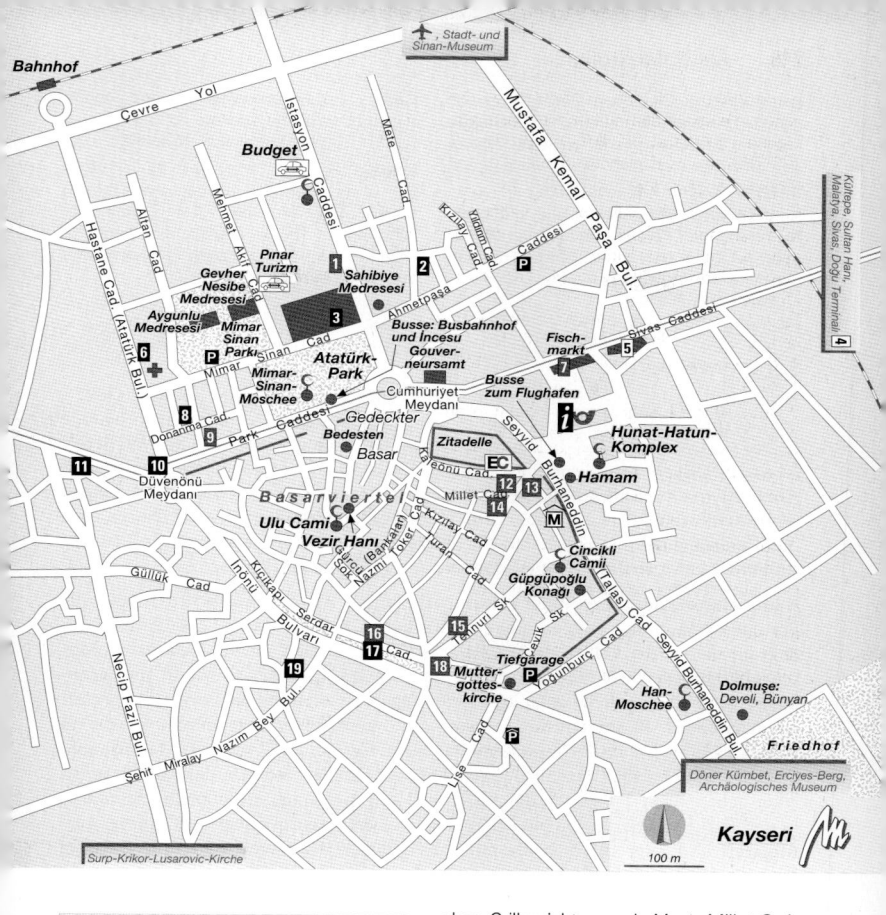

Weitere schöne Aussichtslokale findet man auf dem Weg zum Erciyes Dağı.

Elmacıoğlu İskender 13, mehrstöckiges, sehr gepflegtes Lokal mit dezenter Musikbeschallung. Besteht seit 1959. Diverse Kebabspezialitäten in Vielfraßportionen – kosten Sie den *Elmacıoğlu İskender!* Dazu Lahmacun, Pide und Frühstück. Frauen- und familienfreundlich. Kebabs 3,50–8 €. Millet Cad. 5, ✆ 2239999.

Beyazsaray 14, nahe dem Elmacıoğlu İskender, etwas einfacher. Im EG nur Straßenverkauf, das Restaurant befindet sich in der 2. u. 3. Etage. Neben den herkömmlichen Grillgerichten auch *Mantı*. Millet Cad. 8, ✆ 2210444.

Mangalcı 16, 2011 eröffnetes, gehobenes Lokal in einem Holzbau hinter dem Hotel Kadıoğlu. Nette Gartenterrasse. Sehr guter Service, dazu qualitativ sehr hochwertige, lokale Küche zwischen Pide, Topfgerichten und Grills – kosten Sie die Pide mit *Pastırma*. Für 10 €/Pers. tafelt man hier ausgezeichnet. Vatan. Cad. Şekerbank Arkası, ✆ 2312131.

Kebapçı Şakir 15, ganz einfache, unauffällige Lokanta. Die Spezialität ist *Saç Kebap*, leckeres Lammgeschnetzeltes aus der Pfanne. Gibt's angeblich schon seit 1926. Tennuri Sok. 8.

Dalyan Balıkevi 7, auch in Zentralanatolien kann man guten, frischen Meeresfisch essen. Der Beginn der Sivas Cad. ist zugleich der „Fischmarkt", wo auch diverse Stände Fisch im Brötchen verkaufen. Das Restaurant befindet sich über dem hauseigenen Fischladen. Sivas Cad., ✆ 2319397.

Sultan Sofrası **9**, große Lokanta mit Kantinenflair, stets bestens besucht und 24 Std. geöffnet. Gute Auswahl – Topfgerichte, Kebabs, Döner, Grillhühner, Suppen. Düvenönü Park Cad. 16/A.

Café Divan Pastanesi **12**, Kayseris Renommierkonditorei mit bunten Torten und gutem Eis. Kleiner Sitzbereich. Millet Cad.

Kneipe Harman Café & Pub **1**, ein Wunder in dieser Stadt! Lichte, etwas sterile Bierbar mit Terrasse – ohne jeglichen schmierigen Touch. Hier picheln vornehmlich junge Herren, aber auch Touristenpaare sind willkommen. İstasyon Cad. 7.

Sehenswertes

Zitadelle (İç Kale): Die Zitadelle geht auf die Herrschaftszeit Kaiser Justinians (527–565) zurück, die Seldschuken bauten sie zu Beginn des 13. Jh. auf ihre heutige Größe aus. Mit ihren 3 m dicken Mauern aus dem Vulkangestein des Erciyes-Bergs, ihren gewaltigen Toren und 19 Türmen wirkt sie noch immer überaus imposant. Noch bis vor Kurzem bevölkerten Ramschhändler den Innenhof der 800 m langen und 200 m breiten Anlage, doch damit ist nun Schluss. In den nächsten Jahren wird die Zitadelle zu einem Kunst- und Kulturzentrum um- und ausgebaut. In Planung sind u. a. ein Museum, ein Open-Air-Theater und diverse Cafés.

Hunat-Hatun-Komplex: Hunat Hatun Mahperi (→ Alanya/Geschichte, S. 500), die Frau des Seldschukensultans Alaeddin Keykobat, ließ die Külliye östlich der Zitadelle in der ersten Hälfte des 13. Jh. errichten. Sie zählt zu den schönsten Moscheekomplexen der Stadt, die Ornamentverzierungen der Gebäude sind grandios. Die Medrese war lange Zeit eine der angesehensten theologischen Hochschulen Anatoliens. In ihr wurde in erster Linie geschlafen, unterrichtet wurde im Freien. Heute wird sie als Touristenbasar mit Café genutzt. Zwischen Medrese und der sich südlich daran anschließenden *Moschee* ruht die Stifterin des Komplexes in einer achteckigen *Türbe*. An der Moschee kann man noch etwas beobachten, was in der Türkei mittlerweile eine Seltenheit ist: Der Muezzin steigt noch immer aufs Minarett und zeigt sich – heute mit Mikrophon – der Bevölkerung. Ein weiterer Bau der Anlage ist der *Hamam*. Er ist noch immer in Betrieb, ein Besuch ist empfehlenswert. Männer baden von 8 bis 22 Uhr, Frauen von 8 bis 18 Uhr (Eintritt mit *Kese* und Massage 12 €).

Güpgüpoğlu Konağı: Sehenswerter als die ethnografische Sammlung darin ist das Gebäude selbst. Es wurde im 15. Jh. aus dunklem Vulkangestein errichtet. Später residierte darin der Dichter und Politiker Ahmet Mithat Güpgüpoğlu. Das Konakinnere weist die klassische Trennung von *selamlık* (Empfangsräume) und *haremlik* (Frauentrakt) auf. Viele Räume zeigen noch die ursprüngliche, kunstvolle Bemalung der Holzwände. Im Geist der damaligen Zeit gekleidete Figuren und eine Reihe von Exponaten wie Öllämpchen, Vasen, Wasserpfeifen, Schmuck, Schwerter, Kostüme und Münzen geben einen Eindruck vom Leben der besseren osmanischen Gesellschaftsschicht.
Tennuri Sok. (hinter der Cincikli-Moschee). Tägl. (außer Mo) 8–17 Uhr (Mittagspause). Eintritt frei.

Basarviertel und Ulu Cami: Ein Spaziergang durch das Basarviertel südwestlich der Zitadelle – Verlaufen gehört hier zum Programm – ist ein Muss. Vor allem die Einwohner Kayseris kaufen hier ein, dementsprechend fehlt der Touristenstand. Besuchen Sie die Klamotten-, Schuh-, Stoff- und Krimskramsverkäufer im *Kapalı Çarşı*, dem gedeckten Basar aus dem 19. Jh. mit mehreren hundert Läden. In einem neuen Anbau warten Juweliere auf Ihr Kommen. Im *Bedesten,* einer Markthalle aus dem Jahr 1497, werden noch immer Teppiche verkauft. Im *Vezir Hanı,* einer Karawanserei aus dem 18. Jh., gibt es Wolle (unten) und Teppiche (oben) zu erstehen. Schräg gegenüber dem *Vezir Hanı* liegt die Ulu Cami, Kayseris „Große Moschee" mit einem wuchtigen zylindrischen Minarett aus Ziegelstein. Das seldschukische Bauwerk wurde in der Mitte des 12. Jh. errichtet. Der Gebetssaal ist durch Pfeiler, darunter welche aus antiker Bausubstanz, in drei Schiffe gegliedert.

Mimar-Sinan-Moschee: Die Moschee zwischen Park Caddesi und Mimar Sinan Caddesi trägt wegen ihrer bleigedeckten Kuppel auch den Namen *Kurşunlu Cami* (*kurşun* = Blei). Sie soll um 1585 nach Plänen des berühmten osmanischen Baumeisters Sinan (→ Kasten, S. 136) erbaut worden sein, der im Dorf Ağırnas nordöstlich von Kayseri das Licht der Welt erblickt hat. Typisch für den klassisch-osmanischen Stil der Moschee sind die zahlreichen schlanken Säulen sowie die Kuppeln und Rundbögen im Innern.

Gevher Nesibe Medresesi: Bei der auch „Çifte Medrese" („Doppelmedrese") genannten Medrese handelt es sich um zwei miteinander verbundene Lehranstalten aus dem frühen 13. Jh. In einer davon wurde eine der ersten Medizinhochschulen (samt Nervenkrankenhaus) der damals bekannten Welt eingerichtet. Zuletzt wurde die Medrese umfangreich restauriert, zukünftig soll sie ein Seldschukenmuseum beherbergen. Falls die Restaurierungsarbeiten bis zu Ihrem Besuch nicht abgeschlossen sein sollten, entschädigt ein Blick in die *Aygunlu Medresesi* nebenan. Darin erwartet Sie eine nette Mischung aus Café und Buchhandlung mit hübschem Außenbereich.
Mimar Sinan Parkı.

Sahibiye Medresesi: Die Medrese an der İstasyon Caddesi wurde 1267 unter dem Wesir Sahip Ata errichtet; besonders bemerkenswert ist hier, wie so oft an seldschukischen Bauwerken, die Steinmetzkunst am Eingangsportal. Heute ist sie u. a. Schauplatz eines Bücherbasars, dazu wird Ramsch verkauft.

Döner Kümbet und Archäologisches Museum: Das Döner Kümbet („Drehendes Kümbet"), das man auf dem Fußweg zum Museum passiert (mit dem Fahrzeug ist der Weg dahin anders ausgeschildert), steht inmitten eines Grünstreifens auf dem Seyyid Burhaneddin Bulvarı. Das berühmteste seldschukische Kuppelgrab der Stadt stammt aus dem Jahr 1275. Natürlich dreht sich nichts an dem schönen Mausoleum einer unbekannten Prinzessin, doch die zylindrische Form und die reichen Verzierungen suggerieren Dynamik.

Wenige Schritte weiter, hinter einer alten, gepflegten Friedhofsanlage, zweigt man nach links auf den Hoca Ahmed Yesevi Bulvarı zum Archäologischen Museum ab. Am interessantesten sind die Funde aus Kanesch-Karum (auch wenn die bedeutendsten ins Museum für Anatolische Zivilisationen nach Ankara gewandert sind): grandiose Statuetten, ein riesiges Tongefäß mit Rinderkopf, Keilschrifttafeln und Stempel aus assyrischer Zeit. Aus der hethitischen Epoche gibt es Reliefs zu sehen, aus der römischen Sarkophage und Büsten.
Archäologisches Museum, in einer Seitenstraße des Hoca Ahmed Yesevi Bul. Tägl. (außer Mo) 8–12 und 13–17 Uhr. Eintritt 1,20 €.

Surp Krikor Lusarovic Kilisesi: Südlich des Stadtwalls erstreckte sich einst das heute weitestgehend verschwundene armenische Viertel Kayseris. Zwischen Brachen und Neubaublöcken steht dort die Surp-Krikor-Lusarovic-Kirche, ein dreischiffiger Bau aus dem Jahr 1883. An gleicher Stelle soll sich eine der ersten Kirchen Anatoliens befunden haben. Zweimal im Jahr werden noch Gottesdienste abgehalten, zu denen Armenier von überall her anreisen. In Kayseri selbst leben nur noch drei Armenier. Einer davon ist der Wärter, der Besuchern die schöne Kirche mit ihrem vergoldeten Altar gerne zeigt.

Dem Şehit Miralay Nazım Bey Bul. am Hotel Grand Eras vorbei für ca. 400 m stadtauswärts folgen, dann links ab auf den Necip Fazıl Bul., nach ca. 300 m rechter Hand. Einfach klingeln. Spende nicht vergessen!

> Eine weitere armenische Kirche, die **Heilige Muttergotteskirche (Surp Astuadzadzin Kilisesi)** im Zentrum an der einstigen Stadtmauer (Kıçıkapı Meydanı), soll seit Langem restauriert und in ein Museum verwandelt werden. Zum Zeitpunkt der letzten Recherche trainierten in dem dreischiffigen Bau aber noch immer die Ringer Kayseris.

Stadt- und Sinan-Museum (Kadır Has Kent ve Mimar Sinan Müzesi): Im Stadtmuseum informieren Filmchen auf verschiedenen Monitoren (Kommentar in Englisch und Türkisch über Kopfhörer) über die Geschichte, Geografie und Wirtschaft Kayseris. Auch die regionale Küche und das hiesige Kunsthandwerk kommen zum Zuge. Eine ähnlich konzipierte Ausstellung im ersten Stock widmet sich dem großen Baumeister Sinan und seinen Werken.

Auf dem Messegelände, ca. 3 km nördlich des Zentrums, auf dem Weg zum Flughafen ausgeschildert und mit den Flughafen-Bussen (→ Verbindungen/Flughafen) zu erreichen. Tägl. 9–19 Uhr. Kein Eintritt.

Umgebung von Kayseri

Kültepe (Kanesch-Karum): Die Ruinen der hethitischen Doppelstadt liegen 22 km nordöstlich von Kayseri. Kanesch war in der frühen Bronzezeit (2500–2000 v. Chr.) eine der bedeutendsten Siedlungen Anatoliens. Der 20 m hohe und bis zu 500 m breite Wohnschutthügel, von dem sich der türkische Name der Ausgrabungsstätte ableitet (*Kültepe* = Aschenhügel), ist einer der größten der Türkei. Hier wurden die Fundamente eines einst 3000 m² großen hethitischen Herrscherpalastes freigelegt – man vermutet, dass er bis zur Eroberung Hattuşas der Sitz der hethitischen Könige war.

Um 2200 v. Chr. siedelten sich assyrische Händler (aus Assur am Tigris, heute im Irak) in östlicher Nachbarschaft zum Palast an. Sie nannten ihre Kolonie, die vorübergehend das größte Marktzentrum Anatoliens werden sollte, Karum. Die Assyrer exportierten das Kupfer aus der Umgebung nach Babylon und importierten aus ihrer alten Heimat Stoffe und Zinn. Während Kanesch bis in die römische Zeit fortbestand, existierte das assyrische Karum nur rund 200 Jahre. Vermutlich wurde es durch eine Feuersbrunst komplett zerstört. Für den Laien sind die Ausgrabungen von Karum – u. a. Straßenzüge mit den Fundamenten von Geschäften und Häusern – spannender als die von Kanesch. Zuviel sollte man sich davon aber auch nicht erwarten. Vielleicht kommen ja noch ein paar interessante Dinge zutage, die Universität Ankara gräbt hier zwei Monate im Jahr.

Die wertvollsten archäologischen Funde schlummern heute hinter Glas in den Museen von Kayseri und Ankara. Dazu gehören neben Tongefäßen – ein Beweis für

Umgebung von Kayseri

die Existenz der Töpferscheibe zu jener Zeit – viele Tontafeln, rund 23.000 (!) wurden bislang entdeckt. In assyrischer Keilschrift angefertigt, zählen sie zu den ersten schriftlichen Dokumenten der Welt. Zum Inhalt haben sie insbesondere Wirtschaftsdaten.

Von der Straße nach Sivas ausgeschildert. Nichtmotorisierte nehmen von Kayseri den Bünyan-Dolmuş (Abfahrtsstelle gegenüber der Han-Moschee, → Stadtplan Kayseri) und steigen an der Abzweigung aus, von da noch ca. 2 km. Kanesch liegt links und Karum rechts des Zufahrtssträßleins. Tägl. 8–17 Uhr. Eintritt frei.

Karawansereien: In Kayseri trafen einst mehrere Karawanenstraßen aufeinander. So wundert es nicht, dass sich im Umkreis von rund 30 bis 40 km (das entsprach ungefähr einem Tagesmarsch) mehrere Karawansereien befinden. Die sehenswerteste ist der *Sultan Hanı*, ca. 45 km nordöstlich von Kayseri an der Straße nach Sivas (nicht zu verwechseln mit dem gleichnamigen Han bei Aksaray). Dabei handelt es sich um die zweitgrößte Karawanserei Zentralanatoliens. Sie stammt aus der ersten Hälfte des 13. Jh. Ihr prächtiges Stalaktitenportal führt in einen rechteckigen Innenhof, in dessen Mitte auf vier mächtigen Pfeilern der Gebetsraum liegt. Drum herum befanden sich Aufenthalts-, Bade-, Lager- und Verkaufsräume.

Der ebenfalls im 13. Jh. errichtete *Karatay Hanı* 44 km östlich von Kayseri an der Straße nach Malatya beherrscht das gleichnamige Örtchen einer Festung gleich. Die *Kara Mustafa Paşa Kervansarayı* in İncesu rund 35 km südlich von Kayseri (von der Straße nach Niğde ausgeschildert) schließlich ließ der gleichnamige Großwesir im 17. Jh. samt Moschee, Medrese, Hamam und Basar erbauen.

Den Sultan Hanı erreichen Sie von Kayseri mit den Dolmuşen nach Sarıoğlan, den Karatay Hanı mit den Bussen nach Pınarbaşı (Abfahrt in beiden Fällen vom Doğu Terminalı, der östlichen Endhaltestelle der Straßenbahn). Nach İncesu fährt Ⓑ 530, Abfahrt u. a. vor der Mimar-Sinan-Moschee. Alle Karawansereien sind tagsüber i. d. R. zugänglich.

Erciyes Dağı: Der 25 km südlich von Kayseri gelegene Vulkan, dessen Ausbrüche vor 10 bis 30 Mio. Jahren das kappadokische Naturwunder einleiteten, ist seit dem Altertum erkaltet. Im Winter wie im Sommer liegt auf dem 3917 m hohen Gipfel Schnee, alpiner Skisport wird von Mitte Dezember bis April betrieben. Das Skigebiet auf der Tekir-Alm (*Tekir Yaylası*, bislang auf einer Höhe von 2100–2970 m) soll das größte der Türkei werden – mit künftig 20 Liften (bisher fünf), 160 km Pistenlänge (bisher neun), dazu Unterkünften für bis zu 5000 Personen, 20 Restaurants u. v. m. 400 Mio. Euro sollen investiert werden. Im Masterplan sind auch Projekte für den Sommertourismus enthalten (Golfplatz, Klettergarten, Sommerrodelbahn usw.). Bis zu deren Verwirklichung gehört die höchste Erhebung Zentralanatoliens im Sommer jedoch v. a. den Trekkern. Die Aussicht vom Gipfel ist grandios: Im Westen reicht der Blick bis zum Hasan Dağı (3268 m), dem zweiten großen Vulkan Kappadokiens, im Süden bis zum Taurus-Massiv. Da die Sessellifte auch im Sommer fahren, muss man zu Fuß nur knapp 1000 Höhenmeter überwinden – mit etwas Kondition in rund 9 Std. (hoch und runter) machbar. Ein Führer ist nicht zwingend nötig. Der Sessellift, der Sie über zwei Etappen nach oben bringt, fährt im Sommer von ca. 9–18.30 Uhr, auf Wunsch wird auch früher gestartet oder man wartet noch, bis der Letzte nach unten will.

Verbindungen Die Dolmuşe von Kayseri nach Develi passieren die Liftanlagen.

Übernachten Im Sommer haben die meisten Häuser geschlossen. Infos zum Wintersport und Übernachten auf www.erciyesotel.com.

> Falls Sie von Kayseri nach **Kappadokien** aufbrechen, lesen Sie weiter unter Ürgüp ab S. 791. Wer seine Reise nach Niğde fortsetzt, passiert unterwegs die Abzweigung zum **Sultan-Sazlığı-Nationalpark** (Sultan Sazlığı Milli Parkı). Das einstige Vogelparadies in einer Sumpflandschaft mit mehreren Seen ist praktisch nicht mehr vorhanden. Die Seen sind nahezu ausgetrocknet, das Wasser wurde der Landwirtschaft geopfert, die Vögel sind verschwunden.

Niğde

ca. 110.000 Einwohner

Die Provinzhauptstadt liegt an einer der Hauptverbindungsstraßen zwischen Kappadokien und der Südküste, Tausende von Touristen passieren sie tagaus, tagein. Doch die Abzweigung ins Zentrum nimmt so gut wie keiner. Wenn überhaupt, dann hält man kurz am Gümüşler Manastırı, einem imposanten Felsenkloster ein paar Kilometer nördlich.

Dabei präsentiert sich Niğde (1200 m), das antike *Nahita*, grün und beschaulich, Großstadt spielt man nicht. Wie in Kayseri kann man auch hier eine Reihe stolzer seldschukischer Bauwerke besichtigen. Zuvor lohnt ein Besuch des **Museums** (von der İstiklal Caddesi ausgeschildert). Es liefert einen Überblick über die Geschichte Niğdes, die sich nicht wesentlich von der ihrer Nachbarstädte unterscheidet. In sechs Salons durchläuft man alle wichtigen Stationen, u. a. das Neolithikum (Tonwaren), die Hethiter (Reliefs) und die Römer (Grabstelen). Schauderstück aus der Byzantinerzeit ist die gruselige Mumie einer Nonne aus einer Kirche im Ihlara-Tal, der vier Kindermumien Gesellschaft leisten (tägl. außer Mo 8–12 und 13–16.45 Uhr, Eintritt 1,20 €).

Seldschukischen und osmanischen Hinterlassenschaften begegnet man auch außerhalb des Museums, insbesondere rund um den Burgberg. Die Fundamente der **Zitadelle** reichen bis in 12. Jh. zurück. Vorübergehend diente sie auch als Gefängnis. Heute beherbergt sie ein paar Kunsthandwerksläden und ein nettes Café mit einer herrlichen Aussichtsterrasse. Der **Uhrturm**, der die Zitadelle schmückt, wurde ebenfalls in seldschukischer Zeit errichtet, die ihn zierende Uhr kam jedoch erst 1902 hinzu. Die **Alaeddin-Moschee** liegt im Süden des Burghügels. Sie wurde 1223 unter Zeynettin Beşare, dem seldschukischen Statthalter von Niğde erbaut. Das reich verzierte Steinportal weist – eine Rarität in der islamischen Kunst – auch figürliche Darstellungen auf. Man sieht einen langhaarigen Frauenkopf, jedoch nur bei speziellem Lichteinfall (im Sommer am besten am Vormittag kommen). Einer traurigen Legende nach handelt es sich um die schöne Tochter des Statthalters, in die der Baumeister unglücklich verliebt war. Was ihm im realen Leben versagt blieb, baute er versteckt in seine Moschee ein. In der Nähe liegt der **Bedesten**, eine heute leer stehende Markthalle aus dem Jahr 1599. Direkt daneben ragt das Minarett der **Süngür-Bey-Moschee** (um 1335) in den Himmel. Was die Moschee dringend benötigt, hat die weiter westlich gelegene **Ak Medrese** (1409) vor Kurzem erfahren: eine Komplettrestaurierung (zuletzt jedoch nicht zugänglich).

Ein Abstecher in den Norden des Zentrums führt schließlich zur **Hüdavent-Hatun-Türbe**. Das Mausoleum aus dem Jahr 1312, in dem die Tochter Kılıçaslans IV. ruht, gehört zu den schönsten seldschukischen Grabmälern Anatoliens. Der oktogonale Bau wird mittels einer eleganten Zwischenstufe in ein Pyramidendach übergeführt.

Das Dekor tzeigt neben geometrischen Formen auch Darstellungen von Pflanzen und Tieren – Weinlaub, doppelköpfige Adler und Löwen.

Orientierung: Niğde ist überschaubar. Alle Sehenswürdigkeiten lassen sich spielend zu Fuß erkunden. Hauptachse ist die İstiklal Cad., die in die Bankalar Cad. (auch: Ayhan Şahenk Bul.) übergeht. Östlich davon erhebt sich der Burgberg.

Information/Verbindungen/Sonstiges

Telefonvorwahl 0388.

Information Für Fragen zu Niğde und Umgebung wendet man sich am besten an das freundliche, hilfsbereite und englischsprachige Personal von **Sobek Travel** (→ Kasten unten).

Verbindungen Bus/Dolmuş: Busbahnhof an der Verbindungsstraße Mersin – Kayseri ca. 2 km abseits des Zentrums, Busverbindung vom Zentrum (Aufschrift „Yeni Terminal"). Regelmäßige Busverbindungen nach Nevşehir (über Derinkuyu, 1 Std.), Adana (3 Std.), Aksaray (2 Std.), Kayseri (1½ Std.) und Konya (3½ Std.), mehrmals tägl. nach Ankara (5½ Std.), Nachtbusse nach İstanbul (12 Std.). Die Dolmuşe/Busse nach Eski Gümüş, Çamardı, Demirkazık, Çukurbağ und Bahçeli starten von der *Köy Garaji* im Norden des Zentrums. Nach Kemerhisar kann man im Zentrum an der Bor Cad. zusteigen.

Zug: Bahnhof (℡ 2339476) ca. 10–15 Fußmin. östlich des Zentrums. 2-mal tägl. nach Kayseri und über Pozantı nach Adana, 1-mal nach Ankara.

Ärztliche Versorgung Privates **Hayat Hastanesi** an der Straße nach Bor. ℡ 2331665.

Einkaufen Großer **Markt** am Do vor dem Bedesten.

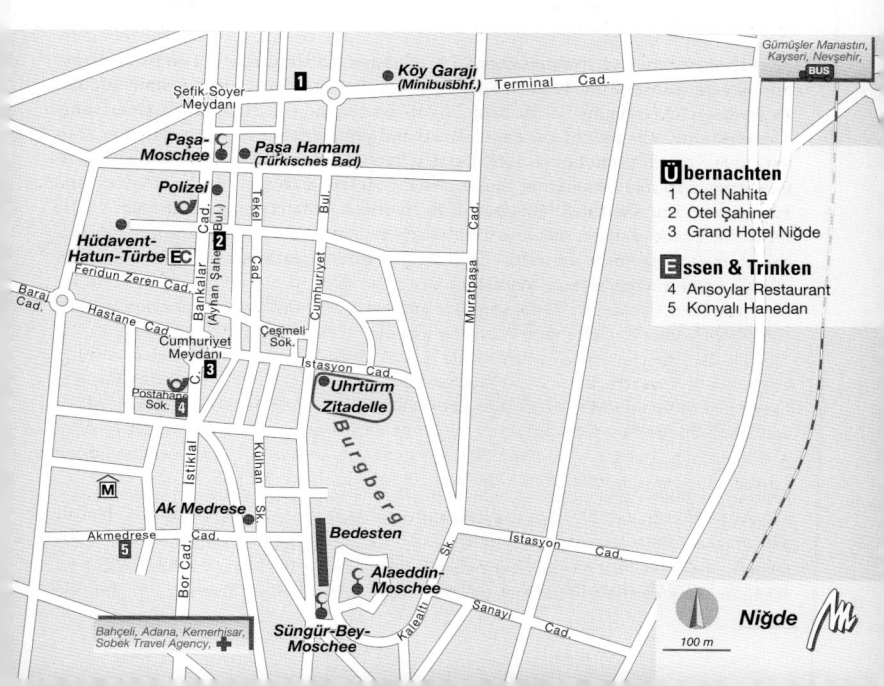

Übernachten
1 Otel Nahita
2 Otel Şahiner
3 Grand Hotel Niğde

Essen & Trinken
4 Arısoylar Restaurant
5 Konyalı Hanedan

Türkisches Bad (Hamam) Paşa Hamamı, gegenüber der gleichnamigen Moschee im Norden des Zentrums. Bis spät in den Abend geöffnet. 8 € mit Massage. Nur für Männer.

Übernachten/Essen & Trinken (→ Karte S. 755)

**** Grand Hotel Niğde 3, bestes Haus der Stadt. Der Sterneanzahl entsprechender Schnickschnack (Sauna, Fitnesscenter, Hamam, Tiefgarage). Zimmer aber ohne besondere Note. EZ 37 €, DZ 52 €. Hükümet Meydanı, ✆ 2327000, ℻ 2321010, www.grandhotelnigde.com.

*** Otel Şahiner 2, 35 ordentliche, sehr saubere Zimmer unterschiedlicher Größe mit TV, Minibar und Klimaanlage. Restaurant, Fitnessraum. Sehr gutes Preis-Leistungs-Verhältnis. EZ 21 €, DZ 33 €. Gegenüber der Ziraat Bankası, ✆ 2322121, ℻ 2331402, www.hotelsahiner.com.

Otel Nahita 1, etwas in die Jahre gekommene Zimmer mit Balkon, die aber alles haben, was man braucht, inkl. Heizung für den Winter. Gutes Frühstück. DZ 29 €. Emin Erişingil Cad. 19, ✆ 2323536, ℻ 2321526, www.nahitahotel.com.tr.

Essen & Trinken Arısoylar Restaurant **4**, gute Grillgerichte, *İskender Kebap* und Lahmacun. Bor Cad. 8, ✆ 2325035.

Konyalı Hanedan 5, kitschiger wird's nicht – auf seine Art wirkt dieses pseudobarock eingerichtete Lokal schon fast wieder cool. Es gibt Spezialitäten aus Konya wie *Etli Ekmek* oder *Fırın Kebap* (→ S. 699). Dazu trinkt man am besten *Şalgam*, den sauerscharfen Steckrübensaft. Öğretmenler Cad., ✆ 2338484.

Umgebung von Niğde

Gümüşler Manastırı: 9 km nordöstlich von Niğde beim Ort Eski Gümüş („Altes Silber"), liegt das besterhaltene Felsenkloster des kappadokischen Christentums. Man betritt es durch ein schmales Tor, das bei Gefahr mit einem Stein geschlossen wurde. Der Innenhof, der sich im Felsgestein wie ein gewaltiger Lichtschacht ausnimmt, war früher vermutlich überdacht. Lisenen (pfeilerartige Mauervorsprünge) und Kreuze gliedern die Wände. Vom Innenhof gelangt man zum Refektorium und zu diversen Lagerräumen – Wasser-, Wein- und Öldepots. Hauptattraktion ist die Klosterkirche. Vier mächtige, zylindrische und mit Blumenmotiven versehene Säulen tragen die Zentralkuppel. Einen statischen Zweck erfüllen diese Säulen nicht, sie dienen rein der Dekoration und sollen die Höhle kirchenähnlicher machen. Die Fresken stammen aus dem 10. und 11. Jh., wurden in der zweiten Hälfte des 20. Jh. restauriert und besitzen daher kräftige Farben. Schöne Malereien findet man insbesondere in der Apsis, darunter die Brustbilder der zwölf Apostel, deren Gesichter und Gewänder nahezu stereotyp sind.

Von der Nationalstraße 805 Kayseri – Niğde ausgeschildert. Dolmuşverbindungen von und nach Niğde. Tägl. 8–12 und 13–18 Uhr. Eintritt 1,20 €. Fotografieren nur ohne Blitz.

> **Weiter nach Kappadokien?** Für die unterirdische Stadt Derinkuyu lesen Sie weiter ab S. 800.

Aladağlar Milli Parkı: Rund 40 km südöstlich von Niğde erstreckt sich der Gebirgszug der Aladağlar mit Gipfeln von weit über 3500 m. Der höchste ist der *Demirkazık Tepe* mit 3756 m. Als Wander- und Bergsteigerparadies hat sich das Gebirge mittlerweile herumgesprochen, die touristische Infrastruktur steckt jedoch noch in den Kinderschuhen. Ziel vieler mehrtägiger Touren sind die auf rund 3100 m gelegenen *Yedigöller* („Sieben Seen"). Ausgangspunkte für Unternehmungen aller Schwierigkeitsgrade sind die Bergdörfer Çukurbağ und Demirkazık. Die Trekkingsaison im Nationalpark geht von Juni bis September; der Juli gilt als der beste Monat – zuvor sind viele Gebiete noch schneebedeckt, danach kann es zu heiß werden. Hochalpine Touren sollten in jedem Fall in Begleitung eines Bergführers (→ Aladağlar Camping und Kasten unten) unternommen werden, Faulsäcken sei zudem ein Maulesel angeraten, der das Gepäck schultert (in den Bergdörfern zu bekommen).

Verbindungen Von der Köy Garajı in Niğde fährt tagsüber von 7 bis 18.30 Uhr ca. stündl. ein Bus nach Çamardı und Çukurbağ. Nach Demirkazık nur ein Minibus tägl. am Nachmittag. Eintritt in den Nationalpark 1,20 €/Pers.

Übernachten/Camping Dağ Evi, Berghaus mit 150 Betten in Demirkazık. Camping beim Haus möglich. Übernachtung 20 €/Pers. ✆ 0388/7247200.

Şafak Pansiyon, bei Çukurbağ kann man in dieser familiären Pension unterkommen, deren Besitzer Cavit Deutsch spricht und jede Menge Tipps auf Lager hat. Mehrbettzimmer mit und ohne Bad. Campingmöglichkeiten. Übernachtung 17 €/Pers. ✆ 0388/7247039.

Aladağlar Camping, freundlicher Platz 2 km abseits von Çukurbağ. Neben Campingmöglichkeiten auch Unterkunft in Bungalows (teils ohne Bad, teils mit eigener priva-

In der kappadokischen Peripherie

ter Küche), dazu ein hübsches Café. Die Betreiber sind professionelle Kletterer, neben Kletterausflügen werden auch Ski- und Trekkingtouren angeboten. Campen 6 €/Pers., Bungalow für 2 Pers. je nach Ausstattung 22–60 €. Çukurbağ, ✆ 0534/2018995, www.aladaglarcamping.com.

Eine empfehlenswerte Adresse für Trekking und Skitouren in den Aladağlar ist die **Sobek Travel Agency** unter Leitung von **Doğan Şafak** und **Cüneyt Karapınar** (beide englischsprachig, freundlich und sehr hilfsbereit). Beide kennen die Aladağlar wie ihre Westentasche. Sobek Travel führt auch für renommierte deutsche Reiseveranstalter Trekkingtouren im Kaçkar-Gebirge, an der Lykischen Küste, auf dem St Paul Trail, in Kappadokien sowie Ararat- und Erciyesbesteigungen durch. Auch all jenen, die keine organisierte Tour buchen wollen, wird mit Tipps weitergeholfen! Büro in Niğde in der Bor Cad. 70, ✆ 2321507, www.sobektrekking.com.

Bahçeli und Kemerhisar: Die beiden Orte südlich von Niğde stehen für ein paar Ruinen aus der Antike – Ausflugsziele für Experten, denn zu sehen ist nicht viel. In der Nähe des Ortes Bahçeli wurde ein römisches *Badebecken* aus Marmor ausgegraben, 66 m lang und 24 m breit. Beim Becken, in dem sich im Sommer gerne kleine Jungs abkühlen (Achtung, niedriger Wasserstand!), gibt es ein lauschiges Picknickgelände und ein schattiges Gartenrestaurant – nett für eine Pause.

Über die Kilikische Pforte an die Südküste

Rund 170 km Luftlinie und viele hohe Berge trennen Niğde von der Küste. Der Weg gen Süden führt über die sog. Kilikische Pforte. Schon im Altertum galt sie als eine der wichtigsten Taurusüberquerungen, auch Alexander der Große wählte sie. Die Strecke ist, sobald man die anatolische Hochebene verlassen hat und es durch weite Täler und enge Cañons geht, landschaftlich reizvoll. Etwas abseits der Autobahn (gebührenpflichtig, → Unterwegs mit dem Auto) und der Nationalstraße 750 liegt Çiftehan, ein verschlafenes Dorf mit einem Thermalbad für konservative Kurgäste. Hier sprudeln 53 °C warme Quellen („Çiftehan Kaplıcaları"), die auch schon den Römern bekannt waren.

Hinter Pozantı (9800 Einwohner) folgt die bereits angesprochene Kilikische Pforte. Die legendäre Schlucht trägt heute den Namen *Gülek Boğazı* und liegt auf 1050 m Höhe. Wählt man die Landstraße, passiert man hinter der Kilikischen Pforte, in der Nähe des Dörfchens Çamalan, einen „Deutschen Friedhof" (mit „Alman Mezarlığı" ausgeschildert). Ein Gedenkstein erinnert hier an die 41 Deutschen, die beim Bau der Bagdadbahn ihr Leben ließen.

Weiter südlich weist ein Schild zur Ferienalm Çamlıyayla. Für die 36 km dahin – unterwegs locken Forellenlokale und winken Granatäpfelverkäufer – sollten Sie ohne Pause mindestens eine Stunde einkalkulieren. Çamlıyayla selbst ist die Sommerfrische der Adaner, weit verstreut liegen ihre Ferienhäuser. Dazwischen erhebt sich die Ruine eines armenischen Burgpalastes (mit „Namrun Kalesi" ausgeschildert).

Weiter südlich, bei Kemerhisar, lag die antike Stadt *Tyana*, die angeblich von der legendären Semiramis gegründet wurde, welche auch die hängenden Gärten von Babylon anlegen ließ. Arg viel mehr als die verloren dastehenden Ruinen eines gewaltigen *Aquädukts* erinnert heute aber nicht mehr an Tyana. Die eher spärlichen Kleinfunde sind im Museum von Niğde ausgestellt.

Anfahrt/Verbindungen Das römische Badebecken ist von der D 805 ca. 15 km südlich von Niğde mit „Roma Havuzu" ausgeschildert, von der Abzweigung noch ca. 1 km geradeaus. Ca. 8 km weiter Richtung Süden weist bei Kemerhisar ein Schild zu den „Tyana Aquaeducts", von der Abzweigung noch 3 km. Man findet das Aquädukt am nördlichen Ortsende von Kemerhisar (Richtung Bor), halten Sie dort bei einer Tankstelle Ausschau. Von Niğde **Dolmuş**verbindungen nach Bahçeli und Kemerhisar.

Aksaray

177.000 Einwohner

Aksaray liegt nur einen Katzensprung von der Ihlara-Schlucht (→ S. 805) und dem Vulkan Hasan Dağı (s. u.) entfernt. Doch ein wirklich attraktiver Standort für Ausflüge in die Umgebung ist das stockkonservative Aksaray nicht. So wundert es

Aksaray

nicht, dass das Gros der Reisenden nicht über den Busbahnhof von Aksaray hinauskommt. Selbst die Geschichte machte um die Stadt meist einen großen Bogen. Erwähnenswert ist lediglich das Jahr 1470, als ein großer Teil der Bevölkerung nach İstanbul zwangsumgesiedelt wurde, um die neue Hauptstadt „aufzufüllen". Nun weiß man, warum die Bosporusmetropole einen gleichnamigen Stadtteil besitzt. Die wenigen ausländischen Besucher, die in Aksaray länger bleiben, lassen sich dies gut bezahlen: Es sind in erster Linie Ingenieure aus Wörth, die für *Mercedes Benz Türk* arbeiten, wo LKWs für die Türkei und den mittel- und osteuropäischen Markt produziert werden.

Wer ein paar Stunden zu überbrücken hat, kann das hiesige **Museum** besuchen; es liegt rund 800 m vom Busbahnhof entfernt an der Straße nach Konya. Die „Üniversite"-Dolmuşe vom und ins Zentrum passieren es. Das Museum besitzt eine ethnografische Abteilung mit Teppichen aus der Ulu Cami (s. u.) und eine archäologische, bestückt mit Kleinfunden aus der Umgebung. Die Highlights sind Kindermumien und eine Katzenmumie aus dem Ihlara-Tal (tägl. außer Mo 8.30–12 und 13–17 Uhr, Eintritt frei).

Im Stadtzentrum selbst gibt es nur wenig Spannendes zu entdecken. Dazu gehört die **Ulu Cami** (Große Moschee) gegenüber dem Rathaus. Sie wurde zu Anfang des 15. Jh. errichtet und besitzt einen schönen, aus Holz gearbeiteten Minbar. Des Weiteren kann man zur **Zinciriye-Medrese** spazieren, die in der ersten Hälfte des 14. Jh. unter der Herrschaft der Karamanoğulları, der Emire von Karaman, entstand (zuletzt wegen Restaurierungsarbeiten nicht zugänglich). Als Wahrzeichen Aksarays gilt das **Eğri Minare** („Schiefes Minarett"). Es stammt aus seldschukischer Zeit, wurde aus Ziegelsteinen erbaut und beugt sich mittlerweile in einem 27-Grad-Winkel.

Orientierung: Das Zentrum ist klein und überschaubar. Den verkehrsberuhigten Hauptplatz beherrschen das Gebäude der Provinzverwaltung *(Vilayet)* und eine Atatürkstatue. Gen Westen führt von dort die Bankalar Cad. zum Rathaus *(Belediye)* und zur *Ulu Cami*. Noch weiter westlich steht das *Eğri Minare*. Man findet es, wenn man vom Rathaus auf das Aksaray Lisesi, einen großen Natursteinbau inmitten eines Parks, zuläuft und diesen auf seiner rechten Seite umgeht. Schon kurz darauf sieht man die Minarettspitze. Die Medrese liegt südlich der Bankalar Cad. Um dahin zu gelangen, folgt man der Vehbibey Cad. gegenüber der Ulu Cami.

Information/Verbindungen

Telefonvorwahl 0382.

Information Zentral in einem alten Stadthaus in der 800 Sok. 1, vom Hauptplatz ausgeschildert. Uninformierter geht's nicht. Mo–Fr 8–17 Uhr. ☎ 2132474, www.aksaray kulturturizm.gov.tr.

Verbindungen Busbahnhof ca. 5 km außerhalb des Zentrums an der Straße nach Konya. Regelmäßig nach Nevşehir (1 Std.), Konya (über Sultanhanı, 2 Std.), Niğde (2 Std.) und Ankara (3 Std.). Die **Minibusse** nach Selime, Ihlara und Güzelyurt (nur bis zum Spätnachmittag) sowie Helvadere (Hasan Dağı) und Sultanhanı starten beim Supermarkt Migros in Zentrumsnähe. Um zur Abfahrtsstelle zu gelangen, geht man vom Hauptplatz die 812 Sok. (beginnt unmittelbar neben der dortigen Moschee) immer geradeaus.

Übernachten/Camping/Essen & Trinken

Ağaçlı Turistik Tesisleri, außerhalb. Einer Raststätte angegliedertes Areal, besser als der erste Eindruck vermuten lässt. Älteres, aber sehr gepflegtes, von viel Grün umgebenes Hotel auf hohem Niveau. 2 Restaurants (eines davon ein sehr gutes Self-Service-Restaurant). Das Campingareal ist zwar nicht idyllisch, aber es gibt Strom, Küche und akzeptable Sanitäranlagen mit vielen Spinnen. DZ 75 €, Campen (2 Pers. mit Wohnmobil) 11 €. Ankara-Adana-Asfaltı (an der Straßenkreuzung Ankara/Nevşehir), ✆ 2152400, ✉ 2152410, www.agacliotel.com.

*** Hotel Üçyıldız, neben dem Rathaus (*Belediye*). 3 Sterne hat's, 3 Sterne heißt's. Klimatisierter und etwas altbackener Komfort in bester Stadtlage. EZ 22 €, DZ 49 €. Bankalar Cad. 57, ✆ 2140000, ✉ 2125003.

* Otel Vadi, ca. 150 m vom Hauptplatz entfernt, hinter der dortigen Moschee schräg rechts halten. Kleines Haus mit 33 sauberen Teppichbodenzimmern, etwas in die Jahre gekommen, aber okay. EZ 20 €, DZ 32 €. Kurşunlu Camii Arkası 13, ✆ 2128200, ✉ 2128232.

Essen & Trinken Das Restaurant des Hotels Üçyıldız bietet gute Küche und Alkoholausschank zu entsprechenden Preisen in wenig ansprechendem, altbackenen Ambiente.

Wem die Cola reicht, dem sei der einfache **Şamdan İskender Kebap Salonu** in der Gündoğdu Cad 11 empfohlen – hervorragender *İskender Kebap*, Pide und allerlei Grillvariationen. Ca. 200 m vom Hotel Üçyıldız entfernt, der Straße gegenüber dem Hoteleingang folgen, dann linker Hand.

Für gute Hausmannskost empfehlen wir das Lokal **Harman** direkt am Hauptplatz mit netter Terrasse.

Für Sehenswürdigkeiten auf der Strecke zwischen **Aksaray** und **Nevşehir** → „Längs des Uzunyol", S. 771. Für das **Ihlara-Tal** lesen Sie weiter ab S. 805. Auf der Weiterfahrt nach **Ankara** passiert man den Salzsee *Tuz Gölü* (→ S. 722).

Umgebung von Aksaray

Hasan Dağı: Der majestätische, 3268 m hohe Vulkan Hasan Dağı liegt rund 28 km südöstlich von Aksaray. Wer den Gipfel besteigen will, startet im Dorf *Helvadere* an der Nordflanke des Bergs. Fünf Stunden sollten Sie für den Aufstieg einplanen. Ist das Wetter klar, berauscht von oben die Aussicht auf den Salzsee Tuz Gölü, das Aladağlar-Gebirge und den Erciyes Dağı. Denken Sie an gute Wanderschuhe, warme Kleidung und genügend Wasser (keine Wasserstellen unterwegs!). Eine Besteigung ist nur von Mitte Juni bis Mitte September ratsam. Geführte Touren offeriert die Agentur Middle Earth Travel in Göreme (→ Göreme/Organisierte Touren, S. 775).
Dolmuşverbindungen zwischen Helvadere und Aksaray (Abfahrt → Aksaray).

Sultanhanı: Inmitten der öden Hochebene zwischen Konya und Aksaray, einer einstigen Karawanenroute, liegen meherere Hane. 40 km westlich von Aksaray steht der größte und besterhaltene ganz Anatoliens, der 1229 erbaute Sultanhanı. Den gewaltigen „Karawanenpalast" (so die wortwörtliche Übersetzung des türkischen Wortes *kervansaray*) betritt man durch ein prächtiges, mit Ornamenten geschmücktes *Portal*. In der Mitte des Innenhofs erhebt sich eine *Moschee* auf vier Pfeilern. In den Hallen links waren *Küchen*, das *Bad* und *Verkaufsläden* untergebracht. Die drei Räumlichkeiten rechts des Hofes sowie die gewaltige, fünfschiffige Halle mit ihren 32 Säulen dienten u. a. als *Stallungen* (unten) und *Lagerräume* (oben). Der Ort Sultanhanı selbst ist übrigens nicht viel mehr als ein langweiliges, völlig zersiedeltes, übergroßes Dorf.

Verbindungen/Öffnungszeiten Von der Ortsmitte Sultanhanıs halbstündl. **Dolmuş**-verbindungen nach Aksaray, von der Nationalstraße 300 stündl. Busse nach Konya. **Han** tägl. 8–18 Uhr. Eintritt zuletzt frei, was sich jedoch wieder ändern kann.

Übernachten/Camping Kervan Pansion-Camping, familiengeführte Pension mit sehr einfachen, bunt gestrichenen, sauberen Zimmern, alle mit privaten Bädern. Achtung: Der Besitzer ist Teppichhändler und schwatzt seinen Gästen gerne auch einen solchen auf. Auf der gepflegten, aber schattenlosen Wiese dahinter kann gecampt werden, ordentliche Sanitäranlagen. Nicht mit der „Kervansaray Pension" verwechseln. DZ bei unserer Recherche 20 € (zuweilen werden aber auch 40 € verlangt), Campen für 2 Pers. mit Wohnmobil 10 €. Ausgeschildert, ✆ 0382/2422325, kervancamping@mnyet.com.

Essen & Trinken In der einfachen Lokanta Kardeşler im Zentrum (kennt jeder) gibt es ausschließlich allerbestes *Etli Ekmek*: hauchdünne, knusprige Teigfladen mit Hackfleisch, die als Meterware auf den Tisch kommen. Köstlich und extrem billig: 2 €/Portion.

Für **Konya** lesen Sie weiter ab S. 696.

Hacıbektaş

Hacıbektaş, 46 km nördlich von Nevşehir an der Straße nach Ankara, ist ein kleines Städtchen mit 5100 Einwohnern. Benannt ist es nach Hacı Bektaş Veli, der hier im 13. Jh. geboren wurde. Seine Lebensdaten sind umstritten, sämtliche Angaben ranken zwischen 1200 und 1340. Hacı Bektaş Veli begründete den Bektaşi-Orden, der neben dem Mevlana-Orden (→ Konya) der bekannteste Derwischorden wurde. Eine wichtige Rolle spielte er im Osmanischen Reich insbesondere im Militärwesen: Die Bruderschaft war lange Zeit eng mit den Janitscharen, den Elitetruppen der Sultane, verbunden. Der Orden sprach insbesondere das einfache Landvolk an – Hacı Bektaş Veli hatte seine religiöse Lyrik in türkischer Sprache verfasst, ein Unikum in der islamischen Religionsgeschichte. Die Lehre des Ordens vereinte sunnitische, schiitische und christlich-orthodoxe Anschauungen. Unter den Riten des Ordens finden sich auch nichtmoslemische Elemente wie Taufe, Beichte, Absolution, zeremonielles Mahl mit Wein, Brot und Käse, Teilnahme der Frauen am Gottesdienst ohne Schleier usw. 1925 wurde die Bruderschaft wie alle Derwischorden in der Türkei verboten, als Religionsgemeinschaft ist sie heute noch in Albanien anerkannt.

Die **Tekke** (Derwischkonvent) von Hacıbektaş ist heute ein Museum, das vornehmlich von Pilgern aufgesucht wird. Die Atmosphäre ist von einer stillen Religiosität geprägt, nehmen Sie darauf Rücksicht. Das Gros der Pilger kommt alljährlich zwischen dem 16. und 18. August, wenn das Hacıbektaş-Veli-Festival stattfindet, die Gedächtnisfeierlichkeiten zu Ehren des Ordensstifters. Dann umgeben ganze Zeltstädte den Ort, bis zu 200.000 Besucher werden gezählt.

Klosterbesichtigung: Das Kloster ist in drei Höfe gegliedert. Den ersten Hof begrünen ein paar Nadelbäume, hier löst man auch sein Ticket. Arkaden säumen den zweiten Hof. Gleich rechter Hand befindet sich in einer Nische der *Löwenbrunnen* aus dem 16. Jh. Im 19. Jh. gelangte er von Ägypten als Votivgabe hierher. Der Löwe symbolisiert Ali, den Schwiegersohn Mohammeds. Das Wasser, so der Glaube, heilt Krankheiten – Kanister zum Abfüllen bekommt man an fast allen Souvenirständen. Ein paar Schritte weiter folgt ebenfalls rechter Hand der Zugang zum *Aş Evi* (Gemeinschaftsküche und Speisesaal). Eines der ausgestellten Küchengeräte, ein großer, schwarzer Kessel, ist das Beutestück eines Feldzugs gegen die Mongolen. Die Legende weiß zu berichten, dass er sich auf ein Gebet Hacı Bektaş Velis hin von selber bis zum Überlaufen füllte.

Das *Mihman Evi (Gästehaus)* gegenüber war die Herberge wandernder Derwische, heute ist es das Depot des Museums. Im *Meydan Evi (Zeremonienraum)* ein paar Türen weiter fanden die Gelübdefeiern statt, wo die Novizen den heiligen Eid ablegten, „Herr über ihre Hände, ihre Zunge und ihre Lenden" zu sein. Heute kann man hier mehrere Darstellungen des Ordensgründers bewundern.

Stiller wird es im dritten Hof. Von hier gelangt man zum *Mausoleum Hacı Bektaş Velis*. Das aus mehreren Räumen bestehende Gebäude beherbergt etliche Derwischsarkophage. Der des Ordensgründers liegt ganz hinten rechts ums Eck. Der hohe Raum davor ist der *Kırklar Meydanı („Raum der 40")*. In ihm befindet sich ein 40-armiger Kandelaber, der an die 40 Weggefährten Hacı Bektaş Velis erinnert. Hier fanden die Tanzzeremonien statt, einem Gerücht nach wurden sie hier sogar erfunden – von weinberauschten Derwischen ...

Verbindungen Vom zentrumsnahen Busbahnhof (ca. 500 m) **Bus-** oder **Dolmuş**verbindungen nach Gülşehir, Nevşehir und Ankara.

Öffnungszeiten Tekke Tägl. (außer Mo) 8–19 Uhr. Eintritt 1,20 €.

Auf der Weiterfahrt nach **Ankara** passiert man nach ca. 45 km die 105.800-Einwohner-Stadt **Kırşehir** mit der schönen *Nureddin-Cacabey-Moschee*, einer ehemaligen Sternwarte aus dem 12. Jh. In Kırşehir starb 1262 Ahi Evren, der Begründer der sog. Ahi-Bruderschaft, einer bis ins 19. Jh. einflussreichen Handwerkergilde, die Geschäftsinteressen, Moralität und Spiritualität miteinander verband. Über **Nevsehir**, das man über Gülşehir (→ S. 770) erreicht, lesen Sie weiter ab S. 766.

Am Sultanhanı

Mondlandschaft Kappadokien

Kappadokien (Kapadokya)

Kappadokien ist ein Weltwunder der Natur im Herzen Anatoliens: eine einzigartige Tuffsteinlandschaft mit bizarren Felsgebilden, unterirdischen Städten und Höhlenkirchen. Was vor Millionen von Jahren Vulkanausbrüche in die Wege leiteten, besuchen heute rund zwei Millionen Touristen jährlich.

Die schönsten Tufflandschaften Kappadokiens liegen im Dreieck Nevşehir – Avanos – Ürgüp. Hier erwartet Sie eine Fülle natürlicher Plastiken, einer Märchenwelt gleich, in der nur noch Kobolde und Feen fehlen, um sie perfekt zu machen. Es gibt nur wenige Gegenden der Welt, die sich schöner durchstreifen lassen. Neben dieser faszinierenden Landschaftsszenerie besitzt die Region auch ein großes kulturgeschichtliches Erbe aus byzantinischer Zeit – mehr als 1000 Höhlenkirchen, nicht wenige davon mit prachtvollen Fresken ausgemalt. Nur ein Bruchteil davon wurde bislang zugänglich gemacht.

Entstehungsgeschichte

Als „Väter Kappadokiens" kann man die Vulkane *Erciyes Dağı* (3916 m) nahe Kayseri, *Hasan Dağı* (3253 m) nahe Aksaray und *Melendiz Dağı* (2963 m) nahe Niğde bezeichnen. 10 bis 30 Mio. Jahre ist es her, dass sie das Innere der Erde nach außen kehrten: In wiederholten Ausbrüchen schleuderten sie Tuffasche in das umliegende Gebiet, die sich in Schichten von verschiedener Festigkeit und Farbe ablagerte. Durch Witterungseinflüsse wurden diese Schichten aufgespalten und tiefe Schluchten ausgewaschen. Das Tuffmaterial wurde in jahrtausendelanger Arbeit abgetragen, die weichen poröseren Schichten schneller als die wasserundurchlässigen harten. So bildeten sich die charakteristischen Tuffpyramiden, die sog. Feenkamine (türk. *peri bacaları*), die der Naturgesetze zu spotten scheinen und die heute den Reiz der kappadokischen Landschaft ausmachen.

Der Erosionsprozess ist noch in vollem Gange, in vielen Tälern findet man Feenkamine im Geburtsstadium, die sich eben erst aus der Tufflandschaft herauszuschälen beginnen. Andernorts stürzen Felsformationen ein – insbesondere solche, die der Mensch aushöhlte und bewohnte. Hier drang Sickerwasser ein, das in den strengen kappadokischen Wintern gefror und die Fassaden wegbrechen ließ. So blickt man dort, wo einst nur ein paar kleine Löcher für den Lichteinfall und zur Belüftung im Fels waren, auf aufgerissene Flächen, die aussehen, als hätte man einen Burgfelsen aufgesägt, um im Querschnitt eine Innenansicht zu präsentieren.

> ### Kappadokien – die Highlights
> **Göreme Open-Air-Museum:** Das Kirchental, ein UNESCO-Welterbe, ist ein Muss für alle Kappadokienbesucher. Hier besichtigt man einige der schönsten Felsenkirchen der Tuffregion.
> **Zelve:** Die Höhlenwohnungen Zelves wurden erst in den 1950ern aufgegeben. Zum Museum deklariert, sind sie heute für jedermann zugänglich.
> **Mustafapaşa und Uçhisar:** zwei kappadokische Bilderbuchdörfer mit romantischen Unterkünften – ein Tipp für Selbstfahrer.
> **Derinkuyu:** Wenn Menschen zu Maulwürfen werden, hinterlassen sie unterirdische Städte. Derinkuyu ist die größte Kappadokiens – ein Abenteuer im Underground.
> **Ihlara-Schlucht:** Der „Grand Canyon der Türkei" liegt in der kappadokischen Peripherie und ist ein landschaftliches Grandiosum. Die Wanderung hindurch führt vorbei an einer Vielzahl von Höhlenkirchen.

Siedlungsgeschichte

Funde belegen, dass das Gebiet bereits im Neolithikum besiedelt war. In hethitischer Zeit gehörte es zum Kernland des von Hattuşa (nahe dem heutigen Yozgat nördlich von Kappadokien) aus regierten Reiches. Als Kappadokien bzw. *Katpatuka* („Land der schönen Pferde") wurde die Region erstmals unter den Persern erwähnt. Damit war aber ein viel größeres Terrain gemeint, das sich nicht nur auf die Tuffsteinlandschaft beschränkte. In hellenistischer Zeit gab es ein Kappadokisches Königreich, das von *Mazaca*, dem römischen *Caesarea Cappadociae* und heutigen Kayseri, regiert wurde. Bekehrt durch den Apostel Paulus, entwickelten sich schon sehr früh christliche Gemeinden. Bereits im 2. Jh. war Kappadokien überwiegend christlich, im 3. Jh. wurden hiesige Bischöfe gar bis nach Mailand entsandt.

Zum wichtigsten Mann der Region avancierte im 4. Jh. Basilius, der Bischof von Caesarea, der die Liturgie der Ostkirche reformierte. Das entstehende Mönchstum war durch kleine, geschlossene Gemeinschaften gekennzeichnet. Sie nutzten die geografische Beschaffenheit der Tuffregion mit ihren natürlichen Verstecken und zogen in die abgeschiedenen Täler. Im 7. Jh. wurde Kappadokien mehrmals Frontgebiet des Byzantinischen Reiches. Auf die Perserkriege folgten die Einfälle der Araber, die *Sebaste* (Sivas) und Gebiete östlich von Caesarea besetzt hielten.

Kappadokien im Überblick

Anreise mit dem Bus: Von allen größeren Städten der Westtürkei, Zentralanatoliens und der Südküste gelangen Sie per Bus direkt nach Kappadokien (Fahrtdauer → Nevşehir/Verbindungen). Endstation vieler Busse nach Kappadokien ist Nevşehir (von dort Dolmuşverbindungen ins kappadokische Kerngebiet, → Nevşehir/Verbindungen). Direktverbindungen (im Sommer häufig, im Winter stark eingeschränkt) gibt es jedoch auch nach Göreme und Ürgüp, und zwar durch die Busgesellschaften Metro, Kent, Süha und Nevşehir Seyahat. Achtung: Manche Gesellschaften werben mit Direktbussen nach Göreme und lassen ihre Passagiere dennoch, oft mitten in der Nacht, an der Fernstraße nahe Nevşehir aussteigen – fragen Sie deswegen explizit nach dem Ankunftsort in Kappadokien! Taxi von Nevşehir nach Göreme ca. 28 €, nach Uçhisar 16 €.

Anreise mit dem Flugzeug: Bislang landen selten mehr als zwei, drei Maschinen pro Tag auf dem **Flughafen Nevşehir Kapadokya** ca. 25 km nördlich von Nevşehir beim Örtchen Tuzköy. Welche Fluggesellschaft den Flughafen außer der THY ansteuert, erfahren Sie unter www.kapadokya.dhmi.gov.tr. Zu den THY-Flügen besteht ein Zubringerservice von und nach Nevşehir (Abfahrt dort vorm *Öğretmen Evi*, Atatürk Bul. 40, kostenlos), zudem bieten Reisebüros Transfers von und nach Ürgüp und Göreme (s. dort). Ein Taxi vom Flughafen nach Nevşehir kostet ca. 37 €, nach Gülşehir (dort Verbindungen mit dem Bus nach Nevşehir) ca. 11 €. In der Ankunftshalle gibt es keine Bankomaten. Vertreter der Autoverleiher sind nur anwesend, wenn eine Reservierung vorliegt.

Transfers vom und zum **Flughafen Kayseri** (→ S. 746) knapp 70 km nordöstlich des kappadokischen Kerngebiets organisieren Reisebüros in Göreme und Ürgüp (s. dort).

Auto- und Zweiradverleih: → Göreme, Ürgüp und Avanos.

Ballonfahrten: → Göreme.

Campingplätze: → Göreme, Soğanlı-Tal und Ihlara-Schlucht. Viele Campingplätze haben nur von Mai–Okt. geöffnet.

Karten: Für eines der meistbesuchten Reisegebiete der Türkei gibt es leider nach wie vor nur wenig gutes Kartenmaterial. Wanderbroschüren halten u. a. die Touristeninformation in Ürgüp und das Reisebüro Kirkit in Avanos bereit.

Reisezeit: → Wissenswertes von A bis Z, S. 61.

Standorte/Übernachten: Die meisten Individualreisenden übernachten in Göreme und Ürgüp. Göreme ist aufgrund seiner zahlreichen Pensionen das Mekka der Rucksacktouristen. Ürgüp besitzt eine Vielzahl gehobenerer Unterkünfte. Von beiden Orten lässt sich das kappadokische Kerngebiet recht gut mit öffentlichen Verkehrsmitteln erkunden. Flair besitzen jedoch auch Uçhisar und Mustafapaşa – wer sich dort niederlässt, sollte jedoch an einen Mietwagen denken. Alle besseren Unterkünfte verfügen über eine Heizung, trotzdem können die romantischen Felsenzimmer bis weit ins Frühjahr hinein feuchtklamm sein.

Verbindungen innerhalb Kappadokiens: Zu fast allen Sehenswürdigkeiten gelangt man (mehr oder minder) mit öffentlichen Verkehrsmitteln. Zwischen den größeren Ortschaften wie Nevşehir, Göreme, Ürgüp und Avanos fahren tagsüber (von 7–18 Uhr regelmäßig, bis 20 Uhr nur noch unregelmäßig) kommunale Busse und Dolmuşe. Schlecht sind die Verbindungen an Sonntagen und im Winter. Ein Moped oder Mietwagen ist stets von Vorteil. Es werden vor Ort auch organisierte Rundreisen angeboten.

Wandern: Feste, knöchelhohe Schuhe mit guter Profilsohle sind empfehlenswert. Zwischen den Feentürmen geht es auf rutschigem Untergrund oft steil bergauf oder bergab. Leider existieren keine topografisch exakten Wanderkarten, zum Glück wird aber die Markierung der Wege von Jahr zu Jahr besser. Die Gegend ist jedoch überschaubar, Orientierungspunkte gibt es viele, und ein Verlaufen ist kaum möglich – an irgendeiner Straße kommt man immer heraus. Im Reiseteil finden Sie Anregungen für Touren. Starten Sie früh, um für den Rückweg noch ein Dolmuş oder einen Bus zu erwischen. Für Wanderführer und Wandertourenanbieter → Uçhisar, Göreme, Ürgüp und Avanos.

Mit dem Siegeszug des Islam in Vorderasien suchten viele Christen aus Syrien, Palästina und Ägypten in Kappadokien Zuflucht. Der Tuffstein war den Ankömmlingen ein dankbares Material: Es war leicht, Wohnungen in den weichen Stein zu schlagen. Selbst Sitzbänke, Regale und sogar Salatschüsseln haute man gleich mit in den Fels. Zudem hatten die Behausungen den Vorteil, im Sommer kühl und im Winter warm zu sein. Drohte Gefahr, wurden Wohnungen wie Kirchen zu Fluchtburgen und Verstecken, selbst ganze Städte legte man dafür unterirdisch an (→ Kasten S. 801). Sicherer wurde die Lage für das kappadokische Christentum erst wieder, als die in religiösen Fragen toleranten Seldschuken im 11. Jh. große Teile Anatoliens eroberten. Im 13./14. Jh. gesellten sich zu den bereits hier lebenden Christen viele Armenier, die vor den Mongolenheeren im Osten des Landes geflüchtet waren. All die verschiedenen Kulturen, die lediglich das Christentum gemeinsam hatten, haben auf die Vielfalt der hiesigen Kirchenkunst Einfluss genommen.

Unter osmanischer Herrschaft wurden die Klöster aufgelöst und in Wohnungen bzw. Ställe umgewandelt. Viele Christen verließen die Gegend, die letzten mussten 1923 infolge des Bevölkerungsaustauschs gehen.

Kappadokien heute

Heute bemühen sich die UNESCO und der türkische Staat, die Relikte der reichen Kirchen- und Klosterkultur Kappadokiens zu schützen. Die bedeutendsten Täler im Kerngebiet Kappadokiens wurden zum „Geschichtsnationalpark" *(Göreme Tarihi Milli Parkı)* zusammengefasst. Doch die Zeiten des sanften Tourismus sind vorbei. Die Besucherzahlen erreichen Jahr für Jahr neue Rekordmarken. Busgruppen aus den Küstenresorts fallen wie Heuschreckenschwärme über Kappadokien her. In Massen gondeln sie am Morgen im Ballon über die Täler, in Massen wandern oder kurven sie in Jeeps tagsüber darin herum, und in Massen werden sie am Abend zu Folkloreveranstaltungen gekarrt. Doch keine Sorge – auch der Individualtourist findet noch genügend schöne Fleckchen und hübsche kleine Unterkünfte für geruhsame Tage.

Nevşehir
ca. 86.000 Einwohner

Von Süden oder Westen kommend, ist Nevşehir das Tor nach Kappadokien. Zum längeren Verweilen lädt die Provinzhauptstadt jedoch nicht ein.

Nevşehir ist Verkehrsknotenpunkt wie auch Verwaltungs- und Geschäftszentrum der gleichnamigen Provinz, aber mehr auch nicht. Das Bild der auf 1200 m Höhe gelegenen Stadt ist nüchtern, Sehenswürdigkeiten und Unterkünfte sind im Vergleich zu den Tuffsteindörfern der Umgebung zweitklassig.

Das ehemalige *Muşkara* war bis zur Tulpenzeit (ca. 1703–1730), einer Art Belle Époque des Osmanischen Reiches, ein Dorf wie so viele der Gegend. Erst mit der Ernennung des hier geborenen Damat İbrahim Pascha zum Großwesir wurde auf dessen Geheiß das Dorf zur „Neuen Stadt" (= Nevşehir) ausgebaut. Und wer heute in Nevşehir strandet und ein paar Stunden bis zum nächsten Bus verbringen muss, kann ihm danken, dass es so manches, wenn auch nicht gerade Spektakuläres zu besichtigen gibt. Da wäre zum einen die nach dem Großwesir benannte, 1727 errichtete **Damat İbrahim Paşa Külliyesi**. Zu dem Komplex nahe der Lale Caddesi gehört neben einer Moschee eine Medrese (heute eine Bibliothek) und ein noch immer dampfendes Hamam (Eintritt inkl. *Kese* und Massage 10 €, tägl. 6–24 Uhr, Frauen baden Sa 10–16 Uhr). Die Moschee selbst ist ein klassisch-osmanischer Zentralkuppelbau, der über einen Vorhof mit einem hübschen Reinigungsbrunnen betreten wird. Im Inneren sieht man die Loge des Großwesirs und die seines Gefolges.

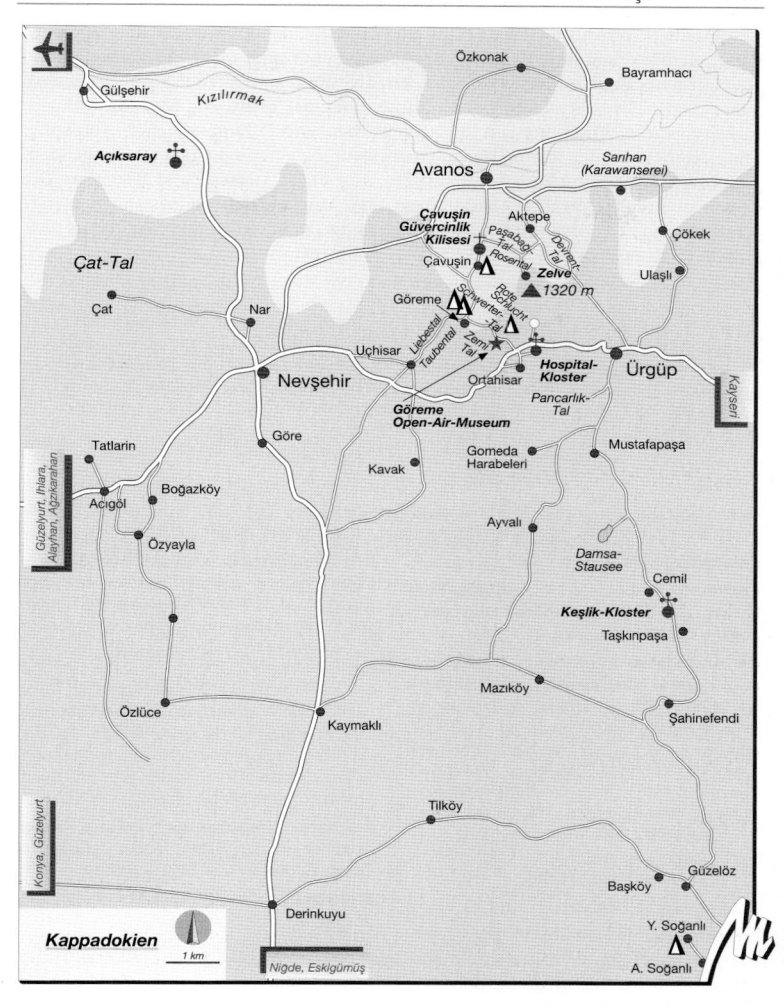

Vom Damat-İbrahim-Paşa-Komplex kann man durch die Gassen der Altstadt zur **Zitadelle** hoch über Nevşehir aufsteigen (Selbstfahrer folgen von der Straße nach Aksaray dem gelben Schild „Kale"). Sie wurde in seldschukischer Zeit errichtet und unter Damat İbrahim Pascha erweitert. So imponierend sie aus der Froschperspektive ist, so enttäuschend ist sie bei näherer Betrachtung: Die Zitadelle präsentiert

Kappadokien

sich in einem verwahrlosten Zustand und bietet keinen grandiosen Kappadokien-Panoramablick, sondern lediglich die Aussicht über eine nicht besonders schöne Stadt (frei zugänglich). In entgegensetzter Richtung, an der Yeni Kayseri Caddesi, beherbergt ein trister staatlicher Kulturkomplex das städtische **Museum** mit der türkeitypischen Mischung aus archäologischer und ethnografischer Abteilung. Erste zeigt ein buntes Sammelsurium aus allen möglichen Epochen und Gegenden, Exponate aus Mesopotamien und Zypern, von den Urartäern und Phrygern. Die Römer steuerten Terrakotta-Sarkophage und Münzen bei, die Osmanen Handschriften. In der ethnologischen Abteilung sind u. a. Schmuck und Werkzeuge ausgestellt (tägl. außer Mo 8–12 und 13–17 Uhr, Eintritt frei).

> **Orientierung:** Der Atatürk Bulvarı ist die Hauptachse der Stadt und durchschneidet das Zentrum von West nach Ost, der östliche Abschnitt wird auch Yeni Kayseri Caddesi genannt. Am Atatürk Bulvarı liegen die Touristeninformation, die Polizei, das Museum sowie mehrere Hotels. Was noch von der Altstadt erhalten blieb, findet man südlich des Atatürk Bulvarı bzw. westlich der Lale Caddesi.

Information/Verbindungen/Adressen

Telefonvorwahl 0384.

Information Yeni Kayseri Cad. Mo–Fr 8–17 Uhr. ℡ 2134260, www.nevsehirkulturturizm.gov.tr.

Verbindungen Intercitybus: Busbahnhof an der Straße nach Aksaray ca. 3 km westlich des Zentrums. Dolmuşe dorthin verkehren entlang der Kayseri Cad., Lale Cad. und Osmanlı Cad. Direktverbindungen nach Kayseri (1½ Std.), Derinkuyu (45 Min.), Konya (3½ Std.), Alanya (8 Std.), Antalya (10 Std.), Mersin (5 Std.), İzmir (10½ Std.), Pamukkale (10 Std.) und Adana (5 Std.). Nachtbusse nach İstanbul (11 Std.), mind. alle 2 Std. nach Ankara (5 Std.).

Kommunaler Bus/Dolmuş: Die Dolmuşe bzw. Busse nach Göreme, Ürgüp, Uçhisar, Ortahisar, Avanos, Kaymaklı und Mazıköy starten bislang von der Haltestelle an der Saatçi Hoca Cad. Künftig, so die Planungen, sollen die Busse jedoch vom Busbahnhof (s. o.) abfahren. Die Dolmuşe nach Hacıbektaş (8-mal tägl.) starten gleich ums Eck von der Lale Cad./Ecke Saatçi Hoca Cad. Wer nach Gülşehir oder Çat will, steigt wenige Meter nördlich an der Gülşehir Cad. ein. Die Dolmuşe nach Aksaray, Acıgöl (häufig) und Tatlarin (max. 3-mal tägl.) starten beim Kreisverkehr im Norden des Atatürk Bul.

Ärztliche Versorgung Privates **Versa Hospital** an der Straße nach Uçhisar im Osten der Stadt. ℡ 2143232.

Einkaufen Markt So und Mo im Westen des Zentrums.

Übernachten/Essen & Trinken

Gehobenere Hotels ohne Charme am Ortsrand – allesamt auf organisierte Busreisegruppen ausgerichtet. Auch die Hotels im Zentrum sind nicht der Rede wert – fahren Sie besser gleich weiter nach Zentralkappadokien, abends notfalls auch mit dem Taxi. 2 zentrale Adressen für Gestrandete:

**** Altınöz Hotel ❸, eine der besten Adressen in der Innenstadt, wenn auch geschmacklos und billig ausgestattet. 120 Zimmer mit lilafarbenem Mobiliar, Teppichböden und Klimaanlage. Hamam, Fitnesscenter, Innenpool. EZ 55 €, DZ 74 €. Ragıp Üner Cad. 23, ℡ 2139961, ✉ 2132817, www.altinozhotel.com.

Hotel Şems ❷, schmales, leicht in die Jahre gekommenes Haus mit 25 Laminatbodenzimmern, sauber und für den Notfall okay. DZ 28 € ohne Frühstück. Atatürk Bul. 27, ℡ 2133597, ✉ 2124967.

Essen & Trinken

1 Nevşehir Konağı Restaurant
4 Hacıbaba

Übernachten

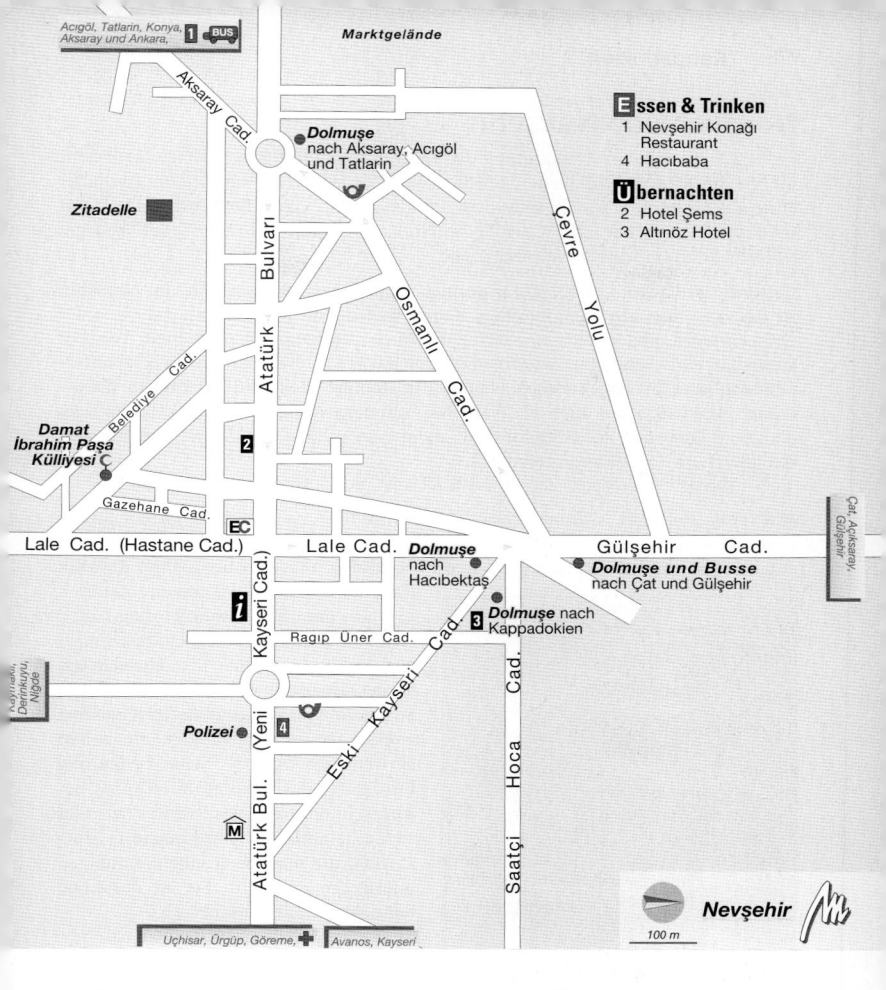

2 Hotel Şems
3 Altınöz Hotel

Essen & Trinken Nevşehir Konağı Restaurant **1**, im Kulturpark etwas außerhalb des Zentrums. Nachgebauter kleiner Han, drum herum eine Grünanlage. Große Auswahl: Gegrilltes, *Mantı* und internationale Gerichte zu fairen Preisen. Kein Alkohol. Von der Touristeninformation dem Atatürk Bul. für rund 700 m bergauf folgen, beim Kreisverkehr links ab Richtung Aksaray, nach weiteren 700 m rechter Hand hinter dem unübersehbaren *Kapadokya Kültür ve Sanat Merkezi*. ✆ 2136183.

Hacıbaba 4, gehobene Lokanta an der Durchgangsstraße gegenüber der Polizei. Guter *İskender Kebap*, dazu auch andere leckere Kebabs und *Lahmacun* zu 5,30–8,20 €. Yeni Kayseri Cad. 45.

Für zentralkappadokische Ziele wie Uçhisar (8 km) und Göreme (12 km) östlich von Nevşehir lesen Sie weiter ab S. 771, für die unterirdischen Städte von Kaymaklı und Derinkuyu südlich von Nevşehir ab S. 800.

Nördlich von Nevşehir

Im Gegensatz zu den Attraktionen der zentralkappadokischen Tuffsteinlandschaft führen die Sehenswürdigkeiten nördlich von Nevşehir ein eher stiefmütterliches Dasein. Es kommt gar nicht selten vor, dass man der einzige Besucher ist. Dies hat seinen Reiz, auch wenn die Täler, Felsenkirchen und unterirdischen Städten zugegebenermaßen weit weniger imposant sind.

Çat und Çat Vadisi: Çat (2350 Einwohner), rund 6 km nordwestlich von Nevşehir, ist das, was man ein unverfälschtes Bauerndorf nennt. Ähnlich sah das Gros der Ortschaften Kappadokiens aus, bevor der Massentourismus Einzug hielt. Von Çat kann man einen längeren Spaziergang durch das wildromantische Çat Vadisi unternehmen, ein Tal mit niedrigen, hellen Tuffsteingebilden und Weinreben dazwischen. Wer will, kann auch bis Açıksaray wandern (s. u., ca. 7,5 km). Dafür folgt man vom Dorfplatz der Gülşehir Cad., dann dem Schild „Çat Vadisi" und hält sich schließlich im Tal stets gen Norden.

Çat ist von der Straße nach Gülşehir ausgeschildert. Busverbindungen ab Nevşehir.

Açıksaray: Bei dem „Offenen Palast" 15 km nördlich von Nevşehir an der Straße nach Gülşehir handelt es sich um einen verschachtelten, mehrstöckigen Komplex aus Kirchen- und Klosteranlagen. Er gehört zu den ältesten christlichen Relikten Kappadokiens, die Kirchen datieren z. T. aus dem 6. Jh. Keine Freskenkunst, vielmehr schlichte, rote Wandzeichnungen sind hier zu sehen, u. a. Stierdarstellungen. Der Stier, der von vielen Völkern aufgrund seiner Zeugungskraft verehrt wurde, ist in Kappadokien ein selten verwendetes Symbol. Seine Bedeutung für das frühe Christentum ist nicht bekannt. In der Nähe des Palastes befindet sich eine auffällige pilzähnliche Felsformation, die man nach einem staubigen Spaziergang erreicht. Sie ist das Logo der nahen Stadt Gülşehir.

Problemlos mit Gülşehir-Bussen von Nevşehir zu erreichen, einfach unterwegs aussteigen. Tägl. 8–17 Uhr. Kein Eintritt.

Klosterkomplex Açıksaray

Johannes-Kirche/Gülşehir: Das 8900 Einwohner zählende Städtchen Gülşehir am Flusslauf des *Kızılırmak* liegt zu Füße eines breiten Tufffelsens. Am Ortseingang (von Nevşehir kommend) ist die *Johannes-Kirche* mit „St. Jean Church" ausgeschildert. Die aufwendig restaurierte, zweigeschossige Kirche, auch „Karşı Kilise" genannt, gehört zu den Vorzeigekirchen Kappadokiens. Eine Wendeltreppe führt in die gänzlich mit prachtvollen Fresken (vermutlich 13. Jh.) ausgemalte Oberkirche. Mit Ausnahme der Darstellungen in der Apsis ist die Bildergalerie vollständig erhalten. Medaillons mit byzantinischen Heiligen schmücken die Decke, an der Rückwand kämpfen die Heiligen Georg und Theodor gegen zwei Dra-

chen. Eindrucksvoll sind auch die Szenen aus dem Neuen Testament: Letztes Abendmahl, Judaskuss und Auferstehung (tägl. 8–17 Uhr, Eintritt 3,20 €).
Regelmäßige Busverbindungen von und nach Nevşehir.

> Auf dem Weg nach Ankara passieren Sie 25 km nördlich von Gülşehir Hacıbektaş (→ S. 761).

Längs des Uzunyol

Die Strecke von Nevşehir nach Aksaray war einst ein Teil des *Uzunyol* („Langer Weg"), einer der ältesten Handelsstraßen der Welt. Auf ihr zogen die Karawanen aus Persien in die Seldschukenhauptstadt Konya. Aus jener Zeit zeugen noch einige Karawansereien, so z. B. der **Alayhan** rund 15 km südwestlich von Acıgöl. Der Han entstand in der Mitte des 13. Jh. Zuletzt wurde er komplett restauriert bzw. mehr rekonstruiert denn restauriert. Das Resultat präsentiert sich als eine Art Plastikburg. Ein Hingucker ist das reich verzierte Portal, das in seiner Ursprungsform zu drei Vierteln erhalten blieb. Noch 2012 soll die Anlage der Öffentlichkeit zugänglich gemacht werden.

Weitestgehend im Originalzustand erhalten ist hingegen der aus der gleichen Zeit stammende **Ağzıkarahan** 15 km weiter Richtung Aksaray. Beachtenswert ist auch hier das Portal, dazu die auf wuchtigen Säulen ruhende Moschee im Innenhof (tägl. 8–19.30 Uhr, Eintritt 0,80 €). Die Busse zwischen Aksaray und Nevşehir passieren beide Karawansereien.

Tatlarin: 20 km westlich von Nevşehir liegt Acıgöl (die dortige unterirdische Stadt war zuletzt nicht mehr zugänglich) und rund 9 km nördlich davon das urtümliche Dorf Tatlarin – lohnenswert für alle, die ein bisschen mehr Zeit für Kappadokien haben. In einer Felswand hoch über dem Ort befindet sich dort ebenfalls eine „unterirdische" Stadt. Das Besondere: eine Toilette. Kaum eine andere unterirdische Stadt Kappadokiens kann eine solche aufweisen, die Toilettenfrage ist bis heute nicht geklärt. Nebenan befindet sich der Eingang zu einer Kirche mit gut erhaltenen Fresken vom Lebens- und Leidensweg Jesu (tägl. 8–17 Uhr, Eintritt frei).
Die Sehenswürdigkeiten sind in bzw. von Acıgöl ausgeschildert. Nach Acıgöl häufige Dolmuşverbindungen ab Nevşehir, nach Tatlarin max. 3-mal tägl.

> Falls Ihr nächstes Ziel **Aksaray** ist, lesen Sie weiter ab S. 758. Fahren Sie in die **Ihlara-Schlucht**, lesen Sie weiter ab S. 805.

Uçhisar

Wie ein Emmentaler ist der gewaltige Burgfels durchlöchert, in dessen Schatten sich das reizvolle Dorf duckt. Uçhisar ist nicht nur eine Stippvisite wert, Uçhisar bietet sich auch als gemütlicher Standort an.

Tagsüber bevölkern Busgruppen das kappadokische Vorzeigedorf und seinen Burgfelsen, einen majestätischen Brocken von 60 m Höhe. Im Inneren ist er zerfressen von Gängen und Räumen, die mittlerweile teils zugeschüttet oder unpassierbar sind. Um

Der Burgfelsen von Uçhisar

die 1000 Menschen wohnten hier einst. Der nicht sehr beschwerliche Aufstieg über Außen- und Innentreppen (Burgeintritt 2 €) belohnt mit einer fantastischen Aussicht über die Täler und Städte Kappadokiens – am schönsten abends zur „Blauen Stunde", wenn sich die Landschaft in bezaubernden pastellfarbenen Tönen zeigt. An klaren Tagen präsentiert sich im Hintergrund – meist mit schneebedecktem Gipfel – der fast 4000 m hohe *Erciyes Dağı*, auf dem man im Winter übrigens Ski fährt.

Viele Einwohner Uçhisars leben heute in Frankreich, so manche Franzosen dafür hier. Kein Wunder also, dass man im Dorf mit Französisch besser als mit Englisch oder Deutsch zurechtkommt. Im unteren, sich gen Göreme erstreckenden Ortsbereich wohnt jedoch kaum noch jemand. Immobilienmakler und Architektenbüros haben sich hier eingekauft und verhökern die Häuser – fast allesamt mit tollen Ausblicken – an künftige Pensionsbesitzer und Hoteliers aus aller Welt weiter. Der beschaulich-friedfertigen Atmosphäre tut dies keinen Abbruch, doch verwandelt sich Uçhisar dadurch mehr und mehr zu einem sterilen Museumsdorf ohne Alltagsleben. Für Kappadokienbesucher, denen Ürgüp und Göreme zu laut und zu voll sind, ist Uçhisars jedoch nach wie vor ein guter Standort – v. a. dann, wenn man niveauvoll-gepflegte Unterkünfte zu schätzen weiß. Nahe Uçhisar laden das **Taubental** und das **Liebestal** zu ausgedehnten Spaziergängen ein (→ Wandern).

Verbindungen/Autoverleih/Einkaufen

Telefonvorwahl 0384.

Verbindungen Die Dolmuşe von Göreme nach Nevşehir passieren Uçhisar, nicht alle fahren ins Zentrum.

Autoverleih Autoverleiher (in manchen Jahren mehrere, in manchen nur einer) rund um den Hauptplatz, z. B. **Serhat Rent a Car**. Billigstes Auto ab 35 €. Belediye Meydanı 5, ✆ 2192125, www.uchisarinformation.com.

Einkaufen Kappadokische Weine (rot, weiß und rosé) kann man in der Weinkellerei **Kocabağ** ca. 1,5 km außerhalb an der Umgehungsstraße nach Göreme kosten und erstehen. **Onyxprodukte** bieten die ortsansässigen Fabriken, z. B. **Özler**, ebenfalls an der Straße nach Göreme (→ Kasten).

Uçhisar

Übernachten/Essen & Trinken

Rucksacktouristen mit kleinem Budget übernachten besser in Göreme. Wer bereit ist, etwas mehr auszugeben, findet in Uçhisar jedoch herrliche Unterkünfte, jedes Jahr werden es mehr. Die meisten Hotels, Pensionen und Restaurants sind vom Dorfplatz ausgeschildert.

Museum Hotel, klassisches Boutiquehotel mit viel Charme und Komfort. Folkloristisch-stilvolle, luxuriöse Zimmer in gemütlichen Höhlen, kostbare Antiquitäten und Teppiche, Terrasse mit Wahnsinnsblick auf die Tufflandschaft, ein Bonus ist zudem der Pool. Sehr gutes Restaurant mit regionalen Spezialitäten auf Fine-Dining-Niveau. DZ 225–1200 €. Tekelli Mah. 1, ✆ 2192220, ✉ 2192444, www.museum-hotel.com.

Les Maisons de Cappadoce, ebenfalls eine außergewöhnliche Adresse. 16 auf das Dorf verteilte Ferienhäuser und -wohnungen für 2–9 Pers. im traditionellen Stil, die ein französischer Architekt mit viel Liebe zum Detail in die Felslandschaft integrierte. Keine Wohnung gleicht der anderen, z. T. mit traumhaften Gärten. Nur nach Vorreservierung. Für 2 Pers. ab 140 €. Uçhisar, kein Telefon, ✉ 2192782, www.cappadoce.com.

≫ Unser Tipp: Taşkonaklar, nahe dem Hauptplatz. Terrassenartig angelegter Komplex aus denkmalschutzgerecht restaurierten Höhlenwohnungen. Darin 17 Zimmer und Suiten, stilvoll mit Antiquitäten bestückt, geräumig und komfortabel und teilweise mit herrlichen privaten Außenbereichen. Restaurant mit Panoramaterrasse. Sehr guter Service. Von Lesern entdeckt und hochgelobt. Für 2 Pers. je nach Zimmer 90–150 €. Gedik Sok. 8, ✆ 2193001, ✉ 2193002, www.taskonaklar.com. ≪

Kandil House, ebenfalls von Lesern sehr gelobte, gehobene Pension. 7 sehr freundliche Zimmer, z. T. mit offenem Kamin, z. T. in den Felsen. Mehrere Terrassen mit tollem Ausblick, die untere wird als gemütliches Restaurant genutzt (gute Hausmannskost). Der liebenswerte Hausherr Suat Akbay spricht gut Deutsch. EZ 33 €, DZ 62 €. Göreme Cad. 54, ✆ 2193191, ✉ 2193192, www.kandilhouse.com.

Position Uçhisar, verschachtelter Komplex, zugleich Wohnhaus, alternatives Gästehaus und Galerie. Von der deutschen Künstlerin Almut Wegner ins Leben gerufen und mit viel Liebe und Fantasie in Eigenarbeit ausgebaut. Tolle Terrasse mit unverbautem Blick auf das Taubental, Zimmer z. T. mit Tonnengewölben und moderner Kunst. Für ältere und/oder fußkranke Gäste werden Führungen in Sänften (!) angeboten. Sehr familiäre Atmosphäre. 40 €/Pers. mit HP. Konak Sok. 1 (nicht ausgeschildert; vom Hauptplatz Richtung Göreme im unteren Ortsteil gleich rechts der Moschee; wer's nicht findet, fragt nach Almut), ✆ 2192172, www.projekt-uchisar.org.

Kilim Pansiyon, 21 freundliche Zimmer auf 3 Gebäude verteilt, darunter recht komfortable mit eigener Terrasse und einfachere (mit Bad) um einen traubenüberrankten Innenhof. Dazu Terrassen mit herrlichem Ausblick. Von Lesern hochgelobt. DZ 47–70 €. Tekelli Mah., ✆ 2192774, ✉ 2192660, www.sisik.com.

Les Terrasses d'Uçhisar, von einer freundlich-legeren und hilfsbereiten Auswandererfamilie aus Frankreich geführt. 15 schlichte, aber nette Zimmer, darunter auch Felsenzimmer. Von der Terrasse schöner Blick über die Feenkamine im Tal. Angeschlossen ein Restaurant mit französisch-türkischer Küche (4-gängiges Menü 11,50 €). EZ 39 €, DZ 45 €. Eski Göreme Yolu, ✆ 2192792, ✉ 2192762, www.terrassespension.com.

Uçhisar Pension, eine günstigere Adresse: 8 einfache, saubere Zimmer, z. T. in den Felsen. 2 Terrassen mit tollem Ausblick. DZ 33 €. Kale Yanı 5, ✆ 2192662, www.uchisarpension.com.

Essen & Trinken **Elai Restaurant**, eine sehr gediegene und für hiesige Verhältnisse sehr teure Angelegenheit, dennoch ausgesprochen populär. Tolle Terrasse und erlesene internationale Küche mit stark italienischem Einschlag (Steaks, Risotto, Caprese, Carpaccio), Hg. 12,50–21 €. Nur mittags und abends. Nahe der Pension Terrasses d'Uçhisar, ✆ 2193181.

Le Mouton Rouge, am Hauptplatz, nicht zu verfehlen. Mal keine Aussicht, dafür ein hübsch-idyllischer Innenhof mit bunten, wackligen Holzstühlen. Entgegen dem Namen wird hier türkische Küche serviert: *Manti, Şiş Kebap* oder *Köfte*. Hg. 7–10,50 €. ℡ 2193000.

Wandern

Von Uçhisar kann man durch das weiße **Taubental** (mit „Güvercin Vadisi" ausgeschildert) in 1½ Std. nach Göreme wandern. Das Tal erhielt seinen Namen von den vielen Taubenschlägen in den Felsen. Der Einstieg ist an der Straße nach Ürgüp (vom Zentrum der Beschilderung zum „Kaya Hotel" folgen) bei der Göreme Onyx Factory mit „Hiking Trail Pidgeon Valley" ausgeschildert und weitestgehend orange markiert. Sollte Ihr Weg nach ca. 40 Min., wenn sich das Tal in einen kleinen aber imposanten Cañon verwandelt, an einer steil abfallenden Felswand enden, dann müssen Sie für ca. 100 m zurückgehen und dann dem breitesten Pfad bergauf folgen (dabei hat man zuweilen das Gefühl, Richtung Uçhisar zurückzulaufen). Man umgeht so den nicht begehbaren Abschnitt an seiner höchsten Stelle. Dabei müssen Sie nicht kraxeln! Die Markierungen sind hier spärlich.

Zudem bietet sich eine kleine Wanderung durch das **Liebestal** *(Aşk Vadisi* bzw. *Bağlı Dere)* an. Anfangs ist es recht eng, später wird es weiter und überrascht mit seltsamen phallusartigen Tuffformationen. Den Einstieg finden Sie am nördlichen Ortsende von Uçhisar an der Straße nach Göreme. Dort den Feldweg links an der Onyxfabrik Özler vorbei nehmen, nach ca. 250 m bei der ersten Möglichkeit rechts ab. Nach weiteren 5 Min. erblickt man das Tal, durch das ein Pfad führt. Ca. 1½ Std. kann man hindurchwandern, bis man am Ende des Tals in geteertes Sträßchen erreicht, das nach rechts zur Verbindungsstraße Göreme – Avanos führt. Von dort bestehen Dolmuşverbindungen in beide Richtungen.

Geführte Wanderungen Wanderungen zu versteckten Kirchen abseits der ausgetretenen Pfade bietet der deutsche „Wandercharismatiker" **Bernd Junghans** an, der sich der Erforschung der kappadokischen Felsenkirchen widmet. Tagestouren für max. 4 Pers. 80 €/Tag. Zu erreichen über die Pension Position Uçhisar (s. o.) bzw. unter ℡ 0538/7405849 (mobil), www.berndputz.de.

Onyx – Stein des Reichtums und der Alpträume

Kein Souvenirshop in Kappadokien, der nicht eine breite Palette an Onyxprodukten anzubieten hätte. Dabei handelt es sich genau genommen um Onyxmarmor, der nicht ganz so kostbar ist wie echter Onyx und v. a. in der Gegend um Hacıbektaş (50 km nördlich von Nevşehir) in verschiedenen Farbtönen abgebaut wird. Der Stein wird zu Aschenbechern, Vasen, Mörsern, Schachfiguren, Perlenketten oder sinnlosen Eiern (na ja, nicht ganz: man kann sie in die Milch legen, damit diese nicht so schnell überkocht ...) gedrechselt, geschliffen und poliert – eine ziemlich staubige und für die Lungen mörderische Angelegenheit. Wer die Metamorphose vom unbearbeiteten Stein zum Schmuckstück verfolgen will, hat z. B. im „Özler Centre Artisanal" in Uçhisar (→ Uçhisar/Einkaufen) Gelegenheit dazu. Wer sich anschließend mit Onyxprodukten eindecken will, sollte sich die Eigenschaften des Steins durch den Kopf gehen lassen und abwägen: Angeblich bewirkt er schlechte Träume, gleichzeitig aber auch eine Vermehrung des Vermögens ...

Göreme

ca. 2200 Einwohner

Das Touristendorf inmitten einer surrealen Tufflandschaft ist heute fast ein Synonym für Kappadokien. Es lockt die meisten Besucher an, zumal die kulturhistorischen Hotspots der Gegend in Laufweite liegen, allen voran das Göreme Open-Air-Museum.

Als Göreme noch Avcılar hieß, war es ein verträumtes Bauerndorf inmitten einer bizarren Ansammlung von Feenkaminen, Tuffkegeln und Höhlenwohnungen. Mit den großen Touristenströmen in den 1980ern änderte sich vieles für die Einwohner, selbst der Name ihres Dorfes. Auch wenn hier heute fast jedes zweite Haus eine Pension ist und nahezu jeder Bewohner in irgendeiner Weise vom Tourismusgeschäft abhängig ist – dem genialen Gesamtkunstwerk Göreme, einem ineinander greifenden Triumph von Natur und Architektur, ist kaum etwas anzuhaben. Felsenwohnungen und Tuffsteinhäuser fügen sich zu einem Gesamtbild zusammen, als hätte das Amt für Landschaftsschutz unter der Regie von Friedensreich Hundertwasser die Bauaufsicht geführt.

Göremes Beliebtheit resultiert v. a. aus der Tatsache, dass man rund um den Ort die meisten und besterhaltenen Felsenkirchen Kappadokiens findet. Das Kirchental rund 1,5 km südöstlich von Göreme, heute ein Open-Air-Museum, deklarierte die UNESCO zum Welterbe. Göreme selbst besitzt hingegen kaum Sehenswürdigkeiten. Die Überreste eines antiken Felsengrabes mit zwei dorischen Säulenstümpfen kann man an der sog. **Roma Kalesi** („Römische Burg") entdecken, dem auffälligsten Tuffsteinkegel Göremes – auf ihm weht stets eine türkische Flagge. Das Grab gehört zu den wenigen erhaltenen Zeugnissen aus vorchristlicher Zeit. Ansonsten lässt man sich am besten durch das Gassenwirrwarr treiben. Schauen Sie sich beispielsweise östlich der Orta-Mahallesi-Moschee um – dort, wo noch ein bisschen traditionelles Leben herrscht, alte Herren Tavla spielen und dunkel gekleidete Bäuerinnen vor ihren Häusern ein Schwätzchen halten. Einen tollen Blick über Göreme genießt man von der Aussichtsplattform im Westen des Städtchens.

Information/Verbindungen/Ausflüge

Telefonvorwahl 0384.

Information Es gibt keine Touristeninformation, lediglich ein kleines kommunales **Accomodation Office** am Busbahnhof, das (wenn überhaupt besetzt) bei der Zimmersuche weiterhilft.

Verbindungen Vom zentralen **Bus**bahnhof im Sommer gute Verbindungen in diverse Städte des Landes (→ Kappadokien im Überblick/Anreise mit dem Bus): Adana 5 Std., Ankara 4½ Std., Denizli/Pamukkale 10½ Std., İstanbul 12 Std., Konya 3 Std. Eingeschränkte Fernbusverbindungen im Winter.

Halbstündl. **Bus**verbindungen über Uçhisar nach Nevşehir, mind. stündl. kommunale **Busse** nach Çavuşin und Avanos (für Busse über Zelve nach Avanos → Zelve) sowie alle 2 Std. nach Ürgüp und Ortahisar.

Organisierte Touren Angeboten werden diverse Tagestouren (21–33 €) zu den Topzielen Kappadokiens, Ausflüge zu Esel und zu Pferd, geführte Wanderungen oder Busreisen zu entfernteren Zielen. Langweilig sind die häufigen Stopps bei Teppichknüpfvorführungen und anderen Verkaufsveranstaltungen – lassen Sie sich genau sagen, wohin die Tour führt und wie lange wo gehalten wird. Über 20 Agenturen sind im Geschäft. Unsere Empfehlung:

Middle Earth Travel, professionelle Agentur. Der Schwerpunkt liegt auf Adventure und Trekking. Neben Tageswanderungen durch Kappadokien (ab 35 €) werden auch Besteigungen des Hasan Dağı und des Erciyes Dağı angeboten (2-Tages-Trip ab 175 €). Cevizler Sok. 20, ✆ 2712559, www.middleearthtravel.com.

Kappadokien

Mit dem Heißluftballon über eine Märchenlandschaft!
16 Gesellschaften offerieren in Kappadokien Ballonfahrten, die meisten von April bis Oktober, ein paar wenige auch ganzjährig, sofern das Wetter mitspielt. Gestartet wird bei Sonnenaufgang – frühmorgens sind die Windverhältnisse am besten. Das bedeutet auch: Warme Kleidung anziehen, zudem ist festes Schuhwerk ratsam. Alle Veranstalter bieten einen Pickup-Service vom Hotel. Die Cracks unter den Piloten schweben mit ihren kleinen Gondeln entlang der Tuffsteintäler, die Dilettanten fahren mit ihren Megagondeln gen Himmel und plumpsen wieder hinab. Traditionell gibt es im Anschluss ein Glas Sekt und eine Urkunde, so mancher Billig- und Massenveranstalter verzichtet aber mittlerweile darauf. Ohnehin gilt: Wer bei diesem Abenteuer spart, hat keinen Spaß! Wählen Sie eine kleine Montgolfiere! Es gibt Anbieter, die 40 Leute in eine Gondel quetschen, die nur für 30 Pers. zugelassen ist. Wer dann einen Platz in der Mitte hat ... Anbieter, die von Lesern gelobt werden, sind:

Kaya Ballooning (✆ 3433100, www.kayaballooning.com), buchbar über diverse Agenturen in Göreme und Ürgüp, am besten aber über den gleichnamigen Campingplatz in Göreme (fragen Sie dort nach Yaşar, er spricht fließend Deutsch und wird darauf achten, dass Sie in einer kleinen Gondel unterkommen). Kaya Ballooning hat Gondeln für 12 (selten im Einsatz), 20 und 26 Pers., die Fahrtdauer beträgt ca. 1 Std., Kostenpunkt 120 € inkl. Pickup-Service.

Butterfly Balloons (✆ 2713010, www.butterflyballoons.com), zum Kelebek Hotel in Göreme gehörend. Hierher wechselten mehrere Piloten von Kapadokya Balloons, dem einstigen Wegbereiter des kappadokischen Ballonfliegens (heute unter neuer Leitung und laut Leserzuschriften nicht mehr zu empfehlen). Die Piloten nahmen die Philosophie der Gründer mit und setzen auf Klasse statt Masse. Butterfly betreibt bislang nur 4 Ballons mit Gondeln für 12–16 Pers. Flugdauer 70–80 Min., Kostenpunkt 175 €. Wer direkt im Kelebek Hotel bucht, bezahlt cash 150 €.

Auch **Göreme Balloons** (✆ 3415662, www.goremeballoons.com) bietet Flüge in kleinen Montgolfieren für 12 Pers., die als Deluxe Flights vermarktet werden. Flugdauer 80–90 Min., 210 €, dazu (weniger empfehlenswert) 40- bis 60-minütige Flüge in 28er-Gondeln für 150 €. Buchungsbüro in Göreme (→ Karte), Hauptsitz jedoch in Ürgüp (ca. 15 Fußmin. vom Zentrum entfernt, der Straße nach Soğanlı folgen und vor der Tankstelle links ab).

Adressen

Ärztliche Versorgung Krankenstation nahe der Post. ✆ 2712126.

Auto- und Zweiradverleih Jede Reiseagentur besorgt Ihnen ein Auto, bei Neşe Tour (s. u.) bekommen Sie z. B. ein Fahrzeug ab 45 €. Für international operierende Verleiher→ Ürgüp.

Beim Busbahnhof werden Scooter (z. B. bei **Hitchhiker Tour**, ✆/✆ 2712169, www.cappadociahitchhiker.com) für 16,50–21 € und Fahrräder (je nach Qualität für 6–12 €) vermietet.

Reisebüro Neşe Tour, seit Langem im Geschäft. Neben Flugtickets und Transfers zu den Flughäfen Kayseri und Nevşehir (8,50 €/Pers.) auch diverse Touren durch Kappadokien. Avanos Yolu, ✆ 2712525, www.nesetour.com.

Türkisches Bad (Hamam) Elis Hamam, gepflegter Hamam nahe dem Busbahnhof. Getrennte Trakte. Eintritt inkl. *Kese* 25 €, diverse Massagen extra. Tägl. 10–22 Uhr.

Waschsalon Einen Laundryservice bietet u. a. der **Berbersalon Maccan** nahe der Roma Kalesi. 6 €/Maschine.

Zeitungen In deutscher Sprache beim **Ali Baba Market** [14] an der İsalı Cad.

Einkaufen
14 Ali Baba Market

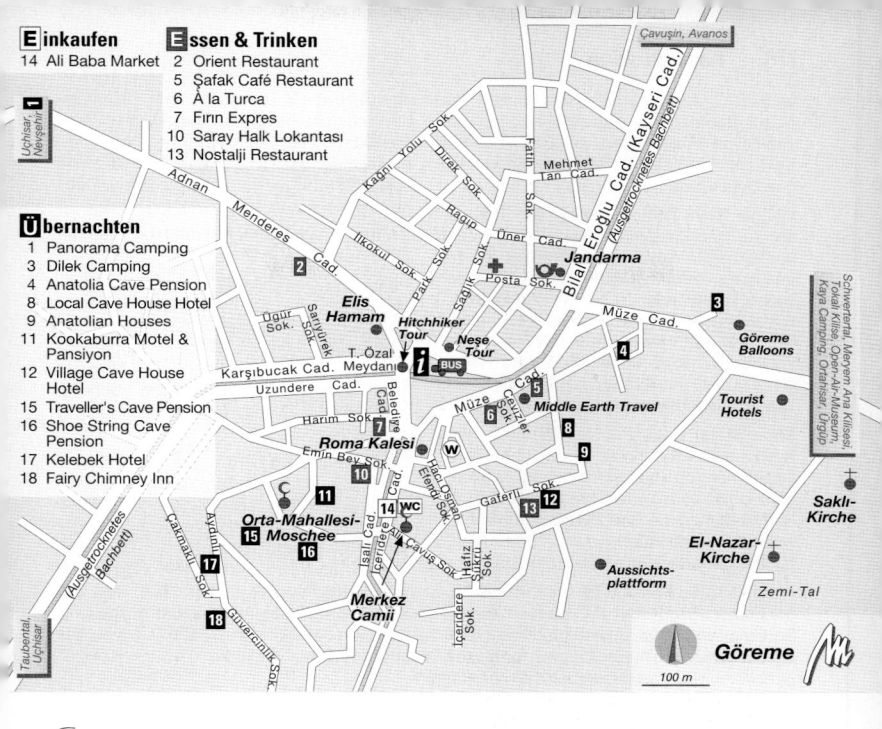

Essen & Trinken
2 Orient Restaurant
5 Şafak Café Restaurant
6 À la Turca
7 Fırın Expres
10 Saray Halk Lokantası
13 Nostalji Restaurant

Übernachten
1 Panorama Camping
3 Dilek Camping
4 Anatolia Cave Pension
8 Local Cave House Hotel
9 Anatolian Houses
11 Kookaburra Motel & Pansiyon
12 Village Cave House Hotel
15 Traveller's Cave Pension
16 Shoe String Cave Pension
17 Kelebek Hotel
18 Fairy Chimney Inn

Göreme
100 m

Übernachten/Camping

Göreme bietet gemütliche Travellerpensionen (oft mit Felsenzimmern), anständige Mittelklassehäuser und einige luxuriöse Unterkünfte – für jeden ist etwas dabei. Das Accomodation Office (→ Information) kann Unentschlossenen weiterhelfen. Eine Auswahl:

Anatolian Houses 9, die erste First-Class-Unterkunft Göremes, auf 5-Sterne-Niveau. Traumhaft schöner und traumhaft komfortabler, aber auch traumhaft teurer in Felshöhlen integrierter Komplex. In den Höfen wurden archäologische Funde schick platziert. Großzügige, individuell eingerichtete Suiten mit jeglichem Schnickschnack. Herrliche Indoor- und Outdoorpoolanlage. Für 2 Pers. 280–800 €. Gaferli Mah., ✆ 2712463, ✆ 2712229, www.anatolianhouses.com.tr.

Kelebek 17, Hotel und Pension, auf 4 Gebäudekomplexe verteilt. 40 Zimmer zwischen eher einfach, sehr komfortabel und wunderschön mit sämtlichem Luxus – unbedingt vor der Buchung anschauen. Tolle Terrassen. Hamam und Pool. DZ 50–180 €. Yavuz Sok., ✆ 2712531, ✆ 2712763, www.kelebekhotel.com.

》》 **Unser Tipp: Fairy Chimney Inn** 18, hoch über Göreme. Einst befand sich hier die Höhlenkelterei eines frühbyzantinischen Klosters. Heute wachen darüber der deutsche Ethnologe Andus Emge (promovierte über kappadokische Höhlenwohnungen), seine türkische Frau Gülcan und Haushund Panda. 10 individuell ausgestattete Zimmer (besonders schön das „Kale") mit z. T. schnuckelig integrierten Bädern samt Fußbodenheizung. Diverse Terrassen mit Top-Ausblicken, stets eine schattig und eine sonnig. Auf Wunsch sachkundige Exkursionen. Am Abend regionale Küche auf Anfrage. DZ je nach Größe und Ausstattung 55–111 €, für Studenten 11 % Ermäßigung. Güvercinlik Sok. 5/7, ✆ 2712655, ✆ 2712862, www.fairychimney.com. 《《

Local Cave House Hotel 8, kleine Herberge, nur 11 Höhlenzimmer mit Holzböden und z. T. Antiquitäten. Gemütliche Terrasse, Pool, schöne Aussicht. DZ je nach Lage und Ausstattung 40–100 €. Cevizler Sok. 11, ☎ 2712171, ✉ 2712498, www.local cavehouse.com.

Village Cave House Hotel 🔢, 9 angenehme, sehr saubere Felsenzimmer, recht komfortabel, Wasserkocher für die Teezubereitung, nett möbliert. Herrliche Terrassen mit tollen Ausblicken. Leser bemängelten zuletzt jedoch das Frühstück („langweilig") und die etwas unpersönliche Atmosphäre. DZ 65 €, Suite für 2 Pers. 100 €. Gaferli Sok., ☎ 2712182, ✉ 2712181, www.villagecavehouse.com.

Shoe String Cave Pension 🔢, eine nette Bleibe, die Leser immer wieder loben. Höhlenzimmer um einen gemütlichen Innenhof, ganz oben eine Terrasse mit Pool. DZ mit Bad 40–65 €, ohne Bad 29 €, Bett im Schlafsaal 9 €, Frühstück extra. Orta Mah., ☎/✉ 2712450, www.shoestringcave.com.

Anatolia Cave Pension 🔢, ordentliche Zimmer unterschiedlicher Kategorien, alle mit Bad, die schönsten, aber auch teuersten direkt im Feenkamin. Lauschiges Terrassengärtchen, nette Atmosphäre. Unter türkisch-norwegischer Leitung. Simples DZ 25 €, DZ mit besserem Bad (Duschkabine) 30 €, Felsenzimmer 45–55 €. Etwas zurückversetzt von der Müze Cad., ☎ 2712230, ✉ 2712710, www.anatoliacaves.com.

Traveller's Cave Pension 🔢, gehobenere, sehr saubere Backpackerherberge. Gepflegte, naturgemäß aber ziemlich dunkle Höhlenzimmer (z. T. mit Heizung). Terrasse mit toller Aussicht, Waschservice. Viel japanisches Publikum. DZ 33–41 €. Gaferli Mah. 28, ☎ 2712707, www.travellerscave.com.

Kookaburra Motel & Pansiyon 🔢, recht zentral gelegen. Freundliche Zimmer mit schmiedeeisernen Betten. Das Schönste aber sind die 3 Terrassen – auf der obersten schwebt man über den Dächern und Feentürmen der Stadt. Wird von Lesern immer wieder gelobt. DZ mit Bad 32 €, ohne 28 €. Orta Mah., ☎ 2712549, www.kookaburramotel.com.

Camping Es gibt mehrere Plätze rund um Göreme:

Panorama Camping 🔢, recht kleiner Platz, eigene Parzellen für Zelte (jedoch staubig), schöner Blick auf Göreme. Saubere Sanitäranlagen. Kleiner Pool, Lädchen, Cafeteria. 2 Pers. mit Wohnmobil 12,50 €. Ca. 1 km abseits des Zentrums Richtung Uçhisar, ☎ 2712352, ✉ 2712632, panoramacamping@hotmail.com.

Dilek Camping 🔢, im Osten von Göreme. Der Pluspunkt ist die Zentrumsnähe. Schatten, die Sanitäranlagen sind okay. Außerdem: Küche, Café, Waschmaschine und 8 schlichte Holzbungalows mit TV, Kühlschrank und Bad. 2 Pers. mit Wohnmobil 13 €, Bungalow für 2 Pers. 41 €. Von der Straße zum Open-Air-Museum ausgeschildert, ☎ 2712395, ✉ 2712396, www.dilekcamping.com.

››› Unser Tipp: **Kaya Camping**, traumhaft gelegener Platz (der beste weit und breit) mit Aussicht über ein Tal voller Feenkamine. Sehr gepflegt mit sehr sauberen sanitären Einrichtungen. Waschmaschine, Küche, Laden, Matratzen für Zeltler. Großer Pool. Der liebenswerte Betreiber Yaşar spricht perfekt Deutsch und steht mit Rat und Tat zur Seite. Eigene Agentur für Ballonfahrten. 2 Pers. mit Zelt und Auto oder Wohnmobil 16,50 €, 10 % Rabatt für Müller-Leser. Rund 3,5 km von Göreme entfernt, etwas oberhalb des Open-Air-Museums, ☎ 3433100, kayacamping@www.com (kein Tippfehler!!). ‹‹‹

Essen & Trinken/Nachtleben (→ Karte S. 777)

Typisch türkische Lokantas gehören in Göreme der Vergangenheit an. Dafür gibt es eine Vielzahl an stilvollen und möchtegern-stilvollen Restaurants, die neben Türkischem auch Porridge, Cheese Toast, Spaghetti, Steaks und andere internationale Backpackergerichte servieren – leider zu Preisen weit über dem Landesdurchschnitt. Ebenfalls alles andere als typisch türkisch ist der mehr nachlässige Service. Eine Kostprobe wert: der Schmortopf *Testi Kebap!* Rindfleisch, verschiedene Gemüsesorten, Knoblauch, Zwiebeln und Gewürze schmoren tagsüber etwa 2 Std. in einem Tonkrug. Am Abend wird der Krug aufgewärmt und mit viel Brimborium und großem Hallo am Tisch zerschlagen.

À la Turca 6, das gediegenste Restaurant Göremes, die Adresse für ein romantisches Abendessen. Schöne Einrichtung und gemütliche Terrasse. Gute Meze, dazu diverse anatolische Spezialitäten und Experimente mit der europäischen Küche. Leckeres Brot. Vegetarierfreundlich. Hg. 7,30–15 €, kleines Bier 3,50 €. Müze Cad., ✆ 2712882.

Orient Restaurant 2, sehr gepflegtes Restaurant mit schöner Terrasse. Neben türkischer Küche auch internationale Gerichte wie *Penne Al Arrabiata*. Hg. 5,50–17 €. An der Straße nach Uçhisar, ✆ 2712346.

Nostalji Restaurant 13, Leser entdeckten dieses kleine Hotelrestaurant relativ weit oben im Dorf und meinen: „Sehr empfehlenswert!" Drinnen Wohnzimmeratmosphäre, draußen eine herrliche Terrasse mit Blick auf Göreme. Futtern wie bei Muttern: nur kleine Karte, die beste Hausmannskost bietet, wie z. B. *Mantı* oder gefülltes Gemüse. *Testi Kebap* muss vorbestellt werden. Hg. ab 4,50 €. Kale Sok. 4, ✆ 2712301.

Şafak Café Restaurant 5, nett, klein und etwas verspielt eingerichtet. Betreiber Ali serviert guten Kaffee, Frühstück und kleine Gerichte. Eine empfehlenswerte Frühstücksadresse ist auch **Nazar Börek** nebenan, wo man süß und deftig gefüllte Teigtaschen bekommt. Müze Cad. 28.

Fırın Expres 7, bei der Roma Kalesi auf der anderen Bachseite. Noch eines der authentischeren Lokale vor Ort. Treffpunkt von Travellern mit kleinem Budget. Pide, Lahmacun und ein paar Fleischgerichte zu 2–6 €. Alkoholfrei.

Saray Halk Lokantası 10, die einfache Lokanta ist eine Rarität in Göreme. Kleine Auswahl an Meze, Eintöpfen und gefülltem Gemüse – leider etwas lieblos zubereitet, dafür sind die Gerichte aber auch frischer als in vielen Touristenlokalen. Preise vorher erfragen. Emin Bey Sok.

Wandern

Göreme ist dank seiner zahlreichen Täler in der nächsten Umgebung ein idealer Ausgangspunkt für kleine Wanderungen und längere Spaziergänge. Eine knapp zweistündige Wanderung führt z. B. durch das **Taubental** *(Güvercinlik Vadisi)* nach Uçhisar. Um den Einstieg zu finden, folgt man der Uzundere Cad. gen Südwesten und wandert, wenn es nach links zum Göreme Kaya Hotel bergauf geht, einfach geradeaus weiter, Verlaufen unmöglich. Von Uçhisar gelangen Sie mit dem Dolmuş wieder zurück. In entgegengesetzter Richtung, also von Uçhisar nach Göreme, ist der Weg weniger anstrengend (→ Uçhisar/Wandern, S. 774), aber nicht immer so einfach zu finden.

Westlich des Open-Air-Museums erstreckt sich das **Zemi-Tal** (→ El-Nazar-Kirche) mit vielen phallusartigen Feentürmen – herrlich zum Durchstreifen! Den Einstieg finden Sie nahe den Tourist Hotels auf der Straße zum Museum.

Ins **Schwertertal** *(Kılıçlar Vadisi)* gelangt man, wenn man zwischen dem Hinweisschild zur *Saklı Kilise* (→ S. 781) und dem untersten Parkplatz des Göreme Open-Air-Museums links abzweigt. Der Pfad durch das Tal führt vorbei an vielen spitz zulaufenden Felsgebilden und endet in Çavuşin. In dem Tal versteckt sich die gleichnamige Felsenkirche (Taschenlampe mitnehmen!).

Geführte Wanderungen → Organisierte Touren.

Zwischen Göreme und dem Open-Air-Museum

Die Täler rund um Göreme waren den frühen Christen willkommen – hier konnten sie ungestört eine fromme Existenz führen, und wurden sie doch gestört, so war die Natur das beste Versteck. Die wichtigsten Kirchen an und abseits der Straße von Göreme zum Open-Air-Museum machen Appetit auf Letzteres.

El-Nazar-Kirche: Im 10. Jh. schlug man sie mit dem Grundriss eines griechischen Kreuzes mit drei Apsiden in einen Tuffkegel. Irgendwann brach ein Teil ihrer Außenwand weg, sodass die Sonne ihre Fresken, darunter den ikonongrafischen Zyklus über das Leben Christi, etwas ausbleichten. Der Kirchentorso war eines der beliebtesten Plakatmotive Kappadokiens. Vor wenigen Jahren wurde die Kirche überaus aufwendig restauriert, die fehlenden Tuffsteinwände wurden künstlich wieder geschlossen. Hinter der Kirche erstreckt sich das *Zemi-Tal*, durchsetzt von Weingärten und Aprikosenbäumen. Die Form der dortigen Feenkamine soll schon so mancher züchtigen Besucherin die Schamröte ins Gesicht getrieben haben ...

Am Ortsausgang von Göreme, kurz hinter den Tourist Hotels, zweigt rechter Hand ein befahrbarer Schotterweg zur El-Nazar-Kirche ab (beschildert). Nach ca. 400 m links halten. Tägl. 8–18.30 Uhr, im Winter bis 16.30 Uhr. Eintritt 3,20 € – falls Wärter Hüseyin gut gelaunt ist, gibt's eine Führung.

Kirchenkunst in Kappadokien

Das Gros der Klöster, Kapellen und Einsiedeleien Kappadokiens, Bauten ohne strenge Statik, wurde zwischen dem 8. und 13. Jh. in den weichen Tuffstein gehauen. Vielerorts beeindrucken großartige, teils auch filigran ausgeführte Malereien mit sakralen Themen. Andere Kirchen zeigen hingegen nur ein paar Symbole und geometrische Muster – Kreuze, Zickzacklinien, Rosetten, Rauten oder einfache Ornamente, die mit roter Farbe auf den Stein aufgetragen wurden.

Der Grund dafür liegt im Ikonoklasmus (Bilderstreit), der im 8. und 9. Jh. das Byzantinische Reich erschütterte. Unter dem Einfluss jüdischer und arabischer Anschauungen wurde unter Leo III. (717–741) die bildliche Darstellung von Christus, den Aposteln und Heiligen als Sünde angesehen und die Verehrung von Heiligenfiguren verboten. Sämtliche Ikonen wurden aus den Kirchen entfernt, unzählige Kunstwerke zerstört – eines der wenigen Beispiele vorikonoklastischer Kirchenkunst findet man in der Ağaçaltı Kilisesi im Ihlara-Tal (→ S. 808). Erst in der Mitte des 9. Jh. fand die kulturelle Stagnation ihr Ende, viele Kirchen wurden mit umso prächtigeren figurativen Ausdrucksformen neu geschmückt. In manchen Kirchen, in denen der Putz bröckelt, sieht man hinter schönen Fresken noch die alten ikonoklastischen Verzierungen.

Anhand der Malereien ist eine ungefähre Datierung somit auch für Laien möglich. Die mit Pinseln sehr detailliert ausgeführten Fresken sind die jüngsten und entstanden ab dem 11. Jh. Man nimmt an, dass es Kartonsammlungen für Künstler gab, welche die Anbringung der ersten Umrisse ermöglichte. Diese mussten später nur noch ausgemalt werden. Beabsichtigt war eine klare, grafische Interpretation der heiligen Texte, also eine stereotypisierte, didaktische Kunst, die eine einfache Auffassung der Bilder ermöglichte. Die Zyklen hatten den Prediger in seiner Aufgabe zu unterstützen, Analphabeten zu belehren. Die gängigsten Themen waren die Kindheit Marias, die Verkündigung, Christi Geburt, die Taufe Jesu durch Johannes, die Wunder Jesu, der Verrat des Judas, die Verleugnung Petrus', das Abendmahl, die Kreuzigung, die Grablegung, die Auferstehung und Pfingsten. Viele Fresken wurden durch Steinwürfe – mit Vorliebe wurde auf die Augen gezielt – stark in Mitleidenschaft gezogen. Dies geschah durch eine spätere, islamisch begründete Bilderstürmerei.

Göreme Open-Air-Museum (Göreme Açık Hava Müzesi)

Saklı Kilise („Versteckte Kirche"): Die Kirche am Abschluss einer Bergwand entstand vermutlich im 11. Jh. und wurde erst 1957 entdeckt. Ihre reiche Ikonografie illustriert die klassischen Themen: Entschlafung der Jungfrau, Taufe im Jordan und den Hl. Michael beim Bezwingen des Drachen. Auf den Fresken in auffällig hellen Farben entdeckt man auch Feenkamine – der Maler verwendete die kappadokische Landschaft als Bühnenbild für biblische Szenen. Dass die Ausschmückung noch so gut erhalten ist, führt man darauf zurück, dass die Kirche bereits kurz nach ihrer Fertigstellung wegen Einsturzgefahr aufgegeben wurde und in Vergessenheit geriet.

Auf halbem Weg zwischen Göreme und dem Open-Air-Museum weist ein Schild beim (von Lesern übrigens sehr gelobten) Seyyah Han Restaurant nach rechts zur Kirche, dort parken. Den Weg am Restaurant vorbei bergauf nehmen und dem Pfad stets bergauf folgen, bis man in das dahinter liegende Zemi-Tal mit seinen phallusartigen Feenkaminen blicken kann. Auf dem Kamm wiederum bergauf halten und rechter Hand nach einem bergab führenden Treppchen Ausschau halten. Die Kirche ist mit einer Gittertür versperrt, aber einsehbar. Kein Eintritt.

Tokalı Kilise („Kirche mit der Schnalle"): Die Kirche, ca. 100 m unterhalb des Eingangs zum Open-Air-Museum, gehört zu den größten Felsenkirchen Kappadokiens. Ihre farbenfrohen Fresken aus dem 10. Jh., z. T. sehr feine, aristokratisch anmutende Malereien, sind ungewöhnlich gut erhalten und nicht verblasst. Der Grund: Die Bauern der Gegend nutzten die Kirche einst als Taubenschlag und mauerten den tonnengewölbten Eingang bis auf ein kleines Fugloch zu. Nur einmal im Jahr öffneten sie ihn, um den Dung abzutransportieren. Benannt wurde die Kirche nach ihrem schnallenförmigen Dekor im Gewölbe.

Öffnungszeiten → Open-Air-Museum. Eintritt nur mit Ticket des Open-Air-Museums.

Göreme Open-Air-Museum (Göreme Açık Hava Müzesi)

Kappadokiens Welterbe ist ein Tal voller Kirchen und Kapellen. Als man sie schuf, führte der Weg ins Himmelreich durch die Erde. Heute steht man trotz satter Eintrittspreise vor vielen Kircheneingängen zuweilen Schlange.

Die besondere Geologie der Region hat die Entwicklung einer Felsenarchitektur ermöglicht, bei welcher die Formen von Gebäuden im Negativen – also nicht durch Aufbau, sondern durch Aushöhlung – reproduziert wurden. Im Göreme Open-Air-Museum handelt es sich dabei insbesondere um Kirchen und Kapellen – zu besichtigen sind hier einige der schönsten Kappadokiens. Diese waren aber nicht nur Stätten des Gebets und der Meditation, auch Trauerfeierlichkeiten wurden darin abgehalten. Die zahlreichen Gräber (Steinmulden) in den Kirchen lassen darauf schließen, dass das kappadokische Christentum einen ausgeprägten Totenkult pflegte. In den Felsen der Umgebung kann man zudem Räumlichkeiten entdecken, die den Mönchen als Scheunen, Ställe für Ziegen und Schafe, Refektorien und Klosterzellen dienten. Auf dem vulkanischen, fruchtbaren Boden der Umgebung baute man Getreide, Wein und Gemüse an. Arg viel mehr ist über die Lebens- und Überlebensweise der christlichen Gemeinden Kappadokiens leider nicht bekannt. Das gilt auch für die ursprünglichen Namen der Kirchen. Ihre heutigen Bezeichnungen entspringen größtenteils dem einfachen Wortschatz der hier später ansässig gewordenen türkischen Bauern, die die Kirchen nach ganz simplen Kriterien unterschieden.

Gleich linker Hand hinter dem Eingang führen Stufen zum Rahibeler Manastırı (Nonnenkonvent) – er ist am Ende des Rundgangs beschrieben. Geradeaus gelangt man an einem Café und einem öffentlichen WC vorbei zur **Aziz Basil Şapeli (St.-Basilius-Kapelle)**, die einen kleinen Vorgeschmack auf das gibt, was Sie noch erwartet. In ihr Inneres fällt nur wenig Licht, die Fresken in den drei Apsiden, darunter Maria mit Jesus, lassen sich ohne Taschenlampe nur schwerlich ausmachen. In den Mulden am Boden des Vorraumes wurden einst Verstorbene beigesetzt.

Von hier führt der Weg weiter zur **Elmalı Kilise (Apfelkirche)**, einer kleinen Kreuzkuppelkirche, die zugleich eine der berühmtesten des Tals ist. Durch einen schmalen Gang gelangt man in den vollständig ausgemalten Innenraum. Die Kirche besitzt neun Kuppeln, die mittlere zeigt Jesus Pantokrator, drum herum Heilige, Engel (darunter können Sie Gabriel mit dem Apfel suchen) und Märtyrer. Die Fresken, einst durch mutwillige Zerstörung und Besuchermonogramme schwer in Mitleidenschaft gezogen, wurden jahrelang mühevoll restauriert. Stellenweise sieht man noch die alte, nichtfigurative Bemalung.

Im gleichen Felsblock befindet sich die **Barbara Kilise (Barbarakirche)**. Das vorrangig nichtfigurative Dekor dieser Kirche spricht für die Entstehung in der Zeit des Bilderstreits. Später wurden die Ornamente z. T. farbig übermalt. Das große axialsymmetrisch angeordnete Reiterbild stellt Georg und Theodor dar, die mit der Tötung des Drachens beschäftigt sind – dieses Bild findet man noch in weiteren hiesigen Kapellen. Auf der anderen Seite der Hauptapsis, die Jesus Pantokrator zeigt, sieht man die Schutzherrin der Kirche.

Die **Yılanlı Kilise (Schlangenkirche)** war ursprünglich eine Grabkammer, die später zur Kirche ausgebaut wurde. Die Apsis ist unvollendet. Auch hier lassen sich noch die alten geometrischen Muster in roter Farbe erkennen, und auch hier taucht wieder ein Fresko mit der Darstellung Georgs und Theodors im Kampf mit einem reptilienartigen Drachen auf – daher übrigens auch der Name der Kapelle. Beachtenswert ist das Fresko mit den Heiligen Basilius, Thomas und Onuphrius – Letzterer, übrigens Schutzpatron der Stadt München, steht nackt, mit stattlichem Bart und weiblicher Statur samt Brüsten vor einer Palme. Zu dieser seltsamen Figur gibt es mehrere Legenden. Es heißt, Onuphrius sei eine Frau gewesen und zwar von so hinreißender Schönheit, dass sie sich wünschte, Gott möge sich ihrer erbarmen und sie vor den Nachstellungen der Männer schützen. Gott kam ihrem Wunsch nach, entstellte ihr zum Schutze das Gesicht und ließ ihr einen Bart wachsen. Bösere Zungen behaupten, Onuphrius sei als Frau eine hemmungslose Sünderin gewesen und habe Gott gebeten, ihr noch mehr Gelegenheit zu geben, ihrem lasterhaften Lebenswandel zu frönen. Dieser verwandelte sie daraufhin aus Zorn in einen alten Mann.

Auf dem Weg weiter zur Karanlık Kilise passiert man ein **Refektorium** (Speisesaal) mit einem aus dem Fels gehauenen Tisch, der 40 bis 50 Personen Platz bot. Anbei sind in den Fels noch Lagerräume und Küchen geschlagen.

Über eine Treppe gelangt man schließlich zur **Karanlık Kilise ("Dunkle Kirche")**, für die ein separater Eintritt zu zahlen ist. Die Kirche hält, was ihr Name verspricht: Die Augen müssen sich erst an die Dunkelheit gewöhnen, bevor man die auf nachtblauen Hintergrund gemalten Fresken wahrnehmen kann. Diese zählen mit denen der Elmalı Kilise zu den vollkommensten Kappadokiens, wahrscheinlich wurden sie auch von dem gleichen Künstler im 11. Jh. gemalt. Dieser, so vermutet man, kam aus Konstantinopel, denn die Gewänder der Heiligen entsprechen der damaligen Mode am byzantinischen Hofe. Die Fresken, die vorrangig Szenen aus dem Leben Christi zeigen, sind dank dem geringen Lichteinfall und einer Restauration in einem sehr guten Zustand.

Çavuşin 783

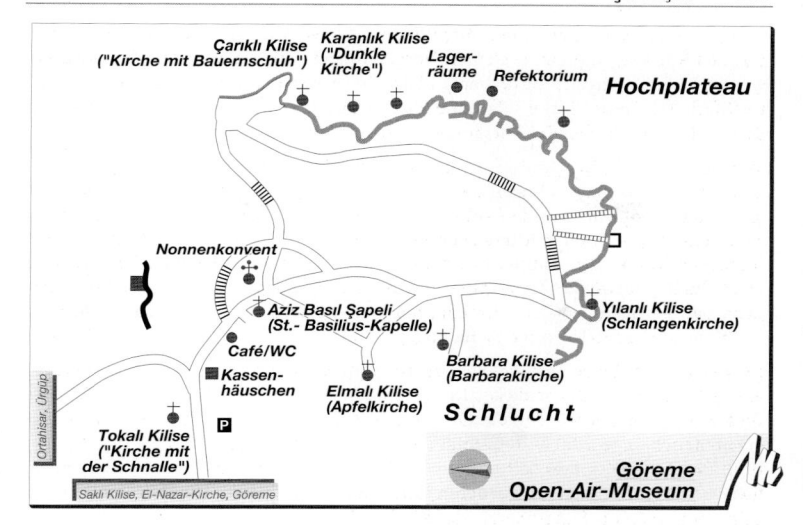

Map labels:
- Çarıklı Kilise ("Kirche mit Bauernschuh")
- Karanlık Kilise ("Dunkle Kirche")
- Lagerräume
- Refektorium
- **Hochplateau**
- Nonnenkonvent
- Aziz Basıl Şapeli (St.- Basilius-Kapelle)
- Café/WC
- Kassenhäuschen
- Yılanlı Kilise (Schlangenkirche)
- Barbara Kilise (Barbarakirche)
- Elmalı Kilise (Apfelkirche)
- **Schlucht**
- Tokalı Kilise ("Kirche mit der Schnalle")
- Ortahisar, Ürgüp
- Saklı Kilise, El-Nazar-Kirche, Göreme
- **Göreme Open-Air-Museum**

Vorbei an weiteren kleinen Kirchen (z. T. mit vielen Grabnischen) gelangt man zur – 2011 wegen Gefahr von Felsrutschen nicht zugänglichen – **Çarıklı Kilise** (auch: **Sandal Kilise;** „Kirche mit dem Bauernschuh"). Ihren Namen verdankt sie einer Mulde in Form eines Schuhabdrucks unter dem Himmelfahrtsbild. Obwohl nur mit zwei Säulen ausgestattet, ist sie ebenfalls eine Kreuzkuppelkirche. Sofern die Kirche wieder geöffnet ist, sieht man darin Jesus Pantokrator in der Zentralkuppel, die Deesis (Christus-Darstellung beim Jüngsten Gericht) ziert die Hauptapsis.

Auf dem Weg zurück zum Eingang passiert man noch den bereits angesprochenen **Rahibeler Manastırı (Nonnenkonvent)**. In das Felsgebilde wurden mehrere Etagen gegraben, die unterste diente vermutlich als Speisesaal, darüber befinden sich Kapellen. Durch tunnelartige Gänge sind die Etagen miteinander verbunden. Bei Gefahr konnten sie durch Steinplatten verschlossen werden.

Tägl. 8–19 Uhr, im Winter bis 17 Uhr. Open-Air-Museum 6,10 €, Karanlık Kilise zusätzliche 3,20 €, Audioguide zusätzliche 4,10 €. Parken extra.

> Sie wollen weiter gen Osten? **Ortahisar** finden Sie auf S. 789, **Ürgüp** auf S. 791.

Çavuşin

4 km nördlich von Göreme, an der Straße nach Avanos, liegt Çavuşin, ein guter Ausgangspunkt für Wanderungen. Das bäuerlich geprägte Dorf breitet sich zu Füße einer großen, eingestürzten Felswand aus. Das Unglück, das mehrere Tote kostete, ereignete sich 1963 und raubte dem Ort zugleich seine größte Attraktion: Denn mit dem Felssturz brachen Säle der berühmten **Täuferkirche** weg, eine der ältesten Kirchen Kappadokiens (vermutlich 5. Jh.). Die noch verbliebenen Säulen und Fresken

Bizarre Felsformationen im Paşabağı-Tal

in der Felswand sind eigentlich keinen Besuch wert. Trotzdem steigen viele zur Kirche auf und genießen von dort den Anblick Çavuşins aus der Vogelperspektive. Der Pfad hinauf beginnt gegenüber dem Eingang zum Hotel Green im oberen Ortsbereich. Er führt über den Bergfelsen. Auf der anderen Seite müssen Sie nach einem Holzsteg in der Felswand Ausschau halten. Nach dem Felssturz wanderten übrigens viele Dorfbewohner nach Deutschland ab, insbesondere in den Raum Göppingen und Esslingen. Andere bauten sich neue Häuser in sicherer Entfernung zur Felswand.

Zum Glück hat man mit Kirchen in Kappadokien nicht gespart, und so besitzt Çavuşin auch noch eine sehenswerte: die **Çavuşin Güvercinlik Kilisesi ("Taubenschlagkirche")** etwas nördlich des Dorfes, rechts der Straße nach Avanos. Hier ist lediglich der Kirchenvorraum eingestürzt, sodass die dort noch verbliebenen Fresken – die heute gesichtslosen Erzengel Gabriel und Michael – gänzlich dem Sonnenlicht ausgesetzt sind. Über eine Eisentreppe tritt man direkt ins hintere Kircheninnere, ein Tonnengewölbe mit drei Apsiden, das im 10. und 11. Jh. vollständig ausgemalt wurde. Dem Betrachter bietet sich ein ausführlicher Bilderzyklus von der Verkündigung der Geburt Christi bis zur Himmelfahrt. Ein Plan am Eingang gibt Auskunft über die einzelnen Bilder, mehrere haben die Zeiten ganz gut überstanden (tägl. 8–19 Uhr, Eintritt 3,20 €).

Verbindungen Mind. stündl. ein Bus nach Göreme und Avanos.

Übernachten Mehr und mehr Unterkünfte sind im Entstehen – neben unserer Empfehlung gibt es auch noch einfache Pensionen.

The Village Cave, Anlage mit 6 Zimmern in einem ehemaligen Kloster, 3 davon im Fels, 4 weitere Superluxuszimmer sollen folgen. Sehr charmant. Schöne Terrasse mit Blick auf den Burgberg. DZ 70–120 €. Im Ort ausgeschildert, ✆ 0384/5327197, ℻ 5327144, www.thevillagecave.com.

Wandern Folgt man vom Dorfplatz der Straße vorbei am Hotel Green bis zu ihrem Ende, findet man bei der dortigen Moschee die ersten Hinweisschilder zum Rosental (mit „Rose Valley" und „Güllüdere" ausgeschildert), das seinen Namen von den rosafarbenen Felsformationen erhielt. Im Tal passiert man ein paar Kirchen, darunter die

Ayvalı Kilise (Quittenkirche), wo man im Sommer meist einen Getränkeverkäufer findet. Vom Rosental führt ein Pfad weiter zur **Kızılçukur** (Roten Schlucht → S. 791) und dem darüber liegenden Aussichtspunkt.

Von Çavuşin bietet sich auch die Möglichkeit einer Durchquerung des **Meskendir-Tals** an (erst der Beschilderung Richtung Rosental folgen, dann dem Hinweisschild „Meskendir Vadisi"). Dabei gelangt man vorbei am Kaya Camping (→ S. 778) zur Verbindungsstraße Göreme – Ürgüp. Keine Angst vorm Verlaufen – der 1320 m hohe Akdağ (auch *Boztepe* genannt) zur Linken hilft als Orientierungspunkt. Umrundet man den Boztepe von Çavuşin übrigens entlang seiner Nordwestflanke, gelangt man über das **Paşabağı-Tal** nach Zelve.

Zudem kann man von Çavuşin über das **Liebestal** (*Aşk Vadisi* bzw. *Bağlı Dere*) nach **Uçhisar** wandern. Um den Einstieg zu finden, verlässt man Çavuşin in Richtung Göreme und zweigt knapp 1 km nach dem Ortsausgangsschild bei einem Brunnen nach rechts auf ein asphaltiertes Sträßchen ab. Nach ca. 200 m geht es von dort links ab auf einen Feldweg (2. Möglichkeit, rechts eine Tuffsteinformation). Bis hierher kann man auch mit dem Auto fahren.

Paşabağı-Tal

Das Paşabağı-Tal beherbergt die höchsten und imposantesten Feenkamine Kappadokiens. Die Natur hat hier eine besondere Posse gerissen. Umgeben von Weingärten und Souvenirshops stehen die Riesen teils zu Zwillingen und Drillingen zusammengewachsen in der Landschaft. Einige von ihnen wurden schon vor Jahrhunderten ausgehöhlt und fanden Verwendung als Mönchszellen, Kapellen, Grabkammern oder mehrstöckige Wohnungen. Selbst die Jandarma hat sich hier in einem Tuffsteinkegel einquartiert. Vor allem zum Sonnenuntergang wird das Tal von Busgruppen nur so überrannt. Um es zu erreichen, zweigt man von der Verbindungsstraße Göreme – Avanos rund 2 km nördlich von Çavuşin Richtung Zelve (ausgeschildert) ab – man passiert das Tal kurz darauf automatisch. Die Avanos-Ürgüp-Busse fahren alle zwei Stunden am Tal vorbei.

Zelve

Im rötlichen Tuffstein Zelves wohnten Römer, Byzantiner, Seldschuken, Osmanen, Griechen und Türken. Das Dorf wurde erst 1953 aufgegeben, nachdem die Felsen reihenweise einzustürzen begannen.

Das heute zum Museum erschlossene Areal ähnelt dem Göreme Open-Air-Museum (→ S. 781). Seine Felsenkirchen sind zwar weniger kunstvoll ausgemalt, dafür ist Zelve erheblich größer und landschaftlich reizvoller, außerdem weniger überlaufen. Es umfasst drei durchlöcherte Täler, die zu den ältesten besiedelten Gegenden Kappadokiens zählen. Mehrere tausend Jahre lang lebten hier Menschen. Erst als das Wohnen in den Höhlen Mitte des 20. Jh. immer riskanter wurde, entstand mit staatlichen Mitteln 2 km nördlich Yeni Zelve (Neu-Zelve, heute Aktepe). Bis in die Gegenwart rutschen in Alt-Zelve Felswände ab, zuletzt traf es den freistehenden Felskoloss mit der **Geyikli Kilise** („**Kirche mit dem Hirsch**") zwischen dem ersten und dem zweiten Tal – er brach bereits 2002 auseinander, 2008 zerfiel er in weitere Stücke. Die dreieckigen Schilder entlang der Fußwege, die sonst in den Alpen vor Steinschlag warnen, sind also durchaus ernst gemeint, die riskantesten Ecken sind aber abgesperrt. Die drei Täler verlocken zu Streifzügen. Man kann Felsenwohnungen erklettern, ein **Kloster** erblicken, dessen Fassade wegbrach und von dessen Decke ein Baum erdwärts wächst, man kann alte **Mühlen** erkunden und eine **Felsen-**

Kappadokien

moschee mit einem typisch kappadokischen Mini-Minarett besichtigen: Zwischen den vier Säulen blieb dem Muezzin gerade noch genug Platz zur Erfüllung seiner Pflichten. Von den Kirchen ist die **Üzümlü Kilise ("Traubenkirche")** die am besten erhaltene. Aufgrund ihres Dekors wird sie in die Zeit des Bilderstreites (8./9. Jh.) datiert. Abenteuerlich ist schließlich der Tunnel, der das erste und das zweite Tal verbindet. Der Eingang ist im zweiten Tal anhand einer auffälligen Eisentreppe leicht zu finden, im ersten Tal ist es schwieriger. In jedem Falle sollten Sie für die Durchquerung eine Taschenlampe zur Hand haben.

Anfahrt Von der Straße Göreme – Avanos zweigt man 2 km hinter Çavuşin rechts ab, von da noch weitere 3 km bis Zelve (ausgeschildert). Auch die Avanos-Göreme-Ürgüp-**Busse** passieren Zelve. Abfahrt von Avanos um 9, 11, 13, 15 und 17 Uhr, Abfahrt von Ürgüp um 8, 10, 12, 14 und 16 Uhr, Abfahrt in Göreme jeweils 15 Min. später (Stand: 2011).

Öffnungszeiten Im Sommer tägl. 8–19 Uhr, im Winter bis 17 Uhr. Eintritt 3,20 €.

Falls Sie von Zelve weiter nach Ürgüp wollen, passieren Sie das Devrent-Tal, einen versteinerten Zaubergarten. Lesen Sie dazu weiter ab S. 795.

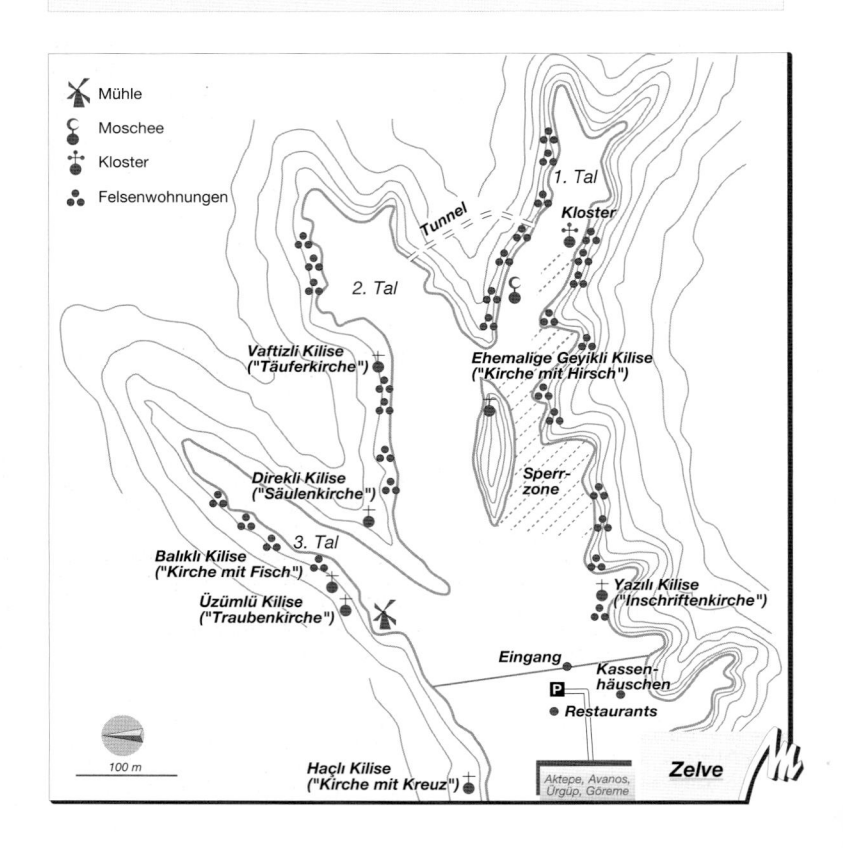

Avanos

ca. 12.300 Einwohner

„Selbst ein Blinder findet den Weg nach Avanos", sagen die Einheimischen, „er folgt den Scherben zerbrochener Tonkrüge". Avanos ist das Zentrum des kappadokischen Töpferhandwerks.

Avanos besitzt zwar eine bis in die Hethiterzeit zurückreichende Siedlungsgeschichte, nahezu sämtliche Spuren davon sind jedoch verwischt. Nur die Tradition des Töpferhandwerks hat die Jahrtausende überlebt. Die Tonerde dazu gewinnt man aus den roten Hügeln der Umgebung und aus dem Bett des *Kızılırmak* („Roter Fluss"), an dem sich die Stadt erstreckt. Der Fluss ist mit 1355 km der längste der Türkei und Avanos selbst wohl eines der zersiedeltsten, auseinandergezogensten Städtchen des Landes. Es liegt abseits der Feentürme und des kappadokischen Trubels. Dennoch kommen viele Touristen – v. a. bei Busgruppen ist Avanos als Standort und Durchgangsstation beliebt: Die Tourenanbieter haben Verträge mit den rund 50 Töpfereien des Ortes, mit dem örtlichen Hamam, mit einigen Großrestaurants und den charakterlosen Komforthotels am Stadtrand. Selbst ein *Hilton*-Ableger ist hier mittlerweile zu finden.

Das Zentrum ist nett, ruhig und unspektakulär. Seine Hauptachse ist die Atatürk Caddesi, die parallel zum begrünten Ufer des *Kızılırmak* verläuft. Nordöstlich des Cumhuriyet Meydanı – den Hauptplatz ziert ausnahmsweise keine Atatürkstatue, sondern die eines unbekannten Töpfers – erstreckt sich die Altstadt. Viele der schönen, wenn auch heute renovierungsbedürftigen alten Steinhäuser gehörten einst Armeniern. Hier findet man auch Kappadokiens kuriosestes Museum, das **Haarmuseum** des Töpfers Galip („Chez Galip"), der seit über 25 Jahren Frauenhaar aus aller Welt sammelt. Etliche tausend Exemplare baumeln hier von der Gewölbedecke. Für Männer ist der Eintritt frei, Frauen müssen Haar lassen.

Information/Verbindungen/Ausflüge/Adressen

Telefonvorwahl 0384.

Information Ein neues Infohäuschen soll bis zu Ihrem Besuch an der Autobrücke über den Fluss entstehen. www.avanos. bel.tr. Für Informationen jeglicher Art kann man sich auch an das **Reisebüro Kirkit** (→ Organisierte Touren) wenden.

Verbindungen Busbahnhof ca. 2,5 km außerhalb des Zentrums an der Kapadokya Cad. Direktbusse (z. B. *Metro*) in alle größeren Städte an der Küste, zudem nach Ankara, Trabzon, İstanbul und Konya. Auf die kommunalen Busse und Dolmuşe kann man am Hauptplatz zusteigen: stündl. nach Özkonak (nur Mo–Fr!), halbstündl. nach Nevşehir, jede volle Std. über Çavuşin, Göreme und Uçhisar nach Nevşehir sowie alle 2 Std. über das Zelve-Tal nach Ürgüp (für die Abfahrtszeiten → Zelve).

Organisierte Touren/Geführte Wanderungen Freundlich, deutschsprachig und sehr hilfsbereit wird man im Reisebüro **Kirkit** beraten. Breites Programm: Tageswandertouren 30 €/Pers. mit Lunch, Ausritte (halber Tag 35 €, ganzer 50 €, 7 Tage inkl. allem 750 €), Sightseeingtouren mit dem Minibus ca. 40 € mit Lunch. Atatürk Cad. 50, ✆ 5113259, www.kirkit.com.

Ärztliche Versorgung Krankenstation nahe dem Busbahnhof an der Straße zum Sarıhan. ✆ 5114021.

Auto- und Zweiradverleih Über das Reisebüro **Kirkit** (s. o.). Autos ab 45 €/Tag, Fahrräder 15 €.

Einkaufen Neben der Töpferei (für Busgruppen bieten einige Töpfer eine Kurzdemonstration ihrer Kunst) haben in Avanos zudem die **Teppichknüpferei** und -weberei eine lange Tradition. Freitags ist **Markt**.

Türkisches Bad (Hamam) Alaaddin Hamamı ganz im Westen der Stadt. Gemischtes Bad, finnische Holz- und türkische Steinsauna! Oft von Busgruppen reserviert. Eintritt teure 25 € mit *Kese* und Massage. Tägl. 10–22 Uhr.

Übernachten/Essen & Trinken

>>> Unser Tipp: **Sofa Hotel 5**, schöner, verwinkelter Komplex aus mehreren alten Häusern und einem idyllischen, begrünten Innenhof. Mit sehr viel Liebe gestaltet, teils herrliche Decken, trödeliges Mobiliar. 30 urgemütliche Zimmer. Leser loben das ausgezeichnete Frühstück und das hilfsbereite Personal. DZ je nach Zimmer 50–90 €. Im Westen des Städtchens, ✆ 5115186, ✆ 5114489, www.sofa-hotel.com. ⋘

Kirkit Pension 6, 17 unterschiedliche Zimmer, alle freundlich-stilvoll eingerichtet. Sie verteilen sich auf mehrere an den Fels gedrückte alte Häuschen. Schöner Innenhof zum Frühstücken für warme Tage und ein Felsenrestaurant für kalte. Ganzjährig. DZ mit Bad 45 €, Abendessen (mit Livemusik) 9 €. Genç Ağa Sok. 40, ✆ 5113148, ✆ 5112135, www.kirkit.com.

Venessa Pansiyon 2, nette Pension in einem historischen Gebäude in zentraler Lage. 7 liebevoll gestaltete Zimmer auf mehrere Etagen verteilt. Hübsche Terrasse, Kunstgalerie und -atelier in einer ehemaligen Höhlenwohnung unter dem Haus. DZ 32–62 €. Hafızağa Sok. 21, ✆ 5113840.

Tokmak Konuk Evi 1, unter Leitung des freundlichen Ömer Tokmak und seiner Frau, die in München gelebt haben. 14 Zimmer unterschiedlicher Größe und Ausstattung, doch insgesamt eher einfach. Netter Hof. Hauseigener Wein. DZ 33–67 €. Camii Sok. 11 (neben der Moschee), ✆ 0543/7678881 (mobil), www.tokmakkonukevi.com.

Essen & Trinken Die meisten Lokale richten sich an größere oder kleinere Gruppen, schön sitzt man in jenen am Fluss.

Restaurant Bizim Ev 4, direkt oberhalb des Sofa-Hotels. Traditionell-gemütlich eingerichtet, im Sommer wird auf der Dachterrasse getafelt. Als Hauptgang empfehlen wir *Bostan Kebap* (ein Kebab mit dreierlei Sorten Fleisch), die Spezialität des Hauses. Gute Weine der Umgebung. Hg. 4,10–9,50 €. ✆ 5115525.

Tafana Restaurant 3, nahe dem zentralen Platz und ebenfalls zu empfehlen. Vorrangig Pide und Kebab, Hg. 3–9,50 €. Holzigwarme Einrichtung, innen wie außen ziemlich verspielt. Atatürk Cad. 31, ✆ 5114862.

Urfa Sofrası, dieser zentral gelegene Lesertipp ging erst nach unserer Recherchereise ein und konnte von uns deswegen nicht mehr überprüft werden (daher auch kein Eintrag in der Karte). Schmackhafte, preiswerte Kebabs und als Nachspeise *Künefe* (eine Süßspeise aus Fadennudeln und Käse).

Umgebung von Avanos

Sarıhan: 6 km östlich von Avanos liegt der Sarıhan (auch: Saruhan), der „gelbe Han", eine seldschukische Karawanserei aus dem Jahre 1249. Bei dessen Restaurierung vor rund 30 Jahren wurde darauf geachtet, denselben gelblichen Stein wie im 13. Jh. zu verwenden. Seitdem sieht der Han wieder aus, als wäre er erst gestern gebaut worden. Tagsüber ist er als Museum zugänglich (Eintritt 1,20 €). Sehenswert ist das reich dekorierte Eingangsportal mit einer kleinen Moschee darüber. Allabendlich (um 17.30 und 21 Uhr) finden im großen Hof, wo einst Kamele be- und entladen wurden, Derwischzeremonien für Busgruppen statt. Die 50-minütigen Vorführungen kosten 25 € pro Person.
Der Weg nach Sarıhan ist ausgeschildert. Keine Dolmuşanbindung. **Taxi** von Avanos retour ca. 11 €.

Özkonak: Die unterirdische Stadt im Dorf Özkonak 21 km nördlich von Avanos ist weit weniger imposant als jene von Derinkuyu oder Kaymaklı – was jedoch nicht heißt, dass Sie hier der einzige Tourist sein werden. Entdeckt hat die Stadt, die –

Ü bernachten
1 Tokmak Konuk Evi
2 Venessa Pansiyon
5 Sofa Hotel
6 Kirkit Pension

E ssen & Trinken
3 Tafana Restaurant
4 Bizim Ev

wie man vermutet – einst mehreren tausend Menschen Unterschlupf bieten konnte, übrigens der Dorfmuezzin, der bei Arbeiten auf seinem Grundstück 1972 zu tief stocherte. Mitte der 1980er folgten offizielle Grabungsarbeiten, bei denen man einen Weinkeller, eine Küche sowie Kindergräber fand. Von den vermuteten 19 (!) Stockwerken, die einst mit bis zu 500 kg schweren Rollsteinen geschlossen werden konnten, sind momentan erst fünf zugänglich. Die Gänge sind trotz Elektrifizierung ziemlich dunkel.

Mo–Fr stündl. ein Bus nach Özkonak, Sa/So keine Verbindungen. Im Dorf Özkonak mit „Yeraltı Şehri" ausgeschildert. Tägl. 8–19 Uhr. Nur mit Führung. Eintritt 3,20 €.

> Von Avanos nach Ürgüp? Auf dem Weg dorthin passieren Sie das bizarre Devrent-Tal (→ S. 795). Für Ürgüp lesen Sie weiter ab S. 791.

Ortahisar

Der Koloss von Ortahisar ist ein 90 m hoher Burgfels, der sich wie die Nadel einer Sonnenuhr über den Häusern des Ortes erhebt und zu gegebener Zeit Schatten spendet. Das ruhige Landstädtchen ist nebenbei eines der größten Obst- und Gemüselager der Türkei.

Ortahisar ist ein gemütlicher Ort, in dem man auch länger bleiben kann. Busgruppen übernachten in den großen Hotels am Ortsrand, Individualreisende im holprigen Auf und Ab des morbid-idyllischen Alt-Ortahisars. Dort entstanden in den letzten Jahren hübsche Unterkünfte für eine anspruchsvollere Klientel auf der Suche nach Ruhe.

Kappadokien

Die Einwohner von Ortahisar leben in erster Linie von den rund 600 riesigen Tuffsteinhöhlen der Umgebung, natürliche Kühlräume mit einer Durchschnittstemperatur von 10 °C. Vor allem Zitronen und Orangen (aus der Gegend um Mersin), aber auch Lkw-Ladungen voller Kartoffeln, Äpfel oder Zwiebeln werden nach ihrer Ernte vor die Höhlen gekarrt. In Kisten verpackt, warten die Früchte dann auf den Weitertransport. Die halbe Türkei wird von Ortahisar beliefert, und es wird auch nach Europa exportiert.

Nach Feierabend spielt sich das Leben auf dem Platz vor der Burg ab, wo die Männer im Teegarten die Zeit beim Tavlaspiel totschlagen oder den Touristen beim Erkraxeln der Burg zuschauen: Der majestätische **Burgfels**, der den kappadokischen Christen einst als Versteck vor den Arabern diente, ist Ortahisars Attraktion. Die Höhlenwohnungen waren bis weit ins 20. Jh. noch bewohnt. Der Aufstieg über Gänge, Treppen und Leitern ist nicht gerade bequem, aber die Anstrengung wird mit einem Panoramablick auf das landwirtschaftlich genutzte Umland belohnt (stets zugänglich, kein Eintritt, zuletzt jedoch wegen Restaurierungsarbeiten geschlossen).

Wer mag, kann anschließend dem ehemaligen Rathaus am Dorfplatz einen Besuch abstatten. Von dessen Balkon sprach einst Atatürk zum kappadokischen Volk. Heute befindet sich darin ein großes und nettes Touristenlokal – stolz ist man darauf, 2007 Königin Sophie von Spanien bewirtet zu haben. Im Obergeschoss richtete man ein **Museum** ein – keine Atatürkgedenkstätte, sondern eine ethnografische Exposition mit rund 30 lebensgroßen Figuren, die den Besuchern kappadokische Traditionen näherbringen sollen (vom Spannungsgrad aber Atatürkmuseen ähnlich, tägl. 9–19 Uhr, Eintritt 2 €).

Telefonvorwahl 0384.

Verbindungen Regelmäßig Busse nach Nevşehir, zudem jede halbe Std. Dolmuşe nach Ürgüp.

> Beim verrückten Ali: Schauen Sie mal bei **Crazy Ali** vorbei, der am Marktplatz in unmittelbarer Nähe zum Burgberg eine Mischung aus Trödel- und Souvenirladen betreibt. Ali ist eine Institution im Ort und eine echte Marke. Er schreibt nette Gedichte, hilft Touristen in jeglicher Hinsicht weiter und unternimmt mit ihnen auf Wunsch mystische Nachtwanderungen durch kappadokische Täler. Tägl. 10–19 Uhr. ✆ 3433071.

Wandern Bei einem Über-Stock-und-Stein-Spaziergang kann man das Balkan-Tal (Balkan Deresi) mit mehreren abgeschiedenen Kirchen entdecken. Um dahin zu gelangen, läuft man links des Ladens von Crazy Ali (s. o.) bergab, bis ein Fahrweg über ein Tal mit einem meist ausgetrockneten Bachbett beginnt. Hier dreht man bei einem vierbeinigen Stromverteiler eine 180°-Kurve nach links und nimmt die kleine Unterführung. Dahinter führt der Weg ins Tal, die ersten Kirchen erreichen Sie bereits nach ca. 15 Min.

Eine kleine 45-minütige Wanderung führt zudem ins **Pancarlık-Tal** (→ S. 796). Dafür überquert man das oben erwähnte Tal mit dem meist ausgetrockneten Bachbett, folgt dahinter der Straße und hält sich 600 m weiter bei einem Brunnen links (von da an auch ausgeschildert).

Übernachten Alkabris, feinfühlig restauriertes Felsenhaus, das Luxus in dörflicher Idylle bietet. Nur 5 geschmackvolle Zimmer. Bäder mit Jacuzzi oder Hydromassage-Duschen. Traumterrasse mit Blick bis zum Erciyes Dağı. Die freundlichen Wirtsleute sprechen Französisch. DZ 100–140 €. Im alten Ortsteil unterhalb des Burgfelsens (ausgeschildert), ✆ 3433433, www.alkabris.com.

Mantar Evi, ein Tipp für alle, die ländliches Leben hautnah kennenlernen möchten. Die gastfreundliche Familie Mantar vermietet 2 hübsche, folkloristisch eingerichtete und geräumige Zimmer mit Bad in ihrem Wohnhaus. Leckeres Abendessen auf Wunsch. DZ 41 €. In unmittelbarer Nähe zum ausgeschilderten Hezen Hotel, ✆ 3433687, www.mantarevi.net.

Atılgan Kapadokya Hotel, simple Adresse am Dorfplatz. Die Hauptkundschaft besteht aus Obst- und Gemüsehändlern. 36 überwiegend einfache, kleine Zimmer mit ebensolchen Bädern. DZ 25 €, kein Frühstück. Ulus Meydanı, ✆ 3432220, 🖷 3432249, www.atilganotel.com.

Essen & Trinken Neben dem Restaurant im alten Rathaus (s. o.) nur wenige einfache Lokantas.

Umgebung von Ortahisar

Hospital-Kloster: Die wenig besuchte, einst riesige Klosteranlage hat im Laufe der Jahrhunderte unter der Erosion stark gelitten. Was heute wie ein Hof aussieht, waren einst überdachte Kirchenräume. In der noch zugänglichen, dreischiffigen Hauptkirche des früher mehrstöckigen Komplexes sind Darstellungen aus der Ikonoklastenzeit zu erkennen. Etliche Reliefs an verschiedenen Stellen lassen vermuten, dass hier später auch armenische Steinmetzen Hand anlegten. Wie das Kloster zu seinem seltsamen Namen kam, ist nicht bekannt.

Der Weg zum Kloster ist sowohl von der östlichen Zufahrtsstraße nach Ortahisar als auch von der Straße Nevşehir – Ürgüp mit „Hospital Monastery" ausgeschildert. Frei zugänglich. Kein Eintritt.

Panoramic View Point/Rote Schlucht (Kızılçukur): Rund 4 km nördlich von Ortahisar erstreckt sich die von hohen Felswänden eingebettete, rosafarbene Tuffschlucht. Über dieser, auf der Südwestseite des 1320 m hohen *Akdağ* (auch *Boztepe* genannt), liegt der „Panoramic View Point". Der Aussichtspunkt ist einer der beliebtesten Orte für den Sonnenuntergang über Kappadokien – mit etlichen Busladungen teilen Sie die romantische Stimmung. Am Aussichtspunkt beginnt ein schöner, 4,5 km langer Rundwanderweg (ca. 2 Std.) durch die Rote Schlucht und das Rosental *(Güllü Dere)*. Dabei passiert man mehrere Kirchen, u. a. die *Üzümlü Kilise („Weinkirche")* wenige hundert Meter nach Beginn der Wanderung. Sie besitzt Wandmalereien in Form von Weinornamenten aus dem 9. Jh. Außerdem kann man vom Aussichtspunkt auf einem schmalen Pfad mit herrlichen Ausblicken, der ungefähr auf halber Höhe des Bozdağ verläuft, in ca. 2 Std. nach Çavuşin wandern – feste Schuhe sind Voraussetzung.

Anfahrt/Verbindungen Der „Panoramic View Point" ist von der Straße Nevşehir – Ürgüp bei Ortahisar ausgeschildert. Von der Kreuzung noch ca. 2,5 km auf einem Asphaltsträßchen – wer mit dem Nevşehir-Ürgüp-**Dolmuş** kommt, muss die 2,5 km laufen oder trampen.

Öffnungszeiten Der Aussichtspunkt ist tägl. von Sonnenauf- bis nach Sonnenuntergang geöffnet. Wer den regulären asphaltierten Weg zum Aussichtspunkt wählt (Autofahrer haben keine andere Möglichkeit), findet sich bald vor einer Schranke: Eintritt 0,80 €/Pers.

Ürgüp

ca. 18.600 Einwohner

Ein zweitklassiges Ausflugsziel, aber ein erstklassiger Ausgangspunkt: Das lebendige Städtchen bietet stilvolle Unterkünfte und ist zudem bekannt für seine guten Weine.

Zu Fuße eines markanten, hoch aufragenden Felsens liegt Ürgüp, eine der Hotelhochburgen Kappadokiens. Im Gegensatz zu Göreme lebt man hier aber nicht ausschließlich vom Tourismus, Ürgüp ist nach wie vor auch ein wichtiges Marktzentrum für die Bauern der Umgebung. Der älteste Teil des Städtchens erstreckt sich westlich des Hauptplatzes. Malerische Steinhäuser aus der Zeit vor dem Bevölkerungsaustausch erinnern hier an die griechische Vergangenheit des Ortes. Auch die Tradition der Weinkelterei (→ Kasten) wurde von den Griechen übernommen.

Der Stadtfelsen, auch **Temenni** („Hügel der Wünsche") genannt, wird nachts in Flutlicht getaucht. Auf den Felsen gelangt man von der Ahmet Refik Caddesi vorbei an vielen Souvenirständen (tägl. 8.30–19 Uhr, im Hochsommer bis 23 Uhr, Eintritt frei). Auf der lieblos betonierten Fläche oben findet man neben einem Terrassencafé mit Panoramablick die Türbe des Seldschukenfürsten Kılıçaslan IV., der 1266 ermordet wurde.

Ein etwas langweiliges Unterfangen ist der Besuch des örtlichen **Museums** an der Kayseri Caddesi. Hier werden wenig spektakuläre Funde aus der Region präsentiert: Schmuck, Kandelaber, Waffen, Grabstelen und Keramik aus prähistorischer, hellenistischer und römischer Zeit. Das überraschendste Exponat ist der riesige Stoßzahn eines Mammuts, der angeblich 10 Mio. Jahre alt ist (tägl. außer Mo 8– 17 Uhr, Eintritt frei).

Information/Verbindungen/Ausflüge

Telefonvorwahl 0384.

Information Tourist Information neben dem Museum an der Kayseri Cad. Tägl. 9– 17 Uhr. ☎/≈ 3414059, www.urgup.gov.tr.

Verbindungen Bus/Dolmuş: Vom kleinen zentralen Busbahnhof mind. 1-mal tägl. (über Nevşehir oder Göreme) in alle größeren Touristenzentren der Südküste, zudem nach Konya, Ankara, Aksaray, İstanbul und Kayseri. Bessere Verbindungen von Göreme.

Jede halbe Std. Dolmuşe bzw. Busse nach Ortahisar und Mustafapaşa (So sehr eingeschränkt), alle 2 Std. über Göreme und Zelve nach Avanos (für die Abfahrtszeiten → Zelve) sowie alle 30 Min. nach Nevşehir.

Organisierte Touren Diverse Veranstalter bieten Ausflüge zu den Hauptattraktionen Kappadokiens an. Unterwegs stoppt man bei Onyxfabriken, Teppichknüpfereien usw. – je billiger das Angebot, desto mehr derartige Stopps. Eine gute Adresse ist das Reisebüro **Argeus**, mit Glück kann man sich hier einer Tagestour anschließen (finden stets in kleinen Gruppen statt, keine Einkaufsstopps, ab 55 €/Pers., Eintrittsgelder und Mittagessen in kleinen Lokalen inkl.). Zudem Flugbuchungen und Flughafentransfers nach Kayseri und Nevşehir für 8 €/Pers., Reservierungen telefonisch oder über inform@argeus.com.tr mind. einen Tag im Voraus. İstiklal Cad. 7, ☎ 3414688, www.argeus.com.tr.

Adressen/Diverses

Ärztliche Versorgung Staatliches Krankenhaus **Devlet Hastanesi** nördlich des Zentrums. ☎ 3414031.

Autoverleih Vertretungen diverser internationaler Verleiher vor Ort, z. B.: Avis, İstiklal Cad. 19, ☎ 3412177, www.avis.com.tr. National/Alamo, Cumhuriyet Meydanı 4, ☎ 3416541, www.cappadociarentacar.org. Europcar, gegenüber von Avis an der İstiklal Cad. 10, ☎ 3418855, www.europcar.com.tr. Billigste Autos je nach Saison 33– 50 €. Daneben betätigen sich auch die lokalen Reiseagenturen als Verleiher, hier bekommt man ein Auto rund 30 % billiger.

Einkaufen Entlang der Kayseri Cad., der Haupteinkaufsstraße, findet man Antiquitäten, Schmuck (großes Angebot an Silber) und Teppiche. **Kappadokische Weine** bekommt man bei der Kelterei **Turasan** am Ortsende an der Straße nach Nevşehir. Im Angebot sind Weiß-, Rot- und Roséweine zu einem Flaschenpreis von 5–16,50 €. Am besten sind die auch international preisgekrönten Rotweine „Kalecik Karası" und „Seneler". Winzereibesichtigung mit Degustation 5 €.

Wochenmarkt samstags an der Straße nach Mustafapaşa.

Reisebüro → Organisierte Touren.

Türkisches Bad (Hamam) Der kleine, aber gepflegte Hamam Ürgüps liegt am Cumhuriyet Meydanı und wurde 1900 errich-

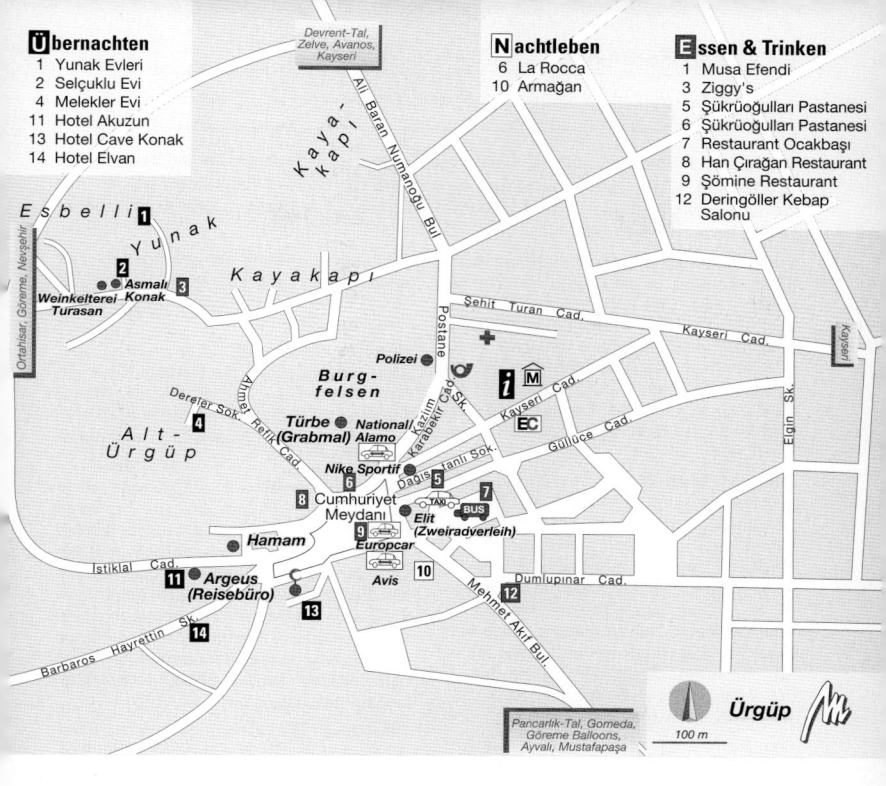

Übernachten
1. Yunak Evleri
2. Selçuklu Evi
4. Melekler Evi
11. Hotel Akuzun
13. Hotel Cave Konak
14. Hotel Elvan

Nachtleben
6. La Rocca
10. Armağan

Essen & Trinken
1. Musa Efendi
3. Ziggy's
5. Şükrüoğulları Pastanesi
6. Şükrüoğulları Pastanesi
7. Restaurant Ocakbaşı
8. Han Çırağan Restaurant
9. Şömine Restaurant
12. Deringöller Kebap Salonu

tet. Tägl. 7–23 Uhr, keine Geschlechtertrennung. Eintritt mit Massage und *Kese* 10 €.

Geführte Wanderungen Der deutschsprachige *Fevzi Tekin* (✆ 0536/6594499, mobil, tekings@mynet.com, vor Ort über das kleine Sport- und Wandergeschäft *Nike Sportif* an der Kayseri Cad. zu erreichen) bietet Tagestouren für 100 € an. Von Lesern hochgelobt. Terminvereinbahrung vorab empfohlen.

Zweiradverleih Zweiräder verleiht *Elit* am Hauptplatz. Scooter 8 Std. 30 €, Fahrrad 8 Std. 10 €, Quad 4 Std. 58 €. Kein Service, nur geldgierig. Ürgüplü Cad. 15, ✆ 3418022.

Tröpfchen aus dem Tuff: Kappadokische Weine

Kappadokien steht in der Türkei nicht nur für Feenkamine und Felsenkirchen, sondern auch für trockene, erfrischende Weine. Vor allem in der Umgebung von Ürgüp und Ortahisar wird Weinanbau auf dem äußerst fruchtbaren vulkanischen Boden betrieben. Die Reben werden dabei jedoch nicht wie bei uns hochgezogen, sondern machen sich am Grund breit. Auf die Winzereien der Gegend wird mit „Şarap Fabrikası" oder einfach „Wine Factory" hingewiesen; sie können u. a. in Ürgüp, Uçhisar (→ S. 772) und Mustafapaşa (→ S. 796) besichtigt werden. Turasan, Kappadokiens größte Winzerei, liegt in Ürgüp (→ Einkaufen). Über 2 Mio. Liter werden hier jährlich gekeltert und in Tuffsteinkellern zur Reife (6–18 Monate) gelagert. Da man mit den lokalen Reben die Nachfrage gar nicht decken kann, werden Trauben aus Ostanatolien hinzugekauft und mitgekeltert.

Kappadokien

Übernachten (→ Karte S. 793)

Ürgüp bietet überaus stilvolle kleine Herbergen und dazu große 08/15-Hotels für Gruppen (v. a. im Osten der Stadt). Einfachere Hotels und Pensionen gibt es nur wenige – diesbezüglich bietet Göreme die bessere Auswahl. Dafür kann man in Ürgüp besser essen gehen!

Yunak Evleri [1], ein Kappadokientraum. 5-Sterne-Komfort in einem der Natur angepassten Fels- und Häuserkomplex. Terrassen mit herrlichen Panoramen, enge Passagen und kleine Innenhöfe verleihen dieser Unterkunft etwas Märchenhaftes. 30 stilvoll-elegante Zimmer. Gutes Restaurant. DZ 130–181 €. Von der Straße nach Nevşehir ausgeschildert, ✆ 3416920, ℻ 3416924, www.yunak.com.

Melekler Evi [4], das von einem İstanbuler Architektenpaar geführte Höhlenhotel „Haus der Engel" entdeckten Leser und waren begeistert. Nur 7 stilvoll und mit viel Fingerspitzengefühl eingerichtete Zimmer, eines schöner als das andere. Die Zimmer (Nichtraucher) tragen Namen wie „Liebe" oder „Hoffnung" und besitzen teils offene Kamine. Antiquitäten treffen auf modernen Wohlfühlluxus. DZ 120–180 €. Dere Sok. 59 (5 Fußmin. ins Zentrum), ✆ 3417131, ℻ 3417105, www.meleklerevi.com.tr.

Selçuklu Evi [2], 20 unterschiedliche Zimmer mit folkloristischem Touch und viel Komfort (Wasserkocher mit Teebeuteln, Pantoffel etc.). Tolle geschnitzte Türen und Holzdecken, ein Zimmer mit privatem Hamam. Restaurant mit landestypischer Küche, netter kleiner Innenhofgarten mit Weinbrunnen (!). Erstklassiger Service. DZ 82–240 €. Yunak Mah., ✆ 3417460, ℻ 3417463, www.selcukluevi.com.

Hotel Cave Konak [13], in zentralster Lage, unter türkisch-englischer Leitung. Nur 4 stilvolle Zimmer, z. T. recht groß und über 2 Stockwerke, 2 Zimmer im Felsen. DZ 80 €. Am Hauptplatz, ✆ 3414322, www.cavekonak.com.

Hotel Akuzun [11], kein Altbau und keine Höhlenräume, sondern ein ganz normales Hotel. Freundlicher Familienbetrieb, hilfsbereiter, deutschsprachiger Service, von Lesern stets gelobt. Gepflegte Zimmer, lassen Sie sich eines mit Balkon geben (am schönsten sind die mit Natursteinrenovierten). Gemütliche Dachterrasse. DZ offiziell 40–60 €, MMV-Leser bekommen 20 % Rabatt. İstiklal Cad., ✆ 3413869, ℻ 3413785, www.hotelakuzun.com.

Hotel Elvan [14], kleines, einfaches, familiäres Haus. Saubere Zimmer mit TV und Bad, z. T. unter schönem Gewölbe. 2 nette Terrassen. DZ für das Gebotene nicht ganz billige 37 €. Barbaros Hayrettin Sok. 11, ✆ 3414191, ℻ 3413455, www.hotelelvan.com.

Essen & Trinken/Nachtleben (→ Karte S. 793)

In Ürgüp gibt es zum Glück noch ein paar einfache, kleine Lokantas (insbesondere beim Busbahnhof), die in Göreme bereits verschwunden sind.

Musa Efendi [1], den Yunak Evleri (→ Übernachten) angegliedert. Feine Küche, tägl. ein wechselndes Menü mit mehreren Gängen für 18,50 € ohne Getränke (teuer!). Traumterrasse. Reservierung empfohlen, ✆ 3416920.

Ziggy's [3], schönes und extrem beliebtes Caférestaurant, für das man am Abend ebenfalls besser reservieren sollte. Innen Wohnzimmeratmosphäre, draußen tolle Terrasse. Steaks, Pasta, verfeinerte türkische Klassiker, große Salate, auch an Vegetarier wird gedacht. Leser loben die hervorragenden Mehr-Gänge-Menüs zu 14,50–16,50 €. Aufmerksamer Service. Tevfik Fikret Cad., ✆ 3417107.

Şömine Restaurant [9], gepflegtes Lokal mit Terrasse im hinteren Bereich des Cumhuriyet Meydanı – nicht mit den „vorderen" Restaurants verwechseln, die teils einen ziemlich schlechten Ruf besitzen. Große Auswahl an Meze, Pizza, Kebabs, Pide und selbst Meeresfrüchten. Hg. 5,50–12,50 €. ✆ 3418442.

Han Çırağan Restaurant [8], außen (2 Terrassen) wie innen recht nett. Exzellente Küche, die Spezialität des Hauses sind *Mantı*. Auch das *Güveç* wird hier sehr zart zubereitet. Wer sich nach europäischer Küche sehnt, kann zu diversen Steaks greifen. Auch für Vegetarier gibt's etwas auf der

Karte. Gute kappadokische Weine. Hg. 5–8,50 €. Cumhuriyet Meydanı 4, ✆ 3412566.

Restaurant Ocakbaşı ▣, am Busbahnhof. In Bezug auf Fleischgerichte gilt das Restaurant mit großem Grill als Spitzenreiter. Faire Preise, Dachterrasse, großer Speisesaal mit Teppichboden. Eher etwas für den Abend. Güllüce Cad. 2, ✆ 3413277.

Deringöller Kebap Salonu ▣, neben guter Pide und Grillvariationen ist hier der *Kiremit Kebabı*, eine Kebabspezialität aus dem Tontöpfchen, zu empfehlen. Terrasse. Dumlupınar Cad.

Şükrüoğulları Pastanesi ▣ & ▣, zweimal vertreten, am Busbahnhof (Güllüce Cad.) und am Hauptplatz. Gute Konditorei. Der Renner ist das hausgemachte Eis – unbedingt das dunkle Maulbeereis *(Karadut dondurması)* kosten!

Nachtleben Es gibt mehrere Discos, die z. T. in Felshöhlen untergebracht sind. Etabliert ist das **Armağan** ▣ an der Straße nach Mustafapaşa, wo in den Räumen eines alten Kamelstalls türkische Folklore und der bei uns bekannte Sound serviert werden.

Nett für ein Bier ist der Hof des Café & Pub **La Rocca** ▣ am Cumhuriyet Meydanı. Hin und wieder Livemusik.

> Auf dem Weg **von Ürgüp nach Kayseri** können Sie eine Karawanserei in İncesu besichtigen (→ Umgebung Kayseri, S. 753).

Devrent-Tal

Auch hier scheint sich die Natur wie im Paşabağı-Tal (→ S. 785) künstlerisch betätigt zu haben. Das Devrent-Tal gleicht einem Wildpark versteinerter Ungetüme, die Darstellungen sind verblüffend: ein neugieriger Seelöwe, ein Hase, ein Kamel usw. Von einigen Feenkaminen ist der Basalthut bereits heruntergefallen, andere halten gerade noch die Balance. Der aberwitzige Skulpturengarten ist ein beliebter Busgruppenstopp, zumal er keinen Eintritt kostet.

Durch das Tal führt die Straße von Ürgüp nach Zelve/Avanos. Es passieren daher auch die Ürgüp-Avanos-**Busse**.

Huhn oder Kamel – im Devrent-Tal können Sie Ihrer Fantasie freien Lauf lassen

> Falls Sie von Ürgüp (vorbei am Devrent-Tal) weiter nach Zelve fahren, lesen Sie weiter ab S. 785, für Avanos auf S. 787.

Pancarlık-Tal

Ein Abstecher ins Pancarlık-Tal führt Sie zu alten Felsenkirchen. Noch auf dem Weg dahin passiert man die mit roten, geometrischen Mustern verzierte **Sarıca-Kirche**, die zwischen dem 10. und 13. Jh. entstand. Nahebei liegen die zwei ruinösen sog. **Kepez-Kirchen**. Rund einen Kilometer weiter steht die sehenswertere und nach dem Tal benannte **Pancarlık-Kirche**. Ihren Besuchern offenbart sie ein recht gut erhaltenes, farbenfrohes Deckenfresko sowie Heiligenfresken aus dem 10. und 11. Jh., deren Gesichter gelangweilten Schäfern z. T. als Zielscheiben dienten. Außerhalb der Öffnungszeiten kann man durch ein Gitter hineinblicken.

Das Kirchental bietet sich auch als Ziel eines netten längeren Spaziergangs von Ürgüp oder Ortahisar an (→ Ortahisar/Wandern).

Anfahrt Von der Straße Ürgüp – Mustafapaşa exakt 1,2 km nach dem Ortsschild von Ürgüp auf einen Schotterweg rechts ab, beschildert. Ca. 2 km weiter liegt bereits linker Hand die Sarıca-Kirche.

Öffnungszeiten/Eintritt Die Kirchen sind tägl. 8–17 Uhr geöffnet (die Sarıca-Kirche offiziell nur April–Okt.). Eintritt Sarıca-Kirche und Pancarlık-Kirche jeweils 1,60 €, Kepez-Kirchen frei.

Gomeda Harabeleri

Die Tuffruinen des byzantinischen Dorfes Gomeda präsentieren sich als Kleinausgabe von Zelve – zwar sind sie weniger spektakulär, dafür hat man sie auch meist für sich alleine. Einsame Spaziergänge, begleitet von Vogelgezwitscher, führen zu Höhlenwohnungen und Felskirchen. Von den Kirchen Gomedas ist die **Timos-Stavros-Kirche** mit einigen Fresken aus dem 7. Jh. am interessantesten.

Anfahrt Ca. 3 km hinter dem Ortsschild von Ürgüp, an der Straße nach Mustafapaşa, rechts ab Richtung Ayvalı. Nach weiteren 3 km wieder rechts ab (beschildert), nach ca. 1,5 km (erst Kopfsteinpflaster, dann Schotterpiste und bei der Gabelung dort wieder rechts halten) parken und zu Fuß entdecken.

Übernachten »» Unser Tipp: Gamirasu Cave Hotel, in Ayvalı, einem abgeschiedenen Tuffsteindorf ca. 11 km südwestlich von Ürgüp. Ein kleines Paradies. 30 komfortabel eingerichtete, teils enorm große Felsenzimmer, über mehrere Etagen verteilt. Lauschig-idyllischer Innenhof. Abgesehen vom Ruf des Muezzins absolute Ruhe. In der Anlage befindet sich auch eine Höhlenkirche aus dem 12. Jh. samt Freskenresten. Restaurant. DZ 145–240 €. Von der Straße nach Mustafapaşa ausgeschildert, ✆ 0384/3545815, ℻ 3545864, www.gamirasu.com. «««

Mustafapaşa
ca. 2500 Einwohner

Das Bilderbuchdorf lädt auf erholsam-ruhige Tage ein. Allabendlich, nach dem letzten Tourenbus, bleibt in Mustafapaşa nichts anderes als ländlich-verschlafenes Kappadokien zurück.

Als das 5 km südlich von Ürgüp gelegene Dorf noch Sinasos hieß, wohnten hier überwiegend Griechen, die weit über die Grenzen Kappadokiens hinaus als kunstfertige Steinmetzen bekannt waren. 1923 musste die angestammte Bevölkerung ihre

Heimat verlassen, Türken aus Griechenland übernahmen ihre prächtigen Häuser und Anwesen. Viele davon sind heute liebevoll restauriert. Entlang den Pflastergässchen und in den Tufffelsen der Umgebung verstecken sich weitere Zeugen der griechischen Vergangenheit – nichts anderes als Kirchen und Klöster, das Gros davon ist ausgeschildert. Wer schon zu viele davon gesehen hat, kann den Tag in Mustafapaşa auch mit einem gemütlichen Glas Wein „ausfuseln" lassen (→ Einkaufen).

Im Zentrum selbst steht die dreischiffige **Ayios-Konstantinos-Kirche** (auch: **Eleni-Kirche**) aus dem Jahre 1729. Sie ist eine der wenigen Kirchen Kappadokiens, die nicht in den Tuff geschlagen wurde (Eintritt 1,20 €). Rund 1 km nördlich des Dorfes kann man die unterirdische **Ayios-Vasilios-Kirche** am Rande eines Plateaus besichtigen – sie ist zwar über 1000 Jahre alt, ihre Fresken stammen jedoch aus dem 19. Jh. (Eintritt ebenfalls 1,20 €). Für beide Kirchen braucht man eine Begleitperson von der Touristeninformation (s. u.).

In entgegengesetzter Richtung gibt es gleich drei christliche Felsenstätten zu besichtigen: die **Ayios-Stefanos-Kirche**, das **Ayios Nikolaos Manastırı**, ein ehemaliges Felsenkloster, und die **Sinasos-Kirche**. Um sie zu finden, folgt man der anfänglichen Beschilderung dahin und parkt bei den letzten Häusern an der gepflasterten Wendeplatte. Nun heißt es, den Text genau zu lesen, denn fortan fehlt jede weitere Ausschilderung: Die mit Seitenaltären ausgestattete Ayios-Stefanos-Kirche (durch ein Gitter einsehbar) liegt gleich rechter Hand hinter der Wendeplatte. Folgt man dem mit Naturstein gepflasterten Weg von dort für ca. 100 m und hält sich dann rechts, taucht gleich linker Hand das große Ayios Nikolaos Manastırı auf (wurde zuletzt aufwendig restauriert). Am Ayios Nikolaos Manastırı vorbei, liegt nochmals 150 m weiter linker Hand die Sinasos-Kirche mit zerstörten Fresken. Ihre Decke droht komplett einzustürzen.

Information/Verbindungen/Wandern/Einkaufen

Vorwahl 0384.

Information Tourist Information mit Ticketverkauf am zentralen Platz beim Rathaus *(Belediye)*. Tägl. 8.30–12 und 13–17.30 Uhr.

Verbindungen Halbstündl. ein **Bus** nach Ürgüp (So sehr eigeschränkt).

Wandern Von Mustafapaşa besteht die Möglichkeit, ins Dorf Ayvalı (→ Gomeda Harabeleri/Übernachten) oder nach Gomeda (s. o.) zu wandern – schöne Strecken über Wiesen und Felder. Folgen Sie dem bergauf führenden Sträßchen gegenüber dem Rathaus (Belediye) im Zentrum und wählen Sie, wenn das Sträßchen bei einem Friedhof endet, den rechts davon verlaufenden Feldweg. So erreichen Sie nach ca. 1 km die Straße von Ayvalı nach Ürgüp, auf der anderen Straßenseite geht der Weg weiter. Bei der Weggabelung nach weiteren ca. 400 m, also nachdem man ein Tal passiert hat, geht es rechts nach Gomeda, links nach Ayvalı.

Einkaufen Wein! In der **Winzerei Kapadokya** (ausgeschildert), einem über 50 Jahre alten Familienbetrieb mit ca. 15 Beschäftigten, werden jährlich rund 1,5 Mio. Liter Wein gekeltert. Mit 11 € Flaschenpreis ist der 5 Jahre alte „Kapadokya" am teuersten und in einigermaßen trinkbarem Zustand. Eine Kostprobe wert ist auch der Kirschlikörwein.

Übernachten/Essen & Trinken

Alle Hotels und Pensionen sind ausgeschildert.

≫ Unser Tipp: **Old Greek House**, charmantes griechisches Landhaus mit herrlichem Innenhof. 13 schlicht-geschmackvolle Zimmer drum herum und darüber, teilweise sehr geräumig, mit schönen Holzböden, handbestickten Tagesdecken, altem Mobiliar, Zentralheizung und Tonnengewölbe. Eigener kleiner Hamam. Der freundliche Inhaber Süleyman Öztürk spricht gut Englisch. Seine Frau kocht hervorragend. Von Lesern seit Jahren hochgelobt. Im Ort werden noch weitere schöne Zimmer vermietet. DZ 50 €. Mustafapaşa, ✆ 3535306, 📠 3535141, www.oldgreekhouse.com. ⟪

Monastery Hotel, an und in den Felsen. 13 eher schlichte Zimmer von unterschiedlicher Größe. Betreiber wie Atmosphäre sehr freundlich. Restaurant. DZ 35–45 €. Mustafapaşa, ✆ 3535005, 📠 3535344, www.monasteryhotel.com.

Pacha Hotel, 12 ordentliche Zimmer mit Bad. Begrünter Innenhof. Restaurant mit schöner Aussicht. Auch mit diesem Haus sind Leser immer wieder zufrieden. DZ 32 €. Zentrale Lage beim Kreisverkehr, ✆/📠 3535331, www.pachahotel.com.

Von Mustafapaşa weiter gen Süden

Rund 40 schmale Landstraßenkilometer trennen Mustafapaşa vom Soğanlı-Tal. Nackte Felslandschaften wechseln mit sanften Hügeln und bewaldete Täler mit im Sommer trockenen Flussläufen ab. Ca. 5 km südlich von Mustafapaşa weist ein Schild zum **Damsa-Stausee** (Damsa Barajı). Hier kann man picknicken (kleine Gebühr), Baden ist leider verboten.

Etwas weiter südlich passiert man **Cemil**, ein terrassenförmig angelegtes, malerisches Dorf mit einer großen, freistehenden griechischen Kirche. Das Innere des dreischiffigen Gotteshauses war einst überaus farbenfroh ausgeschmückt, heute erinnern daran nur noch ein paar schöne Fresken im Chor (frei zugänglich, kein Eintritt).

2 km hinter Cemil befinden sich ca. 200 m abseits der Straße die Ruinen des **Keşlik-Klosters** (ausgeschildert). Früher wurde es von den Bauern der Gegend als Stall genutzt, heute ist das kleine Kirchenareal teilweise restauriert und gebührenpflichtig (tägl. 9–19.30 Uhr, Eintritt 1,60 €). Besucht werden kann das Refektorium, die St.-Stephanos-Kirche und die Archondos-Kirche, die einstige Hauptkirche. In Letzterer gibt es – sobald sich das Auge an die Lichtverhältnisse gewöhnt hat – noch gut erhaltene, wenn auch vom Vandalismus mitgenommene Fresken zu entdecken.

Über Taşkınpaşa geht es nach **Şahinefendi**. Hier kann man sich die Überreste der antiken Siedlung **Sebastos** anschauen (türk. Sobesos, ausgeschildert, von der Abzweigung noch 1,5 km, Wächter vor Ort, kein Eintritt). Ihre Entdeckung 2002 war dem Zufall bzw. der erfolglosen Suche nach Gold zu verdanken. Heute gräbt hier das Museum Nevşehir; ans Tageslicht kamen bislang ein römisches Mosaik, über das die Byzantiner eine Kirche setzten, ein Versammlungssaal, ein Badehaus, Wohnhäuser und ein Grab mit einem Skelett.

Südlich von Şahinefendi taucht nach einem Hochplateau das Dorf **Güzelöz** auf. Von dort sind es noch rund 10 km, bis es nach rechts ins Soğanlı-Tal abgeht. Auf der gesamten Strecke fahren nur sehr unregelmäßig Dolmuşe. Trampen ist wegen geringen Verkehrsaufkommens schwierig, ein eigenes Fahrzeug daher empfehlenswert.

> **Sie wollen weiter zu den unterirdischen Städten?** Von der Straße ins Soğanlı-Tal zweigt 2 km südlich von Şahinefendi eine Straße nach Mazıköy (→ S. 802) ab, von wo Sie zu den unterirdischen Städten von Kaymaklı (→ S. 802), Özlüce (→ S. 802) und Derinkuyu (→ S. 800) gelangen. Derinkuyu erreicht man auch über Güzelöz.

Soğanlı-Tal

Durch fehlende Dolmuşverbindungen ist das Soğanlı-Tal vom restlichen Kappadokien etwas isoliert. Das gleichnamige Dorf darin besteht aus zwei Siedlungen: Auf der Stichstraße ins Kirchental passiert man zunächst **Aşağı Soğanlı** („Unteres Soğanlı") mit vielen uniformen Häuschen. Diese Siedlung entstand, nachdem Felseinstürze das Leben in **Yukarı Soğanlı** („Oberes Soğanlı") unsicher gemacht hatten. Dort gibt es heute nur noch ein paar Ställe, wohnen will dort niemand mehr.

Der Besuch von Yukarı Soğanlı ist gebührenpflichtig. Hier gabelt sich das Tal. In seinen beiden Armen sollen sich einst – je nach Schätzung – zwischen 100 und 200 Kirchen befunden haben. Viele sind eingestürzt, manche vergessen, andere nur den einheimischen, verschwiegenen Hirten bekannt, die die ehemaligen Kirchen und Kapellen als Ställe nutzen und nicht wollen, dass sich daran etwas ändert.

Auffällig sind die zahlreichen, mit weißer Farbe gekennzeichneten Taubenschläge an den Talhängen. Noch heute wird hier wie seit Hunderten von Jahren Taubenmist gesammelt und als Düngemittel verwendet. Schon die Mönche von einst gaben den Mist ihren Rebstöcken bei, und kelterten aus den Trauben den angeblich besten Wein weit und breit. Als Kloster- und Kirchenzentrum diente das romantische Zwillingstal bis ins 13. Jh. Auf dem Weg durchs Tal – man kann auch mit dem Auto hindurchfahren – begegnet man Dörflerinnen, die den Winter über kleine, possierliche Stoffpuppen anfertigen, um sie im Sommer an die Touristen zu verkaufen. Die bedeutendsten Kirchen sind ausgeschildert, hier ein kleiner Überblick:

Kirchen zwischen Aşağı und Yukarı Soğanlı (gebührenfrei): Rechts der Straße liegt die *Tokalı Kilise (Schnallenkirche)*. 50 in den Fels gehauene Stufen führen zu ihr. Vor dem Eingang, an dem sich schon griechische Besucher um 19. Jh. mit Monogramm und Jahreszahl verewigt haben, kann man mehrere Grabmulden erkennen. Innen überrascht die großräumige Felsarchitektur mit drei sehr langen, hohen Schiffen. Leider sind sämtliche Fresken bis zur Unkenntlichkeit zerstört. Auf der anderen Straßenseite ist die *Gök Kilise (Himmelskirche)* zu besichtigen.

Kirchen im nördlichen Tal: Die nördliche Talhälfte (hinter dem Kassenhäuschen nach rechts abbiegen) beherbergt die interessantesten Kirchen Soğanlıs. Zunächst erreicht man rechter Hand die *Karabaş Kilisesi*, die „Kirche mit den schwarzen Köpfen".

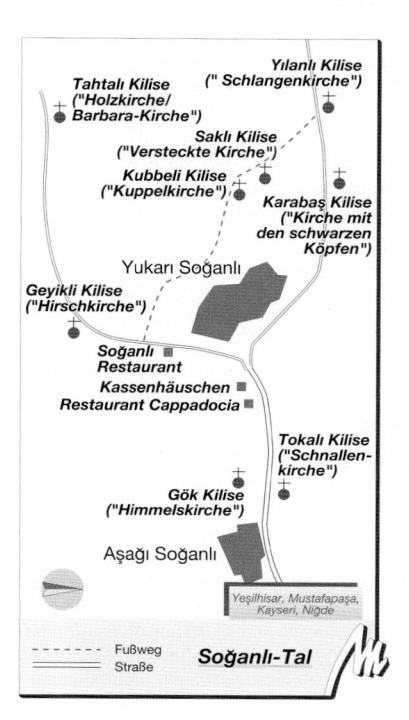

Sie besteht aus einem Schiff mit Tonnengewölbe. Ihre Fresken zeigen vorrangig Szenen aus dem Leben Jesu, aber der Name der Kirche trügt: Nicht die Köpfe sind schwarz, sondern ihr Hintergrund.

Viele Fresken der *Yılanlı Kilise (Schlangenkirche)*, etwas weiter auf der gleichen Seite, wurden irgendwann – vielleicht zum Schutz – mit schwarzer Farbe übermalt, sind aber größtenteils noch zu erkennen. Schräg gegenüber der Yılanlı Kilise führt ein Pfad zu zwei weiteren Kirchen. Die *Kubbeli Kilise (Kuppelkirche)* aus dem 10. Jh. ist v. a. wegen ihrer eigenartigen Kuppel interessant, bei der die Baumeister den Fels zu einem runden Turm geformt haben. Nahebei findet man die *Saklı Kilise („Versteckte Kirche")*, die ihrem Namen alle Ehren macht: Man entdeckt sie erst, wenn man mehr oder minder davor steht.

> Hinweis: Wer zu Fuß unterwegs ist und nicht den gleichen Weg, den er gekommen ist, wieder zurücklaufen will, folgt dem Pfad vorbei an der Saklı und Kubbeli Kilise zurück nach Yukarı Soğanlı.

Kirchen im südlichen Tal: Neben der *Geyikli Kilise (Hirschkirche)* ist hier v. a. die *Tahtalı Kilise (Holzkirche)* sehenswert. Ihren Namen erhielt sie von einer Holzbrücke, über die das bis heute erreichbar ist. Zuweilen wird die Kirche auch *Barbara-Kirche* genannt.

Anfahrt/Öffnungszeiten Soğanlı ist von der Straße Mustafapaşa – Yeşilhisar ausgeschildert (von dort noch 5 km). Wer nicht individuell motorisiert ist, schließt sich am besten einer organisierten Tour an, die das Kirchental mit einschließt. Tägl. 8–17 Uhr. Eintritt für Yukarı Soğanlı 1,20 €.

Übernachten/Camping/Essen & Trinken Mehrere Restaurants und 2 einfache Pensionen vor Ort.

Überaus idyllisch ist das **Restaurant Cappadocia** vor dem Eingang ins gebührenpflichtige Gelände. Allerdings gibt's nur liebloses Busgruppenfutter. Man kann auch campen (Duschen vorhanden), muss dann aber auch essen: für 2 Pers. mit HP 21 €. ✆/℻ 0352/6531045.

Gut isst man im **Soğanlı Restaurant**, das sich bereits im gebührenpflichtigen Teil befindet. Unbedingt kosten: den hauseigenen Yoghurt mit Honig aus der eigenen Imkerei.

Derinkuyu

Wer Derinkuyu nicht gesehen hat, hat Kappadokien nur zur Hälfte gesehen, heißt es. Kappadokiens berühmteste unterirdische Stadt entstand aus dem Entschluss von Menschen, es den Maulwürfen gleichzutun.

Oberirdisch präsentiert sich der zersiedelte 11.000-Einwohner-Ort 29 km südlich von Nevşehir als ein ödes, graubraunes, anatolisches Städtchen. Lediglich die bunten Tourenbusse bringen etwas Farbe in die Eintönigkeit. Nach dem Besuch der **unterirdischen Stadt** (s. u.) gibt es kaum einen Grund zum Bleiben. Klaustrophoben, die ihrem Partner nicht folgen, können einen Blick auf die **armenische Basilika** 100 m südlich des Eingangs zur unterirdischen Stadt werfen. Der wuchtige, von einer Mauer umgebene, dreischiffige Bau aus dem Jahr 1858 wurde im frühen 20. Jh. von griechischen Christen übernommen und nach deren Vertreibung als Mühle und Lagerhaus verwendet. Die Kirche wurde von außen zwar umfangreich restauriert, ist Besuchern jedoch nicht zugänglich. Abgetrennt von der Basilika steht der Glockenturm, auf dem hin und wieder Störche nisten. Die **Cumhuriyet Camii (Re-**

Derinkuyu

publiksmoschee) nördlich der unterirdischen Stadt war einst ebenfalls eine Kirche (19. Jh.). Mitte des 20. Jh. versah man sie mit einem Minarett. Eine rein islamische Geburt hingegen ist die **Park Camii**, ein geradezu kühner architektonischer Entwurf (man beachte das dreiseitig-pyramidale Minarett) aus den Jahren 1971–89 ca. 150 m südlich der armenischen Basilika.

Verbindungen Derinkuyu erreichen Sie alle 30 Min. von Nevşehirs Busbahnhof, entweder mit einem kommunalen Bus oder einem Reisebus nach Niğde (dann unterwegs abspringen).

Öffnungszeiten der unterirdischen Stadt Tägl. 8–19 Uhr, im Winter kürzer. Eintritt 6,10 €.

Unterirdische Städte – Wunder im Untergrund

Rund 50 unterirdische Städte werden in Kappadokien vermutet, 36 wurden bereits entdeckt, aber nur die wenigsten sind bislang dem Fremdenverkehr zugänglich gemacht worden. Ein Abstieg in die Unterwelt gehört zum Pflichtprogramm eines Kappadokienbesuchs.

Bestsellerautor und Pseudowissenschaftler Erich von Däniken vermutete, unterirdische Städte könnten einst irdischen Bewohnern als Fluchtburgen vor außerirdischen Bedrohern gedient haben. Schon eher belegt ist, dass die ersten kappadokischen Siedlungen im Untergrund bereits vor rund 4000 Jahren entstanden. Infolge der Christenverfolgungen durch die Römer und im Zuge der Arabereinfälle im 7. Jh. wurden sie, als Fluchtstätten der kappadokischen Christen, über mehrere Stockwerke ausgebaut. Beim geringsten Anzeichen einer Gefahr packten die christlichen Bewohner des Umlands Kind, Kegel und Proviant und verschwanden – teilweise bis zu sechs Monate – in die Unterwelt. Noch 1838 brachte man sich so vor den ägyptischen Truppen in Sicherheit. Zugänglich waren die riesigen unterirdischen Städte, in denen meist mehrere tausend Menschen unterkamen, durch gut getarnte Höhleneingänge. Ein ausgeklügeltes Belüftungssystem sorgte für Frischluft. Es gab Lager für Wein, Öl und Wasser, noch heute sind rußgeschwärzte Küchen zu sehen.

Die Besichtigung einer unterirdischen Stadt hat etwas Abenteuerliches: Man kraxelt durch ein Labyrinth aus schmalen Gängen mit ausgetretenen Stufen, durch unzählige Löcher und Durchbrüche. Ein aufrechtes Gehen ist oft nicht möglich. Wer Neigungen zur Platzangst hat, sollte insbesondere Derinkuyu und Kaymaklı mehr als alle anderen unterirdischen Städte meiden. In der Hochsaison stecken hier die Gruppen in den niedrigen Gängen zuweilen fest. So kann man sich zumindest die Situation der Bewohner von einst vorstellen, die darin eng auf eng und monatelang hausten. Grundsätzlich empfiehlt sich ein Führer und – obwohl die Gänge i. d. R. beleuchtet sind – die Mitnahme einer Taschenlampe. Und noch etwas: Auch wenn draußen die Sonne brennt – die Räume unter Tag haben eine gleichbleibende Temperatur von 7–8 °C.

Unterirdische Stadt (Yeraltı Şehri): Acht Stockwerke wurden seit der zufälligen Entdeckung der unterirdischen Stadt 1963 freigelegt. Die oberen Stockwerke waren als *Wohn- und Schlafräume* eingerichtet, aber auch Tiere, eine *Weinpresse* und selbst ein ganzer *Klosterkomplex* fanden hier Platz. Angeblich war diesem Kloster die erste Nervenheilanstalt der Welt angeschlossen, in dem psychisch Kranke zur Therapie an Säulen gebunden wurden (!). In den unteren Stockwerken befanden sich *Versammlungs-* und *Lagerräume* sowie ein *Kerker* für kriminelle Unterweltler. Durch einen *Tunnel,* so vermutet man, war Derinkuyu mit der 9 km entfernten Nachbarstadt Kaymaklı (s. u.) verbunden. Bemerkenswert sind zudem die sog. *Rollsteintüren,* die wie Mühlsteine aussehen. Sie wurden bei Gefahr – von innen vor den Eingang gerollt – ein unüberwindbares Hindernis. Die Kommunikation mit der Außenwelt wurde dann über 3–4 m lange Kanäle von 10 cm Durchmesser aufrecht erhalten, die von den ersten beiden Stockwerken ins Freie führten.

Am imposantesten ist das *Belüftungssystem.* Von der ersten unterirdischen Ebene sollen insgesamt über 15.000 kleine Schächte nach oben geführt haben. In den tieferen Etagen sind es weniger, aber die Luftzirkulation funktioniert noch heute bis zum achten Stockwerk hinunter. Hielte man dort eine brennende Zigarette an den zuführenden Luftschacht, so zöge der Rauch nach unten, wechselte man zum luftabführenden Schacht, nach oben – doch herrscht striktes Rauchverbot. Das Belüftungssystem mit seinen 70–85 m tiefen Schächten diente gleichzeitig dem Wassertransport. Noch bis kurz vor der Entdeckung der unterirdischen Stadt schöpfte die Bevölkerung Derinkuyus *(derin kuyu* = tiefer Brunnen) ihr Wasser aus diesen Schächten – ohne von dem dazugehörigen, künstlichen Höhlensystem zu wissen.

Kaymaklı und Umgebung

Auch der kleine Ort Kaymaklı 9 km nördlich von Derinkuyu besitzt eine unterirdische Stadt. Vorbei an einer Rampe mit aufdringlichen Souvenirhändlern gelangt man zu einem schlichten Höhleneingang, der in ein Labyrinth aus Tunneln und Räumen in bis zu 35 m Tiefe führt. Die Anlage ist nicht so groß wie die von Derinkuyu – in Kaymaklı sind von acht Stockwerken nur fünf freigelegt –, in ihrem Aufbau aber ähnlich. Man schätzt, dass hier einst bis zu 3000 Menschen unterkommen konnten. Rechnen Sie für den Rundgang mit ca. 20 Min. – auf die vor dem Eingang lauernden, teuren Führer kann man verzichten.

Alle Busse von Nevşehir nach Derinkuyu passieren Kaymaklı. Die unterirdische Stadt ist mit „Yeraltı Şehri" ausgeschildert. Tägl. 8–19 Uhr, im Winter kürzer. Eintritt 6,10 €.

Özlüce: Das von Kürbisfeldern umrahmte Dorf Özlüce 7 km westlich von Kaymaklı (ausgeschildert) ist mit öffentlichen Verkehrsmitteln nicht erreichbar. Die Ausgrabung der hiesigen unterirdischen Stadt steckt noch in den Kinderschuhen – bislang wurde nur ein Stockwerk freigelegt. Einen kleinen Einblick in das Leben unter der Erde von einst vermittelt Özlüce aber auch. Und im Früh- und Spätsommer, wenn sich vor den Eingängen zu den unterirdischen Städten von Derinkuyu und Kaymaklı lange Schlangen bilden, ist das tagsüber stets zugängliche Özlüce gar eine Alternative. Für die Reise in die Unterwelt zahlt man einen kleinen Unkostenbeitrag für die Beleuchtung.

Mazıköy: In Mazıköy, einem Dorf 10 km östlich von Kaymaklı (ausgeschildert), wurde die christliche Zufluchtsstätte nicht ausschließlich unter der Erde angelegt, sondern auch in einen aufsteigenden Tuffsteinfelsen gegraben. Die Besichtigung der spannenden Anlage ist ein Erlebnis, erfordert aber sportliches Geschick, da es einige senkrechte Röhren zu durchklettern gilt. Insgesamt gibt es zwölf Stockwerke, sieben kann man bislang besichtigen. Vor Ort warten Führer, die entlohnt werden wollen. Auf dem Felsen findet man Gräber.

Bis zu 9-mal tägl. Busse von Nevşehir (→ Abfahrtsstelle dort).

Richtung Süden, knapp 10 km vor Niğde, befindet sich mit dem **Gümüşler Manastırı** das besterhaltene Felsenkloster Kappadokiens (→ S. 756). **Weiter gen Westen**, auf dem Weg von Derinkuyu nach Güzelyurt, passieren Sie die unterirdische Stadt von **Gaziemir** (→ S. 802).

Güzelyurt

2700 Einwohner

In Güzelyurt, einem beschaulichen Städtchen – oder übergroßen Dorf –, trifft man auf Altherrenrunden in den Kaffeehäusern am Marktplatz, aber auch auf unterirdische Städte und ein Klostertal.

Güzelyurt liegt in der kappadokischen Peripherie zwischen Derinkuyu und dem Ihlara-Tal inmitten einer einsamen Höhenlandschaft auf 1485 m ü. d. M. Es blickt auf eine lange Geschichte zurück, stummen Zeugen der Vergangenheit begegnet man an jeder Ecke und vielerorts in der Umgebung. Hier war die Heimat des Heiligen Gregor von Nazianz, dessen Geburtsort Arianzos (= Sivrihisar) nur einige Kilometer entfernt liegt. Der berühmte griechische Theologe, Bischof und Literat (330–390) machte *Karballa,* wie der Ort damals hieß, zu einem religiösen Zentrum. Mehr als 100 Kirchen und Kapellen entstanden. Bis in die osmanische Zeit war der Ort vornehmlich griechisch besiedelt und bekannt für seine Töpferkunst und Goldschmiede. Noch Anfang des 20. Jh. lebten hier rund 1000 griechische Familien, unter die sich rund 50 muslimische mischten. Die Türken, die nach dem Bevölkerungsaustausch von 1923 zuzogen, nannten Karballa fortan Güzelyurt, „schöne Heimat". Touristen lockt die „schöne Heimat" nur mäßig an, zumal das Städtchen eher entspannt als spannend ist, sofern man bereits diverse Höhlenkirchen und unterirdische Stätten Kappadokiens gesehen hat. Dennoch oder gerade deswegen haben Güzelyurt und v. a. dessen Umgebung ihre Reize.

Verbindungen 7-mal tägl. (Sa/So nur 5-mal!) ein **Dolmuş** von und nach Aksaray (→ Aksaray, S. 758).

Einkaufen Montags findet ein bunter Wochenmarkt statt.

Veranstaltung Zum Dorffest Ende August reisen auch viele Griechen an, Nachfahren der ehemaligen Bewohner.

Übernachten/Essen & Trinken Außer den aufgeführten Unterkünften findet man noch eine Reihe simpler Familienpensionen – vom Zimmer mit eigenem Bad bis zur Schlafstelle auf dem Sofa reicht die Palette. Achtung: Es gibt nur sehr wenige einfache Lokantas vor Ort!

Hotel Karballa, untergebracht in einem ehemaligen Kloster aus dem 19. Jh. Herrliche Anlage mit z. T. jedoch etwas lieblos eingerichteten Zimmern. Pool. DZ 55–70 €. Über dem Dorfplatz, ✆ 0382/4512103, www.kirkit.com.

Asrav Pansiyon, von der Durchgangsstraße ausgeschildert. Schöne, sehr gepflegte Unterkunft in einem Natursteinhaus. 7 freundliche und große, sehr saubere Zimmer mit Holzböden und nettem Mobiliar. Vom kleinen Gemeinschaftsbalkon toller Blick auf den Hasan Dağı. Freundlicher Hausherr. DZ 41 €. Sağlık Sok. 24, ✆ 0382/4512501, www.asravkonak.com.

Kadir's Antique Gelveri Houses, von Ihlara oder Derinkuyu kommend am Ortseingang rechter Hand. Nur 3 überaus geräumige, schöne Zimmer hinter dicken Steinmauern und unter hohen Gewölben, hübsch dekoriert, aber naturgemäß recht dunkel. Dafür gibt es eine gemütliche Terrasse, auf der auch Alkohol ausgeschenkt wird. Restaurantbetrieb. Englischsprachig. Gutes Preis-Leistungs-Verhältnis: DZ 33–41 €. Aksaray Cad. 37, ✆/✉ 0382/4512089, www.cappadociakadirshouses.com.

Sehenswertes

Klostertal: Die ersten Klostergemeinschaften in dem 6 km langen, anfangs zwischen steil aufragenden Felswänden eingebetteten Tal, wurden im 3. Jh. gegründet. Bereits im 4. Jh. sollen hier angeblich rund 60.000 (!) Menschen gelebt haben, heute sind es etwa 50 Familien. Von den über 100 Kirchen und Kapellen sind nur rund 15 zugänglich (auch wenn man mit 54 Kirchen wirbt). Die ehemalige Hauptkirche des Klosterzentrums, die *St.-Gregor-Kirche*, steht nur wenige Meter unterhalb des Kassenhäuschens rechter Hand. Sie entstand bereits Ende des 4. Jh., wurde mehrmals renoviert und umgebaut, heute dient sie als Moschee. Leider ist sie von außen viel ansehnlicher als von innen. Ihre Fresken sind übertüncht. Was sich hinter der weißen Farbe befindet, weiß der freundliche, leider nur Türkisch sprechende Imam, der nebenan wohnt und gerne durch seine Moschee führt. Im Kirchengarten befindet sich eine unterirdische „Heilige Quelle", deren Wasser gegen allerlei Zipperlein helfen soll. Von den anderen Kirchen im Tal sei noch die *Çömlekçi Kilisesi* („Töpferkirche", ausgeschildert) erwähnt. Ihre Fresken im Kirchenschiff besitzen noch kräftige, klare Farben.

Folgt man im Ort der Beschilderung zum „Monastery Valley" (zu Fuß ca. 10 Min.), gelangt man automatisch zum Kassenhäuschen. Motorisierte können von dort noch ca. 2 km ins Tal fahren, danach heißt es laufen. Das Tal lädt zum Durchwandern ein. Tägl. 8.30–19 Uhr, im Winter bis 17 Uhr. Eintritt 2 €.

Unterirdische Städte: Davon besitzt Güzelyurt gleich drei – eine im Zentrum, eine auf dem Weg zum Klostertal und eine im Tal selbst (ausgeschildert). Die unterirdischen Städte sind bislang nur ansatzweise ausgegraben und ähneln eher Höhlenwohnungen mit unterkellerten Stockwerken. Für die Erkundung der unterirdischen Stadt im Zentrum und für die auf dem Weg ins Tal bieten sich selbst ernannte Führer an, die entlohnt werden wollen (kein Licht – Taschenlampe!). Der Besuch der dritten unterirdischen Stadt ist im Eintritt für das Klostertal enthalten.

Umgebung von Güzelyurt

Kızıl Kilise: Einsam erhebt sie sich in der kargen Landschaft. Allein die Anfahrt ist ein Erlebnis. Die frei stehende, kreuzförmige Langbaukirche entstand irgendwann zwischen dem 5. und dem 7. Jh. Ihren Namen hat die „Rote Kirche" von der roten Färbung ihres Mauerwerks. Sie gehört zu den besterhaltenen und schönsten byzantinischen Bauwerken Kappadokiens, leider ist von ihrem Freskenschmuck kaum mehr etwas erhalten.

Man verlässt Güzelyurt in Richtung Osten (Çiftlik) und sieht die Kirche, nachdem man den 1770 m hohen Sivrihisar-Pass (5 km hinter Güzelyurt) überwunden hat, von der Straße aus linker Hand auf freiem Feld. Im spitzen Winkel zweigt ein Sträßlein ab, das zu ihr führt.

Yüksek Kilise: Die ebenfalls freistehende „Hohe Kirche" (auch: Analipsis-Kirche) aus dem Ende des 19. Jh. liegt 5 km südwestlich von Güzelyurt und ist auf dem Weg nach Ihlara linker Hand kaum zu übersehen. Der imposante burgähnliche Bau ist eine Dominante in der Landschaft, aus der Ferne jedoch imposanter anzusehen als aus der Nähe. Die Fresken der Kirche wurden von den Bewohnern Güzelyurts übermalt – islamisch fundierter Ikonoklasmus der Neuzeit. Zur Kirche gehören zwölf zellenartige Zimmer, in denen einst Mönche lebten. Die Anlage wurde ansatzweise restauriert, die Tür steht meist offen.

Güzelyurt Richtung Ihlara/Aksaray verlassen, 1,5 km nach dem Ortsschild links ab (Hinweisschild), von dort noch 2 km.

Unterirdische Stadt von Gaziemir: Die unterirdische Stadt von Gaziemir, einem Dorf ca. 18 km nördlich von Güzelyurt, gehört zu den jüngsten Attraktionen Kappadokiens – 2006 entdeckt (weil ein Anwohner zu tief im Boden stocherte) und bereits 2007 der Öffentlichkeit zugänglich gemacht. Touristen kommen bislang nur wenige, oft ist man der einzige Besucher, den der freundliche deutschsprachige Pächter Kadır Gök herumführt. Zu besichtigen ist nur ein Stockwerk, das aber außergewöhnlich groß ist. Da zudem Teile der Decken eingestürzt sind, kann die luftige unterirdische Stadt auch problemlos mit Krücke und Platzangst besucht werden. Zu sehen gibt es u. a. einen großen subterranen Kamelstall (!), eine Weinfabrik sowie Schlaf- und Vorratsräume.

Von der Straße Derinkuyu – Güzelyurt mit „Gaziemir Yeraltı Şehri" ausgeschildert, von dort noch 1 km. Keine Verbindung mit öffentlichen Verkehrsmitteln. Tägl. 9–19 Uhr, im Winter bis 17 Uhr. Eintritt 4,10 €.

Ihlara-Schlucht

Die 15 km lange Schlucht wird auch als „Grand Canyon der Türkei" bezeichnet. Die Wanderung hindurch, vorbei an mittelalterlichen Felsenkirchen, zählt zu den schönsten Kappadokiens.

Die imposante, bis zu 150 m hohe Schlucht entstand wahrscheinlich durch den unterirdisch fließenden *Melendiz*, der das felsige Terrain so lange unterhöhlte, bis es irgendwann einstürzte. Zahlreiche Felsbrocken im Tal stimmen für diese Entstehungstheorie.

Im 8. Jh. wurde das *Peristrema-Tal*, so der frühere Name der Schlucht, zum Rückzugsgebiet byzantinischer Mönche. In Zeiten der Verfolgung bot die schwer zugängliche Schlucht ein ideales Versteck. Von Abgeschiedenheit kann heute keine Rede mehr sein – alle kappadokischen Tourenveranstalter haben den Cañon im Programm. Trotzdem ist die Erkundung des Tals mit seiner üppigen Vegetation und den schroff aufsteigenden Felswänden noch immer ein einmaliges Erlebnis.

Von Derinkuyu bzw. Güzelyurt kommend, erreicht man zunächst das zwischen Felsen eingequetschte gleichnamige Dorf **Ihlara** am Südende der Schlucht. Eine gut ausgebaute Straße führt von Ihlara in weitem Abstand zum Westrand des Cañons gen Norden, Richtung Aksaray. Wer aus Aksaray anreist, muss die folgenden Abschnitte von hinten aufrollen.

Folgt man am nördlichen Ortsende von Ihlara der Abzweigung zum **Ihlara Vadisi**, gelangt man über eine Stichstraße zum Haupteingang des Cañons.

Hinweis: Steigt man vom Haupteingang beim Lokal *Ihlara Vadibaşı Tesisleri* in die Schlucht hinab, stößt man am unteren Ende der Treppe auf die *Ağaçaltı Kilisesi* („Kirche unter dem Baum"). Links der Treppe führt ein Weg zur *Sümbüllü Kilise* (Hyazinthenkirche). Über eine Brücke gelangen Sie auf die andere Flussseite zur *Yılanlı Kilise* (Schlangenkirche). Damit haben Sie die wichtigsten Kirchen der Schlucht gesehen (für eine detailliertere Beschreibung der Kirchen s. u.). Kalkulieren Sie für den Weg hinab in die Schlucht (382 Treppenstufen), inklusive Besichtigung und Wiederaufstieg, rund 2 Std. ein.

Ein paar Kilometer weiter nördlich zweigt wieder eine Stichstraße nach rechts ab, diesmal nach **Belisırma**, ein in die Schlucht gepresstes Bilderbuchdörfchen mit ein paar einladenden, aber oft von Busgruppen in Beschlag genommenen Restaurants am Fluss. Auf dem Weg in den Ort passiert man zwei einst reich ausgeschmückte Felsenkirchen (mit „Direkli Kilise" und „Bahattin Samanlığı Kilise" ausgeschildert), deren Fresken heute jedoch arg in Mitleidenschaft gezogen sind.

Zurück auf der Straße nach Aksaray, folgen die 47 °C warmen **Thermalquellen von Ziga**. Schon die Römer wussten sie zu schätzen, heute tun dies konservative Türken. Das Wasser hilft angeblich bei Rheuma-, Frauen- und Hautkrankheiten, gebadet wird in nach Geschlechtern getrennten Becken.

Im Felsendorf **Yaprakhisar** stößt man – weitab vom kappadokischen Kerngebiet – wieder auf Tuffsteinformationen. Hier war es insbesondere der über 3200 m hohe *Hasan Dağı* südlich der Ihlara-Schlucht, der die Landschaft unter seinem Ascheregen versenkte.

Noch vor der Häuseransammlung Selime, gegenüber einer kleinen seldschukischen Türbe, versteckt sich im Tuffsteinabhang der Eingang zu einer Klosteranlage aus dem 8. Jh. **(Selime Katedralı)**. Reiseführer binden ihren Gruppen gerne den Bären auf, dass das Kloster bereits als Kulisse für eine *Star Wars*-Episode diente. Auf jeden Fall zählt der über mehrere Etagen angelegte Komplex zu den größten Klosteranlagen Kappadokiens. Recht weit oben am Hang – der Weg durch kleine Tunnel und Bögen ist für jeden zu meistern – versteckt sich die dreischiffige Hauptkirche mit schlecht erhaltenen Fresken aus dem 10. oder 11. Jh. Durch einen engen, steilen und nicht bis zum Ende erkraxelbaren Tunnelstieg (gefährlich!) ist das Kloster zudem mit dem darüber liegenden Felsplateau verbunden (im Sommer tägl. 8–18.30 Uhr, im Winter bis 17 Uhr, Eintritt 2 €, mit dem Ticket für das Ihlara-Tal kostenlos).

Auf dem weiteren Weg nach Aksaray – die Schlucht liegt mittlerweile weit hinter einem – taucht nach ca. 7 km die Abzweigung zum **Aşıklı Höyük** auf. Der neolithische Siedlungshügel, mit dem sich Archäologen der İstanbul-Universität seit Jahren beschäftigen, sieht für den Laien zwar wenig spektakulär aus, birgt aber eine spannende Geschichte: Aşıklı Höyük gilt als eine der ersten dorfähnlichen Siedlungen überhaupt. Schon vor 10.000 Jahren lebten hier Menschen, die im Durchschnitt kaum älter als 32 Jahre wurden. Zu sehen sind deren rekonstruierte Lehmbauten, in denen auch die Grabungsgeschichte erläutert wird (tagsüber ist i. d. R. ein Wächter vor Ort, kein Eintritt).

Information/Verbindungen/Sonstiges

Telefonvorwahl 0382.

Verbindungen Von Ihlara fahren 5-mal tägl. Minibusse über **Yaprakhisar** nach Aksaray (45 km nordwestlich der Schlucht), So nur 1-mal. Die Minibusse fahren nicht hinab nach **Belisırma**! Nach Güzelyurt nur 1-mal wöchentl. (zuletzt Mi) ein Dolmuş von Ihlara. Wer aus Zentralkappadokien anreisen möchte, leiht sich am besten ein Fahrzeug oder schließt sich einer **organisierten Tour** an.

Öffnungszeiten/Zugänge Tägl. 8–19 Uhr, im Winter bis 17 Uhr. Bei Dunkelheit darf sich niemand in der Schlucht aufhalten – die Jandarma patrouilliert! Es gibt **vier Eingänge**, die allesamt gebührenpflichtig sind. Der südlichste befindet sich im **Dorf Ihlara**. Um ihn zu finden, nimmt man vom Dorfplatz bei der hinteren Atatürkbüste (der Platz hat zwei!) den schmalen Weg links am Star-Restaurant vorbei bergauf (anfangs betoniert, dann gepflastert). Er verläuft stets parallel zur Schlucht. Nach ca. 450 m erreicht man einen Kiosk. An ihm führt eine Treppe vorbei am Kassenhäuschen hinab in die Schlucht. Der **Haupteingang** ist von Ihlara-Dorf mit „Ihlara Vadisi" ausgeschildert.

Weitere Eingänge befinden sich in **Belisırma** etwa in der Mitte der Schlucht und nahe der Brücke in **Yaprakhisar** am Nordende des Cañon. Eintritt stets 2 €.

Ihlara-Schlucht 807

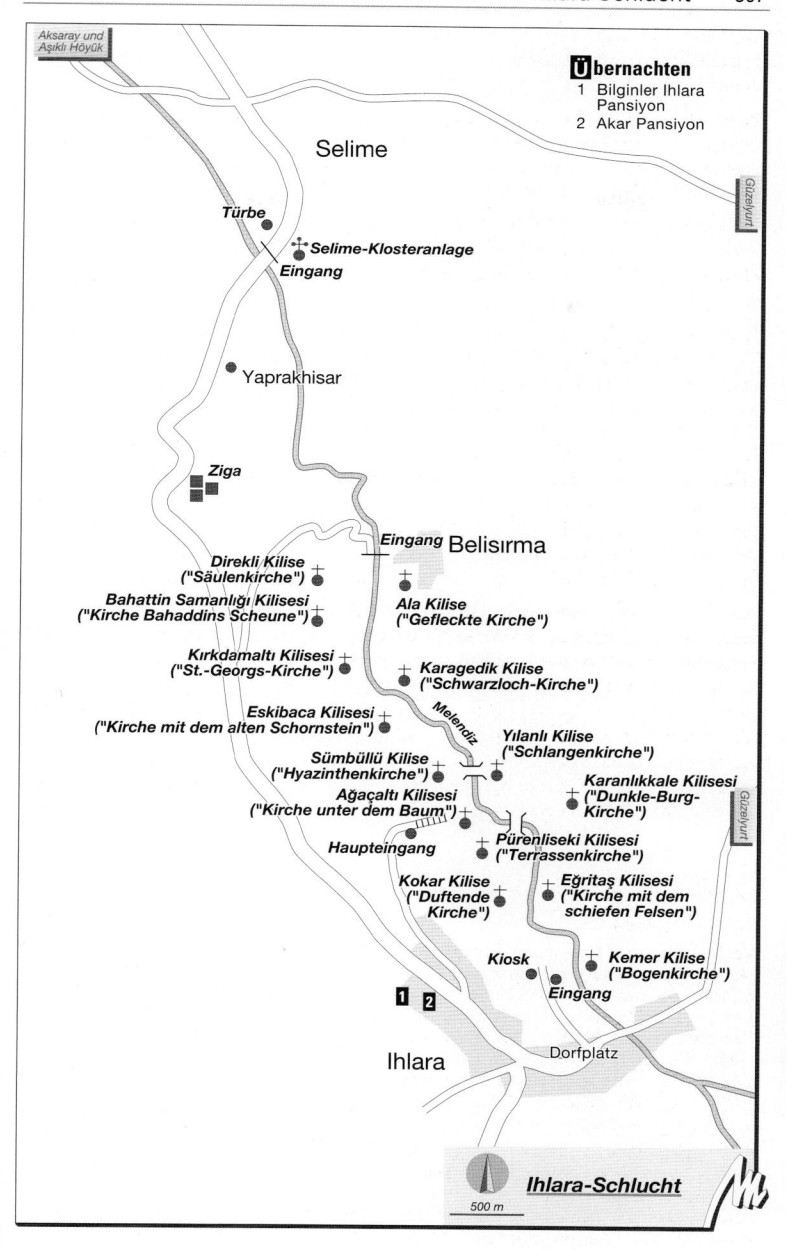

Übernachten
1. Bilginler Ihlara Pansiyon
2. Akar Pansiyon

Aksaray und Aşıklı Höyük

Güzelyurt

Selime
Türbe
Selime-Klosteranlage
Eingang

Yaprakhisar

Ziga

Eingang Belisırma

Direkli Kilise ("Säulenkirche")
Bahattin Samanlığı Kilisesi ("Kirche Bahaddins Scheune")
Ala Kilise ("Gefleckte Kirche")
Kırkdamaltı Kilisesi ("St.-Georgs-Kirche")
Karagedik Kilise ("Schwarzloch-Kirche")
Eskibaca Kilisesi ("Kirche mit dem alten Schornstein")
Melendiz
Yılanlı Kilise ("Schlangenkirche")
Sümbüllü Kilise ("Hyazinthenkirche")
Karanlıkkale Kilisesi ("Dunkle-Burg-Kirche")
Ağaçaltı Kilisesi ("Kirche unter dem Baum")
Haupteingang
Pürenliseki Kilisesi ("Terrassenkirche")
Kokar Kilise ("Duftende Kirche")
Eğritaş Kilisesi ("Kirche mit dem schiefen Felsen")
Kiosk
Kemer Kilise ("Bogenkirche")
Eingang

1 **2**

Ihlara
Dorfplatz

Ihlara-Schlucht
500 m

Kappadokien, Karte S. 767

808 Kappadokien

Übernachten/Camping/Essen & Trinken (→ Karte S. 807)

Es gibt nur wenige Unterkünfte (vorrangig in Ihlara-Dorf), und die sind generell recht schlicht. Deutlich netter übernachtet man in Güzelyurt (s. o.) – für Selbstfahrer der bessere Standort. In Belisırma bieten mehrere Restaurants gutes Essen und Campingmöglichkeiten – simpel, aber günstig und von Lesern wegen der Idylle immer wieder gelobt.

Akar Pansiyon 2, 27 einfache, aber geräumige und saubere Zimmer, alle mit Balkon/Terrasse, hinten raus im motelähnlichen Anbau ruhiger (zuletzt wurde aufgestockt, die dortigen Zimmer im OG sind also die neuesten). Lebensmittelladen und kleines Restaurant für die Gäste. Kostenloser Transfer zu den Taleingängen bei Ihlara, für die anderen Eingänge wird ein Unkostenbeitrag erhoben – ideal für Wanderer. DZ 25 €. Am Ortsrand von Ihlara-Dorf in Richtung Aksaray, ✆ 4537018, www.ihlara-akarmotel.com.

Bişginler Ihlara Pansiyon 1, etwas kleiner: 14 einfache, aber saubere Teppichbodenzimmer mit Balkon. Wohnmobilstellplatz davor. DZ 29 €, Campen für 2 Pers. 8,50 €. Ebenfalls am Ortsrand von Ihlara-Dorf in Richtung Aksaray, ✆/☏ 0382/4537077.

Durch die Schlucht – die interessantesten Kirchen

Für eine gemütliche Durchwanderung der gesamten Schlucht, begleitet von Vogelgezwitscher und Froschgequake, sollte man mit Kirchenbesichtigungen rund einen Tag einkalkulieren. Ein Verlaufen ist schlicht unmöglich. Wer in Ihlara-Dorf Quartier bezogen hat, fährt am besten mit dem morgendlichen Aksaray-Bus (erkundigen Sie sich nach der genauen Abfahrtszeit!) bis Yaprakhisar und läuft von dort durch die Schlucht zurück. Ein Taxi kostet für die gleiche Strecke ca. 10 €. Für die Besichtigung der Kirchen empfiehlt sich eine Taschenlampe.

Um die 150 Kirchen und Kapellen werden rechts und links des Melendiz-Flusses zwischen Ihlara und Selime vermutet, bislang wurde jedoch erst ein kleiner Teil davon entdeckt. So manche Kirchen sind mit Fresken geschmückt, ihre Pracht reicht jedoch nicht an die Kirchen im Göreme Open-Air-Museum heran. Da es nicht allzu viele Brücken über den Fluss gibt, muss man – will man die Kirchen in ihrer Reihenfolge von Süd nach Nord bzw. andersrum abklappern – immer wieder ein Stück auf der einen Flussseite vor- oder zurücklaufen, um mit den Kirchen auf der anderen Seite fortfahren zu können. Die sehenswertesten Kirchen sind ausgeschildert, die wichtigsten im Überblick:

Die Yüksek Kilise bei Güzelyurt

Ağaçaltı Kilisesi („Kirche unter dem Baum"): Sie gilt als die älteste Kirche des Tals. Ihre Kuppel, vermutlich im 7. Jh. von einer noch ungeübten Hand in Pastellfarben ausgemalt, zeigt die Auferstehungsszene – es handelt sich dabei also um ein vorikonoklastisches Werk,

Kappadokische Kirchenkunst

das den Bilderstreit überdauert hat. Dies lässt vermuten, dass das abgeschiedene Tal in den Kirchenstreit weniger involviert war, zumal die Fresken in keiner Beziehung zur zeitgenössischen Kunst Konstantinopels stehen.

Sümbüllü Kilise (Hyazinthenkirche): Sie ist eine der wenigen Kirchen des Tals, die eine in den Fels gemeißelte, breite Fassade besitzt. Im Parterre war sie einst mit nichtfigurativer Malerei ausgeschmückt. Im eigentlichen Kirchenraum darüber – den Gang hinauf müssen Sie sich mit der Taschenlampe suchen – findet man auch Reste figurativer Fresken aus dem 10. Jh.

Yılanlı Kilise (Schlangenkirche): Dabei handelt es sich um die größte und aufgrund der gut erhaltenen, farbenfrohen Fresken auch um die schönste Kirche des Tals. Die Fresken stammen aus der zweiten Hälfte des 9. Jh., dem Ende der ikonoklastischen Krise. Neben zahlreichen Heiligen und Märtyrern erkennt man eine Engelsgestalt mit einer Waage, mit der das Gewicht der Sünden gemessen wird. Das mögliche Urteil wird auf Augenhöhe linker Hand präsentiert: Vier nackte Sünderinnen werden von Schlangen umzingelt. Von dieser Darstellung erhielt die Kirche ihren Namen.

Kokar Kilise („Duftende Kirche"): Diese besitzt Fresken, die auf das Ende des 9. Jh. datiert werden. In der Mitte der bemalten Decke erkennt man ein großes Kreuz mit der segnenden Hand Gottes. Etwas nördlich der Kirche, auf der gleichen Flussseite, liegt die *Pürenliseki Kilise (Terrassenkirche),* deren Fresken jedoch schon stark in Mitleidenschaft gezogen sind.

Kırkdamaltı Kilisesi (St.-Georgs-Kirche): Sie ist eine der wenigen Kirchen des Tals, deren Entstehungszeit (1283–1295) aufgrund von Inschriften genau datiert werden konnte. Unter den Darstellungen findet sich auch die Abbildung eines byzantinischen Geistlichen in seldschukischer Tracht. Dies wird als Zeugnis für die wechselseitige Toleranz der Religionen in damaliger Zeit interpretiert.

Weiter Richtung **Aksaray**? Alles dazu ab S. 758.

İshak-Pascha-Palast – das Neuschwanstein der Türkei hat mittlerweile ein Schutzdach

Nordostanatolien

Der türkische Nordosten, das sind unendliche Hochebenen, mächtige Gebirgsmassive und enge Flusstäler mit den verfallenen Zeugnissen einer einst vornehmlich von Christen besiedelten Region.

Eine Reise durch Ostanatolien ist noch heute mit einem Hauch von Abenteuer verbunden. Immerhin geht es durch die landschaftlich atemberaubendsten, aber auch rauesten Winkel der Türkei. Die hiesigen Winter sind eisig, die Sommer kurz und trocken. Noch bis in den Mai und bereits ab Oktober können Bergpässe nur schwer oder nicht mehr passierbar sein. Das Leben in dieser dünn besiedelten Region ist entbehrungsreich bis bitterarm, viele Provinzen zählen zu den ärmsten des Landes. In den Dörfern fallen aufgetürmte Kuhdung-Pyramiden neben kleinen Lehmhäusern auf, sie sind Brennmittel in einer Welt ohne Zentralheizung und heißem Leitungswasser. Industrie gibt es kaum, einzige Ausnahme bildet Erzurum. Die waldfreien Hochlandebenen auf durchschnittlich 1800 m Höhe eignen sich fast nur zur Weidewirtschaft. Staudammprojekte sollen in Zukunft auch großflächigen Ackerbau ermöglichen, zudem Investoren für eine energieintensive Industrie anlocken.

Im unterentwickelten türkischen Osten kann man als Reisender nicht die gleichen Komfortansprüche stellen wie an der Mittelmeerküste. Bessere Hotels finden Sie ausnahmslos in den größeren Städten. Auf ausländische Touristen – auch viele Iraner und Georgier sind dort unterwegs – trifft man i. d. R. nur in Doğubayazıt, Yusufeli oder Kars. Planen Sie Ihre Route so, dass Sie vor Einbruch der Dunkelheit Ihr Etappenziel erreichen. Die Straßenverhältnisse und Busverbindungen sind zwar gut, die Entfernungen allerdings groß und Militärkontrollen (je nach Spannungslage) häufig, sodass die Wege im Endeffekt stets länger sind, als sie auf der Karte aussehen. Denken Sie daher an genügend Sprit und Wasser, sofern Sie mit dem eigenen Fahrzeug unterwegs sind.

Nordostanatolien – die Highlights

Yusufeli: Zentrum für Rafter, Trekker und Kunstliebhaber. Erstere stürzen sich in die Fluten des Çoruh Nehri, Zweite erobern die Gipfel des Kaçkar-Gebirges, Letztere machen sich auf die Suche nach georgischen Kirchen und Klöstern.

Kafkasör-Alm: Hier steigt stets Ende Juni eines der größten türkischen Almfeste. Das nahe gelegene Artvin bietet sich ebenfalls als Ausgangspunkt zur Erkundung georgischer Sakralbauten an – oft ist dabei schon die Anfahrt ein grandioses Erlebnis.

Ani: Das Highlight der Highlights liegt in einer menschenleeren Welt. Einen Steinwurf von der armenischen Grenze entfernt türmen sich die Zeugnisse christlichen Glaubens – ein landschaftlicher und kunsthistorischer Traum.

İshak-Pascha-Palast: Eine Mischung aus orientalischem Lustschloss und persischer Zwingerburg vor einer Märchenbuchkulisse. Gleich in der Nähe grüßt der biblische **Ararat**, das majestätische Bergmassiv mit stets weißer Haube.

Erzurum
368.000 Einwohner

Erzurum ist die „Hauptstadt" der Nordosttürkei, in kalten wie in heißen Zeiten – im Sommer bei bis zu +40 °C, im Winter bei bis zu -40 °C. Doch gegenüber westanatolischen Metropolen wirkt die erzkonservative Provinzhauptstadt wie ein langweiliges Nest.

Umringt von mehreren Dreitausendern brütet oder friert Erzurum, die größte Stadt Ostanatoliens, auf 1950 m ü. d. M. vor sich hin. Das Stadtbild ist überaus nüchtern und großzügig angelegt, eine Folge des katastrophalen Erdbebens von 1939. Breite Boulevards ersetzen seitdem enge, krumme Gassen, zweckmäßige Verwaltungsbauten alte Gouverneurspaläste und triste, schnell hochgezogene Apartmentblocks windschiefe Stadthäuser. Erhalten blieben ein paar architektonische Kostbarkeiten aus seldschukischer und mongolischer Zeit.

Gesichtslose Vororte und Industrieparks, in denen die landwirtschaftlichen Erträge des Umlands verarbeiten werden, bestimmen die Peripherie Erzurums. Auch weitläufige Kasernenanlagen säumen die Stadtränder – das Militär schafft viele Arbeitsplätze und lässt das meiste Geld in der Stadt. Eine Universität gibt es auch, der Staat ließ sie zur Förderung Erzurums schon in den 1960ern einrichten. Rund 41.000 Studenten sind hier eingeschrieben – jene aus den liberalen westtürkischen Städten aber meist nicht aus freier Entscheidung. Ein schlechtes Abiturzeugnis schob ihnen den Riegel vor die Universitäten von İzmir oder İstanbul. Und so lernen sie hier Seiten ihres Landes kennen, von denen sie hofften, dass sie gar nicht existieren. Wo sonst gibt es in der Türkei Internetcafés mit getrennten Bereichen für Männlein und Weiblein? Erzurum gilt, fast stärker noch als Konya, als ungebrochener Pfeiler der Rechtgläubigkeit und Sittenstrenge – so verwundert es auch nicht, dass Erzurum der Geburtsort von Metin Kaplan ist, dem „Kalifen von Köln". Während des Ramadan trifft man hier auf kein einziges geöffnetes Restaurant. Westliche „Dekadenz" findet man nur im Skisportzentrum Palandöken 6 km südlich des Zentrums (→ Umgebung). Während der Saison trifft sich hier die High Society des Landes zum Brettlvergnügen.

Geschichte

Archäologische Funde beweisen, dass die Gegend rund um Erzurum seit der Bronzezeit besiedelt ist. Über die Frühgeschichte der Stadt ist jedoch wenig bekannt. Man nimmt an, dass sie sich aus einer Karawanenstation entwickelte, die hier nach dem Vordringen der Perser gen Westanatolien (ab 545 v. Chr.) entstanden war. In den Geschichtsbüchern wird die Stadt erstmals im 4. Jh. unter dem Namen *Theodosiopolis* erwähnt, und zwar als östliche Grenzfestung und Bischofssitz des Byzantinischen Reiches. 502 besetzten die Sassaniden Theodosiopolis vier Jahre lang, dann eroberten die Byzantiner die Stadt zurück. 632 tagte im Schutz der immer stärker befestigten Stadt eine Synode, bei der man erfolglos versuchte, die orthodoxe mit der armenischen Kirche zu vereinen.

13 Jahre später wurde die Stadt von den Arabern erobert. Gut hundert Jahre später gehörte sie wieder den Byzantinern – danach wieder den Arabern, dann wieder den Byzantinern und so fort. Wechselweise wurde zerstört, wieder aufgebaut, zerstört und umbenannt. So wundert es nicht, dass im Stadtbild nichts mehr an die Byzantiner und Araber erinnert. Erst die Seldschuken, die in der zweiten Hälfte des 11. Jh. die Stadt einnahmen, prägten sie mit bis heute erhaltenen, beeindruckenden Bauten und mit einem Namen, von dem sich der heutige ableitet: *Arzan er-Rum*, „Land der Römer" – für die Seldschuken waren die Byzantiner nämlich nichts anderes als Römer. Mitte des 13. Jh. fielen die Mongolen ein. Um 1400 startete Timur Lenk von Erzurum seine Feldzüge gegen die Osmanen. Letztere eroberten die Stadt 1515. Es folgte eine Zeit des Friedens, bis die Russen im 19. und frühen 20. Jh. Interesse an Erzurum bekundeten – drei Mal nahmen sie die Stadt ein, und drei Mal räumten sie sie nach verlustreichen Kämpfen wieder.

1919 trat in Erzurum der erste türkische Nationalkongress zusammen, der die Konstituierung der Nationalversammlung und die verfassungsmäßige Grundlage der nationalen Bewegung zum Thema hatte. Atatürk weilte während des Kongresses in einem schmucken Haus nördlich der Cumhuriyet Caddesi – es braucht nicht viel Fantasie, um zu erraten, was aus dem Haus geworden ist (gewöhnliche Öffnungszeiten). 1939 verwüstete ein Erdbeben die ohnehin schon von unzähligen Kriegen gebeutelte Stadt; 40.000 Einwohner starben.

Letztes Großereignis war die Winter-Universiade 2011. 300 Mio. Euro wurden in die Weltsportspiele der Studenten investiert; es entstanden u. a. ein neues Eishockey-Stadion, eine Skisprungschanze und eine Curling-Arena. Rund 3000 Sportler aus 58 Ländern nahmen teil.

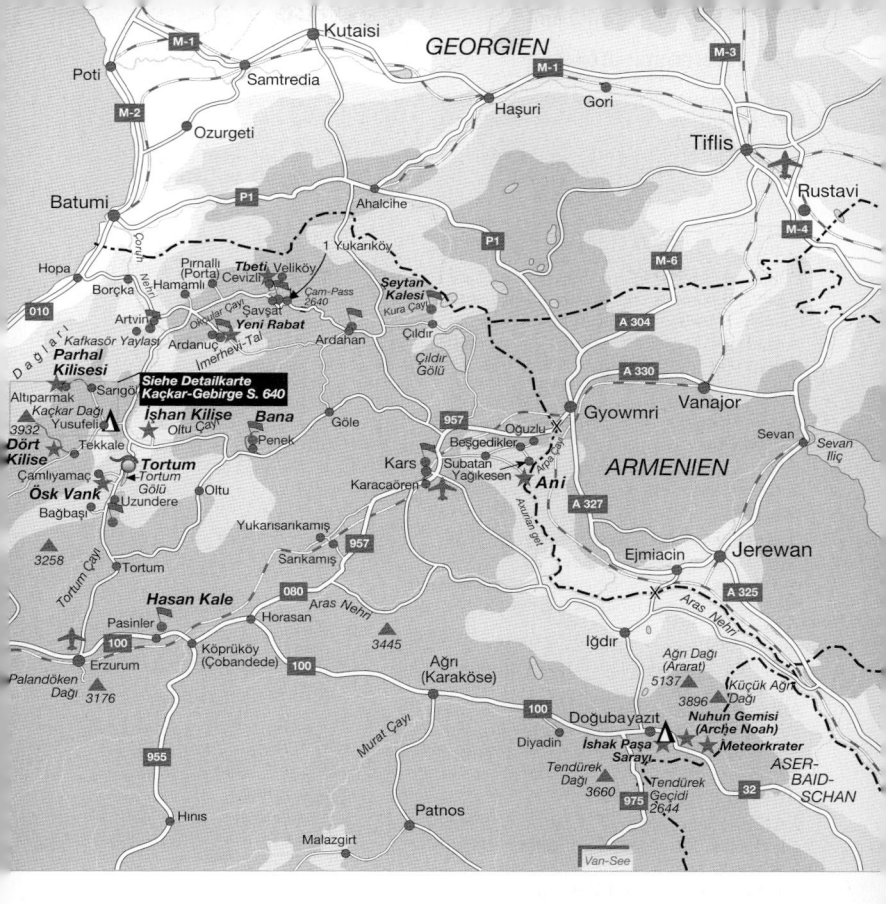

> **Orientierung**: West-Ost-Achse der Stadt ist die Cumhuriyet Cad., deren modern-zweckmäßiges Erscheinungsbild einige seldschukische Bauten auflockern. Im Westen beginnt sie beim *Havuzbaşı*, einem Kreisverkehr mit einem Springbrunnen und einer Atatürkstatue in der Mitte. Nicht weit davon liegen die Touristeninformation und das Stadtmuseum. Altstadt und Basarviertel erstrecken sich vom östlichen Ende der Cumhuriyet Cad. gen Norden zur Zitadelle.

Information/Verbindungen

Telefonvorwahl 0442.

Information Westlich des Zentrums an der Cemal Gürsel Cad. Mo–Fr 8–17 Uhr. ℘ 2350925, www.erzurumturizm.gov.tr.

Nordostanatolien

Verbindungen Flughafen (www.erzurum.dhmi.gov.tr), ca. 10 km nordwestlich der Stadt. Mit städtischen Bussen vom Zugbahnhof zu erreichen. Taxi ca. 10 €. Flugtickets z. B. über **Kuşkay Turizm**, Cumhuriyet Cad. 27, ☎ 2352200.

Bus/Dolmuş: Busbahnhof ca. 2,5 km westlich des Zentrums, Zubringerservice der Busgesellschaften. Regelmäßig nach Kars (3 Std.), mehrmals tägl. nach Doğubayazıt (4½ Std.), Ankara (14½ Std.), Diyarbakır (6 Std.), İstanbul (19 Std.), Sivas (7 Std.), Van (7 Std.) und Trabzon (5 Std.). Die Minibusse nach Tortum (1 Std.), Yusufeli (3 Std.) und Artvin (4½ Std.) starten von der im Nordosten der Stadt gelegenen Şükrüpaşa Semt Garajı (zu erreichen mit Dolmuşen mit der Aufschrift „Üniversite" vom Havuzbaşı). Dolmuşe nach Pasinler vom Dolmuşbahnhof an der Ali Ravi Cad.

Zug: Bahnhof (☎ 2349532) im Norden des Zentrums, zu Fuß erreichbar. Tägl. 1-mal über Sivas, Kayseri und Ankara nach İstanbul (32 Std.!) sowie 1-mal nach Kars.

Adressen/Einkaufen

Alkohol Ist in Erzurum nicht einfach zu bekommen. Fürs Feierabendbier (Flaschen zum Mitnehmen) wählt man die Gasse gegenüber dem Hotel Hitit, kurz darauf grüßt schon das *Efes*-Schild **7**.

Ärztliche Versorgung Einen guten Ruf besitzt das Krankenhaus **Bölge Eğitim Hastanesi** im Südwesten der Stadt. Dr. Refik Saydam Cad., ☎ 3425961.

Autoverleih Europcar, Milletbahçe Cad., ☎ 2346160, www.europcar.com.tr. Autos ab ca. 50 €/Tag. In der gleichen Straße noch einige lokale Verleiher, die zu günstigeren Konditionen vermieten.

Diplomatische Vertretung Deutsches Honorarkonsulat, Cumhuriyet Cad. 45/2, ☎ 2352200, erzurum@hk-diplo.de.

Einkaufen Der *Oltu Taşı* ist ein rabenschwarzer Stein (erhärtetes, fossiles Baumharz) aus der Gegend um das Städtchen Oltu 130 km nordöstlich von Erzurum. Daraus werden Schmuckstücke gefertigt, erhältlich entlang der **Cedid Cad.** und im **Taşhan** (Rüstem Paşa Kervansarayı, → Sehenswertes).

Überregionale Bekanntheit haben zudem die lokalen, sehr fein geknüpften Teppiche.

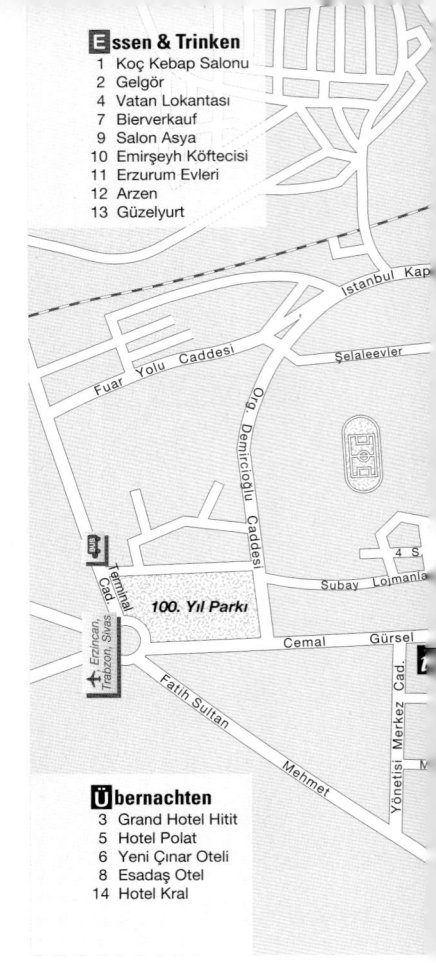

Essen & Trinken
1 Koç Kebap Salonu
2 Gelgör
4 Vatan Lokantası
7 Bierverkauf
9 Salon Asya
10 Emirşeyh Köftecisi
11 Erzurum Evleri
12 Arzen
13 Güzelyurt

Übernachten
3 Grand Hotel Hitit
5 Hotel Polat
6 Yeni Çınar Oteli
8 Esadaş Otel
14 Hotel Kral

Ein Tipp ist diesbezüglich das **Ausbildungszentrum für Teppichknüpfkunst der Atatürk Üniversitesi** (Atatürk Üniversitesi Halıcılık Eğitim Merkezi). Festpreise (268 €/m²), Handeln nicht möglich. Paşalar Cad. 8 (Wiedereröffnung wegen Bauarbeiten jedoch nicht vor Ende 2012).

Polizei Beispielsweise an der Cumhuriyet Cad. nahe der Post. ☎ 155.

Post An der Cumhuriyet Cad.

Türkisches Bad (Hamam) Die hiesigen Bäder sind alle ein wenig schmuddelig. Wer es nicht glauben will, kann z. B. das 1637 erbaute **Kırkçeşme Hamamı** in einer

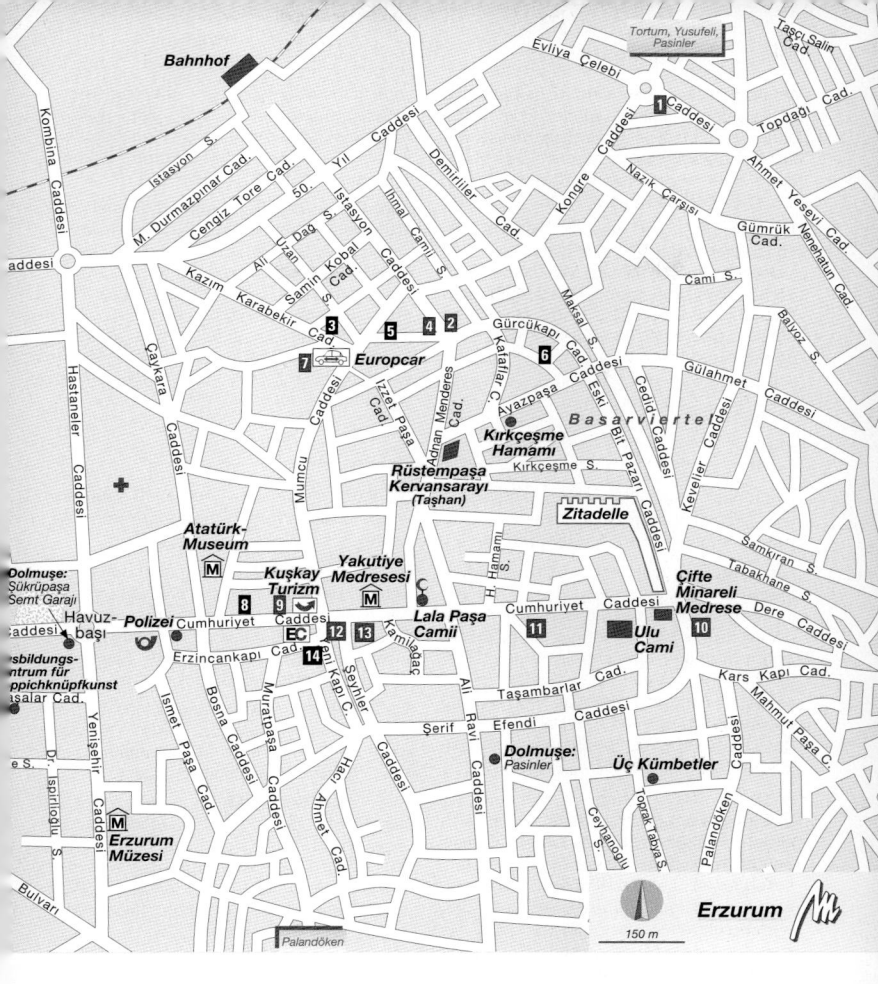

Seitengasse südlich der Ayazpaşa Cad. (separate Abteilungen für Männer und Frauen) probieren. Für Frauen tägl. 9–17 Uhr, für Männer 5–23 Uhr. Eintritt mit *Kese* und Massage 9,40 €.

Übernachten

Die luxuriösen Hotels der Stadt liegen an der Talstation des Palandöken Dağı (→ Umgebung). Im Zentrum ist zwischen 3 Sternen und billigen Absteigen alles zu haben. Viele günstige Hotels rund um das Hotel Hitit.

*** Grand Hotel Hitit 3, restaurierte Mittelklasse im Hoteleck um die Kazım Karabekir Cad. Angenehme, freundliche Zimmer, z. T. allerdings recht klein. Nettes Personal, auch für allein reisende Frauen okay. Restaurant in der 6. Etage. Von Lesern gelobt. DZ 57 €. Kazım Karabekir Cad. 26, ✆ 2335001, ✆ 2332350.

Hotel Kral 14, nahe der Cumhuriyet Cad. und den Sehenswürdigkeiten. Ein seltsames, aber sauberes 80-Zimmer-Mittelklassehaus, das seit Jahren am Restaurieren ist und dennoch schon wieder von vorne anfangen könnte – schrabbelig-verwohnte Zimmer neben recht modernen, jede Etage steht unter einem anderen Motto. EZ 33 €, DZ 49 €. Erzincankapı Cad. 18, ℘ 2346400, ℘ 2346474, www.kraltatil.com.

*** **Esadaş Otel** 🔳, zentralste Lage. 38 kleine Zimmer mit TV und Minibar mit Softdrinks. Okay und sauber. Arroganter Bauerntrampelservice. EZ 23 €, DZ 44 €. Cumhuriyet Cad. 7/A, ℘ 2335425, ℘ 2335420, www.esadas.com.

** **Hotel Polat** 🔳, gut geführtes Haus. Unterschiedliche geschnittene, z. T. etwas angeschrammte Zimmer, manche sehr großzügig und mit Balkon, dazu kleine Kammern für Einzelreisende. Freundlicher Service. EZ 22,50 €, DZ 41 €. Kazım Karabekir Cad. 4, ℘ 2350363, ℘ 2344598.

Yeni Çınar Oteli 🔳, 15 einfache, aber anständige Zimmer mit Bad. Teils leider recht dunkel – lassen Sie sich eines der helleren geben. Sehr freundlich. Gutes Preis-Leistungs-Verhältnis. Gleich nebenan das alte, noch günstigere Otel Çınar. EZ 14 €, DZ 22 € (kein Frühstück), im alten Çınar ca. 30 % billiger. Ayazpaşa Cad. 18 (im Gassenwirrwarr versteckt, durchfragen), ℘ 2136690, www.yenicinaroteli.com.

Essen & Trinken (→ Karte S. 814/815)

Regionale Spezialität ist der *Çağ Kebap:* Von einem großen Drehspieß werden kleine Spieße abgezwackt, die mit Salat, Zwiebeln, scharfer Soße, gebratenen Peperoni und weichem Fladenbrot verzehrt werden.

Güzelyurt 🔳, gegenüber der Yakutiye Medresesi. Das Traditionslokal (seit 1928) mit seinem altmodisch-gediegenen Speisesaal gilt als bestes Restaurant der Stadt, zudem bekommt man hier auch Alkohol. Außergewöhnliche Küche mit stark russischem Einschlag (auch Bœuf Stroganoff!), frischer Schwarzmeerfisch und beste Meze. Für das Gebotene günstig, aufmerksamer Service. Cumhuriyet Cad. 42, ℘ 2345001.

》》》 Unser Tipp: Emirşeyh Köftecisi 🔳, das schönste Lokal der Stadt, wenn nicht eines der 10 schönsten des Landes. Stilvollpompös dekorierter Nachbau eines historischen Konak, serviert wird auf 3 Stockwerken. Die Emirşehy-Köfte genießen landesweit Berühmtheit, dazu gibt es *Tandır Kebap, Çağ Kebap* und *Güveç* – also nicht unbedingt eine Adresse für Vegetarier. Faire Preise. Tebrizkapı Cad. 172, ℘ 2139292. 巜

Erzurum Evleri 🔳, folkloristisch-kitschiges Ambiente. An der Tür werden die Schuhe ausgezogen, innen teppichausgelegte Nischen, an der Wand allerlei Krimskrams vom Messingteller bis zum Schaffell. Man sitzt auf dem Boden an kleinen Tischchen. *Manti,* Ayran-Suppe, *Su Börek, Güveç* usw. Hg. 4,10–7,20 €. Yüzbaşı Sok. (von der Cumhuriyet Cad. ausgeschildert), ℘ 2138372.

Vatan Lokantası 🔳, ein Tipp, der erst nach unserer Recherche einging und von uns daher nicht mehr überprüft werden konnte. Eine Leserin schreibt: „Viel besucht, gemischtes Publikum, sehr gute Speisen." Kazım Karabekir Cad. Gürcükapı.

Gelgör 🔳, hier fällt die Auswahl leicht – es gibt nur *Çağ Kebap!* Beste Qualität, freundliches Personal. Abgerechnet wird pro Spieß (zu 2,40 €). İstasyon Cad. 4.

Koç Kebap Salonu 🔳, noch ein Lokal, das berühmt für seinen *Çağ Kebap* ist und Ableger in Istanbul und Bursa hat. Bis zu 400 kg Fleisch werden hier pro Tag verarbeitet. An den Wänden Fotos bekannter Persönlichkeiten, die hier schon „fleischten". Kongre Cad. Binası Karşısı 8.

Salon Asya 🔳, großräumige, rosa verschaltete Lokanta. Nur ein paar wenige Topfgerichte, dazu aber Kebabs zu 2,50–6,50 € und Pide in Pizzaform. Cumhuriyet Cad. 27.

Café Arzen 🔳, protzig-elegante Mischung aus Patisserie und Restaurant. Neben dicken Torten und süßen Puddings gibt es hier auch eine reichhaltige internationale Speisekarte: Sandwiches, Crêpes, Pasta oder große Salate. Hg. 4,10–6,50 €. Cumhuriyet Cad. 50.

Sehenswertes

Die hier aufgeführten Sehenswürdigkeiten sind grob von West nach Ost gegliedert und können der Reihenfolge nach in einem längeren Spaziergang abgelaufen werden.

Erzurum Müzesi: Die archäologische Abteilung des städtischen Museums präsentiert Grabungsfunde aus der Umgebung: transkaukasische Terrakotta-Objekte, Sarkophage, römische und byzantinische Mosaike usw. Zudem wird an Massaker armenischer Extremisten an der muslimischen Bevölkerung Erzurums während des Ersten Weltkriegs erinnert. Leider hat man versäumt, diese Verbrechen – ohne sie relativieren zu wollen – in einen geschichtlichen Kontext zu stellen (→ Kasten, S. 836).

Yenişehir Cad., etwas außerhalb des Zentrums. Tägl. (außer Mo) 8–17.30 Uhr. Eintritt frei.

Yakutiye Medresesi: Die Koranschule im Zentrum wurde 1310 unter der Herrschaft des Mongolen Uljaitu (auch Olcaytu) von Cemaleddin Hoca Yakut errichtet. Von den einst zwei Minaretten aus Ziegelstein ist nur noch eines erhalten, und das auch nicht mehr in seiner vollen Größe. Es weist jedoch einen schönen Fayencenschmuck auf. Die Außenfront der Medrese ist trutzig-schnörkellos, das Portal im Gegensatz dazu mit filigranen Reliefs verziert. Das atmosphärische, dunkel-düstere Innere war zuletzt leer geräumt. Künftig soll hier jedoch wieder – wie vorher schon – ein ethnografisches Museum residieren.

Cumhuriyet Cad. Tägl. 10–24 Uhr. Eintritt 1,20 €.

Lala Paşa Camii: Nur ein paar Schritte weiter steht diese osmanische Kuppelmoschee aus dem Jahr 1563, einst Bestandteil einer Külliye. Ihre heiter-gelöste Architektur erinnert an die Spätwerke des genialen Baumeisters Sinan, dem Kreise der Fachwelt daher auch den Entwurf zuschreiben. Lala Mustafa Paşa, der damalige Gouverneur Erzurums, trat als der Stifter des Komplexes auf.

Rüstem Paşa Kervansarayı: Die gut erhaltene Karawanserei mit ihren vielen Türmchen wird auch *Taşhan* genannt. Rüstem Paşa, Großwesir unter Süleyman dem Prächtigen und Stifter vieler Bauten İstanbuls, zeigte sich auch in Erzurum spendabel und schenkte der Stadt um 1560 diesen Han. Im Inneren des zweistöckigen Bauwerks haben sich zahlreiche Schmuckläden angesiedelt, die vorrangig *Oltu Taşı* verkaufen – ein Magnet für Touristen.

Etwas nördlich der Lala Paşa Camii an der Adnan Menderes Cad.

Zitadelle: Umstritten ist, ob Theodosius I. im 4. Jh. eine bereits bestehende Festung ausbauen oder eine komplett neue errichten ließ. Tatsache ist, dass die Zitadelle der oft umkämpften Stadt später von den jeweiligen Besitzern immer wieder aus- und umgebaut wurde. Bis vor nicht allzu langer Zeit nutzte sie noch eine türkische Garnison, heute ist das Gelände jedem zugänglich. Im Inneren der Zitadelle stehen eine *Moschee* und eine *Türbe*, zudem erhebt sich hier ein seldschukischer *Turm* aus der ersten Hälfte des 13. Jh. 1877 wurde dieser mit einer Uhr versehen – ein Geschenk der englischen Königin Victoria.

Tägl. 9–12 und 13–17.30 Uhr. Eintritt 1,20 €.

Ulu Cami: Festungsartig wirkt die Fassade der schmucklos-massiven Moschee an der Cumhuriyet Caddesi, die 1179 errichtet wurde und somit eine der ältesten der Stadt ist. Das Dach des siebenschiffigen Baus trägt ein Wald aus Säulen. Der Innenhof ist bis auf eine Öffnung über dem Reinigungsbrunnen überdacht – Tribut des Baumeisters an den monatelangen Frost. Beim Erdbeben von 1930 wurde die Moschee stark in Mitleidenschaft gezogen und musste teilweise neu aufgebaut werden.

Çifte Minareli Medrese: Gleich neben der Ulu Cami steht die „Doppelminarettmedrese", die bedeutendste Sehenswürdigkeit Erzurums. Ihre genaue Entstehungszeit ist unbekannt, man vermutet das 13. oder frühe 14. Jh. Die alte Hochschule aus dunklem Vulkangestein ist eine der größten Anatoliens. Man betritt sie – vorausgesetzt, die umfangreichen Restaurierungsarbeiten sind bis zu Ihrem Besuch abgeschlossen – durch ein reich verziertes, vorspringendes und überhöhtes *Portal*, das von zwei mächtigen, seit eh und je unvollendeten *Minaretten* gekrönt wird. Man beachte den meisterlich gearbeiteten Reliefschmuck. Den rechteckigen *Innenhof* umgeben vier gewölbte, nach vorne offene Hallen (sog. *Iwans*), die untereinander mit Säulengängen verbunden sind. Dahinter lagen die Zellen der Schüler. In der rückwärtig angebauten Türbe – hier ruht Hüdavent Hatun, die Tochter des Seldschukensultans Alaeddin Keykobats II. und angebliche Stifterin der Medrese – wechseln gerundete mit geraden Wandpartien ab, einst war sie komplett mit Marmor ausgeschmückt. Die Medrese diente schon als Waffenarsenal, Kaserne und Museum.

Üç Kümbetler: *Üç* heißt drei und *Kümbet* Kuppelgrab. Die drei Kuppelgräber, letzte Ruhestätten seldschukischer Honoratioren, findet man südlich der Çifte Minareli Medrese. Das imposanteste Mausoleum ist die *Sultan-Emir-Türbe*, in der Emir Saltuk, der Begründer der gleichnamigen Dynastie, liegt. Es ist reliefgeschmückt und mit einem dekorativen Stalaktitenband unter dem runden Pyramidendach versehen. Die beiden anderen Türben wurden später errichtet.

Von Erzurum gen Westen: Die Strecke nach Sivas ist überaus schön und führt, vorbei an eindrucksvollen Bergpanoramen, durch die weiten Täler des Euphratoberlaufs. Man passiert *Erzincan*, eine wenig ansprechende 102.200-Einwohner-Stadt, deren historische Bausubstanz 1939 durch ein schweres Erdbeben zerstört wurde. Nahe der Stadt liegt die berühmte Ausgrabungsstätte *Altıntepe* („Goldhügel"), wo man einen urartäischen Fürstensitz aus dem 8. und 7. Jh. v. Chr. freilegte. Viele der Funde gehören heute zu den bedeutendsten Exponaten des Museum für Anatolische Zivilisationen in Ankara. Der Besuch der vor Ort zu sehenden Quadermauern von Grabbauten und einer Tempelanlage lohnt jedoch nur für speziell Interessierte.

Von Erzurum nach Trabzon: Die Strecke führt über *Bayburt* (→ S. 631) und *Gümüşhane*.

Von Erzurum nach Yusufeli: Diese Strecke führt über den unspektakulären 4600-Einwohner-Ort *Tortum* 57 km nordöstlich von Erzurum. Was es danach rechts und links der Nationalstraße 950 zu entdecken gibt: → S. 823.

Umgebung von Erzurum

Palandöken: Das Skigebiet am *Palandöken Dağı* 6 km südlich von Erzurum gehört zu den besten der Türkei. Zwischen 2200 m und fast 3176 m Höhe erschließen drei Sessellifte, eine Kabinenbahn und zwei Schlepplifte 12 km Piste verschiedener Schwierigkeitsgrade. Nahezu die gesamte Saison von Dezember bis Anfang Mai herrscht Pulverschnee vor, die besten Monate sind März und April. Zur Infrastruktur gehören Skischule, Skiverleih, Restaurants und mehrere Fünf- und Vier-Sterne-Hotels. Achtung: Außerhalb der Saison ist nahezu alles dicht. Einen Überblick liefert die Seite www.palandokenkayakmerkezi.com.

Von Erzurums Fatih Sultan Mehmet Bul. mit „Palandöken" oder „Kayak Merkezi" ausgeschildert. Im Winter **Dolmuşe** zur Talstation von der Hastaneler Cad. **Taxi** ca. 8 €.

Pasinler: Das überaus konservative Pasinler (14.000 Einwohner), 37 km östlich von Erzurum an der Straße nach Kars/Doğubayazıt, wird beherrscht von einer gewaltigen, ursprünglich armenischen Burganlage, die im 14. Jh. von Uzun Hasan, dem Anführer des Turkmenenstamms der *Akkoyunlu* („Die mit dem weißen Hammel"), ausgebaut wurde (von Erzurum kommend linker Hand, ein Fahrweg führt bis unter die Festungsmauern). Bekannt ist das Städtchen zudem für sein *Hasankale lavaşı*, ein meterlanges, dünnes Fladenbrot, und seine *Thermalquellen* (mit „Kaplıcalar" ausgeschildert). Wer hier als weiblicher Kurgast nicht auffallen will, verschleiert sich am besten bis unter die Augen.

Halbstündl. **Bus**verbindungen zwischen Pasinler und Erzurum (Abfahrt in Erzurum am Dolmuşbahnhof an der Ali Ravi Cad.).

Yusufeli
5800 Einwohner

Yusufeli ist ein Geheimtipp unter Raftern und Trekkern sowie ein idealer Ausgangspunkt für Ausflüge zu den georgischen Sakralbauten der Umgebung. Ob der Ort einmal groß herauskommt oder wortwörtlich „untergeht", wird die Zukunft zeigen.

Yusufeli, in einem engen Tal auf 1050 m ü. d. M. gelegen, wird von einer bizarren Bergwelt umrahmt. Das Städtchen besteht aus nicht viel mehr als seiner Hauptstraße, beschaulich geht es zu, Hektik kennt man nicht. Yusufeli gilt als Eldorado für junge Outdoorfreaks. Der Flusslauf des Çoruh Nehri, der hier mit dem Barhal Çayı zusammenfließt, kann auf rund 135 km befahren werden, und zwar am besten im Juni und Juli − davor sorgt die Schneeschmelze in den Bergen für riskante Wassermassen, danach schwinden sie zunehmend dahin. Auch für Trekkingtouren ins Kaçkar-Gebirge ist Yusufeli ein guter Ausgangspunkt. Führer sind vor Ort problemlos aufzutreiben. Die Besteigung des höchsten Gipfels, des Kaçkar Dağı (3932 m), ist zwar schweißtreibend, aber nicht anspruchsvoll und weniger von Regen begleitet als bei Touren, die auf der Nordseite des Gebirges starten (→ Ayder, S. 642). Die besten Monate für Bergtouren sind Juli und August.

Von Yusufeli lassen sich zudem die georgischen Kirchenruinen in den Çoruh-, Tortum- und Oltu-Flusstälern (s. u.) erkunden. Viele der oft spektakulär gelegenen Sakralbauten sind in der einsamen Berglandschaft versteckt und nicht leicht zu erreichen. Ein Taxi oder ein eigener fahrbarer Untersatz ist für das Gros der Kirchen vonnöten (Mietwagenverleiher in Erzurum und Artvin).

Trotz all der Sahnehäubchen in der Umgebung sind die Besucherzahlen rückläufig, die Stimmung ist gedrückt. Verschwunden nämlich sind die israelischen Adventure-Touristen, die bis vor Kurzem mehr als zwei Drittel der Gäste ausgemacht haben. Seit dem israelischen Militäreinsatz gegen die Gaza-Hilfsflotte im Jahr 2010, bei dem neun türkische Aktivisten starben, sind die Beziehungen zwischen beiden Ländern verstimmt. Zudem ist Yusufeli von einem Mammutprojekt bedroht, das die Flüsse der Umgebung mittels eines gewaltigen Damms zu einem 33 km² großen See stauen soll. Wird aus den Planungen Realität, werden Yusufeli und weitere 40 Dörfer in den Fluten versinken. Insgesamt 16.000 Menschen müssten umgesiedelt werden. Der Platz für ein „neues Yusufeli" 400 m höher in den Bergen ist schon gefunden, lokale Kritiker des Projekts werden mundtot gemacht. Die internationale Kritik ist dafür umso lauter: Denn der staatliche Staudammbetreiber *DSI (Devlet Su İşleri Genel Müdürlüğü)* ist in puncto Rücksichtnahme auf Umwelt, Kultur und Anwohner mit der gleichen mangelnden Sorgfalt am Werke wie beim İlisu-Projekt in Hasankeyf (→ S. 904).

Information/Verbindungen/Sport

Telefonvorwahl 0466.

Information Tourist Information, an der Durchgangsstraße. In der Saison Mo–Sa 8–18 Uhr, gelegentlich auch So geöffnet. ✆ 8114008. Darüber ein kleines ethnografisches Museum.

Verbindungen 2-mal tägl. Minibusse nach Erzurum (2½ Std.), bis 15 Uhr stündl. nach Artvin (2 Std.), 1-mal tägl. (vormittags) ein Bus nach Trabzon. Häufigere Verbindungen von der Nationalstraße 060 10 km östlich bei der Abzweigung nach Yusufeli. Hier kann man auf die Fernbusse zusteigen, die Yusufeli links liegen lassen.

Rafting/Trekking Mehrere Anbieter vor Ort, Guides werden auch von jeder Unterkunft vermittelt. Leser empfehlen **Cumhur Bayrak**, ✆ 0537/5624713 (mobil), cumhurbayrak@hotmail.com. Raftingtrip ab 29 €/Pers. (12 km), 3-Tage-Raftingtouren inkl. Essen und Campen ca. 240 €. Ausflüge in die Berge ca. 80 €/Tag, egal wie groß die Gruppe ist.

Übernachten/Camping/Essen & Trinken

Wenig Auswahl. Falls die Israelis wieder kommen, sollte man im Juli und August unbedingt reservieren. Falls nicht, steht alles halb leer.

Hotel Barcelona, beste Unterkunft vor Ort. Unter türkisch-spanischer Leitung. Größere Zimmer im Haupthaus mit Klimaanlage und Duschkabinen, dazu kleinere Zimmer mit kleinem Balkon im hölzernen Nebenhaus. Relativ großer Pool. Restaurant. Viele Gruppen. DZ (mit nach Lesermeinung mäßigem Frühstück) 50 €. Auf dem Weg zum Greenpiece Camping (s. u.), ca. 400 m vom Zentrum entfernt, ✆ 8112627, ✉ 8113705, www.hotelbarcelona.com.tr.

Baraka Otel, nomen est omen. 13 einfachste, abgewirtschaftete Zimmer mit Bad, lassen Sie sich eines mit Flussblick geben. Trekking- und Raftingtouren. Sehr beliebt bei internationalen Outdoorfreaks. Restaurant (s. u.). Freundlich und englischsprachig. DZ 17 € ohne Frühstück. Im Zentrum direkt am Fluss (in einer Seitengasse der Hauptstraße), ✆ 8113403.

Greenpiece, Campingplatz und Pension. 16 einfache, aber ordentliche Zimmer mit Bad und Laminatböden. Auf der Camperwiese wenig Schatten und 2 Duschen in (!) den Hockklos. Restaurant mit Alkoholausschank und netter Terrasse am rauschenden Fluss – selbst während des Ramadan geöffnet. Rafting-, Kanu- und Trekkingtouren. Englischsprachig. DZ 25 €, Frühstück extra, Campen für 2 Pers. mit Wohnmobil 8,20 €. Im Zentrum bei der einzigen Ampel die Brücke überqueren, dahinter hält man sich rechts und wählt anschließend das Sträßlein, das direkt am Fluss verläuft, ✆ 8113620, www.birolrafting.com.

Essen & Trinken Nett sitzt man auf dem Balkon des **Baraka Otels** (s. o.) am rauschenden Fluss. Kleine Auswahl an Meze und Grillgerichten. Keine Gourmetklasse, aber okay und günstig. Kein Alkohol.

Nördlich und westlich von Yusufeli

Altıparmak (auch: Barhal): Ein Ausflug ins 33 km nördlich gelegene Dorf Altıparmak (1200 m), das ehemals georgische Parhal, ist allein schon wegen der Anfahrt lohnenswert – auch wenn man von Yusufeli für die abenteuerlich-aussichtsreiche Strecke durch die herrliche Bergwelt gut zwei Stunden benötigt. Das weit verstreute 800-Einwohner-Dorf ist ein guter Startpunkt für Trekkingtouren zu umliegenden Bergalmen und Seen (Routenvorschläge hält jeder Pensionsbesitzer vor Ort parat), zudem für die Überquerung des Kaçkar-Gebirges in Richtung Schwarzmeerküste nach Ayder (→ S. 642). Kunsthistorisches Highlight vor Ort ist eine dreischiffige *Basilika* aus dem 10. Jh., die Johannes dem Täufer geweiht war. Da sie lange Zeit als Moschee genutzt wurde, ist sie recht gut erhalten. Vier Pfeiler tragen

Was Georgien mit der Türkei zu tun hat

Das nordöstlichste Eck der Türkei zwischen Hopa, Erzurum und Kars ist zugleich der südwestlichste Zipfel der historischen Landschaft Georgien und wird gemeinhin als „Türkisch-Georgien" bezeichnet. Von Ankara wird die georgische Vergangenheit der Region bis heute ignoriert, so existiert auch im offiziellen türkischen Sprachgebrauch Türkisch-Georgien als Territorialbezeichnung nicht.

Die Georgier sind ein vorindoeuropäisches, wahrscheinlich mit den Urartäern verwandtes Volk, das sich bereits im 2. Jt. v. Chr. südlich des Kaukasus, zwischen Schwarzem und Kaspischem Meer ansiedelte. Ein erstes georgisches Großreich entstand während der Diadochenkriege; es setzte sich aus den beiden Königreichen *Iberia* (Zentralgeorgien, am Oberlauf der *Kura*) und *Kolchis* (Westgeorgien, am Schwarzen Meer) zusammen. Dessen Blüte war aber nur von kurzer Dauer, schnell zerfiel es in einzelne Fürstentümer. 65 v. Chr. wurde das Gebiet römisches Protektorat. Im 4. Jh. folgte die Teilung in ein byzantinisches West- und ein persisches Ostgeorgien. Es war zugleich die Zeit der Christianisierung der Region, die armenische Mönche vorantrieben. Insbesondere in der östlichen Hälfte, wo man sich von den Persern abgrenzen wollte, wurde die neue Religion für die georgischen Stämme identitätsstiftend. Bis heute ist die starke Religiosität Teil des georgischen Selbstverständnisses. In keinem anderen Staat der ehemaligen Sowjetunion gibt es so viele gläubige Christen wie in Georgien.

In den folgenden Jahrhunderten blieb Georgien ein Zankapfel der Byzantiner, Perser und ab der Mitte des 7. Jh. auch der Araber. Im 8. Jh. tat sich unter den ansässigen Fürstentümern das der Bagratiden hervor (nicht zu verwechseln mit den Bagratiden, die den Aufstieg Armeniens herbeiführten, → S. 836). Aschot Bagrationi (780–826), auch „der Große" genannt, gelang es, sich von den Persern und Byzantinern loszusagen und im schwer zugänglichen Çoruh-Gebiet ein Reich mit dem Namen *Tao Klardshetien* zu gründen. In der Folgezeit entstanden diverse Kirchen- und Klosterbauten rund um Yusufeli. Unter Bagrat III. (gest. 1014) schlossen sich die Fürstentümer Georgiens 1008 wieder zusammen und bauten fortan ihre Macht aus. Ein Jahrhundert später erstreckte sich das neue Georgische Großreich vom Schwarzen bis zum Kaspischen Meer. Von dessen kultureller und wirtschaftlicher Blüte zeugen zahlreiche Sakralbauten.

Mit dem Mongoleneinfall (ab 1236) zerfiel das Königreich wieder in kleine Teilfürstentümer. 1555 wurden diese zu Vasallen der Anrainer: der Osmanen, Perser und Russen. Als Verbündete der Georgier oder als deren Besatzer bestimmten sie die Geschicke des Landes für die nächsten Jahrhunderte. Infolge des russisch-türkischen Krieges 1877 gehörte schließlich der Landstrich bis weit über Artvin hinaus zu Russland. Nach dem Ersten Weltkrieg, als die heutigen Grenzen der Türkei festgelegt wurden, erlangte Georgien für drei Jahre die Unabhängigkeit. 1921 besetzten Stalins Truppen – Stalin war übrigens selbst Georgier – das Land. Fortan gehörte es zur UdSSR. Erst seit 1991 ist Georgien wieder ein unabhängiger Staat mit der Hauptstadt Tiflis. Territoriale Streitigkeiten gibt es seitdem nur noch mit dem nördlichen Nachbarn Russland, 2008 gipfelten diese in Waffengewalt.

das Dach des Langhauses, das in Stein eine Holzplankenkonstruktion nachahmt. Typisch für georgische Sakralbauten sind die mit Ornamenten und Reliefs verzierten Fensterumrahmungen. Die Fresken im Inneren der Kirche sind leider nahezu vollständig verschwunden. Die Basilika ist vor Ort ausgeschildert (Eintritt 0,80 €, mit Auto 2 €).

Anfahrt/Verbindungen Von Yusufeli der Beschilderung „Sarıgöl" folgen, dann ausgeschildert. Die ersten 18 km der Strecke sind größtenteils asphaltiert, dann folgt ein weitestgehend betonierter Wegabschnitt, die letzten 2 km sind unbefestigt. **Dolmuşe** nach Altıparmak (2–4/Tag) starten in Yusufeli ab 14 Uhr, Rückfahrt erst am nächsten Tag. **Taxi** von Yusufeli retour ca. 47 €.

Übernachten Ein paar einfache, aber sehr nette Pensionen. Unsere Empfehlung:

Karahan Pansiyon, 20 nette Zimmer mit Bad und größtenteils schönen Ausblicken. Gute Küche (HP auf Wunsch). Der liebe Besitzer Mehmet Karahan organisiert Trekkingtouren. Reservierung empfohlen. DZ 34 €, mit HP 50 €. In Nachbarschaft zur Basilika, ℡ 0466/8262071, ℻ 8262014, www.karahanpension.com.

Yaylalar und Olgunlar: Viele der Minibusse nach Altıparmak fahren noch 22 km weiter nach Yaylalar (auch: Hevek), von wo es noch 3 km (zu Fuß!) bis Olgunlar sind. In beiden Bergdörfern gibt es Unterkunftsmöglichkeiten (Reservierung über die Touristeninformation in Yusufeli empfohlen). Yaylalar und Olgunlar sind zudem die südlichen Startpunkte für die Besteigung des *Kaçkar Dağı* (→ S. 639). Die klassische Route führt von Yaylalar über Olgunlar nach Dilberdüzü (Dauer ca. 4–5 Std.), wo man campiert. Am nächsten Tag startet man früh morgens auf den Gipfel (vom Camp retour ca. 8–10 Std.). Zudem bietet sich auch von Olgunlar die Überquerung des Kaçkar-Gebirges gen Ayder an (länger, aber einfacher als die Route von Altıparmak). Die meisten Trekker nehmen dabei den Weg über die *Dibe Yaylası* und den *Naletleme-Pass* nach Yukarı Kavron (Dauer ca. 9–10 Std.), von wo man mit dem Dolmuş nach Ayder gelangt.

Dört Kilise: Verwittert und grasbewachsen lehnt die in der Einsamkeit der Gegend mächtig wirkende, dreischiffige Basilika aus dem 10. Jh. 14 km südwestlich von Yusufeli am Hang. Die teils noch mit Steinplatten überdachte Längskirche aus feinem Mauerwerk war einst außen üppig reliefverziert (teils noch gut erhalten) und im Inneren bunt ausgemalt (ein schönes Christusbild über dem mittleren Chorfenster ist noch zu sehen). Sie ist die einzige verbliebene der vier Kirchen (= *dört kilise*) einer ehemaligen Klosteranlage. Kärgliche Mauerreste erinnern an die anderen drei, nur eine *Kapelle* im letzten Stadium des Verfalls leistet der Basilika etwas abseits Gesellschaft.

Verbindungen Dolmuşe von Yusufeli nach Tekkale (nicht vor 14 Uhr), Rückfahrt erst am nächsten Tag. Von dort heißt es laufen (7 km). **Taxi** von Yusufeli retour ca. 30 €.

Anfahrt/Wegbeschreibung Folgen Sie dem Sträßlein von Yusufeli nach İspir bis zum Dorf Tekkale (hinter einer Burg). Dort zweigt man nach rechts ab (Hinweisschild „Dört Kilise 7 km", zugleich ein schöner Wanderweg) und folgt dem holprigen Schotterweg, der erst links, dann rechts (erste Brücke, die Sie überqueren) und dann wieder links (2. Brücke) entlang eines Baches verläuft. Ca. 250 m nach der zweiten Brückenüberquerung überquert die Straße bei einem Hochspannungsmast wieder eine Brücke (dieses Mal über einen Zulauf des Baches). Hier parkt man und hält nach links bergauf Ausschau. Die Kirche befindet sich nur noch 3–4 Gehmin. entfernt, ist allerdings von Bäumen verdeckt.

Übernachten Cemil's Pension, supergemütliche, aber auch sehr einfache Unterkunft am rauschenden Fluss. 13 schlichte, aber saubere Zimmer, 4 mit eigenem Bad. Tische und Hängematten am Fluss. Der hilfsbereite Inhaber Cemil Albayrak organisiert Trekking- und Raftingtouren. Mit HP 21 €/Pers. Tekkale, ℡ 0536/9885829 (mobil).

Bizarre Gebirgsszenerien kennzeichnen die Gegend um Yusufeli

Durch das Tal des Tortum Çayı – zwischen Yusufeli und Erzurum

Die Strecke von Yusufeli nach Erzurum ist landschaftlich überaus reizvoll und führt, wie alle Straßen dieser Gegend, zunächst durch ein imposantes Tal. Nach rund 35 km kommt ein wenig Farbe ins Spiel, dann passiert man den grünen schlauchartigen **Tortum-See**, eingezwängt zwischen kahlen, hoch aufstrebenden Berghängen. An seinem Nordende befindet sich ein 48 m hoher Wasserfall (mit „Tortum Şelalesi" ausgeschildert), der jedoch nur im Frühjahr ordentlich rauscht. Weiter südlich lädt ein Picknickplatz auf einer Halbinsel zu einer Pause ein. Danach steigt die Straße immer mehr an und überwindet bei 2090 m den Güzelyayla-Pass. Entlang des Wegs verstecken sich einige georgische Kirchenruinen:

Öşk Vank: Am höchsten Punkt des Dörfchens Çamlıyamaç in einem Seitental des Tortum Çayı verfällt eine der schönsten georgischen Kirchen der Gegend. Der Sakralbau stammt aus der zweiten Hälfte des 10. Jh., war Johannes dem Täufer geweiht und gehörte einst zum *Kloster Oschki*. Das Dach des Kirchenschiffes fehlt, die Mauern sind vom Einsturz bedroht, die Fresken in den Apsiden lassen zu wünschen übrig, doch der Tambour der mächtigen Kreuzkirche (44 x 30 m) wird noch immer von einer Kuppel gekrönt. Die Kirche besitzt meisterlich gearbeitete Reliefs (an den Außenwänden z. T. mit Jagdszenen) und ornamentverzierte Kapitele.

Noch ein visueller Tipp für den weiteren Weg gen Süden: Halten Sie etwa 9 km südlich des Tortum-Sees an der Straße nach Erzurum (kurz nach dem Örtchen Uzundere) nach einer *Burg* Ausschau, die wie ein Adlernest links am Berg klebt.

Von Yusufeli kommend kurz hinter dem Tortum-See von der Straße nach Erzurum ausgeschildert. Von der Abzweigung noch 8 km auf einem geteerten Sträßlein. Die Kirche ist nicht zu übersehen. Keine Verbindung mit öffentlichen Verkehrsmitteln. **Taxi** von Yusufeli retour ca. 65 €. Eintritt mit Auto 2 €, ohne Auto 0,80 €/Pers.

Haho: In der Kuppelbasilika der georgischen Klosteranlage wird seit dem 17. Jh. zu Allah gebetet – zu jener Zeit nahmen viele der hiesigen Georgier den islamischen

Glauben an. Aber noch im 20. Jh. ließen christlich gebliebene, in Russland wohnhafte Volksbrüder dem Dorf *Chachuli* (heute Bağbaşı) Pferdeladungen voll Korn zukommen, damit sich die Dörfler um den Zustand der ehemaligen Kirche kümmerten. Das im 10. Jh. errichtete Gotteshaus hat die Zeiten so gut überstanden: Die Fassade der Kirche ist mit reichen Plastiken geschmückt, im Inneren verraten spärliche Freskenreste ihre einstige Farbenpracht. Um den überaus kostbaren und in Fachkreisen bekannten Altar des Klosters, den *Triptychon von Chachuli,* zu bewundern, müssen Sie allerdings nach Georgien fahren – die georgischen Christen brachten ihn nach langen Umwegen in das Museum von Tiflis. Von der einstigen Gesamtanlage sind noch vier *Kapellen* sichtbar, drei kleinere nördlich der Basilika und eine größere im Süden.

Von der Straße nach Erzurum, ca. 16 km südlich des Tortum-Sees, mit „Meryemana Kilisesi Taş Camii" und „Bağbaşı" ausgeschildert. Ein geteertes Sträßlein (8 km) führt bis zum zersiedelten Dorf Bağbaşı und weiter zur Kirche. Fragen Sie im Dorf nach dem Imam, der Ihnen aufsperren wird. Keine Verbindung mit öffentlichen Verkehrsmitteln.

Durch das Tal des Oltu Çayı – zwischen Yusufeli und Göle

Die dreieinhalb Fahrstunden auf der Nationalstraße 060 von Yusufeli nach Kars bieten atemberaubende Szenerien. Bis Göle durchfahren Sie eine imposante Schlucht, die an Marlboro Country erinnert. Neben Siedlungen an Berghängen, die nur zu Fuß erreichbar sind, kann man hier auch eine Reihe von Burgen aus georgischer Zeit entdecken. Und natürlich Kirchen:

İşhan Kilise: İşhan ist ein nettes, ursprüngliches Dorf über dem Oltu Çayı 28 km östlich von Yusufeli. Den örtlichen Volleyballplatz beherrscht eine der ältesten erhaltenen georgischen Kirchen. Sie stammt ursprünglich aus dem 7. Jh., wurde im 9. Jh. um- und im 11. Jh. zu einer Kuppelkirche ausgebaut. Bis zum Bau der Dorfmoschee 1984 wurde ein Teil der Kirche als islamische Gebetsstätte genutzt. In georgischer Tradition besitzen die Fensterumrahmungen reichen Schmuck mit Pflanzenornamenten und Flechtwerk – grandios-filigrane Steinmetzarbeiten. Die Portale zieren Inschriften. Das Dach ist eingefallen, der Tambour scheint daher frei auf den Vierungspfeilern zu schweben. In der Kuppel erkennt man noch ein von fliegenden Engeln gehaltenes Kreuz, die restlichen Fresken der Kirche sind nicht mehr gut erhalten. Dennoch, die mächtige Kirche ist eine der schönsten der Gegend, und wer sich nur eine anschauen möchte, sollte dieser den Vorzug geben.

Die Kirche ist von der Straße nach Kars ausgeschildert. Ein kurviges und holpriges, 6 km langes Sträßlein führt ins Dorf. Nur 1-mal tägl. um ca. 14 Uhr ein **Dolmuş** von Yusufeli, Rückfahrt erst am nächsten Tag (keine Übernachtungsmöglichkeit!). Eintritt mit Auto 2 €, ohne Auto 0,80 €/Pers. **Taxi** von Yusufeli retour ca. 38 €.

Bana: Die schweren Schäden an der georgischen Rundkirche, die sich immer noch imposant in der einsamen Landschaft erhebt, sind neueren Datums. 1877 geriet sie in die Kampfhandlungen des russisch-türkischen Kriegs. Die Kirche wurde vermutlich im 8. Jh. errichtet und im 10. Jh. umgebaut, es gibt aber auch Quellen, die die Grundsteinlegung auf das 10. Jh. datieren. Nach armenischen Vorbildern waren die Wände mit behauenen Steinplatten verkleidet. Ein Säulengang umgibt ihren Vierpassgrundriss.

Von Yusufeli kommend, zweigt man auf der Nationalstraße 060 Richtung Kars ca. 15 km hinter der Abzweigung nach Oltu (nach einer Brücke) links zum Dorf Penek und zur Kirche ab. Nach holprigen 2 km haben Sie das Dorf erreicht und nach weiteren 3 km die Kirche.

Für **Kars** lesen Sie weiter ab S. 829.

Artvin

24.500 Einwohner

Wenn oben noch Schnee liegt, fängt es unten schon zu blühen an: Die kleine Provinzhauptstadt Artvin ist ein städtebauliches Kuriosum. Das Ortsschild steht unten im Flusstal, das Zentrum liegt 5 km und etliche Serpentinen weiter oben.

Auch wenn sich die quicklebendige, von Dreitausendern umgebene Gebirgsstadt malerisch einen terrassierten Hang hinaufzieht – schön ist sie nicht. Außer einer verfallenen Festung aus dem 15. Jh., die in Militärbesitz ist, hat sie keine Attraktionen zu bieten. Historische Viertel sind ebenfalls nicht auszumachen. Als Ausgangspunkt für Besichtigungen der Kloster- und Kirchenruinen der Umgebung oder als Station zwischen Schwarzmeerküste und Ostanatolien ist Artvin jedoch durchaus okay. Für das für ostanatolische Verhältnisse aufgeschlossene Antlitz Artvins sorgen 5000 Studenten der örtlichen Universität und ebenso viele Soldaten. Kommen Sie Ende Juni: Das legendäre Sommerfest auf der Kafkasör-Alm 9 km über Artvin (→ Veranstaltungen) genießt türkeiweite Berühmtheit.

Rund 80 % der Provinzbewohner leben bislang mehr schlecht als recht von der Alm- oder der Landwirtschaft in den – noch verbliebenen – tiefen Tälern. Doch das soll sich ändern. Neuen Wohlstand verspricht man sich durch die hiesigen Staudammprojekte. Mehrere Dämme wurden bereits fertiggestellt, bei anderen stehen die Arbeiten kurz vor ihrem Abschluss. Die dafür nötigen Baumaßnahmen waren spektakulär: Straßen, die einst durch die Täler führten, mussten in die kahlen Berge versetzt werden. Das Landschaftsbild wurde neu gezeichnet. Nun hofft man, dass sich Industrie ansiedelt. Weitere Staudämme sollen folgen, u. a. bei Yusufeli (→ S. 819).

Orientierung: Auch wenn sich die Stadt kilometerweit den Hügel hinaufzieht, besteht das kleine Zentrum, das recht weit oben am Hang liegt, aus nicht viel mehr als seiner Hauptstraße, der İnönü Cad. An ihr und ihren Seitengassen findet man alle wichtigen Einrichtungen. Zwischen Zentrum und Tal verkehren – am Busbahnhof vorbei – Dolmuşe.

Information/Verbindungen/Sonstiges

Telefonvorwahl 0466.

Information Tourist Information am oberen Ende des Zentrums in einem Mehrzweckgebäude gegenüber der Halitpaşa-Moschee. Mo–Fr 8–17 Uhr. ☏ 2123071, www.artvinkulturturizm.gov.tr. Beim Busbahnhof eine weitere Information in einem „Baumhaus" (!), die jedoch selten offen hat.

Verbindungen Busbahnhof 500 m (ca. 10 Fußmin.) unterhalb des Zentrums, Zubringerbusse der Gesellschaften vom und ins Zentrum. Außerdem fahren Dolmuşe vom Zentrum über den Busbahnhof hinab ins Tal (Aufschrift „Köprü"). Aus- und zugestiegen wird auch im Tal des Çoruh-Flusses an der Nationalstraße 950. Regelmäßig nach Trabzon (3½ Std.), mehrmals tägl. nach Erzurum (5 Std.), 1- bis 2-mal tägl. nach Kars (5 Std.), Ankara (14 Std.) und İstanbul (21 Std.). Minibusse nach Şavşat, Ardanuç, Hopa, Ardahan und Yusufeli ebenfalls vom Busbahnhof. Dolmuşe zur Kafkasör-Alm vom Zentrum nur an Sommerwochenenden 1-mal tägl. (hin um ca. 8 Uhr, zurück um 18 Uhr).

Autoverleih Ein Leihwagen ist für die Erkundung der georgischen Kirchen in der Umgebung von Vorteil. Autos bekommt man bei **Artvin Oto Kiralama** an der bergauf führenden Einbahnstraße durchs Zentrum. Autos ab 41 €. Cumhuriyet Cad. 32/B, ✆ 2127121.

Veranstaltungen Ende Juni wird auf der Kafkasör Yaylası das größte **Almfest** der östlichen Schwarzmeerregion abgehalten. Das Spektakel, an dem bis zu 10.000 Menschen tägl. teilnehmen, dauert 3 Tage. Auch Stierkämpfe (Stier gegen Stier) werden geboten – ein Erlebnis.

Übernachten/Camping/Essen & Trinken

Während des Kafkasör-Festes ist eine Reservierung dringend angeraten. Wer auf Sanitäranlagen verzichten kann, kann auf der Kafkasör-Alm idyllisch campen. Zahlreiche Billighotels im Zentrum, von denen wir jedoch keines empfehlen können.

Koru Otel, 2 km außerhalb des Zentrums. Haus mit 24 Zimmern in toller Lage (6 große Zimmer mit Balkon und grandioser Aussicht, die anderen z.T. unter der Dachschräge, recht klein, aber okay). Restaurant (Bier, Meze und das Übliche vom Grill) mit super Terrasse. 19 Mayıs Cad. (durchs Zentrum hindurch und immer bergauf halten, dann ausgeschildert). DZ 45 €. ✆ 2126565, ✉ 2128835.

**** Sadıkoğlu Otel**, noch neueres Haus im Zentrum. 28 geschmacklos eingerichtete Zimmer, aber sehr sauber. DZ 40 €. Cumhuriyet Cad. 8 (als Autofahrer nicht zu verfehlen, immer bergauf halten), ✆ 2122162, ✉ 2127273, www.otelsadikoglu.com.

Karahan Otel, etwas gespenstisches Haus auf 2-Sterne-Niveau an der Hauptstraße, Eingang auf der Rückseite. 57 Zimmer auf mehrere Etagen verteilt und recht unterschiedlich ausgestattet – unbedingt eines der geräumigen, netten Zimmer mit Dielenböden (und z.T. mit Balkon) nehmen. Kleiner Parkplatz auf der Rückseite (der große Pluspunkt!). DZ 41 €, EZ die Hälfte. İnönü Cad. 16, ✆ 2121800, ✉ 2122420, www.artvinkarahan.com.

Außerhalb Kafkasör Dağ Evleri, auf der gleichnamigen Alm. 17 auf einem waldähnlichen Gelände verteilte Bungalows (Mehrbettzimmer mit Bad, simpel und in die Jahre gekommen, aber okay). Restaurant. Ganzjährig. DZ 31 €. Kafkasör Yaylası, ✆/✉ 2126786, www.kafkasordagevleri.com.

Essen & Trinken Koru Restaurant, zum gleichnamigen Hotel gehörend, s. o.

Efkar Restaurant, am unteren Teil der Hauptstraße im Zentrum. Tagsüber Topfgerichte, abends Gegrilltes, Meze, Forelle und Bier. Verglaste Aussichtsterrasse, mittlere Preisklasse. ✆ 2121134.

Dinlengah, an der Hauptstraße zwischen Busbahnhof und Zentrum. Nette Bar und gepflegtes Restaurant auf 2 Holzhäuser verteilt. Davor eine schöne Terrasse. Kleine Auswahl an Gerichten: ein paar Meze, Köfte und Spieße zu 3–5 €. Alkoholausschank. ✆ 2121113.

Zwischen Artvin und Kars

Rund 200 einsame Kilometer liegen zwischen Artvin und Kars. Die Strecke gehört zu den schönsten Routen der Türkei. Zuerst passiert man den **Deriner Barajı**, auch **Artvin-Stausee** genannt. Dann führt die Straße durch das Tal des Berta Suyu, eines

Nebenflusses des Çoruh, das auch als **İmherevi-Tal** bekannt ist. In ihm und seinen Seitentälern verstecken sich etliche georgische Kirchen- und Klosterruinen, weswegen dieser Abschnitt auch „Georgischer Athos" genannt wird. Um die Zeugnisse georgischer Kultur aufzuspüren (aufgeführt sind nur die sehenswertesten Ziele), braucht man ein wenig Pfadfindersinn, Abenteuerlust oder einen guten Taxifahrer aus Artvin. Nachdem man das Tal des Berta Suyu passiert hat, führt die Nationalstraße 010 hinter Şavşat über den 2640 m hohen **Çam-Pass** – davor sieht es fast aus wie in den Alpen, dahinter öffnet sich das karge ostanatolische Hochland. Über Ardahan geht es weiter nach Kars, unterwegs bietet sich noch ein Abstecher zum Çıldır-See an.

> Hinweis: 2011 war der Damm des Artvin-Stausees noch im Bau. Nach seiner Fertigstellung können sich Straßenführungen ändern und damit auch die beschriebenen Anfahrten nach Ardanuç oder zum Porta Manastırı.

Hamamlı

Die stille Paarhäusersiedlung Hamamlı hoch über dem Berta-Suyu-Tal liegt Luftlinie gerade einmal 10 km südöstlich von Artvin. Infolge der Staudammarbeiten muss man Hamamlı heute jedoch in einem weiten Bogen anfahren. Der Weg dahin aber lohnt: In Hamamlı steht eine der am leichtesten erreichbaren georgischen Kirchen der Gegend, sofern man über ein eigenes Fahrzeug verfügt. Sie ist bekannt unter dem Namen **Dolişhane**. Die Kreuzkuppelkirche, einst zu einem Kloster gehörend, ist zugleich die besterhaltene und bedeutendste des İmherevi-Tals. Ein Relief am Tambour nennt den Stifter: König Smbat I. (890–908). Die Kirche wurde lange Zeit als Moschee genutzt, bis man 1975 nebenan eine neue Gebetsstätte errichtete. Heute ist das Gebäude leer geräumt und das Dach fehlt, ansonsten ist es jedoch sehr gut erhalten.

Von Artvin (Tal) stets der Beschilderung nach Şavşat/Ardahan folgen. Nach ca. 21 km geht es links ab (Hinweisschild „Dolişhane"), dann noch 3 km unbefestigter Schotterweg steil bergauf – kein Spaß (schon gar nicht für Leute mit Höhenangst), aber machbar. Keine empfehlenswerten Dolmuşverbindungen.

Ardanuç und Yeni Rabat

Die Strecke von Hamamlı ins 26 km südöstlich gelegene Ardanuç (6200 Einwohner) führt durch eine imposante Schlucht. Unterwegs passiert man den **Cehennem Deresi Kanyonu** („Höllentalcañon", linker Hand), wo man in einen Felsspalt hineinwandern kann. Ardanuç selbst ist ein vergessener Fleck in einer kargen Gebirgsszenerie. Das war einmal anders: Im 9. Jh. stieg *Ardanutschi* zur Hauptstadt des von Aschot dem Großen gegründeten Reiches von Tao Klardshetien auf (→ Kasten, S. 821). Daran erinnern die Mauerreste einer gewaltigen **Zitadelle** weit oberhalb des Ortes auf einem mächtigen Felsen über der Schlucht des Köprüler Deresi. Die Festung ist über ein System von Treppen und Leitern erreichbar. In ihrem Inneren findet man die Überbleibsel einer Kirche. Die dramatische Landschaftsszenerie, die sich von oben auftut, ist imposanter als die Zitadelle selbst.

Nordostanatolien

17 km südöstlich von Ardanuç, versteckt in einer bewaldeten Talmulde inmitten einer traumhaften Berglandschaft, liegt die Kirchenruine des georgischen Klosters Yeni Rabat aus dem 9. Jh. Dessen Schule war bedeutend für Buchmalerei. Von der Kirche ist noch die Kuppel erhalten, sehenswert sind die reich dekorierten Fensterrahmen.

Von Artvin (Tal) der Beschilderung Şavşat/Ardahan/Ardanuç folgen, nach 25 km geht es rechts ab (ausgeschildert), von dort noch ca. 11 km (geteert). Minibusverbindungen von Artvin. Yeni Rabat ist nach der Durchquerung des „Zentrums" von Ardanuç ausgeschildert (von dort noch 17 km). Fahrzeug und Nerven sollten robust sein, die ersten Kilometer sind noch okay, dann aber besitzt der Fahrweg z. T. fast Wanderwegcharakter. Keine Verbindung mit öffentlichen Verkehrsmitteln zum Kloster.

> **Hinweis**: Sehen Sie davon ab, Ardahan über die durch Ardanuç gen Südosten führende Pistenstraße (über Yeni Rabat) zu erreichen. Die Landschaft wird zwar immer faszinierender, doch selbst die ist den Stress nicht wert.

Porta

An der Straße von Artvin (Tal) nach Şavşat weist nach ca. 39 km (bzw. ca. 13 km hinter der Abzweigung nach Ardanuç) ein braunes Schild nach links zur georgischen Klosterruine des „Porta Manastırı" – es markiert den Einstieg in den Fußweg zum Kloster Porta. Der Weg ist steil (nicht nach Regen gehen, Schwindelfreiheit und gutes Schuhwerk Voraussetzung, Dauer je nach Kondition 30–60 Min. einfach). Wenn der Fußweg auf eine Schotterpistengabelung trifft, müssen Sie sich rechts bergauf halten, schon bald darauf taucht das Dorf Pırnallı mit seinen malerischen, aber mittlerweile meist verlassenen Holzhäusern auf. Zwischen ihnen erhebt sich die Ruine der einstigen Klosterkirche (896–918). Die Klosteranlage ist ziemlich verfallen, doch auch die Reste wirken noch höchst eindrucksvoll.

Die Şavşat-**Minibusse** von Artvin passieren die Abzweigung.

Tbeti

Die georgische Kirche liegt in der verstreuten 250-Häuser-Siedlung Cevizli in einem weiten Hochtal. Mit den umliegenden Weiden und Höfen erinnert die Szenerie ein wenig an den Vorarlberg, im Winter gibt es hier gut 2 m Schnee. Die Kirche aus dem frühen 10. Jh. ist stark zerstört, das Gewölbe eingestürzt, doch auch die Reste atmen noch Größe. Von den einst farbenprächtigen Wandmalereien ist nichts mehr erhalten.

Von Artvin kommend auf der Nationalstraße 010 kurz vor der Burg von Şavşat links ab Richtung Veliköy auf einem asphaltierten Strässlein, nach 7 km im Dorf Cırıkdüzü wieder links ab nach Cevizli (noch 4 km, ab hier beschildert).

Şavşat

7700 Einwohner

So herrlich die Landschaft und manche Dörfer drum herum, so unansehnlich ist Şavşat selbst. Dabei ist die westliche Zufahrt in den Ort ganz vielversprechend, eine **Trutzburgruine** begrüßt Sie dort. Sie ist ein Überbleibsel aus jener Zeit, als Şavşat Residenz der georgischen Fürsten von Chavchetien war (9.–13. Jh.). Genießen Sie die spektakuläre Bergwelt auf dem weiteren Weg nach Ardahan.

Verbindungen Minibusse nach Artvin und Ardahan.

Übernachten/Essen & Trinken Laşet, die beste Adresse der Gegend, mitten im

Nirgendwo an einem rauschenden Bach mit herrlicher Terrasse. Zur frischen Forelle gibt es auch Alkohol. Übernachten kann man in 7 rustikalen Zimmern mit Bad. 3 km entfernt davon werden zudem noch 10 ebenso rustikale Bungalows vermietet. DZ 49 €. Ca. 1,5 km hinter dem Dorf Yukarıköy, von Şavşat auf dem Weg nach Ardahan noch vor dem Çam-Pass, ✆ 0466/5712136, ✆ 5712130, www.laset.com.tr.

Ardahan

17.000 Einwohner

Ardahan, auf 1800 m ü. d. M. gelegen, lädt wie Şavşat nicht zum Verweilen ein. Es ist ein trostloses Provinzhauptstädtchen, das bei türkisch-russischen Kämpfen 1921 zerstört und planvoll wieder aufgebaut wurde. Breite Straßen durchschneiden das Stadtzentrum und geben ihm ein leicht geordnetes Bild. Das einzige imposante Bauwerk, das die Zeiten überdauert hat, ist eine wuchtige **Zitadelle** mit bis zu 12 m hohen Vierecktürmen. Sie liegt am rechten Ufer des Kura Çayı, das Zentrum befindet sich auf der anderen Uferseite. Die Festung wurde unter Selim I. (1512–20) gebaut und später mehrmals restauriert. Noch bis vor gar nicht allzu langer Zeit war sie in Militärbesitz, heute ist sie tagsüber frei zugänglich.

Minibusse nach Kars und Artvin.

Çıldır, Çıldır-See und Şeytan Kalesi

Der 128 km² große Çıldır-See am nordöstlichsten Zipfel der Türkei liegt 1959 m ü. d. M. Zum Baden ist der eiskalte, von grünen Wiesen umrahmte Çıldır Gölü ungeeignet, dafür kann man im Winter mit dem Pferd darüber reiten. An seinen Ufern ist man – von Fischen und Vögeln einmal abgesehen – weitestgehend alleine. Rund um den See verstecken sich die Ruinen alter georgischer Kirchen. Leider sind die Dolmuşverbindungen zwischen Kars und See derart schlecht, dass ein Ausflug hierher nur für Selbstfahrer interessant ist.

Ca. 5 km nordwestlich von Çıldır (das Städtchen teilt die Attraktivität der umliegenden Orte) erhebt sich auf einem Felsstock über einem engen Tal die Şeytan Kalesi („Teufelsburg"). Vom Dorf Yıldırım Tepe (Abzweigung dahin von der Straße nach Ardahan) gelangt man auf einem Fußweg zu ihr – die Dörfler weisen Ihnen den Weg. Bereits nach 20 Minuten sieht man die uneinnehmbare Festung – ein grandioser Anblick in der wildromantischen Landschaft –, nach ca. 45 Minuten erreicht man sie.

Kars

77.500 Einwohner

Kars, auf 1768 m ü. d. M. gelegen, ist eine Mischung aus pastellfarbenem Kleinrussland und trüb-grauer, türkischer Provinztristesse. Zugleich ist Kars Ausgangspunkt für die Besichtigung der 45 km entfernten altarmenischen Hauptstadt Ani, eine der schönsten Ruinenstätten der Türkei.

Willkommen am Ende der türkischen Welt, zumindest an einem davon. Keine 50 km weiter liegt die Grenze zu Armenien. Kars rühmt sich des ältesten türkischen Städtenamens und mittlerweile auch seiner armenischen Vergangenheit – immerhin ist sie der einzige Grund, weswegen Menschen aus aller Welt nach Kars reisen. Die ungewohntesten Spuren im Stadtbild stammen aber weder von den Armeniern noch von den Türken, sondern von den Russen. Die Straßen sind breit und schachbrettartig angelegt. Bröckelnde Fassaden im Kolonialstil erinnern an das russische Kleinbürgertum, das Kars zur Jahrhundertwende bevölkerte. Doch das russische Erbe verschwindet mehr und mehr, um monotonen Neubauten Platz zu machen. Schon verschwunden ist die für Ostanatolien einst außergewöhnlich hohe Bierkneipendichte – seit 2009 besitzt Kars einen AKP-Bürgermeister, der der Sauferei (auch ein russisches Erbe) schnell Einhalt gebot.

Die Umgebung ist unwirtlich und bitterarm, und gegen die Eiseskälte im Winter versucht man mit dem Verheizen von Kuhfladen anzukommen. Mehr recht als schlecht lebt die Provinz von der Viehwirtschaft und dem Kleinhandwerk. Die Arbeitslosigkeit liegt hier bei rund 60 %. Das färbt auf das Erscheinungsbild der Stadt ab: Kars wirkt träge-traurig wie der hindurchfließende gleichnamige Fluss – da helfen bislang auch ein paar frisch gepflasterte Straßen und begrünte Plätze nicht viel.

Geschichte

Angeblich zog im 2. Jh. der Turkstamm der *Karsaken* aus den Bergen des Kaukasus hierher und gründete den nach ihm benannten Ort. Aber noch sieben Jahrhunderte sollten vergehen, bis Kars als Hauptstadt des Armenischen Reiches unter den Bagratiden ins Licht der Geschichte trat (→ Kasten, S. 836). Unter Aschot III. (953–977) verlor Kars 961 den Titel jedoch an Ani. Noch vor der Eroberung der Stadt durch die Seldschuken (1064) hatte der letzte Regent von Kars, Fürst Ruben, seinen Besitz gegen ein kleines Reich in Kilikien eingetauscht. Um 1205 konnten die Georgier unter ihrer legendären Königin Thamar die Stadt den Seldschuken abnehmen. 1585 kamen die Osmanen und blieben bis 1807 unbelästigt. Dann besetzten die Russen vorübergehend Kars, während des Krimkrieges 1854–56 erneut, und auch von 1877 bis 1921 war Kars russisch. Irgendwann in jener Zeit wanderten übrigens die Großeltern Bob Dylans aus der Provinz Kars nach Amerika aus – geduldig wartet man auf einen Besuch des berühmten Sängers. Heute ist Kars eine ruhige Provinzhauptstadt mit jährlich schrumpfender Bevölkerung. Reich ist die Grenzregion lediglich an Soldaten. Die melancholische Stimmung in der von der Zeit vergessenen Stadt fing Orhan Pamuk in seinem Roman *Schnee* (2005) ein und machte Kars damit international bekannt.

In die internationalen Medien schaffte es Kars auch 2011 nach einem Besuch von Ministerpräsident Erdoğan. Dieser bezeichnete das noch unter dem Ex-Bürgermeister Naif Alibeyoğlu (CHP!) in Kars errichtete *Monument der Menschlichkeit* des Künstlers Mehmet Ersoy als „Monstrum" und befahl dessen Abbau. Das rund 30 m hohe Kunstwerk bestand aus zwei sich gegenüberstehenden Figuren, die die türkisch-armenische Freundschaft symbolisieren sollten. Der Abriss wurde weltweit harsch kritisiert, die EU sprach von einer „Zensur der Kunst". Ebenfalls auf die Kappe Erdoğans geht die Umbenennung des als Hotel Grand Castle geplanten Hotels Büyük Kale (→ Übernachten) – ein türkisches Hotel mit ausländischem Namen war für ihn ein Unding.

Orientierung: Obwohl Kars im Schachbrettmuster angelegt ist, fällt die Orientierung nicht unbedingt leicht – fassen Sie auch unseren Plan nur als grobe Skizze auf. Das Zentrum ist sehr klein. Netteste Straße ist die gepflasterte Kazım Paşa Cad., auf russische Architektur stößt man v. a. an der Gazi Ahmet Muhtar Paşa Cad. und der Atatürk Cad. Direkt an das Zentrum schließen ärmliche, bäuerliche Viertel an.

Kars

Information/Verbindungen

Telefonvorwahl 0474.

Information Turizm İl Müdürlüğü, etwas ab vom Schuss an der Lise Sok. 13 (auch: Ali Rıza Aslan Sok.). Mo–Fr (zuweilen auch Sa) 8–17 Uhr. ℘ 2122179, www.kars kulturturizm.gov.tr.

Verbindungen Flughafen (www.kars. dhmi.gov.tr), ca. 6 km südöstlich der Stadt. Zubringerbusse vom Zentrum. Infos und Tickets bei **Çobanoğlu Turizm**, Atatürk Cad. 184, ℘ 2237474.

Bus/Dolmuş: Busbahnhof ca. 4 km östlich des Zentrums an der Straße nach Ardahan. Büros der Gesellschaften mit Zubringerservice im Zentrum. Busse regelmäßig nach Erzurum (3 Std.), mehrmals tägl. nach Ankara (16 Std.) und Trabzon (10 Std.).

Die näher gelegenen Orte werden vom zentralen Minibusbahnhof (keine 10 Min. ins Zentrum) bedient. Von dort geht es 1- bis 2-mal tägl. nach Artvin (5 Std.) und Ardahan (2½ Std.). Achtung: keine Direktbusse nach Doğubayazıt. Von 8 bis 13 Uhr fahren vom Minibusbahnhof stündl. Minibusse nach Iğdır (→ S. 841), danach, aber nur bis 17 Uhr, unregelmäßiger. In Iğdır muss man auf Dolmuşe nach Doğubayazıt umsteigen – planen Sie genügend Zeit ein.

Zug: Bahnhof (℘ 2234398) außerhalb des Zentrums an der İstasyon Cad. 1-mal tägl. über Erzurum, Sivas, Kayseri und Ankara (28½ Std.) nach İstanbul (37½ Std.). Zuglinie nach Tiflis und Baku im Bau.

> **Hinweis:** Ein Grenzübertritt von der Türkei nach Armenien war z. Z. d. Drucklegung nicht möglich.

Adressen/Einkaufen/Sport (→ Karte S. 832/833)

Ärztliche Versorgung Staatliches **Devlet Hastanesi** ca. 6 km außerhalb des Zentrums an der Straße zum Flughafen. ℘ 2122367.

Autoverleih Die **Emirim Oto Galeri** verleiht Autos für ca. 35 €/Tag. Atatürk Cad. 60, ℘ 2122870 o. 0535/3150831 (mobil).

Einkaufen Der feste gelbe **Käse** *Gravyer* aus Kars gilt in der Türkei als Spezialität, zudem der hiesige **Honig**. Geschäfte, die beides verkaufen, findet man an der Kazım Paşa Cad. Ältester Käseladen der Stadt ist **Zavotlar Pazarı** 5 mit mehreren Filialen, z. B. an der Kazım Paşa Cad. 57.

Skifahren Kann man im kleinen Wintersportzentrum (3 Lifte) nahe dem Städtchen **Sarıkamış** rund 55 km südwestl. von Kars. Übernachtungsmöglichkeiten und Skiverleih.

Übernachten (→ Karte S. 832/833)

Die ganz billigen Absteigen sind oft komplett versifft und/oder zu Bordellen umfunktioniert, und selbst die kleine Mittelklasse hält auf Sauberkeit nicht viel. Im Sommer ist es schwer, spätabends noch ein Zimmer zu bekommen – seien Sie entweder früh da oder reservieren Sie.

Kar's 6, erstes Boutiquehotel von Kars – elegant. 8 komfortable Zimmer (hohe Decken, Flügeltüren) in einem Haus aus russischer Zeit. Alles in Weiß gehalten, z. T. sehr stylish. EZ 99 €, DZ 139 €. Halit Paşa Cad. 31, ℘ 2121616, ℡ 2125588, www.kars otel.com.

Büyük Kale Hotel 7, 2010 eröffnet. Man gibt mit 4 Sternen an, obwohl man diese offiziell, zumindest bei unserem letzten Besuch, (noch) nicht besaß. Trotzdem eine sehr ordentliche Adresse im Zentrum. 35 Zimmer mit dicken Teppichböden und hübschen Bädern. Diverser Schnickschnack wie Bügelservice, Hamam, Sauna, Fitnesscenter und kleiner Innenpool. Panoramarestaurant. DZ 74 €. Atatürk Cad. 60, ℘ 2126444, ℡ 2125277, www.buyukkalehotel. com.

Hotel Sim-Er 14, 300-Betten-Haus ca. 1,5 km westlich des Zentrums, das schon mal 4 Sterne hatte. Jüngst restauriert, überwiegend kleine Zimmer ohne besondere Note, aber gepflegt und sauber. Beliebt bei Gruppen. EZ 41 €, DZ 63 €. Erzurum Cad., ✆ 2127241, ✆ 2120168, www.simerhotel.com.

*** **Hotel Karabağ** 🔢, recht dunkles Haus. 50 Zimmer, ebenfalls recht beengend und bis auf den Flachbild-TV leicht in die Jahre gekommen. Lobby mit Aquarium-Bar. EZ 37 €, DZ 53 €. Faik Bey Cad. 142, ✆ 2123480, ✆ 2233089, www.hotel-karabag.com.

* **Güngören** 🔢, zentral gelegenes, kleines, einfaches und zuletzt schwer in die Jahre gekommenes Haus (bei unserem Besuch war jedoch eine Restaurierung im Gange). Geräumige Zimmer mit alten Bädern, die Sauberkeit betreffend okay. Bei Travellern sehr beliebt, englischsprachig. Es werden auch Fahrten nach Ani organisiert. DZ 33 €. Millet Sok. 2, ✆/✆ 2125630, www.gungorenhotel.com.

Öz Kervansaray Oteli 🔢, Billighotel in zentraler Lage. Kleine, saubere Zimmer mit Laminatböden. Ähnliche Preise im **Otel Kervansaray** nebenan. Zimmer dort aber mit abgeschabten Teppichböden, dafür mit hauseigenem Rattenloch-Parkplatz. EZ 12,50 €, DZ 16,50 €, kein Frühstück. Faikbey Cad. 130, ✆ 2239710.

Essen & Trinken/Nachtleben

Eine Spezialität aus Kars ist Gänsebraten – leider ist er ohne Vorbestellung nicht überall zu bekommen.

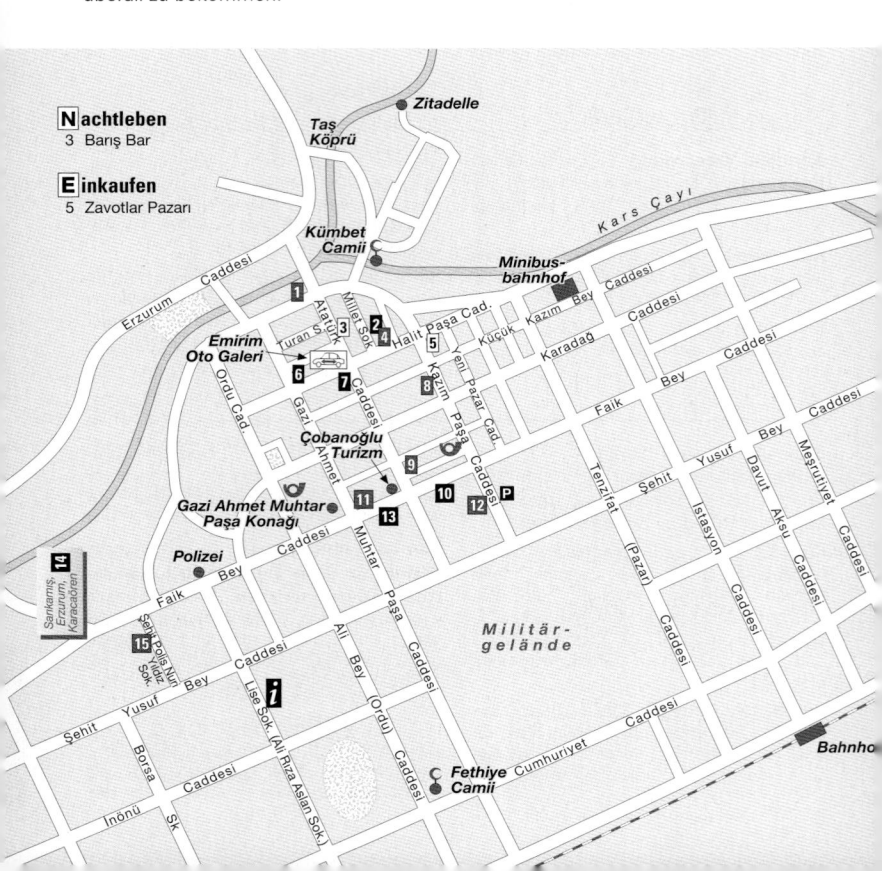

Ani Ocakbaşı 8, zählt zu den besten Restaurants der Stadt. Sehr gepflegtes Kebablokal mit offenem Grill und adretten, zu uns freundlichen (nach Aussage einer Leserin „chauvinistischen") Kellnern. Die Portionen (Kebabs 4,10–7 €) sind zwar nicht die größten, dafür bekommt man gratis leckere Vorspeisen. An den Wänden spannende alte Kars-Fotografien. Kazımpaşa Cad. 128, ℡ 2120423.

Kars Kaz Evi 15, *die* Adresse für Gänsebraten (Portion 8,20 €). Ansonsten *Manti*, *Dolma*, Ayransuppe und lokale Gerichte für 3–5 €. Sehr freundlicher Service. Şehit Polis Nuri Yıldız Sok. 17, ℡ 2123713.

Kaygısız Ocakbaşı 9, Lokal mit alten Dielenböden und Höhlenambiente. Pide und verschiedenste Kebabs, alles ziemlich lecker und günstig (Hg. 3,20–4,50 €), allerdings zuweilen etwas lahmer Service. Alkoholfrei. Atatürk Cad. ca. 165, ℡ 2122161.

Kristal Döner & Yemek Salonu 4, ansprechende Lokanta, besteht seit 1952. Auf den Teller kommt Regionales wie *Sarma* (Krautwickel), *Manti* oder *Piti* (ein Schmortopf mit Fleisch und Kichererbsen, in einer Tasse serviert). Zudem gute Kebabs. Halitpaşa Cad. 77.

Teegarten/Cafés İstihkam Çay Bahçesi 1, Teegarten direkt am Fluss.

Antik Café 11, nettes Café in einem unter Denkmalschutz stehenden Gebäude aus dem 19. Jh., vorübergehend sendete von hier *Radio Kars*. Dicke Torten, Snacks. Faikbey Cad./Ecke Gazi Muhtar Cad.

Eylül Pastanesi 12, Café mit guten Torten und diversen Snacks. Terrasse. Kazım Paşa Cad. 282.

Nachtleben Barış Bar 3, oben mehrmals wöchentl. Livemusik, unten eine Disco. Freundlicher Service. Atatürk Cad. 33.

Sehenswertes

Zitadelle: Was früher nur dem Militär vorbehalten war, kann heute jeder haben – den Blick über Kars und die Umgebung. Die Burg geht auf eine armenische Schlossanlage zurück, die unter Murat III. (1574–95) zu ihrer heutigen Größe ausgebaut wurde – angeblich in 58 Tagen von 100.000 Arbeitern. Während des Krimkriegs wurde die Schlossfestung zerstört und als klotzige Verteidigungsanlage, die den militärischen Erfordernissen des 19. Jh. entsprach, wieder aufgebaut. Auf dem Gelände gibt's auch ein kleines Open-Air-Café.
Tägl. ab 9 Uhr, je nach Jahreszeit schließt man zwischen 16 und 23 Uhr. Kein Eintritt.

Kümbet Camii: Das Gebäude aus grauschwarzem Tuffstein unterhalb der Zitadelle wurde zwischen 930 und 937 als *Apostelkirche* errichtet. Reliefs der zwölf Apostel zieren noch heute den Tambour. Während der osmanischen Herrschaft wurde das christliche Gotteshaus in eine Moschee umgewandelt, nach dem Anschluss an das Zarenreich wieder in eine Kirche. Als die Türken die Stadt zurückeroberten, nutzten sie das

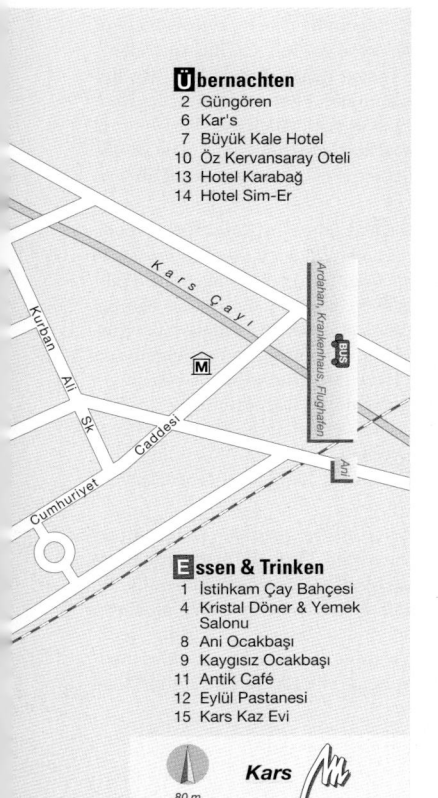

Übernachten
2 Güngören
6 Kar's
7 Büyük Kale Hotel
10 Öz Kervansaray Oteli
13 Hotel Karabağ
14 Hotel Sim-Er

Essen & Trinken
1 İstihkam Çay Bahçesi
4 Kristal Döner & Yemek Salonu
8 Ani Ocakbaşı
9 Kaygısız Ocakbaşı
11 Antik Café
12 Eylül Pastanesi
15 Kars Kaz Evi

Gebäude zunächst als Lagerhalle und danach als Stadtmuseum. Heute wird hier wieder zu Allah gebetet – nur dann ist die Kümbet Camii auch geöffnet. Nordwestlich der Kirche überspannt die *Taş Köprü* den Kars-Fluss. Sie wurde 1725 komplett restauriert, dürfte aber schon weit über 500 Jahre alt sein.

Gazi Ahmet Muhtar Paşa Konağı: Der Prestigebau an der gleichnamigen Straße war während des russisch-türkischen Krieges 1877 Hauptquartier der türkischen Truppen unter Gazi Ahmet Muhtar Paşa. Dem Krieg und dem Leben des Gazis erweist heute darin eine unspektakuläre Dokumentation Referenz, zudem finden wechselnde Kunstausstellungen statt.

Offiziell Mo–Fr 8–17 Uhr, in der Praxis jedoch häufig geschl. Eintritt frei.

Deutsche in Kars

Im späten 19. Jh. ließ Zar Alexander III. neben Russen auch Deutsche (aus dem Baltikum und von der Wolga), Esten, Litauer und Letten in der Gegend um Kars ansiedeln. Bereits zuvor waren unter Nikolaus I. Duchoborzen (eine pazifistische, christliche Religionsgemeinschaft aus Russland) nach Transkaukasien und insbesondere in die Region um Kars umgesiedelt worden. Sie sollten die Landwirtschaft vorantreiben und die territorialen Ansprüche festigen. Der Anteil an Christen betrug zu Beginn des 20. Jh. rund 40 %. Auf die deutschen Siedler geht der gute Karser Käse zurück. Die hiesigen deutschen Dörfer hatten Kirchen, Schulen und sogar eigene Brauereien. Mit der Gründung der Türkischen Republik begann die Phase der erzwungenen Assimilierung – im Nationalstaat Türkei gab es schließlich nur Türken, und die hatten Türkisch zu sprechen. Infolge wirtschaftlicher Not – damals wie heute ein Thema in der Region – verließen die Deutschen Kars ab den 1960ern. In den 1980ern waren fast alle weg.

Die letzten verbliebenen Christen der Gegend leben in Karacaören (Ende des 19. Jh. als „Paulinenhof" gegründet) ca. 5 km südlich von Kars – eines von vielen bitterarmen Dörfern der Umgebung, mit Pferdepflug statt Traktor und Kuhdungpyramiden vor niedrigen Steinhütten. Es ist die Familie Albuk, genauer gesagt sind es die Brüder August und Petro Albuk samt Kindern. Deutsch können die Albuks nicht mehr, doch ihre blauen Augen und strohblonden Haare zeigen deutlich ihre Herkunft. Und geblieben ist ihnen ihr starker, protestantischer Glaube. „Es ist schlimm, vergessen zu sein, und v. a.: die Letzten zu sein", sagt Petro. Die einstige Dorfkirche dient den hiesigen Hirten längst als Lagerraum. Der deutsche Friedhof von Kars, oder das, was davon übrig blieb, ist ein verwildertes Stück Land, auf dem das Vieh weidet. Zur Pflege ist längst kein Geld mehr da.

Immer wieder gab es Anstöße, im Karser Vorort Paşaçayırı ein Museum zur deutschen Vergangenheit der Region einzurichten. Dort, an der alten Straße nach Erzurum, steht noch ein deutsches Giebelhaus aus dem frühen 20. Jh. Dessen Wohnzimmer ist rundum mit Malereien und schnörkelig geschriebenen Psalmen in deutscher Sprache geschmückt, die jüngst mithilfe deutscher Sponsoren in Ansätzen restauriert wurden. Für die breite Öffentlichkeit ist das sog. „Deutsche Haus", in dem heute die türkische Familie Tekel lebt, aber noch nicht vorgesehen.

Ani (Ruinenstätte)

Museum: Das kleine örtliche „Müze" liegt weit abseits der Innenstadt nahe der Straße nach Ani. Im Erdgeschoss werden Funde der Umgebung aus dem Paläolithikum und der Bronzezeit, von den Urartäern bis zu den Bagratiden ausgestellt – wer an Tontöpfen Gefallen findet, kommt auf seine Kosten. In der ethnografischen Abteilung im ersten Stock werden auserlesene Teppiche der Gegend präsentiert. Zu sehen gibt es weiterhin Schwerter und Pistolen, fein gearbeitete Silbergürtel, Kostüme, eine Kirchenglocke aus russischer Zeit und die Holztüren der *Fethiye Camii*, einer ehemals russisch-orthodoxen Kirche. Den Rest der Kirche mit angehängten Minaretten findet man an der Ali Bey Caddesi südlich des Zentrums.
Tägl. (außer Mo) 8–12 und 13–17 Uhr. Eintritt frei.

Ani (Ruinenstätte)

In einer baumlosen Steppenlandschaft an der armenischen Grenze ragen einsam und verlassen die Ruinen mehrerer Kirchen in den Himmel. Die Blüte des mystischen Orts war nur von kurzer Dauer.

Ani erstreckt sich auf einem dreieckigen Plateau, das im Osten durch den Flusslauf des Arpa Çayı und im Westen durch den des Alaca Suyu begrenzt wird. Da beide Flüsse durch zwei tiefe Cañons verlaufen, die im Süden zusammentreffen, musste man die Stadt früher nur im Norden durch eine Mauer sichern. Heute wird der Arpa Çayı von Soldaten gesichert – auf der einen Seite stehen türkische, auf der anderen armenische.

Geschichte: Lange Zeit gab es hier nur eine Festung, die erste gründeten die Urartäer vermutlich im 9. Jh. v. Chr. Rund 1800 Jahre sollten ins Land ziehen, bis eine Stadt dazu kam. Aschot Msaker (809–827) aus dem Fürstengeschlecht der Bagratiden ließ diese um die Zitadelle anlegen. Die Stadt wuchs schnell zu einem blühenden Gemeinwesen heran, insbesondere nachdem Aschot III. (953–977) Ani 961 zur Hauptstadt des Armenischen Reiches erhoben hatte. Drei Jahre später erhielt sie ihre erste Befestigungsmauer. Da die Stadt rapide expandierte, kam 977 ein weiterer Stadtwall hinzu. Zeitgenössischen Quellen zufolge sollen zu Beginn des 11. Jh. rund 100.000 Menschen in Ani gelebt haben, und man zählte mehr als 1000 Kirchen. Schon während der Regierungszeit des Bagratidenkönigs Hovhannes Smbat III. (1020–1042) begann Anis Glanz jedoch zu verblassen: Der erste Angriff der Seldschuken konnte noch abgewehrt werden, nicht jedoch der des georgischen Königs Georg I. (1014–27). Ihm gelang es, die Stadt einzunehmen und zu plündern. 1045, unter der Regierungszeit Gagiks II. (1042–1045), marschierten die Byzantiner ein. Nur drei Jahre später besetzten die Seldschuken weite Gebiete Armeniens. 1064 wagten sie den erneuten Angriff auf Ani, drangen in die völlig isolierte Stadt ein und verwüsteten sie. Im 12. Jh. lieferten sich Georgier und Kurden mehrere Gefechte um die Stadt. Insbesondere die Georgier, die die Stadt mehrmals in ihren Händen hielten, sorgten noch einmal für eine kurze Blüte mit einem regen Kirchenbau. 1250 äscherten schließlich die Mongolen Ani ein. Der endgültige Todesstoß folgte 1319: Was all die Kämpfe zuvor nicht vernichtet hatten, schaffte ein Erdbeben. Anfang des 20. Jh. wurden die ersten Ausgrabungen unternommen. Seitdem finden immer wieder Grabungen und Restaurierungsarbeiten statt. Vieles liegt noch dort verborgen, wo sprichwörtlich Gras darüber gewachsen ist.

Anfahrt/Verbindungen Ani ist von der Straße nach Ardahan ausgeschildert. Eine Anfahrt mit öffentlichen Verkehrsmitteln ist nicht möglich. **Taxi** mit dreistündiger

Wartezeit für bis zu 4 Pers. von Kars retour ca. 45 €.

> **Nicht verwechseln:** Der mächtige Berg, den man bei der Anfahrt nach Ani als Erstes sieht, ist der armenische Gora Aragac (4090 m), erst später taucht rechter Hand in der Ferne der Ararat auf.

Öffnungszeiten Im Sommer 8–17 Uhr, im Winter 8–16 Uhr. Eintritt 2 €. Frühmorgens oder spät am Nachmittag ist eine Besichtigung am schönsten. Besucher können sich auf dem Ruinenfeld frei bewegen, ausgenommen sind die Zitadelle und ein paar Sperrzonen, auf die Soldaten und/oder Schilder aufmerksam machen. Fotografieren ist bis auf ein paar wenige Ausnahmen erlaubt. Das Gelände ist weitläufig, 2–3 Std. kann man sich hier problemlos herumtreiben – denken Sie an genügend Wasser!

Sehenswertes

Durch das Gelände führen mehrere Wege. Die Sehenswürdigkeiten sind so aufgeführt, dass es der Reihe nach abgegangen werden können. Die Ruinen weisen vielfach die wesentlichen Charakteristika der armenischen Baukunst auf, insbesondere die Technik des Schalenbaus (→ Kasten) und bei den Kirchen Kuppeln mit polygonalen Tambouren, dazu eine reiche plastische Ornamentik, insbesondere Flechtbandmotive, Pflanzendekore, figurale Reliefs oder geometrische Formen. Nahezu alle Kirchen waren früher farbenfroh ausgemalt.

> ### Ein gebeuteltes Volk – die Geschichte der Armenier
>
> Die historische Landschaft Armenien umfasst die Hochebenen zwischen Van-, Urmia- und Sewansee. Stets war sie zwischen dem parthisch-sassanidischen Orient und dem römisch-byzantinischen Okzident hin- und hergerissen. Als erstes nachgewiesenes Volk lebten im 2. Jt. v. Chr. die Churriter im armenischen Hochland, das erste Reich gründeten im 9. Jh. v. Chr. die Urartäer (→ Geschichte/Van). Sie hinterließen den im 7. Jh. von Westen her einwandernden phrygischen Stämmen, aus deren Vermischung mit den Urartäern das armenische Volk hervorging, eine besondere Bautradition: Zwischen zwei Wände aus sorgfältig gehauenem Stein schüttete man Bruchstein und Mörtel, wodurch sehr dicke und tragfähige Mauern entstanden.
>
> Bis zur Ankunft Alexanders des Großen stand das Gebiet unter persischem Einfluss, dann fiel es den Seleukiden zu, ab 189 v. Chr. den Römern. Tigranes dem Großen (95–54 v. Chr.), einem Schwiegersohn des pontischen Königs Mithradates IV., gelang es im 1. Jh. v. Chr. sich von den Römern loszusagen. Doch schon 66 v. Chr. wurde dieses erste unabhängige Armenische Großreich, das sich vom Mittelmeer bis zum Kaspischen Meer erstreckte, ein Klientelstaat der Römer.
>
> Bereits im 2. Jh. setzte mit Gregor dem Erleuchter (gest. 325) die Christianisierung Armeniens ein. Er gilt als der Begründer der armenisch-orthodoxen (auch gregorianischen) Kirchenlehre. 387 übereigneten die Römer vier Fünftel ihrer armenischen Provinz an die Perser. Um sich von den Persern zu distanzieren, entwickelte der Gelehrte Mesrop Machtots (361–440) in Anlehnung an das griechische Alphabet die armenische Schrift. Schon um 450 waren die Bibel, die Liturgie und Schriften griechischer und syrischer Kirchenväter ins Armenische übersetzt. Auch die Araber, die um 650 mit dem Schwert und dem Koran nach Armenien kamen, konnten das religiöse Fundament nicht erschüttern.

Ani (Ruinenstätte)

Mit dem Bagratidenkönig Aschot I. an der Spitze entstand 885 ein armenisches Königreich, das für rund zwei Jahrhunderte existierte. Doch nicht alle armenischen Fürsten schlossen sich den Bagratiden an. So gab es am Van-See das eigenständige Kleinreich Vaspurakan. Ende des 10. Jh. tauchten schließlich erstmals die Seldschuken auf. Vor ihnen flohen viele Armenier nach Kilikien und gründeten dort das Fürstentum der Rubeniden, Kleinarmenien genannt. Stumme Zeugen jener Zeit sind in Kilikien noch vielerorts zu finden. Kleinarmenien brach im 14. Jh. zusammen.

1064 überrannten die Seldschuken Kars und Ani, später die Mongolen. 1390 verwüsteten Timur Lenk und seine Truppen das Land. Bald darauf gehörte es zum Osmanischen Reich, in welchem die Armenier als nichtmuslimische Minderheit bis in die zweite Hälfte des 19. Jh. loyale Untertanen waren und vielfach hohe Stellen in Regierung, Verwaltung und Wirtschaft bekleideten. Doch dann blühte der armenische Wunsch nach nationaler Unabhängigkeit auf. Autonomiebestrebungen mit Terrorakten führten zu einem Misstrauen zwischen den Volksgruppen. Als 1915 russische Truppen in den Osten des Landes vorrückten und armenische Truppenteile der osmanischen Armee desertierten und sich den Russen anschlossen, eskalierte die Situation. Die jungtürkische Regierung, die ebenfalls einen Nationalstaat favorisierte, beschloss die Radikallösung – die kollektive Deportation der armenischen Bevölkerung (damals ca. ein Zehntel der Gesamtbevölkerung) in die syrische Wüste. Der darauffolgende Todesmarsch, begleitet von unzähligen Massakern, kam einem systematischen Genozid gleich. Schätzungsweise 1,5 Mio. Armenier fielen den Verfolgungen zum Opfer. Die armenischen Geschichtsbücher verwenden dafür den Begriff *Mez Eghern* („Das große Gemetzel"). Friedensnobelpreisträger Elie Wiesel sprach vom „Holocaust vor dem Holocaust". Den Vorwurf des Genozids aber wies die Türkei stets vehement zurück. Wer von Genozid sprach, dem drohte Gefängnis. Erst jüngst fand eine Enttabuisierung des Themas statt.

1918, nach dem Ersten Weltkrieg, wurde Armenien unabhängig. Doch schon 1920 annektierten kemalistische Truppen dessen westlichen Teil, den östlichen schnappten sich die Bolschewiki. Erneut starben 30.000 Armenier. Erst der Zusammenbruch der UdSSR brachte den 3 Mio. Armeniern endlich wieder den eigenen Staat, wirklichen Frieden aber nicht: Das Verhältnis zu Aserbaidschan ist infolge des Berg-Karabach-Konflikts angespannt. Und wegen des Berg-Karabach-Konflikts droht Aserbaidschan der verbündeten Türkei wiederum damit, den Gashahn zuzudrehen, sollte es zu einer Annäherung zwischen der Türkei und Armenien kommen. So wurde die 2009 angekündigte Grenzöffnung zwischen beiden Ländern wieder auf unbegrenzte Zeit verschoben. Man schätzt, dass heute rund 140.000 Armenier in der Türkei leben, die Hälfte davon mit türkischem Pass, die andere Hälfte als illegale Arbeiter.

Stadtmauer: Anis Haupttor wird wegen eines Löwenreliefs auch *Löwentor (Aslan Kapısı)* genannt. Noch heute betritt man durch dieses die Stadt. Die noch immer mächtige, einst 1,5 km lange und durch Türme verstärkte Stadtmauer besaß sechs weitere Tore. Rund 200 m westlich liegt das von zwei trutzigen Rundtürmen flankierte *Çifte Beden Kapısı (Doppelbastionstor)*, in entgegensetzter Richtung das

Hidrellez Kapısı (Frühlingstor), das mit schachbrettartigen Steinornamenten verziert ist. Dieses wie die Tore noch weiter östlich schmücken zudem Stierköpfe und Schlangen. Der insgesamt gute Zustand der Befestigungsanlage ist nicht nur auf Restaurierungsarbeiten zurückzuführen, sondern v. a. darauf, dass die meisten Eroberer nach der Einnahme Anis Schäden am Bollwerk ausbessern ließen.

Georgische Kirche: Die einschiffige Basilika wurde 1218 von den Georgiern erbaut, als Anis Stern schon im Sinken begriffen und das armenische Reich bereits zerschlagen war. Erhalten blieb nur die zernagte Südmauer, die von zwei Reliefs geschmückt wird: Das eine zeigt Marias Heimsuchung, das andere Marias Verkündigung.

Nordpalast: Ebenfalls nur spärliche Reste existieren vom Nordpalast (auch: *Sultan Sarayı*), der unter seldschukischer Herrschaft im 12. Jh. am Rande des hier steil zum Alaca Suyu abfallenden Plateaus angelegt wurde. Dass der Palast heute mit bis zu 10 m hohen Mauern umgeben ist, verdankt er jüngst durchgeführten, leider wenig feinfühligen Wiederaufbaumaßnahmen. Ursprünglich war der Palast angeblich fünfstöckig. Im Original erhalten ist das Portal, der spitzbogige obere Bereich weist eine Schachbrettornamentik aus rotem und schwarzem Stein auf.

Gregorkirche des Gagik: 1001, unter Gagik I., begann man mit dem Bau der Rundkirche, 1010 war sie vollendet, 1013 fiel sie einem Erdbeben zum Opfer und wurde nie mehr aufgebaut. Die Rotunda war mit einem vierpassförmigen System war, wie die Kirche von Bana (→ S. 824), ein Nachbau der legendären Kirche in Zwartnotz bei Echtmiazin (Armenien), in der die sterblichen Überreste Gregors des Erleuchters aufbewahrt wurden. Auch ihr Vorbild, das angeblich über 40 m hoch war, stürzte ein.

Gregorkirche des Abughamrentz: Der zwölfeckige Zentralbau mit hohem Tambour und Kegeldach entstand in der zweiten Hälfte des 10. Jh. und wurde 2011 restauriert. Der Innenraum besteht aus sechs Konchen. Über ihrem rundbogigen Portal befindet sich eine armenische Inschrift. Nur ein paar Schritte von der Kirche entfernt lag das Grab der Adelsfamilie der Abughamrentz.

Apostelkirche: Die im Jahre 1013 errichtete Kirche wird auch Arat-Elots-Kirche genannt. Sie war ein Vierkonchenbau mit rechteckigem Grundriss. In ihrem Innern besaß sie also wie die Gregorkirche des Gagik vier Apsiden, von denen jedoch Gänge zu kleinen überkuppelten Nebenräumen abgingen. Nach der seldschukischen Eroberung nutzten die neuen Herren das Gotteshaus als Steuer- und Zollstelle, später wurde es durch Um- und Anbauten Teil einer Karawanserei.

Ebu'l Muhammeran Camii: Auf dem Weg von der Apostelkirche zur Kathedrale passiert man die Fundamente der Ebu'l-Muhammeran-Moschee aus dem 12. Jh. Am meisten ist noch vom Minarett mit Rundtreppe erhalten, das einfach zur Seite kippte. Rund um die Mosche lag einst das Handelszentrum der Stadt.

Kathedrale: Die Kathedrale war nicht nur der geografische Mittelpunkt, sondern auch das Zentrum des religiös-kulturellen Lebens in Ani. Weil ein Erdbeben in Byzanz die Hagia Sophia in Mitleidenschaft gezogen hatte, musste der Architekt Tiridates die 989 begonnene Arbeit unterbrechen, um die byzantinische Kirche zu reparieren. So erlebte der Auftraggeber, König Smbat II., das Ende der Bauarbeiten nicht mehr. Erst sein Nachfolger Gagik I. konnte 1001 dem Einweihungsgottesdienst beiwohnen. In seldschukischer Zeit wurde aus der Kathedrale die *Fethiye Camii*. Die Außenfassade der dreischiffigen Kirche ist durch Blendtrichter und

Ani (Ruinenstätte)

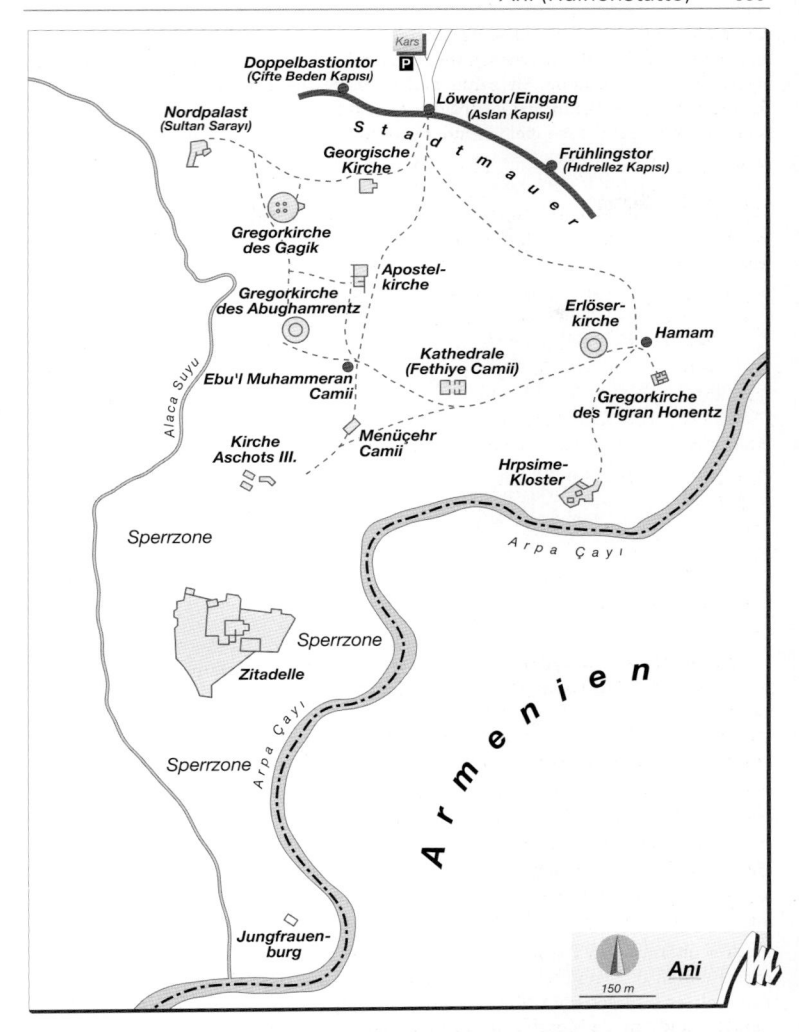

Arkaden gegliedert. Das Hauptportal wird durch Säulen und Rundbogen betont. Die Kuppel samt Tambour ist heute nicht mehr da, die Sonne schickt Strahlenbündel in den Innenraum, wo zwischen aufstrebenden Säulen Vögel ihre Kreise ziehen.

Erlöserkirche: 1036 stiftete die Adelsfamilie Pahlavuni diesen Zentralbau mit einst acht Apsiden. Eigens dafür ließ sie eine Kreuzreliquie aus Konstantinopel bringen. Heute steht von der Kirche nicht mehr ganz die Hälfte, im von weißer Farbe übertünchten Inneren schimmern aber noch alte Fresken durch. Die Kirche soll in den kommenden Jahren restauriert werden.

Gregorkirche des Tigran Honentz: Der georgische Kaufmann Tigran Honentz ließ die Basilika 1215 in beeindruckender Lage, unmittelbar am Steilhang über dem Tal des Arpa Çayı, errichten. Sie zählt zu den am besten erhaltenen Bauten von Ani. Jüngst wurde sie restauriert, allerdings äußerst lieblos. Bei der Kirche handelt es sich um einen Zentralkuppelbau mit zweischiffigem Narthex. Bemerkenswert sind die feinen Reliefs an der Fassade und am Tambour, u. a. mit Tiermotiven. Im Innern lässt sich noch eine Vielzahl an Fresken bewundern (z. T. mit armenischen und georgischen Inschriften), darunter Marias Tod, Marias Verkündigung, Jesu Geburt und Szenen aus dem Leben Gregors des Erleuchters.

Hripsime-Kloster: Der Zentralbau weiter südlich am Talhang ist ebenfalls gut erhalten und ebenfalls eine Stiftung des gottesfürchtigen Tigran Honentz. Dem Kloster liegt folgende Legende zugrunde: Der byzantinische Kaiser Diokletian wollte die Nonne Hripsime heiraten, doch die Nonne nicht ihn, und so floh sie mit zwei Gefährtinnen nach Armenien. Dort wollte König Tiridates sie heiraten. Als Hripsime erneut ablehnte, ließ der König die Nonne und ihre beiden Gefährtinnen töten. Die Gräber der Frauen befinden sich bei Echtmiazin (Armenien).

Menüçehr Camii: Die Moschee südlich der Kathedrale wurde um 1071/72 von dem seldschukischen Emir Menüçehr erbaut und zählt damit zu den ältesten islamischen Bauwerken auf türkischem Boden. Jüngst wurde sie restauriert bzw. in Teilen rekonstruiert, seitdem kann auch ihr sechseckiges Minarett bestiegen werden – tolle Ausblicke. Das Gewölbe des Innenraums tragen dicke Säulen. Westlich davon stehen Reste der ersten Stadtmauer.

> Das Stadtplateau südlich der Menüçehr Camii ist verbotener Boden, die Armee nutzt die Zitadelle als Lauschposten. Falls das Terrain einmal freigegeben wird, können Sie noch Folgendes besichtigen:

Kirche Aschots III.: Die Kuppelbasilika auf dem Weg von der seldschukischen Moschee zur Zitadelle wurde im 10. Jh. gebaut, im 12. und 13. Jh. renoviert. Sie war vor der Fertigstellung der Kathedrale das religiöse Zentrum der Stadt. Die Kirche besaß eine Loge für den König.

Zitadelle und Umgebung: Hier residierten die Bagratiden in einem zweigeschossigen Palast mit Fußbodenheizung, Theater und Bädern. Viel erhalten ist davon nicht, die Festung wurde mehrmals nachhaltig geschleift. Auch die sog. *Jungfrauenburg (Kız Kalesi)*, eine kleine sechseckige Klosterkapelle aus dem 13. Jh. auf der Südspitze des Stadtplateaus, ist nicht zugänglich.

Weitere Kirchen in der Umgebung von Ani

Mit einem stabilen Fahrzeug oder einem geduldigen Taxifahrer kann man in den Dörfern zwischen Kars und Ani – wie im gesamten Grenzgebiet zu Armenien – weitere Kirchenruinen entdecken, z. B. die von **Oğuzlu**. Deren Chor und Seitenwände stehen noch in voller Höhe, armenische Schriftzüge zieren die Außenfassade. Um sie zu finden, fahren Sie von Kars Richtung Ani und biegen nach ca. 30 km beim Ortsbeginn von Subatan links ab Richtung Başgedikler (asphaltiert). Am Ortsbeginn von Başgedikler (nach ca. 11 km) geht es wieder links ab (2 km, kein Hinweisschild, Schotterweg, nicht bei oder nach Regen fahren!) nach Oğuzlu,

Am Van-See (mb) ▲

Götterthron Nemrut Dağı (mb) ▲▲

▲▲ Bedrohtes Kleinod Hasankeyf (mb)
▲ Ani, eine der imposantesten Ruinenstätten der Türkei (Fremdenverkehrsamt Ani)

Die Kircheninsel Akdamar im Van-See (mb) ▲▲
Mardin, eine Perle Südostanatoliens (mb)

▲▲ Adlersäule am Karakuş-Hügel in der Nemrut-Region (mb)

ein Dorf mit 200 Einwohnern und rund 2000 Gänsen. Schon bald sieht man die mächtige, 1000 Jahre alte Kirchenruine.

Eine sehr gut erhaltene Kirche ist zudem die **Karmir-Vank-Kirche**, die auf einem Hügel bei der Häuseransammlung Yağıkesen ihre kegelförmige Kuppel gen Himmel reckt. Um sie zu erreichen, fährt man von Oğuzlu zurück zur Abzweigung nach Başgedikler und hält sich dort links. Am Ortsende (rechter Hand ein Friedhof) verliert die Straße ihre Teerschicht. Man bleibt stets auf dem Schotterweg, passiert die Dörfer Ayakgedik und Bayraklar und landet schließlich (ca. 4 km nach Bayraklar) in Yağıkesen.

> **Weiterfahrt nach Doğubayazıt:** Knapp 200 landschaftlich überaus reizvolle Kilometer liegen zwischen Kars und Doğubayazıt. Streckenweise führt die Nationalstraße 070 von Kars nach Iğdır unmittelbar an der armenischen Grenze entlang – Militärkontrollen können vorkommen. *Iğdır* (76.000 Einwohner) ist eine an sich recht graue Provinzhauptstadt, die durch ihre schöne Beckenlage jedoch ein recht mildes Klima und viel Grün aufweist. Wer hier umsteigen muss, kann die türkeiweit berühmten Aprikosen kosten. Für Gestrandete gibt es eine Reihe von Unterkünften zwischen Billigabsteige und 3-Sterne-Hotel (an der Durchgangsstraße, wo auch die Minibusse halten). Zwischen Iğdır und Doğubayazıt geht es am Fuße des Ararat weiter. Auch von Iğdır aus kann man den Ararat besteigen (→ S. 846), jedoch gibt es bislang kaum Organisatoren für diese Route.

Doğubayazıt

65.700 Einwohner

Doğubayazıt ist der touristische Hotspot im Nordosten der Türkei. Die Stadt selbst ist zwar trostlos, besitzt jedoch Hochkarätiges in ihrer Umgebung – den legendären Ararat und den grandios gelegenen İshak-Pascha-Palast, das Neuschwanstein Anatoliens.

Nur 35 km trennen Doğubayazıt (1950 m ü. d. M.) von der iranischen Grenze. Erst nach dem Ersten Weltkrieg wurde die Stadt in die Leere des ostanatolischen Hochlands geworfen. Sie wirkt ärmlich-schmutzig und improvisiert. *Eski Doğubayazıt*, ihre Vorgängersiedlung, ein berüchtigtes Räubernest, schmiegte sich noch an die Hänge unter- und oberhalb des İshak-Pascha-Palastes 6 km südöstlich. Ob das alte (= *eski*) Doğubayazıt 1914 während der letzten Gefechte mit der zurückweichenden russischen Armee in Schutt und Asche geschossen wurde, bei der Niederschlagung eines Kurdenaufstandes dem Erdboden gleichgemacht oder einfach nur aus Platzgründen ins Tal verlegt wurde, ist bis heute strittig. Tatsache ist, dass an die alte Stadt außer ein paar Mauerresten beim Palast nichts mehr erinnert.

Heute wie damals ist Doğubayazıt ein wichtiges Transitzentrum, wenn auch iranische Benzin- und Zigarettenschmuggler persische Seidenhändler abgelöst haben. Zu ihnen gesellt sich ein kleiner, aber steter Strom an abenteuerlustigen Touristen, die vor dem „Wilden Osten" keine Angst haben. Sie finden in den staubig-öden Straßen Doğubayazıts zwar keine Sehenswürdigkeiten, dafür eine Reihe von Hotels und Reisebüros. Im Hintergrund grüßt der Vulkan Ararat (5137 m), der höchste Berg der Türkei. Nur die wenigsten Reisenden besteigen ihn, die meisten bestaunen ihn – auch aus der Ferne ist sein stets schneebedeckter, leider auch oft wolkenverhangener Gipfel ein visueller Superlativ.

Information/Verbindungen/Sonstiges

Telefonvorwahl 0472.

Information Eine offizielle Touristeninformation gibt es nicht.

Verbindungen Busbahnhof am östlichen Ende des Zentrums. Bis zu 7-mal tägl. nach Erzurum (4 Std.), bis zu 2-mal nach Tatvan (4½ Std.) und Diyarbakır (9½ Std.), 1-mal nach Ankara (16 Std.). Bessere Verbindungen ab Iğdır.

Die Dolmuşe nach Van (bis zu 5-mal/Tag, 3 Std.) starten in der Yol Altı Sok., die nach Iğdır (dort umsteigen nach Kars) in der gleichen Straße etwas weiter westlich. Die Dolmuşe Richtung Gürbulak (iranische Grenze) starten von der Tankstelle an der Ağrı Cad./Ecke Rıfkı Başkaya Cad.

Ärztliche Versorgung Neues Krankenhaus Devlet Hastanesi ca. 4 km stadtauswärts an der Straße nach Ağrı. ✆ 3126047.

Einkaufen Vielraucher und -trinker kommen auf ihre Kosten. Verkauft werden aus dem Iran geschmuggelte Zigaretten (Stange ca. 6,50 €), dazu Wodka aus Aserbaidschan.

Organisierte Touren Von Lesern gelobt werden die Touren von **Tamzara Turizm** an der Dr. İsmail Beşikçi Cad. (neben dem Hotel Urartu), darunter Touren in die Umgebung, Araratbesteigungen und Tageswandertouren am Fuße des Ararat, die keiner Genehmigung bedürfen. ✆ 3122189, www.tamzaratur.com.

Taxitouren Zum Palast, Krater und zur Arche Noah ca. 60 €.

> Hinweis: Falls Sie in den Iran weiterreisen wollen, benötigen Sie ein Visum, das Sie vor der Reise in Ihrem Heimatland bei der dafür zuständigen Vertretung beantragen müssen.

Übernachten/Camping/Essen & Trinken

In der schon immer gut besuchten Grenzstadt gibt es genügend Unterkünfte, wirklich empfehlenswert sind jedoch leider kaum welche.

*** Golden Hill Hotel** ⓫, ca. 2 km westlich des Zentrums in unattraktiver Lage an der Straße Ağrı – Gürbulak. Obwohl noch gar nicht so alt, schon leicht in die Jahre gekommen. 90 teils recht geräumige Zimmer – leider ziemlich nachlässig geputzt. Von der Dachterrasse, wo auch das Frühstück serviert wird, Blick auf den Ararat. Viele Gruppen. EZ 40 €, DZ 60 €. Çevreyolu Üzeri, ✆ 3128717, 🖷 3125771, info@agri-goldenhill.com.

Hotel Grand Derya ❹, etabliertes Haus im Zentrum. Saubere, etwas kitschige Mittelklasse-Teppichbodenzimmer mit einfachen Bädern und Balkon, viele mit Araratblick. Parkplätze. EZ 29 €, DZ 57 €. Dr. İsmail Besikçi Cad., ✆ 3127531, 🖷 3127833.

Hotel İsfahan ⓬, beliebte Adresse bei internationalen Ararat-Stürmern. 35 einfache Zimmer, z. T. sehr groß und mit Balkon. Viel mehr wird aber auch nicht geboten. EZ 14,50 €, DZ 25 €. İsa Geçit Cad. 26, ✆ 3124363, hotelisfahan@hotmail.com.

Hotel Tahran ❾, Travellerherberge mit schlichten kleinen Zimmern und noch schlichteren Bädern, die die Putzfrau zuweilen vergisst. Laundryservice. Sehr freundlich. Das große Plus: gemütliche Dachterrasse mit traumhaften Araratblicken. DZ 21 €. Büyük Ağrı Cad. 124, ✆ 3120195, www.hoteltahran.com.

Hotel Erzurum ❼, internationaler Backpackertreff im Zentrum. 45 kleine 2- bis 4-Bett-Zimmer mit akzeptablen Etagenbädern. Kleiner Balkon mit Araratblick für alle. Sehr einfach, dafür billig: DZ ohne Bad und Frühstück schlappe 12 €. Dr. İsmail Beşikçi Cad. 22, ✆ 3125080.

Camping Auf dem Weg zum İshak-Pascha-Palast bzw. über dem Palast gibt es ein paar einfache Plätze. Krummer Hering auf dem steinharten Boden ist garantiert!

Paraşüt Camping, hier campt man auf dem Parkplatz des gleichnamigen Caférestaurants (mäßiges Essen, aber Alkohol!). Sehr einfach, man benutzt die Sanitäranlagen des Restaurants – pro Geschlecht 2 Klos und eine Kaltwasserdusche. Dafür unglaub-

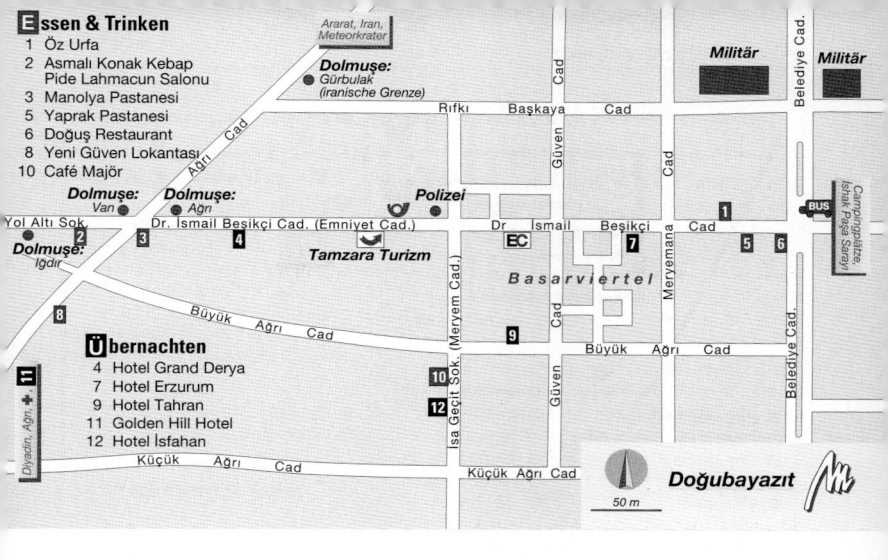

Essen & Trinken
1. Öz Urfa
2. Asmalı Konak Kebap Pide Lahmacun Salonu
3. Manolya Pastanesi
5. Yaprak Pastanesi
6. Doğuş Restaurant
8. Yeni Güven Lokantası
10. Café Majör

Übernachten
4. Hotel Grand Derya
7. Hotel Erzurum
9. Hotel Tahran
11. Golden Hill Hotel
12. Hotel İsfahan

---

lich tolle Ausblicke. 2 Pers. mit Wohnmobil 4,10 €. 100 m oberhalb des İshak Paşa Sarayı, dagci_numan_parasut@hotmail.com.

Murat Camping, hat zwar die besseren Sanitäranlagen, aber leider keine Aussicht. Gezeltet wird im schattigen Teegarten, das Wohnmobil stellt man auf den staubigen Parkplatz des angeschlossenen Restaurants (ebenfalls mit Alkoholausschank). Organisation von Araratbesteigungen und Ausflugstouren. Englischsprachig. Gleicher Preis. Auf dem Weg zum İshak Paşa Sarayı (ca. 1 km davor), ☏ 0543/6350494 (mobil), www.muratcamping.com.

Essen & Trinken Doğuş Restaurant **6**, großes, sehr beliebtes Lokal auf 2 Stockwerken. Gute Auswahl an Topfgerichten, dazu Spieße, Kebabs und Lahmacun. Besonders lecker die gefüllten Krautwickel *(lahana sarması)*. Preise besser im Voraus erfragen. Belediye Saray Cad. (nahe dem Busbahnhof), ☏ 3127348.

Asmalı Konak Kebap Pide Lahmacun Salonu 2, lustig-kitschige, mit einem Zeltdach überspannte Open-Air-Lokanta. Gute Spieße und Pide. Alkohol. Yol Altı Sok. 3, ☏ 3121040.

Öz Urfa 1, große Kebab-Auswahl vom Grill, des Weiteren *Lahmacun* und ein paar Topfgerichte. Sehr einfach, dafür mit Dachterrasse. İsmail Beşikçi Cad., ☏ 3120702.

Yeni Güven Lokantası 8, einfache Lokanta mit Megadöner, dazu gute Topfgerichte. Immer voll, faire Preise. Fast ausschließlich männliches Publikum – wie in fast allen Lokalen der Stadt. Ağrı Cad.

Yaprak Pastanesi 5, nahe dem Busbahnhof. Angenehme Frühstücksadresse. Torten, Kuchen und herzhafte Snacks. Noch mehr Auswahl bei der **Manolya Pastanesi 3** an der Ecke İsmail Beşikçi Cad./Ağrı Cad.

Nachtleben Café Majör **10**, mehr rockiger Pub (Bierausschank) als Café. Keine schmierige Angelegenheit, sondern junges, nettes Publikum. İsa Geçit Cad. 24.

İshak-Pascha-Palast (İshak Paşa Sarayı)

Geschaffen für Fürsten, denen die Welt zu Füßen liegen sollte. Keine andere Palastanlage Anatoliens strahlt eine solche Erhabenheit aus.

Der İshak-Pascha-Palast zählt zu den imposantesten Motiven der Türkei. Er schmückt die Titelseiten von Reiseführern und Bildbänden, und kommt auch in

844 Nordostanatolien

❶ Selamlık/Mahkeme
❷ Eingang in den Selamlık
❸ Unterkünfte der Diener/ Stallungen
❹ Moschee
❺ Bibliothek
❻ Terrassen
❼ Portal zum Harem
❽ Haremstrakt
❿ Hamam
⓫ Küche
⓬ Toilette
⓭ Wohnräume
⓮ Küche
⓯ Verlies

İshak-Paşa-Palast

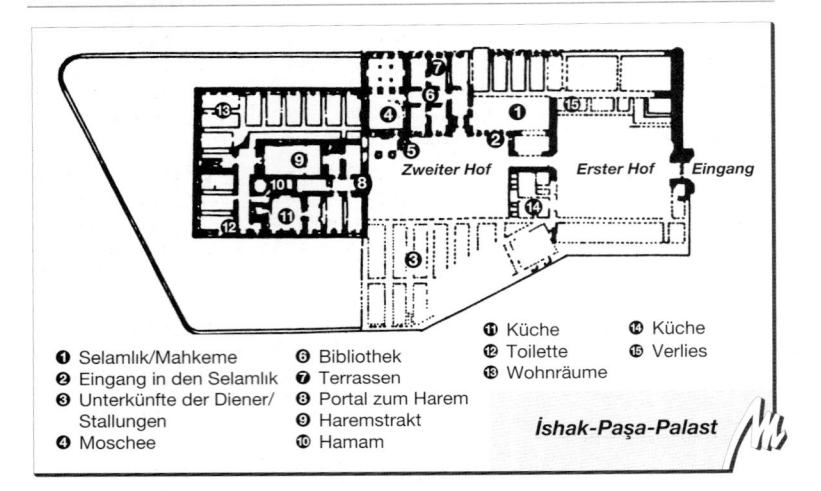

der türkischen Fremdenverkehrswerbung nicht zu kurz. Die Palastanlage erhebt sich auf einer Felsnase über der weiten Hochebene Doğubayazıts, deren Horizont viele Monate im Jahr schneebedeckte Gipfel abschließen.

Seine heutige Gestalt erhielt der Palast im 18. Jh., als der kurdische Emir *İshak Paşa*, reich geworden durch Raubzüge und Wegezölle, eine hier bereits bestehende Burganlage ausbauen ließ. Den Grundstein hatten bereits die Urartäer im 9. Jh. v. Chr. gelegt. Dazwischen bereicherten etliche weitere Herrscher die Festung durch Um- und Anbauten. In ihr soll *Beyazıt I.* (1389–1402) nach seiner Niederlage gegen Timur Lenk gefangen gehalten worden und verstorben sein. Die gleiche Geschichte gibt es aber auch zu Bursa (→ Bursa/Yıldırım-Beyazıt-Moschee, S. 202).

Ganz so berauschend wie der Anblick des Palastes ist sein Besuch nicht – dennoch lohnt eine Besichtigung. Der Palast präsentiert einen bunten Stilmix aus osmanischen, persischen, seldschukischen, armenischen und georgischen Einflüssen, sogar barocke Elemente sind zu finden. Er wird seit Jahren restauriert (u. a. mit EU-Geldern) und hat in Teilen bereits ein – leider wenig fotogenes – Glasdach erhalten. Aufgrund der Restaurierungsarbeiten kann es vorkommen, dass Trakte vorübergehend geschlossen sind.

Kleiner Rundgang: Den Palast betritt man auf seiner Ostseite durch ein seldschukisches Portal. Die einst goldverzierten Tore schafften die Russen 1917 nach St. Petersburg. Vom *ersten Hof*, um dessen quadratischen Grundriss die *Quartiere der Wachen*, die Zugänge zu einer Küche und zu den Verliesen lagen, gelangt man durch ein hohes Portal in den *zweiten*, ebenfalls rechteckigen *Hof*. Linker Hand befanden sich die *Unterkünfte der Diener* und die *Stallungen*, heute ist davon jedoch nur noch wenig zu sehen. Gleich rechter Hand lagen der *Selamlık*, der Trakt für den Gästeempfang, und Räume, die der Rechtsprechung dienten *(Mahkeme)*. Über den Zugang zum *Selamlık* gelangt man auch, vorbei an der *Bibliothek (Kütüphane)*, ins Innere der *Palastmoschee*, die mit ihrem gestreiften Minarett das Nordwesteck des zweiten Hofes dominiert. Vor der Moschee liegt die *Türbe İshak Paşas*, ein kleines fürstliches Mausoleum. Die Treppe hinab zur unterirdischen Gruft ist meist verschlossen. Das prunkvolle Portal am Westende des zweiten Hofes führt in den *Haremstrakt*, den schönsten Teil des Serails. Er ist zugleich ein kleiner Irrgarten an Räumen und Gängen – zum Glück ist alles beschildert. Neben den Quartieren der Haremsdamen gab es hier ein *Hamam* und eine *Küche*, dazu Zentralheizung und fließendes Wasser. Auch kann man eine alte *Toilette* besichtigen.

Am Berg nördlich (oberhalb) der Festung sind Ruinen *Eski Doğubayazıts* zu sehen, darunter wuchtige *Befestigungsmauern* und eine *Kuppelmoschee* (16. Jh.). Im Fels über der Moschee lässt sich zudem ein Kammergrab aus urartäischer Zeit ausmachen. Bei näherer Betrachtung entdeckt man rechts und links der Öffnung figurale Reliefs. Noch weiter oben treffen sich gläubige Kurden an der *Türbe* des Dichters und Philosophen Ahmet-i Hanı (1651–1707).

Wackere Fußgänger legen die 6 km von Doğubayazıt in einer Stunde zurück. **Taxi** mit Wartezeit ca. 12,50 €. Anfahrt mit dem **Dolmuş** einfach 0,80 €, Startpunkt direkt neben dem Busbahnhof. Manchmal muss man ein wenig warten, bis der Dolmuş voll ist. Mai–Okt. tägl. (außer Mo) 9–18 Uhr, im Winter bis 16 Uhr. Eintritt 1,20 €.

> **Tipp:** 100 m oberhalb des Palastes gibt es das kleine **Café Paraşüt** (→ Camping), von dem man den eindrucksvollsten Blick auf den Palast und die weite Ebene davor genießt. Es gibt keinen schöneren Ort zur Lektüre von Yaşar Kemals *Ararat Legende*.

Ararat (Ağrı Dağı)

Der 5137 m hohe Vulkan erhebt sich majestätisch ganz im Osten der Türkei, nur einen Katzensprung von den Grenzen zu Armenien, Aserbaidschan (genauer gesagt der in Armenien eingeschlossenen Enklave Nachitschewan) und Iran entfernt. Der Ararat ist ein Berg, wie ihn Kinder malen. Sein kleiner Bruder (*Küçük Ağrı Dağı*, 3896 m) leistet ihm Gesellschaft. Die Armenier nennen den höchsten Berg der Türkei „Mutter der Erde", für die Kurden ist er der „Berg des Bösen", und auf Türkisch heißt er „Schmerzensberg". Der uns geläufige hebräische Name „Ararat" hat seinen Ursprung in *Urartu*, wie auch das hiesige Reich der Urartäer (9–7. Jh. v. Chr., → Van/Geschichte) genannt wurde. Zuletzt spuckte der Stratovulkan 1840 Lava und Asche – 2000 Menschen starben, ein Dorf wurde dem Erdboden gleichgemacht.

Um den Ararat ranken sich seit eh und je unzählige Legenden, die bekannteste die alttestamentarische Geschichte von der Arche Noah, die während der Sintflut hier gestrandet sein soll. Die Sintflutlegende beruht jedoch auf einer umstrittenen Auslegung des Bibeltextes. Fraglich ist, ob mit „Ararat" nur der heute als Ararat bezeichnete Berg zu verstehen ist oder das gesamte urartäische Reich, womit auch andere Berge infrage kämen. Demzufolge gibt es auch Theorien, die die Landung der Arche Noah auf dem Cudi Dağı nahe der irakischen Grenze oder dem Süphan Dağı am Van-See vermuten. Wie dem auch sei, dem Mythos Ararat werden andere Gipfel nicht so schnell das Wasser reichen können. Seit Urzeiten erzählen Hirten von einem Schiffsbug, der mit der Gletscherschmelze im Sommer zum Vorschein kommen soll. 1833 entdeckte eine türkische Expedition den Bug, ohne jedoch einen Splitter davon als Beweis mitzunehmen (Blödmänner!). Auch während der Weltkriege wollten Piloten das Schiff immer wieder am ewigen Eis gesehen haben.

Informationen zum Gipfelsturm

Bürokratische Voraussetzungen: Der Aufstieg auf den Ararat ist genehmigungspflichtig, das Genehmigungsprozedere (Dauer mind. 10 Tage) übernehmen die Agenturen. Dafür bedarf es des Namens, der Nationalität und Reisepassnummer, des Geburtsdatums, einer Berufsangabe und des gewünschten Aufstiegstermins. **Achtung:** In Doğubayazıt offerieren Agenturen und selbst ernannte Führer Touren auf den Ararat ohne Genehmigung, sprich: Man kann von heute auf morgen starten. Dabei wird der Behördenweg schlichtweg ignoriert und das auf dem Berg patrouillierende Militär bestochen. Gehen Sie auf ein solches Angebot niemals ein. Nicht nur hohe Strafen können die Folge sein. Im Falle einer Verletzung weigern sich die Führer, den Rettungshelikopter des Militärs zu rufen.

Besteigung: Der Berg darf nur in Begleitung eines Führers bestiegen werden. Gute Kondition und Trittsicherheit sind vonnöten, Gletschererfahrung ist von Vorteil – je nach Sommermonat bedeckt ab 4200–4900 m eine Eis- und Firnschicht den Berg. Schwierige Kletterpartien sind auf der Doğubayazıt-Route nicht zu meistern. Für Auf- und Abstieg sind auf dieser Route gewöhnlich vier Tage eingeplant, manche Veranstalter legen unterwegs noch einen Tag Pause zur Gewöhnung an die Höhe ein. Vom Start auf 2200 m wandert man am ersten Tag bis zu Camp I auf 3200 m und am zweiten Tag zu Camp II auf 4200 m. Am 3. Tag steht die Besteigung des Gipfels an, danach der Abstieg zu Camp I. Am 4. Tag erfolgt der Rückweg. Die Camps sind den ganzen Sommer über fest aufgebaut, bis Camp II wandern auch die Packesel mit.

Eine weitere Route zum Gipfel besteht von Iğdır aus (50 km nördlich von Doğubayazıt), der Weg ist jedoch anstrengender und länger, zudem bereiten hier Eispassagen unerfahrenen Wanderern Schwierigkeiten. Die Camps auf dieser Route liegen auf 2250 m, 3000 m und 3650 m.

Kosten/Agenturen: Die Kosten liegen pro Person je nach Gruppenstärke bei 350–450 € inkl. Transport (Jeep, Packtiere etc.), Verpflegung (mäßig) und Übernachtung (in Zelten). Seriöse türkische Veranstalter, die auch Touren für diverse deutsche Reiseanbieter durchführen, sind **Sobek Travel** aus Niğde (→ S. 757) und **Ceven Travel** (www.ceven-travel.com) aus Minden. Beide Anbieter haben verschiedene Ararat-Touren im Programm (auch per Ski mit Fellen oder inkl. Transfer von İstanbul). Von Lesern gelobt wird zudem das Team von **Tamzara Turizm** (→ Organisierte Touren). Reiseveranstalter aus Deutschland, Österreich oder der Schweiz verlangen für einen 7- bis 9-tägigen Ararattrip inkl. Flug, Übernachtungen, VP und Besteigung 1100–2000 €.

1982 startete der ehemalige US-Astronaut James Irvin, der von der Apollo 15 einen Schiffsumriss erkannt haben wollte, eine Suchexpedition – vergebens. Einige Jahre später „entdeckte" man die zu Stein und Lehm gewordene Arche südlich des Ararat (s. u.). Und 2010 wollte eine Expedition aus Hongkong in einer Höhe von 4000 m Zedernholzteile der Arche gefunden haben. Ihr Alter wurde angeblich auf rund 4800 Jahre datiert.

Neben Archesuchern zieht es aber noch viel mehr Gipfelstürmer auf den Ararat. Bis zu 5000 Trekker besteigen ihn pro Jahr. Sie tun es dem Naturforscher Friedrich Parrot nach, dem ersten Menschen, der den Ararat bezwang (27.9.1829). Immer wieder wird der Berg jedoch für längere Zeit aus Sicherheitsgründen vom Militär gesperrt, sei es wegen bewaffneter Schmuggler, gefährlicher Diebesbanden oder PKK-Aktionen wie jener im Juli 2008, als drei deutsche Bergsteiger entführt wurden.

Weitere Ziele in der Umgebung von Doğubayazıt

Arche Noah (Nuhun Gemisi): In den 1980ern, als der Ararat als Rückzugsort von PKK-Kämpfern galt und nicht zugänglich war, mussten die Archesucher auf die Umgebung ausweichen – und wurden fündig. Seitdem hält man eine 140 m lange schiffsförmige Lehm-Fels-Formation nahe dem Dorf Üzengili für die Überreste der Arche Noah. Der Schwachsinn ist nett anzusehen.

Von der Straße von Doğubayazıt zur iranischen Grenze ist die Abzweigung nach ca. 22 km ausgeschildert, dann noch 4,5 km.

Ohne Fahrzeug nimmt man von Doğubayazıt den Gürbulak-**Dolmuş**, steigt an der Abzweigung aus und läuft den Rest.

Meteorkrater (Meteor Çukuru): Fast unmittelbar an der iranischen Grenze, rund 45 km südöstlich von Doğubayazıt, schlug 1892 angeblich ein Meteorit ein und hinterließ einen Krater. Die Kratermär, die für einen steten Touristenstrom sorgt, wurde kürzlich durch eine Untersuchung der Universität Van entkräftet. Nach deren Erkenntnissen handelt es sich um eine Doline (→ Cennet ve Cehennem/Türkische Riviera). Von dieser Theorie will vor Ort natürlich keiner etwas wissen. Da der Weg dahin zugleich der zur iranischen Grenze (ausgeschildert) ist, müssen Sie unterwegs mehrere Militärchecks – häufig verbunden mit Fahrzeugkontrollen – passieren. Kurz vor der Grenze ist der Weg zum „Krater" ausgeschildert, von dort noch 4 km.

Hier grüßt der Ararat von links

Unmotorisierte nehmen von Doğubayazıt den Gürbulak-**Dolmuş** und laufen die restlichen 4 km.

Diyadin: Diyadin ist ein unspektakuläres Örtchen 50 km westlich von Doğubayazıt. 7 km südlich sprudelt heißes, mineralhaltiges Wasser aus dem Boden, lagert Kalk ab und fließt über kleine Kaskaden einen Hang hinab. Das milchig-weiße Wasser wird in Pools gestaut, in denen nach Geschlechtern getrennt gebadet wird (private Badebecken aber auch möglich). Die Thermalquellen (mit „Kaplıca" ausgeschildert) sind im Programm vieler Touranbieter in Doğubayazıt, aber kein Muss in der Reiseplanung.

Schlechte Dolmuşverbindungen. **Taxi** retour ca. 40 €. Tägl. geöffnet, keine festen Zeiten. Eintritt 1,60 €, privates Badebecken 11 €.

Weiterfahrt zum Van-See: Die Strecke gen Süden führt über den 2644 m hohen *Tendürek-Pass* und dabei für ein Stück durch eine weite, fast surreale Lavalandschaft. Sie ist das Werk des *Tendürek Dağı*, eines Vulkans von 3660 m Höhe. Unterwegs ist aufgrund der Nähe zur iranischen Grenze mit Militärkontrollen zu rechnen. Über eine saftige Hochebene und später vorbei am *Muradiye-Wasserfall (Muradiye Şelalesi)*, wo der Bachlauf des Bendimahi in Kaskaden zu Tal fließt, gelangt man zum Van-See.

Die Marienkirche von Anıtlı bei Midyat

Südostanatolien

Der südöstlichste Zipfel der Türkei lockt Bergsteiger, Studienreisende, Traveller mit Abenteuerlust und Glaubenstouristen. Die Region ist enorm vielfältig, die Landschaft oft ein biblischer Traum.

Wien liegt 1570 km von İstanbul entfernt, der Van-See 1644 km. Und so wie sich Wien von İstanbul unterscheidet, differiert auch der südöstliche Teil der Türkei vom Rest des Landes. Weite Ebenen, die im Sommer in der Hitze glühen, und windumtoste, bis ins Frühjahr schneebedeckte Gipfel zeichnen ein Bild der kurdisch geprägten Region. Viele Gegenden sind bitterarm, lediglich reich am Mangel an Arbeit und Perspektiven. Infolge des kurdisch-türkischen Krieges (→ Kasten, S. 892) flüchteten Hunderttausende von Landbewohnern in die Städte. Wer in den Dörfern blieb oder nach Jahren wieder zurückkehrte, versucht mit primitiven Mitteln, den Boden nutzbar zu machen. Lediglich zwischen Euphrat und Tigris sieht es anders aus: Hier trägt das ambitionierte GAP-Bewässerungsprojekt (→ Kasten, S. 869) Früchte, sorgt für blühende Landschaften und wirtschaftlichen Aufschwung. In der einst furztrockenen Harran-Ebene sprießt heute Baumwolle, und Städte wie Gaziantep, Malatya oder Elazığ wandelten sich bereits zu modernen Boomtowns.

Sofern Sie mit dem eigenen Fahrzeug unterwegs sind, sollten Sie sich in Südostanatolien auf lange, einsame Fahrten gefasst machen. Militärkontrollen sind – je nach Sicherheitslage – häufig. Planen Sie Ihre Route so, dass Sie vor Einbruch der Dunkelheit eine größere Stadt (auf dem Land nur wenige Unterkünfte) erreichen – manchmal müssen Sie dafür Hunderte von Kilometern zurücklegen. Bei politischen Diskussionen ist Zurückhaltung ratsam. Hören Sie sich ruhig an, was man Ihnen über die kurdische Sache erzählt, doch nehmen Sie nicht selbst Partei. Bezüglich der Sicherheitslage → S. 71.

Südostanatolien – die Highlights

Gaziantep: Das hiesige Mosaikenmuseum mit sagenhaften Funden aus der überfluteten Ausgrabungsstätte Zeugma gehört zu den weltweit besten.

Şanlıurfa und Harran: Hier schmeckt man den Nahen Osten. In Urfa, der „heiligen Stadt", erleben Sie eine würzige Mixtur aus Kurden, Arabern und Pilgern. Im nahe gelegenen Harran treffen Sie auf eigenartige Lehmbauten, sog. *Trullis*.

Nemrut Dağı: Auf dem Gipfel des Nemrut Dağı bei Kahta können Sie sich zu den Kommagene-Göttern gesellen, am Kratersee des gleichnamigen Vulkans bei Tatvan zu Nomaden und ihren Herden – zwei Berge gleichen Namens, zwei unvergessliche Erlebnisse.

Mardin und Tur Abdin: Das biblisch anmutende Städtchen und seine östliche Umgebung waren Zentren des syrisch-orthodoxen Christentums. Zahlreiche Kirchen und Klöster zeugen davon.

Hasankeyf: Sie können sich den malerischen Ort mit Kappadokien-Touch auf jeden Fall noch anschauen. Ihre Kinder vielleicht nicht mehr, wenn der Ilisu-Staudamm zu Ende gebaut wird.

Van-See und Umgebung: Inmitten des türkisfarbenen „Meeres des Ostens" steht auf einer kleinen Insel die Heiligkreuzkirche *Akdamar*. In der rauen Berglandschaft drum herum erinnern Burgen der Seldschuken, Urartäer und Armenier an die spannende Geschichte der Gegend.

Kahramanmaraş

413.000 Einwohner

Die boomende Textilstadt liegt am Fuß des 2342 m hohen Ahır Dağı. Wer hier nicht geschäftlich zu tun oder Verwandte zu besuchen hat, kann Kahramanmaraş getrost links liegen lassen. Kriege und Erdbeben haben die alte Bausubstanz weitgehend zerstört. Zu den wenigen Sehenswürdigkeiten gehören das **Basarviertel**, die **Ulu Cami** (Große Moschee) aus dem späten 15. Jh. und die **Taş Medrese** aus dem 14. Jh. Darüber erhebt sich die **Zitadelle**, die in byzantinischer Zeit auf den Fundamenten einer hethitischen Burganlage errichtet und später von den Osmanen erweitert wurde. Berühmt ist Kahramanmaraş für sein handgeschlagenes Eis *Maraş dondurması*, ein klebriges, festes, fast schneidbares Speiseeis, das aus Ziegenmilch hergestellt wird – unbedingt probieren!

Für die Einheimischen heißt die Stadt noch immer *Maraş*. Den Ehrentitel *kahraman* (= heldenhaft) erhielt sie für ihren erbitterten Widerstand gegen die englische und französische Fremdherrschaft nach dem Ersten Weltkrieg. Ansonsten ist die Stadtgeschichte arm an Ereignissen. Als *Markasi* war Kahramanmaraş im 8. Jh. v. Chr. Zentrum eines späthethitischen Kleinreiches. Aufs Herrscherkarussell sprangen danach die bekannten Akteure auf: Römer (die die Stadt *Germaniceia* nannten), Byzantiner, Araber, Armenier, Seldschuken, Kreuzfahrer, Mameluken, Mongolen, Osmanen und Türken. Einen Überblick über die verschiedenen Perioden gibt das **Museum** am Azarbaycan Bulvarı südlich des Zentrums. Schönstes Stück ist ein hethitisches Relief (8. Jh. v. Chr.), das einen Sonnengott darstellt. Für Naturhistoriker lohnt der Blick auf das Skelett eines ausgewachsenen Mammuts und eines Mammutbabys (zuletzt war das Museum wegen Restaurierungsarbeiten geschlossen).

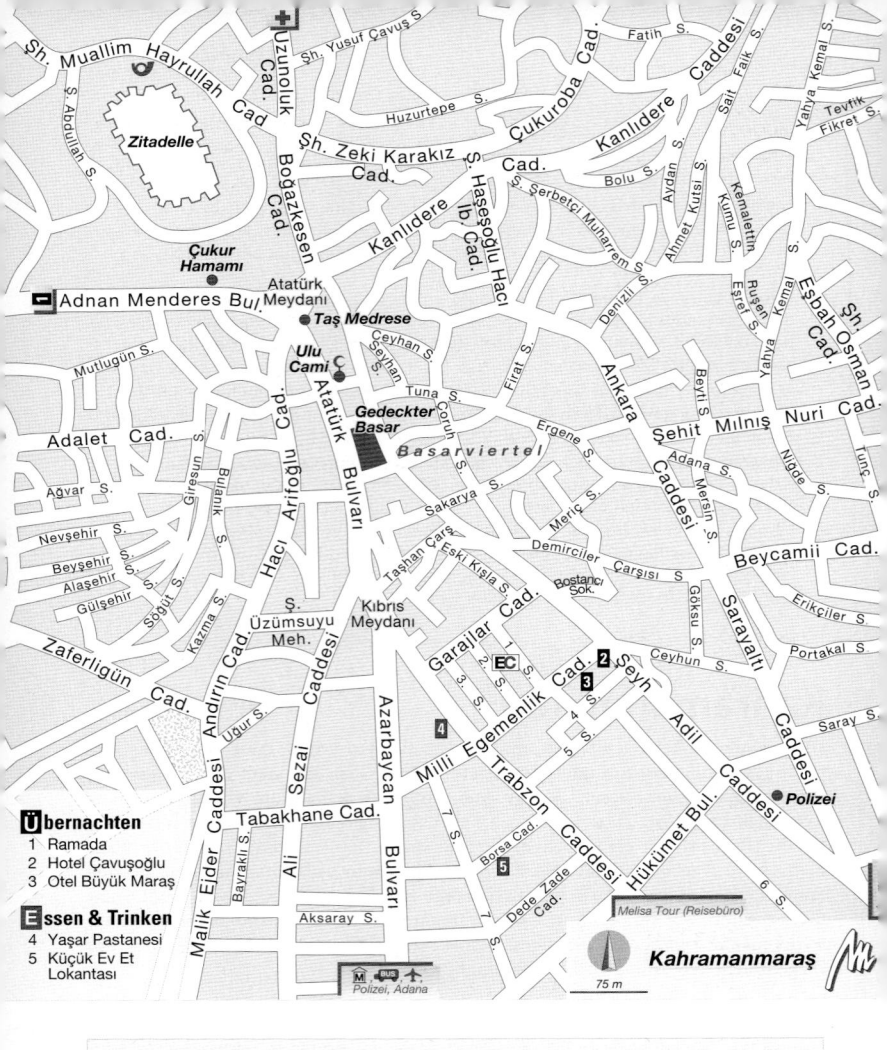

Orientierung: Für gewöhnlich gelangt man von Süden – entweder über die Şeyh Adil Cad. oder über den Azarbaycan Bul. (vorbei an Busbahnhof und Museum) – in die Stadt. Im Zentrum wird der Azarbaycan Bul. zur Hauptgeschäftsader, heißt dort Atatürk Bul. und endet zu Füßen der *Zitadelle*.

Verbindungen/Sonstiges

Telefonvorwahl 0344.

Verbindungen Flughafen (www.kahramanmaras.dhmi.gov.tr), stadtnah südöstlich des Zentrums. Infos zu Flügen und Zubringerbussen bei **Melisa Tour**, Trabzon Cad. 62/B, ✆ 2238060, ✉ 2238070.

Bus/Dolmuş: Busbahnhof weit außerhalb des Zentrums an der Straße nach Osmaniye/Adana. Dolmuşverbindungen ins Zentrum (Atatürk Bul.). Stündl. Minibusse nach Gaziantep (2 Std.), mehrmals tägl. nach Adana (3½ Std.), Antakya (4 Std.), Kayseri (5½ Std.) und Malatya (4½ Std.).

Türkisches Bad (Hamam) Çukur Hamamı, historischer Hamam am Adnan Menderes Bul. Eintritt günstige 2 €, Kese und Massage extra. Männer 4–12 und 18–24 Uhr, Frauen 12–17 Uhr.

Übernachten/Essen & Trinken

Im Zentrum dominieren 2-Sterne-Stadthotels. Bestes Haus der Stadt ist das **** **Ramada** ❶ ca. 10 km westlich des Zentrums (der Beschilderung Richtung Kayseri folgen, Hanefi Mahçiçek Bul. 286, ✆ 2111010, www.ramadakahramanmaras.com). Billigabsteigen findet man u. a. in der Bostancı Sok. schräg gegenüber dem Hotel Çavuşoğlu. Die Auswahl an gehobeneren Restaurants ist bescheiden. Das schönste und ruhigste Plätzchen der Stadt ist der Teegarten innerhalb der Zitadelle.

Übernachten ** Hotel Çavuşoğlu ❷, das Haus ist schon älteren Datums, bietet jedoch gepflegte, gut in Schuss gehaltene Zimmer mit Laminatböden, die Suiten haben große Balkone. Von Lesern immer wieder gelobt. DZ 33 €, 8,50 € mehr für eine Suite. Şeyhadil Cad. 12, ✆ 2144661, ✉ 2142303.

** **Otel Büyük Maraş** ❸, großzügige, abgewohnte, aber sehr saubere Zimmer, alle mit Klimaanlage, TV und Föhn. Relativ ruhige Lage. DZ 33 €. Milli Egemenlik Cad. 7, ✆ 2233500, ✉ 2128894, www.otelbuyukmaras.com.

Essen & Trinken Küçük Ev Et Lokantası ❺, große, sehr gepflegte Lokanta mit tollen Meze und teils außergewöhnlicher Regionalküche. Unbedingt kosten: die Ekşili Çorba, eine sämige, leicht saure Gemüsesuppe. Auch die Lammkoteletts (Pirzola) sind hervorragend. Borsa Cad. 11, ✆ 2232555.

Yaşar Pastanesi ❹, die einladende, schicke Konditorei hat ein reiches Angebot an üppigen Torten. Zudem Maraş-Eis. Trabzon Cad.

Über **Kayseri** lesen Sie weiter ab S. 745, über **Malatya** ab S. 879 und über die Provinz **Hatay** ab S. 555.

Gaziantep

ca. 1.341.000 Einwohner

Wer von Diyarbakır oder Şanlıurfa anreist, für den bedeutet Gaziantep die Rückkehr in die westlich geprägte Türkei. Die Boomtown punktet mit einem schönen, aufgeputzten Basarviertel und dem größten Mosaikenmuseum der Welt.

Gaziantep ist das florierende Wirtschafts- und Messezentrum des Südostens, eine lebhafte, expandierende und sehr moderne Provinzhauptstadt, die zu den großen Gewinnern des GAP-Projektes zählt. Innerhalb der letzten zwei Jahrzehnte verdoppelte sich ihre Einwohnerzahl. Die Staudämme liefern heute das nötige Wasser, um im Umland in großem Stil Baumwolle, Zuckerrüben und Getreide anzubauen. Hinzu kommen Pistazien (Antep fıstığı). In guten Jahren werden davon über 120.000 t geerntet, den Löwenanteil verknabbern die Türken selbst. Die Staudämme liefern aber auch die für die Industrie nötige Energie. Textilien, Autoteile, Baustoffe, Lebensmittel – was wird nicht alles gefertigt! Über 20 km ziehen sich weitläufige

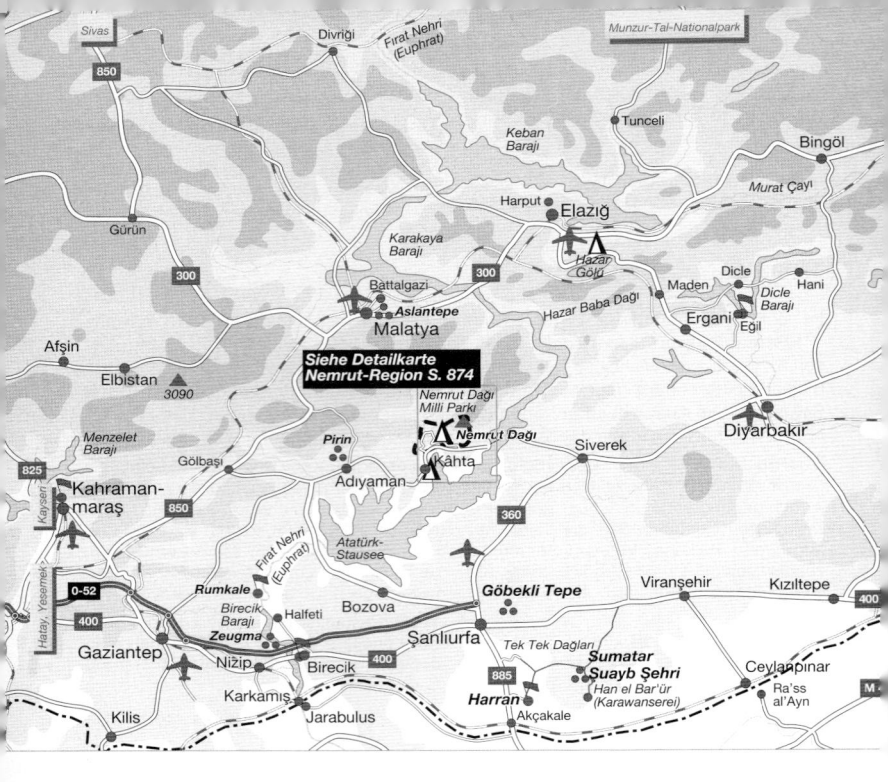

Industriegebiete entlang der Autobahn. Gaziantep geht es augenscheinlich gut, über die Entwicklung kann man nur staunen.

Der wirtschaftliche Fortschritt gab Gaziantep aber auch ein neues Gesicht: Den orientalisch-verlotterten Charme lösten vielerorts austauschbare Neubauviertel mit modernen Shoppingmalls ab. Ursprüngliche Ecken findet man noch im quirligen und überaus sehenswerten Basarviertel und v. a. südlich des Atatürk Bulvarı – schöne Konaks mit idyllischen Innenhöfen in verschlungenen Gässchen erzählen dort vom alten Antep. Neben der Burg kann man zudem etliche Museen besichtigen – das Mosaikenmuseum ist ein Muss.

> **Orientierung**: Gazianteps zentraler Platz mit Atatürk-Reiterstandbild wird *Hükümet Konağı* genannt, da sich hier der ehemalige Sitz der Provinzregierung befand. Rundherum liegen alle wichtigen Einrichtungen und das Gros der Hotels. *Burg* und *Basarviertel* findet man einige Fußminuten nordöstlich, das Archäologische Museum und das Mosaikenmuseum nördlich – bis zu Letzterem spaziert man keine 30 Min. (knapp 2 km). Geschäftszentren gibt es mehrere, sie erstrecken sich südöstlich des Hükümet Konağı um die Gaziler Cad. (Fußgängerzone), westlich des Hükümet Konağı entlang der Atatürk Cad. und – mit vielen schickeren Läden – nördlich des Flusslaufs rund um den Gazi Muhtar Paşa Bul. und den Muammer Aksoy Bul.

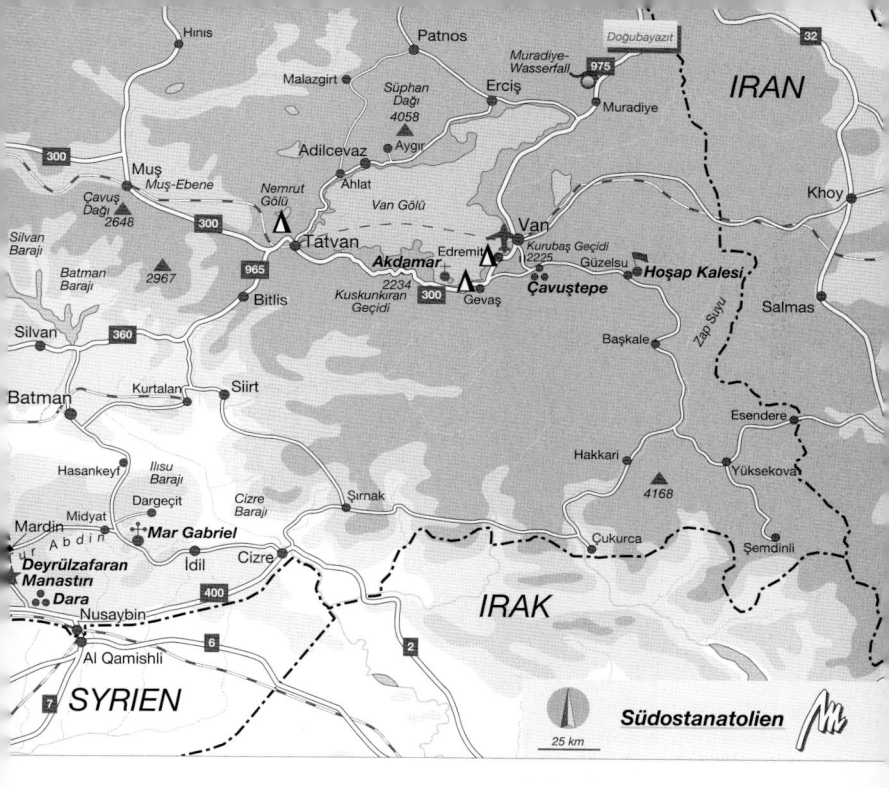

Ihren Namen erhielt die Stadt von den Byzantinern: *Ayntab* = „Gute Quelle". Den Ehrentitel *Gazi* („ehrenhafter Kämpfer") verlieh ihr Atatürk für den patriotischen Widerstand der Bewohner gegen die französischen Besatzer nach dem Ersten Weltkrieg. Bis heute geht den Städtern der Name Antep jedoch leichter über die Lippen.

Information/Verbindungen/Ausflüge/Parken

Telefonvorwahl 0342.

Information Kültür ve Turizm İl Müdürlüğü, im 100. Yıl Parkı. Freundlich, fremdsprachig und hilfsbereit. Viel Infomaterial. Mo–Fr 8–12 und 13–17 Uhr. ✆ 2305969, www.gaziantepkulturturizm.gov.tr.

Verbindungen Flughafen (www.gaziantep.dhmi.gov.tr), 20 km südöstlich der Stadt. Havaşbusse zum Flughafen starten bis zu 12-mal tägl. von der 4. Cad. neben dem Theater (3,60 €, Dauer 35 Min., www.havas.com.tr). Infos z. B. bei **Güncel Travel Center**, Atatürk Bul. 26, ✆ 2313870.

Bus/Dolmuş: Busbahnhof ca. 6 km nordwestlich des Zentrums, Dolmuşe dorthin vom Minibusbahnhof an der Hürriyet Cad./Ecke Gaziler Cad. Regelmäßig nach Adana (3 Std.), Antakya (4 Std.), Ankara (10 Std.), Diyarbakır (5 Std.), Şanlıurfa (über Birecik, 2½ Std.) und Adıyaman (3 Std.), mehrmals tägl. nach Mardin (6 Std.) und İstanbul (16 Std.). Die Minibusse in die Kleinstädte der Umgebung (wie Nizip oder Birecik) fahren vom *İlçe Terminali* im Stadtteil Samanpazarı ab, Dolmuşe dorthin starten nahe der Touristeninformation an der Kemal Köker Cad.

Zug: Bahnhof (✆ 3232943) 15 Fußmin. nördlich des Zentrums, nahezu alle Dolmuşe gen Norden passieren ihn. Nur 1-mal wöchentl. (Fr, Stand: 2011) ein Zug nach Aleppo/Syrien (4 Std.).

Adressen/Einkaufen

Ärztliche Versorgung Privates Hayat Hastanesi, im Zentrum an der İstasyon Cad. 17. ☎ 2306060.

Autoverleih Über İremtur, Atatürk Bul. 44, ☎ 2300305, www.iremturrentacar.com. Autos ab 33 €/Tag. Deutschsprachig.

Diplomatische Vertretungen Schweizer Konsulat, Ordu Cad. 70/1 (Verlängerung des Atatürk Bul.), ☎ 3383114, gaziantep@honrep.ch.

Österreichisches Honorarkonsulat, Organize Sanayi Bölgesi, 18. No'lu Cad. 13, ☎ 2112100, tn@naksan.com.

Deutsches Honorarkonsulat, Organize Sanayi Bölgesi, 20 No'lu Cad. 10, ☎ 3371488, gaziantep@hk-diplo.de.

Einkaufen → Sehenswertes/Basarviertel.

Größtes Shoppingcenter der Stadt ist Sankopark **3** im Westen des Zentrums. Viele Gold- und Schmuckläden an der Gazler Cad.

Polizei Hauptstelle am Prof. Muammer Aksoy Bul. nordwestlich des Zentrums. ☎ 155.

Post Zentral an der Hürriyet Cad.

Türkisches Bad (Hamam) Aus dem 17. Jh. stammt der restaurierte Naib Hamamı am Fuß der Zitadelle. Frauen 9–17 Uhr, Männer 18–24 Uhr. Eintritt mit *Kese* u. Massage 10,50 €.

Übernachten

Viele gute Mittelklassehotels, die Billigadressen (z. B. in der Suburcu Cad. nahe der Alaüddevle-Moschee und im Basarviertel) sind hingegen wenig empfehlenswert. Zu Messezeiten sind viele Hotels ausgebucht, auch steigen die Preise dann. In der Altstadt entstehen mehr und mehr Boutiquehotels, dort ist die Parksituation jedoch problematisch.

»» Unser Tipp: Anadolu Evleri **7**, die stilvollste Herberge der Stadt, untergebracht in 2 wunderschönen alten Antep-Häusern mit idyllischen Innenhöfen. 10 individuell und mit viel Liebe zum Detail eingerichtete Zimmer, auch 3 Suiten für alle, die mehr Platz brauchen. Viel Komfort. Freundlicher, englischsprachiger Service. Frühstück im schönen Innenhof. EZ 70 €, DZ 95 €. Versteckt in der Köroğlu Sok. 6 (keine 100 m hinter dem Traditionslokal İmam Çağdaş), ☎ 2209525, ✉ 2209528, www.anadoluevleri.com. «««

***** Tuğcan Hotel **10**, zwar besitzt Gaziantep schon neuere 5-Sterne-Häuser, doch dieses besticht durch seine Lage (viele Restaurants in der Umgebung), sein gutes Preis-Leistungs-Verhältnis und seine tolle Dachterrasse. EZ 65 €, DZ 80 €. Atatürk Bul. 34, ☎ 2204323, ✉ 2206389, www.tugcanhotel.com.tr.

**** Novotel/** Ibis **1**, beide Hotels sind in einem Neubau zwischen Bahnhof und Gaziantep Müzesi untergebracht. Gewohnter Standard, leicht mit dem Auto anzusteuern. DZ ab 45 € (Ibis) bzw. 73 € (Novotel). İstasyon Cad. 78–80, ☎ 2110000 (Ibis) bzw. ☎ 2110030 (Novotel), www.ibishotel.com bzw. www.novotel.com.

Zeynep Hanım Konağı **13**, historisches Stadthaus im schönen Viertel Bey Mahallesi. 14 freundliche Zimmer mit Laminatböden. Drum herum nette Cafés und Restaurants. DZ 45 €. Eski Sinema Sok 17 (die Gasse links des Veliç-Hotels bergauf nehmen, nicht mit dem Auto anfahren!), ☎ 2320207, www.zeynephanimkonagi.com.

*** Veliç **8**, stillos modernisiertes Stadthotel mit Zimmern ohne besondere Note. Restaurant und Frühstück im 6. Stock mit schönen Blicken auf die Stadt. DZ 37 €. Atatürk Bul. 23, ☎ 2212212, www.velicotelleri.com.

** Anıt Hotel **11**, 42 oft recht geräumige Zimmer mit Klimaanlage, Minibar und Kabel-TV. Mittlerweile etwas abgewohnt, aber noch immer okay, von den oberen Zimmern nette Stadtausblicke. Restaurantterrasse mit Stadtpanorama und Bierausschank. Freundliches Personal. Entscheiden Sie sich für ein Zimmer nach hinten, nach vorne kann es laut werden. DZ 31 €. Atatürk Bul. 81, ☎ 2209656, ✉ 2207177, anithotel@yahoo.com.

Einkaufen
3 Sankopark

Essen & Trinken
2 Aşina
4 Kelebek
5 Güllüoğlu
6 Bayazhan
9 İmam Çağdaş
14 Tahmis Kahvesi
15 Öteki Café
16 Sahan

Übernachten
1 Novotel/Ibis
7 Anadolu Evleri
8 Veliç
10 Tuğcan Hotel
11 Anıt Hotel
12 Yunus Hotel
13 Zeynep Hanım Konağı

Gaziantep
100 m

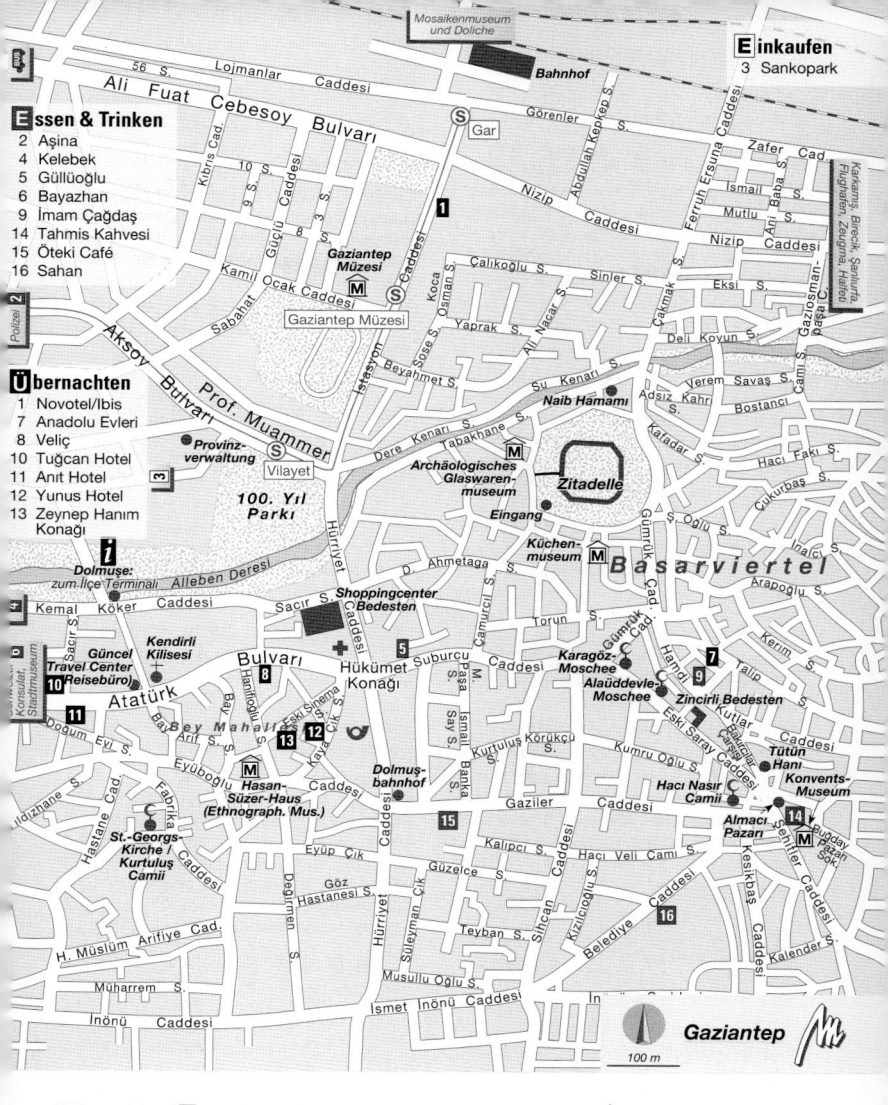

** **Yunus Hotel** 12, von innen besser als von außen. In einer ruhigen Seitengasse, für Leute mit knappem Budget. Etwas düsterer Eingang. 32 saubere Zimmer, z. T. geräumig, z. T. sehr klein. Freundliches Personal, Leser fühlten sich hier wohl. DZ 25 €. Kayacık Sok. 16, ℡ 2211722, ✆ 2211796, hotelyunus@hotmail.com.

Essen & Trinken

Lokale Spezialität ist der *Antep Kebabı*, ein scharf-würziger Fleisch-Auberginen-Spieß. Zudem ist Gaziantep bekannt für hervorragendes *Baklava*, unzählige Geschäfte verkaufen es. Natürlich steht auch die Pistazie hoch im Kurs – wenn nicht in Gemüsegerichten oder auf Gebäck, dann als Brotaufstrich *(fıstık ezmesi)*.

»> Unser Tipp: Sahan 16, eine der besten Adressen der Stadt. Im atmosphärischen Gewölbe eines alten Hans wird gehobene Antep-Küche serviert: Meze, ausgefallene Kebabs und regionale Speisen, aber auch Pide. Die Terrasse draußen ist etwas steril, dennoch nett. Für hiesige Verhältnisse nicht billig, Kebabs kosten bis zu 16,50 €, das kleine Bier 3,40 €. Belediye Cad. 1, ✆ 2204646. **«<**

Bayazhan 6, in diesem jüngst restaurierten Han speist man in ebenfalls toller Atmosphäre. Gepflegtes Ambiente um einen weiten Innenhof mit Brunnen. Große Auswahl an Meze (2,80–4,80 €) und Kebabs, aber auch Seafood, Steaks, Salate und aus der Abteilung Weltküche *Şinitzel* (Hg. 5,60–12 €). Auch wer nur ein Bier trinken will, ist willkommen. Atatürk Bul. 119 (keine 5 Fußmin. außerhalb des Stadtplans). ✆ 2210212.

Aşina 2, gepflegtes Restaurant im modernen Teil der Stadt. Hohe Räume in Pink und Beige. Frühstück, Kebabs und regionale Küche – kosten Sie *Yuvarlama, Ekşili Ufak Köfte, İçli Köfte* und zum Nachtisch *Fıstıklı Kadayıf*. Hg. 4–7 €. Kıbrıs Cad. 46 (schräg gegenüber der Polizei), ✆ 2204949.

Kelebek 4, populäre Kebabbraterei, alles sehr appetitlich präsentiert und sehr lecker. Dazu gute Suppen. Günstig. Terrasse. Kemal Köker Cad. 65/A (der Straße ca. 10 Min. stadtauswärts folgen, dann linker Hand), ✆ 2309633.

İmam Çağdaş 9, schon legendäre Adresse für Kebabs und *Lahmacun*, und das seit 1887. Zudem gute Baklava. Sehr beliebt. Gepflegt, Speiseraum im historisierenden Stil. Mittlere Preisklasse. 2011 wurde ausgebaut – künftig wird auch der benachbarte Yüzükçü Han okkupiert. Hamdi Kutlar Cad., ✆ 2204545.

Cafés Güllüoğlu **5**, der berühmteste Zuckerbäcker der Türkei, zudem einer der traditionsreichsten (1752 gegründet) – selbst in İstanbul schwört man auf Baklava von Güllüoğlu. Man bekommt hier auch Baklava mit Heilkräutern und eine Diätvariante. Suburcu Cad. 1/B.

> Kaffeepause im Bey Mahallesi: Spazieren Sie durchs historische Viertel **Bey Mahallesi**. Ein Stück altes Gaziantap erwartet Sie hier. In den honigfarbenen Häusern laden diverse Hofcafés zu einer Pause ein. Ins Viertel gelangt man z. B., wenn man links des Veliç-Hotels die Hanifioğlu Sok. hinaufspaziert.

Öteki Café 15, schönes Café an der trubeligen Fußgängerzone. Geschmackvoll-folkloristisch dekoriert, der Clou ist die schöne Dachterrasse. Junges Publikum, freundliches Personal. Eingang in der Seitengasse. Gaziler Cad. Çekemoğlu Çıkmazı 2.

Tahmis Kahvesi 14, „absolut uriges, traditionelles Kaffeehaus. Bildbandreif!" Das schrieben wir noch in der letzten Auflage. Mittlerweile wurde aus dem wunderschönen Kaffeehaus (seine Geschichte reicht bis ins 17. Jh. zurück) ein gepflegtes Caférestaurant. Kellner mit weißem Hemd und Schlips kredenzen Kaffee, Toast und Kebabs. Noch immer aber ist das Interieur eine Augenweide. Buğdaypazarı Sok. (nahe dem Mevlevi Müzesi).

Sehenswertes

In keiner türkischen Stadt entstanden jüngst mehr (spannende und weniger spannende) Museen als in Gaziantep. Und für die nächsten Jahre sind weitere geplant, darunter ein Industriemuseum, ein Hamam-Museum und ein Spielzeugmuseum. Zu allen Museen gibt die Touristeninformation Auskunft. Wir beschränken uns auf die wichtigsten.

Zitadelle: Das mächtige Mauerwerk auf dem *Tell Halaf*, einem Hügel im Osten des Zentrums, ist das Wahrzeichen der Stadt und nachts imposant angestrahlt. Grabungsarbeiten ergaben, dass der Burgberg schon im Chalkolitikum (um 3500 v. Chr.) besiedelt war. Die Zitadelle wurde jedoch erst unter dem byzantinischen

Kaiser Justinian (527–565) errichtet, unter den Seldschuken runderneuert und zuletzt aufwendig restauriert. Man erreicht die Burg, die von einem trockenen Wassergraben umgeben ist, über eine Holzbrücke. Von den ursprünglich 36 Türmen sind nur noch zwölf erhalten. Im Inneren der Burganlage erwartet Sie eine je nach Jahreszeit grüne oder graubraune Wiese. Im Unterbau der Burg ist ein für ausländische Besucher überaus langweiliges, heroisierendes *Kriegsmuseum (Gaziantep Savunması ve Kahramanlı Panoraması Müzesi)* untergebracht.

Wegen Restaurierungsarbeiten war die Zitadelle selbst 2011 noch nicht zugänglich. **Kriegsmuseum**, tägl. 8.30–17.30 Uhr. Eintritt 0,40 €, erm. die Hälfte.

Basarviertel: Das Basarviertel südlich der Zitadelle mit seinen historischen Moscheen, alten restaurierten Hanen und engen, schattigen Pflastergassen ist eines der schönsten der Türkei. Im *Almacı Pazarı* nahe der Hacı Nasır Camii bekommt man die besten Gewürze der Region und allerhand andere Leckereien. An der Eski Saray Caddesi etwas weiter nordwestlich steht der *Zincirli Bedesten*. In der osmanischen Markthalle kann man auf die Suche nach Souvenirs und Kunsthandwerk gehen. Einen überregional guten Ruf besitzen die fein gearbeiteten Kupferwaren Gazianteps. Wer sich damit eindecken will, sollte den nahen *Bakırcılar Çarşısı*, eine gepflegte Basargasse, aufsuchen – einfach dem Gehämmer hinterher. Im Kupferbasar liegt auch der kleine *Tütün Hanı*, in dem ebenfalls Kunsthandwerk verkauft wird. Im Innenhofcafé kann man sich bei einer Wasserpfeife entspannen. Früher wurde im Tütün Hanı übrigens Tabak verkauft.

Archäologisches Museum (Gaziantep Müzesi) und **Doliche:** Seit dem Umzug der Zeugma-Mosaiken (s. u.) steht das Archäologische Museum größtenteils leer – zumindest war das 2011 noch der Fall. Zu sehen waren vorrangig Kleinfunde aus verschiedenen Grabungsorten der Umgebung (u. a. eine schöne Sammlung an Stempeln und babyfingergroßen Walzen, am faszinierendsten jene der Urartäer), darunter auch Funde aus Doliche, 10 km nördlich von Gaziantep, wo die Universität Münster aktiv ist. Von der antiken Stadt ist wenig erhalten bzw. wurde bislang nur wenig entdeckt. Etwas Besonderes sind dort aber zwei *Mithräen*, die größten des Mittelmeerraumes. In den beiden großen Felshallen, die mittels Stegen und Beleuchtung zugänglich gemacht wurden, huldigte man dem Lichtgott Mithras. Ein Ziel für speziell Interessierte.

Adresse/Öffnungszeiten Museum Kamil Ocak Cad. Tägl. (außer Mo) 8.30–12 und 13–18 Uhr, im Winter bis 16.30 Uhr. Eintritt 1,20 €.

Anfahrt/Öffnungszeiten Doliche Man verlässt Gaziantep Richtung Adıyaman/Autobahn, folgt dann der Beschilderung zum Industriegebiet *(Organize Sanayi)* und durchquert so das erste Industriegebiet. Noch vor dem 2. Industriegebiet (wer dort landet, muss umkehren) muss man links abbiegen ins etwas höher gelegene Dorf Dülük. Dort einfach nach „Antik" fragen, versteht jeder. Stets zugänglich (zur Sicherheit Taschenlampe mitnehmen), i. d. R. ist jedoch ein Wächter vor Ort. Eintritt frei.

Mosaikenmuseum (Zeugma Müzesi): Seit 2011 besitzt Gaziantep das größte Mosaikenmuseum der Welt – der Besuch ist ein Highlight Ihres Türkeiaufenthaltes! Auf 30.000 m² zeigt man die riesigen, bestens erhaltenen Bodenmosaiken, die man bei den unter Zeitdruck durchgeführten Grabungsarbeiten in Zeugma fand (→ „Birecik und Umgebung"). Die meisten Mosaiken zeigen mythologische Motive und stammen aus dem 2. und 3. Jh., als die römische Mosaikkunst ihren Zenit erreichte. Entnommen wurden sie der heute in den Fluten versunkenen A-Ebene Zeugmas. Insgesamt wurden 29 Bodenmosaiken geborgen. Zu den schönsten zählen die Darstellung des Märchens von *Eros und Psyche* und die *Entführung der*

Europa. Aber egal wo man hinschaut, die Pracht ist einmalig – nehmen Sie sich Zeit. Ein eigener Raum ist dem Mosaik des sog. *Zigeunermädchens* gewidmet (tatsächlich handelt es sich wahrscheinlich um eine Mänade, eines der ekstatischen Mädchen im Gefolge des Dionysos), dessen Augen einen verfolgen, wohin man auch geht. Gestohlen wurde leider ein großer Teil des Mosaiks *Heirat von Ariadne und Dionysos*, zwei Drittel davon verschwanden bei den Grabungsarbeiten 1997. Ein weiteres Highlight ist eine wunderbare rund 1,5 m hohe, bronzene Marsstatue.

Adresse/Öffnungszeiten Sani Konukoğlu Bul., nordöstlich des Bahnhofs, der mit der Straßenbahn vom Zentrum (Station Vilayet am Prof. Muammer Aksoy Bul.) zu erreichen ist, steigen Sie an der Endstation Gar aus. Von dort geht man durch das Bahnhofsgebäude (mit dem Auto muss man die Unterführung links des Bahnhofs nehmen) und hält sich rechts, nachdem man Gleise und Stadtautobahn unterquert hat. Tägl. (außer Mo) 9.30–17.30 Uhr. Eintritt 2 €.

Weitere Museen: Das *Ethnografische Museum (Hasan Süzer Etnoğrafya Müzesi)* ist in einem Konak aus der Wende vom 19. zum 20. Jh. untergebracht, das der ortsansässige Geschäftsmann Hasan Süzer restaurieren ließ. Der Konak mit schattigem Innenhof besitzt die klassische Aufteilung in einen Begrüßungs- und Männertrakt (*selamlık*, 1. Stock) sowie einen Frauentrakt (*haremlik*, 2. Stock). Die liebevoll gestalteten Räumlichkeiten sind z. T. mit lebensgroßen Puppen in traditionellen Kostümen versehen. Das *Konventsmuseum (Mevlevihane Vakıf Müzesi)* in einem 400 Jahre alten Derwischkonvent im Basarviertel informiert über den Sufi-Orden. In der ehemaligen Tanzhalle ist eine Derwischzeremonie (→ Konya, S. 702) nachgestellt. Das neue *Stadtmuseum (Kent Müzesi)* führt in die Geschichte und Alltagskultur Gazianteps ein – recht aufschlussreich (englischsprachiger Audioguide), aber wenig kritisch.

Ethnografisches Museum, Eyüboğlu Cad. Tägl. (außer Mo) 8–12.30 und 13.30–17 Uhr. Eintritt 1,20 €. **Konventsmuseum**, neben der Tekke-Moschee. Tägl. (außer Mo) 9–17 Uhr. Eintritt frei. **Stadtmuseum**, Atatürk Bul. (Bayazhan), tägl. 8.30–17.30 Uhr. Eintritt 0,40 €.

Kirchen: An die einst große armenische Population Gazianteps bis zum Ende des Osmanischen Reiches erinnern heute lediglich zwei zweckentfremdete Kirchen. Die *Kendirli Kilisesi* am Atatürk Bulvarı dient mittlerweile als Koranschule. Die schwarz-weiße *St.-Georgs-Kirche* südwestlich des Hasan-Süzer-Hauses wurde in eine Moschee umgewandelt und heißt nun *Kurtuluş Camii*. Sie stammt aus dem Jahr 1892. Drum herum erstreckt sich das charmante Viertel Bey Mahallesi (→ Essen & Trinken).

Karkamış
(Karkamisch, antike Stadt)

Die Ruinen von Karkamış liegen malerisch am Ufer des Euphrat, doch gleichzeitig auch direkt an der syrischen Grenze. Erst 2011 wurde das Gelände vollständig von Minen (1200 Stück!) geräumt, nun sollen Ausgrabungen beginnen. Bis das Areal für Besucher zugänglich ist, wird wohl noch ein Weilchen vergehen – erkundigen Sie sich in der Touristeninformation von Gaziantep. Bei den ersten archäologischen Grabungen in der ersten Hälfte des 20. Jh. war übrigens der legendäre Lawrence von Arabien beteiligt. Karkamış erlebte gegen 850 v. Chr. als späthethitische Stadt seine Blüte. Erhalten sind ein paar spärliche Reste der äußeren Stadtmauern und Tore sowie der inneren Befestigungsanlage. Die schönsten Relieffunde befinden sich im Museum für Anatolische Zivilisationen in Ankara.

Karkamış ist von der Nationalstraße 400 in Nizip ausgeschildert. **Dolmuş**verbindungen von und nach Gaziantep.

Birecik und Umgebung

Eine Kreuzritterburg überragt das 47.700-Einwohner-Städtchen Birecik am östlichen Ufer des Euphrat. Helmuth von Moltke beschrieb die Festung 1838 als „außerordentlichstes Werk", das er je gesehen hatte, doch außer einer fotogenen Fassade gibt die Burg heute nicht mehr viel her. Ein Genuss ist auf jeden Fall der hiesige Auberginenkebab – die Kebablokale Bireciks besitzen einen ausgezeichneten Ruf, selbst Schnulzensänger İbrahim Tatlıses (→ Kasten, S. 865) kommt deswegen angefahren. Auch Ornithologen lockt der Ort an: In einem Reservat nahe der Stadt nisten die vom Aussterben bedrohten Waldrappen (türk. *kelaynak*), die früher auch in den Alpen heimisch waren. Die Vögel gelten in der Gegend als heilig – angeblich sind sie eine der drei Vogelspezies, die Noah mit auf seine Arche nahm.

Nordwestlich von Birecik (ab Nizip ausgeschildert, von dort noch 10 km) liegen die Überreste der römischen Stadt **Zeugma**, die um 300 v. Chr. als *Seleukeia* gegründet worden war. Als östlichste Grenzfestung des Imperiums hatte Zeugma eine enorme strategische Bedeutung. Hier wohnten hochrangige Militärs und wohlhabende Beamte, die sich auf Terrassen über dem Euphrat prächtige Villen leisteten. Angesehene Künstler dekorierten diese mit riesigen, farbenfrohen Mosaiken. Im Jahr 2000 versank ein Drittel der antiken Stadt in den Fluten des Birecik-Stausees. Was fortgeschafft werden konnte, befindet sich heute im Mosaikenmuseum von Gaziantep. Die höher gelegenen Terrassen sollen irgendwann einmal als Open-Air-Museum zu besichtigen sein – bislang hat das Grabungsgelände aber nicht allzu viel zu bieten (tägl. 7.30–18 Uhr, kein Eintritt).

Und wenn Sie schon in der Gegend sind: Empfehlenswert ist ein Abstecher in das 40 km nördlich von Birecik romantisch am Euphrat gelegene Dorf **Halfeti**. Bei der Flutung des Birecik-Stausees ging die Hälfte des Dorfes unter. Die Moschee ragt noch aus dem Wasser, der Rest präsentiert sich beschaulich – mit engen Treppengassen, schönen alten Konaks und schwimmenden Restaurants. Von Halfeti werden Bootstouren zur mächtigen Klosterfestung **Rumkale** angeboten, die einst Sitz eines armenischen Patriarchen war. Einfache Übernachtungsmöglichkeiten sind vorhanden (oft bei Familien im Wohnzimmer).

Verbindungen Regelmäßig **Busse** und **Minibusse** von Birecik nach Şanlıurfa, Gaziantep und Nizip (von dort weiter mit dem Taxi nach Zeugma). Nach Halfeti nur schlechte Verbindungen.

Übernachten/Essen & Trinken **Acar Hotel**, bestes Haus in Birecik. Ordentliche Zimmer, die jedoch etwas besser geputzt sein könnten. Dazu gehört das Restaurant Altın Sofra – leckere Fleischklassiker und marinierter Fisch vom Grill. DZ 49 € (preiswerter das einfache Hotel Doğan daneben). Zentral am Fluss, ✆ 0414/6528885.

Şanlıurfa

472.200 Einwohner

In Şanlıurfa treffen sich Altes Testament und Scheherazade. Wie keine andere Stadt der Türkei besitzt Şanlıurfa den Zauber des Morgenlandes, fast nirgendwo ist es aber auch so heiß: Im Sommer glüht der heilige Ort zuweilen bei über 45 °C.

Urfa, am Nordrand der mesopotamischen Tiefebene gelegen, erhielt seinen Ehrentitel *şanlı* („ruhmreich") für den erbitterten Widerstand der Bewohner gegen die alliierten Besatzungsmächte nach dem Ersten Weltkrieg. Doch über den amtlichen Gebrauch ist der neue Name bis heute kaum hinausgekommen.

Die Altstadt – sandig-braune, verschachtelte Häuser in engen Gassenlabyrinthen – ist überaus sehenswert. Genauso anziehend ist das Basarviertel, ein Tummelplatz allerlei Völker: schwarzäugige Araber mit um den Kopf geschlungenen Tüchern, Kurden mit bauschigen Pumphosen und verschleierte Wallfahrerinnen auf dem Weg zu den Orten der großen Heiligen: In Urfa, der Stadt der Propheten, soll Abraham das Licht der Welt erblickt und Hiob seine Leiden ausgestanden haben. Die Attraktionen der Umgebung sind das Trullidorf Harran und die Ausgrabungsstätte Göbekli Tepe. Aber auch ein Ausflug nach Halfeti (→ Birecik und Umgebung) bietet eine nette Abwechslung. Zudem – und das macht Urfa zu einem interessanten Standort – lassen sich von hier Touren zum Nemrut Dağı buchen.

Geschichte

Urfas Geschichte reicht bis zu den Churritern zurück, die den Ort *Urschu* nannten. Zwischen 2000 und 1800 v. Chr. soll hier Abraham geboren worden sein, der von Juden, Moslems und Christen gleichermaßen verehrt wird. Unter Seleukos I. Nikator, einem vormaligen General Alexanders des Großen, bekam die Stadt den Namen *Edessa*. 132 v. Chr. gelang es Argu, dem Stammesführer der Aramäer, rund um Edessa ein kleines Königreich zu etablieren. Der Legende nach war der aramäische König Abgar V. Ukkama (9–46) der erste Herrscher, der zum Christentum konvertierte. Er soll Jesus höchstpersönlich in sein Reich eingeladen haben. Gottes Sohn aber konnte nicht kommen, sandte zur Segnung der Stadt jedoch ein Tuch mit seinem Antlitz, das unter späteren Herrschern Kleinasiens zu einem Objekt der Begierde wurde. Erst 214 n. Chr. kam Edessa unter römische Herrschaft.

> **Orientierung:** Das Zentrum Urfas zieht sich als ein langer Schwanz von Nord nach Süd. Die Hauptachse bilden die ineinander übergehenden Straßen Atatürk Cad., Köprübaşı Cad., Sarayönü Cad. (in Teilen verkehrsberuhigt) und Divan Yolu Cad. In der nördlichen, modernen Stadthälfte findet man das *Archäologische Museum*. Die wichtigsten Sehenswürdigkeiten sowie das *Basarviertel* liegen eng beieinander im Süden zu Füßen des *Burgbergs* im alten Viertel.

Im Mittelalter war das bedeutende christliche Zentrum ein schwer umkämpfter Zankapfel der Byzantiner, Araber, Armenier und Seldschuken. Im späten 11. Jh. machten die Kreuzritter auf ihrem Weg nach Jerusalem Halt in Edessa und gründeten hier vorübergehend ein christliches Staatsgebilde, die *Grafschaft von Edessa*. Aber auch die hatte nicht lange Bestand. Mitte des 12. Jh. wurde die Stadt von den Arabern geplündert und völlig zerstört, die Bevölkerung hingerichtet (ca. 3000 Personen) oder versklavt (ca. 16.000 Personen). 1516 unterwarf der Osmanensultan Selim I. die Stadt, die nun Urfa hieß. In der ersten Hälfte des 19. Jh. geriet Urfa vorübergehend unter ägyptische Herrschaft, keine hundert Jahre später unter französische. All die Auseinandersetzungen sorgten dafür, dass das Gros der historischen Bausubstanz zerstört wurde.

Bedingt durch das GAP-Projekt herrscht heute Goldgräberstimmung in Urfa. Seitdem die Umgebung nass ist, sprießt die Baumwolle, boomt der Bau (neues Stadion, neue Universität usw.) und steigt das Einkommen.

Information/Verbindungen/Ausflüge/Parken

Telefonvorwahl 0414.

Information In einem Pavillon an der Köprübaşı Cad. (Durchgangsstraße) auf Höhe des Hotels Uğur. Mo–Fr 8–17 Uhr. ℅ 0535/3347482 (mobil). Falls die Infostelle mal wieder umgezogen sein sollte (macht sie gerne!), erfahren Sie den neuen Standort im İl Kültür ve Turizm Müdürlüğü an der Atatürk Cad. 49. www.sanliurfakulturturizm.gov.tr.

Verbindungen Flughafen GAP Havaalanı (www.gap.dhmi.gov.tr), ca. 35 km nördlich der Stadt an der Straße nach Diyarbakır. Transfer dorthin mit Havaş-Bussen (Abfahrt bei der Petrol-Ofisi-Tankstelle schräg gegenüber dem Abide Park, Dauer 45 Min., 4 €), Taxi ca. 25 €. Infos u. a. bei **Kaliru Turizm**, Sarayönü Cad. 74/A, ℅ 2153344, www.kaliruturizm.com.tr.

Bus/Dolmuş: Busbahnhof weit außerhalb des Zentrums nahe den Straßen nach Mardin und Siverek, zu erreichen mit Dolmuşen (Aufschrift „Yeni Otogar") von der Atatürk Cad. Gute Verbindungen nach Diyarbakır (3 Std.), Gaziantep (über Birecik, 2 Std.) und Adana (5 Std.), mehrmals tägl. nach Ankara (12 Std.), weniger häufig nach Erzurum (7½ Std.), İstanbul (18 Std.), Malatya (7 Std.), Van (8 Std.) und Mardin (3 Std.). Dolmuşe nach Kahta/Adıyaman (ca. 2½ Std.), Harran (mind. halbstündl.) und Akçakale (syrische Grenze) vom Minibusterminal beim Busbahnhof.

> Für die Einreise nach Syrien → Antakya, S. 561.

Organisierte Touren Sonnenuntergangstouren zum Nemrut Dağı (50 €/Pers., Mindestteilnehmerzahl 4 Pers.) und ganztägige Rundfahrten (Harran, Soğmatar und Göbekli Tepe, 200 € für bis zu 4 Pers.) bietet **Harran Tours**. Die Agentur ist dem Guesthouse Aslan Konak Evi angeschlossen. In den letzten Jahren gab es sowohl zum Guesthouse als auch zur Agentur leider mehr Kritik als Lob: „Schlechter Guide, Geld steht im Vordergrund." Von der Demokrasi Cad. ausgeschildert, ℅ 2151575, www.aslankonukevi.com.

Parken Ein größerer Parkplatz befindet sich bei den Teichen bzw. nahe dem Hotel El-Ruha, nahebei auch eine Tiefgarage. Zudem Parkplätze beim Hotel Bakay.

Adressen/Einkaufen (→ Karte S. 863)

Ärztliche Versorgung Privates Şanmed Hastanesi an der Sarayönü Cad. ℅ 2171717.

Autoverleih Über Kaliru Turizm, (→ Verbindungen), ab 37 €/Tag.

Einkaufen → Sehenswertes. Auf dem Gelände des alten Busbahnhofs entstand zuletzt die Shoppingmall **Futurum** 4.

Polizei Touristenpolizei in einem Kiosk am Parkgelände bei den Heiligen Teichen. ℅ 155.

Post Beispielsweise an der Sarayönü Cad.

Türkisches Bad (Hamam) Die schönen historischen Hamams waren bei unserem letzten Besuch entweder geschlossen oder verschmuddelt. Wer unbedingt baden gehen will, kann den Hamam des **Hotels Harran** (s. u.) aufsuchen. Eintritt 13 €. Tägl. 6–23 Uhr. Nur für Männer, je nach Andrang ist aber auch ein Bad für Paare möglich.

Waschsalon İpek Laundry, neben dem gleichnamigen Hotel. 2 €/kg.

Übernachten (→ Karte S. 863)

In Urfa finden sich zahlreiche Hotels aller Kategorien, das Preis-Leistungs-Verhältnis ist gut, selbst die größten Siffbuden besitzen klimatisierte Zimmer. Achtung: In den Innenhöfen des Gülizar Konuk Evi und des Pınarbaşı Konağı finden im Sommer nahezu jeden Abend sog. Sıra Geceleri statt, bei denen zu traditioneller Musik ordentlich getafelt, getanzt und gesungen wird. Wer hier wohnt, sollte deswegen entweder mittanzen oder grundsätzlich später ins Bett gehen wollen.

**** **Hilton Garden Inn** 🔢, neuestes (2011 eröffnet) und bestes Haus vor Ort. Gepflegte Anlage ca. 10 Fußmin. vom Zentrum entfernt. Viel Schnickschnack, u. a. Betten mit verstellbarem Härtegrad, Indoorpool, Fitnesscenter usw. DZ 82 €. 11 Nisan Fuar Cad. 54, ✆ 3185000, 📠 2153165, www.hilton gardeninn.com.

Manici Hotel 🔢, ein auf seine Art witziges Haus nahe den Heiligen Teichen. Kitschigorientalische Lobby. Auch bei der Möblierung der kleinen, aber komfortablen Zimmer hat man sich etwas einfallen lassen. Schöne Bäder im Natursteinlook. EZ 37 €, DZ 57 €. Balıklı Göl Mevkii, ✆ 2159911, 📠 2155030, www.maniciurfa.com.

Hotel Harran 🔢, schwer in die Jahre gekommenes, ehemaliges 4-Sterne-Hotel. Großzügig geschnittene Zimmer. Restaurant, das die üblichen Grillgerichte (zu ca. 6 €) am Pool serviert. Tiefgarage. EZ 37 €, DZ 53 €. Atatürk Bul. 69, ✆ 3132860, 📠 3134918, www.hotelharran.com.tr.

Gülizar Konuk Evi 🔢, altes Urfa-Haus mit schönem Innenhof – herrlicher Blick auf die Ulu Cami. Darüber 13 kleine, eher einfache, folkloristisch aufgepeppte Zimmer mit netten Deckenmalereien – ohne Klimaanlage wären sie sehr stickig. DZ 41 €. Divanyolu Cad. 23, ✆ 2150505, 📠 2163839, www. gulizarkonukevi.net.

Urfa Evi Uygulama Oteli 🔢, das traditionelle Urfa-Haus nahe den großen Sehenswürdigkeiten wird von einer Hotelfachschule betrieben. Es kann also auch mal etwas schiefgehen, und nicht alles ist perfekt. 10 ordentliche Zimmer in unterschiedlichen Größen, 2 davon sind Höhlenzimmer, alle mit Klimaanlage und Minibar. EZ 25 €, DZ 37 €. Göl Cad. 44, ✆/📠 2155995, urfaevi@ harran.edu.tr.

Hotel Arte 🔢, der Name dieses neueren Stadthotels täuscht etwas – so viel mit Kunst hat das Ganze nicht zu tun. Dafür bietet das Haus ein recht gutes Preis-Leistungs-Verhältnis. Sparsam, aber neu und modern ausgestattete Zimmer mit Minibar, TV und Laminatböden. Gutes Frühstück. Empfehlenswert auch für allein reisende Frauen. DZ 37 €. Atatürk Bul. Sinema Sok. 7, ✆ 3147060, www.otel-arte.com.

Beyzade Konak Otel 🔢, traditionelles Urfa-Haus, in dem sich Leser sehr wohlfühlten. 17 ordentliche Zimmer mit Laminatböden und kleinen Bädern hinter hohen, dicken Wänden, die Kühle versprechen. Gemütlicher Innenhof und nette Terrassen zum Relaxen. Parkplatz nahebei. DZ 33 €. Sarayönü Cad. (bei der Yusufpaşa-Moschee), ✆ 2163535, 📠 2163536, www.beyzadekonak.com.

Pınarbaşı Konağı 🔢, alter Urfa-Konak mit schönem Innenhof. Eigentlich ein Restaurant, abends jedoch werden die Tischchen aus den hübschen Orient-Zimmern geholt und Matratzen ausgerollt. 6 Zimmer mit Bad. DZ 25 €. 12. Eylül Cad., ✆ 2157333, 📠 2153919, www.urfapinarbasikonagi.com.

Bakay Otel 🔢, Pilgerhotel – zu den roten Tüchern gehören Bier trinkende Touristen und unverheiratete Paare. Schmucklose, aber saubere Zimmer, z. T. mit Balkon. DZ 24 €. Asfalt Cad. 30/A, ✆ 2158975, 📠 2154007.

Hotel Uğur 🔢, 18 sehr einfache Zimmer mit und ohne Bad. Kein Frühstück, aber Frühstückssalons in der Nähe. Insgesamt recht sauber, durch den vorbeifließenden Kanal riecht es in ein paar Zimmern jedoch zuweilen nicht sonderlich gut – vorm Einchecken prüfen. Freundliches Personal. Es werden Touren in die Umgebung angeboten – das werden Sie mehrmals hören. DZ mit Bad 17 €, ohne 13 €. Köprübaşı Cad. 3, ✆ 3131340, musma63@yahoo.com.

Essen & Trinken

Die traditionelle Urfa-Küche ist gut gewürzt und sehr fleischlastig. An allen Grillständen gibt es *patlıcan kebap* (Auberginenkebab) zu kosten – etwas fetteres Lammhack wird mit gegrillten Auberginen, Tomaten, Zwiebeln und reichlich Gewürzen in dünnes Fladenbrot gerollt. Eine lokale Spezialität ist zudem *çiğ köfte*, scharf gewürztes, rohes Hackfleisch mit Bulgur. Wer Glück hat, bekommt nach dem Essen noch *mırra* serviert, einen extrem starken Kaffee, der aus henkellosen Tässchen getrunken wird. Als Dessert empfiehlt sich *peynirli kadayıf* (süße Fadennudeln mit Käse). Für die unterhaltsamen *Sıra Geceleri* → Übernachten. Ein Bier trinken kann man im Zentrum eigentlich nur im Innenhof des Aslan Konuk Evi

Übernachten
- 2 Hotel Arte
- 3 Hotel Harran
- 5 Hotel Uğur
- 7 Bakay Otel
- 12 Hilton Garden Inn
- 13 Beyzade Konak Otel
- 14 Pınarbaşı Konağı
- 15 Gülizar Konuk Evi
- 16 Urfa Evi Uygulama Oteli
- 18 Manici Hotel

Essen & Trinken
- 1 Gülhan
- 6 Zahter Kahvaltı Salonu
- 8 Altın Şiş Restaurant
- 9 Bierverkauf
- 10 Büyükfırat
- 11 YKM
- 17 Çardaklı Köşk
- 19 Beyaz Köşk Kebap Salonu

Einkaufen
- 4 Futurum

Şanlıurfa

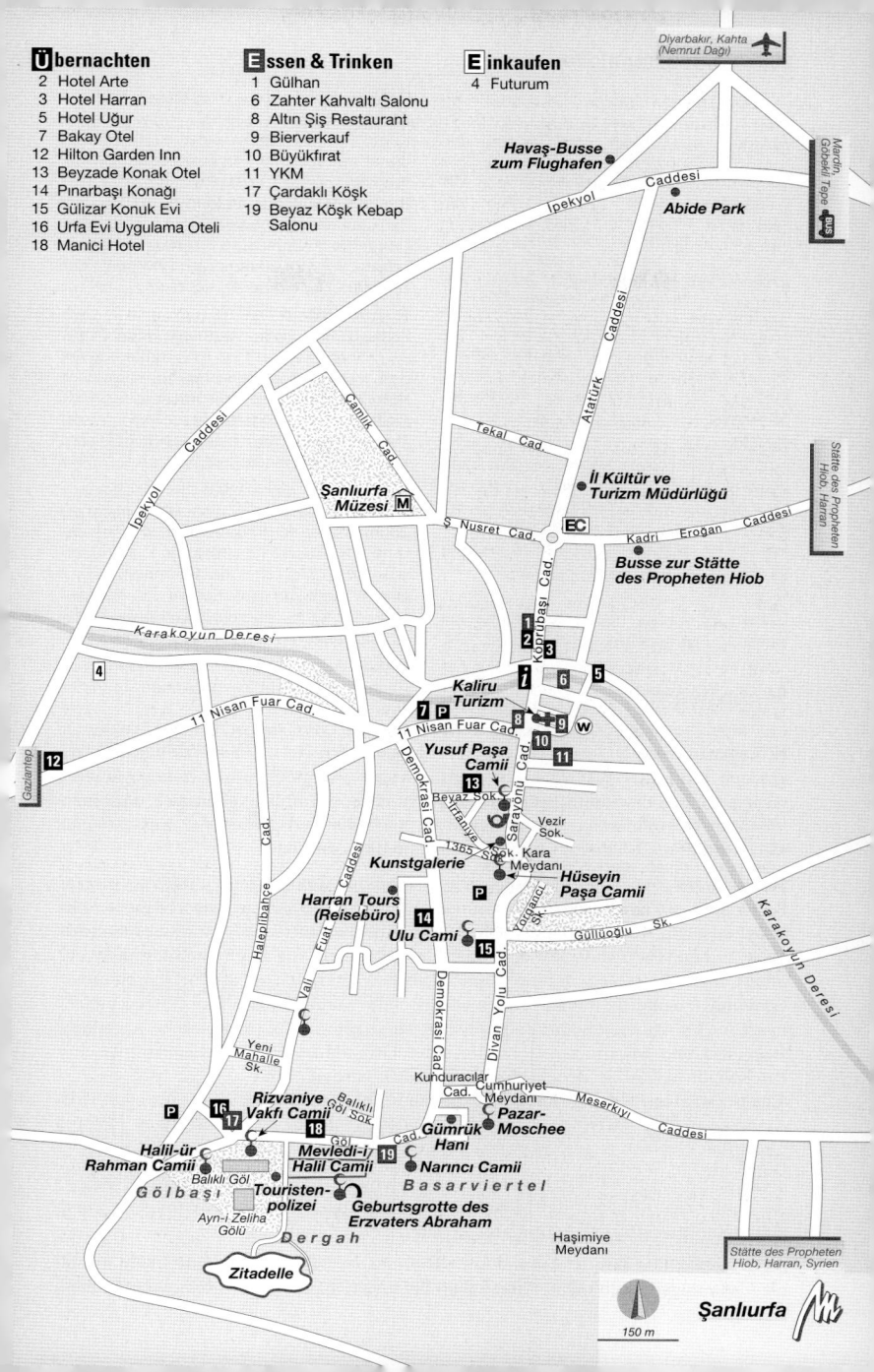

150 m

(→ Organisierte Touren) oder etwas abseits davon an der Bar des Hilton Garden Inn (→ Übernachten). In Flaschen und Dosen verkauft es zudem ein *Büfe* 9 nahe dem İpek Palas Oteli.

Çardaklı Köşk 17, schräg gegenüber der Rızvaniye Vakfı Camii nahe dem Balıklı Göl. Gepflegtes Restaurant in einem Gebäude, das den traditionellen Baustil der Gegend nachahmt und von Pilgern wie Touristen gleichermaßen besucht wird. Diverse Kebabgerichte. Terrasse. ℘ 2171080.

Altın Şiş Restaurant 8, modernere Lokanta an der Hauptdurchgangsstraße neben dem Hotel Güven. Neben großen Fleischbergen Topfgerichte und *Lahmacun*. ℘ 2154646.

Büyükfırat 10, auch hier nur die übliche vegetarierunfreundliche Küche: ein paar Topfgerichte, Kebabs und scharfer *Lahmacun*. Hg. 3,60–5 €. Das überdachte Terrassenlokal, dem auch ein Teegarten angeschlossen ist, ist an heißen Tagen dank Wasserzerstäuber sehr erfrischend. Sarayönü Cad. 28, ℘ 2158552.

Gülhan 1, große, gepflegte Lokanta mit leckeren Topfgerichten, aber auch Döner, Köfte usw. Faire Preise. Atatürk Bul. 32.

Beyaz Köşk Kebap Salonu 19, an der Göl Cad. neben der Narıncı Camii. Standardlokanta mit Kebabs und überaus scharfem Lahmacun. Erwähnenswert wegen der schönen Dachterrasse, von der man auf das Basargewusel blickt.

Frühstück Zahter Kahvaltı Salonu 6, zwischen Sarayönü Cad. 71 und der parallel dazu verlaufenden Hintergasse (nahe dem Hotel Uğur). Der richtige Ort für ein südostanatolisches Frühstück: *Örgü Peynir* (salziger Käse in Zopfform), Wabenhonig, Frischkäse und knuspriges Brot.

Café Im OG des langweiligen Kaufhauses YKM 11 nahe der Sarayönü Cad. (nicht zu übersehen) befindet sich ein modernes Café mit Terrasse. Hier trifft sich die Jugend abseits der Argusaugen der Alten. Wenn einmal die neue Mall Futurum (→ Einkaufen) eröffnet ist, sind die Tage dieses Cafés wohl gezählt.

Sehenswertes

Mit Ausnahme des Museums im Norden der Stadt und der Stätte des Propheten Hiob ganz im Süden liegen die Sehenswürdigkeiten recht nah beieinander und lassen sich leicht zu Fuß abgehen. Im Altstadtbereich, versteckt hinter hohen Mauern, stehen noch viele traditionelle Urfa-Häuser, deren Räumlichkeiten sich um einen Innenhof gruppieren. In einem davon ist auch die **Kunstgalerie** *(Sanat Galerisi, wechselnde Ausstellungen)* am Kara Meydanı untergebracht.

Şanlıurfa Müzesi: In der archäologischen Abteilung dominieren Funde aus Harran, Prunkstück ist ein Königsrelief, das Nabonid darstellt, den letzten Herrscher des Babylonischen Reiches (6. Jh. v. Chr.). Aber auch sensationelle Funde aus Göbekli Tepe sind zu sehen, darunter eine über 2 m hohe Stele, die an einen Totempfahl erinnert, dazu Plastiken von Löwen und Wildschweinen. Wegen der fortschreitenden Grabungsarbeiten kommen immer wieder neue Stücke hinzu. Der Garten beherbergt Architekturfragmente und hübsche Mosaiken. Die ethnografische Abteilung zeigt u. a. fein geschnitzte Holztüren alter Urfa-Häuser und Heiligenstatuen aus Kirchen, die später in Moscheen umgewandelt wurden.

Çamlık Cad. Tägl. (außer Mo) 8.30–12 und 13.30–17 Uhr. Eintritt 1,20 €.

Ulu Cami: Die Moschee, etwas zurückversetzt von der Divan Yolu Caddesi, stammt aus dem 12. Jh. und ist damit eine der ältesten Gebetsstätten der Stadt. An ihrer Stelle stand zuvor die Stephanuskirche aus der Zeit Kaiser Justinians (527–565) – das achteckige Minarett der Moschee (der ehemalige Glockenturm; mit Uhr!) und einige Kapitele im großen Innenhof erinnern noch daran.

Basarviertel: Der Besuch des wohl orientalischsten Basars Anatoliens ist ein Erlebnis – sonntags jedoch nicht, dann haben die meisten Geschäfte geschlossen. In dem

Viertel mit seinen kühlen, dunklen Gassen und über 1000 Läden riecht es nach Gewürzen, Leder, frischem Obst und gerösteten Pistazien. Eindecken sollte man sich mit dem scharfen Paprikagewürz *İsot* oder mit Granatapfelessig *(Nar Ekşisi)*. Schöne Mitbringsel sind zudem leuchtend-lilafarbene Kopftücher, die hier – von Männlein wie von Weiblein – bevorzugt getragen werden. Die Händler, die im kehligen Urfa-Türkisch, in Arabisch oder Kurdisch ihre Waren anpreisen, sind traditionell nach Branchen unterteilt. Ein Spaziergang führt vorbei an Messerschleifern, Kupfermachern, Säcken voller Baumwolle, Pelzen, Schneidern und und und ... Zur Pause lädt der Teegarten im *Gümrük Hanı* ein. Das Zollgebäude aus dem 16. Jh. ist das architektonische Prunkstück des Basars. Nebenan wuselt es im *Kapalı Çarşı*, dem gedeckten Basar.

İbrahim Tatlıses – vom Bauarbeiter zum Medienstar

İbrahim Tatlıses, ein schnauzbärtiger Kurde mit süßer Stimme (= *tatlı ses*), ist einer der populärsten Schnulzensänger des Landes. Von seinen Fans wird er liebevoll *İbo* genannt. Der 1952 in Urfa geborene Schlagerstar begann seine Karriere als Bauarbeiter; in einer Teepause sang er ein Liedchen und wurde entdeckt. Heute ist İbrahim Tatlıses nicht nur millionenschwerer Medienstar, sondern auch Unternehmer: Ihm gehören u. a. eine Busgesellschaft und eine Fast-Food-Kette. Vor der Kamera mimt er den freundlichen, bescheidenen und unpolitischen Kurden, als Privat- und Geschäftsmann pflegt er angeblich eher ruppige Methoden. Wer ihm in die Quere kommt, so schreibt die türkische Regenbogenpresse, dem wird der Schädel eingeschlagen (wie es seiner Lebensgefährtin passierte) oder der Killer nach Hause geschickt (wie es unnachgiebigen Geschäftspartnern erging). Sein Macho-Gehabe und angebliche Verstrickungen in die türkische Unterwelt brachten den Schnulzier immer wieder in Schwierigkeiten. Erst 2011 überlebte Tatlıses einen Mordanschlag, Kopfschuss inklusive.

Dergah: Dergah nennt sich das überaus gepflegte, grüne Moscheenviertel um die *Geburtsgrotte des Erzvaters Abraham (Hazreti İbrahim'in Doğum Mağarası)*, der im Islam als Prophet verehrt wird. Die Grotte und ihre Umgebung sind heilige Orte, von wo auch Pilger nach Mekka aufbrechen. Die Kleidervorschriften (Arme und Beine bedeckt, Kopftuch für Frauen) sollten streng eingehalten werden.

Der nach Geschlechtern getrennte Eingang zur Geburtsgrotte liegt bei der wuchtigen, mit zwei Minaretten versehenen *Mevlid-i Halil Camii*, die erst 1987 fertiggestellt wurde. Abraham erblickte der Legende nach zu jener Zeit das Licht der Welt, als dem sagenhaften babylonischen Herrscher Nimrod geweissagt worden war, dass einer kommen werde, eine neue Religion zu verbreiten und sein Reich zu stürzen. So befahl der König, alle schwangeren Frauen zusammenzutreiben und einzusperren. Unter jenen, die den Häschern entgingen, war Abrahams Mutter Nuna. Sie brachte ihren Sohn in der heute heiligen Grotte von Urfa zur Welt. Den zweiten Teil der Legende erfahren Sie an den Heiligen Teichen. Zuvor können Sie noch das Quellwasser der Höhle kosten, es soll heilsam sein.

Heilige Teiche (Gölbaşı): Wie im Alten Testament nachzulesen ist, fühlte sich Abraham mit 16 Jahren stark genug, König Nimrod und das Volk von der Existenz nur eines einzigen Gottes zu überzeugen. Dafür wurde er zum Tode auf dem Scheiterhaufen verurteilt, auf den er von der Burg per Katapult geschleudert werden sollte. Aber Gott ließ den Seinen nicht im Stich. Er verwandelte den Scheiterhaufen in einen Teich und die Glutbrocken in Karpfen, deren fette Nachfahren im *Halil-ür Rahman Gölü* (auch: *Balıklı Göl*) ein paar Schritte westlich der Geburtsgrotte heute träge ihre Bahn ziehen. Die Karpfen gelten seither als heilig – sie dürfen gefüttert, aber keinesfalls verzehrt werden, was dem Aberglauben nach mit sofortiger Blindheit bestraft würde. Der Teich wird von zwei Moscheen flankiert. Am Nordufer steht die *Rizvaniye Vakfı Camii* mit einer angegliederten Medrese aus dem Jahr 1716. Die Westseite des Teichs nimmt die *Halil-ür Rahman Camii* ein, die 1211 errichtet wurde. Bis ins 11. Jh. standen an ihren Stellen vermutlich Kirchen. Südlich schließt sich der 30 x 50 m lange Teich *Ayn-i Zeliha Gölü* an – Zeliha war die Tochter Nimrods, die an Abraham glaubte und mit ihm ins Feuer gehen wollte. Drum herum findet man ausgedehnte Rosenbeete und mehrere Teegärten, die auch Grillgerichte servieren – eine herrliche grüne Oase.

Zitadelle: Das imposante, nachts effektvoll angestrahlte Mauerwerk im Süden der Stadt ist weitestgehend ein Relikt aus der Kreuzfahrerzeit, dürfte in seinen Fundamenten jedoch viel älter sein. Aus der Anlage ragt, weithin sichtbar, ein 17 m hohes Säulenpaar mit korinthischen Kapitellen, das aufgrund einer syrischen Inschrift auf das 10. Jh. datiert wird. Man nimmt an, dass die Säulen einst Teil eines Palastes waren. In Urfa nennt man sie *Nemrut kürsüsü*, „Thron des Nimrod" – der Legende nach stand hier dessen Palast und begann Abrahams abenteuerlicher Flug mit weicher Landung (→ Heilige Teiche). Der Aufstieg ist nicht sehr beschwerlich und wird mit dem Ausblick über die ganze Stadt belohnt.
Im Sommer tägl. 9–18 Uhr, im Winter kürzer. Eintritt 1,20 €.

Stätte des Propheten Hiob (Eyüp Peygamber Makamı): Auch Hiob wird im Islam als Prophet verehrt. Und wie Abraham verbrachte auch Hiob eine Zeit seines Lebens in einer Grotte. Sieben Jahre harrte er dort aus, von Gott absichtlich krank gemacht. Doch Hiob ließ trotzdem von seinem Glauben nicht ab, und Gott gab ihm die Gesundheit zurück. Aus der Grotte wurde ein weiterer Wallfahrtsort. Der Eingang unter einem Pavillon ist eng und nur einzeln zu betreten. Das Wasser des Brunnens nahebei lässt angeblich Kranke genesen, einst gab es hier gar ein Hospital für Leprakranke. Die Moschee daneben ist neueren Datums.
Der Weg zur Grotte (ca. 2,5 km südlich der Zitadelle) ist von der Straße nach Harran beschildert. Wer nicht laufen will, nimmt von der Bushaltestelle an der Kadri Eroğan Cad. Ⓑ 1 mit der Aufschrift „Eyyüp Peygamber".

Über **Mardin** lesen Sie weiter ab S. 895, über **Diyarbakır** ab S. 885, über die **Nemrut-Dağı-Region** ab S. 870.

Göbekli Tepe

Die älteste je von Archäologen entdeckte Kultanlage ist eine der jüngsten Sensationen der Türkei.

Erst 1995 wurde mit den Ausgrabungsarbeiten auf dem „Bauchförmigen Hügel" nordöstlich von Urfa begonnen – dort, wo man gen Süden die weite Harran-Ebene überblickt und gen Norden die Berge bei Adıyaman sieht. Gegraben wird im Frühjahr und Herbst unter der Leitung des Franken Klaus Schmidt vom Deutschen Archäologischen Institut, welches das hiesige Land 2010 erworben hat. Erst ein Bruchteil des Areals wurde bisher freigelegt, die Grabungsarbeiten werden sich noch über Jahrzehnte hinziehen. Doch was man bis jetzt schon entdeckte, ist sensationell. Ans Tageslicht kamen bislang unbekannte, monumentale, megalithische Kreisanlagen (über 20 sollen es sein), die aus ebenmäßigen und mit Reliefs verzierten, T-förmigen Pfeilern bestehen. Die Reliefs zeigen Löwen, Stiere, Keiler, Füchse, Gazellen, Reptilien und Vögel. Die jüngsten Bauschichten des Göbekli Tepe werden in die Zeit um 8000 v. Chr. datiert, die ältere Hauptbauphase auf ca. 9000 v. Chr. Wann man mit der Errichtung des Kultortes begann, konnte noch nicht bestimmt werden, doch wird die Altsteinzeit vermutet. Im Vergleich dazu: Die plumpen, unbehauenen Menhire von Stonehenge entstanden zwischen 2400 und 2200 v. Chr.

Die Kultanlage wurde von Menschen geschaffen, die noch einer wildbeuterischen Gesellschaftsstufe angehörten. Das wirft Fragen auf. Wer bewegte die Jäger und Sammler jener Zeit zu solchen Leistungen? Wer organisierte dies? Eine Priesterkaste? Doch welche Bedeutung hatte die Ansammlung der tonnenschweren Pfeiler? Stellten sie eine Versammlung mystischer Wesen dar? Ahnen, Dämonen oder Gottheiten? Welche Riten, Tänze oder Feierlichkeiten wurden hier abgehalten? Oder war dies ein Ort für einen Totenkult? Lässt die Entdeckung dieser Stätte den Schluss zu: „Zuerst kamen die Tempel, dann die Stadt"? Oder hatte die Anlage doch keine religiösen Funktionen, sondern diente als repräsentativer Wohnbau für bereits sesshaft gewordene Clans? Warum wurde die Anlage nicht einfach aufgegeben, sondern absichtlich zugeschüttet (übrigens auch der Grund dafür, dass die Reliefs so gut erhalten sind)?

Urfa Richtung Viranşehir/Mardin verlassen, von nun an bestens ausgeschildert, insgesamt ca. 21 km. Die letzten Meter sind nicht mehr geteert. Geöffnet von Sonnenauf- bis -untergang. Kein Eintritt. Das Grabungsareal ist umzäunt und nur von außen einsehbar (Opernglas für die Reliefs von Vorteil!). Keine Dolmuşverbindungen.

Harran
6200 Einwohner

Harran, nahe der syrischen Grenze, ist wie nur wenige Orte auf der Welt seit über 5000 Jahren kontinuierlich besiedelt. Die Relikte der einst ruhmvollen Stadt geben zusammen mit den Trullihäusern der heutigen Siedlung ein kurioses Bild ab.

Harran ist ein graubraunes, staubiges Dorf, umgeben von künstlich bewässerten grünen Feldern. Was Harran von den anderen Lehmdörfern in diesem armen Landstrich unterscheidet, ist neben seiner geschichtlichen Bedeutung die bienenkorbartige Bauweise der Gehöfte, ähnlich den apulischen Trulli oder den sardischen Nuraghes. Die eigenartigen, teilweise 200 Jahre alten Bauten mit ihren bis zu 5 m hohen Scheinkuppeln boten den Familien einst Schutz vor der brennenden Sonne. Sie wurden aus den Steinen des alten Harran errichtet, und mit Lehm und Kuhdung verputzt. Heute stehen sie unter Denkmalschutz. Kaum mehr ein Trulli ist jedoch noch bewohnt. Viele verfallen, andere dienen als Ställe oder Vorratskammern, während sich die Familien stickigere Neubauten nebenan errichtet haben. Für Touristen wurden zwei Trulligehöfte, eines mit 16 Kuppeln und eines mit zwölf Kuppeln, renoviert und als Mischung aus Museum, Kunsthandwerkszentrum, Restaurant und „Hotel" zugänglich gemacht (→ Übernachten). Sie sind zugleich Zufluchtsorte für Touristen vor den selbst ernannten, oft minderjährigen Guides der Stadt.

Geschichte: In der Bibel (Genesis 11, 31 und 12) ist nachzulesen, dass Abraham auf seinem Weg ins Land Kanaan für einige Zeit in Harran weilte – dies soll sich zwischen 2000 und 1800 v. Chr. zugetragen haben. Ab dem 15. Jh. v. Chr., so vermutet man, entwickelte sich Harran zu einem Zentrum der Verehrung des Mondgottes Sin, das es bis in die römische Zeit blieb. 53 v. Chr. fand ein paar Kilometer südlich die berühmte *Schlacht von Carrhae* (= Harran) statt, in welcher die Parther die Römer schlugen. Dabei wurden 20.000 römische Soldaten getötet und 10.000 gefangen genommen. Der römische Kaiser Caracalla fiel im Jahre 217 in der Nähe des Sin-Tempels einem Attentat zum Opfer, der Tempel selbst 382 n. Chr. der Politik von Kaiser Theodosius, der den Römern das Christentum als Staatsreligion aufdrängte und die heidnischen Kultorte zerstören ließ. Auf die Byzantiner folgten die Araber, deren Herrschaft für kurze Zeit von den Kreuzrittern unterbrochen wurde. Von der Zerstörung 1260 durch die Mongolen hat sich die Stadt nicht mehr erholt.

Sehenswertes: Die alte *Stadtmauer* vermittelt noch heute eine Vorstellung von der einstigen Größe Harrans. Von den ursprünglich sieben Toren sind noch einige erhalten, am besten das im 12. Jh. restaurierte *Aleppo-Tor* im Westen. Innerhalb der Stadtmauern lohnt ein Blick auf die Ruine der *Ulu Cami (Große Moschee)*, die als eine der ersten Moscheen auf anatolischem Boden errichtet wurde (zwischen 744 und 750). Man beachte die herumliegenden reliefverzierten Architekturfragmente. Im Südosten erheben sich aus dem Stadtmauerring die Überreste der *Zitadelle*. Die kolossale Ruine mit unregelmäßigem Grundriss und polygonalen Türmen steht an jener Stelle, wo sich einst das Sin-Heiligtum befand.

Anfahrt/Verbindungen Harran, ca. 45 km südlich von Urfa, ist von der D 885 ausgeschildert. Selbstfahrer gelangen, wenn sie die Stadtmauer von Harran in südöstlicher Richtung umfahren, durch einen Mauerbruch zum Parkplatz vor der Zitadelle. Von Urfa fahren Dolmuşe am Minibusterminal beim Busbahnhof ab.

Öffnungszeiten/Eintritt Stets zugänglich. Eintritt 1,20 €, zusätzlich 2 €/Fahrzeug.

Übernachten Nur 3 Möglichkeiten:

Bazda Motel, Trullidächer auf Backsteinbau! Lieblos geführtes, ungepflegtes Haus mit geräumigen Zimmern. Wird fast ausschließlich von Gruppenreisen angesteuert – entweder gut belegt oder total leer. DZ ohne Frühstück 25 €. Am Ortseingang, ℡ 0414/4413590.

Zudem kann man in den beiden vor Ort ausgeschilderten „Vorzeigetrullihäusern" **Harran Evi** (℡ 0414/4412020, mit HP 15 €/Pers.) und **Harran Kültür Evi** (mobil ℡ 0542/3378512, www.harrankulturevi.net, mit HP ebenfalls 15 €/Pers.) übernachten. Bei Ersterem übernachtet man auf Hochbetten unter freiem Himmel im Hof, bei Letzterem auf Polstern entweder im Trulli selbst, in Hochbetten auf dem Dach oder bei der Betreiberfamilie im Haus. Duschen vorhanden.

Umgebung von Harran

Der arabische Einfluss in Harran und Umgebung, v. a. in den **Tek-Tek-Höhen** nordöstlich davon, ist unverkennbar. Dieses extrem einsame Eck ist nicht mit dem Dolmuş zu erkunden – es gibt nur sehr schlechte Verbindungen. Wer sich keiner organisierten Tour anschließt, steuert die Sehenswürdigkeiten am besten von Harran aus an, denn nur von dort sind sie durchgehend ausgeschildert! Denken Sie an Proviant und genügend Wasser.

GAP – Südostanatoliens großer Sprung ins 21. Jahrhundert

GAP ist das Zauberwort, das ökonomischen Fortschritt, sprichwörtlich „blühende Landschaften", nach Südostanatolien brachte. Das Kürzel steht für *Güneydoğu Anadolu Projesi* (= Südostanatolien-Projekt) und sieht den Bau von 22 Staudämmen *(baraj)* und 19 Wasserkraftwerken vor. Bislang wurden 15 Staudämme fertiggestellt, dazu zehn Wasserkraftwerke. Diese decken bereits ein Fünftel des nationalen Energieverbrauchs, nach Abschluss des Projekts soll dadurch fast ein Drittel des gesamten Energiebedarfs gedeckt werden. Gestaut werden die Flüsse Euphrat und Tigris, neun Provinzen sind in das Projekt involviert. Mehr als 15 Mrd. Euro hat das Projekt bereits verschlungen, gefördert wurde es u. a. von Israel. Ob je alle Staudämme gebaut werden, ist jedoch fraglich, man denke nur an das seit Jahren anhaltende Tohuwabohu um die Realisierung des İlisu-Staudamms (→ Hasankeyf). Neben Energie und Industrie besitzt die Region nun neue Anbauflächen durch künstliche Bewässerung (insgesamt sollen rund 1,7 Mio. ha erschlossen werden) und rund 150 alte Dörfer weniger. 330.000 Menschen wurden bereits umgesiedelt.

Der Kern des Projekts ist der Atatürk-Staudamm zwischen Urfa und Adıyaman. Hier wurde der Euphrat zu einem über 800 km² großen See mit acht Wasserkraftwerken aufgestaut. Allein mit diesem Damm können 882.000 ha Land bewässert werden. Nutznießer ist beispielsweise die früher karge Ebene zwischen Urfa und Harran – einst der ärmste Fleck des Landes. Um diese Region zu erreichen, wurden zwei parallel verlaufende Wassertunnel (die längsten der Welt!) von 26,4 km Länge und 7 m Durchmesser gebohrt. Die in die Ebene geschleusten Wassermassen werden dort in einem weit verzweigten Kanalsystem durch die Felder geleitet. Seit 1995 haben sich die Erträge pro Hektar verdreifacht. Die Region atmet auf!

Bei all der Euphorie vergisst man gerne die Nachteile, die solche Mammutprojekte unweigerlich mit sich bringen. Die Anrainerstaaten Syrien und Irak befürchten, dass Ankara den Wasserhahn als politisches Druckmittel einsetzt, und dass nach Abschluss des Projekts die beiden biblischen Ströme ohnehin nur noch als klägliche Rinnsale in ihre Länder fließen. Naturschützer sorgen sich um eine Versalzung des Bodens durch die künstliche Bewässerung und eine Veränderung des Klimas, Gesundheitsbeauftragte um die Ausbreitung von Krankheiten (Malaria), Archäologen um die Überflutung weiterer Ausgrabungsorte – etliche antike Stätten gingen bereits unter, so ein Teil Zeugmas bei Birecik oder Samsat bei Adıyaman. Bevor Samsat 1987 in den Fluten versank, buddelten 25 Archäologenteams in einem aussichtslosen Wettkampf gegen die Zeit. Nicht besser erging es Nevali Çori, einer uralten Kultstätte.

Anfahrt/Besichtigung des Atatürk-Staudamms: Von Urfa auf der Nationalstraße 885 Richtung Diyarbakır, nach ca. 10 km geht es links ab nach Bozova/Adıyaman. Die Zufahrt zum Atatürk-Staudamm (40 km nach Bozova) ist kaum zu übersehen. Am Eingang tauscht man seinen Reisepass gegen einen Besucherausweis.

Han el-Ba'rür und Şuayb Şehri: Die seldschukische Karawanserei Han el-Ba'rür liegt rund 26 km östlich von Harran – dort, wo staubtrockene Steppe die künstlich bewässerten Baumwollfelder schon längst wieder abgelöst hat. Der Han aus dem Beginn des 12. Jh. kostet keinen Eintritt und ist stets zugänglich. Gleiches gilt für die antike Stadt Şuayb Şehri 13 km nördlich der Karawanserei. Sie war angeblich bis zu den Mongoleneinfällen bewohnt. In ihr soll der islamische Prophet Jethro (türk. *Şuayb*), der Schwiegervater Moses', gelebt haben. Neben einigen massiven Ruinen kann man zwischen den herumliegenden Trümmern unterirdische Wohnungen erkunden, eine Taschenlampe empfiehlt sich.

Sumatar (Soğmatar): Das isolierte Dorf Soğmatar liegt inmitten einer steinigen Hügellandschaft 18 km nördlich von Şuayb. Einst war es Kultort der sog. Sabier, einer heidnischen Sekte aus frühchristlicher Zeit. Ihre religiösen Vorstellungen waren ein Konglomerat aus neuplatonischem Gedankengut und babylonischer Astrologie. Ihr Hauptgott war Marilaha, ihm untergeordnet waren Mondgott Sin, Sonnengott Helios und die auch bei den Römern und Griechen bekannten Planetengötter. Die Riten der Sabier, zu denen u. a. Menschenopfer (bis ins 14. Jh.!) gehörten, lebten trotz Konvertierungszwang z. T. bis ins Osmanische Reich fort.

Das Kultgelände auf dem felsigen Boden ist weitläufig und unübersichtlich, Kinderscharen werden Sie begleiten und den Weg weisen. Auf einem 50 m hohen und etwa 50 m langen, kahlen Felsen befand sich vermutlich das Haupttheiligtum. Relativ gut erhalten sind zwei Reliefs an der Nordseite des Hügels, eine Männerfigur und eine männliche Büste (um 165 n. Chr.). Davon ausgehend gruppieren sich in einem 90-Grad-Winkel, der von einer Nord- und Westachse gezeichnet wird, im Abstand von etwa 500 bis 1000 m mehrere Tempelanlagen für die Planetengötter. Deren Grundrisse wurden den geometrischen Planetensymbolen nachempfunden (Dreieck für Venus, Hexagramm für Saturn etc.), was heute jedoch z. T. kaum mehr erkennbar ist. Dazwischen befindet sich auch ein Grottenheiligtum mit mehreren Reliefs, darunter eines des Mondgottes Sin. Das Gelände ist stets zugänglich und kostet keinen Eintritt.

Adıyaman

203.000 Einwohner

Adıyaman ist eine ziemlich konservative, wild wuchernde Provinzhauptstadt. GAP und Ölfunde (in der Gegend werden 60 % des türkischen Erdöls gefördert) bringen Geld, nur Charme kann man dafür nicht kaufen. Das Zentrum Adıyamans ist aber dennoch erheblich freundlicher als das von Kahta (s. u.), das jedoch 30 km näher am Thron der Götter liegt. Auch die Hotels von Adıyaman vermitteln Touren auf den Nemrut Dağı (ähnliche Preise). An der mit Grünstreifen versehenen Durchgangsstraße (D 360) lohnt das kleine **Museum** einen Besuch. Es beherbergt u. a. Funde aus archäologischen Stätten der Umgebung, die durch die Stauung des Euphrat in den Fluten versanken, darunter aus Samsat, der alten Hauptstadt des Kommagene-Reiches (tägl. außer Mo 8–12 und 13.30–17 Uhr, Eintritt frei). Nördlich des Zentrums kann man zudem die große spätrömische **Nekropole von Pirin** besichtigen (an der Straße nach Malatya, von der Durchgangsstraße ausgeschildert, von dort noch 4,5 km, Eintritt frei).

> **Orientierung:** Das Zentrum erstreckt sich südlich (unterhalb) der D 360 (= Atatürk Bul.) auf Höhe des Museums.

Telefonvorwahl 0416.

Information Tourist Information, am Atatürk Bul. 84 (westlich des Zentrums; neben dem Türk-Telekom-Gebäude). Mo–Fr 8.30–17.30 Uhr (Mittagspause). ✆ 2161008, www.adiyamankulturturizm.gov.tr.

Verbindungen Busbahnhof an der D 360 Richtung Kahta. Gute Verbindungen in die größeren Städte der Osttürkei, mehrmals tägl. auch nach Ankara (11½ Std.) und İstanbul (18½ Std.) Die **Dolmuşe** nach Kahta (30 Min.) starten in Zentrumsnähe von der Minibüs Garajı an der Straße nach Malatya (nördlich des Atatürk Bul.), lassen Sie sich die Stelle zeigen.

Flughafen (www.adiyaman.dhmi.gov.tr), zwischen Adıyaman und Kahta. Servicezubringer zu den Flügen. Infos und Tickets bei İnandı Turizm, Atatürk Cad. 10/A (nehmen Sie vom Museum nahe dem Busbahnhof die Straße bergab, dann rechter Hand), ✆ 2161436.

Autoverleih Etliche Anbieter an der Durchgangsstraße Richtung Kahta. Preisvergleiche lohnen.

Übernachten Die Billighotels vor Ort sind z. T. streng konservativ (getrennte Zimmer für unverheiratete Paare, Alkoholverbot etc.). 3 Adressen:

**** Grand Isias Hotel, an der Durchgangsstraße. Haus ohne besondere Note, dafür mit dem üblichen 4-Sterne-Pipapo (Sauna, Hamam), auf dessen Funktionstüchtigkeit wie überall im Land kein Verlass ist. EZ 57 €, DZ 82 €. Atatürk Bul. 180, ✆ 2148800, 📧 2149733, www.grandisias.com.

Hotel Arsames, an der Durchgangsstraße ca. 2 km östlich des Zentrums (Richtung Kahta) – wird bis zu Ihrem Besuch wahrscheinlich 3 Sterne haben. Nett und freundlich. Geräumige, modern ausgestattete Zimmer mit Laminatböden, Klimaanlage, Safe und Minibar. Nach hinten kleiner Pool. EZ 29 €, DZ 49 €. Atatürk Bul. 327, ✆ 2139596, 📧 2139597, www.hotelarsames.com.

Yolaç Hotel, akzeptables Billigquartier. Kitschiger Frühstücksraum und kleine Zimmer mit Bad, die von einer männlichen (!) Putzkolonne sauber gehalten werden. EZ 17 €, DZ 29 €. Harıkçı Cad. 26 (nehmen Sie vom Museum, das nahe dem Busbahnhof liegt, die Straße bergab und halten Sie sich bei der Kreuzung mit Atatürkstatue links), ✆ 2161301, 📧 2135224, www.hotelyolac.com.tr.

Essen & Trinken Sofra Restaurant, etwas zurückversetzt von der Durchgangsstraße, ca. 1 km westlich des Zentrums (der Durchgangsstraße stadtauswärts Richtung Kahramanmaraş folgen und rechter Hand Ausschau halten). Unschöne Lage, aber eines der besten Lokale der Stadt. Ländlich eingerichtet, regelmäßig Livemusik. Südostanatolische Spezialitäten, kosten Sie den Mohnkebab. Hg. 5–8 €. Kein Alkohol. ✆ 2163221.

Süreyya Et Lokantası, große lichte Lokanta. Spezialität ist der *Adıyaman Kebap*, ein schmackhaftes Hackfleischgericht. Etwas versteckt in einer Seitengasse im Zentrum – am besten zeigen lassen. Hacıömer Mah. 85. Sok. 28/A.

Über **Malatya** lesen Sie weiter ab S. 879.

Kahta

63.300 Einwohner

Bislang ein ziemlich lausiges Städtchen, doch man hat viel vor (und tut auch etwas), um diesen Zustand zu ändern. Im Gegensatz zu Adıyaman wohnt man in Kahta näher am Nemrut-Gipfel (Entfernung 50 km) und den umliegenden Sehenswürdigkeiten. Vor Ort hingegen gibt es kaum etwas zu tun – von einem Ausflug zum 4 km östlich gelegenen **Atatürk-Staudamm** einmal abgesehen. Hier kann man trotz fehlender Strände baden oder es sich im Restaurant „Neşet'in Yeri" (→ Essen & Trinken) gemütlich machen. Im Restaurantgarten werden einige antike Kleinfunde ausgestellt, die von überfluteten archäologischen Stätten stammen.

Kahta

Übernachten
3 Hotel Kommagene Camping
4 Zeus Hotel/Camping

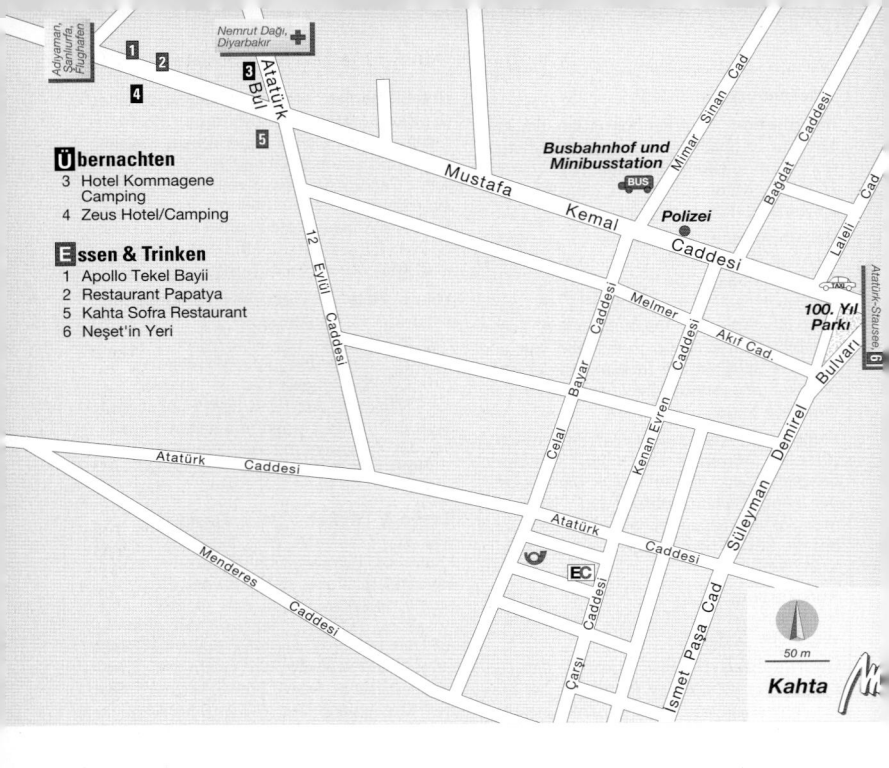

Essen & Trinken
1 Apollo Tekel Bayii
2 Restaurant Papatya
5 Kahta Sofra Restaurant
6 Neşet'in Yeri

Verbindungen/Sonstiges

Telefonvorwahl 0416.

Verbindungen Busbahnhof und Minibusstation an der Mimar Sinan Cad. Alle Busse, die in Kahta starten oder ankommen, fahren über Adıyaman (→ Verbindungen dort), im Sommer mehr, im Winter weniger. Manche Busgesellschaften unterhalten nur einen Zubringerservice nach Adıyaman. Nach Adıyaman verkehrt zudem alle 30 Min. ein **Dolmuş**. Außerdem gute Dolmuşverbindungen nach Şanlıurfa (2½ Std.). Um nach Diyarbakır zu gelangen, nimmt man ein Dolmuş nach Siverek (bis zu 6-mal tägl. von 7.30 bis 17.30 Uhr) und steigt dort um (die Dolmuşe halten in Siverek direkt nebeneinander). Nach Karadut fährt 8–18 Uhr alle 2 Std. ein Dolmuş.

Flughafen (www.adiyaman.dhmi.gov.tr), zwischen Kahta und Adıyaman. Infos zu den Servicebussen und Tickets bei **Zeus Travel** (dem gleichnamigen Hotel angeschlossen). Mustafa Kemal Cad. 20/1, ✆ 7263026, www.zeustravel.com.tr.

> **Weiter nach Diyarbakır oder Urfa?**
> Um nach Diyarbakır zu gelangen, muss man ca. 40 km östlich von Kahta den Atatürk-Stausee auf abgetakelten Fähren (8–20 Uhr offiziell alle 1½ Std., oft aber auch in kürzeren Abständen) überqueren – ein Erlebnis! Nach Şanlıurfa wählt man die gut ausgebaute Landstraße entlang des Atatürk-Stausees, die ca. 17 km westlich von Adıyaman nach Süden abzweigt.

Organisierte Touren Für Touren zum Nemrut Dağı fragt man am besten in den beiden angegebenen Unterkünften an (s. u.), i. d. R. kann man sich als Individualreisender einer Gruppe anschließen. Ansonsten bleibt nur das Taxi. Detailinfos → Nemrut Dağı/Praktische Infos, S. 875.

Ärztliche Versorgung Neues staatliches Devlet Hastanesi außerhalb des Zentrums an der Straße zum Nemrut Dağı. ✆ 7355067.

Übernachten/Camping/Essen & Trinken

Einst gab es hier zig Pensionen und Hotels, viel mehr als die beiden aufgelisteten Unterkünfte blieb nicht übrig! Als Alternativen bieten sich die einsam in der Bergwelt gelegenen Unterkünfte direkt am Nemrut Dağı an (→ Nemrut Dağı/Praktische Infos, S. 875) – interessant v. a. für Selbstfahrer.

*** Zeus Hotel/Camping 4, am Ortsausgang nach Adıyaman. Bestes Haus Kahtas. 66 ordentliche, aber nicht gerade stilvolle Zimmer. Pool. Vornehmlich Reisegruppen. Auf dem Parkplatz kann gecampt werden – alles andere als idyllisch, aber ordentliche Sanitäranlagen (mit entweder superheißem oder kaltem Wasser) und freie Benutzung des Pools. Das schräg gegenüberliegende Hotel Nemrut ist gruselig! DZ 57 €, Campen mit Wohnmobil für 2 Pers. 12,50 €. Mustafa Kemal Cad. 20, ✆ 7255694, ✉ 7255696, www.zeushotel.com.tr.

Hotel Kommagene Camping 3, da die Leitung dieser Unterkunft kürzlich vom versoffenen Vater auf den freundlichen Sohn übertragen wurde, kann alles nur besser werden. Nach den Planungen soll die alte Siffpension komplett abgerissen werden und dafür ein nagelneuer Holzbau entstehen. Auch sollen wieder Campingmöglichkeiten eingerichtet werden. Geplante Preise: DZ 29 €, Bett im Schlafsaal 6 €, Campen für 2 Pers. mit Wohnmobil 10 €. An der Abzweigung zum Nemrut, ✆ 7255385, kommagenem@hotmail.com.

Essen & Trinken Wenig Auswahl. Am besten isst man am Stausee. Von den dortigen Restaurants empfehlen wir (und das bestätigen auch Leser) das **Neşet'in Yeri 6**, das dem See nächstgelegene Restaurant. Schöne Terrasse direkt am Wasser. Gute Meze, hervorragender Auberginenkebab. ✆ 7257675.

Billig, sauber und freundlich ist das **Restaurant Papatya 2** an der Durchgangsstraße. Viele Sorten Kebab und jeden Tag ein paar andere Topfgerichte. Ähnliches gilt für das **Kahta Sofra Restaurant 5**, ebenfalls an der Durchgangsstraße. **Bier** verkauft **Apollo Tekel Bayii 1** an der Durchgangsstraße schräg gegenüber dem Hotel Zeus.

Zwischen Kahta und dem Nemrut Dağı

Bei einer organisierten „langen Tour" (→ Nemrut Dağı/Praktische Infos, S. 875) werden alle im Folgenden beschriebenen Sehenswürdigkeiten abgefahren.

Karakuş-Hügel: 10 km nördlich von Kahta, links der Straße zum Nemrut (ausgeschildert), liegt dieser künstliche Grabhügel aus geschottertem Stein (Höhe ca. 35 m), den der kommagenische König Mithradates II. (36–20 v. Chr.) für seine Mutter und andere weibliche Angehörige des Königshauses anlegen ließ. Die Grabkammer wurde vermutlich bereits im 1. Jh. ausgeraubt. Flankiert wird der Tumulus von einer *Löwensäule* im Nordwesten, einer *Stiersäule* im Nordosten und der am besten erhaltenen *Adlersäule* im Süden. Von Letzterer erhielt der Hügel auch seinen Namen: *karakuş* = Adler.

Cendere-Brücke: 9 km weiter nördlich, auf dem Weg nach Eski Kahta, überspannt eine neue Brücke den *Cendere Suyu*, den antiken Fluss *Chabinas*. Linker Hand fällt dabei der Blick auf die unter Kaiser Septimius Severus (194–211) erbaute antike Cendere-Brücke. Rund 1800 Jahre tat sie tapfer ihre Dienste, bis ein voll beladener Tanklaster kam, sie zum Einsturz brachte und sie daraufhin wieder aufgebaut werden musste. Einst flankierten vier Gedenksäulen die Brückenzufahrten: eine für den

874 Südostanatolien

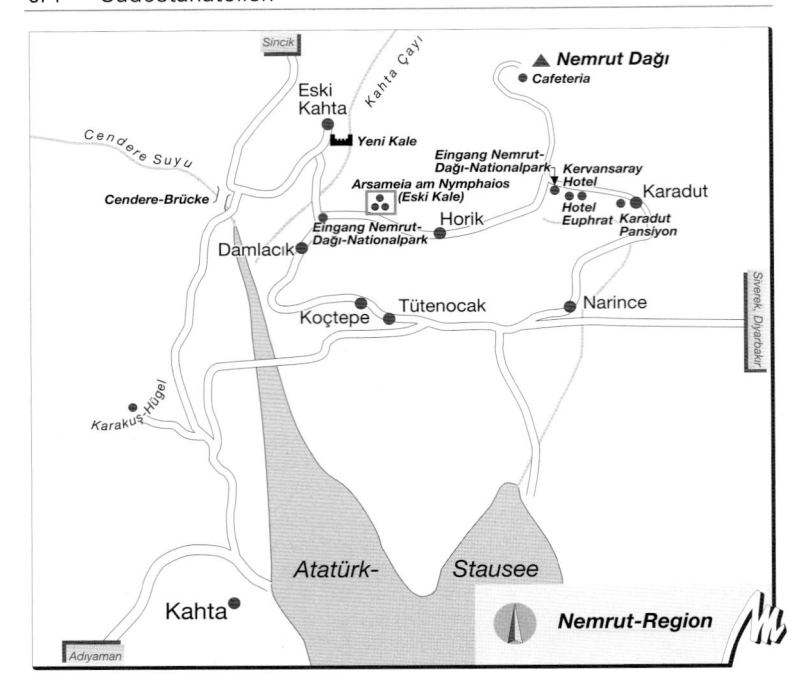

Karte: Nemrut-Region mit Orten Sincik, Eski Kahta, Yeni Kale, Nemrut Dağı, Cafeteria, Eingang Nemrut-Dağı-Nationalpark, Kervansaray Hotel, Karadut, Arsameia am Nymphaios (Eski Kale), Hotel Euphrat, Karadut Pansiyon, Horik, Damlacık, Cendere-Brücke, Cendere Suyu, Koçtepe, Tütenocak, Narince, Karakuş-Hügel, Atatürk-Stausee, Kahta, Adıyaman, Siverek/Diyarbakır.

Kaiser, eine für seine syrische Frau Julia Domna und je eine für die Söhne Geta und Caracalla. Heute stehen nur noch drei Säulen. Die Säule für Geta ließ Caracalla angeblich entfernen; nichts sollte an seinen Bruder erinnern, den er ermorden ließ, um sich nach dem Tod des Vaters die Alleinherrschaft zu sichern. An heißen Tagen wird unter der Brücke im Fluss gebadet.

Yeni Kale/Eski Kahta: Die Burgruine Yeni Kale erhebt sich imposant auf einem Felsen über dem Bergdorf Eski Kahta (auch: Kocahisar Köyü). Die mamelukische Festung aus dem 13. Jh. gliedert sich in eine *Ober-* und *Unterburg*, die separat verteidigt werden konnten. Von der Unterburg führt ein langer, früher überdachter Gang zum südwestlich gelegenen *Vorwerk*, das als militärischer Ausguck diente. Zudem windet sich von der Unterburg eine steile Felsentreppe hinab zum *Wassertor*, das eine Brieftaubenpoststation beherbergte. Der deutsche Archäologe Friedrich Karl Dörner, der die Burg 1938 vermaß, entdeckte dort 32 Nistlöcher, die er als eine Außenstation der Kairoer „Zentrale" interpretierte – die Mameluken waren ausgezeichnete Organisatoren des fliegenden militärischen Nachrichtendienstes. Als noch keine Straßen den Nemrut Dağı hinauf führten, stieg man von Eski Kahta zum Gipfel auf. In sechs bis sieben Stunden ist er von hier noch heute zu erklimmen.

Eski Kahta/Yeni Kale ist von der D 360 ausgeschildert. Die Burg war 2011 wegen Restaurierung geschlossen.

Arsameia am Nymphaios (Eski Kale): Die antike Stadt Arsameia wurde im 3. Jh. v. Chr. zu beiden Seiten des antiken Flusses Nymphaios (heute: Kahta Çayı) gegründet. Dort, wo die Ruinen der mamelukischen Festung Yeni Kale (= Neue Burg,

s. o.) stehen, lag vermutlich eine Palastanlage. Eski Kale (= Alte Burg), die Festung der antiken Stadt Arsameia, erhob sich hingegen auf der anderen Flussseite. Unter König Mithradates I. Kallinikos (ca. 100–70 v. Chr.) und seinem Sohn Antiochus I. wurde Eski Kale zu einer großen Kult- und Grabstätte ausgebaut. Die bedeutendsten verbliebenen Relikte sind drei Reliefs. Erforscht wurde das Gelände von dem deutschen Archäologen Friedrich Karl Dörner, der zuvor schon Yeni Kale und den Nemrut Dağı ins Visier genommen hatte.

Vom Parkplatz steigen Sie über einen schmalen Steig in den z-förmigen Prozessionsweg ein, der einst zum Kultbezirk führte. Entlang des Wegs fand Dörner drei Großreliefs, die er nüchtern als *Sockelanlagen I–III* bezeichnete. Gleich zu Beginn stößt man auf die *Sockelanlage II* mit der Darstellung des persischen Sonnengottes Mithras. Die Figur ist die Hälfte eines sog. Dexiosis-Reliefs („Handschlag-Relief"), deren anderer Teil – vermutlich eine Darstellung von Mithradates Kallinikos – bisher nicht gefunden wurde. Dem leicht ansteigenden Weg folgend, gelangt man zur *Sockelanlage I* mit einer ebenfalls nur fragmentarischen Darstellung. Die Kleidung der beiden Figuren, von denen nur noch der untere Teil erhalten ist, lässt auf den königlichen Stand ihrer Träger schließen. Hinter der Sockelanlage wurde eine *Felsenhalle* in den Berg gehauen, von der aus ein Treppendurchgang zu einer niedriger gelegenen *Felsenkammer* führt. Die Funktion dieses Komplexes ist nicht geklärt.

Hier knickt der Prozessionsweg in Richtung Nordosten ab und führt in Stufen bergauf zur *Sockelanlage III* mit dem berühmtesten Dexiosis-Relief. Es zeigt den Handschlag zwischen Herkules (mit der Keule) und Mithradates Kallinikos. Gleich daneben gibt die *Kultinschrift von Antiochos I.* Auskunft über die Gründung der Stadt Arsameia. Die in den geglätteten Stein gehauenen griechischen Buchstaben sind die wichtigste schriftliche Hinterlassenschaft des Kommagene-Reiches. Unterhalb der Inschrift entdeckte Dörner den Anfang eines schräg in die Erde gegrabenen *Felsgangs*, der nach 158 m ein abruptes Ende findet – wahrscheinlich diente er kultischen Zwecken. Die Tunnelgrabungen unterstützten übrigens Kumpels aus dem Ruhrgebiet. Darüber, auf dem Plateau von Eski Kale, gibt es nicht mehr viel zu sehen, vermutlich stand hier ein Altar und vielleicht auch das Grabmal von Mithradates Kallinikos.

Arsameia liegt an der westlichen Zufahrtsstraße zum Nemrut Dağı (ausgeschildert). Von Sonnenauf- bis Sonnenuntergang geöffnet. Eintritt 2 €.

Nemrut Dağı

Der Gipfel des 2150 m hohen, windumtosten Berges ist der größte Grabhügel der Welt, riesige Köpfe aus Stein bewachen ihn. Götterverehrung und Selbstvergötterung kulminieren in dieser einzigartigen Gedenkstätte, die der kommagenische König Antiochus I. für sich selbst geschaffen hat.

Die außergewöhnliche Kegelform des Nemrut-Gipfels fiel bereits 1881 dem deutschen Ingenieur Karl Sester bei seiner Suche nach möglichen Eisenbahntrassen durch das Euphratgebiet auf. Er beschloss, den Berg zu besteigen. Die Berichte seiner spektakulären Entdeckung erweckten Neugier, zuerst die von Carl Humann (→ Pergamon), der zwei Jahre später selbst den Gipfel erklomm. Die Erforschung von Kommagene nahm ihren Lauf.

Das Reich von Kommagene, das jenes gewaltige Kulturdenkmal hervorbrachte, welches heute auf der UNESCO-Liste steht, entwickelte sich als Puffer zwischen Römern und Parthern. Erster König war Samos I., der um 230 v. Chr. das heute auf dem Grund des Atatürk-Stausees liegende Samsat gründete und zur Hauptstadt machte. Autonom wurde Kommagene 163 v. Chr., seine größte Macht entfaltete es unter Antiochos I. (69–34 v. Chr.). Dieser verwaltete kein armes Reich, sonst hätte er gar nicht so viele Arbeitskräfte freistellen können, die sein gigantisches Grabmonument erbauen sollten. Nur für die Schaffung des Gipfelplateaus, auf welchem der Tumulus steht, mussten, so vermutet man, rund 200.000 m^3 Stein abgetragen werden – und das ohne Dynamit. Woher der Reichtum kam, mag man beim Anblick der kargen Gegend heute kaum erahnen. Doch früher gab es hier dichte Zedernwälder. Der Boden war nicht nur überaus fruchtbar, sondern auch mit Metallvorkommen gesegnet. Zudem profitierte Kommagene von Zolleinnahmen und Tributen, die für den Euphratübergang bei Samsat zu entrichten waren.

18 n. Chr. wurde Kommagene von den Römern annektiert. Später erhielt es zwar nochmals für kurze Zeit seine Unabhängigkeit, mit der Übersiedelung der königlichen Familie nach Rom (72 n. Chr.) verschwand es jedoch für immer von der Bildfläche.

Heute leitet die OTU-Universität aus Ankara unter Leitung von Prof. Dr. A. Coşkun Özgünek die Grabungs- und Forschungsarbeiten. Zuletzt stand der Schutz der Götterfiguren im Vordergrund, die durch die erhöhte Luftfeuchtigkeit seit der Flutung des Atatürk-Stausees immer mehr Schaden erleiden. Mit wasserdichten Mäntelchen sollen sie gegen die Witterung geschützt werden.

Nemrut Dağı/Praktische Infos

Besichtigungszeit Je nach Wetterbedingungen geben die Götter von Mitte April bis Mitte November Audienz; außerhalb dieser Periode lassen die Schneemassen keinen Besucher durch. Der größte Andrang herrscht im Mai. Pro Saison steigen bis zu 130.000 Besucher auf den Berg. Auch im Sommer ist warme Kleidung geboten – um den Gipfel pfeifen meist kalte Winde.

Anfahrt von Kahta Der Nemrut Dağı liegt rund 50 km (1½ Fahrstd.) nordöstlich von Kahta. Zum Gipfel führen 2 Routen: Die problemlos bezwingbare, komplett befestigte führt über Narince und Karadut. Die andere (für größere Gefährte weniger empfehlenswerte) führt über Arsameia und Horik: extrem steile Passagen ab Arsameia, rund 2 km sind ungeteert! Ca. 6 km vor dem Gipfel treffen beide Routen aufeinander. Die Straße endet knapp unter dem Gipfel bei einer Cafeteria, von dort sind es noch ca. 15 Min. zu Fuß (ca. 600 m) bis zum Götterthron.

Eintritt Nationalpark 2,80 €/Pers.

Organisierte Touren ab Kahta und Adıyman Fragen Sie in den Unterkünften, i. d. R. können sich Individualreisende dort einer Gruppe anschließen oder es werden Minibusse bzw. Taxis organisiert. Angeboten werden 2 verschiedene Touren. Die *kleine Tour* beinhaltet den direkten Transport zum Gipfel und zurück, die *große Tour* dazu die Besichtigung von Arsameia, Yeni Kale, der Cendere-Brücke und des Karakuş-Hügels. Preise: kleine Tour pro Minibus (max. 8–10 Pers.) ca. 66 €, große Tour pro Minibus 78 €, mit dem Taxi (max. 3–4 Pers.) ca. 20 % weniger. Wenn Sie sich also einer Gruppe anschließen, dürfte die Tour nicht mehr als 12–17 €/Pers. kosten. Es ist ratsam, die Preise zu vergleichen und nicht auf das erstbeste Angebot einzugehen. Abfahrt zum Sonnenuntergang ist am frühen Nachmittag, zum Sonnenaufgang ein paar Stunden nach Mitternacht – je nach Jahreszeit.

Günstiger sind die Transfers bzw. Touren der direkt am Berg liegenden Unterkünfte (s. u.), da von dort die Entfernungen deutlich geringer sind.

Organisierte Touren ab Malatya und Şanlıurfa S. dort. Achtung: Die Zufahrtsstraße von Malatya zum Berg ist eine Sackgasse. Es bestehen keine Verbindungen auf den Straßen, die von Kahta auf den Berg führen.

Übernachten/Camping am Berg (Kahta-Seite) Alle aufgeführten Unterkünfte liegen an der Straße über Karadut zum Gipfel (Ostroute). Alle Unterkünfte bieten Fahrten zum Gipfel.

Hotel Euphrat, 52 Zimmer, die alle bis zu Ihrem Besuch renoviert sein sollen. Kleiner Pool (zuweilen ohne Wasser). Restaurant mit Alkoholausschank. Grandiose Aussicht auf die einsame Bergwelt von der Terrasse. DZ 66 € mit HP. 8 km vor dem Gipfel, ✆ 0416/7372175, ✉ 7372179, www.hotel euphratnemrut.com.

Kervansaray Hotel, in der Nachbarschaft des Hotels Euphrat. Zuletzt recht abgewirtschaftet. Doch aus dem Haus soll nach den ehrgeizigen Plänen des Besitzers bis 2012 ein Hotel auf 4-Sterne-Niveau werden. Geplant waren zudem skurrile Unterkünfte in Betonröhren (!) und Campingmöglichkeiten. Lassen Sie sich überraschen. Ebenfalls tolle Ausblicke. ✆ 0416/7372190, www. nemrutkervansaray.com.

Karadut Pansiyon, bescheidene, aber freundliche Unterkunft am Rande der Dorfidylle von Karadut. Kleines Restaurant mit schönen Ausblicken und Alkoholausschank (den auch Einheimische zu schätzen wissen). 15 überaus simple Zimmer mit ebensolchen Bädern (deren Sauberkeit immer wieder angekreidet wird), dafür mit Klimaanlage. Eigener Dolmuşservice. Es kann auch gecampt werden (Sanitäranlagen okay). Kleiner Pool in Planung. DZ 21 €, Campen für 2 Pers. 4 €. Am oberen Ortsausgang, ✆ 0416/7372169, ✉ 7372181, www. karadutpansiyon.net.

Besichtigung

Um den mächtigen Tumulus befinden sich drei Terrassen. Wenn Sie von der Kahta-Seite zum Gipfel ansteigen und sich hinter der dortigen Cafeteria rechts halten, erreichen Sie zuerst die Ostterrasse, von wo man den Sonnenaufgang bewundert. Vorbei an der Nordterrasse, von der so gut wie nichts mehr erhalten ist, gelangt man zur Westterrasse, dem Versammlungsort zum Sonnenuntergang.

Ostterrasse: Ost- und Westterrasse waren, was die Thronfolge der fünf Götter angeht, bildgleich konzipiert. Mit dem Rücken zum Tumulus standen von links nach rechts zuerst ein Löwe (fehlt) und ein Adler, darauf folgten die sitzenden Götter mit Gottkönig Antiochos I. (bartlos, trägt eine Art kegelförmige Kopfbedeckung, einst eine Krone mit Zinnen), Tyche von Kommagene (Früchtekorb als Kopfschmuck), Zeus Oromasdes (Bart, kräftige Augenbrauen), Apollo Mithras (bartlos) und Herakles (wieder mit Bart). Alle Kolossalfiguren waren ursprünglich 8–9 m groß. Den Abschluss bildeten wieder ein Adler und ein Löwe. Die Köpfe der Kultfiguren hat man heute in einer Reihe zu Füßen der Throne aufgerichtet. Pläne, die Köpfe wieder auf ihre Unterbauten zu setzen, sind zwar vorhanden. Doch bei einem starken Erdbeben, das in den nächsten 100 Jahren für die Region angesetzt wird, könnten die Köpfe so unwiederbringlich verloren gehen. Die den Figuren gegenüber liegende Plattform diente als Feueraltar. Der Platz zwischen Altar und Götterthron war einst linker Hand (südlich) von einer mit Reliefs verzierten Sockelmauer flankiert, die die griechische Ahnenreihe Antiochos' zeigten, rechter Hand die persische.

Westterrasse: Sie war der heiligste Platz am Gipfel. Im Gegensatz zur Ostterrasse zeigen sich die hier kreuz und quer liegenden Götterköpfe in einem besseren Zustand, ihre Unterkörper auf dem Thron jedoch in einem schlechteren. Linker Hand (nördlich) schlossen mehrere Reliefs an die Götterreihe an, darunter ein *Löwenrelief* (zum Zeitpunkt der letzten Recherche in einer Lagerhalle versteckt, soll aber wieder an seinen ursprünglichen Platz gebracht werden). Auf dem Relief (auf dem Körper des Raubtiers und daneben) sind Sterne und Planeten zu erkennen, z. T. stehen ihre griechischen Namen darüber. Die dargestellte planetarische Konstellation zeigt den 14. Juli 109 v. Chr., 19:35 Uhr an und gilt damit als eines der ältesten Horoskope der Welt. Vermutlich handelt es sich um die exakte Krönungszeit von Mithradates I., dem Vater Antiochos' I.

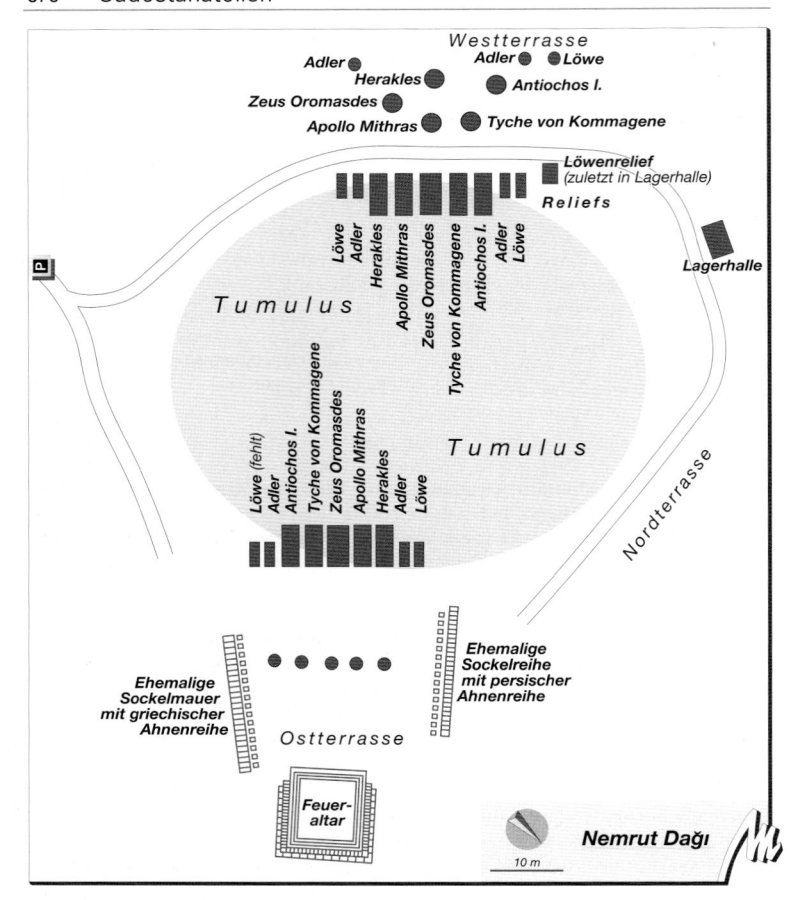

878 Südostanatolien

Westterrasse

- Adler
- Herakles
- Zeus Oromasdes
- Apollo Mithras
- Adler
- Antiochos I.
- Löwe
- Tyche von Kommagene

Löwenrelief (zuletzt in Lagerhalle)

Reliefs

Tumulus

Löwe / Adler / Herakles / Apollo Mithras / Zeus Oromasdes / Tyche von Kommagene / Antiochos I. / Adler / Löwe

Lagerhalle

Tumulus

Löwe (fehlt) / Adler / Antiochos I. / Tyche von Kommagene / Zeus Oromasdes / Apollo Mithras / Herakles / Adler / Löwe

Nordterrasse

Ehemalige Sockelmauer mit griechischer Ahnenreihe

Ehemalige Sockelreihe mit persischer Ahnenreihe

Ostterrasse

Feueraltar

Nemrut Dağı

10 m

Tumulus: *„Als ich die Anlage dieses Hierothesions unzerstörbar durch die Schädigungen der Zeit in nächster Nähe der himmlischen Throne zu errichten beschloss, in welchem die bis ins Greisenalter hinein wohlerhaltene Hülle meiner Gestalt, nachdem sie die gottgeliebte Seele zu den himmlischen Thronen des Zeus-Oromasdes entsandt hatte, durch die unermessliche Zeit ruhen soll, da nahm ich mir vor, auch diesen heiligen Ort zur gemeinsamen Thronstätte aller Götter zu machen."* (Übersetzung F. K. Dörner). So sprach der kommagenische König. Hinsichtlich der „Schädigungen der Zeit" hat er sich etwas überschätzt. In 2000 Jahren haben dem Kultort Wind und Schnee zugesetzt. Noch mehr aber Touristen in den letzten Jahrzehnten, die höher als die Götter stehen wollten und das Schottergestein nach unten traten. Die Kegelhöhe hat sich dadurch von 75 m auf 50 m reduziert, heute ist eine Besteigung verboten. Auch ist fraglich, ob die Gebeine des Königs durch eine „unermessliche Zeit" Ruhe gefunden haben. Die *Grabkammer von Antiochos I.* im Inneren des Tumulus, in der ein großer Schatz vermutet wird, wurde immerhin schon lokalisiert. Jeden Winter, wenn Schnee und klirrende Kälte jedem Gräber das Handwerk verleiden, wird dem König zumindest noch eine Schonfrist gewährt.

Malatya
402.000 Einwohner

„Aprikosengarten der Türkei" nennt der Volksmund die Gegend um Malatya, einer modernen, keine 200 Jahre alten Stadt. Auch von Malatya lassen sich Fahrten auf den Nemrut Dağı unternehmen.

Malatya liegt auf 1080 m ü. d. M. am Südrand einer fruchtbaren Ebene, die sich den aufgestauten Euphrat entlang zieht. In der gleichnamigen Provinz werden jährlich bis zu 300.000 t Aprikosen geerntet und als Dörrfrüchte in die ganze Welt exportiert. Neben den Aprikosenplantagen tragen zum Wohlstand der Stadt Zigaretten-, Textil-, und Lebensmittelbetriebe bei. Ein jugendliches, lebensfrohes Antlitz besitzt Malatya zudem durch seine vielen Studenten.

Unterm Strich ist Malatya eine angenehme, aufgeschlossene Stadt, jedoch ohne historische Bausubstanz. Auf Landkarten tauchte Malatya erst 1838 auf, nach der Zerstörung ihrer Vorgängerstadt *Melitenes* (→ Umgebung). So gibt es keine alten Paläste oder Moscheen zu besichtigen, lediglich das örtliche **Archäologische Museum** am Kernek Meydanı im Süden der Stadt. Es zeigt vorrangig Funde aus Aslantepe (→ Umgebung), darunter auch Schwerter, die 3300 v. Chr. geschmiedet wurden. Bis zu ihrer Entdeckung wusste man gar nicht, dass derartige Waffen in jener Epoche überhaupt schon existierten. Ein Highlight der Ausstellung ist zudem die Rekonstruktion eines königlichen Grabes mit Beigaben (Schmuck, Kupferwaren, Waffen), das auf 2900 v. Chr. datiert wird (tägl. außer Mo 8–12 u. 13–16.45 Uhr, Eintritt 1,20 €). Ein **Ethnografisches Museum** mit den typischen folkloristischen Exponaten ist in einem der sog. *Beş Konaklar* an der gleichnamigen Straße untergebracht (tägl. außer Mo 9–17 Uhr, Eintritt frei). Die Beş Konaklar, fünf jüngst restaurierte historische Stadthäuser in einer Reihe, beherbergen mit dem Restaurant Beşkonaklar Malatya Mutfağı zudem ein nettes Gartenlokal mit guter regionaler Küche.

Zudem bieten sich von Malatya Touren zum Nemrut Dağı (→ Information) an, wenn auch mit Abstrichen. Zwar ist Malatya im Vergleich zu Kahta oder Adıyaman der mit Abstand schönere Ausgangspunkt, jedoch ist der Weg zum Gipfel erheblich länger. Darüber hinaus endet die Straße unterhalb des Gipfels. Die Besichtigung der anderen Kommagene-Sehenswürdigkeiten auf der Kahta-Seite ist damit nicht möglich. Auch beinhalten Touren von Malatya i. d. R. eine Übernachtung nahe dem Gipfel – dies hat jedoch den Vorteil, dass man Sonnenunter- und Sonnenaufgang erleben kann.

Orientierung: Hauptachse Malatyas ist die İnönü Cad., die in die Atatürk Cad. übergeht. Über mehrere Kilometer durchziehen beide Straßen die Stadt von Ost nach West. Sie führen auch am zentralen Platz, dem *İnönü Meydanı*, vorbei. Rund um den Platz und entlang der İnönü Cad. befinden sich alle wichtigen Einrichtungen. Das *Basarviertel* liegt nördlich des Hauptplatzes. Der Çevre Yolu, zugleich die D 300 und einst die Umgehungsstraße, führt heute fast durchs Zentrum, dort aber mittlerweile unterirdisch.

Berühmteste Söhne der Stadt sind übrigens İsmet İnönü, einstiger Weggefährte und Nachfolger Atatürks, sowie Hrant Dink, der 2007 in İstanbul auf offener Straße erschossene türkisch-armenische Journalist. Ganz und gar nicht stolz ist man auf einen anderen Sohn der Stadt: den Papst-Attentäter Mehmet Ali Ağca.

Information/Verbindungen

Telefonvorwahl 0422.

Information Tourist Information, im Park hinter dem Regierungsgebäude *(Vilayet)* am İnönü Meydanı. Hier trifft man auf Kemal – eine echte Marke! Organisiert werden Nemrut-Touren von Mai bis Ende Okt., Abfahrt tägl. 12 Uhr vom Vilayet. Transfer (ca. 3 Std.) inkl. Übernachtung im Güneş Hotel (ca. 2 km unterhalb des Nemrut-Gipfels) mit HP günstige 41 €/Pers. Gefahren wird ab einer Teilnehmerzahl von 2 Pers. Tägl. 8–18 Uhr. ✆ 0535/7605080 (mobil), www.malatyakulturturizm.gov.tr.

Verbindungen Flughafen (www.malatya.dhmi.gov.tr), ca. 28 km westlich der Stadt. Informationen zu den Havaş-Flughafenbussen von der Sivas Cad. (3,60 €) und Flugtickets z. B. bei **Arfentour**, Atatürk Cad. 40/B, ✆ 3243333, www.arfentur.com.

Bus/Dolmuş: Busbahnhof ca. 5 km westlich des Zentrums, Verbindung durch Stadtbusse (Abfahrt im Zentrum vom İnönü Meydanı). Regelmäßig nach Adıyaman (2½ Std.), Elazığ (2 Std.) und Ankara (11 Std.), mehrmals tägl. nach Kayseri (4 Std.), Gaziantep (4 Std.) und Sivas (5 Std.), seltener nach Adana (8 Std.), Diyarbakır (4 Std.), İstanbul (18 Std.) und Van (10 Std.). Die Minibusse/Busse nach Battalgazi und Aslantepe (Aufschrift „Orduzu") starten von der oberirdischen Busstation am unterirdisch verlaufenden *Çevre Yolu* (sic!) im Norden des Zentrums.

Zug: Bahnhof (✆ 2124040) im Nordwesten der Stadt, mit den Stadtbussen, die auch zum Busbahnhof fahren, zu erreichen. Mind. 1-mal tägl. über Sivas und Kayseri nach Ankara und über Osmaniye nach Adana, mehrmals wöchentl. nach İstanbul, Tatvan, Diyarbakır und Teheran, 1-mal wöchentl. über Aleppo nach Damaskus.

Adressen/Einkaufen

Ärztliche Versorgung Privates Universal Malatya Hastanesi ca. 5 km östlich der Stadt an der Straße nach Elazığ. ✆ 2382828.

Autoverleih Beispielsweise **Meydan Rent a Car**, Autos ab 45 €. İnönü Cad. 117, ✆ 3211313, www.meydanoto.com.tr. Teurer wird's bei **Avis**, Karavak Mevki Bostanbaşı (ca. 6 km außerhalb des Zentrums an der Straße nach Kahramanmaraş), ✆ 2385644, www.avis.com.tr.

Einkaufen Basarviertel nördlich der PTT Cad. Am interessantesten sind der **Aprikosen-Basar** und der **Kupfermacher-Basar**. Gold und Silber gibt's in der Fußgängerzone, die bei der Moschee gegenüber dem Büyük Otel beginnt. Haupteinkaufsstraße ist die İnönü Cad. Viele Modeläden auch im Shoppingcenter **MalatyaPark** 7 in Laufnähe westlich des Zentrums an der İnönü Cad.

Türkisches Bad (Hamam) Tarihi Çarşı Hamamı, das „historische Marktbad", das jüngst behutsam restauriert wurde, ist nur Männern zugänglich. Tägl. 5–23 Uhr. Inkl. *Kese* und Massage 12 €. Gegenüber dem Büyük Otel.

Übernachten

Die komfortabelsten Hotels liegen weit außerhalb, das 5-Sterne-Hotel **Anemon Malatya** (4, www.anemonhotels.com) z. B. 9 km Richtung Kahramanmaraş. Auch die Hotels im Zentrum sind jedoch durchaus okay.

*** **Hotel Grand Akkoza** 1, etwas altbackenes Haus, jedoch viel Schnickschnack (eigener Hamam). 57 leicht in die Jahre gekommene Zimmer. EZ 49 €, DZ 66 €. Çevre

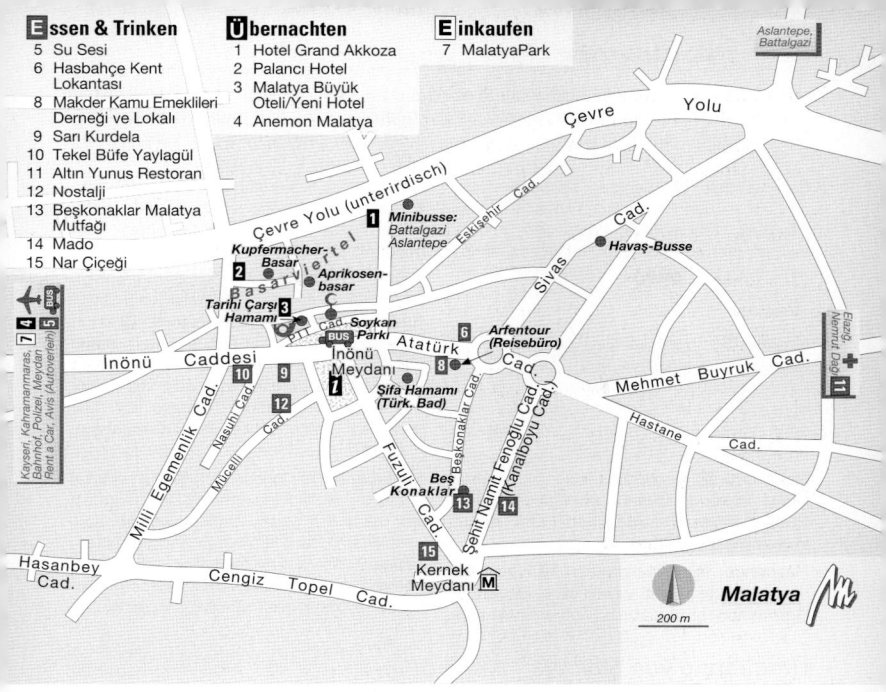

E ssen & Trinken
- 5 Su Sesi
- 6 Hasbahçe Kent Lokantası
- 8 Makder Kamu Emeklileri Derneği ve Lokalı
- 9 Sarı Kurdela
- 10 Tekel Büfe Yaylagül
- 11 Altın Yunus Restoran
- 12 Nostalji
- 13 Beşkonaklar Malatya Mutfağı
- 14 Mado
- 15 Nar Çiçeği

Ü bernachten
- 1 Hotel Grand Akkoza
- 2 Palancı Hotel
- 3 Malatya Büyük Oteli/Yeni Hotel
- 4 Anemon Malatya

E inkaufen
- 7 MalatyaPark

Yolu Üzeri Adliye Kavşağı (die viel befahrene Straße verläuft hier unterirdisch), ✆ 3262727, ✉ 3255217, www.grandakkozahotel.com.

*** **Palancı Hotel** 2, gut geführt, wenn auch mittlerweile ebenfalls etwas ältlich und leicht abgewohnt. 52 Zimmer mit TV und Minibar. Parkplätze. Gut für allein reisende Frauen. EZ offiziell 37 €, DZ 66 €, oft jedoch gute Rabatte, handeln Sie. Turgut Temelli Cad. 26, ✆ 3251003, ✉ 3251154, www.hotelpalanci.com.

** **Malatya Büyük Oteli** 3, alteingesessenes Haus, das seit seiner letzten Restaurierung recht modern daherkommt und dem Palancı eigentlich den Rang abläuft. Geräumige, freundliche Zimmer in hellen Farben. Schlecht verlegte Teppichböden, vom Komfort her aber auf 3-Sterne-Niveau. Bäder mit Regenduschen. DZ 49 €. Yeni Cami Karşısı, ✆ 3252828, ✉ 3232828, malatyabuyukotel@mynet.com.

** **Yeni Hotel** 3, nicht vom Namen täuschen lassen (*yeni* = neu). Älteres Haus mit recht kleinen Laminatboden-Zimmern. Null Charme, aber für den Preis okay. DZ 28 €. İş Hanı Sok. 1 (nahe dem Büyük Otel), ✆ 3231423, ✉ 3242277, www.malatyayenihotel.com.

Essen & Trinken

Ganz nett sitzt man in den Lokalen am künstlichen Wasserfall am Kernek Meydanı, im Restaurant **Beşkonaklar Malatya Mutfağı** (13, → Einleitungstext) und in den Lokalen im Park hinter dem Gouverneursamt. Der mit Abstand goldigste Bierverkäufer ist Mustafa Kısacık, der das **Tekel Büfe Yaylagül** 10 an der İnönü Cad. betreibt, 6 Jahre in Öttingen gelebt hat und immer für einen Schwatz mit deutschen Touristen zu haben ist („Ja woisch …").

Im Zentrum Makder Kamu Emeklileri Derneği ve Lokalı 8, einfaches Vereinslokal mit Terrasse, das Meze und Gegrilltes serviert. Zugleich eine der wenigen Adressen im Zentrum, wo auch Frauen ohne weiteres ein Bier bestellen können (Eintritt für Männer ohne Frauenbegleitung verboten). ✆ 3245734.

Sarı Kurdela 🟩, riesiges besseres Café und Restaurant mit großer Terrasse für die Raucher. Neben Pizza, Pasta und großen Salaten gibt es auch viel Türkisches, empfehlenswert sind die *Kiremit*-Gerichte im Tontöpfchen. Hg. 4,10–6,50 €. İnönü Cad., ✆ 3247744.

Nostalji 🟩, schnuckeliges Lokal in einem Malatya-Haus aus dem 19. Jh. Orientalisch-folkloristische Einrichtung, urgemütlich. Auf den Teller kommt Ländliches wie *Gözleme* oder *Mantı*. Auch Frühstück. Wasserpfeifen. Mücelli Cad. 8, ✆ 3234209.

Nar Çiçeği 🟩, gepflegte Fleischlokanta mit vielen leckeren Kebabs, aber auch einige Gerichte im Tontopf und *Lahmacun*. Freundlich. Fuzuli Cad. 80.

Hasbahçe Kent Lokantası 🟩, großes, sauberes Lokal mit vielfältigem Angebot: Grillhähnchen, Kebabs, Topfgerichte und gute Suppen – kosten Sie die scharfe *ezogelin çorbası* (mit roten Linsen und Bulgur). Nach hinten eine Terrasse. Atatürk Cad.

Cafés Eine Reihe schicker Cafés mit Studentenpublikum beherbergt die Şehit Namit Fenoğlu Cad., auch Kanalboyu Cad. genannt. Eines davon ist das **Mado** 🟩, ein elegantes Café, das Frühstück, Eis, Baklava, Börek, Pizza und Hamburger bietet.

Außerhalb Altın Yunus Restoran 🟩, 5 km östlich des Zentrums an der Straße nach Elazığ. Gilt als bestes Restaurant der Stadt – lokale Köstlichkeiten und viele Honoratioren. Alkoholausschank, Terrasse mit Ausblick. Am besten mit dem Taxi anfahren. ✆ 3115461.

Su Sesi 🟩, folkloristisches Terrassenlokal im 10 km südlich gelegenen Dorf Gündüzbey (nahe der Straße nach Adıyaman, ausgeschildert). Man sitzt mitten in der Natur, nebenan ein rauschender Bach (*su sesi* = Stimme des Wassers). Beste Hausmannskost und köstliches Frühstück. Günstig.

Umgebung von Malatya

Aslantepe: Der „Löwenhügel" 6 km nordöstlich von Malatya bei der Siedlung Orduzu war bereits im 4. Jt. v. Chr. besiedelt. Um 1900 v. Chr. gab es hier eine Stadt namens *Milid,* das erwähnen Keilschrifttexte. Um 1200 v. Chr. wurde diese das Zentrum eines kleinen, späthethitischen Reiches, das 1113 v. Chr. von den Assyrern erobert wurde, 758 v. Chr. von den Urartäern. Im 7. Jh. zerstörten die Kimmerier den Ort. Seit 1961 arbeitet sich ein Archäologenteam der Universität Rom durch die verschiedenen Siedlungsschichten. Die bedeutendsten Funde, darunter zwei monumentale hethitische *Löwenstatuen,* sind im Museum für Anatolische Zivilisationen in Ankara zu besichtigen. Entdeckt wurden ferner Reste der hethitischen *Stadtmauer,* eines *Wohnbezirks* und eines *Palastes,* der, so vermuten die Archäologen, einer der ältesten der Welt sein könnte. Seit 2011 ist Aslantepe als Museum zugänglich, dreisprachige Infotafeln informieren über die Stätte. Ein Wächter führt herum und lupft für Sie Vorhänge, hinter denen sich 5300 Jahre alte Tierzeichnungen verstecken. Am Eingang des Geländes steht der Nachbau eines Hauses aus der Bronzezeit, das künftig eine kleine Ausstellung beherbergen soll.

Aslantepe ist vom Zentrum Malatyas und von der Ausfallstraße nach Elazığ ausgeschildert. Für **Minibusse** → Verbindungen Malatya. Gegraben wird von Aug. bis Okt., dann ist ein Besuch am interessantesten. Tägl. 8–17 Uhr. Eintritt frei.

Battalgazi (Eski Malatya/Melitene): Das von Aprikosenhainen umgebene 17.100-Einwohner-Städtchen Battalgazi liegt 20 km nordöstlich von Malatya. Es steht auf den Ruinen des antiken Melitene, der Vorgängerstadt Malatyas, die 70 n. Chr. als römische Garnisonsstadt gegründet wurde. Bis zum 9. Jh. stritten sich Byzantiner und Araber um Melitene, im 10. Jh. wurden jakobitische Christen aus Syrien hier angesiedelt. Die 60.000 (!) christlichen Bewohner bauten zahlreiche Klöster und Kirchen. Im 11. Jh. kamen die Seldschuken, dann die Mongolen, Mameluken, 1515 schließlich die Osmanen. In den Kämpfen zwischen Sultan Mahmut II. und seinem abtrünnigen ägyptischen Gouverneur Mehmet Ali wurde die Stadt 1838 völlig zerstört. Der Wiederaufbau erfolgte rund 10 km weiter südlich auf dem Boden des heutigen Malatyas. Von Melitene sind noch Abschnitte der byzantinischen Ummauerung erhalten, zwei Moscheen aus seldschukischer und der Silahtar Mustafa Paşa Hanı, eine Karawanserei aus osmanischer Zeit.

Von der Ausfallstraße nach Elazığ ausgeschildert. **Minibus**verbindungen von und nach Malatya. Alle Sehenswürdigkeiten sind frei zugänglich.

Über **Sivas** lesen Sie weiter ab S. 739, über **Kahramanmaraş** ab S. 874.

Elazığ

ca. 332.000 Einwohner

Elazığ (1000 m. ü. d. M.) ist, ähnlich wie Malatya, eine erst im 19. Jh. gegründete, quirlige Provinzhauptstadt und ein Gewinner des GAP-Projekts. Ihre Vorgängerstadt war Harput (→ Umgebung) – sie ist auch der einzige Grund, warum es den einen oder anderen ausländischen Touristen nach Elazığ verschlägt. Das Zentrum mit seinen vollen Gehwegen und dem stockenden Verkehr wirkt zwar sauber und aufgeräumt, ist jedoch recht gesichtslos. Historische Bausubstanz und begrünte Flächen sind Mangelware. Im fruchtbaren Umland wird übrigens auch Wein angebaut. Der türkeiweit bekannte rote „Buzbağ" wird hier gekeltert und abgefüllt.

Orientierung: Wer der Beschilderung ins Zentrum folgt, gelangt zum *Cumhuriyet Meydanı*, dem Hauptplatz mit Uhrturm. Von ihm führt die Hauptgeschäftsstraße Gazi Cad., die später in die Zübeyde Hanım Cad. übergeht, gen Westen zur Provinzverwaltung (*Hükümet Konağı*). Vom Cumhuriyet Meydanı gen Süden verläuft der Bosna Hersek Bul. (auch: İstasyon Cad.), gen Südosten die Hürriyet Cad. An diesen beiden Straßen befinden sich auch die hier beschriebenen Hotels.

Information/Verbindungen/Übernachten/Essen & Trinken

Telefonvorwahl 0424.

Information İl Turizm Müdürlüğü, an der Zübeyde Hanım Cad. im 4. Stock der Provinzverwaltung (*Hükümet Konağı*, s. o.). Die Beamten erschrecken beim Anblick von Touristen, geben aber gerne eine Harput-Broschüre heraus. Mo–Fr 8–17 Uhr. ✆ 2122159, www.elazigkulturturizm.gov.tr.

Verbindungen Flughafen (www.elazig.dhmi.gov.tr), 8 km südöstlich der Stadt. Tickets und Transfers bietet z. B. **Soylu Evliyaoğlu Turizm**, Gazi Cad. 60 A, ✆ 2330444, www.soyluevliyaoglu.com.

Bus/Dolmuş: Busbahnhof südöstlich des Zentrums an der Ausfallstraße nach Diyarbakır. Büros der Busgesellschaften an der Hürriyet Cad. im Zentrum, von dort Zubringerservice. Gute Verbindungen in alle Landesteile. Die Minibusse nach Malatya (1½ Std.) und Diyarbakır (2 Std.) starten vom zentrumsnahen sog. Miniterminal, lassen Sie sich den Weg zeigen.

Zug: Bahnhof (✆ 2121867) im Süden der Stadt unweit des Zentrums, folgen Sie vom Cumhuriyet Meydanı dem Bosna Hersek Bul. gen Süden. 1-mal tägl. nach Malatya sowie über Osmaniye nach Adana, mehrmals wöchentl. über Sivas, Kayseri und Ankara nach İstanbul, 1-mal wöchentl. nach Teheran sowie über Aleppo nach Damaskus.

Übernachten Das Angebot ist für eine Provinzhauptstadt äußerst dürftig.

**** Marathon Hotel, bestes Haus im Zentrum. 66 klimatisierte Zimmer und Suiten. Bar und Café, Sauna, Hamam, Massagesalon, Fitnesscenter, Friseur usw. EZ 36 €, DZ 64 €. Bosna Hersek Bul. 17, ✆ 2388686, ✉ 2375542, www.themarathonhotel.com.tr.

** Otel Akar, sauberes Haus. 45 kleine, ältliche Zimmer mit ebensolchen Bädern, Teppichböden und Klimaanlage, viele mit Balkon (die Ampel vor dem Hotel sorgt dafür, dass der Verkehrslärm nicht eintönig ist). EZ 25 €, DZ 41 €. Balakgazi Cad. 2 (Ecke Hürriyet Cad.), ✆ 2183489, ✉ 2181795.

In der Hürriyet Cad. nahe dem Otel Akar noch günstigere Adressen, z. B. das **Turistik Otel** (Nr. 41, DZ mit Bad 21 €, kein Frühstück, ✆ 2181772).

Essen & Trinken Orjin İskender ve Kebap Salonu, am Bosna Hersek Bul. gegenüber dem Hotel Marathon. 3 unglaublich kitschige Säle – Plastikblumen in den Vasen, schauderhafte Wandgemälde, ein Wunder, dass die Fische im Aquarium echt sind. Egal – die Küche ist sehr gut. Ein paar wenige, tägl. wechselnde Topfgerichte, dazu diverse Spieße und natürlich *İskender Kebap*. Kein Gericht ist teurer als 5,60 €. Zuvorkommender Service. ✆ 2331755.

Provinz Tunceli – die Türkei für Fortgeschrittene

Die kleine Provinz Tunceli (ehemals Dersim) schließt im Norden an die Provinz Elazığ an. Wer sich in die Region aufmacht, sollte sich vorher über den aktuellen Sicherheitsstand (z. B. unter www.auswartiges-amt.de) kundig machen. Bis heute kommt es in der Provinz Tunceli immer wieder zu Kampfhandlungen zwischen kurdischen Aktivisten und türkischen Sicherheitskräften. In den 1980er- und 1990er-Jahren ging das Militär in der Provinz besonders hart gegen die PKK und mutmaßliche Unterstützer vor. Bei diesen „Operationen" wurden über 200 Dörfer entvölkert. Hoffnungen auf eine Entspannung der Lage schürte 2011 Ministerpräsident Erdoğan, der sich im Namen des Staates für das sog. „Dersim-Massaker" entschuldigte – eine Geste, auf die man in Tunceli lange gewartet hatte. Das Dersim-Massaker, jener blutig niedergeschlagene Aufstand, ereignete sich bereits in den Jahren 1937/38. Das türkische Militär tötete damals 14.000 Menschen, ganze Stämme wurden ausgemerzt.

Sollte der Landstrich zur Ruhe kommen, ist ein Ausflug nach Tunceli – eine im Vergleich zu den erzkonservativen Nachbarstädten wie Erzincan oder Bingöl liberal-aufgeschlossene Oase – überaus spannend. Das Gros der Einwohner stellen alewitische Kurden und Zazas. Sie sind tolerante und lebenslustige Menschen, die sich über jeden Ausländer freuen. Die Provinzhauptstadt zählt nur 33.000 Einwohner. Mit Bürgermeisterin Edibe Şahin leitet – einmalig in der Türkei – eine Frau die Geschicke der Stadt. Vor Ort gibt es eine Reihe von akzeptablen Hotels, auch findet man fremdsprachige Guides für Touren in den Munzur-Tal-Nationalpark *(Munzur Vadisi Milli Parkı)*. Dieser 420 km^2 große Nationalpark mit mehreren Dreitausendern erstreckt sich nördlich der Stadt Tunceli. Doch seine Zukunft ist bedroht – trotz Nationalparkstatus sind hier insgesamt neun (!) Staudämme geplant, zwei wurden bereits fertiggestellt.

Lesetipp: → Wissenswertes von A bis Z/Literatur.

Umgebung von Elazığ

Harput: Die Vorgängersiedlung Elazığs liegt auf einem Hügel 5 km nördlich der Stadt. Sie besitzt eine lange Geschichte, zur Blüte reifte Harput jedoch erst in seldschukischer Zeit heran. Noch zu Ende des 19. Jh. beschrieb der französische Schriftsteller Homaire de Hell Harput als „märchenhaft schön". Er berichtete von zehn Moscheen, acht Kirchen, zehn Medresen, zwölf Karawansereien, 800 Geschäften, 45 Bädern usw. Doch mit dem Aufstieg Elazığs kam Harputs Niedergang. Heute findet man hier ein ruhiges Dorf mit hübsch restaurierten Konaks, vielen Moscheen und Gräbern – alles ist bestens ausgeschildert.

Das bedeutendste Gebäude Harputs, die *Ulu Cami* im Osten des Dorfes, stammt aus der Mitte des 12. Jh. Das Minarett ist im unteren Teil leicht schief, im oberen Teil erfuhr es eine statische Korrektur. Der herrliche geschnitzte Minbar der Moschee ist umgezogen und befindet sich heute in der zentralen *Kurşunlu Cami*. Nahe der Ulu Cami erhebt sich die gewaltige, zuletzt aufwendig restaurierte *Festungsruine*, die in ihrer jetzigen Form vorrangig aus dem 11. Jh. stammt. Sie heißt auch *Süt Kalesi*, „Milchburg", da der Mörtel bei ihrem Bau der Legende nach mit Milch statt mit Wasser angerührt wurde. Von ihr hat man einen schönen Ausblick über die Ebene von Elazığ. Östlich der Festung befindet sich die in den Burgfelsen gehauene, syrisch-orthodoxe *Meryem Ana Kilise*. Der einst heidnische Kultort wurde der Überlieferung nach schon im Jahre 179 in eine Kirche umgewandelt und dient den noch in Elazığ verbliebenen Christen seit 1999 wieder als Gotteshaus. Da der Priester hauptberuflich Zahnarzt ist und viel zu bohren hat, ist sie i. d. R. nur zu Gottesdiensten geöffnet.

Von Elazığ fährt jeweils zur vollen Std. ein **Minibus** nach Harput, Startpunkt ca. 150 m oberhalb des Otels Akar. Kein Eintritt.

Zwischen Elazığ und Diyarbakır: Ca. 30 km südöstlich von Elazığ passiert man den 22 km langen und 6 km breiten **Hazar-See** (Hazar Gölü) auf 1200 m ü. d. M. Unter jeder zweiten Parkbucht erstreckt sich ein kleiner Strand, leider sind die wenigsten gepflegt. Auf dem Grund des Sees wird eine versunkene Stadt vermutet. Am 2347 m hohen *Hazar Baba Dağı* am Südufer kann man im Winter Ski fahren. Weiter südöstlich, ungefähr auf halber Strecke zwischen Elazığ und Diyarbakır, liegt das trostlose Kurdenstädtchen **Ergani**. Von hier ist der Weg zur Ausgrabungsstätte **Çayönü** (ca. 8 km) beschildert, wo man Grundmauerreste einer Siedlung aus dem 8. Jt. v. Chr. entdeckte. Der Ort ist damit älter als das berühmte Çatalhüyük bei Konya und konkurriert mit Jericho um den Ruf der ältesten Stadt der Menschheit. Diverse Funde aus Çayönü sind im archäologischen Museum von Diyarbakır ausgestellt. Die Ausgrabungsstätte selbst ist für Laien wenig aufregend.

Diyarbakır

843.000 Einwohner

Diyarbakır ist die heimliche Hauptstadt der türkischen Kurden, dynamisch und energiegeladen, stolz und inspiriert, in Teilen aber auch hoffnungslos und bitterarm. In der Stadt der Widersprüche und des Wandels treffen Gewinner und Verlierer aufeinander wie kaum anderswo in der Türkei.

„Die Pracht der Befestigung kontrastiert seltsam mit dem Elende der Stadt, welche sie umschließt; etwa 15 000 Lehmhütten sind um einige steinerne Moscheen und

Karawansereien in enge Straßen zusammengedrängt", notierte Helmuth von Moltke 1838. Noch bis vor zehn Jahren konnte man dem ersten Eindruck des späteren preußischen Generalfeldmarschalls durchaus zustimmen, auch wenn triste Zweckbauten längst die Hütten abgelöst hatten. Doch mit der Aufhebung des Ausnahmezustands im Jahr 2002 kehrten Leben und Farbe in die Stadt zurück. Die einstigen Lehmgassen des charmanten Altstadtlabyrinths wurden gepflastert, historische Erkerhäuser und Moscheen restauriert, schicke Geschäfte und nette Cafés eröffnet. Wenn es dunkel wird, sind die Straßen längst nicht mehr leergefegt. Im Theater werden nun Stücke in kurdischer Sprache gespielt, bezahlt mit öffentlichen Geldern. Und vielerorts in der Provinz sieht man zweisprachige Ortsschilder – undenkbar noch vor wenigen Jahren.

Die politische Entspannung brachte Wohlstand – zumindest für einen Teil der Bevölkerung, und ganz besonders für jene, die sich an den explodierenden Grundstückspreisen der expandierenden Stadt eine goldene Nase verdienten. Andere, in erster Linie die durch den türkisch-kurdischen Krieg entwurzelten und zu Städtern gewordenen Bauern, sind bitterarm geblieben. Bettler und Langfinger sind überproportional vertreten, und die Kinderkriminalität sucht türkeiweit ihresgleichen. Aber keine Panik – wer sich an die üblichen Verhaltensregeln hält, braucht nichts zu befürchten.

Mit dem Wandel verabschiedete sich auch der Orient peu à peu – bärtige Männer in bauschigen Pluderhosen und Frauen in ihren farbenfrohen kurdischen Trachten sind aus dem Zentrum weitestgehend verschwunden. *Benetton, Turkcell* & Co. lösten an vielen Ecken die alteingesessenen Tabak- und Gewürzhändler ab, die Kanister- und Fernbedienungsverkäufer, die Trocken- und Frischobsthändler. Letztere offerieren die berühmten Megamelonen von Diyarbakır, die bis zu 50 kg auf die Waage bringen – früher angeblich gar bis zu 100 kg, sodass sie nur durch einen gewaltigen Schwerthieb zu teilen waren.

Geschichte

Der das Zentrum noch heute umgebende, monumentale Wall ist Ausdruck dafür, wie begehrenswert die Stadt, die oft am Rande großer Reiche lag, einst war. Ihre Geschichte reicht zurück bis in die Zeit der Churriter (um 3000 v. Chr.). Urartäer, Assyrer und Perser gehörten zu jenen, die die Stadt ihr eigen nannten, bis die Römer sie unter dem Namen *Amida* 115 zur Hauptstadt der Provinz *Mesopotamia* erhoben. Die Byzantiner mussten die Stadt häufig gegen Angriffe der Sassaniden verteidigen. 636 eroberten schließlich die Araber Amida. Unter ihnen ging die Stadt ebenfalls durch mehrere Hände: durch die der Omaijaden, der Abbassiden oder der Marwaniden. Auch ein Stamm namens Beni Bakr war darunter. Von ihm erhielt die Stadt ihren heutigen Namen: *Diyar-Bakır* = „Land der Bakr". 1085 nahmen die Seldschuken Diyarbakır ein, gaben es aber bereits 100 Jahre später an den turkmenischen Stamm der Ortokiden ab. Der Mongolensturm im 13. Jh. machte auch vor Diyarbakır nicht Halt. Dschingis Khans Enkel Hulagu war persönlich mit von der Partie, als die Stadt eingenommen wurde. Gegen Ende des 14. Jh. wurde Diyarbakır Hauptstadt des Turkmenenstammes der *Akkoyunlu* („Die mit dem weißen Hammel"). Längere Phasen der Ruhe kehrten erst ab 1515 ein, als Sultan Selim I. Diyarbakır ins aufstrebende Osmanische Reich eingliederte.

Anfang des 20. Jh. kam es zu den ersten Kurdenaufständen in Diyarbakır. In den 1980ern und 90ern eskalierte die Situation: Diyarbakır wurde zu einem Zentrum des kurdischen Widerstandes und zu einem Hotspot der türkisch-kurdischen Auseinandersetzungen. Hier rekrutierte die PKK ihren Nachwuchs, und von hier stiegen die türkischen Kampfflieger auf. 24 Jahre lang herrschte der Ausnahmezustand. Er brachte den Zuzug Hunderttausender durch den türkisch-kurdischen Krieg obdach- und erwerbslos gewordener Landbewohner (1988: 305.000 Einwohner), aber keinerlei Investitionen, die Wirtschaft lag danieder. Der Krieg warf die Stadt um Jahrzehnte zurück. Noch heute schätzt man die Arbeitslosenquote auf ca. 60 %. Auf der anderen Seite wirkt die Stadt von Jahr zu Jahr moderner und reicher – die Schere klafft in Diyarbakır gewaltig auseinander. Diyarbakır gilt heute als Sammelbecken kurdisch-intellektueller Präsenz. Die Bevölkerung ist bemüht, ihre Stadt vom alten Negativimage zu befreien.

Orientierung: Das Herz der Stadt (mit „Şehir Merkezi" ausgeschildert) umschließt ein mächtiger Mauerring. Vier Tore führen in den kompakten, touristisch interessanten Altstadtkern. Die Hotelmeile und das Gros der wichtigen Einrichtungen liegen am Nordtor. Innerhalb der Stadtmauern erwartet Sie ein Wirrwarr aus verwinkelten, oft sehr engen Gassen, die auf keiner Karte zu finden sind. Das macht die Suche nach den Sehenswürdigkeiten oft nicht leicht. Es ist ratsam, sich seinem Ziel auf den Hauptachsen zu nähern und erst dann in das Tohuwabohu der Nebengassen einzutauchen, wenn die Sehenswürdigkeiten ausgeschildert sind. Das junge, moderne Diyarbakır trifft sich außerhalb der Stadttore in der Neustadt *(Yenişehir)*, und dort im Stadtteil *Ofis* nordwestlich der Altstadt (→ Nachtleben).

Information/Verbindungen/Parken

Telefonvorwahl 0412.

Information Tourist Information, in einem Kiosk auf dem Platz zwischen Kıbrıs Cad. und Ali Emiri Cad. Di–Sa 9–12 und 13–18 Uhr. ✆ 2281706, www.diyarbakirkulturturizm.gov.tr.

Verbindungen Flughafen (www.diyarbakir.dhmi.gov.tr), 3 km südwestlich des Zentrums. Taxi ca. 4,50 €. Infos zu den Zubringerbussen und Flugtickets z. B. bei **Bat-Air**, İnönü Cad. 9, ✆ 2235373, ✉ 2233415.

Bus/Dolmuş: Busbahnhof weit außerhalb an der Straße nach Şanlıurfa. Zubringerbusse der Busgesellschaften (Büros rund um das Dağ Kapısı), zudem Dolmuşe von der Kıbrıs Cad. und von der Minibusstation Balıkçılarbaşı im Süden des Zentrums.

Mehrmals tägl. nach Adana (8 Std.), Ankara (14 Std.), Erzurum (8 Std.), Sivas (10 Std.) und Van (7 Std.), regelmäßig nach Malatya (5 Std.) und Şanlıurfa (3 Std.). Die Dolmuşe nach Mardin, Siverek (mit Anschluss nach Kahta) und Batman starten von der ca. 2 km südwestlich des Zentrums gelegenen İlçe Garaji (bzw. İlçe Otogar). Dorthin gelangt man u. a. mit Dolmuşen von der Kıbrıs Cad. oder der Minibusstation Balıkçılarbaşı.

Zug: Bahnhof (✆ 2266392) ca. 1,5 km westlich des Zentrums an der İstasyon Cad. 4-mal wöchentl. über Malatya, Sivas, Kayseri und Ankara nach İstanbul (33 Std.).

Parken Viel Spaß beim Suchen! Eine Tiefgarage befindet sich am Dağ Kapısı.

Adressen/Einkaufen

Ärztliche Versorgung Mehrere Krankenhäuser nördlich des Dağ Kapısı, u. a. das private **Alman Hastanesi**. ✆ 2232400.

Autoverleih Bspw. über Avis, Elazığ Cad. 29/D, ✆ 2290275, www.avis.com.tr.

Einkaufen Hauptgeschäftsader ist die Gazi Cad. An ihr liegt der zweistöckige **Hasan Paşa Hanı** (um 1575). Rund um den Innenhof haben sich Silberschmuckverkäufer angesiedelt. Dazu gibt es mehrere nette

Cafés und ein gutes Restaurant (→ Essen & Trinken). Gleich daneben liegt der Eingang zum **Kuyumcular Çarşısı**, ein gedeckter Basar, wo Goldschmuck verkauft wird. Weiter südlich machen sich der **Tarihi Eski Yoğurt Pazarı** und der **Peynirciler Çarşısı**, beides Joghurt- und Käsemärkte, in Ihrer Nase bemerkbar. Örtliche Spezialitäten sind *Otlu Peynir* (mit Kräutern versetzter Käse) und *Diyarbakır Peyniri* (salziger Trockenkäse, der zu einem Zopf geflochten wird). Zudem kann man sich mit Oliven und Honig eindecken.

Ganz im Süden der Gazi Cad. findet man Händler, die **Gewürze** aus Säcken verkaufen. Auch sind vereinzelt noch **Tabakhändler** anzutreffen, die eine leichte, wohlschmeckende Mischung säckeweise anbieten – die Alternative zu *Drum* und *Javaanse*.

Der **Gedeckte Basar** befindet sich in Nachbarschaft der Ulu Cami.

Polizei Unter anderem an der Gazi Cad. ✆ 155.

Post Unter anderem an der Yenikapı Cad.

Wäsche Die schicke Trockenreinigung **Kuru Temizleme Class** wäscht auch. 6,50 €/Maschine (5 kg). Lise Cad. Eyüp Eser Apt. Altı 1.

Übernachten

Gutes Hotelangebot (was Sauberkeit und Preis-Leistungs-Verhältnis angeht, ist Diyarbakır in Ostanatolien unschlagbar!) rund um das Dağ Kapısı, v. a. an der İnönü und der İzzet Paşa Cad. Lediglich die ganz billigen Häuser sind nicht zu empfehlen. **Hinweis**: Allein reisende Frauen müssen bei der Unterkunftssuche damit rechnen, in manchen Häusern abgewiesen zu werden.

***** **The Green Park** **13**, bestes Haus im Zentrum und von innen besser als von außen. Zimmer mit der Sterneanzahl entsprechendem Komfort, aber ohne besondere Note. Angeschlossen ein altes, schön restauriertes *Köşk*, in ihm befindet sich das Restaurant, davor der Pool. EZ ab 70 €, DZ ab 100 €. Gazi Cad. 101, ✆ 2295000, www.thegreenparkdiyarbakir.com.

**** **SV Business Hotel** **7**, neues, sehr gepflegtes und komfortables Haus. 79 farbenfrohe, modern eingerichtete Zimmer. Zuvorkommender, englischsprachiger Service. Bis zu Ihrem Besuch soll noch eine schöne Dachterrasse hinzukommen. Sehr gute Wahl. Fitnessraum und Sauna. DZ 90 €. İnönü Cad. 4, ✆ 2281295, ✉ 2244859, www.svbusinesshotel.com.

Hotel Büyük Kervansaray **14**, das in einer alten Karawanserei eingerichtete Haus wird gerne von Busgruppen aufgesucht. Kleine, etwas dunkle Zimmer (was der alten Baustruktur geschuldet ist), zum Glück mit Klimaanlage, da ansonsten recht stickig (winzige Fenster). Größere nette Suiten. Schöner Innenhof (abends oft Folkloredarbietungen, an Wochenenden Tanzbar). Gute Küche, Alkohol (!). Großer Pool. EZ 47 €, DZ ab 66 €. Gazi Cad., ✆/✉ 2289606.

New Tigris Hotel **1**, 2011 eröffnetes Haus. 40 modern eingerichtete Zimmer – alles noch neu und blitzblank. Sofern der uns genannte Preis kein Einführungspreis ist und nicht angehoben wird, bestes Preis-Leistungs-Verhältnis: EZ 29 €, DZ 41 €. Kıbrıs Cad. 3, ✆ 2249696, ✉ 2243636, www.newtigrishotel.com.

** **Hotel Kaplan** **4**, relativ ruhig gelegenes Haus, das von Lesern stets gute Kritiken bekam und von Ausländer gewöhnt ist. Bei unserem letzten Besuch wurde das Hotel zu einem 3-Sterne-Haus aufgepeppt. Eigener Parkplatz. Die neuen Preise waren noch nicht bekannt. Yoğurtçu Sok. 14, ✆ 2293300, ✉ 2240187, www.hotelkaplan.com.

Das **Hotel Kristal** **4** in der Nachbarschaft gehört dazu und bietet etwas in die Jahre gekommene, aber anständige Zimmer zu fairen Preisen. DZ 32 €. Yoğurtçu Sok. 6, ✆ 2293800, ✉ 2240187.

** **Azizoğlu Hotel** **9**, ordentliches Haus. Die Zimmer sind nichts Besonderes, aber sehr sauber und okay. EZ 21 €, DZ 33 €. İnönü Cad. 41, ✆ 2248181, ✉ 2242403, www.azizogluhotel.com.

Hotel Derya **8**, ein Leserinnentipp, der erst nach unserer Recherche einging und von uns daher nicht mehr überprüft werden konnte: „Altmodisch möblierte Zimmer, aber ausgesucht freundliches Personal, Frühstücksterrasse auf dem Dach (vielfältiges, leckeres Büfett) mit schönem Blick

Map labels

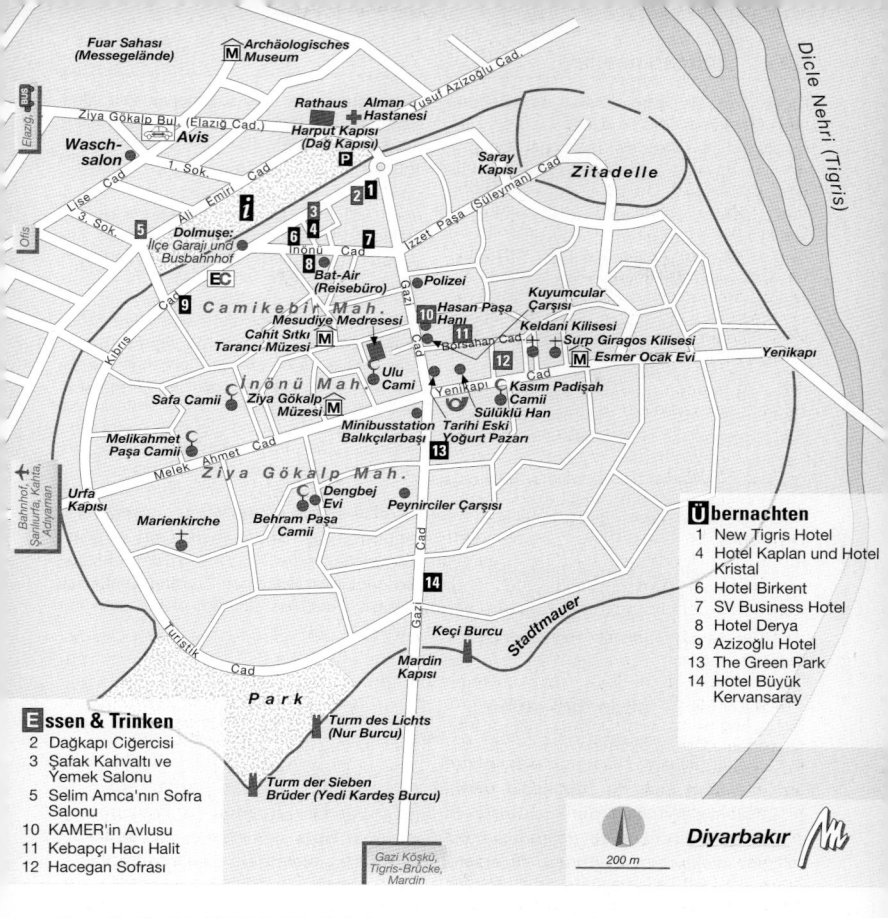

Fuar Sahası (Messegelände)
Archäologisches Museum
Dicle Nehri (Tigris)
Ziya Gökalp Bul. (Elazığ Cad.)
Rathaus
Alman Hastanesi
Yusuf Azizoğlu Cad.
Elazığ BUS
Avis
Harput Kapısı (Dağ Kapısı)
Waschsalon
T. Sok.
Ali Emiri Cad.
Saray Kapısı
İzzet Paşa (Süleyman) Cad.
Zitadelle
Lise Cad.
3. Sok.
Ofis
Dolmuşe: İlçe Garajı und Busbahnhof
İnönü Cad.
Bat-Air (Reisebüro)
Polizei
Kıbrıs Cad.
Camikebir Mah.
Hasan Paşa Hanı
Kuyumcular Çarşısı
Mesudiye Medresesi
Keldani Kilisesi
Cahit Sıtkı Tarancı Müzesi
Borsahan Cad.
Surp Giragos Kilisesi
Esmer Ocak Evi
Yenikapı
İnönü Mah.
Ulu Cami
Yenikapı
Safa Camii
Ziya Gökalp Müzesi
Kasım Padişah Camii
Sülüklü Han
Melikahmet Paşa Camii
Melek Ahmet Cad.
Minibusstation
Balıkçılarbaşı
Tarihi Eski Yoğurt Pazarı
Bahnhof, Şanlıurfa, Katfa, Adıyaman
Urfa Kapısı
Ziya Gökalp Mah.
Marienkirche
Dengbej Evi
Behram Paşa Camii
Peynirciler Çarşısı
Gazi Cad.
Turistik Cad.
Keçi Burcu
Mardin Kapısı
Stadtmauer
Park
Turm des Lichts (Nur Burcu)
Turm der Sieben Brüder (Yedi Kardeş Burcu)
Gazi Köşkü, Tigris-Brücke, Mardin

Übernachten
1 New Tigris Hotel
4 Hotel Kaplan und Hotel Kristal
6 Hotel Birkent
7 SV Business Hotel
8 Hotel Derya
9 Azizoğlu Hotel
13 The Green Park
14 Hotel Büyük Kervansaray

Essen & Trinken
2 Dağkapı Ciğercisi
3 Şafak Kahvaltı ve Yemek Salonu
5 Selim Amca'nın Sofra Salonu
10 KAMER'in Avlusu
11 Kebapçı Hacı Halit
12 Hacegan Sofrası

Diyarbakır 200 m

über die Stadt." EZ 21 €, DZ 33 €. İnönü Cad. 13, ✆ 2242555.

** **Hotel Birkent** 6, auch hiermit sind Leser immer wieder zufrieden. Geräumige Zimmer etwas älteren Datums, aber durchaus okay, Klimaanlage und Kühlschrank. Sehr sauber. EZ 19 €, DZ 29 €. İnönü Cad. 26, ✆ 2287131, ✉ 2287145.

Essen & Trinken/Nachtleben

Diyarbakır ist der Horror für Vegetarier. Überall werden Spieße gegrillt. Wer mag, kann seinen *şiş kebap* mit *şalgam* hinunterspülen, dem bitter-sauer schmeckenden Steckrübensaft. Gutes Essen in schönem Ambiente und dazu Alkohol bietet das preislich etwas höher angesiedelte Restaurant des Hotels **The Green Park**.

Selim Amca'nın Sofra Salonu 5, gilt als eines der besten Lokale der Stadt, hat sogar 3 Ableger in İstanbul. Wenig Auswahl, ausschließlich lokale Spezialitäten wie *kaburga dolması* (gefüllte Rippchen) oder *bumbar dolması* (mit Hackfleisch, Bulgur etc. gefüllter Dickdarm!). Menü 10 €/Pers. Ali Emiri Cad. 22/B, ✆ 2244447.

Kebapçı Hacı Halit 11, auch hier wird Fleisch ganz groß geschrieben. Seit 1940 im Geschäft. Jeden Mittag ein großer Run, danach sind die Vitrinen leer gefuttert – ein

Beweis für die gute Qualität des Gebotenen. Borsahan Sok., ✆ 2290467.

Dağkapı Ciğercisi 2, für Liebhaber von Grillspießen (genial die Leberspieße) ist hier jeder Tag wie Weihnachten. Das Wasser läuft einem schon auf dem Weg dorthin im Mund zusammen (Sackgasse rechts des Hotels New Tigris nehmen). Einfaches Hinterhofambiente, geht über mehrere Etagen. Çıkmaz Sok. 6, ✆ 2241015.

Hacegan Sofrası 12, nahe der Kasım Padişah Camii (an der Yenikapı Cad. gegenüber der Moschee in die schmale Gasse links ab). Unten wird gebacken und gebraten, oben sitzt man (Schuhe ausziehen!) ganz orientalisch an Knietischchen auf flauschigen Teppichböden. Wohnzimmeratmosphäre. Topfgerichte, *Lahmacun* und Pide zu günstigen Preisen. Von Lesern gelobt. Freundliches Personal. Dökmeciler Sok. 25, ✆ 2293186.

Şafak Kahvaltı ve Yemek Salonu 3, wer kein Frühstück im Hotel bekommt, muss einfach hierherkommen. Was es gibt, sieht man bereits im Fenster: regionalen Käse, Eier, gutes Brot, Wabenhonig etc. Den Rest des Tages gibt es leckere Topfgerichte. Kıbrıs Cad. 34

Cafés Der Hasan Paşa Hanı (→ Einkaufen) aus dem 16. Jh. ist eine ruhige Oase an der Gazi Cad. und Treffpunkt der aufgeschlossenen Jugend Diyarbakırs. Man findet darin mehrere nette Cafés (auch zum Frühstücken), so das **KAMER'in Avlusu** (→ Kasten) und das **Köşem Café**, wo man Wasserpfeife raucht und *Tavla* spielt. Nicht weit davon entfernt (etwas versteckt; von der Yenikapı Cad. gen Norden gehen, erste Gasse rechts ab, nächste links) liegt der **Sülüklü Han** aus dem 17. Jh., ebenfalls eine nette Caféadresse und gleichzeitig einer der wenigen Orte im Herzen des Basars, die auch am Abend noch geöffnet haben. Dann ist es hier, bei Mokka aus dem Ofen und schöner Musik, besonders stimmungsvoll.

Nachtleben Am Abend treffen sich die Studenten in den Teelokalen und Türkübars an der **Sanat Sokak im Stadtteil Ofis** nordwestlich der Altstadt. Am einfachsten mit dem Taxi anfahren.

KAMER – Frauen für Frauen

Die Frauenorganisation KAMER *(Kadın Merkezi)* wurde vor rund zehn Jahren als erstes Frauennotrufzentrum Südostanatoliens gegründet. KAMER engagiert sich bei häuslicher Gewalt gegen Frauen und bei Ehrenmorden und kämpft gegen die Rechtlosigkeit der Frauen. Die Situation der Frauen in den kurdischen Provinzen des Landes unterscheidet sich extrem von anderen türkischen Regionen. Diverse Studien lassen vermuten, dass rund 80 % der kurdischen Frauen (v. a. in den Dörfern) Analphabetinnen sind, 30 % in einem Alter unter 16 Jahren verheiratet werden (da dies illegal ist, sind über 60 % davon nicht offiziell verheiratet), jede zweite Frau mit einem Verwandten verheiratet ist, rund 40 % der Frauen ihr erstes Kind im Alter zwischen 14 und 18 Jahren bekommen und über 40 % mehr als sechs Kinder haben. Umfragen unter Frauen, ob es in ihrem Bekanntenkreis Fälle von Ehrenmord gegeben hat, beantworteten 6 % mit Ja, 14 % kannten Fälle von Selbstmord.

Im Hasan Paşa Han betreibt die Frauenorganisation das **Caférestaurant KAMER'in Avlusu** 10. Im Sommer sitzt man im schönen Innenhof, im Winter unter altem Gewölbe. Gute Hausmannskost wie *Mantı*, gefülltes Gemüse oder *Börek*. Hg. 3,50–5 €. Gazi Cad., ✆ 2242333.

Sehenswertes

Stadtmauer: Der imposante Stadtwall wurde erstmals unter Konstantin II. (337–361) angelegt und später immer wieder verstärkt und umgebaut. Die noch weitgehend intakte Mauer aus Basaltgestein besaß einen Umfang von 5,5 km, war 3–5 m dick und mit 72 Türmen und vier Stadttoren gespickt. Von einer Begehung des Befestigungswalls (theoretisch möglich) ist aufgrund des desolaten Zustands der Mauer abzuraten. Spaziert man vom *Mardin-Tor (Mardin Kapısı)* im Süden entlang der Mauer zum *Urfa-Tor (Urfa Kapısı)* im Westen, passiert man mächtige Turmbastionen mit netten Namen wie „Turm der sieben Brüder" *(Yedi Kardeş Burcu)* oder „Turm des Lichts" *(Nur Burcu).* Von Letzterem genießt man einen schönen Blick auf die Tigris-Brücke.

Am *Harput Kapısı,* auch *Dağ Kapısı* („Berg-Tor") genannten Nordtor lassen sich die verschiedenen Bauabschnitte noch erkennen: Die aus der Wand hervortretenden Pfeiler sind byzantinischen Ursprungs, die arabischen Inschriften an den beiden Türmen sowie ein Tierrelief stammen aus der Zeit der Abbasiden-Herrschaft.

Zitadelle: Zur Zitadelle *(İç Kale)* im Nordosten des Stadtwalls führt das *Saray Kapısı* („Palast-Tor"). Die Zitadelle wurde zum Zeitpunkt der letzten Recherche zu einem Kunst-, Kultur- und Kongresszentrum ausgebaut. Der Abschluss der Arbeiten war bereits für 2010 vorgesehen und wird seitdem Jahr für Jahr verschoben. Irgendwann soll das ehemalige *Gerichtsgebäude* ein weiteres *Archäologisches Museum* beherbergen und die einstige *St.-Georgs-Kirche* in eine *Kunstgalerie* verwandelt sein. Auch das einst berüchtigte *Gefängnis,* in dem viele mutmaßliche PKK-Kämpfer und -Sympathisanten für immer verschwanden, wird restauriert und soll – das weiß man noch nicht genau – künftig ein Kongresszentrum oder ebenfalls ein Museum beherbergen. Bei Redaktionsschluss wurden im Zuge der Restaurierungsarbeiten auf dem Gefängnisgelände Menschenknochen gefunden – jeden Tag mehr ... Zudem sind auf dem Areal ein *Atatürk-* und ein *Ethnografisches Museum* in Planung. Auch sollen sämtliche Wohnhäuser innerhalb der Zitadelle beseitigt werden, 2011 fing man schon mit deren Abriss an.

Cahit Sıtkı Tarancı Müzesi/Kültür Müzesi: Das Museum zeigt zum einen ein paar persönliche Habseligkeiten (Briefe, Bücher etc.) des lokalen Literaten Cahit Sıtkı (1910–56), zum anderen ist es eine Art kleines Volkskundemuseum. Am interessantesten ist jedoch das Gebäude selbst, ein typisches Diyarbakırer Stadthaus mit Innenhof aus der ersten Hälfte des 19. Jh., das sich hinter hohen Mauern verbirgt.
Kebir Mah. War 2011 wegen Restaurierungsarbeiten geschlossen.

Ulu Cami (Große Moschee): Die sehenswerte Ulu Cami, das bedeutendste Bauwerk der Stadt, war – kaum zu übersehen – ursprünglich eine Kirche, die 639 in die erste Moschee auf anatolischem Boden umgewandelt wurde. Ein Drittel des Gebäudes wurde angeblich noch bis ins 11. Jh. den Christen als Gotteshaus gelassen. Unter dem Seldschukensultan Malik Schah erfuhr die Moschee 1091 eine Totalrestaurierung. 1115 stürzten Teile des dreischiffigen Bauwerks infolge eines Erdbebens ein, danach wurde es wieder aufgebaut. Im großen Hof befinden sich zwei Reinigungsbrunnen, der eine mit einem viereckigen, der andere mit einem achteckigen Pyramidendach. Die Fassaden des Hofs sind weitgehend aus antiken Architekturfragmenten zusammengesetzt. Im Norden der Moschee schließt sich die *Mesudiye Medresesi* an, eine der ältesten Hochschulen Anatoliens. Sie stammt aus der Wende vom 12. zum 13. Jh. Medrese und Moschee wurden 2011 umfangreich restauriert.

Ziya Gökalp Müzesi: Das kleine Museum in einem traditionellen Stadthaus liegt versteckt an der gleichnamigen Gasse (Nr. 7). Der in Diyarbakır geborene Philosoph und Soziologe Ziya Gökalp (1876–1924) war mit seinen 1923 erschienenen *Prinzipien des türkischen Nationalismus* einer der geistigen Wegbereiter der kemalistischen Reformen. Mit seiner Maxime „Ich bin türkischer Nationalität, islami-

scher Glaubensgemeinschaft und westlicher Zivilisation" steckte er den Rahmen ab, in dem sich das Selbstverständnis der jungen Republik in den folgenden Jahren konsolidierte. Zu sehen sind u. a. das Wohnzimmer Gökalps mit einem musealen Radio, Handschriften und eine posthum aufgestockte Bibliothek.
War 2011 wegen Restaurierungsarbeiten geschlossen.

Safa Camii und **Melikahmet Paşa Camii**: Die Safa-Moschee aus dem 15. oder 16. Jh. ist berühmt wegen ihres Minaretts, dessen Fayencenschmuck leider weitestgehend abfiel. Beim Bau des Minaretts sollen wohlduftende Kräuter in den Mörtel gemischt worden sein. Um die feinen Gerüche zu konservieren, wurde es noch bis in jüngere Zeit von einer Schutzhülle umgeben, die nur zum Freitaggebet gelüftet wurde. Wer schnuppern will, muss die Moschee im Gassenwirrwarr nördlich der Melek Ahmet Caddesi bzw. westlich des Ziya-Gökalp-Museums suchen. Leichter findet man die Melikahmet Paşa Camii, die direkt an der gleichnamigen Straße liegt. Wie andere Moscheen der Stadt aus dem 16. Jh. weist auch sie den augenfälligen Kontrast aus hellem Sandstein und dunklem Basalt auf.

Das kurdische Volk

In der Türkei leben rund 12 Mio. Kurden, davon die eine Hälfte in den westlichen Metropolen des Landes, die andere in der Osttürkei, wo die Kurden in manchen Provinzen rund 80 % der Bevölkerung stellen. Ost- und Südostanatolien ist der nördliche Teil eines mehrheitlich von Kurden besiedelten Raumes, der grob zwischen Erzurum, Urmia-See (Iran) und Bagdad (Irak) einzuordnen ist, aber auch bis nach Syrien und Armenien hineingreift. Gemeinhin wird dieses Gebiet als „Kurdistan" bezeichnet. Einen Staat gleichen Namens gab es jedoch nie. Zwar stand ein solcher nach der Zerschlagung des Osmanischen Reiches und der damit verbundenen Neuordnung des Vorderen Orients zur Debatte. Doch die Verträge wurden von den europäischen Siegermächten nie ratifiziert, nachdem im Nordirak Öl entdeckt worden war.

Woher die Kurden eigentlich kommen, weiß niemand so genau. Und fragt man einen Kurden nach der Herkunft seines Volkes, so erzählt jeder zweite eine andere Legende. Am populärsten ist die des Tyrannen Zohak, der seiner Dienerschaft befahl, ihm die Hirne von auserwählten Kindern zuzubereiten. Die Diener erbarmten sich und bereiteten ihrem Herrscher Lammhirn zu. Die Kinder schickten sie in die Berge, wo aus ihnen das kurdische Volk hervorging. Tatsache ist, dass ein kriegstüchtiges Nomadenvolk ähnlichen Namens *(Karduchoi)* bereits lange vor Christi Geburt durch die hiesigen unwegsamen Bergregionen zog.

Die Kurden werden nicht nur durch Grenzen, sondern auch durch Sprachen getrennt. Kurdisch gehört zur Familie der westiranischen Sprachen. Dabei sind die verschiedenen kurdischen Idiome so unterschiedlich, dass sich anatolische Kurden, die *Kurmandschi* oder das als eigene Sprache geltende *Zazaki* sprechen, untereinander nicht verständigen, geschweige denn ein Wort mit jenen „irakischen" Kurden wechseln können, die nur *Gurani* beherrschen. Übrigens gibt es in der Türkei immer noch viele Kurden (v. a. Frauen und Alte, die nie eine Schule besucht haben), die Türkisch nicht verstehen.

Zu kurdischen Autonomiebestrebungen kam es in den letzten Jahrzehnten insbesondere im Irak und in der Türkei. Die Kurdenaufstände gegen die türkische Staatsautorität resultierten letztendlich aus Fehlern des Lausanner

Vertrages (1923): Darin wurden zwar nichtmuslimischen Minderheiten wie Armeniern, Griechen und Juden Garantien und Sonderrechte eingeräumt, nicht jedoch den Kurden. Man tat die größte ethnische Minderheit des Landes fortan als „Bergtürken" ohne jegliche Privilegien ab. Die Repression der kulturellen Identität, das Verbot der eigenen Sprache sowie Armut und Perspektivlosigkeit trieben in den 1980ern viele türkische Kurden in die Hände der PKK (*Partîya Karkêren Kurdistan* = Arbeiter-Partei Kurdistans). Diese marxistisch-leninistische Organisation hatte 1978 Abdullah Öcalan, ein vormaliger Politikstudent, ins Leben gerufen, um einen unabhängigen Kurdenstaat zu schaffen. Öcalan ließ seine Anhänger in libanesischen Lagern zu Kämpfern ausbilden und ab 1984 mit Guerillamethoden gegen den türkischen Staat vorgehen. Dieser antwortete ebenfalls mit Gewalt. 15 Jahre dauerten die blutigen Auseinandersetzungen, die 25.000–30.000 Todesopfer forderten. Am meisten litt die Landbevölkerung – rund 3400 Dörfer, in denen man PKK-Basen vermutete, wurden von heute auf morgen zwangsgeräumt, mehrere Hunderttausend Bauern vertrieben. Mit der zunehmenden Grausamkeit der PKK schwand im Laufe der Zeit aber auch ihre Anhängerschaft. Von den zeitweise 10.000 Kämpfern bekannte sich 1999, dem Jahr der spektakulären Verhaftung Abdullah Öcalans und der Niederlegung der Waffen, gerade noch ein Zehntel zur PKK. Die meisten davon setzten sich danach in den Nordirak ab. 2004 kündigte die PKK die Waffenruhe wieder auf.

Auf Druck der EU verabschiedete Ankara seit 2002 mehrere Reformgesetze, die den Kurden neue Rechte und Hoffnungen gaben. Eltern dürfen ihren Kindern nun kurdische Namen geben, ihnen kurdische Bücher oder CDs kaufen und mit ihnen unbehelligt das kurdische Neujahrsfest (*Newroz*, 21. März) feiern. All das war davor nicht möglich. Seit 2009 betreibt das türkische Staatsfernsehen einen eigenen kurdischsprachigen Kanal, 2010 zogen die Privatsender nach. Mittlerweile dürfen wieder kurdische Ortsnamen verwendet werden, und an den Universitäten von Mardin und Tunceli wurden Lehrstühle für kurdische Sprachen eingerichtet. 2011 lud Ministerpräsident Erdoğan die linke Kurdenpartei BDP ein, gemeinsam eine neue Verfassung auszuarbeiten, in der die Gleichberechtigung festgeschrieben wird.

Doch: „Es scheint ein ehernes Gesetz zu sein: Wann immer es in der Türkei Versuche zur Lösung der Kurdenfrage gibt, eine Annäherung zwischen den verfeindeten Parteien, dann geschieht ein blutiger Anschlag – und Rufe nach Rache ertönen" (Kai Strittmatter, *Süddeutsche Zeitung*, Ausgabe vom 16.7. 2011). Insbesondere in den Provinzen Hakkari und Şırnak, im Grenzgebiet zum Irak, liefert sich die PKK immer wieder Gefechte mit dem türkischen Militär. Beide brauchen einander. Ohne die zunehmende Gewalt des Staates folgen der PKK keine jungen Kurden in die Berge nach. Und das Militär gewinnt an politischer Stärke, wenn die PKK aktiv ist.

Kasım Padişah Camii und Umgebung: Die kleine Kasım-Padişah-Moschee aus dem frühen 16. Jh. findet man an der Yenikapı Caddesi (das Sträßlein zweigt von der Gazi Cad gen Osten ab). Sie wird auch *Dört Ayaklı Cami* („Vierbeinige Moschee") genannt, da ihr Minarett auf einem vierbeinigen Sockel steht. Wer diesen sieben Mal umrundet, so heißt es, bekommt einen Wunsch erfüllt. In der Nähe versteckt sich hinter hohen Mauern (von der Moschee ausgeschildert, 9–18 Uhr) die *Mar Petyün Keldani Kilisesi,* das Gotteshaus der mit Rom unierten chaldäischen

Christen. Ihre Grundmauern sollen auf das 5 Jh. zurückgehen. Der Kirchenraum, der auf sechs Pfeilern ruht, ist breiter als lang. Nur mehr eine dachlose Megaruine ist die vierschiffige, armenische Kirche Surp Giragos (zuletzt nicht zugänglich) in der Göçmen Sokak. Ihr gegenüber kann man samstags und sonntags das nach der Schriftstellerin benannte *Esma Ocak Evi* besichtigen – hinter der grau-weißgestreiften Fassade befinden sich ein paar schön dekorierte Räumlichkeiten, die einen Einblick in vergangene, osmanische Wohnverhältnisse geben. Gegen ein Trinkgeld führt Sie ein Wärter herum (klopfen).

Behram Paşa Camii (auch: Bayrampaşa Camii und Dengbej Evi): Die größte Moschee Diyarbakırs trägt den Namen ihres Stifters, eines osmanischen Gouverneurs. Sie entstand im Jahre 1572. Prunkstück im Innern ist die reich dekorierte Gebetsnische. Die Moschee versteckt sich in einer der engen, dunklen Gassen westlich des Käsemarktes. In der Nachbarschaft lohnt das Dengbej Evi einen Besuch. Im Hof treffen sich an Nachmittagen (tägl. außer Mo) kurdische Volkssänger, die ihre Weisen vortragen. Besucher sind herzlich willkommen.

Meryem Ana Kilisesi (Marienkirche): Der heutige Sakralbau, den man zwischen den sich kreuz und quer schlängelnden Gassen südöstlich des Urfa Kapısı suchen muss, besteht nur noch aus der Apsis eines einst riesigen Rundbaus mit 50 m Durchmesser. Das Entstehungsdatum der Kirche ist unbekannt. In ihr befindet sich eine Reliquie aus der Zeit des Ursprungs des Christentums – ein Holzsplitter, der angeblich von dem heiligen Kreuz stammt, an dem Jesus starb. Die Kirche ist die einzige in Diyarbakır, in der noch regelmäßig Gottesdienste gefeiert werden – die syrisch-orthodoxe Gemeinde zählt allerdings nur noch rund 40 Mitglieder. Zur Kirche gehört eine freundliche kleine Anlage mit Innenhof.

Die Kirche ist am einfachsten von der Turistik Cad. zu finden, von dort ausgeschildert. Tägl. 9–12 und 14–17 Uhr. Spenden erwünscht. Gottesdienste in aramäischer Sprache finden So um 9 Uhr sowie Mi und Fr um 6 Uhr statt.

Archäologisches Museum: Das Museum befindet sich außerhalb der Stadtmauern beim Messegelände. Es beherbergt u. a. sehenswerte Funde aus Çayönü (→ Kasten, S. 885), darunter Schmuck, Tierfiguren, Werkzeuge, Altarsteine und ein Grab. Auch die archäologischen Grabungsarbeiten werden vorbildlich dokumentiert. Das Museum war 2011 wegen Restaurierungsarbeiten nicht zugänglich. Wann diese abgeschlossen sein werden und ob Abteilungen des Museums in die Zitadelle verlegt werden, war zuletzt noch nicht bekannt.

Sellahattin Yazıcıoğlu Cad. (im Rücken des Dedeman Hotels).

Gazi Köşkü und Tigris-Brücke: Ebenfalls außerhalb der Stadtmauern liegt das Gazi Köşkü, ein kleines Schlösschen aus dem 15. Jh., das die Stadtväter 1937 Atatürk schenkten. Heute ist es ein Museum im Grünen, u. a. kann man Küche, Arbeits- und Schlafzimmer sowie das angeblich aus Europa importierte Bad bestaunen. Etwa einen Kilometer weiter südlich überspannt eine elegante, ursprünglich byzantinische Brücke in zehn ungleichen Bogen den Tigris. Sie ist ein beliebtes Ausflugsziel zum alljährlichen Opferfest, dann werden Wunschzettel von der Brücke in den Fluss geworfen.

Man verlässt die Altstadt über das Mardin-Tor und folgt dem Eski Mardin Yolu gen Süden, vom Tor ca. 1,5 km zum Landhaus. Tägl. (außer Mo) 8–17 Uhr. Kein Eintritt.

Zur **Nemrut-Region** lesen Sie weiter ab S. 873, über **Şanlıurfa** ab S. 859, Sehenswertes auf der Strecke nach Elazığ finden Sie auf S. 885.

Mardin

79.900 Einwohner

Glockentürme und Minarette rund um einen gewaltigen Burgberg – Mardin ist eine faszinierende Mixtur aus Islam und Christentum, die erhaben die mesopotamische Tiefebene überblickt.

Mardin (1083 m ü. d. M.) könnte als Kulisse für einen klassischen Sandalenfilm dienen: Malerisch schmiegen sich die sandfarbenen, arabisch geprägten Natursteinhäuser den Hang hinauf. Kirchturmspitzen lugen hinter Dächern hervor und zeugen von der Zeit, als Mardin noch Heimat Tausender syrisch-orthodoxer Christen war – keine 600 leben noch heute in der Stadt (→ Kasten, S. 900). Über der Altstadt, einem biblischen Gewirr aus Gassen, Winkeln und Treppen, erhebt sich die wuchtige Zitadelle. Würde kein Dunst die Sicht trüben, könnte man von ihr bis nach Syrien blicken – die Grenze ist nur 20 km entfernt.

Die Lage am Rande der Türkei wurde für Mardin durch die Turbulenzen der türkisch-kurdischen Auseinandersetzungen zu einer Lage im verbotenen und vergessenen Abseits. Heute befreit sich die Stadt aus der Isolation – und mit was für Riesenschritten! Vor Kurzem noch ein Geheimtipp, lockt die Perle Südostanatoliens nun Touristen aus dem In- und Ausland an. Direktflüge aus İstanbul bringen jedes Wochenende Scharen neugieriger „Westler". Überall im Zentrum wird restauriert, nette Hotels und Restaurants sind im Entstehen, und auch an Souvenirläden herrscht mittlerweile kein Mangel mehr.

Geschichte

Mardin war stets ein Nebenschauplatz in der Geschichte. Ab dem 5. Jh. ist eine erste christliche Besiedlung nachgewiesen. Vom 6. bis zum bis 13. Jh. bestimmten verschiedene arabische Kalifate, kurdische Stämme und turkmenische Dynastien die Geschicke der Stadt. Zu Letzteren gehörten neben den Seldschuken die Ortokiden, unter denen Mardin im 12. und 13. Jh. seine Blütezeit erlebte. Nach Timur Lenks Zwischenspiel 1394 nahmen erneut Turkmenenstämme das Zepter in die Hand, erst die *Karakoyunlu* („Die mit dem schwarzen Hammel"), dann die *Akkoyunlu* („Die mit dem weißen Hammel"). Nach einer kurzen persischen Herrschaft verleibte Selim I. die Stadt 1516 dem Osmanischen Reich ein. Nach dem Ersten Weltkrieg war Mardin Teil des französischen Protektorats Syrien. 1923 wurde die Stadt der Türkei zugesprochen. Bis 1999 sorgten PKK-Freischärler immer wieder für blutige Scharmützel. Die Vorsicht bleibt – die Gehsteige werden früh hochgeklappt, nachts sorgen patrouillierende Militäreinheiten für Sicherheit.

Orientierung: Wer der Beschilderung zum „Şehir Merkezi" folgt, gelangt automatisch auf die Hauptstraße durch die Altstadt, die von West nach Ost verlaufende Einbahnstraße *Birinci Cad*. Sie wird auch von Dolmuşen abgefahren. Die zweite wichtige Straße ist der *Yeni Yol*, der sich etwas tiefer um den südlichen Stadthügelrand zieht. Die Gässchen zwischen ihm und der Birinci Cad., wo sich u. a. auch das *Basarviertel* befindet, kann keine Karte dokumentieren. *Yenişehir* nennt sich die sterile und touristisch uninteressante Neustadt von Mardin zu Füßen des Burgbergs. Die Neustadt wächst stetig und ist mittlerweile größer als das historische Mardin. Zwischen *Yenişehir* und Altstadt verkehren Dolmuşe.

Essen & Trinken
1. Café del Mar
4. Kamer Café Mutfak
7. Kebapçı Rido
9. Kebapçı Yusuf Usta'nın Yeri
11. Seyr-i Mardin
14. Abbara
15. Cercis Murat Konağı

Übernachten
2. Zinciriye Otel
3. Şahmeran Pansiyon
5. Otel Başak
6. Artuklu Kervansaray
8. Erdoba Evleri
10. Reyhani Kasrı
13. Kasrı Abbas
16. Büyük Mardin Oteli

Einkaufen
12. Kavak Market

Mardin — 200 m

Information/Verbindungen/Sonstiges

Telefonvorwahl 0482.

Information Eine Touristeninformation in der Altstadt gab es zuletzt nicht mehr. Infos bekommt man mit Glück beim Tourismusdirektorat İl Kültür ve Turizm Müdürlüğü im Gouverneursamt *(Valilik)* in der Neustadt. Mo–Fr 9–17 Uhr. ✆ 2125845, www.mardin kulturturizm.gov.tr.

Verbindungen Flughafen (www.mardin. dhmi.gov.tr), ca. 13 km südlich der Stadt. Zu erreichen mit Minibussen (Aufschrift „Kızıltepe") von Yenişehir, Zusteigemöglichkeit u. a. beim Hotel Bilem (daneben **Bilen Turizm**, für Flugtickets, ✆ 2133773, ✉ 2129195).

Für die Einreise nach Syrien → Antakya, S. 561.

Bus/Dolmuş: Kein Busbahnhof im herkömmlichen Sinne. Die halbstündl. Minibusse nach Diyarbakır (1½ Std.) starten in der Neustadt an der Straße nach Diyarbakır (nahe dem Hotel Bilem, lassen Sie sich die Stelle zeigen). Die Minibusse nach Midyat (1 Std.), Nusaybin (syrische Grenze) sowie die Busse nach Urfa (3 Std.) starten am südöstlichen Zentrumsende (→ Stadtplan), dort finden sich auch Büros der Busunternehmen.

Parken Ein Problem – in der Altstadt am einfachsten am zentralen Cumhuriyet Meydanı (gebührenpflichtig).

Ärztliche Versorgung Staatliches Devlet Hastanesi außerhalb des Zentrums an der Straße nach Diyarbakır. ✆ 2122985.

Autoverleih Es gibt viele Verleiher, geballt in Yenişehir rund um das Hotel Bilem und ein paar an der Birinci Cad. im alten Zentrum, z. B. **Dilan Rent a Car**, Birinci Cad. 448, ✆ 2122088 o. 0543/4228519 (mobil). Autos ab 35 €/Tag.

Einkaufen Das überaus orientalische, teils überdachte Basarviertel erstreckt sich in Hanglage parallel (südlich) zur Birinci Cad. Bekannt ist Mardin für seine **Naturseifen** in außergewöhnlicher Variation, so z. B. mit Ziegenmilch und Knoblauch.

Türkisches Bad (Hamam) Der Savurkapı Hamamı neben der Sıttı-Medrese stammt vom Ende des 12. Jh. und wurde jüngst restauriert. Frauen 12–17.30 Uhr, Männer ab 18 Uhr. Eintritt mit Massage und *Kese* 8,50 € €.

Ein weiterer alter Hamam ist der **Sıhhi Emir Hamamı** an der Birinci Cad. nahe dem Basar. Frauen 12–17.30 Uhr, Männer davor und danach. Ähnliche Preise.

Mardin 897

Übernachten

Viele Unterkünfte sind überteuert und ihr Geld nicht wert. Ständig kommen aber neue hinzu, Klötze in der Neustadt genauso wie selbst ernannte „Boutiquehotels" in der Altstadt.

Reyhani Kasrı [10], 2011 eröffneter Neubau mit 42 zeitgemäß ausgestatteten Zimmern. Tolle Terrasse. DZ 82 €. Birinci Cad. 163, ✆ 2121333, ℻ 2122990, www.reyhanikasri.com.tr.

Erdoba Evleri [8], auf mehrere Gebäude verteilt (liebevoll restaurierte Konaks und Neubauten). Geschmackvoll ausgestattete Zimmer, größtenteils mit Holzböden, schmiedeeisernen Betten und Klimaanlage, von bequem-klassisch (mit modernen Bädern) bis urgemütlich-authentisch (private Bäder auf dem Gang, da die alte Baustruktur keine Integration in die Zimmer zuließ). Parkplätze. Das gediegene Hotelrestaurant wird von Lesern mal gelobt und mal zerrissen. EZ ab 58 €, DZ ab 78 €. Birinci Cad. 135, ✆ 2127677, ℻ 2128821, www.erdoba.com.tr.

**** Büyük Mardin Oteli [16], klotzig, aber der hiesigen Bauweise angepasst. 54 komfortable Zimmer und Suiten mit schwarzen Steinböden, leicht folkloristisch möbliert. Restaurant, Hamam. Tolle Terrassen mit Blick auf die Altstadt und die mesopotamische Ebene. Bequem zu finden und gut zu parken. EZ 57 €, DZ 70 €. Yeniyol, ✆ 2131047, ℻ 2131447, www.buyukmardinoteli.com.

Artuklu Kervansaray [6], Prinz Charles war hier schon zu Gast. 43 hübsche Zimmer mit Farbtupfern und schönen Bädern in einer aufwendig restaurierten Karawanserei. EZ 44 €, DZ 62 €. Birinci Cad. 70, ✆ 2137353, ℻ 2137354, www.artuklu.com.

Zinciriye Otel [2], neben der gleichnamigen Medrese. Der Versuch eines Boutiquehotels in einem alten Konak. 33 zwar komfortabel, aber etwas lieblos und mit wenig Gefühl für die alte Bausubstanz eingerichtete Zimmer. Teils sehr eng, da mit Betten nur so zugestellt. Restaurant mit Aussichtsterrasse. EZ 41 €, DZ 58 €. 243. Sok. 13, ✆ 2124866, ℻ 2122184, www.zinciriye.com.

Şahmeran Pansiyon [3], die freundlichste Billigherberge im Zentrum. 2011 eröffnete, einfache Pension, etwas zurückversetzt von der Birinci Cad. am Hang, ausgeschildert. Saubere Zimmer, teils aber recht eng, Bäder i. d. R. draußen. Freundlich und englischsprachig. Terrassencafé. 16,50 €/Pers. Birinci Cad. 246. Sok. 10, ✆ 2132300, www.sahmeranpansiyon.com.

Otel Başak [5], 11 kleine Zimmer ohne Bad (z. T. sogar ohne Fenster nach draußen), auf engstem Raum gequetscht. Saubere Laken, aber miserable Etagenbäder. Zimmer für das Gebotene fast unverschämt teuer (DZ 25 € ohne Frühstück), man kann jedoch auch auf dem Dach schlafen (8 €/Pers.). Zudem Vermittlung von Zimmern mit Bad im **Kasrı Abbas** [13], das sich *Butik Otel* nennt (aber keines ist). Zimmer mit Bad dort 41 €. Birinci Cad. 360, ✆ 2126246.

Essen & Trinken

Viele einfache, gute Lokantas entlang der Birinci Cad. Bier bekommt man im **Kavak Market** [12] an der Birinci Cad. 376 in Nachbarschaft der Halkbank.

Cercis Murat Konağı [15], das beste Restaurant im Städtchen, in einem wunderschönen Konak mit tollen Aussichtsterrassen. Regionale Küche, kosten Sie die Gerichte mit Pflaumen oder *Domates Tatlısı*, eine süße Nachspeise aus Tomaten (!). Hg. um die 8,50 €, gute Platten für 2 Pers. (um die 20 €). Dazu trinkt man am besten ein Glas lokalen Wein. Der hochnäsige Service wird von Lesern leider immer wieder bemängelt – v. a. allein reisende Frauen und Traveller im verschwitzten Shirt sind nicht gerne gesehen. Birinci Cad. 517, ✆ 2136841.

Kebapçı Yusuf Usta'nın Yeri [9], an der Birinci Cad. schräg gegenüber der Post (übrigens eines der schönsten Postämter der Türkei), in einer Karawanserei aus dem 17. Jh.). Schattiges Gartenlokal, geschwängert mit dem Duft der Kebabs vom Holzgrill und den arabesken Weisen aus den Boxen. Preiswert. Von Lesern gelobt. ✆ 2127985.

Südostanatolien, Karte S. 852/853

Kebapçı Rido 7, klein und einfach. Unübertroffene Hackfleischspieße vom Grill. Birinci Cad. 219.

Kamer Café Mutfak 4, der Frauenhilfsverein (→ Kasten, S. 890) serviert Regionales wie *Mantı* oder *Güveç* in einfachem, aber freundlichem Ambiente. 255 Sok. 33 (neben der Post).

Cafés Café del Mar 1, sowohl Name als auch Konzept wollen so gar nicht zu Mardin passen. Das außen (hübsche Terrasse) wie innen (liebevoll dekoriertes altes Gemäuer) sehr ansprechende Caférestaurant serviert Cappuccino, Smoothies, Omeletts, aber auch Kebabs (4,10–6,50 €) und Frühstück. Freundliches junges Personal, am Wochenende oft Livemusik. Sanat Sok. 17, ✆ 2127080.

Seyr-i Mardin 11, das Innere des Cafés ist alles andere als etwas Besonderes. Sensationell, obwohl schlicht, ist jedoch die Dachterrasse mit freiem Blick über die mesopotamische Ebene. Schnitzel, Pasta und große Salate. Am Wochenende ebenfalls häufig Livemusik. Birinci Cad. 249.

Abbara 14, Cafébar mit toller Terrasse und reichlich Bier. Gute kurdische Musik. „Nach traditionellen Maßstäben kommen die Besucher mit Sicherheit alle in die Hölle – eben ein richtig guter Laden", so eine Leserin. Als *Abbara* bezeichnet man in Mardin übrigens die dunklen Passagen zwischen und unter den historischen Gebäuden. Birinci Cad. 401.

Sehenswertes

Museen: Das *Mardin-Museum (Mardin Müzesi)* befindet sich am Cumhuriyet Meydanı. Das auffällige dreistöckige Gebäude, welches das Museum beherbergt, stammt aus dem späten 19. Jh. und war einst Teil des syrisch-orthodoxen Patriarchats (→ Deyrülzafaran Manastırı). Es ist einen Besuch wert, aber fast mehr wegen seiner schönen Architektur als wegen der Exponate. Die *archäologische Abteilung* zeigt eine wenig spektakuläre Sammlung an Kleinfunden der Umgebung aus nahezu allen großen Epochen, die *ethnografische Abteilung* das Bekannte: alte Werkzeuge, Waffen, Schmuck etc.

Das *Stadtmuseum (Sakip Sabancı Kent Müzesi)* liegt im Osten der Altstadt an der Cumhuriyet Caddesi. Es belegt die Räumlichkeiten einer Kaserne aus dem späten 18. Jh. und gehört zu den besten Museen seiner Art in der Türkei. Anschaulich führt es in die Geschichte der Stadt ein, thematisiert werden u. a. das Zusammenleben von Menschen unterschiedlicher Religionszugehörigkeit, das Kunsthandwerk, die lokale Küche und die Architektur der Region. Angegliedert ist eine Kunstgalerie mit oft spannenden Ausstellungen.
Mardin-Museum, tägl. (außer Mo) 8.30–12 u. 13–17.30 Uhr. Eintritt 1,20 €. Stadtmuseum, tägl. (außer Mo) 8–17 Uhr. Eintritt 0,80 €.

Kirchen: Von den Kirchen Mardins werden infolge der Abwanderung vieler syrisch-orthodoxer Christen heute längst nicht mehr alle benutzt. Vor verschlossenen Türen steht man bei der *Meryem Ana Kilisesi (Muttergotteskirche)* neben dem Mardin-Museum und vor der *Mar Mihail Kilisesi (Michaelskirche)* im Süden der Stadt nahe dem Yeni Yol. Etwas weiter östlich in der *Mar Şemune Kilisesi (Simeonskirche)*, einer der ältesten Kirchen der Stadt (ihre Grundmauern reichen bis ins 6. Jh. zurück), werden noch Sonntagsgottesdienste abgehalten – übrigens nach Geschlechtern getrennt, links beten die Frauen, rechts die Männer. Fast immer zugänglich ist die *Kırklar Kilisesi (Kirche der 40 Märtyrer,* → Sivas/Geschichte, S. 739) nordwestlich des Cumhuriyet Meydanı (ausgeschildert). Auch sie stammt aus dem 6. Jh.

Medresen: Die 1385 erbaute, jüngst restaurierte *Zinciriye Medresesi* (auch *Sultan İsa Medresesi*) zwischen der Zitadelle und den Hanghäusern zählt zu den schönsten

Mardin gehört zu den schönsten Städten Südostanatoliens

Bauwerken der Stadt. Das Innere der ehemaligen Hochschule, das man durch ein reich dekoriertes Portal betritt, dient heute als Sprachinstitut der hiesigen Universität und kann besichtigt werden (tägl. 12–17 Uhr, Eintritt 0,80 €). Der Aufstieg (ausgeschildert; vergessen Sie nicht, aufs Dach der Medrese zu steigen!) belohnt mit schönen Ausblicken über die Stadt und die mesopotamische Tiefebene. Eine weitere sehenswerte Medrese ist die *Sıttı Radviyye Hatuniye Medresesi* (von der Cumhuriyet Cad. ausgeschildert), die zu den ältesten Anatoliens gehört und auf die zweite Hälfte des 12. Jh. datiert wird. In ihrem Innern befindet sich ein Schrein mit einem Fußabdruck des Propheten Mohammed. Außerhalb des Zentrums, im Westen der Stadt, liegt zudem die *Kazım Paşa Medresesi* aus dem Jahr 1469. Zur Anlage gehören eine Kuppelmoschee und die Gräber des Paschas und seiner Schwester – selbst ernannte Führer werden Sie eventuell auf Blutspritzer hinweisen, die von dem angeblich hier ermordeten Pascha stammen sollen.

Zitadelle: Der steile Weg, der von der Sultan İsa Medresesi weiter zur Zitadelle führt, bringt Sie zwar zur Burg, aber bislang nicht hinein. Die bisher vom Militär als Radarstation genutzte Anlage soll jedoch in absehbarer Zeit der Öffentlichkeit zugänglich gemacht werden. Die riesige Festung stammt in ihren Grundfesten aus der Römerzeit, wurde im 10. Jh. verstärkt und im 15. Jh. so erweitert, dass hier in Gefahrenzeiten die gesamte Mardiner Bevölkerung Unterschlupf finden konnte.

Ulu Cami (Große Moschee): Die interessanteste Moschee Mardins findet man südlich der Birinci Cad. Sie stammt aus dem späten 12. Jh. Das wuchtige quadratische *Minarett* und der große *Hof* verraten syrischen Einfluss. Am Sockel des Minaretts kann man eine Inschrift mit der Jahreszahl 672 entdecken, die nach unserer Zeitrechnung das Jahr 1176 angibt. Vom Aufbau her ähnlich ist die *Abdüllatif-Moschee* etwas unterhalb des Cumhuriyet Meydanı. Sie wurde 1371 erbaut und besitzt ein schön verziertes Portal.

Umgebung von Mardin

Syrisch-orthodoxes Christentum im Tur Abdin

Zwischen Mardin und Midyat liegt auf 900 bis 1400 m Höhe die Tafelberglandschaft *Tur Abdin* („Berge der Knechte Gottes"). Einst war diese unwirtliche Region mit über 80 Klöstern und 33 wohlhabenden Dörfern ein Zentrum der syrisch-orthodoxen Christen (türk. *Süryani*), noch in den 1970ern wurde ihre Zahl auf ca. 70.000 geschätzt. Die syrisch-orthodoxen Christen gehören zur orientalisch-orthodoxen Konfessionsfamilie. Diese, die neben den Süryani auch Armenier und Kopten umfasst, betont das Mysterium der Göttlichkeit des Menschensohns Jesus Christus (sog. Monophysiten) und steht damit im Gegensatz zum Dogma des einen Christus als „zugleich wahrem Menschen und wahrem Gott", dem die byzantinische Reichskirche und der Bischof von Rom seit dem Konzil von Chalkedon (451) folgten. Nach dem Wandermönch Jakob Baradai (490–578), der die syrischen Christen für die monophysitische Lehre gewann, werden diese auch Jakobiten genannt. Zum Teil werden sie auch als „Assyrer" bezeichnet. Mit dem antiken Volk gleichen Namens haben die aramäischen Christen des Vorderen Orients jedoch nichts zu tun.

Während der Wirren des Ersten Weltkrieges wurde im Zuge des jungtürkischen Nationalisierungswahns nicht nur die armenische Bevölkerung massakriert und deportiert (→ Kasten, S. 836), sondern auch – und davon wissen die wenigsten – 500.000–750.000 Assyrer (die Zahl der Opfer schwankt je nach Quelle). Historiker sprechen auch hier von einem Genozid. Doch damit nicht genug des Leids: Wirtschaftliche Not, Verfolgung durch Kurden und Türken und politischer Druck (Konfiszierungen des Kirchenbesitzes, Verbot des Gebrauchs der aramäischen Muttersprache *Turoyo*) führten in der zweiten Hälfte des 20. Jh. zur Massenemigration nach Westeuropa. Von Deutschland wurden die syrisch-orthodoxen Christen bereits in den 1960ern gezielt als Gastarbeiter angeworben (man hielt „türkische" Christen für fleißiger als türkische Moslems). Diese ließen sich überwiegend in Berlin, Gütersloh, Völklingen und Paderborn nieder. Die Abwanderung ließ leere Dörfer und brache Felder zurück, die zum Objekt der Begierde wurden. Vieles schnappten sich kurdische Bauern. In die internationalen Medien geriet der Fall des Klosters Mar Gabriel, das sich seit Jahren gegen die Enteignung von Klosterbesitz wehrt. Aus der Klage der umliegenden Dörfer, die Anspruch auf das Land erheben, ist längst ein Politikum geworden – Vertreter der syrisch-orthodoxen Gemeinden sehen darin eine bewusste Schwächung der christlichen Minderheiten. Zum Zeitpunkt der Drucklegung wurde der Fall vor den Europäischen Gerichtshof für Menschenrechte gebracht.

Das Gros der türkischen Süryani lebt mittlerweile in İstanbul (ca. 10.000) und im europäischen Ausland (120.000–150.000). Dort unterhalten sie sechs Diözesen: in Deutschland, Holland, Frankreich, Schweiz und Österreich jeweils eine, zwei in Schweden. Die Zahl der im Tur Abdin Verbliebenen schätzt man auf etwa 3000. In der benachbarten Region al-Jasire in Syrien leben rund 70.000.

Deyrülzafaran Manastırı (Ananiaskloster): Das „Safran-Kloster" liegt 5 km südöstlich von Mardin. Sein Name rührt daher, dass angeblich Blüten des Safrankrokusses beim Bau des Klosters im 5. Jh. in den Mörtel gemischt wurden. 607 wurde das Kloster von den Persern zerstört, danach wieder aufgebaut. Mit Unterbrechungen residierte hier ab 1160 der Patriarch der syrisch-orthodoxen Kirche, bis der Hauptsitz 1932 nach Damaskus verlegt wurde. Heute leben hier noch ein Bischof und zwei Mönche, zu ihnen gesellen sich rund 25 Schüler. Das Gros der heute zu sehenden, durch Spenden der syrisch-orthodoxen Diaspora sehr gepflegten Klostergebäude hinter einer wuchtigen Ummauerung stammt aus dem 19. Jh.

Zur Begleitung der Besucher, meistens Glaubenstouristen oder aramäische Pilger, stellt das Kloster einen Führer zur Verfügung. Er wird Ihnen u. a. eine **Krypta** zeigen, in der bereits Jahrhunderte vor der Gründung des Klosters der Mondgott Sin verehrt wurde. Der Rundgang führt weiter zur **Grabkapelle** mit Wandnischen, hinter denen Patriarchen und Bischöfe ihre letzte Ruhe gefunden haben. Herzstück der Klosteranlage ist die **Ananiaskirche**, ein kubischer Bau mit Pyramidendach, der zu Zeiten Kaiser Anastasios I. (491–518) über dem Grab von 12.000 Märtyrern entstanden sein soll. Täglich werden hier noch Gottesdienste abgehalten.

Auf dem Weg zurück nach Mardin genießt man einen grandiosen Blick auf die Stadt und über das gefleckte Feldermeer der mesopotamischen Ebene.

Von Mardin an der Straße nach Nusaybın ausgeschildert. Wer nicht mit dem eigenen Fahrzeug unterwegs ist und nichts fürs Wandern übrig hat, muss sich ein Taxi besorgen (retour ca. 15 €). Tägl. 9–12 und 13–16.30 Uhr. Eintritt 2 €, erm. 1,20 €.

Dara: Die Überreste der spätantiken Festungsstadt befinden sich ca. 32 km südöstlich von Mardin beim gleichnamigen Dorf. Gegründet wurde Dara unter dem oströmischen Kaiser Anastasios I. (491–518 n. Chr.) zum Schutz vor den Persern. Beeindruckend sind die weitläufige *Nekropole* mit ihren Felsgräbern und die gut erhaltenen *Kanäle* und *Zisternen*. Dara galt als erste Stadt Mesopotamiens mit einem ausgeklügelten Wasserversorgungssystem. Bei der Anfahrt sieht man linker Hand antike Steinbrüche. Im Dorf warten Horden von minderjährigen Führern darauf, Sie herumführen zu können.

Nur für Selbstfahrer. Von der Straße nach Nusaybin ausgeschildert, von der Abzweigung noch 9 km. Das umzäunte Gelände ist tägl. 8.30–18 Uhr zugänglich. Eintritt frei.

Midyat

55.600 Einwohner

Midyat liegt inmitten der elegischen Landschaft des Tur Abdin. Zwar fehlt dem Städtchen die schöne Hügellage Mardins, doch weist es ebenso prächtige, honigfarbene Stadthäuser aus Naturstein auf. Man findet sie in **Alt-Midyat**, jenem charmanten, touristisch interessanten Teil der Stadt, der einst christlich geprägt war. Alt-Midyat ist durch den Cumhuriyet Bulvarı, an dem das Gros aller wichtigen Einrichtungen zu finden ist, mit dem neueren Ortsteil **Estel** verbunden, dessen Zentrum 3 km weiter westlich liegt.

In Alt-Midyat leben heute insbesondere ärmere kurdische Familien. Deren Kinder spielen mit Softair-Pistolen und rufen „Hello, hello, money, money"... 1987 waren noch die Hälfte der Altstadtbewohner Süryani, heute sind es keine 100 Familien mehr. Da ihnen der Zutritt zu vielen Berufen des öffentlichen Dienstes versperrt war, suchten sie ihr Auskommen im Handwerk. Insbesondere als Gold- und Silberschmiede genossen sie einen weit über die Grenzen der Region hinaus guten Ruf. Von den ca. 100 Goldschmieden der Stadt sind immerhin noch ca. 30 in christlichen Händen. Alle sechs intakten syrisch-orthodoxen Kirchen Alt-Midyats werden noch für Gottesdienste genutzt – der einzige Priester Midyats „durchtourt" die Kirchen im regelmäßigen Abstand. Die schönsten Gotteshäuser sind die **Simeonskirche (Mar Şemun)** und **Mar Aznoyo**, vielleicht haben Sie Glück und sie sind gerade geöffnet. Die Grabsteine des **christlichen Friedhofs** am östlichen Ortsrand von Alt-Midyat bestätigen die Emigration: Nicht wenige Gräber neueren Datums vermerken deutsche Städte, aus denen die Toten in ihre Heimat zurückgeholt wurden. Noch heute besuchen allsommerlich viele in Deutschland lebende Süryani ihre alte Heimat.

> Orientierung: Die Straße von Batman nach Cizre durchschneidet Midyat. Zweigt man beim unübersehbaren Uhrturm nach Westen ab, gelangt man nach Estel. Spaziert man vom Uhrturm hingegen nach Osten, gelangt man in die Altstadt, ein Wirrwarr an Gassen, das keine Karte widerspiegeln kann. Folgt man hingegen vom Uhrturm für ca. 250 m der Straße nach İdil/Cizre/Şırnak, gelangt man zum Busbahnhof von Alt-Midyat.

Verbindungen/Einkaufen

Verbindungen Alt-Midyat und Estel besitzen separate Bus-/Dolmuşbahnhöfe *(Minibüs ve Otobüs Garajı)*. Für den Busbahnhof von Alt-Midyat → Orientierung, der von Estel liegt zentral nahe dem Hotel Demirbağ. Busse und Dolmuşe fahren von beiden Busbahnhöfen ab bzw. steuern beide an. Regelmäßig **Minibusse** nach Mardin (1 Std. 15 Min.) und Hasankeyf (1½ Std.), Dolmuşverbindungen zudem zwischen Estel und Alt-Midyat.

Einkaufen Der hier gefertigte **Silber- und Goldschmuck** wird auch auf dem Großen Basar von İstanbul verkauft, hier jedoch billiger! Die Schmuckhändler findet man im Zentrum von Alt-Midyat östlich des Uhrturms. Dort gibt es auch ein paar *Tekel Büfes*, die kaltes **Bier** auf Lager haben. Eindecken kann man sich dort zudem mit lokalem Wein, z. B. von der Winzerei **Shilu** (Flasche ab 10 €).

Übernachten/Essen & Trinken

Es entstehen zunehmend neue Hotels, darunter hübsche Boutiquehotels. In schönem Ambiente speist man auch in den Restaurants der Hotels Shmayaa und Kasr-ı Nehroz.

Übernachten Shmayaa Hotel, 2011 eröffnetes Hotel in einem schönen, alten Konak in Alt-Midyat. 18 sehr stilvolle, komfortable, der alten Bausubstanz angepasste Zimmer in hellen Raumfarben. Dazu 3 „Freiluftzimmer", wo man ganz traditionell in Stelzenbetten auf dem Dach schläft – lassen Sie sich überraschen. Freundliche Atmosphäre. Gutes Restaurant mit Alkoholausschank. „Der Preis lohnt sich", meinen Leser. DZ ab 100 €. Vom Busbahnhof in Alt-Midyat zunächst der Beschilderung zum Hotel Kasr-ı Nehroz folgen, dann ausgeschildert. Kışla Cad. 126. Sok. 12, ✆ 0482/4640696, ✉ 4640677, www.shmayaa.com.

Kasr-ı Nehroz, in Alt-Midyat, in 2 miteinander verbundenen Midyat-Häusern untergebracht. 30 nette, mit folkloristischen Farbtupfern versehene Zimmer mit Komfort wie Minibar, Föhn und Safe. Parkplatz, Restaurant mit guter Weinauswahl. DZ je nach Wochentag 66–82 €. Vom Busbahnhof in Alt-Midyat ausgeschildert. Gölbaşı Cad. 219. Sok. 14, ✆ 0482/4642525, ✉ 4642501, www.hotelnehroz.com.

Hotel Demirdağ, in Estel an der Hauptgeschäftsstraße. Zimmer mit Bad, nichts Besonderes, aber okay. Dafür ein Aufzug mit Temperaturanzeige! DZ 37 €. Mardin Cad.

103, ☏ 0482/4622000, ✉ 4626111, www.hotel demirdag.com.

»> Unser Tipp: **Midyat Devlet Konukevi**, das wunderschöne, über 100 Jahre alte Anwesen ist zugleich das Gästehaus der Stadtverwaltung, Touristen sind jedoch jederzeit willkommen. 6 freundliche Zimmer hinter dicken Mauern und z. T. unter tollen Gewölben, alle mit Bad (teils jedoch außerhalb). Anderswo würde man für gleiches Niveau das Doppelte bezahlen. Herrliche Aussichtsterrassen. Das Haus ist gleichzeitig als eine Art Museum zu besichtigen – tagsüber kann es also trubelig vor der Zimmertür werden. DZ 31 €, kein Frühstück. In Alt-Midyat, leider schlecht ausgeschildert, lassen Sie sich den Weg zeigen, ☏ 0482/ 4640719. «<

Essen & Trinken Gelüşke Hanı, schöner alter Han mit idyllischem Innenhof inmitten der Altstadt, kennt jeder. Lokale Spezialitäten wie Ayran-Suppe, Lammrippchen oder *Midyat Kebabı* (mit handgehacktem Fleisch). Für 10 €/Pers. tafelt man hier ausgezeichnet und wird von Kellnern und Kellnerinnen in folkloristischen Kostümen bedient. Es gibt Alkohol, auch wenn dieser nicht auf der Karte steht. Zudem gutes Frühstück. ☏ 4641442.

Kerim Usta'nın Yeri, Leserempfehlung beim Busbahnhof von Alt-Midyat. Freundliche, große und saubere Lokanta, gute Frühstückssuppen, diverse Topfgerichte. Preise im Voraus erfragen!

Bahar Sofra Salonu, an der Mardin Cad. in Estel. Große Auswahl an scharf-würzigen Gerichten mit stark arabischem Einschlag, Grillvariationen und Riesendöner. Auch das Saray Lokantası nebenan ist gut.

Kloster Mar Gabriel (Deir el-Omar)

Von den noch aktiven Klöstern rund um Midyat ist Mar Gabriel das schönste, größte und lebendigste, zudem das am leichtesten zu erreichende. Es beherbergt neben dem Bischof (Metropolit) drei Mönche, 13 Nonnen und 25 Schüler, die hier im Anschluss an den normalen türkischen Schulunterricht das klassische Aramäisch lesen und schreiben lernen. Wichtigstes Lehrmittel ist dabei die Bibel in aramäischer Sprache. In der verarmten Gegend vermittelt die Klosteroase den Eindruck wirtschaftlicher Prosperität. Gegründet wurde das Kloster Anfang des 5. Jh. von Mönch Samuel, der das damals erwachende Klosterleben der Region wesentlich beeinflusste. Seinen Namen erhielt es später von Bischof Gabriel (593–667), der angeblich Tote auferwecken konnte. Zu jener Zeit sollen über 400 Mönche im Kloster gelebt haben. Großen Schaden nahm es beim Einfall Timur Lenks um 1400 – der Legende nach zerstörte er die damals mit Goldmosaiken ausgekleidete **Gabrielskirche** und ließ das Gold auf 80 Wagen abtransportieren.

Trotzdem ist die um 512 geweihte Kirche, die man vom Klosterhof aus durch eine Vorhalle erreicht, noch heute sehenswert. Im dem als Querschiff angelegten Kirchenraum steht ein steinerner Tisch, an dem einst das Abendmahl zubereitet und eingenommen wurde. Die mittlere Chorkapelle fällt durch ihre reich dekorierte Decke auf, neben dem Eingang sieht man rechts die Reste einer Verkündigungsdarstellung. Von der linken Chorkapelle (vom Kircheneingang gesehen) führt ein kleiner Durchlass – nichts für Dicke – zum **Betraum Bischof Gabriels**. Die gangförmige **Krypta** enthält u. a. die Gräber früherer Bischöfe. Die sterblichen Überreste von Mönch Samuel und Bischof Gabriel ruhen unter dem Fußboden. Der **Kuppelbau** an der Nordseite des Klosterhofes, der ebenfalls als Grabkammer dient – von außen ein Kubus, innen achtecke – wurde wahrscheinlich von Theodora, der Gattin Justinians I. (527–565), gestiftet.

Anfahrt/Verbindungen Von Midyat erst 25 km in Richtung İdil (gut ausgeschildert), bis links ein geteertes Sträßchen zum Kloster abgeht (Hinweisschild), von dort noch ca. 2,5 km. Sehr unregelmäßige **Dolmuş**verbindungen. Es besteht jedoch die Möglichkeit, von Midyat ein Dolmuş nach İdil zu nehmen (Abfahrt von der Minibüs Garajı in Alt-Midyat, s. o.), an der Abzweigung zum Kloster auszusteigen und die restlichen 2,5 km zu laufen. **Taxi** retour ca. 30 € zzgl. Wartezeit.

Öffnungszeiten Tägl. 9–11.30 und 13–16.30 Uhr. Eintritt frei, Spenden erfreuen, sind jedoch kein Muss. Es ist unerwünscht, das Kloster auf eigene Faust zu erkunden, dafür stehen Führer zur Verfügung (Trinkgeld). Aufgrund der vielen Pilger – in Spitzenzeiten bis zu 1000 Personen am Tag – kann Touristen keine Übernachtungsmöglichkeit im Kloster mehr gewährt werden.

Weitere Kirchen und Klöster: In der Region gibt es viele weitere Kirchen und Klöster, drei seien hier genannt. Ca. 10 km nordöstlich von Midyat kann man dem Kloster *Mar Yakup* einen Besuch abstatten. Dazu verlässt man Midyat Richtung Batman/Hasankeyf und zweigt nach ca. 4 km rechts ab Richtung Dargeçit, dann ausgeschildert. Die Oase am Rande des staubigen Kurdendörfchens Barıştepe wurde wahrscheinlich im 5. Jh. gegründet. Vier Nonnen, zwei Mönche und sieben Schüler leben hier. Tagsüber ist immer jemand da, der Ihnen die Kirche zeigt.

Weiter auf der Straße Richtung Dargeçit (von der Abzweigung von der Straße Batman/Hasankeyf insgesamt ca. 19 km) erreicht man das Dorf İzbırak, das von der *Mordimet Kilisesi*, einer trutzburgähnlichen Kirche, überragt wird. Das Dorf zählte einst 500 Süryani, heute noch einen, der gerne durch die Kirche führt. Unter der Kirche befindet sich ein Kultraum aus vorchristlicher Zeit. Von İzbırak ist der weitere Weg (ca. 3 km) nach Anıtlı (aramäisch *Hah*) und damit zum *Mutter-Gottes-Kloster (Meryemana Monastırı)* ausgeschildert. Die Klosterkapelle, eine Perle unter den Kirchen des Tur Abdin, wird noch heute genutzt. Die Ursprünge des Klosters gehen der Legende nach auf die Drei Weisen aus dem Morgenland zurück, die es nach ihrer Rückkehr aus Bethlehem gegründet haben sollen, tatsächlich wohl auf eine Stiftung durch Kaiser Theodosius im 5. Jh.

> Die syrisch-irakische Grenze entlang gen Osten? Über die Provinz Hakkari lesen Sie weiter ab S. 921.

Hasankeyf
3000 Einwohner

Hasankeyf ist ein Ort wie aus dem Bilderbuch, jedoch mit mehr Geschichte als Zukunft. Durch den Bau des İlisu-Staudamms ist Hasankeyf dem Untergang geweiht. Also nichts wie hin!

Das an einer Engstelle des Tigris gelegene, sandfarbene Städtchen wurde wahrscheinlich von den Römern als Grenzfestung gegen die Perser gegründet und von den Byzantinern, die es *Cephe* nannten, zum Bischofssitz erhoben. 640 eroberten die Araber den Ort und gaben ihm seinen heutigen Namen. Vom 11. bis zum 14. Jh. war die Stadt unter der Kontrolle wechselnder Herrscher, von denen die Ortokiden und die Aijubiden die imposantesten Baudenkmäler hinterließen. Von der Plünderung durch die Mongolen (1260) hat sich der Ort nicht wieder erholt.

Das heutige Hasankeyf erinnert ein wenig an ein kappadokisches Dorf: Der Burgfels über dem freundlichen Zentrum ist durchlöchert und mit Höhlenwohnungen durchsetzt. Das Hasankeyf von morgen aber sieht anders aus. Das alte Zentrum nämlich wird es dann nicht mehr geben. Theoretisch würde vom hohen schlanken

Minarett der aijubidischen **El-Risk-Moschee**, dem Wahrzeichen der Stadt, nach der Flutung nur noch die Minarettspitze aus dem Wasser ragen. Aber nur theoretisch, denn die bedeutendsten historischen Bauwerke sollen in einen archäologischen Park umgesetzt werden. Dieser soll einmal neben dem „neuen Hasankeyf" entstehen, einer Stadt vom Reißbrett. Das neue Hasankeyf wird bereits gebaut.

Aber vielleicht kommt alles doch noch ganz anders. Der Bau des heftig umstrittenen İlisu-Staudamms stand schon mehrmals auf der Kippe. 2006 wurde mit den Bauarbeiten an der 1,8 km langen und 135 m hohen Staumauer begonnen. Die Türkei nutzte die Gunst der Stunde: Solange im Irak Chaos herrschte, rechnete man nicht mit ernsten Protesten oder Drohungen des Unterlaufanrainers, der Angst haben muss, bald mit weniger Wasser auskommen zu müssen. Mittlerweile protestiert der Irak. 2009 hielt man das Projekt für gescheitert, denn Deutschland, Österreich und die Schweiz kündigten ihre Kreditbürgschaften in Höhe von 450 Mio. Euro auf. Der Grund: An die Bürgschaften war ein Paket von rund 150 Auflagen in den Bereichen Umsiedlung, Informationspflicht, Umwelt- und Kulturgüterschutz geknüpft, das jedoch von türkischer Seite schlicht ignoriert wurde. Die Unternehmen, die in das Projekt involviert waren, gaben aber, anders als erwartet, das Geschäft nicht auf. 2010 unterzeichnete die österreichische Dammbaufirma Andritz Verträge über 340 Mio. Euro. Falls sich die deutschen und schweizerischen Firmen zurückziehen, so heißt es, gehen die Aufträge an die Chinesen. Bereits 2015 (eine sehr optimistische Planung) soll Hasankeyf in den Fluten eines 313 km² großen Sees untergehen. Ein 1200-Megawatt-Wasserkraftwerk soll dann für den wirtschaftlichen Wandel sorgen. 50.000 bis 70.000 Menschen (die Angaben dazu schwanken) werden damit aber auch ihren alten Lebensraum verlieren. Die ersten Entschädigungen sind angeblich bereits bezahlt, im Schnitt zwischen 20.000 und 35.000 TL, wie *Hürriyet* berichtete. Die neu gebauten Eigentumswohnungen, in die die Bauern umsiedeln sollen, kosten hingegen 75.000 TL ...

Aber, wie gesagt, vielleicht kommt doch alles ganz anders. Immer wieder wird auch ein Alternativprojekt ins Spiel gebracht, das den Bau von fünf kleineren Dämmen im Gebiet vorsieht – ein Projekt, das weniger Proteste hervorrufen würde.

Verbindungen Minibusverbindungen von und nach Midyat bzw. von und nach Batman.

Einkaufen In Hasankeyf können Sie sich im wahrsten Sinne des Wortes mit schönen, vor Ort gefertigten **Ziegenhaardecken** eindecken.

Übernachten/Camping Besser weicht man nach Midyat aus. Batman ist ein wenig ansprechender Standort, und in Hasankeyf selbst ist die Unterkunftssituation miserabel:

Hasankeyf Motel, einzige Unterkunft im Ort. Spartanische Zimmer mit Balkon zum Fluss hin, zuweilen mal ganz ordentlich geputzt, zuweilen aber auch verschissene Etagenbäder. DZ für das Gebotene überteuerte 20 € ohne Frühstück. Am Ortseingang bei der Brücke, ✆ 0488/3812005.

„Campen" bzw. sein Fahrzeug abstellen konnte man zuletzt auf dem **Yıldız Camping** ca. 4 km nordwestlich von Hasankeyf an der Straße nach Batman (✆ mobil 0535/7283500) und zentral auf dem Parkplatz des Teerestaurants **Has Bahçe** (ausgeschildert, ✆ 0488/3812624, www.hasankeyfhasbahce.com, Guesthouse in Planung). Simpelste Sanitäranlagen, nichts für längere Aufenthalte. 2 Pers. mit Wohnmobil 10,20 €.

Essen & Trinken Am Fluss gibt es ein paar **Çardaklar**, kleine, simple Open-Air-Lokale. Das Angebot: gegrillte Forelle oder Fleisch und alkoholfreie Getränke.

Sehenswertes

Das Zentrum des Städtchen liegt zu Füßen des Burgfelsens am Südufer des Tigris. Wer von Batman anreist, fährt über die neue Tigris-Brücke nach Hasankeyf ein.

Nebenan umspült der Fluss die Ruinen zweier Pfeiler einer einst **ortokidischen Brücke** aus dem frühen 12. Jh., die die Bedeutung des Städtchen als Tigrisübergang noch immer erahnen lassen. Noch bevor man den Tigris überquert, erblickt man im freien Feld auf der nördlichen Flussseite eine gut erhaltene, mit türkisen und dunkelblauen Fayencen verzierte **Türbe**. Diese wurde Mitte des 15. Jh. für Zeynel Bey aus dem turkmenischen Stamm der *Akkoyunlu* („Die mit dem weißen Hammel") errichtet. Zeugnisse aus jener Epoche sind äußerst rar.

Im kleinen Zentrum ist der Weg auf den Burghügel kaum zu verfehlen, zumal er mit „Kale" ausgeschildert ist. Eine Basarmeile führt zum Eingang. Es geht vorbei an Felshöhlen und dann über steile Stiegen hinauf. Am Nordostende des Festungshügels stehen die Ruinen des **Kleinen Palasts (Küçük Saray)** aus dem 14. Jh. hoch über einem steil abstürzenden Fels. Dort, wo die Dorfjugend an Sommerabenden Fußball spielt, verfällt die **Große Moschee (Ulu Cami)**, die um 1325 von den Aijubiden errichtet wurde. Unterhalb der Ulu Cami liegen die Überreste des **Großen Palasts (Büyük Saray)** aus ortokidischer Zeit (12./13. Jh.). Sein mächtiger Turm diente einst als Kerker und Wachturm. Alle Sehenswürdigkeiten sind gut ausgeschildert.

Der Burghügel ist umzäunt und gebührenpflichtig. Im Sommer tägl. 8.30–18.30 Uhr, im Winter verkürzt. Eintritt 1,20 €.

Batman

355.100 Einwohner

Batman ist für die Region recht wohlhabend, eine Retortenstadt, die unaufhörlich wächst (1990: 148.000 Einwohner). Hier bekommen Sie ein sauberes Hotelbett, weitere Gründe zu bleiben gibt es aber nicht. Rund um das Zentrum rauchen die Schlote unzähliger Raffinerien, billiger tanken kann man deswegen aber auch nicht. Das in den 1950ern in den Batı-Raman-Bergen der Umgebung entdeckte Erdöl wird durch Pipelines nach İskenderun gefördert. Von dem Gebirge erhielt die Stadt auch ihren Namen, nicht vom fliegenden Helden.

Verbindungen Flughafen (www.batman.dhmi.gov.tr), 4 km nördlich der Stadt. Tickets und Infos zu den Transfers bei **Bat Air Turizm**, zentral am Atatürk Bul 15/A, ℅ 0488/2144444, www.batairturizm.com.

Bus/Dolmuş: Busbahnhof mehrere Kilometer stadtauswärts nahe der Straße nach Diyarbakır, Zubringerbusse der Busgesellschaften beim Bahnhof im Zentrum und Dolmuşe vom zentrumsnahen alten Busbahnhof (*İlçe Otogarı*) an der Straße nach Siirt. Von Letzterem fahren auch die Minibusse in die nähere Umgebung ab, u. a. nach Midyat (über Hasankeyf).

Bahnhof, im Zentrum (℅ 0488/2132770). Mind. 2-mal tägl. ein Zug nach Diyarbakır, 4-mal wöchentl. über Ankara nach İstanbul.

Übernachten Hotel Asko, 48 verwohnte, aber saubere Zimmer mit Klimaanlage. Außerdem: Sauna, Pool und Parkplätze. EZ 32 €, DZ 45 €. Turgut Özal Bul. 231 (vom Zentrum der Straße nach Diyarbakır folgen, dann linker Hand), ℅ 0488/2149234, ✆ 2135253, hotel.asko@mynet.com.

** **Altınbaşak Hotel**, ältliches, aber ordentliches Haus im Zentrum. 37 geräumige Zimmer mit Fliesenböden, sauber, z. T. mit Balkon. EZ 25 €, DZ 37 €. Cumhuriyet Cad. 25, ℅ 0488/2139153, ✆ 2134010.

Bitlis

43.100 Einwohner

Bitlis (1545 m ü. d. M.) ist ein chaotisch-uriges, verwinkelt-verwirrendes, überaus konservatives und zugleich ziemlich schrabbeliges Provinzhauptstädtchen, das auf den ersten Blick fast nur aus männlichen Bewohnern zu bestehen scheint. Es quetscht und windet sich durch ein enges, felsiges Tal entlang dem gleichnamigen Fluss. Überragt wird der Ort von einer düsteren, vermutlich byzantinischen **Zitadelle**. In der engen Durchfahrtsstraße darunter, der NATO Caddesi (!), wimmelt und wuselt es – Bitlis ist ein Hort der Arbeitslosigkeit. Die einzig nennenswerte Fabrik ist eine Zementfabrik, ansonsten lebt man vom Kleinhandwerk und vom Handel. Über den Fluss im Zentrum, der als Müllhalde dient, führen zwei alte Brücken. Rechts und links davon verstecken sich einige historische Bauten, die von besseren Zeiten zeugen: An die turkmenische Ortokidenherrschaft erinnert die **Ulu Cami** im Zentrum, die älteste Moschee der Stadt (1126), mit einem etwas abseits stehenden Minarett und strenger, asketischer Bauweise. Die Seldschuken hinterließen die festungsartige **İhlasiye-Medrese** (1216) weit oberhalb des Zentrums. Dort sitzt heute das Stiftungsdirektorat, die Beamten gewähren gerne Einblick in ihre schönen Räumlichkeiten. Aus osmanischer Zeit stammt der ebenfalls burgähnliche **Şerefiye-Komplex** (1528) mit Moschee und Medrese wieder im unteren Teil der Stadt. Antike Bauten aus den Anfängen der Stadt – der Legende nach wurde Bitlis im ausgehenden 4. Jh. v. Chr. von Baldis, einem Feldherrn Alexanders des Großen gegründet – gibt es keine mehr. Wer genau hinschaut, kann dafür an manchen Häusern armenische Inschriften erkennen – Zeugen der armenischen Vergangenheit von Bitlis. 1915 ließ Gouverneur Abdülhak Renda Tausende Armenier bei lebendigem Leibe verbrennen. Dafür, dass den Bitlisliler heute das Temperament nicht mehr durchgeht, sorgen patrouillierende Soldatengrüppchen.

Verbindungen Es gibt keinen Busbahnhof, die Busse halten an der Durchgangsstraße. Tägl. mehrere **Busse** nach Diyarbakır. Nach Tatvan und Batman tagsüber regelmäßig **Minibusse** vom Zentrum.

Übernachten Wenig Auswahl, besser nach Tatvan ausweichen!

Dideban Hotel, im Zentrum. „Bestes" Haus von Bitlis, was aber auch nicht viel heißt. Mit billigen Mitteln eingerichtete, stillose Zimmer mit Bad. Für eine Nacht okay, sofern die Putzfrau nicht geschlampt hat. DZ 33 €. Nur Cad. 2, ✆ 0434/2262821, ✆ 2262820.

Essen & Trinken Büryan heißt die lokale Spezialität. Vom vorher in einem Erdloch (!) geschmorten Lamm wird das Fett ins Töpfchen und das Fleisch ins Brötchen geschnitten. Sieht nicht appetitlich aus, schmeckt aber gut. Aber Achtung: Nach dem Essen riecht man selbst wie ein Lamm! Und halten Sie einen Zahnstocher parat.

Zwischen Bitlis und Tatvan passiert man den **El-Aman Hanı**, eine Karawanenherberge aus dem 16. Jh., die heute der Universität von Bitlis als Kulturzentrum dient und besichtigt werden kann.

Rund um den Van-See (Van Gölü)

Der 1720 m ü. d. M. gelegene, abflusslose See ist mit 3700 km² der größte See der Türkei, etwa siebenmal größer als der Bodensee und bis zu 400 m tief. Er bietet atemberaubende Panoramen: türkisfarbenes Wasser vor bis zu 4000 m ansteigenden, kahlen Bergen, deren Gipfel lange Zeit schneebedeckt sind. *Van Denizi*, „Van-Meer", nennen die Menschen hier ihren See, dessen jenseitiges Ufer je nachdem, wo man verweilt, in der Ferne nicht mehr auszumachen ist.

Für die Entstehung des Sees ist vermutlich der heute erloschene Vulkan Nemrut Dağı an dessen Südwestzipfel verantwortlich: Vor über 100.000 Jahren schuf er infolge einer lang anhaltenden Eruption eine gigantische natürliche Staumauer. Dafür, dass der Seepegel heute einigermaßen konstant bleibt, sorgen Frühjahr und Sommer: Die Schneeschmelze führt jedes Jahr enorme Wassermengen in den See, die dann in der Sonne verdunsten. Die Folge ist ein ungewöhnlich hoher Sodagehalt. Das Wasser fühlt sich seidenweich und seifig an – eine Wohltat für die Hausfrauen, die zum Wäschewaschen kein Reinigungsmittel benötigen, eine Qual jedoch für Badelustige mit frisch rasierten Achseln oder Schürfwunden. Strände findet man am See zur Genüge, leider sind viele vermüllt. Die Wassertemperaturen übersteigen jedoch selbst im Hochsommer – der besten Reisezeit – kaum 20 °C.

Übrigens halten nur einige resistente Algenarten die Seifenlauge aus, Fische tummeln sich lediglich an den Süßwassereinmündungen. Die einzige Art, die hier leben kann, ist der sog. *İnci Kefal (Chalcalburnus tarichi)*, ein ziemlich grätiges Ding, das in den Restaurants um den See angeboten wird. Überall muss man jedoch *Vanessie* fürchten, das legendäre Seeungeheuer, das seit den 1960ern Angst und Schrecken verbreitet. Fischer beschrieben es als „Riesenschlange".

Der See kann komplett umfahren werden, alle Sehenswürdigkeiten – Sie haben insbesondere die Wahl zwischen urartäischen Ruinenorten, seldschukischen Grabstätten und armenischen Kirchen – sind ausgeschildert.

Tatvan
ca. 57.000 Einwohner

Tatvan liegt eigentlich recht reizvoll ganz im Westen des Sees. Doch die konservative Stadt hat außer ihrer Uferpromenade und einer Hauptstraße, die sich kilometerlang durch den Ort zieht, nichts zu bieten – keine Sehenswürdigkeiten, keine pittoresken Altstadtecken, keine Strände. Trotzdem finden sich hin und wieder auch ausländische Besucher in Tatvan ein: Der Ort ist ein idealer Ausgangspunkt für die Erkundung des Nemrut Dağı (s. u.) und des Westufers des Van-Sees.

Information/Verbindungen/Veranstaltung

Telefonvorwahl 0434.

Information Tourist Information, im Norden der Stadt an der Durchgangsstraße im Belediye Kültür Sarayı, ✆/✆ 8276300. Mo–Fr 8–12 u. 13–17 Uhr.

Verbindungen Bus/Dolmuş: Busbahnhof ca. 1,5 km nördlich des Zentrums; Zubringerservice der Busgesellschaften von ihren Büros im Zentrum, manche Busse fahren auch direkt dort ab. Regelmäßige Verbindungen nach Ahlat (2 Std.), Stündl. Dolmuşe nach Ahlat (30 Min., Abfahrt bei der Post bzw. neben der Türk Telekom), für weiter abseits gelegene Ziele am Nordufer des Vansees muss man dort umsteigen. Zudem regelmäßige Dolmuşverbindungen nach Bitlis, Abfahrt schräg gegenüber der Ziraat Bankası an der Durchgangsstraße.

Zug: Der „traurige" Bahnhof (✆ 8275704) liegt im Norden der Stadt (etwa auf Höhe des Busbahnhofs), nicht ausgeschildert. Bis zu 3-mal wöchentl. geht es über Ankara nach İstanbul (43 Std.), 1-mal wöchentl. über Aleppo nach Damaskus, tägl. zudem ein Bummelzug nach Elazığ.

Schiff: Fährhafen 3 km nördlich des Zentrums, nicht ausgeschildert (vom Zentrum kommend bei der Petrol-Ofisi-Tankstelle rechts abbiegen). Kein Fahrplan. Wann das Schiff nach Van (Dauer 4½ Std.) ablegt, weiß nur der Kapitän (wenn Sie Glück haben, kennt Ihr Rezeptionist dessen Mobilnummer und erkundigt sich bei ihm).

Veranstaltung Almfest im Nemrut-Krater Mitte Juli.

Übernachten/Essen & Trinken

Kardelen Oteli, bevorzugte Adresse von Busgruppen. 75 abgewohnte, aber saubere Zimmer mit Minibar. DZ 37 €. Zentral neben dem Rathaus, ✆ 8279500, ✆ 8279505, otelkardelen@turkei.net.

Nemrut Kardelen, der neue Ableger des Kardelen Oteli an der Talstation des Skiliftes am Nemrut Dağı sollte bis zu Ihrem Besuch eröffnet haben. Tolle Aussichten auf Stadt und See sind garantiert. Mehr Infos im Kardelen Oteli (s. o.).

Otel Karaman, an der Durchgangsstraße (Eingang jedoch rückseitig). 2011 eröffnetes 21-Zimmer-Hotel, englischsprachig. Freundliche Zimmer mit Fliesenböden, diversen Farbtupfern und kostenloser, alkoholfreier Minibar. EZ 25 €, DZ 37 €. Yeni Çarşı 11, ✆ 8271104, ✉ 8271105, www.hotelkaraman.com.

Hotel Üstün, bei Rucksacktouristen beliebte, doch verwohnte Billigherberge. Einfachste Zimmer mit frischen Laken, mit und ohne Dusche, stets Etagentoilette. Touren in die Umgebung. DZ mit Dusche 21 €. Hal Cad. 23 (von der Durchgangsstraße ausgeschildert), ✆ 8279014, ✉ 8279017.

Essen & Trinken Spezialität ist wie in Bitlis *Büryan*, zudem *Avşor* (mit Fleisch und Gemüse verfeinerte Büryan-Brühe).

Anadolu Sofrası, bestes Lokal des Städtchens. Etwas zurückversetzt von der Durchgangsstraße (schräg gegenüber dem Shoppingcenter Yaşam) im 6. Stock des Geschäftsgebäudes Nur-San. Es gibt Kebab und Pide zur herrlichen Aussicht auf Stadt und See. Leider fehlt eine Terrasse. Hg. 4,10–6,50 €. ✆ 8277888.

Damak, simpler, aber extrem populärer Spot für leckeren *Lahmacun* und superknusprige Pide. Dazu gibt's Salat und Ayran ohne Unterlass. Sehr günstig. In einer Seitengasse der Durchgangsstraße auf Höhe des „Hotel-Dilek"-Schilds (aber auf der entgegengesetzten Seite).

Deniz Kızı Türkü Bar, beim Hotel Dilek. Für das abendliche Bier der beste Ort. Freundliche Türkü-Bar, in der man nicht nur Alkohol trinken, sondern auch essen kann. Es gibt nicht viel, meist nur Salat, ein Fleisch- und ein Fischgericht.

Per 10, nette Konditorei mit vielen, vielen süßen Stücken. An der Durchgangsstraße neben dem Shoppingcenter Yaşam. Im Shoppingcenter selbst diverse Fast-Food-Restaurants.

Alkohol verkaufen ein paar Büfes nördlich der Post.

Von Tatvan nach Van: Wer seine Reise entlang des Südufers des Van-Sees fortsetzt, passiert eine pittoreske Landschaft aus Weizenfeldern, graubrauner Bergsteppe, grünen Tälern, Bächen und Wiesen. Die Idylle täuscht leicht über das harte Leben der Landbevölkerung hinweg. Nach evtl. Militärkontrollen und der Fahrt über den 2234 m hohen *Kuskunkıran*-Pass erblickt man die Insel *Akdamar* (→ S. 919), auf der das kulturhistorische Highlight des Van-Sees steht.

Nemrut Dağı

Auch wenn der 25 km nördlich von Tatvan gelegene Vulkan (nicht zu verwechseln mit dem gleichnamigen Götterthron bei Kahta) nach offiziellen Messungen nur 2995 m hoch ist, hält man vor Ort an den beeindruckenderen 3050 m fest. Sei es, wie es will: Ein Ausflug in den von hohen Felswänden eingeschlossenen Krater ist ein absoluter Tipp. Ein Besuch ist ungefährlich, der Vulkan gilt seit 1441 als erloschen. Im Inneren der Caldera befinden sich auf 2240 m ü. d. M. mehrere Seen aus geschmolzenem Eis. Im größten See kann man baden. An einem kleineren, den heiße Quellen aufwärmen, gibt es im Sommer einen improvisierten Imbiss, hier kann man auch campen (keine Sanitäranlagen, dicker Schlafsack von Vorteil). Von November bis April ist von all dem aber nichts zu sehen, dann ist der Krater von einer dicken Schneeschicht bedeckt. Im Winter kann man an den Außenhängen des Nemrut Dağı Skifahren, auf dem Weg zum Krater passiert man die Talstation des Sessellifts.

Herrlich ist eine Kraterrand-Wanderung. Der Höhenweg bietet faszinierende Synchronblicke auf den Kratersee und den von mächtigen Bergmassiven umrahmten Van-See. Wer Glück hat, findet am Berg Obsidian, farbiges, vulkanisches Gesteinsglas, das seit der Steinzeit für Werkzeuge und Schmuck Verwendung findet.

Anfahrt Am besten wählt man den Weg, der von der Straße nach Bitlis wenige Kilometer nördlich von Tatvan ausgeschildert ist. Die insgesamt 13 km lange Strecke zum Kraterrand ist bis zum Skilift in einem guten Zustand, danach holprig. Vom Kraterrand zu den Seen sind es nochmals 10 km. Eine weitere Piste zum Krater ist an der Straße von Tatvan nach Ahlat ausgeschildert – hier muss man allerdings ca. 30 km bergauf holpern.

Verbindungen Dolmuşe gibt es, wenn überhaupt, nur an Sommerwochenenden, wenn die Tatvaner Familien am Krater picknicken wollen. Taxi retour mit Wartezeit ab ca. 32 €.

> Touren auf den Nemrut Dağı und in die Umgebung bietet **Mehmet Selici** (✆ mobil 0542/8324228; sehr sympathisch, weit über 60 Jahre alt, 10-facher Vater und englischsprechend, von Lesern hochgelobt). Die Preise sind Verhandlungssache, aber i. d. R. günstig ("Money no problem!"). Jeder in Tatvan kennt Selici – fragen Sie einfach nach ihm.

Ahlat

19.100 Einwohner

Ahlat sucht man nicht wegen der Lebenden auf, sondern wegen der Toten. Das 42 km nordöstlich von Tatvan gelegene, zersiedelte Dorf ist neben Akdamar und dem Nemrut-Krater eines der eindrucksvollsten Ausflugsziele am Van-See. Den bereits in urartäischer Zeit (ca. 900 v. Chr.) bewohnten Ort wählten um 1060 die von Osten einfallenden Seldschuken als einen ihrer Stützpunkte, von wo sie in die Schlacht von Manzikert zogen (s. u.). Sie und ihre Nachfolger – darunter der turkmenische Stamm der *Akkoyunlu* ("Die mit dem weißen Hammel") – machten Ahlat zu einem bedeutenden Kunst- und Kulturzentrum. Heute erinnert daran noch einer der reizvollsten Friedhöfe Anatoliens.

Das weiträumige **Gräberfeld** ist mit "Selçuklu Mezarlığı" ausgeschildert und erstreckt sich, von Tatvan kommend, am Ortsbeginn links der Durchgangsstraße. Tausende von schlanken, hohen Grabstelen liegen verstreut im Gras oder staken in den Himmel. Die meisten stammen aus dem 17. und 18. Jh., doch auch Stelen aus dem 12. Jh. sind zu finden. Ihre Ornamentik lässt armenischen Einfluss erkennen.

Am Eingang zum Friedhof gibt es ein kleines **Museum**, das als Schattenspender taugt; nebenbei kann man die wenigen Exponate anschauen, insbesondere Keramikfunde aus urartäischer Zeit. An der Nordostseite des Friedhofs ist die ausgeschilderte **Bayındır-Türbe** auszumachen, ein kleines Mausoleum mit Kegeldach. Es wurde im späten 15. Jh. für den Akkoyunlu-Emir Bayındır errichtet, nebenan befindet sich eine kleine Moschee. Der **Felshügel** ganz im Norden des Friedhofs war übrigens einst der Burgberg, darunter erstreckte sich das alte Ahlat.

Eine weitere Türbe liegt südlich der Durchgangsstraße, die 19 m hohe und reich verzierte **Ulu Kümbet** aus dem 13. Jh. (ausgeschildert). Sie ist zugleich das größte Kuppelgrab Ahlats. Wer darin seine letzte Ruhe gefunden hat, ist unbekannt. Gleiches gilt für die **İkiz Kümbetler**, zwei ungleich große Türben aus dem späten 13. Jh. Um sie zu finden, biegen Sie (von Tatvan kommend) bei einer Tankstelle nach links auf die alte Straße ins Dorf, die Türben erblicken Sie kurz darauf ebenfalls linker Hand. Am Seeufer stehen noch die Mauern einer aus dem 16. Jh. stammenden

Zitadelle (mit „Sahil Kalesi" ausgeschildert), eines Symbols der osmanischen Eroberung. Im Innern des Burgareals findet man nebst den Überresten zweier Moscheen einige Häuser, ein Wäldchen und einen improvisierten Fußballplatz.

Verbindungen/Öffnungszeiten Regelmäßig **Minibusse** von und nach Tatvan sowie von und nach Adilcevaz. Museum tägl. 8–17 Uhr. Eintritt frei. Der Rest der Sehenswürdigkeiten ist stets frei zugänglich.

Baden Am östlichen Ortsende befindet sich ein großer, vergleichsweise sauberer Strand.

Übernachten *** Büyük Selçuklu Oteli, an der Hauptstraße direkt am See. In einem einer Karawanserei nachempfundenen Gebäude. Gut abgewohnt. Wählt man jedoch ein Zimmer mit Balkon und Seeblick, wird das Haus trotz aller Mängel zu einer der nettesten Unterkünfte am See. Restaurant und Garten mit Bierterrasse am See. Lesermeinung: „Schlechter Service, gutes Restaurant, insgesamt zu teuer für das Gebotene." DZ 41 €, EZ die Hälfte. Sahil Yolu, ℡ 0434/4125695, ℻ 4125694.

Manzikert und Malazgirt

Rund 50 km nördlich von Ahlat fand am 26.8.1071 die epochale *Schlacht von Manzikert* statt, bei welcher die Seldschuken unter Alp Aslan dem byzantinischen Heer eine vernichtende Niederlage bescherten. Diese Schlacht läutete das Ende des Byzantinischen Reiches und den Beginn der türkischen Migration nach Anatolien ein. Einige Jahrhunderte vorher, genauer im Jahr 726, tagte in Manzikert das östliche Kirchenkonzil, das die endgültige Trennung der armenischen von der orthodox-byzantinischen Kirche zur Folge hatte. Die Differenzen lagen darin, ob Jesus Christus göttlicher *und* menschlicher Natur sei (byzantinische Lehre) oder nur ein göttliches Wesen habe (armenische Lehre). Heute nennt sich die Kleinstadt mit den Resten einer trutzigen Stadtmauer Malazgirt (19.100 Einwohner).

Adilcevaz

14.400 Einwohner

Ca. 25 km nordöstlich von Ahlat liegt Adilcevaz. Das erste, was man von Adilcevaz sieht, ist eine zerstörte byzantinische **Zitadelle**, in deren Mauern reliefverzierte Quader zu finden sind, die aus der Zeit stammen, als die Urartäer hier noch ein Reich verwalteten. Unterhalb der Burg steht die **Ulu Cami** aus seldschukischer Zeit, die Jahrhunderte lang verschüttet war und erst vor ein paar Jahrzehnten wieder ans Tageslicht kam. Zur Seeseite hin erstreckt sich eine lange, baumbestandene Uferpromenade. Da Adilcevaz aber nicht am Mittelmeer liegt und Touristen eher selten sind, flanieren auf ihr zuweilen auch Kühe. Das eigentliche Zentrum des Städtchens findet man landeinwärts über dem See.

Verbindungen: Regelmäßig **Minibusse** nach Ahlat, wo man nach Tatvan umsteigen muss. Mehrmals tägl. nach Van (3 Std.).

Kefkalesi: Die Reste der urartäischen Palastfestung liegen in steter Einsamkeit, vergessen von der Welt und nur gelegentlich von einem Adler umkreist rund 6 km nördlich von Adilcevaz auf einer Höhe von 2200 m ü. d. M. König Rusa II. ließ die Festung im 7. Jh. v. Chr. anlegen. Man nimmt an, dass hier auch dem Kriegsgott Haldi gehuldigt wurde. Spannender als die Ruinen selbst (halten Sie nach Reliefs mit Götter- und Tierfiguren Ausschau) ist der grandiose Blick von dort über die karge Berglandschaft auf das grüne Tal von Adilcevaz mit dem blauen Vansee im

Hintergrund. Blickt man von der Festung hingegen in Richtung Nemrut Dağı, sieht man auf einer Anhöhe die Ruine einer Kuppelkirche, die einst Teil eines Klosters war. Der Weg dahin ist nicht einfach zu finden. Am besten nimmt man für das erste Stück ein **Taxi** (mit Wartezeit ca. 12,50 €) und lässt sich vom Fahrer den weiteren Fußweg (Dauer ca. 20–30 Min.) zeigen.

Süphan Dağı: Der zweigipflige Süphan Dağı, der „Göttliche Berg", gehört zu den wenigen Viertausendern (genau: 4058 m) der Türkei. Das Massiv des Vulkans ist der Blickfang vom südlichen Ufer des Van-Sees. Der Gipfelsturm, der keine alpinistischen Fähigkeiten verlangt, ist nur von Juni bis September möglich und dient als beliebtes Aufwärmprogramm für Araratbezwinger. Ein guter Ausgangspunkt ist das Dorf Kışkıllı (über Aydınlar zu erreichen). Für Auf- und Abstieg muss man je nach Kondition mit 9–12 Stunden rechnen. Touren auf den Berg bieten auch Sobek Travel aus Niğde (→ S. 757) sowie Tamzara Turizm und Ceven Travel aus Doğubayazıt bzw. Minden in Deutschland (→ S. 846).

Für die Weiterfahrt nach **Doğubayazıt** → S. 841.

Van

367.400 Einwohner

Das alte Van direkt am See beschrieben Zeitzeugen als einen paradiesischen Ort. Was man jedoch nach dem Ersten Weltkrieg 5 km landeinwärts wieder aufbaute, präsentiert sich heute eher nüchtern. Dennoch: Van ist ein idealer Stützpunkt für Ausflüge in die an Kulturschätzen reiche Umgebung.

Die auf einer Höhe von 1775 m ü. d. M. im baumlosen Hochland gelegene Provinzhauptstadt hat in den letzten beiden Jahrzehnten ihre Einwohnerzahl mehr als verdoppelt. Nicht nur Flüchtlinge aus dem Iran haben in Van eine Zuflucht gefunden, sondern auch vertriebene Kurden. 274 Dörfer der Umgebung wurden in den 15 Jahren des türkisch-kurdischen Krieges dem Erdboden gleichgemacht. Viele der ehemaligen Bauern betteln heute im Rathaus um Unterstützung. Die eine oder andere Nobelboutique im Zentrum darf nicht darüber hinwegtäuschen, dass es der „Perle des Ostens", wie die Vaner ihre Stadt gerne bezeichnen, alles andere als gut geht. Unter denen, die in den vornehmen Geschäften einkaufen, sind nicht wenige Kriegsgewinnler, die den vertriebenen kurdischen Bauern einst für einen Apfel und ein Ei die Herden abkauften und das Fleisch mit großem Profit in den Westen des Landes brachten. Andere wurden reich vom Waren- und Menschenschmuggel, der illegale Export in den Iran blüht noch immer. Touristen kommen insbesondere der reizvollen Umgebung wegen – rau-karge Szenerien mit den imposanten Zeugen der ostanatolischen Vergangenheit. Als Ausgangspunkt für Touren ist die gepflegte Stadt mit ihrer guten Infrastruktur ideal.

Geschichte

Aus einer assyrischen Inschrift weiß man, dass an den Ufern des Van-Sees bereits um 1300 v. Chr. das Volk der Urartäer lebte. Im 9. Jh. v. Chr. etablierte Sardur I. schließlich das Reich von Urartu mit der Hauptstadt *Tuschpa* am Van-Felsen (→ Sehenswertes). Die Urartäer waren Händler, Bauern, Pferdezüchter und, dies bezeugen Schmuck- und Waffenfunde, talentierte Kunsthandwerker. Unter Ischpuini (830–810 v. Chr.) und seinen Nachfolgern entstanden in der ganzen Region mächtige Trutzburgen und ein über 40 km langer Kanal, der das Wasser des Hoşap-Flusses bis heute in die Ebene von Van leitet. Im 8. Jh. v. Chr. erstreckte sich das Reich der Urartäer vom Kaukasus bis Aleppo und im Westen bis Malatya. Die Großmacht wurde damit zum Rivalen des benachbarten Assyrerreiches, das den Urartäern 713 v. Chr. eine vernichtende Niederlage bescherte – woraufhin König Rusa I. (730–713 v. Chr.) assyrischen Quellen zufolge sich „wie einem Schwein sein eigenes Schwert in den Leib bohrte". Die Skythen und Kimmerier besorgten Ende des 7. Jh. v. Chr. den Untergang Urartus. Um jene Zeit wanderten phrygische Stämme ein, die sich mit den Urartäern vermischten und aus denen das armenische Volk hervorging. Dieses lernte Alexander den Großen kennen, die Seleukiden, für vier Jahrzehnte den eigenen König Tigranes den Großen, dann wechselweise Römer, Perser, Araber und wieder Perser.

Im 9. Jh. gelang es dem Geschlecht der *Artsruni,* sich der Oberhoheit der Bagratiden (→ Kasten, S. 836) zu entziehen und rund um den Van-See mit Van zur Hauptstadt das Reich *Vaspurakan* zu etablieren. Dank erfolgreicher Lobbyarbeit am Hof in Bagdad wurde Gagik I. (904–937) schließlich von seinem Tributherren, dem Kalifen al-Muqtadir, zum König gekrönt. In die Kunstgeschichte fand Gagik I. als Stifter der Kirche von Akdamar (s. u.) Eingang. Zur Jahrtausendwende tauschte König Senekerim Hovhannes sein Reich gegen ein byzantinisches Gebiet bei *Sebasteia* in Zentralanatolien (→ Geschichte/Sivas) ein. Damit hoffte er, sein Volk vor den anrückenden Seldschuken in Sicherheit zu bringen. Ein paar Jahrzehnte später überrannten die Seldschuken die Ostgrenzen des Byzantinischen Reiches.

Im 14. Jh. gehörte das Land um Van dem Turkmenenstamm der *Karakoyunlu.* 1387 wurde die Stadt von Timur Lenk zerstört, 1468 von den Osmanen eingenommen. In den nächsten Jahrhunderten stritten sich diese mit den Persern um die alte Stadt am Fuße der Zitadelle. 1915 unterstützte ein gewaltbereiter Teil der armenischen Bevölkerung die Einnahme der Stadt durch die Russen, was einer der Auslöser für die Massenvertreibung und -ermordung der Armenier im Osmanischen Reich war (→ Kasten, S. 836). Vor ihrem Abzug (1917) zerstörten die russischen Truppen das alte Van, nach dem Krieg wurde es weiter östlich neu aufgebaut.

Aufbauarbeiten standen auch zuletzt wieder auf dem Programm: Im Oktober 2011 suchte ein Erdbeben der Stärke 7,2 auf der Richterskala die Provinz Van heim. Am schwersten betroffen war die rund 100 km nördlich von Van gelegene Stadt Erciş, doch auch in Van selbst stürzten zahlreiche Gebäude ein. Bei dem Beben und einem schweren Nachbeben starben über 600 Menschen, Tausende wurden obdachlos.

Orientierung: Hauptachse des Zentrums ist die Cumhuriyet Cad., an der und in deren Nähe man alle wichtigen Einrichtungen findet. Die meisten Hotels liegen nahe dem *Ferit Melen Meydanı*, einem Platz im Norden der Cumhuriyet Cad., der schlicht auch *Beş Yol* genannt wird. Das *Basarviertel* erstreckt sich südwestlich des Beş Yol. **Wichtiger Hinweis**: Die in diesem Kapitel gesammelten Informationen entstammen der Recherchereise vom September 2011, einen Monat später ereignete sich das Erdbeben in der Provinz Van. Es ist uns nicht gelungen, nachträglich noch einmal alle Angaben auf ihre Stimmigkeit zu überprüfen. Wir bitten um Nachsicht, falls eine der hier angegebenen Adressen nicht mehr existiert.

Südostanatolien

Information/Verbindungen/Ausflüge/Parken

Telefonvorwahl 0432.

Information An der Cumhuriyet Cad. 185. Wenig informativ, zudem keiner Fremdsprache mächtig. Mo–Fr 8–17.30 Uhr. ℅ 2162018, www.vankulturturizm.gov.tr. Wer mehr wissen will, wendet sich an **Remzi Bozbay** (→ Organisierte Touren), den man im Büyük Asur Oteli schräg gegenüber der Infostelle trifft. Sehr hilfsbereit, gutes Englisch.

Verbindungen Flughafen (www.van.dhmi.gov.tr), 5 km westlich des Zentrums am See, von der Straße nach Edremit ausgeschildert. Taxi ca. 8 €. Tickets über **Urartu Turizm**, Cumhuriyet Cad., gegenüber der Touristeninformation. ℅ 2142020, www.urartuturizmvan.com.

Bus/Dolmuş: Busbahnhof im Norden der Stadt, alle Busunternehmen haben Filialen im Zentrum (Cumhuriyet Cad./Ecke Kazım Karabekir Cad.) mit Zubringerservice zum Busbahnhof. Regelmäßig nach Ankara (22 Std.), Tatvan (2½ Std.), Diyarbakır (7 Std.) und Malatya (10 Std.), mehrmals tägl. nach Erzurum (6 Std.) und Malatya (10 Std.), weniger häufig nach Şanlıurfa (9 Std.). Die Dolmuşe nach Doğubayazıt (bis ca. 14 Uhr), Ahlat, Adilcevaz und Akdamar starten von der Brücke an der Defterdarlık Cad. (ca. 7 Fußmin. vom Beşyol entfernt, → Stadtplan), die Minibusse nach Hoşap (über Çavuştepe) in einer Seitengasse der Cumhuriyet Cad. (ca. 400 m südlich des Büyük Asur Oteli, auf Höhe der Jandarma linker Hand Ausschau halten). In die Dolmuşe nach Edremit steigt man an der Zübeyde Hanım Cad. beim Zekigüzel Hamamı. Die Dolmuşe zum Van-Felsen, zum Landungssteg, zum Busbahnhof und Bahnhof starten gegenüber der Moschee an der İskele Cad.

Zug: Bahnhof (℅ 2231380) nordwestlich des Zentrums, Dolmuşverbindungen vom und ins Zentrum (s. o.). 1-mal wöchentl. nach Teheran (22½ Std.), 1-mal nach Täbris (9 Std.). Verbindungen gen Westen ab Tatvan.

Schiff: Die Fähranlegestelle ist mit „İskele" ausgeschildert, Dolmuşverbindungen vom und ins Zentrum (s. o.). Die Abfahrtszeiten für die 4½-stündige Fährfahrt nach Tatvan kennt leider nur der Kapitän selbst – bringen Sie Zeit und Geduld mit.

Organisierte Touren Ein englischsprachiger Führer mit umfassendem Wissen ist **Remzi Bozbay**, der im Büyük Asur Oteli anzutreffen ist: ℅ 0542/7846430 (mobil), asur_asur2008@hotmail.com. Er bietet nicht nur Touren in die nähere Umgebung, sondern organisiert auch individuelle Mehrtagesausflüge durch Ostanatolien.

Parken Bewachter, gebührenpflichtiger Parkplatz gegenüber dem Otel Şahin an der İrfan Baştuğ Cad., zudem neben dem Büyük Asur Oteli.

Adressen/Einkaufen/Veranstaltung

Ärztliche Versorgung Ein gutes Privatkrankenhaus ist der **Medical Park** an der Straße zur Burg. ℅ 4444484.

Autoverleih Mehrere internationale Anbieter. **Avis**, Cumhuriyet Cad. 250, ℅ 2146375, www.avis.com.tr. **Europcar**, über Akdamar Turizm, Kazım Karabekir Cad. 3 (3. Stock), ℅ 2158990, www.akdamarturizm.com. Billigste Fahrzeuge ab ca. 45 €.

Baden Ca. 17 km südwestlich von Van, hinter Edremit, findet man einen schönen Strand beim Doğan Camping. Die Dolmuşe nach Gevaş passieren die Abzweigung zum Camping.

Einkaufen Wer ein Faible für **Kelims** hat und in puncto Qualität sicher gehen will, sucht am besten eine der großen Teppichgalerien an der Kazım Karabekir Cad. auf. Der echte Van-Kelim wird aus Wolle gewebt, die mit Wurzelextrakten gefärbt ist, vorherrschend in Rot- und Blautönen.

Im **Basarviertel** lohnt v. a. ein Blick in die kleine Käsemarkthalle (Peynirciler Çarşısı, **4**).

An der zentralen Cumhuriyet Cad. soll bis 2013 die Shoppingmall **City Van 10** entstehen. Van profitiert von den vielen iranischen Einkaufstouristen.

Waschsalon Yumoş Laundry Service im 1. OG eines Shoppingcenters an der Cumhuriyet Cad. gegenüber der Touristeninformation. Pro Maschine ca. 4 €.

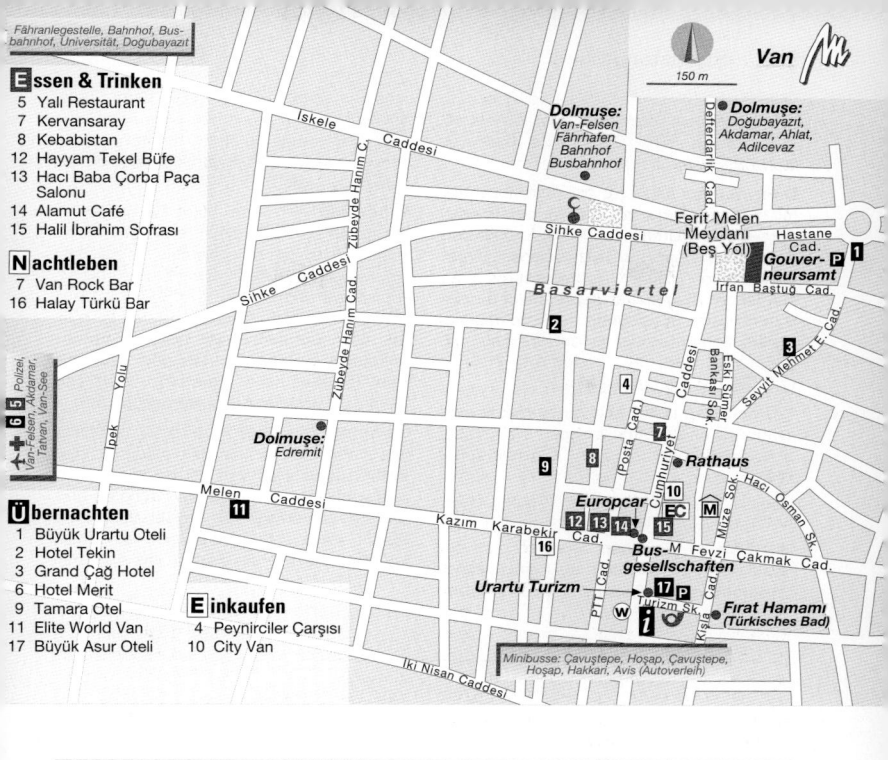

Fähranlegestelle, Bahnhof, Busbahnhof, Universität, Doğubayazit

Van

Essen & Trinken
- 5 Yalı Restaurant
- 7 Kervansaray
- 8 Kebabistan
- 12 Hayyam Tekel Büfe
- 13 Hacı Baba Çorba Paça Salonu
- 14 Alamut Café
- 15 Halil İbrahim Sofrası

Nachtleben
- 7 Van Rock Bar
- 16 Halay Türkü Bar

Übernachten
- 1 Büyük Urartu Oteli
- 2 Hotel Tekin
- 3 Grand Çağ Hotel
- 6 Hotel Merit
- 9 Tamara Otel
- 11 Elite World Van
- 17 Büyük Asur Oteli

Einkaufen
- 4 Peynirciler Çarşısı
- 10 City Van

Dolmuşe: Van-Felsen Fährhafen Bahnhof Busbahnhof

Dolmuşe: Doğubayazit, Akdamar, Ahlat, Adilcevaz

Dolmuşe: Edremit

Ferit Melen Meydanı (Beş Yol)

Basarviertel

Rathaus
Europcar
Busgesellschaften
Urartu Turizm
Fırat Hamamı (Türkisches Bad)

Minibusse: Çavuştepe, Hoşap, Çavuştepe, Hoşap, Hakkari, Avis (Autoverleih)

Van-Katzen: Die berühmten Katzen vom Van-See – übrigens die einzigen, die gerne schwimmen – haben von Natur aus ein gelbes und ein blaues Auge. Die edle Rasse wird an der lokalen Universität erforscht. Wer die possierlichen Tierchen zu Gesicht bekommen will, hat dort werktags vormittags die besten Chancen. Der Campus liegt einige Kilometer stadtauswärts Richtung Doğubayazit (Dolmuşe zum „Kampüs" fahren nahe der Defterdarlık Cad. ab, genaue Stelle zeigen lassen). Fragen Sie auf dem Campus nach dem Kedi Evi („Katzenhaus").

Übernachten/Camping

Bei den hier aufgeführten Häusern sollte es in puncto Sauberkeit keine Probleme geben. Dennoch: Lassen Sie sich vorm Einchecken ein Zimmer zeigen und prüfen Sie, ob die Bettwäsche gewechselt wurde. An der Kazım Karabekir Cad. entstand z. Z. d. letzten Recherche das 5-Sterne-Hotel **Elite World Van** 11, das Ende 2012 eröffnet werden soll.

**** Tamara Otel 9, für ein 4-Sterne-Haus recht klein, aber deswegen auch angenehm. Bislang kaum Gebrauchsspuren und gepflegt. Diverser Schnickschnack. Insgesamt eine nette Adresse. EZ 62 €, DZ 82 €. Yüzbaşıoğlu Sok. 1, ☎ 2143296, ℻ 2147885, www.tamaraotel.com.

**** Büyük Urartu Oteli 1, alteingesessenes, gepflegtes Haus, gut auch für allein reisende Frauen (viel weibliches Personal).

Südostanatolien

Viel Komfort einschließlich Indoor-Pool. Oft super Sonderangebote, DZ dann bereits ab 49 €, EZ ab 37 €. Cumhuriyet Cad. 60, ✆ 2120660, www.buyukurartuotel.com.

** Büyük Asur Oteli 17, freundliches Haus mit hilfsbereitem Personal. 48 restaurierte, sehr saubere Zimmer, z. T. mit Laminatböden. Kostenloser Parkplatz nebenan, Organisation von Touren, Frühstücksterrasse, auf der am Abend auch (teures) Bier ausgeschenkt wird. Restaurant in Planung. Von Lesern immer wieder gelobt. EZ 29 €, DZ 41 €. Cumhuriyet Cad. 13. Sok. 5, ✆ 2168792, 🖷 2169461, www.buyukasur.com.

** Grand Çağ Hotel 3, kleines Haus, sehr sauber. 25 angenehme Zimmer. EZ 21 €, DZ 37 €. Hastahane 2. Cad. 42, ✆ 2145713, 🖷 2145712.

Hotel Tekin 2, Billighotel. Einfache Zimmer mit Teppichböden und Balkon. Laken frisch, Bäder arg in die Jahre gekommen, teils fallen die Klobrillen ab. Ruhige Lage. Unschöner Frühstücksraum, aber ordentliches Frühstück. DZ 21 €. Küçük Camii Civarı (am einfachsten zu finden, wenn man dieses Hotel vorbei am Hotel Tamara ansteuert und dann beim Hotel Semira links abzweigt), ✆ 2163010.

Außerhalb **** **Hotel Merit 6**, größeres, komfortables Haus direkt am See, frisch restauriert. 90 Zimmer, zum See hin toll, hinten raus laut (Uferhighway). Gemütliche Poolanlage und Garten zum See, Steg mit Lounge über dem See. Keine Klimaanlage in den Zimmern. Mit den Edremit-Dolmuşen zu erreichen. DZ 91 €. Edremit Yolu (Straße nach Edremit), ✆ 3123060, 🖷 3122295, www.meritsahmaranotel.com.

Camping Mehrere Plätze rechts und links der Uferstraße vor und hinter Edremit (ca. 12 km südwestlich von Van). Die meisten sind sehr einfach und abgewirtschaftet und dienen mittlerweile in erster Linie als Picknickplätze (am Wochenende voll). Empfehlenswerter ist der Platz nahe Akdamar (→ S. 921).

Essen & Trinken/Nachtleben (→ Karte S. 915)

Spezialität ist *Otlu Peynir*, eine mit Kräutern verfeinerte Schafskäsecreme, die man in allen Frühstückssalons *(kahvaltı salonu)* bekommt. Alkohol gibt es kaum in einem Restaurant, Flaschenbier und Rakı dafür an einigen Büfes zu kaufen, z. B. am **Hayyam Tekel Büfe 12** an der Kazım Karabekir Cad. schräg gegenüber dem Klamottenladen Rodi Mod.

Kervansaray 7, an der Cumhuriyet Cad. schräg gegenüber dem Rathaus *(Belediye)* im 1. Stock. Gepflegte Lokalität mit den üblichen Grill- und Kebabvariationen. ✆ 2155430. Wer mag, kann danach noch weiter oben im gleichen Gebäude in der **Van Rock Bar 7** so richtig abrocken.

Halil İbrahim Sofrası 15, unten wird gebrutzelt, oben gegessen. Viele Gerichte aus der Tonpfanne *(Kiremit)*, dazu Forelle, *Saç Kavurma*, Topfgerichte und *İskender Kebap*. Von Lesern gelobt. Cumhuriyet Cad.

Hacı Baba Çorba Paça Salonu 13, angenehme Lokanta. Hier gibt es in erster Linie Suppen, die man sich aus großen Töpfen aussuchen kann. Von der Alm- bis zur Kuttelflecksuppe ist alles dabei. Außerdem: *Bumbar* (gefüllter Dickdarm!) und Grillhendl mit Bulgur. Kazım Karabekir Cad. 4.

Kebabistan 8, auf 2 Gebäude verteilte Lokanta in einer kleinen Gasse voller Döner- und Teeläden nahe der Kazım Karabekir Cad. Auf der einen Straßenseite werden Pide und Lahmacun gebacken, auf der anderen Seite türmen sich die Fleischberge auf den Tellern. Günstig.

Café Alamut Café **14**, Studentencafé über den Dächern der Stadt, immer gut für eine Pause. Im Gebäude des Öz İmamoğlu Kebap, an der Kazım Karabekir Cad. nicht zu übersehen.

Frühstück Frühstücken ist in Van fast eine Art Ritual und wird in diversen Frühstückssalons *(kahvaltı salonu)* zelebriert, v. a. am Wochenende. Gleich mehrere in einer Reihe befinden sich in der Eski Sümer Banka Sok. Die Alternative zum langweiligen Hotelfrühstück – Käse der Region, Rühreier usw.

Nachtleben In den letzten Jahren entstanden einige rockige Studentenkneipen mit Bierausschank (s. o., **Van Rock Bar**). Nett ist auch die **Halay Türkü Bar 16** an der Kazım Karabekir Cad. Fr/Sa und Mi Livemusik (Türkü und Fasıl), dann herrscht die beste Stimmung.

Außerhalb Yalı Restaurant ◳, ca. 10 km außerhalb des Zentrums an der Straße nach Edremit direkt am See. Gepflegtes Open-Air-Restaurant mit Pool (!) und Tischen unter schattenspendenden Bäumen. Meze und Grillgerichte. Die Empfehlung für ein romantisches Abendessen – die Sonnenuntergänge hier sind eine Sensation. Mittlere Preisklasse. ✆ 3122448.

Sehenswertes

Museum: Es ist klein, aber fein und präsentiert zahlreiche urartäische Funde, v. a. aus Çavuştepe (s. u.): Goldschmuck, Reliefs, Tongeschirr (darunter Gefäße in Schuhform), Bronze- und Terrakottafiguren, aber auch Kinderspielzeug aus der urartäischen Babystube. Bronzegürtel mit fein ziselierten Darstellungen von Löwen, Stieren und Streitwagen sind aussagekräftige Dokumente des Kriegs- und Kunsthandwerks der Urartäer. Im Garten sind Keilschriftstelen aufgestellt, die dem Kriegsgott Haldi gewidmet sind, dem höchsten der 79 Götter des urartäischen Pantheons. Die ethnografische Abteilung im Obergeschoss birgt neben einigen Kelims Skelette von Türken und Kurden, die 1915 von aufständischen Armeniern massakriert wurden. Das Leid der Armenier ist mit keiner Silbe erwähnt.

In einer ruhigen Straße östlich der Cumhuriyet Cad. auf Höhe des Rathauses. Tägl. (außer Mo) 8–17 Uhr. Eintritt frei.

Van-Felsen mit Zitadelle (Van Kalesi): Der etwa 1000 m lange, rund 60 m breite und ca. 120 m hohe Felsen erhebt sich rund 5 km westlich der Stadt. Auf ihm ließ König Sardur I. im 9. Jh. v. Chr. den Grundstein zum Bau seiner Zitadelle legen. Die mächtigen Steinquader der *Sardursburg* sollen bis zu 40 t gewogen haben und wurden aus einem Steinbruch beim 20 km entfernten Edremit herangeschafft. Fast alle folgenden Herrscher ließen die Burganlage aus- oder umbauen.

Von Van kommend, passiert man die Zitadelle zunächst auf ihrer zinnenbewehrten Nordseite. Dabei fällt zu Füßen des Burgbergs die *Türbe Abdurrahman Gazis* ins Auge, ein Pilgerziel. Am Zugang zur Van Kalesi befindet sich das *Örnek Van Evi*, ein im traditionellen Stil errichteter Neubau – wer mag, kann sich Galoschen anziehen und durch die folkloristisch eingerichteten Räumlichkeiten schlurfen. Nebenan gibt es ein Freiluftcafé.

Die Besichtigung der Zitadelle könnte man mit einem Picknick verbinden, wären da nicht die vielen aufdringlichen Kinder, die den Aufenthalt fast verderben. Der Aufstieg ist nicht sehr beschwerlich. Oben befinden sich die Reste eines *Minaretts* und *Mauerfragmente*, insbesondere aus der seldschukischen und osmanischen Zeit. Vor allem aber lohnt der fantastische Rundblick: im Westen der See, im Nordosten *Toprakkale*, der zweite Burgfelsen von Van und die Residenz des urartäischen Herrschers Rusas I. (8. Jh. v. Chr.). Seine Burg bzw. das, was davon übrig blieb, liegt heute inmitten eines militärischen Sperrgebiets und ist nicht zugänglich. Am Fuß der steil abfallenden Südwand des Van-Felsens schließt sich ein großes, weitestgehend leeres Areal an. Hier erstreckte sich das *alte Van*, das im Ersten Weltkrieg komplett zerstört wurde. An die einst vielen armenischen Kirchen erinnert heute kaum mehr ein Stein, auch nicht an das *Deutsche Waisenhaus*, das es hier Anfang des 20. Jh. noch gab. Übrig blieben nur drei *Moscheen* sowie zwei *Türben* hinter der Stadtmauer.

In der steil abfallenden Südwand der Burganlage befinden sich mehrere urartäische *Königsgräber*. Nahe der Westspitze (nach einem Geländer Ausschau halten, Zugang oft versperrt) liegt das *Grab Argistis' I.* (780–760 v. Chr.). Neben seiner Grabkammer fällt in der Felswand eine längere Keilschrift auf. Es handelt sich um die sog.

Horhor-Chronik, in der die großen Taten des Königs verewigt sind, insbesondere seine Kriegszüge. Ungefähr auf halber Länge des Burgfelsens führt eine fast tausendstufige Felsentreppe hinab zum einstigen Van (jedoch nicht zugänglich, da kein Geländer). Nahe ihrem oberen Abschnitt befindet sich die sog. *Xerxes-Inschrift* aus dem 5. Jh. v. Chr. Der dreisprachig in babylonischer, medischer und persischer Sprache in den Stein geritzte Text spricht von dem persischen Großkönig Xerxes als dem „großen König, König der Könige, König der Provinzen mit den verschiedenen Sprachen".

Dolmuşverbindungen von und nach Van. Tägl. 8–19 Uhr, im Winter bis 17 Uhr. Eintritt für die Burg 1,20 €. Auf dem Gelände gibt es Massen von „Führern" (viele davon sind nicht älter als 7 Jahre), die Ihnen gegen ein Trinkgeld die wichtigsten Stellen zeigen.

Çavuştepe
(antike Stätte)

Bei der 35 km südöstlich von Van gelegenen Ausgrabungsstätte handelt es sich um die urartäische Königsburg *Sardurihinili,* die den Wasserkanal nach Tuschpa (→ Van/Geschichte) schützen sollte. Sie liegt auf einem hahnenkammartigen, steil abfallenden Bergrücken. Sardurihinili wurde in der Regierungszeit Sardurs II. (ca. 760–730 v. Chr.) erbaut und bereits Ende des 7. Jh. v. Chr. von den Skythen zerstört. Zahlreiche Funde wurden ins Museum von Van geschafft. Am besten steigt man erst auf die im Nordosten gelegene **Obere Burg**, die den von einer Mauer umgebenen **Tempelbezirk** beherbergte und von der sich die **Untere Burg** in ihrer Gesamtheit überblicken lässt. In der Unteren Burg sieht man u. a. ein **Lebensmitteldepot** mit in den Boden eingelassenen Vorratsgefäßen, das deswegen so groß ist, da die Bauern der Umgebung ihre Erzeugnisse aus Sicherheitsgründen in der Festung lagern mussten. Weiterhin kann man einen der urartäischen Gottheit Irmuşini geweihten **Tempel** besichtigen, einen runden **Opferstein** mit Blutabflussrinne und die Mauern des **Palastes**. Gehen Sie dort auf die Suche nach den urartäischen **Toiletten** – sehr interessant.

Man verlässt Van gen Süden und trifft nach dem 2225 m hohen Kurubaş-Pass auf die Straße von Gevaş nach Hakkari, hier links halten. Hinter dem Weiler Çavuştepe ist der

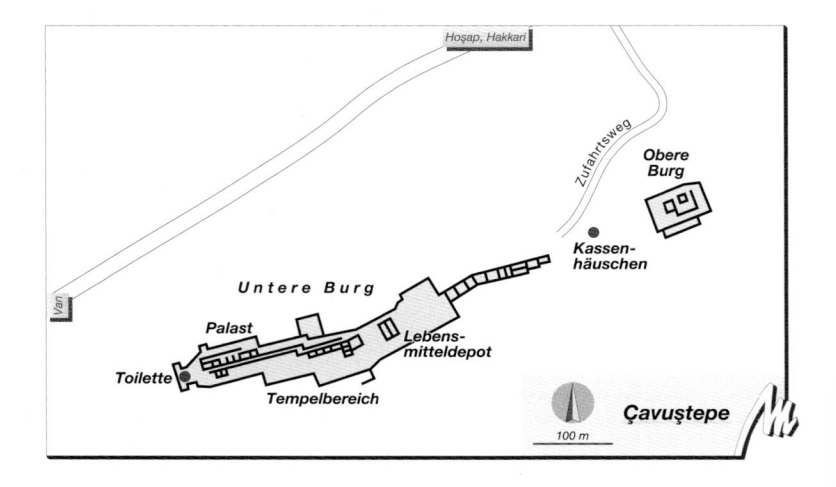

Weg zur Ausgrabungsstätte ausgeschildert. Parkplatz auf einem Sattel zwischen der Oberen (östlich) und Unteren Burg (westlich). **Minibus**verbindungen von und nach Van. Tägl. 8.30–17.30 Uhr. Eintritt frei.

Hoşap Kalesi (Burg)

Güzelsu, das alte Hoşap, ist ein kurdisches Truckstop-Dörfchen 35 km östlich von Çavuştepe, in dem Lkw-Fahrer aus dem Iran und dem Irak eine Pause einlegen. Überblickt wird die Szenerie von der auf einem Fels thronenden Ruine der Hoşap Kalesi, einer der schönsten und fotogensten Burgen des Landes. Die mächtige Burg mit ihren massiven Türmen und Zinnen wurde 1643 von einem Kurdenfürsten aus dem Stamm der Mahmudiye (daher auch *Mahmudiye Kalesi*) auf den Überresten einer seldschukischen Festung errichtet. Es war ein protziger Palast, eine verwinkelte, über Treppen, Innenhöfe und Durchgänge verbundene Anlage mit insgesamt 360 Räumen, zwei Moscheen, drei Hamams, einem Gefängnis sowie zahlreichen Vorratskammern. Der Harem war ganz oben angesiedelt. 1651 wurde die Burg belagert und schwer beschädigt. Seit Jahren wird die Anlage restauriert, mittlerweile ist sie immerhin wieder zugänglich.

Die Burg liegt 70 km südöstlich von Van direkt an der Straße nach Hakkari. **Minibus**verbindungen von und nach Van. Ein Ausflug lässt sich gut mit der Besichtigung von Çavuştepe verbinden. Tagsüber i. d. R. geöffnet (ohne Garantie). Eintritt zuletzt frei, was sich nach Abschluss der Restaurierungsarbeiten jedoch wieder ändern kann.

Auf dem Weg von Van nach Akdamar passiert man das kleine Städtchen *Gevaş* – im Hochsommer, wenn das Land drum herum von der Sonne verbrannt ist, eine grüne Oase am Van-See. Nahe der Straße steht die *Celme Hatun Türbesi*, ein zwölfeckiges Mausoleum mit Pyramidendach. Es wurde 1358 für eine Prinzessin aus dem Turkmenenstamm der *Karakoyunlu* errichtet. Nebenan liegt ein weitläufiger Friedhof mit reich verzierten Grabstelen aus dem 14. bis 16. Jh.

Akdamar (Ahtamar)

Reizvoller können Kirchen kaum liegen, kunsthistorisch kaum interessanter sein: Die armenische Heiligkreuzkirche auf der kleinen Van-Insel Akdamar ist neben dem Götterthron auf dem Nemrut Dağı und dem İshak-Pascha-Palast das wohl meistfotografierte Motiv der Osttürkei.

Das kleine Eiland Akdamar liegt rund 40 km südwestlich von Van und 2,5 km vom Seeufer entfernt. Zu Beginn des 10. Jh. ließ sich hier angeblich Gagik I. (904–937, → Van/Geschichte) eine Sommerresidenz errichten. Legenden berichten davon, dass der König in einem Palast mit goldenen Kuppeln von einem Thron aus reinem Gold sein Reich regierte. Tatsache ist, dass von den Bauten Gagiks I. auf dem Eiland nur noch die Heiligkreuzkirche erhalten ist, die der König zusammen mit einem Kloster stiftete. Ihre Erbauung geht auf die Jahre 915–21 zurück. Wie der Palast soll auch die Kirche aus rötlich-braunem Sandstein mit Gold und Edelsteinen

Filigrane Reliefs schmücken die Fassade der Kirche von Akdamar

verziert gewesen sein, doch das ist Vergangenheit. Seit 2010 darf auf der Insel wieder einmal jährlich (i. d. R. im Juli) ein Gottesdienst stattfinden – jahrelange Diskussionen gingen dieser Entscheidung voraus.

Besichtigung: Die 15 m lange, 12,50 m breite und 19 m hohe Kreuzkuppelkirche inmitten von Mandelbäumen verdankt ihre Berühmtheit v. a. ihrem reichen Außenschmuck aus Tuffstein. Ihre volle Plastizität entfalten die Reliefs bei schräg einfallendem Sonnenlicht. Auf der Schattenseite und bei frontalem Sonnenlicht „gehen" die Figuren mehr oder weniger in der Mauer unter. Wer sämtliche Reliefs genießen will, müsste sich einen ganzen Tag auf der Insel aufhalten. Eine komplette Ausdeutung der Darstellungen wird wohl nie mehr gelingen. Doch die Szenen aus dem Alten Testament (Adam und Eva, David und Goliath, Jonas mit dem Wal usw.) stellen für Laien kein Problem dar, auch die Figuren im unteren Bereich sind weitgehend identifiziert worden, da der Bildhauer sie oft namentlich kennzeichnete. Wahrscheinlich besaßen die Figuren Augen aus Edelsteinen, denn man fand an vielen Stellen Rückstände von Glasklebepaste.

Schwierigkeiten bereitet die Interpretation des Weinlaubfrieses, das sich im oberen Teil um die Kirche zieht. Vor allem abassidische Motive wurden herausgelesen, was die These bestätigt, dass die Kirche nicht nur im Baustil, sondern auch im Dekor auf christliche und islamische Traditionen zurückgreift. Hier sind (am besten mit Fernglas) amüsante Details zu entdecken: Ein Bär nascht von süßen Trauben (Westseite), zwei Männer raufen (Südseite), Vögel tun sich an Beeren gütlich (Nordseite). Der angebaute Glockenturm aus farblich unterschiedlichen Steinquadern kam erst im 18. Jh. hinzu. Die wenigen noch verbliebenen Fresken im Innern waren lange Zeit übertüncht. Bei einer aufwendigen Restaurierung (2005–2007) wurden sie freigelegt und zeigen, überwiegend in Blautönen, Heilige und Szenen aus dem Neuen Testament. Neben der Kirche befinden sich die Überreste eines alten armenischen Friedhofs. Auf der Insel gibt es auch ein Café.

Akdamar (Ahtamar) 921

Verbindungen/Öffnungszeiten Minibusse von und nach Van. Die Insel ist tägl. von 8.30 bis 17.30 Uhr mit Kähnen erreichbar. Mehrere Ablegestellen, die „offizielle" befindet sich an der zur Insel nächstgelegenen Stelle beim Akdamar Restaurant. Überfahrt hin/zurück 2,80 €/Pers., hinzu kommt der Inseleintritt von 1,20 €.

Camping/Essen & Trinken Grand Deniz Turizm Tesisleri, großes Areal mit Restaurant und aufgeschüttetem Kiesstrand samt Holzliegen und Einstiegshilfe in den See. Stellplätze für Wohnwagen am Wasser, Wiesenplätze für Zelte. Sanitäranlagen okay. Bootsservice zur Akdamar-Insel. 2 Pers. im Wohnmobil oder Zelt 10,50 €. Zwischen Gevaş und Akdamar, ✆ 0432/6124038, ℡ 6123845, www.granddenizturizm.com.

Unruheherd Hakkari

Hakkari ist die entlegenste, südöstlichste Provinz des Landes mit einer spektakulären Hochgebirgslandschaft, deren Gipfel z. T. die 4000-m-Grenze übersteigen. Die Gegend war lange Zeit eine Zufluchtsstätte nestorianischer Christen, versteckt gelegene Kirchen und Klöster erinnern noch heute daran. Bis zum Ausbruch des türkisch-kurdischen Krieges 1984 galt die Region im Dreiländereck als ein Bergsteiger-Eldorado, seitdem als einer der Hotspots der blutigen Auseinandersetzungen zwischen türkischem Militär und kurdischer PKK. Immer wieder werden Teile der Provinzen Hakkari und Şırnak zu militärischen Sperrgebieten erklärt. Reisen in die Region sind dann für Touristen verboten. Solche Erklärungen können infolge von Terroranschlägen oder militärischen Aktivitäten von heute auf morgen erfolgen, erkundigen Sie sich daher unmittelbar vor Fahrtantritt in die Region (z. B. bei der Polizei in Van, Mardin oder Batman), ob eine Reise dorthin möglich ist. Beachten Sie auch die Sicherheitshinweise Ihrer Regierung (→ Sicherheitshinweise, S. 71).

Ein Fahrt durch die Region ist auf jeden Fall ein landschaftlicher Traum, insbesondere die Strecke von Hakkari nach Şırnak ist spektakulär. Die Provinzhauptstädte selbst (Hakkari hat 57.900 Einwohner, Şırnak 54.200) geben jedoch wenig her, sie sind arm und deprimierend. Aufgrund der jahrelangen Isolation liegt die Wirtschaft am Boden. Das einzige lukrative Geschäft vor Ort ist der Schmuggel. Die Militär- und Polizeipräsenz ist enorm. Einfache Unterkünfte sind vorhanden. Doch wer dort übernachtet, macht sich schnell verdächtig. Wer Pech hat, wird – je nach aktueller Lage – während seines gesamten Aufenthalts von einer Eskorte begleitet. Für Bergtouren wird keine Genehmigung mehr erteilt.

Kleiner Sprachführer

Die türkische Schrift verwendet lateinische Buchstaben. Allerdings existieren einige Buchstaben, die es entweder im deutschen Alphabet gar nicht gibt oder die anders als bei uns ausgesprochen werden.

Aussprache

c dsch;

ç tsch;

ğ längt den vorstehenden dunklen Vokal und wird nicht ausgesprochen;

h zwischen zwei Vokalen wie h, sonst wie ch;

ı ein i ohne Punkt wird als nichtbetontes e ausgesprochen (groß: I, dagegen großes i: İ);

j sch (stimmhaft);

s s (stimmlos);

ş sch (stimmlos);

v w;

z s (stimmhaft).

Die türkische Rechtschreibung gibt im allgemeinen den Wortklang wieder; der geschriebene Text ist daher leicht auszusprechen. Die Grammatik ist äußerst logisch aufgebaut, aber von derjenigen der indoeuropäischen Sprachen grundverschieden. Kennzeichen der ural-altaischen Sprachgruppe, zu der neben Finnisch, Ungarisch und Mongolisch auch das Türkische gehört, ist das agglutinierende (=anfügende) Prinzip. Die grammatischen Beziehungen, die ein Wort eingeht, werden durch Anfügung von Suffixen (Nachsilben) an den stets unveränderlichen Wortstamm ausgedrückt. Diese Suffixe unterliegen zudem in den meisten Fällen einer so genannten Vokalharmonie, d. h. ihr Vokal passt sich der Lautfarbe der vorhergehenden Silbe an. Als dunkel gelten die Vokale a, ı, o, u, als hell die Vokale e, i ö, ü.

Beispiele für Suffixe (Nachsilben)

Wortstamm + Plural-Nachsilbe „-ler/-lar" + Possessiv-Nachsilbe

1. Person Singular „ - (i/ı/u/ü)m"

kitap – Buch

kitaplar – Bücher

kitaplarım – meine Bücher

Ortsfälle

Auf die Frage „wo?" („nerede?") antwortet die Nachsilbe „-de/-da".

Auf die Frage „wohin?" („nereye?") antwortet die Nachsilbe „-e/-a".

Auf die Frage „woher?" („nereden?") antwortet die Nachsilbe „-den/-dan". Also:

in İstanbul	İstanbul'da	*in das Hotel*	otele
im Hotel	otelde	*von İstanbul*	İstanbul'dan
nach İstanbul	İstanbul'a	*aus dem Hotel*	otelden

„mit" wird mit der Nachsilbe „-li/-lı/-lu/-lü", „ohne" mit der Nachsilbe „-siz/-sız/-suz/-süz" ausgedrückt. Also:

şeker	Zucker	*iş*	Arbeit
şekerli	mit Zucker	*işsiz*	arbeitslos (ohne Arbeit)

Allgemeine Redewendungen

Danke	teşekkürler/mersi
Herzlich willkommen	hoş geldiniz
Antwort	hoş bulduk
Guten Tag	merhaba
Auf Wiedersehen	allaha ısmarladık; sagt der Weggehende
	güle güle, sagt der Bleibende
Guten Morgen	günaydın
Guten Abend	iyi akşamlar
Gute Nacht	iyi geceler
Alles Gute	bol şans
Selbstverständlich	tabii
In Ordnung, o.k.	tamam
Nein, danke	hayır, teşekkür ederim!
Vielleicht	belki
Ja	evet
Ja, es gibt	var
Nein	hayır
Nein, es gibt nicht	yok
Gibt es ...?	... var mı?
Gut	iyi
Schlecht	fena
Schön	güzel
Groß	büyük
Bitte	lütfen
Wie bitte?	efendim?
Verzeihung	pardon (wenn man jemandem auf den Fuß getreten ist)
Verzeihen Sie (Einleitung vor einer Bitte)	affedersiniz
Wie geht es Ihnen?	Nasılsınız?
Sehr gut	çok iyiyim
Klein	küçük
Wie heißt das auf Türkisch?	Bunun Türkçesi ne?
Sprechen Sie Deutsch (Englisch)?	Almanca (İngilizce) bilir misiniz?
Ich habe nicht verstanden	anlamadım
Wieviel Lira?	kaç lira?
Ich möchte ...	istiyorum

Zahlen

0 = sıfır, 1/2 = yarım (isoliert), buçuk (z. B. in 1 1/2 etc.)

1 = bir	11 = on bir	101 = yüz bir
2 = iki	20 = yirmi	200 = iki yüz
3 = üç	30 = otuz	300 = üç yüz
4 = dört	40 = kırk	1000 = bin
5 = beş	50 = elli	2000 = iki bin
6 = altı	60 = altmış	10.000 = on bin
7 = yedi	70 = yetmiş	100.000 = yüz bin
8 = sekiz	80 = seksen	500.000 = Beş yüz bin
9 = dokuz	90 = doksan	1.000.000 = Bir milyon
10 = on	100 = yüz	

Allgemeine Zeitbegriffe

Gestern	*dün*	Woche	*hafta*
Heute	*bugün*	Monat	*ay*
Morgen	*yarın*	Jahr	*sene, yıl*
Tag	*gün*		

Auf der Reise

Flughafen	*havaalanı/ havalimanı*	Meer	*deniz*
		Ein gutes Hotel	*iyi bir otel*
Hafen	*liman*	Platz	*meydan*
Stadtzentrum	*şehir merkezi*	Straße	*cadde*
Touristeninformation	*turizm bürosu/turizm danışması*	Straße, Gasse	*sokak*
		Wo?	*nerede?*
		Wohin?	*nereye?*

Fragen nach dem Weg

Wo ist ein/ der Bahnhof	*nerede gar/? tren istasyonu?*	Links	*sol*
		Rechts	*sağ*
Busbahnhof	*otogar/ terminal/garaj*	Geradeaus	*doğru*
		Zurück	*geri*
Billiges Hotel	*ucuz bir otel*	Hier	*burada*
Polizeistation	*karakol/polis*	Dort	*orada*
Postamt	*postane*	Nächste(r), örtl.	*en yakın*
Bank	*banka*	Ist es weit?	*uzak mı?*
Türk. Bad	*hamam*	Straße, Weg	*yol*
Toilette	*tuvalet*		

Eisenbahn / Busse / Taxi

Bahnhof	*gar, tren istasyon*	Abfahrt	*hareket, kalkış*
Zug	*tren*	Ankunft	*varış*
Liegewagen	*kuşet*	Fahrkarte	*bilet*
Schaffner	*biletçi*	Fahrplan	*tarife*
Busbahnhof	*otogar/terminal/garaj*	Haltestelle	*durak*
Bus	*otobüs*	Schalter	*gişe*
Gepäck	*bagaj*	Sammeltaxi	*dolmuş*
Bahnsteig	*peron*	Taxi	*taksi*

Flug / Schiffe

Flughafen	*havaalanı/havalimanı*	Fähre	*feribot*
Flug	*uçuş*	Anlegestelle	*iskele*
Flugzeug	*uçak*	kleines Ruder-/ Segelboot	*kayık*
Schiff	*gemi*		

Für Autofahrer

Ich möchte 15 Liter Super	*15 litre süper istiyorum*	Führerschein	*ehliyet*
Wo ist eine Werkstatt?	*tamirhane nerede?*	Tankstelle	*benzin istasyonu/ benzinci/benzinhane*
Wieviel kostet es?	*ne kadar/ kaç para?*	Panne	*arıza*

Allgemein

Benzin	*Benzin*	Reparaturwerkstatt	*tamirhane/ tamirci*
Diesel	*motorin/dizel*	Es funktioniert nicht	*çalışmıyor*
Motoröl	*motör yağı*	… tropft/läuft aus	*… damlıyor*
Ölen	*yağlamak*		
Unfall	*kaza*		

Fahrzeugteile

Anlasser	*marş*	Lichtmaschine	*şarj dinamosu*
Autobatterie	*akü*	Motor	*motör*
Blinker	*sinyal*	Reifen	*lastik*
Bremsen	*frenler*	Vergaser	*karbüratör*
Bremslichter	*stop lambaları*	Zündkerzen	*bujiler*
Getriebe	*şanjman*	Leerlauf	*boş vites*
Kühler	*radyatör*	Gang einlegen	*vitese takmak*
Kupplung	*debreyaj*	Rückwärtsgang	*geri vites*

Übernachten

Gibt es heißes Wasser?	*Sıcak su var mı?*	Zwei Personen	*iki kişi*
Wieviel kostet es?	*Ne kadar?*	Ein Doppelzimmer	*iki kişilik oda*
Ein Zimmer	*bir oda*	Vollpension	*tam pansiyon*
		Halbpension	*yarım pansiyon*

Im Hotel

Ein Zimmer mit Bad	*banyolu bir oda*	Rechnung	*hesap*
		Frühstück	*kahvaltı*
Ein Zimmer mit Dusche	*duşlu bir oda*	Butter	*tereyağı*
		Kaffee	*kahve*
Sehr teuer	*çok pahalı*	Tee	*çay*
Billiger	*daha ucuz*	Milch	*süt*
Einverstanden	*tamam*	Zucker	*şeker*

Camping

Campingplatz	*kamp yeri*	Platz	*yer*
Zelt	*çadır*	schattig	*gölgeli*
Dusche	*duş*	Küche	*mutfak*

Einkäufe

Wieviel kostet das?	*Bu ne kadar?*	Kupfer	*bakır*
Das ist sehr teuer!	*Çok pahalı!*	Laden, Geschäft	*dükkân*
Buch	*kitap*	Geld	*para*
Teppich	*halı*	Kleingeld	*para*
Messing	*pirinç*	Türkische Lira	*lira*
Gold	*altın*	Dollar	*dolar*
Silber	*gümüş*	Straßenkarte	*yol haritası*
Leder	*deri*	Stadtplan	*şehir planı*

An den weiten Stränden bei Side findet jeder ein nettes Plätzchen an der Sonne

Kugelschreiber	*kalem*	Ein Päckchen	*bir paket*
Feuerzeug	*çakmak*	Zigaretten mit Filter	*filtreli sigara*
Streichhölzer	*kibrit*	Zigaretten ohne Filter	*filtresiz sigara*

Geschäfte

Markt	*pazar*	Buchhandlung	*kitapçı*
Basar	*çarşı*	Lebensmittelgeschäft	*bakkal*
Apotheke	*eczane*	Reisebüro	*seyahat acentası*

Auf der Post

offen	*açık*	Postkarte	*kartpostal*
geschlossen	*kapalı*	Brief	*mektup*
Eilpost	*kapalı*	Briefmarke	*pul*
Zoll	*gümrük*	Luftpost	*uçakla*
Telefonmünze	*jeton*		

Gesundheit

Arzt	*doktor*	Zahn	*diş*
Krankenhaus	*hastane*	Hals	*boğaz*
Kohletabletten	*karbon tableti*	Brust	*göğüs*
Schmerztabletten	*ağrı hapı*	Magen	*mide*
Schmerzen	*ağrılar*	Herz	*kalp*
Kopf	*baş*	Leber	*karaciğer*
Auge	*göz*	Nieren	*böbrekler*
Ohr	*kulak*	Insektenstich	*böcek sokması*

Im Restaurant

Frühstück	*kahvaltı*	Eis (nur Kühleis!)	*buz*
Mittagessen	*öğle yemeği*	Fleisch	*et*
Abendessen	*akşam yemeği*	Hammelfleisch	*koyun eti*
Portion	*porsyon*	Lammfleisch	*kuzu eti*
Gabel	*çatal*	Rindfleisch	*sığır eti*
Messer	*bıçak*	Kalbfleisch	*dana eti*
Löffel	*kaşık*	Huhn	*piliç*
Teller	*tabak*	Fisch	*balık*
Glas	*bardak*	Rechnung, bitte	*hesap, lütfen*
Brot	*ekmek*	Bedienungsgeld	*servis ücreti*
Wasser	*su*	Trinkgeld	*bahşiş*
Mineralwasser	*madensuyu*		

Kleines Speiselexikon

Vorspeisen („mezeler")

Arnavut ciğeri	gebratene Leberstückchen mit Zwiebeln
Beyaz peynir	Schafskäse
Börek	Blätterteigpastete
Çerkes tavuğu	Hühnerfleisch in Sauce aus Walnüssen
Kabak dolması	gefüllter Kürbis
Midye dolması	gefüllte Miesmuscheln
Patlıcan salatası	Auberginenpüree
Yaprak dolması	gefüllte Weinblätter
Beyin	Hirn

Suppen („çorbalar")

Düğün çorbası	Suppe mit Hammel-Ei und Zitrone
Haşlama	Brühe mit Hammelfleisch
İşkembe çorbası	Kuttelsuppe
Yayla çorbası	Suppe mit Joghurt

Fleischgerichte („etli yemekler")

Bonfile	Beefsteak
Döner kebap	Hammelfleisch vom Drehspieß
Kuzu dolması	mit Reis gefülltes Lammfleisch
Pirzola	Lammkotelett
Şiş kebap	gegrillte Lammstücke
Şiş köfte	gegrillte Hackfleischbällchen
Çiğ köfte	scharfgewürzte Fleischbällchen aus rohem Hack
Lahmacun	Hackfleisch auf Fladenbrot („türkische Pizza")
Güveç	Fleisch-/Gemüseeintopf
Tas kebap	Lammfleisch-Eintopf
Tavuk	Suppenhuhn

Reisgerichte („pilav")

İç pilav	Reis mit Leber Reis mit Auberginen
Bulgur pilavı	Weizengrütze
Patlıcanlı pilav	Reis mit Auberginen

Kalte Gemüsegerichte in Olivenöl („zeytinyağlılar")

İmam bayıldı	gefüllte Auberginen in Olivenöl
Kabak kızartması	gebratene Zucchinischeiben
Patlıcan kızartması	frittierte Auberginenscheiben
Zeytinyağlı fasulye	grüne Bohnen in Olivenöl

Fisch („balık")

Alabalık	Forelle
Barbunya	rote Barbe
Dil balığı	Seezunge
Hamsi	Schwarzmeersardinen
Karides	Garnele
Kılıç	Schwertfisch
Levrek	Seebarsch
Midye	Miesmuscheln
Tekir	Rote Meerbarbe
Palamut	kleiner Thunfisch, Bonito
Pisi	Scholle
Uskumru	Makrele
Yengeç	Krebs

Beilagen

Bezelye	Erbsen
Salatalık	Gurke
Ispanak	Spinat
Karnıbahar	Blumenkohl
Lahana	Kohl

Patates	Kartoffeln		Muhallebi	Pudding aus Reismehl und Rosenwasser
Soğan	Zwiebeln		Sütlaç	Milchreis
Beyaz peynir	Schafskäse		Dondurma	Speiseeis
Kaşar	mildgelber Käse			
Sarımsak	Knoblauch			
Karabiber	Pfeffer			
Tuz	Salz			
Zeytin	Oliven			

Obst („meyve")

Armut	Birne
Elma	Apfel
Erik	Pflaume
İncir	Feige
Karpuz	Wassermelone
Kavun	Honigmelone
Kayısı	Aprikose
Kiraz	Kirsche
Muz	Banane
Nar	Granatapfel
Portakal	Orange
Şeftali	Pfirsich
Üzüm	Weintrauben

Zubereitungsarten

Buğulama	gedämpft
Ezme	Püree
Fırın	im Ofen gebacken
Haşlama	gekocht
Izgara	auf Holzkohlen gegrillt
Tava	in der Pfanne
Pişkin	durchgegart
Soslu	mit Sauce
Yoğurtlu	mit Jogurt
Yumurtalı	mit Ei

Salate („salatalar")

Cacık	Joghurt mit Gurken und Knoblauch
Çoban salatası	gemischter Salat mit Tomaten, Gurken, Zwiebeln
Patlıcan salatası	Auberginensalat
Piyaz	Salat aus weißen Bohnen
Domates salatası	Tomatensalat

Getränke

Ayran	Joghurtgetränk
Madensuyu	Mineralwasser
Su	Wasser
Meyve suyu	Fruchtsaft
Elma suyu	Apfelsaft
Portakal suyu	Orangensaft
Şeftali suyu	Pfirsichsaft
Limonata	Limonade
Süt	Milch
Çay	schwarzer Tee
Adaçayı	Salbeitee
Kahve	Kaffee, Mokka
Şekerli	süß
Az şekerli	schwach gesüßt
Bira	Bier
Şarap	Wein
Beyaz	weiß
Kırmızı	rot
Rakı	Anisschnaps

Nachspeisen („tatlılar")

Baklava	mit Walnüssen oder Pistazien gefülltes Blätterteiggebäck
Helva	türkischer Honig, Helwa
Tel kadayıf	gebackene Teigfäden mit Walnüssen oder Pistazien gefüllt und in Sirup getränkt
Aşure	Pudding aus Weizengrütze mit Walnüssen und Rosinen

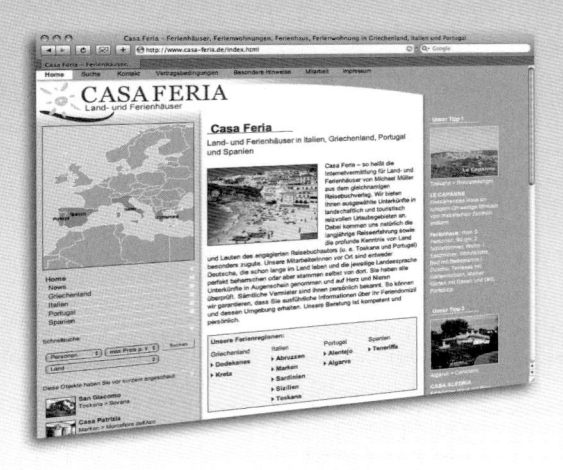

	ABRUZZEN
	ALENTEJO
	ALGARVE
	ANDALUSIEN
	APULIEN
	DODEKANES
	IONISCHE INSELN
	KRETA
	LISSABON & UMGEBUNG
	MARKEN
	SARDINIEN
	SIZILIEN
	TENERIFFA
	TOSKANA

CASA FERIA
Land- und Ferienhäuser

Nette Unterkünfte bei netten Leuten

CASA FERIA
die Ferienhausvermittlung
von Michael Müller

Im Programm sind ausschließlich persönlich ausgewählte Unterkünfte abseits der großen Touristenzentren.

Ideale Standorte für Wanderungen, Strandausflüge und Kulturtrips.

Einfach www.casa-feria.de anwählen, Unterkunft auswählen, Unterkunft buchen.

Casa Feria wünscht
Schöne Ferien

www.casa-feria.de

Abruzzen • Ägypten • Algarve • Allgäu • Allgäuer Alpen *MM-Wandern* • Altmühltal & Fränk. Seenland • Amsterdam *MM-City* • Andalusien • Andalusien *MM-Wandern* • Apulien • Athen & Attika • Australien – der Osten • Azoren • Bali & Lombok • Baltische Länder • Bamberg *MM-City* • Barcelona *MM-City* • Bayerischer Wald • Bayerischer Wald *MM-Wandern* • Berlin *MM-City* • Berlin & Umgebung • Bodensee • Bretagne • Brüssel *MM-City* • Budapest *MM-City* • Bulgarien – Schwarzmeerküste • Chalkidiki • Cilento • Cornwall & Devon • Dresden *MM-City* • Dublin *MM-City* • Comer See • Costa Brava • Costa de la Luz • Côte d'Azur • Cuba • Dolomiten – Südtirol Ost • Dominikanische Republik • Ecuador • Elba • Elsass • Elsass *MM-Wandern* • England • Fehmarn • Franken • Fränkische Schweiz • Fränkische Schweiz *MM-Wandern* • Friaul-Julisch Venetien • Gardasee • Gardasee *MM-Wandern* • Genferseeregion • Golf von Neapel • Gomera • Gomera *MM-Wandern* • Gran Canaria • Graubünden • Griechenland • Griechische Inseln • Hamburg *MM-City* • Harz • Haute-Provence • Havanna *MM-City* • Ibiza • Irland • Island • Istanbul *MM-City* • Istrien • Italien • Italienische Adriaküste • Kalabrien & Basilikata • Kanada – Atlantische Provinzen • Kanada – der Westen • Karpathos • Katalonien • Kefalonia & Ithaka • Köln *MM-City* • Kopenhagen *MM-City* • Korfu • Korsika • Korsika Fernwanderwege *MM-Wandern* • Korsika *MM-Wandern* • Kos • Krakau *MM-City* • Kreta • Kreta *MM-Wandern* • Kroatische Inseln & Küstenstädte • Kykladen • Lago Maggiore • La Palma • La Palma *MM-Wandern* • Languedoc-Roussillon • Lanzarote • Lesbos • Ligurien – Italienische Riviera, Genua, Cinque Terre • Ligurien & Cinque Terre *MM-Wandern* • Liparische Inseln • Lissabon & Umgebung • Lissabon *MM-City* • London *MM-City* • Lübeck *MM-City* • Madeira • Madeira *MM-Wandern* • Madrid *MM-City* • Mainfranken • Mallorca • Mallorca *MM-Wandern* • Malta, Gozo, Comino • Marken • Mecklenburgische Seenplatte • Mecklenburg-Vorpommern • Menorca • Mittel- und Süddalmatien • Mittelitalien • Montenegro • Moskau *MM-City* • München *MM-City* • Münchner Ausflugsberge *MM-Wandern* • Naxos • Neuseeland • New York *MM-City* • Niederlande • Niltal • Nord- u. Mittelgriechenland • Nordkroatien – Zagreb & Kvarner Bucht • Nördliche Sporaden – Skiathos, Skopelos, Alonnisos, Skyros • Nordportugal • Nordspanien • Normandie • Norwegen • Nürnberg, Fürth, Erlangen • Oberbayerische Seen • Oberitalien • Oberitalienische Seen • Odenwald • Ostfriesland & Ostfriesische Inseln • Ostseeküste – Mecklenburg-Vorpommern • Ostseeküste – von Lübeck bis Kiel • Östliche Allgäuer Alpen *MM-Wandern* • Paris *MM-City* • Peloponnes • Pfalz • Pfalz *MM-Wandern* • Piemont & Aostatal • Piemont *MM-Wandern* • Polnische Ostseeküste • Portugal • Prag *MM-City* • Provence & Côte d'Azur • Provence *MM-Wandern* • Rhodos • Rom & Latium • Rom *MM-City* • Rügen, Stralsund, Hiddensee • Rumänien • Rund um Meran *MM-Wandern* • Sächsische Schweiz *MM-Wandern* • Salzburg & Salzkammergut • Samos • Santorini • Sardinien • Sardinien *MM-Wandern* • Schleswig-Holstein – Nordseeküste • Schottland • Schwarzwald Mitte/Nord *MM-Wandern* • Schwäbische Alb • Shanghai *MM-City* • Sinai & Rotes Meer • Sizilien • Sizilien *MM-Wandern* • Slowakei • Slowenien • Spanien • Span. Jakobsweg *MM-Wandern* • St. Petersburg *MM-City* • Südböhmen • Südengland • Südfrankreich • Südmarokko • Südnorwegen • Südschwarzwald • Südschwarzwald *MM-Wandern* • Südschweden • Südtirol • Südtoscana • Südwestfrankreich • Sylt • Teneriffa • Teneriffa *MM-Wandern* • Thassos & Samothraki • Toscana • Toscana *MM-Wandern* • Tschechien • Tunesien • Türkei • Türkei – Lykische Küste • Türkei – Mittelmeerküste • Türkei – Südägäis • Türkische Riviera – Kappadokien • Umbrien • Usedom • Venedig *MM-City* • Venetien • Wachau, Wald- u. Weinviertel • Westböhmen & Bäderdreieck • Warschau *MM-City* • Westliche Allgäuer Alpen und Kleinwalsertal *MM-Wandern* • Westungarn, Budapest, Pécs, Plattensee • Wien *MM-City* • Zakynthos • Zentrale Allgäuer Alpen *MM-Wandern* • Zypern

Reisenotizen

Zeitvertreib am Sonntagnachmittag: Stierkampf auf der Halbinsel Reşadiye

Register

Abana 596
Abant Gölü 577
Abdül Aziz 83, 113
Abdül Hamit II. 84 f., 113
Abdül Mecit 83, 113, 177
Abgar V. Ukkama 860
Abraham (Erzvater) 865, 868
Achilles 221
Açıksaray 770
Actium, Schlacht von 79
Ada (Satrapin) 667
Adada 690
Adamkayalar 533
Adana 542
Adatepe 232
Adilcevaz 911
Adıyaman 870
Adrasan (Bucht) 444
Adressen 45
Afghanen 737
Afyon 654
Afyonkarahisar 654
Agamemnon 221
Ağca, Mehmet Ali 880
Ağlasun 684
Ağva 573
Ağzıkarahan
  (Karawanserei) 771

Ahi Evren 762
Ahi-Bruderschaft 762
Ahlat 910
Ahmet I. 135
Ahmet III. 149, 151
Ahmetbeyli 291
Ahtamar 919
Akbük 353
Akçaabat 620
Akçakale 620
Akçakese 572
Akçakoca 574
Akçay 233
Akdamar 919
Akgöl-Nationalpark 526
Akın, Fatih 67
Akkum (Bucht) 290
AKP 87
Akpınar 689
Aksaray 758
Akşehir 692
Aksu (Umgebung von
  Eğirdir) 689
Aksu, Sezen 68
Akyaka 355
Akyarlar 348
Akyatan Gölü (See) 549
Alabanda 668
Alacahüyük 728

Alaçatı 287
Aladağlar Milli Parkı 756
Alaeddin Keykobat 499,
  501, 696, 746
Alahan Manastırı 527
Alanya 500
Alaplı 578
Alara-Fluss 499
Alarahan (Karawanserei)
  499
Alarakale (Burg) 499
Alawiten 560
Alayhan (Karawanserei) 771
Aleviten 58
Alexander der Große 78,
  216, 293, 555, 668
Alexandria Troas 224
Aliağa 255
Alibey Adası 242
Alinda 667
Alketas 476
Alkohol 44
Allianoi 254
All-inclusive-Anlagen 36
Alp Aslan 911
Alsancak (İzmir) 269
Altınkaya Köyü 486
Altınkum 327
Altınkum-Strand (Çeşme-
  Halbinsel) 285

Altınoluk 233
Altıntepe 818
Altıparmak 820
Amasra 581
Amasya 728
Amazonen 610
Amida 886
Amos 366
Amphilochos 77
Anakreon 290
Anamur (Burg) 516
Anamur (Stadt) 513
Anamurium 516
Anavarza (Anazarbus) 551
Anaximander 321
Anaximenes 321
Andriake 437
Androklos 292
Andron 47
Ani 835
Ankara 708
Anreise 20
Antakya 560
Antalya 457
Antigonos 476, 560
Antiocheia ad Cragum 512
Antiochia 560
Antiochia in Pisidien 691
Antiochos II. 306
Antiochos III. 261
Antiochus I. 874 f.
Antiochus IV. 80, 510, 512
Antipatros 299
Äolier 77
Aparthotels 38
Aphrodisias 669
Aphrodite 235
Apivanak 642
Apotheken 46
Araber 80
Ararat 845
Arche Noah 847
Architrav 47
Ardahan 829
Ardanuç 827
Arif 442
Aristides 322
Aristoteles 229
Arius 191
Armenier 85, 836
Arsameia am Nymphaios
  (Eski Kale) 874
Arsuz 558
Artemisia I. 336
Artemisia II. 343
Artvin 825
Artvin-Stausee 826

Arugete, Dario 279
Arykanda 441
Aşağı Soğanlı 799
Asansör (İzmir) 279
Asar 482
Asaz Dağı 432
Aschot Bagrationi 821
Aschot I. 837
Aschot III. 835
Aşı Koyu (Strand) 389
Aşıklı Höyük
  (Ausgrabungsstätte) 806
Asklepios 252
Aslantepe 882
Aspendos 483
Assos 228
Assyrer 900
Atakent 530
Ataman, Kutluğ 67
Atatürk, Mustafa Kemal 84,
  101, 720
Atatürk-Staudamm 869, 871
Athena 68
Atik Sinan 163
atmosfair 21
Attaliden 78
Attalos I. 244
Attalos II. 458
Attalos III. 79, 244
Augustus 79, 320, 324, 541
Ausgrabungsstätten 46
Autobahngebühren 28
Autovermietung 26
Avanos 787
Avşa 213
Avsallar 500
Ayaş 533
Ayas 550
Ayatekla 523
Ayazini 659
Ayder 642
Aydın 665
Aydıncık 519
Aynalı Göl Mağarası
  (Höhle) 519
Aynur 68
Ayran 44
Ayşe Hafsa Sultan 264
Ayşehoca 552
Aytap 510
Ayvalı 796
Ayvalık 237

Baba Zula 68
Babakale 224
Bademli 254
Baden 47

Bafa-See 327
Bafra 602
Bağbaşı 824
Bagdadbahn 544
Bagrat III. 821
Bagratiden 821, 837
Bahçeli 757
Bahn 30
Behramkale 228
Baklava 43
Bakras Kalesi (Burg) 559
Balaban-Gebirge 619
Balat 322
Balçova (İzmir) 272
Balıklı Kaplıca 744
Balıklıova 288
Balkan-Tal 790
Ballıca-Höhle 734
Ballonfahrten 776
Balyan, Karabet 177
Balyan, Nikoğos 177
Bana 824
Bandırma 209
Banse, Ewald 270
Baradai, Jakob 900
Baradan-Bucht 303
Barhal 820
Barla 689
Barnabas (Apostel) 479,
  560, 696
Bartholomäus I. 165
Bartın 581
Basarviertel (İstanbul) 154
Basileios II. 81, 739
Basilius, Hl. 746, 764
Basmane (İzmir) 269
Batman 906
Battalgazi (Eski Malatya) 882
Bauchtanz 67
Bayburt 631
Bayır 368
Beaufort, Francis 513
Beçin-Burg 332
Behinderte 48
Bektaş Yaylası 619
Bektaşi-Orden 761
Belcekız 402
Beldibi 451
Belek 483
Belemedik 544
Belen 559
Belevi 306
Belisırma 805
Bellerophon 448, 477
Bergama 244
Bergsteigen 71
Beşparmak-Massiv 327

Register 937

Bevölkerung 18
Bevölkerungsaustausch (1923) 56
Bevölkerungsgruppen 18
Bey 111
Beyazıt (İstanbul) 154
Beyazıt I. 82, 844
Beyazıt II. 155
Beycik 448
Beylerbeyi 184
Beymelek-Lagune 435
Beyoğlu (İstanbul) 168
Beypazarı 722
Beyşehir 694
Beyşehir-See 694
Bilderstreit 80, 780
Bildung 18
Binbirkilise 706
Bioprodukte 42
Birecik 859
Birgi 307
Bitez 346
Bithynien 187
Bitlis 906
Blaue Moschee (İstanbul) 135
Blaue Reise 34
Bodrum 335
Bodrum (Flughafen) 336
Bodrum-Halbinsel 346
Boğazkale 722
Boğsak 520
Bolaman 613
Bolu 576
Borçka 637
Börek 43
Bosporus 176
Bosporusbrücken 180
Bossert, Hellmuth 553
Bouleuterion 47
Boutiquehotels 37
Boyalık 286
Boz Dağlar 307
Bozburun (Halbinsel) 367
Bozburun (Stadt) 367
Bozcaada (Insel) 225
Bozdağ 307
Bozköy 583
Bozukkale-Bucht 367
Bozyazı 518
Bucak, Sedat 210
Bucakşeyhler 497
Bulak Mencilis Mağarası (Höhle) 588
Burdur 679
Burdur-See 680
Burhaniye 236

Bursa 196
Bus 29
Butterfly Valley 405
Büyük Menderes 321, 665
Büyükada (İstanbul) 186
Büyükeçeli 520
Byron, Lord George Gordon 216
Byzantinisches Reich 80
Byzas aus Megara 107

Caesar, Julius 734
Çaka 613
Çakraz 589
Caligula 80
Çalış 394
Çalköy-Höhle 621
Çamalan 758
Çamardı 757
Çambaşı 614
Çambel, Halet 553
Camel Beach 348
Çamlıhemşin 640
Çamlık (bei Ayvalık) 237
Çamlıyamaç 823
Çamlıyayla 758
Çam-Pass 827
Campingplätze 38
Çamyuva 451
Çanakkale 215
Çanakkale Boğazı 216
Canbazlı 529
Çandarlı 255
Çandır 690
Cap Anamur 513
Caretta caretta 418
Çarşamba 610
Çat (Kaçkar-Gebirge) 641
Çat (Kappadokien) 770
Çat Vadisi 770
Çatalhüyük (Ausgrabungsstätte) 704
Çatalzeytin 596
Çatlı, Abdullah 210
Çavdarhisar 653
Cavea 47
Çavuşin 783
Çavuşköy 443
Çavuştepe 918
Çay Ağzı 420
Çayağzı (Bucht) 437
Çayönü 885
Çaytepe 613
Çekirge 206
Celaleddin Rumi 702
Cella 47
Cemil 798

Cendere-Brücke 873
Cennet ve Cehennem 530
Çeşme 280
Çeşme-Halbinsel 280
Çevlik 566
Ceyhan 549
Ceza 68
Cezayirli Gazi Hasan Paşa 280
Charon 579
Chimaira (Ewige Flamme) 448
Chora-Kirche (İstanbul) 166
Christie, Agatha 127
Chrysostomos, Johannes 165
Churriter 77, 860
Cide 590
Çiftehan 758
Çiftlik-Bucht 368
Çıldır 829
Çıldır-See 829
Çine 668
Çıralı 446
Çökertme 352
Çolaklı 487
Cudi Dağı 845
Çukurbağ 757
Çukurova 535
Cumalıkızık 208
Cunda 242

Dalaman 391
Dalyan 386
Dalyan (Çeşme-Halbinsel) 286
Dalyan (Troas) 224
Damat İbrahim Pascha 766
Damsa-Stausee 798
Dandolo, Henricus 134
Danischmendiden 738
Daphne-Seife 561
Dara 901
Dardanellen 216
Dardanos 216
Dareios I. 108
Dareios III. 556
Datça 370
Davras Dağı 683
Delfinarien 53
Demirel, Süleyman 682
Demirkazık 757
Demirtaş 503
Demre 434
Denizli 674
Denizpınarı 303
Deriner Barajı 826

938 Register

Derinkuyu 800
Dersim 884
Dersim-Massaker 884
Derwischorden 702
Devrent-Tal 795
Deyrülzafaran Manastırı (Kloster) 901
Didim 325
Didyma 325
Dikili 243
Dilek Milli Parkı 316
Dilekkaya 551
Dilek-Nationalpark 316
Dim Mağarası (Höhle) 509
Dimçayı-Tal 509
Dink, Hrant 210, 880
Diodotos Tryphon 500
Diokaisarea 528
Diplomatische Vertretungen 48
Divriği 744
Diwan 111
Diyadin 847
Diyarbakır 885
Döğer 658
Doğubayazıt 841
Doliche 857
Dolişhane 827
Dolmabahçe-Palast (İstanbul) 177
Dolmuş (Sammeltaxi) 30
Domitian 298
Domuztepe 554
Dorer 77
Dörner, Friedrich Karl 874
Dört Kilise 822
Düden-Wasserfälle 470
Dülük 857
Düzce 576
Düzköy 621

Eceabat 102
Edessa 860
Edirne 89
Edremit 234
Edremit (Van-See) 914
Efes 292
Eflatun Pınarı 695
Eğirdir 685
Eğirdir-See 685
Ein- und Ausfuhrbestimmungen 48
Einkaufen 49
Einladungen 50
Ekincik 385
Ekmeksiz Plajı (Strand) 290
Elaiussa-Sebaste 533

Elazığ 883
Elektrizität 51
Elevit 641
Elmalı 442
El-Nazar-Kirche 780
Eminönü (İstanbul) 154
Emir 111
Emmerich, Katharina 305
Emre, Yunus 610, 648, 705
Endymion 329
Entfernungstabelle 27
Ephesus 292
Epiphania 555
Erciyes Dağı 753, 763
Erdbeben 87, 113, 190, 913
Erdek 211
Erdemli (bei Mersin) 534
Erdoğan, Recep Tayyip 17, 87
Ereğli 579
Ergani 885
Ergenekon 210
Erikli 100
Erim, Kenan T. 669
Ermäßigungen 46
Ersatzteile 29
Ersoy, Bülent 68
Erythrai 288
Erzincan 818
Erzurum 811
Esiroğlu 630
Eski Datça 371
Eski Doğanbey 316
Eski Gümüş 756
Eski Kahta 874
Eskihisar 333
Eskişehir 645
Espiye 620
Essen und Trinken 39
Eumenes 244
Eumenes II. 244, 674
Euromos 330
Evrenseki 487
Exilanten 86
Eyüp (İstanbul) 167

Fahrrad 33
Fährverbindungen 24, 32
Fallmerayer, Jakob Philipp 632
Faralya 405
Fatsa 613
Fauna 52
Faustina II. 324
Feiertage 51, 59
Felsengräber, lykische 412
Feste 51

Fethiye 394
Film 67
Filyos 581
Finike 437
Fırtına-Tal 640
Fischgerichte 42
FKK 48
Flora 51
Fluggesellschaften 21
Flughafen Antalya 459
Flughafen Nevşehir Kapadokya 765
Foça 255
Fossati, Gaspare und Giuseppe 133
Frauen 53
Friedrich I. Barbarossa 81, 527
Frig Vadisi (Phrygisches Tal) 658
Frühstück 40
Fußball 122

Gagik I. Artsruni 913, 919
Gagik II. 835
Galata (İstanbul) 174
Galater 709
Galen(os) 252
Gallipoli-Halbinsel 100
Gänseberge 235
GAP-Projekt 869
Garderesi-Bucht 259
Gazi 111
Gaziantep 851
Gaziemir 805
Gazipaşa 510
Gebekum (Strand) 370
Gebze 191
Gecekondu-Viertel 719
Geld 55
Gelemiş (= Patara) 417
Gelibolu 102
Gelibolu Yarımadası 100
Gemiler-Bucht 407
Gemiler-Insel (Gemiler Adası) 407
Gemlik 190
Geographie 16
Georgien 821
Germaniceia 849
Gerze 602
Geschichte 76
Gesundheit 18, 45
Gevaş 919
Geyikli İskelesi 226
Geyre 670
Gideros 590

Register 939

Gilindere Mağarası (Höhle) 519
Giresun 615
Göbekli Tepe 866
Göcek 392
Gökalp, Ziya 891
Gökçeada (Insel) 103
Göksu-Delta 526
Gökyurt 704
Goldenes Horn 164
Göle 824
Golf 71
Golf von Edremit 231
Golf von Gökova 351
Golfen 483
Gölhisar 679
Gölköy 614
Gölköy (Bodrum-Halbinsel) 350
Gölyazı 209
Gomeda Harabeleri 796
Gordion 663
Gordischer Knoten 663
Göreme 775
Göreme Open-Air-Museum 781
Göynük 578
Göynük 451 (Kemer-Region)
Göynük Kanyon Parkı 454
Göynük-Cañon 454
Göynüş-Tal (Göynüş Vadisi) 660
Grabsteine 168
Greene, Graham 25
Gregor der Erleuchter 836
Gregor von Nazianz 803
Griechen 56
Großer Basar (İstanbul) 158
Großer Mäander 321, 665
Gül, Abdullah 17, 745
Güllübahçe 318
Güllük 335
Güllük Dağı (Nationalpark) 472
Gülpınar 224
Gülşehir 770
Gümbet 346
Gümenek 735
Gümüldür 291
Gümüşler Manastırı 756
Gümüşlük 349
Gündoğan 350
Gündoğdu 487
Güney, Yılmaz 67
Günlüklü (Bucht) 393, 400
Gürbulak 847

Gürses, Müslüm 68
Güver Kanyon Tabiat Parkı 471
Güvercin Ada 309
Güver-Schlucht 471
Güzelçamlı 316
Güzelkent 596
Güzelöz 798
Güzelsu 919
Güzelyalı 208
Güzelyurt 803
Gyges von Lydien 265

Hacı Bektaş Veli 761
Hacıbektaş 761
Hacıkırı 544
Hades 579
Hafik-See 743
Hagia Sophia (İstanbul) 131
Hah 904
Haho 823
Hakkari 921
Halfeti 859
Haliç 164
Hamam 74
Hamamlı 827
Hamsi 627
Hamsilos-Fjord 602
Han el-Ba'rür (Karawanserei) 870
Handeln 49
Hane 159
Hanedan 259
Hannibal 196
Harbiye 565
Harput 885
Harran 867
Hasan Dağı 760, 763
Hasankeyf 904
Haselnüsse 610
Hatay 555
Hattier 723
Hattuşa 722
Hattuschili 723
Haustiere 56
Havsa 95
Hayıtbükü-Bucht 375
Hazar Baba Dağı 885
Hazar-See 885
Helena 221
Hell, Homaire de 885
Helvadere 760
Hemşinli 642
Herakleia am Latmos 328
Hermias 229
Hero 216
Herodot 336

Heroon 47
Hethiter 77, 722
Hevek 822
Hıdırellez 616
Hierapolis 673
Hierapolis Kastabala 554
Hiob (Prophet) 866
Hippodamos 321
Hippodrom (İstanbul) 138
Hisarönü (Bucht) 368
Hisarönü Köy 402
Höchstgeschwindigkeit 28
Holzmeister, Clemens 710
Homer 221, 269
Homosexualität 70
Hopa 637
Horon 621
Hoşap Kalesi 919
Hospital-Kloster 791
Hotels 36
Hovhannes Smbat III. 835
Hrozný, Bedřich 724
Humann, Carl 245, 318, 675, 875
Hunat Hatun Mahperi 750
Hurma-Bucht 352
Hutreform 592
Hüyük (Höyük) 76

Iasos 334
İbrahim (der Verrückte) 151 f.
İbrahim Pascha 139
İçel 536
İçeriçumra 705
İçmeler 364
İçmeler (Bodrum) 336
Idagebirge 231
Idrieus 332
Iğdır 841
Ihlara 805
Ihlara-Schlucht 805
Ikonoklasmus 80, 780
Ildırı 288
İlgaz Dağı Milli Parkı 595
Ilıca 286
İlyas Bey Menteşeoğlu 324
Imam 59
Imbros 103
İmerhevi-Tal 826
Impfungen 46
İmralı Adası 190
İmrenli 573
İnce Burun (Kap) 602
İncekum 500
İncesu 753
İnceyalı 352

İncir Adası 260
İncirlik 546
İnebolu 591
Information 57
İnkumu 581
Inlandsflüge 32
İnönü, İsmet 721, 880
İnsuyu Mağarası
 (Höhle) 681
Internet 57
Ionier 77
Iotape 510
İpekçi, Handan 67
İpsala 100
Irvin, James 846
İsa Bey Aydınoğlu 305
İshak Paşa 844
İshak-Pascha-Palast 843
İşhan Kilise 824
İskele 513
İskenderun 556
Islam 57
Isparta 681
Issos 555
Issos, Schlacht von 556
İstanbul 106
İzmir 268
İzmir Körfezi (Golf von
 İzmir) 268
İznik 191
İznik-Fayencen 192
İztuzu plajı (Strand) 389

Jakobiten 900
Janitscharen 111
Jansen, Hermann 710
Jethro (Prophet) 870
Johannes (Apostel) 304
Johannes der Täufer 150
Johannes Dukas III. 262
Johannes-Kirche 770
Johanniterorden 343
Jugendherbergen 38
Jungtürkische Revolution
 85
Justinian I. 80, 109, 131, 138

Kabaağaçlı, *Cevat Şakir*
 34, 308
Kabakoz 573
Kabatepe 101
Kaçkar Dağları 638
Kaçkar-Gebirge 638, 819
Kadesch, Schlacht von 723
Kadi 111
Kadıköy (İstanbul) 183
Kadir Gecesi 59

Kadırga 228
Kadırga-Hochebene 621
Kadriye 483
Kadyanda 408
Kahramanmaraş 849
Kahta 871
Kajak/Rafting 71
Kalchas 77, 479
Kale 434
Kaleköy (= Simena) 433
Kalif 111
Kalkan 422
Kaman Kalehöyük 722
Kamelkämpfe 300
KAMER (Frauennotruf-
 zentrum) 890
Kandaulus von Lydien 265
Kanesch-Karum 752
Kangal 744
Kangal-Hunde 744
Kanlıdivane 534
Kanytelleis 534
Kap Anamur 513
Kapıdağı-Halbinsel 211
Kapıkırı 328
Kapısuyu 590
Kaplan 307
Kappadokien 763
Kaputaş (Bucht) 426
Kara Mustafa Paşa
 Kervansarayı 753
Karabük 585
Karaburun 288
Karaburun
 (Schwarzmeerküste) 574
Karaburun
 (Türk. Riviera) 500
Karaburun-Halbinsel 287
Karacaören 834
Karacaören-Stausee 690
Karacasu 670
Karadut 876
Karagöz und Hacivat 206
Karahayıt 674
Karain-Höhle 472
Karaköy (İstanbul) 174
Karakoyunlu 895
Karakuş-Hügel 873
Karaman 705
Karapınar 705
Karasu 574
Karataş 548
Karatay Hanı 753
Karatepe-Nationalpark 553
Karawanserei 159
Karer 77
Kargı (Bucht) 375

Kargıcak 503, 505
Kargıkoyu 348
Karkamış 858
Karmir-Vank-Kirche 841
Karpuzlu 667
Kars 829
Karsaken 830
Karşıyaka (İzmir) 271
Kartalkaya 577
Karten 60
Kaş 427
Kasaba 595
Kaschkäer 723
Kastamonu 591
Katrancı (Bucht) 394, 400
Kaunos 390
Kavron 643
Kayadibi 619
Kayaköyü 406
Kaymaklı 802
Kaynarpınar 288
Kayseri 745
Kaz Dağları 231, 235
Kefkalesi 911
Kekova (Insel) 432
Kelebek Vadisi (= Butterfly
 Valley) 405
Kelenderis 519
Kemal, Namık 98
Kemal, Yaşar 552, 616
Kemalpaşa 637
Kemer 451
Kemerhisar 757
Kemer-Region 451
Keramos 353
Kerberos 579
Keşan 100
Keşlik-Kloster 798
Kestanbol Kaplıcaları 224
Kestel 501
Khedive 111
Kibyra 679
Kıdrak-Bucht 405
Kılıçaslan II. 527
Kılıçaslan IV. 792
Kilikien 510
Kilikische Pforte
 (Gülekboğazı) 758
Kilimli (Bucht) 573
Kilistra 704
Kilitbahir 102
Kilyos 99
Kinder 60
Kıranköy 585
Kirchenkunst 780
Kiriş 451
Kırkpınar-Ringerfestival 90

Register

Kırmızı Su 678
Kirschen 616
Kırşehir 762
Kıyıkışlacık 334
Kıyıköy 99
Kızıl Adalar (İstanbul) 185
Kızıl Kilise 804
Kızılağaç 487
Kızılçukur 791
Kızılırmak-Delta 603
Kızılot 498
Kızılyer (Bucht) 367
Kızkalesi 531
Klaros 291
Kleidung 61
Kleinarmenien 81, 837
Kleiner Mäander 306
Kleopatra 501, 541, 565
Kleopatra-Insel 356
Klima 61
Kloster St. Johannes von Vazelon 630
Knidos 377
Koca Mustafa Paşa (İstanbul) 142
Kocadağ 353
Kommagene 78, 875
Komnenen 592, 623
Konak (İzmir) 269
Konaklı 500
Konaks 588
Konstantin (der Große) 80, 108, 139, 224
Konuralp 576
Konya 696
Konyaaltı (Strand) 468
Konzil von Chalkedon 900
Kop Geçidi (Pass) 631
Köprü-Fluss 485
Köprülü Kanyon 485
Köprülü-Schlucht 485
Korakesion 500
Koran 58
Köroğlu 577
Köroğlu Dağı 577
Korykos 532
Kosava-Bucht 259
Köşekbuğu-Höhle 517
Kossuth, Lajos 650
Kovada Gölü Milli Parkı (Nationalpark) 690
Köyceğiz 381
Köyceğiz-See 384
Kreditkarten 55
Kriminalität 64
Krösus 266, 293
Kubadabad Sarayı 695

Küçük Menderes 306
Küçükbahçe 288
Küçükkuyu 231
KulakkayaYaylası 619
Külliye 59
Kültepe 752
Kümbet 660
Kümbet Yaylası 619
Kumkapı (İstanbul) 142
Kumköy 487
Kumlubükü (Bucht) 366
Kumluca (Schwarzes Meer) 590
Kumyaka 209
Kundu 468
Künefe 788
Kurban Bayramı 60
Kurden 86, 892
Küre 591
Kurşunlu 208
Kurşunlu-Wasserfälle 471
Kurtkulağı Kervansarayı (Karawanserei) 551
Kurucaşile 590
Kuşadası 308
Kuşcenneti-Nationalpark 209
Kuskunkıran-Pass 909
Kuştul Manastırı 630
Kütahya 650
Kybele 260, 661
Kydonia 238
Kyros der Große 78, 266
Kyros der Jüngere 622

Labranda 332
Laizismus 17
Lale Devri 112
Lanckoronski, Karol Graf von 473
Laodikeia 674, 678
Lápseki 213
Lara 468
Lasen 638
Latmosgebirge 328
Lausanner Vertrag 85
Lawrence von Arabien 858
Leander 216
Leleger 77
Leo III. 80, 780
Leo VI. 132
Lesben 70
Leto 417
Letoon (Heiligtum) 416
Licese 619
Liebestal 772
Likya Yolu 73

Liman Kalesi (Burg) 521
Limyra 439
Literatur 65
Livissi (= Kayaköyü) 406
Lokale 39
Lokanta 40
Loryma 367
Loti, Pierre 168
Lukas 298
Lukullus 79, 616
Lüleburgaz 95
Lydier 78
Lykien 380
Lykier 77, 412
Lykische Küste 380
Lykischer Weg 73
Lyrbe 496
Lysimachos 244, 277, 293

Mäanderdelta 321
Maçka 632
Madenşehri 706
Magnesia 317
Mahmut II. 83, 112, 138, 151
Malaria 535
Malatya 879
Malazgirt 911
Mameluken 82
Mamure Kalesi (Burg) 516
Manavgat 496
Manavgat Şelalesi 496
Manavgat-Wasserfälle 496
Manisa 261
Manyas Gölü 210
Manzikert, Schlacht von 81, 911
Mar Gabriel (Kloster) 903
Mar Yakup (Kloster) 904
Maraş-Eis 849
Mardin 895
Maria (Gottesmutter) 305
Mark Anton 79, 501, 541, 565
Mark Aurel 324
Marmara 213
Marmarainseln 213
Marmararegion 187
Marmaris 357
Mastix 284
Matthäus (Evangelist) 560
Mausolos 332, 343
Mazıköy 351
Mazıköy (Kappadokien) 802
Medien 65
Medrese 59, 743
Medusa 326
Meerschaum 645
Mehmet Ağa 135

942 Register

Mehmet II. (der Eroberer) 110, 163, 220
Mehmet III. 83
Mehrwertsteuer-rückerstattung 50
Meke Gölü 705
Melendiz Dağı 763
Menderes, Adnan 86, 667
Mengen 577
Mengücekoğulları 745
Menteşeoğulları 330
Mercan Dede 68
Mersin (İçel) 536
Meryam Ana Manastırı 631
Meryemana 305
Merzifon 734
Mesir-Fest 264
Meskendir-Tal 785
Mesrop Machtots 836
Mesudiye 375
Meteor Çukuru 847
Meteorkrater 847
Metochites, Theodorus 166
Metropolis 659
Metropolis (bei Torbalı) 278
Mevlana-Orden 702
Meze 41
Michael VIII. Paläologos 82
Midas 265
Midas Şehri 660
Midas-Stadt 660
Midyat 901
Mietfahrzeuge 26
Mihalıççık 648
Mihrab 59
Milas 330
Milet 321
Militär 18
Minbar 59
Mithradates I. 728
Mithradates I. Kallinikos 874
Mithradates VI. Eupator 79, 293, 473, 728
Mithradatische Kriege 79, 728
Mobiltelefon 74
Mohammed 57, 150
Mohn 657
Moltke, Helmuth von 859, 886
Mongolen 81
Monophysiten 900
Mopsos 77, 479
Mordoğan Köyü 288
Moreno, Dario 279
Moschee 59

Motorradverleih 26
Mudanya 208
Mudbaths (Dalyan) 391
Mudurnu 578
Muğla 354
Muhlama 635
Munzur Vadisi Milli Parkı 884
Munzur-Tal-Nationalpark 884
Muradiye-Wasserfall 847
Murat III. 83, 132, 148
Murat IV. 137, 181
Müren, Zeki 345
Murtiçi 696
Murtuna 478
Musa Dağı (Mosesberg) 566
Muschili 723
Musik 67
Mustafa Kemal 84
Mustafapaşa 796
Muwattalli II. 723
Mykener 77
Mylasa 330
Myndos 349
Myra 436

Nacht der Kraft 59
Namensgebung 69
Nansen, Fridtjof 85
Narince 876
Narlı 211
Narlıkuyu 530
Nasreddin Hoca 693
Nataschas 622
Nationalbewusstsein 17
Nationalparks 19
Navigationsgerät 60
Nazilli 668
Nemrut Dağı (Götterberg) 875
Nemrut Dağı (Van-See) 909
Nesin, Aziz 740
Nevali Çori 869
Nevşehir 766
Newton, Charles 343
Niğde 754
Nika-Aufstand 138
Nikolaus 436
Niksar 738
Nimrod 865
Niobe 264
Nordägäis 214
Nordostanatolien 810
Notion 291
Notruf 74

Nuhun Gemisi 847
Nymphäum 47
Nysa 668

Ocak, Esma 894
Ocaklar 211
Öçal, Burhan 68
Öcalan, Abdullah 86, 190, 893
Odeion 47
Odysseus 221, 260
Öffnungszeiten 69
Oğuzlu 840
Oktavian 79, 541
Okurcalar 500
Öküz Mehmet Pascha 309
Olba 528
Olgunlar 822
Olimpos Beydağları (Olympos-Nationalpark) 443
Ölringkämpfe 90
Oltu Taşı 814
Ölüdeniz 402
Olympos 445
Olympos-Nationalpark 443
Ömer Kaplıcaları (Thermalquelle) 655
Onassis, Aristoteles 268
Onyx 774
Opferfest 60
Opium 657
Optima-Express 22
Orakel von Delphi 266, 292, 669
Orchestra 47
Ordu 613
Ören 236, 353
Organisierte Ausflüge 34
Orhan Gazi 204
Orhaniye-Bucht 368
Orient-Express 25
Orontes 560
Orpheus 260
Ortahisar 789
Ortakent 347
Ortaklar 317
Ortayayla 642
Ortokiden 895
Öşk Vank 823
Osman Gazi 82, 196
Osman Hamdi Bey 153
Osman I. 150
Osman II. 137, 166
Osmancık 734
Osmanisches Reich 82
Osmaniye 553

Östliche
  Schwarzmeerküste 604
Oströmisches Reich 80
Ovabükü-Bucht 375
Ovacık 402, 520
Oymapınar Barajı 497
Oymapınar-Stausee 497
Özdere 290
Özkonak 788
Özlüce 802
Özpetek, Ferzan 67

Paktolos 265
Palamutbükü (Bucht) 376
Palandöken 818
Palovit 642
Pamphylien 482
Pamucak 303, 315
Pamuk, Orhan 66, 830
Pamukkale 673
Pamukkale Köy 674
Pancarlık-Tal 796
Pannenhilfe 29
Pantheon 47
Paphlagonien 568
Paragliding 71
Paragraph 301 66
Parhal 820
Paris 235
Parrot, Friedrich 846
Paşabağı-Tal 785
Paşaçayırı 834
Pascha 111
Pasinler 818
Pastırma 162
Patara 417
Patara (Ruinenstadt) 420
Paulikaner 745
Paulus (Apostel) 80, 224,
  229, 293, 479, 539, 560, 696
Payallar 500
Pazar (Schwarzes Meer) 637
Pazar (Zentralanatolien) 734
Pensionen 37
Pergamon 244
Perge 478
Perikles 441
Peristera-Kloster 630
Peristyl 47
Perşembe 613
Perser 78
Petrus (Apostel) 560, 564
Pharnakes II. 734
Phaselis 449
Philetairos 244
Philipp II. von Makedonien
  108

Phryger 77, 659
Pide 43
Pınara 412
Pınarbaşı 235, 753
Piri Reis 102, 179
Pirin 870
Pırlanta-Strand 285
Pırnallı 828
Pisidien 679
Pistazien 851
PKK 86, 893
Plutarch 541
Pokut 641
Politisches System 17
Polizei 69
Polo, Marco 550
Pompeius 79, 324
Pontisches Gebirge 605
Pontisches Königreich 78,
  728
Porta 828
Post 70
Pozantı 544, 758
Preise 70
Pressefreiheit 66
Priamos 221
Priapos 213
Priene 317
Prinzeninseln (İstanbul) 185
Promillegrenze 28
Pronasos 47
Propheten 58
Propylon 47
Prostitution 622
Ptolemäer 78
Pudding Shop
  (İstanbul) 140
Pytheos 319, 343

Radarkontrollen 28
Rafting 485
Rakı 44, 98
Rakóczi, Ferenc II. 98
Ramadan 60
Rauchen 39
Reis 734
Reisepapiere 24, 70
Reiseschecks 55
Reisezeit 64
Reiten 71
Religion 19
Reşadiye (Halbinsel) 369
Reuter, Ernst 86
Rize 635
Rosen 681
Rosental 784
Rote Quelle 678

Rote Schlucht 791
Routenvorschläge 15
Roxelane 83
Rubeniden 837
Rumkale 859
Rumseldschuken 81
Rusa I. 913, 917
Rüstem Pascha 160

Sabancı, Sakıp 542
Safranbolu 584
Sagalassos 683
Şahinefendi 798
Saklı Kilise 781
Saklıkent (Skigebiet) 471
Saklıkent-Schlucht 411
Salda-See 679
Şalgam 44, 889
Salihli 265
Samandağ 566
Samos I. 875
Samsat 869, 875
Samsun 605
Samsun Dağı 316
Şanlıurfa 859
Sapadere Kanyonu 509
Sapadere-Schlucht 509
Sapanca 188
Saranda (Bucht) 367
Saray 99
Sardes 265
Sardur I. 912, 917
Sarıgerme 392
Sarıhan (Karawanserei) 788
Sarıkamış 831
Sarıkum-See 602
Sarımsaklı 240
Sarıoğlan 753
Saros Körfezi 100
Sarp 637
Sarsala Koyu (Bucht) 391
Sart 265
Şavşat 828
Scharia 58
Schattenspiel 206
Schiiten 58
Schildkröten 418
Schliemann, Heinrich 221
Schnellzüge 31
Schrott, Raoul 553
Schwarzes Meer 568, 572
Schwertertal 779
Schwule 70
Sebastopolis 738
Sebastos 798
Şebinkarahisar 619
Sedir Adası (Insel) 356

944 Register

Seeher, Jürgen 724
Seehunde 257
Seengebiet
(Göller Bölgesi) 679
Seferihisar 290
Segeln 33, 71
Şeker Bayramı 60
Selçuk 299
Seldschuken 81
Seleukeia Pieria 566
Seleukia in Pamphylien 496
Seleukiden 78
Seleukos I. Nikator 244, 524, 560
Selge 486
Selim I. (der Grausame) 164
Selim II. (der Säufer) 83, 132, 145
Selime (Kappadokien) 806
Selimiye 487
Selimiye-Bucht 368
Selinus 511
Senekerim Hovhannes 739
Şenyuva 641
Septimius Severus 108, 873
Serçe Limanı 367
Sergius und Bacchus 137
Sertavul-Pass 706
Sester, Karl 875
Sèvres, Vertrag von 85
Şeyhülislam 111
Seyit Battal Gazi 662
Seyitgazi 662
Şeytan Deresi 533
Şeytan Kalesi 829
Şeytan Sofrası 243
Sicherheit 71
Side 487
Siebenschläfer 298
Şifne 286
Sığacık 289
Şile 569
Silifke 523
Sille 704
Sillyon 481
Simena 432
Simenlik Gölü (See) 610
Simeon der Ältere 565
Simeon der Jüngere 565
Simeon-Stylites-Kloster 565
Simit 43
Sinan 136, 159, 263, 751, 752
Sinop 596
Sinope 596
Sirenen 260
Sirkeci 25
Şırnak 921

Sisyphos 579
Sivas 739
Siverek 872
Sivriada 186
Sivrihisar 803
Skifahren 71
Softa Kalesi (Burg) 518
Soğanlı-Tal 799
Söğüt 367
Söke 317
Sokullu Mehmed Pascha 137
Soloi (bei Mersin) 536
Sorgun 487
Sozialversicherung 18
Spil-Dağı-Nationalpark 265
Sport 71
Sprachschulen 75
St Paul Trail 73, 686, 690, 692
St.-Nikolaus-Insel 407
Stoa 47
Strabo 554, 668, 729
Stratonikeia 333
Stylos-Kloster 328
Şuayb Şehri 870
Subaşı 111
Südägäis 308
Südostanatolien 848
Süleyman I. (der Prächtige) 82, 112, 136, 159
Süleymaniye-Moschee
(İstanbul) 159
Sulla 669
Sultan Hanı (bei Kayseri) 753
Sultan Sazlığı Milli Parkı 754
Sultanahmet (İstanbul) 131
Sultanahmet Camii
(İstanbul) 135
Sultanhanı (bei Aksaray) 760
Sultanhisar 668
Sultaniye (Thermen) 385
Sultan-Sazlığı-Nationalpark 754
Sulusaray 738
Sumatar (Soğmatar) 870
Sumela-Kloster 631
Sungurlu 724
Sunna 58
Sunniten 58
Süphan Dağı 912
Surfen 72
Süryani 900
Susurluk 210
Sütçüler 690

Sutüven-Wasserfall 235
Syedra 509
Syrisch-orthodoxe Christen 900

Tahtakuşlar 235
Tahtalı Dağı 450
Taksim (İstanbul) 168
Tambour 47
Tanken 29
Tantalos 579
Tanzimat 83
Tarkan 68
Tarsus 539
Tarsusdelta 542
Tartaros 579
Taşkınpaşa 798
Taşkule 261
Taşlıca 367
Taşlıyalı 352
Taşucu 521
Tatlarin 771
Tatlıses, İbrahim 68, 865
Tatvan 908
Taubeninsel 309
Taubental 772, 779
Tauchen 72
Taut, Bruno 710
Taxi 33
Tbeti 828
Tee 637
Teimiussa 433
Tekir Yaylası (bei Kayseri) 753
Tekir-Alm 753
Tekirdağ 98
Tekirova 451
Tekkale 822
Tektosagen 78
Telefonieren 73
Tendürek-Pass 847
Tenedos 226
Tennis 72
Teos 290
Teppichkauf 49
Termal 189
Terme 610
Termessos 472
Termilen 412
Terror 71
Tersane (Bucht) 433
Tevfikiye 223
Thales 321
Thekla, Hl. 523, 696
Theodosius I. 109
Theodosius II. 109, 299
Thrakien 88

Register 945

Thrasybulos 322
Tigranes der Große 836
Timur Lenk 82, 739
Tınaztepe Mağarası (Höhle) 696
Tire 306
Tirebolu 620
Tirevit 642
Titreyengöl 487
Tlos 409
Tödürge-See 743
Toiletten 75
Tokalı Kilise 781
Tokat 735
TOKI 536, 719
Topçular 191
Topkapı-Palast (İstanbul) 143
Toprakkale (Burg) 553
Torbalı 278
Tortum 818
Tortum-See 823
Torul 630
Tourismus 18
Trabzon 621
Trajan 250, 297, 511
Tralleis 665
Trampen 33
Trekking 72
Trinkgeld 40, 55
Troas 223
Troja 221
Truva 221
Tulpenzeit 112
Tunceli 884
Tur Abdin 900
Türbe 59
Turgut 368
Turgut Reis 286, 348
Turgutreis 348
Turhal 734
Türkbükü 350
Türkeli 213
Türkeli (Schwarzes Meer) 596
Türkische Riviera 455, 482
Türkler 500
Turunç 365
Turunçova 439
Tuz Gölü 722
Tyana 758

Übernachten 35
Üçağız 433
Uçhisar 771
Üçkuyu 706
Ulaş Plajı (Strand) 506
Uluabat-See 209
Uludağ Milli Parkı 207
Uludağ-Nationalpark 207
Ulupınar 448
Umweltschutz 19
UNESCO-Welterbe 19
Unfall 29
Unterirdische Städte 801
Ünye 610
Ura 528
Urartäer 77, 912
Ürgüp 791
Ürkmez 291
Uşak 266
Üsküdar (İstanbul) 183
Ustaoğlu, Yeşim 67
Ustinov, Peter 151
Uzuncaburç 528
Uzungöl 634

Vakıflı 566
Van 912
Van-Katzen 915
Van-See 907
Vazelon-Kloster 630
Vegetarier 43
Verkehrsschilder 28
Verkehrsvorschriften 28
Verres 336
Verständigung 75
Viranşehir 536
Vize 99
Vorspeisen 41
Vorwahlnummern, internationale 73

Währung 55
Waldrappen 859
Wandern 72
Wasserpfeife 75
Wassersport 72
Wassertemperaturen 47
Wein 793
Wesir 111
Westanatolisches Binnenland 644
Western Union 55
Westliche Schwarzmeerküste 568
Wiegand, Theodor 318, 322
Winkler, Hugo 724
Wirtschaft 17
Wood, J. T. 293

Xanthos 414
Xenophon 622
Xerxes 216, 336

Yağıkesen 841
Yahşi 347
Yalı 182
Yalıkavak 349
Yalova 189
Yalvaç 691
Yanartaş (Ewige Flamme) 448
Yaprakhisar 806
Yapraklı Koy 530
Yassıada 186
Yassıcal 732
Yassıhüyük 663
Yaylalar 822
Yazılı Kanyon 690
Yazılıkaya (Hattuşa) 727
Yazılıkaya (Midas-Stadt) 660
Yedigöller Milli Parkı 577
Yedigöller-Nationalpark 577
Yeni Rabat 827
Yenifoça 261
Yesemek 567
Yeşilova 679
Yeşilüzümlü 408
Yeşilyurt 232
Yılan Kalesi (Burg) 549
Yortanlı-Stausee 254
Yörük Köy 589
Yörüken 603
Yozgat 724
Yukarı Soğanlı 799
Yüksek Kilise 804
Yümüktepe 536
Yumurtalık 550
Yusufeli 819

Zeit 75
Zelve 785
Zemi-Tal 780
Zengerler 439
Zentralanatolien 707
Zeugma (Ausgrabungsstätte) 859
Zeus Altarı (Zeusaltar) 232
Zeytinbağı 209
Ziga 806
Zile 734
Zilkale (Burg) 641
Zından-Höhle 689
Zollbestimmungen 48
Zonguldak 580
Zuckerfest 60
Zugfahren 30

Vielen Dank! Ein herzlicher Dank für die wertvollen Tipps gilt den Lesern: Ludwig Clauss (A-Kössen), Susanne Alpers (Frankfurt/Main), Helga und Aribert Besch (TR-Marmaris), Dieter Stork, Tanja Schäfer und Fehmi Özdemir, Kerstin Wolf (Bad Orb), Werner Bronner (Kernen), Heijo und Brigitte Paesler, Sabine Junginger, Ursula und Luitpold Lässer (A-Innsbruck), Anja Stein, Renate und Jürgen Renardy, Dr. Jürgen Schwabe (Buxtehude), Klaus Gattringer (A-Innsbruck), Dr. Holger Spangenberger und Ulrike Alexius, Ulrike Oedekoven-Hall, Dr. Klaus Ewe (Mainz), Ernst Kolb, Dr. Elfi Schneidenbach (Berlin), Helga Siebelink (Dortmund), Ute Maria Kellner, Erika Nadler (Heidelberg), Karin Klosterhuis, Janine Reinhard (Hamburg), Wolfgang Dahlheim (Leimen), Willi Metzler, Wolfgang Schwaab, Christine Loeffler (Reutlingen), Marion und Ludwig Lamberti (Kempten), Christa Landmesser, Toni Schwamberger (Bad Schwartau), Dr. Anno Diemer (Hamburg), Kai Prager (Frankfurt/Main), Ute Stabnow (Pfungstadt), Bernd Müller-Olivier (Düsseldorf), Karin Schmidt (Köln), Günther Winterhalder (Staufen), Dr. Edgar Wirsching (Ellingen), Rupert Hafner (Österreich), Josef Sauter (Großaitingen), Claudia Hiestand (Schweiz), Silviane Scharl, Klaus Wircks, Inas und Stefan Geier (Kirchdorf am Inn), Lena Jaggy, Brigitte und Jürgen Weinmann (Ratingen), René Kühnert (Baindlkirch), Franz Werner (Hannover), Rainer Ortmann (F-Saint Louis), Joseph Lammers, Sabine Rott, Gerhard Weber (Sankt Augustin), Bernhard Hellberg (Hannover), Dr. Ulrich Bosler (Frankfurt/Main), E. Schmidt, Gabriela und Rolf Menzel, Monika und Gerd Helbig, Evelyn und Peter Sommer, Anja Köstner (Ulm), Benjamin Knör, Gertraud Gaisberger, Peter Huber, Dr. Heinrich Briener (CH-Bellikon), Luzia Blankenberger, Dr. F. Coester (CH-Wimmis), Heike und Markus Klung (Fürth), Alexander Reinshagen, Christiane Schneider, Gertrud und Andreas Schmid, Gabriele und Martin Suschke, Helga und Michael Wilutzki, Sylvia und Wolfgang Binder-Greb (Gemünden am Main), Jürgen Hegemann (Ottobeuren), Jürgen Wilkening, Johannes König (CH-Basel), Sabin Schläpfer (CH-Zürich), Inge und Robert Kreiner (Ohlsbach), Dr. Alice Samson (NL-Leiden), Susanne Trust, Dr. Hans Meckling (Senden), Ute und Horst Loos, Lutz Schneider, Michael Hofmeier, Irmgard Forkel (Bayreuth), Sylvia Trippensee, Rainer Börner (Wiesbaden), Ute Koch (Erlangen), Ulrike und Christoph Baron (Leipzig), Frauke Wiering, Susanne Lippik (Bonn), Rita Doetinchem, Marlis und Svend Neumann (Wesel), Peter Kranzhoff (Stade), Stefan Schmoldt, Stephan Bohnert (Kirchzarten), Dr. Ulf Feuerstein (Asendorf), Dr. Günther Holtmeier (Oberhausen), Bärbel Hellwig (Dortmund), Dr. Andreas Klumpp (Hohenheim), Birgit Murke (Berlin), Martina Blesenohl, Till Nessmann, Astrid Zylla (A-Bludesch), Christina Ketterl (Bonn), Sabine Lendorf-Sandler (München), Michaela Micke (Wuppertal), Karen Scharping, Reinhard Bönisch (Hamburg), Juergen Betsch (Klein-Karben), Ludger Smolka (Berlin), Günther Holtmeyer (Oberhausen), Friederike Heitger-Leitich (A-Salzburg), Christina Oberländer (Bobingen), Annelie Sauer, Sandro Lobina, Martin Kunzlmann (Buch am Buchrain), Karl-Erich Henrici, Brigitte Spindler, Sabine Meßner, Hermine Hödl, Barbara Sahl, Lukas Rafflenbeul und Melanie, Prof. Dr. Taylan Öney (Bremen), Monika Wickel-Frisch (Nürnberg), Katharina Eberstein, Ernst Wiedemann, Claudia Müller (Freiburg), Jochen Hampe, Sylvia List-Beisler, Mariann Geier, Gerlinde und Peter Jawansky (Augsburg), Karin Dopf (München), Hans-Peter Dauphin, Gabriele Köhler (München), Anja Reger, Stefan Kaisers, P. Saloustros, Barbara Wanstrath, Tim Braasch, Winfried Kuhn (Albershausen), Brigitte Sager, Brigitte Wenger Şahin (CH-Basel), Karin Boersen, Fam. Haupt (München), Charlotte Marischka (A-Horn), Manfred Fischer (Kraiburg), Anja Lücking, Elke und Helmut Neddermeyer (Burgwedel), Lutz Löllmann und Dr. Özen Odag, Karin Vogelsang, Steffi Willms (CH-